LE PETIT DRUIDE DES
SYNONYMES
ET DES ANTONYMES

Geneviève Tardif ➤ Jean Fontaine ▷ Jean Saint-Germain

LE PETIT DRUIDE DES
SYNONYMES
ET DES ANTONYMES

DICTIONNAIRE

2e édition

305 000 SYNONYMES
44 000 ANTONYMES

Catalogage avant publication de Bibliothèque et Archives nationales du Québec et Bibliothèque et Archives Canada

Tardif, Geneviève, 1970-
Le petit Druide des synonymes et des antonymes : dictionnaire : 305 000 synonymes, 44 000 antonymes
2e éd.
ISBN 978-2-922010-16-9
1. Français (Langue) - Synonymes et antonymes - Dictionnaires. I. Fontaine, Jean, 1965-   .
II. Saint-Germain, Jean, 1960-   . III. Druide informatique inc. IV. Titre.
PC2591.T372 2011   443'.12   C2011-941157-1

Druide informatique inc.
1435, rue Saint-Alexandre, bureau 1040
Montréal (Québec) H3A 2G4
Téléphone : +1 (514) 484-4998
www.druide.com

Dépôt légal : 2ᵉ trimestre 2011
Bibliothèque nationale du Québec
Bibliothèque nationale du Canada

Directeur éditorial
Éric Brunelle

Idéateur
André d'Orsonnens

Directrice linguistique
Geneviève Tardif

Rédacteurs
Geneviève Tardif
Jean Fontaine
Jean Saint-Germain
Francine Bergevin
Sophie Campbell

Directeur informatique
Bertrand Pelletier

Programmeurs
Frédéric Côté
Jasmin Lapalme

**Conception graphique
et mise en page**
François Papik Bélanger
Louis Beaudoin
Isabelle Lépine

À la douce mémoire de Louis d'Orsonnens,
ce tout petit Druide qui nous a laissés
sans avoir connu le grand bonheur des mots.

Avant-propos

Le Petit Druide des synonymes et des antonymes est le résultat d'un parcours singulier. En 1997, l'équipe linguistique de Druide informatique, dont nous sommes, entreprenait l'élaboration d'un dictionnaire de synonymes afin d'en faire le nouvel outil d'*Antidote*, son logiciel d'aide à la rédaction bien connu. Publié dans l'édition 2000 d'*Antidote*, ce dictionnaire innovateur s'est aussitôt valu les éloges de ses utilisateurs... ainsi qu'une forte demande pour une version imprimée. Nous avons donc entrepris de coucher le plus fidèlement possible sur papier l'essence du dictionnaire de synonymes d'*Antidote*. En 2001, *le Grand Druide des synonymes* devenait ainsi le premier dictionnaire dont la version « papier » était le fruit d'une version électronique. Rapidement, le *Grand Druide* remportait un franc succès critique et gagnait déjà l'année suivante un prix Odyssée du livre francophone d'Amérique.

Grâce à son origine informatique, où les contraintes d'espace n'existent pas, *le Grand Druide des synonymes* était dès sa première parution le plus vaste dictionnaire de synonymes français jamais publié, avec 1 228 pages de grand format. Le prix... et le poids, bien sûr, étaient en conséquence. Il fallait un ouvrage allégé, condensé, pour les bourses et les mains plus petites. De là est né *le Petit Druide des synonymes et des antonymes*, extrait méticuleux de son grand frère, dans un souci d'économie, d'ergonomie et de pédagogie.

Depuis ce temps, la langue a évolué, et la source du *Grand* et du *Petit Druide*, le logiciel *Antidote*, a fait de grands progrès. Cette seconde édition du *Petit Druide des synonymes et des antonymes* s'enrichit ainsi de près de 10 000 nouveaux synonymes et antonymes, dont plus de 1 000 synonymes collectifs, comme *meute* pour *ensemble de loups*. Sa typographie se raffine subtilement, notamment pour faciliter la lecture des antonymes. Au final, *le Petit Druide* reste toujours aussi compact et efficace, tout en se trouvant rafraîchi et embelli.

Le parti de la richesse

Depuis qu'existent les dictionnaires de synonymes du français, on remarque deux grandes tendances dans leur élaboration : il y a d'une part les dictionnaires à caractère explicatif, lesquels proposent peu de synonymes pour chaque entrée, mais expliquent leurs différences à l'aide de définitions, d'exemples et de remarques aussi bien normatives que stylistiques ; et d'autre part les dictionnaires à caractère exhaustif, lesquels proposent des listes beaucoup plus riches, mais sans nécessairement préciser toutes les nuances entre les synonymes suggérés.

La démarche explicative comporte ses avantages, mais elle se pratique au détriment du nombre de synonymes proposés. Lorsque le mot recherché n'apparaît pas, l'utilisateur se retrouve dans une impasse. Nous avons choisi de privilégier la voie de la richesse en présentant le plus grand nombre de synonymes possible, ce qui nous paraissait mieux répondre aux besoins de l'utilisateur d'aujourd'hui. En effet, on consulte généralement un dictionnaire de synonymes pour dénicher un mot rebelle à la mémoire qui serait plus approprié au contexte, ou pour enrichir sa prose en évitant la répétition d'un mot ou même en lui découvrant des équivalents plus soutenus. Notre objectif était que le lecteur puisse toujours repérer rapidement le mot idéal, peu importe le but de sa quête.

Recherchant le juste équilibre entre l'excès et la retenue, nous avons dressé des listes de synonymes riches et variées. Chacune de ces listes répond à un principe de synonymie large mais net : un mot ou une expression A peut avoir comme synonyme un mot ou une expression B seulement si A et B ont un sens commun et si B peut se substituer à A dans une phrase sans que le sens de la phrase soit modifié, et vice versa. Cette définition de la synonymie est certes plus permissive que ne le souhaiteraient certains (qui évoqueraient sans doute la *quasi-synonymie* ou la *synonymie partielle*). Cependant, nous avons préféré aborder la synonymie sous cet angle généreux plutôt que de nous limiter à une énumération trop restreinte (voire inexistante) des synonymes « parfaits ». Il nous faut par conséquent inviter le lecteur à la prudence devant les mots dont il maîtrise moins le sens et lui recommander la consultation d'un dictionnaire de langue afin de valider tout choix incertain.

Une richesse contrôlée

Même avec sa nomenclature plus restreinte que celle du *Grand Druide*, le *Petit Druide des synonymes et des antonymes* couvre une vaste étendue de la langue française. En tout, ce sont plus de 305 000 synonymes qui s'offrent au lecteur. Vu l'ampleur de cet inventaire, nous avons particulièrement soigné la clarté et la cohérence de la présentation. Ainsi, pour accélérer la recherche et éviter toute ambiguïté, nous avons marqué toutes les acceptions d'une même entrée par des étiquettes sémantiques ; ces étiquettes peuvent être une courte définition, un terme générique ou même le synonyme le plus représentatif de la liste suggérée. De plus, pour mettre le lecteur en garde contre un choix trop hâtif, des « restrictions » sémantiques ont été indiquées à la suite de certains synonymes qui ne s'emploient que dans un contexte très particulier (voir un exemple à la page XV, « Structure des articles »). Enfin, un appareil de marques particulièrement développé situe chaque synonyme dans son contexte social, géographique et temporel (voir aux pages XVI et XVII la liste et la description des marques utilisées). Bref, nous avons poussé le balisage des sens et des synonymes aussi loin qu'il était possible de le faire dans un dictionnaire de synonymes à caractère exhaustif.

Les antonymes

En plus de ses 305 000 synonymes, *le Petit Druide* recense près de 44 000 antonymes, qui permettent à l'utilisateur de suivre de nouvelles pistes de recherche et de retrouver un terme dont on se représente mieux l'idée contraire.

Les antonymes sont énumérés à la fin de chaque entrée pertinente, après le symbole ▲ANT., et sont inscrits en petites capitales pour les distinguer des synonymes. Pour éviter de doubler l'ouvrage, qui était déjà fort dense, nous avons noté les antonymes principaux et les avons séparés par sens au moyen de points-virgules. Si plus d'antonymes sont nécessaires, le lecteur peut se rendre à l'entrée correspondante pour consulter la liste complète des synonymes de chaque antonyme.

Des idées neuves pour une langue bien vivante

Le Petit Druide ne se cantonne pas dans une langue aseptisée, mais puise scrupuleusement dans divers niveaux de langue et à toutes les « régions de langue » du français contemporain. On y trouve des synonymes de registre aussi bien familier que soutenu, ainsi que des synonymes québécois (*gêné* pour *timide*), belges (*crolle* pour *boucle*), suisses (*cocoler* pour *dorloter*) et autres. Bien sûr, chacun de ces écarts à la norme est dûment marqué (Fam., Québ., etc.).

Pour illustrer toute la richesse des moyens d'expression qu'offre la langue française, nous ne nous sommes pas limités aux mots simples. *Le Petit Druide* recense
systématiquement les expressions, puisque ce sont des synonymes à part entière
et qu'elles peuvent tomber à point, comme *casser la croûte* pour *manger*, ou *tenant
du titre* pour *champion*.

De plus, pour ces occasions où l'on doit nommer un groupe d'éléments par un
terme collectif, comme une *noria* pour un *ensemble de camions*, nous avons créé
l'étiquette spéciale *Ensemble de...*, qui énumère plus de 1 000 de ces termes.

La fin des renvois

La presque totalité des dictionnaires de synonymes emploient un système de
renvois : pour épargner l'espace, ils définissent bon nombre d'entrées par des
flèches qui renvoient l'utilisateur à d'autres entrées. Ces renvois multiples consti-
tuent à notre avis une des principales sources de frustration et de confusion dans
l'utilisation des dictionnaires de synonymes. Pour simplifier la consultation, nous
avons préféré préserver notre ouvrage de ces parcours fléchés. Chaque entrée du
Petit Druide comporte sa liste complète de synonymes : il n'est donc jamais nécessaire de regarder « ailleurs ». Par exemple, quand on cherche *frein*, on trouve tous
les synonymes de *frein* sous cette entrée, plutôt qu'un renvoi à *obstacle*.

Avec sa riche matière présentée en un format réduit, *le Petit Druide des synonymes
et des antonymes* est investi pour nous d'une mission capitale : répandre les trésors
du français auprès du plus vaste public possible, des plus grands lecteurs aux plus
petits. Nous vous souhaitons de partager avec eux tous le grand bonheur des
mots.

Geneviève Tardif
M.A. en linguistique, Université de Montréal

Jean Fontaine
M.A. en linguistique, Université de Montréal

Jean Saint-Germain
Ph. D. en linguistique, Université de Montréal

Structure des articles

la vedette est en caractères gras →

évaluateur *n.* (QUÉB.) commissaire- priseur *(pour une vente aux enchères)*, estimateur, sapiteur *(marine marchande)*.

← une marque entre parenthèses suit toute vedette qui n'est pas de registre neutre

la catégorie grammaticale, le genre et le nombre sont en italiques →

évasion *n. f.* ▸ *Fuite* – échappée, escapade, fugue, fuite, liberté, marronnage *(esclave)*. *FAM.* cavale. ▸ *Escapade* – caprice, écart, échappée, équipée, escapade, frasque, fredaine, fugue, incartade, sortie. *FAM.* bordée, galère. *SOUT.* échappée. ▸ *Absence* – absence, départ, disparition, échappée, éloignement, escapade, fugue, séparation. *FAM.* éclipse. ▸ *Imagination* – conception, création, créativité, extrapolation, fantaisie, fantasme, idée, illumination *(soudain)*, imaginaire, imagination, inspiration, invention, souffle *(créateur)*, supposition, surréel, veine. ▲ANT. DÉTENTION, EMPRISONNEMENT ; CAPTURE.

les marques, en capitales italiques, introduisent un registre différent →

← les précisions sur le synonyme ou sur son contexte d'emploi sont en italiques et entre parenthèses

← les mots facultatifs d'une expression sont entre parenthèses

un triangle suivi d'une étiquette en caractères gras italiques introduit un sens →

éveil *n. m.* ▸ *Alarme* – alarme, alerte, appel, avertissement, branle- bas, cri, haro, signal, sirène, sonnerie, tocsin. ▸ *Fait de se réveiller* – réveil. ▸ *Fait d'être éveillé* – insomnie, veille, vigilance. ▸ *Révélation spirituelle* – délivrance, illumination, libération, mort de l'ego, réalisation (du Soi), révélation. ▸ *Dans l'hindouisme* – moksha, nirvana. ▸ *Dans le bouddhisme* – bodhi, samadhi. ▲ANT. ASSOUPISSEMENT, SOMMEIL, TORPEUR.

un petit triangle suivi d'une étiquette en italiques introduit un sous-sens →

← un triangle introduit les antonymes présentés en capitales

éveiller *v.* ▸ *Tirer du sommeil* (*SOUT.*) – réveiller. ▸ *Susciter* – exciter, faire naître, solliciter, soulever, susciter. ♦ **s'éveiller** ▸ *Sortir du sommeil* – se réveiller. ▸ *Éprouver pour la première fois* – s'ouvrir à. *SOUT.* naître à. ♦ **éveillé** ▸ *Intelligent* – à l'esprit vif, agile, alerte, brillant, intelligent, rapide, vif. *QUÉB. FAM.* vite. ▲ANT. ASSOUPIR, ENDORMIR ; ENGOURDIR, PARALYSER.

← un losange introduit une grande division morphologique ou sémantique

le point-virgule sépare les antonymes de sens distincts →

événement (var. **évènement**) *n. m.* ▸ *Phénomène* - circonstance, épiphénomène, manifestation, occurrence, phénomène. ▸ *Incident* – accident, accroc, accrochage, affaire, anicroche, avatar, aventure, complication, contingences, contrariété, contretemps, crise, désagrément, difficulté, dispute, embarras, empêchement, ennui, épine, épisode, éventualité, imprévu, incident, mésaventure, obstacle, occasion, occurrence, péripétie, problème, rebondissement, tribulations. *SOUT.* adversité. *FAM.* cactus, embêtement, emmerde, emmerdement, enquiquinement, os, pépin, pétrin, tuile. *FRANCE FAM.* avaro, empoisonnement.

← les variantes graphiques, entre parenthèses, suivent la vedette

les synonymes sont groupés suivant leur registre; à l'intérieur d'un même registre, les synonymes sont présentés en ordre alphabétique →

Symboles

◆	introduit une grande division morphologique ou sémantique	▲	introduit les antonymes
▶	introduit un sens principal	△	introduit une grande division morphologique ou sémantique dans une liste d'antonymes
▸	introduit un sous-sens		

Abréviations

adj.	adjectif, adjectivale	*nom.*	nominale
adv.	adverbe, adverbiale	*num.*	numéral
ant.	antonyme	*pl., plur.*	pluriel
conj.	conjonction, conjonctive	*qqch.*	quelque chose
f., fém.	féminin	*qqn*	quelqu'un
loc.	locution	*sing.*	singulier
m., masc.	masculin	*v.*	verbe
n.	nom	*var.*	variante

Marques d'usage

ACADIE	Acadie	*FRANCE*	France
AFR.	Afrique	*IRON.*	ironique
ANC.	anciennement	*LOUISIANE*	Louisiane
ANTILLES	Antilles	*PAR EUPHÉM.*	par euphémisme
BELG.	Belgique	*PAR EXT.*	par extension
COUR.	courant	*PAR PLAIS.*	par plaisanterie
DIDACT.	didactique	*PÉJ.*	péjoratif
ENFANTIN	enfantin	*QUÉB.*	Québec
FAM.	familier	*SOUT.*	soutenu
FIG.	figuré	*SUISSE*	Suisse

Marques de domaine

ADMIN.	administration	*INFORM.*	informatique
AÉRON.	aéronautique	*LING.*	linguistique
AGRIC.	agriculture	*MAR.*	marine
ANAT.	anatomie	*MATH.*	mathématiques
ANTIQ.	Antiquité	*MÉD.*	médecine
ANTIQ. ROM.	Antiquité romaine	*MILIT.*	militaire
ARCHIT.	architecture	*PATHOL.*	pathologie
ASTRON.	astronomie	*PHARM.*	pharmacie
BIOL.	biologie	*PHILOS.*	philosophie
BOT.	botanique	*PHYS.*	physique
BOULANG.	boulangerie	*PHYSIOL.*	physiologie
CHASSE	chasse	*PSYCHAN.*	psychanalyse
CHIM.	chimie	*PSYCHIATRIE*	psychiatrie
DR.	droit	*PSYCHOL.*	psychologie
ÉQUIT.	équitation	*RELIG.*	religion
FÉOD.	féodalité	*SC.*	sciences
GÉOGR.	géographie	*SPORTS*	sports
GÉOL.	géologie	*TECHN.*	technique
GÉOM.	géométrie	*ZOOL.*	zoologie
HIST.	histoire		

Description des principales marques d'usage

Tous les synonymes d'un mot ne s'emploient pas dans les mêmes contextes. C'est pourquoi cet ouvrage dispose de plus de 60 marques, dont une vingtaine de marques d'usage, afin de désigner clairement les nuances d'emploi des synonymes répertoriés et d'éviter ainsi au lecteur toute maladresse dans le choix d'un mot.

Rappelons que le rôle du lexicographe est de recenser les mots de la façon la plus exhaustive et la plus juste possible. Il revient au lecteur d'attacher à ces marques toute l'importance qu'elles méritent.

ANCIENNEMENT	expression qui désigne une réalité aujourd'hui disparue
COURANT	expression employée de façon courante au lieu du terme scientifique, notamment en botanique et en zoologie
DIDACTIQUE	expression employée dans une situation de transmission de savoir
ENFANTIN	expression employée par de jeunes enfants, ou lorsqu'on s'adresse à eux
FAMILIER	expression inappropriée pour une communication officielle, mais employée dans une communication amicale, sans cérémonie
FIGURÉ	expression figurée, surtout employée pour obtenir un effet poétique
IRONIQUE	expression employée de façon ironique, par antiphrase
PAR EUPHÉMISME	expression employée par pudeur, pour éviter de choquer
PAR EXTENSION	expression employée dans un sens plus large, qui s'applique à un plus grand nombre d'objets
PAR PLAISANTERIE	expression employée pour se moquer légèrement, sans méchanceté
PÉJORATIF	expression employée pour parler d'une chose ou d'une personne en mauvaise part, avec mépris
SOUTENU	expression employée dans une communication de registre élevé, notamment pour obtenir un effet de recherche ou un effet esthétique

abaissement *n. m.* ▸ *Fait d'aller plus bas* – baisse, descente, fermeture. SOUT. tombée. ▸ *Décroissance* – affaiblissement, affaissement, amenuisement, amoindrissement, baisse, chute, creux, déclin, décroissance, décroissement, décrue, dégression, déplétion, dépréciation, descente, désescalade, dévalorisation, dévaluation, diminution, éclipse, effondrement, effritement, essoufflement, fléchissement, ralentissement, réduction. SOUT. émasculation. ▸ *Dégénérescence* – abâtardissement, abjection, abrutissement, affadissement, affaiblissement, agonie, altération, amollissement, appauvrissement, atrophie, avachissement, avilissement, baisse, corruption, décadence, déchéance, déclin, décrépitude, dégénérescence, dégradation, délabrement, déliquescence, dénaturation, dépérissement, détérioration, édulcoration, étiolement, flétrissure, perte, perversion, pourrissement, pourriture, rouille, ruine, sape, usure. SOUT. aveulissement, crépuscule, pervertissement. FAM. déglingue, dégringolade. ▸ *Honte* – abjection, accroupissement, culpabilisation, dégradation, démérite, déshonneur, discrédit, flétrissure, gifle, honte, humiliation, ignominie, indignité, infamie, inférorisation, mépris, noircissure, opprobre, ridicule, ridiculisation, scandale, ternissure. SOUT. turpitude, vilenie. ▸ *Soumission* – allégeance, appartenance, asservissement, assujettissement, attachement, captivité, contrainte, dépendance, domestication, domesticité, domination, emprise, esclavage, gêne, hilotisme, inféodation, infériorité, mainmise, merci, mouvance, obédience, obéissance, obligation, oppression, pouvoir, puissance, servage, servitude, soumission, subordination, sujétion, tutelle, tyrannie, vassalité. FIG. carcan, chaîne, corset (de fer), coupe, fardeau, griffe, main, patte, prison; SOUT. fers, gaine, joug. PHILOS. hétéronomie. ▸ *Complaisance* – agenouillement, bigoterie, complaisance, humiliation, lâcheté, tartuferie. ▲ANT. RELÈVEMENT, RÉTABLISSEMENT; ASCENSION, AUGMENTATION, CROISSANCE, ÉPANOUISSEMENT; AMÉLIORATION, PROGRÈS; GLOIRE.

abaisser *v.* ▸ *Mettre plus bas* – baisser, descendre. ▸ *Diminuer* – affaiblir, amenuiser, amoindrir, baisser, diminuer, laminer, minorer, réduire. ▸ *Rendre indigne de respect* – avilir, dégrader, dépraver, déshonorer, galvauder, prostituer, rabaisser, ravaler, souiller. ♦ *s'abaisser* ▸ *Ne pas respecter sa situation sociale* – déroger, se déclasser. SOUT. déchoir, forfaire, forligner. ▸ *Perdre sa dignité* – s'avilir, se dégrader, se prostituer, se ravaler, tomber (bien) bas. SOUT. déchoir. ▸ *Faire preuve d'humilité* – s'humilier, se diminuer, se rabaisser. ▸ *Se montrer servile* – faire des courbettes, ramper, s'agenouiller, s'humilier, se prosterner. FAM. s'aplatir (comme une carpette), se coucher. ▲ANT. DRESSER, ÉLEVER, RELEVER; AUGMENTER, HAUSSER, MAJORER; EXALTER, FAIRE VALOIR, FLATTER, GLORIFIER, LOUANGER, LOUER, SUBLIMER, VALORISER. △S'ABAISSER – SE FAIRE VALOIR, SE GLORIFIER, SE HAUSSER, SE HISSER.

abandon *n. m.* ▸ *Délaissement* – abdication, défection, délaissement, démission, désengagement, désertion, désintérêt, désistement, dessaisissement, forfait, inachèvement, recul, repli, retrait, retraite. SOUT. inaccomplissement. FAM. décrochage, lâchage, largage, plaquage. DR. non-lieu, résignation. ▸ *Renonciation* – abdication, aliénation, capitulation, cession, don, donation, fléchissement, non-usage, passation, rejet, renoncement, renonciation, répudiation, retrait, suppression. FIG. bradage. ▸ *Reniement* – abjuration, apostasie, défection, dénégation, désaveu, palinodie, reniement, retournement, rétractation, revirement, virevolte, volte-face. FAM. pirouette. ▸ *Fuite* – débâcle, débandade, défilade, déroute, dispersion, fuite, panique, pathie (*animal*), retraite, sauve-qui-peut. FIG. hémorragie. ▸ *Négligence* – abdication, défection, désertion, désintérêt, impréparation, incoordination, incurie, inorganisation, insouciance, laisser-aller, négligence. ▸ *Désuétude* – âge, anachronisme, ancienneté, antiquité, archaïsme, caducité, décrépitude, délabrement, désaffectation, désuétude, obsolescence, survivance, usure, vieillesse, vieillissement. SOUT. vétusté. ▸ *Insouciance* – confiance, détachement, familiarité, insouciance, liberté, naturel, spontanéité. ▸ *Épanchement* – aveu, confidence, effusion, épanchement, expansion. ▸ *Franchise* – bonne foi, confiance, cordialité, droiture, franchise, franc-jeu, franc-parler, loyauté, netteté, parler-vrai *(politique)*, rondeur, simplicité, sincérité, spontanéité. ▸ *Solitude* – délaissement, éloignement, exil, ghettoïsation, isolation, isolement, quarantaine, réclusion, retraite, retranchement, séparation, solitude. *FIG.* bulle, cocon, désert, tanière, tour d'ivoire. *SOUT.* déréliction, thébaïde. *RELIG.* récollection. ▲ANT. ACQUISITION, ADOPTION; CONQUÊTE, PRISE; CONSERVATION, MAINTIEN, POSSESSION; ACHARNEMENT, OBSTINATION, RÉSISTANCE; DYNAMISME; TENSION; MÉFIANCE.

abandonné *adj.* ▸ *Inhabité* – dépeuplé, désert, déserté, inhabité, vide. ▸ *Laissé seul* – délaissé, esseulé, négligé. ▲ANT. HABITÉ, OCCUPÉ, PEUPLÉ; ENTRETENU; ENTOURÉ.

abandonner *v.* ▸ *Quitter un lieu* – déserter, évacuer, quitter. ▸ *Laisser qqn* – délaisser, déserter, laisser, laisser en plan, laisser tomber, quitter. *FAM.* jeter, lâcher, laisser choir, larguer, lourder, planter là, plaquer. ▸ *Léguer* – céder, laisser, léguer, transférer, transmettre. *DR. ou SOUT.* aliéner. ▸ *Renoncer* – délaisser, enterrer, faire une croix sur, jeter aux oubliettes, laisser, laisser en jachère, laisser tomber, mettre au placard, mettre au rancart, mettre aux oubliettes, quitter, renoncer à, tirer une croix sur. *SOUT.* dépouiller, renoncer. *FAM.* lâcher, planter là, plaquer. ▸ *Perdre* – céder, laisser, perdre. ▸ *Renier* – renier, renoncer à, répudier. ▸ *Cesser définitivement* – arrêter, cesser, mettre fin à, mettre un terme à, renoncer à. ▸ *Succomber* – céder, se laisser aller, succomber. *FAM.* craquer, flancher. ▸ *Capituler* – abdiquer, baisser les bras, capituler, céder, courber le dos, déclarer forfait, démordre de, jeter le manche après la cognée, lâcher prise, laisser tomber, renoncer, s'avouer vaincu. *FAM.* décrocher, démissionner, fermer boutique, plier boutique. ♦ *s'abandonner* ▸ *Se laisser aller* – céder à, donner dans, donner libre cours à, entrer dans, s'adonner à, se laisser aller à, se livrer à, se porter à. ▸ *Se confier* – débonder son cœur, décharger son cœur, ouvrir son cœur, s'épancher, s'ouvrir, se confier, (se) débonder, se livrer, se soulager, se vider le cœur. *FAM.* débiter son chapelet, dévider son chapelet, égrener son chapelet, se déboutonner. ▸ *Se prélasser* – prendre ses aises, se prélasser, se vautrer. ▲ANT. JOINDRE, RÉINTÉGRER, REJOINDRE; AIDER, SECOURIR, SOIGNER, SOUTENIR; ACCEPTER, ADOPTER; REPRENDRE; CONSERVER, DÉFENDRE, GARDER, MAINTENIR; CONTINUER, PERSISTER, RÉSISTER, TENIR BON, TENIR FERME. △S'ABANDONNER – RÉSISTER, SE MÉFIER, SE RAIDIR, SE SURVEILLER.

abasourdi *adj.* ahuri, bouche bée, confondu, ébahi, éberlué, estomaqué, étonné, frappé de stupeur, hébété, interdit, interloqué, médusé, muet d'étonnement, pantois, pétrifié, sidéré, stupéfait, surpris. *FAM.* baba, ébaubi, épaté, époustouflé, riboulant, soufflé, suffoqué.

abattement *n.m.* ♦ *effondrement* ▸ *Fatigue* – accablement, affaiblissement, affaissement, affalement, alanguissement, amollissement, anéantissement, apathie, atonie, consomption, épuisement, éreintement, exténuation, faiblesse, fatigue, forçage, harassement, inertie, labeur, langueur, lassitude, marasme, peine, prostration, stress, surmenage. *MÉD.* adynamie, anémie, asthénie. ▸ *Affaiblissement* – accablement, affaiblissement, alanguissement, amoindrissement, amollissement, anémie, apathie, avachissement, consomption, découragement, défaillance, dépérissement, épuisement, étiolement, exténuation, fatigue, fragilisation, harassement, lassitude, rabaissement, ralentissement, ramollissement, sape, usure. *SOUT.* débilité. *MÉD.* adynamie, asthénie, asthénomanie, atonie, collapsus, débilitation. ▸ *Faiblesse* – anémie, débilité, délicatesse, faiblesse, fragilité, impotence, impuissance, langueur. *SOUT.* chétivité. *MÉD.* aboulie, adynamie, apragmatisme, asthénie, atonie, cataplexie, hypotonie, myatonie, psychasthénie. ▸ *Mollesse* – affaiblissement, apathie, atonie, avachissement, faiblesse, inconsistance, indolence, langueur, laxisme, mollasserie, mollesse, nonchalance, passivité, veulerie. *MÉD.* aboulie, athymhormie, dysboulie, psychasthénie. ▸ *Découragement* – accablement, affliction, amertume, anéantissement, chagrin, consternation, contrariété, déboires, déception, déconvenue, découragement, dégoût, dégrisement, démoralisation, dépit, désappointement, désenchantement, désespoir, désillusion, désolation, échec, écœurement, ennui, infortune, insuccès, lassitude, mécompte, peine, regret, revers, tristesse. *SOUT.* atterrement, déréliction, désabusement, désespérance, retombement. *FAM.* défrisage, défrisement, douche (froide), ras-le-bol. ▸ *Dépression* – accablement, anéantissement, catalepsie, catatonie, démotivation, dépression, effondrement, hébétude, léthargie, marasme, neurasthénie, prostration, sidération, stupeur, torpeur. ▸ *Tristesse* – accablement, affliction, aigreur, amertume, chagrin, dépression, désolation, deuil, douleur, ennui, épreuve, grisaille, humeur noire, idées noires, idées sombres, langueur, lypémanie, mal du pays, mal-être, maussaderie, mélancolie, monotonie, morosité, neurasthénie, noir, nostalgie, papillons, peine, saudade, serrement de cœur, souci, tædium vitæ, tristesse, vague à l'âme. *SOUT.* atrabile, larmes, navrement, nuage, spleen, taciturnité. *FAM.* bourdon, cafard, déprime, sinistrose. ♦ *déduction* ▸ *Exonération* – décharge, dégrèvement, dérogation, détaxation, détaxe, dispense, exemption, exonération, franchise, grâce, immunité, impunité, inamovibilité, inviolabilité, irresponsabilité, libération, liberté, mainlevée, réforme *(armée)*, transit. ▸ *Rabais* – baisse, bas prix, bonification, bradage, décompte, déduction, dégrèvement, diminution, discompte, escompte, liquidation, prix modique, rabais, réduction, réfaction, remise, ristourne, solde. *FAM.* bazardage. *QUÉB.* (prix d')aubaine. ▸ *Impôt* – décote, dégrèvement, réduction d'impôt. ▲ANT. DYNAMISME, ÉNERGIE, TONUS, VIGUEUR; EXCITATION; EXALTATION, GAIETÉ, JOIE, OPTIMISME; PÉNALISATION, TAXE.

abattoir *n.m.* assommoir, bouvril, échaudoir, écorcherie, équarrissoir, tuerie.

abattre *v.* ▸ *Faire tomber un arbre* – bûcher. *SUISSE* déguiller. ▸ *Démolir une construction* – démanteler, démolir, raser. ▸ *Renverser qqch.* – coucher, faucher, renverser. ▸ *Renverser qqn* – culbuter, faire tomber à la renverse, jeter à terre, mettre à terre, renverser, renverser cul par-dessus tête, terrasser. ▶ *Atterrer* – accabler, anéantir, atterrer, briser, consterner, désespérer, foudroyer, terrasser. FAM. catastropher, jeter à terre. ▶ *Démoraliser* – débiliter, décourager, démobiliser, démoraliser, démotiver, déprimer, écœurer, lasser, mettre à plat. FAM. démonter. QUÉB. FAM. débiner. BELG. déforcer. ACADIE FAM. déconforter. ▶ *Affaiblir physiquement* – affaiblir, alanguir, anémier, consumer, débiliter, diminuer, épuiser, étioler, miner, ronger, user. ◆ **s'abattre** ▶ *S'effondrer* – s'affaisser, s'écrouler, s'effondrer, tomber. QUÉB. FAM. s'écraser, s'effoirer. ▶ *Se précipiter du haut des airs* – fondre, piquer, plonger. ▶ *Tomber en grand nombre* – fondre, pleuvoir, tomber. ▲ANT. BÂTIR, CONSTRUIRE, DRESSER, ÉDIFIER, ÉLEVER, FORTIFIER; DÉFENDRE; AIGUILLONNER, ENCOURAGER, RÉCONFORTER, RELEVER, REMONTER, STIMULER; LOFER *(navigation)*.

abattu *adj.* ▶ *Morose* – découragé, démoralisé, dépressif, déprimé, las, mélancolique, morne, morose, pessimiste, qui a le vague à l'âme, qui broie du noir, sombre, ténébreux, triste. SOUT. bilieux, saturnien, spleenétique. FAM. cafardeux, tristounet. QUÉB. FAM. caduc, qui a la fale basse. ▶ *Affaibli physiquement* – affaibli, anémié. MÉD. adynamique, asthénique.

abbaye *n. f.* ▶ *Lieu où vivent des religieux* – béguinage, chartreuse, cloître, commanderie, couvent, monastère, prieuré, trappe. ▸ *Orthodoxe* – laure, lavra. ▶ *Communauté religieuse* – couvent, monastère.

abbé *n. m.* ▶ *Supérieur d'une communauté* – curé doyen, doyen, général (des X), père, père abbé, père prévôt, père prieur, père procureur, père supérieur, prieur. ▸ *Titre* – (Mon) Révérend, (Mon) Révérend Père. ▶ *Prêtre* – clerc, curé, ecclésiastique, homme d'Église, membre du clergé, ministre (du culte), prêtre, religieux. FIG. berger.

abcès *n. m.* adénite, bourbillon, bouton, bubon, chancre, collection, empyème, fistule, furoncle, kyste, orgelet *(paupière)*, panaris *(doigt)*, papule, parulie, phlegmon, pustule, scrofule. FAM. clou. QUÉB. picot. ACADIE puron.

abdication *n. f.* ▶ *Renonciation* – abandon, aliénation, capitulation, cession, don, donation, fléchissement, non-usage, passation, rejet, renoncement, renonciation, répudiation, retrait, suppression. FIG. bradage. ▸ *Abandon* – abandon, défection, délaissement, démission, désengagement, désertion, désintérêt, désistement, dessaisissement, forfait, inachèvement, recul, repli, retrait, retraite. SOUT. inaccomplissement. FAM. décrochage, lâchage, largage, plaquage. DR. non-lieu, résignation. ▲ANT. CONSERVATION, MAINTIEN; ACHARNEMENT, OBSTINATION.

abdiquer *v.* ▶ *Renoncer au pouvoir, à un titre* – déposer, renoncer à, se désister. ▶ *Abandonner* – abandonner, baisser les bras, capituler, céder, courber le dos, déclarer forfait, démordre de, jeter le manche après la cognée, lâcher prise, laisser tomber, renoncer, s'avouer vaincu. FAM. décrocher, démissionner, fermer boutique, plier boutique. ▲ANT. S'ACCROCHER, SE MAINTENIR AU POUVOIR; REFUSER, RESTER, S'OBSTINER; CONTINUER, PERSÉVÉRER, PERSISTER, RÉSISTER.

abdomen *n. m.* ventre. ANAT. bas-ventre, épigastre, hypocondre, hypogastre.

abduction *n. f.* ▲ANT. ADDUCTION.

abeille *n. f.* ▶ *Insecte* – ZOOL. aculéate mellifère, apis. ◆ **abeilles**, *plur.* ▶ *Ensemble d'insectes* – ruche, ruchée; abeillon; essaim (d'abeilles).

aberrant *adj.* ▶ *Qui dévie de la norme* – anomal, anormal, atypique, déviant, irrégulier. ▶ *Illogique* – absurde, déraisonnable, fou, idiot, illogique, inepte, insensé, irrationnel, qui n'a aucun sens, ridicule, stupide. SOUT. insane. FAM. dément, qui ne tient pas debout. PSYCHOL. confusionnel. PHILOS. alogique. ▲ANT. CONFORME, CORRECT, NORMAL, ORDINAIRE; COHÉRENT, LOGIQUE, RATIONNEL.

aberration *n. f.* ▶ *Absurdité* – absurde, absurdité, apagogie, contradiction, illogisme, incohérence, inconséquence, irrationalité, irrationnel, non-sens, paradoxe, paralogisme. ▶ *Erreur* – aberrance, divagation, égarement, errements, erreur, méprise. SOUT. fourvoiement. ▶ *Folie* – démence, extravagance, folie, idiotie, imbécillité, inconséquence, ineptie, stupidité. ▲ANT. RAISON; BON SENS; SAGESSE.

abîme (var. **abyme**) *n. m.* ▶ *Gouffre* – crevasse, fosse, géosynclinal, gouffre, précipice, puits naturel. ▶ *Profondeur* – abysse, creux, distance, enfoncement, épaisseur, (fin) fond, fosse, gouffre, lointain, perspective, profondeur. SOUT. entrailles. ▶ *Différence* – altérité, changement, désaccord, déviance, différence, dissemblance, dissimilitude, distance, distinction, divergence, diversité, division, divorce, écart, fossé, gouffre, incompréhension, inégalité, intervalle, marginalité, nuance, séparation, variante, variation, variété. MATH. inéquation. ▶ *Catastrophe* (SOUT.) – apocalypse, bouleversement, calamité, cataclysme, catastrophe, chaos, désastre, drame, fléau, malheur, néant, ruine, sinistre, tragédie. FIG. précipice, ulcère. FAM. cata. ▶ *Ce qui est insondable* (SOUT.) – espace, illimité, immensité, incommensurable, inconditionné, infini, infinitude, vastité, vastitude. ▶ *Enfer* (SOUT.) – empire des ténèbres, enfer, géhenne, schéol, Tartare. SOUT. pandémonium, royaume des morts. ▲ANT. CRÊTE, PIC, SOMMET.

abîmer *v.* ▶ *Endommager* – briser, casser, dégrader, délabrer, détériorer, endommager, mutiler. FAM. amocher, bigorner, bousiller, déglinguer, esquinter, flinguer, fusiller, massacrer, naser. QUÉB. FAM. maganer. ▶ *Blesser légèrement* (FAM.) – contusionner, froisser, meurtrir. FAM. amocher, arranger, esquinter. QUÉB. FAM. poquer. ◆ **s'abîmer** ▶ *Couler* – couler, faire naufrage, périr corps et biens, s'engloutir, sombrer. MAR. sancir. ▶ *Se plonger* (SOUT.) – s'absorber, se perdre, se plonger, sombrer. ▲ANT. CONSERVER; RÉPARER, SOIGNER.

abject *adj.* bas, coupable, crapuleux, dégoûtant, honteux, ignoble, immonde, inavouable, indigne, infâme, infect, innommable, inqualifiable, lâche, méprisable, odieux, repoussant, répugnant. ▶ *sans nom*, scandaleux, sordide, vil, vilain. SOUT. fangeux, ignominieux, nauséeux, triste, turpide. FAM. dégueu, dégueulasse, écœurant, gerbant, moche. ▲ANT. DIGNE, HONORABLE, NOBLE.

abjection *n. f.* ▶ *Abomination* – abomination, atrocité, bassesse, boue, corruption, crapulerie,

abnégation

crime, débauche, déshonneur, fange, grossièreté, honte, horreur, ignominie, impureté, indignité, infamie, laideur, misère, monstruosité, noirceur, obscénité, odieux, ordure, saleté, sordide, souillure, vice. *SOUT.* sordidité, stupre, turpitude, vilenie. ▶ *Honte* – abaissement, accroupissement, culpabilisation, dégradation, démérite, déshonneur, discrédit, flétrissure, gifle, honte, humiliation, ignominie, indignité, infamie, infériorisation, mépris, noircissure, opprobre, ridicule, ridiculisation, scandale, ternissure. *SOUT.* turpitude, vilenie. ▶ *Décrépitude* – abaissement, abâtardissement, abrutissement, affadissement, affaiblissement, agonie, altération, amollissement, appauvrissement, atrophie, avachissement, avilissement, baisse, corruption, décadence, déchéance, déclin, décrépitude, dégénérescence, dégradation, délabrement, déliquescence, dénaturation, dépérissement, détérioration, édulcoration, étiolement, flétrissure, perte, perversion, pourrissement, pourriture, rouille, ruine, sape, usure. *SOUT.* aveulissement, crépuscule, pervertissement. *FAM.* déglingue, dégringolade. ▲ANT. BIEN; BEAUTÉ; GRANDEUR *(morale)*; NOBLESSE; HONNEUR; HONNÊTETÉ; PROPRETÉ; ÉCLAT.

abnégation *n. f.* altruisme, désintéressement, détachement, dévouement, effacement, humilité, oubli de soi, privation, renoncement, résignation, sacrifice. *SOUT.* holocauste. ▲ANT. ÉGOÏSME; INTÉRÊT PERSONNEL; AVIDITÉ; AMBITION, ARRIVISME.

aboiement *n. m.* clabaudage, glapissement, grognement, hurlement, jappement.

abolir *v.* ▶ *Abroger* – abroger, casser, invalider, révoquer. *DR.* infirmer, rapporter. ▶ *Faire disparaître* – déraciner, éliminer, éradiquer, faire disparaître, radier, supprimer. *SOUT.* extirper. ▲ANT. CONSTITUER, CONSTRUIRE, CRÉER, ÉRIGER, ÉTABLIR, FONDER, JETER LES BASES DE, PROMULGUER; CONFIRMER, VALIDER; CONSOLIDER, PROLONGER, RENOUVELER.

abolition *n. f.* ▶ *Annulation* – abrogation, annulation, cassation, cessation, coupure, dissolution, invalidation, résiliation, résolution, retrait, révocation, rupture de contrat, suppression. *BELG.* renon. ▲ANT. CONFIRMATION; LÉGALISATION; PROCLAMATION, PROMULGATION; RÉTABLISSEMENT.

abominable *adj.* ▶ *Qui remplit d'horreur* – atroce, barbare, cruel, horrible, inhumain, monstrueux. ▶ *Très mauvais* – affreux, atroce, déplorable, désastreux, épouvantable, exécrable, horrible, infect, insipide, lamentable, manqué, mauvais, médiocre, minable, navrant, nul, odieux, piètre, piteux, pitoyable, qui ne vaut rien, raté. *SOUT.* méchant, triste. *FAM.* à la flan, à la gomme, à la manque, à la mie de pain, à la noix (de coco), blèche, craignos, crapoteux, mal fichu, moche, pourri, qui ne vaut pas un clou. *QUÉB. FAM.* de broche à foin, poche. ▲ANT. DIGNE, HONORABLE, NOBLE; EXCELLENT, EXTRAORDINAIRE, FANTASTIQUE.

abondamment *adv.* à discrétion, à foison, à la tonne, à pleines mains, à profusion, à satiété, à souhait, à volonté, amplement, beaucoup, bien, considérablement, copieusement, dru, en abondance, en masse, en quantité, énormément, fort, généreusement, grassement, gros, intarissablement, largement, libéralement, lourd, profusément, richement, suffisamment, torrentiellement. *FAM.* à gogo, à revendre, à tire-larigot, bésef, des tonnes, pas mal. *QUÉB. FAM.*

pour les fins et les fous. ▲ANT. EN FAIBLE QUANTITÉ, FAIBLEMENT, PAS BEAUCOUP, PEU.

abondance *n. f.* ▶ *Grande quantité de choses* – afflux, amas, ampleur, concentration, débauche, débordement, exubérance, filon, floraison, foisonnement, forêt, foule, fourmillement, gisement, infinité, inondation, luxe, luxuriance, masse, mine, multiplicité, myriade, nuée, orgie, paquet, pléthore, poussière, profusion, quantité, richesse, surabondance, tas, trésor. *FIG.* carnaval. *FAM.* festival, flopée, kyrielle, tapée, tonne, tripotée, wagon. *QUÉB. FAM.* bourrée, tapon. *SUISSE FAM.* craquée. ▶ *Avec succession rapide* – avalanche, averse, bombardement, bordée, cascade, déferlement, déluge, flot, flux, grêle, kaléidoscope, mascaret, pluie, rivière, torrent, vague. *SOUT.* fleuve. ▶ *Accumulation* – accumulation, addition, agrégation, amas, amoncellement, collection, déballage, échafaudage, emmagasinage, empilage, empilement, encombrement, entassement, étagement, faisceau, fatras, fouillis, monceau, montagne, pile, pyramide, quantité, stratification, superposition, tas. ▶ *Fertilité* – fécondité, fertilité, générosité, luxuriance, prodigalité, productivité, rendement, richesse. ▶ *Plénitude* – ampleur, intégrité, plénitude, satiété, saturation, totalité. ▶ *Richesse* – aisance, bien-être, fortune, opulence, or, prospérité, richesse. ▶ *Luxe* – apparat, appareil, beauté, confort, dolce vita, éclat, étalage, faste, grandeur, luxe, magnificence, majesté, opulence, ostentation, pompe, profusion, richesse, somptuosité, splendeur. *FAM.* tra la la. ▶ *Grand nombre de personnes* – affluence, armada, armée, attroupement, cohue, concentration, concours, encombrement, essaim, flot, forêt, foule, fourmilière, fourmillement, grouillement, légion, marée, masse, meute, monde, multitude, peuple, pléiade (*célébrités*), pullulement, rassemblement, régiment, réunion, ribambelle, ruche, tas, troupeau. *FAM.* flopée, marmaille (*enfants*), tapée, tripotée. *QUÉB.* achalandage; *FAM.* tapon, trâlée. *PÉJ.* ramassis. ▶ *Loquacité* – débit, éloquence, emballement, expansivité, expressivité, exubérance, facilité, faconde, incontinence (verbale), logomachie, logorrhée, loquacité, péroraison, prolixité, verbalisme, verbiage, verbosité, verve, volubilité. *MÉD.* lalomanie. *FAM.* bagou, baratin, baratinage, dégoisement, tchatche. *QUÉB. ACADIE FAM.* jarnigoine, jasette. ▲ANT. ABSENCE, INSUFFISANCE, MANQUE; DISETTE, PÉNURIE, RARETÉ; DÉNUEMENT, INDIGENCE, PAUVRETÉ.

abondant *adj.* ▶ *Qui se trouve en grande quantité* – considérable, innombrable, nombreux. *FAM.* à la pelle. ▶ *Qui produit en abondance* – débordant, fécond, fertile, foisonnant, fructueux, généreux, inépuisable, intarissable, productif, prolifique, riche. *SOUT.* copieux, inexhaustible, plantureux. ▶ *Qui croît en abondance* – exubérant, luxuriant. ▶ *En parlant de nourriture* – copieux, plantureux. *SOUT.* gargantuesque, pantagruélique. ▶ *En parlant d'un fluide* – *SOUT.* profus. ▲ANT. CLAIRSEMÉ, PAUVRE, RARE; FRUGAL, LÉGER, MAIGRE.

abonder *v.* ▶ *Se trouver en grande quantité* – foisonner, fourmiller, pulluler. ▶ *Contenir en abondance* – déborder de, foisonner de, fourmiller de, regorger de, surabonder de/en. ▲ANT. ÊTRE RARE, FAIRE DÉFAUT, MANQUER.

abonné *n.* ▸ *Personne inscrite* – adhérent, affilié, cotisant, inscrit, membre, participant. ▸ *Personne habituée* (FAM.) – client, familier, fidèle, (vieil) habitué. SOUT. pratique. PÉJ. pilier.

abord *n. m.* ▸ *Accueil* – accès, accueil, approche, attitude, contact, mine, réception, tête, traitement. ▸ *Caractère* – caractère, comportement, constitution, esprit, état d'âme, état d'esprit, humeur, idiosyncrasie, individualité, mentalité, nature, naturel, personnalité, sensibilité, tempérament, trempe. FAM. psychologie. ACADIE FAM. alément. PSYCHOL. thymie. ▸ *Accès* – accès, approche, arrivée, entrée, introduction, ouverture, seuil. MAR. embouquement *(d'une passe).* ◆ *abords, plur.* ▸ *Proximité* – alentours, approches, bordures, entourage, environs, parages, voisinage. SOUT. entour. ▸ *Banlieue* – alentours, banlieue, banlieue-dortoir, ceinture, cité-dortoir, couronne, environs, extension, faubourg, périphérie, quartier-dortoir, ville-dortoir, zone (suburbaine). ▲ANT. △ABORDS, plur. – CENTRE, MILIEU.

aborder *v.* ▸ *Accoster un endroit* – accoster, débarquer, prendre terre. ▸ *Accoster qqn* – accoster, approcher. ▲ANT. APPAREILLER, PARTIR, S'ÉLOIGNER, S'EN ALLER; FUIR, QUITTER; ÉLUDER, ÉVITER.

aboutir *v.* ▸ *Déboucher sur un lieu* – conduire, déboucher sur, donner accès à, mener à. ▸ *Avoir comme dénouement* – finir, se solder, se terminer. ▸ *Réussir* – marcher, prendre, réussir. FAM. cartonner, faire un carton. ▸ *Finir par arriver* – FAM. atterrir. QUÉB. FAM. retontir. ▲ANT. PARTIR DE, S'ÉLOIGNER; COMMENCER; S'ÉTERNISER, SE PROLONGER; ÉCHOUER, RATER.

aboutissement *n. m.* ▸ *Extrémité* – bord, bordure, borne, bout, cap, confins, délimitation, extrême, extrémité, fin, finitude, frange, frontière, ligne, limite, lisière, orée, pied, pointe, pôle, queue, talon, terme, terminaison, tête. ▸ *Conclusion* – accomplissement, achèvement, apothéose, but, chute, complémentation, complètement, complétude, conclusion, consécration, consommation, couronnement, dénouement, exécution, fin, finition, fruit, issue, produit, réalisation, règlement, résolution, résultat, sortie, terme, terminaison. SOUT. aboutissant. PHILOS. entéléchie. ▲ANT. COMMENCEMENT, DÉBUT, NAISSANCE, ORIGINE, PRÉMICES.

aboyer *v.* ▸ *En parlant d'un chien* – clabauder, donner de la voix, glapir, hurler, japper. ▸ *En parlant de qqn* – crier, fulminer, pester, tempêter, tonner, vociférer. SOUT. clabauder, déclamer, invectiver. FAM. déblatérer, gueuler. QUÉB. FAM. chialer, sacrer.

abrégé *n. m.* aide-mémoire, analyse, aperçu, argument, compendium, condensé, éléments, épitomé, esquisse, extrait, livret, manuel, mémento, morceau, notice, page, passage, plan, précis, promptuaire, raccourci, récapitulation, réduction, résumé, rudiment, schéma, sommaire, somme, synopsis, vade-mecum. FAM. topo. ▲ANT. AMPLIFICATION, DÉVELOPPEMENT; INTÉGRALITÉ, SOMME, TOTALITÉ, VERSION INTÉGRALE, VERSION NON EXPURGÉE.

abréger *v.* ▸ *Diminuer la durée* – écourter, raccourcir. SOUT. accourcir. ▸ *Résumer* – condenser, écourter, raccourcir, ramasser, réduire, resserrer, résumer. ▸ *Débarrasser des passages inutiles* – élaguer,

émonder. ▲ANT. ALLONGER, ÉTIRER, PROLONGER; AMPLIFIER, DÉVELOPPER, EXPLIQUER; ENRICHIR.

abreuver *v.* ▸ *Faire boire un animal* – apaiser la soif de, désaltérer, étancher la soif de. FAM. rafraîchir. ▸ *Mouiller* – arroser, baigner, détremper, gorger d'eau, imbiber, imprégner, inonder, mouiller. ▸ *Donner en abondance* – accabler, combler, couvrir, gaver, gorger, inonder, rassasier, soûler. ◆ *s'abreuver* ▸ *En parlant d'un animal* – boire, se désaltérer. ▲ANT. ASSOIFFER, PRIVER; ASSÉCHER, TARIR; ÉPARGNER, MÉNAGER.

abri *n. m.* ▸ *Ombrage* – ombrage, ombre, protection. ▸ *Refuge contre les intempéries* – refuge. ▸ *Refuge militaire* – blockhaus, bunker, cagna, casemate, fortin, gourbi, guitoune, tourelle. ▸ *Refuge d'animal* – aire, antre *(bête féroce),* caverne, gîte, halot *(lapin),* héronnière, liteau *(loup),* nid, refuge, renardière, repaire, reposée *(sanglier ou cervidé),* ressui *(pour se sécher),* retraite, tanière, tapinière, terrier, trou. QUÉB. ravage *(cerfs);* FAM. ouache. ▸ *Lieu sûr ou isolé* – affût, asile, cache, cachette, gîte, lieu de repos, lieu sûr, refuge, retraite. FIG. ermitage, havre (de paix), oasis, port, solitude, tanière, toit. PÉJ. antre, planque, repaire. ▸ *Sécurité* – assurance, calme, confiance, paix, quiétude, repos, salut, sécurité, sérénité, sûreté, tranquillité (d'esprit). ▸ *Protection* – aide, appui, assistance, chapeautage, conservation, couverture, garantie, garde, mandat, parrainage, paternalisme, patronage, protection, recommandation, renfort, rescousse, sauvegarde, secours, sécurisation, soutien, surveillance, tutelle. FIG. parapluie. QUÉB. marrainage *(femme).* SOUT. égide. FAM. piston. ▲ANT. ARÈNE, CHAMP DE BATAILLE, DANGER, FOSSE AUX LIONS, PÉRIL, PIÈGE.

abriter *v.* ▸ *Recouvrir* – couvrir, recouvrir. QUÉB. FAM. abrier. ▸ *Protéger* – assurer, défendre, garantir, garder, mettre à l'abri, préserver, protéger, tenir à l'abri. ▸ *Héberger* – accueillir, coucher, donner l'hospitalité à, donner le gîte à, héberger, loger, recevoir, recueillir. ◆ *s'abriter* ▸ *Se protéger* – se mettre à couvert, se mettre à l'abri, se protéger. ▸ *Se cacher* – se blottir, se cacher, se mettre à couvert, se mettre à l'abri, se nicher, se réfugier, se tapir, se terrer. FAM. se planquer. ▲ANT. DÉCOUVRIR, EXPOSER; NÉGLIGER.

abrupt *adj.* ▸ *Escarpé* – à fond de cuve, à pic, accore, escarpé, montant, raide, rapide. ▸ *Brusque* – agressif, bourru, bref, brusque, brutal, cassant, coupant, dur, incisif, raide, rude, sec, tranchant. ▲ANT. DOUCE *(pente);* DÉLICAT *(personne),* DOUX.

abruptement *adv.* brusquement, brutalement, carrément, catégoriquement, crûment, directement, droit, droit au but, en plein, fermement, franc, franchement, hardiment, librement, net, nettement, raide, raidement, résolument, rondement, sans ambages, sans ambiguïté, sans barguigner, sans détour(s), sans dissimulation, sans équivoque, sans faux-fuyant, sans hésitation, sans intermédiaire, vertement. FAM. franco. ▲ANT. AVEC DOUCEUR, DÉLICATEMENT, DOUCEMENT.

absence *n. f.* ▸ *Non présence* – départ, disparition, échappée, éloignement, escapade, évasion, fugue, séparation. FAM. éclipse. ▸ *Manque* – défaut, lacune, manque, omission, privation, trou, vide. ▸ *Distraction* – absence (d'esprit), déconcentration, défaillance, dispersion, dissipation, distraction, étourderie, imprudence, inadvertance, inapplication, inattention, inconséquence, irréflexion, légèreté, négligence, omission, oubli. *PSYCHAN.* aprosexie, déflexion. *PSYCHOL.* distractivité. ▸ *Oubli* – amnésie, étourderie, manque, mauvaise mémoire, omission, oubli, perte de mémoire, trou (de mémoire). ▲ANT. PRÉSENCE; ABONDANCE; ATTENTION.

absent *adj.* ▸ *Qui manque* – manquant, qui fait défaut. ▸ *Qui n'existe pas* – inexistant, négligeable, nul. ▸ *En situation d'absence* – *DR.* contumace, défaillant. ▸ *Inattentif* – absorbé (dans ses pensées), distrait, inattentif, lointain, lunaire, méditatif, pensif, qui a l'esprit ailleurs, rêvasseur, rêveur, somnambule, songeur. *FAM.* dans la lune. *QUÉB. FAM.* coq-l'œil, lunatique. ▲ANT. PRÉSENT; COMPARANT *(justice)*; DISTRAIT, INATTENTIF.

absenter (s') *v.* ▲ANT. DEMEURER, ÊTRE PRÉSENT, FAIRE ACTE DE PRÉSENCE, RESTER; APPARAÎTRE, ARRIVER, SE PRÉSENTER.

absolu *adj.* ▸ *Sans restriction* – complet, entier, exhaustif, global, inconditionnel, intégral, parfait, plein, rigoureux, sans réserve, total. *QUÉB. FAM.* mur-à-mur. *PÉJ.* aveugle. ▸ *En parlant d'un pouvoir* – discrétionnaire, illimité. ▸ *Oppressif* – absolutiste, arbitraire, autocratique, autoritaire, césarien, despote, despotique, dictatorial, directif, dominateur, hégémonique, jupitérien, totalitaire, tyrannique. ▲ANT. PARTIEL, RELATIF; CONDITIONNEL; DÉMOCRATIQUE, ÉGALITAIRE.

absolu *n. m.* ▸ *Perfection* – absoluité, beau, bien, bonté, exemplarité, idéal, infini, nec plus ultra, perfection, pureté, qualité, quintessence, succulence, summum, transcendance. ▲ANT. (LE) RELATIF.

absolument *adv.* ▸ *Complètement* – à fond, à tous (les) égards, au (grand) complet, au long, au total, complètement, d'un bout à l'autre, de A (jusqu') à Z, du début à la fin, du tout au tout, en bloc, en entier, en totalité, en tous points, entièrement, exhaustivement, fin, in extenso, intégralement, pleinement, sous tous les rapports, sur toute la ligne, totalement, tout, tout à fait. *QUÉB. FAM.* mur-à-mur. ▸ *Parfaitement* – carrément, catégoriquement, complètement, parfaitement, purement, radicalement, tout à fait. *FAM.* royalement, souverainement. ▸ *Fondamentalement* – en essence, essentiellement, foncièrement, fondamentalement, intrinsèquement, organiquement, primordialement, principalement, profondément, radicalement, substantiellement, totalement, viscéralement, vitalement. ▸ *Obligatoirement* – à tout prix, coûte que coûte, essentiellement, impérativement, impérieusement, inconditionnellement, indispensablement, nécessairement, obligatoirement, sans faute. ▸ *Tyranniquement* – arbitrairement, autocratiquement, autoritairement, d'autorité, despotiquement, dictatorialement, discrétionnairement, tyranniquement, unilatéralement. ▲ANT. RELATIVEMENT; DÉMOCRATIQUEMENT.

absolution *n. f.* ▸ *Pardon* – absoute *(public)*, acquittement, aman, amnistie, annulation, clémence, dédouanement, disculpation, extinction, grâce, indulgence, jubilé, mise hors de cause, miséricorde, mitigation, oubli, pardon, pénitence, prescription, réhabilitation, relaxe, remise (de peine), ré-

mission, suppression (de peine). ▲ANT. ACCUSATION; CONDAMNATION; PUNITION; INCLÉMENCE.

absorbant *adj.* ▸ *Qui absorbe l'eau* – hydrophile. ▸ *Captivant* – accrocheur, captivant, fascinant, intéressant, palpitant, passionnant, prenant. *SOUT.* attractif. *QUÉB.* enlevant. ▸ *Accaparant* – accaparant, exigeant, prenant. ▲ANT. ÉTANCHE, HYDROFUGE, IMPERMÉABLE; ENDORMANT, ININTÉRESSANT, LASSANT.

absorbé *adj.* ▸ *Concentré* – à l'affût, à l'écoute, attentif, aux aguets, concentré, diligent, tout à, tout ouïe, tout yeux tout oreilles, vigilant. ▸ *Soucieux* – contrarié, ennuyé, inquiet, pensif, perplexe, préoccupé, songeur, soucieux, tracassé. ▸ *Distrait* – absent, absorbé (dans ses pensées), distrait, inattentif, lointain, lunaire, méditatif, pensif, qui a l'esprit ailleurs, rêvasseur, rêveur, somnambule, songeur. *FAM.* dans la lune. *QUÉB. FAM.* coq-l'œil, lunatique.

absorber *v.* ▸ *S'imbiber* – boire, pomper, s'imbiber ou s'imprégner de. ▸ *Ingurgiter* – avaler, consommer, déglutir, ingérer, ingurgiter, prendre. ▸ *Accaparer* – accaparer, occuper, prendre en entier. *FAM.* bouffer. ◆ **s'absorber** ▸ *Se plonger* – se perdre, se plonger, sombrer. *SOUT.* s'abîmer. ▲ANT. DÉGORGER, REJETER; CRACHER, RÉGURGITER, VOMIR. △S'ABSORBER – SE DÉTACHER, SE DISTRAIRE, SE DIVERTIR.

absorption *n. f.* ▸ *Imbibition* – absorptivité, aluminage *(alumine)*, alunage *(alun)*, endosmose, imbibition, imprégnation, incération *(cire)*, infiltration, pénétration, percolation. *PHYSIOL.* insalivation. ▸ *Alimentation* – alimentation, consommation, cuisine, ingestion, ingurgitation, manducation, menu, nourrissement, nourriture, nutrition, ordinaire, repas, sustentation. *FAM.* cuistance, popote. ▸ *Digestion* – anabolisme, assimilation, biosynthèse, chimisme, coction, digestion, eupepsie, ingestion, métabolisme, nutrition, phagocytose *(cellules)*, rumination, transformation. ▸ *Annexion* – annexion, fusion, fusionnement, incorporation, intégration, phagocytose, rattachement, réunification, réunion. ▸ *Effacement* – anéantissement, annihilation, démolition, destruction, dévastation, disparition, effacement, élimination, enlèvement, éradication, fin, gommage, liquidation, mort, néantisation, suppression. *SOUT.* extirpation. ▲ANT. RÉGURGITATION, VOMISSEMENT; ÉLIMINATION, ÉMONCTION; TRANSPIRATION; REJET; REFUS.

absoudre *v.* ▸ *Pardonner* – excuser, pardonner à. *SOUT.* amnistier, ne pas tenir rigueur à, tenir pour quitte. ▸ *Disculper* – blanchir, décharger, disculper, innocenter, justifier, laver d'une accusation, mettre hors de cause, réhabiliter. *DR.* acquitter. ▲ANT. ANATHÉMISER, CONDAMNER, EXCOMMUNIER; ACCUSER, INCULPER, JUGER.

abstenir (s') *v.* ▸ *S'empêcher de faire qqch.* – éviter de, s'empêcher de, s'interdire de, se défendre de, se garder de, se refuser à, se retenir de. ▸ *Se priver de qqch.* – faire une croix sur, renoncer à, sacrifier, se passer de, se priver de, tirer une croix sur. *SOUT.* immoler, se dénuer de. *FAM.* se brosser. ▲ANT. AGIR, PARTICIPER, PRENDRE PART, PRENDRE PARTI; RECHERCHER, SE PERMETTRE DE.

abuser

abstention *n. f.* ▶ *Neutralité* – abstentionnisme, apolitisme, indifférence, indifférentisme, isolationnisme, laisser-faire, neutralisme, neutralité, non-agression, non-alignement, non-belligérance, non-engagement, non-ingérence, non-intervention. ▲ANT. PARTICIPATION; INTERVENTION; ACTION.

abstinent *adj.* ▶ *Qui ne fait pas d'abus* – frugal, modéré, sobre, tempérant. ▶ *Qui s'abstient d'alcool* – abstème, sobre, tempérant. ▶ *Qui s'abstient de relations sexuelles* – chaste. ▲ANT. IMMODÉRÉ, INTEMPÉRANT, QUI DÉPASSE LA MESURE; IVROGNE; SEXUELLEMENT ACTIF.

abstraction *n. f.* ▶ *Concept* – archétype, concept, conception, conceptualisation, connaissance, conscience, entité, fiction, généralisation, idée, imagination, notion, noumène, pensée, représentation (mentale), schème, théorie. ▶ *Immatérialité* – abstrait, cérébralité, essentialité, évanescence, idéalité, immatérialité, impalpabilité, imperceptibilité, impondérabilité, incorporalité, incorporéité, intangibilité, intemporalité, irréalité, spiritualité, spirituel, subtilité, volatilité. ▶ *Dématérialisation* – conceptualisation, dématérialisation, désincarnation, essentialisation, idéalisation, intellectualisation, mentalisation, spiritualisation, sublimation. ▶ *Illusion* – abstrait, apparence, berlue, chimère, déréalisation, fantasme, faux, faux-semblant, fiction, fumée, hallucination, illusion, image, imagination, irréalisme, irréalité, leurre, mensonge, mirage, onirisme, psychédélisme, rêve, rêverie, semblant, simulation, songe, songerie, trompe-l'œil, tromperie, utopie, vision, vue de l'esprit. *FAM.* frime. *SOUT.* prestige. ▶ *Art abstrait* – abstractionnisme, abstrait, art abstrait, non-figuration. ▲ANT. RÉALITÉ; MATÉRIALITÉ; ART FIGURATIF.

abstrait *adj.* ▶ *Qui n'existe que dans l'esprit* – abstractif, cérébral, conceptuel, idéal, intellectuel, livresque, mental, spéculatif, théorique. *PHILOS.* idéationnel, idéel, théorétique. ▶ *En parlant d'art* – non figuratif. ▲ANT. CONCRET, MATÉRIEL, TANGIBLE; FIGURATIF *(art)*; APPLIQUÉ *(science)*, EXPÉRIMENTAL.

abstrait *n. m.* ▶ *Immatérialité* – abstraction, cérébralité, essentialité, évanescence, idéalité, immatérialité, impalpabilité, imperceptibilité, impondérabilité, incorporalité, incorporéité, intangibilité, intemporalité, irréalité, spiritualité, spirituel, subtilité, volatilité. ▶ *Illusion* – abstraction, apparence, berlue, chimère, déréalisation, fantasme, faux, faux-semblant, fiction, fumée, hallucination, illusion, image, imagination, irréalisme, irréalité, leurre, mensonge, mirage, onirisme, psychédélisme, rêve, rêverie, semblant, simulation, songe, songerie, trompe-l'œil, tromperie, utopie, vision, vue de l'esprit. *FAM.* frime. *SOUT.* prestige. ▶ *Art abstrait* – abstraction, abstractionnisme, art abstrait, non-figuration. ▶ *Artiste* – abstractionniste, non-figuratif. ▲ANT. CONCRET; RÉALITÉ; MATÉRIALITÉ; (ARTISTE) FIGURATIF.

abstraitement *adv.* ▶ *Imaginairement* – abstractivement, dans l'absolu, dans l'abstrait, hypothétiquement, idéalement, imaginairement, in abstracto, intellectuellement, irréellement, platoniquement, profondément, subtilement, théoriquement. ▶ *Confusément* – confusément, évasivement, imperceptiblement, imprécisément, indistinctement, nébuleusement, obscurément, vaguement,

vaseusement. ▲ANT. CONCRÈTEMENT, DANS LES FAITS, EN PRATIQUE, EN RÉALITÉ, RÉELLEMENT.

absurde *adj.* ▶ *Illogique* – aberrant, déraisonnable, fou, idiot, illogique, inepte, insensé, irrationnel, qui n'a aucun sens, ridicule, stupide. *SOUT.* insane. *FAM.* dément, qui ne tient pas debout. *PSYCHOL.* confusionnel. *PHILOS.* alogique. ▶ *Invraisemblable* – à dormir debout, abracadabrant, abracadabrantesque, baroque, biscornu, bizarre, burlesque, cocasse, exagéré, excentrique, extravagant, fantasque, farfelu, fou, funambulesque, grotesque, impayable, impossible, incroyable, insolite, invraisemblable, loufoque, qui ne tient pas debout, rocambolesque, saugrenu, tiré par les cheveux, vaudevillesque. *FRANCE FAM.* foutraque, gaguesque, louf, louftingue. ▲ANT. COHÉRENT, LOGIQUE, RATIONNEL.

absurdité *n. f.* ▶ *Contradiction* – antilogie, antinomie, aporie, conflit, contradiction, contressens, contrevérité, impossibilité, incohérence, inconsistance, invraisemblance, non-sens, paradoxe, sophisme. ▶ *Illogisme* – aberration, absurde, apagogie, contradiction, illogisme, incohérence, inconséquence, irrationalité, irrationnel, non-sens, paradoxe, paralogisme. ▶ *Acte ou parole stupide* – ânerie, bafouillage, bafouillis, baliverne, balourdise, bêlement, bêtise, bourde, calembredaine, cliché, divagation, fadaise, faribole, folie, idiotie, imbécillité, ineptie, insanité, niaiserie, non-sens, perle, propos en l'air, sornette, sottise, stupidité. *SOUT.* billevesée. *FAM.* crétinerie, déblocage, déconnage, dinguerie, vanne. ▲ANT. VÉRITÉ; BIEN-FONDÉ; BON SENS; INTELLIGENCE, RAISON; SAGESSE.

abus *n. m.* ▶ *Excès* – démesure, exagération, excès, extrémisme, immodération, jusqu'au-boutisme, maximalisme, outrance. *FAM.* charriage. ▶ *Injustice* – arbitraire, déloyauté, déni de justice, empiétement, erreur (judiciaire), exploitation, favoritisme, illégalité, illégitimité, inconstitutionnalité, inégalité, iniquité, injustice, irrégularité, mal-jugé, malveillance, noirceur, partialité, passe-droit, privilège, scélératesse, tort, usurpation. *SOUT.* improbité. ▲ANT. MODÉRATION, PONDÉRATION, RETENUE; ABSTINENCE, TEMPÉRANCE; JUSTICE.

abuser *v.* ▶ *Faire un mauvais usage* – faire mauvais usage. *SOUT.* mésuser. ▶ *Exploiter* – exploiter, presser comme un citron, pressurer, profiter de. ▶ *Violer* – faire violence à, violenter, violer. ▶ *Duper* – attraper, avoir, bercer, berner, duper, en conter à, en faire accroire à, flouer, leurrer, mentir à, mystifier, se jouer de, se moquer de, tromper. *FAM.* blouser, bluffer, canuler, charrier, cravater, empaumer, empiler, entourlouper, esbroufer, faire marcher, feinter, la faire à, mener en bateau, mettre en boîte, pigeonner, posséder, refaire, rouler. *QUÉB. FAM.* amancher, bourrer, enfirouaper, niaiser. ▶ *Induire en erreur* – faire illusion, fourvoyer, induire en erreur, jeter de la poudre aux yeux, leurrer, tromper. *SOUT.* illusionner. ◆ **s'abuser** ▶ *Se tromper* – avoir tort, commettre une erreur, faire erreur, faire fausse route, se fourvoyer, se méprendre, se tromper. *SOUT.* errer, s'égarer. *FAM.* prendre des vessies pour des lanternes, se blouser, se ficher dedans, se fourrer le doigt dans l'œil, se gourer, se mettre dedans, se mettre le doigt dans l'œil, se planter. ▶ *Se faire des illusions* – s'illusionner, se

académicien

bercer d'illusions, se faire des idées, se faire des illusions, se leurrer, se tromper. *FAM.* croire au père Noël, se monter la tête, se monter le bonnet, se monter le bourrichon. *QUÉB. FAM.* s'en faire accroire, se conter des histoires. ▲**ANT.** DÉTROMPER, ÉCLAIRER, PRÉVENIR, RENSEIGNER; DÉSABUSER, DÉSENCHANTER.

académicien *n.* habit vert, Immortel, membre de l'Institut, pensionnaire du palais Mazarin, pensionnaire du quai Conti, un des Quarante.

académie *n. f.* ▶ *Association savante ou artistique* – aréopage, cénacle, cercle, club, école, institut, société. ▶ *École* – alumnat, collège, conservatoire, école, établissement d'enseignement, établissement scolaire, high school *(pays anglo-saxons)*, institut, institution, lycée, maison d'éducation, maison d'enseignement, medersa *(pays musulmans)*, petit séminaire. *FRANCE FAM.* bahut, boîte. *QUÉB.* cégep, collégial, polyvalente, régionale *(en région)*; *FAM.* poly. *BELG.* athénée. *SUISSE* gymnase. ▶ *Université* – alma mater, campus, collège, complexe universitaire, école, enseignement supérieur, faculté, institut, université. *FAM.* fac. *QUÉB.* cité universitaire. *BELG. FAM.* unif. *SUISSE FAM.* uni. ◆ **l'Académie** ▶ *Institution spécifique* – l'Académie (française), l'Institut, la Coupole, le palais Mazarin, le quai Conti, les Quarante.

académique *adj.* ▶ *Sans originalité* – banal, classique, commun, conformiste, convenu, plat, standard. ▲**ANT.** FAMILIER, FRAIS, NATUREL, RELÂCHÉ, SPONTANÉ.

accablant *adj.* ▶ *Pénible à supporter* – aliénant, asservissant, assujettissant, astreignant, contraignant, écrasant, étouffant, exigeant, impitoyable, lourd, oppressant, pénible, pesant. ▶ *Épuisant* – abrutissant, épuisant, éreintant, exténuant, fatigant, harassant, surmenant. *FAM.* claquant, crevant, esquintant, tuant, usant. *FRANCE FAM.* cassant, foulant, liquéfiant. ▶ *Qui incrimine* – accusateur, incriminant, incriminateur, inculpatoire, révélateur. ▶ *Très chaud* – brûlant, caniculaire, chaud, écrasant, étouffant, lourd, oppressant, saharien, suffocant, torride, tropical. ▲**ANT.** DOUX, LÉGER; LIBÉRATEUR; RELAXANT, REPOSANT; DÉCULPABILISANT, DISCULPATOIRE.

accablement *n. m.* ▶ *Affaiblissement* – abattement, affaiblissement, alanguissement, amoindrissement, amollissement, anémie, apathie, avachissement, consomption, découragement, défaillance, dépérissement, épuisement, étiolement, exténuation, fatigue, fragilisation, harassement, lassitude, rabaissement, ralentissement, ramollissement, sape, usure. *SOUT.* débilité. *MÉD.* adynamie, asthénie, asthénomanie, atonie, collapsus, débilitation. ▶ *Fatigue* – abattement, affaiblissement, affaissement, affalement, alanguissement, amollissement, anéantissement, apathie, atonie, consomption, épuisement, éreintement, exténuation, faiblesse, fatigue, forçage, harassement, inertie, labeur, langueur, lassitude, marasme, peine, prostration, stress, surmenage. *MÉD.* adynamie, anémie, asthénie. ▶ *Abattement* – abattement, anéantissement, catalepsie, catatonie, démotivation, dépression, effondrement, hébétude, léthargie, marasme, neurasthénie, prostration, sidération, stupeur, torpeur. ▶ *Désappointement* – abattement, affliction, amertume, anéantissement, chagrin, consternation, contrariété, déboires,

déception, déconvenue, découragement, dégoût, dégrisement, démoralisation, dépit, désappointement, désenchantement, désespoir, désillusion, désolation, échec, écœurement, ennui, infortune, insuccès, lassitude, mécompte, peine, regret, revers, tristesse. *SOUT.* atterrement, déréliction, désabusement, désespérance, retombement. *FAM.* défrisage, défrisement, douche (froide), ras-le-bol. ▶ *Tristesse* – abattement, affliction, aigreur, amertume, chagrin, dépression, désolation, deuil, douleur, ennui, épreuve, grisaille, humeur noire, idées noires, idées sombres, langueur, lypémanie, mal du pays, mal-être, maussaderie, mélancolie, monotonie, morosité, neurasthénie, noir, nostalgie, papillons, peine, saudade, serrement de cœur, souci, tædium vitæ, tristesse, vague à l'âme. *SOUT.* atrabile, larmes, navrement, nuage, spleen, taciturnité. *FAM.* bourdon, cafard, déprime, sinistrose. ▲**ANT.** DYNAMISME, ÉNERGIE, TONUS, VIGUEUR; EXALTATION, GAIETÉ, JOIE, OPTIMISME.

accabler *v.* ▶ *Frapper d'un mal* – affliger, atteindre, frapper, toucher. ▶ *Charger* – charger, écraser, étouffer, peser sur, surcharger. *SOUT.* opprimer. ▶ *Tyranniser* – écraser, opprimer, persécuter, tyranniser. ▶ *Atterrer* – abattre, anéantir, atterrer, briser, consterner, désespérer, foudroyer, terrasser. *FAM.* catastropher, jeter à terre. ▶ *Incriminer* – accuser, incriminer. ▶ *Couvrir* – abreuver, combler, couvrir, gaver, gorger, inonder, rassasier, soûler. ▲**ANT.** SOULAGER; DÉCHARGER; LIBÉRER; RAGAILLARDIR, RÉCONFORTER, REPOSER.

accalmie *n. f.* ▶ *Amélioration du temps* – adoucissement, amélioration, bonace, calme plat, éclaircie, embellie, radoucissement, réchauffement, redoux, répit, tiédissement, tranquillité, trouée. *ACADIE FAM.* clairon. ▶ *Apaisement* – apaisement, bonace, bonheur, calme, éclaircie, entente, fraternité, harmonie, idylle, paix, quiétude, rémission, repos, silence, tranquillité, trêve, union, unité. *SOUT.* kief *(en Orient)*. ▲**ANT.** CRISE; AGITATION, TEMPÊTE; RECHUTE; REPRISE.

accaparant *adj.* ▶ *Exigeant* – absorbant, exigeant, prenant. ▶ *Envahissant* – accapareur, encombrant, envahissant, fatigant, importun, indésirable, indiscret, intrus, pesant, sans gêne. *FAM.* casse-pieds, collant, crampon, embêtant. *QUÉB. FAM.* achalant, dérangeant. ▲**ANT.** FACILE, SIMPLE; ACCOMMODANT, COMPLAISANT, SOUPLE.

accaparer *v.* ▶ *Monopoliser* – monopoliser, retenir, s'approprier, s'emparer de, se rendre maître de. *FAM.* truster. ▶ *Absorber* – absorber, occuper, prendre en entier. *FAM.* bouffer. ▶ *Retenir qqn indûment* – *FAM.* coller, cramponner. ▲**ANT.** DISTRIBUER, PARTAGER, RÉPARTIR; LIQUIDER.

accéder *v.* ▶ *Atteindre* – arriver à, atteindre, gagner, parvenir à, se rendre à, toucher. ▶ *Accepter* – accepter, acquiescer à, agréer, approuver, avaliser, cautionner, consentir à, dire oui à, donner son aval à, opiner à, toper, vouloir. *FAM.* marcher. ▲**ANT.** QUITTER; RESTER HORS DE, SE VOIR REFUSER L'ACCÈS DE; MANQUER, NE PAS PARVENIR À, RATER.

accélération *n. f.* accroissement, activation, augmentation de cadence, augmentation de vitesse, dynamisation, fuite en avant, hâte, précipitation. ▲**ANT.** DÉCÉLÉRATION, RALENTISSEMENT; DIMINUTION.

accélérer v. ▸ *Précipiter* – activer, brusquer, hâter, précipiter, presser. SOUT. diligenter. ▲ANT. FREINER, MODÉRER, RALENTIR; RETARDER, RETENIR.

accent n. m. ▸ *Modulation* – accentuation, inflexion, intensité, intonation, modulation, prononciation, prosodie, ton, tonalité. LING. traits suprasegmentaux.

accentué adj. accusé, fort, marqué, net, prononcé, sec.

accentuer v. ▸ *Faire ressortir* – accuser, faire ressortir, marquer, mettre en évidence, mettre en relief, souligner. ▸ *De façon favorable* – faire valoir, mettre en valeur, rehausser, relever, valoriser. ▸ *Intensifier* – accroître, ajouter à, amplifier, augmenter, intensifier, renforcer. SOUT. exalter. ▸ *Prononcer avec force* – appuyer sur, marteler, scander. ◆ s'**accentuer** ▸ *Augmenter* – augmenter, croître, grandir, grossir, prendre de l'ampleur, prendre de l'envergure, redoubler, s'accroître, s'amplifier, s'intensifier, se développer. ▲ANT. ATTÉNUER, BANALISER, MINIMISER, MODÉRER, NEUTRALISER, RÉDUIRE; DISSIMULER, MASQUER.

acceptable adj. ▸ *Admissible* – admissible, recevable, valable, valide. ▸ *Satisfaisant* – approuvable, bien, bon, convenable, correct, décent, honnête, honorable, moyen, passable, présentable, raisonnable, satisfaisant, suffisant. FAM. potable, supportable. ▲ANT. INACCEPTABLE, INADMISSIBLE, IRRECEVABLE; EXCELLENT, EXTRAORDINAIRE, FANTASTIQUE; LAMENTABLE, MÉDIOCRE, MINABLE, NAVRANT, PIÈTRE, PITEUX, PITOYABLE, RATÉ; INSATISFAISANT, INSUFFISANT.

acceptation n. f. ▸ *Consentement* – accord, accréditation, acquiescement, adhésion, adoption, affirmation, affirmative, agrément, amen, approbation, approbativité, approuvé, assentiment, autorisation, aval, avis favorable, bénédiction, caution, chorus, confirmation, consentement, déclaration favorable, engagement, entérinement, exeat, feu vert, gré, homologation, légalisation, oui, permission, ratification, sanction, validation. BELG. agréage, agréation. SOUT. suffrage. RELIG. admittatur, celebret, créance, imprimatur, nihil obstat. ▸ *Résignation* – aquoibonisme, déterminisme, fatalisme, passivité, philosophie, providentialisme, renoncement, résignation, stoïcisme. ▲ANT. NON, REFUS; DÉSACCORD.

accepter v. ▸ *Admettre dans un groupe* – accueillir, admettre, agréger, recevoir. ADMIN. agréer. ▸ *Approuver* – accéder à, acquiescer à, agréer, approuver, avaliser, cautionner, consentir à, dire oui à, donner son aval à, opiner à, toper, vouloir. FAM. marcher. ▸ *De manière officielle* – approuver, confirmer, entériner, homologuer, plébisciter, ratifier, sanctionner, sceller, signer, valider. ▸ *Endosser* – assumer, endosser, prendre sur soi, se charger de. ▸ *Consacrer* – consacrer, entériner, sanctionner. ▸ *Tolérer* – endurer, permettre, souffrir, supporter, tolérer. ▸ *Subir avec résignation* – faire contre mauvaise fortune bon cœur, prendre son parti de, s'incliner, se faire à l'idée, se faire une raison, se résigner, se résoudre, se soumettre. FAM. digérer. ▸ *Daigner* – condescendre à, consentir à, daigner, vouloir bien. ▲ANT. ÉCARTER, EXCLURE, REJETER, RENVOYER, REPOUSSER; DÉCLINER; REFUSER; S'OPPOSER À; S'INSURGER, SE RÉVOLTER.

acception n. f. ▸ *Sens* – définition, emploi, sémantisme, sens, signification, signifié, valeur.

accès n. m. ▸ *Entrée* – abord, approche, arrivée, entrée, introduction, ouverture, seuil. MAR. embouquement *(d'une passe)*. ▸ *Voie* – artère, rue, voie. ▸ *Large* – allée, avenue, boulevard, cours, mail, promenade. BELG. drève. ▸ *Petite* – boyau *(étroit)*, passage, ruelle. SOUT. venelle. ▸ *Accueil* – abord, accueil, approche, attitude, contact, mine, réception, tête, traitement. ▸ *Crise* – attaque, atteinte, bouffée, crise, flambée, poussée, quinte. ▸ *Sentiment passager* – bizarrerie, bon plaisir, caprice, changement, chimère, coup de tête, envie, extravagance, fantaisie, fantasme, folie, frasque, gré, guise, immaturité, impatience, incartade, inconstance, infantilisme, instabilité, légèreté, lubie, marotte, mobilité, originalité, saute (d'humeur), singularité, sporadicité, variation, versatilité, volonté. SOUT. folle gamberge, foucade, humeur. FAM. toquade. ▲ANT. ISSUE, SORTIE; DESCENTE.

accessible adj. ◆ choses ▸ *Ouvert à tous* – libre, ouvert, public. ▸ *Facile à comprendre* – à la portée de tous, clair, cohérent, compréhensible, concevable, déchiffrable, évident, facile, intelligible, interprétable, limpide, lumineux, pénétrable, saisissable, simple, transparent. ▸ *Peu cher* – à bas prix, à bon compte, à bon marché, à bon prix, abordable, avantageux, bas de gamme, bon marché, économique, modique, raisonnable. ◆ personnes ▸ *Que l'on peut approcher* – approchable, d'un abord facile, disponible. SOUT. abordable, accostable. QUÉB. FAM. parlable. ▸ *Réceptif* – ouvert, perméable, réceptif, sensible. ▲ANT. FERMÉ, IMPÉNÉTRABLE, INABORDABLE, INACCESSIBLE; INCOMPRÉHENSIBLE, ININTELLIGIBLE, NÉBULEUX; CHER, EXORBITANT, HORS DE PRIX.

accessoire adj. ▸ *Supplémentaire* – additif, additionnel, annexe, auxiliaire, complémentaire, en supplément, subsidiaire, supplémentaire. SOUT. adventice, supplétif, surérogatoire. ▸ *Peu important* – anecdotique, annexe, contingent, (d'intérêt) secondaire, de second plan, décoratif, dédaignable, épisodique, incident, indifférent, insignifiant, marginal, mineur, négligeable, périphérique. ▲ANT. ESSENTIEL, PRINCIPAL; IMPORTANT, NÉCESSAIRE.

accessoire n. m. ▸ *Outil* – appareil, instrument, outil, pièce, ustensile. ▸ *Ornement* – agrément, décor, décoration, détail, enjolivement, enjolivure, enrichissement, figure, fioriture, garniture, ornement, ornementation, parure. FAM. affiquet, affûtiaux. ▸ *Ce qui est ajouté* – à-côté, adjonction, ajout, annexe, appoint, complément, extra, rajout, supplément. FAM. rab, rabiot, rallonge. BELG. ajoute. SUISSE ajouture, rajouture. ▲ANT. ESSENTIEL, PRINCIPAL; VEDETTE.

accident n. m. ▸ *Hasard* – aléa, aléatoire, aventure, cas fortuit, chance, circonstance, coïncidence, conjoncture, contingence, coup de dés, coup du sort, facteur chance, fortuit, hasard, impondérable, imprévu, inattendu, incertitude, indétermination, occurrence, rencontre, sort. SOUT. fortune. QUÉB. FAM. adon. PHILOS. casualisme, casualité, indéterminisme. FIG. loterie. ▸ *Malheureux* – coup du destin, coup du sort, coup dur, cruauté du destin, fatalité, fortune contraire, infortune, malchance, malheur, mauvais sort, mauvaise fortune, sort contraire, vicissitude.

accidenté

SOUT. adversité, infélicité. FAM. déveine, guigne, manque de bol, manque de pot, poisse. FRANCE FAM. cerise, débine, guignon, mélasse, mouscaille, scoumoune. ▶ *Incident* – accroc, accrochage, affaire, anicroche, avatar, aventure, complication, contingences, contrariété, contretemps, crise, désagrément, difficulté, dispute, embarras, empêchement, ennui, épine, épisode, événement, éventualité, imprévu, incident, mésaventure, obstacle, occasion, occurrence, péripétie, problème, rebondissement, tribulations. SOUT. adversité. FAM. blème, cactus, embêtement, emmerde, emmerdement, enquiquinement, os, pépin, pétrin, tuile. FRANCE FAM. avaro, empoisonnement. ▶ *Exception* – anomalie, anormalité, contre-exemple, contre-indication, dérogation, exception, exclusion, particularité, réserve, restriction, singularité. ▶ *En philosophie* – apparence, attribut, contingence, forme, phénoménalité, phénomène, prédicat. ▶ *Signe de musique* – altération. ▲ANT. CHANCE, HEUREUX ÉVÉNEMENT ; HABITUDE ; QUOTIDIEN, ROUTINE, TRAIN-TRAIN ; BANALITÉ.

accidenté adj. ▶ *Couvert de monts* – montagneux. SOUT. montueux. ▶ *Couvert de bosses* – bosselé, inégal, mouvementé, raboteux. ▶ *Blessé* (FAM.) – blessé, éclopé, estropié, mutilé. ACADIE FAM. esclopé. ▲ANT. ÉGAL, NIVELÉ, PLAT, RÉGULIER, UNI ; INDEMNE, INTACT, SAIN ET SAUF.

accidentel adj. ▶ *Qui résulte du hasard* – exceptionnel, fortuit, imprévu, inattendu, inopiné. SOUT. de rencontre. ▲ANT. PRÉVISIBLE, PRÉVU ; INTENTIONNEL, PLANIFIÉ, PRÉMÉDITÉ, PROVOQUÉ, VOLONTAIRE ; ABSOLU (philosophie), NÉCESSAIRE, SUBSTANTIEL.

accidentellement adv. au passage, en passant, entre parenthèses, fortuitement, incidemment, par extraordinaire, par hasard, par impossible. SOUT. d'aventure, par accident, par aventure, par rencontre. ▲ANT. À DESSEIN, DE PROPOS DÉLIBÉRÉ, DÉLIBÉRÉMENT, EXPRÈS, INTENTIONNELLEMENT, SCIEMMENT, VOLONTAIREMENT.

acclamation n.f. ▶ *Applaudissement* – applaudissement, ban, bis, bravo, chorus, clameur, hourra, ovation, rappel, triomphe, vivat. ▶ *Louange* – apologie, apothéose, applaudissement, bravo, célébration, compliment, éloge, encensement, félicitations, fleur, glorification, héroïsation, louange, panégyrique, solennisation. SOUT. baisemain, congratulation, dithyrambe, exaltation. ▲ANT. HUÉE, SIFFLET ; PROTESTATION.

acclamer v. ▶ *Applaudir* – applaudir, ovationner. ▶ *Glorifier* – auréoler, célébrer, chanter, chanter les louanges de, diviniser, encenser, exalter, glorifier, héroïser, magnifier, mettre sur un piédestal, mythifier, porter au pinacle, porter aux nues. SOUT. lyriser, tresser des couronnes à, tresser des lauriers à. ▲ANT. CONSPUER, HUER, SIFFLER ; DÉNIGRER, VILIPENDER.

accolé adj. à côté, adjacent, attenant, bord à bord, contigu, côte à côte, en contact, juxtaposé, limitrophe, voisin. QUÉB. collé.

accoler v. joindre, juxtaposer, mettre en contact. QUÉB. coller. ▲ANT. DÉCOLLER, DÉSUNIR, DISJOINDRE, DISSOCIER, SÉPARER.

accommoder v. ▶ *Apprêter un mets* – apprêter, confectionner, cuisiner, faire, mijoter, mitonner,

préparer. FAM. concocter, fricoter. ▶ *Adapter* – accorder, adapter, ajuster, aligner, approprier, conformer, faire cadrer, modeler, moduler, mouler, régler. ♦ **s'accommoder** ▶ *S'habituer* – s'acclimater, s'accoutumer, s'adapter, s'habituer, se faire à, se familiariser. SOUT. s'apprivoiser. ▶ *Se satisfaire* – s'arranger, se contenter, se satisfaire. ▲ANT. CASSER ; DÉRANGER, DÉSORGANISER, ENTRAVER, GÊNER. △S'ACCOMMODER – ÊTRE ALLERGIQUE À, ÊTRE RÉFRACTAIRE À, NE PAS S'HABITUER À, S'OPPOSER À.

accompagnement n.m. ▶ *Escorte* – convoi, cortège, équipage, escorte, garde, gardes du corps, pompe, service de protection, suite. ▶ *Partie musicale* – arrangement, harmonisation, instrumentation, musique, orchestration. ▶ *Aliment* – fourrage, garniture. ▶ *Simultanéité* – coexistence, coïncidence, concomitance, concordance, concours de circonstances, contemporanéité, coordination, correspondance, isochronie, isochronisme, rencontre, synchronicité, synchronie, synchronisation, synchronisme. ▲ANT. ABANDON, DÉLAISSEMENT ; ISOLEMENT.

accompagner v. ▶ *Conduire* – amener, conduire, convoyer, emmener, escorter, mener. PÉJ. flanquer. ▶ *Servir de guide* – guider, piloter. FAM. cornaquer. ▲ANT. ABANDONNER, DÉLAISSER, LAISSER SEUL, LAISSER TOMBER, PRENDRE CONGÉ DE, QUITTER.

accompli adj. achevé, consommé, de rêve, exemplaire, idéal, idyllique, incomparable, irréprochable, modèle, parfait, rêvé.

accomplir v. ▶ *Effectuer* – effectuer, exécuter, faire, opérer, pratiquer, procéder à, réaliser. ▶ *Mener à terme* – achever, clore, finir, mener à bien, mener à (bon) terme, mener à bonne fin, réussir, terminer. SOUT. consommer. FAM. boucler. ▶ *Exaucer* – combler, exaucer, réaliser, répondre à, satisfaire. SOUT. écouter, entendre. ♦ **s'accomplir** ▶ *Se produire* – s'opérer, se faire, se passer, se produire, se réaliser. ▲ANT. COMMENCER, ÉBAUCHER, ESQUISSER ; DIFFÉRER, INTERROMPRE, LAISSER EN PLAN, LAISSER INACHEVÉ ; ÉCHOUER, RATER ; DÉSOBÉIR À, REFUSER.

accomplissement n.m. ▶ *Exécution* – exécution, performance, réalisation. DR. ou SOUT. perpétration (crime). ▶ *Aboutissement* – aboutissement, achèvement, apothéose, but, chute, complémentation, complètement, complétude, conclusion, consécration, consommation, couronnement, dénouement, exécution, fin, finition, fruit, issue, produit, réalisation, règlement, résolution, résultat, sortie, terme, terminaison. SOUT. aboutissant. PHILOS. entéléchie. ▶ *Exaucement* – concrétisation, exaucement, satisfaction. ▲ANT. ÉBAUCHE, ESQUISSE, PRÉPARATION ; INTERRUPTION ; ÉCHEC, INSUCCÈS.

accord n.m. ▶ *Bonne entente* – affinité, amitié, atomes crochus, (bonne) intelligence, communauté de goûts, communauté de sentiments, communauté de vues, communion, compatibilité, complicité, compréhension, concorde, connivence, convergence d'idées, fraternité, harmonie, point commun, sympathie, union, unisson. SOUT. concert. ▶ *Complicité* – accord (tacite), acquiescement, collusion, complicité, connivence, entente (secrète), intelligence. SOUT. compérage. ▶ *Permission* – acceptation, accréditation, acquiescement, adhésion, adoption, affirmation, affirmative, agrément, amen, approbation, approbativité, approuvé, assentiment, autorisation, aval, avis favorable, bénédiction, caution, chorus, confirmation, consentement, déclaration favorable, engagement, entérinement, exeat, feu vert, gré, homologation, légalisation, oui, permission, ratification, sanction, validation. *BELG.* agréage, agréation. *SOUT.* suffrage. *RELIG.* admittatur, celebret, créance, imprimatur, nihil obstat. ▶ *Pacte* – accommodement, alliance, arrangement, compromis, concordat, consensus, contrat, convention, engagement, entente, marché, modus vivendi, pacte, protocole, traité, transaction. ▶ *Paix* – armistice, cessation des hostilités, cessez-le-feu, compromis, conciliation, détente, entente, issue, modus vivendi, négociation, neutralité, non-belligérance, normalisation, pacification, pacte, paix, réconciliation, traité, trêve. ▶ *Réconciliation* – accommodement, conciliation, fraternisation, rapprochement, réconciliation, renouement, replâtrage, retrouvailles. *FAM.* rabibochage, raccommodement. ▶ *Cohérence* (*SOUT.*) – cohérence, concordance, conformité, correspondance. *SOUT.* convenance. ▶ *Équilibre* – balance, balancement, compensation, contrepoids, égalité, équilibre, harmonie, juste milieu, moyenne, pondération, proportion, symétrie. ▶ *Suite de notes* – arpège, harmonie. ▲ANT. BROUILLE, CONFLIT, DÉSACCORD, DISCORDE, DIVISION, INCOMPATIBILITÉ, MÉSENTENTE; CONTESTATION, DISSIDENCE, OPPOSITION, RUPTURE, SCHISME; HOSTILITÉ, INIMITIÉ; CONTRASTE, DISPARITÉ; INCOHÉRENCE; DISSONANCE.

accordéon *n. m.* ▶ *Instrument* – *FAM.* piano à bretelles, piano du pauvre. *FRANCE FAM.* soufflet à punaises.

accorder *v.* ▶ *Donner* – allouer, attribuer, concéder, consentir, donner, impartir, octroyer. *SOUT.* départir. ▶ *Concéder* – admettre, concéder, convenir, reconnaître. *SOUT.* recevoir. ▶ *Attacher* – attacher, attribuer, porter, prêter, reconnaître. ▶ *Rendre conforme* – accommoder, adapter, ajuster, aligner, approprier, conformer, faire cadrer, modeler, moduler, mouler, régler. ▶ *Mettre en harmonie* – agencer, assortir, coordonner, harmoniser. ▶ *Réconcilier* – concilier, réconcilier. *FAM.* rabibocher, raccommoder. ♦ *s'accorder* ▶ *S'octroyer* – s'octroyer, s'offrir, se donner, se permettre. ▶ *Se conformer* – emboîter le pas à, imiter, s'adapter à, s'ajuster à, s'aligner sur, se conformer à, se mettre au diapason de, se mettre dans le ton, se modeler sur, se rallier à, se ranger à, se régler sur, suivre. ▶ *Correspondre* – aller, cadrer, coller, convenir, correspondre, répondre, s'appliquer, s'harmoniser. ▶ *Être compatible* – aller bien, aller ensemble, cadrer, concorder, faire bien, s'associer, s'assortir, s'harmoniser, (se) correspondre, se marier. ▶ *Parvenir à une entente* – convenir de, s'arranger, s'entendre, se concerter, se mettre d'accord, tomber d'accord, trouver un terrain d'entente. ▶ *Bien s'entendre* – avoir de bons rapports, (bien) s'entendre, être en bons termes, fraterniser, sympathiser. *SOUT.* compatir. *FAM.* copiner. *QUÉB. FAM.* s'adonner, s'endurer. ▲ANT. REFUSER, REJETER, REPOUSSER; CONTESTER, NIER; BROUILLER, DÉSACCORDER, DÉSUNIR, DIVISER, OPPOSER. △S'ACCORDER – S'INTERDIRE, SE REFUSER; CONTRASTER, DÉTONNER, JURER, S'OPPOSER.

accouchement *n. m.* ▶ *Mise au monde* – couches, délivrance, enfantement, expulsion, heureux événement, maïeutique, mal d'enfant, maternité, mise au monde, naissance, parturition. ▶ *Création* (*SOUT.*) – composition, conception, confection, constitution, construction, création, développement, édification, élaboration, exécution, fabrication, façon, façonnage, façonnement, formation, génération, genèse, gestation, invention, œuvre, organisation, paternité, production, réalisation, structuration, synthèse. *SOUT.* enfantement. *DIDACT.* engendrement. ▲ANT. AVORTEMENT; NAISSANCE.

accoucher *v.* ▶ *Mettre au monde* – avoir, donner naissance à, mettre au monde, mettre bas *(animaux)*. *SOUT.* donner le jour à, enfanter. ▶ *Créer* (*PÉJ.*) – composer, confectionner, créer, élaborer, fabriquer, façonner, faire, mettre au point, préparer, produire, travailler à. *SOUT.* enfanter. ▲ANT. AVORTER; NAÎTRE.

accoupler *v.* ▶ *Réunir par paire* – appareiller, apparier, coupler, jumeler. *SOUT. ou DIDACT.* géminer. ▶ *Faire s'unir sexuellement* – appareiller, apparier. ▲ANT. DÉCOUPLER, DÉPAREILLER, DÉSUNIR, ISOLER, SÉPARER.

accourir *v.* affluer, courir, se précipiter, se presser. ▲ANT. FUIR, RECULER, S'ÉLOIGNER.

accoutumance *n. f.* ▶ *Acclimatement* – acclimatation, acclimatement, accommodation, acculturation, adaptation, aguerrissement, apprivoisement, appropriation, assuétude, endurcissement, familiarisation, habituation, habitude, intégration, mise à jour, mise au courant. *MÉD.* anergie. ▶ *Habitude* – automatisme, façons, habitude, manières, mœurs, pli, réflexe, rite, rituel, seconde nature. *PSYCHOL.* stéréotypie. *FAM.* abonnement, métro-boulot-dodo, train-train, train-train quotidien. ▶ *Non favorable* – encroûtement, manie, marotte, monotonie, ordinaire, ronron, routine, tic, uniformité. ▶ *Immunité* – immunité, inexcitabilité, insensibilité, prémunition, tolérance. ▶ *Dépendance* – assuétude, dépendance, pharmacodépendance, pharmacomanie, toxicomanie, toxicophilie. ▲ANT. ALLERGIE, ANAPHYLAXIE; DÉSACCOUTUMANCE, DÉSADAPTATION.

accoutumé *adj.* attendu, connu, consacré, coutumier, d'usage, de pratique courante, de règle, de tradition, familier, habituel, naturel, normal, ordinaire, quotidien, régulier, rituel, routinier, usuel.

accoutumer *v.* ▶ *Habituer* – familiariser, habituer. ▶ *Immuniser* – immuniser, inoculer, vacciner. *SOUT.* mithridatiser *(contre un poison).* ♦ *s'accoutumer* ▶ *S'habituer* – s'acclimater, s'accommoder, s'adapter, s'habituer, se faire à, se familiariser. *SOUT.* s'apprivoiser. ▲ANT. DÉSACCOUTUMER, DÉSHABITUER; SENSIBILISER.

accroc *n. m.* ▶ *Déchirure* – déchiqueture, déchirure, écorchure, égratignure, éraflement, éraflure, éraillure, éventration, excoriation, griffure. *QUÉB. FAM.* grafignure. ▶ *Obstacle* – adversité, anicroche, barrière, blocage, contrariété, contretemps, défense, difficulté, digue, écueil, embarras, empêchement, ennui, entrave, frein, gêne, impasse, impossibilité, inhibition, interdiction, objection, obstruction, ombre au tableau, opposition, pierre d'achoppement, point noir, problème, résistance, restriction, tracas,

accrocher

tribulations. *QUÉB.* irritant. *SOUT.* achoppement, impedimenta, traverse. *FAM.* blème, hic, lézard, os, pépin. *QUÉB. FAM.* aria. ▶ *Incident* – accident, accrochage, affaire, anicroche, avatar, aventure, complication, contingences, contrariété, contretemps, crise, désagrément, difficulté, dispute, embarras, empêchement, ennui, épine, épisode, événement, éventualité, imprévu, incident, mésaventure, obstacle, occasion, occurrence, péripétie, problème, rebondissement, tribulations. *SOUT.* adversité. *FAM.* blème, cactus, embêtement, emmerde, emmerdement, enquiquinement, os, pépin, pétrin, tuile. *FRANCE FAM.* avaro, empoisonnement. ▶ *Infraction* – contravention, crime, délit, dérogation, entorse, faute, forfait, forfaiture, inconduite, infraction, manquement, mauvaise action, mauvaise conduite, méfait, non-respect, rupture, transgression, violation. *BELG.* méconduite. *DR.* cas. ▶ *Faute* – chute, crime, déchéance, écart, errements, faute, impureté, mal, manquement, mauvais, offense, péché, sacrilège, scandale, souillure, tache, transgression, vice. ▲ANT. COUP DE CHANCE; FACILITÉ; RESPECT.

accrocher *v.* ▶ *Suspendre* – pendre, suspendre. ▶ *Saisir qqch.* – agripper, attraper, empoigner, happer, prendre, s'emparer de, saisir, se saisir de. ▶ *Saisir qqn* – attraper, mettre le grappin sur, retenir, s'emparer de, saisir. *FRANCE FAM.* agrafer, alpaguer. ▶ *Captiver* (*FAM.*) – captiver, empoigner, intéresser, passionner, plaire à. *SOUT.* attacher l'esprit. *FAM.* brancher. ▶ *Heurter* (*QUÉB. FAM.*) – buter contre, cogner, donner dans, frapper, heurter, rentrer dans. ▶ *Présenter des difficultés* – achopper. ♦ *s'accrocher* ▶ *S'agripper* – s'agripper, se cramponner, se raccrocher, se retenir, se tenir. *SOUT.* s'agriffer. ▶ *Refuser de céder* – contrer, lutter, ne pas se laisser faire, résister, se défendre, tenir, tenir bon, tenir ferme, tenir tête. ▶ *Se disputer* (*FAM.*) – s'entendre comme chien et chat, se disputer, se quereller, se voler dans les plumes. *FAM.* s'engueuler, se chamailler, se chicaner, se crêper le chignon (*femmes*), se prendre aux cheveux, se prendre la tête. *QUÉB. ACADIE FAM.* se tirailler. *SUISSE FAM.* se bringuer. *AFR.* palabrer. ▲ANT. DÉCROCHER, DÉPENDRE, DÉTACHER; CONTOURNER, ÉVITER; LIBÉRER. △S'ACCROCHER – LÂCHER PRISE.

accroissement *n. m.* ▶ *Augmentation* – accentuation, accrue, agrandissement, amplification, arrondissement, augmentation, bond, boom, crescendo, croissance, crue, développement, dilatation, élargissement, élévation, enflement, enrichissement, envolée, essor, évolution, expansion, extension, flambée, foisonnement, gonflement, gradation, grossissement, hausse, haussement, inflation, intensification, majoration, montée, poussée, progrès, progression, recrudescence, redressement, rehaussement, relèvement, renchérissement, renforcement, revalorisation, valorisation. ▶ *Multiplication* – augmentation, foisonnement, multiplication, peuplement, prolifération, propagation, pullulation, pullulement, reproduction. ▶ *Accaparement* – accaparement, accumulation, capitalisation, cumul, spéculation, stockage, thésaurisation. ▶ *Plus-value* – amélioration, appréciation, augmentation, bénéfice, excédent, gain, majoration, plus-value, profit, surcote, survaleur, valorisation. ▶ *Aggravation*

– accentuation, aggravation, alourdissement, amplification, augmentation, complexification, complication, croissance, détérioration, développement, escalade, exacerbation, intensification, progrès, progression, propagation, rechute, recrudescence, redoublement. ▲ANT. AMOINDRISSEMENT, BAISSE, DIMINUTION; PERTE; ATTÉNUATION, RAPETISSEMENT; RESTRICTION.

accroître *v.* ▶ *Augmenter* – augmenter, décupler, gonfler, multiplier, redoubler. ▶ *Rendre plus cher* – augmenter, élever, enchérir, gonfler, hausser, majorer, relever. ▶ *Rendre plus intense* – accentuer, ajouter à, amplifier, augmenter, intensifier, renforcer. *SOUT.* exalter. ▶ *Développer* – développer, élargir, étendre. ♦ *s'accroître* augmenter, croître, grandir, grossir, prendre de l'ampleur, prendre de l'envergure, redoubler, s'accentuer, s'amplifier, s'intensifier, se développer. ▲ANT. ABAISSER, AMOINDRIR, DIMINUER, RÉDUIRE, RESTREINDRE; ALLÉGER, ATTÉNUER. △S'ACCROÎTRE – DÉCROÎTRE, RAPETISSER.

accueil *n. m.* ▶ *Façon d'accueillir* – abord, accès, approche, attitude, contact, mine, réception, tête, traitement. ▶ *Hospitalité* – hospitalité, réception. ▶ *Service d'un établissement* – conciergerie (*grand hôtel*), réception. ▲ANT. EXPULSION, HOSTILITÉ, REJET.

accueillant *adj.* ▶ *Qui fait bon accueil* – hospitalier. *QUÉB. FAM.* recevant. ▶ *Cordial* – affable, agréable, aimable, amène, amical, avenant, bienveillant, chaleureux, charmant, convivial, cordial, de bonne compagnie, engageant, familier, gracieux, invitant, liant, ouvert, sociable, souriant, sympathique. *FAM.* bonard, sympa. *QUÉB. FAM.* d'adon. ▲ANT. ACARIÂTRE, ANTIPATHIQUE, BOURRU, DÉSAGRÉABLE, GRINCHEUX, RÉBARBATIF, REVÊCHE.

accueillir *v.* ▶ *Héberger* – abriter, coucher, donner l'hospitalité à, donner le gîte à, héberger, loger, recevoir, recueillir. ▶ *Avoir telle capacité d'accueil* – contenir, loger, recevoir, tenir. ▶ *Admettre dans un groupe* – accepter, admettre, agréger, recevoir. *ADMIN.* agréer. ▲ANT. ÉCARTER, ÉCONDUIRE, ÉVINCER, EXPULSER, REJETER, RENVOYER, REPOUSSER; EXCLURE.

accumulation *n. f.* ▶ *Amoncellement* – abondance, addition, agrégation, amas, amoncellement, collection, déballage, échafaudage, emmagasinage, empilage, empilement, encombrement, entassement, étagement, faisceau, fatras, fouillis, monceau, montagne, pile, pyramide, quantité, stratification, superposition, tas. ▶ *Collection* – amas, appareil, assemblage, assortiment, collection, compilation, ensemble, foule, grand nombre, groupe, groupement, jeu, quantité, rassemblement, recueil, tas, train. *FAM.* attirail, cargaison, compil. *PÉJ.* ramassis. ▶ *Attroupement* – abondance, affluence, armada, armée, attroupement, cohue, concentration, concours, encombrement, essaim, flot, forêt, foule, fourmilière, fourmillement, grouillement, légion, marée, masse, meute, monde, multitude, peuple, pléiade (*célébrités*), pullulement, rassemblement, régiment, réunion, ribambelle, ruche, tas, troupeau. *FAM.* flopée, marmaille (*enfants*), tapée, tripotée. *QUÉB.* achalandage; *FAM.* tapon, trâlée. *PÉJ.* ramassis. ▶ *Accrétion* – accrétion, aggloméré, agglomérat, aggloméré, agglutinat, agglutination, agglutinement, agrégat, agrégation, amas, bloc, concentration, concrétion, conglomérat, conglomération, conglutination, entassement, masse, nodule, paquet, réunion, sédiment, sédimentation, tas. *QUÉB. FAM.* motton, tapon. ▶ *Sédiments* – accroissement, accrue, allaise, alluvion, alluvionnement, apport, atterrissement, banc, boue, chaos, colluvion, couche, dépôt, ensablement, illuviation, illuvion, lais, laisse, dépôt, limon, lit, moraine, relais, remblaiement, sédiment, sédimentation, strate, stratification, substratum, terrassement. ▲ANT. DISPERSION ; ÉPARPILLEMENT ; DILAPIDATION ; GASPILLAGE.

accumuler *v.* ▶ *Réunir en grande quantité* – amasser, amonceler, collectionner, entasser. ▶ *Mettre en réserve* – amasser, emmagasiner, engranger, entreposer, faire provision de, faire une réserve de, mettre en réserve, stocker. ▶ *Mettre en tas* – amasser, amonceler, empiler, entasser. ♦ *s'accumuler* ▶ *Augmenter en quantité* – s'amonceler, s'entasser. ▲ANT. DISPERSER, DISSÉMINER, ÉPARPILLER, RÉPANDRE ; DILAPIDER, GASPILLER.

accusateur *adj.* accablant, incriminant, incriminateur, inculpatoire, révélateur. ▲ANT. DÉCULPABILISANT, DISCULPATOIRE.

accusateur *n.* ▶ *Dénonciateur* – calomniateur, délateur, dénonciateur, détracteur, diffamateur, espion, indicateur, rapporteur. *SOUT.* sycophante, vitupérateur. *FAM.* balance, cafard, cafardeur, cafteur, donneur, indic, mouchard. *QUÉB. FAM.* porte-panier. ▶ *Adversaire oratoire* – contradicteur, débatteur, défenseur, partie adversaire, partie adverse, partie opposante. *SOUT.* improbateur. *QUÉB. FAM.* obstineux. ▶ *Ce qui accuse* – révélateur. ▲ANT. ACCUSÉ, INCULPÉ ; AVOCAT, DÉFENSEUR.

accusation *n. f.* ▶ *Dénigrement* – allégation, attaque, calomnie, critique, délation, dénigrement, dénonciation, dépréciation, dévalorisation, diffamation, imputation, insinuation, médisance, plainte, rabaissement, réquisitoire, trahison. *SOUT.* détraction. *FAM.* cafardage, mouchardage, rapportage. *QUÉB.* salissage. ▶ *Reproche* – admonestation, admonition, anathématisation, anathème, attaque, avertissement, blâme, censure, condamnation, correction, critique, désapprobation, diatribe, grief, grognerie, gronderie, interdit, leçon, malédiction, mise à l'écart, mise à l'index, mise en quarantaine, objection, observation, plainte, punition, récrimination, remarque, remontrance, représentation, réprimande, réprobation, reproche, réquisitoire, semonce, sérénade, sermon, tollé. *SOUT.* animadversion, foudres, fustigation, improbation, mercuriale, objurgation, stigmatisation, vitupération. *FAM.* douche, engueulade, prêchi-prêcha, savon, tabac. *FRANCE FAM.* attrapade, lavage de tête, soufflante. *BELG.* cigare. *RELIG.* fulmination. ▶ *Inculpation* – charge, imputation, incrimination, inculpation, plainte, poursuite, présomption, prise à partie, réquisitoire. *SOUT.* prévention. *ANC.* clain. *DR.* chef d'accusation. ▲ANT. DÉFENSE, DISCULPATION, PLAIDOYER ; ABSOLUTION, ACQUITTEMENT, DÉCHARGE.

accusé *n.* inculpé, prévenu, suspect. ▲ANT. ACCUSATEUR.

accuser *v.* ▶ *Imputer un tort* – charger, faire grief à, taxer. ▶ *Déférer en justice* – inculper, mettre en examen, poursuivre. ▶ *Attaquer* – attaquer, prendre à partie, s'en prendre à, se frotter à. ▶ *Servir de preuve* – accabler, incriminer. ▶ *Faire ressortir*

– accentuer, faire ressortir, marquer, mettre en évidence, mettre en relief, souligner. ▶ *De façon favorable* – faire valoir, mettre en valeur, rehausser, relever, valoriser. ▶ *Dénoter* – trahir. ▲ANT. DISCULPER, INNOCENTER, LAVER DE TOUT SOUPÇON ; RÉHABILITER, RENDRE SON HONNEUR ; DÉFENDRE ; CACHER, CAMOUFLER, DISSIMULER, MASQUER.

acéré *adj.* ▶ *Coupant* – affilé, affûté, aigu, aiguisé, coupant, tranchant. ▶ *Méchant* – à l'emporte-pièce, acerbe, acide, acrimonieux, aigre, blessant, caustique, cinglant, corrosif, fielleux, grinçant, incisif, méchant, mordant, piquant, sarcastique, sardonique, virulent, vitriolique. ▲ANT. ÉMOUSSÉ.

achalandage *n. m.* ▶ *Clientèle* – clientèle, clients. ▶ *Affluence* (*QUÉB.*) – abondance, affluence, armada, armée, attroupement, cohue, concentration, concours, encombrement, essaim, flot, forêt, foule, fourmilière, fourmillement, grouillement, légion, marée, masse, meute, monde, multitude, peuple, pléiade (*célébrités*), pullulement, rassemblement, régiment, réunion, ribambelle, ruche, tas, troupeau. *FAM.* flopée, marmaille (*enfants*), tapée, tripotée. *QUÉB. FAM.* tapon, trâlée. *PÉJ.* ramassis.

acharné *adj.* ▶ *Tenace* – coriace, obstiné, opiniâtre, persévérant, persistant, tenace. ▶ *Qui a beaucoup d'ardeur* – enragé, exalté, farouche, forcené, furieux, passionné. ▶ *En parlant d'une lutte* – âpre, chaud, farouche, féroce, furieux, opiniâtre. ▲ANT. DÉSINTÉRESSÉ, FAIBLE, LÂCHEUR.

acharnement *n. m.* ▶ *Ardeur* – ardeur, effort, énergie, lutte. ▶ *Obstination* – assiduité, constance, détermination, entêtement, fermeté, insistance, obstination, opiniâtreté, persévérance, persistance, résolution, suite dans les idées, ténacité, volonté. *PÉJ.* aveuglement. ▶ *Rage* – animosité, ardeur, énergie, force, frénésie, fureur, furie, impulsivité, intensité, puissance, rage, vigueur, violence, virulence, vivacité. *SOUT.* impétuosité, véhémence. ▶ *Cruauté* – agressivité, atrocité, barbarie, brutalité, cruauté, dureté, férocité, inhumanité, maltraitance, méchanceté, sadisme, sauvagerie, torture, violence. *SOUT.* implacabilité, inexorabilité. *PSYCHIATRIE* psychopathie. ▲ANT. INDOLENCE, MOLLESSE ; VELLÉITÉ ; ABANDON ; CLÉMENCE, COMPASSION.

acharner (s') *v.* ▶ *S'efforcer* – faire son possible, mettre tout en œuvre, persévérer, s'appliquer, s'efforcer, s'escrimer, s'évertuer, suer sang et eau, tout faire. ▶ *S'entêter* – insister, ne pas démordre de, persévérer, persister, s'entêter, s'obstiner, se buter. ▶ *Harceler* – attaquer, harceler, persécuter, poursuivre. *SOUT.* inquiéter. ▶ *Critiquer* – attaquer, critiquer, descendre en flammes, écharper, éreinter, étriller, faire le procès de, malmener, maltraiter, massacrer, matraquer, mettre à mal, pourfendre. *FAM.* cartonner, couler, démolir, descendre, écorcher, esquinter. *FRANCE FAM.* allumer, débiner. *QUÉB. FAM.* maganer. ▲ANT. ABANDONNER, LÂCHER, LAISSER TOMBER.

achat *n. m.* ▶ *Acquisition* – acquisition, appropriation. ▶ *Pendant le mariage* – achat en communauté, acquêt, conquêt. ▶ *Emplette* – acquisition, appropriation, emplette. ▶ *Malversation* – achat (de conscience), compromission, concussion, corruption, déprédation, détournement (de fonds), dilapidation, exaction, extorsion, forfaiture, fraude, malversation, maquignonnage, péculat, prévarication, soudoiement, subornation, trafic d'influence, tripotage, vénalité. *SOUT.* prévarication. *FAM.* magouillage, magouille, tripatouillage. ▲**ANT.** VENTE; CESSION.

acheminer *v.* adresser, envoyer, expédier, faire parvenir, transmettre. ▲**ANT.** BLOQUER, INTERROMPRE, STOPPER; METTRE L'EMBARGO SUR, RETENIR, SAISIR, STOCKER.

acheter *v.* ▶ *Acquérir* – acquérir, avoir, entrer en possession de, faire l'acquisition de, obtenir, se porter acquéreur/acquéresse de, se procurer. ▶ *Soudoyer* – avoir à sa solde, corrompre, soudoyer, suborner *(un témoin)*. *SOUT.* stipendier. *FAM.* arroser, graisser la patte à. ▲**ANT.** CÉDER, VENDRE.

acheteur *n.* ▶ *Personne* – acquéreur, adjudicataire, ayant cause, cessionnaire, client, consommateur, destinataire, preneur, soumissionnaire. ♦ **acheteurs, plur.** ▶ *Ensemble de personnes* – marché. ▲**ANT.** ADJUDICATEUR, VENDEUR.

achevé *adj.* accompli, consommé, de rêve, exemplaire, idéal, idyllique, incomparable, irréprochable, modèle, parfait, rêvé. ▲**ANT.** IMPARFAIT, INACHEVÉ.

achèvement *n.m.* ▶ *Finition* – amélioration, arrangement, complètement, correction, enjolivement, finition, léchage, mise au point, peaufinage, perfectionnement, polissage, raffinage, raffinement, retouche, révision, soin. *SOUT.* parachèvement. *FAM.* fignolage. ▶ *Aboutissement* – aboutissement, accomplissement, apothéose, but, chute, complémentation, complètement, complétude, conclusion, consécration, consommation, couronnement, dénouement, exécution, fin, finition, fruit, issue, produit, réalisation, règlement, résolution, résultat, sortie, terme, terminaison. *SOUT.* aboutissant. *PHILOS.* entéléchie. ▶ *Perfection* – consommation, couronnement, épanouissement, excellence, fini, fleur, maturité, meilleur, parachèvement, perfection, plénitude, précellence. *PHILOS.* entéléchie. ▲**ANT.** COMMENCEMENT, DÉBUT; ÉBAUCHE, ESQUISSE; INACHÈVEMENT.

achever *v.* ▶ *Mener à sa fin* – accomplir, clore, finir, mener à bien, mener à (bon) terme, mener à bonne fin, réussir, terminer. *SOUT.* consommer. *FAM.* boucler. ▶ *Régler les derniers détails* – compléter, conclure, finir, mettre au point, mettre la dernière main à, parachever, régler les derniers détails de, terminer. ▶ *Ruiner qqn* – casser les reins à, causer la perte de, causer la ruine de, démolir, perdre, ruiner. ▶ *Être près de mourir* (*QUÉB. FAM.*) – agoniser, être à l'agonie, être à l'article de la mort, être à la dernière extrémité, lutter contre la mort, mener le dernier combat, s'éteindre. *SOUT.* avoir l'âme sur les lèvres, être aux portes de la mort, se mourir. *FAM.* avoir un pied dans la fosse, avoir un pied dans la tombe. ♦ **s'achever** ▶ *Prendre fin* – finir, prendre fin, se terminer. ▶ *Avoir telle fin* – se conclure, se dénouer, se résoudre, se terminer. ▲**ANT.** COMMENCER, ENTAMER, ENTREPRENDRE; ÉPARGNER, SAUVER.

acide *adj.* ▶ *Piquant au goût* – acescent, acidulé, âcre, aigre, aigrelet, aigri, amer, piquant, piqué, rance, râpeux, sur, suret, suri, tourné. ▶ *Qui corrode* – brûlant, caustique, corrodant, corrosif, mordant.

▶ *D'une méchanceté blessante* – à l'emporte-pièce, acerbe, acéré, acrimonieux, aigre, blessant, caustique, cinglant, corrosif, fielleux, grinçant, incisif, méchant, mordant, piquant, sarcastique, sardonique, virulent, vitriolique. ▲**ANT.** DOUX (AU GOÛT), SUCCULENT, SUCRÉ; ALCALIN, BASIQUE; AIMABLE, CONCILIANT.

acide *n.m.* ▲**ANT.** BASE.

acidulé *adj.* ▶ *Aigre* – acescent, acide, âcre, aigre, aigrelet, aigri, amer, piquant, piqué, rance, râpeux, sur, suret, suri, tourné. ▶ *Fluorescent* – fluorescent. *FAM.* fluo. ▲**ANT.** DOUX, SUCRÉ.

acier *n.m.* ▶ *Poignard* (*SOUT.*) – couteau, poignard. *SOUT.* fer. *FAM.* lardoire, schlass. ▲**ANT.** FONTE.

acoustique *n.f.* ▶ *Qualité du son* – sonorité, tonalité.

acquérir *v.* ▶ *Obtenir* – avoir, entrer en possession de, faire l'acquisition de, obtenir, se porter acquéreur/acquéresse de, se procurer. ▶ *Contracter une habitude* – contracter, développer, prendre. ▶ *Attirer à qqn* – attirer, mériter, procurer, valoir. ▲**ANT.** CÉDER; VENDRE; PERDRE.

acquiescer *v.* ▶ *Accepter* – accéder à, accepter, agréer, approuver, avaliser, cautionner, consentir à, dire oui à, donner son aval à, opiner à, toper, vouloir. *FAM.* marcher. ▶ *Obtempérer* – obéir à, observer, obtempérer à, respecter, se conformer à, se plier à, se soumettre à, suivre. *SOUT.* déférer à, sacrifier à. ▲**ANT.** DÉCLINER, DIRE NON, REFUSER, S'OPPOSER À; RÉSISTER.

acquis *adj.* ▶ *Qui n'est pas inné* – civilisationnel, culturel. ▲**ANT.** CONGÉNITAL, HÉRÉDITAIRE, INNÉ; CONTESTÉ.

acquisition *n.f.* ▶ *Achat* – achat, appropriation. ▶ *Pendant le mariage* – achat en communauté, acquêt, conquêt. ▶ *Emplette* – achat, appropriation, emplette. ▲**ANT.** CESSION; PERTE.

acquit *n.m.* ▶ apurement, bulletin, connaissement, décharge, facture, facturette *(carte de crédit)*, libération, quitus, récépissé, reconnaissance de (paiement), reçu, warrant.

acquitter *v.* ▶ *Innocenter* – blanchir, décharger, disculper, innocenter, justifier, laver d'une accusation, mettre hors de cause, réhabiliter. ♦ **s'acquitter** ▶ *Remplir un rôle* – exercer, remplir, tenir. ♦ **s'acquitter ou acquitter** ▶ *Payer* – payer, régler. ▶ *Rembourser* – amortir, éteindre, honorer, liquider, rembourser. ▲**ANT.** ACCUSER, CHARGER; CONDAMNER, PUNIR. △**S'ACQUITTER** – DEVOIR, FAIRE DÉFAUT, MANQUER À; EMPRUNTER, S'ENDETTER.

âcre *adj.* ▶ *Irritant au goût* – acescent, acide, acidulé, aigre, aigrelet, aigri, amer, piquant, piqué, rance, râpeux, sur, suret, suri, tourné. ▶ *Irritant à l'odorat* – irritant, piquant, qui brûle la gorge, qui prend à la gorge. ▶ *Moralement douloureux* – affligeant, amer, cruel, cuisant, déchirant, douloureux, dur, éprouvant, lancinant, navrant, pénible, poignant, saignant, vif. ▲**ANT.** DOUX; SUAVE, SUCCULENT, SUCRÉ; PARFUMÉ; AIMABLE, CHALEUREUX, CORDIAL.

acrobate *n.* saltimbanque. *ANTIQ.* pétauriste.

acteur *n.* ▶ *Comédien* – artiste, comédien, interprète. *SOUT.* histrion. *FAM.* théâtreux. ▶ *Rôle mineur*

– figurant, utilité. ▶ *Protagoniste* – héros, intervenant, personnage central, personnage principal, protagoniste. ♦ **acteurs,** *plur.* ▶ *Ensemble de comédiens* – troupe (d'acteurs); distribution *(d'un même film).*

actif *adj.* ▶ *Infatigable* – affairé, allant, diligent, dynamique, énergique, infatigable, laborieux, travailleur, vaillant, zélé. *FAM.* bosseur, boulot boulot, bûcheur, increvable, piocheur. *QUÉB.* travaillant. ▶ *Expéditif* – diligent, expéditif, prompt, qui va vite en besogne, rapide, vif. ▶ *Efficace* – agissant, efficace, opérant, puissant. ▶ *En service* – en activité, en exercice, en fonction, en service. ▶ *Militant* – activiste, militant. ▲**ANT.** APATHIQUE, INACTIF, INDOLENT, NONCHALANT, OISIF; INEFFICACE, INOPÉRANT; PASSIF.

actif *n.* ▶ *Crédit* – avantage, avoir, bénéfice, boni, crédit, excédent, fruit, gain, produit, profit, rapport, reliquat, reste, revenant-bon, revenu, solde, solde créditeur, solde positif. *FAM.* bénef, gras, gratte, part du gâteau. ▲**ANT.** PASSIF.

action *n. f.* ▶ *Acte* – acte, choix, comportement, conduite, décision, démarche, entreprise, faire, fait, geste, intervention, manifestation, réalisation. ▶ *Combat* – accrochage, action (de guerre), affrontement, assaut, attaque, bagarre, bataille, choc, combat, conflit, échauffourée, empoignade, empoignement, engagement, escarmouche, ferraillement, feu, guérilla, guerre, heurt, hostilités, lutte, mêlée, opération, pugilat, rencontre, rixe. *FAM.* baroud, baston, bigorne, casse-gueule, casse-pipe, castagne, guéguerre, rif, rififi, riflette. *QUÉB. FAM.* brasse-camarade, poussaillage, tiraillage. *BELG. FAM.* margaille. *MILIT.* blitz *(de courte durée).* ▶ *Poursuite judiciaire* – demande, plainte, poursuite, procès, réclamation, recours, référé, requête. ▶ *Intrigue d'un récit* – affabulation, canevas, intrigue, péripétie, scénario, scène, trame, vie. ▶ *Force* – énergie, force, interaction, intervention, rapport, réaction. ▶ *Influence* – aide, appui, ascendant, attirance, attraction, aura, autorité, contagion, crédit, dominance, domination, effet, empreinte, emprise, fascination, force, importance, incitation, influence, inspiration, magie, magnétisme, mainmise, manipulation, mouvance, persuasion, pétition, poids, pouvoir, prépondérance, présence, pression, prestige, puissance, règne, rôle, séduction, subjugation, suggestion, tyrannie. *SOUT.* empire, intercession. ▶ *Conséquence* – conclusion, conséquence, contrecoup, corollaire, développement, effet, efficacité, fonction, fruit, impact, implication, incidence, jeu, juste retour des choses, œuvre, portée, prolongement, réaction, rejaillissement, répercussion, résultante, résultat, retentissement, retombées, ricochet, séquelle, suite (logique). *SOUT.* aboutissant, efficace, fille. ▶ *Titre financier* – bon, coupon, effet de commerce, obligation, papier, part, titre, valeur. ▲**ANT.** INACTION, INERTIE; INDOLENCE, OISIVETÉ, PASSIVITÉ; CALME, PAIX; DÉSISTEMENT, RENONCEMENT.

actionnaire *n.* ▶ *Personne* – associé, coassocié, coïntéressé, partenaire, porteur d'actions, porteur de parts, sociétaire. ♦ **actionnaires,** *plur.* ▶ *Ensemble de personnes* – actionnariat.

activement *adv.* ▶ *Dynamiquement* – avec la dernière énergie, avec zèle, décidément, dru,

dynamiquement, énergiquement, fermement, fort, fortement, puissamment, résolument, sérieusement, virilement. ▶ *Rapidement* – à fond de train, à grande vitesse, à la course, à la hâte, à la sauvette, à plein régime, à pleine vitesse, à toute allure, à toute vitesse, à toutes jambes, à toute(s) pompe(s), à un train d'enfer, à vive allure, au pas de course, avec célérité, bon train, courtement, d'urgence, diligemment, en coup de vent, en moins de deux, en moins de rien, en peu de temps, en trois coups de cuiller à pot, en un clin d'œil, en un éclair, en un instant, en un moment, en un rien de temps, en un temps record, en un tour de main, en un tournemain, expéditivement, exponentiellement, hâtivement, précipitamment, prestement, promptement, rapidement, rondement, tôt, vite, vivement. *SOUT.* vélocement, vitement. *FAM.* à fond la caisse, à fond la gomme, à fond les manettes, à la six-quatre-deux, à la va-vite, à pleins gaz, à pleins pots, à pleins tubes, à tout berzingue, à toute barde, à toute biture, à toute blinde, à toute vapeur, à toute vibure, au galop, dans le temps de le dire, dare-dare, en cinq sec, en deux temps trois mouvements, illico presto, presto, prompto, rapido, vite fait. *QUÉB. FAM.* en criant ciseau, en criant lapin, rien que sur une aile. ▲**ANT.** INDOLEMMENT, PASSIVEMENT; EN DOUCEUR, LENTEMENT, SANS HÂTE.

activer *v.* ▶ *Attiser un feu* – attiser, aviver, rallumer, ranimer, raviver, réactiver, renflammer. ▶ *Augmenter l'activité* – doper, dynamiser, réveiller, stimuler. ▶ *Accélérer* – accélérer, brusquer, hâter, précipiter, presser. *SOUT.* diligenter. ▶ *Faire vite* (FAM.) – courir, faire vite, s'empresser, se dépêcher, se hâter, se précipiter, se presser. *FAM.* pédaler, se grouiller. *FRANCE FAM.* bourrer, faire fissa, se dégrouiller, se magner, se magner le popotin. *QUÉB. ACADIE FAM.* se garrocher. *QUÉB. FAM.* abouler, clencher, gauler. ♦ **s'activer** être à l'œuvre, œuvrer, s'affairer, travailler. *FAM.* bosser, gratter, marner, turbiner, usiner. ▲**ANT.** DÉSACTIVER; FREINER, MODÉRER, RALENTIR; INACTIVER; SE REPOSER.

activiste *adj.* actif, militant. ▲**ANT.** BLASÉ, DÉSABUSÉ, DÉSENCHANTÉ, LÂCHEUR, TIÈDE.

activité *n. f.* ▶ *Animation* – animation, circulation, exercice, mouvement. ▶ *Fonctionnement* – exercice, fonctionnement, marche, mouvement, opération, service, travail, usage, vie. ▶ *Rapidité* – agilité, célérité, diligence, empressement, hâte, précipitation, promptitude, rapidité, vélocité, vitesse, vivacité. *SOUT.* prestesse. ▶ *Effervescence* – affairement, affolement, agitation, alarme, animation, bouillonnement, branle-bas (de combat), bruit, dérangement, désordre, désorganisation, détraquement, effervescence, excitation, fourmillement, grouillement, hâte, incohérence, mouvement, orage, précipitation, remous, remue-ménage, secousse, suractivité, tempête, tohu-bohu, tourbillon, tourmente, trépidation, trouble, tumulte, turbulence, va-et-vient. *SOUT.* émoi, remuement. *FAM.* chambardement. ▶ *Dynamisme* – abattage, allant, ardeur, dynamisme, effort, énergie, vie, vigueur, vitalité, vivacité. *FAM.* punch. ▶ *Prospérité* – boom, essor, plein-emploi, prospérité. ▶ *Occupation professionnelle* – art, carrière, emploi, état, gagne-pain, métier, occupation, profession, qualité, services, situation, spécialité, travail. *FAM.* boulot, turbin, turf. ♦ **activités,** *plur.* ▶ *Occupations en*

actualisé

général – occupations, quotidien, vie (de tous les jours). ▲**ANT.** INACTIVITÉ, PASSIVITÉ; APATHIE, INERTIE, LENTEUR; DÉSŒUVREMENT, OISIVETÉ; CHÔMAGE, NON-ACTIVITÉ; RETRAITE.

actualisé *adj.* à jour.

actualité *n.f.* ▶ *Existence* – essence, être, existence, fait, occurrence, présence, réalité, réel, substance, vie. ▶ *Matérialité* – choses concrètes, concret, corporéité, matérialité, monde concret, palpabilité, phénoménalité, positif, rationalité, rationnel, réalité, réel, tangibilité, tangible, visible. ▶ *Contemporanéité* – contemporanéité, immédiateté, présence. ▶ *Nouveauté* – avant-gardisme, changement, contemporanéité, fraîcheur, inédit, innovation, jamais vu, jeunesse, mode, modernisme, modernité, neuf, nouveau, nouveauté, originalité, pertinence, précédent, première, présent, primeur. ♦ **actualités**, *plur.* ▶ *Nouvelles* – annonce, brève, bulletin, communiqué, flash, information(s), journal *(parlé ou télévisé)*, nouvelle(s). ▶ *Information exclusive* – exclusivité, primeur. ▲**ANT.** PASSÉ; INACTUALITÉ.

actuel *adj.* ▶ *Présent* – courant, de l'heure, en application, en cours, en usage, en vigueur, existant, présent. ▶ *De notre époque* – contemporain, d'aujourd'hui, moderne. ▶ *En vogue* – à la mode, à la page, au goût du jour, dans le vent, dernier cri, en vogue, frais, jeune, moderne, neuf, nouveau, récent. *FAM.* branché, in, tendance. ▲**ANT.** ANTÉRIEUR, PASSÉ; FUTUR, POSTÉRIEUR, POTENTIEL; ANCIEN, DÉMODÉ, DÉPASSÉ.

actuellement *adv.* à cette heure, à l'époque actuelle, à l'heure actuelle, à l'heure présente, à l'heure qu'il est, à l'instant présent, à présent, au moment présent, aujourd'hui, dans le cas présent, de ce temps-ci, de nos jours, de notre temps, en ce moment, en cette saison, ici, maintenant, par le temps qui court. ▲**ANT.** ALORS, AUPARAVANT, AVANT, PAR LE PASSÉ; DANS LE FUTUR.

acuité *n.f.* ▶ *Finesse* – clairvoyance, discernement, fin, finesse, flair, habileté, intuition, jugement, lucidité, pénétration, perspicacité, sagacité, sensibilité, subtilité. *FAM.* nez. ▶ *Profondeur* – ardeur, complexité, difficulté, élévation, ésotérisme, extase, extrémité, force, immensité, impénétrabilité, intelligence, intensité, intériorité, intimité, mystère, pénétration, perspicacité, plénitude, profond, profondeur, puissance, science, secret. ▶ *Gravité* – crise, gravité, instabilité, précarité, urgence. ▲**ANT.** AVEUGLEMENT, CÉCITÉ, INCONSCIENCE; BÉNIGNITÉ, LÉGÈRETÉ, SUPERFICIALITÉ.

acyclique *adj.* ▲**ANT.** CYCLIQUE, PÉRIODIQUE.

adaptation *n.f.* ▶ *Familiarisation* – acclimatation, acclimatement, accommodation, accoutumance, acculturation, aguerrissement, apprivoisement, appropriation, assuétude, endurcissement, familiarisation, habituation, habitude, intégration, mise à jour, mise au courant. *MÉD.* anergie. ▶ *Changement* – ajustement, altération, avatar, changement, conversion, évolution, glissement, gradation, infléchissement, métamorphose, modification, modulation, mue, mutation, passage, progression, transfiguration, transformation, transition, transmutation, variation, vie. ▶ *Remaniement* – actualisation,

aggiornamento, correction, mise à jour, modification, rectification, réévaluation, refonte, remaniement, révision. ▶ *Traduction* – calque, explication, herméneutique, interprétation, paraphrase, thème, traduction, transcodage, transcription, translittération, transposition, version. *FAM.* traduc. ▶ *Vulgarisation* – banalisation, démocratisation, dépersonnalisation, massification, simplification, vulgarisation. ▲**ANT.** INADAPTATION; INCAPACITÉ; IMMUTABILITÉ.

adapter *v.* ▶ *Conformer* – accommoder, accorder, ajuster, aligner, approprier, conformer, faire cadrer, modeler, moduler, mouler, régler. ▶ *Traduire* – traduire, transposer. ♦ *s'adapter* ▶ *Se conformer* – emboîter le pas à, imiter, s'accorder sur, s'ajuster à, s'aligner sur, se conformer à, se mettre au diapason de, se mettre dans le ton, se modeler sur, se rallier à, se ranger à, se régler sur, suivre. ▶ *S'habituer* – s'acclimater, s'accommoder, s'accoutumer, s'habituer, se faire à, se familiariser. *SOUT.* s'apprivoiser. ▲**ANT.** OPPOSER, SÉPARER. △**S'ADAPTER** – ÊTRE INCONCILIABLE, ÊTRE RÉFRACTAIRE.

addition *n.f.* ▶ *Action d'ajouter* – adjonction, ajout, rajout, rattachement. ▶ *Ce qui est ajouté* – accessoire, à-côté, adjonction, ajout, annexe, appoint, complément, extra, rajout, supplément. *FAM.* rab, rabiot, rallonge. *BELG.* ajoute. *SUISSE* ajouture, rajouture. ▶ *En trop* – excédent, surcroît, surplus. ▶ *Calcul* – sommation. ▶ *Somme* – cagnotte, chiffre, ensemble, fonds, mandat, masse, montant, quantité, quantum, somme, total, totalisation, volume. ▶ *Facture* – compte, dû, état de compte, état de frais, facture, frais, note, relevé. *FAM.* coup de fusil, douloureuse, quart d'heure de Rabelais. ▲**ANT.** RETRANCHEMENT; DÉDUCTION, SOUSTRACTION; DIMINUTION.

additionnel *adj.* accessoire, additif, annexe, auxiliaire, complémentaire, en supplément, subsidiaire, supplémentaire. *SOUT.* adventice, supplétif, surérogatoire. ▲**ANT.** EN MOINS.

adducteur *adj.* ▲**ANT.** ABDUCTEUR.

adepte *n.* ▶ *Personne adhérant à une idée* – activiste, adhérent, allié, ami, apôtre, champion, défenseur, disciple, fidèle, inconditionnel, militant, partisan, soutien, sympathisant, tenant. *SOUT.* chantre, séide, zélateur. *FAM.* godillot. ▶ *À l'esprit fermé* – doctrinaire, dogmatique, dogmatiste, fanatique, sectaire. ▶ *Récent* – néophyte, prosélyte, recrue. ▶ *Personne pratiquant une activité* – aficionado, amant, amateur, ami, amoureux, connaisseur, fanatique, fervent, fou, passionné. *SOUT.* assoiffé. *FAM.* accro, allumé, enragé, fana, malade, mordu. *FRANCE FAM.* fondu. ♦ **adeptes**, *plur.* ▶ *Ensemble de personnes* – école (de pensée). ▲**ANT.** ADVERSAIRE, DÉTRACTEUR, OPPOSANT; DISSIDENT; PROFANE.

adéquat *adj.* à propos, adapté, approprié, bien trouvé, bien venu, bon, conforme, convenable, correct, de circonstance, de saison, heureux, indiqué, juste, opportun, pertinent, propice, propre. *SOUT.* ad hoc, congruent, expédient, idoine. *DIDACT.* topique. ▲**ANT.** INADÉQUAT, INAPPROPRIÉ.

adéquatement *adv.* bien, comme il faut, comme il se doit, convenablement, correctement, dans les règles de l'art, décemment, juste, justement, pertinemment, proprement, raisonnablement, sainement, valablement, validement. *SOUT.* congrûment. *FAM.* bene. ▲**ANT.** ERRONÉMENT, FAUTIVEMENT, IMPROPREMENT, INADÉQUATEMENT, INCORRECTEMENT.

adhérence *n. f.* cohérence, liaison. ▲**ANT.** DÉCOLLEMENT, DISJONCTION, SÉPARATION; INCOMPATIBILITÉ.

adhérent *adj.* ▶ *Collant* – adhésif, autoadhésif, autocollant, collant, gommé, préencollé. ▶ *Membre* – affilié, membre. ▲**ANT.** ANTIADHÉRENT, GLISSANT.

adhérent *n.* ▶ *Membre* – abonné, affilié, cotisant, inscrit, membre, participant. ▶ *Partisan* – activiste, adepte, allié, ami, apôtre, champion, défenseur, disciple, fidèle, inconditionnel, militant, partisan, soutien, sympathisant, tenant. *SOUT.* chantre, séide, zélateur. *FAM.* godillot. ◆ **adhérents, plur.** ▶ *Ensemble de partisans* – école (de pensée).

adhérer *v.* ▶ *Coller* – attacher, coller, tenir. *SOUT.* gluer. ▶ *Donner son appui* – approuver, appuyer, consentir à, se prêter à, souscrire à, soutenir, supporter. *SOUT.* entendre à. ▶ *S'inscrire* – entrer dans, s'affilier à, s'inscrire à. ▲**ANT.** GLISSER, SE DÉCOLLER, SE DÉTACHER, SE SÉPARER; DÉMISSIONNER, SE DÉSINSCRIRE.

adieu *n. m.* ▶ *Formule de salut* – au revoir, bienvenue, bonjour, bonsoir, salut, salutation. *FAM.* bye-bye. *QUÉB. ENFANTIN* tata.

adjoindre *v.* ajouter, annexer, joindre. ▲**ANT.** DÉTACHER, DISJOINDRE, ENLEVER, ÔTER, SÉPARER, SUPPRIMER.

adjoint *n.* aidant, aide, alter ego, assesseur, assistant, auxiliaire, bras droit, collaborateur, complice, exécutant, homme de confiance, lieutenant, préparateur, second, sous-chef, subalterne, subordonné. *SOUT.* suivant. *RELIG.* coadjuteur, définiteur. ▶ *Non favorable* – acolyte, lampiste, second couteau, second rôle, second violon, sous-fifre, sous-ordre.

admettre *v.* ▶ *Tolérer* – excuser, fermer les yeux sur, innocenter, laisser passer, pardonner, supporter, tolérer. ▶ *Concéder* – accorder, concéder, convenir, reconnaître. *SOUT.* recevoir. ▶ *Confesser* – avouer, confesser. *FAM.* déballer. ▶ *Accueillir dans un groupe* – accepter, accueillir, agréger, recevoir. *ADMIN.* agréer. ▲**ANT.** EXCLURE, REFUSER, REJETER, REPOUSSER; NIER; ÉCONDUIRE, ÉVINCER.

administrateur *n.* ▶ *Dirigeant* – cadre, chef d'entreprise, chef d'industrie, décideur, décisionnaire, directeur, dirigeant, gestionnaire, logisticien, patron, responsable, tête dirigeante. ▶ *Personne qui administre des biens* – agent, gérant, intendant. ◆ **administrateurs, plur.** ▶ *Ensemble de dirigeants* – conseil d'administration.

administration *n. f.* ▶ *Gestion* – conduite, direction, gérance, gestion, gouverne, intendance, logistique, management, maniement, organisation, régie, surintendance, tenue. ◆ **l'Administration** affaires de l'État, bureaux, fonction publique, fonctionnaires, grands corps de l'État, institutions, ministères, organe, organismes, secrétariat, services. *PÉJ.* bureaucratie.

administrer *v.* ▶ *Gérer* – diriger, gérer, gouverner, manier. ▶ *Donner* (*FAM.*) – assener, donner, infliger, porter. *FAM.* allonger, coller, ficher, filer, flanquer, foutre. *QUÉB. FAM.* sacrer. ▲**ANT.** PRENDRE, RECEVOIR.

admirable *adj.* ▶ *Très beau* – beau, d'une grande beauté, de toute beauté, éblouissant, magnifique, ravissant, splendide, superbe. *FRANCE FAM.* flambant. ▶ *Remarquable* – brillant, éblouissant, excellent, extraordinaire, fantastique, magistral, magnifique, merveilleux, parfait, prodigieux, remarquable, réussi, sensationnel, sublime. *FAM.* à tout casser, bluffant, champion, d'enfer, du tonnerre, épatant, extra, fameux, formidable, fumant, génial, mirifique, pas piqué des vers, splendide, super, terrible. *FRANCE FAM.* du feu de Dieu, énorme, fadé, formide, géant, gratiné, pas piqué des hannetons. *QUÉB. FAM.* capotant, écœurant. ▲**ANT.** AFFREUX, HIDEUX, HORRIBLE, MONSTRUEUX, REPOUSSANT, RÉPUGNANT, VILAIN; ABJECT, BAS, IGNOBLE, IMMONDE, INDIGNE, INFÂME, MÉPRISABLE, ODIEUX, SCANDALEUX, SORDIDE, VIL.

admirablement *adv.* à la perfection, à merveille, à ravir, bien, divinement, extraordinairement, idéalement, impeccablement, incomparablement, infailliblement, irréprochablement, le mieux du monde, merveilleusement, mirifiquement, on ne peut mieux, parfaitement, prodigieusement, sans fautes, sublimement, supérieurement, suprêmement. *SOUT.* excellemment. *FAM.* épatamment, sans bavure. ▲**ANT.** ABOMINABLEMENT, AFFREUSEMENT, ATROCEMENT, DÉTESTABLEMENT, HORRIBLEMENT, IGNOBLEMENT.

admirateur *n.* ▶ *Adorateur* – adorateur, amoureux, fanatique, fervent, groupie, idolâtre, inconditionnel. *FAM.* fana. ▶ *Complimenteur* – acclamateur, adorateur, adulateur, apologiste, caudataire, complaisant, complimenteur, courtisan, dithyrambiste, flatteur, patelin, valet. *SOUT.* applaudisseur, approbateur, glorificateur, laquais, laudateur, thuriféraire. ▲**ANT.** CONTEMPTEUR, DÉNIGREUR, DÉTRACTEUR.

admiratif *adj.* élogieux, flatteur, louangeur, qui ne tarit pas d'éloges. *SOUT.* apologétique, apologique, dithyrambique, glorificateur, hagiographique, laudatif. ▲**ANT.** DÉDAIGNEUX, MÉPRISANT.

admiration *n. f.* ▶ *Respect* – considération, déférence, égard, estime, hommage, ménagement, respect, révérence. ▶ *Adoration* – adoration, adulation, amour, attachement, culte, dévotion, emballement, engouement, fanatisme, ferveur, iconolâtrie, idolâtrie, passion, respect, vénération, zèle. *SOUT.* dilection, révérence. *PÉJ.* encens, flagornerie, flatterie. ▶ *Émerveillement* – adoration, éblouissement, émerveillement, enchantement, engouement, enthousiasme, envoûtement, fascination, ravissement, subjugation. ▲**ANT.** DÉDAIN; MÉPRIS; DÉNIGREMENT.

admirer *v.* ▶ *Être en admiration* – s'émerveiller, s'extasier, se pâmer, se pâmer d'admiration, tomber en extase. *PAR PLAIS.* tomber en pâmoison. ▶ *Vénérer* – honorer, respecter, révérer, tenir en grand honneur, vénérer. ◆ *s'admirer* ▶ *Se mirer* – se contempler, se mirer, se regarder. ▲**ANT.** ABHORRER, ABOMINER, DÉDAIGNER, DÉTESTER, EXÉCRER, HAÏR, MÉPRISER; CRITIQUER, DÉNIGRER, HONNIR, MOQUER, RAILLER.

admissible *adj.* ▶ *Valide* – acceptable, recevable, valable, valide. ▲**ANT.** INACCEPTABLE, INADMISSIBLE, IRRECEVABLE.

admission *n. f.* ▶ *Affiliation* – adhésion, adjonction, adoption, affiliation, agrégation, agrément,

adolescence

appartenance, association, enrôlement, entrée, incorporation, initiation, inscription, intégration, mobilisation, rattachement, réception. ▸ *Réception* – adoubement, élévation, initiation, intronisation, investiture, promotion. ▸ *Accession* – accession, arrivée, avènement, venue. ▲ANT. RECALAGE, REFUS; EXCLUSION, REJET; SORTIE; ÉCHAPPEMENT.

adolescence *n. f.* âge bête, âge ingrat, jeunesse, minorité, nubilité, préadolescence, puberté, pubescence. SOUT. juvénilité, printemps. ▲ANT. ÂGE MÛR, MATURITÉ; MAJORITÉ; VIEILLESSE.

adolescent *n.* ▸ *Jeune personne* – jeune, mineur, préadolescent. SOUT. impubère. FAM. ado, gamin, préado. PÉJ. minet. ♦ **adolescent,** *masc.* ▸ *Jeune garçon* – blanc-bec *(inexpérimenté)*, garçon, jeune, jeune garçon, jeune homme, mineur. SOUT. damoiseau *(qui courtise les femmes)*, impubère, puceau *(vierge)*. ♦ **adolescente,** *fém.* ▸ *Jeune fille* – demoiselle, fille, jeune, jeune femme, jeune fille, midinette, mineure, miss *(pays anglo-saxons)*, préadolescente. SOUT. impubère, pucelle *(vierge)*. ▲ANT. ENFANT; ADULTE; VIEILLARD.

adonner (s') *v.* ▸ *Faire une activité* – s'appliquer à, s'employer à, s'occuper de, se consacrer à, se livrer à, vaquer à. ▸ *Faire un sport* – jouer à, pratiquer. ▸ *Se laisser aller* – céder à, donner dans, donner libre cours à, entrer dans, s'abandonner à, se laisser aller à, se livrer à, se porter à. ▸ *S'entendre* (QUÉB. FAM.) – avoir de bons rapports, (bien) s'entendre, être en bons termes, fraterniser, s'accorder, sympathiser. SOUT. compatir. FAM. copiner. QUÉB. FAM. s'endurer. ▲ANT. ABANDONNER, ÉVITER, SE DÉTOURNER DE.

adopter *v.* ▸ *Choisir* – choisir, embrasser, épouser, faire sien, prendre. ▲ANT. ABANDONNER, REFUSER, REJETER, RENONCER À, RENVOYER, REPOUSSER; COMBATTRE.

adoption *n. f.* ▸ *Action d'adopter un enfant* – adrogation, légitimation. ▸ *Choix* – choix, cooptation, décision, désignation, détermination, échantillonnage, écrémage, élection, nomination, plébiscite, prédilection, présélection, résolution, sélection, suffrage, tri, triage, vote. SOUT. décret, parti. ▸ *Adhésion* – acceptation, accord, accréditation, acquiescement, adhésion, affirmation, affirmative, agrément, amen, approbation, approbativité, approuvé, assentiment, autorisation, aval, avis favorable, bénédiction, caution, chorus, confirmation, consentement, déclaration favorable, engagement, entérinement, exeat, feu vert, gré, homologation, légalisation, oui, permission, ratification, sanction, validation. BELG. agréage, agréation. SOUT. suffrage. RELIG. admittatur, celebret, créance, imprimatur, nihil obstat. ▸ *Affiliation* – adhésion, adjonction, admission, affiliation, agrégation, agrément, appartenance, association, enrôlement, entrée, incorporation, initiation, inscription, intégration, mobilisation, rattachement, réception. ▸ *Emprunt* – assimilation, emprunt, imitation, insertion, ralliement. ▲ANT. DÉSAPPROBATION, REFUS; EXCLUSION, REJET, RENVOI.

adorable *adj.* à croquer, avenant, beau, bien, charmant, coquet, délicieux, gentil, gentillet, gracieux, joli, mignon, mignonnet, plaisant, ravissant. FAM. chou, jojo. FRANCE FAM. croquignolet, mignard,

mimi, trognon. ▲ANT. DÉPLAISANT, DÉSAGRÉABLE, DÉTESTABLE, EXÉCRABLE, HAÏSSABLE.

adoration *n. f.* ▸ *Vénération* – admiration, adulation, amour, attachement, culte, dévotion, emballement, engouement, fanatisme, ferveur, iconolâtrie, idolâtrie, passion, respect, vénération, zèle. SOUT. dilection, révérence. PÉJ. encens, flagornerie, flatterie. ▸ *Émerveillement* – admiration, éblouissement, émerveillement, enchantement, engouement, enthousiasme, envoûtement, fascination, ravissement, subjugation. ▲ANT. AVERSION, DÉDAIN; HAINE, MÉPRIS; BLASPHÈME, IMPIÉTÉ.

adorer *v.* ▸ *Admirer* – aduler, déifier, fétichiser, idolâtrer, vénérer, vouer un culte à. ▸ *Aimer avec tendresse* – aimer, chérir, porter dans son cœur. ▸ *Aimer beaucoup* – affectionner, aimer, apprécier, avoir un faible pour, avoir un penchant pour, être fou de, être friand de, être porté sur, faire ses délices de, prendre plaisir à, priser, raffoler de, s'intéresser à, se complaire, se délecter, se passionner pour, se plaire. SOUT. chérir, goûter. FRANCE. FAM. kiffer. QUÉB. FAM. capoter sur. PÉJ. se vautrer. ▲ANT. ABHORRER, ABOMINER, DÉDAIGNER, DÉTESTER, EXÉCRER, HAÏR, MÉPRISER; BLASPHÉMER, MAUDIRE.

adosser *v.* accoter, appuyer, caler. ▲ANT. DÉGAGER.

adoucir *v.* ▸ *Sucrer* – édulcorer, sucrer. ▸ *Rendre le temps plus doux* – radoucir, réchauffer. ▸ *Tamiser la lumière* – atténuer, filtrer, tamiser, voiler. ▸ *Apaiser la douleur* – alléger, apaiser, assoupir, atténuer, bercer, endormir. SOUT. lénifier. ♦ **s'adoucir** ▸ *Se réchauffer* – se radoucir, se réchauffer. ▲ANT. AIGRIR; DURCIR; AGGRAVER, APPUYER, EXACERBER, EXCITER, INTENSIFIER, IRRITER.

adresse *n. f.* ▸ *Résidence* – coordonnées, domicile, habitation, résidence, suscription. ▸ *Numéro* – code, cote, marque (numérique), matricule, nombre, numéro. ▸ *Agilité* – agilité, aisance, dextérité, élasticité, élégance, facilité, grâce, habileté, légèreté, main, mobilité, précision, rapidité, souplesse, technique, virtuosité, vivacité. SOUT. félinité, prestesse. ▸ *Compétence* – aisance, aptitude, art, brio, capacité, compétence, dextérité, disposition, doigté, don, expérience, expertise, facilité, faculté, force, fort, génie, habileté, main, maîtrise, métier, pouvoir, professionnalisme, savoir, savoir-faire, sens, talent, technique, virtuosité. SOUT. industrie. FAM. bosse. QUÉB. douance *(scolaire)*. DR. habilitation, habilité. ▸ *Ruse* – débrouillardise, finesse, habileté, ingéniosité, ruse. SOUT. cautèle, industrie. FAM. système D, système débrouille. QUÉB. ACADIE FAM. jarnigoine. QUÉB. FAM. cocologie. SOUT. matoiserie. ▸ *Diplomatie* – circonspection, diplomatie, doigté, finesse, habileté, souplesse, tact. ▸ *Stratégie* – calcul, diplomatie, finesse, habileté, ligne de conduite, manège, négociation, patience, prudence, ruse, sagesse, savoir-faire, souplesse, stratégie, tactique, temporisation, tractation. ▲ANT. BALOURDISE, GAUCHERIE, IMPÉRITIE, INEPTIE, MALADRESSE; LOURDEUR; INAPTITUDE, INHABILETÉ; ERREUR.

adresser *v.* ▸ *Envoyer* – acheminer, envoyer, expédier, faire parvenir, transmettre. ♦ **s'adresser** ▸ *Recourir* – avoir recours à, consulter, faire appel à, passer par, prendre conseil auprès de, recourir à. ▲ANT. RECEVOIR.

adroit *adj.* ▸ *Compétent* – à la hauteur, bon, brillant, capable, chevronné, compétent, connaisseur, d'élite, de haut vol, de haute volée, de talent, doué, émérite, entraîné, exercé, expérimenté, expert, ferré, fin, fort, habile, inspiré, passé maître, performant, qualifié, qui s'y connaît, talentueux, versé. *SOUT.* entendu à, industrieux, rompu à. *FAM.* calé, qui a la bosse de, qui sait y faire. *FRANCE FAM.* balèze, costaud, fortiche, incollable, trapu. *QUÉB.* connaissant; *FAM.* bollé. ▸ *Astucieux* – astucieux, déluré, fin, finaud, futé, habile, ingénieux, intelligent, inventif, malin, qui a plus d'un tour dans son sac, rusé. *FAM.* débrouillard, dégourdi. *FRANCE FAM.* dessalé, fortiche, fute-fute, mariol, sioux. *QUÉB. FAM.* fin finaud. ▸ *Non favorable* – diabolique, fourbe, machiavélique, malin, perfide, rusé, tortueux. *SOUT.* artificieux, chafouin, madré, matois, retors, roué, scélérat. *FAM.* roublard, vicelard. *QUÉB. FAM.* ratoureux, snoreau, vlimeux. ▸ *Prudent* – averti, avisé, circonspect, éclairé, fin, habile, prudent, réfléchi, sagace, sage. ▲**ANT.** BALOURD, GAUCHE, MALADROIT, MALHABILE; CRÉDULE, INNOCENT, NIAIS; IMPRUDENT, IRRÉFLÉCHI.

adroitement *adv.* ▸ *Agilement* – agilement, aisément, alertement, bien, industrieusement, lestement, magistralement, prestement, souplement, vivement. ▸ *Intelligemment* – astucieusement, avec brio, avec compétence, avec éclat, bien, brillamment, de main de maître, ex professo, expertement, finement, génialement, habilement, industrieusement, ingénieusement, intelligemment, judicieusement, lucidement, magistralement, pertinemment, professionnellement, savamment, sensément, spirituellement, subtilement, talentueusement, vivement. ▲**ANT.** MALADROITEMENT.

adulte *adj.* ▸ *En parlant d'un végétal* – développé, formé, mature, mûr. ▸ *En parlant de qqn* – grand, majeur. *FAM.* majeur et vacciné. ▲**ANT.** IMMATURE; D'ENFANT/DES ENFANTS, INFANTILE; ADOLESCENT; PUÉRIL.

adulte *n.* ▸ *Personne* – grand, grande personne, majeur. *FRANCE FAM.* amorti. ▸ *Homme* – homme fait, homme mûr. ▸ *Femme* – femme faite, femme mûre. ▲**ANT.** ENFANT; ADOLESCENT.

adultère *adj.* frivole, inconstant, infidèle, volage. *FAM.* cavaleur, coureur, qui a un cœur d'artichaut. *QUÉB. FAM.* courailleux. ▲**ANT.** CONSTANT, FIDÈLE, LOYAL, SÉRIEUX, SÛR.

adultère *n.* ▸ *Personne infidèle* (*SOUT.*) – inconstant, infidèle. ▲**ANT.** FIDÉLITÉ.

advenir *v.* arriver, avoir lieu, se dérouler, se passer, se produire, survenir.

adversaire *n.* antagoniste, attaqueur, compétiteur, concurrent, contestataire, contraire, contre-manifestant, détracteur, dissident, ennemi, mécontent, opposant, opposé, pourfendeur, prétendant, protestataire, rival. ▲**ANT.** ALLIÉ, AMI; ASSOCIÉ, AUXILIAIRE, COLLABORATEUR, PARTENAIRE; DÉFENSEUR, FIDÈLE, PARTISAN; PROTECTEUR; COÉQUIPIER.

adverse *adj.* ▸ *Inverse* – contraire, inverse, opposé. ▸ *Rival* – antagonique, antagoniste, concurrent, ennemi, opposant, opposé, rival. ▸ *Nuisible* – attentatoire, contraire, défavorable, désavantageux,

dommageable, hostile, nuisible, pernicieux, préjudiciable. ▲**ANT.** ALLIÉ, AMI.

aérer *v.* éventer, ventiler. ◆ **s'aérer** prendre l'air, prendre un bol d'air, respirer, s'oxygéner (les poumons). ▲**ANT.** CONFINER, ENFERMER, ENFUMER, RENFERMER, VICIER.

aérien *adj.* ▸ *Léger* – immatériel, léger, mousseux, vaporeux. *SOUT.* arachnéen, éthéré. ▸ *Distance* – à vol d'oiseau. ▲**ANT.** TERRESTRE; SOUTERRAIN; AQUATIQUE; SOUS-MARIN; ROUTIER *(transport)*; FERROVIAIRE; NAVAL; ENFOUI *(câble)*.

aérobie *adj.* ▲**ANT.** ANAÉROBIE.

affable *adj.* ▸ *Accueillant* – accueillant, agréable, aimable, amène, amical, avenant, bienveillant, chaleureux, charmant, convivial, cordial, de bonne compagnie, engageant, familier, gracieux, invitant, liant, ouvert, sociable, souriant, sympathique. *FAM.* bonard, sympa. *QUÉB. FAM.* d'adon. ▸ *Courtois* – bien élevé, bienséant, civil, courtois, délicat, galant, poli, qui a de belles manières. *SOUT.* urbain. *FAM.* civilisé. ▲**ANT.** ACARIÂTRE, ANTIPATHIQUE, BOURRU, DÉSAGRÉABLE, GRINCHEUX, RÉBARBATIF, REVÊCHE; ARROGANT, IMPERTINENT, IMPOLI, INSOLENT.

affadissant *adj.* ▲**ANT.** EXALTANT, EXCITANT, SAVOUREUX.

affaibli *adj.* ▸ *Sans forces* – abattu, anémié. *MÉD.* adynamique, asthénique. ▸ *Indolent* – alangui, indolent, lent, nonchalant. *SOUT.* languissant. ▲**ANT.** AGUERRI, ENDURCI, FORTIFIÉ, RENFORCÉ.

affaiblir *v.* ▸ *Épuiser* – abattre, alanguir, anémier, consumer, débiliter, diminuer, épuiser, étioler, miner, ronger, user. ▸ *Ramollir* – alanguir, amollir, avachir, ramollir. *SOUT.* aveulir, émasculer. ▸ *Rendre moins intense* – amortir, atténuer, diminuer, effacer, émousser, éroder, estomper, oblitérer, user. ▸ *Précariser* – fragiliser, précariser, vulnérabiliser. ▸ *Diminuer* – abaisser, amenuiser, amoindrir, diminuer, laminer, minorer, réduire. ◆ **s'affaiblir** ▸ *Perdre ses forces* – dépérir, perdre ses forces, s'anémier, s'étioler, s'user, se consumer. *SUISSE* crevoter. ▸ *Perdre de son intensité* – baisser, diminuer, faiblir, pâlir, s'atténuer, s'estomper. ▸ *S'amenuiser* – faiblir, s'amenuiser, s'effriter, s'émietter, s'émousser. ▲**ANT.** CONSOLIDER, FORTIFIER, RAFFERMIR, RENFORCER, VIVIFIER; AUGMENTER, INTENSIFIER; AMPLIFIER, EXAGÉRER, GROSSIR. △**S'AFFAIBLIR** – SE RAFFERMIR, SE REMETTRE, SE RÉTABLIR, SE RETROUVER.

affaiblissement *n. m.* ▸ *Perte des forces* – abattement, accablement, alanguissement, amoindrissement, amollissement, anémie, apathie, avachissement, consomption, découragement, défaillance, dépérissement, épuisement, étiolement, exténuation, fatigue, fragilisation, harassement, lassitude, marasme, ralentissement, ramollissement, sape, usure. *SOUT.* débilité. *MÉD.* adynamie, asthénie, asthénomanie, atonie, collapsus, débilitation. ▸ *Fatigue* – abattement, accablement, affaissement, affalement, alanguissement, amollissement, anéantissement, apathie, atonie, consomption, épuisement, éreintement, exténuation, faiblesse, fatigue, forçage, harassement, inertie, labeur, langueur, lassitude, marasme, peine, prostration, stress, surmenage. *MÉD.* adynamie, anémie, asthénie. ▸ *Mollesse*

– abattement, apathie, atonie, avachissement, faiblesse, inconsistance, indolence, langueur, laxisme, mollasserie, mollesse, nonchalance, passivité, veulerie. *MÉD.* aboulie, athymhormie, dysboulie, psychasthénie. ▶ *Dégénérescence* – abaissement, abâtardissement, abjection, abrutissement, affadissement, agonie, altération, amollissement, appauvrissement, atrophie, avachissement, avilissement, baisse, corruption, décadence, déchéance, déclin, décrépitude, dégénérescence, dégradation, délabrement, déliquescence, dénaturation, dépérissement, détérioration, édulcoration, étiolement, flétrissure, perte, perversion, pourrissement, pourriture, rouille, ruine, sape, usure. *SOUT.* aveulissement, crépuscule, pervertissement. *FAM.* déglingue, dégringolade. ▶ *Diminution* – abaissement, affaissement, amenuisement, amoindrissement, baisse, chute, creux, déclin, décroissance, décroissement, décrue, dégression, déplétion, dépréciation, descente, désescalade, dévalorisation, dévaluation, diminution, éclipse, effondrement, effritement, essoufflement, fléchissement, ralentissement, réduction. *SOUT.* émasculation. ▲**ANT.** CONSOLIDATION, RAFFERMISSEMENT, RENFORCEMENT, TONIFICATION; RÉTABLISSEMENT, VIVIFICATION; AMPLIFICATION, AUGMENTATION, ÉLÉVATION, RECRUDESCENCE.

affaire *n. f.* ▶ *Tâche* – besogne, corvée, devoir, obligation, occupation, ouvrage, tâche, travail. ▶ *Entreprise* – bureau, compagnie, entreprise, établissement, exploitation, firme, industrie, institution, société. *FAM.* boîte, boutique. *FRANCE FAM.* burlingue. ▶ *Négociation* – arbitrage, contestation, débat, démêlé, différend, discussion, dispute, médiation, négociation, panel, querelle, règlement, spéculation, tractation. ▶ *Procès* – affaire (judiciaire), audience, cas, cause, débat, dossier, espèce, litige, litispendance, poursuite, procès. ▶ *Problème* – cas, énigme, problème, question. *FAM.* bébé. *QUÉB.* casse-tête. ▶ *Incident* – accident, accroc, accrochage, anicroche, avatar, aventure, complication, contingences, contrariété, contretemps, crise, désagrément, difficulté, dispute, embarras, empêchement, ennui, épine, épisode, événement, éventualité, imprévu, incident, mésaventure, obstacle, occasion, occurrence, péripétie, problème, rebondissement, tribulations. *SOUT.* adversité. *FAM.* blème, cactus, embêtement, emmerde, emmerdement, enquiquinement, os, pépin, pétrin, tuile. *FRANCE FAM.* avaro, empoisonnement. ▶ *Objet* (*QUÉB. FAM.*) – chose, objet. *FAM.* bidule, bouzin, engin, fourbi, machin, schtroumpf, truc, trucmuche. *FRANCE FAM.* ustensile, zibouiboui, zigouzi, zinzin. *QUÉB. FAM.* bébelle, cossin, gogosse, patente. ♦ **affaires, plur.** ▶ *Activités commerciales* – activité commerciale, circulation, commerce, commercialisation, distribution, échange, finance, marché, négoce, opérations (commerciales), traite, transactions, troc, vente. ▶ *Ce qui appartient à qqn* – effets personnels. ▶ *Équipement* – appareil, bagage, chargement, équipement, fourniment, harnachement, instruments, matériel, outillage, outils. *FAM.* arsenal, attirail, barda, bastringue, bataclan, bazar, fourbi, matos, paquet, paquetage, saint-crépin, saint-frusquin. *QUÉB. FAM.* agrès, gréage, gréement. ▶ *Vêtements* – atours, chiffons, ensemble, garde-robe, habillement, habits, linge, mise, parure, tenue,

toilette, trousseau, vestiaire, vêtements. *SOUT.* vêture. *FRANCE FAM.* fringues, frusques, nippes, pelures, saint-frusquin, sapes. ▲**ANT.** ACCORD, ENTENTE, PAIX, RÉCONCILIATION; SOLUTION.

affairé *adj.* actif, allant, diligent, dynamique, énergique, infatigable, laborieux, travailleur, vaillant, zélé. *FAM.* bosseur, boulot boulot, bûcheur, increvable, piocheur. *QUÉB.* travaillant. ▲**ANT.** DÉSŒUVRÉ, INACTIF, INOCCUPÉ, OISIF.

affairer (s') *v.* être à l'œuvre, œuvrer, s'activer, travailler. *FAM.* bosser, gratter, marner, turbiner, usiner. ▲**ANT.** LAMBINER, TRAÎNER; PARESSER, SE REPOSER.

affairisme *n. m.* accaparement, agiotage, boursicotage, concussion, coup de bourse, intrigue, spéculation, trafic, tripotage. *SOUT.* prévarication. ▲**ANT.** DÉSINTÉRESSEMENT, HONNÊTETÉ.

affaissement *n. m.* ▶ *Effondrement du sol* – cavité, creux, crevasse, dépression, éboulement, écroulement, effondrement, flache, fondrière, fossé. *GÉOL.* ensellement, épirogenèse, fondis, graben. ▶ *Diminution* – abaissement, affaiblissement, amenuisement, amoindrissement, baisse, chute, creux, déclin, décroissance, décroissement, décrue, dégression, déplétion, dépréciation, descente, désescalade, dévalorisation, dévaluation, diminution, éclipse, effondrement, effritement, essoufflement, fléchissement, ralentissement, réduction. *SOUT.* émasculation. ▶ *Fatigue* – abattement, accablement, affaiblissement, affalement, alanguissement, amollissement, anéantissement, apathie, atonie, consomption, épuisement, éreintement, exténuation, faiblesse, fatigue, forçage, harassement, inertie, labeur, langueur, lassitude, marasme, peine, prostration, stress, surmenage. *MÉD.* adynamie, anémie, asthénie. ▲**ANT.** REDRESSEMENT, RELÈVEMENT; ALLANT, ÉLAN, ÉNERGIE, ENTRAIN, REGAIN, RÉVEIL.

affaisser (s') *v.* ▶ *En parlant de qqch.* – crouler, s'abattre, s'ébouler, s'écrouler, s'effondrer, succomber, tomber en ruine. ▶ *En parlant de qqn* – s'abattre, s'effondrer, tomber. *QUÉB. FAM.* s'écraser, s'effoirer. ▲**ANT.** S'ÉLEVER, S'ÉRIGER, SE DRESSER, SE SOULEVER; SE REDRESSER, SE RELEVER.

affamé *adj.* ▶ *Qui a faim* – à demi mort de faim, famélique. *SOUT.* qui tombe d'inanition. ▶ *Qui désire fortement* – assoiffé, avide, gourmand, insatiable. *SOUT.* altéré. ▲**ANT.** NOURRI, RASSASIÉ, REPU; ASSOUVI, SATISFAIT.

affectation *n. f.* ▶ *Manque de naturel* – air, apparence, apprêt, artificialité, bluff, cabotinage, comédie, composition, contenance, convenu, dandysme, genre, imposture, jeu, maniérisme, manque de naturel, mascarade, mièvrerie, pose, raideur, recherche, représentation, snobisme. *SOUT.* cambrure. *FAM.* chiqué, cinéma. ▶ *Ostentation* – démonstration, étalage, montre, ostentation, parade. *FAM.* fla-fla. ▶ *Pédantisme* – cuistraillerie, cuistrerie, didactisme, dogmatisme, érudition affectée, fatuité, pédanterie, pédantisme, pose, sottise, suffisance. *SOUT.* omniscience, savantasse. ▶ *Préciosité* – byzantinisme, emphase, maniérisme, marivaudage, mignardise, préciosité, purisme, raffinement, recherche, sophistication, subtilité. *SOUT.* afféterie, concetti. ▶ *Minauderie* – agacerie, coquetterie, façons, grâces, grimace, manières, mignardise, minauderie, mine, simagrée, singerie. *SOUT.* afféterie. *FAM.* chichi. ▸ *Fausse piété* – affectation (de piété), bigoterie, bondieuserie, hypocrisie, jésuitisme, pharisaïsme, tartuferie. ▸ *Fausse vertu* – affectation (de vertu), bégueulerie, bégueulisme, collet monté, pudeur, pudibonderie, puritanisme. *SOUT.* pruderie. ▸ *Feinte* – artifice, cachotterie, comédie, déguisement, dissimulation, duplicité, faux-semblant, feinte, fiction, finauderie, grimace, hypocrisie, invention, leurre, mensonge, momerie, pantalonnade, parade, ruse, simulation, singerie, sournoiserie, tromperie. *SOUT.* simulacre. *FAM.* cinéma, cirque, finasserie, frime. ▸ *Assignation* – assignation, attribution, consécration, destination, imputation. ▸ *Nomination* – collation, commissionnement, désignation, destination, installation, investiture, mise en place, nomination, promotion, titularisation. ▸ *Mutation* – déplacement, mouvement, mutation. ▸ *Rôle* – charge, dignité, emploi, fonction, métier, mission, office, place, poste, responsabilité, rôle, siège, titre, vocation. ▸ *Marque* – désignation, marque, qualification, quantification, spécification. ▲**ANT.** AISANCE, BONHOMIE, NATUREL; SINCÉRITÉ; SIMPLICITÉ; DÉSAFFECTATION, MISE À LA RETRAITE.

affecté *adj.* ▸ *Qui n'est pas sincère* – artificiel, de commande, factice, feint, forcé, insincère, (qui sonne) faux, simulé. ▸ *Qui manque de naturel* – apprêté, artificiel, compassé, composé, empesé, emprunté, étudié, forcé, frelaté. ▲**ANT.** AUTHENTIQUE, FAMILIER, FRANC, NATUREL, RELÂCHÉ, SIMPLE, SPONTANÉ, VRAI.

affecter *v.* ▸ *Prendre un certain aspect* – avoir, prendre, revêtir. ▸ *Simuler* – faire mine de, faire semblant de, feindre, simuler, singer. ▸ *Bouleverser* – bouleverser, choquer, commotionner, ébranler, marquer, perturber, secouer, traumatiser. ▸ *Attribuer à un usage* – destiner, réserver. ▸ *Imputer une somme* – appliquer, assigner, attribuer, imputer, porter. ▸ *Désigner à un poste* – appeler, charger, commettre, commissionner, désigner, préposer. ▲**ANT.** DISTRAIRE, RÉJOUIR; DÉSAFFECTER; MUTER, RÉVOQUER.

affectif *adj.* émotif, émotionnel, nerveux, psychoaffectif. ▲**ANT.** INTELLECTUEL, LOGIQUE, OBJECTIF, RATIONNEL.

affection *n. f.* ▸ *Attachement* – amitié, amour, attachement, attirance, intérêt, lien, sympathie, tendresse. *FAM.* coup de cœur, coup de foudre. ▸ *Prédilection* – aptitude, attirance, disposition, faible, faiblesse, goût, habitude, impulsion, inclination, instinct, penchant, pente, prédilection, prédisposition, préférence, propension, tendance, vocation. *DIDACT.* susceptibilité. *PSYCHOL.* compulsion, conation. *FAM.* tendresses. ▸ *Trouble physique* – altération, anomalie, dysfonction, indisposition, lésion, mal, malaise, syndrome, trouble. ▸ *Maladie* – cas, mal, maladie, morbidité, syndrome. ▲**ANT.** AVERSION, EXÉCRATION, HAINE; ANTIPATHIE, HOSTILITÉ, INIMITIÉ; DÉSAFFECTION; FROIDEUR, INDIFFÉRENCE.

affectivité *n. f.* affect, âme, attendrissement, cœur, compassion, émotion, émotivité, empathie, fibre, humanité, impressionnabilité, pitié, romantisme, sensibilité, sentiment, sentimentalité, susceptibilité, sympathie, tendresse, vulnérabilité. *SOUT.*

entrailles. *FAM.* tripes. ▸ *À l'excès* – hyperémotivité, hypersensibilité, sensiblerie, sentimentalisme. ▲**ANT.** INAFFECTIVITÉ.

affectueusement *adv.* affectivement, amicalement, amoureusement, câlinement, chaleureusement, maternellement, sensiblement, tendrement. ▲**ANT.** DUREMENT, RAIDE, RAIDEMENT, RUDEMENT, SANS MÉNAGEMENT, SEC, VERTEMENT.

affectueux *adj.* ▸ *Câlin* – aimant, amoureux, cajoleur, câlin, caressant, chatte *(fille ou femme)*, doux, roucoulant, tendre. ▸ *Amical* – ami, amical, chaleureux, fraternel, tendre. ▲**ANT.** BRUTAL, DUR, RAIDE, RUDE, VIOLENT; ARIDE, FROID, INSENSIBLE, SANS-CŒUR, SEC.

affermir *v.* ▸ *Rendre plus solide* – consolider, renforcer. *QUÉB.* solidifier; *FAM.* solider. ▸ *Rendre plus fort* – asseoir, cimenter, confirmer, conforter, consolider, fortifier, raffermir, renforcer. ▸ *Resserrer les tissus* – raffermir, tonifier. ▲**ANT.** AFFAIBLIR, ATTENDRIR, ÉBRANLER, FRAGILISER; AMOLLIR.

affiche *n. f.* affiche publicitaire, affichette, annonce, avis, écriteau, enseigne, pancarte, panneau, panneau réclame, panonceau, placard, proclamation, programme, publicité, réclame.

afficher *v.* ▸ *Apposer une affiche* – placarder. ▸ *Exhiber* – arborer, déployer, étaler, exhiber, exposer, faire étalage de, faire montre de, faire parade de. ♦ *s'afficher* ▸ *S'exhiber* – paraître, s'exhiber, s'offrir en spectacle, se montrer. ▲**ANT.** CACHER, DISSIMULER, MASQUER, TAIRE.

affilé *adj.* acéré, affûté, aigu, aiguisé, coupant, tranchant.

affinité *n. f.* ▸ *Accord* – accord, amitié, atomes crochus, (bonne) intelligence, communauté de goûts, communauté de sentiments, communauté de vues, communion, compatibilité, complicité, compréhension, concorde, connivence, convergence d'idées, fraternité, harmonie, point commun, sympathie, union, unisson. *SOUT.* concert. ▲**ANT.** ANTAGONISME, OPPOSITION; ANTIPATHIE; RÉPULSION RÉCIPROQUE.

affirmatif *adj.* ▸ *Qui affirme avec force* – autoritaire, catégorique, dogmatique, formel, impératif, impérieux, péremptoire, sans réplique, scolastique. *FAM.* pète-sec. ▸ *En parlant d'un énoncé* – assertif. ▲**ANT.** DUBITATIF, HÉSITANT, INCERTAIN; NÉGATIF *(énoncé)*; INTERROGATIF.

affirmation *n. f.* ▸ *Énonciation* – communication, déclaration, donnée, élocution, énoncé, énonciation, exposition, expression, extériorisation, formulation, mention, prononciation, proposition, récitation, stipulation, verbalisation. ▸ *Proposition* – allégation, argument, argumentation, assertion, déclaration, dire, expression, parole, position, propos, proposition, raison, théorème, thèse. ▸ *Approbation* – acceptation, accord, accréditation, acquiescement, adhésion, adoption, affirmative, agrément, amen, approbation, approbativité, approuvé, assentiment, autorisation, aval, avis favorable, bénédiction, caution, chorus, confirmation, consentement, déclaration favorable, engagement, entérinement, exeat, feu vert, gré, homologation, légalisation, oui, permission, ratification, sanction, validation. *BELG.*

agréage, agréation. *SOUT.* suffrage. *RELIG.* admittatur, celebret, créance, imprimatur, nihil obstat. ▶ *Confirmation* – assurance, attestation, certitude, confirmation, corroboration, démonstration, gage, manifestation, marque, preuve, témoignage, vérification. ▲**ANT.** DÉMENTI, DÉSAVEU, NÉGATION; CONTESTATION; DOUTE, QUESTION.

affirmer *v.* ▶ *Garantir* – assurer, attester, certifier, déclarer, donner l'assurance, donner sa parole (d'honneur), garantir, jurer, promettre, répondre de. ▶ *Prétendre* – déclarer, prétendre, soutenir. ▶ *Postuler* – énoncer, poser, postuler. ▶ *Manifester* – donner des marques de, donner la preuve/des preuves de, extérioriser, faire montre de, faire preuve de, manifester, marquer, montrer (des signes de), prouver, témoigner. ▲**ANT.** CONTESTER, CONTREDIRE, DÉMENTIR, DÉSAVOUER, NIER, RÉFUTER; CACHER, TAIRE.

affleurer *v.* ▶ *Se manifester* (*SOUT.*) – apparaître, émerger, se dégager, se dévoiler, se faire jour, se manifester, se profiler, se révéler, transparaître. ▲**ANT.** S'ENFONCER.

affliger *v.* ▶ *Désoler* – arracher le cœur à, attrister, chagriner, consterner, désespérer, désoler, faire de la peine à, fendre le cœur à, navrer, peiner. *SOUT.* contrister. ▶ *Atteindre d'un mal* – accabler, atteindre, frapper, toucher. ♦ *s'affliger* ▶ *Se désoler* – être au désespoir, s'attrister, se désoler. ▲**ANT.** CONTENTER, GRATIFIER, RÉJOUIR; CONSOLER, RÉCONFORTER, SOULAGER.

affluence *n. f.* ▶ *Flot* – afflux, arrivée, circulation, écoulement, flot, flux, issue. ▶ *Circulation dense* – afflux, bouchon, congestion, embouteillage, encombrement, engorgement, obstruction, retenue. *QUÉB.* trafic. ▶ *Foule* – abondance, armada, armée, attroupement, cohue, concentration, concours, encombrement, essaim, flot, forêt, foule, fourmillière, fourmillement, grouillement, légion, marée, masse, meute, monde, multitude, peuple, pléiade (*célébrités*), pullulement, rassemblement, régiment, réunion, ribambelle, ruche, tas, troupeau. *FAM.* flopée, marmaille (*enfants*), tapée, tripotée. *QUÉB.* achalandage; *FAM.* tapon, trâlée. *PÉJ.* ramassis. ▲**ANT.** ABSENCE, MANQUE; DISETTE, INDIGENCE, INSUFFISANCE, PÉNURIE.

affluer *v.* ▶ *Couler* – couler, ruisseler, s'écouler, se déverser, se répandre. *SOUT.* courir, fluer, s'épancher. ▶ *Accourir* – accourir, courir, se précipiter, se presser. ▲**ANT.** FAIRE DÉFAUT, MANQUER; REFLUER, S'ÉLOIGNER.

afflux *n. m.* ▶ *Arrivée massive de sang* – afflux (de sang), apoplexie, attaque, cataplexie, coup de sang, embolie, hémorragie, hyperémie, ictus, pléthore, révulsion, stase, tension, thrombose, transport au cerveau, turgescence. ▶ *Augmentation subite* – batillage, courant, déferlement, mouvement, vague. ▶ *Affluence* – affluence, arrivée, circulation, écoulement, flot, flux, issue. ▶ *Abondance* – abondance, amas, ampleur, concentration, débauche, débordement, exubérance, filon, floraison, foisonnement, forêt, foule, fourmillement, gisement, infinité, inondation, luxe, luxuriance, masse, mine, multiplicité, myriade, nuée, orgie, paquet, pléthore, poussière, profusion, quantité, richesse, surabondance, tas, trésor. *FIG.* carnaval. *FAM.* festival, flopée, kyrielle, tapée, tonne, tripotée, wagon. *QUÉB. FAM.*

bourrée, tapon. *SUISSE FAM.* craquée. ▶ *Engorgement* – affluence, bouchon, congestion, embouteillage, encombrement, engorgement, obstruction, retenue. *QUÉB.* trafic. ▲**ANT.** VIDE; ÉCOULEMENT, ÉVACUATION, REFLUX; EXODE, FUITE.

affolé *adj.* agité, bouleversé, égaré, éperdu.

affolement *n. m.* ▶ *Peur* – alarme, angoisse, appréhension, crainte, effarement, effarouchement, effroi, épouvante, frayeur, grand-peur, hantise, horreur, inquiétude, panique, peur, phobie, psychose, terreur, transes. *FIG.* vertige. *SOUT.* affres, apeurement. *FAM.* cauchemar, frousse, pétoche, trac, trouille. *QUÉB. FAM.* chienne. ▶ *Agitation* – activité, affairement, agitation, alarme, animation, bouillonnement, branle-bas (de combat), bruit, dérangement, désordre, désorganisation, détraquement, effervescence, excitation, fourmillement, grouillement, hâte, incohérence, mouvement, orage, précipitation, remous, remue-ménage, secousse, suractivité, tempête, tohu-bohu, tourbillon, tourmente, trépidation, trouble, tumulte, turbulence, va-et-vient. *SOUT.* émoi, remuement. *FAM.* chambardement. ▲**ANT.** CALME, MAÎTRISE DE SOI, SANG-FROID; SÉRÉNITÉ, TRANQUILLITÉ.

affoler *v.* ▶ *Effrayer* – apeurer, donner des sueurs froides à, donner la chair de poule à, effarer, effrayer, épouvanter, faire dresser les cheveux sur la tête de, faire froid dans le dos à, figer le sang de, glacer le sang de, horrifier, saisir d'effroi, saisir de frayeur, terrifier, terroriser. *SOUT. ou QUÉB. FAM.* épeurer. ▶ *Inquiéter* – agiter, alarmer, angoisser, effrayer, énerver, épouvanter, inquiéter, oppresser, préoccuper, tourmenter, tracasser, troubler. *FAM.* stresser. ▶ *Bouleverser* – bouleverser, effarer, mettre en émoi, paniquer. ♦ *s'affoler* céder à la panique, paniquer, perdre la boule, perdre la tête, perdre le nord, perdre son sang-froid, s'énerver. *FAM.* disjoncter, perdre la boussole, perdre les pédales. *QUÉB. FAM.* capoter, paranoïer, partir en peur, perdre la carte, prendre l'épouvante, prendre le mors aux dents. ▲**ANT.** APAISER, CALMER, RASSÉRÉNER, RASSURER, TRANQUILLISER.

affranchi *adj.* déchargé, dégagé, dispensé, exempt, exempté, exonéré, libéré, libre.

affranchir *v.* ▶ *Libérer d'une obligation* – décharger, dégager, délier, délivrer, désengager, dispenser, excuser, exempter, exonérer, soustraire. ▶ *Libérer d'un état de dépendance* – émanciper, libérer. *DIDACT.* manumettre. ▶ *Apposer des timbres-poste* – timbrer. ▶ *Informer* (*FAM.*) – avertir, aviser, informer, mettre au courant, prévenir. *SOUT.* instruire. *FAM.* brancher, mettre au parfum. *QUÉB.* breffer. ♦ *s'affranchir* prendre sa volée, s'émanciper, se libérer, secouer le joug, voler de ses propres ailes. ▲**ANT.** ASSERVIR, ASSUJETTIR, ASTREINDRE, JETER EN ESCLAVAGE, SOUMETTRE, SUBJUGUER.

affranchissement *n. m.* ▶ *Libération* – acquittement, décolonisation, délivrance, désaliénation, élargissement, émancipation, évacuation, libération, manumission, rachat, rédemption, salut. *FAM.* débarras, quille. *SOUT.* déprise. ▶ *Frais de port* – compostage, frais de port, surtaxe, taxe, timbrage, timbre. ▲**ANT.** ASSERVISSEMENT, ASSUJETTISSEMENT, SOUMISSION.

23

âge

affreusement *adv.* ▸ *Laidement* – abominablement, atrocement, déplaisamment, désagréablement, détestablement, disgracieusement, exécrablement, hideusement, horriblement, inesthétiquement, laidement, monstrueusement, vilainement. *FAM.* mochement. ▸ *Sinistrement* – atrocement, effroyablement, épouvantablement, funestement, lugubrement, redoutablement, sinistrement, sombrement, terriblement, tragiquement, tristement. ▸ *Extrêmement* – à l'extrême, astronomiquement, au dernier degré, au dernier point, au maximum, au plus haut degré, au plus haut point, beaucoup, bien, colossalement, considérablement, éminemment, énormément, exceptionnellement, extraordinairement, extrêmement, fabuleusement, follement, fort, fortement, grandement, gros, hautement, immensément, incommensurablement, inconcevablement, incroyablement, infiniment, intensément, long, mortellement, nettement, on ne peut plus, phénoménalement, prodigieusement, profondément, remarquablement, sérieusement, singulièrement, souverainement, supérieurement, suprêmement, terriblement, très, vertigineusement, vivement, vraiment. *FAM.* bigrement, bougrement, diablement, drôlement, effroyablement, épais, épouvantablement, fameusement, fantastiquement, fichtrement, fichûment, formidablement, foutrement, furieusement, joliment, rudement, sacrément, salement, super, terrible, tout plein, un max, vachement. *FAM.* à l'os, à la planche, au coton, en maudit, en s'il vous plaît, maudit ement. ▲ANT. COQUETTEMENT, ÉLÉGAMMENT, GRACIEUSEMENT, HARMONIEUSEMENT, JOLIMENT, MAGNIFIQUEMENT, SUPERBEMENT; AGRÉABLEMENT, DÉLICIEUSEMENT, EXQUISÉMENT; FAIBLEMENT, LÉGÈREMENT, UN PEU.

affreux *adj.* ▸ *Effrayant* – à donner la chair de poule, à faire frémir, à figer le sang, à glacer le sang, cauchemardesque, cauchemardeux, cauchemaresque, effrayant, effroyable, épouvantable, grand-guignolesque, horrible, horrifiant, pétrifiant, terrible, terrifiant, terrorisant. *SOUT.* horrifique. *QUÉB. FAM.* épeurant. ▸ *Laid* – à faire peur, déplaisant, disgracieux, hideux, horrible, ignoble, inesthétique, informe, ingrat, inharmonieux, laid, laideron *(femme)*, mal fait, monstrueux, repoussant, répugnant, vilain. *SOUT.* malgracieux, répulsif. *FAM.* blèche, dégueu, dégueulasse, mal fichu, mochard, moche, tarte, tartignolle, tocard, vomitif. ▸ *Mauvais* – abominable, atroce, déplorable, désastreux, épouvantable, exécrable, horrible, infect, insipide, lamentable, manqué, mauvais, médiocre, minable, navrant, nul, odieux, piètre, piteux, pitoyable, qui ne vaut rien, raté. *SOUT.* méchant, triste. *FAM.* à la flan, à la gomme, à la manque, à la mie de pain, à la noix (de coco), blèche, craignos, crapoteux, mal fichu, moche, pourri, qui ne vaut pas un clou. *QUÉB. FAM.* de broche à foin, poche. ▲ANT. À CROQUER, ADORABLE, BEAU, CHARMANT, GRACIEUX, JOLI, MIGNON, RAVISSANT; MAGNIFIQUE, MAJESTUEUX, SPLENDIDE, SUPERBE; DIGNE, HONORABLE, NOBLE; EXCELLENT, EXTRAORDINAIRE, FANTASTIQUE.

affront *n. m.* ▸ *Injure* – attaque, atteinte, attentat, avanie, blessure, calomnie, défi, dommage, indignité, injure, insolence, insulte, manquement, offense, outrage, pique, tort. *SOUT.* bave, camouflet,

soufflet. ▸ *Vexation* – crève-cœur, déboires, dégoût, déplaisir, froissement, humiliation, vexation. *SOUT.* camouflet, désobligeance, soufflet. ▲ANT. COMPLIMENT, ÉLOGE, LOUANGE; HONNEUR; PARDON.

affronter *v.* ▸ *Braver* – braver, faire face à, faire front à, se mesurer à. ▸ *Se mesurer à un adversaire* – lutter, se battre, se mesurer. ▸ *Dans une rencontre sportive* – disputer la victoire à, disputer un match contre, faire face à, jouer contre, rencontrer, se battre, se mesurer à. ◆ *s'affronter* ▸ *Se mesurer* – s'opposer, se battre, se mesurer. ▲ANT. ÉLUDER, ÉVITER, FUIR, SE SOUSTRAIRE À.

affût *n. m.* ▸ *Support* – bâti, bipied, trépied. ▸ *Endroit d'où l'on guette* – embuscade, gabion *(gibier d'eau)*, palombière *(chasse à la palombe)*, poste. *QUÉB.* cache. ▸ *Refuge* – abri, asile, cache, cachette, gîte, lieu de repos, lieu sûr, refuge, retraite. *FIG.* ermitage, havre (de paix), oasis, port, solitude, tanière, toit. *PÉJ.* antre, planque, repaire. ▸ *Aiguisage* – affilage, affûtage, aiguisage, émorfilage, émoulage, morfilage, repassage.

affûté *adj.* acéré, affilé, aigu, aiguisé, coupant, tranchant.

agaçant *adj.* ▸ *Énervant* – crispant, désagréable, énervant, exaspérant, excédant, fatigant, harcelant, importun, inopportun, insupportable, irritant. *FAM.* assommant, casse-pieds, embêtant, empoisonnant, enquiquinant, enquiquineur, horripilant, qui tape sur les nerfs, suant, tannant, tuant. *FRANCE FAM.* gonflant. *QUÉB. FAM.* achalant, dérangeant, gossant. ▲ANT. AGRÉABLE, CALMANT, TRANQUILLISANT; FADE, ININTÉRESSANT.

agacement *n. m.* ▸ *Désagrément* – chiffonnage, chiffonnement, contrariété, déplaisir, désagrément. *FAM.* embêtement, emmerde, emmerdement. ▸ *Exaspération* – colère, emportement, énervement, exaspération, fureur, furie, impatience, indignation, irritabilité, irritation, rage, susceptibilité. *SOUT.* courroux, irascibilité. *FAM.* horripilation, rogne. ▲ANT. AMUSEMENT, PLAISIR.

agacer *v.* ▸ *Exaspérer* – crisper, énerver, exaspérer, excéder, fatiguer, hérisser, impatienter, importuner, irriter, porter sur les nerfs à. *FAM.* barber, casser les pieds à, chauffer les oreilles à, courir sur le système à, embêter, emmieller, empoisonner, enquiquiner, faire suer, gonfler, horripiler, insupporter, pomper l'air à, porter sur le système à, scier, tanner, taper sur le système à, taper sur les nerfs à. *FRANCE FAM.* bassiner, canuler, cavaler, courir, courir sur le haricot à, soûler. *QUÉB. FAM.* achaler, déranger, écœurer, tomber sur la noix à, tomber sur la rate à, tomber sur le système à, tomber sur les nerfs à, tomber sur les rognons à. ▸ *Contrarier* – chiffonner, contrarier, ennuyer, irriter. *FAM.* embêter, empoisonner. ▸ *Taquiner* – faire enrager, plaisanter, taquiner. *FAM.* asticoter, blaguer, chiner. *QUÉB. FAM.* étriver, niaiser, tirer la pipe à. *ACADIE FAM.* tisonner. ▲ANT. APAISER, CALMER, TRANQUILLISER; FLATTER, PLAIRE À, SÉDUIRE.

âge *n. m.* ▸ *Maturité* – adultie, adultisme, âge adulte, âge mûr, assurance, confiance en soi, épanouissement, expérience (de la vie), force de l'âge, majorité, maturité, plénitude, réalisation de soi, sagesse. ▸ *Vieillesse* – décadence, décrépitude,

âgé

dégénérescence, gérontisme, (grand) âge, longévité, quatrième âge, sénescence, sénilisme, sénilité, troisième âge, vieillesse, vieillissement. *SOUT.* caducité, outrages du temps. *FRANCE FAM.* vieillerie, vioquerie. *QUÉB.* âge d'or. ▶ *Ancienneté* – ancienneté, antiquité, archaïsme, (grand) âge. ▶ *Désuétude* – abandon, anachronisme, ancienneté, antiquité, archaïsme, caducité, décrépitude, délabrement, désaffectation, désuétude, obsolescence, survivance, usure, vieillesse, vieillissement. *SOUT.* vétusté. ▶ *Époque* – cycle, date, époque, ère, étape, génération, heure, jour, moment, période, règne, saison, siècle, temps. ▶ *Période géologique* – ère, période, série, système.

âgé *adj.* d'âge canonique, d'un âge avancé, du troisième âge, sur ses vieux jours, vieux. *FAM.* qui a un pied dans la tombe, vieux comme Mathusalem. *FRANCE FAM.* vioque. *QUÉB. FAM.* de l'âge d'or. ▲**ANT.** DANS LA FORCE DE L'ÂGE, JEUNE ; MODERNE, NEUF.

agence *n. f.* ▶ *Organisme* – bureau, cabinet, centre, office, organisme, service.

agencement *n. m.* accommodation, accommodement, ajustement, aménagement, architecture, arrangement, articulation, assemblage, combinaison, combinatoire, composition, concaténation, configuration, construction, contexture, coordination, disposition, distribution, élaboration, enchaînement, harmonie, hiérarchie, liaison, mise en ordre, mise en place, ordonnance, ordonnancement, ordre, organisation, orientation, plan, profil, programmation, rangement, répartition, structuration, structure, système, texture. ▲**ANT.** DÉRANGEMENT, DÉSORDRE ; DÉCONSTRUCTION, DÉMONTAGE, DISLOCATION.

agenda *n. m.* ▶ *Petit cahier* – bloc-notes, cahier, calepin, carnet, journal, livre, livret, mémento, mémorandum, notes, registre, répertoire. ▶ *Aide-mémoire* – aide-mémoire, almanach, bloc-notes, calepin, carnet, éphéméride, guide, guide-âne, mémento, mémorandum, pense-bête, précis, vade-mecum. *FAM.* antisèche, mémo. ▶ *Calendrier* – almanach, bloc calendrier, calendrier, chronologie, dates, éphéméride, semainier. *ANTIQ. ROM.* fastes.

agenouiller (s') *v.* ▶ *Se montrer servile* – faire des courbettes, ramper, s'abaisser, s'humilier, se prosterner. *FAM.* s'aplatir (comme une carpette), se coucher. ▲**ANT.** SE DRESSER, SE RELEVER.

agent *n.* ▶ *Employé* – cachetier, employé, journalier, ouvrier *(manuel)*, préposé, salarié, travailleur. ▶ *Représentant* – ambassadeur, attaché, chargé d'affaires, chargé de mission, commissaire, correspondant, délégataire, délégué, député, diplomate, émissaire, envoyé, fondé de pouvoir, légat, mandataire, messager, ministre, négociateur, parlementaire, plénipotentiaire, représentant. ▶ *Administrateur* – administrateur, gérant, intendant. ▶ *Espion* – agent de renseignements, agent secret, épieur, espion, sous-marin. *SOUT.* affidé, argus.

agglomération *n. f.* ▶ *Agglutination* – accrétion, accumulation, agglomérat, aggloméré, agglutinat, agglutination, agglutinement, agrégat, agrégation, amas, bloc, concentration, concrétion, conglomérat, conglomération, conglutination, entassement, masse, nodule, paquet, réunion, sédiment, sédimentation, tas. *QUÉB. FAM.* motton, tapon.

▶ *Village* – agglomération (rurale), bourg *(gros)*, bourgade, hameau, lieu-dit *(petit)*, localité, pays, village. *FAM.* patelin. *QUÉB.* paroisse. ▶ *Ville* – commune, localité, municipalité, ville. *SOUT.* cité. *ANTIQ.* municipe. ▶ *Ville et sa banlieue* – communauté urbaine, conurbation, district urbain, mégalopole, mégaville, métropole, zone urbaine. ▲**ANT.** DÉSAGRÉGATION, DIFFUSION, DISPERSION, ÉGRUGEAGE, ÉPARPILLEMENT, PULVÉRISATION, SÉPARATION.

aggravant *adj.* ▲**ANT.** ATTÉNUANTE *(circonstance)* ; CORRECTIF.

aggravation *n. f.* ▶ *Intensification* – accentuation, accroissement, alourdissement, amplification, augmentation, complexification, complication, croissance, détérioration, développement, escalade, exacerbation, intensification, progrès, progression, propagation, rechute, recrudescence, redoublement. ▲**ANT.** AMÉLIORATION, GUÉRISON, RÉMISSION ; ADOUCISSEMENT, ALLÈGEMENT, ATTÉNUATION, MITIGATION ; DIMINUTION, RÉDUCTION.

aggraver *v.* aviver, empirer, envenimer, exacerber, jeter de l'huile sur le feu. ♦ *s'aggraver* aller de mal en pis, décliner, dégénérer, empirer, s'envenimer, se dégrader, se détériorer, se gâter, tourner au vinaigre. ▲**ANT.** ADOUCIR, ALLÉGER, ATTÉNUER, CALMER, DIMINUER, MINIMISER, NEUTRALISER, SOULAGER ; AMÉLIORER.

agile *adj.* ▶ *Souple* – léger, leste, preste, souple. ▶ *Malgré l'âge avancé* – alerte, ingambe, jeune, vert, vif. ▶ *Intelligent* – à l'esprit vif, alerte, brillant, éveillé, intelligent, rapide, vif. *QUÉB. FAM.* vite. ▲**ANT.** BALOURD, GAUCHE, GOURD, LENT, LOURDAUD, MALADROIT, MALHABILE, MOU, PATAUD.

agilité *n. f.* ▶ *Dextérité* – adresse, aisance, dextérité, élasticité, élégance, facilité, grâce, habileté, légèreté, main, mobilité, précision, rapidité, souplesse, technique, virtuosité, vivacité. *SOUT.* félinité, prestesse. ▶ *Rapidité* – activité, célérité, diligence, empressement, hâte, précipitation, promptitude, rapidité, vélocité, vitesse, vivacité. *SOUT.* prestesse. ▲**ANT.** GAUCHERIE, MALADRESSE ; LENTEUR, LOURDEUR.

agir *v.* ▶ *Intervenir* – entrer en jeu, entrer en scène, intervenir, passer aux actes. ▶ *Se conduire* – faire, procéder, se comporter, se conduire. ▶ *Faire effet* – faire effet, opérer. ▶ *Animer* (*SOUT.*) – aiguillonner, animer, éperonner, exciter, fouetter, motiver, pousser, stimuler. ▲**ANT.** S'ABSTENIR ; RESTER INACTIF, SUBIR ; ATTENDRE, TEMPORISER ; RÉAGIR.

agissant *adj.* actif, efficace, opérant, puissant. ▲**ANT.** INEFFICACE, INOPÉRANT.

agitation *n. f.* ▶ *Tremblement* – convulsion, ébranlement, flageolement, frémissement, frisson, frissonnement, grelottement, haut-le-corps, oscillation, saccade, secousse, soubresaut, sursaut, titubation, tortillage, tortillement, tremblement, tremblotement, trémoussement, trémulation, trépidation, tressaillement, vacillement, vibration. *SOUT.* tressaut, tressautement. *FAM.* tremblote. ▶ *Remous* – balancement, ballottement, bercement, branle, branlement, cahotement, flottement, fluctuation, flux et reflux, houle, impulsion, lacet, mouvement, onde, ondoiement, ondulation, oscillation, pulsation, raz de marée, remous, roulis, tangage, va-et-vient, vague,

25 **agrandir**

valse, vibration. *FAM.* brimbalement. ▶ *Émotion* – affolement, bouleversement, brasier, colère, confusion, débridement, déchaînement, désarroi, ébranlement, ébullition, embrasement, émotion, fièvre, frénésie, mouvement, passion, violence. *SOUT.* émoi, exaltation. *FIG.* dévergondage. ▶ *Préoccupation* – angoisse, anxiété, cassement de tête, contrariété, désagrément, difficulté, doute, ennui, gêne, inquiétude, obnubilation, occupation, peine, pensée, préoccupation, sollicitude, souci, suspens, tiraillement, tourment, tracas. *FRANCE* suspense. *SOUT.* affres. *FAM.* tintouin, tracassin. ▶ *Nervosité* – effervescence, électrisation, emballement, énervement, étourdissement, exaltation, excitation, fébrilité, fièvre, griserie, nervosité, stress, surexcitation, tension. *SOUT.* enivrement, éréthisme, exaspération, surtension. ▶ *Turbulence* – dissipation, espièglerie, excitation, fougue, impétuosité, mobilité, mouvement, nervosité, pétulance, tapage, turbulence, vivacité. ▶ *Délire* – aliénation, amok, aveuglement, délire, divagation, égarement, excitation, folie, frénésie, hallucination, hystérie, onirisme, paranoïa, surexcitation. ▶ *Remue-ménage* – activité, affairement, affolement, alarme, animation, bouillonnement, branle-bas (de combat), bruit, dérangement, désordre, désorganisation, détraquement, effervescence, excitation, fourmillement, grouillement, hâte, incohérence, mouvement, orage, précipitation, remous, remue-ménage, secousse, suractivité, tempête, tohu-bohu, tourbillon, tourmente, trépidation, trouble, tumulte, turbulence, va-et-vient. *SOUT.* émoi, remuement. *FAM.* chambardement. ▶ *Insurrection* – agitation-propagande, chouannerie, désordre, effervescence, embrasement, émeute, excitation, faction, fermentation, fièvre, fronde, insoumission, insubordination, insurrection, jacquerie, manifestation, mutinerie, rébellion, remous, résistance, révolte, révolution, sédition, soulèvement, tourmente, troubles. *FAM.* agit-prop. ▲*ANT.* CALME, PAIX, SILENCE; SÉRÉNITÉ, TRANQUILLITÉ; QUIÉTUDE, REPOS, TORPEUR.

agité *adj.* ▶ *Remuant* – bruyant, chahuteur, diable, dissipé, emporté, excité, remuant, tapageur, turbulent. *QUÉB. FAM.* énervé, grouillant, tannant. ▶ *Impatient* – énervé, excité, fébrile, fiévreux, hystérique, impatient, nerveux, surexcité. *FAM.* mordu de la tarentule, piqué de la tarentule, tout-fou. ▶ *Inquiet* – alarmé, angoissé, anxieux, appréhensif, en proie à l'inquiétude, énervé, fiévreux, fou d'inquiétude, inquiet, nerveux, qui s'en fait, qui se fait de la bile, qui se fait du mauvais sang, qui se ronge les sangs, tourmenté, tracassé, troublé. *FAM.* bileux; *PÉJ.* paniquard. ▶ *Sous le coup de l'émotion* – émotionné, ému, frémissant, palpitant, sous le coup de l'émotion, touché, tremblant. ▶ *Trépidant* – bouillonnant, délirant, échevelé, effervescent, effréné, fébrile, fiévreux, frénétique, intense, mouvementé, passionné, trépidant, tumultueux, violent. ▶ *Orageux* – houleux, mouvementé, orageux, tempétueux, tumultueux, violent. *SOUT.* torrentueux, turbulent. ▲*ANT.* CALME, COI, DÉTENDU, PAISIBLE, PLACIDE, SEREIN, TRANQUILLE; ÉTALE *(eau)*.

agité *n.* ▶ *Personne nerveuse* – énergumène, excité, hystérique, nerveux. *FAM.* énervé, paquet de nerfs. *FRANCE FAM.* paniquard, tout-fou, vibrion.

PATHOL. hypernerveux. ▶ *Personne inquiète* – angoissé, anxieux, craintif, impatient, inquiet. ▲*ANT.* FLEGMATIQUE.

agiter *v.* ▶ *Remuer* – remuer, secouer. *QUÉB. ACADIE FAM.* brasser. ▶ *Brandir* – brandir, élever, tenir en l'air. ▶ *Ballotter* – ballotter, cahoter, secouer. *QUÉB. FAM.* bardasser, barouetter. ▶ *Inquiéter* – affoler, alarmer, angoisser, effrayer, énerver, épouvanter, inquiéter, oppresser, préoccuper, tourmenter, tracasser, troubler. *FAM.* stresser. ▶ *Exciter* – énerver, exciter. ▶ *Discuter* – débattre, délibérer de, discuter (de), parler de. *SOUT.* démêler, disputer de. ◆ *s'agiter* ▶ *Bouger beaucoup* – frétiller, remuer, se tortiller, se trémousser. *FAM.* gigoter. ▶ *Se débattre* – se débattre, se démener. ▶ *Se secouer* – s'ébrouer, se secouer. *FAM.* secouer ses puces. ▶ *S'exciter* – s'énerver, s'exciter. *QUÉB. FAM.* s'épivarder. ▶ *Se troubler* – perdre contenance, s'énerver, se décontenancer, se démonter, se troubler. ▲*ANT.* APAISER, CALMER, PACIFIER; IMMOBILISER.

agneau *n. m.* ▶ *Animal* – agnelet, agnelle *(femelle)*, petit mouton. ◆ *agneaux, plur.* ▶ *Ensemble d'animaux* – agnelée.

agonie *n. f.* ▶ *Douleur* – affliction, calvaire, douleur, enfer, martyre, souffrances, supplice, torture. *SOUT.* affres, géhenne, tourment. ▶ *Dégénérescence* – abaissement, abâtardissement, abjection, abrutissement, affadissement, affaiblissement, altération, amollissement, appauvrissement, atrophie, avachissement, avilissement, baisse, corruption, déchéance, déchéance, déclin, décrépitude, dégénérescence, dégradation, délabrement, déliquescence, dénaturation, dépérissement, détérioration, édulcoration, étiolement, flétrissure, perte, perversion, pourrissement, pourriture, rouille, ruine, sape, usure. *SOUT.* aveulissement, crépuscule, pervertissement. *FAM.* déglingue, dégringolade. ▲*ANT.* NAISSANCE; RENAISSANCE, RÉSURRECTION; ÉPANOUISSEMENT; APOGÉE.

agonisant *adj.* à l'agonie, à l'article de la mort, expirant, moribond, mourant, qui se meurt. *FAM.* qui a un pied dans la fosse, qui a un pied dans la tombe. ▲*ANT.* CONVALESCENT, EN VOIE DE GUÉRISON.

agoniser *v.* ▶ *Être près de mourir* – être à l'agonie, être à l'article de la mort, être à la dernière extrémité, lutter contre la mort, mener le dernier combat, s'éteindre. *SOUT.* avoir l'âme sur les lèvres, être aux portes de la mort, se mourir. *FAM.* avoir un pied dans la fosse, avoir un pied dans la tombe. *QUÉB. FAM.* achever. ▶ *Décliner* – aller à la ruine, décliner, dépérir, menacer ruine, péricliter, se dégrader, se délabrer, se détériorer. *SOUT.* déchoir, pâtir, tomber en décadence. ▲*ANT.* ÉCLORE, NAÎTRE; S'ÉPANOUIR; RENAÎTRE, RESSUSCITER.

agora *n. f.* ▶ *Espace public* – esplanade, forum, parvis, piazza, place piétonnière, place publique, place, placette, rond-point, square. *QUÉB. FAM.* carré.

agrandir *v.* ▶ *Allonger* – allonger, étendre, étirer, rallonger. *TECHN.* dégrosser, fileter, laminer, tréfiler. ▶ *Élargir* – desserrer, dilater, donner du large à, élargir, étendre, évaser, ouvrir. ◆ *s'agrandir* ▶ *S'étirer* – donner, prêter, s'étendre, s'étirer, se distendre. ▲*ANT.* AMOINDRIR, DIMINUER, RACCOURCIR, RAPETISSER, RÉDUIRE, RESSERRER, RESTREINDRE.

agrandissement *n. m.* ▶ *Élargissement d'une surface* – développement, élargissement, expansion, extension, grossissement, rélargissement. ▶ *Augmentation* – accentuation, accroissement, accrue, amplification, arrondissement, augmentation, bond, boom, crescendo, croissance, crue, développement, dilatation, élargissement, élévation, enflement, enrichissement, envolée, essor, évolution, expansion, extension, flambée, foisonnement, gonflement, gradation, grossissement, hausse, haussement, inflation, intensification, majoration, montée, poussée, progrès, progression, recrudescence, redressement, rehaussement, relèvement, renchérissement, renforcement, revalorisation, valorisation. ▲ANT. RAPETISSEMENT, RÉDUCTION, RÉTRÉCISSEMENT ; DIMINUTION.

agréable *adj.* ▶ *Qui plaît* – amusant, charmant, distrayant, divertissant, égayant, gai, plaisant, réjouissant, riant, souriant, sympathique. *FAM.* bonard, chic, chouette, sympa. ▶ *Qui séduit* – attachant, charmant, (d'un charme) irrésistible, plaisant, séduisant. *FRANCE FAM.* craquant. ▶ *Exquis* – beau, charmant, délicieux, divin, exquis, suave, sublime. *FRANCE FAM.* gouleyant. ▶ *De bonne compagnie* – accueillant, affable, aimable, amène, amical, avenant, bienveillant, chaleureux, charmant, convivial, cordial, de bonne compagnie, engageant, familier, gracieux, invitant, liant, ouvert, sociable, souriant, sympathique. *FAM.* bonard, sympa. *QUÉB. FAM.* d'adon. ▲ANT. AGAÇANT, DÉPLAISANT, DÉSAGRÉABLE, ÉNERVANT, EXASPÉRANT, EXCÉDANT, FATIGANT, IRRITANT, PÉNIBLE.

agréablement *adv.* ▶ *Délicieusement* – bienheureusement, bon, délicieusement, exquisément, savoureusement, suavement, succulemment, voluptueusement. ▶ *Joyeusement* – allègrement, avec entrain, béatement, bienheureusement, de bon cœur, euphoriquement, extatiquement, gaiement, heureusement, jovialement, joyeusement, plaisamment, radieusement, sans souci. ▶ *Joliment* – bien, coquettement, élégamment, esthétiquement, gracieusement, harmonieusement, heureusement, joliment, magnifiquement, mignardement, mignonnement, plaisamment, superbement. ▶ *Gentiment* – adorablement, affablement, aimablement, amiablement, amicalement, bienveillamment, chaleureusement, civilement, complaisamment, cordialement, courtoisement, délicatement, délicieusement, diplomatiquement, galamment, gentiment, gracieusement, obligeamment, plaisamment, poliment, sagement, serviablement, sympathiquement. *FAM.* chiquement, chouettement. ▶ *Favorablement* – à point (nommé), à propos, à temps, au bon moment, avantageusement, bien, commodément, convenablement, favorablement, heureusement, inespérément, judicieusement, opportunément, par bonheur, par miracle, précieusement, providentiellement, salutairement, utilement. *FAM.* à pic, bene. ▲ANT. DÉSAGRÉABLEMENT, DOULOUREUSEMENT, PÉNIBLEMENT.

agréer *v.* ▶ *Accepter* – accéder à, accepter, acquiescer à, approuver, avaliser, cautionner, consentir à, dire oui à, donner son aval à, opiner à, toper, vouloir. *FAM.* marcher. ▶ *Admettre dans un groupe* – accepter, accueillir, admettre, agréger, recevoir. ▶ *Plaire* (*SOUT.*) – aller à, contenter, convenir à, faire l'affaire de, plaire à, satisfaire, sourire à. *SOUT.*

complaire à. *FAM.* arranger, botter à, chanter à. *QUÉB. FAM.* adonner. ▲ANT. DÉCLINER, RÉCUSER, REFUSER, REJETER, REPOUSSER ; DÉPLAIRE À.

agrégation *n. f.* ▶ *Masse compacte* – accrétion, accumulation, agglomérat, agglomération, aggloméré, agglutinat, agglutination, agglutinement, agrégat, amas, bloc, concentration, concrétion, conglomérat, conglomération, conglutination, entassement, masse, nodule, paquet, réunion, sédiment, sédimentation, tas. *QUÉB. FAM.* motton, tapon. ▶ *Accumulation* – abondance, accumulation, addition, amas, amoncellement, collection, déballage, échafaudage, emmagasinage, empilage, empilement, encombrement, entassement, étagement, faisceau, fatras, fouillis, monceau, montagne, pile, pyramide, quantité, stratification, superposition, tas. ▶ *Affiliation* – adhésion, adjonction, admission, adoption, affiliation, agrément, appartenance, association, enrôlement, entrée, incorporation, initiation, inscription, intégration, mobilisation, rattachement, réception. ▶ *Diplôme* – brevet, certificat, diplôme. *FAM.* parchemin. *FRANCE FAM.* agrég, peau d'âne. ▲ANT. DÉSAGRÉGATION ; DISPERSION.

agrément *n. m.* ▶ *Amusement* – amusement, amusette, délassement, dérivatif, distraction, divertissement, ébats, ébattement, étourdissement, jeu, loisir, ludisme, partie, passe-temps, plaisance, plaisir, récréation, sport. *SOUT.* diversion. *FAM.* récré. ▶ *Plaisir* – amusement, distraction, divertissement, égaiement, plaisir, plaisir. ▶ *Saveur* – bouquet, charme, fumet, piment, piquant, saveur, sel, truculence. ▶ *Douceur* – affabilité, amabilité, aménité, bénignité, bienveillance, bonhomie, bonté, calme, chaleur, charité, clémence, docilité, douceur, gentillesse, grâce, humanité, indulgence, patience, placidité, suavité. *SOUT.* débonnaireté, magnanimité, mansuétude, onction. ▶ *Facilité* – accessibilité, commodité, confort, disponibilité, facilité, faisabilité, possibilité, simplicité. *INFORM.* convivialité, transparence. ▶ *Charme* – art, attrait, beau, beauté, charme, chic, classe, coquetterie, délicatesse, distinction, éclat, élégance, esthétique, féerie, fraîcheur, grâce, gracieux, harmonie, magnificence, majesté, perfection, photogénie, pureté, séduction, splendeur, symétrie. *DIDACT.* eurythmie. *SOUT.* blandice, joliesse, morbidesse, sublimité, symphonie, vénusté. ▶ *Ornement* – accessoire, décor, décoration, détail, enjolivement, enjolivure, enrichissement, figure, fioriture, garniture, ornement, ornementation, parure. *FAM.* affiquet, affûtiaux. ▶ *Permission* – acceptation, accord, accréditation, acquiescement, adhésion, adoption, affirmation, affirmative, amen, approbation, approbativité, approuvé, assentiment, autorisation, aval, avis favorable, bénédiction, caution, chorus, confirmation, consentement, déclaration favorable, engagement, entérinement, exeat, feu vert, gré, homologation, légalisation, oui, permission, ratification, sanction, validation. *BELG.* agréage, agréation. *SOUT.* suffrage. *RELIG.* admittatur, celebret, censure, imprimatur, nihil obstat. ▶ *Agrégation* – adhésion, adjonction, admission, adoption, affiliation, agrégation, appartenance, association, enrôlement, entrée, incorporation, initiation, inscription, intégration, mobilisation, rattachement, réception. ▲ANT.

AGACEMENT, DÉSAGRÉMENT, ENNUI; DÉFAUT; DÉSAPPRO-BATION, REFUS.

agresseur *n.* affronteur, assaillant, attaquant, harceleur, offenseur, oppresseur, persécuteur, provocateur. ▲ANT. AGRESSÉ, VICTIME; DÉFENSEUR.

agressif *adj.* ▶ *Bagarreur* – bagarreur, batailleur, belliqueux, combatif, guerrier, offensif, querelleur. *SOUT.* pugnace. *FAM.* chamailleur, teigneux. ▶ *Brutal* – brutal, dur, emporté, raide, rude, violent. *FAM.* à la redresse. ▶ *Ton, paroles* – abrupt, bourru, bref, brusque, brutal, cassant, coupant, dur, incisif, raide, rude, sec, tranchant. ▶ *Intimidant* – intimidant, intimidateur, menaçant. *DR. ou SOUT.* comminatoire. ▶ *Tape-à-l'œil* – clinquant, criard, de mauvais goût, provocant, tapageur, tape-à-l'œil, voyant. ▲ANT. DOUX, PACIFIQUE, TENDRE; APAISANT, CALMANT; CLASSIQUE, DÉPOUILLÉ, DISCRET, SIMPLE, SOBRE, STRICT.

agression *n.f.* ▶ *Attaque* – assaut, attaque, attentat, charge, déferlement, envahissement, intervention, invasion, irruption, offensive. *SOUT.* entreprise. *MILIT.* blitz *(de courte durée).* ▶ *Sévices* – molestation, sévices, viol, violence, voies de fait. ▲ANT. DÉFENSE, PROTECTION; SECOURS.

agressivité *n.f.* ▶ *Combativité* – brutalité, combativité, hostilité, malveillance, méchanceté, provocation. *SOUT.* pugnacité. *MÉD.* quérulence. ▶ *Haine* – allergie, animosité, antipathie, aversion, guerre, haine, hostilité, malveillance, phobie, répugnance, répulsion, ressentiment. *SOUT.* détestation, exécration, inimitié, venin. ▶ *Méchanceté* – acharnement, atrocité, barbarie, brutalité, cruauté, dureté, férocité, inhumanité, maltraitance, méchanceté, sadisme, sauvagerie, torture, violence. *SOUT.* implacabilité, inexorabilité. *PSYCHIATRIE* psychopathie. ▶ *Aigreur* – acariâtreté, acerbité, acidité, âcreté, acrimonie, aigreur, amertume, animosité, âpreté, bave, bile, causticité, colère, dépit, désagrément, dureté, fiel, haine, hargne, humeur, irritation, malveillance, maussaderie, mauvaise humeur, méchanceté, mordant, pique, rancœur, rancune, récrimination, ressentiment, rudesse, tranchant, venin, vindicte, virulence. *SOUT.* mordacité. *FAM.* rouspétance. ▲ANT. DOUCEUR, PLACIDITÉ; BIENVEILLANCE.

agricole *adj.* ▶ *Qui vit d'agriculture* – cultivateur, paysan, rural, terrien. ▶ *Qui concerne la culture des terres* – agraire, agronomique, aratoire, cultural. ▲ANT. URBAIN; SYLVICOLE.

agriculteur *n.* agronome, exploitant (agricole), fermier, paysan, producteur (agricole). ▲ANT. CHASSEUR-CUEILLEUR; CITADIN.

agriculture *n.f.* agroalimentaire, agrobiologie, agrochimie, agro-industrie, agrologie, agronomie, économie rurale, exploitation (agricole), production (agricole). ▲ANT. CHASSE; CUEILLETTE.

agripper *v.* ▶ *Saisir* – accrocher, attraper, empoigner, happer, prendre, s'emparer de, saisir, se saisir de. ◆ **s'agripper** ▶ *S'accrocher* – s'accrocher, se cramponner, se raccrocher, se retenir, se tenir. *SOUT.* s'agriffer. ▲ANT. LÂCHER, LAISSER TOMBER, RELÂCHER. △S'AGRIPPER – LÂCHER PRISE.

ahuri *adj.* abasourdi, bouche bée, confondu, ébahi, éberlué, estomaqué, étonné, frappé de stupeur, médusé, interdit, interloqué, muet

---

aide

d'étonnement, pantois, pétrifié, sidéré, stupéfait, surpris. *FAM.* baba, ébaubi, épaté, époustouflé, riboulant, soufflé, suffoqué. ▲ANT. IMPASSIBLE, INEXPRESSIF.

aide *n.* ▶ *Assistant* – adjoint, aidant, alter ego, assesseur, assistant, auxiliaire, bras droit, collaborateur, complice, exécutant, homme de confiance, lieutenant, préparateur, second, sous-chef, subalterne, subordonné. *SOUT.* suivant. *RELIG.* coadjuteur, définiteur. ▶ *Non favorable* – acolyte, lampiste, second couteau, second rôle, second violon, sous-fifre, sous-ordre. ▶ *Apprenti* – apprenant, apprenti, garçon, stagiaire. *FAM.* grouillot. ▲ANT. GÊNEUR.

aide *n.f.* ▶ *Intervention* – appui, concours, entremise, immixtion, incursion, ingérence, interposition, interventionnisme, intrusion, médiation, ministère, office. *SOUT.* intercession. ▶ *Protection* – abri, appui, assistance, chapeautage, conservation, couverture, garantie, garde, mandat, parrainage, paternalisme, patronage, protection, recommandation, renfort, rescousse, sauvegarde, secours, sécurisation, soutien, surveillance, tutelle. *FIG.* parapluie. *QUÉB.* marrainage *(femme).* *SOUT.* égide. *FAM.* piston. ▶ *Influence* – action, appui, ascendant, attirance, attraction, aura, autorité, contagion, crédit, dominance, domination, effet, empreinte, emprise, fascination, force, importance, incitation, influence, inspiration, magie, magnétisme, mainmise, manipulation, mouvance, persuasion, pétition, poids, pouvoir, prépondérance, présence, pression, prestige, puissance, règne, rôle, séduction, subjugation, suggestion, tyrannie. *SOUT.* empire, intercession. ▶ *Coopération* – appoint, apport, appui, assistance, association, bienfaisance, bons offices, collaboration, complicité, concours, conseil, contribution, coopération, coup d'épaule, coup de main, coup de pouce, dépannage, entraide, grâce, main-forte, participation, planche de salut, renfort, secours, service, soutien, synergie. *SOUT.* viatique. *FAM.* (coup de) fion. ▶ *Encouragement* – aiguillon, applaudissement, approbation, appui, compliment, éloge, exhortation, incitation, prime, prix, protection, récompense, soutien, stimulant, subvention. *SOUT.* satisfecit. ▶ *Stimulation* – aiguillon, animation, appel, défi, dépassement (de soi), émulation, encouragement, entraînement, excitation, exhortation, fanatisation, fomentation, impulsion, incitation, instigation, invitation, invite, motivation, provocation, sollicitation, stimulation, stimulus. *SOUT.* surpassement. *FAM.* provoc. ▶ *Altruisme* – allocentrisme, altruisme, amour (d'autrui), assistance, bénévolat, bienveillance, bonté, charité, commisération, compassion, complaisance, convivialité, dévouement, don de soi, empathie, entraide, extraversion, fraternité, générosité, gentillesse, humanité, oblativité, oubli de soi, philanthropie, pitié, sensibilité, serviabilité, solidarité, sollicitude. *SOUT.* bienfaisance. ▶ *Don* – allocation, apport, assistance, aumône, bonne œuvre, charité, dation, disposition, distribution, don, faveur, grâce, largesse, libéralité, obole, prestation, secours, soulagement, subside, subvention. *SOUT.* bienfait. *FAM.* dépannage. *DR.* donation, fidéicommis, legs, libéralité. *RELIG.* bénédiction, charisme. ▶ *Prêt* – aide (financière), avance, bourse, commodat, crédit, découvert, dépannage, préfinancement, prêt, prime, subvention (remboursable). ▲ANT. EMPÊCHEMENT, ENTRAVE, GÊNE, NUISANCE, OBSTACLE.

aide-cuisinier *n.* gâte-sauce, marmiton.

aider *v.* ▶ *Seconder* – appuyer, assister, épauler, seconder, soutenir. ▶ *Venir en aide* – être utile à, porter secours à, prêter assistance à, prêter main-forte à, prêter secours à, rendre service à, secourir, tirer d'affaire, tirer d'embarras, venir à la rescousse de, venir au secours de, venir en aide à. SOUT. obliger. FAM. dépanner, donner un coup de main à, donner un coup de pouce à. ▶ *Servir* – être utile à, favoriser, servir. ▶ *Contribuer* – concourir à, conspirer à, contribuer à, tendre à. ♦ *s'aider* ▶ *Employer* – avoir recours à, déployer, employer, exercer, faire appel à, faire jouer, faire usage de, jouer de, mettre en œuvre, recourir à, se servir de, user de, utiliser. ▲ANT. ABANDONNER À SON SORT, LAISSER TOMBER; CONTRARIER, DESSERVIR, ENTRAVER, FAIRE OBSTACLE À, GÊNER, NUIRE À, PARALYSER.

aïeul *n.* ancêtre, patriarche *(homme)*. ▲ANT. DESCENDANT; POSTÉRITÉ.

aigle *n.* ▶ *Personne* (FAM.) – as, bonne lame, cerveau, esprit supérieur, fine lame, intelligence. SOUT. phénix. FAM. flèche, grosse tête, lumière, tête d'œuf. QUÉB. FAM. bolle, bollé. ▶ *Figure héraldique* – aigle bicéphale, aiglette, alérion. ▶ *Signe de ralliement* – aigle (romaine), enseigne.

aigre *adj.* ▶ *Désagréable au goût* – acescent, acide, acidulé, âcre, aigrelet, aigri, amer, piquant, piqué, rance, râpeux, sur, suret, suri, tourné. ▶ *Désagréable à l'oreille* – criard, grinçant. ▶ *Blessant* – à l'emporte-pièce, acerbe, acéré, acide, acrimonieux, blessant, caustique, cinglant, corrosif, fielleux, grinçant, incisif, méchant, mordant, piquant, sarcastique, sardonique, virulent, vitriolique. ♦ *Qui exprime la rancœur* – amer. SOUT. saumâtre. ▲ANT. DOUX; SUCRÉ; AGRÉABLE; AIMABLE, CONCILIANT.

aigrette *n.f.* ▶ *Faisceau* – crête, huppe. ▶ *Ornement* – casoar, crête, panache, plumet.

aigreur *n.f.* ▶ *Saveur acide* – acescence, acidité, aigre, verdeur. ▶ *Saveur amère* – amer, amertume. ▶ *Malveillance* – acariâtreté, acerbité, acidité, âcreté, acrimonie, agressivité, amertume, animosité, âpreté, bave, bile, causticité, colère, dépit, désagrément, dureté, fiel, haine, hargne, humeur, irritation, malveillance, maussaderie, mauvaise humeur, méchanceté, mordant, pique, rancœur, rancune, récrimination, ressentiment, rudesse, tranchant, venin, vindicte, virulence. SOUT. mordacité. FAM. rouspétance. ▶ *Tristesse* – abattement, accablement, affliction, amertume, chagrin, dépression, désolation, deuil, douleur, ennui, épreuve, grisaille, humeur noire, idées noires, idées sombres, langueur, lypémanie, mal du pays, mal-être, maussaderie, mélancolie, monotonie, morosité, neurasthénie, noir, nostalgie, papillons, peine, saudade, serrement de cœur, souci, tædium vitæ, tristesse, vague à l'âme. SOUT. atrabile, larmes, navrement, nuage, spleen, taciturnité. FAM. bourdon, cafard, déprime, sinistrose. ♦ *aigreurs*, *plur.* ▶ *Malaise physique* – brûlures d'estomac. ▲ANT. DOUCEUR, SUAVITÉ; AMABILITÉ, BIENVEILLANCE; PAIX, SÉRÉNITÉ.

aigri *adj.* ▶ *Sur* – acescent, acide, acidulé, âcre, aigre, aigrelet, amer, piquant, piqué, rance, râpeux,

sur, suret, suri, tourné. ▶ *Rempli d'aigreur* – acariâtre, acerbe, anguleux, âpre, bourru, caractériel, déplaisant, désagréable, désobligeant, difficile, grincheux, hargneux, intraitable, maussade, rébarbatif, rêche, revêche. SOUT. atrabilaire. FAM. chameau, teigneux. QUÉB. FAM. malavenant, malcommode. SUISSE gringe.

aigu *adj.* ▶ *Lame* – acéré, affilé, affûté, aiguisé, coupant, tranchant. ▶ *Objet* – effilé, fin, pointu. BOT. aciculaire, acuminé, subulé. ▶ *Voix* – aigrelet, fluet, flûté, grêle, haut, haut perché, perçant, pointu, suraigu. ▶ *Son* – perçant, qui déchire les oreilles, sifflant, strident, stridulant, suraigu. ▶ *Douleur* – intense, lancinant, térébrant, vif, violent. ▶ *Esprit* – clairvoyant, fin, lucide, lumineux, pénétrant, perçant, perspicace, profond, psychologue, qui voit loin, sagace, subtil. ▲ANT. BAS, GRAVE; ÉMOUSSÉ; SOURD *(douleur)*; CHRONIQUE *(maladie)*; BORNÉ *(esprit)*, OBTUS.

aiguille *n.f.* ▶ *Tige* – alène, broche, épingle, épinglette, ferret, lardoire, passe-lacet, piquoir, poinçon, pointe. MÉD. trocart. ▶ *Sommet pointu* – pic, piton, sommet. ▶ *Construction pointue* – flèche, obélisque. ▶ *Partie d'une plante* – aiguillon, éperon, épine, mucron, piquant, spicule. ▶ *Poisson* – aiguillette, bécassine de mer. ZOOL. orphie. ▶ *Partie d'une charrette* (QUÉB. FAM.) – flèche, timon.

aiguillon *n.m.* ▶ *Bâton* – bâton, casse-tête, férule, gourdin, mailloche, massette, massue, matraque, nerf de bœuf, trique, ARCH. plombée, plommée. ▶ *Organe venimeux* – chélicère *(araignée)*, dard. QUÉB. FAM. lancette. ▶ *Épine végétale* – aiguille, éperon, épine, mucron, piquant, spicule. ▶ *Stimulation* – aide, animation, appel, défi, dépassement (de soi), émulation, encouragement, entraînement, excitation, exhortation, fanatisation, fomentation, impulsion, incitation, instigation, invitation, invite, motivation, provocation, sollicitation, stimulation, stimulus. SOUT. surpassement. FAM. provoc. ▶ *Encouragement* – aide, applaudissement, approbation, appui, compliment, éloge, exhortation, incitation, prime, prix, protection, récompense, soutien, stimulant, subvention. SOUT. satisfecit.

aiguisé *adj.* acéré, affilé, affûté, aigu, coupant, tranchant.

aiguiser *v.* ▶ *Affûter* – acérer, affiler, affûter, appointer, appointir, effiler, épointer, rappointir, repasser. ▶ *Exciter* – allumer, attiser, aviver, échauffer, embraser, enflammer, exalter, exciter, incendier, stimuler. ▲ANT. ÉMOUSSER, ÉPOINTER, USER.

aile *n.f.* ▶ *Organe* – aileron *(bout)*. ▶ *Partie d'un édifice* – corps de logis, pavillon. ▶ *Partie d'un véhicule* – foil *(embarcation)*, plan, volet *(avion)*. ▶ *Garde-boue* – garde-boue, pare-boue. ▶ *Pétale* – étendard, labelle, pétale. SOUT. feuille. ♦ *ailes*, *plur.* ▶ *Ensemble de parties d'avion* – voilure.

ailleurs *adv.* ▶ *Dans un autre endroit* – autre part, dans un autre endroit, dans un autre lieu. ▶ *Loin* – à cent lieues (à la ronde), à distance, à l'écart, à perte de vue, au loin, au lointain, bien après, bien avant, dehors, hors d'atteinte, hors de portée, loin, lointainement. FAM. à l'autre bout du monde,

aisance

au bout du monde, au diable. ▲**ANT.** DANS LES ALEN-
TOURS, DANS LES ENVIRONS, ICI.

aimable *adj.* ▶ *Cordial* – accueillant, affable,
agréable, amène, amical, avenant, bienveillant, chaleureux, charmant, convivial, cordial, de bonne
compagnie, engageant, familier, gracieux, invitant,
liant, ouvert, sociable, souriant, sympathique. *FAM.*
bonard, sympa. *QUÉB. FAM.* d'adon. ▶ *Attentionné* –
attentif, attentionné, aux petits soins, complaisant,
délicat, dévoué, diligent, empressé, gentil, obligeant,
prévenant, secourable, serviable, zélé. *FAM.* chic,
chou. *QUÉB. FAM.* fin. *BELG. FAM.* amitieux. ▲**ANT.**
ACARIÂTRE, ANTIPATHIQUE, BOURRU, DÉSAGRÉABLE, GRIN-
CHEUX, RÉBARBATIF, REVÊCHE ; ARROGANT, IMPERTINENT,
IMPOLI, INSOLENT.

aimablement *adv.* adorablement, affablement,
agréablement, amiablement, amicalement, bienveillamment, chaleureusement, civilement, complaisamment, cordialement, courtoisement, délicatement, délicieusement, diplomatiquement,
galamment, gentiment, gracieusement, obligeamment, plaisamment, poliment, sagement, serviablement, sympathiquement. *FAM.* chiquement, chouettement. ▲**ANT.** CAVALIÈREMENT, CYNIQUEMENT, DÉ-
PLAISAMMENT, DISCOURTOISEMENT, EFFRONTÉMENT,
GROSSIÈREMENT, HARDIMENT, IMPERTINEMMENT, IMPOLI-
MENT, IMPUDEMMENT, INCIVILEMENT, INCONGRÛMENT,
INDÉLICATEMENT, INSOLEMMENT, IRRESPECTUEUSEMENT,
IRRÉVÉRENCIEUSEMENT.

aimant *adj.* affectueux, amoureux, cajoleur, câlin, caressant, chatte *(fille ou femme)*, doux, roucoulant, tendre. ▲**ANT.** HAINEUX, HARGNEUX, HOSTILE,
MALVEILLANT ; FROID, INSENSIBLE, NÉGLIGENT.

aimant *n. m.* ▶ *Force d'attraction* – attirance,
attraction, attrait, charisme, charme, chien, désirabilité, envoûtement, fascination, magie, magnétisme, séduction.

aimer *v.* ▶ *Être amoureux* – avoir du goût pour,
être amoureux de, être épris de, trouver à son goût.
FAM. avoir dans la peau, avoir le béguin pour, en pincer pour. ▶ *Avoir de l'affection* – adorer, chérir, porter dans son cœur. ▶ *Apprécier* – adorer, affectionner, apprécier, avoir un faible pour, avoir un penchant pour, être fou de, être friand de, être porté sur,
faire ses délices de, prendre plaisir à, priser, raffoler
de, s'intéresser à, se complaire, se délecter, se passionner pour, se plaire. *SOUT.* chérir, goûter. *FRANCE. FAM.*
kiffer. *QUÉB. FAM.* capoter sur. *PÉJ.* se vautrer. ▲**ANT.**
ABHORRER, ABOMINER, AVOIR EN AVERSION, AVOIR EN
HORREUR, AVOIR HORREUR DE, DÉTESTER, EXÉCRER, HAÏR,
RÉPUGNER À.

aîné *adj.* ▲**ANT.** CADET.

aîné *n.* ▶ *Le plus âgé d'une famille* – premier-né.
FAM. premier. ♦ **aînés, plur.** ▶ *Personnes âgées* – l'or
gris, personnes âgées, population âgée, vieillesse. *PÉJ.*
les vieux. *QUÉB.* l'âge d'or. ▶ *Ascendants* (*SOUT.*) – ascendance, ascendants. ♦ *Au figuré* – matrice, origine,
souche, source. ▲**ANT.** BENJAMIN ; CADET, PUÎNÉ.

ainsi *adv.* ▶ *De cette façon* – de cette façon, de
cette manière, de la sorte. ▶ *Donc* – alors, conséquemment, corollairement, dans ce cas, dans ce
cas-là, dans ces conditions, dans la circonstance,
donc, en conséquence, ipso facto, par conséquent,

par suite, par voie de conséquence, partant. ▲**ANT.**
AUTREMENT, D'UNE AUTRE FAÇON.

ainsi que *loc. conj.* ▶ *Et* – avec, comme, de
même que, et, et puis, puis. *QUÉB. FAM.* pis. ▶ *Comme*
– à l'avenant de, à l'égal de, à l'exemple de, à l'imitation de, à l'instar de, à la façon de, à la manière de, à
la mode de, au même degré que, au même titre que,
aussi bien que, autant que, avec, comme, d'après,
dans le style de, de la manière que, de la même manière que, de même que, en manière de, par forme
de, par manière de, pareillement à, sur l'exemple de,
sur le modèle de, tout comme.

air *n. m.* ▶ *Ciel* – atmosphère, calotte (céleste),
ciel, coupole (céleste), dôme (céleste), espace, sphère
céleste, voûte (céleste), zénith. *SOUT.* azur, empyrée,
éther, firmament, nues. ▶ *Météorologie* – ambiance,
atmosphère, ciel, climat, conditions atmosphériques,
conditions climatiques, conditions météorologiques,
météorologie, pression, régime, température, temps,
vent. *FAM.* fond de l'air, météo. ▶ *Aviation* – aéronautique, aviation, navigation aérienne, sport aérien, transport aérien. ▶ *Aspect* – allure, apparence,
aspect, caractère, configuration, couleur, couvert, dehors, éclairage, expression, extérieur, façade, faciès,
figure, forme, formule, impression, jour, masque,
mine, paraître, perspective, physionomie, plastique
(en art), portrait, présentation, profil, ressemblance,
semblant, surface, ton, tour, tournure, traits, vernis,
visage. *SOUT.* enveloppe, superficie. ▶ *Allure* – allure,
apparence, aspect, attitude, contenance, démarche,
façon, genre, ligne, maintien, manière, panache,
physique, port, posture, prestance, silhouette, style,
tenue, tournure. *SOUT.* extérieur, mine. *FAM.* gueule,
touche. ▶ *Affectation* – affectation, afféterie, apprêt, artificialité, bluff, cabotinage, comédie, composition, contenance, convenu, dandysme, genre, imposture, jeu, maniérisme, manque de naturel, mascarade, mièvrerie, pose, raideur, recherche, représentation, snobisme. *SOUT.* cambrure. *FAM.* chiqué,
cinéma. ▶ *Musique* – mélodie, musique.

aire *n. f.* ▶ *Zone* – champ, domaine, emplacement, espace, place, région, terrain, territoire, zone.
▶ *Superficie* – envergure, étendue, superficie, surface. ▶ *Ce qui est plan* – méplat, plan, surface.
▶ *Zone d'aérodrome* – aire de manœuvre, aire de
service, aire de stationnement, aire de trafic.

aisance *n. f.* ▶ *Facilité* – aise, assurance, décontraction, désinvolture, distinction, facilité, grâce,
légèreté, naturel, rondeur, souplesse. ▶ *Agilité* –
adresse, agilité, dextérité, élasticité, élégance, facilité,
grâce, habileté, légèreté, main, mobilité, précision,
rapidité, souplesse, technique, virtuosité, vivacité.
SOUT. félinité, prestesse. ▶ *Habileté* – adresse, aptitude, art, brio, capacité, compétence, dextérité, disposition, doigté, don, expérience, expertise, facilité,
faculté, force, génie, habileté, main, maîtrise,
métier, pouvoir, professionnalisme, savoir, savoir-
faire, sens, talent, technique, virtuosité. *SOUT.* industrie. *FAM.* bosse. *QUÉB. FAM.* douance *(scolaire)*. *DR.* habilitation, habilité. ▶ *Richesse* – abondance, bien-être,
fortune, opulence, or, prospérité, richesse. ▲**ANT.**
DIFFICULTÉ, EMBARRAS, GÊNE, PEINE ; GAUCHERIE, MALA-
DRESSE ; INDIGENCE, MISÈRE, PAUVRETÉ.

aisé *adj.* ▶ *Facile* – commode, élémentaire, enfantin, facile, simple. *FAM.* inratable. *FRANCE FAM.* bête comme chou. *QUÉB. FAM.* bébé, bébête, niaiseux. ▶ *Détendu* – à l'aise, décontracté, dégagé, désinvolte, détendu, libre, naturel. ▶ *Riche* – à l'aise, cossu, cousu d'or, fortuné, huppé, milliardaire, millionnaire, nanti, privilégié, qui a les moyens, qui roule sur l'or, riche. *SOUT.* opulent. *FAM.* argenté, plein aux as; *PÉJ.* richard. *FRANCE FAM.* friqué, rupin. ▶ *Coulant, en parlant du style* – coulant, facile, fluide, naturel. ▲**ANT.** ARDU, COMPLIQUÉ, CORSÉ, DIFFICILE, LABORIEUX, MALAISÉ; NERVEUX, STRESSÉ, TENDU; DANS LE BESOIN, DÉFAVORISÉ, DÉMUNI, INDIGENT, MISÉRABLE, MISÉREUX, NÉCESSITEUX, PAUVRE; COINCÉ, ENGONCÉ, GUINDÉ; LOURD *(style)*, RAIDE.

aise *n. f.* ▶ *Aisance* – aisance, assurance, décontraction, désinvolture, distinction, facilité, grâce, légèreté, naturel, rondeur, souplesse. ▶ *Confort* – bien-être, commodité, confort, luxe. ▶ *Plaisir* (*SOUT.*) – bien-être, bon temps, bonheur, contentement, délectation, délice, douceur, euphorie, félicité, jouissance, orgasme, plaisir, régal, satisfaction, septième ciel, volupté. *SOUT.* félicité, miel, nectar. ▶ *Joie* (*SOUT.*) – allégresse, béatitude, bonheur, égaiement, enthousiasme, euphorie, exaltation, extase, exultation, gaieté, hilarité, ivresse, joie, jubilation, plaisir, ravissement, réjouissance, vertige. *SOUT.* félicité, liesse, rayonnement. ▲**ANT.** DIFFICULTÉ, EMBARRAS, GÊNE, PEINE; INCONFORT, MALAISE.

aisément *adv.* ▶ *Simplement* – commodément, facilement, sans coup férir, sans difficulté, sans effort, sans encombre, simplement. *FAM.* les doigts dans le nez. ▶ *Agilement* – adroitement, agilement, alertement, bien, industrieusement, lestement, magistralement, prestement, souplement, vivement. ▲**ANT.** DIFFICILEMENT, DUREMENT, LABORIEUSEMENT, MALAISÉMENT, PÉNIBLEMENT.

ajourner *v.* ▶ *Remettre à plus tard* – décaler, différer, proroger, reculer, remettre, renvoyer, reporter, retarder, suspendre. *SOUT. ou DR.* surseoir à. *BELG. SUISSE* postposer. *TECHN.* temporiser. ▶ *Refuser un candidat* – refuser. *FAM.* blackbouler, coller, recaler. ▲**ANT.** ACCOMPLIR, EXÉCUTER, METTRE EN APPLICATION.

ajouter *v.* ▶ *Joindre* – adjoindre, annexer, joindre. ▶ *Augmenter* – accentuer, accroître, amplifier, augmenter, intensifier, renforcer. *SOUT.* exalter. ◆ **s'ajouter** ▶ *Se joindre* – grossir, se greffer sur, se joindre à. ▲**ANT.** BIFFER, DÉDUIRE, ENLEVER, ÔTER, RETIRER, RETRANCHER, SOUSTRAIRE, SUPPRIMER.

ajustement *n. m.* ▶ *Agencement* – accommodation, accommodement, agencement, aménagement, architecture, arrangement, articulation, assemblage, combinaison, combinatoire, composition, concaténation, configuration, construction, contexture, coordination, disposition, distribution, élaboration, enchaînement, harmonie, hiérarchie, liaison, mise en ordre, mise en place, ordonnance, ordonnancement, ordre, organisation, orientation, plan, profil, programmation, rangement, répartition, structuration, structure, système, texture. ▶ *Adaptation* – adaptation, altération, avatar, changement, conversion, évolution, glissement, gradation, infléchissement, métamorphose, modification, modulation,

mue, mutation, passage, progression, transfiguration, transformation, transition, transmutation, variation, vie. ▲**ANT.** DÉRANGEMENT, DÉRÈGLEMENT, DÉSAJUSTEMENT, PERTURBATION.

ajuster *v.* ▶ *Conformer* – accommoder, accorder, adapter, aligner, approprier, conformer, faire cadrer, modeler, moduler, mouler, régler. ▶ *Viser* – coucher en joue, mettre en joue, prendre sa mire, viser. ◆ **s'ajuster** ▶ *Se conformer* – emboîter le pas à, imiter, s'accorder sur, s'adapter à, s'aligner sur, se conformer à, se mettre au diapason de, se mettre dans le ton, se modeler sur, se rallier à, se ranger à, se régler sur, suivre. ▲**ANT.** DÉFAIRE, DÉRANGER, DÉRÉGLER, DÉSAJUSTER.

alambiqué *adj.* contourné, maniéré, quintessencié, sophistiqué, tarabiscoté, tiré par les cheveux, truffé de subtilités. *FAM.* capillotracté. ▲**ANT.** DIRECT, FRANC, NET, SANS PHRASES, SIMPLE.

alarmant *adj.* affolant, angoissant, effarant, inquiétant, oppressant, paniquant, préoccupant, troublant. *FAM.* stressant. ▲**ANT.** CALMANT, CONSOLANT, RASSURANT, RÉCONFORTANT, SÉCURISANT.

alarme *n. f.* ▶ *Signal* – alerte, appel, avertissement, branle-bas, cri, éveil, haro, signal, sirène, sonnerie, S.O.S., tocsin. ▶ *Peur* – affolement, angoisse, appréhension, crainte, effarement, effarouchement, effroi, épouvante, frayeur, grand-peur, hantise, horreur, inquiétude, panique, peur, phobie, psychose, terreur, transes. *FIG.* vertige. *SOUT.* affres, apeurement. *FAM.* cauchemar, frousse, pétoche, trac, trouille. *QUÉB. FAM.* chienne. ▶ *Remue-ménage* – activité, affairement, affolement, agitation, animation, bouillonnement, branle-bas (de combat), bruit, dérangement, désordre, désorganisation, détraquement, effervescence, excitation, fourmillement, grouillement, hâte, incohérence, mouvement, orage, précipitation, remous, remue-ménage, secousse, suractivité, tempête, tohu-bohu, tourbillon, tourmente, trépidation, trouble, tumulte, turbulence, va-et-vient. *SOUT.* émoi, remuement. *FAM.* chambardement. ▲**ANT.** CALME, PAIX; QUIÉTUDE, SÉRÉNITÉ, TRANQUILLITÉ.

alarmer *v.* affoler, agiter, angoisser, effrayer, énerver, épouvanter, inquiéter, oppresser, préoccuper, tourmenter, tracasser, troubler. *FAM.* stresser. ◆ **s'alarmer** être sur des charbons ardents, s'angoisser, s'en faire, s'énerver, s'inquiéter, se faire du mauvais sang, se faire du souci, se faire du tracas, se faire un sang d'encre, se mettre martel en tête, se morfondre, se ronger les mœlles, se ronger les sangs, se soucier, se tourmenter, se tracasser. *FAM.* angoisser, se biler, se faire de la bile, se faire des cheveux, se frapper, (se) stresser. *QUÉB. FAM.* capoter. ▲**ANT.** CALMER, RASSÉRÉNER, RASSURER, TRANQUILLISER.

alarmisme *n. m.* catastrophisme, défaitisme, inquiétude, négativisme, pessimisme, scepticisme. ▲**ANT.** OPTIMISME; INSOUCIANCE.

albinos *adj.* achromique, dépigmenté, leucistique. ▲**ANT.** PIGMENTÉ; MÉLANIQUE.

album *n. m.* ▶ *Livre* – brochure, brochurette, cahier, catalogue, document, écrit, fascicule, imprimé, livre, livret, manuel, opuscule, ouvrage, parution, plaquette, publication, recueil, registre, titre, tome, volume. *FAM.* bouquin. ▶ *Gros FAM.* pavé. *QUÉB. FAM.*

brique. ▶ *Disque* – audiodisque, audiogramme, disque.

alcôve *n. f.* ▶ *Partie d'une chambre* – niche, réduit, renfoncement. *ANC.* ruelle. ▶ *Chambre* – chambre (à coucher), chambrée *(caserne)*, chambrette, dortoir. *FAM.* carrée, piaule, taule; *PÉJ.* cambuse, turne.

aléatoire *adj.* casuel, conditionnel, conjectural, contingent, douteux, éventuel, hasardé, hasardeux, hypothétique, incertain, possible, problématique, supposé. ▲**ANT.** CERTAIN, DÉTERMINÉ, DÉTERMINISTE, PRÉVISIBLE, SÛR.

alentour *adv.* à côté, à deux pas, à la ronde, à peu de distance, à proximité, à quelques pas, auprès, autour, dans les environs, dans les parages, non loin, près, tout autour, (tout) contre. *FAM.* sous la main. *QUÉB. FAM.* proche. ▲**ANT.** À DISTANCE, AU LOIN, LOIN.

alentours *n. m. pl.* ▶ *Environs* – abords, approches, bordures, entourage, environs, parages, voisinage. *SOUT.* entour. ▶ *Banlieue* – abords, banlieue, banlieue-dortoir, ceinture, cité-dortoir, couronne, environs, extension, faubourg, périphérie, quartier-dortoir, ville-dortoir, zone (suburbaine). ▲**ANT.** INTÉRIEUR; CONFINS, LIMITES; AILLEURS.

alerte *adj.* ▶ *À l'esprit vif* – à l'esprit vif, agile, brillant, éveillé, intelligent, rapide, vif. *QUÉB. FAM.* vite. ▶ *Agile malgré l'âge* – ingambe, jeune, vert, vif. ▲**ANT.** ENDORMI, ENGOURDI, LENT; GÂTEUX, SÉNILE.

alerte *n. f.* ▶ *Avertissement* – alarme, appel, avertissement, branle-bas, cri, éveil, haro, signal, sirène, sonnerie, S.O.S., tocsin. ▶ *Signal* – appel, clignement, clin d'œil, geste, message, signal, signe. ▲**ANT.** CALME, PAIX; SÉRÉNITÉ, TRANQUILLITÉ; APAISEMENT, RASSÉRÉNEMENT.

alerter *v.* ▶ *Prévenir d'un danger* – avertir, mettre en garde, prémunir, prévenir. ▶ *Ameuter* – ameuter, mettre en émoi. ▲**ANT.** CALMER, RASSÉRÉNER, RASSURER, TRANQUILLISER.

alibi *n. m.* ▶ *Prétexte* – défilade, dérobade, échappatoire, esquive, excuse, faux-fuyant, fuite, moyen, prétexte, reculade, subterfuge, volte-face. *FAM.* pirouette. *QUÉB. FAM.* défaite.

aliénation *n. f.* ▶ *Transfert* – cession, distribution, donation, donation-partage, échange, legs, mancipation, partage, perte, transfert, vente. ▶ *Abandon* – abandon, abdication, capitulation, cession, don, donation, fléchissement, non-usage, passation, rejet, renoncement, renonciation, répudiation, retrait, suppression. *FIG.* bradage. ▶ *Perte d'un droit* – déchéance, forclusion. ▶ *Délire* – agitation, amok, aveuglement, délire, divagation, égarement, excitation, folie, frénésie, hallucination, hystérie, onirisme, paranoïa, surexcitation. ▶ *Maladie mentale* – aliénation (mentale), démence, dérangement, déséquilibre, folie, psychose. ▲**ANT.** CONSERVATION, INALIÉNATION; ACCAPAREMENT, ACQUISITION, APPROPRIATION; ENRICHISSEMENT, GAIN; DÉSALIÉNATION, ÉPANOUISSEMENT; BON SENS, RAISON, SANTÉ MENTALE.

aliéner *v.* ▶ *Transmettre* – abandonner, céder, laisser, léguer, transférer, transmettre. ◆ *s'aliéner* ▶ *Se soumettre* – s'asservir à, s'assujettir à, se soumettre à. *SOUT.* s'attacher au char de, s'inféoder à.

▲**ANT.** CONSERVER, GARDER; ACQUÉRIR, S'ACCAPARER; RAPPROCHER.

alignement *n. m.* ▶ *Série* – chaîne, chapelet, colonne, combinaison, consécution, cordon, enchaînement, enfilade, énumération, file, gamme, guirlande, ligne, liste, rang, rangée, séquence, série, succession, suite, tissu, travée. ▶ *Normalisation* – automatisation, codification, division du travail, formulation, harmonisation, légalisation, normalisation, rationalisation, rectification, réglementation, spécialisation, standardisation, systématisation, unification, uniformisation. ▲**ANT.** DISPERSION; DÉSALIGNEMENT, DÉVOIEMENT; NON-ALIGNEMENT.

aligner *v.* ▶ *Conformer* – accommoder, accorder, adapter, ajuster, approprier, conformer, faire cadrer, modeler, mouler, mouler, régler. ◆ *s'aligner* ▶ *Se placer sur une ligne* – *QUÉB. FAM.* s'enligner, se mettre en ligne. ▶ *Se conformer* – emboîter le pas à, imiter, s'accorder sur, s'adapter à, s'ajuster à, se conformer à, se mettre au diapason de, se mettre dans le ton, se modeler sur, se rallier à, se ranger à, se régler sur, suivre. ▲**ANT.** DÉSALIGNER, DÉSORDONNER, DISPERSER; FORJETER. △**S'ALIGNER** – SAILLIR; SE DÉMARQUER; S'INSURGER, S'OPPOSER, SE REBELLER.

aliment *n. m.* ▶ *Nourriture* – couvert, nourriture, pain (quotidien), table. *FAM.* bouffe, boustifance, boustifaille, mangeaille, manger. *FRANCE FAM.* becquetance, croustance, étouffe-chrétien, étouffe-coquin, tortore. *RELIG.* manne. ▶ *Substance* – alimentation, approvisionnement, comestibles, denrée, entretien, épicerie, fourniture, intendance, nourriture, pain, produit alimentaire, provision, ravitaillement, subsistance, victuailles, vie, vivres. *SOUT.* provende. *FAM.* matérielle. ◗ *Pour une personne* – part, portion, ration.

alimentaire *adj.* ▶ *Qui peut servir d'aliment* – bon (à manger), comestible, consommable, mangeable. ▶ *En parlant de l'industrie* – agroalimentaire. ▲**ANT.** INCOMESTIBLE, INCONSOMMABLE; INTOXICANT, NOCIF, TOXIQUE.

alimentation *n. f.* ▶ *Nutrition* – absorption, consommation, cuisine, ingestion, ingurgitation, manducation, menu, nourrissement, nourriture, nutrition, ordinaire, repas, sustentation. *FAM.* cuistance, popote. *MÉD.* gavage *(au moyen d'une sonde)*. ▶ *Subsistance* – aliment, approvisionnement, comestibles, denrée, entretien, épicerie, fourniture, intendance, nourriture, pain, produit alimentaire, provision, ravitaillement, subsistance, victuailles, vie, vivres. *SOUT.* provende. *FAM.* matérielle. ▶ *Régime* – diète, régime. ▲**ANT.** JEÛNE.

alimenter *v.* ▶ *Faire manger* – nourrir, restaurer. ▶ *Approvisionner* – approvisionner, fournir, pourvoir, ravitailler. ◆ *s'alimenter* ▶ *Manger* – manger, se nourrir, se sustenter. *SOUT.* se repaître. *FAM.* becter, bouffer, boustifailler, briffer, casser la croûte, casser la graine, croûter, grailler, tortorer. ▲**ANT.** AFFAMER. △**S'ALIMENTER** – JEÛNER.

allant *n. m.* ▶ *Entrain* – animation, ardeur, chaleur, cœur, élan, enthousiasme, entrain, ferveur, flamme, passion, zèle. *SOUT.* feu. ▶ *Énergie* – abattage, activité, ardeur, dynamisme, effort, énergie, vie, vigueur, vitalité, vivacité. *FAM.* punch. ▲**ANT.**

APATHIE, INDOLENCE, INERTIE, MOLLESSE, PARESSE, TORPEUR.

allée *n. f.* ▶ *Petit chemin* – banquette, cavée, chemin, coulée, laie, layon, ligne, piste, sentier, tortille, traverse. *QUÉB.* portage *(pour canots)*, rang. ▶ *Rue* – avenue, boulevard, cours, mail, promenade. *BELG.* drève.

allégé *adj.* à teneur réduite, diététique, hypocalorique, léger, maigre.

allégeance *n. f.* ▶ *Fidélité* – attachement, confiance, dévouement, fidélité, foi, loyalisme, loyauté. ▶ *Soumission* – abaissement, appartenance, asservissement, assujettissement, attachement, captivité, contrainte, dépendance, domestication, domesticité, domination, emprise, esclavage, gêne, hilotisme, inféodation, infériorité, mainmise, merci, mouvance, obédience, obéissance, obligation, oppression, pouvoir, puissance, servage, servitude, soumission, subordination, sujétion, tutelle, tyrannie, vassalité. *FIG.* carcan, chaîne, corset (de fer), coupe, fardeau, griffe, main, patte, prison; *SOUT.* fers, gaine, joug. *PHILOS.* hétéronomie. ▶ *Juridiction* – juridiction, nationalité, statut. ▲ANT. INSOUMISSION; LIBERTÉ.

alléger *v.* ▶ *Rendre moins lourd* – délester. ▶ *Apaiser* – adoucir, apaiser, assoupir, atténuer, bercer, endormir. *SOUT.* lénifier. ▲ANT. ALOURDIR; ACCENTUER, AGGRAVER, EXACERBER, INTENSIFIER.

allégorie *n. f.* ▶ *Récit fictif à valeur morale* – apologue, fable, parabole. ▶ *Sous-entendu* – allusion, arrière-pensée, double sens, évocation, insinuation, réserve, restriction, réticence, sous-entendu. ▶ *Analogie* – analogie, apologue, assimilation, association (d'idées), catachrèse *(lexicalisée)*, comparaison, équivalence, figure, image, lien, métaphore, parabole, parallèle, parenté, personnification, rapport, rapprochement, relation, ressemblance, similitude, symbole, symbolisme. ▶ *Emblème* – attribut, chiffre, devise, drapeau, effigie, emblème, figure, icône, image, incarnation, insigne, livrée, logo, logotype, marque, notation, personnification, représentation, signe, symbole, type. ▲ANT. RÉALITÉ; MATÉRIALITÉ; VÉRITÉ.

allégorique *adj.* emblématique, figuratif, métaphorique, représentatif, symbolique. *RELIG.* anagogique. ▲ANT. LITTÉRAL, RÉALISTE.

allègre *adj.* badin, de belle humeur, en gaieté, en joie, enjoué, épanoui, folâtre, foufou, gai, guilleret, hilare, jovial, joyeux, léger, plein d'entrain, réjoui, riant, rieur, souriant. *FAM.* rigolard, rigoleur. ▲ANT. ABATTU, BOURRU, CHAGRIN, DE MAUVAISE HUMEUR, GROGNON, MAUSSADE, MÉLANCOLIQUE, MORNE, MOROSE, SOMBRE, TRISTE.

allégrement (var. **allègrement**) *adv.* agréablement, avec entrain, béatement, bienheureusement, de bon cœur, euphoriquement, extatiquement, gaiement, heureusement, jovialement, joyeusement, plaisamment, radieusement, sans souci. ▲ANT. AMÈREMENT, DOULOUREUSEMENT, LANGOUREUSEMENT, LANGUISSAMMENT, MALHEUREUSEMENT, MAUSSADEMENT, MÉLANCOLIQUEMENT, NOSTALGIQUEMENT, SOMBREMENT, TRISTEMENT.

allégresse *n. f.* béatitude, bonheur, égaiement, enthousiasme, euphorie, exaltation, extase, exultation, gaieté, hilarité, ivresse, joie, jubilation, plaisir, ravissement, réjouissance, vertige. *SOUT.* aise, félicité, liesse, rayonnement. ▲ANT. CONSTERNATION, TRISTESSE; APATHIE.

alléguer *v.* ▶ *Citer* – citer, invoquer. ▶ *Prétexter* – avancer, invoquer, objecter, opposer, prétexter. *SOUT.* arguer, exciper de, s'autoriser de. ▲ANT. DÉNIER, NIER, RÉFUTER.

aller *v.* ▶ *Se déplacer* – évoluer, se déplacer, se diriger, se mouvoir, se porter. ▶ *Se préparer* – être sur le point de, s'apprêter à, se disposer à, se préparer à. ▶ *Convenir* – cadrer, coller, convenir, correspondre, répondre, s'accorder, s'appliquer, s'harmoniser. ▶ *Plaire* – contenter, convenir à, faire l'affaire de, plaire à, satisfaire, sourire à. *SOUT.* agréer à, complaire à. *FAM.* arranger, botter à, chanter à. *QUÉB. FAM.* adonner. ▲ANT. DEMEURER, RESTER; REVENIR, VENIR; ARRÊTER, STOPPER.

alliage *n. m.* ▶ *Mélange* – admixtion, amalgamation, amalgame, cocktail, combinaison, composé, mélange, mixtion, mixture.

alliance *n. f.* ▶ *Pacte* – accommodement, accord, arrangement, compromis, concordat, consensus, contrat, convention, engagement, entente, marché, modus vivendi, pacte, protocole, traité, transaction. ▶ *Mariage* – contrat conjugal, couple, lit, mariage, ménage, nuptialité, union conjugale, union matrimoniale. *SOUT.* hymen, hyménée. ▶ *Bague* – anneau d'alliance, anneau de mariage, anneau nuptial, bague de fiançailles, bague de mariage. ▶ *Association politique* – appartenance, association, bloc, camp, cartel, club, coalition, confédération, faisceau, fédération, formation, front, groupe, groupe d'intérêts, groupe de pression, groupement, ligue, mouvement, organisation, parti, phalange, rapprochement, rassemblement, union. *ANC.* hétairie. *FÉOD.* hermandad. ▶ *Association d'entreprises* – cartel, chæbol (en Corée), coentreprise, combinat, complexe, concentration, conglomérat, consortium, duopole, entente, groupe, industrie, monopole, oligopole, trust. *PÉJ.* féodalité. ▶ *Combinaison* – assemblage, association, collage, combinaison, communion, composition, concentration, conjonction, constitution, fusion, fusionnement, groupement, incorporation, intégration, ralliement, rassemblement, regroupement, réunion, symbiose, synthèse, unification, union. ▲ANT. DÉSUNION, DIVORCE, RUPTURE, SÉPARATION; MÉSALLIANCE, MÉSINTELLIGENCE.

allié *n.* ▶ *Personne de la même famille* – parent par alliance. ▶ *Personne qui partage avec une autre* – alter ego, ami, (ami) intime, (ami) proche, bon ami, camarade, compagnon, connaissance, familier, frère, relation. *SOUT.* féal. *FAM.* acolyte, aminche, complice, copain, frangin, pote. ▶ *Personnes adhérant à une idée* – activiste, adepte, adhérent, ami, apôtre, champion, défenseur, disciple, fidèle, inconditionnel, militant, partisan, soutien, sympathisant, tenant. *SOUT.* chantre, séide, zélateur. *FAM.* godillot. ▶ *Personne combattant avec une autre* – coalisé, confédéré, fédéré. ▲ANT. ADVERSAIRE, CONCURRENT, ENNEMI, OPPOSANT, RIVAL.

allier *v.* ▶ *Combiner* – associer, combiner, concilier, conjuguer, joindre, marier, mêler, réunir, unir. ♦ **s'allier** ▶ *Se réunir* – faire front commun, s'associer, s'unir, se coaliser, se joindre, se liguer, se solidariser. ▲ANT. DÉSUNIR, DISJOINDRE, SÉPARER; DISTINGUER, OPPOSER.

allocation *n. f.* ▶ *Attribution* – attribution, distribution, dotation, remise. ▶ *Don* – aide, apport, assistance, aumône, bonne œuvre, charité, dation, disposition, distribution, don, faveur, grâce, hommage, indemnité, obole, prestation, secours, soulagement, subside, subvention. SOUT. bienfait. FAM. dépannage. DR. donation, fidéicommis, legs, libéralité. RELIG. bénédiction, charisme. ▶ *Revenu* – arrérages, avantage, bénéfice, casuel, chômage, dividende, dotation, fermage, fruit, gain, intérêt, loyer, mense, mensualité, métayage, pension, prébende, présalaire, produit, profit, rapport, recette, redevance, rente, rentrée, retraite, revenu, tontine, usufruit, usure, ventes, viager. FAM. alloc. FRANCE FAM. bénef, chômedu. ▲ANT. PRÉLÈVEMENT.

allocution *n. f.* ▶ *Discours* – discours, harangue, mot, toast. FAM. laïus, topo. RELIG. homélie, sermon.

allongé *adj.* long, oblong, ovale.

allonger *v.* ▶ *Agrandir* – agrandir, étendre, étirer, rallonger. TECHN. dégrosser, fileter, laminer, tréfiler. ▶ *Étendre un membre* – déplier, étirer. ▶ *Accroître la durée* – étendre, prolonger, proroger, rallonger, reconduire. ▶ *Coucher* – coucher, étendre. ▶ *Diluer* – couper, diluer, éclaircir, étendre, mouiller. FAM. baptiser. ▶ *Donner* (FAM.) – assener, donner, infliger, porter. FAM. administrer, coller, ficher, filer, flanquer, foutre. QUÉB. FAM. sacrer. ▶ *Assommer* (FAM.) – assommer, étourdir, knockouter, mettre K.O. FAM. estourbir, sonner. ▶ *Débourser* (FAM.) – débourser, décaisser, dépenser, payer, verser. FAM. casquer, cracher, lâcher. ♦ **s'allonger** ▶ *Devenir plus long* – rallonger. ♦ *Tomber* (FAM.) – basculer, culbuter, faire une chute, tomber, verser. FAM. aller choir, chuter, dinguer, prendre un billet de parterre, prendre une bûche, prendre une gamelle, prendre une pelle, ramasser un gadin, ramasser une bûche, ramasser une gamelle, ramasser une pelle, s'étaler, se casser la figure, se casser la gueule, se ficher par terre, se rétamer, valdinguer. QUÉB. FAM. piquer une fouille, planter, prendre une débarque, prendre une fouille. ▲ANT. ABRÉGER, CONDENSER, DIMINUER, ÉCOURTER, RACCOURCIR, RÉDUIRE; REPLIER.

allumer *v.* ▶ *Mettre le feu* – enflammer, mettre le feu à. ▶ *Éclairer* – éclairer, ensoleiller, illuminer. SOUT. embraser, enflammer. ▶ *Critiquer* (FRANCE FAM.) – attaquer, critiquer, descendre en flammes, écharper, éreinter, étriller, faire le procès de, malmener, maltraiter, massacrer, matraquer, mettre à mal, pourfendre, s'acharner contre. FAM. cartonner, couler, démolir, descendre, écorcher, esquinter. FRANCE FAM. débiner. QUÉB. FAM. maganer. ▶ *Comprendre* (QUÉB. FAM.) – comprendre, s'expliquer, saisir, toucher du doigt, voir. SOUT. appréhender, embrasser, entendre. FAM. bitter, entraver, piger. FRANCE FAM. percuter. QUÉB. FAM. clencher, cliquer. ♦ **s'allumer** ▶ *Prendre feu* – prendre feu, s'enflammer. ▲ANT. ÉTEINDRE,

ÉTOUFFER, SOUFFLER; ARRÊTER, METTRE HORS TENSION; APAISER, SATISFAIRE.

allumette *n. f.* FRANCE FAM. bûche, frotte, frotteuse.

allure *n. f.* ▶ *Silhouette* – air, apparence, aspect, attitude, contenance, démarche, façon, genre, ligne, maintien, manière, panache, physique, port, posture, prestance, silhouette, style, tenue, tournure. SOUT. extérieur, mine. FAM. gueule, touche. ▶ *Aspect* – air, apparence, aspect, caractère, configuration, couleur, couvert, dehors, éclairage, expression, extérieur, façade, faciès, figure, forme, formule, impression, jour, masque, mine, paraître, perspective, physionomie, plastique *(en art)*, portrait, présentation, profil, ressemblance, semblant, surface, ton, tour, tournure, traits, vernis, visage. SOUT. enveloppe, superficie. ▶ *Mouvement* – cadence, course, erre, marche, mouvement, pas, rythme, tempo, train, vitesse. ▶ *Marche* – enjambée, figure, foulée, marche, pas. ▶ *Geste* – attitude, chorégraphie, contenance, danse, jeu (physique), langage corporel, manière, mime, mimique, mimodrame, mimographie, mimologie, pantomime, posture. ▶ *Mouvements des mains* – chérèmes, chironomie, gestèmes, gestes, gesticulation, gestique, gestualité, gestuelle, langage gestuel, mudra *(danse indienne)*.

allusion *n. f.* ▶ *Sous-entendu* – allégorie, arrière-pensée, double sens, évocation, insinuation, réserve, restriction, réticence, sous-entendu. ▶ *Rappel* – anamnèse, commémoration, déjà vu, évocation, impression, mémoire, mémoration, mémorisation, pensée, rappel, réminiscence, souvenir, trace. SOUT. remémoration. ▶ *Non favorable* – arrière-goût.

alors *adv.* ▶ *À ce moment-là* – à ce moment-là, à l'époque, là. ▶ *Ensuite* – après, après quoi, depuis, en second lieu, ensuite de quoi, ensuite, par la suite, plus tard, postérieurement, puis, subséquemment, ultérieurement. SOUT. ensuivant. ▶ *Donc* – ainsi, conséquemment, corollairement, dans ce cas, dans ce cas-là, dans ces conditions, dans la circonstance, donc, en conséquence, ipso facto, par conséquent, par suite, par voie de conséquence, partant. ▲ANT. ACTUELLEMENT, EN CE MOMENT, MAINTENANT.

alouette *n. f.* ▶ *Emploi standard* – QUÉB. FAM. ortolan. ▶ *Emploi québécois* – oiseau de rivage, petit échassier.

alourdir *v.* ▶ *Rendre plus lourd* – appesantir. ▶ *Surcharger* – charger, embarrasser, encombrer, farcir, surcharger. ▶ *Sur le plan financier* – grever, obérer, surcharger. ▲ANT. ALLÉGER, DÉCHARGER.

alpiniste *n.* ▶ *Personne* – escaladeur, glaciariste, grimpeur, montagnard, randonneur, rochassier, varappeur. ♦ *alpinistes, plur.* ▶ *Ensemble de personnes* – cordée.

altérant *adj.* assoiffant. ▲ANT. DÉSALTÉRANT, RAFRAÎCHISSANT.

altération *n. f.* ▶ *Détérioration* – abaissement, abâtardissement, abjection, abrutissement, affadissement, affaiblissement, agonie, amollissement, appauvrissement, atrophie, avachissement, avilissement, baisse, corruption, décadence, déchéance, déclin, décrépitude, dégénérescence, dégradation, délabrement, déliquescence, dénaturation, dépérissement, détérioration, édulcoration, étiolement, flétrissure, perte, perversion, pourrissement, pourriture, rouille, ruine, sape, usure. *SOUT.* aveulissement, crépuscule, pervertissement. *FAM.* déglingue, dégringolade. ▶ *Contamination* – contamination, pollution. ▶ *Décomposition* – biodégradation, corruption, décomposition, faisandage, fermentation, gangrène, pourrissement, pourriture, putréfaction, putrescence, putridité, suiffage *(beurre)*, thanatomorphose. ▶ *Modification* – adaptation, ajustement, avatar, changement, conversion, évolution, glissement, gradation, infléchissement, métamorphose, modification, modulation, mue, mutation, passage, progression, transfiguration, transformation, transition, transmutation, variation, vie. ▶ *Falsification* – barbouillage, bricolage, contrefaçon, déformation, déguisement, dénaturation, entorse, falsification, fardage, faux, fraude, frelatage, gauchissement, maquillage, modification, truquage. *FAM.* bidonnage. *DR.* contrefaction. ▶ *Trouble physique* – affection, anomalie, défaillance, déficience, dérangement, dysfonction, dysfonctionnement, embarras, faiblesse, gêne, indisposition, insuffisance, mal, malaise, trouble. *DIDACT.* dysphorie. *MÉD.* lipothymie. *SOUT.* mésaise. ▶ *Signe musical* – accident. ♦ *altérations, plur.* ▶ *Ensemble de signes musicaux* – armature, armure (de clé). ▲ANT. CONSERVATION, INALTÉRATION, INTÉGRITÉ, PERMANENCE; FRAÎCHEUR.

altéré *adj.* ▶ *En décomposition* – avarié, corrompu, en décomposition, en putréfaction, gâté, pourri, pourrissant, putrescent, putride. ▶ *Avide* (*SOUT.*) – affamé, assoiffé, avide, gourmand, insatiable. ▶ *En parlant d'une monnaie* – fruste, usé.

altérer *v.* ▶ *Modifier* – changer, modifier. ▶ *Dénaturer* – corrompre, dénaturer, frelater. ▶ *Putréfier* – décomposer, pourrir, putréfier. ▶ *Une denrée* – avarier, gâter. ▶ *Falsifier* – contrefaire, déguiser, falsifier, habiller, maquiller, trafiquer, travestir, truquer. *FAM.* bidonner, bidouiller, tripatouiller. ▶ *Déformer* – biaiser, défigurer, déformer, dénaturer, falsifier, fausser, gauchir, trahir, travestir. ▶ *Donner soif* (*SOUT.*) – assoiffer, donner soif à. ♦ *s'altérer* ▶ *Pourrir* – pourrir, se corrompre, se décomposer, se putréfier. ▶ *En parlant d'un aliment* – blettir *(fruit)*, s'avarier, se gâter. ▲ANT. CONSERVER, GARDER INTACT, PRÉSERVER; RECTIFIER, RÉTABLIR; ASSAINIR; APAISER, DÉSALTÉRER, SATISFAIRE.

alternance *n. f.* ▶ *Succession* – allée et venue, alternatives, balancement, bascule, changement, flux et reflux, intermittence, ondulation, oscillation, palpitation, périodicité, pulsation, récurrence, récursivité, retour, rotation, roulement, rythme, sinusoïde, succession, tour, va-et-vient, variation. ▶ *En agriculture* – alternat, assolement, dessolement, rotation (des cultures). ▲ANT. CONTINUITÉ, PERMANENCE, RÉGULARITÉ; COÏNCIDENCE, SIMULTANÉITÉ, SYNCHRONISME.

alternativement *adv.* à tour de rôle, consécutivement, coup sur coup, d'affilée, l'un après l'autre, rythmiquement, successivement, tour à tour. ▲ANT. CONTINÛMENT, SANS ARRÊT; ENSEMBLE, SIMULTANÉMENT.

alterner *v.* ▶ *Se relayer* – se relayer, se remplacer. ▲ANT. COÏNCIDER, SE SYNCHRONISER.

altier *adj.* arrogant, condescendant, dédaigneux, fier, hautain, méprisant, orgueilleux, outrecuidant, pimbêche *(femme)*, pincé, plein de soi, présomptueux, prétentieux, snob, supérieur. *SOUT.* rogue. ▲ANT. AFFABLE, HUMBLE, MODESTE, SIMPLE.

altitude *n. f.* élévation, haut, hauteur, niveau au-dessus de la mer, plafond. *MAR.* guindant *(mât)*. ▲ANT. PROFONDEUR.

altruisme *n. m.* ▶ *Générosité* – aide, allocentrisme, amour (d'autrui), assistance, bénévolat, bienveillance, bonté, charité, commisération, compassion, complaisance, convivialité, dévouement, don de soi, empathie, entraide, extraversion, fraternité, générosité, gentillesse, humanité, oblativité, oubli de soi, philanthropie, pitié, sensibilité, serviabilité, solidarité, sollicitude. *SOUT.* bienfaisance. ▶ *Abnégation* – abnégation, désintéressement, détachement, dévouement, effacement, humilité, oubli de soi, privation, renoncement, résignation, sacrifice. *SOUT.* holocauste. ▲ANT. CUPIDITÉ, ÉGOÏSME, RAPACITÉ; ÉGOCENTRISME, INDIFFÉRENCE; DURETÉ, MISANTHROPIE.

alvéole *n.* ▶ *Sens général* – anfractuosité, cavité, creusure, creux, crevasse, enfoncement, évidement, évidure, trou. ♦ *alvéoles, plur.* ▶ *Éléments d'une ruche* – gâteau, rayons.

amabilité *n. f.* ▶ *Politesse* – affabilité, aménité, attention, bienséance, bonnes manières, chevalerie, civilité, civisme, convivialité, correction, courtoisie, délicatesse, éducation, entregent, galanterie, gentillesse, hospitalité, mondanités, obligeance, politesse, prévenance, savoir-vivre, serviabilité, sociabilité, tact, urbanité. *SOUT.* gracieuseté, liant. ▶ *Douceur* – affabilité, agrément, aménité, bénignité, bienveillance, bonhomie, bonté, calme, chaleur, charité, clémence, docilité, douceur, gentillesse, grâce, humanité, indulgence, patience, placidité, suavité. *SOUT.* débonnaireté, magnanimité, mansuétude, onction. ▲ANT. GROSSIÈRETÉ, IMPOLITESSE; BRUTALITÉ, RUDESSE; INDIFFÉRENCE.

amaigrissant *adj.* ▲ANT. ENGRAISSANT.

amalgame *n. m.* ▶ *Mélange* – admixtion, alliage, amalgamation, cocktail, combinaison, composé, mélange, mixtion, mixture. ▶ *Matière pour obturer une dent* – ciment, résine. *FAM.* plombage.

amant *n. m.* ▶ *Partenaire sexuel* – amant de cœur, partenaire (sexuel). ▶ *Amateur* – adepte, aficionado, amateur, ami, amoureux, connaisseur, fanatique, fervent, fou, passionné. *SOUT.* assoiffé. *FAM.* accro, allumé, enragé, fana, malade, mordu. *FRANCE FAM.* fondu. ▲ANT. AMOUREUX ÉCONDUIT; RIVAL; INDIFFÉRENT.

amarre *n. f.* ▶ *Anneau* – anneau, boucle de pont, boucle de quai, erse, estrope, organeau.

amas *n. m.* ▶ *Agglomération* – accrétion, accumulation, agglomérat, agglomération, aggloméré, agglutination, agglutinement, agrégat, agrégation, bloc, concentration, concrétion, conglomérat, conglomération, conglutination, entassement, masse, nodule, paquet, réunion, sédiment, sédimentation, tas. *QUÉB. FAM.* motton, tapon. ▶ *Accumulation* – abondance, accumulation, addition, agrégation, amoncellement, collection, déballage, échafaudage, emmagasinage, empilage, empilement, encombrement, entassement, étagement, faisceau, fatras, fouillis, monceau, montagne, pile, pyramide, quantité, stratification, superposition, tas. ▶ *Collection* – accumulation, appareil, assemblage, assortiment, collection, compilation, ensemble, foule, grand nombre, groupe, groupement, jeu, quantité, rassemblement, recueil, tas, train. *FAM.* attirail, cargaison, compil. *PÉJ.* ramassis. ▶ *Abondance* – abondance, afflux, ampleur, concentration, débauche, débordement, exubérance, filon, floraison, foisonnement, forêt, foule, fourmillement, gisement, infinité, inondation, luxe, luxuriance, masse, mine, multiplicité, myriade, nuée, orgie, paquet, pléthore, poussière, profusion, quantité, richesse, surabondance, tas, trésor. *FIG.* carnaval. *FAM.* festival, flopée, kyrielle, tapée, tonne, tripotée, wagon. *QUÉB. FAM.* bourrée, tapon. *SUISSE FAM.* craquée. ▶ *Réserve* – approvisionnement, dépôt, fourniture, provision, réserve, stock. ▶ *Gisement* – gisement, gisement minier, mine. ▲ANT. DISPERSION, ÉPARPILLEMENT; VIDE; PÉNURIE; PARTICULE.

amasser *v.* ▶ *Obtenir* – moissonner, récolter. ▶ *Réunir* – accumuler, amonceler, collectionner, entasser. ▶ *Mettre en tas* – accumuler, amonceler, empiler, entasser. ▶ *Mettre en réserve* – accumuler, emmagasiner, engranger, entreposer, faire provision de, faire une réserve de, mettre en réserve, stocker. ◆ *s'amasser* ▶ *Augmenter en quantité* – s'accumuler, s'amonceler, s'entasser. ▲ANT. DISPERSER, DISSÉMINER, ÉPARPILLER, PARSEMER, RÉPANDRE; DÉPENSER, DILAPIDER, GASPILLER, PERDRE.

amateur *adj.* ▶ *Non professionnel* – *PÉJ.* dilettante, du dimanche, fantaisiste, fumiste. ▶ *Passionné* – amoureux, avide, entiché, épris, fanatique, féru, fervent, fou, friand, passionné. *FAM.* accro, enragé, fana, maniaque, mordu. ▲ANT. PROFESSIONNEL.

amateur *n.* ▶ *Passionné* – adepte, aficionado, amant, ami, amoureux, connaisseur, fanatique, fervent, fou, passionné. *SOUT.* assoiffé. *FAM.* accro, allumé, enragé, fana, malade, mordu. *FRANCE FAM.* fondu. ▶ *Personne non spécialiste* – commun des mortels, non-initié, non-spécialiste, profane. ▶ *Personne qui pratique une activité avec négligence* – dilettante, fantaisiste, plaisantin, touche-à-tout. ▲ANT. IGNARE, PROFANE; PROFESSIONNEL.

ambassade *n. f.* ▶ *Délégation* – ambassadeurs, délégation, délégués, députation, députés. ▶ *Diplomatie* – carrière, diplomatie. ▶ *Édifice* – consulat, résidence.

ambassadeur *n.* ▶ *Représentant de l'État* – agent, attaché, chargé d'affaires, chargé de mission, commissaire, correspondant, délégataire, délégué, député, diplomate, émissaire, envoyé, fondé de pouvoir, légat, mandataire, messager, ministre, négociateur, parlementaire, plénipotentiaire, représentant. ◆ *ambassadeurs, plur.* ▶ *Ensemble de représentants de l'État* – ambassade.

ambiance *n. f.* ▶ *Environnement* – atmosphère, cachet, cadre, climat, décor, élément, entourage, environnement, environs, lieu, milieu, monde, société, sphère, théâtre, voisinage. ▶ *Météorologie* – air, atmosphère, ciel, climat, conditions atmosphériques, conditions climatiques, conditions météorologiques,

météorologie, pression, régime, température, temps, vent. *FAM.* fond de l'air, météo.

ambiant *adj.* environnant. ▲ANT. EXTÉRIEUR.

ambigu *adj.* ▶ *Qui a plus d'un sens possible* – à double entente, à double sens, équivoque. *SOUT.* amphibologique. *LING.* plurivoque, polysémique. ▶ *Qui a des caractéristiques opposées* – ambivalent, double. ▶ *Difficile à définir* – énigmatique, indéfinissable, mystérieux. *SOUT.* sibyllin. ▲ANT. CATÉGORIQUE, CLAIR, MONOSÉMIQUE, NET, PRÉCIS, SANS ÉQUIVOQUE, UNIVOQUE.

ambiguïté *n. f.* ▶ *Double sens* – ambivalence, amphibologie, dilogie, double entente, double sens, énigme, équivoque, incertitude, indétermination, obscurité, plurivocité, polysémie. ▲ANT. CLARTÉ, ÉVIDENCE, LIMPIDITÉ; PRÉCISION; MONOSÉMIE, UNIVOCITÉ.

ambitieux *adj.* ▶ *Sans scrupules* – arriviste, carriériste. ▶ *Important* – à grand déploiement, ample, d'envergure, de grande envergure, important, vaste. ▲ANT. DÉSINTÉRESSÉ, SANS AMBITION, SANS ENVERGURE; DE PEU D'IMPORTANCE, MODESTE, SECONDAIRE.

ambitieux *n.* arriviste, carriériste, jeune loup. *SUISSE* grimpion. *FAM.* cumulard, magouilleur. ▶ *En politique* – machiavel. ▶ *À l'excès* – mégalomane. *FAM.* mégalo. ▲ANT. HUMBLE, MODESTE; DÉSINTÉRESSÉ; INDIFFÉRENT.

ambition *n. f.* ▶ *Arrivisme* – arrivisme, brigue, carriérisme. ▶ *Avidité* – avidité, convoitise, cupidité, possessivité, rapacité. *SOUT.* vampirisme. ▶ *Désir* – appel, appétit, aspiration, attirance, attrait, besoin, but, convoitise, desideratum, désir, envie, exigence, faim, fantaisie, fantasme, fièvre, fringale, goût, idéal, intention, jalousie, passion, prétention, quête, recherche, rêve, soif, souhait, tentation, velléité, visée, vœu, voix, volonté. *SOUT.* appétence, dessein, prurit, vouloir. *FAM.* démangeaison. ▶ *But* – but, cause, cible, considération, destination, fin, finalité, intention, mission, mobile, motif, objectif, objet, point de mire, pourquoi, prétexte, raison, raison d'être, sens, visée. *SOUT.* propos. ▲ANT. HUMILITÉ, MODESTIE, SIMPLICITÉ; DÉSINTÉRESSEMENT; INDIFFÉRENCE; ABNÉGATION, RENONCEMENT.

ambivalence *n. f.* ▶ *Ambiguïté* – ambiguïté, amphibologie, dilogie, double entente, double sens, énigme, équivoque, incertitude, indétermination, obscurité, plurivocité, polysémie. ▲ANT. CLARTÉ, ÉVIDENCE, LIMPIDITÉ; PRÉCISION; MONOSÉMIE, UNIVOCITÉ.

ambulant *adj.* forain, itinérant. ▲ANT. FIXE, SÉDENTAIRE.

âme *n. f.* ▶ *Esprit* – cœur, conscience, esprit, mystère, pensée, principe (vital), psyché, psychisme, souffle (vital), spiritualité, transcendance, vie. ▶ *Selon la philosophie* – atman (hindouisme), pneuma (Grèce antique). *PSYCHOL.* conscient. ▶ *For intérieur* – arrière-fond, arrière-pensée, conscience, coulisse, dessous, dessous, fond, for intérieur, intérieur, intériorité, intimité, jardin secret, repli, secret. *SOUT.* tréfonds. ▶ *Sensibilité* – affect, affectivité, attendrissement, cœur, compassion, émotion, émotivité, empathie, fibre, humanité, impressionnabilité, pitié, romantisme, sensibilité, sentiment, sentimentalité, susceptibilité, sympathie, tendresse, vulnérabilité. *SOUT.* entrailles. *FAM.* tripes. ▶ *Corps éthéré* – aura, corps

amélioration

astral, double (éthéré), émanation, essence, éther, vapeur. ▶ *Ce qui agit* – agent, bras, instrument, moteur, organe. ▶ *Animateur* – artisan, auteur, canalisateur, centre, cerveau, chef, cheville ouvrière, créateur, dirigeant, fondateur, incitateur, initiateur, inspirateur, instigateur, locomotive, maître (d'œuvre), meneur, moteur, organisateur, patron, père, promoteur, protagoniste, régisseur, responsable. *SOUT.* excitateur, instaurateur, ouvrier. ▶ *Habitant* – habitant, résidant. ▲ANT. CHAIR; CORPS; MATIÈRE.

amélioration *n. f.* ▶ *Finition* – achèvement, arrangement, complètement, correction, enjolivement, finition, léchage, mise au point, peaufinage, perfectionnement, polissage, raffinage, raffinement, retouche, révision, soin. *SOUT.* parachèvement. *FAM.* fignolage. ▶ *Perfectionnement* – abonnissement, affinement, anoblissement, bonification, embellie, embellissement, ennoblissement, enrichissement, maximalisation, optimalisation, optimisation, perfectionnement, progrès. *SOUT.* épurement. *FIG.* bond en avant. ▶ *Progrès* – adoucissement, civilisation, éducation, évolution, mieux-être, progrès, réforme, régénération, rénovation. ▶ *Augmentation* – accroissement, appréciation, augmentation, bénéfice, excédent, gain, majoration, plus-value, profit, surcote, survaleur, valorisation. ▶ *Modernisation* – changement, dépoussiérage, modernisation, modification, prorogation, rajeunissement, recommencement, reconduction, réformation, réforme, régénération, réhabilitation, réinvention, remplacement, renouveau, renouvellement, rénovation, réparation, restauration, résurrection, rétablissement, transformation. ▶ *Réparation* – arrangement, bricolage, consolidation, dépannage, entretien, maintenance, rajustement, ravalement, reconstitution, réfection, remise à neuf, remise en état, remontage, renforcement, réparation, reprise, restauration, restitution, rétablissement, retapage, rhabillage, sauvetage, soin. *FAM.* rafistolage. *QUÉB. FAM.* ramanchage. ▶ *Stabilisation* – affermissement, ancrage, cimentation, consolidation, durcissement, enracinement, fixation, fortification, garantie, protection, radicalisation, raffermissement, raidissement, renforçage, renforcement, renfort, rigidification, scellement, stabilisation. *SOUT.* roidissement. ▶ *Guérison* – apaisement, cicatrisation, convalescence, cure, guérison, mieux-être, relevailles, relèvement, rémission, répit, résurrection, rétablissement, retour à la santé, salut, soulagement, traitement. *MÉD.* délitescence, postcure, résorption, rétrocession. ▶ *Adoucissement du temps* – accalmie, adoucissement, bonace, calme plat, éclaircie, embellie, radoucissement, réchauffement, redoux, répit, tiédissement, tranquillité, trouée. *ACADIE FAM.* clairon. ▶ *Enrichissement du sol* – abonnissement, amendement, assolement, bonification, chaulage, compostage, déchaumage, écobuage, engraissage, engraissement, enrichissement, ensemencement, épandage, fertilisation, fumage, fumaison, fumigation, fumure, irrigation, limonage, marnage, mise en valeur, phosphatage, plâtrage, soufrage, sulfatage, terreautage. ▲ANT. AGGRAVATION; DÉCLIN, DÉGRADATION, DÉTÉRIORATION; CORRUPTION, DÉGÉNÉRESCENCE, POURRISSEMENT; RECUL, RÉGRESSION.

améliorer *v.* ▶ *Corriger* – amender, corriger, réformer, rénover. ▶ *Perfectionner* – parfaire, perfectionner. ▶ *Amender un sol* – amender, bonifier, enrichir, fertiliser. ♦ *s'améliorer* ▶ *Progresser* – avancer, évoluer, faire des progrès, progresser, se développer. ▶ *S'arranger* – aller mieux, s'arranger. *FAM.* se tasser. ▶ *En parlant du vin* – mûrir, rabonnir, s'abonnir, se bonifier, se faire. ▲ANT. AGGRAVER, ALTÉRER, CORROMPRE, DÉGÉNÉRER, DÉGRADER, DÉTÉRIORER, EMPIRER, GÂTER.

aménagement *n. m.* accommodation, accommodement, agencement, ajustement, architecture, arrangement, articulation, assemblage, combinaison, combinatoire, composition, concaténation, configuration, construction, contexture, coordination, disposition, distribution, élaboration, enchaînement, harmonie, hiérarchie, liaison, mise en ordre, mise en place, ordonnance, ordonnancement, ordre, organisation, orientation, plan, profil, programmation, rangement, répartition, structuration, structure, système, texture. ▲ANT. DÉRANGEMENT, DÉSORGANISATION.

aménager *v.* ▶ *Installer* – arranger, installer. ▶ *Organiser* – agencer, arranger, coordonner, ordonnancer, ordonner, organiser, structurer, systématiser. ▶ *Pratiquer une ouverture* – ménager, ouvrir, percer, pratiquer. ▲ANT. DÉFAIRE.

amende *n. f.* ▶ *Pénalité* – astreinte, constat d'infraction, contrainte, contravention, jour-amende, peine, pénalisation, pénalité, procès-verbal. *FAM.* contredanse, papillon, P.-V. ▲ANT. INDEMNISATION, PRIME, RÉCOMPENSE.

amener *v.* ▶ *Mener* – accompagner, conduire, convoyer, emmener, escorter, mener. *PÉJ.* flanquer. ▶ *Inciter* – conditionner, conduire, disposer, encourager, engager, entraîner, exhorter, impulser, inciter, incliner, mener, porter, pousser, provoquer. *SOUT.* exciter, mouvoir. ▶ *Persuader* – convaincre, décider, déterminer, entraîner, persuader. ▶ *Occasionner* – apporter, catalyser, causer, créer, déchaîner, déclencher, déterminer, donner, donner lieu à, donner naissance à, engendrer, entraîner, faire, faire naître, former, générer, occasionner, produire, provoquer, soulever, susciter. *PHILOS.* nécessiter. ♦ *s'amener* ▶ *Arriver* (*FAM.*) – arriver, paraître, se présenter. *FAM.* rappliquer, se pointer, (se) radiner, se ramener. ▲ANT. ÉCARTER, ÉLOIGNER, EMMENER; DÉGOÛTER DE, DISSUADER; EMPÊCHER; HISSER (*pavillon*).

aménité *n. f.* ▶ *Politesse* – affabilité, amabilité, attention, bienséance, bonnes manières, chevalerie, civilité, civisme, convivialité, correction, courtoisie, délicatesse, éducation, entregent, galanterie, gentillesse, hospitalité, mondanités, obligeance, politesse, prévenance, savoir-vivre, serviabilité, sociabilité, tact, urbanité. *SOUT.* gracieuseté, liant. ▶ *Douceur* – affabilité, agrément, bénignité, bienveillance, bonhomie, bonté, calme, chaleur, charité, clémence, docilité, douceur, gentillesse, grâce, humanité, indulgence, patience, placidité, suavité. *SOUT.* débonnaireté, magnanimité, mansuétude, onction. ▲ANT. GROSSIÈRETÉ, IMPOLITESSE.

amer *adj.* ▶ *Désagréable au goût* – acescent, acide, acidulé, âcre, aigre, aigrelet, aigri, piquant, piqué, rance, râpeux, sur, suret, suri, tourné. ▶ *Qui exprime la rancœur* – aigre. SOUT. saumâtre. ▶ *Moralement douloureux* – âcre, affligeant, cruel, cuisant, déchirant, douloureux, dur, éprouvant, lancinant, navrant, pénible, poignant, saignant, vif. ▲ANT. DOUX, SUCRÉ ; AFFABLE, AIMABLE, AMICAL, BIENVEILLANT ; AGRÉABLE, GAI, HEUREUX, RÉJOUISSANT.

amèrement adv. douloureusement, langoureusement, languissamment, malheureusement, maussadement, mélancoliquement, nostalgiquement, sombrement, tristement. ▲ANT. ALLÈGREMENT, AVEC ENTRAIN, DE BON CŒUR, EUPHORIQUEMENT, GAIEMENT, JOVIALEMENT, JOYEUSEMENT.

amertume n. f. ▶ *Saveur amère* – aigreur, amer. ▶ *Hargne* – acariâtreté, acerbité, acidité, âcreté, acrimonie, agressivité, aigreur, animosité, âpreté, bave, bile, causticité, colère, dépit, désagrément, dureté, fiel, haine, hargne, humeur, irritation, malveillance, maussaderie, mauvaise humeur, méchanceté, mordant, pique, rancœur, rancune, récrimination, ressentiment, rudesse, tranchant, venin, vindicte, virulence. SOUT. mordacité. FAM. rouspétance. ▶ *Tristesse* – abattement, accablement, affliction, aigreur, chagrin, dépression, désolation, deuil, douleur, ennui, épreuve, grisaille, humeur noire, idées noires, idées sombres, langueur, lypémanie, mal du pays, mal-être, maussaderie, mélancolie, monotonie, morosité, neurasthénie, noir, nostalgie, papillons, peine, saudade, spleen de cœur, souci, tædium vitæ, tristesse, vague à l'âme. SOUT. atrabile, larmes, navrement, nuage, spleen, taciturnité. FAM. bourdon, cafard, déprime, sinistrose. ▶ *Déception* – abattement, accablement, affliction, anéantissement, chagrin, consternation, contrariété, déboires, déception, déconvenue, découragement, dégoût, dégrisement, démoralisation, dépit, désappointement, désenchantement, désespoir, désillusion, désolation, échec, écœurement, ennui, infortune, insuccès, lassitude, mécompte, peine, regret, revers, tristesse. SOUT. atterrement, déréliction, désabusement, désespérance, retombement. FAM. défrisage, défrisement, douche (froide), ras-le-bol. ▲ANT. DOUCEUR, SUAVITÉ ; AMABILITÉ ; JOIE, PLAISIR.

ami n. ▶ *Copain* – allié, alter ego, (ami) intime, (ami) proche, bon ami, camarade, compagnon, connaissance, familier, frère, relation. SOUT. féal. FAM. acolyte, aminche, complice, copain, frangin, pote. ▶ *Amoureux* (PAR EUPHÉM.) – adorateur, âme sœur, ami de cœur, amour, amoureux, beau, bien-aimé, chéri, être aimé, favori, mignon, petit ami, tourtereau, valentin. PAR EUPHÉM. compagnon. PAR PLAIS. soupirant. FAM. béguin, copain, roméo. ▶ *Amoureuse* – adoratrice, âme sœur, amie de cœur, amour, amoureuse, belle, bien-aimée, chérie, être aimé, favorite, mignonne, petite amie, tourterelle, valentine. PAR EUPHÉM. compagne. PAR PLAIS. FAM. béguin, copine. QUÉB. blonde. ANTILLES doudou. ▶ *Amateur* – adepte, aficionado, amant, amateur, amoureux, connaisseur, fanatique, fervent, fou, passionné. SOUT. assoiffé. FAM. accro, allumé, enragé, fana, malade, mordu. FRANCE FAM. fondu. ▶ *Défenseur* – activiste, adepte, adhérent, allié, apôtre, champion, défenseur, disciple, fidèle, inconditionnel, militant, partisan, soutien, sympathisant, tenant. SOUT. chantre, séide,

zélateur. FAM. godillot. ▶ *Philanthrope* – bienfaiteur, philanthrope. PÉJ. humanitariste. ▲ANT. ENNEMI ; ADVERSAIRE, ANTAGONISTE, RIVAL.

amical adj. ▶ *Cordial* – accueillant, affable, agréable, aimable, amène, avenant, bienveillant, chaleureux, charmant, convivial, cordial, de bonne compagnie, engageant, familier, gracieux, invitant, liant, ouvert, sociable, souriant, sympathique. FAM. bonard, sympa. QUÉB. FAM. d'adon. ▶ *Tendre* – affectueux, ami, chaleureux, fraternel, tendre. ▲ANT. HOSTILE, INAMICAL, INHOSPITALIER.

amicalement adv. ▶ *Gentiment* – adorablement, affablement, agréablement, aimablement, amiablement, bienveillamment, chaleureusement, civilement, complaisamment, cordialement, courtoisement, délicatement, délicieusement, diplomatiquement, galamment, gentiment, gracieusement, obligeamment, plaisamment, poliment, sagement, serviablement, sympathiquement. FAM. chiquement, chouettement. ▶ *Affectueusement* – affectivement, affectueusement, amoureusement, câlinement, chaleureusement, maternellement, sensiblement, tendrement. ▲ANT. DUREMENT, RAIDE, RAIDEMENT, RUDEMENT, SANS MÉNAGEMENT, SEC, VERTEMENT.

amincir v. ▶ *Dégrossir* – alléger, amaigrir, amenuiser, corroyer, dégraisser, dégrossir, délarder, démaigrir, élégir, maigrir. ▶ *Rendre maigre* (SOUT.) – affiner, amaigrir. SOUT. maigrir. ▶ *Perdre du poids* (FAM.) – maigrir, mincir. FAM. décoller, fondre. ▲ANT. ENGRAISSER, ÉPAISSIR, GROSSIR.

amitié n. f. ▶ *Camaraderie* – camaraderie, confraternité, coude à coude, entente, fraternité, solidarité, sympathie. FAM. copinerie. ▶ *Affection* – affection, amour, attachement, attirance, intérêt, lien, sympathie, tendresse. FAM. coup de cœur, coup de foudre. ▶ *Accord* – accord, affinité, atomes crochus, (bonne) intelligence, communauté de goûts, communauté de sentiments, communauté de vues, communion, compatibilité, complicité, compréhension, concorde, connivence, convergence d'idées, fraternité, harmonie, point commun, sympathie, union, unisson. SOUT. concert. ▲ANT. ANTIPATHIE, DISCORDE, INIMITIÉ ; AVERSION, HAINE, HOSTILITÉ ; BROUILLE, DÉSACCORD, DÉSAFFECTION, DÉSUNION, REFROIDISSEMENT.

amollir v. ▶ *Rendre moins dur* – ramollir. ▶ *Rendre flasque* – avachir, déformer, ramollir. ▶ *Diminuer la force morale* – affaiblir, alanguir, avachir, ramollir. SOUT. aveulir, émasculer. ▲ANT. ENDURCIR ; AFFERMIR, DURCIR, FORTIFIER ; AGUERRIR.

amonceler v. ▶ *Mettre en tas* – accumuler, amasser, empiler, entasser. ▶ *Collectionner* – accumuler, amasser, collectionner, entasser. ♦ **s'amonceler** s'accumuler, s'entasser. ▲ANT. DISPERSER, DISSÉMINER, ÉPARPILLER ; DÉBLAYER.

amoncellement n. m. abondance, accumulation, addition, agrégation, amas, collection, déballage, échafaudage, emmagasinage, empilage, empilement, encombrement, entassement, étagement, faisceau, fatras, fouillis, monceau, montagne, pile, pyramide, quantité, stratification, superposition, tas. ▲ANT. DISPERSION, DISSÉMINATION, ÉPARPILLEMENT.

amont n. m. ▲ANT. AVAL.

amorce *n. f.* ▶ *Détonateur* – amorçage, déflagrateur, détonateur, étoupille, fulminate. ▶ *Commencement* – actionnement, amorçage, balbutiement, bégaiement, commencement, création, début, déclenchement, démarrage, départ, ébauche, embryon, enclenchement, enfance, entrée, esquisse, fondement, germe, inauguration, origine, ouverture, prélude, prémisse, principe, tête. *SOUT.* aube, aurore, matin, prémices. *FIG.* apparition, avènement, éclosion, émergence, éruption, explosion, genèse, germination, naissance, venue au monde. ▶ *Appât* – appât, pâture. ▲ANT. ACHÈVEMENT, CONCLUSION, FIN.

amorcer *v.* ▶ *Commencer* – attaquer, commencer, entamer, entreprendre, s'atteler à. *FAM.* embrayer, s'y mettre. ▶ *Garnir d'une amorce* – aicher, appâter, boetter, stronquer, strouiller. ◆ *s'amorcer* commencer, débuter, démarrer, partir, s'engager. ▲ANT. ACHEVER, CLORE, CONCLURE, TERMINER; DÉSAMORCER; ÉCARTER, ÉLOIGNER, REPOUSSER.

amorphe *adj.* affaissé, apathique, atone, avachi, désossé, endormi, faible, inconsistant, indolent, inerte, léthargique, lymphatique, mou, nonchalant, passif, ramolli, sans ressort. *SOUT.* lâche, veule. *FAM.* gnangnan, mollasse, mollasson, ramollo. ▲ANT. ACTIF, DYNAMIQUE, ÉNERGIQUE, TRAVAILLEUR, VAILLANT, ZÉLÉ.

amortir *v.* ▶ *Atténuer un son* – assourdir, atténuer, étouffer, feutrer. ▶ *Atténuer un sentiment* – affaiblir, atténuer, diminuer, effacer, émousser, éroder, estomper, oblitérer, user. ▶ *Rembourser* – acquitter, éteindre, honorer, liquider, rembourser, s'acquitter de. ▲ANT. AMPLIFIER, AUGMENTER, AVIVER, EXAGÉRER, STIMULER; INVESTIR; PERDRE.

amour *n. m.* ▶ *Altruisme* – aide, allocentrisme, altruisme, amour (d'autrui), assistance, bénévolat, bienveillance, bonté, charité, commisération, compassion, complaisance, convivialité, dévouement, don de soi, empathie, entraide, extraversion, fraternité, générosité, gentillesse, humanité, oblativité, oubli de soi, philanthropie, pitié, sensibilité, serviabilité, solidarité, sollicitude. *SOUT.* bienfaisance. ▶ *Attirance* – affection, amitié, attachement, attirance, intérêt, lien, sympathie, tendresse. *FAM.* coup de cœur, coup de foudre. ▶ *Adoration* – admiration, adoration, adulation, attachement, culte, dévotion, emballement, engouement, fanatisme, ferveur, iconolâtrie, idolâtrie, passion, respect, vénération, zèle. *SOUT.* dilection, révérence. *PÉJ.* encens, flagornerie, flatterie. ▶ *Personne aimée* – adorateur, âme sœur, ami de cœur, amoureux, beau, bien-aimé, chéri, être aimé, favori, mignon, petit ami, tourtereau, valentin. *PAR EUPHÉM.* ami, compagnon. *PAR PLAIS.* soupirant. *FAM.* béguin, copain, roméo. ◆ *amours, plur.* ▶ *Saison d'accouplement* – frai *(poissons)*, pariade *(oiseaux)*, rut *(mammifères)*, saison des amours. ▲ANT. HAINE; ANTIPATHIE, AVERSION; DÉSAFFECTION; FROIDEUR, INDIFFÉRENCE.

amoureusement *adv.* ▶ *Avec tendresse* – affectivement, affectueusement, amicalement, câlinement, chaleureusement, maternellement, sensiblement, tendrement. ▶ *Avec beaucoup de soin* – attentivement, consciencieusement, en détail, méticuleusement, minutieusement, précieusement, précisément, proprement, religieusement,

rigoureusement, scrupuleusement, sérieusement, soigneusement, vigilamment. ▲ANT. DUREMENT, RAIDE, RAIDEMENT, RUDEMENT, SANS MÉNAGEMENT, SEC, VERTEMENT; AGRESSIVEMENT, AIGREMENT, HAINEUSEMENT, HOSTILEMENT.

amoureux *adj.* ▶ *Épris* – entiché, épris. *FAM.* mordu, pincé. *QUÉB.* en amour. ▶ *Langoureux* – énamouré, langoureux. *SOUT.* alangui, languide, languissant. ▶ *Sensuel* – érotique, physique, sexuel. *DIDACT.* libidinal. ▶ *Affectueux* – affectueux, aimant, cajoleur, câlin, caressant, chatte *(fille ou femme)*, doux, roucoulant, tendre. ▶ *Fanatique* – amateur, avide, entiché, épris, fanatique, féru, fervent, fou, friand, passionné. *FAM.* accro, enragé, fana, maniaque, mordu. ▲ANT. ENNEMI, HAINEUX; DÉTACHÉ, FROID, INDIFFÉRENT, INSENSIBLE AUX CHARMES DE, TIÈDE.

amoureux *n.* ▶ *Adorateur* – admirateur, adorateur, fanatique, fervent, groupie, idolâtre, inconditionnel. *FAM.* fana. ▶ *Amateur* – adepte, aficionado, amant, amateur, ami, connaisseur, fanatique, fervent, fou, passionné. *SOUT.* assoiffé. *FAM.* accro, allumé, enragé, fana, malade, mordu. *FRANCE FAM.* fondu. ◆ *amoureux, masc.* ▶ *Bien-aimé* – adorateur, âme sœur, ami de cœur, amour, beau, bien-aimé, chéri, être aimé, favori, mignon, petit ami, tourtereau, valentin. *PAR EUPHÉM.* ami, compagnon. *PAR PLAIS.* soupirant. *FAM.* béguin, copain, roméo. ◆ *amoureuse, fém.* adoratrice, âme sœur, amie, amie de cœur, amour, belle, bien-aimée, chérie, être aimé, favorite, mignonne, petite amie, tourterelle, valentine. *PAR EUPHÉM.* amie, compagne. *PAR PLAIS.* dulcinée, flamme. *QUÉB.* blonde. *ANTILLES* doudou. ◆ *amoureux, masc. plur.* ▶ *Plante* (ACADIE) – bardane. *QUÉB. FAM.* artichaut, artichou, craquias, glouton, grappes, graquias, gratteaux, piquants, rapaces, rhubarbe du diable, tabac du diable, teignes, toques. ▲ANT. ENNEMI; INDIFFÉRENT.

amour-propre *n. m.* ▶ *Orgueil* – arrogance, autosatisfaction, bouffissure, complaisance, contentement (de soi), crânerie, enflure, fatuité, gloriole, hauteur, immodestie, importance, jactance, mégalomanie, morgue, orgueil, ostentation, outrecuidance, parade, pose, présomption, prétention, suffisance, superbe, supériorité, triomphalisme, vanité, vantardise. *SOUT.* fierté, infatuation. *FAM.* ego. *QUÉB. FAM.* pétage de bretelles. ▶ *Égoïsme* – captativité, chacun-pour-soi, culte du moi, égocentrisme, égoïsme, égotisme, individualisme, introversion, moi, narcissisme, vanité. *SOUT.* autisme, incuriosité. *FAM.* ego, nombrilisme. ▲ANT. HUMILITÉ, MODESTIE; ABNÉGATION.

ample *adj.* ▶ *Vaste* – étendu, grand, immense, large, spacieux, vaste. ▶ *Qui n'est pas serré* – blousant, bouffant, flottant, lâche, large. ▲ANT. LIMITÉ, RÉDUIT, RESTREINT; AJUSTÉ, ÉTROIT, MOULANT, SERRÉ.

amplement *adv.* ▶ *Vastement* – colossalement, considérablement, énormément, gigantesquement, grandement, immensément, large, largement, spacieusement, vastement. ▶ *Suffisamment* – à satiété, acceptablement, assez, autant qu'il faut, ce qu'il faut, convenablement, en quantité suffisante, honnêtement, passablement, plutôt, quelque peu, raisonnablement, suffisamment, valablement. *FAM.* jusqu'à plus soif, marre. ▶ *Beaucoup* – à discrétion, à foison, à la tonne, à pleines mains, à profusion, à satiété, à souhait, à volonté, abondamment, beaucoup, bien, considérablement, copieusement, dru, en abondance, en masse, en quantité, énormément, fort, généreusement, grassement, gros, intarissablement, largement, libéralement, lourd, profusément, richement, suffisamment, torrentiellement. *FAM.* à gogo, à revendre, à tire-larigot, bésef, des tonnes, pas mal. *QUÉB. FAM.* pour les fins et les fous. ▲**ANT.** INSUFFISAMMENT, PEU.

ampleur *n.f.* ▶ *Largeur* – amplitude, calibre, carrure, diamètre, empan, envergure, étendue, évasure, format, giron *(d'une marche)*, grosseur, laize, large, largeur, lé, module, portée, taille. ▶ *Dimension* – dimension, envergure, étendue, grandeur, mesure, proportion, valeur. ▶ *Plénitude* – abondance, intégrité, plénitude, satiété, saturation, totalité. ▶ *Abondance* – abondance, afflux, amas, concentration, débauche, débordement, exubérance, filon, floraison, foisonnement, forêt, foule, fourmillement, gisement, infinité, inondation, luxe, luxuriance, masse, mine, multiplicité, myriade, nuée, orgie, paquet, pléthore, poussière, profusion, quantité, richesse, surabondance, tas, trésor. *FIG.* carnaval. *FAM.* festival, flopée, kyrielle, tapée, tonne, tripotée, wagon. *QUÉB. FAM.* bourrée, tapon. *SUISSE FAM.* craquée. ▲**ANT.** ÉTROITESSE, PETITESSE; MODESTIE.

amplifier *v.* ▶ *Augmenter* – accentuer, accroître, ajouter à, augmenter, intensifier, renforcer. *SOUT.* exalter. ▶ *Exagérer la gravité* – dramatiser, en faire (tout) un drame, exagérer, grossir, prendre au tragique, se faire un monde de, se faire une montagne de. *FAM.* en faire (tout) un plat, faire d'une mouche un éléphant. ♦ *s'amplifier* augmenter, croître, grandir, grossir, prendre de l'ampleur, prendre de l'envergure, redoubler, s'accentuer, s'accroître, s'intensifier, se développer. ▲**ANT.** DIMINUER, RÉDUIRE, SIMPLIFIER; ATTÉNUER, MINIMISER.

amplitude *n.f.* ▶ *Oscillation* – écart, inclinaison, oscillation, portée, variation.

ampoulé *adj.* bouffi, boursouflé, déclamateur, déclamatoire, emphatique, enflé, gonflé, grandiloquent, hyperbolique, pédantesque, pompeux, pompier, pontifiant, prétentieux, ronflant, théâtral. *SOUT.* histrionique, pindarique. ▲**ANT.** DÉPOUILLÉ, MODESTE, SIMPLE, SOBRE.

ampoule *n.f.* ▶ *Fiole* – burette, fiole, flacon, flasque, mignonnette *(échantillon d'alcool)*, topette. ▶ *Lampe* – ampoule (électrique), lampe (à) halogène, lampe (à incandescence), (lampe) flamme, veilleuse. *FAM.* lumière. ▶ *Boursouflure* – ballonnement, bombement, bosse, bouffissure, boursouflage, boursouflement, boursouflure, bulle, cloche, cloque, débordement, dilatation, distension, enflure, engorgement, fluxion, gonflement, grosseur, grossissement, hypertrophie, intumescence, renflement, rondeur, sinus, soufflure, soulèvement, tuméfaction, tumescence, turgescence, ventre, vésicule, vultuosité. *PATHOL.* bubon, ectasie, emphysème, inflation, météorisation, météorisme, œdème, phlyctène. ▶ *Brûlure* – actinite, blessure, cloque, douleur, échaudure, échauffement, escarre, fer chaud, feu, fièvre, inflammation, insolation, irradiation, irritation, lésion, phlogose, ulcération, urtication.

amputation *n.f.* ▶ *Réduction* – abrégement, allégement, amenuisement, amoindrissement, atténuation, compression, délestage, diminution, épuration, gommage, graticulation, miniaturisation, minimalisation, minimisation, minoration, raccourcissement, racornissement, rapetissement, réduction, resserrement, restriction, rétrécissement, schématisation, simplification. *SOUT.* estompement. ▶ *Découpage* – découpage, démaigrissement. ▲**ANT.** GREFFE; ADJONCTION.

amusant *adj.* ▶ *Qui fait rire* – bouffon, burlesque, cocasse, comique, d'un haut comique, désopilant, drolatique, drôle, gai, hilarant, humoristique, impayable, ineffable, inénarrable, plaisant, rigolo, risible, vaudevillesque. *SOUT.* drôlet. *FAM.* bidonnant, boyautant, crevant, éclatant, gondolant, marrant, poilant, roulant, tordant. *QUÉB. FAM.* crampant, mourant. ▶ *Qui divertit* – agréable, charmant, distrayant, divertissant, égayant, gai, plaisant, réjouissant, riant, souriant, sympathique. *FAM.* bonard, chic, chouette, sympa. ▶ *Qui pique la curiosité* – croustillant, digne d'intérêt, intéressant, piquant, qui pique l'intérêt, qui pique la curiosité, savoureux. ▲**ANT.** GRAVE, SÉRIEUX; ATTRISTANT, CHAGRINANT, TRISTE; DÉPRIMANT, ENNUYEUX, ININTÉRESSANT, INSIPIDE, LASSANT, MONOTONE, MORNE, SOPORIFIQUE.

amusement *n.m.* ▶ *Plaisir* – agrément, distraction, divertissement, égaiement, plaisir. ▶ *Distraction* – agrément, amusette, délassement, dérivatif, distraction, divertissement, ébats, ébattement, étourdissement, jeu, loisir, ludisme, partie, passe-temps, plaisance, plaisir, récréation, sport. *SOUT.* diversion. *FAM.* récré. ▲**ANT.** AGACEMENT, DÉSAGRÉMENT, EMBÊTEMENT, ENNUI; DIFFICULTÉ; PEINE, TOURMENT; FATIGUE.

amuser *v.* ▶ *Divertir* – distraire, divertir, égayer, récréer, réjouir. ▶ *Mettre en gaieté* – dérider, égayer, émoustiller, épanouir, mettre de belle humeur, mettre en gaieté, mettre en joie, réjouir. *SOUT.* désattrister. *FAM.* désopiler. ♦ *s'amuser* ▶ *Plaisanter* – badiner, folâtrer, jouer, plaisanter, rire, se gausser. *FAM.* batifoler, blaguer, déconner, rigoler. *BELG.* baleter, zwanzer. ▶ *Se divertir* – prendre du bon temps, s'égayer, se distraire, se divertir, se récréer, se réjouir. *FAM.* rigoler, s'éclater, se défoncer, se marrer. ▶ *Se moquer* – bafouer, faire des gorges chaudes de, gouailler, railler, ridiculiser, rire au nez de, rire aux dépens de, rire de, se gausser de, se moquer de, tourner au/en ridicule, tourner en dérision. *SOUT.* brocarder, dauber, fronder, larder d'épigrammes, moquer, persifler, satiriser. *FAM.* chambrer, charrier, chiner, faire la nique à, se foutre de la gueule de, se payer la gueule de, se payer la tête de. *QUÉB. FAM.* niaiser. ▶ *Se moquer légèrement* – rire, sourire. ▲**ANT.** ASSOMMER, ENNUYER, FATIGUER, IMPORTUNER, LASSER. △S'AMUSER – PEINER, S'ENNUYER, SE FATIGUER.

an *n.m.* ▶ *Période* – année, millésime. *SOUT.* printemps. *FAM.* balai, berge, carat, pige.

analogie *n.f.* ▶ *Comparaison* – allégorie, apologue, assimilation, association (d'idées), catachrèse *(lexicalisée)*, comparaison, équivalence, figure, image, lien, métaphore, parabole, parallèle, parenté, personnification, rapport, rapprochement, relation, ressemblance, similitude, symbole, symbolisme. ▶ *Similitude* – adéquation, conformité,

analogue

égalité, équivalence, gémellité, identité, littéralité, parallélisme, parité, ressemblance, similarité, similitude, unité. MATH. congruence, homéomorphisme. ▶ *Généralisation* – extension, extrapolation, généralisation, globalisation, induction, systématisation. ▲ANT. DIFFÉRENCE, DISSEMBLANCE; CONTRASTE, OPPOSITION; CONTRADICTION, PARADOXE.

analogue *adj.* apparenté, approchant, assimilable, comparable, conforme, contigu, correspondant, équivalent, homogène, homologue, indifférencié, pareil, parent, proche, ressemblant, semblable, similaire, voisin. FAM. kif-kif. DIDACT. commensurable. ▲ANT. AUTRE, DIFFÉRENT, DISSEMBLABLE, DISTINCT.

analyse *n. f.* ▶ *Décomposition* – autopsie, décomposition, déconstruction, démontage, dissection, division. TECHN. dépose. INFORM. parsage. ▶ *Distinction* – démarcation, différenciation, discrimination, distinction, distinguo, nuance, séparation. ▶ *Comparaison* – balance, collation, collationnement, comparaison, confrontation, jugement, mesure, mise en regard, parallèle, rapprochement, recension. ▶ *Approfondissement* – approfondissement, dépouillement, développement, enrichissement, épluchage, étude, examen, exploration, introspection, méditation, pesée, progrès, recherche, réflexion, sondage. ▶ *Enquête* – enquête, étude, examen, exploration, information, investigation, recherche, sondage, survol, traitement. SOUT. perquisition. ▶ *Raisonnement* – apagogie, argument, argumentation, considérations, déduction, démonstration, dialectique, dilemme, discussion, échafaudage, explication, implication, induction, inférence, justificatif, logique, méthode, preuve, raison, réflexion, réfutation, sorite, substruction, syllogisme, syllogistique, synthèse. ▶ *Explication* – clarification, commentaire, critique, définition, désambiguïsation, éclaircissement, élucidation, exemplification, explication, explicitation, exposé, exposition, glose, illustration, indication, interprétation, légende, lumière, note, paraphrase, précision, remarque, renseignement. ▶ *Vérification* – apurement, audit, censure, confrontation, contrôle, épreuve, examen, expérience, expérimentation, expertise, filtrage, inspection, pointage, recensement, recension, récolement, reconnaissance, recoupement, révision, revue, suivi, supervision, surveillance, test, vérification. ▶ *Résumé* – abrégé, aide-mémoire, aperçu, argument, compendium, condensé, éléments, épitomé, esquisse, extrait, livret, manuel, mémento, morceau, notice, page, passage, plan, précis, promptuaire, raccourci, récapitulation, réduction, résumé, rudiment, schéma, sommaire, somme, synopsis, vade-mecum. FAM. topo. ▶ *Psychanalyse* – cure psychanalytique, psychanalyse. ▲ANT. SYNTHÈSE.

analyser *v.* ▶ *Décomposer* – décomposer, déconstruire, démonter, désosser, disséquer, retourner dans tous les sens. INFORM. parser. FAM. décortiquer. ▶ *Étudier en détail* – ausculter, considérer, envisager, étudier, examiner, explorer, observer, penser à, pousser plus avant, prendre en considération, réfléchir sur, s'intéresser à, se pencher sur, traiter, voir. ▲ANT. COMPOSER, RECOMPOSER, SYNTHÉTISER; EFFLEURER, SURVOLER.

anarchie *n. f.* ▶ *Absence de gouvernement* – absence de gouvernement, anomie, gouvernement anarchique. ▶ *Anarchisme* – anarchisme, anarcho-syndicalisme, doctrine libertaire, égalitarisme, individualisme, nihilisme. ▶ *Confusion* – bourbier, brouillement, cafouillage, cafouillis, chaos, complication, confusion, désordre, désorganisation, embrouillement, emmêlage, emmêlement, enchevêtrement, imbroglio, mélange. SOUT. chienlit, pandémonium. FAM. embrouillage, embrouille, pagaille, pétaudière. FRANCE FAM. cirque, embrouillamini, foutoir, micmac, sac d'embrouilles, sac de nœuds, salade. ▲ANT. AUTORITARISME, TYRANNIE; DISCIPLINE, ORDRE.

anarchique *adj.* ▶ *Sans ordre* – brouillon, chaotique, confus, désordonné, désorganisé, sens dessus dessous. FAM. bordélique. ▶ *Qui concerne l'anarchisme* – anarchisant, anarchiste, antiautoritaire, libertaire, nihiliste. FAM. anar. ▲ANT. COHÉRENT, HARMONIEUX, HIÉRARCHISÉ, ORDONNÉ, ORGANISÉ, STRUCTURÉ.

anatomie *n. f.* ▶ *Science* – morphologie. ▶ *Dissection* – chirurgie, dissection *(pour étudier)*, intervention (chirurgicale), opération (chirurgicale). FAM. charcutage *(maladroite)*. ▶ *Morphologie* – corps, forme, morphologie, musculature. ▶ *Portrait* – académie, charnure, gymnité, modèle, nu, nudité, plastique, sujet.

anatomique *adj.* ▲ANT. PHYSIOLOGIQUE.

ancestral *adj.* ancien, éloigné, immémorial, lointain, passé, reculé, révolu. ▲ANT. NOUVEAU, RÉCENT.

ancêtre *n.* ▶ *Ascendant* – patriarche *(homme)*. SOUT. aïeul. ▶ *Précurseur* – annonciateur, avant-garde, avant-gardiste, devancier, initiateur, innovateur, introducteur, inventeur, messager, novateur, pionnier, précurseur, prédécesseur, préfiguration, prophète, visionnaire. SOUT. avant-coureur, avant-courrier, fourrier, héraut, préparateur. ▲ANT. DESCENDANT; POSTÉRITÉ.

ancien *adj.* ▶ *Vieux* – antique, archaïque, centenaire, millénaire, séculaire, vieux. SOUT. d'antan. FAM. d'avant le déluge, vieux comme Hérode, vieux comme le monde. ▶ *Utilisé autrefois* – d'époque, traditionnel. ▶ *D'un lointain passé* – ancestral, éloigné, immémorial, lointain, passé, reculé, révolu. ▶ *Désuet* – anachronique, antédiluvien, antique, archaïque, arriéré, caduc, démodé, dépassé, désuet, fossile, inactuel, moyenâgeux, obsolescent, obsolète, passé de mode, périmé, poussiéreux, préhistorique, qui a fait son temps, suranné, tombé en désuétude, usé, vétuste, vieilli, vieillot, vieux, vieux jeu. ▲ANT. DE NOUVELLE DATE, NOUVEAU, RÉCENT; À LA MODE, ACTUEL, DANS LE VENT, EN VOGUE, MODERNE.

ancien *n.* ▶ *Personne âgée* – doyen, patriarche, personne âgée, vieillard, vieille personne. DIDACT. sénescence. ▶ *Femme* – douairière. ▶ *Personne d'expérience* – doyen, vétéran, vieux briscard, vieux de la vieille, vieux routier. ▲ANT. JEUNE; NÉOPHYTE, NOUVEAU.

ancienneté *n. f.* ▶ *Caractère ancien* – antiquité, archaïsme, (grand) âge. ▶ *Désuétude* – abandon, âge, anachronisme, antiquité, archaïsme, caducité, décrépitude, délabrement, désaffectation, désuétude, obsolescence, survivance, usure, vieillesse, vieillissement. *SOUT.* vétusté. ▸ *Antériorité* – antécédence, antériorité, priorité. *SOUT.* préexistence. ▸ *Années de service* – années (de service), annuités, brisques, chevrons, temps. ▲**ANT.** NOUVEAUTÉ; ACTUALITÉ.

ancré *adj.* chronique, durable, endémique, enraciné, établi, gravé, implanté, indéracinable, inextirpable, invétéré, persistant, tenace, vieux, vivace.

âne *n. m.* ▸ *Animal* – bourrique. *SOUT.* grison. *FAM.* aliboron, baudet, roussin d'Arcadie. ◂ *Petit* – ânon, bourricot, bourriquet. ▸ *Personne ignorante* – analphabète, ignare, ignorant. *FAM.* cancre. ▲**ANT.** CERVEAU, ESPRIT SUPÉRIEUR, GÉNIE, SAVANT.

anéantir *v.* ▸ *Supprimer* – annihiler, briser, démolir, détruire, écraser, éliminer, néantiser, pulvériser, réduire à néant, réduire à rien, ruiner, supprimer. ▸ *Détruire, en parlant des forces naturelles* – détruire, dévaster, endommager, ravager, ruiner, saccager. *SOUT.* désoler. ▸ *Détruire une ville* – annihiler, détruire, néantiser, pulvériser, raser, rayer de la carte, rayer de la surface de la terre, réduire en cendres, réduire en miettes, réduire en poussière. ▸ *Atterrer* – abattre, accabler, atterrer, briser, consterner, désespérer, foudroyer, terrasser. *FAM.* catastropher, jeter à terre. ♦ *s'anéantir* ▸ *Disparaître* – crouler, disparaître, finir, mourir, périr, s'écrouler, s'effondrer. ▲**ANT.** CONSTRUIRE, CRÉER, ÉTABLIR, FONDER; FORTIFIER, MAINTENIR.

anéantissement *n. m.*▸ *Destruction*–absorption, annihilation, démolition, destruction, dévastation, disparition, effacement, élimination, enlèvement, éradication, fin, gommage, liquidation, mort, néantisation, suppression. *SOUT.* extirpation. ▸ *Massacre* – assassinats, bain de sang, boucherie, carnage, destruction, extermination, hécatombe, holocauste, massacre, meurtres, tuerie. *SOUT.* (lourd) tribut. *FAM.* étripage. ▸ *Consternation* – abattement, accablement, affliction, amertume, chagrin, consternation, contrariété, déboires, déception, déconvenue, découragement, dégoût, dégrisement, démoralisation, dépit, désappointement, désenchantement, désespoir, désillusion, désolation, échec, écœurement, ennui, infortune, insuccès, lassitude, mécompte, peine, regret, revers, tristesse. *SOUT.* atterrement, déréliction, désabusement, désespérance, retombement. *FAM.* défrisage, défrisement, douche (froide), ras-le-bol. ▸ *Abattement* – abattement, accablement, catalepsie, catatonie, démotivation, dépression, effondrement, hébétude, léthargie, marasme, neurasthénie, prostration, sidération, stupeur, torpeur. ▲**ANT.** CONSTRUCTION, CRÉATION, FONDATION; NAISSANCE; MAINTIEN; RELÈVEMENT, RÉTABLISSEMENT; ENCOURAGEMENT; ENTHOUSIASME, ESPOIR, OPTIMISME.

anecdote *n. f.* annales, autobiographie, biographie, carnet, chroniques, chronologie, commentaires, confessions, évocation, histoire, historiographie, historique, journal, mémoires, mémorial, souvenirs, vie.

anesthésie *n. f.* ▸ *Insensibilisation* – analgésie, chloroformisation, cocaïnisation, engourdissement, éthérisation, hémianesthésie, hypoesthésie, insensibilisation, insensibilité, narcose, rachianesthésie, subnarcose, tronculaire. *FAM.* rachi. ▸ *Insensibilité* – détachement, inconscience, indifférence,

insensibilité, nirvana, sommeil. *FAM.* voyage. ▲**ANT.** HYPERESTHÉSIE.

ange *n. m.* ▸ *Être spirituel* – esprit, esprit aérien, esprit céleste, esprit de (la) lumière, messager (de Dieu), ministre (de Dieu). ▸ *Enfant sage* – chérubin, jésus, (petit) ange. ▸ *Poisson* – ange de mer, squatina. *ZOOL.* squatine. ▲**ANT.** DÉMON, DIABLE; VILAIN; MONSTRE.

angélique *adj.* ▸ *Qui évoque la perfection des anges* – céleste, divin, pur, sublime, transcendant. *SOUT.* archangélique, séraphique. ▸ *Qui ignore le mal* – candide, confiant, crédule, ingénu, innocent, naïf, pur, simple. ▲**ANT.** DÉMONIAQUE, DIABOLIQUE, SATANIQUE; FOURBE, MACHIAVÉLIQUE, MALIN, PERFIDE.

angle *n. m.* ▸ *Coin* – anglet, arête, carre, coin, corne, coude, diverticule, écoinçon, encoignure, enfourchement, noue, pan, recoin, renfoncement, retour, saillant, tournant. *QUÉB.* racoin. *MAR.* empointure. ▸ *Inclinaison* – déclivité, dénivelé, dénivellation, dénivellement, dévers, déversement, dévoiement, inclinaison, obliquité, pente. ▸ *Saillie* – appendice, arête, aspérité, avancée, avancement, balèvre, bec, bosse, bourrelet, console, corne, corniche, côte, coude, crête, dent, éminence, encorbellement, éperon, ergot, excroissance, gibbosité, hourd, mamelon, moulure, nervure, picot, pointe, proéminence, projecture, prolongement, protubérance, redan, relief, ressaut, saillant, saillie, surplomb, surplombement, tubercule. ▸ *Point de vue* – aspect, biais, côté, face, facette, perspective, point de vue, versant.

angoissant *adj.* affolant, alarmant, effarant, inquiétant, oppressant, paniquant, préoccupant, troublant. *FAM.* stressant. ▲**ANT.** CALMANT, CONSOLANT, RASSURANT, RÉCONFORTANT, SÉCURISANT.

angoisse *n. f.* ▸ *Peur* – affolement, alarme, appréhension, crainte, effarement, effarouchement, effroi, épouvante, frayeur, grand-peur, hantise, horreur, inquiétude, panique, peur, phobie, psychose, terreur, transes. *FIG.* vertige. *SOUT.* affres, apeurement. *FAM.* cauchemar, frousse, pétoche, trac, trouille. *QUÉB. FAM.* chienne. ▸ *Préoccupation* – agitation, anxiété, cassement de tête, contrariété, désagrément, difficulté, doute, ennui, gêne, inquiétude, obnubilation, occupation, peine, pensée, préoccupation, sollicitude, souci, suspens, tiraillement, tourment, tracas. *FRANCE* suspense. *SOUT.* affres. *FAM.* tintouin, tracassin. ▲**ANT.** CALME, PAIX; SÉRÉNITÉ, TRANQUILLITÉ; ASSURANCE, CONFIANCE.

anguleux *adj.* ▸ *Au caractère désagréable* – acariâtre, acerbe, aigri, âpre, bourru, caractériel, déplaisant, désagréable, désobligeant, difficile, grincheux, hargneux, intraitable, maussade, rébarbatif, rêche, revêche. *FAM.* atrabilaire. *FAM.* chameau, teigneux. *QUÉB. FAM.* malavenant, malcommode. *SUISSE* gringe. ▸ *En parlant du visage* – en lame de couteau, taillé à coups de hache, taillé à coups de serpe, taillé à la serpe. ▲**ANT.** AIMABLE, CONCILIANT, DOUX; ARRONDI, JOUFFLU, OVALE, ROND.

animal *adj.* bestial, sauvage. ▲**ANT.** SPIRITUEL; DÉLICAT, RAFFINÉ.

animal

animal *n. m.* ▶ *Bête* – bestiole *(petit)*, bête. *SOUT.* brute. *FAM.* bestiau. *QUÉB. FAM.* bétail. ♦ **animaux,** *plur.* ▶ *Ensemble de bêtes* – faune.

animalerie *n. f.* ▶ *Lieu où sont gardés des animaux* – clapier, fauverie, herpétarium *(reptiles)*, insectarium *(insectes)*, jardin d'acclimatation, jardin zoologique, ménagerie, paludarium *(amphibiens)*, singerie, terrarium, vivarium, zoo. ▶ *Lieu où l'on vend des animaux* – boutique d'animaux.

animalité *n. f.* bestialité, caractéristiques animales. ▲**ANT.** HUMANITÉ ; SPIRITUALITÉ.

animateur *n.* ▶ *Moniteur* – éducateur, enseignant, instructeur, moniteur, pédagogue, professeur. ▶ *Présentateur* – annonceur, meneur de jeu, présentateur de disques, présentateur.

animation *n. f.* ▶ *Activité* – activité, circulation, exercice, mouvement. ▶ *Remue-ménage* – activité, affairement, affolement, agitation, alarme, bouillonnement, branle-bas (de combat), bruit, dérangement, désordre, désorganisation, détraquement, effervescence, excitation, fourmillement, grouillement, hâte, incohérence, mouvement, orage, précipitation, remous, remue-ménage, secousse, suractivité, tempête, tohu-bohu, tourbillon, tourmente, trépidation, trouble, tumulte, turbulence, va-et-vient. *SOUT.* émoi, remuement. *FAM.* chambardement. ▶ *Entrain* – allant, ardeur, chaleur, cœur, élan, enthousiasme, entrain, ferveur, flamme, passion, zèle. *SOUT.* feu. ▶ *Excitation* – aide, aiguillon, appel, défi, dépassement (de soi), émulation, encouragement, entraînement, excitation, exhortation, fanatisation, fomentation, impulsion, incitation, instigation, invitation, invite, motivation, provocation, sollicitation, stimulation, stimulus. *SOUT.* surpassement. *FAM.* provoc. ▲**ANT.** IMMOBILITÉ, INACTIVITÉ, REPOS ; SILENCE ; CALME, PAIX ; APATHIE, FROIDEUR, TORPEUR.

animé *adj.* ▶ *Imagé* – coloré, expressif, figuré, haut en couleur, imagé, métaphorique, pittoresque, savoureux, truculent, vivant. *FAM.* folklorique, jazzé. ▶ *Intense* – ardent, chaud, intense, vif. ▶ *Plein de vie* – déluré, enjoué, frétillant, fringant, guilleret, pétillant, pétulant, plein d'entrain, plein de vie, primesautier, remuant, sémillant, vif, vivant. *FAM.* pêchu. *BELG. FAM.* spitant. ▶ *Passant* – fréquenté, passant, vivant. *FAM.* passager. ▶ *En parlant du visage* – expressif, mobile, vivant.

animer *v.* ▶ *Donner de l'entrain* – encourager, enthousiasmer, motiver, stimuler. *SOUT.* exhorter. ▶ *Remplir d'enthousiasme* – enfiévrer, enflammer, enthousiasmer, exalter, exciter, passionner, soulever, transporter. *FAM.* emballer. ▶ *Pousser à agir* – aiguillonner, éperonner, exciter, fouetter, motiver, pousser, stimuler. *SOUT.* agir. ▲**ANT.** ARRÊTER, CALMER, DÉCOURAGER, ENGOURDIR, ÉTEINDRE, ÉTOUFFER, FREINER, PARALYSER, RÉFRÉNER, RETENIR.

animosité *n. f.* ▶ *Hostilité* – agressivité, allergie, antipathie, aversion, guerre, haine, hostilité, malveillance, phobie, répugnance, répulsion, ressentiment. *SOUT.* détestation, exécration, inimitié, venin. ▶ *Aigreur* – acariâtreté, acerbité, acidité, âcreté, acrimonie, agressivité, aigreur, amertume, âpreté, bave, bile, causticité, colère, dépit, désagrément, dureté, fiel, haine, hargne, humeur, irritation, malveillance,

maussaderie, mauvaise humeur, méchanceté, mordant, pique, rancœur, rancune, récrimination, ressentiment, rudesse, tranchant, venin, vindicte, virulence. *SOUT.* mordacité. *FAM.* rouspétance. ▶ *Violence* – acharnement, ardeur, énergie, force, frénésie, fureur, furie, impulsivité, intensité, puissance, rage, vigueur, violence, virulence, vivacité. *SOUT.* impétuosité, véhémence. ▲**ANT.** BIENVEILLANCE, CORDIALITÉ, SYMPATHIE ; AFFECTION, AMOUR ; DOUCEUR, MODÉRATION.

anneau *n. m.* ▶ *Objet rond* – bague, cerceau, cercle, collier, couronne, disque, rondelle. *FAM.* rond. *TECHN.* bague, paillon. *QUÉB. SPORTS* ringuette. ▶ *Sur un bateau* – amarre, boucle de pont, boucle de quai, erse, estrope, organeau. ▶ *Bijou* – bague, jonc. *FRANCE FAM.* bagouse. ▶ *Partie d'un insecte* – article, anneau-mère, segment.

année *n. f.* ▶ *An* – an, millésime. *SOUT.* printemps. *FAM.* balai, berge, carat, pige. ♦ **années,** *plur.* ▶ *Ancienneté* – ancienneté, années (de service), annuités, brisques, chevrons, temps.

annexe *adj.* ▶ *Qui s'ajoute* – accessoire, additif, additionnel, auxiliaire, complémentaire, en supplément, subsidiaire, supplémentaire. *SOUT.* adventice, supplétif, surérogatoire. ▶ *Peu important* – accessoire, anecdotique, contingent, (d'intérêt) secondaire, de second plan, décoratif, dédaignable, épisodique, incident, indifférent, insignifiant, marginal, mineur, négligeable, périphérique. ▲**ANT.** CENTRAL, ESSENTIEL, IMPORTANT.

annexe *n. f.* ▶ *Ce qui est ajouté* – accessoire, à-côté, adjonction, ajout, appoint, complément, extra, rajout, supplément. *FAM.* rab, rabiot, rallonge. *BELG.* ajoute. *SUISSE* ajouture, rajouture. ▶ *Ce qui est ajouté à un texte* – addenda, additif, ajouté, appendice, post-scriptum. ▶ *Dépendance* – attenance, dépendance, filiale, succursale. ▲**ANT.** PRINCIPAL, MAISON MÈRE, SIÈGE SOCIAL.

annexer *v.* ▶ *Ajouter* – adjoindre, ajouter, joindre. ▶ *Rattacher* – rattacher, relier. ▲**ANT.** DÉTACHER, DISJOINDRE, SÉPARER ; CÉDER, LIBÉRER ; DÉSANNEXER.

annexion *n. f.* ▶ *Incorporation* – absorption, fusion, fusionnement, incorporation, intégration, phagocytose, rattachement, réunification, réunion. ▲**ANT.** CESSION ; DÉSANNEXION, SÉPARATION.

anniversaire *n. m.* ▶ *Date* – célébration, commémoration, fête, fête commémorative, fête-anniversaire, jour anniversaire.

annonce *n. f.* ▶ *Révélation* – aveu, confession, confidence, déclaration, dévoilement, divulgation, ébruitement, fuite, indiscrétion, initiation, instruction, mea culpa, mise au courant, proclamation, publication, reconnaissance, révélation. *FAM.* déballage, mise au parfum. ▶ *Proclamation* – appel, avis, ban, communication, communiqué, déclaration, décret, dénonciation, dépêche, divulgation, édit, manifeste, message, notification, proclamation, profession de foi, programme, promulgation, publication, rescrit, serment, signification. ▶ *Nouvelle* – actualités, brève, bulletin, communiqué, flash, information(s), journal *(parlé ou télévisé)*, nouvelle(s). ▶ *Information exclusive* – exclusivité, primeur. ▶ *Publicité* – bande-annonce *(d'un film)*, battage, bruit, commercialisation, conditionnement, croisade, lancement, marchandisage, marketing, message (publicitaire), petite annonce *(journal)*, placard, promotion, propagande, publicité, publipostage, raccrochage, racolage, réclame, renommée, retentissement, slogan. *FAM.* pub, tamtam. *QUÉB. FAM.* cabale *(pour un candidat).* ▸ *Non favorable* – bourrage de crâne, endoctrinement, intoxication, lavage de cerveau, matraquage, propagande. ▸ *Document publicitaire* – circulaire, dépliant, flash, insertion, prospectus, publicité, tract. ▸ *Affiche* – affiche, affiche publicitaire, affichette, avis, écriteau, enseigne, pancarte, panneau, panneau réclame, panonceau, placard, proclamation, programme, publicité, réclame. ▸ *Prédiction* – annonciation, augure, auspices, conjecture, horoscope, oracle, pari, prédiction, présage, prévision, projection, promesse, pronostic, prophétie, signe. *ANTIQ. ROM.* auspices, haruspication. ▲ANT. DISSIMULATION, SILENCE.

annoncer *v.* ▸ *Communiquer* – apprendre, communiquer, déclarer, dire, faire l'annonce de, faire part de, faire savoir, notifier, signifier, transmettre. *FAM.* balancer. ▸ *Prédire* – anticiper, augurer, prédire, présager, pressentir, prévoir, pronostiquer. ▸ *Dénoter* – déceler, démontrer, dénoter, faire foi de, indiquer, laisser paraître, marquer, montrer, prouver, révéler, signaler, signifier, témoigner de. *SOUT.* dénoncer. ▸ *Une chose non favorable* – accuser, trahir. ▸ *Être un signe avant-coureur* – augurer, préluder à, présager, promettre. ▲ANT. CACHER, DISSIMULER, TAIRE.

annonciateur *adj.* avant-coureur, précurseur, prémonitoire, prophétique, qui laisse présager. *SOUT.* avant-courrier. *MÉD.* prodromique. ▲ANT. INDICATIF, RÉVÉLATEUR, SYMPTOMATIQUE.

annuler *v.* ▸ *Annuler* – décommander. *SOUT.* contremander. ▸ *Annuler un contrat* – casser, dissoudre, mettre fin à, résilier, rompre. *DR.* nullifier, rescinder, résoudre. ♦ *s'annuler* ▸ *Se compenser* – s'exclure, se compenser, se neutraliser. ▲ANT. CONFIRMER, MAINTENIR, RATIFIER, VALIDER; CONSOLIDER, SOUTENIR.

anodin *adj.* ▸ *Sans danger* – bénin, innocent, inoffensif, sans danger, sans gravité. *SOUT.* irrépréhensible. ▸ *Banal* – banal, fade, falot, incolore, inintéressant, insignifiant, insipide, plat, sans intérêt, terne. *FAM.* incolore, inodore et sans saveur. ▲ANT. CATASTROPHIQUE, CRITIQUE, DANGEREUX, DIFFICILE, DRAMATIQUE, GRAVE, INQUIÉTANT, MENAÇANT, PRÉOCCUPANT, SÉRIEUX, SOMBRE; CAPITAL, CENTRAL, CRUCIAL, DE LA PLUS HAUTE IMPORTANCE, IMPORTANT, MAJEUR.

anomalie *n.f.* ▸ *Bizarrerie* – anormalité, bizarrerie, chinoiserie, cocasserie, curiosité, drôlerie, étrangeté, excentricité, extravagance, fantaisie, fantasmagorie, folie, loufoquerie, monstruosité, non-conformisme, originalité, singularité. ▸ *Exception* – accident, anormalité, contre-exemple, contre-indication, dérogation, exception, exclusion, particularité, réserve, restriction, singularité. ▸ *Dysfonction* – affection, altération, défaillance, déficience, dérangement, dysfonction, dysfonctionnement, embarras, faiblesse, gêne, indisposition, insuffisance, mal, malaise, trouble. *DIDACT.* dysphorie. *MÉD.* lipothymie. *SOUT.* mésaise. ▸ *Défaut physiologique* – défaut, déficience. ▲ANT. NORMALITÉ, RÉGULARITÉ.

anonymat *n.m.* banalité, humble origine, incognito, masque, obscurité, ombre. ▲ANT. RENOMMÉE.

anonyme *adj.* ▸ *Inconnu* – ignoré, inconnu, obscur. ▸ *Sans originalité* – dépersonnalisé, impersonnel, neutre. ▲ANT. IDENTIFIÉ, PERSONNALISÉ, SIGNÉ; CONNU, PUBLIC; NOMINATIF.

anormal *adj.* ▸ *Qui dévie de la norme* – aberrant, anomal, atypique, déviant, irrégulier. ▸ *Inaccoutumé* – baroque, bizarre, curieux, drôle, étonnant, étrange, inaccoutumé, incompréhensible, inexplicable, inhabituel, insolite, inusité, singulier, spécial, surprenant. *SOUT.* extraordinaire. *FAM.* bizarroïde. ▸ *Obsessif* – maladif, malsain, morbide, obsessif, obsessionnel, pathologique. ▲ANT. CONFORME, CORRECT, NATUREL, NORMAL, ORDINAIRE; BANAL, COMMUN, COURANT, FRÉQUENT, HABITUEL, RÉPANDU, USUEL; ÉQUILIBRÉ, SAIN D'ESPRIT.

anse *n.f.* ▸ *Baie* – baie, calanque, crique. *QUÉB.* barachois. ▸ *Courbe* – arc, arcade, arcature, arceau, arc, archivolte, courbe, courbure, demi-cercle, feston, recourbure. ▸ *Élément architectural* – accolade, anse (de panier), arc, (arc) doubleau, arcade, arc-boutant, arche, arc-rampant, berceau, cintre, formeret, lancette, ogive, surbaissement, voussure.

antagonisme *n.m.* ▸ *Opposition* – affrontement, combat, compétition, concurrence, conflit, contentieux, contestation, controverse, débat, désaccord, différend, discorde, discussion, dispute, dissension, dissentiment, divergence, émulation, friction, heurt, incompatibilité, incompréhension, lutte, mésentente, mésintelligence, opposition, polémique, querelle, rivalité. *FAM.* bagarre. ▲ANT. ACCORD, CONCORDE, ENTENTE, HARMONIE; CONCORDANCE.

antagoniste *adj.* adverse, antagonique, concurrent, ennemi, opposant, opposé, rival. ▲ANT. ALLIÉ, AMI; SYNERGIQUE.

antagoniste *n.* ▸ *Adversaire* – adversaire, attaqueur, compétiteur, concurrent, contestataire, contraire, contre-manifestant, détracteur, dissident, ennemi, mécontent, opposant, opposé, pourfendeur, prétendant, protestataire, rival. ▲ANT. ALLIÉ, AMI; ASSOCIÉ, PARTENAIRE.

antécédents *n.m.pl.* ▸ *Passé* – ancien temps, antériorité, antiquité, bon vieux temps, histoire (ancienne), le temps jadis, nuit des temps, passé, temps révolus, tradition. *BELG.* rétroactes. ▲ANT. FUTUR.

antérieur *adj.* ▸ *Précédent* – antécédent, dernier, passé, précédent. ▸ *Qui existe déjà* – antécédent, préexistant. ▲ANT. POSTÉRIEUR; À VENIR, FUTUR, PROCHAIN, SUBSÉQUENT, SUIVANT, ULTÉRIEUR; ARRIÈRE, CAUDAL, TERMINAL.

anthologie *n.f.* ana, analecta, choix, chrestomathie, collection, compilation, épitomé, extraits, florilège, mélanges, miscellanées, morceaux choisis, pages choisies, recueil, sélection, spicilège, varia. *FAM.* compil.

anthropocentrique *adj.* ▲ANT. ALLOCENTRIQUE.

antiadhésif *adj.* ▲ANT. ADHÉRENT, ADHÉSIF, COLLANT, GOMMÉ.

antichambre *n.f.* entrée, hall, hall d'entrée, narthex *(église)*, passage, porche, réception, salle d'attente, salle d'embarquement, salle des pas perdus

anticipation

(gare), vestibule. QUÉB. portique. ANTIQ. propylée (temple).

anticipation n. f. ▶ *Avant-goût* – aperçu, avant-goût, avant-première, échantillon, esquisse, essai, exemple, idée, perspective, tableau. SOUT. préfiguration. FAM. topo. ▶ *Pressentiment* – divination, flair, impression, instinct, intuition, précognition, prédiction, prémonition, prénotion, prescience, pressentiment, prévision, sentiment, voyance. FAM. pif, pifomètre. ▶ *Prédiction* – divination, futurologie, prédiction, prévision, projection, prospective. SOUT. vaticination. ▶ *Figure rhétorique* – prolepse. ▲ANT. RÉTROSPECTIVE.

anticipé adj. hâtif, précoce, prématuré.

anticiper v. ▶ *Prédire* – annoncer, augurer, prédire, présager, pressentir, prévoir, pronostiquer. ▶ *Escompter* – compter, escompter, espérer, prévoir, s'attendre à. ▲ANT. ÉVOQUER, RAPPELER; DIFFÉRER, RETARDER.

anticonformiste n. bizarre, excentrique, guignol, non-conformiste, original. ▲ANT. CONFORMISTE.

antidépresseur n. m. antidépressif, énergisant, euphorisant, psychoanaleptique, psychotonique, thymo-analeptique. ▲ANT. DÉPRESSEUR.

antidote n. m. ▶ *Contrepoison* – alexipharmaque, alexitère, anavenin, antipoison, antitoxique, chélateur, contrepoison, thériaque. ▶ *Remède moral* – adoucissement, allégement, apaisement, atténuation, baume, consolation, correctif, dérivatif, distraction, diversion, exutoire, préservatif, remède, soulagement. SOUT. dictame. ▲ANT. POISON; AGGRAVATION.

antinomie n. f. ▶ *Opposition* – antilogie, antipode, antithèse, antonymie, contradiction, contraire, contraste, contrepartie, contre-pied, dichotomie, différence, divergence, envers, inverse, opposition, polarité, réciproque. ▶ *Paradoxe* – absurdité, antilogie, aporie, conflit, contradiction, contresens, contrevérité, impossibilité, incohérence, inconsistance, invraisemblance, non-sens, paradoxe, sophisme. ▲ANT. ACCORD, CONCORDANCE.

antipathie n. f. agressivité, allergie, animosité, aversion, guerre, haine, hostilité, malveillance, phobie, répugnance, répulsion, ressentiment. SOUT. détestation, exécration, inimitié, venin. ▲ANT. AFFECTION, AFFINITÉ, ATTIRANCE, PENCHANT, SYMPATHIE.

antipathique adj. atroce, déplaisant, désagréable, détestable, exécrable, haïssable, impossible, infernal, insoutenable, insupportable, intenable, intolérable, invivable, irrespirable, odieux, pénible. FAM. imbuvable. ▲ANT. ACCUEILLANT, AFFABLE, AIMABLE, AMÈNE, AMICAL, AVENANT, BIENVEILLANT, CHALEUREUX, CHARMANT, CORDIAL, DE BONNE COMPAGNIE, ENGAGEANT, SYMPATHIQUE.

antipode n. m. ▶ *Habitant* – antichtone. ▶ *Contraire* – antilogie, antinomie, antithèse, antonymie, contradiction, contraire, contraste, contrepartie, contre-pied, dichotomie, différence, divergence, envers, inverse, opposition, polarité, réciproque.

antique adj. ▶ *Vieux* – ancien, archaïque, centenaire, millénaire, séculaire, vieux. SOUT. d'antan.

FAM. d'avant le déluge, vieux comme Hérode, vieux comme le monde. ▶ *Désuet* – anachronique, ancien, antédiluvien, archaïque, arriéré, caduc, démodé, dépassé, désuet, fossile, inactuel, moyenâgeux, obsolescent, obsolète, passé de mode, périmé, poussiéreux, préhistorique, qui a fait son temps, suranné, tombé en désuétude, usé, vétuste, vieilli, vieillot, vieux, vieux jeu. ▲ANT. ACTUEL, CONTEMPORAIN, D'AUJOURD'HUI, MODERNE, NOUVEAU.

antiquité n. f. ▶ *Ancienneté* – ancienneté, archaïsme, (grand) âge. ▶ *Désuétude* – abandon, âge, anachronisme, ancienneté, archaïsme, caducité, décrépitude, délabrement, désaffectation, désuétude, obsolescence, survivance, usure, vieillesse, vieillissement. SOUT. vétusté. ▶ *Passé* – ancien temps, antécédents, antériorité, bon vieux temps, histoire (ancienne), le temps jadis, nuit des temps, passé, temps révolus, tradition. BELG. rétroactes. ▶ *Objet ancien* – PÉJ. vieillerie; FAM. antiquaille. ♦ **l'Antiquité** histoire ancienne. ▲ANT. NOUVEAUTÉ.

antithèse n. f. antilogie, antinomie, antipode, antonymie, contradiction, contraire, contraste, contrepartie, contre-pied, dichotomie, différence, divergence, envers, inverse, opposition, polarité, réciproque. ▲ANT. ANALOGIE, IDENTITÉ, RESSEMBLANCE; THÈSE.

antre n. m. ▶ *Refuge d'animal* – abri, aire, caverne, gîte, halot (lapin), héronnière, liteau (loup), nid, refuge, renardière, repaire, reposée (sanglier ou cervidé), ressui (pour se sécher), retraite, tanière, taupinière, terrier, trou. QUÉB. ravage (cerfs); FAM. ouache. ▶ *Abri* (PÉJ.) – abri, affût, asile, cache, cachette, gîte, lieu de repos, lieu sûr, refuge, retraite. FIG. ermitage, havre (de paix), oasis, port, solitude, tanière, toit. PÉJ. planque, repaire. ▶ *Caverne* (SOUT.) – abri-sous-roche, caverne, grotte. ▲ANT. PLACE PUBLIQUE, SCÈNE.

anxiété n. f. agitation, angoisse, cassement de tête, contrariété, désagrément, difficulté, doute, ennui, gêne, inquiétude, obnubilation, occupation, peine, pensée, préoccupation, sollicitude, souci, suspens, tiraillement, tourment, tracas. FRANCE suspense. SOUT. affres. FAM. tintouin, tracassin. ▲ANT. CALME, CONFIANCE, SÉRÉNITÉ, TRANQUILLITÉ.

anxieusement adv. convulsivement, fébrilement, fiévreusement, impatiemment, nerveusement, spasmodiquement, vivement. ▲ANT. AVEC CALME, AVEC SANG-FROID, AVEC SÉRÉNITÉ, CALMEMENT, FLEGMATIQUEMENT, FROIDEMENT, IMPASSIBLEMENT, PLACIDEMENT, POSÉMENT, TRANQUILLEMENT.

anxieux adj. ▶ *Inquiet* – agité, alarmé, angoissé, appréhensif, en proie à l'inquiétude, énervé, fiévreux, fou d'inquiétude, inquiet, nerveux, qui s'en fait, qui se fait de la bile, qui se fait du mauvais sang, qui se ronge les sangs, tourmenté, tracassé, troublé. FAM. bileux; PÉJ. paniquard. ▶ *Impatient* – avide, désireux, impatient, qui brûle, qui meurt d'envie. ▲ANT. INSOUCIANT, SANS-SOUCI; RASSÉRÉNÉ, RASSURÉ; CALME, TRANQUILLE; PATIENT.

anxiogène adj. ▲ANT. ANXIOLYTIQUE.

apaisant adj. ▶ *Qui calme l'irritation* – adoucissant, balsamique, calmant, émollient, lénifiant, lénitif, ramollissant. ▶ *Qui délasse* – calmant, délassant, déstressant, relaxant, réparateur, reposant.

▶ *Qui rassure* – calmant, consolant, consolateur, lénifiant, lénitif, rassérénant, rassurant, réconfortant, sécurisant, tranquillisant. ▲ANT. AGAÇANT, CRISPANT, DÉSAGRÉABLE, ÉNERVANT, IRRITANT ; AFFOLANT, ALARMANT, ANGOISSANT, INQUIÉTANT, OPPRESSANT, PANIQUANT.

apaisement *n. m.* ▶ *Allègement d'une souffrance* – adoucissement, sédation, soulagement. ▶ *Guérison physique* – amélioration, cicatrisation, convalescence, cure, guérison, mieux-être, relevailles, relèvement, rémission, répit, résurrection, rétablissement, retour à la santé, salut, soulagement, traitement. *MÉD.* délitescence, postcure, résorption, rétrocession. ▶ *Guérison morale* – adoucissement, appui, baume, bercement, cicatrisation, consolation, rassérénement, réconfort, soulagement, soutien moral. *SOUT.* dictame. *FAM.* béquille. ▶ *Remède moral* – adoucissement, allégement, antidote, atténuation, baume, consolation, correctif, dérivatif, distraction, diversion, exutoire, préservatif, remède, soulagement. *SOUT.* dictame. ▶ *Assouvissement d'un besoin* – assouvissement, contentement, satiété, satisfaction, soulagement. *SOUT.* étanchement, rassasiement. ▶ *Calme* – accalmie, bonace, bonheur, calme, éclaircie, entente, fraternité, harmonie, idylle, paix, quiétude, rémission, repos, silence, tranquillité, trêve, union, unité. *SOUT.* kief *(en Orient)*. ▲ANT. EXCITATION, STIMULATION ; AGACEMENT, IRRITATION, PROVOCATION ; INAPAISEMENT.

apaiser *v.* ▶ *Rendre plus serein* – calmer, consoler, rasséréner, rassurer, réconforter, sécuriser, tranquilliser. ▶ *Rendre moins hostile* – amadouer, calmer, pacifier, radoucir. ▶ *Assouvir* – assouvir, calmer, contenter, étancher, rassasier, satisfaire, soulager. *SOUT.* désaltérer, repaître. ▶ *Rendre moins intense* – adoucir, alléger, assoupir, atténuer, bercer, endormir. *SOUT.* lénifier. ▶ *Dépassionner* – calmer, dépassionner. modérer, tempérer. ♦ *s'apaiser* ▶ *Se radoucir* – baisser le ton, se calmer, se radoucir. *FAM.* mettre un bémol. ▲ANT. AFFOLER, ALARMER, ANGOISSER, EXCITER, INQUIÉTER ; AGACER, AIGRIR, EXASPÉRER, IRRITER ; ALLUMER, ATTISER, AVIVER, ENVENIMER, EXACERBER.

apanage *n. m.* ▶ *Patrimoine* – bien, domaine, fortune, héritage, légitime, legs, majorat, patrimoine, propriété, succession. *RELIG.* défroque. ▶ *Privilège* – acquis, attribution, avantage, bénéfice, chasse gardée, concession, droit, exclusivisme, exclusivité, exemption, faveur, honneur, immunité, inviolabilité, monopole, passe-droit, pouvoir, préférence, prérogative, privilège. *ANC.* franchise. *RELIG.* indult.

apartheid *n. m.* ▶ *Ségrégation raciale* – discrimination raciale, racisme, ségrégation, ségrégationnisme, xénophobie. ▲ANT. ANTIRACISME, INTÉGRATION, OUVERTURE.

apathie *n. f.* ▶ *Affaiblissement* – abattement, accablement, affaiblissement, alanguissement, amoindrissement, amollissement, anémie, avachissement, consomption, découragement, défaillance, dépérissement, épuisement, étiolement, exténuation, fatigue, fragilisation, harassement, lassitude, rabaissement, ralentissement, ramollissement, sape, usure. *SOUT.* débilité. *MÉD.* adynamie, asthénie, asthénomanie, atonie, collapsus, débilitation. ▶ *Fatigue* – abattement, accablement, affaiblissement, affaissement,

affalement, alanguissement, amollissement, anéantissement, atonie, consomption, épuisement, éreintement, exténuation, faiblesse, fatigue, forçage, harassement, inertie, labeur, langueur, lassitude, marasme, peine, prostration, stress, surmenage. *MÉD.* adynamie, anémie, asthénie. ▶ *Amollissement* – amollissement, incurie, inertie, insouciance, laisser-aller, laisser-faire, laxisme, mollesse, négligence, nonchalance, relâchement. ▶ *Mollesse* – abattement, affaiblissement, atonie, avachissement, faiblesse, inconsistance, indolence, langueur, laxisme, mollasserie, mollesse, nonchalance, passivité, veulerie. *MÉD.* aboulie, athymhormie, dysboulie, psychasthénie. ▶ *Paresse* – alanguissement, atonie, engourdissement, fainéantise, farniente, indolence, inertie, laisser-aller, langueur, lenteur, léthargie, lourdeur, mollesse, négligence, nonchalance, oisiveté, paresse, somnolence, torpeur. *FAM.* cosse, flemmingite aiguë, flemmardise, flemme. ▶ *Froideur* – amorphisme, flegme, froideur, indifférence, insensibilité, lymphatisme, mollesse, tiédeur. ▶ *Calme* – ataraxie, calme, détachement, distanciation, égalité d'âme, égalité d'humeur, équilibre, flegme, impassibilité, imperturbabilité, indifférence, paix, philosophie, placidité, quiétude, sérénité, stoïcisme, tranquillité. *SOUT.* équanimité. ▶ *Docilité* – docilité, fidélité, malléabilité, obéissance, plasticité, servilité, suggestibilité. *PSYCHOL.* psychoplasticité. ▲ANT. ÉNERGIE, VIGUEUR, VIVACITÉ ; ACTIVITÉ ; ARDEUR, DYNAMISME, ENTHOUSIASME, ENTRAIN ; EXALTATION, PASSION ; SENSIBILITÉ.

apercevoir *v.* ▶ *Voir à peine* – entr'apercevoir, entrevoir. ▶ *Voir tout à coup* – remarquer, voir. *FAM.* azimuter, repérer. *SOUT.* aviser. ▶ *Noter* – constater, noter, observer, prendre acte, relever, remarquer, voir. ♦ *s'apercevoir* ▶ *Se rendre compte* – constater, découvrir, prendre conscience, réaliser, remarquer, s'aviser, se rendre compte, voir. *SOUT.* éprouver. ▲ANT. PERDRE DE VUE.

aperçu *n. m.* ▶ *Résumé* – abrégé, aide-mémoire, analyse, argument, compendium, condensé, éléments, épitomé, esquisse, extrait, livret, manuel, mémento, morceau, notice, page, passage, plan, précis, promptuaire, raccourci, récapitulation, réduction, résumé, rudiment, schéma, sommaire, somme, synopsis, vade-mecum. *FAM.* topo. ▶ *Avant-goût* – anticipation, avant-goût, avant-première, échantillon, esquisse, essai, exemple, idée, perspective, tableau. *SOUT.* préfiguration. *FAM.* topo. ▶ *Évaluation* – appréciation, approximation, calcul, détermination, devis, estimation, évaluation, expertise, inventaire, mesure, prévision, prisée, supputation. ▲ANT. ANALYSE DÉTAILLÉE, DÉVELOPPEMENT, DISSERTATION, (LE) DÉTAIL ; SOUVENIR, TRACE.

apéritif *n. m. FAM.* apéro. ▲ANT. DIGESTIF.

apeuré *adj.* angoissé, craintif, effrayé, inquiet, ombrageux *(animal)*, peureux. *MÉD.* phobique. *SOUT. ou QUÉB. FAM.* épeuré.

apitoyer *v.* aller droit au cœur de, attendrir, émouvoir, faire quelque chose à, remuer, toucher, troubler. *SOUT.* prendre aux entrailles. *FAM.* émotionner, prendre aux tripes. ♦ *s'apitoyer* avoir pitié de, compatir à, plaindre, s'attendrir. ▲ANT. S'AGUERRIR, S'ENDURCIR.

aplanir *v.* ▸ *Une pièce* – décourber, dégauchir, doler, dresser, planer, raboter, redresser, replanir, varloper. *QUÉB. FAM.* décrochir. ▸ *Un sol* – araser, égaliser, niveler, raser, régaler. ▸ *Une difficulté* – lever, supprimer. ▲ANT. BOULEVERSER, COMPLIQUER, SOULEVER.

aplati *adj.* ▸ *En parlant du nez* – camus, écrasé, épaté. *SOUT.* camard.

aplatir *v.* ▸ *Rendre plat* – écraser. ♦ **s'aplatir** ▸ *Tomber à plat ventre* (*FAM.*) – tomber à plat ventre, tomber cul par-dessus tête, tomber de tout son long, tomber face contre terre, tomber la tête la première. *FAM.* embrasser le plancher. ▲ANT. GONFLER, REDRESSER, RELEVER.

aplomb *n.m.* ▸ *Caractère vertical* – verticalité. ▸ *Stabilité* – assiette, assise, équilibre, solidité, stabilité. ▸ *Solidité* – assurance, autorité, caractère, constance, courage, cran, détermination, endurance, énergie, fermeté, force, permanence, poigne, rectitude, résolution, ressort, sang-froid, sérieux, solidité, sûreté, ténacité, vigueur, virilité, volonté. *SOUT.* fortitude, invulnérabilité. *FAM.* estomac, gagne. ▸ *Insolence* – arrogance, audace, effronterie, front, impertinence, impolitesse, impudence, incorrection, insolence, irrespect, irrévérence. *SOUT.* outrecuidance, sans-gêne. *FAM.* culot, toupet. ▲ANT. INCLINAISON, OBLIQUITÉ; DÉSÉQUILIBRE, INSTABILITÉ; HÉSITATION; TIMIDITÉ.

apocalypse *n.f.* ▸ *Catastrophe* – bouleversement, calamité, cataclysme, catastrophe, chaos, désastre, drame, fléau, malheur, néant, ruine, sinistre, tragédie. *FIG.* précipice, ulcère. *SOUT.* abîme. *FAM.* cata. ▲ANT. BAGATELLE, INCIDENT.

apogée *n.m.* ▸ *Point culminant* – acmé, apex, apothéose, cime, climax, comble, culmination, excès, faîte, fin du fin, fort, limite, maximum, meilleur, nec plus ultra, optimum, paroxysme, pic, pinacle, plafond, point culminant, pointe, record, sommet, summum, triomphe, zénith. *FAM.* max, top niveau. ▲ANT. PÉRIGÉE; NADIR; DÉCHÉANCE.

apologie *n.f.* ▸ *Plaidoyer* – apologétique (*religion*), défense, éloge, justification, plaidoirie, plaidoyer. ▸ *Louange* – acclamation, apothéose, applaudissement, bravo, célébration, compliment, éloge, encensement, félicitations, fleur, glorification, héroïsation, louange, panégyrique, solennisation. *SOUT.* baisemain, congratulation, dithyrambe, exaltation. ▲ANT. BLÂME, CENSURE, CONDAMNATION, RÉPROBATION; ACCUSATION, ATTAQUE, CRITIQUE, SATIRE.

apostolat *n.m.* ▸ *Évangélisation* – catéchèse, catéchisation, catéchisme, endoctrinement, évangélisation, ministère, mission, missionnariat, pastorale, prédication, propagande, propagation (de la foi), prosélytisme. *FAM.* caté. ▸ *Vocation* – appel, destination, mission, sacerdoce, vocation. ▲ANT. INDIFFÉRENCE.

apostrophe *n.f.* appel, interpellation, invective.

apothéose *n.f.* ▸ *Glorification* – acclamation, apologie, applaudissement, bravo, célébration, compliment, éloge, encensement, félicitations, fleur, glorification, héroïsation, louange, panégyrique, solennisation. *SOUT.* baisemain, congratulation, dithyrambe, exaltation. ▸ *Triomphe* – bonheur, bonne

fortune, boum, consécration, couronnement, gloire, honneur, lauriers, prospérité, retentissement, réussite, succès, triomphe, trophée. *FAM.* malheur, (succès) *FRANCE FAM.* carton, saucisson, ticket. ▸ *Achèvement* – aboutissement, accomplissement, achèvement, but, chute, complémentation, complètement, complétude, conclusion, consécration, consommation, couronnement, dénouement, exécution, fin, finition, fruit, issue, produit, réalisation, règlement, résolution, résultat, sortie, terme, terminaison. *SOUT.* aboutissant. *PHILOS.* entéléchie. ▸ *Point culminant* – acmé, apex, apogée, cime, climax, comble, culmination, excès, faîte, fin du fin, fort, limite, maximum, meilleur, nec plus ultra, optimum, paroxysme, pic, pinacle, plafond, point culminant, pointe, record, sommet, summum, triomphe, zénith. *FAM.* max, top niveau. ▲ANT. HUMILIATION; DÉCHÉANCE; FOND, GOUFFRE.

apôtre *n.m.* ▸ *Missionnaire* – évangélisateur, missionnaire, pêcheur d'hommes. ▸ *Partisan* – activiste, adepte, adhérent, allié, ami, champion, défenseur, disciple, fidèle, inconditionnel, militant, partisan, soutien, sympathisant, tenant. *SOUT.* chantre, séide, zélateur. *FAM.* godillot. ▸ *Défenseur* – apologiste, appui, avocat, champion, défenseur, protecteur, redresseur de torts, représentant, serviteur, soldat, soutien, tenant. *SOUT.* intercesseur. ♦ **apôtres**, *plur.* ▸ *Ensemble de partisans* – école (de pensée). ▲ANT. ADVERSAIRE, ENNEMI, OPPOSANT; DÉNIGREUR, DÉTRACTEUR.

apparaître *v.* ▸ *Devenir visible* – paraître, se montrer, se révéler. ▸ *Surgir* – émerger, jaillir, saillir, sortir, surgir. *QUÉB. ACADIE FAM.* ressoudre. ▸ *Naître* – éclore, faire son apparition, germer, naître, paraître, pointer, se former, se manifester. *SOUT.* poindre, sourdre. ▸ *Se révéler* – émerger, se dégager, se dévoiler, se faire jour, se manifester, se profiler, se révéler, transparaître. *SOUT.* affleurer. ▸ *Se trouver* – être, être présent, exister, résider, s'inscrire, se rencontrer, se retrouver, se situer, se trouver, siéger. *SOUT.* gésir. ▸ *Sembler* – avoir l'air, paraître, sembler. ▸ *Ressortir* – apparoir, ressortir. ▲ANT. DISPARAÎTRE, S'ÉCLIPSER, S'ÉVANOUIR, SE CACHER.

appareil *n.m.* ▸ *Machine* – dispositif, engin, machine, mécanique, mécanisme. *FAM.* bécane, zinzin. *QUÉB. FAM.* patente. ▸ *Accessoire* – accessoire, instrument, outil, pièce, ustensile. ▸ *Système* – accommodation, accommodement, agencement, ajustement, aménagement, architecture, arrangement, articulation, assemblage, combinaison, combinatoire, composition, concaténation, configuration, construction, contexture, coordination, disposition, distribution, élaboration, enchaînement, harmonie, hiérarchie, liaison, mise en ordre, mise en place, ordonnance, ordonnancement, ordre, organisation, orientation, plan, profil, programmation, rangement, répartition, structuration, structure, système, texture. ▸ *En anatomie* – système, tractus. ▸ *En architecture* – agencement, appareillage, disposition, montage, taille. ▸ *Équipement* – affaires, bagage, chargement, équipement, fourniment, harnachement, instruments, matériel, outillage, outils. *FAM.* arsenal, attirail, barda, bastringue, bataclan, bazar, fourbi, matos, paquet, paquetage, saint-crépin, saint-frusquin. *QUÉB. FAM.* agrès, gréage, gréement. ▸ *Véhicule volant* – avion. ▸ *Petit* – aviette, avionnette. *FAM.* cage à poules. ▸ *Désuet FAM.* coucou, zinc. ▸ *Luxe* – abondance, apparat, beauté, confort, dolce vita, éclat, étalage, faste, grandeur, luxe, magnificence, majesté, opulence, ostentation, pompe, profusion, richesse, somptuosité, splendeur. *FAM.* tra la la. ♦ **appareils, *plur.*** ▸ *Agrès* – agrès, apparaux. ▸ *Ensemble d'objets* – appareillage; unité. ▸ *Ensemble de véhicules volants* – flotte.

appareiller *v.* ▸ *Réunir par paire* – accoupler, apparier, coupler, jumeler. *SOUT. ou DIDACT.* géminer. ▸ *Accoupler* – accoupler, apparier. ▸ *En parlant d'un navire* – lever l'ancre. ▲ANT. DÉPAREILLER, DÉSAPPARIER, DÉSASSORTIR; ACCOSTER, JETER L'ANCRE, MOUILLER.

apparemment *adv.* ▸ *En apparence* – en apparence, en toute vraisemblance, semble-t-il, vraisemblablement. *QUÉB.* présumément. ▸ *Extérieurement* – au-dehors, d'après les apparences, dehors, en apparence, en dehors, en surface, extérieurement, extrinsèquement, par-dehors, superficiellement. ▸ *Illusoirement* – chimériquement, en apparence, faussement, illusoirement, trompeusement, vainement. ▲ANT. EN ESSENCE, ESSENTIELLEMENT, FONDAMENTALEMENT, INTÉRIEUREMENT, INTRINSÈQUEMENT, PROFONDÉMENT, RÉELLEMENT, SUBSTANTIELLEMENT.

apparence *n. f.* ▸ *Aspect* – air, allure, aspect, caractère, configuration, couleur, couvert, dehors, éclairage, expression, extérieur, façade, faciès, figure, forme, formule, impression, jour, masque, mine, paraître, perspective, physionomie, plastique *(en art)*, portrait, présentation, profil, ressemblance, semblant, surface, ton, tour, tournure, traits, vernis, visage. *SOUT.* enveloppe, superficie. ▸ *Allure* – air, allure, aspect, attitude, contenance, démarche, façon, genre, ligne, maintien, manière, panache, physique, port, posture, prestance, silhouette, style, tenue, tournure. *SOUT.* extérieur, mine. *FAM.* gueule, touche.

apparent *adj.* ▸ *Visible* – apercevable, extérieur, observable, visible. *MÉD.* clinique. ▸ *Évident* – aveuglant, certain, clair, cousu de fil blanc, criant, éclatant, évident, flagrant, frappant, hurlant (de vérité), incontestable, manifeste, patent, qui coule de source, qui crève les yeux, qui saute aux yeux, qui se voit comme le nez au milieu du visage, qui tombe sous le sens, qui va de soi, qui va sans dire, visible. ▸ *Qui n'existe qu'en apparence* – de surface, pour la montre, superficiel. ▸ *Prétendu* – faux, prétendu, soi-disant, supposé. ▲ANT. CACHÉ, INVISIBLE, MASQUÉ, SECRET; PROFOND, RÉEL, VRAI.

apparenté *adj.* analogue, approchant, assimilable, comparable, conforme, contigu, correspondant, équivalent, homogène, homologue, indifférencié, pareil, parent, proche, ressemblant, semblable, similaire, voisin. *FAM.* kif-kif. *DIDACT.* commensurable.

apparenter (s') *v.* ▸ *Ressembler* – connoter, évoquer, faire penser à, rappeler, ressembler à, se rapprocher de. ▲ANT. DIFFÉRER DE.

apparier *v.* ▸ *Réunir par paire* – accoupler, appareiller, coupler, jumeler. *SOUT. ou DIDACT.* géminer. ▸ *Accoupler* – accoupler, appareiller. ▲ANT. DÉPARIER, DÉSAPPARIER.

apparition *n. f.* ▸ *Manifestation* – approche, arrivée, avènement, entrée, introduction, irruption, jaillissement, manifestation, occurrence, survenance, venue. *SOUT.* surgissement, survenue. *DIDACT.* exondation. ▸ *Commencement* – actionnement, amorçage, amorce, balbutiement, bégaiement, commencement, création, début, déclenchement, démarrage, départ, ébauche, embryon, enclenchement, enfance, entrée, esquisse, fondement, germe, inauguration, origine, ouverture, prélude, prémisse, principe, tête. *SOUT.* aube, aurore, matin, prémices. *FIG.* avènement, éclosion, émergence, éruption, explosion, genèse, germination, naissance, venue au monde. ▸ *Vision divine* – angélophanie, aorasie, épiphanie, théophanie, vision. ▸ *Fantôme* – créature éthérée, double, ectoplasme, esprit, esprit frappeur, fantôme, mort-vivant, ombre, périsprit, revenant, spectre, vision, zombie. *ANTIQ.* larve, lémure. ▲ANT. DISPARITION, ÉCLIPSE.

appartement *n. m.* ▸ *Logement* – logement. *FAM.* appart, carrée, piaule. *QUÉB. FAM.* loyer. *BELG.* flat. ▸ *Partie d'un logement* (*QUÉB. FAM.*) – local, pièce, salle. *BELG.* place. *ACADIE* bord.

appartenance *n. f.* ▸ *Adhésion* – adhésion, adjonction, admission, adoption, affiliation, agrégation, agrément, association, enrôlement, entrée, incorporation, initiation, inscription, intégration, mobilisation, rattachement, réception. ▸ *Dépendance* – abaissement, allégeance, asservissement, assujettissement, attachement, captivité, contrainte, dépendance, domestication, domesticité, domination, emprise, esclavage, gêne, hilotisme, inféodation, infériorité, mainmise, merci, mouvance, obédience, obéissance, obligation, oppression, pouvoir, puissance, servage, servitude, soumission, subordination, sujétion, tutelle, tyrannie, vassalité. *FIG.* carcan, chaîne, corset (de fer), coupe, fardeau, griffe, main, patte, prison; *SOUT.* fers, gaine, joug. *PHILOS.* hétéronomie. ▲ANT. EXCLUSION, NON-APPARTENANCE.

appartenir *v.* ▸ *Dépendre* – dépendre de, être du ressort de, relever de, ressortir à, se rapporter à, se rattacher à. ▸ *Incomber* – incomber à, peser sur, retomber sur (les épaules de), revenir à. ▲ANT. ÊTRE INDÉPENDANT DE, ÊTRE LIBRE DE.

appât *n. m.* ▸ *Moyen pour attraper animaux et poissons* – amorce, pâture. ▸ *Allèchement* – allèchement, attrait, friandise, séduction, tentation.

appauvrir *v.* ▸ *Réduire à la pauvreté* – ruiner. *FAM.* mettre sur la paille. *DIDACT.* paupériser *(la population)*. ▸ *Tarir* – épuiser, tarir, user. ▲ANT. ENRICHIR.

appauvrissement *n. m.* ▸ *Détérioration* – abaissement, abâtardissement, abjection, abrutissement, affadissement, affaiblissement, agonie, altération, amollissement, atrophie, avachissement, avilissement, baisse, corruption, décadence, déchéance, déclin, décrépitude, dégénérescence, dégradation, délabrement, déliquescence, dénaturation, dépérissement, détérioration, édulcoration, étiolement, flétrissure, perte, perversion, pourrissement, pourriture, rouille, ruine, sape, usure. *SOUT.* aveulissement, crépuscule, pervertissement. *FAM.* déglingue, dégringolade. ▸ *Raréfaction* – amoindrissement,

appel

déperdition, diminution, disparition, dispersion, dissémination, éclaircissement, épuisement, raréfaction, rarescence, tarissement. ▶ *Pauvreté* – besoin, dénuement, détresse, embarras, gêne, gouffre, indigence, manque, mendicité, misère, nécessité, pauvreté, privation, ruine. SOUT. impécuniosité. FAM. dèche, pouillerie. FRANCE FAM. débine, fauche, mistoufle, mouise, mouscaille, panade, purée. DR. carence. ▸ *Sociale* – clochardisation, disette, paupérisation, paupérisme, pauvreté, pénurie, sous-développement, sous-équipement, tiers-mondisation. ▲ANT. ACCROISSEMENT, AUGMENTATION, ENGRAISSEMENT; ENRICHISSEMENT.

appel *n. m.* ▶ *Interpellation* – apostrophe, interpellation, invective. ▶ *Signal* – alerte, clignement, clin d'œil, geste, message, signal, signe. ▶ *Alarme* – alarme, alerte, avertissement, branle-bas, cri, éveil, haro, signal, sirène, sonnerie, S.O.S., tocsin. ▶ *Air de trompette* – ban, rappel, réveil, sonnerie. SOUT. diane. ▶ *Communication téléphonique* – appel (téléphonique), communication téléphonique. FAM. coup de bigophone, coup de fil, coup de téléphone, coup de tube. ▶ *Convocation* – assignation, à-venir, citation, convocation, indiction, injonction, intimation, mise en demeure, sommation, writ. ▶ *Mobilisation* – appel (sous les drapeaux), conscription, mobilisation, rappel. ▶ *Engagement* – conscription, embauchage, embauche, embrigadement, engagement, enrégimentation, enrégimentement, enrôlement, levée, maraudage, prosélytisme, racolage, recensement, recrutement. ▶ *Demande* – adjuration, demande, démarche, desideratum, désir, doléances, exigence, injonction, instance, interpellation, interrogation, invocation, mandement, ordre, pétition, placet, prétention, prière, question, réclamation, requête, réquisition, revendication, sollicitation, sommation, supplication, supplique, ultimatum, vœu. SOUT. imploration. ▶ *Recours juridique* – appel a maxima, appel a minima, intimation, pourvoi, recours. ▸ *Irrecevable* – fol appel. ▶ *Proclamation* – annonce, avis, ban, communication, communiqué, déclaration, décret, dénonciation, dépêche, divulgation, édit, manifeste, message, notification, proclamation, profession de foi, programme, promulgation, publication, rescrit, serment, signification. ▶ *Incitation* – aide, aiguillon, animation, défi, dépassement (de soi), émulation, encouragement, entraînement, excitation, exhortation, fanatisation, fomentation, impulsion, incitation, instigation, invitation, invite, motivation, provocation, sollicitation, stimulation, stimulus. SOUT. surpassement. FAM. provoc. ▶ *Tentation* – ambition, appétit, aspiration, attirance, attrait, besoin, but, convoitise, desideratum, désir, envie, exigence, faim, fantaisie, fantasme, fièvre, fringale, goût, idéal, intention, jalousie, passion, prétention, quête, recherche, rêve, soif, souhait, tentation, velléité, visée, vœu, volonté. SOUT. appétence, dessein, prurit, vouloir. FAM. démangeaison. ▶ *Vocation* – apostolat, destination, mission, sacerdoce, vocation. ▲ANT. RÉACTION, RÉPONSE; ÉLOIGNEMENT, REPOUSSEMENT.

appelé *n.* ▶ *Soldat* – bleu, conscrit, recrue. ♦ **appelés**, *plur.* ▶ *Ensemble de soldats* – contingent.

appeler *v.* ▶ *Interpeller* – apostropher, héler *(de loin)*, interpeller. ▶ *Téléphoner* – téléphoner. FAM. bigophoner, donner un coup de fil, donner un coup de téléphone, passer un coup de fil, passer un coup de téléphone. ▶ *Convoquer* – convoquer, demander, faire venir. ▶ *Affecter à un poste* – affecter, charger, commettre, commissionner, désigner, préposer. ▶ *Exhorter* – encourager, engager, exhorter, inciter, inviter. ▶ *Mobiliser* – engager, enrôler, incorporer, mobiliser, recruter. ▶ *Nécessiter* – avoir besoin de, commander, demander, exiger, imposer, nécessiter, obliger, postuler, prendre, prescrire, réclamer, requérir, vouloir. ▶ *Prédestiner* – destiner, incliner, prédestiner, prédéterminer, prédisposer. ▶ *Donner un prénom* – baptiser, nommer, prénommer. ▶ *Donner un nom à qqn* – dénommer, nommer. ▶ *Donner un nom à qqch.* – baptiser, dénommer, désigner, nommer. ▶ *Citer en justice* – assigner, citer, citer à comparaître, citer en justice, convoquer, intimer, traduire, traduire devant les tribunaux, traduire en justice. ♦ **s'appeler** ▶ *Avoir pour nom* – répondre au nom de, se nommer, se prénommer *(prénom)*. ▲ANT. CHASSER, CONGÉDIER, RENVOYER, REPOUSSER; ÉVITER, IGNORER, LAISSER À L'ÉCART.

appétissant *adj.* ▶ *Qui met en appétit* – alléchant, ragoûtant. ▶ *Qui attire* – affriolant, aguichant, alléchant, attirant, attrayant, désirable, engageant, excitant, intéressant, invitant, irrésistible, ragoûtant, séduisant, tentant. SOUT. affriandant. ▲ANT. DÉGOÛTANT, ÉCŒURANT, REPOUSSANT, RÉPUGNANT; FADE, ININTÉRESSANT, INSIPIDE.

appétit *n. m.* ▶ *Faim* – besoin, boulimie, creux, disette, faim, famine, inanition, jeûne, polyphagie, voracité. FAM. fringale. ▶ *Gourmandise* – avidité, faim, gourmandise, insatiabilité, voracité. PÉJ. gloutonnerie, goinfrerie. MÉD. boulimie, cynorexie, hyperorexie, sitiomanie. ▶ *Désir* – ambition, appel, aspiration, attirance, attrait, besoin, but, convoitise, desideratum, désir, envie, exigence, faim, fantaisie, fantasme, fièvre, fringale, goût, idéal, intention, jalousie, passion, prétention, quête, recherche, rêve, soif, souhait, tentation, velléité, visée, vœu, voix, volonté. SOUT. appétence, dessein, prurit, vouloir. FAM. démangeaison. ▶ *Curiosité* – attention, avidité, curiosité, intérêt, soif, soif d'apprendre, soif de connaissance, soif de connaître, soif de savoir. ▲ANT. ANOREXIE, INAPPÉTENCE; SATIÉTÉ; DÉGOÛT, RÉPUGNANCE; RETENUE.

applaudir *v.* ▶ *Acclamer* – acclamer, ovationner. ▶ *Féliciter* – approuver, chanter les louanges de, complimenter, congratuler, couvrir de fleurs, couvrir de louanges, encenser, faire l'éloge de, féliciter, lancer des fleurs à, louanger, louer, rendre hommage à, saluer, vanter. ♦ **s'applaudir** ▶ *Être content de soi* – se féliciter, se louer, se réjouir. ▲ANT. CONSPUER, HUER, SIFFLER; CRITIQUER, DÉCRIER, DÉNIGRER, DÉSAPPROUVER, HONNIR, VILIPENDER.

applaudissement *n. m.* ▶ *Bravo* – acclamation, ban, bis, bravo, chorus, clameur, hourra, ovation, rappel, triomphe, vivat. ▶ *Louange* – acclamation, apologie, apothéose, bravo, célébration, compliment, éloge, encensement, félicitations, fleur, glorification, héroïsation, louange, panégyrique, solennisation. SOUT. baisemain, congratulation,

49

appréhender

dithyrambe, exaltation. ▲**ANT.** HUÉE, SIFFLET; DÉNI-GREMENT, DÉSAPPROBATION, RÉPROBATION.

application *n. f.* ▶ *Apposition* – apposition, mise, pose. ▶ *Fonction mathématique* – correspondance, fonction. ▶ *Logiciel* – algorithme, logiciel, programme. ▶ *Concentration* – attention, concentration, contention, intérêt, recueillement, réflexion, tension. ▶ *Minutie* – exactitude, minutie, précision, soin, souci du détail. SOUT. méticulosité. ▲**ANT.** DISTRACTION, INAPPLICATION, INATTENTION, NÉGLIGENCE, PARESSE.

appliqué *adj.* ▶ *Apposé* – apposé, accolé, collé, en contact, juxtaposé, plaqué, posé. ▶ *Consciencieux* – assidu, attentif, consciencieux, méthodique, méticuleux, minutieux, ordonné, précis, rangé, rigoureux, scrupuleux, soigné, soigneux, systématique. SOUT. exact. ▶ *Studieux* – sérieux, studieux. FAM. chiadeur.

appliquer *v.* ▶ *Étaler* – étaler, étendre, mettre. ▶ *Poser* – apposer, fixer, mettre, poser. ▶ *Coller* – appuyer, coller, plaquer. ▶ *Mettre en pratique* – mettre en application, mettre en œuvre, mettre en pratique, pratiquer. ▶ *Imputer une somme* – affecter, assigner, attribuer, imputer, porter. ▶ *Employer* – consacrer, employer, mettre, mettre à profit. ▶ *Porter un coup* (FAM.) – assener, donner, infliger, porter. FAM. administrer, allonger, coller, ficher, filer, flanquer, foutre. QUÉB. FAM. sacrer. ◆ *s'appliquer* ▶ *Concerner qqn* – être d'intérêt pour, intéresser, regarder, toucher, valoir pour, viser. ▶ *Concerner qqch.* – avoir pour objet, avoir rapport à, avoir trait à, concerner, intéresser, porter sur, relever de, se rapporter à, toucher, viser. ▶ *Correspondre* – aller, cadrer, coller, convenir, correspondre, répondre, s'accorder, s'harmoniser. ▶ *Se consacrer* – s'adonner à, s'employer à, s'occuper de, se consacrer à, se livrer à, vaquer à. ▶ *S'efforcer* – faire son possible, mettre tout en œuvre, persévérer, s'acharner, s'efforcer, s'escrimer, s'évertuer, suer sang et eau, tout faire. ▲**ANT.** ENLEVER, ÔTER, RETRANCHER; DÉCOLLER, ÉCARTER, SÉPARER. △**S'APPLIQUER** – ÊTRE DISTRAIT, SE DISSIPER, SE DISTRAIRE; NÉGLIGER.

appoint *n. m.* ▶ *Somme ajoutée* – abondement. ▶ *Assistance* – aide, apport, appui, assistance, association, bienfaisance, bons offices, collaboration, complicité, concours, conseil, contribution, coopération, coup d'épaule, coup de main, coup de pouce, dépannage, entraide, grâce, main-forte, participation, planche de salut, renfort, secours, service, soutien, synergie. SOUT. viatique. FAM. (coup de) fion.

apport *n. m.* ▶ *Part* – commandite, contingent, contribution, cotisation, dot, dotation, écot, financement, fonds, fournissement, lot, mise, montant, obligation, parrainage, part, participation, portion, quote-part, quotité. ▶ *Aide* – aide, appoint, appui, assistance, association, bienfaisance, bons offices, collaboration, complicité, concours, conseil, contribution, coopération, coup d'épaule, coup de main, coup de pouce, dépannage, entraide, grâce, main-forte, participation, planche de salut, renfort, secours, service, soutien, synergie. SOUT. viatique. FAM. (coup de) fion. ▶ *Don* – aide, allocation, assistance, aumône, bonne œuvre, charité, dation, disposition, distribution, don, faveur, grâce, hommage, indemnité, obole, prestation, secours, soulagement,

subside, subvention. SOUT. bienfait. FAM. dépannage. DR. donation, fidéicommis, legs, libéralité. RELIG. bénédiction, charisme. ▶ *Approvisionnement* – approvisionnement, fourniture, ravitaillement. ▲**ANT.** EMPRUNT, PRÉLÈVEMENT, RETRAIT; REPRISE, RESTITUTION.

apporter *v.* ▶ *Donner* – donner, fournir, mettre à la disposition, procurer. ▶ *Causer* – amener, catalyser, causer, créer, déchaîner, déclencher, déterminer, donner, donner lieu à, donner naissance à, engendrer, entraîner, faire, faire naître, former, générer, occasionner, produire, provoquer, soulever, susciter. PHILOS. nécessiter. ▲**ANT.** ÉCARTER, EMPORTER, ENLEVER, REMPORTER, RETIRER.

appréciable *adj.* ▶ *Perceptible* – discernable, distinct, distinguable, identifiable, perceptible, reconnaissable, saisissable, sensible. ▶ *À la vue* – apercevable, apparent, extérieur, observable, visible. MÉD. clinique. ▶ *À l'ouïe* – audible. ▶ *Au toucher* – palpable, tangible. ▶ *Mesurable* – calculable, chiffrable, évaluable, mesurable, quantifiable. ▶ *Substantiel* – considérable, de taille, fort, grand, gros, important, non négligeable, notable, respectable, sensible, sérieux, substantiel. FAM. conséquent. ▶ *Digne* – bien, bon, considéré, de bon aloi, digne, estimable, estimé, honorable, louable, méritant, méritoire, respectable. ▲**ANT.** FAIBLE, INFIME, INSIGNIFIANT, MINCE, MINIME, NÉGLIGEABLE; INCALCULABLE.

appréciation *n. f.* ▶ *Opinion* – avis, conception, conviction, critique, croyance, dogme, estime, idée, impression, jugement, opinion, optique, pensée, perception, point de vue, position, principe, prise de position, sentiment, théorie, thèse, vote, vue. SOUT. oracle. ▶ *Évaluation* – aperçu, approximation, calcul, détermination, devis, estimation, évaluation, expertise, inventaire, mesure, prévision, prisée, supputation. ▶ *Plus-value* – accroissement, amélioration, augmentation, bénéfice, excédent, gain, majoration, plus-value, profit, surcote, survaleur, valorisation. ▲**ANT.** DÉPRÉCIATION.

apprécier *v.* ▶ *Évaluer* – calculer, estimer, évaluer, jauger, juger, mesurer, peser, soupeser, supputer, toiser. ▶ *Distinguer* – déceler, détecter, discerner, distinguer, identifier, percevoir, reconnaître. ▶ *Aimer* – adorer, affectionner, aimer, avoir un faible pour, avoir un penchant pour, être fou de, être friand de, être porté sur, faire ses délices de, prendre plaisir à, priser, raffoler de, s'intéresser à, se complaire, se délecter, se passionner pour, se plaire. SOUT. chérir, goûter. FRANCE. FAM. kiffer. QUÉB. FAM. capoter sur. PÉJ. se vautrer. ▲**ANT.** DÉCRIER, DÉPRÉCIER, MÉPRISER; MÉCONNAÎTRE, MÉSESTIMER, NÉGLIGER.

appréhender *v.* ▶ *Arrêter* – arrêter, capturer, faire prisonnier, prendre, saisir. FAM. attraper, choper, coffrer, coincer, cravater, cueillir, embarquer, épingler, harponner, mettre la main au collet de, mettre le grappin sur, pincer, prendre au collet, ramasser, saisir au collet. FRANCE FAM. agrafer, alpaguer, arnaquer, arquepincer, coiffer, emballer, gauler, piquer, poisser, poivrer. ▶ *Redouter* – avoir peur de, craindre, redouter, s'effrayer de. ▶ *Comprendre* (SOUT.) – comprendre, s'expliquer, saisir, toucher du doigt, voir. SOUT. embrasser, entendre. FAM. bitter, entraver, piger. FRANCE FAM. percuter. QUÉB. FAM. allumer,

appréhension

clencher, cliquer. ▲ANT. LAISSER PARTIR, RELÂCHER; ESPÉRER; IGNORER.

appréhension *n. f.* ▶ *Perception* – aperception, conception, discernement, entendement, idée, impression, intelligence, perception, sens, sensation, sentiment. *FIG.* œil. *PSYCHOL.* gnosie. *PHILOS.* senti. ▶ *Peur* – affolement, alarme, angoisse, crainte, effarement, effarouchement, effroi, épouvante, frayeur, grand-peur, hantise, horreur, inquiétude, panique, peur, phobie, psychose, terreur, transes. *FIG.* vertige. *SOUT.* affres, apeurement. *FAM.* cauchemar, frousse, pétoche, trac, trouille. *QUÉB. FAM.* chienne. ▶ *Timidité* – confusion, crainte, discrétion, effacement, effarouchement, embarras, émoi, frilosité, gaucherie, gêne, hésitation, honte, humilité, indécision, inhibition, introversion, malaise, modestie, peur, réserve, retenue, sauvagerie, timidité. *SOUT.* pusillanimité. *FAM.* trac. ▲ANT. SÉRÉNITÉ, TRANQUILLITÉ; ASSURANCE, CERTITUDE, CONFIANCE; ESPOIR.

apprendre *v.* ▶ *Annoncer* – annoncer, communiquer, déclarer, dire, faire l'annonce de, faire part de, faire savoir, notifier, signifier, transmettre. *FAM.* balancer. ▶ *Aviser* – avertir, aviser, informer, mettre au courant, prévenir. *SOUT.* instruire. *FAM.* affranchir, brancher, mettre au parfum. *QUÉB.* breffer. ▶ *Enseigner* – enseigner, expliquer, inculquer, montrer, transmettre. ▶ *Mémoriser* – assimiler, enregistrer, mémoriser, retenir. ▶ *S'instruire* – s'instruire, se cultiver. ▲ANT. CACHER, DISSIMULER, TAIRE; DÉSAPPRENDRE, IGNORER, OUBLIER.

apprenti *n.* ▶ *Aide* – aide, apprenant, garçon, stagiaire. *FAM.* grouillot. ▶ *Débutant* – commençant, débutant, néophyte, novice, (petit) nouveau, poulain *(prometteur)*, recrue. *FRANCE FAM.* bizuth, deb. ▶ *Jeune matelot* – apprenti (matelot), mousse, novice. *FAM.* moussaillon. ▲ANT. INSTRUCTEUR, MAÎTRE, PROFESSEUR; EXPERT.

apprentissage *n. m.* ▶ *Éducation* – alphabétisation, conscientisation, didactique, édification, éducation, enrichissement, enseignement, entraînement, études, expérience, façonnage, façonnement, formation, inculcation, information, initiation, instruction, monitorat, pédagogie, professorat, scolarisation, scolarité, stage. ▶ *Premiers pas* (*SOUT.*) – débuts, initiation, premières armes, premiers pas. ▲ANT. EXPÉRIENCE, MAÎTRISE, MÉTIER.

apprêt *n. m.* ▶ *Préparatif* – arrangement, branlebas, dispositif, disposition, mesure, préalable, précaution, préliminaires, préparatifs, préparation. ▶ *Enduit* – blanc de chaux, brasque, briquetage, caviar, enduit, engluage, fart, laque, mastic, patine, stuc, vernis. *TECHN.* engobe, futée, glairure, lustre, lut, salbande. ▶ *Affectation* – affectation, air, apparence, artificialité, bluff, cabotinage, comédie, composition, contenance, convenu, dandysme, genre, imposture, jeu, maniérisme, manque de naturel, mascarade, mièvrerie, pose, raideur, recherche, représentation, snobisme. *SOUT.* cambrure. *FAM.* chiqué, cinéma. ▲ANT. DÉPOUILLEMENT, SIMPLICITÉ.

apprêté *adj.* ▶ *Qui manque de naturel* – affecté, artificiel, compassé, composé, empesé, emprunté, étudié, forcé, frelaté. ▲ANT. FRANC, HUMBLE, NATUREL, SIMPLE, SINCÈRE, SPONTANÉ, VRAI.

apprêter *v.* ▶ *Arranger* – arranger, parer, préparer. *QUÉB. ACADIE FAM.* gréer. ▶ *Préparer un mets* – accommoder, confectionner, cuisiner, faire, mijoter, mitonner, préparer. *FAM.* concocter, fricoter. ◆ **s'apprêter** ▶ *Se disposer à faire qqch.* – aller, être sur le point de, se disposer à, se préparer à. ▲ANT. DÉFAIRE, DÉRANGER, GÂTER. △S'APPRÊTER – NÉGLIGER.

apprivoiser *v.* ▶ *Domestiquer un animal* – domestiquer, dompter, dresser. ◆ **s'apprivoiser** ▶ *S'habituer* (*SOUT.*) – s'acclimater, s'accommoder, s'accoutumer, s'adapter, s'habituer, se faire à, se familiariser. ▲ANT. EFFAROUCHER, EFFRAYER, REBUTER; LIBÉRER, RELÂCHER.

approbation *n. f.* ▶ *Accord* – acceptation, accord, accréditation, acquiescement, adhésion, adoption, affirmation, affirmative, agrément, amen, approbativité, approuvé, assentiment, autorisation, aval, avis favorable, bénédiction, caution, chorus, confirmation, consentement, déclaration favorable, engagement, entérinement, exeat, feu vert, gré, homologation, légalisation, oui, permission, ratification, sanction, validation. *BELG.* agréage, agréation. *SOUT.* suffrage. *RELIG.* admittatur, celebret, créance, imprimatur, nihil obstat. ▶ *Encouragement* – aide, aiguillon, applaudissement, appui, compliment, éloge, exhortation, incitation, prime, prix, protection, récompense, soutien, stimulant, subvention. *SOUT.* satisfecit. ▲ANT. DÉSACCORD, NON, OBJECTION, OPPOSITION, PROTESTATION, REFUS; BLÂME, CONDAMNATION, CRITIQUE, DÉSAPPROBATION, RÉPROBATION.

approchant *adj.* ▶ *Semblable* – analogue, apparenté, assimilable, comparable, conforme, contigu, correspondant, équivalent, homogène, homologue, indifférencié, pareil, parent, proche, ressemblant, semblable, similaire, voisin. *FAM.* kif-kif. *DIDACT.* commensurable. ▲ANT. DIFFÉRENT, DISSEMBLABLE, DISTINCT.

approche *n. f.* ▶ *Diminution de la distance* – rapprochement. ▶ *Accès* – abord, accès, arrivée, entrée, introduction, ouverture, seuil. *MAR.* embouquement *(d'une passe)*. ▶ *Accueil* – abord, accès, accueil, attitude, contact, mine, réception, tête, traitement. ▶ *Imminence* – imminence, proximité. ▶ *Apparition* – apparition, arrivée, avènement, entrée, introduction, irruption, jaillissement, manifestation, occurrence, survenance, venue. *SOUT.* surgissement, survenue. *DIDACT.* exondation. ▶ *Méthode* – art, chemin, code, comment, credo, démarche, discipline, dispositif, façon (de faire), facture, formule, heuristique, instruction, instrument, ligne de conduite, maïeutique, manière, marche (à suivre), méthode, modalité, mode d'emploi, mode, moyen, opération, ordre, organisation, outil, posologie, pratique, procédé, procédure, protocole, raisonnement, recette, règle, secret, stratagème, stratégie, système, tactique, technique, théorie, traitement, voie. *SOUT.* faire. ◆ **approches**, *plur.* abords, alentours, bordures, entournures, environs, parages, voisinage. *SOUT.* entour. ▲ANT. DISTANCIATION, ÉCARTEMENT, ÉLOIGNEMENT; SÉPARATION.

approcher *v.* ▶ *Mettre plus près* – rapprocher. ▶ *Avoisiner* – avoisiner, confiner à, côtoyer, coudoyer, friser, frôler, toucher à. ▶ *Pressentir* – pressentir, sonder. ◆ **s'approcher ou approcher**

▶ *Venir plus près* – avancer, (s')approcher, venir. ▲ANT. DISTANCER, ÉCARTER, ÉLOIGNER, ESPACER, RECULER, REPOUSSER, SÉPARER ; ÉVITER, FUIR.

approfondir *V.* ausculter, creuser, épuiser, étudier à fond, examiner sous toutes les coutures, fouiller, passer au crible, scruter, traiter à fond. ▲ANT. EFFLEURER, GLISSER SUR, NÉGLIGER, PASSER SUR, RESTER À LA SURFACE.

approfondissement *n. m.* ▶ *Creusage* – affouillement, creusage, creusement, déblai, défonçage, défoncement, évidement, excavation, fonçage, foncement, forage, foration, fouille, fouissage, perçage, percement, piochage, sondage. TECHN. rigolage. AGRIC. effondrement. ▶ *Analyse* – analyse, dépouillement, développement, enrichissement, épluchage, étude, examen, exploration, introspection, méditation, pesée, progrès, recherche, réflexion, sondage. ▲ANT. COMBLEMENT, REMPLISSAGE ; ÉBAUCHE, EFFLEUREMENT ; INSOUCIANCE, LÉGÈRETÉ.

appropriation *n. f.* ▶ *Achat* – achat, acquisition. ▹ *Pendant le mariage* – achat en communauté, acquêt, conquêt. ▶ *Saisie* – blocus, confiscation, désapprovisionnement, embargo, expropriation, gel, immobilisation, mainmise, prise, privation, saisie, séquestre, suppression. ▶ *Occupation* – assujettissement, conquête, empiétement, envahissement, invasion, mainmise, occupation, prise (de possession), usurpation. ▶ *Adaptation* – acclimatation, acclimatement, accommodation, accoutumance, acculturation, adaptation, aguerrissement, apprivoisement, assuétude, endurcissement, familiarisation, habituation, habitude, intégration, mise à jour, mise au courant. MÉD. anergie. ▶ *Nettoyage* (BELG.) – astiquage, bichonnage, débarbouillage, déblaiement, décrassage, décrassement, décrottage, dégagement, dépoussiérage, détachage, essuyage, fourbissage, fourbissement, lavage, lessivage, lessive, ménage, nettoyage, rangement, ravalement, savonnage, vidange. FAM. briquage. ▲ANT. ABANDON, ALIÉNATION ; INADAPTATION.

approprié *adj.* à propos, adapté, adéquat, bien trouvé, bien venu, bon, conforme, convenable, correct, de circonstance, de saison, heureux, indiqué, juste, opportun, pertinent, propice, propre. SOUT. ad hoc, congruent, expédient, idoine. DIDACT. topique.

approprier *V.* ▶ *Conformer* – accommoder, accorder, adapter, ajuster, aligner, conformer, faire cadrer, modeler, mouler, mouler, régler. ▶ *Nettoyer* (BELG. FAM.) – curer, décrasser, désencrasser, déterger, frotter, gratter, nettoyer, racler, récurer. FAM. décrotter. BELG. FAM. faire du propre, reloqueter. SUISSE pouster. ♦ *s'approprier* ▶ *Prendre arbitrairement* – s'adjuger, s'arroger, s'attribuer, s'octroyer, usurper. ▶ *Prendre en entier* – accaparer, monopoliser, retenir, s'emparer de, se rendre maître de. FAM. truster. ▲ANT. △S'APPROPRIER – DONNER, REDONNER, REMETTRE, RENDRE, RESTITUER.

approuver *V.* ▶ *Accepter* – accéder à, accepter, acquiescer à, agréer, avaliser, cautionner, consentir à, dire oui à, donner son aval à, opiner à, toper, vouloir. FAM. marcher. ▶ *Autoriser* – autoriser, laisser, passer, permettre. ▶ *Ratifier* – accepter, confirmer, entériner, homologuer, plébisciter, ratifier, sanctionner, sceller, signer, valider. ▶ *Soutenir* – adhérer à,

appuyer, consentir à, se prêter à, souscrire à, soutenir, supporter. SOUT. entendre à. ▶ *Féliciter* – applaudir, chanter les louanges de, complimenter, congratuler, couvrir de fleurs, couvrir de louanges, encenser, faire l'éloge de, féliciter, lancer des fleurs à, louanger, louer, rendre hommage à, saluer, vanter. ▶ *Avoir la même opinion* – abonder dans le sens de, donner raison à, être d'accord, être du même avis, faire chorus, partager l'opinion de. ▲ANT. DÉSAPPROUVER, REFUSER, REJETER, REPOUSSER ; INTERDIRE ; BLÂMER, CONDAMNER, CRITIQUER, RÉPROUVER.

approvisionnement *n. m.* ▶ *Apport* – apport, fourniture, ravitaillement. ▶ *Subsistance* – aliment, alimentation, comestibles, denrée, entretien, épicerie, fourniture, intendance, nourriture, pain, produit alimentaire, provision, ravitaillement, subsistance, victuailles, vie, vivres. SOUT. provende. FAM. matérielle. ▹ *Pour une personne* – part, portion, ration. ▶ *Réserve* – amas, dépôt, fourniture, provision, réserve, stock. ▲ANT. DISETTE, PÉNURIE ; DÉSAPPROVISIONNEMENT.

approximatif *adj.* ▶ *Calculé par approximation* – approché, arrondi. ▶ *Peu approfondi* – grossier, imprécis, rudimentaire, sommaire, superficiel, vague. ▲ANT. EXACT, PRÉCIS ; COMPLET, EXHAUSTIF.

approximation *n. f.* ▶ *Évaluation* – aperçu, appréciation, calcul, détermination, devis, estimation, évaluation, expertise, inventaire, mesure, prévision, prisée, supputation. ▶ *Imprécision* – à-peuprès, confusion, flou, imprécision, indétermination, nébulosité, vague. ▲ANT. DÉTERMINATION ; EXACTITUDE, PRÉCISION.

approximativement *adv.* à première vue, à (très) peu près, autour de, dans les, en gros, environ, grosso modo, plus ou moins, quelque, un peu moins de, un peu plus de, vaguement. SOUT. approchant. FAM. à vue de nez, au pif, au pifomètre. ▲ANT. EXACTEMENT, JUSTE, PRÉCISÉMENT.

appui *n. m.* ▶ *Soutien* – renfort, soutènement, soutien, support. ▶ *Aide* – aide, appoint, apport, assistance, association, bienfaisance, bons offices, collaboration, complicité, concours, conseil, contribution, coopération, coup d'épaule, coup de main, coup de pouce, dépannage, entraide, grâce, mainforte, participation, planche de salut, renfort, secours, service, soutien, synergie. SOUT. viatique. FAM. (coup de) fion. ▶ *Intervention* – aide, concours, entremise, immixtion, incursion, ingérence, interposition, interventionnisme, intrusion, médiation, ministère, office. SOUT. intercession. ▶ *Encouragement* – aide, aiguillon, applaudissement, approbation, compliment, éloge, exhortation, incitation, prime, prix, protection, récompense, soutien, stimulant, subvention. SOUT. satisfecit. ▶ *Réconfort* – adoucissement, apaisement, baume, bercement, cicatrisation, consolation, rasérénement, réconfort, soulagement, soutien moral. SOUT. dictame. FAM. béquille. ▶ *Protection* – aide, assistance, chapeautage, conservation, couverture, garantie, garde, mandat, parrainage, paternalisme, patronage, protection, recommandation, renfort, rescousse, sauvegarde, secours, sécurisation, soutien, surveillance, tutelle. FIG. parapluie. QUÉB. marrainage *(femme)*. SOUT. égide. FAM. piston. ▶ *Influence* – action, aide, ascendant, attirance, attraction, aura, autorité, contagion, crédit, dominance, domination, effet, empreinte, emprise, fascination, force, importance, incitation, influence, inspiration, magie, magnétisme, mainmise, manipulation, mouvance, persuasion, pétition, poids, pouvoir, prépondérance, présence, pression, prestige, puissance, règne, rôle, séduction, subjugation, suggestion, tyrannie. *SOUT.* empire, intercession. ▶ *Caution* – accréditeur, avaliseur, avaliste, caution, endosseur, fidéjusseur, garant, parrain, répondant, soutien. ▶ *Défenseur* – apologiste, apôtre, avocat, champion, défenseur, protecteur, redresseur de torts, représentant, serviteur, soldat, soutien, tenant. *SOUT.* intercesseur. ▲ANT. ABANDON, DÉFECTION; TRAHISON; HOSTILITÉ, OBSTRUCTION, OPPOSITION; DÉTRACTEUR, ENNEMI, OPPOSANT.

appuyé *adj.* insistant, lourd.

appuyer *v.* ▶ *Coller* – appliquer, coller, plaquer. ▶ *Accoter* – accoter, adosser, caler. ▶ *Baser* – asseoir, baser, établir, faire reposer, fonder. ▶ *Servir d'appui* – étayer, soutenir, stabiliser. *TECHN.* chevaler, enchevaler, étançonner, étrésillonner. ▶ *Sous-tendre* – étayer, sous-tendre, soutenir, supporter. ▶ *Confirmer* – confirmer, corroborer. ▶ *Donner son appui* – adhérer à, approuver, consentir à, se prêter à, souscrire à, soutenir, supporter. *SOUT.* entendre à. ▶ *Aider* – aider, assister, épauler, seconder, soutenir. ▶ *Patronner* – favoriser, patronner, prendre sous son aile, protéger, recommander, soutenir. *FAM.* donner un coup de pouce à, pistonner. ▶ *Défendre* – défendre, militer, prendre fait et cause pour, prendre la défense de, prendre parti pour, soutenir. ▶ *Prononcer avec force* – accentuer, marteler, scander. ▶ *Presser* – peser, pousser, presser. ▶ *Insister* – attirer l'attention sur, faire remarquer, insister sur, mentionner, porter à l'attention, signaler, soulever, souligner. ♦ *s'appuyer* ▶ *Reposer* – poser, prendre appui, reposer. ▶ *Se baser* – reposer, se baser, se fonder. ▶ *Se fier* – compter sur, faire fond sur, se fier à, spéculer sur, tabler sur. *FAM.* miser sur. ▲ANT. ENLEVER, ÔTER, RELÂCHER, RETIRER; ENTRAVER; DÉSAPPROUVER, REFUSER, REJETER, REPOUSSER; INTERDIRE; BLÂMER, CONDAMNER, CRITIQUER, RÉPROUVER; COMBATTRE, DÉCOURAGER; ABANDONNER; EFFLEURER, GLISSER.

âpre *adj.* ▶ *Rude au toucher* – râpeux, rêche, rude, rugueux. ▶ *Au caractère désagréable* – acariâtre, acerbe, aigri, anguleux, bourru, caractériel, déplaisant, désagréable, désobligeant, difficile, grincheux, hargneux, intraitable, maussade, rébarbatif, rêche, revêche. *SOUT.* atrabilaire. *FAM.* chameau, teigneux. *QUÉB. FAM.* malavenant, malcommode. *SUISSE* gringe. ▶ *En parlant du froid* – cinglant, mordant, pénétrant, perçant, piquant, saisissant, vif. ▶ *En parlant de l'hiver, du climat* – dur, inclément, rigoureux, rude. ▶ *En parlant d'une voix* – enroué, éraillé, guttural, râpeux, rauque, rocailleux, rude. *FAM.* de rogomme. ▶ *En parlant d'une lutte* – acharné, chaud, farouche, féroce, furieux, opiniâtre. ▲ANT. DOUX; SATINÉ; AFFABLE, AIMABLE, AMICAL, BIENVEILLANT; CLAIR, CRISTALLIN, MÉLODIEUX.

âprement *adv.* ▶ *Rudement* – à la hussarde, à tour de bras, à toute force, brutalement, crûment, de la belle manière, durement, énergiquement, fort, fortement, net, raide, raidement, rudement, sans

ménagement, sec, vertement, vigoureusement, violemment, vivement. ▶ *Avidement* – avec avidité, avidement. ▲ANT. AFFECTUEUSEMENT, AMICALEMENT, CHALEUREUSEMENT, TENDREMENT; AVEC MAGNANIMITÉ, GÉNÉREUSEMENT.

âpreté *n.f.* ▶ *Rugosité* – aspérité, callosité, inégalité, irrégularité, rudesse, rugosité. ▶ *Sévérité* – aridité, austérité, dureté, exigence, gravité, rigidité, rigueur, sécheresse, sérieux, sévérité. ▶ *Hargne* – acariâtreté, acerbité, acidité, âcreté, acrimonie, agressivité, aigreur, amertume, animosité, bave, bile, causticité, colère, dépit, désagrément, dureté, fiel, haine, hargne, humeur, irritation, malveillance, maussaderie, mauvaise humeur, méchanceté, mordant, pique, rancœur, rancune, récrimination, ressentiment, rudesse, tranchant, venin, vindicte, virulence. *SOUT.* mordacité. *FAM.* rouspétance. ▶ *Avarice* – appât du gain, âpreté (au gain), avarice, avidité, cupidité, économie de bouts de chandelle, égoïsme, mesquinerie, parcimonie, petitesse, pingrerie, rapacité, thésaurisation. *ANTILLES* chicheté. *SOUT.* ladrerie, lésine, sordidité, vilenie. ▲ANT. DOUCEUR; FACILITÉ; MODÉRATION; BIENVEILLANCE, GÉNÉROSITÉ.

a priori *loc. adv.* au premier abord, au premier chef, d'abord, en premier lieu, par priorité, préalablement, préliminairement, premièrement, primo, prioritairement, tout d'abord.

à-propos *n.m.* ▶ *Pertinence* – bien-fondé, convenance, légitimité, opportunité, pertinence, présence d'esprit, repartie, utilité. *QUÉB. FAM.* adon. ▲ANT. DISCONVENANCE, INADÉQUATION.

apte *adj.* capable de, habile à, propre à, susceptible de, tendant à. *FAM.* chiche de, fichu de. ▲ANT. INAPTE, INCAPABLE.

aptitude *n.f.* ▶ *Disposition* – affection, attirance, disposition, faible, faiblesse, goût, habitude, impulsion, inclination, instinct, penchant, pente, prédilection, prédisposition, préférence, propension, tendance, vocation. *DIDACT.* susceptibilité. *PSYCHOL.* compulsion, conation. *FAM.* tendresses. ▶ *Compétence* – adresse, aisance, art, brio, capacité, compétence, dextérité, disposition, doigté, don, expérience, expertise, facilité, faculté, force, fort, génie, habileté, main, maîtrise, métier, pouvoir, professionnalisme, savoir, savoir-faire, sens, talent, technique, virtuosité. *SOUT.* industrie. *FAM.* bosse. *QUÉB.* douance *(scolaire).* *DR.* habilitation, habilité. ▲ANT. INAPTITUDE, INCAPACITÉ, INCOMPÉTENCE.

aqueduc *n.m.* ▶ *Voie d'écoulement* – adducteur, baradeau, baradine, canal, drain, encaissement, fossé, lit, sangsue, tranchée. *BELG.* watergang. *SUISSE* bisse. *AFR.* seguia. ▶ *Petit* – rigole, saignée. *TECHN.* dalot, goulette, goulotte, larron d'eau, noue, noulet, pierrée. ▶ *Bordant une route* – caniveau, cassis, ruisseau. ▶ *Souterrain* – égout, puisard *(vertical).* ▶ *Entre deux écluses* – bief, sas. ▶ *Entre deux rivières* – arroyo. ▶ *Pont* – pont-aqueduc, pont-canal.

arabesque *n.f.* ▶ *Motif décoratif* – broderie, fioriture, moresque, volute. ▶ *Courbe* – boucle, contour, courbe, détour, lacet, méandre, ondulation, repli, serpentin, sinuosité, volute *(fumée).* *SOUT.* flexuosité.

araignée *n.f.* ▶ *Être vivant* ▶ *Groupes* – aranéide, opilion. ▶ *Câble* – pieuvre, sandow, tendeur.

arbitrage *n.m.* ▶ *Tractation* – affaire, contestation, débat, démêlé, différend, discussion, dispute, médiation, négociation, panel, querelle, règlement, spéculation, tractation. ▶ *Compromis* – accommodement, accord, arrangement, composition, compromis, conciliation, entente à l'amiable, entente amiable, expédient, moyen terme, règlement à l'amiable, règlement amiable. DR. amiable composition. PÉJ. cote mal taillée.

arbitraire *adj.* ▶ *Injustifié* – abusif, attentatoire, discriminatoire, illégitime, immérité, indu, inéquitable, inique, injuste, injustifié, inquisitorial, léonin, oppressif, vexatoire. ▶ *Tyrannique* – absolu, absolutiste, autocratique, autoritaire, césarien, despote, despotique, dictatorial, directif, dominateur, hégémonique, jupitérien, totalitaire, tyrannique. ▶ *Qui dénote un parti-pris* – partial, partisan, prévenu, qui a des œillères, subjectif, tendancieux. ▶ *Qui relève d'une convention* – conventionnel. ▶ *Signe linguistique* – démotivé, immotivé. ▲ANT. ÉQUITABLE, FONDÉ, JUSTE, JUSTIFIÉ, LÉGITIME; PRÉDÉTERMINÉ.

arbitraire *n.m.* ▶ *Injustice* – abus, déloyauté, déni de justice, empiétement, erreur (judiciaire), exploitation, favoritisme, illégalité, illégitimité, inconstitutionnalité, inégalité, iniquité, injustice, irrégularité, mal-jugé, malveillance, noirceur, partialité, passe-droit, privilège, scélératesse, tort, usurpation. SOUT. improbité. ▶ *Pouvoir autoritaire* – autoritarisme, caporalisme, despotisme, dictature, directivisme, directivité, omnipotence, oppression, tyrannie. SOUT. satrapie. ▲ANT. DÉMOCRATIE; JUSTICE.

arbitrairement *adv.* ▶ *Injustement* – abusivement, faussement, inéquitablement, iniquement, injustement, partialement, subjectivement, tendancieusement. ▶ *Tyranniquement* – absolument, autocratiquement, autoritairement, d'autorité, despotiquement, dictatorialement, discrétionnairement, tyranniquement, unilatéralement. ▶ *Conventionnellement* – conventionnellement, par convention. ▶ *Traditionnellement* – académiquement, classiquement, conventionnellement, traditionnellement. ▲ANT. ÉQUITABLEMENT, IMPARTIALEMENT, JUSTEMENT, OBJECTIVEMENT; ATTENTIVEMENT, AVEC CIRCONSPECTION, CONSCIENCIEUSEMENT, MÉTICULEUSEMENT, MINUTIEUSEMENT, PRÉCISÉMENT, PROPREMENT, RIGOUREUSEMENT, SCRUPULEUSEMENT, SÉRIEUSEMENT, SOIGNEUSEMENT.

arbitre *n.* ▶ *Médiateur* – arbitragiste, arrangeur, conciliateur, intermédiaire, juge, médiateur, modérateur, négociateur, ombudsman, pacificateur, réconciliateur, surarbitre. DR. amiable compositeur. ▶ *Appréciateur* – appréciateur, connaisseur, enquêteur, expert, juge, juré. ▶ *Juge d'une épreuve sportive* – juge, officiel.

arborer *v.* ▶ *Montrer avec ostentation* – afficher, déployer, étaler, exhiber, exposer, faire étalage de, faire montre de, faire parade de. ▲ANT. AMENER, BAISSER; CACHER, DISSIMULER.

arbre *n.m.* ▶ *Végétal* – BOT. plante ligneuse. ▶ *Axe* – arbre-manivelle, axe, bielle, biellette, charnière, essieu, manivelle, moyeu, pivot, tige,

vilebrequin. TECHN. goujon, tourillon. ◆ **arbres**, *plur.* ▶ *Ensemble de végétaux* – bois, bosquet, forêt.

arbuste *n.m.* arbrisseau, arbuscule, sous-arbrisseau.

arc *n.m.* ▶ *Élément architectural* – accolade, anse (de panier), (arc) doubleau, arcade, arc-boutant, arche, arc-rampant, berceau, cintre, formeret, lancette, ogive, surbaissement, voussure. ▶ *Courbe* – anse, arcade, arcature, arceau, arche, archivolte, courbe, courbure, demi-cercle, feston, recourbure.

arcade *n.f.* ▶ *Courbe* – anse, arc, arcature, arceau, arche, archivolte, courbe, courbure, demi-cercle, feston, recourbure. ▶ *Élément architectural* – accolade, anse (de panier), arc, (arc) doubleau, arche, arc-rampant, berceau, cintre, formeret, lancette, ogive, surbaissement, voussure.

arche *n.f.* ▶ *Courbe* – anse, arc, arcade, arcature, arceau, archivolte, courbe, courbure, demi-cercle, feston, recourbure. ▶ *Voûte* – accolade, anse (de panier), arc, (arc) doubleau, arcade, arc-boutant, arc-rampant, berceau, cintre, formeret, lancette, ogive, surbaissement, voussure.

architecte *n.* ▶ *Concepteur* – aménageur, bâtisseur, concepteur, concepteur-projeteur, créateur, créatif, édificateur, fondateur, ingénieur, inventeur, maître d'œuvre, ordonnateur, projeteur, urbaniste. SOUT. démiurge. ▶ *Constructeur* – bâtisseur, constructeur, entrepreneur, ingénieur. ▲ANT. DÉMOLISSEUR, DESTRUCTEUR.

architecture *n.f.* ▶ *Architectonique* – aménagement, architectonie, architectonique, conception, domisme, travaux publics, urbanisme. ▶ *Structure* – armature, charpente, ferme, gros œuvre, ossature, squelette, structure. ▶ *Agencement* – accommodation, accommodement, agencement, ajustement, aménagement, arrangement, articulation, assemblage, combinaison, combinatoire, composition, concaténation, configuration, construction, contexture, coordination, disposition, distribution, élaboration, enchaînement, harmonie, hiérarchie, liaison, mise en ordre, mise en place, ordonnance, ordonnancement, ordre, organisation, orientation, plan, profil, programmation, rangement, répartition, structuration, structure, système, texture.

ardemment *adv.* ▶ *Passionnément* – à corps perdu, à la folie, éperdument, fanatiquement, fervemment, follement, frénétiquement, furieusement, passionnément, violemment, vivement. ▶ *Fougueusement* – chaleureusement, chaudement, fougueusement, impétueusement, violemment. SOUT. torrentueusement, véhémentement. ▲ANT. DUREMENT, FRAÎCHEMENT, FROIDEMENT, GLACIALEMENT, HAUTAINEMENT, IMPERSONNELLEMENT, INSENSIBLEMENT, RAIDE, RAIDEMENT, SEC, SÈCHEMENT.

ardent *adj.* ▶ *En combustion* – embrasé, igné, incandescent. ▶ *Chaud* – bouillant, brûlant, chaud. ▶ *Qui rappelle la couleur du feu* – de feu, flamboyant, rouge feu, rougeâtre, rougeoyant, rutilant. ▶ *Fougueux* – animé, enthousiaste, exubérant, fougueux, pétulant, véhément, vif. ▶ *Enthousiaste* – à tous crins, chaleureux, chaud, délirant d'enthousiasme, emballé, en extase, enthousiaste,

enthousiaste, extasié, extatique, fervent, passionné. *FAM.* tout feu tout flammes. ▶ *Passionné* – enflammé, exalté, fervent, inspiré, lyrique, passionné, vibrant. ▶ *Intense* – animé, chaud, intense, vif. ▶ *Dévorant* – brûlant, dévastateur, dévorant, ravageur. *SOUT.* dévorateur. ▶ *Sensuel* – brûlant, chaud, érotique, passionné, torride. ▲ANT. ÉTEINT; APATHIQUE, INDOLENT, NONCHALANT, OISIF, PASSIF; FROID, INDIFFÉRENT, INSENSIBLE AUX CHARMES DE.

ardeur *n. f.* ▶ *Enthousiasme* – allant, animation, chaleur, cœur, élan, enthousiasme, entrain, ferveur, flamme, passion, zèle. *SOUT.* feu. ▶ *Dynamisme* – abattage, activité, allant, dynamisme, effort, énergie, vie, vigueur, vitalité, vivacité. *FAM.* punch. ▶ *Fougue* – emportement, feu, fougue, furia, impétuosité, pétulance, véhémence, vivacité. *FAM.* mordant. ▶ *Acharnement* – acharnement, effort, énergie, lutte. ▶ *Intensité* – acharnement, animosité, énergie, force, frénésie, fureur, furie, impulsivité, intensité, puissance, rage, vigueur, violence, virulence, vivacité. *SOUT.* impétuosité, véhémence. ▶ *Éloquence* – art, art oratoire, brio, chaleur, charme, conviction, élégance, expression, maîtrise, parole, persuasion, rhétorique. *SOUT.* bien-dire. ♦ **ardeurs,** *plur.* ▶ *Forte chaleur* – canicule, chaleurs. *SOUT.* touffeur. *SUISSE* tiède; *FAM.* tiaffe. ▲ANT. FROIDEUR, INDIFFÉRENCE, TIÉDEUR; INDOLENCE, MOLLESSE, NONCHALANCE.

ardu *adj.* ▶ *Pénible* – difficile, dur, éprouvant, pénible, rude. *FAM.* galère. ▶ *Laborieux* – complexe, compliqué, corsé, délicat, difficile, épineux, laborieux, malaisé, problématique. *SOUT.* scabreux. *FAM.* calé, coton, dur, musclé, trapu. ▲ANT. AISÉ, COMMODE, ÉLÉMENTAIRE, ENFANTIN, FACILE, SIMPLE.

arène *n. f.* ▶ *Amphithéâtre* – amphithéâtre, carrière, champ de bataille, cirque, gradins, hémicycle, lice, odéon, piste, ring, théâtre. ▶ *Sable* – calcul, castine, gravier, sable, sablon, tangue *(vaseux).* ▲ANT. ASILE, GIRON, REFUGE.

arête *n. f.* ▶ *Pointe de l'épi* – barbe. ▶ *Coin* – angle, anglet, carre, coin, corne, coude, diverticule, écoinçon, encoignure, enfourchement, noue, pan, recoin, renfoncement, retour, saillant, tournant. *QUÉB.* racoin. *MAR.* empointure. ▶ *Saillie* – angle, appendice, aspérité, avancée, avancement, balèvre, bec, bosse, bourrelet, console, corne, corniche, côte, coude, crête, dent, éminence, encorbellement, éperon, ergot, excroissance, gibbosité, hourd, mamelon, moulure, nervure, picot, pointe, proéminence, projecture, prolongement, protubérance, redan, relief, ressaut, saillant, saillie, surplomb, surplombement, tubercule. ▲ANT. VERSANT.

argent *n. m.* ▶ *Monnaie* – argent comptant, argent liquide, billet (de banque), comptant, coupure, espèces, liquide, numéraire, papier-monnaie. *FAM.* biffeton. ▶ *Richesse* – *FAM.* blé, braise, flouse, fric, galette, grisbi, jonc, oseille, pépètes, pèse, picaillons, pognon, radis, répondant, sous, trèfle. *QUÉB. FAM.* bidous, foin, motton. ▶ *Capital* – avoir, bien, capital, cassette, épargne, fonds, fortune, fruit, gain, investissement, liquidités, masse, numéraire, patrimoine, pécule, placement, portefeuille, possession, produit, propriété, richesse, trésor, valeur. *SOUT.* deniers. *FAM.* finances, magot. ▶ *Économies* – cagnotte, écono-

mies, épargnes, réserve. *FAM.* bas (de laine), magot, pécule. *FRANCE FAM.* éconocroques.

argenté *adj.* ▶ *D'un gris brillant* – argent, gris fer, gris métallisé. ▶ *Riche (FAM.)* – à l'aise, aisé, cossu, cousu d'or, fortuné, huppé, milliardaire, millionnaire, nanti, privilégié, qui a les moyens, qui roule sur l'or, riche. *SOUT.* opulent. *FAM.* plein aux as; *PÉJ.* richard. *FRANCE FAM.* friqué, rupin. ▲ANT. DANS LE BESOIN, DÉFAVORISÉ, DÉMUNI, INDIGENT, MISÉRABLE, MISÉREUX, NÉCESSITEUX, PAUVRE.

argile *n. f.* (terre) glaise. *QUÉB. FAM.* terre forte, terre grasse.

argot *n. m.* ▶ *Langue des voleurs* – argot des voleurs, argot du milieu. *ANC.* jar, jobelin. ▶ *Langue populaire* – langue argotique, langue populaire, langue verte. ▶ *Langue déformée* – jargon.

argotique *adj.* ▲ANT. COURANT, OFFICIEL.

argument *n. m.* ▶ *Raisonnement* – analyse, apagogie, argumentation, considérations, déduction, démonstration, dialectique, dilemme, discussion, échafaudage, explication, implication, induction, inférence, justificatif, logique, méthode, preuve, raison, réflexion, réfutation, sorite, substruction, syllogisme, syllogistique, synthèse. ▶ *Raison* – affirmation, allégation, argumentation, assertion, déclaration, dire, expression, parole, position, propos, proposition, raison, théorème, thèse. ▶ *Moyen* – arme, atout, avantage, carte maîtresse, moyen, un plus. ▶ *Résumé* – abrégé, aide-mémoire, analyse, aperçu, compendium, condensé, éléments, épitomé, esquisse, extrait, livret, manuel, mémento, morceau, notice, page, passage, plan, précis, promptuaire, raccourci, récapitulation, réduction, résumé, rudiment, schéma, sommaire, somme, synopsis, vade-mecum. *FAM.* topo. ▶ *Traité* – argumentation, cours, développement, discours, dissertation, essai, étude, exposé, manuel, mémoire, monographie, somme, traité. *DR.* dire. ▶ *Variable* – identificateur, identifiant, inconnue, paramètre, variable. ♦ **arguments,** *plur.* ▶ *Ensemble d'arguments* – argumentation, argumentation. ▲ANT. FONCTEUR *(logique).*

argumentation *n. f.* ▶ *Raisonnement* – analyse, apagogie, argument, considérations, déduction, démonstration, dialectique, dilemme, discussion, échafaudage, explication, implication, induction, inférence, justificatif, logique, méthode, preuve, raison, réflexion, réfutation, sorite, substruction, syllogisme, syllogistique, synthèse. ▶ *Affirmation* – affirmation, allégation, argument, assertion, déclaration, dire, expression, parole, position, propos, proposition, raison, théorème, thèse. ▶ *Traité* – argument, cours, développement, discours, dissertation, essai, étude, exposé, manuel, mémoire, monographie, somme, thèse. *DR.* dire.

aride *adj.* ▶ *Sans eau* – desséché, sec. *GÉOGR.* aréique. ▶ *Qui produit peu de végétation* – avare, désertique, improductif, inculte, incultivable, infertile, ingrat, pauvre, stérile. ▶ *Qui rebute* – désagréable, ingrat, pénible, rébarbatif, rebutant. *FAM.* craignos. ▶ *Insensible* – de granit, de pierre, dur, endurci, froid, indifférent, insensible, sans-cœur, sec. *SOUT.* d'airain, frigide, graniteux. *FAM.* blindé. ▲ANT. HUMIDE; PLUVIEUX; FÉCOND, FERTILE, RICHE; CHALEUREUX,

CORDIAL, HUMAIN; CRÉATEUR, CRÉATIF, IMAGINATIF, INVENTIF, QUI A L'IMAGINATION FERTILE; ATTRAYANT, CAPTIVANT, FASCINANT, INTÉRESSANT, PASSIONNANT; AISÉ, FACILE, SIMPLE; COMPATISSANT, EMPATHIQUE, SENSIBLE.

aristocrate *n.* ▶ *Membre d'une classe* – noble, titré. *SOUT.* patricien. ▶ *Homme* – homme bien né, homme de condition, homme de qualité, seigneur. *ANC.* gentilhomme. ▷ *Jeune homme* – damoiseau *(pas encore chevalier)*, menin, page. ▶ *Femme* – femme bien née, femme de condition, femme de qualité, noble. *ANC.* dame, damoiselle, demoiselle. ♦ **aristocrates,** *plur.* ▶ *Ensemble de cette classe* – aristocratie, beau monde, gens du monde, gotha, grand monde, haute société, monde, nobles, société. *FAM.* beau linge, gens de la haute, gratin, haute. ▲ANT. BOURGEOIS, ROTURIER; HOMME DU PEUPLE, PLÉBÉIEN, PROLÉTAIRE; DÉMOCRATE.

aristocratie *n. f.* ▶ *Noblesse* – élite, grandesse, lignage, lignée, naissance, nom, qualité, sang bleu. ▶ *Haute société* – aristocrates, beau monde, gens du monde, gotha, grand monde, haute société, monde, nobles, société. *FAM.* beau linge, gens de la haute, gratin, haute. ▶ *Élite* – célébrités, choix, élite, (fine) fleur, gotha, grands noms, meilleur, panthéon, personnages, personnalités, sérail, vedettes. *FAM.* crème, dessus du panier, gratin. ▲ANT. DÉMOCRATIE; BOURGEOISIE; PEUPLE, ROTURE.

aristocratique *adj.* ▶ *Noble* – de haut lignage, de haute extraction, nobiliaire, noble, patricien, princier. ▶ *Distingué* – chic, de grande classe, distingué, élégant, qui a bon genre, racé, raffiné, ultrachic. *FAM.* classe. ▲ANT. DÉMOCRATIQUE, PLÉBÉIEN, POPULAIRE, PROLÉTAIRE.

arithmétique *n. f.* ▶ *Calcul* – algèbre, algorithme, calcul, chiffrage, compte, opération, supputation.

armature *n. f.* ▶ *Charpente* – bâti, cadre, carcasse, chaînage, charpente, châsse, châssis, empoutrerie, fût, lisoir, monture, ossature, poutrage, poutraison. ▶ *Structure* – architecture, charpente, ferme, gros œuvre, ossature, squelette, structure. ▶ *Signes musicaux* – altérations, armure (de clé).

arme *n. f.* ▶ *Moyen* – argument, atout, avantage, carte maîtresse, moyen, un plus. ♦ **armes,** *plur.* ▶ *Symbole* – armoiries, blason, écu (héraldique), écusson, pennon. ▶ *Ensemble d'engins* – armement, arsenal, force de frappe. ▲ANT. ARMURE, BOUCLIER, PROTECTION.

armée *n. f.* ▶ *Personnes qui servent un pays* – corps d'armée, effectifs, forces armées, forces (militaires), hommes de troupe, le rang, les drapeaux, troupes. *BELG.* milice. *FÉOD.* ost. ▶ *Personnes regroupées* – abondance, affluence, armada, attroupement, cohue, concentration, concours, encombrement, essaim, flot, forêt, foule, fourmilière, fourmillement, grouillement, légion, marée, masse, meute, monde, multitude, peuple, pléiade (*célébrités*), pullulement, rassemblement, régiment, réunion, ribambelle, ruche, tas, troupeau. *FAM.* flopée, marmaille (*enfants*), tapée, tripotée. *QUÉB.* achalandage; *FAM.* tapon, trâlée. *PÉJ.* ramassis. ▲ANT. MINORITÉ, POIGNÉE.

armement *n. m.* ▶ *Équipement d'une armée* – armes, matériel de guerre. ▶ *Action d'armer un*

bâtiment – avitaillement, équipement, gréage, gréement, mâtage, mâtement. ▲ANT. DÉSARMEMENT.

armer *v.* ▶ *Munir d'ouvrages de défense* – fortifier. ▶ *Revêtir de métal* – barder d'acier, barder de fer, blinder, cuirasser. ♦ *s'armer* ▶ *Prendre* – prendre, se munir de. ▶ *Se protéger* – parer à, prendre ses précautions, s'assurer, se garantir, se prémunir, se protéger. *SOUT.* se précautionner. ▲ANT. DÉSARMER.

armoire *n. f.* ▶ *Meuble* – armoire à glace, bahut, bonnetière, casier, chiffonnier, étagère, (meuble de) rangement, semainier, tour. *FAM.* fourre-tout.

armure *n. f.* ▶ *Protection psychologique* – carapace, cuirasse. ▶ *Entrecroisement de fils* – contexture. ▶ *Signes musicaux* – altérations, armature, armure (de clé). ▲ANT. ARME; NUDITÉ, VULNÉRABILITÉ.

arôme (var. **arome**) *n. m.* ▶ *Odeur agréable* – bouquet (*vin*), fragrance, fumet, parfum, senteur. ▲ANT. PESTILENCE, PUANTEUR.

arpenter *v.* ▶ *Mesurer un terrain* – chaîner. ▶ *Parcourir* – battre, explorer, inspecter, parcourir, prospecter, ratisser, reconnaître, visiter.

arrachement *n. m.* arrachage, avulsion, éradication, excision, extirpation, extraction. ▲ANT. ENRACINEMENT, IMPLANTATION, PLANTATION.

arracher *v.* ▶ *Retirer avec effort* – extirper, extraire. ▶ *Déraciner* – déplanter, déraciner, déterrer, extirper. ▶ *Emporter sur son passage* – balayer, charrier, emporter, enlever, entraîner. ▶ *Tirer d'un danger* – sauver, soustraire. *QUÉB.* réchapper, rescaper. *MAR.* sauveter. ▶ *Soutirer* – escroquer, extorquer, soutirer, voler. *FAM.* carotter, ratiboiser, taxer. ♦ *s'arracher* ▶ *S'en aller* (*FAM.*) – faire un tour, filer, montrer les talons, partir, plier bagage, quitter, s'éloigner, s'en aller, se retirer, tourner les talons, vider les lieux. *FAM.* calter, débarrasser le plancher, décoller, dévisser, ficher le camp, foutre le camp, lever l'ancre, mettre les bouts, mettre les voiles, riper, se barrer, se casser, se tailler, se tirer, se trotter, trisser. *QUÉB. FAM.* faire un bout, sacrer le camp, sacrer son camp. ▲ANT. ENRACINER, PLANTER; ENFONCER, POSER. △S'ARRACHER – S'INCRUSTER.

arrangement *n. m.* ▶ *Classement* – archivage, catalogage, classement, classification, collocation, distribution, indexage, indexation, mise en ordre, ordonnancement, ordre, rangement, répartition, sériation, tri, triage. ▶ *Agencement* – accommodation, accommodement, agencement, ajustement, aménagement, architecture, articulation, assemblage, combinaison, combinatoire, composition, concaténation, configuration, construction, contexture, coordination, disposition, distribution, élaboration, enchaînement, harmonie, hiérarchie, liaison, mise en ordre, mise en place, ordonnance, ordonnancement, ordre, organisation, orientation, plan, profil, programmation, rangement, répartition, structuration, structure, système, texture. ▶ *Préparatif* – apprêt, branle-bas, dispositif, disposition, mesure, préalable, précaution, préliminaires, préparatifs, préparation. ▶ *Finition* – achèvement, amélioration, complètement, correction, enjolivement, finition, léchage, mise au point, peaufinage, perfectionnement, polissage, raffinage, raffinement, retouche, révision, soin. *SOUT.* parachèvement. *FAM.* fignolage.

▶ *Réparation* – amélioration, bricolage, consolidation, dépannage, entretien, maintenance, rajustement, ravalement, reconstitution, réfection, remise à neuf, remise en état, remontage, renforcement, réparation, reprise, restauration, restitution, rétablissement, retapage, rhabillage, sauvetage, soin. *FAM.* rafistolage. *QUÉB. FAM.* ramanchage. ▶ *Orchestration* – accompagnement, harmonisation, instrumentation, musique, orchestration. ▶ *Compromis* – accommodement, accord, arbitrage, composition, compromis, conciliation, entente à l'amiable, entente amiable, expédient, moyen terme, règlement à l'amiable, règlement amiable. *DR.* amiable composition. *PÉJ.* cote mal taillée. ▶ *Accord* – accommodement, accord, alliance, compromis, concordat, consensus, contrat, convention, engagement, entente, marché, modus vivendi, pacte, protocole, traité, transaction. ▲*ANT.* DÉRANGEMENT, DÉSORDRE, PERTURBATION; BROUILLE, DIFFÉREND, DISPUTE.

arranger *v.* ▶ *Préparer* – apprêter, parer, préparer. *QUÉB. ACADIE FAM.* gréer. ▶ *Disposer* – disposer, mettre, placer, présenter. *QUÉB. ACADIE FAM.* amancher. ▶ *Ordonner* – agencer, aménager, coordonner, ordonnancer, ordonner, organiser, structurer, systématiser. ▶ *Aménager une pièce* – aménager, installer. ▶ *Retoucher* – corriger, éditer, retoucher, réviser, revoir. ▶ *Réparer* – bricoler, réparer, retaper. *FAM.* rabibocher, rabobiner, rafistoler, replâtrer. *BELG. FAM.* rabistoquer. *QUÉB. FAM.* raboudiner, radouer, ramancher. ▶ *Convenir* (*FAM.*) – aller à, contenter, convenir à, faire l'affaire de, plaire à, satisfaire, sourire à. *SOUT.* agréer à, complaire à. *FAM.* botter à, chanter à. *QUÉB. FAM.* adonner. ▶ *Malmener* (*FAM.*) – battre, brutaliser, houspiller, malmener, maltraiter, martyriser, mettre à mal, molester, rudoyer. *QUÉB. FAM.* maganer. ▶ *Blesser* (*FAM.*) – contusionner, froisser, meurtrir. *FAM.* abîmer, amocher, esquinter. *QUÉB. FAM.* poquer. ♦ *s'arranger* ▶ *Se débrouiller* – se débrouiller, se dépêtrer, se tirer d'affaire. *FAM.* nager, se débarbouiller, se dépatouiller. *BELG.* s'affûter. ▶ *Se contenter* – s'accommoder, se contenter, se satisfaire. ▶ *S'améliorer* – aller mieux, s'améliorer, se tasser. ▶ *Parvenir à une entente* – convenir de, s'accorder, s'entendre, se concerter, se mettre d'accord, tomber d'accord, trouver un terrain d'entente. ▲*ANT.* IMPROVISER; BOULEVERSER, BRISER, DÉFAIRE, DÉRANGER, DÉRÉGLER, DÉSORGANISER; TROUBLER. △S'ARRANGER – S'EMBROUILLER, S'ENVENIMER; SE BROUILLER, SE QUERELLER.

arrestation *n. f.* capture. ▶ *De plusieurs personnes* – descente policière, rafle. ▲*ANT.* DÉLIVRANCE, LIBÉRATION; LIBERTÉ.

arrêt *n. m.* ▶ *Interruption* – annulation, avortement, cessation, discontinuation, entrecoupement, intermittence, interruption, levée, panne, pause, relâche, station, suspension. ▶ *Silence* – interruption, pause, silence, temps. ▶ *Paralysie* – asphyxie, blocage, désactivation, engourdissement, enraiement, entrave, immobilisation, immobilisme, impuissance, inhibition, neutralisation, obstruction, paralysie, ralentissement, sclérose, stagnation. ▶ *Décret* – arrêté, décision, délibération, jugement, ordonnance, règlement, résolution, résultat, sentence, verdict. ▶ *Arbitraire ou injuste* – diktat, ukase. ▶ *Signalisation*

(*QUÉB.*) – stop. ▲*ANT.* CONTINUATION, SUITE; DÉPART; MARCHE, MOUVEMENT.

arrêté *adj.* ▶ *Définitif* – définitif, final, irrévocable, sans appel. ▶ *Précis* – clair, défini, déterminé, net, précis, tranché.

arrêté *n. m.* ▶ *Jugement* – arrêt, décision, délibération, jugement, ordonnance, règlement, résolution, résultat, sentence, verdict. ▶ *Arbitraire ou injuste* – diktat, ukase. ▶ *Norme* – charte, code, convention, cote, coutume, formule, loi, mesure, norme, obligation, ordre, précepte, prescription, protocole, régime, règle, règlement, usage. ▶ *Acte* – décret, édit, ordonnance.

arrêter *v.* ▶ *Bloquer* – bloquer, stopper. ▶ *Cesser* – abandonner, cesser, mettre fin à, mettre un terme à, renoncer à. ▶ *Suspendre* – cesser, interrompre, lever, suspendre. *SOUT.* discontinuer. ▶ *Freiner une progression* – désamorcer, enrayer, entraver, étouffer, étrangler, faire obstacle à, freiner, inhiber, juguler, mater, mettre en échec, mettre un frein à, neutraliser, refouler, stopper. ▶ *Fixer* – assigner, décider, déterminer, établir, fixer, régler. ▶ *Appréhender* – appréhender, capturer, faire prisonnier, prendre, saisir. *FAM.* attraper, choper, coffrer, coincer, cravater, cueillir, embarquer, épingler, harponner, mettre la main au collet de, mettre le grappin sur, pincer, prendre au collet, ramasser, saisir au collet. *FRANCE FAM.* agrafer, alpaguer, arnaquer, arquepincer, coiffer, emballer, gauler, piquer, poisser, poivrer. ♦ *s'arrêter* ▶ *S'interrompre* – cesser, discontinuer, prendre fin, s'interrompre. ▶ *Faire une halte* – faire halte, faire une station, s'immobiliser, stationner. ▶ *Séjourner* – descendre, loger, rester, se relaisser, séjourner. ▶ *Desservir* – desservir, passer par. ▲*ANT.* LAISSER ALLER; ACTIONNER, LIBÉRER, MOUVOIR, RELÂCHER; ENCOURAGER, EXCITER, STIMULER; ACCÉLÉRER, HÂTER. △S'ARRÊTER – ALLER, MARCHER, PASSER, SE MOUVOIR; DÉMARRER; CONTINUER, POURSUIVRE; REPRENDRE.

arrière *adj.* ▲*ANT.* AVANT; DEBOUT (vent).

arrière *n. m.* ▶ *Partie postérieure* – derrière, dos, envers, revers, verso. ▶ *Partie du navire* – arcasse, arrière (d'un navire), étambot, poupe. ▶ *Joueur* – défenseur, joueur de défense, libero (*soccer*). ▲*ANT.* AVANT, DEVANT.

arriéré *adj.* ▶ *Qui souffre d'un retard mental* – attardé, demeuré, retardé, simple d'esprit. ▶ *Rétrograde* – attardé, contre-révolutionnaire, droitiste, immobiliste, nostalgique, passéiste, réactionnaire, rétrograde. *FAM.* archéo, réac. ▶ *Dépassé* – anachronique, ancien, antédiluvien, antique, archaïque, caduc, démodé, dépassé, désuet, fossile, inactuel, moyenâgeux, obsolescent, obsolète, passé de mode, périmé, poussiéreux, préhistorique, qui a fait son temps, suranné, tombé en désuétude, usé, vétuste, vieilli, vieillot, vieux, vieux jeu. ▶ *Non payé* – dû, en souffrance, impayé. ▲*ANT.* CIVILISÉ, DÉVELOPPÉ, ÉVOLUÉ, MODERNE; PAYÉ (D'AVANCE).

arriéré *n.* ▶ *Personne* – arriéré (mental), attardé (mental), crétin, débile (mental), déficient intellectuel, déficient mental, demeuré, oligophrène. ♦ *arriéré, masc.* ▶ *Dette* – charge, compte, créance, crédit à découvert, débet, débit, découvert, déficit, dette, devoir, doit, dû, emprunt, engagement, impayé, moins-perçu, non-paiement, obligation, passif, solde débiteur. *BELG.* mali, pouf. ▶ *Retard* – décalage, déphasage, désynchronisation, retard. *AGRIC.* tardiveté. *PHYS.* hystérésis. ▲**ANT.** CERVEAU, ESPRIT SUPÉRIEUR, GÉNIE, SURDOUÉ; AVANCE.

arrière-goût *n. m.* ▲**ANT.** AVANT-GOÛT; APERÇU, ESQUISSE, IDÉE.

arrière-pensée *n. f.* âme, arrière-fond, conscience, coulisse, dedans, dessous, fond, for intérieur, intérieur, intériorité, intimité, jardin secret, repli, secret. *SOUT.* tréfonds. ▲**ANT.** DÉCLARATION, DÉMONSTRATION, MANIFESTATION; FRANCHISE.

arrière-plan *n. m.* arrière-fond, fond, lointain, plan éloigné, second plan. ▲**ANT.** PREMIER PLAN.

arrivée *n. f.* ▶ *Apparition* – apparition, approche, avènement, entrée, introduction, irruption, jaillissement, manifestation, occurrence, survenance, venue. *SOUT.* surgissement, survenue. *DIDACT.* exondation. ▶ *Accession* – accession, admission, avènement, venue. ▶ *Immigration* – entrée, établissement, gain de population, immigration, venue. ▶ *Affluence* – affluence, afflux, circulation, écoulement, flot, flux, issue. ▶ *Accès* – abord, accès, approche, entrée, introduction, ouverture, seuil. *MAR.* embouquement *(d'une passe).* ▲**ANT.** DÉPART, DISPARITION, SORTIE.

arriver *v.* ▶ *Atteindre un endroit* – accéder à, atteindre, gagner, parvenir à, se rendre à, toucher. ▶ *Atteindre un but* – atteindre, parvenir à, réussir à. ▶ *Réussir* – aller loin, briller, faire carrière, faire du chemin, faire fortune, percer, réussir. ▶ *Provenir* – provenir, venir. ▶ *Se produire* – advenir, avoir lieu, se dérouler, se passer, se produire, survenir. ▶ *Être imminent* – approcher, s'en venir, venir. ▶ *Se présenter* – paraître, se montrer, se présenter. *FAM.* rappliquer, s'amener, se pointer, (se) ramener, se ramener. ▲**ANT.** PARTIR, S'ÉLOIGNER, S'EN ALLER; ÉCHOUER, MANQUER, RATER.

arriviste *n.* ▶ *Ambitieux* – ambitieux, carriériste, jeune loup. *SUISSE* grimpion. *FAM.* cumulard, magouilleur. ▶ *En politique* – machiavel. ▶ *À l'excès* – mégalomane. *FAM.* mégalo. ▶ *Calculateur* – calculateur, intrigant, machinateur, manipulateur, manœuvrier, maquignon, margoulin, opportuniste. *FAM.* combinard, magouilleur. *QUÉB. FAM.* maniganceur. ▲**ANT.** DÉSINTÉRESSÉ.

arrogance *n. f.* ▶ *Insolence* – aplomb, audace, effronterie, front, impertinence, impolitesse, impudence, incorrection, insolence, irrespect, irrévérence. *SOUT.* outrecuidance, sans-gêne. *FAM.* culot, toupet. ▶ *Mépris* – condescendance, dédain, dégoût, dérision, hauteur, mépris, morgue, snobisme. *SOUT.* déconsidération, mésestimation, mésestime. ▶ *Orgueil* – amour-propre, autosatisfaction, bouffissure, complaisance, contentement (de soi), crânerie, enflure, fatuité, gloriole, hauteur, immodestie, importance, jactance, mégalomanie, morgue, orgueil, ostentation, outrecuidance, parade, pose, présomption, prétention, suffisance, superbe, supériorité, triomphalisme, vanité, vantardise. *SOUT.* fierté, infatuation. *FAM.* ego. *QUÉB. FAM.* pétage de bretelles. ▲**ANT.** AMÉNITÉ, COURTOISIE, DÉFÉRENCE, RESPECT; HUMILITÉ, MODESTIE.

arrogant *adj.* condescendant, dédaigneux, fier, hautain, méprisant, orgueilleux, outrecuidant, pimbêche *(femme)*, pincé, plein de soi, présomptueux, prétentieux, snob, supérieur. *SOUT.* altier, rogue. ▲**ANT.** ADMIRATIF, ÉLOGIEUX, FLATTEUR, IDOLÂTRE, LAUDATIF; HUMBLE, MODESTE.

arrondi *n. m.* arçonnage, arcure, bombage, cambre, cambrure, cintrage, circularité, concavité, conicité, convexité, courbe, courbure, fléchissement, flexion, flexuosité, galbe, incurvation, inflexion, parabolicité, rondeur, rotondité, sinuosité, sphéricité, tortuosité, voussure. ▲**ANT.** CARRURE.

arrondir *v.* bomber, enfler, gonfler, renfler, rondir. ♦ *s'arrondir* ballonner, bomber, faire bosse, faire ventre, gonfler, rondir, saillir, (se) renfler. ▲**ANT.** CARRER.

arrondissement *n. m.* ▶ *Augmentation* – accentuation, accroissement, accrue, agrandissement, amplification, augmentation, bond, boom, crescendo, croissance, crue, développement, dilatation, élargissement, élévation, enflement, enrichissement, envolée, essor, évolution, expansion, extension, flambée, foisonnement, gonflement, gradation, grossissement, hausse, haussement, inflation, intensification, majoration, montée, poussée, progrès, progression, recrudescence, redressement, rehaussement, relèvement, renchérissement, renforcement, revalorisation, valorisation. ▲**ANT.** PRÉCISION, RAFFINEMENT, SUBTILITÉ.

arrosage *n. m.* ▶ *Action d'arroser* – arrosement, aspersion. ▶ *Pot-de-vin* (*FAM.*) – dessous-de-table, enveloppe, pot-de-vin, pourboire. *FAM.* bakchich. *AFR.* matabiche. ▶ *Action de bombarder* (*FAM.*) – bardement, canonnage, fauchage, feu, grenadage, mitraillage, mitraille, pilonnage, torpillage. ▲**ANT.** ASSÈCHEMENT, DRAINAGE; DESSÈCHEMENT.

arroser *v.* ▶ *Mouiller* – abreuver, baigner, détremper, gorger d'eau, imbiber, imprégner, inonder, mouiller. ▶ *Éclabousser* – asperger, éclabousser. ▶ *Irriguer* – baigner, irriguer. ▶ *Soudoyer* (*FAM.*) – acheter, avoir à sa solde, corrompre, soudoyer, suborner *(un témoin).* *SOUT.* stipendier. *FAM.* graisser la patte à. ▲**ANT.** ASSÉCHER, DESSÉCHER, SÉCHER; ÉPONGER, ESSUYER; DRAINER, TARIR.

arsenal *n. m.* ▶ *Magasin militaire* – dépôt d'armes, magasin, poudrière. *ANC.* atelier/manufacture d'armes, sainte-barbe. ▶ *Collection d'armes* – panoplie. ▶ *Équipement* (*FAM.*) – affaires, appareil, bagage, chargement, équipement, fourniment, harnachement, instruments, matériel, outillage, outils. *FAM.* attirail, barda, bastringue, bataclan, bazar, fourbi, matos, paquet, paquetage, saint-crépin, saint-frusquin. *QUÉB. FAM.* agrès, gréage, gréement.

art *n. m.* ▶ *Talent* – adresse, aisance, aptitude, brio, capacité, compétence, dextérité, disposition, doigté, don, expérience, expertise, facilité, faculté, force, fort, génie, habileté, main, maîtrise, métier, pouvoir, professionnalisme, savoir, savoir-faire, sens, talent, technique, virtuosité. *SOUT.* industrie. *FAM.* bosse. *QUÉB.* douance *(scolaire).* *DR.* habilitation, habilité. ▶ *Technique* – approche, chemin, code, comment, credo, démarche, discipline, dispositif, façon (de faire), facture, formule, heuristique, instruction, instrument, ligne de conduite, maïeutique, manière, marche (à suivre), méthode, modalité, mode d'emploi, mode, moyen, opération, ordre, organisation, outil, posologie, pratique, procédé, procédure, protocole, raisonnement, recette, règle, secret, stratagème, stratégie, système, tactique, technique, théorie, traitement, voie. SOUT. faire. ▶ *Métier* – activité, carrière, emploi, état, gagne-pain, métier, occupation, profession, qualité, services, situation, spécialité, travail. FAM. boulot, turbin, turf. ▶ *Éloquence* – ardeur, art oratoire, brio, chaleur, charme, conviction, élégance, expression, maîtrise, parole, persuasion, rhétorique. SOUT. bien-dire. ▶ *Beauté* – agrément, attrait, beau, beauté, charme, chic, classe, coquetterie, délicatesse, distinction, éclat, élégance, esthétique, féerie, fraîcheur, grâce, gracieux, harmonie, magnificence, majesté, perfection, photogénie, pureté, séduction, splendeur, symétrie. DIDACT. eurythmie. SOUT. blandice, joliesse, morbidesse, sublimité, symphonie, vénusté. ▲ANT. INCOMPÉTENCE; MALADRESSE.

artère *n. f.* ▶ *Voie de communication en général* – voie, voie de circulation, voie de communication. ▶ *Rue urbaine importante* – accès, rue, voie. ▶ *Large* – allée, avenue, boulevard, cours, mail, promenade. BELG. drève.

article *n. m.* ▶ *Subdivision d'un livre* – alinéa, chapitre, livre, matière, objet, paragraphe, partie, question, rubrique, section, sujet, titre, tome, volet, volume. ▶ *Dans un texte sacré* – psaume, surate *(musulman)*, verset. ▶ *Texte publié* – texte. FAM. papier. ▶ *Objet à vendre* – marchandise, produit. ▶ *Partie du corps d'un insecte* – anneau, métamère, segment.

articulation *n. f.* ▶ *Partie du corps* – attache, jointure. ANAT. glène, ligament, ménisque, trochlée. ▶ *Diction* – débit, déclamation, diction, élocution, éloquence, énonciation, expression, langage, langue, parole, phonation, phonétique, phonie, pose de voix, prononciation, style, voix. ▶ *Structuration* – accommodation, accommodement, agencement, ajustement, aménagement, architecture, arrangement, assemblage, combinaison, combinatoire, composition, concaténation, configuration, construction, contexture, coordination, disposition, distribution, élaboration, enchaînement, harmonie, hiérarchie, liaison, mise en ordre, mise en place, ordonnance, ordonnancement, ordre, organisation, orientation, plan, profil, programmation, rangement, répartition, structuration, structure, système, texture. ▶ *Raccordement* – abouchement, aboutage, aboutement, accolement, accouplage, accouplement, ajustage, apposition, assemblage, association, branchement, coalescence, confluence, conjonction, conjugaison, connexion, contact, convergence, couplage, couplement, groupage, interconnexion, interface, joint, jointure, jonction, jumelage, juxtaposition, liaison, mariage, mise en couple, mixage, raccord, raccordement, rapprochement, reboutement, relation, rencontre, réunion, suture, union. ▲ANT. INARTICULATION; DÉSARTICULATION.

articuler *v.* ▶ *Dire* – dire, émettre, lâcher, lancer, pousser, proférer, prononcer, sortir. ▶ *Prononcer nettement* – détacher, marteler. ▶ *Structurer* – architecturer, bâtir, charpenter, construire, façonner,

organiser, structurer. ▲ANT. BAFOUILLER, BARAGOUINER, BREDOUILLER; DÉSARTICULER, DÉSUNIR, DISLOQUER.

artifice *n. m.* ▶ *Fiction* – affabulation, chimère, combinaison, comédie, expédient, fabrication, fabulation, fantaisie, feinte, fiction, fumisterie, histoire, idée, imagination, invention, irréalité, légende, mensonge, rêve, roman, saga, songe. PSYCHOL. confabulation, mythomanie. ▶ *Feinte* – comédie, déguisement, dissimulation, duplicité, faux-semblant, feinte, fiction, finauderie, grimace, hypocrisie, invention, leurre, mensonge, momerie, pantalonnade, parade, ruse, simulation, singerie, sournoiserie, tromperie. SOUT. simulacre. FAM. cinéma, cirque, finasserie, frime. ▶ *Ruse* – astuce, escamotage, fourberie, fraude, machiavélisme, machination, manœuvre, ruse, stratagème, subterfuge. FAM. feinte. ▶ *Raisonnement trompeur* – cercle vicieux, circularité, paralogisme, pétition de principe, sophisme. ▲ANT. NATUREL, VÉRITÉ; DROITURE, FRANCHISE, SINCÉRITÉ.

artificiel *adj.* ▶ *D'imitation* – d'imitation, de plastique, en plastique, en toc, fabriqué, factice, faux, imité, postiche, synthétique. ▶ *Produit chimiquement* – chimique, synthétique. ▶ *Qui manque de naturel* – affecté, apprêté, compassé, composé, empesé, emprunté, étudié, forcé, frelaté. ▶ *Qui n'est pas sincère* – affecté, de commande, factice, feint, forcé, insincère, (qui sonne) faux, simulé. ▲ANT. NATUREL; AUTHENTIQUE, VRAI; SANS AFFECTATION, SANS ARTIFICES, SIMPLE, SOBRE.

artificiellement *adv.* ▶ *Sans sincérité* – académiquement, conventionnellement, facticement, faussement. ▶ *De façon non naturelle* – chimiquement, synthétiquement. ▲ANT. NATURELLEMENT, SANS AFFECTATION, SANS ARTIFICES, SIMPLEMENT, SOBREMENT.

artisan *n.* ▶ *Fabricant* – constructeur, entrepreneur, fabricant, faiseur, industriel, manufacturier, producteur. ▶ *Instigateur* – âme, auteur, canalisateur, centre, cerveau, chef, cheville ouvrière, créateur, dirigeant, fondateur, incitateur, initiateur, inspirateur, instigateur, locomotive, maître (d'œuvre), meneur, moteur, organisateur, patron, père, promoteur, protagoniste, régisseur, responsable. SOUT. excitateur, instaurateur, ouvrier. ◆ **artisans**, *plur.* ▶ *Ensemble de fabricants* – artisanat.

artiste *n.* ▶ *Acteur* – acteur, comédien, interprète. SOUT. histrion. FAM. théâtreux. ▶ *Rôle mineur* – figurant, utilité. ▶ *Fantaisiste (FAM.)* – bohème, fantaisiste. ◆ **artistes**, *plur.* ▶ *Ensemble de personnes qui pratiquent les beaux-arts* – atelier, école.

artistique *adj.* artiste, de bon goût.

as *n. m.* ▶ *Expert* – expert, (fin) connaisseur, grand clerc, maître, professionnel, spécialiste, virtuose. FAM. champion, chef, pro. FRANCE FAM. bête. QUÉB. connaissant, personne-ressource. ▶ *Personne intelligente* – bonne lame, cerveau, esprit supérieur, fine lame, intelligence. SOUT. phénix. FAM. aigle, flèche, grosse tête, lumière, tête d'œuf. QUÉB. FAM. bolle, bollé. ▲ANT. AMATEUR, DÉBUTANT, PROFANE.

ascendant *adj.* ascensionnel, montant. ▲ANT. DÉCROISSANT, DESCENDANT.

ascendant *n. m.* ▶ *Influence* – action, aide, appui, attirance, attraction, aura, autorité, contagion, crédit, dominance, domination, effet, empreinte, emprise, fascination, force, importance, incitation, influence, inspiration, magie, magnétisme, mainmise, manipulation, mouvance, persuasion, pétition, poids, pouvoir, prépondérance, présence, pression, prestige, puissance, règne, rôle, séduction, subjugation, suggestion, tyrannie. *SOUT.* empire, intercession. ◆ **ascendants**, *plur.* ▶ *Parents* – ascendance. *SOUT.* aînés. ▶ *Au figuré* – matrice, origine, souche, source. ▲**ANT.** DESCENDANT.

ascension *n. f.* ▶ *Action de monter* – élévation, lévitation, montée. ▶ *Escalade* – alpinisme, escalade, grimpée, montagne, montée, randonnée, trek, trekking, varappe. *FAM.* grimpe, grimpette, rando. ▶ *Progrès* – avance, avancée, avancement, cheminement, développement, marche, marche avant, montée, percée, progrès, progression. ▲**ANT.** DESCENTE; CHUTE, DÉCLIN, RÉGRESSION.

ascèse *n. f.* ▶ *Austérité* – abstinence, ascétisme, austérité, dépouillement, expiation, flagellation, frugalité, macération, mortification, pénitence, privation, propitiation, renoncement, restriction, sacrifice, stigmatisation, tempérance. ▶ *Ascétisme* – ascétisme, austérité, puritanisme, rigorisme, stoïcisme. ▲**ANT.** ÉPICURISME, HÉDONISME, SYBARITISME; JOUISSANCE, PLAISIR.

ascétique *adj.* austère, frugal, janséniste, monacal, puritain, rigide, rigoriste, rigoureux, sévère, spartiate. *SOUT.* claustral, érémitique. ▲**ANT.** ÉPICURIEN, HÉDONISTE.

ascétisme *n. m.* ▶ *Rigorisme* – ascèse, austérité, puritanisme, rigorisme, stoïcisme. ▶ *Frugalité* – abstinence, ascèse, austérité, dépouillement, expiation, flagellation, frugalité, macération, mortification, pénitence, privation, propitiation, renoncement, restriction, sacrifice, stigmatisation, tempérance. ▶ *Chasteté* – abstinence, célibat, chasteté, continence, pureté, vertu, virginité. *FAM.* pucelage. ▲**ANT.** ÉPICURISME, HÉDONISME, SYBARITISME; JOUISSANCE, PLAISIR.

asile *n. m.* ▶ *Abri* – abri, affût, cache, cachette, gîte, lieu de repos, lieu sûr, refuge, retraite. *FIG.* ermitage, havre (de paix), oasis, port, solitude, tanière, toit. *PÉJ.* antre, planque, repaire. ▲**ANT.** ARÈNE, DANGER, DÉFI; COUPE-GORGE.

aspect *n. m.* ▶ *Apparence* – air, allure, apparence, caractère, configuration, couleur, couvert, dehors, éclairage, expression, extérieur, façade, faciès, figure, forme, formule, impression, jour, masque, mine, paraître, perspective, physionomie, plastique *(en art)*, portrait, présentation, profil, ressemblance, semblant, surface, ton, tour, tournure, traits, vernis, visage. *SOUT.* enveloppe, superficie. ▶ *Allure* – air, allure, apparence, attitude, contenance, démarche, façon, genre, ligne, maintien, manière, panache, physique, port, posture, prestance, silhouette, style, tenue, tournure. *SOUT.* extérieur, mine. *FAM.* gueule, touche. ▶ *Point de vue* – angle, biais, côté, face, facette, perspective, point de vue, versant. ▲**ANT.** FOND.

asphalte *n. m.* ▶ *Bitume* – asphaltage, bitume, goudron (routier), macadam (goudronné).

▶ *Chaussée (PAR EXT.)* – chaussée, route, rue. *AFR.* goudron. *PAR EXT.* bitume, macadam.

aspirant *n.* ▶ *Candidat* – admissible, candidat, compétiteur, concouriste, concurrent, demandeur, postulant, prétendant. ▶ *Marine* – élève. *FRANCE FAM.* aspi.

aspiration *n. f.* ▶ *Respiration* – bouffée, exhalation, expiration, haleine, humage, inhalation, inspiration, respiration, souffle, soupir, ventilation. *SOUT.* ahan. ▶ *Pompage d'un liquide* – pompage, siphonnage, siphonnement. ▶ *Désir* – ambition, appel, appétit, attirance, attrait, besoin, but, convoitise, desideratum, désir, envie, exigence, faim, fantaisie, fantasme, fièvre, fringale, goût, idéal, intention, jalousie, passion, prétention, quête, recherche, rêve, soif, souhait, tentation, velléité, visée, vœu, voix, volonté. *SOUT.* appétence, dessein, prurit, vouloir. *FAM.* démangeaison. ▲**ANT.** EXPIRATION; REFOULEMENT; AVERSION, DÉGOÛT, REFUS; INDIFFÉRENCE.

aspirer *v.* ▶ *Pomper un liquide* – pomper, sucer. *MAR.* super. ▶ *Respirer* – humer, inhaler, respirer. ▶ *Prendre par le nez* – priser, renifler. ▶ *Souhaiter* – appeler de tous ses vœux, avoir envie de, désirer, espérer, rêver de, souhaiter, soupirer après, vouloir. ▶ *Convoiter* – ambitionner, avoir des vues sur, avoir en tête de, briguer, convoiter, courir après, désirer, pourchasser, poursuivre, prétendre à, rechercher, solliciter, souhaiter, tendre à, viser. *FAM.* guigner, lorgner, reluquer. ▲**ANT.** CRACHER, REFOULER, REJETER; EXHALER, EXPIRER, SOUFFLER; DÉDAIGNER, SE DÉSINTÉRESSER DE; RENONCER À.

assaillant *n.* affronteur, agresseur, attaquant, harceleur, offenseur, oppresseur, persécuteur, provocateur. ▲**ANT.** VICTIME; DÉFENSEUR.

assaillir *v.* ▶ *Attaquer* – agresser, attaquer, charger, foncer sur, fondre sur, sauter sur, se jeter sur, se ruer sur, tomber sur. *BELG.* broquer sur. ▶ *Presser de questions* – bombarder, harceler, mettre sur la sellette, presser. *FAM.* mitrailler. ▶ *Tourmenter* – consumer, crucifier, déchirer, dévorer, faire souffrir, lanciner, martyriser, mettre au supplice, percer, poignarder, ronger, supplicier, tarauder, tenailler, torturer, tourmenter, transpercer. *SOUT.* poindre. ▲**ANT.** DÉFENDRE, GARDER, PROTÉGER; LAISSER TRANQUILLE.

assassin *n. m.* ▶ *Meurtrier* – criminel, meurtrier, tueur. *SOUT.* exterminateur, homicide. ▲**ANT.** VICTIME.

assassiner *v.* ▶ *Tuer* – abattre, éliminer, exécuter, supprimer, tuer. *SOUT.* immoler. *FAM.* buter, descendre, envoyer ad patres, envoyer dans l'autre monde, expédier, faire la peau à, flinguer *(arme à feu)*, liquider, nettoyer, ratatiner, rectifier, refroidir, se faire, trucider, zigouiller. *FRANCE FAM.* bousiller, dessouder, escoffier, révolvériser *(revolver)*. ▲**ANT.** RESSUSCITER.

assaut *n. m.* ▶ *Agression* – agression, attaque, attentat, charge, déferlement, envahissement, intervention, invasion, irruption, offensive. *SOUT.* entreprise. *MILIT.* blitz *(de courte durée)*. ▶ *Combat* – accrochage, action (de guerre) affrontement, attaque, bagarre, bataille, choc, combat, conflit, échauffourée, empoignade, empoignement, engagement, escarmouche, ferraillement, feu, guérilla, guerre, heurt, hostilités, lutte, mêlée, opération, pugilat, rencontre,

assemblage

rixe. *FAM.* baroud, baston, bigorne, casse-gueule, casse-pipe, castagne, guéguerre, rif, rififi, riflette. *QUÉB. FAM.* brasse-camarade, poussaillage, tiraillage. *BELG. FAM.* margaille. *MILIT.* blitz *(de courte durée).* ▶ *Abordage* – abordage, arraisonnement, collision. ▲**ANT.** DÉ-FENSE.

assemblage *n. m.* ▶ *Combinaison* – alliance, association, collage, combinaison, communion, composition, concentration, conjonction, constitution, fusion, fusionnement, groupement, incorporation, intégration, ralliement, rassemblement, regroupement, réunion, symbiose, synthèse, unification, union. ▶ *Ensemble* – accumulation, amas, appareil, assortiment, collection, compilation, ensemble, foule, grand nombre, groupe, groupement, jeu, quantité, rassemblement, recueil, tas, train. *FAM.* attirail, cargaison, compil. *PÉJ.* ramassis. ▶ *Agencement* – accommodation, accommodement, agencement, ajustement, aménagement, architecture, arrangement, articulation, combinaison, combinatoire, composition, concaténation, configuration, construction, contexture, coordination, disposition, distribution, élaboration, enchaînement, harmonie, hiérarchie, liaison, mise en ordre, mise en place, ordonnance, ordonnancement, ordre, organisation, orientation, plan, profil, programmation, rangement, répartition, structuration, structure, système, texture. ▶ *Jonction* – abouchement, aboutage, aboutement, accolement, accouplage, accouplement, ajustage, apposition, articulation, association, branchement, coalescence, confluence, conjonction, conjugaison, connexion, contact, convergence, couplage, couplement, groupage, interconnexion, interface, joint, jointure, jonction, jumelage, juxtaposition, liaison, mariage, mise en couple, mixage, raccord, raccordement, rapprochement, reboutement, relation, rencontre, réunion, suture, union. ▶ *Raccord* – about, aboutement, ajout, ajutage, emboîtement, emboîture, embout, embrèvement, enfourchement, enlaçure, enture, joint, jointure, raccord. *QUÉB.* embouvetage. ▶ *Montage* – dressage, installation, montage. ▲**ANT.** DISJONCTION, SÉPARATION; DÉ-CONSTRUCTION, DÉMONTAGE, DÉSASSEMBLAGE.

assemblée *n. f.* ▶ *Réunion* – atelier de discussion, colloque, comice, comité, conférence, congrès, conseil, forum, groupe de travail, junte, panel, plénum, réunion, séminaire, sommet, symposium, table ronde. *FAM.* grand-messe. ▶ *Auditoire* – assistance, assistants, auditeurs, auditoire, foule, galerie, présents, public, salle. ▶ *Association professionnelle* – association, collège, communauté, compagnie, confrérie, congrégation, corporation, corps, guilde, hanse, membres, métier, ordre, société, syndicat. ▶ *Gouvernement* – (assemblée) législative, assemblée (nationale), chambre des communes, chambre (des députés), chambre des lords, chambre des représentants, Congrès *(É-U)*, cortès *(Espagne)*, douma *(Russie)*, Knesset *(Israël)*, landsgemeinde *(Suisse alémanique)*, législateur, parlement, (pouvoir) législatif, représentation nationale, soviet *(U.R.S.S.)*. ▶ *Révolution française* – la Constituante, la Convention (nationale). ▲**ANT.** FACE À FACE, TÊTE-À-TÊTE.

assembler *v.* ▶ *Réunir des choses* – collecter, colliger, ramasser, rassembler, recueillir, relever. *QUÉB.*

FAM. rapailler. *SUISSE FAM.* rapercher. ▶ *Réunir des personnes* – ameuter, attrouper, masser, mobiliser, rallier, ramasser, rameuter, rassembler, regrouper, réunir. ♦ *Se rassembler* – s'attrouper, se masser, se mobiliser, se rallier, se rassembler, se regrouper, se réunir. ▲**ANT.** DÉMONTER, DÉSASSEMBLER, DÉSUNIR, DISJOINDRE, DISLOQUER, DIVISER, ÉPARPILLER, SÉPARER.

assentiment *n. m.* acceptation, accord, accréditation, acquiescement, adhésion, adoption, affirmation, affirmative, agrément, amen, approbation, approbativité, approuvé, autorisation, aval, avis favorable, bénédiction, caution, chorus, confirmation, consentement, déclaration favorable, engagement, entérinement, exeat, feu vert, gré, homologation, légalisation, oui, permission, ratification, sanction, validation. *BELG.* agréage, agréation. *SOUT.* suffrage. *RE-LIG.* admittatur, célebret, créance, imprimatur, nihil obstat. ▲**ANT.** REFUS; CONDAMNATION, DÉSAPPROBATION, DÉSAVEU; RÉCUSATION.

asseoir *v.* ▶ *Mettre en équilibre* – équilibrer, mettre d'aplomb, stabiliser. ▶ *Fonder* – appuyer, baser, établir, faire reposer, fonder. ♦ *s'asseoir* ▶ *Mettre son postérieur sur* – prendre place, prendre un siège, se mettre sur son séant. *FAM.* poser ses fesses. *QUÉB. FAM.* se tirer une bûche. ▲**ANT.** DÉSÉQUILIBRER, ÉBRANLER; DÉMOLIR, RENVERSER, RUINER. △**S'ASSEOIR** – SE DRESSER, SE LEVER.

assertion *n. f.* affirmation, allégation, argument, argumentation, déclaration, dire, expression, parole, position, propos, proposition, raison, théorème, thèse. ▲**ANT.** INTERROGATION.

asservir *v.* ▶ *Soumettre par la force* – assujettir, domestiquer, dominer, dompter, enchaîner, mettre sous le joug, soumettre, subjuguer. ▶ *Tenir en son pouvoir* – contrôler, diriger, dominer, exercer son empire sur, exercer son emprise sur, gouverner, régenter, soumettre, subjuguer, tenir en son pouvoir, vampiriser, vassaliser. *SOUT.* inféoder. ♦ *s'asservir* ▶ *Se soumettre* – s'assujettir à, se soumettre à. *SOUT.* s'aliéner à, s'attacher au char de, s'inféoder à. ▲**ANT.** AFFRANCHIR, DÉLIVRER, ÉMANCIPER, LIBÉRER.

asservissement *n. m.* ▶ *Soumission* – abaissement, allégeance, appartenance, assujettissement, attachement, captivité, contrainte, dépendance, domestication, domesticité, domination, emprise, esclavage, gêne, hilotisme, inféodation, infériorité, mainmise, merci, mouvance, obédience, obéissance, obligation, oppression, pouvoir, puissance, servage, servitude, soumission, subordination, sujétion, tutelle, tyrannie, vassalité. *FIG.* carcan, chaîne, corset (de fer), coupe, fardeau, griffe, main, patte, prison; *SOUT.* fers, gaine, joug. *PHILOS.* hétéronomie. ▲**ANT.** AFFRANCHISSEMENT, DÉLIVRANCE, ÉMANCIPATION, LIBÉRATION.

assez *adv.* à satiété, acceptablement, amplement, autant qu'il faut, ce qu'il faut, convenablement, en quantité suffisante, honnêtement, passablement, plutôt, quelque peu, raisonnablement, suffisamment, suffisant. *FAM.* jusqu'à plus soif, marre. ▲**ANT.** INSUFFISAMMENT, PEU.

assidu *adj.* ▶ *Constant* – constant, continu, fidèle, intense, intensif, régulier, soutenu, suivi.

▶ *Méticuleux* – appliqué, attentif, consciencieux, méthodique, méticuleux, minutieux, ordonné, précis, rangé, rigoureux, scrupuleux, soigné, soigneux, systématique. *SOUT.* exact. ▶ *Ponctuel* – à l'heure, exact, ponctuel, régulier. ▲ANT. ALÉATOIRE, CAPRICIEUX, ÉPISODIQUE, INTERMITTENT, IRRÉGULIER, SPORADIQUE; EN RETARD, PROCRASTINATEUR, RETARDATAIRE.

assiduité *n. f.* ▶ *Régularité* – attachement, constance, fidélité, indéfectibilité, ponctualité, régularité. *SOUT.* exactitude. ▶ *Persévérance* – acharnement, constance, détermination, entêtement, fermeté, insistance, obstination, opiniâtreté, persévérance, persistance, résolution, suite dans les idées, ténacité, volonté. *PÉJ.* aveuglement. ▲ANT. INCONSTANCE, INSOUCIANCE, IRRÉGULARITÉ, NÉGLIGENCE, RELÂCHEMENT.

assiéger *v.* ▶ *Envahir* – envahir, prendre d'assaut, se ruer. ▶ *Harceler* – éperonner, être aux trousses de, harceler, importuner, poursuivre, presser, sergenter, talonner, tourmenter. *SOUT.* molester. *FAM.* asticoter, courir après, tarabuster. *QUÉB. ACADIE FAM.* achaler. *QUÉB. FAM.* écœurer, tacher. ▲ANT. DÉFENDRE; DÉLIVRER, LIBÉRER; ABANDONNER, LEVER LE SIÈGE.

assiette *n. f.* ▶ *Contenant* – écuelle, gamelle *(campeur)*, plat, soucoupe. ▶ *Contenu* – assiettée, écuelle, écuellée, plat, platée. ▶ *Équilibre* – aplomb, assise, équilibre, solidité, stabilité. ▶ *Fondation* – assise, base, fondation, infrastructure, pied, radier, soubassement, substruction, substructure. *QUÉB.* solage. *ARCHIT.* embasement, empattement. ▶ *Répartition* – allotissement, attribution, coéquation, contingent, diffusion, distribution, partage, péréquation, quotepart, ration, répartement, répartiement, répartition, routage. *DR.* copartage. ♦ *assiettes, plur.* ▶ *Ensemble de contenants* – plats, service, vaisselle.

assigner *v.* ▶ *Affecter une somme* – affecter, appliquer, attribuer, imputer, porter. ▶ *Déterminer* – arrêter, décider, déterminer, établir, fixer, régler. ▶ *Citer en justice* – appeler (en justice), citer, citer à comparaître, citer en justice, convoquer, intimer, traduire, traduire devant les tribunaux, traduire en justice. ▲ANT. ÔTER, RETRANCHER.

assimilation *n. f.* ▶ *Digestion* – absorption, anabolisme, biosynthèse, chimisme, coction, digestion, eupepsie, ingestion, métabolisme, nutrition, phagocytose *(cellules)*, rumination, transformation. ▶ *Intégration* – déculturation. ▶ *Adoption* – adoption, emprunt, imitation, insertion, ralliement. ▶ *Ressemblance* – allégorie, analogie, apologue, association (d'idées), catachrèse *(lexicalisée)*, comparaison, équivalence, figure, image, lien, métaphore, parabole, parallèle, parenté, personnification, rapport, rapprochement, relation, ressemblance, similitude, symbole, symbolisme. ▲ANT. DISSIMILATION, DISTINCTION; SÉGRÉGATION, SÉPARATION; AUTONOMIE, INDÉPENDANCE; DÉSASSIMILATION *(physiologie)*.

assimiler *v.* ▶ *Digérer* – absorber, digérer. ▶ *Apprendre* – apprendre, enregistrer, mémoriser, retenir. ▶ *Considérer comme identique* – identifier. ▶ *Faire entrer dans une communauté* – incorporer, intégrer. ♦ *s'assimiler* ▶ *S'identifier* – s'identifier à, se reconnaître dans, se retrouver dans. ▲ANT. EXPULSER, REJETER, RENDRE; DIFFÉRENCIER, DISTINGUER, ISOLER, SÉPARER; DÉSASSIMILER; DISSIMILER *(phonème)*.

assise *n. f.* ▶ *Ce sur quoi on construit* – assiette, base, fondation, infrastructure, pied, radier, soubassement, substruction, substructure. *QUÉB.* solage. *ARCHIT.* embasement, empattement. ▶ *Stabilité* – aplomb, assiette, équilibre, solidité, stabilité. ▶ *Fondement* – base, fondement, pierre angulaire, pierre d'assise, pivot, principe, soubassement.

assistance *n. f.* ▶ *Auditoire* – assemblée, assistants, auditeurs, auditoire, foule, galerie, présents, public, salle. ▶ *Protection* – abri, aide, appui, chapeautage, conservation, couverture, garantie, garde, mandat, parrainage, paternalisme, patronage, protection, recommandation, renfort, rescousse, sauvegarde, secours, sécurisation, soutien, surveillance, tutelle. *FIG.* parapluie. *QUÉB.* marrainage *(femme)*. *SOUT.* égide. *FAM.* piston. ▶ *Aide* – aide, appoint, apport, appui, association, bienfaisance, bons offices, collaboration, complicité, concours, conseil, contribution, coopération, coup d'épaule, coup de main, coup de pouce, dépannage, entraide, grâce, mainforte, participation, planche de salut, renfort, secours, service, soutien, synergie. *SOUT.* viatique. *FAM.* (coup de) fion. ▶ *Don* – aide, allocation, apport, aumône, bonne œuvre, charité, dation, disposition, distribution, don, faveur, grâce, hommage, indemnité, obole, prestation, secours, soulagement, subside, subvention. *SOUT.* bienfait. *FAM.* dépannage. *DR.* donation, fidéicommis, legs, libéralité. *RELIG.* bénédiction, charisme. ▶ *Altruisme* – aide, allocentrisme, altruisme, amour (d'autrui), bénévolat, bienveillance, bonté, charité, commisération, compassion, complaisance, convivialité, dévouement, don de soi, empathie, entraide, extraversion, fraternité, générosité, gentillesse, humanité, oblativité, oubli de soi, philanthropie, pitié, sensibilité, serviabilité, solidarité, sollicitude. *SOUT.* bienfaisance. ▲ANT. ABANDON, ÉLOIGNEMENT; DÉSAVEU, PRÉJUDICE; ÉGOÏSME.

assistant *n.* ▶ *Adjoint* – adjoint, aidant, aide, alter ego, assesseur, auxiliaire, bras droit, collaborateur, complice, exécutant, homme de confiance, lieutenant, préparateur, second, sous-chef, subalterne, subordonné. *SOUT.* suivant. *RELIG.* coadjuteur, définiteur. ▶ *Non favorable* – acolyte, lampiste, second couteau, second rôle, second violon, sous-fifre, sous-ordre. ▶ *Adjoint d'un professeur* – lecteur, maître assistant, moniteur, préparateur, répétiteur, sous-maître. ♦ *assistants, masc. plur.* ▶ *Personnes présentes* – assemblée, assistance, auditeurs, auditoire, foule, galerie, présents, public, salle. ▲ANT. CHEF, DIRECTEUR.

assister *v.* ▶ *Seconder* – aider, appuyer, épauler, seconder, soutenir. ▶ *Être présent* – être de, figurer dans, participer à, prendre part à. ▶ *Suivre un cours* – écouter, suivre. ▲ANT. ABANDONNER (À SON SORT), DÉLAISSER; DESSERVIR, ENNUYER, ENTRAVER, GÊNER, NUIRE À; ÊTRE ABSENT DE, MANQUER, RATER, S'ABSENTER DE.

association *n. f.* ▶ *Coopération* – aide, appoint, apport, appui, assistance, bienfaisance, bons offices, collaboration, complicité, concours, conseil, contribution, coopération, coup d'épaule, coup de main, coup de pouce, dépannage, entraide, grâce, mainforte, participation, planche de salut, renfort, secours, service, soutien, synergie. *SOUT.* viatique. *FAM.*

(coup de) fion. ▶ *Club* – amicale, cercle, club, compagnie, fraternité, groupe, société, union. ▶ *Organisation politique* – alliance, apparentement, bloc, camp, cartel, club, coalition, confédération, faisceau, fédération, formation, front, groupe, groupe d'intérêts, groupe de pression, groupement, ligue, mouvement, organisation, parti, phalange, rapprochement, rassemblement, union. ANC. hétairie. FÉOD. hermandad. ▶ *Organisation professionnelle* – assemblée, collège, communauté, compagnie, confrérie, congrégation, corporation, corps, guilde, hanse, membres, métier, ordre, société, syndicat. ▶ *Organisation savante ou artistique* – académie, aréopage, cénacle, cercle, club, école, institut, société. ▶ *Organisation sportive* – fédération, ligue. ▶ *Affiliation* – adhésion, adjonction, admission, adoption, affiliation, agrégation, agrément, appartenance, enrôlement, entrée, incorporation, initiation, inscription, intégration, mobilisation, rattachement, réception. ▶ *Combinaison* – alliance, assemblage, collage, combinaison, communion, composition, concentration, conjonction, constitution, fusion, fusionnement, groupement, incorporation, intégration, ralliement, rassemblement, regroupement, réunion, symbiose, synthèse, unification, union. ▶ *Lien* – connexion, connexité, corrélation, correspondance, dépendance, filiation, interaction, interdépendance, interrelation, liaison, lien, lien causal, rapport, rapprochement, relation, relation de cause à effet. FIG. pont. ▶ *Jonction* – abouchement, aboutage, aboutement, accolement, accouplage, accouplement, ajustage, apposition, articulation, assemblage, branchement, coalescence, confluence, conjonction, conjugaison, connexion, contact, convergence, couplage, couplement, groupage, interconnexion, interface, joint, jointure, jonction, jumelage, juxtaposition, liaison, mariage, mise en couple, mixage, raccord, raccordement, rapprochement, reboutement, relation, rencontre, réunion, suture, union. ▲ANT. AUTONOMIE, INDIVIDUALITÉ, ISOLEMENT; CONCURRENCE, RIVALITÉ; DÉSUNION, DISSOCIATION, DIVISION, ÉLOIGNEMENT, RUPTURE, SCISSION, SÉPARATION; DISSOLUTION.

associé *n.* ▶ *Membre d'une société* – actionnaire, coassocié, coïntéressé, partenaire, porteur d'actions, porteur de parts, sociétaire. ▶ *Collègue* – alter ego, camarade, collaborateur, collègue (de travail), compagnon de travail, condisciple *(études)*, confrère, coopérateur, égal, pair, partenaire. ▲ANT. CONCURRENT, RIVAL.

associer *v.* ▶ *Unir des choses* – allier, combiner, concilier, conjuguer, joindre, marier, mêler, réunir, unir. ▶ *Unir des personnes* – coaliser, joindre, liguer, réunir, unir. ▶ *Faire un rapprochement* – faire un rapprochement, mettre en rapport, mettre en relation, raccrocher, rapporter, rapprocher, relier. ◆ **s'associer** ▶ *Prendre part* – avoir part, collaborer, concourir, contribuer, coopérer, partager, participer, prendre part, s'engager, s'impliquer, s'investir, se joindre. ▶ *S'unir dans une cause commune* – faire front commun, s'allier, s'unir, se coaliser, se joindre, se liguer, se solidariser. ▶ *S'harmoniser* – aller bien, aller ensemble, cadrer, concorder, faire bien, s'accorder, s'assortir, s'harmoniser, (se) correspondre, se ma-

rier. ▲ANT. DÉLIER, DISSOCIER, DIVISER, ISOLER, SÉPARER; ÉCARTER, ÉLOIGNER.

assoiffé *adj.* ▶ *Qui désire fortement* – affamé, avide, gourmand, insatiable. SOUT. altéré. ▲ANT. DÉTACHÉ, INDIFFÉRENT; GAVÉ DE, RASSASIÉ DE.

assombrir *v.* ▶ *Priver de lumière* – obscurcir, ombrer. SOUT. enténébrer, obombrer, plonger dans les ténèbres. ▶ *Rendre plus foncé* – foncer, noircir, obscurcir, ombrer. ▶ *Attrister* – attrister, endeuiller, obscurcir. SOUT. embrumer, rembrunir. ◆ **s'assombrir** ▶ *En parlant du ciel* – s'ennuager, s'obscurcir, se brouiller, se couvrir, se voiler. QUÉB. FAM. se chagriner. ▶ *En parlant de qqn* – se fermer, se rembrunir, se renfrogner. ▲ANT. ÉCLAIRER, ENSOLEILLER, ILLUMINER; ÉCLAIRCIR; ÉGAYER, RÉJOUIR. △S'ASSOMBRIR – S'ÉPANOUIR, S'ILLUMINER.

assommer *v.* ▶ *Frapper violemment* – étourdir, knockouter, mettre K.O. FAM. allonger, estourbir, sonner. ▶ *Remplir d'ennui* – endormir, ennuyer, lasser. FAM. barber, barbifier, pomper, raser. ▲ANT. AMUSER, DISTRAIRE, ÉGAYER, PLAIRE À.

assoupi *adj.* à moitié endormi, ensommeillé, somnolent. FAM. ensuqué.

assoupir *v.* ▶ *Apaiser* – adoucir, alléger, apaiser, atténuer, bercer, endormir. SOUT. lénifier. ◆ **s'assoupir** ▶ *Dormir à demi* – dormir à demi, sommeiller, somnoler. BELG. FAM. sonrer. ▶ *Commencer à dormir* – s'endormir. SOUT. s'abandonner au sommeil, s'endormiller. ▶ *S'estomper* – disparaître, mourir, partir, passer, s'effacer, s'en aller, s'envoler, s'estomper, s'évanouir, s'évaporer, se dissiper, se volatiliser. ▲ANT. ÉVEILLER, RANIMER, RÉVEILLER; EXALTER, EXCITER.

assouplir *v.* ▶ *Au sens propre* – flexibiliser. ▶ *Au sens figuré* – plier, relâcher, tempérer. ▲ANT. DURCIR, RAIDIR, TENDRE.

assourdissant *adj.* bruyant, éclatant, étourdissant, fort, fracassant, résonnant, retentissant, sonore, tapageur, tonitruant, tonnant. SOUT. abasourdissant. ▲ANT. ÉTOUFFÉ, MAT, SOURD; CALME, PAISIBLE, SILENCIEUX.

assouvir *v.* ▶ *Faire cesser un besoin* – apaiser, calmer, contenter, étancher, rassasier, satisfaire, soulager. SOUT. désaltérer, repaître. ▶ *Rendre heureux* (SOUT.) – charmer, combler, enchanter, enthousiasmer, exaucer, faire la joie de, faire le bonheur de, faire plaisir à, mettre en joie, plaire à, ravir, réjouir. SOUT. délecter. FAM. emballer. ▲ANT. AFFAMER; ATTISER, EXCITER; FRUSTRER, LAISSER SUR SA FAIM.

assujetti *adj.* asservi, attaché, dépendant, dominé, prisonnier. SOUT. captif.

assujettir *v.* ▶ *Soumettre par la force* – asservir, domestiquer, dominer, dompter, enchaîner, mettre sous le joug, soumettre, subjuguer. ▶ *Astreindre* – astreindre, contraindre, forcer, mettre dans l'obligation, obliger, soumettre. ▶ *Immobiliser* – amarrer, arrimer, assurer, attacher, bloquer, fixer, immobiliser, retenir, river. ◆ **s'assujettir** ▶ *Se soumettre* – s'asservir à, se soumettre à. SOUT. s'aliéner à, s'attacher au char de, s'inféoder à. ▲ANT. LIBÉRER; AFFRANCHIR, DÉLIVRER, ÉMANCIPER; EXEMPTER, EXONÉRER; DÉGAGER.

assumer *v.* ▶ *Prendre la responsabilité* – accepter, endosser, prendre sur soi, se charger de. ▲ANT.

REFUSER, REJETER, REPOUSSER, SE DÉCHARGER DE, SE DÉSO-LIDARISER DE, SE LAVER LES MAINS DE.

assurance *n. f.* ▶ *Aisance* – aisance, aise, décontraction, désinvolture, distinction, facilité, grâce, légèreté, naturel, rondeur, souplesse. ▶ *Aplomb* – aplomb, autorité, caractère, constance, courage, cran, détermination, endurance, énergie, fermeté, force, permanence, poigne, rectitude, résolution, ressort, sang-froid, sérieux, solidité, sûreté, ténacité, vigueur, virilité, volonté. *SOUT.* fortitude, invulnérabilité. *FAM.* estomac, gagne. ▶ *Maturité* – adultie, adultisme, âge, âge adulte, âge mûr, confiance en soi, épanouissement, expérience (de la vie), force de l'âge, majorité, maturité, plénitude, réalisation de soi, sagesse. ▶ *Conviction* – certitude, confiance, conviction, croyance, foi. *SOUT.* sûreté. ▶ *Confirmation* – affirmation, attestation, certitude, confirmation, corroboration, démonstration, gage, manifestation, marque, preuve, témoignage, vérification. ▶ *Quiétude* – abri, calme, confiance, paix, quiétude, repos, salut, sécurité, sérénité, sûreté, tranquillité (d'esprit). ▶ *Garantie* – aval, caution, cautionnement, charge, consignation, couverture, ducroire, engagement, gage, garant, garantie, hypothèque, indexage, indexation, nantissement, obligation, palladium, parrainage, précaution, préservation, promesse, répondant, responsabilité, salut, sauvegarde, sécurité, signature, soulte, sûreté, warrant, warrantage. ▲ANT. EMBARRAS, GÊNE; TIMIDITÉ; DOUTE, HÉSITATION, INCERTITUDE, INDÉCISION, RÉTICENCE; MÉFIANCE.

assuré *adj.* ▶ *Certain* – certain, fatal, immanquable, imparable, implacable, incontournable, inéluctable, inévitable, inexorable, nécessaire, obligatoire, obligé, sûr. *FAM.* forcé, mathématique. ▶ *Déterminé* – décidé, délibéré, déterminé, énergique, ferme, hardi, résolu, volontaire. ▶ *Convaincu* – certain, convaincu, persuadé, sûr. ▶ *En équilibre* – en équilibre, équilibré, ferme, solide, stable.

assurément *adv.* à dire vrai, à l'évidence, à la vérité, à n'en pas douter, à vrai dire, authentiquement, bel et bien, bien, bien entendu, bien sûr, cela va de soi, cela va sans dire, certainement, certes, comme de juste, d'évidence, de toute évidence, effectivement, en effet, en vérité, évidemment, il va sans dire, indubitablement, manifestement, naturellement, nul doute, oui, réellement, sans (aucun) doute, sans conteste, sans contredit, sans le moindre doute, sans nul doute, sérieusement, sûrement, véridiquement, véritablement, vraiment, *FAM.* pour de vrai. *QUÉB. FAM.* pour vrai. ▲ANT. DUBITATIVEMENT, SCEPTIQUEMENT, SOUS TOUTES RÉSERVES.

assurer *v.* ▶ *Certifier* – affirmer, attester, certifier, déclarer, donner l'assurance, donner sa parole (d'honneur), garantir, jurer, promettre, répondre de. ▶ *Subvenir* – pourvoir à, satisfaire, subvenir à. ▶ *Protéger* – abriter, défendre, garantir, garder, mettre à l'abri, préserver, protéger, tenir à l'abri. ▶ *Assujettir* – amarrer, arrimer, assujettir, attacher, bloquer, fixer, immobiliser, retenir, river. ◆ **s'assurer** ▶ *Se protéger* – parer à, prendre ses précautions, s'armer, se garantir, se prémunir, se protéger. *SOUT.* se précautionner. ▲ANT. CONTESTER, METTRE EN DOUTE; INFIRMER, NIER, RÉTRACTER; COMPROMETTRE, ÉBRANLER, EXPOSER, RISQUER. △S'ASSURER DE – DOUTER DE.

astre *n. m.* ▶ *Objet céleste* – corps céleste, corps cosmique, étoile *(sens large).* ◆ **astres,** *plur.* ▶ *Ensemble d'objets célestes* – ciel *(astrologie).*

astreindre *v.* assujettir, contraindre, forcer, mettre dans l'obligation, obliger, soumettre. ▲ANT. DISPENSER, EXEMPTER, LIBÉRER.

astronef *n. m.* engin spatial, nef, spationef, vaisseau spatial.

astuce *n. f.* ▶ *Ruse* – artifice, escamotage, fourberie, fraude, machiavélisme, machination, manœuvre, ruse, stratagème, subterfuge. *FAM.* feinte. ▶ *Expédient* – acrobatie, demi-mesure *(inefficace)*, échappatoire, expédient, gymnastique, intrigue, mesure, moyen, palliatif, procédé, remède, ressource, ruse, solution, système, tour. *FAM.* combine, truc. ▶ *Découverte (FAM.)* – flash, illumination, innovation, invention, invention, trait de génie, trait de lumière, trouvaille. *SOUT.* éclairement. ▶ *Plaisanterie (FAM.)* – badinage, baliverne, blague, bon mot, bouffonnerie, boutade, cabriole, calembour, calembredaine, clownerie, drôlerie, facétie, farce, galéjade, gauloiserie, histoire (drôle), humour, joyeuseté, mot pour rire, pitrerie, plaisanterie. *SOUT.* arlequinade. *FAM.* flan, gag, histoire de fous. *BELG.* zwanze. *SUISSE* witz. ▶ *Devinette (FAM.)* – charade, devinette, énigme, logogriphe, rébus. ▲ANT. FRANCHISE, HONNÊTETÉ; BÊTISE.

astucieux *adj.* ▶ *En parlant de qqn* – adroit, déluré, fin, finaud, futé, habile, ingénieux, intelligent, inventif, malin, ça plus d'un tour dans son sac, rusé. *FAM.* débrouillard, dégourdi. *FRANCE FAM.* dessalé, fortiche, fute-fute, mariol, sioux. *QUÉB. FAM.* fin finaud. ▶ *En parlant de qqch.* – bien conçu, bien pensé, habile, ingénieux, intelligent, judicieux, pertinent. ▲ANT. GAUCHE, INCAPABLE, MALADROIT, MALHABILE; CRÉDULE, DUPE, INNOCENT, MYSTIFIABLE, NAÏF, SIMPLET.

atavisme *n. m.* génétique, hérédité, micromérisme, transmission des caractères. ▲ANT. ACQUISITION.

atelier *n. m.* ▶ *Ensemble de personnes* – artisanat, artisans, artistes. ▶ *Partie d'usine* – unité. ▶ *Cours* – séminaire. ▶ *Loge maçonnique* – loge.

athée *adj.* agnostique, antireligieux, areligieux, impie, incrédule, incroyant, irréligieux, non croyant. ▲ANT. CROYANT, RELIGIEUX.

athée *n.* agnostique, esprit fort, impie, incrédule, incroyant, libre penseur, non-croyant. ▲ANT. CROYANT, RELIGIEUX, THÉISTE.

athéisme *n. m.* agnosticisme, apostasie, blasphème, désacralisation, doute, froideur, gentilité, hérésie, impiété, incrédulité, incroyance, indifférence, infidélité, irréligion, libre pensée, matérialisme, paganisme, panthéisme, péché, profanation, reniement, sacrilège, scandale, scepticisme. *SOUT.* inobservance. ▲ANT. CROYANCE, DÉISME, RELIGION, THÉISME.

athlète *n.* ▶ *Personne musclée* – colosse, costaud, fort des Halles, gaillard, hercule, (homme) fort, puissant. *FAM.* armoire à glace, Tarzan. *FRANCE FAM.* armoire normande, balèze, malabar, mastard. *QUÉB.* fier-à-bras; *FAM.* taupin. ▲ANT. SÉDENTAIRE; AVORTON, GRINGALET.

athlétique

athlétique *adj.* bien bâti, bien découplé, bréviligne, costaud, fort, gaillard, musclé, puissant, râblé, ragot *(animal)*, ramassé, robuste, solide, trapu, vigoureux. *SOUT.* bien membré, membru, musculeux. *FAM.* qui a du coffre. *FRANCE FAM.* balèze, bien baraqué, malabar, maous. ▲**ANT.** ANÉMIQUE, CHÉTIF, FRÊLE, GRINGALET, MAIGRELET, MAIGRICHON, MALINGRE, RACHITIQUE.

atmosphère *n. f.* ▶ *Ciel* – air, calotte (céleste), ciel, coupole (céleste), dôme (céleste), espace, sphère céleste, voûte (céleste), zénith. *SOUT.* azur, empyrée, éther, firmament, nues. ▶ *Météorologie* – air, ambiance, ciel, climat, conditions atmosphériques, conditions climatiques, conditions météorologiques, météorologie, pression, régime, température, temps, vent. *FAM.* fond de l'air, météo. ▶ *Ambiance* – ambiance, cachet, cadre, climat, décor, élément, entourage, environnement, environs, lieu, milieu, monde, société, sphère, théâtre, voisinage. ▲**ANT.** VIDE.

atome *n. m.* ▶ *Constituant* – élément, particule. ▶ *Petite quantité* – arrière-goût, bouchée, brin, doigt, filet, goutte, gouttelette, grain, larme, lueur, miette, nuage, once, paille, parcelle, peu, pincée, pointe, relent, restant, reste, rien, soupçon, tantinet, teinte, touche, trace, trait, zeste. *FAM.* chouia. ◆ **atomes, plur.** ▶ *Ensemble de constituants* – chaîne d'atomes, combinaison d'atomes; molécule.

atomique *adj.* nucléaire.

atout *n. m.* argument, arme, avantage, carte maîtresse, moyen, un plus. ▲**ANT.** DÉSAVANTAGE, HANDICAP.

âtre *n. m.* cheminée, feu, foyer.

atroce *adj.* ▶ *Très cruel* – abominable, barbare, cruel, horrible, inhumain, monstrueux. ▶ *Insupportable* – antipathique, déplaisant, désagréable, détestable, exécrable, haïssable, impossible, infernal, insoutenable, insupportable, intenable, intolérable, invivable, irrespirable, odieux, pénible. *FAM.* imbuvable. ▶ *Médiocre* – abominable, affreux, déplorable, désastreux, épouvantable, exécrable, horrible, infect, insipide, lamentable, manqué, mauvais, médiocre, minable, navrant, nul, odieux, piètre, piteux, pitoyable, qui ne vaut rien, raté. *SOUT.* méchant, triste. *FAM.* à la flan, à la gomme, à la manque, à la mie de pain, à la noix (de coco), blèche, craignos, crapoteux, mal fichu, moche, pourri, qui ne vaut pas un clou. *QUÉB. FAM.* de broche à foin, poche. ▲**ANT.** ATTACHANT, DÉLICIEUX, EXQUIS, SAVOUREUX, SUAVE, VOLUPTUEUX; COQUET, ÉLÉGANT, GRACIEUX, HARMONIEUX, JOLI, MAGNIFIQUE, SUPERBE; EXTRAORDINAIRE, FANTASTIQUE; ENCHANTEUR, FÉERIQUE, IDYLLIQUE, IRRÉEL, MERVEILLEUX, PARADISIAQUE.

atrocité *n. f.* ▶ *Abomination* – abjection, abomination, bassesse, boue, corruption, crapulerie, crime, débauche, déshonneur, fange, grossièreté, honte, horreur, ignominie, impureté, indignité, infamie, laideur, misère, monstruosité, noirceur, obscénité, odieux, ordure, saleté, sordide, souillure, vice. *SOUT.* sordidité, stupre, turpitude, vilenie. ▶ *Cruauté* – acharnement, agressivité, barbarie, brutalité, cruauté, dureté, férocité, inhumanité, maltraitance, méchanceté, sadisme, sauvagerie, torture, violence. *SOUT.* implacabilité, inexorabilité. *PSYCHIATRIE* psychopathie.

▲**ANT.** BEAUTÉ, ÉLÉGANCE, GÉNÉROSITÉ, GRANDEUR D'ÂME, HÉROÏCITÉ, SUBLIME; MERVEILLE.

attachant *adj.* ▶ *Émouvant* – attendrissant, désarmant, émouvant, prenant, touchant. ▶ *Charmant* – agréable, charmant, (d'un charme) irrésistible, plaisant, séduisant. *FRANCE FAM.* craquant. ▲**ANT.** DISGRACIEUX, REPOUSSANT, RÉPUGNANT, VILAIN; AGAÇANT, ANTIPATHIQUE, CRISPANT, DÉPLAISANT, DÉSAGRÉABLE, DÉTESTABLE, ÉNERVANT, EXASPÉRANT, EXÉCRABLE, HAÏSSABLE, INSUPPORTABLE, INVIVABLE, PÉNIBLE.

attaché *adj.* ▶ *Joint* – associé, conjoint, indissociable, inhérent, inséparable, joint, lié, relié, uni. ▶ *Dévoué* – constant, dévoué, fidèle, loyal, sûr. ▶ *Esclave* – asservi, assujetti, dépendant, dominé, prisonnier. *SOUT.* captif.

attaché *n. m.* ▶ *Délégué* – agent, ambassadeur, chargé d'affaires, chargé de mission, commissaire, correspondant, délégataire, délégué, député, diplomate, émissaire, envoyé, fondé de pouvoir, légat, mandataire, messager, ministre, négociateur, parlementaire, plénipotentiaire, représentant.

attache *n. f.* ▶ *Action d'attacher* – laçage, serrage. ▶ *Lien* – câble, chaîne, corde, courroie, fers, lanière, lien, ligament, ligature, liure, sangle. *QUÉB.* babiche. *MAR.* suspensoir. ▶ *Pour les cheveux* – catogan, chouchou, élastique, ruban. ▶ *Pour les chiens* – accouple, couple, laisse. ▶ *Pour les chevaux* – licou, longe, plate-longe. ▶ *Fixation* – amarrage, ancrage, arrimage, calage, crampon, encartage *(sur une carte)*, épinglage, établissement, ferrement, fixage, fixation, goupillage, implantation, scellement. *TECHN.* dudgeonnage *(un tube dans une plaque)*, embrelage *(chargement d'une voiture)*. ▶ *Articulation* – articulation, jointure. *ANAT.* glène, ligament, ménisque, trochlée. ▶ *Bijou* – agrafe, barrette, boucle, broche, clip, épingle, épinglette, fermail, fibule *(antique)*. ▶ *Fréquentation* – communication, compagnie, contact, correspondance, côtoiement, coudoiement, entourage, familiarité, fréquentation, habitude, intelligence, intimité, liaison, lien, pratique, rapport, relation, société, termes *(bons ou mauvais)*, usage, voisinage. *SOUT.* commerce. *PÉJ.* acoquinement, encanaillement. ▲**ANT.** FROID, INDIFFÉRENCE, RESSENTIMENT.

attachement *n. m.* ▶ *Fidélité* – allégeance, confiance, dévouement, fidélité, foi, loyalisme, loyauté. ▶ *Affection* – affection, amitié, amour, attirance, intérêt, lien, sympathie, tendresse. *FAM.* coup de cœur, coup de foudre. ▶ *Adoration* – admiration, adoration, adulation, amour, culte, dévotion, emballement, engouement, fanatisme, ferveur, iconolâtrie, idolâtrie, passion, respect, vénération, zèle. *SOUT.* dilection, révérence. *PÉJ.* encens, flagornerie, flatterie. ▶ *Dépendance* – abaissement, allégeance, appartenance, asservissement, assujettissement, captivité, contrainte, dépendance, domestication, domesticité, domination, emprise, esclavage, gêne, hilotisme, inféodation, infériorité, mainmise, merci, mouvance, obédience, obéissance, obligation, oppression, pouvoir, puissance, servage, servitude, soumission, subordination, sujétion, tutelle, tyrannie, vassalité. *FIG.* carcan, chaîne, corset (de fer), coupe, fardeau, griffe, main, patte, prison. *SOUT.* fers, gaine, joug. *PHILOS.*

hétéronomie. ▲**ANT.** DÉTACHEMENT, ÉLOIGNEMENT; AVERSION, DÉGOÛT; INDIFFÉRENCE; INDÉPENDANCE.

attacher *v.* ▶ *Faire un nœud* – lier, mailler, nouer. ▶ *Serrer par un lien* – ficeler, lier, nouer. *FAM.* saucissonner. ▶ *Ligoter* – garrotter, lier, ligoter. ▶ *Fixer* – amarrer, arrimer, assujettir, assurer, bloquer, fixer, immobiliser, retenir, river. ▶ *Fermer un vêtement* – boutonner, fermer, nouer. ▶ *Unir par un lien abstrait* – joindre, lier, souder, unir. ▶ *Attribuer* – accorder, attribuer, porter, prêter, reconnaître. ▶ *Coller* – adhérer, coller, tenir. *SOUT.* gluer. ▶ *Au fond d'une casserole* – coller. *FAM.* cramer. ♦ *s'attacher* ▶ *Charmer* – captiver, charmer, conquérir, faire la conquête de, gagner, s'attirer les bonnes grâces de, s'attirer les faveurs de, séduire, subjuguer. ▶ *S'efforcer* – chercher à, entreprendre de, essayer de, s'efforcer de, s'ingénier à, tâcher de, tenter de, travailler à. *SOUT.* avoir à cœur de, faire effort pour, prendre à tâche de. ▲**ANT.** DÉFAIRE, DÉGRAFER, DÉLIER, DÉNOUER, DÉPENDRE, DÉTACHER; DÉGAGER, LIBÉRER; ARRACHER, DÉSUNIR, DISJOINDRE, ISOLER, SÉPARER.

attaquant *n.* ▶ *Agresseur* – affronteur, agresseur, assaillant, harceleur, offenseur, oppresseur, persécuteur, provocateur. ▶ *Joueur* – avant, joueur d'attaque. ♦ *attaquants, plur.* ▶ *Ensemble de joueurs* – attaque. ▲**ANT.** VICTIME; DÉFENSEUR.

attaque *n. f.* ▶ *Agression* – agression, assaut, attentat, charge, déferlement, envahissement, intervention, invasion, irruption, offensive. *SOUT.* entreprise. *MILIT.* blitz *(de courte durée).* ▶ *Bataille* – accrochage, action (de guerre), affrontement, assaut, bagarre, bataille, choc, combat, conflit, échauffourée, empoignade, empoignement, engagement, escarmouche, ferraillement, feu, guérilla, guerre, heurt, hostilités, lutte, mêlée, opération, pugilat, rencontre, rixe. *FAM.* baroud, baston, bigorne, casse-gueule, cassepipe, castagne, guéguerre, rif, rififi, riflette. *QUÉB. FAM.* brasse-camarade, poussaillage, tiraillage. *BELG. FAM.* margaille. *MILIT.* blitz *(de courte durée).* ▶ *Reproche* – accusation, admonestation, admonition, anathématisation, anathème, avertissement, blâme, censure, condamnation, correction, critique, désapprobation, diatribe, grief, grognerie, gronderie, interdit, leçon, malédiction, mise à l'écart, mise à l'index, mise en quarantaine, objection, observation, plainte, punition, récrimination, remarque, remontrance, représentation, réprimande, réprobation, reproche, réquisitoire, semonce, sérénade, sermon, tollé. *SOUT.* animadversion, foudres, fustigation, improbation, mercuriale, objurgation, stigmatisation, vitupération. *FAM.* douche, engueulade, prêchi-prêcha, savon, tabac. *FRANCE FAM.* attrapade, lavage de tête, soufflante. *BELG.* cigare. *RELIG.* fulmination. ▶ *Médisance* – accusation, allégation, calomnie, critique, délation, dénigrement, dénonciation, dépréciation, dévalorisation, diffamation, imputation, insinuation, médisance, plainte, rabaissement, réquisitoire, trahison. *SOUT.* détraction. *FAM.* cafardage, mouchardage, rapportage. *QUÉB.* salissage. ▶ *Injure* – affront, atteinte, attentat, avanie, blessure, calomnie, défi, dommage, indignité, injure, insolence, insulte, manquement, offense, outrage, pique, tort. *SOUT.* bave, camouflet, soufflet. ▶ *Crise* – accès, atteinte, bouffée, crise, flambée, poussée, quinte. ▶ *Afflux de sang* – afflux (de

sang), apoplexie, cataplexie, coup de sang, embolie, hémorragie, hyperémie, ictus, pléthore, révulsion, stase, tension, thrombose, transport au cerveau, turgescence. ▶ *Joueurs* – attaquants. *QUÉB.* offensive. ▶ *Coup de la boxe* – allonge, frappe, garde, poing, portée, punch, riposte. ▲**ANT.** DÉFENSE, DÉFENSIVE; PROTECTION; APOLOGIE, ÉLOGE, LOUANGE.

attaquer *v.* ▶ *Engager une lutte armée* – donner l'assaut, engager le combat, engager les hostilités, lancer l'attaque, ouvrir le feu, passer à l'attaque, prendre l'offensive. ▶ *Assaillir* – agresser, assaillir, charger, foncer sur, fondre sur, sauter sur, se jeter sur, se ruer sur, tomber sur. *BELG.* broquer sur. ▶ *Harceler* – harceler, persécuter, poursuivre, s'acharner contre. *SOUT.* inquiéter. ▶ *Accuser* – accuser, prendre à partie, s'en prendre à, se frotter à. ▶ *Dénigrer* – baver sur, calomnier, casser du sucre sur le dos de, cracher sur, critiquer, déniger, déprécier, diffamer, dire du mal de, gloser sur, médire de, noircir, perdre de réputation, traîner dans la boue. *SOUT.* arranger de la belle manière, clabauder sur, dauber sur, détracter, dire pis que pendre de, mettre plus bas que terre. *FAM.* déblatérer contre, taper sur. *FRANCE FAM.* débiner, habiller pour l'hiver, tailler un costard à, tailler une veste à. *QUÉB. FAM.* parler dans le dos de, parler en mal de. *BELG.* décauser. ▶ *Critiquer* – critiquer, descendre en flammes, écharper, éreinter, étriller, faire le procès de, malmener, maltraiter, massacrer, matraquer, mettre à mal, pourfendre, s'acharner contre. *FAM.* cartonner, couler, démolir, descendre, écorcher, esquinter. *FRANCE FAM.* allumer, débiner, éreinter. *QUÉB. FAM.* maganer. ▶ *Éroder* – corroder, entamer, éroder, manger, mordre, ronger. ▶ *Commencer* – amorcer, commencer, entamer, entreprendre, s'atteler à. *FAM.* embrayer, s'y mettre. ▲**ANT.** DÉFENDRE, GARDER, PROTÉGER; AIDER, APPUYER, ASSISTER, SAUVER, SECOURIR, SOUTENIR; RÉPLIQUER, RÉPONDRE, RIPOSTER; COMPLIMENTER, LOUANGER, LOUER; ACHEVER, CONCLURE.

attardé *adj.* ▶ *Qui souffre d'un retard mental* – arriéré, demeuré, retardé, simple d'esprit. ▶ *Rétrograde* – arriéré, contre-révolutionnaire, droitiste, immobiliste, nostalgique, passéiste, réactionnaire, rétrograde. *FAM.* archéo, réac. ▶ *Retardataire* – en retard, retardataire. *FRANCE FAM.* à la bourre. ▲**ANT.** À L'ESPRIT VIF, ALERTE, BRILLANT, DOUÉ, ÉVEILLÉ, INTELLIGENT, PRODIGE, SURDOUÉ; AVANCÉ, CIVILISÉ, ÉVOLUÉ, MODERNE.

attarder *v.* ♦ *s'attarder* ▶ *Flâner* – être lent à, être long à, flâner, mettre du temps à, musarder, prendre tout son temps, tarder, traînailler, traînasser, traîner. *FAM.* lambiner, lanterner. *QUÉB. FAM.* bretter, gosser, placoter. *SUISSE FAM.* pétouiller. ▶ *Rester trop longtemps* – s'éterniser, traîner. ▶ *Se mettre en retard* – s'arriérer, se retarder. ▲**ANT.** AVANCER. △**S'ATTARDER** – PRENDRE DE L'AVANCE, SE DÉPÊCHER, SE HÂTER.

atteindre *v.* ▶ *Parvenir à un endroit* – accéder à, arriver à, gagner, parvenir à, se rendre à, toucher à. ▶ *Parvenir à un but* – arriver à, parvenir à, réussir à. ▶ *Parvenir à un niveau* – monter à, s'élever. ▶ *Rattraper* – rattraper, rejoindre, remonter, retrouver. *QUÉB.* repêcher. ▶ *Frapper* – frapper, toucher. ▶ *Blesser* – blesser, toucher. *MÉD.* léser. ▶ *Affliger d'un mal* – accabler, affliger, frapper, toucher. ▶ *Vexer* – blesser (dans sa dignité), choquer, cingler, désobliger, effaroucher, égratigner, froisser, heurter, humilier, insulter, mortifier, offenser, offusquer, outrager, piquer au vif, toucher au vif, ulcérer, vexer. *fouailler.* ▲**ANT.** MANQUER, RATER; DÉPASSER; ÉCHOUER À, FAILLIR À.

atteinte *n. f.* ▶ *Préjudice* – affront, désavantage, dommage, injustice, lésion, mal, perte, préjudice, tort. ▶ *Offense* – affront, attaque, attentat, avanie, blessure, calomnie, défi, dommage, indignité, injure, insolence, insulte, manquement, offense, outrage, pique, tort. *SOUT.* bave, camouflet, soufflet. ▶ *Profanation* – avilissement, blasphème, dégradation, hooliganisme, iconoclasme, irrespect, irrévérence, lèse-majesté, outrage, pollution, profanation, sac, saccage, sacrilège, subversion, vandalisme, viol, violation. ▶ *Effet d'une maladie* – accès, attaque, bouffée, crise, flambée, poussée, quinte. ▲**ANT.** PROTECTION; VALORISATION.

attenant *adj.* à côté, accolé, adjacent, bord à bord, contigu, côte à côte, en contact, juxtaposé, limitrophe, voisin. *QUÉB.* collé. ▲**ANT.** SÉPARÉ DE.

attendre *v.* ▶ *Rester longtemps au même endroit* – compter les clous de la porte, faire antichambre, faire le pied de grue, faire les cent pas, patienter, prendre racine, prendre son mal en patience, s'armer de patience. *FAM.* croquer le marmot, faire le planton, faire le poireau, macérer, mariner, moisir, poireauter, pourrir, s'éterniser. *QUÉB. FAM.* niaiser. ▶ *Menacer* – gronder, guetter, menacer, planer sur. *SOUT.* imminer. ♦ **s'attendre** ▶ *Escompter* – anticiper, compter, escompter, espérer, prévoir. ▲**ANT.** AGIR; PARTIR, S'EN ALLER; ACCÉLÉRER, HÂTER, PRÉCIPITER, PRESSER.

attendrir *v.* ▶ *Émouvoir* – aller droit au cœur de, apitoyer, émouvoir, faire quelque chose à, remuer, toucher, troubler. *SOUT.* prendre aux entrailles. *FAM.* émotionner, prendre aux tripes. ♦ **s'attendrir** ▶ *Éprouver de la pitié* – avoir pitié de, compatir à, plaindre, s'apitoyer. ▶ *Éprouver de la tendresse* – s'émouvoir. *FAM.* craquer, fondre. ▲**ANT.** DURCIR, ENDURCIR, RAIDIR; AGACER, EXASPÉRER, IRRITER; BLASER, LAISSER DE GLACE, LAISSER DE MARBRE, LAISSER FROID, LAISSER INDIFFÉRENT, REFROIDIR.

attendrissant *adj.* attachant, désarmant, émouvant, prenant, touchant. ▲**ANT.** AGAÇANT, CRISPANT, DÉSAGRÉABLE, ÉNERVANT, EXASPÉRANT, IRRITANT.

attendrissement *n. m.* ▶ *Pitié* – apitoiement, bienveillance, clémence, commisération, compassion, indulgence, miséricorde, pitié. *SOUT.* mansuétude. ▶ *Tendresse* – affect, affectivité, âme, cœur, compassion, émotion, émotivité, empathie, fibre, humanité, impressionnabilité, pitié, romantisme, sensibilité, sentiment, sentimentalité, susceptibilité, sympathie, tendresse, vulnérabilité. *SOUT.* entrailles. *FAM.* tripes. ▶ *Fait de ramollir* – amollissement, ramollissement. ▲**ANT.** ENDURCISSEMENT; AGACEMENT, IRRITATION; FROIDEUR, INSENSIBILITÉ; DURCISSEMENT.

attendu *adj.* accoutumé, connu, consacré, coutumier, de pratique courante, de règle, de tradition, d'usage, familier, habituel, naturel, normal, ordinaire, quotidien, régulier, rituel, routinier, usuel.

attentat *n. m.* ▶ *Agression* – accroc, contravention, crime, délit, dérogation, entorse, faute, forfait,

forfaiture, inconduite, infraction, manquement, mauvaise action, mauvaise conduite, méfait, non-respect, rupture, transgression, violation. *BELG.* méconduite. *DR.* cas. ▶ *Préjudice* – affront, atteinte, désavantage, dommage, injustice, lésion, mal, perte, préjudice, tort. ▶ *Offense* – affront, attaque, atteinte, avanie, blessure, calomnie, défi, dommage, indignité, injure, insolence, insulte, manquement, offense, outrage, pique, tort. *SOUT.* bave, camouflet, soufflet.

attente *n. f.* ▶ *Espoir* – confiance, espérance, espoir, expectative, optimisme. ▲**ANT.** ACTION, INTERVENTION, RÉALISATION.

attentif *adj.* ▶ *Concentré* – à l'affût, à l'écoute, absorbé, aux aguets, concentré, diligent, tout à, tout ouïe, tout yeux tout oreilles, vigilant. ▶ *Soigneux* – appliqué, assidu, consciencieux, méthodique, méticuleux, minutieux, ordonné, précis, rangé, rigoureux, scrupuleux, soigné, soigneux, systématique. *SOUT.* exact. ▶ *Prudent* – précautionneux, prévoyant, proactif, prudent, vigilant. ▶ *Prévenant* – aimable, attentionné, aux petits soins, complaisant, délicat, dévoué, diligent, empressé, gentil, obligeant, prévenant, secourable, serviable, zélé. *FAM.* chic, chou. *QUÉB. FAM.* fin. *BELG. FAM.* amitieux. ▲**ANT.** DANS LA LUNE, DISTRAIT, INAPPLIQUÉ, INATTENTIF; ÉCERVELÉ, ÉTOURDI, ÉVAPORÉ, IMPRÉVOYANT, IMPRUDENT, INCONSCIENT, INCONSÉQUENT, INCONSIDÉRÉ, INSOUCIANT, IRRÉFLÉCHI, IRRESPONSABLE, LÉGER, NÉGLIGENT, SANS CERVELLE, SANS-SOUCI; DISTANT, FROID, INDIFFÉRENT, RÉSERVÉ.

attention *n. f.* ▶ *Curiosité* – appétit, avidité, curiosité, intérêt, soif, soif d'apprendre, soif de connaissance, soif de connaître, soif de savoir. ▶ *Concentration* – application, concentration, contention, intérêt, recueillement, réflexion, tension. ▶ *Surveillance* – espionnage, faction, filature, garde, gardiennage, guet, îlotage, inspection, monitorage, observation, patrouille, ronde, sentinelle, veille, veillée, vigie, vigilance. *FAM.* filoche, flicage. ▶ *Prévenance* – affabilité, amabilité, aménité, bienséance, bonnes manières, chevalerie, civilité, civisme, convivialité, correction, courtoisie, délicatesse, éducation, entregent, galanterie, gentillesse, hospitalité, mondanités, obligeance, politesse, prévenance, savoir-vivre, serviabilité, sociabilité, tact, urbanité. *SOUT.* gracieuseté, liant. ♦ **attentions,** *plur.* bichonnage, dorlotement, empressement, maternage, prévenances, soins. *FAM.* chouchoutage. *SOUT.* gâterie. ▲**ANT.** DISSIPATION, DISTRACTION, ÉTOURDERIE, INATTENTION. △**ATTENTIONS,** *plur.* – GROSSIÈRETÉ, IMPOLITESSE.

attentivement *adv.* amoureusement, consciencieusement, en détail, méticuleusement, minutieusement, précieusement, précisément, proprement, religieusement, rigoureusement, scrupuleusement, sérieusement, soigneusement, vigilamment. ▲**ANT.** AVEUGLÉMENT, DISTRAITEMENT, ÉTOURDIMENT.

atténuant *adj.* ▲**ANT.** AGGRAVANTE *(circonstance).*

atténuer *v.* ▶ *Diminuer* – affaiblir, amortir, diminuer, effacer, émousser, éroder, estomper, oblitérer, user. ▶ *Tamiser* – adoucir, filtrer, tamiser, voiler. ▶ *Assourdir* – amortir, assourdir, étouffer, feutrer. ▶ *Calmer la douleur* – adoucir, alléger, apaiser, assoupir, bercer, endormir. *SOUT.* lénifier. ▶ *Modérer* des propos – euphémiser, ménager, mesurer, mitiger, modérer, nuancer, pondérer, tempérer. ▶ *Affadir* – affadir, diluer, édulcorer. ♦ *s'atténuer* ▶ *Perdre de son intensité* – baisser, diminuer, faiblir, pâlir, s'affaiblir, s'estomper. ▲ANT. ACCENTUER, AGGRAVER, AMPLIFIER, AUGMENTER, EXACERBER, EXAGÉRER, GROSSIR, RENFORCER; APPUYER SUR, SOULIGNER.

attester *v.* ▶ *Affirmer* – affirmer, assurer, certifier, déclarer, donner l'assurance, donner sa parole (d'honneur), garantir, jurer, promettre, répondre de. ▶ *Authentifier* – authentifier, certifier, légaliser, valider, viser. ▶ *Servir de preuve* – confirmer, démontrer, établir, justifier, montrer, prouver, vérifier. ▲ANT. CONTESTER, CONTREDIRE, DÉMENTIR, DÉSAVOUER, INFIRMER, NIER, RÉFUTER, REJETER.

attirance *n. f.* ▶ *Attraction* – aimant, attraction, attrait, charisme, charme, chien, désirabilité, envoûtement, fascination, magie, magnétisme, séduction. ▶ *Désir* – ambition, appel, appétit, aspiration, attrait, besoin, but, convoitise, desideratum, désir, envie, exigence, faim, fantaisie, fantasme, fièvre, fringale, goût, idéal, intention, jalousie, passion, prétention, quête, recherche, rêve, soif, souhait, tentation, velléité, visée, vœu, voix, volonté. SOUT. appétence, dessein, prurit, vouloir. FAM. démangeaison. ▶ *Attachement* – affection, amitié, amour, attachement, intérêt, lien, sympathie, tendresse. FAM. coup de cœur, coup de foudre. ▶ *Penchant* – affection, aptitude, disposition, faible, faiblesse, goût, habitude, impulsion, inclination, instinct, penchant, pente, prédilection, prédisposition, préférence, propension, tendance, vocation. DIDACT. susceptibilité. PSYCHOL. compulsion, conation. FAM. tendresses. ▶ *Influence* – action, aide, appui, ascendant, attraction, aura, autorité, contagion, crédit, dominance, domination, effet, empreinte, emprise, fascination, force, importance, incitation, influence, inspiration, magie, magnétisme, mainmise, manipulation, mouvance, persuasion, pétition, poids, pouvoir, prépondérance, présence, pression, prestige, puissance, règne, rôle, séduction, subjugation, suggestion, tyrannie. SOUT. empire, intercession. ▲ANT. ÉLOIGNEMENT, RÉPULSION; DÉGOÛT, RÉPUGNANCE; ANTIPATHIE, AVERSION.

attirant *adj.* affriolant, aguichant, alléchant, appétissant, attrayant, désirable, engageant, excitant, intéressant, invitant, irrésistible, ragoûtant, séduisant, tentant. SOUT. affriandant. ▲ANT. FADE, ININTÉRESSANT, INSIPIDE.

attirer *v.* ▶ *Drainer* – drainer, pomper. ▶ *Allécher* – affrioler, allécher, appâter, faire saliver, mettre en appétit, ragoûter, séduire, tenter. SOUT. affriander, allicier, mettre en goût. ▶ *Procurer à qqn* – acquérir, mériter, procurer, valoir. ♦ *s'attirer* ▶ *Encourir* – chercher, courir le risque de, donner prise à, encourir, être passible de, mériter, prêter le flanc à, risquer de, s'exposer à. QUÉB. FAM. courir après. ▲ANT. REPOUSSER; CHASSER, DÉTOURNER, ÉCARTER, ÉLOIGNER, REFOULER; DÉGOÛTER, REBUTER.

attiser *v.* ▶ *Au sens propre* – activer, aviver, rallumer, ranimer, raviver, réactiver, renflammer. ▶ *Au sens figuré* – aiguiser, allumer, augmenter, aviver, échauffer, embraser, enflammer, exalter, exciter, in-

cendier, stimuler. ▲ANT. ÉTEINDRE, ÉTOUFFER; APAISER, ASSOUPIR, CALMER, ENDORMIR, TRANQUILLISER.

attitude *n. f.* ▶ *Posture* – contenance, maintien, port, pose, position, posture, station, tenue. ▶ *Allure* – air, allure, apparence, aspect, contenance, démarche, façon, genre, ligne, maintien, manière, panache, physique, port, posture, prestance, silhouette, style, tenue, tournure. SOUT. extérieur, mine. FAM. gueule, touche. ▶ *Accueil* – abord, accès, accueil, approche, contact, mine, réception, tête, traitement. ▶ *Comportement* – comportement, conduite, habitude, habitus, mœurs, réaction, vie. ▶ *Geste* – allure, chorégraphie, contenance, danse, jeu (physique), langage corporel, manière, mime, mimique, mimodrame, mimographie, mimologie, pantomime, posture. ▶ *Mouvements des mains* – chérèmes, chironomie, gestèmes, gestes, gesticulation, gestique, gestualité, gestuelle, langage gestuel, mudra (danse indienne).

attraction *n. f.* ▶ *Gravité* – force, gravitation, gravité, pesanteur, poids, poussée, pression. ▶ *Attirance* – aimant, attirance, attrait, charisme, charme, chien, désirabilité, envoûtement, fascination, magie, magnétisme, séduction. ▶ *Influence* – action, aide, appui, ascendant, attirance, aura, autorité, contagion, crédit, dominance, domination, effet, empreinte, emprise, fascination, force, importance, incitation, influence, inspiration, magie, magnétisme, mainmise, manipulation, mouvance, persuasion, pétition, poids, pouvoir, prépondérance, présence, pression, prestige, puissance, règne, rôle, séduction, subjugation, suggestion, tyrannie. SOUT. empire, intercession. ▶ *Spectacle* – concert, danse, divertissement, exécution, exhibition, happening, numéro, pièce, projection, récital, représentation, revue, séance, soirée. ▲ANT. ÉLOIGNEMENT, RÉPULSION; DÉGOÛT, RÉPUGNANCE; ANTIPATHIE, AVERSION.

attrait *n. m.* ▶ *Charme* – agrément, art, beau, beauté, charme, chic, classe, coquetterie, délicatesse, distinction, éclat, élégance, esthétique, féerie, fraîcheur, grâce, gracieux, harmonie, magnificence, majesté, perfection, photogénie, pureté, séduction, splendeur, symétrie. DIDACT. eurythmie. SOUT. blandice, joliesse, morbidesse, sublimité, symphonie, vénusté. ▶ *Attraction* – aimant, attirance, attraction, charisme, charme, chien, désirabilité, envoûtement, fascination, magie, magnétisme, séduction. ▶ *Tentation* – allèchement, appât, friandise, séduction, tentation. ▶ *Désir* – ambition, appel, appétit, aspiration, attirance, besoin, but, convoitise, desideratum, désir, envie, exigence, faim, fantaisie, fantasme, fièvre, fringale, goût, idéal, intention, jalousie, passion, prétention, quête, recherche, rêve, soif, souhait, tentation, velléité, visée, vœu, voix, volonté. SOUT. appétence, dessein, prurit, vouloir. FAM. démangeaison. ♦ *attraits*, *plur.* ▶ *Beautés d'une femme* – attributs féminins, charmes, rondeurs. ▲ANT. DÉGOÛT, RÉPUGNANCE; ANTIPATHIE, AVERSION.

attraper *v.* ▶ *Saisir* – accrocher, agripper, empoigner, happer, prendre, s'emparer de, saisir, se saisir de. ▶ *Capturer un animal* – capturer, piéger, prendre au piège. ▶ *Capturer qqn* (FAM.) – appréhender, arrêter, capturer, faire prisonnier, prendre, saisir. FAM. choper, coffrer, coincer, cravater, cueillir, embarquer,

attrayant

épingler, harponner, mettre la main au collet de, mettre le grappin sur, pincer, prendre au collet, ramasser, saisir au collet. *FRANCE FAM.* agrafer, alpaguer, arnaquer, arquepincer, coiffer, emballer, gauler, piquer, poisser, poivrer. ▶ *Duper* – abuser, avoir, bercer, berner, duper, en conter à, en faire accroire à, flouer, leurrer, mentir à, mystifier, se jouer de, se moquer de, tromper. *FAM.* blouser, bluffer, canuler, charrier, cravater, empaumer, empiler, entourlouper, esbroufer, faire marcher, feinter, la faire à, mener en bateau, mettre en boîte, pigeonner, posséder, refaire, rouler. *QUÉB. FAM.* amancher, bourrer, enfirouaper, niaiser. ▶ *Prendre sur le fait* – découvrir, prendre sur le fait, surprendre. *FAM.* pincer. ▶ *Réprimander* – admonester, chapitrer, faire des remontrances à, faire la leçon à, faire la morale à, gronder, houspiller, malmener, moraliser, morigéner, rappeler à l'ordre, remettre à sa place, remettre au pas, réprimander, sermonner. *SOUT.* gourmander, redresser, semoncer, semondre, tancer. *FAM.* assaisonner, dire deux mots à, disputer, doucher, engueuler, enguirlander, incendier, laver la tête à, moucher, passer un savon à, remonter les bretelles à, sacquer, savonner, savonner la tête à, secouer, secouer comme un (vieux) prunier, secouer les puces à, sonner les cloches à, tirer les oreilles à. *FRANCE FAM.* donner un cigare à, passer un cigare à. *QUÉB. FAM.* brasser, chauffer les oreilles à, chicaner, parler dans le casque à, ramasser, serrer les ouïes à. ▶ *Contracter* – contracter. *FAM.* choper. ▶ *Recevoir* (*FAM.*) – recevoir. *FAM.* morfler, prendre, ramasser. *QUÉB. FAM.* manger. ▲ANT. LÂCHER, RELÂCHER; MANQUER, RATER; ÉCHAPPER À.

attrayant *adj.* affriolant, aguichant, alléchant, appétissant, attirant, désirable, engageant, excitant, intéressant, invitant, irrésistible, ragoûtant, séduisant, tentant. *SOUT.* affriandant. ▲ANT. FADE, ININTÉRESSANT, INSIPIDE, TERNE; RÉFRIGÉRANT, SANS CHARME.

attribuer *v.* ▶ *Allouer* – accorder, allouer, concéder, consentir, donner, impartir, octroyer. *SOUT.* départir. ▶ *Décerner* – adjuger, conférer, décerner, donner, remettre. ▶ *Affecter une somme* – affecter, appliquer, assigner, imputer, porter. ▶ *Attacher une qualité* – accorder, attacher, porter, prêter, reconnaître. ▶ *Imputer* – imputer, mettre sur le compte, rejeter. ▶ *Prêter un acte, un trait à qqn* – prêter, rapporter, supposer. ◆ *s'attribuer* ▶ *Prendre arbitrairement* – s'adjuger, s'approprier, s'arroger, s'octroyer, usurper. ▲ANT. REFUSER; CONFISQUER, ÔTER, REPRENDRE, RETIRER, SOUSTRAIRE; ACCAPARER, PRENDRE; REVENDIQUER. △S'ATTRIBUER – ABANDONNER, CONCÉDER, DÉCLINER, REJETER, RENONCER À.

attribut *n. m.* ▶ *Caractéristique* – caractère, caractéristique, marque, particularité, propre, propriété, qualité, signe, spécialité, spécificité, trait. ▶ *Louable* – mérite. ▶ *Emblème* – allégorie, chiffre, devise, drapeau, effigie, emblème, figure, icône, image, incarnation, insigne, livrée, logo, logotype, marque, notation, personnification, représentation, signe, symbole, type. ▶ *En philosophie* – accident, apparence, contingence, forme, phénoménalité, phénomène, prédicat.

attribution *n. f.* ▶ *Affectation* – affectation, assignation, consécration, destination, imputation. ▶ *Remise* – allocation, distribution, dotation,

remise. ▶ *Répartition* – allotissement, assiette, coéquation, contingent, diffusion, distribution, partage, péréquation, quote-part, ration, répartement, répartiement, répartition, routage. *DR.* copartage. ◆ *attributions, plur.* ▶ *Privilège* – acquis, apanage, avantage, bénéfice, chasse gardée, concession, droit, exclusivisme, exclusivité, exemption, faveur, honneur, immunité, inviolabilité, monopole, passedroit, pouvoir, préférence, prérogative, privilège. *ANC.* franchise. *RELIG.* indult. ▶ *Compétence* – autorité, compétence, département, pouvoir, qualité, ressort. *FAM.* rayon. ▲ANT. CONFISCATION, REPRISE, RETENUE, SAISIE. △ATTRIBUTIONS, *plur.* – INCOMPÉTENCE, LIMITATION, RESTRICTION.

attrister *v.* ▶ *Affliger* – affliger, arracher le cœur à, chagriner, consterner, désespérer, désoler, faire de la peine à, fendre le cœur à, navrer, peiner. *SOUT.* contrister. ▶ *Rendre soucieux* – assombrir, endeuiller, obscurcir. *SOUT.* embrumer, rembrunir. ◆ *s'attrister* ▶ *S'affliger* – être au désespoir, s'affliger, se désoler. ▲ANT. AMUSER, DÉRIDER, DISTRAIRE, DIVERTIR, ÉGAYER, RÉJOUIR; CONSOLER, RÉCONFORTER.

aubaine *n. f.* ▶ *Chance* – chance, coup de chance, heureux hasard, occasion, opportunité. *SOUT.* fortune. *FAM.* baraka, (coup de) bol, occase, pot, veine. ▶ *Rabais* (*QUÉB.*) – abattement, baisse, bas prix, bonification, bradage, décompte, déduction, dégrèvement, diminution, discompte, escompte, liquidation, prix modique, rabais, réduction, réfaction, remise, ristourne, solde. *FAM.* bazardage. *QUÉB.* (prix d')aubaine. ▲ANT. INFORTUNE, MALCHANCE, PERTE.

aube *n. f.* ▶ *Lueur matinale* – aurore, crépuscule (du matin), début du jour, lever de l'aurore, lever du jour, lever du matin, lever, naissance du jour, (petit) matin, point du jour. *SOUT.* lueur crépusculaire, pointe de l'aube, pointe du jour. ▶ *Commencement* (*SOUT.*) – actionnement, amorçage, amorce, balbutiement, bégaiement, commencement, création, début, déclenchement, démarrage, départ, ébauche, embryon, enclenchement, enfance, entrée, esquisse, fondement, germe, inauguration, origine, ouverture, prélude, prémisse, principe, tête. *SOUT.* aurore, matin, prémices. *FIG.* apparition, avènement, éclosion, émergence, éruption, explosion, genèse, germination, naissance, venue au monde. ▶ *Vêtement sacerdotal* – cappa (magna), chape, chasuble, dalmatique, froc, mantelet, mosette, ornements (sacerdotaux), rochet, soutane, surplis, tunicelle, tunique, vêtement (sacerdotal). *ANTIQ.* éphod. ▶ *Partie d'une roue* – ailette, pale, palette. ▲ANT. CRÉPUSCULE; FIN.

auberge *n. f.* complexe hôtelier, escale, étape, gîte, halte, hôtel, hôtellerie, relais. ▶ *Pays arabes* – caravansérail, fondouk, khan. ▶ *Autres pays* – posada (*Espagne*), ryokan (*Japon*).

audace *n. f.* ▶ *Courage* – bravoure, cœur, cœur au ventre, courage, cran, hardiesse, héroïsme, intrépidité, mépris du danger, témérité, vaillance. *SOUT.* valeur. *FAM.* tripes. ▶ *Débrouillardise* – débrouillardise, esprit d'initiative, esprit entreprenant. *FAM.* débrouille, système D. *QUÉB. FAM.* chien. ▶ *Innovation* – anticonformisme, cachet, caractère, fraîcheur, hardiesse, indépendance, individualité, innovation, inspiration, marginalité, non-conformisme, nouveauté, originalité, particularité, personnalité, piquant, pittoresque, singularité, unicité. ▶ *Insolence* – aplomb, arrogance, effronterie, front, impertinence, impolitesse, impudence, incorrection, insolence, irrespect, irrévérence. *SOUT.* outrecuidance, sans-gêne. *FAM.* culot, toupet. ▲**ANT.** COUARDISE, LÂCHETÉ, PEUR, POLTRONNERIE, TIMIDITÉ; HUMILITÉ, RÉSERVE, RESPECT, RETENUE.

audacieux *adj.* ▶ *Entreprenant* – aventureux, entreprenant, fonceur, hardi, intrépide, qui n'a pas froid aux yeux, téméraire. ▶ *Innovateur* – avantgardiste, d'avant-garde, frais, futuriste, hardi, inédit, innovant, innovateur, neuf, new-look, nouveau, nouvelle vague, novateur, original, renouvelé, révolutionnaire, visionnaire. ▶ *Risqué* – aventuré, aventureux, dangereux, extrême *(sport)*, fou, hardi, hasardé, hasardeux, imprudent, osé, périlleux, risqué, suicidaire, téméraire. *SOUT.* scabreux. *FAM.* casse-cou, casse-gueule. ▲**ANT.** CRAINTIF, LÂCHE, PEUREUX, TIMIDE; HÉSITANT, INACTIF, PARESSEUX, PUSILLANIME, ROUTINIER, SANS INITIATIVE; PRÉCAUTIONNEUX, PRUDENT, SAGE; BANAL, CLASSIQUE, COMMUN, SANS ORIGINALITÉ; SANS RISQUE, SÉCURITAIRE, SÛR.

audience *n. f.* ▶ *Rencontre* – conférence, confrontation, entretien, entrevue, face à face, huis clos, interview, micro-trottoir, rencontre, rendezvous, retrouvailles, réunion, tête-à-tête, vis-à-vis, visite. *SOUT.* aboutement. *FRANCE FAM.* rambot, rambour, rancard. *PÉJ.* conciliabule. ▶ *Procès* – affaire (judiciaire), cas, cause, débat, dossier, espèce, litige, litispendance, poursuite, procès. ▶ *Séance* – débat, séance, session, vacation.

auditeur *n.* ▶ *Spectateur* – observateur, participant, spectateur, témoin. ▶ *Interlocuteur* – allocutaire, décodeur, destinataire, interlocuteur, récepteur. ◆ **auditeurs**, *plur.* ▶ *Ensemble de personnes* – auditoire. ▲**ANT.** LOCUTEUR *(linguistique)*.

audition *n. f.* ▶ *Ouïe* – écoute, oreille, ouïe. ▶ *Concert* – aubade, concert, divertissement, exécution, récital, séance, sérénade, soirée. ▲**ANT.** SURDITÉ.

auditoire *n. m.* ▶ *Spectateurs* – assemblée, assistance, assistants, auditeurs, foule, galerie, présents, public, salle. ▶ *Lecteurs* – lecteurs, lectorat. ▶ *Salle* (*BELG. SUISSE*) – amphithéâtre, auditorium, hémicycle, salle de conférences, salle de cours. *FAM.* amphi. *SUISSE* aula.

augmentation *n. f.* ▶ *Accroissement* – accentuation, accroissement, accrue, agrandissement, amplification, arrondissement, boom, croissance, décuplement, développement, élargissement, élévation, enrichissement, extension, gradation, grossissement, hausse, inflation, intensification, majoration, montée, recrudescence, redoublement, renchérissement, renforcement. ▶ *Multiplication* – accroissement, foisonnement, multiplication, peuplement, prolifération, propagation, pullulation, pullulement, reproduction. ▶ *Plus-value* – accroissement, amélioration, appréciation, bénéfice, excédent, gain, majoration, plus-value, profit, surcote, survaleur, valorisation. ▶ *Aggravation* – accentuation, accroissement, aggravation, alourdissement, amplification, complexification, complication, croissance, détérioration, développement, escalade, exacerbation, intensification,

progrès, progression, propagation, rechute, recrudescence, redoublement. ▲**ANT.** AMOINDRISSEMENT, BAISSE, DÉCROISSANCE, DIMINUTION, RÉDUCTION.

augmenter *v.* ▶ *Accroître* – accroître, décupler, gonfler, multiplier, redoubler. ▶ *Accentuer* – accentuer, accroître, ajouter à, amplifier, intensifier, renforcer. *SOUT.* exalter. ▶ *Aviver* – aiguiser, allumer, attiser, aviver, échauffer, embraser, enflammer, exalter, exciter, incendier, stimuler. ▶ *Rendre plus cher* – accroître, élever, enchérir, gonfler, hausser, majorer, relever. ▶ *Croître* – croître, grandir, grossir, prendre de l'ampleur, prendre de l'envergure, redoubler, s'accentuer, s'accroître, s'amplifier, s'intensifier, se développer. ▶ *Devenir plus cher* – enchérir, être en hausse, grimper, monter, renchérir. ▲**ANT.** AMOINDRIR, BAISSER, DIMINUER, RÉDUIRE; ÉCOURTER, LIMITER, RESTREINDRE; ADOUCIR, AFFAIBLIR, AMORTIR, ATTÉNUER, MINIMISER; DÉPRÉCIER, DÉVALORISER, DÉVALUER, LIQUIDER, RABATTRE; DÉCROÎTRE, DÉGONFLER, TOMBER.

augure *n. m.* ▶ *Devin* – devin, prophète, voyant. *SOUT.* mage, vaticinateur. ▶ *Prédiction* – annonce, annonciation, auspices, conjecture, horoscope, oracle, pari, prédiction, présage, prévision, projection, promesse, pronostic, prophétie, signe. *ANTIQ. ROM.* auspices, haruspication. ▲**ANT.** SOUVENIR, TRACE, VESTIGE.

auguste *adj.* ▶ *Vénérable* – digne, respectable, révéré, sacré, saint, vénérable. ▶ *Majestueux* – digne, grave, impérial, imposant, majestueux, noble, olympien, qui impose le respect, solennel. ▲**ANT.** ABJECT, IGNOBLE, IMMONDE, INDIGNE, INFÂME, MÉPRISABLE, OBSCÈNE, RÉPUGNANT, RÉPUGNANT, VIL.

aujourd'hui *adv.* à cette heure, à l'époque actuelle, à l'heure actuelle, à l'heure présente, à l'heure qu'il est, à l'instant présent, à présent, actuellement, au moment présent, dans le cas présent, de ce temps-ci, de nos jours, de notre temps, en ce moment, en cette saison, ici, maintenant, par le temps qui court. ▲**ANT.** HIER; DEMAIN; ALORS, AUPARAVANT, PAR LE PASSÉ; DANS LE FUTUR.

aumône *n. f.* ▶ *Don* – aide, allocation, apport, assistance, bonne œuvre, charité, dation, disposition, distribution, don, faveur, grâce, hommage, indemnité, obole, prestation, secours, soulagement, subside, subvention. *SOUT.* bienfait. *FAM.* dépannage. *DR.* donation, fidéicommis, legs, libéralité. *RELIG.* bénédiction, charisme. ▲**ANT.** AVARICE, ÉGOÏSME.

auparavant *adv.* à l'avance, antérieurement, au préalable, avant, ci-devant, d'abord, d'avance, déjà, préalablement, précédemment, préliminairement. ▲**ANT.** À L'ÉPOQUE ACTUELLE, À L'HEURE ACTUELLE, ACTUELLEMENT, DE CE TEMPS-CI, DE NOS JOURS; DANS LE FUTUR, ENSUITE.

auréole *n. f.* ▶ *Nimbe* – couronne de gloire, mandorle, nimbe. ▶ *Cercle lumineux* – halo. ▶ *Renommée* – célébrité, considération, éclat, faveur, gloire, notoriété, palmarès, popularité, renom, renommée, réputation, vedettariat. *FIG.* immortalité, la déesse aux cent bouches. ▶ *Marque circulaire* – cerne.

aurore *n. f.* ▶ *Aube* – aube, crépuscule (du matin), début du jour, lever de l'aurore, lever du jour, lever du matin, lever, naissance du jour, (petit) matin, point du jour. *SOUT.* lueur crépusculaire, pointe de l'aube, pointe du jour. ▸ *Commencement* (*SOUT.*) – actionnement, amorçage, amorce, balbutiement, bégaiement, commencement, création, début, déclenchement, démarrage, départ, ébauche, embryon, enclenchement, enfance, entrée, esquisse, fondement, germe, inauguration, origine, ouverture, prélude, prémisse, principe, tête. *SOUT.* aube, matin, prémices. *FIG.* apparition, avènement, éclosion, émergence, éruption, explosion, genèse, germination, naissance, venue au monde. ▲**ANT.** CRÉPUSCULE; FIN.

ausculter *v.* ▸ *Étudier* – analyser, considérer, envisager, étudier, examiner, explorer, observer, penser à, pousser plus avant, prendre en considération, réfléchir sur, s'intéresser à, se pencher sur, traiter, voir. ▸ *Chercher à connaître* – interroger, pénétrer, prendre le pouls de, sonder, tâter. ▲**ANT.** IGNORER, NÉGLIGER.

aussi *adv.* ▸ *Pareillement* – autant, de même, également, encore, non moins, pareillement. *SOUT.* encor. *FAM.* avec, idem, itou. ▸ *De plus* – de même, de plus, en outre, encore, item, même, voire. ▲**ANT.** NON PLUS.

aussitôt *adv.* à l'instant, au plus vite, aussitôt que possible, d'emblée, d'urgence, directement, en urgence, immédiatement, instantanément, sans délai, sans différer, sans tarder, séance tenante, sitôt, sur l'heure, sur le coup, sur-le-champ, tout de suite. *SOUT.* dans l'instant, incontinent. *FAM.* aussi sec, de suite, illico. *QUÉB. FAM.* au plus coupant, au plus sacrant. ▲**ANT.** PLUS TARD.

austère *adj.* ▸ *Frugal* – ascétique, frugal, janséniste, monacal, puritain, rigide, rigoriste, rigoureux, sévère, spartiate. *SOUT.* claustral, érémitique. ▸ *Sans gaieté* – grave, sérieux. ▸ *Sans ornement* – dépouillé, froid, gris, nu, sévère, triste. *SOUT.* chenu. ▲**ANT.** FASTUEUX, GRANDIOSE, IMPÉRIAL, LUXUEUX, MAGNIFIQUE, PRINCIER, RICHE, ROYAL, SOMPTUEUX, SPLENDIDE, SUPERBE; LIBRE, SANS CONTRAINTE; COLORÉ, PITTORESQUE.

austérité *n. f.* ▸ *Abstinence* – abstinence, ascèse, ascétisme, dépouillement, expiation, flagellation, frugalité, macération, mortification, pénitence, privation, propitiation, renoncement, restriction, sacrifice, stigmatisation, tempérance. ▸ *Ascétisme* – ascèse, ascétisme, puritanisme, rigorisme, stoïcisme. ▸ *Sévérité* – âpreté, aridité, dureté, exigence, gravité, rigidité, rigueur, sécheresse, sérieux, sévérité. ▸ *Absence d'ornement* – dépouillement, nudité, pureté, sévérité, simplicité, sobriété. ▲**ANT.** DÉBAUCHE, HÉDONISME, SENSUALITÉ; DOUCEUR, FACILITÉ, PLAISIR; ABONDANCE, LUXE, POMPE.

auteur *n.* ▸ *Responsable* – âme, artisan, canalisateur, centre, cerveau, chef, cheville ouvrière, créateur, dirigeant, fondateur, incitateur, initiateur, inspirateur, instigateur, locomotive, maître (d'œuvre), meneur, moteur, organisateur, patron, père, promoteur, protagoniste, régisseur, responsable. *SOUT.* excitateur, instaurateur, ouvrier. ▸ *Écrivain* – écrivain, femme de lettres/homme de lettres. *FAM.* gendelettre. ▸ *Prolifique* – pondeur. ▸ *Bon* – styliste. ▸ *Mauvais* *SOUT.* grimaud.

authenticité *n. f.* ▸ *Vérité* – évidence, existence, flagrance, incontestabilité, justesse, objectivité, positivité, réalité, validité, véracité, vérité, vrai. *DIDACT.* apodicticité, historicité. *SOUT.* véridicité. ▲**ANT.** FAUSSETÉ, IMITATION, INAUTHENTICITÉ.

authentique *adj.* ▸ *Pur* – naturel, pur, véritable, vrai. *FAM.* vrai de vrai. ▸ *Dont l'existence est prouvée* – attesté, exact, factuel, historique, positif, réel, véridique, véritable, vrai. ▸ *Dressé selon les formes légales* – authentifié, certifié, notarié, officiel, public, solennel. ▸ *Sincère* – sans artifice, sincère, spontané, véritable, vrai. ▲**ANT.** FAUX, ILLUSOIRE, TROMPEUR; D'ÉPOQUE; COMÉDIEN; PLAGAL (*mode du plain-chant*).

authentiquement *adv.* ▸ *Véritablement* – à dire vrai, à l'évidence, à la vérité, à n'en pas douter, à vrai dire, assurément, bel et bien, bien, bien entendu, bien sûr, cela va de soi, cela va sans dire, certainement, certes, comme de juste, d'évidence, de toute évidence, effectivement, en effet, en vérité, évidemment, il va sans dire, indubitablement, manifestement, naturellement, nul doute, oui, réellement, sans (aucun) doute, sans conteste, sans contredit, sans le moindre doute, sans nul doute, sérieusement, sûrement, véridiquement, véritablement, vraiment. *FAM.* pour de vrai, vrai. *QUÉB. FAM.* pour vrai. ▸ *Officiellement* – administrativement, dans les formes, de source officielle, légalement, notoirement, officiellement, publiquement, solennellement, statutairement. ▸ *Franchement* – à la loyale, de bonne foi, en toute bonne foi, franc, franchement, honnêtement, loyalement, ouvertement, sincèrement, uniment. *FAM.* franco. ▲**ANT.** EN APPARENCE, FAUSSEMENT, ILLUSOIREMENT, TROMPEUSEMENT.

auto *n. f.* ▸ *Véhicule* – automobile, voiture, voiture automobile. *FAM.* bagnole, bahut, caisse, tire. *QUÉB. ACADIE FAM.* char. ▸ *Rapide* – bolide. ▸ *Petite* – microvoiture, voiturette automobile. *FAM.* trottinette. ▸ *Grosse FAM.* tank, wagon. *QUÉB. FAM.* bateau. ▸ *Vieille ou mauvaise* – clou, épave (*hors d'usage*). *FAM.* bagnole, boîte à savon, chignole, guimbarde, poubelle, tacot, tapecul, tas de boue, tas de ferraille, teuf-teuf, veau (*lente*). *QUÉB. FAM.* bazou, cancer, citron, minoune. ◆ *autos, plur.* ▸ *Ensemble de véhicules* – colonne, convoi, défilé, file, noria, théorie; flotte; parc automobile.

autobus *n. m.* *FAM.* bus.

autochtone *n.* aborigène, habitant de vieille race, habitant de (vieille) souche, indigène, natif, naturel. ▲**ANT.** ALLOCHTONE, ÉTRANGER, IMMIGRANT, IMMIGRÉ.

autofinancement *n. m.* ▲**ANT.** SUBSIDES, SUBVENTION.

autographe *n. m.* ▸ *Signature* – monogramme, paraphe, signature. *DR.* blanc-seing, contreseing, endos.

automate *n. m.* ▸ *Machine* – robot. ▸ *Science-fiction* – androïde, cyborg, être humain bionique. ▸ *Personne* – machine, robot, somnambule. ▲**ANT.** MENEUR, PENSEUR.

automatique *adj.* ▸ *Instinctif* – inconscient, indélibéré, instinctif, intuitif, involontaire, irréfléchi, machinal, mécanique, naturel, réflexe, spontané. *DIDACT.* instinctuel, pulsionnel. ▸ *Sans intervention humaine* – automatisé. ▲**ANT.** INTENTIONNEL,

VOLONTAIRE; À LA MAIN, ARTISANAL, MANUEL; CONDITIONNEL, SOUS CONDITION, SOUS TOUTES RÉSERVES; INTERACTIF.

automatiquement *adv.* ▶ *Spontanément* – à l'instinct, à l'intuition, au flair, d'instinct, impulsivement, inconsciemment, instinctivement, intuitivement, involontairement, machinalement, mécaniquement, naturellement, par habitude, par humeur, par instinct, par nature, sans réfléchir, spontanément, viscéralement. ▶ *Inévitablement* – à coup sûr, fatalement, forcément, immanquablement, implacablement, inéluctablement, inévitablement, inexorablement, infailliblement, ipso facto, irrésistiblement, logiquement, mathématiquement, nécessairement, obligatoirement, par la force des choses. ▲ANT. À LA MAIN, ARTISANALEMENT, MANUELLEMENT; ALÉATOIREMENT, DOUTEUSEMENT, PEUT-ÊTRE.

automatisme *n. m.* ▶ *Réflexe* – conditionnement, interaction, réaction (immédiate), réflexe, réponse. ▶ *Habitude* – accoutumance, façons, habitude, manières, mœurs, pli, réflexe, rite, rituel, seconde nature. PSYCHOL. stéréotypie. FAM. abonnement, métro-boulot-dodo, train-train, train-train quotidien. ◗ *Non favorable* – encroûtement, manie, marotte, monotonie, ordinaire, ronron, routine, tic, uniformité. ▲ANT. CONSCIENCE, LIBERTÉ; HASARD; FANTAISIE, IRRÉGULARITÉ.

automne *n. m.* arrière-saison, vendanges. ▲ANT. PRINTEMPS; JEUNESSE.

automobile *n. f.* ▶ *Véhicule* – auto, voiture, voiture automobile. FAM. bagnole, bahut, caisse, tire. QUÉB. ACADIE FAM. char. ◗ *Rapide* – bolide. ◗ *Petite* – microvoiture, voiturette automobile. FAM. trottinette. ◗ *Grosse* FAM. tank, wagon. QUÉB. FAM. bateau. ◗ *Vieille ou mauvaise* – clou, épave (hors d'usage). FAM. bagnole, boîte à savon, chignole, guimbarde, poubelle, tacot, tapecul, tas de boue, tas de ferraille, teuf-teuf, veau (lente). QUÉB. FAM. bazou, cancer, citron, minoune. ◗ *automobiles, plur.* ▶ *Ensemble de véhicules* – colonne, convoi, défilé, file, noria, théorie; flotte; parc automobile, parc d'automobiles.

autonome *adj.* ▶ *Non relié* – dissocié, distinct, indépendant, séparé. ▶ *Qui ne dépend de personne* – indépendant, individualiste, libre, non conformiste, qui est son propre maître. ▶ *En parlant d'un État* – indépendant, libre, souverain. ▲ANT. DÉPENDANT (DE), SOUMIS À, SUBORDONNÉ À, TRIBUTAIRE DE; ANNEXÉ À, SOUS LA TUTELLE DE; HÉTÉRONOME.

autonomie *n. f.* ▶ *Liberté* – contingence, disponibilité, droit, faculté, franc arbitre, hasard, indépendance, indéterminisme, liberté, libre arbitre, (libre) choix, licence, loisir, permission, possibilité, pouvoir. ▶ *Indépendance politique* – autodétermination, désatellisation, indépendance, liberté, souveraineté. ▶ *Sécession* – division, indépendance, partition, scission, sécession, séparation. ▲ANT. ASSERVISSEMENT, ASSUJETTISSEMENT, DÉPENDANCE, ESCLAVAGE; SOUMISSION, SUBORDINATION, TUTELLE; COLONIALISME; ASSOCIATION; HÉTÉRONOMIE.

autorisation *n. f.* ▶ *Permission* – acceptation, accord, accréditation, acquiescement, adhésion, adoption, affirmation, affirmative, agrément, amen, approbation, approbativité, approuvé, assentiment,

aval, avis favorable, bénédiction, caution, chorus, confirmation, consentement, déclaration favorable, engagement, entérinement, exeat, feu vert, gré, homologation, légalisation, oui, permission, ratification, sanction, validation. BELG. agréage, agréation. SOUT. suffrage. RELIG. admittatur, celebret, créance, imprimatur, nihil obstat. ▶ *Permis* – bon, congé, coupe-file, décharge, dispense, laissez-passer, licence, navicert, passavant, passe-debout, passeport, permis, sauf-conduit, visa. ▲ANT. DÉFENSE, EMPÊCHEMENT, INTERDICTION, PROHIBITION, REFUS.

autoriser *v.* ▶ *Permettre* – approuver, laisser, passer, permettre. ▶ *Justifier* – excuser, justifier, légitimer, permettre. ◆ *s'autoriser* ▶ *Prétexter* (SOUT.) – alléguer, avancer, invoquer, objecter, opposer, prétexter. SOUT. arguer, exciper de. ▲ANT. DÉFENDRE, EMPÊCHER, INTERDIRE, PROHIBER, PROSCRIRE, REFUSER.

autoritaire *adj.* ▶ *Impérieux* – affirmatif, catégorique, dogmatique, formel, impératif, impérieux, péremptoire, sans réplique, scolastique, tranchant. FAM. pète-sec. ▶ *Tyrannique* – absolu, absolutiste, arbitraire, autocratique, césarien, despote, despotique, dictatorial, directif, dominateur, hégémonique, jupitérien, totalitaire, tyrannique. ▲ANT. CLÉMENT, INDULGENT; BONASSE, DÉBONNAIRE, FAIBLE, MOU; DÉMOCRATIQUE, ÉGALITAIRE, LIBÉRAL.

autoritarisme *n. m.* arbitraire, caporalisme, despotisme, dictature, directivisme, directivité, omnipotence, oppression, tyrannie. SOUT. satrapie. ▲ANT. LIBÉRALISME.

autorité *n. f.* ▶ *Pouvoir* – commandement, domination, emprise, force, gouvernement *(politique)*, juridiction, loi, maîtrise, pouvoir, puissance, règne, tutelle. SOUT. empire, férule, houlette. ▶ *Influence* – action, aide, appui, ascendant, attirance, attraction, aura, contagion, crédit, dominance, domination, effet, empreinte, emprise, fascination, force, importance, incitation, influence, inspiration, magie, magnétisme, mainmise, manipulation, mouvance, persuasion, pétition, poids, pouvoir, prépondérance, présence, pression, prestige, puissance, rôle, séduction, subjugation, suggestion, tyrannie. SOUT. empire, intercession. ▶ *Fermeté* – aplomb, assurance, caractère, constance, courage, cran, détermination, endurance, énergie, fermeté, force, permanence, poigne, rectitude, résolution, ressort, sang-froid, sérieux, solidité, sûreté, ténacité, vigueur, virilité, volonté. SOUT. fortitude, invulnérabilité. FAM. estomac, gagne. ▶ *Compétence* – attributions, compétence, département, pouvoir, qualité, ressort. FAM. rayon. ▶ *Hiérarchie* – commandement, ordre, rang, subordination. ▶ *Responsable* – brevetaire, dignitaire, officiel, responsable, supérieur. ▶ *Expert* – autorité (en la matière), chercheur, connaisseur, découvreur, docteur, expert, homme de science, investigateur, maître, maître de recherches, professeur, savant, scientifique, sommité, spécialiste. SOUT. (grand) clerc. ▲ANT. INFÉRIORITÉ, SOUMISSION, SUBORDINATION, SUJÉTION; DÉCHÉANCE; ANARCHIE; DISCRÉDIT, INCOMPÉTENCE.

autosatisfaction *n. f.* ▶ *Vanité* – amour-propre, arrogance, bouffissure, complaisance, contentement (de soi), crânerie, enflure, fatuité, gloriole, hauteur, immodestie, importance, jactance, mégalomanie, morgue, orgueil, ostentation, outre-cuidance, parade, pose, présomption, prétention, suffisance, superbe, supériorité, triomphalisme, vanité, vantardise. *SOUT.* fierté, infatuation. *FAM.* ego. *QUÉB. FAM.* pétage de bretelles.

autosuffisance *n. f.* autarcie, autodéveloppement, autosubsistance, développement autocentré, isolationnisme économique, isolement économique, protectionnisme. ▲**ANT.** DÉPENDANCE (ÉCONOMIQUE); COOPÉRATION, ÉCHANGE.

autour *adv.* à côté, à deux pas, à la ronde, à peu de distance, à proximité, à quelques pas, alentour, auprès, dans les environs, dans les parages, non loin, près, tout autour, (tout) contre. *FAM.* sous la main. *QUÉB. FAM.* proche. ▲**ANT.** À DISTANCE, AU LOIN, LOIN.

autre *adj.* ▶ *Distinct* – différent, dissemblable, distinct, divers, inégal. ▶ *Transformé* – changé, différent, métamorphosé, nouveau, transformé. ▶ *Second* – deuxième, nouveau, second. ▲**ANT.** MÊME, PAREIL.

autrefois *adv.* à une époque lointaine, anciennement, antiquement, au temps ancien, dans l'ancien temps, dans l'antiquité, dans le passé, dans les temps anciens, de ce temps-là, en ce temps-là, hier, il y a longtemps, jadis, naguère *(passé récent)*, par le passé. *FAM.* dans le temps. *ACADIE FAM.* empremier. ▲**ANT.** À L'ÉPOQUE ACTUELLE, À L'HEURE ACTUELLE, ACTUELLEMENT, DE CE TEMPS-CI, DE NOS JOURS.

autrement *adv.* ▶ *Différemment* – contrairement, différemment, dissemblablement, diversement. ▶ *Sinon* – sans quoi, sinon. ▲**ANT.** DE LA MÊME FAÇON, IDENTIQUEMENT, PAREILLEMENT, SEMBLABLEMENT, SIMILAIREMENT; DANS CE CAS, DANS CETTE ÉVENTUALITÉ, SI C'EST LE CAS, SI CELA SE PRODUIT.

auxiliaire *adj.* accessoire, additif, additionnel, annexe, complémentaire, en supplément, subsidiaire, supplémentaire. *SOUT.* adventice, supplétif, surérogatoire. ▲**ANT.** PRINCIPAL.

auxiliaire *n.* ▶ *Assistant* – adjoint, aidant, aide, alter ego, assesseur, assistant, bras droit, collaborateur, complice, exécutant, homme de confiance, lieutenant, préparateur, second, sous-chef, subalterne, subordonné. *SOUT.* suivant. *RELIG.* coadjuteur, définiteur. ▶ *Non favorable* – acolyte, lampiste, second couteau, second rôle, second violon, sous-fifre, sous-ordre. ▶ *Militaire* – supplétif. ▲**ANT.** CHEF, DIRECTEUR.

avachi *adj.* ▶ *Flasque* – amolli, déformé, flasque. ▶ *Apathique* – affaissé, amorphe, apathique, atone, désossé, endormi, faible, inconsistant, indolent, inerte, léthargique, lymphatique, mou, nonchalant, passif, ramolli, sans ressort. *SOUT.* lâche, veule. *FAM.* gnangnan, mollasse, mollasson, ramollo. ▶ *Exténué* – à bout, à plat, brisé, courbatu, épuisé, éreinté, exténué, fatigué, fourbu, harassé, las, mort (de fatigue), moulu (de fatigue). ramolli. *SOUT.* recru (de fatigue), rompu (de fatigue), roué de fatigue. *FAM.* au bout du rouleau, claqué, crevé, esquinté, flagada, flapi, lessivé, nase, pompé, ramollo, raplapla, rétamé, sur le flanc, sur les genoux, sur les rotules, vanné, vidé. *QUÉB. FAM.* au coton, brûlé, poqué.

aval *n. m. sing.* ▲**ANT.** AMONT.

aval *n. m.* ▶ *Garantie* – assurance, caution, cautionnement, charge, consignation, couverture, ducroire, engagement, gage, garant, garantie, hypothèque, indexage, indexation, nantissement, obligation, palladium, parrainage, précaution, préservation, promesse, répondant, responsabilité, salut, sauvegarde, sécurité, signature, soulte, sûreté, warrant, warrantage. ▶ *Accord* – acceptation, accord, accréditation, acquiescement, adhésion, adoption, affirmation, affirmative, agrément, amen, approbation, approbativité, approuvé, assentiment, autorisation, avis favorable, bénédiction, caution, chorus, confirmation, consentement, déclaration favorable, engagement, entérinement, exeat, feu vert, gré, homologation, légalisation, oui, permission, ratification, sanction, validation. *BELG.* agréage, agréation. *SOUT.* suffrage. *RELIG.* admittatur, celebret, créance, imprimatur, nihil obstat. ▲**ANT.** RISQUE; DÉSACCORD, INTERDICTION.

avalanche *n. f.* ▶ *Déferlement* – abondance, averse, bombardement, bordée, cascade, déferlement, déluge, flot, flux, grêle, kaléidoscope, mascaret, pluie, rivière, torrent, vague. *SOUT.* fleuve.

avaler *v.* ▶ *Ingurgiter* – absorber, consommer, déglutir, ingérer, ingurgiter, prendre. ▶ *Manger avec avidité* – dévorer, engloutir, ingurgiter. *SOUT.* manger à belles dents. *FAM.* enfourner, engouffrer. *QUÉB. FAM.* enfrouaper. ▶ *Recevoir* (*FAM.*) – recevoir. *FAM.* déguster, écoper de, empocher, encaisser, morfler. ▶ *Croire* (*FAM.*) – accorder crédit à, ajouter foi à, croire, donner crédit à. *FAM.* gober. ▲**ANT.** CRACHER, RÉGURGITER, VOMIR; REFUSER.

avancé *adj.* ▶ *Précoce* – en avance, précoce. ▶ *Évolué* – de pointe, évolué, haute technologie, perfectionné, pointu, poussé, sophistiqué, spécialisé. ▶ *Trop mûr* – blet. ▶ *En parlant d'une heure* – tardif. ▲**ANT.** RETARDÉ; DÉPASSÉ, DÉSUET; VERT.

avance *n. f.* ▶ *Progression* – ascension, avancée, avancement, cheminement, développement, marche, marche avant, montée, percée, progrès, progression. ▶ *Précocité* – hâte, précocité, prématurité, rapidité. ▶ *Prêt* – aide (financière), bourse, commodat, crédit, découvert, dépannage, préfinancement, prêt, prime, subvention (remboursable). ▶ *Acompte* – acompte, arrhes, avaloir, dépôt, provision, tiers provisionnel. ♦ *avances, plur.* ▶ *Ensemble de prêts* – découvert. ▲**ANT.** RECUL, RÉGRESSION, REPLI, RETRAITE; RETARD.

avancée *n. f.* ▶ *Saillie* – angle, appendice, arête, aspérité, avancement, balèvre, bec, bosse, bourrelet, console, corne, corniche, côte, coude, crête, dent, éminence, encorbellement, éperon, ergot, excroissance, gibbosité, hourd, mamelon, moulure, nervure, picot, pointe, proéminence, projecture, prolongement, protubérance, redan, relief, ressaut, saillant, saillie, surplomb, surplombement, tubercule. ▶ *Progrès* – ascension, avance, avancement, cheminement, développement, marche, marche avant, montée, percée, progrès, progression. ▲**ANT.** ENFONCEMENT; RECUL, RETRAIT.

avancement *n. m.* ▶ *Progression* – ascension, avance, avancée, cheminement, développement, marche, marche avant, montée, percée, progrès, progression. ▶ *Perfectionnement* – civilisation, évolution, perfectionnement, progrès. ▶ *Promotion* – accession, élévation, émancipation, mouvement, mutation, nomination, promotion, reclassement. ▶ *Saillie* – angle, appendice, arête, aspérité, avancée, balèvre, bec, bosse, bourrelet, console, corne, corniche, côte, coude, crête, dent, éminence, encorbellement, éperon, ergot, excroissance, gibbosité, hourd, mamelon, moulure, nervure, picot, pointe, proéminence, projecture, prolongement, protubérance, redan, relief, ressaut, saillant, saillie, surplomb, surplombement, tubercule. ▲ANT. RECUL, RÉGRESSION; DÉCADENCE; DÉCHÉANCE, DESCENTE, RÉTROGRADATION; CREUX, RENFONCEMENT.

avancer *v.* ▶ *Présenter un objet* – offrir, présenter, tendre. ▶ *Proposer une idée* – jeter sur le tapis, mettre sur le tapis, offrir, présenter, proposer, servir, soumettre. ▶ *Oser une parole* – émettre, hasarder, oser, risquer. ▶ *Prétexter* – alléguer, invoquer, objecter, opposer, prétexter. SOUT. arguer, exciper de, s'autoriser de. ▶ *Faire arriver plus vite* – brusquer, devancer, hâter, précipiter. ▶ *Continuer* – continuer, poursuivre, pousser. ▶ *S'approcher* – (s')approcher, venir. ▶ *Se déplacer vers l'avant* – aller de l'avant, cheminer, progresser. ▶ *Saillir* – déborder, dépasser, faire saillie, ressortir, saillir, se détacher, sortir. BELG. dessortir. TECHN. forjeter, surplomber. ▶ *S'améliorer* – évoluer, faire des progrès, progresser, s'améliorer, se développer. ♦ *s'avancer* ▶ *Entrer* – entrer, pénétrer, s'engager, s'introduire. ▶ *Se risquer* – s'aventurer, s'engager, s'essayer à, se hasarder, se lancer, se risquer. FAM. s'embarquer, s'empêtrer, se fourrer, se mettre les pieds dans. FRANCE FAM. s'embringuer. ▲ANT. ÉLOIGNER, RETIRER; RECULER, RENTRER, SE REPLIER; RÉGRESSER; RETARDER; ARRÊTER, S'INTERROMPRE; PIÉTINER.

avant *adv.* ▶ *Dans le temps* – à l'avance, antérieurement, au préalable, auparavant, ci-devant, d'abord, d'avance, déjà, préalablement, précédemment, préliminairement. ▶ *Dans l'espace* – au début, devant, en avant, en premier, en tête, par-devant. ▲ANT. APRÈS.

avant *n. m.* ▶ *Partie antérieure* – devant, partie antérieure. ◗ *D'un navire* – étrave, nez, proue. ▶ *Zone de bataille* – front, ligne, première ligne, théâtre des opérations. ▶ *Joueur* – attaquant, joueur d'attaque. ▲ANT. ARRIÈRE, DERRIÈRE.

avantage *n. m.* ▶ *Gain* – gain, réussite, succès, triomphe, victoire. FAM. gagne. ▶ *Supériorité* – dessus, prédominance, prééminence, préférence, prépondérance, préséance, primauté, priorité, supériorité, suprématie, transcendance. SOUT. précellence, préexcellence. ▶ *Atout* – argument, arme, atout, carte maîtresse, moyen, un plus. ▶ *Privilège* – acquis, apanage, attribution, bénéfice, chasse gardée, concession, droit, exclusivisme, exclusivité, exemption, faveur, honneur, immunité, inviolabilité, monopole, passe-droit, pouvoir, préférence, prérogative, privilège. ANC. franchise. RELIG. indult. ▶ *Cadeau* – donation, générosité, gracieuseté, gratification, largesse, libéralité, manne *(inespéré)*. SOUT. bienfait. QUÉB. FAM. bonbon. ▶ *Revenu* – allocation, arrérages, bénéfice, casuel, chômage, dividende, dotation, fermage, fruit, gain, intérêt, loyer, mense, mensualité, métayage, pension, prébende, présalaire, produit, profit, rapport, recette, redevance, rente, rentrée,

retraite, revenu, tontine, usufruit, usure, ventes, viager. FAM. alloc. FRANCE FAM. bénef, chômedu. ▶ *Profit* – actif, avoir, bénéfice, boni, crédit, excédent, fruit, gain, produit, profit, rapport, reliquat, reste, revenant-bon, revenu, solde, solde créditeur, solde positif. FAM. bénef, gras, gratte, part du gâteau. ▶ *Utilité* – bénéfice, bienfait, commodité, convenance, désidérabilité, efficacité, fonction, fonctionnalité, indispensabilité, intérêt, mérite, nécessité, profit, profitabilité, recours, service, usage, utilité, valeur. ▲ANT. DÉSAVANTAGE; DOMMAGE, PERTE; DÉTRIMENT, HANDICAP, PRÉJUDICE; INCONVÉNIENT.

avantageusement *adv.* ▶ *Favorablement* – à point (nommé), à propos, à temps, agréablement, au bon moment, bien, commodément, convenablement, favorablement, heureusement, inespérément, judicieusement, opportunément, par bonheur, par miracle, précieusement, providentiellement, salutairement, utilement. FAM. à pic, bene. ▶ *Fructueusement* – à profit, efficacement, fertilement, lucrativement, profitablement, salutairement, utilement, utilitairement. ▲ANT. DÉFAVORABLEMENT, DÉSAVANTAGEUSEMENT, NUISIBLEMENT, PERNICIEUSEMENT; EN VAIN, FUTILEMENT, INFRUCTUEUSEMENT, INUTILEMENT, STÉRILEMENT, VAINEMENT.

avantageux *adj.* ▶ *Qui procure des avantages* – bénéfique, bienfaisant, bon, favorisant, profitable, salutaire, utile. ▶ *Qui fait paraître plus beau* – favorable, flatteur, seyant. ▶ *Peu cher* – à bas prix, à bon compte, à bas prix, abordable, accessible, bas de gamme, bon marché, économique, modique, raisonnable. ▲ANT. DÉFAVORABLE, DÉSAVANTAGEUX, NUISIBLE; ASTRONOMIQUE *(prix)*, CHER, COÛTEUX, ÉLEVÉ, EXORBITANT, HORS DE PRIX, INABORDABLE, PROHIBITIF, RUINEUX.

avant-gardiste *adj.* audacieux, d'avant-garde, frais, futuriste, hardi, inédit, innovant, innovateur, neuf, new-look, nouveau, nouvelle vague, novateur, original, renouvelé, révolutionnaire, visionnaire. ▲ANT. ARRIÉRÉ, PASSÉISTE, RÉACTIONNAIRE, RÉTROGRADE, TRADITIONALISTE.

avant-propos *n. m.* avertissement, avis (préliminaire), début, discours préliminaire, entrée en matière, exorde, exposition, introduction, notice, préambule, préliminaire, prélude, présentation, prolégomènes, prologue. SOUT. prodrome. ▲ANT. CONCLUSION, POSTFACE.

avant-veille *n. f.* ▲ANT. SURLENDEMAIN.

avare *adj.* ▶ *Radin* – chiche, mesquin, pingre, regardant. SOUT. ladre, lésineur, thésauriseur. FAM. chien, chipoteur, dur à la détente, radin, rat. QUÉB. FAM. chenu, gratteux, grippe-sou, séraphin. ▶ *Qui produit peu de végétation* – aride, désertique, improductif, inculte, incultivable, infertile, ingrat, pauvre, stérile. ▲ANT. GÉNÉREUX, LARGE, PRODIGUE; ABONDANT, FÉCOND, FERTILE, LUXURIEUX.

avare *n.* harpagon, pingre. SOUT. thésauriseur. ▲ANT. BIENFAITEUR, GÉNÉREUX, MÉCÈNE.

avarice *n. f.* ▶ *Parcimonie* – appât du gain, âpreté (au gain), avidité, cupidité, économie de bouts de chandelle, égoïsme, mesquinerie, parcimonie, petitesse, pingrerie, rapacité, thésaurisation. ANTILLES chicheté. SOUT. ladrerie, lésine, sordidité, vilenie. ▲ANT. GÉNÉROSITÉ, LARGESSE, MUNIFICENCE.

avènement *n. m.* ▶ *Accession* – accession, admission, arrivée, venue. ▶ *Apparition* – apparition, approche, arrivée, entrée, introduction, irruption, jaillissement, manifestation, occurrence, survenance, venue. SOUT. surgissement, survenue. DIDACT. exondation. ▶ *Commencement* – actionnement, amorçage, amorce, balbutiement, bégaiement, commencement, création, début, déclenchement, démarrage, départ, ébauche, embryon, enclenchement, enfance, entrée, esquisse, fondement, germe, inauguration, origine, ouverture, prélude, prémisse, principe, tête. SOUT. aube, aurore, matin, prémices. FIG. apparition, éclosion, émergence, éruption, explosion, genèse, germination, naissance, venue au monde. ▲ANT. ABANDON, ABDICATION, CHUTE, DÉPART, DÉPOSITION; DÉCHÉANCE; DISPARITION; FIN, MORT.

avenir *n. m.* ▶ *Destin* – chance, demain(s), destin, destinée, devenir, étoile, existence, fatalité, fortuité, fortune, futur, hasard, horizon, karma, lendemain(s), lot, nécessité, prédestination, prédétermination, prédéterminisme, providence, sérendipité, sort, vie. SOUT. fatum, Parque. ▶ *Perspectives d'emploi* – débouchés, ouvertures, perspectives d'avenir, perspectives d'emploi. ▲ANT. PASSÉ; PRÉSENT.

aventuré *adj.* audacieux, aventureux, dangereux, extrême (sport), fou, hardi, hasardé, hasardeux, imprudent, osé, périlleux, risqué, suicidaire, téméraire. SOUT. scabreux. FAM. casse-cou, casse-gueule.

aventure *n. f.* ▶ *Hasard* – accident, aléa, aléatoire, cas fortuit, chance, circonstance, coïncidence, conjoncture, contingence, coup de dés, coup du sort, facteur chance, fortuit, hasard, impondérable, imprévu, inattendu, incertitude, indétermination, occurrence, rencontre, sort. SOUT. fortune. QUÉB. FAM. adon. PHILOS. casualisme, casualité, indéterminisme. FIG. loterie. ▶ *Incident* – accident, accroc, accrochage, affaire, anicroche, avatar, complication, contingences, contrariété, contretemps, crise, désagrément, difficulté, dispute, embarras, empêchement, ennui, épine, épisode, événement, éventualité, imprévu, incident, mésaventure, obstacle, occasion, occurrence, péripétie, problème, rebondissement, tribulations. SOUT. adversité. FAM. blème, cactus, embêtement, emmerde, emmerdement, enquiquinement, os, pépin, pétrin, tuile. FRANCE FAM. avaro, empoisonnement. ▶ *Flânerie* – course, déambulation, déplacement, égarement, flânerie, instabilité, nomadisme, pérégrination, promenade, randonnée, rêverie, vagabondage, voyage. SOUT. badauderie, errance. FAM. rando, vadrouille, virée. FRANCE FAM. baguenaude, glandage. QUÉB. flânage, itinérance; FAM. niaisage. ▶ *Liaison amoureuse* – amourette, aventure amoureuse, aventure galante, bricole, caprice, coquetterie, coup de foudre, engouement, faible, fantaisie, idylle, liaison (amoureuse), marivaudage, passade, passion. SOUT. amours, entichement, oaristys. FAM. batifolage, béguin, toquade, touche. QUÉB. FAM. couraillage, galipote. ▲ANT. ROUTINE, TRAIN-TRAIN; CONFORT, SÉCURITÉ, TRANQUILLITÉ; CONSTANCE, STABILITÉ.

aventurer *v.* compromettre, exposer, hasarder, hypothéquer, jouer, mettre en jeu, mettre en péril, risquer. ♦ **s'aventurer** s'avancer, s'engager,

s'essayer à, se hasarder, se lancer, se risquer. FAM. s'embarquer, s'empêtrer, se fourrer, se mettre les pieds dans. FRANCE FAM. s'embringuer. ▲ANT. ASSURER. △S'AVENTURER – PRENDRE GARDE, S'ABSTENIR, SE DÉFIER, SE MÉFIER.

aventureux *adj.* ▶ *Entreprenant* – audacieux, entreprenant, fonceur, hardi, intrépide, qui n'a pas froid aux yeux, téméraire. FAM. casse-cou, risque-tout. ▶ *Risqué* – audacieux, aventuré, dangereux, extrême (sport), fou, hardi, hasardé, hasardeux, imprudent, osé, périlleux, risqué, suicidaire, téméraire. SOUT. scabreux. FAM. casse-cou, casse-gueule. ▲ANT. CRAINTIF, LÂCHE, PEUREUX, TIMIDE; PRÉCAUTIONNEUX, PRUDENT, SAGE; SANS RISQUE, SÉCURITAIRE, SÛR.

aventurier *n.* ▶ *Explorateur* – chercheur, découvreur, globe-trotter, navigateur, prospecteur, voyageur. FAM. bourlingueur. ▶ *Vaurien* – beau merle, délinquant, dévoyé, gibier de potence, homme de sac et de corde, julot, malfaisant, mauvais sujet, sale individu, scélérat, triste individu, triste personnage, triste sire, vaurien, vilain merle, voyou. ▶ *Personne qui vit d'expédients* – ruffian. ▶ *Courageux* – audacieux, battant, brave (à trois poils), courageux, dur (à cuire), fonceur, lion, stoïque, (vrai) homme. FAM. baroudeur, va-de-l'avant. ▶ *Pirate* (ANC.) – boucanier, corsaire, écumeur (de mer), flibustier, forban, pirate. ▶ *Soldat étranger* (ANC.) – mercenaire. ▲ANT. CASANIER, PANTOUFLARD, SÉDENTAIRE; GENTILHOMME, HONNÊTE HOMME; LÂCHE, PEUREUX, POLTRON.

aventurisme *n. m.* ▲ANT. CIRCONSPECTION, PRÉCAUTION, PRUDENCE.

avenue *n. f.* ▶ *Voie de circulation* – allée, boulevard, cours, mail, promenade. BELG. drève.

avérer (s') *v.* ▶ *Se révéler* – se montrer, se révéler, se trouver. ▶ *Être vrai* (SOUT.) – se confirmer, se vérifier.

averse *n. f.* ▶ *Chute de pluie* – cataracte, déluge, giboulée, grain, ondée, pluie battante, pluie d'abat, pluie diluvienne, pluie drue, pluie torrentielle, trombe d'eau. FAM. douche, rincée, sauce, saucée; BELG. FAM. drache. ▶ *Grande quantité* – abondance, avalanche, bombardement, débauche, déluge, flot, flux, grêle, kaléidoscope, mascaret, pluie, rivière, torrent, vague. SOUT. fleuve.

aversion *n. f.* ▶ *Dégoût* – abomination, allergie, dégoût, écœurement, haine, haut-le-cœur, horreur, indigestion, nausée, phobie, répugnance, répulsion, révulsion. SOUT. détestation, exécration. FAM. dégoûtation. ▶ *Haine* – agressivité, allergie, animosité, antipathie, guerre, haine, hostilité, malveillance, phobie, répugnance, répulsion, ressentiment. SOUT. détestation, exécration, inimitié, venin. ▲ANT. ATTIRANCE, GOÛT, INCLINATION; AFFECTION, AMOUR, SYMPATHIE.

averti *adj.* ▶ *Au courant* – au courant, avisé, informé, renseigné. FAM. à la coule, au parfum. ▶ *Habile* – adroit, avisé, circonspect, éclairé, fin, habile, prudent, réfléchi, sagace, sage. ▶ *Cultivé* – cultivé, éclairé, érudit, évolué, instruit, intellectuel, lettré, savant. SOUT. docte. FAM. calé. QUÉB. connaissant, renseigné; FAM. bollé. ▲ANT. IGNORANT, IMPRUDENT, INCOMPÉTENT, INEXPÉRIMENTÉ, MALAVISÉ, NAÏF.

avertir *v.* ▶ *Prévenir* – alerter, mettre en garde, prémunir, prévenir. ▶ *Informer* – aviser, informer, mettre au courant, prévenir. *SOUT.* instruire. *FAM.* affranchir, brancher, mettre au parfum. *QUÉB.* breffer. ▶ *Menacer* – lancer un avertissement à, menacer. ▲**ANT.** CACHER, DISSIMULER, TAIRE; LAISSER FAIRE; ENCOURAGER.

avertissement *n. m.* ▶ *Alarme* – alarme, alerte, appel, branle-bas, cri, éveil, haro, signal, sirène, sonnerie, S.O.S., tocsin. ▶ *Introduction* – avant-propos, avis (préliminaire), début, discours préliminaire, entrée en matière, exorde, exposition, introduction, notice, préambule, préliminaire, prélude, présentation, prolégomènes, prologue. *SOUT.* prodrome. ▶ *Conseil* – avis, conseil, encouragement, exhortation, guidance, idée, incitation, indication, information, initiative, inspiration, instigation, motion *(dans une assemblée)*, offre, opinion, préconisation, proposition, recommandation, renseignement, suggestion. *FAM.* tuyau. *DR.* pollicitation. ▶ *Menace* – bravade, chantage, commination, défi, dissuasion, effarouchement, fulmination, intimidation, menace, mise en garde, provocation, rodomontade, semonce, sommation, ultimatum. *FAM.* provoc. ▶ *Blâme* – accusation, admonestation, admonition, anathématisation, anathème, attaque, blâme, censure, condamnation, correction, critique, désapprobation, diatribe, grief, grognerie, gronderie, interdit, leçon, malédiction, mise à l'écart, mise à l'index, mise en quarantaine, objection, observation, plainte, punition, récrimination, remarque, remontrance, représentation, réprimande, réprobation, reproche, réquisitoire, semonce, sérénade, sermon, tollé. *SOUT.* animadversion, foudres, fustigation, improbation, mercuriale, objurgation, stigmatisation, vitupération. *FAM.* douche, engueulade, prêchi-prêcha, savon, tabac. *FRANCE FAM.* attrapade, lavage de tête, soufflante. *BELG.* cigare. *RELIG.* fulmination. ▲**ANT.** SILENCE; POSTFACE; COMPLIMENT.

aveu *n. m.* ▶ *Confession* – annonce, confession, confidence, déclaration, dévoilement, divulgation, ébruitement, fuite, indiscrétion, initiation, instruction, mea culpa, mise au courant, proclamation, publication, reconnaissance, révélation. *FAM.* déballage, mise au parfum. ▶ *Confidence* – abandon, confidence, effusion, épanchement, expansion. ▲**ANT.** DÉNÉGATION, DÉSAVEU, RÉTRACTATION; SECRET, SILENCE.

aveuglant *adj.* ▶ *Qui aveugle* – éblouissant, fulgurant. ▶ *Qui ne fait aucun doute* – apparent, certain, clair, cousu de fil blanc, criant, éclatant, évident, flagrant, frappant, hurlant (de vérité), incontestable, manifeste, patent, qui coule de source, qui crève les yeux, qui saute aux yeux, qui se voit comme le nez au milieu du visage, qui tombe sous le sens, qui va de soi, qui va sans dire, visible. ▲**ANT.** BLAFARD, PÂLE, TERNE; INCERTAIN, VAGUE.

aveugle *adj.* ▶ *Atteint de cécité* – amblyope, malvoyant, non voyant. ▶ *Inconditionnel* (*PÉJ.*) – absolu, complet, entier, exhaustif, global, inconditionnel, intégral, parfait, plein, rigoureux, sans réserve, total. *QUÉB. FAM.* mur-à-mur. ▲**ANT.** MODÉRÉ, RELATIF; CLAIRVOYANT.

aveuglement *n. m.* ▶ *Folie momentanée* – agitation, aliénation, amok, délire, divagation,

égarement, excitation, folie, frénésie, hallucination, hystérie, onirisme, paranoïa, surexcitation. ▶ *Obstination* (*PÉJ.*) – acharnement, assiduité, constance, détermination, entêtement, fermeté, insistance, obstination, opiniâtreté, persévérance, persistance, résolution, suite dans les idées, ténacité, volonté. ▲**ANT.** CLAIRVOYANCE, DISCERNEMENT, LUCIDITÉ, PERSPICACITÉ, SAGACITÉ; VISION.

aveuglément *adv.* ▶ *Sans voir* – à l'aveugle, à l'aveuglette, à tâtons, sans voir. ▶ *Inconsidérément* – à la légère, distraitement, étourdiment, inconsciemment, inconsidérément, indiscrètement, légèrement. ▲**ANT.** À VUE; ATTENTIVEMENT, AVEC CIRCONSPECTION, CONSCIENCIEUSEMENT, MÉTICULEUSEMENT, MINUTIEUSEMENT, PRÉCISÉMENT, PROPREMENT, RELIGIEUSEMENT, RIGOUREUSEMENT, SCRUPULEUSEMENT, SÉRIEUSEMENT, SOIGNEUSEMENT, VIGILAMMENT.

aveugler *v.* ▶ *Gêner la vue* – éblouir. ▶ *Troubler l'esprit* – brouiller, embrumer, obnubiler, obscurcir, troubler, voiler. ▶ *Boucher une voie d'eau* – boucher, étancher. ▶ *Boucher une fenêtre* – boucher, condamner, fermer, murer. ▲**ANT.** DESSILLER, DÉTROMPER, ÉCLAIRER, GUIDER, INSTRUIRE, OUVRIR LES YEUX DE.

aviation *n. f.* aéronautique, air, navigation aérienne, sport aérien, transport aérien.

avide *adj.* ▶ *Qui désire fortement* – affamé, assoiffé, gourmand, insatiable. *SOUT.* altéré. ▶ *Motivé par le gain* – âpre au gain, cupide, intéressé, mercantile, mercenaire, rapace, sordide, vénal, vorace. ▶ *Gourmand* – dévoreur, glouton, goinfre, goulu, gourmand, intempérant, ripailleur, vorace. *FRANCE FAM.* morfal. *BELG.* goulafre. *PATHOL.* boulimique. ▶ *Passionné* – amateur, amoureux, entiché, épris, fanatique, féru, fervent, fou, friand, passionné. *FAM.* accro, enragé, fana, maniaque, mordu. ▶ *Impatient* – anxieux, désireux, impatient, qui brûle, qui meurt d'envie. ▶ *Dévorant* – dévorant, inapaisable, inassouvissable, inextinguible, insatiable, irrassasiable, vorace. ▲**ANT.** DÉSINTÉRESSÉ, DÉTACHÉ, INDIFFÉRENT, TIÈDE; ABSTINENT, FRUGAL, MODÉRÉ, SOBRE, TEMPÉRANT.

avidement *adv.* ▶ *Insatiablement* – cupidement, insatiablement, vénalement, voracement. ▲**ANT.** AVEC DÉSINTÉRESSEMENT, AVEC DÉTACHEMENT; AUSTÈREMENT, FRUGALEMENT, MESURÉMENT, MODÉRÉMENT, RAISONNABLEMENT, SOBREMENT.

avidité *n. f.* ▶ *Cupidité* – ambition, convoitise, cupidité, possessivité, rapacité. *SOUT.* vampirisme. ▶ *Avarice* – appât du gain, âpreté (au gain), avarice, cupidité, économie de bouts de chandelle, égoïsme, mesquinerie, parcimonie, petitesse, pingrerie, rapacité, thésaurisation. *ANTILLES* chicheté. *SOUT.* ladrerie, lésine, sordidité, vilenie. ▶ *Gourmandise* – appétit, faim, gourmandise, insatiabilité, voracité. *PÉJ.* gloutonnerie, goinfrerie. *MÉD.* boulimie, cynorexie, hyperorexie, sitiomanie. ▶ *Curiosité* – appétit, attention, curiosité, intérêt, soif, soif d'apprendre, soif de connaissance, soif de connaître, soif de savoir. ▶ *Impatience* – brusquerie, désir, empressement, fièvre, fougue, hâte, impatience, impétuosité, précipitation, urgence, urgent. ▲**ANT.** GÉNÉROSITÉ, PRODIGALITÉ; DÉTACHEMENT, INATTENTION, INDIFFÉRENCE.

avilir

avilir v. ▶ *Diminuer une monnaie* – déprécier, dévaloriser, dévaluer. ▶ *Faire perdre ses qualités* – abâtardir, corrompre, dégrader, pourrir, souiller. SOUT. gangrener, vicier. ▶ *Rendre indigne de respect* – abaisser, dégrader, dépraver, déshonorer, galvauder, prostituer, rabaisser, ravaler, souiller. ▶ *Salir moralement* – flétrir, profaner, salir, souiller. SOUT. contaminer, empoisonner, polluer. ♦ *s'avilir* ▶ *Perdre ses qualités* – dégénérer, s'abâtardir, se corrompre, se dégrader, se pervertir. ▶ *Perdre sa dignité* – s'abaisser, se dégrader, se prostituer, se ravaler, tomber (bien) bas. SOUT. déchoir. ▲ANT. AMÉLIORER, ÉLEVER, ENCHÉRIR, ENNOBLIR, HAUSSER, REVALORISER; EXALTER, GLORIFIER, HONORER.

avilissement n. m. ▶ *Profanation* – atteinte, blasphème, dégradation, hooliganisme, iconoclasme, irrespect, irrévérence, lèse-majesté, outrage, pollution, profanation, sac, saccage, sacrilège, subversion, vandalisme, viol, violation. ▶ *Dégénérescence* – abaissement, abâtardissement, abjection, abrutissement, affadissement, affaiblissement, agonie, altération, amollissement, appauvrissement, atrophie, avachissement, baisse, corruption, décadence, déchéance, déclin, décrépitude, dégénérescence, dégradation, délabrement, déliquescence, dénaturation, dépérissement, détérioration, édulcoration, étiolement, flétrissure, perte, perversion, pourrissement, pourriture, rouille, ruine, sape, usure. SOUT. aveulissement, crépuscule, pervertissement. FAM. déglingue, dégringolade. ▲ANT. ÉLÉVATION, EXALTATION, GLORIFICATION, SACRALISATION; DIGNITÉ, HONNEUR; AMÉLIORATION.

avion n. m. ▶ *Véhicule volant* – appareil. ▶ *Petit* – aviette, avionnette. FAM. cage à poules. ▶ *Désuet* – coucou, zinc. ♦ *avions, plur.* ▶ *Ensemble de véhicules volants* – flotte aérienne, flotte (d'avions); escadrille, formation aérienne; parc aérien.

avis n. m. ▶ *Opinion* – appréciation, conception, conviction, critique, croyance, dogme, estime, idée, impression, jugement, opinion, optique, pensée, perception, point de vue, position, principe, prise de position, sentiment, théorie, thèse, vote, vue. SOUT. oracle. ▶ *Conseil* – avertissement, conseil, encouragement, exhortation, guidance, idée, incitation, indication, information, initiative, inspiration, instigation, motion *(dans une assemblée)*, offre, opinion, préconisation, proposition, recommandation, renseignement, suggestion. FAM. tuyau. DR. pollicitation. ▶ *Proclamation* – annonce, appel, ban, communication, communiqué, déclaration, décret, dénonciation, dépêche, divulgation, édit, manifeste, message, notification, proclamation, profession de foi, programme, promulgation, publication, rescrit, serment, signification. ▶ *Affiche* – affiche, affichette, annonce, écriteau, enseigne, pancarte, panneau, panneau réclame, panonceau, placard, proclamation, programme, publicité, réclame. ▶ *Préface* – avant-propos, avertissement, avis (préliminaire), début, discours préliminaire, entrée en matière, exorde, exposition, introduction, notice, préambule, préliminaire, prélude, présentation, prolégomènes, prologue. SOUT. prodrome.

avisé adj. ▶ *Sage* – adroit, averti, circonspect, éclairé, fin, habile, prudent, réfléchi, sagace, sage.

▶ *Informé* – au courant, averti, informé, renseigné. FAM. à la coule, au parfum. ▲ANT. ÉCERVELÉ, ÉTOURDI, IMPRÉVOYANT, IMPRUDENT, INCONSCIENT, INCONSÉQUENT, IRRÉFLÉCHI; IGNORANT DE.

aviser v. ▶ *Informer* – avertir, informer, mettre au courant, prévenir. SOUT. instruire. FAM. affranchir, brancher, mettre au parfum. QUÉB. breffer. ▶ *Apercevoir (SOUT.)* – apercevoir, remarquer, voir. FAM. azimuter, repérer. ▶ *Réfléchir* – penser à, réfléchir à, songer à, tourner ses pensées vers. ♦ *s'aviser* ▶ *Se rendre compte* – constater, découvrir, prendre conscience, réaliser, remarquer, s'apercevoir, se rendre compte, voir. SOUT. éprouver. ▶ *Oser* – avoir l'audace de, oser, s'enhardir jusqu'à, se permettre de.

avitailler v. ▲ANT. AFFAMER, DÉSAPPROVISIONNER, PRIVER.

aviver v. ▶ *Donner de l'éclat* – rafraîchir, raviver. ▶ *Activer un feu* – activer, attiser, rallumer, ranimer, raviver, réactiver, renflammer. ▶ *Rendre plus intense* – aiguiser, allumer, attiser, augmenter, échauffer, embraser, enflammer, exalter, exciter, incendier, stimuler. ▶ *Aggraver* – aggraver, empirer, envenimer, exacerber, jeter de l'huile sur le feu. ▲ANT. ÉTEINDRE, ÉTOUFFER; AMORTIR, ATTÉNUER, TERNIR; APAISER, CALMER.

avocat n. ▶ *Personne pratiquant le droit* – avocat-conseil, avoué, conseil, conseiller juridique, homme de loi, parajuriste, juriste, légiste, membre du barreau, parajuriste, plaideur, procureur. PÉJ. avocaillon, chicaneur, chicanier; FAM. chasseur d'ambulance. ▶ *Défenseur* – apologiste, apôtre, appui, champion, défenseur, protecteur, redresseur de torts, serviteur, soldat, soutien, tenant. SOUT. intercesseur. ♦ *avocats, plur.* ▶ *Ensemble de personnes de droit* – barreau, magistrature debout. ▲ANT. ACCUSATEUR; DÉNIGREUR, DÉTRACTEUR.

avoir v. ▶ *Posséder* – détenir, posséder, tenir. ▶ *Obtenir* – acquérir, entrer en possession de, faire l'acquisition de, obtenir, se porter acquéreur/acquéreuse de, se procurer. ▶ *Duper* – abuser, attraper, bercer, berner, duper, en conter à, en faire accroire à, flouer, leurrer, mentir à, mystifier, se jouer de, se moquer de, tromper. FAM. blouser, bluffer, canuler, charrier, cravater, empaumer, empiler, entourlouper, esbroufer, faire marcher, feinter, la faire à, mener en bateau, mettre en boîte, pigeonner, posséder, refaire, rouler. QUÉB. FAM. amancher, bourrer, enfirouaper, niaiser. ▶ *Séduire une femme* (FAM.) – conquérir, faire la conquête de, séduire. SOUT. suborner. FAM. tomber. ▶ *Accoucher* – accoucher de, donner naissance à, mettre au monde, mettre bas (animaux). SOUT. donner le jour à, enfanter. ▶ *Éprouver une sensation* – éprouver, ressentir, sentir. ▶ *Éprouver un sentiment* – concevoir, éprouver, ressentir. ▶ *Comporter* – comporter, consister en, présenter, se composer de. ▶ *Prendre un certain aspect* – affecter, prendre, revêtir. ▶ *Devoir* – être contraint de, être obligé de, être tenu de, falloir. ▲ANT. ÊTRE PRIVÉ DE, MANQUER DE; LAISSER, PERDRE, RATER.

avoir n. m. ▶ *Capital* – argent, bien, capital, cassette, épargne, fonds, fortune, fruit, gain, investissement, liquidités, masse, numéraire, patrimoine, pécule, placement, portefeuille, possession, produit,

azur

propriété, richesse, trésor, valeur. *SOUT.* deniers. *FAM.* finances, magot. ▸ *Crédit* – actif, avantage, bénéfice, boni, crédit, excédent, fruit, gain, produit, profit, rapport, reliquat, reste, revenant-bon, revenu, solde, solde créditeur, solde positif. *FAM.* bénef, gras, gratte, part du gâteau. ▲**ANT.** DÉBIT, DOIT, MANQUE, PASSIF.

avortement *n. m.* ▸ *Interruption* – annulation, arrêt, cessation, discontinuation, entrecoupement, intermittence, interruption, levée, panne, pause, relâche, station, suspension. ▸ *Insuccès* – banqueroute, capitulation, catastrophe, chute, débâcle, débandade, déconfiture, défaite, déroute, désavantage, échec, écrasement, faillite, fiasco, four, infortune, insuccès, mauvaise fortune, naufrage, perte, ratage, raté, retraite, revers. *SOUT.* traverse. *FAM.* désastre, piquette, plantage, raclée, recalage, volée. *FRANCE FAM.* bérézina, bide, brossée, déculottée, dégelée, écrabouillement, fessée, foirade, gamelle, loupage, pile, rincée, rossée, tannée, veste. ▲**ANT.** ABOUTISSEMENT; RÉUSSITE, SUCCÈS.

avorter *v.* ▸ *Ne pas aboutir* – échouer, faire long feu, rater. *FAM.* capoter, louper, queuter, s'en aller en eau de boudin. ▲**ANT.** ABOUTIR, RÉUSSIR, S'ACCOMPLIR.

avouer *v.* ▸ *Admettre* – admettre, confesser. *FAM.* déballer. ▸ *Livrer en confidence* – confier, épancher, livrer. ▸ *Faire des aveux* – parler, passer aux aveux. *FAM.* casser le morceau, cracher le morceau, lâcher le morceau, manger le morceau, se mettre à table, vider son sac. ▲**ANT.** CONTESTER, DÉMENTIR, DÉSAVOUER, NIER; CACHER, DISSIMULER, TAIRE.

axe *n. m.* ▸ *Orientation* – cap, côté, direction, exposition, face, inclinaison, ligne, orientation, sens, situation, vue. *QUÉB. ACADIE FAM.* bord. *ASTRON.* azimut. *AÉRON. MAR.* cap. *MAR.* gisement, orientement. ▸ *Centre* – centre, entre-deux, intermédiaire, milieu, moyen terme, pivot, point central. *FIG.* clef (de voûte), cœur, foyer, midi, nœud, nombril, noyau, ombilic, sein, siège. ▸ *Pièce* – arbre, arbre-manivelle, bielle, biellette, charnière, essieu, manivelle, moyeu, pivot, tige, vilebrequin. *TECHN.* goujon, tourillon. ▸ *En botanique* – hampe, pédoncule, pétiole, queue, rachis, rafle, râpe.

axiome *n. m.* ▸ *Postulat* – apodicticité, convention, définition, donnée, évidence, fondement, hypothèse, lemme, postulat, postulatum, prémisse, principe, proposition, théorème, théorie, vérité. ▸ *Maxime* – adage, aphorisme, apophtegme, citation, devise, dicton, dit, dogme, enseignement, formule, mantra, maxime, moralité, mot, on-dit, parole, pensée, précepte, principe, proverbe, réflexion, règle, sentence, sutra, vérité. ♦ **axiomes**, *plur.* ▸ *Ensemble d'axiomes* – axiomatique.

azur *n. m.* ▸ *Verre* – bleu de cobalt, safre. ▸ *Ciel* (*SOUT.*) – air, atmosphère, calotte (céleste), ciel, coupole (céleste), dôme (céleste), espace, sphère céleste, voûte (céleste), zénith. *SOUT.* empyrée, éther, firmament, nues.

b

babines *n. f. pl.* ▶ *Lèvres* – bouche.

baccalauréat *n. m.* ▶ *Diplôme d'études secondaires* – FAM. bac, bachot. SUISSE maturité; FAM. matu.

bâche *n. f.* ▶ *Toile* – banne, capot, couverture, housse, prélart, taud, toile. ▶ *Caisse* – forcerie, jardin d'hiver, orangerie, palmarium, serre. ▶ *Drap* (FAM.) – alaise, couette, courtepointe, couverture, couvre-lit, couvre-matelas, couvre-pied, dessus-de-lit, drap (de lit), duvet, édredon, plaid, protège-matelas. FAM. couvrante. QUÉB. catalogne, douillette. SUISSE fourre. QUÉB. ACADIE FAM. couverte. ▶ *Casquette* (FAM.) – casquette. FRANCE FAM. gâpette. QUÉB. FAM. calotte.

bactérie *n. f.* monère, procaryote.

bactérien *adj.* infectant, infectieux, septique, viral. ▲ANT. ANTIBACTÉRIEN, ANTI-INFECTIEUX, ANTISEPTIQUE, DÉSINFECTANT, GERMICIDE, STÉRILISANT; VIRAL *(infection).*

badaud *n.* ▶ *Flâneur* – flâneur, rôdeur, traîneur. SOUT. musardeur. FAM. vadrouilleur. QUÉB. FAM. vernailleux. ▶ *Curieux* – curieux, fouilleur, furet, fureteur, indiscret. SOUT. fâcheux. BELG. mêle-tout.

badge *n.* ▶ *Écusson* – auto-collant, cocarde, décalcomanie, écusson, épinglette, étiquette, insigne, marque, plaque, porte-nom, rosette, tatouage, timbre, vignette, vitrophanie. FAM. macaron. ▶ *Insigne honorifique* – décoration, distinction (honorifique), insigne. FAM. banane, crachat, hochet. ▶ *Document codé* – carte d'accès, carte magnétique.

bafouer *v.* ▶ *Ridiculiser* – faire des gorges chaudes de, gouailler, railler, ridiculiser, rire au nez de, rire aux dépens de, rire de, s'amuser aux dépens de, s'amuser de, se gausser de, se moquer de, tourner au/en ridicule, tourner en dérision. SOUT. brocarder, dauber, fronder, larder d'épigrammes, moquer, persifler, satiriser. FAM. chambrer, charrier, chiner, faire la nique à, se foutre de la gueule de, se payer la gueule de, se payer la tête de. QUÉB. FAM. niaiser. ▶ *Ignorer* – braver, faire bon marché de, faire fi de, faire peu de cas de, fouler aux pieds, ignorer, mépriser, ne pas faire grand cas de, piétiner, se moquer de. SOUT. faire litière de. FAM. s'asseoir dessus. ▶ *Outrager* – faire affront à, faire injure à, faire insulte à, faire outrage à, humilier, injurier, insulter, outrager. SOUT. blasphémer, gifler, souffleter. ▲ANT. EXALTER, LOUER; AGRÉER, HONORER, RESPECTER.

bafouiller *v.* ânonner, balbutier, bégayer, bredouiller, chercher ses mots, hésiter. BELG. broebeler. ▲ANT. ARTICULER, ÉNONCER CLAIREMENT.

bagage *n. m.* ▶ *Équipement* – affaires, appareil, chargement, équipement, fourniment, harnachement, instruments, matériel, outillage, outils. FAM. arsenal, attirail, barda, bastringue, bataclan, bazar, fourbi, matos, paquet, paquetage, saint-crépin, saint-frusquin. QUÉB. FAM. agrès, gréage, gréement. ▶ *Savoir* – acquis, (bagage de) connaissances, bagage (intellectuel), compétence, culture (générale), éducation, encyclopédisme, épistémè, érudition, expérience, humanisme, instruction, lettres, lumières, notions, sagesse, savoir, science. SOUT. omniscience.

bagarre *n. f.* ▶ *Combat* – accrochage, action (de guerre), affrontement, assaut, attaque, bataille, choc, combat, conflit, échauffourée, empoignade, empoignement, engagement, escarmouche, ferraillement, feu, guérilla, guerre, heurt, hostilités, lutte, mêlée, opération, pugilat, rencontre, rixe. FAM. baroud, baston, bigorne, casse-gueule, casse-pipe, castagne, guéguerre, rif, rififi, riflette. QUÉB. FAM. brasse-camarade, poussaillage, tiraillage. BELG. FAM. margaille. MILIT. blitz *(de courte durée).* ▶ *Dispute* – accrochage, algarade, altercation, brouille, brouillerie, chicane, controverse, démêlé, désaccord, désunion, différend, discorde, dispute, divergence, escarmouche, explication, fâcherie, froid, heurt, joute oratoire, litige, malentendu, mésentente, passe d'armes, polémique, querelle, rupture, scène, zizanie. FAM. bisbille, bringue, chamaille, chamaillerie, empoignade, empoignement, engueulade, prise de bec, séance. QUÉB. FAM. brasse-camarade, chamaillage. BELG. FAM. bisbrouille. ▶ *Compétition* (FAM.) – affrontement, antagonisme, combat, compétition, concurrence, conflit, contentieux, contestation, controverse, débat, désaccord, différend, discorde, discussion, dispute, dissension, dissentiment, divergence, émulation, friction, heurt, incompatibilité, incompréhension, lutte, mésentente, mésintelligence, opposition, polémique, querelle, rivalité. ▲ANT. BONNE ENTENTE, CONCORDE, PAIX.

bagatelle *n. f.* ▶ *Objet de peu de valeur* – affiquet, babiole, baliverne, bêtise, bibelot, breloque, bricole, brimborion, chiffon, colifichet, fanfreluche, fantaisie, frivolité, futilité, gadget, hochet, inutilité, jouet, misère, rien. *FAM.* gnognote. ▶ *Affaire sans importance* – amusette, baliverne, bêtise, bricole, broutille, chanson, détail, enfantillage, fadaise, faribole, frivolité, futilité, jeu, misère, plaisanterie, rien, sornette, sottise, vétille. *SOUT.* badinerie, puérilité. *FAM.* foutaise, mômerie. *BELG. FAM.* carabistouille. ▶ *Sexualité* (PAR EUPHÉM.) – bas instincts, érotisme, plaisir érotique, plaisir sexuel, sexe, sexualité. *SOUT.* plaisirs de la chair. *PAR EUPHÉM.* ça, la chose; *FRANCE* la gaudriole. ▶ *Tâche facile* – un jeu d'enfant. *FAM.* de la petite bière, de la tarte, du billard, du gâteau, du nanan, l'enfance de l'art. ▲ANT. AFFAIRE SÉRIEUSE; CORVÉE, TÂCHE PÉNIBLE.

bagne *n. m.* ▶ *Établissement* – centre de détention, centre pénitentiaire, établissement pénitentiaire, maison de détention, pénitencier, prison. *FAM.* cachot, cage, placard, taule, trou. *FRANCE FAM.* bloc, gnouf. ▶ *Peine* – travaux forcés. ▶ *Situation pénible* – enfer, galère. ▲ANT. JEU D'ENFANT, PARTIE DE PLAISIR.

bague *n. f.* ▶ *Bijou* – anneau, jonc. *FRANCE FAM.* bagouse. ▶ *Anneau à la patte d'un oiseau* – vervelle. ▶ *Anneau de fixation* – anneau, cerceau, cercle, collier, couronne, disque, rondelle. *FAM.* rond.

baguette *n. f.* ▶ *Bâton* – aine, alinette, apex, archet, badine, bâton, bâtonnet, branche, canne, cravache, crosse, gaule, honchet, houssine, jonc, jonchet, mailloche, perche, style, tige, triballe, tringle, verge, vergette. ▶ *Ornement* – frette, grecque, listeau, listel, méandre, membron. ▶ *Pain* – demibaguette, ficelle, flûte, (pain) bâtard, (pain) parisien, saucisson.

bahut *n. m.* ▶ *Meuble* – armoire, armoire à glace, bonnetière, casier, chiffonnier, étagère, (meuble de) rangement, semainier, tour. *FAM.* fourre-tout. ▶ *Automobile* (FAM.) – auto, automobile, voiture, voiture automobile. *FAM.* bagnole, caisse, tire. *QUÉB. ACADIE FAM.* char. ▶ *Rapide* – bolide. ▶ *Petite* – microvoiture, voiturette automobile. *FAM.* trottinette. ▶ *Grosse FAM.* tank, wagon. *QUÉB. FAM.* bateau. ▶ *Vieille ou mauvaise* – clou, épave *(hors d'usage)*. *FAM.* bagnole, boîte à savon, chignole, guimbarde, poubelle, tacot, tapecul, tas de boue, tas de ferraille, teuf-teuf, veau *(lente)*. *QUÉB. FAM.* bazou, cancer, citron, minoune. ▶ *Camion* (FAM.) – camion, fourgon, poids lourd. ▶ *École* (FAM.) – académie, alumnat, collège, conservatoire, école, établissement d'enseignement, établissement scolaire, high school *(pays anglo-saxons)*, institut, institution, lycée, maison d'éducation, maison d'enseignement, medersa *(pays musulmans)*, petit séminaire. *FRANCE FAM.* boîte. *QUÉB.* cégep, collégial, polyvalente, régionale *(en région)*; *FAM.* poly. *BELG.* athénée. *SUISSE* gymnase.

baie *n. f.* ▶ *Anse* – anse, calanque, crique. *QUÉB.* barachois. ▶ *Pour les bateaux* – havre, port, rade. ▶ *Fruit* – petit fruit. ▶ *Ouverture* – ajour, baie (de fenêtre), croisée, fenêtre, vue. *QUÉB. ACADIE FAM.* châssis.

baigner *v.* ▶ *Mettre dans l'eau* – faire tremper, immerger, plonger, tremper. ▶ *Mettre de l'eau sur* – abreuver, arroser, détremper, gorger d'eau, imbiber, imprégner, inonder, mouiller. ▶ *Irriguer* – arroser, irriguer. ▶ *Être plongé dans un liquide* – nager, tremper. ♦ *se baigner* ▶ *Aller dans l'eau* – prendre un bain, prendre un bain de mer, prendre un bain de rivière. *FAM.* faire trempette. *QUÉB.* faire une saucette, se saucer. ♦ *baignés* ▶ *Qui pleurent* – baignés de larmes, embués, humides, mouillés (de larmes). ▲ANT. ASSÉCHER, DESSÉCHER, SÉCHER; ESSUYER.

baigneur *n.* ▶ *Personne qui se baigne* – nageur. *SOUT. OU PAR PLAIS.* naïade *(femme)*. ♦ *baigneur*, *masc.* ▶ *Poupée* – bébé, poupard, poupon.

baignoire *n. f.* ▶ *Cuve* – douche, jacuzzi, piscine. *QUÉB.* bain, spa. ▶ *Loge* – avant-scène, loge, proscenium.

bail *n. m.* louage. *DR.* ferme.

bain *n. m.* ▶ *Toilette* – ablutions, débarbouillage, douche, lavage, nettoyage, rinçage, toilette. ▶ *Baignade* – baignade. ▶ *Courte* – trempette. *QUÉB.* saucette. ▶ *Thérapeutique* – balnéation. ▶ *Baignoire* (QUÉB.) – baignoire, douche, jacuzzi, piscine. *QUÉB.* spa. ♦ *bains*, *plur.* ▶ *Établissement* – bains (publics), bains turcs, hammam *(Orient)*, thermes. ▲ANT. ÉGOUTTAGE, SÉCHAGE.

baiser *v.* ▶ *Donner des baisers* – embrasser. *FAM.* baisoter, bécoter, biser, faire la bise à. *QUÉB. ACADIE FAM.* becquer.

baiser *n. m.* baisemain *(sur la main)*. *SOUT.* doux larcin, embrassement. *FAM.* bec, bécot, bise *(sur la joue)*, bisette, bisou, fricassée de museaux, mimi, smack *(sonore)*. *QUÉB. BELG. FAM.* baise. *RELIG.* baisement. ▶ *Léger* – baiser d'oiseau.

baisse *n. f.* ▶ *Abaissement* – abaissement, affaiblissement, affaissement, amenuisement, amoindrissement, chute, creux, déclin, décroissance, décroissement, décrue, dégression, déplétion, dépréciation, descente, désescalade, dévalorisation, dévaluation, diminution, éclipse, effondrement, effritement, essoufflement, fléchissement, ralentissement, réduction. *SOUT.* émasculation. ▶ *Rabais* – abattement, bas prix, bonification, bradage, décompte, déduction, dégrèvement, diminution, discompte, escompte, liquidation, prix modique, rabais, réduction, réfaction, remise, ristourne, solde. *FAM.* bazardage. *QUÉB.* (prix d'aubaine). ▶ *Dégénérescence* – abaissement, abâtardissement, abjection, abrutissement, affadissement, affaiblissement, agonie, altération, amollissement, appauvrissement, atrophie, avachissement, avilissement, corruption, décadence, déchéance, déclin, décrépitude, dégénérescence, dégradation, délabrement, déliquescence, dénaturation, dépérissement, détérioration, édulcoration, étiolement, flétrissure, perte, perversion, pourrissement, pourriture, rouille, ruine, sape, usure. *SOUT.* aveulissement, crépuscule, pervertissement. *FAM.* déglingue, dégringolade. ▲ **ANT.** AUGMENTATION, HAUSSE, MONTÉE; ÉPANOUISSEMENT, ESSOR.

baisser *v.* ▶ *Mettre plus bas* – abaisser, descendre. ▶ *Réduire la valeur* – abaisser, affaiblir, amenuiser, amoindrir, diminuer, laminer, minorer, réduire. ▶ *Décroître* – décliner, décroître, descendre, diminuer, s'amoindrir. ▶ *Perdre de son intensité* – diminuer, faiblir, pâlir, s'affaiblir, s'atténuer, s'estomper. ▶ *Diminuer, en parlant d'un prix* – chuter, dégringoler, diminuer, s'effondrer, tomber. ▶ *Refluer, en parlant de la mer* – descendre, rebaisser, refluer, se retirer. ▲ **ANT.** ÉLEVER, ÉRIGER, HAUSSER, HISSER, LEVER, MONTER, SURÉLEVER; ACCROÎTRE, AUGMENTER, MAJORER; S'ACCENTUER, S'INTENSIFIER; PRENDRE DE LA VIGUEUR, SE RAGAILLARDIR.

balader *v.* ▶ *Transporter* (FAM.) – charrier, charroyer, porter, traîner, transporter. FAM. coltiner, trimarder, trimballer. ♦ **se balader** badauder, déambuler, errer, flâner, rôder, (se) baguenauder, se promener, traînailler, traînasser, traîner, vagabonder. SOUT. battre le pavé, divaguer, lave-pont. FAM. vadrouiller, zoner. ACADIE FAM. gaboter. BELG. FAM. baligander, balziner. ▲ **ANT.** △SE BALADER – DEMEURER, RESTER.

baladeur *adj.* ▲ **ANT.** FIXE.

balai *n. m.* ▶ *Ustensile de ménage* – balai-brosse, balayette, brosse, écouvillon, houssoir, plumeau, tête-de-loup. QUÉB. vadrouille; FAM. pleumas. MAR. faubert, goret, guipon, lave-pont, vadrouille. ▶ *Année d'âge* (FAM.) – an, année, millésime. SOUT. printemps. FAM. berge, carat, pige.

balance *n. f.* ▶ *Équilibre concret* – balancement, ballant, suspension. ▶ *Équilibre abstrait* – accord, balancement, compensation, contrepoids, égalité, équilibre, harmonie, juste milieu, moyenne, pondération, proportion, symétrie. ▶ *Bilan* – bilan, compte, compte rendu, conclusion, constat, état, note, résultat, résumé, situation, tableau. ▶ *Comparaison* – analyse, collation, collationnement, comparaison, confrontation, jugement, mesure, mise en regard, parallèle, rapprochement, recension. ▶ *Dénonciateur* (FAM.) – accusateur, calomniateur, délateur, dénonciateur, détracteur, diffamateur, espion, indicateur, rapporteur. SOUT. sycophante, vitupérateur. FAM. cafard, cafardeur, cafteur, donneur, indic, mouchard. QUÉB. FAM. porte-panier. ▲ **ANT.** DÉSÉQUILIBRE.

balancement *n. m.* ▶ *Instabilité* – ballant, ballottement, déséquilibre, fragilité, instabilité, jeu, mobilité, motilité, motricité, mouvance, mouvant, mouvement, ondulation, oscillation, roulis, tangage, turbulence, va-et-vient, vibration. QUÉB. débalancement. ▶ *Remous* – agitation, ballottement, bercement, branle, branlement, cahotement, flottement, fluctuation, flux et reflux, houle, impulsion, lacet, mouvement, onde, ondoiement, ondulation, oscillation, pulsation, raz de marée, remous, roulis, tangage, va-et-vient, vague, valse, vibration. FAM. brimbalement. ▶ *Incertitude* – ballottement, changement, déséquilibre, fluctuation, fragilité, inadaptation, incertitude, inconstance, inégalité, instabilité, mouvant, mouvement, précarité, variabilité, variation, versatilité, vicissitude, volatilité. SOUT. fugacité. ▶ *Alternance* – allée et venue, alternatives, bascule, changement, flux et reflux, intermittence,

ondulation, oscillation, palpitation, périodicité, pulsation, récurrence, récursivité, retour, rotation, roulement, rythme, sinusoïde, succession, tour, va-et-vient, variation. ▶ *Équilibre concret* – balance, ballant, suspension. ▶ *Équilibre abstrait* – accord, balance, compensation, contrepoids, égalité, équilibre, harmonie, juste milieu, moyenne, pondération, proportion, symétrie. ▲ **ANT.** IMMOBILITÉ, STABILITÉ.

balancer *v.* ▶ *Agiter doucement* – ballotter, bercer. ▶ *Lancer* (FAM.) – envoyer, jeter, lancer. FAM. flanquer, foutre. QUÉB. ACADIE FAM. garrocher. ▶ *Jeter* (FAM.) – jeter, mettre à la poubelle, mettre au panier, mettre au rebut. FAM. poubelliser. ▶ *Se débarrasser* (FAM.) – renoncer à, se débarrasser de, se défaire de, se démunir de, se départir de, se dépouiller de, se dessaisir de. SOUT. renoncer. FAM. bazarder, larguer, lourder, sacrifier. ▶ *Congédier* (FAM.) – chasser, congédier, débaucher, démettre, donner son congé à, expulser, licencier, mettre à la porte, mettre à pied, mettre dehors, mettre en disponibilité, reconduire, remercier, remercier de ses services, renvoyer. FAM. balayer, déboulonner, lourder, sabrer, sacquer, vider, virer. QUÉB. FAM. donner son quatre pour cent à. ▶ *Dénoncer* (FAM.) – dénoncer, signaler. FAM. cafarder, cafter, fourguer, moucharder. BELG. FAM. raccuser. ▶ *Équilibrer* – compenser, contrebalancer, équilibrer, faire contrepoids à, faire équilibre à, neutraliser, pondérer. ▶ *Hésiter* – flotter, hésiter, osciller. ♦ **se balancer** ▶ *Osciller* – branler, osciller. ▶ *En parlant d'un bateau* – rouler, tanguer. ▲ **ANT.** FIXER, IMMOBILISER; DÉCIDER, TRANCHER.

balayer *v.* ▶ *Dissiper* – chasser, disperser, dissiper. ▶ *Emporter sur son passage* – arracher, charrier, emporter, enlever, entraîner. ▶ *Congédier* (FAM.) – chasser, congédier, débaucher, démettre, donner son congé à, expulser, licencier, mettre à la porte, mettre à pied, mettre dehors, mettre en disponibilité, reconduire, remercier, remercier de ses services, renvoyer. FAM. balancer, déboulonner, lourder, sabrer, sacquer, vider, virer. QUÉB. FAM. donner son quatre pour cent à. ▶ *Écarter une chose abstraite* – écarter, éliminer, supprimer. ▲ **ANT.** SALIR, SOUILLER; EMBARRASSER, ENCOMBRER.

balbutiant *adj.* ▶ *Qui balbutie* – bégayant, bredouillant, hésitant. ▶ *Qui commence* – à ses débuts, à ses premiers balbutiements.

balbutiement *n. m.* ▶ *Bredouillement* – ânonnement, bafouillage, bafouillis, bégaiement, bredouillage, bredouillement, bredouillis, jargon, marmonnage, marmonnement, marmottage, marmottement. FAM. baragouin, baragouinage, cafouillage, cafouillis, charabia. ▶ *Commencement* – actionnement, amorçage, amorce, bégaiement, commencement, création, début, déclenchement, démarrage, départ, ébauche, embryon, enclenchement, enfance, entrée, esquisse, fondement, germe, inauguration, origine, ouverture, prélude, prémisse, principe, tête. SOUT. aube, aurore, matin, prémices. FIG. apparition, avènement, éclosion, émergence, éruption, explosion, genèse, germination, naissance, venue au monde. ▲ **ANT.** CRI, HURLEMENT; ARTICULATION, FACILITÉ D'ÉLOCUTION; ÉLOQUENCE; COHÉRENCE, COHÉSION, LOGIQUE; FIN.

balbutier *v.* ânonner, bafouiller, bégayer, bredouiller, chercher ses mots, hésiter. *BELG.* broebeler. ▲**ANT.** ARTICULER, ÉNONCER CLAIREMENT.

balcon *n. m.* ▶ *Plate-forme* – encorbellement, loge, loggia, mâchicoulis, mirador, moucharabieh, terrasse. *QUÉB.* galerie. ▶ *Balustrade* – bastingage, filière, garde-corps, rambarde. ▶ *Partie d'une salle de spectacle* – corbeille, galerie, mezzanine, paradis. *FAM.* poulailler.

ballant *n. m.* ▶ *Balancement* – balancement, ballottement, déséquilibre, fragilité, instabilité, jeu, mobilité, motilité, motricité, mouvance, mouvant, mouvement, ondulation, oscillation, roulis, tangage, turbulence, va-et-vient, vibration. *QUÉB.* débalancement. ▶ *Équilibre concret* – balance, balancement, suspension. ▲**ANT.** STABILITÉ.

balle *n. f.* ▶ *Boule* – ballon, bille, boule, pelote. *GÉOM.* sphère. ▶ *Projectile* – cartouche, cendrée, chevrotine, menuise, plomb. *FAM.* bastos, dragée, pruneau. ▶ *Marchandise emballée* – ballot, paquet.

ballerine *n. f.* ▶ *Personne* – danseuse, petit rat de l'Opéra, tigre. ◆ **ballerines,** *plur.* ▶ *Ensemble de personnes* – corps de ballet.

ballon *n. m.* ▶ *Véhicule volant* – montgolfière. ▶ *Paroles d'un personnage* – bulle, phylactère.

ballot *n. m.* ▶ *Marchandise emballée* – balle, paquet.

balustrade *n. f.* banquette de sûreté, descente, garde-corps, garde-fou, main courante, parapet, rambarde, rampe. *QUÉB. FAM.* balustre. ▶ *Bateau* – balcon, bastingage, filière, garde-corps, rambarde.

banal *adj.* ▶ *Courant* – commun, connu, courant, de tous les jours, fréquent, habituel, normal, ordinaire, répandu, usuel. *LING.* usité. ▶ *Inintéressant* – anodin, fade, falot, incolore, inintéressant, insignifiant, insipide, plat, sans intérêt, terne. *FAM.* incolore, inodore et sans saveur. ▶ *Sans originalité* – académique, classique, commun, conformiste, convenu, plat, standard. ▶ *Éculé* – connu, éculé, facile, rebattu, réchauffé, ressassé, usé. *FAM.* archiconnu, bateau. ▲**ANT.** EXCEPTIONNEL, EXTRAORDINAIRE, INCOMPARABLE, INHABITUEL, INUSITÉ, RARE, REMARQUABLE, SPÉCIAL.

banalité *n. f.* ▶ *Cliché* – cliché, évidence, fadaise, généralité, lapalissade, lieu commun, platitude, poncif, réchauffé, redite, stéréotype, tautologie, truisme. ▶ *Insignifiance* – facilité, fadeur, faiblesse, inconsistance, indigence, insignifiance, insuffisance, médiocre, médiocrité, pauvreté, platitude, prévisibilité. *SOUT.* trivialité. *FAM.* fadasserie. ▶ *Anonymat* – anonymat, humble origine, incognito, masque, obscurité, ombre. ▲**ANT.** CURIOSITÉ, NOUVEAUTÉ, ORIGINALITÉ, SINGULARITÉ.

banc *n. m.* ▶ *Siège* – banquette, exèdre, gradin, rotonde. ▶ *Ensemble de poissons* – banc (de poissons). *ACADIE FAM.* mouvée. *QUÉB. FAM.* bouillerie (en Gaspésie). ▶ *Fond de la mer* – banquereau, basfond, basse, haut-fond, sèche.

bande *n. f.* ▶ *Morceau long et étroit* – bandelette, langue, languette, lanière, mèche, ruban. *QUÉB. ACADIE FAM.* laize. *FIG.* liséré. ▶ *Pansement* – bandage, gaze, mèche, pansement. *FAM.* poupée. *QUÉB. FAM.* catin. ▶ *Selon la partie du corps* – écharpe *(avant-bras)*,

mentonnière *(menton)*, minerve *(tête)*, spica *(membre)*. ▶ *Film* – film, pellicule. ▶ *Rayure* – barre, biffage, biffure, contre-taille *(gravure)*, hachure, ligne, liséré, liteau, raie, rature, rayure, strie, trait, vergeture *(peau)*, zébrure. ▶ *Clôture* – barbelés, barbelure, barreaux, barricade, barrière, cancel, chancel, claie, claire-voie, clôture, échalier, échalis, enclos, grillage, grille, haie, moucharabieh, mur (de clôture), palis, parc, treillage. *ACADIE FAM.* bouchure. ▶ *Groupe de personnes* – brigade, caravane, cellule, collectif, colonie, corps, équipe, escadron, escouade, groupe, horde, individus, membres, meute, noyau, peloton, troupe. *IRON.* fournée. *FAM.* bataillon, brochette, cohorte. ▶ *Groupe secret de personnes* – bandits, cabale, camarilla, chapelle, clan, clique, coterie, école, église, faction, groupuscule, ligue, maffia, malfaiteurs, secte. ▶ *Groupe d'animaux* – meute. ▶ *Inclinaison d'un bateau* – gîte. ▲**ANT.** INDIVIDU.

bandeau *n. m.* ▶ *Bande de tissu* – diadème/ bandeau royal, ferronnière, frontal, fronteau, serre-tête, turban. *ANTIQ.* mitre.

bander *v.* ▶ *Panser* – emmailloter, panser. ▶ *Tendre* – raidir, tendre. *MAR.* embraquer *(cordage)*. ▶ *Contracter un muscle* – contracter, crisper, raidir, tendre. ◆ **se bander** ▶ *Tendre tous ses muscles* – se raidir, se tendre. ▲**ANT.** DÉTENDRE, RELÂCHER.

banderole *n. f.* bandière, bannière, baucent *(ordre du Temple)*, calicot, cornette, couleurs, drapeau, étendard, fanion, flamme, gonfalon, guidon, oriflamme, pavillon *(marine)*, pavois *(marine)*, pennon, tanka *(religieux)*. *SOUT.* enseigne. *ANTIQ.* vexille.

bandit *n. m.* ▶ *Voleur* – brigand, cagoulard, cambrioleur *(maisons)*, coquillard *(Moyen-Âge)*, crocheteur, escamoteur, gangster, gentleman cambrioleur, kleptomane *(pathologique)*, maraudeur, pillard, pilleur, pirate, rat d'hôtel, souris d'hôtel, stellionataire, tireur, truand, voleur de grand chemin, voleur. ▶ *Profiteur* – aigrefin, arnaqueur, brigand, canaille, carambouilleur, chevalier d'industrie, concussionnaire, crapule, escroc, extorqueur, faisan, fraudeur, gangster, gredin, maître chanteur, malfaiteur, mercanti, pirate, profiteur, sangsue, spoliateur, tripoteur, voleur, voyou. *SOUT.* déprédateur, forban. *DR.* captateur. ▶ *Chenapan* (*FAM.*) – (affreux) jojo, chipie, coquin, diablotin, filou, fripon, galopin, mauvaise graine, (petit) bandit, (petit) chenapan, (petit) démon, (petit) diable, (petit) garnement, (petit) gredin, (petit) poison, (petit) polisson, (petit) vaurien, (petit) voyou, (petite) canaille, (petite) peste, poulbot *(de Montmartre)*, titi, vilain. *SOUT.* lutin. *FAM.* morveux, (petit) crapaud, petit merdeux, petit monstre, sacripant. *QUÉB. FAM.* grippette, (petit) snoreau, (petit) tannant, (petit) vlimeux. ▲**ANT.** PERSONNE HONNÊTE; AMOUR, ANGE, PERLE, TRÉSOR.

banlieue *n. f.* ▶ *Périphérie* – abords, alentours, banlieue-dortoir, ceinture, cité-dortoir, couronne, environs, extension, faubourg, périphérie, quartier-dortoir, ville-dortoir, zone (suburbaine). ▶ *Ville et sa banlieue* – agglomération, communauté urbaine, conurbation, district urbain, mégalopole, mégaville, métropole, zone urbaine. ▲**ANT.** VILLE.

banni *adj.* interdit, tabou.

bannière *n.f.* ▶ *Étendard* – banderole, bandière, baucent *(ordre du Temple)*, calicot, cornette, couleurs, drapeau, étendard, fanion, flamme, gonfalon, guidon, oriflamme, pavillon *(marine)*, pavois *(marine)*, pennon, tanka *(religieux)*. *SOUT.* enseigne. *ANTIQ.* vexille. ▶ *Chemise* (*FAM.*) – chemise. *FRANCE FAM.* limace, liquette.

bannir *v.* ▶ *Condamner à l'exil* – chasser (hors) de son pays, déporter, exiler, expatrier, expulser, mettre au ban, proscrire, refouler. *SOUT.* arracher de sa patrie, arracher de son sol natal, déraciner. *DR.* reléguer. ▶ *Chasser* – barrer, chasser, éloigner, exclure, exiler, fermer la porte à, mettre en quarantaine, ostraciser, rejeter. *SOUT.* excommunier, frapper d'ostracisme, proscrire, répudier. ▶ *Proscrire* – éliminer, exclure, proscrire, rejeter, supprimer. ▲*ANT.* AMNISTIER, GRACIER ; RAPATRIER, RAPPELER ; ACCEPTER, ACCUEILLIR, APPELER, CONVIER, HÉBERGER, INVITER, RECEVOIR ; ADOPTER.

banquet *n.m.* agapes, bombance, bonne chère, festin (de Balthazar), festoiement, fête, régal, ventrée. *SOUT.* franche lippée. *FAM.* gueuleton, orgie, ripaille. *FRANCE FAM.* bâfre, bâfrée, bombe. *QUÉB. FAM.* fricot. ▲*ANT.* JEÛNE.

banquette *n.f.* ▶ *Siège* – banc, exèdre, gradin, rotonde. ▶ *Chemin* – allée, cavée, chemin, coulée, laie, layon, ligne, piste, sentier, tortille, traverse. *QUÉB.* portage *(pour canots)*, rang. ▶ *Bord de la voie* – accotement, bas-côté, berme, bord, bordure, caniveau, fossé, trottoir.

banquier *n.* ▶ *Financier* – financier, homme d'affaires, manieur d'argent. *SOUT.* faiseur *(peu scrupuleux)*. ▶ *Prêteur à titre privé* – bailleur de fonds, prêteur. ▶ *Celui qui prend les paris* – bonneteur *(au bonneteau)*, croupier, preneur de paris.

baptiser *v.* ▶ *Donner un prénom* – appeler, nommer, prénommer. ▶ *Donner un nom* – appeler, dénommer, désigner, nommer. ▶ *Diluer* (*FAM.*) – allonger, couper, diluer, éclaircir, étendre, mouiller. ▲*ANT.* DÉBAPTISER.

bar *n.m.* ▶ *Établissement* – brasserie, café, débit de boissons, estaminet, guinguette, pub. *FAM.* bistrot, buvette, limonade. *FRANCE FAM.* bistroquet, marigot, rade, troquet, zinc. *QUÉB.* taverne. *AFR.* maquis *(clandestin)*. ▶ *Mal famé* – bouge, boui-boui, bouzin. ▶ *Aux États-Unis* *ANC.* saloon *(conquête de l'Ouest)*, speakeasy *(prohibition)*. ▶ *Comptoir* – comptoir. *FAM.* buvette, zinc.

baraque *n.f.* ▶ *Habitation rudimentaire* (*FAM.*) – cabane, cahute, masure. ▶ *Maison mal entretenue* (*FAM.*) – bouge, galetas, taudis. *FIG.* bauge, chenil, écurie, tanière. *FAM.* bicoque, clapier. *FRANCE FAM.* cambuse, gourbi, turne. *QUÉB. FAM.* coqueron, trou. ◆ **baraques**, *plur.* ▶ *Ensemble d'habitations militaires* – baraquement. ▲*ANT.* CHÂTEAU.

barbare *adj.* ▶ *Incorrect* – abusif, de mauvais aloi, fautif, impropre, incorrect. ▶ *Inculte* – analphabète, béotien, ignare, ignorant, illettré, inculte, philistin. ▶ *Inhumain* – abominable, atroce, cruel, horrible, inhumain, monstrueux. ▶ *D'une cruauté sauvage* – bestial, cannibale, cannibalesque, cruel, féroce, inhumain, sadique, sanguinaire, sauvage. *SOUT.* néronien. ▲*ANT.* CIVILISÉ, RAFFINÉ ; BIEN-VEILLANT, CHARITABLE, CIVIL, DÉLICAT, DOUX, HUMAIN, MISÉRICORDIEUX.

barbare *n.* ▶ *Brute* – animal, balourd, béotien, brute (épaisse), butor, goujat, grossier personnage, mal élevé, malotru, malpropre, mufle, ostrogoth, ours mal léché, paysan, porc, rustaud. *SOUT.* manant, palot. ▶ *Destructeur* – casseur, destructeur, dévastateur, hooligan, iconoclaste, profanateur, saboteur, saccageur, vandale, violateur. ▲*ANT.* DÉLICAT, DOUILLET, SENSIBLE ; BON DIABLE, DOUX.

barbarie *n.f.* ▶ *Cruauté* – acharnement, agressivité, atrocité, brutalité, cruauté, dureté, férocité, inhumanité, maltraitance, méchanceté, sadisme, sauvagerie, torture, violence. *SOUT.* implacabilité, inexorabilité. *PSYCHIATRIE* psychopathie. ▶ *Manque de raffinement* – balourdise, béotisme, bestialité, brutalité, fruste, goujaterie, grossièreté, impolitesse, inélégance, lourdeur, rudesse, rustauderie, rusticité, rustrerie, vulgarité. ▲*ANT.* BONTÉ, HUMANITÉ ; CIVILISATION ; CIVILITÉ, RAFFINEMENT.

barbe *n.f.* ▶ *Poils* – *FAM.* barbouze. ▶ *Pointe d'épi* – arête. ▶ *Irrégularités d'une pièce de métal* – balèvre, barbille, bavure, masselotte.

barbelés *n.m.pl.* bande, barbelure, barreaux, barricade, barrière, cancel, chancel, claie, claire-voie, clôture, échalier, échalis, enclos, grillage, grille, haie, moucharabieh, mur (de clôture), palis, parc, treillage. *ACADIE FAM.* bouchure.

barbiche *n.f.* barbe à l'impériale, barbe impériale, bouc, impériale, mouche, royale. *FAM.* barbichette.

barbouiller *v.* ▶ *Salir* – maculer, salir, tacher. *QUÉB. FAM.* beurrer. ▶ *Peinturlurer* – barioler, bigarrer, peinturer, peinturlurer. ▶ *Griffonner* – crayonner, gribouiller, griffonner. ▲*ANT.* BLANCHIR, DÉBARBOUILLER, LAVER, NETTOYER.

baril *n.m.* ▶ *Tonneau* – bachotte *(poissons)*, baricaut, barillet, barrique *(200 l)*, barrot *(anchois)*, bordelaise *(225 l)*, caque *(harengs)*, demi-barrique *(100 l)*, feuillette *(125 l)*, foissier *(foies)*, futaille *(de 50 à 300 hl)*, fût, futaille, muid, pièce (de vin), pipe *(eau-de-vie)*, tine, tonne, tonneau, tonnelet. *ANC.* queue *(un muid et demi)*. *TECHN.* tinette. ◆ **barils, plur.** ▶ *Ensemble de tonneaux* – futaille, tonnellerie.

bariolé *adj.* bigarré, peinturluré.

baron *n.* ▶ *Seigneur au Moyen Âge* – féodal, seigneur, seigneur féodal. ▶ *Personnage important* (*FAM.*) – chef, maître, meneur, numéro un, parrain, seigneur, tête. *FAM.* cacique, caïd, éléphant, (grand) manitou, grand sachem, gros bonnet, grosse légume, hiérarque, huile, pontife. *FRANCE FAM.* (grand) ponte, grosse pointure. *QUÉB. FAM.* grosse tuque. ▶ *Avec titre* – autorité, éminence, dignitaire, officiel, responsable, supérieur. ▶ *Puissant* – magnat, mandarin, roi (de X), seigneur et maître. *SOUT.* prince. *PÉJ.* adjudant. ▶ *Peu important* – chefaillon, petit chef. ▶ *Complice* (*FAM.*) – acolyte, comparse, compère, complice, congénère, consorts. *SOUT.* affidé. ◆ **barons, plur.** ▶ *Ensemble de nobles* – baronnage.

baroque *adj.* ▶ *Rococo* – baroquisant, rocaille, rococo. ▶ *Excentrique* – à dormir debout, abracadabrant, abracadabrantesque, absurde, biscornu, bizarre, burlesque, cocasse, exagéré, excentrique, extravagant, fantasque, farfelu, fou, funambulesque, grotesque, impayable, impossible, incroyable, insolite, invraisemblable, loufoque, qui ne tient pas debout, rocambolesque, saugrenu, tiré par les cheveux, vaudevillesque. *FRANCE FAM.* foutraque, gaguesque, louf, louftingue. ▶ *Bizarre* – anormal, bizarre, curieux, drôle, étonnant, étrange, inaccoutumé, incompréhensible, inexplicable, inhabituel, insolite, inusité, singulier, spécial, surprenant. *SOUT.* extraordinaire. *FAM.* bizarroïde. ▲**ANT.** CLASSIQUE; LOGIQUE, SENSÉ, SÉRIEUX.

baroque *n. m.* ▶ *Style* – rococo, (style) baroque, (style) rocaille. ▲**ANT.** CLASSICISME.

barque *n. f.* ▶ *Embarcation* – *SOUT.* nacelle. ▶ *Petite* – barquerolle, barquette. *QUÉB.* chaloupe. ▶ *Grosse* – barcasse.

barrage *n. m.* ▶ *Obstacle* – barricade, barrière, cloison, défense, écran, mur, obstacle, rideau, séparation. ▶ *Digue* – batardeau, brise-lame, chaussée, digue, duc-d'Albe *(pour l'amarrage)*, estacade, jetée, levée, môle, musoir, palée, serrement, turcie. *ACADIE* aboiteau. ▶ *Fermeture* – bouchage, bouclage, cloisonnage, cloisonnement, clôture, comblement, condamnation, coupure, fermeture, interception, lutage, murage, oblitération, obstruction, obturation, occlusion, remblai, tamponnement, verrouillage. ▶ *Opposition* – désapprobation, désobéissance, mauvaise volonté, objection, obstacle, obstruction, opposition, réaction, rebuffade, refus, résistance, veto. *SOUT.* contredit, inacceptation. ▶ *Blocage psychologique* – autocensure, blocage, censure, inhibition, refoulement, refus, résistance. ▲**ANT.** ACCÈS, OUVERTURE; LIBERTÉ, POSSIBILITÉ; PASSE.

barre *n. f.* ▶ *Pièce longue et étroite* – lingot. ▶ *Aliment de forme allongée* – bâton, tablette. *QUÉB. FAM.* palette. ▶ *Trait* – bande, biffage, biffure, contretaille *(gravure)*, hachure, ligne, liséré, liteau, raie, rature, rayure, strie, trait, vergeture *(peau)*, zébrure. ▶ *Pièce d'un bateau* – aiguillot, gouvernail. ▶ *Emplacement dans un tribunal* – barreau. *ANC.* parquet. ▶ *Cordon littoral* – cordon littoral, cordon, lido, tombolo.

barreau *n. m.* ▶ *Partie d'une échelle* – échelon. *MAR.* enfléchure. ♦ **barreau,** *sing.* ▶ *Ensemble de personnes* – avocats, membres du barreau. ♦ **barreaux,** *plur.* ▶ *Clôture* – bande, barbelés, barricade, barrière, cancel, chancel, claie, claire-voie, clôture, échalier, échalis, enclos, grillage, grille, haie, moucharabieh, mur (de clôture), palis, parc, treillage. *ACADIE FAM.* bouchure. ▶ *Ensemble de petites barres* – barreaudage.

barrer *v.* ▶ *Fermer au moyen d'une barre* – barricader. ▶ *Bloquer un passage* – bloquer, boucher, couper, obstruer. ▶ *Biffer* – biffer, raturer, rayer. *SUISSE* tracer. ▶ *Nuire aux projets de qqn* – aller à l'encontre de, contrarier, contrecarrer, déranger, empêcher, entraver, faire obstacle à, gâcher, gêner, interférer avec, mettre des bâtons dans les roues à, nuire à, s'opposer à, se mettre en travers de, troubler. ▶ *Exclure d'un groupe* – bannir, chasser, éloigner, exclure, exiler, fermer la porte à, mettre en quarantaine, ostraciser, rejeter. *SOUT.* excommunier, frapper d'ostracisme, proscrire, répudier. ♦ **se barrer** ▶ *S'enfuir (FAM.)* – fuir, prendre la clé des champs,

prendre la fuite, s'enfuir, se sauver. *SOUT.* s'ensauver. *FAM.* calter, caner, débarrasser le plancher, décamper, décaniller, déguerpir, détaler, droper, ficher le camp, filer, foutre le camp, prendre la poudre d'escampette, prendre le large, s'esbigner, se carapater, se casser, se cavaler, se débiner, se faire la malle, se faire la paire, se faire la valise, se tailler, se tirer, se tirer des flûtes, trisser. *QUÉB. FAM.* sacrer le camp, sacrer son camp, se pousser. ▲**ANT.** DÉBARRER, OUVRIR; DÉVERROUILLER; INSCRIRE.

barricade *n. f.* ▶ *Clôture* – bande, barbelés, barbelure, barreaux, barrière, cancel, chancel, claie, claire-voie, clôture, échalier, échalis, enclos, grillage, grille, haie, moucharabieh, mur (de clôture), palis, parc, treillage. *ACADIE FAM.* bouchure. ▶ *Obstacle* – barrage, barrière, cloison, défense, écran, mur, obstacle, rideau, séparation.

barrière *n. f.* ▶ *Clôture* – bande, barbelés, barbelure, barreaux, barricade, cancel, chancel, claie, claire-voie, clôture, échalier, échalis, enclos, grillage, grille, haie, moucharabieh, mur (de clôture), palis, parc, treillage. *ACADIE FAM.* bouchure. ▶ *Obstacle* – barrage, barricade, cloison, défense, écran, mur, obstacle, rideau, séparation. ▶ *Entrave* – accroc, adversité, anicroche, blocage, contrariété, contretemps, défense, difficulté, digue, écueil, embarras, empêchement, ennui, entrave, frein, gêne, impasse, impossibilité, inhibition, interdiction, objection, obstruction, ombre au tableau, opposition, pierre d'achoppement, point noir, problème, résistance, restriction, tracas, tribulations. *QUÉB.* irritant. *SOUT.* achoppement, impedimenta, traverse. *FAM.* blème, hic, lézard, os, pépin. *QUÉB. FAM.* aria. ▲**ANT.** ACCÈS, OUVERTURE; PASSAGE; LIBERTÉ.

bas *adj.* ▶ *Petit* – court, petit. ▶ *Inférieur* – inférieur, mineur, moindre, secondaire, subalterne, subordonné. ▶ *Modique* – faible, maigre, modeste, modique, petit. ▶ *D'une soumission déshonorante* – obséquieux, plat, qui fait le chien couchant, rampant, servile, soumis. ▶ *Sans élévation morale* – grossier, trivial, vulgaire. *PÉJ.* populacier. *FAM.* poissard. ▶ *Odieux* – abject, coupable, crapuleux, dégoûtant, honteux, ignoble, immonde, inavouable, indigne, infâme, infect, innommable, inqualifiable, lâche, méprisable, odieux, repoussant, répugnant, sans nom, scandaleux, sordide, vil, vilain. *SOUT.* fangeux, ignominieux, nauséeux, triste, turpide. *FAM.* dégueu, dégueulasse, écœurant, gerbant, moche. ♦ **basse,** *fém.* ▶ *En parlant d'une voix* – caverneuse, d'outre-tombe, grave, profonde, sépulcrale. ▲**ANT.** DIGNE, HONORABLE, NOBLE. △**BASSE,** *fém.* – ÉLEVÉ, HAUT; AIGRELETTE *(voix)*, AIGUÉ, FLUETTE, FLÛTÉE, GRÊLE, HAUTE, PERÇANTE, POINTUE.

bas *n. m.* ▶ *Fond* – accul, bas-fond, creux, cul, culot, cuvette, fondement, sole. ▶ *Économies* – argent, cagnotte, économies, épargnes, réserve. *FAM.* bas (de laine), magot, pécule. *FRANCE FAM.* éconocroques. ▲**ANT.** HAUT.

basané *adj.* ▲**ANT.** BLANC, BLÊME, PÂLE.

bascule *n. f.* ▶ *Fait de basculer* – basculement, chavirage, chavirement, culbutage, culbutement, renversement. ▶ *Alternance* – allée et venue, alternatives, balancement, changement, flux et reflux, intermittence, ondulation, oscillation, palpitation, périodicité, pulsation, récurrence, récursivité, retour, rotation, roulement, rythme, sinusoïde, succession, tour, va-et-vient, variation. ▶ *Balançoire* – balancelle, balançoire, escarpolette. *FAM.* tape-cul. *QUÉB.* *FAM.* balancine. *ACADIE FAM.* galance. ▶ *Dispositif électronique* – multivibrateur.

basculer *v.* ▶ *Faire une chute* – culbuter, faire une chute, tomber, verser. *FAM.* aller choir, chuter, dinguer, prendre un billet de parterre, prendre une bûche, prendre une gamelle, prendre une pelle, ramasser un gadin, ramasser une bûche, ramasser une gamelle, ramasser une pelle, s'allonger, s'étaler, se casser la figure, se casser la gueule, se fiche par terre, se rétamer, valdinguer. *QUÉB. FAM.* piquer une fouille, planter, prendre une débarque, prendre une fouille. ▸ *Vers l'avant* – tomber à plat ventre, tomber cul par-dessus tête, tomber de tout son long, tomber face contre terre, tomber la tête la première. *FAM.* embrasser le plancher, s'aplatir. ▸ *Vers l'arrière* – tomber à la renverse. *FAM.* tomber les quatre fers en l'air. ▶ *Chavirer* – capoter, chavirer, culbuter, se renverser. *MAR.* dessaler. ▲**ANT.** DEMEURER, RESTER, SE MAINTENIR; ÉQUILIBRER, REDRESSER, TENIR.

basé *adj.* sis, situé.

base *n. f.* ▶ *Support physique* – assiette, assise, fondation, infrastructure, pied, radier, soubassement, substruction, substructure. *QUÉB.* solage. *ARCHIT.* embasement, empattement. ▶ *Socle* – acrotère, piédestal, podium, socle, soubassement, stylobate, terrasse. ▶ *Fondement* – assise, fondement, pierre angulaire, pierre d'assise, pivot, principe, soubassement. ▶ *Origine* – agent, cause, explication, facteur, ferment, fondement, fontaine, germe, inspiration, levain, levier, mobile, moteur, motif, motivation, moyen, objet, occasion, origine, point de départ, pourquoi, principe, raison, raison d'être, source, sujet. *SOUT.* étincelle, mère, racine, ressort. ▶ *Rudiments* – a b c, b.a.-ba, éléments, essentiel, notions, notions de base, notions élémentaires, principes, rudiments, teinture, théorie. *PÉJ.* vernis. ▶ *Campement* – baraquement, baraques, bivouac, camp, campement, cantonnement, installation provisoire, quartiers. ▶ *Bâtiment militaire* – caserne, casernement. ▶ *En biochimie* – alcali, substance alcaline, substance basique. ▲**ANT.** CIME, FAÎTE, SOMMET, TÊTE, TOIT; CONSÉQUENCE, DÉRIVÉ, DÉVELOPPEMENT; ACIDE.

bas-fond *n. m.* ▶ *Fond* – accul, bas, creux, cul, culot, cuvette, fondement, sole. ♦ **bas-fonds**, *plur.* ▶ *Couche de la société* – engeance, lie (de la société), racaille, ramassis. *SOUT.* tourbe, vermine. ▶ *Lieu de déchéance* – *SOUT.* cloaque. ▶ *Quartiers miséreux* – bas quartiers, bidonville, favela *(Brésil)*, quartiers pauvres. ▲**ANT.** HAUTEUR, SOMMET.

basique *adj.* ▶ *Fondamental* – basal, de base, élémentaire, fondamental. ▶ *Qui a les propriétés d'une base* – alcalin. ▲**ANT.** ACCESSOIRE, SECONDAIRE; ACIDE.

bas-relief *n. m.* ▲**ANT.** HAUT-RELIEF; RONDE-BOSSE.

bassement *adv.* ▶ *Servilement* – à genoux, à plat ventre, complaisamment, honteusement, indignement, lâchement, obséquieusement, platement, servilement. ▶ *Vulgairement* – grossièrement,

salement, trivialement, vulgairement. ▶ *Odieusement* – abjectement, abominablement, crapuleusement, désagréablement, détestablement, exécrablement, honteusement, ignoblement, ignominieusement, indignement, odieusement, sordidement, vilement. *SOUT.* turpidement. ▲**ANT.** DIGNEMENT, FIÈREMENT, HONORABLEMENT, NOBLEMENT; DROITEMENT, EXEMPLAIREMENT, HONNÊTEMENT, INTÈGREMENT, IRRÉPROCHABLEMENT, LOYALEMENT, SAINTEMENT, VERTUEUSEMENT.

bassesse *n. f.* ▶ *Servilité* – adulation, approbativité, (basse) flatterie, cajolerie, complaisance, compromission, courbette, flagornerie, obséquiosité, platitude, servilité. *SOUT.* blandice. *FAM.* à-plat-ventrisme, léchage (de bottes), lèche, mamours. *QUÉB. FAM.* lichage, tétage. ▶ *Grossièreté* – grossièreté, mauvais goût, obscénité, trivialité, vulgarité. *SOUT.* vulgaire. ▶ *Abjection* – abjection, abomination, atrocité, boue, corruption, crapulerie, crime, débauche, déshonneur, fange, grossièreté, honte, horreur, ignominie, impureté, indignité, infamie, laideur, misère, monstruosité, noirceur, obscénité, odieux, ordure, saleté, sordide, souillure, vice. *SOUT.* sordidité, stupre, turpitude, vilenie. ▶ *Mauvaise action* – coup bas, crasse, malfaisance, méchanceté, méfait, rosserie. *SOUT.* perfidie, scélératesse, vilenie. *FAM.* sale coup, sale tour, saloperie, tour de cochon, vacherie. *FRANCE FAM.* mistoufle. *QUÉB. FAM.* chiennerie, coup de cochon, écœuranterie. ▲**ANT.** ÉLÉVATION, FIERTÉ, GRANDEUR, HONNEUR, HONORABILITÉ, NOBLESSE, PURETÉ, VERTU; DÉSINTÉRESSEMENT, GÉNÉROSITÉ, MAGNANIMITÉ.

bassin *n. m.* ▶ *Cuve* – auge, bac, baquet, bassine, cuve, cuvette, plat-bassin. *ACADIE FAM. OU MAR.* baille. ▸ *Petit* – auget, bassinet, cuveau. ▶ *Étendue d'eau artificielle* – pièce d'eau, réservoir. ▶ *Relief* – cirque, cuvette, entonnoir (naturel). *GÉOGR.* doline, poljé, sotch. ▶ *Gisement* – gisement, gîte, mine, puits. ▶ *Abreuvoir* – abreuvoir, auge, bassin. ▶ *Partie du corps* – *ANAT.* pelvis.

bastion *n. m.* ▶ *Au sens propre* – bonnette, flanquement, fort, forteresse, fortifications, ouvrage, place, place de guerre, place forte, retranchement. *AFR.* bordj. *ANC.* bretèche, castrum, ferté, préside, redoute. ▶ *Au sens figuré* – citadelle, forteresse. *SOUT.* muraille, rempart.

bataille *n. f.* ▶ *Combat* – accrochage, action (de guerre), affrontement, assaut, attaque, bagarre, choc, combat, conflit, échauffourée, empoignade, empoignement, engagement, escarmouche, ferraillement, feu, guérilla, guerre, heurt, hostilités, lutte, mêlée, opération, pugilat, rencontre, rixe. *FAM.* baroud, baston, bigorne, casse-gueule, casse-pipe, castagne, guéguerre, rif, rififi, riflette. *QUÉB. FAM.* brasse-camarade, poussaillage, tiraillage. *BELG.* margaille. *MILIT.* blitz *(de courte durée)*. ▲**ANT.** CESSEZ-LE-FEU, TRÊVE; BONNE ENTENTE, CONCORDE, PAIX.

batailler *v.* ▶ *Lutter contre une chose abstraite* – combattre, ferrailler, guerroyer, livrer bataille, livrer un combat, livrer une lutte, lutter, (se) bagarrer, se battre. ♦ **se batailler** ▶ *Se battre* *(QUÉB. FAM.)* – échanger des coups, en découdre, en venir aux coups, en venir aux mains, s'empoigner, se bagarrer, se battre, se colleter. *FAM.* s'expliquer, se bigorner, se cogner, se crêper le chignon, se prendre aux cheveux, se tabasser, se taper dessus, se voler dans les plumes. *FRANCE FAM.* barouder, châtaigner, se bastonner, se castagner. *QUÉB. FAM.* se colletailler, se tapocher.

batailleur *n.* cogneur, combatif, duelliste, querelleur. *FAM.* bagarreur, baroudeur, chamailleur. *QUÉB.* fier-à-bras. ▲**ANT.** CAJOLEUR, TENDRE; BON, DOUX.

bataillon *n. m.* ▶ *Unité militaire* – brigade, colonne, commando, compagnie, corps, échelon, escadron, escorte, formation, garde, garnison, légion, parti, patrouille, peloton, régiment, section, soldatesque *(indisciplinés)*, tabor *(Maroc)*, troupe, unité. *PAR EXT.* caserne. *ANC.* escouade, goum, piquet. ▶ *Ensemble de personnes (FAM.)* – bande, brigade, caravane, cellule, collectif, colonie, corps, équipe, escadron, escouade, groupe, horde, individus, membres, meute, noyau, peloton, troupe. *IRON.* fournée. *FAM.* brochette, cohorte.

bâtard *adj.* ▶ *Illégitime* – adultérin, illégitime, naturel. ▶ *Hybride* – croisé, hybride, mâtiné, métis, métissé. ▲**ANT.** LÉGITIME *(enfant)*; DE RACE PURE *(animal)*, PURE RACE.

bâtard *n.* ▶ *Enfant* – enfant adultérin, enfant illégitime, enfant naturel. ♦ **bâtard,** *masc.* ▶ *Pain* – baguette, demi-baguette, ficelle, flûte, (pain) bâtard, (pain) parisien, saucisson. ▲**ANT.** ENFANT LÉGITIME.

bateau *n. m.* ▶ *Véhicule flottant* ▶ *Gros* – bâtiment, navire. *SOUT.* nef, vaisseau. ▶ *Petit* – embarcation. *SOUT.* batelet, esquif. *FAM.* coquille (de noix). ▶ *Mauvais* – baille, patouillard, rafiot. ▶ *Mystification (FAM.)* – attrape, blague, canular, facétie, farce, fumisterie, mystification, plaisanterie, tour. ▶ *Grosse voiture (QUÉB. FAM.)* – *FAM.* tank, wagon. ♦ **bateaux,** *plur.* ♦ *Ensemble de véhicules flottants* – flotte; marine.

bâti *n. m.* ▶ *Charpente* – armature, cadre, carcasse, chaînage, charpente, châsse, châssis, empoutrerie, fût, lisoir, monture, ossature, poutrage, poutraison. ▶ *Support* – affût, bipied, trépied. ▶ *Couture* – couture, faufilure, piquage, piqûre, rentraiture, surjet, suture, tranchefile, transfilage.

bâtiment *n. m.* ▶ *Construction* – bâtisse, construction, édifice, maison, monument *(caractère historique)*, ouvrage. ▶ *Construction urbaine* – gratte-ciel, immeuble, tour. *FAM.* caserne. ▶ *Bateau* – bateau, navire. *SOUT.* nef, vaisseau. ♦ **bâtiments,** *plur.* ▶ *Ensemble de constructions* – complexe immobilier. ▶ *Ensemble de bateaux* – flotte (de bâtiments); marine.

bâtir *v.* ▶ *Construire une chose concrète* – construire, dresser, édifier, élever, ériger. ▶ *Construire une chose abstraite* – construire, édifier, ériger. ▶ *Non favorable* – échafauder. ▶ *Structurer* – architecturer, articuler, charpenter, construire, façonner, organiser, structurer. ▶ *Coudre provisoirement* – faufiler. ▲**ANT.** ABATTRE, DÉMOLIR, DÉTRUIRE, RASER, RENVERSER, RUINER; ANÉANTIR, ANNIHILER, SUPPRIMER.

bâtisse *n. f.* ▶ *Bâtiment* – bâtiment, construction, édifice, maison, monument *(caractère historique)*, ouvrage. ▶ *Construction urbaine* – gratte-ciel, immeuble, tour. *FAM.* caserne. ▶ *Structure* – gros de l'ouvrage, grosse maçonnerie.

bâtisseur *n.* ▶ *Créateur* – aménageur, architecte, concepteur, concepteur-projeteur, créateur, créatif, édificateur, fondateur, ingénieur, inventeur, maître d'œuvre, ordonnateur, projeteur, urbaniste. *SOUT.* démiurge. ▶ *Constructeur* – architecte, constructeur, entrepreneur, ingénieur. ▲**ANT.** DÉMOLISSEUR, DESTRUCTEUR.

bâton *n. m.* ▶ *Baguette* – aine, alinette, apex, archet, badine, baguette, bâtonnet, branche, canne, cravache, crosse, gaule, honchet, houssine, jonc, jonchet, mailloche, perche, style, tige, triballe, tringle, verge, vergette. ▶ *Canne* – béquille, cadre de marche, canne, crosse, houlette, makila, piolet. *ANC.* bourdon. ▶ *Massue* – aiguillon, casse-tête, férule, gourdin, mailloche, massette, massue, matraque, nerf de bœuf, trique. *ANC.* plombée, plommée. ▶ *Bâton symbolique* – abacus, caducée, crosse, lituus, main de justice, pédum, sceptre, thyrse, verge. ▶ *Piquet* – échalas, jalon, marquant, pal, palis, pieu, pilot, piquet, roulon, tuteur. *ACADIE FAM.* perche. ▶ *Aliment de forme allongée* – barre, tablette. *QUÉB. FAM.* palette.

battant *n.* ▶ *Personne combative* – audacieux, aventurier, brave (à trois poils), courageux, dur (à cuire), fonceur, lion, stoïque, (vrai) homme. *FAM.* baroudeur, va-de-l'avant. ▶ *Personne gagnante* – accrocheur, gagneur, lutteur. *QUÉB.* gagnant. ♦ **battant,** *masc.* ▶ *Instrument* – jaquemart, marteau. ▶ *Partie mobile* – abattant, ouvrant, vantail, volet. ▶ *Pour fermer* – clapet, couvercle, obturateur, opercule, rabat. ▲**ANT.** PERDANT; GUINDANT *(partie fixe du drapeau)*.

battement *n. m.* ▶ *Bruit* – bang, boum, choc, clappement, claquement, coup, raté *(moteur)*, tapement. ▶ *Pulsation* – cognement, martèlement, pulsation. ▶ *Rythme musical* – cadence, eurythmie, mesure, mouvement, musique, période, phrasé, pouls, pulsation, respiration, rythme, swing, tempo, vitesse. ▶ *Rythme biologique* – pouls, pulsation. ▶ *Clignement* – battement de cils, battement de paupières, clin d'œil, coup d'œil, œillade, regard. ▶ *Répété* – cillement, clignotement *(d'yeux)*, nictation, papillotage, papillotement. ▶ *Intervalle* – creux, distance, durée, espace (de temps), intervalle, laps de temps. *SOUT.* échappée. *QUÉB. ACADIE FAM.* escousse, secousse. *BELG.* fourche.

battre *v.* ▶ *Frapper qqch.* – cogner, frapper, taper (sur). *QUÉB. FAM.* fesser sur, piocher sur, tapocher sur. ▶ *Parcourir* – arpenter, explorer, inspecter, parcourir, prospecter, ratisser, reconnaître, visiter. ▶ *Remuer des aliments liquides* – fouetter. ▶ *Mêler les cartes* – brouiller, mêler. *FAM.* brasser. ▶ *Forger le métal* – bigorner, cingler, corroyer, forger, marteler. ▶ *En parlant du cœur* – cogner, palpiter. ▶ *Frapper qqn* – frapper, porter la main sur, rosser, rouer de coups. *SOUT.* étriller. *FAM.* abîmer le portrait à, administrer une correction à, arranger le portrait à, casser la figure à, casser la gueule à, cogner, corriger, dérouiller, flanquer une raclée à, flanquer une volée à, passer à tabac, péter la gueule à, piler, rentrer dedans, tabasser, taper sur, voler dans les plumes à. *FRANCE FAM.* boxer, castagner, châtaigner, esquinter le portrait à, flanquer une pile à, mettre la tête au carré à, rentrer dans le chou à, rentrer dans le lard à, rentrer dans le mou à, tatouiller, tomber sur le paletot à, tomber sur le poil à, tricoter les côtes à. *QUÉB. FAM.* bûcher, fesser, tapocher. ▶ *Maltraiter* – brutaliser, houspiller, malmener, maltraiter, martyriser, mettre à mal, molester, rudoyer. *FAM.* arranger. *QUÉB. FAM.* maganer. ▶ *Vaincre l'ennemi* – défaire, vaincre. ▶ *Vaincre un adversaire* – avoir le dessus sur, avoir raison de, défaire, surclasser, triompher de, vaincre. *FAM.* rosser. ▶ *Surpasser* – couper l'herbe sous le pied à, damer le pion à, dégommer, dépasser, devancer, dominer, éclipser, faucher l'herbe sous le pied à, griller, l'emporter sur, laisser loin derrière, supplanter, surclasser, surpasser. *FAM.* enfoncer. *FRANCE FAM.* faire la pige à. *QUÉB. FAM.* perdre dans la brume. ◆ **se battre** ▶ *Se bagarrer* – échanger des coups, en découdre, en venir aux coups, en venir aux mains, s'empoigner, se bagarrer, se colleter. *FAM.* s'expliquer, se bigorner, se cogner, se crêper le chignon, se prendre aux cheveux, se tabasser, se taper dessus, se voler dans les plumes. *FRANCE FAM.* barouder, châtaigner, se bastonner, se castagner. *QUÉB. FAM.* se batailler, se colletailler, se tapocher. ▶ *Combattre corps à corps* – combattre, livrer un combat, livrer une lutte, lutter. ▶ *Livrer une lutte armée* – combattre, faire la guerre, livrer bataille, livrer un combat, lutter. *SOUT.* guerroyer. ▶ *Se mesurer à un adversaire* – affronter, lutter, se mesurer. ▶ *Dans une rencontre sportive* – affronter, disputer la victoire à, disputer un match contre, faire face à, jouer contre, rencontrer, se mesurer à. ▶ *Combattre une chose abstraite* – batailler, combattre, ferrailler, guerroyer, livrer bataille, livrer un combat, livrer une lutte, lutter, (se) bagarrer. ▶ *S'affronter* – s'affronter, s'opposer, se mesurer. ▲ANT. CARESSER, CHOYER, DORLOTER, FLATTER; DÉFENDRE, PROTÉGER. △SE BATTRE – CAPITULER, CÉDER, ÊTRE VAINCU, RENONCER, S'AVOUER VAINCU, SE RENDRE; ABANDONNER, LAISSER TOMBER.

baume *n. m.* ▶ *Substance végétale* – cire, gomme, gomme d'adragant/adragante, gomme-ammoniaque, gomme-gutte, gomme-résine, labdanum, résine. ▶ *Médicament* – balsamique, cérat, crème, embrocation, liniment, onguent, pâte, pommade. *FAM.* embroc. ▶ *Remède moral* – adoucissement, allégement, antidote, apaisement, atténuation, consolation, correctif, dérivatif, distraction, diversion, exutoire, préservatif, remède, soulagement. *SOUT.* dictame. ▶ *Consolation* – adoucissement, apaisement, appui, bercement, cicatrisation, consolation, rasséré-nement, réconfort, soulagement, soutien moral. *SOUT.* dictame. *FAM.* béquille. ▶ *Plante* (*QUÉB. FAM.*) – menthe. ▲ANT. BAVE, IRRITATION, MORDANT, VENIN.

bavard *adj.* ▶ *Qui aime parler* – causeur, jacasseur, loquace, qui a la langue bien pendue, volubile. *SOUT.* babillard. *FAM.* causant, jacteur, parlant, qui a de la gueule, tchatcheur. *QUÉB. FAM.* bavasseur, jasant, jaseux, placoteux, qui a de la jasette. ▶ *Qui aime commérer* – cancanier, indiscret. *QUÉB. FAM.* bavasseur. ▶ *Qui parle trop longuement* – discoureur, péroreur, phraseur. *FAM.* laïusseur. ▶ *Qui manque de concision* – délayé, diffus, prolixe, redondant, verbeux. *SOUT.* logomachique, logorrhéique, phraséologique. ▲ANT. DISCRET; AVARE DE PAROLES, LACONIQUE, SILENCIEUX, TACITURNE.

bavard *n.* (beau) parleur, bonimenteur, cancanier, causeur, commère, crécelle, discoureur, enjôleur, péroreur, phraseur.

bavardage *n. m.* ▶ *Action de bavarder* – babillage, boniment, caquet, caquetage, caquètement, jacassage, jacassement, jacasserie, loquacité, papotage, verbalisme, verbiage. *SOUT.* babil, phraséologie. *FAM.* baratin, bavette, blabla, blablabla, jactance, jaspinage, laïus. *QUÉB. FAM.* bavassage, jasage, placotage. ▶ *Propos de cancanier* – cancan, caquetage, caquètement, médisance, potin, qu'en-dira-t-on, rumeur. *SOUT.* clabaudage, clabauderie. *FAM.* chuchoterie, commérage, débinage, racontage, racontar, ragot. *QUÉB. FAM.* mémérage, placotage, potinage. ▶ *Bavardage sur Internet* – bavardage (en ligne), bavardage-clavier, clavardage, cyberbavardage. ▲ANT. MUTISME, SILENCE; CONCISION, LACONISME; DISCRÉTION, RETENUE.

bavarder *v.* ▶ *Discuter* – causer, converser, deviser, dialoguer, discuter, papoter, parler (de choses et d'autres), s'entretenir. *FAM.* babiller, bavasser, blablater, caqueter, faire un brin de causette, jacasser, jacter, jaspiner, parlementer, parloter, tailler une bavette. *QUÉB. FAM.* jaser, placoter. *BELG. FAM.* babeler. ▶ *Répéter par malveillance* – cancaner, caqueter, causer, colporter des cancans, colporter des ragots, commérer, commettre des indiscrétions, jaser, médire. *SOUT.* clabauder. *FAM.* bavasser, potiner. *QUÉB. FAM.* mémérer, placoter. ▲ANT. ÊTRE SILENCIEUX, NE RIEN DIRE, SE TAIRE; ÊTRE DISCRET, SE RETENIR.

bave *n. f.* ▶ *Salive* – écume, salive. ▶ *Méchanceté* – acariâtreté, acerbité, acidité, âcreté, acrimonie, agressivité, aigreur, amertume, animosité, âpreté, bile, causticité, colère, dépit, désagrément, dureté, fiel, haine, hargne, humeur, irritation, malveillance, maussaderie, mauvaise humeur, méchanceté, mordant, pique, rancœur, rancune, récrimination, ressentiment, rudesse, tranchant, venin, vindicte, virulence. *SOUT.* mordacité. *FAM.* roustpéance. ▶ *Calomnie* (*SOUT.*) – affront, attaque, atteinte, attentat, avanie, blessure, calomnie, défi, dommage, indignité, injure, insolence, insulte, manquement, offense, outrage, pique, tort. *SOUT.* camouflet, soufflet. ▲ANT. APOLOGIE, ÉLOGE.

baver *v.* ▶ *Laisser couler de la bave* – écumer, saliver. *BELG.* bleffer, gletter. ▶ *Calomnier* – attaquer, calomnier, casser du sucre sur le dos de, cracher sur, critiquer, décrier, dénigrer, déprécier, diffamer, dire du mal de, gloser sur, médire de, noircir, perdre de réputation, traîner dans la boue. *SOUT.* arranger de la belle manière, clabauder sur, dauber sur, détracter, dire pis que pendre de, mettre plus bas que terre. *FAM.* déblatérer contre, taper sur. *FRANCE FAM.* débiner, habiller pour l'hiver, tailler un costard à, tailler une veste à. *QUÉB. FAM.* parler dans le dos de, parler en mal de. *BELG.* décauser. ▶ *Provoquer* (*QUÉB. FAM.*) – braver, défier, narguer, provoquer, toiser. *SOUT.* fronder. *FAM.* chercher, faire la nique à. *QUÉB. FAM.* barber, faire la barbe à. ▲ANT. RESPECTER.

bazar *n. m.* ▶ *Marché* – braderie, foire, fondouk (*pays arabes*), halle, khan, marché aux puces, marché, marché-gare, salon, souk. *BELG.* minque (*poissons*). ▶ *Lieu désordonné* (*FAM.*) – *FIG.* chenil, écurie, écuries d'Augias, porcherie. *FAM.* bouzin, capharnaüm, chantier, foutoir, souk. *QUÉB. FAM.* soue (à cochons). *BELG.* kot. ▶ *Équipement* (*FAM.*) – affaires, appareil, bagage, chargement, équipement, fourniment, harnachement, instruments, matériel, outillage, outils. *FAM.* arsenal, attirail, barda, bastringue, bataclan, fourbi, matos, paquet, paquetage, saint-crépin, saint-frusquin. *QUÉB. FAM.* agrès, gréage, gréement. ▶ *Tapage* (*FAM.*) – brouhaha, cacophonie, chahut, charivari, clameur, tapage, tohu-bohu, tumulte, vacarme. *SOUT.* bacchanale, hourvari, pandémonium. *FAM.* barouf, bastringue, boucan, bouzin, chambard, corrida, grabuge, pétard, potin, raffut, ramdam, ronron, sabbat, schproum, tintamarre, tintouin. *QUÉB. FAM.* barda, train. ▶ *Vente de charité* (*QUÉB.*) – vente de charité. *FRANCE* kermesse. ▲**ANT.** ORDRE; CALME, SILENCE, TRANQUILLITÉ.

b.c.b.g. (var. **B.C.B.G.**, **BCBG**) *adj.* bon chic bon genre, bourgeois, de bon ton. *FAM.* bourge.

béant *adj.* ▶ *Ouvert* – grand ouvert. ▶ *Stupéfait* (*SOUT.*) – abasourdi, ahuri, bouche bée, confondu, ébahi, éberlué, estomaqué, étonné, frappé de stupeur, hébété, interdit, interloqué, médusé, muet d'étonnement, pantois, pétrifié, sidéré, stupéfait, surpris. *FAM.* baba, ébaubi, épaté, époustouflé, riboulant, soufflé, suffoqué. ▲**ANT.** FERMÉ, (HERMÉTIQUEMENT) CLOS.

béat *adj.* au comble du bonheur, au septième ciel, aux anges, comblé, en fête, en joie, en liesse, enchanté, euphorique, extasié, extatique, exultant, fou de joie, heureux, le cœur en joie, radieux, ravi, rayonnant, réjoui, resplendissant de bonheur, ruisselant de joie, transporté de joie, triomphant. *SOUT.* aise, bienheureux. *FAM.* jubilant. ▲**ANT.** AFFLIGÉ, INQUIET, MALHEUREUX, PEINÉ, TORTURÉ, TOURMENTÉ.

béatitude *n. f.* ▶ *Sainteté* – gloire, sainteté, salut. ▶ *Joie* – allégresse, bonheur, égaiement, enthousiasme, euphorie, exaltation, extase, exultation, gaieté, hilarité, ivresse, joie, jubilation, plaisir, ravissement, réjouissance, vertige. *SOUT.* aise, félicité, liesse, rayonnement. ▲**ANT.** AFFLICTION, DOULEUR, INFORTUNE, INQUIÉTUDE, MALHEUR, PEINE, TORTURE, TOURMENT.

beau *adj.* ▶ *Joli* – à croquer, adorable, avenant, bien, charmant, coquet, délicieux, gentil, gentillet, gracieux, joli, mignon, mignonnet, plaisant, ravissant. *FAM.* chou, jojo. *FRANCE FAM.* croquignolet, mignard, mimi, trognon. ▶ *Superbe* – admirable, d'une grande beauté, de toute beauté, éblouissant, magnifique, ravissant, splendide, superbe. *FRANCE FAM.* flambant. ▶ *Au physique parfait* – bien fait, bien gaulé, sculptural, superbe. *FAM.* bien foutu, canon. ▶ *En parlant d'une femme* – bien faite, bien roulée, gironde. ▶ *Aux formes élégantes* – élégant, esthétique, gracieux. ▶ *Exquis* – agréable, charmant, délicieux, divin, exquis, suave, sublime. *FRANCE FAM.* gouleyant. ▶ *Élevé dans l'échelle des valeurs* – élevé, grand, haut, idéalisé, noble, pur, sublime. *SOUT.* éthéré. ▶ *Prospère* – brillant, faste, fécond, florissant, heureux, prospère, riche. ▶ *En parlant d'une somme* – coquet, gentil, joli, rondelet. ▲**ANT.** AFFREUX, DISGRACIEUX, HIDEUX, HORRIBLE, INÉLÉGANT, INESTHÉTIQUE, INHARMONIEUX, LAID, MONSTRUEUX, REPOUSSANT, RÉPUGNANT, VILAIN.

beau *n.* ♦ **beau,** *masc.* ▶ *Amoureux* – adorateur, âme sœur, ami de cœur, amour, amoureux, bien-aimé, chéri, être aimé, favori, mignon, petit ami, tourtereau, valentin. *PAR EUPHÉM.* ami, compagnon. *PAR PLAIS.* soupirant. *FAM.* béguin, copain, roméo. ♦ **le beau,** *masc.* ▶ *Beauté* – agrément, art, attrait, beauté, charme, chic, classe, coquetterie, délicatesse, distinction, éclat, élégance, esthétique, féerie, fraîcheur, grâce, gracieux, harmonie, magnificence, majesté, perfection, photogénie, pureté, séduction, splendeur, symétrie. *DIDACT.* eurythmie. *SOUT.* blandice, joliesse, morbidesse, sublimité, symphonie, vénusté. ♦ **belle,** *fém.* ▶ *Belle femme* – beau brin de fille, beauté, belle (femme), déesse, houri, nymphe *(jeune)*, pin up, tanagra, vénus. *SOUT.* sylphide. ▶ *Jeune femme* (*PAR PLAIS.*) – adolescente, demoiselle, fille, jeune, jeune femme, jeune fille, midinette, mineure, miss *(pays anglo-saxons)*, préadolescente. *SOUT.* impubère, pucelle *(vierge)*. ▶ *Amoureuse* – adoratrice, âme sœur, amie, amie de cœur, amour, amoureuse, bien-aimée, chérie, être aimé, favorite, mignonne, petite amie, tourterelle, valentine. *PAR EUPHÉM.* amie, compagne. *PAR PLAIS.* dulcinée. *FAM.* béguin, copine. *QUÉB.* blonde. *ANTILLES* doudou. ▶ *Fiancée* – bien-aimée, fiancée, future, future conjointe, future épouse, promise. ▶ *Appellatif affectueux* – biche, bichette, cocotte, colombe, douce, princesse, tourterelle. *SOUT.* mie. *FAM.* caille, fille, minette, pigeon, poule, poulette, poupée. ▲**ANT.** LAID; LAIDEUR.

beaucoup *adv.* ▶ *Abondamment* – à discrétion, à foison, à la tonne, à pleines mains, à profusion, à satiété, à souhait, à volonté, abondamment, amplement, bien, considérablement, copieusement, dru, en abondance, en masse, en quantité, énormément, fort, généreusement, grassement, gros, intarissablement, largement, libéralement, lourd, profusément, richement, suffisamment, torrentiellement. *FAM.* à gogo, à revendre, à tire-larigot, bésef, des tonnes, pas mal. *QUÉB. FAM.* pour les trois et les fous. ▶ *Extrêmement* – à l'extrême, affreusement, astronomiquement, au dernier degré, au dernier point, au maximum, au plus haut degré, au plus haut point, bien, colossalement, considérablement, éminemment, énormément, exceptionnellement, extraordinairement, extrêmement, fabuleusement, follement, fort, fortement, grandement, gros, hautement, immensément, incommensurablement, inconcevablement, incroyablement, infiniment, intensément, long, mortellement, nettement, on ne peut plus, phénoménalement, prodigieusement, profondément, remarquablement, sérieusement, singulièrement, souverainement, supérieurement, suprêmement, terriblement, très, vertigineusement, vivement, vraiment. *FAM.* bigrement, bougrement, diablement, drôlement, effroyablement, épais, épouvantablement, fameusement, fantastiquement, fichtrement, fichûment, formidablement, foutrement, furieusement, joliment, rudement, sacrément, salement, super, terrible, tout plein, un max, vachement. *QUÉB. FAM.* à l'os, à la planche, au coton, en maudit, en s'il vous plaît, mauditement. ▲**ANT.** EN FAIBLE QUANTITÉ, PAS BEAUCOUP, PEU; UN PEU.

beauté *n. f.* ▶ *Qualité esthétique* – agrément, art, attrait, beau, charme, chic, classe, coquetterie, délicatesse, distinction, éclat, élégance, esthétique, féerie, fraîcheur, grâce, gracieux, harmonie, magnificence, majesté, perfection, photogénie, pureté, séduction, splendeur, symétrie. *DIDACT.* eurythmie. *SOUT.* blandice, joliesse, morbidesse, sublimité, symphonie, vénusté. ▶ *Somptuosité* – abondance, apparat, appareil, confort, dolce vita, éclat, étalage, faste, grandeur, luxe, magnificence, majesté, opulence, ostentation, pompe, profusion, richesse, somptuosité, splendeur. *FAM.* tra la la. ▶ *Belle femme* – beau brin de fille, belle (femme), déesse, houri, nymphe *(jeune)*, pin up, tanagra, vénus. *SOUT.* sylphide. ▲ANT. HIDEUR, LAIDEUR, MONSTRUOSITÉ; RÉPUGNANCE, RÉPULSION; ABJECTION, BASSESSE, IGNOMINIE, VULGARITÉ.

beaux-arts *n. m. pl.* ▶ *Arts* – arts plastiques, arts visuels.

bébé *n. m.* ▶ *Nouveau-né* – nourrisson, nouveau-né, poupard *(gros)*, poupon, tout-petit. *FAM.* poulpiquet. ▶ *Fœtus* – embryon, fœtus. ▶ *Poupée* – baigneur, poupard, poupon. ▶ *Personne puérile* – *QUÉB. FAM.* bébé lala. ▶ *Problème (FAM.)* – affaire, cas, énigme, problème, question. *QUÉB.* casse-tête. ▲ANT. VIEILLARD.

bec *n. m.* ▶ *Saillie* – angle, appendice, arête, aspérité, avancée, avancement, balèvre, bosse, bourrelet, console, corne, corniche, côte, coude, crête, dent, éminence, encorbellement, éperon, ergot, excroissance, gibbosité, hourd, mamelon, moulure, nervure, picot, pointe, proéminence, projecture, prolongement, protubérance, redan, relief, ressaut, saillant, saillie, surplomb, surplombement, tubercule. ▶ *Pointe de terre* – isthme, péninsule *(grosse)*, pointe *(petite)*, presqu'île. ▶ *Surélevée* – cap, promontoire. ▶ *Embouchure* – biseau, embouchure. ▶ *Baiser (FAM.)* – baisemain *(sur la main)*, baiser. *SOUT.* doux larcin, embrassement. *FAM.* bécot, bise *(sur la joue)*, bisette, bisou, fricassée de museaux, mimi, smack *(sonore)*. *QUÉB. FAM.* bis. *BELG. FAM.* baise. *RELIG.* baisement.

bêche *n. f.* hayette *(petite)*, houlette, louchet, palot, pelle de jardinier, pelle-bêche.

bée *adj.* ▲ANT. FERMÉE.

bégaiement *n. m.* ▶ *Bredouillement* – ânonnement, bafouillage, bafouillis, balbutiement, bredouillage, bredouillement, bredouillis, jargon, marmonnage, marmonnement, marmottage, marmottement. *FAM.* baragouin, baragouinage, cafouillage, cafouillis, charabia. ▲ANT. ARTICULATION, FACILITÉ D'ÉLOCUTION; ÉLOQUENCE.

bégayer *v.* ânonner, bafouiller, balbutier, bredouiller, cheviller ses mots, hésiter. *BELG.* broebeler. ▲ANT. ARTICULER, PARLER CLAIREMENT.

bégueule *adj.* collet monté, prude, pudibond, puritain. ▲ANT. DÉBAUCHÉ, DÉVERGONDÉ, LIBERTIN.

béguin *n. m.* ▶ *Idylle* – amourette, aventure, aventure amoureuse, aventure galante, bricole, caprice, coquetterie, coup de foudre, engouement, faible, fantaisie, idylle, liaison (amoureuse), marivaudage, passade, passion. *SOUT.* amours, entichement, oaristys. *FAM.* batifolage, toquade, touche. *QUÉB. FAM.* couraillage, galipote. ▶ *Amoureux (FAM.)*

– adorateur, âme sœur, ami de cœur, amour, amoureux, beau, bien-aimé, chéri, être aimé, favori, mignon, petit ami, tourtereau, valentin. *PAR EUPHÉM.* ami, compagnon. *PAR PLAIS.* soupirant. *FAM.* copain, roméo. ▲ANT. INDIFFÉRENCE.

belliqueux *adj.* ▶ *Porté à la guerre* – belliciste, guerrier, martial, militaire, militariste. *FAM.* va-t-en-guerre. ▶ *Qui cherche la dispute* – agressif, bagarreur, batailleur, combatif, guerrier, offensif, querelleur. *SOUT.* pugnace. *FAM.* chamailleur, teigneux. ▲ANT. AFFECTUEUX, AIMANT, AMOUREUX, CAJOLEUR, CÂLIN, CARESSANT, TENDRE; BON, DOUX, INOFFENSIF, PACIFIQUE.

belvédère *n. m.* berceau, bungalow, gloriette, kiosque, mirador, pavillon, pergola, rotonde, tonnelle, treille.

bémol *adj.* ▲ANT. DIÈSE.

bénéfice *n. m.* ▶ *Privilège* – acquis, apanage, attribution, avantage, chasse gardée, concession, droit, exclusivisme, exclusivité, exemption, faveur, honneur, immunité, inviolabilité, monopole, passe-droit, pouvoir, préférence, prérogative, privilège. *ANC.* franchise. *RELIG.* indult. ▶ *Revenu* – allocation, arrérages, avantage, casuel, chômage, dividende, dotation, fermage, fruit, gain, intérêt, loyer, mense, mensualité, métayage, pension, prébende, présalaire, produit, profit, rapport, recette, redevance, rente, rentrée, retraite, revenu, tontine, usufruit, usure, ventes, viager. *FAM.* alloc. *FRANCE FAM.* bénef, chômedu. ▶ *Plus-value* – accroissement, amélioration, appréciation, augmentation, excédent, gain, majoration, plus-value, profit, surcote, survaleur, valorisation. ▶ *Crédit* – actif, avantage, avoir, boni, crédit, excédent, fruit, gain, produit, profit, rapport, reliquat, reste, revenant-bon, revenu, solde, solde créditeur, solde positif. *FAM.* bénef, gras, gratte, part du gâteau. ▶ *Utilité* – avantage, bienfait, commodité, convenance, désidérabilité, efficacité, fonction, fonctionnalité, indispensabilité, intérêt, mérite, nécessité, profit, profitabilité, recours, service, usage, utilité, valeur. ▶ *Rendement* – effet, efficacité, efficience, gain, production, productivité, produit, profit, rapport, rendement, rentabilité, revenu. ▲ANT. DÉSAVANTAGE, DOMMAGE, INCONVÉNIENT, PRÉJUDICE; DÉFICIT, PERTE; RUINE.

bénéficiaire *n.* ▶ *Adjudicataire* – abandonnataire, adjudicataire, affectataire, aliénataire, allocataire, attributaire, ayant droit, bénéficier, cessionnaire, client, commendataire, confidentiaire, créditrentier, impétrant, indemnitaire, indivisaire, prestataire, propriétaire, récipiendaire, rentier, résignataire. ▶ *Acquéreur* – acquéreur, donataire, héritier, légataire, portionnaire. ▶ *Patient d'un hôpital* – hospitalisé, patient. ▲ANT. DONATEUR.

bénéficier *v.* disposer de, jouir de, profiter de. ▲ANT. PÂTIR, SOUFFRIR.

bénévolat *n. m.* aide, allocentrisme, altruisme, amour (d'autrui), assistance, bienveillance, bonté, charité, commisération, compassion, complaisance, convivialité, dévouement, don de soi, empathie, entraide, extraversion, fraternité, générosité, gentillesse, humanité, oblativité, oubli de soi, philanthropie, pitié, sensibilité, serviabilité, solidarité, sollicitude. *SOUT.* bienfaisance. ▲ANT. EMPLOI RÉMUNÉRÉ.

bénévole

bénévole *adj.* (à titre) gracieux, désintéressé, gratuit. ▲**ANT.** PROFESSIONNEL, RÉMUNÉRÉ.

bénin *adj.* ▶ *En parlant de qqch.* – anodin, innocent, inoffensif, sans danger, sans gravité. SOUT. irrépréhensible. ▶ *En parlant de qqn* – bon, doux, inoffensif, sans malice. ▲**ANT.** DANGEREUX, GRAVE, SÉRIEUX. △BÉNIGNE, *fém.* – MALIGNE *(tumeur).*

bénir *v.* ▶ *Louer Dieu* – glorifier, louer, rendre gloire à. ▲**ANT.** EXÉCRER, MAUDIRE; CONDAMNER, RÉPROUVER.

béquille *n. f.* ▶ *Canne* – bâton, cadre de marche, canne, crosse, houlette, makila, piolet. ANC. bourdon. ▶ *Soutien moral* – adoucissement, apaisement, appui, baume, bercement, cicatrisation, consolation, rassérénement, réconfort, soulagement, soutien moral. SOUT. dictame. ▲**ANT.** HANDICAP, OBSTACLE.

berceau *n. m.* ▶ *Lit de bébé* – QUÉB. bassinette; FAM. bers. BELG. berce. ▸ *Portatif* – couffe, couffin, moïse. ▶ *Âge* – petite enfance, plus jeune âge, première enfance. ▶ *Support de bateau* – ber. ▶ *Dôme* – calotte, coupole, cul-de-four, dôme, lanterne, voûte. ▸ *Intérieur* – cintre, intrados. ▸ *Extérieur* – extrados. ▸ *Tonnelle* – belvédère, bungalow, gloriette, kiosque, mirador, pavillon, pergola, rotonde, tonnelle, treille. ▲**ANT.** CERCUEIL, TOMBE.

bercer *v.* ▶ *Agiter doucement* – balancer, ballotter. ▶ *Calmer* – adoucir, alléger, apaiser, assoupir, atténuer, endormir. SOUT. lénifier. ▶ *Duper* – abuser, attraper, avoir, berner, duper, en conter à, en faire accroire à, flouer, leurrer, mentir à, mystifier, se jouer de, se moquer de, tromper. FAM. blouser, bluffer, canuler, charrier, cravater, empaumer, empiler, entourlouper, esbroufer, faire marcher, feinter, la faire à, mener en bateau, mettre en boîte, pigeonner, posséder, refaire, rouler. QUÉB. FAM. amancher, bourrer, enfirouaper, niaiser. ▶ *Marquer le cours de qqch.* – rythmer. ▲**ANT.** IMMOBILISER; RÉVEILLER; AVIVER; INQUIÉTER; BRUTALISER.

berge *n. f.* ▶ *Rivage* – bord, rivage, rive. ▸ *Plat* – graves, grève, plage. QUÉB. bordages *(glaces côtières).* ▸ *Longeant la mer* – bord de mer, côte, littoral. ▸ *À marée basse* – estran, lais, laisse, platier. QUÉB. batture. ▶ *Talus* – ados, barbette, berme, cavalier, chaussée, levée, parapet, remblai, risberme *(barrage),* talus, terrasse, terre-plein. AGRIC. billon. ▶ *Année d'âge (FAM.)* – an, année, millésime. SOUT. printemps. FAM. balai, carat, pige.

berger *n.* ▶ *Gardien de moutons* – SOUT. pasteur, pastoureau, pâtre. ▶ *Prêtre* – clerc, curé, ecclésiastique, homme d'Église, membre du clergé, ministre (du culte), prêtre, religieux. ▸ *Titre* – abbé.

bergerie *n. f.* ▶ *Abri pour les moutons* – parc. ▶ *Texte sur les bergers* – bucolique, églogue, idylle, pastorale, poème pastoral, villanelle. ▶ *Comptoir* – comptoir, comptoir-caisse, étal *(marché),* gondole *(présentoir).* QUÉB. comptoir-lunch.

besogne *n. f.* affaire, corvée, devoir, obligation, occupation, ouvrage, tâche, travail. ▲**ANT.** DÉLASSEMENT, DÉTENTE, DISTRACTION, RÉCRÉATION, REPOS.

besoin *n. m.* ▶ *Obligation* – astreinte, contrainte, exigence, impératif, nécessité, obligation, servitude. ▶ *Désir* – ambition, appel, appétit, aspiration, attirance, attrait, but, convoitise, desideratum, désir,

envie, exigence, faim, fantaisie, fantasme, fièvre, fringale, goût, idéal, intention, jalousie, passion, prétention, quête, recherche, rêve, soif, souhait, tentation, velléité, visée, vœu, voix, volonté. SOUT. appétence, dessein, prurit, vouloir. FAM. démangeaison. ▶ *Faim* – appétit, boulimie, creux, disette, faim, famine, inanition, jeûne, polyphagie, voracité. FAM. fringale. ▶ *Insatisfaction* – frustration, insatisfaction, mécontentement, non-satisfaction, vague à l'âme. SOUT. bovarysme, inapaisement, inassouvissement, insatiabilité. FAM. grogne. PSYCHOL. sentiment d'incomplétude. ▶ *Pauvreté* – appauvrissement, dénuement, détresse, embarras, gêne, gouffre, indigence, manque, mendicité, misère, nécessité, pauvreté, privation, ruine. SOUT. impécuniosité. FAM. dèche, pouillerie. FRANCE FAM. débine, fauche, mistoufle, mouise, mouscaille, panade, purée. DR. carence. ▸ *Sociale* – clochardisation, disette, paupérisation, paupérisme, pauvreté, pénurie, sous-développement, sous-équipement, tiers-mondisation. ▲**ANT.** DÉGOÛT, SATIÉTÉ; INDIFFÉRENCE; CONTENTEMENT, SATISFACTION; ABONDANCE, AISANCE, FORTUNE, OPULENCE, PROSPÉRITÉ, RICHESSE, SURPLUS.

bestial *adj.* ▶ *Qui tient de l'animal* – animal, sauvage. ▶ *D'une cruauté sauvage* – barbare, cannibale, cannibalesque, cruel, féroce, inhumain, sadique, sanguinaire, sauvage. SOUT. néronien. ▲**ANT.** BIENVEILLANT, CHARITABLE, COMPATISSANT, DOUX, HUMAIN, MISÉRICORDIEUX; DÉLICAT, GALANT, RAFFINÉ; CHASTE, PLATONIQUE, PUDIQUE, PUR, SAINT, VERTUEUX.

bétail *n. m.* ▶ *Troupeau* – bestiaux, cheptel (vif), harde, harpail, transhumant, troupe, troupeau. ▶ *Populace* – (bas) peuple, (basse) pègre, foule, la rue, masse (populaire), multitude, petit peuple, plèbe, populace, prolétariat, troupeau, vulgaire. FAM. populo, vulgum pecus. ▶ *Animal* (QUÉB. FAM.) – animal, bestiole *(petit),* bête. SOUT. brute. FAM. bestiau.

bête *adj.* ▶ *En parlant de qqn* – abruti, benêt, bête à manger du foin, borné, crétin, demeuré, hébété, idiot, imbécile, inintelligent, niais, nigaud, obtus, sot, stupide. ▶ *En parlant de qqch.* – idiot, imbécile, inepte, inintelligent, ridicule, sot, stupide. ▲**ANT.** ASTUCIEUX, HABILE, INGÉNIEUX, INTELLIGENT; À L'ESPRIT VIF, BRILLANT, ÉVEILLÉ; DÉLURÉ, FIN, FINAUD, FUTÉ, INVENTIF, MALIN, RUSÉ; BIEN PENSÉ, JUDICIEUX, PERTINENT.

bête *n. f.* ▶ *Animal* – animal, bestiole *(petit).* SOUT. brute. FAM. bestiau. QUÉB. FAM. bétail. ◆ *bêtes, plur.* ▶ *Ensemble de bêtes* – faune. ▲**ANT.** AMOUR, ANGE, PERLE, TRÉSOR.

bêtement *adv.* absurdement, débilement, follement, idiotement, imbécilement, inconsciemment, inintelligemment, naïvement, niaisement, ridiculement, simplement, sottement, stupidement. FAM. connement. QUÉB. FAM. niaiseusement. ▲**ANT.** ASTUCIEUSEMENT, BRILLAMMENT, GÉNIALEMENT, INGÉNIEUSEMENT, INTELLIGEMMENT, JUDICIEUSEMENT, LUCIDEMENT, SAVAMMENT.

bêtise *n. f.* ▶ *Stupidité* – ânerie, béotisme, bornerie, débilité, idiotie, ignorance, imbécillité, ineptie, inintelligence, innocence, insipidité, lenteur, lourdeur, naïveté, niaiserie, pesanteur, simplicité, sottise, stupidité. ▶ *Acte ou parole stupide* – absurdité, ânerie, bafouillage, bafouillis, baliverne, balourdise, bêlement, bourde, calembredaine, cliché, divagation, fadaise, faribole, folie, idiotie, imbécillité, ineptie, insanité, niaiserie, non-sens, perle, propos en l'air, sornette, sottise, stupidité. *SOUT.* billevesée. *FAM.* crétinerie, déblocage, déconnage, dinguerie, vanne. ▶ *Erreur* – balourdise, bavure, bévue, blague, bourde, distraction, erreur, étourderie, fausse manœuvre, fausse note, faute, faux pas, gaucherie, impair, imprudence, maladresse, maldonne, méprise, sottise. *FAM.* boulette, couac, gaffe, gourance, gourante. ▶ *Affaire sans importance* – amusette, bagatelle, baliverne, bricole, broutille, chanson, détail, enfantillage, fadaise, faribole, frivolité, futilité, jeu, misère, plaisanterie, rien, sornette, sottise, vétille. *SOUT.* badinerie, puérilité. *FAM.* foutaise, mômerie. *BELG. FAM.* carabistouille. ▶ *Objet de peu de valeur* – affiquet, babiole, bagatelle, baliverne, bibelot, breloque, bricole, brimborion, chiffon, colifichet, fanfreluche, fantaisie, frivolité, futilité, gadget, hochet, inutilité, jouet, misère, rien. *FAM.* gnognote. ▶ *Injure* (*QUÉB.*) – blasphème, fulmination, grossièreté, imprécation, infamie, injure, insolence, insulte, invective, sottise. *SOUT.* vilenie. *FAM.* engueulade. ▲ANT. ASTUCE, ESPRIT, FINESSE, INGÉNIOSITÉ, INTELLIGENCE, SAGESSE, SUBTILITÉ.

biais *n. m.* ▶ *Ligne* – droite oblique, oblique. ▶ *Aspect* – angle, aspect, côté, face, facette, perspective, point de vue, versant. ▶ *Détour* – circonlocution, détour, digression, diversion, faux-fuyant, louvoiement, louvoyage, périphrase, repli, subterfuge, subtilité, tour. ▲ANT. LIGNE DROITE; DROIT FIL.

bibelot *n. m.* ▶ *Chose* – affiquet, babiole, bagatelle, baliverne, bêtise, breloque, bricole, brimborion, chiffon, colifichet, fanfreluche, fantaisie, frivolité, futilité, gadget, hochet, inutilité, jouet, misère, rien. *FAM.* gnognote. ♦ *bibelots, plur.* ▶ *Ensemble de choses* – bimbeloterie.

bible *n. f.* ▶ *Recueil de textes sacrés* – l'Écriture (sainte), la bonne parole, la parole (de Dieu), la Sainte Bible, la Sainte Écriture, le Verbe de Dieu, les (Saintes) Écritures. ▷ *Partie écrite avant Jésus-Christ* – l'Ancien Testament, le pentateuque, les sapientiaux. ▷ *Partie écrite après Jésus-Christ* – évangéliaire, l'Évangile, la Bonne Nouvelle, le Nouveau Testament, synopse, vulgate. ▶ *Ouvrage faisant autorité* – bréviaire, évangile.

bibliothèque *n. f.* ▶ *Lieu* – bureau, cabinet de lecture, cabinet de travail, cabinet. ▶ *Ensemble de livres* – collection de livres. ▶ *Érudit* (*FAM.*) – docteur, encyclopédiste, érudit, humaniste, intellectuel, lettré, maître-penseur, philosophe, sage, savant. *SOUT.* bénédictin, (grand) clerc, mandarin. *FAM.* bibliothèque (vivante), dictionnaire ambulant, dictionnaire (vivant), encyclopédie (vivante), fort en thème, grosse tête, intello, puits d'érudition, puits de science, rat de bibliothèque, tête d'œuf.

biceps *n. m.* ▶ *Muscle du bras* – biceps (brachial). *FAM.* biscoteau, cantaloup. ▶ *Muscle de la jambe* – biceps (crural).

bicyclette *n. f.* ▶ *Véhicule* – vélo. *FAM.* bécane, monture, vélocipède. *QUÉB. FAM.* bicycle. ▷ *Mauvaise* – clou. ▶ *Activité* – cyclisme, vélo.

bidon *n. m.* ▶ *Contenant* – jerrican, nourrice (essence), touque. *SUISSE* boille (*lait*). *MAR.* moque. ▶ *Mensonge* (*FAM.*) – mensonge. *SOUT.* fable. *FAM.* bide, bidonnage, bobard, char, craque, salade. *QUÉB. FAM.* menterie, pipe. ▲ANT. VÉRITÉ.

bien *adj.* ▶ *Satisfaisant* – acceptable, approuvable, bon, convenable, correct, décent, honnête, honorable, moyen, passable, présentable, raisonnable, satisfaisant, suffisant. *FAM.* potable, supportable. ▶ *Digne d'estime* – appréciable, bon, considéré, de bon aloi, digne, estimable, estimé, honorable, louable, méritant, méritoire, respectable. ▶ *Qui respecte les convenances* – bienséant, convenable, correct, de bon ton, décent, digne, fréquentable, honnête, honorable, moral, rangé, recommandable, respectable, sérieux. *FAM.* comme il faut. ▶ *Beau* – à croquer, adorable, avenant, beau, charmant, coquet, délicieux, gentil, gentillet, gracieux, joli, mignon, mignonnet, plaisant, ravissant. *FAM.* chou, jojo. *FRANCE FAM.* croquignolet, mignard, mimi, trognon. ▲ANT. MAL, MAUVAIS; ABJECT, CRAPULEUX, DÉGOÛTANT, IGNOBLE, INDIGNE, INFÂME, MÉPRISABLE, ODIEUX, RÉPUGNANT.

bien *adv.* ▶ *Parfaitement* – à la perfection, à merveille, à ravir, admirablement, divinement, extraordinairement, idéalement, impeccablement, incomparablement, infailliblement, irréprochablement, le mieux du monde, merveilleusement, mirifiquement, on ne peut mieux, parfaitement, prodigieusement, sans fautes, sublimement, supérieurement, suprêmement. *SOUT.* excellemment. *FAM.* épatamment, sans bavure. ▶ *Correctement* – adéquatement, comme il faut, comme il se doit, convenablement, correctement, dans les règles de l'art, décemment, juste, justement, pertinemment, proprement, raisonnablement, sainement, validement, valablement. *SOUT.* congrûment. *FAM.* bene. ▶ *Habilement* – adroitement, astucieusement, avec brio, avec compétence, avec éclat, brillamment, de main de maître, ex professo, expertement, finement, génialement, habilement, industrieusement, ingénieusement, intelligemment, judicieusement, lucidement, magistralement, pertinemment, professionnellement, savamment, sensément, spirituellement, subtilement, talentueusement, vivement. ▶ *Agilement* – adroitement, agilement, aisément, alertement, industrieusement, lestement, magistralement, prestement, souplement, vivement. ▶ *Joliment* – agréablement, coquettement, élégamment, esthétiquement, gracieusement, harmonieusement, heureusement, joliment, magnifiquement, mignardement, mignonnement, plaisamment, superbement. ▶ *Honnêtement* – droitement, exemplairement, honnêtement, honorablement, incorruptiblement, intègrement, irréprochablement, loyalement, saintement, vertueusement. *FAM.* à la loyale, proprement. ▶ *Vertueusement* – angéliquement, chastement, décemment, discrètement, exemplairement, honnêtement, modestement, moralement, pudiquement, purement, sagement, saintement, vénérablement, vertueusement, virginalement. ▶ *Véritablement* – à dire vrai, à l'évidence, à la vérité, à n'en pas douter, à vrai dire, assurément, authentiquement, bel et bien, en tendu, bien sûr, cela va de soi, cela va sans dire, certainement, certes, comme de juste, d'évidence, de

bien

toute évidence, effectivement, en effet, en vérité, évidemment, il va sans dire, indubitablement, manifestement, naturellement, nul doute, oui, réellement, sans (aucun) doute, sans conteste, sans contredit, sans le moindre doute, sans nul doute, sérieusement, sûrement, véridiquement, véritablement, vraiment. *FAM.* pour de vrai, vrai. *QUÉB. FAM.* pour vrai. ▶ *Favorablement* – à point (nommé), à propos, à temps, agréablement, au bon moment, avantageusement, commodément, convenablement, favorablement, heureusement, inespérément, judicieusement, opportunément, par bonheur, par miracle, précieusement, providentiellement, salutairement, utilement. *FAM.* à pic, bene. ▶ *Extrêmement* – à l'extrême, affreusement, astronomiquement, au dernier degré, au dernier point, au maximum, au plus haut degré, au plus haut point, beaucoup, colossalement, considérablement, éminemment, énormément, exceptionnellement, extraordinairement, extrêmement, fabuleusement, follement, fort, fortement, grandement, gros, hautement, immensément, incommensurablement, inconcevablement, incroyablement, infiniment, intensément, long, mortellement, nettement, on ne peut plus, phénoménalement, prodigieusement, profondément, remarquablement, sérieusement, singulièrement, souverainement, supérieurement, suprêmement, terriblement, très, vertigineusement, vivement, vraiment. *FAM.* bigrement, bougrement, diablement, drôlement, effroyablement, épais, épouvantablement, fameusement, fantastiquement, fichtrement, fichûment, formidablement, foutrement, furieusement, joliment, rudement, sacrément, salement, super, terrible, tout plein, un max, vachement. *QUÉB. FAM.* à l'os, à la planche, au coton, en maudit, en s'il vous plaît, maudetiment. ▲**ANT.** MAL.

bien *n. m.* ▶ *Devoir* – (bonnes) mœurs, conscience, déontologie, devoir, droit chemin, éthique, morale, moralité, obligation (morale), prescription, principes, règles de vie, vertu. *PSYCHOL.* surmoi. ▶ *Capital* – argent, avoir, capital, cassette, épargne, fonds, fortune, fruit, gain, investissement, liquidités, masse, numéraire, patrimoine, pécule, placement, portefeuille, possession, produit, propriété, richesse, trésor, valeur. *SOUT.* deniers. *FAM.* finances, magot. ▶ *Patrimoine* – apanage, domaine, fortune, héritage, légitime, legs, majorat, patrimoine, propriété, succession. *RELIG.* défroque. ▲**ANT.** MAL ; DOMMAGE, PRÉJUDICE ; PAUVRETÉ, PÉNURIE.

bien-aimé *adj.* adoré, adulé, aimé, cher, chéri. ▲**ANT.** MAUDIT.

bien-aimé *n.* ♦ **bien-aimé**, *masc.* ▶ *Amoureux* – adorateur, âme sœur, ami de cœur, amour, amoureux, beau, chéri, être aimé, favori, mignon, petit ami, tourtereau, valentin. *PAR EUPHÉM.* ami, compagnon. *PAR PLAIS.* soupirant. *FAM.* béguin, copain, roméo. ▶ *Fiancé* – fiancé, futur conjoint, futur époux, futur, promis. ♦ **bien-aimée**, *fém.* ▶ *Amoureuse* – adoratrice, âme sœur, amie, amie de cœur, amour, amoureuse, belle, chérie, être aimé, favorite, mignonne, petite amie, tourterelle, valentine. *PAR EUPHÉM.* amie, compagne. *PAR PLAIS.* dulcinée. *FAM.* béguin, copine. *QUÉB.* blonde. *ANTILLES* doudou. ▶ *Fian-*

cée – fiancée, future, future conjointe, future épouse, promise. *PAR PLAIS.* belle. ▲**ANT.** MAL-AIMÉ.

bien-être *n. m.* ▶ *Plaisir* – bon temps, bonheur, contentement, délectation, délice, douceur, euphorie, félicité, jouissance, orgasme, plaisir, régal, satisfaction, septième ciel, volupté. *SOUT.* aise, félicité, miel, nectar. ▶ *Confort* – aise, commodité, confort, luxe. ▶ *Richesse* – abondance, aisance, fortune, opulence, or, prospérité, richesse. ▲**ANT.** DOULEUR, PEINE, SOUFFRANCE ; GÊNE, INCONFORT, MALAISE ; BESOIN, MISÈRE, PAUVRETÉ.

bienfaisance *n. f.* ▶ *Aide* – aide, appoint, apport, appui, assistance, association, bons offices, collaboration, complicité, concours, conseil, contribution, coopération, coup d'épaule, coup de main, coup de pouce, dépannage, entraide, grâce, mainforte, participation, planche de salut, renfort, secours, service, soutien, synergie. *SOUT.* viatique. *FAM.* (coup de) fion. ▶ *Générosité* (*SOUT.*) – aide, allocentrisme, altruisme, amour (d'autrui), assistance, bénévolat, bienveillance, bonté, charité, commisération, compassion, complaisance, convivialité, dévouement, don de soi, empathie, entraide, extraversion, fraternité, générosité, gentillesse, humanité, oblativité, oubli de soi, philanthropie, pitié, sensibilité, serviabilité, sociabilité, sollicitude. ▲**ANT.** MALFAISANCE, MALICE, MALIGNITÉ, MALVEILLANCE, MÉCHANCETÉ.

bienfaisant *adj.* ▶ *Bénéfique* – avantageux, bénéfique, bon, favorisant, profitable, salutaire, utile. ▶ *Charitable* (*SOUT.*) – altruiste, bon, charitable, compatissant, désintéressé, fraternel, généreux, humain, humanitaire, philanthrope, qui a bon cœur, secourable. ▲**ANT.** DÉFAVORABLE, DÉSAVANTAGEUX, DOMMAGEABLE, NUISIBLE, PERNICIEUX, PRÉJUDICIABLE ; CRUEL, MALÉFIQUE, MALFAISANT, MALINTENTIONNÉ, MALVEILLANT, MAUVAIS, MÉCHANT, PERVERS, SADIQUE, VICIEUX.

bienfait *n. m.* ▶ *Bénéfice* – avantage, bénéfice, commodité, convenance, désidérabilité, efficacité, fonction, fonctionnalité, indispensabilité, intérêt, mérite, nécessité, profit, profitabilité, recours, service, usage, utilité, valeur. ▶ *Cadeau* (*SOUT.*) – avantage, donation, générosité, gracieuseté, gratification, largesse, libéralité, manne (*inespéré*). *QUÉB. FAM.* bonbon. ▶ *Don* (*SOUT.*) – aide, allocation, apport, assistance, aumône, bonne œuvre, charité, dation, disposition, distribution, don, faveur, grâce, hommage, indemnité, obole, prestation, secours, soulagement, subside, subvention. *FAM.* dépannage. *DR.* donation, fidéicommis, legs, libéralité. *RELIG.* bénédiction, charisme. ▲**ANT.** MÉFAIT, PRÉJUDICE, TORT.

bienfaiteur *n.* ▶ *Donateur* – abandonnateur, aliénateur, apporteur, débirentier, disposant, donateur, souscripteur, testateur. ▶ *Mécène* – donateur, mécène, philanthrope, protecteur, soutien. ▶ *Philanthrope* – ami, philanthrope. *PÉJ.* humanitariste. ▶ *Sauveur* – affranchisseur, défenseur, deus ex machina, émancipateur, libérateur, messie, protecteur, rédempteur, sauveur. *SOUT.* salvateur. ▲**ANT.** ENNEMI, PERSÉCUTEUR.

bienheureux *n.* élu, glorieux, saint. ▶ *En cours de sanctification* – canonisable, vénérable. ▲**ANT.** DAMNÉ, MALHEUREUX, MAUDIT.

bise

bien-portant (var. **bien portant**) *n.* ▲
ANT. MALADE.

bienséance *n.f.* ▶ *Usage* – cérémonial, cérémonie, convenances, décorum, étiquette, formalité, formule, mondanités, protocole, règle, usage. *FAM.* salamalecs. ▶ *Politesse* – affabilité, amabilité, aménité, attention, bonnes manières, chevalerie, civilité, civisme, convivialité, correction, courtoisie, délicatesse, éducation, entregent, galanterie, gentillesse, hospitalité, mondanités, obligeance, politesse, prévenance, savoir-vivre, serviabilité, sociabilité, tact, urbanité. *SOUT.* gracieuseté, liant. ▶ *Décence* – bon ton, chasteté, convenance, correction, décence, délicatesse, dignité, discrétion, éducation, fierté, gravité, honnêteté, honneur, modestie, politesse, propreté, pudeur, quant-à-soi, réserve, respect, retenue, sagesse, sobriété, tact, tenue, vertu. *SOUT.* pudicité. ▲ANT. IMPOLITESSE, INCONGRUITÉ, INCONVENANCE, INSOLENCE, MALSÉANCE, SANS-GÊNE; INDÉCENCE.

bientôt *adv.* à bref délai, à brève échéance, à court terme, à courte échéance, d'ici peu, d'un instant à l'autre, d'un jour à l'autre, d'un moment à l'autre, d'une minute à l'autre, dans les jours à venir, dans peu, dans peu de temps, dans quelque temps, dans quelques instants, dans un avenir rapproché, dans un instant, dans un moment, incessamment, prochainement, rapidement, sans tarder, sous peu, tantôt, tôt, tout à l'heure. ▲ANT. À LA DERNIÈRE MINUTE, À UNE HEURE AVANCÉE, SUR LE TARD, TARDIVEMENT.

bienveillant *adj.* ▶ *Bon* – bon, bon enfant, bonhomme, brave, débonnaire. ▶ *Compréhensif* – bien disposé, bien intentionné, clément, compréhensif, dans de bonnes dispositions, favorable, indulgent, ouvert, sympathisant, tolérant. ▶ *Chaleureux* – accueillant, affable, agréable, aimable, amène, amical, avenant, chaleureux, charmant, convivial, cordial, de bonne compagnie, engageant, familier, gracieux, invitant, liant, ouvert, sociable, souriant, sympathique. *FAM.* bonard, sympa. *QUÉB. FAM.* d'adon. ▲ANT. DUR, RIGIDE, SÉVÈRE, STRICT; CAVALIER, CYNIQUE, DÉPLAISANT, EFFRONTÉ, GROSSIER, HARDI, IMPERTINENT, IMPOLI, IMPUDENT, INSOLENT; INCOMPRÉHENSIF, INTOLÉRANT, INTRANSIGEANT; CRUEL, MALÉFIQUE, MALFAISANT, MALVEILLANT, MAUVAIS, MÉCHANT, PERVERS, SADIQUE, VICIEUX.

bienvenu *adj.* bien venu, bon, favorable, opportun, propice, qui tombe à pic. *SOUT.* heureux. *QUÉB. FAM.* d'adon. ▲ANT. MALVENU.

bière *n.f.* ▶ *Boisson* – FAM. mousse. *QUÉB. FAM.* broue. *ACADIE* flacatoune (*artisanale*). *ANTIQ. OU PAR PLAIS.* cervoise. ▶ *Mauvaise* – bière acescente, bière éventée. *FAM.* pipi de chat, pisse d'âne. ▶ *Quantité* – bock, boîte, bouteille, caisse, canette, chope, demi, demi pression, pichet, pinte, pot, tonneau, verre. ▶ *Coffre funéraire* – cercueil, châsse (*reliques*), sarcophage (*égyptien*). *QUÉB. FAM.* tombe.

bigarré *adj.* ▶ *Multicolore* – chamarré, coloré, multicolore, panaché. *DIDACT.* omnicolore, polychrome, versicolore. ▶ *Aux couleurs non harmonieuses* – bariolé, peinturluré.

bijou *n.m.* ▶ *Objet précieux* – joyau. ▶ *Imitation* – pacotille, toc. *FAM.* affûtiaux, quincaillerie. ▶ *Chef-*

d'œuvre – chef-d'œuvre, classique, merveille, monument, œuvre capitale, œuvre classique, œuvre de génie, œuvre maîtresse, œuvre majeure, perfection, pièce maîtresse, trésor artistique. ✦ **bijoux**, *plur.* ▶ *Ensemble d'objets précieux* – bijouterie, parure. ▲ANT. PACOTILLE; ŒUVRE MINEURE, ŒUVRETTE.

bilan *n.m.* ▶ *Résultat* – balance, compte, compte rendu, conclusion, constat, état, note, résultat, résumé, situation, tableau. ▶ *Retour dans le passé* – point. *SOUT.* rétrospection. ▲ANT. PROJECTION, PRONOSTIC, PROSPECTIVE.

billard *n.m.* ▶ *Chose facile à accomplir* (*FAM.*) – un jeu d'enfant, une bagatelle. *FAM.* de la petite bière, de la tarte, du billard, du gâteau, du nanan, l'enfance de l'art.

billet *n.m.* ▶ *Courte lettre* – lettre, message, mot, pli, réponse. *IRON.* épître. *SOUT.* missive. *FAM.* biffeton (*dans une prison*). *FRANCE FAM.* babillarde, bafouille. *AFR.* note. ▶ *Titre donnant droit à qqch.* – bon, carte d'admission, coupon, entrée, ticket. *FAM.* tickson. ▶ *Papier-monnaie* – argent, argent comptant, argent liquide, billet (de banque), comptant, coupure, espèces, liquide, numéraire, papier-monnaie. *FAM.* biffeton.

binocle *n.m.* ▶ *Lunettes sans branches* – face-à-main (*avec manche*). ▶ *Lunettes* (*FAM.*) – lorgnon, lunettes, monocle (*verre unique*), pince-nez, verres. *FAM.* carreaux. *QUÉB. FAM.* barniques. ▲ANT. MONOCLE.

binoculaire *adj.* ▲ANT. MONOCULAIRE.

biodégradable *adj.* altérable, corruptible, décomposable, périssable, putréfiable, putrescible. ▲ANT. IMPUTRESCIBLE, INALTÉRABLE, INCORRUPTIBLE; POLLUANT.

biodégradation *n.f.* ▶ *Décomposition* – altération, corruption, décomposition, faisandage, fermentation, gangrène, pourrissement, pourriture, putréfaction, putrescence, putridité, suiffage (*beurre*), thanatomorphose. ▲ANT. CONSERVATION, MAINTIEN.

biographie *n.f.* ▶ *Récit* – anecdote, annales, autobiographie, carnet, chroniques, chronologie, commentaires, confessions, évocation, histoire, historiographie, historique, journal, mémoires, mémorial, récit, souvenirs, vie.

biologie *n.f.* science de la vie. *FAM.* bio.

biologique *adj.* ▶ *Qui concerne la vie* – biotique. ▶ *Sans pesticides* – naturel. *FAM.* bio. ▲ANT. CHIMIQUE; ADOPTIVE (*mère*); PORTEUSE.

biosphère *n.f.* ▶ *Peuplement* – biocénose, biomasse, biote, êtres vivants, habitat, occupation, peuplement.

bis *adj.* ▶ *Gris-beige* – grège, sable. ▶ *En parlant du teint* – basané, bistre, bistré, brun, foncé, mat, olivâtre.

biscuit *n.m.* ▶ *Petit gâteau* – gâteau sec. *BELG.* bonbon.

bise *n.f.* ▶ *Vent glacial* – SOUT. aquilon, borée. ▶ *Hiver* (*SOUT.*) – hiver, mauvaise saison, saison des frimas, saison froide, saison hivernale. ▶ *Baiser* (*FAM.*) – baisemain (*sur la main*), baiser. *SOUT.* doux larcin, embrassement. *FAM.* bec, bécot, bisette, bisou, fricassée de museaux, mimi, smack (*sonore*).

bitume

QUÉB. FAM. bis. *BELG. FAM.* baise. *RELIG.* baisement. ▲**ANT.** BRISE.

bitume *n. m.* ▶ *Asphalte* – asphaltage, asphalte, goudron (routier), macadam (goudronné). ▶ *Chaussée* (*PAR EXT.*) – chaussée, route, rue. *AFR.* goudron. *PAR EXT.* asphalte, macadam.

bizarre *adj.* ▶ *Étrange* – anormal, baroque, curieux, drôle, étonnant, étrange, inaccoutumé, incompréhensible, inexplicable, inhabituel, insolite, inusité, singulier, spécial, surprenant. *SOUT.* extraordinaire. *FAM.* bizarroïde. ▶ *Abracadabrant* – à dormir debout, abracadabrant, abracadabrantesque, absurde, baroque, biscornu, burlesque, cocasse, exagéré, excentrique, extravagant, fantasque, farfelu, fou, funambulesque, grotesque, impayable, impossible, incroyable, insolite, invraisemblable, loufoque, qui ne tient pas debout, rocambolesque, saugrenu, tiré par les cheveux, vaudevillesque. *FRANCE FAM.* foutraque, gaguesque, louf, louftingue. ▲**ANT.** COUTUMIER, HABITUEL, NORMAL, ORDINAIRE, STANDARD, USUEL.

bizarrement *adv.* anormalement, baroquement, curieusement, drôlement, étonnamment, étrangement, excentriquement, extravagamment, originalement, singulièrement. ▲**ANT.** COMME D'HABITUDE, DE FAÇON NORMALE, NORMALEMENT, SELON LES CONVENTIONS, SELON LES NORMES.

bizarrerie *n. f.* ▶ *Étrangeté* – anomalie, anormalité, chinoiserie, cocasserie, curiosité, drôlerie, étrangeté, excentricité, extravagance, fantaisie, fantasmagorie, folie, loufoquerie, monstruosité, nonconformisme, originalité, singularité. ▶ *Invraisemblance* – énormité, étrangeté, extravagance, improbabilité, incrédibilité, invraisemblance. ▶ *Fantaisie* – accès, bon plaisir, caprice, changement, chimère, coup de tête, envie, extravagance, fantaisie, fantasme, folie, frasque, gré, guise, immaturité, impatience, incartade, inconstance, infantilisme, instabilité, légèreté, lubie, marotte, mobilité, originalité, saute (d'humeur), singularité, sporadicité, variation, versatilité, volonté. *SOUT.* folle gamberge, foucade, humeur. *FAM.* toquade. ▲**ANT.** BANALITÉ, NORMALITÉ; VRAISEMBLANCE.

blafard *adj.* ▶ *Pâle* – blanc, blanchâtre, blême, clair, incolore, pâle, pâlot, terne. ▶ *En parlant du teint* – blanc, blême, cadavéreux, cadavérique, diaphane, exsangue, hâve, livide, pâle, pâlot. *FAM.* pâlichon. ▲**ANT.** FONCÉ, PROFOND, SOMBRE; CLAIR, ÉBLOUISSANT, ÉCLAIRÉ, ÉCLATANT, LUMINEUX, RADIEUX, RAYONNANT, RESPLENDISSANT; COLORÉ *(teint)*, FRAIS, SAIN, VERMEIL.

blague *n. f.* ▶ *Plaisanterie* – badinage, baliverne, bon mot, bouffonnerie, boutade, cabriole, calembour, calembredaine, clownerie, drôlerie, facétie, farce, galéjade, gauloiserie, histoire (drôle), humour, joyeuseté, mot pour rire, pitrerie, plaisanterie. *SOUT.* arlequinade. *BELG.* zwanze. *SUISSE* witz. ▶ *Tour* – attrape, canular, facétie, farce, fumisterie, mystification, plaisanterie, tour. *FAM.* bateau. ▶ *Bévue* – balourdise, bavure, bêtise, bévue, bourde, distraction, erreur, étourderie, fausse manœuvre, fausse note, faute, faux pas, gaucherie, impair, imprudence, maladresse, maldonne, méprise, sottise. *FAM.* boulette, couac, gaffe, gourance, gourante. ▶ *Sachet* – étui, pochette, sachet,

trousse. *SUISSE* cornet. ▲**ANT.** GRAVITÉ, SÉRIEUX; VÉRITÉ.

blâme *n. m.* ▶ *Reproche* – accusation, admonestation, admonition, anathématisation, anathème, attaque, avertissement, censure, condamnation, correction, critique, désapprobation, diatribe, grief, grognerie, gronderie, interdit, leçon, malédiction, mise à l'écart, mise à l'index, mise en quarantaine, objection, observation, plainte, punition, récrimination, remarque, remontrance, représentation, réprimande, réprobation, reproche, réquisitoire, semonce, sérénade, sermon, tollé. *SOUT.* animadversion, foudres, fustigation, improbation, mercuriale, objurgation, stigmatisation, vitupération. *FAM.* douche, engueulade, prêchi-prêcha, savon, tabac. *FRANCE FAM.* attrapade, lavage de tête, soufflante. *BELG.* cigare. *RELIG.* fulmination. ▶ *Malédiction* – anathématisation, anathème, blasphème, condamnation, damnation, déprécation, excommunication, imprécation, jurement, malédiction, réprobation, vœu. *SOUT.* exécration. ▲**ANT.** APOLOGIE, APPROBATION, COMPLIMENT, ÉLOGE, FÉLICITATIONS, LOUANGE; BÉNÉDICTION.

blâmer *v.* ▶ *Juger défavorablement* – condamner, critiquer, désapprouver, désavouer, reprendre, reprocher, réprouver. *SOUT.* en savoir mauvais gré à. ▲**ANT.** APPLAUDIR, ENCOURAGER, COMPLIMENTER, ENCOURAGER, FÉLICITER; EXALTER, GLORIFIER, LOUANGER, LOUER; VANTER; DISCULPER, EXCUSER, JUSTIFIER, PRÉCONISER.

blanc *adj.* ▶ *De la couleur du blanc* – blanchâtre, crayeux, immaculé, laiteux, neigeux, opale, opalescent, opalin. *SOUT.* d'albâtre, lacté, lactescent, lilial, marmoréen. *SOUT.* éburné, éburnéen. *BIOL.* albuginé. ▶ *Brillant* – d'ivoire, ivoirin, nacre. ▶ *Pâle* – blafard, blanchâtre, blême, clair, incolore, pâle, pâlot, terne. ▶ *En parlant du teint* – blafard, blême, cadavéreux, cadavérique, diaphane, exsangue, hâve, livide, pâle, pâlot. *FAM.* pâlichon. ▶ *En parlant des cheveux* – *SOUT.* chenu. ▲**ANT.** NOIR; COLORÉ.

blanchâtre *adj.* ▶ *Blanc* – blanc, crayeux, immaculé, laiteux, neigeux, opale, opalescent, opalin. *SOUT.* d'albâtre, lacté, lactescent, lilial, marmoréen. ▶ *Pâle* – blafard, blanc, blême, clair, incolore, pâle, pâlot, terne. ▲**ANT.** CLAIR, ÉCLAIRÉ, ÉCLATANT, LUMINEUX, RADIEUX, RAYONNANT, RESPLENDISSANT; FONCÉ, PROFOND, SOMBRE; COLORÉ *(teint)*, FRAIS, SAIN, VERMEIL.

blancheur *n. f.* ▶ *Couleur blanche* – canitie *(cheveux)*. *SOUT.* lactescence. ▶ *Manque de coloration* – lividité, pâleur. *MÉD.* hypochromie. ▲**ANT.** NOIRCEUR; COLORATION, ROUGEUR.

blanchir *v.* ▶ *Passer à l'eau bouillante* – ébouillanter, échauder. ▶ *Dégager d'une accusation* – décharger, disculper, innocenter, justifier, laver d'une accusation, mettre hors de cause, réhabiliter. *DR.* acquitter. ▶ *Devenir blanc* – *SOUT.* blanchoyer. ▲**ANT.** COLORER, NOIRCIR, SALIR, SOUILLER; ACCUSER, CHARGER, ÉCLABOUSSER, INCULPER, TERNIR.

blanchisseur *n.* (**FRANCE**) laveur. *FRANCE* lavandier, teinturier. *QUÉB.* buandier, nettoyeur.

blasé *adj.* ▶ *Écœuré* – dégoûté, écœuré, fatigué, las, lassé, qui en a assez, saturé. *FAM.* qui en a ras le bol. *QUÉB. FAM.* qui a son voyage, tanné.

▸ *Indifférent* – détaché, indifférent, nonchalant, revenu de tout. *SOUT.* incurieux.

blasphémer *v.* ▸ *Proférer des jurons* – jurer, sacrer. *FAM.* dire des gros mots. ▸ *Outrager par des blasphèmes* (*SOUT.*) – bafouer, faire affront à, faire injure à, faire insulte à, faire outrage à, humilier, injurier, insulter, outrager. *SOUT.* gifler, souffleter. ▲**ANT.** BÉNIR, LOUER, VÉNÉRER.

blé *n. m.* ▸ *Argent* (*FAM.*) – argent. *FAM.* braise, flouse, fric, galette, grisbi, jonc, oseille, pépètes, pèse, picaillons, pognon, radis, répondant, sous, trèfle. *QUÉB.* bidous, foin, motton.

bled *n. m.* ▸ *Village isolé* – agglomération (rurale), bourg (*gros*), bourgade, hameau, lieu-dit (*petit*), localité, pays, village. *FAM.* patelin. *QUÉB.* paroisse. ▲**ANT.** AGGLOMÉRATION; CAPITALE, MÉTROPOLE.

blême *adj.* ▸ *En parlant de qqn* – blafard, blanc, cadavéreux, cadavérique, diaphane, exsangue, hâve, livide, pâle, pâlot. *FAM.* pâlichon. ▸ *En parlant de qqch.* – blafard, blanc, blanchâtre, clair, incolore, pâle, pâlot, terne. ▲**ANT.** CLAIR, ÉCLAIRÉ, ÉCLATANT, LUMINEUX, RADIEUX, RAYONNANT, RESPLENDISSANT; COLORÉ (*teint*), FRAIS, SAIN, VERMEIL.

blêmir *v.* ▸ *Devenir blême* – pâlir, perdre ses couleurs, verdir. ▸ *Avoir peur* – avoir grand-peur, avoir peur, frissonner, pâlir, prendre peur, trembler, verdir. *FAM.* avoir la colique, avoir la frousse, avoir la pétoche, avoir la tremblote, avoir la trouille, avoir le trac, avoir le trouillomètre à zéro, avoir les boules, avoir les chocottes, avoir les foies, avoir les glandes, avoir les jetons, baliser, fouetter, mouiller, serrer les fesses. *FRANCE FAM.* les avoir à zéro, trouiller, trouilloter. *QUÉB. FAM.* avoir la chienne. *BELG. FAM.* clopper. ▲**ANT.** ROUGIR, SE COLORER.

blessant *adj.* ▸ *Vexant* – choquant, cinglant, désobligeant, froissant, humiliant, injurieux, insultant, mortifiant, offensant, outrageant, vexant. *SOUT.* sanglant. ▸ *Méchant* – à l'emporte-pièce, acerbe, acéré, acide, acrimonieux, aigre, caustique, cinglant, corrosif, fielleux, grinçant, incisif, méchant, mordant, piquant, sarcastique, sardonique, virulent, vitriolique. ▲**ANT.** BIENSÉANT, COURTOIS, DÉLICAT, POLI; ENCOURAGEANT, POSITIF; ADMIRATIF, ÉLOGIEUX, FLATTEUR, LOUANGEUR.

blesser *v.* ▸ *Causer une blessure* – atteindre, toucher. *MÉD.* léser. ▸ *Causer une blessure légère* – contusionner, froisser, meurtrir. *FAM.* abîmer, amocher, arranger, esquinter. *QUÉB. FAM.* poquer. ▸ *Causer une blessure grave* – écharper, estropier, mutiler. ▸ *Faire souffrir moralement* – déchirer, meurtrir. ▸ *Vexer* – atteindre (dans sa dignité), choquer, cingler, désobliger, effaroucher, égratigner, froisser, heurter, humilier, insulter, mortifier, offenser, offusquer, outrager, piquer au vif, toucher au vif, ulcérer, vexer. *SOUT.* fouailler. ▸ *Choquer la vue, l'oreille* – agresser, choquer, déplaire à, heurter, offenser. ▲**ANT.** PANSER, SOIGNER; ÉMOUVOIR, TOUCHER; COMPLIMENTER, FLATTER, LOUER; ÉPARGNER, MÉNAGER, RESPECTER.

blessure *n. f.* ▸ *Lésion* – dégénérescence, lésion, marque, plaie. *FAM. ou ENFANTIN* bobo. *DIDACT.* trauma. ▸ *Entaille* – balafre, coupure, entaille, estafilade, incision, scarification, taillade. ▸ *Brûlure* – actinite, ampoule, cloque, douleur, échaudure, échauffement, escarre, fer chaud, feu, fièvre, inflammation, insolation, irradiation, irritation, lésion, phlogose, ulcération, urtication. ▸ *Souffrance morale* – déchirement, déchirure, douleur, mal, martyre, souffrance, supplice, torture. *SOUT.* tenaillement, tribulation. ▸ *Offense* – affront, attaque, atteinte, attentat, avanie, calomnie, défi, dommage, indignité, injure, insolence, insulte, manquement, offense, outrage, pique, tort. *SOUT.* bave, camouflet, soufflet. ▲**ANT.** CARESSE; CICATRISATION, GUÉRISON; APAISEMENT, CONSOLATION; FLATTERIE.

bleu *adj.* ▸ *De la couleur du bleu* – bleuâtre, bleuissant, bleuté. ◗ *Bleu clair* – (bleu) azur, bleu céleste, bleu clair, bleu (de) ciel, bleu pâle, bleu poudre. *SOUT.* azuré, cérulé, céruléen, cérulescent. ◗ *Bleu vif* – bleu (de) roi, bleu lapis, bleu vif, gros bleu, outremer, ultramarin. ◗ *Bleu foncé* – bleu barbeau, bleu bleuet, bleu (de) nuit, bleu foncé, (bleu) marine, bleu sombre, indigo, saphir, turquin. *QUÉB.* bleu marin. ◗ *Bleu-vert* – aigue-marine, bleu canard, bleu pétrole, cyan, glauque, turquoise, vert d'eau. ◗ *Bleu-mauve* – (bleu) lavande, (bleu) pervenche, lilas. ◗ *Bleu-gris* – bleu acier, (bleu) ardoise, bleu métallique. ◗ *Bleu brillant* – bleu électrique, bleu Nattier. ◗ *En colère* – blanc de colère, courroucé, déchaîné, en colère, enragé, forcené, fou de colère, fou de rage, fulminant, fumant, furibond, furieux, hors de soi, irrité, outré, rageur, révolté, ulcéré. *FAM.* en boule, en rogne. *FRANCE FAM.* à cran, en pétard, fumasse, furax, furibard. *QUÉB. FAM.* choqué, en beau fusil, en bibitte. ▲**ANT.** CALME, FLEGMATIQUE, IMPASSIBLE, IMPERTURBABLE, MAÎTRE DE SOI, PLACIDE; ATTENDRI, ÉMU, TOUCHÉ.

bleu *n.* ▸ *Nouveau soldat* – appelé, conscrit, recrue. ▸ *Nouvel élève* – (petit) nouveau. ▲**ANT.** ANCIEN, VÉTÉRAN.

bleuâtre *adj.* ▸ *Qui tire sur le bleu* – bleu, bleuissant, bleuté. ▸ *En parlant du teint* – cendreux, grisâtre, livide, plombé.

bleuet *n. m.* ▸ *Fruit* (*QUÉB.*) – *BOT.* airelle des bois, myrtille d'Amérique. ◆ **bleuets**, *plur.* ▸ *Ensemble de fruits à consommer* (*QUÉB.*) – cageot de myrtilles. *QUÉB.* cassot de bleuets. ▸ *Plant* (*QUÉB.*) – bleuetier.

bleuté *adj.* bleu, bleuâtre, bleuissant.

blindé *adj.* ▸ *Indifférent* – aride, de granit, de pierre, dur, endurci, froid, indifférent, insensible, sans-cœur, sourd. *SOUT.* d'airain, frigide, granitique.

blindé *n. m.* char, char d'assaut, char de combat, panzer, semi-chenillé, tank.

blitz *n. m.* ▸ *Attaque* – agression, assaut, attaque, attentat, charge, déferlement, envahissement, intervention, invasion, irruption, offensive. *SOUT.* entreprise. ▸ *Combat* – accrochage, action (de guerre), affrontement, assaut, attaque, bagarre, bataille, choc, combat, conflit, échauffourée, empoignade, empoignement, engagement, escarmouche, ferraillement, feu, guérilla, guerre, heurt, hostilités, lutte, mêlée, opération, pugilat, rencontre, rixe. *FAM.* baroud, baston, bigorne, casse-gueule, casse-pipe, castagne, guéguerre, rif, rififi, riflette. *QUÉB. FAM.* brasse-camarade, poussaillage, tiraillage. *BELG. FAM.* margaille.

bloc *n. m.* ▸ *Accrétion* – accrétion, accumulation, agglomérat, agglomération, aggloméré, agglutinat, agglutination, agglutinement, agrégat, agrégation,

blocage

amas, concentration, concrétion, conglomérat, conglomération, conglutination, entassement, masse, nodule, paquet, réunion, sédiment, sédimentation, tas. QUÉB. FAM. motton, tapon. ▶ *Association politique* – alliance, apparentement, association, camp, cartel, club, coalition, confédération, faisceau, fédération, formation, front, groupe, groupe d'intérêts, groupe de pression, groupement, ligue, mouvement, organisation, parti, phalange, rapprochement, rassemblement, union. ANC. hétairie. FÉOD. hermandad. PÉJ. bande, bandits, cabale, camarilla, chapelle, clan, clique, coterie, école, église, faction, groupuscule, ligue, maffia, malfaiteurs, secte. ▶ *Ensemble d'États* – coalition, communauté, confédération, États, fédération, union. ▶ *Prison* (FRANCE FAM.) – bagne, centre de détention, centre pénitentiaire, établissement pénitentiaire, maison de détention, pénitencier, prison. FAM. cachot, cage, placard, taule, trou. FRANCE FAM. gnouf. ▲ANT. DÉSAGRÉGATION, DISPERSION; FRAGMENT, MIETTE, MORCEAU, PARCELLE, PARTIE.

blocage *n. m.* ▶ *Obstacle* – accroc, adversité, anicroche, barrière, contrariété, contretemps, défense, difficulté, digue, écueil, embarras, empêchement, ennui, entrave, frein, gêne, impasse, impossibilité, inhibition, interdiction, objection, obstruction, ombre au tableau, opposition, pierre d'achoppement, point noir, problème, résistance, restriction, tracas, tribulations. QUÉB. irritant. SOUT. achoppement, impedimenta, traverse. FAM. blème, hic, lézard, os, pépin. QUÉB. FAM. aria. ▶ *Paralysie* – arrêt, asphyxie, désactivation, engourdissement, enraiement, entrave, immobilisation, immobilisme, impuissance, inhibition, neutralisation, obstruction, paralysie, ralentissement, sclérose, stagnation. ▶ *Coinçage* – coinçage, coincement, grippage. ▶ *Arrêt mécanique* – bourrage, enrayage. ▶ *Refoulement* – autocensure, barrage, censure, inhibition, refoulement, refus, résistance. ▲ANT. CIRCULATION, PROPAGATION; LIBÉRATION; DÉFOULEMENT.

bloc-notes *n. m.* ▶ *Petit cahier* – agenda, cahier, calepin, carnet, journal, livre, livret, mémento, mémorandum, notes, registre, répertoire. ▶ *Aide-mémoire* – agenda, aide-mémoire, almanach, calepin, carnet, éphéméride, guide, guide-âne, mémento, mémorandum, pense-bête, précis, vade-mecum. FAM. antisèche, mémo.

blocus *n. m.* ▶ *Encerclement* – bouclage, encerclement, investissement, quadrillage, siège. ▶ *Embargo* – appropriation, confiscation, désapprovisionnement, embargo, expropriation, gel, immobilisation, mainmise, prise, privation, saisie, séquestre, suppression. ▲ANT. LIBÉRATION.

blond *adj.* ambre, ambré, bouton-d'or, doré, jaune d'or, jaune doré, miellé, or, topaze, vieil or. SOUT. flavescent. ◂ *Fade* – blond filasse, blondasse, filasse.

bloquer *v.* ▶ *Réunir* – concentrer, grouper, rassembler, regrouper, réunir. ▶ *Enrayer un mécanisme* – coincer, enrayer, gripper. ▶ *Gêner un mouvement* – coincer, contrer, immobiliser, paralyser. ▶ *Arrêter un lancer* – arrêter, stopper. ▶ *Obstruer un conduit* – boucher, engorger, obstruer. ▶ *Dans l'organisme* – boucher, oblitérer, obstruer, occlure. ▶ *Obstruer un passage* – barrer, boucher, couper,

obstruer. ▶ *Provoquer un embouteillage* – boucher, congestionner, embouteiller, encombrer, obstruer. ▶ *Immobiliser* – amarrer, arrimer, assujettir, assurer, attacher, fixer, immobiliser, retenir, river. ♦ *Étudier* (BELG. FAM.) – étudier, travailler. FAM. bûcher, chiader, piocher, potasser. ♦ *se bloquer* ▶ *S'enrayer* – gripper, s'enrayer, se coincer. ▲ANT. DISPERSER, RÉPARTIR, SÉPARER; LAISSER PASSER; DÉBLOQUER, DÉGAGER, DESSERRER, LIBÉRER.

blottir (se) *v.* ▶ *Se pelotonner* – se lover, se mettre en boule, se pelotonner, se ramasser, se ratatiner, se recroqueviller, se replier sur soi, se tapir. QUÉB. FAM. se racoquiller. ▶ *Se serrer contre qqn* – se presser, se rencogner, se serrer. ▶ *Se cacher* – s'abriter, se cacher, se mettre à couvert, se mettre à l'abri, se nicher, se réfugier, se tapir, se terrer. FAM. se planquer.

blouse *n. f.* ▶ *Vêtement féminin* – chemise, chemisier. ▶ *Vêtement de travail* – bleu, combinaison, cotte, peignoir, poitrinière, robe, robe-tablier, salopette, sarrau, suroît (de marin), tablier, toge, uniforme, vareuse. QUÉB. FAM. chienne, froc. ANC. bourgeron.

bobine *n. f.* ▶ *Cylindre pour enrouler* – broche, canette, cops, fuseau, fusette, navette, rochet, roquetin, rouleau.

bocal *n. m.* ▶ *Conserve* – boîte (de conserve), canette, conserve. ▶ *Bocal à poissons* – aquarium, bassin, bocal (à poissons).

bœuf *n. m.* ▶ *Animal* – FIG. compagnon du laboureur. ▶ *Aliment* – viande bovine. ♦ *bœufs, plur.* ▶ *Ensemble d'animaux* – cheptel (bovin). PAR PLAIS. gent bovine.

bohème *adj.* ▶ *Qui ne suit pas les conventions* – marginal. ▶ *Qui n'a pas conscience des conséquences* – écervelé, étourdi, évaporé, imprévoyant, imprudent, impulsif, inconscient, inconséquent, inconsidéré, insouciant, irréfléchi, irresponsable, léger, négligent, sans cervelle, sans-souci. SOUT. malavisé. ▲ANT. CONVENTIONNEL; MATÉRIALISTE, MATÉRIEL, PROSAÏQUE, TERRE-À-TERRE.

bohémien *adj.* ▶ *Du peuple tzigane* – gitan, rom, tzigane. ▲ANT. GADJO; SÉDENTAIRE.

bohémien *n.* ▲ANT. GADJO; SÉDENTAIRE.

boire *v.* ▶ *Prendre une boisson* – FAM. s'en jeter un derrière la cravate, s'enfiler, s'envoyer, se taper. ▶ *S'imprégner d'un liquide* – absorber, pomper, s'imbiber, s'impégner de. ▶ *Étancher sa soif* – s'abreuver (animal), se désaltérer. FAM. se rafraîchir, se rincer le gosier. ▶ *Avec de l'alcool* – prendre un verre. FAM. s'humecter le gosier, s'humecter les amygdales, se rincer la dalle. ▲ANT. CRACHER, REJETER, VOMIR; ÊTRE SOBRE, S'ABSTENIR.

bois *n. m.* ▶ *Étendue boisée* – arbres, étendue boisée, forêt, terrain boisé, zone forestière. SOUT. bocage, sylve. QUÉB. boisé. ▶ *Matériau de construction* – sciage. ▶ *Bois des cervidés* – cor. QUÉB. panache (original), ramage (cerf). ▲ANT. TERRAIN DÉBOISÉ.

boiserie *n. f.* boisage. ♦ *boiseries, plur.* lambris, lambrissage, lambrissement, lambrissure.

boisson *n. f.* ▶ *Liquide que l'on boit* – breuvage (spécial). SOUT. nectar. FAM. liquide. ▲ANT. ABSTINENCE, SOBRIÉTÉ, TEMPÉRANCE.

bonbon

boîte *n. f.* ▸ *Contenant* – boîtier, caissette. QUÉB. casseau. ▸ *Cabaret* – boîte (de nuit), discothèque. FAM. disco. ▸ *Partie d'une caméra (FAM.)* – magasin. ▸ *Entreprise (FAM.)* – affaire, bureau, compagnie, entreprise, établissement, exploitation, firme, industrie, institution, société. FAM. boutique. FRANCE FAM. burlingue. ▸ *Lycée (FAM.)* – académie, alumnat, collège, conservatoire, école, établissement d'enseignement, établissement scolaire, high school *(pays anglosaxons)*, institut, institution, lycée, maison d'éducation, maison d'enseignement, medersa *(pays musulmans)*, petit séminaire. FRANCE FAM. bahut. QUÉB. cégep, collégial, polyvalente, régionale *(en région)*; FAM. poly. BELG. athénée. SUISSE gymnase.

boiter *v.* ▸ *Au sens propre* – avoir une jambe raide, boitiller, clopiner, marcher clopin-clopant, se déhancher. SOUT. claudiquer. FAM. avoir une patte folle, traîner la jambe, traîner la patte. ▸ *Au sens figuré* – clocher. ▲ANT. MARCHER DROIT.

boiteux *adj.* ▸ *En parlant d'une personne* – bancal, boitillant, éclopé. SOUT. claudicant. FRANCE FAM. banban, béquillard. ▸ *En parlant d'un objet* – bancal, branlant, en déséquilibre, instable. QUÉB. chambranlant. ▸ *En parlant d'un raisonnement* – bancal, défaillant, défectueux, déficient, incomplet, inexact, lacunaire, vicieux. ▲ANT. SOLIDE; EN ÉQUILIBRE, ÉQUILIBRÉ, FERME, STABLE; BIEN ÉTAYÉ.

bol *n. m.* ▸ *Contenant* – jatte. ▸ *Contenu* – bolée, jatte, jattée. ▸ *Chance (FAM.)* – aubaine, chance, coup de chance, heureux hasard, occasion, opportunité. SOUT. fortune. FAM. baraka, (coup de) bol, occase, pot, veine. ▲ANT. INFORTUNE, MALCHANCE.

bombardement *n. m.* ▸ *Action de bombarder* – canonnage, fauchage, feu, grenadage, mitraillage, mitraille, pilonnage, torpillage. FAM. arrosage. ▸ *Déferlement* – abondance, avalanche, averse, bordée, cascade, déferlement, déluge, flot, flux, grêle, kaléidoscope, mascaret, pluie, rivière, torrent, vague. SOUT. fleuve.

bombarder *v.* ▸ *Attaquer par bombes* – canonner, pilonner. ▸ *Presser de questions* – assaillir, harceler, mettre sur la sellette, presser. FAM. mitrailler. ▸ *Promouvoir brusquement* – catapulter, parachuter, propulser. ▸ *Fumer (FRANCE FAM.)* – fumer. FRANCE FAM. cloper, crapoter *(sans avaler la fumée)*. ▲ANT. PROTÉGER; MÉNAGER.

bombé *adj.* ▸ *Proéminent* – proéminent, protubérant, saillant. BELG. biquant. TECHN. en saillie, hors d'œuvre, hors œuvre. ▸ *Arrondi* – arrondi, convexe, courbe, pansu, rebondi, renflé, rond, ventru.

bombe *n. f.* ▸ *Explosif* – bombette (petite), engin explosif, grenade, mine, obus. ▸ *Bouilloire* (QUÉB. FAM.) – bouilloire. QUÉB. FAM. canard. ACADIE FAM. coquemar. ▸ *Vaporisateur* – atomiseur, bombe aérosol, brumisateur, nébuliseur, pulvérisateur, vaporisateur. ▸ *Festin (FAM.)* – agapes, banquet, bombance, bonne chère, festin (de Balthazar), festoiement, fête, régal, ventrée. SOUT. franche lippée. FAM. gueuleton, orgie, ripaille. FRANCE FAM. bâfre, bâfrée. QUÉB. FAM. fricot.

bomber *v.* ▸ *Inscrire à la bombe aérosol* – graffiter, taguer. ▸ *Donner une forme convexe* – arrondir, enfler, gonfler, renfler, rondir. ▸ *Prendre une forme*

convexe – ballonner, faire bosse, faire ventre, gonfler, rondir, s'arrondir, saillir, (se) renfler. ▸ *Conduire très vite (FRANCE FAM.)* – filer, foncer. FAM. brûler le pavé, droper, gazer, rouler (à) pleins gaz. FRANCE FAM. bourrer. ▲ANT. CREUSER; APLATIR, ÉCRASER.

bon *adj.* ♦ *choses* ▸ *Satisfaisant* – acceptable, approuvable, bien, convenable, correct, décent, honnête, honorable, moyen, passable, présentable, raisonnable, satisfaisant, suffisant. FAM. potable, supportable. ▸ *Honorable* – appréciable, bien, considéré, de bon aloi, digne, estimable, estimé, honorable, louable, méritant, méritoire, respectable. ▸ *Profitable* – avantageux, bénéfique, bienfaisant, favorisant, profitable, salutaire, utile. ▸ *Fiable* – éprouvé, fiable, fidèle, solide. FAM. béton. ▸ *Exact* – conforme, exact, fidèle, juste, précis. ▸ *Approprié* – à propos, adapté, adéquat, approprié, bien trouvé, bien venu, conforme, convenable, correct, de circonstance, de saison, heureux, indiqué, juste, opportun, pertinent, propice, propre. SOUT. ad hoc, congruent, expédient, idoine. DIDACT. topique. ▸ *Qui tombe bien* – bien venu, bienvenu, favorable, opportun, propice, qui tombe à pic. SOUT. heureux. QUÉB. FAM. d'adon. ▸ *Qui respecte les règles d'usage* – accepté, correct, de bon aloi, permis. ♦ *personnes* ▸ *Doué* – à la hauteur, adroit, brillant, capable, chevronné, compétent, connaisseur, d'élite, de haut vol, de haute volée, de talent, doué, émérite, entraîné, exercé, expérimenté, expert, ferré, fin, fort, habile, inspiré, passé maître, performant, qualifié, qui s'y connaît, talentueux, versé. SOUT. entendu à, industrieux, rompu à. FAM. calé, qui a la bosse de, qui sait y faire. FRANCE FAM. balèze, costaud, fortiche, incollable, trapu. QUÉB. connaissant; FAM. bollé. ▸ *Charitable* – altruiste, charitable, compatissant, désintéressé, fraternel, généreux, humain, humanitaire, philanthrope, qui a bon cœur, secourable. SOUT. bienfaisant. ▸ *Bienveillant* – bienveillant, bon enfant, bonhomme, brave, débonnaire. ▸ *Sans méchanceté* – doux, inoffensif, sans malice. ▲ANT. MAUVAIS; DÉPLORABLE, FAIBLE, INSUFFISANT, LAMENTABLE, MAIGRE, MÉDIOCRE, MISÉRABLE, PIÈTRE; ERRONÉ, FAUTIF, FAUX, INCORRECT, INEXACT; NÉFASTE, NUISIBLE; CRUEL, MALÉFIQUE, MALFAISANT, PERVERS; INCAPABLE, INCOMPÉTENT, NUL.

bon *n. m.* ▸ *Personne généreuse* – allocentriste, altruiste, désintéressé, dévoué, extraverti, généreux, gentil, mécène, saint. ▸ *Billet* – billet, carte d'admission, coupon, entrée, ticket. FAM. tickson. ▸ *Autorisation* – autorisation, congé, coupe-file, décharge, dispense, laissez-passer, licence, navicert, passavant, passe-debout, passeport, permis, sauf-conduit, visa. ▸ *Titre financier* – action, coupon, effet de commerce, obligation, papier, part, titre, valeur. ▲ANT. MÉCHANT; AVARE.

bonasserie *n. f.* complaisance, faiblesse, laisser-aller, laisser-faire, laxisme, mollesse, permissivité, relâchement. ▲ANT. DURETÉ, EXIGENCE, INTRANSIGEANCE, RIGUEUR, SÉVÉRITÉ.

bonbon *n. m.* ▸ *Friandise* – BELG. boule, chique. ▸ *Biscuit (BELG.)* – biscuit, gâteau sec. ▸ *Récompense* (QUÉB. FAM.) – accessit, bon point, citation, couronne, décoration, diplôme, distinction, gratification, médaille, mention, nomination, pourboire, prime, prix, récompense, satisfecit, trophée. ▸ *Cadeau* (QUÉB.

bond

FAM.) – avantage, donation, générosité, gracieuseté, gratification, largesse, libéralité, manne *(inespéré)*. *SOUT.* bienfait.

bond *n. m.* ▶ *Saut* – bondissement, cabriole, culbute, enjambée, entrechat, gambade, plongeon, saut, sautillage, sautillement, voltige. *FAM.* galipette. *QUÉB. FAM.* sautage. *BELG.* cumulet. ▶ *Élan* – branle, coup, élan, élancement, envolée, erre, essor, impulsion, lancée, lancement, mouvement, rondade *(acrobatie)*, saut. *QUÉB. FAM.* erre d'aller. ▶ *Hausse* – accentuation, accroissement, accrue, agrandissement, amplification, arrondissement, augmentation, boom, crescendo, croissance, crue, développement, dilatation, élargissement, élévation, enflement, enrichissement, envolée, essor, évolution, expansion, extension, flambée, foisonnement, gonflement, gradation, grossissement, hausse, haussement, inflation, intensification, majoration, montée, poussée, progrès, progression, recrudescence, redressement, rehaussement, relèvement, renchérissement, renforcement, revalorisation, valorisation. ▲ANT. BAISSE, RECUL.

bondé *adj.* bourré, comble, complet, plein, rempli. ▲ANT. INOCCUPÉ, LIBRE, VACANT, VIDE.

bondir *v.* ▶ *Faire des bonds* – cabrioler, caracoler, faire des bonds, folâtrer, gambader, s'ébattre, sauter, sauter comme un cabri. ▶ *Se précipiter* – s'élancer, sauter, se jeter, se lancer, se précipiter. *QUÉB. ACADIE FAM.* se garrocher. ▶ *Sursauter* – sursauter, tressaillir, tressauter. *SOUT.* soubresauter. ▲ANT. TOMBER.

bondissant *adj.* sautillant.

bonheur *n. m.* ▶ *Plaisir* – bien-être, bon temps, contentement, délectation, délice, douceur, euphorie, félicité, jouissance, orgasme, plaisir, régal, satisfaction, septième ciel, volupté. *SOUT.* aise, félicité, miel, nectar. ▶ *Joie* – allégresse, béatitude, égaiement, enthousiasme, euphorie, exaltation, extase, exultation, gaieté, hilarité, ivresse, joie, jubilation, plaisir, ravissement, réjouissance, vertige. *SOUT.* aise, félicité, liesse, rayonnement. ▶ *Paix* – accalmie, apaisement, bonace, calme, éclaircie, entente, fraternité, harmonie, idylle, paix, quiétude, rémission, repos, silence, tranquillité, trêve, union, unité. *SOUT.* kief *(en Orient)*. ▶ *Succès* – apothéose, bonne fortune, boum, consécration, couronnement, gloire, honneur, lauriers, prospérité, retentissement, réussite, succès, triomphe, trophée. *FAM.* malheur (succès) bœuf, tabac. *FRANCE FAM.* carton, saucisson, ticket. ▲ANT. DOULEUR, MALHEUR, SOUFFRANCE ; PEINE, TRISTESSE ; INQUIÉTUDE ; ÉCHEC, INFORTUNE, INSUCCÈS, MALCHANCE.

bonhomie *n. f.* ▶ *Amabilité* – affabilité, agrément, amabilité, aménité, bénignité, bienveillance, bonté, calme, chaleur, charité, clémence, docilité, douceur, gentillesse, grâce, humanité, indulgence, patience, placidité, suavité. *SOUT.* débonnaireté, magnanimité, mansuétude, onction. ▶ *Simplicité* – déférence, humilité, modestie, respect, simplicité, soumission. ▲ANT. ARROGANCE, SUFFISANCE ; AFFECTATION.

bonhomme *n. m.* ▶ *Homme* (*FAM.*) – homme, individu. ▶ *Enfant* (*FAM.*) – (petit) enfant, (tout-) petit. *SOUT.* enfantelet. *FAM.* bambin, bout de chou,

gamin, gosse, lardon, loupiot, marmot, mioche, môme, moucheron, mouflet, (petit) bonhomme, (petit) gars, petit homme, (petit) trognon, sauvageon *(sans éducation)*, têtard. *FRANCE FAM.* fanfan, gniard, mômignard, moujingue, moustique, moutard, petiot, puceron. *QUÉB. FAM.* mousse. ▶ *Père* (*QUÉB. FAM.*) – père. *SOUT.* pater familias. *FAM.* papa, pater, paternel, vieux. *FRANCE FAM.* dab. ▲ANT. BONNE FEMME ; FUTÉ, MALIN, RENARD.

boniment *n. m.* ▶ *Bavardage* – babillage, caquet, caquetage, caquètement, jacassage, jacassement, jacasserie, loquacité, papotage, verbalisme, verbiage. *SOUT.* babil, phraséologie. *FAM.* baratin, bavette, blabla, blablabla, jactance, jaspinage, laïus. *QUÉB. FAM.* bavassage, jasage, placotage. ▶ *Discours faux* – char, mensonges, salade. ▲ANT. DONNÉE, FAIT, VÉRITÉ.

bonne *n. f.* dame de compagnie, demoiselle de compagnie, domestique, employée de la maison, fatma *(Maghreb)*, femme de chambre, femme de charge, femme de journée, femme de ménage, gouvernante *(soin des enfants)*, nourrice, suivante. *SOUT.* camériste, chambrière. *FAM.* boniche, soubrette *(dégourdie)*. *BELG.* femme à journée, femme d'ouvrage. ▶ *Dans une comédie* – lisette, soubrette. ▲ANT. MAÎTRE, MAÎTRESSE.

bonnet *n. m.* ▶ *Coiffure* – calotte. *FAM.* bonichon *(petit)*. *QUÉB.* tuque. ▶ *Estomac des ruminants* – caillette, feuillet, gras-double *(boucherie)*, panse, réticulum, rumen.

bonté *n. f.* ▶ *Altruisme* – aide, allocentrisme, altruisme, amour *(d'autrui)*, assistance, bénévolat, bienveillance, charité, commisération, compassion, complaisance, convivialité, dévouement, don de soi, empathie, entraide, extraversion, fraternité, générosité, gentillesse, humanité, oblativité, oubli de soi, philanthropie, pitié, sensibilité, serviabilité, solidarité, sollicitude. *SOUT.* bienfaisance. ▶ *Générosité* – charité, don, générosité, largesse, prodigalité. *SOUT.* libéralité, magnanimité, magnificence, munificence. ▶ *Pitié* – apitoiement, attendrissement, bienveillance, clémence, commisération, compassion, indulgence, miséricorde, pitié. *SOUT.* mansuétude. ▶ *Compréhension* – bienveillance, compréhension, douceur, humanisme, indulgence, irénisme, largeur d'esprit, libéralisme, non-discrimination, non-violence, ouverture (d'esprit), patience, philosophie, réceptivité, respect, tolérance, tolérantisme. *SOUT.* bénignité, longanimité. ▶ *Douceur* – affabilité, agrément, amabilité, aménité, bénignité, bienveillance, bonhomie, calme, chaleur, charité, clémence, docilité, douceur, gentillesse, grâce, humanité, indulgence, patience, placidité, suavité. *SOUT.* débonnaireté, magnanimité, mansuétude, onction. ▶ *Courtoisie* – affabilité, amabilité, aménité, attention, bienséance, bonnes manières, chevalerie, civilité, civisme, convivialité, correction, courtoisie, délicatesse, éducation, entregent, galanterie, gentillesse, hospitalité, mondanités, obligeance, politesse, prévenance, savoir-vivre, serviabilité, sociabilité, tact, urbanité. *SOUT.* gracieuseté, liant. ▲ANT. ÉGOÏSME ; CRUAUTÉ, MÉCHANCETÉ.

bord *n. m.* ▶ *Pourtour* – ceinture, cercle, circonférence, contour, dessin, extérieur, forme, lèvres, limbe, marli *(plat, assiette)*, périmètre, périphérie, pourtour, tour. ▶ *Extrémité* – aboutissement, bordure, borne, bout, cap, confins, délimitation, extrême, extrémité, fin, finitude, frange, frontière, ligne, limite, lisière, orée, pied, pointe, pôle, queue, talon, terme, terminaison, tête. ▶ *Côté* – chant, côté, face, facette, flanc, pan, paroi, profil, surface, tranche. *MAR.* travers. ▶ *Rivage* – berge, rivage, rive. ▶ *Plat* – graves, grève, plage. *QUÉB.* bordages *(glaces côtières)*. ▶ *Longeant la mer* – bord de mer, côte, littoral. ▶ *À marée basse* – estran, lais, laisse, platier. *QUÉB.* batture. ▶ *Longeant un cours d'eau* – berge. ▶ *Bordure de la voie* – accotement, banquette, bas-côté, berme, bordure, caniveau, fossé, trottoir. ▶ *Partie d'un chapeau* – passe. ▶ *Direction* (*QUÉB. ACADIE FAM.*) – axe, cap, côté, direction, exposition, face, inclinaison, ligne, orientation, sens, situation, vue. *ASTRON.* azimut. *AÉRON. MAR.* cap. *MAR.* gisement, orientement. ▶ *Pièce* (*ACADIE FAM.*) – local, pièce, salle. *BELG.* place. *QUÉB. FAM.* appartement. ▲ANT. CENTRE, MILIEU; FOND, INTÉRIEUR.

border *v.* ▶ *Longer* – confiner à, côtoyer, longer, suivre, toucher. ▶ *Entourer* – encadrer, entourer. ▲ANT. DÉBORDER, DÉGARNIR.

bordure *n. f.* ▶ *Partie en saillie* – margelle, rebord. ▶ *Lisière* – bordé, feston, liséré, lisière, passepoil. ▶ *Bord* – aboutissement, bord, borne, bout, cap, confins, délimitation, extrême, extrémité, fin, finitude, frange, frontière, ligne, limite, lisière, orée, pied, pointe, pôle, queue, talon, terme, terminaison, tête. ▶ *Bord de la voie* – accotement, banquette, bas-côté, berme, bord, caniveau, fossé, trottoir. ◆ **bordures**, *plur.* abords, alentours, approches, entourage, environs, parages, voisinage. *SOUT.* entour. ▲ANT. CENTRE, MILIEU; INTÉRIEUR.

borné *adj.* ▶ *Étroit d'esprit* – étriqué, étroit, étroit d'esprit, incompréhensif, intolérant, intransigeant, mesquin, petit, qui a des œillères, sectaire. ▶ *Qui manque de finesse intellectuelle* – à courte vue, obtus, qui a la vue courte. *FAM.* bouché. ▶ *Inintelligent* – abruti, benêt, bête, bête à manger du foin, crétin, demeuré, hébété, idiot, imbécile, inintelligent, niais, nigaud, obtus, sot, stupide. ▲ANT. LARGE D'ESPRIT, OUVERT, SANS PRÉJUGÉS; À L'ESPRIT VIF, BRILLANT, ÉVEILLÉ, INTELLIGENT; ASTUCIEUX, DÉLURÉ, FIN, FINAUD, FUTÉ, HABILE, INGÉNIEUX, INVENTIF, MALIN, RUSÉ.

borne *n. f.* ▶ *Repère* – balise, borne repère, borne témoin, coordonnée, cran, délinéateur, empreinte, fanion, index, indice, jalon, jalon-mire, marque, mire, mire-jalon, piquet, point de repère, référence, référentiel, taquet, trace. *MAR.* amer, vigie. ▶ *Frontière* – confins, délimitation, démarcation, frontière, limite (territoriale), mur, séparation, zone douanière, zone limitrophe. *QUÉB.* trécarré *(terre)*; *FAM.* lignes *(pays)*. *ANC.* limes *(Empire romain)*, marche. ▶ *Extrémité* – aboutissement, bord, bordure, bout, cap, confins, délimitation, extrême, extrémité, fin, finitude, frange, frontière, ligne, limite, lisière, orée, pied, pointe, pôle, queue, talon, terme, terminaison, tête. ▶ *Électricité* – électrode, plaque, pôle. ▶ *Longueur* (*FAM.*) – kilomètre.

borner *v.* ▶ *Délimiter par des bornes* – baliser, bornoyer, délimiter, jalonner, limiter, marquer, piqueter, repérer. ▶ *Restreindre* – comprimer, diminuer, limiter, réduire, resserrer, restreindre. ▶ *Former*

une borne – boucher, fermer, limiter, terminer. ◆ **se borner** ▶ *Se contenter* – s'en tenir à, se cantonner dans, se contenter de, se limiter à. ▶ *Se résumer* – se limiter à, se réduire à, se résumer à. ▲ANT. ACCROÎTRE, AGRANDIR, AUGMENTER, DÉVELOPPER, ÉLARGIR, ÉTENDRE; CONTINUER, PERPÉTUER, PROLONGER.

bosquet *n. m.* ▶ *Ensemble d'arbres* – boqueteau, bouquet, buisson, massif. *SOUT.* touffe. *QUÉB. FAM.* talle. *ACADIE* bouillée.

bosse *n. f.* ▶ *Saillie* – angle, appendice, arête, aspérité, avancée, avancement, balèvre, bec, bourrelet, console, corne, corniche, côte, coude, crête, dent, éminence, encorbellement, éperon, ergot, excroissance, gibbosité, hourd, mamelon, moulure, nervure, picot, pointe, proéminence, projecture, prolongement, protubérance, redan, relief, ressaut, saillant, saillie, surplomb, surplombement, tubercule. ▶ *Boursouflure* – ampoule, ballonnement, bombement, bouffissure, boursouflage, boursouflement, boursouflure, bulle, cloche, cloque, débordement, dilatation, distension, enflure, engorgement, fluxion, gonflement, grosseur, grossissement, hypertrophie, intumescence, renflement, rondeur, sinus, soufflure, soulèvement, tuméfaction, tumescence, turgescence, ventre, vésicule, vultuosité. *PATHOL.* bubon, ectasie, emphysème, inflation, météorisation, météorisme, œdème, phlyctène. ▶ *Enflure due à un coup* – contusion, ecchymose, hématome, mâchure, meurtrissure. *FAM.* bleu. *QUÉB. FAM.* poque, prune. *MÉD.* attrition. ▶ *Talent* (*FAM.*) – adresse, aisance, aptitude, art, brio, capacité, compétence, dextérité, disposition, doigté, don, expérience, expertise, facilité, faculté, force, fort, génie, habileté, main, maîtrise, métier, pouvoir, professionnalisme, savoir, savoir-faire, sens, talent, technique, virtuosité. *SOUT.* industrie. *QUÉB.* douance *(scolaire)*. *DR.* habilitation, habilité. ◆ **bosses**, *plur.* ▶ *Ensemble de sailles* – bosselure. ▲ANT. CAVITÉ, CONCAVITÉ, CREUX, TROU.

bossu *adj.* ▶ *Affligé d'une bosse* – gibbeux. *MÉD.* cyphotique. ▲ANT. ÉGAL, PLAT.

botanique *n. f.* biologie végétale, phytobiologie, phytologie.

botte *n. f.* ▶ *Assemblage* – bouquet *(décoratif)*, faisceau, gerbe, gerbée, manoque *(tabac)*, trochet. ▶ *Coup* – coup d'épée, coup de sabre, estocade.

bouc *n. m.* ▶ *Barbe* – barbe à l'impériale, barbe impériale, barbiche, impériale, mouche, royale. *FAM.* barbichette.

bouche *n. f.* ▶ *Cavité buccale* – *ANAT.* cavité buccale. ▶ *Chez l'animal* – bec, gueule. *ZOOL.* appendices buccaux, péristome, pièces buccales, rostre. ▶ *Partie d'un cours d'eau* – embouchure.

bouchée *n. f.* ▶ *Nourriture* – morceau. *FAM.* becquée, briffée, goulée, lichette. *QUÉB.* croquée, léchée, mâchée, mordée. ▶ *Petite quantité* – arrière-goût, atome, brin, doigt, filet, goutte, gouttelette, grain, larme, lueur, miette, nuage, once, paille, parcelle, peu, pincée, pointe, relent, restant, reste, rien, soupçon, tantinet, teinte, touche, trace, trait, zeste. *FAM.* chouia.

boucher *v.* ▶ *Combler une ouverture* – calfeutrer, colmater, combler, obturer. ▶ *Étancher une voie d'eau* – aveugler, étancher. ▶ *Obstruer un*

boucher

conduit – bloquer, engorger, obstruer. ▸ *Dans l'orga-nisme* – bloquer, oblitérer, obstruer, occlure. ▸ *Obs-truer un passage* – barrer, bloquer, couper, obstruer. ▸ *Provoquer un embouteillage* – bloquer, conges-tionner, embouteiller, encombrer, obstruer. ▸ *For-mer une limite* – borner, fermer, limiter, terminer. ♦ **se boucher** ▸ *S'engorger* – s'engorger, s'obstruer. MAR. super. ▲ANT. DÉBLAYER, DÉBOUCHER, DÉGAGER; ENFONCER, PERCER; OUVRIR.

boucher *n.* ▸ *Commerçant* – charcutier, étalier, poissonnier, rôtisseur, traiteur, tripier.

boucherie *n.f.* ▸ *Établissement* – charcuterie, étal, rôtisserie, triperie. QUÉB. salaison. ▸ *Massacre* – anéantissement, assassinats, bain de sang, carnage, destruction, extermination, hécatombe, holocauste, massacre, meurtres, tuerie. SOUT. (lourd) tribut. FAM. étripage.

bouchon *n.m.* ▸ *Dispositif* – bonde, bondon, capsule, capuchon, fermeture, marette, tampon. MAR. tape. ▸ *Flotteur* – balancier, bombette, bouée, flotteur, plume. ▸ *Engorgement* – congestion, em-bouteillage, encombrement, engorgement, obstruc-tion, saturation. ▸ *Embouteillage* – affluence, afflux, congestion, embouteillage, encombrement, engor-gement, obstruction, retenue. QUÉB. trafic.

bouclé *adj.* afro, crépu, frisé, frisottant, frisotté, moutonné. BELG. FAM. crollé.

boucle *n.f.* ▸ *Maille* – gansette, maille, point. ▸ *Cheveux ou poil* – bouclette, frisette, frison, fri-sure, retroussis. SOUT. frisottis. QUÉB. FAM. frisou, ro-sette. BELG. crolle. ▸ *Lien noué* – nœud. ▸ *Ruban* – bolduc, bouffette, chou, cocarde, dragonne, élas-tique, embrasse, extrafort, faveur, galon, ganse, gan-sette, gros-grain, lambrequin, padou, passement, ro-sette, ruban, volant. ANC. falbala. ▸ *Courbe* – arabes-que, contour, courbe, détour, lacet, méandre, on-dulation, repli, serpentin, sinuosité, volute *(fumée)*. SOUT. flexuosité. ▸ *Cercle* – cercle, orbe, orbite, ovale, ove, rond. ▸ *Mouvement aérien* – demi-tonneau, looping, retournement, tonneau, vrille. ▸ *Agrafe* – agrafe, attache, barrette, broche, clip, épingle, épin-glette, fermail, fibule *(antique)*.

boucler *v.* ▸ *Être en boucles* – friser, frisotter. ▸ *Mettre en boucles* – friser, frisotter, onduler, per-manenter. BELG. FAM. croller. ▸ *Verrouiller* – fermer à clé, verrouiller. ▸ *Encercler* – cerner (de toutes parts), encercler, envelopper, investir. ▸ *Emprison-ner* (FAM.) – écrouer, emprisonner, enfermer, incarcé-rer, mettre sous les verrous, verrouiller. FAM. coffrer, emballer, embastiller, encelluler, mettre à l'ombre, mettre au trou. ▸ *Achever* (FAM.) – accomplir, ache-ver, clore, finir, mener à bien, mener à (bon) terme, mener à bonne fin, réussir, terminer. SOUT. consom-mer. ♦ **se boucler** ▸ *S'enfermer* – s'emmurer, s'en-fermer, s'isoler, se barricader, se calfeutrer, se canton-ner, se claquemurer, se claustrer, se cloîtrer, se confi-ner, se couper du monde, se murer, se retirer, se ter-rer, se verrouiller. QUÉB. FAM. s'encabaner. ▲ANT. AVOIR LES CHEVEUX PLATS/RAIDES; DÉCRÉPIR, DÉFRISER, GOMINER, LISSER, PLAQUER; DÉBOUCLER, DÉGRAFER, DÉ-NOUER, DÉTACHER, DÉVERROUILLER, LIBÉRER, OUVRIR.

bouclier *n.m.* ▸ *Arme défensive* – ANC. ronda-che. ▸ *Moyen-Âge* – écu, pavois, targe. ▸ *Antiquité* – égide *(mythologique)*, pelta *(Grec)*, scutum.

bouder *v.* ▸ *Montrer sa mauvaise humeur* – faire la grimace, faire la lippe, faire la moue, faire la tête, rechigner, se renfrogner. FAM. faire du bou-din, faire la gueule. FRANCE FAM. faire le nez, tirer la gueule. AFR. FAM. serrer la mine. QUÉB. FAM. babou-ner, faire la baboune. ▸ *Manifester son indifférence* – être sourd à, faire fi de, faire la sourde oreille à, faire peu de cas de, ignorer, méconnaître, mépriser, ne pas se soucier de, ne pas tenir compte de, négli-ger, se désintéresser de, se moquer de. SOUT. n'avoir cure de, passer outre à. FAM. n'avoir rien à cirer de, n'avoir rien à foutre de, s'en balancer, s'en battre les flancs, s'en contrebalancer, s'en tamponner (le co-quillard), s'en taper, se battre l'œil de, se contrefiche de, se contrefoutre de, se ficher de, se foutre de, se soucier de qqch. comme d'une guigne, se soucier de qqch. comme de l'an quarante, se soucier de qqch. comme de sa première chemise. QUÉB. FAM. se sacrer de. ▲ANT. RIRE; ACCEPTER; PARTICIPER.

boudeur *adj.* bourru, de mauvaise humeur, gro-gnon, mal disposé, maussade, mécontent, morne, morose, qui fait la tête, rechigné, rembruni, renfro-gné, sombre, taciturne. SOUT. chagrin. FAM. à ne pas prendre avec des pincettes, de mauvais poil, mal luné, qui fait la gueule, qui fait la lippe, qui s'est levé du mauvais pied, soupe au lait. QUÉB. FAM. mara-bout, qui fait la baboune. BELG. mal levé. ▲ANT. AC-CUEILLANT, AFFABLE, AIMABLE, AMÈNE, AVENANT, COR-DIAL, ENGAGEANT, INVITANT, SOURIANT.

boue *n.f.* ▸ *Vase* – bourbe, gâchis, gadoue, limon, vase. SOUT. fange. FRANCE FAM. bouillasse, gadouille, mélasse. QUÉB. FAM. bouette. AFR. poto-poto. ▸ *Abjec-tion* – abjection, abomination, atrocité, bassesse, cor-ruption, crapulerie, crime, débauche, déshonneur, fange, grossièreté, honte, horreur, ignominie, impu-reté, indignité, infamie, laideur, misère, monstruo-sité, noirceur, obscénité, odieux, ordure, saleté, sor-dide, souillure, vice. SOUT. sordidité, stupre, turpi-tude, vilenie. ▲ANT. GLOIRE, HONNEUR.

bouée *n.f.* ▸ *Objet de sauvetage* – bouée (de sau-vetage), flotteur. ▸ *Dispositif flottant* – balancier, bombette, bouchon, flotteur, plume.

boueux *adj.* bourbeux, vaseux. SOUT. fangeux. QUÉB. FAM. bouetteux. ▲ANT. SEC.

bouffée *n.f.* ▸ *Respiration* – aspiration, exhala-tion, expiration, haleine, humage, inhalation, inspi-ration, respiration, souffle, soupir, ventilation. SOUT. ahan. ▸ *Fumée inhalée* – FAM. touche. FRANCE FAM. taffe. ▸ *Accès d'air* – courant d'air, souffle, vent. ▸ *Accès* – accès, attaque, atteinte, crise, flam-bée, poussée, quinte.

bouffer *v.* ▸ *En parlant de vêtements* – blou-ser, bouffer. ▸ *En parlant de cheveux* – gonfler. ▸ *Se restaurer* (FAM.) – manger, s'alimenter, se nourrir, se restaurer, se sustenter. SOUT. se repaître. FAM. becter, boustifailler, briffer, casser la croûte, casser la graine, croûter, grailler, tortorer. ▸ *Manger qqch.* (FAM.) – manger. FAM. becter, briffer, gober, grailler, (s')enfi-ler, s'envoyer, se farcir, se taper, se tasser, tortorer.

▶ *Accaparer* (*FAM.*) – absorber, accaparer, occuper, prendre en entier. ▲**ANT.** S'APLATIR; JEÛNER.

bouffi *adj.* ▶ *En parlant d'une partie du corps* – ballonné, boursouflé, dilaté, distendu, enflé, gonflé, gros, grossi. *SOUT.* turgescent, turgide. *DIDACT.* intumescent, œdémateux, vultueux. ▶ *En parlant du style* – ampoulé, boursouflé, déclamateur, déclamatoire, emphatique, enflé, gonflé, grandiloquent, hyperbolique, pédantesque, pompeux, pompier, pontifiant, prétentieux, ronflant, théâtral. *SOUT.* histrionique, pindarique. ▲**ANT.** CREUX, ÉMACIÉ, MAIGRE; DÉPOUILLÉ, SIMPLE.

bouffon *adj.* amusant, burlesque, cocasse, comique, d'un haut comique, désopilant, drolatique, drôle, gai, hilarant, humoristique, impayable, ineffable, inénarrable, plaisant, rigolo, risible, vaudevillesque. *SOUT.* drôlet. *FAM.* bidonnant, boyautant, crevant, éclatant, gondolant, marrant, poilant, roulant, tordant. *QUÉB. FAM.* crampant, mourant. ▲**ANT.** GRAVE, SÉRIEUX; ATTRISTANT, CHAGRINANT, TRISTE.

bouffon *n. m.* ▶ *Clown* – amuseur (public), clown, comique. *SOUT.* clownesse *(femme)*. *ANC.* loustic, paillasse. *HIST.* fou (du roi). *ANTIQ.* histrion. ▶ *Farceur* – amuseur, attrapeur, bourreur de blagues, boute-en-train, clown, comique, comique de la troupe, espiègle, facétieux, farceur, humoriste, pince-sans-rire, pitre, plaisantin, taquin. *FAM.* blagueur. *FRANCE FAM.* asticoteur, charlot, fumiste. ▸ *Non favorable* – mauvais plaisant, (petit) comique, petit rigolo. ▲**ANT.** RABAT-JOIE.

bouge *n. m.* ▶ *Taudis* – galetas, taudis. *FIG.* bauge, chenil, écurie, tanière. *FAM.* baraque, bicoque, clapier. *FRANCE FAM.* cambuse, gourbi, turne. *QUÉB. FAM.* coqueron, trou. ▶ *Café mal famé* – bar, brasserie, café, débit de boissons, estaminet, guinguette, pub. *FAM.* bistrot, buvette, limonade. *FRANCE FAM.* bistroquet, marigot, rade, troquet, zinc. *QUÉB.* taverne. *AFR.* maquis *(clandestin)*. ▶ *Mal famé* – boui-boui, bouzin. ▸ *Aux États-Unis ANC.* saloon *(conquête de l'Ouest)*, speakeasy *(prohibition)*. ▲**ANT.** CHÂTEAU, PALAIS.

bouger *v.* ▶ *Faire un mouvement* – remuer. ▶ *Se déplacer* – se déplacer, se mouvoir, se remuer. ▶ *Changer* (*FAM.*) – changer, différer, fluctuer, se modifier, varier. ▶ *Déplacer* (*FAM.*) – décaler, déplacer, déranger, éloigner, pousser. *FAM.* remuer. *QUÉB. FAM.* tasser. ▲**ANT.** ÊTRE FIXE, ÊTRE IMMOBILE; DEMEURER, RESTER, STAGNER; ARRÊTER, S'IMMOBILISER, SE FIXER; FIXER, IMMOBILISER.

bougie *n. f.* ▶ *Chandelle* – chandelle. *ANC.* feu.

bougonner *v.* grogner, grognonner, grommeler, maugréer, murmurer, pester, ronchonner. *SOUT.* gronder. *FAM.* grognasser, râler, rouscailler, rouspéter. *QUÉB. FAM.* bourrasser. ▲**ANT.** MANIFESTER SON CONTENTEMENT.

bouillant *adj.* ▶ *Chaud* – ardent, brûlant, chaud. ▶ *Qui a du feu dans la fièvre* – brûlant, chaud, fébrile, fiévreux. ▶ *Fougueux* – emporté, enflammé, explosif, fougueux, impatient, impétueux, impulsif, passionné, prompt, qui a la tête chaude, sanguin, véhément, vif, violent, volcanique. *QUÉB. FAM.* malendurant, prime. ▲**ANT.** MESURÉ, MODÉRÉ, PONDÉRÉ, POSÉ, RÉFLÉCHI; INDIFFÉRENT, TIÈDE.

bouillir *v.* ▶ *Être en ébullition* – bouillonner. ▸ *S'impatienter* (*FAM.*) – perdre patience, perdre son calme, s'énerver, s'impatienter. ▲**ANT.** REFROIDIR, TIÉDIR; S'APAISER, SE CALMER.

bouillon *n. m.* ▶ *Aliment* – chaudeau, consommé, court-bouillon. ▸ *Sans goût* – lavure. ▶ *Fronce* – fronce, godron, ourlet, pince, pli, rempli, rentré, repli, roulotté, tuyau. ▶ *Écume* – écume, mousse. *QUÉB. FAM.* broue. ▶ *Journal* – invendu, retour. *FAM.* rossignol.

bouillonnant *adj.* ▶ *Trépidant* – agité, délirant, échevelé, effervescent, effréné, fébrile, fiévreux, frénétique, intense, mouvementé, passionné, trépidant, tumultueux, violent. ▲**ANT.** MESURÉ, MODÉRÉ, PONDÉRÉ, POSÉ, RÉFLÉCHI; INDIFFÉRENT, TIÈDE.

bouillonnement *n. m.* ▶ *Éruption* – débordement, ébullition, éclaboussement, écoulement, émission, éruption, évacuation, explosion, extrusion, giclée, jaillissement, jet, sortie. ▶ *Production de bulles* – effervescence, moutonnement, spumosité. ▶ *Affairement* – activité, affairement, affolement, agitation, alarme, animation, branle-bas (de combat), bruit, dérangement, désordre, désorganisation, détraquement, effervescence, excitation, fourmillement, grouillement, hâte, incohérence, mouvement, orage, précipitation, remous, remue-ménage, secousse, suractivité, tempête, tohu-bohu, tourbillon, tourmente, trépidation, trouble, tumulte, turbulence, va-et-vient. *SOUT.* émoi, remuement. *FAM.* chambardement. ▲**ANT.** CALME, STAGNATION, TRANQUILLITÉ; APAISEMENT.

bouillonner *v.* ▶ *Être en ébullition* – bouillir. ▸ *Se couvrir d'écume* – écumer, mousser, moutonner. ▲**ANT.** REPOSER, STAGNER.

boulanger *n.* ▶ *Personne qui fait le pain* – *ANC.* fournier.

boule *n. f.* ▶ *Sphère* – balle, ballon, bille, pelote. *GÉOM.* sphère.

boulevard *n. m.* ▶ *Large rue* – allée, avenue, cours, mail, promenade. *BELG.* drève. ▶ *Comédie* – arlequinade, bouffonnerie, burlesque, clownerie, comédie, farce, limerick, momerie, pantalonnade, parodie, pièce de théâtre, proverbe, saynète, sketch, sotie, spectacle, théâtre de boulevard, vaudeville. *PÉJ.* caleçonnade. *ANC.* mascarade.

bouleversant *adj.* ▶ *Poignant* – déchirant, dramatique, émouvant, pathétique, poignant, touchant, troublant, vibrant *(discours)*. *SOUT.* empoignant. ▶ *Étonnant* – à (vous) couper le souffle, abasourdissant, ahurissant, confondant, déconcertant, dérangeant, ébahissant, effarant, époustouflant, étonnant, étourdissant, extraordinaire, impensable, inconcevable, incroyable, inimaginable, inouï, invraisemblable, pétrifiant, renversant, stupéfiant, suffocant, surprenant. *SOUT.* qui confond l'entendement. *FAM.* ébouriffant, mirobolant, sidérant, soufflant. *QUÉB. FAM.* capotant. ▲**ANT.** APAISANT, CALMANT, CONSOLANT, CONSOLATEUR, RASSÉRÉNANT, RASSURANT, RÉCONFORTANT, SÉCURISANT, TRANQUILLISANT; BANAL, ININTÉRESSANT, SANS INTÉRÊT; COMIQUE, GROTESQUE.

bouleversement *n. m.* ▶ *Changement brutal* – changement, chavirage, chavirement, conflagration, convulsion, dérangement, dérèglement, déséquilibre, désorganisation, détraquement, perturbation, renouvellement, rénovation, renversement, retournement, révolution, séisme, stress, trouble. FAM. chambard, chambardement, chamboulement. ▶ *Catastrophe* – apocalypse, calamité, cataclysme, catastrophe, chaos, désastre, drame, fléau, malheur, néant, ruine, sinistre, tragédie. FIG. précipice, ulcère. SOUT. abîme. FAM. cata. ▶ *Commotion* – choc, commotion, coup, ébranlement, émotion, secousse, traumatisme. ▶ *Agitation* – affolement, agitation, brasier, colère, confusion, débridement, déchaînement, désarroi, ébranlement, ébullition, embrasement, émotion, fièvre, frénésie, mouvement, passion, violence. SOUT. émoi, exaltation. FIG. dévergondage. ▶ *Étonnement* – abasourdissement, ahurissement, ébahissement, éblouissement, effarement, émerveillement, étonnement, saisissement, stupéfaction, stupeur, surprise. FAM. épatement. ▲ANT. CALME, TRANQUILLITÉ ; ORDRE ; APAISEMENT.

bouleverser v. ▶ *Mettre en désordre* – chavirer, mettre à l'envers, mettre pêle-mêle, mettre sens dessus dessous, saccager. FAM. bordéliser, chambarder, chambouler. ▶ *Désorganiser* – bousculer, déséquilibrer, désorganiser, déstabiliser, déstructurer, ébranler, perturber, troubler. SOUT. subvertir. FAM. chambarder, chambouler, détraquer. ▶ *Émouvoir* – chavirer, ébranler, émouvoir, remuer, retourner, révulser, secouer, troubler. FAM. chambouler, émotionner, remuer les tripes à, révolutionner, tournebouler, tourner les sangs à. ▶ *Affoler* – affoler, effarer, mettre en émoi, paniquer. ▶ *Traumatiser* – affecter, choquer, commotionner, ébranler, marquer, perturber, secouer, traumatiser. ▲ANT. APAISER, CALMER, RASSÉRÉNER, TRANQUILLISER ; PACIFIER ; ORDONNER, RANGER.

boum n. m. ▶ *Bruit brusque* – bang, battement, choc, clappement, claquement, coup, raté *(moteur)*, tapement. ▶ *Succès* – apothéose, bonheur, bonne fortune, consécration, couronnement, gloire, honneur, lauriers, prospérité, retentissement, réussite, succès, triomphe, trophée. FAM. malheur, (succès) bœuf, tabac. FRANCE FAM. carton, saucisson, ticket. ▲ANT. ÉCHEC, INSUCCÈS.

bouquet n. m. ▶ *Assemblage de fleurs* – botte, faisceau, gerbe, gerbée, manoque *(tabac)*, trochet. ▶ *Ensemble d'arbres* – boqueteau, bosquet, buisson, massif. SOUT. touffe. QUÉB. FAM. talle. ACADIE bouillée. ▶ *Gerbe de fusées* – faisceau, gerbe, girandole. ▶ *Odeur agréable* – arôme, fragrance, fumet, parfum, senteur. ▶ *Agrément* – agrément, charme, fumet, piment, piquant, saveur, sel, truculence. ▲ANT. PESTILENCE, PUANTEUR.

bouquin n. m. ▶ *Lapin ou lièvre* – lapin mâle, lièvre mâle. ▶ *Livre* (FAM.) – album, brochure, brochurette, cahier, catalogue, document, écrit, fascicule, imprimé, livre, livret, manuel, opuscule, ouvrage, parution, plaquette, publication, recueil, registre, titre, tome, volume. ▶ *Gros* FAM. pavé. QUÉB. FAM. brique.

bourdonnant adj. bourdonneur, vrombissant.

bourdonnement n. m. ▶ *Grondement* – borborygme, gargouillement, gargouillis, grognement, grondement, râlement, ronflement, ronron, ronronnement, roulement, rumeur, vrombissement.

▶ *Bruit dans les oreilles* – acouphène, cornement, sifflement, tintement. ▲ANT. SILENCE.

bourdonner v. ▶ *Émettre un grondement régulier* – gronder, ronfler, ronronner, vrombir. ▶ *En parlant des oreilles* – corner, siffler, sonner, tinter. QUÉB. FAM. siler. ▶ *Muser* (BELG. FAM.) – fainéanter, flâner, musarder, muser, ne rien faire de ses dix doigts, paresser, perdre son temps, rêvasser, traînasser, traîner. FAM. avoir la flemme, buller, coincer la bulle, farnienter, flemmarder, glander, glandouiller, gober des mouches, peigner la girafe, se les rouler, se tourner les pouces, tirer au flanc, tirer sa flemme. FRANCE FAM. clampiner. QUÉB. FAM. bisouner, niaiser, taponner, téter, vacher.

bourgeois adj. ▶ *De la bourgeoisie* – SUISSE bourgeoisial. ▶ *Qui a les valeurs de la classe moyenne* – b.c.b.g., bon chic bon genre, de bon ton. FAM. bourge. ▶ *Non favorable* – bien-pensant, conformiste, conservateur, conventionnel, petit-bourgeois, traditionaliste. ▲ANT. PROLÉTAIRE ; NOBLE ; ANTICONFORMISTE, EXCENTRIQUE, MARGINAL, NON CONFORMISTE, ORIGINAL.

bourgeoisie n. f. ▶ *Personnes de condition aisée* – capital, classe dominante, classe possédante, la gent épicière, les bourgeois, les capitalistes. ANC. classe bourgeoise. ▶ *Personnes qui ne sont pas nobles* (ANC.) roture. ▲ANT. NOBLESSE ; PROLÉTARIAT.

bourgeon n. m. ▶ *Partie d'un végétal* – bouton, bulbille, caïeu, gemmule *(plantule)*, œil, œilleton, pousse, turion *(dans la terre)*.

bourrade n. f. coup, poussée. FAM. ramponneau.

bourrasque n. f. coup de vent, rafale, rafale de vent, saute de vent, vent à rafales. ▲ANT. BONACE, CALME.

bourreau n. m. ▶ *Exécuteur* – exécuteur, tortionnaire. ▲ANT. CONDAMNÉ, PATIENT, SUPPLICIÉ ; VICTIME.

bourrer v. ▶ *Garnir de bourre* – embourrer, rembourrer. ▶ *Remplir en comprimant* – charger, emplir, remplir. ▶ *Truffer un texte* – charger, émailler, farcir, larder, remplir, semer, truffer. ▶ *Remplir de personnes* (FAM.) – emplir, faire salle comble, remplir. ▶ *Nourrir à satiété* (FAM.) – gaver, gorger, rassasier. ▶ *Berner* (QUÉB. FAM.) – abuser, attraper, avoir, bercer, berner, duper, en conter à, en faire accroire à, flouer, leurrer, mentir à, mystifier, se jouer de, se moquer de, tromper. FAM. blouser, bluffer, canuler, charrier, cravater, empaumer, empiler, entourlouper, esbroufer, faire marcher, feinter, la faire à, mener en bateau, mettre en boîte, pigeonner, posséder, refaire, rouler. QUÉB. FAM. amancher, enfirouaper, niaiser. ▶ *Se dépêcher* (FRANCE FAM.) – courir, faire vite, s'empresser, se dépêcher, se hâter, se précipiter, se presser. FAM. activer, pédaler, se grouiller. FRANCE FAM. faire fissa, se dégrouiller, se magner, se magner le popotin. QUÉB. ACADIE FAM. se garrocher. QUÉB. FAM. abouler, clencher, gauler. ▶ *Conduire vite* (FRANCE FAM.) – filer, foncer. FAM. brûler le pavé, droper, gazer, rouler (à) pleins gaz. FRANCE FAM. bomber. ♦ **se bourrer** ▶ *Manger beaucoup* – bâfrer, se gaver, se gorger. FAM. briffer, gloutonner, manger à s'en faire péter la sous-ventrière, s'empiffrer, s'en mettre plein la gueule, s'en mettre plein la lampe, s'en mettre plein la panse, s'escrimer les mâchoires, se caler l'estomac, se caler les joues, se goinfrer. *FRANCE FAM.* morfaler, se goberger. ▲**ANT.** DÉBOURRER, ÉPUISER, VIDER. △ **SE BOURRER** – JEÛNER, SE PRIVER.

bourrique *n. f.* ▶ *Âne* – âne. *SOUT.* grison. *FAM.* aliboron, baudet, roussin d'Arcadie. ▶ *Petit* – ânon, bourricot, bourriquet. ▲**ANT.** GIROUETTE, INDÉCIS, POLICHINELLE; MARIONNETTE, MOUTON; CERVEAU, ESPRIT SUPÉRIEUR, GÉNIE.

bourru *adj.* ▶ *Renfrogné* – boudeur, de mauvaise humeur, grognon, mal disposé, maussade, mécontent, morne, morose, qui fait la tête, rechigné, rembruni, renfrogné, sombre, taciturne. *SOUT.* chagrin. *FAM.* à ne pas prendre avec des pincettes, de mauvais poil, mal luné, qui fait la gueule, qui fait la lippe, qui s'est levé du mauvais pied, soupe au lait. *QUÉB. FAM.* marabout, qui fait la baboune. *BELG.* mal levé. ▶ *Au caractère désagréable* – acariâtre, acerbe, aigri, anguleux, âpre, caractériel, déplaisant, désagréable, désobligeant, difficile, grincheux, hargneux, intraitable, maussade, rébarbatif, rêche, revêche. *SOUT.* atrabilaire. *FAM.* chameau, teigneux. *QUÉB. FAM.* malavenant, malcommode. *SUISSE* gringe. ▶ *En parlant du ton, des paroles* – abrupt, agressif, bref, brusque, brutal, cassant, coupant, dur, incisif, raide, rude, sec, tranchant. ▶ *En parlant d'une étoffe* – grossier, rude. ▲**ANT.** ACCUEILLANT, AFFABLE, AIMABLE, AMÈNE, AVENANT, CORDIAL, ENGAGEANT, INVITANT, SOURIANT; DÉLICAT, FIN, SOYEUX.

bourse *n. f.* ▶ *Sac à monnaie* – porte-billets, porte-coupures, portefeuille, porte-monnaie. *ANC.* aumônière, escarcelle. ▶ *Prêt* – aide (financière), avance, commodat, crédit, découvert, dépannage, préfinancement, prêt, prime, subvention (remboursable). ▶ *Lieu d'échange* – change, table des changes.

boursicoteur *n.* accapareur, agioteur, baissier, boursicotier, bricoleur, haussier, initié, joueur, margoulin, monopoleur, monopolisateur, monopoliste, reporté, spéculateur, thésauriseur, trafiquant. *FAM.* cumulard, traficoteur, tripoteur.

bousculade *n. f.* ▶ *Remous de foule* – cohue, débandade, désordre, ruée. ▶ *Suite précipitée* – précipitation. *FAM.* cavalcade, course. ▲**ANT.** CALME, TRANQUILLITÉ.

bousculer *v.* ▶ *Désorganiser* – bouleverser, déséquilibrer, désorganiser, déstabiliser, déstructurer, ébranler, perturber, troubler. *SOUT.* subvertir. *FAM.* chambarder, chambouler, détraquer. ▶ *Pousser brutalement* – chahuter, culbuter, pousser. ▶ *Obliger à se hâter* – brusquer, presser. ▲**ANT.** ARRANGER, RANGER; COUVRIR, MÉNAGER, PROTÉGER; ATTENDRE, RETARDER, RETENIR.

bout *n. m.* ▶ *Extrémité* – aboutissement, bord, bordure, borne, cap, confins, délimitation, extrême, extrémité, fin, finitude, frange, frontière, ligne, limite, lisière, orée, pied, pointe, pôle, queue, talon, terme, terminaison, tête. ▶ *Segment* – carotte (*terrain*), détail, échantillon, morceau, pan, partie, portion, section, segment, tranche, travée, tronçon. ▶ *Région* (*QUÉB. FAM.*) – coin (de pays), contrée, latitude, partie du monde, pays, région, secteur, zone. *SOUT.* cieux, climats. *FAM.* patelin. ▲**ANT.** CENTRE, MILIEU; INTÉGRALITÉ, TOTALITÉ, TOUT.

boutade *n. f.* ▶ *Plaisanterie* – badinage, baliverne, blague, bon mot, bouffonnerie, cabriole, calembour, calembredaine, clownerie, drôlerie, facétie, farce, galéjade, gauloiserie, histoire (drôle), humour, joyeuseté, mot pour rire, pitrerie, plaisanterie. *SOUT.* arlequinade. *FAM.* astuce, flan, gag, histoire de fous. *BELG.* zwanze. *SUISSE* witz.

boutique *n. f.* ▶ *Magasin* – commerce, magasin, maison (de commerce).

bouton *n. m.* ▶ *Bourgeon* – bourgeon, bulbille, caïeu, gemmule (*plantule*), œil, œilleton, pousse, turion (*dans la terre*). ▶ *Petite fleur* – fleuron. ▶ *Infection* – abcès, adénite, bourbillon, bubon, chancre, collection, empyème, fistule, furoncle, kyste, orgelet (*paupière*), panaris (*doigt*), papule, parulie, phlegmon, pustule, scrofule. *FAM.* clou. *QUÉB.* picot. *ACADIE* puron. ▶ *Commande* – bouton (électrique), boutonpoussoir, clé, combinateur, commande, commutateur, conjoncteur, conjoncteur-disjoncteur, contact, contacteur, coupleur, discontacteur, disjoncteur, interrupteur, manostat, microcontact, olive, poussoir, pressostat, rotacteur, rupteur, sectionneur, sélecteur, télécommande, va-et-vient. *FAM.* bitoniau. *QUÉB. FAM.* piton.

boutonner *v.* ▶ *Fermer un vêtement* – attacher, fermer, nouer. ▲**ANT.** DÉBOUTONNER.

boutonnière *n. f.* ▶ *Fente pour un bouton* – bride, œillet.

boxe *n. f.* noble art.

boyau *n. m.* ▶ *Petite rue* – passage, ruelle. *SOUT.* venelle. ▶ *Tuyau* – buse, canal, conduit, conduite, gaine, lance, pipe, tube, tubulure, tuyau. ▶ *Partie d'une roue* – chambre à air. *QUÉB. FAM.* tripe. ♦ **boyaux,** *plur.* ▶ *Intestin* (*FAM.*) – intestin. *FAM.* tripes.

bracelet *n. m.* ▶ *Bande d'étoffe* – brassard. *RELIG. ANC.* manipule.

braconnier *n.* colleteur.

brancard *n. m.* ▶ *Pièce longitudinale* – lisse, longeron. ▶ *Civière* – bard, chaise à porteurs, civière, palanquin. *ANC.* basterne, filanzane, litière.

branchage *n. m.* ▶ *Parties d'arbre* – branches, feuillage, ramure. *SOUT.* feuillée, frondaison, ramée. *QUÉB. FAM.* branchailles. ♦ **branchages,** *plur.* ▶ *Parties d'arbres sur le sol* – brisées, émondes.

branche *n. f.* ▶ *Partie d'arbre* ▶ Petite – branchette, branchillon, brindille, rameau, ramille, scion. ▶ *Grosse* – branche mère, maîtresse branche. *QUÉB. FAM.* ralle (principale). ▶ *Taillée ou courte* – chicot, courçon, crossette, dard, lambourde, moignon, plançon, plantard. ▶ *Vigne* – moissine, pampre, sarment, vinée. ▶ *Destinée à un usage* – feuillard (*cercles*), gluau (*piège*). ▶ *Diverses* – arçon (*courbe*), chiffonne (*pêcher*), gourmand (*inutile*), rame (*tuteur*), ramée (*avec feuilles*). ▶ *Subdivision* – division, partie, ramification, secteur, section, sous-division, subdivision. ▶ *Spécialité* – champ, département, discipline, division, domaine, étude, fief, matière, partie, scène, science, secteur, spécialité, sphère. *FAM.* rayon. ♦ **branches,** *plur.* ▶ *Parties d'arbre* – branchage, feuillage, ramure.

brandir *v.* agiter, élever, tenir en l'air. ▲**ANT.** RENGAINER; CACHER, DISSIMULER.

branlant *adj.* bancal, boiteux, en déséquilibre, instable. *QUÉB.* chambranlant. ▲**ANT.** EN ÉQUILIBRE, ÉQUILIBRÉ, FERME, SOLIDE, STABLE.

branle-bas *n. m.* ▶ *Alarme* – alarme, alerte, appel, avertissement, cri, éveil, haro, signal, sirène, sonnerie, S.O.S., tocsin. ▶ *Préparatif* – apprêt, arrangement, dispositif, disposition, mesure, préalable, précaution, préliminaires, préparatifs, préparation. ▶ *Remue-ménage* – activité, affairement, affolement, agitation, alarme, animation, bouillonnement, branle-bas (de combat), bruit, dérangement, désordre, désorganisation, détraquement, effervescence, excitation, fourmillement, grouillement, hâte, incohérence, mouvement, orage, précipitation, remous, remue-ménage, secousse, suractivité, tempête, tohu-bohu, tourbillon, tourmente, trépidation, trouble, tumulte, turbulence, va-et-vient. *SOUT.* émoi, remuement. *FAM.* chambardement. ▲**ANT.** CALME, TRANQUILLITÉ.

branler *v.* ▶ *Remuer la tête* – dodeliner de, remuer. *SOUT.* brandiller. ▶ *Manquer de stabilité* – chanceler, osciller, vaciller. ▶ *Se balancer* – osciller, (se) balancer. ▲**ANT.** RESTER, TENIR; CONSOLIDER, FIXER, IMMOBILISER.

braquer *v.* ▶ *Diriger* – diriger, pointer. ▶ *Animer contre qqn* – cabrer, dresser, monter, monter la tête, opposer. ◆ **se braquer** ▶ *S'opposer farouchement* – regimber, résister, ruer dans les brancards, s'insurger, se buter, se cabrer, se rebeller, se révolter. *FAM.* rebecquer, se rebiffer. *QUÉB. FAM.* ruer dans le bacul. ▲**ANT.** DÉTOURNER; AMADOUER.

bras *n. m.* ▶ *Partie d'un vertébré* – *ANAT.* humérus *(os)*. ▶ *Partie d'un invertébré* – appendice tentaculaire, pseudopode *(unicellulaires)*, tentacule. ▶ *Accoudoir* – appui-bras, appui-coude, appui-main, repose-bras. ▶ *Cours d'eau* – chenal, passage, passe. *QUÉB. FAM.* chenail. ▶ *Manche* – aileron, bras (de chemise), manche, mancheron, manchette. ▶ *Ce qui agit* (FIG.) – agent, âme, instrument, moteur, organe.

brasier *n. m.* ▶ *Feu* – embrasement, feu, flammes, fournaise, foyer, incendie. ▶ *Émotion* – affolement, agitation, bouleversement, colère, confusion, débridement, déchaînement, désarroi, ébranlement, ébullition, embrasement, émotion, fièvre, frénésie, mouvement, passion, violence. *SOUT.* émoi, exaltation. *FIG.* dévergondage. ▲**ANT.** CALME, QUIÉTUDE, SÉRÉNITÉ.

brasser *v.* ▶ *Remuer un mélange* – malaxer, mélanger, remuer, tourner. ▶ *Remuer une salade* (QUÉB. FAM.) – remuer, tourner. *FAM.* fatiguer, touiller. ▶ *Mêler les cartes* (FAM.) – battre, brouiller, mêler. ▶ *Secouer* (QUÉB. ACADIE FAM.) – agiter, remuer, secouer. ▶ *Réprimander* (QUÉB. FAM.) – admonester, attraper, chapitrer, faire des remontrances à, faire la leçon à, faire la morale à, gronder, houspiller, malmener, moraliser, morigéner, rappeler à l'ordre, remettre à sa place, remettre au pas, réprimander, sermonner. *SOUT.* gourmander, redresser, semoncer, semondre, tancer. *FAM.* assaisonner, dire deux mots à, disputer, doucher, engueuler, enguirlander, incendier, laver la tête à, moucher, passer un savon à, remonter les bretelles à, sacquer, savonner, savonner la tête à, secouer, secouer comme un (vieux) prunier, secouer

les puces à, sonner les cloches à, tirer les oreilles à. *FRANCE FAM.* donner un cigare à, passer un cigare à. *QUÉB. FAM.* chauffer les oreilles à, chicaner, parler dans le casque à, ramasser, serrer les ouïes à. ▶ *Être agité* (QUÉB. FAM.) – ballotter, remuer. ▲**ANT.** ARRÊTER, IMMOBILISER, RANGER; APAISER.

brasserie *n. f.* ▶ *Lieu où l'on consomme de l'alcool* – bar, café, débit de boissons, estaminet, guinguette, pub. *FAM.* bistrot, buvette, limonade. *FRANCE FAM.* bistroquet, marigot, rade, troquet, zinc. *QUÉB.* taverne. *AFR.* maquis *(clandestin)*. ▶ *Mal famé* – bouge, boui-boui, bouzin. ▶ *Aux États-Unis* ANC. saloon *(conquête de l'Ouest)*, speakeasy *(prohibition)*.

bravade *n. f.* ▶ *Vantardise* – bluff, braverie, charlatanerie, charlatanisme, conte, crânerie, exagération, fabulation, fanfaronnade, forfanterie, gasconnade, hâblerie, histoire marseillaise, jactance, mensonge, mythomanie, rengorgement, rodomontade, tromperie, vantardise, vanterie. *FRANCE FAM.* charre, craque, épate, esbroufe, frime, vanne. *QUÉB. FAM.* menterie. ▶ *Provocation* – avertissement, chantage, commination, défi, dissuasion, effarouchement, fulmination, intimidation, menace, mise en garde, provocation, rodomontade, semonce, sommation, ultimatum. *FAM.* provoc. ▲**ANT.** COUARDISE.

brave *adj.* ▶ *Courageux* – courageux, hardi, héroïque, intrépide, vaillant, valeureux. *SOUT.* sans peur et sans reproche. ▶ *Bienveillant* – bienveillant, bon, bon enfant, bonhomme, débonnaire. ▲**ANT.** CRAINTIF, LÂCHE, PEUREUX, TIMIDE.

brave *n.* ▶ *Personne brave* – audacieux, aventurier, battant, brave (à trois poils), courageux, dur (à cuire), fonceur, lion, stoïque, (vrai) homme. *FAM.* baroudeur, va-de-l'avant. ▶ *Héros* – demi-dieu, dieu, exemple, géant, glorieux, grand, héros, idole, modèle, titan. *SOUT.* parangon. ▲**ANT.** LÂCHE, PEUREUX, POLTRON; MÉCHANT.

bravement *adv.* ▶ *Hardiment* – audacieusement, courageusement, hardiment, intrépidement, résolument, vaillamment, valeureusement, virilement. *SOUT.* crânement. ▶ *Débonnairement* – bonassement, complaisamment, débonnairement, faiblement, mollement, paternellement. ▲**ANT.** CRAINTIVEMENT, LÂCHEMENT, PEUREUSEMENT, TIMIDEMENT; AVEC CIRCONSPECTION, PRUDEMMENT, SAGEMENT; AUSTÈREMENT, DUREMENT, PURITAINEMENT, RIGOUREUSEMENT, SÉVÈREMENT.

braver *v.* ▶ *Affronter sans crainte* – affronter, faire face à, faire front à, se mesurer à. ▶ *Défier* – défier, narguer, provoquer, toiser. *SOUT.* fronder. *FAM.* chercher, faire la nique à. *QUÉB. FAM.* barber, baver, faire la barbe à. ▶ *Traiter avec irrespect* – bafouer, faire bon marché de, faire fi de, faire peu de cas de, fouler aux pieds, ignorer, mépriser, ne pas faire grand cas de, piétiner, se moquer de. *SOUT.* faire litière de. *FAM.* s'asseoir dessus. ▲**ANT.** DÉSERTER, ÉLUDER, ESQUIVER, ÉVITER, FUIR, RECULER DEVANT; OBÉIR À, RESPECTER, SE SOUMETTRE À.

bravo *n. m.* ▶ *Applaudissement* – acclamation, applaudissement, ban, bis, chorus, clameur, hourra, ovation, rappel, triomphe, vivat. ▶ *Louange* – acclamation, apologie, apothéose, applaudissement, célébration, compliment, éloge, encensement, félicitations, fleur, glorification, héroïsation, louange, panégyrique, solennisation. *SOUT.* baisemain, congratulation, dithyrambe, exaltation. ▲**ANT.** HUÉE, SIFFLET.

bravoure *n. f.* audace, cœur, cœur au ventre, courage, cran, hardiesse, héroïsme, intrépidité, mépris du danger, témérité, vaillance. *SOUT.* valeur. *FAM.* tripes. ▲**ANT.** LÂCHETÉ.

brèche *n. f.* ▶ *Trou* – orifice, ouverture, trou. ▶ *Fissure* – brisure, cassure, craquelure, crevasse, déchirure, ébréchure, écornure, fêlure, fendillement, fente, fissure, fuite, gerçure, lézarde. *QUÉB. FAM.* craque. *TECHN.* crique, étonnement, gerce. *DIDACT.* gélivure. *GÉOGR.* rimaye. *GÉOL.* diaclase. ▶ *Entaille* – adent, coche, coupure, cran, créneau, crevasse, échancrure, égratignure, enclenche, encoche, engravure, entaille, entamure, épaufrure, faille, fente, feuillure, incision, marque, mortaise, moucheture, onglet, raie, rainurage, rainure, rayure, ruinure, scarification, scissure, sillon, souchèvement *(roche)*, strie. *QUÉB. FAM.* grafignure. *BELG.* griffe. *BELG. FAM.* gratte. ▲**ANT.** FERMETURE, OBTURATION.

bredouiller *v.* ânonner, bafouiller, balbutier, bégayer, chercher ses mots, hésiter. *BELG.* broebeler. ▲**ANT.** ARTICULER, ÉNONCER DISTINCTEMENT.

bref *adj.* ▶ *Éphémère* – court, éphémère, évanescent, fugace, fugitif, intérimaire, momentané, passager, précaire, provisoire, rapide, temporaire, transitoire. *SOUT.* périssable. ▶ *Superficiel* – cursif, rapide, superficiel. ▶ *Exprimé en peu de mots* – concis, condensé, court, dense, laconique, lapidaire, ramassé, serré, sobre, sommaire, succinct. *PÉJ.* touffu. ▶ *Tranchant* – abrupt, agressif, bourru, brusque, brutal, cassant, coupant, dur, incisif, raide, rude, sec, tranchant. ▲**ANT.** LONG ; APPROFONDI ; BAVARD, DÉLAYÉ, DIFFUS, PROLIXE, REDONDANT, VERBEUX.

bref *adv.* ▶ *Brièvement* – abréviativement, brièvement, court, courtement, densément, elliptiquement, en abrégé, en bref, en peu de mots, en résumé, en un mot, laconiquement, rapidement, sommairement, succinctement, télégraphiquement. ▶ *Finalement* – à la fin, à la fin du compte, à tout prendre, après tout, au bout du compte, au dernier moment, décidément, en conclusion, en définitive, en dernier, en dernier lieu, en dernière analyse, en fin de compte, en somme, enfin, pour conclure, pour (en) finir, somme toute, tout bien considéré, tout bien pesé, tout bien réfléchi, tout compte fait, (toute) réflexion faite, ultimo. *FAM.* à la fin des fins. ▲**ANT.** AU LONG, EXHAUSTIVEMENT, INTÉGRALEMENT.

breloque *n. f.* ▶ *Colifichet* – affiquet, babiole, bagatelle, baliverne, bêtise, bibelot, bricole, brimborion, chiffon, colifichet, fanfreluche, fantaisie, frivolité, futilité, gadget, hochet, inutilité, jouet, misère, rien. *FAM.* gnognote.

bretelle *n. f.* ▶ *Bande retenant un vêtement* – épaulette. *QUÉB. ACADIE FAM.* bricole. ▶ *Bandoulière* – archère, archière, bandereau, bandoulière, baudrier, bricole. ▶ *Voie* – bifurcation, branchement, carrefour, croisée, croisement, échangeur, embranchement, étoile, fourche, intersection, patte-d'oie, rond-point, (voie de) raccordement. ▶ *Aiguillage* –

aiguillage, bifurcation, branchement, changement, orientation.

breuvage *n. m.* boisson. *SOUT.* nectar. *FAM.* liquide.

brevet *n. m.* ▶ *Monopole d'utilisation* – copyright, droits d'auteur, propriété. ▶ *Diplôme* – agrégation, certificat, diplôme. *FAM.* parchemin. *FRANCE FAM.* agrég, peau d'âne.

bréviaire *n. m.* ▶ *Livre liturgique* – anthologe *(Église orthodoxe)*, cérémonial, directoire, (livre d') heures, livre de messe, livre de prières, missel, ordinal *(Église anglicane)*, paroissien, rational. ▶ *Selon les prières* – antiphonaire *(chants)*, diurnal *(office de la journée)*, eucologe *(dimanche et jours de fête)*, évangéliaire, hymnaire, processionnal *(processions)*, psautier *(psaumes)*, rituel, vespéral *(office du soir)*. ▶ *Ouvrage indispensable* – bible, évangile.

bribe *n. f.* ▶ *Fragment* – brisure, charpie, coupure, débris, éclat, esquille *(os)*, fraction, fragment, grain, granule, granulé, havrit, lambeau, limaille, miette, morceau, parcelle, part, particule, partie, pépite, portion, quartier, reste. *FAM.* graine. ▲**ANT.** INTÉGRALITÉ, TOTALITÉ, TOUT.

bric-à-brac *n. m.* désordre, fatras, fourbi, gâchis, pêle-mêle. *FAM.* fouillis, foutoir, marmelade, micmac, pagaille. *QUÉB. FAM.* barda, traîneries. *BELG. FAM.* margaille. *SUISSE* chenil. ▲**ANT.** ORDRE.

bride *n. f.* ▶ *Pièce de harnais* – bridon, guides, rêne. ▶ *Attache* – jugulaire, mentonnière, sous-gorge.

brièvement *adv.* abréviativement, bref, court, courtement, densément, elliptiquement, en abrégé, en bref, en peu de mots, en résumé, en un mot, laconiquement, rapidement, sommairement, succinctement, télégraphiquement. ▲**ANT.** AU LONG, EXHAUSTIVEMENT, INTÉGRALEMENT.

brièveté *n. f.* concision, densité, dépouillement, laconisme. ▲**ANT.** AMPLEUR, LONGUEUR ; PROLIXITÉ, VERBOSITÉ.

brigade *n. f.* ▶ *Unité militaire* – bataillon, colonne, commando, compagnie, corps, échelon, escadron, escorte, formation, garde, garnison, légion, parti, patrouille, peloton, régiment, section, soldatesque *(indisciplinés)*, tabor *(Maroc)*, troupe, unité. *PAR EXT.* caserne. *ANC.* escouade, goum, piquet. ▶ *Ensemble de personnes* – bande, caravane, cellule, collectif, colonie, corps, équipe, escadron, escouade, groupe, horde, individus, membres, meute, noyau, peloton, troupe. *IRON.* fournée. *FAM.* bataillon, brochette, cohorte.

brigand *n. m.* ▶ *Voleur* – bandit, cagoulard, cambrioleur *(maisons)*, coquillard *(Moyen-Âge)*, crocheteur, escamoteur, gangster, gentleman cambrioleur, kleptomane *(pathologique)*, maraudeur, pillard, pilleur, pirate, rat d'hôtel, souris d'hôtel, stellionataire, tireur, truand, voleur de grand chemin, voleur. ▶ *Profiteur* – aigrefin, arnaqueur, bandit, canaille, carambouilleur, chevalier d'industrie, concussionnaire, crapule, escroc, extorqueur, faisan, fraudeur, gangster, gredin, maître chanteur, malfaiteur, mercanti, pirate, profiteur, sangsue, spoliateur, tripoteur, voleur, voyou. *SOUT.* déprédateur, forban. *DR.* captateur.

brillamment *adv.* adroitement, astucieusement, avec brio, avec compétence, avec éclat, bien, de main de maître, ex professo, expertement, finement, génialement, habilement, industrieusement, ingénieusement, intelligemment, judicieusement, lucidement, magistralement, pertinemment, professionnellement, savamment, sensément, spirituellement, subtilement, talentueusement, vivement. ▲ANT. ABSURDEMENT, BÊTEMENT, IDIOTEMENT, IMBÉCILEMENT, ININTELLIGEMMENT, NAÏVEMENT, SOTTEMENT, STUPIDEMENT.

brillance *n. f.* ▶ *Reflet* – brasillement, brillant, cati, chatoiement, coruscation, éclat, étincellement, feux, halo, image, irisation, lueur, luisant, lustre, miroitement, moire, moiré, moirure, orient, papillotage, papillotement, poli, poudroiement, rayonnement, reflet, réflexion, réfraction, réverbération, ruissellement, scintillement. SOUT. luisance, nacre, opalescence, resplendissement, rutilance, rutilation, rutilement. SC. albédo. TECHN. bruni, brunissure. ▲ANT. MATITÉ.

brillant *adj.* ▶ *Scintillant* – brasillant, éclatant, étincelant, flamboyant, incandescent, luisant, miroitant, papillotant, reluisant, rutilant, scintillant. ▶ *Lustré* – glacé, laqué, lisse, luisant, lustré, poli, satiné, verni. ▶ *Qui émet de la lumière* – fluorescent, luminescent, lumineux, phosphorescent. ▶ *Prospère* – beau, faste, fécond, florissant, heureux, prospère, riche. ▶ *Compétent* – à la hauteur, adroit, bon, capable, chevronné, compétent, connaisseur, d'élite, de haut vol, de haute volée, de talent, doué, émérite, entraîné, exercé, expérimenté, expert, ferré, fin, fort, habile, inspiré, passé maître, performant, qualifié, qui s'y connaît, talentueux, versé. SOUT. entendu à, industrieux, rompu à. FAM. calé, qui a la bosse de, qui sait y faire. FRANCE FAM. balèze, costaud, fortiche, incollable, trapu. QUÉB. connaissant ; FAM. bollé. ▶ *Intelligent* – à l'esprit vif, agile, alerte, éveillé, intelligent, rapide, vif. QUÉB. FAM. vite. ▶ *Qui a l'esprit fin* – fin, malicieux, pétillant, piquant, plein d'esprit, spirituel, subtil, vif. ▲ANT. NOIR, OBSCUR, SOMBRE ; BLAFARD, ÉTEINT, MAT, PÂLE, TERNE ; ABRUTI, BENÊT, BÊTE, BORNÉ, CRÉTIN, DEMEURÉ, IDIOT, IMBÉCILE, ININTELLIGENT, NIAIS, NIGAUD, OBTUS, SOT, STUPIDE.

brillant *n. m.* ▶ *Reflet* – brasillement, brillance, cati, chatoiement, coruscation, éclat, étincellement, feux, halo, image, irisation, lueur, luisant, lustre, miroitement, moire, moiré, moirure, orient, papillotage, papillotement, poli, poudroiement, rayonnement, reflet, réflexion, réfraction, réverbération, ruissellement, scintillement. SOUT. luisance, nacre, opalescence, resplendissement, rutilance, rutilation, rutilement. SC. albédo. TECHN. bruni, brunissure. ▲ANT. MATITÉ.

briller *v.* ▶ *Répandre une vive lumière* – étinceler, irradier, rayonner, resplendir, ruisseler de lumière. SOUT. flamber, jeter des feux. ▶ *Jeter des reflets* – brasiller, chatoyer, étinceler, flamboyer, fulgurer (*éclat passager*), luire, miroiter, reluire, resplendir, rutiler, scintiller. SOUT. palpiter, papilloter, pétiller. BELG. blinquer. ACADIE FAM. mirer. ▶ *Se distinguer* – exceller, s'illustrer, se distinguer, se signaler. ▶ *Avoir une carrière prospère* – aller loin, arriver, faire carrière, faire du chemin, faire fortune, percer, réussir.

▶ *Être florissant* – être florissant, faire florès, fleurir, prospérer, réussir. ▲ANT. PÂLIR, S'ASSOMBRIR, S'OBSCURCIR ; S'ÉCLIPSER, S'EFFACER.

brin *n. m.* ▶ *Filament* – fibre, fil, filament. ▶ *Pousse* – accru, bouture, brout, cépée, drageon, germe, jet, mailleton, marcotte, plant, provin, recrû, rejet, rejeton, revenue, surgeon, talle, tendron, turion. ▶ *Tige* – fétu, tige. ▶ *Petite quantité* – arrière-goût, atome, bouchée, doigt, filet, goutte, gouttelette, grain, larme, lueur, miette, nuage, once, paille, parcelle, peu, pincée, pointe, relent, restant, reste, rien, soupçon, tantinet, teinte, touche, trace, trait, zeste. FAM. chouia. ▲ANT. TOTALITÉ, TOUT.

brindille *n. f.* branchette, branchillon, rameau, ramille, scion.

brisant *n. m.* ▶ *Écueil* – écueil, étoc, récif, rocher (à fleur d'eau). ▶ *Vague qui se brise* – contre-lame (*inversée*), lame, mascaret, paquet de mer, rouleau, (vague) déferlante.

brisé *adj.* ▶ *Discontinu* – à éclipses, discontinu, intermittent, irrégulier. MÉD. erratique, rémittent. ▶ *Détérioré* – cassé, défectueux, déréglé, détérioré, détraqué, éculé (*chaussure*), endommagé, hors d'usage, inutilisable, usé, vétuste. FAM. kapout, nase, patraque. ▶ *Épuisé* – à bout, à plat, courbatu, épuisé, éreinté, exténué, fatigué, fourbu, harassé, las, mort (de fatigue), moulu (de fatigue). ramolli. SOUT. recru (de fatigue), rompu (de fatigue), roué de fatigue. FAM. au bout du rouleau, avachi, claqué, crevé, esquinté, flagada, flapi, lessivé, nase, pompé, ramollo, raplapla, rétamé, sur le flanc, sur les genoux, sur les rotules, vanné, vidé. QUÉB. FAM. au coton, brûlé, poqué. ▲ANT. DÉTENDU, REPOSÉ.

brise *n. f.* vent doux, vent modéré. SOUT. zéphyr. ▲ANT. BISE, BOURRASQUE, RAFALE.

briser *v.* ▶ *Casser* – casser, démolir, disloquer, fracasser, mettre en pièces, rompre. FAM. démantibuler. ▶ *Faire cesser* – couper court à, interrompre, mettre fin à, mettre un terme à, rompre. ▶ *Faire échouer* – déjouer, faire échec à, faire obstacle à, torpiller. SOUT. déconcerter. ▶ *Freiner une progression* – arrêter, désamorcer, enrayer, entraver, étouffer, étrangler, faire obstacle à, freiner, inhiber, juguler, mater, mettre en échec, mettre un frein à, neutraliser, refouler, stopper. ▶ *Détruire* – anéantir, annihiler, démolir, détruire, écraser, éliminer, néantiser, pulvériser, réduire à néant, réduire à rien, ruiner, supprimer. ▶ *Épuiser* – abrutir, courbaturer, épuiser, éreinter, exténuer, fatiguer, forcer, harasser, lasser, mettre à plat, surmener, tuer. FAM. claquer, crever, démolir, esquinter, lessiver, mettre sur le flanc, nettoyer, pomper, rétamer, vanner, vider. QUÉB. FAM. maganer. ▶ *Accabler* – abattre, accabler, anéantir, atterrer, consterner, désespérer, foudroyer, terrasser. FAM. catastropher, jeter à terre. ♦ *se briser* ▶ *Se casser* – éclater, se casser. ▶ *En parlant des vagues* – déferler. ▲ANT. AJUSTER, ARRANGER, CONSOLIDER, JOINDRE, RÉPARER ; FORTIFIER, RAGAILLARDIR, RÉCRÉER.

broche *n. f.* ▶ *Tige à viande* – brochette. ▶ *Tige d'un métier* – bobine, canette, cops, fuseau, fusette, navette, rochet, roquetin, rouleau. ▶ *Tige d'une prise électrique* – fiche (d'alimentation), jack. ▶ *Bijou* – agrafe, attache, barrette, boucle, clip, épingle,

bruit

épinglette, fermail, fibule *(antique)*. ▶ *Aiguille* – alène, épingle, épinglette, ferret, lardoire, passe-lacet, piquoir, poinçon, pointe. *MÉD.* trocart.

brochure *n. f.* ▶ *Livre* – album, brochurette, cahier, catalogue, document, écrit, fascicule, imprimé, livre, livret, manuel, opuscule, ouvrage, parution, plaquette, publication, recueil, registre, titre, tome, volume. *FAM.* bouquin. ▶ *Motif d'un tissu* – décor, dessin, motif, ornement. ▶ *Tricot (ACADIE FAM.)* – tricot, tricotage.

broder *v.* ▶ *Expliquer (FAM.)* – descendre dans le détail, descendre jusqu'aux détails, détailler, développer, expliciter, expliquer, préciser. ▶ *Exagérer (FAM.)* – amplifier, charger, enfler, exagérer, forcer, grandir, grossir. *SOUT.* outrer. *FAM.* en rajouter, tirer sur la ficelle. *FRANCE FAM.* chariboter, chérer. *QUÉB. FAM.* en beurrer épais, en mettre épais. ▲ANT. S'EN TENIR AUX FAITS.

broderie *n. f.* ▶ *Arabesque* – arabesque, fioriture, moresque, volute. ▶ *Amplification* – alourdissement, amplification, boursouflure, développement, dramatisation, emphase, enflure, enjolivement, enjolivure, exagération, grossissement, hypertrophie, outrance, paraphrase, redondance, renchérissement.

broncher *v.* ▶ *Manifester de l'émotion* – ciller, s'émouvoir, sourciller. ▶ *Protester* – murmurer, pousser les hauts cris, protester, réagir, récriminer, renâcler, répliquer, s'élever, s'indigner, s'opposer, se dresser, se gendarmer, se plaindre, se récrier. *SOUT.* réclamer. *FAM.* criailler, faire du foin, moufter, piailler, rouscailler, rouspéter, ruer dans les brancards, tiquer, tousser. *QUÉB. FAM.* chialer. ▶ *Éprouver une difficulté (SOUT.)* – buter sur, se heurter à, trébucher sur. *SOUT.* s'achopper à. ▲ANT. RESTER TRANQUILLE, SE TAIRE.

bronze *n. m.* ▶ *Métal* – *SOUT.* airain. *ANTIQ.* orichalque.

brosse *n. f.* ▶ *Balai* – balai, balai-brosse, balayette, écouvillon, houssoir, plumeau, tête-de-loup. *QUÉB.* vadrouille; *FAM.* pleumas. *MAR.* faubert, goret, guipon, lave-pont, vadrouille. ▶ *Instrument pour effacer* – brosse à effacer, gomme à effacer. *QUÉB.* efface. ▶ *Instrument pour coiffer* – brosse (à cheveux), peigne. ▶ *Instrument pour peindre* – pinceau.

brosser *v.* ▶ *Coiffer* – coiffer, discipliner, mettre en plis, peigner. ▶ *Étriller un cheval* – bouchonner, étriller, panser. ▶ *Esquisser* – crayonner, croquer, ébaucher, esquisser, pocher, profiler, relever, silhouetter, tracer. ▶ *Manquer un cours (BELG. FAM.)* – manquer. *FAM.* sécher. *SUISSE FAM.* courber. ♦ **se brosser** ▶ *Se priver (FAM.)* – faire une croix sur, renoncer à, s'abstenir de, sacrifier, se passer de, se priver de, tirer une croix sur. *SOUT.* immoler, se dénuer de. ▲ANT. DÉCOIFFER, DÉPEIGNER, EMMÊLER; BARBOUILLER.

brouhaha *n. m.* cacophonie, chahut, charivari, clameur, tapage, tohu-bohu, tumulte, vacarme. *SOUT.* bacchanale, hourvari, pandémonium. *FAM.* barouf, bastringue, bazar, boucan, bouzin, chambard, corrida, grabuge, pétard, potin, raffut, ramdam, ronron, sabbat, schproum, tintamarre, tintouin. *QUÉB. FAM.* barda, train. ▲ANT. SILENCE, TRANQUILLITÉ.

brouillard *n. m.* ▶ *Phénomène atmosphérique* – brume. *FAM.* mélasse, purée de pois. ▶ *Jet* – jet

pulvérisé. ▶ *État de confusion* – brume, confusion, obnubilation. ▶ *Cécité* – cécité. *FIG.* brume, noir, nuit, obscurité. *MÉD.* amaurose, amblyopie, anopsie. ▲ANT. CLARTÉ.

brouille *n. f.* accrochage, algarade, altercation, brouillerie, chicane, controverse, démêlé, désaccord, désunion, différend, discorde, dispute, divergence, escarmouche, explication, fâcherie, froid, heurt, joute oratoire, litige, malentendu, mésentente, passe d'armes, polémique, querelle, rupture, scène, zizanie. *FAM.* bagarre, bisbille, bringue, chamaille, chamaillerie, empoignade, empoignement, engueulade, prise de bec, séance. *QUÉB. FAM.* brasse-camarade, chamaillage. *BELG. FAM.* bisbrouille. ▲ANT. ACCORD, BONNE ENTENTE, PAIX; RÉCONCILIATION.

brouiller *v.* ▶ *Compliquer* – compliquer, embrouiller, embroussailler, emmêler, enchevêtrer, entortiller, entremêler, mélanger, mêler, obscurcir. *FAM.* emberlificoter. *DIDACT.* intriquer. ▶ *Troubler l'esprit* – aveugler, embrumer, obnubiler, obscurcir, troubler, voiler. ▶ *Désunir* – déchirer, désaccorder, désolidariser, désunir, diviser, opposer, semer la discorde, semer la zizanie, séparer. ▶ *Mêler les cartes* – battre, mêler. *FAM.* brasser. ▶ *Défaire le classement* – déclasser, déranger, mêler. ▶ *Altérer la limpidité* – troubler. ♦ **se brouiller** ▶ *Se désunir* – rompre, se désunir, se fâcher, se quitter, se séparer. ▶ *Perdre sa limpidité* – louchir, se troubler. ▶ *Se couvrir de nuages* – s'assombrir, s'ennuager, s'obscurcir, se couvrir, se voiler. *QUÉB. FAM.* se chagriner. ▲ANT. CLARIFIER, DÉBROUILLER, DÉMÊLER, ÉCLAIRCIR; ARRANGER, CLASSIFIER, RANGER; ACCORDER, RACCOMMODER, RÉCONCILIER, RÉUNIR.

brouillon *adj.* anarchique, chaotique, confus, désordonné, désorganisé, sens dessus dessous. *FAM.* bordélique. ▲ANT. MÉTHODIQUE, ORDONNÉ.

brouillon *n. m.* ébauche, esquisse, essai, linéaments, premier jet. ▲ANT. PROPRE, VERSION DÉFINITIVE, VERSION FINALE.

brousse *n. f.* ▶ *Végétation* – bush *(régions sèches)*, sahel *(Afrique du Nord)*, savane. ▶ *Méditerranéenne* – brande, friche, garrigue, lande, maquis, matorral. ▶ *Brésilienne* – caatinga, campo, sertão. ▶ *Amérique du Sud* – llanos. ▶ *Australienne* – broussailles. ▲ANT. JUNGLE, SAVANE.

brouter *v.* pacager, paître, pâturer, viander *(cervidés)*.

broyer *v.* ▶ *Écraser en petits morceaux* – brésiller, concasser, écraser, fragmenter, morceler, parcelliser, pulvériser. ▶ *Réduire en poudre* – égruger, moudre, piler, pulvériser, triturer. ▶ *Mettre en bouillie* – écraser. *FAM.* écrabouiller. *QUÉB. FAM.* écrapoutiller, écrapoutir, effoirer. ▲ANT. MÉNAGER, PRÉSERVER, SAUVER.

bruissement *n. m.* ▶ *Bruit faible (SOUT.)* – bruissage, frémissement, friselis, froissement, frôlement, frottement, frou-frou, froufroutement, glissement, souffle. *SOUT.* chuchotement, chuchotis. ▲ANT. FRACAS, VACARME.

bruit *n. m.* ▶ *Ce qui est perçu par l'oreille* – son. ▶ *Remue-ménage* – activité, affairement, affolement, agitation, alarme, animation, bouillonnement, branle-bas *(de combat)*, dérangement, désordre, désorganisation, détraquement, effervescence, excitation, fourmillement, grouillement, hâte, incohérence, mouvement, orage, précipitation, remous, remue-ménage, secousse, suractivité, tempête, tohu-bohu, tourbillon, tourmente, trépidation, trouble, tumulte, turbulence, va-et-vient. *SOUT.* émoi, remuement. *FAM.* chambardement. ▶ *Vacarme* – brouhaha, cacophonie, chahut, charivari, clameur, tapage, tohu-bohu, tumulte, vacarme. *SOUT.* bacchanale, hourvari, pandémonium. *FAM.* barouf, bastringue, bazar, boucan, bouzin, chambard, corrida, grabuge, pétard, potin, raffut, ramdam, ronron, sabbat, schproum, tintamarre, tintouin. *QUÉB. FAM.* barda, train. ▶ *Rumeur* – écho, on-dit, ouï-dire, racontar, rumeur, vent. *FAM.* radiotrottoir. ♦ **bruits,** *plur.* ▶ *Ensemble de bruits* – concert. ▲ANT. SILENCE.

brûlant *adj.* ▶ *Chaud* – ardent, bouillant, chaud. ▶ *En parlant du temps* – accablant, caniculaire, chaud, écrasant, étouffant, lourd, oppressant, saharien, suffocant, torride, tropical. ▶ *Qui a ou indique la fièvre* – bouillant, chaud, fébrile, fiévreux. ▶ *Qui corrode* – acide, caustique, corrodant, corrosif, mordant. ▶ *Qui fait souffrir moralement* – ardent, dévastateur, dévorant, ravageur. *SOUT.* dévorateur. ▶ *Érotique* – ardent, chaud, érotique, passionné, torride. ▲ANT. FRIGORIFIÉ, FROID, GELÉ, GLACÉ; BANAL, CONNU, ÉCULÉ, REBATTU, RÉCHAUFFÉ, RESSASSÉ, USÉ.

brûlé *adj.* ▶ *Exténué* (QUÉB. FAM.) – à bout, à plat, brisé, courbatu, épuisé, éreinté, exténué, fatigué, fourbu, harassé, las, mort (de fatigue), moulu (de fatigue). ramolli. *SOUT.* recru (de fatigue), rompu (de fatigue), roué de fatigue. *FAM.* au bout du rouleau, avachi, claqué, crevé, esquinté, flagada, flapi, lessivé, nase, pompé, ramollo, raplapla, rétamé, sur le flanc, sur les genoux, sur les rotules, vanné, vidé. *QUÉB. FAM.* au coton, poqué.

brûler *v.* ▶ *Mettre en feu* – embraser, enflammer, incendier. ▶ *Détruire par le feu* – calciner, carboniser, consumer, incinérer, réduire en cendres. *FAM.* cramer. ▶ *Torréfier* – griller, torréfier. ▶ *Ébouillanter* – ébouillanter, échauder. ▶ *Produire une sensation de brûlure* – cuire, picoter, piquer. ▶ *Causer une inflammation* – échauffer, enflammer, irriter. ▶ *Discréditer* (FAM.) – déconsidérer, décrédibiliser, discréditer, disqualifier, perdre. *FAM.* couler, griller. ▶ *Être en feu* – être la proie des flammes, flamber, flamboyer, jeter des flammes. ▶ *Être détruit par le feu* – se consumer. *FAM.* cramer. *QUÉB. FAM.* passer au feu. ▶ *Avoir très hâte* – être impatient, être sur le gril, griller (d'impatience), mourir d'envie, ne plus tenir en place. ▲ANT. CONGELER, GELER, GLACER, REFROIDIR; ÉTEINDRE, NOYER; ÊTRE DE GLACE, ÊTRE INDIFFÉRENT, ÊTRE TIÈDE.

brûlure *n. f.* actinite, ampoule, blessure, cloque, douleur, échaudure, échauffement, escarre, fer chaud, feu, fièvre, inflammation, insolation, irradiation, irritation, lésion, phlogose, ulcération, urtication. ▲ANT. ENGELURE.

brume *n. f.* ▶ *Phénomène atmosphérique* – brouillard. *FAM.* mélasse, purée de pois. ▶ *État de confusion* – brouillard, confusion, obnubilation. ▶ *Cécité* – cécité. *FIG.* brouillard, noir, nuit, obscurité. *MÉD.* amaurose, amblyopie, anopsie. ▲ANT. CLARTÉ.

brumeux *adj.* ▶ *Qui a l'aspect de la brume* – nébuleux, vaporeux. ▶ *Confus* – brouillé, compliqué, confus, contourné, embarrassé, embrouillé, embroussaillé, enchevêtré, entortillé, flou, fumeux, incompréhensible, indéchiffrable, indigeste, inintelligible, nébuleux, obscur, tarabiscoté, vague, vaseux. *SOUT.* abscons, abstrus, amphigourique, fuligineux. *FAM.* chinois, emberlificoté, filandreux, vasouillard. ▲ANT. CLAIR.

brun *adj.* ▶ *De la couleur du brun* – brunâtre, marron. ▶ *Brun clair* – brun clair, brun pâle, café au lait, carmélite, champagne, havane, taupe. ▶ *Brun très clair* – beige, beigeâtre, champagne, sable. ▶ *Brun foncé* – bitume, brun foncé, brun sombre, café, chocolat, sépia, tête de nègre. ▶ *Brun-rouge* – acajou, brique, cachou, châtaigne, marengo, marron, puce, terre d'ombre, terre de Sienne. ▶ *Brun-roux* – cognac, fauve, feuille-morte, noisette, ocré, ocre, rouille, roussâtre, roussi, roux, tabac. *SOUT.* rouillé. *DIDACT.* rubigineux. ▶ *Brun-jaune* – bistre. ▶ *Brun doré* – bronze, caramel, doré, mordoré. ▶ *Brun-rose* – rose-thé. ▶ *Bruni par le soleil* – basané, bronzé, bruni, cuivré, doré, hâlé, noiraud, tanné. *FAM.* moricaud. *QUÉB.* grillé. ▶ *En parlant de la carnation naturelle* – basané, bis, bistre, bistré, foncé, mat, olivâtre. ▶ *En parlant de cheveux* – auburn, châtain. ▶ *En parlant de la robe d'un cheval* – alezan, aquilain, bai, isabelle. ▲ANT. BLÊME (peau), PÂLE.

brusque *adj.* ▶ *Sans douceur* – à la hussarde, rude, sans ménagement. ▶ *En parlant du ton, des paroles* – abrupt, agressif, bourru, bref, brutal, cassant, coupant, dur, incisif, raide, rude, sec, tranchant. ▶ *Rapide et inattendu* – brutal, foudroyant, fulgurant, instantané, prompt, soudain, subit. ▲ANT. GRADUEL, PROGRESSIF; DOUX, TENDRE.

brusquement *adv.* ▶ *Subitement* – à brûle-pourpoint, à l'improviste, au débotté, au dépourvu, d'un coup, de but en blanc, du jour au lendemain, ex abrupto, imprévisiblement, impromptu, inopinément, intempestivement, promptement, sans avertissement, sans crier gare, soudain, soudainement, subitement, tout à coup, tout d'un coup, tout de go. *FAM.* subito, subito presto. *QUÉB.* d'un coup sec. ▶ *Carrément* – abruptement, brutalement, carrément, catégoriquement, crûment, directement, droit, droit au but, en plein, fermement, franc, franchement, hardiment, librement, net, nettement, raide, raidement, résolument, rondement, sans ambages, sans ambiguïté, sans barguigner, sans détour(s), sans dissimulation, sans équivoque, sans faux-fuyant, sans hésitation, sans intermédiaire, vertement. *FAM.* franco. ▲ANT. COMME ON S'Y ATTENDAIT; GRADUELLEMENT, PETIT À PETIT, PEU À PEU, PROGRESSIVEMENT.

brusquer *v.* ▶ *Rudoyer* – rabrouer, rembarrer, repousser, rudoyer. *FAM.* malmener. *QUÉB. FAM.* bourrasser. ▶ *Obliger à se hâter* – bousculer, presser. ▶ *Accélérer* – accélérer, activer, hâter, précipiter, presser. *SOUT.* diligenter. ▶ *Faire arriver plus vite* – avancer, devancer, hâter, précipiter. ▲ANT. MÉNAGER; MODÉRER, RALENTIR, RETARDER, RETENIR; DIFFÉRER.

brusquerie *n. f.* ▶ *Rudesse* – brutalité, dureté, hostilité, rudesse. *SOUT.* rudoiement. *QUÉB. FAM.* bourrassage. ▶ *Impatience* – avidité, désir, empressement, fièvre, fougue, hâte, impatience, impétuosité,

bulle

précipitation, urgence, urgent. ▶ *Soudaineté* – brutalité, immédiateté, instantanéité, promptitude, rapidité, soudaineté. ▲ANT. DÉLICATESSE, DOUCEUR; LENTEUR, TRANQUILLITÉ.

brut *adj.* ▶ *Non traité* – cru, naturel, vierge. ▶ *En parlant d'un textile* – cru, écru, grège (*soie*), naturel. ▶ *Rudimentaire* – (à l'état) brut, à l'état d'ébauche, ébauché, élémentaire, embryonnaire, fruste, grossier, imparfait, informe, larvaire, mal équarri, primitif, rudimentaire. ▲ANT. FAÇONNÉ, OUVRÉ; RAFFINÉ; NET (*montant d'argent*).

brutal *adj.* ▶ *Violent* – agressif, dur, emporté, raide, rude, violent. FAM. à la redresse. ▶ *Trop franc* – cru, direct, qui ne mâche pas ses mots, sans ménagement. ▶ *En parlant du ton* – abrupt, agressif, bourru, bref, brusque, cassant, coupant, dur, incisif, raide, rude, sec, tranchant. ▶ *En parlant d'une lumière* – cru, violent. ▶ *Brusque* – brusque, foudroyant, fulgurant, instantané, prompt, soudain, subit. ▲ANT. DOUX; CAJOLEUR, CÂLIN, CARESSANT, TENDRE; BIEN ÉLEVÉ, COURTOIS, DÉLICAT; TAMISÉ.

brutalement *adv.* ▶ *Carrément* – abruptement, brusquement, carrément, catégoriquement, crûment, directement, droit, droit au but, en plein, fermement, franc, franchement, hardiment, librement, net, nettement, raide, raidement, résolument, rondement, sans ambages, sans ambiguïté, sans barguigner, sans détour(s), sans dissimulation, sans équivoque, sans faux-fuyant, sans hésitation, sans intermédiaire, vertement. FAM. franco. ▶ *Violemment* – à la hussarde, à tour de bras, à toute force, âprement, crûment, de la belle manière, durement, énergiquement, fort, fortement, net, raide, raidement, rudement, sans ménagement, sec, vertement, vigoureusement, violemment, vivement. ▶ *Cruellement* – barbarement, bestialement, cruellement, durement, farouchement, férocement, impitoyablement, inhumainement, méchamment, rudement, sadiquement, sauvagement. ▲ANT. CIVILEMENT, DÉLICATEMENT, GALAMMENT.

brutalité *n.f.* ▶ *Manque de raffinement* – balourdise, barbarie, béotisme, bestialité, fruste, goujaterie, grossièreté, impolitesse, inélégance, lourdeur, rudesse, rustauderie, rusticité, rustrerie, vulgarité. ▶ *Absence de ménagement* – crudité, réalisme, verdeur. ▶ *Brusquerie* – brusquerie, dureté, hostilité, rudesse. SOUT. rudoiement. QUÉB. FAM. bourrassage. ▶ *Agressivité* – agressivité, combativité, hostilité, malveillance, méchanceté, provocation. SOUT. pugnacité. MÉD. quérulence. ▶ *Cruauté* – acharnement, agressivité, atrocité, barbarie, cruauté, dureté, férocité, inhumanité, maltraitance, méchanceté, sadisme, sauvagerie, torture, violence. SOUT. implacabilité, inexorabilité. PSYCHIATRIE psychopathie. ▶ *Soudaineté* – brusquerie, immédiateté, instantanéité, promptitude, rapidité, soudaineté. ▲ANT. DÉLICATESSE, SUBTILITÉ; AMABILITÉ, DOUCEUR, GENTILLESSE; LENTEUR, TRANQUILLITÉ.

brute *n.f.* ▶ *Personne grossière* – animal, balourd, barbare, béotien, brute (épaisse), butor, goujat, grossier personnage, mal élevé, malotru, malpropre, mufle, ostrogoth, ours mal léché, paysan, porc, rustaud. SOUT. manant, palot. ▶ *Personne violente* – animal, bourreur de coups, brutal, cosaque, sauvage,

violent. SOUT. reître, soudard. ▶ *Animal* (SOUT.) – animal, bestiole (*petit*), bête. FAM. bestiau. QUÉB. FAM. bétail. ▲ANT. DÉLICAT, DOUX; GENTILHOMME, HONNÊTE HOMME.

bruyamment *adv.* tapageusement. ▲ANT. EN SILENCE, SANS BRUIT, SILENCIEUSEMENT.

bruyant *adj.* ▶ *Qui fait du bruit* – assourdissant, éclatant, étourdissant, fort, fracassant, résonnant, retentissant, sonore, tapageur, tonitruant, tonnant. SOUT. abasourdissant. ▶ *Qui émet un grondement* – grondant, grondeur, ronflant, tonnant. ▶ *Qui parle fort* – braillard, brailleur, criard, hurlant, hurleur. FAM. gueulard. ▶ *Qui fait du tapage* – agité, chahuteur, diable, dissipé, emporté, excité, remuant, tapageur, turbulent. QUÉB. FAM. énervé, grouillant, tannant. ▲ANT. SILENCIEUX.

bûche *n.f.* ▶ *Bois* – billette, bûchette (*petite*), rondin. AFR. fagot. ▶ *Allumette* (FRANCE FAM.) – allumette. FRANCE FAM. frotte, frotteuse.

bûcher *v.* ▶ *Travailler fort* (FAM.) – besogner, peiner, suer, travailler comme un forçat, travailler d'arrache-pied. SOUT. tâcher. FAM. en baver, en travailler un coup, galérer, marner, ne pas chômer, trimer. FRANCE FAM. boulonner. QUÉB. FAM. être comme une queue de veau, travailler comme un bûcheron. ▶ *Étudier fort* (FAM.) – étudier, travailler. FAM. chiader, piocher, potasser. BELG. FAM. bloquer. ▶ *Frapper qqn* (QUÉB. FAM.) – battre, frapper, porter la main sur, rosser, rouer de coups. SOUT. étriller. FAM. abîmer le portrait à, administrer une correction à, arranger le portrait à, casser la figure à, casser la gueule à, cogner, corriger, dérouiller, flanquer une raclée à, flanquer une volée à, passer à tabac, péter la gueule à, piler, rentrer dedans, tabasser, taper sur, voler dans les plumes à. FRANCE FAM. boxer, castagner, châtaigner, esquinter le portrait à, flanquer une pile à, mettre la tête au carré à, rentrer dans le chou à, rentrer dans le lard à, rentrer dans le mou à, tatouiller, tomber sur le paletot à, tomber sur le poil à, tricoter les côtes à. QUÉB. FAM. fesser, tapocher. ▶ *Frapper qqch.* (QUÉB. FAM.) – battre, cogner, frapper, taper (sur). QUÉB. FAM. fesser sur, piocher sur, tapocher. ▲ANT. FAINÉANTER, MUSARDER, PARESSER, TRAÎNASSER; CÂLINER, CARESSER.

bûcher *n.m.* ▶ *Pièce* – appentis, cabanon, débarras, remise, resserre. FAM. fourre-tout. SUISSE galetas. QUÉB. FAM. hangar. ▶ *Châtiment* – brûlement, feu.

budget *n.m.* ▶ *Somme dont on dispose* – crédits, enveloppe.

buée *n.f.* émanation, exhalaison, fumée, fumerolle (*volcan*), gaz, mofette (*volcan*), nuage, nuée, salamandre (*alchimie*), vapeur. QUÉB. FAM. boucane.

buffet *n.m.* ▶ *Meuble* – argentier, armoire à porcelaine, buffet-vaisselier, crédence, dressoir, étagère à vaisselle, vaisselier. QUÉB. armoire à vaisselle.

buisson *n.m.* ▶ *Ensemble de végétaux* – épinaie, épinier, fourré, haie, hallier, hayette (*petit*). SOUT. *Dans une forêt* – brande, sous-bois, sous-étage. ♦ **buissons**, *plur.* ▶ *Ensemble de buissons* – buissonnaie.

bulle *n.f.* ▶ *Boursouflure* – ampoule, ballonnement, bombement, bosse, bouffissure, boursouflage, boursouflement, boursouflure, cloche, cloque, débordement, dilatation, distension, enflure, engorgement, fluxion, gonflement, grosseur, grossissement, hypertrophie, intumescence, renflement, rondeur, sinus, soufflure, soulèvement, tuméfaction, tumescence, turgescence, ventre, vésicule, vultuosité. *PATHOL.* bubon, ectasie, emphysème, inflation, météorisation, météorisme, œdème, phlyctène. ▶ *Enceinte* – couveuse, incubatrice. ▶ *Milieu sécurisant* – cocon, giron, nid, ouate. ▶ *Paroles d'un personnage* – ballon, phylactère. ▶ *Solitude* – abandon, délaissement, éloignement, exil, ghettoïsation, isolation, isolement, quarantaine, réclusion, retraite, retranchement, séparation, solitude. *FIG.* cocon, désert, tanière, tour d'ivoire. *SOUT.* déréliction, thébaïde. *RELIG.* récollection. ▶ *Lettre du pape* – bref, décrétale, encyclique, lettre, monitoire, motu proprio, rescrit.

bulletin *n.m.* ▶ *Communiqué* – actualités, annonce, brève, communiqué, flash, information(s), journal *(parlé ou télévisé)*, nouvelle(s). ▶ *Information exclusive* – exclusivité, primeur. ▶ *Journal* – feuille, hebdomadaire, illustré, journal, magazine, organe, périodique, quotidien, tabloïd. *FAM.* hebdo. ▶ *Revue* – annales, cahier, fanzine, gazette, illustré, journal, magazine, organe, périodique, publication, revue, tabloïd, zine. ▶ *Série d'articles* – chronique, rubrique. ▶ *Reçu* – acquit, apurement, connaissement, décharge, facture, facturette *(carte de crédit)*, libération, quitus, récépissé, reconnaissance (de paiement), reçu, warrant.

bureau *n.m.* ▶ *Table de travail* – bonheur-du-jour, bureau ministre, scriban, scribanne, secrétaire, table de travail. ▶ *Pièce* – bibliothèque, cabinet de lecture, cabinet de travail, cabinet. ▶ *Guichet* – caisse, guichet. ▶ *Commission* – charge, comité, commission, courtage, délégation, délégués, légation, mandat, mandataires, mandatement, mission, pouvoir, procuration, représentants, représentation. ▶ *Entreprise* – affaire, compagnie, entreprise, établissement, exploitation, firme, industrie, institution, société. *FAM.* boîte, boutique. *FRANCE FAM.* burlingue. ▶ *Organisme* – agence, cabinet, centre, office, organisme, service. ▶ *Commode* (*QUÉB. FAM.*) – armoire-penderie, armoire-vestiaire, commode, penderie. ♦ **bureaux**, *plur.* ▶ *Administration* – Administration, affaires de l'État, fonction publique, fonctionnaires, grands corps de l'État, institutions, ministères, organe, organismes, secrétariat, services. *PÉJ.* bureaucratie.

bureaucratique *adj.* ▲ANT. CHALEUREUX, INTIME, PERSONNEL.

burlesque *adj.* ▶ *Comique* – amusant, bouffon, cocasse, comique, d'un haut comique, désopilant, drolatique, drôle, gai, hilarant, humoristique, impayable, ineffable, inénarrable, plaisant, rigolo, risible, vaudevillesque. *SOUT.* drôlet. *FAM.* bidonnant, boyautant, crevant, éclatant, gondolant, marrant, poilant, roulant, tordant. *QUÉB. FAM.* crampant, mourant. ▶ *Exagéré* – à dormir debout, abracadabrant, abracadabrantesque, absurde, baroque, biscornu, bizarre, cocasse, exagéré, excentrique, extravagant, fantasque, farfelu, fou, funambulesque, grotesque, impayable, impossible, incroyable, insolite, invraisemblable, loufoque, qui ne tient pas debout, rocambolesque, saugrenu, tiré par les cheveux, vaudevillesque. *FRANCE FAM.* foutraque, gaguesque, louf, louftingue. ▲ANT. GRAVE, SÉRIEUX; ATTRISTANT, CHAGRINANT, TRISTE.

burlesque *n.m.* ▶ *Caractère ridicule* – grotesque, ridicule. ▶ *Comédie* – arlequinade, bouffonnerie, boulevard, clownerie, comédie, farce, limerick, momerie, pantalonnade, parodie, pièce de boulevard, proverbe, saynète, sketch, sotie, spectacle, théâtre de boulevard, vaudeville. *PÉJ.* caleçonnade. *ANC.* mascarade. ▲ANT. TRAGÉDIE, TRAGIQUE.

busqué *adj.* aquilin, arqué, crochu, en bec d'aigle, recourbé. *SOUT.* bourbonien.

buste *n.m.* ▶ *Torse* – cœur, poitrine, torse. *ANAT.* cage thoracique, sternum, thorax; *MÉD.* gril costal. *SOUT.* sein. ▶ *Seins* – poitrine. *SOUT.* gorge.

but *n.m.* ▶ *Désir* – ambition, appel, appétit, aspiration, attirance, attrait, besoin, convoitise, desideratum, désir, envie, exigence, faim, fantaisie, fantasme, fièvre, fringale, goût, idéal, intention, jalousie, passion, prétention, quête, recherche, rêve, soif, souhait, tentation, velléité, visée, vœu, voix, volonté. *SOUT.* appétence, dessein, prurit, vouloir. *FAM.* démangeaison. ▶ *Projet* – entreprise, idée, intention, plan, préméditation *(mauvaise action)*, programme, projet, résolution, vue. *SOUT.* dessein. ▶ *Objectif* – ambition, cause, cible, considération, destination, fin, finalité, intention, mission, mobile, motif, objectif, objet, point de mire, pourquoi, prétexte, raison, raison d'être, sens, visée. *SOUT.* propos. ▶ *Aboutissement* – aboutissement, accomplissement, achèvement, apothéose, chute, complémentation, complètement, complétude, conclusion, consécration, consommation, couronnement, dénouement, exécution, fin, finition, fruit, issue, produit, réalisation, règlement, résolution, résultat, sortie, terme, terminaison. *SOUT.* aboutissant. *PHILOS.* entéléchie. ▲ANT. DÉBUT, DÉPART, ORIGINE.

buté *adj.* entêté, obstiné, têtu, volontaire. *FAM.* cabochard, tête de mule, tête de pioche, tête dure. *QUÉB. FAM.* dur de comprenure.

buter *v.* ▶ *Heurter du pied* – trébucher. *QUÉB. FAM.* s'enfarger. *SUISSE* s'encoubler. ▶ *Éprouver une difficulté* – se heurter à, trébucher sur. *SOUT.* broncher contre/sur, s'achopper à. ▶ *Tuer* (*FRANCE FAM.*) – abattre, assassiner, éliminer, exécuter, supprimer, tuer. *SOUT.* immoler. *FAM.* descendre, envoyer ad patres, envoyer dans l'autre monde, expédier, faire la peau à, flinguer *(arme à feu)*, liquider, nettoyer, ratatiner, rectifier, refroidir, se faire, trucider, zigouiller. *FRANCE FAM.* bousiller, dessouder, escoffier, révolvériser *(revolver)*. ♦ **se buter** ▶ *S'entêter* – insister, ne pas démordre de, persévérer, persister, s'acharner, s'entêter, s'obstiner. ▶ *S'opposer farouchement* – regimber, résister, ruer dans les brancards, s'insurger, se braquer, se cabrer, se rebeller, se révolter. *FAM.* rebecquer, se rebiffer. *QUÉB. FAM.* ruer dans le bacul. ▲ANT. CONTOURNER, ÉVITER, FRANCHIR. △SE BUTER – CÉDER, CHANGER D'IDÉE, RENONCER.

butin *n.m.* ▶ *Restes de l'ennemi* – dépouilles opimes, panoplie, trophée. ▲ANT. PERTE.

butte *n.f.* ▶ *Élévation de terrain* – monticule, tertre, tumulus *(tombe)*. *QUÉB. FAM.* button. ▲ANT. CREUX, DÉPRESSION, VALLÉE.

buveur *n.m.* ▶ *Personne en train de boire* – consommateur. ▶ *Personne qui fait une cure* – curiste. ▲ANT. ABSTÈME, ABSTINENT.

C

cabane *n. f.* ▶ *Habitation rudimentaire* – cahute, masure. *FAM.* baraque. ▶ *Petite maison* – cabanon, case, chaumière, gloriette, hutte, maisonnette. *SUISSE* capite. ▲**ANT.** CHÂTEAU, PALAIS.

cabaret *n. m.* ▶ *Lieu de spectacles* – café concert, music-hall. *ANC.* beuglant *(fin du XIXe)*. ▶ *Plateau destiné au service* (*QUÉB.*) – plateau (de service).

cabine *n. f.* ▶ *Local* – isoloir. ▶ *Partie d'un véhicule* – cabine de pilotage, carlingue, cockpit, habitacle.

cabinet *n. m.* ▶ *Pièce* – bibliothèque, bureau, cabinet de lecture, cabinet de travail. ▶ *Organisme* – agence, bureau, centre, office, organisme, service. ▶ *Membres du gouvernement* – conseil (des ministres), gouvernement, ministère. ♦ **cabinets**, *plur.* ▶ *Lieux d'aisances* – cabinet d'aisances, cabinet de toilette, latrines, lavabos, lieux d'aisances, salle d'eau, salle de bains, salle de toilette, sanisette *(publiques)*, sanitaires, toilettes, water-closets, waters, W.-C. *FAM.* petit coin, petit endroit. *BELG.* cour. *AFR.* douchière. *ANC.* garde-robe.

câble *n. m.* ▶ *Cordage* – câblot, cordage, filin. ▶ *Attache* – attache, chaîne, corde, courroie, fers, lanière, lien, ligament, ligature, liure, sangle. ▶ *Conducteur électrique* – fil. ▶ *Télévision* – câblodistribution, télédistribution, télévision par câble. ▶ *Télégramme* – radio, radiogramme, radiotélégramme, télégramme. ♦ **câbles**, *plur.* ▶ *Ensemble de conducteurs électriques* – câblage.

caboteur *adj.* ▲**ANT.** HAUTURIER, TRANSOCÉANIQUE.

cabrer *v.* ▶ *Inciter à s'opposer* – braquer, dresser, monter, monter la tête, opposer. ♦ **se cabrer** ▶ *S'opposer farouchement* – regimber, résister, ruer dans les brancards, s'insurger, se braquer, se buter, se rebeller, se révolter. *FAM.* rebecquer, se rebiffer. *QUÉB. FAM.* ruer dans le bacul. ▲**ANT.** △ SE CABRER – ACCEPTER, SE SOUMETTRE.

caché *adj.* ▶ *Qu'on ne peut voir* – dérobé, dissimulé, invisible, masqué, secret. ▶ *Qui n'est pas avoué* – dérobé, dissimulé, inavoué, secret.

cache *n. f.* ▶ *Abri* – abri, affût, asile, cachette, gîte, lieu de repos, lieu sûr, refuge, retraite. *FIG.* ermitage, havre (de paix), oasis, port, solitude, tanière, toit. *PÉJ.* antre, planque, repaire. ▶ *Affût* (*QUÉB.*) – affût, embuscade, gabion *(gibier d'eau)*, palombière *(chasse à la palombe)*, poste.

cacher *v.* ▶ *Dissimuler une chose concrète* – camoufler, couvrir, dérober, dérober aux regards, dissimuler, escamoter, masquer, receler, recouvrir, soustraire à la vue, soustraire aux regards, voiler. *MILIT.* classifier *(document)*. *FAM.* planquer. ▶ *Dissimuler une chose abstraite* – camoufler, couvrir, déguiser, dissimuler, envelopper, escamoter, étouffer, farder, grimer, maquiller, masquer, occulter, travestir. *SOUT.* pallier. *QUÉB. FAM.* abrier. ▶ *Passer sous silence* – couvrir, dissimuler, laisser de côté, omettre, passer sous silence, taire. *SOUT.* celer. ♦ **se cacher** ▶ *Se terrer* – s'abriter, se blottir, se mettre à couvert, se mettre à l'abri, se nicher, se réfugier, se tapir, se terrer. *FAM.* se planquer. ▲**ANT.** DÉCELER, DÉCOUVRIR, EXHIBER, EXPOSER, METTRE EN ÉVIDENCE, SORTIR ; AFFICHER, MANIFESTER, MONTRER ; AVOUER, DIVULGUER, RÉVÉLER.

cachet *n. m.* ▶ *Ce qui sert à marquer* – oblitérateur, poinçon, sceau, tampon, timbre. *ANTIQ.* cylindre-sceau. ▶ *Marque* – contrôle, empreinte, estampille, flamme, frappe, griffe, insculpation, label, marque, oblitération, plomb, poinçon, sceau, tampon, timbre. *QUÉB. FAM.* étampe. ▶ *Salaire* – appointements, commission, droit, émoluments, fixe, gages, gain, honoraires, jeton (de présence), mensualité, paye, pourboire, rémunération, rétribution, revenu, salaire, semaine, solde, traitement, vacations. ▶ *Indice* – apparence, cicatrice, critère, empreinte, indication, indice, lueur, marque, ombre, pas, piste, preuve, repère, reste, ride, sceau, signature, signe, stigmate, tache, témoignage, témoin, trace, trait, vestige. ▶ *Originalité* – anticonformisme, audace, caractère, fraîcheur, hardiesse, indépendance, individualité, innovation, inspiration, marginalité, nonconformisme, nouveauté, originalité, particularité, personnalité, piquant, pittoresque, singularité, unicité.

▶ *Ambiance* – ambiance, atmosphère, cadre, climat, décor, élément, entourage, environnement, environs, lieu, milieu, monde, société, sphère, théâtre, voisinage. ▶ *Médicament* – capsule, comprimé, dragée *(enrobé)*, gélule, linguette, pilule. PHARM. globule, grain, granule, granulé; ANC. bol.

cachette *n. f.* ▶ *Abri* – abri, affût, asile, cache, gîte, lieu de repos, lieu sûr, refuge, retraite. FIG. ermitage, havre (de paix), oasis, port, solitude, tanière, toit. PÉJ. antre, planque, repaire. ▶ *Jeu* (QUÉB. FAM.) – cache-cache. ▲ANT. LIEU DÉCOUVERT; PLACE PUBLIQUE.

cachot *n. m.* ▶ *Cellule obscure* – cellule, fosse, oubliette, violon. FRANCE FAM. mitard. ANC. bassefosse, cabanon *(pour les fous)*, cul-de-basse-fosse. ANTIQ. ROM. ergastule. ▶ *Prison* (PAR EXT.) – bagne, centre de détention, centre pénitentiaire, établissement pénitentiaire, maison de détention, pénitencier, prison. FAM. cage, placard, taule, trou. FRANCE FAM. bloc, gnouf.

cadavre *n. m.* corps, mort. SOUT. dépouille (mortelle). FAM. macchab, macchabée. ▲ANT. VIVANT.

cadeau *n. m.* ▶ *Chose offerte* – don, offrande, prime, surprise. SOUT. présent. FAM. fleur. ▹ *Don* – avantage, donation, générosité, gracieuseté, gratification, largesse, libéralité, manne *(inespéré)*. SOUT. bienfait. QUÉB. FAM. bonbon. ▹ *Pot-de-vin* – dessousde-table, enveloppe, pot-de-vin, pourboire. FAM. arrosage, bakchich. AFR. matabiche. ▲ANT. CONFISCATION, REPRISE; PUNITION.

cadencé *adj.* égal, mesuré, réglé, régulier, rythmé.

cadence *n. f.* ▶ *Rythme* – allure, course, erre, marche, mouvement, pas, rythme, tempo, train, vitesse. ▶ *Rythme musical* – battement, eurythmie, mesure, mouvement, musique, période, phrasé, pouls, pulsation, respiration, rythme, swing, tempo, vitesse. ▶ *Rythme en poésie* – euphonie, harmonie, musicalité, nombre, rythme, sonorité. ▶ *Périodicité* – chronicité, cyclicité, périodicité, régularité, rythme, rythmicité, saisonnalité. ▲ANT. IRRÉGULARITÉ.

cadet *n.* ▶ *Soldat* – guerrier, homme de guerre, homme de troupe, soldat. FAM. bidasse, reître, troufion. FRANCE FAM. griveton, pioupiou.

cadre *n.* ▶ *Dirigeant* – administrateur, chef d'entreprise, chef d'industrie, décideur, décisionnaire, directeur, dirigeant, gestionnaire, logisticien, patron, responsable, tête dirigeante. ♦ *cadre, masc.* ▶ *Bordure architecturale* – bâti dormant, chambranle, châssis, châssis dormant, croisée, dormant, encadrement, fenêtre, huisserie, trappe. ▶ *Bordure artistique* – encadrement, passe-partout *(carton)*. ▶ *Châssis* – armature, bâti, carcasse, chaînage, charpente, châsse, châssis, empoutrerie, fût, lisoir, monture, ossature, poutrage, poutraison. ▶ *Milieu* – ambiance, atmosphère, cachet, climat, décor, élément, entourage, environnement, environs, lieu, milieu, monde, société, sphère, théâtre, voisinage. ▶ *Limite* – abornement, bornage, ceinture, délimitation, démarcation, encadrement, jalonnage, jalonnement, ligne, limite, séparation, tracé. ♦ *cadres, masc. plur.* ▶ *Ensemble de dirigeants* – directeurs, direction, manage-

ment, patronat, patrons, personnel d'encadrement. ▲ANT. EMPLOYÉ; LAISSER-ALLER, LIBERTÉ.

caduc *adj.* ▶ *Expiré* – annulé, échu, expiré, invalide, nul, périmé. DR. nul et de nul effet, nul et non avenu. ▶ *Désuet* – anachronique, ancien, antédiluvien, antique, archaïque, arriéré, démodé, dépassé, désuet, fossile, inactuel, moyenâgeux, obsolescent, obsolète, passé de mode, périmé, poussiéreux, préhistorique, qui a fait son temps, suranné, tombé en désuétude, usé, vétuste, vieilli, vieillot, vieux, vieux jeu. ▶ *En parlant des feuilles* – décidu. ▲ANT. ACTUEL, EN COURS, VALIDE; À LA MODE, À LA PAGE, EN VOGUE, MODERNE, NEUF, NOUVEAU, RÉCENT. △CADUQUES, *fém. plur.* – PERSISTANTES *(feuilles)*.

cafard *n.* ▶ *Personne qui dénonce* (FAM.) – accusateur, calomniateur, délateur, dénonciateur, détracteur, diffamateur, espion, indicateur, rapporteur. SOUT. sycophante, vitupérateur. FAM. balance, cafardeur, casseur, donneur, indic, mouchard. QUÉB. FAM. porte-panier. ♦ *cafard, masc.* ▶ *Tristesse* (FAM.) – abattement, accablement, affliction, aigreur, amertume, chagrin, dépression, désolation, deuil, douleur, ennui, épreuve, grisaille, humeur noire, idées noires, idées sombres, langueur, lypémanie, mal du pays, mal-être, maussaderie, mélancolie, monotonie, morosité, neurasthénie, noir, nostalgie, papillons, peine, saudade, serrement de cœur, souci, tædium vitæ, tristesse, vague à l'âme. SOUT. atrabile, larmes, navrement, nuage, spleen, taciturnité. FAM. bourdon, déprime, sinistrose. ▲ANT. ENTRAIN, GAIETÉ, JOIE DE VIVRE; DISCRET.

café *n. m.* ▶ *Boisson* – FRANCE FAM. caoua, jus; PÉJ. jus de chapeau, jus de chaussette, jus de chique, repasse. ▶ *Bar* – bar, brasserie, débit de boissons, estaminet, guinguette, pub. FAM. bistrot, buvette, limonade. FRANCE FAM. bistroquet, margot, rade, troquet, zinc. QUÉB. taverne. AFR. maquis *(clandestin)*. ▹ *Mal famé* – bouge, boui-boui, bouzin. ▹ *Aux États-Unis* ANC. saloon *(conquête de l'Ouest)*, speakeasy *(prohibition)*.

cafétéria (var. **cafeteria**) *n. f.* caféterie *(hôtel)*, cantine, mess *(officiers)*, réfectoire, salle à manger, salle de repas. FAM. cantoche. SUISSE carnotset *(dans une cave)*, chambre à manger. ANTIQ. triclinium.

cage *n. f.* ▶ *Prison* (FAM.) – bagne, centre de détention, centre pénitentiaire, établissement pénitentiaire, maison de détention, pénitencier, prison. FAM. cachot, placard, taule, trou. FRANCE FAM. bloc, gnouf. ▶ *Bout d'une corde de bois* (QUÉB.) – QUÉB. croisée, échiquette.

cahier *n. m.* ▶ *Carnet* – agenda, bloc-notes, calepin, carnet, journal, livre, livret, mémento, mémorandum, notes, registre, répertoire. ▶ *Revue* – annales, bulletin, fanzine, gazette, illustré, journal, magazine, organe, périodique, publication, revue, tabloïd, zine. ▶ *Livre* – album, brochure, brochurette, catalogue, document, écrit, fascicule, imprimé, livre, livret, manuel, opuscule, ouvrage, parution, plaquette, publication, recueil, registre, titre, tome, volume. FAM. bouquin. ▹ *Gros livre* pavé. QUÉB. FAM. brique.

cahot *n. m.* ▶ *Saccade* – à-coup, raté, saccade, secousse, soubresaut. ▶ *Sursaut* – saut, soubresaut, sursaut, tressaillement. *SOUT.* tressaut, tressautement. ▶ *Bosse (QUÉB. FAM.)* – dos-d'âne, ralentisseur. ▲**ANT.** DOUCEUR, RÉGULARITÉ.

caillou *n. m.* ▶ *Pierre* – galet, minerai, minéral, pierre, pierrette *(petite)*, roc, roche, rocher. ▶ *Pierre précieuse (FAM.)* – gemme, pierre. *FAM.* bouchon de carafe. ▶ *Fausse* – doublet, strass. ♦ **cailloux, plur.** ▶ *Petites pierres* – agrégat, ballast *(chemin de fer)*, cailloutage, cailloutis, fines, granulat, gravier, gravillon, litière *(absorbant)*, mignonnette, pierraille. *FAM.* caillasse. *QUÉB. FAM.* garnotte, gravelle, gravois. *BELG.* grenailles errantes.

caisse *n. f.* ▶ *Coffre* – coffre, conteneur, huche, malle-cabine. *FAM.* cantine. ▶ *Partie d'une voiture* – carrosserie. ▶ *Machine de calcul* – caisse enregistreuse, caisse-comptable, tiroir-caisse. ▶ *Guichet* – bureau, guichet. ▶ *Fonds en caisse* – encaisse. ▶ *Automobile (FAM.)* – auto, automobile, voiture, voiture automobile. *FAM.* bagnole, bahut, tire. *QUÉB. ACADIE FAM.* char.

calamité *n. f.* ▶ *Catastrophe* – apocalypse, bouleversement, cataclysme, catastrophe, chaos, désastre, drame, fléau, malheur, néant, ruine, sinistre, tragédie. *FIG.* précipice, ulcère. *SOUT.* abîme. *FAM.* cata. ▶ *Malheur* – adversité, calice (de douleur), chagrin, détresse, deuil, disgrâce, douleur, échec, épreuve, fatalité, infortune, mal, malchance, malédiction, malheur, mauvaise fortune, mauvaise passe, mésaventure, misère, nuage, orage, peine, revers, ruine, sale affaire, sale histoire, souffrance, traverse, tribulation. *SOUT.* bourrèlement, plaie, tourment. ▶ *Chose ennuyeuse (FAM.)* – *FAM.* colique, scie, soporifique. ▲**ANT.** BONHEUR, CHANCE; BÉNÉDICTION, FÉLICITÉ.

calcaire *n. m.* calcite, craie, roche calcaire.

calcul *n. m.* ▶ *Opération mathématique* – algèbre, algorithme, arithmétique, chiffrage, compte, opération, supputation. ▶ *Évaluation* – aperçu, appréciation, approximation, détermination, devis, estimation, évaluation, expertise, inventaire, mesure, prévision, prisée, supputation. ▶ *Machination* – agissements, cabale, combinaison, complot, conjuration, conspiration, intrigue, machination, manigance, manipulation, manœuvre, maquignonnage, menées, plan, tractation. *SOUT.* brigue, fomentation. *FAM.* combine, fricotage, grenouillage, magouillage, magouille, micmac, mijotage. ▶ *Stratégie* – adresse, diplomatie, finesse, habileté, ligne de conduite, manège, négociation, patience, prudence, ruse, sagesse, savoir-faire, souplesse, stratégie, tactique, temporisation, tractation. ▶ *Sable* – arène, castine, gravier, sable, sablon, tangue *(vaseux)*. ▶ *Concrétion organique* – lithiase. ▲**ANT.** COUP DE DÉS, HASARD; INTUITION.

calculateur *adj.* ▶ *Qui recherche son avantage personnel* – avide, boutiquier, égoïste, intéressé, qui agit par calcul. ▲**ANT.** DÉSINTÉRESSÉ, DÉTACHÉ.

calculateur *n.* ▶ *Machine* – calculette, machine à calculer, machine arithmétique, machine totalisatrice, totalisateur, totaliseur. *QUÉB. FAM.* pitonneuse. *HIST.* arithmomètre. ▶ *Personne qui compte* – compteur. ▶ *Arriviste* – arriviste, intrigant, machinateur, manipulateur, manœuvrier, maquignon, mar-

goulin, opportuniste. *FAM.* combinard, magouilleur. *QUÉB. FAM.* maniganceur.

calculer *v.* ▶ *Faire le compte exact* – chiffrer, compter, dénombrer, évaluer, faire le compte de, quantifier. ▶ *Estimer* – apprécier, estimer, évaluer, jauger, juger, mesurer, peser, soupeser, supputer, toiser. ▶ *Préparer par une longue réflexion* – combiner, couver, imaginer, méditer, mûrir, préméditer, ruminer. ▲**ANT.** IMPROVISER, NÉGLIGER.

caleçon *n. m.* cache-sexe, (petite) culotte, slip. *FRANCE FAM.* calecif. *QUÉB. FAM.* bobettes.

calembour *n. m.* à-peu-près, jeu de mots.

calendrier *n. m.* ▶ *Liste des événements* – agenda, almanach, bloc calendrier, chronologie, dates, éphéméride, semainier. *ANTIQ. ROM.* fastes. ▶ *Programme* – échéancier, emploi du temps, horaire, minutage, ordre du jour, plan, planification, programme, projet. *FAM.* menu.

calepin *n. m.* ▶ *Petit cahier* – agenda, bloc-notes, cahier, carnet, journal, livre, livret, mémento, mémorandum, notes, registre, répertoire. ▶ *Aide-mémoire* – agenda, aide-mémoire, almanach, bloc-notes, carnet, éphéméride, guide, guide-âne, mémento, mémorandum, pense-bête, précis, vademecum. *FAM.* antisèche, mémo. ▶ *Porte-documents (BELG.)* – cartable, conférencier, porte-documents, porte-musique *(partitions)*, serviette.

caler *v.* ▶ *Appuyer* – accoter, adosser, appuyer. ▶ *Boire rapidement (QUÉB. FAM.)* – avaler d'un coup, avaler d'un trait, boire d'un coup, boire d'un trait, lamper. *FAM.* descendre, siffler. ▶ *S'enfoncer dans l'eau* – couler. ▶ *Céder (FAM.)* – battre en retraite, céder, faiblir, faire marche arrière, fléchir, lâcher pied, mollir, plier, reculer. *FAM.* caner, flancher, se déballonner, se dégonfler. ▶ *Perdre ses cheveux (QUÉB. FAM.)* – se dégarnir. *FAM.* se déplumer. ♦ **se caler** ▶ *S'installer* – s'installer, se carrer. ▲**ANT.** DÉBLOQUER, DÉGAGER, DONNER DU JEU À; CONTINUER, PERSISTER, RÉSISTER.

calibre *n. m.* ▶ *Grosseur* – ampleur, amplitude, carrure, diamètre, empan, envergure, étendue, évasure, format, giron *(d'une marche)*, grosseur, laize, large, largeur, lé, module, portée, taille. ▶ *Arme (FAM.)* – fusil. *FAM.* flingot, flingue, pétard, rif, seringue, soufflant. ▶ *Mauvais* – pétoire.

câlin *adj.* affectueux, aimant, amoureux, cajoleur, caressant, chatte *(fille ou femme)*, doux, roucoulant, tendre. ▲**ANT.** BRUTAL, DUR, RAIDE, RUDE, VIOLENT.

câlin *n. m.* ▶ *Attouchement affectueux* – cajolerie, câlinerie, caresse, chatterie, tendresses. *FAM.* mamours. *FRANCE FAM.* papouille. *QUÉB. FAM.* minouchage, minouche. ▲**ANT.** COUP, FESSÉE, GIFLE.

calligraphe *n.* ▲**ANT.** GRIBOUILLEUR.

calligraphier *v.* ▲**ANT.** GRIBOUILLER, GRIFFONNER.

calmant *adj.* ▶ *Qui ralentit l'activité nerveuse* – neuroleptique, psycholeptique, sédatif, tranquillisant. ▶ *Qui calme l'irritation* – adoucissant, apaisant, balsamique, émollient, lénifiant, lénitif, ramollissant. ▶ *Qui réconforte* – apaisant, consolant, consolateur, lénifiant, lénitif, rassérénant, rassurant, réconfortant, sécurisant, tranquillisant. ▶ *Qui détend* – apaisant, délassant, déstressant, relaxant,

calme

réparateur, reposant. ▲ANT. AGAÇANT, CRISPANT, ÉNERVANT, EXASPÉRANT, EXCÉDANT, IRRITANT.

calme *adj.* ▸ *Sans agitation* – berceur, doux, paisible. ▸ *Sans bruit* – paisible, silencieux, tranquille. ▸ *En parlant d'une étendue d'eau* – dormant, étale, immobile, stagnant. ▸ *En parlant du temps, du ciel* – beau, clair, pur. SOUT. serein. ▸ *Impassible* – d'humeur égale, flegmatique, impassible, imperturbable, maître de soi, placide. ▲ANT. AGAÇANT, CRISPANT, ÉNERVANT, EXASPÉRANT, EXCÉDANT, FATIGANT, INSUPPORTABLE, IRRITANT; HOULEUX, MOUVEMENTÉ, ORAGEUX, TEMPÉTUEUX, TUMULTUEUX, VIOLENT; AGITÉ, ÉNERVÉ, EXCITÉ, FÉBRILE, FIÉVREUX, HYSTÉRIQUE, IMPATIENT, NERVEUX.

calme *n. m.* ▸ *Quiétude* – abri, assurance, confiance, paix, quiétude, repos, salut, sécurité, sérénité, sûreté, tranquillité (d'esprit). ▸ *Paix* – accalmie, apaisement, bonace, bonheur, éclaircie, entente, fraternité, harmonie, idylle, paix, quiétude, rémission, repos, silence, tranquillité, trêve, union, unité. SOUT. kief *(en Orient)*. ▸ *Immobilité* – fixité, hiératisme, immobilisme, immobilité, immuabilité, immutabilité, impassibilité, improductivité, inaction, inactivité, inamovibilité, inertie, paralysie, piétinement, plafonnement, repos, sclérose, stabilité, stagnation, stationnarité, statisme, statu quo, sur place. SOUT. marasme, morosité. ▸ *Impassibilité* – apathie, ataraxie, détachement, distanciation, égalité d'âme, égalité d'humeur, équilibre, flegme, impassibilité, imperturbabilité, indifférence, paix, philosophie, placidité, quiétude, sérénité, stoïcisme, tranquillité. SOUT. équanimité. ▸ *Patience* – constance, courage, douceur, endurance, flegme, lenteur, patience, persévérance, persistance, résignation, sang-froid, tranquillité. SOUT. longanimité. ▸ *Douceur* – affabilité, agrément, amabilité, aménité, bénignité, bienveillance, bonhomie, bonté, chaleur, charité, clémence, docilité, douceur, gentillesse, grâce, humanité, indulgence, patience, placidité, suavité. SOUT. débonnaireté, magnanimité, mansuétude, onction. ▲ANT. FUREUR, TEMPÊTE; BRUIT, VACARME; DÉSORDRE, PERTURBATION, TROUBLE, TUMULTE; ACTIVITÉ, AGITATION, MOUVEMENT; ÉMOTION, EXCITATION, INQUIÉTUDE, IRRITATION, NERVOSITÉ.

calmement *adv.* à froid, à loisir, à tête reposée, avec sang-froid, doucement, flegmatiquement, froidement, impassiblement, imperturbablement, inébranlablement, pacifiquement, paisiblement, placidement, posément, sagement, sans broncher, sereinement, silencieusement, tranquillement. SOUT. impavidement. FAM. calmos, peinardement, tranquillos. ▲ANT. ANXIEUSEMENT, FÉBRILEMENT, FIÉVREUSEMENT, IMPATIEMMENT, NERVEUSEMENT.

calmer *v.* ▸ *Soulager la douleur* – soulager. SOUT. remédier à. ▸ *Dominer* – contenir, contrôler, dominer, dompter, gouverner, maîtriser, surmonter, vaincre. SOUT. commander à. ▸ *Assouvir* – apaiser, assouvir, contenter, étancher, rassasier, satisfaire, soulager. SOUT. désaltérer, repaître. ▸ *Détendre* – désénerver, détendre, relaxer. FAM. décontracter. ▸ *Rassurer* – apaiser, consoler, réconforter, rassurer, réconforter, sécuriser, tranquilliser. ▸ *Radoucir* – amadouer, apaiser, pacifier, radoucir. ▸ *Assagir* – assagir, modérer, raisonner, tempérer. ▸ *Dépassionner* – apaiser,

dépassionner. modérer, tempérer. ♦ *se calmer* ▸ *Se radoucir* – baisser le ton, s'apaiser, se radoucir. FAM. mettre un bémol. ▸ *Se maîtriser* – garder son sang-froid, rester maître de soi, se contenir, se contrôler, se dominer, se dompter, se maîtriser, se posséder, se raisonner, se retenir. QUÉB. FAM. prendre sur soi. ▸ *Redevenir mentalement calme* – reprendre ses esprits, se rasséréner. SOUT. recouvrer ses esprits. ▸ *En parlant de la mer* – MAR. calmir. ▲ANT. ATTISER, AVIVER, EXACERBER, EXCITER, STIMULER; DÉCHAÎNER, ÉNERVER, EXASPÉRER, IRRITER, TROUBLER.

calomnie *n. f.* ▸ *Offense* – affront, attaque, atteinte, attentat, avanie, blessure, défi, dommage, indignité, injure, insolence, insulte, manquement, offense, outrage, pique, tort. SOUT. bave, camouflet, soufflet. ▸ *Médisance* – accusation, allégation, attaque, critique, délation, dénigrement, dénonciation, dépréciation, dévalorisation, diffamation, imputation, insinuation, médisance, plainte, rabaissement, réquisitoire, trahison. SOUT. détraction. FAM. cafardage, mouchardage, rapportage. QUÉB. salissage. ▲ANT. APOLOGIE, DÉFENSE, ÉLOGE, GLORIFICATION, LOUANGE, PANÉGYRIQUE.

calomnier *v.* attaquer, baver sur, casser du sucre sur le dos de, cracher sur, critiquer, décrier, dénigrer, déprécier, diffamer, dire du mal de, gloser sur, médire de, noircir, perdre de réputation, traîner dans la boue. SOUT. arranger de la belle manière, clabauder sur, dauber sur, détracter, dire pis que pendre de, mettre plus bas que terre. FAM. déblatérer contre, taper sur. FRANCE FAM. débiner, habiller pour l'hiver, tailler un costard à, tailler un veste à. QUÉB. FAM. parler dans le dos de, parler en mal de. BELG. décauser. ▲ANT. GLORIFIER, LOUANGER, LOUER; DÉFENDRE.

calorique *adj.* énergétique. ▲ANT. ACALORIQUE.

calotte *n. f.* ▸ *Coiffure* – bonnet. FAM. bonichon *(petit)*. QUÉB. tuque. ▸ *Casquette* (QUÉB. FAM.) – casquette. FRANCE FAM. bâche, gâpette. ▸ *Dôme* – berceau, coupole, cul-de-four, dôme, lanterne, voûte. ▸ *Intérieur* – cintre, intrados. ▸ *Extérieur* – extrados. ▸ *Voûte céleste* – air, atmosphère, calotte (céleste), ciel, coupole (céleste), dôme (céleste), espace, sphère céleste, voûte (céleste), zénith. SOUT. azur, empyrée, éther, firmament, nues. ▸ *Clergé* (PÉJ.) – clergé, corps ecclésiastique, ecclésiastiques, Église, gens d'Église, religieux, sacerdoce. ▸ *Gifle* (FRANCE FAM.) – claque, gifle, tape. SOUT. soufflet. FAM. baffe, beigne, mornifle, pain, taloche, tarte, torgnole. FRANCE FAM. aller et retour, emplâtre, giroflée (à cinq feuilles), mandale, pêche, rouste, talmouse, taquet.

calvaire *n. m.* ▸ *Épreuves* – affliction, agonie, douleur, enfer, martyre, souffrances, supplice, torture. SOUT. affres, géhenne, tourment.

calvitie *n. f.* alopécie, atrichie *(poils)*, pelade. FAM. tonsure.

camarade *n.* ▸ *Compagnon de travail* – alter ego, associé, collaborateur, collègue (de travail), compagnon de travail, condisciple *(études)*, confrère, coopérateur, égal, pair, partenaire. ▸ *Titre communiste* – citoyen. ▸ *Ami* – allié, alter ego, ami, (ami) intime, (ami) proche, bon ami, compagnon, connaissance, familier, frère, relation. SOUT. féal. FAM. acolyte,

candidature

aminche, complice, copain, frangin, pote. ▲ANT. ADVERSAIRE, COMPÉTITEUR, ENNEMI, RIVAL ; INCONNU.

camaraderie *n. f.* amitié, confraternité, coude à coude, entente, fraternité, solidarité, sympathie. FAM. copinerie. ▲ANT. COMPÉTITIVITÉ, CONFLIT, INIMITIÉ, RIVALITÉ ; CHACUN-POUR-SOI.

cambré *adj.* concave, creux, rentrant.

cambuse *n. f.* ▸ *Magasin d'un bateau* – magasin du bord. ▸ *Logement mal tenu* (FAM.) – bouge, galetas, taudis. FIG. bauge, chenil, écurie, tanière. FAM. baraque, bicoque, clapier. FRANCE FAM. gourbi, turne. QUÉB. FAM. coqueron, trou.

camion *n. m.* ▸ *Véhicule* – fourgon, poids lourd. FRANCE FAM. bahut. ◆ **camions**, *plur.* ▸ *Ensemble de véhicules* – colonne, convoi, défilé, file, noria, théorie ; flotte.

camp *n. m.* ▸ *Campement* – baraquement, baraques, base, bivouac, campement, cantonnement, installation provisoire, quartiers. ▸ *Lieu d'hébergement de prisonniers* – camp (de prisonniers), camp de travail, goulag, oflag, stalag. ▸ *Espace de terrain* – campement, camping, village de toile. ▸ *Association politique* – alliance, apparentement, association, bloc, cartel, club, coalition, confédération, faisceau, fédération, formation, front, groupe, groupe d'intérêts, groupe de pression, groupement, ligue, mouvement, organisation, parti, phalange, rapprochement, rassemblement, union. ANC. hétairie. FÉOD. hermandad. ▸ *Clique* – bande, bandits, cabale, camarilla, chapelle, clan, clique, coterie, école, église, faction, groupuscule, ligue, maffia, malfaiteurs, secte.

campagnard *adj.* champêtre, paysan, rural, rustique. SOUT. agreste, bucolique, pastoral. ▲ANT. CITADIN, URBAIN.

campagne *n. f.* ▸ *Étendue de pays plat* – plaine, rase campagne. ▸ *Région rurale* – terroir. FRANCE FAM. cambrousse. QUÉB. FAM. les rangs. ▸ *En Afrique* – bled, brousse. ▸ *Expédition* – allées et venues, balade, circuit, circumnavigation, course, croisière, déplacement, excursion, expédition, exploration, incursion, marche, mission, navette, navigation, odyssée, passage, pèlerinage, pérégrination, périple, promenade, raid, rallye, randonnée, reconnaissance, tour, tourisme, tournée, transport, traversée, va-et-vient, voyage. SOUT. errance. FAM. bourlingue, rando, transhumance. QUÉB. voyagement. ▲ANT. AGGLOMÉRATION, VILLE.

campement *n. m.* ▸ *Action* – camping. ▸ *Lieu* – camp, camping, village de toile. ▸ *Installation provisoire* – baraquement, baraques, base, bivouac, camp, cantonnement, installation provisoire, quartiers.

camper *v.* ▸ *Interpréter* – faire, incarner, interpréter, jouer, jouer le rôle de, prêter vie à, tenir le rôle de. ▸ *Bivouaquer* – bivouaquer, cantonner. ◆ **se camper** ▸ *Se tenir en un endroit* – se planter, se poster. ▸ *Se coucher* (QUÉB. FAM.) – aller au lit, se coucher, se glisser dans les draps, se mettre au lit. FRANCE FAM. aller au page, aller au plumard, aller au plume, mettre la viande dans le torchon, mettre la viande dans les bâches, mettre la viande dans les toiles, se mettre dans le torchon, se mettre dans les bâches, se mettre dans les toiles, se paddocker, se pageoter, se

pager, se pagnoter, se pieuter, se plumarder, se plumer, se zoner. QUÉB. FAM. se canter. ▲ANT. DÉCAMPER, PARTIR.

canaille *n. f.* ▸ *Profiteur* – aigrefin, arnaqueur, bandit, brigand, carambouilleur, chevalier d'industrie, concussionnaire, crapule, escroc, extorqueur, faisan, fraudeur, gangster, gredin, maître chanteur, malfaiteur, mercanti, pirate, profiteur, sangsue, spoliateur, tripoteur, voleur, voyou. SOUT. déprédateur, forban. DR. captateur. ▸ *Enfant espiègle* – (affreux) jojo, chipie, coquin, diablotin, filou, fripon, galopin, mauvaise graine, (petit) bandit, (petit) chenapan, (petit) démon, (petit) diable, (petit) garnement, (petit) gredin, (petit) poison, (petit) polisson, (petit) vaurien, (petit) voyou, (petite) canaille, (petite) peste, poulbot *(de Montmartre)*, titi, vilain. SOUT. lutin. ▲ANT. HONNÊTE HOMME ; AMOUR, ANGE, TRÉSOR.

canal *n. m.* ▸ *Voie maritime* – bras de mer, détroit, pas, pertuis. ▸ *Voie d'écoulement* – adducteur, baradeau, baradine, drain, encaissement, fossé, lit, sangsue, tranchée. BELG. watergang. SUISSE bisse. AFR. seguia. ▸ *Petit* – rigole, saignée. TECHN. dalot, goulette, goulotte, larron d'eau, noue, noulet, pierrée. ▸ *Bordant une route* – caniveau, cassis, ruisseau. ▸ *Souterrain* – aqueduc, égout, puisard *(vertical)*. ▸ *Entre deux écluses* – bief, sas. ▸ *Entre deux rivières* – arroyo. ▸ *Sur un toit* – chéneau, égout, gargouille, gouttière. SUISSE cheneau. QUÉB. FAM. dalle. ▸ *Conduit* – boyau, buse, conduit, conduite, gaine, lance, pipe, tube, tubulure, tuyau. ▸ *Partie du corps* – conduit, cordon, trompe, tube, voie. ▸ *Pathologique* – canal fistuleux, fistule. ▸ *Petit* – canalicule. ▸ *Truchement* – entremise, intermédiaire, moyen, truchement, voie. ▸ *Médium spirituel* – médium, spirite, spiritiste, télépathe. ▸ *En télécommunication* (QUÉB. FAM.) – chaîne, station. QUÉB. télédiffuseur ; FAM. canal (de télévision), poste (de télévision). ▸ *Cannelure architecturale* – cannelure, douve de fond, gorge, goujure, rainure, saignée, strie, striure.

canapé *n. m.* ▸ *Siège* – divan, duchesse, lit de repos, méridienne, ottomane, récamier, sofa, turquoise, veilleuse. ▸ *Tranche de pain garnie* – smorrebrod.

canard *n. m.* ▸ *Dissonance* – bruit, cacophonie, couac, discordance, disharmonie, dissonance, fausse note. SOUT. inharmonie. ▸ *Fausse nouvelle* (FAM.) – canular, fausse nouvelle, faux bruit. FAM. bobard. ▸ *Mauvais journal* (FAM.) – feuille de chou. FAM. torchon. FRANCE FAM. baveux. ▸ *Bouilloire* (QUÉB. FAM.) – bouilloire. QUÉB. FAM. bombe. ACADIE FAM. coquemar.

cancérogène (var. **cancérigène**) *adj.* carcinogène, cocarcinogène, oncogène. ▲ANT. ANTICANCÉREUX.

candeur *n. f.* ▸ *Pureté* – fleur, fraîcheur, honnêteté, ingénuité, innocence, naïveté, pureté, simplicité. ▸ *Naïveté* – crédulité, jobarderie, jobardise, naïveté, niaiserie. ▲ANT. CYNISME, DISSIMULATION, FOURBERIE, HYPOCRISIE, RUSE.

candidat *n.* ▸ *Prétendant* – admissible, aspirant, compétiteur, concuriste, concurrent, demandeur, postulant, prétendant. DR. impétrant, poursuivant. PÉJ. quémandeur, solliciteur, tapeur.

candidature *n. f.* ▲ANT. DÉSISTEMENT.

candide *adj.* angélique, confiant, crédule, ingénu, innocent, naïf, pur, simple. ▲ANT. ASTUCIEUX, DÉLURÉ, FUTÉ, INGÉNIEUX, MALIN, RUSÉ.

canette (var. **cannette**) *n.f.* ▶ *Contenant cylindrique* – bocal, boîte (de conserve), conserve.

canif *n.m.* couteau de poche, couteau suisse, laguiole, opinel.

canne *n.f.* ▶ *Baguette* – aine, alinette, apex, archet, badine, baguette, bâton, bâtonnet, branche, cravache, crosse, gaule, honchet, houssine, jonc, jonchet, mailloche, perche, style, tige, triballe, tringle, verge, vergette. ▶ *Bâton pour s'appuyer* – bâton, béquille, cadre de marche, crosse, houlette, makila, piolet. ANC. bourdon. ♦ **cannes, plur.** ▶ *Ensemble de végétaux* – cannaie, champ de cannes, plantation de cannes.

cannibale *adj.* ▶ *Qui mange de la chair humaine* – anthropophage. ▶ *D'une cruauté sauvage* – barbare, bestial, cannibalesque, cruel, féroce, inhumain, sadique, sanguinaire, sauvage. SOUT. ▲ANT. BIENVEILLANT, CHARITABLE, COMPATISSANT, DÉLICAT, DOUX, HUMAIN, MISÉRICORDIEUX.

cannibale *n.* ▶ *Personne qui mange d'autres personnes* – anthropophage, mangeur d'hommes. ▲ANT. AMOUR, ANGE, TRÉSOR.

cannibaliser *v.* ▶ *Absorber et détruire* – phagocyter. ▶ *Empiéter* – empiéter, envahir. SOUT. entreprendre, usurper. ▲ANT. ENRICHIR, FAVORISER LE DÉVELOPPEMENT DE.

canon *n.m.* ▶ *Arme* – bouche à feu, mortier, obusier. ▶ *Loi* – commandement, dogme, loi, observance. ▶ *Modèle* – archétype, critère, échantillon, étalon, exemple, formule, gabarit, idéal, idée, image, individu, modèle, norme, original, paradigme, précédent, prototype, référence, représentant, type, unité. BIOL. holotype. ▶ *Boisson* (FAM.) – demi, double, pot, rasade, triple, verre. ♦ **canons, plur.** ▶ *Ensemble d'armes* – batterie (de canons).

canot *n.m.* ▶ *Embarcation de service* – chaloupe. ▶ *Embarcation amérindienne* (QUÉB.) – canoë, oumiak (en peau de phoque). QUÉB. canoé, canot d'écorce, canot indien, (canot) rabaska (grand).

cantine *n.f.* ▶ *Endroit* – cafétéria, cafétéria (hôtel), mess (officiers), réfectoire, salle à manger, salle de repas. FAM. cantoche. SUISSE carnotset (dans une cave), chambre à manger. ANTIQ. triclinium. ▶ *Malle* (FAM.) – caisse, coffre, conteneur, huche, malle-cabine.

canton *n.m.* ▶ *Région délimitée* – circonscription, district, province, région. ANC. seigneurie.

cantonnement *n.m.* baraquement, baraques, base, bivouac, camp, campement, installation provisoire, quartiers.

cantonner *v.* ▶ *Reléguer* – confiner, enfermer, limiter, reléguer, restreindre. ▶ *Camper* – bivouaquer, camper. ♦ **se cantonner** ▶ *S'enfermer* – s'emmurer, s'enfermer, s'isoler, se barricader, se boucler, se calfeutrer, se claquemurer, se claustrer, se cloîtrer, se confiner, se couper du monde, se murer, se retirer, se terrer, se verrouiller. QUÉB. FAM. s'encabaner. ▶ *Se limiter* – s'en tenir à, se borner à, se contenter de, se limiter à. ▲ANT. △SE CANTONNER – ÉLARGIR SES HORIZONS, EXPLORER.

caoutchouc *n.m.* ▶ *Matière* – crêpe. ▶ *Bande* – élastique. ▶ *Vêtement* – anorak, caban, ciré, coupevent, gabardine, imperméable, manteau de pluie, parka. FAM. imper. ▶ *Protection pour chaussure* – QUÉB. claque, couvre-chaussure; FAM. chaloupe. ▶ *Végétal* – ficus.

caoutchouteux *adj.* ▲ANT. CROQUANT, CROUSTILLANT, DUR, FERME.

cap *n.m.* ▶ *Pointe rocheuse* – promontoire. ▶ *Extrémité* – aboutissement, bord, bordure, borne, bout, confins, délimitation, extrême, extrémité, fin, finitude, frange, frontière, ligne, limite, lisière, orée, pied, pointe, pôle, queue, talon, terme, terminaison, tête. ▶ *Direction* – axe, côté, direction, exposition, face, inclinaison, ligne, orientation, sens, situation, vue. QUÉB. ACADIE FAM. bord. ASTRON. azimut. MAR. gisement, orientement.

capable *adj.* ▶ *Apte* – apte à, habile à, propre à, susceptible de, tendant à. FAM. chiche de, fichu de. ▶ *Compétent* – à la hauteur, adroit, bon, brillant, chevronné, compétent, connaisseur, d'élite, de haut vol, de haute volée, de talent, doué, émérite, entraîné, exercé, expérimenté, expert, ferré, fin, fort, habile, inspiré, passé maître, performant, qualifié, qui s'y connaît, talentueux, versé. SOUT. entendu à, industrieux, rompu à. FAM. calé, qui a la bosse de, qui sait y faire. FRANCE FAM. balèze, costaud, fortiche, incollable, trapu. QUÉB. connaissant; FAM. bollé. ▲ANT. IMPUISSANT À, INAPTE À, INCAPABLE DE; IGNORANT, INCAPABLE, INCOMPÉTENT, MAUVAIS, MÉDIOCRE, NUL.

capacité *n.f.* ▶ *Compétence* – adresse, aisance, aptitude, art, brio, compétence, dextérité, disposition, doigté, don, expérience, expertise, facilité, faculté, force, fort, génie, habileté, main, maîtrise, métier, pouvoir, professionnalisme, savoir, savoir-faire, sens, talent, technique, virtuosité. INDUSTRIE. FAM. bosse. QUÉB. douance (scolaire). DR. habilitation, habilité. ▶ *Volume* – contenance, cubage, cylindrée, dose, jauge, mesure, tonnage, volume. ▶ *Propriété d'une chose* – pouvoir, propriété, vertu. ▲ANT. IMPUISSANCE, INAPTITUDE, INCAPACITÉ, INCOMPÉTENCE.

cape *n.f.* ▶ *Vêtement* – pagne, robe, sampot (Asie), sari (Inde), sarong (Asie). ANTIQ. chlamyde, (robe) prétexte, toge. ▶ *En tauromachie* – muleta.

capitaine *n.* ▶ *Officier de l'armée* – FAM. capiston. ▶ *Commandant d'un navire* – commandant, patron (pêcheur). ANTIQ. navarque, triérarque.

capital *adj.* ▶ *Principal* – central, crucial, de la plus haute importance, de premier plan, décisif, déterminant, dominant, essentiel, fondamental, important, maître, majeur, numéro un, prédominant, prééminent, premier, prépondérant, primordial, principal, prioritaire, supérieur. SOUT. à nul autre second, cardinal. ▶ *Nécessaire* – crucial, de première nécessité, essentiel, fondamental, important, incontournable, indispensable, irremplaçable, nécessaire, primordial, vital. ▶ *En parlant d'une lettre* – majuscule. ▲ANT. ACCESSOIRE, (D'INTÉRÊT) SECONDAIRE, DE SECOND PLAN, DÉDAIGNABLE, INCIDENT, INSIGNIFIANT, MARGINAL, MINEUR, NÉGLIGEABLE; BAS DE CASSE (lettre).

capital *n.m.* ▶ *Possession* – argent, avoir, bien, cassette, épargne, fonds, fortune, fruit, gain, investissement, liquidités, masse, numéraire, patrimoine, pécule, placement, portefeuille, possession, produit, propriété, richesse, trésor, valeur. *SOUT.* deniers. *FAM.* finances, magot. ▶ *Classe possédante* – bourgeoisie, classe dominante, classe possédante, la gent épicière, les bourgeois, les capitalistes. *ANC.* classe bourgeoise. ▲**ANT.** INTÉRÊT.

capitalisme *n.m.* ▶ *Libéralisme* – individualisme, libéralisme, libre concurrence, libre entreprise, propriété privée. *PÉJ.* productivisme. ▲**ANT.** COMMUNISME, SOCIALISME.

capitaliste *n.* ▶ *Possédant* – bourgeois, possédant. ◆ **capitalistes,** *plur.* ▶ *Ensemble de possédants* – bourgeoisie, capital, classe dominante, classe possédante, la gent épicière, les bourgeois. *ANC.* classe bourgeoise. ▲**ANT.** PROLÉTAIRE; COMMUNISTE, SOCIALISTE.

capiteux *adj.* enivrant, entêtant, étourdissant, grisant, qui fait tourner la tête, qui monte à la tête. ▲**ANT.** DÉGOÛTANT, ÉCŒURANT.

capitulation *n.f.* ▶ *Action de se rendre* – reddition. ▶ *Défaite* – avortement, banqueroute, catastrophe, chute, débâcle, débandade, déconfiture, défaite, déroute, désavantage, échec, écrasement, faillite, fiasco, four, infortune, insuccès, mauvaise fortune, naufrage, perte, ratage, raté, retraite, revers. *SOUT.* traverse. *FAM.* désastre, piquette, plantage, raclée, recalage, volée. *FRANCE FAM.* bérézina, bide, brossée, déculottée, dégelée, écrabouillement, fessée, foirade, gamelle, loupage, pile, rincée, rossée, tannée, veste. ▶ *Renonciation* – abandon, abdication, aliénation, cession, don, donation, fléchissement, non-usage, passation, rejet, renoncement, renonciation, répudiation, retrait, suppression. *FIG.* bradage. ▲**ANT.** TRIOMPHE, VICTOIRE; RÉSISTANCE; INTRANSIGEANCE, OBSTINATION; REFUS.

capituler *v.* ▶ *Se rendre à l'ennemi* – déposer les armes, faire reddition, rendre les armes, s'avouer vaincu, se livrer, se rendre, se soumettre. ▶ *Abandonner* – abandonner, abdiquer, baisser les bras, céder, courber le dos, déclarer forfait, démordre de, jeter le manche après la cognée, lâcher prise, laisser tomber, renoncer, s'avouer vaincu. *FAM.* décrocher, démissionner, fermer boutique, plier boutique. ▲**ANT.** TRIOMPHER, VAINCRE; RÉSISTER, TENIR.

capote *n.f.* ▶ *Ce qui recouvre une voiture* – pavillon décapotable, toit décapotable.

caprice *n.m.* ▶ *Désir passager* – accès, bizarrerie, bon plaisir, changement, chimère, coup de tête, envie, extravagance, fantaisie, fantasme, folie, frasque, gré, guise, immaturité, impatience, incartade, inconstance, infantilisme, instabilité, légèreté, lubie, marotte, mobilité, originalité, saute (d'humeur), singularité, sporadicité, variation, versatilité, volonté. *SOUT.* folle gamberge, foucade, humeur. *FAM.* toquade. ▶ *Aventure amoureuse* – amourette, aventure, aventure amoureuse, aventure galante, bricole, coquetterie, coup de foudre, engouement, faible, fantaisie, idylle, liaison (amoureuse), marivaudage, passade, passion. *SOUT.* amours, entichement, oaristys. *FAM.* batifolage, béguin, toquade, touche. *QUÉB. FAM.* couraillage, galipote. ▶ *Escapade* – écart, échappée, équipée, escapade, évasion, frasque, fredaine, fugue, incartade, sortie. *SOUT.* échappée. *FAM.*

bordée, galère. ▲**ANT.** CONSTANCE, STABILITÉ; SAGESSE, SÉRIEUX; MANIE, OBSESSION.

capricieux *adj.* ▶ *Difficile à contenter* – délicat, difficile, exigeant. ▶ *Sujet à des caprices* – changeant, fantaisiste, fantasque, flottant, inconsistant, inconstant, instable, lunatique, mobile, versatile, volage. *SOUT.* caméléonesque, ondoyant. ▲**ANT.** RAISONNABLE, RÉFLÉCHI, SAGE, SÉRIEUX; CONSTANT, PERSÉVÉRANT, STABLE.

capsule *n.f.* ▶ *Couvercle* – bonde, bondon, bouchon, capuchon, fermeture, marette, tampon. *MAR.* tape. ▶ *Médicament* – cachet, comprimé, dragée (enrobé), gélule, linguette, pilule. *PHARM.* globule, grain, granule, granulé; *ANC.* bol. ▶ *Partie du corps* – cloison, enveloppe, gaine, membrane, membranule, pellicule, septum, tunique. ▶ *Partie d'une plante* – pyxide, urne.

capter *v.* ▲**ANT.** DISPERSER, ÉMETTRE, RÉPANDRE; ÉCARTER, PERDRE.

captif *adj.* ▶ *Privé de liberté* – détenu, en captivité, prisonnier. ▶ *Dominé* – asservi, assujetti, attaché, dépendant, dominé, prisonnier. ▲**ANT.** EN LIBERTÉ, LIBRE.

captif *n.* cellulaire, condamné, détenu, prisonnier. *DR.* réclusionnaire. *FAM.* pensionnaire, taulard.

captivité *n.f.* ▶ *Emprisonnement* – cellulaire, claustration, confinement, contrainte par corps, détention, écrou, embastillement, emmurement, emprisonnement, encagement, encellulement, enfermement, incarcération, internement, isolement, prise de corps, prison, réclusion, relégation, séquestration, transportation. *FAM.* mise à l'ombre, mise sous les verrous. *DIDACT.* renfermement. *DR. BELG.* collocation. ▶ *Soumission* – abaissement, allégeance, appartenance, asservissement, assujettissement, attachement, contrainte, dépendance, domestication, domesticité, domination, emprise, esclavage, gêne, hilotisme, inféodation, infériorité, mainmise, merci, mouvance, obédience, obéissance, obligation, oppression, pouvoir, puissance, servage, servitude, soumission, subordination, sujétion, tutelle, tyrannie, vassalité. *FIG.* carcan, chaîne, corset (de fer), coupe, fardeau, griffe, main, patte, prison; *SOUT.* fers, gaine, joug. *PHILOS.* hétéronomie. ▲**ANT.** LIBÉRATION, LIBERTÉ; AFFRANCHISSEMENT, ÉMANCIPATION, INDÉPENDANCE.

capture *n.f.* ▶ *Action d'attraper* – préhension, prise. ▶ *Action de capturer un criminel* – arrestation. ▶ *De plusieurs personnes* – descente policière, rafle. ▲**ANT.** RELÂCHEMENT; DÉLIVRANCE, LIBÉRATION.

capturer *v.* ▶ *Attraper un animal* – attraper, piéger, prendre au piège. ▶ *Arrêter qqn* – appréhender, arrêter, faire prisonnier, prendre, saisir. *FAM.* attraper, choper, coffrer, coincer, cravater, cueillir, embarquer, épingler, harponner, mettre la main au collet de, mettre le grappin sur, pincer, prendre au collet, ramasser, saisir au collet. *FRANCE FAM.* agrafer, alpaguer, arnaquer, arquepincer, coiffer, emballer, gauler, piquer, poisser, poivrer. ▲**ANT.** LÂCHER, LIBÉRER.

capuchon *n.m.* ▶ *Partie d'un vêtement* – cagoule, capuce, capuche, cuculle. *ANC.* camail, chaperon. ▶ *Bouchon* – bonde, bondon, bouchon, capsule, fermeture, marette, tampon. *MAR.* tape.

caractère

caractère *n. m.* ▸ *En imprimerie* – caractère d'imprimerie. ▸ *Essence* – en-soi, essence, essentialité, inhérence, nature, principe, qualité, quintessence, substance. *SOUT.* (substantifique) moelle. *PHILOS.* entité, quiddité. ▸ *Qualité* – attribut, caractéristique, marque, particularité, propre, propriété, qualité, signe, spécialité, spécificité, trait. ▸ *Louable* – mérite. ▸ *Aspect* – air, allure, apparence, aspect, configuration, couleur, couvert, dehors, éclairage, expression, extérieur, façade, faciès, figure, forme, formule, impression, jour, masque, mine, paraître, perspective, physionomie, plastique *(en art)*, portrait, présentation, profil, ressemblance, semblant, surface, ton, tour, tournure, traits, vernis, visage. *SOUT.* enveloppe, superficie. ▸ *Tempérament* – abord, comportement, constitution, esprit, état d'âme, état d'esprit, humeur, idiosyncrasie, individualité, mentalité, nature, naturel, personnalité, sensibilité, tempérament, trempe. *FAM.* psychologie. *ACADIE FAM.* alément. *PSYCHOL.* thymie. ▸ *Détermination* – aplomb, assurance, autorité, constance, courage, cran, détermination, endurance, énergie, fermeté, force, permanence, poigne, rectitude, résolution, ressort, sangfroid, sérieux, solidité, sûreté, ténacité, vigueur, virilité, volonté. *SOUT.* fortitude, invulnérabilité. *FAM.* estomac, gagne. ▸ *Originalité* – anticonformisme, audace, cachet, fraîcheur, hardiesse, indépendance, individualité, innovation, inspiration, marginalité, non-conformisme, nouveauté, originalité, particularité, personnalité, piquant, pittoresque, singularité, unicité. ▲ANT. FAIBLESSE, LÂCHETÉ; BANALITÉ, FADEUR.

caractériel *adj.* acariâtre, acerbe, aigri, anguleux, âpre, bourru, déplaisant, désagréable, désobligeant, difficile, grincheux, hargneux, intraitable, maussade, rébarbatif, rêche, revêche. *SOUT.* atrabilaire. *FAM.* chameau, teigneux. *QUÉB. FAM.* malavenant, malcommode. *SUISSE* gringe. ▲ANT. DOCILE, DOUX, ÉQUILIBRÉ, FACILE, RATIONNEL.

caractériser *v.* ▸ *Définir* – cerner, cibler, définir, délimiter, déterminer, établir, fixer. ▸ *Rendre distinct* – différencier, distinguer, individualiser, particulariser, singulariser. ▸ *Qualifier* – qualifier. ▸ *Non favorable* – taxer, traiter.

caractéristique *adj.* ▸ *Distinctif* – déterminant, distinctif, particulier, propre, spécial, spécifique, typique. *SOUT.* sui generis. ▸ *Représentatif* – moyen, représentatif, typique. *FAM.* pur jus. ▲ANT. ANORMAL, ATYPIQUE, DÉVIANT, IRRÉGULIER.

caractéristique *n. f.* ▸ *Caractère* – attribut, caractère, marque, particularité, propre, propriété, qualité, signe, spécialité, spécificité, trait. ▸ *Louable* – mérite.

carapace *n. f.* ▸ *Au sens propre* ▸ *Invertébrés* – exosquelette. ▸ *Mollusques* – coquille, test, valve. ▸ *Au sens figuré* – armure, cuirasse. ▲ANT. POINT SENSIBLE, TALON D'ACHILLE, VULNÉRABILITÉ.

caravane *n. f.* ▸ *Ensemble de personnes* – bande, brigade, cellule, collectif, colonie, corps, équipe, escadron, escouade, groupe, horde, individus, membres, meute, noyau, peloton, troupe. *IRON.* fournée. *FAM.* bataillon, brochette, cohorte. ▸ *Habitation roulante* – auto-caravane, remorque, tente-

caravane. *QUÉB.* maison mobile, roulotte, tente-roulotte.

carcan *n. m.* ▸ *Châtiment* – cangue, pilori. *ANC.* exposition. ▸ *Contrainte* – abaissement, allégeance, appartenance, asservissement, assujettissement, attachement, captivité, contrainte, dépendance, domestication, domesticité, domination, emprise, esclavage, gêne, hilotisme, inféodation, infériorité, mainmise, merci, mouvance, obédience, obéissance, obligation, oppression, pouvoir, puissance, servage, servitude, soumission, subordination, sujétion, tutelle, tyrannie, vassalité. *FIG.* chaîne, corset (de fer), coupe, fardeau, griffe, main, patte, prison; *SOUT.* fers, gaine, joug. *PHILOS.* hétéronomie. ▲ANT. LIBERTÉ.

carcasse *n. f.* ▸ *Cadavre d'animal* – charogne. ▸ *Charpente* – armature, bâti, cadre, chaînage, charpente, châsse, châssis, empoutrerie, fût, lisoir, monture, ossature, poutrage, poutraison. ▲ANT. CHAIR; ENJOLIVURE, REVÊTEMENT.

cardinal *n. m.* ▸ *Personne* ▸ *Titre* – Éminence, Éminentissime Seigneur, Monseigneur. ♦ **cardinaux**, *plur.* ▸ *Ensemble de personnes* – le Sacré collège.

carence *n. f.* ▸ *Insuffisance* – déficience, déficit, incomplétude, insuffisance, manque, pénurie, rareté. ▲ANT. EXCÈS, SURABONDANCE, SURPLUS; PRÉSENCE.

caressant *adj.* ▸ *Câlin* – affectueux, aimant, amoureux, cajoleur, câlin, chatte *(fille ou femme)*, doux, roucoulant, tendre. ▲ANT. BRUTAL, DUR, RAIDE, RUDE, VIOLENT.

caresse *n. f.* ▸ *Attouchement affectueux* – cajolerie, câlin, câlinerie, chatterie, tendresses. *FAM.* mamours. *FRANCE FAM.* papouille. *QUÉB. FAM.* minouchage, minouche. ▸ *Effleurement* – attouchement, effleurement, frôlement. ▲ANT. BRUTALITÉ; COUP, SÉVICES.

caresser *v.* ▸ *Donner des caresses* – flatter *(un animal)*. *QUÉB. FAM.* minoucher. ▸ *Traiter tendrement* – cajoler, câliner, dorloter. *FAM.* mignoter. *QUÉB. FAM.* catiner. ▸ *Effleurer* – effleurer, friser, frôler, lécher, raser. ▸ *Entretenir* – entretenir, nourrir, se complaire dans. ▲ANT. BATTRE, BRUTALISER, FRAPPER, MALMENER, RUDOYER.

cargaison *n. f.* ▸ *Chargement* – charge, chargement, fret, marchandise. ▸ *Grande quantité* (*FAM.*) – accumulation, amas, appareil, assemblage, assortiment, collection, compilation, ensemble, foule, grand nombre, groupe, groupement, jeu, quantité, rassemblement, recueil, tas, train. *FAM.* attirail, compil. *PÉJ.* ramassis.

cargo *n. m.* navire de charge/navire de marchandises, navire marchand.

caricature *n. f.* ▸ *Imitation* – calquage, charge, contrefaçon, copiage, décalquage, démarquage, emprunt, émulation, figuration, grégarisme, imitation, mime, mimétisme, moutonnerie, parodie, pastiche, pillage, plagiat, représentation, servilité, simulation, singerie, suivisme, travestissement. *DR.* contrefaction. ▲ANT. FLATTERIE, IDÉALISATION.

carillon *n. m.* ▸ *Sonnerie* – carillonnement, glas, sonnaille, sonnaillerie, sonnerie, timbre, tintement, tocsin. *FAM.* drelin. ▸ *Instrument de musique* – glockenspiel.

carnage *n. m.* ▶ *Massacre* – anéantissement, assassinats, bain de sang, boucherie, destruction, extermination, hécatombe, holocauste, massacre, meurtres, tuerie. *SOUT.* (lourd) tribut. *FAM.* étripage. ▲**ANT.** ORDRE, PAIX.

carnaval *n. m.* ▶ *Fête costumée* – bal costumé, défilé, mascarade. ▶ *Grande quantité* – abondance, afflux, amas, ampleur, concentration, débauche, débordement, exubérance, filon, floraison, foisonnement, forêt, foule, fourmillement, gisement, infinité, inondation, luxe, luxuriance, masse, mine, multiplicité, myriade, nuée, orgie, paquet, pléthore, poussière, profusion, quantité, richesse, surabondance, tas, trésor. *FAM.* festival, flopée, kyrielle, tapée, tonne, tripotée, wagon. *QUÉB. FAM.* bourrée, tapon. *SUISSE FAM.* craquée.

carnet *n. m.* ▶ *Petit cahier* – agenda, bloc-notes, cahier, calepin, journal, livre, livret, mémento, mémorandum, notes, registre, répertoire. ▶ *Aide-mémoire* – agenda, aide-mémoire, almanach, bloc-notes, calepin, éphéméride, guide, guide-âne, mémento, mémorandum, pense-bête, précis, vademecum. *FAM.* antisèche, mémo. ▶ *Récit* – anecdote, annales, autobiographie, biographie, chroniques, chronologie, commentaires, confessions, évocation, histoire, historiographie, historique, journal, mémoires, mémorial, souvenirs, vie.

carotte *n. f.* ▶ *Échantillon* – bout, détail, échantillon, morceau, pan, partie, portion, section, segment, tranche, travée, tronçon.

carré *n. m.* ▶ *Signe typographique* – chemin de fer, croisillon, dièse, octothorpe. ▶ *Tissu* – bandana, cache-col, cache-nez, châle, écharpe, étole, fichu, foulard, madras, mantille, mouchoir, pashmina, pointe. *QUÉB.* cache-cou. ▶ *Cartes* – poker. ▶ *Place* (*QUÉB.*) – agora, esplanade, forum, parvis, piazza, place piétonnière, place publique, place, placette, rond-point, square.

carreau *n. m.* ▶ *Vitre* – glace, vitre, vitrine. ▶ *Revêtement* – adobe, brique, briquette, chantignole, dalle, pavé, tuile. *FRANCE FAM.* paveton. *SUISSE* carron, planelle. ♦ **carreaux,** *plur.* ▶ *Ensemble d'objets minces* – carrelage, dallage, pavage, rudération. ▶ *Verres correcteurs* (*FRANCE FAM.*) – lorgnon, lunettes, monocle *(verre unique),* pince-nez, verres. *FAM.* binocles. *QUÉB. FAM.* barniques.

carrefour *n. m.* ▶ *Croisement* – bifurcation, branchement, bretelle, croisée, croisement, échangeur, embranchement, étoile, fourche, intersection, patte-d'oie, rond-point, (voie de) raccordement.

carrelage *n. m.* dallage, pavage, rudération. ▲**ANT.** DÉCARRELAGE.

carrément *adv.* ▶ *Franchement* – abruptement, brusquement, brutalement, catégoriquement, crûment, directement, droit, droit au but, en plein, fermement, franc, franchement, hardiment, librement, net, nettement, raide, raidement, résolument, rondement, sans ambages, sans ambiguïté, sans barguigner, sans détour(s), sans dissimulation, sans équivoque, sans faux-fuyant, sans hésitation, sans intermédiaire, vertement. *FAM.* franco. ▶ *Complètement* – absolument, catégoriquement, complètement, parfaitement, purement, radicalement, tout à fait. *FAM.*

royalement, souverainement. ▲**ANT.** ALLUSIVEMENT, ÉVASIVEMENT, INDIRECTEMENT, OBLIQUEMENT, PAR RICOCHET, PAR UNE VOIE DÉTOURNÉE; PAS MAL, PLUS OU MOINS, PLUTÔT, RELATIVEMENT.

carrière *n. f.* ▶ *Métier* – activité, art, emploi, état, gagne-pain, métier, occupation, profession, qualité, services, situation, spécialité, travail. *FAM.* boulot, turbin, turf. ▶ *Lieu d'exploitation* – chantier d'exploitation, taille. ▶ *Lieu de dressage des chevaux* – centre d'équitation, manège. ▶ *Arène* – amphithéâtre, arène, champ de bataille, cirque, gradins, hémicycle, lice, odéon, piste, ring, théâtre.

carriérisme *n. m.* ambition, arrivisme, brigue.

carriériste *n.* ambitieux, arriviste, jeune loup. *SUISSE* grimpion. ▶ *En politique* – machiavel. ▶ *À l'excès* – mégalomane.

carte *n. f.* ▶ *Représentation géographique* – plan. ▶ *Listes des plats* – menu. ▶ *Carte de visite* – bristol, carte de visite, carte professionnelle. ▶ *Photo postale* – carte postale. *BELG.* carte-vue. ▶ *Carte de jeu* – carte à jouer. *FRANCE FAM.* brème.

cartésien *adj.* déductif, discursif, logique, méthodique, rationnel. ▲**ANT.** ABSURDE, CONTRADICTOIRE, ILLOGIQUE, IRRATIONNEL.

carton *n. m.* ▶ *Boîte* – boîte, cartonnage, emballage, emboîtage. ▶ *Modèle* – grille, matrice, modèle, modélisation, moule, patron, pilote, plan, prototype, simulation, spécimen. *FAM.* topo. ▶ *Ébauche* – canevas, crayon, crayonné, croquis, dessin, ébauche, épure, esquisse, essai, étude (préparatoire), griffonnement, pochade, premier jet, préparation, projet, schéma. *SOUT.* linéaments. *FRANCE FAM.* crobard. ▶ *Carte d'invitation* (*FAM.*) – bristol, (carte d')invitation. ▶ *Succès* (*FAM.*) – apothéose, bonheur, bonne fortune, boum, consécration, couronnement, gloire, honneur, lauriers, prospérité, retentissement, réussite, succès, triomphe, trophée. *FAM.* malheur, (succès) bœuf, tabac. *FRANCE FAM.* saucisson, ticket.

cartonner *v.* ▶ *Critiquer* (*FAM.*) – attaquer, critiquer, descendre en flammes, écharper, éreinter, étriller, faire un procès de, malmener, maltraiter, massacrer, matraquer, mettre à mal, pourfendre, s'acharner contre. *FAM.* couler, démolir, descendre, écorcher, esquinter. *FRANCE FAM.* allumer, débiner. *QUÉB. FAM.* maganer. ▶ *Réussir* (*FAM.*) – aboutir, marcher, prendre, réussir. *FAM.* faire un carton. ▲**ANT.** DÉCARTONNER; COMPLIMENTER, FÉLICITER; FAIRE FIASCO, MANQUER SON COUP, SUBIR UN ÉCHEC.

cartouche *n. f.* ▶ *Projectile* – balle, cendrée, chevrotine, menuise, plomb. *FAM.* bastos, dragée, pruneau. ▶ *Paquets de cigarettes* – *BELG. AFR.* farde.

cas *n. m.* ▶ *Circonstance* – circonstance, coup, fois, heure, moment, occasion, occurrence. ▶ *Problème* – affaire, énigme, problème, question. *FAM.* bébé. *QUÉB.* casse-tête. ▶ *Procès* – affaire (judiciaire), audience, cause, débat, dossier, espèce, litige, litispendance, poursuite, procès. ▶ *État médical* – affection, mal, maladie, morbidité, syndrome.

cascade *n. f.* ▶ *Chute d'eau* – cataracte *(grosse),* chute d'eau, chute. *SOUT.* cascatelle *(petite).* ▶ *Succession* – abondance, avalanche, averse, bombardement, bordée, déferlement, déluge, flot, flux, grêle, kaléidoscope, mascaret, pluie, rivière, torrent, vague. *SOUT.* fleuve.

case *n. f.* ▶ *Hutte* – gourbi, hutte, paillote. *ANTILLES* carbet. ▶ *Petite maison* – cabane, cabanon, chaumière, gloriette, hutte, maisonnette. *SUISSE* capite. ▶ *Compartiment* – compartiment, division. ◆ **cases, plur.** ▶ *Ensemble de compartiments* – casier. *QUÉB.* pigeonnier. ▲ANT. CHÂTEAU, MANOIR, PALAIS.

caser *v.* ▶ *Établir dans une situation* – établir, placer. ▶ *Ranger* (*FAM.*) – mettre, placer, ranger. *FAM.* fourrer, foutre. *QUÉB. FAM.* serrer. ◆ **se caser** ▶ *Se marier* (*FAM.*) – prendre mari/femme, se marier. *FAM.* se mettre la corde au cou.

caserne *n. f.* base, casernement.

casier *n. m.* ▶ *Nasse* – nasse, nassette, panier. *ACADIE* trappe. ▶ *Ensemble de compartiments* – cases. *QUÉB.* pigeonnier.

casino *n. m.* établissement de jeu(x), maison de jeu(x). *PÉJ.* tripot. *FRANCE FAM.* clandé *(clandestin)*.

casquette *n. f.* ▶ *Coiffure à visière* – *FRANCE FAM.* bâche, gâpette. *QUÉB. FAM.* calotte.

cassant *adj.* ▶ *Fragile* – cassable, fragile. ▶ *En parlant du ton, des paroles* – abrupt, agressif, bourru, bref, brusque, brutal, coupant, dur, incisif, raide, rude, sec, tranchant. ▶ *Fatigant* (*FRANCE FAM.*) – abrutissant, accablant, épuisant, éreintant, exténuant, fatigant, harassant, surmenant. *FAM.* claquant, crevant, esquintant, tuant, usant. *FRANCE FAM.* foulant, liquéfiant. ▲ANT. INCASSABLE, INFRANGIBLE, RÉSISTANT, SOLIDE; DOUX, TENDRE; APAISANT, CALMANT; DÉLASSANT, RELAXANT, REPOSANT.

casser *v.* ▶ *Briser* – briser, démolir, disloquer, fracasser, mettre en pièces, rompre. *FAM.* démantibuler. ▶ *Endommager* – abîmer, briser, dégrader, délabrer, détériorer, endommager, mutiler. *FAM.* amocher, bigorner, bousiller, déglinguer, esquinter, flinguer, fusiller, massacrer, naser. *QUÉB. FAM.* maganer. ▶ *Annuler une loi* – abolir, abroger, invalider, révoquer. *DR.* infirmer, rapporter. ▶ *Annuler un contrat* – annuler, dissoudre, mettre fin à, résilier, rompre. *BELG.* renoncer. *DR.* nullifier, rescinder, résoudre. ▶ *Destituer* – démettre, destituer, limoger, relever de ses fonctions, révoquer. *FAM.* débarquer, déboulonner, dégommer, faire sauter. ▶ *Blesser par fracture* – fracturer, rompre. ▶ *Céder* – céder, lâcher, (se) rompre. *FAM.* péter. ▶ *Éclater* – éclater, se briser. ◆ **se casser** ▶ *Se rompre* – céder, lâcher, (se) rompre. *FAM.* péter. ▶ *S'exténuer* (*FAM.*) – brûler la chandelle par les deux bouts, s'épuiser, s'éreinter, s'exténuer, se fatiguer, se mettre à plat, se surmener, se tuer. *FAM.* s'esquinter, se crever, se fouler. *QUÉB. FAM.* se mettre à terre. ▶ *S'en aller* (*FAM.*) – faire un tour, filer, montrer les talons, partir, plier bagage, quitter, s'éloigner, s'en aller, se retirer, tourner les talons, vider les lieux. *FAM.* calter, débarrasser le plancher, décoller, dévisser, ficher le camp, foutre le camp, lever l'ancre, mettre les bouts, mettre les voiles, riper, s'arracher, se barrer, se tailler, se tirer, se trotter, trisser. *QUÉB. FAM.* faire un bout, sacrer le camp, sacrer son camp. ▶ *S'enfuir* (*FAM.*) – fuir, prendre la clé des champs, prendre la fuite, s'enfuir, se sauver. *SOUT.* s'ensauver. *FAM.* calter, caner, débarrasser le plancher, décamper, décaniller, déguerpir, détaler, droper, ficher le camp, filer, foutre

le camp, prendre la poudre d'escampette, prendre le large, s'esbigner, se barrer, se carapater, se cavaler, se débiner, se faire la malle, se faire la paire, se faire la valise, se tailler, se tirer, se tirer des flûtes, trisser. *QUÉB. FAM.* sacrer le camp, sacrer son camp, se pousser. ▲ANT. ARRANGER, RACCOMMODER, RECOLLER, RÉPARER; RÉSISTER, TENIR BON; CONFIRMER, RATIFIER, VALIDER.

casserole *n. f.* ▶ *Ustensile de cuisine* – caquelon, pocheuse, poêlon, sauteuse, sautoir. *ACADIE FAM.* chopine. ▶ *Instrument de musique* (*FAM.*) – chaudron, sabot.

cassin *n. m.* (SUISSE) ▶ *Cal* – cal, callosité, calus, cor, corne, durillon, induration, œil-de-perdrix, oignon, tylose, tylosis.

caste *n. f.* ▶ *Rang* – classe, condition, état, fortune, place, position, rang, situation, statut. *SOUT.* étage.

castrer *v.* châtrer, couper, émasculer, stériliser.

cataclysme *n. m.* apocalypse, bouleversement, calamité, catastrophe, chaos, désastre, drame, fléau, malheur, néant, ruine, sinistre, tragédie. *FIG.* précipice, ulcère. *SOUT.* abîme. *FAM.* cata. ▲ANT. BONHEUR, CHANCE.

catalogue *n. m.* ▶ *Énumération* – cens, chiffrage, comptage, compte, décompte, dénombrement, détail, énumération, état, évaluation, inventaire, inventoriage, inventorisation, liste, litanie, numération, recensement, recension, revue, rôle, statistique. ▶ *Liste* – barème, bordereau, cadre, index, inventaire, liste, matricule, mémoire, menu, nomenclature, registre, relevé, répertoire, rôle, série, suite, table, tableau. *SUISSE* tabelle.

cataplasme *n. m.* anti-inflammatoire, compresse, diachylon, diachylum, emplâtre, magdaléon, résolutif, résolutoire, révulsif, sinapisme, sparadrap, topique, vésicatoire. *QUÉB.* mouche (de moutarde).

cataracte *n. f.* ▶ *Cours d'eau* – cascade *(en paliers)*, chute d'eau, chute. *SOUT.* cascatelle *(petite)*. ▶ *Forte pluie* – averse, déluge, giboulée, grain, ondée, pluie battante, pluie d'abat, pluie diluvienne, pluie drue, pluie torrentielle, trombe d'eau. *FAM.* douche, rincée, sauce, saucée; *BELG. FAM.* drache.

catastrophe *n. f.* ▶ *Malheur* – apocalypse, bouleversement, calamité, cataclysme, chaos, désastre, drame, fléau, malheur, néant, ruine, sinistre, tragédie. *FIG.* précipice, ulcère. *SOUT.* abîme. *FAM.* cata. ▶ *Échec* – avortement, banqueroute, capitulation, chute, débâcle, débandade, déconfiture, défaite, déroute, désavantage, échec, écrasement, faillite, fiasco, four, infortune, insuccès, mauvaise fortune, naufrage, perte, ratage, raté, retraite, revers. *SOUT.* traverse. *FAM.* désastre, piquette, plantage, raclée, recalage, volée. *FRANCE FAM.* bérézina, bide, brossée, déculottée, dégelée, écrabouillement, fessée, foirade, gamelle, loupage, pile, rincée, rossée, tannée, veste. ▲ANT. ACCROCHAGE, INCIDENT; BONHEUR, CHANCE; RÉUSSITE, SUCCÈS, TRIOMPHE.

catastrophique *adj.* désastreux, effroyable, épouvantable, funeste, terrible, tragique. *SOUT.* calamiteux. ▲ANT. ANODIN, BÉNIN, INNOCENT, INOFFENSIF, SANS DANGER, SANS GRAVITÉ.

catéchisme *n. m.* ▶ *Évangélisation* – apostolat, catéchèse, catéchisation, endoctrinement, évangélisation, ministère, mission, missionnariat, pastorale, prédication, propagande, propagation (de la foi), prosélytisme. *FAM.* caté. ▸ *Principes* – morale, philosophie, principes, religion. ▸ *Sermon* – discours, enseignement, exhortation, harangue, leçon, morale, propos, sermon. *PÉJ.* prêchi-prêcha, radotage.

catégorie *n. f.* classe, espèce, famille, genre, groupe, nature, ordre, sorte, type, variété. *SOUT.* gent.

catégorique *adj.* ▸ *Ferme* – décidé, déterminé, entier, ferme, immuable, inébranlable, inflexible, résolu. ▸ *Autoritaire* – affirmatif, autoritaire, dogmatique, formel, impératif, impérieux, péremptoire, sans réplique, scolastique, tranchant. *FAM.* pète-sec. ▲**ANT.** FLOTTANT, FLUCTUANT, HÉSITANT, INCERTAIN, INDÉCIS, INDÉTERMINÉ, IRRÉSOLU, PERPLEXE; ÉVASIF, FUYANT, IMPRÉCIS, VAGUE.

catholiques *n. pl.* ▸ *Ensemble des adeptes du catholicisme* – catholicité, Église, population catholique.

cauchemar *n. m.* ▸ *Rêve* – mauvais rêve. ▸ *Hantise* (*FAM.*) – affolement, alarme, angoisse, appréhension, crainte, effarement, effarouchement, effroi, épouvante, frayeur, grand-peur, hantise, horreur, inquiétude, panique, peur, phobie, psychose, terreur, transes. *FIG.* vertige. *SOUT.* affres, apeurement. *FAM.* frousse, pétoche, trac, trouille. *QUÉB. FAM.* chienne. ▲**ANT.** BONHEUR; SÉRÉNITÉ, TRANQUILLITÉ.

causalité *n. f.* causalisme, causation, détermination, déterminisme, effectualité, efficacité, efficience, finalité, lien causal, lien de cause à effet, relation causale, relation de cause à effet. ▲**ANT.** INDÉPENDANCE (CAUSALE).

cause *n. f.* ▸ *Origine* – agent, base, explication, facteur, ferment, fondement, fontaine, germe, inspiration, levain, levier, mobile, moteur, motif, motivation, moyen, objet, occasion, origine, point de départ, pourquoi, principe, raison, raison d'être, source, sujet. *SOUT.* étincelle, mère, racine, ressort. ▸ *But* – ambition, but, cible, considération, destination, fin, finalité, intention, mission, mobile, motif, objectif, objet, point de mire, pourquoi, prétexte, raison, raison d'être, sens, visée. *SOUT.* propos. ▸ *Procès* – affaire (judiciaire), audience, cas, débat, dossier, espèce, litige, litispendance, poursuite, procès. ▲**ANT.** CONSÉQUENCE, EFFET, PRODUIT, RÉSULTAT.

causer *v.* ▸ *Occasionner* – amener, apporter, catalyser, créer, déchaîner, déclencher, déterminer, donner, donner lieu à, donner naissance à, engendrer, entraîner, faire, faire naître, former, générer, occasionner, produire, provoquer, soulever, susciter. *PHILOS.* nécessiter. ▸ *Bavarder* – bavarder, converser, deviser, dialoguer, discuter, papoter, parler (de choses et d'autres), s'entretenir. *FAM.* babiller, bavasser, blablater, caqueter, faire un brin de causette, jacasser, jacter, jaspiner, parlementer, parloter, tailler une bavette. *QUÉB. FAM.* jaser, placoter. *BELG. FAM.* babeler. ▸ *Parler avec malveillance* – bavarder, cancaner, caqueter, colporter des cancans, colporter des ragots, commérer, commettre des indiscrétions, jaser, médire. *SOUT.* clabauder. *FAM.* bavasser, potiner. *QUÉB. FAM.* mémérer, placoter. ▲**ANT.** DÉRIVER DE,

ÊTRE LE FAIT DE, PROCÉDER DE, TENIR DE, VENIR DE; EMPÊCHER; SE TAIRE.

causerie *n. f.* ▸ *Entretien* – colloque, concertation, conversation, dialogue, discussion, échange (de vues), entretien, interview, pourparlers, tête-à-tête. *FAM.* causette, chuchoterie. *QUÉB.* jase, jasette. *PÉJ.* conciliabule, palabres; *FAM.* parlote. ▸ *Conférence* – conférence, cours, discours, exposé, laïus, lecture. ▲**ANT.** MUTISME, SILENCE.

causeur *n.* ▸ *Personne* – bavard, (beau) parleur, bonimenteur, cancanier, commère, crécelle, discoureur, enjôleur, péroreur, phraseur. ♦ **causeuse**, *fém.* ▸ *Canapé* – tête-à-tête. ▲**ANT.** TACITURNE.

cavalier *adj.* cynique, désinvolte, effronté, éhonté, familier, impertinent, impoli, impudent, insolent, irrespectueux, irrévérencieux, leste, libre, provocant, sans gêne, sans vergogne. *FAM.* culotté, gonflé. *QUÉB. FAM.* baveux. *ACADIE FAM.* effaré. ▲**ANT.** AFFABLE, BIEN ÉLEVÉ, BIENSÉANT, CIVIL, COURTOIS, DÉLICAT, GALANT, POLI.

cavalier *n.* ▸ *Personne à cheval* – amazone (*femme*), écuyer. ♦ **cavalier**, *masc.* ▸ *Danseur* – partenaire. ▸ *Amoureux* (*QUÉB. FAM.*) – adorateur, âme sœur, ami de cœur, amour, amoureux, beau, bien-aimé, chéri, être aimé, favori, mignon, petit ami, tourtereau, valentin. *PAR EUPHÉM.* ami, compagnon. *PAR PLAIS.* soupirant. *FAM.* béguin, copain, roméo. ▸ *Talus* – ados, barbette, berge, berme, chaussée, levée, parapet, remblai, risberme (*barrage*), talus, terrasse, terre-plein. *AGRIC.* billon. ▸ *Agrafe* – agrafe, épingle, fermoir, pince-feuilles, pince-notes, serre-feuilles, trombone. ▸ *Clou* – crampillon. *QUÉB. FAM.* crampe. ▲**ANT.** FANTASSIN.

cave *n. f.* ▸ *Local* – caveau, sous-sol. ▸ *Local d'entreposage du vin* – bouteillerie, cave à vins, cellier, chai, magasin à vins. ▸ *Boîte de nuit* – boîte à chansons, caveau. ▸ *Enjeu* – cagnotte, enjambage, enjeu, masse, mise, pot, poule. ▲**ANT.** COMBLE, GRENIER, TOIT.

caveau *n. m.* ▸ *Cave* – cave, sous-sol. ▸ *Boîte de nuit* – boîte à chansons, cave. ▸ *Lieu funéraire* – cénotaphe, crypte, fosse, hypogée, mausolée, monument, niche funéraire, sépulture, tombe, tombeau. *SOUT.* sépulcre. *ANC.* ciste, enfeu, pyramide, spéos, tholos, tombelle, tumulus.

caverne *n. f.* ▸ *Grotte* – abri-sous-roche, grotte. *SOUT.* antre. ▸ *Refuge d'animal* – abri, aire, antre (*bête féroce*), gîte, halot (*lapin*), héronnière, liteau (*loup*), nid, refuge, rennardière, repaire, reposée (*sanglier ou cervidé*), ressui (*pour se sécher*), retraite, tanière, taupinière, terrier, trou. *QUÉB.* ravage (*cerfs*); *FAM.* ouache.

cavité *n. f.* ▸ *Anfractuosité* – alvéole, anfractuosité, creusure, creux, crevasse, enfoncement, évidement, évidure, trou. ▸ *Affaissement* – affaissement, creux, crevasse, dépression, éboulement, écroulement, effondrement, flache, fondrière, trou. *GÉOL.* ensellement, épirogenèse, fondis, graben. ▲**ANT.** BOSSE, PROTUBÉRANCE, SAILLIE; BUTTE, COLLINE, ÉLÉVATION, ÉMINENCE, TALUS.

cécité *n. f.* ▸ *État d'une personne aveugle* – *FIG.* brouillard, brume, noir, nuit, obscurité. *MÉD.*

amaurose, amblyopie, anopsie. ▲ANT. PERCEPTION, VISION, VUE.

cédant *n.* ▲ANT. CESSIONNAIRE.

céder *v.* ▸ *Transmettre* – abandonner, laisser, léguer, transférer, transmettre. *DR. ou SOUT.* aliéner. ▸ *Perdre* – abandonner, laisser, perdre. ▸ *Se laisser aller* – donner dans, donner libre cours à, entrer dans, s'abandonner à, s'adonner à, se laisser aller à, se livrer à, se porter à. ▸ *Obéir à qqch.* – acquiescer à, obéir à, observer, obtempérer à, respecter, se conformer à, se plier à, se soumettre à, suivre. *SOUT.* déférer à, sacrifier à. ▸ *Obéir à qqn* – écouter, obéir à, s'exécuter, s'incliner, se soumettre à. *SUISSE FAM.* baster. ▸ *Rompre* – lâcher, (se) casser, (se) rompre. *FAM.* péter. ▸ *Se déchirer* – craquer, se déchirer, se défaire. ▸ *Faiblir* – battre en retraite, faiblir, faire marche arrière, fléchir, lâcher pied, mollir, plier, reculer. *FAM.* caler, caner, flancher, se déballonner, se dégonfler. ▸ *Succomber* – abandonner, se laisser aller, succomber. *FAM.* craquer, flancher. ▸ *S'avouer vaincu* – abandonner, abdiquer, baisser les bras, capituler, courber le dos, déclarer forfait, démordre de, jeter le manche après la cognée, lâcher prise, laisser tomber, renoncer, s'avouer vaincu. *FAM.* décrocher, démissionner, fermer boutique, plier boutique. ▲ANT. ACQUÉRIR, PRENDRE; CONSERVER, GARDER, RETENIR; S'ENTÊTER, S'OBSTINER, S'OPPOSER, SE RÉVOLTER; RÉSISTER, TENIR BON.

ceinture *n.f.* ▸ *Pièce d'habillement* – ceinturon. *FAM.* sous-ventrière. ▸ *Taille* – flanc, hanche, taille. *ANAT.* articulation coxo-fémorale. ▸ *Encadrement* – abornement, bornage, cadre, délimitation, démarcation, encadrement, jalonnage, jalonnement, ligne, limite, séparation, tracé. ▸ *Pourtour* – bord, cercle, circonférence, contour, dessin, extérieur, forme, lèvres, limbe, marli *(plat, assiette)*, périmètre, périphérie, pourtour, tour. ▸ *Banlieue* – abords, alentours, banlieue, banlieue-dortoir, cité-dortoir, couronne, environs, extension, faubourg, périphérie, quartier-dortoir, ville-dortoir, zone (suburbaine). ▲ANT. CENTRE, CŒUR.

célèbre *adj.* connu, de grand renom, fameux, glorieux, historique, illustre, immortel, inoubliable, légendaire, marquant, mémorable, notoire, proverbial, reconnu, renommé, réputé. ▸ *Non favorable* – de triste mémoire. ▲ANT. ANONYME, IGNORÉ, INCONNU, OBSCUR.

célébrer *v.* ▸ *Fêter* – commémorer, fêter, solenniser. ▸ *Glorifier* – acclamer, auréoler, chanter, chanter les louanges de, diviniser, encenser, exalter, glorifier, héroïser, magnifier, mettre sur un piédestal, mythifier, porter au pinacle, porter aux nues. *SOUT.* lyriser, tresser des couronnes à, tresser des lauriers à. ▲ANT. OUBLIER; ABAISSER, DÉCRIER, DÉPRÉCIER, FUSTIGER, RAVALER.

célébrité *n.f.* ▸ *Renommée* – considération, éclat, faveur, gloire, notoriété, palmarès, popularité, renom, renommée, réputation, vedettariat. *FIG.* auréole, immortalité, la déesse aux cent bouches. ▸ *Personne célèbre* – étoile, idole, vedette. ◆ **célébrités**, *plur.* ▸ *Ensemble de personnages importants* – aristocratie, choix, élite, (fine) fleur, gotha, grands noms, meilleur, panthéon, personnages, personnalités, sérail, vedettes. *FAM.* crème, dessus du

panier, gratin. ▲ANT. ANONYMAT, EFFACEMENT, INCOGNITO, OBSCURITÉ, OUBLI.

céleste *adj.* ▸ *Qui se trouve dans le ciel* – astral, sidéral. ▸ *Qui concerne l'espace* – cosmique, galactique, intergalactique, interplanétaire, intersidéral, interstellaire, spatial. ▸ *Qui évoque la perfection des anges* – angélique, divin, pur, sublime, transcendant. *SOUT.* archangélique, séraphique. ▸ *Surnaturel* – divin, miraculeux, surnaturel. ▲ANT. TERRESTRE; CONCRET, DE CE MONDE, MATÉRIEL, TEMPOREL; DÉMONIAQUE, DIABOLIQUE, INFERNAL, SATANIQUE.

célibataire *adj.* ▲ANT. MARIÉ.

célibataire *n.* ▸ *Adulte non marié* ▸ *Homme* – jeune homme, vieux garçon. ▸ *Femme* – jeune fille, mademoiselle. *FAM.* catherinette, mam'selle. *PÉJ.* vieille fille. ▲ANT. ÉPOUX.

cellule *n.f.* ▸ *Élément d'un être vivant* – organisme cellulaire. ▸ *Ensemble de personnes* – bande, brigade, caravane, collectif, colonie, corps, équipe, escadron, escouade, groupe, horde, individus, membres, meute, noyau, peloton, troupe. *IRON.* fournée. *FAM.* bataillon, brochette, cohorte. ▸ *Habitation de prisonnier* – cachot, fosse, oubliette, violon. *FRANCE FAM.* mitard. *ANC.* basse-fosse, cabanon *(pour les fous)*, cul-de-basse-fosse. *ANTIQ. ROM.* ergastule. ◆ **cellules**, *plur.* ▸ *Ensemble d'éléments d'un être vivant* – amas (de cellules), couche (de cellules); tissu (cellulaire). ▸ *Ensemble d'habitations de prisonniers* – prison. ▲ANT. INDIVIDU.

cendres *n.f.pl.* ▸ *Ruines* (*SOUT.*) – déblais, débris, décharge, décombres, démolitions, éboulement, éboulis, épave, gravats, gravois, miettes, plâtras, reste, ruines, vestiges.

censé *adj.* admis, présumé, putatif, réputé, supposé. *DR.* présomptif. ▲ANT. ASSURÉ, CERTAIN, SÛR.

censeur *n.* ▸ *Juge* (*SOUT.*) – critique, juge. *SOUT.* épilogueur, éreinteur *(méchant)*, zoïle. ▲ANT. ADULATEUR, APOLOGISTE, LOUANGEUR.

censure *n.f.* ▸ *Contrôle* – autocensure, bâillonnement, boycottage, caviardage, contrôle, exclusive, filtre, imprimatur, interdiction, (mise à l')index, muselage, musellement, mutilation, veto. *FIG.* bâillon, muselière. *FAM.* anastasie. *RELIG.* interdit, monition, suspense, tabouisation. ▸ *Blâme* – accusation, admonestation, admonition, anathématisation, anathème, attaque, avertissement, blâme, condamnation, correction, critique, désapprobation, diatribe, grief, grognerie, gronderie, interdit, leçon, malédiction, mise à l'écart, mise à l'index, mise en quarantaine, objection, observation, plainte, punition, récrimination, remarque, remontrance, représentation, réprimande, réprobation, reproche, réquisitoire, semonce, sérénade, sermon, tollé. *SOUT.* animadversion, foudres, fustigation, improbation, mercuriale, objurgation, stigmatisation, vitupération. *FAM.* douche, engueulade, prêchi-prêcha, savon, tabac. *FRANCE FAM.* attrapade, lavage de tête, soufflante. *BELG.* cigare. *RELIG.* fulmination. ▲ANT. TOLÉRANCE; LIBERTÉ D'EXPRESSION; APOLOGIE, APPROBATION, ÉLOGE, EXALTATION, FLATTERIE, LOUANGE.

centenaire *adj.* séculaire. ▲ANT. JEUNE; NEUF, NOUVEAU, RÉCENT.

central *adj.* ▸ *Qui se trouve au centre* – intermédiaire, médian, mitoyen, moyen. ▸ *Essentiel* – capital, crucial, de la plus haute importance, de premier plan, décisif, déterminant, dominant, essentiel, fondamental, important, maître, majeur, numéro un, prédominant, prééminent, premier, prépondérant, primordial, principal, prioritaire, supérieur. *SOUT.* à nul autre second, cardinal. ▲**ANT.** LATÉRAL; PÉRIPHÉRIQUE; ACCESSOIRE, SECONDAIRE.

centre *n. m.* ▸ *Milieu* – axe, entre-deux, intermédiaire, milieu, moyen terme, pivot, point central. *FIG.* clef (de voûte), cœur, foyer, midi, nœud, nombril, noyau, ombilic, sein, siège. ▸ *Ville importante* – capitale, métropole. *FAM.* La Mecque. ▸ *Organisme* – agence, bureau, cabinet, office, organisme, service. ▸ *Édifice à usage particulier* – complexe, établissement, maison, station. ▸ *Organisateur* – âme, artisan, auteur, canalisateur, cerveau, chef, cheville ouvrière, créateur, dirigeant, fondateur, incitateur, initiateur, inspirateur, instigateur, locomotive, maître (d'œuvre), meneur, moteur, organisateur, patron, père, promoteur, protagoniste, régisseur, responsable. *SOUT.* excitateur, instaurateur, ouvrier. ▲**ANT.** BORD, BORDURE, PÉRIPHÉRIE, POURTOUR; BOUT, EXTRÉMITÉ.

centrifuge *adj.* ▲**ANT.** CENTRIPÈTE.

centrisme *n. m.* ▲**ANT.** EXTRÉMISME.

cependant *adv.* mais, malgré cela, malgré tout, malheureusement, néanmoins, pourtant, seulement, toutefois. *SOUT.* nonobstant. ▲**ANT.** DE PLUS, EN OUTRE.

cercle *n. m.* ▸ *Courbe* – boucle, orbe, orbite, ovale, ove, rond. ▸ *Pourtour* – bord, ceinture, circonférence, contour, dessin, extérieur, forme, lèvres, limbe, marli *(plat, assiette)*, périmètre, périphérie, pourtour, tour. ▸ *Objet* – anneau, bague, cerceau, collier, couronne, disque, rondelle. *FAM.* rond. ▸ *Association* – amicale, association, club, compagnie, fraternité, groupe, société, union. ▸ *De savants ou d'artistes* – académie, aréopage, cénacle, club, école, institut, société.

cercueil *n. m.* bière, châsse *(reliques)*, sarcophage *(égyptien)*. *QUÉB. FAM.* tombe. ▲**ANT.** BERCEAU.

céréale *n. f.* ▸ *Plante* – graminacée, graminée, poacée. ♦ **céréales**, *plur.* ▸ *Préparation froide* – (flocons de) céréales. ▸ *Préparation chaude* – bouillie, gruau, porridge.

cérébral *adj.* abstractif, abstrait, conceptuel, idéal, intellectuel, livresque, mental, spéculatif, théorique. *PHILOS.* idéationnel, idéel, théorétique. ▲**ANT.** MATÉRIALISTE, PROSAÏQUE, TERRE-À-TERRE.

cérémonial *n. m.* ▸ *Protocole* – bienséance, cérémonie, convenances, décorum, étiquette, formalité, formule, mondanités, protocole, règle, usage. *FAM.* salamalecs. ▸ *Livre* – anthologe *(Église orthodoxe)*, bréviaire, directoire, (livre d')heures, livre de messe, livre de prières, missel, ordinal *(Église anglicane)*, paroissien, rational. ▸ *Selon les prières* – antiphonaire *(chants)*, diurnal *(office de la journée)*, eucologe *(dimanche et jours de fête)*, évangéliaire, hymnaire, processionnal *(processions)*, psautier *(psaumes)*, rituel, vespéral *(office du soir)*. ▲**ANT.** NATUREL, SIMPLICITÉ.

cérémonie *n. f.* ▸ *Messe* – célébration, cérémonial, culte, liturgie, messe, obit, office divin, office, saint sacrifice, service, service divin, service religieux. ▸ *Protocole* – bienséance, cérémonial, convenances, décorum, étiquette, formalité, formule, mondanités, protocole, règle, usage. *FAM.* salamalecs. ▸ *Rituel* – pratique, rite, rituel. ♦ **cérémonies**, *plur.* ▸ *Manières* – chichis, façons, manières. ▲**ANT.** NATUREL, SIMPLICITÉ.

cérémonieusement *adv.* emphatiquement, en grande pompe, hyperboliquement, pompeusement, sentencieusement, solennellement, théâtralement. ▲**ANT.** À LA BONNE FRANQUETTE, FAMILIÈREMENT, NATURELLEMENT, SANS CÉRÉMONIES, SANS COMPLICATIONS, SANS FAÇONS, SANS TAMBOUR NI TROMPETTE, SIMPLEMENT, SOBREMENT, TOUT BONNEMENT.

cérémonieux *adj.* façonnier, formaliste, protocolaire. *QUÉB. FAM.* téteux. ▲**ANT.** FAMILIER, NATUREL, SANS AFFECTATION, SANS COMPLICATIONS, SIMPLE, SOBRE.

cerise *n. f.* ▸ *Malchance* (FRANCE FAM.) – accident, coup du destin, coup du sort, coup dur, cruauté du destin, fatalité, fortune contraire, infortune, malchance, malheur, mauvais sort, mauvaise fortune, sort contraire, vicissitude. *SOUT.* adversité, infélicité. *FAM.* déveine, guigne, manque de bol, manque de pot, poisse. *FRANCE FAM.* débine, guignon, mélasse, mouscaille, scoumoune.

cerne *n. m.* ▸ *Trace circulaire* – auréole. ▸ *Cercle d'une souche* – cercle de croissance.

cerner *v.* ▸ *Délimiter* – caractériser, cibler, définir, délimiter, déterminer, établir, fixer. ▸ *Encercler* – boucler, encercler, envelopper, investir. ▸ *Ombrer* – estomper, noircir, ombrer. ▲**ANT.** LEVER LE SIÈGE DE, LIBÉRER.

certain *adj.* ▸ *Convaincu* – assuré, convaincu, persuadé, sûr. ▸ *Évident* – apparent, aveuglant, clair, cousu de fil blanc, criant, éclatant, évident, flagrant, frappant, hurlant (de vérité), incontestable, manifeste, patent, qui coule de source, qui crève les yeux, qui saute aux yeux, qui se voit comme le nez au milieu du visage, qui tombe sous le sens, qui va de soi, qui va sans dire, visible. ▸ *Irréfutable* – avéré, démontré, établi, formel, inattaquable, incontestable, incontesté, indéniable, indiscutable, indiscuté, indubitable, irrécusable, irréfutable, prouvé, reconnu, sûr. *FAM.* garanti. *DIDACT.* irréfragable. ▸ *Immanquable* – assuré, fatal, immanquable, imparable, implacable, incontournable, inéluctable, inévitable, inexorable, nécessaire, obligatoire, obligé, sûr. *FAM.* forcé, mathématique. ▲**ANT.** DISCUTABLE, DOUTEUX, INCERTAIN; HÉSITANT, INDÉCIS, IRRÉSOLU, PERPLEXE; ÉQUIVOQUE, HYPOTHÉTIQUE, IMPROBABLE, INDÉTERMINÉ; CONTESTABLE, SUSPECT; ÉVITABLE.

certainement *adv.* à dire vrai, à l'évidence, à la vérité, à n'en pas douter, à vrai dire, assurément, authentiquement, bel et bien, bien, bien entendu, bien sûr, cela va de soi, cela va sans dire, certes, comme de juste, d'évidence, de toute évidence, effectivement, en effet, en vérité, évidemment, il va sans dire, indubitablement, manifestement, naturellement, nul doute, oui, réellement, sans (aucun) doute, sans conteste, sans contredit, sans le moindre doute, sans nul doute, sérieusement, sûrement, véridiquement, véritablement, vraiment. *FAM.* pour de vrai, vrai. *QUÉB. FAM.* pour vrai. ▲ **ANT.** PEUT-ÊTRE, POSSIBLEMENT, POTENTIELLEMENT, PROBABLEMENT, SANS DOUTE, VIRTUELLEMENT, VRAISEMBLABLEMENT; AUCUNEMENT, D'AUCUNE FAÇON, D'AUCUNE MANIÈRE, EN RIEN, NULLEMENT, (PAS) DU TOUT.

certificat *n.m.* ▶ *Diplôme* – agrégation, brevet, diplôme. *FAM.* parchemin. *FRANCE FAM.* agrég, peau d'âne. ▶ *Attestation* – attestation, authentification, certification, confirmation, constat, enregistrement, homologation, légalisation, légitimation, officialisation, reconnaissance.

certifié *adj.* authentifié, authentique, notarié, officiel, public, solennel.

certitude *n.f.* ▶ *Conviction* – assurance, confiance, conviction, croyance, foi. *SOUT.* sûreté. ▶ *Confirmation* – affirmation, assurance, attestation, confirmation, corroboration, démonstration, gage, manifestation, marque, preuve, témoignage, vérification. ▲ **ANT.** DOUTE, INCERTITUDE; CONJECTURE, HYPOTHÈSE, SUPPOSITION.

cerveau *n.m.* ▶ *Partie du corps* – cortex (cérébral), corticale, encéphale, masse cérébrale, matière grise, substance grise. ▶ *Esprit* – bon sens, cervelle, clairvoyance, compréhension, conception, discernement, entendement, esprit, faculté, imagination, intellect, intelligence, jugement, lucidité, pénétration, raison, tête. *FAM.* matière grise, méninges. *QUÉB.* cocologie. *QUÉB. ACADIE FAM.* jarnigoine. *PHILOS.* logos. ▶ *Personne intelligente* – as, bonne lame, esprit supérieur, fine lame, intelligence. *SOUT.* phénix. *FAM.* aigle, flèche, grosse tête, lumière, tête d'œuf. *QUÉB. FAM.* bolle, bollé. ▶ *Organisateur* – âme, artisan, auteur, canalisateur, centre, chef, cheville ouvrière, créateur, dirigeant, fondateur, incitateur, initiateur, inspirateur, instigateur, locomotive, maître (d'œuvre), meneur, moteur, organisateur, patron, père, promoteur, protagoniste, régisseur, responsable. *SOUT.* excitateur, instaurateur, ouvrier. ▲ **ANT.** ÂNE, IDIOT, IMBÉCILE; EXÉCUTANT, SUBALTERNE.

cesser *v.* ▶ *Arrêter momentanément* – arrêter, interrompre, lever, suspendre. *SOUT.* discontinuer. ▶ *Arrêter définitivement* – abandonner, arrêter, mettre fin à, mettre un terme à, renoncer à. ▶ *S'arrêter* – discontinuer, prendre fin, s'arrêter, s'interrompre. ▲ **ANT.** CONTINUER, POURSUIVRE, PROLONGER; RECOMMENCER, REPRENDRE; DURER.

chagrin *adj.* ▶ *Maussade* (*SOUT.*) – boudeur, bourru, de mauvaise humeur, grognon, mal disposé, maussade, mécontent, morne, morose, qui fait la tête, rechigné, rembruni, renfrogné, sombre, taciturne. *FAM.* à ne pas prendre avec des pincettes, de mauvais poil, mal luné, qui fait la gueule, qui fait la lippe, qui s'est levé du mauvais pied, soupe au lait. *QUÉB. FAM.* marabout, qui fait la baboune. *BELG.* mal levé. ▲ **ANT.** ENJOUÉ, GAI, JOYEUX, RÉJOUI.

chagrin *n.m.* ▶ *Tristesse* – abattement, accablement, affliction, aigreur, amertume, dépression, désolation, deuil, douleur, ennui, épreuve, grisaille, humeur noire, idées noires, idées sombres, langueur, lypémanie, mal du pays, mal-être, maussaderie, mélancolie, monotonie, morosité, neurasthénie, noir,

nostalgie, papillons, peine, saudade, serrement de cœur, souci, tædium vitæ, tristesse, vague à l'âme. *SOUT.* atrabile, larmes, navrement, nuage, spleen, taciturnité. *FAM.* bourdon, cafard, déprime, sinistrose. ▶ *Déception* – abattement, accablement, affliction, amertume, anéantissement, consternation, contrariété, déboires, déception, déconvenue, découragement, dégoût, dégrisement, démoralisation, dépit, désappointement, désenchantement, désespoir, désillusion, désolation, échec, écœurement, ennui, infortune, insuccès, lassitude, mécompte, peine, regret, revers, tristesse. *SOUT.* atterrement, déréliction, désabusement, désespérance, retombement. *FAM.* défrisage, défrisement, douche (froide), ras-le-bol. ▲ **ANT.** GAIETÉ, JOIE, PLAISIR; BONHEUR.

chagriné *adj.* granité, granulé, granuleux, grené, grenelé, grenu, grumeleux.

chaîne *n.f.* ▶ *Bijou* – chaînette (*petite*). ▶ *Entrave* – boulet (*pied*), carcan (*cou*), entrave, menottes (*poignets*), poucettes (*pouces*). *ANC.* liens. ▶ *Attache* – attache, câble, corde, courroie, fers, lanière, lien, ligament, ligature, liure, sangle. ▶ *Série* – alignement, chapelet, colonne, combinaison, consécution, cordon, enchaînement, enfilade, énumération, file, gamme, guirlande, ligne, liste, rang, rangée, séquence, série, succession, suite, tissu, travée. ▶ *Relief* – chaîne de montagnes, dorsale. ▶ *Selon la région* – cordillère (*Amérique du Sud*), sierra (*en pays hispanophone*). ▶ *Station de télévision* – station. *QUÉB.* télédiffuseur; *FAM.* canal (de télévision), poste (de télévision). ♦ *chaînes, plur.* ▶ *Soumission* (*SOUT.*) – abaissement, allégeance, appartenance, asservissement, assujettissement, attachement, captivité, contrainte, dépendance, domestication, domesticité, domination, emprise, esclavage, gêne, hilotisme, inféodation, infériorité, mainmise, merci, mouvance, obédience, obéissance, obligation, oppression, pouvoir, puissance, servage, servitude, soumission, subordination, sujétion, tutelle, tyrannie, vassalité. *FIG.* carcan, corset (de fer), coupe, fardeau, griffe, main, patte, prison; *SOUT.* fers, gaine, joug. *PHILOS.* hétéronomie. ▲ **ANT.** TRAME (*tissu*). △ **CHAÎNES, plur.** – AFFRANCHISSEMENT, ÉMANCIPATION, LIBÉRATION, LIBERTÉ.

chair *n.f.* ▶ *Corps* – anatomie, corps, forme, morphologie, musculature, organisme. *SOUT.* enveloppe. ▶ *Viande* – muscle, viande. *FAM.* bidoche. *FRANCE FAM.* frigo (*congelée*). ▶ *Mauvaise FAM.* barbaque, semelle de botte (*coriace*). *FRANCE FAM.* carne. ▶ *Tissu végétal* – pulpe. ▲ **ANT.** ÂME, ESPRIT; OS, SQUELETTE; PELURE.

chaire *n.f.* ▶ *Siège* – cathèdre, faldistoire, stalle. ▶ *Estrade* – catafalque (*cercueil*), estrade, minbar (*mosquée*), plateau, tribune. *FAM.* perchoir. *ANC.* hourd. *ANTIQ.* rostres.

châle *n.m.* bandana, cache-col, cache-nez, carré, écharpe, étole, fichu, foulard, madras, mantille, mouchoir, pashmina, pointe. *QUÉB.* cache-cou.

chaleur *n.f.* ▶ *Caractère de ce qui est chaud* – chaud, tiédeur. *SOUT.* feux. ▶ *Grandeur physique* – température. ▶ *Enthousiasme* – allant, animation, ardeur, cœur, élan, enthousiasme, entrain, ferveur, flamme, insuccès, passion, zèle. *SOUT.* feu, fougue. ▶ *Cordialité* – affabilité, agrément, amabilité, aménité, bénignité, bienveillance, bonhomie, bonté, calme, charité, clémence, docilité, douceur, gentillesse, grâce, humanité, indulgence, patience, placidité, suavité. *SOUT.* débonnaireté, magnanimité, mansuétude, onction. ▶ *Éloquence* – ardeur, art, art oratoire, brio, charme, conviction, élégance, expression, maîtrise, parole, persuasion, rhétorique. *SOUT.* bien-dire. ◆ **chaleurs,** *plur.* ▶ *Temps chaud* – canicule. *SOUT.* ardeurs, touffeur. *SUISSE* tiède; *FAM.* tiaffe. ▶ *Désir d'accouplement* – rut. ▲**ANT.** FRAÎCHEUR, FROID; FROIDEUR, INDIFFÉRENCE, TIÉDEUR.

chaleureux *adj.* ▶ *Cordial* – accueillant, affable, agréable, aimable, amène, amical, avenant, bienveillant, charmant, convivial, cordial, de bonne compagnie, engageant, familier, gracieux, invitant, liant, ouvert, sociable, souriant, sympathique. *FAM.* bonard, sympa. *QUÉB. FAM.* d'adon. ▶ *Affectueux* – affectueux, ami, amical, fraternel, tendre. ▶ *Enthousiaste* – à tous crins, ardent, chaud, délirant d'enthousiasme, emballé, en extase, enthousiasmé, enthousiaste, extasié, extatique, fervent, passionné. *FAM.* tout feu tout flammes. ▲**ANT.** FROID, SEC; GLACIAL, HAUTAIN, INSENSIBLE, RAIDE; BRUTAL, DUR, RUDE; IMPERSONNEL.

chambre *n. f.* ▶ *Pièce* – alcôve, chambre (à coucher), chambrée (*caserne*), chambrette, dortoir. *FAM.* carrée, piaule, taule; *PÉJ.* cambuse, turne. ▶ *Assemblée législative* – (assemblée) législative, assemblée (nationale), chambre des communes, chambre (des députés), chambre des lords, chambre des représentants, Congrès (*É.-U*), cortès (*Espagne*), douma (*Russie*), Knesset (*Israël*), landsgemeinde (*Suisse alémanique*), législateur, parlement, (pouvoir) législatif, représentation nationale, soviet (*U.R.S.S.*). ▶ *Révolution française* – la Constituante, la Convention (nationale).

chameau *n.* ▶ *Animal* – *SOUT.* vaisseau du désert.

champ *n. m.* ▶ *Terre à culture* – brûlis, chaume, guéret, plant, plantation, pré. *SOUT.* glèbe. ▶ *Pâturage* – embouche (*bovins*), enclos, friche, herbage, kraal (*Afrique du Sud*), lande, noue, pacage, parc, parcours, parquet (*volailles*), passage, pâturage, pâture, prairie, pré. ▶ *En montagne* – alpage, alpe, estive. *SUISSE* mayen. *AFR.* secco. ▶ *Portion d'espace* – champ (de vision), horizon, panorama, paysage, perspective, point de vue, site, vue. ▶ *Aire* – aire, domaine, emplacement, espace, place, région, terrain, territoire, zone. ▶ *Spécialité* – branche, département, discipline, division, domaine, étude, fief, matière, partie, scène, science, secteur, spécialité, sphère. *FAM.* rayon. ▶ *Joueur* (*QUÉB. FAM.*) – voltigeur. *QUÉB. FAM.* vache.

champêtre *adj.* campagnard, paysan, rural, rustique. *SOUT.* agreste, bucolique, pastoral. ▲**ANT.** CITADIN, URBAIN.

champignon *n. m.* ▶ *Végétal* – *BOT.* fongus. ▶ *Accélérateur* (*FAM.*) – accélérateur, pédale d'accélérateur. *QUÉB. FAM.* (pédale à) gaz, suce.

champion *n.* ▶ *Gagnant* – gagnant, gagneur, lauréat, médaillé, premier, tenant du titre, triomphateur, vainqueur. ▶ *Défenseur* – apologiste, apôtre, appui, avocat, défenseur, protecteur, redresseur de torts, représentant, serviteur, soldat, soutien,

tenant. *SOUT.* intercesseur. ▶ *Partisan* – activiste, adepte, adhérent, allié, ami, apôtre, défenseur, disciple, fidèle, inconditionnel, militant, partisan, soutien, sympathisant, tenant. *SOUT.* chantre, séide, zélateur. *FAM.* godillot. ▶ *Expert* (*FAM.*) – as, expert, (fin) connaisseur, grand clerc, maître, professionnel, spécialiste, virtuose. *FAM.* chef, pro. *FRANCE FAM.* bête. *QUÉB.* connaissant, personne-ressource. ▲**ANT.** PERDANT, VAINCU; ADVERSAIRE, ENNEMI, OPPOSANT; INCAPABLE, NULLITÉ, RATÉ.

chance *n. f.* ▶ *Hasard* – accident, aléa, aléatoire, aventure, cas fortuit, circonstance, coïncidence, conjoncture, contingence, coup de dés, coup du sort, facteur chance, fortuit, hasard, impondérable, imprévu, inattendu, incertitude, indétermination, occurrence, rencontre, sort. *SOUT.* fortune. *QUÉB. FAM.* adon. *PHILOS.* casualisme, casualité, indéterminisme. *FIG.* loterie. ▶ *Hasard heureux* – aubaine, coup de chance, heureux hasard, occasion, opportunité. *SOUT.* fortune. *FAM.* baraka, (coup de) bol, occase, pot, veine. ▶ *Destin* – avenir, demain(s), destin, destinée, devenir, étoile, existence, fatalité, fortuité, fortune, futur, hasard, horizon, karma, lendemain(s), lot, nécessité, prédestination, prédétermination, prédéterminisme, providence, sérendipité, sort, vie. *SOUT.* fatum, Parque. ▶ *Possibilité* – conjecture, éventualité, fréquence, hypothèse, perspective, possibilité, potentialité, prévisibilité, probabilité, prospective, viabilité, virtualité. ▲**ANT.** INFORTUNE, MALCHANCE, MALHEUR.

chancelant *adj.* ▶ *Qqn* – défaillant, flageolant, oscillant, titubant, trébuchant, vacillant. ▶ *Qqch.* – défaillant, faible, fragile, glissant, incertain, instable, menacé, précaire, vacillant. ▲**ANT.** ASSURÉ, EN ÉQUILIBRE, ÉQUILIBRÉ, FERME, SOLIDE, STABLE.

chanceler *v.* ▶ *Ne pas tenir sur ses jambes* – flageoler, osciller, tituber, trébucher, vaciller. *QUÉB.* chambranler, tricoler. ▶ *Manquer de stabilité* – branler, osciller, vaciller. ▲**ANT.** ÊTRE FERME, TENIR BON; S'AFFERMIR, SE DRESSER, SE FIXER.

chanceux *adj.* ▶ *Qui a de la chance* – bien loti, favorisé, fortuné, privilégié. *FAM.* veinard. *FRANCE FAM.* chançard, verni. *QUÉB. FAM.* gras dur. ▲**ANT.** INFORTUNÉ, MALCHANCEUX, MALHEUREUX.

chandail *n. m.* ▶ *Vêtement de laine* – gilet de laine, jacquard, jersey. ▶ *Pull* (*QUÉB.*) – pull, pullover. *QUÉB. FAM.* gilet. ▶ *Maillot* (*QUÉB.*) – maillot, tee-shirt. *QUÉB.* gaminet.

chandelier *n. m.* ▶ *Support à chandelles* – bougeoir. ▶ *À plusieurs branches* – candélabre, flambeau, girandole, torchère.

chandelle *n. f.* ▶ *Bougie* – bougie. *ANC.* feu. ▶ *Coup au tennis* – lob. ▶ *Sécrétion* (*FAM.*) – jetage (*animaux*), morve, roupie. *QUÉB. FAM.* guedille. *SUISSE* moque.

change *n. m.* ▶ *Changement* – changement, chassé-croisé, commutation, échange, intérim, rechange, relève, remplacement, rotation, roulement, subrogation, substitution, succession, suppléance. ▶ *Échange d'une monnaie* – cambisme, commerce de devises, conversion, opération de change. ▶ *Lieu des opérations de change* – bourse, table des changes. ▶ *Taux* – taux de change. ▶ *Couche* – change complet, couche, rechange. *ANC.* pointe.

changeant *adj.* ▶ *Variable* – en dents de scie, flottant, fluctuant, incertain, inconstant, inégal, instable, irrégulier, mobile, mouvant, variable. *SOUT.* labile, volatil. *DIDACT.* erratique. ▶ *Sujet à des caprices* – capricieux, fantaisiste, fantasque, flottant, inconstant, inconstant, instable, lunatique, mobile, versatile, volage. *SOUT.* caméléonesque, ondoyant. ▶ *Qui change de couleur* – agatisé, chatoyant, gorge-de-pigeon, miroitant, moiré. *SOUT.* diapré. *DIDACT.* versicolore. ▲ANT. CONSTANT; DURABLE, IMMUABLE, INALTÉRABLE, PERMANENT; FIXE, IMMOBILE, INVARIABLE, INVARIANT, STABLE, STATIONNAIRE, STATIQUE; DÉCOLORÉ, DÉFRAÎCHI, DÉLAVÉ, DÉTEINT, ÉTEINT, FADE, PÂLI, TERNE.

changement *n. m.* ▶ *Transformation* – adaptation, ajustement, altération, avatar, conversion, évolution, glissement, gradation, infléchissement, métamorphose, modification, modulation, mue, mutation, passage, progression, transfiguration, transformation, transition, transmutation, variation, vie. ▶ *Substitution* – change, chassé-croisé, commutation, échange, intérim, rechange, relève, remplacement, rotation, roulement, subrogation, substitution, succession, suppléance. ▶ *Rectification* – amendement, correctif, correction, modification, rectification. *FAM.* modif. ▶ *Renouvellement* – amélioration, dépoussiérage, modernisation, modification, prorogation, rajeunissement, recommencement, reconduction, réformation, réforme, régénération, réhabilitation, réinvention, remplacement, renouveau, renouvellement, rénovation, réparation, restauration, résurrection, rétablissement, transformation. ▶ *Nouveauté* – actualité, avant-gardisme, contemporanéité, fraîcheur, inédit, innovation, jamais vu, jeunesse, mode, modernisme, modernité, neuf, nouveau, nouveauté, originalité, pertinence, précédent, première, présent, primeur. ▶ *Bouleversement* – bouleversement, chavirage, chavirement, conflagration, convulsion, dérangement, dérèglement, déséquilibre, désorganisation, détraquement, perturbation, renouvellement, rénovation, renversement, retournement, révolution, séisme, stress, trouble. *FAM.* chambard, chambardement, chamboulement. ▶ *Bifurcation* – aiguillage, bifurcation, branchement, bretelle, orientation. ▶ *Différence* – abîme, altérité, désaccord, déviance, différence, dissemblance, dissimilitude, distance, distinction, divergence, diversité, division, divorce, écart, fossé, gouffre, incompréhension, inégalité, intervalle, marginalité, nuance, séparation, variante, variation, variété. *MATH.* inéquation. ▶ *Alternance* – allée et venue, alternatives, balancement, bascule, flux et reflux, intermittence, ondulation, oscillation, palpitation, périodicité, pulsation, récurrence, récursivité, retour, rotation, roulement, rythme, sinusoïde, succession, tour, va-et-vient, variation. ▶ *Instabilité* – ballottement, déséquilibre, fluctuation, fragilité, inadaptation, incertitude, inconstance, inégalité, instabilité, mouvant, mouvement, précarité, variabilité, variance, versatilité, vicissitude, volatilité. *SOUT.* fugacité. ▶ *Caprice* – accès, bizarrerie, bon plaisir, caprice, chimère, coup de tête, envie, extravagance, fantaisie, fantasme, folie, frasque, gré, guise, immaturité, impatience, incartade, inconstance, infantilisme, instabilité, légèreté, lubie, marotte, mobilité, originalité, saute

(d'humeur), singularité, sporadicité, variation, versatilité, volonté. *SOUT.* folle gamberge, foucade, humeur. *FAM.* toquade. ▲ANT. CONSTANCE, CONTINUITÉ, FIXITÉ, IMMOBILITÉ, IMMUTABILITÉ, INVARIABILITÉ, STABILITÉ; CONSERVATISME, PASSÉISME, ROUTINE.

changer *v.* ▶ *Remplacer* – remplacer, substituer. ▶ *Échanger* – échanger, troquer. ▶ *Convertir* – convertir, muer, transformer. *SOUT.* transmuer, transmuter. ▶ *Modifier légèrement* – altérer, modifier. ▶ *Modifier en profondeur* – métamorphoser, modifier, réformer, réinventer, renouveler, rénover, repousser les limites de, révolutionner, transformer. ▶ *Varier* – différer, fluctuer, se modifier, varier. *FAM.* bouger. ▶ *Devenir différent* – évoluer, se transformer. ▶ *Prendre telle forme* – devenir, se métamorphoser en, se muer en, se transformer en. ▲ANT. CONSERVER, FAIRE DURER, GARDER, MAINTENIR, PERPÉTUER; DEMEURER, DURER, PERSÉVÉRER, PERSISTER, SUBSISTER.

chanson *n. f.* ▶ *Composition vocale* – air, chant, mélodie, pièce vocale. *FAM.* beuglante. ▶ *Rengaine* – écho, leitmotiv, rabâchage, radotage, réchauffé, récurrence, redite, redondance, refrain, rengaine, répétition, reprise, ressassage, ressassement, ritournelle, routine, scie, sérénade, turlutaine. *FAM.* rescucée. *QUÉB.* *FAM.* renotage. ▶ *Texte* – geste, poème épique, romancero. ▶ *Affaire sans importance* – amusette, bagatelle, baliverne, bêtise, bricole, broutille, détail, enfantillage, fadaise, faribole, frivolité, futilité, jeu, misère, plaisanterie, rien, sornette, sottise, vétille. *SOUT.* badinerie, puérilité. *FAM.* foutaise, mômerie. *BELG.* *FAM.* carabistouille.

chant *n. m.* ▶ *Action de chanter* – chantonnement, fredon, fredonnement. ▶ *Façon de chanter* – organe, voix. ▶ *Catégorie musicale* – musique vocale. ▶ *Composition vocale* – air, chanson, mélodie, pièce vocale. *FAM.* beuglante. ▶ *Ligne mélodique* – ligne mélodique, mélodie. ▶ *Bruit des oiseaux* – babil, gazouillement, gazouillis, pépiement, piaillement, piaulement, ramage, sifflement. *FAM.* cui-cui. ▶ *Partie la plus étroite* – bord, côté, face, facette, flanc, pan, paroi, profil, surface, tranche. *MAR.* travers.

chantage *n. m.* avertissement, bravade, commination, défi, dissuasion, effarouchement, fulmination, intimidation, menace, mise en garde, provocation, rodomontade, semonce, sommation, ultimatum. *FAM.* provoc.

chantant *adj.* doux, harmonieux, mélodieux, musical, suave. *DIDACT.* euphonique, eurythmique. ▲ANT. MONOCORDE, MONOTONE, TRAÎNANT; CACOPHONIQUE, CRIARD, DISCORDANT, DISSONANT, FAUX, INHARMONIEUX.

chanter *v.* ▶ *En parlant d'une personne* – moduler, vocaliser. *FAM.* pousser la chansonnette. ▶ *En parlant d'un bébé* – babiller, gazouiller. ▶ *En parlant d'un oiseau* – babiller, gazouiller, jaser, pépier, piailler, piauler, piotter, s'égosiller, siffler. ▶ *En parlant d'un cours d'eau* – gazouiller, jaser. ▶ *Acclamer* – acclamer, auréoler, célébrer, diviniser, encenser, exalter, glorifier, héroïser, magnifier, mettre sur un piédestal, mythifier, porter au pinacle, porter aux nues. *SOUT.* lyriser, tresser des couronnes à, tresser des lauriers à. ▶ *Plaire* (*FAM.*) – aller à, contenter,

chargement

convenir à, faire l'affaire de, plaire à, satisfaire, sourire à. SOUT. agréer à, complaire à. FAM. arranger, botter à. QUÉB. FAM. adonner.

chanteur n. ▸ *Personne* – voix. ♦ **chanteurs,** *plur.* ▸ *Ensemble de personnes* – chœur, chorale.

chantier n. m. ▸ *Lieu de travaux* – tas. ▸ *Lieu désordonné* (FAM.) – FIG. chenil, écurie, écuries d'Augias, porcherie. FAM. bazar, bouzin, capharnaüm, foutoir, souk. QUÉB. FAM. soue (à cochons). BELG. kot.

chanvre n. m. ▸ *Textile* – abaca, chanvre de Manille, jute, phormion, phormium, tagal, treillis. ▸ *Fibre* – étoupe, fibre de chanvre, filasse, teille.

chaos n. m. ▸ *Néant originel* – tohu-bohu. ▸ *Confusion* – anarchie, bourbier, brouillement, cafouillage, cafouillis, complication, confusion, désordre, désorganisation, embrouillement, emmêlage, emmêlement, enchevêtrement, imbroglio, mélange. SOUT. chienlit, pandémonium. FAM. embrouillage, embrouille, pagaille, pétaudière. FRANCE FAM. cirque, embrouillamini, foutoir, micmac, sac d'embrouilles, sac de nœuds, salade. ▸ *Catastrophe* – apocalypse, bouleversement, calamité, cataclysme, catastrophe, désastre, drame, fléau, malheur, néant, ruine, sinistre, tragédie. FIG. précipice, ulcère. SOUT. abîme. FAM. cata. ▲ANT. HARMONIE, ORDRE, ORGANISATION.

chaotique adj. ▸ *Sans ordre* – anarchique, brouillon, confus, désordonné, désorganisé, sens dessus dessous. FAM. bordélique. ▸ *Sans suite logique* – décousu, désordonné, incohérent, incompréhensible, inconséquent, sans queue ni tête, sans suite. ▲ANT. COHÉRENT, HARMONIEUX, HIÉRARCHISÉ, ORDONNÉ, ORGANISÉ, STRUCTURÉ.

chape n. f. ▸ *Au sens propre* – aube, cappa (magna), chasuble, dalmatique, froc, mantelet, mosette, ornements (sacerdotaux), rochet, soutane, surplis, tunicelle, tunique, vêtement (sacerdotal). ANTIQ. éphod. ▸ *Au sens figuré* – gangue, manteau, parure, vêtement. SOUT. enveloppe.

chapeau n. m. ▸ *Coiffure* – FAM. bibi (féminin), bitos, couvre-chef, galurin, tromblon.

chapelet n. m. ▸ *Bijou sacré* – mala (Inde), rosaire. ▸ *Série* – alignement, chaîne, colonne, combinaison, consécution, cordon, enchaînement, enfilade, énumération, file, gamme, guirlande, ligne, liste, rang, rangée, séquence, série, succession, suite, tissu, travée.

chapitre n. m. ▸ *Subdivision d'un livre* – alinéa, article, livre, matière, objet, paragraphe, partie, question, rubrique, section, sujet, titre, tome, volet, volume. ▸ *Dans un texte sacré* – psaume, surate (musulman), verset.

char n. m. ▸ *Véhicule militaire* – blindé, char d'assaut, char de combat, panzer, semi-chenillé, tank. ▸ *Automobile* (QUÉB. ACADIE FAM.) – auto, automobile, voiture, voiture automobile. FAM. bagnole, bahut, caisse, tire. ▸ *Rapide* – bolide. ▸ *Petite* – microvoiture, voiturette automobile. FAM. trottinette. ▸ *Grosse* FAM. tank, wagon. QUÉB. FAM. bateau. ▸ *Vieille ou mauvaise* – clou, épave (hors d'usage). FAM. bagnole, boîte à savon, chignole, guimbarde, poubelle, tacot, tapecul, tas de tôle, tas de ferraille, teuf-teuf, veau (lente). QUÉB. FAM. bazou, cancer, citron, minoune. ▸ *Véhicule sur rails* (QUÉB. FAM.) – fourgon,

remorque (camion ou métro), voiture, wagon, wagonnet (petit).

charbon n. m. ▸ *Matière* – anthracite, coke (distillé), houille, jais, lignite, poussier (poussière), semicoke. ▸ *Bon marché* – charbonnaille. ▸ *Consumé* – flambard, fraisil, fumeron. ▸ *Constituants* – clarain, durain, vitrain. ▸ *Fusain* – crayon fusain, fusain. ▸ *Maladie végétale* – anthracnose, carie, nielle, rouille.

chargé adj. ▸ *En parlant du style* – lourd, orné, tarabiscoté. ▸ *En parlant de l'estomac* – embarrassé, lourd.

charge n. f. ▸ *Fardeau* – chargement, fardeau, poids. SOUT. faix. ▸ *Cargaison* – cargaison, chargement, fret, marchandise. ▸ *Matière explosive* – explosif, gargousse. FAM. soupe. ▸ *Projectiles* – munitions. ▸ *Embarras* – aléa, contre, danger, défaut, déplaisir, dérangement, désagrément, désavantage, difficulté, écueil, embarras, empêchement, ennui, fissure, gêne, handicap, incommodité, inconfort, inconvénient, mauvais côté, objection, obstacle, point faible, risque, trouble. SOUT. importunité. ▸ *Dette* – arriéré, compte, créance, crédit à découvert, débet, débit, découvert, déficit, dette, devoir, doit, dû, emprunt, engagement, impayé, moins-perçu, non-paiement, obligation, passif, solde débiteur. BELG. mali, pouf. ▸ *Impôt* – contribution, cote, droit, excise, fiscalité, imposition, levée, patente, prélèvement, prestation, prime (assurance), redevance, surtaxe, taxation, taxe, tribut. QUÉB. accise. BELG. accises. HIST. capitation, champart, corvée, dîme, fouage, franc-fief, gabelle, maltôte, moulage, taille, tonlieu. DR. foretage. ▸ *Garantie* – assurance, aval, caution, cautionnement, consignation, couverture, ducroire, engagement, gage, garant, garantie, hypothèque, indexage, indexation, nantissement, obligation, palladium, parrainage, précaution, préservation, promesse, répondant, responsabilité, salut, sauvegarde, sécurité, signature, soulte, sûreté, warrant, warrantage. ▸ *Obligation* – commandement, contrat, dette, devoir, engagement, lien, obligation, parole, promesse, responsabilité, serment. ▸ *Fonction* – affectation, dignité, emploi, fonction, métier, mission, office, place, poste, responsabilité, rôle, siège, titre, vocation. ▸ *Attaque* – agression, assaut, attaque, attentat, déferlement, envahissement, intervention, invasion, irruption, offensive. SOUT. entreprise. MILIT. blitz (de courte durée). ▸ *Inculpation* – accusation, imputation, incrimination, inculpation, plainte, poursuite, présomption, prise à partie, réquisitoire. SOUT. prévention. ANC. clain. DR. chef d'accusation. ▸ *Caricature* – calquage, caricature, contrefaçon, copiage, décalquage, démarquage, emprunt, émulation, figuration, grégarisme, imitation, mime, mimétisme, moutonnerie, parodie, pastiche, pillage, plagiat, représentation, servilité, simulation, singerie, suivisme, travestissement. DR. contrefaction. ♦ **charges, plur.** agio, commission, crédit, frais, intérêt, plus-value, prélèvement. ▲ANT. ALLÉGEMENT, SOULAGEMENT; DÉCHARGE, EXONÉRATION; APOLOGIE, ÉLOGE, LOUANGE.

chargement n. m. ▸ *Remplissage* – remplissage. SOUT. emplissage. FAM. lestage. TECHN. garnissage. ▸ *D'un véhicule* – transbordement. ▸ *D'un navire* – aconage, arrimage. ▸ *Cargaison* – cargaison, charge, fret, marchandise. ▶ *Affrètement* – affrètement, charte-partie, nolisement. ▶ *Paquet pour la poste* – colis, envoi, exprès, paquet-poste. ▶ *Fardeau* – charge, fardeau, poids. SOUT. faix. ▶ *Équipement* – affaires, appareil, bagage, équipement, fourniment, harnachement, instruments, matériel, outillage, outils. FAM. arsenal, attirail, barda, bastringue, bataclan, bazar, fourbi, matos, paquet, paquetage, saint-crépin, saint-frusquin. QUÉB. FAM. agrès, gréage, gréement. ▲ANT. DÉCHARGEMENT.

charger *v.* ▶ *Remplir* – bourrer, emplir, remplir. ▶ *Truffer un texte* – bourrer, émailler, farcir, larder, remplir, semer, truffer. ▶ *Alourdir* – alourdir, embarrasser, encombrer, farcir, surcharger. ▶ *Accabler* – accabler, écraser, étouffer, peser sur, surcharger. SOUT. opprimer. ▶ *Exagérer* – amplifier, enfler, exagérer, forcer, grandir, grossir. SOUT. outrer. FAM. broder, en rajouter, tirer sur la ficelle. FRANCE FAM. chariboter, chérer. QUÉB. FAM. en beurrer épais, en mettre épais. ▶ *Caricaturer* – caricaturer, déformer, exagérer, grossir, pousser jusqu'à la caricature, simplifier. ▶ *Accuser* – accuser, faire grief à, taxer. ▶ *Attaquer* – agresser, assaillir, attaquer, foncer sur, fondre sur, sauter sur, se jeter sur, se ruer sur, tomber sur. BELG. broquer sur. ▶ *Affecter à une tâche* – affecter, appeler, commettre, commissionner, désigner, préposer. ▶ *Investir d'un pouvoir* – investir, pourvoir, revêtir. ◆ se **charger** ▶ *Prendre la responsabilité* – accepter, assumer, endosser, prendre sur soi. ▲ANT. DÉCHARGER; ALLÉGER; LIBÉRER; EXCUSER.

charismatique *adj.* absorbant, accrocheur, captivant, fascinant, intéressant, palpitant, passionnant, prenant. SOUT. attractif. QUÉB. enlevant. ▲ANT. FALOT, ININTÉRESSANT, SANS ÉCLAT, SANS ENVERGURE, TERNE.

charitable *adj.* ▶ *Qui agit par charité* – altruiste, bon, compatissant, désintéressé, fraternel, généreux, humain, humanitaire, philanthrope, qui a bon cœur, secourable. SOUT. bienfaisant. ▶ *Qui dispense de l'aide* – caritatif, de bienfaisance, de charité. ▲ANT. AVARE, CHICHE, CUPIDE, ÉGOÏSTE, MESQUIN; DE PIERRE, DUR, ENDURCI, FROID, INDIFFÉRENT, INSENSIBLE, SANS-CŒUR, SEC.

charlatan *n. m.* ▶ *Guérisseur* – guérisseur. FAM. rebouteux. QUÉB. ACADIE FAM. ramancheux. ▶ *Imposteur* – attrapeur, bonimenteur, bourreur de crâne, cabotin, chafouin, comédien, dissimulateur, dissimulé, doucereux, faux jeton, grimacier, homme à deux visages, hypocrite, imposteur, sainte-nitouche *(femme)*, simulateur, sournois, sucré, tartufe, trompeur. SOUT. dupeur, endormeur.

charmant *adj.* ▶ *Aimable* – accueillant, affable, agréable, aimable, amène, amical, avenant, bienveillant, chaleureux, convivial, cordial, de bonne compagnie, engageant, familier, gracieux, invitant, liant, ouvert, sociable, souriant, sympathique. FAM. bonard, sympa. QUÉB. FAM. d'adon. ▶ *Joli* – à croquer, adorable, avenant, beau, bien, coquet, délicieux, gentil, gentillet, gracieux, joli, mignon, mignonnet, plaisant, ravissant. FAM. chou, jojo. FRANCE FAM. croquignolet, mignard, mimi, trognon. ▶ *Séduisant* – agréable, attachant, (d'un charme) irrésistible, plaisant, séduisant. FRANCE FAM. craquant. ▶ *Exquis* – agréable, beau, délicieux, divin, exquis, suave,

sublime. FRANCE FAM. gouleyant. ▶ *Agréable* – agréable, amusant, distrayant, divertissant, égayant, gai, plaisant, réjouissant, riant, souriant, sympathique. FAM. bonard, chic, chouette, sympa. ▲ANT. DISGRACIEUX, REPOUSSANT, RÉPUGNANT, VILAIN; AGAÇANT, ANTIPATHIQUE, CRISPANT, DÉPLAISANT, DÉSAGRÉABLE, DÉTESTABLE, ÉNERVANT, EXASPÉRANT, EXÉCRABLE, HAÏSSABLE, INSUPPORTABLE, INVIVABLE, PÉNIBLE; ACARIÂTRE, ACERBE, AIGRI, BOURRU, DÉSOBLIGEANT, DIFFICILE, GRINCHEUX, HARGNEUX, MAUSSADE, RÉBARBATIF, RÊCHE, REVÊCHE.

charmé *adj.* enchanté, heureux, ravi.

charme *n. m.* ▶ *Maléfice* – diablerie, enchantement, ensorcellement, envoûtement, fascination, influence, jettatura, magie, maléfice, malheur, maraboutage, mauvais œil, (mauvais) sort, philtre, possession, sorcellerie, sortilège. ANTIQ. goétie. ▶ *Beauté* – agrément, art, attrait, beau, beauté, chic, classe, coquetterie, délicatesse, distinction, éclat, élégance, esthétique, féerie, fraîcheur, grâce, gracieux, harmonie, magnificence, majesté, perfection, photogénie, pureté, séduction, splendeur, symétrie. DIDACT. eurythmie. SOUT. blandice, joliesse, morbidesse, sublimité, symphonie, vénusté. ▶ *Agrément* – agrément, bouquet, fumet, piment, piquant, saveur, sel, truculence. ▶ *Action de séduire* – conquête, enchantement, ensorcellement, entreprises, envoûtement, parade *(animaux)*, séduction. FAM. drague, rentre-dedans. ▶ *Attraction* – aimant, attirance, attraction, attrait, charisme, chien, désirabilité, envoûtement, fascination, magie, magnétisme, séduction. ▶ *Éloquence* – ardeur, art, art oratoire, brio, chaleur, conviction, élégance, expression, maîtrise, parole, persuasion, rhétorique. SOUT. bien-dire. ◆ **charmes, plur.** attributs féminins, rondeurs. ▲ANT. CONJURATION, DÉSENVOÛTEMENT; HORREUR; LAIDEUR, MONSTRUOSITÉ.

charmer *v.* ▶ *Jeter un sort* – enchanter, ensorceler, envoûter, jeter un sort à. AFR. marabouter. ▶ *Hypnotiser* – captiver, ensorceler, envoûter, fasciner, hypnotiser, magnétiser, obnubiler, séduire, subjuguer, tenir sous le charme. ▶ *Séduire* – captiver, conquérir, faire la conquête de, gagner, s'attacher, s'attirer les bonnes grâces de, s'attirer les faveurs de, séduire, subjuguer. ▶ *Rendre heureux* – combler, enchanter, enthousiasmer, exaucer, faire la joie de, faire le bonheur de, faire plaisir à, mettre en joie, plaire à, ravir, réjouir. SOUT. assouvir, délecter. FAM. emballer. ▲ANT. DÉSENCHANTER, DÉSENVOÛTER; ATTRISTER, CHOQUER, DÉGOÛTER, DÉPLAIRE À, MÉCONTENTER, OFFENSER, REBUTER, RÉPUGNER À.

charmeur *n.* ▶ *Dompteur* – apprivoiseur, dompteur, dresseur. ANTIQ. belluaire. ▲ANT. REPOUSSOIR.

charnel *adj.* ▶ *Qui concerne le corps* – corporel, matériel, physique. ▲ANT. IMMATÉRIEL, SPIRITUEL; CHASTE, PLATONIQUE, PUDIQUE, PUR, SAGE, VIRGINAL.

charnier *n. m.* catacombe, cimetière, colombaire, fosse commune, morgue, nécropole, ossuaire. SOUT. champ du repos, dernier asile, dernière demeure. FAM. boulevard des allongés, jardin des allongés, terminus.

charnière *n. f.* ▶ *Axe* – arbre, arbre-manivelle, axe, bielle, biellette, essieu, manivelle, moyeu, pivot, tige, vilebrequin. TECHN. goujon, tourillon. ▶ *Penture* – crapaudine, ferrure, gond, paumelle, penture.

chaton

charnu *adj.* arrondi, aux formes pleines, dodu, enveloppé, grassouillet, plein, potelé, pulpeux, rebondi, replet, rond, rondelet. *FAM.* boulot, girond, rondouillard. *QUÉB.* grasset. ▸ *En parlant du visage* – joufflu, poupard, poupin. ▲ANT. MAIGRE; ÉLANCÉ, FILIFORME, FLUET, FRÊLE, GRACILE, GRÊLE, LONGILIGNE, MINCE, SVELTE; CREUX *(visage)*, ÉMACIÉ.

charogne *n. f.* ▸ *Cadavre d'animal* – carcasse.

charpente *n. f.* ▸ *Armature* – armature, bâti, cadre, carcasse, chaînage, châsse, châssis, empoutrerie, fût, lisoir, monture, ossature, poutrage, poutraison. ▸ *Structure* – architecture, armature, ferme, gros œuvre, ossature, squelette, structure. ▸ *Squelette* – les os, ossature, squelette.

charrier *v.* ▸ *Entraîner* – arracher, balayer, emporter, enlever, entraîner. ▸ *Aller trop loin* (*FAM.*) – aller trop loin, combler la mesure, dépasser la mesure, dépasser les bornes, exagérer, ne pas y aller de main morte. *FAM.* attiger, forcer la dose, forcer la note, pousser, y aller fort. *QUÉB. FAM.* ambitionner. ▲ANT. DÉTROMPER, ÉCLAIRER; RESPECTER; ATTÉNUER, MINIMISER.

charrue *n. f.* araire, bisoc, brabant, butteur, buttoir, chisel, cultivateur, décavaillonneuse, déchaumeuse, déchausseuse, défonceuse, fossoir, fouilleuse, houe à cheval, monosoc, motoculteur, piocheuse, polysoc, pulvériseur, sarcloir, scarificateur, soussoleuse, tourne-oreille, tourne-soc, trisoc. *QUÉB.* rotoculteur.

charte *n. f.* ▸ *Norme* – arrêté, code, convention, cote, coutume, formule, loi, mesure, norme, obligation, ordre, précepte, prescription, protocole, régime, règle, règlement, usage. ▸ *Règles* – constitution.

chasse *n. f.* ▸ *Action de chasser* – suite. *DIDACT.* cynégétique, prédation. ▸ *Action de suivre qqn* – chasse (à l'homme), poursuite. ▲ANT. FUITE.

chasser *v.* ▸ *Poursuivre le gibier* – courir. *CHASSE* courre. ▸ *Déloger d'un abri* – débusquer, déloger, dénicher. *SOUT.* débucher. ▸ *Expulser d'un lieu* – évincer, expulser, mettre à la porte, mettre dehors, renvoyer. *FAM.* éjecter, vider, virer. ▸ *Congédier* – congédier, débaucher, démettre, donner son congé à, expulser, licencier, mettre à la porte, mettre à pied, mettre dehors, mettre en disponibilité, reconduire, remercier, remercier de ses services, renvoyer. *FAM.* balancer, balayer, déboulonner, lourder, sabrer, sacquer, vider, virer. *QUÉB. FAM.* donner son quatre pour cent à. ▸ *Exclure d'un groupe* – bannir, barrer, éloigner, exclure, exiler, fermer la porte à, mettre en quarantaine, ostraciser, rejeter. *SOUT.* excommunier, frapper d'ostracisme, proscrire, répudier. ▸ *Repousser un envahisseur* – culbuter, refouler, repousser. ▸ *Dissiper les nuages, la brume* – balayer, disperser, dissiper. ▸ *Déraper* – déraper, glisser, patiner, riper. ▲ANT. ÊTRE LA PROIE DE; FUIR; ACCUEILLIR, ADMETTRE, OUVRIR LA PORTE À; RECEVOIR; EMBAUCHER, ENGAGER, ENTRETENIR; PRÉSERVER, RETENIR.

chasseur *n.* ▸ *Personne qui chasse* – prédateur. *SOUT.* chasseresse *(femme)*. *FAM.* plombiste. *PAR EXT.* fusil. ♦ *chasseur, masc.* ▸ *Employé d'hôtel* – bagagiste, commissionnaire, courrier, coursier, employé livreur, envoyé, garçon livreur, livreur, messa-

ger, porteur. *ANC.* estafette. *MILIT.* héraut (d'armes). ▸ *Bateau* – baleinière. ▲ANT. GIBIER, PROIE.

châssis *n. m.* ▸ *Cadre* – carrelet, contrechâssis, forme, passe-vue. *TECHN.* rame. ▸ *Bordure* – bâti dormant, cadre, chambranle, châssis dormant, croisée, dormant, encadrement, fenêtre, huisserie, trappe. ▸ *Assemblage* – armature, bâti, cadre, carcasse, chaînage, charpente, châsse, empoutrerie, fût, lisoir, monture, ossature, poutrage, poutraison. ▸ *Fenêtre* (*QUÉB. ACADIE FAM.*) – ajour, baie (de fenêtre), croisée, fenêtre, vue.

chaste *adj.* ▸ *Sans relations sexuelles* – abstinent. ▸ *Sans érotisme* – de haute moralité, décent, immaculé, innocent, platonique, pudique, pur, réservé, sage, vertueux, virginal. ▸ *Non favorable* – bégueule, collet monté, prude, pudibond, puritain. ▲ANT. SEXUELLEMENT ACTIF; CONCUPISCENT, DÉBAUCHÉ, ÉROTIQUE, GAILLARD, GROSSIER, IMPUDIQUE, IMPUR, INDÉCENT, LASCIF, LIBIDINEUX, LICENCIEUX, LUBRIQUE, LUXURIEUX, OBSCÈNE, VICIEUX.

chasteté *n. f.* ▸ *Continence* – abstinence, ascétisme, célibat, continence, pureté, vertu, virginité. *FAM.* pucelage. ▸ *Décence* – bienséance, bon ton, convenance, correction, décence, délicatesse, dignité, discrétion, éducation, fierté, gravité, honnêteté, honneur, modestie, politesse, propreté, pudeur, quant-à-soi, réserve, respect, retenue, sagesse, sobriété, tact, tenue, vertu. *SOUT.* pudicité. ▲ANT. CONCUPISCENCE, DÉBAUCHE, DÉPRAVATION, IMPURETÉ, LUBRICITÉ, LUXURE.

chat *n.* ▸ *Animal* – *FAM.* minet, minou. *QUÉB. FAM.* mine. *ENFANTIN* mimi. ♦ *chatte, fém.* ▸ *Animal femelle* – *FAM.* mimine. ♦ *chats, plur.* ▸ *Ensemble d'animaux* – *PAR PLAIS.* gent féline.

châtaigne *n. f.* ▸ *Fruit du châtaignier* – châtaignon *(séché)*, marron. ▸ *Coup de poing* (*FAM.*) – coup de poing, horion. *FAM.* bourre-pif, castagne, gnon, jeton, macaron, marron, pain, tarte, torgnole. ▲ANT. CÂLIN, CARESSE.

châtaignier *n. m.* ▸ *Arbre* – marronnier. ♦ *châtaigniers, plur.* ▸ *Ensemble d'arbres* – châtaigneraie.

château *n. m.* ▸ *Demeure fortifiée* – bastille, burg *(Allemagne)*, château fort, châtelet. *HIST.* bastide, krak. ▸ *Riche maison de plaisance* ▸ *Petit* – gentilhommière, manoir. *SOUT.* castel. ▸ *Abandonné* – nid de hiboux. ▸ *Vignoble* – clos, cru, vignoble. ▲ANT. CABANE, TAUDIS.

châtier *v.* ▸ *Punir* – corriger, infliger une punition à, pénaliser, punir, sévir contre. *FAM.* faire payer. ▸ *Soumettre à des privations* – crucifier, macérer, mater, mortifier. ▸ *Épurer le style, la langue* – épurer, polir, soigner. ▲ANT. ENCOURAGER, RÉCOMPENSER.

châtiment *n. m.* ▸ *Punition* – condamnation, correction, damnation, expiation, gage *(dans un jeu)*, leçon, peine, pénalisation, pénalité, pénitence, punition, répression, sanction, verbalisation. *FAM.* tarif. ▲ANT. RÉCOMPENSE; CLÉMENCE, PARDON.

chaton *n.* ▸ *Animal* – bébé chat, petit chat. *FAM.* minet. ▸ *Inflorescence* – épi, épillet, panicule, spadice. ▸ *Amas de poussière* – *FAM.* mouton. *QUÉB. FAM.*

minou. *ACADIE FAM.* rolon de poussière. ♦ **chatons,**
plur. ▸ *Ensemble d'animaux* – chattée.

chatouiller *v.* ▸ *Démanger* – démanger, fourmiller. *FAM.* gratter, grattouiller, piquer. ▸ *Exciter*
agréablement – titiller. ▲ANT. CALMER; DÉPLAIRE À,
ENNUYER.

chatoyant *adj.* agatisé, changeant, gorge-de-
pigeon, miroitant, moiré. *SOUT.* diapré. *DIDACT.* versicolore. ▲ANT. DÉCOLORÉ, DÉFRAÎCHI, DÉLAVÉ, DÉTEINT,
ÉTEINT, FADE, PÂLI, TERNE.

chaud *adj.* ▸ *Qui dégage de la chaleur* – ardent,
bouillant, brûlant. ▸ *Qui a ou indique la fièvre* –
bouillant, brûlant, fébrile, fiévreux. ▸ *En parlant*
du temps – accablant, brûlant, caniculaire, écrasant,
étouffant, lourd, oppressant, saharien, suffocant, torride, tropical. ▸ *En parlant d'une lutte* – acharné,
âpre, farouche, féroce, furieux, opiniâtre. ▸ *Intense* –
animé, ardent, intense, vif. ▸ *Enthousiaste* – à tous
crins, ardent, chaleureux, délirant d'enthousiasme,
emballé, en extase, enthousiasmé, enthousiaste, extasié, extatique, fervent, passionné. *FAM.* tout feu tout
flammes. ▸ *Sensuel* – ardent, brûlant, érotique, passionné, torride. ▸ *Ivre* (QUÉB. FAM.) – aviné, en état
d'ébriété, enivré, ivre, pris de boisson. ▲ANT. FRAIS,
FROID, GELÉ, GLACÉ; GLACIAL *(temps)*, RIGOUREUX, RUDE,
SIBÉRIEN; BLASÉ, DÉTACHÉ, INDIFFÉRENT, NONCHALANT,
SANS CONVICTION; ABATTU, DÉCOURAGÉ, DÉMORALISÉ,
DÉPRIMÉ, LAS, MOROSE, PESSIMISTE, SOMBRE, TÉNÉBREUX,
TRISTE; DE GLACE, DE MARBRE, FROID, GLAÇANT, GLA-
CIAL, INSENSIBLE, RÉFRIGÉRANT; SOBRE.

chaudière *n.f.* ▸ *Appareil de chauffage* – appareil de chauffage central, calorifère, convecteur,
poêle, radiateur. *QUÉB.* chaufferette, plinthe (chauffante) électrique. ▸ *Seau* (QUÉB. ACADIE FAM.) – seau.
QUÉB. ACADIE FAM. siau. *SUISSE* channe.

chaudron *n.m.* ▸ *Contenant* – braisière, cocotte, couscoussier, daubière, fait-tout, marmite.
QUÉB. soupière. *ANC.* bouteillon. ▸ *Contenu* – casserolée, chaudronnée, marmite, poêlée, terrinée. ▸ *Ins-*
trument de musique médiocre – casserole, sabot.

chauffage *n.m.* ▸ échauffement, étuvage, étuvement, réchauffage, réchauffement. *DIDACT.* calé-
faction. *TECHN.* chauffe. *PHYSIOL.* calorification. *PHYS.*
thermogénie. ▲ANT. CONGÉLATION, RAFRAÎCHISSE-
MENT, RÉFRIGÉRATION, REFROIDISSEMENT.

chauffer *v.* ▸ *Exciter* – déchaîner, électriser, enfiévrer, exalter, galvaniser, surchauffer, surexciter, survolter, transporter. ▸ *Devenir trop chaud* – s'échauffer. ▲ANT. GLACER, RAFRAÎCHIR, RÉFRIGÉRER; REFROI-
DIR; ATTIÉDIR.

chauffeur *n.* ▸ *Conducteur de véhicule auto-*
mobile – conducteur. ▸ *Dangereux* – chauffard. *FAM.*
écraseur.

chaume *n.m.* ▸ *Tiges* – éteule, foin, paille.
▸ *Champ* – brûlis, champ, guéret, plant, plantation,
pré. *SOUT.* glèbe.

chaumière *n.f.* ▸ *Petite maison* – cabane, cabanon, case, gloriette, hutte, maisonnette. *SUISSE* capite. ▸ *Demeure* (FAM.) – domicile, foyer, intérieur,
maison, nid, résidence, toit. *SOUT.* demeure, habitacle, logis. *FAM.* bercail, bicoque, chez-soi, crèche,
pénates.

chaussée *n.f.* ▸ *Partie d'une voie* – route, rue.
AFR. goudron. *PAR EXT.* asphalte, bitume, macadam.
▸ *Digue* – barrage, batardeau, brise-lame, digue, duc-
d'Albe *(pour l'amarrage)*, estacade, jetée, levée, môle,
musoir, palée, serrement, turcie. *ACADIE* aboiteau.
▸ *Talus* – ados, barbette, berge, berme, cavalier, levée, parapet, remblai, risberme *(barrage)*, talus, terrasse, terre-plein. *AGRIC.* billon.

chausser *v.* ▸ *Mettre à ses pieds* – enfiler, mettre. ▸ *Couvrir de terre* – butter, enchausser. ▲ANT.
DÉCHAUSSER.

chaussette *n.f.* ▸ *Vêtement* – bas. ▸ *Filtre*
– blanchet *(liquide épais)*, chausse *(liquide épais)*,
chinois, écumoire, étamine, filtre, passe-thé *(thé)*,
passette, passoire, sas. *QUÉB. FAM.* couloir. *TECHN.* crapaudine, crépine, filtre-presse, pommelle, purgeoir
(eau de source).

chausson *n.m.* ▸ *Chaussure d'intérieur* – pantoufle. *ACADIE FAM.* galoche.

chaussure *n.f.* ▸ soulier. *FAM.* godasse, pompe.
FRANCE FAM. grolle, latte, tatane. ▸ *Usée* – savate. *QUÉB.*
FAM. galoche. ▸ *Grosse FRANCE FAM.* croquenot, go-
dillot. ▸ *Industrie* – cordonnerie, sabotage *(sabots)*.

chauve *adj.* ▸ *En parlant de la tête* – dégarni,
dénudé, lisse, pelé, ras, tondu. *FAM.* déplumé. *QUÉB.*
FAM. pleumé. ▸ *En parlant de qqn* – FAM. qui n'a
plus un poil sur le caillou. ▲ANT. CHEVELU; ABON-
DANT, EXUBÉRANT, LUXURIANT; FEUILLU.

chauve *n.* crâne dégarni, pelé. *FAM.* bille de
billard, boule de billard, crâne déplumé. *QUÉB. FAM.*
patinoire à poux.

chavirer *v.* ▸ *Basculer* – basculer, capoter, culbuter, se renverser. *MAR.* dessaler. ▸ *En parlant des*
yeux – se renverser, se révulser. ▸ *Émouvoir* – bouleverser, ébranler, émouvoir, remuer, retourner, révulser, secouer, troubler. *FAM.* chambouler, émotionner, remuer les tripes à, révolutionner, tournebouler,
tourner les sangs à. ▸ *Mettre en désordre* – bouleverser, mettre à l'envers, mettre pêle-mêle, mettre sens
dessus dessous, saccager. *FAM.* bordéliser, chambarder, chambouler. ▲ANT. ÊTRE STABLE; STABILISER.

chef *n.* ▸ *Personne qui dirige* – maître, meneur,
numéro un, parrain, seigneur, tête. *FAM.* baron, cacique, caïd, éléphant, (grand) manitou, grand sachem, gros bonnet, grosse légume, hiérarque, huile,
pontife. *FRANCE FAM.* (grand) ponte, grosse pointure.
QUÉB. FAM. grosse tuque. ▸ *Avec titre* – autorité, brevetaire, dignitaire, officiel, responsable, supérieur.
▸ *Puissant* – magnat, mandarin, roi (de X), seigneur
et maître. *SOUT.* prince. *PÉJ.* adjudant. ▸ *Peu important*
– chefaillon, petit chef. ▸ *Cuisinier* – chef cuisinier,
cuisinier. *FAM.* cuistot. ▸ *Bon* – cordon-bleu. ▸ *Orga-*
nisateur – âme, artisan, auteur, canalisateur, centre,
cerveau, cheville ouvrière, créateur, dirigeant, fondateur, incitateur, initiateur, inspirateur, instigateur, locomotive, maître (d'œuvre), meneur, moteur, organisateur, patron, père, promoteur, protagoniste, régisseur, responsable. *SOUT.* excitateur, instaurateur,
ouvrier. ▸ *Expert* (FAM.) – as, expert, (fin) connaisseur, grand clerc, maître, professionnel, spécialiste,
virtuose. *FAM.* champion, pro. *FRANCE FAM.* bête.
QUÉB. connaissante, personne-ressource. ▲ANT. INFÉ-

RIEUR, SECOND, SUBALTERNE, SUBORDONNÉ; EXÉCUTANT; SERVANT, SERVITEUR; DISCIPLE.

chef-d'œuvre *n. m.* ▶ *Œuvre maîtresse* – bijou, classique, merveille, monument, œuvre capitale, œuvre classique, œuvre de génie, œuvre maîtresse, œuvre majeure, perfection, pièce maîtresse, trésor artistique. ▲**ANT.** ŒUVRE MINEURE, ŒUVRETTE.

chemin *n. m.* ▶ *Voie* – allée, banquette, cavée, coulée, laie, layon, ligne, piste, sentier, tortille, traverse. *QUÉB.* portage *(pour canots)*, rang. ▶ *Trajet* – aller (et retour), cheminement, circuit, course, direction, distance, espace, itinéraire, marche, parcours, retour, route, tracé, traite, trajectoire, trajet, traversée, voyage. *FAM.* trotte. *FRANCE FAM.* tirée. ▶ *Évolution* – courant, cours, direction, évolution, fil, mouvance, mouvement, orientation, tendance, virage. *SOUT.* voie. ▶ *Ligne de conduite* – approche, art, code, comment, credo, démarche, discipline, dispositif, façon (de faire), facture, formule, heuristique, instruction, instrument, ligne de conduite, maïeutique, manière, marche (à suivre), méthode, modalité, mode d'emploi, mode, moyen, opération, ordre, organisation, outil, posologie, pratique, procédé, procédure, protocole, raisonnement, recette, règle, secret, stratagème, stratégie, système, tactique, technique, théorie, traitement, voie. *SOUT.* faire.

cheminée *n. f.* ▶ *Foyer* – âtre, feu, foyer. ▶ *Conduit pour la fumée* – carneau, tourne-vent, tuyau d'échappement, tuyère. ▶ *Conduit d'aération* – bouche d'aération, chatière, évent, gaine d'aérage, gaine de ventilation, manche à vent, pipe d'aération, venteau.

cheminement *n. m.* ▶ *Itinéraire* – aller (et retour), chemin, circuit, course, direction, distance, espace, itinéraire, marche, parcours, retour, route, tracé, traite, trajectoire, trajet, traversée, voyage. *FAM.* trotte. *FRANCE FAM.* tirée. ▶ *Évolution dans le temps* – cours, déroulement, développement, devenir, évolution, fil, marche, progrès, progression, suite. ▶ *Progrès* – ascension, avance, avancée, avancement, développement, marche, marche avant, montée, percée, progrès, progression. ▶ *Vécu* – expérience (de vie), histoire (personnelle), itinéraire, passé, trajectoire, vécu. ▲**ANT.** ARRÊT, STAGNATION; RÉGRESSION.

cheminer *v.* aller de l'avant, avancer, progresser. ▲**ANT.** PIÉTINER, STAGNER.

cheminot *n.* traminot *(tramway)*.

chemise *n. f.* ▶ *Vêtement pour homme* – *FAM.* bannière. *FRANCE FAM.* limace, liquette. ▶ *Vêtement pour femme* – blouse, chemisier. ▶ *Classeur* – dossier, enchemisage. *BELG. AFR.* farde.

chenal *n. m.* bras, passage, passe. *QUÉB. FAM.* chenail.

chêne *n. m.* ▶ *Arbre* – chêneau *(petit)*. ♦ **chênes,** *plur.* ▶ *Ensemble d'arbres* – chênaie.

cher *adj.* ▶ *Coûteux* – astronomique, coûteux, élevé, exorbitant, fou, hors de prix, inabordable, prohibitif, ruineux. *FAM.* chérot, faramineux, salé. ▶ *Qui occasionne des dépenses* – dispendieux, lourd, onéreux, ruineux. *FAM.* budgétivore. ▶ *Qui vend cher* – *QUÉB. FAM.* chérant. ▶ *De grande valeur* – de (grande) valeur, de prix, inappréciable, inestimable, introuvable, précieux, rare, rarissime, recherché, sans prix.

▶ *Adoré* – adoré, adulé, aimé, bien-aimé, chéri. ▲**ANT.** BON MARCHÉ, ÉCONOMIQUE; MAUDIT.

chercher *v.* ▶ *S'efforcer de trouver* – rechercher. ▶ *S'exposer à une chose défavorable* – courir le risque de, donner prise à, encourir, être passible de, mériter, prêter le flanc à, risquer de, s'attirer, s'exposer à. *QUÉB. FAM.* courir après. ▶ *Provoquer* *(FAM.)* – braver, défier, narguer, provoquer, toiser. *SOUT.* fronder. *FAM.* faire la nique à. *QUÉB. FAM.* barber, baver, faire la barbe à. ▶ *Fouiller* – explorer, fouiller, fourgonner, fourrager, fureter, tripoter. *FAM.* farfouiller, fouiner, trifouiller. ▶ *Essayer* – entreprendre de, essayer de, s'attacher à, s'efforcer de, s'ingénier à, tâcher de, tenter de, travailler à. *SOUT.* avoir à cœur de, faire effort pour, prendre à tâche de. ▲**ANT.** TROUVER; S'ABSTENIR DE.

chercheur *n.* ▶ *Explorateur* – aventurier, découvreur, globe-trotter, navigateur, prospecteur, voyageur. *FAM.* bourlingueur. ▶ *Savant* – autorité (en la matière), connaisseur, découvreur, docteur, expert, homme de science, investigateur, maître, maître de recherches, professeur, savant, scientifique, sommité, spécialiste. *SOUT.* (grand) clerc. ♦ **chercheurs,** *plur.* ▶ *Ensemble de savants* – laboratoire.

chéri *adj.* adoré, adulé, aimé, bien-aimé, cher. ▲**ANT.** MAUDIT.

chérir *v.* ▶ *Aimer tendrement* – adorer, aimer, porter dans son cœur. ▶ *Apprécier* *(SOUT.)* – adorer, affectionner, aimer, apprécier, avoir un faible pour, avoir un penchant pour, être fou de, être friand de, être porté sur, faire ses délices de, prendre plaisir à, priser, raffoler de, s'intéresser à, se complaire, se délecter, se passionner pour, se plaire. *SOUT.* goûter. *FRANCE FAM.* kiffer. *QUÉB. FAM.* capoter sur. *PÉJ.* se vautrer. ▲**ANT.** ABHORRER, ABOMINER, DÉTESTER, EXÉCRER, HAÏR.

chétif *adj.* ▶ *Faible et maigre* – gringalet, maigrelet, maigrichon, maigriot. ▶ *En mauvaise santé* – anémique, débile, délicat, en mauvaise santé, faible, fragile, frêle, mal portant, maladif, malingre, rachitique, souffreteux. *SOUT.* valétudinaire. ▶ *Insuffisant* – anémique, chiche, déficient, déficitaire, faible, insatisfaisant, insuffisant, maigre, mauvais, médiocre, misérable, pauvre, piètre, rachitique. ▶ *Nettement insuffisant* – dérisoire, insignifiant, malheureux, minime, misérable, piètre, ridicule. ▲**ANT.** ATHLÉTIQUE, BIEN BÂTI, COSTAUD, GAILLARD, MUSCLÉ, ROBUSTE, SOLIDE; BIEN PORTANT, EN (BONNE) SANTÉ, SAIN, VALIDE; ABONDANT, FRUCTUEUX.

cheval *n. m.* ▶ *Animal* ▶ *Appellatif* – cocotte. *SOUT.* bucéphale, coursier. *FAM.* bidet. *QUÉB. ACADIE FAM.* joual. *ANC.* destrier *(combat)*, palefroi *(parade)*. ▶ *Mauvais* – canasson, haridelle, rosse, veau *(course)*. *FAM.* bourrin, tocard *(course)*. *QUÉB. FAM.* picouille, piton. ▶ *Aliment* – viande chevaline. ▶ *Équitation* – équitation, hippisme, turf. ♦ **chevaux,** *plur.* ▶ *Ensemble d'animaux* – cavalerie, écurie (de course); attelage (de chevaux).

chevaleresque *adj.* ▶ *Moralement élevé* – généreux, grand, magnanime, noble. *SOUT.* fier. ▲**ANT.** ABJECT, BAS, CRAPULEUX, IGNOBLE, IMMONDE, INDIGNE, INFÂME, INFECT, LÂCHE, MÉPRISABLE, ODIEUX, SORDIDE.

chevalet *n. m.* ▶ *Ce qui supporte* – chevrette, lutrin, pied, porte-copie, statif, trépied.

chevalier *n.* ◆ **chevalier,** *masc.* ▶ *Champignon* – jaunet. BOT. tricholome équestre. ◆ **chevaliers,** *plur.* ▶ *Ensemble de personnes* – chevalerie.

chevauchée *n. f.* ▶ *Promenade* – cavalcade, galopade.

chevaucher *v.* ▶ *Empiéter* – déborder, dépasser, empiéter, mordre. ◆ **chevaucher ou se chevaucher** ▶ *Se recouvrir* – s'imbriquer, se recouvrir, se superposer. ▲ANT. ÊTRE ESPACÉ.

chevelu *adj.* ▲ANT. CHAUVE.

chevelure *n. f.* ▶ *Cheveux* – cheveux, crinière, tête, tignasse, toison. ▶ *Partie d'une comète* – queue.

cheveux *n. m. pl.* ▶ *Chevelure* – chevelure, crinière, tête, tignasse, toison.

cheville *n. f.* ▶ *Partie du corps* – cou-de-pied, malléole. ▶ *Objet* – fiche. ANC. fichet.

chèvre *n. f.* ▶ *Animal* – FAM. bique. ▶ *Aliment* – viande caprine. ▶ *Femelle du chevreuil* – chevrette. ▶ *Appareil* – bigue, bras de manutention, caliorne, chevalet de levage, drisse, grue, guinde, mât de charge, palan, sapine, tour de forage, transstockeur. MAR. garde. ▶ *Petit* – cabestan, haleur (filet de pêche), pouliot, treuil, vindas, winch. MAR. guindeau. ◆ **chèvres,** *plur.* ▶ *Ensemble d'animaux* – cheptel caprin.

chevreuil *n. m.* ▶ *Animal d'Amérique* – cerf de Virginie. FRANCE cariacou.

chic *adj.* ▶ *Bien mis* – bichonné, bien mis, coquet, élégant, en costume d'apparat, en tenue de soirée, en tenue de ville, endimanché, fringant, habillé, pimpant, pomponné, tiré à quatre épingles. FAM. superchic. FRANCE FAM. alluré, chicos, sur son trente-et-un. QUÉB. FAM. sur son trente-six. AFR. galant. ▶ *Raffiné* – aristocratique, de grande classe, distingué, élégant, qui a bon genre, racé, raffiné, ultrachic. FAM. classe. ▶ *Gentil* (FAM.) – aimable, attentif, attentionné, aux petits soins, complaisant, délicat, dévoué, diligent, empressé, gentil, obligeant, prévenant, secourable, serviable, zélé. FAM. chou. QUÉB. FAM. fin. BELG. FAM. amitieux. ▶ *Sympathique* (FAM.) – agréable, amusant, charmant, distrayant, divertissant, égayant, gai, plaisant, réjouissant, riant, souriant, sympathique. FAM. bonard, chouette, sympa. ▲ANT. ACCOUTRÉ, MAL MIS ; DISGRACIEUX, INESTHÉTIQUE, INHARMONIEUX ; MALFAISANT, MALVEILLANT, MÉCHANT ; ACARIÂTRE, ANTIPATHIQUE, BOURRU, DÉSAGRÉABLE, GRINCHEUX, RÉBARBATIF, REVÊCHE ; ARROGANT, IMPERTINENT, IMPOLI, INSOLENT.

chic *n. m.* ▶ *Élégance* – agrément, art, attrait, beau, beauté, charme, classe, coquetterie, délicatesse, distinction, éclat, élégance, esthétique, féerie, fraîcheur, grâce, gracieux, harmonie, magnificence, majesté, perfection, photogénie, pureté, séduction, splendeur, symétrie. DIDACT. eurythmie. SOUT. blandice, joliesse, morbidesse, sublimité, symphonie, vénusté. ▲ANT. INÉLÉGANCE, MALADRESSE, VULGARITÉ.

chicane *n. f.* ▶ *Dispute* – accrochage, algarade, altercation, brouille, brouillerie, controverse, démêlé, désaccord, désunion, différend, discorde, dispute, divergence, escarmouche, explication, fâcherie, froid,

heurt, joute oratoire, litige, malentendu, mésentente, passe d'armes, polémique, querelle, rupture, scène, zizanie. FAM. bagarre, bisbille, bringue, chamaille, chamaillerie, empoignade, empoignement, engueulade, prise de bec, séance. QUÉB. FAM. brasse-camarade, chamaillage. BELG. FAM. bisbrouille. ▶ *Raisonnement pointilleux* – argutie, byzantinisme, casuistique, distinguo, élucubration, ergotage, ergoterie, finesse, formalisme, logomachie, scolastique, subtilité. SOUT. ratiocination, sophistique. FAM. chinoiserie, chipotage, pinaillage. ▲ANT. ACCORD, ENTENTE, HARMONIE.

chiche *adj.* ▶ *Avare* – avare, mesquin, pingre, regardant. SOUT. ladre, lésineur, thésauriseur. FAM. chien, chipoteur, dur à la détente, radin, rat. QUÉB. FAM. chenu, gratteux, grippe-sou, séraphin. ▶ *Parcimonieux* – mesquin, parcimonieux, sordide. ▶ *Insuffisant* – anémique, chétif, déficient, déficitaire, faible, insatisfaisant, insuffisant, maigre, mauvais, médiocre, misérable, pauvre, piètre, rachitique. ▶ *Capable* (FAM.) – apte à, capable de, habile à, propre à, susceptible de, tendant à. FAM. fichu de. ▲ANT. GÉNÉREUX, LARGE, PRODIGUE, QUI A LE CŒUR SUR LA MAIN, QUI A UN CŒUR D'OR ; ABONDANT, FRUCTUEUX ; IMPUISSANT, INAPTE, INCAPABLE.

chien *n.* ▶ *Animal* – meilleur ami de l'homme. FAM. cador, clébard, clebs, toutou ; PÉJ. cabot. QUÉB. FAM. pitou. ◆ **chien,** *masc.* ▶ *Charme* – aimant, attirance, attraction, attrait, charisme, charme, désirabilité, envoûtement, fascination, magie, magnétisme, séduction. ▶ *Débrouillardise* (QUÉB. FAM.) – audace, débrouillardise, esprit d'initiative, esprit entreprenant. FAM. débrouille, système D. ◆ **chiens,** *plur.* ▶ *Ensemble d'animaux* – bande (de chiens), meute (de chiens) ; élevage (de chiens), horde (de chiens) (sauvages). SOUT. ou PAR PLAIS. la gent canine. ▲ANT. ANTIPATHIE ; BALOURDISE, LENTEUR, MALADRESSE, PARESSE.

chiffon *n. m.* ▶ *Morceau de tissu* – chamoisine, chiffon (à poussière), éponge, essuie-meubles, essuie-verres, lavette, linge, pattemouille, (peau de) chamois, serpillière, tampon, torchon. QUÉB. guenille. BELG. drap de maison, loque (à relouqueter), wassingue. SUISSE panosse, patte. ACADIE FAM. brayon. TECHN. peille. ◆ **chiffons,** *plur.* ▶ *Vêtements abîmés* – défroque, friperie, fripes, guenilles, haillons, lambeaux, loques. SOUT. hardes, oripeaux. ▶ *Vêtements* – affaires, atours, ensemble, garde-robe, habillement, habits, linge, mise, parure, tenue, toilette, trousseau, vestiaire, vêtements. SOUT. vêture. FRANCE FAM. fringues, frusques, nippes, pelures, saint-frusquin, sapes.

chiffonnier *n. m.* ▶ *Meuble* – armoire, armoire à glace, bahut, bonnetière, casier, étagère, (meuble de) rangement, semainier, tour. FAM. fourre-tout.

chiffre *n. m.* ▶ *Unité de calcul* – caractère numérique, nombre, numéro. ▶ *Total* – addition, cagnotte, ensemble, fonds, mandat, masse, montant, quantité, quantum, somme, total, totalisation, volume. ▶ *Caractères* – initiales, monogramme.

chiffrer *v.* ▶ *Évaluer en chiffres* – calculer, compter, dénombrer, évaluer, faire le compte de, quantifier. ▶ *Coder* – coder, crypter, cryptographier. ▶ *Marquer d'un chiffre* – numéroter. ◆ **se chif-**

frer ▸ *Atteindre un total* – compter (au total), monter à, s'élever à, totaliser. ▲ANT. DÉCHIFFRER.

chimère *n. f.* ▸ *Fiction* – affabulation, artifice, combinaison, comédie, expédient, fabrication, fabulation, fantaisie, feinte, fiction, fumisterie, histoire, idée, imagination, invention, irréalité, légende, mensonge, rêve, roman, saga, songe. PSYCHOL. confabulation, mythomanie. ▸ *Illusion* – abstraction, abstrait, apparence, berlue, déréalisation, fantasme, faux, faux-semblant, fiction, fumée, hallucination, illusion, image, imagination, irréalisme, irréalité, leurre, mensonge, mirage, onirisme, psychédélisme, rêve, rêverie, semblant, simulation, songe, songerie, trompe-l'œil, tromperie, utopie, vision, vue de l'esprit. FAM. frime. SOUT. prestige. ▲ANT. CERTITUDE, FAIT, OBJECTIVITÉ, RÉALITÉ, RÉEL.

chimérique *adj.* ▸ *Imaginaire* – fabuleux, fantasmagorique, fantastique, fictif, imaginaire, inexistant, irréel, légendaire, mythique, mythologique. ▸ *Trompeur* – faux, illusoire, qui fait illusion, trompeur, vain. ▸ *Utopique* – impossible, improbable, inaccessible, invraisemblable, irréalisable, irréaliste, utopique. ▸ *Rêveur* – idéaliste, rêveur, romanesque, utopiste, visionnaire. ▲ANT. CONCRET; PRAGMATIQUE, PRATIQUE, RÉALISTE; MATÉRIEL, PALPABLE, PHYSIQUE, RÉEL, TANGIBLE, VRAI.

chimie *n. f.* ▸ *Science* ▸ *Ancienne chimie* – alchimie.

chimique *adj.* ▸ *Produit chimiquement* – artificiel, synthétique. ▲ANT. BIOLOGIQUE (produit), NATUREL; ORGANIQUE (engrais).

chipie *n. f.* ▸ *Femme désagréable* – furie, harpie, mégère, sorcière. QUÉB. SUISSE gribiche. ▲ANT. AMOUR, ANGE, PERLE, TRÉSOR.

chirurgie *n. f.* anatomie, dissection (pour étudier), intervention (chirurgicale), opération (chirurgicale). FAM. charcutage (maladroite).

chirurgien *n.* ANC. chirurgien-barbier. ♦ **chirurgiens**, plur. ▸ *Ensemble de personnes* – corps chirurgical.

choc *n. m.* ▸ *Coup* – accrochage, cognement, collision, coup, entrechoquement, heurt, impact, percussion, rencontre, secousse. ▸ *Bruit brusque* – bang, battement, boum, clappement, claquement, coup, raté (moteur), tapement. ▸ *Commotion* – bouleversement, commotion, coup, ébranlement, émotion, secousse, traumatisme. ▸ *Scandale* – commotion, émotion, étonnement, honte, indignation, scandale. ▸ *Combat* – accrochage, action (de guerre), affrontement, assaut, attaque, bagarre, bataille, combat, conflit, échauffourée, empoignade, empoignement, engagement, escarmouche, ferraillement, feu, guérilla, guerre, heurt, hostilités, lutte, mêlée, opération, pugilat, rencontre, rixe. FAM. baroud, baston, bigorne, casse-gueule, casse-pipe, castagne, guéguerre, rif, rififi, riflette. QUÉB. FAM. brasse-camarade, poussaillage, tiraillage. BELG. FAM. margaille. MILIT. blitz (de courte durée). ▲ANT. CARESSE, EFFLEUREMENT; SILENCE; APAISEMENT, ATTÉNUATION; PAIX.

chocolat *n. m.* ▸ *Aliment solide* – cacao. ▸ *Petite friandise* – bouchée, muscadine, truffe. FRANCE crotte de chocolat.

chœur *n. m.* ▸ *Chanteurs* – chanteurs, chorale, choristes, ensemble vocal. ▸ *Enfants* – maîtrise, psallette. ▲ANT. SOLISTE.

choisi *adj.* de distinction, de marque, de prestige, distingué, élitaire, éminent, en vue, grand, prestigieux, select, trié sur le volet.

choisir *v.* ▸ *Opter* – arrêter son choix sur, jeter son dévolu sur, opter pour, prendre le parti de, se décider pour. ▸ *Sélectionner* – sélectionner, trier. TECHN. sélecter. ▸ *Adopter* – adopter, embrasser, épouser, faire sien, prendre. ▸ *Désigner par un vote* – désigner, élire, faire choix de. FAM. voter. ▲ANT. S'ABSTENIR; ÊTRE INDÉCIS, HÉSITER; TEMPORISER; REJETER, REPOUSSER.

choix *n. m.* ▸ *Sélection* – adoption, cooptation, décision, désignation, détermination, échantillonnage, écrémage, élection, nomination, plébiscite, prédilection, présélection, résolution, sélection, suffrage, tri, triage, vote. SOUT. décret, parti. ▸ *Option* – bifurcation, dilemme, embarras du choix, opposition, option. ▸ *Préférence* – préférence, sélection. ▸ *Liberté* – autonomie, contingence, disponibilité, droit, faculté, franc arbitre, hasard, indépendance, indéterminisme, liberté, libre arbitre, (libre) choix, licence, loisir, permission, possibilité, pouvoir. ▸ *Collection* – assortiment, collection, échantillons, éventail, gamme, ligne, palette, quota, réunion, sélection, surchoix, tri, variété. ▸ *Anthologie* – ana, analecta, anthologie, chrestomathie, collection, compilation, épitomé, extraits, florilège, mélanges, miscellanées, morceaux choisis, pages choisies, recueil, sélection, spicilège, varia. FAM. compil. ▸ *Élite* – aristocratie, célébrités, élite, (fine) fleur, gotha, grands noms, meilleur, panthéon, personnages, personnalités, sérail, vedettes. FAM. crème, dessus du panier, gratin. ▸ *Décision* – acte, action, comportement, conduite, décision, démarche, entreprise, faire, fait, geste, intervention, manifestation, réalisation. ▲ANT. ABSTENTION; HÉSITATION, INDÉCISION; OBLIGATION.

chômage *n. m.* désœuvrement, farniente, inaction, inactivité, inertie, oisiveté, passivité, sédentarité, sinécure, sous-emploi. SOUT. désoccupation, inoccupation. QUÉB. FAM. bisounage. PAR EUPHÉM. inemploi. ▲ANT. ACTIVITÉ, EMPLOI, OCCUPATION, PLEIN-EMPLOI, TRAVAIL.

chômeur *n.* demandeur d'emploi, fin de droits, licencié, sans-emploi, sans-travail. ▲ANT. TRAVAILLEUR.

choquant *adj.* ▸ *Vexant* – blessant, cinglant, désobligeant, froissant, humiliant, injurieux, insultant, mortifiant, offensant, outrageant, vexant. SOUT. sanglant. ▸ *Déplacé* – de mauvais goût, déplacé, fâcheux, hors de propos, hors de saison, importun, incongru, inconvenant, indélicat, indiscret, inélégant, inopportun, intempestif, mal à propos, mal venu, malencontreux. SOUT. malséant, malsonnant (parole). ▸ *Obscène* – grossier, obscène, ordurier, sale, scatologique, trivial, vilain, vulgaire. ▸ *Scandaleux* – amoral, éhonté, immoral, impur, inconvenant, indécent, obscène, offensant, révoltant, scabreux, scandaleux. ▸ *Qui pousse à protester* – criant, révoltant. ▸ *Frustrant* (QUÉB.) – contrariant, enrageant, frustrant, frustrateur, rageant, vexant. FAM.

râlant. _QUÉB._ fâchant. _QUÉB._ _FAM._ maudissant, sacrant. ▲**ANT.** BIENSÉANT, CONVENABLE, CORRECT, DE BON TON, DÉCENT, DIGNE, FRÉQUENTABLE, HONNÊTE, HONORABLE, MORAL, RECOMMANDABLE, RESPECTABLE; AGRÉABLE, ATTACHANT, CHARMANT, PLAISANT; FLATTEUR, RÉJOUISSANT, SÉDUISANT; APAISANT, CALMANT, CONSOLATEUR, RASSÉRÉNANT, RASSURANT, RÉCONFORTANT, SÉCURISANT, TRANQUILLISANT.

choquer _v._ ▶ _Blesser l'œil, l'oreille_ – agresser, blesser, déplaire à, heurter, offenser. ▶ _Blesser dans l'amour-propre_ – atteindre (dans sa dignité), blesser (dans sa dignité), cingler, désobliger, effaroucher, égratigner, froisser, heurter, humilier, insulter, mortifier, offenser, offusquer, outrager, piquer au vif, toucher au vif, ulcérer, vexer. _SOUT._ fouailler. ▶ _Ébranler fortement_ – affecter, bouleverser, commotionner, ébranler, marquer, perturber, secouer, traumatiser. ▶ _Indigner profondément_ – horrifier, indigner, outrer, révolter, scandaliser. _FAM._ écœurer, estomaquer. ▶ _Mettre en colère_ (_QUÉB._ _FAM._) – courroucer, exaspérer, fâcher, faire déborder, faire enrager, faire sortir de ses gonds, irriter, mettre à bout, mettre en colère, mettre en rage, mettre hors de soi, pousser à bout, provoquer. _FAM._ faire bisquer, faire damner, faire devenir chèvre, faire maronner, faire râler, les gonfler à. ▶ _Frustrer_ (_QUÉB._ _FAM._) – contrarier, dépiter, déplaire à, fâcher, frustrer, mécontenter. _FAM._ défriser. ◆ **se choquer** ▶ _S'irriter_ (_QUÉB._ _FAM._) – s'exaspérer, s'irriter, se crisper, se hérisser. ▶ _Se fâcher_ (_QUÉB._ _FAM._) – colérer, éclater, fulminer, monter sur ses ergots, monter sur ses grands chevaux, prendre la mouche, prendre le mors aux dents, s'emporter, s'enflammer, s'irriter, se courroucer, se déchaîner, se fâcher, se gendarmer, se mettre en colère, sortir de ses gonds, voir rouge. _FAM._ criser, décharger sa bile, décharger sa rate, exploser, grimper au mur, piquer une colère, piquer une crise, se mettre en boule, se mettre en pétard, se mettre en rogne, se monter. _QUÉB._ _FAM._ grimper dans les rideaux, pomper. ▲**ANT.** CHARMER, FLATTER, PLAIRE À, SÉDUIRE.

chose _n. f._ ▶ _Ce qui existe_ – ça, ceci, cela, quelque chose. ▶ _Objet quelconque_ – objet. _FAM._ bidule, bouzin, engin, fourbi, machin, schtroumpf, truc, trucmuche. _FRANCE FAM._ ustensile, zibouiboui, zigouzi, zinzin. _QUÉB._ _FAM._ affaire, bébelle, cossin, gogosse, patente. ◆ **la chose,** _sing._ ▶ _Sexualité_ (_PAR EUPHÉM._) – bas instincts, érotisme, plaisir érotique, plaisir sexuel, sexe, sexualité. _SOUT._ plaisirs de la chair. _PAR EUPHÉM._ ça; _FRANCE_ la bagatelle, la gaudriole. ▲**ANT.** RIEN.

chou _n. m._ ▶ _Rosette_ – bolduc, boucle, bouffette, cocarde, dragonne, élastique, embrasse, extrafort, faveur, galon, ganse, gansette, gros-grain, lambrequin, padou, passement, rosette, ruban, volant. _ANC._ falbala.

chouette _n. f._ ▶ _Oiseau_ – _SOUT._ oiseau de Minerve. _ACADIE FAM._ cavèche, chavèche.

choyé _adj._ comblé, comme un coq en pâte, dorloté. _FAM._ chouchouté, gâté. _QUÉB._ _FAM._ gâté pourri, gras dur.

chrétien _n._ ▶ _Personne_ – fidèle. _FIG._ brebis, ouaille. ◆ **chrétiens,** _plur._ ▶ _Ensemble de personnes_ – chrétienté, Église. ▲**ANT.** PAÏEN.

christianisme _n. m._ Nouvelle Alliance. ▲**ANT.** PAGANISME.

chronique _adj._ ancré, durable, endémique, enraciné, établi, gravé, implanté, indéracinable, inextirpable, invétéré, persistant, tenace, vieux, vivace. ▲**ANT.** AIGU (_maladie_); TEMPORAIRE.

chronique _n. f._ ▶ _Récit avec personnages fictifs_ – chantefable, conte, épopée, fabliau, histoire, historiette, légende, monogatari (_Japon_), mythe, nouvelle, odyssée, roman, saga. ▶ _Article_ – bulletin, rubrique. ◆ **chroniques,** _plur._ ▶ _Recueil de faits réels_ – anecdote, annales, autobiographie, biographie, carnet, chronologie, commentaires, confessions, évocation, histoire, historiographie, historique, journal, mémoires, mémorial, souvenirs, vie.

chronologie _n. f._ ▶ _Récit historique_ – anecdote, annales, autobiographie, biographie, carnet, chroniques, commentaires, confessions, évocation, histoire, historiographie, historique, journal, mémoires, mémorial, souvenirs, vie. ▶ _Calendrier_ – agenda, almanach, bloc calendrier, calendrier, dates, éphéméride, semainier. _ANTIQ._ _ROM._ fastes. ▶ _Mesure du temps et de l'âge_ – datation. ▲**ANT.** DÉCHRONOLOGIE.

chuchotement _n. m._ ▶ _Murmure_ – chuchotis, marmonnage, marmonnement, marmottage, marmottement, murmure, susurration, susurrement. ▶ _Bruit léger_ (_SOUT._) – bruissage, frémissement, friselis, froissement, frôlement, frottement, frou-frou, froufroutement, glissement, souffle. _SOUT._ bruissement, chuchotis. ▲**ANT.** CRI, HURLEMENT.

chuchoter _v._ ▶ _Dire qqch. à voix basse_ – dire à voix basse, glisser dans le creux de l'oreille, murmurer, souffler, susurrer. ▶ _Parler à voix basse_ – murmurer, parler à mi-voix, parler à voix basse, parler (tout) bas, susurrer. ▶ _Faire entendre un son doux_ – bruire, bruisser, frémir, friseliser, frissonner, froufrouter, murmurer, soupirer. ▲**ANT.** CRIER, HURLER.

chute _n. f._ ▶ _Action de tomber_ – dégringolade. _SOUT._ tombée, tombe. _FAM._ pelle. _QUÉB._ _FAM._ débarque, fouille. ▶ _Action de se détacher_ – perte. ▶ _Eau qui tombe_ – cascade (_en paliers_), cataracte (_grosse_), chute d'eau. _SOUT._ cascatelle (_petite_). ▶ _Précipitations météorologiques_ – précipitations. ▶ _Abaissement_ – abaissement, affaiblissement, affaissement, amenuisement, amoindrissement, baisse, creux, déclin, décroissance, décroissement, décrue, dégression, déplétion, dépréciation, descente, désescalade, dévalorisation, dévaluation, diminution, éclipse, effondrement, effritement, essoufflement, fléchissement, ralentissement, réduction. _SOUT._ émasculation. ▶ _Déchéance_ – accroc, crime, déchéance, écart, errements, faute, impureté, mal, manquement, mauvais, offense, péché, sacrilège, scandale, souillure, tache, transgression, vice. ▶ _Échec_ – avortement, banqueroute, capitulation, catastrophe, débâcle, débandade, déconfiture, défaite, déroute, désavantage, échec, écrasement, faillite, fiasco, four, infortune, insuccès, mauvaise fortune, naufrage, perte, ratage, raté, retraite, revers. _SOUT._ traverse. _FAM._ désastre, piquette, plantage, raclée, recalage, volée. _FRANCE FAM._ bérézina, bide, brossée, déculottée, dégelée, écrabouillement, fessée, foirade, gamelle, loupage, pile, rincée, rossée, tannée, veste. ▶ *Débâcle financière* – banqueroute, crise, culbute, débâcle, déconfiture, dépôt de bilan, dépression, effondrement, faillite, fiasco, insolvabilité, krach, liquidation, marasme, mévente, naufrage, récession, ruine, stagflation. *FAM.* dégringolade. *FRANCE FAM.* baccara. ▶ *Fin* – aboutissement, accomplissement, achèvement, apothéose, but, complémentation, complètement, complétude, conclusion, consécration, consommation, couronnement, dénouement, exécution, fin, finition, fruit, issue, produit, réalisation, règlement, résolution, résultat, sortie, terme, terminaison. *SOUT.* aboutissant. *PHILOS.* entéléchie. ▲*ANT.* ASCENSION, LEVÉE, MONTÉE; SUSTENTATION; FRONDAISON *(feuilles)*; REDRESSEMENT, RELÈVEMENT; PROSPÉRITÉ, SUCCÈS; CROISSANCE.

cible *n. f.* ▶ *Objet visé* – mouche, noir. ▶ *Objectif* – ambition, but, cause, considération, destination, fin, finalité, intention, mission, mobile, motif, objectif, objet, point de mire, pourquoi, prétexte, raison, raison d'être, sens, visée. *SOUT.* propos.

cibler *v.* caractériser, cerner, définir, délimiter, déterminer, établir, fixer.

cicatrice *n. f.* ▶ *Marque* – balafre *(au visage)*, couture *(longue)*, marque. *MÉD.* cal *(à un os)*, chéloïde, marisque *(d'une hémorroïde)*. ▶ *Trace* *(FIG.)* – apparence, cachet, critère, empreinte, indication, indice, lueur, marque, ombre, pas, piste, preuve, repère, reste, ride, sceau, signature, signe, stigmate, tache, témoignage, témoin, trace, trait, vestige.

ciel *n. m.* ▶ *Voûte céleste* – air, atmosphère, calotte (céleste), coupole (céleste), dôme (céleste), espace, sphère céleste, voûte (céleste), zénith. *SOUT.* azur, empyrée, éther, firmament, nues. ▶ *Météorologie* – air, ambiance, atmosphère, climat, conditions atmosphériques, conditions climatiques, conditions météorologiques, météorologie, pression, régime, température, temps, vent. *FAM.* fond de l'air, météo. ▶ *Univers* – cosmos, création, espace, galaxie, les étoiles, macrocosme, monde, nature, sphère, tout. ▶ *Paradis* – au-delà, Champs Élysées, Éden, Élysée, limbes, nirvana, oasis, paradis. *SOUT.* empyrée, royaume céleste, royaume de Dieu, royaume des cieux, sein de Dieu. ◆ *cieux/ciels, plur.* ▶ *Région* (*SOUT.*) – coin (de pays), contrée, latitude, partie du monde, pays, région, secteur, zone. *SOUT.* climats. *FAM.* patelin. *QUÉB. FAM.* bout. ▲*ANT.* TERRE; ENFER.

cierge *n. m.* ▶ *Chandelle* – bougie, chandelle. *ANC.* feu. ▶ *Plante* – cactus cierge, candélabre, saguaro. *BOT.* cereus.

cigarette *n. f. FAM.* cibiche, pipe, sèche, tige, (une) clope. *QUÉB. FAM.* cigoune, clou de cercueil.

ci-joint *adj.* ci-annexé, ci-inclus. ▲*ANT.* À PART, SÉPARÉ.

cillement *n. m.* clignotement (d'yeux), nictation, papillotage, papillotement. ▲*ANT.* ÉCARQUILLEMENT, FIXITÉ (DU REGARD).

cime *n. f.* ▶ *Extrémité supérieure* – couronnement, crête, dessus, faîte, haut, pinacle, point culminant, sommet. *ACADIE FAM.* fait. ▶ *Apogée* – acmé, apex, apogée, apothéose, climax, comble, culmination, excès, faîte, fin du fin, fort, limite, maximum, meilleur, nec plus ultra, optimum, paroxysme, pic, pinacle, plafond, point culminant, pointe, record,

sommet, summum, triomphe, zénith. *FAM.* max, top niveau. ▲*ANT.* BAS, BASE, PIED, RACINE; FONDATION, SOCLE; NADIR.

ciment *n. m.* ▶ *Matériau de construction* – gâchis, liant, mortier. ▶ *Substance pour obturation dentaire* – amalgame, résine. *FAM.* plombage.

cimetière *n. m.* catacombe, charnier, colombaire, fosse commune, morgue, nécropole, ossuaire. *SOUT.* champ du repos, dernier asile, dernière demeure. *FAM.* boulevard des allongés, jardin des allongés, terminus.

cinéma *n. m.* ▶ *Art ou technique* – art cinématographique, cinématographie, film, grand écran, septième art. *FAM.* ciné. *FRANCE FAM.* cinoche. ▶ *Lieu de projection* – (salle de) cinéma, salle obscure. *FAM.* ciné. *FRANCE FAM.* cinoche. ▶ *Affectation* (*FAM.*) – affectation, air, apparence, apprêt, artificialité, bluff, cabotinage, comédie, composition, contenance, convenu, dandysme, genre, imposture, jeu, maniérisme, manque de naturel, mascarade, mièvrerie, pose, raideur, recherche, représentation, snobisme. *SOUT.* cambrure. *FAM.* chiqué. ▶ *Feinte* (*FAM.*) – affectation, artifice, cachotterie, comédie, déguisement, dissimulation, duplicité, faux-semblant, feinte, fiction, finauderie, grimace, hypocrisie, invention, leurre, mensonge, momerie, pantalonnade, parade, ruse, simulation, singerie, sournoiserie, tromperie. *SOUT.* simulacre. *FAM.* cirque, finasserie, frime.

cingler *v.* ▶ *Battre à coups de fouet* – cravacher, flageller, fouetter. ▶ *Pincer au visage* – couper, fouetter, gifler, mordre, pincer, piquer, tailladder. *SOUT.* flageller. ▶ *Blesser l'orgueil* – atteindre (dans sa dignité), blesser (dans sa dignité), choquer, désobliger, effaroucher, égratigner, froisser, heurter, humilier, insulter, mortifier, offenser, offusquer, outrager, piquer au vif, toucher au vif, ulcérer, vexer. *SOUT.* fouailler. ▶ *Forger* – battre, bigorner, corroyer, forger, marteler. ▶ *Naviguer dans une direction* – faire voile. ▲*ANT.* CARESSER, FLATTER; JETER L'ANCRE, S'ARRÊTER.

cintre *n. m.* ▶ *Figure en arc* – accolade, anse (de panier), arc, (arc) doubleau, arcade, arc-boutant, arche, arc-rampant, berceau, cherret, lancette, ogive, surbaissement, voussure. ▶ *Dôme* – berceau, calotte, coupole, cul-de-four, dôme, lanterne, voûte. ▶ *Intérieur* – intrados. ▶ *Extérieur* – extrados. ▶ *Échafaudage* – échafaudage, oiseau, triquet. ▶ *Support à vêtements* – pince-jupe, portemanteau, valet (de nuit) *(sur pied)*.

circonscription *n. f.* canton, district, province, région. *ANC.* seigneurie.

circonscrire *v.* ▶ *Restreindre* – délimiter, localiser, restreindre. ▲*ANT.* ÉLARGIR, ÉTENDRE; LIBÉRER.

circonspect *adj.* ▶ *Prudent* – adroit, averti, avisé, éclairé, fin, habile, prudent, réfléchi, sagace, sage. ▶ *Discret* – délicat, discret, retenu. ▲*ANT.* ÉCERVELÉ, ÉTOURDI, IMPRÉVOYANT, IMPRUDENT, IMPULSIF, INCONSCIENT, INCONSÉQUENT, IRRÉFLÉCHI.

circonstance *n. f.* ▶ *Phénomène* – épiphénomène, événement, fait, manifestation, occurrence, phénomène. ▶ *Fois* – cas, coup, fois, heure, moment, occasion, occurrence. ▶ *Conjoncture* – climat, condition, conjoncture, contexte, cours des choses, état de choses, état de fait, paysage, position, situation, tenants et aboutissants. ▶ *Hasard* – accident, aléa, aléatoire, aventure, cas fortuit, chance, coïncidence, conjoncture, contingence, coup de dés, coup du sort, facteur chance, fortuit, hasard, impondérable, imprévu, inattendu, incertitude, indétermination, occurrence, rencontre, sort. SOUT. fortune. QUÉB. FAM. adon. PHILOS. casualisme, casualité, indéterminisme. FIG. loterie. ▲ANT. COUTUME, HABITUDE, ROUTINE.

circuit *n. m.* ▶ *Piste* – autodrome, circuit (automobile), piste de course automobile. ▶ *Trajet* – aller (et retour), chemin, cheminement, course, direction, distance, espace, itinéraire, marche, parcours, retour, route, tracé, traite, trajectoire, trajet, traversée, voyage. FAM. trotte. FRANCE FAM. tirée. ▶ *Voyage* – allées et venues, balade, campagne, circumnavigation, course, croisière, déplacement, excursion, expédition, exploration, incursion, marche, mission, navette, navigation, odyssée, passage, pèlerinage, pérégrination, périple, promenade, raid, rallye, randonnée, reconnaissance, tour, tourisme, tournée, transport, traversée, va-et-vient, voyage. SOUT. errance. FAM. bourlingue, rando, transhumance. QUÉB. voyagement. ▶ *Conduit électrique* – circuit imprimé, circuit intégré, microcircuit, micromodule, microplaquette, pastille, puce.

circulaire *adj.* ▶ *En forme de cercle* – orbiculaire, rond. ▶ *Qui décrit un cercle* – giratoire, orbiculaire, pivotant, rotatif, rotatoire, tournant. ▲ANT. ANGULEUX, CARRÉ; LINÉAIRE.

circulaire *n. f.* annonce, dépliant, flash, insertion, prospectus, publicité, tract.

circularité *n. f.* ▶ *Cercle vicieux* – artifice, cercle vicieux, paralogisme, pétition de principe, sophisme. ▶ *Forme ronde* – arçonnage, arcure, arrondi, bombage, cambre, cambrure, cintrage, concavité, conicité, convexité, courbe, courbure, fléchissement, flexion, flexuosité, galbe, incurvation, inflexion, parabolicité, rondeur, rotondité, sinuosité, sphéricité, tortuosité, voussure. ▲ANT. RECTITUDE; CLAIR, EXPLICITE.

circulation *n. f.* ▶ *Écoulement* – débit, débordement, écoulement, éruption, évacuation, exsudation, flux, fuite, ingression, inondation, irrigation, irruption, larmoiement, mouvement, passage, ravinement, régime, ruissellement, sortie, suage, suintement, transpiration, vidange. SOUT. submersion, transsudation. GÉOGR. défluviation, transfluence, transgression. ▶ *Transmission* – cession, communication, dévolution, diffusion, dissémination, émission, expansion, extension, intercommunication, multiplication, passation, progression, propagation, rayonnement, reproduction, transfert, translation, virement. ▶ *Activité* – activité, animation, exercice, mouvement. ▶ *Mouvement sur une voie* – mouvement, trafic. ▶ *Automobiles* – circulation automobile, circulation routière, circulation urbaine, trafic (routier). ▶ *Bateaux* – navigation, trafic maritime. ▶ *Affluence* – affluence, afflux, arrivée, écoulement, flot, flux, issue. ▲ANT. BLOCAGE, CONGESTION; INTERRUPTION; ARRÊT, HALTE.

circuler *v.* ▶ *Se déplacer* – se déplacer, voyager. ▶ *Se propager* – courir, se propager. ▲ANT. ÊTRE À L'ARRÊT; STATIONNER; STAGNER.

cire *n. f.* ▶ *Composant d'une chandelle* (COUR.) – paraffine. ▶ *Préparation pour entretien* – encaustique. ▶ *Substance végétale* – baume, gomme, gomme d'adragant/adragante, gomme-ammoniaque, gomme-gutte, gomme-résine, labdanum, résine. ▶ *Sécrétion de l'oreille* – cérumen.

ciré *n. m.* anorak, caban, caoutchouc, coupe-vent, gabardine, imperméable, manteau de pluie, parka. FAM. imper.

cirer *v.* encaustiquer. ▲ANT. DÉCIRER.

cirque *n. m.* ▶ *Arène* – amphithéâtre, arène, carrière, champ de bataille, gradins, hémicycle, lice, odéon, piste, ring, théâtre. ▶ *Dépression en général* – bassin, cuvette, entonnoir (naturel). GÉOGR. doline, poljé, sotch. ▶ *Dépression circulaire à pente abrupte* – cratère. ▶ *Confusion* – anarchie, bourbier, brouillement, cafouillage, cafouillis, chaos, complication, confusion, désordre, désorganisation, embrouillement, emmêlage, emmêlement, enchevêtrement, imbroglio, mélange. SOUT. chienlit, pandémonium. FAM. embrouillage, embrouille, pagaille, pétaudière. FRANCE FAM. embrouillamini, foutoir, micmac, sac d'embrouilles, sac de nœuds, salade. ▶ *Comédie* – affectation, artifice, cachotterie, comédie, déguisement, dissimulation, duplicité, faux-semblant, feinte, fiction, finauderie, grimace, hypocrisie, invention, leurre, mensonge, momerie, pantalonnade, parade, ruse, simulation, singerie, sournoiserie, tromperie, frime. SOUT. simulacre. FAM. cinéma, finasserie, frime.

ciseaux *n. m. pl.* ▶ *Instrument en deux parties* – (paire de) ciseaux. ▶ *Ensemble d'instruments* – cisellerie.

citadelle *n. f.* ▶ *Au sens propre* – acropole, oppidum, ville fortifiée. ▶ *Au sens figuré* – bastion, forteresse. SOUT. muraille, rempart.

citadin *adj.* urbain. ▲ANT. CAMPAGNARD, CHAMPÊTRE, PAYSAN, RURAL, RUSTIQUE.

citation *n. f.* ▶ *Passage* – épigraphe, exemple, exergue, extrait, fragment, passage. ▶ *Pensée* – adage, aphorisme, apophtegme, axiome, devise, dicton, dit, dogme, enseignement, formule, mantra, maxime, moralité, mot, on-dit, parole, pensée, précepte, principe, proverbe, réflexion, règle, sentence, sutra, vérité. ▶ *Intimation* – appel, assignation, à-venir, convocation, indiction, injonction, intimation, mise en demeure, sommation, writ. ▶ *Récompense* – accessit, bon point, couronne, décoration, diplôme, distinction, gratification, médaille, mention, nomination, pourboire, prime, prix, récompense, satisfecit, trophée. QUÉB. FAM. bonbon.

cité *n. f.* ▶ *Ensemble d'immeubles* – bloc d'habitations, ensemble, grand ensemble, habitations collectives, îlot, immeubles résidentiels, lotissement, parc immobilier, résidence, tours d'habitation. ▶ *Agglomération de pavillons* – villa. ▶ *Ville* (SOUT.) – agglomération, commune, localité, municipalité, ville. ANTIQ. municipe. ▶ *État* (SOUT.) – État, nation, pays. ▶ *Communauté politique* (SOUT.) – affaires publiques, chose publique, État, gouvernement, politique, pouvoir.

citer *v.* ▶ *Appeler en justice* – appeler (en justice), assigner, convoquer, intimer, traduire, traduire devant les tribunaux, traduire en justice. ▶ *Invoquer* – alléguer, invoquer. ▶ *Rapporter* – mentionner, rapporter, relater. ▶ *Mentionner* – faire allusion à, faire mention de, faire référence à, mentionner, nommer. ▲ANT. CACHER, DISSIMULER ; OMETTRE.

citoyen *n.* ▶ *Habitant d'un pays* – membre de la communauté, national, naturalisé, ressortissant, sujet. ▶ *Titre utilisé sous la révolution* – camarade. ◆ **citoyens, plur.** ▶ *Ensemble d'habitants* – collectivité, communauté, nation, pays, peuple, population. ▲ANT. ÉTRANGER.

citron *n. m.* ▶ *Machine* – tas de ferraille. ▶ *Automobile* (QUÉB. FAM.) – clou, épave *(hors d'usage)*. FAM. bagnole, boîte à savon, chignole, guimbarde, poubelle, tacot, tapecul, tas de boue, tas de ferraille, teufteuf, veau *(lente)*. QUÉB. FAM. bazou, cancer, minoune. ▲ANT. BIJOU (DE LA MÉCANIQUE).

civière *n. f.* bard, brancard, chaise à porteurs, palanquin. ANC. basterne, filanzane, litière.

civil *adj.* ▶ *Courtois* – affable, bien élevé, bienséant, courtois, délicat, galant, poli, qui a de belles manières. SOUT. urbain. FAM. civilisé. ▶ *Non religieux* – laïque, séculier. RELIG. temporel. ▲ANT. GROSSIER, IMPERTINENT, IMPOLI, INCIVIL, MAL ÉLEVÉ, RUSTRE ; MILITAIRE ; PÉNAL.

civilisateur *adj.* ▲ANT. BARBARE ; ABÊTISSANT, CRÉTINISANT.

civilisation *n. f.* ▶ *Niveau avancé* – avancement, évolution, perfectionnement, progrès. ▶ *Structure sociale* – culture. ▶ *Amélioration* – adoucissement, amélioration, éducation, évolution, mieux-être, progrès, réforme, régénération, rénovation. ▶ *Adoucissement* – adoucissement, assouplissement, atténuation, humanisation, mitigation. ▲ANT. NATURE ; BARBARIE, IGNORANCE, SAUVAGERIE.

civilisé *adj.* ▶ *En parlant d'un peuple* – développé, évolué. ▶ *Courtois* (FAM.) – affable, bien élevé, bienséant, civil, courtois, délicat, galant, poli, qui a de belles manières. SOUT. urbain. ▲ANT. PRIMITIF, SAUVAGE ; GROSSIER, IMPERTINENT, IMPOLI, MAL ÉLEVÉ, RUSTRE.

civilité *n. f.* ▶ *Politesse* – affabilité, amabilité, aménité, attention, bienséance, bonnes manières, chevalerie, civisme, convivialité, correction, courtoisie, délicatesse, éducation, entregent, galanterie, gentillesse, hospitalité, mondanités, obligeance, politesse, prévenance, savoir-vivre, serviabilité, sociabilité, tact, urbanité. SOUT. gracieuseté, liant. ◆ **civilités, plur.** ▶ *Salutation* – baisemain, compliments, coup de chapeau, courbette, génuflexion, hommage, inclination, poignée de main, prosternation, révérence, salut, salutation. FAM. salamalecs. ▲ANT. GROSSIÈRETÉ, IMPOLITESSE, INCIVILITÉ ; INJURE, INSULTE.

civique *adj.* citoyen. ▲ANT. ANTIPATRIOTIQUE, INCIVIQUE.

clair *adj.* ◆ **sens concret** ▶ *Rempli de lumière* – éclairé, éclatant, lumineux, radieux, rayonnant, resplendissant. ▶ *Transparent* – cristallin, limpide, pur, transparent. DIDACT. hyalin, hyaloïde, vitré. ▶ *Peu fourni* – clairsemé, maigre, rare. ▶ *Pâle* – blafard, blanc, blanchâtre, blême, incolore, pâle, pâlot, terne. ▶ *En parlant d'une couleur* – doux,

pâle, pastel, tendre. ▶ *En parlant du teint* – coloré, fleuri, florissant, frais, pur, rose, vermeil. ▶ *En parlant d'un son* – argentin, cristallin, pur. ◆ **sens abstrait** ▶ *Facile à comprendre* – à la portée de tous, accessible, cohérent, compréhensible, concevable, déchiffrable, évident, facile, intelligible, interprétable, limpide, lumineux, pénétrable, saisissable, simple, transparent. ▶ *Sans ambiguïté* – clair et net, évident, explicite, formel, net, qui ne fait aucun doute, sans équivoque. DIDACT. apodictique, prédicatif. ▶ *Tranché* – arrêté, défini, déterminé, net, précis, tranché. ▶ *Évident* – apparent, aveuglant, certain, cousu de fil blanc, criant, éclatant, évident, flagrant, frappant, hurlant (de vérité), incontestable, manifeste, patent, qui coule de source, qui crève les yeux, qui saute aux yeux, qui se voit comme le nez au milieu du visage, qui tombe sous le sens, qui va de soi, qui va sans dire, visible. ▲ANT. OBSCUR, SOMBRE ; NOIR, OMBREUX ; OPAQUE, SALE, TERNE, TROUBLE ; ABONDANT, DRU, ÉPAIS, FOURNI, LUXURIANT, TOUFFU ; FONCÉ, PROFOND ; BLAFARD, BLANC, BLÊME, CADAVÉREUX, CADAVÉRIQUE, DIAPHANE, EXSANGUE, HÂVE, LIVIDE, PÂLE, PÂLOT ; ÉTOUFFÉ, MAT, SOURD ; CABALISTIQUE, CRYPTIQUE, ÉNIGMATIQUE, ÉSOTÉRIQUE, HERMÉTIQUE, IMPÉNÉTRABLE, INCOMPRÉHENSIBLE, MYSTÉRIEUX, OPAQUE, TÉNÉBREUX ; CONFUS, FLOU, IMPRÉCIS, INDÉFINISSABLE, INDÉTERMINÉ, INDISTINCT, TROUBLE, VAGUE ; DOUTEUX, HYPOTHÉTIQUE, INCERTAIN ; BRUT *(montant d'argent)*.

clairement *adv.* ▶ *Explicitement* – catégoriquement, en toutes lettres, explicitement, expressément, formellement, nettement, noir sur blanc, nommément, positivement. ▶ *Intelligiblement* – intelligiblement, lisiblement, lumineusement. ▲ANT. CONFUSÉMENT, NÉBULEUSEMENT, OBSCURÉMENT.

claire-voie *n. f.* ▶ *Grillage* – canisse, claie, clayette, clayon, grillage, treillage, treillis. ▶ *Clôture* – bande, barbelés, barbelure, barreaux, barricade, barrière, cancel, chancel, claie, clôture, échalier, échalis, enclos, grillage, grille, haie, moucharabieh, mur (de clôture), palis, parc, treillage. ACADIE FAM. bouchure.

clairière *n. f.* trouée.

clairon *n. m.* trompette de cavalerie, trompette simple. ▶ *Amélioration du temps* (ACADIE) – accalmie, adoucissement, amélioration, bonace, calme plat, éclaircie, embellie, radoucissement, réchauffement, redoux, répit, tiédissement, tranquillité, trouée.

clairsemé *adj.* ▶ *Peu rapproché* – dispersé, disséminé, éparpillé, épars. ▶ *Peu fourni* – clair, maigre, rare. ▲ANT. ABONDANT, DRU, ÉPAIS, FOURNI, LUXURIANT, TOUFFU.

clairvoyance *n. f.* ▶ *Finesse* – acuité, discernement, fin, finesse, flair, habileté, intuition, jugement, lucidité, pénétration, perspicacité, sagacité, sensibilité, subtilité. FAM. nez. ▶ *Jugement* – bon sens, cervelle, compréhension, conception, discernement, entendement, esprit, faculté, imagination, intellect, intelligence, jugement, lucidité, pénétration, raison, tête. FAM. matière grise, méninges. QUÉB. FAM. cocologie. QUÉB. ACADIE FAM. jarnigoine, jugeote. PHILOS. logos. ▶ *Perception extrasensorielle* – cryptesthésie, lucidité, métagnomie. ▲ANT. AVEUGLEMENT, ÉGAREMENT.

clairvoyant

clairvoyant *adj.* aigu, fin, lucide, lumineux, pénétrant, perçant, perspicace, profond, psychologue, qui voit loin, sagace, subtil. ▲ANT. AVEUGLE, INCONSCIENT.

clamer *v.* ▶ *Proclamer* – annoncer à grand fracas, carillonner, claironner, crier, crier sur (tous) les toits, proclamer, proclamer haut et fort. FAM. corner. ▲ANT. CONTENIR, ÉTOUFFER, REFOULER, REFRÉNER, TAIRE.

clameur *n. f.* ▶ *Bruit* – brouhaha, cacophonie, chahut, charivari, tapage, tohu-bohu, tumulte, vacarme. SOUT. bacchanale, hourvari, pandémonium. FAM. barouf, bastringue, bazar, boucan, bouzin, chambard, corrida, grabuge, pétard, potin, raffut, ramdam, ronron, sabbat, schproum, tintamarre, tintouin. QUÉB. FAM. barda, train. ▶ *Acclamation* – acclamation, applaudissement, ban, bis, bravo, chorus, hourra, ovation, rappel, triomphe, vivat. ▲ANT. CALME, MURMURE, SILENCE.

clan *n. m.* ▶ *Ethnie* – citoyens, ethnie, groupe, habitants, horde, nation, pays, peuplade, peuple, phratrie, population, race, société, tribu. ▶ *Clique* – bande, bandits, cabale, camarilla, chapelle, clique, coterie, école, église, faction, groupuscule, ligue, maffia, malfaiteurs, secte. ▶ *Famille* (FAM.) – cellule familiale, entourage, famille, foyer, fratrie, gens, logis, maison, maisonnée, membres de la famille, ménage, toit. ♦ **clans**, *plur.* ▶ *Ensemble d'ethnies* – phratrie. ▲ANT. INDIVIDU.

clandestin *adj.* ▶ *Secret* – dissimulé, occulte, parallèle, secret, souterrain, subreptice. ▶ *Illégal* – contrebandier, coupable, défendu, extra-légal, frauduleux, illégal, illégitime, illicite, interdit, interlope, irrégulier, marron, pirate, prohibé. DR. délictuel, délictueux, fraudatoire. ▲ANT. AUTORISÉ, LÉGAL, OFFICIEL, PERMIS, PUBLIC.

claque *n. f.* ▶ *Gifle* – gifle, tape. SOUT. soufflet. FAM. baffe, beigne, mornifle, pain, taloche, tarte, torgnole. FRANCE FAM. aller et retour, calotte, emplâtre, giroflée (à cinq feuilles), mandale, pêche, rouste, talmouse, taquet. ▶ *Partie de chaussure* – empeigne. ▶ *Caoutchouc* (QUÉB.) – caoutchouc. QUÉB. couvre-chaussure; FAM. chaloupe. ▲ANT. CÂLIN, CARESSE.

claquement *n. m.* bang, battement, boum, choc, clappement, coup, raté *(moteur)*, tapement.

claquer *v.* ▶ *Gifler* – gifler, souffleter. FAM. baffer, talocher. FRANCE FAM. calotter, torgnoler. ▶ *Exténuer* (FAM.) – abrutir, briser, courbaturer, épuiser, éreinter, exténuer, fatiguer, forcer, harasser, lasser, mettre à plat, surmener, tuer. FAM. crever, démolir, esquinter, lessiver, mettre sur le flanc, nettoyer, pomper, rétamer, vanner, vider. QUÉB. FAM. maganer. ▶ *Dilapider* (FAM.) – dévorer, dilapider, dissiper, engloutir, engouffrer, gaspiller, manger, prodiguer. FAM. croquer, flamber, griller. QUÉB. FAM. flauber. ▶ *Mourir* (FAM.) – décéder, être emporté, être tué, expirer, mourir, perdre la vie, périr, s'éteindre, succomber, trouver la mort. SOUT. exhaler le dernier soupir, passer de vie à trépas, payer tribut à la nature, rendre l'âme, rendre l'esprit, rendre le dernier soupir, rendre son dernier souffle, trépasser. PAR EUPHÉM. avoir vécu, disparaître, faire le grand voyage, fermer les paupières, fermer les yeux, finir, monter au ciel, paraître devant Dieu, partir, passer, passer dans l'autre monde, quitter ce (bas) monde, s'effacer, s'en aller, s'endormir. FAM. aller ad patres, aller chez les taupes, avaler sa chique, avaler son acte de naissance, boire le bouillon d'onze heures, calancher, caner, casser sa pipe, clamser, crever, décoller son billard, dévisser son billard, faire couic, passer l'arme à gauche, perdre le goût du pain, rester le cul par terre, s'endormir du sommeil de la tombe, sortir les pieds devant, y rester. FRANCE FAM. claboter. QUÉB. FAM. lever les pattes, péter au fret. ▲ANT. ÉCONOMISER, ÉPARGNER, MÉNAGER; DÉFATIGUER, DÉLASSER, REPOSER; FERMER DOUCEMENT.

clarifier *v.* ▶ *Décanter un liquide* – coller *(vin)*, décanter, déféquer, dépurer, épurer, filtrer, passer, purifier, sasser, soutirer, tirer au clair. ▶ *Démêler* – débrouiller, débroussailler, démêler, désembrouiller. SOUT. délabyrinther. ▶ *Préciser* – lever l'ambiguïté, préciser. LING. désambiguïser. ♦ **se clarifier** ▶ *Se décanter* – déposer, reposer, (se) décanter. ▲ANT. EMBROUILLER, ÉPAISSIR, OBSCURCIR, TROUBLER.

clarté *n. f.* ▶ *Lumière* – clair, clair-obscur, contrejour, demi-jour, éclair, éclairage, éclat, embrasement, flamboiement, flamme, halo, illumination, jour, lueur, lumière, pénombre, soleil. SOUT. nitescence, splendeur. ▶ *Transparence* – diaphanéité, eau, limpidité, luminosité, netteté, pureté, translucidité, transparence, visibilité, vivacité. ▶ *Intelligibilité* – accessibilité, compréhensibilité, compréhension, évidence, facilité, intelligibilité, intercompréhension, limpidité, lisibilité, luminosité, netteté, transparence. ▲ANT. BROUILLARD, OBSCURITÉ, OMBRE, TÉNÈBRES; FLOU, IMPRÉCISION; AMBIGUÏTÉ, CONFUSION, INCERTITUDE, TROUBLE.

classe *n. f.* ▶ *Catégorie* – catégorie, espèce, famille, genre, groupe, nature, ordre, sorte, type, variété. SOUT. gent. ▶ *État* – condition, état, forme, genre, modalité, mode, situation. ▶ *Position sociale* – caste, condition, état, fortune, place, position, rang, situation, statut. SOUT. étage. ▶ *Personnes* – groupe, milieu, race. SOUT. gent. ▶ *Leçon* – cours, leçon, mémorisation, répétition, révision. QUÉB. FAM. repasse. ▶ *Distinction* – agrément, art, attrait, beau, beauté, charme, chic, coquetterie, délicatesse, distinction, éclat, élégance, esthétique, féerie, fraîcheur, grâce, gracieux, harmonie, magnificence, majesté, perfection, photogénie, pureté, séduction, splendeur, symétrie. DIDACT. eurythmie. SOUT. blandice, joliesse, morbidesse, sublimité, symphonie, vénusté.

classement *n. m.* ▶ *Classement* – archivage, arrangement, catalogage, classification, collocation, distribution, indexage, indexation, mise en ordre, ordonnancement, ordre, rangement, répartition, sériation, tri, triage. ▲ANT. CONFUSION, DÉRANGEMENT, DÉSORDRE; DÉCLASSEMENT.

classer *v.* ▶ *Lister* – cataloguer, inventorier, lister, répertorier. ▶ *Catégoriser* – catégoriser, classer, distribuer, grouper, ordonner, ranger, répartir, sérier, trier. ▲ANT. DÉPLACER, DÉRANGER, DÉSORDONNER, EMBROUILLER, MÊLER.

classification *n. f.* ▶ *Catégorisation* – catégorisation, compartimentage, compartimentation, hiérarchie, hiérarchisation, nomenclature, systématique, taxinomie, taxologie, terminologie, typage, typologie. ▶ *Classement* – archivage, arrangement, catalogage, classement, collocation, distribution, indexage, indexation, mise en ordre, ordonnancement, ordre, rangement, répartition, sériation, tri, triage. ▲ANT. CONFUSION, DÉRANGEMENT, DÉSORDRE; DÉCLASSEMENT.

classique *adj.* ▶ *Simple* – dépouillé, discret, simple, sobre, strict. *FAM.* zen. ▶ *Habituel* – habituel, inévitable, traditionnel. ▶ *Sans originalité* – académique, banal, commun, conformiste, convenu, plat, standard. ▲ANT. LOURD, ORNÉ, SURCHARGÉ; AUDACIEUX, INNOVATEUR; À LA MODE, DANS LE VENT; EXCENTRIQUE, HÉTÉRODOXE, MARGINAL, ORIGINAL; BANAL *(œuvre)*, ORDINAIRE; ROMANTIQUE *(littérature)*; FOLKLORIQUE *(musique)*; DE VARIÉTÉ, LÉGÈRE, POPULAIRE; CONTEMPORAINE; MODERNE *(danse)*. △CLASSIQUES, *plur.* – MODERNES *(langues)*.

classique *n.* ♦ **un classique**, *masc.* ▶ *Chef-d'œuvre* – bijou, chef-d'œuvre, merveille, monument, œuvre capitale, œuvre classique, œuvre de génie, œuvre maîtresse, œuvre majeure, perfection, pièce maîtresse, trésor artistique. ♦ **le classique**, *masc. sing.* ▶ *Musique classique* – grande musique, musique classique, musique sérieuse. ▲ANT. ŒUVRE MINEURE, ŒUVRETTE.

clause *n.f.* condition, disposition, mention, stipulation.

claustrophobe *adj.* ▲ANT. AGORAPHOBE.

clavecin *n.m.* épinette, virginal.

clé (var. **clef**) *n.f.* ▶ *Pierre* – claveau, clef (de voûte), contre-pied, sommier, vousseau, voussoir. ▶ *Interrupteur* – bouton (électrique), bouton-poussoir, combinateur, commande, commutateur, conjoncteur, conjoncteur-disjoncteur, contact, contacteur, coupleur, discontacteur, disjoncteur, interrupteur, manostat, microcontact, olive, poussoir, pressostat, rotacteur, rupteur, sectionneur, sélecteur, télécommande, va-et-vient. *FAM.* bitoniau. *QUÉB. FAM.* piton. ▶ *Partie d'un conduit* – registre, tirette. ▶ *Centre* – axe, centre, entre-deux, intermédiaire, milieu, moyen terme, pivot, point central. *FIG.* clef (de voûte), cœur, foyer, midi, nœud, nombril, noyau, ombilic, sein, siège. ▶ *Réponse à un problème* – corrigé, explication, réponse, solution, solutionnaire. ▶ *Ce qui permet d'avoir accès* – clé (d'accès), code d'accès, mot de passe, numéro de série. *SOUT.* sésame, sésame ouvre-toi. ♦ **clés**, *plur.* ▶ *Ensemble d'instruments* – trousseau (de clés).

clémence *n.f.* ▶ *Pitié* – apitoiement, attendrissement, bienveillance, commisération, compassion, indulgence, miséricorde, pitié. *SOUT.* mansuétude. ▶ *Pardon* – absolution, absoute *(public)*, acquittement, aman, amnistie, annulation, dédouanement, disculpation, extinction, grâce, indulgence, jubilé, mise hors de cause, miséricorde, mitigation, oubli, pardon, pénitence, prescription, réhabilitation, relaxe, remise (de peine), rémission, suppression (de peine). ▲ANT. CRUAUTÉ, DURETÉ, INCLÉMENCE, RIGUEUR, SÉVÉRITÉ.

clément *adj.* ▶ *Qui pardonne* – bon prince, généreux, indulgent, magnanime, miséricordieux. ▶ *Compréhensif* – bien disposé, bien intentionné, bienveillant, compréhensif, dans de bonnes dispositions, favorable, indulgent, ouvert, sympathisant, tolérant. ▶ *En parlant du temps* – doux, modéré, moyen, tempéré. ▲ANT. DUR, RIGOUREUX; DRACONIEN, EXIGEANT, RIGIDE, SÉVÈRE, STRICT; INCOMPRÉHENSIF, INTOLÉRANT, INTRANSIGEANT; ÂPRE *(climat)*, INCLÉMENT, RUDE.

clerc *n.* ▶ *Religieux* – ecclésiastique, profès, religieux. *FAM.* ensoutané; *PÉJ.* calotin. ▶ *Prêtre* – curé, ecclésiastique, homme d'Église, membre du clergé, ministre (du culte), prêtre, religieux. ▶ *Titre* – abbé. *FIG.* berger. ▶ *Savant* (*SOUT.*) – autorité (en la matière), chercheur, connaisseur, découvreur, docteur, expert, homme de science, investigateur, maître, maître de recherches, professeur, savant, scientifique, sommité, spécialiste. *SOUT.* (grand) clerc. ▶ *Érudit* (*SOUT.*) – docteur, encyclopédiste, érudit, humaniste, intellectuel, lettré, maître-penseur, philosophe, sage, savant. *SOUT.* bénédictin, (grand) clerc, mandarin. *FAM.* bibliothèque (vivante), dictionnaire ambulant, dictionnaire (vivant), encyclopédie (vivante), fort en thème, grosse tête, intello, puits d'érudition, puits de science, rat de bibliothèque, tête d'œuf. ▶ *Notaire* – *ANC.* basochien. ♦ **clercs**, *plur.* ▶ *Ensemble de prêtres* – clergé. ▲ANT. LAÏC; IGNORANT.

clergé *n.m.* corps ecclésiastique, ecclésiastiques, Église, gens d'Église, religieux, sacerdoce. ▲ANT. LAÏCAT.

cliché *n.m.* ▶ *Image négative* – épreuve négative, image négative. ▶ *Photo* – diapositive, épreuve, galvanotype, instantané, photogramme, photographie, portrait, positif, tirage, trait. *FAM.* diapo, galvano. *ANC.* daguerréotype. ▶ *Banalité* – banalité, évidence, fadaise, généralité, lapalissade, lieu commun, platitude, poncif, réchauffé, redite, stéréotype, tautologie, truisme. ▲ANT. NOUVEAUTÉ, ORIGINALITÉ, TROUVAILLE.

client *n.* ▶ *Personne qui achète* – acheteur, acquéreur, adjudicataire, ayant cause, cessionnaire, consommateur, destinataire, preneur, soumissionnaire. *FAM.* cochon de payant. ▶ *Régulier* – familier, fidèle, (vieil) habitué. *SOUT.* pratique. *FAM.* abonné. *PÉJ.* pilier. ▶ *Personne qui consulte* – consultant, patient *(milieu de la santé)*. ▶ *Protégé* – créature, favori, protégé. ▲ANT. COMMERÇANT, FOURNISSEUR, MARCHAND, VENDEUR; SERVEUR.

clientèle *n.f.* achalandage, clients.

clientélisme *n.m.* faveur, favoritisme, népotisme, partialité, préférence. *FAM.* chouchoutage, combine, copinage, piston, pistonnage. *QUÉB.* partisanerie.

clignement *n.m.* ▶ *Mouvement de l'œil* – battement, battement de cils, battement de paupières, clin d'œil, coup d'œil, œillade, regard. ▶ *Répété* – cillement, clignotement (d'yeux), nictation, papillotage, papillotement. ▶ *Lumière intermittente* – clignotement, pétillement, scintillation, scintillement, vacillement. ▶ *Signal* – alerte, appel, clin d'œil, geste, message, signal, signe.

cligner *v.* ▶ *En parlant des yeux* – battre des cils, battre des paupières, ciller, clignoter, papilloter.

clignotant *adj.* ▶ *Intermittent* – à éclipses, intermittent. ▶ *Scintillant* – papillotant, scintillant. ▶ *En parlant des yeux* – papillotant. ▲ANT. FIXE.

clignoter *v.* ▶ *Briller par intervalles* – papilloter, scintiller. ▶ *En parlant des yeux* – battre des cils, battre des paupières, ciller, cligner, papilloter.

climat *n. m.* ▶ *Météorologie* – air, ambiance, atmosphère, ciel, conditions atmosphériques, conditions climatiques, conditions météorologiques, météorologie, pression, régime, température, temps, vent. *FAM.* fond de l'air, météo. ▶ *Milieu naturel* – biome, biotope, écosystème, environnement, habitat, milieu, nature, niche écologique, station. ▶ *Milieu dans lequel on vit* – ambiance, atmosphère, cachet, cadre, décor, élément, entourage, environnement, environs, lieu, milieu, monde, société, sphère, théâtre, voisinage. ▶ *Situation* – circonstance, condition, conjoncture, contexte, cours des choses, état de choses, état de fait, paysage, position, situation, tenants et aboutissants. ◆ *climats, plur.* ▶ *Région* (*SOUT.*) – coin (de pays), contrée, latitude, partie du monde, pays, région, secteur, zone. *SOUT.* cieux. *FAM.* patelin. *QUÉB. FAM.* bout.

climax *n. m.* acmé, apex, apogée, apothéose, cime, comble, culmination, excès, faîte, fin du fin, fort, limite, maximum, meilleur, nec plus ultra, optimum, paroxysme, pic, pinacle, plafond, point culminant, pointe, record, sommet, summum, triomphe, zénith. *FAM.* max, top niveau.

clinique *n. f.* dispensaire, établissement hospitalier, hôpital, hôtel-Dieu, maison de santé, maternité, policlinique, polyclinique. *FAM.* hosto. *ANC.* ambulance. *PÉJ.* mouroir.

clip *n. m.* agrafe, attache, barrette, boucle, broche, épingle, épinglette, fermail, fibule *(antique).*

cliquetis *n. m.* clic clic, cliquettement.

cliver *v.* ◆ *cliver* ▶ *Fendre un minéral* – couper, fendre. ◆ *se cliver* ▶ *Se séparer en petits groupes* – éclater, se diviser, se fractionner, se scinder. ▲*ANT.* FONDRE, FUSIONNER, RÉUNIR, UNIR.

clochard *n.* mendiant, meurt-de-faim, misérable, miséreux, pauvre, sans-abri, sans-logis, S.D.F, squatter, vagabond, va-nu-pieds. *FAM.* clodo, crève-la-faim, mendigot. *QUÉB.* itinérant. *QUÉB. FAM.* quêteux, tout-nu. ▲*ANT.* NANTI, RICHE.

cloche *n. f.* ▶ *Objet qui tinte* – beffroi, bourdon. ▶ *Petit* – clochette, grelot, sonnette, timbre. ▶ *Boursouflure* – ampoule, ballonnement, bombement, bosse, bouffissure, boursouflage, boursouflement, boursouflure, bulle, cloque, débordement, dilatation, distension, enflure, engorgement, fluxion, gonflement, grosseur, grossissement, hypertrophie, intumescence, renflement, rondeur, sinus, soufflure, soulèvement, tuméfaction, tumescence, turgescence, ventre, vésicule, vultuosité. *PATHOL.* bubon, ectasie, emphysème, inflation, météorisation, météorisme, œdème, phlyctène. ◆ *cloches, plur.* ▶ *Ensemble d'objets qui tintent* – carillon, sonnaille, sonnerie.

clocher *v.* ▶ *Présenter une irrégularité* – boiter. ▲*ANT.* ALLER POUR LE MIEUX, BAIGNER DANS L'HUILE, MARCHER COMME SUR DES ROULETTES.

clocher *n. m.* beffroi, campanile, clocheton, tour d'église.

clochette *n. f.* cloche, grelot, sonnette, timbre.

cloison *n. f.* ▶ *Mur* – mur, pan, paroi. ▶ *Petit* – muret, muretin, murette, panneau. ▶ *Paravent*

– cloisonnette, paravent. ▶ *Obstacle* – barrage, barricade, barrière, défense, écran, mur, obstacle, rideau, séparation. ▶ *Séparation anatomique* – capsule, enveloppe, gaine, membrane, membranule, pellicule, septum, tunique. ◆ *cloisons, plur.* ▶ *Ensemble de murs* – cloisonnage, cloisonnement.

cloîtré *adj.* esseulé, isolé, reclus, seul, solitaire.

cloître *n. m.* ▶ *Monastère* – abbaye, béguinage, chartreuse, commanderie, couvent, monastère, prieuré, trappe. ▶ *Orthodoxe* – laure, lavra. ▶ *Vie cloîtrée* – claustration, clôture, moinerie. ▲*ANT.* MONDE, SIÈCLE, SOCIÉTÉ, VIE PROFANE.

clone *n. m.* ▶ *Personne* (*FAM.*) – double, jumeau, sosie.

clore *v.* ▶ *Achever* – accomplir, achever, finir, mener à bien, mener à (bon) terme, mener à bonne fin, réussir, terminer. *SOUT.* consommer. *FAM.* boucler. ▶ *Constituer le dernier élément* – clôturer, conclure, fermer, finir, terminer. ▶ *Fermer* (*SOUT.*) – fermer, refermer. *SOUT.* reclore. ▲*ANT.* COMMENCER; DÉCLORE, OUVRIR.

clos *adj.* étanche, fermé, hermétique.

clos *n. m.* ▶ *Jardin* – closerie, hortillonnage, jardin, jardinet, massif, parc, parterre. ▶ *Vignoble* – château, cru, vignoble.

clôture *n. f.* ▶ *Barrière* – bande, barbelés, barbelure, barreaux, barricade, barrière, cancel, chancel, claie, claire-voie, échalier, échalis, enclos, grillage, grille, haie, moucharabieh, mur (de clôture), palis, parc, treillage. *ACADIE FAM.* bouchure. *ANC.* enclosure, herse, lice, sarrasine. *TECHN.* gril, perchis. ▶ *Enceinte* – cloître, enceinte, murs. *ANC.* champ clos. *ANTIQ.* cirque, péribole, stade. ▶ *Vie cloîtrée* – claustration, cloître, moinerie. ▶ *Fermeture* – barrage, bouchage, bouclage, cloisonnage, cloisonnement, comblement, condamnation, coupure, fermeture, interception, lutage, murage, oblitération, obstruction, obturation, occlusion, remblai, tamponnement, verrouillage. ▲*ANT.* DÉGAGEMENT, ISSUE, OUVERTURE, PERCÉE, SORTIE; COMMENCEMENT, DÉBUT.

clou *n. m.* ▶ *Mauvaise voiture* (*FAM.*) – épave *(hors d'usage).* *FAM.* bagnole, boîte à savon, chignole, guimbarde, poubelle, tacot, tapecul, tas de boue, tas de ferraille, teuf-teuf, veau *(lente).* *QUÉB. FAM.* bazou, cancer, citron, minoune. ▶ *Abcès* (*FAM.*) – abcès, adénite, bourbillon, bouton, bubon, chancre, collection, empyème, fistule, furoncle, kyste, orgelet *(paupière),* panaris *(doigt),* papule, parulie, phlegmon, pustule, scrofule. *QUÉB.* picot. *ACADIE* puron. ◆ *des clous, plur.* ▶ *Rien* (*FRANCE FAM.*) – pas l'ombre (de qqch.), rien. *des clopes, des clopinettes, des prunes.*

clouer *v.* ▶ *Retenir qqn* – immobiliser, maintenir, retenir, river, tenir. ▲*ANT.* DÉCLOUER.

clown *n.* ▶ *Personnage* – amuseur (public), bouffon, comique. *SOUT.* clownesse *(femme).* *ANC.* loustic, paillasse. *HIST.* fou (du roi). *ANTIQ.* histrion. ▶ *Farceur* – amuseur, attrapeur, bouffon, bourreur de blagues, boute-en-train, comique, comique de la troupe, espiègle, facétieux, farceur, humoriste, pince-sans-rire, pitre, plaisantin, taquin. *FAM.* blagueur. *FRANCE FAM.* asticoteur, charlot, fumiste. ▶ *Non favorable* – mauvais plaisant, (petit) comique, petit rigolo. ▲*ANT.* RABAT-JOIE, TRISTE SIRE.

club *n. m.* ▶ *Association* – amicale, association, cercle, compagnie, fraternité, groupe, société, union. ▶ *Association savante ou artistique* – académie, aréopage, cénacle, cercle, école, institut, société. ▶ *Association sportive* – équipe, organisation. ▶ *Association politique* – alliance, apparentement, association, bloc, camp, cartel, coalition, confédération, faisceau, fédération, formation, front, groupe, groupe d'intérêts, groupe de pression, groupement, ligue, mouvement, organisation, parti, phalange, rapprochement, rassemblement, union. *ANC.* hétairie. *FÉOD.* hermandad.

coalisé *adj.* allié, ami, cobelligérant.

coalition *n. f.* ▶ *Association politique* – alliance, apparentement, association, bloc, camp, cartel, club, confédération, faisceau, fédération, formation, front, groupe, groupe d'intérêts, groupe de pression, groupement, ligue, mouvement, organisation, parti, phalange, rapprochement, rassemblement, union. *ANC.* hétairie. *FÉOD.* hermandad. *PÉJ.* bande, bandits, cabale, camarilla, chapelle, clan, clique, coterie, école, église, faction, groupuscule, ligue, maffia, malfaiteurs, secte. ▶ *Ensemble d'États* – bloc, communauté, confédération, États, fédération, union. ▲ANT. DISCORDE, RUPTURE, SCHISME, SCISSION, SÉCESSION, SÉPARATION.

coche *n. f.* ▶ *Entaille* – adent, brèche, coupure, cran, créneau, crevasse, échancrure, égratignure, enclenche, encoche, engravure, entaille, entamure, épaufrure, faille, fente, feuillure, incision, marque, mortaise, moucheture, onglet, raie, rainurage, rainure, rayure, ruinure, scarification, scissure, sillon, souchèvement *(roche)*, strie. *QUÉB. FAM.* grafignure. *BELG.* griffe. *BELG. FAM.* gratte. ▲ANT. CÔTE, CRÊTE, NERVURE.

cochon *n. m.* ▶ *Animal* – porc. *SOUT.* pourceau. ▶ *Viande* (*FAM.*) – porc, viande porcine. ▶ *Tirelire* (*FAM.*) – tirelire. *FAM.* (petit) cochon, (petite) grenouille. *SUISSE* crouille. ◆ **cochons**, *plur.* ▶ *Ensemble d'animaux* – bande (de cochons); cheptel porcin.

cockpit *n. m.* cabine de pilotage, cabine, carlingue, habitacle.

cocktail (var. **coquetel**) *n. m.* ▶ *Mélange* – admixtion, alliage, amalgamation, amalgame, combinaison, composé, mélange, mixtion, mixture.

cocotte *n. f.* ▶ *Récipient* – braisière, chaudron, couscoussier, daubière, fait-tout, marmite. *QUÉB.* soupière. *ANC.* bouteillon. ▶ *Fruit* (*QUÉB.*) – cône, pomme de pin. *ACADIE FAM.* berlicoco. *SUISSE* pive.

codage *n. m.* chiffrage, chiffrement, codification, cryptage, cryptographie, encodage. *INFORM.* microprogrammation, programmation. ▲ANT. DÉCHIFFREMENT, DÉCODAGE, DÉCRYPTAGE.

code *n. m.* ▶ *Ensemble de lois* – appareil législatif, droit, justice, législation, loi, système législatif. *SOUT.* tribunal. ▶ *Texte* – code (législatif), nomographie. ▶ *Règlement* – arrêté, charte, convention, cote, coutume, formule, loi, mesure, norme, obligation, ordre, précepte, prescription, protocole, régime, règle, règlement, usage. ▶ *Méthode* – approche, art, chemin, comment, credo, démarche, discipline, dispositif, façon (de faire), facture, formule, heuristique, instruction, instrument, ligne de conduite, maïeutique, manière, marche (à suivre), méthode, modalité, mode d'emploi, mode, moyen, opération, ordre, organisation, outil, posologie, pratique, procédé, procédure, protocole, raisonnement, recette, règle, secret, stratagème, stratégie, système, tactique, technique, théorie, traitement, voie. *SOUT.* faire. ▶ *Numéro* – adresse, cote, marque (numérique), matricule, nombre, numéro.

coder *v.* ▶ *Mettre en code* – codifier, encoder. ▶ *Mettre en code secret* – chiffrer, crypter, cryptographier. ▲ANT. DÉCODER.

coefficient *n. m.* facteur, indice, pour cent, pourcentage, proportion, quotient, rapport, ratio, tant pour cent, tantième, taux, teneur.

cœur *n. m.* ▶ *Organe* – *MÉD.* muscle cardiaque. ▶ *Poitrine* – buste, poitrine, torse. *ANAT.* cage thoracique, sternum, thorax; *MÉD.* gril costal. *SOUT.* sein. ▶ *Partie du fruit* – trognon. ▶ *Partie de l'arbre* – bois parfait. *BOT.* duramen, xylème. ▶ *Forme* – *MATH.* cardioïde. ▶ *Centre* – axe, centre, entre-deux, intermédiaire, milieu, moyen terme, pivot, point central. *FIG.* clef (de voûte), foyer, midi, nœud, nombril, noyau, ombilic, sein, siège. ▶ *Partie essentielle* – corps, dominante, essence, essentiel, fond, gros, important, principal, substance, tout, vif. ▶ *Âme* – âme, conscience, esprit, mystère, pensée, principe (vital), psyché, psychisme, souffle (vital), spiritualité, transcendance, vie. ▶ *Selon la philosophie* – atman *(hindouisme)*, pneuma *(Grèce antique)*. *PSYCHOL.* conscient. ▶ *Intimité* – âme, arrière-fond, arrière-pensée, conscience, coulisse, dedans, dessous, fond, for intérieur, intérieur, intériorité, intimité, jardin secret, repli, secret. *SOUT.* tréfonds. ▶ *Émotivité* – affect, affectivité, âme, attendrissement, compassion, émotion, émotivité, empathie, fibre, humanité, impressionnabilité, pitié, romantisme, sensibilité, sentiment, sentimentalité, susceptibilité, sympathie, tendresse, vulnérabilité. *SOUT.* entrailles. *FAM.* tripes. ▶ *Enthousiasme* – allant, animation, ardeur, chaleur, élan, enthousiasme, entrain, ferveur, flamme, passion, zèle. *SOUT.* feu. ▶ *Courage* – audace, bravoure, cœur au ventre, courage, cran, hardiesse, héroïsme, intrépidité, mépris du danger, témérité, vaillance. *SOUT.* valeur. *FAM.* tripes. ▲ANT. BORD, EXTÉRIEUR, PÉRIPHÉRIE, POURTOUR; TÊTE; FROIDEUR, INDIFFÉRENCE; APATHIE; LÂCHETÉ.

coexistence *n. f.* accompagnement, coïncidence, concomitance, concordance, concours de circonstances, contemporanéité, coordination, correspondance, isochronie, isochronisme, rencontre, synchronicité, synchronie, synchronisation, synchronisme. ▲ANT. ANACHRONISME; INCOMPATIBILITÉ.

coexister *v.* cohabiter, voisiner. ▲ANT. PRÉCÉDER; SUIVRE; ÊTRE INDÉPENDANT.

coffre *n. m.* ▶ *Meuble de rangement* – caisse, conteneur, huche, malle-cabine. *FAM.* cantine. ▶ *Lieu de rangement dans un véhicule* – fourgon *(train)*, soute *(bateau ou avion)*. *QUÉB. FAM.* valise *(auto)*. ▶ *Poitrine* (*FAM.*) – buste, cœur, poitrine, torse. *ANAT.* cage thoracique, sternum, thorax; *MÉD.* gril costal. *SOUT.* sein.

coffret *n. m.* ▶ *Boîte à bijoux* – baguier, boîte à bijoux, cassette, écrin. *ANTIQ.* pyxide. ▶ *Ensemble de logiciels* – progiciel, suite. *QUÉB.* trousse.

cognement *n. m.* ▶ *Choc* – accrochage, choc, collision, coup, entrechoquement, heurt, impact, percussion, rencontre, secousse. ▶ *Battement* – battement, martèlement, pulsation. ▲ANT. RONFLE-MENT, RONRONNEMENT.

cogner *v.* ▶ *Donner des coups* – battre, frapper, taper (sur). *QUÉB. FAM.* fesser sur, piocher sur, tapocher sur. ▶ *Frapper à la porte* – frapper. ▶ *Heurter* – buter contre, donner dans, frapper, heurter, rentrer dans. *QUÉB. FAM.* accrocher. ▶ *Battre qqn* (*FAM.*) – battre, frapper, porter la main sur, rosser, rouer de coups. *SOUT.* étriller. *FAM.* abîmer le portrait à, administrer une correction à, arranger le portrait à, casser la figure à, casser la gueule à, corriger, dérouiller, flanquer une raclée à, flanquer une volée à, passer à tabac, péter la gueule à, piler, rentrer dedans, tabasser, taper sur, voler dans les plumes à. *FRANCE FAM.* boxer, castagner, châtaigner, esquinter le portrait à, flanquer une pile à, mettre la tête au carré à, rentrer dans le chou à, rentrer dans le lard à, rentrer dans le mou à, tatouiller, tomber sur le paletot à, tomber sur le poil à, tricoter les côtes à. *QUÉB. FAM.* bûcher, fesser, tapocher. ▶ *En parlant du cœur* – battre, palpiter. ♦ **se cogner** ▶ *Se battre* (*FAM.*) – échanger des coups, en découdre, en venir aux coups, en venir aux mains, s'empoigner, se bagarrer, se battre, se colleter. *FAM.* s'expliquer, se bigorner, se crêper le chignon, se prendre aux cheveux, se tabasser, se taper dessus, se voler dans les plumes. *FRANCE FAM.* barouder, châtaigner, se bastonner, se castagner. *QUÉB. FAM.* se batailler, se colletailler, se tapocher. ▲ANT. CARESSER.

cohérence *n. f.* ▶ *Adhérence* – adhérence, liaison. ▶ *Conformité* (*SOUT.*) – concordance, conformité, correspondance. *SOUT.* accord, convenance. ▶ *Logique* – cohésion, consistance, égalité, homogénéité, liaison, logique, non-contradiction, régularité, uniformité, unité. *LING.* signifiance. ▲ANT. DÉSAGRÉGATION, DISPERSION; DIVERGENCE, NON-CONFORMITÉ; CONFUSION, CONTRADICTION, ILLOGISME, INCOHÉRENCE.

cohérent *adj.* ▶ *Structuré* – conséquent, consistant, harmonieux, heureux, logique, ordonné, structuré, suivi. ▶ *Compréhensible* – à la portée de tous, accessible, clair, compréhensible, concevable, déchiffrable, évident, facile, intelligible, interprétable, limpide, lumineux, pénétrable, saisissable, simple, transparent. ▶ *Homogène* – homogène, uni, uniforme. ▲ANT. CHAOTIQUE, DÉCOUSU, DÉSORDONNÉ, INCOHÉRENT, SANS QUEUE NI TÊTE; ÉCERVELÉ, ÉTOURDI, INCONSÉQUENT, INSOUCIANT, IRRÉFLÉCHI, IRRESPONSABLE, SANS CERVELLE, SANS-SOUCI; CABALISTIQUE, CRYPTIQUE, ÉNIGMATIQUE, ÉSOTÉRIQUE, HERMÉTIQUE, IMPÉNÉTRABLE, INCOMPRÉHENSIBLE, MYSTÉRIEUX, OBSCUR, OPAQUE, TÉNÉBREUX; DISPARATE, HÉTÉROCLITE, HÉTÉROGÈNE, MÉLANGÉ, MÊLÉ.

cohésion *n. f.* ▶ *Solidité* – compacité, consistance, coriacité, dureté, fermeté, fixité, force, homogénéité, indélébilité, indestructibilité, inextensibilité, massiveté, monolithisme, résistance, rigidité, robustesse, solidité, sûreté. ▶ *Cohérence* – cohérence, consistance, égalité, homogénéité, liaison,

logique, non-contradiction, régularité, uniformité, unité. *LING.* signifiance. ▲ANT. DÉSAGRÉGATION, DISPERSION; CONFUSION, INCOHÉRENCE.

cohorte *n. f.* ▶ *Ensemble de personnes* (*FAM.*) – bande, brigade, caravane, cellule, collectif, colonie, corps, équipe, escadron, escouade, groupe, horde, individus, membres, meute, noyau, peloton, troupe. *IRON.* fournée. *FAM.* bataillon, brochette.

cohue *n. f.* ▶ *Foule* – abondance, affluence, armada, armée, attroupement, concentration, concours, encombrement, essaim, flot, forêt, foule, fourmilière, fourmillement, grouillement, légion, marée, masse, meute, monde, multitude, peuple, pléiade (*célébrités*), pullulement, rassemblement, régiment, réunion, ribambelle, ruche, tas, troupeau. *FAM.* flopée, marmaille (*enfants*), tapée, tripotée. *QUÉB.* achalandage; *FAM.* tapon, trâlée. *PÉJ.* ramassis. ▶ *Remous d'une foule* – bousculade, débandade, désordre, ruée. ▲ANT. DÉSERT; CALME, SILENCE; DISCIPLINE, ORDRE.

coiffer *v.* ▶ *Arranger en coiffure* – brosser, discipliner, mettre en plis, peigner. ▶ *Surmonter* – couronner, dominer, surmonter, surplomber. ▶ *Entourer* – auréoler, ceindre, couronner, entourer, nimber. ▶ *Arrêter* (*FRANCE FAM.*) – appréhender, arrêter, capturer, faire prisonnier, prendre, saisir. *FAM.* attraper, choper, coffrer, coincer, cravater, cueillir, embarquer, épingler, harponner, mettre la main au collet de, mettre le grappin sur, pincer, prendre au collet, ramasser, saisir au collet. *FRANCE FAM.* agrafer, alpaguer, arnaquer, arquepincer, emballer, gauler, piquer, poisser, poivrer. ▲ANT. DÉCOIFFER; DÉCOUVRIR.

coiffeur *n.* ▶ *Personne* – coiffeur parfumeur, garçon coiffeur. *ANC.* perruquier. *DIDACT.* capilliculteur.

coiffure *n. f.* ▶ *Arrangement des cheveux* – *QUÉB. FAM.* peignure. ▶ *Action de coiffer* – coiffage. ▲ANT. DÉCOIFFAGE, ÉBOURIFFAGE.

coin *n. m.* ▶ *Angle* – angle, anglet, arête, carre, corne, coude, diverticule, écoinçon, encoignure, enfourchement, noue, pan, recoin, renfoncement, retour, saillant, tournant. *QUÉB.* racoin. *MAR.* empointure. ▶ *Région* – coin (de pays), contrée, latitude, partie du monde, pays, région, secteur, zone. *SOUT.* cieux, climats. *FAM.* patelin. *QUÉB. FAM.* bout. ▶ *Endroit* – emplacement, endroit, lieu, localisation, localité, place, point, position, poste, scène, séjour, siège, site, situation, théâtre, zone. *BIOL.* locus. ▲ANT. CENTRE, MILIEU.

coincé *adj.* ▶ *Guindé* – engoncé, gêné aux entournures, guindé, raide. ▶ *Complexé* – complexé, inhibé, timide. *QUÉB. FAM.* gêné, pogné.

coincement *n. m.* ▶ *Blocage* – blocage, coinçage, grippage. ▲ANT. DÉCOINÇAGE, DÉCOINCEMENT, DÉGAGEMENT, LIBÉRATION.

coincer *v.* ▶ *Entraver un mécanisme* – bloquer, enrayer, gripper. ▶ *Pousser dans un coin* – acculer. ▶ *Piéger* (*FAM.*) – acculer, contraindre, forcer, piéger, réduire. ▶ *Arrêter* (*FAM.*) – appréhender, arrêter, capturer, faire prisonnier, prendre, saisir. *FAM.* attraper, choper, coffrer, cravater, cueillir, embarquer, épingler, harponner, mettre la main au collet de, mettre le grappin sur, pincer, prendre au collet, ramasser, saisir au collet. *FRANCE FAM.* agrafer, alpaguer,

collectif

arnaquer, arquepincer, coiffer, emballer, gauler, piquer, poisser, poivrer. ♦ *se coincer* ▸ *Se bloquer* – gripper, s'enrayer, se bloquer. ▲ANT. DÉCOINCER.

coïncidence *n. f.* ▸ *Simultanéité* – accompagnement, coexistence, concomitance, concordance, concours de circonstances, contemporanéité, coordination, correspondance, isochronie, isochronisme, rencontre, synchronicité, synchronie, synchronisation, synchronisme. ▸ *Hasard* – accident, aléa, aléatoire, aventure, cas fortuit, chance, circonstance, conjoncture, contingence, coup de dés, coup du sort, facteur chance, fortuit, hasard, impondérable, imprévu, inattendu, incertitude, indétermination, occurrence, rencontre, sort. SOUT. fortune. QUÉB. FAM. adon. PHILOS. casualisme, casualité, indéterminisme. FIG. loterie. ▲ANT. DÉSACCORD, DIVERGENCE.

coïncider *v.* ▸ *Concorder* – concorder, correspondre, se recouper, se rejoindre. ▲ANT. DIVERGER.

col *n. m.* ▸ *Partie de vêtement* – collerette, collet, décolleté, encolure. FAM. colback. ANC. fraise, gorgerette *(femme)*, rabat. ▸ *Partie étroite* – cou, goulot. ▸ *En anatomie* – isthme. ▸ *Passage* – cañon, couloir, défilé, gorge, goulet, porte, ravin, ravine. QUÉB. FAM. coulée. ▸ *Mousse de la bière* (QUÉB. FAM.) – mousse. FAM. faux col. QUÉB. FAM. collet.

colère *n. f.* ▸ *Irritation* – agacement, emportement, énervement, exaspération, fureur, furie, impatience, indignation, irritabilité, irritation, rage, susceptibilité. SOUT. courroux, irascibilité. FAM. horripilation, rogne. ▸ *Crise émotionnelle* – accès de colère, accès de rage, coup de colère, crise de colère, crise de nerfs, élan de colère, transport de colère. FAM. crisette. ▸ *Agitation* – affolement, agitation, bouleversement, brasier, confusion, débridement, déchaînement, désarroi, ébranlement, ébullition, embrasement, émotion, fièvre, frénésie, mouvement, passion, violence. SOUT. émoi, exaltation. FIG. dévergondage. ▸ *Aigreur* – acariâtreté, acerbité, acidité, âcreté, acrimonie, agressivité, aigreur, amertume, animosité, âpreté, bave, bile, causticité, dépit, désagrément, dureté, fiel, haine, hargne, humeur, irritation, malveillance, maussaderie, mauvaise humeur, méchanceté, mordant, pique, rancœur, rancune, récrimination, ressentiment, rudesse, tranchant, venin, vindicte, virulence. SOUT. mordacité. FAM. rouspétance. ▸ *Vengeance* – châtiment, (loi du) talion, pareille, punition, rancune, réciproque, réparation, représailles, ressentiment, rétorsion, revanche, riposte, vendetta, vengeance. SOUT. vindicte. ▲ANT. CONTENTEMENT, JOIE, SATISFACTION; CALME, IMPASSIBILITÉ, SÉRÉNITÉ, TRANQUILLITÉ; DOUCEUR, SUAVITÉ; CLÉMENCE, MAGNANIMITÉ, PARDON, PATIENCE.

colis *n. m.* ▸ *Paquet à expédier* – chargement, envoi, exprès, paquet-poste.

collaborateur *n.* ▸ *Collègue* – alter ego, associé, camarade, collègue (de travail), compagnon de travail, condisciple *(études)*, confrère, coopérateur, égal, pair, partenaire. ▸ *Assistant* – adjoint, aidant, aide, alter ego, assesseur, assistant, auxiliaire, bras droit, complice, exécutant, homme de confiance, lieutenant, préparateur, second, sous-chef, subalterne, subordonné. SOUT. suivant. RELIG. coadjuteur, définiteur. ▸ *Non favorable* – acolyte, lampiste, second couteau, second rôle, second violon, sous-fifre,

sous-ordre. ▸ *Partisan de la collaboration* – collaborationniste. ▲ANT. ADVERSAIRE, COMPÉTITEUR, CONCURRENT, OPPOSANT, RIVAL; RÉSISTANT.

collaboratif *adj.* à plusieurs, collectif, en collaboration, en commun, en équipe. ▲ANT. COMPÉTITIF, INDIVIDUEL, ISOLÉ, SÉPARÉ.

collaboration *n. f.* aide, appoint, apport, appui, assistance, association, bienfaisance, bons offices, complicité, concours, conseil, contribution, coopération, coup d'épaule, coup de main, coup de pouce, dépannage, entraide, grâce, main-forte, participation, planche de salut, renfort, secours, service, soutien, synergie. SOUT. viatique. FAM. (coup de) fion. ▲ANT. ISOLEMENT, SOLITUDE; COMPÉTITION, CONCURRENCE, RIVALITÉ; OPPOSITION, RÉSISTANCE.

collaborer *v.* ▸ *Participer* – avoir part, concourir, contribuer, coopérer, partager, participer, prendre part, s'associer, s'engager, s'impliquer, s'investir, se joindre. ▲ANT. EMPÊCHER, FAIRE OBSTRUCTION À, NUIRE À.

collant *adj.* ▸ *Qui adhère* – adhérent, adhésif, autoadhésif, autocollant, gommé, préencollé. ▸ *Qui agglutine* – agglutinant. DIDACT. conglutinant, glutineux. ▸ *Gluant* – gluant, gommeux, poissant, poisseux, visqueux. QUÉB. FAM. gommé. ▸ *Serré* – ajusté, étriqué *(trop serré)*, étroit, moulant, serré. ▸ *Envahissant* (FAM.) – accaparant, accapareur, encombrant, envahissant, fatigant, importun, indésirable, indiscret, intrus, pesant, sans gêne. FAM. casse-pieds, crampon, embêtant. QUÉB. FAM. achalant, dérangeant. ▲ANT. ANTIADHÉRENT, GLISSANT; AMPLE, BLOUSANT, BOUFFANT, FLOTTANT, LÂCHE, LARGE; ATTIRANT, CONVIVIAL, DE BONNE COMPAGNIE, ENGAGEANT, INTÉRESSANT, SYMPATHIQUE; POLI, RESPECTUEUX.

collant *n. m.* ▸ *Gommette* (QUÉB.) – adhésif, auto-adhésif, chatterton *(isolant électrique)*, gommette, papier adhésif, papier gommé, papier-cache, ruban adhésif, ruban gommé, ruban-cache, sparadrap *(pansement)*.

collation *n. f.* ▸ *Casse-croûte* – casse-croûte, encas, goûter, lunch, panier-repas. FAM. morceau. FRANCE FAM. casse-dalle, casse-graine, dînette, quatre-heures. QUÉB. bouchée, grignoterie, grignotine. ▸ *Promotion* – affectation, commissionnement, désignation, destination, installation, investiture, mise en place, nomination, promotion, titularisation. ▸ *Comparaison* – analyse, balance, collationnement, comparaison, confrontation, jugement, mesure, mise en regard, parallèle, rapprochement, recension. ▲ANT. BANQUET, FESTIN.

collé *adj.* ▸ *En contact* – accolé, appliqué, apposé, en contact, juxtaposé, plaqué, posé. ▸ *Voisin* (QUÉB.) – à côté, accolé, adjacent, attenant, bord à bord, contigu, côte à côte, en contact, juxtaposé, limitrophe, voisin.

colle *n. f.* ▸ *Substance* – glu. ▸ *Aliment pâteux* – bouillie, pâte. ▸ *Interrogation* (FAM.) – contrôle, épreuve, évaluation, examen, interrogation, test. FAM. interro.

collectif *adj.* ▸ *Commun* – commun, communautaire, général, public, social. ▸ *En collaboration* – à plusieurs, collaboratif, en collaboration, en commun, en équipe. ▲ANT. INDIVIDUEL, PARTICULIER, PERSONNEL; SINGULATIF *(grammaire)*.

collectif *n. m.* ▶ *Ensemble de personnes* – bande, brigade, caravane, cellule, colonie, corps, équipe, escadron, escouade, groupe, horde, individus, membres, meute, noyau, peloton, troupe. IRON. fournée. FAM. bataillon, brochette, cohorte. ▲ANT. DISTRIBUTIF.

collection *n. f.* ▶ *Accumulation* – abondance, accumulation, addition, agrégation, amas, amoncellement, déballage, échafaudage, emmagasinage, empilage, empilement, encombrement, entassement, étagement, faisceau, fatras, fouillis, monceau, montagne, pile, pyramide, quantité, stratification, superposition, tas. ▶ *Ensemble* – accumulation, amas, appareil, assemblage, assortiment, compilation, ensemble, foule, grand nombre, groupe, groupement, jeu, quantité, rassemblement, recueil, tas, train. FAM. attirail, cargaison, compil. PÉJ. ramassis. ▶ *Choix* – assortiment, choix, échantillons, éventail, gamme, ligne, palette, quota, réunion, sélection, surchoix, tri, variété. ▶ *Anthologie* – ana, analecta, anthologie, choix, chrestomathie, compilation, épitomé, extraits, florilège, mélanges, miscellanées, morceaux choisis, pages choisies, recueil, sélection, spicilège, varia. FAM. compil. ▶ *Amas de pus* – abcès, adénite, bourbillon, bouton, bubon, chancre, empyème, fistule, furoncle, kyste, orgelet *(paupière)*, panaris *(doigt)*, papule, parulie, phlegmon, pustule, scrofule. FAM. clou. QUÉB. picot. ACADIE puron. ▲ANT. DISPERSION, DISSÉMINATION, DISTRIBUTION, ÉPARPILLEMENT; ÉLÉMENT, INDIVIDU.

collectionner *v.* ▶ *Réunir en grande quantité* – accumuler, amasser, amonceler, entasser. ▲ANT. DISPERSER, ÉPARPILLER.

collectivité *n. f.* ▶ *Ensemble d'individus* – communauté, groupe, groupement, regroupement, société. ▶ *Circonscription (FRANCE)* – canton, circonscription, district, province, région. ANC. seigneurie. ▲ANT. INDIVIDU.

collège *n. m.* ▶ *École préuniversitaire* – académie, alumnat, conservatoire, école, établissement d'enseignement, établissement scolaire, high school *(pays anglo-saxons)*, institut, institution, lycée, maison d'éducation, maison d'enseignement, medersa *(pays musulmans)*, petit séminaire. FRANCE FAM. bahut, boîte. QUÉB. cégep, collégial, polyvalente, régionale *(en région)*; FAM. poly. BELG. athénée. SUISSE gymnase. ▶ *Université* – académie, alma mater, campus, complexe universitaire, école, enseignement supérieur, faculté, institut, université. FAM. fac. QUÉB. cité universitaire. BELG. FAM. unif. SUISSE FAM. uni. ▶ *Association professionnelle* – assemblée, association, communauté, compagnie, confrérie, congrégation, corporation, corps, guilde, hanse, membres, métier, ordre, société, syndicat.

collègue *n.* ▶ *Confrère* – alter ego, associé, camarade, collaborateur, collègue (de travail), compagnon de travail, condisciple *(études)*, confrère, coopérateur, égal, pair, partenaire. ♦ **collègues**, *plur.* ▶ *Ensemble de personnes* – profession. ▲ANT. ADVERSAIRE, COMPÉTITEUR, CONCURRENT, RIVAL.

coller *v.* ▶ *Mettre ensemble* – agglutiner. ▶ *Enduire de colle* – encoller, gluer. ▶ *Enduire d'une substance collante (QUÉB.)* – engluer, poisser. ▶ *Mettre la surface en contact* – appliquer, appuyer, plaquer. ▶ *Accoler (QUÉB.)* – accoler, joindre, juxtaposer, mettre en contact. ▶ *Infliger (FAM.)* – assener, donner, infliger, porter. FAM. administrer, allonger, ficher, filer, flanquer, foutre. QUÉB. FAM. sacrer. ▶ *Refuser un candidat (FAM.)* – ajourner, refuser. FAM. blackbouler, recaler. ▶ *Priver de sortie (FAM.)* – consigner, retenir. ▶ *Être importun (FAM.)* – accaparer. FAM. cramponner. ▶ *Rester collé* – adhérer, attacher, tenir. SOUT. gluer. ▶ *Adhérer au fond d'une casserole* – FAM. attacher, cramer. ▶ *Être compatible* – aller, cadrer, convenir, correspondre, répondre, s'accorder, s'appliquer, s'harmoniser. ▶ *Mouler le corps* – épouser, gainer, mouler, serrer. ▲ANT. DÉCOLLER, DÉTACHER; GLISSER; ARRACHER, DÉPRENDRE; ADMETTRE, RECEVOIR. △SE COLLER – S'ÉCARTER.

collet *n. m.* ▶ *Partie de vêtement* – col, collerette, décolleté, encolure. FAM. colback. ANC. fraise, gorgerette *(femme)*, rabat. ▶ *Piège* – lacet, lacs, poche. ▶ *Mousse de la bière (QUÉB. FAM.)* – mousse. FAM. faux col. QUÉB. FAM. col.

collier *n. m.* ▶ *Barbe* – barbe collier, collier de barbe. ▶ *Objet rond* – anneau, bague, cerceau, cercle, couronne, disque, rondelle. FAM. rond.

colline *n. f.* ▶ *Élévation* – coteau *(petit)*, mamelon *(arrondi)*. QUÉB. FAM. côte. ▲ANT. DÉPRESSION.

colloque *n. m.* ▶ *Conversation* – causerie, concertation, conversation, dialogue, discussion, échange (de vues), entretien, interview, pourparlers, tête-à-tête. FAM. causette, chuchoterie. QUÉB. jase, jasette. PÉJ. conciliabule, palabres; FAM. parlote. ▶ *Conférence* – assemblée, atelier de discussion, comice, comité, conférence, congrès, conseil, forum, groupe de travail, junte, panel, plénum, réunion, séminaire, sommet, symposium, table ronde. FAM. grand-messe.

colombe *n. f.* ▶ *Oiseau* – pigeon blanc, tourterelle blanche. SOUT. messagère de la paix, oiseau de Vénus. ▶ *Partisan de la paix* – antimilitariste, neutraliste, non-violent, pacifiste. ▶ *Fille (SOUT.)* – enfant de chœur, innocent. ▲ANT. BELLICISTE, FAUCON; DÉVERGONDÉE, PERVERSE, VICIEUSE.

colonie *n. f.* ▶ *Territoire* – colonie (d'exploitation), conquête, pays conquis, possession. ANC. dominion *(britannique)*. ▶ *Ensemble de personnes* – bande, brigade, caravane, cellule, collectif, corps, équipe, escadron, escouade, groupe, horde, individus, membres, meute, noyau, peloton, troupe. IRON. fournée. FAM. bataillon, brochette, cohorte. ▲ANT. MÉTROPOLE; INDIVIDU.

colonisation *n. f.* immigration, natalité, occupation, peuplement. ▲ANT. DÉCOLONISATION, ISOLATIONNISME.

coloniser *v.* ▲ANT. DÉCOLONISER, LIBÉRER.

colonne *n. f.* ▶ *Élément architectural* – pilier, poteau. ▶ *Petite* – colonnette. ▶ *Partie principale* – escape, fût. ▶ *Canalisation* – adduction, branchement, canalisation, conduit, conduite, égout, émissaire, gazoduc, griffon, oléoduc, pipe, pipeline, réseau, sea-line, tubulure. ▶ *Série* – alignement, chaîne, chapelet, combinaison, consécution, cordon, enchaînement, enfilade, énumération, file, gamme, guirlande, ligne, liste, rang, rangée, séquence, série, succession, suite, tissu, travée. ▶ *Procession* – cérémonie, convoi, cortège, défilade, défilé, file, marche, noce, noria, pardon, pèlerinage, procession, queue, suite, théorie, va-et-vient. ◆ **colonnes, plur.** ▶ *Ensemble d'éléments architecturaux* – colonnade.

coloration *n. f.* ▶ *Action de colorer* – coloriage, peinture, pigmentation, teinture. ▶ *Couleur* – coloris, couleur, degré, demi-teinte, nuance, teinte, ton, tonalité. *SOUT.* chromatisme. ▶ *De la peau* – carnation, pigmentation, teint. ▶ *Du vin* – robe. ▲ANT. DÉCOLORATION.

colorer *v.* ▶ *Donner une couleur* – teindre, teinter. ▶ *Appliquer une couleur* – colorier. ▶ *Couvrir de plusieurs couleurs* – bigarrer, chamarrer, jasper, panacher. *SOUT.* diaprer. ▶ *Peu harmonieuses* – barbouiller, barioler, bigarrer, peinturer, peinturlurer. ▶ *Agrémenter* – agrémenter, décorer, émailler, embellir, enjoliver, enrichir, garnir, habiller, ornementer, orner, parer, rehausser, relever. *SOUT.* diaprer. *QUÉB. FAM.* renipper. ▶ *Donner des couleurs* – donner des couleurs à, enluminer, rosir, rougir. ▲ANT. DÉCOLORER, DÉLAVER, PÂLIR, TERNIR.

colossal *adj.* considérable, démesuré, énorme, extraordinaire, extrême, fabuleux, formidable, géant, gigantesque, grand, gros, immense, incommensurable, monstrueux, monumental, phénoménal, prodigieux, surhumain, titanesque, vaste, vertigineux. *SOUT.* cyclopéen, herculéen. *FAM.* bœuf, de tous les diables, du diable, effrayant, effroyable, épouvantable, faramineux, méchant, monstre. *FRANCE FAM.* gratiné. ▲ANT. MICROSCOPIQUE, MINUSCULE, NAIN.

colosse *n. m.* ▶ *Personne de grande taille* – géant, goliath, grand, grand diable. *FAM.* (grand) échalas, (grand) escogriffe. *FRANCE FAM.* balèze, dépendeur d'andouilles, (grand) flandrin, grande bringue *(femme)*. ▶ *Homme fort* – athlète, costaud, fort des Halles, gaillard, hercule, (homme) fort, puissant. *FAM.* armoire à glace, Tarzan. *FRANCE FAM.* armoire normande, balèze, malabar, mastard. *QUÉB.* fier-à-bras; *FAM.* taupin. ▲ANT. NAIN, PYGMÉE; AVORTON, GRINGALET.

colporteur *n.* ▶ *Marchand ambulant* – bonimenteur, bonisseur, camelot, marchand ambulant, (marchand) forain. *AFR.* dioula *(musulman)*.

combat *n. m.* ▶ *Bataille* – accrochage, action (de guerre), affrontement, assaut, attaque, bagarre, bataille, choc, conflit, échauffourée, empoignade, empoignement, engagement, escarmouche, ferraillement, feu, guérilla, guerre, heurt, hostilités, lutte, mêlée, opération, pugilat, rencontre, rixe. *FAM.* baroud, baston, bigorne, casse-gueule, casse-pipe, castagne, guéguerre, rif, rififi, riflette. *QUÉB. FAM.* brasse-camarade, poussaillage, tiraillage. *BELG. FAM.* margaille. *MILIT.* blitz *(de courte durée)*. ▶ *Opposition* – affrontement, antagonisme, compétition, concurrence, conflit, contentieux, contestation, controverse, débat, désaccord, différend, discorde, discussion, dispute, dissension, dissentiment, divergence, émulation, friction, heurt, incompatibilité, incompréhension, lutte, mésentente, mésintelligence, op-

position, polémique, querelle, rivalité. *FAM.* bagarre. ▲ANT. CALME, ENTENTE, PAIX, TRÊVE.

combatif *adj.* agressif, bagarreur, batailleur, belliqueux, guerrier, offensif, querelleur. *SOUT.* pugnace. *FAM.* chamailleur, teigneux. ▲ANT. AFFECTUEUX, AIMANT, AMOUREUX, CAJOLEUR, CÂLIN, CARESSANT, TENDRE; BON, DOUX, INOFFENSIF, PACIFIQUE; FATALISTE, LÂCHE.

combattant *n.* ▶ *Militaire* – guerrier, homme de guerre, homme de troupe, soldat. *FAM.* bidasse, reître, troufion. *FRANCE FAM.* griveton, pioupiou. ▲ANT. NON-COMBATTANT; CIVIL.

combattre *v.* ▶ *Lutter contre une chose abstraite* – batailler, ferrailler, guerroyer, livrer bataille, livrer un combat, livrer une lutte, lutter, (se) bagarrer, se battre. ▶ *Lutter corps à corps* – livrer un combat, livrer une lutte, lutter, se battre. ▶ *Livrer une lutte armée* – faire la guerre, livrer bataille, livrer un combat, lutter, se battre. *SOUT.* guerroyer. ▲ANT. APPROUVER, APPUYER, PROMOUVOIR, SOUTENIR; FAIRE LA PAIX AVEC, SE RÉCONCILIER AVEC; APAISER, CONCILIER, PACIFIER.

combinaison *n. f.* ▶ *Réunion* – alliance, assemblage, association, collage, communion, composition, concentration, conjonction, constitution, fusion, fusionnement, groupement, incorporation, intégration, ralliement, regroupement, réunion, symbiose, synthèse, unification, union. ▶ *Agencement* – accommodation, accommodement, agencement, ajustement, aménagement, architecture, arrangement, articulation, assemblage, combinatoire, composition, concaténation, configuration, construction, contexture, coordination, disposition, distribution, élaboration, enchaînement, harmonie, hiérarchie, liaison, mise en ordre, mise en place, ordonnance, ordonnancement, ordre, organisation, orientation, plan, profil, programmation, rangement, répartition, structuration, structure, système, texture. ▶ *Mélange* – admixtion, alliage, amalgamation, amalgame, cocktail, composé, mélange, mixtion, mixture. ▶ *Machination* – agissements, cabale, calcul, complot, conjuration, conspiration, intrigue, machination, manigance, manipulation, manœuvre, maquignonnage, menées, plan, tractation. *SOUT.* brigue, fomentation. *FAM.* combine, fricotage, grenouillage, magouillage, magouille, micmac, mijotage. ▶ *Groupes d'atomes* – composé, corps composé, molécule. ▶ *Sous-vêtement* – combinaison-pantalon, combiné, combiné, combiné-culotte, combiné-slip, gaine-combinaison, justaucorps, teddy. *FAM.* justo. *QUÉB.* combinaison-culotte. ▶ *Vêtement de travail* – bleu, blouse, cotte, peignoir, poitrinière, robe, robe-tablier, salopette, sarrau, suroît *(de marin)*, tablier, toge, uniforme, vareuse. *QUÉB. FAM.* chienne. *ANC.* bourgeron. ▲ANT. DÉCOMPOSITION, DISSOCIATION, DISSOLUTION, SÉPARATION; ANALYSE.

combiner *v.* ▶ *Réunir* – allier, associer, concilier, conjuguer, joindre, marier, réunir, unir. ▶ *Préparer par une longue réflexion* – calculer, couver, imaginer, méditer, mûrir, préméditer, ruminer. ▶ *Organiser secrètement* – fomenter, machiner, manigancer, monter, ourdir, tramer. *FAM.* fricoter, goupiller, magouiller, mijoter, traficoter, trafiquer.

> *À plusieurs* – comploter, concerter, conspirer.
▲ANT. DISJOINDRE, DISPERSER, ISOLER, SCINDER, SÉPA-
RER; DÉTRUIRE.

comble *adj.* bondé, bourré, complet, plein, rempli. ▲ANT. INOCCUPÉ, LIBRE, VACANT, VIDE.

comblé *adj.* ▶ *Contenté* – apaisé, assouvi,
contenté, rassasié, réalisé, satisfait. ▶ *Heureux* – au
comble du bonheur, au septième ciel, aux anges,
béat, en fête, en joie, en liesse, enchanté, euphorique, extasié, extatique, exultant, fou de joie, heureux, le cœur en joie, radieux, ravi, rayonnant, réjoui, resplendissant de bonheur, ruisselant de joie,
transporté de joie, triomphant. *SOUT.* aise, bienheureux. *FAM.* jubilant. ▶ *Entouré de soins* – choyé,
comme un coq en pâte, dorloté. *FAM.* chouchouté,
gâté. *QUÉB. FAM.* gâté pourri, gras dur.

comble *n. m.* ▶ *Summum* – acmé, apex, apogée,
apothéose, cime, climax, culmination, excès, faîte,
fin du fin, fort, limite, maximum, meilleur, nec plus
ultra, optimum, paroxysme, pic, pinacle, plafond,
point culminant, pointe, record, sommet, summum,
triomphe, zénith. *FAM.* max, top niveau. ▶ *Excès* –
débauche, débordement, dépassement, disproportion, énormité, excédent, excès, exubérance, gaspillage, inutile, luxe, luxuriance, orgie, profusion, redondance, satiété, saturation, superfétation, superflu, superfluité, surabondance, surcharge, surcroît,
surenchère, surnombre, surplus, trop, trop-plein.
▶ *Espace* – chambre mansardée, grenier, mansarde,
réduit, soupente. *QUÉB.* entretoit. ▲ANT. MINIMUM;
MANQUE, VIDE; BAS, BASE, CAVE, FONDATION.

combler *v.* ▶ *Boucher une ouverture* – boucher,
calfeutrer, colmater, obturer. ▶ *Exaucer un vœu* –
accomplir, exaucer, réaliser, répondre à, satisfaire.
SOUT. écouter, entendre. ▶ *Donner en abondance*
– abreuver, accabler, couvrir, gaver, gorger, inonder,
rassasier, soûler. ▶ *Rendre heureux* – charmer, enchanter, enthousiasmer, exaucer, faire la joie de, faire
le bonheur, faire plaisir à, mettre en joie, plaire à,
ravir, réjouir. *SOUT.* assouvir, délecter. *FAM.* emballer.
▶ *Entourer de soins* – cajoler, choyer, couver, dorloter, entourer de soins, être aux petits soins avec, materner, pouponner *(un bébé)*, soigner. *FAM.* bichonner, bouchonner, chouchouter, gâter, mitonner, soigner aux petits oignons, traiter aux petits oignons.
SUISSE FAM. cocoler. ▲ANT. CREUSER, VIDER; FRUSTRER,
PRIVER; NUIRE À.

combustible *adj.* consumable, inflammable.
▲ANT. INCOMBUSTIBLE.

combustible *n. m.* carburant, comburant.

comédie *n. f.* ▶ *Pièce comique* – arlequinade,
bouffonnerie, boulevard, burlesque, clownerie, farce,
limerick, momerie, pantalonnade, parodie, pièce de
boulevard, proverbe, saynète, sketch, sotie, spectacle, théâtre de boulevard, vaudeville. *PÉJ.* caleçonnade. *ANC.* mascarade. ▶ *Fiction* – affabulation, artifice, chimère, combinaison, expédient, fabrication, fabulation, fantaisie, feinte, fiction, fumisterie, histoire, idée, imagination, invention, irréalité,
légende, mensonge, rêve, roman, saga, songe. *PSY-
CHOL.* confabulation, mythomanie. ▶ *Affectation* –
affectation, air, apparence, apprêt, artificialité, bluff,
cabotinage, composition, contenance, convenu,

dandysme, genre, imposture, jeu, maniérisme, manque de naturel, mascarade, mièvrerie, pose, raideur,
recherche, représentation, snobisme. *SOUT.* cambrure. *FAM.* chiqué, cinéma. ▶ *Feinte* – affectation,
artifice, cachotterie, déguisement, dissimulation, duplicité, faux-semblant, feinte, fiction, finauderie, grimace, hypocrisie, invention, leurre, mensonge, momerie, pantalonnade, parade, ruse, simulation, singerie, sournoiserie, tromperie. *SOUT.* simulacre. *FAM.*
cinéma, cirque, finasserie, frime. ▲ANT. DRAME, TRA-
GÉDIE; AUTHENTICITÉ, SÉRIEUX, SINCÉRITÉ.

comédien *n.* ▶ *Acteur* – acteur, artiste, interprète. *SOUT.* histrion. *FAM.* théâtreux. ▶ *Rôle mineur* –
figurant, utilité. ▶ *Hypocrite* – attrapeur, bonimenteur, bourreur de crâne, cabotin, chafouin, charlatan, dissimulateur, dissimulé, doucereux, faux jeton,
grimacier, homme à deux visages, hypocrite, imposteur, sainte-nitouche *(femme)*, simulateur, sournois,
sucré, tartufe, trompeur. *SOUT.* dupeur, endormeur.
▲ANT. TRAGÉDIEN.

comestible *adj.* alimentaire, bon (à manger),
consommable, mangeable. ▲ANT. INCOMESTIBLE, IN-
CONSOMMABLE; INTOXICANT, NOCIF, TOXIQUE.

comique *adj.* ▶ *Amusant* – amusant, bouffon, burlesque, cocasse, d'un haut comique, désopilant, drolatique, drôle, gai, hilarant, humoristique, impayable, ineffable, inénarrable, plaisant, rigolo, risible, vaudevillesque. *SOUT.* drôlet. *FAM.* bidonnant, boyautant, crevant, éclatant, gondolant,
marrant, poilant, roulant, tordant. *QUÉB. FAM.* crampant, mourant. ▶ *Ridicule* – caricatural, carnavalesque, clownesque, grotesque, ridicule. ▶ *En parlant de théâtre* – boulevardier, léger, vaudevillesque. ▲ANT. GRAVE, SÉRIEUX; ATTRISTANT, CHAGRINANT,
TRISTE; TRAGIQUE *(pièce)*.

comique *n.* ▶ *Clown* – amuseur (public), bouffon, clown. *SOUT.* clownesse *(femme)*. *ANC.* loustic,
paillasse. *HIST.* fou (du roi). *ANTIQ.* histrion. ▶ *Farceur*
– amuseur, attrapeur, bouffon, bourreur de blagues,
boute-en-train, clown, comique de la troupe, espiègle, facétieux, farceur, humoriste, pince-sans-rire, pitre, plaisantin, taquin. *FAM.* blagueur. *FRANCE FAM.* asticoteur, charlot, fumiste. ▶ *Non favorable* – mauvais
plaisant, (petit) comique, petit rigolo. ▲ANT. TRAGÉ-
DIEN; GRAVITÉ, SÉRIEUX; TRAGIQUE.

comité *n. m.* ▶ *Table ronde* – assemblée, atelier de discussion, colloque, comice, conférence,
congrès, conseil, forum, groupe de travail, junte, panel, plénum, réunion, séminaire, sommet, symposium, table ronde. *FAM.* grand-messe. ▶ *Commission*
– bureau, charge, commission, courtage, délégation,
délégués, légation, mandat, mandataires, mandatement, mission, pouvoir, procuration, représentants,
représentation.

commandant *n.* ▶ *Officier militaire* – *SOUT.*
capitaine. ▶ *Capitaine de bateau* – capitaine, patron *(pêcheur)*. *ANTIQ.* navarque, triérarque. ▶ *Pilote
d'avion* – commandant de bord, pilote. ▲ANT. EXÉ-
CUTANT, INFÉRIEUR, SUBALTERNE, SUBORDONNÉ.

commande *n. f.* ▶ *Ordre* – citation, commandement, consigne, directive, injonction, instruction, intimation, mandat, ordre, prescription, semonce. ▶ *Action de diriger une machine* – guidage.

▶ *Mécanisme de direction* – anspect, levier, manche à balai, marche, palonnier. ▶ *Mécanisme d'actionnement* – bouton (électrique), bouton-poussoir, clé, combinateur, commutateur, conjoncteur, conjoncteur-disjoncteur, contact, contacteur, coupleur, discontacteur, disjoncteur, interrupteur, manostat, microcontact, olive, poussoir, pressostat, rotacteur, rupteur, sectionneur, sélecteur, télécommande, va-et-vient. *FAM.* bitoniau. *QUÉB. FAM.* piton.

commandement *n. m.* ▶ *Directive* – citation, commande, consigne, directive, injonction, instruction, intimation, mandat, ordre, prescription, semonce. ▶ *Loi* – canon, dogme, loi, observance. ▶ *Pouvoir* – autorité, domination, emprise, force, gouvernement *(politique)*, juridiction, loi, maîtrise, pouvoir, puissance, règne, tutelle. *SOUT.* empire, férule, houlette. ▲**ANT.** OBÉISSANCE, SOUMISSION; DÉFENSE, INTERDICTION; FAIBLESSE, IMPUISSANCE.

commander *v.* ▶ *Diriger* – diriger, encadrer, mener, superviser. *QUÉB. FAM.* bosser. ▶ *Faire fonctionner un mécanisme* – actionner, enclencher. *SOUT.* mouvoir. ▶ *Desservir une pièce* – conduire à, desservir, donner accès à, donner sur, mener à, ouvrir sur. ▶ *Exiger* – appeler, avoir besoin de, demander, exiger, imposer, nécessiter, obliger, postuler, prendre, prescrire, réclamer, requérir, vouloir. ▶ *Ordonner* – demander, enjoindre, intimer, mettre en demeure, ordonner, prier, sommer. ▶ *Maîtriser un sentiment* (*SOUT.*) – calmer, contenir, contrôler, dominer, dompter, gouverner, maîtriser, surmonter, vaincre. ▲**ANT.** SUIVRE; OBÉIR À, OBTEMPÉRER, SE SOUMETTRE À, SERVIR; DÉFENDRE, INTERDIRE; DÉCOMMANDER.

commencement *n. m.* actionnement, amorçage, amorce, balbutiement, bégaiement, création, début, déclenchement, démarrage, départ, ébauche, embryon, enclenchement, enfance, entrée, esquisse, fondement, germe, inauguration, origine, ouverture, prélude, prémisse, principe, tête. *SOUT.* aube, aurore, matin, prémices. *FIG.* apparition, avènement, éclosion, émergence, éruption, explosion, genèse, germination, naissance, venue au monde. ▲**ANT.** ABOUTISSEMENT, ACHÈVEMENT, BUT, CONCLUSION, FIN, ISSUE, TERME, TERMINAISON.

commencer *v.* ▶ *Attaquer* – amorcer, attaquer, entamer, entreprendre, s'atteler à. *FAM.* embrayer, s'y mettre. ▶ *Déclencher* – déclencher, donner le coup d'envoi à, enclencher, engager, entamer, entreprendre, inaugurer, lancer, mettre en branle, mettre en route, mettre en train. *FAM.* démarrer. ▶ *Constituer le premier élément* – inaugurer, ouvrir. ▶ *Débuter* – débuter, démarrer, partir, s'amorcer, s'engager. ▲**ANT.** ACCOMPLIR, COMPLÉTER, CONCLURE, COURONNER, FINIR, TERMINER; CONTINUER, POURSUIVRE; ABOUTIR, ACHEVER, SE TERMINER.

comment *n. m.* approche, art, chemin, code, credo, démarche, discipline, dispositif, façon (de faire), facture, formule, heuristique, instruction, instrument, ligne de conduite, maïeutique, manière, marche (à suivre), méthode, modalité, mode d'emploi, mode, moyen, opération, ordre, organisation, outil, posologie, pratique, procédé, procédure, protocole, raisonnement, recette, règle, secret, stratagème, stratégie, système, tactique, technique, théorie, traitement, voie. *SOUT.* faire.

commentaire *n. m.* ▶ *Explication* – analyse, clarification, critique, définition, désambiguïsation, éclaircissement, élucidation, exemplification, explication, explicitation, exposé, exposition, glose, illustration, indication, interprétation, légende, lumière, note, paraphrase, précision, remarque, renseignement. ▶ *Annotation* – annotation, apostille, glose, nota, nota bene, note, notule, remarque. ♦ **commentaires**, *plur.* ▶ *Récit historique* – anecdote, annales, autobiographie, biographie, carnet, chroniques, chronologie, confessions, évocation, histoire, historiographie, historique, journal, mémoires, mémorial, souvenirs, vie.

commenter *v.* ▶ *Donner des explications* – annoter, expliquer, gloser, interpréter, paraphraser. ▶ *Dire ce qu'on pense* – réagir, répondre.

commerçant *n.* ▲**ANT.** CLIENT, CONSOMMATEUR.

commerce *n. m.* ▶ *Négoce* – activité commerciale, affaires, circulation, commercialisation, distribution, échange, finance, marché, négoce, opérations (commerciales), traite, transactions, troc, vente. ▶ *Entreprise* – boutique, magasin, maison (de commerce). ▶ *Fréquentation* (*SOUT.*) – attache, communication, compagnie, contact, correspondance, côtoiement, coudoiement, entourage, familiarité, fréquentation, habitude, intelligence, intimité, liaison, lien, pratique, rapport, relation, société, termes *(bons ou mauvais)*, usage, voisinage. *PÉJ.* acoquinement, encanaillement. ▲**ANT.** CONSOMMATION.

commère *n. f.* ▶ *Personne bavarde* – bavard, (beau) parleur, bonimenteur, cancanier, causeur, crécelle, discoureur, enjôleur, péroreur, phraseur. ▲**ANT.** FEMME DISCRÈTE; FILLEULE.

commérer *v.* bavarder, cancaner, caqueter, causer, colporter des cancans, colporter des ragots, commettre des indiscrétions, jaser, médire. *SOUT.* clabauder. *FAM.* bavasser, potiner. *QUÉB. FAM.* mémérer, placoter. ▲**ANT.** SE TAIRE.

commettre *v.* ▶ *Accomplir un acte criminel* – perpétrer. *SOUT. ou DR.* consommer. ▶ *Affecter à une tâche* – affecter, appeler, charger, commissionner, désigner, préposer. ▲**ANT.** DÉMETTRE, RETIRER.

commis *n.* ▶ *Employé de bureau* – buraliste, commis (de bureau), employé aux écritures, employé de bureau. ▶ *Employé de commerce* – agent commercial, attaché commercial, commis (de magasin), commis-vendeur, délégué commercial, représentant, représentant commercial, représentant de commerce, vendeur.

commissaire *n.* ▶ *Chargé de mission* – agent, ambassadeur, attaché, chargé d'affaires, chargé de mission, correspondant, délégataire, délégué, député, diplomate, émissaire, envoyé, fondé de pouvoir, légat, mandataire, messager, ministre, négociateur, parlementaire, plénipotentiaire, représentant. ▶ *Administrateur* – grand commis de l'État, haut fonctionnaire. *PÉJ.* technocrate; *FRANCE FAM.* énarque. ♦ **commissaires**, *plur.* ▶ *Ensemble de personnes* – commission. ▲**ANT.** COMMETTANT.

commission *n. f.* ▶ *Délégation* – bureau, charge, comité, courtage, délégation, délégués, légation, mandat, mandataires, mandatement, mission, pouvoir, procuration, représentants, représentation.

▶ *Salaire* – appointements, cachet, droit, émoluments, fixe, gages, gain, honoraires, jeton (de présence), mensualité, paye, pourboire, rémunération, rétribution, revenu, salaire, semaine, solde, traitement, vacations. ▶ *Somme remise au vendeur* – pourcentage. ▶ *Frais* – agio, charges, crédit, frais, intérêt, plus-value, prélèvement. ♦ **commissions**, *plur.* ▶ *Achats* – courses, emplettes, provisions. QUÉB. magasinage.

commode *adj.* ▶ *Pratique* – efficace, fonctionnel, pratique, utile, utilitaire. QUÉB. FAM. praticopratique. ▶ *Facile* – aisé, élémentaire, enfantin, facile, simple. FAM. inratable. FRANCE FAM. bête comme chou. QUÉB. FAM. bébé, bébête, niaiseux. ▲ANT. INCOMMODE, INUTILE, MALCOMMODE ; ARDU, COMPLIQUÉ, DIFFICILE, MALAISÉ.

commode *n. f.* armoire-penderie, armoire-vestiaire, penderie. QUÉB. FAM. bureau.

commodément *adv.* ▶ *Simplement* – aisément, facilement, sans coup férir, sans difficulté, sans effort, sans encombre, simplement. FAM. les doigts dans le nez. ▶ *Favorablement* – à point (nommé), à propos, à temps, agréablement, au bon moment, avantageusement, bien, convenablement, favorablement, heureusement, inespérément, judicieusement, opportunément, par bonheur, par miracle, précieusement, providentiellement, salutairement, utilement. FAM. à pic, bene. ▶ *Efficacement* – efficacement, fonctionnellement, pratiquement. ▲ANT. INCOMMODÉMENT, INCONFORTABLEMENT, INEFFICACEMENT, MALCOMMODÉMENT.

commodité *n. f.* ▶ *Utilité* – avantage, bénéfice, bienfait, convenance, désidérabilité, efficacité, fonction, fonctionnalité, indispensabilité, intérêt, mérite, nécessité, profit, profitabilité, recours, service, usage, utilité, valeur. ▶ *Facilité* – accessibilité, agrément, confort, disponibilité, facilité, faisabilité, possibilité, simplicité. INFORM. convivialité, transparence. ▲ANT. INCOMMODITÉ ; DIFFICULTÉ ; DÉSAGRÉMENT, GÊNE, INCONFORT.

commun *adj.* ▶ *Collectif* – collectif, communautaire, général, public, social. ▶ *Unanime* – consensuel, général, qui fait l'unanimité, unanime. ▶ *Courant* – banal, connu, courant, de tous les jours, fréquent, habituel, normal, ordinaire, répandu, usuel. LING. usité. ▶ *Banal* – académique, banal, classique, conformiste, convenu, plat, standard. ▶ *Vulgaire* – médiocre, ordinaire, quelconque, trivial, vulgaire. FAM. lambda. ▲ANT. INDIVIDUEL, PERSONNEL, PRIVÉ, RÉSERVÉ ; SÉPARÉ ; EXCEPTIONNEL, EXTRAORDINAIRE, INCOMPARABLE, INHABITUEL, INUSITÉ, RARE, REMARQUABLE, SPÉCIAL ; ARISTOCRATIQUE, NOBLE ; PROPRE (nom).

communal *adj.* échevinal, municipal. SOUT. édilitaire. ▲ANT. DÉPARTEMENTAL, INTERCOMMUNAL ; NATIONAL.

communauté *n. f.* ▶ *Personnes qui vivent en commun* – copropriété, indivision. ▶ *Ensemble d'individus* – collectivité, groupe, groupement, regroupement, société. ▶ *Association religieuse* – confrérie, congrégation, fraternité, observance, ordre. ▶ *Association professionnelle* – assemblée, association, collège, compagnie, confrérie, congrégation, corporation, corps, guilde, hanse, membres,

métier, ordre, société, syndicat. ▶ *Ensemble d'entités politiques* – bloc, coalition, confédération, États, fédération, union. ▲ANT. ISOLEMENT.

commune *n. f.* ▶ *Municipalité* – agglomération, localité, municipalité, ville. cité. ANTIQ. municipe. ▲ANT. ÉTAT, PAYS ; DÉPARTEMENT, PROVINCE.

communément *adv.* ▶ *Souvent* – à de rares exceptions près, à l'accoutumée, à l'ordinaire, à maintes reprises, à quelques exceptions près, couramment, coutumièrement, d'habitude, d'ordinaire, dans la généralité des cas, dans la majorité des cas, dans la plupart des cas, de coutume, en général, en règle générale, fréquemment, généralement, habituellement, journellement, la plupart du temps, maintes fois, normalement, ordinairement, régulièrement, rituellement, souvent, toujours. ▶ *Banalement* – banalement, couramment, populairement, prosaïquement, trivialement, usuellement, vulgairement, vulgo. ▲ANT. EXCEPTIONNELLEMENT, RAREMENT ; EXTRAORDINAIREMENT, FANTASTIQUEMENT, MERVEILLEUSEMENT, MIRACULEUSEMENT ; SCIENTIFIQUEMENT (appellation).

communicant *adj.* ▲ANT. FERMÉ, HERMÉTIQUE, ISOLÉ.

communicateur *n.* orateur.

communicatif *adj.* ▶ *Qui se transmet facilement* – contagieux. ▶ *Qui s'exprime facilement* – confiant, débordant, démonstratif, expansif, expressif, extraverti, exubérant, ouvert. ▲ANT. DISCRET, INTROVERTI, RENFERMÉ, RÉSERVÉ, SILENCIEUX.

communication *n. f.* ▶ *Transmission* – cession, circulation, dévolution, diffusion, dissémination, émission, expansion, extension, intercommunication, multiplication, passation, progression, propagation, rayonnement, reproduction, transfert, translation, virement. ▶ *Énonciation* – affirmation, déclaration, donnée, élocution, énoncé, énonciation, exposition, expression, extériorisation, formulation, mention, prononciation, proposition, récitation, stipulation, verbalisation. ▶ *Message* – annonce, appel, avis, ban, communiqué, déclaration, décret, dénonciation, dépêche, divulgation, édit, manifeste, message, notification, proclamation, profession de foi, programme, promulgation, publication, rescrit, serment, signification. ▶ *Appel téléphonique* – appel (téléphonique), communication téléphonique. FAM. coup de bigophone, coup de fil, coup de téléphone, coup de tube. ▶ *Relation* – attache, compagnie, contact, correspondance, côtoiement, coudoiement, entourage, familiarité, fréquentation, habitude, intelligence, intimité, liaison, lien, pratique, rapport, relation, société, termes (bons ou mauvais), usage, voisinage. SOUT. commerce. PÉJ. acoquinement, encanaillement. ▲ANT. INTERRUPTION, RUPTURE ; CENSURE ; MUTISME, SILENCE.

communion *n. f.* ▶ *Accord* – accord, affinité, amitié, atomes crochus, (bonne) intelligence, communauté de goûts, communauté de sentiments, communauté de vues, compatibilité, complicité, compréhension, concorde, connivence, convergence d'idées, fraternité, harmonie, point commun, sympathie, union, unisson. SOUT. concert. ▶ *Union* – alliance, assemblage, association, collage, combinaison, composition, concentration, conjonction, constitution, fusion, fusionnement, groupement, incorporation, intégration, ralliement, rassemblement, regroupement, réunion, symbiose, synthèse, unification, union. ▶ *Eucharistie* – cène, consubstantiation, eucharistie, hostie, impanation, saint sacrement (de l'autel), saint sacrifice, (saintes) espèces, transsubstantiation. ▲**ANT.** DISCORDE, DIVERGENCE, FRICTION, INCOMPATIBILITÉ, MÉSENTENTE.

communiqué *n. m.* ▶ *Nouvelle* – actualités, annonce, brève, bulletin, flash, information(s), journal *(parlé ou télévisé)*, nouvelle(s). ▶ *Information exclusive* – exclusivité, primeur. ▶ *Avis officiel* – annonce, appel, avis, ban, communication, déclaration, décret, dénonciation, dépêche, divulgation, édit, manifeste, message, notification, proclamation, profession de foi, programme, promulgation, publication, rescrit, serment, signification.

communiquer *v.* ▶ *Transmettre une information* – annoncer, apprendre, déclarer, dire, faire l'annonce de, faire part de, faire savoir, notifier, signifier, transmettre. *FAM.* balancer. ▶ *Transmettre un sentiment* – inspirer, insuffler, transmettre. *SOUT.* infuser, inoculer. ▶ *Transmettre une maladie* – donner, transmettre. *FAM.* passer. ▶ *Transmettre un mouvement* – imprimer, transmettre. ▶ *S'exprimer* – parler, s'exprimer. ▲**ANT.** CONSERVER, GARDER POUR SOI, RETENIR; TAIRE.

communisme *n. m.* autogestion, babouvisme, bolchevisme, chartisme, collectivisme, collégialité, coopératisme, dirigisme, égalitarisme, étatisation, étatisme, extrême gauche, fouriérisme, gauche, gauchisme, interventionnisme, léninisme, maoïsme, marxisme, marxisme-léninisme, mutualisme, mutuellisme, nationalisation, ouvriérisme, partis de gauche, progressisme, radicalisme, radical-socialisme, réformisme, saint-simonisme, social-démocratie, socialisme, spartakisme, stalinisme, syndicalisme, travaillisme, trotskisme. ▲**ANT.** CAPITALISME, LIBÉRALISME; FASCISME; ANTICOMMUNISME.

commutateur *n. m.* bouton (électrique), bouton-poussoir, clé, combinateur, commande, conjoncteur, conjoncteur-disjoncteur, contact, contacteur, coupleur, discontacteur, disjoncteur, interrupteur, manostat, microcontact, olive, poussoir, pressostat, rotacteur, rupteur, sectionneur, sélecteur, télécommande, va-et-vient. *FAM.* bitoniau. *QUÉB. FAM.* piton.

compact *adj.* dense, dru, épais, serré. ▲**ANT.** LÉGER, TÉNU; DISPERSÉ, DISSÉMINÉ, ÉPARPILLÉ, ÉPARS.

compacter *v.* ▶ *Tasser le sol, la neige* – damer, tasser. ▶ *Serrer* – compresser, comprimer, presser, serrer. ▲**ANT.** DÉCOMPACTER, DÉCOMPRESSER, DÉCOMPRIMER.

compagnie *n. f.* ▶ *Fréquentation* – attache, communication, contact, correspondance, côtoiement, coudoiement, entourage, familiarité, fréquentation, habitude, intelligence, intimité, liaison, lien, pratique, rapport, relation, société, termes *(bons ou mauvais)*, usage, voisinage. *SOUT.* commerce. *PÉJ.* acoquinement, encanaillement. ▶ *Association* – amicale, association, cercle, club, fraternité, groupe, société, union. ▶ *Association professionnelle* – assemblée, association, collège, communauté, confrérie,

congrégation, corporation, corps, guilde, hanse, membres, métier, ordre, société, syndicat. ▶ *Entreprise* – affaire, bureau, entreprise, établissement, exploitation, firme, industrie, institution, société. *FAM.* boîte, boutique. *FRANCE FAM.* burlingue. ▲**ANT.** ISOLEMENT, SOLITUDE; ABSENCE.

compagnon *n.* ▶ *Ami* – allié, alter ego, ami, (ami) intime, (ami) proche, bon ami, camarade, connaissance, familier, frère, relation. *SOUT.* féal. *FAM.* acolyte, aminche, complice, copain, frangin, pote. ▶ *Amoureux* – adorateur, âme sœur, ami de cœur, amour, amoureux, beau, bien-aimé, chéri, être aimé, favori, mignon, petit ami, tourtereau, valentin. *PAR EUPHÉM.* ami. *PAR PLAIS.* soupirant. *FAM.* béguin, copain, roméo. ▶ *Concubin* (SOUT.) – concubin, conjoint (de fait). *QUÉB. FAM.* accoté. ▶ *Époux* (SOUT.) – conjoint, époux, mari. *SOUT.* compagnon (de vie), douce moitié, tendre moitié. ▲**ANT.** ADVERSAIRE, COMPÉTITEUR, CONCURRENT, ENNEMI, RIVAL; ÉTRANGER, INCONNU.

comparable *adj.* analogue, apparenté, approchant, assimilable, conforme, contigu, correspondant, équivalent, homogène, homologue, indifférencié, pareil, parent, proche, ressemblant, semblable, similaire, voisin. *FAM.* kif-kif. *DIDACT.* commensurable. ▲**ANT.** DIFFÉRENT, INCOMPARABLE, SANS COMMUNE MESURE.

comparaison *n. f.* ▶ *Confrontation* – analyse, balance, collation, collationnement, confrontation, jugement, mesure, mise en regard, parallèle, rapprochement, recension. ▶ *Rapprochement* – allégorie, analogie, apologue, assimilation, association (d'idées), catachrèse *(lexicalisée)*, équivalence, figure, image, lien, métaphore, parabole, parallèle, parenté, personnification, rapport, rapprochement, relation, ressemblance, similitude, symbole, symbolisme. ▲**ANT.** ÉLOIGNEMENT, SÉPARATION.

comparaître *v.* déposer, témoigner.

comparatif *adj.* ▲**ANT.** SUPERLATIF; POSITIF.

comparer *v.* ▶ *Confronter* – confronter, mettre en balance, mettre en contraste, mettre en face. ▶ *Faire un rapprochement* – faire un parallèle entre, faire un rapprochement entre, mettre en comparaison entre, mettre en parallèle, rapprocher. ▲**ANT.** ÉCARTER, SÉPARER.

comparse *n.* ▶ *Complice* – acolyte, compère, complice, congénère, consorts. *SOUT.* affidé. *FAM.* baron. ▲**ANT.** ADVERSAIRE, ENNEMI; CONCURRENT, OPPOSANT, RIVAL.

compartiment *n. m.* ▶ *Division* – case, division. ▲**ANT.** ENSEMBLE, TOTALITÉ, TOUT.

compas *n. m.* ▶ *Instrument pour s'orienter* – boussole.

compassion *n. f.* ▶ *Pitié* – apitoiement, attendrissement, bienveillance, clémence, commisération, indulgence, miséricorde, pitié. *SOUT.* mansuétude. ▶ *Altruisme* – aide, allocentrisme, altruisme, amour (d'autrui), assistance, bénévolat, bienveillance, bonté, charité, commisération, complaisance, convivialité, dévouement, don de soi, empathie, entraide, extraversion, fraternité, générosité, gentillesse, humanité, oblativité, oubli de soi, philanthropie, pitié, sensibilité, serviabilité, solidarité, sollicitude. *SOUT.* bienfaisance. ▶ *Émotivité* – affect, affectivité, âme, attendrissement, cœur, émotion, émotivité, empathie, fibre, humanité, impressionnabilité, pitié, romantisme, sensibilité, sentiment, sentimentalité, susceptibilité, sympathie, tendresse, vulnérabilité. *SOUT.* entrailles. *FAM.* tripes. ▲**ANT.** CRUAUTÉ, DURETÉ, INDIFFÉRENCE, INSENSIBILITÉ, SÉCHERESSE DE CŒUR; ÉGOÏSME.

compatible *adj.* conciliable, concordant, convergent, correspondant. ▲**ANT.** CONTRADICTOIRE, CONTRAIRE, DIVERGENT, ÉLOIGNÉ, INCOMPATIBLE, INCONCILIABLE, OPPOSÉ.

compatissant *adj.* ▶ *Charitable* – altruiste, bon, charitable, désintéressé, fraternel, généreux, humain, humanitaire, philanthrope, qui a bon cœur, secourable. *SOUT.* bienfaisant. ▶ *Qui a pitié* – empathique, sensible. ▲**ANT.** DE PIERRE, DUR, ENDURCI, FROID, INDIFFÉRENT, INSENSIBLE, SANS-CŒUR, SEC.

compatriote *n.* concitoyen. ▲**ANT.** ÉTRANGER.

compensation *n. f.* ▶ *Dédommagement* – consolation, contrepartie, correctif, dédommagement, dommages et intérêts, dommages-intérêts, échange, indemnisation, indemnité, raison, récompense, remboursement, réparation, retour, satisfaction, soulte. ▶ *Équilibre* – accord, balance, balancement, contrepoids, égalité, équilibre, harmonie, juste milieu, moyenne, pondération, proportion, symétrie. ▲**ANT.** AGGRAVATION, DOMMAGE, TORT; AMENDE, PEINE, PUNITION; DÉSÉQUILIBRE, DIFFÉRENCE, INÉGALITÉ; DÉCOMPENSATION *(médecine)*.

compenser *v.* ▶ *Équilibrer* – balancer, contrebalancer, équilibrer, faire contrepoids à, faire équilibre à, neutraliser, pondérer. ▶ *Contrebalancer un effet négatif* – faire oublier, pallier, parer à, racheter, remédier à, réparer, suppléer à. *SOUT.* obvier à. ♦ **se compenser** ▶ *S'annuler* – s'annuler, s'exclure, se neutraliser. ▲**ANT.** DÉSÉQUILIBRER; ACCENTUER, AGGRAVER, S'AJOUTER.

compère *n. m.* ▶ *Complice* – acolyte, comparse, complice, congénère, consorts. *SOUT.* affidé. *FAM.* baron. ▲**ANT.** ADVERSAIRE, RIVAL; COMMÈRE.

compétence *n. f.* ▶ *Habileté* – adresse, aisance, aptitude, art, brio, capacité, dextérité, disposition, doigté, don, expérience, expertise, facilité, faculté, force, fort, génie, habileté, main, maîtrise, métier, pouvoir, professionnalisme, savoir, savoir-faire, sens, talent, technique, virtuosité. *SOUT.* industrie. *FAM.* bosse. *QUÉB.* douance *(scolaire)*. *DR.* habilitation, habilité. ▶ *Savoir* – acquis, (bagage de) connaissances, bagage (intellectuel), culture (générale), éducation, encyclopédisme, épistémè, érudition, expérience, humanisme, instruction, lettres, lumières, notions, sagesse, savoir, science. *SOUT.* omniscience. ▶ *Pouvoir* – attributions, autorité, département, pouvoir, qualité, ressort. *FAM.* rayon. ▲**ANT.** INAPTITUDE, INCAPACITÉ, INCOMPÉTENCE.

compétent *adj.* à la hauteur, adroit, bon, brillant, capable, chevronné, connaisseur, d'élite, de haut vol, de haute volée, de talent, doué, émérite, entraîné, exercé, expérimenté, expert, ferré, fin, fort, habile, inspiré, passé maître, performant, qualifié, qui s'y connaît, talentueux, versé. *SOUT.* entendu à, industrieux, rompu à. *FAM.* calé, qui a la bosse de,

qui sait y faire. *FRANCE FAM.* balèze, costaud, fortiche, incollable, trapu. *QUÉB.* connaissant; *FAM.* bollé. ▲**ANT.** IGNORANT, INCAPABLE, INCOMPÉTENT, MAUVAIS, MÉDIOCRE, NUL.

compétiteur *n.* ▶ *Adversaire* – adversaire, antagoniste, attaqueur, concurrent, contestataire, contraire, contre-manifestant, détracteur, dissident, ennemi, mécontent, opposant, opposé, pourfendeur, prétendant, protestataire, rival. ▲**ANT.** COLLABORATEUR, COLLÈGUE, COMPLICE, PARTENAIRE.

compétition *n. f.* ▶ *Concurrence* – affrontement, antagonisme, combat, concurrence, conflit, contentieux, contestation, controverse, débat, désaccord, différend, discorde, discussion, dispute, dissension, dissentiment, divergence, émulation, friction, heurt, incompatibilité, incompréhension, lutte, mésentente, mésintelligence, opposition, polémique, querelle, rivalité. *FAM.* bagarre. ▶ *Épreuve* – affrontement, concours, duel, épreuve, face à face, match, tournoi. *SOUT.* joute. *FAM.* compète. ▲**ANT.** COLLABORATION, COMPLICITÉ, ENTENTE, ENTRAIDE.

compétitionner *v.* ▶ *Faire concurrence à qqn* – concurrencer, faire concurrence à, rivaliser avec. ▲**ANT.** COOPÉRER, S'ALLIER, S'ASSOCIER.

complaire *v.* ▶ *Plaire* (*SOUT.*) – aller à, contenter, convenir à, faire l'affaire de, plaire à, satisfaire, sourire à. *SOUT.* agréer à. *FAM.* arranger, botter à, chanter à. *QUÉB. FAM.* adonner. ♦ **se complaire** ▶ *Aimer* – adorer, affectionner, aimer, apprécier, avoir un faible pour, avoir un penchant pour, être fou de, être friand de, être porté sur, faire ses délices de, prendre plaisir à, priser, raffoler de, s'intéresser à, se passionner pour, se plaire. *SOUT.* chérir, goûter. *ARGOT* kiffer. *QUÉB. FAM.* capoter sur. *PÉJ.* se vautrer. ▶ *Entretenir* – caresser, entretenir, nourrir. ▲**ANT.** BLESSER, DÉPLAIRE À, FÂCHER, FROISSER, HEURTER.

complaisamment *adv.* ▶ *Favorablement* – bienveillamment, favorablement, miséricordieusement, obligeamment, positivement. ▶ *Gentiment* – adorablement, affablement, agréablement, aimablement, amiablement, amicalement, bienveillamment, chaleureusement, civilement, cordialement, courtoisement, délicatement, délicieusement, diplomatiquement, galamment, gentiment, gracieusement, obligeamment, plaisamment, poliment, sagement, serviablement, sympathiquement. *FAM.* chiquement, chouettement. ▶ *Débonnairement* – bonassement, bravement, débonnairement, faiblement, mollement, paternellement. ▶ *Servilement* – à genoux, à plat ventre, bassement, honteusement, indignement, lâchement, obséquieusement, platement, servilement. ▲**ANT.** CAVALIÈREMENT, CYNIQUEMENT, DÉPLAISAMMENT, DISCOURTOISEMENT, EFFRONTÉMENT, GROSSIÈREMENT, HARDIMENT, IMPERTINEMMENT, IMPOLIMENT, IMPUDEMMENT, INCIVILEMENT, INCONGRÛMENT, INDÉLICATEMENT, INSOLEMMENT, IRRESPECTUEUSEMENT, IRRÉVÉRENCIEUSEMENT; AUSTÈREMENT, DUREMENT, ÉTROITEMENT, PURITAINEMENT, RIGIDEMENT, RIGOUREUSEMENT, SÉVÈREMENT, STOÏQUEMENT, STRICTEMENT; AVEC HUMILITÉ, AVEC MODESTIE, HUMBLEMENT.

complaisance *n. f.* ▶ *Bonté* – aide, allocentrisme, altruisme, amour (d'autrui), assistance, bénévolat, bienveillance, bonté, charité, commisération, compassion, convivialité, dévouement, don de soi, empathie, entraide, extraversion, fraternité, générosité, gentillesse, humanité, oblativité, oubli de soi, philanthropie, pitié, sensibilité, serviabilité, solidarité, sollicitude. SOUT. bienfaisance. ▶ **Laxisme** – bonasserie, faiblesse, laisser-aller, laisser-faire, laxisme, mollesse, permissivité, relâchement. ▶ **Servilité** – adulation, approbativité, (basse) flatterie, bassesse, cajolerie, compromission, courbette, flagornerie, obséquiosité, platitude, servilité. SOUT. blandice. FAM. à-plat-ventrisme, léchage (de bottes), lèche, mamours. QUÉB. FAM. lichage, tétage. ▶ **Abaissement** – génuflexion, inclinaison, prosternation, prosternement. RELIG. prostration. ▶ **Vanité** – amour-propre, arrogance, autosatisfaction, bouffissure, contentement (de soi), crânerie, enflure, fatuité, gloriole, hauteur, immodestie, importance, jactance, mégalomanie, morgue, orgueil, ostentation, outrecuidance, parade, pose, présomption, prétention, suffisance, superbe, supériorité, triomphalisme, vanité, vantardise. SOUT. fierté, infatuation. FAM. ego. QUÉB. FAM. pétage de bretelles. ▲ANT. DURETÉ, SÉVÉRITÉ; RIGUEUR; DIGNITÉ; MODESTIE.

complaisant adj. ▶ **Attentionné** – aimable, attentif, attentionné, aux petits soins, délicat, dévoué, diligent, empressé, gentil, obligeant, prévenant, secourable, serviable, zélé. FAM. chic, chou. QUÉB. FAM. fin. BELG. FAM. amitieux. ▶ **Facile à vivre** – accommodant, aisé à vivre, arrangeant, bon prince, conciliant, de bonne composition, du bois dont on fait les flûtes, facile (à vivre), flexible, souple, traitable. FAM. coulant. ▶ **Qui flatte avec excès** – adulateur, complimenteur, courtisan, flagorneur, flatteur, obséquieux. ▶ **Qui s'admire** – cabot, cabotin, conquérant, content de soi, fat, fier, fiérot, hâbleur, imbu de soi-même, infatué, m'as-tu-vu, orgueilleux, outrecuidant, pédant, pétri d'orgueil, plein de soi-même, présomptueux, prétentieux, qui fait l'important, qui se prend pour quelqu'un, qui se prend pour un autre, rempli de soi-même, suffisant, vain, vaniteux, vantard. FAM. chochotte, prétentiard, ramenard. QUÉB. FAM. frais, frappé. ▲ANT. DUR, SÉVÈRE; HUMBLE, MODESTE, SANS PRÉTENTION, SIMPLE; CALOMNIATEUR, DÉNIGRANT, DÉTRACTEUR, DIFFAMATEUR, INFAMANT, MÉDISANT.

complément n. m. ▶ **Supplément** – accessoire, à-côté, adjonction, ajout, annexe, appoint, extra, rajout, supplément. FAM. rab, rabiot, rallonge. BELG. ajoute. SUISSE ajouture, rajouture. ▶ **Reste** – différence, excédent, excès, reliquat, résidu, restant, reste, solde, soulte, surcroît, surplus. FAM. rab, rabiot. ▶ **Ensemble de protéines** – alexine. ▶ **En grammaire** – objet, régime. ▲ANT. ESSENTIEL, PRINCIPAL, SUJET; AMORCE, COMMENCEMENT, DÉBUT.

complémentaire adj. accessoire, additif, additionnel, annexe, auxiliaire, en supplément, subsidiaire, supplémentaire. SOUT. adventice, supplétif, surérogatoire. ▲ANT. CAPITAL, ESSENTIEL, FONDAMENTAL, IMPORTANT, NÉCESSAIRE, PRIMORDIAL, PRINCIPAL.

complet adj. ▶ **Sans restriction** – absolu, entier, exhaustif, global, inconditionnel, intégral, parfait, plein, rigoureux, sans réserve, total. QUÉB. FAM. mur-à-mur. PÉJ. aveugle. ▶ **Inentamé** – entier, inentamé, intact, intouché. ▶ **Rempli** – bondé, bourré, comble, plein, rempli. ▲ANT. FRAGMENTAIRE, IMPARFAIT,

INACHEVÉ, INCOMPLET, INSUFFISANT, LACUNAIRE, PARTIEL, RELATIF; INOCCUPÉ, LIBRE, VACANT, VIDE.

complet n. m. complet-veston, costume (de ville), (costume) trois-pièces, frac, habit, jaquette, rochet, smoking, tenue de soirée. FAM. costard, habit queue de morue, queue-de-pie, smok.

complètement adv. ▶ **Entièrement** – à fond, à tous (les) égards, au (grand) complet, au long, au total, d'un bout à l'autre, de A (jusqu')à Z, du début à la fin, du tout au tout, en bloc, en entier, en totalité, en tous points, entièrement, exhaustivement, fin, in extenso, intégralement, pleinement, sous tous les rapports, sur toute la ligne, totalement, tout, tout à fait. QUÉB. FAM. mur-à-mur. ▶ **Parfaitement** – absolument, carrément, catégoriquement, parfaitement, purement, radicalement, tout à fait. FAM. royalement, souverainement. ▲ANT. À DEMI, À MOITIÉ, EN PARTIE, IMPARFAITEMENT, INCOMPLÈTEMENT, INSUFFISAMMENT, PARTIELLEMENT; PAS MAL, PLUS OU MOINS, PLUTÔT, RELATIVEMENT.

compléter v. ▶ **Rendre complet** – achever, conclure, finir, mettre au point, mettre la dernière main à, parachever, régler les derniers détails de, terminer. ▲ANT. ABRÉGER, ALLÉGER, AMPUTER, APPAUVRIR, DIMINUER, RÉDUIRE; ÉBAUCHER, ESQUISSER.

complétude n. f. ▶ **Totalité** – absolute, ensemble, entier, entièreté, exhaustivité, généralité, globalité, intégralité, intégrité, masse, plénitude, réunion, somme, total, totalité, tout, universalité. ▶ **Achèvement** – aboutissement, accomplissement, achèvement, apothéose, but, chute, complémentation, complètement, conclusion, consécration, consommation, couronnement, dénouement, exécution, fin, finition, fruit, issue, produit, réalisation, règlement, résolution, résultat, sortie, terme, terminaison. SOUT. aboutissant. PHILOS. entéléchie. ▲ANT. INCOMPLÉTUDE, PARTIE; INACHÈVEMENT.

complexe adj. ▶ **Formé d'éléments divers** – bigarré, composite, de tout poil, de toute espèce, disparate, dissemblable, divers, diversifié, éclectique, hétéroclite, hétérogène, mélangé, mêlé, mixte, multiple, varié. SOUT. pluriel. ▶ **Compliqué** – ardu, compliqué, corsé, délicat, difficile, épineux, laborieux, malaisé, problématique. SOUT. scabreux. FAM. calé, coton, dur, musclé, trapu. ▶ **Subtil** – délicat, difficile, recherché, savant, subtil. ▲ANT. SIMPLE; AISÉ, FACILE.

complexe n. m. ▶ **Association d'entreprises** – alliance, cartel, chæbol (en Corée), coentreprise, combinat, concentration, conglomérat, consortium, duopole, entente, groupe, industrie, monopole, oligopole, trust. PÉJ. féodalité. ▶ **Lieu** – centre, établissement, maison, station. ▲ANT. (LE) SIMPLE.

complexité n. f. ▶ **Difficulté** – aporie, complication, confusion, délicatesse, difficulté, imbroglio, insolubilité, intrication, obscurité, peine, subtilité. ▶ **Profondeur** – acuité, ardeur, difficulté, élévation, ésotérisme, extase, extrémité, force, immensité, impénétrabilité, intelligence, intensité, intériorité, intimité, mystère, pénétration, perspicacité, plénitude, profond, profondeur, puissance, science, secret. ▶ **Pluralité** – diversité, multiplicité, pluralité, variété. ▲ANT. FACILITÉ, SIMPLICITÉ.

complication *n. f.* ▸ *Complexité* – aporie, complexité, confusion, délicatesse, difficulté, imbroglio, insolubilité, intrication, obscurité, peine, subtilité. ▸ *Problème* – accident, accroc, accrochage, affaire, anicroche, avatar, aventure, contingences, contrariété, contretemps, crise, désagrément, difficulté, dispute, embarras, empêchement, ennui, épine, épisode, événement, éventualité, imprévu, incident, mésaventure, obstacle, occasion, occurrence, péripétie, problème, rebondissement, tribulations. *SOUT.* adversité. *FAM.* blème, cactus, embêtement, emmerde, emmerdement, enquiquinement, os, pépin, pétrin, tuile. *FRANCE FAM.* avaro, empoisonnement. ▸ *Aggravation* – accentuation, accroissement, aggravation, alourdissement, amplification, augmentation, complexification, croissance, détérioration, développement, escalade, exacerbation, intensification, progrès, progression, propagation, rechute, recrudescence, redoublement. ▸ *Confusion* – anarchie, bourbier, brouillement, cafouillage, cafouillis, chaos, confusion, désordre, désorganisation, embrouillement, emmêlage, emmêlement, enchevêtrement, imbroglio, mélange. *SOUT.* chienlit, pandémonium. *FAM.* embrouillage, embrouille, pagaille, pétaudière. *FRANCE FAM.* cirque, embrouillamini, foutoir, micmac, sac d'embrouilles, sac de nœuds, salade. ▸ *Tatillonnage* – difficulté, tatillonnage, tracasserie. *FAM.* chinoiserie, coupage de cheveux en quatre. *QUÉB. FAM.* tétage. ▲**ANT.** CLARTÉ, FACILITÉ, NATUREL, SIMPLICITÉ, SOBRIÉTÉ; CLARIFICATION, SIMPLIFICATION.

complice *adj.* de connivence. *SOUT.* d'intelligence. *FAM.* de mèche. *PÉJ.* affidé. ▲**ANT.** DÉLATEUR.

complice *n.* ▸ *Comparse* (*PÉJ.*) – acolyte, comparse, compère, congénère, consorts. *SOUT.* affidé. *FAM.* baron. ▸ *Assistant* – adjoint, aidant, aide, alter ego, assesseur, assistant, auxiliaire, bras droit, collaborateur, exécutant, homme de confiance, lieutenant, préparateur, second, sous-chef, subalterne, subordonné. *SOUT.* suivant. *RELIG.* coadjuteur, définiteur. ▸ *Non favorable* – acolyte, lampiste, second couteau, second rôle, second violon, sous-fifre, sous-ordre. ▸ *Compagnon* (*FAM.*) – allié, alter ego, ami, (ami) intime, (ami) proche, bon ami, camarade, compagnon, connaissance, familier, frère, relation. *SOUT.* féal. *FAM.* acolyte, aminche, copain, frangin, pote. ▲**ANT.** ADVERSAIRE, ENNEMI; CONCURRENT, OPPOSANT, RIVAL; DÉLATEUR, DÉNONCIATEUR.

complicité *n. f.* ▸ *Implication* – compromission, implication, responsabilité. ▸ *Connivence* – accord (tacite), acquiescement, collusion, connivence, entente (secrète), intelligence. *SOUT.* compérage. ▸ *Bonne entente* – accord, affinité, amitié, atomes crochus, (bonne) intelligence, communauté de goûts, communauté de sentiments, communauté de vues, communion, compatibilité, compréhension, concorde, connivence, convergence d'idées, fraternité, harmonie, point commun, sympathie, union, unisson. *SOUT.* concert. ▸ *Coopération* – aide, appoint, apport, appui, assistance, association, bienfaisance, bons offices, collaboration, concours, conseil, contribution, coopération, coup d'épaule, coup de main, coup de pouce, dépannage, entraide, grâce, main-forte, participation, planche de salut, renfort,

secours, service, soutien, synergie. *SOUT.* viatique. *FAM.* (coup de) fion. ▲**ANT.** CONFLIT, DÉSACCORD, HOSTILITÉ, MÉSENTENTE; COMPÉTITION, CONCURRENCE.

compliment *n. m.* ▸ *Louange* – acclamation, apologie, apothéose, applaudissement, bravo, célébration, éloge, encensement, félicitations, fleur, glorification, héroïsation, louange, panégyrique, solennisation. *SOUT.* baisemain, congratulation, dithyrambe, exaltation. ▸ *Encouragement* – aide, aiguillon, applaudissement, approbation, appui, éloge, exhortation, incitation, prime, prix, protection, récompense, soutien, stimulant, subvention. *SOUT.* satisfecit. ◆ **compliments**, *plur.* ▸ *Hommage* – baisemain, civilités, coup de chapeau, courbette, génuflexion, hommage, inclination, poignée de main, prosternation, révérence, salut, salutation. *FAM.* salamalecs. ▲**ANT.** BLÂME, CRITIQUE, INJURE, RÉPRIMANDE, REPROCHE, SARCASME.

compliqué *adj.* ▸ *Difficile* – ardu, complexe, corsé, délicat, difficile, épineux, laborieux, malaisé, problématique. *SOUT.* scabreux. *FAM.* calé, coton, dur, musclé, trapu. ▸ *Qui manque de clarté* – brouillé, brumeux, confus, contourné, embarrassé, embrouillé, embroussaillé, enchevêtré, entortillé, flou, fumeux, incompréhensible, indéchiffrable, indigeste, inintelligible, nébuleux, obscur, tarabiscoté, vague, vaseux. *SOUT.* abscons, abstrus, amphigourique, fuligineux. *FAM.* chinois, emberlificoté, filandreux, vasouillard. ▸ *Qui use de détours* – contourné, détourné, dévié, tordu. ▲**ANT.** SIMPLE; AISÉ, COMMODE, ÉLÉMENTAIRE, ENFANTIN, FACILE; ACCESSIBLE, CLAIR, COMPRÉHENSIBLE, ÉVIDENT, INTELLIGIBLE, LIMPIDE, TRANSPARENT; DIRECT, QUI NE VA PAS PAR QUATRE CHEMINS, QUI VA DROIT AU BUT.

compliquer *v.* ▸ *Rendre complexe* – complexifier. ▸ *Rendre confus* – brouiller, embrouiller, embroussailler, emmêler, enchevêtrer, entortiller, entremêler, mélanger, mêler, obscurcir. *FAM.* emberlificoter. *DIDACT.* intriquer. ▲**ANT.** APLANIR, DÉBROUILLER, DÉBROUSSAILLER, DÉMÊLER, ÉCLAIRCIR, SIMPLIFIER.

complot *n. m.* agissements, cabale, calcul, combinaison, conjuration, conspiration, intrigue, machination, manigance, manipulation, manœuvre, maquignonnage, menées, plan, tractation. *SOUT.* brigue, fomentation. *FAM.* combine, fricotage, grenouillage, magouillage, magouille, micmac, mijotage. ▲**ANT.** DÉLATION, DÉNONCIATION.

comportement *n. m.* ▸ *Acte* – acte, action, choix, conduite, décision, démarche, entreprise, faire, fait, geste, intervention, manifestation, réalisation. ▸ *Conduite* – attitude, conduite, habitude, habitus, mœurs, réaction, vie. ▸ *Agissements* – agissements, allées et venues, conduite, démarche, façons, faits et gestes, manières, pratiques, procédés. ▸ *Tempérament* – abord, caractère, constitution, esprit, état d'âme, état d'esprit, humeur, idiosyncrasie, individualité, mentalité, nature, naturel, personnalité, sensibilité, tempérament, trempe. *FAM.* psychologie. *ACADIE FAM.* alément. *PSYCHOL.* thymie.

comporter *v.* ▸ *Présenter* – avoir, consister en, présenter, se composer de. ▸ *Comprendre* – comprendre, compter, contenir, englober, inclure, receler, renfermer. ◆ **se comporter** ▸ *Se conduire* –

agir, faire, procéder, se conduire. ▲ANT. ÉLIMINER, EXCLURE.

composante *n. f.* ▶ *Élément* – composant, constituant, élément (constitutif), fragment, ingrédient, membre, module, morceau, organe, partie, pièce, principe, unité. *FIG.* brique, fil, pierre, rouage. ◆ **les composantes, plur.** ▶ *Ensemble d'éléments* – ensemble, tout. ▲ANT. ENSEMBLE, TOTALITÉ, TOUT.

composé *n. m.* ▶ *Corps composé* – combinaison, corps composé, molécule. ▶ *Mélange* – admixtion, alliage, amalgamation, amalgame, cocktail, combinaison, mélange, mixtion, mixture. ▲ANT. COMPOSANT, ÉLÉMENT.

composer *v.* ▶ *Confectionner* – confectionner, créer, élaborer, fabriquer, façonner, faire, mettre au point, préparer, produire, travailler à. *SOUT.* enfanter. *PÉJ.* accoucher de. ▶ *Rédiger* – écrire, rédiger. ▶ *Constituer* – constituer, former. ▶ *Transiger* – faire des concessions, pactiser, transiger. ◆ **se composer** ▶ *Comporter* – avoir, comporter, consister en, présenter. ▲ANT. ANALYSER, DÉCOMPOSER, DÉCONSTRUIRE, DÉFAIRE, DÉMONTER, DISSOCIER, ISOLER.

composite *adj.* bigarré, complexe, de tout poil, de toute espèce, disparate, dissemblable, divers, diversifié, éclectique, hétéroclite, hétérogène, mélangé, mêlé, mixte, multiple, varié. *SOUT.* pluriel. ▲ANT. HOMOGÈNE, PUR, SIMPLE.

compositeur *n.* ▶ *En musique* – maestro *(célèbre)*, mélodiste. ▶ *En imprimerie* – composeur. ▲ANT. INTERPRÈTE.

composition *n. f.* ▶ *Création* – conception, confection, constitution, construction, création, développement, édification, élaboration, exécution, fabrication, façon, façonnage, façonnement, formation, génération, genèse, gestation, invention, œuvre, organisation, paternité, production, réalisation, structuration, synthèse. *SOUT.* accouchement, enfantement. *DIDACT.* engendrement. ▶ *Agencement* – accommodation, accommodement, agencement, ajustement, aménagement, architecture, arrangement, articulation, assemblage, combinaison, combinatoire, concaténation, configuration, construction, contexture, coordination, disposition, distribution, élaboration, enchaînement, harmonie, hiérarchie, liaison, mise en ordre, mise en place, ordonnance, ordonnancement, ordre, organisation, orientation, plan, profil, programmation, rangement, répartition, structuration, structure, système, texture. ▶ *Exercice d'écriture* – dissertation, rédaction. ▶ *Affectation* – affectation, air, apparence, apprêt, artificialité, bluff, cabotinage, comédie, contenance, convenu, dandysme, genre, imposture, jeu, maniérisme, manque de naturel, mascarade, mièvrerie, pose, raideur, recherche, représentation, snobisme. *SOUT.* cambrure. *FAM.* chiqué, cinéma. ▲ANT. ANALYSE, DÉCOMPOSITION, DISSOCIATION, DISSOLUTION; DÉCONSTRUCTION, DÉMONTAGE; AUTHENTICITÉ, NATUREL.

compréhensible *adj.* ▶ *Facile à comprendre* – à la portée de tous, accessible, clair, cohérent, concevable, déchiffrable, évident, facile, intelligible, interprétable, limpide, lumineux, pénétrable, saisissable, simple, transparent. ▶ *Qu'on peut excuser* – défendable, excusable, humain, justifiable, légitime,

naturel, normal. ▲ANT. CABALISTIQUE, CRYPTIQUE, ÉNIGMATIQUE, ÉSOTÉRIQUE, HERMÉTIQUE, IMPÉNÉTRABLE, INCOMPRÉHENSIBLE, MYSTÉRIEUX, OBSCUR, OPAQUE, TÉNÉBREUX; IMPARDONNABLE, INACCEPTABLE, INADMISSIBLE, INEXCUSABLE, INJUSTIFIABLE.

compréhensif *adj.* bien disposé, bien intentionné, bienveillant, clément, dans de bonnes dispositions, favorable, indulgent, ouvert, sympathisant, tolérant. ▲ANT. INCOMPRÉHENSIF, INTOLÉRANT, INTRANSIGEANT.

compréhension *n. f.* ▶ *Faculté de comprendre* – cognition, entendement, intellect, intellection, intellectualisation, intelligence. *FAM.* comprenette. *QUÉB. FAM.* comprenure. ▶ *Jugement* – bon sens, cerveau, cervelle, clairvoyance, conception, discernement, entendement, esprit, faculté, imagination, intellect, intelligence, jugement, lucidité, pénétration, raison, tête. *FAM.* matière grise, méninges. *QUÉB. FAM.* cocologie. *QUÉB. ACADIE FAM.* jarnigoine. *PHILOS.* logos. ▶ *Intelligibilité* – accessibilité, clarté, compréhensibilité, évidence, facilité, intelligibilité, intercompréhension, limpidité, lisibilité, luminosité, netteté, transparence. ▶ *Indulgence* – bienveillance, bonté, douceur, humanisme, indulgence, irénisme, largeur d'esprit, libéralisme, non-discrimination, non-violence, ouverture (d'esprit), patience, philosophie, réceptivité, respect, tolérance, tolérantisme. *SOUT.* bénignité, longanimité. ▶ *Bonne entente* – accord, affinité, amitié, atomes crochus, (bonne) intelligence, communauté de goûts, communauté de sentiments, communauté de vues, communion, compatibilité, complicité, concorde, connivence, convergence d'idées, fraternité, harmonie, point commun, sympathie, union, unisson. *SOUT.* concert. ▶ *Caractères d'un concept* – intension. ▲ANT. INCOMPRÉHENSION, OBSCURITÉ; INTOLÉRANCE, SÉVÉRITÉ; MÉSENTENTE, MÉSINTELLIGENCE; EXTENSION.

comprendre *v.* ▶ *Saisir le sens* – s'expliquer, saisir, toucher du doigt, voir. *SOUT.* appréhender, embrasser, entendre. *FAM.* bitter, entraver, piger. *FRANCE FAM.* percuter. *QUÉB. FAM.* allumer, clencher, cliquer. ▶ *Déchiffrer un texte* – déchiffrer, lire. ▶ *Inclure* – comporter, compter, contenir, englober, inclure, receler, renfermer. ▲ANT. IGNORER, MÉCOMPRENDRE, MÉCONNAÎTRE; ÉLIMINER, EXCEPTER, EXCLURE, OMETTRE.

compresser *v.* compacter, comprimer, presser, serrer. ▲ANT. DÉCOMPRESSER.

comprimé *n. m.* cachet, capsule, dragée *(enrobé)*, gélule, linguette, pilule. *PHARM.* globule, grain, granule, granulé; *ANC.* bol.

comprimer *v.* ▶ *Presser* – écraser, fouler *(le raisin)*, presser, pressurer *(au pressoir)*, pulper. ▶ *Serrer la taille* – étrangler, resserrer, sangler, serrer. ▶ *Essorer* – essorer, tordre. ▶ *Réduire* – borner, diminuer, limiter, réduire, resserrer, restreindre. ▲ANT. DÉCOMPRIMER, DESSERRER; DILATER, ÉTALER, ÉTENDRE; EXPRIMER, EXTÉRIORISER.

compromettant *adj.* ▲ANT. JUSTIFICATEUR, JUSTIFICATIF.

compromettre *v.* ▶ *Porter préjudice* – causer un préjudice à, défavoriser, désavantager, desservir, faire du tort à, handicaper, léser, nuire à, pénaliser,

compromis

porter atteinte à, porter préjudice à. ▶ *Ébranler* – ébranler, faire craquer, miner, porter un (dur) coup à, saper. ▶ *Risquer* – aventurer, exposer, hasarder, hypothéquer, jouer, mettre en jeu, mettre en péril, risquer. ▶ *Impliquer* – impliquer, mêler, mettre en cause. FAM. mouiller. ▲ANT. AFFERMIR, ASSURER, GARANTIR, JUSTIFIER, RENFORCER; AIDER, BÉNÉFICIER À.

compromis *n. m.* ▶ *Accord* – accommodement, accord, arbitrage, arrangement, composition, conciliation, entente à l'amiable, entente amiable, expédient, moyen terme, règlement à l'amiable, règlement amiable. DR. amiable composition. PÉJ. cote mal taillée. ▲ANT. MÉSENTENTE, MÉSINTELLIGENCE; ENTÊTEMENT, INTRANSIGEANCE, OBSTINATION, OPPOSITION.

comptant *adv.* (au) comptant, en espèces. FAM. en liquide. ▲ANT. PAR CHÈQUE; À CRÉDIT, PAR CARTE DE CRÉDIT; À TEMPÉRAMENT; PAR PRÉLÈVEMENTS BANCAIRES.

comptant *n. m.* argent, argent comptant, argent liquide, billet (de banque), coupure, espèces, liquide, numéraire, papier-monnaie. FAM. biffeton. ▲ANT. CRÉDIT.

compte *n. m.* ▶ *Dénombrement* – catalogue, cens, chiffrage, comptage, décompte, dénombrement, détail, énumération, état, évaluation, inventaire, inventoriage, inventorisation, liste, litanie, numération, recensement, recension, revue, rôle, statistique. ▶ *Calcul* – algèbre, algorithme, arithmétique, calcul, chiffrage, opération, supputation. ▶ *Résultat* – balance, bilan, compte rendu, conclusion, constat, état, note, résultat, résumé, situation, tableau. ▶ *Argent dû* – arriéré, charge, créance, crédit à découvert, débet, débit, découvert, déficit, dette, devoir, doit, dû, emprunt, engagement, impayé, moins-perçu, non-paiement, obligation, passif, solde débiteur. BELG. mali, pouf. ▶ *Facture* – addition, dû, état de compte, état de frais, facture, frais, note, relevé. FAM. coup de fusil, douloureuse, quart d'heure de Rabelais. ♦ **comptes**, *plur.* ▶ *Comptes d'une entreprise* – comptabilité, les écritures.

compter *v.* ▶ *Calculer* – calculer, chiffrer, dénombrer, évaluer, faire le compte de, quantifier. ▶ *Dénombrer un à un* – dénombrer, détailler, dresser la liste de, énumérer, faire l'inventaire de, faire le décompte de, inventorier, lister, recenser. ▶ *Atteindre un total* – monter à, s'élever à, se chiffrer à, totaliser. ▶ *Distribuer avec mesure* – limiter, mesurer, rationner. ▶ *Comporter* – comporter, comprendre, contenir, englober, inclure, receler, renfermer. ▶ *Vouloir* – avoir l'intention de, entendre, se proposer de, vouloir. ▶ *Prévoir* – anticiper, escompter, espérer, prévoir, s'attendre à. ▶ *Considérer* (SOUT.) – considérer, croire, estimer, être d'avis que, juger, penser, regarder, tenir, trouver. SOUT. réputer. ▶ *Prendre en considération* – prendre en considération, tenir compte de. ▶ *Entrer en ligne de compte* – agir sur, entrer en ligne de compte, importer, influencer, influer sur, jouer, peser dans la balance, peser sur. ▶ *Se fier* – faire fond sur, s'appuyer sur, se fier à, spéculer sur, tabler sur. FAM. miser sur. ♦ **se compter** ▶ *Se considérer* – s'estimer, se considérer, se croire, se penser, se trouver. ▲ANT. EXCLURE, NÉGLIGER, OMETTRE.

compulsif *adj.* compulsionnel, impulsionnel. ▲ANT. MODÉRÉ, PONDÉRÉ, POSÉ, RAISONNABLE,

RATIONNEL, RÉFLÉCHI, RESPONSABLE, SAGE, SENSÉ, SÉRIEUX.

comté *n. m.* ▶ *Domaine* – archiduché, baronnie, châtellenie, duché, duché-pairie, marquisat, seigneurie, starostie (Pologne), vice-royauté, vicomté. FÉOD. fief, tènement, tenure. ▶ *Division territoriale* – comtat. QUÉB. municipalité régionale de comté/M.R.C.

concaténer *v.* ▲ANT. ISOLER, SÉPARER.

concéder *v.* ▶ *Allouer* – accorder, allouer, attribuer, consentir, donner, impartir, octroyer. SOUT. départir. ▶ *Reconnaître* – accorder, admettre, convenir, reconnaître. SOUT. recevoir. ▲ANT. CONTESTER, RÉCUSER, REFUSER, REJETER.

concentration *n. f.* ▶ *Action de réunir* – focalisation. ▶ *Attention* – application, attention, contention, intérêt, recueillement, réflexion, tension. ▶ *Densité* – compacité, consistance, densité, épaisseur, masse volumique, massiveté. ▶ *Concrétion* – accrétion, accumulation, aggloméré, agglomération, aggloméré, agglutinat, agglutination, agglutinement, agrégat, agrégation, amas, bloc, concrétion, conglomérat, conglomération, conglutination, entassement, masse, nodule, paquet, réunion, sédiment, sédimentation, tas. QUÉB. FAM. motton, tapon. ▶ *Combinaison* – alliance, assemblage, association, collage, combinaison, communion, composition, conjonction, constitution, fusion, fusionnement, groupement, incorporation, intégration, ralliement, rassemblement, regroupement, réunion, symbiose, synthèse, unification, union. ▶ *Grande quantité de choses* – abondance, afflux, amas, ampleur, débauche, débordement, exubérance, filon, floraison, foisonnement, forêt, foule, fourmillement, gisement, infinité, inondation, luxe, luxuriance, masse, mine, multiplicité, myriade, nuée, orgie, paquet, pléthore, poussière, profusion, quantité, richesse, surabondance, tas, trésor. FIG. carnaval. FAM. festival, flopée, kyrielle, tapée, tripotée, wagon. QUÉB. FAM. bourrée, tapon. SUISSE FAM. craquée. ▶ *Grande quantité de personnes* – abondance, affluence, armada, armée, attroupement, cohue, concours, encombrement, essaim, flot, forêt, foule, fourmilière, fourmillement, grouillement, légion, marée, masse, meute, monde, multitude, peuple, pléiade (célébrités), pullulement, régiment, réunion, ribambelle, ruche, tas, troupeau. FAM. flopée, marmaille (enfants), tapée, tripotée. QUÉB. achalandage; FAM. tapon, trâlée. PÉJ. ramassis. ▶ *Association d'entreprises* – alliance, cartel, chæbol (en Corée), coentreprise, combinat, complexe, conglomérat, consortium, duopole, entente, groupe, industrie, monopole, oligopole, trust. PÉJ. féodalité. ▶ *Monopolisation* – accaparement, cartellisation, centralisation, centralisme, intégration, monopolisation, monopolisme. ▲ANT. DIFFUSION, DISPERSION, DISSÉMINATION, ÉPARPILLEMENT; ÉCHELONNEMENT; DÉTENTE, DISSIPATION, DISTRACTION; DILUTION, DISSOLUTION.

concentré *adj.* à l'affût, à l'écoute, absorbé, attentif, aux aguets, diligent, tout à, tout ouïe, tout yeux tout oreilles, vigilant.

concentrer *v.* ▶ *Regrouper* – bloquer, grouper, rassembler, regrouper, réunir. ▶ *Canaliser* – axer, canaliser, centraliser, centrer, focaliser, polariser. ♦ **se concentrer** ▶ *Réfléchir* – méditer, penser, raisonner, réfléchir, songer, spéculer. *SOUT.* délibérer. *FAM.* cogiter, faire travailler sa matière grise, gamberger, phosphorer, ruminer, se casser la tête, se creuser la tête, se creuser les méninges, se presser le citron, se pressurer le cerveau, se servir de sa tête. *QUÉB. ACADIE FAM.* jongler. ▲**ANT.** DÉCONCENTRER, DILUER, DISPERSER, DISSÉMINER, ÉPARPILLER, ÉTENDRE. △**SE CONCENTRER** – SE DÉCONCENTRER, SE DISTRAIRE.

concept *n. m.* ▶ *Notion* – abstraction, archétype, conception, conceptualisation, connaissance, conscience, entité, fiction, généralisation, idée, imagination, notion, noumène, pensée, représentation (mentale), schème, théorie. ▲**ANT.** PERCEPT.

concepteur *n.* ▶ *Créateur* – aménageur, architecte, bâtisseur, concepteur-projeteur, créateur, créatif, édificateur, fondateur, ingénieur, inventeur, maître d'œuvre, ordonnateur, projeteur, urbaniste. *SOUT.* démiurge.

conception *n. f.* ▶ *Reproduction* – fécondation, génération, gestation, reproduction (sexuée). *SOUT.* procréation. *DIDACT.* engendrement. ▶ *Formation* – composition, confection, constitution, construction, création, développement, édification, élaboration, exécution, fabrication, façon, façonnage, façonnement, formation, génération, genèse, gestation, invention, œuvre, organisation, paternité, production, réalisation, structuration, synthèse. *SOUT.* accouchement, enfantement. *DIDACT.* engendrement. ▶ *Concept* – abstraction, archétype, concept, conceptualisation, connaissance, conscience, entité, fiction, généralisation, idée, imagination, notion, noumène, pensée, représentation (mentale), schème, théorie. ▶ *Imagination* – création, créativité, évasion, extrapolation, fantaisie, fantasme, fictif, fiction, idéal, idéation, idée, illumination *(soudain)*, imaginaire, imagination, inspiration, invention, inventivité, irréel, souffle (créateur), supposition, surréalité, surréel, veine, virtuel. *SOUT.* folle du logis, muse. *FRANCE FAM.* gamberge. ▶ *Opinion* – appréciation, avis, conviction, critique, croyance, dogme, estime, idée, impression, jugement, opinion, optique, pensée, perception, point de vue, position, principe, prise de position, sentiment, théorie, thèse, vote, vue. *SOUT.* oracle. ▶ *Doctrine* – doctrine, dogme, école (de pensée), idée, idéologie, mouvement, opinion, pensée, philosophie, principe, système, théorie, thèse. ▶ *Architecture* – aménagement, architectonie, architectonique, architecture, domisme, travaux publics, urbanisme. ▲**ANT.** CONTRACEPTION; IGNORANCE, INCOMPRÉHENSION.

conceptuel *adj.* ▶ *Abstrait* – abstractif, abstrait, cérébral, idéal, intellectuel, livresque, mental, spéculatif, théorique. *PHILOS.* idéationnel, idéel, théorétique. *FAM.* PRATIQUE *(intelligence)*.

concerner *v.* ▶ *Toucher qqn* – être d'intérêt pour, intéresser, regarder, s'appliquer à, toucher, valoir pour, viser. ▶ *Toucher qqch.* – avoir pour objet, avoir rapport à, avoir trait à, intéresser, porter sur, relever de, s'appliquer à, se rapporter à, toucher, viser. ▲**ANT.** ÊTRE ÉTRANGER À, NE PAS REGARDER.

concert *n. m.* ▶ *Récital* – aubade, audition, divertissement, exécution, récital, séance, sérénade, soirée. ▶ *Accord* (*SOUT.*) – accord, affinité, amitié, atomes crochus, (bonne) intelligence, communauté de goûts, communauté de sentiments, communauté de vues, communion, compatibilité, complicité, compréhension, concorde, connivence, convergence d'idées, fraternité, harmonie, point commun, sympathie, union, unisson. ▲**ANT.** DÉSACCORD, DISCORDE, OPPOSITION.

concerter *v.* combiner, fomenter, machiner, manigancer, monter, ourdir, tramer. *FAM.* fricoter, goupiller, magouiller, mijoter, traficoter, trafiquer. ▶ *À plusieurs* – comploter, conspirer. ♦ **se concerter** convenir de, s'accorder, s'arranger, s'entendre, se mettre d'accord, tomber d'accord, trouver un terrain d'entente. ▲**ANT.** DÉSORGANISER, DISPERSER. △**SE CONCERTER** – ROMPRE, SE BROUILLER; AGIR SEUL.

concession *n. f.* ▶ *Action de concéder* – cession, don, octroi. ▶ *Avantage* – acquis, apanage, attribution, avantage, bénéfice, chasse gardée, droit, exclusivisme, exclusivité, exemption, faveur, honneur, immunité, inviolabilité, monopole, passe-droit, pouvoir, préférence, prérogative, privilège. *ANC.* franchise. *RELIG.* indult. ▲**ANT.** REFUS, REJET; CONTESTATION, DISPUTE, INTRANSIGEANCE.

concevable *adj.* ▶ *Pensable* – envisageable, imaginable, pensable, possible, réaliste. ▶ *Compréhensible* – à la portée de tous, accessible, clair, cohérent, compréhensible, déchiffrable, évident, facile, intelligible, interprétable, limpide, lumineux, pénétrable, saisissable, simple, transparent. ▲**ANT.** ABASOURDISSANT, AHURISSANT, DÉCONCERTANT, ÉBAHISSANT, EFFARANT, ÉPOUSTOUFLANT, IMPENSABLE, INCONCEVABLE, INCROYABLE, INIMAGINABLE, INOUÏ, INVRAISEMBLABLE, STUPÉFIANT.

concevoir *v.* ▶ *S'imaginer* – (s')imaginer, se faire une idée de, se figurer, se représenter, visualiser, voir. *PSYCHOL.* mentaliser. ▶ *Créer* – créer, imaginer, improviser, innover, inventer, mettre au point, trouver. *QUÉB. FAM.* patenter. ▶ *Éprouver un sentiment* – avoir, éprouver, ressentir. ▶ *Faire un enfant* – faire. ▲**ANT.** AVORTER, ÊTRE STÉRILE.

concierge *n.* ▶ *Gardien* – gardien, portier. *SOUT.* cerbère *(sévère)*. *FAM.* bignole.

conciliabule *n. m.* (PÉJ.) ▶ *Réunion* – audience, conférence, confrontation, entretien, entrevue, face à face, huis clos, interview, microtrottoir, rencontre, rendez-vous, retrouvailles, réunion, tête-à-tête, vis-à-vis, visite. *SOUT.* abouchement. *FRANCE FAM.* rambot, rambour, rancard. ▶ *Discussion* – causerie, colloque, concertation, conversation, dialogue, discussion, échange (de vues), entretien, interview, pourparlers, tête-à-tête. *FAM.* causette, chuchoterie. *QUÉB.* jase, jasette. *PÉJ.* palabres; *FAM.* parlote.

conciliant *adj.* accommodant, aisé à vivre, arrangeant, bon prince, complaisant, de bonne composition, du bois dont on fait les flûtes, facile (à vivre), flexible, souple, traitable. *FAM.* coulant. ▲**ANT.** IMPITOYABLE, IMPLACABLE, INFLEXIBLE, INTRAITABLE, INTRANSIGEANT, RÉBARBATIF, SÉVÈRE.

conciliation *n. f.* ▶ *Réconciliation* – accommodement, accord, fraternisation, rapprochement, réconciliation, renouement, replâtrage, retrouvailles. *FAM.* rabibochage, raccommodement. ▶ *Compromis* – accommodement, accord, arbitrage, arrangement, composition, compromis, entente à l'amiable,

concitoyen

entente amiable, expédient, moyen terme, règlement à l'amiable, règlement amiable. DR. amiable composition. PÉJ. cote mal taillée. ▶ *Paix* – accord, armistice, cessation des hostilités, cessez-le-feu, compromis, détente, entente, issue, modus vivendi, négociation, neutralité, non-belligérance, normalisation, pacification, pacte, paix, réconciliation, traité, trêve. ▲ANT. DÉSACCORD, OPPOSITION; RUPTURE, SÉPARATION.

concitoyen *n.* compatriote. ▲ANT. ÉTRANGER.

conclure *v.* ▶ *Mener à sa fin* – accomplir, achever, clore, finir, mener à bien, mener à (bon) terme, mener à bonne fin, réussir, terminer. SOUT. consommer. FAM. boucler. ▶ *Constituer le dernier élément* – clore, clôturer, fermer, finir, terminer. ▶ *Tirer une conclusion* – déduire, inférer. SOUT. arguer. ▶ *Décider* – décider, juger, prendre une décision, se prononcer, statuer, trancher. ▲ANT. AMORCER, COMMENCER, ENTREPRENDRE; EXPOSER, PRÉFACER, PRÉSENTER.

conclusion *n.f.* ▶ *Aboutissement* – aboutissement, accomplissement, achèvement, apothéose, but, chute, complémentation, complètement, complétude, consécration, consommation, couronnement, dénouement, exécution, fin, finition, fruit, issue, produit, réalisation, règlement, résolution, résultat, sortie, terme, terminaison. SOUT. aboutissant. PHILOS. entéléchie. ▶ *Conséquence* – action, conséquence, contrecoup, corollaire, développement, effet, efficacité, fonction, fruit, impact, implication, incidence, jeu, juste retour des choses, œuvre, portée, prolongement, réaction, rejaillissement, répercussion, résultante, résultat, retentissement, retombées, ricochet, séquelle, suite (logique). SOUT. aboutissant, efficace, fille. ▶ *Bilan* – balance, bilan, compte, compte rendu, constat, état, note, résultat, résumé, situation, tableau. ▲ANT. AMORCE, COMMENCEMENT, DÉBUT, NAISSANCE; ORIGINE; AVANT-PROPOS, INTRODUCTION, PRÉAMBULE, PRÉLIMINAIRES, PRÉLUDE, PROLOGUE.

concordance *n.f.* ▶ *Conformité* – cohérence, conformité, correspondance. SOUT. accord, convenance. ▶ *Simultanéité* – accompagnement, coexistence, coïncidence, concomitance, concours de circonstances, contemporanéité, coordination, correspondance, isochronie, isochronisme, rencontre, synchronicité, synchronie, synchronisation, synchronisme. ▶ *Environnement d'un mot* – contexte. ▲ANT. CONTRADICTION, DÉSACCORD, DISCORDANCE, DIVERGENCE, NON-CONFORMITÉ.

concorder *v.* ▶ *Être en harmonie* – aller bien, aller ensemble, cadrer, faire bien, s'accorder, s'associer, s'assortir, s'harmoniser, (se) correspondre, se marier. ▶ *Coïncider* – coïncider, correspondre, se recouper, se rejoindre. ▲ANT. CONTRASTER, JURER; DIFFÉRER, DIVERGER, S'EXCLURE, S'OPPOSER, SE CONTREDIRE.

concourir *v.* ▶ *En parlant de qqch.* – aider à, conspirer à, contribuer à, tendre à. ▶ *En parlant de qqn* – avoir part, collaborer, contribuer, coopérer, partager, participer, prendre part, s'associer, s'engager, s'impliquer, s'investir, se joindre. ▲ANT. CONTRECARRER, DIVERGER, S'OPPOSER À; ABANDONNER, DÉCLARER FORFAIT, LÂCHER, S'ABSTENIR.

concours *n.m.* ▶ *Coopération* – aide, appoint, apport, appui, assistance, association, bienfaisance, bons offices, collaboration, complicité, conseil, contribution, coopération, coup d'épaule, coup de main, coup de pouce, dépannage, entraide, grâce, main-forte, participation, planche de salut, renfort, secours, service, soutien, synergie. SOUT. viatique. FAM. (coup de) fion. ▶ *Intervention* – aide, appui, entremise, immixtion, incursion, ingérence, interposition, interventionnisme, intrusion, médiation, ministère, office. SOUT. intercession. ▶ *Compétition* – affrontement, compétition, duel, épreuve, face à face, match, tournoi. SOUT. joute. FAM. compète. ▶ *Exposition* – démonstration, étalage, exhibition, exposition, foire, foire-exposition, galerie, manifestation, montre, présentation, rétrospective, salon, vernissage. FAM. démo, expo. SUISSE comptoir. ▲ANT. ENTRAVE, OPPOSITION; ABSTENTION, NEUTRALITÉ.

concret *adj.* ▶ *Réel* – de chair et de sang, effectif, existant, matériel, palpable, physique, réel, sensible, tangible, visible, vrai. DIDACT. positif. RELIG. de ce monde, temporel, terrestre. ▶ *Pragmatique* – positif, pragmatique, pratique, réaliste. QUÉB. FAM. pratico-pratique. ▶ *En parlant du sens* – littéral, propre, strict. ▲ANT. ABSTRAIT, CONCEPTUEL, INTELLECTUEL, MENTAL, THÉORIQUE.

concret *n.m.* actualité, choses concrètes, corporéité, matérialité, monde concret, palpabilité, phénoménalité, positif, rationalité, rationnel, réalité, réel, tangibilité, tangible, visible. ▲ANT. ABSTRAIT; THÉORIE.

concrètement *adv.* dans la pratique, dans les faits, effectivement, empiriquement, en fait, en pratique, en réalité, expérimentalement, matériellement, objectivement, par l'expérience, physiquement, positivement, pratiquement, prosaïquement, réalistement, réellement, tangiblement. ▲ANT. ABSTRACTIVEMENT, ABSTRAITEMENT, EN THÉORIE, HYPOTHÉTIQUEMENT, IDÉALEMENT, IMAGINAIREMENT, IN ABSTRACTO, THÉORIQUEMENT.

concupiscence *n.f.* ▲ANT. CHASTETÉ, CONTINENCE, PURETÉ; DÉSINTÉRESSEMENT, DÉTACHEMENT, FROIDEUR.

concurrence *n.f.* ▶ *Rivalité* – affrontement, antagonisme, combat, compétition, conflit, contentieux, contestation, controverse, débat, désaccord, différend, discorde, discussion, dispute, dissension, dissentiment, divergence, émulation, friction, heurt, incompatibilité, incompréhension, lutte, mésentente, mésintelligence, opposition, polémique, querelle, rivalité. FAM. bagarre. ▶ *Entreprises* – compétiteurs, concurrents. ▲ANT. ASSOCIATION, COLLABORATION, COOPÉRATION, ENTRAIDE; EXCLUSIVITÉ, MONOPOLE.

concurrent *n.* ▶ *Adversaire* – adversaire, antagoniste, attaqueur, compétiteur, contestataire, contraire, contre-manifestant, détracteur, dissident, ennemi, mécontent, opposant, opposé, pourfendeur, prétendant, protestataire, rival. ▶ *Candidat* – admissible, aspirant, candidat, compétiteur, concouriste, demandeur, postulant, prétendant. ♦ **concurrents**, plur. ▶ *Ensemble d'adversaires*

– compétiteurs, concurrence. ▲**ANT.** ALLIÉ, ASSOCIÉ, COLLABORATEUR, COLLÈGUE, PARTENAIRE.

condamnation *n. f.* ▶ *Blâme* – accusation, admonestation, admonition, anathématisation, anathème, attaque, avertissement, blâme, censure, correction, critique, désapprobation, diatribe, grief, grognerie, gronderie, interdit, leçon, malédiction, mise à l'écart, mise à l'index, mise en quarantaine, objection, observation, plainte, punition, récrimination, remarque, remontrance, représentation, réprimande, réprobation, reproche, réquisitoire, semonce, sérénade, sermon, tollé. *SOUT.* animadversion, foudres, fustigation, improbation, mercuriale, objurgation, stigmatisation, vitupération. *FAM.* douche, engueulade, prêchi-prêcha, savon, tabac. *FRANCE FAM.* attrapade, lavage de tête, soufflante. *BELG.* cigare. *RELIG.* fulmination. ▶ *Malédiction* – anathématisation, anathème, blâme, blasphème, damnation, déprécation, excommunication, imprécation, jurement, malédiction, réprobation, vœu. *SOUT.* exécration. ▶ *Interdiction* – défense, empêchement, interdiction, interdit, prohibition, proscription, refus, tabou. ▶ *Punition* – châtiment, correction, damnation, expiation, gage *(dans un jeu)*, leçon, peine, pénalisation, pénalité, pénitence, punition, répression, sanction, verbalisation. *FAM.* tarif. ▶ *Fermeture* – barrage, bouchage, bouclage, cloisonnage, cloisonnement, clôture, comblement, coupure, fermeture, interception, lutage, murage, oblitération, obstruction, obturation, occlusion, remblai, tamponnement, verrouillage. ▲**ANT.** APPROBATION, ÉLOGE; BÉNÉDICTION; AUTORISATION, PERMISSION; ABSOLUTION; ACQUITTEMENT, AMNISTIE, PARDON, RÉDEMPTION, RÉMISSION.

condamné *n.* captif, cellulaire, détenu, prisonnier. *FAM.* pensionnaire. *DR.* réclusionnaire. *FAM.* pensionnaire, taulard. ▲**ANT.** ACQUITTÉ, AMNISTIÉ, INNOCENT, LIBÉRÉ.

condamner *v.* ▶ *Vouer à la damnation* – damner, maudire, perdre, réprouver, vouer à la damnation. ▶ *Censurer* – censurer, interdire, mettre à l'index. ▶ *Interdire* – défendre, empêcher, interdire, prohiber, proscrire, punir. ▶ *Blâmer avec véhémence* – montrer du doigt, réprouver, stigmatiser. *SOUT.* anathématiser, crier haro sur, frapper d'anathème, fustiger, vitupérer. ▶ *Déconseiller* – déconseiller. *MÉD.* contre-indiquer. ▶ *Boucher* – aveugler, boucher, fermer, murer. ▲**ANT.** BÉNIR, ENCENSER; LOUANGER, LOUER; APPROUVER, AUTORISER, PERMETTRE; ABSOUDRE, ACQUITTER, AMNISTIER, DISCULPER, EXCUSER, GRACIER, INNOCENTER, PARDONNER; RECOMMANDER; OUVRIR.

condensation *n. f.* ▶ *Liquéfaction* – déliquescence, fluidification, fonderie, fonte, fusion, liquation, liquéfaction, réduction, surfusion. ▲**ANT.** ATOMISATION, DILATATION, ÉVAPORATION, SUBLIMATION, VAPORISATION.

condensé *adj.* bref, concis, court, dense, laconique, lapidaire, ramassé, serré, sobre, sommaire, succinct. *PÉJ.* touffu.

condensé *n. m.* abrégé, aide-mémoire, analyse, aperçu, argument, compendium, éléments, épitomé, esquisse, extrait, livret, manuel, mémento, morceau, notice, page, passage, plan, précis, promptuaire, raccourci, récapitulation, réduction, résumé, rudiment,

schéma, sommaire, somme, synopsis, vade-mecum. *FAM.* topo. ▲**ANT.** AMPLIFICATION, DÉVELOPPEMENT.

condenser *v.* ▶ *Rendre liquide* – liquéfier. ▶ *Abréger* – abréger, écourter, raccourcir, ramasser, réduire, resserrer, résumer. ♦ *se condenser* ▶ *Devenir liquide* – se liquéfier. ▲**ANT.** DILATER, DILUER; AMPLIFIER, DÉVELOPPER, ÉTENDRE. △SE CONDENSER – S'ÉVAPORER.

condescendance *n. f.* arrogance, dédain, dégoût, dérision, hauteur, mépris, morgue, snobisme. *SOUT.* déconsidération, mésestimation, mésestime. ▲**ANT.** DÉFÉRENCE, RESPECT.

condescendant *adj.* ▶ *Paternaliste* – paternaliste, protecteur. ▶ *Arrogant* – arrogant, dédaigneux, fier, hautain, méprisant, orgueilleux, outrecuidant, pimbêche *(femme)*, pincé, plein de soi, présomptueux, prétentieux, snob, supérieur. *SOUT.* altier, rogue. ▲**ANT.** DÉFÉRENT, RESPECTUEUX; HUMBLE, MODESTE.

condition *n. f.* ▶ *Situation* – classe, état, forme, genre, modalité, mode, situation. ▶ *Contexte* – circonstance, climat, conjoncture, contexte, cours des choses, état de choses, état de fait, paysage, position, situation, tenants et aboutissants. ▶ *État physique* – apparence, condition (physique), conformation, constitution, état (physique), forme, nature, santé, vitalité. *SOUT.* complexion. *MÉD.* diathèse, habitus. ▶ *Rang social* – caste, classe, état, fortune, place, position, rang, situation, statut. *SOUT.* étage. ▶ *Supposition* – a priori, apriorisme, apriorité, cas de figure, conjecture, doute, extrapolation, hypothèse, idée reçue, induction, jeu de l'esprit, œillère, préjugé, présomption, présupposé, présupposition, pronostic, scénario, supputation. ▶ *Énoncé d'un contrat* – clause, disposition, mention, stipulation. ▲**ANT.** CAUSE, CONSÉQUENCE, FIN.

conditionner *v.* ▶ *Emballer* – emballer, empaqueter, envelopper. ▶ *Inciter* – amener, conduire, disposer, encourager, engager, entraîner, exhorter, impulser, inciter, incliner, mener, porter, pousser, provoquer. *SOUT.* exciter, mouvoir. ▲**ANT.** DÉCONDITIONNER, DÉGAGER, LIBÉRER.

conducteur *adj.* ▲**ANT.** ISOLANT.

conducteur *n.* ▶ *Personne qui conduit un véhicule* – chauffeur. ▶ *Dangereux* – chauffard. *FAM.* écraseur. ▶ *Meneur* – chef de file, gourou, guide (spirituel), magistère, mahatma, maître à penser, maître (spirituel), meneur, pandit, pasteur, phare, rassembleur, sage. *SOUT.* coryphée, entraîneur (d'hommes). *FAM.* pape. ▲**ANT.** ISOLANT, ISOLATEUR.

conduire *v.* ▶ *Accompagner* – accompagner, amener, convoyer, emmener, escorter, mener. *PÉJ.* flanquer. ▶ *Orienter* – aiguiller, diriger, guider, mener, mettre sur une piste, mettre sur une voie, orienter. ▶ *Inciter* – amener, conditionner, disposer, encourager, engager, entraîner, exhorter, impulser, inciter, incliner, mener, porter, pousser, provoquer. *SOUT.* exciter, mouvoir. ▶ *Gérer* – assurer la direction de, diriger, faire marcher, gérer, mener, piloter, présider à, superviser, tenir les rênes de. ▶ *Manœuvrer un véhicule* – diriger, gouverner *(embarcation)*, mener, piloter. ▶ *Mener à un lieu* – aboutir à, déboucher sur, donner accès à, mener à. ▶ *Mener à* *une pièce* – commander, desservir, donner accès à, donner sur, mener à, ouvrir sur. ♦ *se conduire* ▶ *Se comporter* – agir, faire, procéder, se comporter. ▲ANT. ABANDONNER, LAISSER; ARRÊTER, INTERROMPRE; SUIVRE; OBÉIR.

conduit *n. m.* ▶ *Canalisation* – adduction, branchement, canalisation, colonne, conduite, égout, émissaire, gazoduc, griffon, oléoduc, pipe, pipeline, réseau, sea-line, tubulure. ▶ *Tuyau* – boyau, buse, canal, conduite, gaine, lance, pipe, tube, tubulure, tuyau. ♦ **conduits,** *plur.* ▶ *Ensemble de tubes* – plomberie, tubulure, tuyauterie. ▲ANT. FERMETURE.

conduite *n. f.* ▶ *Action de conduire un véhicule* – direction, pilotage. ▶ *Acte* – acte, action, choix, comportement, décision, démarche, entreprise, faire, fait, geste, intervention, manifestation, réalisation. ▶ *Agissements* – agissements, allées et venues, comportement, démarche, façons, faits et gestes, manières, pratiques, procédés. ▶ *Attitude générale* – attitude, comportement, habitude, habitus, mœurs, réaction, vie. ▶ *Gestion* – administration, direction, gérance, gestion, gouverne, intendance, logistique, management, maniement, organisation, régie, surintendance, tenue. ▶ *Canalisation* – adduction, branchement, canalisation, colonne, conduit, égout, émissaire, gazoduc, griffon, oléoduc, pipe, pipeline, réseau, sea-line, tubulure. ▶ *Tuyau* – boyau, buse, canal, conduit, gaine, lance, pipe, tube, tubulure, tuyau. ♦ **conduites,** *plur.* ▶ *Ensemble de tubes* – plomberie, tubulure, tuyauterie. ▲ANT. DÉSORIENTATION; LAISSER-ALLER.

confection *n. f.* ▶ *Création* – composition, conception, constitution, construction, création, développement, édification, élaboration, exécution, fabrication, façon, façonnage, façonnement, formation, génération, genèse, gestation, invention, œuvre, organisation, paternité, production, réalisation, structuration, synthèse. SOUT. accouchement, enfantement. DIDACT. engendrement. ▶ *Couture* – couture, haute couture, mode, prêt-à-porter.

conférence *n. f.* ▶ *Congrès* – assemblée, atelier de discussion, colloque, comice, comité, congrès, conseil, forum, groupe de travail, junte, panel, plénum, réunion, séminaire, sommet, symposium, table ronde. FAM. grand-messe. ▶ *Exposé* – causerie, cours, discours, exposé, laïus, lecture. ▶ *Réunion* – audience, confrontation, entretien, entrevue, face à face, huis clos, interview, micro-trottoir, rencontre, rendez-vous, retrouvailles, réunion, tête-à-tête, vis-à-vis, visite. SOUT. abouchement. FRANCE FAM. rambot, rambour, rancard. PÉJ. conciliabule.

conférer *v.* ▶ *Décerner* – adjuger, attribuer, décerner, donner, remettre. ▶ *Comparer des textes* (SOUT.) – collationner. ▶ *Discuter* – discuter, parler, s'entretenir, tenir conférence, tenir conseil. ▲ANT. ENLEVER, ÔTER, PRENDRE, REPRENDRE, RETIRER; REFUSER.

confesser *v.* ▶ *Avouer* – admettre, avouer. FAM. déballer. ▲ANT. CACHER, DISSIMULER, TAIRE; CONTESTER, DÉMENTIR, DÉNIER, DÉSAVOUER, NIER, REJETER.

confession *n. f.* ▶ *Divulgation* – annonce, aveu, confidence, déclaration, dévoilement, divulgation, ébruitement, fuite, indiscrétion, initiation, instruction, mea culpa, mise au courant, proclamation, publication, reconnaissance, révélation. FAM. déballage, mise au parfum. ▶ *Récit historique* – anecdote, annales, autobiographie, biographie, carnet, chroniques, chronologie, commentaires, évocation, histoire, historiographie, historique, journal, mémoires, mémorial, souvenirs, vie. ▶ *Religion* – conviction, croyance, culte, foi, religion. ▲ANT. CONTESTATION, DÉMENTI, DÉNÉGATION, DÉSAVEU; MUTISME, OMISSION, SILENCE.

confiance *n. f.* ▶ *Espoir* – attente, espérance, espoir, expectative, optimisme. ▶ *Conviction* – assurance, certitude, conviction, croyance, foi. SOUT. sûreté. ▶ *Sécurité* – abri, assurance, calme, paix, quiétude, repos, salut, sécurité, sérénité, sûreté, tranquillité (d'esprit). ▶ *Fidélité* – allégeance, attachement, dévouement, fidélité, foi, loyalisme, loyauté. ▶ *Familiarité* – abandon, détachement, familiarité, insouciance, liberté, naturel, spontanéité. ▶ *Franchise* – abandon, bonne foi, cordialité, droiture, franchise, franc-jeu, franc-parler, loyauté, netteté, parler-vrai (politique), rondeur, simplicité, sincérité, spontanéité. ▲ANT. ANXIÉTÉ, APPRÉHENSION, CRAINTE; DÉFIANCE, DOUTE, INCRÉDULITÉ, MÉFIANCE, SCEPTICISME, SUSPICION.

confiant *adj.* ▶ *Ouvert* – communicatif, débordant, démonstratif, expansif, expressif, extraverti, exubérant, ouvert. ▶ *Naïf* – angélique, candide, crédule, ingénu, innocent, naïf, pur, simple. ▲ANT. DÉFIANT, MÉFIANT, OMBRAGEUX, SOUPÇONNEUX, SUR LA DÉFENSIVE, SUR SES GARDES, SUSPICIEUX.

confidence *n. f.* ▶ *Divulgation* – annonce, aveu, confession, déclaration, dévoilement, divulgation, ébruitement, fuite, indiscrétion, initiation, instruction, mea culpa, mise au courant, proclamation, publication, reconnaissance, révélation. FAM. déballage, mise au parfum. ▶ *Épanchement* – abandon, aveu, effusion, épanchement, expansion. ▲ANT. SECRET; MUTISME, SILENCE.

confident *n.* ▶ *Personne* – ami, confesseur, dépositaire. SOUT. affidé. ♦ **confident,** *masc.* ▶ *Meuble* – vis-à-vis.

confidentiel *adj.* intime, personnel, privé, secret. ▲ANT. CONNU DE TOUS, OUVERT, PUBLIC.

confier *v.* ▶ *Laisser* – donner, laisser, remettre. ▶ *Déléguer* – déléguer, se décharger de. ▶ *Livrer en confidence* – avouer, épancher, livrer. ♦ *se confier* ▶ *Se fier* – compter sur, faire confiance à, faire fond sur, s'en rapporter à, s'en remettre à, se fier à, se livrer à, se reposer sur. ▶ *Faire des confidences* – débonder son cœur, décharger son cœur, ouvrir son cœur, s'abandonner, s'épancher, s'ouvrir, (se) débonder, se livrer, se soulager, se vider le cœur. FAM. débiter son chapelet, dévider son chapelet, égrener son chapelet, se déboutonner. ▲ANT. ENLEVER, ÔTER, PRENDRE, RETIRER; CACHER, DISSIMULER, TAIRE. △SE CONFIER – SE DÉFIER, SE MÉFIER, SE TAIRE.

configuration *n. f.* ▶ *Aspect* – air, allure, apparence, aspect, caractère, couleur, couvert, dehors, éclairage, extérieur, façade, faciès, figure, forme, formule, impression, jour, masque, mine, paraître, perspective, physionomie, plastique (en art), portrait, présentation, profil, ressemblance, semblant, surface, ton, tour, tournure, traits, vernis, visage. *SOUT.* enveloppe, superficie. ▶ *Agencement* – accommodation, accommodement, agencement, ajustement, aménagement, architecture, arrangement, articulation, assemblage, combinaison, combinatoire, composition, concaténation, construction, contexture, coordination, disposition, distribution, élaboration, enchaînement, harmonie, hiérarchie, liaison, mise en ordre, mise en place, ordonnance, ordonnancement, ordre, organisation, orientation, plan, profil, programmation, rangement, répartition, structuration, structure, système, texture. ▲ANT. DÉ-CONFIGURATION *(informatique)*.

confiner *v.* ▶ *Longer* – border, côtoyer, longer, suivre, toucher. ▶ *Friser* – approcher, avoisiner, côtoyer, coudoyer, friser, frôler, toucher à. ▶ *Enfermer* – claquemurer, claustrer, cloîtrer, emmurer, emprisonner, encager, enfermer, isoler, murer, séquestrer, verrouiller. *SOUT.* enclore, reclure. *QUÉB. FAM.* embarrer. ♦ **se confiner** ▶ *S'enfermer* – s'emmurer, s'enfermer, s'isoler, se barricader, se boucler, se calfeutrer, se cantonner, se claquemurer, se claustrer, se cloîtrer, se couper du monde, se murer, se retirer, se terrer, se verrouiller. *QUÉB. FAM.* s'encabaner. ▲ANT. ÊTRE LOIN DE ; AÉRER, LIBÉRER, OUVRIR.

confins *n. m. pl.* ▶ *Extrémité* – aboutissement, bord, bordure, borne, bout, cap, délimitation, extrême, extrémité, fin, finitude, frange, frontière, ligne, limite, lisière, orée, pied, pointe, pôle, queue, talon, terme, terminaison, tête. ▶ *Frontière* – borne, délimitation, démarcation, frontière, limite (territoriale), mur, séparation, zone douanière, zone limitrophe. *QUÉB.* trécarré *(terre)* ; *FAM.* lignes *(pays)*. *ANC.* limes *(Empire romain)*, marche. ▲ANT. CENTRE, INTÉRIEUR, MILIEU.

confirmation *n. f.* ▶ *Preuve* – affirmation, assurance, attestation, certitude, corroboration, démonstration, gage, manifestation, marque, preuve, témoignage, vérification. ▶ *Certification* – attestation, authentification, certificat, certification, constat, enregistrement, homologation, légalisation, légitimation, officialisation, reconnaissance. ▶ *Permission* – acceptation, accord, accréditation, acquiescement, adhésion, adoption, affirmation, affirmative, agrément, amen, approbation, approbativité, approuvé, assentiment, autorisation, aval, avis favorable, bénédiction, caution, chorus, consentement, déclaration favorable, engagement, entérinement, exeat, feu vert, gré, homologation, légalisation, oui, permission, ratification, sanction, validation. *BELG.* agréage, agréation. *SOUT.* suffrage. *RELIG.* admittatur, celebret, créance, imprimatur, nihil obstat. ▶ *Rite catholique* – renouvellement (des vœux du baptême). ▲ANT. INFIRMATION, RÉFUTATION ; CONTESTATION, DÉMENTI, DÉNÉGATION, DÉSAVEU, RÉTRACTATION ; ABROGATION, ANNULATION.

confirmer *v.* ▶ *Approuver officiellement* – accepter, approuver, entériner, homologuer, plébisciter, ratifier, sanctionner, sceller, signer, valider. ▶ *Prouver* – attester, démontrer, établir, justifier, montrer, prouver, vérifier. ▶ *Corroborer* – appuyer, corroborer. ▶ *Raffermir* – affermir, asseoir, cimenter, conforter, consolider, fortifier, raffermir, renforcer. ♦ **se**

confirmer ▶ *Se vérifier* – se vérifier. *SOUT.* s'avérer. ▲ANT. ABOLIR, ABROGER, ANNULER, INVALIDER ; CONTREDIRE, DÉMENTIR, DÉSAVOUER, INFIRMER, NIER, RÉFUTER, RÉTRACTER.

confiture *n. f.* beurre, compote, gelée, marmelade, purée.

conflit *n. m.* ▶ *Combat* – accrochage, action (de guerre), affrontement, assaut, attaque, bagarre, bataille, choc, combat, échauffourée, empoignade, empoignement, engagement, escarmouche, ferraillement, feu, guérilla, guerre, heurt, hostilités, lutte, mêlée, opération, pugilat, rencontre, rixe. *FAM.* baroud, baston, bigorne, casse-gueule, casse-pipe, castagne, guéguerre, rif, rififi, riflette. *QUÉB. FAM.* brasse-camarade, poussaillage, tiraillage. *BELG. FAM.* margaille. *MILIT.* blitz *(de courte durée)*. ▶ *Antagonisme* – affrontement, antagonisme, combat, compétition, concurrence, contentieux, contestation, controverse, débat, désaccord, différend, discorde, discussion, dispute, dissension, dissentiment, divergence, émulation, friction, heurt, incompatibilité, incompréhension, lutte, mésentente, mésintelligence, opposition, polémique, querelle, rivalité. *FAM.* bagarre. ▶ *Contradiction* – absurdité, antilogie, antinomie, aporie, contradiction, contresens, contrevérité, impossibilité, incohérence, inconsistance, invraisemblance, non-sens, paradoxe, sophisme. ▶ *Tiraillement* – écartèlement, tiraillement. ▲ANT. ACCORD, ENTENTE, PAIX, TRÊVE ; COMPATIBILITÉ, CONCORDANCE, CONVERGENCE, HARMONIE.

confondant *adj.* à (vous) couper le souffle, abasourdissant, ahurissant, bouleversant, déconcertant, dérangeant, ébahissant, effarant, époustouflant, étonnant, étourdissant, extraordinaire, impensable, inconcevable, incroyable, inimaginable, inouï, invraisemblable, pétrifiant, renversant, stupéfiant, suffocant, surprenant. *SOUT.* qui confond l'entendement. *FAM.* ébouriffant, mirobolant, sidérant, soufflant. *QUÉB. FAM.* capotant. ▲ANT. DISCRIMINANT, DISTINCTIF, ÉCLAIRANT.

confondre *v.* ▶ *Unir dans un tout* – amalgamer, fondre, incorporer, mélanger, mêler, réunir, unir. *DIDACT.* mixtionner. ▶ *Prendre pour un autre* – mélanger. ▶ *Déconcerter* (*SOUT.*) – déconcerter, décontenancer, démonter, dérouter, désarçonner, désorienter, déstabiliser, ébranler, embarrasser, interloquer, troubler. *FAM.* déboussoler. ▲ANT. DIFFÉRENCIER, DISSOCIER, DISTINGUER, SÉPARER ; AIDER, DÉFENDRE ; RASSURER ; ENTHOUSIASMER.

conforme *adj.* ▶ *Semblable* – analogue, apparenté, approchant, assimilable, comparable, contigu, correspondant, équivalent, homogène, homologue, indifférencié, pareil, parent, proche, ressemblant, semblable, similaire, voisin. *FAM.* kif-kif. *DIDACT.* commensurable. ▶ *Approprié* – à propos, adapté, adéquat, approprié, bien trouvé, bien venu, bon, convenable, correct, de circonstance, de saison, heureux, indiqué, juste, opportun, pertinent, propice, propre. *SOUT.* ad hoc, congruent, expédient, idoine. *DIDACT.* topique. ▶ *Exact* – bon, exact, fidèle, juste, précis. ▶ *Qui se conforme à la majorité* – conformiste, orthodoxe, traditionnel. ▲ANT. IRRÉGULIER ; CONTRAIRE, DÉROGATOIRE, OPPOSÉ ; BIZARRE, NOUVEAU, ORIGINAL.

conformément *adv.* ▶ *Fidèlement* – à la lettre, correctement, exactement, religieusement, scrupuleusement, véritablement. ▶ *Semblablement* – à l'avenant, analogiquement, de la même façon, de même, également, homologiquement, identiquement, item *(dans un compte)*, parallèlement, pareillement, semblablement, similairement, symétriquement. *FAM.* pareil. ▶ *Légalement* – canoniquement, constitutionnellement, correctement, de droit, de jure, de plein droit, dûment, en bonne et due forme, juridiquement, légalement, légitimement, licitement, officiellement, réglementairement, régulièrement, valablement, validement. *FAM.* réglo. ▲**ANT.** AD LIBITUM, AU CHOIX, LIBREMENT, SANS OBLIGATION; AUTREMENT, CONTRAIREMENT, DIFFÉREMMENT, DISSEMBLABLEMENT, DIVERSEMENT; ILLÉGALEMENT, INCORRECTEMENT, IRRÉGULIÈREMENT.

conformer *v.* ▶ *Adapter* – accommoder, accorder, adapter, ajuster, aligner, approprier, faire cadrer, modeler, moduler, mouler, régler. ♦ **se conformer** ▶ *Se modeler* – emboîter le pas à, imiter, s'accorder sur, s'adapter à, s'ajuster à, s'aligner sur, se mettre au diapason de, se mettre dans le ton, se modeler sur, se rallier à, se ranger à, se régler sur, suivre. ▶ *Obéir* – acquiescer à, obéir à, observer, obtempérer à, respecter, se plier à, se soumettre à, suivre. *SOUT.* déférer à, sacrifier à. ▲**ANT.** △SE CONFORMER – CONTREVENIR À; S'INSURGER CONTRE, S'OPPOSER, SE REBELLER, SE REFUSER À.

conformisme *n. m.* ▶ *Conservatisme* – conservatisme, contre-révolution, conventionnalisme, droite, droitisme, fondamentalisme, immobilisme, intégrisme, orthodoxie, passéisme, réaction, suivisme, traditionalisme. *SOUT.* philistinisme. ▶ *En art* – académisme, convention. *PÉJ.* bourgeoisisme, pompiérisme. ▲**ANT.** ANTICONFORMISME, EXCENTRICITÉ, INDIVIDUALISME, MARGINALITÉ, NON-CONFORMISME, ORIGINALITÉ; ANARCHISME; DISSIDENCE.

conformiste *adj.* ▶ *Qui se conforme à la majorité* – conforme, orthodoxe, traditionnel. ▶ *Conservateur* – bien-pensant, bourgeois, conservateur, conventionnel, petit-bourgeois, traditionaliste. ▶ *Sans originalité* – académique, banal, classique, commun, convenu, plat, standard. ▲**ANT.** ANTICONFORMISTE, EXCENTRIQUE, MARGINAL, NON CONFORMISTE, ORIGINAL; AUDACIEUX, AVANT-GARDISTE, INNOVATEUR, NOVATEUR; ENGAGÉ.

conformité *n. f.* ▶ *Normalité* – canonicité, constitutionnalité, correction, juste, justesse, légalité, légitimité, normalité, normativité, régularité, validité. ▶ *Similitude* – adéquation, analogie, égalité, équivalence, gémellité, identité, littéralité, parallélisme, parité, ressemblance, similarité, similitude, unité. *MATH.* congruence, homéomorphisme. ▶ *Accord* – cohérence, concordance, correspondance. *SOUT.* accord, convenance. ▲**ANT.** ANOMALIE, NON-CONFORMITÉ; DIFFÉRENCE, DISSEMBLANCE, DISSIMILITUDE, DIVERGENCE, ÉCART; DÉSACCORD, OPPOSITION.

confort *n. m.* ▶ *Bien-être matériel* – aise, bienêtre, commodité, luxe. ▶ *Commodité* – accessibilité, agrément, commodité, disponibilité, facilité, faisabilité, possibilité, simplicité. *INFORM.* convivialité,

transparence. ▲**ANT.** EMBARRAS, GÊNE, INCONFORT, MALAISE; MISÈRE.

confortable *adj.* douillet, tout confort. ▲**ANT.** DÉPLAISANT, DÉSAGRÉABLE, GÊNANT, INCOMMODANT, INCONFORTABLE, PÉNIBLE.

confortablement *adv.* à l'aise, douillettement, moelleusement. ▲**ANT.** INCONFORTABLEMENT, MAL À L'AISE.

confrère *n.* alter ego, associé, camarade, collaborateur, collègue (de travail), compagnon de travail, condisciple *(études)*, coopérateur, égal, pair, partenaire. ▲**ANT.** ADVERSAIRE, COMPÉTITEUR, CONCURRENT, RIVAL; ÉTRANGER, INCONNU.

confrérie *n. f.* ▶ *Association professionnelle* – assemblée, association, collège, communauté, compagnie, congrégation, corporation, corps, guilde, hanse, membres, métier, ordre, société, syndicat. ▶ *Groupe religieux* – communauté, congrégation, fraternité, observance, ordre.

confrontation *n. f.* ▶ *Comparaison* – analyse, balance, collation, collationnement, comparaison, jugement, mesure, mise en regard, parallèle, rapprochement, recension. ▶ *Rencontre* – audience, conférence, entretien, entrevue, face à face, huis clos, interview, micro-trottoir, rencontre, rendez-vous, retrouvailles, réunion, tête-à-tête, vis-à-vis, visite. *SOUT.* abouchement. *FRANCE FAM.* rambot, rambour, rancard. *PÉJ.* conciliabule.

confronter *v.* ▶ *Comparer* – comparer, mettre en balance, mettre en contraste, mettre en face.

confus *adj.* ▶ *Sans ordre* – anarchique, brouillon, chaotique, désordonné, désorganisé, sens dessus dessous. *FAM.* bordélique. ▶ *Difficile à distinguer* – estompé, flou, imprécis, incertain, indécis, indéfini, indéfinissable, indéterminé, indistinct, informe, ni chair ni poisson, obscur, sourd *(sentiment)*, trouble, vague, vaporeux, voilé. ▶ *Difficile à comprendre* – brouillé, brumeux, compliqué, contourné, embarrassé, embrouillé, embroussaillé, enchevêtré, entortillé, flou, fumeux, incompréhensible, indéchiffrable, indigeste, inintelligible, nébuleux, obscur, tarabiscoté, vague, vaseux. *SOUT.* abscons, abstrus, amphigourique, fuligineux. *FAM.* chinois, emberlificoté, filandreux, vasouillard. ▶ *Honteux* – embarrassé, honteux, mal à l'aise, penaud, piteux, troublé. *FAM.* dans ses petits souliers. ▶ *Navré* – désolé, navré. ▲**ANT.** COHÉRENT, HARMONIEUX, HIÉRARCHISÉ, ORDONNÉ, ORGANISÉ, STRUCTURÉ; CLAIR, ÉVIDENT, LIMPIDE, SIMPLE, TRANSPARENT; ÉVEILLÉ, QUI A LES IDÉES CLAIRES; FIER DE SOI.

confusément *adv.* ▶ *Vaguement* – abstraitement, évasivement, imperceptiblement, imprécisément, indistinctement, nébuleusement, obscurément, vaguement, vaseusement. ▶ *Anarchiquement* – anarchiquement, chaotiquement, inextricablement, pêle-mêle, sens dessus dessous. ▲**ANT.** LOGIQUEMENT, MÉTHODIQUEMENT, RATIONNELLEMENT, SCIENTIFIQUEMENT, SENSÉMENT, SYSTÉMATIQUEMENT.

confusion *n. f.* ▶ *Désordre* – anarchie, bourbier, brouillement, cafouillage, cafouillis, chaos, complication, désordre, désorganisation, embrouillement, emmêlage, emmêlement, enchevêtrement, imbroglio, mélange. *SOUT.* chienlit, pandémonium.

FAM. embrouillage, embrouille, pagaille, pétaudière. *FRANCE FAM.* cirque, embrouillamini, foutoir, micmac, sac d'embrouilles, sac de nœuds, salade. ▶ *Agitation* – affolement, agitation, bouleversement, brasier, colère, débridement, déchaînement, désarroi, ébranlement, ébullition, embrasement, émotion, fièvre, frénésie, mouvement, passion, violence. *SOUT.* émoi, exaltation. *FIG.* dévergondage. ▶ *Situation complexe* – dédale, détours, écheveau, enchevêtrement, labyrinthe, maquis. *FAM.* embrouillamini. ▶ *Malentendu* – équivoque, erreur, imbroglio, maldonne, malentendu, mécompte, méprise, quiproquo. ▶ *Imprécision* – à-peu-près, approximation, flou, imprécision, indétermination, nébulosité, vague. ▶ *Honte* – contrainte, crainte, embarras, gêne, honte, humilité, pudeur, réserve, retenue, scrupule, timidité. ▶ *État confus* – brouillard, brume, obnubilation. ▲ANT. HARMONIE, ORDRE, ORGANISATION; CALME; SIMPLICITÉ; CLARTÉ, LIMPIDITÉ, NETTETÉ, PRÉCISION; ASSURANCE, DÉSINVOLTURE, FIERTÉ.

congé *n. m.* ▶ *Repos* – délassement, détente, escale, halte, loisir, mi-temps, pause, récréation, récupération, relâche, répit, repos, temps, trêve, vacances, villégiature. ▶ *Sortie sous condition* – permission, semi-liberté. *FRANCE FAM.* perme. ▶ *Non-disponibilité au travail* – absence, indisponibilité, non-disponibilité. ▶ *Congédiement* – congédiement, débauchage, destitution, licenciement, limogeage, mise à pied, renvoi, révocation. ▲ANT. ACTIVITÉ, LABEUR, OCCUPATION, TRAVAIL; EMBAUCHE, ENGAGEMENT.

congédier *v.* ▶ *Inviter à se retirer* – écarter, éconduire, en finir avec, rabrouer, renvoyer, repousser, se débarrasser de, se défaire de, se dépêtrer de. *FAM.* envoyer au bain, envoyer au diable, envoyer balader, envoyer bouler, envoyer dinguer, envoyer paître, envoyer promener, envoyer sur les roses, envoyer valdinguer, envoyer valser, expédier. ▶ *Licencier* – chasser, débaucher, démettre, donner son congé à, expulser, licencier, mettre à la porte, mettre à pied, mettre dehors, mettre en disponibilité, reconduire, remercier, remercier de ses services, renvoyer. *FAM.* balancer, balayer, débouloner, lourder, sabrer, sacquer, vider, virer. *QUÉB. FAM.* donner son quatre pour cent à. ▲ANT. CONVOQUER, EMBAUCHER, ENGAGER, INVITER.

congénital *adj.* ▶ *Héréditaire* – atavique, génétique, héréditaire. ▶ *Inné* – dans le sang, de naissance, de nature, inné, natif, naturel. *SOUT.* infus. ▲ANT. ACQUIS.

congestion *n. f.* ▶ *Engorgement* – embouteillage, encombrement, engorgement, obstruction, saturation. ▶ *Afflux de sang* – afflux (de sang), apoplexie, attaque, cataplexie, coup de sang, embolie, hémorragie, hyperémie, ictus, pléthore, révulsion, stase, tension, thrombose, transport au cerveau, turgescence. ▶ *Embouteillage* – affluence, afflux, bouchon, embouteillage, encombrement, engorgement, obstruction, retenue. *QUÉB.* trafic. ▲ANT. DÉCONGESTION, DÉSENGORGEMENT.

congrégation *n. f.* ▶ *Groupe religieux* – communauté, confrérie, fraternité, observance, ordre. ▶ *Assemblée* – concile, conclave, consistoire, discrétoire, synode.

congrès *n. m.* ▶ *Conférence* – assemblée, atelier de discussion, colloque, comice, comité, conférence, conseil, forum, groupe de travail, junte, panel, plénum, réunion, séminaire, sommet, symposium, table ronde. *FAM.* grand-messe.

conjecture *n. f.* ▶ *Supposition* – a priori, apriorisme, apriorité, cas de figure, condition, doute, extrapolation, hypothèse, idée reçue, induction, jeu de l'esprit, œillère, préjugé, présomption, présupposé, présupposition, pronostic, scénario, supputation. ▶ *Théorie* – explication, hypothèse, interprétation, loi, principe, scénario, spéculation, théorie, thèse. ▲ANT. CERTITUDE, CONVICTION, ÉVIDENCE; LOI, THÉORÈME.

conjoint *n. m.* ▶ *Époux* – époux, mari. *SOUT.* compagnon (de vie), douce moitié, tendre moitié. ▶ *Épouse* – conjointe, épouse, femme. *SOUT.* compagne (de vie), douce moitié, tendre moitié. ▶ *Concubin* – concubin, conjoint (de fait). *SOUT.* compagnon. *QUÉB. FAM.* accoté. ▶ *Concubine* – concubine, conjoint (de fait), conjointe (de fait). *SOUT.* compagne. *QUÉB. FAM.* accotée, blonde.

conjonction *n. f.* ▶ *Jonction* – abouchement, aboutage, aboutement, accolement, accouplage, accouplement, ajustage, apposition, articulation, assemblage, association, branchement, coalescence, confluence, conjugaison, connexion, contact, convergence, couplage, couplement, groupage, interconnexion, interface, joint, jointure, jonction, jumelage, juxtaposition, liaison, mariage, mise en couple, mixage, raccord, raccordement, rapprochement, reboutement, relation, rencontre, réunion, suture, union. ▶ *Combinaison* – alliance, assemblage, association, collage, combinaison, communion, composition, concentration, constitution, fusion, fusionnement, groupement, incorporation, intégration, ralliement, rassemblement, regroupement, réunion, symbiose, synthèse, unification, union. ▶ *Phénomène astronomique* – syzygie. ▲ANT. DISJONCTION, DISSOCIATION, SÉPARATION; QUADRATURE *(astronomie)*.

conjoncture *n. f.* circonstance, climat, condition, contexte, cours des choses, état de choses, état de fait, paysage, position, situation, tenants et aboutissants.

conjoncturel *adj.* ▲ANT. STRUCTUREL *(économie)*.

conjugable *adj.* ▲ANT. DÉFECTIF, INCONJUGABLE.

conjugal *adj.* matrimonial. ▲ANT. EXTRA-CONJUGAL.

conjuguer *v.* ▶ *Unir* – allier, associer, combiner, concilier, joindre, marier, mêler, réunir, unir. ▲ANT. DISPERSER, DISSOCIER, OPPOSER, SÉPARER.

conjuration *n. f.* ▶ *Complot* – agissements, cabale, calcul, combinaison, complot, conspiration, intrigue, machination, manigance, manipulation, manœuvre, maquignonnage, menées, plan, tractation. *SOUT.* brigue, fomentation. *FAM.* combine, fricotage, grenouillage, magouillage, magouille, micmac, mijotage. ▶ *Exorcisme* – adjuration, délivrance, désensorcellement, désenvoûtement, exorcisme, obsécration, purification, supplication. *SOUT.* exorcisation.

▲ANT. DÉLATION, DÉNONCIATION; MALÉFICE, SORTI-
LÈGE.

conjuré *n.* comploteur, conjurateur, conspirateur, séditieux. **▲ANT.** FÉAL, LOYAL SERVITEUR.

conjurer *v.* ▶ *Chasser des démons* – exorciser.
▶ *Écarter un danger* – écarter, empêcher, éviter, parer, prévenir. ▶ *Faire apparaître* – évoquer, invoquer. ▶ *Supplier* (SOUT.) – adjurer, implorer, prier,
solliciter, supplier. SOUT. crier grâce, crier merci, tendre les bras vers, tomber aux genoux de, tomber aux
pieds de. ♦ **se conjurer** ▶ *Comploter* (SOUT.) – briguer, comploter, conspirer, intriguer, manœuvrer.
▲ANT. ATTIRER, ÉVOQUER, INVOQUER.

connaissance *n. f.* ▶ *Concept* – abstraction, archétype, concept, conception, conceptualisation,
conscience, entité, fiction, généralisation, idée, imagination, notion, noumène, pensée, représentation
(mentale), schème, théorie. ▶ *Sagesse* – bon goût,
discernement, (gros) bon sens, intelligence, jugement, philosophie, raison, sagesse, sens commun,
vérité. FAM. jugeote. ▶ *Fréquentation* – accointance, contact, fréquentation, relation. ♦ **connaissances**, *plur.* ▶ *Ensemble du savoir* – acquis, (bagage de) connaissances, bagage (intellectuel), compétence, culture (générale), éducation, encyclopédisme, épistémè, érudition, expérience, humanisme,
instruction, lettres, lumières, notions, sagesse, savoir,
science. SOUT. omniscience. **▲ANT.** IGNORANCE, IN-
CONSCIENCE, INEXPÉRIENCE, MÉCONNAISSANCE; DOUTE;
INCONNU.

connaisseur *adj.* à la hauteur, adroit, bon,
brillant, capable, chevronné, compétent, d'élite, de
haut vol, de haute volée, de talent, doué, émérite,
entraîné, exercé, expérimenté, expert, ferré, fin, fort,
habile, inspiré, passé maître, performant, qualifié,
qui s'y connaît, talentueux, versé. SOUT. entendu à,
industrieux, rompu à. FAM. calé, qui a la bosse de,
qui sait y faire. FRANCE FAM. balèze, costaud, fortiche, incollable, trapu. QUÉB. connaissant; FAM. bollé.
▲ANT. IGNORANT, INCAPABLE, INCOMPÉTENT, MAUVAIS,
MÉDIOCRE, NUL.

connaisseur *n.* ▶ *Savant* – autorité (en la
matière), chercheur, découvreur, docteur, expert,
homme de science, investigateur, maître, maître de
recherches, professeur, savant, scientifique, sommité,
spécialiste. SOUT. (grand) clerc. ▶ *Expert* – as, expert,
(fin) connaisseur, grand clerc, maître, professionnel,
spécialiste, virtuose. FAM. champion, chef, pro. FRANCE
FAM. bête. QUÉB. connaissant, personne-ressource.
▶ *Passionné* – adepte, aficionado, amant, amateur,
ami, amoureux, fanatique, fervent, fou, passionné.
SOUT. assoiffé. FAM. accro, allumé, enragé, fana, malade, mordu. FRANCE FAM. fondu. ▶ *Dégustateur* –
connaisseur (en vins), dégustateur (de vin), goûteur
de cru, goûteur (de vins). FAM. nez. **▲ANT.** IGNORANT,
INCOMPÉTENT, PROFANE; NÉOPHYTE, NOVICE.

connaître *v.* ▶ *Posséder une connaissance* –
maîtriser, savoir. ▶ *Être au courant* – être au courant
de, être au fait de, être informé de, être instruit de,
savoir. ▶ *Vivre* – éprouver, expérimenter, faire l'expérience de, vivre. ▶ *Rencontrer* – faire la connaissance de, lier connaissance avec, rencontrer. **▲ANT.**
IGNORER, MÉCONNAÎTRE; DOUTER; DÉDAIGNER, RENIER;
NÉGLIGER, OUBLIER.

connexion *n. f.* ▶ *Jonction* – abouchement,
aboutage, aboutement, accolement, accouplage, accouplement, ajustage, apposition, articulation, assemblage, association, branchement, coalescence,
confluence, conjonction, conjugaison, contact,
convergence, couplage, couplement, groupage, interconnexion, interface, joint, jointure, jonction, jumelage, juxtaposition, liaison, mariage, mise en couple, mixage, raccord, raccordement, rapprochement,
reboutement, relation, rencontre, réunion, suture,
union. ▶ *Relation* – association, connexité, corrélation, correspondance, dépendance, filiation, interaction, interdépendance, interrelation, liaison, lien,
lien causal, rapport, rapprochement, relation, relation de cause à effet. FIG. pont. **▲ANT.** DÉCONNEXION,
DISJONCTION, INTERRUPTION, RUPTURE, SÉPARATION; IN-
DÉPENDANCE.

connivence *n. f.* ▶ *Complicité* – accord (tacite), acoquinement, collusion, complicité, entente
(secrète), intelligence. SOUT. compérage. ▶ *Bonne
entente* – accord, affinité, amitié, atomes crochus,
(bonne) intelligence, communauté de goûts, communauté de sentiments, communauté de vues, communion, compatibilité, complicité, compréhension,
concorde, convergence d'idées, fraternité, harmonie,
point commun, sympathie, union, unisson. SOUT.
concert. **▲ANT.** CONFLIT, DÉSACCORD, DIVERGENCE, IN-
COMPATIBILITÉ, MÉSENTENTE, MÉSINTELLIGENCE.

connu *adj.* ▶ *Notoire* – de notoriété publique,
ébruité, notoire, officieux, public, su. FAM. officiel.
▶ *Illustre* – célèbre, de grand renom, fameux, glorieux, historique, illustre, immortel, inoubliable, légendaire, marquant, mémorable, notoire, proverbial, reconnu, renommé, réputé. ▸ *Non favorable* –
de triste mémoire. ▶ *Familier* – accoutumé, attendu,
consacré, coutumier, d'usage, de pratique courante,
de règle, de tradition, familier, habituel, naturel, normal, ordinaire, quotidien, régulier, rituel, routinier,
usuel. ▶ *Courant* – banal, commun, courant, de
tous les jours, fréquent, habituel, normal, ordinaire,
répandu, usuel. LING. usité. ▶ *Éculé* – banal, éculé,
facile, rebattu, réchauffé, ressassé, usé. FAM. archiconnu, bateau. **▲ANT.** INCONNU.

conquérant *n.* ▶ *Militaire* – conquistador.
▲ANT. CONQUIS, VAINCU.

conquérir *v.* ▶ *Envahir* – envahir, occuper,
prendre, s'emparer de. ▶ *Prendre par la force* – enlever, mettre la main sur, prendre, s'emparer de, se
rendre maître de, se saisir de. ▶ *Remporter un titre*
– enlever, gagner, obtenir, remporter. FAM. décrocher.
▶ *Séduire* – captiver, charmer, faire la conquête de,
gagner, s'attacher, s'attirer les bonnes grâces de, s'attirer les faveurs de, séduire, subjuguer. ▶ *Séduire une
femme* – faire la conquête de, séduire. SOUT. suborner.
FAM. avoir, tomber. **▲ANT.** ABANDONNER, CÉDER, PER-
DRE, RENONCER À.

conquête *n. f.* ▶ *Action de conquérir* – assujettissement, empiétement, envahissement, invasion,
mainmise, occupation, prise (de possession), usurpation. DR. appropriation. ▶ *Ce qui est conquis* –
colonie (d'exploitation), pays conquis, possession.
ANC. dominion (britannique). ▶ *Action de séduire*
– charme, enchantement, ensorcellement, entreprises, envoûtement, parade (animaux), séduction. FAM.

drague, rentre-dedans. ▲**ANT.** ABANDON, PERTE, RE-
NONCIATION, RETRAIT, RETRAITE; DÉFAITE, ÉCHEC, INSUC-
CÈS; REPOUSSEMENT.

consacré *adj.* ▸ *Sacré* – bénit, sacré, saint, sanctifié. ▸ *Coutumier* – accoutumé, attendu, connu,
coutumier, d'usage, de pratique courante, de règle,
de tradition, familier, habituel, naturel, normal, ordinaire, quotidien, régulier, rituel, routinier, usuel.
consacrer *v.* ▸ *Dédier* – dédier, donner, offrir,
vouer. ▸ *Employer* – appliquer, employer, mettre,
mettre à profit. ▸ *Confirmer* – accepter, entériner,
sanctionner. ♦ **se consacrer** ▸ *S'occuper* – s'adonner à, s'appliquer à, s'employer à, s'occuper de, se livrer à, vaquer à. ▸ *Se dédier* – se dédier à, se dévouer
à, se donner à, se livrer à, vivre pour. ▲**ANT.** PROFA-
NER, VIOLER; ABANDONNER; ABOLIR, ABROGER, ANNULER,
DÉFAIRE, INVALIDER.
consciemment *adv.* à dessein, de plein gré,
de propos délibéré, de sang-froid, délibérément, en
connaissance de cause, en pleine connaissance de
cause, en toute connaissance de cause, exprès, expressément, intentionnellement, sciemment, volontairement. ▲**ANT.** IMPULSIVEMENT, INCONSCIEM-
MENT, INVOLONTAIREMENT, MACHINALEMENT, MÉCANI-
QUEMENT, SANS RÉFLÉCHIR.
conscience *n.f.* ▸ *Âme* – âme, cœur, esprit,
mystère, pensée, principe (vital), psyché, psychisme,
souffle (vital), spiritualité, transcendance, vie. ▸ *Selon la philosophie* atman *(hindouisme)*, pneuma
(Grèce antique). PSYCHOL. conscient. ▸ *For intérieur*
– âme, arrière-fond, arrière-pensée, coulisse, dedans,
dessous, fond, for intérieur, intérieur, intériorité, intimité, jardin secret, repli, secret. SOUT. tréfonds.
▸ *Honnêteté* – droiture, exactitude, fidélité, franchise, honnêteté, incorruptibilité, intégrité, irréprochabilité, justice, loyauté, mérite, moralité, netteté,
probité, scrupule, sens moral, transparence, vertu.
▸ *Devoir* – bien, (bonnes) mœurs, déontologie, devoir, droit chemin, éthique, morale, moralité, obligation (morale), prescription, principes, règles de vie,
vertu. PSYCHOL. surmoi. ▲**ANT.** INCONSCIENCE, INS-
TINCT; MALHONNÊTETÉ.
consciencieusement *adv.* amoureusement,
attentivement, en détail, méticuleusement, minutieusement, précieusement, précisément, proprement, religieusement, rigoureusement, scrupuleusement, sérieusement, soigneusement, vigilamment.
▲**ANT.** DE FAÇON BÂCLÉE, N'IMPORTE COMMENT, NÉGLI-
GEMMENT, SANS SOIN.
consciencieux *adj.* ▸ *Honnête* – à l'abri de
tout soupçon, au-dessus de tout soupçon, digne de
confiance, droit, fiable, honnête, incorruptible, insoupçonnable, intègre, probe, propre, scrupuleux,
sûr. ▸ *Méticuleux* – appliqué, assidu, attentif, méthodique, méticuleux, minutieux, ordonné, précis,
rangé, rigoureux, scrupuleux, soigné, soigneux, systématique. SOUT. exact. ▲**ANT.** NÉGLIGENT; ÉCERVELÉ,
ÉTOURDI, IMPRÉVOYANT, IMPRUDENT, INCONSCIENT, IN-
CONSÉQUENT, INSOUCIANT, IRRÉFLÉCHI, IRRESPONSABLE,
LÉGER; HONNÊTE, PROBE.
conscient *adj.* en pleine possession de ses
moyens, lucide, qui a toute sa tête, qui a toutes
ses idées. ▲**ANT.** COMATEUX, INCONSCIENT; ÉVANOUI;

ENDORMI; ANESTHÉSIÉ. △**CONSCIENT DE** – IGNORANT
DE, INCONSCIENT DE.
conscientiser *v.* sensibiliser. ▲**ANT.** ABÊTIR,
ABRUTIR, BÊTIFIER.
conscrit *n.m.* ▸ *Soldat* – appelé, bleu, recrue.
♦ **conscrits,** *plur.* ▸ *Ensemble de nouveaux soldats* – bleusaille. ▲**ANT.** MERCENAIRE, VOLONTAIRE.
consécration *n.f.* ▸ *Sacre* – bénédiction, couronnement, dédicace, intronisation, onction, sacralisation, sacre. ▸ *Triomphe* – apothéose, bonheur,
bonne fortune, boum, couronnement, gloire, honneur, lauriers, prospérité, retentissement, réussite,
succès, triomphe, trophée. FAM. malheur, (succès)
bœuf, tabac. FRANCE FAM. carton, saucisson, ticket.
▸ *Aboutissement* – aboutissement, accomplissement, achèvement, apothéose, but, chute, complémentation, complètement, complétude, conclusion,
consommation, couronnement, dénouement, exécution, fin, finition, fruit, issue, produit, réalisation,
règlement, résolution, résultat, sortie, terme, terminaison. SOUT. aboutissant. PHILOS. entéléchie. ▲**ANT.**
VIOLATION; ABOLITION, ANNULATION; INFIRMATION.
consécutif *adj.* ▸ *Qui succède* – séquentiel, successif. ▸ *Qui résulte* – engendré, issu, né. ▲**ANT.**
△**CONSÉCUTIFS,** *plur.* – ESPACÉS (DANS LE TEMPS); SYN-
CHRONES. △**CONSÉCUTIVE,** *fém.* – CAUSALE *(proposition).* △**CONSÉCUTIF À** – INDÉPENDANT DE, SANS RAP-
PORT AVEC.
conseil *n.* ▸ *Suggestion* – avertissement, avis, encouragement, exhortation, guidance, idée, incitation, indication, information, initiative, inspiration,
instigation, motion *(dans une assemblée),* offre, opinion, préconisation, proposition, recommandation,
renseignement, suggestion. FAM. tuyau. DR. pollicitation. ▸ *Conseiller* – conseiller, consultant, directeur,
éminence grise, éveilleur, guide, inspirateur, orienteur, précepteur, prescripteur. SOUT. égérie *(femme),*
mentor. FAM. cornac. ▸ *Assemblée* – assemblée, atelier de discussion, colloque, comice, comité, conférence, congrès, forum, groupe de travail, junte, panel, plénum, réunion, séminaire, sommet, symposium, table ronde. FAM. grand-messe. ▲**ANT.** DISSUA-
SION, MISE EN GARDE.
conseiller *v.* ▸ *Guider* – donner conseil à, donner son avis à, éclairer de ses conseils, guider, prodiguer des conseils à. ▸ *Recommander* – indiquer,
proposer, recommander, suggérer. ▲**ANT.** CONSUL-
TER, INTERROGER; DÉCONSEILLER, DÉFENDRE, DÉTOUR-
NER, DISSUADER, INTERDIRE.
conseiller *n.* conseil, consultant, directeur,
éminence grise, éveilleur, guide, inspirateur, orienteur, précepteur, prescripteur. SOUT. égérie *(femme),*
mentor. FAM. cornac. ▸ *Responsable municipal* –
conseiller (municipal). QUÉB. échevin. ♦ **conseillers,**
plur. ▸ *Ensemble de responsables municipaux* –
conseil municipal.
consensuel *adj.* commun, général, qui fait
l'unanimité, unanime. ▲**ANT.** POLÉMIQUE.
consensus *n.m.* accommodement, accord, alliance, arrangement, compromis, concordat, contrat,
convention, engagement, entente, marché, modus vivendi, pacte, protocole, traité, transaction.

consentant

▲**ANT.** DÉSACCORD, DISSENSION, DISSIDENCE, DIVISION, OPPOSITION, SCISSION.

consentant *adj.* ▶ *Favorable* – approbateur, approbatif, favorable. ▶ *Volontaire* – d'accord, disposé, volontaire. *FAM.* partant. ▲**ANT.** NON CONSENTANT; RÉCALCITRANT, RÉFRACTAIRE.

consentement *n. m.* acceptation, accord, accréditation, acquiescement, adhésion, adoption, affirmation, affirmative, agrément, amen, approbation, approbativité, approuvé, assentiment, autorisation, aval, avis favorable, bénédiction, caution, chorus, confirmation, déclaration favorable, engagement, entérinement, exeat, feu vert, gré, homologation, légalisation, oui, permission, ratification, sanction, validation. *BELG.* agréage, agréation. *SOUT.* suffrage. *RELIG.* admittatur, celebret, créance, imprimatur, nihil obstat. ▲**ANT.** CONDAMNATION, DÉSACCORD, DÉSAPPROBATION, INTERDICTION, OPPOSITION, PROHIBITION, REFUS.

consentir *v.* ▶ *Donner son consentement* – accéder à, accepter, acquiescer à, agréer, approuver, avaliser, cautionner, dire oui à, donner son aval à, opiner à, toper, vouloir. *FAM.* marcher. ▶ *Daigner* – accepter de, condescendre à, daigner, vouloir bien. ▶ *Allouer* – accorder, allouer, attribuer, concéder, donner, impartir, octroyer. *SOUT.* départir. ▲**ANT.** EMPÊCHER, INTERDIRE, REFUSER, S'OPPOSER À.

conséquence *n. f.* action, conclusion, contrecoup, corollaire, développement, effet, efficacité, fonction, fruit, impact, implication, incidence, jeu, juste retour des choses, œuvre, portée, prolongement, réaction, rejaillissement, répercussion, résultante, résultat, retentissement, retombée, ricochet, séquelle, suite (logique). *SOUT.* aboutissant, efficace, fille. ▲**ANT.** CAUSE, CONDITION, ORIGINE, PRÉMISSE, PRINCIPE, RAISON.

conséquent *adj.* ▶ *Cohérent* – cohérent, consistant, harmonieux, heureux, logique, ordonné, structuré, suivi. ▶ *Important* (*FAM.*) – appréciable, considérable, de taille, fort, grand, gros, important, non négligeable, notable, respectable, sérieux, substantiel. ▲**ANT.** ÉCERVELÉ, ÉTOURDI, INCONSÉQUENT, INSOUCIANT, IRRÉFLÉCHI, IRRESPONSABLE, SANS CERVELLE, SANS-SOUCI; FAIBLE, MODESTE, NÉGLIGEABLE, PETIT.

conservateur *adj.* ▶ *Attitude* – bien-pensant, bourgeois, conformiste, conventionnel, petit-bourgeois, traditionaliste. ▶ *Politique* – tory. *QUÉB.* FAM. bleu. ▲**ANT.** INNOVATEUR, RÉVOLUTIONNAIRE; LIBÉRAL (*politique*), PROGRESSISTE, RÉFORMISTE.

conservation *n. f.* ▶ *Protection* – abri, aide, appui, assistance, chapeautage, couverture, garantie, garde, mandat, parrainage, paternalisme, patronage, protection, recommandation, renfort, rescousse, sauvegarde, secours, sécurisation, soutien, surveillance, tutelle. *FIG.* parapluie. *QUÉB.* marrainage *(femme)*. *SOUT.* égide. *FAM.* piston. ▶ *Perpétuation* – continuation, immortalisation, maintien, pérennisation, persistance, poursuite, préservation, prolongement, sauvegarde, suite, transmission. *SOUT.* ininterruption, perpétuation, perpétuement. ▲**ANT.** DESTRUCTION; ABOLITION, ANNULATION; ALTÉRATION, DÉTÉRIORATION, GASPILLAGE, PERTE.

conserver *v.* ▶ *Maintenir* – entretenir, garder, maintenir, tenir. ▶ *Protéger* – garder, préserver, protéger, sauvegarder, sauver. ▶ *Réserver* – garder, garder en réserve, mettre de côté, mettre en réserve, réserver, tenir en réserve. ♦ **se conserver** ▶ *Durer* – demeurer, durer, perdurer, persister, résister, rester, se chroniciser, se maintenir, se perpétuer, subsister, survivre. ▲**ANT.** PERDRE, RENONCER À; JETER, SE DÉBARRASSER DE, SE DÉPARTIR DE; ALIÉNER, VENDRE; ABÎMER, ALTÉRER, DÉTÉRIORER, DÉTRUIRE. △SE CONSERVER – SE DÉTÉRIORER, SE GÂTER.

considérable *adj.* ▶ *Incalculable* – grand, illimité, immense, inappréciable, incalculable, incommensurable, infini, insondable, sans borne, sans fin, sans limites, sans mesure, vaste. ▶ *Démesuré* – colossal, démesuré, énorme, extraordinaire, extrême, fabuleux, formidable, géant, gigantesque, grand, gros, immense, incommensurable, monstrueux, monumental, phénoménal, prodigieux, surhumain, titanesque, vaste, vertigineux. *SOUT.* cyclopéen, herculéen. *FAM.* bœuf, de tous les diables, du diable, effrayant, effroyable, épouvantable, faramineux, méchant, monstre. *FRANCE FAM.* gratiné. ▶ *Important* – appréciable, de taille, fort, grand, gros, important, non négligeable, notable, respectable, sensible, sérieux, substantiel. *FAM.* conséquent. ▶ *Abondant* – abondant, innombrable, nombreux. *FAM.* à la pelle. ▲**ANT.** FAIBLE, INFIME, MODESTE, NÉGLIGEABLE, PETIT; BANAL, COMMUN, SANS ENVERGURE.

considération *n. f.* ▶ *Action de porter attention* – attention, regard. ▶ *Respect* – admiration, déférence, égard, estime, hommage, ménagement, respect, révérence. ▶ *Renommée* – célébrité, éclat, faveur, gloire, notoriété, palmarès, popularité, renom, renommée, réputation, vedettariat. *FIG.* auréole, immortalité, la déesse aux cent bouches. ▶ *But* – ambition, but, cause, cible, destination, fin, finalité, intention, mission, mobile, motif, objectif, objet, point de mire, pourquoi, prétexte, raison, raison d'être, sens, visée. *SOUT.* propos. ♦ **considérations**, *plur.* ▶ *Réflexion* – analyse, apagogie, argument, argumentation, déduction, démonstration, dialectique, dilemme, discussion, échafaudage, explication, implication, induction, inférence, justificatif, logique, méthode, preuve, raison, réflexion, réfutation, sorite, substruction, syllogisme, syllogistique, synthèse. ▲**ANT.** IGNORANCE; DÉCONSIDÉRATION, DÉDAIN, MÉPRIS, MÉSESTIME.

considérer *v.* ▶ *Regarder* – arrêter son regard sur, attacher son regard sur, braquer les yeux sur, contempler, dévisager (*une personne*), examiner, fixer, fixer le regard sur, fouiller du regard, observer, regarder, scruter. *FAM.* gaffer, viser, zieuter. ▶ *Envisager* – avoir l'intention de, caresser le projet de, envisager, penser, préméditer de, projeter, songer à. *SOUT.* former le dessein de. ▶ *Étudier* – analyser, ausculter, envisager, étudier, examiner, explorer, observer, penser à, pousser plus avant, prendre en considération, réfléchir sur, s'intéresser à, se pencher sur, traiter, voir. ▶ *Juger* – croire, estimer, être d'avis que, juger, penser, regarder, trouver. *SOUT.* compter, réputer. ▶ *Respecter* – avoir bonne opinion de, estimer, faire cas de, priser, respecter, tenir en estime. ♦ **se considérer** ▶ *Se juger* – s'estimer, se compter, se croire, se penser, se trouver. ▲**ANT.** IGNORER, MÉSESTIMER, NÉGLIGER; DÉCONSIDÉRER, DÉDAIGNER, FAIRE FI DE, MÉPRISER.

consigne *n. f.* ▶ *Directive* – citation, commande, commandement, directive, injonction, instruction, intimation, mandat, ordre, prescription, semonce. ▶ *Dépôt de bagages* – bagagerie, soute, vestiaire.

consigner *v.* ▶ *Écrire pour mémoire* – enregistrer, inscrire, noter, prendre (bonne) note de, prendre en note, recueillir, relever. ▶ *Priver de sortie* – retenir. *FAM.* coller. ▲**ANT.** DÉCONSIGNER, RETIRER; OMETTRE, TAIRE; AUTORISER, DÉLIVRER, LIBÉRER.

consistance *n. f.* ▶ *Solidité* – cohésion, compacité, coriacité, dureté, fermeté, fixité, force, homogénéité, indélébilité, indestructibilité, inextensibilité, massiveté, monolithisme, résilience, résistance, rigidité, robustesse, solidité, sûreté. ▶ *Densité* – compacité, concentration, densité, épaisseur, masse volumique, massiveté. ▲**ANT.** FRAGILITÉ, INCONSISTANCE; LÉGÈRETÉ; INCOHÉRENCE.

consistant *adj.* ▶ *Épais* – épais, pâteux, sirupeux, visqueux. ▶ *Copieux* – nourrissant, nutritif, rassasiant, riche, substantiel. *FAM.* bourrant, bourratif, qui cale l'estomac. *QUÉB. FAM.* toquant. ▶ *Cohérent* – cohérent, conséquent, harmonieux, heureux, logique, ordonné, structuré, suivi. ▲**ANT.** LÉGER; DÉLAYÉ, DILUÉ, INCONSISTANT; FRUGAL (*repas*), MAIGRE; INCOHÉRENT.

consister *v.* ▶ *Être composé* – avoir, comporter, présenter, se composer de.

consolant *adj.* apaisant, calmant, consolateur, lénifiant, lénitif, rassérénant, rassurant, réconfortant, sécurisant, tranquillisant. ▲**ANT.** AGAÇANT, CRISPANT, ÉNERVANT, EXASPÉRANT, EXCÉDANT, IRRITANT.

consolation *n. f.* ▶ *Soulagement* – adoucissement, apaisement, appui, baume, bercement, cicatrisation, rassérénement, réconfort, soulagement, soutien moral. *SOUT.* dictame. *FAM.* béquille. ▶ *Remède moral* – adoucissement, allégement, antidote, apaisement, atténuation, baume, correctif, dérivatif, distraction, diversion, exutoire, préservatif, remède, soulagement. *SOUT.* dictame. ▶ *Dédommagement* – compensation, contrepartie, correctif, dédommagement, dommages et intérêts, dommages-intérêts, échange, indemnisation, indemnité, raison, récompense, remboursement, réparation, retour, satisfaction, soulte. ▲**ANT.** AGGRAVATION; MALHEUR, MORTIFICATION, PEINE, SOUCI, TOURMENT; AFFLICTION, CHAGRIN, DÉSESPOIR, DÉSOLATION; PUNITION.

consoler *v.* ▶ *Alléger le chagrin* – mettre du baume au cœur, mettre un baume sur la plaie, réconforter, remonter, sécher les larmes, sécher les pleurs, soulager le cœur. *SOUT.* panser les plaies, tarir les larmes. ▶ *Ramener à la sérénité* – apaiser, calmer, rasséréner, rassurer, réconforter, sécuriser, tranquilliser. ▲**ANT.** ACCABLER, AFFLIGER, ATTRISTER, CHAGRINER, CONSTERNER, DÉCOURAGER, DÉPRIMER, DÉSOLER, MORTIFIER, NAVRER, PEINER, TOURMENTER.

consolider *v.* ▶ *Au sens concret* – affermir, renforcer. *QUÉB.* solidifier; *FAM.* solider. ▶ *Au sens abstrait* – affermir, asseoir, cimenter, confirmer, conforter, fortifier, raffermir, renforcer. ▲**ANT.** AFFAIBLIR, ÉBRANLER, MINER, SAPER; DÉMOLIR, DÉTRUIRE.

consommateur *n.* ▶ *Acheteur* – acheteur, acquéreur, adjudicataire, ayant cause, cessionnaire, client, destinataire, preneur, soumissionnaire. ▶ *Personne qui prend une consommation* – buveur. ▲**ANT.** PRODUCTEUR, VENDEUR.

consommation *n. f.* ▶ *Achèvement* – aboutissement, accomplissement, achèvement, apothéose, but, chute, complémentation, complètement, complétude, conclusion, consécration, couronnement, dénouement, exécution, fin, finition, fruit, issue, produit, réalisation, règlement, résolution, résultat, sortie, terme, terminaison. *SOUT.* aboutissant. *PHILOS.* entéléchie. ▶ *Usage* – détention, jouissance, possession, propriété, usage, usufruit, utilisation. ▶ *Alimentation* – absorption, alimentation, cuisine, ingestion, ingurgitation, manducation, menu, nourrissement, nourriture, nutrition, ordinaire, repas, sustentation. *FAM.* cuistance, popote. ▶ *Boisson* – demi, double, pot, rasade, triple, verre. *FAM.* canon. ▲**ANT.** COMMENCEMENT, CRÉATION, DÉBUT; PRODUCTION, VENTE.

consommé *adj.* accompli, achevé, de rêve, exemplaire, idéal, idyllique, incomparable, irréprochable, modèle, parfait, rêvé.

consommé *n. m.* bouillon, chaudeau, courtbouillon. ▶ *Sans goût* – lavure.

consommer *v.* ▶ *Dépenser* – dépenser, user. ▶ *Avaler* – absorber, avaler, déglutir, ingérer, ingurgiter, prendre. ▶ *Finir* (*SOUT.*) – accomplir, achever, clore, finir, mener à bien, mener à (bon) terme, mener à bonne fin, réussir, terminer. *FAM.* boucler. ▶ *Accomplir un acte criminel* (*SOUT.*) – commettre, perpétrer. ▲**ANT.** S'ABSTENIR DE, SE PRIVER DE; ÉCONOMISER; PRODUIRE, VENDRE; REJETER, VOMIR; COMMENCER.

consortium *n. m.* alliance, cartel, chæbol (*en Corée*), coentreprise, combinat, complexe, concentration, conglomérat, duopole, entente, groupe, industrie, monopole, oligopole, trust. *PÉJ.* féodalité.

conspirateur *n.* comploteur, conjurateur, conjuré, séditieux. ▲**ANT.** DÉLATEUR, DÉNONCIATEUR.

conspiration *n. f.* agissements, cabale, calcul, combinaison, complot, conjuration, intrigue, machination, manigance, manipulation, manœuvre, maquignonnage, menées, plan, tractation. *SOUT.* brigue, fomentation. *FAM.* combine, fricotage, grenouillage, magouillage, magouille, micmac, mijotage. ▲**ANT.** DÉLATION, DÉNONCIATION.

conspirer *v.* ▶ *Organiser secrètement* – combiner, fomenter, machiner, manigancer, monter, ourdir, tramer. *FAM.* fricoter, goupiller, magouiller, mijoter, traficoter, trafiquer. ▶ *À plusieurs* – comploter, concerter. ▶ *Mener des intrigues* – briguer, comploter, intriguer, manœuvrer. *SOUT.* se conjurer. ▶ *Contribuer* – aider à, concourir à, contribuer à, tendre à. ▲**ANT.** AGIR FRANCHEMENT, JOUER CARTES SUR TABLE; DÉNONCER, METTRE AU JOUR.

constamment *adv.* à l'infini, à perpétuité, à tous coups, à tous les coups, à tout bout de champ, à tout instant, à (tout) jamais, à tout moment, à toute heure (du jour et de la nuit), à vie, ad vitam æternam, assidûment, beau temps mauvais temps, chroniquement, continuellement, continûment, dans tous les cas, de nuit comme de jour, de toute éternité, en permanence, en tout temps, en toute saison, en toute(s) circonstance(s), éternellement, hiver comme été, immuablement, inaltérablement, indéfiniment, infiniment, invariablement, jour et nuit, nuit et jour, perpétuellement, pour la vie, pour les siècles des siècles, rituellement, sans arrêt, sans cesse, sans discontinuer, sans fin, sans interruption, sans relâche, sans répit, sempiternellement, systématiquement, toujours, tous les jours. *SOUT.* à demeure, incessamment. *FAM.* à perpète, tout le temps. ▲**ANT.** À L'OCCASION, DE TEMPS À AUTRE, DE TEMPS EN TEMPS, OCCASIONNEL-LEMENT, PARFOIS, QUELQUEFOIS; À AUCUN MOMENT, EN AUCUN TEMPS, JAMAIS.

constance *n. f.* ▶ *Fidélité* – allégeance, attachement, confiance, dévouement, fidélité, foi, loyalisme, loyauté. ▶ *Stabilité* – continu, continuité, durabilité, durée, fermeté, fixité, immuabilité, immutabilité, imprescriptibilité, imputrescibilité, inaliénabilité, inaltérabilité, incorruptibilité, indéfectibilité, indissolubilité, invariabilité, longévité, pérennité, permanence, persistance, stabilité, tenue. *PHYS.* invariance. ▶ *Persévérance* – acharnement, assiduité, détermination, entêtement, fermeté, insistance, obstination, opiniâtreté, persévérance, persistance, résolution, suite dans les idées, ténacité, volonté. *PÉJ.* aveuglement. ▶ *Fermeté* – aplomb, assurance, autorité, caractère, courage, cran, détermination, endurance, énergie, fermeté, force, permanence, poigne, rectitude, résolution, ressort, sang-froid, sérieux, solidité, sûreté, ténacité, vigueur, virilité, volonté. *SOUT.* fortitude, invulnérabilité. *FAM.* estomac, gagne. ▶ *Patience* – calme, courage, douceur, endurance, flegme, lenteur, patience, persévérance, persistance, résignation, sang-froid, tranquillité. *SOUT.* longanimité. ▲**ANT.** INCONSTANCE, INFIDÉLITÉ; CHANGEMENT, VARIABILITÉ; INSTABILITÉ; CAPRICE, VERSATILITÉ.

constant *adj.* ▶ *Stable* – figé, fixe, immobile, inchangé, invariable, invariant, stable, stationnaire, statique. ▶ *Continuel* – continu, continuel, de tous les instants, incessant, ininterrompu, permanent, perpétuel, persistant, régulier. ▶ *Non favorable* – continuel, éternel, incessant, perpétuel, sans fin, sempiternel. ▶ *Permanent* – durable, éternel, immortel, immuable, impérissable, imprescriptible, inaltérable, indéfectible, indestructible, indissoluble, infini, permanent, perpétuel, sans fin. *SOUT.* pérenne. ▶ *Persévérant* – assidu, continu, fidèle, intense, intensif, régulier, soutenu, suivi. ▶ *Fidèle* – attaché, dévoué, fidèle, loyal, sûr. ▲**ANT.** INCONSTANT; DISCONTINU, INTERMITTENT, IRRÉGULIER; FANTASQUE, INCONSISTANT, INSTABLE, LUNATIQUE; CAPITULARD, LÂCHEUR; FRIVOLE, INFIDÈLE, VOLAGE.

constatation *n. f.* observation, réflexion, remarque.

constater *v.* ▶ *Se rendre compte* – découvrir, prendre conscience, réaliser, remarquer, s'apercevoir, s'aviser, se rendre compte, voir. *SOUT.* éprouver. ▶ *Remarquer* – apercevoir, noter, observer, prendre acte, relever, remarquer, voir. ▲**ANT.** NE PAS VOIR, NÉGLIGER, OMETTRE, OUBLIER, PASSER À CÔTÉ DE, RATER.

constellation *n. f.* ▶ *Ensemble d'étoiles* – astérisme, configuration stellaire.

consternation *n. f.* abattement, accablement, affliction, amertume, anéantissement, chagrin,

contrariété, déboires, déception, déconvenue, découragement, dégoût, dégrisement, démoralisation, dépit, désappointement, désenchantement, désespoir, désillusion, désolation, échec, écœurement, ennui, infortune, insuccès, lassitude, mécompte, peine, regret, revers, tristesse. *SOUT.* atterrement, déréliction, désabusement, désespérance, retombement. *FAM.* défrisage, défrisement, douche (froide), ras-le-bol. ▲**ANT.** ALLÉGRESSE, JOIE.

constituer *v.* ▶ *Fonder* – créer, établir, fonder, former, instaurer, instituer, mettre en place. *SOUT.* ériger. ▶ *Composer* – composer, former. ▶ *Représenter* – être, faire office de, jouer le rôle de, représenter, tenir lieu de. ▲**ANT.** DESTITUER, RENVERSER; DÉCOMPOSER, DÉFAIRE, DÉMOLIR, DÉTRUIRE, DISPERSER.

constitutif *adj.* ▶ *Qui contribue à former* – composant, constituant. ▶ *Qui est un élément essentiel* – foncier, fondamental, inhérent, inné, intrinsèque, radical. *PHILOS.* essentiel, immanent, substantiel. ▲**ANT.** ÉTRANGER À.

constitution *n. f.* ▶ *Composition* – composition, conception, confection, construction, création, développement, édification, élaboration, exécution, fabrication, façon, façonnage, façonnement, formation, génération, genèse, gestation, invention, œuvre, organisation, paternité, production, réalisation, structuration, synthèse. *SOUT.* accouchement, enfantement. *DIDACT.* engendrement. ▶ *Mise en place* – création, disposition, édification, établissement, fondation, implantation, importation, installation, instauration, institution, introduction, intronisation, mise en œuvre, mise en place, mise sur pied, nomination, organisation, placement, pose. *INFORM.* implémentation. ▶ *État physique* – apparence, condition (physique), conformation, état (physique), forme, nature, santé, vitalité. *SOUT.* complexion. *MÉD.* diathèse, habitus. ▶ *Caractère* – abord, caractère, comportement, esprit, état d'âme, état d'esprit, humeur, idiosyncrasie, individualité, mentalité, nature, naturel, personnalité, sensibilité, tempérament, trempe. *FAM.* psychologie. *ACADIE FAM.* alément. *PSYCHOL.* thymie. ▶ *Lois fondatrices* – charte. ▲**ANT.** DÉCOMPOSITION, DÉSORGANISATION, DESTRUCTION, DISSOLUTION; ANNULATION.

constitutionnel *adj.* ▲**ANT.** ANTICONSTITUTIONNEL, INCONSTITUTIONNEL.

constructeur *n.* ▶ *Personne qui fabrique* – artisan, entrepreneur, fabricant, faiseur, industriel, manufacturier, producteur. ▶ *Personne qui construit* – architecte, bâtisseur, entrepreneur, ingénieur. ▲**ANT.** DÉMOLISSEUR, DESTRUCTEUR, LIQUIDATEUR.

constructif *adj.* ▲**ANT.** CRITIQUE, DESTRUCTIF, NÉGATIF.

construction *n. f.* ▶ *Action de construire* – édification. *SOUT.* érection. ▶ *Édifice* – bâtiment, bâtisse, édifice, maison, monument (*caractère historique*), ouvrage. ▶ *Construction urbaine* – gratte-ciel, immeuble, tour. *FAM.* caserne. ▶ *Structuration* – accommodation, accommodement, agencement, ajustement, aménagement, architecture, arrangement, articulation, assemblage, combinaison, combinatoire, composition, concaténation, configuration, contexture, coordination, disposition, distribution, élaboration, enchaînement, harmonie, hiérarchie, liaison, mise en ordre, mise en place, ordonnance, ordonnancement, ordre, organisation, orientation, plan, profil, programmation, rangement, répartition, structuration, structure, système, texture. ▶ *Création* – composition, conception, confection, constitution, création, développement, édification, élaboration, exécution, fabrication, façon, façonnage, façonnement, formation, génération, genèse, gestation, invention, œuvre, organisation, paternité, production, réalisation, structuration, synthèse. SOUT. accouchement, enfantement. DIDACT. engendrement. ▶ *Formalisation* – axiomatisation, formalisation, mathématisation, systématisation, théorisation. ▶ *Expression* – collocation, cooccurrence, expression (figée), formule, lexie complexe, locution, proposition, syntagme, terme, tour, tournure. ▲ANT. DÉMOLITION, DESTRUCTION; DÉCONSTRUCTION, DÉMONTAGE.

construire *v.* ▶ *Bâtir une chose concrète* – bâtir, dresser, édifier, élever, ériger. ▶ *Bâtir une chose abstraite* – bâtir, édifier, ériger. ▶ *Non favorable* – échafauder. ▶ *Structurer* – architecturer, articuler, bâtir, charpenter, façonner, organiser, structurer. ▲ANT. DÉCONSTRUIRE, DÉFAIRE, DÉMOLIR, DÉMONTER, DÉTRUIRE, RENVERSER.

consultant *n.* ▶ *Personne qui conseille* – conseil, conseiller, directeur, éminence grise, éveilleur, guide, inspirateur, orienteur, précepteur, prescripteur. SOUT. égérie (femme), mentor. FAM. cornac. ▶ *Personne qui consulte* – client, patient (milieu de la santé).

consultatif *adj.* ▲ANT. DÉLIBÉRATIF. △CONSULTATIVE, *fém.* – DÉLIBÉRANTE (assemblée).

consultation *n.f.* ▶ *Examen médical* – examen, visite. ▶ *Vote* – consultation (populaire), élection, plébiscite, proclamation, référendum, scrutin, suffrage, tour, urnes, voix, vote.

consulter *v.* ▶ *Faire appel à qqn* – avoir recours à, faire appel à, passer par, prendre conseil auprès de, recourir à, s'adresser à. ▶ *Se référer à un document* – lire, regarder, se référer à, se reporter à, voir. ♦ **se consulter** ▶ *Délibérer* – délibérer, tenir conseil. ▲ANT. CONSEILLER; RÉPONDRE; ÉCARTER, NÉGLIGER, REFUSER.

consumer *v.* ▶ *Détruire par le feu* – calciner, carboniser, incinérer, réduire en cendres. FAM. cramer. ▶ *Affaiblir physiquement* – abattre, affaiblir, alanguir, anémier, débiliter, diminuer, épuiser, étioler, miner, ronger, user. ▶ *Tourmenter* – assaillir, crucifier, déchirer, dévorer, faire souffrir, lanciner, martyriser, mettre au supplice, percer, poignarder, ronger, supplicier, tarauder, tenailler, torturer, tourmenter, transpercer. SOUT. poindre. ♦ **se consumer** ▶ *Brûler* – brûler. FAM. cramer. QUÉB. FAM. passer au feu. ▶ *Perdre ses forces* – dépérir, perdre ses forces, s'affaiblir, s'anémier, s'étioler, s'user. SUISSE crevoter. ▲ANT. ÉTEINDRE; CRÉER; CONSERVER, ENTRETENIR, FORTIFIER; ÉCONOMISER.

contact *n.m.* ▶ *Action de toucher* – toucher. ▶ *Communication* – attache, communication, compagnie, correspondance, côtoiement, coudoiement, entourage, familiarité, fréquentation, habitude, intelligence, intimité, liaison, lien, pratique, rapport,

relation, société, termes (bons ou mauvais), usage, voisinage. SOUT. commerce. PÉJ. acoquinement, encanaillement. ▶ *Connaissance* – accointance, connaissance, fréquentation, relation. ▶ *Accueil* – abord, accès, accueil, approche, attitude, mine, réception, tête, traitement. ▶ *Allumage* – allumage, combustion, démarrage, départ, explosion. ▶ *Dispositif* – bouton (électrique), bouton-poussoir, clé, combinateur, commande, commutateur, conjoncteur, conjoncteur-disjoncteur, contacteur, coupleur, discontacteur, disjoncteur, interrupteur, manostat, microcontact, olive, poussoir, pressostat, rotacteur, rupteur, sectionneur, sélecteur, télécommande, va-et-vient. FAM. bitoniau. QUÉB. FAM. piton. ▲ANT. DÉTACHEMENT, ÉCARTEMENT, ÉLOIGNEMENT, SÉPARATION; DÉCONNEXION, DISJONCTION.

contagieux *adj.* ▶ *Qui se transmet par contagion* – infectieux, transmissible. ▶ *Qui se transmet facilement* – communicatif. ▶ *Qui se répand vite* – épidémique, qui se répand comme une traînée de poudre. ▲ANT. INTRANSMISSIBLE.

contagion *n.f.* ▶ *Contamination* – contamination, corruption, envenimement, gangrène, infection, infestation, putréfaction. ▶ *Influence* – action, aide, appui, ascendant, attirance, attraction, aura, autorité, crédit, dominance, domination, effet, empreinte, emprise, fascination, force, importance, incitation, influence, inspiration, magie, magnétisme, mainmise, manipulation, mouvance, persuasion, pétition, poids, pouvoir, prépondérance, présence, pression, prestige, puissance, règne, rôle, séduction, subjugation, suggestion, tyrannie. SOUT. empire, intercession. ▲ANT. DÉCONTAMINATION.

contamination *n.f.* ▶ *Infection* – contagion, corruption, envenimement, gangrène, infection, infestation, putréfaction. ▶ *Pourrissement* – blettissement, blettissure, corruption, malandre, moisi, moisissure, pourrissement, pourriture, rancissement. FAM. pourri. SOUT. chancissure, croupissement. ▶ *Pollution* – altération, pollution. ▲ANT. DÉCONTAMINATION.

contaminer *v.* ▶ *Transmettre une infection* – envenimer, infecter. ▶ *Polluer* – corrompre, polluer, vicier. ▲ANT. ASSAINIR, DÉCONTAMINER, DÉSINFECTER, GUÉRIR, PURIFIER, STÉRILISER.

conte *n.m.* ▶ *Récit* – chantefable, chronique, épopée, fabliau, histoire, historiette, légende, monogatari (Japon), mythe, nouvelle, odyssée, roman, saga. ▶ *À valeur morale* – allégorie, apologue, fable, parabole.

contemplatif *adj.* ▶ *Méditatif* – contemplateur, méditatif, pensif. ▲ANT. ACTIF, PRAGMATIQUE, PRATIQUE, RÉALISTE; MATÉRIALISTE.

contemplation *n.f.* ▶ *Regard soutenu* – observation, scrutation. ▶ *Mysticisme* – anagogie, dévotion, élévation, extase, illuminisme, mysticisme, mystique, oraison, philocalie, ravissement, sainteté, spiritualité, transe, vision. SOUT. mysticité.

contempler *v.* arrêter son regard sur, attacher son regard sur, braquer les yeux sur, considérer, dévisager (une personne), examiner, fixer, fixer le regard sur, fouiller du regard, observer, regarder, scruter. FAM.

gaffer, viser, zieuter. ♦ **se contempler** s'admirer, se mirer, se regarder.

contemporain *adj.* ▶ *Moderne* – actuel, d'aujourd'hui, moderne. ▶ *Simultané* – coexistant, coïncident, concomitant, coordonné, isochrone, simultané, synchrone, synchronique. ▲**ANT.** ANCIEN, ANTIQUE, ARCHAÏQUE; POSTÉRIEUR; ANTÉRIEUR.

contemporains *n. pl.* ▲**ANT.** ANCIENS, GENS DE L'ÉPOQUE; POSTÉRITÉ.

contenance *n. f.* ▶ *Capacité* – capacité, cubage, cylindrée, dose, jauge, mesure, port, tonnage, volume. ▶ *Posture* – attitude, maintien, port, pose, position, posture, station, tenue. ▶ *Allure* – air, allure, apparence, aspect, attitude, démarche, façon, genre, ligne, maintien, manière, panache, physique, port, posture, prestance, silhouette, style, tenue, tournure. *SOUT.* extérieur, mine. *FAM.* gueule, touche. ▶ *Affectation* – affectation, air, apparence, apprêt, artificialité, bluff, cabotinage, comédie, composition, convenu, dandysme, genre, imposture, jeu, maniérisme, manque de naturel, mascarade, mièvrerie, pose, raideur, recherche, représentation, snobisme. *SOUT.* cambrure. *FAM.* chiqué, cinéma.

contenant *n. m.* récipient. *BELG.* potiquet. ▲**ANT.** CONTENU; FOND.

contenir *v.* ▶ *Renfermer* – comporter, comprendre, compter, englober, inclure, receler, renfermer. ▶ *Tenir un certain volume* – cuber, jauger, tenir. ▶ *Tenir un certain nombre de personnes* – accueillir, loger, recevoir, tenir. ▶ *Refréner* – endiguer, freiner, juguler, modérer, ralentir, refréner. *SOUT.* brider. ▶ *Dominer un sentiment* – calmer, contrôler, dominer, dompter, gouverner, maîtriser, surmonter, vaincre. *SOUT.* commander à. ▶ *Refouler à l'intérieur de soi* – empêcher, endiguer, étouffer, museler, refouler, refréner, rentrer, réprimer, retenir. *SOUT.* brider, contraindre. ♦ **se contenir** ▶ *Se contrôler* – garder son sang-froid, rester maître de soi, se calmer, se contrôler, se dominer, se dompter, se maîtriser, se posséder, se raisonner, se retenir. *QUÉB. FAM.* prendre sur soi. ▲**ANT.** EXCLURE; DÉVERSER, LÂCHER, LAISSER S'ÉCHAPPER; EXPRIMER. △**SE CONTENIR** – CÉDER, ÉCLATER.

content *adj.* fier, fiérot, heureux, satisfait. *FAM.* joice. ▲**ANT.** DE MAUVAISE HUMEUR, MAUSSADE, MOROSE, SOMBRE. △**CONTENT DE** – DÉÇU DE, INSATISFAIT DE, MÉCONTENT DE.

contentement *n. m.* ▶ *Satisfaction* – apaisement, assouvissement, satiété, satisfaction, soulagement. *SOUT.* étanchement, rassasiement. ▶ *Plaisir* – bien-être, bon temps, bonheur, délectation, délice, douceur, euphorie, félicité, jouissance, orgasme, plaisir, régal, satisfaction, septième ciel, volupté. *SOUT.* aise, félicité, miel, nectar. ▶ *Vanité* – amour-propre, arrogance, autosatisfaction, bouffissure, complaisance, contentement (de soi), crânerie, enflure, fatuité, gloriole, hauteur, immodestie, importance, jactance, mégalomanie, morgue, orgueil, ostentation, outrecuidance, parade, pose, présomption, prétention, suffisance, superbe, supériorité, triomphalisme, vanité, vantardise. *SOUT.* fierté, infatuation. *FAM.* ego. *QUÉB. FAM.* pétage de bretelles. ▲**ANT.** INSATISFAC-

TION, MÉCONTENTEMENT; CONTRARIÉTÉ, ENNUI; COLÈRE, DÉCEPTION, TRISTESSE.

contenter *v.* ▶ *Satisfaire une personne* – aller à, convenir à, faire l'affaire de, plaire à, satisfaire, sourire à. *SOUT.* agréer à, complaire à. *FAM.* arranger, botter à, chanter à. *QUÉB. FAM.* adonner. ▶ *Satisfaire un besoin* – apaiser, assouvir, calmer, étancher, rassasier, satisfaire, soulager. *SOUT.* désaltérer, repaître. ♦ **se contenter** ▶ *S'accommoder* – s'accommoder, s'arranger, se satisfaire. ▶ *Se borner* – s'en tenir à, se borner à, se cantonner dans, se limiter à. ▲**ANT.** ATTRISTER, CONTRARIER, DÉCEVOIR, DÉPLAIRE, MÉCONTENTER; FRUSTRER.

contenu *n. m.* ▶ *Contenu abstrait* – fil conducteur, fil rouge, idée générale, sens, teneur. ▲**ANT.** CONTENANT; FORME.

conter *v.* exposer, faire le récit de, raconter, relater, retracer. *SOUT.* narrer. *FRANCE FAM.* bonir. ▲**ANT.** DISSIMULER, TAIRE.

contestable *adj.* attaquable, controversable, controversé, critiquable, discutable, douteux, fragile, litigieux, mis en doute, sujet à caution, sujet à controverse, vulnérable. ▲**ANT.** AVÉRÉ, CERTAIN, DÉMONTRÉ, ÉTABLI, FORMEL, INCONTESTABLE, INDÉNIABLE, INDISCUTABLE, INDUBITABLE, IRRÉFUTABLE, PROUVÉ, RECONNU, SÛR.

contestation *n. f.* ▶ *Négation* – contradiction, désapprobation, négation, négative, non, opposition, récusation, refus, réfutation, rejet. ▶ *Désaccord* – affrontement, antagonisme, combat, compétition, concurrence, conflit, contentieux, controverse, débat, désaccord, différend, discorde, discussion, dispute, dissension, dissentiment, divergence, émulation, friction, heurt, incompatibilité, incompréhension, lutte, mésentente, mésintelligence, opposition, polémique, querelle, rivalité. *FAM.* bagarre. ▶ *Querelle* – affaire, arbitrage, débat, démêlé, différend, discussion, dispute, médiation, négociation, panel, querelle, règlement, spéculation, tractation. ▶ *Indiscipline* – désobéissance, désordre, dissipation, fantaisie, indiscipline, indocilité, insoumission, insubordination, mauvaise volonté, opiniâtreté, rébellion, refus d'obéissance, résistance, rétivité, révolte. ▲**ANT.** AFFIRMATION, CONFIRMATION; ACCORD, APPROBATION, APPUI, SOUTIEN; DISCIPLINE, OBÉISSANCE.

contester *v.* ▶ *Ne pas admettre comme vrai* – démentir, discuter, nier, rejeter. ▶ *Ne pas reconnaître un droit* – dénier, récuser. ▶ *Mettre en doute* – discuter, douter de, mettre en doute, remettre en cause. *SOUT.* révoquer en doute. ▲**ANT.** ACCEPTER, ADMETTRE, APPROUVER, ATTESTER, AVÉRER, AVOUER, CERTIFIER, CONCÉDER, CROIRE, RECONNAÎTRE.

conteur *n.* narrateur, raconteur. *SOUT.* anecdotier, diseur.

contexte *n. m.* ▶ *Situation* – circonstance, climat, condition, conjoncture, cours des choses, état de choses, état de fait, paysage, position, situation, tenants et aboutissants. ▶ *Environnement d'un mot* – concordance.

contextuel *adj.* ▲**ANT.** ABSOLU, INTRINSÈQUE.

continent *n. m.* masse continentale, sous-continent, terre ferme.

contingent *adj.* ▶ *Qui peut se produire* – aléatoire, casuel, conditionnel, conjectural, douteux, éventuel, hasardé, hasardeux, hypothétique, incertain, possible, problématique, supposé. ▶ *Peu important* – accessoire, anecdotique, annexe, (d'intérêt) secondaire, de second plan, décoratif, dédaignable, épisodique, incident, indifférent, insignifiant, marginal, mineur, négligeable, périphérique. ▲ANT. NÉCESSAIRE; ASSURÉ, CERTAIN, FATAL, IMMANQUABLE, INCONTOURNABLE, INÉLUCTABLE, INÉVITABLE, OBLIGATOIRE, SÛR.

contingent *n. m.* ▶ *Part* – apport, commandite, contribution, cotisation, dot, dotation, écot, financement, fonds, fournissement, lot, mise, montant, obligation, parrainage, part, participation, portion, quote-part, quotité. ▶ *Quota* – fraction, part, portion, pourcentage, quantité, quota.

continu *adj.* ▶ *Persévérant* – assidu, constant, fidèle, intense, intensif, régulier, soutenu, suivi. ▶ *Continuel* – constant, continuel, de tous les instants, incessant, ininterrompu, permanent, perpétuel, persistant, régulier. ▶ *Non favorable* – continuel, éternel, incessant, perpétuel, sans fin, sempiternel. ▲ANT. DISCONTINU, INTERMITTENT, IRRÉGULIER, SPORADIQUE.

continuation *n. f.* conservation, immortalisation, maintien, pérennisation, persistance, poursuite, préservation, prolongement, sauvegarde, suite, transmission. SOUT. ininterruption, perpétuation, perpétuement. ▲ANT. ARRÊT, CESSATION, FIN, INTERRUPTION, RUPTURE, SUSPENSION; INNOVATION; RÉVOLUTION.

continuel *adj.* ▶ *Constant* – constant, continu, de tous les instants, incessant, ininterrompu, permanent, perpétuel, persistant, régulier. ▶ *Non favorable* – éternel, incessant, perpétuel, sans fin, sempiternel. ▶ *Fréquent* – fréquent, multiple, nombreux, récurrent, répété, répétitif. ▲ANT. DISCONTINU, INTERMITTENT, IRRÉGULIER, SPORADIQUE; OCCASIONNEL, RARE.

continuellement *adv.* à l'infini, à perpétuité, à tous coups, à tous les coups, à tout bout de champ, à tout instant, à (tout) jamais, à tout moment, à toute heure (du jour et de la nuit), à vie, ad vitam æternam, assidûment, beau temps mauvais temps, chroniquement, constamment, continûment, dans tous les cas, de nuit comme de jour, de toute éternité, en permanence, en tout temps, en toute saison, en toute(s) circonstance(s), éternellement, hiver comme été, immuablement, inaltérablement, indéfiniment, infiniment, invariablement, jour et nuit, nuit et jour, perpétuellement, pour la vie, pour les siècles des siècles, rituellement, sans arrêt, sans cesse, sans discontinuer, sans fin, sans interruption, sans relâche, sans répit, sempiternellement, systématiquement, toujours, tous les jours. SOUT. à demeure, incessamment. FAM. à perpète, tout le temps. ▲ANT. À L'OCCASION, DE TEMPS À AUTRE, DE TEMPS EN TEMPS, OCCASIONNELLEMENT, PARFOIS, QUELQUEFOIS; À AUCUN MOMENT, EN AUCUN TEMPS, JAMAIS.

continuer *v.* ▶ *Poursuivre* – avancer, poursuivre, pousser. ▶ *Prolonger dans le temps* – entretenir, maintenir, perpétuer, prolonger. ▶ *Prolonger dans l'espace* – étendre, prolonger. ▶ *Persévérer* – persévérer, poursuivre. FAM. insister, tenir bon. QUÉB. FAM. ne pas lâcher (la patate). BELG. perdurer. ▶ *Se poursuivre dans le temps* – durer, se poursuivre. ▶ *Se poursuivre dans l'espace* – s'étendre, se prolonger. ▲ANT. DISCONTINUER, INTERROMPRE, SUSPENDRE; ABANDONNER, ACHEVER, ARRÊTER, CESSER, TERMINER; BORNER, EMPÊCHER, PARALYSER.

continuité *n. f.* constance, continu, durabilité, durée, fermeté, fixité, immuabilité, immutabilité, imprescriptibilité, imputrescibilité, inaliénabilité, inaltérabilité, incorruptibilité, indéfectibilité, indissolubilité, invariabilité, longévité, pérennité, permanence, persistance, stabilité, tenue. PHYS. invariance. ▲ANT. BRISURE, COUPURE, DISCONTINUITÉ, INTERRUPTION, RUPTURE, SUSPENSION; INTERMITTENCE.

contour *n. m.* ▶ *Pourtour* – bord, ceinture, cercle, circonférence, dessin, extérieur, forme, lèvres, limbe, marli (*plat, assiette*), périmètre, périphérie, pourtour, tour. ▶ *Courbe* – arabesque, boucle, courbe, détour, lacet, méandre, ondulation, repli, serpentin, sinuosité, volute (*fumée*). SOUT. flexuosité. ▲ANT. CENTRE, INTÉRIEUR, MILIEU.

contourné *adj.* ▶ *Qui présente une courbe* – arqué, arrondi, cintré, courbé, curviligne, en arc de cercle, incurvé, recourbé, voûté. ▶ *Qui manque de clarté* – brouillé, brumeux, compliqué, confus, embarrassé, embrouillé, embroussaillé, enchevêtré, entortillé, flou, fumeux, incompréhensible, indéchiffrable, indigeste, inintelligible, nébuleux, obscur, tarabiscoté, vague, vaseux. SOUT. abscons, abstrus, amphigourique, fuligineux. FAM. chinois, emberlificoté, filandreux, vasouillard. ▶ *Qui use de détours* – compliqué, détourné, dévié, tordu. ▶ *Trop recherché* – alambiqué, maniéré, quintessencié, sophistiqué, tarabiscoté, tiré par les cheveux, truffé de subtilités. FAM. capillotracté.

contourner *v.* ▶ *Éluder* – éluder, escamoter, esquiver, éviter, fuir, se dérober à, tourner. ▶ *Déborder l'ennemi* – déborder, prendre à revers, tourner. ▶ *Déformer* – bistourner, courber, déformer, déjeter, dévier, distordre, gauchir, tordre, voiler. QUÉB. crochir. TECHN. s'envoiler. ▲ANT. AFFRONTER, ALLER DROIT SUR, ATTAQUER.

contracté *adj.* ▶ *En parlant d'un muscle* – crispé, tendu. ▶ *En parlant de qqn* – nerveux, stressé, tendu.

contracter *v.* ▶ *Rendre plus étroit* – étrangler, resserrer, rétrécir. ▶ *Tendre un muscle* – bander, crisper, raidir, tendre. ▶ *Altérer les traits du visage* – convulser, crisper, décomposer, déformer. ▶ *Acquérir une habitude* – acquérir, développer, prendre. ▶ *Attraper une maladie* – attraper. FAM. choper. ♦ **se contracter** ▶ *Devenir plus petit* – raccourcir, rapetisser, rétrécir, se rétracter. SOUT. accourcir. ▲ANT. DÉCONTRACTER, DÉTENDRE; AMPLIFIER, DILATER, GONFLER; DÉVELOPPER; DISSOUDRE, ROMPRE. △SE CONTRACTER – PRENDRE DE L'EXPANSION, S'ÉTENDRE, SE DÉVELOPPER.

contraction *n. f.* ▶ *Resserrement* – astriction, constriction, crampe, crispation, étranglement, palpitation, pressage, pression, pressurage, resserrement, rétraction, rétrécissement, serrement, spasme, tension. MÉD. striction. ▶ *Retranchement de lettres*

– crase, sandhi, synalèphe, synérèse. ▸ *Convulsion* – contorsion, convulsion, torsion. ♦ **contractions,** *plur.* contractions (utérines), douleurs, douleurs de l'accouchement, douleurs de l'enfantement, travail. ▲**ANT.** DILATATION, EXPANSION, EXTENSION ; DÉCONTRACTION, DÉTENTE, RELÂCHEMENT, REPOS.

contradiction *n. f.* ▸ *Contraire* – antilogie, antinomie, antipode, antithèse, antonymie, contraire, contraste, contrepartie, contre-pied, dichotomie, différence, divergence, envers, inverse, opposition, polarité, réciproque. ▸ *Paradoxe* – absurdité, antilogie, antinomie, aporie, conflit, contresens, contrevérité, impossibilité, incohérence, inconsistance, invraisemblance, non-sens, paradoxe, sophisme. ▸ *Illogisme* – aberration, absurde, absurdité, apagogie, illogisme, incohérence, inconséquence, irrationalité, irrationnel, non-sens, paradoxe, paralogisme. ▸ *Contestation* – contestation, désapprobation, négation, négative, non, opposition, récusation, refus, réfutation, rejet. ▲**ANT.** ACCORD, CONCORDANCE, CONFIRMATION, IDENTITÉ, PREUVE ; COHÉRENCE, CONSISTANCE, LOGIQUE ; APPROBATION, APPUI, SOUTIEN ; CONSENSUS, ENTENTE, UNANIMITÉ.

contradictoire *adj.* ▸ *Paradoxal* – antinomique, antipodal, antithétique, paradoxal. *PHILOS.* aporétique. ▸ *Divergent* – contraire, discordant, dissonant, divergent, éloigné, incompatible, inconciliable, opposé. ▲**ANT.** COMPATIBLE, CONCILIABLE, CONCORDANT, CONVERGENT, CORRESPONDANT.

contraignant *adj.* ▸ *Qui laisse peu de liberté* – astreignant, étroit, restreignant, rigide, rigoureux, strict. ▸ *Qui accable* – accablant, aliénant, asservissant, assujettissant, astreignant, écrasant, étouffant, exigeant, impitoyable, lourd, oppressant, pénible, pesant. ▲**ANT.** FLEXIBLE, SOUPLE ; ÉMANCIPATEUR, LIBÉRATEUR.

contraindre *v.* ▸ *Obliger* – assujettir, astreindre, forcer, mettre dans l'obligation, obliger, soumettre. ▸ *Acculer* – acculer, forcer, piéger, réduire. *FAM.* coincer. ▸ *Refouler* (*SOUT.*) – contenir, empêcher, endiguer, étouffer, museler, refouler, refréner, rentrer, réprimer, retenir. *SOUT.* retenir. ♦ **se contraindre** ▸ *Se forcer* – s'efforcer, s'obliger, se forcer. ▲**ANT.** AFFRANCHIR, DÉLIVRER, LAISSER LIBRE DE, LIBÉRER ; AIDER ; AUTORISER, PERMETTRE, TOLÉRER.

contraint *adj.* ▸ *Obligé* – forcé, involontaire. ▸ *Embarrassé* – crispé, embarrassé, forcé, gauche, gêné, mal à l'aise.

contrainte *n. f.* ▸ *Acte de contraindre* – astreinte, coercition, force, pression. *SOUT.* joug. ▸ *Sur un pays* – satellisation. ▸ *Obligation* – astreinte, besoin, exigence, impératif, nécessité, obligation, servitude. ▸ *Amende* – amende, astreinte, constat d'infraction, contravention, jour-amende, peine, pénalisation, pénalité, procès-verbal. *FAM.* contredanse, papillon, P.-V. ▸ *Gêne* – confusion, crainte, embarras, gêne, honte, humilité, pudeur, réserve, retenue, scrupule, timidité. ▲**ANT.** AFFRANCHISSEMENT, LIBÉRATION ; LIBERTÉ, LIBRE ARBITRE ; PERMISSION, TOLÉRANCE ; AISANCE, NATUREL.

contraire *adj.* ▸ *Inverse* – adverse, inverse, opposé. ▸ *Divergent* – contradictoire, discordant, dissonant, divergent, éloigné, incompatible,

inconciliable, opposé. ▸ *Dommageable* – adverse, attentatoire, défavorable, désavantageux, dommageable, hostile, nuisible, pernicieux, préjudiciable. ▲**ANT.** ANALOGUE, COMPARABLE, ÉQUIVALENT, IDENTIQUE, MÊME, PAREIL, PROCHE, RESSEMBLANT, SEMBLABLE, SIMILAIRE ; AVANTAGEUX, FAVORABLE. △**CONTRAIRE À** – CONFORME À, EN CONCORDANCE AVEC, SELON ; BÉNÉFIQUE À, BON POUR.

contraire *n. m.* ▸ *Opposition* – antilogie, antinomie, antithèse, antonymie, contradiction, contraste, contrepartie, contre-pied, dichotomie, différence, divergence, envers, inverse, opposition, polarité, réciproque. ▸ *Adversaire* – adversaire, antagoniste, attaqueur, compétiteur, concurrent, contestataire, contre-manifestant, détracteur, dissident, ennemi, mécontent, opposant, opposé, pourfendeur, prétendant, protestataire, rival. ▸ *Antonyme* – antonyme, opposé. ▲**ANT.** CORRESPONDANCE, ÉQUIVALENCE, ÉQUIVALENT.

contrarié *adj.* ▸ *Mécontent* – ennuyé, fâché, insatisfait, mécontent. ▸ *Préoccupé* – absorbé, ennuyé, inquiet, pensif, perplexe, préoccupé, songeur, soucieux, tracassé. ▸ *Décontenancé* – confondu, déconcerté, déconfit, décontenancé, démonté, dépité, dérouté, désarçonné, désemparé, désorienté, déstabilisé, penaud. *FAM.* capot.

contrarier *v.* ▸ *Entraver* – aller à l'encontre de, barrer, contrecarrer, déranger, empêcher, entraver, faire obstacle à, gâcher, gêner, interférer avec, mettre des bâtons dans les roues à, nuire à, s'opposer à, se mettre en travers de, troubler. ▸ *Ennuyer* – agacer, chiffonner, ennuyer, irriter. *FAM.* embêter, empoisonner. ▸ *Frustrer* – dépiter, déplaire à, fâcher, frustrer, mécontenter. *FAM.* défriser. *QUÉB. FAM.* choquer. ▲**ANT.** AIDER, AVANTAGER, FAVORISER ; AMUSER, PLAIRE À, RÉJOUIR ; CONTENTER, SATISFAIRE.

contrariété *n. f.* ▸ *Obstacle* – accroc, adversité, anicroche, barrière, blocage, contretemps, défense, difficulté, digue, écueil, embarras, empêchement, ennui, entrave, frein, gêne, impasse, impossibilité, inhibition, interdiction, objection, obstruction, ombre au tableau, opposition, pierre d'achoppement, point noir, problème, résistance, restriction, tracas, tribulations. *QUÉB.* irritant. *SOUT.* achoppement, impedimenta, traverse. *FAM.* blème, hic, lézard, os, pépin. *QUÉB. FAM.* aria. ▸ *Incident* – accident, accroc, accrochage, affaire, anicroche, avatar, aventure, complication, contingences, contretemps, crise, désagrément, difficulté, dispute, embarras, empêchement, ennui, épine, épisode, événement, éventualité, imprévu, incident, mésaventure, obstacle, occasion, occurrence, péripétie, problème, rebondissement, tribulations. *SOUT.* adversité. *FAM.* blème, cactus, embêtement, emmerde, emmerdement, enquiquinement, os, pépin, pétrin, tuile. *FRANCE FAM.* avaro, empoisonnement. ▸ *Épreuve* – coup, coup du destin, coup du sort, coup dur, disgrâce, échec, épreuve, hydre, infortune, mal, malchance, malheur, mauvais moment à passer, misère, péril, revers, ruine, tribulation. *SOUT.* traverse. ▸ *Agacement* – agacement, chiffonnage, chiffonnement, déplaisir, désagrément. *FAM.* embêtement, emmerde, emmerdement. ▸ *Préoccupation* – agitation, angoisse, anxiété, cassement de tête, désagrément, difficulté, doute, ennui, gêne, inquiétude, obnubilation, occupation, peine, pensée, préoccupation, sollicitude, souci, suspens, tiraillement, tourment, tracas. *FRANCE* suspense. *SOUT.* affres. *FAM.* tintouin, tracassin. ▸ *Déception* – abattement, accablement, affliction, amertume, anéantissement, chagrin, consternation, déboires, déception, déconvenue, découragement, dégoût, dégrisement, démoralisation, dépit, désappointement, désenchantement, désespoir, désillusion, désolation, échec, écœurement, ennui, infortune, insuccès, lassitude, mécompte, peine, regret, revers, tristesse. *SOUT.* atterrement, déréliction, désabusement, désespérance, retombement. *FAM.* défrisage, défrisement, douche (froide), ras-le-bol. ▲**ANT.** BIENFAIT, CHANCE, COMMODITÉ; BONHEUR, CONTENTEMENT, JOIE, PLAISIR, SATISFACTION.

contrastant *adj.* contrasté, différent, opposé, tranché. ▲**ANT.** ANALOGUE, SIMILAIRE.

contraste *n. m.* ▸ *Opposition* – antithèse, désaccord, désagencement, désassortiment, déséquilibre, différence, discordance, disharmonie, disparité, disproportion, dissemblance, hétérogénéité, heurt, opposition, repoussoir. *SOUT.* disconvenance, tapage. ▸ *Contraire* – antilogie, antinomie, antipode, antithèse, antonymie, contradiction, contraire, contrepartie, contre-pied, dichotomie, différence, divergence, envers, inverse, opposition, polarité, réciproque. ▲**ANT.** ACCORD, HARMONIE; ANALOGIE, RESSEMBLANCE, SIMILITUDE; ÉGALITÉ, IDENTITÉ, PARITÉ.

contraster *v.* ▸ *Détonner* – détonner, ressortir, se détacher, trancher. ▲**ANT.** ALLER BIEN, ALLER ENSEMBLE, S'ACCORDER, S'HARMONISER.

contrat *n. m.* ▸ *Accord* – accommodement, accord, alliance, arrangement, compromis, concordat, consensus, convention, engagement, entente, marché, modus vivendi, pacte, protocole, traité, transaction. ▸ *Engagement* – charge, commandement, dette, devoir, engagement, lien, obligation, parole, promesse, responsabilité, serment. ▲**ANT.** INDÉPENDANCE, LIBERTÉ.

contre-attaque *n. f.* ▸ *Au sport* – contre. ▸ *Dans une bataille* – contre-offensive. ▸ *Riposte verbale* – écho, objection, réaction, réflexe, réfutation, repartie, réplique, réponse, riposte.

contrebande *n. f.* économie parallèle, économie souterraine, marché clandestin, marché noir, trafic. ▲**ANT.** MARCHÉ LÉGAL, MARCHÉ OFFICIEL.

contrecoup *n. m.* action, conclusion, conséquence, corollaire, développement, effet, efficacité, fonction, fruit, impact, implication, incidence, jeu, juste retour des choses, œuvre, portée, prolongement, réaction, rejaillissement, répercussion, résultante, résultat, retentissement, retombées, ricochet, séquelle, suite (logique). *SOUT.* aboutissant, efficace, fille. ▲**ANT.** CAUSE, ORIGINE.

contredire *v.* ▸ *Démentir qqn* – démentir. *QUÉB. FAM.* obstiner. ▸ *Démentir qqch.* – démentir, infirmer, prendre le contre-pied de, réfuter, s'inscrire en faux contre. ♦ *se contredire* ▸ *Être inconséquent avec soi-même* – se démentir, se trahir. *FAM.* se couper. ▸ *S'opposer* – différer, diverger, s'opposer. ▲**ANT.** APPROUVER, CONFIRMER; CONCORDER AVEC,

CORRESPONDRE. △**SE CONTREDIRE** – S'ACCORDER AVEC, S'ENTENDRE.

contrée *n. f.* coin (de pays), latitude, partie du monde, pays, région, secteur, zone. *SOUT.* cieux, climats. *FAM.* patelin. *QUÉB. FAM.* bout.

contrefait *adj.* ▸ *Faux* – falsifié, faux, forgé, maquillé, simulé, truqué. *FAM.* bidon, bidonné, bidouillé. ▸ *Difforme* – déformé, déjeté, difforme, mal formé, malbâti.

contremaître *n.* agent de maîtrise, chef d'équipe, chef de produit, chef de projet, conducteur des travaux, surveillant de travaux, surveillant technique. ▲**ANT.** OUVRIER.

contrepartie *n. f.* ▸ *Contraire* – antilogie, antinomie, antipode, antithèse, antonymie, contradiction, contraire, contraste, contre-pied, dichotomie, différence, divergence, envers, inverse, opposition, polarité, réciproque. ▸ *Compensation* – compensation, consolation, correctif, dédommagement, dommages et intérêts, dommages-intérêts, échange, indemnisation, indemnité, raison, récompense, remboursement, réparation, retour, satisfaction, soulte. ▲**ANT.** CORRESPONDANCE, ÉQUIVALENCE, ÉQUIVALENT.

contrepoids *n. m.* ▸ *Équilibre* – accord, balance, balancement, compensation, égalité, équilibre, harmonie, juste milieu, moyenne, pondération, proportion, symétrie.

contrer *v.* ▸ *Bloquer* – bloquer, coincer, immobiliser, paralyser. ▸ *Résister* – lutter, ne pas se laisser faire, résister, s'accrocher, se défendre, tenir, tenir bon, tenir ferme, tenir tête. ▲**ANT.** BATTRE EN RETRAITE, CÉDER, PLIER, RECULER.

contresens *n. m.* ▸ *Fausseté* – écart, erreur, faute, imperfection, imprécision, incorrection, inexactitude, infidélité, irrégularité. ▸ *Contradiction* – absurdité, antilogie, antinomie, aporie, conflit, contradiction, contrevérité, impossibilité, incohérence, inconsistance, invraisemblance, non-sens, paradoxe, sophisme. ▲**ANT.** EXACTITUDE.

contretemps *n. m.* accident, accroc, accrochage, affaire, anicroche, avatar, aventure, complication, contingences, contrariété, crise, désagrément, difficulté, dispute, embarras, empêchement, ennui, épine, épisode, événement, éventualité, imprévu, incident, mésaventure, obstacle, occasion, occurrence, péripétie, problème, rebondissement, tribulations. *SOUT.* adversité. *FAM.* blème, cactus, embêtement, emmerde, emmerdement, enquiquinement, os, pépin, pétrin, tuile. *FRANCE FAM.* avaro, empoisonnement. ▲**ANT.** ARRANGEMENT, FACILITÉ.

contribuable *n.* assujetti, imposé. *FRANCE* redevable. *ANC.* censier, censitaire, tributaire. ▲**ANT.** PERCEPTEUR.

contribuer *v.* ▸ *Collaborer* – avoir part, collaborer, concourir, coopérer, partager, participer, prendre part, s'associer, s'engager, s'impliquer, s'investir, se joindre. ▸ *Payer sa part* – cotiser, participer à. ▸ *Avoir part à un résultat* – aider à, concourir à, conspirer à, tendre à. ▸ *Donner* (*SOUT.*) – donner, faire cadeau de, faire don de, offrir, prodiguer. ▲**ANT.** BOUDER, BOYCOTTER, S'ABSTENIR DE; CONTRARIER, ENTRAVER, NUIRE.

contribution *n. f.* ▶ *Dépense* – cotisation, débours, déboursement, décaissement, dépense, faux frais, frais, paiement, sortie. *QUÉB.* déboursé. ▶ *Impôt* – charge, cote, droit, excise, fiscalité, imposition, levée, patente, prélèvement, prestation, prime *(assurance)*, redevance, surtaxe, taxation, taxe, tribut. *QUÉB.* accise. *BELG.* accises. *HIST.* capitation, champart, corvée, dîme, fouage, franc-fief, gabelle, maltôte, moulage, taille, tonlieu. *DR.* foretage. ▶ *Collaboration* – aide, appoint, apport, appui, assistance, association, bienfaisance, bons offices, collaboration, complicité, concours, conseil, coopération, coup d'épaule, coup de main, coup de pouce, dépannage, entraide, grâce, main-forte, participation, planche de salut, renfort, secours, service, soutien, synergie. *SOUT.* viatique. *FAM.* (coup de) fion. ▲ANT. ABSTENTION; ENTRAVE, OBSTACLE.

contrition *n. f.* attrition, componction, honte, pénitence, regret, remords, repentir. *SOUT.* repentance, résipiscence. ▲ANT. ENDURCISSEMENT, IMPÉNITENCE.

contrôle *n. m.* ▶ *Vérification* – analyse, apurement, audit, censure, confrontation, épreuve, examen, expérience, expérimentation, expertise, filtrage, inspection, pointage, recensement, recension, récolement, reconnaissance, recoupement, révision, revue, suivi, supervision, surveillance, test, vérification. ▶ *Évaluation scolaire* – épreuve, évaluation, examen, interrogation, test. *FAM.* colle, interro. ▶ *Censure* – autocensure, bâillonnement, boycottage, caviardage, censure, exclusive, filtre, imprimatur, interdiction, (mise à l')index, muselage, musellement, mutilation, veto. *FIG.* bâillon, muselière. *FAM.* anastasie. *RELIG.* interdit, monition, suspense, tabouisation. ▲ANT. LAISSER-FAIRE, LAXISME, LIBERTÉ, NÉGLIGENCE, OMISSION, OUBLI.

contrôler *v.* ▶ *Tester* – examiner, inspecter, réviser, tester, vérifier. ▶ *Tenir en son pouvoir* – asservir, diriger, dominer, exercer son empire sur, exercer son emprise sur, gouverner, régenter, soumettre, subjuguer, tenir en son pouvoir, vampiriser, vassaliser. *SOUT.* inféoder. ▶ *Maîtriser un sentiment* – calmer, contenir, dominer, dompter, gouverner, maîtriser, surmonter, vaincre. *SOUT.* commander à. ◆ **se contrôler** ▶ *Se maîtriser* – garder son sang-froid, rester maître de soi, se calmer, se contenir, se dominer, se dompter, se maîtriser, se posséder, se raisonner, se retenir. *QUÉB. FAM.* prendre sur soi. ▲ANT. NÉGLIGER, SE DÉSINTÉRESSER DE; LAISSER ALLER, LAISSER LIBRE.

controverse *n. f.* ▶ *Dispute* – accrochage, algarade, altercation, brouille, brouillerie, chicane, démêlé, désaccord, désunion, différend, discorde, dispute, divergence, escarmouche, explication, fâcherie, froid, heurt, joute oratoire, litige, malentendu, mésentente, passe d'armes, polémique, querelle, rupture, scène, zizanie. *FAM.* bagarre, bisbille, bringue, chamaille, chamaillerie, empoignade, empoignement, engueulade, prise de bec, séance. *QUÉB. FAM.* brasse-camarade, chamaillage. *BELG. FAM.* bisbrouille. ▶ *Débat* – affrontement, antagonisme, combat, compétition, concurrence, conflit, contentieux, contestation, débat, désaccord, différend, discorde, discussion, dispute, dissension, dissentiment,

divergence, émulation, friction, heurt, incompatibilité, incompréhension, lutte, mésentente, mésintelligence, opposition, polémique, querelle, rivalité. *FAM.* bagarre. ▲ANT. ACCORD, CONSENSUS, UNANIMITÉ.

contusionné *adj.* contus, meurtri.

convaincant *adj.* ▶ *Persuasif* – éloquent, entraînant, persuasif. ▶ *Décisif* – concluant, décisif, définitif, éloquent, péremptoire, probant, tranchant. ▲ANT. DISSUASIF; ATTAQUABLE, CONTESTABLE, DISCUTABLE, DOUTEUX, FRAGILE, VULNÉRABLE.

convaincre *v.* amener, décider, déterminer, entraîner, persuader. ▲ANT. DÉCOURAGER, DISSUADER.

convaincu *adj.* assuré, certain, persuadé, sûr.

convalescence *n. f.* amélioration, apaisement, cicatrisation, cure, guérison, mieux-être, relevailles, relèvement, rémission, répit, résurrection, rétablissement, retour à la santé, salut, soulagement, traitement. *MÉD.* délitescence, postcure, résorption, rétrocession. ▲ANT. AGGRAVATION, COMPLICATION, RECHUTE.

convenable *adj.* ▶ *Approprié* – à propos, adapté, adéquat, approprié, bien trouvé, bien venu, bon, conforme, correct, de circonstance, de saison, heureux, indiqué, juste, opportun, pertinent, propice, propre. *SOUT.* ad hoc, congruent, expédient, idoine. *DIDACT.* topique. ▶ *Satisfaisant* – acceptable, approuvable, bien, bon, correct, décent, honnête, honorable, moyen, passable, présentable, raisonnable, satisfaisant, suffisant. *FAM.* potable, supportable. ▶ *Qui respecte les convenances* – bien, bienséant, correct, de bon ton, décent, digne, fréquentable, honnête, honorable, moral, rangé, recommandable, respectable, sérieux. *FAM.* comme il faut. ▲ANT. INADÉQUAT, INAPPROPRIÉ; DÉSASTREUX, EXÉCRABLE, LAMENTABLE, MAUVAIS, MINABLE, NUL, PIÈTRE, PITEUX, PITOYABLE; EXCELLENT, EXTRAORDINAIRE, FANTASTIQUE; INSATISFAISANT, INSUFFISANT; DÉPLACÉ, HORS DE PROPOS, IMPORTUN, INCONGRU, INOPPORTUN, INTEMPESTIF, MAL À PROPOS, MAL VENU, MALENCONTREUX.

convenablement *adv.* ▶ *Correctement* – adéquatement, bien, comme il faut, comme il doit, correctement, dans les règles de l'art, décemment, juste, justement, pertinemment, proprement, raisonnablement, sainement, valablement, validement. *SOUT.* congrûment. *FAM.* bene. ▶ *Assez* – à satiété, acceptablement, amplement, assez, autant qu'il faut, ce qu'il faut, en quantité suffisante, honnêtement, passablement, plutôt, quelque peu, raisonnablement, suffisamment, valablement. *FAM.* jusqu'à plus soif, marre. ▶ *Favorablement* – à point (nommé), à propos, à temps, agréablement, au bon moment, avantageusement, bien, commodément, favorablement, heureusement, judicieusement, opportunément, par bonheur, par miracle, précieusement, providentiellement, salutairement, utilement. *FAM.* à pic, bene. ▲ANT. FAUTIVEMENT, IMPROPREMENT, INADÉQUATEMENT, INCORRECTEMENT, MAL; IMPARFAITEMENT, INSUFFISAMMENT, MÉDIOCREMENT, PAUVREMENT.

convenance *n. f.* ▶ *Décence* – bienséance, bon ton, chasteté, correction, décence, délicatesse, dignité, discrétion, éducation, fierté, gravité, honnêteté, honneur, modestie, politesse, propreté, pudeur, quant-à-soi, réserve, respect, retenue, sagesse,

convivial

sobriété, tact, tenue, vertu. *SOUT.* pudicité. ▶ *Perti-nence* – à-propos, bien-fondé, légitimité, opportunité, pertinence, présence d'esprit, repartie, utilité. *QUÉB. FAM.* adon. ▶ *Utilité* – avantage, bénéfice, bienfait, commodité, désidérabilité, efficacité, fonction, fonctionnalité, indispensabilité, intérêt, mérite, nécessité, profit, profitabilité, recours, service, usage, utilité, valeur. ▶ *Adéquation* – adéquation, efficacité, exactitude, justesse, pertinence, propriété, vérité. *SOUT.* véridicité. ▶ *Accord* (*SOUT.*) – cohérence, concordance, conformité, correspondance. *SOUT.* accord. ◆ **convenances,** *plur.* bienséance, cérémonial, cérémonie, décorum, étiquette, formalité, formule, mondanités, protocole, règle, usage. *FAM.* salamalecs. ▲**ANT.** IMPOLITESSE, INCONVENANCE, INDÉCENCE; DISCONVENANCE, IMPROPRIÉTÉ, INCONGRUITÉ.

convenir *v.* ▶ *Être approprié* – aller, cadrer, coller, correspondre, répondre, s'accorder, s'appliquer, s'harmoniser. ▶ *Plaire* – aller à, contenter, faire l'affaire de, plaire à, satisfaire, sourire à. *SOUT.* agréer à, complaire à. *FAM.* arranger, botter à, chanter à. *QUÉB. FAM.* adonner. ▶ *Concéder* – accorder, admettre, concéder, reconnaître. *SOUT.* recevoir. ▶ *S'entendre* – s'accorder, s'arranger, s'entendre, se concerter, se mettre d'accord, tomber d'accord, trouver un terrain d'entente. ▲**ANT.** DISCONVENIR; CONTESTER, CONTRECARRER, NIER, S'OPPOSER À.

convention *n. f.* ▶ *Accord* – accommodement, accord, alliance, arrangement, compromis, concordat, consensus, contrat, engagement, entente, marché, modus vivendi, pacte, protocole, traité, transaction. ▶ *Principe* – apodicticité, axiome, définition, donnée, évidence, fondement, hypothèse, lemme, postulat, postulatum, prémisse, principe, proposition, théorème, théorie, vérité. ▶ *Norme* – arrêté, charte, code, cote, coutume, formule, loi, mesure, norme, obligation, ordre, précepte, prescription, protocole, régime, règle, règlement, usage. ▶ *Coutume* – coutume, habitude, habitus, mode, mœurs, pratique, règle, rite, tradition, us et coutumes, usage. ▶ *Académisme* – académisme, conformisme. *PÉJ.* bourgeoisisme, pompiérisme. ▲**ANT.** DÉSACCORD, DÉSUNION, DISSENTIMENT, DIVISION; DÉROGATION, EXCEPTION; ANOMALIE, EXCENTRICITÉ, ORIGINALITÉ, PARTICULARITÉ.

conventionnel *adj.* ▶ *Qui relève d'une convention* – arbitraire. ▶ *Conservateur* – bienpensant, bourgeois, conformiste, conservateur, petit-bourgeois, traditionaliste. ▶ *En économie* – extrinsèque, fictif, nominal. ▲**ANT.** ANTICONFORMISTE, EXCENTRIQUE, MARGINAL, NON CONFORMISTE, ORIGINAL, SPÉCIAL; NUCLÉAIRE *(arme)*.

convenu *adj.* ▶ *Fixé* – décidé, dit, entendu, fixé. ▶ *Banal* – académique, banal, classique, commun, conformiste, plat, standard.

convergence *n. f.* ▶ *Rapprochement* – abouchement, aboutage, aboutement, accolement, accouplage, accouplement, ajustage, apposition, articulation, assemblage, association, branchement, coalescence, confluence, conjonction, conjugaison, connexion, contact, couplage, couplement, groupage, interconnexion, interface, joint, jointure, jonction, jumelage, juxtaposition, liaison, mariage, mise en couple, mixage, raccord, raccordement,

rapprochement, reboutement, relation, rencontre, réunion, suture, union. ▲**ANT.** DIVERGENCE, ÉLOIGNEMENT.

convergent *adj.* ▶ *Compatible* – compatible, conciliable, concordant, correspondant. ▶ *En mathématiques* – concourant. ▲**ANT.** CONTRADICTOIRE, CONTRAIRE, DIVERGENT, ÉLOIGNÉ, INCOMPATIBLE, INCONCILIABLE, OPPOSÉ; PARALLÈLE.

converger *v.* ▶ *En parlant d'une chose abstraite* – confluer, se rejoindre, se rencontrer. ▲**ANT.** DIVERGER, S'ÉCARTER, S'ÉLOIGNER.

conversation *n. f.* causerie, colloque, concertation, dialogue, discussion, échange (de vues), entretien, interview, pourparlers, tête-à-tête. *FAM.* causette, chuchoterie. *QUÉB.* jase, jasette. *PÉJ.* conciliabule, palabres; *FAM.* parlote. ▲**ANT.** MONOLOGUE, SOLILOQUE; MUTISME, SILENCE.

converser *v.* bavarder, causer, deviser, dialoguer, discuter, papoter, parler (de choses et d'autres), s'entretenir. *FAM.* babiller, bavasser, blablater, caqueter, faire un brin de causette, jacasser, jacter, jaspiner, parlementer, parloter, tailler une bavette. *QUÉB. FAM.* jaser, placoter. *BELG. FAM.* babeler. ▲**ANT.** SE TAIRE; MONOLOGUER.

conversion *n. f.* ▶ *Transformation* – adaptation, ajustement, altération, avatar, changement, évolution, glissement, gradation, infléchissement, métamorphose, modification, modulation, mue, mutation, passage, progression, transfiguration, transformation, transition, transmutation, variation, vie. ▶ *Action de changer une monnaie* – cambisme, change, commerce de devises, opération de change. ▲**ANT.** CONSERVATION, MAINTIEN; ENDURCISSEMENT, IMPÉNITENCE, OBSTINATION, RÉCIDIVE.

converti *n.* catéchumène, initié, prosélyte *(sens large)*. ▲**ANT.** APOSTAT, RENÉGAT.

convertir *v.* ▶ *Rallier* – gagner, rallier. ▶ *Transformer* – changer, muer, transformer. *SOUT.* transmuer, transmuter. ▲**ANT.** DISSUADER, ÉLOIGNER; MAINTENIR.

conviction *n. f.* ▶ *Certitude* – assurance, certitude, confiance, croyance, foi. *SOUT.* sûreté. ▶ *Éloquence* – ardeur, art, art oratoire, brio, chaleur, charme, élégance, expression, maîtrise, parole, persuasion, rhétorique. *SOUT.* bien-dire. ▶ *Opinion* – appréciation, avis, conception, critique, croyance, dogme, estime, idée, impression, jugement, opinion, optique, pensée, perception, point de vue, position, principe, prise de position, sentiment, théorie, thèse, vision, vue. *SOUT.* oracle. ▶ *Religion* – confession, croyance, culte, foi, religion. ▲**ANT.** DOUTE, INCERTITUDE, SCEPTICISME.

convier *v.* ▶ *Inviter* – inviter. *SOUT.* prier, semondre. ▶ *Mettre dans un état d'esprit* – inciter, inviter. ▲**ANT.** CHASSER, CONGÉDIER, ÉCARTER, ÉCONDUIRE, ÉVINCER, EXPULSER; DISSUADER.

convive *n.* ▶ *Personne* – banqueteur, commensal, convié, hôte, invité. ◆ **convives,** *plur.* ▶ *Ensemble de personnes* – convivants, table, tablée.

convivial *adj.* ▶ *Facile à utiliser* – ergonomique. ▶ *Chaleureux* – accueillant, affable, agréable, aimable, amène, amical, avenant, bienveillant, chaleureux, charmant, cordial, de bonne compagnie,

convivialité

engageant, familier, gracieux, invitant, liant, ouvert, sociable, souriant, sympathique. *FAM.* bonard, sympa. *QUÉB. FAM.* d'adon. ▲**ANT.** COMPLIQUÉ, DIFFICILE À UTILISER, LOURD, MALCOMMODE; ACARIÂTRE, ANTIPATHIQUE, BOURRU, DÉSAGRÉABLE, GRINCHEUX, RÉBARBATIF, REVÊCHE.

convivialité *n. f.* ▶ *Facilité* – accessibilité, agrément, commodité, confort, disponibilité, facilité, faisabilité, possibilité, simplicité. *INFORM.* transparence. ▶ *Politesse* – affabilité, amabilité, aménité, attention, bienséance, bonnes manières, chevalerie, civilité, civisme, correction, courtoisie, délicatesse, éducation, entregent, galanterie, gentillesse, hospitalité, mondanités, obligeance, politesse, prévenance, savoir-vivre, serviabilité, sociabilité, tact, urbanité. *SOUT.* gracieuseté, liant. ▲**ANT.** COMPLEXITÉ, DIFFICULTÉ; FROIDEUR, IMPOLITESSE.

convocation *n. f.* ▶ *Assignation* – appel, assignation, à-venir, citation, indiction, injonction, intimation, mise en demeure, sommation, writ. ▲**ANT.** ÉVICTION, RENVOI.

convoi *n. m.* ▶ *Acheminement* – acheminement, amenée, desserte, diffusion, distribution, envoi, expédition, livraison, marche, postage, progression, service, transport. ▶ *Accompagnement* – accompagnement, cortège, équipage, escorte, garde, gardes du corps, pompe, service de protection, suite. ▶ *Train* – rame, train. *FRANCE FAM.* dur. *ENFANTIN* tchou-tchou. ▶ *Procession* – cérémonie, colonne, cortège, défilade, défilé, file, marche, noce, noria, pardon, pèlerinage, procession, queue, suite, théorie, va-et-vient. ▶ *Cortège funèbre* – cérémonie funèbre, convoi funèbre, cortège funèbre, dernier hommage, derniers devoirs, derniers honneurs, deuil, enfouissement, enterrement, funérailles, inhumation, mise au sépulcre, mise au tombeau, mise en bière, mise en terre, obsèques, sépulture, service civil, service religieux. *SOUT.* ensevelissement.

convoiter *v.* ambitionner, aspirer à, avoir des vues sur, avoir en tête de, briguer, courir après, désirer, pourchasser, poursuivre, prétendre à, rechercher, solliciter, souhaiter, tendre à, viser. *FAM.* guigner, lorgner, reluquer. ▲**ANT.** SE DÉSINTÉRESSER DE; DÉDAIGNER, MÉPRISER; REFUSER, REPOUSSER.

convoitise *n. f.* ▶ *Désir* – ambition, appel, appétit, aspiration, attirance, attrait, besoin, but, desideratum, désir, envie, exigence, faim, fantaisie, fantasme, fièvre, fringale, goût, idéal, intention, jalousie, passion, prétention, quête, recherche, rêve, soif, souhait, tentation, velléité, visée, vœu, voix, volonté. *SOUT.* appétence, dessein, prurit, vouloir. *FAM.* démangeaison. ▶ *Avidité* – ambition, avidité, cupidité, possessivité, rapacité. *SOUT.* vampirisme. ▲**ANT.** INDIFFÉRENCE; RÉPULSION.

convoquer *v.* ▶ *Appeler* – appeler, demander, faire venir. ▶ *Citer en justice* – appeler (en justice), assigner, citer, citer à comparaître, citer en justice, intimer, traduire, traduire devant les tribunaux, traduire en justice. ▲**ANT.** CHASSER, ÉVINCER, METTRE À LA PORTE.

convulsif *adj.* involontaire, nerveux, spasmodique, spastique.

convulsion *n. f.* ▶ *Contorsion* – contorsion, contraction, torsion. ▶ *Tremblement* – agitation, ébranlement, flageolement, frémissement, frisson, frissonnement, grelottement, haut-le-corps, oscillation, saccade, secousse, soubresaut, sursaut, titubation, tortillage, tortillement, tremblement, tremblotement, trémoussement, trémulation, trépidation, tressaillement, vacillement, vibration. *SOUT.* tressaut, tressautement. *FAM.* tremblote. ▶ *Bouleversement* – bouleversement, changement, chavirage, chavirement, conflagration, dérangement, dérèglement, déséquilibre, désorganisation, détraquement, perturbation, renouvellement, rénovation, renversement, retournement, révolution, séisme, stress, trouble. *FAM.* chambard, chambardement, chamboulement.

coopération *n. f.* aide, appoint, apport, appui, assistance, association, bienfaisance, bons offices, collaboration, complicité, concours, conseil, contribution, coup d'épaule, coup de main, coup de pouce, dépannage, entraide, grâce, main-forte, participation, planche de salut, renfort, secours, service, soutien, synergie. *SOUT.* viatique. *FAM.* (coup de) fion. ▲**ANT.** COMPÉTITION, CONCURRENCE, RIVALITÉ.

coopérer *v.* avoir part, collaborer, concourir, contribuer, partager, participer, prendre part, s'associer, s'engager, s'impliquer, s'investir, se joindre. ▲**ANT.** FAIRE CAVALIER SEUL, N'EN FAIRE QU'À SA TÊTE, TRAVAILLER CHACUN DE SON CÔTÉ; COMPÉTITIONNER, CONCURRENCER.

coordination *n. f.* ▶ *Ordre des mouvements* – praxie. ▶ *Agencement* – accommodation, accommodement, agencement, ajustement, aménagement, architecture, arrangement, articulation, assemblage, combinaison, combinatoire, composition, concaténation, configuration, construction, contexture, disposition, distribution, élaboration, enchaînement, harmonie, hiérarchie, liaison, mise en ordre, mise en place, ordonnance, ordonnancement, ordre, organisation, orientation, plan, profil, programmation, rangement, répartition, structuration, structure, système, texture. ▶ *Simultanéité* – accompagnement, coexistence, coïncidence, concomitance, concordance, concours de circonstances, contemporanéité, correspondance, isochronie, isochronisme, rencontre, synchronicité, synchronie, synchronisation, synchronisme. ▲**ANT.** CONFUSION, DÉSORDRE, HASARD, INCOORDINATION.

coordonnée *n. f.* ▶ *Repère* – balise, borne, borne repère, borne témoin, cran, délinéateur, empreinte, fanion, index, indice, jalon, jalon-mire, marque, mire, mire-jalon, piquet, point de repère, référence, référentiel, taquet, trace. *MAR.* amer, vigie. ♦ *coordonnées, plur.* ▶ *Valeurs d'un système* – système de référence. ▶ *Adresse* – adresse, domicile, habitation, résidence, souscription.

coordonner *v.* ▶ *Organiser* – agencer, aménager, arranger, ordonnancer, ordonner, organiser, structurer, systématiser. ▶ *Faire concorder dans le temps* – synchroniser. ▶ *Réunir ce qui est harmonieux* – accorder, agencer, assortir, harmoniser. ▲**ANT.** DÉRANGER, DÉSORGANISER; DÉPAREILLER.

copeau *n. m.* frison, tournure.

cordialement

copie *n. f.* ▶ *Reproduction* – calque, copie (conforme), double, duplicata, duplication, exemplaire, fac-similé, imitation, réplique, reproduction. DR. grosse. ▶ *Extrait officiel* – extrait. ♦ **copies,** *plur.* ▶ *Ensemble de copies* – tirage. ▲ANT. ARCHÉTYPE, MODÈLE, ORIGINAL.

copier *v.* ▶ *Transcrire* – recopier, reporter, retranscrire, transcrire. ▶ *Dupliquer* – dupliquer, reproduire. ▶ *Reproduire frauduleusement* – compiler, démarquer, imiter, piller, pirater, plagier. ▶ *Imiter un comportement* – calquer, imiter, mimer, reproduire, s'inspirer de. ▶ *De façon favorable* – émuler, marcher dans les traces de, prendre exemple sur, prendre modèle sur, s'inspirer de, suivre les traces de, trouver son inspiration chez. ▶ *De façon non favorable* – contrefaire, plagier, singer. ▶ *Tricher* – plagier, tricher. FAM. pomper. ▲ANT. CRÉER, INVENTER.

copieux *adj.* ▶ *Abondant* (SOUT.) – abondant, débordant, fécond, fertile, foisonnant, fructueux, généreux, inépuisable, intarissable, productif, prolifique, riche. SOUT. inexhaustible, plantureux. ▶ *En parlant d'un repas* – abondant, plantureux. SOUT. gargantuesque, pantagruélique. ▲ANT. FRUGAL, LÉGER, MAIGRE.

coque *n. f.* ▶ *Enveloppe* – bogue, brou, coquille, cosse, écale, écalure, écorce, efflorescence, épicarpe, peau, pellicule, pelure, pruine, robe, tégument, zeste.

coquet *adj.* ▶ *Élégant* – bichonné, bien mis, chic, élégant, en costume d'apparat, en tenue de soirée, en tenue de ville, endimanché, fringant, habillé, pimpant, pomponné, tiré à quatre épingles. FAM. superchic. FRANCE FAM. alluré, chicos, sur son trente-et-un. QUÉB. FAM. sur son trente-six. AFR. galant. ▶ *Joli* – à croquer, adorable, avenant, beau, bien, charmant, délicieux, gentil, gentillet, gracieux, joli, mignon, mignonnet, plaisant, ravissant. FAM. chou, jojo. FRANCE FAM. croquignolet, mignard, mimi, trognon. ▶ *En parlant d'une somme* – beau, gentil, joli, rondelet. ▲ANT. ACCOUTRÉ, MAL MIS; FAIBLE (somme), MODESTE, NÉGLIGEABLE, RIDICULE.

coquetterie *n. f.* ▶ *Minauderie* – affectation, agacerie, façons, grâces, grimace, manières, mignardise, minauderie, mine, simagrée, singerie. SOUT. afféterie. FAM. chichi. ▶ *Flirt* – amourette, aventure, aventure amoureuse, aventure galante, bricole, caprice, coup de foudre, engouement, faible, fantaisie, idylle, liaison (amoureuse), marivaudage, passade, passion. SOUT. amours, entichement, oaristys. FAM. batifolage, béguin, toquade, touche. QUÉB. FAM. couraillage, galipote. ▶ *Élégance* – agrément, art, attrait, beau, beauté, charme, chic, classe, délicatesse, distinction, éclat, élégance, esthétique, féerie, fraîcheur, grâce, gracieux, harmonie, magnificence, majesté, perfection, photogénie, pureté, séduction, splendeur, symétrie. DIDACT. eurythmie. SOUT. blandice, joliesse, morbidesse, sublimité, symphonie, vénusté. ▲ANT. CANDEUR, INGÉNUITÉ, NATUREL, SIMPLICITÉ, SINCÉRITÉ; INDIFFÉRENCE; INÉLÉGANCE, LAISSER-ALLER, NÉGLIGENCE.

coquille *n. f.* ▶ *Enveloppe ligneuse* – bogue, brou, coque, cosse, écale, écalure, écorce, efflorescence, épicarpe, peau, pellicule, pelure, pruine, robe, tégument, zeste. ▶ *Petite embarcation* – bateau, embarcation. SOUT. batelet, esquif. FAM. coquille (de noix). ▶ *Dispositif de protection* – suspensoir.

coquin *adj.* ▶ *Espiègle* – blagueur, espiègle, facétieux, farceur, fripon, futé, gamin, malicieux, malin, mutin, plaisantin, polisson, taquin. QUÉB. FAM. crapaud, snoreau, vlimeux. ▶ *Grivois* – croustillant, égrillard, gaillard, gaulois, gras, grivois, hardi, impudique, impur, léger, leste, libertin, libre, licencieux, lubrique, osé, paillard, polisson, salace. SOUT. rabelaisien. FAM. épicé, olé olé, poivré, salé. ▲ANT. DISCIPLINÉ, DOCILE, OBÉISSANT, SAGE, TRANQUILLE; JANSÉNISTE, PURITAIN, RIGIDE, SÉRIEUX, SÉVÈRE, VERTUEUX.

coquin *n.* ▶ *Enfant espiègle* – (affreux) jojo, chipie, diablotin, filou, fripon, galopin, mauvaise graine, (petit) bandit, (petit) chenapan, (petit) démon, (petit) diable, (petit) garnement, (petit) gredin, (petit) poison, (petit) polisson, (petit) vaurien, (petit) voyou, (petite) canaille, (petite) peste, poulbot (de Montmartre), titi, vilain. SOUT. lutin. FAM. morveux, (petit) crapaud, petit merdeux, petit monstre, sacripant. QUÉB. FAM. grippette, (petit) snoreau, (petit) tannant, (petit) vlimeux. ▶ *Amant* (FAM.) – amant de cœur, amant, partenaire (sexuel). ▲ANT. GENTILHOMME, HONNÊTE HOMME; AMOUR, ANGE, TRÉSOR.

cor *n. m.* ▶ *Instrument* – corne, cornet, cornet à bouquin, trompe. ANC. huchet, olifant. ▶ *Bois des cervidés* – bois. QUÉB. panache (orignal), ramage (cerf). ▶ *Callosité* – cal, callosité, calus, corne, durillon, induration, œil-de-perdrix, oignon, tylose, tylosis. SUISSE cassin.

corbeille *n. f.* ▶ *Panier* – banne, banneton, bannette, bourriche, cabas, cabassette, cloyère, hotte, hottereau, hotteret, manne, mannette, panier, panière. BOULANG. paneton. ANTIQ. ciste. ▶ *Partie d'un théâtre* – balcon, galerie, mezzanine, paradis, poulailler. ▶ *Espace à la Bourse* – parquet. ▶ *Poubelle* – corbeille (à papier), panier, poubelle.

corde *n. f.* ▶ *Lien* – cordelette, cordon, cordonnet, ficelle, fouet, lacet, tirant. ▶ *Attache* – attache, câble, chaîne, courroie, fers, lanière, lien, ligament, ligature, liure, sangle. ▶ *Pendaison* – gibet, pendaison, potence. ♦ **cordes,** *plur.* ▶ *Instruments de musique* – cordophones, les instruments à corde.

cordial *adj.* ▶ *Chaleureux* – accueillant, affable, agréable, aimable, amène, amical, avenant, bienveillant, chaleureux, charmant, convivial, de bonne compagnie, engageant, familier, gracieux, invitant, liant, ouvert, sociable, souriant, sympathique. FAM. bonard, sympa. QUÉB. FAM. d'adon. ▲ANT. ACARIÂTRE, ANTIPATHIQUE, BOURRU, DÉSAGRÉABLE, GRINCHEUX, RÉBARBATIF, REVÊCHE; AFFAIBLISSANT, ALANGUISSANT, AMOLLISSANT, ÉNERVANT, DÉBILITANT.

cordial *n. m.* ▶ *Stimulant* – cardiotonique, tonicardiaque.

cordialement *adv.* adorablement, affablement, agréablement, aimablement, amiablement, amicalement, bienveillamment, chaleureusement, civilement, complaisamment, courtoisement, délicatement, délicieusement, diplomatiquement, galamment, gentiment, gracieusement, obligeamment, plaisamment, poliment, sagement, serviablement, sympathiquement. FAM. chiquement, chouettement.

▲**ANT.** DUREMENT, FRAÎCHEMENT, FROIDEMENT, GLACIALEMENT, IMPERSONNELLEMENT, INSENSIBLEMENT, RAIDEMENT, SÈCHEMENT.

cordialité *n. f.* ▶ *Bienveillance* – affabilité, agrément, amabilité, aménité, bénignité, bienveillance, bonhomie, bonté, calme, chaleur, charité, clémence, docilité, douceur, gentillesse, grâce, humanité, indulgence, patience, placidité, suavité. *SOUT.* débonnaireté, magnanimité, mansuétude, onction. ▶ *Franchise* – abandon, bonne foi, confiance, droiture, franchise, franc-jeu, franc-parler, loyauté, netteté, parler-vrai *(politique)*, rondeur, simplicité, sincérité, spontanéité. ▲**ANT.** FROIDEUR, HOSTILITÉ, INDIFFÉRENCE.

cordon *n. m.* ▶ *Petite corde* – cordelette, cordonnet, ficelle, fouet, lacet, tirant. ▶ *Série* – alignement, chaîne, chapelet, colonne, combinaison, consécution, enchaînement, enfilade, énumération, file, gamme, guirlande, ligne, liste, rang, rangée, séquence, série, succession, suite, tissu, travée. ▶ *Partie d'un végétal* – funicule. ▶ *Bande de terre* – barre, cordon littoral, lido, tombolo.

cordonnier *n.* bottier.

corné *adj.* calleux, dur. ▲**ANT.** SOUPLE, TENDRE.

corne *n. f.* ▶ *Callosité* – cal, callosité, calus, cor, durillon, induration, œil-de-perdrix, oignon, tylose, tylosis. *SUISSE* cassin. ▶ *Instrument* – cor, cornet, cornet à bouquin, trompe. *ANC.* huchet, olifant. ♦ **cornes**, *plur.* ▶ *Ensemble d'excroissances osseuses* – encornure.

cornet *n. m.* ▶ *Instrument* – cor, corne, cornet à bouquin, trompe. *ANC.* huchet, olifant. ▶ *Musicien* – cornettiste, corniste. ▶ *Sachet* (*SUISSE*) – blague, étui, pochette, sachet, trousse.

corniche *n. f.* ▶ *Saillie* – angle, appendice, arête, aspérité, avancée, avancement, balèvre, bec, bosse, bourrelet, console, corne, côte, coude, crête, dent, éminence, encorbellement, éperon, ergot, excroissance, gibbosité, hourd, mamelon, moulure, nervure, picot, pointe, proéminence, projecture, prolongement, protubérance, redan, relief, ressaut, saillant, saillie, surplomb, surplombement, tubercule. ▶ *Relief* – replat, sangle, terrasse, vire.

corporation *n. f.* ▶ *Association professionnelle* – assemblée, association, collège, communauté, compagnie, confrérie, congrégation, corps, guilde, hanse, membres, métier, ordre, société, syndicat.

corporel *adj.* charnel, matériel, physique. ▲**ANT.** IDÉAL, IMMATÉRIEL, INCORPOREL; MENTAL, SPIRITUEL.

corps *n. m.* ▶ *Enveloppe corporelle* – anatomie, forme, morphologie, musculature, organisme. *SOUT.* chair, enveloppe. ▶ *Personne ou animal mort* – cadavre, mort. *SOUT.* dépouille (mortelle). *FAM.* macchab, macchabée. ▶ *Matière* – matière, substance. ▶ *Partie essentielle* – cœur, dominante, essence, essentiel, fond, gros, important, principal, substance, tout, vif. ▶ *Ensemble de personnes* – bande, brigade, caravane, cellule, collectif, colonie, équipe, escadron, escouade, groupe, horde, individus, membres, meute, noyau, peloton, troupe. *IRON.* fournée. *FAM.* bataillon, brochette, cohorte. ▶ *Association professionnelle* – assemblée, association, collège, communauté, compagnie, confrérie, congrégation,

corporation, guilde, hanse, membres, métier, ordre, société, syndicat. ▶ *Unité militaire* – bataillon, brigade, colonne, commando, compagnie, échelon, escadron, escorte, formation, garde, garnison, légion, parti, patrouille, peloton, régiment, section, soldatesque *(indisciplinés)*, tabor *(Maroc)*, troupe, unité. *PAR EXT.* caserne. *ANC.* escouade, goum, piquet. ▲**ANT.** ÂME, ESPRIT, INTELLECT; ACCESSOIRE; MEMBRE.

correct *adj.* ▶ *Conforme à la norme* – normal. ▶ *Approprié* – à propos, adapté, adéquat, approprié, bien trouvé, bien venu, bon, conforme, convenable, de circonstance, de saison, heureux, indiqué, juste, opportun, pertinent, propice, propre. *SOUT.* ad hoc, congruent, expédient, idoine. *DIDACT.* topique. ▶ *Satisfaisant* – acceptable, approuvable, bien, bon, convenable, décent, honnête, honorable, moyen, passable, présentable, raisonnable, satisfaisant, suffisant. *FAM.* potable, supportable. ▶ *Qui respecte les règles d'usage* – accepté, bon, de bon aloi, permis. ▶ *Qui respecte les convenances* – bien, bienséant, convenable, de bon ton, décent, digne, fréquentable, honnête, honorable, moral, rangé, recommandable, respectable, sérieux. *FAM.* comme il faut. ▶ *Loyal* – droit, franc, honnête, loyal, probe, régulier. *FAM.* carré, réglo, rond. ▲**ANT.** INCORRECT, FAUTIF, FAUX, INEXACT; IMPROPRE, INADAPTÉ, INADÉQUAT, INAPPROPRIÉ; EXTRAORDINAIRE, FANTASTIQUE, MERVEILLEUX; LAMENTABLE, MINABLE, PIÈTRE, PITOYABLE; INSATISFAISANT, INSUFFISANT; DE MAUVAIS ALOI, INTERDIT, MAUVAIS; AMORAL, CHOQUANT, ÉHONTÉ, IMMORAL, IMPUR, INCONVENANT, INDÉCENT, OBSCÈNE, OFFENSANT, RÉVOLTANT, SCABREUX, SCANDALEUX; DÉLOYAL, MALHONNÊTE, TRAÎTRE.

correctement *adv.* ▶ *Convenablement* – adéquatement, bien, comme il faut, comme il se doit, convenablement, dans les règles de l'art, décemment, juste, justement, pertinemment, proprement, raisonnablement, sainement, valablement, validement. *SOUT.* congrûment. *FAM.* bene. ▶ *Légitimement* – canoniquement, conformément, constitutionnellement, de droit, de jure, de plein droit, dûment, en bonne et due forme, juridiquement, légalement, légitimement, licitement, officiellement, réglementairement, régulièrement, valablement, validement. *FAM.* réglo. ▶ *Purement* – avec correction, purement. ▶ *Fidèlement* – à la lettre, conformément, exactement, religieusement, scrupuleusement, véritablement. ▲**ANT.** À TORT, ABUSIVEMENT, ERRONÉMENT, FAUSSEMENT, FAUTIVEMENT, IMPROPREMENT, INADÉQUATEMENT, INCORRECTEMENT, INEXACTEMENT, MAL; CRIMINELLEMENT, FRAUDULEUSEMENT, ILLÉGALEMENT, ILLÉGITIMEMENT, ILLICITEMENT, IRRÉGULIÈREMENT.

correction *n. f.* ▶ *Châtiment corporel* – châtiment corporel, punition corporelle, volée (de coups). *FAM.* dégelée, dérouille, dérouillée, passage à tabac, pâtée, peignée, pile, raclée, ratatouille, rossée, roulée, rouste, tabassage, tabassée, tannée, torchée, tournée, trempe, tripotée. *FRANCE FAM.* secouée, tatouille, tisane, trépignée. ▶ *Punition* – châtiment, condamnation, damnation, expiation, gage *(dans un jeu)*, leçon, peine, pénalisation, pénalité, pénitence, punition, répression, sanction, verbalisation. *FAM.* tarif. ▶ *Rectification* – amendement, changement,

corrompu

correctif, modification, rectification. *FAM.* modif. ▸ *Inadéquate* – sous-correction, surcorrection.

▸ *Finition* – achèvement, amélioration, arrangement, complètement, enjolivement, finition, léchage, mise au point, peaufinage, perfectionnement, polissage, raffinage, raffinement, retouche, révision, soin. *SOUT.* parachèvement. *FAM.* fignolage. ▸ *Normalité* – canonicité, conformité, constitutionnalité, juste, justesse, légalité, légitimité, normalité, normativité, régularité, validité. ▸ *Décence* – bienséance, bon ton, chasteté, convenance, décence, délicatesse, dignité, discrétion, éducation, fierté, gravité, honnêteté, honneur, modestie, politesse, propreté, pudeur, quant-à-soi, réserve, respect, retenue, sagesse, sobriété, tact, tenue, vertu. *SOUT.* pudicité. ▸ *Courtoisie* – affabilité, amabilité, aménité, attention, bienséance, bonnes manières, chevalerie, civilité, civisme, convivialité, courtoisie, délicatesse, éducation, entregent, galanterie, gentillesse, hospitalité, mondanités, obligeance, politesse, prévenance, savoir-vivre, serviabilité, sociabilité, tact, urbanité. *SOUT.* gracieuseté, liant. ▲ANT. RÉCOMPENSE; CÂLIN, CARESSE; AGGRAVATION; ERREUR, INCORRECTION; IMPOLITESSE, INCONVENANCE.

corrélatif *adj.* corrélé, interdépendant, interrelié, relié, solidaire. *DIDACT.* corrélationnel. ▲ANT. AUTONOME, INDÉPENDANT.

corrélation *n. f.* association, connexion, connexité, correspondance, dépendance, filiation, interaction, interdépendance, interrelation, liaison, lien, lien causal, rapport, rapprochement, relation, relation de cause à effet. *FIG.* pont. ▲ANT. AUTONOMIE, INDÉPENDANCE.

correspondance *n. f.* ▸ *Conformité* – cohérence, concordance, conformité. *SOUT.* accord, convenance. ▸ *Lien* – association, connexion, connexité, corrélation, dépendance, filiation, interaction, interdépendance, interrelation, liaison, lien, lien causal, rapport, rapprochement, relation, relation de cause à effet. *FIG.* pont. ▸ *Simultanéité* – accompagnement, coexistence, coïncidence, concomitance, concordance, concours de circonstances, contemporanéité, coordination, isochronie, isochronisme, rencontre, synchronicité, synchronie, synchronisation, synchronisme. ▸ *Courrier* – courrier, lettres. ▸ *Fréquentation* – attache, communication, compagnie, contact, côtoiement, coudoiement, entourage, familiarité, fréquentation, habitude, intelligence, intimité, liaison, lien, pratique, rapport, relation, société, termes (*bons ou mauvais*), usage, voisinage. *SOUT.* commerce. *PÉJ.* acoquinement, encanaillement. ▸ *Relation mathématique* – application, fonction. ▲ANT. CONTRADICTION, DÉSACCORD, DISCORDANCE, OPPOSITION; INDÉPENDANCE; MUTISME, SILENCE.

correspondant *adj.* ▸ *Conforme* – analogue, apparenté, approchant, assimilable, comparable, conforme, contigu, équivalent, homogène, homologue, indifférencié, pareil, parent, proche, ressemblant, semblable, similaire, voisin. *FAM.* kif-kif. *DIDACT.* commensurable. ▸ *Conciliable* – compatible, conciliable, concordant, convergent. ▲ANT. ANTAGONISTE, CONTRADICTOIRE, CONTRAIRE, DIVERGENT, ÉLOIGNÉ, INCOMPATIBLE, INCONCILIABLE, OPPOSÉ.

correspondant *n.* ▸ *Journaliste* – envoyé permanent, envoyé spécial, journaliste globe-trotter, reporter, reporteur. ▸ *Envoyé* – agent, ambassadeur, attaché, chargé d'affaires, chargé de mission, commissaire, délégataire, délégué, député, diplomate, émissaire, envoyé, fondé de pouvoir, légat, mandataire, messager, ministre, négociateur, parlementaire, plénipotentiaire, représentant. ▸ *Équivalent* – analogue, équivalent, homologue, pareil, parent, pendant, semblable.

correspondre *v.* ▸ *Convenir* – aller, cadrer, coller, convenir, répondre, s'accorder, s'appliquer, s'harmoniser. ▸ *Équivaloir* – égaler, équivaloir à, représenter, revenir à, valoir. ▸ *Coïncider* – coïncider, concorder, se recouper, se rejoindre. ♦ **correspondre** ou **se correspondre** ▸ *Aller ensemble* – aller bien, aller ensemble, cadrer, concorder, faire bien, s'accorder, s'associer, s'assortir, s'harmoniser, se marier. ▲ANT. S'OPPOSER, SE CONTREDIRE.

corridor *n. m.* ▸ *Partie d'un édifice* – couloir, galerie, portique. *QUÉB.* passage. ▸ *Zone de passage* – couloir, passage, voie.

corriger *v.* ▸ *Rectifier* – rajuster, rectifier, redresser. ▸ *Améliorer* – améliorer, amender, réformer, rénover. ▸ *Réviser un texte* – arranger, éditer, retoucher, réviser, revoir. ▸ *Reprendre qqn* – critiquer, reprendre. ▸ *Punir* – châtier, infliger une punition à, pénaliser, punir, sévir contre. *FAM.* faire payer. ▸ *Battre* (*FAM.*) – battre, frapper, porter la main sur, rosser, rouer de coups. *SOUT.* étriller. *FAM.* abîmer le portrait à, administrer une correction à, arranger le portrait à, casser la figure à, casser la gueule à, cogner, dérouiller, flanquer une raclée à, flanquer une volée à, passer à tabac, péter la gueule à, piler, rentrer dedans, tabasser, taper sur, voler dans les plumes à. *FRANCE FAM.* boxer, castagner, châtaigner, esquinter le portrait à, flanquer une pile à, mettre la tête au carré à, rentrer dans le chou à, rentrer dans le lard à, rentrer dans le mou à, tatouiller, tomber sur le paletot à, tomber sur le poil à, tricoter les côtes à. *QUÉB. FAM.* bûcher, fesser, tapocher. ♦ **se corriger** ▸ *Se défaire d'un défaut* – se débarrasser, se défaire, se guérir. ▲ANT. ALTÉRER, CORROMPRE, GÂTER, PERVERTIR; AGGRAVER, COMPLIQUER, ENVENIMER; MÉNAGER; RÉCOMPENSER; FÉLICITER, LOUANGER, LOUER.

corrompre *v.* ▸ *Inciter au mal* – débaucher, dépraver, dérégler, détourner du droit chemin, dévergonder, dévoyer, pervertir. ▸ *Soudoyer* – acheter, avoir à sa solde, soudoyer, suborner (*un témoin*). *SOUT.* stipendier. *FAM.* arroser, graisser la patte à. ▸ *Altérer* – altérer, dénaturer, frelater. ▸ *Polluer* – contaminer, polluer, vicier. ▸ *Faire perdre ses qualités* – abâtardir, avilir, dénaturer, gâter. ▸ *Décomposer* – gangrener, vicier. ♦ **se corrompre** ▸ *Se décomposer* – pourrir, s'altérer, se décomposer, se putréfier. ▸ *En parlant d'un aliment* – blettir (*fruit*), s'avarier, se gâter. ▸ *Croupir* – croupir, stagner. ▲ANT. ÉDIFIER, AMÉLIORER, CORRIGER, PERFECTIONNER; ASSAINIR, ÉPURER, PURIFIER.

corrompu *adj.* ▸ *Débauché* – débauché, dépravé, déréglé, dévoyé, dissipé, dissolu, immoral, libertin, relâché. *SOUT.* sardanapalesque. ▸ *Soudoyé* – pourri, soudoyé, vénal, vendu. ▸ *En décomposition*

– altéré, avarié, en décomposition, en putréfaction, gâté, pourri, pourrissant, putrescent, putride.

corruption *n.f.* ▶ *Décomposition* – altération, biodégradation, décomposition, faisandage, fermentation, gangrène, pourrissement, pourriture, putréfaction, putrescence, putridité, suiffage *(beurre)*, thanatomorphose. ▶ *Dégénérescence* – abaissement, abâtardissement, abjection, abrutissement, affadissement, affaiblissement, agonie, altération, amollissement, appauvrissement, atrophie, avachissement, avilissement, baisse, décadence, déchéance, déclin, décrépitude, dégénérescence, dégradation, délabrement, déliquescence, dénaturation, dépérissement, détérioration, édulcoration, étiolement, flétrissure, perte, perversion, pourrissement, pourriture, rouille, ruine, sape, usure. *SOUT.* aveulissement, crépuscule, pervertissement. *FAM.* déglingue, dégringolade. ▶ *Immoralité* – amoralité, cynisme, dépravation, immoralisme, immoralité, laxisme, péché, permissivité, perversion, perversité, vice. *SOUT.* désordre. ▶ *Malversation* – achat (de conscience), compromission, concussion, déprédation, détournement (de fonds), dilapidation, exaction, extorsion, forfaiture, fraude, malversation, maquignonnage, péculat, prévarication, soudoiement, subornation, trafic d'influence, tripotage, vénalité. *SOUT.* prévarication. *FAM.* magouillage, magouille, tripatouillage. ▲**ANT.** ASSAINISSEMENT, ÉPURATION, PURIFICATION; AMÉLIORATION, CORRECTION, PERFECTIONNEMENT, PROGRÈS; ÉDIFICATION, MORALISATION, RÉFORME; MORALITÉ, PROBITÉ, PURETÉ, VERTU.

corsé *adj.* ▶ *Épicé* – assaisonné, épicé, extra-fort, fort, pimenté, piquant, relevé. ▶ *Compliqué* – ardu, complexe, compliqué, délicat, difficile, épineux, laborieux, malaisé, problématique. *SOUT.* scabreux. *FAM.* calé, coton, dur, musclé, trapu.

corset *n.m.* ▶ *Vêtement* – gaine, gaine-culotte, guêpière. ▶ *Contrainte* (*FIG.*) – abaissement, allégeance, appartenance, asservissement, assujettissement, attachement, captivité, contrainte, dépendance, domestication, domesticité, domination, emprise, esclavage, gêne, hilotisme, inféodation, infériorité, mainmise, merci, mouvance, obédience, obéissance, obligation, oppression, pouvoir, puissance, servage, servitude, soumission, subordination, sujétion, tutelle, tyrannie, vassalité. *FIG.* carcan, chaîne, corset (de fer), coupe, fardeau, griffe, main, patte, prison; *SOUT.* fers, gaine, joug. *PHILOS.* hétéronomie.

cortège *n.m.* ▶ *Escorte* – accompagnement, convoi, équipage, escorte, garde, gardes du corps, pompe, service de protection, suite. ▶ *Procession* – cérémonie, colonne, convoi, défilade, défilé, file, marche, noce, noria, pardon, pèlerinage, procession, queue, suite, théorie, va-et-vient. ▶ *Manifestation* – défilé, démonstration publique, marche, protestation, rassemblement, réunion. *FAM.* manif.

corvéable *adj.* ▲**ANT.** LIBRE, SANS OBLIGATIONS.

corvée *n.f.* ▶ *Tâche* – affaire, besogne, devoir, obligation, occupation, ouvrage, tâche, travail. ▶ *Travail pénible* – peine. *SOUT.* labeur. ▲**ANT.** JEU D'ENFANT, PARTIE DE PLAISIR, RÉCRÉATION.

cosmique *adj.* céleste, galactique, intergalactique, interplanétaire, intersidéral, interstellaire, spatial. ▲**ANT.** CONCRET, MATÉRIEL, TERRESTRE.

cosmopolite *adj.* international, multiculturel, multiethnique, pluriethnique. ▲**ANT.** PATRIOTE; CHAUVIN, XÉNOPHOBE; LOCAL, NATIONAL.

cosmos *n.m.* ▶ *Univers* – ciel, création, espace, galaxie, les étoiles, macrocosme, monde, nature, sphère, tout. ▲**ANT.** NÉANT; TERRE.

cossu *adj.* à l'aise, aisé, cousu d'or, fortuné, huppé, milliardaire, millionnaire, nanti, privilégié, qui a les moyens, qui roule sur l'or, riche. *SOUT.* opulent. *FAM.* argenté, plein aux as; *PÉJ.* richard. *FRANCE FAM.* friqué, rupin. ▲**ANT.** DANS LE BESOIN, DÉFAVORISÉ, DÉMUNI, INDIGENT, MISÉRABLE, MISÉREUX, NÉCESSITEUX, PAUVRE.

costaud (var. **costeau**) *adj.* ▶ *Robuste* – athlétique, bien bâti, bien découplé, bréviligne, fort, gaillard, musclé, puissant, râblé, ragot *(animal)*, ramassé, robuste, solide, trapu, vigoureux. *SOUT.* bien membré, membru, musculeux. *FAM.* qui a du coffre. *FRANCE FAM.* balèze, bien baraqué, malabar, maous. ▶ *Doué dans une matière* (*FRANCE FAM.*) – à la hauteur, adroit, bon, brillant, capable, chevronné, compétent, connaisseur, d'élite, de haut vol, de haute volée, de talent, doué, émérite, entraîné, exercé, expérimenté, expert, ferré, fin, fort, habile, inspiré, passé maître, performant, qualifié, qui s'y connaît, talentueux, versé. *SOUT.* entendu à, industrieux, rompu à. *FAM.* calé, qui a la bosse de, qui sait y faire. *FRANCE FAM.* balèze, fortiche, incollable, trapu. *QUÉB.* connaissant; *FAM.* bollé. ▲**ANT.** ANÉMIQUE, CHÉTIF, FRÊLE, GRINGALET, MAIGRELET, MAIGRICHON, MALINGRE, RACHITIQUE; INCAPABLE, INCOMPÉTENT, MAUVAIS, MÉDIOCRE, NUL.

costume *n.m.* ▶ *Uniforme* – habillement, habit, harnachement, livrée, tenue, toilette, uniforme, vêtement. *ANC.* harnais, harnois. ▶ *Déguisement* – déguisement, panoplie, travestissement. ▶ *Vêtement d'homme* – complet, complet-veston, costume (de ville), (costume) trois-pièces, frac, habit, jaquette, rochet, smoking, tenue de soirée. *FAM.* costard, habit queue de morue, queue-de-pie, smok.

cote *n.f.* ▶ *Marque numérique* – adresse, code, marque (numérique), matricule, nombre, numéro. ▶ *Valeur* – appréciabilité, cotation, cours, coût, estimation, évaluation, montant, prix, tarif, tarification, taux, valeur. ▶ *Impôt* – charge, contribution, droit, excise, fiscalité, imposition, levée, patente, prélèvement, prestation, prime *(assurance)*, redevance, surtaxe, taxation, taxe, tribut. *QUÉB.* accise. *BELG.* accises. *HIST.* capitation, champart, corvée, dîme, fouage, franc-fief, gabelle, maltôte, moulage, taille, tonlieu. *DR.* foretage. ▶ *Norme* – arrêté, charte, code, convention, coutume, formule, loi, mesure, norme, obligation, ordre, précepte, prescription, protocole, régime, règle, règlement, usage.

côte *n.f.* ▶ *Partie du corps* – *FAM.* côtelette. ▶ *Aliment* – carré, côtelette, entrecôte. ▶ *Pente* – coteau, déclivité, descente, grimpette, montée, pente, raidillon, rampant *(toit)*, rampe, talus, versant. *ÉQUIT.* calade. ▶ *Rivage* – berge, bord, rivage, rive. ▶ *Plat* – graves, grève, plage. *QUÉB.* bordages *(glaces côtières)*. ▶ *Longeant la mer* – bord de mer, littoral. ▶ *À marée basse* – estran, lais, laisse, platier. *QUÉB.* batture.

▸ *Longeant un cours d'eau* – berge. ▸ *Nervure* – nervure, veine, veinule *(petite)*. ▸ *Colline* (QUÉB. FAM.) – colline, coteau *(petit)*, mamelon *(arrondi)*. ▲ANT. PLAT; CANNELURE, SILLON; CUVETTE, DÉPRESSION; ARRIÈRE-PAYS, HINTERLAND.

côté *n.m.* ▸ *Paroi* – bord, chant, face, facette, flanc, pan, paroi, profil, surface, tranche. MAR. travers. ▸ *Direction* – axe, cap, direction, exposition, face, inclinaison, ligne, orientation, sens, situation, vue. QUÉB. ACADIE FAM. bord. ASTRON. azimut. AÉRON. MAR. cap. MAR. gisement, orientement. ▸ *Point de vue* – angle, aspect, biais, face, facette, perspective, point de vue, versant. ▲ANT. CENTRE, MILIEU.

coteau *n.m.* ▸ *Éminence* – colline, mamelon *(arrondi)*. QUÉB. FAM. côte. ▸ *Pente* – côte, déclivité, descente, grimpette, montée, pente, raidillon, rampant *(toit)*, rampe, talus, versant. ÉQUIT. calade. ▲ANT. CUVETTE, DÉPRESSION.

côtelé *adj.* ▲ANT. LISSE, UNI.

côtelette *n.f.* ▸ *Aliment* – carré, côte, entrecôte.

coton *n.m.* ▸ *Tampon pour les soins d'hygiène* – coton (hydrophile), ouate.

côtoyer *v.* ▸ *Fréquenter* – coudoyer, fréquenter, voir. FAM. frayer avec. ▸ *Border* – border, confiner à, longer, suivre, toucher. ▸ *Voisiner* – approcher, avoisiner, confiner à, coudoyer, friser, frôler, toucher à. ▲ANT. S'ÉLOIGNER DE, S'ISOLER DE.

cou *n.m.* ▸ *Partie du corps* – ANAT. vertèbres cervicales. ▸ *Animaux* – encolure. ▸ *Col d'un récipient* – col, goulot.

couchant *adj.* ▲ANT. LEVANT.

couchant *n.m.* ▸ *Direction* – occident, ouest. ▸ *Moment* – chute du jour, coucher du soleil, crépuscule, déclin du jour, fin du jour, nuit tombante, soir, tombée de la nuit, tombée du jour. SOUT. lueur crépusculaire. QUÉB. brunante. ▲ANT. EST, LEVANT, ORIENT.

couche *n.f.* ▸ *Revêtement* – feuil, film, glacis. ▸ *Change d'un bébé* – change, change complet, rechange. ANC. pointe. ▸ *Lit* (SOUT.) – couchette *(petit)*, lit. SOUT. grabat *(mauvais)*. FAM. page, pageot, pagnot, pieu, plumard, pucier, sac à puces, (un) plume. ENFANTIN dodo. ◆ **couches**, *plur.* accouchement, délivrance, enfantement, expulsion, heureux événement, maïeutique, mal d'enfant, maternité, mise au monde, naissance, parturition.

coucher *v.* ▸ *Étendre* – allonger, étendre. ▸ *Mettre au lit* – aliter, mettre au lit. ▸ *Héberger* – abriter, accueillir, donner l'hospitalité à, donner le gîte à, héberger, loger, recevoir, recueillir. ▸ *Incliner* – incliner, pencher. QUÉB. FAM. canter. ▸ *Faire tomber* – abattre, faucher, renverser. ▸ *Passer la nuit* – dormir, passer la nuit. ◆ **se coucher** ▸ *S'étendre* – s'allonger, s'étendre. FAM. prendre la position horizontale. ▸ *Se mettre au lit* – aller au lit, se glisser dans les draps, se mettre au lit. FRANCE FAM. aller au page, aller au plumard, aller au plume, mettre la viande dans le torchon, mettre la viande dans les bâches, mettre la viande dans les toiles, se mettre dans le torchon, se mettre dans les bâches, se mettre dans les toiles, se paddocker, se pageoter, se pager, se pagnoter, se pieuter, se plumarder, se plumer, se zoner. QUÉB. FAM. se

camper, se canter. ▸ *Se montrer servile* (FAM.) – faire des courbettes, ramper, s'abaisser, s'agenouiller, s'humilier, se prosterner. FAM. s'aplatir (comme une carpette). ▲ANT. DRESSER, ÉLEVER, LEVER; ASSEOIR.

coucher *n.m.* ▸ *Action d'aller au lit* – couchage. ENFANTIN dodo. ▸ *Fait d'être hébergé pour la nuit* – gîte, hébergement. ▲ANT. LEVER, RÉVEIL.

couchette *n.f.* ▸ *Petit lit* – lit. SOUT. couche, grabat *(mauvais)*. FAM. page, pageot, pagnot, pieu, plumard, pucier, sac à puces, (un) plume. ENFANTIN dodo.

coude *n.m.* ▸ *Partie du bras* – ANAT. olécrâne. ▸ *Courbe* – courbe, tournant, virage. ▸ *Coin* – angle, anglet, arête, carre, coin, corne, diverticule, écoinçon, encoignure, enfourchement, noue, pan, recoin, renfoncement, retour, saillant, tournant. QUÉB. racoin. MAR. empointure.

coudre *v.* ▲ANT. DÉCOUDRE, DÉFAIRE, DÉFAUFILER, DÉTACHER; DÉSUNIR, DISJOINDRE.

coulant *adj.* ▸ *En parlant d'une substance* – aqueux, fluide, liquide. DIDACT. liquidien. ▸ *En parlant du style* – aisé, facile, fluide, naturel. ▸ *En parlant de qqn* – accommodant, aisé à vivre, arrangeant, bon prince, complaisant, conciliant, de bonne composition, du bois dont on fait les flûtes, facile (à vivre), flexible, souple, traitable. ▲ANT. CAILLÉ, ÉPAIS, FERME *(fromage)*, FIGÉ, PÂTEUX; CHARGÉ, LOURD, TARABISCOTÉ; IMPITOYABLE, IMPLACABLE, INFLEXIBLE, INTRAITABLE, INTRANSIGEANT, RÉBARBATIF, SÉVÈRE.

coulée *n.f.* ▸ *Action de faire couler* – coulage *(métal fondu)*, tirage *(vin)*. ▸ *Sentier* – allée, banquette, cavée, chemin, laie, layon, ligne, piste, sentier, tortille, traverse. QUÉB. portage *(pour canots)*, rang. ▸ *Ravin* (QUÉB. FAM.) – cañon, col, couloir, défilé, gorge, goulet, porte, ravin, ravine.

couler *v.* ▸ *S'écouler* – affluer, ruisseler, s'écouler, se déverser, se répandre. SOUT. courir, fluer, s'épancher. ▸ *Filtrer* – filtrer, passer, percoler. ▸ *Laisser échapper des gouttes* – dégoutter, fuir, goutter. BELG. gouttiner. ▸ *Se répandre en fondant* – fuser, se répandre. ▸ *Accomplir sa durée* – passer, s'écouler. ▸ *Sombrer* – faire naufrage, périr corps et biens, s'abîmer, s'engloutir, sombrer. MAR. sancir. ▸ *S'enfoncer dans l'eau* – caler *(navire)*. ▸ *Fabriquer avec un métal en fusion* – couler. ▸ *Délayer du ciment, le plâtre* – délayer, détremper, gâcher. ▸ *Traverser une période* – passer, traverser, vivre. ▸ *Faire sombrer* – envoyer par le fond. ▸ *Critiquer* (FAM.) – attaquer, critiquer, descendre en flammes, écharper, éreinter, étriller, faire le procès de, malmener, maltraiter, massacrer, matraquer, mettre à mal, pourfendre, s'acharner contre. FAM. cartonner, démolir, descendre, écorcher, esquinter. FRANCE FAM. allumer, débiner. QUÉB. FAM. maganer. ▸ *Discréditer* (FAM.) – déconsidérer, décrédibiliser, discréditer, disqualifier, perdre. FAM. brûler, griller. ▸ *Échouer à un examen* (QUÉB. FAM.) – échouer à. FAM. se faire étaler à, se planter à, se ramasser à. QUÉB. FAM. pocher. BELG. FAM. moffler. SUISSE FAM. luger. ◆ **se couler** ▸ *Se faufiler* – s'insinuer, se faufiler, se glisser. ▲ANT. STAGNER; FIGER, GELER; ÉMERGER, FLOTTER; RÉUSSIR.

couleur *adj.* ▲ANT. NOIR ET BLANC.

couleur *n. f.* ▶ *Teinte* – coloration, coloris, degré, demi-teinte, nuance, teinte, ton, tonalité. SOUT. chromatisme. ▶ *De la peau* – carnation, pigmentation, teint. ▶ *Du vin* – robe. ▶ *Matière colorante* – colorant, teinture. ▶ *Aspect* – air, allure, apparence, aspect, caractère, configuration, couvert, dehors, éclairage, expression, extérieur, façade, faciès, figure, forme, formule, impression, jour, masque, mine, paraître, perspective, physionomie, plastique *(en art)*, portrait, présentation, profil, ressemblance, semblant, surface, ton, tour, tournure, traits, vernis, visage. SOUT. enveloppe, superficie. ♦ **les couleurs, plur.** ▶ *Drapeau* – banderole, bandière, bannière, baucent *(ordre du Temple)*, calicot, cornette, drapeau, étendard, fanion, flamme, gonfalon, guidon, oriflamme, pavillon *(marine)*, pavois *(marine)*, pennon, tanka *(religieux)*. SOUT. enseigne. ANTIQ. vexille.

couleuvre *n. f.* ZOOL. colubridé.

coulisse *n. f.* ▶ *Glissière* – coulisseau *(petit)*, glissière, guide, toboggan. ▶ *Traînée* (QUÉB. FAM.) – coulure, traînée. FAM. dégoulinade. ▶ *Secret* (FIG.) – âme, arrière-fond, arrière-pensée, conscience, dedans, dessous, fond, for intérieur, intérieur, intériorité, intimité, jardin secret, repli, secret. SOUT. tréfonds. ♦ **coulisses, plur.** ▶ *Partie d'un théâtre* – cantonade.

couloir *n. m.* ▶ *Corridor d'un édifice* – corridor, galerie, portique. QUÉB. passage. ▶ *Zone de passage* – corridor, passage, voie. ▶ *Tamis* (QUÉB.) – blanchet *(liquide épais)*, chausse *(liquide épais)*, chaussette *(café)*, chinois, écumoire, étamine, filtre, passe-thé *(thé)*, passette, passoire, sas. TECHN. crapaudine, crépine, filtre-presse, pommelle, purgeoir *(eau de source)*.

coup *n. m.* ▶ *Choc* – accrochage, choc, cognement, collision, entrechoquement, heurt, impact, percussion, rencontre, secousse. ▶ *Bruit* – bang, battement, boum, choc, clappement, claquement, raté *(moteur)*, tapement. ▶ *Action de frapper* ▶ *Avec le poing* – coup de poing, horion. FAM. bourre-pif, castagne, châtaigne, gnon, jeton, macaron, marron, pain, tarte, torgnole. ▶ *Avec la paume* – claque, gifle, tape. SOUT. soufflet. FAM. baffe, beigne, mornifle, pain, taloche, tarte, torgnole. FRANCE FAM. aller et retour, calotte, emplâtre, giroflée (à cinq feuilles), mandale, pêche, rouste, talmouse, taquet. ▶ *Avec le doigt replié* – chiquenaude. FAM. pichenette. QUÉB. FAM. petit cochon, pichenotte. FAM. nasarde *(nez)*. ▶ *Avec le pied* – coup de pied, savate. FRANCE FAM. coup de latte. ▶ *Coup de feu* – coup (de feu), feu, tir. CHASSE tiré. ▶ *Commotion* – bouleversement, choc, commotion, ébranlement, émotion, secousse, traumatisme. ▶ *Épreuve* – contrariété, coup du destin, coup du sort, coup dur, disgrâce, échec, épreuve, hydre, infortune, mal, malchance, malheur, mauvais moment à passer, misère, péril, revers, ruine, tribulation. SOUT. traverse. ▶ *Élan* – bond, branle, élan, élancement, envolée, erre, essor, impulsion, lancée, lancement, mouvement, rondade *(acrobatie)*, saut. QUÉB. FAM. erre d'aller. ▶ *Effort* – coup (de collier), effort. FAM. bûchage, piochage. QUÉB. FAM. bourrée, coup de cœur. ▶ *Fois* – cas, circonstance, fois, heure, moment, occasion, occurrence. ♦ **coups, plur.** ▶ *Ensemble de coups de feu* – décharge, fusillade,

mitraillade, rafale, salve, tiraillement, tiraillerie, volée. ▲ANT. ESQUIVE, PARADE; CARESSE; APAISEMENT, CONSOLATION.

coupable *adj.* ▶ *Responsable* – dans son tort, fautif, responsable. DR. délinquant. ▶ *Répréhensible* – blâmable, condamnable, punissable, répréhensible. SOUT. damnable, incriminable. DR. délictueux. ▶ *Défendu* – clandestin, contrebandier, défendu, extralégal, frauduleux, illégal, illégitime, illicite, interdit, interlope, irrégulier, marron, pirate, prohibé. DR. délictuel, délictueux, fraudatoire. ▶ *Honteux* – abject, bas, crapuleux, dégoûtant, honteux, ignoble, immonde, inavouable, indigne, infâme, infect, innommable, inqualifiable, lâche, méprisable, odieux, repoussant, répugnant, sans nom, scandaleux, sordide, vil, vilain. SOUT. fangeux, ignominieux, nauséeux, triste, turpide. FAM. dégueu, dégueulasse, écœurant, gerbant, moche. ▲ANT. INNOCENT; APPRÉCIABLE, BON, CONSIDÉRÉ, HONORABLE, LOUABLE, MÉRITOIRE, RESPECTABLE.

coupable *n.* ▶ *Criminel* – criminel, délinquant, desperado, ennemi public, hors-la-loi, malfaiteur, transgresseur, violateur. FAM. gibier de potence. FRANCE FAM. pendard. ▶ *Responsable* – contrevenant, fautif, responsable. ▲ANT. INNOCENT.

coupant *adj.* ▶ *Au sens propre* – acéré, affilé, affûté, aigu, aiguisé, tranchant. ▶ *Au sens figuré* – abrupt, agressif, bourru, bref, brusque, brutal, cassant, dur, incisif, raide, rude, sec, tranchant. ▲ANT. ÉMOUSSÉ, USÉ; CONTONDANT; DOUX, TENDRE.

coupe *n. f.* ▶ *Verre* – gobelet, godet, quart, verre. FAM. dé à coudre. ANC. rhyton, rince-bouche. ▶ *Action de couper* – taillage, taille. ▶ *Déboisement* – abattage, déboisage, déboisement, déforestation, défrichage, défrichement, dépeuplement. ▶ *Manière dont qqch. est vu* – profil, section, vue. ▶ *Césure* – césure, coupure, hémistiche, pause, repos. ▶ *Prélèvement* – biopsie, forage, piqûre, ponction, ponction-biopsie, prélèvement, prise. ▶ *Dépendance* (FIG.) – abaissement, allégeance, appartenance, asservissement, assujettissement, attachement, captivité, contrainte, dépendance, domestication, domesticité, domination, emprise, esclavage, gêne, hilotisme, inféodation, infériorité, mainmise, merci, mouvance, obédience, obéissance, obligation, oppression, pouvoir, puissance, servage, servitude, soumission, subordination, sujétion, tutelle, tyrannie, vassalité. FIG. carcan, chaîne, corset (de fer), fardeau, griffe, main, patte, prison; SOUT. fers, gaine, joug. PHILOS. hétéronomie. ▲ANT. BOISEMENT; REPOUSSE.

couper *v.* ▶ *Trancher* – sectionner, trancher. ▶ *Raccourcir* – ébouter, écourter, raccourcir, rapetisser, rétrécir. SOUT. accourcir. ▶ *Tronçonner* – débiter, tronçonner. ▶ *Fendre* – cliver *(minéral)*, fendre. ▶ *Émonder* – ébrancher, éclaircir, élaguer, émonder, étronçonner, tailler. ▶ *Amputer* – amputer, réséquer. ▶ *Châtrer* – castrer, châtrer, émasculer, stériliser. ▶ *Balafrer* – balafrer, déchirer, écharper, écorcher, entailler, entamer, lacérer, larder, ouvrir, taillader. FAM. chapeler. ▶ *Pincer au visage* – cingler, fouetter, gifler, mordre, pincer, piquer, taillader. SOUT. flageller. ▶ *Diluer une boisson* – allonger, diluer, éclaircir, étendre, mouiller. FAM. baptiser. ▶ *Entrecouper un discours* – entrecouper, hacher, interrompre, saccader. ▶ *Traverser* – croiser, traverser. ▶ *Retrancher* – éliminer, enlever, ôter, radier, retrancher, supprimer. *FAM.* sucrer. ▶ *Isoler* – déconnecter, dégrouper, désunir, détacher, disjoindre, dissocier, écarter, éloigner, isoler, séparer. ▶ *Barrer un passage* – barrer, bloquer, boucher, obstruer. ▶ *Échapper* – échapper à, esquiver, éviter, fuir, passer au travers de, se dérober à, se dispenser de, se soustraire à. *FAM.* se défiler. *FRANCE FAM.* se débiner. ♦ *se couper* ▶ *Se contredire* (*FAM.*) – se contredire, se démentir, se trahir. ▲**ANT.** COLLER, GREFFER, JOINDRE, LIER, RAPPROCHER, RASSEMBLER, RÉUNIR, SOUDER, UNIR; AGRANDIR, ALLONGER, AUGMENTER, PROLONGER; AJOUTER; SUTURER.

couple *n. m.* ▶ *Deux choses* – doublet, paire. *PHILOS.* dyade. ▶ *Deux individus* – duo, paire, pariade (oiseaux). *FAM.* tandem. ▶ *En politique* – ticket. *ANTIQ.* duumvirat. ▶ *Union conjugale* – alliance, contrat conjugal, lit, mariage, ménage, nuptialité, union conjugale, union matrimoniale. *SOUT.* hymen, hyménée. ▲**ANT.** SINGLETON, SOLO, UNITÉ; INDIVIDU.

coupole *n. f.* ▶ *Dôme* – berceau, calotte, cul-de-four, dôme, lanterne, voûte. ▶ *Intérieur* – cintre, intrados. ▶ *Extérieur* – extrados. ▶ *Voûte céleste* – air, atmosphère, calotte (céleste), ciel, coupole (céleste), dôme (céleste), espace, sphère céleste, voûte (céleste), zénith. *SOUT.* azur, empyrée, éther, firmament, nues. ♦ **la Coupole** l'Académie (française), l'Institut, le palais Mazarin, le quai Conti, les Quarante.

coupon *n. m.* ▶ *Titre donnant droit à qqch.* – billet, bon, carte d'admission, entrée, ticket. *FAM.* tickson. ▶ *Titre financier* – action, bon, effet de commerce, obligation, papier, part, titre, valeur.

coupon-réponse *n. m.* bulletin de participation, bulletin-réponse, carte-réponse, coupon de participation.

coupure *n. f.* ▶ *Interruption* – brisure, cassure, discontinuité, fossé, hiatus, interruption, lacune, rupture, saut, solution de continuité. ▶ *Fermeture* – barrage, bouchage, bouclage, cloisonnage, cloisonnement, clôture, comblement, condamnation, fermeture, interception, lutage, murage, oblitération, obstruction, obturation, occlusion, remblai, tamponnement, verrouillage. ▶ *Suppression* – abolition, abrogation, annulation, cassation, cessation, dissolution, invalidation, résiliation, résolution, retrait, révocation, rupture de contrat, suppression. *BELG.* renon. ▶ *Césure* – césure, coupe, hémistiche, pause, repos. ▶ *Fragment* – bribe, brisure, charpie, débris, éclat, esquille (os), fraction, fragment, grain, granule, granulé, havrit, lambeau, limaille, miette, morceau, parcelle, part, particule, partie, pépite, portion, quartier, reste. *FAM.* graine. ▶ *Échancrure* – crénelure, découpure, dentelure, échancrure, encoche, entaille, faille, indentation, ouverture, sinuosité. *BOT. ANAT.* incisure. ▶ *Fente* – adent, brèche, coche, cran, créneau, crevasse, échancrure, égratignure, enclenche, encoche, engravure, entaille, entamure, épaufrure, faille, fente, feuillure, incision, marque, mortaise, moucheture, onglet, raie, rainurage, rainure, rayure, ruinure, scarification, scissure, sillon, souchèvement (roche), strie. *QUÉB. FAM.* grafignure. *BELG.* griffe. *BELG. FAM.* gratte. ▶ *Blessure* – balafre, blessure, entaille, estafilade, incision, scarification, taillade. ▶ *Billet de banque* – argent, argent comptant, argent liquide,

billet (de banque), comptant, espèces, liquide, numéraire, papier-monnaie. *FAM.* biffeton. ▲**ANT.** CONTINUATION, CONTINUITÉ, MAINTIEN; ALLUMAGE, OUVERTURE; ADDITION, AUGMENTATION; UNITÉ; TOTALITÉ.

cour (var. **Cour**) *n. f.* ▶ *Tribunal* – instance, juridiction, tribunal. *ANC.* directoire, inquisition, présidial. ▶ *Toilettes* (*BELG.*) – cabinet d'aisances, cabinet de toilette, cabinets, latrines, lavabos, lieux d'aisances, salle d'eau, salle de bains, salle de toilette, sanisette (publiques), sanitaires, toilettes, water-closets, waters, W.-C. *FAM.* petit coin, petit endroit. *AFR.* douchière. *ANC.* garde-robe.

courage *n. m.* ▶ *Bravoure* – audace, bravoure, cœur, cœur au ventre, cran, hardiesse, héroïsme, intrépidité, mépris du danger, témérité, vaillance. *SOUT.* valeur. *FAM.* tripes. ▶ *Ténacité* – aplomb, assurance, autorité, caractère, constance, cran, détermination, endurance, énergie, fermeté, force, permanence, poigne, rectitude, résolution, ressort, sang-froid, sérieux, solidité, sûreté, ténacité, vigueur, virilité, volonté. *SOUT.* fortitude, invulnérabilité. *FAM.* estomac, gagne. ▶ *Patience* – calme, constance, douceur, endurance, flegme, lenteur, patience, persévérance, persistance, résignation, sang-froid, tranquillité. *SOUT.* longanimité. ▲**ANT.** LÂCHETÉ, POLTRONNERIE; FAIBLESSE, PARESSE.

courageusement *adv.* audacieusement, bravement, hardiment, intrépidement, résolument, vaillamment, valeureusement, virilement. *SOUT.* crânement. ▲**ANT.** CRAINTIVEMENT, LÂCHEMENT, PEUREUSEMENT, TIMIDEMENT; AVEC CIRCONSPECTION, PRÉCAUTIONNEUSEMENT, PRÉVENTIVEMENT, PRUDEMMENT, SAGEMENT.

courageux *adj.* ▶ *Vaillant* – brave, hardi, héroïque, intrépide, vaillant, valeureux. *SOUT.* sans peur et sans reproche. ▶ *Stoïque* – aguerri, bien trempé, dur, dur au mal, endurant, endurci, fort, stoïque. *QUÉB. FAM.* qui a la couenne dure. ▲**ANT.** CRAINTIF, LÂCHE, PEUREUX, TIMIDE.

couramment *adv.* ▶ *Vulgairement* – banalement, communément, populairement, prosaïquement, trivialement, usuellement, vulgairement, vulgo. ▶ *Fréquemment* – à de rares exceptions près, à l'accoutumée, à l'ordinaire, à maintes reprises, à quelques exceptions près, communément, coutumièrement, d'habitude, d'ordinaire, dans la généralité des cas, dans la majorité des cas, dans la plupart des cas, de coutume, en général, en règle générale, fréquemment, généralement, habituellement, journellement, la plupart du temps, maintes fois, normalement, ordinairement, régulièrement, rituellement, souvent, toujours. ▲**ANT.** EXCEPTIONNELLEMENT, RAREMENT; COMME UNE VACHE ESPAGNOLE (langue).

courant *adj.* ▶ *Habituel* – banal, commun, connu, de tous les jours, fréquent, habituel, normal, ordinaire, répandu, usuel. *LING.* usité. ▶ *Actuel* – actuel, de l'heure, en application, en cours, en usage, en vigueur, existant, présent. ▶ *En vogue* – dominant, en vogue, général, populaire, qui a cours, régnant, répandu. ▲**ANT.** EXCEPTIONNEL, INACCOUTUMÉ, INHABITUEL, INUSITÉ, RARE; ANCIEN, ANTIQUE, ARCHAÏQUE, CADUC, DÉMODÉ, DÉPASSÉ, DÉSUET; PASSÉ; À VENIR, FUTUR, PROCHAIN.

courant *n. m.* ▸ *Mouvement d'eau* – cours, fil (de l'eau), flot, rapide, saut. ▸ *Mouvement d'air* – courant aérien, courant atmosphérique. ▸ *Augmentation subite* – afflux, batillage, déferlement, mouvement, vague. ▸ *Tendance* – chemin, cours, direction, évolution, fil, mouvance, mouvement, orientation, tendance, virage. SOUT. voie. ▸ *Courant électrique* – courant (électrique), électricité, énergie électrique. FAM. jus. ▲ANT. CALME PLAT ; STAGNATION ; PANNE.

courbaturé *adj.* à bout, à plat, brisé, courbatu, épuisé, éreinté, exténué, fatigué, fourbu, harassé, las, mort (de fatigue), moulu (de fatigue). ramolli. SOUT. recru (de fatigue), rompu (de fatigue), roué de fatigue. FAM. au bout du rouleau, avachi, claqué, crevé, esquinté, flagada, flapi, lessivé, nase, pompé, ramollo, raplapla, rétamé, sur le flanc, sur les genoux, sur les rotules, vanné, vidé. QUÉB. FAM. au coton, brûlé, poqué.

courbe *adj.* ▸ *Qui présente une courbe* – arqué, arrondi, cintré, contourné, courbé, curviligne, en arc de cercle, incurvé, recourbé, voûté. ▸ *Vers l'intérieur* – cambré, concave, creux, rentrant. ▸ *Vers l'extérieur* – arrondi, bombé, convexe, pansu, rebondi, renflé, rond, ventru. ▸ *Formé d'une suite de courbes* – serpentant, serpentin, sinueux, tortueux. SOUT. flexueux, méandreux, méandrique, tortu. ▲ANT. DRESSÉ, DROIT, RAIDE, RECTILIGNE ; AIGU, ANGULEUX, POINTU.

courbé *adj.* arqué, arrondi, cintré, contourné, curviligne, en arc de cercle, incurvé, recourbé, voûté.

courbe *n. f.* ▸ *Forme arrondie* – arçonnage, arcure, arrondi, bombage, cambre, cambrure, cintrage, circularité, concavité, conicité, convexité, courbure, fléchissement, flexion, flexuosité, galbe, incurvation, inflexion, parabolicité, rondeur, rotondité, sinuosité, sphéricité, tortuosité, voussure. ▸ *Arc* – anse, arc, arcade, arcature, arceau, arche, archivolte, courbure, demi-cercle, feston, recourbure. ▸ *Sinuosité* – arabesque, boucle, contour, détour, lacet, méandre, ondulation, repli, serpentin, sinuosité, volute *(fumée)*. SOUT. flexuosité. ▸ *Tournant* – coude, tournant, virage. ▸ *Graphique* – diagramme, enregistrement, graphe, graphique, tracé. FRANCE FAM. camembert *(en demi-cercle)*. ▲ANT. DROITE.

courber *v.* ▸ *Rendre courbe* – arquer, cambrer, cintrer, couder, incurver, voûter. ▸ *Déformer* – bistourner, contourner, déformer, déjeter, dévier, distordre, gauchir, tordre, voiler. QUÉB. crochir. TECHN. s'envoiler. ▸ *Manquer un cours* (SUISSE FAM.) – manquer. FAM. sécher. BELG. FAM. brosser. ▸ *Se déformer* – gauchir, gondoler, se déformer, se distordre, se voiler, travailler. QUÉB. crochir. ♦ **se courber** ▸ *Se pencher en signe de respect* – s'incliner, se prosterner. ▸ *Devenir courbe* – s'arquer, s'incurver, s'infléchir. ▲ANT. DRESSER, RAIDIR, RECTIFIER, REDRESSER, RELEVER.

courbure *n. f.* ▸ *Cambrure* – arçonnage, arcure, arrondi, bombage, cambre, cambrure, cintrage, circularité, concavité, conicité, convexité, courbe, fléchissement, flexion, flexuosité, galbe, incurvation, inflexion, parabolicité, rondeur, rotondité, sinuosité, sphéricité, tortuosité, voussure. ▸ *Courbe* – anse, arc, arcade, arcature, arceau, arche, archivolte, courbe,

demi-cercle, feston, recourbure. ▸ *Déformation* – anamorphose, aplatissement, déformation, déviation, distorsion, gauchissement, gondolage, gondolement, inclinaison, ovalisation, plissement, voilage, voile, voilement, voilure. TECHN. fluage. BIOL. amorphisme. ▲ANT. RAIDEUR ; ORTHOGONALITÉ.

coureur *n.* ▸ *Personne qui court* – coureur à pied, joggeur. ♦ **coureur**, *masc.* ▸ *Oiseau* – oiseau coureur, oiseau marcheur. ZOOL. paléognathe, ratite.

courir *v.* ▸ *Se déplacer rapidement* – filer, galoper. FAM. calter, cavaler, droper, fendre l'air, jouer des jambes, pédaler, piquer un sprint, prendre ses jambes à son cou, sprinter, tracer, tricoter des jambes, tricoter des pieds. ▸ *Arriver en vitesse* – accourir, affluer, se précipiter, se presser. ▸ *Faire vite* – faire vite, s'empresser, se dépêcher, se hâter, se précipiter, se presser. FAM. activer, pédaler, se grouiller. FRANCE FAM. bourrer, faire fissa, se dégrouiller, se magner, se magner le popotin. QUÉB. ACADIE FAM. se garrocher. QUÉB. FAM. abouler, clencher, gauler. ▸ *Se propager* – circuler, se propager. ▸ *Couler* (SOUT.) – affluer, couler, ruisseler, s'écouler, se déverser, se répandre. SOUT. fluer, s'épancher. ▸ *Chasser le gibier* – chasser. CHASSE courre. ▸ *Pourchasser qqn* – être aux trousses de, pourchasser, poursuivre, traquer. FAM. courser. SUISSE FAM. tracer après. ▸ *Parcourir* – parcourir, sillonner, traverser. ▸ *Fréquenter* – fréquenter, hanter. ▸ *Rechercher* – ambitionner, aspirer à, avoir des vues sur, avoir en tête de, briguer, convoiter, désirer, pourchasser, poursuivre, prétendre à, rechercher, solliciter, souhaiter, tendre à, viser. FAM. guigner, lorgner, reluquer. ▸ *Rechercher les aventures amoureuses* – FAM. cavaler, courailler. ▸ *Exaspérer* (FRANCE FAM.) – agacer, crisper, énerver, exaspérer, excéder, fatiguer, hérisser, impatienter, importuner, irriter, porter sur les nerfs à. FAM. barber, casser les pieds à, chauffer les oreilles à, embêter, emmieller, empoisonner, enquiquiner, faire suer, gonfler, horripiler, insupporter, pomper l'air à, porter sur le système à, scier, tanner, taper sur le système à, taper sur les nerfs à. FRANCE FAM. bassiner, canuler, cavaler, soûler. QUÉB. FAM. achaler, déranger, écœurer, tomber sur la noix à, tomber sur la rate à, tomber sur le système à, tomber sur les nerfs à, tomber sur les rognons à. ▲ANT. MARCHER ; PIÉTINER ; FAIRE HALTE, STATIONNER, STOPPER ; ÉVITER, FUIR.

couronne *n. f.* ▸ *Objet rond* – anneau, bague, cerceau, cercle, collier, disque, rondelle. FAM. rond. ▸ *Souveraineté* – autorité royale, royauté, sceptre, souveraineté, trône. ▸ *Territoire* – grand-duché *(petit)*, monarchie, royaume, sultanat *(Moyen-Orient)*. ▸ *Récompense* – accessit, bon point, citation, décoration, diplôme, distinction, gratification, médaille, mention, nomination, pourboire, prime, prix, récompense, satisfecit, trophée. QUÉB. FAM. bonbon. ▸ *Banlieue* – abords, alentours, banlieue, banlieue-dortoir, ceinture, cité-dortoir, environs, extension, faubourg, périphérie, quartier-dortoir, ville-dortoir, zone (suburbaine).

couronnement *n. m.* ▸ *Sacre* – bénédiction, consécration, dédicace, intronisation, onction, sacralisation, sacre. ▸ *Sommet* – cime, crête, dessus, faîte, haut, pinacle, point culminant, sommet. ACADIE FAM. fait. ▸ *Triomphe* – apothéose, bonheur, bonne fortune, boum, consécration, gloire, honneur, lauriers, prospérité, retentissement, réussite, succès, triomphe, trophée. *FAM.* malheur, (succès) bœuf, tabac. *FRANCE FAM.* carton, saucisson, ticket. ▶ *Aboutissement* – aboutissement, accomplissement, achèvement, apothéose, but, chute, complémentation, complètement, complétude, conclusion, consécration, consommation, dénouement, exécution, fin, finition, fruit, issue, produit, réalisation, règlement, résolution, résultat, sortie, terme, terminaison. *SOUT.* aboutissant. *PHILOS.* entéléchie. ▶ *Perfection* – achèvement, consommation, épanouissement, excellence, fini, fleur, maturité, meilleur, parachèvement, perfection, plénitude, précellence. *PHILOS.* entéléchie. ▲**ANT.** DÉPOSITION, DESTITUTION, RENVERSEMENT; ABDICATION; COMMENCEMENT, DÉBUT, INAUGURATION.

couronner *v.* ▶ *Proclamer souverain* – introniser, sacrer. ▶ *Récompenser* – primer, récompenser. ▶ *Surmonter* – coiffer, dominer, surmonter, surplomber. ▶ *Entourer* – auréoler, ceindre, coiffer, entourer, nimber. ▶ *Finir en beauté* – conclure en beauté, finir en beauté, parachever. ▲**ANT.** DÉCOURONNER, DESTITUER, DÉTRÔNER, RENVERSER; DÉPOUILLER, DÉSHONORER; DÉDAIGNER; GÂCHER, RUINER; COMMENCER.

courriel *n. m.* adresse électronique, courrier électronique, message électronique, messagerie électronique, télémessagerie.

courrier *n. m.* ▶ *Documents acheminés par la poste* – correspondance, lettres. ▶ *Service postal* – poste, service postal. *FRANCE* P. T. T.

courroie *n. f.* attache, câble, chaîne, corde, fers, lanière, lien, ligament, ligature, liure, sangle.

cours *n. m.* ▶ *Mouvement de l'eau* – courant, fil (de l'eau), flot, rapide, saut. ▶ *Évolution dans le temps* – cheminement, déroulement, développement, devenir, évolution, fil, marche, progrès, progression, suite. ▶ *Tendance* – chemin, courant, direction, évolution, fil, mouvance, mouvement, orientation, tendance, virage. *SOUT.* voie. ▶ *Prix* – appréciabilité, cotation, cote, coût, estimation, évaluation, montant, prix, tarif, tarification, taux, valeur. ▶ *Leçon* – classe, leçon, mémorisation, répétition, révision. *QUÉB. FAM.* repasse. ▶ *Conférence* – causerie, conférence, discours, exposé, laïus, lecture. ▶ *Traité* – argument, argumentation, développement, discours, dissertation, essai, étude, exposé, manuel, mémoire, monographie, somme, thèse. *DR.* dire. ▶ *Large rue* – allée, avenue, boulevard, mail, promenade. *BELG.* drève.

course *n. f.* ▶ *Action de courir* – *FAM.* cavalcade *(bruyante)*, galopade. ▶ *Suite précipitée* (*FAM.*) – bousculade, précipitation. *FAM.* cavalcade. ▶ *Allure* – allure, cadence, erre, marche, mouvement, pas, rythme, tempo, train, vitesse. ▶ *Trajet* – aller (et retour), chemin, cheminement, circuit, direction, distance, espace, itinéraire, marche, parcours, retour, route, tracé, traite, trajectoire, trajet, traversée, voyage. *FAM.* trotte. *FRANCE FAM.* tirée. ▶ *Promenade* – aventure, déambulation, déplacement, égarement, flânerie, instabilité, nomadisme, pérégrination, promenade, randonnée, rêverie, vagabondage, voyage. *SOUT.* badauderie, errance. *FAM.* rando, vadrouille, virée. *FRANCE FAM.* baguenaude, glandage. *QUÉB.* flânage, itinérance; *FAM.* niaisage. ▶ *Voyage* – allées et

venues, balade, campagne, circuit, circumnavigation, croisière, déplacement, excursion, expédition, exploration, incursion, marche, mission, navette, navigation, odyssée, passage, pèlerinage, pérégrination, périple, promenade, raid, rallye, randonnée, reconnaissance, tour, tourisme, tournée, transport, traversée, va-et-vient, voyage. *SOUT.* errance. *FAM.* bourlingue, rando, transhumance. *QUÉB.* voyagement. ◆ *courses, plur.* ▶ *Achats* – commissions, emplettes, provisions. *QUÉB.* magasinage. ▲**ANT.** ARRÊT, ESCALE, HALTE, REPOS; INTERRUPTION; IMMOBILITÉ.

coursier *n.* ▶ *Messager* – bagagiste, chasseur, commissionnaire, courrier, employé livreur, envoyé, garçon livreur, livreur, messager, porteur. *ANC.* estafette. *MILIT.* héraut (d'armes).

court *adj.* ▶ *De taille peu élevée* – bas, petit. ▹ *Qui a les jambes courtes* – bas sur pattes, court sur pattes, courtaud. ▶ *De peu de durée* – bref, éphémère, évanescent, fugace, fugitif, intérimaire, momentané, passager, précaire, provisoire, rapide, temporaire, transitoire. *SOUT.* périssable. ▶ *De peu de mots* – bref, concis, condensé, dense, laconique, lapidaire, ramassé, serré, sobre, sommaire, succinct. *PÉJ.* touffu. ▲**ANT.** GRAND, LONG; INTERMINABLE, SANS FIN; BAVARD, DÉLAYÉ, DIFFUS, PROLIXE, REDONDANT, VERBEUX.

courtepointe *n. f.* ▶ *Couverture* – alaise, couette, couverture, couvre-lit, couvre-matelas, couvre-pied, dessus-de-lit, drap (de lit), duvet, édredon, plaid, protège-matelas. *FAM.* bâche, couvrante. *QUÉB.* catalogne, douillette. *SUISSE* fourre. *QUÉB. ACADIE FAM.* couverte. ▶ *Ensemble d'éléments disparates* (*QUÉB.*) – costume d'Arlequin, damier, marqueterie, mosaïque.

courtier *n.* ▶ *Assureur* – agent (d'assurances), apériteur, assureur, courtier (d'assurances), inspecteur (d'assurances). ▶ *Intermédiaire commercial* – agent de change, démarcheur, opérateur, opérateur boursier, opérateur financier.

courtisan *n. m.* ▶ *Personne complaisante* – aclamateur, admirateur, adorateur, adulateur, apologiste, caudataire, complaisant, complimenteur, dithyrambiste, flatteur, patelin, valet. *SOUT.* applaudisseur, approbateur, glorificateur, laquais, laudateur, thuriféraire. ◆ *courtisans, plur.* ▶ *Entourage du roi* – cour. ▲**ANT.** CALOMNIATEUR, DÉNIGREUR, DIFFAMATEUR, MÉDISANT.

courtois *adj.* affable, bien élevé, bienséant, civil, délicat, galant, poli, qui a de belles manières. *SOUT.* urbain. *FAM.* civilisé. ▲**ANT.** DISCOURTOIS, GROSSIER, IMPERTINENT, IMPOLI, MAL ÉLEVÉ, RUSTRE.

courtoisie *n. f.* ▶ *Politesse* – affabilité, amabilité, aménité, attention, bienséance, bonnes manières, chevalerie, civilité, civisme, convivialité, correction, délicatesse, éducation, entregent, galanterie, gentillesse, hospitalité, mondanités, obligeance, politesse, prévenance, savoir-vivre, serviabilité, sociabilité, tact, urbanité. *SOUT.* gracieuseté, liant. ▲**ANT.** GOUJATERIE, GROSSIÈRETÉ, IMPOLITESSE.

cousin *n.* ▶ *Insecte* – culex. *QUÉB.* maringouin. ◆ *cousins, plur.* ▶ *Ensemble de personnes* – cousinage.

coussin *n. m.* ▶ *Enveloppe rembourrée* – coussinet *(petit)*. ANC. carreau *(carré)*.

coût *n. m.* appréciabilité, cotation, cote, cours, estimation, évaluation, montant, prix, tarif, tarification, taux, valeur. ▲ANT. AVANTAGE, BÉNÉFICE.

couteau *n. m.* ▶ *Instrument* – tranchant. ▶ *Arme* – poignard. SOUT. acier, fer. FAM. lardoire, schlass. ▶ *Mollusque* – ZOOL. solen. ◆ **couteaux, plur.** ▶ *Ensemble d'instruments* – coutellerie.

coûter *v.* ▶ *Valoir* – revenir à, valoir. FAM. faire. ▶ *Être pénible* – fatiguer, peser sur. ▲ANT. FAIRE GAGNER; AVOIR ENVIE DE, FAIRE PLAISIR À QQN DE, TENTER À QQN DE.

coûteux *adj.* astronomique, cher, élevé, exorbitant, fou, hors de prix, inabordable, prohibitif, ruineux. FAM. chérot, faramineux, salé. ▲ANT. BON MARCHÉ, ÉCONOMIQUE.

coutume *n. f.* ▶ *Tradition* – convention, habitude, habitus, mode, mœurs, pratique, règle, rite, tradition, us et coutumes, usage. ▶ *Norme* – arrêté, charte, code, convention, cote, formule, loi, mesure, norme, obligation, ordre, précepte, prescription, protocole, régime, règle, règlement, usage. ▲ANT. INNOVATION, NOUVEAUTÉ, ORIGINALITÉ; ANOMALIE, EXCEPTION, SINGULARITÉ.

coutumier *adj.* accoutumé, attendu, connu, consacré, d'usage, de pratique courante, de règle, de tradition, familier, habituel, naturel, normal, ordinaire, quotidien, régulier, rituel, routinier, usuel. ▲ANT. ANORMAL, BIZARRE, CURIEUX, DRÔLE, ÉTRANGE, INACCOUTUMÉ, INHABITUEL, INSOLITE, INUSITÉ, SINGULIER, SPÉCIAL.

couture *n. f.* ▶ *Assemblage* – bâti, faufilure, piquage, piqûre, rentraiture, surjet, suture, tranchefile, transfilage. ▶ *Confection de vêtements* – confection, haute couture, mode, prêt-à-porter. ▶ *Cicatrice* – balafre *(au visage)*, cicatrice, marque. ▶ *Opération chirurgicale* – surjet, suture. ▶ *Reliure* – brochage, mise en presse. ▶ *Procédé d'entrelacement* – brochage. ▲ANT. DÉCOUSURE.

couvée *n. f.* ▶ *Ce qui est pondu* – ponte. ▶ *Ensemble d'oiseaux* – nichée. ▶ *Famille* (FAM.) – cellule familiale, entourage, famille, foyer, fratrie, gens, logis, maison, maisonnée, membres de la famille, ménage, toit.

couvent *n. m.* ▶ *Maison religieuse* – abbaye, béguinage, chartreuse, cloître, commanderie, monastère, prieuré, trappe. ◗ *Orthodoxe* – laure, lavra. ▶ *Ensemble de religieux* – abbaye, monastère. ▶ *Pensionnat* – internat, pension, pensionnat.

couver *v.* ▶ *Entourer de soins* – cajoler, choyer, combler, dorloter, entourer de soins, être aux petits soins avec, materner, pouponner *(un bébé)*, soigner. FAM. bichonner, bouchonner, chouchouter, gâter, mitonner, soigner aux petits oignons, traiter aux petits oignons. SUISSE FAM. cocoler. ▶ *Surprotéger* – élever dans du coton, élever dans la ouate, materner, surprotéger. ▶ *Préparer par une longue réflexion* – calculer, combiner, imaginer, méditer, mûrir, préméditer, ruminer. ▶ *En parlant d'une chose abstraite* – dormir, être en latence, être latent, fermenter, sommeiller, somnoler. ▲ANT. BRUTALISER, RUDOYER; SORTIR DE *(maladie)*; ÉCLATER, FAIRE RAGE, SE DÉCHAÎNER.

couvercle *n. m.* clapet, obturateur, opercule, rabat.

couvert *adj.* ▶ *En parlant du ciel* – assombri, bouché, chargé de nuages, ennuagé, gris, lourd, nébuleux, nuageux, obscurci, voilé.

couvert *n. m.* ▶ *Feuillage* – feuillage, feuilles, ombrage. ▶ *Couverture du toit* – couverture, enfaîtement, faîtage. ▶ *Apparence* – air, allure, apparence, aspect, caractère, configuration, couleur, dehors, éclairage, expression, extérieur, façade, faciès, figure, forme, formule, impression, jour, masque, mine, paraître, perspective, physionomie, plastique *(en art)*, portrait, présentation, profil, ressemblance, semblant, surface, ton, tour, tournure, traits, vernis, visage. SOUT. enveloppe, superficie. ▶ *Nourriture* – aliment, nourriture, pain *(quotidien)*, table. FAM. bouffe, bouffetance, boustifaille, mangeaille, manger. FRANCE FAM. becquetance, croustance, étouffe-chrétien, étouffe-coquin, tortore. RELIG. manne.

couverture *n. f.* ▶ *Protection* – abri, aide, appui, assistance, chapeautage, conservation, garantie, garde, mandat, parrainage, paternalisme, patronage, protection, recommandation, renfort, rescousse, sauvegarde, secours, sécurisation, soutien, surveillance, tutelle. FIG. parapluie. QUÉB. marrainage *(femme)*. SOUT. égide. FAM. piston. ▶ *Pièce de literie* – alaise, couette, courtepointe, couvre-lit, couvre-matelas, couvre-pied, dessus-de-lit, drap *(de lit)*, duvet, édredon, plaid, protège-matelas. FAM. bâche, couvrante. QUÉB. catalogne, douillette. SUISSE fourre. QUÉB. ACADIE FAM. couverte. ▶ *Pièce de toile* – bâche, banne, capot, housse, prélart, taud, toile. ▶ *Ce qui recouvre le toit* – couvert, enfaîtement, faîtage. ▶ *Toit* (QUÉB. ACADIE FAM.) – appentis, auvent, chaume, terrasse, toit, toiture, toiture-terrasse, verrière, vitrage. SOUT. faîtage. ACADIE FAM. têt. ANTIQ. solarium. ▶ *Couvre-livre* – couvre-livre, jaquette, liseuse, protège-cahier. SUISSE fourre. ▶ *Garantie* – assurance, aval, caution, cautionnement, charge, consignation, ducroire, engagement, gage, garant, garantie, hypothèque, indexage, indexation, nantissement, obligation, palladium, parrainage, précaution, préservation, promesse, répondant, responsabilité, salut, sauvegarde, sécurité, signature, soulte, sûreté, warrant, warrantage. ▲ANT. INTÉRIEUR.

couvrir *v.* ▶ *Recouvrir d'un tissu, d'un papier* – recouvrir, tapisser, tendre. ▶ *Enrober* – enrober, entourer, envelopper. ▶ *Protéger du froid* – couvrir. QUÉB. FAM. abrier. ▶ *Recouvrir d'un enduit* – badigeonner, enduire, recouvrir. ▶ *Cacher une chose concrète* – cacher, camoufler, dérober, dérober aux regards, dissimuler, escamoter, masquer, receler, recouvrir, soustraire à la vue, soustraire aux regards, voiler. MILIT. classifier *(document)*. FAM. planquer. ▶ *Cacher une chose abstraite* – cacher, camoufler, déguiser, dissimuler, envelopper, escamoter, étouffer, farder, grimer, maquiller, masquer, occulter, travestir. SOUT. pallier. QUÉB. FAM. abrier. ▶ *Garder secret* – cacher, dissimuler, laisser de côté, omettre, passer sous silence, taire. SOUT. celer. ▶ *Englober* – embrasser, englober, recouvrir. ▶ *Occuper un espace* – emplir, garnir, occuper, remplir, s'étendre sur. ▶ *Parsemer* – joncher, parsemer, recouvrir. ▶ *Combler qqn* – abreuver, accabler, combler, gaver, gorger, inonder, rassasier, soûler. ♦ **se couvrir** ▶ *En parlant du ciel* – s'assombrir, s'ennuager, s'obscurcir, se brouiller, se voiler. *QUÉB. FAM.* se chagriner. ▲**ANT.** DÉCOUVRIR, DÉNUDER, DÉSHABILLER, DÉVOILER, MONTRER; DÉCELER, ÉTALER, RÉVÉLER.

crabe *n. m.* ▶ *Crustacé* – *ZOOL.* brachyoure.

crachat *n. m.* ▶ *Matière crachée* – *MÉD.* expectoration. *FAM.* graillon. *QUÉB. FAM.* morviat. ▶ *Décoration militaire* (*FRANCE FAM.*) – badge, décoration, distinction (honorifique), insigne. *FAM.* banane, hochet.

cracher *v.* ▶ *Projeter des crachats* – crachoter, expectorer, postillonner. *FAM.* crachouiller, graillonner. ▶ *Émettre un bruit de friture* – crachoter, crépiter, grésiller. *QUÉB. ACADIE FAM.* gricher. ▶ *Projeter* – éjecter, projeter, rejeter, vomir. ▶ *Dire avec hostilité* – assener, jeter par la tête, lancer, proférer, vomir. *SOUT.* éructer. *FAM.* débagouler. ▶ *Chercher à discréditer* – attaquer, baver sur, calomnier, casser du sucre sur le dos de, critiquer, décrier, dénigrer, déprécier, diffamer, dire du mal de, gloser sur, médire de, noircir, perdre de réputation, traîner dans la boue. *SOUT.* arranger de la belle manière, clabauder sur, dauber sur, détracter, dire pis que pendre de, mettre plus bas que terre. *FAM.* déblatérer contre, taper sur. *FRANCE FAM.* débiner, habiller pour l'hiver, tailler un costard à, tailler une veste à. *QUÉB. FAM.* parler dans le dos de, parler en mal de. *BELG.* décauser. ▶ *Débourser* (*FAM.*) – débourser, décaisser, dépenser, payer, verser. *FAM.* allonger, casquer, lâcher. ▲**ANT.** ABSORBER, AVALER; AIMER, LOUER, RESPECTER.

craie *n. f.* calcaire, calcite, roche calcaire, amendement, apport, chanci, chaux, compost, engrais, falun, fertilisant, fumier, fumure, glaise, goémon, guano, limon, lisier, marne, paillé, plâtre, poudrette, pralin, purin, superphosphate *(artificiel)*, tangue, terre de bruyère, terreau.

craindre *v.* appréhender, avoir peur de, redouter, s'effrayer de. ▲**ANT.** AFFRONTER, BRAVER; MÉPRISER; OSER; DÉSIRER, ESPÉRER, RECHERCHER, SOUHAITER.

crainte *n. f.* ▶ *Peur* – affolement, alarme, angoisse, appréhension, effarement, effarouchement, effroi, épouvante, frayeur, grand-peur, hantise, horreur, inquiétude, panique, peur, phobie, psychose, terreur, transes. *FIG.* vertige. *SOUT.* affres, apeurement. *FAM.* cauchemar, frousse, pétoche, trac, trouille. *QUÉB. FAM.* chienne. ▶ *Timidité* – appréhension, confusion, discrétion, effacement, effarouchement, embarras, émoi, frilosité, gaucherie, gêne, hésitation, honte, humilité, indécision, inhibition, introversion, malaise, modestie, peur, réserve, retenue, sauvagerie, timidité. *SOUT.* pusillanimité. *FAM.* trac. ▲**ANT.** DÉSIR, ESPÉRANCE, ESPOIR, SOUHAIT; ASSURANCE, CERTITUDE, CONFIANCE; AUDACE, BRAVOURE, COURAGE, HARDIESSE, INTRÉPIDITÉ; IRRÉVÉRENCE, MÉPRIS.

craintif *adj.* ▶ *Qui a peur* – angoissé, apeuré, effrayé, inquiet, ombrageux *(animal)*, peureux. *MÉD.* phobique. *SOUT. ou QUÉB. FAM.* épeuré. ▶ *Qui manque de courage* – couard, faible, frileux, lâche, mou, peureux, pleutre, poltron, pusillanime, qui se dérobe, timide, timoré, veule. ▶ *Farouche* – farouche, méfiant, sauvage. ▲**ANT.** BRAVE, COURAGEUX, HARDI, INTRÉPIDE, VAILLANT, VALEUREUX.

craintivement *adv.* frileusement, lâchement, ombrageusement, peureusement, pusillanimement, timidement. ▲**ANT.** AUDACIEUSEMENT, BRAVEMENT, COURAGEUSEMENT, HARDIMENT, INTRÉPIDEMENT, VAILLAMMENT, VALEUREUSEMENT.

cramoisi *adj.* ▶ *En parlant du visage* – coloré, congestionné, couperosé, écarlate, empourpré, en feu, enflammé, enluminé, injecté, rouge, rougeaud, rougissant, rubicond, sanguin, vineux. *SOUT.* rubescent, vultueux. *FAM.* rouget. ▶ *Violet-rouge* – amarante, colombin, lie-de-vin, pourpre, violine, zinzolin. ▲**ANT.** BLAFARD, BLANC, BLÊME, CADAVÉRIQUE, EXSANGUE, HÂVE, LIVIDE, PÂLE.

crampe *n. f.* ▶ *Contraction* – astriction, constriction, contraction, crispation, étranglement, palpitation, pressage, pression, pressurage, resserrement, rétraction, rétrécissement, serrement, spasme, tension. *MÉD.* striction. ▶ *Clou* (*QUÉB. FAM.*) – cavalier, crampillon. ▲**ANT.** RELÂCHEMENT; SOULAGEMENT.

cramponner *v.* ▶ *Accaparer* (*FAM.*) – accaparer. *FAM.* coller. ♦ **se cramponner** ▶ *Se tenir* – s'accrocher, s'agripper, se raccrocher, se retenir, se tenir. *SOUT.* s'agriffer. ▲**ANT.** ARRACHER, DÉFAIRE, DÉTACHER, LAISSER. △**SE CRAMPONNER** – LÂCHER PRISE.

crânerie *n. f.* ▶ *Vantardise* – bluff, bravade, braverie, charlatanerie, charlatanisme, conte, exagération, fabulation, fanfaronnade, forfanterie, gasconnade, hâblerie, histoire marseillaise, jactance, mensonge, mythomanie, rengorgement, rodomontade, tromperie, vantardise, vanterie. *FRANCE FAM.* charre, craque, épate, esbroufe, frime, vanne. *QUÉB. FAM.* menterie. ▶ *Vanité* – amour-propre, arrogance, autosatisfaction, bouffissure, complaisance, contentement (de soi), enflure, fatuité, gloriole, hauteur, immodestie, importance, jactance, mégalomanie, morgue, orgueil, ostentation, outrecuidance, parade, pose, présomption, prétention, suffisance, superbe, supériorité, triomphalisme, vanité, vantardise. *SOUT.* fierté, infatuation. *FAM.* ego. *QUÉB. FAM.* pétage de bretelles. ▲**ANT.** HUMILITÉ, MODESTIE, RÉSERVE.

crapaud *n. m.* ▶ *Amphibien* ▶ *Familles* – bufonidé, dicoglossidé, pélobatidé, pipidé, rhynophridé. ▶ *Défaut* – gendarme, paille, paillette. ▶ *Siège* – bergère, cabriolet, fauteuil, fauteuil club, (fauteuil) crapaud, fauteuil pivotant, fauteuil Wassily, marquise, voltaire. ▶ *Piano* – piano crapaud, piano quart de queue. ▶ *Gamin* (*FAM.*) – (affreux) jojo, chipie, coquin, diablotin, filou, fripon, galopin, mauvaise graine, (petit) bandit, (petit) chenapan, (petit) démon, (petit) diable, (petit) garnement, (petit) gredin, (petit) poison, (petit) polisson, (petit) vaurien, (petit) voyou, (petite) canaille, (petite) peste, poulbot *(de Montmartre)*, titi, vilain. *SOUT.* lutin. *FAM.* morveux, (petit) crapaud, petit merdeux, petit monstre, sacripant. *QUÉB. FAM.* grippette, (petit) snoreau, (petit) tannant, (petit) vlimeux.

crapule *n. f.* aigrefin, arnaqueur, bandit, brigand, canaille, carambouilleur, chevalier d'industrie, concussionnaire, escroc, extorqueur, faisan, fraudeur, gangster, gredin, maître chanteur, malfaiteur, mercanti, pirate, profiteur, sangsue, spoliateur, tripoteur, voleur, voyou. *SOUT.* déprédateur, forban. *DR.* captateur. ▲**ANT.** ANGE, PERLE, TRÉSOR.

crapuleux *adj.* abject, bas, coupable, dégoûtant, honteux, ignoble, immonde, inavouable, indigne, infâme, infect, innommable, inqualifiable, lâche, méprisable, odieux, repoussant, répugnant, sans nom, scandaleux, sordide, vil, vilain. *SOUT.* fangeux, ignominieux, nauséeux, triste, turpide. *FAM.* dégueu, dégueulasse, écœurant, gerbant, moche. ▲ANT. DIGNE, HONORABLE, NOBLE.

craquement *n. m.* crachotement, craquètement, crépitation, crépitement, décrépitation, pétillement.

craquer *v.* ▶ *Émettre de petits bruits secs* – craqueter, crépiter, grésiller, pétiller. ▶ *Se déchirer* – céder, se déchirer, se défaire. ▶ *Croquer sous la dent* (*FRANCE*) – croquer, croustiller. ▶ *Perdre sa résistance psychologique* – s'écrouler, s'effondrer. ▶ *Céder à une envie* (*FAM.*) – abandonner, céder, se laisser aller, succomber. *FAM.* flancher. ▶ *S'émouvoir* (*FAM.*) – s'attendrir, s'émouvoir. *FAM.* fondre. ▲ANT. RÉSISTER, TENIR BON.

crasse *n. f.* ▶ *Malpropreté* – bassiné, bourre, bourrier, chiure, chute, culot, débris, déchet, dépôt, détritus, excrément, fange, fiente, fumier, gadoue, immondices, impureté, lavure, lie, malpropreté, ordure, parcelle, perte, poussière, raclure, rebut, reliefs, reliquat, résidu, reste, rinçure, rognure, saleté, salissure. *FAM.* cochonnerie, margouillis, saloperie. ▶ *Méchanceté* – bassesse, coup bas, malfaisance, méchanceté, méfait, rosserie. *SOUT.* perfidie, scélératesse, vilenie. *FAM.* sale coup, sale tour, saloperie, tour de cochon, vacherie. *FRANCE FAM.* mistoufle. *QUÉB. FAM.* chiennerie, coup de cochon, écœuranterie. ▲ANT. NETTETÉ, PROPRETÉ; GENTILLESSE.

crasseux *adj.* crotté, d'une propreté douteuse, dégoûtant, encrassé, ignoble, immonde, infâme, infect, maculé, malpropre, sale, sordide, souillé. *FAM.* crapoteux, dégueu, dégueulasse, pouilleux. *FRANCE FAM.* cracra, crade, cradingue, crado, cradoque, craspec, salingue. ▲ANT. IMMACULÉ, IMPECCABLE, NET, PROPRE, SOIGNÉ.

cravate *n. f.* ▶ *Bande d'étoffe* – barbette, jabot, lavallière. *QUÉB.* nuage. *ANC.* guimpe.

crayon *n. m.* ▶ *Croquis* – canevas, crayonné, croquis, dessin, ébauche, épure, esquisse, essai, étude (préparatoire), griffonnement, pochade, premier jet, préparation, projet, schéma. *SOUT.* linéaments. *FRANCE FAM.* crobard. ▶ *Bâtonnet de fard* – crayon (pour les yeux), khôl, ligneur, traceur.

créance *n. f.* arriéré, charge, compte, crédit à découvert, débet, débit, découvert, déficit, dette, devoir, doit, dû, emprunt, engagement, impayé, moinsperçu, non-paiement, obligation, passif, solde débiteur. *BELG.* mali, pouf. ▲ANT. SCEPTICISME.

créancier *n.* obligataire. ▲ANT. DÉBITEUR.

créateur *adj.* ▶ *Inventif* – créatif, imaginatif, innovant, inventif, qui a l'imagination fertile. ▶ *Qui crée* – générateur, producteur. ▲ANT. IMITATEUR, SUIVEUR; DESTRUCTEUR.

créateur *n.* ▶ *Instigateur* – âme, artisan, auteur, canalisateur, centre, cerveau, chef, cheville ouvrière, dirigeant, fondateur, incitateur, initiateur, inspirateur, instigateur, locomotive, maître (d'œuvre), meneur, moteur, organisateur, patron, père, promoteur, protagoniste, régisseur, responsable. *SOUT.* excitateur, instaurateur, ouvrier. ▶ *Bâtisseur* – aménageur, architecte, bâtisseur, concepteur, concepteur-projeteur, créatif, édificateur, fondateur, ingénieur, inventeur, maître d'œuvre, ordonnateur, projeteur, urbaniste. *SOUT.* démiurge. ▲ANT. CASSEUR, DÉMOLISSEUR, DESTRUCTEUR.

créatif *adj.* créateur, imaginatif, innovant, inventif, qui a l'imagination fertile. ▲ANT. CONSERVATEUR, CONVENTIONNEL.

création *n. f.* ▶ *Commencement* – actionnement, amorçage, amorce, balbutiement, bégaiement, commencement, début, déclenchement, démarrage, départ, ébauche, embryon, enclenchement, enfance, entrée, esquisse, fondement, germe, inauguration, origine, ouverture, prélude, prémisse, principe, tête. *SOUT.* aube, aurore, matin, prémices. *FIG.* apparition, avènement, éclosion, émergence, éruption, explosion, genèse, germination, naissance, venue au monde. ▶ *Imagination* – conception, créativité, évasion, extrapolation, fantaisie, fantasme, fictif, fiction, idéal, idéation, idée, illumination *(soudain)*, imaginaire, imagination, inspiration, invention, inventivité, irréel, souffle (créateur), supposition, surréalité, surréel, veine, virtuel. *SOUT.* folle du logis, muse. *FRANCE FAM.* gamberge. ▶ *Formation* – composition, conception, confection, constitution, construction, développement, édification, élaboration, exécution, fabrication, façon, façonnage, façonnement, formation, génération, genèse, gestation, invention, œuvre, organisation, paternité, production, réalisation, structuration, synthèse. *SOUT.* accouchement, enfantement. *DIDACT.* engendrement. ▶ *Fondation* – constitution, disposition, édification, établissement, fondation, implantation, importation, installation, instauration, institution, introduction, intronisation, mise en œuvre, mise en place, mise sur pied, nomination, organisation, placement, pose. *INFORM.* implémentation. ▶ *Univers* – ciel, cosmos, espace, galaxie, les étoiles, macrocosme, monde, nature, sphère, tout. ▲ANT. ACHÈVEMENT, FIN; CONTREFAÇON, COPIE, IMITATION, PLAGIAT; ANÉANTISSEMENT, DÉMOLITION, DESTRUCTION; NÉANT.

créativité *n. f.* conception, création, évasion, extrapolation, fantaisie, fantasme, fictif, fiction, idéal, idéation, idée, illumination *(soudain)*, imaginaire, imagination, inspiration, invention, inventivité, irréel, souffle (créateur), supposition, surréalité, surréel, veine, virtuel. *SOUT.* folle du logis, muse. *FRANCE FAM.* gamberge. ▲ANT. DESTRUCTIVITÉ; IMITATION, SINGERIE.

créature *n. f.* ▶ *Être* – être. *PHILOS.* étant. ▶ *Protégé* – favori, protégé. *ANTIQ. ROM.* client. ▲ANT. ÊTRE HUMAIN; DIEU.

crèche *n. f.* ▶ *Garderie* – garderie, halte-garderie, jardin d'enfants, maternelle, pouponnière. *QUÉB.* bambinerie, prématernelle. *BELG.* école gardienne. ▶ *Chambre* (*FAM.*) – alcôve, chambre (à coucher), chambrée *(caserne)*, chambrette, dortoir. *FAM.* carrée, piaule, taule; *PÉJ.* cambuse, turne. ▶ *Maison* (*FAM.*) – domicile, foyer, intérieur, maison, nid, résidence, toit. *SOUT.* demeure, habitacle, logis. *FAM.* bercail, bicoque, chaumière, chez-soi, pénates.

crédible *adj.* croyable, plausible, probable, vraisemblable. ▲**ANT.** À DORMIR DEBOUT, ABRACADABRANT, INVRAISEMBLABLE.

crédit *n. m.* ▶ *Prêt* – aide (financière), avance, bourse, commodat, découvert, dépannage, préfinancement, prêt, prime, subvention (remboursable). ▶ *Excédent* – actif, avantage, avoir, bénéfice, boni, excédent, fruit, gain, produit, profit, rapport, reliquat, reste, revenant-bon, revenu, solde, solde créditeur, solde positif. *FAM.* bénéf, gras, gratte, part du gâteau. ▶ *Frais* – agio, charges, commission, frais, intérêt, plus-value, prélèvement. ▶ *Confiance* – crédibilité, fiabilité. ▶ *Influence* – action, aide, appui, ascendant, attirance, attraction, aura, autorité, contagion, dominance, domination, effet, empreinte, emprise, fascination, force, importance, incitation, influence, inspiration, magie, magnétisme, mainmise, manipulation, mouvance, persuasion, pétition, poids, pouvoir, prépondérance, présence, pression, prestige, puissance, règne, rôle, séduction, subjugation, suggestion, tyrannie. *SOUT.* empire, intercession. ♦ **crédits,** *plur.* ▶ *Somme pour un usage déterminé* – budget, enveloppe. ▲**ANT.** DÉBIT, DETTE, DOIT, DÛ; DÉFAVEUR, DÉFIANCE, DISCRÉDIT, MÉFIANCE.

créditeur *n.* ▲**ANT.** DÉBITEUR.

credo *n. m.* ▶ *Ligne de conduite* – approche, art, chemin, code, comment, démarche, discipline, dispositif, façon (de faire), facture, formule, heuristique, instruction, instrument, ligne de conduite, maïeutique, manière, marche (à suivre), méthode, modalité, mode d'emploi, mode, moyen, opération, ordre, organisation, outil, posologie, pratique, procédé, procédure, protocole, raisonnement, recette, règle, secret, stratagème, stratégie, système, tactique, technique, théorie, traitement, voie. *SOUT.* faire.

crédule *adj.* ▶ *Simple et confiant* – angélique, candide, confiant, ingénu, innocent, naïf, pur, simple. ▶ *Confiant jusqu'à la bêtise* – innocent, naïf, niais, simple, simplet. *FAM.* cucul, jobard, nunuche, poire. ▶ *Facile à tromper* – dupe, mystifiable, naïf. *FAM.* bonard. *QUÉB. FAM.* poisson. ▲**ANT.** DÉFIANT, MÉFIANT, SOUPÇONNEUX, SUSPICIEUX; AVERTI, RENSEIGNÉ; DUBITATIF, INCRÉDULE, SCEPTIQUE.

crédulité *n. f.* candeur, jobarderie, jobardise, naïveté, niaiserie. ▲**ANT.** DÉFIANCE, DOUTE, INCERTITUDE, INCRÉDULITÉ, MÉFIANCE, SCEPTICISME, SOUPÇON.

créer *v.* ▶ *Inventer* – concevoir, imaginer, improviser, innover, inventer, mettre au point, trouver. *QUÉB. FAM.* patenter. ▶ *Confectionner* – composer, confectionner, élaborer, fabriquer, façonner, faire, mettre au point, préparer, produire, travailler à. *SOUT.* enfanter. *PÉJ.* accoucher de. ▶ *Fonder* – constituer, établir, fonder, former, instaurer, instituer, mettre en place. *SOUT.* ériger. ▶ *Nommer à une fonction* – instituer, nommer, promouvoir, titulariser. *SUISSE* repourvoir. ▶ *Causer* – amener, apporter, catalyser, causer, déchaîner, déclencher, déterminer, donner, donner lieu à, donner naissance à, engendrer, entraîner, faire, faire naître, former, générer, occasionner, produire, provoquer, soulever, susciter. *PHILOS.* nécessiter. ▲**ANT.** ANÉANTIR, ANNIHILER, DÉTRUIRE, SUPPRIMER; ABOLIR, ABROGER.

crémeux *adj.* moelleux, onctueux, velouté.

créneau *n. m.* ▶ *Temps disponible* – fenêtre, trou. ♦ **créneaux,** *plur.* ▶ *Ensemble d'entailles* – crénelage.

crénelé *adj.* cranté, denté, dentelé, en dents de scie.

crépiter *v.* ▶ *Émettre des petits bruits secs* – craquer, craqueter, grésiller, pétiller. ▶ *Émettre un bruit de friture* – cracher, crachoter, grésiller. *QUÉB. ACADIE FAM.* gricher.

crépusculaire *adj.* vespéral. ▲**ANT.** AURORAL.

crépuscule *n. m.* ▶ *Tombée du jour* – chute du jour, couchant, coucher du soleil, déclin du jour, fin du jour, nuit tombante, soir, tombée de la nuit, tombée du jour. *SOUT.* lueur crépusculaire. *QUÉB.* brunante. ▶ *Lever du jour* – aube, aurore, crépuscule (du matin), début du jour, lever de l'aurore, lever du jour, lever du matin, lever, naissance du jour, (petit) matin, point du jour. *SOUT.* lueur crépusculaire, pointe de l'aube, pointe du jour. ▶ *Déclin* (*SOUT.*) – abaissement, abâtardissement, abjection, abrutissement, affadissement, affaiblissement, agonie, altération, amollissement, appauvrissement, atrophie, avachissement, avilissement, baisse, corruption, décadence, déchéance, déclin, décrépitude, dégénérescence, dégradation, délabrement, déliquescence, dénaturation, dépérissement, détérioration, édulcoration, étiolement, flétrissure, perte, perversion, pourrissement, pourriture, rouille, ruine, sape, usure. *SOUT.* aveulissement, pervertissement. *FAM.* déglingue, dégringolade. ▶ *Fin* (*SOUT.*) – épilogue, fin, finale. ▲**ANT.** AUBE, AURORE; COMMENCEMENT, DÉBUT; APOGÉE.

crête *n. f.* ▶ *Excroissance osseuse* – apophyse, épine, tubercule, tubérosité. ▶ *Huppe* – aigrette, huppe. ▶ *Cime* – cime, couronnement, dessus, faîte, haut, pinacle, point culminant, sommet. *ACADIE FAM.* fait. ▲**ANT.** CREUX.

crétin *adj.* ▶ *Abruti* – abruti, benêt, bête, bête à manger du foin, borné, demeuré, hébété, idiot, imbécile, inintelligent, niais, nigaud, obtus, sot, stupide. ▲**ANT.** À L'ESPRIT VIF, BRILLANT, ÉVEILLÉ, INTELLIGENT; ASTUCIEUX, DÉLURÉ, FIN, FINAUD, FUTÉ, HABILE, INGÉNIEUX, INVENTIF, MALIN, RUSÉ.

creusage *n. m.* affouillement, approfondissement, creusement, déblai, défonçage, défoncement, évidement, excavation, fonçage, foncement, forage, foration, fouille, fouissage, perçage, percement, piochage, sondage. *TECHN.* rigolage. *AGRIC.* effondrement. ▲**ANT.** COMBLEMENT, REMPLISSAGE.

creuser *v.* ▶ *Évider* – évider, refouiller. ▶ *Excaver le sol* – excaver, creuser, forer. ▶ *Affouiller la côte* – affouiller, dégrader, éroder, miner, ronger, saper. ▶ *Couvrir de sillons* – raviner, sillonner. ▶ *Amaigrir* – amaigrir, décharner, dessécher, efflanquer, émacier. ▶ *Étudier à fond* – approfondir, ausculter, épuiser, étudier à fond, examiner sous toutes les coutures, fouiller, passer au crible, scruter, traiter à fond. ▲**ANT.** COMBLER, EMPLIR, REMPLIR; BOMBER, ENFLER, GONFLER, RENFLER; EFFLEURER, SURVOLER.

creux *adj.* ▶ *Qui présente une cavité* – cave, vide. ▶ *Qui présente un creux* – cambré, concave, rentrant. ▶ *En parlant du visage, des joues* – creusé, rentré. ▶ *En parlant des yeux* – cave, enfoncé, renfoncé. ▸ *Creusé et resserré* – encaissé, profond. ▸ *Vide de sens* – futile, insignifiant, inutile, oiseux, spécieux, vain, vide. ▸ *Reculé* (QUÉB. ACADIE FAM.) – à l'écart, écarté, éloigné, isolé, perdu, reculé, retiré, solitaire. FAM. paumé. ▲ANT. BOMBÉ, CONVEXE, RENFLÉ; BOUFFI (*visage*), JOUFFLU, ROND; EXORBITÉS (*yeux*), GLOBULEUX, PROÉMINENTS, SAILLANTS; ÉLOQUENT, INSTRUCTIF, INTELLIGENT, RÉVÉLATEUR, SIGNIFICATIF; ACCESSIBLE, FACILE D'ACCÈS, PROCHE.

creux *n. m.* ▸ *Affaissement* – affaissement, cavité, crevasse, dépression, éboulement, écroulement, effondrement, flache, fondrière, fossé. GÉOL. ensellement, épirogenèse, fondis, graben. ▸ *Anfractuosité* – alvéole, anfractuosité, cavité, creusure, crevasse, enfoncement, évidement, évidure, trou. ▸ *Profondeur* – abîme, abysse, distance, enfoncement, épaisseur, (fin) fond, fosse, gouffre, lointain, perspective, profondeur. SOUT. entrailles. ▸ *Fond* – accul, bas, bas-fond, cul, culot, cuvette, fondement, sole. ▸ *Intervalle* – battement, distance, durée, espace (de temps), intervalle, laps de temps. SOUT. échappée. QUÉB. ACADIE FAM. escousse, secousse. BELG. fourche. ▸ *Ralentissement* – abaissement, affaiblissement, affaissement, amenuisement, amoindrissement, baisse, chute, déclin, décroissance, décroissement, décrue, dégression, déplétion, dépréciation, descente, désescalade, dévalorisation, dévaluation, diminution, éclipse, effondrement, effritement, essoufflement, fléchissement, ralentissement, réduction. SOUT. émasculation. ▸ *Faim* – appétit, besoin, boulimie, disette, faim, famine, inanition, jeûne, polyphagie, voracité. FAM. fringale. ▲ANT. BOSSE, PROÉMINENCE, SAILLIE; CRÊTE.

crevasse *n. f.* ▸ *Fissure* – brèche, brisure, cassure, craquelure, déchirure, ébréchure, écornure, fêlure, fendillement, fente, fissure, fuite, gerçure, lézarde. QUÉB. FAM. craque. TECHN. crique, étonnement, gerce. DIDACT. gélivure. GÉOGR. rimaye. GÉOL. diaclase. ▸ *Affaissement* – affaissement, cavité, creux, dépression, éboulement, écroulement, effondrement, flache, fondrière, fossé. GÉOL. ensellement, épirogenèse, fondis, graben. ▸ *Anfractuosité* – alvéole, anfractuosité, cavité, creusure, creux, enfoncement, évidement, évidure, trou. ▸ *Gouffre* – abîme, fosse, géosynclinal, gouffre, précipice, puits naturel. ▸ *Gelure* – engelure, érythème, froidure, gelure, onglée, rougeur. ACADIE FAM. grappe. SUISSE débattue.

crevé *adj.* ▸ *Exténué* (FAM.) – à bout, à plat, brisé, courbatu, épuisé, éreinté, exténué, fatigué, fourbu, harassé, las, mort (de fatigue), moulu (de fatigue). ramolli. SOUT. recru (de fatigue), rompu (de fatigue), roué de fatigue. FAM. au bout du rouleau, avachi, claqué, esquinté, flagada, flapi, lessivé, nase, pompé, ramollo, raplapla, rétamé, sur le flanc, sur les genoux, sur les rotules, vanné, vidé. QUÉB. FAM. au coton, brûlé, poqué. ▲ANT. DÉTENDU, REPOSÉ.

crever *v.* ▸ *Éclater* – éclater, percer. FAM. péter. ▸ *Mourir* (FAM.) – décéder, être emporté, être tué, expirer, mourir, perdre la vie, périr, s'éteindre, succomber, trouver la mort. SOUT. exhaler le dernier soupir, passer de vie à trépas, payer tribut à la nature, rendre l'âme, rendre l'esprit, rendre le dernier soupir, rendre son dernier souffle, trépasser. PAR EUPHÉM. avoir vécu, disparaître, faire le grand voyage, fermer les

paupières, fermer les yeux, finir, monter au ciel, paraître devant Dieu, partir, passer, passer dans l'autre monde, quitter ce (bas) monde, s'effacer, s'en aller, s'endormir. FAM. aller ad patres, aller chez les taupes, avaler sa chique, avaler son acte de naissance, boire le bouillon d'onze heures, calancher, caner, casser sa pipe, clamser, claquer, décoller son billard, dévisser son billard, faire couic, passer l'arme à gauche, perdre le goût du pain, rester sur le carreau, s'endormir du sommeil de la tombe, sortir les pieds devant, y rester. FRANCE FAM. claboter. QUÉB. FAM. lever les pattes, péter au fret. ▸ *Déchirer* – déchirer, percer. FAM. péter. ▸ *Percer un abcès* – débrider, inciser, ouvrir, percer. ▸ *Exténuer* (FAM.) – abrutir, briser, courbaturer, épuiser, éreinter, exténuer, fatiguer, forcer, harasser, lasser, mettre à plat, surmener, tuer. FAM. claquer, démolir, esquinter, lessiver, mettre sur le flanc, nettoyer, pomper, rétamer, vanner, vider. QUÉB. FAM. maganer. ♦ **se crever** ▸ *S'exténuer* (FAM.) – brûler la chandelle par les deux bouts, s'épuiser, s'éreinter, s'exténuer, se fatiguer, se mettre à plat, se surmener, se tuer. FAM. s'esquinter, se casser, se fouler. QUÉB. FAM. se mettre à terre. ▲ANT. △SE CREVER – GONFLER; NAÎTRE; BOUCHER, RÉPARER; RÉSISTER, TENIR BON.

cri *n. m.* ▸ *Son humain* – braillement, criaillement, criaillerie, éclat, gloussement, hurlement, réclame, rugissement, vagissement, vocifération, youyou. SOUT. clabaudage, clabauderie, hosanna. FAM. gueulade, gueulement, piaillerie. QUÉB. FAM. braillage, criaillage, ouac. ▸ *Juron* – blasphème, exclamation, exécration, gros mot, imprécation, jurement, juron, outrage. QUÉB. sacre. ▸ *Gémissement* – bêlement, braillement, doléances, geignement, grincement, hélas, jérémiade, lamentation, larmoiement, murmure, plainte, pleurs, sanglot, soupir. SOUT. sanglotement. FAM. pleurnichage, pleurnichement, pleurnicherie. QUÉB. FAM. braillage. ▸ *Son animal* – SOUT. voix. ♦ **cris**, *plur.* ▸ *Ensemble de sons humains* – clameur. ▲ANT. SILENCE; CHUCHOTEMENT, MURMURE.

criant *adj.* ▸ *Qui soulève les protestations* – choquant, révoltant. ▸ *Évident* – apparent, aveuglant, certain, clair, cousu de fil blanc, éclatant, évident, flagrant, frappant, hurlant (de vérité), incontestable, manifeste, patent, qui coule de source, qui crève les yeux, qui saute aux yeux, qui se voit comme le nez au milieu du visage, qui tombe sous le sens, qui va de soi, qui va sans dire, visible. ▲ANT. APAISANT, RASSURANT; FAIBLE, MITIGÉ; DOUTEUX, ÉQUIVOQUE, INCERTAIN, VAGUE; CACHÉ, DISSIMULÉ, LATENT.

criard *adj.* ▸ *Qui crie* – braillard, brailleur, bruyant, hurlant, hurleur. FAM. gueulard. ▸ *Qui fausse* – cacophonique, discordant, dissonant, faux, inharmonieux. ▸ *Qui grince* – aigre, grinçant. ▸ *Tape-à-l'œil* – agressif, clinquant, de mauvais goût, provocant, tapageur, tape-à-l'œil, voyant. ▲ANT. DISCRET; CALME, SILENCIEUX, TRANQUILLE; EUPHONIQUE, HARMONIEUX, MÉLODIEUX; CLASSIQUE, DÉPOUILLÉ, SIMPLE, SOBRE, STRICT.

crier *v.* ▸ *Hurler* – hurler, rugir. SOUT. tonitruer, vociférer. FAM. beugler, brailler, gueuler. ACADIE FAM. horler. ▸ *Exprimer violemment sa colère* – aboyer, fulminer, pester, tempêter, tonner, vociférer. SOUT. clabauder, déclamer, invectiver. FAM. déblatérer, gueuler. QUÉB. FAM. chialer, sacrer. ▸ *Grincer* – crisser, gémir, grincer. *FAM.* couiner. *QUÉB. FAM.* gricher. ▶ *Proclamer* – annoncer à grand fracas, carillonner, claironner, clamer, proclamer, proclamer haut et fort. *FAM.* corner. ▲**ANT.** CHUCHOTER, MURMURER; CACHER, TAIRE; SE TAIRE.

crime *n. m.* ▶ *Infraction* – accroc, contravention, délit, dérogation, entorse, faute, forfait, forfaiture, inconduite, infraction, manquement, mauvaise action, mauvaise conduite, méfait, non-respect, rupture, transgression, violation. *BELG.* méconduite. *DR.* cas. ▶ *Meurtre* – assassinat, élimination, exécution, homicide, liquidation, meurtre, mise à mort, suppression. ▶ *Péché* – accroc, chute, déchéance, écart, errements, faute, impureté, mal, manquement, mauvais, offense, péché, sacrilège, scandale, souillure, tache, transgression, vice. ▶ *Abjection* – abjection, abomination, atrocité, bassesse, boue, corruption, crapulerie, débauche, déshonneur, fange, grossièreté, honte, horreur, ignominie, impureté, indignité, infamie, laideur, misère, monstruosité, noirceur, obscénité, odieux, ordure, saleté, sordide, souillure, vice. *SOUT.* sordidité, stupre, turpitude, vilenie. ♦ *crimes, plur.* ▶ *Ensemble d'infractions* – activité criminelle, banditisme, fripouillerie, gangstérisme, malhonnêteté, méfaits. ▲**ANT.** BIENFAIT, EXPLOIT, HÉROÏSME, PROUESSE; INNOCENCE, VERTU.

criminel *n.* coupable, délinquant, desperado, ennemi public, hors-la-loi, malfaiteur, transgresseur, violateur. *FAM.* gibier de potence. *FRANCE FAM.* pendard. ▲**ANT.** △CRIMINELLE, *fém.* – (LA) CORRECTIONNELLE *(juridiction).*

crinière *n. f.* ▶ *Poils sur la tête d'une personne* – chevelure, cheveux, tête; tignasse, toison. ▶ *Poils sur la tête d'un animal* – crins.

crique *n. f.* ▶ *Baie* – anse, baie, calanque. *QUÉB.* barachois. ▶ *Fissure* – brèche, brisure, cassure, craquelure, crevasse, déchirure, ébréchure, écornure, fêlure, fendillement, fente, fissure, fuite, gerçure, lézarde. *QUÉB. FAM.* craque. *TECHN.* étonnement, gerce. *DIDACT.* gélivure. *GÉOGR.* rimaye. *GÉOL.* diaclase. ▶ *Cours d'eau* (*QUÉB. FAM.*) – ruisseau. ▶ *Petit* – rigole, ruisselet. ▶ *Dent d'enfant* (*QUÉB. FAM.*) – quenotte.

criquet *n. m.* ▶ *Emploi québécois* – grillon. *FAM.* cricri. ♦ *criquets, plur.* ▶ *Ensemble d'insectes* – essaim (de criquets).

crise *n. f.* ▶ *Accès* – accès, attaque, atteinte, bouffée, flambée, poussée, quinte. ▶ *Gravité* – acuité, gravité, instabilité, précarité, urgence. ▶ *Phase difficile* – accident, accroc, accrochage, affaire, anicroche, avatar, aventure, complication, contingences, contrariété, contretemps, désagrément, difficulté, dispute, embarras, empêchement, ennui, épine, épisode, événement, éventualité, imprévu, incident, mésaventure, obstacle, occasion, occurrence, péripétie, problème, rebondissement, tribulations. *SOUT.* adversité. *FAM.* blème, cactus, embêtement, emmerde, emmerdement, enquiquinement, os, pépin, pétrin, tuile. *FRANCE FAM.* avaro, empoisonnement. ▶ *Débâcle financière* – banqueroute, chute, culbute, débâcle, déconfiture, dépôt de bilan, dépression, effondrement, faillite, fiasco, insolvabilité, krach, liquidation, marasme, mévente, naufrage, récession, ruine, stagflation. *FAM.* dégringolade. *FRANCE FAM.* baccara. ▲**ANT.**

ACCALMIE, LATENCE, RÉMISSION; CALME, SÉRÉNITÉ, TRANQUILLITÉ; PROSPÉRITÉ, RÉUSSITE.

crisper *v.* ▶ *Contracter les muscles* – bander, contracter, raidir, tendre. ▶ *Altérer les traits du visage* – contracter, convulser, décomposer, déformer. ▶ *Agacer* (*FAM.*) – agacer, énerver, exaspérer, excéder, fatiguer, hérisser, impatienter, importuner, irriter, porter sur les nerfs à. *FAM.* barber, casser les pieds à, chauffer les oreilles à, courir sur le système à, embêter, emmieller, empoisonner, enquiquiner, faire suer, gonfler, horripiler, insupporter, pomper l'air à, porter sur le système à, scier, tanner, taper sur le système à, taper sur les nerfs à. *FRANCE FAM.* bassiner, canuler, cavaler, courir, courir sur le haricot à, soûler. *QUÉB. FAM.* achaler, déranger, écœurer, tomber sur la noix à, tomber sur la rate à, tomber sur le système à, tomber sur les nerfs à, tomber sur les rognons à. ♦ *se crisper* ▶ *Manifester son agacement* – s'exaspérer, s'irriter, se hérisser. *QUÉB. FAM.* se choquer. ▲**ANT.** DÉCONTRACTER, DÉCRISPER, DÉTENDRE; APAISER.

cristallin *adj.* ▶ *Transparent* – clair, limpide, pur, transparent. *DIDACT.* hyalin, hyaloïde, vitré. ▶ *En parlant d'un son* – argentin, clair, pur. ▲**ANT.** OPAQUE, SALE, TERNE, TROUBLE; ÉTOUFFÉ, MAT, SOURD.

cristalliser *v.* ▶ *Fixer* – figer, fixer, stabiliser. ▶ *Se préciser* – mûrir, prendre corps, prendre forme, prendre tournure, se dessiner, se développer, se former, se préciser. ▲**ANT.** DÉSORGANISER, DISSOUDRE.

critère *n. m.* ▶ *Indice* – apparence, cachet, cicatrice, empreinte, indication, indice, lueur, marque, ombre, pas, piste, preuve, repère, reste, ride, sceau, signature, signe, stigmate, tache, témoignage, témoin, trace, trait, vestige. ▶ *Modèle* – archétype, canon, échantillon, étalon, exemple, formule, gabarit, idéal, idée, image, individu, modèle, norme, original, paradigme, précédent, prototype, référence, représentant, type, unité. *BIOL.* holotype.

critique *adj.* ▶ *Décisif* – crucial, décisif, déterminant. *DR.* décisoire. ▶ *Grave* – dangereux, difficile, dramatique, grave, inquiétant, menaçant, préoccupant, sérieux, sombre. *SOUT.* climatérique. ▶ *Qui peut éclater en conflit* – explosif, tendu. ▶ *Contestataire* – contestataire, frondeur. ▶ *Désapprobateur* – désapprobateur, réprobateur. *SOUT.* improbateur, improbatif. ▲**ANT.** ANODIN, BÉNIN, INNOCENT, INOFFENSIF, SANS DANGER, SANS GRAVITÉ; CRÉDULE, NAÏF; ADMIRATIF, COMPLIMENTEUR, ÉLOGIEUX, FLATTEUR, LOUANGEUR; CONSTRUCTIF, POSITIF.

critique *n.* ▶ *Personne qui juge* – juge. *SOUT.* censeur, épilogueur, éreinteur (*méchant*), zoïle. ▲**ANT.** ADMIRATEUR, COMPLIMENTEUR, LOUANGEUR.

critique *n. f.* ▶ *Analyse* – analyse, clarification, commentaire, définition, désambiguïsation, éclaircissement, élucidation, exemplification, explication, explicitation, exposé, exposition, glose, illustration, indication, interprétation, légende, lumière, note, paraphrase, précision, remarque, renseignement. ▶ *Opinion* – appréciation, avis, conception, conviction, croyance, dogme, estime, idée, impression, jugement, opinion, optique, pensée, perception, point de vue, position, principe, prise de position, sentiment, théorie, thèse, vote, vue. *SOUT.* oracle. ▶ *Blâme* – accusation, admonestation, admonition, anathématisation, anathème, attaque, avertissement, blâme, censure, condamnation, correction, désapprobation, diatribe, grief, grognerie, gronderie, interdit, leçon, malédiction, mise à l'écart, mise à l'index, mise en quarantaine, objection, observation, plainte, punition, récrimination, remarque, remontrance, représentation, réprimande, réprobation, reproche, réquisitoire, semonce, sérénade, sermon, tollé. SOUT. animadversion, foudres, fustigation, improbation, mercuriale, objurgation, stigmatisation, vitupération. FAM. douche, engueulade, prêchi-prêcha, savon, tabac. FRANCE FAM. attrapade, lavage de tête, soufflante. BELG. cigare. RELIG. fulmination. ▲ANT. COMPLIMENT, ÉLOGE, FÉLICITATIONS, LOUANGE; APOLOGIE, PLAIDOYER; PANÉGYRIQUE; DESCRIPTION.

critiquer *v.* ▶ *Juger défavorablement* – attaquer, descendre en flammes, écharper, éreinter, étriller, faire le procès de, malmener, maltraiter, massacrer, matraquer, mettre à mal, pourfendre, s'acharner contre. FAM. cartonner, couler, démolir, descendre, écorcher, esquinter. FRANCE FAM. allumer, débiner. QUÉB. FAM. maganer. ▶ *Blâmer* – blâmer, condamner, désapprouver, désavouer, reprendre, reprocher, réprouver. SOUT. en savoir mauvais gré à. ▶ *Dénigrer* – attaquer, baver sur, calomnier, casser du sucre sur le dos de, cracher sur, décrier, dénigrer, déprécier, diffamer, dire du mal de, gloser sur, médire de, noircir, perdre de réputation, traîner dans la boue. SOUT. arranger de la belle manière, clabauder sur, dauber sur, détracter, dire pis que pendre de, mettre plus bas que terre. FAM. déblatérer contre, taper sur. FRANCE FAM. débiner, habiller pour l'hiver, tailler un costard à, tailler une veste à. QUÉB. FAM. parler dans le dos de, parler en mal de. BELG. décauser. ▶ *Reprendre* – corriger, reprendre. ▶ *Faire des commentaires désobligeants* – FAM. criticailler. QUÉB. FAM. chialer. ▲ANT. APPRÉCIER, APPROUVER; ADMIRER, ADULER, FÉLICITER, FLATTER, LOUANGER, LOUER.

critiqueur *adj.* bougon, bougonneur, criailleur, grincheux, grogneur, grogneux, grognon, grondeur, récriminateur. FAM. chialeur, râleur, rechigneur, ronchon, ronchonneur, rouspéteur. FRANCE FAM. rouscailleur. QUÉB. FAM. chialeux. SUISSE gringe. ▲ANT. ALLÈGRE, ENJOUÉ, GAI, JOVIAL, JOYEUX, SOURIANT.

croc *n. m.* canine, dent canine. FAM. dent de l'œil (*supérieure*).

crochet *n. m.* ▶ *Objet recourbé* – agrafe, crampon, davier, griffe, happe, harpon, tenon. MAR. grappin. ▶ *Parcours détourné* – détour. QUÉB. FAM. croche.

crocodile *n. m.* ▶ *Peau* – FAM. croco.

croire *v.* ▶ *Accepter comme vrai* – accorder crédit à, ajouter foi à, donner crédit à. FAM. avaler, gober. ▶ *Considérer comme probable* – penser, présumer, (s')imaginer, supposer. SOUT. conjecturer. ▶ *S'imaginer* – penser, s'imaginer, se figurer. ▶ *Juger* – considérer, estimer, être d'avis que, juger, penser, regarder, tenir, trouver. SOUT. compter, réputer. ♦ **se croire** ▶ *Se considérer* – s'estimer, se compter, se considérer, se penser, se trouver. ▲ANT. CONTESTER, DISCUTER, DOUTER DE, METTRE EN DOUTE, SE MÉFIER DE; DÉMENTIR, NIER, PROTESTER, RENIER.

croisade *n. f.* ▶ *Expédition militaire* – djihad (*musulmans*), guerre sainte.

croisée *n. f.* ▶ *Croisement* – bifurcation, branchement, bretelle, carrefour, croisement, échangeur, embranchement, étoile, fourche, intersection, patte-d'oie, rond-point, (voie de) raccordement. ▶ *Châssis* – bâti dormant, cadre, chambranle, châssis, châssis dormant, dormant, encadrement, fenêtre, huisserie, trappe. ▶ *Fenêtre* – ajour, baie (de fenêtre), fenêtre, vue. QUÉB. ACADIE FAM. châssis. ▶ *Bout d'une corde de bois* (QUÉB.) – QUÉB. cage, échiquette.

croisement *n. m.* ▶ *Carrefour* – bifurcation, branchement, bretelle, carrefour, croisée, échangeur, embranchement, étoile, fourche, intersection, patte-d'oie, rond-point, (voie de) raccordement. ▶ *Chevauchement* – chevauchement, empiétement, intersection, nœud, recoupement, recouvrement, rencontre, superposition. ▶ *Métissage* – acculturation, hybridation, interfécondité, mélange, métisation, métissage. ▲ANT. DÉCROISEMENT.

croiser *v.* ▶ *Traverser* – couper, traverser. ▶ *Métisser* – hybrider, métisser. ▶ *Rencontrer* – rencontrer, tomber sur, trouver (sur son chemin), voir. ▲ANT. DÉCROISER.

croissance *n. f.* ▶ *Augmentation* – accentuation, accroissement, accrue, agrandissement, amplification, arrondissement, augmentation, bond, boom, crescendo, crue, développement, dilatation, élargissement, élévation, enflement, enrichissement, envolée, essor, évolution, expansion, extension, flambée, foisonnement, gonflement, gradation, grossissement, hausse, haussement, inflation, intensification, majoration, montée, poussée, progrès, progression, recrudescence, redressement, rehaussement, relèvement, renchérissement, renforcement, revalorisation, valorisation. ▶ *Développement des végétaux* – pousse. ▶ *Aggravation* – accentuation, accroissement, aggravation, alourdissement, amplification, augmentation, complexification, complication, détérioration, développement, escalade, exacerbation, intensification, progrès, progression, propagation, rechute, recrudescence, redoublement. ▲ANT. DÉCADENCE, DÉCLIN, DÉCROISSANCE, DIMINUTION, RÉGRESSION; STAGNATION; AFFAIBLISSEMENT, ATROPHIE, DÉGÉNÉRESCENCE.

croissant *adj.* évolutif, gradué, graduel, grandissant, progressif. ▲ANT. DÉCROISSANT, DESCENDANT.

croître *v.* ▶ *En parlant d'un végétal* – grandir, pousser, se développer, venir. ▶ *En parlant d'une personne* – grandir, s'épanouir, se développer, se réaliser. ▶ *Augmenter* (FIG.) – augmenter, grandir, grossir, prendre de l'ampleur, prendre de l'envergure, redoubler, s'accentuer, s'accroître, s'amplifier, s'intensifier, se développer. ▶ *Se développer* (FIG.) – grandir, progresser, prospérer, s'épanouir, se développer. ▲ANT. BAISSER, DÉCLINER, DÉCROÎTRE, DÉPÉRIR, DIMINUER, RAPETISSER, S'AMOINDRIR.

croix *n. f.* ▶ *Symbole* – crucifix. ▶ *Crucifixion* – crucifiement, crucifixion. ♦ **croix,** *plur.* ▶ *En menuiserie* – croisillon.

croquant *adj.* croustillant. FRANCE craquant. ▲ANT. MOELLEUX, MOLLET, MOU, TENDRE.

croquer *v.* ▶ *Dilapider* (*FAM.*) – dévorer, dilapider, dissiper, engloutir, engouffrer, gaspiller, manger, prodiguer. *FAM.* claquer, flamber, griller. *QUÉB. FAM.* flauber. ▶ *Esquisser* – brosser, crayonner, ébaucher, esquisser, pocher, profiler, relever, silhouetter, tracer. ▶ *Craquer sous la dent* – croustiller. *FRANCE* craquer. ▲**ANT.** SUCER; ÉCONOMISER; FIGNOLER, LÉCHER.

croquis *n.m.* canevas, crayon, crayonné, dessin, ébauche, épure, esquisse, essai, étude (préparatoire), griffonnement, pochade, premier jet, préparation, projet, schéma. *SOUT.* linéaments. *FRANCE FAM.* crobard.

crosse *n.f.* ▶ *Bâton symbolique* – abacus, bâton, caducée, lituus, main de justice, pédum, sceptre, thyrse, verge. ▶ *Canne* – bâton, béquille, cadre de marche, canne, houlette, makila, piolet. *ANC.* bourdon.

crotté *adj.* crasseux, d'une propreté douteuse, dégoûtant, encrassé, ignoble, immonde, infâme, infect, maculé, malpropre, sale, sordide, souillé. *FAM.* crapoteux, dégueu, dégueulasse, pouilleux. *FRANCE FAM.* cracra, crade, cradingue, crado, cradoque, craspec, salingue.

croulant *adj.* décrépit, délabré, détérioré, qui menace ruine, vieux. ▲**ANT.** EN BON ÉTAT, SOLIDE; ALERTE, JEUNE, VERT, VIGOUREUX.

crouler *v.* ▶ *Tomber* – s'abattre, s'affaisser, s'ébouler, s'écrouler, s'effondrer, succomber, tomber en ruine. ▶ *Disparaître* – disparaître, finir, mourir, périr, s'anéantir, s'écrouler, s'effondrer. ▲**ANT.** S'ÉLEVER, SE DRESSER; RÉSISTER, TENIR.

croupe *n.f.* ▶ *Partie du corps d'un animal* – arrière-train. ▶ *Oiseau* – croupion. ▶ *Cheval* – arrière-main.

croûte *n.f.* ▶ *Surface nécrosée d'une plaie* – escarre, sphacèle. *QUÉB.* gale. ▶ *Mauvais tableau* (*FAM.*) – barbouillage, barbouillis, chromo, gribouillage, gribouillis. *FAM.* navet. ▲**ANT.** BOHÈME, FANTAISISTE, ORIGINAL; CHEF D'ŒUVRE.

croûton *n.m.* ▶ *Pain grillé* – biscotte, gressin, longuet, pain braisé, panini (*allongé*). *SUISSE* zwieback. ▶ *Bout du pain* – *FAM.* quignon. *QUÉB. FAM.* chignon. ▶ *Personne bornée* – personne bouchée, personne étroite d'esprit. *SOUT.* philistin. *FAM.* baderne (*vieux*). ▲**ANT.** BOHÈME, FANTAISISTE; LIBÉRAL, TOLÉRANT.

croyable *adj.* crédible, plausible, probable, vraisemblable. ▲**ANT.** À DORMIR DEBOUT, ABRACADABRANT, ABSURDE, IMPOSSIBLE, INCROYABLE, INVRAISEMBLABLE.

croyance *n.f.* ▶ *Conviction* – assurance, certitude, confiance, conviction, foi. *SOUT.* sûreté. ▶ *Opinion* – appréciation, avis, conception, conviction, critique, dogme, estime, idée, impression, jugement, opinion, optique, pensée, perception, point de vue, position, principe, prise de position, sentiment, théorie, thèse, vote, vue. *SOUT.* oracle. ▶ *Religion* – confession, conviction, culte, foi, religion. ♦ **croyances,** *plur.* ▶ *Ensemble d'opinions* – doctrine. ▲**ANT.** DOUTE, INCERTITUDE, INCRÉDULITÉ, MÉFIANCE, SCEPTICISME; AGNOSTICISME, INCROYANCE.

croyant *adj.* dévot, fervent, pieux, pratiquant, religieux. ▶ *D'une piété affectée* – bigot, bondieusard,

cagot. ▲**ANT.** AGNOSTIQUE, ANTIRELIGIEUX, ARELIGIEUX, ATHÉE, INCRÉDULE, INCROYANT, IRRÉLIGIEUX, NON CROYANT.

croyant *n.* fidèle. *FIG.* brebis, ouaille. ▲**ANT.** AGNOSTIQUE, ATHÉE, INCRÉDULE, INCROYANT, INFIDÈLE, MÉCRÉANT, SCEPTIQUE.

cru *adj.* ▶ *Sans ménagement* – brutal, direct, qui ne mâche pas ses mots, sans ménagement. ▶ *Non traité* – brut, naturel, vierge. ▶ *En parlant d'un textile* – brut, écru, grège (*soie*), naturel. ▶ *En parlant d'une lumière* – brutal, violent. ▲**ANT.** CUIT; PASTEURISÉ (*lait*); THERMISÉ; FINI (*produit*); DÉLICAT, DOUX; ATTÉNUÉ, BLAFARD, DÉGUISÉ, DIFFUS, TAMISÉ, VOILÉ.

cru *n.m.* ▶ *Vignoble* – château, clos, vignoble. ▶ *Vin* – vin du cru.

cruauté *n.f.* acharnement, agressivité, atrocité, barbarie, brutalité, dureté, férocité, inhumanité, maltraitance, méchanceté, sadisme, sauvagerie, torture, violence. *SOUT.* implacabilité, inexorabilité. *PSYCHIATRIE* psychopathie. ▲**ANT.** BIENVEILLANCE, BONTÉ, CHARITÉ, CLÉMENCE, COMPASSION, DOUCEUR, HUMANITÉ, INDULGENCE, MANSUÉTUDE, PITIÉ, TENDRESSE.

crucial *adj.* ▶ *En forme de croix* – cruciforme. *BOT.* crucifère, décussé. ▶ *Déterminant* – critique, décisif, déterminant. *DR.* décisoire. ▶ *Indispensable* – capital, de première nécessité, essentiel, fondamental, important, incontournable, indispensable, irremplaçable, nécessaire, primordial, vital. ▶ *Important* – capital, central, de la plus haute importance, de premier plan, décisif, déterminant, dominant, essentiel, fondamental, important, maître, majeur, numéro un, prédominant, prééminent, premier, prépondérant, primordial, principal, prioritaire, supérieur. *SOUT.* à nul autre second, cardinal. ▲**ANT.** ANODIN, BANAL, SANS IMPORTANCE.

crue *n.f.* ▶ *Élévation du niveau de l'eau* – montée des eaux. ▶ *Croissance* (*FIG.*) – accentuation, accroissement, accrue, agrandissement, amplification, arrondissement, augmentation, bond, boom, crescendo, croissance, développement, dilatation, élargissement, élévation, enflement, enrichissement, envolée, essor, évolution, expansion, extension, flambée, foisonnement, gonflement, gradation, grossissement, hausse, haussement, inflation, intensification, majoration, montée, poussée, progrès, progression, recrudescence, redressement, rehaussement, relèvement, renchérissement, renforcement, revalorisation, valorisation. ▲**ANT.** BAISSE, DÉCRUE, ÉTIAGE, RETRAIT; DÉCROISSANCE, DIMINUTION.

cruel *adj.* ▶ *Qui aime faire le mal* – maléfique, malfaisant, malintentionné, malveillant, mauvais, méchant, pervers, sadique, vicieux. *FAM.* chien, vachard, vache. *FRANCE FAM.* rossard, rosse. ▶ *Sauvage* – barbare, bestial, cannibale, cannibalesque, féroce, inhumain, sadique, sanguinaire, sauvage. *SOUT.* néronien. ▶ *Abominable* – abominable, atroce, barbare, horrible, inhumain, monstrueux. ▶ *Qui tue en grand nombre* – destructeur, exterminateur, funeste, meurtrier, sanglant, sanguinaire. ▶ *Qui blesse profondément* – âcre, affligeant, amer, cuisant, déchirant, douloureux, dur, éprouvant, lancinant, navrant, pénible, poignant, saignant, vif. ▲**ANT.** BON, CHARITABLE, COMPATISSANT, GÉNÉREUX, HUMAIN, QUI A

BON CŒUR, SECOURABLE; DOUX, INOFFENSIF, SANS MA-
LICE; AGRÉABLE, CHARMANT, DÉLICIEUX, DIVIN, EXQUIS,
SUAVE, SUBLIME.

cruellement *adv.* barbarement, bestialement,
brutalement, durement, farouchement, férocement,
impitoyablement, inhumainement, méchamment, rudement, sadiquement, sauvagement. ▲**ANT.** AVEC
COMPASSION, AVEC DOUCEUR, AVEC MISÉRICORDE, BIEN-
VEILLAMMENT, CHARITABLEMENT, DÉLICATEMENT, HU-
MAINEMENT.

cueillir *v.* ▶ *Récolter les fruits* – ramasser. ▶ *Arrêter (FAM.)* – appréhender, arrêter, capturer, faire prisonnier, prendre, saisir. *FAM.* attraper, choper, coffrer, coincer, cravater, embarquer, épingler, harponner, mettre la main au collet de, mettre le grappin
sur, pincer, prendre au collet, ramasser, saisir au collet. *FRANCE FAM.* agrafer, alpaguer, arnaquer, arquepincer, coiffer, emballer, gauler, piquer, poisser, poivrer.
▲**ANT.** PLANTER, SEMER.

cuiller (var. **cuillère**) *n. f.* ▶ *Instrument de
pêche* – QUÉB. trôle.

cuir *n. m.* ▶ *Peau d'animal* – peau. ▶ *Faute*
(*FAM.*) – pataquès.

cuirasse *n. f.* ▶ *Revêtement* – blindage. ▶ *Protection* (*FIG.*) – armure, carapace.

cuire *v.* brûler, picoter, piquer. ▲**ANT.** CONGELER,
GELER, GLACER, REFROIDIR; TIÉDIR.

cuisant *adj.* ▶ *Moralement douloureux* – âcre,
affligeant, amer, cruel, déchirant, douloureux, dur,
éprouvant, lancinant, navrant, pénible, poignant,
saignant, vif. ▶ *En parlant du froid, du vent* – âpre,
cinglant, mordant, pénétrant, perçant, piquant, saisissant, vif. ▲**ANT.** APAISANT, LÉNIFIANT; ANODIN, SANS
CONSÉQUENCE; CARESSANT, DOUX.

cuisine *n. f.* ▶ *Alimentation* – absorption, alimentation, consommation, ingestion, ingurgitation,
manducation, menu, nourrissement, nourriture, nutrition, ordinaire, repas, sustentation. *FAM.* cuistance,
popote.

cuisiner *v.* ▶ *Préparer à manger* – faire la cuisine. *FRANCE FAM.* faire la tambouille. ▶ *Préparer un
repas* – accommoder, apprêter, confectionner, faire,
mijoter, mitonner, préparer. *FAM.* concocter, fricoter.
▶ *Questionner* (*FAM.*) – débreffer, interroger, questionner.

cuisinier *n.* chef, chef cuisinier. *FAM.* cuistot.
▸ *Bon* – cordon-bleu.

cuisinière *n. f.* ▶ *Électroménager* – QUÉB. FAM.
poêle.

cuisse *n. f.* ▶ *Partie du corps* – FAM. gigot, jambon. ▶ *Aliment* – cuissot (*gros gibier*), gigot (*mouton*), jambon (*porc*), pilon (*poulet*), souris (*mouton*).
♦ *cuisses, plur.* ▶ *Partie d'une personne assise* –
genoux, giron.

cuit *adj.* ▶ *Perdu* (*FAM.*) – fini, perdu. *FAM.* fichu,
flambé, foutu. *QUÉB. FAM.* fait.

cul *n. m.* ▶ *Fond* – accul, bas, bas-fond, creux, cu-
lot, cuvette, fondement, sole. ▲**ANT.** ABSTINENCE,
CHASTETÉ; CERVEAU, ESPRIT SUPÉRIEUR, GÉNIE; GEN-
TILLESSE.

culbute *n. f.* ▶ *Action de sauter* – bond, bondissement, cabriole, enjambée, entrechat, gambade,

plongeon, saut, sautillage, sautillement, voltige. *FAM.*
galipette. *QUÉB. FAM.* sautage. *BELG.* cumulet. ▶ *Action de rouler sur soi-même* – roulade, roulé-boulé.
▶ *Débâcle financière* – banqueroute, chute, crise,
débâcle, déconfiture, dépôt de bilan, dépression, effondrement, faillite, fiasco, insolvabilité, krach, liquidation, marasme, mévente, naufrage, récession,
ruine, stagflation. *FAM.* dégringolade. *FRANCE FAM.* baccara. ▲**ANT.** CROISSANCE, PROSPÉRITÉ.

culbuter *v.* ▶ *Faire tomber qqn* – abattre, faire
tomber à la renverse, jeter à terre, mettre à terre, renverser, renverser cul par-dessus tête, terrasser. ▶ *Repousser un envahisseur* – chasser, refouler, repousser. ▶ *Se renverser* – basculer, capoter, chavirer, se
renverser. *MAR.* dessaler. ▶ *Faire une chute* – basculer, faire une chute, tomber, verser. *FAM.* aller choir,
chuter, dinguer, prendre un billet de parterre, prendre une bûche, prendre une gamelle, prendre une
pelle, ramasser un gadin, ramasser une bûche, ramasser une gamelle, ramasser une pelle, s'allonger, s'étaler, se casser la figure, se casser la gueule, se fiche par
terre, se rétamer, valdinguer. *QUÉB. FAM.* piquer une
fouille, planter, prendre une débarque, prendre une
fouille. ▸ *Vers l'avant* – tomber à plat ventre, tomber
cul par-dessus tête, tomber de tout son long, tomber face contre terre, tomber la tête la première. *FAM.*
embrasser le plancher, s'aplatir. ▸ *Vers l'arrière* – tomber à la renverse. *FAM.* tomber les quatre fers en l'air.
▲**ANT.** DRESSER, REDRESSER.

culminant *adj.* dominant, élevé, en contre-
haut, grand, haut. ▲**ANT.** BAS, INFÉRIEUR.

culot *n. m.* ▶ *Fond* – accul, bas, bas-fond, creux,
cul, cuvette, fondement, sole. ▶ *Dépôt* – bassiné,
bourre, bourrier, chiure, chute, crasse, débris, déchet,
dépôt, détritus, excrément, fange, fiente, fumier, gadoue, immondices, impureté, lavure, lie, malpropreté, ordure, parcelle, perte, poussière, raclure, rebut, reliefs, reliquat, résidu, reste, rinçure, rognure,
saleté, salissure. *FAM.* cochonnerie, margouillis, saloperie. ▶ *Insolence* (*FAM.*) – aplomb, arrogance,
audace, effronterie, front, impertinence, impolitesse,
impudence, incorrection, insolence, irrespect, irrévérence. *SOUT.* outrecuidance, sans-gêne. *FAM.* toupet.
▲**ANT.** RÉSERVE, RETENUE, TIMIDITÉ.

culotte *n. f.* ▶ *Vêtement* – ANC. chausses, trousses. ▶ *Sous-vêtement* – cache-sexe, caleçon, (petite)
culotte, slip. *FRANCE FAM.* calecif. *QUÉB. FAM.* bobettes.

culpabilité *n. f.* faute, imputabilité, responsabilité. ▲**ANT.** INNOCENCE.

culte *n. m.* ▶ *Messe* – célébration, cérémonial,
cérémonie, liturgie, messe, obit, office divin, office,
saint sacrifice, service, service divin, service religieux.
▶ *Religion* – confession, conviction, croyance, foi,
religion. ▶ *Adoration* – admiration, adoration, adulation, amour, attachement, dévotion, emballement,
engouement, fanatisme, ferveur, iconolâtrie, idolâtrie, passion, respect, vénération, zèle. *SOUT.* dilection, révérence. *PÉJ.* encens, flagornerie, flatterie.
▲**ANT.** INDIFFÉRENCE; HAINE, MÉPRIS.

cultivateur *n. m.* ▶ *Instrument aratoire* –
araire, bisoc, brabant, butteur, buttoir, chisel, décavaillonneuse, déchaumeuse, déchausseuse, défonceuse, fossoir, fouilleuse, houe à cheval, monosoc,

motoculteur, piocheuse, polysoc, pulvériseur, sarcloir, scarificateur, sous-soleuse, tourne-oreille, tourne-soc, trisoc. *QUÉB.* rotoculteur.

cultivé *adj.* averti, éclairé, érudit, évolué, instruit, intellectuel, lettré, savant. *SOUT.* docte. *FAM.* calé. *QUÉB.* connaissant, renseigné; *FAM.* bollé. ▲**ANT.** EN FRICHE, EN JACHÈRE; INCULTE; BÉOTIEN, IGNARE, IGNORANT, ILLETTRÉ, PHILISTIN.

cultiver *v.* ▶ *Développer* – développer, éduquer, former. ▶ *Entretenir* – entretenir, nourrir, soigner. ◆ **se cultiver** ▶ *S'instruire* – apprendre, s'instruire. ▲**ANT.** LAISSER À L'ABANDON, LAISSER EN FRICHE; ÉLEVER; ABÊTIR, CRÉTINISER, ENDORMIR, ENGOURDIR, IDIOTISER.

culture *n. f.* ▶ *Action de cultiver des végétaux* – travail de la terre, travaux des champs. ▶ *Action d'ameublir* – ameublissement, bêchage, billonnage, billonnement, binage, charruage, décavaillonnage, écroûtage, écroûtement, émottage, émottement, façon, façonnage, façonnement, grattage, hersage, hivernage, labour, labourage, plombage, roulage, scarifiage, scarification, serfouissage, tassage, travail. ▶ *Savoir* – acquis, (bagage de) connaissances, bagage (intellectuel), compétence, culture (générale), éducation, encyclopédisme, épistémè, érudition, expérience, humanisme, instruction, lettres, lumières, notions, sagesse, savoir, science. *SOUT.* omniscience. ▶ *Structure d'un peuple* – civilisation. ▲**ANT.** FRICHE; IGNORANCE, INCULTURE; BARBARIE.

cupidité *n. f.* ▶ *Avidité* – ambition, avidité, convoitise, possessivité, rapacité. *SOUT.* vampirisme. ▶ *Avarice* – appât du gain, âpreté (au gain), avarice, avidité, économie de bouts de chandelle, égoïsme, mesquinerie, parcimonie, petitesse, pingrerie, rapacité, thésaurisation. *ANTILLES* chicheté. *SOUT.* ladrerie, lésine, sordidité, vilenie. ▲**ANT.** ABNÉGATION, DÉSINTÉRESSEMENT, DÉTACHEMENT; GÉNÉROSITÉ.

cure *n. f.* ▶ *Traitement* – amélioration, apaisement, cicatrisation, convalescence, guérison, mieux-être, relevailles, relèvement, rémission, répit, résurrection, rétablissement, retour à la santé, salut, soulagement, traitement. *MÉD.* délitescence, postcure, résorption, rétrocession.

curer *v.* décrasser, désencrasser, déterger, frotter, gratter, nettoyer, racler, récurer. *FAM.* décrotter. *BELG. FAM.* approprier, faire du propre, reloqueter. *SUISSE* poutser. ▲**ANT.** EMBOUER, ENCRASSER, SALIR.

curieusement *adv.* ▶ *Bizarrement* – anormalement, baroquement, bizarrement, drôlement, étonnamment, étrangement, excentriquement, extravagamment, originalement, singulièrement. ▶ *Indiscrètement* – avidement, indiscrètement. ▲**ANT.** COMME D'HABITUDE, DE FAÇON NORMALE, NORMALEMENT, SELON LES CONVENTIONS, SELON LES NORMES.

curieux *adj.* ▶ *Avide de connaître* – inquisiteur, investigateur, questionneur, scrutateur. ▶ *Indiscret* – fureteur, indiscret, qui met son nez partout. *FAM.* fouineur. *FRANCE FAM.* fouinard. *QUÉB. FAM.* écornifleur, écornifleux, seineux, senteux. ▶ *Badaud* – badaud, flâneur. ▶ *Étrange* – anormal, baroque, bizarre, drôle, étonnant, étrange, inaccoutumé, incompréhensible, inexplicable, inhabituel, insolite, inusité, singulier, spécial, surprenant. *SOUT.*

extraordinaire. *FAM.* bizarroïde. ▲**ANT.** BLASÉ, INDIFFÉRENT; DISCRET, RÉSERVÉ; ANODIN, BANAL, COMMUN, ORDINAIRE, QUELCONQUE, SANS INTÉRÊT, TERNE.

curieux *n.* ▶ *Indiscret* – badaud, fouilleur, furet, fureteur, indiscret. *SOUT.* fâcheux. *BELG.* mêletout. ▶ *Aspect bizarre* – anormal, bizarre, insolite. ▲**ANT.** INDIFFÉRENT.

curiosité *n. f.* ▶ *Soif de connaître* – appétit, attention, avidité, intérêt, soif, soif d'apprendre, soif de connaissance, soif de connaître, soif de savoir. ▶ *Indiscrétion* – espionnage, indiscrétion. *QUÉB. FAM.* écorniflage. ▶ *Bizarrerie* – anomalie, anormalité, bizarrerie, chinoiserie, cocasserie, drôlerie, étrangeté, excentricité, extravagance, fantaisie, fantasmagorie, folie, loufoquerie, monstruosité, non-conformisme, originalité, singularité. ▶ *Nouveauté* – actualité, avant-gardisme, changement, contemporanéité, fraîcheur, inédit, innovation, jamais vu, jeunesse, mode, modernisme, modernité, neuf, nouveau, nouveauté, originalité, pertinence, précédent, première, présent, primeur. ▶ *Ce qui est rare* – merle blanc, mouton à cinq pattes, oiseau rare, perle rare, rareté. ▲**ANT.** INCURIOSITÉ, INDIFFÉRENCE; DISCRÉTION, RÉSERVE; BANALITÉ.

curriculum vitæ *loc. nom. m.* curriculum, cursus, expérience (professionnelle), formation (professionnelle), itinéraire (professionnel), parcours (professionnel).

cuve *n. f.* ▶ *Récipient* – auge, bac, baquet, bassin, bassine, cuvette, plat-bassin. *ACADIE FAM. ou MAR.* baille. ▶ *Petit* – auget, bassinet, cuveau. ▶ *Citerne* – citerne, réservoir.

cuvette *n. f.* ▶ *Bassin* – auge, bac, baquet, bassin, bassine, cuve, plat-bassin. *ACADIE FAM. ou MAR.* baille. ▶ *Petit* – auget, bassinet, cuveau. ▶ *Partie d'un siège de toilette* – bidet, cuvette (sanitaire), lunette. ▶ *Dépression* – bassin, cirque, entonnoir (naturel). *GÉOGR.* doline, poljé, sotch. ▶ *Fond* – accul, bas, bas-fond, creux, cul, culot, fondement, sole. ▲**ANT.** ÉLÉVATION, ÉMINENCE, HAUTEUR.

cycle *n. m.* ▶ *Répétition* – fréquence, itération, période, périodicité, rechute, récidive, récidivité, recommencement, récurrence, récursivité, renouvellement, répétition, répétitivité, reprise, reproduction, retour. *SOUT.* réitération, retombement. *FAM.* réédition. ▶ *Époque* – âge, date, époque, ère, étape, génération, heure, jour, moment, période, règne, saison, siècle, temps. ▶ *Niveau d'études* – cursus.

cyclique *adj.* alternant, alternatif, alterné, en alternance, périodique. ▲**ANT.** ACYCLIQUE, ERRATIQUE, INTERMITTENT, IRRÉGULIER.

cycliste *n.* *SPORTS* pédaleur, rouleur.

cyclone *n. m.* ▶ *Tempête* – baguio, grain, gros temps, orage, ouragan, rafale, tempête (tropicale), tornade, tourbillon, trombe, typhon, vent violent. *SOUT.* tourmente. *FAM.* coup de chien, coup de tabac, coup de vent. ▲**ANT.** ANTICYCLONE, CALME.

cylindre *n. m.* ▶ *Pièce cylindrique* – rouleau, tambour.

cynique *adj.* ▶ *Immoral* – immoral, immoraliste. ▶ *Effronté* – cavalier, désinvolte, effronté, éhonté, familier, impertinent, impoli, impudent, insolent, irrespectueux, irrévérencieux, leste, libre, provocant, sans gêne, sans vergogne. *FAM.* culotté, gonflé. *QUÉB. FAM.* baveux. *ACADIE FAM.* effaré. ▶ *Sarcastique* – caustique, frondeur, goguenard, gouailleur, ironique, malicieux, moqueur, narquois, persifleur, railleur, sarcastique, sardonique. *QUÉB. FAM.* baveux. ▲ANT. AIMABLE, CONCILIANT, DOUX; AFFABLE, BIEN ÉLEVÉ, BIENSÉANT, CIVIL, COURTOIS, DÉLICAT, GALANT, POLI; CONFORMISTE, CONSERVATEUR.

cynisme *n. m.* ▶ *Immoralité* – amoralité, corruption, dépravation, immoralisme, immoralité, laxisme, péché, permissivité, perversion, perversité, vice. *SOUT.* désordre. ▶ *Obscénité* – canaillerie, coprolalie, gaillardise, gauloiserie, gravelure, grivoiserie, gros mot, grossièreté, immodestie, impudeur, incongruité, inconvenance, indécence, licence, malpropreté, obscénité, polissonnerie, pornographie, saleté. *FAM.* cochonceté, cochonnerie. ▶ *Réalisme* – activisme, empirisme, matérialisme, opportunisme, pragmatisme, prosaïsme, réalisme, utilitarisme. ▲ANT. MORALITÉ, SCRUPULE; RETENUE; IDÉALISME.

d

d'abord *adv.* ▶ *Premièrement* – a priori, au premier abord, au premier chef, en premier lieu, par priorité, préalablement, préliminairement, premièrement, primo, prioritairement, tout d'abord. ▶ *Avant* – à l'avance, antérieurement, au préalable, auparavant, avant, ci-devant, d'avance, déjà, préalablement, précédemment, préliminairement. ▲ANT. ENFIN, FINALEMENT.

daigner *v.* accepter de, condescendre à, consentir à, vouloir bien.

d'ailleurs *adv.* au reste, d'autre part, d'un autre côté, de plus, du reste, en outre, pour le reste, qui plus est. SOUT. au demeurant. ▲ANT. PAR CONTRE.

dallage *n. m.* carrelage, pavage, rudération.

dalle *n. f.* ▶ *Pierre* – adobe, brique, briquette, carreau, chantignole, pavé, tuile. FRANCE FAM. paveton. SUISSE carron, planelle. ▶ *Gouttière* (QUÉB.) – chéneau, égout, gargouille, gouttière. SUISSE cheneau. ◆ **dalles,** *plur.* ▶ *Ensemble de pierres* – dallage.

dame *n. f.* ▶ *Noble* (ANC.) – femme bien née, femme de condition, femme de qualité, noble. ANC. damoiselle, demoiselle. ▶ *Femme distinguée* – FAM. madame. ▶ *Outil* – demoiselle, hie, manselle. ▲ANT. SEIGNEUR.

damné *n.* maudit, réprouvé. ▲ANT. ÉLU.

danger *n. m.* ▶ *Menace* – aléa, casse-cou, détresse, difficulté, écueil, embûche, épée de Damoclès, épouvantail, guêpier, hasard, impasse, imprudence, insécurité, mauvais pas, menace, perdition, péril, piège, point chaud, point sensible, poudrière, récif, risque, spectre, traverse, urgence, volcan. SOUT. tarasque. FRANCE FAM. casse-gueule. ▶ *Inconvénient* – aléa, charge, contre, défaut, déplaisir, dérangement, désagrément, désavantage, difficulté, écueil, embarras, empêchement, ennui, fissure, gêne, handicap, incommodité, inconfort, inconvénient, mauvais côté, objection, obstacle, point faible, risque, trouble. SOUT. importunité. ▲ANT. SÉCURITÉ, SÛRETÉ, TRANQUILLITÉ ; INNOCUITÉ.

dangereusement *adv.* défavorablement, désavantageusement, dramatiquement, funestement, gravement, grièvement, imprudemment, mal, malencontreusement, nuisiblement, pernicieusement, sérieusement, subversivement, terriblement. ▲ANT. CONVENABLEMENT, RAISONNABLEMENT, SUFFISAMMENT.

dangereux *adj.* ▶ *Nuisible* – dévastateur, dommageable, funeste, malfaisant, mauvais, néfaste, négatif, nocif, nuisible, pernicieux, ravageur. SOUT. délétère. ▶ *Menaçant* – fort, menaçant, puissant, redoutable. ▶ *Grave* – critique, difficile, dramatique, grave, inquiétant, menaçant, préoccupant, sérieux, sombre. SOUT. climatérique. ▶ *Risqué* – audacieux, aventuré, aventureux, extrême *(sport)*, fou, hardi, hasardé, hasardeux, imprudent, osé, périlleux, risqué, suicidaire, téméraire. SOUT. scabreux. FAM. casse-cou, casse-gueule. ▶ *Sinistre* – inquiétant, mauvais, méchant, menaçant, patibulaire, redoutable, sinistre, sombre, terrible, torve *(regard)*. ▲ANT. ANODIN, BÉNIN, INNOCENT, INOFFENSIF, SANS DANGER, SANS GRAVITÉ, SÛR.

dansant *adj.* entraînant.

danse *n. f.* chorégraphie, figures, mimique, pantomime. FRANCE FAM. gambille, guinche. ANTIQ. orchestique.

danser *v.* ▶ *Exécuter une danse* – FAM. en suer une. FRANCE FAM. gambiller, guincher.

danseur *n.* ▶ *Personne qui danse* – cavalier, partenaire.

darder *v.* ▶ *Jeter* – décocher, envoyer, jeter, lancer, tirer. ▶ *Pointer comme un dard* – pointer. ▲ANT. SOUTENIR, SUBIR.

date *n. f.* ▶ *Époque* – âge, cycle, époque, ère, étape, génération, heure, jour, moment, période, règne, saison, siècle, temps.

dater *v.* ▶ *Marquer d'une date* – millésimer. ▶ *Avoir lieu à tel moment* – remonter à. ▶ *Laisser un souvenir durable* – faire date, faire époque, marquer. ▶ *Se démoder* – appartenir au passé, pas-

dauphin

ser de mode, s'empoussiérer, se démoder, tomber en désuétude, vieillir.

dauphin *n. m.* ▶ *Animal* – QUÉB. FAM. sauteur. ▶ *Fils de roi* – infant *(cadet d'Espagne ou du Portugal)*, prince de Galles *(Angleterre)*, prince, tsarévitch *(aîné russe)*. ▶ *Successeur* – ayant cause, continuateur, enfant, fils, héritier, remplaçant, successeur, successible. SOUT. épigone, hoir.

dé *n. m.* ▶ *Protection pour le doigt* – dé (à coudre), délot, doigtier, poucier.

débâcle *n. f.* ▶ *Dégel* – dégel, fonte, fonte des glaces, fonte des neiges. QUÉB. bouscueil. ▶ *Échec* – avortement, banqueroute, capitulation, catastrophe, chute, débandade, déconfiture, défaite, déroute, désavantage, échec, écrasement, faillite, fiasco, four, infortune, insuccès, mauvaise fortune, naufrage, perte, ratage, raté, retraite, revers. SOUT. traverse. FAM. désastre, piquette, plantage, raclée, recalage, volée. FRANCE FAM. bérézina, bide, brossée, déculottée, dégelée, écrabouillage, fessée, foirade, gamelle, loupage, pile, rincée, rossée, tannée, veste. ▶ *Faillite* – banqueroute, chute, crise, culbute, déconfiture, dépôt de bilan, dépression, effondrement, faillite, fiasco, insolvabilité, krach, liquidation, marasme, mévente, naufrage, récession, ruine, stagflation. FAM. dégringolade. FRANCE FAM. baccara. ▶ *Fuite* – abandon, débandade, défilade, déroute, dispersion, fuite, panique, pathie *(animal)*, retraite, sauve-qui-peut. FIG. hémorragie. ▶ *Dégât* – avarie, bris, casse, dégradation, déprédation, désolation, destruction, détérioration, dévastation, dommage, endommagement, méfait, mouille, perte, ravage, ruine, sabotage, vilain. FAM. bousillage, charcutage, grabuge. ▲ANT. EMBÂCLE, GEL ; VICTOIRE ; RÉUSSITE, SUCCÈS.

déballer *v.* ▶ *Retirer de son emballage* – défaire, dépaqueter, développer. ▶ *Ouvrir un emballage* – défaire, dépaqueter, ouvrir. ▶ *Avouer* (FAM.) – admettre, avouer, confesser. ▲ANT. EMBALLER ; TAIRE.

débarbouillage *n. m.* ▶ *Toilette* – ablutions, bain, douche, lavage, nettoyage, rinçage, toilette. ▶ *Nettoyage* – astiquage, bichonnage, déblaiement, décrassage, décrassement, décrottage, dégagement, dépoussiérage, détachage, essuyage, fourbissage, fourbissement, lavage, lessivage, lessive, ménage, nettoyage, rangement, ravalement, savonnage, vidange. FAM. briquage. BELG. appropriation. ▲ANT. BARBOUILLAGE.

débarbouillette *n. f.* (QUÉB.) ▶ *Linge de toilette* – FRANCE gant (de toilette), main (de toilette). BELG. SUISSE lavette.

débarquement *n. m.* ▶ *Abordage* – abordage, arraisonnement, assaut, collision. ▶ *Déchargement des marchandises* – débardage, déchargement, mise à quai. ▶ *Raid* – envahissement, incursion, inondation, invasion, irruption, ruée. MILIT. descente, raid. ▲ANT. EMBARQUEMENT ; CHARGEMENT ; DÉPART.

débarquer *v.* ▶ *Accoster* – aborder, accoster, prendre terre. ▶ *Décharger* – débarder, décharger. ▶ *Destituer* (FAM.) – casser, démettre, destituer, limoger, relever de ses fonctions, révoquer. FAM. déboulonner, dégommer, faire sauter. ▶ *Arriver inopinément* (FAM.) – arriver à l'improviste, faire irruption, survenir, venir à l'improviste. FAM. débouler,

tomber. QUÉB. ACADIE FAM. ressoudre. QUÉB. FAM. retontir. ▲ANT. EMBARQUER ; PARTIR, S'EN ALLER.

débarras *n. m.* ▶ *Remise* – appentis, bûcher *(pour le bois)*, cabanon, remise, resserre. FAM. fourretout. SUISSE galetas. QUÉB. FAM. hangar. ▶ *Délivrance* – acquittement, affranchissement, décolonisation, délivrance, désaliénation, élargissement, émancipation, évacuation, libération, manumission, rachat, rédemption, salut. FAM. quille. SOUT. déprise. ▲ANT. EMBARRAS.

débarrasser *v.* ▶ *Enlever le couvert* – desservir. QUÉB. FAM. dégreyer. ▶ *Enlever ce qui encombre* – déblayer, dégager, désencombrer, nettoyer. ▶ *Éliminer ce qui est néfaste* – nettoyer, purger. ▶ *Délivrer d'un poids moral* – décharger, délivrer, enlever une épine du pied à, libérer, ôter une épine du pied à, soulager, tirer une épine du pied à. ♦ *se débarrasser* ▶ *Se défaire de qqch.* – renoncer à, se défaire de, se démunir de, se départir de, se dépouiller de, se dessaisir de. SOUT. renoncer. FAM. balancer, bazarder, larguer, lourder, sacrifier. ▶ *Se corriger d'un défaut* – se corriger, se défaire, se guérir. ▶ *Se défaire de qqn* – congédier, écarter, éconduire, en finir avec, rabrouer, renvoyer, repousser, se défaire de, se dépêtrer de. FAM. envoyer au bain, envoyer au diable, envoyer balader, envoyer bouler, envoyer dinguer, envoyer paître, envoyer promener, envoyer sur les roses, envoyer valdinguer, envoyer valser, expédier. ▲ANT. EMBARRASSER, ENTRAVER, GÊNER ; CHARGER ; CULPABILISER.

débat *n. m.* ▶ *Discussion* – affaire, arbitrage, contestation, démêlé, différend, discussion, dispute, médiation, négociation, panel, querelle, règlement, spéculation, tractation. ▶ *Opposition* – affrontement, antagonisme, combat, compétition, concurrence, conflit, contentieux, contestation, controverse, désaccord, différend, discorde, discussion, dispute, dissension, dissentiment, divergence, émulation, friction, heurt, incompatibilité, incompréhension, lutte, mésentente, mésintelligence, opposition, polémique, querelle, rivalité. FAM. bagarre. ▶ *Procès* – affaire (judiciaire), audience, cas, cause, dossier, espèce, litige, litispendance, poursuite, procès. ▶ *Séance* – audience *(tribunal)*, séance, session, vacation. ▲ANT. CONSENSUS, ENTENTE, UNANIMITÉ.

débattre *v.* ▶ *Discuter* – agiter, délibérer de, discuter (de), parler de. SOUT. démêler, disputer de. ▶ *Négocier* – discuter, négocier, traiter. ♦ *se débattre* ▶ *Se démener* – s'agiter, se démener. ▲ANT. △SE DÉBATTRE – CÉDER, SE RÉSIGNER.

débauché *adj.* ▶ *Immoral* – corrompu, dépravé, déréglé, dévoyé, dissipé, dissolu, immoral, libertin, relâché. SOUT. sardanapalesque.

débauche *n. f.* ▶ *Abjection* – abjection, abomination, atrocité, bassesse, boue, corruption, crapulerie, crime, déshonneur, fange, grossièreté, honte, horreur, ignominie, impureté, indignité, infamie, laideur, misère, monstruosité, noirceur, obscénité, odieux, ordure, saleté, sordide, souillure, vice. SOUT. sordidité, stupre, turpitude, vilenie. ▶ *Abondance* – abondance, afflux, amas, ampleur, concentration, débordement, exubérance, filon, floraison, foisonnement, forêt, foule, fourmillement, gisement, infinité, inondation, luxe, luxuriance, masse, mine, multiplicité, myriade, nuée, orgie, paquet, pléthore, poussière, profusion, quantité, richesse, surabondance, tas, trésor. *FIG.* carnaval. *FAM.* festival, flopée, kyrielle, tapée, tonne, tripotée, wagon. *QUÉB. FAM.* bourrée, tapon. *SUISSE FAM.* craquée. ▲**ANT.** CHASTETÉ, CONTINENCE, DÉCENCE, TEMPÉRANCE, VERTU; ABSTINENCE, ASCÈSE, AUSTÉRITÉ, FRUGALITÉ, SOBRIÉTÉ; MODÉRATION, RÉSERVE, RETENUE; INSUFFISANCE, PARCIMONIE, PEU.

débaucher *v.* ▶ *Inciter au mal* – corrompre, dépraver, dérégler, détourner du droit chemin, dévergonder, dévoyer, pervertir. ▶ *Congédier* – chasser, congédier, démettre, donner son congé à, expulser, licencier, mettre à la porte, mettre à pied, mettre dehors, mettre en disponibilité, reconduire, remercier, remercier de ses services, renvoyer. *FAM.* balancer, balayer, déboulonner, lourder, sabrer, sacquer, vider, virer. *QUÉB. FAM.* donner son quatre pour cent à. ▲**ANT.** ÉDIFIER, MORALISER, REDRESSER; EMBAUCHER.

débile *adj.* ▶ *À la santé fragile* – anémique, chétif, délicat, en mauvaise santé, faible, fragile, frêle, mal portant, maladif, malingre, rachitique, souffreteux. *SOUT.* valétudinaire. ▶ *Retardé* – arriéré, attardé, demeuré, retardé, simple d'esprit. ▲**ANT.** BIEN PORTANT, EN BONNE SANTÉ, EN PARFAITE SANTÉ, EN SANTÉ, SAIN, VALIDE; À L'ESPRIT VIF, BRILLANT, ÉVEILLÉ, INTELLIGENT; ASTUCIEUX, DÉLURÉ, FIN, FINAUD, FUTÉ, HABILE, INGÉNIEUX, INVENTIF, MALIN, RUSÉ.

débit *n. m.* ▶ *Écoulement* – circulation, débordement, écoulement, éruption, évacuation, exsudation, flux, fuite, ingression, inondation, irrigation, irruption, larmoiement, mouvement, passage, ravinement, régime, ruissellement, sortie, suage, suintement, transpiration, vidange. *SOUT.* submersion, transsudation. *GÉOGR.* défluviation, transfluence, transgression. ▶ *Élocution* – articulation, déclamation, diction, élocution, éloquence, énonciation, expression, langage, langue, parole, phonation, phonétique, phonie, pose de voix, prononciation, style, voix. ▶ *Dette* – arriéré, charge, compte, créance, crédit à découvert, débet, découvert, déficit, dette, devoir, doit, dû, emprunt, engagement, impayé, moins-perçu, non-paiement, obligation, passif, solde débiteur. *BELG.* mali, pouf. ▲**ANT.** AVOIR, CRÉDIT.

débitable *adj.* ▲**ANT.** CRÉDITABLE.

débiter *v.* ▶ *Couper* – couper, tronçonner. ▶ *Vendre* – détailler, écouler, faire commerce de, offrir, proposer, vendre. ▶ *Réciter* – déclamer, réciter. *DIDACT.* oraliser. ▶ *Lire, réciter avec monotonie* – ânonner, psalmodier. ▲**ANT.** CRÉDITER.

débiteur *n.* ▶ *Emprunteur* – emprunteur, obligé. *DR.* débirentier. ▲**ANT.** CRÉANCIER, CRÉDITEUR, PRÊTEUR.

déboguer *v.* déverminer. ▲**ANT.** BOGUER.

déboires *n. m. pl.* ▶ *Déception* – abattement, accablement, affliction, amertume, anéantissement, chagrin, consternation, contrariété, déception, déconvenue, découragement, dégoût, dégrisement, démoralisation, dépit, désappointement, désenchantement, désespoir, désillusion, désolation, échec, écœurement, ennui, infortune, insuccès, lassitude, mécompte, peine, regret, revers, tristesse. *SOUT.* atterrement, déréliction, désabusement, désespérance, retombement. *FAM.* défrisage, défrisement,

douche (froide), ras-le-bol. ▶ *Vexation* – affront, crève-cœur, dégoût, déplaisir, froissement, humiliation, vexation. *SOUT.* camouflet, désobligeance, soufflet. ▲**ANT.** SATISFACTION; BONHEUR, CHANCE, FORTUNE, RÉUSSITE, SUCCÈS.

débonnaire *adj.* ▶ *Bon* – bienveillant, bon, bon enfant, bonhomme, brave. ▶ *Trop indulgent* – bonasse, faible, mou. *FAM.* bon comme la romaine. ▲**ANT.** DRACONIEN, DUR, EXIGEANT, RIGIDE, RIGOUREUX, SÉVÈRE, STRICT.

débordant *adj.* ▶ *Rempli* – bourré, farci, imbu, imprégné, pénétré, plein, rempli, saturé. *SOUT.* pétri. ▶ *Qui prend de l'expansion* – envahissant, envahisseur, expansif, tentaculaire. ▶ *Qui produit beaucoup* – abondant, fécond, fertile, foisonnant, fructueux, généreux, inépuisable, intarissable, productif, prolifique, riche. *SOUT.* copieux, inexhaustible, plantureux. ▶ *Qui s'exprime facilement* – communicatif, confiant, démonstratif, expansif, expressif, extraverti, exubérant, ouvert. ▲**ANT.** FAIBLE, MODÉRÉ; FROID, INTROVERTI, RENFERMÉ, RÉSERVÉ, TACITURNE.

débordé *adj.* ▲**ANT.** CANALISÉ; INOCCUPÉ, OISIF.

débordement *n. m.* ▶ *Éruption* – bouillonnement, ébullition, éclaboussement, écoulement, émission, éruption, évacuation, explosion, extrusion, giclée, jaillissement, jet, sortie. ▶ *Écoulement* – circulation, débit, écoulement, éruption, évacuation, exsudation, flux, fuite, ingression, inondation, irrigation, irruption, larmoiement, mouvement, passage, ravinement, régime, ruissellement, sortie, suage, suintement, transpiration, vidange. *SOUT.* submersion, transsudation. *GÉOGR.* défluviation, transfluence, transgression. ▶ *Abondance* – abondance, afflux, amas, ampleur, concentration, débauche, exubérance, filon, floraison, foisonnement, forêt, foule, fourmillement, gisement, infinité, inondation, luxe, luxuriance, masse, multiplicité, myriade, nuée, orgie, paquet, pléthore, poussière, profusion, quantité, richesse, surabondance, tas, trésor. *FIG.* carnaval. *FAM.* festival, flopée, kyrielle, tapée, tonne, tripotée, wagon. *QUÉB. FAM.* bourrée, tapon. *SUISSE FAM.* craquée. ▶ *Excès* – comble, débauche, dépassement, disproportion, énormité, excédent, excès, exubérance, gaspillage, inutile, luxe, luxuriance, orgie, profusion, redondance, satiété, saturation, superfétation, superflu, superfluité, surabondance, surcharge, surcroît, surenchère, surnombre, surplus, trop, tropplein. ▶ *Exultation* – délire, éclatement, emballement, exultation, jubilation. *SOUT.* transport. ▲**ANT.** BAISSE, DIMINUTION, ÉPUISEMENT, REFLUX, RETRAIT, TARISSEMENT; INSUFFISANCE, PARCIMONIE, PEU; DÉCENCE; RÉSERVE, RETENUE.

déborder *v.* ▶ *Se répandre* – s'échapper, se répandre. *MÉD.* s'extravaser. ▶ *Contenir en abondance* – abonder en, foisonner de, fourmiller de, regorger de, surabonder de/en. ▶ *Faire saillie* – avancer, dépasser, faire ressortir, saillir, se détacher, sortir. *BELG.* dessortir. *TECHN.* forjeter, surplomber. ▶ *Empiéter* – chevaucher, dépasser, empiéter, mordre. ▶ *Prendre à revers* – contourner, prendre à revers, tourner. ▲**ANT.** CONTENIR; BORDER, REBORDER.

débouché *n. m.* ▶ *Issue* – issue, ouverture, sortie. ◆ **débouchés,** *plur.* ▶ *Accès à une profession* – avenir, ouvertures, perspectives d'avenir,

déboucher

perspectives d'emploi. ▲ANT. BARRIÈRE, CUL-DE-SAC, IMPASSE. △ DÉBOUCHÉS, *plur.* – CHÔMAGE.

déboucher *v.* ▶ *Désobstruer* – décongestionner, dégager, dégorger, désengorger, désobstruer. *QUÉB. FAM.* débloquer. ▶ *Enlever le bouchon* – décapsuler, ouvrir. *FAM.* décalotter. ▶ *Mener* – aboutir à, conduire, donner accès à, mener à. ▲ANT. BARRER, BOUCHER, ENGORGER, OBSTRUER; REBOUCHER.

débouler *v.* ▶ *Descendre rapidement* – dégringoler, dévaler. ▶ *Arriver inopinément (FAM.)* – arriver à l'improviste, faire irruption, survenir, venir à l'improviste. *FAM.* débarquer, tomber. *QUÉB. ACADIE FAM.* ressoudre. *QUÉB. FAM.* retontir. ▶ *En parlant d'un lapin, d'un lièvre* – débucher, débusquer.

debout *adv.* à la verticale, à pic, à plomb, d'aplomb, de bas en haut, de haut en bas, droit, verticalement. ▲ANT. ASSIS; COUCHÉ.

déboutonner *v.* ▶ *Ouvrir un vêtement* – dénouer, détacher, ouvrir. ▲ANT. BOUTONNER.

débraillé *adj.* dépoitraillé. *BELG.* déjeté. ▲ANT. CORRECT, DÉCENT, STRICT; À QUATRE ÉPINGLES, ENDIMANCHÉ.

débris *n. m.* ▶ *Fragment* – bribe, brisure, charpie, coupure, éclat, esquille *(os)*, fraction, fragment, grain, granule, granulé, havrit, lambeau, limaille, miette, morceau, parcelle, part, particule, partie, pépite, portion, quartier, reste. *FAM.* graine. ▶ *Déchet* – bassiné, bourre, bourrier, chiure, chute, crasse, culot, déchet, dépôt, détritus, excrément, fange, fiente, fumier, gadoue, immondices, impureté, lavure, lie, malpropreté, ordure, parcelle, perte, poussière, raclure, rebut, reliefs, reliquat, résidu, reste, rinçure, rognure, saleté, salissure. *FAM.* cochonnerie, margouillis, saloperie. ▶ *Métallique* – crasse, ferraille, gratture, laitier, limaille, mâchefer, scorie, sinter, suint. ▶ *Verre* – écrémure. ▶ *Ruines* – déblais, décharge, décombres, démolitions, éboulement, éboulis, épave, gravats, gravois, miettes, plâtras, reste, ruines, vestiges. *SOUT.* cendres. ▶ *Restes d'un repas* – miettes, reliefs, restant, restes, rognures. *FAM.* rogatons. ▲ANT. INTÉGRALITÉ, TOTALITÉ.

débrouiller *v.* ▶ *Démêler* – clarifier, débroussailler, démêler, désembrouiller. *SOUT.* délabyrinther. ▶ *Étudier sommairement* – déblayer, défricher, dégrossir. ▶ *Dégourdir (FAM.)* – dégourdir, dégrossir, délurer, déniaiser, initier. *FAM.* dérouiller, dessaler. ♦ *se* **débrouiller** ▶ *Se tirer d'affaire* – s'arranger, se dépêtrer, se tirer d'affaire. *FAM.* nager, se débarbouiller, se dépatouiller. *BELG.* s'affûter. ▲ANT. BROUILLER, CONFONDRE, EMBROUILLER, EMMÊLER, MÊLER. △ SE DÉBROUILLER – ÊTRE MALADROIT, S'EMPÊTRER.

début *n. m.* ▶ *Commencement* – actionnement, amorçage, amorce, balbutiement, bégaiement, commencement, création, déclenchement, démarrage, départ, ébauche, embryon, enclenchement, enfance, entrée, esquisse, fondement, germe, inauguration, origine, ouverture, prélude, prémisse, principe, tête. *SOUT.* aube, aurore, matin, prémices. *FIG.* apparition, avènement, éclosion, émergence, éruption, explosion, genèse, germination, naissance, venue au monde. ▶ *Introduction* – avant-propos, avertissement, avis (préliminaire), discours préliminaire, entrée en matière, exorde, exposition, introduction,

notice, préambule, préliminaire, prélude, présentation, prolégomènes, prologue. *SOUT.* prodrome. ♦ *débuts, plur.* ▶ *Initiation* – initiation, premières armes, premiers pas. *SOUT.* apprentissage. ▲ANT. CLÔTURE, CONCLUSION, DÉNOUEMENT, FIN, TERME.

débutant *adj.* béotien, inexercé, inexpérimenté, jeune, naïf, néophyte, neuf, non initié, nouveau, novice, profane. *SOUT.* inexpert. ▲ANT. EXERCÉ, EXPÉRIMENTÉ, INITIÉ; EXPERT.

débutant *n.* apprenti, commençant, néophyte, novice, (petit) nouveau, poulain *(prometteur)*, recrue. *FRANCE FAM.* bizuth, deb. ▲ANT. ANCIEN, DOYEN, VÉTÉRAN; EXPERT.

débuter *v.* commencer, démarrer, partir, s'amorcer, s'engager. ▲ANT. FINIR, S'ACHEVER, SE CONCLURE, SE TERMINER.

deçà *adv.* ▲ANT. DELÀ.

décadence *n. f.* abaissement, abâtardissement, abjection, abrutissement, affadissement, affaiblissement, agonie, altération, amollissement, appauvrissement, atrophie, avachissement, avilissement, baisse, corruption, déchéance, déclin, décrépitude, dégénérescence, dégradation, délabrement, déliquescence, dénaturation, dépérissement, détérioration, édulcoration, étiolement, flétrissure, perte, perversion, pourrissement, pourriture, rouille, ruine, sape, usure. *SOUT.* aveulissement, crépuscule, perversissement. *FAM.* déglingage, dégringolade. ▲ANT. CROISSANCE, ÉPANOUISSEMENT, ESSOR, MONTÉE; PROGRÈS.

décadent *adj.* dégénéré, déliquescent, fin de race, fin de siècle. ▲ANT. EN FORMATION, EN PLEIN ESSOR, EN PLEINE CROISSANCE, FLORISSANT.

décalage *n. m.* arriéré, déphasage, désynchronisation, retard. *AGRIC.* tardiveté. *PHYS.* hystérésis. ▲ANT. COORDINATION, SIMULTANÉITÉ, SYNCHRONIE, SYNCHRONISME; ACCORD, ADAPTATION, CONCORDANCE, CONFORMITÉ.

décanteur *n.* ▲ANT. MÉLANGEUR.

décapant *adj.* ▶ *Qui décape* – abrasif. ▶ *D'une méchanceté blessante* – à l'emporte-pièce, acerbe, acéré, acide, acrimonieux, aigre, blessant, caustique, cinglant, corrosif, fielleux, grinçant, incisif, méchant, mordant, piquant, sarcastique, sardonique, virulent, vitriolique. ▶ *Qui plaît par sa spontanéité* – frais, jeune, rafraîchissant, vivifiant. ▲ANT. DÉLICAT, DOUX, GENTIL; CONVENTIONNEL.

déceler *v.* ▶ *Percevoir* – apprécier, détecter, discerner, distinguer, identifier, percevoir, reconnaître. ▶ *Indiquer* – annoncer, démontrer, dénoter, faire foi de, indiquer, laisser paraître, marquer, montrer, prouver, révéler, signaler, signifier, témoigner de. *SOUT.* dénoncer. ▶ *Indiquer une chose non favorable* – accuser, trahir. ▲ANT. CACHER, CELER, DISSIMULER, TAIRE.

décemment *adv.* ▶ *Pudiquement* – angéliquement, chastement, discrètement, exemplairement, honnêtement, modestement, moralement, pudiquement, purement, sagement, saintement, vénérablement, vertueusement, virginalement. ▶ *Correctement* – adéquatement, bien, comme il faut, comme il se doit, convenablement, correctement, dans les règles de l'art, juste, justement, pertinemment, proprement, raisonnablement, sainement, valablement, validement. *SOUT.* congrûment. *FAM.* bene. ▲ANT.

ÉROTIQUEMENT, GAILLARDEMENT, GAULOISEMENT, GRA-
VELEUSEMENT, GROSSIÈREMENT, IMPUDIQUEMENT, IM-
PUREMENT, INDÉCEMMENT, LASCIVEMENT, LICENCIEU-
SEMENT, OBSCÈNEMENT; IMPROPREMENT, INADÉQUATE-
MENT, INCORRECTEMENT, MAL.

décence *n. f.* ▶ *Convenance* – bienséance, bon
ton, chasteté, convenance, correction, délicatesse,
dignité, discrétion, éducation, fierté, gravité, honnêteté, honneur, modestie, politesse, propreté, pudeur, quant-à-soi, réserve, respect, retenue, sagesse,
sobriété, tact, tenue, vertu. *SOUT.* pudicité. ▶ *Gravité* – componction, dignité, gravité, hiératisme, majesté, pompe, raideur, réserve, rigidité, sérieux, solennité. ▲ANT. EFFRONTERIE, IMPUDENCE, INCONVENANCE,
INCORRECTION, INDÉCENCE, INDISCRÉTION; LASCIVITÉ,
OBSCÉNITÉ; CYNISME.

décent *adj.* ▶ *Chaste* – chaste, de haute moralité, immaculé, innocent, platonique, pudique, pur,
réservé, sage, vertueux, virginal. ◗ *Non favorable* –
bégueule, collet monté, prude, pudibond, puritain.
▶ *Qui respecte les convenances* – bien, bienséant,
convenable, correct, de bon ton, digne, fréquentable,
honnête, honorable, moral, rangé, recommandable,
respectable, sérieux. *FAM.* comme il faut. ▶ *Satisfaisant* – acceptable, approuvable, bien, bon, convenable, correct, honnête, honorable, moyen, passable,
présentable, raisonnable, satisfaisant, suffisant. *FAM.*
potable, supportable. ▲ANT. CONCUPISCENT, DÉBAU-
CHÉ, ÉROTIQUE, GAILLARD, IMPUDIQUE, IMPUR, INDÉ-
CENT, LASCIF, LIBIDINEUX, LICENCIEUX, LUBRIQUE, LUXU-
RIEUX, OBSCÈNE, VICIEUX; DISCOURTOIS, GROSSIER, IM-
PERTINENT, IMPOLI, INCONVENANT, INCORRECT, MAL
ÉLEVÉ, RUSTRE; INSATISFAISANT, INSUFFISANT.

déception *n. f.* abattement, accablement, affliction, amertume, anéantissement, chagrin, consternation, contrariété, déboires, déconvenue, découragement, dégoût, dégrisement, démoralisation, dépit,
désappointement, désenchantement, désespoir, désillusion, désolation, échec, écœurement, ennui, infortune, insuccès, lassitude, mécompte, peine, regret,
revers, tristesse. *SOUT.* atterrement, déréliction, désabusement, désespérance, retombement. *FAM.* défrisage, défrisement, douche (froide), ras-le-bol. ▲ANT.
CONTENTEMENT, SATISFACTION; JOIE, PLAISIR.

décerner *v.* ▶ *Attribuer* – adjuger, attribuer,
conférer, donner, remettre. ▲ANT. ENLEVER, ÔTER, RE-
FUSER, REJETER, RETENIR.

décès *n. m.* disparition, extinction, fin, mort,
perte. *FIG.* départ, dernier repos, dernier sommeil,
dernier soupir, grand voyage, sépulture, sommeil
éternel, tombe, tombeau. *SOUT.* la Camarde, la Faucheuse, la Parque, trépas. *FRANCE FAM.* crevaison,
crève. ▲ANT. NAISSANCE.

décevant *adj.* contrariant, désolant, ennuyeux,
fâchant, fâcheux. *FAM.* embêtant. *QUÉB. FAM.* de va-
leur, désappointant, dommage, plate. ▲ANT. COR-
RECT, SATISFAISANT, SUFFISANT; ÉPOUSTOUFLANT, ÉTON-
NANT, EXTRAORDINAIRE, STUPÉFIANT, SURPRENANT; EN-
COURAGEANT, MOTIVANT, STIMULANT.

décevoir *v.* ▶ *Ne pas combler les attentes* – désappointer, frustrer les attentes de, laisser sur sa faim.
SOUT. démentir. *FAM.* voler. ▶ *Désillusionner* – briser
l'espoir de, dégriser, dépiter, désabuser, désappointer,

désenchanter, désillusionner, échauder, frustrer,
tromper. *FAM.* doucher. ▶ *Consterner* – consterner,
désappointer, désespérer, désoler, navrer. *FAM.* être le
désespoir de, faire le désespoir de. ▲ANT. COMBLER,
CONTENTER, ENCHANTER, EXAUCER, RÉPONDRE À L'AT-
TENTE, SATISFAIRE.

déchaîné *adj.* ▶ *Enragé* – blanc de colère, courroucé, en colère, enragé, forcené, fou de colère, fou de
rage, fulminant, fumant, furibond, furieux, hors de
soi, irrité, outré, rageur, révolté, ulcéré. *FAM.* en boule,
en rogne. *FRANCE FAM.* à cran, en pétard, fumasse, furax, furibard. *QUÉB. FAM.* bleu, choqué, en beau fusil,
en bibitte. ▶ *Excessif* – abusif, débridé, délirant, démesuré, déraisonnable, déréglé, disproportionné, effréné, exagéré, excessif, exorbitant, extravagant, extrême, forcé, immodéré, intempérant, outrancier,
outré, qui dépasse la mesure, qui dépasse les bornes,
sans frein. *SOUT.* outrageux. *FAM.* dément, démentiel,
soigné. ▶ *Intense* – fort, furieux, impétueux, intense,
puissant, terrible, violent. ▶ *Agité* – agité, démonté,
houleux. *SOUT.* torrentueux, turbide.

déchaînement *n. m.* affolement, agitation,
bouleversement, brasier, colère, confusion, débridement, désarroi, ébranlement, ébullition, embrasement, émotion, fièvre, frénésie, mouvement, passion, violence. *SOUT.* émoi, exaltation. *FIG.* dévergondage. ▲ANT. APAISEMENT; CONTRÔLE, MAÎTRISE.

déchaîner *v.* ▶ *Déclencher* – amener, apporter,
catalyser, causer, créer, déclencher, déterminer, donner, donner lieu à, donner naissance à, engendrer,
entraîner, faire, faire naître, former, générer, occasionner, produire, provoquer, soulever, susciter. *PHI-
LOS.* nécessiter. ▶ *Exalter* – chauffer (à blanc), électriser, enfiévrer, exalter, galvaniser, survolter, surexciter, survolter, transporter. ◆ **se déchaîner** ▶ *Se
mettre en colère* – colérer, éclater, fulminer, monter
sur ses ergots, monter sur ses grands chevaux, prendre la mouche, prendre le mors aux dents, s'emporter, s'enflammer, s'irriter, se courroucer, se fâcher, se
gendarmer, se mettre en colère, sortir de ses gonds,
voir rouge. *FAM.* criser, décharger sa bile, décharger
sa rate, exploser, grimper au mur, piquer une colère, piquer une crise, se mettre en boule, se mettre en pétard, se mettre en rogne, se monter. *QUÉB.
FAM.* grimper dans les rideaux, pomper, se choquer.
▲ANT. APAISER, CALMER; CONTENIR, ENCHAÎNER, MAÎ-
TRISER, MODÉRER.

décharge *n. f.* ▶ *Dépotoir* – cloaque, déchetterie, dépôt (d'ordures), dépotoir, vidoir, voirie. *SOUT.*
sentine. ▶ *Décombres* – déblais, débris, décombres,
démolitions, éboulement, éboulis, épave, gravats,
gravois, miettes, plâtras, reste, ruines, vestiges. *SOUT.*
cendres. ▶ *Coups de feu* – fusillade, mitraillade,
rafale, salve, tiraillement, tiraillerie, volée. *FAM.* giclée *(arme automatique)*. *ANC.* bordée, mousquetade,
mousqueterie. ▶ *Quittance* – acquit, apurement,
bulletin, connaissement, facture, facturette *(carte de
crédit)*, libération, quitus, récépissé, reconnaissance
(de paiement), reçu, warrant. ▶ *Exemption* – abattement, dégrèvement, dérogation, détaxation, détaxe, dispense, exemption, exonération, franchise,
grâce, immunité, impunité, inamovibilité, inviolabilité, irresponsabilité, libération, liberté, mainlevée,
réforme *(armée)*, transit. ▶ *Disculpation* – amende

décharger

honorable, déculpabilisation, défense, disculpation, explication, justification, motif, pardon, raison, regret. ▸ *Cours d'eau* (*QUÉB.*) – défluent, effluent, émissaire. *QUÉB.* pied. ▲ANT. CHARGE, CHARGEMENT; CONTRAINTE; AGGRAVATION; ACCUSATION.

décharger *v.* ▸ *Débarquer* – débarder, débarquer. ▸ *Dégager d'une accusation* – blanchir, disculper, innocenter, justifier, laver d'une accusation, mettre hors de cause, réhabiliter. *DR.* acquitter. ▸ *Délivrer d'une obligation* – affranchir, dégager, délier, délivrer, désengager, dispenser, excuser, exempter, exonérer, soustraire. ▸ *Délivrer d'un poids moral* – débarrasser, délivrer, enlever une épine du pied à, libérer, ôter une épine du pied à, soulager, tirer une épine du pied à. ◆ **se décharger** ▸ *Déléguer une responsabilité* – confier, déléguer. ▲ANT. ALOURDIR, CHARGER, SURCHARGER; AGGRAVER, AUGMENTER; ACCUSER, CONDAMNER.

décharné *adj.* amaigri, desséché, efflanqué, émacié, famélique, hâve, maigri, osseux, qui n'a que la peau et les os, sec, squelettique. *SOUT.* étique. *FAM.* maigre comme un clou, maigre comme un coucou, maigre comme un hareng saur, sec comme un coup de trique. *MÉD.* cachectique. ▲ANT. CHARNU, CORPULENT, GRAS, PLANTUREUX.

déchéance *n. f.* ▸ *Dégénérescence* – abaissement, abâtardissement, abjection, abrutissement, affadissement, affaiblissement, agonie, altération, amollissement, appauvrissement, atrophie, avachissement, avilissement, baisse, corruption, décadence, déclin, décrépitude, dégénérescence, dégradation, délabrement, déliquescence, dénaturation, dépérissement, détérioration, édulcoration, étiolement, flétrissure, perte, perversion, pourrissement, pourriture, rouille, ruine, sape, usure. *SOUT.* aveulissement, crépuscule, pervertissement. *FAM.* déglingue, dégringolade. ▸ *Péché* – accroc, chute, crime, écart, errements, faute, impureté, mal, manquement, mauvais, offense, péché, sacrilège, scandale, souillure, tache, transgression, vice. ▸ *Perte d'un droit* – aliénation, forclusion. ▲ANT. ASCENSION, AVANCEMENT, ÉLÉVATION, MONTÉE, PROGRÈS; REDRESSEMENT.

déchet *n. m.* ▸ *Ordure* – bassiné, bourre, bourrier, chiure, chute, crasse, culot, débris, dépôt, détritus, excrément, fange, fiente, fumier, gadoue, immondices, impureté, lavure, lie, malpropreté, ordure, parcelle, perte, poussière, raclure, rebut, reliefs, reliquat, résidu, reste, rinçure, rognure, saleté, salissure. *FAM.* cochonnerie, margouillis, saloperie. ▸ *Métallique* – crasse, ferraille, gratture, laitier, limaille, mâchefer, scorie, sinter, suint. ▸ *Verre* – écrémure. ▸ *Personne* – déchet de la société, déchet (humain), épave, larve (humaine), loque (humaine), ruine (humaine), soushomme.

déchiffrer *v.* ▸ *Lire* – comprendre, lire. ▸ *Décoder* – décoder, décrypter, interpréter, traduire. ▸ *Comprendre* – découvrir, dénouer, deviner, éclaircir, élucider, éventer, expliquer, faire (toute) la lumière sur, pénétrer, percer, résoudre, tirer au clair, trouver, trouver la clé de. ▲ANT. CHIFFRER, CRYPTER; OBSCURCIR.

déchiquetage *n. m.* déchirement, destruction, dilacération, hachage, hachement, lacération. *FAM.* charcutage.

déchirant *adj.* ▸ *Moralement douloureux* – âcre, affligeant, amer, cruel, cuisant, douloureux, dur, éprouvant, lancinant, navrant, pénible, poignant, saignant, vif. ▸ *Bouleversant* – bouleversant, dramatique, émouvant, pathétique, poignant, touchant, troublant, vibrant (*discours*). *SOUT.* empoignant. ▲ANT. APAISANT, CALMANT, CONSOLANT, CONSOLATEUR, RASSÉRÉNANT, RASSURANT, RÉCONFORTANT, SÉCURISANT, TRANQUILLISANT; BANAL, ININTÉRESSANT, SANS INTÉRÊT; COMIQUE, GROTESQUE.

déchirement *n. m.* ▸ *Action de déchirer* – déchiquetage, destruction, dilacération, hachage, hachement, lacération. *FAM.* charcutage. ▸ *Souffrance morale* – blessure, déchirure, douleur, mal, martyre, souffrance, supplice, torture. *SOUT.* tenaillement, tribulation. ▸ *Désunion* – accrochage, algarade, altercation, brouille, brouillerie, chicane, controverse, démêlé, désaccord, désunion, différend, discorde, dispute, divergence, escarmouche, explication, fâcherie, froid, heurt, joute oratoire, litige, malentendu, mésentente, passe d'armes, polémique, querelle, rupture, scène, zizanie. *FAM.* bagarre, bisbille, bringue, chamaille, chamaillerie, empoignade, empoignement, engueulade, prise de bec, séance. *QUÉB. FAM.* brasse-camarade, chamaillage. *BELG. FAM.* bisbrouille. ▲ANT. RÉPARATION; GUÉRISON; CONSOLATION; BONHEUR; RAPPROCHEMENT, RÉCONCILIATION, UNION.

déchirer *v.* ▸ *Percer* – crever, percer. *FAM.* péter. ▸ *Déchiqueter* – déchiqueter, écharper, hacher, lacérer, mettre en charpie, mettre en lambeaux, mettre en pièces. *DIDACT.* dilacérer. ▸ *Entailler profondément la peau* – balafrer, couper, écharper, écorcher, entailler, entamer, lacérer, larder, ouvrir, taillader. *FAM.* chapeler. ▸ *Faire une trouée* – percer, trouer. ▸ *Blesser moralement* – blesser, meurtrir. ▸ *Tourmenter* – assaillir, consumer, crucifier, dévorer, faire souffrir, lanciner, martyriser, mettre au supplice, percer, poignarder, ronger, supplicier, tarauder, tenailler, torturer, tourmenter, transpercer. *SOUT.* poindre. ▸ *Tirailler* – ballotter, écarteler, tirailler. ▸ *Désunir* – brouiller, désaccorder, désolidariser, désunir, diviser, opposer, semer la discorde, semer la zizanie, séparer. ◆ **se déchirer** ▸ *Craquer* – céder, craquer, se défaire. ▲ANT. RACCOMMODER, RÉPARER; CONSOLER; PACIFIER, RÉCONCILIER.

déchirure *n. f.* ▸ *Fissure* – brèche, brisure, cassure, craquelure, crevasse, ébréchure, écornure, félure, fendillement, fente, fissure, fuite, gerçure, lézarde. *QUÉB. FAM.* craque. *TECHN.* crique, étonnement, gerce. *DIDACT.* gélivure. *GÉOGR.* rimaye. *GÉOL.* diaclase. ▸ *Rupture* – accroc, déchiqueture, écorchure, égratignure, éraflement, éraflure, éraillure, éventration, excoriation, griffure. *QUÉB. FAM.* grafignure. ▸ *Souffrance morale* – blessure, déchirement, douleur, mal, martyre, souffrance, supplice, torture. *SOUT.* tenaillement, tribulation. ▲ANT. RÉPARATION; GUÉRISON; CONSOLATION; BONHEUR.

décidé *adj.* catégorique, déterminé, entier, ferme, immuable, inébranlable, inflexible, résolu. ▲ANT. FLOTTANT, FLUCTUANT, HÉSITANT, INCERTAIN, INDÉCIS, INDÉTERMINÉ, IRRÉSOLU, PERPLEXE.

décidément *adv.* activement, avec la dernière énergie, avec zèle, dru, dynamiquement, énergiquement, fermement, fort, fortement, puissamment, résolument, sérieusement, virilement. ▲ANT. IRRÉ-SOLUMENT.

décider *v.* ▶ *Prendre une décision* – conclure, juger, prendre une décision, se prononcer, statuer, trancher. ▶ *Déterminer* – arrêter, assigner, déterminer, établir, fixer, régler. ▶ *Persuader* – amener, convaincre, déterminer, entraîner, persuader. ♦ **se décider** ▶ *Choisir* – arrêter son choix sur, choisir, jeter son dévolu sur, opter pour, prendre le parti de. ▶ *Se résoudre* – se déterminer, se résoudre. ▲ANT. ATERMOYER, BALANCER, DOUTER, HÉSITER, TERGIVERSER; AJOURNER, DIFFÉRER.

décideur *n.* administrateur, cadre, chef d'entreprise, chef d'industrie, décisionnaire, directeur, dirigeant, gestionnaire, logisticien, patron, responsable, tête dirigeante. ▲ANT. EXÉCUTANT.

décisif *adj.* ▶ *Définitif* – concluant, convaincant, définitif, éloquent, péremptoire, probant, tranchant. ▶ *Crucial* – critique, crucial, déterminant. DR. décisoire. ▶ *Important* – capital, central, crucial, de la plus haute importance, de premier plan, déterminant, dominant, essentiel, fondamental, important, maître, majeur, numéro un, prédominant, prééminent, premier, prépondérant, primordial, principal, prioritaire, supérieur. SOUT. à nul autre second, cardinal. ▲ANT. CONTESTABLE, DISCUTABLE, DOUTEUX, FRAGILE, VULNÉRABLE; ANODIN, BANAL, SANS IMPORTANCE.

décision *n.f.* ▶ *Choix* – adoption, choix, cooptation, désignation, détermination, échantillonnage, écrémage, élection, nomination, plébiscite, prédilection, présélection, résolution, sélection, suffrage, tri, triage, vote. SOUT. décret, parti. ▶ *Jugement* – arrêt, arrêté, délibération, jugement, ordonnance, règlement, résolution, résultat, sentence, verdict. ▶ *Arbitraire ou injuste* – diktat, ukase. ▶ *Intervention* – acte, action, choix, comportement, conduite, démarche, entreprise, faire, fait, geste, intervention, manifestation, réalisation. ▶ *Ténacité* – acharnement, assiduité, constance, détermination, entêtement, fermeté, insistance, obstination, opiniâtreté, persévérance, persistance, résolution, suite dans les idées, ténacité, volonté. PÉJ. aveuglement. ▲ANT. HÉSITATION, INDÉCISION, INDÉTERMINATION; EXÉCUTION, MISE EN ŒUVRE, RÉALISATION.

décisionnel *adj.* ▲ANT. CONSULTATIF.

déclamation *n.f.* ▶ *Diction* – articulation, débit, diction, élocution, éloquence, énonciation, expression, langage, langue, parole, phonation, phonétique, phonie, pose de voix, prononciation, style, voix. ▶ *Emphase* – apparat, bouffissure, boursouflure, cérémonie, démesure, emphase, enflure, excès, gonflement, grandiloquence, hyperbole, pédanterie, pédantisme, pompe, prétention, solennité. SOUT. ithos, pathos.

déclamer *v.* ▶ *Réciter* – débiter, réciter. DIDACT. oraliser. ▶ *Tempêter* (SOUT.) – aboyer, crier, fulminer, pester, tempêter, tonner, vociférer. SOUT. clabauder, invectiver. FAM. déblatérer, gueuler. QUÉB. FAM. chialer, sacrer.

déclaration *n.f.* ▶ *Affirmation* – affirmation, allégation, argument, argumentation, assertion, dire, expression, parole, position, propos, proposition, raison, théorème, thèse. ▶ *Énonciation* – affirmation,

communication, donnée, élocution, énoncé, énonciation, exposition, expression, extériorisation, formulation, mention, prononciation, proposition, récitation, stipulation, verbalisation. ▶ *Proclamation* – annonce, appel, avis, ban, communication, communiqué, décret, dénonciation, dépêche, divulgation, édit, manifeste, message, notification, proclamation, profession de foi, programme, promulgation, publication, rescrit, serment, signification. ▶ *Révélation* – annonce, aveu, confession, confidence, dévoilement, divulgation, ébruitement, fuite, indiscrétion, initiation, instruction, mea culpa, mise au courant, proclamation, publication, reconnaissance, révélation. FAM. déballage, mise au parfum. ▲ANT. CONTESTATION, INFIRMATION; RÉTRACTATION; DISSIMULATION, MUTISME, SILENCE.

déclarer *v.* ▶ *Faire savoir* – annoncer, apprendre, communiquer, dire, faire l'annonce de, faire part de, faire savoir, notifier, signifier, transmettre. FAM. balancer. ▶ *Dévoiler* – annoncer, découvrir, dévoiler, divulguer, lever le voile sur, mettre au grand jour, révéler. MILIT. déclassifier (*document*). ▶ *Certifier* – affirmer, assurer, attester, certifier, donner l'assurance, donner sa parole (d'honneur), garantir, jurer, promettre, répondre de. ▶ *Prétendre* – affirmer, prétendre, soutenir. ♦ **se déclarer** ▶ *Donner son avis* – se prononcer. ▶ *Se déclencher* – éclater, se déclencher. ▲ANT. DISSIMULER, GARDER POUR SOI, TAIRE.

déclenchement *n.m.* actionnement, amorçage, amorce, balbutiement, bégaiement, commencement, création, début, démarrage, départ, ébauche, embryon, enclenchement, enfance, entrée, esquisse, fondement, germe, inauguration, origine, ouverture, prélude, prémisse, principe, tête. SOUT. aube, aurore, matin, prémices. FIG. apparition, avènement, éclosion, émergence, éruption, explosion, genèse, germination, naissance, venue au monde. ▲ANT. ARRÊT, CESSATION, INTERRUPTION.

déclencher *v.* ▶ *Commencer* – commencer, donner le coup d'envoi à, enclencher, engager, entamer, entreprendre, inaugurer, lancer, mettre en branle, mettre en route, mettre en train. FAM. démarrer. ▶ *Provoquer* – amener, apporter, catalyser, causer, créer, déchaîner, déterminer, donner, donner lieu à, donner naissance à, engendrer, entraîner, faire, faire naître, former, générer, occasionner, produire, provoquer, soulever, susciter. PHILOS. nécessiter. ♦ **se déclencher** ▶ *Se déclarer* – éclater, se déclarer. ▲ANT. ARRÊTER, BLOQUER, STOPPER.

déclin *n.m.* ▶ *Décroissance* – abaissement, affaiblissement, affaissement, amenuisement, amoindrissement, baisse, chute, creux, décroissance, décroissement, décrue, dégression, déplétion, dépréciation, descente, désescalade, dévalorisation, dévaluation, diminution, éclipse, effondrement, effritement, essoufflement, fléchissement, ralentissement, réduction. SOUT. émasculation. ▶ *Dégénérescence* – abaissement, abâtardissement, abjection, abrutissement, affadissement, affaiblissement, agonie, altération, amollissement, appauvrissement, atrophie, avachissement, avilissement, baisse, corruption, décadence, déchéance, décrépitude, dégénérescence, dégradation, délabrement, déliquescence, dénaturation, dépérissement, détérioration, édulcoration, étiolement, flétrissure, perte, perversion, pourrissement, pourriture, rouille, ruine, sape, usure. *SOUT.* aveulissement, crépuscule, pervertissement. *FAM.* déglingue, dégringolade. ▲**ANT.** ASCENSION, CROISSANCE, ÉCLOSION, ÉPANOUISSEMENT, ESSOR, MONTÉE, PROGRÈS ; APOGÉE, PLÉNITUDE.

déclinant *adj.* décroissant, faiblissant, sur son déclin. ▲**ANT.** GRANDISSANT, NAISSANT.

décliner *v.* ▶ *Refuser* – opposer un refus à, opposer une fin de non-recevoir à, rejeter, répondre par la négative à, repousser. *SOUT.* ne pas daigner accepter. ▶ *Diminuer* – baisser, décroître, descendre, diminuer, s'amoindrir. ▶ *Ralentir* – diminuer, ralentir, régresser, s'essouffler. ▶ *Péricliter* – agoniser, aller à la ruine, dépérir, menacer ruine, péricliter, se dégrader, se délabrer, se détériorer. *SOUT.* déchoir, pâtir, tomber en décadence. ▶ *Empirer* – aller de mal en pis, dégénérer, empirer, s'aggraver, s'envenimer, se dégrader, se détériorer, se gâter, tourner au vinaigre. ▶ *Baisser, en parlant du jour* – baisser, décroître, diminuer, rapetisser. ▶ *Subir les effets du vieillissement* – vieillir. *FAM.* prendre un coup de vieux. *ACADIE FAM.* vieillesir. ▲**ANT.** ACCEPTER ; CROÎTRE, PROGRESSER, S'ÉPANOUIR, SE FORTIFIER.

décodage *n. m.* ▶ *Lecture* – déchiffrage, déchiffrement, lecture. ▶ *Décryptage* – cryptanalyse, déchiffrage, déchiffrement, décryptage, décryptement, paléographie *(écritures anciennes).* ▲**ANT.** CODAGE, ENCODAGE ; ENREGISTREMENT ; CHIFFREMENT, CRYPTAGE.

décoder *v.* déchiffrer, décrypter, interpréter, traduire. ▲**ANT.** CODER, ENCODER.

décodeur *n. m.* ▶ *Destinataire* – allocutaire, auditeur, destinataire, interlocuteur, récepteur. ▲**ANT.** CODEUR, ENCODEUR.

décoiffé *adj.* dépeigné, ébouriffé, échevelé.

décoller *v.* ▶ *Quitter le sol* – s'envoler. ▶ *Perdre du poids* (*FAM.*) – maigrir, mincir. *FAM.* amincir, fondre. ▲**ANT.** COLLER, RECOLLER ; ATTERRIR.

décolleté *adj.* échancré.

décombres *n. m. pl.* déblais, débris, décharge, démolitions, éboulement, éboulis, épave, gravats, gravois, miettes, plâtras, reste, ruines, vestiges. *SOUT.* cendres.

décomposer *v.* ▶ *Pourrir* – altérer, pourrir, putréfier. ▶ *Une denrée* – avarier, gâter. ▶ *Mettre en miettes* – désagréger, effriter, émietter. ▶ *Déconstruire* – analyser, déconstruire, démonter, disséquer, disséquer, retourner dans tous les sens. *INFORM.* parser. *FAM.* décortiquer. ▶ *Altérer les traits du visage* – contracter, convulser, crisper, déformer. ♦ **se décomposer** ▶ *Pourrir* – pourrir, s'altérer, se corrompre, se putréfier. ▶ *En parlant d'un aliment* – blettir *(fruit),* s'avarier, se gâter. ▶ *Se désagréger* – s'effriter, se défaire, se désagréger, tomber en poussière. *DIDACT. ou SOUT.* se déliter. ▲**ANT.** CONSERVER, MAINTENIR ; ASSEMBLER, ASSOCIER, COMBINER, COMPOSER, JOINDRE, RÉUNIR, SYNTHÉTISER.

décomposition *n. f.* ▶ *Putréfaction* – altération, biodégradation, corruption, faisandage, fermentation, gangrène, pourrissement, pourriture, putréfaction, putrescence, putridité, suiffage *(beurre),* thanatomorphose. ▶ *Destruction* – démantèlement, démontage, désorganisation, destruction,

destructuration, séparation. ▶ *Morcellement* – atomisation, découpage, démembrement, désagrégation, désagrégement, désintégration, dislocation, dissociation, dissolution, division, éclatement, écroulement, effritement, émiettement, fission, fractionnement, fragmentation, îlotage, micronisation, morcellement, parcellarisation, parcellarité, parcellisation, partage, pulvérisation, quadripartition, sectorisation, séparation, tranchage, tripartition. *FRANCE FAM.* saucissonnage. *RELIG.* fraction. ▶ *Division* – définition, réduction, résolution, séparation. ▶ *Analyse* – analyse, autopsie, déconstruction, démontage, dissection, division. *TECHN.* dépose. *INFORM.* parsage. ▲**ANT.** CONSERVATION ; COMPOSITION, CONSTRUCTION, CRÉATION ; ASSEMBLAGE, COMBINAISON, MÉLANGE ; SYNTHÈSE.

décompresser *v.* ▶ *Diminuer la pression d'un gaz* – décomprimer, détendre. ▶ *Se délasser* (*FAM.*) – faire une pause, récupérer, reprendre haleine, respirer, se délasser, (se) déstresser, se détendre, se refaire, se relaxer, se reposer, souffler. ▲**ANT.** COMPRESSER.

déconcertant *adj.* ▶ *Qui met dans l'embarras* – déroutant, désorientant, embarrassant, perturbant, qui met dans l'embarras, traumatisant, troublant. *FAM.* démontant. *QUÉB.* embêtant. ▶ *Qui étonne* – à (vous) couper le souffle, abasourdissant, ahurissant, bouleversant, confondant, dérangeant, ébahissant, effarant, époustouflant, étonnant, étourdissant, extraordinaire, impensable, inconcevable, incroyable, inimaginable, inouï, invraisemblable, pétrifiant, renversant, stupéfiant, suffocant, surprenant. *SOUT.* qui confond l'entendement. *FAM.* ébouriffant, mirobolant, sidérant, soufflant. *QUÉB. FAM.* capotant. ▲**ANT.** ENCOURAGEANT, RASSÉRÉNANT, RASSURANT, TRANQUILLISANT ; ANODIN, BANAL, ORDINAIRE.

déconcerter *v.* ▶ *Dérouter* – décontenancer, démonter, dérouter, désarçonner, désorienter, déstabiliser, ébranler, embarrasser, interloquer, troubler. *SOUT.* confondre. *FAM.* déboussoler. ▶ *Faire échouer* (*SOUT.*) – briser, déjouer, faire échec à, faire obstacle à, torpiller. ▲**ANT.** RASSURER, TRANQUILLISER ; ENCOURAGER, ENHARDIR.

déconfit *adj.* confondu, contrarié, déconcerté, décontenancé, démonté, dépité, dérouté, désarçonné, désespéré, désappointé, déstabilisé, penaud. *FAM.* capot. ▲**ANT.** FIER, TRIOMPHANT.

décongestion *n. f.* décongestionnement, désencombrement, désengorgement. ▲**ANT.** CONGESTION, ENCOMBREMENT, ENGORGEMENT.

déconnecter *v.* ▶ *Défaire le branchement* – débrancher. ▶ *Séparer* – couper, dégrouper, désunir, détacher, disjoindre, dissocier, écarter, éloigner, isoler, séparer. ▲**ANT.** BRANCHER, CONNECTER, RELIER.

déconnexion *n. f.* débranchement, désaccord, désunion, disjonction, rupture, scission, séparation. ▲**ANT.** BRANCHEMENT, CONNEXION, LIAISON.

décontamination *n. f.* antisepsie, asepsie, aseptisation, assainissement, désinfection, étuvage, étuvement, formolage, prophylaxie, stérilisation. ▲**ANT.** CONTAMINATION, POLLUTION.

décontaminer *v.* ▶ *Éliminer la pollution* – dépolluer, épurer. ▶ *Éliminer la radioactivité* – dépolluer, désactiver. ▲**ANT.** CONTAMINER, POLLUER.

décontracté adj. à l'aise, aisé, dégagé, désinvolte, détendu, libre, naturel.

décor n. m. ▸ *Ce qui sert à décorer* – accessoire, agrément, décoration, détail, enjolivement, enjolivure, enrichissement, figure, fioriture, garniture, ornement, ornementation, parure. FAM. affiquet, affûtiaux. ▸ *Motif d'un tissu* – brochure, dessin, motif, ornement. ▸ *Milieu* – ambiance, atmosphère, cachet, cadre, climat, élément, entourage, environnement, environs, lieu, milieu, monde, société, sphère, théâtre, voisinage. ▸ *Au théâtre* – scénographie.

décoratif adj. ▸ *Qui agrémente* – ornemental. ▸ *Peu important* (PÉJ.) – accessoire, anecdotique, annexe, contingent, (d'intérêt) secondaire, de second plan, dédaignable, épisodique, incident, indifférent, insignifiant, marginal, mineur, négligeable, périphérique. ▲ANT. FONCTIONNEL, PRATIQUE, UTILITAIRE ; ESSENTIEL, IMPORTANT, PRINCIPAL.

décoration n. f. ▸ *Ornementation* – embellissement, enjolivement, ornementation, parure. ▸ *Ornement* – accessoire, agrément, décor, détail, enjolivement, enjolivure, enrichissement, figure, fioriture, garniture, ornement, ornementation, parure. FAM. affiquet, affûtiaux. ▸ *Insigne honorifique* – badge, distinction (honorifique), insigne. FAM. banane, crachat, hochet. ▸ *Récompense* – accessit, bon point, citation, couronne, diplôme, distinction, gratification, médaille, mention, nomination, pourboire, prime, prix, récompense, satisfecit, trophée. QUÉB. FAM. bonbon. ▸ *Distinction* – dignité, égards, élévation, faveur, honneur, pourpre, prérogative, promotion. ▲ANT. DÉPOUILLEMENT, NUDITÉ, SIMPLICITÉ.

décoré adj. ▸ *Récompensé* – bardé de, médaillé, récompensé.

décorer v. agrémenter, colorer, émailler, embellir, enjoliver, enrichir, garnir, habiller, ornementer, orner, parer, rehausser, relever. SOUT. diaprer. QUÉB. FAM. renipper. ▲ANT. DÉFIGURER, DÉPARER, ENLAIDIR, GÂTER.

découler v. ▸ *Être le résultat* – dépendre, dériver, émaner, partir, procéder, provenir, résulter, s'ensuivre. BELG. conster. ▸ *Avoir comme résultat* – résulter, s'ensuivre. ▲ANT. CAUSER, ENTRAÎNER, PROVOQUER, SUSCITER.

découper v. ▸ *Diviser en sections* – diviser, éclater, fractionner, partager, scinder, sectionner, sectoriser, segmenter, sous-diviser, subdiviser. FAM. saucissonner. ▸ *Dépecer un animal* – dépecer, équarrir. ♦ **se découper** ▸ *Se dessiner* – se dessiner, se détacher, se profiler, se projeter, se silhouetter. ▲ANT. ASSEMBLER, LIER, RÉUNIR.

décourageant adj. débilitant, démobilisateur, démoralisant, démoralisateur, démotivant, déprimant, désespérant. ▲ANT. ENCOURAGEANT, MOTIVANT, STIMULANT.

découragement n. m. ▸ *Déception* – abattement, accablement, affliction, amertume, anéantissement, chagrin, consternation, contrariété, déboires, déception, déconvenue, dégoût, dégrisement, démoralisation, dépit, désappointement, désenchantement, désespoir, désillusion, désolation, échec, écœurement, ennui, infortune, insuccès, lassitude, mécompte, peine, regret, revers, tristesse.

SOUT. atterrement, déréliction, désabusement, désespérance, retombement. FAM. défrisage, défrisement, douche (froide), ras-le-bol. ▸ *Affaiblissement* – abattement, accablement, affaiblissement, alanguissement, amoindrissement, amollissement, anémie, apathie, avachissement, consomption, défaillance, dépérissement, épuisement, étiolement, exténuation, fatigue, fragilisation, harassement, lassitude, rabaissement, ralentissement, ramollissement, sape, usure. SOUT. débilité. MÉD. adynamie, asthénie, asthénomanie, atonie, collapsus, débilitation. ▸ *Dissuasion* – dissuasion, prévention. ▲ANT. ESPÉRANCE ; CONTENTEMENT, SATISFACTION ; COURAGE, ÉNERGIE ; ENCOURAGEMENT, RÉCONFORT ; PERSUASION.

décourager v. ▸ *Démoraliser* – abattre, débiliter, démobiliser, démoraliser, démotiver, déprimer, écœurer, lasser, mettre à plat. FAM. démonter. QUÉB. FAM. débiner. BELG. déforcer. ACADIE FAM. déconforter. ▸ *Rebuter* – ennuyer, fatiguer, lasser, rebuter. ▸ *Dissuader* – déconseiller à, détourner, dissuader, éloigner. ♦ **se décourager** ▸ *Perdre espoir* – céder au découragement, désespérer, perdre espoir. ▲ANT. ENCOURAGER, ENHARDIR ; CONSOLER, RÉCONFORTER.

décousu adj. ▸ *Sans suite logique* – chaotique, désordonné, incohérent, incompréhensible, inconséquent, sans queue ni tête, sans suite. ▲ANT. COHÉRENT, CONTINU, ININTERROMPU, SUIVI.

découverte n. f. ▸ *Action d'explorer* – documentation, exploration, fouille, furetage, prospection, recherche, reconnaissance, sondage. FAM. farfouillage, farfouillement. ▸ *Action de détecter* – décèlement, dénichement, dépistage, détection, détermination, diagnostic, identification, localisation, positivité, reconnaissance, reconnaissance, repérage. PHYSIOL. spatialisation. ▸ *Chose* – trouvaille. ▲ANT. BANALITÉ, DÉJÀ-VU.

découvrir v. ▸ *Dénuder* – dénuder, déshabiller, dévêtir, dévoiler, mettre à nu. FAM. dépoiler, désaper. ▸ *Démasquer* – arracher le masque de, arracher le voile de, démasquer, dévoiler, lever le masque de, montrer sous son vrai jour. ▸ *Diagnostiquer* – dépister, diagnostiquer, identifier, reconnaître. ▸ *Localiser* – détecter, localiser, repérer, trouver. FAM. loger. ▸ *Dénicher* – dénicher, déterrer, tomber sur, trouver. FAM. dégoter, pêcher. SUISSE FAM. rapercher. ▸ *Deviner* – déchiffrer, dénouer, deviner, éclaircir, élucider, éventer, expliquer, faire (toute) la lumière sur, pénétrer, percer, résoudre, tirer au clair, trouver, trouver la clé de. ▸ *Constater* – constater, prendre conscience, réaliser, remarquer, s'apercevoir, s'aviser, se rendre compte, voir. SOUT. éprouver. ▸ *Surprendre* – attraper, prendre sur le fait, surprendre. FAM. pincer. ▸ *Divulguer* – annoncer, déclarer, dévoiler, divulguer, lever le voile sur, mettre au grand jour, révéler. MILIT. déclassifier (document). ♦ **se découvrir** ▸ *Apparaître peu à peu* – apparaître, émerger, se dégager, se dévoiler, se faire jour, se manifester, se profiler, se révéler, transparaître. SOUT. affleurer. ▸ *En parlant du ciel* – s'éclaircir, se dégager. ▲ANT. COUVRIR ; CACHER, DISSIMULER. △SE DÉCOUVRIR – S'ASSOMBRIR, S'ENNUAGER, S'OBSCURCIR, SE COUVRIR.

décret n. m. ▸ *Proclamation* – annonce, appel, avis, ban, communication, communiqué, déclaration, dénonciation, dépêche, divulgation, édit,

décréter

manifeste, message, notification, proclamation, profession de foi, programme, promulgation, publication, rescrit, serment, signification. ▶ *Acte* – arrêté, édit, ordonnance. ▶ *Décision* (*SOUT.*) – adoption, choix, cooptation, décision, désignation, détermination, échantillonnage, écrémage, élection, nomination, plébiscite, prédilection, présélection, résolution, sélection, suffrage, tri, triage, vote. *SOUT.* parti.

décréter *v.* ▶ *Ordonner* – commander, dicter, donner l'ordre de, imposer, ordonner, prescrire, vouloir. *SOUT.* édicter. ▲ANT. ABOLIR.

décrier *v.* attaquer, baver sur, calomnier, casser du sucre sur le dos de, cracher sur, critiquer, dénigrer, déprécier, diffamer, dire du mal de, gloser sur, médire de, noircir, perdre de réputation, traîner dans la boue. *SOUT.* arranger de la belle manière, clabauder sur, dauber sur, détracter, dire pis que pendre de, mettre plus bas que terre. *FAM.* déblatérer contre, taper sur. *FRANCE FAM.* débiner, habiller pour l'hiver, tailler un costard à, tailler une veste à. *QUÉB. FAM.* parler dans le dos de, parler en mal de. *BELG.* décauser. ▲ANT. CÉLÉBRER, LOUANGER; PRÔNER, VANTER.

décrire *v.* brosser un tableau de, dépeindre, montrer, peindre, présenter, représenter, tracer le portrait de. ▲ANT. CACHER, DISSIMULER.

décrocher *v.* ▶ *Gagner* (*FAM.*) – conquérir, enlever, gagner, obtenir, remporter. ▶ *Abandonner* (*FAM.*) – abandonner, abdiquer, baisser les bras, capituler, céder, courber le dos, déclarer forfait, démordre de, jeter le manche après la cognée, lâcher prise, laisser tomber, renoncer, s'avouer vaincu. *FAM.* démissionner, fermer boutique, plier boutique. ▶ *Se replier* – battre en retraite, reculer, rétrograder, se replier, se retirer. *QUÉB.* retraiter. ▲ANT. ACCROCHER, ATTACHER, DÉCERNER, PENDRE, RACCROCHER; S'ACCROCHER, TENIR BON.

décroître *v.* ▶ *Diminuer* – baisser, décliner, descendre, diminuer, s'amoindrir. ▶ *Baisser, en parlant du jour* – baisser, décliner, diminuer, rapetisser. ▲ANT. ALLONGER, AUGMENTER, CROÎTRE, GRANDIR, GROSSIR, PROGRESSER, S'ACCROÎTRE.

dédaigner *v.* ▶ *Mépriser* – avoir en piètre estime, faire peu de cas de, mépriser, mettre plus bas que terre, prendre de haut, regarder de haut, traiter de haut. *FAM.* bêcher, snober. *AFR.* saboter. ▶ *Refuser* – laisser pour compte, refuser, rejeter, repousser, tourner le dos à. ▲ANT. APPRÉCIER, CONSIDÉRER, ESTIMER, FAIRE CAS DE; CONVOITER, DÉSIRER, VOULOIR.

dédaigneusement *adv.* altièrement, arrogamment, fièrement, hautainement, insolemment, la tête haute, orgueilleusement, présomptueusement, prétentieusement, superbement, triomphalement, vaniteusement. ▲ANT. ADMIRATIVEMENT, IDOLÂTREMENT, LAUDATIVEMENT.

dédaigneux *adj.* arrogant, condescendant, fier, hautain, méprisant, orgueilleux, outrecuidant, pimbêche (*femme*), pincé, plein de soi, présomptueux, prétentieux, snob, supérieur. *SOUT.* altier, rogue. ▲ANT. AVIDE, DÉSIREUX, INTÉRESSÉ.

dédain *n.m.* arrogance, condescendance, dégoût, dérision, hauteur, mépris, morgue, snobisme. *SOUT.* déconsidération, mésestimation, mésestime.

▲ANT. CONSIDÉRATION, DÉFÉRENCE, ESTIME, RESPECT; ADMIRATION, ADORATION, VÉNÉRATION.

dédale *n.m.* ▶ *Réseau compliqué* – forêt, labyrinthe, lacis, maquis, méandres, réseau, sinuosités. ▶ *Situation complexe* – confusion, détours, écheveau, enchevêtrement, labyrinthe, maquis. *FAM.* embrouillamini.

dédier *v.* ▶ *Faire hommage d'une œuvre* – dédicacer, offrir. ▶ *Consacrer* – consacrer, donner, offrir, vouer. ♦ *se dédier* ▶ *Se consacrer* – se consacrer à, se dévouer à, se donner à, se livrer à, vivre pour.

dédommager *v.* ▶ *Rembourser* – défrayer, désintéresser, indemniser, payer, rembourser. ▶ *Récompenser* – récompenser, remercier. ♦ *se dédommager* ▶ *Réparer une perte* – se rattraper. *FAM.* se raccrocher. ▲ANT. AGGRAVER.

dédramatiser *v.* ▶ *Minimiser les proportions* – atténuer, dégonfler, minimiser, modérer. ▲ANT. AMPLIFIER, DRAMATISER, EXAGÉRER.

déductible *adj.* ▲ANT. AJOUTABLE; INDÉDUCTIBLE.

déduction *n.f.* ▶ *Raisonnement* – analyse, apagogie, argument, argumentation, considérations, démonstration, dialectique, dilemme, discussion, échafaudage, explication, implication, induction, inférence, justificatif, logique, méthode, preuve, raison, réflexion, réfutation, sorite, substruction, syllogisme, syllogistique, synthèse. ▶ *Rabais* – abattement, baisse, bas prix, bonification, bradage, décompte, dégrèvement, diminution, discompte, escompte, liquidation, prix modique, rabais, réduction, réfaction, remise, ristourne, solde. *FAM.* bazardage. *QUÉB.* (prix d')aubaine. ▶ *Impôt* – abattement, décote, dégrèvement, réduction d'impôt. ▲ANT. INTUITION; ADDITION.

déduire *v.* ▶ *Soustraire* – décompter, défalquer, enlever, ôter, rabattre, retenir, retirer, retrancher, soustraire. ▶ *Une partie d'un revenu* – percevoir, prélever, retenir. *FAM.* ponctionner. ▶ *Conclure* – conclure, inférer. *SOUT.* arguer. ▲ANT. ADDITIONNER, AJOUTER; INDUIRE.

défaillance *n.f.* ▶ *Trouble physique* – affection, altération, anomalie, déficience, dérangement, dysfonction, dysfonctionnement, embarras, faiblesse, gêne, indisposition, insuffisance, mal, malaise, trouble. *DIDACT.* dysphorie. *MÉD.* lipothymie. *SOUT.* mésaise. ▶ *Évanouissement* – collapsus, évanouissement, faiblesse, perte de connaissance, perte de conscience, syncope. *FAM.* vapes. *MÉD.* lipothymie. ▶ *Affaiblissement* – abattement, accablement, affaiblissement, alanguissement, amoindrissement, amollissement, anémie, apathie, avachissement, consomption, découragement, dépérissement, épuisement, étiolement, exténuation, fatigue, fragilisation, harassement, lassitude, rabaissement, ralentissement, ramollissement, sape, usure. *SOUT.* débilité. *MÉD.* adynamie, asthénie, asthénomanie, atonie, collapsus, débilitation. ▶ *Distraction* – absence (d'esprit), déconcentration, dispersion, dissipation, distraction, étourderie, imprudence, inadvertance, inapplication, inattention, inconséquence, irréflexion, légèreté, négligence, omission, oubli. *PSYCHAN.* aprosexie, déflexion. *PSYCHOL.* distractivité.

▲**ANT.** SANTÉ; ÉNERGIE, FORCE, PUISSANCE, VIGUEUR; CONSTANCE, STABILITÉ.

défaillant adj. ▶ **Précaire** – chancelant, faible, fragile, glissant, incertain, instable, menacé, précaire, vaillant. ▶ **En parlant d'un raisonnement** – bancal, boiteux, défectueux, déficient, incomplet, inexact, lacunaire, vicieux. ▶ **Qui a peine à se tenir debout** – chancelant, flageolant, oscillant, titubant, trébuchant, vacillant. ▶ **En situation d'absence** – DR. absent, contumace. ▲**ANT.** SOLIDE; ÉPROUVÉ, FIABLE, FIDÈLE; À TOUTE ÉPREUVE; ASSURÉ, EN ÉQUILIBRE, ÉQUILIBRÉ, FERME, STABLE; COMPARANT, PRÉSENT.

défaillir v. ▶ **Faiblir** – faiblir, glisser, hésiter, manquer, vaciller. ▶ **S'évanouir** – être pris d'un malaise, perdre connaissance, perdre conscience, perdre ses esprits, s'évanouir, se trouver mal, tomber en syncope. FAM. tomber dans les pommes, tomber dans les vapes, tourner de l'œil. QUÉB. FAM. s'effoirer. ▲**ANT.** AUGMENTER, REDOUBLER, S'INTENSIFIER; SE MAINTENIR.

défaire v. ▶ **Démonter** – démanteler, démonter, désarticuler, désassembler, désosser. FAM. déglinguer, démantibuler. QUÉB. FAM. démancher. ▶ **Détacher** – délacer, délier, dénouer, détacher. ▶ **Sortir de son emballage** – déballer, dépaqueter, développer. ▶ **Ouvrir un emballage** – déballer, dépaqueter, ouvrir. ▶ **Délivrer de ce qui nuit** – dégager, délivrer, dépêtrer, libérer. ▶ **Vaincre à la guerre** – battre, vaincre. ▶ **Vaincre au jeu** – avoir le dessus sur, avoir raison de, battre, surclasser, triompher de, vaincre. FAM. rosser. ♦ **se défaire** ▶ **Se désagréger** – s'effriter, se décomposer, se désagréger, tomber en poussière. DIDACT. ou SOUT. se déliter. ▶ **Se départir** – renoncer à, se débarrasser de, se démunir de, se départir de, se dépouiller de, se dessaisir de. SOUT. renoncer. FAM. balancer, bazarder, larguer, lourder, sacrifier. ▶ **Éconduire** – congédier, écarter, éconduire, en finir avec, rabrouer, renvoyer, repousser, se débarrasser de, se dépêtrer de. FAM. envoyer au bain, envoyer au diable, envoyer balader, envoyer bouler, envoyer dinguer, envoyer paître, envoyer promener, envoyer sur les roses, envoyer valdinguer, envoyer valser, expédier. ▶ **Se corriger d'un défaut** – se corriger, se débarrasser, se guérir. ▲**ANT.** ASSEMBLER, CONSTRUIRE, FABRIQUER, FAIRE, MONTER; ATTACHER; ÉTABLIR; CONSERVER, CONSOLIDER, GARDER, TENIR.

défaite n. f. ▶ **Revers** – avortement, banqueroute, capitulation, catastrophe, chute, débâcle, débandade, déconfiture, déroute, désavantage, échec, écrasement, faillite, fiasco, four, infortune, insuccès, mauvaise fortune, naufrage, perte, ratage, raté, retraite, revers. SOUT. traverse. FAM. désastre, piquette, plantage, raclée, recalage, volée. FRANCE FAM. bérézina, bide, brossée, déculottée, dégelée, écrabouillement, fessée, foirade, gamelle, loupage, pile, rincée, rossée, tannée, veste. ▶ **Excuse** (QUÉB. FAM.) – alibi, défilade, dérobade, échappatoire, esquive, excuse, faux-fuyant, fuite, moyen, prétexte, reculade, subterfuge, volte-face. FAM. pirouette. ▲**ANT.** RÉUSSITE, SUCCÈS, TRIOMPHE, VICTOIRE.

défaut n. m. ▶ **Absence** – absence, lacune, manque, omission, privation, trou, vide. ▶ **Imperfection** – défectuosité, démérite, faible, faiblesse, faille, faute, grossièreté, handicap, imperfection, infirmité, insuffisance, lacune, maladie, malfaçon, manque,

péché mignon, péché véniel, petitesse, tache, tare, tort, travers, vice. SOUT. perfectibilité. ▶ **Malformation** – anomalie, déficience, déformation, difformité, disgrâce, dysmorphie, dysmorphose, handicap, infirmité, malformation, malposition, monstruosité, vice. ▶ **Défaut physiologique** – anomalie, déficience. ▶ **Inconvénient** – aléa, charge, contre, danger, déplaisir, dérangement, désagrément, désavantage, difficulté, écueil, embarras, empêchement, ennui, fissure, gêne, handicap, incommodité, inconfort, inconvénient, mauvais côté, objection, obstacle, point faible, risque, trouble. SOUT. importunité. ▲**ANT.** PRÉSENCE; ABONDANCE, EXCÈS; PERFECTION, PURETÉ; QUALITÉ, VERTU; AVANTAGE, MÉRITE.

défavorable adj. adverse, attentatoire, contraire, désavantageux, dommageable, hostile, nuisible, pernicieux, préjudiciable. ▲**ANT.** FAVORABLE; APPROBATEUR, APPROBATIF, CONSENTANT; OPPORTUN, PROPICE.

défavorisé adj. dans le besoin, dans une cruelle nécessité, démuni, famélique, indigent, misérable, miséreux, nécessiteux, pauvre. SOUT. dénué, impécunieux. FAM. dans la mouise, dans la panade, dans la purée.

défectif adj. ▲**ANT.** CONJUGABLE.

défection n. f. ▶ **Reniement** – abandon, abjuration, apostasie, dénégation, désaveu, palinodie, reniement, retournement, rétractation, revirement, virevolte, volte-face. FAM. pirouette. ▶ **Délaissement** – abandon, abdication, délaissement, démission, désengagement, désertion, désintérêt, désistement, dessaisissement, forfait, inachèvement, recul, repli, retrait, retraite. SOUT. inaccomplissement. DR. décrochage, lâchage, largage, plaquage. DR. non-lieu, résignation. ▶ **Négligence** – abandon, abdication, désertion, désintérêt, impréparation, incoordination, incurie, inorganisation, insouciance, laisser-aller, négligence. ▶ **Trahison** – désertion, faux serment, félonie, forfaiture, (haute) trahison, infidélité, insoumission, parjure, scélératesse. SOUT. prévarication. FAM. lâchage. ▲**ANT.** RALLIEMENT; CONSTANCE, FIDÉLITÉ, LOYAUTÉ.

défectueux adj. ▶ **En parlant d'un objet** – brisé, cassé, déréglé, détérioré, détraqué, éculé (chaussure), endommagé, hors d'usage, inutilisable, usé, vétuste. FAM. kaput, nase, patraque. ▶ **En parlant d'un raisonnement** – bancal, boiteux, défaillant, déficient, incomplet, inexact, lacunaire, vicieux. ▲**ANT.** EN BON ÉTAT, EN ÉTAT DE MARCHE, FONCTIONNEL; À TOUTE ÉPREUVE, SOLIDE.

défendre v. ▶ **Soutenir qqn** – intercéder, parler, plaider, prendre la défense de, soutenir, voler au secours de. ▶ **Soutenir qqch.** – appuyer, militer, prendre fait et cause pour, prendre la défense de, prendre parti pour, soutenir. ▶ **Tenir un lieu** – garder, tenir. ▶ **Protéger de qqch.** – abriter, assurer, garantir, garder, mettre à l'abri, préserver, protéger, tenir à l'abri. ▶ **Interdire** – condamner, empêcher, interdire, prohiber, proscrire, punir. ♦ **se défendre** ▶ **Lutter** – contrer, lutter, ne pas se laisser faire, résister, s'accrocher, tenir, tenir bon, tenir ferme, tenir tête. ▶ **Se justifier** – s'excuser, s'expliquer, se disculper, se justifier. ▶ **S'abstenir** – éviter de, s'abstenir de, s'empêcher de, s'interdire de, se garder de, se refuser à,

défense

se retenir de. ▲ANT. ACCUSER, ATTAQUER; AUTORISER, ORDONNER, PERMETTRE.

défense *n. f.* ▶ *Protection* – abri, aide, appui, assistance, chapeautage, conservation, couverture, garantie, garde, mandat, parrainage, paternalisme, patronage, protection, recommandation, renfort, rescousse, sauvegarde, secours, sécurisation, soutien, surveillance, tutelle. *FIG.* parapluie. *QUÉB.* marrainage *(femme)*. *SOUT.* égide. *FAM.* piston. ▶ *Obstacle* – barrage, barricade, barrière, cloison, écran, mur, obstacle, rideau, séparation. ▶ *Entrave* – accroc, adversité, anicroche, barrière, blocage, contrariété, contretemps, difficulté, digue, écueil, embarras, empêchement, ennui, entrave, frein, gêne, impasse, impossibilité, inhibition, interdiction, objection, obstruction, ombre au tableau, opposition, pierre d'achoppement, point noir, problème, résistance, restriction, tracas, tribulations. *QUÉB.* irritant. *SOUT.* achoppement, impedimenta, traverse. *FAM.* blème, hic, lézard, os, pépin. *QUÉB. FAM.* aria. ▶ *Avocat* – avocat de la défense, défenseur. ▶ *Plaidoyer* – apologétique *(religion)*, apologie, éloge, justification, plaidoirie, plaidoyer. ▶ *Excuse* – amende honorable, décharge, déculpabilisation, disculpation, explication, justification, motif, pardon, raison, regret. ▶ *Interdiction* – condamnation, empêchement, interdiction, interdit, prohibition, proscription, refus, tabou. ▲ANT. AGRESSION, ATTAQUE, OFFENSIVE; VULNÉRABILITÉ; ABANDON, DÉSERTION, FUITE; ACCUSATION; AUTORISATION, PERMISSION.

défenseur *n.* ▶ *Protecteur* – ange gardien, bon génie, gardien, pilier, protecteur. ▶ *Redresseur* – défenseur (de la veuve et de l'orphelin), don Quichotte, justicier, redresseur de torts, tribun, vengeur. ▶ *Libérateur* – affranchisseur, bienfaiteur, deus ex machina, émancipateur, libérateur, messie, protecteur, rédempteur, sauveur. *SOUT.* salvateur. ▶ *Partisan* – activiste, adepte, adhérent, allié, ami, apôtre, champion, disciple, fidèle, inconditionnel, militant, partisan, soutien, sympathisant, tenant. *SOUT.* chantre, séide, zélateur. *FAM.* godillot. ▶ *Représentant* – apologiste, apôtre, appui, avocat, champion, protecteur, redresseur de torts, représentant, serviteur, soldat, soutien, tenant. *SOUT.* intercesseur. ▶ *Avocat* – avocat de la défense, défense. ▶ *Adversaire* – accusateur, contradicteur, débatteur, partie adversaire, partie adverse, partie opposante. *SOUT.* improbateur. *FAM.* obstineux. ◆ **défenseurs**, *plur.* ▶ *Ensemble de joueurs* – défense. ▲ANT. AGRESSEUR, ASSAILLANT, ATTAQUANT; ACCUSATEUR.

déférence *n. f.* ▶ *Respect* – admiration, considération, égard, estime, hommage, ménagement, respect, révérence. ▶ *Humilité* – bonhomie, humilité, modestie, respect, simplicité, soumission. ▲ANT. DÉDAIN, IRRESPECT, IRRÉVÉRENCE, MÉPRIS; ARROGANCE, EFFRONTERIE, IMPERTINENCE, INSOLENCE.

déférent *adj.* respectueux. ▲ANT. CONDESCENDANT.

déferler *v.* ▶ *Déployer une voile* – larguer. ▶ *En parlant des vagues* – se briser. ▲ANT. FERLER *(voile)*.

défi *n. m.* ▶ *Pari* – gageure, mise, pari, risque. ▶ *Provocation* – avertissement, bravade, chantage, commination, dissuasion, effarouchement, fulmination, intimidation, menace, mise en garde,

provocation, rodomontade, semonce, sommation, ultimatum. *FAM.* provoc. ▲ANT. OBÉISSANCE, RESPECT, SOUMISSION.

défiance *n. f.* désintéressement, doute, incrédulité, méfiance, prudence, scepticisme, soupçon, suspicion, vigilance. *SOUT.* cautèle. *FAM.* paranoïa *(excessive)*. ▲ANT. CONFIANCE.

défiant *adj.* méfiant, ombrageux, soupçonneux, sur la défensive, sur ses gardes, suspicieux. ▲ANT. CONFIANT, EN CONFIANCE, RASSURÉ, SÉCURISÉ.

déficience *n. f.* ▶ *Manque* – carence, déficit, incomplétude, insuffisance, manque, pénurie, rareté. ▶ *Défaut physiologique* – anomalie, défaut. ▶ *Arriération mentale* – arriération (mentale), déficience intellectuelle, déficience (mentale), déficit (intellectuel), insuffisance mentale, retard intellectuel, retard (mental). *MÉD.* oligophrénie. ▶ *Mauvais fonctionnement* – affection, altération, anomalie, défaillance, dérangement, dysfonction, dysfonctionnement, embarras, faiblesse, gêne, indisposition, insuffisance, mal, malaise, trouble. *DIDACT.* dysphorie. *MÉD.* lipothymie. *SOUT.* mésaise. ▲ANT. EXCÈS; BON FONCTIONNEMENT, SANTÉ.

déficient *adj.* ▶ *Trop faible* – anémique, chétif, chiche, déficitaire, faible, insatisfaisant, insuffisant, maigre, mauvais, médiocre, misérable, pauvre, piètre, rachitique. ▶ *En parlant d'un raisonnement* – bancal, boiteux, défaillant, défectueux, incomplet, inexact, lacunaire, vicieux. ▲ANT. COMPLET, EFFICACE, PUISSANT, SOLIDE.

déficit *n. m.* ▶ *Manque* – carence, déficience, incomplétude, insuffisance, manque, pénurie, rareté. ▶ *Dette* – arriéré, charge, compte, créance, crédit à découvert, débet, débit, découvert, dette, devoir, doit, dû, emprunt, engagement, impayé, moins-perçu, non-paiement, obligation, passif, solde débiteur. *BELG.* mali, pouf. ▶ *Déficience mentale* – arriération (mentale), déficience intellectuelle, déficience (mentale), déficit (intellectuel), insuffisance mentale, retard intellectuel, retard (mental). *MÉD.* oligophrénie. ▲ANT. EXCÉDENT, EXCÈS; BÉNÉFICE, SURPLUS.

défier *v.* ▶ *Inviter au combat* – lancer un défi à, provoquer. ▶ *Narguer* – braver, narguer, provoquer, toiser. *SOUT.* fronder. *FAM.* chercher, faire la nique à. *QUÉB. FAM.* barber, baver, faire la barbe à. ◆ **se défier** ▶ *Se méfier* (*SOUT.*) – douter de, prendre garde à, se garder de, se méfier de, se mettre en garde contre, tenir pour suspect. ▲ANT. CÉDER, SE SOUMETTRE À. △SE DÉFIER – COMPTER SUR, FAIRE CONFIANCE À, SE FIER À.

défigurer *v.* ▶ *Enlaidir* – déparer, enlaidir. *SOUT.* gâter. ▶ *Fausser* – altérer, biaiser, déformer, dénaturer, falsifier, fausser, gauchir, trahir, travestir. ▲ANT. EMBELLIR, ENJOLIVER; RESPECTER, RESTITUER.

défilé *n. m.* ▶ *Gorge* – cañon, col, couloir, gorge, goulet, porte, ravin, ravine. *QUÉB. FAM.* coulée. ▶ *Procession* – cérémonie, colonne, convoi, cortège, défilade, file, marche, noce, noria, pardon, pèlerinage, procession, queue, suite, théorie, va-et-vient. ▶ *Revue militaire* – défilade, parade, prise d'armes, revue. ▶ *Carnaval* – bal costumé, carnaval, mascarade. ▶ *Manifestation* – cortège, démonstration publique, marche, protestation, rassemblement, réunion. *FAM.* manif.

défilement *n. m.* ▶ *Déroulement* – débobinage, déroulage, déroulement, dévidage, dévirage, tavellage, tracanage. ▲**ANT.** ARRÊT; EXPOSITION, MISE À DÉCOUVERT.

défiler *v.* ▶ *Défaire fil à fil* – éfaufiler, effiler, effilocher. *QUÉB.* échiffer. *TECHN.* parfiler. ▶ *Se suivre* – s'enchaîner, se succéder, se suivre. ♦ **se défiler** ▶ *Se soustraire* (*FAM.*) – couper à, échapper à, esquiver, éviter, fuir, passer au travers de, se dérober à, se dispenser de, se soustraire à. *FRANCE FAM.* se débiner. ▲**ANT.** ENFILER. △SE DÉFILER – AFFRONTER, FAIRE FACE, S'EXPOSER.

définir *v.* ▶ *Fixer* – caractériser, cerner, cibler, délimiter, déterminer, établir, fixer.

définitif *adj.* ▶ *Irrévocable* – arrêté, final, irrévocable, sans appel. ▶ *Décisif* – concluant, convaincant, décisif, éloquent, péremptoire, probant, tranchant. ▲**ANT.** PROVISOIRE, TEMPORAIRE, TRANSITOIRE.

définition *n. f.* ▶ *Sens d'un mot* – acception, emploi, sémantisme, sens, signification, signifié, valeur. ▶ *En linguistique* – définissant, énoncé définitoire, périphrase définitionnelle. ▶ *Explication* – analyse, clarification, commentaire, critique, désambiguïsation, éclaircissement, élucidation, exemplification, explication, explicitation, exposé, exposition, glose, illustration, indication, interprétation, légende, lumière, note, paraphrase, précision, remarque, renseignement. ▶ *Prémisse* – apodicticité, axiome, convention, donnée, évidence, fondement, hypothèse, lemme, postulat, postulatum, prémisse, principe, proposition, théorème, théorie, vérité. ▶ *Individualisation* – caractérisation, choix, détermination, différenciation, distinction, élection, individualisation, individuation, marque, particularisation, personnalisation, polarisation, singularisation, spécification, tri. ▶ *Résolution* – décomposition, réduction, résolution, séparation. ▶ *Nombre de lignes* – linéature.

définitivement *adv.* à jamais, décisivement, durablement, irrémédiablement, irrémissiblement, irréparablement, irréversiblement, irrévocablement, pour de bon, pour toujours, sans appel, sans retour possible, une (une) bonne fois pour toutes. *SOUT.* tout de bon. ▲**ANT.** MOMENTANÉMENT, POUR UN MOMENT, POUR UN TEMPS, PROVISOIREMENT, TEMPORAIREMENT, TRANSITOIREMENT.

déflorer *v.* ▶ *Faire perdre ses fleurs* – défleurir. ▲**ANT.** AVIVER, COLORER, RAFRAÎCHIR; PRÉSERVER.

défoncer *v.* ▶ *Faire céder qqch.* – enfoncer, forcer, fracturer. ▶ *Remuer la terre* – ameublir, bêcher, biner, écroûter, effondrer, égratigner, émotter, fouiller, gratter, herser, labourer, piocher, remuer, retourner, scarifier, serfouir. ▶ *Excaver* – creuser, excaver, forer. ▶ *Époustoufler* (*FAM.*) – abasourdir, ahurir, couper bras et jambes à, couper le souffle à, ébahir, époustoufler, étonner, méduser, renverser, saisir, souffler, stupéfaire, stupéfier, suffoquer. *FAM.* décoiffer, déménager, éberluer, ébouriffer, épater, estomaquer, estourbir, scier, sidérer. ♦ **se défoncer** ▶ *Se donner du mal* – donner des pieds et des mains, peiner, remuer ciel et terre, s'échiner, s'évertuer, se démener, se dépenser, se donner beaucoup de peine, se donner du mal, se fatiguer, se mettre en quatre, se remuer,

se tuer. *FAM.* ramer, se décarcasser, se démancher, se donner un mal de chien, se donner un mal de fou, se fouler la rate. *QUÉB. ACADIE FAM.* se désâmer. *QUÉB. FAM.* se fendre en quatre. ▶ *S'amuser* (*FAM.*) – prendre du bon temps, s'amuser, s'égayer, se distraire, se divertir, se récréer, se réjouir. *FAM.* rigoler, s'éclater, se marrer. ▲**ANT.** △SE DÉFONCER – FAINÉANTER, PARESSER, TRAÎNASSER; S'ENNUYER.

déforestation *n. f.* abattage, coupe, déboisage, déboisement, défrichage, défrichement, dépeuplement. ▲**ANT.** BOISEMENT, REBOISEMENT, REFORESTATION.

déformation *n. f.* ▶ *Distorsion* – anamorphose, aplatissement, courbure, déviation, distorsion, gauchissement, gondolage, gondolement, inclinaison, ovalisation, plissement, voilage, voile, voilement, voilure. *TECHN.* fluage. *BIOL.* amorphisme. ▶ *Altération* – altération, barbouillage, bricolage, contrefaçon, déguisement, dénaturation, entorse, falsification, fardage, faux, fraude, frelatage, gauchissement, maquillage, modification, truquage. *FAM.* bidonnage. *DR.* contrefaction. ▶ *Difformité* – anomalie, défaut, déficience, difformité, disgrâce, dysmorphie, dysmorphose, handicap, infirmité, malformation, malposition, monstruosité, vice. ▲**ANT.** CORRECTION, RECTIFICATION, REDRESSEMENT; CONFORMITÉ.

déformer *v.* ▶ *Tordre* – bistourner, contourner, courber, déjeter, dévier, distordre, gauchir, tordre, voiler. *QUÉB.* crochir. *TECHN.* s'envoiler. ▶ *Rendre flasque* – amollir, avachir, ramollir. ▶ *Altérer les traits du visage* – contracter, convulser, crisper, décomposer. ▶ *Fausser* – altérer, biaiser, défigurer, dénaturer, falsifier, fausser, gauchir, trahir, travestir. ▶ *Caricaturer* – caricaturer, charger, exagérer, grossir, pousser jusqu'à la caricature, simplifier. ♦ **se déformer** ▶ *Gauchir* – gauchir, gondoler, (se) courber, se distordre, se voiler, travailler. *QUÉB.* crochir. ▲**ANT.** CORRIGER, REDRESSER, REFORMER.

défouler (se) *v.* ▲**ANT.** INHIBER, REFOULER, REFRÉNER.

défraîchi *adj.* décoloré, délavé, déteint, éteint, fade, fané, pâli, passé, terne. *FAM.* fadasse, pisseux.

défunt *n.* disparu, mort. *SOUT.* trépassé. ▲**ANT.** VIVANT.

dégagement *n. m.* ▶ *Décoincement* – déblocage, décoinçage, décoincement, extraction, retrait, tirage. ▶ *Nettoyage* – astiquage, bichonnage, débarbouillage, déblaiement, décrassage, décrassement, décrottage, dépoussiérage, détachage, essuyage, fourbissage, fourbissement, lavage, lessivage, lessive, ménage, nettoyage, rangement, ravalement, savonnage, vidange. *FAM.* briquage. *BELG.* appropriation. ▶ *Libération d'une personne* – acquittement, affranchissement, décolonisation, délivrance, désaliénation, élargissement, émancipation, évacuation, libération, manumission, rachat, rédemption, salut. *FAM.* débarras, quille. *SOUT.* déprise. ▲**ANT.** BLOCAGE, COINCEMENT, INSERTION; ABSORPTION; CONTRAINTE, DÉPENDANCE, ENGAGEMENT, OBLIGATION.

dégager *v.* ▶ *Décoincer* – débloquer, décoincer, dégripper, libérer. *QUÉB. FAM.* déprendre. ▶ *Déboucher* – déboucher, décongestionner, dégorger, désengorger, désobstruer. QUÉB. FAM. débloquer. ▶ **Déblayer** – débarrasser, déblayer, désencombrer, nettoyer. ▶ **Extraire** – extraire, ôter, retirer, sortir, tirer. ▶ **Délivrer de ce qui nuit** – défaire, délivrer, dépêtrer, libérer. ▶ **Délivrer d'une obligation** – affranchir, décharger, délier, délivrer, désengager, dispenser, excuser, exempter, exonérer, soustraire. ▶ **Laisser échapper** – exhaler, répandre. ▸ **Une odeur** – sentir. ▶ **Émettre** – diffuser, émettre, produire, répandre. SC. dissiper. ▶ **Exprimer un sentiment** – exprimer, manifester, respirer, transpirer. SOUT. transsuder. ▶ **Mettre en évidence** – abstraire, extraire, isoler, mettre en évidence. ♦ **se dégager** ▶ **Se sortir** – s'extirper, s'extraire, se sortir, se tirer. QUÉB. FAM. se déprendre. ▶ **S'échapper** – émaner, s'échapper, s'exhaler, sortir. ▶ **Apparaître peu à peu** – apparaître, émerger, se dévoiler, se faire jour, se manifester, se profiler, se révéler, transparaître. SOUT. affleurer. ▶ **En parlant du ciel** – s'éclaircir, se découvrir. ▲ANT. COINCER, ENGAGER; BOUCHER, ENCOMBRER, OBSTRUER; ABSORBER; CHARGER. △SE DÉGAGER – S'ASSOMBRIR, S'ENNUAGER, S'OBSCURCIR, SE COUVRIR.

dégât n. m. avarie, bris, casse, débâcle, dégradation, déprédation, désolation, destruction, détérioration, dévastation, dommage, endommagement, méfait, mouille, perte, ravage, ruine, sabotage, vilain. FAM. bousillage, charcutage, grabuge. ▲ANT. RÉPARATION, RESTAURATION, RÉTABLISSEMENT.

dégel n. m. ▶ **Fonte** – débâcle, fonte, fonte des glaces, fonte des neiges. QUÉB. bouscueil. ▶ **Reprise de l'activité** – progrès, recrudescence, redémarrage, regain, régénération, régénérescence, réincarnation, relance, renouveau, renouvellement, reprise, résurrection, retour, réveil, revival, reviviscence, second souffle. SOUT. refleurissement, revif. FIG. printemps, résurgence. BOT. anabiose. ▶ **Fait de ne plus bloquer** – déblocage. ▶ **Pacification** – dédramatisation, désamorçage, désescalade, minimisation, modération, pacification. ▲ANT. GEL; EMBÂCLE; INTERRUPTION, SUSPENSION.

dégénérer v. ▶ **Empirer** – aller de mal en pis, décliner, empirer, s'aggraver, s'envenimer, se dégrader, se détériorer, se gâter, tourner au vinaigre. ▶ **Perdre ses qualités** – s'abâtardir, s'avilir, se corrompre, se dégrader, se pervertir. ▲ANT. S'AMÉLIORER, SE RÉGÉNÉRER.

dégénérescence n. f. ▶ **Décrépitude** – abaissement, abâtardissement, abjection, abrutissement, affadissement, affaiblissement, agonie, altération, amollissement, appauvrissement, atrophie, avachissement, avilissement, baisse, corruption, décadence, déchéance, déclin, décrépitude, dégradation, délabrement, déliquescence, dénaturation, dépérissement, détérioration, édulcoration, étiolement, flétrissure, perte, perversion, pourrissement, pourriture, rouille, ruine, sape, usure. SOUT. aveulissement, crépuscule, pervertissement. FAM. déglingue, dégringolade. ▶ **Sénescence** – décadence, décrépitude, gérontisme, (grand) âge, longévité, quatrième âge, sénescence, sénilisme, sénilité, troisième âge, vieillesse, vieillissement. SOUT. caducité, outrages du temps. FRANCE FAM. vieillerie, vioquerie. QUÉB. âge d'or. ▶ **Imbécillité** – crétinisme, débilité, gâtisme, idiotie, imbé-

cillité, tare. ▲ANT. AMÉLIORATION, ÉPANOUISSEMENT, ESSOR, PROGRÈS, RENFORCEMENT.

dégonflé adj. ▶ **Peureux** (FAM.) – couard, craintif, faible, frileux, lâche, mou, peureux, pleutre, poltron, pusillanime, qui se dérobe, timide, timoré, veule.

dégonfler v. ▶ **Cesser d'être gonflé** – désenfler. ▶ **Dédramatiser** – atténuer, dédramatiser, minimiser, modérer. ♦ **se dégonfler** ▶ **Perdre son air** – QUÉB. se dessouffler. ▶ **Perdre courage** (FAM.) – battre en retraite, céder, faiblir, faire marche arrière, fléchir, lâcher pied, mollir, plier, reculer. FAM. caler, caner, flancher, se déballonner. ▲ANT. ENFLER, GONFLER, REGONFLER. △SE DÉGONFLER – S'ENHARDIR.

dégoût n. m. ▶ **Nausée** – mal de cœur, nausée, réplétion, satiété, saturation. ▶ **Répugnance** – abomination, allergie, aversion, écœurement, haine, haut-le-cœur, horreur, indigestion, nausée, phobie, répugnance, répulsion, révulsion. SOUT. détestation, exécration. FAM. dégoûtation. ▶ **Mépris** – arrogance, condescendance, dédain, dérision, hauteur, mépris, morgue, snobisme. SOUT. déconsidération, mésestimation, mésestime. ▶ **Ennui** – assommement, bâillement, déplaisir, ennui, insatisfaction, langueur, lassitude, vide. SOUT. blasement. ▶ **Désenchantement** – abattement, accablement, affliction, amertume, anéantissement, chagrin, consternation, contrariété, déboires, déception, déconvenue, découragement, dégrisement, démoralisation, dépit, désappointement, désenchantement, désespoir, désillusion, désolation, échec, écœurement, ennui, infortune, insuccès, lassitude, mécompte, peine, regret, revers, tristesse. SOUT. atterrement, déréliction, désabusement, désespérance, retombement. FAM. défrisage, défrisement, douche (froide), ras-le-bol. ▲ANT. APPÉTIT, ATTRAIT, ENVIE, GOÛT; ESTIME, RESPECT, SYMPATHIE; PLAISIR, SATISFACTION.

dégoûtant adj. ▶ **Malpropre** – crasseux, crotté, d'une propreté douteuse, encrassé, ignoble, immonde, infâme, infect, maculé, malpropre, sale, sordide, souillé. FAM. dégueu, dégueulasse, pouilleux. FRANCE FAM. cracra, crade, cradingue, crado, cradoque, craspec, salingue. ▶ **Odieux** – abject, bas, coupable, crapuleux, honteux, ignoble, immonde, inavouable, indigne, infâme, infect, innommable, inqualifiable, lâche, méprisable, odieux, repoussant, répugnant, sans nom, scandaleux, sordide, vil, vilain. SOUT. fangeux, ignominieux, nauséeux, triste, turpide. FAM. dégueu, dégueulasse, écœurant, gerbant, moche. ▶ **Obscène** – cru, graveleux, obscène, scabreux. ▲ANT. IMMACULÉ, IMPECCABLE, NET, PROPRE, SOIGNÉ; DIGNE, HONORABLE, NOBLE; ALLÉCHANT, APPÉTISSANT, ATTIRANT, ATTRAYANT, DÉSIRABLE, ENGAGEANT, INVITANT, IRRÉSISTIBLE, RAGOÛTANT, SÉDUISANT, TENTANT; CHASTE, DÉCENT, INNOCENT, PUDIQUE, PUR.

dégoûté adj. blasé, désabusé, écœuré, fatigué, las, lassé, qui en a assez, saturé. FAM. qui en a ras le bol. QUÉB. FAM. qui en a son voyage, tanné.

dégoûter v. ▶ **Donner la nausée** – donner la nausée à, donner mal au cœur à, écœurer, lever le cœur à, répugner à, soulever le cœur à. FAM. débecter, tourner sur le cœur à. ▶ **Répugner moralement** – faire horreur à, répugner, révolter, révulser. ▶ **Blaser** – blaser, désabuser, écœurer, fatiguer, lasser, saturer.

▲ANT. ATTIRER, CHARMER, PLAIRE, TENTER. △SE DÉGOÛTER – SUPPORTER, TOLÉRER.

dégradant *adj.* ▶ *Qui abaisse moralement* – abaissant, avilissant, déshonorant. ▶ *Qui détruit la personnalité* – abrutissant, déshumanisant. ▶ *Qui humilie* – abaissant, déshonorant, honteux, humiliant, infamant, rabaissant. ▲ANT. ÉDIFIANT, ENRICHISSANT, EXEMPLAIRE, MORAL, VERTUEUX; DIGNE, HONORABLE, NOBLE.

dégradation *n. f.* ▶ *Destitution* – cassation. ▶ *Dégât* – avarie, bris, casse, débâcle, déprédation, désolation, destruction, détérioration, dévastation, dommage, endommagement, méfait, mouille, perte, ravage, ruine, sabotage, vilain. FAM. bousillage, charcutage, grabuge. ▶ *Usure* – abrasion, cisaillement, corrosion, diminution, éraillement, érosion, frai *(monnaie)*, patine, rongeage *(impression textile)*, rongement, usure. TECHN. étincelage. ▶ *Dégénérescence* – abaissement, abâtardissement, abjection, abrutissement, affadissement, affaiblissement, agonie, altération, amollissement, appauvrissement, atrophie, avachissement, avilissement, baisse, corruption, décadence, déchéance, déclin, décrépitude, dégénérescence, délabrement, déliquescence, dénaturation, dépérissement, détérioration, édulcoration, étiolement, flétrissure, perte, perversion, pourrissement, pourriture, rouille, ruine, sape, usure. SOUT. aveulissement, crépuscule, pervertissement. FAM. déglingue, dégringolade. ▶ *Profanation* – atteinte, avilissement, blasphème, hooliganisme, iconoclasme, irrespect, irrévérence, lèse-majesté, outrage, pollution, profanation, sac, saccage, sacrilège, subversion, vandalisme, viol, violation. ▶ *Honte* – abaissement, abjection, accroupissement, culpabilisation, démérite, déshonneur, discrédit, flétrissure, gifle, honte, humiliation, ignominie, indignité, infamie, infériorisation, mépris, noircissure, opprobre, ridicule, ridiculisation, scandale, ternissure. SOUT. turpitude, vilenie. ▲ANT. PROMOTION, RÉHABILITATION; RÉFECTION, RÉPARATION, RESTAURATION; AMÉLIORATION.

dégrader *v.* ▶ *Faire perdre ses qualités* – abâtardir, avilir, corrompre, pourrir, souiller. SOUT. gangrener, vicier. ▶ *Rendre indigne de respect* – abaisser, avilir, dépraver, déshonorer, galvauder, prostituer, rabaisser, ravaler, souiller. ▶ *Endommager* – abîmer, briser, casser, délabrer, détériorer, endommager, mutiler. FAM. amocher, bigorner, bousiller, déglinguer, esquinter, flinguer, fusiller, massacrer, naser. QUÉB. FAM. maganer. ▶ *Creuser par le fond* – affouiller, creuser, éroder, miner, ronger, saper. ◆ **se dégrader** ▶ *Devenir pire* – aller de mal en pis, décliner, dégénérer, empirer, s'aggraver, s'envenimer, se détériorer, se gâter, tourner au vinaigre. ▶ *Péricliter* – agoniser, aller à la ruine, décliner, dépérir, menacer ruine, péricliter, se délabrer, se détériorer. SOUT. déchoir, pâtir, tomber en décadence. ▶ *Perdre ses qualités* – dégénérer, s'abâtardir, s'avilir, se corrompre, se pervertir. ▶ *Perdre sa dignité* – s'abaisser, s'avilir, se prostituer, se ravaler, tomber (bien) bas. SOUT. déchoir. ▲ANT. AMÉLIORER; RÉHABILITER; RÉPARER. △SE DÉGRADER – S'AMÉLIORER, S'ÉPANOUIR, SE BONIFIER.

degré *n. m.* ▶ *Marche* (SOUT.) – marche, marchepied. BELG. escalier. ▶ *Niveau* – échelon, niveau, position, rang. ▶ *Nuance* – coloration, coloris, couleur,

demi-teinte, nuance, teinte, ton, tonalité. SOUT. chromatisme.

dégressif *adj.* ▲ANT. PROGRESSIF.

dégringoler *v.* ▶ *Descendre rapidement* – débouler, dévaler. ▶ *Baisser, en parlant d'un prix* – baisser, chuter, diminuer, s'effondrer, tomber. ▲ANT. GRIMPER, MONTER, REMONTER, S'ÉLEVER.

déguisement *n. m.* ▶ *Vêtement* – costume, panoplie, travestissement. ▶ *Accoutrement* – accoutrement, affublement, attirail, défroque, fagotage, mascarade. FAM. affiquets, affûtiaux, attifage, attifement. ▶ *Dissimulation* – affectation, artifice, cachotterie, comédie, dissimulation, duplicité, faux-semblant, feinte, fiction, finauderie, grimace, hypocrisie, invention, leurre, mensonge, momerie, pantalonnade, parade, ruse, simulation, singerie, sournoiserie, tromperie. SOUT. simulacre. FAM. cinéma, cirque, finasserie, frime. ▶ *Camouflage* – camouflage, dissimulation, fard, maquillage, mascarade, masquage, masque, mimétisme, occultation. ▶ *Altération* – altération, barbouillage, bricolage, contrefaçon, déformation, dénaturation, entorse, falsification, fardage, faux, fraude, frelatage, gauchissement, maquillage, modification, truquage. FAM. bidonnage. DR. contrefaction. ▲ANT. DÉPOUILLEMENT, NUDITÉ; NATUREL, SIMPLICITÉ; AUTHENTICITÉ, FRANCHISE, VÉRITÉ.

déguiser *v.* ▶ *Vêtir d'un déguisement* – costumer, travestir. ▶ *Cacher dans le but de tromper* – cacher, camoufler, couvrir, dissimuler, envelopper, escamoter, étouffer, farder, grimer, maquiller, masquer, occulter, travestir. SOUT. pallier. QUÉB. FAM. abrier. ▶ *Modifier dans le but de tromper* – altérer, contrefaire, falsifier, habiller, maquiller, trafiquer, travestir, truquer. FAM. bidonner, bidouiller, tripatouiller. ▲ANT. AFFICHER, DÉVOILER, EXPOSER, MONTRER; AVOUER, CONFESSER, DIRE, RÉVÉLER.

déguster *v.* ▶ *Apprécier le goût* – goûter, savourer, siroter *(boisson)*. ▶ *Se réjouir* – faire ses délices de, goûter, jouir de, profiter de, s'enchanter de, savourer, se délecter de, se régaler de, se réjouir de, se rassasier de, tirer plaisir de. FAM. se gargariser de. ▶ *Recevoir* (FAM.) – recevoir. FAM. avaler, écoper de, empocher, encaisser, morfler. ▲ANT. ASSENER, DONNER, PORTER.

dehors *adv.* ▶ *À l'extérieur* – apparemment, au-dehors, d'après les apparences, en apparence, en dehors, en surface, extérieurement, extrinsèquement, par-dehors, superficiellement. ▶ *Loin* – à cent lieues (à la ronde), à distance, à l'écart, à perte de vue, ailleurs, au loin, au lointain, bien après, bien avant, hors d'atteinte, hors de portée, loin, lointainement. FAM. à l'autre bout du monde, au bout du monde, au diable. ▲ANT. DEDANS.

déjà *adv.* à l'avance, antérieurement, au préalable, auparavant, avant, ci-devant, d'abord, d'avance, préalablement, précédemment, préliminairement. ▲ANT. PAS ENCORE.

déjanter *v.* ▶ *Divaguer* (FAM.) – déraisonner, dire n'importe quoi, divaguer, élucubrer, extravaguer, radoter, dégoiser. FAM. battre la breloque, battre la campagne, débloquer, déconner, délirer, déménager, dérailler, rouler sur la jante. QUÉB. FAM. déparler. ▲ANT. RAISONNER.

déjeté

déjeté *adj.* ▶ *Débraillé* (BELG.) – débraillé, dépoitraillé.

déjeuner *n. m.* ▶ *Repas du matin* – repas du matin. FRANCE petit déjeuner. FRANCE FAM. petit-déj'. ▶ *Repas de midi* (FRANCE) – dîner, repas du midi, repas de midi. QUÉB. lunch.

déjouer *v.* ▶ *Faire échouer* – briser, faire échec à, faire obstacle à, torpiller. SOUT. déconcerter. ▶ *Tromper* – endormir, tromper. ▲ANT. DÉTROMPER.

délabré *adj.* croulant, décrépit, détérioré, qui menace ruine, vieux. ▲ANT. EN BON ÉTAT, RÉSISTANT, SOLIDE.

délabrement *n. m.* ▶ *Décrépitude* – abandon, âge, anachronisme, ancienneté, antiquité, archaïsme, caducité, décrépitude, désaffectation, désuétude, obsolescence, survivance, usure, vieillesse, vieillissement. SOUT. vétusté. ▶ *Dégradation* – abaissement, abâtardissement, abjection, abrutissement, affadissement, affaiblissement, agonie, altération, amollissement, appauvrissement, atrophie, avachissement, avilissement, baisse, corruption, décadence, déchéance, déclin, décrépitude, dégénérescence, dégradation, déliquescence, dénaturation, dépérissement, détérioration, édulcoration, étiolement, flétrissure, perte, perversion, pourrissement, pourriture, rouille, ruine, sape, usure. SOUT. aveulissement, crépuscule, pervertissement. FAM. déglingue, dégringolade. ▲ANT. JEUNESSE, VIGUEUR; PROSPÉRITÉ, SOLIDITÉ; RÉFECTION, RÉPARATION, RESTAURATION.

délai *n. m.* ▶ *Sursis* – ajournement, prorogation, recul (de date), rééchelonnement (*dette*), remise (à plus tard), renvoi, répit, report, sursis.

délaissé *adj.* abandonné, esseulé, négligé.

délaisser *v.* ▶ *Abandonner qqn* – abandonner, déserter, laisser, laisser en plan, laisser tomber, quitter. FAM. jeter, lâcher, laisser choir, larguer, lourder, planter là, plaquer. ▶ *Abandonner qqch.* – abandonner, enterrer, faire une croix sur, jeter aux oubliettes, laisser, laisser en jachère, laisser tomber, mettre au placard, mettre au rancart, mettre aux oubliettes, quitter, renoncer à, tirer une croix sur. SOUT. dépouiller, renoncer. FAM. lâcher, planter là, plaquer. ▶ *Se désintéresser de qqch.* – négliger, perdre le goût de, s'éloigner de, se désintéresser de, se détacher de. ▲ANT. AIDER, ENTOURER, SECOURIR; CONSERVER, GARDER.

délasser *v.* ▶ *Chasser la fatigue* – défatiguer, détendre, relaxer, reposer. ▶ *Chasser la monotonie* – changer les idées, désennuyer, distraire, occuper. ♦ **se délasser** ▶ *Se détendre* – faire une pause, récupérer, reprendre haleine, respirer, (se) déstresser, se détendre, se refaire, se relaxer, se reposer, souffler. FAM. décompresser. ▲ANT. FATIGUER, LASSER.

délectation *n. f.* bien-être, bon temps, bonheur, contentement, délice, douceur, euphorie, félicité, jouissance, orgasme, plaisir, régal, satisfaction, septième ciel, volupté. SOUT. aise, félicité, miel, nectar. ▲ANT. DÉGOÛT.

délecter *v.* ▶ *Réjouir* (SOUT.) – charmer, combler, enchanter, enthousiasmer, exaucer, faire la joie de, faire le bonheur de, faire plaisir à, mettre en joie, plaire à, ravir, réjouir. SOUT. assouvir. FAM. emballer. ♦ **se délecter** ▶ *Se réjouir* – déguster, faire ses délices de, goûter, jouir de, profiter de, s'enchanter de,

savourer, se régaler de, se réjouir de, se repaître de, tirer plaisir de. FAM. se gargariser de. ▶ *Se plaire* – adorer, affectionner, aimer, apprécier, avoir un faible pour, avoir un penchant pour, être fou de, être friand de, être porté sur, faire ses délices de, prendre plaisir à, priser, raffoler de, s'intéresser à, se complaire, se passionner pour, se plaire. SOUT. chérir, goûter. FRANCE. FAM. kiffer. QUÉB. FAM. capoter sur. PÉJ. se vautrer. ▲ANT. DÉGOÛTER. △SE DÉLECTER – DÉTESTER.

délégation *n. f.* ▶ *Personnes* – ambassade, ambassadeurs, délégués, députation, députés. ▶ *Procuration* – bureau, charge, comité, commission, courtage, délégués, légation, mandat, mandataires, mandatement, mission, pouvoir, procuration, représentants, représentation.

délégué *n.* ▶ *Personne* – agent, ambassadeur, attaché, chargé d'affaires, chargé de mission, commissaire, correspondant, délégataire, député, diplomate, émissaire, envoyé, fondé de pouvoir, légat, mandataire, messager, ministre, négociateur, parlementaire, plénipotentiaire, représentant. ♦ **délégués**, *plur.* ▶ *Ensemble de personnes* – délégation. ▲ANT. COMMETTANT, ÉLECTEUR, MANDANT.

déléguer *v.* ▶ *Mandater* – dépêcher, députer, détacher, envoyer, mandater, missionner. ▶ *Confier une tâche* – confier, se décharger de.

délibération *n. f.* ▶ *Action* – délibéré, examen. ▶ *Résultat* – arrêt, arrêté, décision, jugement, ordonnance, règlement, résolution, sentence, verdict.

délibéré *adj.* ▶ *Volontaire* – conscient, intentionnel, volontaire, voulu. ▶ *Ferme* – assuré, décidé, déterminé, énergique, ferme, hardi, résolu, volontaire. ▲ANT. CONTRAINT, FORCÉ, INDÉLIBÉRÉ, INVOLONTAIRE, MACHINAL.

délibérément *adv.* à dessein, consciemment, de plein gré, de propos délibéré, de sang-froid, en connaissance de cause, en pleine connaissance de cause, en toute connaissance de cause, exprès, expressément, intentionnellement, sciemment, volontairement. ▲ANT. IMPULSIVEMENT, INCONSCIEMMENT, INVOLONTAIREMENT, MACHINALEMENT, MÉCANIQUEMENT, SANS RÉFLÉCHIR.

délibérer *v.* ▶ *Se consulter* – se consulter, tenir conseil. ▶ *Réfléchir* (SOUT.) – méditer, penser, raisonner, réfléchir, se concentrer, songer, spéculer. FAM. cogiter, faire travailler sa matière grise, gamberger, phosphorer, ruminer, se casser la tête, se creuser la tête, se creuser les méninges, se presser le citron, se pressurer le cerveau, se servir de sa tête. QUÉB. ACADIE FAM. jongler. ▶ *Parler de qqch.* – agiter, débattre (de), parler de. SOUT. démêler, disputer de.

délicat *adj.* ▶ *Raffiné* – exquis, fin, raffiné, recherché, subtil. ▶ *Poli* – affable, bien élevé, bienséant, civil, courtois, galant, poli, qui a de belles manières. SOUT. urbain. FAM. civilisé. ▶ *Discret* – circonspect, discret, retenu. ▶ *Obligeant* – aimable, attentif, attentionné, aux petits soins, complaisant, dévoué, diligent, empressé, gentil, obligeant, prévenant, secourable, serviable, zélé. FAM. chic, chou. QUÉB. FAM. fin. BELG. FAM. amitieux. ▶ *Difficile* – ardu, complexe, compliqué, corsé, difficile, épineux, laborieux, malaisé, problématique. SOUT. scabreux. FAM.

calé, coton, dur, musclé, trapu. ▶ *Savant* – complexe, difficile, recherché, savant, subtil. ▶ *Difficile à contenter* – capricieux, difficile, exigeant. ▶ *Sensible au moindre inconfort* – douillet, sensible. ▶ *À la santé fragile* – anémique, chétif, débile, en mauvaise santé, faible, fragile, frêle, mal portant, maladif, malingre, rachitique, souffreteux. *SOUT.* valétudinaire. ▶ *Gracile* – délié, élancé, filiforme, fin, fluet, frêle, gracile, grêle, léger, long, longiligne, maigre, mince, svelte. *QUÉB. FAM.* feluette. ▲ANT. GROSSIER, IMPERTINENT, IMPOLI, INDÉLICAT, MAL ÉLEVÉ, RUSTRE; ACCAPARANT, ENVAHISSANT, FATIGANT, IMPORTUN, INDISCRET, SANS GÊNE; AISÉ, ÉLÉMENTAIRE, ENFANTIN, FACILE, SIMPLE; ÉBAUCHÉ, RUDIMENTAIRE, SOMMAIRE; CORIACE, DUR, ENDURCI, RÉSISTANT; BIEN PORTANT, EN BONNE SANTÉ, EN SANTÉ, SAIN, VALIDE; ATHLÉTIQUE, BIEN BÂTI, COSTAUD, GAILLARD, MUSCLÉ, ROBUSTE, SOLIDE.

délicatement *adv.* ▶ *Gentiment* – adorablement, affablement, agréablement, aimablement, amiablement, amicalement, bienveillamment, chaleureusement, civilement, complaisamment, cordialement, courtoisement, délicieusement, diplomatiquement, galamment, gentiment, gracieusement, obligeamment, plaisamment, poliment, sagement, serviablement, sympathiquement. *FAM.* chiquement, chouettement. ▶ *Doucement* – discrètement, doucement, en douceur, faiblement, légèrement, lentement, mesurément, modérément, mollement, posément, timidement. *FAM.* doucettement, mollo, mou, piane-piane, pianissimo, piano. ▶ *Fragilement* – faiblement, finement, fragilement, précairement, sensiblement, subtilement. ▲ANT. BRUTALEMENT, CRÛMENT, DUREMENT, RAIDE, RUDEMENT, SANS MÉNAGEMENT, VERTEMENT, VIOLEMMENT.

délicatesse *n. f.* ▶ *Finesse* – étroitesse, finesse, fragilité, gracilité, légèreté, minceur, petitesse, sveltesse. *SOUT.* ténuité. ▶ *Beauté* – agrément, art, attrait, beau, beauté, charme, chic, classe, coquetterie, distinction, éclat, élégance, esthétique, féerie, fraîcheur, grâce, gracieux, harmonie, magnificence, majesté, perfection, photogénie, pureté, séduction, splendeur, symétrie. *DIDACT.* eurythmie. *SOUT.* blandice, joliesse, morbidesse, sublimité, symphonie, vénusté. ▶ *Douceur* – douceur, finesse, fraîcheur, légèreté, modération, moelleux, mollesse, onctuosité, quiétude, suavité, tranquillité, velouté. *FIG.* soie. ▶ *Décence* – bienséance, bon ton, chasteté, convenance, correction, décence, dignité, discrétion, éducation, fierté, gravité, honnêteté, honneur, modestie, politesse, propreté, pudeur, quant-à-soi, réserve, respect, retenue, sagesse, sobriété, tact, tenue, vertu. *SOUT.* pudicité. ▶ *Politesse* – affabilité, amabilité, aménité, attention, bienséance, bonnes manières, chevalerie, civilité, civisme, convivialité, correction, courtoisie, éducation, entregent, galanterie, gentillesse, hospitalité, mondanités, obligeance, politesse, prévenance, savoir-vivre, serviabilité, sociabilité, tact, urbanité. *SOUT.* gracieuseté, liant. ▶ *Complexité* – aporie, complexité, complication, confusion, difficulté, imbroglio, insolubilité, intrication, obscurité, peine, subtilité. ▶ *Fragilité* – altérabilité, faiblesse, fragilité, friabilité, instabilité, labilité, tendreté, vulnérabilité. ▶ *Faiblesse* – abattement, anémie, débilité, faiblesse, fragilité, impotence, impuissance,

languueur. *SOUT.* chétivité. *MÉD.* aboulie, adynamie, apragmatisme, asthénie, atonie, cataplexie, hypotonie, myatonie, psychasthénie. ▲ANT. GROSSIÈRETÉ, LOURDEUR, MALADRESSE; LAIDEUR; BRUTALITÉ, INDÉLICATESSE; INDÉCENCE, VULGARITÉ; FACILITÉ, SIMPLICITÉ; ROBUSTESSE, SOLIDITÉ.

délice *n. m.* bien-être, bon temps, bonheur, contentement, délectation, douceur, euphorie, félicité, jouissance, orgasme, plaisir, régal, satisfaction, septième ciel, volupté. *SOUT.* aise, félicité, miel, nectar. ▲ANT. DÉGOÛT, ÉCŒUREMENT, ENNUI, HORREUR, SUPPLICE.

délicieusement *adv.* ▶ *Exquisément* – agréablement, bienheureusement, bon, exquisément, savoureusement, suavement, succulemment, voluptueusement. ▶ *Gentiment* – adorablement, affablement, agréablement, aimablement, amiablement, amicalement, bienveillamment, chaleureusement, civilement, complaisamment, cordialement, courtoisement, délicatement, diplomatiquement, galamment, gentiment, gracieusement, obligeamment, plaisamment, poliment, sagement, serviablement, sympathiquement. *FAM.* chiquement, chouettement. ▲ANT. ABOMINABLEMENT, AFFREUSEMENT, ATROCEMENT, DÉTESTABLEMENT, HORRIBLEMENT.

délicieux *adj.* ▶ *Succulent* – délectable, excellent, exquis, gastronomique, savoureux, succulent, très bon. *SOUT.* ambrosiaque, ambrosien. ▶ *Exquis* – agréable, beau, charmant, divin, exquis, suave, sublime. *FRANCE FAM.* gouleyant. ▶ *Joli* – à croquer, adorable, avenant, beau, bien, charmant, coquet, gentil, gentillet, gracieux, joli, mignon, mignonnet, plaisant, ravissant. *FAM.* chou, jojo. *FRANCE FAM.* croquignolet, mignard, mimi, trognon. ▲ANT. AMER, DÉGOÛTANT, ÉCŒURANT, MAUVAIS; FADE, INSIPIDE, SANS GOÛT; DISGRACIEUX, REPOUSSANT, RÉPUGNANT, VILAIN; DÉPLAISANT, DÉSAGRÉABLE, DÉTESTABLE, EXÉCRABLE, HAÏSSABLE.

délié *adj.* ▶ *Fin et allongé* – élancé, étroit, filiforme, fin, grêle, mince, ténu. ▶ *Qui a peu ou pas de graisse* – délicat, élancé, filiforme, fin, fluet, frêle, gracile, grêle, léger, long, longiligne, maigre, mince, svelte. *QUÉB. FAM.* feluette.

délier *v.* ▶ *Détacher* – défaire, délacer, dénouer, détacher. ▶ *Libérer d'une obligation* – affranchir, décharger, dégager, délivrer, dispenser, excuser, exempter, exonérer, soustraire. ♦ *se délier* ▶ *Se libérer d'une obligation* – se désengager, se libérer. ▲ANT. ATTACHER, LIER.

délimitation *n. f.* ▶ *Bornage* – abornement, bornage, cadre, ceinture, démarcation, encadrement, jalonnage, jalonnement, ligne, limite, séparation, tracé. ▶ *Frontière* – borne, confins, démarcation, frontière, limite (territoriale), mur, séparation, zone douanière, zone limitrophe. *QUÉB.* trécarré (*terre*); *FAM.* lignes (*pays*). *ANC.* limes (*Empire romain*), marche. ▶ *Extrémité* – aboutissement, bord, bordure, borne, bout, cap, confins, extrême, extrémité, fin, finitude, frange, frontière, ligne, limite, lisière, orée, pied, pointe, pôle, queue, talon, terme, terminaison, tête. ▲ANT. EXTENSION, OUVERTURE.

délimiter *v.* ▶ *Marquer de limites* – baliser, borner, bornoyer, jalonner, limiter, marquer, piqueter,

délinquant

repérer. ▸ *Contenir dans des limites* – circonscrire, localiser, restreindre. ▸ *Préciser* – caractériser, cerner, cibler, définir, déterminer, établir, fixer. ▲ANT. DÉBORDER, ÉLARGIR, OUVRIR.

délinquant *n.* ▸ *Vaurien* – aventurier, beau merle, dévoyé, gibier de potence, homme de sac et de corde, julot, malfaisant, mauvais sujet, sale individu, scélérat, triste individu, triste personnage, triste sire, vaurien, vilain merle, voyou. ▸ *Criminel* – coupable, criminel, desperado, ennemi public, hors-la-loi, malfaiteur, transgresseur, violateur. FAM. gibier de potence. FRANCE FAM. pendard. ▲ANT. GENTILHOMME, HONNÊTE HOMME.

délirant *adj.* ▸ *Frénétique* – agité, bouillonnant, échevelé, effervescent, effréné, fébrile, fiévreux, frénétique, intense, mouvementé, passionné, trépidant, tumultueux, violent. ▸ *Surexcité* – électrisé, en délire, en transe, exalté, galvanisé, gonflé à bloc, hystérique, surexcité, transporté. ▸ *Extrême* – abusif, débridé, déchaîné, démesuré, déraisonnable, déréglé, disproportionné, effrêné, exagéré, excessif, exorbitant, extravagant, extrême, forcé, immodéré, intempérant, outrancier, outré, qui dépasse la mesure, qui dépasse les bornes, sans frein. SOUT. outrageux. FAM. dément, démentiel, soigné. ▸ *Extraordinaire* (FAM.) – étonnant, extraordinaire, fabuleux, fantastique, hors du commun, incroyable, inouï, miraculeux, phénoménal, prodigieux. FAM. dément, dingue, fou. FRANCE FAM. foutral. ▲ANT. CONSCIENT, LUCIDE, SENSÉ; DE GLACE, FROID, GLACIAL; MODÉRÉ, PONDÉRÉ, POSÉ, RAISONNABLE, RÉFLÉCHI, SAGE, SÉRIEUX; ANODIN, BANAL, ORDINAIRE, SANS IMPORTANCE.

délire *n. m.* ▸ *Excitation* – agitation, aliénation, amok, aveuglement, divagation, égarement, excitation, folie, frénésie, hallucination, hystérie, onirisme, paranoïa, surexcitation. ▸ *Exultation* – débordement, éclatement, emballement, exultation, jubilation. SOUT. transport. ▲ANT. CALME, RÉSERVE, RETENUE, SANG-FROID; BON SENS, LUCIDITÉ, RAISON, SAGESSE.

délirer *v.* ▸ *Déraisonner* (FAM.) – déraisonner, dire n'importe quoi, divaguer, élucubrer, extravaguer, radoter, s'égarer. FAM. battre la breloque, battre la campagne, débloquer, déconner, déjanter, déménager, dérailler, rouler sur la jante. QUÉB. FAM. déparler. ▲ANT. RAISONNER.

délit *n. m.* ▸ *Infraction* – accroc, contravention, crime, dérogation, entorse, faute, forfait, forfaiture, inconduite, infraction, manquement, mauvaise action, mauvaise conduite, méfait, non-respect, rupture, transgression, violation. BELG. méconduite. DR. cas. ▸ *Fente* – joint. ♦ *délits*, *plur.* ▸ *Ensemble de crimes* – activité criminelle, banditisme, crimes, fripouillerie, gangstérisme, malhonnêteté, méfaits. ▲ANT. OBSERVATION, RESPECT; BIENFAIT.

délivrance *n. f.* ▸ *Libération* – acquittement, affranchissement, décolonisation, désaliénation, élargissement, émancipation, évacuation, libération, manumission, rachat, rédemption, salut. FAM. débarras, quille. SOUT. déprise. ▸ *Exorcisme* – adjuration, conjuration, désensorcellement, désenvoûtement, exorcisme, obsécration, purification, supplication. SOUT. exorcisation. ▸ *Éveil spirituel* – éveil, illumination, libération, mort de l'ego, réalisation (du Soi),

révélation. ▸ *Dans l'hindouisme* – moksha, nirvana. ▸ *Dans le bouddhisme* – bodhi, samadhi. ▸ *Dans le zen* – satori. ▸ *Accouchement* – accouchement, couches, enfantement, expulsion, heureux événement, maïeutique, mal d'enfant, maternité, mise au monde, naissance, parturition. ▸ *Expulsion de l'organisme* – élimination, émission, émonction, évacuation, excrétion, expulsion, sécrétion. ▸ *Livraison* – distribution, factage, livraison, port, remise, transport. ▲ANT. ARRESTATION, DÉTENTION, ENFERMEMENT; ASSERVISSEMENT, SERVITUDE; ENSORCELLEMENT; OBTENTION, RÉCEPTION; NON-DÉLIVRANCE (placenta).

délivrer *v.* ▸ *Libérer de ce qui nuit* – défaire, dégager, dépêtrer, libérer. ▸ *Libérer d'une obligation* – affranchir, décharger, dégager, délier, désengager, dispenser, excuser, exempter, exonérer, soustraire. ▸ *Libérer d'un poids moral* – débarrasser, décharger, enlever une épine du pied à, libérer, ôter une épine du pied à, soulager, tirer une épine du pied à. ▲ANT. ENTRAVER, GÊNER; ASSERVIR, EMPRISONNER, ENCHAÎNER, GARDER.

déluge *n. m.* ▸ *Averse* – averse, cataracte, giboulée, grain, ondée, pluie battante, pluie d'abat, pluie diluvienne, pluie drue, pluie torrentielle, trombe d'eau. FAM. douche, rincée, sauce, saucée; BELG. FAM. drache. ▸ *Déferlement* – abondance, avalanche, averse, bombardement, bordée, cascade, déferlement, flot, flux, grêle, kaléidoscope, mascaret, pluie, rivière, torrent, vague. SOUT. fleuve. ▲ANT. ARIDITÉ, SÉCHERESSE; RARÉFACTION, RETRAIT; MANQUE, RARETÉ.

déluré *adj.* ▸ *Débrouillard* – adroit, astucieux, fin, finaud, futé, habile, ingénieux, intelligent, inventif, malin, qui a plus d'un tour dans son sac, rusé. FAM. débrouillard, dégourdi. FRANCE FAM. dessalé, fortiche, futé-futé, mariol, sioux. QUÉB. FAM. fin finaud. ▸ *Vif* – animé, enjoué, frétillant, fringant, guilleret, pétillant, pétulant, plein d'entrain, plein de vie, primesautier, remuant, sémillant, vif, vivant. FAM. pêchu. BELG. FAM. spitant.

demain *adv.* ▲ANT. HIER; AUJOURD'HUI.

demandable *adj.* ▲ANT. IRRECEVABLE.

demande *n. f.* adjuration, appel, démarche, desideratum, désir, doléances, exigence, injonction, instance, interpellation, interrogation, invocation, mandement, ordre, pétition, placet, prétention, prière, question, réclamation, requête, réquisition, revendication, sollicitation, sommation, supplication, supplique, ultimatum, vœu. SOUT. imploration. ▲ANT. OFFRE; RÉPONSE; REFUS.

demander *v.* ▸ *Solliciter* – réclamer, requérir, solliciter, vouloir. ▸ *Revendiquer* – exiger, réclamer, revendiquer. SOUT. prétendre à. ▸ *Ordonner* – commander, enjoindre, intimer, mettre en demeure, ordonner, prier, sommer. ▸ *Appeler* – appeler, convoquer, faire venir. ▸ *Postuler un emploi* – faire une demande, offrir ses services, poser sa candidature pour, postuler (à), présenter une demande, proposer ses services, solliciter. ▸ *Poser une question* – interroger, poser la question à. ▸ *S'informer* – s'enquérir de, s'informer de, se renseigner au sujet de. FAM. aller aux nouvelles. ACADIE FAM. s'émoyer de. ▸ *Nécessiter* – appeler, avoir besoin de, commander, exiger, imposer, nécessiter, obliger, postuler, prendre, prescrire, réclamer, requérir, vouloir. ▲**ANT.** OBTENIR, RECE-VOIR; REFUSER; PRENDRE; RÉPONDRE.

demandeur *n.* ▶ *Candidat* – admissible, aspirant, candidat, compétiteur, concouriste, concurrent, postulant, prétendant. ▶ *Revendicateur* – appelant, partie plaignante, partie poursuivante, partie requérante, pétitionnaire, plaignant, poursuivant, réclamant, requérant, revendicateur. ▲**ANT.** DÉFENDEUR, INTIMÉ; OFFREUR.

démangeaison *n. f.* ▶ *Picotement* – chatouillement, fourmillement, fourmis dans les jambes, impatiences, picotement, piqûre, prurigo, prurit, urtication. ▶ *Envie* (FAM.) – ambition, appel, appétit, aspiration, attirance, attrait, besoin, but, convoitise, desideratum, désir, envie, exigence, faim, fantaisie, fantasme, fièvre, fringale, goût, idéal, intention, jalousie, passion, prétention, quête, recherche, rêve, soif, souhait, tentation, velléité, visée, vœu, voix, volonté. SOUT. appétence, dessein, prurit, vouloir. ▲**ANT.** SOULAGEMENT.

démarcation *n. f.* ▶ *Frontière* – borne, confins, délimitation, frontière, limite (territoriale), mur, séparation, zone douanière, zone limitrophe. QUÉB. trécarré *(terre)*; FAM. lignes *(pays)*. ANC. limes *(Empire romain)*, marche. ▶ *Délimitation* – abornement, bornage, cadre, ceinture, délimitation, encadrement, jalonnage, jalonnement, ligne, limite, séparation, tracé.

démarche *n. f.* ▶ *Acte* – acte, action, choix, comportement, conduite, décision, entreprise, faire, fait, geste, intervention, manifestation, réalisation. ▶ *Agissements* – agissements, allées et venues, comportement, conduite, façons, faits et gestes, manières, pratiques, procédés. ▶ *Allure* – air, allure, apparence, aspect, attitude, contenance, façon, genre, ligne, maintien, manière, panache, physique, port, posture, prestance, silhouette, style, tenue, tournure. SOUT. extérieur, mine. FAM. gueule, touche. ▶ *Demande* – adjuration, appel, demande, desideratum, désir, doléances, exigence, injonction, instance, interpellation, interrogation, invocation, mandement, ordre, pétition, placet, prétention, prière, question, réclamation, requête, réquisition, revendication, sollicitation, sommation, supplication, supplique, ultimatum, vœu. SOUT. imploration. ▶ *Formalité* – formalité, forme, procédure, règle. ▶ *Méthode* – approche, art, chemin, code, comment, credo, discipline, dispositif, façon (de faire), facture, formule, heuristique, instruction, instrument, ligne de conduite, maïeutique, manière, marche (à suivre), méthode, modalité, mode d'emploi, mode, moyen, opération, ordre, organisation, outil, posologie, pratique, procédé, procédure, protocole, raisonnement, recette, règle, secret, stratagème, stratégie, système, tactique, technique, théorie, traitement, voie. SOUT. faire.

démarrer *v.* ▶ *Commencer* (FAM.) – commencer, déclencher, donner le coup d'envoi à, enclencher, engager, entamer, entreprendre, inaugurer, lancer, mettre en branle, mettre en route, mettre en train. ▶ *Se mettre en route* – partir, s'ébranler, se mettre en branle, se mettre en route. ▶ *S'amorcer* – commencer, débuter, partir, s'amorcer, s'engager. ▲**ANT.** S'ARRÊTER, STOPPER; DEMEURER, RESTER.

démasquer *v.* arracher le masque de, arracher le voile de, découvrir, dévoiler, lever le masque de, montrer sous son vrai jour. ▲**ANT.** CACHER, DISSIMULER, MASQUER.

démêlé *n. m.* ▶ *Dispute* – accrochage, algarade, altercation, brouille, brouillerie, chicane, controverse, désaccord, désunion, différend, discorde, dispute, divergence, escarmouche, explication, fâcherie, froid, heurt, joute oratoire, litige, malentendu, mésentente, passe d'armes, polémique, querelle, rupture, scène, zizanie. FAM. bagarre, bisbille, bringue, chamaille, chamaillerie, empoignade, empoignement, engueulade, prise de bec, séance. QUÉB. FAM. brasse-camarade, chamaillage. BELG. FAM. bisbrouille. ▶ *Affaire* – affaire, arbitrage, contestation, débat, différend, discussion, dispute, médiation, négociation, panel, querelle, règlement, spéculation, tractation. ▲**ANT.** ACCORD, ENTENTE.

démêler *v.* ▶ *Défaire ce qui est emmêlé* – désentortiller, détortiller. ▶ *Peigner des fibres textiles* – carder, peigner, sérancer. ▶ *Clarifier* – clarifier, débrouiller, débroussailler, désembrouiller. SOUT. délabyrinther. ▶ *Distinguer une chose de l'autre* – différencier, discerner, discriminer, distinguer, faire la différence entre, reconnaître, séparer. ▶ *Débattre* (SOUT.) – agiter, débattre, délibérer de, discuter (de), parler de. SOUT. disputer de. ▲**ANT.** BROUILLER, EMBROUILLER, EMMÊLER, MÉLANGER, MÊLER.

déménagement *n. m.* délocalisation, relogement, transfert. FAM. transbahutage, transbahutement. ▲**ANT.** EMMÉNAGEMENT, ÉTABLISSEMENT, INSTALLATION.

déménager *v.* ▶ *Transporter* – transférer, transporter. FAM. transbahuter. ▶ *Étonner* (FAM.) – abasourdir, ahurir, couper bras et jambes à, couper le souffle à, ébahir, époustoufler, étonner, méduser, renverser, saisir, souffler, stupéfaire, stupéfier, suffoquer. FAM. décoiffer, défoncer, éberluer, ébouriffer, épater, estomaquer, estourbir, scier, sidérer. ▶ *Divaguer* (FAM.) – déraisonner, dire n'importe quoi, divaguer, élucubrer, extravaguer, radoter, s'égarer. FAM. battre la breloque, battre la campagne, débloquer, déconner, déjanter, délirer, dérailler, rouler sur la jante. QUÉB. FAM. déparler. ▲**ANT.** EMMÉNAGER, S'INSTALLER.

démence *n. f.* ▶ *Maladie mentale* – aliénation (mentale), dérangement, déséquilibre, folie, psychose. ▶ *Aberration* – aberration, extravagance, folie, idiotie, imbécillité, incongruité, ineptie, stupidité. ▲**ANT.** ÉQUILIBRE, LUCIDITÉ, RAISON.

démener (se) *v.* ▶ *Se débattre* – s'agiter, se débattre. ▶ *Se donner du mal* – faire des pieds et des mains, peiner, remuer ciel et terre, s'échiner, s'évertuer, se dépenser, se donner beaucoup de peine, se donner du mal, se fatiguer, se mettre en quatre, se remuer, se tuer. FAM. se décarcasser, se défoncer, se démancher, se donner un mal de chien, se donner un mal de fou, se fouler la rate. QUÉB. ACADIE FAM. se désâmer. QUÉB. FAM. se fendre en quatre. ▲**ANT.** RESTER TRANQUILLE; PARESSER, PERDRE SON TEMPS.

démenti *n. m.* dénégation, déni, désaveu, reniement. ▲**ANT.** ATTESTATION, AVEU, CONFIRMATION, CORROBORATION, RATIFICATION.

démentir

démentir *v.* ▶ *Nier* – contester, disconvenir de, nier, rejeter. ▶ *Contredire qqch.* – contredire, infirmer, prendre le contre-pied de, réfuter, s'inscrire en faux contre. ▶ *Contredire qqn* – contredire. *QUÉB.* *FAM.* obstiner. ▶ *Décevoir* (*SOUT.*) – décevoir, désappointer, frustrer les attentes de, laisser sur sa faim. *FAM.* voler. ♦ **se démentir** ▶ *Se contredire* – se contredire, se trahir. *FAM.* se couper. ▲**ANT.** AFFIRMER, APPUYER, ATTESTER, CERTIFIER, CONFIRMER, RATIFIER.

démesuré *adj.* ▶ *Immense* – colossal, considérable, énorme, extraordinaire, extrême, fabuleux, formidable, géant, gigantesque, grand, gros, immense, incommensurable, monstrueux, monumental, phénoménal, prodigieux, surhumain, titanesque, vaste, vertigineux. *SOUT.* cyclopéen, herculéen. *FAM.* bœuf, de tous les diables, du diable, effrayant, effroyable, épouvantable, faramineux, méchant, monstre. *FRANCE FAM.* gratiné. ▶ *Exagéré* – abusif, débridé, déchaîné, délirant, déraisonnable, déréglé, disproportionné, effréné, exagéré, excessif, exorbitant, extravagant, extrême, forcé, immodéré, intempérant, outrancier, outré, qui dépasse la mesure, qui dépasse les bornes, sans frein. *SOUT.* outrageux. *FAM.* dément, démentiel, soigné. ▲**ANT.** MICROSCOPIQUE, MINUSCULE, NAIN; MODÉRÉ, MOYEN, ORDINAIRE, RAISONNABLE; INSATISFAISANT, INSUFFISANT.

démesure *n.f.* ▶ *Excès* – abus, exagération, excès, extrémisme, immodération, jusqu'au-boutisme, maximalisme, outrance. *FAM.* charriage. ▶ *Emphase* – apparat, bouffissure, boursouflure, cérémonie, déclamation, emphase, enflure, excès, gonflement, grandiloquence, hyperbole, pédanterie, pédantisme, pompe, prétention, solennité. *SOUT.* ithos, pathos. ▲**ANT.** MESURE, MODÉRATION, PONDÉRATION.

démesurément *adv.* à l'excès, à outrance, abusivement, effrénément, exagérément, excessivement, hyperboliquement, immodérément, large, outrageusement, outre mesure, plus qu'il n'en faut, plus que de raison, sans retenue, surabondamment, trop. *SOUT.* par trop, prodigalement. ▲**ANT.** DÉRISOIREMENT, FAIBLEMENT, INSUFFISAMMENT, MÉDIOCREMENT, PAUVREMENT.

demeuré *n.* ▶ *Arriéré* – arriéré (mental), attardé (mental), crétin, débile (mental), déficient intellectuel, déficient mental, dégénéré, oligophrène. ▲**ANT.** CERVEAU, ESPRIT SUPÉRIEUR, GÉNIE.

demeure *n.f.* ▶ *Maison* (*SOUT.*) – domicile, foyer, intérieur, maison, nid, résidence, toit. *SOUT.* habitacle, logis. *FAM.* bercail, bicoque, chaumière, chez-soi, crèche, pénates.

demeurer *v.* ▶ *Avoir sa demeure* – être domicilié, habiter, loger, rester, vivre. *FAM.* crécher, nicher, percher, résider. ▶ *Se tenir* – être, rester, se tenir. ▶ *Continuer d'exister* – durer, perdurer, persister, résister, rester, se chroniciser, se conserver, se maintenir, se perpétuer, subsister, survivre. ▲**ANT.** PARTIR, PASSER, QUITTER, SORTIR; CHANGER; DISPARAÎTRE; FINIR.

demi *n.m.* ▶ *Moitié* – demie, moitié. ▶ *Verre de bière* – bock, chope, sérieux. ▲**ANT.** DOUBLE.

démission *n.f.* abandon, abdication, défection, délaissement, désengagement, désertion, désintérêt, désistement, dessaisissement, forfait, inachèvement, recul, repli, retrait, retraite. *SOUT.* inaccomplissement.

FAM. décrochage, lâchage, largage, plaquage. *DR.* non-lieu, résignation. ▲**ANT.** MAINTIEN.

démocrate *adj.* ▲**ANT.** ABSOLUTISTE, ARISTOCRATE, FASCISTE, MONARCHISTE.

démocratie *n.f.* ▶ *Gouvernement* – gouvernement démocratique, gouvernement libéral, régime démocratique, régime libéral. ▶ *Pays* – pays libre, république. ▲**ANT.** ARISTOCRATIE, MONARCHIE, OLIGARCHIE; AUTORITARISME, FASCISME, TOTALITARISME.

démodé *adj.* ▶ *En parlant de qqch.* – anachronique, ancien, antédiluvien, antique, archaïque, arriéré, caduc, dépassé, désuet, fossile, inactuel, moyenâgeux, obsolescent, obsolète, passé de mode, périmé, poussiéreux, préhistorique, qui a fait son temps, suranné, tombé en désuétude, usé, vétuste, vieilli, vieillot, vieux, vieux jeu. ▶ *En parlant de qqn* – passé de mode, qui n'est pas dans le coup, vieux jeu. *FAM.* craignos, ringard. *QUÉB.* *FAM.* quétaine. ▲**ANT.** ACTUEL, EN COURS, VALIDE; À LA MODE, À LA PAGE, EN VOGUE, MODERNE, NEUF, NOUVEAU, RÉCENT.

demoiselle *n.f.* ▶ *Adolescente* – adolescente, fille, jeune, jeune femme, jeune fille, midinette, mineure, miss *(pays anglo-saxons)*, préadolescente. *SOUT.* impubère, pucelle *(vierge)*. ▶ *Outil* – dame, hie, manselle.

démolir *v.* ▶ *Abattre une construction* – abattre, démanteler, raser. ▶ *Mettre en pièces* – briser, casser, disloquer, fracasser, mettre en pièces, rompre. *FAM.* démantibuler. ▶ *Détruire une chose abstraite* – anéantir, annihiler, briser, détruire, écraser, éliminer, néantiser, pulvériser, réduire à néant, réduire à rien, ruiner, supprimer. ▶ *Causer un grand tort à qqn* – achever, casser les reins à, causer la perte de, causer la ruine de, perdre, ruiner. ▶ *Critiquer* (*FAM.*) – attaquer, critiquer, descendre en flammes, écharper, éreinter, étriller, faire le procès de, malmener, maltraiter, massacrer, matraquer, mettre à mal, pourfendre, s'acharner contre. *FAM.* cartonner, couler, descendre, écorcher, esquinter. *FRANCE FAM.* allumer, débiner. *QUÉB.* *FAM.* maganer. ▶ *Exténuer* (*FAM.*) – abrutir, briser, courbaturer, épuiser, éreinter, exténuer, fatiguer, forcer, harasser, lasser, mettre à plat, surmener, tuer. *FAM.* claquer, crever, esquinter, lessiver, mettre sur le flanc, nettoyer, pomper, rétamer, vanner, vider. *QUÉB.* *FAM.* maganer. ▲**ANT.** BÂTIR, CONSTRUIRE, ÉDIFIER; ARRANGER, MONTER; CRÉER, ÉLABORER; RÉPARER; LOUANGER.

démolition *n.f.* ▶ *Destruction* – absorption, anéantissement, annihilation, destruction, dévastation, disparition, effacement, élimination, enlèvement, éradication, fin, gommage, liquidation, mort, néantisation, suppression. *SOUT.* extirpation. ♦ **démolitions**, *plur.* ▶ *Décombres* – déblais, débris, décharge, décombres, éboulement, éboulis, épave, gravats, gravois, miettes, plâtras, reste, ruines, vestiges. *SOUT.* cendres. ▲**ANT.** CONSTRUCTION, RECONSTRUCTION; CRÉATION.

démon *n.m.* ▶ *Ange de Satan* – ange déchu, ange noir, ange rebelle, ange révolté, antéchrist, diable, diablotin *(petit)*, mauvais ange, mauvais génie, suppôt de Satan, suppôt du diable. ▶ *Femelle* – diablesse. *SOUT.* démone. ▶ *Divinité bonne ou mauvaise* – déesse, dieu, divinité, être divin, immortel,

SOUT. déité. ▶ *Enfant espiègle* – (affreux) jojo, chipie, coquin, diablotin, filou, fripon, galopin, mauvaise graine, (petit) bandit, (petit) chenapan, (petit) démon, (petit) diable, (petit) garnement, (petit) gredin, (petit) poison, (petit) polisson, (petit) vaurien, (petit) voyou, (petite) canaille, (petite) peste, poulbot *(de Montmartre)*, titi, vilain. *SOUT.* lutin. *FAM.* morveux, (petit) crapaud, petit merdeux, petit monstre, sacripant. *QUÉB. FAM.* grippette, (petit) snoreau, (petit) tannant, (petit) vlimeux. ♦ **le démon,** *sing.* Asmodée, Astaroth, Belphégor, Belzébuth, l'ange des ténèbres, l'esprit du mal, l'esprit malin, le diable, le génie du mal, le Malin, le Maudit, le Mauvais, le prince des démons, le prince des ténèbres, le roi des enfers, le Séducteur, le Tentateur, Léviathan, Lucifer, Méphistophélès, Satan. *RELIG.* l'esprit immonde. ▲**ANT.** ANGE; AMOUR, TRÉSOR.

démoniaque *adj.* ▶ *Digne du démon* – diabolique, infernal, luciférien, méphistophélique, pervers, satanique. ▲**ANT.** ANGÉLIQUE, CÉLESTE, DIVIN, PUR.

démonstratif *adj.* ▶ *Qui exprime ses sentiments* – communicatif, confiant, débordant, expansif, expressif, extraverti, exubérant, ouvert. ▲**ANT.** FROID, INTROVERTI, RENFERMÉ, RÉSERVÉ, TACITURNE.

démonstration *n. f.* ▶ *Preuve* – affirmation, assurance, attestation, certitude, confirmation, corroboration, gage, manifestation, marque, preuve, témoignage, vérification. ▶ *Raisonnement* – analyse, apagogie, argument, argumentation, considérations, déduction, dialectique, dilemme, discussion, échafaudage, explication, implication, induction, inférence, justificatif, logique, méthode, preuve, raison, réflexion, réfutation, sorite, subduction, syllogisme, syllogistique, synthèse. ▶ *Exposition* – concours, étalage, exhibition, exposition, foire, foire-exposition, galerie, manifestation, montre, présentation, rétrospective, salon, vernissage. *FAM.* démo, expo. *SUISSE* comptoir. ▶ *Ostentation* – affectation, étalage, montre, ostentation, parade. *FAM.* fla-fla. ▲**ANT.** RÉFUTATION; DISSIMULATION; RETENUE.

démonté *adj.* ▶ *Désemparé* – confondu, contrarié, déconcerté, déconfit, décontenancé, dépité, dérouté, désarçonné, désemparé, désorienté, déstabilisé, penaud. *FAM.* capot. ▶ *Houleux* – agité, déchaîné, houleux. *SOUT.* torrentueux, turbide.

démonter *v.* ▶ *Jeter à bas de sa monture* – désarçonner. ▶ *Dérouter* – déconcerter, décontenancer, dérouter, désarçonner, désorienter, déstabiliser, ébranler, embarrasser, interloquer, troubler. *SOUT.* confondre. *FAM.* déboussoler. ▶ *Décourager* (*FAM.*) – abattre, débiliter, décourager, démobiliser, démoraliser, démotiver, déprimer, écœurer, lasser, mettre à plat. *QUÉB. FAM.* déforcer. *ACADIE FAM.* déconforter. ▶ *Mettre en pièces détachées* – défaire, démanteler, désarticuler, désassembler, désosser. *FAM.* déglinguer, démantibuler. *QUÉB. FAM.* démancher. ▶ *Analyser* – analyser, décomposer, déconstruire, désosser, disséquer, retourner dans tous les sens. *INFORM.* parser. *FAM.* décortiquer. ▶ *Sortir de ses gonds* – déboîter, dégonder. ♦ **se démonter** ▶ *Perdre contenance* – perdre contenance, s'agiter, s'énerver, se décontenancer, se troubler. ▲**ANT.** AGENCER, ARRANGER, CONSTRUIRE, MONTER.

démontrer *v.* ▶ *Établir la vérité* – établir, montrer, prouver. ▶ *Constituer une preuve* – attester, confirmer, établir, justifier, montrer, prouver, vérifier. ▶ *Constituer un indice* – annoncer, déceler, dénoter, faire foi de, indiquer, laisser paraître, marquer, montrer, prouver, révéler, signaler, signifier, témoigner de. *SOUT.* dénoncer. ▲**ANT.** CONTREDIRE, RÉFUTER.

démotiver *v.* ▶ *Démoraliser* – abattre, débiliter, décourager, démobiliser, démoraliser, déprimer, écœurer, lasser, mettre à plat. *FAM.* démonter. *QUÉB. FAM.* débiner. *BELG.* déforcer. *ACADIE FAM.* déconforter. ▲**ANT.** ENCOURAGER, EXHORTER, GALVANISER, REMONTER.

démultiplier *v.* ▲**ANT.** SURMULTIPLIER.

dénaturer *v.* ▶ *Falsifier* – altérer, biaiser, défigurer, déformer, falsifier, fausser, gauchir, trahir, travestir. ▶ *Modifier* – altérer, corrompre, frelater. ▲**ANT.** ÊTRE CONFORME À, RESPECTER.

dénégation *n. f.* ▶ *Démenti* – démenti, déni, désaveu, reniement. ▶ *Rétractation* – abandon, abjuration, apostasie, défection, désaveu, palinodie, reniement, retournement, rétractation, revirement, virevolte, volte-face. *FAM.* pirouette. ▲**ANT.** AFFIRMATION, AVEU, CONFIRMATION, RECONNAISSANCE.

déneiger *v.* ▲**ANT.** ENNEIGER.

dénier *v.* ▶ *Ne pas reconnaître un droit* – contester, récuser. ▲**ANT.** AVOUER, CONFIRMER; DONNER.

dénigrer *v.* attaquer, baver sur, calomnier, casser du sucre sur le dos de, cracher sur, critiquer, décrier, déprécier, diffamer, dire du mal de, gloser sur, médire de, noircir, perdre de réputation, traîner dans la boue. *SOUT.* arranger de la belle manière, clabauder sur, dauber sur, détracter, dire pis que pendre de, mettre plus bas que terre. *FAM.* déblatérer contre, taper sur. *FRANCE FAM.* débiner, habiller pour l'hiver, tailler un costard à, tailler une veste à. *QUÉB. FAM.* parler dans le dos de, parler en mal de. *BELG.* décauser. ▲**ANT.** APPROUVER, EXALTER, LOUER, VANTER; PRÔNER.

dénombrer *v.* ▶ *Faire le compte exact* – calculer, chiffrer, compter, évaluer, faire le compte de, quantifier. ▶ *Compter un à un* – compter, détailler, dresser la liste de, énumérer, faire l'inventaire de, faire le décompte de, inventorier, lister, recenser.

dénomination *n. f.* appellation, désignation, étiquette, marque, mot, nom, qualification, taxon, taxum, vocable.

dénoncer *v.* ▶ *Signaler comme coupable* – signaler. *FAM.* balancer, cafarder, cafter, fourguer, moucharder. *BELG. FAM.* raccuser. ▶ *Trahir* – livrer, trahir, vendre. *FAM.* donner. ▶ *Dénoter* (*SOUT.*) – annoncer, déceler, démontrer, dénoter, faire foi de, indiquer, laisser paraître, marquer, montrer, prouver, révéler, signaler, signifier, témoigner de. ▶ *Dénoter une chose non favorable* – accuser, trahir. ▲**ANT.** CACHER, TAIRE; CONFIRMER.

dénonciation *n. f.* ▶ *Dénigrement* – accusation, allégation, attaque, calomnie, critique, délation, dénigrement, dépréciation, dévalorisation, diffamation, imputation, insinuation, médisance, plainte, rabaissement, réquisitoire, trahison. *SOUT.* détraction. *FAM.* cafardage, mouchardage, rapportage. *QUÉB.* salissage. ▶ *Proclamation* – annonce, appel, avis, ban, communication, communiqué, déclaration, décret, dépêche, divulgation, édit, manifeste, message, notification, proclamation, profession de foi, programme, promulgation, publication, rescrit, serment, signification. ▲ANT. APOLOGIE, DÉFENSE, LOUANGE ; NON-DÉNONCIATION.

dénouement *n. m.* ▶ *Démêlement* – débrouillage, débrouillement, démêlement, éclaircissement. ▶ *Aboutissement* – aboutissement, accomplissement, achèvement, apothéose, but, chute, complémentation, complètement, complétude, conclusion, consécration, consommation, couronnement, exécution, fin, finition, fruit, issue, produit, réalisation, règlement, résolution, résultat, sortie, terme, terminaison. SOUT. aboutissant. PHILOS. entéléchie. ▲ANT. AMORCE, COMMENCEMENT, DÉBUT, DÉCLENCHEMENT ; EXPOSITION, INTRODUCTION, PROLOGUE.

dénouer *v.* ▶ *Au sens concret* – défaire, délacer, délier, détacher. ▶ *Ouvrir un vêtement* – déboutonner, détacher, ouvrir. ▶ *Au sens abstrait* – déchiffrer, découvrir, deviner, éclaircir, élucider, éventer, expliquer, faire (toute) la lumière sur, pénétrer, percer, résoudre, tirer au clair, trouver, trouver la clé de. ▲ANT. ATTACHER, FICELER, LACER, LIER, NOUER, RENOUER ; EMBROUILLER, OBSCURCIR.

denrée *n. f.* aliment, alimentation, approvisionnement, comestibles, entretien, épicerie, fourniture, intendance, nourriture, pain, produit alimentaire, provision, ravitaillement, subsistance, victuailles, vie, vivres. SOUT. provende. FAM. matérielle.

dense *adj.* ▶ *Compact* – compact, dru, épais, serré. ▶ *En parlant du brouillard* – à couper au couteau, épais, opaque. ▶ *Exprimé en peu de mots* – bref, concis, condensé, court, laconique, lapidaire, ramassé, serré, sobre, sommaire, succinct. PÉJ. touffu. ▲ANT. LÉGER, TÉNU ; CLAIRSEMÉ, DISPERSÉ, DISSÉMINÉ, ÉPARPILLÉ, ÉPARS ; BAVARD, DÉLAYÉ, DIFFUS, PROLIXE, REDONDANT, VERBEUX.

densifier *v.* ▲ANT. AÉRER, ESPACER, ÉTALER.

densité *n. f.* ▶ *Concentration* – compacité, concentration, consistance, épaisseur, masse volumique, massiveté. ▶ *Poids* – lourdeur, masse, massiveté, pesanteur, poids. ▶ *Concision* – brièveté, concision, dépouillement, laconisme. ▲ANT. LÉGÈRETÉ, TÉNUITÉ ; VACUITÉ.

dent *n. f.* ▶ *Organe de la mastication* – FAM. ratiche. ▶ *Cassée* FAM. chicot. ▶ *D'enfant* – quenotte. QUÉB. FAM. crique. ▶ *Artificielle* – implant dentaire, prothèse dentaire. ▶ *D'animal* – crochet (serpent), défense (éléphant), fanon (baleine). ▶ *Saillie* – angle, appendice, arête, aspérité, avancée, avancement, balèvre, bec, bosse, bourrelet, console, corne, corniche, côte, coude, crête, éminence, encorbellement, éperon, ergot, excroissance, gibbosité, hourd, mamelon, moulure, nervure, picot, pointe, proéminence, projecture, prolongement, protubérance, redan, relief, ressaut, saillant, saillie, surplomb, surplombement, tubercule. ▶ *Élément allongé* – fourchon. ▶ *Pièce d'engrenage* – alluchon, crabot, dent (d'engrenage). ▶ *Faim* – appétit, besoin, boulimie, creux, disette, faim, famine, inanition, jeûne, polyphagie, voracité. FAM. fringale. ◆ **dents**, *plur.* ▶ *Ensemble des dents* – dentition, denture.

dentelé *adj.* cranté, crénelé, denté, en dents de scie.

dénudé *adj.* ▶ *Nu* – dans l'état de nature, dans le costume d'Adam/d'Ève, dans le plus simple appareil, déshabillé, dévêtu, nu. FAM. à poil. ▶ *Chauve* – chauve, dégarni, lisse, pelé, ras, tondu. FAM. déplumé. QUÉB. FAM. pleumé.

dénuder *v.* ▶ *Dévêtir* – découvrir, déshabiller, dévêtir, dévoiler, mettre à nu. FAM. dépoiler, désaper. ◆ **se dénuder** ▶ *Se dévêtir* – se déshabiller, se dévêtir, se mettre nu. FAM. dévoiler son anatomie, se dépoiler, se désaper, se mettre tout nu. ▲ANT. COUVRIR, HABILLER, RECOUVRIR, VÊTIR, VOILER ; GARNIR ; GUIPER.

dénué *adj.* ▶ *Dépourvu de qqch.* – démuni, dépourvu, exempt, privé. ▶ *Pauvre* (SOUT.) – dans le besoin, dans une cruelle nécessité, défavorisé, démuni, famélique, indigent, misérable, miséreux, nécessiteux, pauvre. SOUT. impécunieux. FAM. dans la mouise, dans la panade, dans la purée. ▲ANT. À L'AISE, AISÉ, COSSU, FORTUNÉ, NANTI, RICHE. △ DÉNUÉ DE – AVEC, DOTÉ DE, DOUÉ DE, MUNI DE, PLEIN DE.

dénuement *n. m.* ▶ *Pauvreté* – appauvrissement, besoin, détresse, embarras, gêne, gouffre, indigence, manque, mendicité, misère, nécessité, pauvreté, privation, ruine. SOUT. impécuniosité. FAM. dèche, pouillerie. FRANCE FAM. débine, fauche, mistoufle, mouise, mouscaille, panade, purée. DR. carence. ▶ *Sociale* – clochardisation, disette, paupérisation, paupérisme, pauvreté, pénurie, sous-développement, sous-équipement, tiers-mondisation. ▲ANT. ABONDANCE, LUXE, OPULENCE, RICHESSE.

départ *n. m.* ▶ *Appareillage* – appareillage, préparatifs de départ. ▶ *Allumage* – allumage, combustion, contact, démarrage, explosion. ▶ *Émigration* – émigration, exode, expatriation, fuite. ▶ *Absence* – absence, disparition, échappée, éclipse, escapade, évasion, fugue, séparation. FAM. éclipse. ▶ *Décès* – décès, disparition, extinction, fin, mort, perte. FIG. dernier repos, dernier sommeil, dernier soupir, grand voyage, sépulture, sommeil éternel, tombe, tombeau. SOUT. la Camarde, la Faucheuse, la Parque, trépas. FRANCE FAM. crevaison, crève. ▶ *Commencement* – actionnement, amorçage, amorce, balbutiement, bégaiement, commencement, création, début, déclenchement, démarrage, ébauche, embryon, enclenchement, enfance, entrée, esquisse, fondement, germe, inauguration, origine, ouverture, prélude, prémisse, principe, tête. SOUT. aube, aurore, matin, prémices. FIG. apparition, avènement, éclosion, émergence, éruption, explosion, genèse, germination, naissance, venue au monde. ▲ANT. ARRIVÉE ; IMMIGRATION ; RETOUR.

département *n. m.* ▶ *Spécialité* – branche, champ, discipline, division, domaine, étude, fief, matière, partie, scène, science, secteur, spécialité, sphère. FAM. rayon. ▶ *Compétence* – attributions, autorité, compétence, pouvoir, qualité, ressort. FAM. rayon.

départir *v.* ▶ *Accorder* (SOUT.) – accorder, allouer, attribuer, concéder, consentir, donner, impartir, octroyer. ◆ **se départir** ▶ *Se débarrasser* – renoncer à, se débarrasser de, se défaire de, se démunir de, se dépouiller de, se dessaisir de. SOUT. renoncer.

FAM. balancer, bazarder, larguer, lourder, sacrifier. ▲**ANT.** △SE DÉPARTIR – CONSERVER, GARDER.

dépassé *adj.* anachronique, ancien, antédiluvien, antique, archaïque, arriéré, caduc, démodé, désuet, fossile, inactuel, moyenâgeux, obsolescent, obsolète, passé de mode, périmé, poussiéreux, préhistorique, qui a fait son temps, suranné, tombé en désuétude, usé, vétuste, vieilli, vieillot, vieux, vieux jeu.

dépassement *n. m.* ▶ *Excès* – comble, débauche, débordement, disproportion, énormité, excédent, excès, exubérance, gaspillage, inutile, luxe, luxuriance, orgie, profusion, redondance, satiété, saturation, superfétation, superflu, superfluité, surabondance, surcharge, surcroît, surenchère, surnombre, surplus, trop, trop-plein. ▶ *Défi* – aide, aiguillon, animation, appel, défi, dépassement (de soi), émulation, encouragement, entraînement, excitation, exhortation, fanatisation, fomentation, impulsion, incitation, instigation, invitation, invite, motivation, provocation, sollicitation, stimulation, stimulus. *SOUT.* surpassement. *FAM.* provoc. ▲**ANT.** NON-DÉPASSEMENT.

dépasser *v.* ▶ *Distancer* – devancer, distancer, doubler, gagner de vitesse, lâcher, passer, semer. *FAM.* griller, larguer. *MAR.* trémater. ▶ *Franchir* – franchir, passer. ▶ *Supplanter* – battre, couper l'herbe sous le pied à, damer le pion à, dégommer, devancer, dominer, éclipser, faucher l'herbe sous le pied à, griller, l'emporter sur, laisser loin derrière, supplanter, surclasser, surpasser. *FAM.* enfoncer. *FRANCE FAM.* faire la pige à. *QUÉB. FAM.* perdre dans la brume. ▶ *Excéder* – excéder, outrepasser. ▶ *Transcender* – surpasser, transcender. ▶ *Surenchérir* – renchérir sur, surenchérir sur. ▶ *Saillir* – avancer, déborder, faire saillie, ressortir, saillir, se détacher, sortir. *BELG.* dessortir. *TECHN.* forjeter, surplomber. ▶ *Empiéter* – chevaucher, déborder, empiéter, mordre. ▲**ANT.** ÊTRE EN RETRAIT, SUIVRE; ÉGALER.

dépassionner *v.* apaiser, calmer, tempérer. ▲**ANT.** ATTISER, ÉCHAUFFER, EXCITER, PASSIONNER.

dépaysant *adj.* ▲**ANT.** CONNU, FAMILIER.

dépaysement *n. m.* ▶ *Fait d'être dépaysé* – anatopisme, inadaptation. ▲**ANT.** FAMILIARITÉ.

dépêche *n. f.* annonce, appel, avis, ban, communication, communiqué, déclaration, décret, dénonciation, divulgation, édit, manifeste, message, notification, proclamation, profession de foi, programme, promulgation, publication, rescrit, serment, signification.

dépêcher *v.* ▶ *Envoyer qqn* – déléguer, députer, détacher, envoyer, mandater, missionner. ♦ **se dépêcher** ▶ *Se hâter* – courir, faire vite, s'empresser, se hâter, se précipiter, se presser. *FAM.* activer, pédaler, se grouiller. *FRANCE FAM.* bourrer, faire fissa, se dégrouiller, se magner, se magner le popotin. *QUÉB. ACADIE FAM.* se garrocher. *QUÉB. FAM.* abouler, clencher, gauler. ▲**ANT.** △SE DÉPÊCHER – FLÂNER, LAMBINER, PRENDRE SON TEMPS, RALENTIR, TRAÎNER.

dépeindre *v.* brosser un tableau de, décrire, montrer, peindre, représenter, représenter, tracer le portrait de. ▲**ANT.** CACHER, GARDER SOUS SILENCE.

dépendance *n. f.* ▶ *Soumission* – abaissement, allégeance, appartenance, asservissement, assujettissement, attachement, captivité, contrainte, domestication, domesticité, domination, emprise, esclavage, gêne, hilotisme, inféodation, infériorité, mainmise, merci, mouvance, obédience, obéissance, obligation, oppression, pouvoir, puissance, servage, servitude, soumission, subordination, sujétion, tutelle, tyrannie, vassalité. *FIG.* carcan, chaîne, corset (de fer), coupe, fardeau, griffe, main, patte, prison; *SOUT.* fers, gaine, joug. *PHILOS.* hétéronomie. ▶ *Accoutumance* – accoutumance, assuétude, pharmacodépendance, pharmacomanie, toxicomanie, toxicophilie. ▶ *Relation* – association, connexion, connexité, corrélation, correspondance, filiation, interaction, interdépendance, interrelation, liaison, lien, lien causal, rapport, rapprochement, relation, relation de cause à effet. *FIG.* pont. ▶ *Annexe* – annexe, attenance, filiale, succursale. ▲**ANT.** AUTONOMIE, INDÉPENDANCE, LIBERTÉ; AFFRANCHISSEMENT, ÉMANCIPATION, LIBÉRATION.

dépendant *adj.* ▶ *Qui dépend de qqch.* – soumis à, subordonné à, tributaire de. ▲**ANT.** AUTONOME, INDÉPENDANT, LIBRE; EN SEVRAGE.

dépendre *v.* ▶ *Résulter* – découler, dériver, émaner, partir, procéder, provenir, résulter, s'ensuivre. *BELG.* conster. ▶ *Appartenir* – appartenir à, être du ressort de, relever de, ressortir à, se rapporter à, se rattacher à. ▲**ANT.** ÊTRE INDÉPENDANT DE; S'AFFRANCHIR DE, SE LIBÉRER DE.

dépense *n. f.* ▶ *Frais* – contribution, cotisation, débours, déboursement, décaissement, faux frais, frais, paiement, sortie. *QUÉB.* déboursé. ▶ *Placard* (*QUÉB.*) – garde-manger. ▲**ANT.** CRÉDIT, ÉCONOMIE, GAIN, RECETTE, RENTRÉE, REVENU.

dépenser *v.* ▶ *Débourser* – débourser, décaisser, payer, verser. *FAM.* allonger, casquer, cracher, lâcher. ▶ *Consommer* – consommer, user. ♦ **se dépenser** ▶ *Se donner du mal* – faire des pieds et des mains, peiner, remuer ciel et terre, s'échiner, s'évertuer, se démener, se donner beaucoup de peine, se donner du mal, se fatiguer, se mettre en quatre, se remuer, se tuer. *FAM.* ramer, se décarcasser, se défoncer, se démancher, se donner un mal de chien, se donner un mal de fou, se fouler la rate. *QUÉB. ACADIE FAM.* se désâmer. *QUÉB. FAM.* se fendre en quatre. ▲**ANT.** AMASSER, ÉCONOMISER, ÉPARGNER; MÉNAGER.

dépérir *v.* ▶ *Perdre ses forces* – perdre ses forces, s'affaiblir, s'anémier, s'étioler, s'user, se consumer. *SUISSE* crevoter. ▶ *Péricliter* – agoniser, aller à la ruine, décliner, menacer ruine, péricliter, se dégrader, se délabrer, se détériorer. *SOUT.* déchoir, pâtir, tomber en décadence. ▶ *En parlant d'un végétal* – s'étioler, se dessécher, se faner, se flétrir. ▲**ANT.** CROÎTRE, S'ÉPANOUIR, SE DÉVELOPPER; PRENDRE DU MIEUX, REPRENDRE DES FORCES.

déphasage *n. m.* arriéré, décalage, désynchronisation, retard. *AGRIC.* tardiveté. *PHYS.* hystérésis. ▲**ANT.** COORDINATION, SIMULTANÉITÉ, SYNCHRONISME.

dépit *n. m.* ▶ *Déception* – abattement, accablement, affliction, amertume, anéantissement, chagrin, consternation, contrariété, déboire, déception, déconvenue, découragement, dégoût, dégrisement, démoralisation, désappointement, désenchantement, désespoir, désillusion, désolation, échec, écœurement, ennui, infortune, insuccès, lassitude, mécompte, peine, regret, revers, tristesse. *SOUT.* atterrement, déréliction, désabusement, désespérance, retombement. *FAM.* défrisage, défrisement, douche (froide), ras-le-bol. ▶ *Aigreur* – acariâtreté, acerbité, acidité, âcreté, acrimonie, agressivité, aigreur, amertume, animosité, âpreté, bave, bile, causticité, colère, désagrément, dureté, fiel, haine, hargne, humeur, irritation, malveillance, maussaderie, mauvaise humeur, méchanceté, mordant, pique, rancœur, rancune, récrimination, ressentiment, rudesse, tranchant, venin, vindicte, virulence. *SOUT.* mordacité. *FAM.* rouspétance. ▲ANT. JOIE, SATISFACTION.

dépité adj. confondu, contrarié, déconcerté, déconfit, décontenancé, démonté, dérouté, désarçonné, désemparé, désorienté, déstabilisé, penaud. *FAM.* capot.

déplacement *n. m.* ▶ *Action de déplacer* – mouvement. ▶ *Action de se déplacer* – locomotion. ▶ *Voyage* – allées et venues, balade, campagne, circuit, circumnavigation, course, croisière, excursion, expédition, exploration, incursion, marche, mission, navette, navigation, odyssée, passage, pèlerinage, pérégrination, périple, promenade, raid, rallye, randonnée, reconnaissance, tour, tourisme, tournée, transport, traversée, va-et-vient, voyage. *SOUT.* errance. *FAM.* bourlingue, rando, transhumance. *QUÉB.* voyagement. ▶ *Migration* – migration, mouvement, nomadisme, transplantation. *SOUT.* transmigration. ▶ *Mutation* – affectation, mouvement, mutation. ▲ANT. MAINTIEN; REPLACEMENT; IMMOBILITÉ.

déplacer *v.* ▶ *Éloigner* – décaler, déranger, éloigner, pousser. *FAM.* bouger, remuer. *QUÉB. FAM.* tasser. ▶ *Transférer* – délocaliser, transférer. ▶ *Affecter à un autre poste* – muter. ♦ *se déplacer* ▶ *Bouger* – bouger, se mouvoir, se remuer. ▶ *Avancer* – aller, évoluer, se diriger, se mouvoir, se porter. ▶ *Circuler* – circuler, voyager. ▲ANT. LAISSER, MAINTENIR; REMETTRE, REPLACER, RÉTABLIR. △SE DÉPLACER – ÊTRE IMMOBILE, RESTER EN PLACE; S'IMMOBILISER.

déplaire *v.* ▶ *Répugner* – rebuter, répugner à. *SOUT.* repousser. *FAM.* débecter. ▶ *Mécontenter* – contrarier, dépiter, fâcher, frustrer, mécontenter. *FAM.* défriser. *QUÉB. FAM.* choquer. ▶ *Choquer l'œil, l'oreille* – agresser, blesser, choquer, heurter, offenser. ▲ANT. CHARMER, ENCHANTER, PLAIRE À, RAVIR, SÉDUIRE.

déplaisant adj. ▶ *Au caractère désagréable* – acariâtre, acerbe, aigri, anguleux, âpre, bourru, caractériel, désagréable, désobligeant, difficile, grincheux, hargneux, intraitable, maussade, rébarbatif, rêche, revêche. *SOUT.* atrabilaire. *FAM.* chameau, teigneux. *QUÉB. FAM.* malavenant, malcommode. *SUISSE* gringe. ▶ *Mauvais* – déplorable, désagréable, détestable, fâcheux, mauvais, méchant, vilain. *FAM.* sale. ▶ *Incommodant* – désagréable, gênant, incommodant, inconfortable, pénible. ▶ *Insupportable* – antipathique, atroce, désagréable, détestable, exécrable, haïssable, impossible, infernal, insoutenable, insupportable, intenable, intolérable, invivable, irrespirable, odieux, pénible. *FAM.* imbuvable. ▶ *Laid* – à faire peur, affreux, disgracieux, hideux, horrible, ignoble, inesthétique, informe, ingrat, inharmonieux, laid, laideron *(femme)*, mal fait, monstrueux,

repoussant, répugnant, vilain. *SOUT.* malgracieux, répulsif. *FAM.* blèche, dégueu, dégueulasse, mal fichu, mochard, moche, tarte, tartignolle, tocard, vomitif. ▲ANT. AGRÉABLE, CHARMANT, PLAISANT; AMUSANT, DISTRAYANT, DIVERTISSANT, ÉGAYANT, RÉJOUISSANT; ATTACHANT, SÉDUISANT; ACCUEILLANT, AFFABLE, AMÈNE, AVENANT, SYMPATHIQUE; AIMABLE, CONCILIANT, DOUX; À CROQUER, ADORABLE, BEAU, DÉLICIEUX, GRACIEUX, JOLI, MIGNON, RAVISSANT.

déplaisir *n. m.* ▶ *Ennui* – assommement, bâillement, dégoût, ennui, insatisfaction, langueur, lassitude, vide. *SOUT.* blasement. ▶ *Agacement* – agacement, chiffonnage, chiffonnement, contrariété, désagrément. *FAM.* embêtement, emmerde, emmerdement. ▶ *Inconvénient* – aléa, charge, contre, danger, défaut, dérangement, désagrément, désavantage, difficulté, écueil, embarras, empêchement, ennui, fissure, gêne, handicap, incommodité, inconfort, inconvénient, mauvais côté, objection, obstacle, point faible, risque, trouble. *SOUT.* importunité. ▶ *Vexation* – affront, crève-cœur, déboires, dégoût, froissement, humiliation, vexation. *SOUT.* camouflet, désobligeance, soufflet. ▲ANT. CONTENTEMENT, PLAISIR, SATISFACTION.

déplier *v.* ▶ *Déployer* – déployer, développer, étaler, étendre, ouvrir. ▶ *Allonger le bras, la jambe* – allonger, étirer. ▲ANT. PLIER.

déploiement *n. m.* affinement, allongement, bandage, dépliage, dépliement, développement, élongation, étirage, étirement, excroissance, extension, prolongement, rallonge, rallongement, tension, tirage. ▲ANT. CONTRACTION; PLIAGE, REPLI, REPLIEMENT; RANGEMENT.

déplorable adj. ▶ *Qui attriste* – affligeant, atterrant, attristant, chagrinant, consternant, désespérant, désolant, douloureux, malheureux, misérable, navrant, pénible, pitoyable, qui serre le cœur, triste. ▶ *Très fâcheux* – désastreux, désolant, fâcheux, malheureux, regrettable. ▶ *Désagréable* – déplaisant, désagréable, détestable, fâcheux, mauvais, méchant, vilain. *FAM.* sale. ▶ *Médiocre* – abominable, affreux, atroce, désastreux, épouvantable, exécrable, horrible, infect, insipide, lamentable, manqué, mauvais, médiocre, minable, navrant, nul, odieux, piètre, piteux, pitoyable, qui ne vaut rien, raté. *SOUT.* méchant, triste. *FAM.* à la flan, à la gomme, à la manque, à la mie de pain, à la noix (de coco), blèche, craignos, crapoteux, mal fichu, moche, pourri, qui ne vaut pas un clou. *QUÉB. FAM.* de broche à foin, poche. ▲ANT. APPRÉCIÉ, BÉNI, ESTIMÉ, INESPÉRÉ; BRILLANT, EXCELLENT, EXTRAORDINAIRE, FANTASTIQUE, MAGNIFIQUE, MERVEILLEUX, PRODIGIEUX, REMARQUABLE, SENSATIONNEL.

déplorer *v.* pleurer, regretter. ▲ANT. SE FÉLICITER DE, SE RÉJOUIR DE.

déployer *v.* ▶ *Déplier* – déplier, développer, étaler, étendre, ouvrir. ▶ *Ouvrir les ailes* – étendre. *SOUT.* éployer. ▶ *Larguer une voile* – déferler, larguer. ▶ *Employer* – avoir recours à, employer, exercer, faire appel à, faire jouer, faire usage de, jouer de, mettre en œuvre, recourir à, s'aider de, se servir de, user de, utiliser. ▶ *Montrer* – affirmer, donner des marques de, donner la preuve/des preuves de, extérioriser, faire montre de, faire preuve de, manifester, marquer, montrer (des signes de), prouver, témoigner. ▸ *Montrer avec ostentation* – afficher, arborer, étaler, exhiber, exposer, faire étalage de, faire montre de, faire parade de. ▲ANT. PLIER, PLOYER, REPLIER, ROULER; CACHER.

dépolluer *v.* ▸ *Éliminer la pollution* – décontaminer, épurer. ▸ *Éliminer la radioactivité* – décontaminer, désactiver. ▲ANT. POLLUER.

déposer *v.* ▸ *Poser* – mettre, poser. ▸ *Renoncer à* – abdiquer, renoncer à, se désister. ▸ *Détrôner* – chasser du trône, découronner, destituer, détrôner. ▸ *Décanter* – reposer, se clarifier, (se) décanter. ▸ *Témoigner* – comparaître, témoigner. ▲ANT. PRENDRE, RETIRER; COURONNER; CHARGER, NOMMER.

déposition *n. f.* ▸ *Témoignage* – comparution, témoignage. ▸ *Fait de chasser un souverain* – découronnement, détrônement. ▲ANT. INVESTITURE, RÉINTÉGRATION.

déposséder *v.* démunir, dépouiller, dessaisir, frustrer, priver, spolier. ▲ANT. ATTRIBUER, DONNER, RENDRE.

dépôt *n. m.* ▸ *Versement* – paiement, règlement, versement. ▸ *Acompte* – acompte, arrhes, avaloir, avance, provision, tiers provisionnel. ▸ *Réserve* – amas, approvisionnement, fourniture, provision, réserve, stock. ▸ *Entrepôt* – appentis, arrière-boutique, dock, entrepôt, fondouk *(pays arabes)*, hangar, réserve. ▸ *Dépotoir* – cloaque, décharge, déchetterie, dépôt (d'ordures), dépotoir, vidoir, voirie. *SOUT.* sentine. ▸ *Déchet* – bassiné, bourre, bourrier, chiure, chute, crasse, culot, débris, déchet, détritus, excrément, fange, fiente, fumier, gadoue, immondices, impureté, lavure, lie, malpropreté, ordure, parcelle, perte, poussière, raclure, rebut, reliefs, reliquat, résidu, reste, rinçure, rognure, saleté, salissure. *FAM.* cochonnerie, margouillis, saloperie. ▸ *Précipité* – précipité, sédiment. ▸ *Tartre* – calcin, incrustation, tartre. ▸ *Lie* – lie, marc. ▲ANT. CUEILLETTE, RETRAIT; ÉROSION.

dépouillé *adj.* ▸ *Nu* – austère, froid, gris, nu, sévère, triste. *SOUT.* chenu. ▸ *Sobre* – classique, discret, simple, sobre, strict. *FAM.* zen.

dépouille *n. f.* ▸ *Peau d'un animal* – exuvie, mue. ▸ *Cadavre* (*SOUT.*) – cadavre, corps, mort. *SOUT.* dépouille (mortelle). *FAM.* macchab, macchabée.

dépouillement *n. m.* ▸ *Action de déposséder* – captation, dépossession, frustration, privation. ▸ *Absence d'ornement* – austérité, nudité, pureté, sévérité, simplicité, sobriété. ▸ *Brièveté* – brièveté, concision, densité, laconisme. ▸ *Modération* – centrisme, frugalité, juste milieu, ménagement, mesure, modérantisme, modération, modestie, pondération, réserve, retenue, rusticité, sagesse, simple, simplicité, sobriété, tempérance. ▸ *Ascèse* – abstinence, ascèse, ascétisme, austérité, expiation, flagellation, frugalité, macération, mortification, pénitence, privation, propitiation, renoncement, restriction, sacrifice, stigmatisation, tempérance. ▸ *Examen de documents* – analyse, approfondissement, développement, enrichissement, épluchage, étude, examen, exploration, introspection, méditation, pesée, progrès, recherche, réflexion, sondage. ▲ANT. POSSESSION; ORNEMENTATION, SURCHARGE; EXCÈS; OPULENCE, RICHESSE.

dépouiller *v.* ▸ *Dégarnir* – débarrasser, dégarnir, démunir, vider. ▸ *Enlever la peau* – dépiauter, écorcher. ▸ *Voler* – délester, détrousser, dévaliser, voler. *FAM.* déplumer, faire les poches de, plumer, ratiboiser, ratisser, soulager de son portefeuille, tondre. ▸ *Spolier* – démunir, déposséder, dessaisir, frustrer, priver, spolier. ▸ *Examiner des documents* – examiner, examiner. *FAM.* dépiauter, éplucher. ▸ *Ouvrir le courrier* – décacheter, ouvrir. ▸ *Abandonner* (*SOUT.*) – abandonner, délaisser, enterrer, faire une croix sur, jeter aux oubliettes, laisser, laisser en jachère, laisser tomber, mettre au placard, mettre au rancart, mettre aux oubliettes, quitter, renoncer à, tirer une croix sur. *SOUT.* renoncer. *FAM.* lâcher, planter là, plaquer. ◆ **se dépouiller** ▸ *Se départir* – renoncer à, se débarrasser de, se défaire de, se démunir de, se départir de, se dessaisir de. *SOUT.* renoncer. *FAM.* balancer, bazarder, larguer, lourder, sacrifier. ▲ANT. COUVRIR, GARNIR, HABILLER, VÊTIR; DONNER, FOURNIR; ENRICHIR.

dépravé *adj.* corrompu, débauché, déréglé, dévoyé, dissipé, dissolu, immoral, libertin, relâché. *SOUT.* sardanapalesque. ▲ANT. MORAL, PUR, SAIN.

dépravé *n.* ▸ *Sadique* – barbare, boucher, bourreau, cannibale, monstre, ogre, psychopathe, sadique, tordu, tortionnaire, vampire. *SOUT.* tigre. ▲ANT. ANGE, MODÈLE DE VERTU, PUR.

déprécier *v.* ▸ *Diminuer une monnaie* – avilir, dévaloriser, dévaluer. ▸ *Diminuer le mérite* – dénigrer, dévaloriser, dévaluer, diminuer, inférioriser, rabaisser, rapetisser, ravaler. ▸ *Dénigrer* – attaquer, critiquer, descendre en flammes, écharper, éreinter, étriller, faire le procès de, malmener, maltraiter, massacrer, matraquer, mettre à mal, pourfendre, s'acharner contre. *FAM.* cartonner, couler, démolir, descendre, écorcher, esquinter. *FRANCE FAM.* allumer, débiner. *QUÉB. FAM.* maganer. ▸ *Sous-estimer* – avoir mauvaise opinion de, inférioriser, méconnaître, mésestimer, minorer, ne pas apprécier à sa juste valeur, sous-estimer, sous-évaluer. *SOUT.* dépriser, méjuger de. ▲ANT. ADMIRER, APPRÉCIER, ESTIMER, SURESTIMER, VALORISER, VANTER.

déprendre *v.* ▸ *Décoincer* (*QUÉB. FAM.*) – débloquer, décoincer, dégager, dégripper, libérer. ◆ **se déprendre** ▸ *Se dégager* (*QUÉB. FAM.*) – émaner, s'échapper, s'exhaler, se dégager, sortir. ▲ANT. BLOQUER, COINCER.

dépressif *adj.* ▸ *Cyclothymique* – cyclothymique, maniaco-dépressif. ▸ *Triste* – abattu, découragé, démoralisé, déprimé, las, mélancolique, morne, morose, pessimiste, qui a le vague à l'âme, qui broie du noir, sombre, ténébreux, triste. *SOUT.* bilieux, saturnien, spleenétique. *FAM.* cafardeux, tristounet. *QUÉB. FAM.* caduc, qui a la fale basse. ▲ANT. EUPHORIQUE, EXTASIÉ, EXTATIQUE, RADIEUX.

dépression *n. f.* ▸ *Tristesse* – abattement, accablement, affliction, aigreur, amertume, chagrin, désolation, deuil, douleur, ennui, épreuve, grisaille, humeur noire, idées noires, idées sombres, langueur, lypémanie, mal du pays, mal-être, maussaderie, mélancolie, monotonie, morosité, neurasthénie, noir, nostalgie, papillons, peine, saudade, serrement de cœur, souci, tædium vitæ, tristesse, vague à l'âme. *SOUT.* atrabile, larmes, navrement, nuage, spleen, taciturnité. *FAM.* bourdon, cafard, déprime, sinistrose. ▶ *Affaissement* – affaissement, cavité, creux, crevasse, éboulement, écroulement, effondrement, flache, fondrière, fossé. *GÉOL.* ensellement, épirogenèse, fondis, graben. ▶ *Récession* – banqueroute, chute, crise, culbute, débâcle, déconfiture, dépôt de bilan, effondrement, faillite, fiasco, insolvabilité, krach, liquidation, marasme, mévente, naufrage, récession, ruine, stagflation. *FAM.* dégringolade. *FRANCE FAM.* baccara. ▲**ANT.** ENTHOUSIASME, EUPHORIE, EXALTATION, EXCITATION, JOIE; ÉLÉVATION, ÉMINENCE, SOULÈVEMENT; EXPANSION, HAUSSE, PROGRÈS, PROSPÉRITÉ.

déprimant *adj.* ▶ *Qui inspire l'ennui* – ennuyeux, gris, grisâtre, maussade, monotone, morne, plat, sans vie, terne. ▶ *Décourageant* – débilitant, décourageant, démobilisateur, démoralisant, démoralisateur, démotivant, désespérant. ▶ *Affaiblissant* (*SOUT.*) – affaiblissant, alanguissant, amollissant, anémiant, débilitant. *SOUT.* consomptif. ▲**ANT.** AMUSANT, CHARMANT, DISTRAYANT, DIVERTISSANT, ÉGAYANT, GAI, PLAISANT, RÉJOUISSANT; ENCOURAGEANT, MOTIVANT, STIMULANT.

déprimer *v.* ▶ *Démoraliser* – abattre, débiliter, décourager, démobiliser, démoraliser, démotiver, écœurer, lasser, mettre à plat. *FAM.* démonter. *QUÉB. FAM.* débiner. *BELG.* déforcer. *ACADIE FAM.* déconforter. ▶ *Être démoralisé* (*FAM.*) – avoir des idées noires, avoir le vague à l'âme, broyer du noir, se morfondre. *FAM.* avoir le cafard, cafarder. *FRANCE FAM.* être dans le trente-sixième dessous. *QUÉB. FAM.* avoir les bleus. ▲**ANT.** BOMBER; EXALTER, RÉJOUIR, REMONTER, REVIGORER.

député *n.* ▶ *Représentant à l'étranger* – agent, ambassadeur, attaché, chargé d'affaires, chargé de mission, commissaire, correspondant, délégataire, délégué, diplomate, émissaire, envoyé, fondé de pouvoir, légat, mandataire, messager, ministre, négociateur, parlementaire, plénipotentiaire, représentant. ▶ *Membre du gouvernement* – parlementaire. ♦ *députés*, plur. ▶ *Ensemble des membres du gouvernement* – aile parlementaire. ▶ *Ensemble de représentants à l'étranger* – députation.

déraciner *v.* ▶ *Sortir de terre* – arracher, déplanter, déterrer, extirper. ▶ *Supprimer* – éliminer, éradiquer, faire disparaître, radier, supprimer. *SOUT.* extirper. ▶ *Exiler* (*SOUT.*) – bannir, chasser (hors) de son pays, déporter, exiler, expatrier, expulser, mettre au ban, proscrire, refouler. *SOUT.* arracher de sa patrie, arracher de son sol natal. *DR.* reléguer. ▲**ANT.** ENFONCER, ENRACINER, IMPLANTER; FIXER.

déraisonnable *adj.* ▶ *Insensé* – aberrant, absurde, fou, idiot, illogique, inepte, insensé, irrationnel, qui n'a aucun sens, ridicule, stupide. *SOUT.* insane. *FAM.* dément, qui ne tient pas debout. *PSYCHOL.* confusionnel. *PHILOS.* alogique. ▶ *Exagéré* – abusif, débridé, déchaîné, délirant, démesuré, déréglé, disproportionné, effréné, exagéré, excessif, exorbitant, extravagant, extrême, forcé, immodéré, intempérant, outrancier, outré, qui dépasse la mesure, qui dépasse les bornes, sans frein. *SOUT.* outrageux. *FAM.* dément, démentiel, soigné. ▶ *Inacceptable* – illégitime, inacceptable, inadmissible, indéfendable, injustifiable, injustifié, insoutenable, irrecevable. *SOUT.* infondé. ▲**ANT.** RAISONNABLE; PONDÉRÉ, POSÉ,

RÉFLÉCHI, SAGE, SENSÉ, SÉRIEUX; ACCEPTABLE, CONVENABLE, CORRECT, DÉCENT, HONNÊTE, SATISFAISANT; FONDÉ, JUSTE, JUSTIFIÉ.

dérangement *n. m.* ▶ *Fait de ne plus être en ordre* – désagencement, désajustement, désalignement, désarticulation, désassemblage, désassemblement, désordre, désorganisation, désorientation, déstructuration. ▶ *Remue-ménage* – activité, affairement, affolement, agitation, alarme, animation, bouillonnement, branle-bas (de combat), bruit, désordre, désorganisation, détraquement, effervescence, excitation, fourmillement, grouillement, hâte, incohérence, mouvement, orage, précipitation, remous, remue-ménage, secousse, suractivité, tempête, tohu-bohu, tourbillon, tourmente, trépidation, trouble, tumulte, turbulence, va-et-vient. *SOUT.* émoi, remuement. *FAM.* chambardement. ▶ *Bouleversement* – bouleversement, changement, chavirage, chavirement, conflagration, convulsion, dérèglement, déséquilibre, désorganisation, détraquement, perturbation, renouvellement, rénovation, renversement, retournement, révolution, séisme, stress, trouble. *FAM.* chambard, chambardement, chamboulement. ▶ *Inconvénient* – aléa, charge, contre, danger, défaut, déplaisir, désagrément, désavantage, difficulté, écueil, embarras, empêchement, ennui, fissure, gêne, handicap, incommodité, inconfort, inconvénient, mauvais côté, objection, obstacle, point faible, risque, trouble. *SOUT.* importunité. ▶ *Malaise physique* – affection, altération, anomalie, défaillance, déficience, dysfonction, dysfonctionnement, embarras, faiblesse, gêne, indisposition, insuffisance, mal, malaise, trouble. *DIDACT.* dysphorie. *MÉD.* lipothymie. *SOUT.* mésaise. ▶ *Déséquilibre mental* – aliénation (mentale), démence, déséquilibre, folie, psychose. ▲**ANT.** ARRANGEMENT, CLASSEMENT, ORDRE, RANGEMENT; ACCOMMODEMENT; COMMODITÉ.

déranger *v.* ▶ *Déplacer* – décaler, déplacer, éloigner, pousser. *FAM.* bouger, remuer. *QUÉB. FAM.* tasser. ▶ *Défaire le classement* – brouiller, déclasser, mêler. ▶ *Gêner le déroulement* – aller à l'encontre de, barrer, contrarier, contrecarrer, empêcher, entraver, faire obstacle à, gâcher, gêner, interférer avec, mettre des bâtons dans les roues à, nuire à, s'opposer à, se mettre en travers de, troubler. ▶ *Perturber le fonctionnement* – dérégler, désajuster, détraquer. *FAM.* déglinguer. *BELG.* débrôler. ▶ *Déconcentrer* – déconcentrer, dissiper, distraire. ▶ *Importuner* – envahir, gêner, interrompre. ▶ *Incommoder* – ennuyer, gêner, importuner, incommoder, indisposer. ▶ *Agacer* (*QUÉB. FAM.*) – agacer, crisper, énerver, exaspérer, excéder, fatiguer, hérisser, impatienter, importuner, irriter, porter sur les nerfs à. *FAM.* barber, casser les pieds à, chauffer les oreilles à, courir sur le système à, embêter, emmieller, empoisonner, enquiquiner, faire suer, gonfler, horripiler, insupporter, pomper l'air à, porter sur le système à, scier, tanner, taper sur le système à, taper sur les nerfs à. *FRANCE FAM.* bassiner, canuler, cavaler, courir, courir sur le haricot à, soûler. *QUÉB. FAM.* achaler, écœurer, tomber sur la noix à, tomber sur la rate à, tomber sur le système à, tomber sur les nerfs à, tomber sur les rognons à. ▲**ANT.** AJUSTER, ARRANGER, CLASSER, ORDONNER, ORGANISER, RANGER, RÉGLER; MÉNAGER, RESPECTER.

déréglé adj. ▸ *Hors d'usage* – brisé, cassé, défectueux, détérioré, détraqué, éculé (chaussure), endommagé, hors d'usage, inutilisable, usé, vétuste. FAM. kapout, nase, patraque. ▸ *Dissolu* – corrompu, débauché, dépravé, dévoyé, dissipé, dissolu, immoral, libertin, relâché. SOUT. sardanapalesque. ▸ *Excessif* – abusif, débridé, déchaîné, délirant, démesuré, déraisonnable, disproportionné, effréné, exagéré, excessif, exorbitant, extravagant, extrême, forcé, immodéré, intempérant, outrancier, outré, qui dépasse la mesure, qui dépasse les bornes, sans frein. SOUT. outrageux. FAM. dément, démentiel, soigné.

dérèglement n. m. ▸ *Bouleversement* – bouleversement, changement, chavirage, chavirement, conflagration, convulsion, dérangement, déséquilibre, désorganisation, détraquement, perturbation, renouvellement, rénovation, renversement, retournement, révolution, séisme, stress, trouble. FAM. chambard, chambardement, chamboulement. ▸ *Désorganisation* – activité, affairement, affolement, agitation, alarme, animation, bouillonnement, branle-bas (de combat), bruit, dérangement, désordre, désorganisation, détraquement, effervescence, excitation, fourmillement, grouillement, hâte, incohérence, mouvement, orage, précipitation, remous, remue-ménage, secousse, suractivité, tempête, tohu-bohu, tourbillon, tourmente, trépidation, trouble, tumulte, turbulence, va-et-vient. SOUT. émoi, remuement. FAM. chambardement. ▸ *Déséquilibre mental* – aliénation (mentale), démence, dérangement, déséquilibre, folie, psychose. ▲ANT. AJUSTEMENT, ARRANGEMENT; BON FONCTIONNEMENT; ORDRE, ORGANISATION, RÈGLE; MESURE, MODÉRATION.

dérision n. f. ▸ *Raillerie* – épigramme, esprit, flèche, goguenardise, gouaille, gouaillerie, humour, ironie, lazzi, malice, moquerie, persiflage, pique, plaisanterie, pointe, quolibet, raillerie, ricanement, risée, sarcasme, satire, taquinerie, trait. SOUT. brocard, nargue, saillie. FAM. vanne. QUÉB. FAM. craque. QUÉB. SUISSE FAM. fion. ▸ *Mépris* – arrogance, condescendance, dédain, dégoût, hauteur, mépris, morgue, snobisme. SOUT. déconsidération, mésestimation, mésestime. ▲ANT. CONSIDÉRATION, DÉFÉRENCE, ESTIME, RESPECT; ÉLOGE, LOUANGE.

dérisoire adj. ▸ *Qui suscite la moquerie* – grotesque, ridicule, risible. ▸ *Très insuffisant* – insignifiant, malheureux, minime, misérable, piètre, ridicule. ▲ANT. ADMIRABLE, ESTIMABLE, HONORABLE, LOUABLE, MÉRITOIRE; APPRÉCIABLE, DE TAILLE, FORT, GRAND, GROS, IMPORTANT, NOTABLE, RESPECTABLE, SENSIBLE, SÉRIEUX, SUBSTANTIEL.

dérive n. f. ▸ *Changement de direction* – contournement, dérivation, déroutage, déroutement, détournement, déviation. BELG. évitement. ▸ *Changement incontrôlé* – déraillement, dérapage, déviation. ▸ *Dispositif* – empennage, gouverne. ▲ANT. MAÎTRISE.

dériver v. ▸ *Découler* – découler, dépendre, émaner, partir, procéder, provenir, résulter, s'ensuivre. BELG. conster. ▲ANT. CAUSER, ENTRAÎNER, PROVOQUER.

dernier adj. ▸ *Final* – extrême, final, suprême, terminal, ultime. ▸ *Précédent* – antécédent, anté-rieur, passé, précédent. ▲ANT. DU DÉBUT, INITIAL, PREMIER; PROCHAIN (unité de temps).

dernièrement adv. à une époque rapprochée, depuis peu, fraîchement, frais, il y a peu, naguère, nouvellement, récemment. ▲ANT. IL Y A BELLE LURETTE, IL Y A LONGTEMPS.

dérober v. ▸ *Voler* – faire main basse sur, prendre, soustraire, subtiliser, voler. FAM. barboter, chaparder, chiper, choper, escamoter, faire, faucher, flibuster, piquer, rafler, taxer. FRANCE FAM. calotter, chouraver, chourer. QUÉB. FAM. sauter. ▸ *Cacher* – cacher, camoufler, couvrir, dissimuler, escamoter, masquer, receler, recouvrir, soustraire à la vue, soustraire aux regards, voiler. MILIT. classifier (document). FAM. planquer. ▸ *Retirer* (SOUT.) – enlever, ôter, retirer. ♦ **se dérober** ▸ *Chercher à éviter* – couper à, échapper à, esquiver, éviter, fuir, passer au travers de, se dispenser de, se soustraire à. FAM. se défiler. FRANCE FAM. se débiner. ▸ *Éluder une question* – contourner, éluder, escamoter, esquiver, éviter, tourner. ▸ *Fuir une obligation* – manquer à, négliger, se dédire de. SOUT. faillir à, forfaire à. ▸ *Tergiverser* – atermoyer, biaiser, finasser, louvoyer, tergiverser, tortiller, tourner autour du pot. QUÉB. FAM. patiner. ▲ANT. DONNER, LIVRER, RENDRE, RESTITUER, RÉTABLIR. △SE DÉROBER – AFFRONTER, ASSUMER, FAIRE FACE, S'EXPOSER.

déroulement n. m. ▸ *Action de dérouler* – débobinage, défilement, déroulage, dévidage, dévirage, tavellage, tracanage. ▸ *Évolution dans le temps* – cheminement, cours, développement, devenir, évolution, fil, marche, progrès, progression, suite. ▸ *Processus* – fonctionnement, marche, mécanique, mécanisme, opération, procédure, procès, processus. ▲ANT. ENROULEMENT; ARRÊT, INTERRUPTION, PAUSE.

dérouler v. ▸ *Débobiner* – débobiner, désembobiner, dévider. ♦ **se dérouler** ▸ *Se produire* – advenir, arriver, avoir lieu, se passer, se produire, survenir. ▲ANT. ENROULER, ENVELOPPER, REPLIER, ROULER. △SE DÉROULER – S'ARRÊTER, S'INTERROMPRE.

déroutant adj. déconcertant, désorientant, embarrassant, perturbant, qui met dans l'embarras, traumatisant, troublant. FAM. démontant. QUÉB. FAM. bêtant. ▲ANT. ENCOURAGEANT, RASSÉRÉNANT, RASSURANT, TRANQUILLISANT.

déroute n. f. ▸ *Débandade* – abandon, débâcle, débandade, défilade, dispersion, fuite, panique, pathie (animal), retraite, sauve-qui-peut. FIG. hémorragie. ▸ *Défaite* – avortement, banqueroute, capitulation, catastrophe, chute, débâcle, débandade, déconfiture, défaite, désavantage, échec, écrasement, faillite, fiasco, four, infortune, insuccès, mauvaise fortune, naufrage, perte, ratage, raté, retraite, revers. SOUT. traverse. FAM. désastre, piquette, plantage, raclée, recalage, volée. FRANCE FAM. bérézina, bide, brossée, déculottée, dégelée, écrabouillement, fessée, foirade, gamelle, loupage, pile, raclée, rossée, tannée, veste. ▲ANT. DISCIPLINE, ORDRE; RÉSISTANCE; RÉUSSITE, SUCCÈS, VICTOIRE.

dérouter v. ▸ *Faire changer de route* – détourner, dévier, écarter, éloigner. ▸ *Décontenancer* – déconcerter, décontenancer, démonter, désarçonner, désorienter, déstabiliser, ébranler, embarrasser, interloquer, troubler. SOUT. confondre. FAM. déboussoler.

derrière

▲ANT. APAISER, ENCOURAGER, RASSURER, TRANQUILLI-
SER.

derrière *n. m.* ▶ *Envers* – arrière, dos, envers, revers, verso. ▶ *Partie du corps* – fesses, postérieur,
siège. ▶ *Animaux* – arrière-main, arrière-train, croupe.
▲ANT. ENDROIT; AVANT, DEVANT; FAÇADE.

désabusé *adj.* blasé, dégoûté, écœuré, fatigué,
las, lassé, qui en a assez, saturé. *FAM.* qui en a ras le
bol. *QUÉB. FAM.* qui a son voyage, tanné.

désaccord *n. m.* ▶ *Conflit* – affrontement, antagonisme, combat, compétition, concurrence,
conflit, contentieux, contestation, controverse, débat, différend, discorde, discussion, dispute, dissension, dissentiment, divergence, émulation, friction,
heurt, incompatibilité, incompréhension, lutte, mésentente, mésintelligence, opposition, polémique,
querelle, rivalité. *FAM.* bagarre. ▶ *Dispute* – accrochage, algarade, altercation, brouille, brouillerie,
chicane, controverse, démêlé, désunion, différend,
discorde, dispute, divergence, escarmouche, explication, fâcherie, froid, heurt, joute oratoire, litige, malentendu, mésentente, passe d'armes, polémique,
querelle, rupture, scène, zizanie. *FAM.* bagarre, bisbille, bringue, chamaille, chamaillerie, empoignade,
empoignement, engueulade, prise de bec, séance.
QUÉB. FAM. brasse-camarade, chamaillage. *BELG. FAM.*
bisbrouille. ▶ *Différence* – abîme, altérité, changement, déviance, différence, dissemblance, dissimilitude, distance, distinction, divergence, diversité,
division, divorce, écart, fossé, gouffre, incompréhension, inégalité, intervalle, marginalité, nuance,
séparation, variante, variation, variété. *MATH.* inéquation. ▶ *Contraste* – antithèse, contraste, désagencement, désassortiment, déséquilibre, différence,
discordance, disharmonie, disparité, disproportion,
dissemblance, hétérogénéité, heurt, opposition, repoussoir. *SOUT.* disconvenance, tapage. ▶ *Incompatibilité* – décousu, discordance, disparité, divergence,
hétérogénéité, inadéquation, incohérence, incompatibilité, inhomogénéité, non-conformité. *SOUT.* disconvenance, incohésion. ▶ *Scission* – débranchement, déconnexion, désunion, disjonction, rupture,
scission, séparation. ▲ANT. ACCORD, ENTENTE, HAR-
MONIE; CONCORDANCE; COMPATIBILITÉ; CONSENSUS,
UNANIMITÉ.

désagréable *adj.* ▶ *Qui déplaît* – déplaisant,
déplorable, détestable, fâcheux, mauvais, méchant,
vilain. *FAM.* sale. ▶ *Difficile et ennuyeux* – aride,
ingrat, pénible, rébarbatif, rebutant. *FAM.* craignos.
▶ *Qui incommode* – déplaisant, gênant, incommodant, inconfortable, pénible. ▶ *Qui énerve* – agaçant, crispant, énervant, exaspérant, excédant, fatigant, harcelant, importun, inopportun, insupportable, irritant. *FAM.* assommant, casse-pieds, embêtant, empoisonnant, enquiquinant, enquiquineur,
horripilant, qui tape sur les nerfs, suant, tannant,
tuant. *FRANCE FAM.* gonflant. *QUÉB. FAM.* achalant, dérangeant, gossant. ▶ *Odieux* – antipathique, atroce,
déplaisant, détestable, exécrable, haïssable, impossible, infernal, insoutenable, insupportable, intenable, intolérable, invivable, irrespirable, odieux, pénible. *FAM.* imbuvable. ▶ *Qui a mauvais caractère* –
acariâtre, acerbe, aigri, anguleux, âpre, bourru, caractériel, déplaisant, désobligeant, difficile, grincheux,

hargneux, intraitable, maussade, rébarbatif, rêche,
revêche. *SOUT.* atrabilaire. *FAM.* chameau, teigneux.
QUÉB. FAM. malavenant, malcommode. *SUISSE* gringe.
▲ANT. AGRÉABLE.

désagréger *v.* décomposer, effriter, émietter.
♦ *se désagréger* s'effriter, se décomposer, se dé-
faire, tomber en poussière. *DIDACT. ou SOUT.* se déliter.
▲ANT. AGGLOMÉRER, AGRÉGER, ASSEMBLER, COMBINER,
COMPOSER, FUSIONNER, JOINDRE; RÉUNIR, SOLIDARISER.
△SE DÉSAGRÉGER – S'UNIFIER, SE RENFORCER.

désaltérer *v.* ▶ *Apaiser la soif* – abreuver *(animal)*, apaiser la soif de, étancher la soif de. *FAM.* rafraîchir. ▶ *Apaiser un besoin* *(SOUT.)* – apaiser, assouvir,
calmer, contenter, étancher, rassasier, satisfaire, soulager. *SOUT.* repaître. ♦ *se désaltérer* ▶ *Étancher
sa soif* – boire, s'abreuver *(animal)*. *FAM.* se rafraîchir, se rincer le gosier. ▶ *Avec de l'alcool* – prendre un
verre. *FAM.* s'humecter le gosier, s'humecter les amygdales, se rincer la dalle. ▲ANT. ALTÉRER, ASSOIFFER.

désapprobation *n. f.* ▶ *Refus* – contestation,
contradiction, négation, négative, non, opposition,
récusation, refus, réfutation, rejet. ▶ *Blâme* – accusation, admonestation, admonition, anathématisation, anathème, attaque, avertissement, blâme, censure, condamnation, correction, critique, diatribe,
grief, grognerie, gronderie, interdit, leçon, malédiction, mise à l'écart, mise à l'index, mise en quarantaine, objection, observation, plainte, punition,
récrimination, remarque, remontrance, représentation, réprimande, réprobation, reproche, réquisitoire, semonce, sérénade, sermon, tollé. *SOUT.* animadversion, foudres, fustigation, improbation, mercuriale, objurgation, stigmatisation, vitupération.
FAM. douche, engueulade, prêchi-prêcha, savon, tabac. *FRANCE FAM.* attrapade, lavage de tête, soufflante.
BELG. cigare. *RELIG.* fulmination. ▲ANT. APPROBATION,
ASSENTIMENT.

désapprouver *v.* ▶ *Juger défavorablement* –
blâmer, condamner, critiquer, désavouer, reprendre,
reprocher, réprouver. *SOUT.* en savoir mauvais gré à.
▲ANT. APPLAUDIR, APPROUVER, FÉLICITER, LOUER, RATI-
FIER, SOUTENIR.

désarmement *n. m.* démilitarisation, démobi-
lisation. ▲ANT. ARMEMENT, RÉARMEMENT.

désarmer *v.* démilitariser. ▲ANT. ARMER; MILI-
TARISER.

désarroi *n. m.* ▶ *Agitation* – affolement, agitation, bouleversement, brasier, colère, confusion,
débridement, déchaînement, ébranlement, ébullition, embrasement, émotion, fièvre, frénésie, mouvement, passion, violence. *SOUT.* émoi, exaltation.
FIG. dévergondage. ▶ *Désespoir* – désespoir, détresse,
impuissance. ▲ANT. CALME, ORDRE; ASSURANCE, FER-
METÉ, SÉRÉNITÉ.

désastre *n. m.* ▶ *Catastrophe* – apocalypse,
bouleversement, calamité, cataclysme, catastrophe,
chaos, drame, fléau, malheur, néant, ruine, sinistre,
tragédie. *FIG.* précipice, ulcère. *SOUT.* abîme. *FAM.* cata.
▶ *Échec* *(FAM.)* – avortement, banqueroute, capitulation, catastrophe, chute, débâcle, déconfiture, déconfiture, défaite, déroute, désavantage, échec, écrasement, faillite, fiasco, four, infortune, insuccès, mauvaise fortune, naufrage, perte, ratage, raté, retraite,

revers. *SOUT.* traverse. *FAM.* piquette, plantage, raclée, recalage, volée. *FRANCE FAM.* bérézina, bide, brossée, déculottée, dégelée, écrabouillement, fessée, foirade, gamelle, loupage, pile, rincée, rossée, tannée, veste. ▲**ANT.** AUBAINE, BÉNÉDICTION, BONHEUR, CHANCE, MIRACLE; RÉUSSITE, SUCCÈS.

désastreux *adj.* ▶ *Tragique* – catastrophique, effroyable, épouvantable, funeste, terrible, tragique. *SOUT.* calamiteux. ▶ *Fâcheux* – déplorable, désolant, fâcheux, malheureux, regrettable. ▶ *Médiocre* – abominable, affreux, atroce, déplorable, épouvantable, exécrable, horrible, infect, insipide, lamentable, manqué, mauvais, médiocre, minable, navrant, nul, odieux, piètre, piteux, pitoyable, qui ne vaut rien, raté. *SOUT.* méchant, triste. *FAM.* à la flan, à la gomme, à la manque, à la mie de pain, à la noix (de coco), blèche, craignos, crapoteux, mal fichu, moche, pourri, qui ne vaut pas un clou. *QUÉB. FAM.* de broche à foin, poche. ▲**ANT.** ANODIN, BÉNIN, INNOCENT, INOFFENSIF, SANS DANGER, SANS GRAVITÉ; ENCOURAGEANT, MOTIVANT, STIMULANT; BRILLANT, ÉBLOUISSANT, EXCELLENT, EXTRAORDINAIRE, FANTASTIQUE, MAGNIFIQUE, MERVEILLEUX, PARFAIT, PRODIGIEUX, REMARQUABLE, SENSATIONNEL.

désavouer *v.* ▶ *Nier* – contester, démentir, disconvenir de, nier, rejeter. ▶ *Rétracter* – abjurer, renoncer à, retirer, rétracter, revenir sur. ▶ *Condamner* – blâmer, condamner, critiquer, désapprouver, reprendre, reprocher, réprouver. *SOUT.* en savoir mauvais gré à. ▲**ANT.** AVOUER, CONFIRMER, RECONNAÎTRE; APPROUVER, RATIFIER.

descendance *n. f.* descendants, ligne, lignée, postérité, progéniture. ▲**ANT.** ASCENDANCE.

descendant *adj.* ▲**ANT.** ASCENDANT; ASCENSIONNEL; CROISSANT.

descendre *v.* ▶ *Décroître* – baisser, décliner, décroître, diminuer, s'amoindrir. ▶ *Séjourner* – loger, rester, s'arrêter, se relaisser, séjourner. ▶ *Redescendre à marée basse* – rebaisser, refluer, se retirer. ▶ *Mettre plus bas* – abaisser, baisser. ▶ *Boire rapidement* (*FAM.*) – avaler d'un coup, avaler d'un trait, boire d'un coup, boire d'un trait, lamper. *FAM.* siffler. *QUÉB. FAM.* caler. ▶ *Critiquer* (*FAM.*) – attaquer, critiquer, écharper, éreinter, étriller, faire le procès de, malmener, maltraiter, massacrer, matraquer, mettre à mal, pourfendre, s'acharner contre. *FAM.* cartonner, couler, démolir, écorcher, esquinter. *FRANCE FAM.* allumer, débiner. *QUÉB. FAM.* maganer. ▶ *Tuer* (*FAM.*) – abattre, assassiner, éliminer, exécuter, supprimer, tuer. *SOUT.* immoler. *FAM.* buter, envoyer ad patres, envoyer dans l'autre monde, expédier, faire la peau à, flinguer (*arme à feu*), liquider, nettoyer, ratatiner, rectifier, refroidir, se faire, trucider, zigouiller. *FRANCE FAM.* bousiller, dessouder, escoffier, révolvériser (*revolver*). ▲**ANT.** AUGMENTER, CROÎTRE, GRIMPER, MONTER, S'ÉLEVER; DRESSER, HAUSSER; ESCALADER, GRAVIR.

descente *n. f.* ▶ *Baisse* – abaissement, baisse, fermeture. *SOUT.* tombée. ▶ *Dépréciation* – abaissement, affaiblissement, affaissement, amenuisement, amoindrissement, baisse, chute, creux, déclin, décroissance, décroissement, décrue, dégression, déplétion, dépréciation, désescalade, dévalorisation, dévaluation, diminution, éclipse, effondrement, effritement, essoufflement, fléchissement, ralentissement,

réduction. *SOUT.* émasculation. ▶ *Mouvement de la mer* – jusant, marée descendante, perdant, reflux. ▶ *Pente* – côte, coteau, déclivité, grimpette, montée, pente, raidillon, rampant (*toit*), rampe, talus, versant. *ÉQUIT.* calade. ▶ *Déplacement en ski* – schuss, (ski de) descente. ▶ *Rampe* – balustrade, banquette de sûreté, garde-corps, garde-fou, main courante, parapet, rambarde, rampe. *QUÉB. FAM.* balustre. ▶ *Bateau* – balcon, bastingage, filière, garde-corps, rambarde. ▶ *Partie d'une mine* – bowette, boyau de mine, descenderie, galerie (de mine), travers-banc. ▶ *Attaque militaire* – envahissement, incursion, inondation, invasion, irruption, ruée. *MILIT.* débarquement, raid. ▶ *Perquisition* – coup de filet, descente (de police), fouille, perquisition, quadrillage, rafle, raid, ratissage, rezzou. *FAM.* razzia. ▲**ANT.** ASCENSION, ESCALADE, MONTÉE.

description *n. f.* ▶ *Résultat d'une description* – portrait. ▶ *Récit* – compte rendu, débreffage, exposé, exposition, histoire, narration, peinture, procès-verbal, rapport, relation, reportage, tableau. *SOUT.* radiographie. ▲**ANT.** CRITIQUE; INTERVENTION, PRESCRIPTION.

descriptive *adj. f.* ▲**ANT.** NORMATIVE (*linguistique*); HISTORIQUE; INTERPRÉTATIVE.

désenchanté *adj.* désillusionné, nihiliste, pessimiste.

déséquilibre *n. m.* ▶ *Instabilité* – balancement, ballant, ballottement, fragilité, instabilité, jeu, mobilité, motilité, motricité, mouvance, mouvant, mouvement, ondulation, oscillation, roulis, tangage, turbulence, va-et-vient, vibration. *QUÉB.* débalancement. ▶ *Bouleversement* – bouleversement, changement, chavirage, chavirement, conflagration, convulsion, dérangement, dérèglement, désorganisation, détraquement, perturbation, renouvellement, rénovation, renversement, retournement, révolution, séisme, stress, trouble. *FAM.* chambard, chambardement, chamboulement. ▶ *Disproportion* – antithèse, contraste, désaccord, désagencement, désassortiment, différence, discordance, disharmonie, disparité, disproportion, dissemblance, hétérogénéité, heurt, opposition, repoussoir. *SOUT.* disconvenance, tapage. ▶ *Démence* – aliénation (mentale), démence, dérangement, folie, psychose. ▲**ANT.** ÉQUILIBRE, STABILITÉ.

déséquilibré *n.* aliéné, dément, désaxé, forcené, fou, furieux, interné, malade (mental), perdu, psychosé, psychotique. ▲**ANT.** SAIN D'ESPRIT.

désert *adj.* ▶ *Inexploré* – désolé, inexploré, inhabité, sauvage, solitaire, vierge. ▶ *Déserté* – abandonné, dépeuplé, déserté, inhabité, vide. ▲**ANT.** EXUBÉRANT, FERTILE, LUXURIANT, VERT; HABITÉ, OCCUPÉ, PEUPLÉ; BONDÉ, COMBLE, COMPLET, PLEIN, REMPLI; FRÉQUENTÉ, PASSANT.

désert *n. m.* ▶ *Terrain défriché* (*QUÉB.*) – déboisement, défriche, essart, essartage, essartement, sart. *QUÉB.* abattis, arrachis, renversis. ▶ *Solitude* – abandon, délaissement, éloignement, exil, ghettoïsation, isolation, isolement, quarantaine, réclusion, retraite, retranchement, séparation, solitude. *FIG.* bulle, cocon, tanière, tour d'ivoire. *SOUT.* déréliction, thébaïde. *RELIG.* récollection. ▶ *Néant* – néant, nullité, rien, vacuité, vacuum, vide, zéro.

déserter *v.* ▶ *Abandonner un lieu* – abandonner, évacuer, quitter. ▶ *Abandonner qqn* – abandonner, délaisser, laisser, laisser en plan, laisser tomber, quitter. *FAM.* jeter, lâcher, laisser choir, larguer, lourder, planter là, plaquer. ▶ *Trahir* – renier, trahir. ▲**ANT.** ENVAHIR, SE RUER DANS; HABITER, PEUPLER; RESTER; RALLIER, REJOINDRE; S'ENGAGER.

déserteur *n.* ▶ *Militaire* – fuyard, insoumis, objecteur de conscience, réfractaire. ▶ *Personne qui abandonne* – apostat, renégat. *FAM.* lâcheur. ▲**ANT.** FIDÈLE.

désertion *n.f.* ▶ *Abandon* – abandon, abdication, défection, délaissement, démission, désengagement, désintérêt, désistement, dessaisissement, forfait, inachèvement, recul, repli, retrait, retraite. *SOUT.* inaccomplissement. *FAM.* décrochage, lâchage, largage, plaquage. *DR.* non-lieu, résignation. ▶ *Trahison* – défection, faux serment, félonie, forfaiture, (haute) trahison, infidélité, insoumission, parjure, scélératesse. *SOUT.* prévarication. *FAM.* lâchage. ▶ *Négligence* – abandon, abdication, défection, désintérêt, impréparation, incoordination, incurie, inorganisation, insouciance, laisser-aller, négligence. ▲**ANT.** RALLIEMENT; FIDÉLITÉ, LOYAUTÉ, SOUMISSION.

désespérant *adj.* ▶ *Navrant* – affligeant, atterrant, attristant, chagrinant, consternant, déplorable, désolant, douloureux, malheureux, misérable, navrant, pénible, pitoyable, qui serre le cœur, triste. ▶ *Décourageant* – débilitant, décourageant, démobilisateur, démoralisateur, démotivant, déprimant. ▲**ANT.** ENCOURAGEANT, MOTIVANT, PROMETTEUR, STIMULANT.

désespéré *adj.* ▶ *Rempli de désespoir* – affligé, attristé, comme une âme en peine, désolé, en grand désarroi, inconsolable, inconsolé, malheureux, navré, peiné, triste. ▶ *Sans recours* – au bord du gouffre, aux abois, réduit à la dernière extrémité, sans espoir, sans recours. ▲**ANT.** CONFIANT, OPTIMISTE, PLEIN D'ESPOIR.

désespérément *adv.* incorrigiblement, incurablement.

désespérer *v.* ▶ *Atterrer* – abattre, accabler, anéantir, atterrer, briser, consterner, foudroyer, terrasser. *FAM.* catastropher, jeter à terre. ▶ *Peiner* – affliger, arracher le cœur à, attrister, chagriner, consterner, désoler, faire de la peine à, fendre le cœur à, navrer, peiner. *SOUT.* contrister. ▶ *Décevoir* – consterner, décevoir, désappointer, désoler, navrer. *FAM.* être le désespoir de, faire le désespoir de. ▶ *Se décourager* – céder au découragement, perdre espoir, se décourager. ▲**ANT.** CONSOLER, RÉCONFORTER; ESPÉRER.

désespoir *n.m.* ▶ *Découragement* – abattement, accablement, affliction, amertume, anéantissement, chagrin, consternation, contrariété, déboires, déception, démoralisation, découragement, dégoût, dégrisement, démoralisation, dépit, désappointement, désenchantement, désillusion, désolation, échec, écœurement, ennui, infortune, insuccès, lassitude, mécompte, peine, regret, revers, tristesse. *SOUT.* atterrement, déréliction, désabusement, désespérance, retombement. *FAM.* défrisage, défrisement,

douche (froide), ras-le-bol. ▶ *Crise* – accès de désespoir, crise de désespoir. ▶ *Détresse* – désarroi, détresse, impuissance. ▲**ANT.** CONFIANCE, ESPÉRANCE, ESPOIR, FOI; CONTENTEMENT, JOIE; CONSOLATION.

déshabillé *n.m.* ▶ *Vêtement d'intérieur* – chemise de nuit, douillette, kimono, nuisette, peignoir, pyjama, robe de chambre, saut-de-lit, sortie de bain. *SOUT.* négligé. *QUÉB. FAM.* jaquette.

déshabiller *v.* découvrir, dénuder, dévêtir, dévoiler, mettre à nu. *FAM.* dépoiler, désaper. ♦ **se déshabiller** se dénuder, se dévêtir, se mettre nu. *FAM.* dévoiler son anatomie, se dépoiler, se désaper, se mettre tout nu. ▲**ANT.** HABILLER, RHABILLER.

déshonneur *n.m.* ▶ *Honte* – abaissement, abjection, accroupissement, culpabilisation, dégradation, démérite, discrédit, flétrissure, gifle, honte, humiliation, ignominie, indignité, infamie, infériorisation, mépris, noirceur, opprobre, ridicule, ridiculisation, scandale, ternissure. *SOUT.* turpitude, vilenie. ▶ *Abjection* – abjection, abomination, atrocité, bassesse, boue, corruption, crapulerie, crime, débauche, dégoût, grossièreté, honte, horreur, ignominie, impureté, indignité, infamie, laideur, misère, monstruosité, noirceur, obscénité, odieux, ordure, saleté, sordide, souillure, vice. *SOUT.* sordidité, stupre, turpitude, vilenie. ▲**ANT.** HONNEUR.

déshonorant *adj.* ▶ *Qui abaisse moralement* – abaissant, avilissant, dégradant. ▶ *Qui humilie* – abaissant, dégradant, honteux, humiliant, infamant, rabaissant. ▲**ANT.** ÉDIFIANT, ENRICHISSANT, EXEMPLAIRE, MORAL, VERTUEUX; DIGNE, HONORABLE, NOBLE.

déshonorer *v.* ▶ *Porter atteinte à la réputation* – éclabousser, entacher, flétrir, noircir, porter atteinte à, salir, souiller, ternir. *SOUT.* tacher. ▶ *Rendre indigne de respect* – abaisser, avilir, dégrader, dépraver, galvauder, prostituer, rabaisser, ravaler, souiller. ▲**ANT.** DISTINGUER, EXALTER, GLORIFIER, HONORER, VALORISER.

design *n.m.* ▶ *Art* – dessin industriel, esthétique industrielle, stylique, stylisme. ▶ *Mobilier* – moderne, ultra-moderne.

désignation *n.f.* ▶ *Appellation* – appellation, dénomination, étiquette, marque, mot, nom, qualification, taxon, taxum, vocable. ▶ *Nomination* – affectation, collation, commissionnement, destination, installation, investiture, mise en place, nomination, promotion, titularisation. ▶ *Sélection* – adoption, choix, cooptation, décision, détermination, échantillonnage, écrémage, élection, nomination, plébiscite, prédilection, présélection, résolution, sélection, suffrage, tri, triage, vote. *SOUT.* décret, parti. ▶ *Affectation* – affectation, marque, qualification, quantification, spécification. ▲**ANT.** RÉVOCATION.

désigné *adj.* ▲**ANT.** INADÉQUAT, INAPPROPRIÉ.

désigner *v.* ▶ *Montrer par un geste* – indiquer, montrer, pointer. ▶ *Donner un nom* – appeler, baptiser, dénommer, nommer. ▶ *Affecter à une tâche* – affecter, appeler, charger, commettre, commissionner, préposer. ▶ *Élire* – choisir, élire, faire choix de. *FAM.* voter. ▶ *Représenter* – dénommer, représenter, signifier. ▶ *Symboliser* – évoquer, exprimer, figurer, incarner, matérialiser, représenter, signifier, symboliser. ▲**ANT.** ÉCARTER, METTRE DE CÔTÉ, OUBLIER.

désillusion *n. f.* abattement, accablement, affliction, amertume, anéantissement, chagrin, consternation, contrariété, déboires, déception, déconvenue, découragement, dégoût, dégrisement, démoralisation, dépit, désappointement, désenchantement, désespoir, désolation, échec, écœurement, ennui, infortune, insuccès, lassitude, mécompte, peine, regret, revers, tristesse. *SOUT.* atterrement, déréliction, désabusement, désespérance, retombement. *FAM.* défrisage, défrisement, douche (froide), ras-le-bol. ▲**ANT.** ÉMERVEILLEMENT, ENCHANTEMENT, ILLUSION.

désinfecteur *adj.* ▲**ANT.** INFECTANT, INFECTIEUX, SEPTIQUE.

désinformateur *adj.* ▲**ANT.** INFORMATIF, VÉRIDIQUE.

désintéressé *adj.* ▶ *Fait avec désintéressement* – (à titre) gracieux, bénévole, gratuit. ▶ *Charitable* – altruiste, bon, charitable, compatissant, fraternel, généreux, humain, humanitaire, philanthrope, qui a bon cœur, secourable. *SOUT.* bienfaisant. ▲**ANT.** ÉGOÏSTE, INTÉRESSÉ; AVARE; PARTIAL, SUBJECTIF.

désintéressement *n. m.* ▶ *Dévouement* – abnégation, altruisme, détachement, dévouement, effacement, humilité, oubli de soi, privation, renoncement, résignation, sacrifice. *SOUT.* holocauste. ▶ *Indifférence* – désaffection, désintérêt, détachement, fraîcheur, froideur, indifférence. *SOUT.* désamour. ▲**ANT.** AVIDITÉ, CUPIDITÉ, INTÉRÊT; ATTACHEMENT.

désinvolte *adj.* ▶ *Détendu* – à l'aise, aisé, décontracté, dégagé, détendu, libre, naturel. ▶ *Impertinent* – cavalier, cynique, effronté, éhonté, familier, impertinent, impoli, impudent, insolent, irrespectueux, irrévérencieux, leste, libre, provocant, sans gêne, sans vergogne. *FAM.* culotté, gonflé. *QUÉB.* *FAM.* baveux. *ACADIE* *FAM.* effaré. ▲**ANT.** COINCÉ, ENGONCÉ, GUINDÉ, RAIDE; DÉFÉRENT, RESPECTUEUX, SÉRIEUX.

désinvolture *n. f.* ▶ *Aisance* – aisance, aise, assurance, décontraction, distinction, facilité, grâce, légèreté, naturel, rondeur, souplesse. ▶ *Laisser-aller* – détachement, frivolité, imprévoyance, inapplication, inconscience, irresponsabilité, laisser-aller, légèreté, négligence, nonchalance. *FIG.* myopie. *SOUT.* imprévision, morbidesse. *FAM.* je-m'en-fichisme, je-m'en-foutisme. ▶ *Impertinence* – aplomb, arrogance, audace, effronterie, front, impertinence, impolitesse, impudence, incorrection, insolence, irrespect, irrévérence. *SOUT.* outrecuidance, sans-gêne. *FAM.* culot, toupet. ▲**ANT.** GÊNE, LOURDEUR; APPLICATION, RIGUEUR, SÉRIEUX; RÉSERVE, RETENUE.

désir *n. m.* ▶ *Convoitise* – ambition, appel, appétit, aspiration, attirance, attrait, besoin, but, convoitise, desideratum, envie, exigence, faim, fantaisie, fantasme, fièvre, fringale, goût, idéal, intention, jalousie, passion, prétention, quête, recherche, rêve, soif, souhait, tentation, velléité, visée, vœu, voix, volonté. *SOUT.* appétence, dessein, prurit, vouloir. *FAM.* démangeaison. ▶ *Penchant* – affection, aptitude, attirance, disposition, faible, faiblesse, goût, habitude, impulsion, inclination, instinct, penchant, pente, prédilection, prédisposition, préférence, propension, tendance, vocation. *DIDACT.* susceptibilité. *PSYCHOL.* compulsion, conation. *FAM.* tendresses. ▶ *Demande* – adjuration, appel, demande, démarche,

desideratum, doléances, exigence, injonction, instance, interpellation, interrogation, invocation, mandement, ordre, pétition, placet, prétention, prière, question, réclamation, requête, réquisition, revendication, sollicitation, sommation, supplication, supplique, ultimatum, vœu. *SOUT.* imploration. ▶ *Espoir* – attente, confiance, espérance, espoir, expectative, optimisme. ▶ *Impatience* – avidité, brusquerie, empressement, fièvre, fougue, hâte, impatience, impétuosité, précipitation, urgence, urgent. ▲**ANT.** INDIFFÉRENCE; RÉPUGNANCE, RÉPULSION; DÉDAIN, MÉPRIS, NÉGLIGENCE; DÉSINTÉRÊT; APPRÉHENSION, PEUR.

désirable *adj.* ▶ *Attirant* – affriolant, aguichant, alléchant, appétissant, attirant, attrayant, engageant, excitant, intéressant, invitant, irrésistible, ragoûtant, séduisant, tentant. *SOUT.* affriandant. ▶ *Souhaitable* – enviable, estimable, souhaitable. ▲**ANT.** RÉFRIGÉRANT, REPOUSSANT, SANS CHARME; INDÉSIRABLE, NON SOUHAITABLE.

désirer *v.* ▶ *Convoiter* – ambitionner, aspirer à, avoir des vues sur, avoir en tête de, briguer, convoiter, courir après, pourchasser, poursuivre, prétendre à, rechercher, solliciter, souhaiter, tendre à, viser. *FAM.* guigner, lorgner, reluquer. ▶ *Souhaiter* – appeler de tous ses vœux, aspirer à, avoir envie de, espérer, rêver de, souhaiter, soupirer après, vouloir. ▲**ANT.** DÉDAIGNER, MÉPRISER, REFUSER; APPRÉHENDER, CRAINDRE; REGRETTER.

désireux *adj.* anxieux, avide, impatient, qui brûle, qui meurt d'envie. ▲**ANT.** DÉSINTÉRESSÉ, DÉTACHÉ, INDIFFÉRENT. △**DÉSIREUX DE** – DÉDAIGNEUX DE, PEU SOUCIEUX DE.

désobéir *v.* contrevenir à, déroger à, enfreindre, manquer à, pécher contre, transgresser, violer. ▲**ANT.** ÉCOUTER, OBÉIR; RESPECTER, SE PLIER À, SUIVRE.

désobéissance *n. f.* ▶ *Inexécution* – inapplication, inexécution, manquement, non-exécution, non-observation, non-respect, violation. *SOUT.* inaccomplissement, inobservance, inobservation. ▶ *Indiscipline* – contestation, désordre, dissipation, fantaisie, indiscipline, indocilité, insoumission, insubordination, mauvaise volonté, opiniâtreté, rébellion, refus d'obéissance, résistance, rétivité, révolte. ▶ *Dissidence* – déviation, déviationnisme, division, hérésie, hétérodoxie, insoumission, insurrection, non-conformisme, opposition, rébellion, révolte, schisme, scission, sécession, séparation. ▶ *Opposition* – barrage, désapprobation, mauvaise volonté, objection, obstacle, obstruction, opposition, réaction, rebuffade, refus, résistance, veto. *SOUT.* contredit, inacceptation. ▲**ANT.** OBÉISSANCE; DISCIPLINE; SOUMISSION.

désobligeant *adj.* acariâtre, acerbe, aigri, anguleux, âpre, bourru, caractériel, déplaisant, désagréable, difficile, grincheux, hargneux, intraitable, maussade, rébarbatif, rêche, revêche. *SOUT.* atrabilaire. *FAM.* chameau, teigneux. *QUÉB.* *FAM.* malavenant, malcommode. *SUISSE* gringe. ▲**ANT.** AIMABLE, CONCILIANT, DOUX.

désodoriser *v.* ▲**ANT.** EMPESTER, EMPUANTIR.

désœuvré *adj.* désoccupé, inactif, inoccupé, oisif. *FAM.* végétatif. ▲**ANT.** ACTIF, AU TRAVAIL.

désœuvrement *n. m.* chômage, farniente, inaction, inactivité, inertie, oisiveté, passivité, sédentarité, sinécure, sous-emploi. *SOUT.* désoccupation, inoccupation. *QUÉB. FAM.* bisounage. *PAR EUPHÉM.* inemploi. ▲ANT. ACTIVITÉ, AFFAIREMENT, OCCUPATION, TRAVAIL.

désolant *adj.* ▶ *Contrariant* – contrariant, décevant, ennuyeux, fâchant, fâcheux. *FAM.* embêtant. *QUÉB. FAM.* de valeur, désappointant, dommage, plate. ▶ *Regrettable* – déplorable, désastreux, fâcheux, malheureux, regrettable. ▶ *Triste* – affligeant, atterrant, attristant, chagrinant, consternant, déplorable, désespérant, douloureux, malheureux, misérable, navrant, pénible, pitoyable, qui serre le cœur, triste. ▲ANT. ENIVRANT, ENTHOUSIASMANT, EXALTANT, EXCITANT, GRISANT; ENCOURAGEANT, MOTIVANT, RÉJOUISSANT, STIMULANT.

désolation *n. f.* ▶ *Ravage* – avarie, bris, casse, débâcle, dégradation, déprédation, destruction, détérioration, dévastation, dommage, endommagement, méfait, mouille, perte, ravage, ruine, sabotage, vilain. *FAM.* bousillage, charcutage, grabuge. ▶ *Tristesse* – abattement, accablement, affliction, aigreur, amertume, chagrin, dépression, deuil, douleur, ennui, épreuve, grisaille, humeur noire, idées noires, idées sombres, langueur, lypémanie, mal du pays, mal-être, maussaderie, mélancolie, monotonie, morosité, neurasthénie, noir, nostalgie, papillons, peine, saudade, serrement de cœur, souci, tædium vitæ, tristesse, vague à l'âme. *SOUT.* atrabile, larmes, navrement, nuage, spleen, taciturnité. *FAM.* bourdon, cafard, déprime, sinistrose. ▶ *Découragement* – abattement, accablement, affliction, amertume, anéantissement, chagrin, consternation, contrariété, déboires, déception, déconvenue, découragement, dégoût, dégrisement, démoralisation, dépit, désappointement, désenchantement, désespoir, désillusion, échec, écœurement, ennui, infortune, insuccès, lassitude, mécompte, peine, regret, revers, tristesse. *SOUT.* atterrement, déréliction, désabusement, désespérance, retombement. *FAM.* défrisage, défrisement, douche (froide), ras-le-bol. ▲ANT. CONTENTEMENT, JOIE, SATISFACTION; CONSOLATION.

désolé *adj.* ▶ *Triste* – affligé, attristé, comme une âme en peine, désespéré, en grand désarroi, inconsolable, inconsolé, malheureux, navré, peiné, triste. ▶ *Sauvage* – désert, inexploré, inhabité, sauvage, solitaire, vierge. ▶ *Dans les formules de politesse* – confus, navré.

désoler *v.* ▶ *Attrister* – affliger, arracher le cœur à, attrister, chagriner, consterner, désespérer, faire de la peine à, fendre le cœur à, navrer, peiner. *SOUT.* contrister. ▶ *Décevoir* – consterner, décevoir, désappointer, désespérer, navrer. ▶ *être le désespoir de, faire le désespoir de. ▶ *Détruire* (*SOUT.*) – anéantir, détruire, dévaster, endommager, ravager, ruiner, saccager. ♦ **se désoler** ▶ *S'affliger* – être au désespoir, s'affliger, s'attrister. ▲ANT. ENCHANTER, RAVIR, RÉJOUIR.

désordonné *adj.* ▶ *Sans suite logique* – chaotique, décousu, incohérent, incompréhensible, inconséquent, sans queue ni tête, sans suite. ▶ *Sans ordre* – anarchique, brouillon, chaotique, confus, désorganisé, sens dessus dessous. *FAM.* bordélique. ▶ *En*

parlant de qqn – *FAM.* bordéleux, bordélique. *QUÉB. FAM.* traîneux. ▲ANT. ORDONNÉ; COHÉRENT, ORGANISÉ, STRUCTURÉ; CONSCIENCIEUX, MÉTHODIQUE, MÉTICULEUX, MINUTIEUX, RANGÉ, RIGOUREUX, SOIGNÉ, SOIGNEUX, SYSTÉMATIQUE.

désordre *n. m.* ▶ *Absence d'ordre* – bric-à-brac, fatras, fourbi, gâchis, pêle-mêle. *FAM.* fouillis, foutoir, marmelade, micmac, pagaille. *QUÉB. FAM.* barda, traîneries. *BELG. FAM.* margaille. *SUISSE* chenil. ▶ *Désorganisation* – dérangement, désagencement, désajustement, désalignement, désarticulation, désassemblage, désassemblement, désorganisation, désorientation, déstructuration. ▶ *Confusion* – anarchie, bourbier, brouillement, cafouillage, cafouillis, chaos, complication, confusion, désorganisation, embrouillement, emmêlage, emmêlement, enchevêtrement, imbroglio, mélange. *SOUT.* chienlit, pandémonium. *FAM.* embrouillage, embrouille, pagaille, pétaudière. *FRANCE FAM.* cirque, embrouillamini, foutoir, micmac, sac d'embrouilles, sac de nœuds, salade. ▶ *Remue-ménage* – activité, affairement, affolement, agitation, alarme, animation, bouillonnement, branle-bas (de combat), bruit, dérangement, désorganisation, détraquement, effervescence, excitation, fourmillement, grouillement, hâte, incohérence, mouvement, orage, précipitation, remous, remue-ménage, secousse, suractivité, tempête, tohu-bohu, tourbillon, tourmente, trépidation, trouble, tumulte, turbulence, va-et-vient. *SOUT.* émoi, remuement. *FAM.* chambardement. ▶ *Remous d'une foule* – bousculade, cohue, débandade, ruée. ▶ *Indiscipline* – contestation, désobéissance, dissipation, fantaisie, indiscipline, indocilité, insoumission, insubordination, mauvaise volonté, opiniâtreté, rébellion, refus d'obéissance, résistance, rétivité, révolte. ▶ *Insurrection* – agitation, agitation-propagande, chouannerie, effervescence, embrasement, émeute, excitation, faction, fermentation, fièvre, fronde, insoumission, insubordination, insurrection, jacquerie, manifestation, mutinerie, rébellion, remous, résistance, révolte, révolution, sédition, soulèvement, tourmente, troubles. *FAM.* agit-prop. ▶ *Immoralité* (*SOUT.*) – amoralité, corruption, cynisme, dépravation, immoralisme, immoralité, laxisme, péché, permissivité, perversion, perversité, vice. ▲ANT. ORDRE, ORGANISATION, RANGEMENT; COHÉRENCE, LOGIQUE; CLARTÉ; CALME, PAIX; DISCIPLINE; DÉCENCE, MORALITÉ.

désorganisation *n. f.* ▶ *Désagencement* – dérangement, désagencement, désajustement, désalignement, désarticulation, désassemblage, désassemblement, désordre, désorientation, déstructuration. ▶ *Démantèlement* – décomposition, démantèlement, démontage, destruction, déstructuration, séparation. ▶ *Confusion* – anarchie, bourbier, brouillement, cafouillage, cafouillis, chaos, complication, confusion, désordre, embrouillement, emmêlage, emmêlement, enchevêtrement, imbroglio, mélange. *SOUT.* chienlit, pandémonium. *FAM.* embrouillage, embrouille, pagaille, pétaudière. *FRANCE FAM.* cirque, embrouillamini, foutoir, micmac, sac d'embrouilles, sac de nœuds, salade. ▶ *Bouleversement* – bouleversement, changement, chavirage, chavirement, conflagration, convulsion, dérangement, dérèglement, déséquilibre, détraquement, perturbation, renouvellement, rénovation, renversement, retournement, révolution, séisme, stress, trouble. *FAM.* chambard, chambardement, chamboulement. ▶ *Remue-ménage* – activité, affairement, affolement, agitation, alarme, animation, bouillonnement, branle-bas (de combat), bruit, dérangement, désordre, détraquement, effervescence, excitation, fourmillement, grouillement, hâte, incohérence, mouvement, orage, précipitation, remous, remue-ménage, secousse, suractivité, tempête, tohu-bohu, tourbillon, tourmente, trépidation, trouble, tumulte, turbulence, va-et-vient. *SOUT.* émoi, remuement. *FAM.* chambardement. ▲ANT. ORGANISATION.

désormais *adv.* à l'avenir, dorénavant. ▲ANT. JUSQU'À MAINTENANT, JUSQU'ICI.

désossé *adj.* affaissé, amorphe, apathique, atone, avachi, endormi, faible, inconsistant, indolent, inerte, léthargique, lymphatique, mou, nonchalant, passif, ramolli, sans ressort. *SOUT.* lâche, veule. *FAM.* gnangnan, mollasse, mollasson, ramollo.

despotisme *n. m.* ▶ *Régime politique* – absolutisme, autocratie, césarisme, dictature, État policier, fascisme, totalitarisme, tsarisme, tyrannie. ▶ *Pouvoir autoritaire* – arbitraire, autoritarisme, caporalisme, dictature, directivisme, directivité, omnipotence, oppression, tyrannie. *SOUT.* satrapie. ▲ANT. DÉMOCRATIE, LIBÉRALISME ; BIENVEILLANCE, TOLÉRANCE ; LAXISME, PERMISSIVITÉ.

dessécher *v.* ▶ *Vider de son eau* – assécher, étancher, mettre à sec, sécher, tarir. ▶ *Faire perdre son humidité* – déshydrater, sécher. *DIDACT.* lyophiliser. ▶ *Faner* – défraîchir, étioler, faner, flétrir, sécher. ▶ *Rendre coriace* – racornir. ▶ *Rendre maigre* – amaigrir, creuser, décharner, efflanquer, émacier. ▶ *Rendre plus indifférent* – cuirasser, déshumaniser, durcir, endurcir. *FAM.* blinder. ♦ **se dessécher** ▶ *Rapetisser* – se rabougrir, se racornir, se ratatiner, se recroqueviller. *QUÉB. FAM.* se rabouriner. ▲ANT. HUMIDIFIER, HYDRATER, MOUILLER ; ARROSER ; ATTENDRIR, ÉMOUVOIR.

desserrer *v.* ▶ *Relâcher* – détendre, donner du jeu à, lâcher, relâcher. *MAR.* mollir. ▶ *Élargir* – agrandir, dilater, donner du large à, élargir, étendre, évaser, ouvrir. ▲ANT. COMPRIMER, ÉTREINDRE, SERRER.

desservir *v.* ▶ *Enlever le couvert* – débarrasser. *QUÉB. FAM.* dégreyer. ▶ *Mener à une pièce* – commander, conduire à, donner accès à, donner sur, mener à, ouvrir sur. ▶ *Mener à un endroit* – passer par, s'arrêter à. ▶ *Causer du tort* – causer un préjudice à, compromettre, défavoriser, désavantager, faire du tort à, handicaper, léser, nuire à, pénaliser, porter atteinte à, porter préjudice à. ▲ANT. SERVIR ; APPUYER, SECONDER.

dessin *n. m.* ▶ *Représentation* – carte, copie, diagramme, fac-similé, figuration, image, levé, plan, représentation, reproduction, schéma, symbole, visuel *(en publicité)*. ▶ *Ébauche* – canevas, crayon, crayonné, croquis, ébauche, épure, esquisse, essai, étude (préparatoire), griffonnement, pochade, premier jet, préparation, projet, schéma. *SOUT.* linéaments. *FRANCE FAM.* crobard. ▶ *Œuvre* – image. ▶ *Motif d'un tissu* – brochure, décor, motif, ornement. ▶ *Contour* – bord, ceinture, cercle, circonférence,

contour, extérieur, forme, lèvres, limbe, marli *(plat, assiette)*, périmètre, périphérie, pourtour, tour.

dessiner *v.* ▶ *Tracer* – tirer, tracer. ▶ *Représenter* – représenter, reproduire. ▶ *Avoir comme forme* – faire, former, présenter. ♦ **se dessiner** ▶ *Se profiler* – se découper, se détacher, se profiler, se projeter, se silhouetter. ▶ *Se préciser* – cristalliser, mûrir, prendre corps, prendre forme, prendre tournure, se développer, se former, se préciser. ▲ANT. EFFACER.

dessous *n. m.* ▶ *Secret* – âme, arrière-fond, arrière-pensée, conscience, coulisse, dedans, fond, for intérieur, intérieur, intériorité, intimité, jardin secret, repli, secret. *SOUT.* tréfonds. ▶ *Infériorité* – désavantage, faiblesse, handicap, infériorité. ♦ **dessous**, *plur.* ▶ *Sous-vêtements* – bonneterie, linge de corps, lingerie, petite tenue, sous-vêtement. ▲ANT. DESSUS.

dessus *n. m.* ▶ *Partie supérieure* – cime, couronnement, crête, faîte, haut, pinacle, point culminant, sommet. *ACADIE FAM.* fait. ▶ *Prédominance* – avantage, prédominance, prééminence, préférence, prépondérance, préséance, primauté, priorité, supériorité, suprématie, transcendance. *SOUT.* précellence, préexcellence. ▲ANT. DESSOUS.

déstabiliser *v.* ▶ *Désorganiser* – bouleverser, bousculer, déséquilibrer, désorganiser, déstructurer, ébranler, perturber, troubler. *SOUT.* subvertir. *FAM.* chambarder, chambouler, détraquer. ▶ *Décontenancer* – déconcerter, décontenancer, démonter, dérouter, désarçonner, désorienter, ébranler, embarrasser, interloquer, troubler. *SOUT.* confondre. *FAM.* déboussoler. ▶ *Perturber mentalement* – désaxer, déséquilibrer, ébranler, fragiliser, perturber. ▲ANT. AFFERMIR, STABILISER.

destin *n. m.* ▶ *Destinée* – avenir, chance, demain(s), destinée, devenir, étoile, existence, fatalité, fortuité, fortune, futur, hasard, horizon, karma, lendemain(s), lot, nécessité, prédestination, prédétermination, prédéterminisme, providence, sérendipité, sort, vie. *SOUT.* fatum, Parque.

destination *n. f.* ▶ *But* – ambition, but, cause, cible, considération, fin, finalité, intention, mission, mobile, motif, objectif, objet, point de mire, pourquoi, prétexte, raison, raison d'être, sens, visée. *SOUT.* propos. ▶ *Vocation* – apostolat, appel, mission, sacerdoce, vocation. ▶ *Attribution* – affectation, assignation, attribution, consécration, imputation. ▲ANT. ORIGINE, PROVENANCE.

destiner *v.* ▶ *Attribuer à un usage* – affecter, réserver. ▶ *Promettre* – prédestiner, promettre, vouer. ▶ *Prédestiner qqn* – appeler, incliner, prédestiner, prédéterminer, prédisposer. ▲ANT. EMPÊCHER, INTERDIRE.

destructeur *adj.* ▶ *Qui détruit* – destructif, dévastateur, ravageur. *SOUT.* déprédateur. ▶ *Qui tue en grand nombre* – cruel, exterminateur, funeste, meurtrier, sanglant, sanguinaire. ▲ANT. CONSTRUCTEUR ; RÉPARATEUR ; GÉNÉRATEUR.

destruction *n. f.* ▶ *Élimination* – absorption, anéantissement, annihilation, démolition, dévastation, disparition, effacement, élimination, enlèvement, éradication, fin, gommage, liquidation, mort, néantisation, suppression. *SOUT.* extirpation. ▶ *Massacre* – anéantissement, assassinats, bain de sang, boucherie, carnage, extermination, hécatombe, holocauste, massacre, meurtres, tuerie. *SOUT.* (lourd) tribut. *FAM.* étripage. ▶ *Dégât* – avarie, bris, casse, débâcle, dégradation, déprédation, désolation, détérioration, dévastation, dommage, endommagement, méfait, mouille, perte, ravage, ruine, sabotage, vilain. *FAM.* bousillage, charcutage, grabuge. ▲**ANT.** CONSTRUCTION, CRÉATION, ÉDIFICATION, ÉRECTION.

désuet *adj.* anachronique, ancien, antédiluvien, antique, archaïque, arriéré, caduc, démodé, dépassé, fossile, inactuel, moyenâgeux, obsolescent, obsolète, passé de mode, périmé, poussiéreux, préhistorique, qui a fait son temps, suranné, tombé en désuétude, usé, vétuste, vieilli, vieillot, vieux, vieux jeu. ▲**ANT.** À LA MODE, À LA PAGE, EN VOGUE, MODERNE, NEUF, NOUVEAU, RÉCENT.

détaché *adj.* blasé, indifférent, nonchalant, revenu de tout. *SOUT.* incurieux.

détachement *n. m.* ▶ *Insensibilité* – anesthésie, inconscience, indifférence, insensibilité, nirvana, sommeil. *FAM.* voyage. ▶ *Sérénité* – apathie, ataraxie, calme, distanciation, égalité d'âme, égalité d'humeur, équilibre, flegme, impassibilité, imperturbabilité, indifférence, paix, philosophie, placidité, quiétude, sérénité, stoïcisme, tranquillité. *SOUT.* équanimité. ▶ *Désintéressement* – désaffection, désintéressement, désintérêt, fraîcheur, froideur, indifférence. *SOUT.* désamour. ▶ *Abnégation* – abnégation, altruisme, désintéressement, dévouement, effacement, humilité, oubli de soi, privation, renoncement, résignation, sacrifice. *SOUT.* holocauste. ▶ *Partie d'une troupe* – aile, flanc, flanc-garde. ▶ *Décrochage* – décrochage, décrochement, dépendage. ▶ *Déliement* – déliage, déliement, désarrimage, dételage *(animal)*. ▲**ANT.** ATTACHEMENT ; ENTHOUSIASME, PASSION ; INTÉRÊT ; CUPIDITÉ.

détacher *v.* ▶ *Dénouer* – défaire, délacer, délier, dénouer. ▶ *Séparer* – couper, déconnecter, dégrouper, désunir, disjoindre, dissocier, écarter, éloigner, isoler, séparer. ▶ *Envoyer* – déléguer, dépêcher, députer, envoyer, mandater, missionner. ♦ *se détacher* ▶ *Se désintéresser* – délaisser, négliger, perdre le goût de, s'éloigner de, se désintéresser de. ▶ *Se dessiner* – se découper, se dessiner, se profiler, se projeter, se silhouetter. ▶ *Contraster* – contraster, détonner, ressortir, trancher. ▲**ANT.** ATTACHER, FICELER, JOINDRE, LACER, LIER, NOUER, UNIR ; ADJOINDRE, RAPPROCHER. △SE DÉTACHER – SE FONDRE DANS.

détail *n. m.* ▶ *Affaire sans importance* – amusette, bagatelle, baliverne, bêtise, bricole, broutille, chanson, enfantillage, fadaise, faribole, frivolité, futilité, jeu, misère, plaisanterie, rien, sornette, sottise, vétille. *SOUT.* badinerie, puérilité. *FAM.* foutaise, mômerie. *BELG. FAM.* carabistouille. ▶ *Finesse* – finesse, perfectionnisme, précision, raffinement, recherche, sophistication, stylisme, subtilité. ▶ *Ornement* – accessoire, agrément, décor, décoration, enjolivement, enjolivure, enrichissement, figure, fioriture, garniture, ornement, ornementation, parure. *FAM.* affiquet, affûtiaux. ▶ *Segment* – bout, carotte *(terrain)*, échantillon, morceau, pan, partie, portion, section, segment, tranche, travée, tronçon. ▶ *Énumération* – catalogue, cens, chiffrage, comptage, compte, décompte, dénombrement, énumération,

état, évaluation, inventaire, inventoriage, inventorisation, liste, litanie, numération, recensement, recension, revue, rôle, statistique. ▲**ANT.** ESSENTIEL, PRINCIPAL ; GROS ; ENSEMBLE.

détaillé *adj.* approfondi, fouillé, pointu, poussé, précis. ▲**ANT.** BREF, CONCIS, COURT, LACONIQUE, SOMMAIRE.

détailler *v.* ▶ *Exposer en détail* – descendre dans le détail, descendre jusqu'aux détails, développer, expliciter, expliquer, préciser. *FAM.* broder sur. ▶ *Énumérer* – compter, dénombrer, dresser la liste de, énumérer, faire l'inventaire de, faire le décompte de, inventorier, lister, recenser. ▶ *Vendre au détail* – débiter, écouler, faire commerce de, offrir, proposer, vendre. ▲**ANT.** CONDENSER, RÉSUMER.

détectable *adj.* décelable, localisable, perceptible, repérable. ▲**ANT.** IMPERCEPTIBLE, INAPPARENT, INDÉCELABLE, INDÉTECTABLE, INOBSERVABLE, INVISIBLE.

détendre *v.* ▶ *Desserrer* – desserrer, donner du jeu à, lâcher, relâcher. *MAR.* mollir. ▶ *Relâcher un muscle* – décontracter, déraidir, relâcher. ▶ *Diminuer la pression d'un gaz* – décompresser, décomprimer. ▶ *Chasser la nervosité* – calmer, désénerver, relaxer. *FAM.* décontracter. ▶ *Chasser la fatigue* – défatiguer, délasser, relaxer, reposer. ♦ *se détendre* ▶ *Se relaxer* – faire une pause, récupérer, reprendre haleine, respirer, se délasser, (se) déstresser, se refaire, se relaxer, se reposer, souffler. *FAM.* décompresser. ▲**ANT.** BANDER, CONTRACTER, CRISPER, SERRER, TENDRE ; ENNUYER, IRRITER.

détendu *adj.* ▶ *Relaxé* – délassé, en forme, (frais et) dispos, frais, reposé. ▶ *Désinvolte* – à l'aise, aisé, décontracté, dégagé, désinvolte, libre, naturel.

détenir *v.* ▶ *Posséder* – avoir, posséder, tenir. ▶ *Garder en captivité* – garder (en captivité), retenir en captivité, séquestrer. ▲**ANT.** DONNER, LAISSER, PERDRE ; DÉLIVRER, LIBÉRER.

détente *n. f.* ▶ *Relâchement* – décontraction, décrispation, relâchement, relaxation. ▶ *Repos* – congé, délassement, escale, halte, loisir, mi-temps, pause, récréation, récupération, relâche, répit, repos, temps, trêve, vacances, villégiature. ▶ *Paix* – accord, armistice, cessation des hostilités, cessez-le-feu, compromis, conciliation, entente, issue, modus vivendi, négociation, neutralité, non-belligérance, normalisation, pacification, pacte, paix, réconciliation, traité, trêve. ▲**ANT.** CONTRACTION, CRISPATION, DURCISSEMENT, RESSERREMENT, TENSION ; FATIGUE ; CRISE.

détenu *adj.* captif, en captivité, prisonnier.

détenu *n.* captif, cellulaire, condamné, prisonnier. *DR.* réclusionnaire. *FAM.* pensionnaire, taulard.

déterminant *adj.* ▶ *Décisif* – critique, crucial, décisif. *DR.* décisoire. ▶ *Important* – capital, central, crucial, de la plus haute importance, de premier plan, décisif, dominant, essentiel, fondamental, important, maître, majeur, numéro un, prédominant, prééminent, premier, prépondérant, primordial, principal, prioritaire, supérieur. *SOUT.* à nul autre second, cardinal. ▶ *Caractéristique* – caractéristique, distinctif, particulier, propre, spécial, spécifique, typique. *SOUT.* sui generis. ▲**ANT.** ANODIN, DÉPLORABLE, SANS IMPORTANCE.

détermination *n.f.* ▶ *Évaluation* – aperçu, appréciation, approximation, calcul, devis, estimation, évaluation, expertise, inventaire, mesure, prévision, prisée, supputation. ▶ *Fixation* – fixation, limitation, numerus clausus, réglementation, stabilisation. ▶ *Causalité* – causalisme, causalité, causation, déterminisme, effectualité, efficacité, efficience, finalité, lien causal, lien de cause à effet, relation causale, relation de cause à effet. ▶ *Détection* – décèlement, découverte, dénichement, dépistage, détection, diagnostic, identification, localisation, positivité, récognition, reconnaissance, repérage. PHYSIOL. spatialisation. ▶ *Sélection* – adoption, choix, cooptation, décision, désignation, échantillonnage, écrémage, élection, nomination, plébiscite, prédilection, présélection, résolution, sélection, suffrage, tri, triage, vote. SOUT. décret, parti. ▶ *Fermeté* – aplomb, assurance, autorité, caractère, constance, courage, cran, endurance, énergie, fermeté, force, permanence, poigne, rectitude, résolution, ressort, sang-froid, sérieux, solidité, sûreté, ténacité, vigueur, virilité, volonté. SOUT. fortitude, invulnérabilité. FAM. estomac, gagne. ▶ *Persistance* – acharnement, assiduité, constance, entêtement, fermeté, insistance, obstination, opiniâtreté, persévérance, persistance, résolution, suite dans les idées, ténacité, volonté. PÉJ. aveuglement. ▲ANT. IMPRÉCISION, INDÉTERMINATION, VAGUE ; INDÉCISION, IRRÉSOLUTION ; FAIBLESSE, MOLLESSE.

déterminé *adj.* ▶ *Précis* – arrêté, clair, défini, net, précis, tranché. ▶ *Ferme* – assuré, décidé, délibéré, énergique, ferme, hardi, résolu, volontaire. ▶ *Inflexible* – catégorique, décidé, entier, ferme, immuable, inébranlable, inflexible, résolu.

déterminer *v.* ▶ *Décider* – arrêter, assigner, décider, établir, fixer, régler. ▶ *Caractériser* – caractériser, cerner, cibler, définir, délimiter, établir, fixer. ▶ *Causer* – amener, apporter, catalyser, causer, créer, déchaîner, déclencher, donner, donner lieu à, donner naissance à, engendrer, entraîner, faire, faire naître, former, générer, occasionner, produire, provoquer, soulever, susciter. PHILOS. nécessiter. ▶ *Persuader* – amener, convaincre, décider, entraîner, persuader. ◆ **se déterminer** ▶ *Se décider* – se décider, se résoudre. ▲ANT. DÉTOURNER, EMPÊCHER DE.

déterminisme *n.m.* ▶ *Causalité* – causalisme, causalité, causation, détermination, effectualité, efficacité, efficience, finalité, lien causal, lien de cause à effet, relation causale, relation de cause à effet. ▶ *Fatalisme* – acceptation, aquoibonisme, fatalisme, passivité, philosophie, providentialonnage, renoncement, résignation, stoïcisme. ▲ANT. CASUALISME, HASARD, INDÉTERMINISME, LIBERTÉ.

détestable *adj.* ▶ *Mauvais* – déplaisant, déplorable, désagréable, fâcheux, mauvais, méchant, vilain. FAM. sale. ▶ *Insupportable* – antipathique, atroce, déplaisant, désagréable, exécrable, haïssable, impossible, infernal, insoutenable, insupportable, intenable, intolérable, invivable, irrespirable, odieux, pénible. FAM. imbuvable. ▲ANT. APPRÉCIABLE, ESTIMABLE, LOUABLE ; AGRÉABLE, ATTACHANT, CHARMANT, IRRÉSISTIBLE, PLAISANT, SYMPATHIQUE.

détester *v.* avoir en aversion, avoir en haine, avoir en horreur, exécrer, haïr, maudire, ne pas pouvoir souffrir, ne pas pouvoir supporter, réprouver,

vomir. SOUT. abhorrer, abominer, avoir en abomination. FAM. avoir dans le nez, ne pas pouvoir blairer, ne pas pouvoir encadrer, ne pas pouvoir encaisser, ne pas pouvoir pifer, ne pas pouvoir sacquer, ne pas pouvoir sentir, ne pas pouvoir voir en peinture. ▲ANT. ADORER, AIMER, RAFFOLER DE.

détonation *n.f.* déflagration, explosion, fracas, mugissement, pétarade, rugissement, tonnerre, vacarme.

détour *n.m.* ▶ *Courbe* – arabesque, boucle, contour, courbe, lacet, méandre, ondulation, repli, serpentin, sinuosité, volute *(fumée)*. SOUT. flexuosité. ▶ *Parcours détourné* – crochet. QUÉB. FAM. croche. ▶ *Diversion* – biais, circonlocution, digression, diversion, faux-fuyant, louvoiement, louvoyage, périphrase, repli, subterfuge, subtilité, tour. ◆ **détours**, *plur.* ▶ *Labyrinthe* (FIG.) – confusion, dédale, écheveau, enchevêtrement, labyrinthe, maquis. FAM. embrouillamini. ▲ANT. RACCOURCI.

détourné *adj.* ▶ *Sous-entendu* – allusif, elliptique, indirect, sous-entendu. ▶ *Compliqué* – compliqué, contourné, dévié, tordu. ▶ *Qui constitue un détour* – d'évitement, de contournement, périphérique.

détourner *v.* ▶ *Changer la direction* – dévier, infléchir. SC. défléchir. ▶ *Faire changer de route* – dérouter, dévier, écarter, éloigner. ▶ *Dissuader* – déconseiller à, décourager, dissuader, éloigner. ◆ **se détourner** ▶ *Se tourner* – se retourner, se tourner. QUÉB. FAM. se revirer (de bord). ▲ANT. DIRIGER, ORIENTER, REDRESSER ; ENCOURAGER, INCITER, PERSUADER, POUSSER.

détraqué *adj.* ▶ *Défectueux* – brisé, cassé, défectueux, déréglé, détérioré, éculé *(chaussure)*, endommagé, hors d'usage, inutilisable, usé, vétuste. FAM. kaput, nase, patraque. ▶ *Dément* (FAM.) – aliéné, dément, désaxé, déséquilibré, fou, psychopathe.

détraqué *n.* ▲ANT. SAIN D'ESPRIT.

détraquer *v.* ▶ *Dérégler* – déranger, dérégler, désajuster. FAM. déglinguer. BELG. débrôler. ▶ *Déstabiliser* (FAM.) – bouleverser, bousculer, déséquilibrer, désorganiser, déstabiliser, déstructurer, ébranler, perturber, troubler, saboter. SOUT. subvertir. FAM. chambarder, chambouler. ▲ANT. ARRANGER, RÉGLER, RÉPARER.

détresse *n.f.* ▶ *Danger* – aléa, casse-cou, danger, difficulté, écueil, embûche, épée de Damoclès, épouvantail, guêpier, hasard, impasse, imprudence, insécurité, mauvais pas, menace, perdition, péril, piège, point chaud, pont sensible, poudrière, récif, risque, spectre, traverse, urgence. SOUT. tarasque. FRANCE FAM. casse-gueule. ▶ *Malheur* – adversité, calamité, calice (de douleur), chagrin, deuil, disgrâce, douleur, échec, épreuve, fatalité, infortune, mal, malchance, malédiction, malheur, mauvaise fortune, mauvaise passe, mésaventure, misère, nuage, orage, peine, revers, ruine, sale affaire, sale histoire, souffrance, traverse, tribulation. SOUT. bourrèlement, plaie, tourment. ▶ *Pauvreté* – appauvrissement, besoin, dénuement, embarras, gêne, gouffre, indigence, manque, mendicité, misère, nécessité, pauvreté, privation, ruine. SOUT. impécuniosité. FAM. dèche, pouillerie. FRANCE FAM. débine, fauche, mistoufle, mouise, mouscaille, panade, purée. DR. carence.

> *Sociale* – clochardisation, disette, paupérisation, paupérisme, pauvreté, pénurie, sous-développement, sous-équipement, tiers-mondisation. ▶ *Désespoir* – désarroi, désespoir, impuissance. ▲**ANT.** PAIX, QUIÉTUDE, SÉCURITÉ, SÛRETÉ, TRANQUILLITÉ ; BIEN-ÊTRE, PROSPÉRITÉ ; BONHEUR.

détritus *n. m.* bassiné, bourre, bourrier, chiure, chute, crasse, culot, débris, déchet, dépôt, excrément, fange, fiente, fumier, gadoue, immondices, impureté, lavure, lie, malpropreté, ordure, parcelle, perte, poussière, raclure, rebut, reliefs, reliquat, résidu, reste, rinçure, rognure, saleté, salissure. *FAM.* cochonnerie, margouillis, saloperie.

détromper *v.* démystifier, détourner de l'erreur, éclairer, ouvrir les yeux à, tirer de l'erreur. *SOUT.* dessiller les yeux à. ▲**ANT.** ABUSER, DUPER, LEURRER, TROMPER.

détruire *v.* ▶ *Supprimer* – anéantir, annihiler, briser, démolir, écraser, éliminer, néantiser, pulvériser, réduire à néant, réduire à rien, ruiner, supprimer. ▶ *Démolir* – anéantir, annihiler, néantiser, pulvériser, raser, rayer de la carte, rayer de la surface de la terre, réduire en cendres, réduire en miettes, réduire en poussière. ▶ *Saccager* – anéantir, dévaster, endommager, ravager, ruiner, saccager. *SOUT.* désoler. ▶ *Perturber gravement* – miner, ravager, ronger. *SOUT.* corroder. ♦ **se détruire** ▶ *Se suicider* (*FAM.*) – mettre fin à ses jours, s'enlever la vie, se donner la mort, se suicider, se tuer. *FAM.* se supprimer. ▲**ANT.** CRÉER, ÉTABLIR, FAIRE, FONDER ; BÂTIR, CONSTRUIRE, ÉDIFIER ; CONSERVER, DÉFENDRE, PROTÉGER.

dette *n. f.* ▶ *Créance* – arriéré, charge, compte, créance, crédit à découvert, débet, débit, découvert, déficit, devoir, doit, dû, emprunt, engagement, impayé, moins-perçu, non-paiement, obligation, passif, solde débiteur. *BELG.* mali, pouf. ▶ *Obligation* – charge, commandement, contrat, devoir, engagement, lien, obligation, parole, promesse, responsabilité, serment. ▲**ANT.** CRÉANCE, CRÉDIT ; ACTIF, AVOIR ; BÉNÉFICE ; EXEMPTION, LIBÉRATION.

deuil *n. m.* ▶ *Enterrement* – cérémonie funèbre, convoi funèbre, cortège funèbre, dernier hommage, derniers devoirs, derniers honneurs, enfouissement, enterrement, funérailles, inhumation, mise au sépulcre, mise au tombeau, mise en bière, mise en terre, obsèques, sépulture, service civil, service religieux. *SOUT.* ensevelissement. ▶ *Tristesse* – abattement, accablement, affliction, aigreur, amertume, chagrin, dépression, désolation, douleur, ennui, épreuve, grisaille, humeur noire, idées noires, idées sombres, langueur, lypémanie, mal du pays, mal-être, maussaderie, mélancolie, monotonie, morosité, neurasthénie, noir, nostalgie, papillons, peine, saudade, serrement de cœur, souci, tædium vitæ, tristesse, vague à l'âme. *SOUT.* atrabile, larmes, navrement, nuage, spleen, taciturnité. *FAM.* bourdon, cafard, déprime, sinistrose. ▶ *Malheur* – adversité, calamité, calice (de douleur), chagrin, détresse, disgrâce, douleur, échec, épreuve, fatalité, infortune, mal, malchance, malédiction, malheur, mauvaise fortune, mauvaise passe, mésaventure, misère, nuage, orage, peine, revers, ruine, sale affaire, sale histoire, souffrance, traverse, tribulation. *SOUT.* bourrèlement, plaie, tourment. ▲**ANT.** ALLÉGRESSE, BONHEUR, JOIE.

deuxième *num.* autre, nouveau, second.

dévaler *v.* débouler, dégringoler. ▲**ANT.** ESCALADER, GRAVIR, GRIMPER, MONTER, REMONTER.

dévalorisant *adj.* ▲**ANT.** GRATIFIANT, VALORISANT.

devancer *v.* ▶ *Passer devant* – dépasser, distancer, doubler, gagner de vitesse, lâcher, passer, semer. *FAM.* griller, larguer. *MAR.* trémater. ▶ *Arriver avant* – précéder. ▶ *Surpasser* – battre, couper l'herbe sous le pied à, damer le pion à, dégommer, dépasser, dominer, éclipser, faucher l'herbe sous le pied à, griller, l'emporter sur, laisser loin derrière, supplanter, surclasser, surpasser. *FAM.* enfoncer. *FRANCE FAM.* faire la pige à. *QUÉB. FAM.* perdre dans la brume. ▶ *Aller au-devant* – aller au-devant de, prévenir. ▶ *Hâter* – avancer, brusquer, hâter, précipiter. ▲**ANT.** SUCCÉDER, SUIVRE ; ATTENDRE ; DIFFÉRER.

devant *n. m.* avant, partie antérieure. ▶ *D'un navire* – étrave, nez, proue. ▲**ANT.** ARRIÈRE, DERRIÈRE.

devanture *n. f.* ▶ *Façade* – façade, front. ▶ *Choses à vendre* – étalage, éventaire, vitrine. ▲**ANT.** ARRIÈRE-BOUTIQUE.

dévaster *v.* ▶ *Piller* – écumer, mettre à feu et à sang, mettre à sac, piller, raser, ravager, razzier, saccager. *SOUT.* infester. ▶ *Détruire* – anéantir, détruire, endommager, ravager, ruiner, saccager. *SOUT.* désoler. ▲**ANT.** RECONSTRUIRE, RÉPARER, RESTAURER, RÉTABLIR.

développement *n. m.* ▶ *Accroissement d'une surface* – agrandissement, élargissement, expansion, extension, grossissement, élargissement. ▶ *Allongement* – affinement, allongement, bandage, dépliage, dépliement, déploiement, élongation, étirage, étirement, excroissance, extension, prolongement, rallonge, rallongement, tension, tirage. ▶ *Croissance* – accentuation, accroissement, accrue, agrandissement, amplification, arrondissement, augmentation, bond, boom, crescendo, croissance, crue, dilatation, élargissement, élévation, enflement, enrichissement, envolée, essor, évolution, expansion, extension, flambée, foisonnement, gonflement, gradation, grossissement, hausse, haussement, inflation, intensification, majoration, montée, poussée, progrès, progression, recrudescence, redressement, rehaussement, relèvement, renchérissement, renforcement, revalorisation, valorisation. ▶ *Amplification* – alourdissement, amplification, boursouflure, broderie, dramatisation, emphase, enflure, enjolivement, enjolivure, exagération, grossissement, hypertrophie, outrance, paraphrase, redondance, renchérissement. ▶ *Conséquence* – action, conclusion, conséquence, contrecoup, corollaire, effet, efficacité, fonction, fruit, impact, implication, incidence, jeu, juste retour des choses, œuvre, portée, prolongement, réaction, rejaillissement, répercussion, résultante, résultat, retentissement, retombées, ricochet, séquelle, suite (logique). *SOUT.* aboutissant, efficace, fille. ▶ *Évolution dans le temps* – cheminement, cours, déroulement, devenir, évolution, fil, marche, progrès, progression, suite. ▶ *Progrès* – ascension, avance, avancée, avancement, cheminement, marche, marche avant, montée, percée, progrès, progression. ▶ *Exposé* – argument, argumentation, cours, discours, dissertation, essai, étude, exposé, manuel, mémoire, monographie, somme, thèse. DR. dire. ▶ *Approfondissement* – analyse, approfondissement, dépouillement, enrichissement, épluchage, étude, examen, exploration, introspection, méditation, pesée, progrès, recherche, réflexion, sondage. ▶ *Création* – composition, conception, confection, constitution, construction, création, édification, élaboration, exécution, fabrication, façon, façonnage, façonnement, formation, génération, genèse, gestation, invention, œuvre, organisation, paternité, production, réalisation, structuration, synthèse. SOUT. accouchement, enfantement. DIDACT. engendrement. ▲ANT. ENROULEMENT; ENVELOPPEMENT, REPLIEMENT; DÉCLIN, RÉGRESSION; RÉSUMÉ, SIMPLIFICATION.

développer v. ▶ *Déplier* – déplier, déployer, étaler, étendre, ouvrir. ▶ *Déballer* – déballer, défaire, dépaqueter. ▶ *Exposer en détail* – descendre dans le détail, descendre jusqu'aux détails, détailler, expliciter, expliquer, préciser. FAM. broder sur. ▶ *Accroître* – accroître, élargir, étendre. ▶ *Former* – cultiver, éduquer, former. ▶ *Contracter une habitude* – acquérir, contracter, prendre. ♦ **se développer** ▶ *S'intensifier* – augmenter, croître, grandir, grossir, prendre de l'ampleur, prendre de l'envergure, redoubler, s'accentuer, s'accroître, s'amplifier, s'intensifier. ▶ *S'améliorer* – avancer, évoluer, faire des progrès, progresser, s'améliorer. ▶ *Prospérer* – croître, grandir, progresser, prospérer, s'épanouir. ▶ *En parlant d'un végétal* – croître, grandir, pousser, venir. ▶ *En parlant d'une personne* – croître, grandir, s'épanouir, se réaliser. ▲ANT. ENROULER, ENVELOPPER, PLIER, REPLIER; EMBALLER; ABRÉGER, RÉSUMER, SCHÉMATISER; CONTRACTER, RÉDUIRE, RESTREINDRE. △ SE DÉVELOPPER – BAISSER, DÉCLINER, RÉGRESSER.

devenir v. ▶ *Prendre telle forme* – changer, évoluer, se transformer. ▲ANT. DEMEURER, RESTER.

dévergondage n. m. affolement, agitation, bouleversement, brasier, colère, confusion, débridement, déchaînement, désarroi, ébranlement, ébullition, embrasement, émotion, fièvre, frénésie, mouvement, passion, violence. SOUT. émoi, exaltation. ▲ANT. PUDEUR, RETENUE.

déverser v. ▶ *Répandre une chose concrète* – renverser, répandre, verser. BELG. baquer, benner. ▶ *Évacuer* – dégorger, évacuer, vidanger. ▶ *Répandre une chose abstraite* – épancher, verser. SOUT. épandre. ♦ **se déverser** ▶ *Couler* – affluer, couler, ruisseler, s'écouler, se répandre. SOUT. courir, fluer, s'épancher. ▶ *Répandre son contenu* – dégorger. ▶ *En parlant de la lumière* – ruisseler, se répandre. SOUT. s'épandre. ▲ANT. CONTENIR, ENDIGUER, MAÎTRISER, REFOULER, RETENIR.

dévêtir v. découvrir, dénuder, déshabiller, dévoiler, mettre à nu. FAM. dépoiler, désaper. ♦ **se dévêtir** se dénuder, se déshabiller, se mettre à nu. FAM. dévoiler son anatomie, se dépoiler, se désaper, se mettre tout nu. ▲ANT. COUVRIR, HABILLER, VÊTIR.

déviant adj. aberrant, anomal, anormal, atypique, irrégulier. ▲ANT. DROIT, RECTILIGNE; CONFORME, CORRECT, NORMAL, ORDINAIRE.

déviation n. f. ▶ *Déformation* – anamorphose, aplatissement, courbure, déformation, distorsion, gauchissement, gondolage, gondolement,

inclinaison, ovalisation, plissement, voilage, voile, voilement, voilure. TECHN. fluage. BIOL. amorphisme. ▶ *Dissidence* – désobéissance, déviationnisme, division, hérésie, hétérodoxie, insoumission, insurrection, non-conformisme, opposition, rébellion, révolte, schisme, scission, sécession, séparation. ▶ *Réfraction* – biréfringence, déflexion, diffraction, diffusion, dispersion, réfraction, réfringence. ▶ *Détournement routier* – contournement, dérivation, dérive, déroutage, déroutement, détournement. BELG. évitement. ▶ *Changement incontrôlé* – déraillement, dérapage, dérive. ▲ANT. CORRECTION, RECTIFICATION; RECTITUDE; NORMALITÉ.

dévider v. ▶ *Débobiner* – débobiner, dérouler, désembobiner. ▲ANT. ENROULER, RENVIDER, ROULER.

dévié adj. de travers. QUÉB. FAM. croche.

dévier v. ▶ *S'écarter d'une ligne droite* – biaiser, bifurquer, obliquer. ▶ *Changer la direction* – détourner, infléchir. SC. défléchir. ▶ *D'un cours d'eau* – dériver, détourner. ▶ *Éloigner d'une direction* – dérouter, détourner, écarter, éloigner. ▶ *Faire perdre sa forme droite* – bistourner, contourner, courber, déformer, déjeter, distordre, gauchir, tordre, voiler. QUÉB. crochir. TECHN. s'envoiler. ▲ANT. ALIGNER, RECTIFIER, REDRESSER, REMETTRE DANS LA VOIE.

devin n. prophète, voyant. SOUT. augure, mage, vaticinateur.

deviner v. ▶ *Élucider* – déchiffrer, découvrir, dénouer, éclaircir, élucider, éventer, expliquer, faire (toute) la lumière sur, pénétrer, percer, résoudre, tirer au clair, trouver, trouver la clé de. ▶ *Pressentir* – avoir conscience de, entrevoir, flairer, pressentir, se douter, sentir, soupçonner. FAM. subodorer. ▲ANT. SE MÉPRENDRE.

devinette n. f. astuce, charade, énigme, logogriphe, rébus.

dévisager v. arrêter son regard sur, attacher son regard sur, braquer les yeux sur, considérer, contempler, examiner, fixer, fixer le regard sur, fouiller du regard, observer, regarder, scruter. FAM. gaffer, viser, zieuter.

devise n. f. ▶ *Pensée* – adage, aphorisme, apophtegme, axiome, citation, dicton, dit, dogme, enseignement, formule, mantra, maxime, moralité, mot, on-dit, parole, pensée, précepte, principe, proverbe, réflexion, règle, sentence, sutra, vérité. ▶ *Emblème* – allégorie, attribut, chiffre, drapeau, effigie, emblème, figure, icône, image, incarnation, insigne, livrée, logo, logotype, marque, notation, personnification, représentation, signe, symbole, type. ▶ *Unité monétaire* – monnaie, unité monétaire.

deviser v. bavarder, causer, converser, dialoguer, discuter, papoter, parler (de choses et d'autres), s'entretenir. FAM. babiller, bavasser, blablater, caqueter, faire un brin de causette, jacasser, jacter, jaspiner, parlementer, parloter, tailler une bavette. QUÉB. FAM. jaser, placoter. BELG. FAM. babeler. ▲ANT. SE TAIRE.

dévoiler v. ▶ *Dénuder* – découvrir, déshabiller, dévêtir, mettre à nue. FAM. dépoiler, désaper. ▶ *Révéler* – annoncer, déclarer, découvrir, divulguer, lever le voile sur, montrer au grand jour, révéler. MILIT. déclassifier *(document)*. ▶ *Démasquer* – arracher le masque de, arracher le voile de, découvrir, démasquer, lever le masque de, montrer sous son vrai jour. ◆ **se dévoiler** ▶ *Apparaître peu à peu* – apparaître, émerger, se dégager, se faire jour, se manifester, se profiler, se révéler, transparaître. SOUT. affleurer. ▲ANT. CACHER, COUVRIR, DÉGUISER, DISSIMULER, VOILER; CELER, TAIRE.

devoir v. avoir à, être contraint de, être dans l'obligation de, être forcé de, être obligé de, être tenu de, falloir. ▲ANT. ÊTRE INTERDIT (À QQN) DE; POUVOIR.

devoir *n. m.* ▶ *Vertu* – bien, (bonnes) mœurs, conscience, déontologie, droit chemin, éthique, morale, moralité, obligation (morale), prescription, principes, règles de vie, vertu. PSYCHOL. surmoi. ▶ *Obligation* – charge, commandement, contrat, dette, engagement, lien, obligation, parole, promesse, responsabilité, serment. ▶ *Dette* – arriéré, charge, compte, créance, crédit à découvert, débet, débit, découvert, déficit, dette, doit, dû, emprunt, engagement, impayé, moins-perçu, non-paiement, obligation, passif, solde débiteur. BELG. mali, pouf. ▶ *Travail d'apprentissage* – exercice, pensum, travail. ▶ *Travail actuel* – exercice, fonction, service, travail. ▶ *Affaire* – affaire, besogne, corvée, obligation, occupation, ouvrage, tâche, travail. ▲ANT. CHOIX, DROIT, FACULTÉ, LIBERTÉ.

dévolu *adj.* attribué, destiné, imparti, réservé. ▲ANT. REFUSÉ, RETIRÉ.

dévorant *adj.* ▶ *Insatiable* – avide, inapaisable, inassouvissable, inextinguible, insatiable, irrassasiable, vorace. ▶ *Dévastateur* – ardent, brûlant, dévastateur, ravageur. SOUT. dévorateur. ▲ANT. MODÉRÉ; CONTRÔLABLE, MAÎTRISABLE.

dévorer v. ▶ *Manger avec avidité* – avaler, engloutir, ingurgiter. SOUT. manger à belles dents. FAM. enfourner, engouffrer. QUÉB. FAM. enfirouaper. ▶ *Dilapider* – dilapider, dissiper, engloutir, engouffrer, gaspiller, manger, prodiguer. FAM. claquer, croquer, flamber, griller. QUÉB. FAM. flauber. ▶ *Tourmenter* – assaillir, consumer, crucifier, déchirer, faire souffrir, lanciner, martyriser, mettre au supplice, percer, poignarder, ronger, supplicier, tarauder, tenailler, torturer, tourmenter, transpercer. SOUT. poindre. ▲ANT. GRIGNOTER, MÂCHOUILLER, MANGER DU BOUT DES DENTS.

dévot *adj.* croyant, fervent, pieux, pratiquant, religieux. ▸ *D'une piété affectée* – bigot, bondieusard, cagot. ▲ANT. AGNOSTIQUE, ANTIRELIGIEUX, ARELIGIEUX, ATHÉE, INCRÉDULE, INCROYANT, IRRÉLIGIEUX, NON CROYANT.

dévotion *n. f.* ▶ *Mysticisme* – anagogie, contemplation, élévation, extase, illuminisme, mysticisme, mystique, oraison, philocalie, ravissement, sainteté, spiritualité, transe, vision. SOUT. mysticité. ▶ *Adoration* – admiration, adoration, adulation, amour, attachement, culte, emballement, engouement, fanatisme, ferveur, iconolâtrie, idolâtrie, passion, respect, vénération, zèle. SOUT. dilection, révérence. PÉJ. encens, flagornerie, flatterie. ▲ANT. ATHÉISME, IMPIÉTÉ, INCROYANCE, INDIFFÉRENCE, IRRÉLIGION; MÉPRIS.

dévoué *adj.* ▶ *Fidèle* – attaché, constant, fidèle, loyal, sûr. ▶ *Attentionné* – aimable, attentif, attentionné, aux petits soins, complaisant, délicat, diligent, empressé, gentil, obligeant, prévenant,

secourable, serviable, zélé. FAM. chic, chou. QUÉB. FAM. fin. BELG. FAM. amitieux. ▶ *Dans les formules de politesse* – humble. ▲ANT. ÉGOÏSTE, OUBLIEUX, SANS-CŒUR; IRRESPONSABLE, NÉGLIGENT.

dévouement *n. m.* ▶ *Fidélité* – allégeance, attachement, confiance, fidélité, foi, loyalisme, loyauté. ▶ *Altruisme* – aide, allocentrisme, altruisme, amour (d'autrui), assistance, bénévolat, bienveillance, bonté, charité, commisération, compassion, complaisance, convivialité, don de soi, empathie, entraide, extraversion, fraternité, générosité, gentillesse, humanité, oblativité, oubli de soi, philanthropie, pitié, sensibilité, serviabilité, solidarité, sollicitude. SOUT. bienfaisance. ▶ *Abnégation* – abnégation, altruisme, désintéressement, détachement, effacement, humilité, oubli de soi, privation, renoncement, résignation, sacrifice. SOUT. holocauste. ▲ANT. DÉLOYAUTÉ, INFIDÉLITÉ, INSOUMISSION, TRAHISON; ÉGOÏSME, INDIFFÉRENCE.

dévouer (se) v. ▶ *Agir par dévouement* – se donner, se prodiguer, se sacrifier, se saigner aux quatre veines. QUÉB. ACADIE FAM. se désâmer. ▶ *Se consacrer* – se consacrer à, se dédier à, se donner à, se livrer à, vivre pour. ▲ANT. ABANDONNER, DÉSERTER.

d'habitude *adv.* à de rares exceptions près, à l'accoutumée, à l'ordinaire, à maintes reprises, à quelques exceptions près, communément, couramment, coutumièrement, d'ordinaire, dans la généralité de cas, dans la majorité des cas, dans la plupart des cas, de coutume, en général, en règle générale, fréquemment, généralement, habituellement, journellement, la plupart du temps, maintes fois, normalement, ordinairement, rituellement, souvent, toujours. ▲ANT. EXCEPTIONNELLEMENT, GUÈRE, PAR EXCEPTION, RAREMENT.

diable *n. m.* ◆ **personnage** ▶ *Lucifer* – Asmodée, Astaroth, Belphégor, Belzébuth, l'ange des ténèbres, l'esprit du mal, l'esprit malin, le démon, le génie du mal, le Malin, le Maudit, le Mauvais, le prince des démons, le prince des ténèbres, le roi des enfers, le Séducteur, le Tentateur, Léviathan, Lucifer, Méphistophélès, Satan. RELIG. l'esprit immonde. ▶ *Mauvais ange* – ange déchu, ange noir, ange rebelle, ange révolté, antéchrist, démon, diablotin (petit), mauvais ange, mauvais génie, suppôt de Satan, suppôt de diable. ▶ *Femelle* – diablesse. SOUT. démone. ◆ **personne** ▶ *Homme* – homme, individu. ▶ *Enfant espiègle* – (affreux) jojo, chipie, coquin, diablotin, filou, fripon, galopin, mauvaise graine, (petit) bandit, (petit) chenapan, (petit) démon, (petit) diable, (petit) garnement, (petit) gredin, (petit) poison, (petit) polisson, (petit) vaurien, (petit) voyou, (petite) canaille, (petite) peste, poulbot (de Montmartre), titi, vilain. SOUT. lutin. FAM. morveux, (petit) crapaud, petit merdeux, petit monstre, sacripant. QUÉB. FAM. grippette, (petit) snoreau, (petit) tannant, (petit) vlimeux. ◆ **chose** ▶ *Jouet* – boîte à attrape, boîte à malice, boîte à surprise. ▲ANT. DIEU; ANGE; AMOUR, CHÉRUBIN, TRÉSOR.

diabolique *adj.* ▶ *Digne du diable* – démoniaque, infernal, luciférien, méphistophélique, pervers, satanique. ▶ *Rusé et méchant* – fourbe, machiavélique, malin, perfide, rusé, tortueux. SOUT. artificieux, chafouin, madré, matois, retors, roué, scélérat. FAM. roublard, vicelard. QUÉB. FAM. ratoureux, snoreau, vlimeux. ▲ANT. ANGÉLIQUE, CÉLESTE, DIVIN, PUR ; BON, DOUX, INOFFENSIF, SANS MALICE.

diagnostic *n. m.* décèlement, découverte, dénichement, dépistage, détection, détermination, identification, localisation, positivité, récognition, reconnaissance, repérage. PHYSIOL. spatialisation. ▲ANT. PRÉVISION, PRONOSTIC.

dialectal *adj.* ▲ANT. CLASSIQUE, LITTÉRAIRE, OFFICIEL, STANDARD.

dialogue *n. m.* ▶ *Échange de paroles* – causerie, colloque, concertation, conversation, discussion, échange (de vues), entretien, interview, pourparlers, tête-à-tête. FAM. causette, chuchoterie. QUÉB. jase, jasette. PÉJ. conciliabule, palabres ; FAM. parlote. ▶ *Négociation* – conversation, discussion, échange (de vues), marchandage, négociation, pourparlers, tractation, transaction. SOUT. transigeance. FAM. négo. ▲ANT. APARTÉ, MONOLOGUE, SOLILOQUE ; SILENCE.

dictateur *n.* ▶ *Chef d'État* – autocrate, césar, despote, oppresseur, potentat, souverain absolu, tyran. SOUT. dominateur, tyranneau *(peu puissant)*. ▶ *Persécuteur* – autocrate, brimeur, despote, oppresseur, persécuteur, sadique, tyran. FAM. terreur. SOUT. dominateur, satrape, terrible, tourmenteur, vexateur. ▲ANT. DÉMOCRATE ; BIENFAITEUR.

dictature *n. f.* ▶ *Régime politique* – absolutisme, autocratie, césarisme, despotisme, État policier, fascisme, totalitarisme, tsarisme, tyrannie. ▶ *Pouvoir autoritaire* – arbitraire, autoritarisme, caporalisme, despotisme, directivisme, directivité, omnipotence, oppression, tyrannie. SOUT. satrapie. ▶ *Influence* – action, aide, appui, ascendant, attirance, attraction, aura, autorité, contagion, crédit, dominance, domination, effet, empreinte, emprise, fascination, force, importance, incitation, influence, inspiration, magie, magnétisme, mainmise, manipulation, mouvance, persuasion, pétition, poids, pouvoir, prépondérance, présence, pression, prestige, puissance, règne, rôle, séduction, subjugation, suggestion, tyrannie. SOUT. empire, intercession. ▲ANT. DÉMOCRATIE ; ANARCHIE.

dicter *v.* ▶ *Imposer* – commander, décréter, donner l'ordre de, imposer, ordonner, prescrire, vouloir. SOUT. édicter. ▶ *Régler* – régir, régler. ▲ANT. EXÉCUTER, OBÉIR, SUIVRE.

diction *n. f.* articulation, débit, déclamation, élocution, éloquence, énonciation, expression, langage, langue, parole, phonation, phonétique, phonie, pose de voix, prononciation, style, voix. ▲ANT. ÉCOUTE.

dictionnaire *n. m.* ▶ *Recueil* – encyclopédie, glossaire, index, lexique, terminologie, thésaurus, vocabulaire. FAM. dico. ▶ *Érudit* (FAM.) – docteur, encyclopédiste, érudit, humaniste, intellectuel, lettré, maître-penseur, philosophe, sage, savant. SOUT. bénédictin, (grand) clerc, mandarin. FAM. bibliothèque (vivante), encyclopédie ambulant, dictionnaire (vivant), encyclopédie (vivante), fort en thème, grosse tête, intello, puits d'érudition, puits de science, rat de bibliothèque, tête d'œuf.

dicton *n. m.* adage, aphorisme, apophtegme, axiome, citation, devise, dit, dogme, enseignement, formule, mantra, maxime, moralité, mot, on-dit, parole, pensée, précepte, principe, proverbe, réflexion, règle, sentence, sutra, vérité.

dièse *adj.* ▲ANT. BÉMOL.

diète *n. f.* ▶ *Façon de se nourrir* – diététique. ▶ *Privation de nourriture* – abstinence, jeûne. ▲ANT. BOMBANCE, FESTIN.

dieu *n. m.* ▶ *Divinité* – déesse, démon, divinité, être divin, immortel. SOUT. déité. ▶ *Héros* – brave, demi-dieu, exemple, géant, glorieux, grand, héros, idole, modèle, titan. SOUT. parangon. ♦ *Dieu* Auteur de la nature, Créateur, Créateur du Ciel et de la Terre, Dieu le Père, Divin Créateur, Être suprême, l'alpha et l'oméga, l'Éternel, l'Infini, la Lumière, la Providence, le ciel, le Divin Maître, le Père céleste, le Père éternel, le Tout-Puissant, le Très-Haut, le Verbe, Maître de l'univers, Notre Seigneur, principe de l'univers, Roi du Ciel et de la Terre, Seigneur Dieu, Seigneur (tout-puissant), Souverain Juge. DIDACT. l'Incréé. FAM. Bon Dieu. ANC. démiurge *(platonisme)*, éon *(néoplatonisme)*, logos *(stoïcisme)*. ▶ *Judaïsme* – Adonaï, Dieu d'Abraham, Dieu d'Israël, Élohim, Jéhovah, Yahvé. ▶ *Divers peuples* – Allah *(Islam)*, grand manitou *(Amérindiens)*, Jupiter *(Romains)*, Zeus *(Grecs)*. ♦ *les dieux, plur.* ▶ *Ensemble de divinités* – les divinités, panthéon, théogonie. ▲ANT. DIABLE ; HOMME, MORTEL ; CRÉATION, CRÉATURE, LE CRÉÉ *(didactique)*.

différemment *adv.* autrement, dissemblablement, diversement. ▲ANT. DE LA MÊME FAÇON, IDENTIQUEMENT, PAREILLEMENT, SEMBLABLEMENT, SIMILAIREMENT.

différence *n. f.* ▶ *Dissemblance* – abîme, altérité, changement, désaccord, déviance, dissemblance, dissimilitude, distance, distinction, divergence, diversité, division, divorce, écart, fossé, gouffre, incompréhension, inégalité, intervalle, marginalité, nuance, séparation, variante, variation, variété. MATH. inéquation. ▶ *Résultat mathématique* – reste. ▶ *Contraste* – antithèse, contraste, désaccord, désagencement, désassortiment, déséquilibre, discordance, disharmonie, disparité, disproportion, dissemblance, hétérogénéité, heurt, opposition, repoussoir. SOUT. disconvenance, tapage. ▶ *Reste* – complément, excédent, excès, reliquat, résidu, restant, reste, solde, soulte, surcroît, surplus. FAM. rab, rabiot. ▲ANT. ANALOGIE, CONFORMITÉ, ÉGALITÉ, IDENTITÉ, PARITÉ, RAPPORT, RESSEMBLANCE, SIMILITUDE.

différenciation *n. f.* ▶ *Distinction* – analyse, démarcation, discrimination, distinction, distinguo, nuance, séparation. ▶ *Individualisation* – caractérisation, choix, définition, détermination, distinction, élection, individualisation, individuation, marque, particularisation, personnalisation, polarisation, singularisation, spécification, tri. ▲ANT. ASSIMILATION, DÉDIFFÉRENCIATION, IDENTIFICATION, RAPPROCHEMENT, RÉUNION ; INDIFFÉRENCIATION.

différencier *v.* ▶ *Caractériser* – caractériser, distinguer, individualiser, particulariser, singulariser. ▶ *Discerner* – démêler, discerner, discriminer, distinguer, faire la différence entre, reconnaître, séparer. ♦ *se différencier* ▶ *Différer* – différer, s'éloigner, se distinguer. ▶ *Se faire remarquer* – émerger du lot, se démarquer, se distinguer, se faire remarquer, se particulariser, se signaler, se singulariser. ▲ANT.

ASSIMILER, CONFONDRE, IDENTIFIER, RAPPROCHER. △ SE DIFFÉRENCIER – SE DÉDIFFÉRENCIER.

différend *n. m.* ▶ *Conflit* – affrontement, antagonisme, combat, compétition, concurrence, conflit, contentieux, contestation, controverse, débat, désaccord, discorde, discussion, dispute, dissension, dissentiment, divergence, émulation, friction, heurt, incompatibilité, incompréhension, lutte, mésentente, mésintelligence, opposition, polémique, querelle, rivalité. *FAM.* bagarre. ▶ *Dispute* – accrochage, algarade, altercation, brouille, brouillerie, chicane, controverse, démêlé, désaccord, désunion, discorde, dispute, divergence, escarmouche, explication, fâcherie, froid, heurt, joute oratoire, litige, malentendu, mésentente, passe d'armes, polémique, querelle, rupture, scène, zizanie. *FAM.* bagarre, bisbille, bringue, chamaille, chamaillerie, empoignade, empoignement, engueulade, prise de bec, séance. *QUÉB. FAM.* brasse-camarade, chamaillage. *BELG. FAM.* bisbrouille. ▲ **ANT.** ACCOMMODEMENT, ACCORD, ENTENTE; RÉCONCILIATION.

différent *adj.* ▶ *Dissemblable* – autre, dissemblable, distinct, divers, inégal. ▶ *Qui fait contraste* – contrastant, contrasté, opposé, tranché. ▶ *Transformé* – autre, changé, métamorphosé, nouveau, transformé. ▶ *Original* – à part, inimitable, original, particulier, pittoresque, sans précédent, singulier, spécial, unique en son genre, unique. ▲ **ANT.** ÉGAL, ÉQUIVALENT, IDENTIQUE, MÊME, PAREIL, SEMBLABLE, SIMILAIRE, TEL; INCHANGÉ.

différer *v.* ▶ *Être différent* – s'éloigner, se différencier, se distinguer. ▶ *Être en désaccord* – diverger, s'opposer, se contredire. ▶ *Varier* – changer, fluctuer, se modifier, varier. *FAM.* bouger. ▶ *Chercher à gagner du temps* – atermoyer, procrastiner, temporiser, tergiverser. ▶ *Remettre à plus tard* – ajourner, décaler, proroger, reculer, remettre, renvoyer, reporter, retarder, suspendre. *SOUT. ou DR.* surseoir à. *BELG. SUISSE* postposer. *TECHN.* temporiser. ▶ *Reporter un paiement* – arriérer, atermoyer, reporter, retarder. ▲ **ANT.** SE CONFONDRE, SE RESSEMBLER; AVANCER, HÂTER.

difficile *adj.* ▶ *Compliqué* – ardu, complexe, compliqué, corsé, délicat, épineux, laborieux, malaisé, problématique. *SOUT.* scabreux. *FAM.* calé, coton, dur, musclé, trapu. ▶ *Subtil* – complexe, délicat, recherché, savant, subtil. ▶ *Grave* – critique, dangereux, dramatique, grave, inquiétant, menaçant, préoccupant, sérieux, sombre. *SOUT.* climatérique. ▶ *Pénible* – ardu, dur, éprouvant, pénible, rude. *FAM.* galère. ▶ *Qui a mauvais caractère* – acariâtre, acerbe, aigri, anguleux, âpre, bourru, caractériel, déplaisant, désagréable, désobligeant, grincheux, hargneux, intraitable, maussade, rébarbatif, rêche, revêche. *SOUT.* atrabilaire. *FAM.* chameau, teigneux. *QUÉB. FAM.* malavenant, malcommode. *SUISSE* gringe. ▶ *Capricieux* – capricieux, délicat, exigeant. ▶ *Indiscipliné* – désobéissant, indiscipliné, indocile, indomptable, insoumis, insubordonné, rebelle. *QUÉB.* malcommode. ▲ **ANT.** FACILE; AISÉ, COMMODE, ÉLÉMENTAIRE, ENFANTIN, SIMPLE; AGRÉABLE, INTÉRESSANT; AIMABLE, CONCILIANT, DOUX; FACILE À SATISFAIRE, PEU EXIGEANT; DISCIPLINÉ, DOCILE, OBÉISSANT, SAGE, SOUMIS, TRANQUILLE.

difficilement *adv.* à grand-peine, à peine, difficultueusement, durement, incommodément, laborieusement, mal, malaisément, péniblement, tant bien que mal. *FAM.* cahin-caha. ▲ **ANT.** AISÉMENT, FACILEMENT, SANS DIFFICULTÉ, SANS EFFORT.

difficulté *n. f.* ▶ *Complexité* – aporie, complexité, complication, confusion, délicatesse, imbroglio, insolubilité, intrication, obscurité, peine, subtilité. ▶ *Intelligibilité* – abstrusion, hermétisme, illisibilité, impénétrabilité, imperceptibilité, incompréhension, inintelligibilité, obscurité, opacité. *SOUT.* incompréhensibilité. ▶ *Embûche* – écueil, embûche, piège. *QUÉB. FAM.* pogne. ▶ *Obstacle* – accroc, adversité, anicroche, barrière, blocage, contrariété, contretemps, défense, digue, écueil, embarras, empêchement, ennui, entrave, frein, gêne, impasse, impossibilité, inhibition, interdiction, objection, obstruction, ombre au tableau, opposition, pierre d'achoppement, point noir, problème, résistance, restriction, tracas, tribulations. *QUÉB.* irritant. *SOUT.* achoppement, impedimenta, traverse. *FAM.* blème, hic, lézard, os, pépin. *QUÉB. FAM.* aria. ▶ *Contretemps* – accident, accroc, accrochage, affaire, anicroche, avatar, aventure, complication, contingences, contrariété, contretemps, crise, désagrément, dispute, embarras, empêchement, ennui, épine, épisode, événement, éventualité, imprévu, incident, mésaventure, obstacle, occasion, occurrence, péripétie, problème, rebondissement, tribulations. *SOUT.* adversité. *FAM.* blème, cactus, embêtement, emmerde, emmerdement, enquiquinement, os, pépin, pétrin, tuile. *FRANCE FAM.* avaro, empoisonnement. ▶ *Complication* – complication, tatillonnage, tracasserie. *FAM.* chinoiserie, coupage de cheveux en quatre. *QUÉB. FAM.* tétage. ▶ *Danger* – aléa, casse-cou, danger, détresse, écueil, embûche, épée de Damoclès, épouvantail, guêpier, hasard, impasse, imprudence, insécurité, mauvais pas, menace, perdition, péril, piège, point chaud, point sensible, poudrière, récif, risque, spectre, traverse, urgence, volcan. *SOUT.* tarasque. *FRANCE FAM.* casse-gueule. ▲ **ANT.** AISANCE, FACILITÉ, SIMPLICITÉ; INTELLIGIBILITÉ; AVANTAGE.

difforme *adj.* ▶ *De forme irrégulière* – biscornu, dissymétrique, irrégulier. ▶ *En parlant du corps* – contrefait, déformé, déjeté, mal formé, malbâti. ▶ *En parlant des jambes* – cagneux, tordu, tors. *BELG.* qui cagne. ▲ **ANT.** NORMAL, RÉGULIER; BEAU, ÉLÉGANT, ESTHÉTIQUE, GRACIEUX.

diffus *adj.* ▶ *Qui manque de concision* – bavard, délayé, prolixe, redondant, verbeux. *SOUT.* logomachique, logorrhéique, phraséologique. ▶ *Dont l'éclairage est doux* – atténué, doux, tamisé, vaporeux, voilé. ▲ **ANT.** BREF, CONCIS, COURT, LACONIQUE; PRÉCIS; DIRECT *(éclairage)*, DIRIGÉ; BRUTAL, CRU, VIF, VIOLENT.

diffuser *v.* ▶ *Émettre* – dégager, émettre, produire, répandre. *SC.* dissiper. ▶ *Faire connaître* – populariser, propager, répandre, véhiculer. ▶ *Généraliser* – étendre, généraliser, répandre, universaliser. ▶ *Retransmettre* – relayer, retransmettre. ▲ **ANT.** ABSORBER, RECEVOIR; CONCENTRER; CENSURER, RETENIR.

diffusion *n. f.* ▶ *Dispersion* – dispersion, dissémination, émiettement, éparpillement, séparation. ▶ *Dispersion de la lumière* – biréfringence, déflexion, déviation, diffraction, dispersion, réfraction, réfringence. ▶ *Transmission* – cession, circulation, communication, dévolution, dissémination, émission, expansion, extension, intercommunication, multiplication, passation, progression, propagation, rayonnement, reproduction, transfert, translation, virement. ▶ *Acheminement* – acheminement, amenée, convoi, desserte, distribution, envoi, expédition, livraison, marche, postage, progression, service, transport. ▶ *Popularisation* – massification, popularisation. SOUT. vulgarisation. ▲ANT. CONCENTRATION, CONVERGENCE; CENTRALISATION; SILENCE; CENSURE, ÉTOUFFEMENT.

digérer *v.* ▶ *Absorber* – absorber, assimiler. ▶ *Accepter* (FAM.) – accepter, faire contre mauvaise fortune bon cœur, prendre son parti de, s'incliner, se faire à l'idée, se faire une raison, se résigner, se résoudre, se soumettre. ▲ANT. REJETER, VOMIR.

digestion *n.f.* absorption, anabolisme, assimilation, biosynthèse, chimisme, coction, eupepsie, ingestion, métabolisme, nutrition, phagocytose *(cellules)*, rumination, transformation. ▲ANT. INDIGESTION.

digne *adj.* ▶ *Qui mérite l'estime* – appréciable, bien, bon, considéré, de bon aloi, estimable, estimé, honorable, louable, méritant, méritoire, respectable. ▶ *Qui respecte les convenances* – bien, bienséant, convenable, correct, de bon ton, décent, fréquentable, honnête, honorable, moral, rangé, recommandable, respectable, sérieux. FAM. comme il faut. ▶ *Grave* – auguste, grave, impérial, imposant, majestueux, noble, olympien, qui impose le respect, solennel. ▶ *Vénérable* – auguste, respectable, révéré, sacré, saint, vénérable. ▲ANT. ABJECT, CRAPULEUX, DÉGOÛTANT, IGNOBLE, INDIGNE, INFÂME, MÉPRISABLE, ODIEUX, RÉPUGNANT; SANS DIGNITÉ, SANS PUDEUR; DISCOURTOIS, GROSSIER, IMPERTINENT, IMPOLI, INCONVENANT, INCORRECT, MAL ÉLEVÉ, RUSTRE.

dignité *n.f.* ▶ *Grandeur d'âme* – élévation, générosité, grandeur (d'âme), hauteur, mérite, noblesse, sublime, sublimité, valeur, vertu. ▶ *Décence* – bienséance, bon ton, chasteté, convenance, correction, décence, délicatesse, discrétion, éducation, fierté, gravité, honnêteté, honneur, modestie, politesse, propreté, pudeur, quant-à-soi, réserve, respect, retenue, sagesse, sobriété, tact, tenue, vertu. SOUT. pudicité. ▶ *Gravité* – componction, décence, gravité, hiératisme, majesté, pompe, raideur, réserve, rigidité, sérieux, solennité. ▶ *Fonction* – affectation, charge, emploi, fonction, métier, mission, office, place, poste, responsabilité, rôle, siège, titre, vocation. ▶ *Distinction* – décoration, égards, élévation, faveur, honneur, pourpre, prérogative, promotion. ▲ANT. BASSESSE, INDIGNITÉ; LAISSER-ALLER; FAMILIARITÉ, GROSSIÈRETÉ, VULGARITÉ; AVILISSEMENT, DÉSHONNEUR.

digression *n.f.* ▶ *Aparté* – à-côté, aparté, coq-à-l'âne, divagation, écart, épisode, excursion, excursus, hors-d'œuvre, parabase, parenthèse, placage. ▶ *Détour* – biais, circonlocution, détour, diversion, faux-fuyant, louvoiement, louvoyage, périphrase, repli, subterfuge, subtilité, tour. ▲ANT. CŒUR DU SUJET, VIF DU SUJET.

digue *n.f.* ▶ *Barrage* – barrage, batardeau, brise-lame, chaussée, duc-d'Albe *(pour l'amarrage)*, estacade, jetée, levée, môle, musoir, palée, serrement, turcie. ACADIE aboiteau. ▶ *Entrave* – accroc, adversité, anicroche, barrière, blocage, contrariété, contretemps, défense, difficulté, écueil, embarras, empêchement, ennui, entrave, frein, gêne, impasse, impossibilité, inhibition, interdiction, objection, obstruction, ombre au tableau, opposition, pierre d'achoppement, point noir, problème, résistance, restriction, tracas, tribulations. QUÉB. irritant. SOUT. achoppement, impedimenta, traverse. FAM. blème, hic, lézard, os, pépin. QUÉB. FAM. aria.

dilater *v.* ▶ *Élargir* – agrandir, desserrer, donner du large à, élargir, étendre, évaser, ouvrir. ▶ *Remplir d'air* – ballonner, boursoufler, distendre, enfler, gonfler, grossir, souffler. ♦ *se dilater* ▶ *Se remplir d'air* – bouffir, enfler, gonfler. ▲ANT. COMPRIMER, CONDENSER, CONTRACTER, RESSERRER, RÉTRÉCIR.

dilemme *n.m.* bifurcation, choix, embarras du choix, opposition, option.

dilettante *n.* amateur, fantaisiste, plaisantin, touche-à-tout. ▲ANT. PROFESSIONNEL.

diligence *n.f.* ▶ *Véhicule* – coach, coche. ▶ *Soin* (SOUT.) – sérieux, zèle. SOUT. soin. ▶ *Rapidité* – activité, agilité, célérité, empressement, hâte, précipitation, promptitude, rapidité, vélocité, vitesse, vivacité. SOUT. prestesse. ▲ANT. APATHIE, LENTEUR, NÉGLIGENCE, NONCHALANCE.

dimension *n.f.* ▶ *Grandeur* – ampleur, envergure, étendue, grandeur, mesure, proportion, valeur. ▶ *Importance* – gravité, importance, portée, priorité, prix.

diminuer *v.* ▶ *Amoindrir* – abaisser, affaiblir, amenuiser, amoindrir, baisser, laminer, minorer, réduire. ▶ *Restreindre* – borner, comprimer, limiter, réduire, resserrer, restreindre. ▶ *Atténuer* – affaiblir, amortir, atténuer, effacer, émousser, éroder, estomper, oblitérer, user. ▶ *Minimiser* – minimiser, minorer. ▶ *Déprécier* – dénigrer, déprécier, dévaloriser, dévaluer, inférioriser, rabaisser, rapetisser, ravaler. ▶ *Épuiser* – abattre, affaiblir, alanguir, anémier, consumer, débiliter, épuiser, étioler, miner, ronger, user. ▶ *S'amoindrir* – baisser, décliner, décroître, descendre, s'amoindrir. ▶ *Baisser, en parlant d'un prix* – baisser, chuter, dégringoler, s'effondrer, tomber. ▶ *S'atténuer* – baisser, faiblir, pâlir, s'affaiblir, s'atténuer, s'estomper. ▶ *Régresser* – décliner, ralentir, régresser, s'essouffler. ♦ *se diminuer* ▶ *Faire preuve d'humilité* – s'abaisser, s'humilier, se rabaisser. ▲ANT. AUGMENTER, CROÎTRE, GROSSIR; ACCROÎTRE, AGRANDIR, AJOUTER, AMPLIFIER.

diminution *n.f.* ▶ *Décroissance* – abaissement, affaiblissement, affaissement, amenuisement, amoindrissement, baisse, chute, creux, déclin, décroissance, décroissement, décrue, dégression, déplétion, dépréciation, descente, désescalade, dévalorisation, dévaluation, éclipse, effondrement, effritement, essoufflement, fléchissement, ralentissement, réduction. SOUT. émasculation. ▶ *Réduction* – abrégement, allégement, amenuisement, amoindrissement, amputation, atténuation, compression, délestage, épuration, gommage, graticulation, miniaturisation, minimalisation, minimisation, minoration, raccourcissement, racornissement, rapetissement, réduction, resserrement, restriction, rétrécissement, schématisation, simplification. *SOUT.* estompement. ▶ *Rabais* – abattement, baisse, bas prix, bonification, bradage, décompte, déduction, dégrèvement, discompte, escompte, liquidation, prix modique, rabais, réduction, réfaction, remise, ristourne, solde. *FAM.* bazardage. *QUÉB.* (prix d')aubaine. ⟩ *Impôt* – abattement, décote, dégrèvement, réduction d'impôt. ▶ *Raréfaction* – amoindrissement, appauvrissement, déperdition, disparition, dispersion, dissémination, éclaircissement, épuisement, raréfaction, rarescence, tarissement. ▲**ANT.** ACCROISSEMENT, AGRANDISSEMENT, AMPLIFICATION, AUGMENTATION, CROISSANCE; DILATATION; RECRUDESCENCE.

dîner *n. m.* ▶ *Repas de midi* – repas du midi, repas de midi. *FRANCE* déjeuner. *QUÉB.* lunch. ▶ *Repas du soir* (*FRANCE*) – repas du soir, souper.

diocèse *n. m.* archevêché, archidiaconé, archidiocèse, doyenné, éparchie, évêché, exarchat, paroisse, patriarcat.

diplomate *n.* ▶ *Personne* – agent, ambassadeur, attaché, chargé d'affaires, chargé de mission, commissaire, correspondant, délégataire, délégué, député, émissaire, envoyé, fondé de pouvoir, légat, mandataire, messager, ministre, négociateur, parlementaire, plénipotentiaire, représentant. ♦ **diplomates, plur.** ▶ *Ensemble de personnes* – corps diplomatique, diplomatie.

diplomatie *n. f.* ▶ *Carrière diplomatique* – ambassade, carrière. ▶ *Tact* – adresse, circonspection, doigté, finesse, habileté, souplesse, tact. ▶ *Stratégie* – adresse, calcul, finesse, habileté, ligne de conduite, manège, négociation, patience, prudence, ruse, sagesse, savoir-faire, souplesse, stratégie, tactique, temporisation, tractation. ▲**ANT.** BRUTALITÉ, DURETÉ, INFLEXIBILITÉ, INTRANSIGEANCE.

diplomatique *adj.* ▶ *Qui fait preuve de diplomatie* – diplomate. ▲**ANT.** BRUTAL, CRU, DIRECT.

diplôme *n. m.* ▶ *Acte* – agrégation, brevet, certificat. *FAM.* parchemin. *FRANCE FAM.* agrég, peau d'âne. ▶ *Récompense* – accessit, bon point, citation, couronne, décoration, distinction, gratification, médaille, mention, nomination, pourboire, prime, prix, récompense, satisfecit, trophée. *QUÉB. FAM.* bonbon.

dire *v.* ▶ *Prononcer* – articuler, émettre, lâcher, lancer, pousser, proférer, prononcer, sortir. ▶ *Exprimer* – émettre, exprimer, extérioriser, formuler, objectiver, verbaliser. ▶ *Communiquer* – annoncer, apprendre, communiquer, déclarer, faire l'annonce de, faire part de, faire savoir, notifier, signifier, transmettre. *FAM.* balancer. ▲**ANT.** ÉCOUTER, ENTENDRE; CACHER, DISSIMULER, OMETTRE, TAIRE.

direct *adj.* ▶ *Sans intermédiaire* – immédiat. ▶ *Très franc* – brutal, cru, qui ne mâche pas ses mots, sans ménagement. ▲**ANT.** INDIRECT; ALLUSIF, DÉTOURNÉ; AFFABLE, DÉLICAT, POLI; DIFFUS (*éclairage*); OMNIBUS (*train*); INVERSE (*proposition logique*); RÉTROGRADE (*mouvement des planètes*).

directement *adv.* ▶ *Droit* – droit, en ligne droite, tout droit. ▶ *Carrément* – abruptement, brusquement, brutalement, carrément, catégoriquement,

crûment, droit, droit au but, en plein, fermement, franc, franchement, hardiment, librement, net, nettement, raide, raidement, résolument, rondement, sans ambages, sans ambiguïté, sans barguigner, sans détour(s), sans dissimulation, sans équivoque, sans faux-fuyant, sans hésitation, sans intermédiaire, vertement. *FAM.* franco. ▶ *Immédiatement* – à l'instant, au plus vite, aussitôt, aussitôt que possible, d'emblée, d'urgence, en urgence, immédiatement, instantanément, sans délai, sans différer, sans tarder, séance tenante, sitôt, sur l'heure, sur le coup, sur-le-champ, tout de suite. *SOUT.* dans l'instant, incontinent. *FAM.* aussi sec, de suite, illico. *QUÉB. FAM.* au plus coupant, au plus sacrant. ▲**ANT.** DE FAÇON DÉTOURNÉE, INDIRECTEMENT; INVERSEMENT.

directeur *n.* ▶ *Dirigeant* – administrateur, cadre, chef d'entreprise, chef d'industrie, décideur, décisionnaire, dirigeant, gestionnaire, logisticien, patron, responsable, tête dirigeante. ▶ *Confesseur* – confesseur, directeur de conscience, directeur spirituel. ▶ *Conseiller* – conseil, conseiller, consultant, éminence grise, éveilleur, guide, inspirateur, orienteur, précepteur, prescripteur. *SOUT.* égérie (*femme*), mentor. *FAM.* cornac. ♦ **directeurs, plur.** ▶ *Ensemble de dirigeants* – cadres, direction, management, patronat, patrons, personnel d'encadrement. ▲**ANT.** EXÉCUTANT, INFÉRIEUR, SUBALTERNE, SUBORDONNÉ.

direction *n. f.* ▶ *Gestion* – administration, conduite, gérance, gestion, gouverne, intendance, logistique, management, maniement, organisation, régie, surintendance, tenue. ▶ *Personnes qui gèrent* – cadres, directeurs, management, patronat, patrons, personnel d'encadrement. ▶ *Conduite d'un véhicule* – conduite, pilotage. ▶ *Orientation* – axe, cap, côté, exposition, face, inclinaison, ligne, orientation, sens, situation, vue. *QUÉB. ACADIE FAM.* bord. *ASTRON.* azimut. *AÉRON. MAR.* cap. *MAR.* gisement, orientement. ▶ *Trajet* – aller (et retour), chemin, cheminement, circuit, course, distance, espace, itinéraire, marche, parcours, retour, route, tracé, traite, trajectoire, trajet, traversée, voyage. *FAM.* trotte. *FRANCE FAM.* tirée. ▶ *Tendance* – chemin, courant, cours, évolution, fil, mouvance, mouvement, orientation, tendance, virage. *SOUT.* voie. ▲**ANT.** SUBORDINATION.

directive *n. f.* citation, commande, commandement, consigne, injonction, instruction, intimation, mandat, ordre, prescription, semonce.

dirigeant *n.* ▶ *Directeur* – administrateur, cadre, chef d'entreprise, chef d'industrie, décideur, décisionnaire, directeur, gestionnaire, logisticien, patron, responsable, tête dirigeante. ▶ *Instigateur* – âme, artisan, auteur, canalisateur, centre, cerveau, chef, cheville ouvrière, créateur, fondateur, incitateur, initiateur, inspirateur, instigateur, locomotive, maître (d'œuvre), meneur, moteur, organisateur, patron, père, promoteur, protagoniste, régisseur, responsable. *SOUT.* excitateur, instaurateur, ouvrier. ▲**ANT.** EXÉCUTANT, SUBALTERNE.

diriger *v.* ▶ *Manœuvrer un véhicule* – conduire, gouverner (*embarcation*), mener, piloter. ▶ *Braquer* – braquer, pointer. ▶ *Guider* – aiguiller, conduire, guider, mener, mettre sur une piste, mettre sur une voie, orienter. ▶ *Gérer* – assurer la direction de, conduire, faire marcher, gérer, mener, piloter, présider à, superviser, tenir les rênes de. ▶ *Gouverner un État* – administrer, gérer, gouverner, manier. ▶ *Commander* – commander, encadrer, mener, superviser. *QUÉB. FAM.* bosser. ▶ *Tenir en son pouvoir* – asservir, contrôler, dominer, exercer son empire sur, exercer son emprise sur, gouverner, régenter, soumettre, subjuguer, tenir en son pouvoir, vampiriser, vassaliser. *SOUT.* inféoder. ♦ *se diriger* ▶ *Aller* – aller, évoluer, se déplacer, se mouvoir, se porter. ▶ *Se retrouver* – s'orienter, se guider, se reconnaître, se repérer, se retrouver. ▲ANT. OBÉIR, SUIVRE; DÉTOURNER, DÉVIER; ABANDONNER, LAISSER.

discernement *n. m.* ▶ *Perception* – aperception, appréhension, conception, entendement, idée, impression, intelligence, perception, sens, sensation, sentiment. *FIG.* œil. *PSYCHOL.* gnosie. *PHILOS.* senti. ▶ *Jugement* – bon sens, cerveau, cervelle, clairvoyance, compréhension, conception, entendement, esprit, faculté, imagination, intellect, intelligence, jugement, lucidité, pénétration, raison, tête. *FAM.* matière grise, méninges. *QUÉB. FAM.* cocologie. *QUÉB. ACADIE FAM.* jarnigoine. *PHILOS.* logos. ▶ *Sagesse* – bon goût, connaissance, (gros) bon sens, intelligence, jugement, philosophie, raison, sagesse, sens commun, vérité. *FAM.* jugeote. ▶ *Perspicacité* – acuité, clairvoyance, fin, finesse, flair, habileté, intuition, jugement, lucidité, pénétration, perspicacité, sagacité, sensibilité, subtilité. *FAM.* nez. ▲ANT. AVEUGLEMENT, CONFUSION, IRRÉFLEXION, LÉGÈRETÉ.

discerner *v.* ▶ *Percevoir* – apprécier, déceler, détecter, distinguer, identifier, percevoir, reconnaître. ▶ *Distinguer une chose de l'autre* – démêler, différencier, discriminer, distinguer, faire la différence entre, reconnaître, séparer. ▲ANT. CONFONDRE, MÉLANGER, MÊLER.

disciple *n.* ▶ *Personne qui apprend* – élève. ▶ *Partisan* – activiste, adepte, adhérent, allié, ami, apôtre, champion, défenseur, fidèle, inconditionnel, militant, partisan, soutien, sympathisant, tenant. *SOUT.* chantre, séide, zélateur. *FAM.* godillot. ▶ *Imitateur* – continuateur, égal, imitateur, rival, successeur. *SOUT.* émule, épigone. ♦ *disciples, plur.* ▶ *Ensemble de partisans* – école (de pensée). ▲ANT. MAÎTRE, PROFESSEUR; ADVERSAIRE, OPPOSANT.

discipline *n. f.* ▶ *Spécialité* – branche, champ, département, division, domaine, étude, fief, matière, partie, scène, science, secteur, spécialité, sphère. *FAM.* rayon. ▶ *Règle* – approche, art, chemin, code, comment, credo, démarche, dispositif, façon (de faire), facture, formule, heuristique, instruction, instrument, ligne de conduite, maïeutique, manière, marche (à suivre), méthode, modalité, mode d'emploi, mode, moyen, opération, ordre, organisation, outil, posologie, pratique, procédé, procédure, protocole, raisonnement, recette, règle, secret, stratagème, stratégie, système, tactique, technique, théorie, traitement, voie. *SOUT.* faire. ▲ANT. ANARCHIE, DÉSORDRE, INDISCIPLINE, INSOUMISSION.

discipliner *v.* ▶ *Mater* – dompter, dresser, mater, mettre au pas, serrer la vis à. *FAM.* visser. ▶ *Éduquer* – dresser, éduquer, élever. ▶ *Habituer* – dresser, entraîner, exercer, façonner, former, habituer. *SOUT.* rompre. ▶ *Maîtriser* (*SOUT.*) – contrôler, domestiquer, dominer, dompter, gouverner, juguler,

maîtriser, surmonter. *SOUT.* briser. ▶ *Coiffer* – brosser, coiffer, mettre en plis, peigner.

discontinu *adj.* ▶ *Intermittent* – à éclipses, brisé, intermittent, irrégulier. *MÉD.* erratique, rémittent. ▶ *En parlant d'une grandeur* – discret. ▲ANT. CONTINU, ININTERROMPU.

discontinuité *n. f.* brisure, cassure, coupure, fossé, hiatus, interruption, lacune, rupture, saut, solution de continuité. ▲ANT. CONTINUITÉ.

discordance *n. f.* ▶ *Dissonance* – bruit, cacophonie, canard, couac, disharmonie, dissonance, fausse note. *SOUT.* inharmonie. ▶ *Incohérence* – décousu, désaccord, disparité, divergence, hétérogénéité, inadéquation, incohérence, incompatibilité, inhomogénéité, non-conformité. *SOUT.* disconvenance, incohésion. ▶ *Contraste* – antithèse, contraste, désaccord, désagencement, désassortiment, déséquilibre, différence, disharmonie, disparité, disproportion, dissemblance, hétérogénéité, heurt, opposition, repoussoir. *SOUT.* disconvenance, tapage. ▲ANT. ACCORD, CONSONANCE, HARMONIE; COHÉRENCE, CORRESPONDANCE.

discordant *adj.* ▶ *Cacophonique* – cacophonique, criard, dissonant, faux, inharmonieux. ▶ *Incompatible* – contradictoire, contraire, dissonant, divergent, éloigné, incompatible, inconciliable, opposé. ▲ANT. COMPATIBLE, CONCILIABLE, CONCORDANT, CONVERGENT, CORRESPONDANT.

discorde *n. f.* ▶ *Dissension* – affrontement, antagonisme, combat, compétition, concurrence, conflit, contentieux, contestation, controverse, débat, désaccord, différend, discussion, dispute, dissension, dissentiment, divergence, émulation, friction, heurt, incompatibilité, incompréhension, lutte, mésentente, mésintelligence, opposition, polémique, querelle, rivalité. *FAM.* bagarre. ▶ *Dispute* – accrochage, algarade, altercation, brouille, brouillerie, chicane, controverse, démêlé, désaccord, désunion, différend, dispute, divergence, escarmouche, explication, fâcherie, froid, heurt, joute oratoire, litige, malentendu, mésentente, passe d'armes, polémique, querelle, rupture, scène, zizanie. *FAM.* bagarre, bisbille, bringue, chamaille, chamaillerie, empoignade, empoignement, engueulade, prise de bec, séance. *QUÉB. FAM.* brasse-camarade, chamaillage. *BELG. FAM.* bisbrouille. ▲ANT. ACCORD, CONCORDE, ENTENTE, HARMONIE.

discourir *v.* ▶ *Exposer longuement* – disserter sur, traiter de. ▶ *Parler trop longuement* – disserter, épiloguer, palabrer, pérorer. *FAM.* baratiner, dégoiser, laïusser, tartiner. *QUÉB. FAM.* vaser. ▲ANT. SE TAIRE.

discours *n. m.* ▶ *Allocution* – allocution, harangue, mot, toast. *FAM.* laïus, topo. *RELIG.* homélie, sermon. ▶ *Sermon* – catéchisme, enseignement, exhortation, harangue, leçon, morale, propos, sermon. *PÉJ.* prêchi-prêcha, radotage. ▶ *Conférence* – causerie, conférence, cours, exposé, laïus, lecture. ▶ *Traité* – argument, argumentation, cours, développement, dissertation, essai, étude, exposé, manuel, mémoire, monographie, somme, thèse. *DR.* dicte.

discréditer *v.* ▶ *Perdre de réputation* – déconsidérer, décrédibiliser, disqualifier, perdre. *FAM.* brûler, couler, griller. ▲ANT. ACCRÉDITER; VANTER.

discret

discret *adj.* ▸ *Retenu* – circonspect, délicat, retenu. ▸ *Réservé* – effacé, qui garde ses distances, qui reste sur son quant-à-soi, qui se tient sur la réserve, réservé. ▸ *Furtif* – furtif, inaperçu, rapide. ▸ *Sobre* – classique, dépouillé, simple, sobre, strict. *FAM.* zen. ▸ *En parlant d'une grandeur* – discontinu. ▲ANT. CURIEUX, FURETEUR, INDISCRET, QUI MET SON NEZ PARTOUT; OSTENSIBLE, OSTENTATOIRE; AGRESSIF, CLINQUANT, CRIARD, PROVOCANT, TAPAGEUR, TAPE-À-L'ŒIL, VOYANT; ANALOGIQUE, CONTINU.

discrétion *n. f.* ▸ *Timidité* – appréhension, confusion, crainte, effacement, effarouchement, embarras, émoi, frilosité, gaucherie, gêne, hésitation, honte, humilité, indécision, inhibition, introversion, malaise, modestie, peur, réserve, retenue, sauvagerie, timidité. *SOUT.* pusillanimité. *FAM.* trac. ▸ *Décence* – bienséance, bon ton, chasteté, convenance, correction, décence, délicatesse, dignité, éducation, fierté, gravité, honnêteté, honneur, modestie, politesse, propreté, pudeur, quant-à-soi, réserve, respect, retenue, sagesse, sobriété, tact, tenue, vertu. *SOUT.* pudicité. ▸ *Secret* – black-out, confidentialité, retenue, secret. ▲ANT. INDÉLICATESSE, INSOLENCE, SANS-GÊNE; IMPUDENCE, INDÉCENCE; BAVARDAGE, CURIOSITÉ, INDISCRÉTION.

discriminant *adj.* ▲ANT. ÉGALITAIRE, ÉQUITABLE.

discrimination *n. f.* ▸ *Action de distinguer* – analyse, démarcation, différenciation, distinction, distinguo, nuance, séparation. ▸ *Séparation d'un groupe social* – exclusion, ghettoïsation, marginalisation, mise à l'écart, ségrégation, séparation. ▲ANT. ASSIMILATION, CONFUSION, MÉLANGE; ÉGALITÉ, ÉQUITÉ, NON-DISCRIMINATION.

discussion *n. f.* ▸ *Raisonnement* – analyse, apagogie, argument, argumentation, considérations, déduction, démonstration, dialectique, dilemme, échafaudage, explication, implication, induction, inférence, justificatif, logique, méthode, preuve, raison, réflexion, réfutation, sorite, substruction, syllogisme, syllogistique, synthèse. ▸ *Échange de propos* – causerie, colloque, concertation, conversation, dialogue, échange (de vues), entretien, interview, pourparlers, tête-à-tête. *FAM.* causette, chuchoterie. *QUÉB.* jase, jasette. *PÉJ.* conciliabule, palabres; *FAM.* parlote. ▸ *Négociation* – conversation, dialogue, échange (de vues), marchandage, négociation, pourparlers, tractation, transaction. *SOUT.* transigeance. *FAM.* négo. ▸ *Débat* – affrontement, antagonisme, combat, compétition, concurrence, conflit, contentieux, contestation, controverse, débat, désaccord, différend, discorde, dispute, dissension, dissentiment, divergence, émulation, friction, heurt, incompatibilité, incompréhension, lutte, mésentente, mésintelligence, opposition, polémique, querelle, rivalité. *FAM.* bagarre. ▸ *Esclandre* – algarade, dispute, éclat, esclandre, querelle, scandale, scène, tapage. *FAM.* chambard, pétard.

discutable *adj.* ▸ *Contestable* – attaquable, contestable, controversable, controversé, critiquable, douteux, fragile, litigieux, mis en doute, sujet à caution, sujet à controverse, vulnérable. ▲ANT. AVÉRÉ, CERTAIN, DÉMONTRÉ, ÉTABLI, FORMEL, INCONTESTABLE, INDÉNIABLE, INDISCUTABLE, INDUBITABLE, IRRÉFUTABLE, PROUVÉ, RECONNU, SÛR.

discuter *v.* ▸ *Bavarder* – bavarder, causer, converser, deviser, dialoguer, papoter, parler (de choses et d'autres), s'entretenir. *FAM.* babiller, bavasser, blablater, caqueter, faire un brin de causette, jacasser, jacter, jaspiner, parlementer, parloter, tailler une bavette. *QUÉB. FAM.* jaser, placoter. *BELG. FAM.* babeler. ▸ *Échanger des propos sérieux* – conférer, parler, s'entretenir, tenir conférence, tenir conseil. ▸ *Parlementer* – dialoguer, être en pourparlers, négocier, parlementer, traiter. ▸ *Négocier* – débattre, négocier, traiter. ▸ *Rétorquer* – raisonner, répliquer, répondre, rétorquer, riposter. *SOUT.* repartir. ▸ *Débattre* – agiter, débattre, délibérer de, parler de. *SOUT.* démêler, disputer de. ▸ *Contester* – contester, douter de, mettre en doute, remettre en cause. *SOUT.* révoquer en doute. ▲ANT. ACCEPTER, ADMETTRE, APPROUVER, CROIRE.

disette *n. f.* ▸ *Carence* – carence, déficience, déficit, incomplétude, insuffisance, manque, pénurie, rareté. ▸ *Pauvreté* – appauvrissement, besoin, dénuement, détresse, embarras, gêne, gouffre, indigence, manque, mendicité, misère, nécessité, pauvreté, privation, ruine. *SOUT.* impécuniosité. *FAM.* dèche, pouillerie. *FRANCE FAM.* débine, fauche, mistoufle, mouise, mouscaille, panade, purée. *DR.* carence. ▸ *Sociale* – clochardisation, paupérisation, paupérisme, pauvreté, pénurie, sous-développement, sous-équipement, tiers-mondisation. ▲ANT. ABONDANCE, PROFUSION; RICHESSE.

disgrâce *n. f.* ▸ *Discrédit* – défaveur, discrédit, impopularité. *SOUT.* déconsidération. ▸ *Expulsion* – bannissement, délogement, désinsertion, disqualification, élimination, évacuation, éviction, exclusion, exil, expatriation, expulsion, nettoyage, ostracisme, proscription, rabrouement, radiation, refoulement, rejet, relégation, renvoi. *FAM.* dégommage, éjection, lessive, vidage. *QUÉB.* tablettage. *DIDACT.* forclusion. *DR.* déboutement. *ANTIQ.* pétalisme, xénélasie. ▸ *Malheur* – adversité, calamité, calice (de douleur), chagrin, détresse, deuil, douleur, échec, épreuve, fatalité, infortune, mal, malchance, malédiction, malheur, mauvaise fortune, mauvaise passe, mésaventure, misère, nuage, orage, peine, revers, ruine, sale affaire, sale histoire, souffrance, traverse, tribulation. *SOUT.* bourrèlement, plaie, tourment. ▸ *Difformité* – anomalie, défaut, déficience, déformation, difformité, dysmorphie, dysmorphose, handicap, infirmité, malformation, malposition, monstruosité, vice. ▲ANT. CRÉDIT, FAVEUR, GRÂCE; RÉHABILITATION; BEAUTÉ, CHARME.

disloquer *v.* ▸ *Sortir de son articulation* – déboîter, démettre, désarticuler, luxer. *FAM.* démancher. ▸ *Briser* – briser, casser, démolir, fracasser, mettre en pièces, rompre. *FAM.* démantibuler. ▸ *Diviser un territoire* – balkaniser, démembrer, dépecer, diviser, fragmenter, morceler. ♦ **se disloquer** ▸ *Se démettre* – se déboîter, se démettre, se désarticuler, se luxer. *FAM.* se démancher. ▸ *Se contorsionner* – se contorsionner, se désarticuler, se tordre. ▲ANT. ASSEMBLER, EMBOÎTER, REMBOÎTER, REMETTRE; RÉPARER.

disparaître *v.* ▸ *S'effacer* – partir, s'effacer, s'en aller, s'enlever. ▸ *Se dissiper* – mourir, partir, passer, s'assoupir, s'effacer, s'en aller, s'envoler, s'estomper, s'évanouir, s'évaporer, se dissiper, se volatiliser. ▶ **S'anéantir** – crouler, finir, mourir, périr, s'anéantir, s'écrouler, s'effondrer. ▶ **S'éloigner discrètement** – fausser compagnie à, filer à l'anglaise, partir en douce, s'échapper, s'éclipser, s'esquiver, s'évader. *FAM.* prendre la tangente, se déguiser en courant d'air. *FRANCE FAM.* faire basket. ▶ **Mourir** – décéder, être emporté, être tué, expirer, mourir, perdre la vie, périr, s'éteindre, succomber, trouver la mort. *SOUT.* exhaler le dernier soupir, passer de vie à trépas, payer tribut à la nature, rendre l'âme, rendre l'esprit, rendre le dernier soupir, rendre son dernier souffle, trépasser. *PAR EUPHÉM.* avoir vécu, faire le grand voyage, fermer les paupières, fermer les yeux, finir, monter au ciel, paraître devant Dieu, partir, passer, passer dans l'autre monde, quitter ce (bas) monde, s'effacer, s'en aller, s'endormir. *FAM.* aller ad patres, aller chez les taupes, avaler sa chique, avaler son acte de naissance, boire le bouillon d'onze heures, calancher, caner, casser sa pipe, clamser, claquer, crever, décoller son billard, dévisser son billard, faire couic, passer l'arme à gauche, perdre le goût du pain, rester sur le carreau, s'endormir du sommeil de la tombe, sortir les pieds devant, y rester. *FRANCE FAM.* claboter. *QUÉB. FAM.* lever les pattes, péter au fret. ▲**ANT.** APPARAÎTRE, PARAÎTRE, POINDRE, SE MANIFESTER, SE MONTRER; DEMEURER, ÊTRE, RESTER; COMMENCER; VENIR; NAÎTRE.

disparate *adj.* bigarré, complexe, composite, de tout poil, de toute espèce, dissemblable, divers, diversifié, éclectique, hétéroclite, hétérogène, mélangé, mêlé, mixte, multiple, varié. *SOUT.* pluriel. ▲**ANT.** ASSORTI, COORDONNÉ, HARMONIEUX, HOMOGÈNE.

disparition *n. f.* ▶ **Effacement** – dématérialisation, dissipation, dissolution, effacement, éloignement, évanouissement, évaporation, extinction, résorption, volatilisation. *ASTRON.* éclipse, immersion, occultation. ▶ **Tarissement** – évaporation, raréfaction, tarissement. ▶ **Diminution** – amoindrissement, appauvrissement, déperdition, diminution, dispersion, dissémination, éclaircissement, épuisement, raréfaction, rarescence, tarissement. ▶ **Anéantissement** – absorption, anéantissement, annihilation, démolition, destruction, dévastation, effacement, élimination, enlèvement, éradication, fin, gommage, liquidation, mort, néantisation, suppression. *SOUT.* extirpation. ▶ **Dépeuplement** – dénatalité, dépeuplement, dépopulation. ▶ **Absence** – absence, départ, échappée, éloignement, escapade, évasion, fugue, séparation. *FAM.* éclipse. ▶ **Mort** – décès, extinction, fin, mort, perte. *FIG.* départ, dernier repos, dernier sommeil, dernier soupir, grand voyage, sépulture, sommeil éternel, tombe, tombeau. *SOUT.* la Camarde, la Faucheuse, la Parque, trépas. *FRANCE FAM.* crevaison, crève. ▲**ANT.** APPARITION, RÉAPPARITION; AUGMENTATION; NAISSANCE.

disparu *n.* ▶ **Mort** – défunt, mort. *SOUT.* trépassé. ▶ **Absent** – absent, défaillant, manquant. ▲**ANT.** VIVANT.

dispenser *v.* ▶ **Exempter** – affranchir, décharger, dégager, délier, délivrer, désengager, excuser, exempter, exonérer, soustraire. ▶ **Donner** – distribuer, donner, prodiguer. ♦ **se dispenser** ▶ **Se soustraire** – couper à, échapper à, esquiver, éviter, fuir, passer au

travers de, se dérober à, se soustraire à. *FAM.* se défiler. *FRANCE FAM.* se débiner. ▲**ANT.** ASTREINDRE, CONTRAINDRE, FORCER, OBLIGER; EXIGER.

disperser *v.* ▶ **Répandre çà et là** – disséminer, éparpiller, répandre, saupoudrer, semer. ▶ **Répartir en plusieurs endroits** – disséminer, éparpiller. *BELG.* échampeler. ▶ **Dissiper les nuages, la brume** – balayer, chasser, dissiper. ♦ **se disperser** ▶ **Aller dans tous les sens** – s'égailler, s'éparpiller, se débander, se disséminer. ▶ **Passer d'un sujet à l'autre** – digresser, papillonner, passer du coq à l'âne, s'éparpiller, sauter du coq à l'âne. ▲**ANT.** AGGLOMÉRER, ASSEMBLER, CENTRALISER, CONCENTRER, MASSER, RASSEMBLER, RÉUNIR.

dispersion *n. f.* ▶ **Diffusion lumineuse** – biréfringence, déflexion, déviation, diffraction, diffusion, réfraction, réfringence. ▶ **Raréfaction** – amoindrissement, appauvrissement, déperdition, diminution, disparition, dissémination, éclaircissement, épuisement, raréfaction, rarescence, tarissement. ▶ **Éparpillement** – diffusion, dissémination, émiettement, éparpillement, séparation. ▶ **Fuite** – abandon, débâcle, débandade, défilade, déroute, fuite, panique, pathie *(animal)*, retraite, sauve-qui-peut. *FIG.* hémorragie. ▶ **Distraction** – absence (d'esprit), déconcentration, défaillance, dissipation, distraction, étourderie, imprudence, inadvertance, inapplication, inattention, inconséquence, irréflexion, légèreté, négligence, omission, oubli. *PSYCHAN.* aprosexie, déflexion. *PSYCHOL.* distractivité. ▶ **En statistique** – écart, fourchette, variance, variation. ▲**ANT.** CONCENTRATION; RASSEMBLEMENT, RÉUNION.

disponibilité *n. f.* ▶ **Disponibilité pour travailler** – non-activité. ▶ **Liberté** – autonomie, contingence, droit, faculté, franc arbitre, hasard, indépendance, indéterminisme, liberté, libre arbitre, (libre) choix, licence, loisir, permission, possibilité, pouvoir. ▶ **Accessibilité** – accessibilité, agrément, commodité, confort, facilité, faisabilité, possibilité, simplicité. *INFORM.* convivialité, transparence. ▲**ANT.** INDISPONIBILITÉ, NON-DISPONIBILITÉ; ENGAGEMENT. △**DISPONIBILITÉS,** *plur.* – IMMOBILISATIONS.

disponible *adj.* ▶ **Libre** – inoccupé, libre, vacant, vide. ▶ **Dont on peut disposer** – mobilisable. ▶ **En parlant de qqn** – accessible, approchable, d'un abord facile. *SOUT.* abordable, accostable. *QUÉB. FAM.* parlable. ▲**ANT.** BONDÉ, BOURRÉ, COMBLE, COMPLET, PLEIN, REMPLI; ÉPUISÉ *(produit)*; ENGAGÉ, INDISPONIBLE, OCCUPÉ, PRIS; D'UN ABORD DIFFICILE *(personne)*, INABORDABLE, INACCESSIBLE.

dispos *adj.* délassé, détendu, en forme, (frais et) dispos, frais, reposé. ▲**ANT.** ÉPUISÉ, ÉREINTÉ, EXTÉNUÉ, FATIGUÉ, FOURBU, LAS.

disposé *adj.* consentant, d'accord, volontaire. *FAM.* partant.

disposer *v.* ▶ **Arranger** – arranger, mettre, placer, présenter. *QUÉB. ACADIE FAM.* amancher. ▶ **Rendre enclin** – amener, conditionner, conduire, encourager, engager, entraîner, exhorter, impulser, inciter, incliner, mener, porter, pousser, provoquer. *SOUT.* exciter, mouvoir. ▶ **Bénéficier** – bénéficier de, jouir de, profiter de. ♦ **se disposer** ▶ **S'apprêter** – aller, être sur le point de, s'apprêter à, se préparer à. ▲**ANT.**

dispositif

BOULEVERSER, DÉSORGANISER, METTRE EN DÉSORDRE. △ DISPOSER DE – ÊTRE PRIVÉ DE, MANQUER DE.

dispositif *n. m.* ▶ *Machine* – appareil, engin, machine, mécanique, mécanisme. *FAM.* bécane, zinzin. *QUÉB. FAM.* patente. ▶ *Préparatif* – apprêt, arrangement, branle-bas, disposition, mesure, préalable, précaution, préliminaires, préparatifs, préparation. ▶ *Procédé* – approche, art, chemin, code, comment, credo, démarche, discipline, façon (de faire), facture, formule, heuristique, instruction, instrument, ligne de conduite, maïeutique, manière, marche (à suivre), méthode, modalité, mode d'emploi, mode, moyen, opération, ordre, organisation, outil, posologie, pratique, procédé, procédure, protocole, raisonnement, recette, règle, secret, stratagème, stratégie, système, tactique, technique, théorie, traitement, voie. *SOUT.* faire.

disposition *n. f.* ▶ *Agencement* – accommodation, accommodement, agencement, ajustement, aménagement, architecture, arrangement, articulation, assemblage, combinaison, combinatoire, composition, concaténation, configuration, construction, contexture, coordination, distribution, élaboration, enchaînement, harmonie, hiérarchie, liaison, mise en ordre, mise en place, ordonnance, ordonnancement, ordre, organisation, orientation, plan, profil, programmation, rangement, répartition, structuration, structure, système, texture. ▶ *En architecture* – agencement, appareil, appareillage, montage, taille. ▶ *Préparatif* – apprêt, arrangement, branle-bas, dispositif, mesure, préalable, précaution, préliminaires, préparatifs, préparation. ▶ *Clause* – clause, condition, mention, stipulation. ▶ *État d'esprit* – état d'esprit, humeur, moral. ▶ *Penchant* – affection, aptitude, attirance, faible, faiblesse, goût, habitude, impulsion, inclination, instinct, penchant, pente, prédilection, prédisposition, préférence, propension, tendance, vocation. *DIDACT.* susceptibilité. *PSYCHOL.* compulsion, conation. *FAM.* tendresses. ▶ *Compétence* – adresse, aisance, aptitude, art, brio, capacité, compétence, dextérité, doigté, don, expérience, expertise, facilité, faculté, force, fort, génie, habileté, main, maîtrise, métier, pouvoir, professionnalisme, savoir, savoir-faire, sens, talent, technique, virtuosité. *SOUT.* industrie. *FAM.* bosse. *QUÉB.* douance (*scolaire*). *DR.* habilitation, habilité. ▲ANT. DÉSORDRE, DÉSORGANISATION; INDIFFÉRENCE; INCOMPÉTENCE.

disproportion *n. f.* ▶ *Excès* – comble, débauche, débordement, dépassement, énormité, excédent, excès, exubérance, gaspillage, inutile, luxe, luxuriance, orgie, profusion, redondance, satiété, saturation, superfétation, superflu, superfluité, surabondance, surcharge, surcroît, surenchère, surnombre, surplus, trop, trop-plein. ▶ *Contraste* – antithèse, contraste, désaccord, désagencement, déssortiment, déséquilibre, différence, discordance, disharmonie, disparité, dissemblance, hétérogénéité, heurt, opposition, repoussoir. *SOUT.* disconvenance, tapage. ▲ANT. ÉGALITÉ, ÉQUILIBRE, PROPORTION; HARMONIE.

dispute *n. f.* ▶ *Querelle* – accrochage, algarade, altercation, brouille, brouillerie, chicane, controverse, démêlé, désaccord, désunion, différend, discorde, divergence, escarmouche, explication, fâcherie, froid,

heurt, joute oratoire, litige, malentendu, mésentente, passe d'armes, polémique, querelle, rupture, scène, zizanie. *FAM.* bagarre, bisbille, bringue, chamaille, chamaillerie, empoignade, empoignement, engueulade, prise de bec, séance. *QUÉB. FAM.* brasse-camarade, chamaillage. *BELG. FAM.* bisbrouille. ▶ *Esclandre* – algarade, discussion, éclat, esclandre, querelle, scandale, scène, tapage. *FAM.* chambard, pétard. ▶ *Débat* – affrontement, antagonisme, combat, compétition, concurrence, conflit, contentieux, contestation, controverse, débat, désaccord, différend, discorde, discussion, dissension, dissentiment, divergence, émulation, friction, heurt, incompatibilité, incompréhension, lutte, mésentente, mésintelligence, opposition, polémique, querelle, rivalité. *FAM.* bagarre. ▶ *Affaire* – affaire, arbitrage, contestation, débat, démêlé, différend, discussion, médiation, négociation, panel, querelle, règlement, spéculation, tractation. ▲ANT. ACCORD, ENTENTE, PAIX, RÉCONCILIATION, UNION.

disputer *v.* ▶ *Réprimander* (*FAM.*) – admonester, attraper, chapitrer, faire des remontrances à, faire la leçon à, faire la morale à, gronder, houspiller, malmener, moraliser, morigéner, rappeler à l'ordre, remettre à sa place, remettre au pas, réprimander, sermonner. *SOUT.* gourmander, redresser, semoncer, semondre, tancer. *FAM.* assaisonner, dire deux mots à, doucher, engueuler, enguirlander, incendier, laver la tête à, moucher, passer un savon à, remonter les bretelles à, sacquer, savonner, savonner la tête à, secouer, secouer comme un (vieux) prunier, secouer les puces à, sonner les cloches à, tirer les oreilles à. *FRANCE FAM.* donner un cigare à, passer un cigare à. *QUÉB. FAM.* brasser, chauffer les oreilles à, chicaner, parler dans le casque à, ramasser, serrer les ouïes à. ▶ *Rivaliser* (*SOUT.*) – lutter de, rivaliser de. *SOUT.* faire assaut de, jouter de, le disputer en. ▶ *Discuter* (*SOUT.*) – agiter, débattre, délibérer de, discuter (de), parler de. *SOUT.* démêler. ♦ **se disputer** ▶ *Se quereller* – s'entendre comme chien et chat, se quereller, se voler dans les plumes. *FAM.* s'accrocher, s'engueuler, se chamailler, se chicaner, se crêper le chignon (*femmes*), se prendre aux cheveux, se prendre la tête. *QUÉB. ACADIE FAM.* se tirailler. *SUISSE FAM.* se bringuer. *AFR.* palabrer. ▲ANT. ABANDONNER, CÉDER, RECONNAÎTRE. △ SE DISPUTER – S'ENTENDRE; SE RACCOMMODER, SE RÉCONCILIER.

disque *n. m.* ▶ *Objet circulaire* – anneau, bague, cerceau, cercle, collier, couronne, rondelle. *FAM.* rond. ▶ *Support audio* – album, audiodisque, audiogramme. ▶ *Support vidéo* – CDV, vidéodisque. ▶ *Au hockey* – palet. *QUÉB.* rondelle. ♦ **disques**, *plur.* ▶ *Ensemble de supports audio* – collection de disques, discothèque; coffret de disques.

dissemblable *adj.* ▶ *Différent* – autre, différent, distinct, divers, inégal. ▶ *Disparate* – bigarré, complexe, composite, de tout poil, de toute espèce, disparate, divers, diversifié, éclectique, hétéroclite, hétérogène, mélangé, mêlé, mixte, multiple, varié. *SOUT.* pluriel. ▲ANT. ÉGAL, ÉQUIVALENT, IDENTIQUE, INCHANGÉ, MÊME, PAREIL, SEMBLABLE, SIMILAIRE, TEL.

dissémination *n. f.* ▶ *Raréfaction* – amoindrissement, appauvrissement, déperdition, diminution, disparition, dispersion, éclaircissement, épuisement, raréfaction, rarescence, tarissement.

▶ **Dispersion** – diffusion, dispersion, émiettement, éparpillement, séparation. ▶ **Transmission** – cession, circulation, communication, dévolution, diffusion, émission, expansion, extension, intercommunication, multiplication, passation, progression, propagation, rayonnement, reproduction, transfert, translation, virement. ▲ANT. CONCENTRATION, REGROUPEMENT, RÉUNION; BLOCAGE, FREIN, OBSTACLE; CENSURE, SILENCE.

dissertation *n. f.* ▶ **Traité** – argument, argumentation, cours, développement, discours, essai, étude, exposé, manuel, mémoire, monographie, somme, thèse. DR. dire. ▶ **Exercice** – composition, rédaction.

disserter *v.* ▶ **Exposer longuement** – discourir sur, traiter de. ▶ **Parler trop longuement** – épiloguer, palabrer, pérorer. FAM. baratiner, dégoiser, laïusser, tartiner. QUÉB. FAM. vaser.

dissident *n.* ▶ **Personne qui s'oppose** – adversaire, antagoniste, attaqueur, compétiteur, concurrent, contestataire, contraire, contre-manifestant, détracteur, ennemi, mécontent, opposant, opposé, pourfendeur, prétendant, protestataire, rival. ▶ **Personne qui s'écarte de la norme** – déviationniste, mouton noir, non-conformiste. ♦ **dissidents, plur.** ▶ **Ensemble de personnes** – déviationnistes, dissidence, secte. ▲ANT. CONFORMISTE, FIDÈLE, ORTHODOXE.

dissimulation *n. f.* ▶ **Camouflage** – camouflage, déguisement, fard, maquillage, mascarade, masquage, masque, mimétisme, occultation. ▶ **Feinte** – affectation, artifice, cachotterie, comédie, déguisement, duplicité, faux-semblant, feinte, fiction, finauderie, grimace, hypocrisie, invention, leurre, mensonge, momerie, pantalonnade, parade, ruse, simulation, singerie, sournoiserie, tromperie. SOUT. simulacre. FAM. cinéma, cirque, finasserie, frime. ▶ **Hypocrisie** – déloyauté, duplicité, facticité, fausseté, félonie, fourberie, hypocrisie, malhonnêteté, mauvaise foi, perfidie, scélératesse, sournoiserie, trahison, traîtrise, tromperie. SOUT. factice, félinité, insincérité. ▲ANT. AFFICHAGE, DÉMONSTRATION, ÉTALAGE, OSTENTATION; CANDEUR, FRANCHISE, LOYAUTÉ, NATUREL, SINCÉRITÉ.

dissimulé *adj.* ▶ **Qu'on ne peut voir** – caché, dérobé, invisible, masqué, secret. ▶ **Qui n'est pas avoué** – caché, dérobé, inavoué, secret. ▶ **Clandestin** – clandestin, occulte, parallèle, secret, souterrain, subreptice. ▶ **Hypocrite** – à double face, de mauvaise foi, déloyal, dissimulateur, fallacieux, faux, fourbe, hypocrite, insidieux, insincère, menteur, perfide, sournois, tortueux, traître, trompeur. SOUT. captieux, cauteleux, chafouin, tartufe, tartuffard, tortu. DIDACT. sophistique. ▲ANT. APPARENT, VISIBLE; FRANC, OUVERT, SINCÈRE.

dissimuler *v.* ▶ **Soustraire à la vue** – cacher, camoufler, couvrir, dérober aux regards, escamoter, masquer, receler, recouvrir, soustraire à la vue, soustraire aux regards, voiler. MILIT. classifier *(document)*. FAM. planquer. ▶ **Cacher dans le but de tromper** – cacher, camoufler, couvrir, déguiser, envelopper, escamoter, étouffer, farder, grimer, maquiller, masquer, occulter, travestir. SOUT. pallier. QUÉB. FAM.

abrier. ▶ **Omettre** – cacher, couvrir, laisser de côté, omettre, passer sous silence, taire. SOUT. celer. ▲ANT. DÉCOUVRIR, DÉVOILER, EXHIBER, EXPOSER, MONTRER; AVOUER, CONFESSER.

dissipé *adj.* ▶ **Turbulent** – agité, bruyant, chahuteur, diable, emporté, excité, remuant, tapageur, turbulent. QUÉB. FAM. énervé, grouillant, tannant. ▶ **Immoral** – corrompu, débauché, dépravé, déréglé, dévoyé, dissolu, immoral, libertin, relâché. SOUT. sardanapalesque. ▲ANT. SAGE; DISCIPLINÉ, TRANQUILLE; CHASTE, PUDIQUE, RÉSERVÉ, VERTUEUX.

dissiper *v.* ▶ **Chasser les nuages, la brume** – balayer, chasser, disperser. ▶ **Dilapider** – dévorer, dilapider, engloutir, engouffrer, gaspiller, manger, prodiguer. FAM. claquer, croquer, flamber, griller. QUÉB. FAM. flauber. ▶ **Distraire** – déconcentrer, déranger, distraire. ▶ **Produire** – dégager, diffuser, émettre, produire, répandre. ♦ **se dissiper** ▶ **Disparaître** – disparaître, mourir, partir, passer, s'assoupir, s'effacer, s'en aller, s'envoler, s'estomper, s'évanouir, s'évaporer, se volatiliser. ▲ANT. ACCUMULER, ÉCONOMISER; ASSAGIR. △SE DISSIPER – APPARAÎTRE.

dissocier *v.* couper, déconnecter, dégrouper, désunir, détacher, disjoindre, écarter, éloigner, isoler, séparer. ▲ANT. ASSOCIER, RAPPROCHER, RÉUNIR.

dissolution *n. f.* ▶ **Dilution** – délayage, délayement. ▶ **Liquide** – émulsion *(hétérogène)*, solution *(homogène)*. MÉD. lait, soluté. ▶ **Phénomène chimique** – barbotage, craquage. ▶ **Disparition** – dématérialisation, disparition, dissipation, effacement, éloignement, évanouissement, évaporation, extinction, résorption, volatilisation. ASTRON. éclipse, immersion, occultation. ▶ **Séparation** – atomisation, décomposition, découpage, démembrement, désagrégation, désagrégement, désintégration, dislocation, dissociation, division, éclatement, écroulement, effritement, émiettement, fission, fractionnement, fragmentation, îlotage, micronisation, morcellement, parcellarisation, parcellarité, parcellisation, partage, pulvérisation, quadripartition, sectorisation, séparation, tranchage, tripartition. FRANCE FAM. saucissonnage. RELIG. fraction. ▶ **Territoires** – balkanisation, partition. ▶ **Divorce** – désertion, désunion, dissolution (de mariage), divorce, répudiation, rupture, séparation. FAM. décrochage, lâchage, largage, plaquage. ▶ **Renvoi** – ajournement, annulation, cassation, destitution, infirmation, invalidation, péremption d'instance, relaxe, remise, report, rescision, résiliation, résolution, révocation, sursis. ▶ **Abolition** – abolition, abrogation, annulation, cassation, cessation, coupure, invalidation, résiliation, résolution, retrait, révocation, rupture de contrat, suppression. BELG. renon. ▲ANT. CONCENTRATION; CONFIRMATION, RATIFICATION; APPARITION, FORMATION; TEMPÉRANCE, VERTU.

dissonance *n. f.* ▶ **Cacophonie** – bruit, cacophonie, canard, couac, discordance, disharmonie, fausse note. SOUT. inharmonie. ▲ANT. ACCORD, CONSONANCE, EUPHONIE, HARMONIE.

dissoudre *v.* ▶ **Mélanger avec un liquide** – délayer. ▶ **Résilier** – annuler, casser, mettre fin à, résilier, rompre. BELG. renoncer. DR. nullifier, rescinder, résoudre. ▲ANT. ▶ CONCENTRER, CONSTITUER, CRISTALLISER, PRÉCIPITER, SOLIDIFIER.

dissuader *v.* déconseiller à, décourager, détourner, éloigner. ▲ANT. ENCOURAGER, ENGAGER, EXHORTER, INCITER, PERSUADER.

distance *n. f.* ▶ *Longueur* – écartement, éloignement, longueur, portée. ▶ *Profondeur* – abîme, abysse, creux, enfoncement, épaisseur, (fin) fond, fosse, gouffre, lointain, perspective, profondeur. SOUT. entrailles. ▶ *Trajet* – aller (et retour), chemin, cheminement, circuit, course, direction, espace, itinéraire, marche, parcours, retour, route, tracé, traite, trajectoire, trajet, traversée, voyage. FAM. trotte. FRANCE FAM. tirée. ▶ *Intervalle* – battement, creux, durée, espace (de temps), intervalle, laps de temps. SOUT. échappée. QUÉB. ACADIE FAM. escousse, secousse. BELG. fourche. ▶ *Différence* – abîme, altérité, changement, désaccord, déviance, différence, dissemblance, dissimilitude, distinction, divergence, diversité, division, divorce, écart, fossé, gouffre, incompréhension, inégalité, intervalle, marginalité, nuance, séparation, variante, variation, variété. MATH. inéquation. ▲ANT. CONTIGUÏTÉ, PROXIMITÉ; COÏNCIDENCE; RAPPROCHEMENT, SIMILITUDE.

distant *adj.* ▶ *Éloigné* – éloigné, espacé, lointain. ▶ *Froid* – de glace, de marbre, frais, froid, glaçant, glacial, réfrigérant, réservé. SOUT. marmoréen. ▲ANT. ADJACENT, PROCHAIN, PROCHE, RAPPROCHÉ, VOISIN; CHALEUREUX, CORDIAL, ENGAGEANT, SOCIABLE; AFFECTUEUX, AMI, AMICAL, FRATERNEL, TENDRE.

distiller *v.* ▶ *Soumettre à la distillation* – rectifier. ▶ *Faire passer à l'état gazeux* – évaporer, gazéifier, sublimer, vaporiser, volatiliser. ▶ *Laisser couler goutte à goutte* – exsuder, sécréter, suinter. ▲ANT. MÉLANGER; DIALYSER.

distinct *adj.* ▶ *Différent* – autre, différent, dissemblable, divers, inégal. ▶ *Indépendant* – autonome, dissocié, indépendant, séparé. ▶ *Perceptible* – appréciable, discernable, distinguable, identifiable, perceptible, reconnaissable, saisissable, sensible. ▶ *À la vue* – apercevable, apparent, extérieur, observable, visible. MÉD. clinique. ▶ *À l'ouïe* – audible. ▲ANT. ÉGAL, ÉQUIVALENT, IDENTIQUE, INCHANGÉ, MÊME, PAREIL, SEMBLABLE, SIMILAIRE, TEL; CONFUS, FLOU, IMPRÉCIS, INCERTAIN, INDÉFINI, INDÉFINISSABLE, INDÉTERMINÉ, INDISTINCT, OBSCUR, TROUBLE, VAGUE; IMPERCEPTIBLE, INDISCERNABLE, INSAISISSABLE, INSENSIBLE.

distinctif *adj.* ▶ *Qui sert à distinguer* – caractéristique, déterminant, particulier, propre, spécial, spécifique, typique. SOUT. sui generis. ▶ *En psychologie* – différenciateur, discriminatif. ▶ *En linguistique* – pertinent, significatif.

distinction *n. f.* ▶ *Individualisation* – caractérisation, choix, définition, détermination, différenciation, élection, individualisation, individuation, marque, particularisation, personnalisation, polarisation, singularisation, spécification, tri. ▶ *Différenciation* – analyse, démarcation, différenciation, discrimination, distinguo, nuance, séparation. ▶ *Différence* – abîme, altérité, changement, désaccord, déviance, différence, dissemblance, dissimilitude, distance, divergence, diversité, division, divorce, écart, fossé, gouffre, incompréhension, inégalité, intervalle, marginalité, nuance, séparation, variante, variation, variété. MATH. inéquation. ▶ *Récompense*

– accessit, bon point, citation, couronne, décoration, diplôme, gratification, médaille, mention, nomination, pourboire, prime, prix, récompense, satisfecit, trophée. QUÉB. FAM. bonbon. ▶ *Décoration* – badge, décoration, distinction (honorifique), insigne. FAM. banane, crachat, hochet. ▶ *Honneur* – décoration, dignité, égards, élévation, faveur, honneur, pourpre, prérogative, promotion. ▶ *Élégance* – agrément, art, attrait, beau, beauté, charme, chic, classe, coquetterie, délicatesse, éclat, élégance, esthétique, féerie, fraîcheur, grâce, gracieux, harmonie, magnificence, majesté, perfection, photogénie, pureté, séduction, splendeur, symétrie. DIDACT. eurythmie. SOUT. blandice, joliesse, morbidesse, sublimité, symphonie, vénusté. ▲ANT. CONFUSION; ASSIMILATION, INDIFFÉRENCIATION, INDISTINCTION; IDENTITÉ; DÉSHONNEUR; VULGARITÉ.

distingué *adj.* ▶ *Qui a de la distinction* – aristocratique, chic, de grande classe, élégant, qui a bon genre, racé, raffiné, ultra-chic. FAM. classe. ▶ *Qui a du prestige* – choisi, de distinction, de marque, de prestige, élitaire, éminent, en vue, grand, prestigieux, select, trié sur le volet. ▲ANT. BAS, GROSSIER, TRIVIAL, VULGAIRE.

distinguer *v.* ▶ *Rendre distinct* – caractériser, différencier, individualiser, particulariser, singulariser. ▶ *Discerner une chose de l'autre* – démêler, différencier, discerner, discriminer, faire la différence entre, reconnaître, séparer. ▶ *Percevoir* – apprécier, déceler, détecter, discerner, identifier, percevoir, reconnaître. ♦ **se distinguer** ▶ *Se différencier* – différer, s'éloigner, se différencier. ▶ *Se faire remarquer* – émerger du lot, se démarquer, se différencier, se faire remarquer, se particulariser, se signaler, se singulariser. ▶ *De façon favorable* – briller, exceller, s'illustrer, se signaler. ▲ANT. ASSIMILER, CONFONDRE, IDENTIFIER, MÉLANGER, MÊLER; IGNORER, NÉGLIGER, RABAISSER.

distorsion *n. f.* ▶ *Déformation* – anamorphose, aplatissement, courbure, déformation, déviation, gauchissement, gondolage, gondolement, inclinaison, ovalisation, plissement, voilage, voile, voilement, voilure. TECHN. fluage. BIOL. amorphisme. ▲ANT. RECTITUDE; CONFORMITÉ; CORRECTION, RECTIFICATION.

distraction *n. f.* ▶ *Inattention* – absence (d'esprit), déconcentration, défaillance, dispersion, dissipation, étourderie, imprudence, inadvertance, inapplication, inattention, inconséquence, irréflexion, légèreté, négligence, omission, oubli. PSYCHAN. aprosexie, déflexion. PSYCHOL. distractivité. ▶ *Oubli* – absence, amnésie, étourderie, manque, mauvaise mémoire, omission, oubli, perte de mémoire, trou (de mémoire). ▶ *Bévue* – balourdise, bavure, bêtise, bévue, blague, bourde, erreur, étourderie, fausse manœuvre, fausse note, faute, faux pas, gaucherie, impair, imprudence, maladresse, maldonne, méprise, sottise. FAM. boulette, couac, gaffe, gourance, gourante. ▶ *Divertissement* – agrément, amusement, amusette, délassement, dérivatif, divertissement, ébats, ébattement, étourdissement, jeu, loisir, ludisme, partie, passe-temps, plaisance, plaisir, récréation, sport. SOUT. diversion. FAM. récré. ▶ *Plaisir* – agrément, amusement, divertissement, égaiement, plaisir. ▶ *Remède moral* – adoucissement,

divers

allégement, antidote, apaisement, atténuation, baume, consolation, correctif, dérivatif, diversion, exutoire, préservatif, remède, soulagement. *SOUT.* dictame. ▲ANT. APPLICATION, ATTENTION, CONCENTRATION; OCCUPATION, TRAVAIL; PRÉOCCUPATION, SOUCI.

distraire *v.* ▶ *Désennuyer* – changer les idées, délasser, désennuyer, occuper. ▶ *Amuser* – amuser, divertir, égayer, récréer, réjouir. ▶ *Déconcentrer* – déconcentrer, déranger, dissiper. ▶ *Prélever* (*SOUT.*) – extraire, prélever. ◆ **se distraire** ▶ *Se divertir* – prendre du bon temps, s'amuser, s'égayer, se divertir, se récréer, se réjouir. *FAM.* rigoler, s'éclater, se défoncer, se marrer. ▲ANT. ENNUYER, IMPORTUNER.

distrait *adj.* ▶ *Absent* – absent, absorbé (dans ses pensées), inattentif, lointain, lunaire, méditatif, pensif, qui a l'esprit ailleurs, rêvasseur, rêveur, somnambule, songeur. *FAM.* dans la lune. *QUÉB. FAM.* coq-l'œil, lunatique. ▶ *Étourdi* – étourdi, inappliqué, inattentif, négligent. ▲ANT. ATTENTIF, CONCENTRÉ, VIGILANT.

distribuer *v.* ▶ *Dispenser* – dispenser, donner, prodiguer. ▶ *Répartir* – diviser, partager, répartir, séparer, ventiler. ▶ *Classifier* – catégoriser, classer, classifier, grouper, ordonner, ranger, répartir, sérier, trier. ▶ *Commercialiser* – commercialiser, mettre en vente, mettre sur le marché, vendre. ▲ANT. ACCAPARER, PRENDRE; ACCUMULER, AMASSER, CAPITALISER, GARDER, THÉSAURISER; RASSEMBLER, RÉCOLTER, RECUEILLIR; CENTRALISER, CONCENTRER, GROUPER, RÉUNIR.

distribution *n. f.* ▶ *Répartition* – division, mi-partition, partage, partition, répartition, ventilation. ▶ *Partage* – allotissement, assiette, attribution, coéquation, contingent, diffusion, partage, péréquation, quote-part, ration, répartement, répartiement, répartition, routage. *DR.* copartage. ▶ *Attribution* – allocation, attribution, dotation, remise. ▶ *Don* – aide, allocation, apport, assistance, aumône, bonne œuvre, charité, dation, disposition, don, faveur, grâce, hommage, indemnité, obole, prestation, secours, soulagement, subside, subvention. *SOUT.* bienfait. *FAM.* dépannage. *DR.* donation, fidéicommis, legs, libéralité. *RELIG.* bénédiction, charisme. ▶ *Classement* – archivage, arrangement, catalogue, classement, classification, collocation, indexage, indexation, mise en ordre, ordonnancement, ordre, rangement, répartition, sériation, tri, triage. ▶ *Agencement* – accommodation, accommodement, agencement, ajustement, aménagement, architecture, arrangement, articulation, assemblage, combinaison, combinatoire, composition, concaténation, configuration, construction, contexture, coordination, disposition, élaboration, enchaînement, harmonie, hiérarchie, liaison, mise en ordre, mise en place, ordonnance, ordonnancement, ordre, organisation, orientation, plan, profil, programmation, rangement, répartition, structuration, structure, système, texture. ▶ *Livraison* – délivrance, factage, livraison, port, remise, transport. ▶ *Acheminement* – acheminement, amenée, convoi, desserte, diffusion, envoi, expédition, livraison, marche, postage, progression, service, transport. ▶ *Commercialisation* – commercialisation, conditionnement, étude de marché, marchandisage, marchéage, marketing, mercatique, mise en marché. ▲ANT. COLLECTE, RAMASSAGE, RASSEMBLEMENT,

RÉCOLTE, REGROUPEMENT, RÉUNION; ACCUMULATION, CONCENTRATION; CONSERVATION.

divagation *n. f.* ▶ *Élucubration* – élucubration, extravagance, fantasme, imagination, puérilité, vision. *SOUT.* disparade, disparate, vaticination. ▶ *Digression* – à-côté, aparté, coq-à-l'âne, digression, écart, épisode, excursion, excursus, hors-d'œuvre, parabase, parenthèse, placage. ▶ *Parole stupide* – absurdité, ânerie, bafouillage, bafouillis, baliverne, balourdise, bêlement, bêtise, bourde, calembredaine, cliché, fadaise, faribole, folie, idiotie, imbécillité, ineptie, insanité, niaiserie, non-sens, perle, propos en l'air, sornette, sottise, stupidité. *SOUT.* billevesée. *FAM.* crétinerie, déblocage, déconnage, dinguerie, vanne. ▶ *Aberration* – aberrance, aberration, égarement, errements, erreur, méprise. *SOUT.* fourvoiement. ▶ *Délire* – agitation, aliénation, amok, aveuglement, délire, égarement, excitation, folie, frénésie, hallucination, hystérie, onirisme, paranoïa, surexcitation. ▲ANT. BON SENS, LUCIDITÉ, RAISON.

divaguer *v.* ▶ *Tenir des propos décousus* – déraisonner, dire n'importe quoi, élucubrer, extravaguer, radoter, s'égarer. *FAM.* battre la breloque, battre la campagne, débloquer, déconner, déjanter, délirer, dérailler, dérailler, rouler sur la jante. *QUÉB. FAM.* déparler. ▶ *Vagabonder* (*SOUT.*) – badauder, déambuler, errer, flâner, rôder, (se) baguenauder, se balader, se promener, traînailler, traînasser, traîner, vagabonder. *SOUT.* battre le pavé, vaguer. *FAM.* vadrouiller, zoner. *ACADIE FAM.* gaboter. *BELG. FAM.* baligander, balziner. ▲ANT. RAISONNER.

divan *n. m.* canapé, duchesse, lit de repos, méridienne, ottomane, récamier, sofa, turquoise, veilleuse.

divergence *n. f.* ▶ *Différence* – abîme, altérité, changement, désaccord, déviance, différence, dissemblance, dissimilitude, distance, distinction, diversité, division, divorce, écart, fossé, gouffre, incompréhension, inégalité, intervalle, marginalité, nuance, séparation, variante, variation, variété. *MATH.* inéquation. ▶ *Incohérence* – décousu, désaccord, discordance, disparité, hétérogénéité, inadéquation, incohérence, incompatibilité, inhomogénéité, non-conformité. *SOUT.* disconvenance, incohésion. ▶ *Contraire* – antilogie, antinomie, antipode, antithèse, antonymie, contradiction, contraire, contraste, contrepartie, contre-pied, dichotomie, différence, envers, inverse, opposition, polarité, réciproque. ▶ *Désaccord* – affrontement, antagonisme, combat, compétition, concurrence, conflit, contentieux, contestation, controverse, débat, désaccord, différend, discorde, dispute, dissension, dissentiment, émulation, friction, heurt, incompatibilité, incompréhension, lutte, mésentente, mésintelligence, opposition, polémique, querelle, rivalité. *FAM.* bagarre. ▲ANT. ACCORD, CONCORDANCE, CONVERGENCE; CONSENSUS, ENTENTE, UNANIMITÉ.

divergent *adj.* contradictoire, contraire, discordant, dissonant, éloigné, incompatible, inconciliable, opposé. ▲ANT. COMPATIBLE, CONCILIABLE, CONCORDANT, CONVERGENT, CORRESPONDANT.

divers *adj.* ▶ *Différent* – autre, différent, dissemblable, distinct, inégal. ▶ *Disparate* – bigarré, complexe, composite, de tout poil, de toute espèce,

diversion

disparate, dissemblable, diversifié, éclectique, hétéroclite, hétérogène, mélangé, mêlé, mixte, multiple, varié. *SOUT.* pluriel. ◆ **divers,** *plur.* ▶ *Nombreux* – différents, maints, multiples, nombreux, plusieurs. ▲**ANT.** HOMOGÈNE, UNIFORME; ANALOGUE, COMPARABLE, PAREIL, RESSEMBLANT, SEMBLABLE, SIMILAIRE; UNIQUE.

diversion *n. f.* ▶ *Détournement de l'attention* – contre-feu. ▶ *Détour* – biais, circonlocution, détour, digression, faux-fuyant, louvoiement, louvoyage, périphrase, repli, subterfuge, subtilité, tour. ▶ *Consolation* – adoucissement, allégement, antidote, apaisement, atténuation, baume, consolation, correctif, dérivatif, distraction, exutoire, préservatif, remède, soulagement. *SOUT.* dictame. ▶ *Divertissement* (*SOUT.*) – agrément, amusement, amusette, délassement, dérivatif, distraction, divertissement, ébats, ébattement, étourdissement, jeu, loisir, ludisme, partie, passe-temps, plaisance, plaisir, récréation, sport. *FAM.* récré. ▲**ANT.** CONCENTRATION; PRÉOCCUPATION; OCCUPATION.

diversité *n. f.* ▶ *Pluralité* – complexité, multiplicité, pluralité, variété. ▶ *Différence* – abîme, altérité, changement, désaccord, déviance, différence, dissemblance, dissimilitude, distance, distinction, divergence, division, divorce, écart, fossé, gouffre, incompréhension, inégalité, intervalle, marginalité, nuance, séparation, variante, variation, variété. *MATH.* inéquation. ▶ *Éclectisme* – éclectisme, variété. ▲**ANT.** SINGULARITÉ, UNICITÉ; CONCORDANCE, RESSEMBLANCE; MONOTONIE, UNIFORMITÉ.

divertir *v.* amuser, distraire, égayer, récréer, réjouir. ◆ **se divertir** prendre du bon temps, s'amuser, s'égayer, se distraire, se récréer, se réjouir. *FAM.* rigoler, s'éclater, se défoncer, se marrer. ▲**ANT.** ENNUYER, IMPORTUNER.

divertissant *adj.* ▶ *Agréable* – agréable, amusant, charmant, distrayant, égayant, gai, plaisant, réjouissant, riant, souriant, sympathique. *FAM.* bonard, chic, chouette, sympa. ▶ *Récréatif* – délassant, distrayant, ludique, récréatif. *DIDACT.* distractif. ▲**ANT.** AFFLIGEANT, ATTRISTANT, CHAGRINANT, DÉPLORABLE, DÉSESPÉRANT, DÉSOLANT, NAVRANT, TRISTE; ASSOMMANT, ENDORMANT, ENNUYEUX, ININTÉRESSANT, INSIPIDE, LASSANT, MONOTONE, PLAT, SOPORIFIQUE.

divertissement *n. m.* ▶ *Plaisir* – agrément, amusement, distraction, égaiement, plaisir. ▶ *Amusement* – agrément, amusement, amusette, délassement, dérivatif, distraction, ébats, ébattement, étourdissement, jeu, loisir, ludisme, partie, passe-temps, plaisance, plaisir, récréation, sport. *SOUT.* diversion. *FAM.* récré. ▶ *Spectacle* – attraction, concert, danse, exécution, exhibition, happening, numéro, pièce, projection, récital, représentation, revue, séance, soirée. ▶ *Concert* – aubade, audition, concert, exécution, récital, séance, sérénade, soirée. ▶ *Intermède* – entracte, interlude, intermède, intermezzo. ▲**ANT.** ENNUI; TRAVAIL; OUVRAGE.

divin *adj.* ▶ *Surnaturel* – céleste, miraculeux, surnaturel. ▶ *D'une perfection hors de ce monde* – angélique, céleste, pur, sublime, transcendant. *SOUT.* archangélique, séraphique. ▶ *Charmant* – agréable, beau, charmant, délicieux, exquis, suave, sublime. *FRANCE FAM.* gouleyant. ▲**ANT.** DÉMONIAQUE,

DIABOLIQUE, SATANIQUE; PROFANE, TERRESTRE; ABOMINABLE, ATROCE, ÉPOUVANTABLE, EXÉCRABLE, HORRIBLE, INFECT, MAUVAIS, MINABLE.

divination *n. f.* ▶ *Art de prédire l'avenir* – art divinatoire, mancie, mantique. ▶ *Prédiction* – anticipation, futurologie, prédiction, prévision, projection, prospective. *SOUT.* vaticination. ▶ *Intuition* – anticipation, flair, impression, instinct, intuition, précognition, prédiction, prémonition, prénotion, prescience, pressentiment, prévision, sentiment, voyance. *FAM.* pif, pifomètre.

divinement *adv.* à la perfection, à merveille, à ravir, admirablement, bien, extraordinairement, idéalement, impeccablement, incomparablement, infailliblement, irréprochablement, le mieux du monde, merveilleusement, mirifiquement, on ne peut mieux, parfaitement, prodigieusement, sans fautes, sublimement, supérieurement, suprêmement. *SOUT.* excellemment. *FAM.* épatamment, sans bavure. ▲**ANT.** DISGRACIEUSEMENT, INESTHÉTIQUEMENT, LAIDEMENT, VILAINEMENT; DÉSAGRÉABLEMENT, DÉTESTABLEMENT, EXÉCRABLEMENT.

divinité *n. f.* ▶ *Être* – déesse, démon, dieu, être divin, immortel. *SOUT.* déité. ◆ **divinités,** *plur.* ▶ *Ensemble d'êtres* – les dieux, panthéon, théogonie. ▲**ANT.** HOMME, MORTEL.

diviser *v.* ▶ *Séparer en sections* – découper, éclater, fractionner, partager, scinder, sectionner, sectoriser, segmenter, sous-diviser, subdiviser. *FAM.* saucissonner. ▶ *Séparer un territoire* – balkaniser, démembrer, dépecer, disloquer, fragmenter, morceler. ▶ *Répartir* – distribuer, partager, répartir, ventiler. ▶ *Brouiller* – brouiller, déchirer, désaccorder, désolidariser, désunir, opposer, semer la discorde, semer la zizanie, séparer. ◆ **se diviser** ▶ *Se séparer en segments* – se scinder, se segmenter. ▶ *Se séparer en branches* – se partager, se ramifier, se sous-diviser, se subdiviser. ▶ *Se séparer en petits groupes* – éclater, se fractionner, se scinder. ▲**ANT.** GROUPER, RASSEMBLER, RÉUNIR, UNIR; CIMENTER, RAPPROCHER, RÉCONCILIER.

division *n. f.* ▶ *Morcellement* – atomisation, décomposition, découpage, démembrement, désagrégation, désagrégement, désintégration, dislocation, dissociation, dissolution, éclatement, écroulement, effritement, émiettement, fission, fractionnement, fragmentation, îlotage, micronisation, morcellement, parcellarisation, parcellarité, parcellisation, partage, pulvérisation, quadripartition, sectorisation, séparation, tranchage, tripartition. *FRANCE FAM.* saucissonnage. *RELIG.* fraction. ▶ *Territoires* – balkanisation, partition. ▶ *Partage* – distribution, mi-partition, partage, partition, répartition, ventilation. ▶ *Scission* – bipartition, clivage, découpage, fission, mi-partition, scission, sectionnement, segmentation, séparation. ▶ *Dissidence* – désobéissance, déviation, déviationnisme, hérésie, hétérodoxie, insoumission, insurrection, non-conformisme, opposition, rébellion, révolte, schisme, scission, sécession, séparation. ▶ *Différence* – abîme, altérité, changement, désaccord, déviance, différence, dissemblance, dissimilitude, distance, distinction, divergence, diversité, divorce, écart, fossé, gouffre, incompréhension, inégalité, intervalle, marginalité, nuance, séparation, variante, variation, variété. MATH. inéquation. ▸ *Subdivision* – branche, partie, ramification, secteur, section, sous-division, subdivision. ▸ *Compartiment* – case, compartiment. ▸ *Spécialité* – branche, champ, département, discipline, domaine, étude, fief, matière, partie, scène, science, secteur, spécialité, sphère. FAM. rayon. ▸ *Division cellulaire* – division (cellulaire). ▲ANT. REGROUPEMENT, RÉUNION, UNION ; RASSEMBLEMENT ; CONSENSUS, ENTENTE, UNANIMITÉ ; ENSEMBLE, TOTALITÉ ; MULTIPLICATION ; INDIVISION.

divorcé *adj.* ▲ANT. MARIÉ.

divorce *n. m.* ▸ *Rupture* – désertion, désunion, dissolution (de mariage), répudiation, rupture, séparation. FAM. décrochage, lâchage, largage, plaquage. ▸ *Différence* – abîme, altérité, changement, désaccord, déviance, différence, dissemblance, dissimilitude, distance, distinction, divergence, diversité, division, écart, intervalle, fossé, gouffre, incompréhension, inégalité, intervalle, marginalité, nuance, séparation, variante, variation, variété. MATH. inéquation. ▲ANT. ACCORD, MARIAGE, UNION.

divorcer *v.* ▲ANT. S'UNIR, SE MARIER.

divulguer *v.* ▸ *Révéler* – annoncer, déclarer, découvrir, dévoiler, lever le voile sur, mettre au grand jour, révéler. MILIT. déclassifier *(document)*. ▸ *De façon indiscrète* – colporter, crier sur les toits, ébruiter, faire courir, répandre, se faire l'écho de. ▲ANT. CACHER, DISSIMULER, TAIRE.

docile *adj.* disciplinable, discipliné, doux, facile, gentil, obéissant, sage, soumis, tranquille. ▲ANT. DÉSOBÉISSANT, DIFFICILE, INDISCIPLINÉ, INDOCILE, INSOUMIS, INSUBORDONNÉ, REBELLE.

docilité *n. f.* ▸ *Obéissance* – apathie, fidélité, malléabilité, obéissance, plasticité, servilité, suggestibilité. PSYCHOL. psychoplasticité. ▸ *Douceur* – affabilité, agrément, amabilité, aménité, bénignité, bienveillance, bonhomie, bonté, calme, chaleur, charité, clémence, douceur, gentillesse, grâce, humanité, indulgence, patience, placidité, suavité. SOUT. débonnaireté, magnanimité, mansuétude, onction. ▲ANT. DÉSOBÉISSANCE, INDISCIPLINE, INDOCILITÉ, INSOUMISSION, RÉTIVITÉ.

docteur *n.* ▸ *Savant* – autorité (en la matière), chercheur, connaisseur, découvreur, expert, homme de science, investigateur, maître, maître de recherches, professeur, savant, scientifique, sommité, spécialiste. SOUT. (grand) clerc. ▸ *Érudit* – encyclopédiste, érudit, humaniste, intellectuel, lettré, maître-penseur, philosophe, sage, savant. SOUT. bénédictin, (grand) clerc, mandarin. FAM. bibliothèque (vivante), dictionnaire ambulant, dictionnaire (vivant), encyclopédie (vivante), fort en thème, grosse tête, intello, puits d'érudition, puits de science, rat de bibliothèque, tête d'œuf. ▸ *Médecin* – médecin, praticien. SOUT. thérapeute. ▸ *Bon* – diagnostiqueur. ▸ *Mauvais* – médicastre. ▲ANT. PATIENT.

doctrinaire *adj.* ▸ *Intransigeant* – dogmatique, intransigeant, sectaire, systématique. ▸ *Pédant* – cuistre, docte, doctoral, pédant, pédantesque, pontifiant, professoral, sentencieux, solennel. ▲ANT. CURIEUX, LARGE D'ESPRIT, OUVERT ; HUMBLE, MODESTE, SIMPLE.

doctrine *n. f.* conception, dogme, école (de pensée), idée, idéologie, mouvement, opinion, pensée, philosophie, principe, système, théorie, thèse. ▲ANT. CRITIQUE, DOUTE, QUESTIONNEMENT.

document *n. m.* ▸ *Écrit* – papier, pièce. ▸ *Livre* – album, brochure, brochurette, cahier, catalogue, écrit, fascicule, imprimé, livre, livret, manuel, opuscule, ouvrage, parution, plaquette, publication, recueil, registre, titre, tome, volume. FAM. bouquin. ▸ *Gros* FAM. pavé. QUÉB. FAM. brique. ▸ *Élément informatique* – fichier. ◆ *documents, plur.* ▸ *Ensemble d'écrits* – documentation. ▸ *Ensemble d'éléments informatiques* – dossier, fichiers, répertoire.

documentation *n. f.* ▸ *Recherche* – découverte, exploration, fouille, furetage, prospection, recherche, reconnaissance, sondage. FAM. farfouillage, farfouillement. ▸ *Documents* – archives, documents, dossier, minutier, sommier.

documenté *adj.* ▲ANT. IGNORANT.

dogmatique *adj.* ▸ *Catégorique* – affirmatif, autoritaire, catégorique, formel, impératif, impérieux, péremptoire, sans réplique, scolastique, tranchant. FAM. pète-sec. ▸ *Intransigeant* – doctrinaire, intransigeant, sectaire, systématique. ▲ANT. PYRRHONIEN *(philosophe)*, SCEPTIQUE ; CIRCONSPECT, HÉSITANT ; CURIEUX, LARGE D'ESPRIT, OUVERT, TOLÉRANT.

dogmatisme *n. m.* ▸ *Intolérance* – étroitesse d'esprit, étroitesse de vue, fanatisme, intolérance, intransigeance, parti pris, rigidité. SOUT. sectarisme. PSYCHOL. psychorigidité. ▸ *Pédantisme* – affectation, cuistrerie, cuistrerie, didactisme, érudition affectée, fatuité, pédanterie, pédantisme, pose, sottise, suffisance. SOUT. omniscience, savantasse. ▲ANT. OUVERTURE, SOUPLESSE, TOLÉRANCE ; ÉCLECTISME ; SCEPTICISME.

dogme *n. m.* ▸ *Doctrine* – conception, doctrine, école (de pensée), idée, idéologie, mouvement, opinion, pensée, philosophie, principe, système, théorie, thèse. ▸ *Doctrine religieuse* – canon, commandement, loi, observance. ▸ *Opinion* – appréciation, avis, conception, conviction, critique, croyance, estime, idée, impression, jugement, opinion, optique, pensée, perception, point de vue, position, principe, prise de position, sentiment, théorie, thèse, vote, vue. SOUT. oracle. ▸ *Sentence* – adage, aphorisme, apophtegme, axiome, citation, devise, dicton, dit, enseignement, formule, mantra, maxime, moralité, mot, on-dit, parole, pensée, précepte, principe, proverbe, réflexion, règle, sentence, sutra, vérité. ▲ANT. DÉVIATION, ERREUR, HÉRÉSIE.

doléances *n. f. pl.* ▸ *Demande* – adjuration, appel, demande, démarche, desideratum, désir, exigence, injonction, instance, interpellation, interrogation, invocation, mandement, ordre, pétition, placet, prétention, prière, question, réclamation, requête, réquisition, revendication, sollicitation, sommation, supplication, supplique, ultimatum, vœu. SOUT. imploration. ▸ *Plainte* – bêlement, braillement, cri, geignement, grincement, hélas, jérémiade, lamentation, larmoiement, murmure, plainte, pleurs, sanglot, soupir. SOUT. sanglotement. FAM. pleurnichage, pleurnichement, pleurnicherie. QUÉB. FAM. braillage. ▲ANT. CONTENTEMENT, SATISFACTION.

domaine

domaine *n. m.* ▶ *Propriété foncière* – bien-fonds, (biens) immeubles, foncier, fonds de terre, immobilier, propriété (foncière). ▶ *Exploitation agricole* – exploitation (agricole), ferme, fermette, métairie. *ANTIQ.* villa. ▶ *Patrimoine* – apanage, bien, fortune, héritage, légitime, legs, majorat, patrimoine, propriété, succession. *RELIG.* défroque. ▶ *Territoire conquis* – empire, sol, territoire. *ANC.* dominion *(britannique)*. ▶ *Aire* – aire, champ, emplacement, espace, place, région, terrain, territoire, zone. ▶ *Spécialité* – branche, champ, département, discipline, division, étude, fief, matière, partie, scène, science, secteur, spécialité, sphère. *FAM.* rayon.

domestique *adj.* ▶ *Qui concerne la maison* – familial, ménager. ▶ *En parlant d'un animal* – apprivoisé, de compagnie, domestiqué, familier. ▲ANT. DE BUREAU, PROFESSIONNEL ; SAUVAGE.

domestiques *n. pl.* ▶ *Employés d'une maison* – domesticité, équipage, gens de maison, personnel (de maison), suite. *PÉJ. SOUT.* valetaille. ▲ANT. MAÎTRE, PATRON.

domicile *n. m.* ▶ *Maison* – foyer, intérieur, maison, nid, résidence, toit. *SOUT.* demeure, habitacle, logis. *FAM.* bercail, bicoque, chaumière, chez-soi, crèche, pénates. ▶ *Adresse* – adresse, coordonnées, habitation, résidence, suscription.

dominant *adj.* ▶ *Primordial* – capital, central, crucial, de la plus haute importance, de premier plan, décisif, déterminant, essentiel, fondamental, important, maître, majeur, numéro un, prédominant, prééminent, premier, prépondérant, primordial, principal, prioritaire, supérieur. *SOUT.* à nul autre second, cardinal. ▶ *Répandu* – courant, en vogue, général, populaire, qui a cours, régnant, répandu. ▶ *Haut* – culminant, élevé, en contre-haut, grand, haut. ▲ANT. ACCESSOIRE, SECONDAIRE ; MARGINAL, MINORITAIRE ; SATELLITE ; DOMINÉ *(gène)*, RÉCESSIF ; SERVANT *(fonds)*.

domination *n. f.* ▶ *Pouvoir* – autorité, commandement, emprise, force, gouvernement *(politique)*, juridiction, loi, maîtrise, pouvoir, puissance, règne, tutelle. *SOUT.* empire, férule, houlette. ▶ *Sujétion* – abaissement, allégeance, appartenance, asservissement, assujettissement, attachement, captivité, contrainte, dépendance, domestication, domesticité, emprise, esclavage, gêne, hilotisme, inféodation, infériorité, mainmise, merci, mouvance, obédience, obéissance, obligation, oppression, pouvoir, puissance, servage, servitude, soumission, subordination, sujétion, tutelle, tyrannie, vassalité. *FIG.* carcan, chaîne, corset (de fer), coupe, fardeau, griffe, main, patte, prison ; *SOUT.* fers, gaine, joug. *PHILOS.* hétéronomie. ▶ *Influence* – action, aide, appui, ascendant, attirance, attraction, aura, autorité, contagion, crédit, dominance, effet, empreinte, emprise, fascination, force, importance, incitation, influence, inspiration, magie, magnétisme, mainmise, manipulation, mouvance, persuasion, pétition, poids, pouvoir, prépondérance, présence, pression, prestige, puissance, règne, rôle, séduction, subjugation, suggestion, tyrannie. *SOUT.* empire, intercession. ▲ANT. INDÉPENDANCE, LIBERTÉ.

dominer *v.* ▶ *Soumettre par la force* – asservir, assujettir, domestiquer, dompter, enchaîner, mettre sous le joug, soumettre, subjuguer. ▶ *Contrôler* – asservir, contrôler, diriger, exercer son empire sur, exercer son emprise sur, gouverner, régenter, soumettre, subjuguer, tenir en son pouvoir, vampiriser, vassaliser. *SOUT.* inféoder. ▶ *Maîtriser un sentiment* – calmer, contenir, contrôler, dompter, gouverner, maîtriser, surmonter, vaincre. *SOUT.* commander à. ▶ *Surpasser* – battre, couper l'herbe sous le pied à, damer le pion à, dégommer, dépasser, devancer, éclipser, faucher l'herbe sous le pied à, griller, l'emporter sur, laisser loin derrière, supplanter, surclasser, surpasser. *FAM.* enfoncer. *FRANCE FAM.* faire la pige à. *QUÉB. FAM.* perdre dans la brume. ▶ *Surmonter* – coiffer, couronner, surmonter, surplomber. ▶ *Prédominer* – avoir le dessus, avoir préséance, l'emporter, prédominer, prévaloir, primer, régner, s'imposer, triompher. ♦ **se dominer** ▶ *Se contrôler* – garder son sang-froid, rester maître de soi, se calmer, se contenir, se contrôler, se dompter, se maîtriser, se posséder, se raisonner, se retenir. *QUÉB. FAM.* prendre sur soi. ▲ANT. CÉDER, FLÉCHIR, OBÉIR, PLIER, SERVIR, SUBIR ; SUCCOMBER. △SE DOMINER – S'EMPORTER.

dommage *n. m.* ▶ *Dégât* – avarie, bris, casse, débâcle, dégradation, déprédation, désolation, destruction, détérioration, dévastation, endommagement, méfait, mouille, perte, ravage, ruine, sabotage, vilain. *FAM.* bousillage, charcutage, grabuge. ▶ *Préjudice* – affront, atteinte, désavantage, injustice, lésion, mal, perte, préjudice, tort. ▶ *Offense* – affront, attaque, atteinte, attentat, avanie, blessure, calomnie, défi, indignité, injure, insolence, insulte, manquement, offense, outrage, pique, tort. *SOUT.* bave, camouflet, soufflet. ▲ANT. BIENFAIT, BONHEUR ; AVANTAGE, BÉNÉFICE, BIEN, PROFIT.

dompter *v.* ▶ *Domestiquer un animal* – apprivoiser, domestiquer, dresser. ▶ *Soumettre par la force* – asservir, assujettir, domestiquer, dominer, enchaîner, mettre sous le joug, soumettre, subjuguer. ▶ *Mater* – discipliner, dresser, mater, mettre au pas, serrer la vis à. *FAM.* visser. ▶ *Maîtriser* – contrôler, domestiquer, dominer, gouverner, juguler, maîtriser, surmonter. *SOUT.* briser, discipliner. ♦ **se dompter** ▶ *Se contrôler* – garder son sang-froid, rester maître de soi, se calmer, se contenir, se contrôler, se dominer, se maîtriser, se posséder, se raisonner, se retenir. *QUÉB. FAM.* prendre sur soi. ▲ANT. OBÉIR.

dompteur *n.* apprivoiseur, charmeur, dresseur. *ANTIQ.* belluaire.

don *n. m.* ▶ *Cadeau* – cadeau, offrande, prime, surprise. *SOUT.* présent. *FAM.* fleur. ▶ *Assistance* – aide, allocation, apport, assistance, aumône, bonne œuvre, charité, dation, disposition, distribution, faveur, grâce, hommage, indemnité, obole, prestation, secours, soulagement, subside, subvention. *SOUT.* bienfait. *FAM.* dépannage. *DR.* donation, fidéicommis, legs, libéralité. *RELIG.* bénédiction, charisme. ▶ *Largesse* – charité, générosité, largesse, prodigalité. *SOUT.* libéralité, magnanimité, magnificence, munificence. ▶ *Cession* – cession, concession, octroi. ▶ *Compétence* – adresse, aisance, aptitude, art, brio, capacité, compétence, dextérité, disposition, doigté, expérience, expertise, facilité, faculté, force, fort, génie, habileté, main, maîtrise, métier, pouvoir, professionnalisme, savoir, savoir-faire, sens, talent, technique, virtuosité. SOUT. industrie. FAM. bosse. QUÉB. douance *(scolaire)*. DR. habilitation, habileté. ♦ **dons, plur.** ▶ *Ensemble des dons charitables* – bonnes œuvres, charité (publique). ▲ANT. ACCAPAREMENT, PRISE, VOL; PRÉLÈVEMENT; DÉFAUT, LACUNE, MANQUE; INAPTITUDE, INCOMPÉTENCE, INHABILETÉ.

donc *adv.* ainsi, alors, conséquemment, corollairement, dans ce cas, dans ce cas-là, dans ces conditions, dans la circonstance, en conséquence, ipso facto, par conséquent, par suite, par voie de conséquence, partant.

donnée *n. f.* ▶ *Prémisse* – apodicticité, axiome, convention, définition, évidence, fondement, hypothèse, lemme, postulat, postulatum, prémisse, principe, proposition, théorème, théorie, vérité. ▶ *Énoncé* – affirmation, communication, déclaration, élocution, énoncé, énonciation, exposition, expression, extériorisation, formulation, mention, prononciation, proposition, récitation, stipulation, verbalisation. ♦ *données, plur.* banque de données, base de données, corpus, matériau, matériel.

donner *v.* ▶ *Fournir* – apporter, fournir, mettre à la disposition, procurer. ▶ *Un document* – exhiber, fournir, montrer, présenter, produire. ▶ *Remettre* – confier, laisser, remettre. ▶ *Allouer* – accorder, allouer, attribuer, concéder, consentir, impartir, octroyer. SOUT. départir. ▶ *Décerner* – adjuger, attribuer, conférer, décerner, remettre. ▶ *Offrir* – faire cadeau de, faire don de, offrir, prodiguer. SOUT. contribuer. ▶ *Prodiguer* – dispenser, distribuer, prodiguer. ▶ *Consacrer* – consacrer, dédier, offrir, vouer. ▶ *Infliger* – assener, infliger, porter. FAM. administrer, allonger, coller, ficher, filer, flanquer, foutre. QUÉB. FAM. sacrer. ▶ *Jouer* – jouer, représenter. ▶ *Dénoncer* – dénoncer, livrer, trahir, vendre. ▶ *Transmettre une maladie* – communiquer, transmettre. FAM. passer. ▶ *Causer* – amener, apporter, catalyser, causer, créer, déchaîner, déclencher, déterminer, engendrer, entraîner, faire, faire naître, former, générer, occasionner, produire, provoquer, soulever, susciter. PHILOS. nécessiter. ▶ *Frapper* – buter contre, cogner, frapper, heurter, rentrer dans. QUÉB. FAM. accrocher. ▶ *Générer un bénéfice* – fournir, générer, produire, rapporter, rendre. ▶ *S'étirer* – prêter, s'agrandir, s'étendre, s'étirer, se distendre. ▶ *Se laisser aller* – céder à, entrer dans, s'abandonner à, s'adonner à, se laisser aller à, se livrer à, se porter à. ♦ *se donner* ▶ *S'octroyer* – s'accorder, s'octroyer, s'offrir, se permettre. ▶ *Se consacrer* – se consacrer à, se dédier à, se dévouer à, se livrer à, vivre pour. ▶ *Agir par dévouement* – se dévouer, se prodiguer, se sacrifier, se saigner aux quatre veines. QUÉB. ACADIE FAM. se désâmer. ▲ANT. PRENDRE; ENLEVER, ÔTER, RETIRER; VOLER; ACCEPTER, RECEVOIR; DEMANDER, RÉCLAMER, REVENDIQUER; AVOIR, CONSERVER, GARDER; DÉNIER, REFUSER.

doré *adj.* ambre, ambré, blond, bouton-d'or, jaune d'or, jaune doré, miellé, or, topaze, vieil or. SOUT. flavescent.

dorénavant *adv.* à l'avenir, désormais. ▲ANT. JUSQU'À MAINTENANT, JUSQU'ICI.

dorer *v.* ▶ *Sens général* – mordorer. ▶ *En parlant de la peau* – basaner, boucaner, bronzer, brunir,

cuivrer, hâler, noircir, tanner. QUÉB. FAM. griller. ▶ *En cuisine* – faire blondir, faire revenir, faire roussir, faire sauter, griller, rissoler. ♦ *se dorer* ▶ *Prendre une teinte jaune* – blondir, jaunir. SOUT. blondoyer. AGRIC. javeler. ▲ANT. DÉDORER.

dormant *adj.* ▶ *En parlant d'une étendue d'eau* – calme, étale, immobile, stagnant. ▶ *Fixé* – fixé, fixe, immobile. ▶ *Qui se développe en secret* – à l'état latent, en germe, en gestation, larvé, latent, qui couve, somnolent, sourd. ▲ANT. △DORMANTE, *fém.* – COURANTE *(eau)*.

dormir *v.* ▶ *Être dans un état de sommeil* – ENFANTIN faire dodo. SOUT. être dans les bras de Morphée, reposer. FAM. en écraser, pioncer, ronfler, roupiller. ▶ *Passer la nuit* – coucher, passer la nuit. ▶ *En parlant d'une chose abstraite* – couver, être en latence, être latent, fermenter, sommeiller, somnoler. ▲ANT. VEILLER; S'ÉVEILLER; S'ACTIVER; REMUER, S'AGITER.

dortoir *n. m.* alcôve, chambre (à coucher), chambrée *(caserne)*, chambrette. FAM. carrée, piaule, taule; PÉJ. cambuse, turne.

dos *n. m.* ▶ *Partie du corps* ▶ *Bas du dos* – chute des reins, lombes, reins. FRANCE FAM. râble. ▶ *Milieu du dos* – échine. ▶ *Verso* – arrière, derrière, envers, revers, verso. ▶ *Partie d'un siège* – dossier. ▲ANT. DEVANT, FACE; RECTO.

dose *n. f.* capacité, contenance, cubage, cylindrée, jauge, mesure, tonnage, volume.

dossier *n. m.* ▶ *Appui* – dos. ▶ *Documents* – archives, documentation, documents, minutier, sommier. ▶ *Chemise* – chemise, enchemisage. BELG. AFR. farde. ▶ *Affaire juridique* – affaire (judiciaire), audience, cas, cause, débat, espèce, litige, litispendance, poursuite, procès. ▶ *Ensemble de fichiers informatiques* – documents, fichiers, répertoire.

doter *v.* ▶ *Munir* – équiper, garnir, munir, nantir, outiller, pourvoir. QUÉB. ACADIE gréer. ▶ *Gratifier* – avantager, douer, favoriser, gratifier, lotir, privilégier. ♦ *se doter* ▶ *Se munir* – s'équiper, se munir, se nantir, se pourvoir. SOUT. se précautionner. ▲ANT. PRIVER; APPAUVRIR, DÉFAVORISER, DÉSAVANTAGER.

double *adj.* ▶ *Qui comporte deux éléments* – binaire, bipartite. DIDACT. dualiste, duel, dyadique. ▶ *Qui a des caractéristiques opposées* – ambigu, ambivalent. ▲ANT. SIMPLE, UNIQUE; INDIVIDUEL.

double *n. m.* ▶ *Copie* – calque, copie (conforme), duplicata, duplication, exemplaire, fac-similé, imitation, réplique, reproduction. DR. grosse. ▶ *Sosie* – jumeau, sosie. FAM. clone. ▶ *Corps astral* – âme, aura, corps astral, double (éthéré), émanation, essence, éther, vapeur. ▶ *Fantôme* – apparition, créature éthérée, ectoplasme, esprit, esprit frappeur, fantôme, mort-vivant, ombre, périsprit, revenant, spectre, vision, zombie. ANTIQ. larve, lémure. ▲ANT. MOITIÉ; ORIGINAL.

doubler *v.* ▶ *Multiplier par deux* – dupliquer, redoubler. ▶ *Dépasser* – dépasser, devancer, distancer, gagner de vitesse, lâcher, passer, semer. FAM. griller, larguer. MAR. trémater. ▲ANT. RÉDUIRE DE MOITIÉ; UNIFIER; DÉDOUBLER *(vêtement)*.

doucement *adv.* délicatement, discrètement, en douceur, faiblement, légèrement, lentement, mesurément, modérément, mollement, posément, timidement. *FAM.* doucettement, mollo, mou, pianepiane, pianissimo, piano. ▲**ANT.** BRUTALEMENT, CRÛMENT, DUREMENT, RAIDE, RUDEMENT, SANS MÉNAGEMENT, VERTEMENT, VIOLEMMENT; ANXIEUSEMENT, FÉBRILEMENT, FIÉVREUSEMENT, IMPATIEMMENT, NERVEUSEMENT.

doucereux *adj.* ▶ *Au goût fade* – douceâtre, fade, insipide. *FAM.* fadasse. ▶ *D'une grâce affectée* – gentillet, mièvre, mignard, sirupeux. ▶ *D'une douceur affectée* – douceâtre, mielleux, sucré, (tout sucre) tout miel. *SOUT.* cauteleux, onctueux, papelard, patelin, paterne. ▲**ANT.** AGRESSIF, COLÉREUX, EMPORTÉ, PROVOCANT; FRANC, HONNÊTE.

douceur *n.f.* ▶ *Suavité* – délicatesse, finesse, fraîcheur, légèreté, modération, moelleux, mollesse, onctuosité, quiétude, suavité, tranquillité, velouté. *FIG.* soie. ▶ *Plaisir* – bien-être, bon temps, bonheur, contentement, délectation, délice, euphorie, félicité, jouissance, orgasme, plaisir, régal, satisfaction, septième ciel, volupté. *SOUT.* aise, félicité, miel, nectar. ▶ *Amabilité* – affabilité, agrément, amabilité, aménité, bénignité, bienveillance, bonhomie, bonté, calme, chaleur, charité, clémence, docilité, gentillesse, grâce, humanité, indulgence, patience, placidité, suavité. *SOUT.* débonnaireté, magnanimité, mansuétude, onction. ▶ *Patience* – calme, constance, courage, endurance, flegme, lenteur, patience, persévérance, persistance, résignation, sangfroid, tranquillité. *SOUT.* longanimité. ▶ *Tolérance* – bienveillance, bonté, compréhension, humanisme, indulgence, irénisme, largeur d'esprit, libéralisme, non-discrimination, non-violence, ouverture (d'esprit), patience, philosophie, réceptivité, respect, tolérance, tolérantisme. *SOUT.* bénignité, longanimité. ▶ *Friandise* – chatterie, confiserie, friandise, gâterie, gourmandise, sucrerie. *QUÉB.* *FAM.* nanane. ▲**ANT.** ÂCRETÉ, AMERTUME, ÂPRETÉ; ASPÉRITÉ, DURETÉ; BRUSQUERIE, RUDESSE, VIOLENCE; CRUAUTÉ.

douche *n.f.* ▶ *Lavage du corps* – ablutions, bain, débarbouillage, lavage, nettoyage, rinçage, toilette. ▶ *Averse* (*FAM.*) – averse, cataracte, déluge, giboulée, grain, ondée, pluie battante, pluie d'abat, pluie diluvienne, pluie drue, pluie torrentielle, trombe d'eau. *FAM.* rincée, sauce, saucée; *BELG.* *FAM.* drache. ▶ *Réprimande* (*FAM.*) – accusation, admonestation, admonition, anathématisation, anathème, attaque, avertissement, blâme, censure, condamnation, correction, critique, désapprobation, diatribe, grief, grognerie, gronderie, interdit, leçon, malédiction, mise à l'écart, mise à l'index, mise en quarantaine, objection, observation, plainte, punition, récrimination, remarque, remontrance, représentation, réprimande, réprobation, reproche, semonce, sérénade, sermon, tollé. *SOUT.* animadversion, foudres, fustigation, improbation, mercuriale, objurgation, stigmatisation, vitupération. *FAM.* engueulade, prêchi-prêcha, savon, tabac. *FRANCE FAM.* attrapade, lavage de tête, soufflante. *BELG.* cigare. *RELIG.* fulmination. ▶ *Déception* (*FAM.*) – abattement, accablement, affliction, amertume, anéantissement, chagrin, consternation, contrariété, déboires, déception, déconvenue, découragement, dégoût, dégrisement, démoralisation, dépit, désappointement, désenchantement, désespoir,

désillusion, désolation, échec, écœurement, ennui, infortune, insuccès, lassitude, mécompte, peine, regret, revers, tristesse. *SOUT.* atterrement, déréliction, désabusement, désespérance, retombement. *FAM.* défrisage, défrisement, douche (froide), ras-le-bol.

doué *adj.* à la hauteur, adroit, bon, brillant, capable, chevronné, compétent, connaisseur, d'élite, de haut vol, de haute volée, de talent, émérite, entraîné, exercé, expérimenté, expert, ferré, fin, fort, habile, inspiré, passé maître, performant, qualifié, qui s'y connaît, talentueux, versé. *SOUT.* entendu à, industrieux, rompu à. *FAM.* calé, qui a la bosse de, qui sait y faire. *FRANCE FAM.* balèze, costaud, fortiche, incollable, trapu. *QUÉB.* connaissant; *FAM.* bollé. ▲**ANT.** IGNORANT, INCAPABLE, INCOMPÉTENT, MAUVAIS, MÉDIOCRE, NUL.

douleur *n.f.* ▶ *Douleur physique* – élancement, lancination, tiraillement. *MÉD.* algie. ▶ *Brûlure* – actinite, ampoule, blessure, cloque, échaudure, échauffement, escarre, fer chaud, feu, fièvre, inflammation, insolation, irradiation, irritation, lésion, phlogose, ulcération, urtication. ▶ *Douleur intense* – affliction, agonie, calvaire, enfer, martyre, souffrances, supplice, torture. *SOUT.* affres, géhenne, tourment. ▶ *Malheur* – adversité, calamité, calice (de douleur), chagrin, détresse, deuil, disgrâce, échec, épreuve, fatalité, infortune, mal, malchance, malédiction, malheur, mauvaise fortune, mauvaise passe, mésaventure, misère, nuage, orage, peine, revers, ruine, sale affaire, sale histoire, souffrance, traverse, tribulation. *SOUT.* bourrèlement, plaie, tourment. ▶ *Sentiment* – blessure, déchirement, déchirure, mal, martyre, souffrance, supplice, torture. *SOUT.* tenaillement, tribulation. ▶ *Tristesse* – abattement, accablement, affliction, aigreur, amertume, chagrin, dépression, désolation, deuil, ennui, épreuve, grisaille, humeur noire, idées noires, idées sombres, langueur, lypémanie, mal du pays, mal-être, maussaderie, mélancolie, monotonie, morosité, neurasthénie, noir, nostalgie, papillons, peine, saudade, serrement de cœur, souci, tædium vitæ, tristesse, vague à l'âme. *SOUT.* atrabile, larmes, navrement, nuage, spleen, taciturnité. *FAM.* bourdon, cafard, déprime, sinistrose. ♦ **douleurs,** *plur.* ▶ *Contractions* – contractions (utérines), douleurs de l'accouchement, douleurs de l'enfantement, travail. ▲**ANT.** EUPHORIE, PLAISIR, VOLUPTÉ; BONHEUR, JOIE.

douloureusement *adv.* ▶ *Désagréablement* – à regret, âcrement, déplaisamment, désagréablement, désobligeamment, détestablement, ennuyeusement, exécrablement, fâcheusement, fastidieusement, importunément, inconfortablement, inopinément, inopportunément, insupportablement, intolérablement, mal, mal à propos, malencontreusement, malheureusement, par malheur, péniblement, regrettablement. *FAM.* salement. ▶ *Lamentablement* – déplorablement, dérisoirement, désastreusement, lamentablement, minablement, misérablement, miteusement, pauvrement, piètrement, piteusement, pitoyablement, tristement. ▶ *Tristement* – amèrement, langoureusement, languissamment, malheureusement, maussadement, mélancoliquement, nostalgiquement, sombrement, tristement. ▲**ANT.** AGRÉABLEMENT, HEUREUSEMENT.

drapeau

douloureux adj. ▸ *Qui fait mal* – endolori, sensible. DIDACT. algique. ▸ *Qui fait souffrir moralement* – âcre, affligeant, amer, cruel, cuisant, déchirant, dur, éprouvant, lancinant, navrant, pénible, poignant, saignant, vif. ▸ *Qui attriste* – affligeant, atterrant, attristant, chagrinant, consternant, déplorable, désespérant, désolant, malheureux, misérable, navrant, pénible, pitoyable, qui serre le cœur, triste. ▲ANT. INDOLORE, SANS DOULEUR; AGRÉABLE, DÉLICIEUX, SUAVE; AMUSANT, RÉJOUISSANT.

doute n. m. ▸ *Hésitation* – embarras, flottement, hésitation, incertitude, inconstance, indécision, indétermination, instabilité, irrésolution, perplexité, procrastination, réticence, scrupule, tâtonnement, trouble, vacillement, valse-hésitation, velléité, versatilité. SOUT. limbes. QUÉB. FAM. brettage, tétage. ▸ *Méfiance* – défiance, désintéressement, incrédulité, méfiance, prudence, scepticisme, soupçon, suspicion, vigilance. SOUT. cautèle. FAM. paranoïa *(excessive)*. ▸ *Incroyance* – agnosticisme, apostasie, athéisme, blasphème, désacralisation, froideur, gentilité, hérésie, impiété, incrédulité, incroyance, indifférence, infidélité, irréligion, libre pensée, matérialisme, paganisme, panthéisme, péché, profanation, reniement, sacrilège, scandale, scepticisme. SOUT. inobservance. ▲ANT. CERTITUDE, CONVICTION; ASSURANCE, CONFIANCE, RÉSOLUTION; CROYANCE, FOI, RELIGIOSITÉ.

douter v. ▸ *Se méfier* – prendre garde à, se garder de, se méfier de, se mettre en garde contre, tenir pour suspect. SOUT. se défier de. ▸ *Contester* – contester, discuter, mettre en doute, remettre en cause. SOUT. révoquer en doute. ♦ **se douter** ▸ *Deviner* – avoir conscience de, deviner, entrevoir, flairer, pressentir, sentir, soupçonner. FAM. subodorer. ▲ANT. ADMETTRE, CROIRE, ÊTRE CERTAIN.

douteux adj. ▸ *Incertain* – aléatoire, casuel, conditionnel, conjectural, contingent, éventuel, hasardé, hasardeux, hypothétique, incertain, possible, problématique, supposé. ▸ *Discutable* – attaquable, contestable, controversable, controversé, critiquable, discutable, fragile, litigieux, mis en doute, sujet à caution, sujet à controverse, vulnérable. ▸ *Louche* – équivoque, louche, suspect, véreux. FAM. pas (très) catholique. ▲ANT. CERTAIN; ASSURÉ, FATAL, IMMANQUABLE, INCONTOURNABLE, INÉLUCTABLE, INÉVITABLE, NÉCESSAIRE, OBLIGATOIRE, SÛR; AVÉRÉ, DÉMONTRÉ, ÉTABLI, FORMEL, INCONTESTABLE, INDÉNIABLE, INDISCUTABLE, INDUBITABLE, IRRÉFUTABLE, PROUVÉ, RECONNU; HONNÊTE, IRRÉPROCHABLE, NET, PROPRE, SANS REPROCHE, SANS TACHE.

doux adj. ♦ **choses** ▸ *Sans aspérités* – égal, lisse, uni. ▸ *Soyeux* – duveteux, soyeux, velouté, veloutex. ▸ *Confortable* – confortable, douillet, moelleux, mollet. ▸ *Calme* – berceur, calme, paisible. ▸ *Faible* – atténué, faible, léger, ténu. ▸ *En parlant d'un son* – chantant, harmonieux, mélodieux, musical, suave. DIDACT. euphonique, eurythmique. ▸ *En parlant d'un éclairage* – atténué, diffus, tamisé, vaporeux, voilé. ▸ *En parlant d'une couleur* – clair, pâle, pastel, tendre. ▸ *En parlant du climat* – clément, modéré, moyen, tempéré. ♦ **personnes** ▸ *Sans méchanceté* – bon, inoffensif, sans malice. ▸ *D'une grande douceur* – onctueux, pieux. ▸ *Docile* – disciplinable, discipliné, docile, facile, gentil,

obéissant, sage, soumis, tranquille. ▸ *Affectueux* – affectueux, aimant, amoureux, cajoleur, câlin, caressant, chatte *(fille ou femme)*, roucoulant, tendre. ▲ANT. DUR, RUDE; INÉGAL, RABOTEUX, RIDÉ; ÂPRE, RÂPEUX, RÊCHE, RUGUEUX; AGAÇANT, CRISPANT, DÉSAGRÉABLE, ÉNERVANT, EXASPÉRANT, EXCÉDANT, FATIGANT, INSUPPORTABLE, IRRITANT; CACOPHONIQUE, CRIARD, DISCORDANT, DISSONANT, FAUX, INHARMONIEUX; ASSOURDISSANT *(bruit)*, FORT, PRONONCÉ; DIRECT *(éclairage)*, DIRIGÉ; BRUTAL, CRU, VIF, VIOLENT; AGRESSIF *(couleurs)*, CLINQUANT, PROVOCANT, TAPAGEUR; RIGOUREUX *(climat)*; BRUTAL, RAIDE, VIOLENT; DÉSOBÉISSANT, DIFFICILE, INDISCIPLINÉ, INDOCILE, INSOUMIS, INSUBORDONNÉ. △DOUCE, fém. – À PIC *(pente)*.

doyen n. m. ▸ *Personne d'expérience* – ancien, vétéran, vieux briscard, vieux de la vieille, vieux routier. ♦ **doyen**, masc. ▸ *Abbé* – abbé, curé doyen, général (des X), père, père abbé, père prévôt, père prieur, père procureur, père supérieur, prieur. ▸ *Titre* – (Mon) Révérend, (Mon) Révérend Père. ▸ *Vieil homme* (FAM.) – ancien, patriarche, personne âgée, vieillard, vieille personne. DIDACT. sénescence. ♦ **doyenne**, fém. ▸ *Abbesse* – abbesse, générale (des X), mère, mère prieure, mère supérieure, prieure. ▸ *Titre* – (Ma) Révérende, (Ma) Révérende Mère. ▸ *Vieille femme* (FAM.) – douairière. ▲ANT. BENJAMIN; NOUVEAU.

dramatique adj. ▸ *Qui concerne le théâtre* – scénique, théâtral, théâtreux. ▸ *Pathétique* – bouleversant, déchirant, émouvant, pathétique, poignant, touchant, troublant, vibrant *(discours)*. SOUT. empoignant. ▸ *Grave* – critique, dangereux, difficile, grave, inquiétant, menaçant, préoccupant, sérieux, sombre. SOUT. climatérique. ▲ANT. APAISANT, CALMANT, CONSOLANT, CONSOLATEUR, RASSÉRÉNANT, RASSURANT, RÉCONFORTANT, SÉCURISANT, TRANQUILLISANT; ANODIN, BÉNIN, INNOCENT, INOFFENSIF, SANS DANGER, SANS GRAVITÉ; COMIQUE, GROTESQUE.

dramatiser v. ▸ *Exagérer la gravité* – amplifier, en faire (tout) un drame, exagérer, grossir, prendre au tragique, se faire un monde de, se faire une montagne de. FAM. en faire (tout) un plat, faire d'une mouche un éléphant. ▸ *Rendre pathétique* – pathétiser. ▲ANT. ATTÉNUER, DÉDRAMATISER, MINIMISER.

drame n. m. ▸ *Catastrophe* – apocalypse, bouleversement, calamité, cataclysme, catastrophe, chaos, désastre, fléau, malheur, néant, ruine, sinistre, tragédie. FIG. précipice, ulcère. SOUT. abîme. FAM. cata. ▲ANT. BONHEUR.

drap n. m. ▸ *Tissu* – drap (de laine). ▸ *Article de literie* – alaise, couette, courtepointe, couverture, couvre-lit, couvre-matelas, couvre-pied, dessus-de-lit, drap (de lit), duvet, édredon, plaid, protège-matelas. FAM. bâche, couvrante. QUÉB. catalogne, couillette. SUISSE fourre. QUÉB. ACADIE FAM. couverte. ♦ **draps**, plur. ▸ *Ensemble de pièces de tissu* – couchage, literie.

drapeau n. m. ▸ *Étendard* – banderole, bandière, bannière, baucent *(ordre du Temple)*, calicot, cornette, couleurs, étendard, fanion, flamme, gonfalon, guidon, oriflamme, pavillon *(marine)*, pavois *(marine)*, pennon, tanka *(religieux)*. SOUT. enseigne. ANTIQ. vexille. ▸ *Symbole* – allégorie, attribut, chiffre, devise, effigie, emblème, figure, icône,

draperie

image, incarnation, insigne, livrée, logo, logotype, marque, notation, personnification, représentation, signe, symbole, type. ▶ *Couche de bébé* (ACADIE FAM.) – change, change complet, couche, rechange. ANC. pointe.

draperie *n. f.* ▶ *Rideau* – cantonnière, mille fleurs, pente de fenêtre, portière, rideau, store, tapisserie, tenture, toile.

dressage *n. m.* ▶ *Montage* – assemblage, installation, montage. ▶ *Action de redresser* – planage, rabotage, varlopage. ▶ *Apprivoisement* – apprivoisement, domestication, domptage. ▲ANT. DÉMONTAGE.

dresser *v.* ▶ *Construire* – bâtir, construire, édifier, élever, ériger. ▶ *Faire tenir droit* – élever, ériger, planter. ▶ *Redresser une pièce* – aplanir, décourber, dégauchir, doler, planer, raboter, redresser, replanir, varloper. QUÉB. FAM. décrochir. ▶ *Rédiger selon les règles* – formuler, libeller, rédiger dans les formes. ▶ *Domestiquer un animal* – apprivoiser, domestiquer, dompter. ▶ *Mater* – discipliner, dompter, mater, mettre au pas, serrer la vis à. FAM. visser. ▶ *Éduquer* – discipliner, éduquer, élever. ▶ *Habituer* – discipliner, entraîner, exercer, façonner, former, habituer. SOUT. rompre. ▶ *Animer contre qqn* – braquer, cabrer, monter, monter la tête, opposer. ♦ *se dresser* ▶ *Se retrousser* – se retrousser. FAM. rebiquer. ▶ *Protester* – broncher, murmurer, pousser les hauts cris, protester, réagir, récriminer, renâcler, répliquer, s'élever, s'indigner, s'opposer, se gendarmer, se plaindre, se récrier. SOUT. réclamer. FAM. criailler, faire du foin, moufter, piailler, rouscailler, rouspéter, ruer dans les brancards, tiquer, tousser. QUÉB. FAM. chialer. ▶ *Résister* – résister, s'opposer, se raidir. ▲ANT. ABAISSER, ABATTRE, BAISSER, COUCHER, DÉFAIRE, DÉMONTER, FAIRE TOMBER; OBÉIR, SE SOUMETTRE. △ SE DRESSER – S'ACCROUPIR, S'ASSEOIR, SE COUCHER, SE PENCHER.

drogue *n. f.* ▶ *Médicament* – médicament, potion, préparation (pharmaceutique), remède, spécialité (pharmaceutique). ▸ *Artisanal* – orviétan, poudre de perlimpinpin, remède de bonne femme. ▸ *Du point de vue de la force* – remède bénin (doux), remède de cheval (fort). ▸ *Du point de vue de son efficacité* – remède miracle, remède souverain. ▶ *Stupéfiant* – psychotrope, stupéfiant.

drogué *n.* intoxiqué, toxicomane. ▲ANT. ABSTINENT; DÉSINTOXIQUÉ.

droit *adj.* ▶ *Non courbe* – linéaire, rectiligne. ▶ *Incorruptible* – à l'abri de tout soupçon, au-dessus de tout soupçon, consciencieux, digne de confiance, fiable, honnête, incorruptible, insoupçonnable, intègre, probe, propre, scrupuleux, sûr. ▶ *Franc* – correct, franc, honnête, loyal, probe, régulier. FAM. carré, réglo, rond. ▲ANT. COURBE, CROCHU; DÉLOYAL, LOUCHE, MALHONNÊTE, SANS SCRUPULE, VÉREUX; FAUX, FOURBE, HYPOCRITE, MENTEUR, SOURNOIS, TROMPEUR.

droit *n. m.* ▶ *Liberté* – autonomie, contingence, disponibilité, faculté, franc arbitre, hasard, indépendance, indéterminisme, liberté, libre arbitre, (libre) choix, licence, loisir, permission, possibilité, pouvoir. ▶ *Privilège* – acquis, apanage, attribution, avantage, bénéfice, chasse gardée, concession, exclusivisme, exclusivité, exemption, faveur, honneur, immunité,

inviolabilité, monopole, passe-droit, pouvoir, préférence, prérogative, privilège. ANC. franchise. RELIG. indult. ▶ *Impôt* – charge, contribution, cote, excise, fiscalité, imposition, levée, patente, prélèvement, prestation, prime (assurance), redevance, surtaxe, taxation, taxe, tribut. QUÉB. accise. BELG. accises. HIST. capitation, champart, corvée, dîme, fouage, franc-fief, gabelle, maltôte, moulage, taille, tonlieu. DR. foretage. ▶ *Loi* – appareil législatif, code, justice, législation, loi, système législatif. SOUT. tribunal. ▶ *Coup de poing* – direct. ▲ANT. DEVOIR; GAUCHE.

droite *n. f.* ▶ *En géométrie* – ligne droite. ▶ *Libéralisme* – conservatisme, droitisme, extrême droite, fascisme, libéralisme, partis de droite, réaction. ▶ *Côté* – tribord. ▲ANT. COURBE; ZIGZAG; BÂBORD, GAUCHE, REVERS, SÉNESTRE.

droitier *n.* ▲ANT. GAUCHER.

droiture *n. f.* ▶ *Franchise* – abandon, bonne foi, confiance, cordialité, franchise, franc-jeu, franc-parler, loyauté, netteté, parler-vrai (politique), rondeur, simplicité, sincérité, spontanéité. ▶ *Honnêteté* – conscience, exactitude, fidélité, franchise, honnêteté, incorruptibilité, intégrité, irréprochabilité, justice, loyauté, mérite, moralité, netteté, probité, scrupule, sens moral, transparence, vertu. ▶ *Rigueur* – rectitude, rigueur. ▶ *Justice* – égalité, équité, impartialité, impersonnalité, intégrité, justice, légalité, neutralité, objectivité, probité. ▲ANT. DÉLOYAUTÉ, DUPLICITÉ, FOURBERIE, HYPOCRISIE; IMPROBITÉ, MALHONNÊTETÉ, MAUVAISE FOI; INJUSTICE.

drôle *adj.* ▶ *Comique* – amusant, bouffon, burlesque, cocasse, comique, d'un haut comique, désopilant, drolatique, gai, hilarant, humoristique, impayable, ineffable, inénarrable, plaisant, rigolo, risible, vaudevillesque. SOUT. drôlet. FAM. bidonnant, boyautant, crevant, éclatant, gondolant, marrant, poilant, roulant, tordant. QUÉB. FAM. crampant, mourant. ▶ *Étrange* – anormal, baroque, bizarre, curieux, étonnant, étrange, inaccoutumé, incompréhensible, inexplicable, inhabituel, insolite, inusité, singulier, spécial, surprenant. SOUT. extraordinaire. FAM. bizarroïde. ▲ANT. GRAVE, SÉRIEUX; ATTRISTANT, CHAGRINANT, TRISTE; BANAL, NORMAL, ORDINAIRE.

drôle *n.* ▲ANT. ADULTE; VIEILLARD; GENTILHOMME, HONNÊTE HOMME.

drôlement *adv.* ▶ *Comiquement* – absurdement, bouffonnement, burlesquement, comiquement, dérisoirement, facétieusement, grotesquement, plaisamment, ridiculement, risiblement. ▶ *Bizarrement* – anormalement, baroquement, bizarrement, curieusement, étonnamment, étrangement, excentriquement, extravagamment, originalement, singulièrement. ▶ *Beaucoup* (FAM.) – à l'extrême, affreusement, astronomiquement, au dernier degré, au dernier point, au maximum, au plus haut degré, au plus haut point, beaucoup, bien, colossalement, considérablement, éminemment, énormément, exceptionnellement, extraordinairement, extrêmement, fabuleusement, follement, fort, fortement, grandement, gros, hautement, immensément, incommensurablement, inconcevablement, incroyablement, infiniment, intensément, long, mortellement, nettement, on ne peut plus, phénoménalement, prodigieusement, profondément, remarquablement, sérieusement, singulièrement, souverainement, supérieurement, suprêmement, terriblement, très, vertigineusement, vivement, vraiment. *FAM.* bigrement, bougrement, diablement, effroyablement, épais, épouvantablement, fameusement, fantastiquement, fichtrement, fichûment, formidablement, foutrement, furieusement, joliment, rudement, sacrément, salement, super, terrible, tout plein, un max, vachement. *QUÉB. FAM.* à l'os, à la planche, au coton, en maudit, en s'il vous plaît, mauditement. ▲**ANT.** AVEC SÉRIEUX, GRAVEMENT, SÉRIEUSEMENT; COMME D'HABITUDE, DE FAÇON NORMALE, NORMALEMENT, SELON LES CONVENTIONS, SELON LES NORMES; FAIBLEMENT, LÉGÈREMENT, UN PEU.

dru *adj.* ▶ *Fourni* – abondant, épais, fourni, luxuriant, touffu. ▶ *Serré* – compact, dense, épais, serré. ▲**ANT.** DISPERSÉ, DISSÉMINÉ, ÉPARPILLÉ, ÉPARS.

dû *n. m.* ▶ *Dette* – arriéré, charge, compte, créance, crédit à découvert, débet, débit, découvert, déficit, dette, devoir, doit, emprunt, engagement, impayé, moins-perçu, non-paiement, obligation, passif, solde débiteur. *BELG.* mali, pouf. ▶ *Facture* – addition, compte, état de compte, état de frais, facture, frais, note, relevé. *FAM.* coup de fusil, douloureuse, quart d'heure de Rabelais. ▲**ANT.** INDU.

dualité *n. f.* binarisme, dédoublement, doublement, dualisme. ▲**ANT.** UNICITÉ, UNITÉ.

duel *n. m.* ▶ *Affrontement agressif* – combat singulier. ▶ *Affrontement sportif* – affrontement, joute, match, partie, rencontre. ▲**ANT.** APPARIEMENT, ASSOCIATION.

dûment *adv.* canoniquement, conformément, constitutionnellement, correctement, de droit, de jure, de plein droit, en bonne et due forme, juridiquement, légalement, légitimement, licitement, officiellement, réglementairement, régulièrement, valablement, validement. *FAM.* réglo. ▲**ANT.** CRIMINELLEMENT, FRAUDULEUSEMENT, ILLÉGALEMENT, ILLÉGITIMEMENT, ILLICITEMENT, INCORRECTEMENT, IRRÉGULIÈREMENT.

duo *n. m.* ▶ *Paire* – couple, paire, pariade *(oiseaux)*. *FAM.* tandem. ▶ *En politique* – ticket. *ANTIQ.* duumvirat.

duper *v.* abuser, attraper, avoir, bercer, berner, en conter à, en faire accroire à, flouer, leurrer, mentir à, mystifier, se jouer de, se moquer de, tromper. *FAM.* blouser, bluffer, canuler, charrier, cravater, empaumer, empiler, entourlouper, esbroufer, faire marcher, feinter, la faire à, mener en bateau, mettre en boîte, pigeonner, posséder, refaire, rouler. *QUÉB. FAM.* amancher, bourrer, enfirouaper, niaiser. ▲**ANT.** DÉTROMPER.

duplicité *n. f.* ▶ *Hypocrisie* – déloyauté, dissimulation, facticité, fausseté, félonie, fourberie, hypocrisie, malhonnêteté, mauvaise foi, perfidie, scélératesse, sournoiserie, trahison, traîtrise, tromperie. *SOUT.* factice, félinité, insincérité. ▶ *Feinte* – affectation, artifice, cachotterie, comédie, déguisement, dissimulation, faux-semblant, feinte, fiction, finauderie, grimace, hypocrisie, invention, leurre, mensonge, momerie, pantalonnade, parade, ruse, simulation, singerie, sournoiserie, tromperie. *SOUT.* simu-

lacre. *FAM.* cinéma, cirque, finasserie, frime. ▲**ANT.** FRANCHISE, LOYAUTÉ; DROITURE, HONNÊTETÉ.

dupliquer *v.* ▶ *Redoubler* – doubler, redoubler. ▶ *Copier* – copier, reproduire.

dur *adj.* ♦ *choses* ▶ *Qui n'est pas souple* – ferme, fort, raide, résistant, rigide, solide. ▶ *Rigoureux* – draconien, exigeant, rigide, rigoureux, sévère, strict. *FAM.* chien, vache. *FRANCE FAM.* rosse. ▶ *Pénible* – ardu, difficile, éprouvant, pénible, rude. *FAM.* galère. ▶ *Difficile* (FAM.) – ardu, complexe, compliqué, corsé, délicat, difficile, épineux, laborieux, malaisé, problématique. *SOUT.* scabreux. *FAM.* calé, coton, musclé, trapu. ▶ *Moralement douloureux* – âcre, affligeant, amer, cruel, cuisant, déchirant, douloureux, éprouvant, lancinant, navrant, pénible, poignant, saignant, vif. ▶ *En parlant du temps* – âpre, inclément, rigoureux, rude. ▶ *En parlant de l'articulation d'un son* – vélaire, vélarisé. ♦ *personnes* ▶ *Endurant* – aguerri, bien trempé, courageux, dur au mal, endurant, endurci, fort, stoïque. *QUÉB. FAM.* qui a la couenne dure. ▶ *Sans-cœur* – aride, de granit, de pierre, endurci, froid, indifférent, insensible, sans-cœur, sec. *SOUT.* d'airain, frigide, granitique. *FAM.* blindé. ▶ *Violent* – agressif, brutal, emporté, raide, rude, violent. *FAM.* à la redresse. ▶ *En parlant du ton, des paroles* – abrupt, agressif, bourru, bref, brusque, brutal, cassant, coupant, incisif, raide, rude, sec, tranchant. ▲**ANT.** TENDRE; MALLÉABLE, MOELLEUX, MOLLET, MOU; FLEXIBLE, PLIABLE, SOUPLE; AGRÉABLE, LÉGER; AISÉ, COMMODE, ÉLÉMENTAIRE, ENFANTIN, FACILE, SIMPLE; CONSOLANT, RASSURANT, RÉCONFORTANT; DÉLICAT, DOUILLET, SENSIBLE; COMPATISSANT, EMPATHIQUE; CAJOLEUR, CÂLIN, CARESSANT, DOUX, SUAVE.

dur *n.* ▶ *Personne* – audacieux, aventurier, battant, brave (à trois poils), courageux, dur (à cuire), fonceur, lion, stoïque, (vrai) homme. *FAM.* baroudeur, va-de-l'avant. ▶ *Train* (FRANCE FAM.) – convoi, rame, train. *ENFANTIN* tchou-tchou. ▲**ANT.** MOU.

durable *adj.* ▶ *Tenace* – ancré, chronique, endémique, enraciné, établi, gravé, implanté, indéracinable, inextirpable, invétéré, persistant, tenace, vieux, vivace. ▶ *Permanent* – constant, éternel, immortel, immuable, impérissable, imprescriptible, inaltérable, indéfectible, indestructible, indissoluble, infini, permanent, perpétuel, sans fin. *SOUT.* pérenne. ▶ *En parlant d'un souvenir* – impérissable, indélébile, ineffaçable, inoubliable, vif, vivace, vivant. ▲**ANT.** ÉPHÉMÈRE, ÉVANESCENT, FRAGILE, FUGACE, FUGITIF, PASSAGER, PRÉCAIRE, PROVISOIRE, TEMPORAIRE, TRANSITOIRE.

durcir *v.* ▶ *Raidir* – raidir, rigidifier. *SOUT.* roidir. ▶ *Rendre plus indifférent* – cuirasser, déshumaniser, dessécher, endurcir. *FAM.* blinder. ▶ *Rendre plus intransigeant* – radicaliser. ▶ *Se solidifier* – épaissir, grumeler, prendre, prendre consistance, (se) coaguler, se figer, se grumeler, se solidifier. ▶ *Rassir* – rassir, sécher. ▲**ANT.** AMOLLIR, ATTENDRIR, MOLLIR; ADOUCIR, AFFAIBLIR, ATTÉNUER.

durée *n. f.* ▶ *Espace de temps* – laps de temps, période, plage (horaire), planche (horaire), temps. ▶ *Entre deux événements* – battement, creux, distance, espace (de temps), intervalle, laps de temps. *SOUT.* échappée. *QUÉB. ACADIE FAM.* escousse, secousse. *BELG.*

fourche. ▶ *Stabilité* – constance, continu, continuité, durabilité, fermeté, fixité, immuabilité, immutabilité, imprescriptibilité, imputrescibilité, inaliénabilité, inaltérabilité, incorruptibilité, indéfectibilité, indissolubilité, invariabilité, longévité, pérennité, permanence, persistance, stabilité, tenue. *PHYS.* invariance. ▲ANT. FUGACITÉ, INSTABILITÉ, PRÉCARITÉ.

durement *adv.* ▶ *Difficilement* – à grand-peine, à peine, difficilement, difficultueusement, incommodément, laborieusement, mal, malaisément, péniblement, tant bien que mal. *FAM.* cahin-caha. ▶ *Austèrement* – austèrement, étroitement, puritainement, rigidement, rigoureusement, sévèrement, stoïquement, strictement. ▶ *Froidement* – fraîchement, froidement, glacialement, hautainement, impersonnellement, insensiblement, raide, raidement, sec, sèchement. ▶ *Brutalement* – à la hussarde, à tour de bras, à toute force, âprement, brutalement, crûment, de la belle manière, énergiquement, fort, fortement, net, raide, raidement, rudement, sans ménagement, sec, vertement, vigoureusement, violemment, vivement. ▶ *Cruellement* – barbarement, bestialement, brutalement, cruellement, farouchement, férocement, impitoyablement, inhumainement, méchamment, rudement, sadiquement, sauvagement. ▲ANT. AISÉMENT, FACILEMENT, SANS DIFFICULTÉ, SANS EFFORT; AVEC DÉLICATESSE, AVEC DOIGTÉ, AVEC DOUCEUR, AVEC INDULGENCE, AVEC LAXISME.

durer *v.* ▶ *Continuer* – continuer, se poursuivre. ▶ *Subsister* – demeurer, perdurer, persister, résister, rester, se chroniciser, se conserver, se maintenir, se perpétuer, subsister, survivre. ▲ANT. ARRÊTER, CESSER; PASSER; DISPARAÎTRE, MOURIR, SE TERMINER.

dureté *n. f.* ▶ *Solidité d'un objet* – cohésion, compacité, consistance, coriacité, fermeté, fixité, force, homogénéité, indélébilité, indestructibilité, inextensibilité, massiveté, monolithisme, résilience, résistance, rigidité, robustesse, solidité, sûreté. ▶ *Absence de sentiments* – froideur, indifférence, insensibilité, sécheresse (de cœur). *SOUT.* aridité. ▶ *Absence d'indulgence* – exigence, impitoyabilité, implacabilité, inclémence, inflexibilité, intransigeance, rigidité, rigueur, sévérité. *SOUT.* inexorabilité. ▶ *Rudesse* – brusquerie, brutalité, hostilité, rudesse. *SOUT.* rudoiement. *QUÉB. FAM.* bourrassage. ▶ *Cruauté* – acharnement, agressivité, atrocité, barbarie, brutalité, cruauté, férocité, inhumanité, maltraitance, méchanceté, sadisme, sauvagerie, torture, violence. *SOUT.* implacabilité, inexorabilité. *PSYCHIATRIE* psychopathie. ▶ *Aigreur* – acariâtreté, acerbité, acidité, âcreté, acrimonie, agressivité, aigreur, amertume, animosité, âpreté, bave, bile, causticité, colère, dépit,

désagrément, fiel, haine, hargne, humeur, irritation, malveillance, maussaderie, mauvaise humeur, méchanceté, mordant, pique, rancœur, rancune, récrimination, ressentiment, rudesse, tranchant, venin, vindicte, virulence. *SOUT.* mordacité. *FAM.* rouspétance. ▲ANT. FLACCIDITÉ, FLEXIBILITÉ, MOLLESSE, SOUPLESSE, TENDRETÉ; AMABILITÉ, BIENVEILLANCE, BONTÉ, CLÉMENCE, DOUCEUR, GENTILLESSE, INDULGENCE, SENSIBILITÉ, TENDRESSE.

duvet *n. m.* ▶ *Édredon* – alaise, couette, courtepointe, couverture, couvre-lit, couvre-matelas, couvre-pied, dessus-de-lit, drap (de lit), édredon, plaid, protège-matelas. *FAM.* bâche, couvrante. *QUÉB.* catalogne, douillette. *SUISSE* fourre. *QUÉB. ACADIE FAM.* couverte.

dynamique *adj.* ▶ *Qui s'active* – actif, affairé, allant, diligent, énergique, infatigable, laborieux, travailleur, vaillant, zélé. *FAM.* bosseur, boulot-boulot, bûcheur, increvable, piocheur. *QUÉB.* travaillant. ▶ *Qui concerne le mouvement* – cinématique, cinétique. ▲ANT. APATHIQUE, INDOLENT, NONCHALANT, OISIF, PARESSEUX; STATIQUE.

dynamisant *adj.* fortifiant, reconstituant, remontant, revigorant, stimulant, tonifiant, tonique, vivifiant. *SOUT.* ravigotant. *SUISSE FAM.* rapicolant. *MÉD.* analeptique, dopant, dynamogène, énergisant, excitant, incitant. ▲ANT. AFFAIBLISSANT, ALANGUISSANT, AMOLLISSANT, ANÉMIANT, DÉBILITANT.

dynamiser *v.* activer, doper, réveiller, stimuler. ▲ANT. AFFAIBLIR, ASPHYXIER, ENGOURDIR, ÉPUISER, PARALYSER, RALENTIR.

dynamisme *n. m.* ▶ *Vitalité* – abattage, activité, allant, ardeur, effort, énergie, vie, vigueur, vitalité, vivacité. *FAM.* punch. ▲ANT. APATHIE, INERTIE, MOLLESSE, PASSIVITÉ.

dynastie *n. f.* agnation, alliance, arbre généalogique, ascendance, ascendants, branche, cognation, consanguinité, cousinage, degré, descendance, descendants, extraction, famille, filiation, fratrie, généalogie, génération, hérédité, lignage, ligne, ligne ascendante, lignée, maison, matriarcat, matrilignage, matrilinéarité, origine, parentage, parenté, parentèle, patriarcat, patrilignage, patrilinéarité, postérité, primogéniture, quartier (de noblesse), race, sang, souche.

dysfonctionnement *n. m.* affection, altération, anomalie, défaillance, déficience, dérangement, dysfonction, embarras, faiblesse, gêne, indisposition, insuffisance, mal, malaise, trouble. *DIDACT.* dysphorie. *MÉD.* lipothymie. *SOUT.* mésaise.

e

eau *n. f.* ▶ *Liquide* – SOUT. cristal *(pure)*, humide élément. FRANCE FAM. flotte. CHIM. monoxyde de dihydrogène, oxyde d'hydrogène. ▶ *Étendue* – SOUT. (l')onde, (les) flots. ▶ *Boisson* – FRANCE FAM. château-la-Pompe *(robinet)*. QUÉB. FAM. St-Laurent *(frappé)* *(robinet)*. ▶ *Sueur* – écume *(animal)*, moiteur, nage, perspiration, sudation, sudorification, sueur, transpiration. FAM. suée. ▶ *Transparence* – clarté, diaphanéité, limpidité, luminosité, netteté, pureté, translucidité, transparence, visibilité, vivacité. ▲ANT. GLACE; VAPEUR; TERRE.

ébats *n. m. pl.* agrément, amusement, amusette, délassement, dérivatif, distraction, divertissement, ébattement, étourdissement, jeu, loisir, ludisme, partie, passe-temps, plaisance, plaisir, récréation, sport. SOUT. diversion. FAM. récré.

ébattre (s') *v.* ▶ *Jouer* – jouer, s'amuser. ENFANTIN faire joujou. ▶ *Faire des bonds* – bondir, cabrioler, caracoler, faire des bonds, folâtrer, gambader, sauter, sauter comme un cabri. ▲ANT. ÊTRE CLOUÉ SUR PLACE, ÊTRE PARALYSÉ, FIGER.

ébauche *n. f.* ▶ *Esquisse* – canevas, crayon, crayonné, croquis, dessin, épure, esquisse, essai, étude (préparatoire), griffonnement, pochade, premier jet, préparation, projet, schéma. SOUT. linéaments. FRANCE FAM. crobard. ▶ *Brouillon* – brouillon, esquisse, essai, linéaments, premier jet. ▶ *Commencement* – actionnement, amorçage, amorce, balbutiement, bégaiement, commencement, création, début, déclenchement, démarrage, départ, embryon, enclenchement, enfance, entrée, esquisse, fondement, germe, inauguration, origine, ouverture, prélude, prémisse, principe, tête. SOUT. aube, aurore, matin, prémices. FIG. apparition, avènement, éclosion, émergence, éruption, explosion, genèse, germination, naissance, venue au monde. ▲ANT. ACCOMPLISSEMENT, ACHÈVEMENT, FINISSAGE, FINITION; RÉVISION; VERSION DÉFINITIVE.

ébaucher *v.* ▶ *Dessiner sommairement* – brosser, crayonner, croquer, esquisser, pocher, profiler, relever, silhouetter, tracer. ▶ *Donner une première*

forme – dégrossir, dresser les grandes lignes de, esquisser, faire l'ébauche de, faire l'esquisse de. ▶ *Commencer un mouvement* – commencer, esquisser. ▶ *Tailler* – dégrossir, épanneler, tailler. ▲ANT. ACHEVER.

éblouir *v.* ▶ *Gêner la vue* – aveugler. ▶ *Remplir d'admiration* – émerveiller, faire de l'effet, faire impression, faire sensation, fasciner, impressionner. FAM. en mettre plein la vue à, épater. ▲ANT. OBSCURCIR, TERNIR; CONSTERNER.

éblouissant *adj.* ▶ *Qui aveugle* – aveuglant, fulgurant. ▶ *Qui émerveille* – admirable, brillant, excellent, extraordinaire, fantastique, magistral, magnifique, merveilleux, parfait, prodigieux, remarquable, réussi, sensationnel, sublime. FAM. à tout casser, bluffant, champion, d'enfer, du tonnerre, épatant, extra, fameux, formidable, fumant, génial, mirifique, pas piqué des vers, splendide, super, terrible. FRANCE FAM. du feu de Dieu, énorme, fadé, formide, géant, gratiné, pas piqué des hannetons. QUÉB. FAM. capotant, écœurant. ▶ *D'une grande beauté* – admirable, beau, d'une grande beauté, de toute beauté, magnifique, ravissant, splendide, superbe. FRANCE FAM. flambant. ▲ANT. BLAFARD, BRUMEUX, SOMBRE, TERNE; LAMENTABLE, MÉDIOCRE, MINABLE, NAVRANT, PIÈTRE, PITEUX, PITOYABLE, RATÉ; AFFREUX, HIDEUX, HORRIBLE, IGNOBLE, MONSTRUEUX, REPOUSSANT; ANTIÉBLOUISSANT.

éblouissement *n. m.* ▶ *Trouble de la vue* – papillotement. ▶ *Émerveillement* – admiration, adoration, émerveillement, enchantement, engouement, enthousiasme, envoûtement, fascination, ravissement, subjugation. ▶ *Étonnement* – abasourdissement, ahurissement, bouleversement, ébahissement, effarement, émerveillement, étonnement, saisissement, stupéfaction, stupeur, surprise. FAM. épatement. ▲ANT. DÉCEPTION, DÉSENCHANTEMENT, DÉSILLUSION.

éboulement *n. m.* ▶ *Chute de matière* – affaissement, cavité, creux, crevasse, dépression, écroulement, effondrement, flache, fondrière, fossé. GÉOL.

ensellement, épirogenèse, fondis, graben. ▶ *Amas* – déblais, débris, décharge, décombres, démolitions, éboulis, épave, gravats, gravois, miettes, plâtras, reste, ruines, vestiges. *SOUT.* cendres. ▲**ANT.** CONSO-LIDATION, RAFFERMISSEMENT, REDRESSEMENT.

ébouriffé *adj.* décoiffé, dépeigné, échevelé.

ébranlement *n. m.* ▶ *Tremblement* – agitation, convulsion, flageolement, frémissement, frisson, frissonnement, grelottement, haut-le-corps, oscillation, saccade, secousse, soubresaut, sursaut, titubation, tortillage, tortillement, tremblement, tremblotement, trémoussement, trémulation, trépidation, tressaillement, vacillement, vibration. *SOUT.* tressaut, tressautement. *FAM.* tremblote. ▶ *Commotion* – bouleversement, choc, commotion, coup, émotion, secousse, traumatisme. ▶ *Agitation* – affolement, agitation, bouleversement, brasier, colère, confusion, débridement, déchaînement, désarroi, ébullition, embrasement, émotion, fièvre, frénésie, mouvement, passion, violence. *SOUT.* émoi, exaltation. *FIG.* dévergondage. ▲**ANT.** FERMETÉ, FIXITÉ, IM-MOBILITÉ, SOLIDITÉ, STABILITÉ; CONSOLIDATION, RAFFER-MISSEMENT, STABILISATION; CALME, ÉQUILIBRE, SÉCURITÉ; ASSURANCE, SÉRÉNITÉ.

ébranler *v.* ▶ *Faire bouger* – mouvoir, remuer. ▶ *Compromettre* – compromettre, faire craquer, miner, porter un (dur) coup à, saper. ▶ *Perturber* – bouleverser, bousculer, déséquilibrer, désorganiser, déstabiliser, déstructurer, perturber, troubler. *SOUT.* subvertir. *FAM.* chambarder, chambouler, détraquer. ▶ *Décontenancer* – déconcerter, décontenancer, démonter, dérouter, désarçonner, désorienter, déstabiliser, embarrasser, interloquer, troubler. *SOUT.* confondre. *FAM.* déboussoler. ▶ *Émouvoir fortement* – bouleverser, chavirer, émouvoir, remuer, retourner, révulser, secouer, troubler. *FAM.* chambouler, émotionner, remuer les tripes à, révolutionner, tournebouler, tourner les sangs à. ▶ *Traumatiser* – affecter, bouleverser, choquer, commotionner, marquer, perturber, secouer, traumatiser. ▶ *Perturber l'équilibre mental* – désaxer, déséquilibrer, déstabiliser, fragiliser, perturber. ♦ **s'ébranler** ▶ *Se mettre en route* – démarrer, partir, se mettre en branle, se mettre en route. ▲**ANT.** AFFERMIR, ASSURER, CONSOLIDER, ÉTAYER, FIXER, MAINTENIR.

ébullition *n. f.* ▶ *Évaporation* – distillation, évaporation, gazéification, sublimation, vaporisation, volatilisation. ▶ *Éruption* – bouillonnement, débordement, éclaboussement, écoulement, émission, éruption, évacuation, explosion, extrusion, giclée, jaillissement, jet, sortie. ▶ *Agitation* – affolement, agitation, bouleversement, brasier, colère, confusion, débridement, déchaînement, désarroi, ébranlement, embrasement, émotion, fièvre, frénésie, mouvement, passion, violence. *SOUT.* émoi, exaltation. *FIG.* dévergondage. ▲**ANT.** LIQUÉFACTION; RÉ-FRIGÉRATION, REFROIDISSEMENT; APAISEMENT, CALME, PAIX, QUIÉTUDE, TRANQUILLITÉ.

écaille *n. f.* ▶ *Plaquette* – *SOUT.* squame. ▶ *La-melle* – clinquant, lamelle de métal, oripeau, paillette, paillon, parcelle de métal. ♦ **écailles,** *plur.* ▶ *Ensemble de plaquettes* – écaillure.

écarlate *adj.* ▶ *Rouge vif* – andrinople, carmin, carminé, coquelicot, corail, cramoisi, fraise, fraise

écrasée, garance, ponceau, rouge sang, rouge vif, rubis, tomate, vermillon. *SOUT.* corallin. ▶ *En parlant du visage* – coloré, congestionné, couperosé, cramoisi, empourpré, en feu, enflammé, enluminé, injecté, rouge, rougeaud, rougissant, rubicond, sanguin, vineux. *SOUT.* rubescent, vultueux. *FAM.* rouget. ▲**ANT.** BLAFARD, BLANC, BLÊME, CADAVÉRIQUE, EXSAN-GUE, HÂVE, LIVIDE, PÂLE.

écarquiller *v.* ▲**ANT.** FERMER.

écart *n. m.* ▶ *Différence* – abîme, altérité, changement, désaccord, déviance, différence, dissemblance, dissimilitude, distance, distinction, divergence, diversité, division, divorce, fossé, gouffre, incompréhension, inégalité, intervalle, marginalité, nuance, séparation, variante, variation, variété. *MATH.* inéquation. ▶ *Amplitude* – amplitude, inclinaison, oscillation, portée, variation. ▶ *Inexactitude* – erreur, faute, imperfection, imprécision, incorrection, inexactitude, infidélité, irrégularité. ▶ *Embardée* – déportement, dérapage, embardée, patinage, ripage, ripement. ▶ *Péché* – accroc, chute, crime, déchéance, errements, faute, impureté, mal, manquement, mauvais, offense, péché, sacrilège, scandale, souillure, tache, transgression, vice. ▶ *Escapade* – caprice, échappée, équipée, escapade, évasion, frasque, fredaine, fugue, incartade, sortie. *SOUT.* échappée. *FAM.* bordée, galère. ▶ *Digression* – à-côté, aparté, coq-à-l'âne, digression, divagation, épisode, excursion, excursus, hors-d'œuvre, parabase, parenthèse, placage. ▶ *En statistique* – dispersion, fourchette, variance, variation. ▲**ANT.** PROXIMITÉ; RAPPROCHEMENT; COÏNCIDENCE, CONCORDANCE; EXACTITUDE; CONFORMITÉ.

écarté *adj.* à l'écart, éloigné, isolé, perdu, reculé, retiré, solitaire. *FAM.* paumé. *QUÉB. ACADIE FAM.* creux.

écarter *v.* ▶ *Séparer* – couper, déconnecter, dégrouper, désunir, détacher, disjoindre, dissocier, éloigner, isoler, séparer. ▶ *Distancer* – distancer, éloigner, espacer, séparer. *QUÉB. FAM.* détasser. ▶ *Ne pas envisager* – balayer d'un revers de la main, éliminer, excepter, exclure, faire abstraction de, mettre à l'écart, ne pas prendre en considération, ne pas tenir compte de, négliger, rejeter. ▶ *Supprimer* – balayer, éliminer, supprimer. ▶ *Éviter* – conjurer, empêcher, éviter, parer, prévenir. ▶ *Éconduire* – congédier, éconduire, en finir avec, rabrouer, renvoyer, repousser, se débarrasser de, se défaire de, se dépêtrer de. *FAM.* envoyer au bain, envoyer au diable, envoyer balader, envoyer bouler, envoyer dinguer, envoyer paître, envoyer promener, envoyer sur les roses, envoyer valdinguer, envoyer valser, expédier. ▶ *Éloigner d'une direction* – dérouter, détourner, dévier, éloigner. ▶ *Égarer* (*QUÉB. ACADIE FAM.*) – égarer, fourvoyer, perdre. *FAM.* paumer. ♦ **s'écarter** ▶ *S'enlever* – s'enlever, s'ôter, se pousser, se retirer. *FAM.* s'enlever du chemin, s'ôter du chemin. *QUÉB. FAM.* se tasser. ▶ *S'éloigner l'un de l'autre* – diverger, s'éloigner. ▶ *S'égarer* (*QUÉB. ACADIE FAM.*) – s'égarer, se fourvoyer, se perdre. *FAM.* se paumer. ▲**ANT.** RAPPROCHER; RÉUNIR; CONSERVER, GARDER.

ecclésiastique *adj.* clérical, religieux. ▲**ANT.** CIVIL, LAÏQUE, SÉCULIER, TEMPOREL.

ecclésiastique *n. m.* ▶ *Prêtre* – clerc, curé, homme d'Église, membre du clergé, ministre (du culte), prêtre, religieux. ▶ *Titre* – abbé. *FIG.* berger.

▶ *Religieux* – clerc, profès, religieux. *FAM.* ensoutané; *PÉJ.* calotin. ♦ **ecclésiastiques,** *plur.* ▶ *Ensemble de personnes* – clergé, corps ecclésiastique, Église, gens d'Église, religieux, sacerdoce. ▲**ANT.** LAÏC.

échafaud *n. m.* ▶ *Décapitation* – billot, décapitation, décollation, guillotine, guillotinement, hache.

échafaudage *n. m.* ▶ *Assemblage* – cintre, oiseau, triquet. ▶ *Accumulation* – abondance, accumulation, addition, agrégation, amas, amoncellement, collection, déballage, emmagasinage, empilage, empilement, encombrement, entassement, étagement, faisceau, fatras, fouillis, monceau, montagne, pile, pyramide, quantité, stratification, superposition, tas. ▶ *Raisonnement* – analyse, apagogie, argument, argumentation, considérations, déduction, démonstration, dialectique, dilemme, discussion, explication, implication, induction, inférence, justificatif, logique, méthode, preuve, raison, réflexion, réfutation, sorite, substruction, syllogisme, syllogistique, synthèse.

échancré *adj.* décolleté. ▲**ANT.** MONTÉ, RELEVÉ; POINTU.

échancrure *n. f.* ▶ *Découpure* – coupure, crénelure, découpure, dentelure, encoche, entaille, faille, indentation, ouverture, sinuosité. *BOT. ANAT.* incisure. ▶ *Entaille* – adent, brèche, coche, coupure, cran, créneau, crevasse, égratignure, enclenche, encoche, engravure, entaille, entamure, épaufrure, faille, fente, feuillure, incision, marque, mortaise, moucheture, onglet, raie, rainurage, rainure, rayure, ruinure, scarification, scissure, sillon, souchèvement *(roche)*, strie. *QUÉB. FAM.* grafignure. *BELG.* griffe. *BELG. FAM.* gratte. ▲**ANT.** SAILLIE.

échange *n. m.* ▶ *Remplacement* – change, changement, chassé-croisé, commutation, intérim, rechange, relève, remplacement, rotation, roulement, subrogation, substitution, succession, suppléance. ▶ *Dédommagement* – compensation, consolation, contrepartie, correctif, dédommagement, dommages et intérêts, dommages-intérêts, indemnisation, indemnité, raison, récompense, remboursement, réparation, retour, satisfaction, soulte. ▶ *Commerce* – activité commerciale, affaires, circulation, commerce, commercialisation, distribution, finance, marché, négoce, opérations (commerciales), traite, transactions, troc, vente. ▶ *Transmission réciproque* – interaction. *PHILOS.* intersubjectivité. *INFORM.* transaction. ▶ *Conversation* – causerie, colloque, concertation, conversation, dialogue, discussion, échange (de vues), entretien, interview, pourparlers, tête-à-tête. *FAM.* causette, chuchoterie. *QUÉB.* jase, jasette. *PÉJ.* conciliabule, palabres; *FAM.* parlote. ▶ *Négociation* – conversation, dialogue, discussion, échange (de vues), marchandage, négociation, pourparlers, tractation, transaction. *SOUT.* transigeance. *FAM.* négo. ▲**ANT.** CONSERVATION, RESTRICTION.

échanger *v.* ▶ *Troquer* – changer, troquer. ▲**ANT.** CONSERVER, GARDER.

échantillon *n. m.* ▶ *Segment* – bout, carotte *(terrain)*, détail, morceau, pan, partie, portion, section, segment, tranche, travée, tronçon. ▶ *Modèle* – archétype, canon, critère, étalon, exemple, formule,

gabarit, idéal, idée, image, individu, modèle, norme, original, paradigme, précédent, prototype, référence, représentant, type, unité. *BIOL.* holotype. ▶ *Avant-goût* – anticipation, aperçu, avant-goût, avant-première, esquisse, essai, exemple, idée, perspective, tableau. *SOUT.* préfiguration. *FAM.* topo. ♦ **échantillons,** *plur.* ▶ *Ensemble d'éléments* – échantillonnage.

échappée *n. f.* ▶ *Évasion* – défilade, escapade, évasion, fugue, fuite, liberté, marronnage *(esclave)*. *FAM.* cavale. ▶ *Escapade* (*SOUT.*) – caprice, écart, équipée, escapade, évasion, frasque, fredaine, fugue, incartade, sortie. *FAM.* bordée, galère. ▶ *Bref moment* (*SOUT.*) – éclair.

échapper *v.* ▶ *Éviter* – couper à, esquiver, éviter, fuir, passer au travers de, se dérober à, se dispenser de, se soustraire à. *FAM.* se défiler. *FRANCE FAM.* se débiner. ▶ *Réchapper* – réchapper de, s'en tirer, sortir (indemne) de, survivre à. ♦ **s'échapper** ▶ *Se sauver* – filer, s'enfuir, s'évader, se sauver. *FRANCE FAM.* se faire la belle. ▶ *S'éloigner discrètement* – disparaître, fausser compagnie à, filer à l'anglaise, partir en douce, s'éclipser, s'esquiver, s'évader. *FAM.* prendre la tangente, se déguiser en courant d'air. *FRANCE FAM.* faire basket. ▶ *Se dégager* – émaner, s'exhaler, se dégager, sortir. ▶ *Déborder* – déborder, se répandre. *MÉD.* s'extravaser. ▲**ANT.** △S'ÉCHAPPER – ACCOURIR, ARRIVER; ENTRER, S'INTRODUIRE; RESTER.

écharpe *n. f.* ▶ *Bande d'étoffe* – bandana, cache-col, cache-nez, carré, châle, étole, fichu, foulard, madras, mantille, mouchoir, pashmina, pointe. *QUÉB.* cache-cou.

échauffer *v.* ▶ *Causer une inflammation* – brûler, enflammer, irriter. ▶ *Aviver un sentiment* – aiguiser, allumer, attiser, augmenter, aviver, embraser, enflammer, exalter, exciter, incendier, stimuler. ♦ **s'échauffer** ▶ *Devenir trop chaud* – chauffer. ▲**ANT.** GELER, GLACER, REFROIDIR; APAISER, CALMER.

échéance *n. f.* ▶ *Terme* – (date) butoir, date de péremption *(denrées)*, expiration, fin, terme, tombée. ▲**ANT.** DÉBUT, ENGAGEMENT.

échéancier *n. m.* ▶ *Programme* – calendrier, emploi du temps, horaire, minutage, ordre du jour, plan, planification, programme, projet. *FAM.* menu.

échec *n. m.* ▶ *Insuccès* – avortement, banqueroute, capitulation, catastrophe, chute, débâcle, débandade, déconfiture, défaite, déroute, désavantage, écrasement, faillite, fiasco, four, infortune, insuccès, mauvaise fortune, naufrage, perte, ratage, raté, retraite, revers. *SOUT.* traverse. *FAM.* désastre, piquette, plantage, raclée, recalage, volée. *FRANCE FAM.* bérézina, bide, brossée, déculottée, dégelée, écrabouillement, fessée, foirade, gamelle, loupage, pile, rincée, rossée, tannée, veste. ▶ *Malheur* – adversité, calamité, calice (de douleur), chagrin, détresse, deuil, disgrâce, douleur, épreuve, fatalité, infortune, mal, malchance, malédiction, malheur, mauvaise fortune, mauvaise passe, mésaventure, misère, nuage, orage, peine, revers, ruine, sale affaire, sale histoire, souffrance, traverse, tribulation. *SOUT.* bourrèlement, plaie, tourment. ▶ *Déception* – abattement, accablement, affliction, amertume, anéantissement, chagrin, consternation, contrariété, déboires, déception, déconvenue, découragement, dégoût, dégrisement, démoralisation, dépit, désappointement, désenchantement, désespoir, désillusion, désolation, écœurement, ennui, infortune, insuccès, lassitude, mécompte, peine, regret, revers, tristesse. *SOUT.* atterrement, déréliction, désabusement, désespérance, retombement. *FAM.* défrisage, défrisement, douche (froide), ras-le-bol. ▲**ANT.** RÉUSSITE, SUCCÈS, TRIOMPHE.

échelle *n. f.* ▶ *Dispositif* – échalier, échalis, échelette, escabeau, espalier, étrier, marchepied, râtelier *(à fourrage)*, triquet. *BELG.* passet. ▶ *Maille filée* – *QUÉB.* maille. ▶ *Suite d'étapes* – filière. ▶ *Divisions* – graduation. ▶ *Ridelle* (*SUISSE*) – ber, échelette, ridelle.

échelon *n. m.* ▶ *Barreau* – barreau. *MAR.* enfléchure. ▶ *Degré* – degré, niveau, position, rang.

échelonner *v.* ▶ *Répartir par degrés* – graduer. ▶ *Répartir dans le temps* – espacer, étaler, répartir. ▲**ANT.** CONCENTRER, REGROUPER; FAIRE D'UN SEUL COUP.

écheveau *n. m.* ▶ *Assemblage de fils* – échevette *(petit)*. ▶ *Situation complexe* – confusion, dédale, détours, enchevêtrement, labyrinthe, maquis. *FAM.* embrouillamini.

échevelé *adj.* ▶ *Dépeigné* – décoiffé, dépeigné, ébouriffé. ▶ *Trépidant* – agité, bouillonnant, délirant, effervescent, effréné, fébrile, fiévreux, frénétique, intense, mouvementé, passionné, trépidant, tumultueux, violent. ▲**ANT.** PEIGNÉ; SAGE.

échiquier *n. m.* ▶ *Surface couverte de carrés* – damier, quadrillage. *ANC.* tablier.

écho *n. m.* ▶ *Son* – répercussion, résonance, réverbération. *SOUT.* résonnement, retentissement. ▶ *Répétition* – chanson, leitmotiv, rabâchage, radotage, réchauffé, récurrence, redite, redondance, refrain, rengaine, répétition, reprise, ressassage, ressassement, ritournelle, routine, scie, sérénade, turlutaine. *FAM.* resucée. *QUÉB. FAM.* renotage. ▶ *Réponse* – objection, réaction, réflexe, réfutation, repartie, réplique, réponse, riposte. *FIG.* contre-attaque. ▶ *Nouvelle non confirmée* – bruit, on-dit, ouï-dire, racontar, rumeur, vent. *FAM.* radiotrottoir.

échoppe *n. f.* ▶ *Boutique* – édicule, kiosque. *BELG.* aubette. ▶ *Burin* – burin, guilloche, onglette.

échouer *v.* ▶ *Ne pas aboutir* – avorter, faire long feu, rater. *FAM.* capoter, louper, queuter, s'en aller en eau de boudin. ▶ *Subir un échec* – essuyer un échec, faire chou blanc, faire fiasco, manquer son coup, rater son coup, subir un échec. *FAM.* faire un bide, faire un flop, faire un four, prendre une gamelle, prendre une pelle, prendre une veste, ramasser une gamelle, ramasser une pelle, ramasser une veste, remporter une veste, se casser la gueule, se casser le nez, se casser les dents, se planter. ▶ *Ne pas réussir un examen* – *FAM.* se faire étaler à, se planter à, se ramasser à. *QUÉB. FAM.* couler, pocher. *BELG. FAM.* moffler. *SUISSE FAM.* luger. ▲**ANT.** DÉSÉCHOUER; RÉUSSIR.

éclabousser *v.* ▶ *Au sens propre* – arroser, asperger. ▶ *Au sens figuré* – déshonorer, entacher, flétrir, noircir, porter atteinte à, salir, souiller, ternir. *SOUT.* tacher. ▲**ANT.** BLANCHIR, LAVER; INNOCENTER, SAUVER L'HONNEUR DE.

éclair *n. m.* ▶ *Foudre* – feu, foudre, fulguration. *SOUT.* fulgurance, tonnerre. ▶ *Lueur* – clair, clair-obscur, clarté, contre-jour, demi-jour, éclairage, éclat, embrasement, flamboiement, flamme, halo, illumination, jour, lueur, lumière, pénombre, soleil. *SOUT.* nitescence, splendeur. ▶ *Bref moment* – échappée. ▲**ANT.** ÉTERNITÉ, SIÈCLES.

éclairage *n. m.* ▶ *Illumination* – clair, clair-obscur, clarté, contre-jour, demi-jour, éclair, éclat, embrasement, flamboiement, flamme, halo, illumination, jour, lueur, lumière, pénombre, soleil. *SOUT.* nitescence, splendeur. ▶ *Ensemble de lumières* – illumination. ▶ *Point de vue* – air, allure, apparence, aspect, caractère, configuration, couleur, couvert, dehors, expression, extérieur, façade, faciès, figure, forme, formule, impression, jour, masque, mine, paraître, perspective, physionomie, plastique *(en art)*, portrait, présentation, profil, ressemblance, semblant, surface, ton, tour, tournure, traits, vernis, visage. *SOUT.* enveloppe, superficie. ▲**ANT.** OBSCURITÉ; ASSOMBRISSEMENT, OBSCURCISSEMENT.

éclaircie *n. f.* ▶ *Amélioration du temps* – accalmie, adoucissement, amélioration, bonace, calme plat, embellie, radoucissement, réchauffement, redoux, répit, tiédissement, tranquillité, trouée. *ACADIE FAM.* clairon. ▶ *Brève détente* – accalmie, apaisement, bonace, bonheur, calme, entente, fraternité, harmonie, idylle, paix, quiétude, rémission, repos, silence, tranquillité, trêve, union, unité. *SOUT.* kief *(en Orient).* ▶ *Opération sylvicole ou horticole* – démariage, éclaircissage. ▲**ANT.** GRAIN, ONDÉE.

éclaircir *v.* ▶ *Rendre plus pâle* – pâlir. ▶ *Diluer* – allonger, couper, diluer, étendre, mouiller. *FAM.* baptiser. ▶ *Émonder* – couper, ébrancher, élaguer, émonder, étronçonner, tailler. ▶ *Résoudre* – déchiffrer, découvrir, dénouer, deviner, élucider, éventer, expliquer, faire (toute) la lumière sur, pénétrer, percer, résoudre, tirer au clair, trouver, trouver la clé de. ♦ **s'éclaircir** ▶ *En parlant du ciel* – se découvrir, se dégager. ▲**ANT.** ASSOMBRIR, FONCER, OBSCURCIR, TERNIR; ÉPAISSIR; EMBROUILLER. △**S'ÉCLAIRCIR** – S'ASSOMBRIR, S'ENNUAGER, S'OBSCURCIR, SE COUVRIR.

éclaircissement *n. m.* ▶ *Explication* – analyse, clarification, commentaire, critique, définition, désambiguïsation, élucidation, exemplification, explication, explicitation, exposé, exposition, glose, illustration, indication, interprétation, légende, lumière, note, paraphrase, précision, remarque, renseignement. ▶ *Justification* – explication, justification, motivation, réponse, version. *SOUT.* légitimation. ▶ *Raréfaction* – amoindrissement, appauvrissement, déperdition, diminution, disparition, dispersion, dissémination, épuisement, raréfaction, rarescence, tarissement. ▲**ANT.** OBSCURCISSEMENT.

éclairé *adj.* ▶ *Rempli de lumière* – clair, éclatant, lumineux, radieux, rayonnant, resplendissant. ▶ *Sensé* – judicieux, mesuré, modéré, philosophe, pondéré, posé, raisonnable, raisonné, rationnel, réfléchi, responsable, sage, sain, sensé, sérieux. *SOUT.* rassis, tempéré. ▶ *Cultivé* – averti, cultivé, érudit, évolué, instruit, intellectuel, lettré, savant. *SOUT.* docte. *FAM.* calé. *QUÉB.* connaissant, renseigné; *FAM.* bollé. ▶ *Circonspect* – adroit, averti, avisé, circonspect, fin, habile, prudent, réfléchi, sagace, sage.

éclairer *v.* ▶ *Remplir de lumière* – allumer, ensoleiller, illuminer. *SOUT.* embraser, enflammer. ▶ *Rendre plus aisé à comprendre* – illustrer, mettre en lumière. ▶ *Tirer de l'erreur* – démystifier, détourner de l'erreur, détromper, ouvrir les yeux à, tirer de l'erreur. *SOUT.* dessiller les yeux à. ▶ *Renseigner* – édifier, informer, renseigner. ▶ *Miser* (*FAM.*) – blinder, jouer, miser, parier, ponter, y aller de. *QUÉB.* gager. ▲**ANT.** ASSOMBRIR, ENTÉNÉBRER, OBSCURCIR, TAMISER; EMBROUILLER; ABUSER, AVEUGLER.

éclat *n. m.* ▶ *Fragment* – bribe, brisure, charpie, coupure, débris, esquille (*os*), fraction, fragment, grain, granule, granulé, havrit, lambeau, limaille, miette, morceau, parcelle, part, particule, partie, pépite, portion, quartier, reste. *FAM.* graine. ▶ *Reflet* – brasillement, brillance, brillant, cati, chatoiement, coruscation, étincellement, feux, halo, image, irisation, lueur, luisant, lustre, miroitement, moire, moiré, moirure, orient, papillotage, papillotement, poli, poudroiement, rayonnement, reflet, réflexion, réfraction, réverbération, ruissellement, scintillement. *SOUT.* luisance, nacre, opalescence, resplendissement, rutilance, rutilation, rutilement. *SC.* albédo. *TECHN.* bruni, brunissure. ▶ *Clarté* – clair, clair-obscur, clarté, contre-jour, demi-jour, éclair, éclairage, embrasement, flamboiement, flamme, halo, illumination, jour, lueur, lumière, pénombre, soleil. *SOUT.* nitescence, splendeur. ▶ *Beauté* – agrément, art, attrait, beau, beauté, charme, chic, classe, coquetterie, délicatesse, distinction, élégance, esthétique, féerie, fraîcheur, grâce, gracieux, harmonie, magnificence, majesté, perfection, photogénie, pureté, séduction, splendeur, symétrie. *DIDACT.* eurythmie. *SOUT.* blandice, joliesse, morbidesse, sublimité, symphonie, vénusté. ▶ *Luxe* – abondance, apparat, appareil, beauté, confort, dolce vita, étalage, faste, grandeur, luxe, magnificence, majesté, opulence, ostentation, pompe, profusion, richesse, somptuosité, splendeur. *FAM.* tra la la. ▶ *Célébrité* – célébrité, considération, faveur, gloire, notoriété, palmarès, popularité, renom, renommée, réputation, vedettariat. *FIG.* auréole, immortalité, la déesse aux cent bouches. ▶ *Esclandre* – algarade, discussion, dispute, esclandre, querelle, scandale, scène, tapage. *FAM.* chambard, pétard. ▶ *Rire* – éclat (de rire), enjouement, esclaffement, fou rire, gaieté, gros rire, hilarité, raillerie, ricanement, rictus, rire, ris, risée, sourire. *FAM.* rigolade, risette. ▶ *Bruit* – braillement, cri, criaillement, criaillerie, gloussement, hurlement, réclame, rugissement, vagissement, vocifération, youyou. *SOUT.* clabaudage, clabauderie, hosanna. *FAM.* gueulade, gueulement, piaillerie. *QUÉB. FAM.* braillage, criaillage, ouac. ▲**ANT.** MATITÉ; OBSCURITÉ; SOBRIÉTÉ; ANONYMAT, HUMILITÉ, MÉDIOCRITÉ; MURMURE; CALME.

éclatant *adj.* ▶ *Rempli de lumière* – clair, éclairé, lumineux, radieux, rayonnant, resplendissant. ▶ *Scintillant* – brasillant, brillant, étincelant, flamboyant, incandescent, luisant, miroitant, papillotant, reluisant, rutilant, scintillant. ▶ *Qui fait un grand bruit* – assourdissant, bruyant, étourdissant, fort, fracassant, résonnant, retentissant, sonore, tapageur, tonitruant, tonnant. *SOUT.* abasourdissant. ▶ *En parlant d'une couleur* – vif, voyant. ▶ *Évident* – apparent, aveuglant, certain, clair, cousu de fil

blanc, criant, évident, flagrant, frappant, hurlant (de vérité), incontestable, manifeste, patent, qui coule de source, qui crève les yeux, qui saute aux yeux, qui se voit comme le nez au milieu du visage, qui tombe sous le sens, qui va de soi, qui va sans dire, visible. ▶ *Spectaculaire* – fracassant, retentissant, spectaculaire. ▶ *Drôle* (*FRANCE FAM.*) – amusant, bouffon, burlesque, cocasse, comique, d'un haut comique, désopilant, drolatique, drôle, gai, hilarant, humoristique, impayable, ineffable, inénarrable, plaisant, rigolo, risible, vaudevillesque. *SOUT.* drôlet. *FAM.* bidonnant, boyautant, crevant, gondolant, marrant, poilant, roulant, tordant. *QUÉB. FAM.* crampant, mourant. ◆ *éclatante*, *fém.* ▶ *En parlant d'une voix* – claironnante, cuivrée, de stentor, de tonnerre, forte, retentissante, sonore, tonitruante, tonnante, vibrante. ▲**ANT.** OBSCUR, OMBREUX, OPAQUE, SOMBRE; BLAFARD, ÉTEINT, MAT, PÂLE, TERNE; ÉTOUFFÉ, MAT, SOURD; DOUTEUX, INCERTAIN, MITIGÉ; CHAGRINANT, DÉPRIMANT, TRISTE.

éclatement *n. m.* ▶ *Explosion* – déflagration, explosion. ▶ *Rupture* – crevaison, rupture. ▶ *Morcellement* – atomisation, décomposition, découpage, démembrement, désagrégation, désagrégement, désintégration, dislocation, dissociation, dissolution, division, écroulement, effritement, émiettement, fission, fractionnement, fragmentation, îlotage, micronisation, morcellement, parcellarisation, parcellarité, parcellisation, partage, pulvérisation, quadripartition, sectorisation, séparation, tranchage, tripartition. *FRANCE FAM.* saucissonnage. *RELIG.* fraction. ▶ *Territoires* – balkanisation, partition. ▶ *Exultation* – débordement, délire, emballement, exultation, jubilation. *SOUT.* transport. ▲**ANT.** COHÉSION, RÉUNION.

éclater *v.* ▶ *Crever* – crever, percer. *FAM.* péter. ▶ *Se casser* – se briser, se casser. ▶ *Faire explosion* – détoner, exploser, faire explosion, sauter. *CHIM.* fulminer. ▶ *Faire un bruit d'explosion* – pétarader, péter. ▶ *Faire un bruit soudain* – retentir. ▶ *Se manifester brusquement* – émerger, fuser, jaillir, s'élever, surgir. ▶ *Se déclencher* – se déclarer, se déclencher. ▶ *Se mettre à rire* – pouffer (de rire), s'esclaffer. *QUÉB. FAM.* cramper. ▶ *Se mettre en colère* – colérer, fulminer, monter sur ses ergots, monter sur ses grands chevaux, prendre la mouche, prendre le mors aux dents, s'emporter, s'enflammer, s'irriter, se courroucer, se déchaîner, se fâcher, se gendarmer, se mettre en colère, sortir de ses gonds, voir rouge. *FAM.* criser, décharger sa bile, décharger sa rate, exploser, grimper au mur, piquer une colère, piquer une crise, se mettre en boule, se mettre en pétard, se mettre en rogne, se monter. *QUÉB. FAM.* grimper dans les rideaux, pomper, se choquer. ▶ *Se diviser en petits groupes* – se diviser, se fractionner, se scinder. ▶ *Diviser* – découper, diviser, fractionner, partager, scinder, sectoriser, segmenter, sous-diviser, subdiviser. *FAM.* saucissonner. ◆ *s'éclater* ▶ *Se divertir* (*FAM.*) – prendre du bon temps, s'amuser, s'égayer, se distraire, se divertir, se récréer, se réjouir. *FAM.* rigoler, se défoncer, se marrer. ▲**ANT.** SE CONTENIR, SE DOMINER, SE MAÎTRISER, SE TAIRE.

éclipse *n. f.* ▶ *Disparition* – dématérialisation, disparition, dissipation, dissolution, effacement,

éclipser

éloignement, évanouissement, évaporation, extinction, résorption, volatilisation. *ASTRON.* immersion, occultation. ► *Fléchissement* – abaissement, affaiblissement, affaissement, amenuisement, amoindrissement, baisse, chute, creux, déclin, décroissance, décroissement, décrue, dégression, déplétion, dépréciation, descente, désescalade, dévalorisation, dévaluation, diminution, effondrement, effritement, essoufflement, fléchissement, ralentissement, réduction. *SOUT.* émasculation. ► *Absence* (*FAM.*) – absence, départ, disparition, échappée, éloignement, escapade, évasion, fugue, séparation. ▲*ANT.* APPARITION, RÉAPPARITION ; PRÉSENCE ; FAVEUR, HONNEUR.

éclipser *v.* ► *Cacher un astre* – intercepter, occulter, voiler. ► *Surpasser* – battre, couper l'herbe sous le pied à, damer le pion à, dégommer, dépasser, devancer, dominer, faucher l'herbe sous le pied à, griller, l'emporter sur, laisser loin derrière, supplanter, surclasser, surpasser. *FAM.* enfoncer. *FRANCE FAM.* faire la pige à. *QUÉB. FAM.* perdre dans la brume. ♦ **s'éclipser** ► *S'éloigner discrètement* – disparaître, fausser compagnie à, filer à l'anglaise, partir en douce, s'échapper, s'esquiver, s'évader. *FAM.* prendre la tangente, se déguiser en courant d'air. *FRANCE FAM.* faire basket. ▲*ANT.* DÉVOILER, METTRE EN LUMIÈRE, MONTRER.

éclore *v.* ► *S'ouvrir* – fleurir, s'épanouir, s'ouvrir. ► *Se manifester* – apparaître, faire son apparition, germer, naître, paraître, pointer, se former, se manifester. *SOUT.* poindre, sourdre. ▲*ANT.* SE FANER, SE FLÉTRIR ; AVORTER, DISPARAÎTRE, MOURIR.

éclosion *n. f.* ► *Naissance* – actionnement, amorçage, amorce, balbutiement, bégaiement, commencement, création, début, déclenchement, démarrage, départ, ébauche, embryon, enclenchement, enfance, entrée, esquisse, fondement, germe, inauguration, origine, ouverture, prélude, prémisse, principe, tête. *SOUT.* aube, aurore, matin, prémices. *FIG.* apparition, avènement, émergence, éruption, explosion, genèse, germination, naissance, venue au monde. ► *Ouverture d'une fleur* – anthèse, effloraison, épanouissement, floraison. ► *Ouverture d'un bourgeon* – débourrement. ▲*ANT.* DISPARITION, FIN, MORT ; DÉPÉRISSEMENT, FLÉTRISSEMENT ; DÉCADENCE.

écœurant *adj.* ► *Qui sent mauvais* – empyreumatique, fétide, infect, malodorant, méphitique, miasmatique, nauséabond, pestilentiel, puant, putride. *FAM.* gerbant. ► *Qui répugne moralement* (*FAM.*) – abject, bas, coupable, crapuleux, dégoûtant, honteux, ignoble, immonde, inavouable, indigne, infâme, infect, innommable, inqualifiable, lâche, méprisable, odieux, repoussant, répugnant, sans nom, scandaleux, sordide, vil, vilain. *SOUT.* fangeux, ignominieux, nauséeux, triste, turpide. *FAM.* dégueu, dégueulasse, gerbant, moche. ► *Extraordinaire* (*QUÉB. FAM.*) – admirable, brillant, éblouissant, excellent, extraordinaire, fantastique, magistral, magnifique, merveilleux, parfait, prodigieux, remarquable, réussi, sensationnel, sublime. *FAM.* à tout casser, bluffant, champion, d'enfer, du tonnerre, épatant, extra, fameux, formidable, fumant, génial, mirifique, pas piqué des vers, splendide, super, terrible. *FRANCE FAM.* du feu de Dieu, énorme, fadé, formide, géant, gratiné, pas piqué des hannetons. *QUÉB. FAM.*

capotant. ▲*ANT.* AROMATIQUE, PARFUMÉ, SUAVE ; DIGNE, HONORABLE, NOBLE ; LAMENTABLE, MÉDIOCRE, MINABLE, NAVRANT, PIÈTRE, PITEUX, PITOYABLE, RATÉ.

écœuré *adj.* blasé, dégoûté, désabusé, fatigué, las, lassé, qui en a assez, saturé. *FAM.* qui en a ras le bol. *QUÉB. FAM.* qui a son voyage, tanné.

écœurement *n. m.* ► *Nausée* – envie de vomir, haut-le-cœur, mal de cœur, nausée, soulèvement d'estomac. ► *Dégoût* – abomination, allergie, aversion, dégoût, haine, haut-le-cœur, horreur, indigestion, nausée, phobie, répugnance, répulsion, révulsion. *SOUT.* détestation, exécration. *FAM.* dégoûtation. ► *Découragement* – abattement, accablement, affliction, amertume, anéantissement, chagrin, consternation, contrariété, déboires, déception, déconvenue, découragement, dégoût, dégrisement, démoralisation, dépit, désappointement, désenchantement, désespoir, désillusion, désolation, échec, ennui, infortune, insuccès, lassitude, mécompte, peine, regret, revers, tristesse. *SOUT.* atterrement, déréliction, désabusement, désespérance, retombement. *FAM.* défrisage, défrisement, douche (froide), ras-le-bol. ▲*ANT.* APPÉTIT ; ENTHOUSIASME.

écœurer *v.* ► *Donner la nausée* – dégoûter, donner la nausée à, donner mal au cœur à, lever le cœur à, répugner à, soulever le cœur à. *FAM.* débecter, tourner sur le cœur à. ► *Indigner* (*FAM.*) – choquer, horrifier, indigner, outrer, révolter, scandaliser. *FAM.* estomaquer. ► *Blaser* – blaser, dégoûter, désabuser, fatiguer, lasser, saturer. ► *Décourager* – abattre, débiliter, décourager, démobiliser, démoraliser, démotiver, déprimer, lasser, mettre à plat. *QUÉB. FAM.* débiner. *BELG.* déforcer. *ACADIE FAM.* déconforter. ► *Harceler* (*QUÉB. FAM.*) – éperonner, être aux trousses de, harceler, importuner, poursuivre, presser, sergenter, talonner, tourmenter. *SOUT.* assiéger, molester. *FAM.* asticoter, courir après, tarabuster. *QUÉB. ACADIE FAM.* achaler. *QUÉB. FAM.* tacher. ► *Agacer* (*QUÉB. FAM.*) – agacer, crisper, énerver, exaspérer, excéder, fatiguer, hérisser, impatienter, importuner, irriter, porter sur les nerfs à. *FAM.* barber, casser les pieds à, chauffer les oreilles à, courir sur le système à, embêter, emmieller, empoisonner, enquiquiner, faire suer, gonfler, horripiler, insupporter, pomper l'air à, porter sur le système à, scier, tanner, taper sur le système à, taper sur les nerfs à. *FRANCE FAM.* bassiner, canuler, cavaler, courir, courir sur le haricot à, soûler. *QUÉB. FAM.* achaler, déranger, tomber sur la noix à, tomber sur la rate à, tomber sur le système à, tomber sur les nerfs à, tomber sur les rognons à. ▲*ANT.* ALLÉCHER ; ENTHOUSIASMER.

école *n. f.* ► *Établissement scolaire* – académie, alumnat, collège, conservatoire, établissement d'enseignement, établissement scolaire, high school (*pays anglo-saxons*), institut, institution, lycée, maison d'éducation, maison d'enseignement, medersa (*pays musulmans*), petit séminaire. *FRANCE FAM.* bahut, boîte. *QUÉB.* cégep, collégial, polyvalente, régionale (*en région*). *FAM.* poly. *BELG.* athénée. *SUISSE* gymnase. ► *Université* – académie, alma mater, campus, collège, complexe universitaire, enseignement supérieur, faculté, institut, université. *FAM.* fac. *QUÉB.* cité universitaire. *BELG. FAM.* unif. *SUISSE FAM.* uni. ► *Enseignement* – classe. ► *Doctrine* – conception, doctrine, dogme, école (de pensée), idée, idéologie, mouvement, opinion, pensée, philosophie, principe, système, théorie, thèse. ▶ *Association savante ou artistique* – académie, aréopage, cénacle, cercle, club, institut, société. ▶ *Clan* – bande, bandits, cabale, camarilla, chapelle, clan, clique, coterie, église, faction, groupuscule, ligue, maffia, malfaiteurs, secte. ♦ **écoles**, *plur.* ▶ *Ensemble d'établissements scolaires* – commission scolaire, réseau d'écoles, réseau scolaire; système scolaire.

écolier *n.* élève, scolaire.

écologique *adj.* environnemental. ▲ANT. POLLUANT.

écologiste *n.* ▶ *Partisan* – vert. FAM. écolo. ▶ *Scientifique* – écologue, environnementaliste.

économe *adj.* parcimonieux. ▲ANT. DÉPENSIER, DILAPIDATEUR, DISSIPATEUR, GASPILLEUR, PRODIGUE.

économie *n. f.* ▶ *Restriction* – empêchement, épargne, parcimonie, rationalisation, rationnement, réserve, restriction, réticence. FAM. dégraissage. ▶ *Science* – ANC. chrématistique. ♦ **économies**, *plur.* argent, cagnotte, épargnes, réserve. FAM. bas (de laine), magot, pécule. FRANCE FAM. économocroques. ▲ANT. DÉPENSE, DISSIPATION, GASPILLAGE, PRODIGALITÉ.

économique *adj.* ▶ *Qui concerne l'économie* – financier, monétaire, pécuniaire. ▶ *Qui fait économiser* – à bas prix, à bon compte, à bon marché, à bon prix, abordable, accessible, avantageux, bas de gamme, bon marché, modique, raisonnable. ▲ANT. COÛTEUX, DISPENDIEUX, ONÉREUX; AFFAIRES *(classe)*, PREMIÈRE.

économiser *v.* ▶ *Épargner de l'argent* – capitaliser, épargner, ménager, mettre de côté. SOUT. thésauriser. ▶ *Utiliser avec modération* – épargner, ménager. ▲ANT. DÉPENSER; CONSOMMER; DILAPIDER, GASPILLER.

écorce *n. f.* ▶ *Partie d'un tronc* – grume *(bois coupé)*, pelan *(industriel)*. AGRIC. écusson *(greffe)*. BOT. phelloderme, rhytidome. ▶ *Partie d'un fruit* – bogue, brou, coque, coquille, cosse, écale, écalure, efflorescence, épicarpe, peau, pellicule, pelure, pruine, robe, tégument, zeste.

écorcher *v.* ▶ *Érafler* – égratigner, érafler, griffer, labourer. QUÉB. FAM. grafigner, peigner. DIDACT. excorier. ▶ *Lacérer* – balafrer, couper, déchirer, écharper, entailler, entamer, lacérer, larder, ouvrir, taillader. FAM. chapeler. ▶ *Enlever la peau* – dépiauter, dépouiller. ▶ *Irriter la gorge* – racler, râper. ▶ *Prononcer de travers* – estropier. ▶ *Critiquer* (FAM.) – attaquer, critiquer, descendre en flammes, écharper, éreinter, étriller, faire le procès de, malmener, maltraiter, massacrer, matraquer, mettre à mal, pourfendre, s'acharner contre. FAM. cartonner, couler, démolir, descendre, esquinter. FRANCE FAM. allumer, débiner. QUÉB. FAM. maganer. ▶ *Faire payer trop cher* (FAM.) – escroquer, estamper, flouer, frauder, voler. SOUT. gruger. FAM. arnaquer, blouser, carambouiller, entôler, étriller, filouter, plumer, rouler, tondre, truander. ▲ANT. CARESSER, FLATTER; TRANSPERCER.

écoulement *n. m.* ▶ *Ruissellement* – circulation, débit, débordement, éruption, évacuation, exsudation, flux, fuite, ingression, inondation, irrigation,

irruption, larmoiement, mouvement, passage, ravinement, régime, ruissellement, sortie, suage, suintement, transpiration, vidange. SOUT. submersion, transsudation. GÉOGR. défluviation, transfluence, transgression. ▶ *Éruption* – bouillonnement, débordement, ébullition, éclaboussement, émission, éruption, évacuation, explosion, extrusion, giclée, jaillissement, jet, sortie. ▶ *Déversement* – dégorgeage, dégorgement, déversement, effusion, épanchement, infiltration, résurgence. SOUT. regorgement. ▶ *Affluence* – affluence, afflux, arrivée, circulation, flot, flux, issue. ▲ANT. STAGNATION; OBSTRUCTION, RÉTENTION; CONSERVATION, STOCKAGE.

écouler *v.* ▶ *Vendre* – débiter, détailler, faire commerce de, offrir, proposer, vendre. ♦ **s'écouler** ▶ *Couler* – affluer, couler, ruisseler, se déverser, se répandre. SOUT. courir, fluer, s'épancher. ▶ *Répandre son contenu* – se déverser. ▶ *Accomplir sa durée* – couler, passer. ▲ANT. EMMAGASINER, RETENIR, STOCKER. △S'ÉCOULER – RESTER, STAGNER.

écouter *v.* ▶ *Tendre l'oreille* – prêter attention, prêter l'oreille, tendre l'oreille. FRANCE FAM. esgourder. ▶ *Obéir* – céder à, obéir à, s'exécuter, s'incliner, se soumettre à. SUISSE FAM. baster. ▶ *Exaucer* (SOUT.) – accomplir, combler, exaucer, réaliser, répondre à, satisfaire. SOUT. entendre. ▶ *Suivre un cours* – assister à, suivre. ▲ANT. ÊTRE SOURD À; DÉSOBÉIR, IGNORER.

écran *n. m.* ▶ *Séparation* – barrage, barricade, barrière, cloison, défense, mur, obstacle, rideau, séparation. ▶ *Partie d'un ordinateur* – console de visualisation, écran d'affichage, écran de visualisation, moniteur, visu, visuel. ▶ *Partie d'une télévision* – écran de télévision, télécran. ▶ *Partie d'un cinéma* – écran de projection. FAM. toile.

écrasant *adj.* ▶ *Exigeant* – accablant, aliénant, asservissant, assujettissant, astreignant, contraignant, étouffant, exigeant, impitoyable, lourd, oppressant, pénible, pesant. ▶ *Très chaud* – accablant, brûlant, caniculaire, chaud, étouffant, lourd, oppressant, saharien, suffocant, torride, tropical. ▲ANT. INCERTAIN, LÉGER, MITIGÉ; FROID, POLAIRE, RIGOUREUX, RUDE, SIBÉRIEN. △ÉCRASANTE, *fém.* – FAIBLE *(majorité)*.

écrasé *adj.* ▶ *En parlant d'un nez* – aplati, camus, épaté. SOUT. camard. ▲ANT. POINTU.

écrasement *n. m.* ▶ *Broyage* – bocardage *(minerais)*, broyage, concassage, écangage *(lin ou chanvre)*, pilage, pilonnage. SOUT. broiement. FAM. écrabouillage, écrabouillement. QUÉB. FAM. écrapoutissage, effoirage. DIDACT. trituration *(par friction)*. MÉD. lacération, lithotritie/lithotripsie *(calculs)*. ▶ *Défaite* – avortement, banqueroute, capitulation, catastrophe, chute, débâcle, débandade, déconfiture, défaite, déroute, désavantage, échec, faillite, fiasco, four, infortune, insuccès, mauvaise fortune, naufrage, perte, ratage, raté, retraite, revers. SOUT. traverse. FAM. désastre, piquette, plantage, raclée, recalage, volée. FRANCE FAM. bérézina, bide, brossée, déculottée, dégelée, écrabouillement, fessée, foirade, gamelle, loupage, pile, rincée, rossée, tannée, veste.

écraser *v.* ▶ *Mettre en petits morceaux* – brésiller, broyer, concasser, fragmenter, morceler, parcelliser, pulvériser. ▶ *Mettre en bouillie* – broyer. FAM. écrabouiller. QUÉB. FAM. écrapoutiller, écrapoutir, effoirer. ▶ **Réduire en pulpe** – fouler (le raisin), presser, pressurer (au pressoir), pulper. ▶ **Rendre plat** – aplatir. ▶ **Détruire complètement** – anéantir, annihiler, briser, démolir, détruire, éliminer, néantiser, pulvériser, réduire à néant, réduire à rien, ruiner, supprimer. ▶ **Vaincre** (FAM.) – battre à plate couture. FAM. enfoncer, lessiver, massacrer. QUÉB. FAM. crémer. ▶ **Tyranniser** – accabler, opprimer, persécuter, tyranniser. ▶ **Accabler** – accabler, charger, étouffer, peser sur, surcharger. SOUT. opprimer. ♦ **s'écraser** ▶ **Se laisser tomber** (QUÉB. FAM.) – s'affaler, s'effondrer, se laisser choir. FAM. s'écrouler. QUÉB. FAM. s'effoirer. ▶ **S'écrouler** (FAM.) – s'abattre, s'affaisser, s'écrouler, s'effondrer, tomber. QUÉB. FAM. s'effoirer. ▶ **Se taire** (FAM.) – garder le silence, ne pas dire un (traître) mot, ne pas souffler mot, se taire, tenir sa langue. FAM. avaler sa langue, fermer sa gueule, la boucler, la fermer, perdre sa langue, (s')écraser. FRANCE FAM. ne pas piper, taire sa gueule. ▲ANT. AIDER, DÉCHARGER, FAVORISER, MÉNAGER, SOULAGER.

écrier (s') v. s'exclamer, se récrier. ▲ANT. SE TAIRE.

écrire v. ▶ **Tracer** – marquer, tracer. ▶ **Mettre par écrit** – libeller, mettre noir sur blanc, mettre par écrit, rédiger. SOUT. coucher sur le papier. ▶ **Composer** – composer, rédiger. ▲ANT. BIFFER, EFFACER, RATURER, RAYER.

écrit n. m. ▶ **Document** – texte. ▶ **Ouvrage** – album, brochure, brochurette, cahier, catalogue, document, fascicule, imprimé, livre, livret, manuel, opuscule, ouvrage, parution, plaquette, publication, recueil, registre, titre, tome, volume. FAM. bouquin. ▹ Gros FAM. pavé. QUÉB. FAM. brique. ♦ **écrits, plur.** ▶ **Ensemble d'ouvrages** – littérature. ▲ANT. ORAL, PAROLE.

écriteau n. m. affiche, affiche publicitaire, affichette, annonce, avis, enseigne, pancarte, panneau, panneau réclame, panonceau, placard, proclamation, programme, publicité, réclame.

écrivain n. ▶ **Personne qui compose un écrit** – auteur, femme de lettres/homme de lettres. FAM. gendelettre. ▹ Prolifique – pondeur. ▹ Bon – styliste. ▹ Mauvais SOUT. grimaud. ♦ **écrivains, plur.** ▶ **Ensemble de personnes qui composent un écrit** – gens de lettres.

écroulement n. m. ▶ **Affaissement** – affaissement, cavité, creux, crevasse, dépression, éboulement, effondrement, flache, fondrière, fossé. GÉOL. ensellement, épirogenèse, fondis, graben. ▶ **Anéantissement** – atomisation, décomposition, découpage, démembrement, désagrégation, désagrégement, désintégration, dislocation, dissociation, dissolution, division, éclatement, effritement, émiettement, fission, fractionnement, fragmentation, îlotage, micronisation, morcellement, parcellarisation, parcellarité, parcellisation, partage, pulvérisation, quadripartition, sectorisation, séparation, tranchage, tripartition. FRANCE FAM. saucissonnage. RELIG. fraction. ▹ Territoires – balkanisation, partition. ▲ANT. CONSTRUCTION, ÉLÉVATION, ÉRECTION; ÉTABLISSEMENT, RELÈVEMENT, RENFORCEMENT.

écrouler (s') v. ▶ **Tomber** – s'abattre, s'affaisser, s'effondrer, tomber. QUÉB. FAM. s'écraser, s'effoirer.

▶ **Se laisser tomber** (FAM.) – s'affaler, s'effondrer, se laisser choir. QUÉB. FAM. s'écraser, s'effoirer. ▶ **Perdre sa résistance psychologique** – craquer, s'effondrer. ▶ **Crouler** – crouler, s'abattre, s'affaisser, s'ébouler, s'effondrer, succomber, tomber en ruine. ▶ **Disparaître** – crouler, disparaître, finir, mourir, périr, s'anéantir, s'effondrer. ▲ANT. S'ÉLEVER, SE DRESSER; RÉSISTER, TENIR.

écueil n. m. ▶ **Récif** – brisant, étoc, récif, rocher (à fleur d'eau). ▶ **Difficulté cachée** – difficulté, embûche, piège. QUÉB. FAM. pogne. ▶ **Obstacle** – accroc, adversité, anicroche, barrière, blocage, contrariété, contretemps, défense, difficulté, digue, embarras, empêchement, ennui, entrave, frein, gêne, impasse, impossibilité, inhibition, interdiction, objection, obstruction, ombre au tableau, opposition, pierre d'achoppement, point noir, problème, résistance, restriction, tracas, tribulations. QUÉB. irritant. SOUT. achoppement, impedimenta, traverse. FAM. blème, hic, lézard, os, pépin. QUÉB. FAM. aria. ▶ **Danger** – aléa, casse-cou, danger, détresse, difficulté, embûche, épée de Damoclès, épouvantail, guêpier, hasard, impasse, imprudence, insécurité, mauvais pas, menace, perdition, péril, piège, point chaud, point sensible, poudrière, récif, risque, spectre, traverse, urgence, volcan. SOUT. tarasque. FRANCE FAM. casse-gueule. ▶ **Inconvénient** – aléa, charge, contre, danger, défaut, déplaisir, dérangement, désagrément, désavantage, difficulté, embarras, empêchement, ennui, fissure, gêne, handicap, incommodité, inconfort, inconvénient, mauvais côté, objection, obstacle, point faible, risque, trouble. SOUT. importunité. ▲ANT. AIDE, PROTECTION, SECOURS.

écuelle n. f. ▶ **Contenant** – assiette, gamelle (campeur), plat, soucoupe. ▶ **Contenu** – assiette, assiettée, écuellée, plat, platée.

écume n. f. ▶ **Mousse blanchâtre** – bouillons, mousse. QUÉB. FAM. broue. ▶ **Sueur** – eau, moiteur, nage, perspiration, sudation, sudorification, sueur, transpiration. FAM. suée. ▶ **Bave** – bave, salive.

écureuil n. m. ▶ **Animal** – ACADIE FAM. écureau.

écurie n. f. ▶ **Ensemble de chevaux** – cavalerie (de courses). ▶ **Bâtiment à bétail** (SUISSE) – étable. ▶ **Taudis** (FIG.) – bouge, galetas, taudis. FIG. bauge, chenil, tanière. FAM. baraque, bicoque, clapier. FRANCE FAM. cambuse, gourbi, turne. QUÉB. FAM. coqueron, trou. ▶ **Lieu désordonné** (FIG.) – FIG. chenil, écuries d'Augias, porcherie. FAM. bazar, bouzin, capharnaüm, chantier, foutoir, souk. QUÉB. FAM. soue (à cochons). BELG. FAM. kot.

écusson n. m. ▶ **Armoiries** – armes, armoiries, blason, écu (héraldique), pennon. ▶ **Panonceau** – carreau, panonceau, plaquette. ▶ **Insigne** – autocollant, badge, cocarde, décalcomanie, épinglette, étiquette, insigne, marque, plaque, porte-nom, rosette, tatouage, timbre, vignette, vitrophanie. FAM. macaron. ▶ **Thorax d'un insecte** – mésothorax, scutum.

édifiant adj. ▶ **Qui porte à la vertu** – exemplaire, moral, vertueux. ▶ **Qui instruit** – éducatif, enrichissant, formateur, formatif, informatif, instructif, profitable. ▶ **Révélateur** – éloquent, expressif, instructif, parlant, qui en dit long, révélateur, significatif. ▲ANT. CHOQUANT, IMMORAL, IMPUR, OFFENSANT,

RÉVOLTANT, SCANDALEUX; INUTILE, SANS INTÉRÊT, VAIN; ABÊTISSANT, ABRUTISSANT, BÊTIFIANT, CRÉTINISANT.

édification *n.f.* ▶ *Action de construire* – construction. SOUT. érection. ▶ *Élaboration* – composition, conception, confection, constitution, construction, création, développement, élaboration, exécution, fabrication, façon, façonnage, façonnement, formation, génération, genèse, gestation, invention, œuvre, organisation, paternité, production, réalisation, structuration, synthèse. SOUT. accouchement, enfantement. DIDACT. engendrement. ▶ *Action de porter à la vertu* – moralisation. ▶ *Éducation* – alphabétisation, apprentissage, conscientisation, didactique, éducation, enrichissement, enseignement, entraînement, études, expérience, façonnage, façonnement, formation, inculcation, information, initiation, instruction, monitorat, pédagogie, professorat, scolarisation, scolarité, stage. ▲ANT. DÉMOLITION, DESTRUCTION, ÉCROULEMENT, RENVERSEMENT; CORRUPTION; ABÊTISSEMENT.

édifice *n.m.* bâtiment, bâtisse, construction, maison, monument (*caractère historique*), ouvrage. ▸ *Construction urbaine* – gratte-ciel, immeuble, tour. FAM. caserne.

édifier *v.* ▶ *Bâtir une chose concrète* – bâtir, construire, dresser, élever, ériger. ▶ *Bâtir une chose abstraite* – bâtir, construire, ériger. ▸ *Non favorable* – échafauder. ▶ *Informer qqn* – éclairer, informer, renseigner. FAM. éclairer la lanterne de. ▲ANT. DÉMOLIR, DÉTRUIRE; CORROMPRE, SCANDALISER.

édit *n.m.* ▶ *Proclamation* – annonce, appel, avis, ban, communication, communiqué, déclaration, décret, dénonciation, dépêche, divulgation, manifeste, message, notification, proclamation, profession de foi, programme, promulgation, publication, rescrit, serment, signification. ▶ *Décret* – arrêté, décret, ordonnance.

éditer *v.* ▶ *Faire paraître* – faire paraître, imprimer, publier. ▶ *Réviser* – arranger, corriger, retoucher, réviser, revoir. ▲ANT. CACHER, CENSURER.

édition *n.f.* ▶ *Action d'éditer* – impression, parution, publication, tirage.

édredon *n.m.* alaise, couette, courtepointe, couverture, couvre-lit, couvre-matelas, couvre-pied, dessus-de-lit, drap (de lit), duvet, plaid, protège-matelas. FAM. bâche, couvrante. QUÉB. catalogne, douillette. SUISSE fourre. QUÉB. ACADIE FAM. couverte.

éducateur *n.* ▶ *Enseignant* – animateur, enseignant, instructeur, moniteur, pédagogue, professeur. FAM. prof, sorbonnard (*Sorbonne*). QUÉB. andragogue (*enseignement aux adultes*). BELG. régent. ▸ *Au primaire* – instituteur, maître/maîtresse (d'école). FAM. insti. ANTIQ. grammaticus. ▸ *Directeur* – directeur, patron de thèse. ▸ *Assistant* – assistant, lecteur, maître assistant, moniteur, préparateur, répétiteur, sous-maître. ▸ *Enseignant à contrat* – chargé de cours. FRANCE maître de conférence. ▸ *Suppléant* – (professeur) suppléant, remplaçant. ▲ANT. APPRENANT, ÉLÈVE, ÉTUDIANT.

éducation *n.f.* ▶ *Instruction* – alphabétisation, apprentissage, conscientisation, didactique, édification, enrichissement, enseignement, entraînement, études, expérience, façonnage, façonnement, formation, inculcation, information, initiation, instruction, monitorat, pédagogie, professorat, scolarisation, scolarité, stage. ▶ *Fait d'élever des enfants* – parentage, soins. ▶ *Savoir* – acquis, (bagage de) connaissances, bagage (intellectuel), compétence, culture (générale), encyclopédisme, épistémè, érudition, expérience, humanisme, instruction, lettres, lumières, notions, sagesse, savoir, science. SOUT. omniscience. ▶ *Politesse* – affabilité, amabilité, aménité, attention, bienséance, bonnes manières, chevalerie, civilité, civisme, convivialité, correction, courtoisie, délicatesse, entregent, galanterie, gentillesse, hospitalité, mondanités, obligeance, politesse, prévenance, savoir-vivre, serviabilité, sociabilité, tact, urbanité. SOUT. gracieuseté, liant. ▶ *Décence* – bienséance, bon ton, chasteté, convenance, correction, décence, délicatesse, dignité, discrétion, fierté, gravité, honnêteté, honneur, modestie, politesse, propreté, pudeur, quant-à-soi, réserve, respect, retenue, sagesse, sobriété, tact, tenue, vertu. SOUT. pudicité. ▲ANT. ABÊTISSEMENT, CORRUPTION, DÉFORMATION; IGNORANCE; GROSSIÈRETÉ, IMPOLITESSE, RUDESSE.

éduquer *v.* ▶ *Instruire* – former, instruire. ▶ *Élever* – discipliner, dresser, élever. ▶ *Raffiner les mœurs* – civiliser, décrasser, décrotter, dégrossir, humaniser, policer, raffiner les mœurs de. ▶ *Développer un talent* – cultiver, développer, former. ▲ANT. ABÊTIR, ABRUTIR.

effaçable *adj.* délébile. ▲ANT. INEFFAÇABLE; INSCRIPTIBLE (*disque*).

effacé *adj.* discret, qui garde ses distances, qui reste sur son quant-à-soi, qui se tient sur la réserve, réservé.

effacement *n.m.* ▶ *Disparition* – dématérialisation, disparition, dissipation, dissolution, éloignement, évanouissement, évaporation, extinction, résorption, volatilisation. ASTRON. éclipse, immersion, occultation. ▶ *Destruction* – absorption, anéantissement, annihilation, démolition, destruction, dévastation, disparition, élimination, enlèvement, éradication, fin, gommage, liquidation, mort, néantisation, suppression. SOUT. extirpation. ▶ *Abnégation* – abnégation, altruisme, désintéressement, détachement, dévouement, humilité, oubli de soi, privation, renoncement, résignation, sacrifice. SOUT. holocauste. ▶ *Timidité* – appréhension, confusion, crainte, discrétion, effarouchement, embarras, émoi, frilosité, gaucherie, gêne, hésitation, honte, humilité, indécision, inhibition, introversion, malaise, modestie, peur, réserve, retenue, sauvagerie, timidité. SOUT. pusillanimité. FAM. trac. ▲ANT. APPARITION; ENREGISTREMENT, INSCRIPTION; OSTENTATION, VANITÉ.

effacer *v.* ▶ *Faire disparaître* – gommer. ▶ *Rendre moins vif* – affaiblir, amortir, atténuer, diminuer, émousser, éroder, estomper, oblitérer, user. ♦ **s'effacer** ▶ *S'enlever* – disparaître, partir, s'en aller, s'enlever. ▶ *Se dissiper* – disparaître, mourir, partir, passer, s'assoupir, s'en aller, s'envoler, s'estomper, s'évanouir, s'évaporer, se dissiper, se volatiliser. ▶ *Mourir* – décéder, être emporté, être tué, expirer, mourir, perdre la vie, périr, s'éteindre, succomber, trouver la mort. SOUT. exhaler le dernier soupir, passer de vie à trépas, payer tribut à la nature, rendre l'âme, rendre l'esprit, rendre le dernier soupir, rendre son dernier souffle, trépasser. *PAR EUPHÉM.* avoir vécu, disparaître, faire le grand voyage, fermer les paupières, fermer les yeux, finir, monter au ciel, paraître devant Dieu, partir, passer, passer dans l'autre monde, quitter ce (bas) monde, s'en aller, s'endormir. *FAM.* aller ad patres, aller chez les taupes, avaler sa chique, avaler son acte de naissance, boire le bouillon d'onze heures, calancher, caner, casser sa pipe, clamser, claquer, crever, décoller son billard, dévisser son billard, faire couic, passer l'arme à gauche, perdre le goût du pain, rester sur le carreau, s'endormir du sommeil de la tombe, sortir les pieds devant, y rester. *FRANCE FAM.* claboter. *QUÉB. FAM.* lever les pattes, péter au fret. ▲ANT. DESSINER, ÉCRIRE; ACCENTUER, FAIRE RESSORTIR, RAVIVER, RENFORCER.

effaré *adj.* ▶ *Hagard* – égaré, fou, hagard, halluciné. ▶ *Effronté* (*ACADIE FAM.*) – cavalier, cynique, désinvolte, effronté, éhonté, familier, impertinent, impoli, impudent, insolent, irrespectueux, irrévérencieux, leste, libre, provocant, sans gêne, sans vergogne. *FAM.* culotté, gonflé. *QUÉB. FAM.* baveux.

effaroucher *v.* ▶ *Faire peur* – effrayer, faire peur à, intimider. ▶ *Blesser l'amour-propre* – atteindre (dans sa dignité), blesser (dans sa dignité), choquer, cingler, désobliger, égratigner, froisser, heurter, humilier, insulter, mortifier, offenser, offusquer, outrager, piquer au vif, toucher au vif, ulcérer, vexer. *SOUT.* fouailler. ▲ANT. APPRIVOISER; ENHARDIR, RASSURER.

effectif *adj.* concret, de chair et de sang, existant, matériel, palpable, physique, réel, sensible, tangible, visible, vrai. *DIDACT.* positif. *RELIG.* de ce monde, temporel, terrestre. ▲ANT. ABSTRAIT, CONCEPTUEL, INTELLECTUEL, MENTAL, THÉORIQUE.

effectif *n. m.* ▶ *Personnel* – employés, main-d'œuvre, personnel, ressources humaines, salariat, salariés. ▶ *Ensemble d'êtres vivants* – population. ♦ **effectifs**, *plur.* ▶ *Armée* – armée, corps d'armée, forces armées, forces (militaires), hommes de troupe, le rang, les drapeaux, troupes.

effectivement *adv.* ▶ *Véritablement* – à dire vrai, à l'évidence, à la vérité, à n'en pas douter, à vrai dire, assurément, authentiquement, bel et bien, bien, bien entendu, bien sûr, cela va de soi, cela va sans dire, certainement, certes, comme de juste, d'évidence, de toute évidence, en effet, en vérité, évidemment, il va sans dire, indubitablement, manifestement, naturellement, nul doute, oui, réellement, sans (aucun) doute, sans conteste, sans contredit, sans le moindre doute, sans nul doute, sérieusement, sûrement, véridiquement, véritablement, vraiment. *FAM.* pour de vrai, vrai. *QUÉB. FAM.* pour vrai. ▶ *Concrètement* – concrètement, dans la pratique, dans les faits, empiriquement, en fait, en pratique, en réalité, expérimentalement, matériellement, objectivement, par l'expérience, physiquement, positivement, pratiquement, prosaïquement, réalistement, réellement, tangiblement. ▲ANT. ABSTRACTIVEMENT, ABSTRAITEMENT, EN THÉORIE, HYPOTHÉTIQUEMENT, IDÉALEMENT, IMAGINAIREMENT, IN ABSTRACTO, THÉORIQUEMENT.

effectivité *n. f.* ▲ANT. ÉCHÉANCE, EXPIRATION, PÉREMPTION.

effectuer *v.* accomplir, exécuter, faire, opérer, pratiquer, procéder à, réaliser.

effervescence *n. f.* ▶ *Nervosité* – agitation, électrisation, emballement, énervement, étourdissement, exaltation, excitation, fébrilité, fièvre, griserie, nervosité, stress, surexcitation, tension. *SOUT.* enivrement, éréthisme, exaspération, surtension. ▶ *Remue-ménage* – activité, affairement, affolement, agitation, alarme, animation, bouillonnement, branle-bas (de combat), bruit, dérangement, désordre, désorganisation, détraquement, excitation, fourmillement, grouillement, hâte, incohérence, mouvement, orage, précipitation, remous, remue-ménage, secousse, suractivité, tempête, tohu-bohu, tourbillon, tourmente, trépidation, trouble, tumulte, turbulence, va-et-vient. *SOUT.* émoi, remuement. *FAM.* chambardement. ▶ *Production de bulles* – bouillonnement, moutonnement, spumosité. ▲ANT. CALME, TRANQUILLITÉ; DÉFERVESCENCE.

effet *n. m.* ▶ *Conséquence* – action, conclusion, conséquence, contrecoup, corollaire, développement, efficacité, fonction, fruit, impact, implication, incidence, jeu, juste retour des choses, œuvre, portée, prolongement, réaction, rejaillissement, répercussion, résultante, résultat, retentissement, retombées, ricochet, séquelle, suite (logique). *SOUT.* aboutissant, efficace, fille. ▶ *Influence* – action, aide, appui, ascendant, attirance, attraction, aura, autorité, contagion, crédit, dominance, domination, empreinte, emprise, fascination, force, importance, incitation, influence, inspiration, magie, magnétisme, mainmise, manipulation, mouvance, persuasion, pétition, poids, pouvoir, prépondérance, présence, pression, prestige, puissance, règne, rôle, séduction, subjugation, suggestion, tyrannie. *SOUT.* empire, intercession. ▶ *Rendement* – bénéfice, efficacité, efficience, gain, production, productivité, produit, profit, rapport, rendement, rentabilité, revenu. ▶ *Titre financier* – effet (de commerce), mandat, ordre, traite. ▲ANT. CAUSE, ORIGINE, PRINCIPE, RAISON.

efficace *adj.* ▶ *Qui agit* – actif, agissant, opérant, puissant. ▶ *Infaillible* – infaillible, souverain, sûr. ▶ *Utile* – commode, fonctionnel, pratique, utile, utilitaire. *QUÉB. FAM.* pratico-pratique. ▲ANT. IMPUISSANT, INACTIF, INEFFICACE, INOPÉRANT.

efficacement *adv.* ▶ *Avantageusement* – à profit, avantageusement, fertilement, lucrativement, profitablement, salutairement, utilement, utilitairement. ▶ *Fonctionnellement* – commodément, fonctionnellement, pratiquement. ▲ANT. INCOMMODÉMENT, INCONFORTABLEMENT, INEFFICACEMENT, MALCOMMODÉMENT; EN VAIN, FUTILEMENT, INFRUCTUEUSEMENT, INUTILEMENT, STÉRILEMENT, VAINEMENT.

efficacité *n. f.* ▶ *Effet* – action, conclusion, conséquence, contrecoup, corollaire, développement, effet, fonction, fruit, impact, implication, incidence, jeu, juste retour des choses, œuvre, portée, prolongement, réaction, rejaillissement, répercussion, résultante, résultat, retentissement, retombées, ricochet, séquelle, suite (logique). *SOUT.* aboutissant, efficace, fille. ▶ *Rendement* – bénéfice, effet, efficience, gain, production, productivité, produit, profit, rapport, rendement, rentabilité, revenu. ▶ *Utilité* – avantage, bénéfice, bienfait, commodité, convenance, désidérabilité, fonction, fonctionnalité, indispensabilité, intérêt, mérite, nécessité, profit, profitabilité, recours, service, usage, utilité, valeur. ▶ *Adéquation* – adéquation, convenance, exactitude, justesse, pertinence, propriété, vérité. SOUT. véridicité. ▲ANT. INEFFICACITÉ; INUTILITÉ.

effigie *n. f.* ▶ *Fétiche* – agnus-Dei, amulette, bondieuserie, ex-voto, gri-gri, idole, image, main de Fatma, mascotte, médaille, médaillon, portebonheur, relique, scapulaire, statuette, talisman, tephillim, totem. ▶ *Image* – allégorie, attribut, chiffre, devise, drapeau, emblème, figure, icône, image, incarnation, insigne, livrée, logo, logotype, marque, notation, personnification, représentation, signe, symbole, type.

effilé *adj.* aigu, fin, pointu. BOT. aciculaire, acuminé, subulé.

efflanqué *adj.* amaigri, décharné, desséché, émacié, famélique, hâve, maigri, osseux, qui n'a que la peau et les os, sec, squelettique. SOUT. étique. FAM. maigre comme un clou, maigre comme un coucou, maigre comme un hareng saur, sec comme un coup de trique. MÉD. cachectique. ▲ANT. CHARNU, DODU, GRAS, POTELÉ.

effleurer *v.* ▶ *Toucher légèrement* – caresser, friser, frôler, lécher, raser. ⟩ *En parlant d'une balle* – égratigner, érafler. ▶ *Passer très près* – friser, frôler, raser, serrer. ▶ *Ne pas approfondir* – glisser sur, passer sur, survoler. ▲ANT. APPUYER, ÉGRATIGNER, HEURTER; APPROFONDIR, PÉNÉTRER.

effluve *n. m.* effluence, émanation, exhalaison, odeur.

effondré *adj.* anéanti, atonique, léthargique, prostré. SOUT. torpide.

effondrement *n. m.* ▶ *Affaissement du sol* – affaissement, cavité, creux, crevasse, dépression, éboulement, écroulement, flache, fondrière, trou. GÉOL. ensellement, épirogenèse, fondis, graben. ▶ *Creusage* – affouillement, approfondissement, creusage, creusement, déblai, défonçage, défoncement, évidement, excavation, fonçage, foncement, forage, foration, fouille, fouissage, perçage, percement, piochage, sondage. TECHN. rigolage. ▶ *Abattement* (FIG.) – abattement, accablement, anéantissement, catalepsie, catatonie, démotivation, dépression, hébétude, léthargie, marasme, neurasthénie, prostration, sidération, stupeur, torpeur. ▶ *Débâcle* (FIG.) – banqueroute, chute, crise, culbute, débâcle, déconfiture, dépôt de bilan, dépression, faillite, fiasco, insolvabilité, krach, liquidation, marasme, mévente, naufrage, récession, ruine, stagflation. FAM. dégringolade. FRANCE FAM. baccara. ▲ANT. CONSTRUCTION, ÉDIFICATION, ÉRECTION; RECONSTRUCTION, RELÈVEMENT; ESSOR, HAUSSE.

effondrer *v.* ▶ *Remuer la terre* – ameublir, bêcher, biner, défoncer, écroûter, égratigner, émotter, fouiller, gratter, herser, labourer, piocher, remuer, retourner, scarifier, serfouir. ♦ **s'effondrer** ▶ *Tomber* – s'abattre, s'affaisser, s'écrouler, tomber. QUÉB. FAM. s'écraser, s'effoirer. ▶ *Se laisser tomber* – s'affaler, se laisser choir. FRANCE FAM. s'écraser, s'effoirer. ▶ *Perdre sa résistance psychologique* – craquer, s'écrouler. ▶ *Crouler* – crouler, s'abattre,

s'affaisser, s'ébouler, s'écrouler, succomber, tomber en ruine. ▶ *Disparaître* – crouler, disparaître, finir, mourir, périr, s'anéantir, s'écrouler. ▶ *Diminuer* – baisser, chuter, dégringoler, diminuer, tomber. ▲ANT. SE DRESSER, SE RAIDIR; RÉSISTER, TENIR.

efforcer (s') *v.* ▶ *Essayer* – chercher à, entreprendre de, essayer de, s'attacher à, s'ingénier à, tâcher de, tenter de, travailler à. SOUT. avoir à cœur de, faire effort pour, prendre à tâche de. ▶ *Faire grands efforts* – faire son possible, mettre tout en œuvre, persévérer, s'acharner, s'appliquer, s'escrimer, s'évertuer, suer sang et eau, tout faire. ▶ *S'obliger* – s'obliger, se contraindre, se forcer. ▲ANT. ABANDONNER, RENONCER.

effort *n. m.* ▶ *Essai* – essai, tentative. ▶ *Travail intense* – coup (de collier). FAM. bûchage, piochage. QUÉB. FAM. bourrée, coup de cœur. ▶ *Acharnement* – acharnement, ardeur, énergie, lutte. ▲ANT. DÉTENTE, REPOS; LAISSER-ALLER, NÉGLIGENCE, PARESSE.

effrayant *adj.* ▶ *Qui fait peur* – à donner la chair de poule, à faire frémir, à figer le sang, à glacer le sang, affreux, cauchemardesque, cauchemardeux, cauchemaresque, effroyable, épouvantable, grand-guignolesque, horrible, horrifiant, pétrifiant, terrible, terrifiant, terrorisant. SOUT. horrifique. QUÉB. FAM. épeurant. ▶ *Extrême* (FAM.) – colossal, considérable, démesuré, énorme, extraordinaire, extrême, fabuleux, formidable, géant, gigantesque, grand, gros, immense, incommensurable, monstrueux, monumental, phénoménal, prodigieux, surhumain, titanesque, vaste, vertigineux. SOUT. cyclopéen, herculéen. FAM. bœuf, de tous les diables, du diable, effroyable, épouvantable, faramineux, méchant, monstre. FRANCE FAM. gratiné. ▲ANT. APAISANT, CALMANT, RASSÉRÉNANT, RASSURANT, RÉCONFORTANT, SÉCURISANT, TRANQUILLISANT; ATTIRANT, ATTRAYANT, ENGAGEANT, INVITANT; ANODIN, NÉGLIGEABLE, SANS IMPORTANCE.

effrayé *adj.* angoissé, apeuré, craintif, inquiet, ombrageux *(animal)*, peureux. MÉD. phobique. SOUT. ou QUÉB. FAM. épeuré.

effrayer *v.* ▶ *Apeurer* – affoler, apeurer, donner des sueurs froides à, donner la chair de poule à, effarer, épouvanter, faire dresser les cheveux sur la tête de, faire froid dans le dos à, figer le sang de, glacer le sang de, horrifier, saisir d'effroi, saisir de frayeur, terrifier, terroriser. SOUT. ou QUÉB. FAM. épeurer. ▶ *Inquiéter* – affoler, agiter, alarmer, angoisser, énerver, épouvanter, inquiéter, oppresser, préoccuper, tourmenter, tracasser, troubler. FAM. stresser. ▶ *Intimider* – effaroucher, faire peur à, intimider. ♦ **s'effrayer** ▶ *Redouter* – appréhender, avoir peur de, craindre, redouter. ▲ANT. APAISER, RASSÉRÉNER, RASSURER, TRANQUILLISER; ENHARDIR.

effréné *adj.* ▶ *Démesuré* – abusif, débridé, déchaîné, délirant, démesuré, déraisonnable, déréglé, disproportionné, exagéré, excessif, exorbitant, extravagant, extrême, frénétique, immodéré, intempérant, outrancier, outré, qui dépasse la mesure, qui dépasse les bornes, sans frein. SOUT. outrageux. FAM. dément, démentiel, soigné. ▶ *Délirant* – agité, bouillonnant, délirant, excité, effervescent, fébrile, fiévreux, frénétique, intense, mouvementé, passionné, trépidant, tumultueux, violent. ▶ *Endiablé* – d'enfer,

effriter

débridé, endiablé, frénétique, galopant, infernal. ▲**ANT.** MODÉRÉ.

effriter *v.* ▶ *Réduire en miettes* – décomposer, désagréger, émietter. ◆ *s'effriter* ▶ *Se désagréger* – se décomposer, se défaire, se désagréger, tomber en poussière. *DIDACT. ou SOUT.* se déliter. ▶ *S'affaiblir* – faiblir, s'affaiblir, s'amenuiser, s'émietter, s'émousser. ▲**ANT.** AGGLOMÉRER, AGGLUTINER; RAFFERMIR, RENFORCER.

effroi *n. m.* affolement, alarme, angoisse, appréhension, crainte, effarement, effarouchement, épouvante, frayeur, grand-peur, hantise, horreur, inquiétude, panique, peur, phobie, psychose, terreur, transes. *FIG.* vertige. *SOUT.* affres, apeurement. *FAM.* cauchemar, frousse, pétoche, trac, trouille. *QUÉB. FAM.* chienne. ▲**ANT.** SÉRÉNITÉ, TRANQUILLITÉ.

effronté *adj.* cavalier, cynique, désinvolte, éhonté, familier, impertinent, impoli, impudent, insolent, irrespectueux, irrévérencieux, leste, libre, provocant, sans gêne, sans vergogne. *FAM.* culotté, gonflé. *QUÉB. FAM.* baveux. *ACADIE FAM.* effaré. ▲**ANT.** CRAINTIF, RESPECTUEUX, TIMIDE.

effronté *n.* arrogant, frondeur, impertinent, impoli, impudent, insolent, offenseur, sans gêne. *FAM.* blanc-bec, malpoli, tutoyeur. *FRANCE FAM.* béjaune. *QUÉB. FAM.* barbeux, baveux. ▲**ANT.** POLI, RÉSERVÉ, TIMIDE.

effroyable *adj.* ▶ *Qui effraie* – à donner la chair de poule, à faire frémir, à figer le sang, à glacer le sang, affreux, cauchemardesque, cauchemardeux, cauchemaresque, effrayant, épouvantable, grand-guignolesque, horrible, horrifiant, pétrifiant, terrible, terrifiant, terrorisant. *SOUT.* horrifique. *QUÉB. FAM.* épeurant. ▶ *Qui tient de la catastrophe* – catastrophique, désastreux, épouvantable, funeste, terrible, tragique. *SOUT.* calamiteux. ▶ *Extrême* (*FAM.*) – colossal, considérable, démesuré, énorme, extraordinaire, extrême, fabuleux, formidable, géant, gigantesque, grand, gros, immense, incommensurable, monstrueux, monumental, phénoménal, prodigieux, surhumain, titanesque, vaste, vertigineux. *SOUT.* cyclopéen, herculéen. *FAM.* bœuf, de tous les diables, du diable, effrayant, épouvantable, faramineux, méchant, monstre. *FRANCE FAM.* gratiné. ▲**ANT.** APAISANT, CALMANT, CONSOLANT, RASSÉRÉNANT, RASSURANT, RÉCONFORTANT, SÉCURISANT, TRANQUILLISANT; ANODIN, BÉNIN, INNOCENT, INOFFENSIF, SANS DANGER, SANS GRAVITÉ; FAIBLE, MODÉRÉ.

effusion *n. f.* ▶ *Déversement* – dégorgeage, dégorgement, déversement, écoulement, épanchement, infiltration, résurgence. *SOUT.* regorgement. ▶ *Épanchement* (*FIG.*) – abandon, aveu, confidence, épanchement, expansion. ▲**ANT.** FROIDEUR, RÉSERVE, RETENUE.

égal *adj.* ▶ *Équivalent* – du pareil au même, équivalent, identique, inchangé, même, pareil, tel. ▶ *Régulier* – constant, invariable, régulier, uniforme. *QUÉB. FAM.* mur-à-mur. *SOUT.* uni. ▶ *En parlant d'un rythme* – cadencé, mesuré, réglé, régulier, rythmé. ▶ *Plat* – horizontal, plan, plat, uni. *QUÉB. FAM.* planche. ▶ *Lisse* – doux, lisse, uni. ▲**ANT.** INÉGAL; DIFFÉRENT; CHANGEANT, INCONSTANT, INSTABLE, IRRÉGULIER,

VARIABLE; RABOTEUX, RIDÉ; ARBITRAIRE, ATTENTATOIRE, INÉQUITABLE, INIQUE, INJUSTE.

également *adv.* ▶ *Semblablement* – à l'avenant, analogiquement, conformément, de la même façon, de même, homologiquement, identiquement, item (*dans un compte*), parallèlement, pareillement, semblablement, similairement, symétriquement. *FAM.* pareil. ▶ *Uniformément* – continûment, monotonement, platement, régulièrement, semblablement, uniformément, uniment. *QUÉB. FAM.* mur-à-mur. ▶ *Aussi* – aussi, autant, de même, encore, non moins, pareillement. *SOUT.* encor. *FAM.* avec, idem, itou. ▲**ANT.** AUTREMENT, CONTRAIREMENT, DIFFÉREMMENT, DISSEMBLABLEMENT, DIVERSEMENT; INÉGALEMENT; NON PLUS.

égaler *v.* ▶ *Avoir la même valeur* – correspondre à, équivaloir à, représenter, revenir à, valoir. ▲**ANT.** DÉPASSER, SURPASSER.

égaliser *v.* ▶ *Aplanir le sol* – aplanir, araser, niveler, raser, régaler. ▶ *Mettre au même niveau* – écrêter, niveler. ▲**ANT.** BOSSELER, CREUSER; DÉSÉQUILIBRER, DIFFÉRENCIER.

égalitaire *adj.* démocratique, égalitariste. ▲**ANT.** ABUSIF, ARBITRAIRE, INÉGALITAIRE, INÉQUITABLE, INIQUE, INJUSTE, OPPRESSIF, SÉGRÉGATIF.

égalité *n. f.* ▶ *Équivalence* – adéquation, analogie, conformité, équivalence, gémellité, identité, littéralité, parallélisme, parité, ressemblance, similarité, similitude, unité. *MATH.* congruence, homéomorphisme. ▶ *Régularité* – cohérence, cohésion, consistance, homogénéité, liaison, logique, noncontradiction, régularité, uniformité, unité. *LING.* signifiance. ▶ *Équilibre* – accord, balance, balancement, compensation, contrepoids, équilibre, harmonie, juste milieu, moyenne, pondération, proportion, symétrie. ▶ *Justice* – droiture, équité, impartialité, impersonnalité, intégrité, justice, légalité, neutralité, objectivité, probité. ▶ *Impossibilité de départager* – dead-heat (*chevaux*), ex æquo. ▶ *Caractère uni d'une surface* – planéité. ▲**ANT.** INÉGALITÉ, INFÉRIORITÉ; SUPÉRIORITÉ; IRRÉGULARITÉ; DÉSÉQUILIBRE, DISPARITÉ; INIQUITÉ.

égard *n. m.* ▶ *Respect* – admiration, considération, déférence, estime, hommage, ménagement, respect, révérence. ▲**ANT.** GROSSIÈRETÉ, IMPERTINENCE, IMPOLITESSE, INSOLENCE; INDIFFÉRENCE.

égaré *adj.* ▶ *Introuvable* – introuvable, perdu. ▶ *Profondément troublé* – affolé, agité, bouleversé, éperdu. ▶ *Hagard* – effaré, fou, hagard, halluciné.

égarement *n. m.* ▶ *Erreur* – aberrance, aberration, divagation, errements, erreur, méprise. *SOUT.* fourvoiement. ▶ *Délire* – agitation, aliénation, amok, aveuglement, délire, divagation, excitation, folie, frénésie, hallucination, hystérie, onirisme, paranoïa, surexcitation. ▲**ANT.** ORDRE; CLAIRVOYANCE, ÉQUILIBRE, JUGEMENT, LOGIQUE, LUCIDITÉ, RAISON, SAGESSE; ORIENTATION.

égarer *v.* ▶ *Perdre* – fourvoyer, perdre. *FAM.* paumer. *QUÉB. ACADIE FAM.* écarter. ◆ *s'égarer* ▶ *Se perdre* – se fourvoyer, se perdre. *FAM.* se paumer. *QUÉB. ACADIE FAM.* s'écarter. ▶ *Déraisonner* – déraisonner, dire n'importe quoi, divaguer, élucubrer, extravaguer, radoter. *FAM.* battre la breloque, battre la campagne, débloquer, déconner, déjanter, délirer, déménager, dérailler, rouler sur la jante. *QUÉB. FAM.* déparler. ▶ *Se tromper* (*SOUT.*) – avoir tort, commettre une erreur, faire erreur, faire fausse route, s'abuser, se fourvoyer, se méprendre, se tromper. *SOUT.* errer. *FAM.* prendre des vessies pour des lanternes, se blouser, se ficher dedans, se fourrer le doigt dans l'œil, se gourer, se mettre dedans, se mettre le doigt dans l'œil, se planter. ▲ANT. DIRIGER, GUIDER, ORIENTER ; RETROUVER.

égayer *v.* ▶ *Divertir* – amuser, distraire, divertir, récréer, réjouir. ▶ *Rendre gai* – amuser, dérider, émoustiller, épanouir, mettre de belle humeur, mettre en gaieté, mettre en joie, réjouir. *SOUT.* désattrister. *FAM.* désopiler. ♦ *s'égayer* ▶ *Se divertir* – prendre du bon temps, s'amuser, se distraire, se divertir, se récréer, se réjouir. *FAM.* rigoler, s'éclater, se défoncer, se marrer. ▶ *Jouer* – jouer, s'amuser, s'ébattre. *ENFANTIN* faire joujou. ▲ANT. AFFLIGER, ASSOMBRIR, ATTRISTER, CHAGRINER, ENNUYER, LASSER, PEINER.

église *n. f.* ▶ *Lieu de culte chrétien* – temple *(protestantisme)*. *SOUT.* lieu saint, maison de Dieu, maison du Seigneur. ▶ *Coterie* – bande, bandits, cabale, camarilla, chapelle, clan, clique, coterie, école, faction, groupuscule, ligue, maffia, malfaiteurs, secte. ♦ *l'Église* ▶ *Communauté chrétienne* – chrétiens, chrétienté. ▶ *Communauté catholique* – catholicité, catholiques, population catholique. ▶ *Ecclésiastiques* – clergé, corps ecclésiastique, ecclésiastiques, gens d'Église, religieux, sacerdoce.

ego *n. m.* ▶ *Sujet* – eccéité, être, individu, individualité, moi, organisme, personnalité, personne, soi. ▶ *Orgueil* (*FAM.*) – amour-propre, arrogance, autosatisfaction, bouffissure, complaisance, contentement (de soi), crânerie, enflure, fatuité, gloriole, hauteur, immodestie, importance, jactance, mégalomanie, morgue, orgueil, ostentation, outrecuidance, parade, pose, présomption, prétention, suffisance, superbe, supériorité, triomphalisme, vanité, vantardise. *SOUT.* fierté, infatuation. *QUÉB. FAM.* pétage de bretelles. ▶ *Égoïsme* (*FAM.*) – amour-propre, captativité, chacun-pour-soi, culte du moi, égocentrisme, égoïsme, égotisme, individualisme, introversion, moi, narcissisme, vanité. *SOUT.* autisme, incuriosité. *FAM.* nombrilisme. ▲ANT. NON-MOI ; ALTRUISME.

égocentrisme *n. m.* ▶ *Égoïsme* – amour-propre, captativité, chacun-pour-soi, culte du moi, égoïsme, égotisme, individualisme, introversion, moi, narcissisme, vanité. *SOUT.* autisme, incuriosité. *FAM.* ego, nombrilisme. ▲ANT. ALLOCENTRISME, ALTRUISME.

égoïsme *n. m.* ▶ *Égocentrisme* – amour-propre, captativité, chacun-pour-soi, culte du moi, égocentrisme, égotisme, individualisme, introversion, moi, narcissisme, vanité. *SOUT.* autisme, incuriosité. *FAM.* ego, nombrilisme. ▶ *Avarice* – appât du gain, âpreté (au gain), avarice, avidité, cupidité, économie de bouts de chandelle, mesquinerie, parcimonie, petitesse, pingrerie, rapacité, thésaurisation. *ANTILLES* chicheté. *SOUT.* ladrerie, lésine, sordidité, vilenie. ▲ANT. ALTRUISME, DÉSINTÉRESSEMENT, DÉVOUEMENT, GÉNÉROSITÉ.

égoïste *adj.* ▶ *Qui ne pense qu'à lui-même* – égocentrique, égocentriste, individualiste, introversif, narcissique. *SOUT.* égotique, égotiste. *FAM.*

nombriliste, qui se regarde le nombril. ▶ *Qui agit par intérêt* – avide, boutiquier, calculateur, intéressé, qui agit par calcul. ▶ *Qui n'a aucune reconnaissance* – ingrat, oublieux, sans-cœur. ▲ANT. HUMBLE, MODESTE, SANS PRÉTENTION, SIMPLE ; ALTRUISTE, CHARITABLE, COMPATISSANT, DÉSINTÉRESSÉ, GÉNÉREUX, HUMANITAIRE, PHILANTHROPE ; OBLIGÉ, RECONNAISSANT, REDEVABLE.

égorger *v.* ▶ *Tuer un animal* – pointer, saigner. ▶ *Tuer une personne* – trancher la gorge à.

égrener (s') (var. **égrainer**) *v.* ▲ANT. S'ENTASSER, SE MASSER.

élaboration *n. f.* ▶ *Formation* – composition, conception, confection, constitution, construction, création, développement, édification, exécution, fabrication, façon, façonnage, façonnement, formation, génération, genèse, gestation, invention, œuvre, organisation, paternité, production, réalisation, structuration, synthèse. *SOUT.* accouchement, enfantement. *DIDACT.* engendrement. ▶ *Agencement* – accommodation, accommodement, agencement, ajustement, aménagement, architecture, arrangement, articulation, assemblage, combinaison, combinatoire, composition, concaténation, configuration, construction, contexture, coordination, disposition, distribution, enchaînement, harmonie, hiérarchie, liaison, mise en ordre, mise en place, ordonnance, ordonnancement, ordre, organisation, orientation, plan, profil, programmation, rangement, répartition, structuration, structure, système, texture. ▲ANT. ACHÈVEMENT, FINITION.

élaborer *v.* ▶ *Organiser* – établir, former, mettre sur pied, monter, organiser. ▶ *Créer* – composer, confectionner, créer, fabriquer, façonner, faire, mettre au point, préparer, produire, travailler à. *SOUT.* enfanter. *PÉJ.* accoucher de. ▲ANT. EXPÉDIER ; ACHEVER, FINIR.

élan *n. m.* ▶ *Impulsion* – bond, branle, coup, élancement, envolée, erre, essor, impulsion, lancée, lancement, mouvement, rondade *(acrobatie)*, saut. *QUÉB. FAM.* erre d'aller. ▶ *Enthousiasme* – allant, animation, ardeur, chaleur, cœur, enthousiasme, entrain, ferveur, flamme, passion, zèle. *SOUT.* feu. ▲ANT. ARRÊT, PAUSE, REPOS ; APATHIE, RETENUE.

élancé *adj.* ▶ *Fin et allongé* – délié, étroit, filiforme, fin, grêle, mince, ténu. ▶ *Svelte* – délicat, délié, filiforme, fin, fluet, frêle, gracile, grêle, léger, long, longiligne, maigre, mince, svelte. *QUÉB. FAM.* feluette. ▲ANT. ALOURDI, COURT, ÉPAIS, GRAS, GROS, MASSIF, RABOUGRI, RAMASSÉ, TRAPU.

élancer *v.* ▶ *Causer des élancements* – BELG. lancer. ♦ *s'élancer* ▶ *Sauter* – bondir, sauter, se jeter. *QUÉB. ACADIE FAM.* se garrocher. ▶ *Se ruer* – foncer, sauter, se jeter, se lancer, se précipiter, se ruer. ▲ANT. △S'ÉLANCER – RECULER.

élargir *v.* ▶ *Rendre plus large* – agrandir, desserrer, dilater, donner du large à, étendre, évaser, ouvrir. ▶ *Accroître* – accroître, développer, étendre. ▶ *Mettre en liberté* – libérer, relâcher, relaxer, (re)mettre en liberté. ▶ *Prendre de la carrure* (*FAM.*) – enforcir, forcir, prendre de la carrure, s'étoffer. ▲ANT. AMINCIR, CONTRACTER, RESSERRER, RÉTRÉCIR ; BORNER,

élargissement

CIRCONSCRIRE, LIMITER, RESTREINDRE; ARRÊTER, ÉCROUER, EMPRISONNER, INCARCÉRER.

élargissement *n. m.* ▶ *Agrandissement* – agrandissement, développement, expansion, extension, grossissement, rélargissement. ▶ *Libération* – acquittement, affranchissement, décolonisation, délivrance, désaliénation, émancipation, évacuation, libération, manumission, rachat, rédemption, salut. *FAM.* débarras, quille. *SOUT.* déprise. ▲ANT. AMINCISSEMENT, RÉTRÉCISSEMENT; DIMINUTION, RESTRICTION; EMPRISONNEMENT, INCARCÉRATION.

élasticité *n. f.* ▶ *Souplesse* – déformabilité, dilatabilité, ductilité, extensibilité, flexibilité, liant, malléabilité, maniabilité, moulabilité, plasticité, souplesse. *MÉD.* rénitence. *PHYS.* expansibilité. ▶ *Agilité* – adresse, agilité, aisance, dextérité, élégance, facilité, grâce, habileté, légèreté, main, mobilité, précision, rapidité, souplesse, technique, virtuosité, vivacité. *SOUT.* félinité, prestesse. ▶ *Adaptabilité* – adaptabilité, faculté d'adaptation, flexibilité, intelligence, malléabilité, moulabilité, plasticité, polyvalence, souplesse. ▲ANT. RIGIDITÉ; RIGUEUR.

élastique *adj.* ▶ *Doué d'élasticité* – ductile *(métal)*, extensible, protractile *(organe)*. ▶ *Qui peut être adapté* – adaptable, altérable, changeable, flexible, mobile, modifiable, modulable, souple, variable. ▶ *En parlant d'un gaz* – coercible, compressible, comprimable. ▶ *En parlant d'un pas* – agile, léger, leste, preste, souple. ▶ *En parlant de la morale* – large, latitudinaire, laxe, laxiste, permissif, relâché. ▲ANT. RIGIDE; RIGOUREUX, STRICT; INÉLASTIQUE (collision).

élastique *n. m.* ▶ *Bande* – caoutchouc. ▶ *Ruban* – bolduc, boucle, bouffette, chou, cocarde, dragonne, embrasse, extrafort, faveur, galon, ganse, gansette, gros-grain, lambrequin, padou, passement, rosette, ruban, volant. *ANC.* falbala. ▶ *Attache à cheveux* – catogan, chouchou, ruban.

électeur *n.* ▶ *Personne* – suffragant, votant. ♦ **électeurs,** *plur.* ▶ *Ensemble de personnes* – collège électoral, comice, corps électoral, électorat.

élection *n. f.* ▶ *Vote* – consultation (populaire), plébiscite, proclamation, référendum, scrutin, suffrage, tour, urnes, voix, vote. ▶ *Choix* – adoption, choix, cooptation, décision, désignation, détermination, échantillonnage, écrémage, nomination, plébiscite, prédilection, présélection, résolution, sélection, suffrage, tri, triage, vote. *SOUT.* décret, parti.

électricité *n. f.* ▶ *Forme d'énergie* – courant (électrique), énergie électrique. *FAM.* jus.

électrisant *adj.* captivant, enivrant, enthousiasmant, exaltant, excitant, grisant, palpitant, passionnant. *FAM.* emballant, planant. *QUÉB.* enlevant; *FAM.* capotant. ▲ANT. DÉCOURAGEANT, DÉMORALISANT, DÉMOTIVANT.

élégamment *adv.* agréablement, bien, coquettement, esthétiquement, gracieusement, harmonieusement, heureusement, joliment, magnifiquement, mignardement, mignonnement, plaisamment, superbement. ▲ANT. INÉLÉGAMMENT.

élégance *n. f.* ▶ *Beauté* – agrément, art, attrait, beau, beauté, charme, chic, classe, coquetterie, délicatesse, distinction, éclat, esthétique, féerie, fraîcheur, grâce, gracieux, harmonie, magnificence, majesté, perfection, photogénie, pureté, séduction, splendeur, symétrie. *DIDACT.* eurythmie. *SOUT.* blandice, joliesse, morbidesse, sublimité, symphonie, vénusté. ▶ *Éloquence* – ardeur, art, art oratoire, brio, chaleur, charme, conviction, expression, maîtrise, parole, persuasion, rhétorique. *SOUT.* bien-dire. ▶ *Agilité* – adresse, agilité, aisance, dextérité, élasticité, facilité, grâce, habileté, légèreté, main, mobilité, précision, rapidité, souplesse, technique, virtuosité, vivacité. *SOUT.* félinité, prestesse. ▲ANT. INÉLÉGANCE, LAISSER-ALLER, NÉGLIGENCE, VULGARITÉ; GROSSIÈRETÉ; BALOURDISE, INHABILETÉ, MALADRESSE.

élégant *adj.* ▶ *Bien mis* – bichonné, bien mis, chic, coquet, en costume d'apparat, en tenue de soirée, en tenue de ville, endimanché, fringant, habillé, pimpant, pomponné, tiré à quatre épingles. *FAM.* superchic. *FRANCE FAM.* alluré, chicos, sur son trente-etun. *QUÉB. FAM.* sur son trente-six. *AFR.* galant. ▶ *Raffiné* – aristocratique, chic, de grande classe, distingué, qui a bon genre, racé, raffiné, ultra-chic. *FAM.* classe. ▶ *Esthétique* – beau, esthétique, gracieux. ▲ANT. INÉLÉGANT; ACCOUTRÉ, MAL MIS; CHOQUANT, DE MAUVAIS GOÛT, DÉPLACÉ, INCONVENANT, INDÉLICAT; DISGRACIEUX, INESTHÉTIQUE.

élément *n. m.* ▶ *Composant* – composant, composante, constituant, élément (constitutif), fragment, ingrédient, membre, module, morceau, organe, partie, pièce, principe, unité. *FIG.* brique, fil, pierre, rouage. ▶ *Substance* – atome, particule. ▶ *Corps pur* – corps pur, corps simple, élément (chimique). ▶ *Milieu de vie* – ambiance, atmosphère, cachet, cadre, climat, décor, entourage, environnement, environs, lieu, milieu, monde, société, sphère, théâtre, voisinage. ♦ **éléments,** *plur.* ▶ *Notions de base* – a b c, b.a.-ba, base, essentiel, notions, notions de base, notions élémentaires, principes, rudiments, teinture, théorie. *PÉJ.* vernis. ▶ *Résumé* – abrégé, aidemémoire, analyse, aperçu, argument, compendium, condensé, épitomé, esquisse, extrait, livret, manuel, mémento, morceau, notice, page, passage, plan, précis, promptuaire, raccourci, récapitulation, réduction, résumé, rudiment, schéma, sommaire, somme, synopsis, vade-mecum. *FAM.* topo. ▶ *Ensemble de composants* – ensemble, tout. ▲ANT. ENSEMBLE, RÉUNION, SYNTHÈSE, TOTALITÉ, TOUT.

élémentaire *adj.* ▶ *Indivisible* – indécomposable, indivisible, insécable, simple. *PHILOS.* consubstantiel. ▶ *À l'état d'ébauche* – (à l'état) brut, à l'état d'ébauche, ébauché, embryonnaire, fruste, grossier, imparfait, informe, larvaire, mal équarri, primitif, rudimentaire. ▶ *De base* – basal, basique, de base, fondamental. ▶ *Facile* – aisé, commode, enfantin, facile, simple. *FAM.* inratable. *FRANCE FAM.* bête comme chou. *QUÉB. FAM.* bébé, bébête, niaiseux. ▲ANT. COMPLEXE, COMPLIQUÉ, DÉLICAT, DIFFICILE, PROBLÉMATIQUE; APPROFONDI, AVANCÉ, DÉTAILLÉ, FOUILLÉ, POINTU, POUSSÉ, PRÉCIS.

élevage *n. m.* ▶ *Action d'élever des animaux* – *SOUT.* zootechnie. ▶ *Transformation en vin* – alcoolification, alcoolisation, distillation, vieillissement, vinification.

élévation *n. f.* ▶ *Action d'élever* – exhaussement, rehaussement, surélévation, surhaussement,

▸ *Fait de s'élever* – ascension, lévitation, montée. ▸ *Altitude* – altitude, haut, hauteur, niveau au-dessus de la mer, plafond. MAR. guindant *(mât)*. ▸ *Relief* – éminence, hauteur. ▸ *Croissance* – accentuation, accroissement, accrue, agrandissement, amplification, arrondissement, augmentation, bond, boom, crescendo, croissance, crue, développement, dilatation, élargissement, enflement, enrichissement, envolée, essor, évolution, expansion, extension, flambée, foisonnement, gonflement, gradation, grossissement, hausse, haussement, inflation, intensification, majoration, montée, poussée, progrès, progression, recrudescence, redressement, rehaussement, relèvement, renchérissement, renforcement, revalorisation, valorisation. ▸ *Avancement* – accession, avancement, émancipation, mouvement, mutation, nomination, promotion, reclassement. ▸ *Distinction* – décoration, dignité, égards, faveur, honneur, pourpre, prérogative, promotion. ▸ *Dignité* – dignité, générosité, grandeur (d'âme), hauteur, mérite, noblesse, sublime, sublimité, valeur, vertu. ▸ *Profondeur* – acuité, ardeur, complexité, difficulté, ésotérisme, extase, extrémité, force, immensité, impénétrabilité, intelligence, intensité, intériorité, intimité, mystère, pénétration, perspicacité, plénitude, profond, profondeur, puissance, science, secret. ▸ *Mysticisme* – anagogie, contemplation, dévotion, extase, illuminisme, mysticisme, mystique, oraison, philocalie, ravissement, sainteté, spiritualité, transe, vision. SOUT. mysticité. ▲ANT. ABAISSEMENT, BAISSE; BASSESSE, CHUTE, DÉCADENCE, DÉCLIN.

élevé *adj.* ▸ *Haut* – culminant, dominant, en contre-haut, grand, haut. ▸ *Noble* – beau, grand, haut, idéalisé, noble, pur, sublime. SOUT. éthéré. ▸ *Transcendant* – fort, haut, supérieur, transcendant. ▸ *Remarquable* – éminent, exceptionnel, grand, important, insigne, prestigieux, remarquable, signalé. SOUT. suréminent. ▸ *Cher* – astronomique, cher, coûteux, exorbitant, fou, hors de prix, inabordable, prohibitif, ruineux. FAM. chérot, faramineux, salé.

élève *n.* ▸ *Personne en formation* – apprenant, étudiant. ▸ *Au primaire* – écolier, scolaire. ▸ *Bon* – fort en thème. ▸ *Mauvais* – cancre, dissipé. ▸ *Selon la matière* – littéraire. BELG. rhétoricien. ▸ *Nouveau* – bleu, (petit) nouveau. ▸ *Personne qui apprend d'un maître* – disciple. ▸ *Candidat à un grade* – aspirant. FRANCE FAM. aspi. ♦ *élèves, plur.* ▸ *Ensemble de personnes* – classe; école, population scolaire. ▲ANT. ENSEIGNANT, INSTITUTEUR, MAÎTRE, PROFESSEUR.

élever *v.* ▸ *Soulever* – hisser, lever, soulever. ▸ *Brandir* – agiter, brandir, tenir en l'air. ▸ *Mettre plus haut* – exhausser, hausser, hisser, monter, rehausser, remonter, surélever, surhausser. ▸ *Faire tenir droit* – dresser, ériger, planter. ▸ *Construire* – bâtir, construire, dresser, édifier, ériger. ▸ *Éduquer* – discipliner, dresser, éduquer. ▸ *Ennoblir* – ennoblir, grandir. ▸ *Augmenter* – accroître, augmenter, enchérir, gonfler, hausser, majorer, relever. ♦ *s'élever* ▸ *Parvenir à un niveau* – atteindre, monter. ▸ *Totaliser* – compter (au total), monter à, se chiffrer à, totaliser. ▸ *Monter dans l'air* – monter (dans les airs). ▸ *Se hisser dans une hiérarchie* – monter, se hausser, se hisser. ▸ *Surgir* – éclater, émerger,

fuser, jaillir, surgir. ▸ *Protester* – broncher, murmurer, pousser les hauts cris, protester, réagir, récriminer, renâcler, répliquer, s'indigner, s'opposer, se dresser, se gendarmer, se plaindre, se récrier. SOUT. réclamer. FAM. criailler, faire du foin, moufter, piailler, rouscailler, rouspéter, ruer dans les brancards, tiquer, tousser. QUÉB. FAM. chialer. ▲ANT. ABAISSER, BAISSER, DESCENDRE; ABATTRE, DÉMOLIR, DÉTRUIRE, FAIRE TOMBER; DIMINUER; CORROMPRE, PERVERTIR.

élimé *adj.* limé, mûr, râpé, usé (jusqu'à la corde). ▲ANT. INUTILISÉ, NEUF, VIERGE.

élimination *n. f.* ▸ *Destruction* – absorption, anéantissement, annihilation, démolition, destruction, dévastation, disparition, effacement, enlèvement, éradication, fin, gommage, liquidation, mort, néantisation, suppression. SOUT. extirpation. ▸ *Meurtre* – assassinat, crime, exécution, homicide, liquidation, meurtre, mise à mort, suppression. ▸ *Expulsion* – bannissement, délogement, désinsertion, disgrâce, disqualification, évacuation, éviction, exclusion, exil, expatriation, expulsion, nettoyage, ostracisme, proscription, rabrouement, radiation, refoulement, rejet, relégation, renvoi. FAM. dégommage, éjection, lessive, vidage. QUÉB. tablettage. DIDACT. forclusion. DR. déboutement. ANTIQ. pétalisme, xénélasie. ▲ANT. ADMISSION, INCORPORATION; QUALIFICATION *(sport)*.

éliminer *v.* ▸ *Faire disparaître* – abolir, supprimer. ▸ *Faire disparaître un mal* – déraciner, éradiquer, faire disparaître, radier, supprimer. SOUT. extirper. ▸ *Détruire complètement* – anéantir, annihiler, briser, démolir, détruire, écraser, néantiser, pulvériser, réduire à néant, ruiner, supprimer. ▸ *Supprimer une chose abstraite* – balayer, écarter, supprimer. ▸ *Bannir* – bannir, exclure, proscrire, rejeter, supprimer. ▸ *Ne pas envisager* – balayer d'un revers de la main, écarter, excepter, exclure, faire abstraction de, mettre à l'écart, ne pas prendre en considération, ne pas tenir compte de, négliger, rejeter. ▸ *Mettre hors compétition* – disqualifier, distancer. ▸ *Tuer* – abattre, assassiner, exécuter, supprimer, tuer. SOUT. immoler. FAM. buter, descendre, envoyer ad patres, envoyer dans l'autre monde, expédier, faire la peau à, flinguer *(arme à feu)*, liquider, nettoyer, ratatiner, rectifier, refroidir, se faire, trucider, zigouiller. FRANCE FAM. bousiller, dessouder, escoffier, révolvériser *(revolver)*. ▸ *Évacuer de l'organisme* – évacuer, excréter, expulser, rejeter. ▲ANT. CONSERVER, GARDER, MAINTENIR; INCORPORER, INTÉGRER; ADMETTRE, RECEVOIR, RETENIR; NÉCESSITER.

élire *v.* ▸ *Désigner par un vote* – choisir, désigner, faire choix de. FAM. voter. ▲ANT. ÉLIMINER, REJETER, REPOUSSER.

élite *n. f.* ▸ *Personnes les plus considérées* – aristocratie, célébrités, choix, (fine) fleur, gotha, grands noms, meilleur, panthéon, personnages, personnalités, sérail, vedettes. FAM. crème, dessus du panier, gratin. ▸ *Noblesse* – aristocratie, grandesse, lignage, lignée, naissance, nom, qualité, sang bleu. ▲ANT. COMMUN DES MORTELS, MASSE; DÉCHET, LIE, REBUT.

élitisme *n. m.* ▸ *Système* – mandarinat, mandarinisme, méritocratie. ▸ *Tendance* – aristocratisme. ▲ANT. DÉMOCRATISATION, ÉGALITARISME, POPULISME.

élixir *n. m.* ▶ *Médicament* – sirop, sirop pharmaceutique. ▶ *Breuvage magique* – breuvage magique, magistère, philtre.

éloge *n. m.* ▶ *Louange* – acclamation, apologie, apothéose, applaudissement, bravo, célébration, compliment, encensement, félicitations, fleur, glorification, héroïsation, louange, panégyrique, solennisation. *SOUT.* baisemain, congratulation, dithyrambe, exaltation. ▶ *Plaidoyer* – apologétique *(religion)*, apologie, défense, justification, plaidoirie, plaidoyer. ▲ANT. BLÂME, CONDAMNATION, CRITIQUE, DÉNIGREMENT; ATTAQUE, DIATRIBE, RÉQUISITOIRE, SATIRE.

éloigné *adj.* ▶ *Distant* – distant, espacé, lointain. ▶ *À l'écart* – à l'écart, écarté, isolé, perdu, reculé, retiré, solitaire. *FAM.* paumé. *QUÉB. ACADIE FAM.* creux. ▶ *Ancien* – ancestral, ancien, immémorial, lointain, passé, reculé, révolu. ▶ *Indirect* – indirect, lointain. ▶ *Inconciliable* – contradictoire, contraire, discordant, dissonant, divergent, incompatible, inconciliable, opposé. ▲ANT. ADJACENT, PROCHAIN, PROCHE, RAPPROCHÉ, VOISIN; RÉCENT; COMPATIBLE, CONCILIABLE, CONCORDANT, CONVERGENT, CORRESPONDANT.

éloignement *n. m.* ▶ *Disparition* – dématérialisation, disparition, dissipation, dissolution, effacement, évanouissement, évaporation, extinction, résorption, volatilisation. *ASTRON.* éclipse, immersion, occultation. ▶ *Absence* – absence, départ, disparition, échappée, escapade, évasion, fugue, séparation. *FAM.* éclipse. ▶ *Distance* – distance, écartement, longueur, portée. ▶ *Recul* – acculée, acculement, marche arrière, récession, recul, reculade, reculement, reflux, régression, repli, repliement, repoussement, retour, retrait, retraite, rétrogradation, rétrogression. *FAM.* rétropédalage. *PHYS.* répulsion. ▶ *Solitude* – abandon, délaissement, exil, ghettoïsation, isolation, isolement, quarantaine, réclusion, retraite, retranchement, séparation, solitude. *FIG.* bulle, cocon, désert, tanière, tour d'ivoire. *SOUT.* déréliction, thébaïde. *RELIG.* récollection. ▶ *Éloignement du centre d'activité* – isolement, marginalisation, périphérisation. ▲ANT. RAPPEL; PRÉSENCE; RAPPROCHEMENT; PROXIMITÉ, VOISINAGE; ATTACHEMENT, SYMPATHIE.

éloigner *v.* ▶ *Déplacer* – décaler, déplacer, déranger, pousser. *FAM.* bouger, remuer. *QUÉB. FAM.* tasser. ▶ *Distancer* – distancer, écarter, espacer, séparer. *QUÉB. FAM.* détasser. ▶ *Séparer* – couper, déconnecter, dégrouper, désunir, détacher, disjoindre, dissocier, écarter, isoler, séparer. ▶ *Dévier* – dérouter, détourner, dévier, écarter. ▶ *Exiler* – exiler, reléguer. ▶ *Chasser* – bannir, barrer, chasser, exclure, exiler, fermer la porte à, mettre en quarantaine, ostraciser, rejeter. *SOUT.* excommunier, frapper d'ostracisme, proscrire, répudier. ▶ *Décourager* – déconseiller à, décourager, détourner, dissuader. ♦ **s'éloigner** ▶ *S'écarter l'un de l'autre* – diverger, s'écarter. ▶ *Se différencier* – différer, se différencier, se distinguer. ▶ *Partir* – faire un tour, filer, montrer les talons, partir, plier bagage, quitter, s'en aller, se retirer, tourner les talons, vider les lieux. *FAM.* calter, débarrasser le plancher, décoller, dévisser, ficher le camp, foutre le camp, lever l'ancre, mettre les bouts, mettre les voiles, riper, s'arracher, se barrer, se casser, se tailler, se tirer, se trotter, trisser. *QUÉB. FAM.* faire un bout, sacrer le camp, sacrer son camp. ▶ *Se désintéresser*

– délaisser, négliger, perdre le goût de, se désintéresser de, se détacher de. ▲ANT. RAPPROCHER; JOINDRE, JUXTAPOSER, RÉUNIR; AVANCER, BRUSQUER, HÂTER, PRÉCIPITER; APPELER, INVITER. △S'ÉLOIGNER – APPROCHER.

éloquence *n. f.* ▶ *Art du discours* – ardeur, art, art oratoire, brio, chaleur, charme, conviction, élégance, expression, maîtrise, parole, persuasion, rhétorique. *SOUT.* bien-dire. ▶ *Loquacité* – abondance, débit, emballement, expansivité, expressivité, exubérance, facilité, faconde, incontinence (verbale), logomachie, logorrhée, loquacité, péroraison, prolixité, verbalisme, verbiage, verbosité, verve, volubilité. *MÉD.* lalomanie. *FAM.* bagou, baratin, baratinage, dégoisement, tchatche. *QUÉB. ACADIE FAM.* jarnigoine, jasette. ▲ANT. LACONISME; LACONISME, MUTISME.

éloquent *adj.* ▶ *Qui parle bien* – *SOUT.* disert, fluent, verveux. ▶ *Persuasif* – convaincant, entraînant, persuasif. ▶ *Concluant* – concluant, convaincant, décisif, définitif, péremptoire, probant, tranchant. ▶ *Révélateur* – édifiant, expressif, instructif, parlant, qui en dit long, révélateur, significatif. ▲ANT. BREDOUILLEUR; ENNUYEUX, PLAT, TERNE; DOUTEUX, ÉQUIVOQUE, INCERTAIN, MITIGÉ.

élu *n.* ▶ *Saint* – glorieux, saint. ▶ *En cours de sanctification* – bienheureux, canonisable, vénérable. ▲ANT. DAMNÉ, RÉPROUVÉ.

élucider *v.* déchiffrer, découvrir, dénouer, deviner, éclaircir, éventer, expliquer, faire (toute) la lumière sur, pénétrer, percer, résoudre, tirer au clair, trouver, trouver la clé de. ▲ANT. EMBROUILLER, OBSCURCIR.

éluder *v.* contourner, escamoter, esquiver, éviter, fuir, se dérober à, tourner. ▲ANT. AFFRONTER, ASSUMER, FAIRE FACE.

émacié *adj.* amaigri, décharné, desséché, efflanqué, famélique, hâve, maigri, osseux, qui n'a que la peau et les os, sec, squelettique. *SOUT.* étique. *FAM.* maigre comme un clou, maigre comme un coucou, maigre comme un hareng saur, sec comme un coup de trique. *MÉD.* cachectique.

émanation *n. f.* ▶ *Odeur* – effluence, effluve, exhalaison, odeur. ▶ *Produit gazeux* – buée, exhalaison, fumée, fumerolle *(volcan)*, gaz, mofette *(volcan)*, nuage, nuée, salamandre *(alchimie)*, vapeur. *QUÉB. FAM.* boucane. ▶ *Aura* – âme, aura, corps astral, double (éthéré), essence, éther, vapeur. ▶ *Manifestation* – fluide, influx (magnétique).

émancipation *n. f.* ▶ *Libération* – acquittement, affranchissement, décolonisation, délivrance, désaliénation, élargissement, évacuation, libération, manumission, rachat, rédemption, salut. *FAM.* débarras, quille. *SOUT.* déprise. ▶ *Avancement* – accession, avancement, élévation, mouvement, mutation, nomination, promotion, reclassement. ▲ANT. ASSERVISSEMENT, OPPRESSION; ESCLAVAGE, SERVITUDE.

émaner *v.* ▶ *Découler* – découler, dépendre, dériver, partir, procéder, provenir, résulter, s'ensuivre. *BELG.* conster. ▶ *Se dégager* – s'échapper, s'exhaler, se dégager, sortir. ▲ANT. PÉNÉTRER, S'INFILTRER; COUVER, SE CACHER.

embâcle *n. m.* ▲ANT. DÉBÂCLE.

emballage *n. m.* ▶ *Action d'emballer* – conditionnement, empaquetage, ensachage. ▶ *Contenant*

– conditionnement, empaquetage. ▸ *Effort ultime* – finish, pointe, sprint (final). ▲ANT. DÉBALLAGE, DÉSEMBALLAGE ; CONTENU, FOND.

emballer *v.* ▸ *Mettre dans un emballage* – conditionner, empaqueter, envelopper. ▸ *Ravir* (*FAM.*) – charmer, combler, enchanter, enthousiasmer, exaucer, faire la joie de, faire le bonheur de, faire plaisir à, mettre en joie, plaire à, ravir, réjouir. *SOUT.* assouvir, délecter. ▸ *Passionner* (*FAM.*) – animer, enfiévrer, enflammer, enthousiasmer, exalter, exciter, passionner, soulever, transporter. ▸ *Emprisonner* (*FAM.*) – écrouer, emprisonner, enfermer, incarcérer, mettre sous les verrous, verrouiller. *FAM.* boucler, coffrer, embastiller, encelluler, mettre à l'ombre, mettre au trou. ▸ *Arrêter* (*FRANCE FAM.*) – appréhender, arrêter, capturer, faire prisonnier, prendre, saisir. *FAM.* attraper, choper, coffrer, coincer, cravater, cueillir, embarquer, épingler, harponner, mettre la main au collet de, mettre le grappin sur, pincer, prendre au collet, ramasser, saisir au collet. *FRANCE FAM.* agrafer, alpaguer, arnaquer, arquepincer, coiffer, gauler, piquer, poisser, poivrer. ◆ **s'emballer** ▸ *S'enthousiasmer* (*FAM.*) – s'enflammer, s'enthousiasmer, s'exalter, se prendre d'enthousiasme. ▲ANT. DÉBALLER, DÉPLIER, OUVRIR ; DÉSENCHANTER. △ S'EMBALLER – SE DÉGOÛTER.

embarcation *n. f.* bateau. *SOUT.* batelet, esquif. *FAM.* coquille (de noix).

embarquer *v.* ▸ *Engager dans une situation fâcheuse* (*FAM.*) – empêtrer, engager, entraîner. *FAM.* embringuer. ▸ *Arrêter* (*FAM.*) – appréhender, arrêter, capturer, faire prisonnier, prendre, saisir. *FAM.* attraper, choper, coffrer, coincer, cravater, cueillir, épingler, harponner, mettre la main au collet de, mettre le grappin sur, pincer, prendre au collet, ramasser, saisir au collet. *FRANCE FAM.* agrafer, alpaguer, arnaquer, arquepincer, coiffer, emballer, gauler, piquer, poisser, poivrer. ◆ **s'embarquer** ▸ *S'engager* (*FAM.*) – s'avancer, s'aventurer, s'engager, s'essayer à, se hasarder, se lancer, se risquer. *FAM.* s'empêtrer, se fourrer, se mettre les pieds dans. *FRANCE FAM.* s'embringuer. ▲ANT. DÉBARQUER, DESCENDRE ; DÉCHARGER ; DÉGAGER, RETIRER.

embarras *n. m.* ▸ *Hésitation* – doute, flottement, hésitation, incertitude, inconstance, indécision, indétermination, instabilité, irrésolution, perplexité, procrastination, réticence, scrupule, tâtonnement, trouble, vacillement, valse-hésitation, velléité, versatilité. *SOUT.* limbes. *QUÉB. FAM.* brettage, tétage. ▸ *Honte* – confusion, contrainte, crainte, gêne, honte, humilité, pudeur, réserve, retenue, scrupule, timidité. ▸ *Pauvreté* – appauvrissement, besoin, dénuement, détresse, gêne, gouffre, indigence, manque, mendicité, misère, nécessité, pauvreté, privation, ruine. *SOUT.* impécuniosité. *FAM.* dèche, pouillerie. *FRANCE FAM.* débine, fauche, mistoufle, mouise, mouscaille, panade, purée. *DR.* carence. ▸ *Obstacle* – accroc, adversité, anicroche, barrière, blocage, contrariété, contretemps, défense, difficulté, digue, écueil, empêchement, ennui, entrave, frein, gêne, impasse, impossibilité, inhibition, interdiction, objection, obstruction, ombre au tableau, opposition, pierre d'achoppement, point noir, problème, résistance, restriction, tracas, tribulations. *QUÉB.* irritant. *SOUT.* achoppement, impedimenta, traverse.

FAM. blème, hic, lézard, os, pépin. *QUÉB. FAM.* aria. ▸ *Inconvénient* – aléa, charge, contre, danger, défaut, déplaisir, dérangement, désagrément, désavantage, difficulté, écueil, empêchement, ennui, fissure, gêne, handicap, incommodité, inconfort, inconvénient, mauvais côté, objection, obstacle, point faible, risque, trouble. *SOUT.* importunité. ▸ *Incident* – accident, accroc, accrochage, affaire, anicroche, avatar, aventure, complication, contingences, contrariété, contretemps, crise, désagrément, difficulté, dispute, empêchement, ennui, épine, épisode, événement, éventualité, imprévu, incident, mésaventure, obstacle, occasion, occurrence, péripétie, problème, rebondissement, tribulations. *SOUT.* adversité. *FAM.* blème, cactus, embêtement, emmerde, emmerdement, enquiquinement, os, pépin, pétrin, tuile. *FRANCE FAM.* avaro, empoisonnement. ▸ *Alourdissement* – alourdissement, appesantissement, augmentation de poids, indigestion, lourdeur, oppression, surcharge. ▲ANT. AISANCE, AISE, APLOMB, ASSURANCE ; COMMODITÉ, FACILITÉ.

embarrassant *adj.* ▸ *Qui met dans l'embarras* – déconcertant, déroutant, désorientant, perturbant, qui met dans l'embarras, traumatisant, troublant. *FAM.* démontant. *QUÉB.* embêtant. ▸ *Encombrant* – encombrant, gênant, incommode, malcommode. *QUÉB. FAM.* malavenant. ▸ *Par sa taille* – volumineux. ▲ANT. ENCOURAGEANT, RASSÉRÉNANT, RASSURANT, TRANQUILLISANT, VALORISANT ; COMMODE, EFFICACE, FONCTIONNEL, PRATIQUE, UTILE, UTILITAIRE.

embarrassé *adj.* ▸ *Gêné* – contraint, crispé, forcé, gauche, gêné, mal à l'aise. ▸ *Honteux* – confus, honteux, mal à l'aise, penaud, piteux, troublé. *FAM.* dans ses petits souliers. ▸ *Perplexe* – flottant, fluctuant, hésitant, incertain, indécis, indéterminé, irrésolu, perplexe, velléitaire. *FRANCE FAM.* entre le zist et le zest, vasouillard. ▸ *Qui manque de clarté* – brouillé, brumeux, compliqué, confus, contourné, embrouillé, embroussaillé, enchevêtré, entortillé, flou, fumeux, incompréhensible, indéchiffrable, indigeste, inintelligible, nébuleux, obscur, tarabiscoté, vague, vaseux. *SOUT.* abscons, abstrus, amphigourique, fuligineux. *FAM.* chinois, emberlificoté, filandreux, vasouillard. ▸ *Qui manque d'aisance* – gauche, laborieux, lourd, qui sent l'effort. ▸ *En parlant de l'estomac* – chargé, lourd. ▲ANT. À L'AISE, LIBRE, NATUREL.

embarrasser *v.* ▸ *Surcharger* – alourdir, charger, encombrer, farcir, surcharger. ▸ *Gêner le mouvement* – encombrer, gêner. *FAM.* emplâtrer. ▸ *Déconcerter* – déconcerter, décontenancer, démonter, dérouter, désarçonner, désorienter, déstabiliser, ébranler, interloquer, troubler. *SOUT.* confondre. *FAM.* débousoler. ▸ *Intimider* – intimider, mettre mal à l'aise, troubler. ◆ **s'embarrasser** ▸ *Se charger inutilement* – s'empêtrer, s'encombrer. ▸ *S'embrouiller* – s'embrouiller, s'emmêler, s'enferrer, se perdre, se tromper. *FAM.* cafouiller, patauger, patouiller, s'emberlificoter, s'emmêler les crayons, s'emmêler les pédales, s'emmêler les pieds, s'emmêler les pinceaux, vasouiller. ▸ *Se soucier* – s'inquiéter, s'occuper, se préoccuper, se soucier. ▲ANT. ALLÉGER, DÉBARRASSER, DÉCHARGER, SOULAGER ; DÉBLOQUER,

DÉCONGESTIONNER, DÉGAGER, DÉSENCOMBRER, LIBÉRER; AIDER, APAISER, RASSURER, TRANQUILLISER.

embaucher *v.* engager, prendre à son service. ▲ANT. DÉBAUCHER, LICENCIER, METTRE À LA PORTE, REMERCIER, RENVOYER; REFUSER.

embaumer *v.* ▶ *Conserver un corps* – HIST. momifier. ▶ *Répandre une bonne odeur* – aromatiser, parfumer. ▲ANT. EMPESTER, EMPUANTIR.

embellir *v.* ▶ *Rendre beau* – esthétiser. ▶ *Faire paraître plus beau* – avantager, flatter. ▶ *Rendre plus conforme à un idéal* – enjoliver, idéaliser, magnifier, poétiser, sublimiser. ▶ *Orner* – agrémenter, colorer, décorer, émailler, enjoliver, enrichir, garnir, habiller, ornementer, orner, parer, rehausser, relever. SOUT. diaprer. QUÉB. FAM. renipper. ▲ANT. DÉFIGURER, DÉPARER, ENLAIDIR, GÂTER.

emblème *n. m.* ▶ *Symbole* – allégorie, attribut, chiffre, devise, drapeau, effigie, figure, icône, image, incarnation, insigne, livrée, logo, logotype, marque, notation, personnification, représentation, signe, symbole, type.

emboîter *v.* encastrer, enchâsser. ▲ANT. DÉBOÎTER, DISJOINDRE, SÉPARER.

embouchure *n. f.* ▶ *Endroit d'un cours d'eau* – bouche. ▶ *Partie d'un instrument à vent* – bec, biseau. ▲ANT. SOURCE.

embourgeoisement *n. m.* ▲ANT. APPAUVRISSEMENT, PROLÉTARISATION.

embraser *v.* ▶ *Brûler* – brûler, enflammer, incendier. ▶ *Remplir de lumière* – allumer, éclairer, ensoleiller, illuminer. SOUT. enflammer. ▶ *Exciter* – aiguiser, allumer, attiser, augmenter, aviver, échauffer, enflammer, exalter, exciter, incendier, stimuler. ▲ANT. ÉTEINDRE, ÉTOUFFER; APAISER, REFROIDIR.

embrasser *v.* ▶ *Serrer dans ses bras* – enlacer, étreindre, prendre dans ses bras, presser sur son cœur, serrer. ▶ *Donner des baisers* – baiser. FAM. baisoter, bécoter, biser, faire la bise à. QUÉB. ACADIE FAM. becquer. ▶ *Choisir* – adopter, choisir, épouser, faire sien, prendre. ▶ *Englober* – couvrir, englober, recouvrir. ▶ *Saisir le sens* (SOUT.) – comprendre, s'expliquer, saisir, toucher du doigt, voir. SOUT. appréhender, entendre. FAM. bitter, entraver, piger. FRANCE FAM. percuter. QUÉB. FAM. allumer, clencher, cliquer. ♦ **s'embrasser** ▶ *Échanger des baisers* – FAM. se bécoter, se sucer la poire, se sucer la pomme, se sucer les amygdales. ▲ANT. DESSERRER, ÉLOIGNER; DÉTOURNER, REJETER, REPOUSSER, SÉPARER.

embrouillé *adj.* brouillé, brumeux, compliqué, confus, contourné, embarrassé, embroussaillé, enchevêtré, entortillé, flou, fumeux, incompréhensible, indéchiffrable, indigeste, inintelligible, nébuleux, obscur, tarabiscoté, vague, vaseux. SOUT. abscons, abstrus, amphigourique, fuligineux. FAM. chinois, emberlificoté, filandreux, vasouillard.

embrouiller *v.* ▶ *Emmêler* – emmêler, enchevêtrer, entortiller, entrecroiser, entrelacer, entremêler, mêler. ▶ *Compliquer* – brouiller, compliquer, embroussailler, emmêler, enchevêtrer, entortiller, entremêler, mélanger, mêler, obscurcir. FAM. emberlificoter. DIDACT. intriquer. ♦ **s'embrouiller** ▶ *S'empêtrer* – s'embarrasser, s'empêtrer, s'enferrer, se perdre, se tromper. FAM. cafouiller, patauger, patouiller,

s'emberlificoter, s'emmêler les crayons, s'emmêler les pédales, s'emmêler les pieds, s'emmêler les pinceaux, vasouiller. ▲ANT. DÉBROUILLER, DÉMÊLER; ÉCLAIRER, ÉLUCIDER.

embroussaillé *adj.* broussailleux, en bataille, en broussaille, hérissé, hirsute, inculte.

embryon *n. m.* ▶ *Fœtus* – bébé, fœtus. ▶ *Début* – actionnement, amorçage, amorce, balbutiement, bégaiement, commencement, création, début, déclenchement, démarrage, départ, ébauche, enclenchement, enfance, entrée, esquisse, fondement, germe, inauguration, origine, ouverture, prélude, prémisse, principe, tête. SOUT. aube, aurore, matin, prémices. FIG. apparition, avènement, éclosion, émergence, éruption, explosion, genèse, germination, naissance, venue au monde.

embryonnaire *adj.* (à l'état) brut, à l'état d'ébauche, ébauché, élémentaire, fruste, grossier, imparfait, informe, larvaire, mal équarri, primitif, rudimentaire. ▲ANT. ACHEVÉ, COMPLET, COMPLÉTÉ, DANS SA PHASE FINALE, MÛR, TERMINÉ.

embûche *n. f.* ▶ *Difficulté* – difficulté, écueil, piège. QUÉB. FAM. pogne. ▶ *Danger* – aléa, casse-cou, danger, détresse, difficulté, écueil, épée de Damoclès, épouvantail, guêpier, hasard, impasse, imprudence, insécurité, mauvais pas, menace, perdition, péril, piège, point chaud, point sensible, poudrière, récif, risque, spectre, traverse, urgence, volcan. SOUT. tarasque. FRANCE FAM. casse-gueule. ▲ANT. AIDE, COUP DE MAIN, SECOURS.

embuscade *n. f.* ▶ *Piège* – attrape, attrapenigaud, chausse-trappe, filet, guêpier, guet-apens, leurre, piège, ruse, traquenard, tromperie. SOUT. duperie, rets. ▶ *Affût* – affût, gabion *(gibier d'eau)*, palombière *(chasse à la palombe)*, poste. QUÉB. cache.

émergence *n. f.* ▶ *Affleurement* – affleurage, affleurement, émersion, saillie. SOUT. surgissement. ▶ *Commencement* – actionnement, amorçage, amorce, balbutiement, bégaiement, commencement, création, début, déclenchement, démarrage, départ, ébauche, embryon, enclenchement, enfance, entrée, esquisse, fondement, germe, inauguration, origine, ouverture, prélude, prémisse, principe, tête. SOUT. aube, aurore, matin, prémices. FIG. apparition, avènement, éclosion, éruption, explosion, genèse, germination, naissance, venue au monde. ▲ANT. IMMERSION, PLONGÉE, SUBMERSION; DISPARITION, EFFACEMENT, MORT.

émerger *v.* ▶ *Pointer hors de l'eau* – s'exonder. ▶ *Apparaître brusquement* – jaillir, saillir, sortir, surgir. QUÉB. ACADIE FAM. ressoudre. ▶ *Se manifester brusquement* – éclater, fuser, jaillir, s'élever, surgir. ▶ *Se manifester peu à peu* – apparaître, se dégager, se dévoiler, se faire jour, se manifester, se profiler, se révéler, transparaître. SOUT. affleurer. ▲ANT. ENFONCER, IMMERGER, PLONGER; COULER, DISPARAÎTRE, S'ABÎMER, SOMBRER.

émerveillement *n. m.* ▶ *Éblouissement* – admiration, adoration, éblouissement, enchantement, engouement, enthousiasme, envoûtement, fascination, ravissement, subjugation. ▶ *Étonnement* – abasourdissement, ahurissement, bouleversement, ébahissement, éblouissement, effarement, étonnement, saisissement, stupéfaction, stupeur, surprise. FAM. épatement. ▲ANT. DÉSENCHANTEMENT, DÉSILLUSION.

émerveiller v. éblouir, faire de l'effet, faire impression, faire sensation, fasciner, impressionner. FAM. en mettre plein la vue à, épater. ♦ **s'émerveiller** admirer, s'extasier, se pâmer, se pâmer d'admiration, tomber en extase. PAR PLAIS. tomber en pâmoison. ▲ANT. DÉCEVOIR, DÉSENCHANTER, DÉSILLUSIONNER.

émettre v. ▶ *Prononcer* – articuler, dire, lâcher, lancer, pousser, proférer, prononcer, sortir. ▶ *Formuler* – dire, exprimer, extérioriser, formuler, objectiver, verbaliser. ▶ *Dégager* – dégager, diffuser, produire, répandre. SC. dissiper. ▲ANT. ÉCOUTER; RECEVOIR; ACCEPTER.

émeute n. f. agitation, agitation-propagande, chouannerie, désordre, effervescence, embrasement, excitation, faction, fermentation, fièvre, fronde, insoumission, insubordination, insurrection, jacquerie, manifestation, mutinerie, rébellion, remous, résistance, révolte, révolution, sédition, soulèvement, tourmente, troubles. FAM. agit-prop. ▲ANT. APAISEMENT, PACIFICATION; CALME, PAIX.

émigration n. f. départ, exode, expatriation, fuite. ▲ANT. IMMIGRATION.

émigré n. déraciné, émigrant, expatrié, immigrant, immigré, migrant, transplanté. ♦ **émigrés**, *plur.* diaspora, population émigrée.

émigrer v. s'exiler, s'expatrier, se réfugier. ▲ANT. IMMIGRER.

éminemment adv. ▶ *À un très haut degré* – à l'extrême, affreusement, astronomiquement, au dernier degré, au dernier point, au maximum, au plus haut degré, au plus haut point, beaucoup, bien, colossalement, considérablement, énormément, exceptionnellement, extraordinairement, extrêmement, fabuleusement, follement, fort, fortement, grandement, gros, hautement, immensément, incommensurablement, inconcevablement, incroyablement, infiniment, intensément, long, mortellement, nettement, on ne peut plus, phénoménalement, prodigieusement, profondément, remarquablement, sérieusement, singulièrement, souverainement, supérieurement, suprêmement, terriblement, très, vertigineusement, vivement, vraiment. FAM. bigrement, bougrement, diablement, drôlement, effroyablement, épais, épouvantablement, fameusement, fantastiquement, fichtrement, fichûment, formidablement, foutrement, furieusement, joliment, rudement, sacrément, salement, super, terrible, tout plein, un max, vachement. QUÉB. FAM. à l'os, à la planche, au coton, en maudit, en s'il vous plaît, mauditement. ▶ *De manière remarquable* – à la perfection, à merveille, à ravir, admirablement, bien, divinement, extraordinairement, idéalement, impeccablement, incomparablement, infailliblement, irréprochablement, le mieux du monde, merveilleusement, mirifiquement, on ne peut mieux, parfaitement, prodigieusement, sans fautes, sublimement, supérieurement, suprêmement. SOUT. excellemment. FAM. épatamment, sans bavure. ▲ANT. PEU.

éminence n. f. ▶ *Relief* – élévation, hauteur. ▶ *Saillie* – angle, appendice, arête, aspérité, avancée, avancement, balèvre, bec, bosse, bourrelet, console, corne, corniche, côte, coude, crête, dent, encorbellement, éperon, ergot, excroissance, gibbosité, hourd, mamelon, moulure, nervure, picot, pointe, proéminence, projecture, prolongement, protubérance, redan, relief, ressaut, saillant, saillie, surplomb, surplombement, tubercule. ▲ANT. DÉPRESSION; CAVITÉ, CREUX.

éminent adj. ▶ *Prestigieux* – choisi, de distinction, de marque, de prestige, distingué, élitaire, en vue, grand, prestigieux, select, trié sur le volet. ▶ *Important* – élevé, exceptionnel, grand, important, insigne, prestigieux, remarquable, signalé. SOUT. suréminent. ▲ANT. MÉDIOCRE, ORDINAIRE, QUELCONQUE, SANS ENVERGURE.

émission n. f. ▶ *Expulsion de l'organisme* – délivrance, élimination, émonction, évacuation, excrétion, expulsion, sécrétion. ▶ *Rayonnement* – irradiation, phosphorescence, propagation, radiation, rayonnement. ▶ *Transmission* – cession, circulation, communication, dévolution, diffusion, dissémination, expansion, extension, intercommunication, multiplication, passation, progression, propagation, rayonnement, reproduction, transfert, translation, virement. ▶ *Action d'émettre un acte* – mise en circulation, tirage. ▲ANT. RÉCEPTION; SOUSCRIPTION.

emmener v. accompagner, amener, conduire, convoyer, escorter, mener. PÉJ. flanquer. ▲ANT. AMENER; CHASSER, CONGÉDIER; LAISSER.

émotif adj. ▶ *Sensible* – impressionnable, sensible. FAM. émotionnable. ▶ *Qui concerne les émotions* – affectif, émotionnel, nerveux, psychoaffectif. ▲ANT. APATHIQUE, DE GLACE, FLEGMATIQUE, FROID, IMPASSIBLE, INSENSIBLE; CARTÉSIEN, CÉRÉBRAL, LOGIQUE, PONDÉRÉ, POSÉ, RATIONNEL, RÉFLÉCHI.

émotion n. f. ▶ *Agitation* – affolement, agitation, bouleversement, brasier, colère, confusion, débridement, déchaînement, désarroi, ébranlement, ébullition, embrasement, fièvre, frénésie, mouvement, passion, violence. SOUT. émoi, exaltation. FIG. dévergondage. ▶ *Bouleversement* – bouleversement, choc, commotion, coup, ébranlement, secousse, traumatisme. ▶ *Scandale* – choc, commotion, étonnement, honte, indignation, scandale. ▶ *Émotivité* – affect, affectivité, âme, attendrissement, cœur, compassion, émotivité, empathie, fibre, humanité, impressionnabilité, pitié, romantisme, sensibilité, sentiment, sentimentalité, susceptibilité, sympathie, tendresse, vulnérabilité. SOUT. entrailles. FAM. tripes. ▶ *À l'excès* – hyperémotivité, hypersensibilité, sensiblerie, sentimentalisme. ▶ *Expression* – expressivité. ▲ANT. CALME, SÉRÉNITÉ; FROIDEUR, IMPASSIBILITÉ, INDIFFÉRENCE, INSENSIBILITÉ.

émotionnel adj. affectif, émotif, nerveux, psychoaffectif. ▲ANT. RATIONNEL.

émotivité n. f. ▶ *Sensibilité* – affect, affectivité, âme, attendrissement, cœur, compassion, émotion, empathie, fibre, humanité, impressionnabilité, pitié, romantisme, sensibilité, sentiment, sentimentalité, susceptibilité, sympathie, tendresse, vulnérabilité.

SOUT. entrailles. *FAM.* tripes. ▸ *À l'excès* – hyperémotivité, hypersensibilité, sensiblerie, sentimentalisme. ▲**ANT.** FROIDEUR, IMPASSIBILITÉ, INDIFFÉRENCE, INÉMOTIVITÉ, INSENSIBILITÉ.

émoussé *adj.* mousse, obtus.

émousser *v.* ▸ *Rendre moins pointu* – épointer, user. ▸ *Atténuer* – affaiblir, amortir, atténuer, diminuer, effacer, éroder, estomper, oblitérer, user. ▸ *Enlever toute vivacité* – engourdir, hébéter. ♦ *s'émousser* ▸ *S'affaiblir* – faiblir, s'affaiblir, s'amenuiser, s'effriter, s'émietter. ▲**ANT.** AFFINER, AFFÛTER, AIGUISER.

émouvant *adj.* ▸ *Touchant* – attachant, attendrissant, désarmant, prenant, touchant. ▸ *Bouleversant* – bouleversant, déchirant, dramatique, pathétique, poignant, touchant, troublant, vibrant *(discours)*. *SOUT.* empoignant. ▲**ANT.** AGAÇANT, CRISPANT, DÉSAGRÉABLE, ÉNERVANT, EXASPÉRANT, IRRITANT; BANAL, ININTÉRESSANT, SANS INTÉRÊT; COMIQUE, GROTESQUE.

émouvoir *v.* ▸ *Bouleverser* – bouleverser, chavirer, ébranler, remuer, retourner, révulser, secouer, troubler. *FAM.* chambouler, émotionner, remuer les tripes à, révolutionner, tournebouler, tourner les sangs à. ▸ *Attendrir* – aller droit au cœur de, apitoyer, attendrir, faire quelque chose à, remuer, toucher, troubler. *SOUT.* prendre aux entrailles. *FAM.* émotionner, prendre aux tripes. ♦ *s'émouvoir* ▸ *Éprouver de la tendresse* – s'attendrir. *FAM.* craquer, fondre. ▸ *Manifester de l'émotion* – broncher, ciller, sourciller. ▲**ANT.** APAISER, CALMER, RASSÉRÉNER, RASSURER, TRANQUILLISER; LAISSER FROID, LAISSER INDIFFÉRENT; GLACER, REFROIDIR.

empaillé *adj.* ▸ *Malhabile* (*FAM.*) – balourd, gauche, incapable, lourdaud, maladroit, malhabile, pataud. *SOUT.* inhabile. *FAM.* brise-tout, cafouilleur, cloche, empoté, gaffeur, godiche, godichon, gourd, gourde, manche, manchot.

emparer (s') *v.* ▸ *Saisir* – accrocher, agripper, attraper, empoigner, happer, prendre, saisir, se saisir de. ▸ *Voler* – enlever, prendre, ravir, se saisir de, usurper, voler. *FAM.* faucher, souffler, soulever. ▸ *Prendre par la force* – conquérir, enlever, mettre la main sur, prendre, se rendre maître de, se saisir de. ▸ *Monopoliser* – accaparer, monopoliser, retenir, s'approprier, se rendre maître de. *FAM.* truster. ▸ *Envahir* – conquérir, envahir, occuper, prendre. ▲**ANT.** ABANDONNER, CÉDER, LÂCHER, LAISSER, PERDRE; REDONNER, REMETTRE, RENDRE, RESTITUER; LIBÉRER.

empathie *n.f.* ▸ *Altruisme* – aide, allocentrisme, altruisme, amour (d'autrui), assistance, bénévolat, bienveillance, bonté, charité, commisération, compassion, complaisance, convivialité, dévouement, don de soi, entraide, extraversion, fraternité, générosité, gentillesse, humanité, oblativité, oubli de soi, philanthropie, pitié, sensibilité, serviabilité, solidarité, sollicitude. *SOUT.* bienfaisance. ▸ *Émotivité* – affect, affectivité, âme, attendrissement, cœur, compassion, émotion, émotivité, fibre, humanité, impressionnabilité, pitié, romantisme, sensibilité, sentiment, sentimentalité, susceptibilité, sympathie, tendresse, vulnérabilité. *SOUT.* entrailles. *FAM.* tripes. ▸ *À l'excès* – hyperémotivité, hypersensi-

bilité, sensiblerie, sentimentalisme. ▲**ANT.** ÉGOÏSME; INDIFFÉRENCE, INSENSIBILITÉ.

empathique *adj.* compatissant, sensible. ▲**ANT.** DE PIERRE, DUR, ENDURCI, FROID, INDIFFÉRENT, INSENSIBLE, SANS-CŒUR.

empêchement *n.m.* ▸ *Interdiction* – condamnation, défense, interdiction, interdit, prohibition, proscription, refus, tabou. ▸ *Restriction* – économie, épargne, parcimonie, rationalisation, rationnement, réserve, restriction, réticence. *FAM.* dégraissage. ▸ *Obstacle* – accroc, adversité, anicroche, barrière, blocage, contrariété, contretemps, défense, difficulté, digue, écueil, embarras, ennui, entrave, frein, gêne, impasse, impossibilité, inhibition, interdiction, objection, obstruction, ombre au tableau, opposition, pierre d'achoppement, point noir, problème, résistance, restriction, tracas, tribulations. *QUÉB.* irritant. *SOUT.* achoppement, impedimenta, traverse. *FAM.* blème, hic, lézard, os, pépin. *QUÉB. FAM.* aria. ▸ *Incident* – accident, accroc, accrochage, affaire, anicroche, avatar, aventure, complication, contingences, contrariété, contretemps, crise, désagrément, difficulté, dispute, embarras, ennui, épine, épisode, événement, éventualité, imprévu, incident, mésaventure, obstacle, occasion, occurrence, péripétie, problème, rebondissement, tribulations. *SOUT.* adversité. *FAM.* blème, cactus, embêtement, emmerde, emmerdement, enquiquinement, os, pépin, pétrin, tuile. *FRANCE FAM.* avaro, empoisonnement. ▸ *Inconvénient* – aléa, charge, contre, danger, défaut, déplaisir, dérangement, désagrément, désavantage, difficulté, écueil, embarras, ennui, fissure, gêne, handicap, incommodité, inconfort, inconvénient, mauvais côté, objection, obstacle, point faible, risque, trouble. *SOUT.* importunité. ▲**ANT.** AUTORISATION, PERMISSION; ENCOURAGEMENT; COMMODITÉ.

empêcher *v.* ▸ *Entraver* – aller à l'encontre de, barrer, contrarier, contrecarrer, déranger, entraver, faire obstacle à, gâcher, gêner, interférer avec, mettre des bâtons dans les roues à, nuire à, s'opposer à, se mettre en travers de, troubler. ▸ *Éviter* – conjurer, écarter, éviter, parer, prévenir. ▸ *Interdire* – condamner, défendre, interdire, prohiber, proscrire, punir. ▸ *Refouler à l'intérieur de soi* – contenir, endiguer, étouffer, museler, refouler, refréner, rentrer, réprimer, retenir. *SOUT.* brider, contraindre. ▸ *Être incompatible avec* – exclure, interdire. ♦ *s'empêcher* ▸ *S'abstenir* – éviter de, s'abstenir de, s'interdire de, se défendre de, se garder de, se refuser à, se retenir de. ▲**ANT.** AIDER, ENCOURAGER, FAVORISER; AUTORISER, LAISSER, PERMETTRE.

empereur *n.m.* majesté *(titre)*, sire *(titre)*.

empesé *adj.* ▸ *Qui manque de naturel* – affecté, apprêté, artificiel, compassé, composé, emprunté, étudié, forcé, frelaté. ▸ *Qui affecte la dignité* – collet monté, compassé, corseté, gourmé, guindé, pincé. *FAM.* constipé, raide comme la justice. ▲**ANT.** NATUREL, SANS PRÉTENTION, SIMPLE.

emphase *n.f.* ▸ *Pompe* – apparat, bouffissure, boursouflure, cérémonie, déclamation, démesure, enflure, excès, gonflement, grandiloquence, hyperbole, pédanterie, pédantisme, pompe, prétention, solennité. *SOUT.* ithos, pathos. ▸ *Préciosité* – affectation, byzantinisme, maniérisme, marivaudage, mignardise, préciosité, purisme, raffinement, recherche, sophistication, subtilité. *SOUT.* afféterie, concetti. ▶ *Amplification* – alourdissement, amplification, boursouflure, broderie, développement, dramatisation, enflure, enjolivement, enjolivure, exagération, grossissement, hypertrophie, outrance, paraphrase, redondance, renchérissement. ▲ANT. CONCISION, DISCRÉTION, LACONISME, MINIMISATION ; NATUREL, SIMPLICITÉ, SOBRIÉTÉ.

emphatique *adj.* ampoulé, bouffi, boursouflé, déclamateur, déclamatoire, enflé, gonflé, grandiloquent, hyperbolique, pédantesque, pompeux, pompier, pontifiant, prétentieux, ronflant, théâtral. *SOUT.* histrionique, pindarique. ▲ANT. DÉPOUILLÉ, MODESTE, SIMPLE, SOBRE.

empiéter *v.* ▶ *Au sens concret* – chevaucher, déborder, dépasser, mordre. ▶ *Au sens abstrait* – cannibaliser, envahir. *SOUT.* entreprendre, usurper. ▲ANT. CÉDER, CONCÉDER ; RESPECTER.

empiler *v.* ▶ *Mettre en pile* – gerber, palettiser. ▶ *Mettre en tas* – accumuler, amasser, amonceler, entasser. ▶ *Installer des personnes à l'étroit* – entasser, parquer, serrer, tasser. *FAM.* encaquer, tasser comme des harengs, tasser comme des sardines. ▶ *Duper* (*FAM.*) – abuser, attraper, avoir, bercer, berner, duper, en conter à, en faire accroire à, flouer, leurrer, mentir à, mystifier, se jouer de, se moquer de, tromper. *FAM.* blouser, bluffer, canuler, charrier, cravater, empaumer, entourlouper, esbroufer, faire marcher, feinter, la faire à, mener en bateau, mettre en boîte, pigeonner, posséder, refaire, rouler. *QUÉB. FAM.* amancher, bourrer, enfirouaper, niaiser. ▲ANT. DÉSEMPILER.

empire *n. m.* ▶ *Territoires* – domaine, sol, territoire. ▶ *Domination* (*SOUT.*) – autorité, commandement, domination, emprise, force, gouvernement (*politique*), juridiction, loi, maîtrise, pouvoir, puissance, règne, tutelle. *SOUT.* férule, houlette. ▶ *Influence* (*SOUT.*) – action, aide, appui, ascendant, attirance, attraction, aura, autorité, contagion, crédit, dominance, domination, effet, empreinte, emprise, fascination, force, importance, incitation, influence, inspiration, magie, magnétisme, mainmise, manipulation, mouvance, persuasion, pétition, poids, pouvoir, prépondérance, présence, pression, prestige, puissance, règne, rôle, séduction, subjugation, suggestion, tyrannie. *SOUT.* intercession.

empirique *adj.* expérimental. ▲ANT. MÉTHODIQUE, RATIONNEL, SCIENTIFIQUE, SYSTÉMATIQUE.

empirisme *n. m.* ▶ *Manière de penser* – activisme, cynisme, matérialisme, opportunisme, pragmatisme, prosaïsme, réalisme, utilitarisme. ▶ *Théorie* – génétisme. ▲ANT. IDÉALISME, RATIONALISME.

emplacement *n. m.* ▶ *Endroit* – coin, endroit, lieu, localisation, localité, place, point, position, poste, scène, séjour, siège, site, situation, théâtre, zone. *BIOL.* locus. ▶ *Aire* – aire, champ, domaine, espace, place, région, terrain, territoire, zone.

emplir *v.* ▶ *Remplir de choses concrètes* – bourrer, charger, remplir. ▶ *Remplir de personnes* – faire salle comble, remplir. *FAM.* bourrer (de monde). ▶ *Remplir d'une chose abstraite* – envahir, gonfler, inonder, pénétrer, remplir, submerger. ▶ *Occuper un*

espace – couvrir, garnir, occuper, remplir, s'étendre sur. ▶ *Occuper le temps* – meubler, occuper, remplir. *SOUT.* peupler. ▲ANT. DÉSEMPLIR, VIDER.

emploi *n. m.* ▶ *Utilisation* – maniement, manipulation, manœuvre, usage, utilisation. *FAM.* manip. ▶ *Poste* – affectation, charge, dignité, fonction, métier, mission, office, place, poste, responsabilité, rôle, siège, titre, vocation. ▶ *Métier* – activité, art, carrière, état, gagne-pain, métier, occupation, profession, qualité, services, situation, spécialité, travail. *FAM.* boulot, turbin, turf. ▶ *Sens d'un mot* – acception, définition, sémantisme, sens, signification, signifié, valeur. ▲ANT. NON-USAGE ; CHÔMAGE, INACTIVITÉ.

employé *n.* agent, cachetier, journalier, ouvrier (*manuel*), préposé, salarié, travailleur. ♦ **employés**, *plur.* ▶ *Ensemble de personnes* – effectif, main-d'œuvre, personnel, ressources humaines, salariat, salariés. ▲ANT. CADRE, DIRECTEUR, EMPLOYEUR, PATRON, SUPÉRIEUR.

employer *v.* ▶ *Utiliser* – avoir recours à, déployer, exercer, faire appel à, faire jouer, faire usage de, jouer de, mettre en œuvre, recourir à, s'aider de, se servir de, user de, utiliser. ▶ *Manipuler une chose abstraite* – manier, manipuler, se servir de, user de, utiliser. ▶ *Consacrer* – appliquer, consacrer, mettre, mettre à profit. ♦ **s'employer** ▶ *Se consacrer* – s'adonner à, s'appliquer à, s'occuper de, se consacrer à, se livrer à, vaquer à. ▲ANT. DÉDAIGNER, NÉGLIGER ; RENVOYER.

employeur *n.* ▲ANT. EMPLOYÉ, OUVRIER, TRAVAILLEUR.

empoigner *v.* ▶ *Agripper* – accrocher, agripper, attraper, happer, prendre, s'emparer de, saisir, se saisir de. ▶ *Passionner* – captiver, intéresser, passionner, plaire à. *SOUT.* attacher l'esprit. *FAM.* accrocher, brancher. ♦ **s'empoigner** ▶ *Se battre* – échanger des coups, en découdre, en venir aux coups, en venir aux mains, se bagarrer, se battre, se colleter. *FAM.* s'expliquer, se bigorner, se cogner, se crêper le chignon, se prendre aux cheveux, se tabasser, se taper dessus, se voler dans les plumes. *FRANCE FAM.* barouder, châtaigner, se bastonner, se castagner. *QUÉB. FAM.* se batailler, se colletailler, se tapocher. ▲ANT. LÂCHER, RELÂCHER ; ENNUYER, LAISSER INDIFFÉRENT.

empoisonnement *n. m.* ▶ *Fait d'être empoisonné* – envenimation, envenimement, intoxication, toxémie. *FAM.* intox. ▶ *Ennui* (*FRANCE FAM.*) – accident, accroc, accrochage, affaire, anicroche, avatar, aventure, complication, contingences, contrariété, contretemps, crise, désagrément, difficulté, dispute, embarras, empêchement, ennui, épine, épisode, événement, éventualité, imprévu, incident, mésaventure, obstacle, occasion, occurrence, péripétie, problème, rebondissement, tribulations. *SOUT.* adversité. *FAM.* blème, cactus, embêtement, emmerde, emmerdement, enquiquinement, os, pépin, pétrin, tuile. *FRANCE FAM.* avaro. ▲ANT. DÉSINTOXICATION, DÉTOXICATION ; COUP DE CHANCE, HEUREUX ÉVÉNEMENT.

empoisonner *v.* ▶ *Provoquer une intoxication* – intoxiquer. ▶ *Gâcher* – gâcher, gâter, ruiner, saboter. *FAM.* bousiller. ▶ *Rendre impur* (*SOUT.*) – avilir, flétrir, profaner, salir, souiller. *SOUT.* contaminer, polluer. ▶ *Empester* (*SOUT.*) – empester. *SOUT.*

empuantir, infecter. ▸ *Importuner* (*FAM.*) – assommer, endormir, ennuyer, lasser. *FAM.* barber, barbifier, pomper, raser. ▸ *Contrarier* (*FAM.*) – agacer, chiffonner, contrarier, ennuyer, irriter. *FAM.* embêter. ▲**ANT.** ASSAINIR, DÉSINTOXIQUER, PURIFIER.

emporté *adj.* ▸ *Brutal* – agressif, brutal, dur, raide, rude, violent. *FAM.* à la redresse. ▸ *Colérique* – bilieux, chatouilleux, coléreux, colérique, excitable, irascible, irritable, ombrageux, rageur, susceptible. *SOUT.* atrabilaire, colère. *FAM.* criseux, soupe au lait. ▸ *Fougueux* – bouillant, enflammé, explosif, fougueux, impatient, impétueux, impulsif, passionné, prompt, qui a la tête chaude, sanguin, véhément, vif, violent, volcanique. *QUÉB. FAM.* malendurant, prime. ▸ *Turbulent* – agité, bruyant, chahuteur, diable, dissipé, excité, remuant, tapageur, turbulent. *QUÉB. FAM.* énervé, grouillant, tannant.

emportement *n. m.* ▸ *Fougue* – ardeur, feu, fougue, furia, impétuosité, pétulance, véhémence, vivacité. *FAM.* mordant. ▸ *Colère* – agacement, colère, énervement, exaspération, fureur, furie, impatience, indignation, irritabilité, irritation, rage, susceptibilité. *SOUT.* courroux, irascibilité. *FAM.* horripilation, rogne. ▲**ANT.** CALME, SANG-FROID; DOUCEUR, SÉRÉNITÉ.

emporter *v.* ▸ *Charrier* – arracher, balayer, charrier, enlever, entraîner. ▸ *Tuer* – donner la mort, enlever la vie à, tuer. *SOUT.* moissonner, trancher le fil des jours à. ♦ **s'emporter** ▸ *Se mettre en colère* – colérer, éclater, fulminer, monter sur ses ergots, monter sur ses grands chevaux, prendre la mouche, prendre le mors aux dents, s'enflammer, s'irriter, se courroucer, se déchaîner, se fâcher, se gendarmer, se mettre en colère, sortir de ses gonds, voir rouge. *FAM.* criser, décharger sa bile, décharger sa rate, exploser, grimper au mur, piquer une colère, piquer une crise, se mettre en boule, se mettre en pétard, se mettre en rogne, se monter. *QUÉB. FAM.* grimper dans les rideaux, pomper, se choquer. ▲**ANT.** APPORTER, DONNER, RAPPORTER; ABANDONNER, LAISSER; ARRÊTER. △S'EMPORTER – SE CALMER.

empreinte *n. f.* ▸ *Trace* – foulées, marque (de pas), pas, piste, sillon, trace, traînée, vestige, voie. ▸ *À la chasse* – abattures (*cerf*), connaissance, erres, marche, passée. ▸ *Marque* – cachet, contrôle, estampille, flamme, frappe, griffe, insculpation, label, marque, oblitération, plomb, poinçon, sceau, tampon, timbre. *QUÉB. FAM.* étampe. ▸ *Indice* – apparence, cachet, cicatrice, critère, indication, indice, lueur, marque, ombre, pas, piste, preuve, repère, reste, ride, sceau, signature, signe, stigmate, tache, témoignage, témoin, trace, trait, vestige. ▸ *Moulage* – masque, moulage.

empressé *adj.* aimable, attentif, attentionné, aux petits soins, complaisant, délicat, dévoué, diligent, gentil, obligeant, prévenant, secourable, serviable, zélé. *FAM.* chic, chou. *QUÉB. FAM.* fin. *BELG. FAM.* amitieux. ▲**ANT.** DISTANT, FROID, INDIFFÉRENT, RÉSERVÉ.

empressement *n. m.* ▸ *Action de choyer* – attentions, bichonnage, dorlotement, maternage, prévenances, soins. *FAM.* chouchoutage. *SOUT.* gâterie. ▸ *Rapidité* – activité, agilité, célérité, diligence, hâte, précipitation, promptitude, rapidité, vélocité, vitesse, vivacité. *SOUT.* prestesse. ▸ *Impatience* – avidité, brusquerie, désir, fièvre, fougue, hâte,

impatience, impétuosité, précipitation, urgence, urgent. ▲**ANT.** FROIDEUR, INDIFFÉRENCE; LENTEUR, MOLLESSE; PATIENCE.

empresser (s') *v.* ▸ *Faire vite* – courir, faire vite, se dépêcher, se hâter, se précipiter, se presser. *FAM.* activer, pédaler, se grouiller. *FRANCE FAM.* bourrer, faire fissa, se dégrouiller, se magner, se magner le popotin. *QUÉB. ACADIE FAM.* se garrocher. *QUÉB. FAM.* abouler, clencher, gauler. ▲**ANT.** LAMBINER, TRAÎNER; DÉDAIGNER, NÉGLIGER.

emprise *n. f.* ▸ *Pouvoir* – autorité, commandement, domination, force, gouvernement (*politique*), juridiction, loi, maîtrise, pouvoir, puissance, règne, tutelle. *SOUT.* empire, férule, houlette. ▸ *Dépendance* – abaissement, allégeance, appartenance, asservissement, assujettissement, attachement, captivité, contrainte, dépendance, domestication, domesticité, domination, esclavage, gêne, hilotisme, inféodation, infériorité, mainmise, merci, mouvance, obédience, obéissance, obligation, oppression, pouvoir, puissance, servage, servitude, soumission, subordination, sujétion, tutelle, tyrannie, vassalité. *FIG.* carcan, chaîne, corset (de fer), coupe, fardeau, griffe, main, patte, prison; *SOUT.* fers, gaine, joug. *PHILOS.* hétéronomie. ▲**ANT.** LIBERTÉ.

emprisonnement *n. m.* captivité, cellulaire, claustration, confinement, contrainte par corps, détention, écrou, embastillement, emmurement, encagement, encellulement, enfermement, incarcération, internement, isolement, prise de corps, prison, réclusion, relégation, séquestration, transportation. *FAM.* mise à l'ombre, mise sous les verrous. *DIDACT.* renfermement. *DR. BELG.* collocation. ▲**ANT.** ÉLARGISSEMENT, LIBÉRATION; LIBERTÉ.

emprisonner *v.* ▸ *Mettre en prison* – écrouer, enfermer, incarcérer, mettre sous les verrous, verrouiller. *FAM.* boucler, coffrer, emballer, embastiller, encelluler, mettre à l'ombre, mettre au trou. ▸ *Enfermer* – claquemurer, claustrer, cloîtrer, confiner, emmurer, encager, enfermer, isoler, murer, séquestrer, verrouiller. *SOUT.* enclore, reclure. *QUÉB. FAM.* embarrer. ▸ *Tenir à l'étroit* – enserrer, serrer. ▲**ANT.** DÉLIVRER, ÉLARGIR, ÉMANCIPER, LIBÉRER, RELÂCHER; DÉGAGER.

emprunt *n. m.* ▸ *Dette* – arriéré, charge, compte, créance, crédit à découvert, débet, débit, découvert, déficit, dette, devoir, doit, dû, engagement, impayé, moins-perçu, non-paiement, obligation, passif, solde débiteur. *BELG.* mali, pouf. ▸ *Adoption* – adoption, assimilation, imitation, insertion, ralliement. ▸ *Imitation* – calquage, caricature, charge, contrefaçon, copiage, décalquage, démarquage, émulation, figuration, grégarisme, imitation, mime, mimétisme, moutonnerie, parodie, pastiche, pillage, plagiat, représentation, servilité, simulation, singerie, suivisme, travestissement. *DR.* contrefaction. ▲**ANT.** PRÊT; LOCATION; VOL.

emprunté *adj.* ▸ *Qui manque de naturel* – affecté, apprêté, artificiel, compassé, composé, empesé, étudié, forcé, frelaté. ▲**ANT.** FAMILIER, NATUREL, RELÂCHÉ, SPONTANÉ.

emprunter *v.* ▸ *Obtenir avec promesse de rendre* – *QUÉB. FAM.* quêter. ▸ *Suivre un chemin*

– enfiler, passer par, prendre, s'engager dans, suivre. ▲**ANT.** AVANCER, CÉDER, PRÊTER.

ému *adj.* agité, émotionné, frémissant, palpitant, sous le coup de l'émotion, touché, tremblant.

émulation *n. f.* ▶ *Concurrence* – affrontement, antagonisme, combat, compétition, concurrence, conflit, contentieux, contestation, controverse, débat, désaccord, différend, discorde, discussion, dispute, dissension, dissentiment, divergence, friction, heurt, incompatibilité, incompréhension, lutte, mésentente, mésintelligence, opposition, polémique, querelle, rivalité. *FAM.* bagarre. ▶ *Encouragement* – aide, aiguillon, animation, appel, défi, dépassement (de soi), encouragement, entraînement, excitation, exhortation, fanatisation, fomentation, impulsion, incitation, instigation, invitation, invite, motivation, provocation, sollicitation, stimulation, stimulus. *SOUT.* surpassement. *FAM.* provoc. ▶ *Imitation* – calquage, caricature, charge, contrefaçon, copiage, décalquage, démarquage, emprunt, figuration, grégarisme, imitation, mime, mimétisme, moutonnerie, parodie, pastiche, pillage, plagiat, représentation, servilité, simulation, singerie, suivisme, travestissement. *DR.* contrefaction. ▲**ANT.** INDÉPENDANCE, INDIFFÉRENCE.

énamouré (var. **enamouré**) *adj.* amoureux, langoureux. *SOUT.* alangui, languide, languissant. ▲**ANT.** DISTANT, FROID; HAINEUX, MÉPRISANT.

encadrement *n. m.* ▶ *Bordure artistique* – cadre, passe-partout *(carton)*. ▶ *Bordure architecturale* – bâti dormant, cadre, chambranle, châssis, châssis dormant, croisée, dormant, fenêtre, huisserie, trappe. ▶ *Délimitation* – abornement, bornage, cadre, ceinture, délimitation, démarcation, jalonnage, jalonnement, ligne, limite, séparation, tracé. ▲**ANT.** DÉSENCADREMENT.

encadrer *v.* ▶ *Entourer* – border, entourer. ▶ *Diriger* – commander, diriger, mener, superviser. *QUÉB. FAM.* bosser. ▲**ANT.** DÉSENCADRER.

encaissé *adj.* creux, profond.

enceinte *adj.* ▶ *En parlant d'une femme* – qui attend un bébé, qui attend un enfant, qui attend un heureux évènement. *QUÉB. FAM.* en famille. *BELG. FAM.* en position, qui attend famille. *SUISSE FAM.* qui attend de la famille. ▶ *En parlant d'une femelle* (*FAM.*) – en gestation, fécondée, gestante, gravide, pleine.

enceinte *n. f.* ▶ *Rempart* – muraille, muraillement, rempart. *ANTIQ.* péribole. *MILIT.* épaulement. ▶ *Espace clos* – cloître, clôture, murs. *ANC.* champ clos. *ANTIQ.* cirque, péribole, stade.

encercler *v.* ▶ *Entourer d'un cercle* – cercler, entourer. ▶ *Cerner de toutes parts* – boucler, cerner (de toutes parts), envelopper, investir. ▲**ANT.** DÉGAGER, ÉVACUER.

enchaînement *n. m.* ▶ *Série* – alignement, chaîne, chapelet, colonne, combinaison, consécution, cordon, enfilade, énumération, file, gamme, guirlande, ligne, liste, rang, rangée, séquence, série, succession, suite, tissu, travée. ▶ *Suite de mouvements* – évolutions. ▶ *Agencement* – accommodation, accommodement, agencement, ajustement, aménagement, architecture, arrangement, articulation, assemblage, combinaison, combinatoire,

composition, concaténation, configuration, construction, contexture, coordination, disposition, distribution, élaboration, harmonie, hiérarchie, liaison, mise en ordre, mise en place, ordonnance, ordonnancement, ordre, organisation, orientation, plan, profil, programmation, rangement, répartition, structuration, structure, système, texture. ▲**ANT.** LIBÉRATION; LIBERTÉ.

enchaîner *v.* ▶ *Retenir par des liens* – empêtrer, entraver. ▶ *Soumettre par la force* – asservir, assujettir, domestiquer, dominer, dompter, mettre sous le joug, soumettre, subjuguer. ◆ *s'enchaîner* ▶ *Se suivre* – défiler, se succéder, se suivre. ▲**ANT.** DÉCHAÎNER, DÉLIER, DÉSENCHAÎNER, DÉTACHER; LIBÉRER, RELÂCHER.

enchanté *adj.* ▶ *Magique* – ensorcelé, envoûté, féerique, magique, merveilleux, surnaturel. ▶ *Heureux* – au comble du bonheur, au septième ciel, aux anges, béat, comblé, en fête, en joie, en liesse, euphorique, extasié, extatique, exultant, fou de joie, heureux, le cœur en joie, radieux, ravi, rayonnant, réjoui, resplendissant de bonheur, ruisselant de joie, transporté de joie, triomphant. *SOUT.* aise, bienheureux. *FAM.* jubilant. ▶ *Dans les formules de politesse* – charmé, heureux, ravi.

enchantement *n. m.* ▶ *Émerveillement* – admiration, adoration, éblouissement, émerveillement, engouement, enthousiasme, envoûtement, fascination, ravissement, subjugation. ▶ *Ensorcellement* – charme, diablerie, ensorcellement, envoûtement, fascination, influence, jettatura, magie, maléfice, malheur, maraboutage, mauvais œil, (mauvais) sort, philtre, possession, sorcellerie, sortilège. *ANTIQ.* goétie. ▲**ANT.** DÉSENCHANTEMENT; CONJURATION, DÉSENVOÛTEMENT, EXORCISME.

enchanter *v.* ▶ *Jeter un sort* – ensorceler, envoûter, jeter un sort à. *AFR.* marabouter. ▶ *Rendre heureux* – charmer, combler, enthousiasmer, exaucer, faire la joie de, faire le bonheur de, faire plaisir à, mettre en joie, plaire à, ravir, réjouir. *SOUT.* assouvir, délecter. *FAM.* emballer. ◆ *s'enchanter* ▶ *Savourer* – déguster, faire ses délices de, goûter, jouir de, profiter de, savourer, se délecter de, se régaler de, se réjouir de, se repaître de, tirer plaisir de. *FAM.* se gargariser de. ▲**ANT.** DÉCEVOIR, DÉSAPPOINTER, DÉSENCHANTER, DÉSOLER.

enchanteur *adj.* féerique, idyllique, irréel, magnifique, merveilleux, paradisiaque. *SOUT.* édénique. ▲**ANT.** ATROCE, INFERNAL, INSOUTENABLE, INTOLÉRABLE, INVIVABLE.

enchanteur *n.* ▶ *Au sens propre* – ensorceleur, envoûteur, magicien, sorcier. *SOUT.* mage, thaumaturge. ▲**ANT.** EXORCISTE.

enchère *n. f.* ▶ *Vente publique* – adjudication, folle enchère, licitation, surenchère, vente à l'encan, (vente à la) criée, vente au plus offrant et dernier enchérisseur, vente aux chandelles, vente aux enchères, vente publique. *QUÉB.* encan.

enchevêtrement *n. m.* ▶ *Entrecroisement* – emmêlage, emmêlement, enlacement, entortillage, entortillement, entrecroisement, entrelacement, entremêlement, guillochure, réseau, treillage, treillis. ▶ *De fils* – armure, contexture. ▶ *De nerfs ou de*

enclin

276

vaisseaux – lacis, plexus. ▶ *Confusion* – anarchie, bourbier, brouillement, cafouillage, cafouillis, chaos, complication, confusion, désordre, désorganisation, embrouillement, emmêlage, emmêlement, imbroglio, mélange. SOUT. chienlit, pandémonium. FAM. embrouillage, embrouille, pagaille, pétaudière. FRANCE FAM. cirque, embrouillamini, foutoir, micmac, sac d'embrouilles, sac de nœuds, salade. ▶ *Situation complexe* – confusion, dédale, détours, écheveau, labyrinthe, maquis. FAM. embrouillamini. ▲ANT. DÉNOUEMENT; DÉBROUILLEMENT, ÉCLAIRCISSEMENT.

enclin *adj.* porté à, prédisposé à, sujet à, susceptible de. ▲ANT. FERMÉ À, HOSTILE À, OPPOSÉ À, RÉFRACTAIRE À.

enclos *n. m.* ▶ *Pâturage* – champ, embouche *(bovins)*, friche, herbage, kraal *(Afrique du Sud)*, lande, noue, pacage, parc, parcours, parquet *(volailles)*, passage, pâturage, pâture, prairie, pré. ▶ *En montagne* – alpage, alpe, estive. SUISSE mayen. AFR. secco. ▶ *Clôture* – bande, barbelés, barbelure, barreaux, barricade, barrière, cancel, chancel, claie, claire-voie, clôture, échalier, échalis, grillage, grille, haie, moucharabieh, mur (de clôture), palis, parc, treillage. ACADIE FAM. bouchure.

encolure *n. f.* ▶ *Partie du corps* – cou. ANAT. vertèbres cervicales. ▶ *Partie d'un vêtement* – col, collerette, collet, décolleté. FAM. colback. ANC. fraise, gorgerette *(femme)*, rabat.

encombrant *adj.* ▶ *En parlant de qqch.* – embarrassant, gênant, incommode, malcommode. QUÉB. FAM. malevanant. ▶ *Par sa taille* – volumineux. ▶ *En parlant de qqn* – accaparant, accapareur, envahissant, fatigant, importun, indésirable, indiscret, intrus, pesant, sans gêne. FAM. casse-pieds, collant, crampon, embêtant. QUÉB. FAM. achalant, dérangeant. ▲ANT. COMMODE, EFFICACE, FONCTIONNEL, PRATIQUE, UTILE, UTILITAIRE; ATTIRANT, CONVIVIAL, DE BONNE COMPAGNIE, ENGAGEANT, INTÉRESSANT, SYMPATHIQUE; POLI, RESPECTUEUX.

encombrement *n. m.* ▶ *Engorgement* – congestion, embouteillage, engorgement, obstruction, saturation. ▶ *Embouteillage* – affluence, afflux, bouchon, congestion, embouteillage, engorgement, obstruction, retenue. QUÉB. trafic. ▶ *Grande quantité de personnes* – abondance, affluence, armada, armée, attroupement, cohue, concentration, concours, essaim, flot, forêt, foule, fourmilière, fourmillement, grouillement, légion, marée, masse, meute, monde, multitude, peuple, pléiade *(célébrités)*, pullulement, rassemblement, régiment, réunion, ribambelle, ruche, tas, troupeau. FAM. flopée, marmaille *(enfants)*, tapée, tripotée. QUÉB. achalandage; FAM. tapon, trâlée. PÉJ. ramassis. ▶ *Amoncellement* – abondance, accumulation, addition, agrégation, amas, amoncellement, collection, déballage, échafaudage, emmagasinage, empilage, empilement, entassement, étagement, faisceau, fatras, fouillis, monceau, montagne, pile, pyramide, quantité, stratification, superposition, tas. ▲ANT. DÉBLOCAGE, DÉGAGEMENT, DÉSENCOMBREMENT; ORDRE.

encombrer *v.* ▶ *Gêner le mouvement* – embarrasser, gêner. FAM. emplâtrer. ▶ *Provoquer un embouteillage* – bloquer, boucher, congestionner, embouteiller, obstruer. ▶ *Surcharger* – alourdir, charger,

embarrasser, farcir, surcharger. ◆ **s'encombrer** ▶ *Se charger inutilement* – s'embarrasser, s'empêtrer. ▲ANT. DÉBARRASSER, DÉGAGER, DÉSENCOMBRER; DÉBLAYER.

encore *adv.* ▶ *Aussi* – aussi, autant, de même, également, non moins, pareillement. SOUT. encor. FAM. avec, idem, itou. ▶ *Plus* – au-dessus, davantage, mieux, plus, supérieurement. SOUT. encor. ▶ *De plus* – aussi, de même, de plus, en outre, item, même, voire. ▲ANT. NE PLUS; POUR LA PREMIÈRE FOIS, UNE PREMIÈRE FOIS.

encourageant *adj.* ▶ *Stimulant* – incitateur, incitatif, mobilisateur, motivant, stimulant, stimulateur. ▶ *Prometteur* – de bon augure, prometteur. ▲ANT. DÉCOURAGEANT, DÉMOBILISATEUR, DÉMORALISANT, DÉMORALISATEUR, DÉMOTIVANT, DÉPRIMANT.

encouragement *n. m.* ▶ *Soutien* – aide, aiguillon, applaudissement, approbation, appui, compliment, éloge, exhortation, incitation, prime, prix, protection, récompense, soutien, stimulant, subvention. SOUT. satisfecit. ▶ *Stimulation* – aide, aiguillon, animation, appel, défi, dépassement (de soi), émulation, entraînement, excitation, exhortation, fanatisation, fomentation, impulsion, incitation, instigation, invitation, invite, motivation, provocation, sollicitation, stimulation, stimulus. SOUT. surpassement. FAM. provoc. ▶ *Conseil* – avertissement, avis, conseil, exhortation, guidance, idée, incitation, indication, information, initiative, inspiration, instigation, motion *(dans une assemblée)*, offre, opinion, préconisation, proposition, recommandation, renseignement, suggestion. FAM. tuyau. DR. pollicitation. ▲ANT. DÉCOURAGEMENT; DISSUASION.

encourager *v.* ▶ *Donner de l'assurance* – enhardir. ▶ *Donner de l'entrain* – animer, enthousiasmer, motiver, stimuler. SOUT. exhorter. ▶ *Remonter le moral* – ragaillardir, réconforter, regonfler, remonter (le moral de), retremper. FAM. requinquer, retaper. QUÉB. FAM. raplomber, remettre d'aplomb, remettre sur le piton. ▶ *Inciter* – amener, conditionner, conduire, disposer, engager, entraîner, exhorter, impulser, inciter, incliner, mener, porter, pousser, provoquer. SOUT. exciter, mouvoir. ▶ *Inviter* – appeler, engager, exhorter, inciter, inviter. ▶ *Promouvoir* – favoriser, impulser, promouvoir, soutenir. ▲ANT. ACCABLER, DÉCOURAGER, DÉMORALISER; CONTRARIER, EMPÊCHER, NUIRE; DISSUADER.

encre *n. f.* ▶ *Liquide sécrété* – sépia.

endormant *adj.* ▶ *Ennuyeux* – ennuyeux, fastidieux, inintéressant, insipide, lassant, monotone, plat, répétitif, soporifique. FAM. assommant, barbant, lugubre, mortel, mortifère, mourant, rasant, raseur, rasoir, usant. FRANCE FAM. barbifiant, barbifique, bassinant, canulant. QUÉB. FAM. gazant, plate. ▲ANT. CAPTIVANT, EXCITANT, FASCINANT, INTÉRESSANT, PALPITANT, PASSIONNANT, STIMULANT.

endormi *adj.* ▶ *Mal réveillé* – abruti. FAM. dans les vapes, ensuqué, vaseux. ▶ *Ankylosé (FAM.)* – ankylosé, engourdi, raide. SOUT. perclus. ▶ *Qui fonctionne au ralenti* – atone, engourdi, lent, paresseux. ▶ *Sans énergie* – affaissé, amorphe, apathique, atone, avachi, désossé, faible, inconsistant, indolent, inerte, léthargique, lymphatique, mou, nonchalant, passif, ramolli, sans ressort. *SOUT.* lâche, veule. *FAM.* gnangnan, mollasse, mollasson, ramollo.

endormir *v.* ▶ *Faire dormir* – *SOUT.* ensommeiller. ▶ *Hypnotiser* – hypnotiser, magnétiser, mettre sous hypnose. ▶ *Anesthésier* (*FAM.*) – anesthésier. *ANC.* éthériser. ▶ *Priver de sensation* – ankyloser, engourdir, paralyser. ▶ *Ennuyer* – assommer, ennuyer, lasser. *FAM.* barber, barbifier, pomper, raser. ▶ *Déjouer* – déjouer, tromper. ▶ *Leurrer* (*FAM.*) – circonvenir, enjôler, leurrer, séduire. *FAM.* baratiner, bonimenter, emberlificoter, embobiner, entortiller, entreprendre, faire marcher, mener en bateau. ♦ **s'endormir** ▶ *Avoir sommeil* – avoir sommeil. *QUÉB. FAM.* cailler, canter, cogner des clous. ▶ *Commencer à dormir* – s'assoupir. *SOUT.* s'abandonner au sommeil, s'ensommeiller. ▶ *Mourir* – décéder, être emporté, être tué, expirer, mourir, perdre la vie, périr, s'éteindre, succomber, trouver la mort. *SOUT.* exhaler le dernier soupir, passer de vie à trépas, payer tribut à la nature, rendre l'âme, rendre l'esprit, rendre le dernier soupir, rendre son dernier souffle, trépasser. *PAR EUPHÉM.* avoir vécu, disparaître, faire le grand voyage, fermer les paupières, fermer les yeux, finir, monter au ciel, paraître devant Dieu, partir, passer, passer dans l'autre monde, quitter ce (bas) monde, s'effacer, s'en aller. *FAM.* aller ad patres, aller chez les taupes, avaler sa chique, avaler son acte de naissance, boire le bouillon d'onze heures, calancher, caner, casser sa pipe, clamser, claquer, crever, décoller son billard, dévisser son billard, faire couic, passer l'arme à gauche, perdre le goût du pain, rester sur le carreau, sortir les pieds devant, y rester. *FRANCE FAM.* claboter. *QUÉB. FAM.* lever les pattes, péter au fret. ▲ANT. ÉVEILLER, RÉVEILLER ; EXCITER, INTÉRESSER, STIMULER ; DÉTROMPER.

endossement *n. m.* ▲ANT. DÉSAPPROBATION, RÉCUSATION, REFUS.

endosser *v.* ▶ *Mettre sur soi* – enfiler, mettre, passer, porter, revêtir. ▶ *Prendre la responsabilité* – accepter, assumer, prendre sur soi, se charger de. ▲ANT. DÉVÊTIR, ENLEVER, ÔTER ; DÉCLINER, RÉCUSER, REFUSER, REJETER, SE DISSOCIER DE.

endosseur *n. m.* accréditeur, appui, avaliseur, avaliste, caution, fidéjusseur, garant, parrain, répondant, soutien. ▲ANT. ENDOSSATAIRE.

endroit *n. m.* ▶ *Lieu* – coin, emplacement, lieu, localisation, localité, place, point, position, poste, scène, séjour, siège, site, situation, théâtre, zone. *BIOL.* locus. ▶ *Côté* – recto. ▲ANT. ENVERS.

endurable *adj.* supportable, tenable, tolérable. *FAM.* buvable, vivable. ▲ANT. EXASPÉRANT, INSUPPORTABLE, INTENABLE, INTOLÉRABLE.

endurance *n. f.* ▶ *Détermination* – aplomb, assurance, autorité, caractère, constance, courage, cran, détermination, énergie, fermeté, force, permanence, poigne, rectitude, résolution, ressort, sang-froid, sérieux, solidité, sûreté, ténacité, vigueur, virilité, volonté. *SOUT.* fortitude, invulnérabilité. *FAM.* estomac, gagne. ▶ *Patience* – calme, constance, courage, douceur, flegme, lenteur, patience, persévérance, persistance, résignation, sang-froid, tranquillité. *SOUT.* longanimité. ▲ANT. FAIBLESSE, FRAGILITÉ.

endurci *adj.* ▶ *Endurant* – aguerri, bien trempé, courageux, dur, dur au mal, endurant, fort, stoïque.

QUÉB. FAM. qui a la couenne dure. ▶ *Indifférent* – aride, de granit, de pierre, dur, froid, indifférent, insensible, sans-cœur, sec. *SOUT.* d'airain, frigide, granitique. *FAM.* blindé.

endurer *v.* ▶ *Vivre une chose déplaisante* – éprouver, essuyer, souffrir, soutenir, subir. ♦ **s'endurer** ▶ *S'entendre* (*QUÉB. FAM.*) – avoir de bons rapports, (bien) s'entendre, être en bons termes, fraterniser, s'accorder, sympathiser. *SOUT.* compatir. *FAM.* copiner. *QUÉB. FAM.* s'adonner. ▲ANT. JOUIR DE.

énergie *n. f.* ▶ *Action* – action, force, interaction, intervention, rapport, réaction. ▶ *Détermination* – aplomb, assurance, autorité, caractère, constance, courage, cran, détermination, endurance, fermeté, force, permanence, poigne, rectitude, résolution, ressort, sang-froid, sérieux, solidité, sûreté, ténacité, vigueur, virilité, volonté. *SOUT.* fortitude, invulnérabilité. *FAM.* estomac, gagne. ▶ *Dynamisme* – abattage, activité, allant, ardeur, dynamisme, effort, vie, vigueur, vitalité, vivacité. *FAM.* punch. ▶ *Acharnement* – acharnement, ardeur, effort, lutte. ▶ *Violence* – acharnement, animosité, ardeur, force, frénésie, fureur, furie, impulsivité, intensité, puissance, rage, vigueur, violence, virulence, vivacité. *SOUT.* impétuosité, véhémence. ▲ANT. APATHIE, FAIBLESSE, INDOLENCE, INERTIE, MOLLESSE, PARESSE.

énergique *adj.* ▶ *Dynamique* – actif, affairé, allant, diligent, dynamique, infatigable, laborieux, travailleur, vaillant, zélé. *FAM.* bosseur, boulot boulot, bûcheur, increvable, piocheur. *QUÉB.* travaillant. ▶ *Déterminé* – assuré, décidé, délibéré, déterminé, ferme, hardi, résolu, volontaire. ▶ *Qui a de la vigueur* – ferme, musclé, nerveux, qui a du nerf, solide, vigoureux. ▶ *Draconien* – draconien, extrême, radical. ▲ANT. AMORPHE, APATHIQUE, AVACHI, ENDORMI, INDOLENT, LYMPHATIQUE, MOU, NONCHALANT, RAMOLLI, SANS RESSORT ; AFFAIBLI, ANÉMIÉ, ÉPUISÉ, FAIBLE ; DOUX, FRILEUX, INDULGENT, MODÉRÉ, TIMIDE.

énergiquement *adv.* ▶ *Dynamiquement* – activement, avec la dernière énergie, avec zèle, décidément, dru, dynamiquement, fermement, fort, fortement, puissamment, résolument, sérieusement, virilement. ▶ *Brutalement* – à la hussarde, à tour de bras, à toute force, âprement, brutalement, crûment, de la belle manière, durement, fort, fortement, net, raide, raidement, rudement, sans ménagement, sec, vertement, vigoureusement, violemment, vivement. ▲ANT. APATHIQUEMENT, FAIBLEMENT, MOLLEMENT.

énergivore *adj.* ▲ANT. ÉCONOMIQUE.

énergumène *n.* ▶ *Personne agitée* – agité, excité, hystérique, nerveux. *FAM.* énervé, paquet de nerfs. *FRANCE FAM.* paniquard, tout-fou, vibrion. *PATHOL.* hypernerveux.

énervant *adj.* ▶ *Exaspérant* – agaçant, crispant, désagréable, exaspérant, excédant, fatigant, harcelant, importun, inopportun, insupportable, irritant. *FAM.* assommant, casse-pieds, embêtant, empoisonnant, enquiquinant, enquiquineur, horripilant, qui tape sur les nerfs, suant, tannant, tuant. *FRANCE FAM.* gonflant. *QUÉB. FAM.* achalant, dérangeant, gossant. ▲ANT. AGRÉABLE, CALMANT, TRANQUILLISANT.

énervé *adj.* ▶ *Exaspéré* – à bout (de nerfs), à cran, agacé, crispé, exacerbé, exaspéré, hérissé, irrité.

▶ **Fébrile** – agité, excité, fébrile, fiévreux, hystérique, impatient, nerveux, surexcité. *FAM.* mordu de la tarentule, piqué de la tarentule, tout-fou. ▶ **Inquiet** – agité, alarmé, angoissé, anxieux, appréhensif, en proie à l'inquiétude, fiévreux, fou d'inquiétude, inquiet, nerveux, qui s'en fait, qui se fait de la bile, qui se fait du mauvais sang, qui se ronge les sangs, tourmenté, tracassé, troublé. *FAM.* bileux; *PÉJ.* paniquard. ▶ **Remuant** *(QUÉB. FAM.)* – agité, bruyant, chahuteur, diable, dissipé, emporté, excité, remuant, tapageur, turbulent. *QUÉB. FAM.* grouillant, tannant. ▲**ANT.** CALME, DÉTENDU, PLACIDE, SEREIN, TRANQUILLE.

énervement *n. m.* ▶ **Nervosité** – agitation, effervescence, électrisation, emballement, étourdissement, exaltation, excitation, fébrilité, fièvre, griserie, nervosité, stress, surexcitation, tension. *SOUT.* enivrement, éréthisme, exaspération, surtension. ▶ **Colère** – agacement, colère, emportement, exaspération, fureur, furie, impatience, indignation, irritabilité, irritation, rage, susceptibilité. *SOUT.* courroux, irascibilité. *FAM.* horripilation, rogne. ▲**ANT.** CALME, SÉRÉNITÉ; APAISEMENT.

énerver *v.* ▶ **Exciter** – agiter, exciter. ▶ **Agacer** – agacer, crisper, exaspérer, excéder, fatiguer, hérisser, impatienter, importuner, irriter, porter sur les nerfs à. *FAM.* barber, casser les pieds à, chauffer les oreilles à, courir sur le système à, embêter, emmieller, empoisonner, enquiquiner, faire suer, gonfler, horripiler, insupporter, pomper l'air à, porter sur le système à, scier, tanner, taper sur le système à, taper sur les nerfs à. *FRANCE FAM.* bassiner, canuler, cavaler, courir, courir sur le haricot à, soûler. *QUÉB. FAM.* achaler, déranger, écœurer, tomber sur la noix à, tomber sur la rate à, tomber sur le système à, tomber sur les nerfs à, tomber sur les rognons à. ▶ **Inquiéter** – affoler, agiter, alarmer, angoisser, effrayer, épouvanter, inquiéter, oppresser, préoccuper, tourmenter, tracasser, troubler. *FAM.* stresser. ♦ **s'énerver** ▶ **S'exciter** – perdre patience, perdre son calme, s'impatienter. *FAM.* bouillir. ▶ **S'impatienter** – s'agiter, s'exciter. *QUÉB. FAM.* s'épivarder. ▶ **Se troubler** – perdre contenance, s'agiter, se décontenancer, se démonter, se troubler. ▶ **Paniquer** – céder à la panique, paniquer, perdre la boule, perdre la tête, perdre le nord, perdre son sang-froid, s'affoler. *FAM.* disjoncter, perdre la boussole, perdre les pédales. *QUÉB. FAM.* capoter, paranoïer, partir en peur, perdre la carte, prendre l'épouvante, prendre le mors aux dents. ▶ **Se tracasser** – être sur les charbons ardents, s'alarmer, s'angoisser, s'en faire, s'inquiéter, se faire du mauvais sang, se faire du souci, se faire du tracas, se faire un sang d'encre, se mettre martel en tête, se morfondre, se ronger les mœlles, se ronger les sangs, se soucier, se tourmenter, se tracasser. *FAM.* angoisser, se biler, se faire de la bile, se faire des cheveux, se frapper, (se) stresser. *QUÉB. FAM.* capoter. ▲**ANT.** APAISER, CALMER, DÉTENDRE, REPOSER, TRANQUILLISER; AMUSER, PLAIRE; RASSÉRÉNER, RASSURER.

enfance *n. f.* ▶ **Période de la vie** – impuberté, prépuberté, prime jeunesse. ▶ **Début d'une chose** – actionnement, amorçage, amorce, balbutiement, bégaiement, commencement, création, début, déclenchement, démarrage, départ, ébauche, embryon, enclenchement, entrée, esquisse, fondement, germe,

inauguration, origine, ouverture, prélude, prémisse, principe, tête. *SOUT.* aube, aurore, matin, prémices. *FIG.* apparition, avènement, éclosion, émergence, éruption, explosion, genèse, germination, naissance, venue au monde. ▲**ANT.** VIEILLESSE; DÉCLIN.

enfant *n.* ▶ **Jeune être humain** – (petit) enfant, (tout-)petit. *SOUT.* enfantelet. *FAM.* bambin, bout de chou, gamin, gosse, lardon, loupiot, marmot, mioche, môme, moucheron, mouflet, (petit) bonhomme, (petit) gars, petit homme, (petit) trognon, sauvageon *(sans éducation)*, têtard. *FRANCE FAM.* fanfan, gniard, mômignard, moujingue, moustique, moutard, petiot, puceron. *QUÉB. FAM.* mousse. ▶ **Sage** – chérubin, jésus, (petit) ange. ▶ **Espiègle ou turbulent** – (affreux) jojo, chipie, coquin, diablotin, filou, fripon, galopin, mauvaise graine, (petit) bandit, (petit) chenapan, (petit) démon, (petit) diable, (petit) garnement, (petit) gredin, (petit) poison, (petit) polisson, (petit) vaurien, (petit) voyou, (petite) canaille, (petite) peste, poulbot *(de Montmartre)*, titi, vilain. *SOUT.* lutin. *FAM.* morveux, (petit) crapaud, petit merdeux, petit monstre, sacripant. *QUÉB. FAM.* grippette, (petit) snoreau, (petit) tannant, (petit) vlimeux. ▶ **Gâté** *(SUISSE)* – gâtion; *FAM.* marmaille. ▶ **Descendant** – héritier, petit, rejeton. *SOUT.* chair de sa chair, fruit, fruit de l'hymen. *FAM.* gamin, progéniture. ▶ **Successeur** – ayant cause, continuateur, dauphin, fils, héritier, remplaçant, successeur, successible. *SOUT.* épigone, hoir. ♦ **enfant**, *fém.* ▶ **Être humain de sexe féminin** – fillette, (petit) enfant, (petite) fille. *FAM.* fifille. *FRANCE FAM.* môminette. ♦ **enfants**, *plur.* ▶ **Ensemble de jeunes êtres humains** – enfance. *FAM.* marmaille, ribambelle d'enfants, smala. ▲**ANT.** ADULTE; VIEILLARD; PARENT.

enfantillage *n. m.* ▶ **Affaire sans importance** – amusette, bagatelle, baliverne, bêtise, bricole, broutille, chanson, détail, fadaise, faribole, frivolité, futilité, jeu, misère, plaisanterie, rien, sornette, sottise, vétille. *SOUT.* badinerie, puérilité. *FAM.* foutaise, mômerie. *BELG. FAM.* carabistouille. ▲**ANT.** SÉRIEUX; AFFAIRE IMPORTANTE, CHOSE SÉRIEUSE.

enfantin *adj.* ▶ **Qui concerne les enfants** – d'enfant. *DIDACT.* infantile. ▶ **Qui agit comme un enfant** – bébé, enfant, immature, infantile, puéril. ▶ **Facile** – aisé, commode, élémentaire, facile, simple. *FAM.* inratable. *FRANCE FAM.* bête comme chou. *QUÉB. FAM.* bébé, bébête, niaiseux. ▲**ANT.** ADULTE; MATURE, SÉRIEUX; ARDU, COMPLIQUÉ, CORSÉ, DIFFICILE, LABORIEUX, MALAISÉ.

enfer *n. m.* ▶ **Séjour des damnés** – abîme, empire des ténèbres, géhenne, schéol, Tartare. *SOUT.* pandémonium, royaume des morts. ▶ **Situation difficile** – bagne, galère. ▶ **Souffrance** – affliction, agonie, calvaire, douleur, martyre, souffrances, supplice, torture. *SOUT.* affres, géhenne, tourment. ▲**ANT.** CIEL, PARADIS; ÉDEN.

enfermer *v.* ▶ **Confiner** – claquemurer, claustrer, cloîtrer, confiner, emmurer, emprisonner, encager, isoler, murer, séquestrer, verrouiller. *SOUT.* enclore, reclure. *QUÉB. FAM.* embarrer. ▶ **Mettre en prison** – écrouer, emprisonner, incarcérer, mettre sous les verrous, verrouiller. *FAM.* boucler, coffrer, emballer, embastiller, encelluler, mettre à l'ombre, mettre au trou. ▶ **Restreindre** – confiner, limiter, reléguer, restreindre. ▶ *Entourer de toutes parts* – enclaver, enclore. ▶ *Remiser* – mettre à l'abri, mettre en lieu sûr, ranger, remiser. FAM. garer. QUÉB. FAM. serrer.

♦ s'enfermer ▶ *Se barricader* – s'emmurer, s'isoler, se barricader, se boucler, se calfeutrer, se cantonner, se claquemurer, se claustrer, se cloîtrer, se confiner, se couper du monde, se murer, se retirer, se terrer, se verrouiller. QUÉB. FAM. s'encabaner. ▶ *S'isoler* – faire le vide autour de soi, rentrer dans sa coquille, s'emmurer, s'isoler, se murer. SOUT. se reclure. ▲ANT. DÉLIVRER, LIBÉRER; DÉGAGER, EXTRAIRE; ÉTALER, EXHIBER. △S'ENFERMER – S'ÉVADER, SORTIR.

enfiler v. ▶ *Mettre sur soi* – endosser, mettre, passer, porter, revêtir. ▶ *Mettre à ses pieds* – chausser, mettre. ▲ANT. DÉSENFILER; ÔTER.

enfin adv. à la fin, à la fin du compte, à tout prendre, après tout, au bout du compte, au dernier moment, bref, décidément, en conclusion, en définitive, en dernier, en dernier lieu, en dernière analyse, en fin de compte, en somme, pour conclure, pour (en) finir, somme toute, tout bien considéré, tout bien pesé, tout bien réfléchi, tout compte fait, (toute) réflexion faite, ultimo. FAM. à la fin des fins. ▲ANT. D'ABORD, PREMIÈREMENT.

enflammé adj. ▶ *Qui est le siège d'une inflammation* – irrité. ▶ *Rougeaud* – coloré, congestionné, couperosé, cramoisi, écarlate, empourpré, en feu, enluminé, injecté, rouge, rougeaud, rougissant, rubicond, sanguin, vineux. SOUT. rubescent, vultueux. FAM. rouget. ▶ *Emporté* – bouillant, emporté, explosif, fougueux, impatient, impétueux, impulsif, passionné, prompt, qui a la tête chaude, sanguin, véhément, vif, violent, volcanique. QUÉB. FAM. malendurant, prime. ▶ *Exalté* – ardent, exalté, fervent, inspiré, lyrique, passionné, vibrant.

enflammer v. ▶ *Allumer* – allumer, mettre le feu à. ▶ *Mettre en feu* – brûler, embraser, incendier. ▶ *Remplir de lumière* – allumer, éclairer, ensoleiller, illuminer. SOUT. embraser. ▶ *Causer une inflammation* – brûler, échauffer, irriter. ▶ *Exciter* – aiguiser, allumer, attiser, augmenter, aviver, échauffer, embraser, exalter, exciter, incendier, stimuler. ▶ *Passionner* – animer, enfiévrer, enthousiasmer, exalter, exciter, passionner, soulever, transporter. FAM. emballer. ♦ s'enflammer ▶ *Prendre feu* – prendre feu, s'allumer. ▶ *S'emporter* – colérer, éclater, fulminer, monter sur ses ergots, monter sur ses grands chevaux, prendre la mouche, prendre le mors aux dents, s'emporter, s'irriter, se courroucer, se déchaîner, se fâcher, se gendarmer, se mettre en colère, sortir de ses gonds, voir rouge. FAM. criser, décharger sa bile, décharger sa rate, exploser, grimper au mur, piquer une colère, piquer une crise, se mettre en boule, se mettre en pétard, se mettre en rogne, se monter. QUÉB. FAM. grimper dans les rideaux, pomper, se choquer. ▶ *S'enthousiasmer* – s'enthousiasmer, s'exalter, se prendre d'enthousiasme. FAM. s'emballer. ▲ANT. ÉTEINDRE, ÉTOUFFER; APAISER, ATTIÉDIR, CALMER, NOYER, RALENTIR, REFROIDIR.

enflé adj. ballonné, bouffi, boursouflé, dilaté, distendu, gonflé, gros, grossi. SOUT. turgescent, turgide. DIDACT. intumescent, œdémateux, vultueux.

enfler v. ▶ *Gonfler* – ballonner, boursoufler, dilater, distendre, gonfler, grossir, souffler. ▶ *Le visage*

– bouffir, boursoufler, gonfler. ▶ *Tuméfier* – boursoufler, gonfler, tuméfier. ▶ *Donner une forme convexe* – arrondir, bomber, gonfler, renfler, rondir. ▶ *Exagérer* – amplifier, charger, exagérer, forcer, grandir, grossir. SOUT. outrer. FAM. broder, en rajouter, tirer sur la ficelle. FRANCE FAM. chariboter, chérer. QUÉB. FAM. en beurrer épais, en mettre épais. ▶ *Enorgueillir* – enorgueillir, être l'honneur de, être la fierté de, faire la fierté de, faire la gloire de, gonfler d'orgueil. ▶ *Se remplir d'air* – bouffir, gonfler, se dilater. ▲ANT. APLATIR, DÉGONFLER, DÉSENFLER; AMOINDRIR, DÉPRIMER, DIMINUER, MINIMISER.

enfoncer v. ▶ *Mettre en terre* – ficher, planter. ▶ *Enliser* – embourber, enliser, envaser. ▶ *Enfouir* – enfouir, fourrer, plonger. ▶ *Briser avec effort* – défoncer, forcer, fracturer. ▶ *Surclasser* – battre, couper l'herbe sous le pied à, damer le pion à, dégommer, dépasser, devancer, dominer, éclipser, faucher l'herbe sous le pied à, griller, l'emporter sur, laisser loin derrière, supplanter, surclasser, surpasser. FRANCE FAM. faire la pige à. QUÉB. FAM. perdre dans la brume. ▶ *Vaincre complètement* (FAM.) – battre à plate couture. FAM. écraser, lessiver, massacrer. QUÉB. FAM. crémer. ♦ s'enfoncer ▶ *S'enliser* – s'embourber, s'enliser, s'envaser. ▶ *Glisser dans une mauvaise situation* – glisser, s'embourber, s'enliser, sombrer, tomber. ▲ANT. DÉGAGER, ENLEVER, REMONTER, RETIRER, TIRER.

enfouir v. ▶ *Enterrer* – ensevelir, enterrer. ▶ *Plonger* – enfoncer, fourrer, plonger. ▲ANT. DÉCOUVRIR, EXHUMER, EXHUMER, SORTIR.

enfuir (s') v. ▶ *Partir en vitesse* – fuir, prendre la clé des champs, prendre la fuite, se sauver. SOUT. s'ensauver. FAM. calter, caner, débarrasser le plancher, décamper, décaniller, déguerpir, détaler, droper, ficher le camp, filer, foutre le camp, prendre la poudre d'escampette, prendre le large, s'esbigner, se barrer, se carapater, se casser, se cavaler, se débiner, se faire la malle, se faire la paire, se faire la valise, se tirer, se tirer des flûtes, trisser. QUÉB. FAM. sacrer le camp, sacrer son camp, se pousser. ▶ *S'évader* – filer, s'échapper, s'évader, se sauver. FRANCE FAM. se faire la belle. ▶ *S'envoler, en parlant du temps* – fuir, passer, s'envoler. FAM. filer. ▲ANT. ACCOURIR; DEMEURER, RESTER.

engagement n. m. ▶ *Obligation* – charge, commandement, contrat, dette, devoir, lien, obligation, parole, promesse, responsabilité, serment. ▶ *Garantie* – assurance, aval, caution, cautionnement, charge, consignation, couverture, ducroire, gage, garant, garantie, hypothèque, indexage, indexation, nantissement, obligation, palladium, parrainage, précaution, préservation, promesse, répondant, responsabilité, salut, sauvegarde, sécurité, signature, soulte, sûreté, warrant, warrantage. ▶ *Accord* – accommodement, accord, alliance, arrangement, compromis, concordat, consensus, contrat, convention, entente, marché, modus vivendi, pacte, protocole, traité, transaction. ▶ *Fiançailles* – fiançailles, promesse de mariage. ▶ *Recrutement* – appel, conscription, embauchage, embauche, embrigadement, enrôlement, enrégimentation, enrôlement, levée, maraudage, prosélytisme, racolage, recensement, recrutement. ▶ *Bataille* – accrochage, action (de guerre), affrontement, assaut, attaque, bagarre, bataille, choc, combat, conflit, échauffourée, empoignade, empoignement, escarmouche, ferraillement, feu, guérilla, guerre, heurt, hostilités, lutte, mêlée, opération, pugilat, rencontre, rixe. FAM. baroud, baston, bigorne, casse-gueule, casse-pipe, castagne, guéguerre, rif, rififi, riflette. QUÉB. FAM. brasse-camarade, poussaillage, tiraillage. BELG. FAM. margaille. MILIT. blitz *(de courte durée)*. ▲ANT. ABANDON, DÉGAGEMENT, DÉSAVEU, PARJURE, RENIEMENT; DÉSENGAGEMENT, NON-ENGAGEMENT; RUPTURE; DÉBAUCHAGE, RENVOI; CALME, PAIX, TRANQUILLITÉ, TRÊVE.

engager *v.* ▶ *Insérer* – entrer, glisser, insérer, introduire, loger, mettre. ▶ *Investir* – injecter, investir, placer. ▶ *Commencer* – commencer, déclencher, donner le coup d'envoi à, enclencher, entamer, entreprendre, inaugurer, lancer, mettre en branle, mettre en route, mettre en train. démarrer. ▶ *Inciter* – amener, conditionner, conduire, disposer, encourager, entraîner, exhorter, impulser, inciter, incliner, mener, porter, pousser, provoquer. SOUT. exciter, mouvoir. ▶ *Exhorter* – appeler, encourager, exhorter, inciter, inviter. ▶ *Mobiliser* – appeler, enrôler, incorporer, mobiliser, recruter. ▶ *Embaucher* – embaucher, prendre à son service. ▶ *Entraîner dans une situation fâcheuse* – empêtrer, entraîner. FAM. embarquer, embringuer. ♦ *s'engager* ▶ *Entrer* – entrer, pénétrer, s'avancer, s'introduire. ▶ *Débuter* – commencer, débuter, démarrer, partir, s'amorcer. ▶ *Suivre un chemin* – emprunter, enfiler, passer par, prendre, suivre. ▶ *Participer* – avoir part, collaborer, concourir, contribuer, coopérer, partager, participer, prendre part, s'associer, s'impliquer, s'investir, se joindre. ▶ *S'aventurer* – s'avancer, s'aventurer, s'essayer à, se hasarder, se lancer, se risquer. FAM. s'embarquer, s'empêtrer, se fourrer, se mettre les pieds dans. FRANCE FAM. s'embringuer. ▶ *Entrer dans l'armée* – s'enrôler. ▶ *Promettre* – promettre, s'obliger. ▲ANT. DÉGAGER, LIBÉRER, RETIRER; TERMINER; DÉCONSEILLER, DISSUADER; DISPENSER; CONGÉDIER, DÉBAUCHER, RENVOYER; DÉSENGAGER.

engendrer *v.* ▶ *Donner naissance* – procréer. SOUT. enfanter. ▶ *Occasionner* – amener, apporter, catalyser, causer, créer, déchaîner, déclencher, déterminer, donner, donner lieu à, donner naissance à, entraîner, faire, faire naître, former, générer, occasionner, produire, provoquer, soulever, susciter. PHILOS. nécessiter. ▲ANT. ÉLIMINER, SUPPRIMER; DÉCOULER DE, PROVENIR DE, RÉSULTER DE.

engin *n. m.* ▶ *Appareil* – appareil, dispositif, machine, mécanique, mécanisme. FAM. bécane, zinzin. QUÉB. FAM. patente. ▶ *Objet inconnu* – chose, objet. FAM. bidule, bouzin, fourbi, machin, schtroumpf, truc, trucmuche. FRANCE FAM. ustensile, zibouiboui, zigouzi, zinzin. QUÉB. FAM. affaire, bébelle, cossin, gogosse, patente.

englober *v.* ▶ *Inclure* – comporter, comprendre, compter, contenir, inclure, receler, renfermer. ▶ *Couvrir* – couvrir, embrasser, recouvrir. ▲ANT. EXCLURE, SÉPARER.

engloutir *v.* ▶ *Manger avec avidité* – avaler, dévorer, ingurgiter. SOUT. manger à belles dents. FAM. enfourner, engouffrer. QUÉB. FAM. enfirouaper. ▶ *Dilapider* – dévorer, dilapider, dissiper, engouffrer,

gaspiller, manger, prodiguer. FAM. claquer, croquer, flamber, griller. QUÉB. FAM. flauber. ▶ *Inonder* – ennoyer, inonder, noyer, submerger. ♦ *s'engloutir* ▶ *Couler* – couler, faire naufrage, périr corps et biens, s'abîmer, sombrer. MAR. sancir. ▲ANT. CRACHER, VOMIR; CONSERVER, ÉCONOMISER, GARDER, PRÉSERVER, RENFLOUER.

engouffrer *v.* ▶ *Manger avec avidité (FAM.)* – avaler, dévorer, engloutir, ingurgiter. SOUT. manger à belles dents. FAM. enfourner. QUÉB. FAM. enfirouaper. ▶ *Dilapider* – dévorer, dilapider, dissiper, engloutir, gaspiller, manger, prodiguer. FAM. claquer, croquer, flamber, griller. QUÉB. FAM. flauber. ▲ANT. CRACHER, VOMIR; ÉCONOMISER, PRÉSERVER, SAUVER.

engourdi *adj.* ▶ *Qui n'a plus de sensibilité* – ankylosé, raide. SOUT. perclus. FAM. endormi. ▶ *À cause du froid* – froid, gelé, glacé, gourd, transi. FAM. frigorifié. ▶ *Qui fonctionne au ralenti* – atone, endormi, lent, paresseux. ▲ANT. DÉGOURDI, DÉROUILLÉ, REVIGORÉ; ALERTE, ÉVEILLÉ, VIF.

engourdir *v.* ▶ *Priver de sensation* – ankyloser, paralyser. FAM. endormir. ▶ *Ralentir* – abrutir, appesantir, ralentir. SOUT. stupéfier. ▶ *Enlever toute vivacité* – émousser, hébéter. ▲ANT. DÉGOURDIR, DÉROUILLER, RANIMER, RAVIVER, RÉVEILLER.

engourdissement *n. m.* ▶ *Anesthésie* – analgésie, anesthésie, chloroformisation, cocaïnisation, éthérisation, hémianesthésie, hypoesthésie, insensibilisation, insensibilité, narcose, rachianesthésie, subnarcose, tronculaire. FAM. rachi. ▶ *Paralysie* – arrêt, asphyxie, blocage, désactivation, enraiement, entrave, immobilisation, immobilisme, impuissance, inhibition, neutralisation, obstruction, paralysie, ralentissement, sclérose, stagnation. ▶ *Sensation de froid* – froid, transissement. ▶ *Sommeil des animaux* – estivation *(été)*, hibernation *(hiver)*, sommeil hibernal, sommeil hiémal. BOT. dormance. ZOOL. quiescence. ▶ *Fait de devenir moins intelligent* – abalourdissement, abêtissement, abrutissement, bêtification, bêtifiement, crétinisation, débilisation, décervelage, encroûtement, infantilisation. ▶ *Fait de ne pas être intelligent* – abêtissement, ahurissement, crétinisme, encroûtement, gâtisme, hébétement, idiotie, imbécillité, infantilisme, stupidité. SOUT. hébétude. ▶ *Somnolence* – assoupissement, demi-sommeil, somnolence, torpeur. ▶ *Paresse* – alanguissement, apathie, atonie, fainéantise, farniente, indolence, inertie, laisser-aller, langueur, lenteur, léthargie, lourdeur, mollesse, négligence, nonchalance, oisiveté, paresse, somnolence, torpeur. FAM. cosse, flémingite aiguë, flemmardise, flemme. ▲ANT. DÉGOURDISSEMENT, RÉANIMATION, RÉVEIL; ACTIVITÉ, VIVACITÉ.

engrais *n. m.* amendement, apport, chanci, chaux, compost, craie, falun, fertilisant, fumier, fumure, glaise, goémon, guano, limon, lisier, marne, paillé, plâtre, poudrette, pralin, purin, superphosphate *(artificiel)*, tangue, terre de bruyère, terreau.

engraisser *v.* ▶ *Grossir* – forcir, grossir, prendre du poids. FAM. profiter. ▶ *Non favorable* – épaissir, s'empâter. ▶ *Gaver un animal* – embecquer, emboquer, empâter, gaver, gorger. ▶ *Fertiliser un sol* – améliorer, amender, bonifier, enrichir, fertiliser. ♦ *s'engraisser* ▶ *S'enrichir (FAM.)* – faire fortune, prospérer, s'enrichir. ▲**ANT.** AMAIGRIR, MAIGRIR; DÉGRAISSER.

engrenage *n. m.* ▶ *Entraînement* – engrènement, entraînement, mouvement, transmission.

enhardir *v.* encourager. ♦ *s'enhardir* avoir l'audace de, oser, s'aviser de, se permettre de. ▲**ANT.** DÉCOURAGER, EFFRAYER, INTIMIDER.

énigmatique *adj.* ▶ *Difficile à comprendre* – cabalistique, caché, cryptique, ésotérique, hermétique, impénétrable, inaccessible, incompréhensible, inconcevable, inconnaissable, indéchiffrable, indécodable, inexplicable, inintelligible, insaisissable, insondable, mystérieux, nébuleux, obscur, opaque, secret, ténébreux. *SOUT.* abscons, abstrus, sibyllin. ▶ *Mystérieux* – ambigu, indéfinissable, mystérieux. *SOUT.* sibyllin. ▲**ANT.** À LA PORTÉE DE TOUS, ACCESSIBLE, CLAIR, COMPRÉHENSIBLE, ÉVIDENT, INTELLIGIBLE, LIMPIDE, SIMPLE, TRANSPARENT.

enivrant *adj.* ▶ *Excitant* – captivant, électrisant, enthousiasmant, exaltant, excitant, grisant, palpitant, passionnant. *FAM.* emballant, planant. *QUÉB.* enlevant; *FAM.* capotant. ▶ *Qui monte à la tête* – capiteux, entêtant, étourdissant, grisant, qui fait tourner la tête, qui monte à la tête. ▲**ANT.** DÉCOURAGEANT, DÉMORALISANT, DÉMOTIVANT.

enivrement *n. m.* ▶ *Exaltation* (*SOUT.*) – agitation, effervescence, électrisation, emballement, énervement, étourdissement, exaltation, excitation, fébrilité, fièvre, griserie, nervosité, stress, surexcitation, tension. *SOUT.* éréthisme, exaspération, surtension. ▲**ANT.** CALME, FROIDEUR, INDIFFÉRENCE; ENNUI; LUCIDITÉ.

enivrer *v.* ▶ *Mettre dans une joie extrême* – griser, transporter. *SOUT.* enlever. ▲**ANT.** DÉGRISER, DÉSENIVRER; ATTIÉDIR, REFROIDIR.

enjambée *n. f.* ▶ *Pas* – allure, figure, foulée, marche, pas. ▶ *Saut* – bond, bondissement, cabriole, culbute, entrechat, gambade, plongeon, saut, sautillage, sautillement, voltige. *FAM.* galipette. *QUÉB. FAM.* sautage. *BELG.* cumulet.

enjamber *v.* ▶ *Franchir* – franchir, passer, sauter.

enjeu *n. m.* ▶ *Mise* – cagnotte, cave, enjambage, masse, mise, pot, poule. ▶ *Pari* – défi, gageure, mise, pari, risque.

enjoué *adj.* ▶ *Gai* – allègre, badin, de belle humeur, en gaieté, en joie, épanoui, folâtre, foufou, gai, guilleret, hilare, jovial, joyeux, léger, plein d'entrain, réjoui, riant, rieur, souriant. *FAM.* rigolard, rigoleur. ▶ *Plein de vie* – animé, déluré, frétillant, fringant, guilleret, pétillant, pétulant, plein d'entrain, plein de vie, primesautier, remuant, sémillant, vif, vivant. *FAM.* pêchu. *BELG. FAM.* spitant. ▲**ANT.** BOURRU, DE MAUVAISE HUMEUR, GROGNON, MAUSSADE, MOROSE, RENFROGNÉ, TACITURNE; DÉPRIMÉ, LAS, MÉLANCOLIQUE, MORNE, PESSIMISTE, SOMBRE, TÉNÉBREUX, TRISTE; AMORPHE, APATHIQUE, ENDORMI, INDOLENT, INERTE, PASSIF, SANS RESSORT.

enjouement *n. m.* belle humeur, bonne humeur, enthousiasme, entrain, gaieté, joie, jovialité, pétulance. *SOUT.* alacrité. ▲**ANT.** AUSTÉRITÉ, GRAVITÉ, SÉRIEUX, SÉVÉRITÉ.

enlacer *v.* ▶ *Serrer dans ses bras* – embrasser, étreindre, prendre dans ses bras, presser sur son cœur, serrer. ▲**ANT.** DÉSENLACER.

enlevant *adj.* (*QUÉB.*) ▶ *Captivant* – absorbant, accrocheur, captivant, fascinant, intéressant, palpitant, passionnant, prenant. *SOUT.* attractif. ▶ *Enivrant* – captivant, électrisant, enivrant, enthousiasmant, exaltant, excitant, grisant, palpitant, passionnant. *FAM.* emballant, planant. *QUÉB. FAM.* capotant. ▲**ANT.** ASSOMMANT, ENDORMANT, ENNUYEUX, FASTIDIEUX, ININTÉRESSANT, INSIPIDE, LASSANT, MONOTONE, PLAT, RÉPÉTITIF, SOPORIFIQUE.

enlèvement *n. m.* ▶ *Action d'enlever* – collectage, collecte, cueillette, ramassage, récolte. *DIDACT.* levée. ▶ *Kidnappage* – détournement (de mineur), kidnappage, prise (d'otage), rapt, vol (d'enfant). ▶ *Vol* – appropriation, brigandage, cambriolage, déprédation, détournement, détroussement, extorsion, grappillage, kleptomanie, larcin, malversation, maraudage, maraude, pillage, piraterie, rafle, rançonnement, razzia, sac, saccage, spoliation, subtilisation, vol. *SOUT.* rapine. *FAM.* barbotage, chapardage, coup, resquillage, resquille. *FRANCE FAM.* braquage, cambriole, casse, cassement, entôlage, fauche, vol à la roulotte (*voitures*), vol à la tire, vol à main armée. *QUÉB.* taxage (*entre adolescents*). ▲**ANT.** APPLICATION, POSE; RESTITUTION; LIBÉRATION.

enlever *v.* ▶ *Ôter* – ôter, retirer. *SOUT.* dérober. ▶ *Un vêtement* – ôter, quitter, retirer. ▶ *Supprimer* – couper, éliminer, ôter, radier, retrancher, supprimer. *FAM.* sucrer. ▶ *Déduire* – décompter, déduire, défalquer, ôter, rabattre, retenir, retirer, retrancher, soustraire. ▶ *Charrier* – arracher, balayer, charrier, emporter, entraîner. ▶ *Kidnapper* – kidnapper, prendre en otage, ravir, voler. ▶ *Confisquer* – confisquer, prendre, retirer. ▶ *Prendre par la force* – conquérir, mettre la main sur, prendre, s'emparer de, se rendre maître de, se saisir de. ▶ *Gagner* – conquérir, gagner, obtenir, remporter. *FAM.* décrocher. ▶ *Transporter* (*SOUT.*) – enivrer, griser, transporter. ♦ *s'enlever* ▶ *S'effacer* – disparaître, partir, s'effacer, s'en aller. ▶ *S'éloigner* – s'écarter, s'ôter, se pousser, se retirer. *FAM.* s'ôter du chemin. *QUÉB. FAM.* se tasser. ▲**ANT.** METTRE, POSER; ADDITIONNER, AJOUTER; LIBÉRER; RENDRE.

enliser *v.* ▶ *Enfoncer dans un sol* – embourber, enfoncer, envaser. ♦ *s'enliser* ▶ *S'enfoncer dans un sol* – s'embourber, s'enfoncer, s'envaser. ▶ *S'enfoncer dans une mauvaise situation* – glisser, s'embourber, s'enfoncer, sombrer, tomber. ▶ *Ne pas progresser* – languir, patiner, piétiner, stagner, traîner. *FAM.* faire du surplace. ▲**ANT.** DÉGAGER, DÉSEMBOURBER, DÉSENVASEMENT.

enneiger *v.* ▲**ANT.** DÉNEIGER.

ennemi *adj.* ▶ *Rival* – adverse, antagonique, antagoniste, concurrent, opposant, opposé, rival. ▶ *Hostile* – hostile, inamical, inhospitalier. ▲**ANT.** ALLIÉ, AMI. △**ENNEMI DE** – ADEPTE DE, PARTISAN DE.

ennemi *n.* adversaire, antagoniste, attaqueur, compétiteur, concurrent, contestataire, contraire, contre-manifestant, détracteur, dissident, mécontent, opposant, opposé, pourfendeur, prétendant,

ennoblir

protestataire, rival. ▲ANT. ALLIÉ, AMI, PARTENAIRE; ADEPTE, PARTISAN.

ennoblir v. ▶ *Élever moralement* – élever, grandir. ▲ANT. AVILIR, DÉPRÉCIER, DÉSHONORER, HUMILIER, RABAISSER.

ennuagement n. m. ▲ANT. DÉGAGEMENT, ENSOLEILLEMENT.

ennuager (s') v. s'assombrir, s'obscurcir, se brouiller, se couvrir, se voiler. QUÉB. FAM. se chagriner. ▲ANT. S'ÉCLAIRCIR, SE DÉCOUVRIR, SE DÉGAGER.

ennui n. m. ▶ *Blasement* – assommement, bâillement, dégoût, déplaisir, insatisfaction, langueur, lassitude, vide. SOUT. blasement. ▶ *Morosité* – abattement, accablement, affliction, aigreur, amertume, chagrin, dépression, désolation, deuil, douleur, épreuve, grisaille, humeur noire, idées noires, idées sombres, langueur, lypémanie, mal du pays, mal-être, maussaderie, mélancolie, monotonie, morosité, neurasthénie, noir, nostalgie, papillons, peine, saudade, serrement de cœur, souci, tædium vitæ, tristesse, vague à l'âme. SOUT. atrabile, larmes, navrement, nuage, spleen, taciturnité. FAM. bourdon, cafard, déprime, sinistrose. ▶ *Déception* – abattement, accablement, affliction, amertume, anéantissement, chagrin, consternation, contrariété, déboires, déception, déconvenue, découragement, dégoût, dégrisement, démoralisation, dépit, désappointement, désenchantement, désespoir, désillusion, désolation, échec, écœurement, infortune, insuccès, lassitude, mécompte, peine, regret, revers, tristesse. SOUT. atterrement, déréliction, désabusement, désespérance, retombement. FAM. défrisage, défrisement, douche (froide), ras-le-bol. ▶ *Contrariété* – agitation, angoisse, anxiété, cassement de tête, contrariété, désagrément, difficulté, doute, gêne, inquiétude, obnubilation, occupation, peine, pensée, préoccupation, sollicitude, souci, suspens, tiraillement, tourment, tracas. FRANCE suspense. SOUT. affres. FAM. tintouin, tracassin. ▶ *Inconvénient* – aléa, charge, contre, danger, défaut, déplaisir, dérangement, désagrément, désavantage, difficulté, écueil, embarras, empêchement, fissure, gêne, handicap, incommodité, inconfort, inconvénient, mauvais côté, objection, obstacle, point faible, risque, trouble. SOUT. importunité. ▶ *Incident* – accident, accroc, accrochage, affaire, anicroche, avatar, aventure, complication, contingences, contrariété, contretemps, crise, désagrément, difficulté, dispute, embarras, empêchement, épine, épisode, événement, éventualité, imprévu, incident, mésaventure, obstacle, occasion, occurrence, péripétie, problème, rebondissement, tribulations. SOUT. adversité. FAM. blème, cactus, embêtement, emmerde, emmerdement, enquiquinement, os, pépin, pétrin, tuile. FRANCE FAM. avaro, empoisonnement. ▶ *Obstacle* – accroc, adversité, anicroche, barrière, blocage, contrariété, contretemps, défense, difficulté, digue, écueil, embarras, empêchement, entrave, frein, gêne, impasse, impossibilité, inhibition, interdiction, objection, obstruction, ombre au tableau, opposition, pierre d'achoppement, point noir, problème, résistance, restriction, tracas, tribulations. QUÉB. irritant. SOUT. achoppement, impedimenta, traverse. FAM. blème, hic, lézard, os, pépin. QUÉB. FAM. aria. ▲ANT. CONTENTEMENT, PLAISIR,

SATISFACTION; BONHEUR, EUPHORIE, GAIETÉ, JOIE, RÉJOUISSANCE; AMUSEMENT, DISTRACTION, DIVERTISSEMENT; COUP DE CHANCE, HEUREUX ÉVÉNEMENT.

ennuyer v. ▶ *Remplir d'ennui* – assommer, endormir, lasser. FAM. barber, barbifier, pomper, raser. ▶ *Rebuter* – décourager, fatiguer, lasser, rebuter. ▶ *Contrarier* – agacer, chiffonner, contrarier, irriter. FAM. embêter, empoisonner. ▶ *Causer du souci* – fatiguer, obséder, préoccuper, taquiner, tarabuster, tracasser, travailler. FAM. titiller, turlupiner. QUÉB. FAM. chicoter. ▶ *Incommoder* – déranger, gêner, importuner, incommoder, indisposer. ◆ **s'ennuyer** ▶ *Se morfondre* – se languir, se morfondre, sécher sur pied, tourner en rond, trouver le temps long. SOUT. languir d'ennui. FAM. s'embêter, se barber, se barbifier, se raser. ▶ *Être nostalgique* – avoir la nostalgie de, regretter, se languir de. ▲ANT. AMUSER, DÉSENNUYER, DISTRAIRE, ÉGAYER, RÉCRÉER, RÉJOUIR; AIDER, FAVORISER.

ennuyeux adj. ▶ *Lassant* – endormant, fastidieux, inintéressant, insipide, lassant, monotone, plat, répétitif, soporifique. FAM. assommant, barbant, lugubre, mortel, mortifère, mourant, rasant, raseur, rasoir, usant. FRANCE FAM. barbifiant, barbifique, bassinant, canulant. QUÉB. FAM. assommant, plate. ▶ *Terne* – déprimant, gris, grisâtre, maussade, monotone, morne, plat, sans vie, terne. ▶ *Fâcheux* – contrariant, décevant, désolant, désolant, fâcheux. FAM. embêtant. QUÉB. FAM. de valeur, désappointant, dommage, plate. ▲ANT. CAPTIVANT, FASCINANT, INTÉRESSANT, PALPITANT, PASSIONNANT; AMUSANT, CHARMANT, DISTRAYANT, DIVERTISSANT, ÉGAYANT, GAI, PLAISANT, RÉJOUISSANT; INESPÉRÉ; ENCOURAGEANT, MOTIVANT, STIMULANT.

énoncé n. m. ▶ *Déclaration* – affirmation, communication, déclaration, donnée, élocution, énonciation, exposition, expression, extériorisation, formulation, mention, prononciation, proposition, récitation, stipulation, verbalisation. ▶ *Formule* – formule, intitulé, libellé. ▶ *En linguistique* – phrase.

énoncer v. ▶ *Admettre a priori* – affirmer, poser, postuler. ▶ *Formuler* – expliciter, exposer, formuler. ▶ *Indiquer clairement* – indiquer, mentionner, préciser, souligner, spécifier, stipuler. ▲ANT. CACHER, NÉGLIGER, OMETTRE, TAIRE.

énorme adj. ▶ *Gigantesque* – colossal, considérable, démesuré, extraordinaire, extrême, fabuleux, faramineux, géant, gigantesque, grand, gros, immense, incommensurable, monstrueux, monumental, phénoménal, prodigieux, surhumain, titanesque, vaste, vertigineux. SOUT. cyclopéen, herculéen. FAM. bœuf, de tous les diables, du diable, effrayant, effroyable, épouvantable, faramineux, méchant, monstre. FRANCE FAM. gratiné. ▶ *Remarquable* (FRANCE FAM.) – admirable, brillant, éblouissant, excellent, extraordinaire, fantastique, magistral, magnifique, merveilleux, parfait, prodigieux, remarquable, réussi, sensationnel, sublime. FAM. à tout casser, bluffant, champion, d'enfer, du tonnerre, épatant, extra, fameux, formidable, fumant, génial, mirifique, pas piqué des vers, splendide, super, terrible. FRANCE FAM. du feu de Dieu, fadé, formide, géant, gratiné, pas piqué des hannetons. QUÉB. FAM. capotant, écœurant. ▲ANT. MICROSCOPIQUE, MINUSCULE, NAIN;

LAMENTABLE, MÉDIOCRE, MINABLE, NAVRANT, PIÈTRE, PI-
TEUX, PITOYABLE, RATÉ.

énormément *adv.* ▶ *Vastement* – amplement,
colossalement, considérablement, gigantesquement,
grandement, immensément, large, largement, spacieusement, vastement. ▶ *Extrêmement* – à l'extrême, affreusement, astronomiquement, au dernier
degré, au dernier point, au maximum, au plus haut
degré, au plus haut point, beaucoup, bien, colossalement, considérablement, éminemment, exceptionnellement, extraordinairement, extrêmement, fabuleusement, follement, fort, fortement, grandement,
gros, hautement, immensément, incommensurablement, inconcevablement, incroyablement, infiniment, intensément, long, mortellement, nettement,
on ne peut plus, phénoménalement, prodigieusement,
profondément, remarquablement, sérieusement, singulièrement, souverainement, supérieurement, suprêmement, terriblement, très, vertigineusement, vivement, vraiment. *FAM.* bigrement, bougrement, diablement, drôlement, effroyablement, épais, épouvantablement, fameusement, fantastiquement,
fichtrement, fichûment, formidablement, foutrement, furieusement, joliment, rudement, sacrément,
salement, super, terrible, tout plein, un max, vachement. *QUÉB. FAM.* à l'os, à la planche, au coton, en
maudit, en s'il vous plaît, mauditement. ▲**ANT.** EN
FAIBLE QUANTITÉ, FAIBLEMENT, PAS BEAUCOUP, PEU.

énormité *n. f.* ▶ *Gigantisme* – colossal, excessif, gigantesque, gigantisme, grandiose, incommen-
surabilité. *SOUT.* énorme. ▶ *Excès* – comble, débauche, débordement, dépassement, disproportion, excédent, excès, exubérance, gaspillage, inutile, luxe,
luxuriance, orgie, profusion, redondance, satiété, saturation, superfétation, superflu, superfluité, surabondance, surcharge, surcroît, surenchère, surnombre, surplus, trop, trop-plein. ▶ *Invraisemblance*
– bizarrerie, étrangeté, extravagance, improbabilité,
incrédibilité, invraisemblance. ▲**ANT.** INSIGNIFIANCE,
PETITESSE ; MODÉRATION ; VRAISEMBLANCE.

enquérir (s') *v.* demander, s'informer de, se
renseigner au sujet de. *FAM.* aller aux nouvelles. *ACA-
DIE FAM.* s'émoyer de. ▲**ANT.** SE DÉSINTÉRESSER.

enquête *n. f.* ▶ *Recherches judiciaires* – examen, information, instruction, recherche. ▶ *Analyse* – analyse, étude, examen, exploration, information, investigation, recherche, sondage, survol, traitement. *SOUT.* perquisition.

enraciner *v.* ▶ *Implanter* – ancrer, graver, implanter. ♦ **s'enraciner** ▶ *Former des racines* –
prendre racine, tiger. ▶ *S'implanter* – s'implanter,
s'incruster, s'installer. ▲**ANT.** ARRACHER, DÉPLANTER,
DÉRACINER, ENLEVER, ÉRADIQUER, EXTIRPER, EXTRAIRE.

enragé *adj.* ▶ *En colère* – blanc de colère, courroucé, déchaîné, en colère, forcené, fou de colère, fou
de rage, fulminant, fumant, furibond, furieux, hors de
soi, irrité, outré, rageur, révolté, ulcéré. *FAM.* en boule,
en rogne. *FRANCE FAM.* à cran, en pétard, fumasse, furax, furibard. *QUÉB. FAM.* bleu, choqué, en beau fusil, en bibitte. ▶ *Acharné* – acharné, exalté, farouche, forcené, furieux, passionné. ▶ *Pris de passion* –
amateur, amoureux, avide, entiché, épris, fanatique,
féru, fervent, fou, friand, passionné. *FAM.* accro, fana,
maniaque, mordu. ▲**ANT.** CALME, FLEGMATIQUE,

IMPASSIBLE, IMPERTURBABLE, MAÎTRE DE SOI, PLACIDE ; AT-
TENDRI, ÉMU, TOUCHÉ ; MESURÉ, MODÉRÉ, PONDÉRÉ, RAI-
SONNÉ ; DÉTACHÉ, INDIFFÉRENT, TIÈDE.

enrager *v.* bouillir de colère, écumer, écumer de
colère, écumer de rage. *FAM.* bisquer, fumer, rager, râler, rogner. ▲**ANT.** ÊTRE AU SEPTIÈME CIEL, ÊTRE AUX
ANGES, ÊTRE FOU DE JOIE.

enrayer *v.* ▶ *Entraver un mécanisme* – bloquer,
coincer, gripper. ▶ *Entraver la progression* – arrêter, désamorcer, entraver, étouffer, étrangler, faire
obstacle à, freiner, inhiber, juguler, mater, mettre un
échec, mettre un frein à, neutraliser, refouler, stopper. ♦ **s'enrayer** ▶ *Se bloquer* – gripper, se bloquer,
se coincer. ▲**ANT.** DÉBLOQUER, DÉSENRAYER ; AIDER, FA-
VORISER, PERMETTRE.

enregistrement *n. m.* ▶ *Inscription* – archivage, comptabilisation, immatriculation, inscription,
mention. ▶ *Certification* – attestation, authentification, certificat, certification, confirmation, constat,
homologation, légalisation, légitimation, officialisation, reconnaissance. ▲**ANT.** OMISSION, OUBLI ; EFFA-
CEMENT, RADIATION, SUPPRESSION ; LECTURE.

enregistrer *v.* ▶ *Écrire pour mémoire* – consigner, inscrire, noter, prendre (bonne) note de, prendre en note, recueillir, relever. ▶ *Saisir des données*
– effectuer la saisie de, entrer, faire la saisie de, saisir.
▲**ANT.** EFFACER ; NÉGLIGER, OMETTRE, OUBLIER.

enrichir *v.* ▶ *Orner* – agrémenter, colorer, décorer, émailler, embellir, enjoliver, garnir, habiller, ornementer, orner, parer, rehausser, relever. *SOUT.* diaprer. *QUÉB. FAM.* renipper. ▶ *Ajouter des éléments* –
additionner, augmenter. ▶ *Donner plus de matière* – étoffer. ♦ **s'enrichir** faire fortune, prospérer.
FAM. s'engraisser. ▲**ANT.** APPAUVRIR, DÉPOUILLER, RUI-
NER.

enrichissement *n. m.* ▶ *Amélioration* –
abonnissement, affinement, amélioration, anoblissement, bonification, embellie, embellissement, ennoblissement, maximalisation, optimalisation, optimisation, perfectionnement, progrès. *SOUT.* épurement. *FIG.* bond en avant. ▶ *Amélioration du sol*
– abonnissement, amélioration, amendement, assolement, bonification, chaulage, compostage, é-
chaumage, écobuage, engraissage, engraissement,
ensemencement, épandage, fertilisation, fumage, fumaison, fumigation, fumure, irrigation, limonage,
marnage, mise en valeur, phosphatage, plâtrage, soufrage, sulfatage, terreautage. ▶ *Approfondissement*
– analyse, approfondissement, dépouillement, développement, épluchage, étude, examen, exploration, introspection, méditation, pesée, progrès, recherche, réflexion, sondage. ▶ *Augmentation* – accentuation, accroissement, accrue, agrandissement,
amplification, arrondissement, augmentation, bond,
boom, crescendo, croissance, crue, développement,
dilatation, élargissement, élévation, enflement, envolée, essor, évolution, expansion, extension, flambée, foisonnement, gonflement, gradation, grossissement, hausse, haussement, inflation, intensification, majoration, montée, poussée, progrès, progression, recrudescence, redressement, rehaussement,
relèvement, renchérissement, renforcement, revalorisation, valorisation. ▶ *Instruction* – alphabétisation, apprentissage, conscientisation, didactique,

édification, éducation, enseignement, entraînement, études, expérience, façonnage, façonnement, formation, inculcation, information, initiation, instruction, monitorat, pédagogie, professorat, scolarisation, scolarité, stage. ▶ *Ornement* – accessoire, agrément, décor, décoration, détail, enjolivement, enjolivure, figure, fioriture, garniture, ornement, ornementation, parure. *FAM.* affiquet, affûtiaux. ▲ANT. APPAUVRISSEMENT, RUINE; PAUPÉRISATION.

enroué *adj.* âpre, éraillé, guttural, râpeux, rauque, rocailleux, rude. *FAM.* de rogomme.

enrouler *v.* ▶ *Rouler* – rouler. ▶ *Autour d'une bobine* – bobiner, embobiner, envider, rebobiner. ▶ *Ramasser un cordage* – lover. ◆ **s'enrouler** se lover, se tordre, vriller. ▲ANT. DÉROULER, DÉVIDER.

enseignant *n.* animateur, éducateur, instructeur, moniteur, pédagogue, professeur. *FAM.* prof, sorbonnard *(Sorbonne).* *QUÉB.* andragogue *(enseignement aux adultes).* *BELG.* régent. ▶ *Au primaire* – instituteur, maître/maîtresse (d'école). *FAM.* insti. *ANTIQ.* grammatiste. ▶ *Directeur* – directeur, patron de thèse. ▶ *Assistant* – assistant, lecteur, maître assistant, moniteur, préparateur, répétiteur, sous-maître. ▶ *Enseignant à contrat* – chargé de cours. *FRANCE* maître de conférence. ▶ *Suppléant* – (professeur) suppléant, remplaçant. ◆ **enseignants, plur.** ▶ *Ensemble de professeurs* – corps enseignant. ▲ANT. APPRENANT, ÉLÈVE, ÉTUDIANT.

enseigne *n. f.* ▶ *Panneau* – affiche, affiche publicitaire, affichette, annonce, avis, écriteau, pancarte, panneau, panneau réclame, panonceau, placard, proclamation, programme, publicité, réclame. ▶ *Aigle* – aigle (romaine). ▶ *Étendard (SOUT.)* – banderole, bandière, bannière, baucent *(ordre du Temple),* calicot, cornette, couleurs, drapeau, étendard, fanion, flamme, gonfalon, guidon, oriflamme, pavillon *(marine),* pavois *(marine),* pennon, tanka *(religieux).* *ANTIQ.* vexille.

enseignement *n. m.* ▶ *Éducation* – alphabétisation, apprentissage, conscientisation, didactique, édification, éducation, enrichissement, entraînement, études, expérience, façonnage, façonnement, formation, inculcation, information, initiation, instruction, monitorat, pédagogie, professorat, scolarisation, scolarité, stage. ▶ *Précepte* – adage, aphorisme, apophtegme, axiome, citation, devise, dicton, dit, dogme, formule, mantra, maxime, moralité, mot, on-dit, parole, pensée, précepte, principe, proverbe, réflexion, règle, sentence, sutra, vérité.

enseigner *v.* ▶ *Transmettre un savoir* – apprendre, expliquer, inculquer, montrer, transmettre. ▶ *Donner des cours* – faire cours, faire la classe, professer. ▲ANT. ÉTUDIER, SUIVRE UN COURS.

ensemble *adv.* ▶ *Simultanément* – à l'unisson, à la fois, concomitamment, concurremment, corrélativement, en cadence, en chœur, en même temps, simultanément, synchroniquement. ▶ *Collectivement* – à l'unanimité, à plusieurs, collectivement, collégialement, concurremment, conjointement, coopérativement, coude à coude, d'accord, d'un commun accord, de concert, de conserve, en bloc, en chœur, en collaboration, en commun, en équipe, en groupe, la main dans la main, solidairement,

totalement, unanimement. ▲ANT. À TOUR DE RÔLE, ALTERNATIVEMENT, CONSÉCUTIVEMENT, L'UN APRÈS L'AUTRE, SUCCESSIVEMENT; EN PARTICULIER, EN PERSONNE, INDIVIDUELLEMENT, PARTICULIÈREMENT, PERSONNELLEMENT, SOI-MÊME.

ensemble *n. m.* ▶ *Somme* – addition, cagnotte, chiffre, fonds, mandat, masse, montant, quantité, quantum, somme, total, totalisation, volume. ▶ *Globalité* – absolument, complétude, entier, entièreté, exhaustivité, généralité, globalité, intégralité, intégrité, masse, plénitude, réunion, somme, total, totalité, tout, universalité. ▶ *Groupe* – accumulation, amas, appareil, assemblage, assortiment, collection, compilation, foule, grand nombre, groupe, groupement, jeu, quantité, rassemblement, recueil, tas, train. *FAM.* attirail, cargaison, compil. *PÉJ.* ramassis. ▶ *Ensemble d'habitations* – bloc d'habitations, cité, grand ensemble, habitations collectives, îlot, immeubles résidentiels, lotissement, parc immobilier, résidence, tours d'habitation. ▶ *Orchestre* – bastringue *(bruyant),* fanfare, formation, groupe, instrumentistes, musiciens, orchestre, orphéon. ▲ANT. DÉTAIL, ÉLÉMENT, PARTIE; DISCORDANCE; DISSIDENCE; SOLO.

enserrer *v.* ▶ *Tenir à l'étroit* – emprisonner, serrer. ▶ *Entourer* – ceindre, ceinturer, enceindre, enclore, entourer, environner. ▲ANT. DESSERRER.

ensevelir *v.* ▶ *Enterrer qqch.* – enfouir, enterrer. ▶ *Enterrer qqn* – enterrer, inhumer, mettre en terre, porter en terre. ▲ANT. DÉTERRER, EXHUMER.

ensommeillé *adj.* à moitié endormi, assoupi, somnolent. *FAM.* ensuqué.

ensuite *adv.* ▶ *Plus tard* – alors, après, après quoi, depuis, en second lieu, ensuite de quoi, par la suite, plus tard, postérieurement, puis, subséquemment, ultérieurement. *SOUT.* ensuivant. ▲ANT. AU PRÉALABLE, AUPARAVANT, AVANT, PRÉALABLEMENT.

ensuivre (s') *v.* ▶ *Être le résultat* – découler, dépendre, dériver, émaner, partir, procéder, provenir, résulter. *BELG.* conster. ▶ *Avoir comme résultat* – découler, résulter. ▲ANT. AVOIR POUR CAUSE, AVOIR SON ORIGINE DANS, PROCÉDER DE, REMONTER À.

entamer *v.* ▶ *Écorcher la peau* – balafrer, couper, déchirer, écharper, écorcher, entailler, lacérer, larder, ouvrir, taillader. *FAM.* chapeler. ▶ *Corroder* – attaquer, corroder, éroder, manger, mordre, ronger. ▶ *Diminuer un capital* – écorner, faire une brèche à. *FAM.* ébrécher. *QUÉB.* gruger. ▶ *Amorcer* – amorcer, attaquer, commencer, entreprendre, s'atteler à. *FAM.* embrayer, s'y mettre. ▶ *Déclencher* – commencer, déclencher, donner le coup d'envoi à, enclencher, engager, entreprendre, inaugurer, lancer, mettre en branle, mettre en route, mettre en train. *FAM.* démarrer. ▲ANT. ACHEVER, COMPLÉTER, TERMINER.

entassement *n. m.* ▶ *Accumulation* – abondance, accumulation, addition, agrégation, amas, amoncellement, collection, déballage, échafaudage, emmagasinage, empilage, empilement, encombrement, étagement, faisceau, fatras, fouillis, monceau, montagne, pile, pyramide, quantité, stratification, superposition, tas. ▶ *Fait de s'entasser* – encaquement. *SPORTS QUÉB.* empilade. ▲ANT. DISPERSION, DISSÉMINATION, ÉPARPILLEMENT; DILAPIDATION.

enthousiaste

entasser *v.* ▶ *Mettre en tas* – accumuler, amasser, amonceler, empiler. ▶ *Réunir en grande quantité* – accumuler, amasser, amonceler, collectionner. ▶ *Installer des personnes à l'étroit* – empiler, parquer, serrer, tasser. FAM. encaquer, tasser comme des harengs, tasser comme des sardines. ♦ *s'entasser* ▶ *Augmenter en quantité* – s'accumuler, s'amonceler. ▶ *Être en foule compacte* – s'agglutiner, se masser, se presser. ▲ANT. DISPERSER, ÉPARPILLER, RÉPANDRE, SEMER; DÉPENSER, DILAPIDER, PRODIGUER.

entendement *n. m.* ▶ *Faculté de comprendre* – cognition, compréhension, intellect, intellection, intellectualisation, intelligence. FAM. comprenette. QUÉB. FAM. comprenure. ▶ *Jugement* – bon sens, cerveau, cervelle, clairvoyance, compréhension, conception, discernement, esprit, faculté, imagination, intellect, intelligence, jugement, lucidité, pénétration, raison, tête. FAM. matière grise, méninges. QUÉB. FAM. cocologie. QUÉB. ACADIE FAM. jarnigoine. PHILOS. logos. ▲ANT. BÊTISE, SOTTISE, STUPIDITÉ.

entendre *v.* ▶ *Comprendre* (SOUT.) – comprendre, s'expliquer, saisir, toucher du doigt, voir. SOUT. appréhender, embrasser. FAM. bitter, entraver, piger. FRANCE FAM. percuter. QUÉB. FAM. allumer, clencher, cliquer. ▶ *Exaucer* (SOUT.) – accomplir, combler, exaucer, réaliser, répondre à, satisfaire. SOUT. écouter. ▶ *Vouloir* – avoir l'intention de, caresser le projet de, considérer, envisager, penser, préméditer de, projeter, songer à. SOUT. former le dessein de. ▶ *Consentir* (SOUT.) – adhérer à, approuver, appuyer, consentir à, se prêter à, souscrire à, soutenir, supporter. ♦ *s'entendre* ▶ *Parvenir à une entente* – convenir de, s'accorder, s'arranger, se concerter, se mettre d'accord, tomber d'accord, trouver un terrain d'entente. ▶ *Être en bons termes* – avoir de bons rapports, (bien) s'entendre, être en bons termes, fraterniser, s'accorder, sympathiser. SOUT. compatir. FAM. copiner. QUÉB. FAM. s'adonner, s'endurer. ▲ANT. ÊTRE SOURD. △S'ENTENDRE – SE DISPUTER; SE DÉTESTER, SE HAÏR.

entendu *adj.* ▶ *Convenu* – convenu, décidé, dit, fixé. ▲ANT. EN LITIGE, EN QUESTION; REFUSÉ, REJETÉ.

entente *n. f.* ▶ *Accord* – accord, armistice, cessation des hostilités, cessez-le-feu, compromis, conciliation, détente, issue, modus vivendi, négociation, neutralité, non-belligérance, normalisation, pacification, pacte, paix, réconciliation, traité, trêve. ▶ *Convention* – accommodement, accord, alliance, arrangement, compromis, concordat, consensus, contrat, convention, engagement, marché, modus vivendi, pacte, protocole, traité, transaction. ▶ *Paix* – accalmie, apaisement, bonace, bonheur, calme, éclaircie, fraternité, harmonie, idylle, paix, quiétude, rémission, repos, silence, tranquillité, trêve, union, unité. SOUT. kief (en Orient). ▶ *Camaraderie* – amitié, camaraderie, confraternité, coude à coude, fraternité, solidarité, sympathie. FAM. copinerie. ▶ *Association d'entreprises* – alliance, cartel, chæbol (en Corée), coentreprise, combinat, complexe, concentration, conglomérat, consortium, duopole, groupe, industrie, monopole, oligopole, trust. PÉJ. féodalité. ▲ANT. CONFLIT, DÉSACCORD, DIFFÉREND, DISPUTE, MÉSENTENTE.

enterrement *n. m.* ▶ *Obsèques* – cérémonie funèbre, convoi funèbre, cortège funèbre, dernier hommage, derniers devoirs, derniers honneurs, deuil, enfouissement, funérailles, inhumation, mise au sépulcre, mise au tombeau, mise en bière, mise en terre, obsèques, sépulture, service civil, service religieux. SOUT. ensevelissement. ▶ *Action d'enterrer* – enfouissement, ensevelissement. ▲ANT. DÉTERREMENT, EXHUMATION; RENOUVEAU, RÉSURRECTION.

enterrer *v.* ▶ *Enfouir* – enfouir, ensevelir. ▶ *Inhumer* – ensevelir, inhumer, mettre en terre, porter en terre. ▶ *Abandonner* – abandonner, délaisser, faire une croix sur, jeter aux oubliettes, laisser, laisser en jachère, laisser tomber, mettre au placard, mettre au rancart, mettre aux oubliettes, quitter, renoncer à, tirer une croix sur. SOUT. dépouiller, renoncer. FAM. lâcher, planter là, plaquer. ▲ANT. DÉTERRER, EXHUMER; DÉCOUVRIR.

entêté *adj.* buté, obstiné, têtu, volontaire. FAM. cabochard, tête de mule, tête de pioche, tête dure. QUÉB. FAM. dur de comprenure. ▲ANT. ACCOMMODANT, ARRANGEANT, COMPLAISANT, CONCILIANT, FLEXIBLE, SOUPLE, TRAITABLE.

entêtement *n. m.* acharnement, assiduité, constance, détermination, fermeté, insistance, obstination, opiniâtreté, persévérance, persistance, résolution, suite dans les idées, ténacité, volonté. PÉJ. aveuglement. ▲ANT. ABANDON, DÉCOURAGEMENT, RÉSIGNATION; INCONSTANCE, VERSATILITÉ.

entêter *v.* ▶ *Étourdir* – étourdir, faire tourner la tête de, griser, monter à la tête de. ♦ *s'entêter* ▶ *S'obstiner* – insister, ne pas démordre de, persévérer, persister, s'acharner, s'obstiner, se buter. ▲ANT. DÉGOÛTER. △S'ENTÊTER – CÉDER, CHANGER.

enthousiasme *n. m.* ▶ *Ardeur* – allant, animation, ardeur, chaleur, cœur, élan, entrain, ferveur, flamme, passion, zèle. SOUT. feu. ▶ *Manifestation soudaine d'ardeur* – accès d'enthousiasme, élan d'enthousiasme, mouvement d'enthousiasme. ▶ *Joie* – allégresse, béatitude, bonheur, égaiement, euphorie, exaltation, extase, exultation, gaieté, hilarité, ivresse, joie, jubilation, plaisir, ravissement, réjouissance, vertige. SOUT. aise, félicité, liesse, rayonnement. ▶ *Émerveillement* – admiration, adoration, éblouissement, émerveillement, enchantement, engouement, envoûtement, fascination, ravissement, subjugation. ▶ *Bonne humeur* – belle humeur, bonne humeur, enjouement, entrain, gaieté, joie, jovialité, pétulance. SOUT. alacrité. ▲ANT. DÉTACHEMENT, FROIDEUR, INDIFFÉRENCE; ENNUI; DÉGOÛT; SCEPTICISME.

enthousiasmer *v.* ▶ *Encourager* – animer, encourager, motiver, stimuler. SOUT. exhorter. ▶ *Passionner* – animer, enfiévrer, enflammer, exalter, exciter, passionner, soulever, transporter. FAM. emballer. ▶ *Réjouir* – charmer, combler, enchanter, exaucer, faire la joie de, faire le bonheur de, faire plaisir à, mettre en joie, plaire à, ravir, réjouir. SOUT. assouvir, délecter. FAM. emballer. ♦ *s'enthousiasmer* ▶ *S'exalter* – s'enflammer, s'exalter, se prendre d'enthousiasme. FAM. s'emballer. ▲ANT. CONSTERNER, DÉCOURAGER, DÉGOÛTER, DÉSENCHANTER, ÉCŒURER; ATTIÉDIR, CALMER, GLACER, REFROIDIR; ASSOMMER, ENNUYER.

enthousiaste *adj.* ▶ *Pris d'enthousiasme* – à tous crins, ardent, chaleureux, chaud, délirant

entiché

d'enthousiasme, emballé, en extase, enthousiasmé, extasié, extatique, fervent, passionné. *FAM.* tout feu tout flammes. ▶ *Exubérant* – animé, ardent, exubérant, fougueux, pétulant, véhément, vif. ▲**ANT.** ABATTU, DÉCOURAGÉ, DÉMORALISÉ, DÉPRIMÉ, LAS, MOROSE, PESSIMISTE, SOMBRE, TÉNÉBREUX, TRISTE; FROID, INDIFFÉRENT, TIÈDE; AMORPHE, APATHIQUE, ENDORMI, INDOLENT, LYMPHATIQUE, MOU, NONCHALANT, SANS RESSORT.

entiché *adj.* amateur, amoureux, avide, épris, fanatique, féru, fervent, fou, friand, passionné. *FAM.* accro, enragé, fana, maniaque, mordu.

entier *adj.* ▶ *Au complet* – au complet, au grand complet, en entier. ▶ *Inentamé* – complet, inentamé, intact, intouché. ▶ *Sans restriction* – absolu, complet, exhaustif, global, inconditionnel, intégral, parfait, plein, rigoureux, sans réserve, total. *QUÉB. FAM.* mur-à-mur. *PÉJ.* aveugle. ▶ *Catégorique* – catégorique, décidé, déterminé, ferme, immuable, inébranlable, inflexible, résolu. ▲**ANT.** UNE PARTIE DE; CHANGEANT, FANTASQUE, FLOTTANT, INCONSTANT, INSTABLE, VOLAGE; ÉCRÉMÉ *(lait)*; DÉCIMAL *(nombre)*, FRACTIONNAIRE; HONGRE *(cheval)*.

entièrement *adv.* à fond, à tous (les) égards, au (grand) complet, au long, au total, complètement, d'un bout à l'autre, de A (jusqu')à Z, du début à la fin, du tout au tout, en bloc, en entier, en totalité, en tous points, exhaustivement, fin, in extenso, intégralement, pleinement, sous tous les rapports, sur toute la ligne, totalement, tout, tout à fait. *QUÉB. FAM.* mur-à-mur. ▲**ANT.** À DEMI, À MOITIÉ, EN PARTIE, FRAGMENTAIREMENT, INCOMPLÈTEMENT, PARTIELLEMENT.

entité *n. f.* ▶ *Essence* – caractère, en-soi, essence, essentialité, inhérence, nature, principe, qualité, quintessence, substance. *SOUT.* (substantifique) moelle. *PHILOS.* quiddité. ▶ *Concept* – abstraction, archétype, concept, conception, conceptualisation, connaissance, conscience, fiction, généralisation, idée, imagination, notion, noumène, pensée, représentation (mentale), schème, théorie.

entonnoir *n. m.* ▶ *Instrument* – *QUÉB. FAM.* couloir. ▶ *Cavité géographique* – bassin, cirque, cuvette, entonnoir (naturel). *GÉOGR.* doline, poljé, sotch. ▶ *Cavité anatomique* – infundibulum.

entortillé *adj.* brouillé, brumeux, compliqué, confus, contourné, embarrassé, embrouillé, embroussaillé, enchevêtré, flou, fumeux, incompréhensible, indéchiffrable, indigeste, inintelligible, nébuleux, obscur, tarabiscoté, vague, vaseux. *SOUT.* abscons, abstrus, amphigourique, fuligineux. *FAM.* chinois, emberlificoté, filandreux, vasouillard.

entourage *n. m.* ▶ *Voisinage* – abords, alentours, approches, bordures, environs, parages, voisinage. *SOUT.* entour. ▶ *Environnement* – ambiance, atmosphère, cachet, cadre, climat, décor, élément, environnement, environs, lieu, milieu, monde, société, sphère, théâtre, voisinage. ▶ *Famille* – cellule familiale, famille, foyer, fratrie, gens, logis, maison, maisonnée, membres de la famille, ménage, toit. ▶ *Fréquentation* – attache, communication, compagnie, contact, correspondance, côtoiement, coudoiement, familiarité, fréquentation, habitude, intelligence, intimité, liaison, lien, pratique, rapport,

relation, société, termes *(bons ou mauvais)*, usage, voisinage. *SOUT.* commerce. *PÉJ.* acoquinement, encanaillement. ▲**ANT.** ÉTRANGER.

entourer *v.* ▶ *Border* – border, encadrer. ▶ *Encercler* – cercler, encercler. ▶ *Envelopper* – couvrir, enrober, envelopper. ▶ *Clôturer* – ceindre, ceinturer, enceindre, enclore, environner. ▶ *Coiffer* – auréoler, ceindre, coiffer, couronner, nimber. ▶ *Se placer autour de qqn* – environner, faire cercle autour de. ▲**ANT.** DÉGAGER; DÉLIVRER, LEVER LE SIÈGE; ABANDONNER, ÉLOIGNER, NÉGLIGER.

entrailles *n. f. pl.* ▶ *Organes internes* – viscères. ▶ *Animal de boucherie* – fressure. ▶ *Utérus (SOUT.)* – ventre. *SOUT.* flanc, sein. *ANAT.* cavité utérine, utérus. ▶ *Profondeur (SOUT.)* – abîme, abysse, creux, distance, enfoncement, épaisseur, (fin) fond, fosse, gouffre, lointain, perspective, profondeur. ▶ *Âme* – affect, affectivité, âme, attendrissement, cœur, compassion, émotion, émotivité, empathie, fibre, humanité, impressionnabilité, pitié, romantisme, sensibilité, sentiment, sentimentalité, susceptibilité, sympathie, tendresse, vulnérabilité. *FAM.* tripes. ▲**ANT.** APPARENCE, SURFACE.

entrain *n. m.* ▶ *Bonne humeur* – belle humeur, bonne humeur, enjouement, enthousiasme, gaieté, joie, jovialité, pétulance. *SOUT.* alacrité. ▶ *Ardeur* – allant, animation, ardeur, chaleur, cœur, élan, enthousiasme, ferveur, flamme, passion, zèle. *SOUT.* feu. ▲**ANT.** ABATTEMENT, ACCABLEMENT, DÉPRESSION, TRISTESSE; FROIDEUR; APATHIE, INERTIE, MOLLESSE, NONCHALANCE.

entraînant *adj.* ▶ *Persuasif* – convaincant, éloquent, persuasif. ▶ *En parlant d'une musique* – dansant. ▲**ANT.** LÂCHE, LANGUISSANT, MOU, TRAÎNANT; ENDORMANT, ENNUYEUX, INSIPIDE, MONOTONE, SOPORIFIQUE.

entraînement *n. m.* ▶ *Incitation* – aide, aiguillon, animation, appel, défi, dépassement (de soi), émulation, encouragement, excitation, exhortation, fanatisation, fomentation, impulsion, incitation, instigation, invitation, invite, motivation, provocation, sollicitation, stimulation, stimulus. *SOUT.* surpassement. *FAM.* provoc. ▶ *Formation* – alphabétisation, apprentissage, conscientisation, didactique, édification, éducation, enrichissement, enseignement, études, expérience, façonnage, façonnement, formation, inculcation, information, initiation, instruction, monitorat, pédagogie, professorat, scolarisation, scolarité, stage. ▶ *Répétition* – exercice, répétition. *FAM.* répète. ▶ *Transmission mécanique* – engrenage, engrènement, mouvement, transmission. ▲**ANT.** DÉCOURAGEMENT, DISSUASION; RÉSISTANCE.

entraîner *v.* ▶ *Charrier* – arracher, balayer, charrier, emporter, enlever. ▶ *Inciter* – amener, conditionner, conduire, disposer, encourager, engager, exhorter, impulser, inciter, incliner, mener, porter, pousser, provoquer. *SOUT.* exciter, mouvoir. ▶ *Persuader* – amener, convaincre, décider, déterminer, persuader. ▶ *Exercer* – discipliner, dresser, exercer, façonner, former, habituer. *SOUT.* rompre. ▶ *Avoir comme conséquence* – amener, apporter, catalyser, causer, créer, déchaîner, déclencher, déterminer, donner, donner lieu à, donner naissance à, engendrer, faire, faire naître, former, générer, occasionner, produire, provoquer, soulever, susciter. *PHILOS.* nécessiter. ◆ **s'entraîner** ▶ *S'exercer* – s'exercer. *FAM.* se faire la main. ▲**ANT.** ARRÊTER, FREINER, RETENIR; DÉCONSEILLER, DISSUADER; DISTRAIRE, ÉLOIGNER, REPOUSSER; DÉRIVER DE, VENIR DE.

entraîneur *n.* ▶ *Instructeur* – entraîneur-chef, instructeur, moniteur. *ANTIQ.* gymnaste. ▶ *Meneur* (*SOUT.*) – chef de file, gourou, guide (spirituel), magistère, mahatma, maître à penser, maître (spirituel), meneur, pandit, pasteur, phare, rassembleur, sage. *SOUT.* conducteur, coryphée, entraîneur (d'hommes). *FAM.* pape. ◆ **entraîneuse,** *fém.* ▶ *Femme qui accompagne* – entraîneuse (de cabaret). ▲**ANT.** ATHLÈTE, JOUEUR.

entr'apercevoir (var. **entrapercevoir**) *v.* apercevoir, entrevoir. ▲**ANT.** S'ÉTUDIER, S'EXAMINER, S'OBSERVER, SE DÉVISAGER.

entrave *n. f.* ▶ *Ce qui gêne la marche d'un animal* – abot, billot, lien, tribart. ▶ *Ce qui gêne la marche d'une personne* – boulet *(pied)*, carcan *(cou)*, chaîne, menottes *(poignets)*, poucettes *(pouces)*. *ANC.* liens. ▶ *Obstacle* – accroc, adversité, anicroche, barrière, blocage, contrariété, contretemps, défense, difficulté, digue, écueil, embarras, empêchement, ennui, frein, gêne, impasse, impossibilité, inhibition, interdiction, objection, obstruction, ombre au tableau, opposition, pierre d'achoppement, point noir, problème, résistance, restriction, tracas, tribulations. *QUÉB.* irritant. *SOUT.* achoppement, impedimenta, traverse. *FAM.* blème, hic, lézard, os, pépin. *QUÉB. FAM.* aria. ▶ *Paralysie* – arrêt, asphyxie, blocage, désactivation, engourdissement, enraiement, immobilisation, immobilisme, impuissance, inhibition, neutralisation, obstruction, paralysie, ralentissement, sclérose, stagnation. ▲**ANT.** LIBERTÉ; AIDE; ÉMANCIPATION, LIBÉRATION.

entraver *v.* ▶ *Retenir par des liens* – empêtrer, enchaîner. ▶ *Empêcher* – aller à l'encontre de, barrer, contrarier, contrecarrer, déranger, empêcher, faire obstacle à, gâcher, gêner, interférer avec, mettre des bâtons dans la roue à, nuire à, s'opposer à, se mettre en travers de, troubler. ▶ *Freiner la progression* – contrôler, domestiquer, dominer, dompter, gouverner, juguler, maîtriser, surmonter. *SOUT.* briser, discipliner. ▶ *Comprendre* (*FAM.*) – comprendre, s'expliquer, saisir, toucher du doigt, voir. *SOUT.* appréhender, embrasser, entendre. *FAM.* bitter, piger. *FRANCE FAM.* percuter. *QUÉB. FAM.* allumer, clencher, cliquer. ▲**ANT.** DÉPÊTRER, DÉSENTRAVER; ÉMANCIPER, LIBÉRER; FACILITER, FAVORISER.

entrée *n. f.* ▶ *Arrivée* – apparition, approche, arrivée, avènement, introduction, irruption, jaillissement, manifestation, occurrence, survenance, venue. *SOUT.* surgissement, survenue. *DIDACT.* exondation. ▶ *Porte* – contre-porte, hayon, issue, layon, portail, porte, (porte d')entrée, portière, portillon, poterne, sortie, tape-cul. *FAM.* lourde. *ANC.* barrière, vomitoire. *MAR.* portelone. ▶ *Hall* – antichambre, hall, hall d'entrée, narthex *(église)*, passage, porche, réception, salle d'attente, salle d'embarquement, salle des pas perdus *(gare)*, vestibule. *QUÉB.* portique. *ANTIQ.* propylée *(temple)*. ▶ *Accès* – abord, accès, approche, arrivée, introduction, ouverture, seuil.

MAR. embouquement *(d'une passe)*. ▶ *Titre* – billet, bon, carte d'admission, coupon, ticket. *FAM.* tickson. ▶ *Commencement* – actionnement, amorçage, amorce, balbutiement, bégaiement, commencement, création, début, déclenchement, démarrage, départ, ébauche, embryon, enclenchement, enfance, esquisse, fondement, germe, inauguration, origine, ouverture, prélude, prémisse, principe, tête. *SOUT.* aube, aurore, matin, prémices. *FIG.* apparition, avènement, éclosion, émergence, éruption, explosion, genèse, germination, naissance, venue au monde. ▶ *Immigration* – arrivée, établissement, gain de population, immigration, venue. ▶ *Initiation* – adhésion, adjonction, admission, adoption, affiliation, agrégation, agrément, appartenance, association, enrôlement, incorporation, initiation, inscription, intégration, mobilisation, rattachement, réception. ▲**ANT.** SORTIE; DÉPART; ISSUE; DISPARITION; CONCLUSION, FIN.

entremise *n. f.* ▶ *Intervention* – aide, appui, concours, immixtion, incursion, ingérence, interposition, interventionnisme, intrusion, médiation, ministère, office. *SOUT.* intercession. ▶ *Truchement* – canal, intermédiaire, moyen, truchement, voie. ▲**ANT.** ABSTENTION.

entrepôt *n. m.* appentis, arrière-boutique, dépôt, dock, fondouk *(pays arabes)*, hangar, réserve.

entreprenant *adj.* ▶ *Fonceur* – audacieux, aventureux, fonceur, hardi, intrépide, qui n'a pas froid aux yeux, téméraire. ▶ *Prompt à courtiser* – galant. ▲**ANT.** HÉSITANT, INACTIF, PARESSEUX, PUSILLANIME, RÉSERVÉ, SANS INITIATIVE; QUI MANQUE D'ASSURANCE, TIMIDE, TIMORÉ.

entreprendre *v.* ▶ *Amorcer* – amorcer, attaquer, commencer, entamer, s'atteler à. *FAM.* embrayer, s'y mettre. ▶ *Déclencher* – commencer, déclencher, donner le coup d'envoi à, enclencher, engager, entamer, inaugurer, lancer, mettre en branle, mettre en route, mettre en train. *FAM.* démarrer. ▶ *Essayer* – chercher à, essayer de, s'attacher à, s'efforcer de, s'ingénier à, tâcher de, tenter de, travailler à. *SOUT.* avoir à cœur de, faire effort pour, prendre à tâche de. ▶ *Circonvenir* (*FAM.*) – circonvenir, enjôler, leurrer, séduire. *FAM.* baratiner, bonimenter, emberlificoter, embobiner, endormir, entortiller, faire marcher, mener en bateau. ▶ *Empiéter* (*SOUT.*) – cannibaliser, empiéter, envahir. *SOUT.* usurper. ▲**ANT.** ACCOMPLIR, ACHEVER, FINIR, TERMINER; ABANDONNER, LAISSER, RENONCER; RESPECTER.

entrepreneur *n.* ▶ *Personne qui construit* – architecte, bâtisseur, constructeur, ingénieur. ▶ *Dirigeant d'entreprise* – artisan, constructeur, fabricant, faiseur, industriel, manufacturier, producteur.

entreprise *n. f.* ▶ *Action* – acte, action, choix, comportement, conduite, décision, démarche, faire, fait, geste, intervention, manifestation, réalisation. ▶ *Projet* – idée, intention, plan, préméditation *(mauvaise action)*, programme, projet, résolution, vue. *SOUT.* dessein. ▶ *Établissement* – affaire, bureau, compagnie, établissement, exploitation, firme, industrie, institution, société. *FAM.* boîte, business. *FRANCE FAM.* burlingue. ▶ *Association d'entreprises* – alliance, cartel, chæbol (en Corée), coentreprise, combinat, complexe, concentration, conglomérat, consortium, duopole, entente, groupe, industrie, monopole, oligopole, trust. *PÉJ.* féodalité. ▶ *Attaque* (*SOUT.*) – agression, assaut, attaque, attentat, charge, déferlement, envahissement, intervention, invasion, irruption, offensive. *MILIT.* blitz *(de courte durée)*. ◆ **entreprises**, *plur.* ▶ *Tentatives de séduction* – charme, conquête, enchantement, ensorcellement, envoûtement, parade *(animaux)*, séduction. *FAM.* drague, rentre-dedans. ▲ANT. ATTENTE, INACTION, OISIVETÉ.

entrer *v.* ▶ *S'introduire, en parlant de qqn* – pénétrer, s'avancer, s'engager, s'introduire. ▶ *S'introduire, en parlant de qqch.* – pénétrer, s'infiltrer, s'insinuer, s'introduire. ▶ *S'abandonner à un sentiment* – céder à, donner dans, donner libre cours à, s'abandonner à, s'adonner à, se laisser aller à, se livrer à, se porter à. ▶ *S'affilier* – adhérer à, s'affilier à, s'inscrire à. ▶ *Introduire qqch.* – engager, glisser, insérer, introduire, loger, mettre. ▶ *Saisir des données* – effectuer la saisie de, enregistrer, faire la saisie de, saisir. ▲ANT. SORTIR; FUIR, PARTIR, QUITTER, S'EN ALLER; FINIR, TERMINER; EMPORTER; ÉVACUER, EXTRAIRE.

entretenir *v.* ▶ *Maintenir* – conserver, garder, maintenir, tenir. ▶ *Faire durer* – continuer, maintenir, perpétuer, prolonger. ▶ *Cultiver* – cultiver, nourrir, soigner. ▶ *Se complaire dans une pensée* – caresser, nourrir, se complaire dans. ▶ *Faire vivre* – avoir la charge de, faire bouillir la marmite, faire vivre, mettre du pain sur la table, nourrir, subvenir aux besoins de. ◆ **s'entretenir** ▶ *Discuter* – conférer, discuter, parler, tenir conférence, tenir conseil. ▶ *Bavarder* – bavarder, causer, converser, deviser, dialoguer, discuter, papoter, parler (de choses et d'autres). *FAM.* babiller, bavasser, blablater, caqueter, faire un brin de causette, jacasser, jacter, jaspiner, parlementer, parloter, tailler une bavette. *QUÉB. FAM.* jaser, placoter. *BELG. FAM.* babeler. ▲ANT. BRISER, DÉTRUIRE; INTERROMPRE, ROMPRE; ABANDONNER, DÉLAISSER; NÉGLIGER; OMETTRE, OUBLIER.

entretien *n. m.* ▶ *Vérification* – maintenance, (service d')entretien, vérification. ▶ *Dans le commerce* – service après-vente. ▶ *Réparation* – amélioration, arrangement, bricolage, consolidation, dépannage, maintenance, rajustement, ravalement, reconstitution, réfection, remise à neuf, remise en état, remontage, renforcement, réparation, reprise, restauration, restitution, rétablissement, retapage, rhabillage, sauvetage, soin. *FAM.* rafistolage. *QUÉB. FAM.* ramanchage. ▶ *Subsistance* – aliment, alimentation, approvisionnement, comestibles, denrée, épicerie, fourniture, intendance, nourriture, pain, produit alimentaire, provision, ravitaillement, subsistance, victuailles, vie, vivres. *SOUT.* provende. *FAM.* matérielle. ▶ *Conversation* – causerie, colloque, concertation, conversation, dialogue, discussion, échange (de vues), interview, pourparlers, tête-à-tête. *FAM.* causette, chuchoterie. *QUÉB.* jase, jasette. *PÉJ.* conciliabule, palabres; *FAM.* parlote. ▶ *Rencontre* – audience, conférence, confrontation, entrevue, face à face, huis clos, interview, micro-trottoir, rencontre, rendez-vous, retrouvailles, réunion, tête-à-tête, vis-à-vis, visite. *SOUT.* abouchement. *FRANCE FAM.* rambot, rambour, rancard. *PÉJ.* conciliabule. ▲ANT. NÉGLIGENCE; DÉGRADATION, DESTRUCTION, DÉTÉRIORATION.

entrevoir *v.* ▶ *Pressentir* – avoir conscience de, deviner, flairer, pressentir, se douter, sentir, soupçonner. *FAM.* subodorer. ▶ *Voir à peine* – apercevoir, entr'apercevoir. ▲ANT. IGNORER; VOIR CLAIREMENT, VOIR EN DÉTAIL.

entrevue *n. f.* ▶ *Rencontre* – audience, conférence, confrontation, entretien, face à face, huis clos, interview, micro-trottoir, rencontre, rendez-vous, retrouvailles, réunion, tête-à-tête, vis-à-vis, visite. *SOUT.* abouchement. *FRANCE FAM.* rambot, rambour, rancard. *PÉJ.* conciliabule.

énumération *n. f.* ▶ *Dénombrement* – catalogue, cens, chiffrage, comptage, compte, décompte, dénombrement, détail, état, évaluation, inventaire, inventoriage, inventorisation, liste, litanie, numération, recensement, recension, revue, rôle, statistique. ▶ *Série* – alignement, chaîne, chapelet, colonne, combinaison, consécution, cordon, enchaînement, enfilade, file, gamme, guirlande, ligne, liste, rang, rangée, séquence, série, succession, suite, tissu, travée.

énumérer *v.* compter, dénombrer, détailler, dresser la liste de, faire l'inventaire de, faire le décompte de, inventorier, lister, recenser.

envahir *v.* ▶ *Conquérir* – conquérir, occuper, prendre, s'emparer de. ▶ *Empiéter* – cannibaliser, empiéter. *SOUT.* entreprendre, usurper. ▶ *Remplir en grand nombre* – infester. ▶ *Se ruer* – assiéger, prendre d'assaut, se ruer. ▶ *Emplir d'une chose abstraite* – emplir, gonfler, inonder, pénétrer, remplir, submerger. ▲ANT. LIBÉRER; ABANDONNER, CAPITULER, CÉDER, FUIR.

envahissant *adj.* ▶ *Qui se répand* – débordant, envahisseur, expansif, tentaculaire. ▶ *Indésirable* – accaparant, accapareur, encombrant, fatigant, importun, indésirable, indiscret, intrus, pesant, sans gêne. *FAM.* casse-pieds, collant, crampon, embêtant. *QUÉB. FAM.* achalant, dérangeant. ▲ANT. ATTIRANT, CONVIVIAL, DE BONNE COMPAGNIE, ENGAGEANT, INTÉRESSANT, SYMPATHIQUE; DISCRET, RÉSERVÉ; POLI, RESPECTUEUX.

envahisseur *n.* colonisateur, occupant. ▲ANT. DÉFENSEUR; LIBÉRATEUR.

enveloppé *adj.* arrondi, aux formes pleines, charnu, dodu, grassouillet, plein, potelé, pulpeux, rebondi, replet, rond, rondelet. *FAM.* boulot, girond, rondouillard. *QUÉB.* grasset.

enveloppe *n. f.* ▶ *Papier plié* – pli. ▶ *Crédits* – budget, crédits. ▶ *Commission illicite* – dessous-de-table, pot-de-vin, pourboire. *FAM.* arrosage, bakchich. *AFR.* matabiche. ▶ *Partie du corps* – capsule, cloison, gaine, membrane, membranule, pellicule, septum, tunique. ▶ *Corps* (*SOUT.*) – anatomie, corps, forme, morphologie, musculature, organisme. *SOUT.* chair. ▶ *Dehors* (*SOUT.*) – air, allure, apparence, aspect, caractère, configuration, couleur, couvert, dehors, éclairage, expression, extérieur, façade, faciès, figure, forme, formule, impression, jour, masque, mine, paraître, perspective, physionomie, plastique *(en art)*, portrait, présentation, profil, ressemblance, semblant, surface, ton, tour, tournure, traits, vernis, visage. *SOUT.* superficie. ▶ *Ce qui recouvre* (*SOUT.*) – chape, gangue, manteau, parure, vêtement.

envelopper *v.* ▶ *Enrober* – couvrir, enrober, entourer. ▶ *Emballer* – conditionner, emballer, empaqueter. ▶ *Emmitoufler* – emmitoufler. *FAM.* emmitonner. ▶ *Cerner de toutes parts* – boucler, cerner (de toutes parts), encercler, investir. ▶ *Dissimuler* – cacher, camoufler, couvrir, déguiser, dissimuler, escamoter, étouffer, farder, grimer, maquiller, masquer, occulter, travestir. *SOUT.* pallier. *QUÉB. FAM.* abrier. ▲**ANT.** DÉBALLER, DÉFAIRE, DÉPAQUETER, DÉVELOPPER; DÉGAGER, DÉPLOYER, DÉROULER, ÉTALER, ÉTENDRE; DÉVOILER, MANIFESTER, MONTRER.

envenimé *adj.* infecté, purulent, suppurant.

envergure *n. f.* ▶ *Grandeur* – ampleur, dimension, étendue, grandeur, mesure, proportion, valeur. ▶ *Largeur* – ampleur, amplitude, calibre, carrure, diamètre, empan, étendue, évasure, format, giron (*d'une marche*), grosseur, laize, large, largeur, lé, module, portée, taille. ▶ *Surface* – aire, étendue, superficie, surface. ▶ *Grandeur morale* – étoffe, genre, importance, qualité, stature. *FIG.* carrure. ▲**ANT.** ÉTROITESSE; PETITESSE.

envers *n. m.* ▶ *Côté* – arrière, derrière, dos, revers, verso. ▶ *Contraire* – antilogie, antinomie, antipode, antithèse, antonymie, contradiction, contraire, contraste, contrepartie, contre-pied, dichotomie, différence, divergence, inverse, opposition, polarité, réciproque. ▲**ANT.** AVERS; ENDROIT; DEVANT, FACE.

enviable *adj.* désirable, estimable, souhaitable. ▲**ANT.** DÉPLORABLE, DÉTESTABLE.

envie *n. f.* ▶ *Désir* – ambition, appel, appétit, aspiration, attirance, attrait, besoin, but, convoitise, desideratum, désir, exigence, faim, fantaisie, fantasme, fièvre, fringale, goût, idéal, intention, jalousie, passion, prétention, quête, recherche, rêve, soif, souhait, tentation, velléité, visée, vœu, voix, volonté. *SOUT.* appétence, dessein, prurit, vouloir. *FAM.* démangeaison. ▶ *Caprice* – accès, bizarrerie, bon plaisir, caprice, changement, chimère, coup de tête, extravagance, fantaisie, fantasme, folie, frasque, gré, guise, immaturité, impatience, incartade, inconstance, infantilisme, instabilité, légèreté, lubie, marotte, mobilité, originalité, saute (d'humeur), singularité, sporadicité, variation, versatilité, volonté. *SOUT.* folle gamberge, foucade, humeur. *FAM.* toquade. ▶ *Tache sur la peau* – éphélide, grain de beauté, lentigine, lentigo, nævus, tache de rousseur, tache de son, tache de vin. *FAM.* fraise. ▲**ANT.** AVERSION, DÉGOÛT, ÉCŒUREMENT; DÉTACHEMENT, INDIFFÉRENCE.

envier *v.* ▶ *Être jaloux de qqn* – jalouser, prendre ombrage de. ▲**ANT.** DÉDAIGNER, MÉPRISER, REPOUSSER.

envieux *adj.* jaloux, ombrageux. ▲**ANT.** DÉSINTÉRESSÉ, DÉTACHÉ, INDIFFÉRENT.

environ *adv.* à première vue, à (très) peu près, approximativement, autour de, à dans les, en gros, grosso modo, plus ou moins, quelque, un peu moins de, un peu plus de, vaguement. *SOUT.* approchant. *FAM.* à vue de nez, au pif, au pifomètre. ▲**ANT.** EXACTEMENT, JUSTE, PRÉCISÉMENT.

environnant *adj.* ▶ *Proche* – à côté, à proximité, adjacent, avoisinant, prochain, proche, rapproché, voisin. *SOUT.* circonvoisin. ▶ *En parlant du milieu* – ambiant. ▲**ANT.** À L'ÉCART, ÉLOIGNÉ.

environnement *n. m.* ▶ *Milieu naturel* – biome, biotope, climat, écosystème, habitat, milieu, nature, niche écologique, station. ▶ *Milieu dans lequel on vit* – ambiance, atmosphère, cachet, cadre, climat, décor, élément, entourage, environs, lieu, milieu, monde, société, sphère, théâtre, voisinage.

environner *v.* ▶ *Être près* – avoisiner, jouxter, voisiner. ▶ *Entourer qqch.* – ceindre, ceinturer, enceindre, enclore, entourer. ▶ *Entourer qqn* – entourer, faire cercle autour de. ▲**ANT.** DÉGAGER; ABANDONNER, DÉLAISSER, ÉCARTER.

environs *n. m. pl.* ▶ *Environnement* – ambiance, atmosphère, cachet, cadre, climat, décor, élément, entourage, environnement, lieu, milieu, monde, société, sphère, théâtre, voisinage. ▶ *Abords* – abords, alentours, approches, bordures, entourage, parages, voisinage. *SOUT.* entour. ▶ *Banlieue* – abords, alentours, banlieue, banlieue-dortoir, ceinture, cité-dortoir, couronne, extension, faubourg, périphérie, quartier-dortoir, ville-dortoir, zone (suburbaine). ▲**ANT.** CONFINS; AILLEURS.

envisager *v.* ▶ *Examiner* – analyser, ausculter, considérer, étudier, examiner, explorer, observer, penser à, pousser plus avant, prendre en considération, réfléchir sur, s'intéresser à, se pencher sur, traiter, voir. ▶ *Projeter* – avoir l'intention de, caresser le projet de, considérer, penser, préméditer de, projeter, songer à. *SOUT.* former le dessein de. ▲**ANT.** SE GARDER DE, SE REFUSER À.

envoi *n. m.* ▶ *Expédition* – acheminement, amenée, convoi, desserte, diffusion, distribution, expédition, livraison, marche, postage, progression, service, transport. ▶ *Hommage* – dédicace (*imprimée*). ▲**ANT.** RENVOI, RESTITUTION, RETOUR.

envol *n. m.* survol, sustentation, vol, volée, volettement. ▲**ANT.** ATTERRISSAGE.

envolée *n. f.* ▶ *Élan* – bond, branle, coup, élan, élancement, erre, essor, impulsion, lancée, lancement, mouvement, rondade (*acrobatie*), saut. *QUÉB. FAM.* erre d'aller. ▶ *Hausse* – accentuation, accroissement, accrue, agrandissement, amplification, arrondissement, augmentation, bond, boom, crescendo, croissance, crue, développement, dilatation, élargissement, élévation, enflement, enrichissement, essor, évolution, expansion, extension, flambée, foisonnement, gonflement, gradation, grossissement, hausse, haussement, inflation, intensification, majoration, montée, poussée, progrès, progression, recrudescence, redressement, rehaussement, relèvement, renchérissement, renforcement, revalorisation, valorisation. ▶ *Envol* – survol, sustentation, vol, volée, volettement. ▲**ANT.** ARRIVÉE, ATTERRISSAGE.

envoler (s') *v.* ▶ *En parlant d'un oiseau* – prendre son envol, prendre son essor. ▶ *En parlant d'un avion* – décoller. ▶ *En parlant du temps* – fuir, passer, s'enfuir. *FAM.* filer. ▶ *Disparaître* – disparaître, mourir, partir, passer, s'assoupir, s'effacer, s'en aller, s'estomper, s'évanouir, s'évaporer, se dissiper, se volatiliser. ▲**ANT.** ATTERRIR, SE POSER; DEMEURER, RESTER; APPARAÎTRE, APPROCHER, ARRIVER.

envoûtement *n. m.* ▶ *Ensorcellement* – charme, diablerie, enchantement, ensorcellement, fascination, influence, jettatura, magie, maléfice, malheur, maraboutage, mauvais œil, (mauvais) sort, philtre, possession, sorcellerie, sortilège. *ANTIQ.* goétie. ▸ *Attraction* – aimant, attirance, attraction, attrait, charisme, charme, chien, désirabilité, fascination, magie, magnétisme, séduction. ▸ *Séduction* – charme, conquête, enchantement, ensorcellement, entreprises, parade *(animaux)*, séduction. *FAM.* drague, rentre-dedans. ▸ *Émerveillement* – admiration, adoration, éblouissement, émerveillement, enchantement, engouement, enthousiasme, fascination, ravissement, subjugation. ▲**ANT.** CONJURATION, DÉSENVOÛTEMENT, EXORCISME; DÉSENCHANTEMENT, DÉSILLUSION.

envoyé *n.* ▸ *Chargé de mission* – agent, ambassadeur, attaché, chargé d'affaires, chargé de mission, commissaire, correspondant, délégataire, délégué, député, diplomate, émissaire, fondé de pouvoir, légat, mandataire, messager, ministre, négociateur, parlementaire, plénipotentiaire, représentant. ▸ *Commissionnaire* – bagagiste, chasseur, commissionnaire, courrier, coursier, employé livreur, garçon livreur, livreur, messager, porteur. *ANC.* estafette. *MILIT.* héraut (d'armes). ▸ *Journaliste* – correspondant, envoyé permanent, envoyé spécial, journaliste globe-trotter, reporter, reporteur. ▲**ANT.** ENVOYEUR; DESTINATAIRE.

envoyer *v.* ▸ *Dépêcher qqn* – déléguer, dépêcher, députer, détacher, mandater, missionner. ▸ *Faire parvenir* – acheminer, adresser, expédier, faire parvenir, transmettre. ▸ *Lancer* – jeter, lancer. *FAM.* balancer, flanquer, foutre. *QUÉB. ACADIE FAM.* garrocher. ▸ *Lancer avec force* – catapulter, éjecter, jeter, lancer, projeter, propulser. ▸ *Darder* – darder, décocher, jeter, lancer, tirer. ♦ *s'envoyer* ▸ *Manger* (*FAM.*) – manger. *FAM.* becter, bouffer, briffer, gober, grailler, (s')enfiler, se farcir, se taper, se tasser, tortorer. ▸ *Boire* (*FAM.*) – boire. *FAM.* s'en jeter un derrière la cravate, s'enfiler, se taper. ▲**ANT.** RECEVOIR; ACCUEILLIR, FAIRE VENIR; APPORTER, RAPPORTER.

épais *adj.* ♦ *choses* ▸ *Fourni* – abondant, dru, fourni, luxuriant, touffu. ▸ *Dense* – compact, dense, dru, serré. ▸ *Pâteux* – consistant, pâteux, sirupeux, visqueux. ▸ *Grossier* – gros, grossier, lourd. ▸ *En parlant du brouillard* – à couper au couteau, dense, opaque. ♦ *personnes* ▸ *Gras* – adipeux, (bien) en chair, charnu, corpulent, de forte taille, empâté, étoffé, fort, gras, gros, imposant, large, lourd, massif, obèse, opulent, plantureux, plein. *FAM.* éléphantesque, hippopotamesque. *FRANCE FAM.* mastoc. *QUÉB. FAM.* baquais. ▸ *Qui manque de finesse intellectuelle* – lent, lourd, lourdaud, obtus, pesant. *FAM.* bouché, dur à la détente. *FRANCE FAM.* lourdingue, relou. *QUÉB. BELG. FAM.* dur de comprenure. *SUISSE FAM.* lent à la comprenette. ▲**ANT.** FIN, MINCE; DISPERSÉ, DISSÉMINÉ, ÉPARPILLÉ, ÉPARS; CHÉTIF, GRINGALET, MAIGRE, MAIGRELET, MAIGRICHON; DÉLAYÉ, DILUÉ, LÉGER, LIQUIDE; DÉLICAT, RAFFINÉ; TÉNU; ÉLANCÉ, SVELTE; ASTUCIEUX, DÉLURÉ, FINAUD, FUTÉ, HABILE, INGÉNIEUX, INVENTIF, MALIN, RUSÉ; À L'ESPRIT VIF, BRILLANT, ÉVEILLÉ, INTELLIGENT.

épaisseur *n.f.* ▸ *Densité* – compacité, concentration, consistance, densité, masse volumique, massiveté. ▸ *Profondeur* – abîme, abysse, creux, distance, enfoncement, (fin) fond, fosse, gouffre,

lointain, perspective, profondeur. *SOUT.* entrailles. ▲**ANT.** FINESSE, MINCEUR; LÉGÈRETÉ, SUBTILITÉ.

épaissir *v.* ▸ *Rendre consistant* – cailler, coaguler, figer, gélifier, solidifier. ▸ *Devenir consistant* – durcir, grumeler, prendre, prendre consistance, (se) coaguler, se figer, se grumeler, se solidifier. ▸ *Devenir gros* – s'empâter. ▲**ANT.** AFFINER, DILUER, ÉCLAIRCIR, FLUIDIFIER; AMINCIR, MAIGRIR.

épanchement *n.m.* ▸ *Déversement* – dégorgeage, dégorgement, déversement, écoulement, effusion, infiltration, résurgence. *SOUT.* regorgement. ▸ *Effusion* – abandon, aveu, confidence, effusion, expansion. ▲**ANT.** RÉTENTION; RÉSERVE, RETENUE, SILENCE.

épancher *v.* ▸ *Répandre une chose abstraite* – déverser, verser. *SOUT.* épandre. ▸ *Confier* – avouer, confier, livrer. ♦ *s'épancher* ▸ *Couler* (*SOUT.*) – affluer, couler, ruisseler, s'écouler, se déverser, se répandre. *SOUT.* courir, fluer. ▸ *Se confier* – débonder son cœur, décharger son cœur, ouvrir son cœur, s'abandonner, s'ouvrir, se confier, (se) débonder, se livrer, se soulager, se vider le cœur. *FAM.* débiter son chapelet, dévider son chapelet, égrener son chapelet, se déboutonner. ▲**ANT.** △ S'ÉPANCHER – SE FERMER, SE RENFERMER.

épandre *v.* ▸ *Étendre en dispersant* – étaler, étendre, répandre. ▸ *Déverser* (*SOUT.*) – déverser, épancher, verser. ♦ *s'épandre* ▸ *S'étendre* (*SOUT.*) – s'étaler, s'étendre, se répandre. ▸ *Se déverser* (*SOUT.*) – ruisseler, se déverser, se répandre. ▲**ANT.** AMASSER, RASSEMBLER; RETENIR.

épanoui *adj.* ▸ *Enjoué* – allègre, badin, de belle humeur, en gaieté, en joie, enjoué, folâtre, foufou, gai, guilleret, hilare, jovial, joyeux, léger, plein d'entrain, réjoui, riant, rieur, souriant. *FAM.* rigolard, rigoleur. ▸ *Bien dans sa peau* – bien dans sa peau, équilibré, sain.

épanouir *v.* ▸ *Rendre gai* – amuser, dérider, égayer, émoustiller, mettre de belle humeur, mettre en gaieté, mettre en joie, réjouir. *SOUT.* désattrister. *FAM.* dépoiler. ♦ *s'épanouir* ▸ *Se développer* – croître, grandir, progresser, prospérer, se développer. ▸ *En parlant d'une fleur* – éclore, fleurir, s'ouvrir. ▸ *En parlant d'une personne* – croître, grandir, se développer, se réaliser. ▲**ANT.** △ S'ÉPANOUIR – DÉPÉRIR, FANER, FLÉTRIR, S'ÉTIOLER; SE RECROQUEVILLER, SE REFERMER; S'ASSOMBRIR, SE REMBRUNIR.

épanouissant *adj.* gratifiant, valorisant. ▲**ANT.** ABÊTISSANT, ABRUTISSANT, BÊTIFIANT, CRÉTINISANT; FRUSTRANT.

épanouissement *n.m.* ▸ *Éclosion d'une fleur* – anthèse, éclosion, effloraison, floraison. ▸ *Maturité* – adultie, adultisme, âge, âge adulte, âge mûr, assurance, confiance en soi, expérience (de la vie), force de l'âge, majorité, maturité, plénitude, réalisation de soi, sagesse. ▸ *Perfection* – achèvement, consommation, couronnement, excellence, fini, fleur, maturité, meilleur, parachèvement, perfection, plénitude, précellence. *PHILOS.* entéléchie. ▲**ANT.** DÉPÉRISSEMENT, FLÉTRISSEMENT; DÉCADENCE, DÉCLIN.

épargnant *n.* ▲**ANT.** DÉPENSIER, PRODIGUE.

épargne *n.f.* ▸ *Gestion* – épargne économie, épargne prévoyance, épargne réserve. ▸ *Capital*

– argent, avoir, bien, capital, cassette, fonds, fortune, fruit, gain, investissement, liquidités, masse, numéraire, patrimoine, pécule, placement, portefeuille, possession, produit, propriété, richesse, trésor, valeur. *SOUT.* deniers. *FAM.* finances, magot. ▶ *Restriction* – économie, empêchement, parcimonie, rationalisation, rationnement, réserve, restriction, réticence. *FAM.* dégraissage. ♦ **épargnes**, *plur.* argent, cagnotte, économies, réserve. *FAM.* bas (de laine), magot, pécule. *FRANCE FAM.* éconocroques. ▲ANT. DILAPIDATION, GASPILLAGE; CONSOMMATION.

épargner *v.* ▶ *Économiser* – capitaliser, économiser, ménager, mettre de côté. *SOUT.* thésauriser. ▶ *Utiliser avec modération* – économiser, ménager. ▶ *Sauver de l'exécution* – amnistier, faire grâce à, gracier, remettre sa peine à. ▲ANT. CONSOMMER, DÉPENSER, DILAPIDER, GASPILLER; IMPOSER, OBLIGER; DÉSOLER, ÉPROUVER, RAVAGER; ACCABLER, FRAPPER, PUNIR; SUPPRIMER, TUER.

éparpiller *v.* ▶ *Répandre çà et là* – disperser, disséminer, répandre, saupoudrer, semer. ▶ *Répartir en plusieurs endroits* – disperser, disséminer. *BELG.* échampeler. ♦ **s'éparpiller** ▶ *Aller dans tous les sens* – s'égailler, se débander, se disperser, se disséminer. ▶ *Aller d'un sujet à l'autre* – digresser, papillonner, passer du coq à l'âne, sauter du coq à l'âne, se disperser. ▲ANT. GROUPER, MASSER, RASSEMBLER, RECUEILLIR, RÉUNIR; CONCENTRER, CONDENSER, CONJUGUER.

épars *adj.* clairsemé, dispersé, disséminé, éparpillé. ▲ANT. CONCENTRÉ, DENSE, REGROUPÉ.

épater *v.* ▶ *Émerveiller* (*FAM.*) – éblouir, émerveiller, faire de l'effet, faire impression, faire sensation, fasciner, impressionner. *FAM.* en mettre plein la vue à. ▶ *Stupéfier* (*FAM.*) – abasourdir, ahurir, couper bras et jambes à, couper le souffle à, ébahir, époustoufler, étonner, méduser, renverser, saisir, souffler, stupéfaire, stupéfier, suffoquer. *FAM.* décoiffer, défoncer, déménager, éberluer, ébouriffer, estomaquer, estourbir, scier, sidérer. ▲ANT. AMINCIR, RÉTRÉCIR. △S'ÉPATER – INDIFFÉRER, LAISSER FROID.

épave *n. f.* ▶ *Navire* – DR. MAR. ANC. herpe. ▶ *Voiture hors d'usage* – clou. *FAM.* bagnole, boîte à savon, chignole, guimbarde, poubelle, tacot, tapecul, tas de boue, tas de ferraille, teuf-teuf, veau (*lente*). *QUÉB. FAM.* bazou, cancer, citron, minoune. ▶ *Décombres* – déblais, débris, décharge, décombres, démolitions, éboulement, éboulis, gravats, gravois, miettes, plâtras, reste, ruines, vestiges. *SOUT.* cendres. ▶ *Personne déchue* – déchet de la société, déchet (humain), larve (humaine), loque (humaine), ruine (humaine), sous-homme.

épée *n. f.* ▶ *Arme* – fer, lame.

éperdu *adj.* ▶ *Profondément troublé* – affolé, agité, bouleversé, égaré. ▶ *En proie à une vive émotion* – enivré, exalté, fou, ivre, transporté. ▶ *Très rapide* – endiablé, précipité. ▲ANT. CALME, FLEGMATIQUE, IMPASSIBLE, IMPERTURBABLE, MAÎTRE DE SOI, PLACIDE; FAIBLE, MODÉRÉ.

éperdument *adv.* à corps perdu, à la folie, ardemment, fanatiquement, fervemment, follement, frénétiquement, furieusement, passionné-

ment, violemment, vivement. ▲ANT. MODÉRÉMENT, MOYENNEMENT, TIÈDEMENT.

éperon *n. m.* ▶ *Saillie* – angle, appendice, arête, aspérité, avancée, avancement, balèvre, bec, bosse, bourrelet, console, corne, corniche, côte, coude, crête, dent, éminence, encorbellement, ergot, excroissance, gibbosité, hourd, mamelon, moulure, nervure, picot, pointe, proéminence, projecture, prolongement, protubérance, redan, relief, ressaut, saillant, saillie, surplomb, surplombement, tubercule. ▶ *Pointe de corne* – ergot. ▶ *Pointe de proue* – ANC. ram (*américain*). ANTIQ. rostre. ▶ *Arête* – aiguille, aiguillon, épine, mucron, piquant, spicule.

épervier *n. m.* ▶ *Oiseau* – QUÉB. FAM. émerillon. ▶ *Espèces* – épervier brun, épervier de Cooper. ▶ *Partisan de la guerre* – belliciste, cocardier, faucon, jusqu'au-boutiste, militariste.

éphémère *adj.* ▶ *Passager* – bref, court, évanescent, fugace, fugitif, intérimaire, momentané, passager, précaire, provisoire, rapide, temporaire, transitoire. *SOUT.* périssable. ▶ *Destructible* – destructible, mortel, périssable, temporaire. ▲ANT. DURABLE, ÉTERNEL, IMMORTEL, IMPÉRISSABLE, PERMANENT, PERPÉTUEL.

épi *n. m.* ▶ *Inflorescence* – chaton, épillet, panicule, spadice. ▶ *Cheveux* – houppe, houppette, mèche, touffe. *FAM.* choupette, couette.

épicé *adj.* ▶ *Au goût piquant* – assaisonné, corsé, extra-fort, fort, pimenté, piquant, relevé. ▶ *Osé* – coquin, croustillant, égrillard, gaillard, gaulois, gras, grivois, hardi, impudique, impur, léger, leste, libertin, libre, licencieux, lubrique, osé, paillard, polisson, salace. *SOUT.* rabelaisien. *FAM.* olé olé, poivré, salé.

épice *n. f.* ▶ *Condiment* – aromate.

épicurien *adj.* bon vivant, hédoniste, jouisseur, sensuel, voluptueux. *SOUT.* sybarite, sybaritique. *QUÉB.* jovialiste. ▲ANT. ASCÉTIQUE, PURITAIN, SPARTIATE; STOÏCIEN.

épidémie *n. f.* ▶ *Maladie* – maladie épidémique. BOT. épiphytie. ZOOL. enzootie, épizootie. ▶ *Mode* – avant-gardisme, dernier cri, engouement, fantaisie, fureur, goût (du jour), mode, style, tendance, ton, vague, vent, vogue. ▲ANT. ENDÉMIE.

épier *v.* ▶ *Guetter* – être à l'affût de, être aux aguets, guetter, observer, surveiller. QUÉB. FAM. écornifler. ▶ *Espionner* – espionner, observer, surveiller. *FAM.* fliquer, moucharder.

épigraphe *n. f.* ▶ *Inscription* – épitaphe, exergue, ex-libris, inscription, légende. ▶ *Citation* – citation, exemple, exergue, extrait, fragment, passage.

épine *n. f.* ▶ *Piquant* – aiguille, aiguillon, éperon, mucron, piquant, spicule. ▶ *Excroissance osseuse* – apophyse, crête, tubercule, tubérosité. ▶ *Contrariété* – accident, accroc, accrochage, affaire, anicroche, avatar, aventure, complication, contingences, contrariété, contretemps, crise, désagrément, difficulté, dispute, embarras, empêchement, ennui, épisode, événement, éventualité, imprévu, incident, mésaventure, obstacle, occasion, occurrence, péripétie, problème, rebondissement, tribulations. *SOUT.* adversité. *FAM.* blème, cactus, embêtement, emmerde, emmerdement, enquiquinement, os, pépin, pétrin, tuile. *FRANCE FAM.* avaro, empoisonnement.

épineux *adj.* ▶ *Qui pique* – barbelé, hérissé, piquant. ▶ *Difficile* – ardu, complexe, compliqué, corsé, délicat, difficile, laborieux, malaisé, problématique. *SOUT.* scabreux. *FAM.* calé, coton, dur, musclé, trapu. ▲ANT. INERME, LISSE; AISÉ, COMMODE, ÉLÉMENTAIRE, ENFANTIN, FACILE, SIMPLE.

épingle *n. f.* ▶ *Agrafe* – agrafe, attache, barrette, boucle, broche, clip, épinglette, fermail, fibule *(antique)*. ▶ *Attache* – attache, laçage, serrage. ▶ *Aiguille* – alène, broche, épinglette, ferret, lardoire, passelacet, piquoir, poinçon, pointe. *MÉD.* trocart.

épinglette *n. f.* ▶ *Agrafe* – agrafe, attache, barrette, boucle, broche, clip, épingle, fermail, fibule *(antique)*. ▶ *Insigne* – auto-collant, badge, cocarde, décalcomanie, écusson, étiquette, insigne, marque, plaque, porte-nom, rosette, tatouage, timbre, vignette, vitrophanie. *FAM.* macaron. ▶ *Aiguille* – alène, broche, épingle, ferret, lardoire, passe-lacet, piquoir, poinçon, pointe. *MÉD.* trocart.

épique *adj.* ▲ANT. PROSAÏQUE.

épisode *n. m.* ▶ *Phase* – étape, palier, période, phase, point, stade, transition. ▶ *Digression* – à-côté, aparté, coq-à-l'âne, digression, divagation, écart, excursion, excursus, hors-d'œuvre, parabase, parenthèse, placage. ▶ *Incident* – accident, accroc, accrochage, affaire, anicroche, avatar, aventure, complication, contingences, contrariété, contretemps, crise, désagrément, difficulté, dispute, embarras, empêchement, ennui, épine, événement, éventualité, imprévu, incident, mésaventure, obstacle, occasion, occurrence, péripétie, problème, rebondissement, tribulations. *SOUT.* adversité. *FAM.* blème, cactus, embêtement, emmerde, emmerdement, enquiquinement, os, pépin, pétrin, tuile. *FRANCE FAM.* avaro, empoisonnement.

épisodique *adj.* ▶ *Qui survient de temps en temps* – irrégulier, sporadique. ▶ *De moindre importance* – accessoire, anecdotique, annexe, contingent, (d'intérêt) secondaire, de second plan, décoratif, dédaignable, incident, indifférent, insignifiant, marginal, mineur, négligeable, périphérique. ▲ANT. CONSTANT, CONTINU, CONTINUEL, INCESSANT, ININTERROMPU, PERMANENT, PERPÉTUEL, RÉGULIER; ESSENTIEL, IMPORTANT, NÉCESSAIRE.

épitaphe *n. f.* épigraphe, exergue, ex-libris, inscription, légende.

épître *n. f.* ▶ *Lettre* (IRON.) – billet, lettre, message, mot, pli, réponse. *SOUT.* missive. *FAM.* biffeton *(dans une prison)*. *FRANCE FAM.* babillarde, bafouille. *AFR.* note.

éplucher *v.* ▶ *Enlever la peau* – peler. ▶ *Examiner des documents* (FAM.) – compulser, dépouiller, examiner. *FAM.* dépiauter.

éponge *n. f.* ▶ *Être vivant* – ZOOL. porifère, spongiaire. ▶ *Torchon* – chamoisine, chiffon (à poussière), essuie-meubles, essuie-verres, lavette, linge, pattemouille, (peau de) chamois, serpillière, tampon, torchon. *QUÉB.* guenille. *BELG.* drap de maison, loque (à reloqueter), wassingue. *SUISSE* panosse, patte. *ACADIE FAM.* brayon. *TECHN.* peille. ▶ *Poumon* (FAM.) – poumon. *ANAT.* alvéoles, appareil respiratoire, bronches, organe de la respiration. ▲ANT. ABSTÈME, ABSTINENT.

éponger *v.* ▶ *Essuyer* – essuyer, étancher, sécher, tamponner. ▶ *Éliminer l'excédent* – résorber. ▲ANT. ARROSER, BAIGNER, HUMECTER, MOUILLER, TREMPER.

épopée *n. f.* ▶ *Récit* – chantefable, chronique, conte, fabliau, histoire, historiette, légende, monogatari *(Japon)*, mythe, nouvelle, odyssée, roman, saga.

époque *n. f.* ▶ *Période* – âge, cycle, date, ère, étape, génération, heure, jour, moment, période, règne, saison, siècle, temps.

épouser *v.* ▶ *Prendre pour époux* – se marier avec. *QUÉB. BELG. FAM.* marier. ▶ *Adopter* – adopter, choisir, embrasser, faire sien, prendre. ▶ *Suivre étroitement la forme* – coller à, gainer, mouler, serrer. ♦ s'**épouser** ▶ *Se marier* (SOUT.) – s'unir, se marier. *FAM.* convoler (en justes noces), se maquer. ▲ANT. DIVORCER DE, RÉPUDIER, SE SÉPARER DE; S'ÉLOIGNER DE, SE DISTINGUER DE; REJETER.

époustouflé *adj.* abasourdi, ahuri, bouche bée, confondu, ébahi, éberlué, estomaqué, étonné, frappé de stupeur, hébété, interdit, interloqué, médusé, muet d'étonnement, pantois, pétrifié, sidéré, stupéfait, surpris. *FAM.* baba, ébaubi, épaté, riboulant, soufflé, suffoqué. ▲ANT. IMPASSIBLE, INEXPRESSIF.

épouvantable *adj.* ▶ *Qui effraie* – à donner la chair de poule, à faire frémir, à figer le sang, à glacer le sang, affreux, cauchemardesque, cauchemardeux, cauchemardesque, effrayant, effroyable, grand-guignolesque, horrible, horrifiant, pétrifiant, terrible, terrifiant, terrorisant. *SOUT.* horrifique. *FAM.* épeurant. ▶ *Tragique* – catastrophique, désastreux, effroyable, funeste, terrible, tragique. *SOUT.* calamiteux. ▶ *Mauvais* (FAM.) – abominable, affreux, atroce, déplorable, désastreux, exécrable, horrible, infect, insipide, lamentable, manqué, mauvais, médiocre, minable, navrant, nul, odieux, piètre, piteux, pitoyable, qui ne vaut rien, raté. *SOUT.* méchant, triste. *FAM.* à la flan, à la gomme, à la manque, à la mie de pain, à la noix (de coco), blèche, craignos, crapoteux, mal fichu, moche, pourri, qui ne vaut pas un clou. *QUÉB. FAM.* de broche à foin, poche. ▶ *Extrême* (FAM.) – colossal, considérable, démesuré, énorme, extraordinaire, extrême, fabuleux, formidable, géant, gigantesque, grand, gros, immense, incommensurable, monstrueux, monumental, phénoménal, prodigieux, surhumain, titanesque, vaste, vertigineux. *SOUT.* cyclopéen, herculéen. *FAM.* bœuf, de tous les diables, du diable, effrayant, effroyable, faramineux, méchant, monstre. *FRANCE FAM.* gratiné. ▲ANT. APAISANT, CALMANT, RASSÉRÉNANT, RASSURANT, RÉCONFORTANT, SÉCURISANT, TRANQUILLISANT; ATTIRANT, ATTRAYANT, ENGAGEANT, INVITANT; ANODIN, BÉNIN, INNOCENT, INOFFENSIF, SANS DANGER, SANS GRAVITÉ; BRILLANT, ÉBLOUISSANT, EXCELLENT, EXTRAORDINAIRE, FANTASTIQUE, MAGNIFIQUE, MERVEILLEUX, PARFAIT, PRODIGIEUX, REMARQUABLE, SENSATIONNEL; FAIBLE, MODÉRÉ, NÉGLIGEABLE, SANS IMPORTANCE.

épouvantail *n. m.* ▶ *Menace* – aléa, casse-cou, casse-gueule, danger, détresse, difficulté, écueil, embûche, épée de Damoclès, guêpier, hasard, impasse, imprudence, insécurité, mauvais pas, menace, perdition, péril, piège, point chaud, point sensible, poudrière, récif, risque, spectre, traverse, urgence, volcan. *SOUT.* tarasque. *FRANCE FAM.* casse-gueule. ▶ *Mannequin* – QUÉB.

FAM. épeure-corneille. ▲**ANT.** ADONIS *(homme)*, VÉNUS *(femme)*.

épouvante *n. f.* affolement, alarme, angoisse, appréhension, crainte, effarement, effarouchement, effroi, frayeur, grand-peur, hantise, horreur, inquiétude, panique, peur, phobie, psychose, terreur, transes. *FIG.* vertige. *SOUT.* affres, apeurement. *FAM.* cauchemar, frousse, pétoche, trac, trouille. *QUÉB. FAM.* chienne. ▲**ANT.** SÉRÉNITÉ, TRANQUILLITÉ.

épouvanter *v.* ▸ *Terroriser* – affoler, apeurer, donner des sueurs froides à, donner la chair de poule à, effarer, effrayer, faire dresser les cheveux sur la tête de, faire froid dans le dos à, figer le sang de, glacer le sang de, horrifier, saisir d'effroi, saisir de frayeur, terrifier, terroriser. *SOUT. ou QUÉB. FAM.* épeurer. ▸ *Angoisser* – affoler, agiter, alarmer, angoisser, effrayer, énerver, inquiéter, oppresser, préoccuper, tourmenter, tracasser, troubler. *FAM.* stresser. ▲**ANT.** ENHARDIR; APAISER, CALMER, RASSÉRÉNER, RASSURER, TRANQUILLISER.

époux *n.* ♦ **époux**, *masc.* conjoint, mari. *SOUT.* compagnon (de vie), douce moitié, tendre moitié. ♦ **épouse**, *fém.* conjoint, conjointe, femme. *SOUT.* compagne (de vie), douce moitié, tendre moitié.

éprendre (s') *v.* s'énamourer de, se prendre de passion pour, tomber amoureux de. ▸ *Non favorable* – avoir une passade pour, s'amouracher de, s'engouer de, s'enticher de. *FAM.* se toquer de. *BELG.* s'emmouracher de. ▲**ANT.** SE DÉPRENDRE, SE DÉSINTÉRESSER, SE DÉTACHER; DÉTESTER, HAÏR.

épreuve *n. f.* ♦ **situation difficile** ▸ *Obstacle* – accroc, adversité, anicroche, barrière, blocage, contrariété, contretemps, défense, difficulté, digue, écueil, embarras, empêchement, ennui, entrave, frein, gêne, impasse, impossibilité, inhibition, interdiction, objection, obstruction, ombre au tableau, opposition, pierre d'achoppement, point noir, problème, résistance, restriction, tracas, tribulations. *QUÉB.* irritant. *SOUT.* achoppement, impedimenta, traverse. *FAM.* blème, hic, lézard, os, pépin. *QUÉB. FAM.* aria. ▸ *Revers* – contrariété, coup, coup du destin, coup du sort, coup dur, disgrâce, échec, hydre, infortune, mal, malchance, malheur, mauvais moment à passer, misère, péril, revers, ruine, tribulation. *SOUT.* traverse. ▸ *Malheur* – adversité, calamité, calice (de douleur), chagrin, détresse, deuil, disgrâce, douleur, échec, fatalité, infortune, mal, malchance, malédiction, malheur, mauvaise fortune, mauvaise passe, mésaventure, misère, nuage, orage, peine, revers, ruine, sale affaire, sale histoire, souffrance, traverse, tribulation. *SOUT.* bourrèlement, plaie, tourment. ♦ **compétition** ▸ *Compétition* – affrontement, compétition, concours, duel, face à face, match, tournoi. *SOUT.* joute. *FAM.* compète. ♦ **test** ▸ *Expérience* – essai, expérience, expérimentation, test. ▸ *Vérification* – analyse, apurement, audit, censure, confrontation, contrôle, examen, expérience, expérimentation, expertise, filtrage, inspection, pointage, recensement, recension, récolement, reconnaissance, recoupement, révision, revue, suivi, supervision, surveillance, test, vérification. ▸ *Contrôle scolaire* – contrôle, évaluation, examen, interrogation, test. *FAM.* colle, interro. ▸ *Test statistique* – événement, éventualité, test. ♦ **copie** ▸ *En photographie* – cliché, diapositive, galvanotype, instantané,

photogramme, photographie, portrait, positif, tirage, trait. *FAM.* diapo, galvano. *ANC.* daguerréotype. ▸ *En cinéma* – épreuve de tournage. ▲**ANT.** BIENFAIT, BONHEUR; RÉUSSITE, SUCCÈS; JOIE.

épris *adj.* amateur, amoureux, avide, entiché, fanatique, féru, fervent, fou, friand, passionné. *FAM.* accro, enragé, fana, maniaque, mordu.

éprouvant *adj.* ▸ *Difficile* – ardu, difficile, dur, pénible, rude. *FAM.* galère. ▸ *Moralement douloureux* – âcre, affligeant, amer, cruel, cuisant, déchirant, douloureux, dur, lancinant, navrant, pénible, poignant, saignant, vif. ▲**ANT.** AISÉ, FACILE; AGRÉABLE, CHARMANT, DÉLICIEUX, PLAISANT, SUBLIME.

éprouvé *adj.* bon, fiable, fidèle, solide. *FAM.* béton. ▲**ANT.** HASARDEUX, INCERTAIN, RISQUÉ.

éprouver *v.* ▸ *Essayer* – essayer, expérimenter, mettre à l'épreuve, tester. ▸ *Constater* (*SOUT.*) – constater, découvrir, prendre conscience, réaliser, remarquer, s'apercevoir, s'aviser, se rendre compte, voir. ▸ *Traiter avec rigueur* – brimer, malmener, maltraiter, secouer. *FIG.* cahoter. ▸ *Ressentir une sensation* – avoir, ressentir, sentir. ▸ *Ressentir un sentiment* – avoir, concevoir, ressentir. ▸ *Vivre* – connaître, expérimenter, faire l'expérience de, vivre. ▲**ANT.** △ÉPROUVÉ – HASARDEUX, INCERTAIN, RISQUÉ.

épuisant *adj.* abrutissant, accablant, éreintant, exténuant, fatigant, harassant, surmenant. *FAM.* claquant, crevant, esquintant, tuant, usant. *FRANCE FAM.* cassant, foulant, liquéfiant. ▲**ANT.** APAISANT, DÉLASSANT, RELAXANT, REPOSANT.

épuisé *adj.* à bout, à plat, brisé, courbatu, éreinté, exténué, fatigué, fourbu, harassé, las, mort (de fatigue), moulu (de fatigue). *SOUT.* recru (de fatigue), rompu (de fatigue), roué de fatigue. *FAM.* au bout du rouleau, avachi, claqué, crevé, esquinté, flagada, flapi, lessivé, nase, pompé, ramollo, raplapla, rétamé, sur le flanc, sur les genoux, sur les rotules, vanné, vidé. *QUÉB. FAM.* au coton, brûlé, poqué. ▲**ANT.** DÉTENDU, REPOSÉ.

épuisement *n. m.* ▸ *Affaiblissement* – abattement, accablement, affaiblissement, alanguissement, amoindrissement, amollissement, anémie, apathie, avachissement, consomption, découragement, défaillance, dépérissement, étiolement, exténuation, fatigue, fragilisation, harassement, lassitude, rabaissement, ralentissement, ramollissement, sape, usure. *SOUT.* débilité. *MÉD.* adynamie, asthénie, asthénomanie, atonie, collapsus, débilitation. ▸ *Fatigue* – abattement, accablement, affaiblissement, affaissement, affalement, alanguissement, amollissement, anéantissement, apathie, atonie, consomption, éreintement, exténuation, faiblesse, fatigue, forçage, harassement, inertie, labeur, langueur, lassitude, marasme, peine, prostration, stress, surmenage. *MÉD.* adynamie, anémie, asthénie. ▸ *Raréfaction* – amoindrissement, appauvrissement, déperdition, diminution, disparition, dispersion, dissémination, éclaircissement, raréfaction, rarescence, tarissement. ▲**ANT.** REVIGORATION; RÉCUPÉRATION, REPOS; ENRICHISSEMENT; MULTIPLICATION.

épuiser *v.* ▸ *Exténuer* – abrutir, briser, courbaturer, éreinter, exténuer, fatiguer, forcer, harasser, lasser, mettre à plat, surmener, tuer. *FAM.* claquer, crever,

épuration

démolir, esquinter, lessiver, mettre sur le flanc, nettoyer, pomper, rétamer, vanner, vider. *QUÉB. FAM.* maganer. ▸ *Tarir* – appauvrir, tarir, user. ▸ *Étudier à fond* – approfondir, ausculter, creuser, étudier à fond, examiner sous toutes les coutures, fouiller, passer au crible, scruter, traiter à fond. ♦ *s'épuiser* ▸ *S'exténuer* – brûler la chandelle par les deux bouts, s'éreinter, s'exténuer, se fatiguer, se mettre à plat, se surmener, se tuer. *FAM.* s'esquinter, se casser, se crever, se fouler. *QUÉB. FAM.* se mettre à terre. ▲**ANT.** FORTIFIER, REVIGORER; APPROVISIONNER, ENRICHIR, FOURNIR, POURVOIR; EMPLIR, REMPLIR. △S'ÉPUISER – SE DÉTENDRE, SE REPOSER.

épuration *n. f.* ▸ *Nettoyage* – assainissement, nettoiement, nettoyage, purification. ▸ *Purification des eaux* – clarification, dépollution, écumage. *DIDACT.* dépuration. ▸ *Purification d'un métal* – affinage, raffinage. *DIDACT.* dépuration. ▸ *Purification d'un texte* – échenillage, expurgation. ▸ *Simplification* – abrégement, allégement, amenuisement, amoindrissement, amputation, atténuation, compression, délestage, diminution, gommage, graticulation, miniaturisation, minimalisation, minimisation, minoration, raccourcissement, racornissement, rapetissement, réduction, resserrement, restriction, rétrécissement, schématisation, simplification. *SOUT.* estompement. ▸ *Exclusion* – balayage, chasse aux sorcières, coup de balai, exclusion, expulsion, liquidation, purge. ▲**ANT.** CONTAMINATION, POLLUTION; CORRUPTION; RECRUTEMENT.

épuré *adj.* châtié, recherché, soigné.

épurer *v.* ▸ *Purifier un liquide* – clarifier, coller *(vin)*, décanter, déféquer, dépurer, filtrer, passer, purifier, sasser, soutirer, tirer au clair. ▸ *Dépolluer un lieu* – décontaminer, dépolluer. ▸ *Raffiner* – affiner, raffiner. *SOUT.* sublimer. ▸ *Soigner le style, la langue* – châtier, polir, soigner. ▲**ANT.** AVARIER, CONTAMINER, INFECTER, POLLUER, SALIR, SOUILLER, VICIER; CORROMPRE, PERVERTIR; SURCHARGER.

équatorial *adj.* ▲**ANT.** POLAIRE.

équilatéral *adj.* ▲**ANT.** QUELCONQUE, SCALÈNE.

équilibré *adj.* ▸ *En équilibre* – assuré, en équilibre, ferme, solide, stable. ▸ *En bonne santé psychique* – bien dans sa peau, épanoui, sain. ▲**ANT.** BANCAL, BOITEUX, BRANLANT, EN DÉSÉQUILIBRE, INSTABLE; ALIÉNÉ, DÉMENT, DÉSAXÉ, DÉSÉQUILIBRÉ, FOU, PSYCHOPATHE.

équilibre *n. m.* ▸ *Stabilité physique* – aplomb, assiette, assise, solidité, stabilité. ▸ *Équilibre concret* – balance, balancement, ballant, suspension. ▸ *Équilibre abstrait* – accord, balance, balancement, compensation, contrepoids, égalité, harmonie, juste milieu, moyenne, pondération, proportion, symétrie. ▸ *Accord* – association, connexion, connexité, corrélation, correspondance, dépendance, filiation, interaction, interdépendance, interrelation, liaison, lien, lien causal, rapport, rapprochement, relation, relation de cause à effet. *FIG.* pont. ▸ *Sérénité* – apathie, ataraxie, calme, détachement, distanciation, égalité d'âme, égalité d'humeur, flegme, impassibilité, imperturbabilité, indifférence, paix, philosophie, placidité, quiétude, sérénité, stoïcisme, tranquillité.

SOUT. équanimité. ▲**ANT.** DÉSÉQUILIBRE, INSTABILITÉ; DISPARITÉ, DISPROPORTION; CONTRASTE, DISCORDANCE.

équilibrer *v.* ▸ *Mettre en équilibre* – asseoir, mettre d'aplomb, stabiliser. ▸ *Contrebalancer* – balancer, compenser, contrebalancer, faire contrepoids à, faire équilibre à, neutraliser, pondérer. ▲**ANT.** DÉSÉQUILIBRER.

équipage *n. m.* ▸ *Accompagnement* – accompagnement, convoi, cortège, escorte, garde, gardes du corps, pompe, service de protection, suite. ▸ *Employés d'une maison* – domesticité, domestiques, gens de maison, personnel (de maison), suite. *PÉJ. SOUT.* valetaille.

équipe *n. f.* ▸ *Ensemble de personnes* – bande, brigade, caravane, cellule, collectif, colonie, corps, escadron, escouade, groupe, horde, individus, membres, meute, noyau, peloton, troupe. *IRON.* fournée. *FAM.* bataillon, brochette, cohorte. ▸ *Association sportive* – club, organisation.

équipement *n. m.* ▸ *Matériel* – affaires, appareil, bagage, chargement, fourniment, harnachement, instruments, matériel, outillage, outils. *FAM.* arsenal, attirail, barda, bastringue, bataclan, bazar, fourbi, matos, paquet, paquetage, saint-crépin, saint-frusquin. *QUÉB. FAM.* agrès, gréage, gréement. ▸ *Matériel d'un bateau* – armement, avitaillement, gréage, gréement, mâtage, mâtement. ▲**ANT.** DÉSÉQUIPEMENT.

équiper *v.* doter, garnir, munir, nantir, outiller, pourvoir. *QUÉB. ACADIE* gréer. ♦ *s'équiper* se doter, se munir, se nantir, se pourvoir. *SOUT.* se précautionner. ▲**ANT.** DÉMUNIR, DÉPOUILLER, DÉSARMER, DÉSÉQUIPER, DÉSHABILLER; VIDER.

équitable *adj.* ▸ *Justifié* – fondé, juste, justifié, légitime, mérité, motivé. ▸ *Sans parti pris* – impartial, intègre, juste, neutre, objectif, sans parti pris. ▲**ANT.** ARBITRAIRE, ATTENTATOIRE, INÉQUITABLE, INIQUE, INJUSTE, PARTIAL.

équité *n. f.* droiture, égalité, impartialité, impersonnalité, intégrité, justice, légalité, neutralité, objectivité, probité. ▲**ANT.** INIQUITÉ, INJUSTICE; FAVORITISME, PARTIALITÉ.

équivalence *n. f.* ▸ *Identité* – adéquation, analogie, conformité, égalité, identité, identité, littéralité, parallélisme, parité, ressemblance, similarité, similitude, unité. *MATH.* congruence, homéomorphisme. ▸ *Analogie* – allégorie, analogue, apologue, assimilation, association (d'idées), catachrèse *(lexicalisée)*, comparaison, figure, image, lien, métaphore, parabole, parallèle, parenté, personnification, rapport, rapprochement, relation, ressemblance, similitude, symbole, symbolisme. ▲**ANT.** DIFFÉRENCE, DISSEMBLANCE, DISSIMILITUDE, INÉGALITÉ.

équivalent *adj.* ▸ *Pareil* – du pareil au même, égal, identique, inchangé, même, pareil, tel. ▸ *Semblable* – analogue, apparenté, approchant, assimilable, comparable, conforme, contigu, correspondant, homogène, homologue, indifférencié, pareil, parent, proche, ressemblant, semblable, similaire, voisin. *FAM.* kif-kif. *DIDACT.* commensurable. ▲**ANT.** DIFFÉRENT, DISTINCT, INÉGAL.

équivalent *n. m.* ▸ *Correspondant* – analogue, correspondant, homologue, pareil, parent, pendant, semblable. ▸ *Expression* – paraphrase, périphrase, synonyme. ▲ANT. ANTITHÈSE, CONTRAIRE, OPPOSÉ.

équivaloir *v.* correspondre à, égaler, représenter, revenir à, valoir. ▲ANT. DIFFÉRER DE.

équivoque *adj.* ▸ *Qui a plus d'un sens possible* – à double entente, à double sens, ambigu. SOUT. amphibologique. LING. plurivoque, polysémique. ▸ *Qui n'inspire pas confiance* – douteux, louche, suspect, véreux. FAM. pas (très) catholique. ▲ANT. CATÉGORIQUE, DÉCIDÉ, DÉTERMINÉ, FERME, RÉSOLU; FRANC, HONNÊTE; UNIVOQUE.

équivoque *n. f.* ▸ *Ambiguïté* – ambiguïté, ambivalence, amphibologie, dilogie, double entente, double sens, énigme, incertitude, indétermination, obscurité, plurivocité, polysémie. ▸ *Malentendu* – confusion, erreur, imbroglio, maldonne, malentendu, mécompte, méprise, quiproquo. ▲ANT. CLARTÉ, FRANCHISE; CERTITUDE.

ère *n. f.* ▸ *Époque* – âge, cycle, date, époque, étape, génération, heure, jour, moment, période, règne, saison, siècle, temps. ▸ *Ère géologique* – âge, période, série, système.

éreinté *adj.* à bout, à plat, brisé, courbatu, épuisé, exténué, fatigué, fourbu, harassé, las, mort (de fatigue), moulu (de fatigue). ramolli. SOUT. recru (de fatigue), rompu (de fatigue), roué de fatigue. FAM. au bout du rouleau, avachi, claqué, crevé, esquinté, flagada, flapi, lessivé, nase, pompé, ramollo, raplapla, rétamé, sur le flanc, sur les genoux, sur les rotules, vanné, vidé. QUÉB. FAM. au coton, brûlé, poqué.

ériger *v.* ▸ *Faire tenir droit* – dresser, élever, planter. ▸ *Bâtir une chose concrète* – bâtir, construire, dresser, édifier, élever. ▸ *Bâtir une chose abstraite* – bâtir, construire, édifier. ▸ *Non favorable* – échafauder. ▸ *Constituer* (SOUT.) – constituer, créer, établir, fonder, former, instaurer, instituer, mettre en place. ♦ **s'ériger** ▸ *Se présenter* – se poser en, se présenter comme. ▲ANT. ABATTRE, COUCHER; DÉMOLIR, DÉTRUIRE; ABOLIR, ANÉANTIR.

ermite *n. m.* ▸ *Religieux* – anachorète, reclus. ▸ *Personne solitaire* – misanthrope, ours, reclus, sauvage/sauvagesse, solitaire. ▸ *Crustacé* – bernard-l'hermite. ZOOL. pagure. ▲ANT. CÉNOBITE.

éroder *v.* ▸ *Corroder* – attaquer, corroder, entamer, manger, mordre, ronger. ▸ *Creuser par le fond* – affouiller, creuser, dégrader, miner, ronger, saper. ▸ *Diminuer* – affaiblir, amortir, atténuer, diminuer, effacer, émousser, estomper, oblitérer, user. ▲ANT. ACCUMULER, ENTASSER, REMBLAYER; AFFERMIR, RENFORCER.

érosion *n. f.* ▸ *Frottement* – abrasion, bouchonnage, bouchonnement, brossage, embrocation, friction, frottage, frottement, frottis, grattage, grattement, massage, onction, raclage, râpage, ripage, ripement, traînement, trituration. FAM. grattouillement. ▸ *Usure* – abrasion, cisaillement, corrosion, dégradation, diminution, éraillement, frai (monnaie), patine, rongeage (impression textile), rongement, usure. TECHN. étincelage. ▲ANT. REMBLAIEMENT.

érotique *adj.* ▸ *Sexuel* – amoureux, physique, sexuel. DIDACT. libidinal. ▸ *Torride* – ardent, brûlant, chaud, passionné, torride. ▸ *Aguichant* – affriolant, aguichant, aguicheur, aphrodisiaque, émoustillant, impudique, incendiaire, langoureux, lascif, osé, provocant, sensuel, suggestif, troublant, voluptueux. DIDACT. anacréontique. ▲ANT. CHASTE, PLATONIQUE, PUDIQUE, PUR, SAGE, VIRGINAL.

érotisme *n. m.* ▸ *Goût pour ce qui est érotique* – bas instincts, plaisir érotique, plaisir sexuel, sexe, sexualité. SOUT. plaisirs de la chair. PAR EUPHÉM. ça, la chose; FRANCE la bagatelle, la gaudriole. ▸ *Caractère érotique* – attrait sexuel, charme sensuel. ▲ANT. CHASTETÉ, PLATONISME.

errant *adj.* ▸ *En parlant de qqn* – instable, mobile, nomade, sans domicile fixe, vagabond. SOUT. sans feu ni lieu. QUÉB. itinérant. ▸ *En parlant de qqch.* – flottant, vagabond. ▲ANT. SÉDENTAIRE; FIXE, STABLE.

errer *v.* ▸ *Se promener* – badauder, déambuler, flâner, rôder, (se) baguenauder, se balader, se promener, traînailler, traînasser, traîner, vagabonder. SOUT. battre le pavé, divaguer, vaguer. FAM. vadrouiller, zoner. ACADIE FAM. gaboter. BELG. FAM. baligander, balziner. ▸ *Se tromper* (SOUT.) – avoir tort, commettre une erreur, faire erreur, faire fausse route, s'abuser, se fourvoyer, se méprendre, se tromper. SOUT. s'égarer. FAM. prendre des vessies pour des lanternes, se blouser, se ficher dedans, se fourrer le doigt dans l'œil, se gourer, se mettre dedans, se mettre le doigt dans l'œil, se planter. ▸ *En parlant de l'esprit* – flotter, vagabonder. SOUT. vaguer. ▲ANT. S'ARRÊTER, S'IMMOBILISER; SE DIRIGER; AVOIR RAISON; SE CONCENTRER, SE FIXER.

erreur *n. f.* ▸ *Inexactitude* – écart, faute, imperfection, imprécision, incorrection, inexactitude, infidélité, irrégularité. ▸ *Bévue* – balourdise, bavure, bêtise, bévue, blague, bourde, distraction, étourderie, fausse manœuvre, fausse note, faute, faux pas, gaucherie, impair, imprudence, maladresse, maldonne, méprise, sottise. FAM. boulette, couac, gaffe, gourance, gourante. ▸ *Malentendu* – confusion, équivoque, imbroglio, maldonne, malentendu, mécompte, méprise, quiproquo. ▸ *Aberration* – aberrance, aberration, divagation, égarement, errements, méprise. SOUT. fourvoiement. ▸ *Erreur judiciaire* – abus, arbitraire, déloyauté, déni de justice, empiétement, erreur (judiciaire), exploitation, favoritisme, illégalité, illégitimité, inconstitutionnalité, inégalité, iniquité, injustice, irrégularité, mal-jugé, malveillance, noirceur, partialité, passe-droit, privilège, scélératesse, tort, usurpation. SOUT. improbité. ▲ANT. VÉRITÉ; CORRECTION, EXACTITUDE, JUSTESSE; PÉNÉTRATION, PERSPICACITÉ.

erroné *adj.* fautif, faux, incorrect, inexact, mauvais. ▲ANT. BON, CORRECT, EXACT, FIDÈLE, JUSTE.

érudit *adj.* averti, cultivé, éclairé, évolué, instruit, intellectuel, lettré, savant. SOUT. docte. FAM. calé. QUÉB. connaissant, renseigné; FAM. bollé. ▲ANT. BÉOTIEN, IGNARE, IGNORANT, ILLETTRÉ, INCULTE, PHILISTIN.

érudition *n. f.* acquis, (bagage de) connaissances, bagage (intellectuel), compétence, culture (générale), éducation, encyclopédisme, épistémè, expérience, humanisme, instruction, lettres, lumières, notions, sagesse, savoir, science. SOUT. omniscience. ▸ *Pédanterie* – affectation, cuistraillerie, cuistrerie, didactisme, dogmatisme, érudition affectée, fatuité,

éruption

pédanterie, pédantisme, pose, sottise, suffisance. *SOUT.* omniscience, savantasse. ▲**ANT.** IGNORANCE.

éruption *n. f.* ▶ *Jaillissement* – bouillonnement, débordement, ébullition, éclaboussement, écoulement, émission, évacuation, explosion, extrusion, giclée, jaillissement, jet, sortie. ▶ *Écoulement* – circulation, débit, débordement, écoulement, évacuation, exsudation, flux, fuite, ingression, inondation, irrigation, irruption, larmoiement, mouvement, passage, ravinement, régime, ruissellement, sortie, suage, suintement, transpiration, vidange. *SOUT.* submersion, transsudation. *GÉOGR.* défluviation, transfluence, transgression. ▶ *Commencement* – actionnement, amorçage, amorce, balbutiement, bégaiement, commencement, création, début, déclenchement, démarrage, départ, ébauche, embryon, enclenchement, enfance, entrée, esquisse, fondement, germe, inauguration, origine, ouverture, prélude, prémisse, principe, tête. *SOUT.* aube, aurore, matin, prémices. *FIG.* apparition, avènement, éclosion, émergence, explosion, genèse, germination, naissance, venue au monde. ▲**ANT.** INACTIVITÉ, SOMMEIL; IRRUPTION.

escabeau *n. m.* ▶ *Siège* – tabouret. ▶ *Échelle* – échalier, échalis, échelette, échelle, espalier, étrier, marchepied, râtelier *(à fourrage)*, triquet. *BELG.* passet.

escadrille *n. f.* ▶ *Ensemble de navires* – armada, escadre, flotte, force navale. ▶ *Ensemble d'avions* – escadre, flotte, flottille, formation aérienne. ▶ *Ensemble d'oiseaux* – vol, volée.

escadron *n. m.* ▶ *Unité militaire* – bataillon, brigade, colonne, commando, compagnie, corps, échelon, escorte, formation, garde, garnison, légion, parti, patrouille, peloton, régiment, section, soldatesque *(indisciplinés)*, tabor *(Maroc)*, troupe, unité. *PAR EXT.* caserne. *ANC.* escouade, goum, piquet. ▶ *Troupe de personnes* – bande, brigade, caravane, cellule, collectif, colonie, corps, équipe, escouade, groupe, horde, individus, membres, meute, noyau, peloton, troupe. *IRON.* fournée. *FAM.* bataillon, brochette, cohorte.

escalade *n. f.* ▶ *Alpinisme* – alpinisme, ascension, grimpée, montagne, montée, randonnée, trek, trekking, varappe. *FAM.* grimpe, grimpette, rando. ▶ *Aggravation* – accentuation, accroissement, aggravation, alourdissement, amplification, augmentation, complexification, complication, croissance, détérioration, développement, exacerbation, intensification, progrès, progression, propagation, rechute, recrudescence, redoublement. ▲**ANT.** DESCENTE; APAISEMENT, DÉSESCALADE.

escalader *v.* ▶ *Gravir* – ascensionner, faire l'ascension de, gravir, grimper, monter. ▶ *Sauter par-dessus* – enjamber, franchir, passer, sauter. ▲**ANT.** DESCENDRE, DÉVALER; TOMBER.

escale *n. f.* ▶ *Halte* – congé, délassement, détente, halte, loisir, mi-temps, pause, récréation, récupération, relâche, répit, repos, temps, trêve, vacances, villégiature. ▶ *Port* – accul, appontement, bassin, cale de radoub, cale sèche, darse, débarcadère, dock, embarcadère, havre, hivernage, marina, mouillage, port, port de plaisance, quai, rade, relâche, wharf. ▶ *Étape*

– auberge, complexe hôtelier, étape, gîte, halte, hôtel, hôtellerie, relais. ▶ *Pays arabes* – caravansérail, fondouk, khan. ▶ *Autres pays* – posada *(Espagne)*, ryokan *(Japon)*. ▶ *Québec* – gîte du passant, gîte touristique. ▲**ANT.** CONTINUATION, POURSUITE.

escalier *n. m.* ▶ *Marche* (BELG.) – marche, marchepied. *SOUT.* degré.

escamoter *v.* ▶ *Cacher une chose concrète* – cacher, camoufler, couvrir, dérober, dérober aux regards, dissimuler, masquer, receler, recouvrir, soustraire à la vue, soustraire aux regards, voiler. *MILIT.* classifier *(document)*. *FAM.* planquer. ▶ *Voler* – dérober, faire main basse sur, prendre, soustraire, subtiliser, voler. *FAM.* barboter, chaparder, chiper, choper, faire, faucher, flibuster, piquer, rafler, taxer. *FRANCE FAM.* calotter, chouraver, chourer. *QUÉB. FAM.* sauter. ▶ *Replier* – rentrer, replier. ▶ *Cacher une chose abstraite* – cacher, camoufler, couvrir, déguiser, dissimuler, envelopper, étouffer, farder, grimer, maquiller, masquer, occulter, travestir. *SOUT.* pallier. *QUÉB. FAM.* abrier. ▶ *Omettre* – manquer, omettre, oublier, passer, sauter. ▶ *Éluder* – contourner, éluder, esquiver, éviter, fuir, se dérober à, tourner. ▲**ANT.** DÉVOILER, EXHIBER, EXPOSER, METTRE EN ÉVIDENE, MONTRER.

esclavage *n. m.* ▶ *Dépendance* – abaissement, allégeance, appartenance, asservissement, assujettissement, attachement, captivité, contrainte, dépendance, domestication, domesticité, domination, emprise, gêne, hilotisme, inféodation, infériorité, mainmise, merci, mouvance, obédience, obéissance, obligation, oppression, pouvoir, puissance, servage, servitude, soumission, subordination, sujétion, tutelle, tyrannie, vassalité. *FIG.* carcan, chaîne, corset (de fer), coupe, fardeau, griffe, main, patte, prison; *SOUT.* fers, gaine, joug. *PHILOS.* hétéronomie. ▲**ANT.** AFFRANCHISSEMENT, ÉMANCIPATION, LIBÉRATION; INDÉPENDANCE, LIBERTÉ.

esclave *adj.* ▶ *Dominé* – asservi, assujetti, attaché, dépendant, dominé, prisonnier. *SOUT.* captif. ▲**ANT.** AFFRANCHI, ÉMANCIPÉ, INDÉPENDANT, LIBRE. △ESCLAVE DE – AFFRANCHI DE, DÉLIVRÉ DE, LIBRE DE.

esclave *n.* ▶ *Personne soumise à un maître* ▶ *Noir* – bois d'ébène, esclave noir. *ANC.* nègre. ▶ *Personne qui dépend d'une autre* – baudruche, cire molle, fantoche, figurant, jouet, mannequin, marionnette, mouton, pantin, potiche, suiveur, suiviste. *FAM.* béni-oui-oui. *QUÉB. FAM.* suiveux. ▲**ANT.** MAÎTRE; AFFRANCHI.

escompter *v.* ▶ *Prévoir* – anticiper, compter, espérer, prévoir, s'attendre à. ▲**ANT.** CRAINDRE.

escorte *n. f.* accompagnement, convoi, cortège, équipage, garde, gardes du corps, pompe, service de protection, suite.

escorter *v.* accompagner, amener, conduire, convoyer, emmener, mener. *PÉJ.* flanquer. ▲**ANT.** ABANDONNER, FAUSSER COMPAGNIE À, QUITTER.

escouade *n. f.* ▶ *Ensemble de personnes* – bande, brigade, caravane, cellule, collectif, colonie, corps, équipe, escadron, groupe, horde, individus, membres, meute, noyau, peloton, troupe. *IRON.* fournée. *FAM.* bataillon, brochette, cohorte.

escroquerie *n. f.* ▶ *Tromperie* – abus de confiance, canaillerie, carambouillage, carambouille, charlatanerie, charlatanisme, coup monté, crapulerie, enjôlement, escamotage, fraude, grivèlerie, maquignonnage, mystification, supercherie, tricherie, tromperie, usurpation, vol. *SOUT.* coquinerie, duperie, imposture, piperie. *FAM.* arnaque, embrouille, filoutage, friponnerie, tour de passe-passe. *FRANCE FAM.* carottage, entubage, estampage. *DR.* dol, stellionat *(immeubles).* ▶ *Vol* – appropriation, brigandage, cambriolage, déprédation, détournement, détroussement, enlèvement, extorsion, grappillage, kleptomanie, larcin, malversation, maraudage, maraude, pillage, piraterie, rafle, rançonnement, razzia, sac, saccage, spoliation, subtilisation, vol. *SOUT.* rapine. *FAM.* barbotage, chapardage, coup, resquillage, resquille. *FRANCE FAM.* braquage, cambriole, casse, cassement, entôlage, fauche, vol à la roulotte *(voitures),* vol à la tire, vol à main armée. *QUÉB.* taxage *(entre adolescents).* ▲**ANT.** HONNÊTETÉ.

ésotérique *adj.* ▶ *Réservé aux initiés* – cabalistique, initiatique, occulte. ▶ *Mystérieux* – cabalistique, caché, cryptique, énigmatique, hermétique, impénétrable, inaccessible, incompréhensible, inconcevable, inconnaissable, indéchiffrable, indécodable, inexplicable, inintelligible, insaisissable, insondable, mystérieux, nébuleux, obscur, opaque, secret, ténébreux. *SOUT.* abscons, abstrus, sibyllin. ▲**ANT.** LOGIQUE, RÉEL, TANGIBLE; À LA PORTÉE DE TOUS, ACCESSIBLE, CLAIR, COMPRÉHENSIBLE, ÉVIDENT, INTELLIGIBLE, LIMPIDE, SIMPLE, TRANSPARENT; ENDOTÉRIQUE.

espace *n. m.* ▶ *Étendue* – créneau, espacement, fente, interstice, intervalle, ouverture. ▶ *Endroit libre* – jeu, place. ▶ *Aire* – aire, champ, domaine, emplacement, place, région, terrain, territoire, zone. ▶ *Ciel* – air, atmosphère, calotte (céleste), ciel, coupole (céleste), dôme (céleste), sphère céleste, voûte (céleste), zénith. *SOUT.* azur, empyrée, éther, firmament, nues. ▶ *Univers* – ciel, cosmos, création, galaxie, les étoiles, macrocosme, monde, nature, sphère, tout. ▶ *Infini* – illimité, immensité, incommensurable, inconditionné, infini, infinitude, vastité, vastitude. *SOUT.* abîme. ▶ *Intervalle de temps* – battement, creux, distance, durée, espace (de temps), intervalle, laps de temps. *SOUT.* échappée. *QUÉB. ACADIE FAM.* escousse, secousse. *BELG.* fourche.

espacer *v.* ▶ *Distancer dans le temps* – échelonner, étaler, répartir. ▶ *Distancer dans l'espace* – distancer, écarter, éloigner, séparer. *QUÉB. FAM.* détasser. ▲**ANT.** JUXTAPOSER, RAPPROCHER, SERRER, UNIR.

espagnol *n.* ♦ **Espagnol ou Espagnole**▶ *Personne* – *FAM.* Espingouin. ♦ **l'espagnol**▶ *Langue* – castillan, langue castillane, langue de Cervantès, langue espagnole. *HIST.* aljamía *(pour les Mudéjars).*

espèce *n. f.* ▶ *Sorte* – catégorie, classe, famille, genre, groupe, nature, ordre, sorte, type, variété. *SOUT.* gent. ♦ **espèce,** *sing.* ▶ *Hommes* – espèce (humaine), êtres humains, genre humain, homme, humanité, la terre, population du globe, population mondiale, population planétaire. *SOUT.* race humaine. ♦ **espèces,** *plur.*▶ *Monnaie* – argent, argent comptant, argent liquide, billet (de banque), comptant, coupure, liquide, numéraire, papier-monnaie. *FAM.* biffeton. ▶ *Eucharistie* – cène, communion, consubstantiation, eucharistie, hostie, impanation,

saint sacrement (de l'autel), saint sacrifice, (saintes) espèces, transsubstantiation.

espérance *n. f.* attente, confiance, espoir, expectative, optimisme. ▲**ANT.** DÉSESPOIR; APPRÉHENSION, CRAINTE, DÉFIANCE, INQUIÉTUDE.

espérer *v.* ▶ *Désirer* – appeler de tous ses vœux, aspirer à, avoir envie de, désirer, rêver de, souhaiter, soupirer après, vouloir. ▶ *Escompter* – anticiper, compter, escompter, prévoir, s'attendre à. ▲**ANT.** APPRÉHENDER, CRAINDRE; DOUTER; DÉSESPÉRER.

espiègle *adj.* blagueur, coquin, facétieux, farceur, fripon, futé, gamin, malicieux, malin, mutin, plaisantin, polisson, taquin. *QUÉB. FAM.* crapaud, snoreau, vlimeux. ▲**ANT.** ANGÉLIQUE, RÉSERVÉ, SAGE, TIMIDE, TRANQUILLE.

espion *n.* ▶ *Agent secret* – agent de renseignements, agent secret, agent, épieur, sous-marin. *SOUT.* affidé, argus. ▶ *Indicateur* – accusateur, calomniateur, délateur, dénonciateur, détracteur, diffamateur, indicateur, rapporteur. *SOUT.* sycophante, vitupérateur. *FAM.* balance, cafard, cafardeur, cafteur, donneur, indic, mouchard. *QUÉB. FAM.* porte-panier.

espionnage *n. m.* ▶ *Activité des espions* – contre-espionnage, renseignement, services secrets. ▶ *Surveillance* – attention, faction, filature, garde, gardiennage, guet, îlotage, inspection, monitorage, observation, patrouille, ronde, sentinelle, veille, veillée, vigie, vigilance. *FAM.* filoche, flicage. ▶ *Curiosité* – curiosité, indiscrétion. *QUÉB. FAM.* écorniflage.

esplanade *n. f.* agora, forum, parvis, piazza, place piétonnière, place publique, place, placette, rond-point, square. *QUÉB.* carré.

espoir *n. m.* attente, confiance, espérance, expectative, optimisme. ▲**ANT.** DÉSESPOIR; APPRÉHENSION, CRAINTE, DÉFIANCE, INQUIÉTUDE.

esprit *n. m.* ▶ *Âme* – âme, cœur, conscience, mystère, pensée, principe (vital), psyché, psychisme, souffle (vital), spiritualité, transcendance, vie. ▶ *Selon la philosophie* – atman *(hindouisme)*, pneuma *(Grèce antique)*. *PSYCHOL.* conscient. ▶ *Caractère* – abord, caractère, comportement, constitution, état d'âme, état d'esprit, humeur, idiosyncrasie, individualité, mentalité, nature, naturel, personnalité, sensibilité, tempérament, trempe. *FAM.* psychologie. *ACADIE FAM.* alément. *PSYCHOL.* thymie. ▶ *Bon sens* – bon sens, cerveau, cervelle, clairvoyance, compréhension, conception, discernement, entendement, faculté, imagination, intellect, intelligence, jugement, lucidité, pénétration, raison, tête. *FAM.* matière grise, méninges. *QUÉB. FAM.* cocologie. *QUÉB. ACADIE FAM.* jarnigoine. *PHILOS.* logos. ▶ *Humour* – dérision, épigramme, flèche, goguenardise, gouaille, gouaillerie, humour, ironie, lazzi, malice, moquerie, persiflage, pique, plaisanterie, pointe, quolibet, raillerie, ricanement, risée, sarcasme, satire, taquinerie, trait. *SOUT.* brocard, nargue, saillie. *FAM.* vanne. *QUÉB. FAM.* craque. *QUÉB. SUISSE FAM.* fion. ▶ *Fantôme* – apparition, créature éthérée, double, ectoplasme, esprit frappeur, fantôme, mort-vivant, ombre, périsprit, revenant, spectre, vision, zombie. *ANTIQ.* larve, lémure. ▶ *Ange* – ange, esprit aérien, esprit céleste, esprit de (la) lumière, messager de Dieu, ministre de Dieu). ▶ *Produit volatil* (*ANC.*) – essence, vapeur. ▲**ANT.** CHAIR,

esquisse

CORPS, MATIÈRE; BÊTISE; GROSSIÈRETÉ, LOURDEUR; PLATITUDE.

esquisse *n. f.* ▶ *Croquis* – canevas, crayon, crayonné, croquis, dessin, ébauche, épure, essai, étude (préparatoire), griffonnement, pochade, premier jet, préparation, projet, schéma. SOUT. linéaments. FRANCE FAM. crobard. ▶ *Brouillon* – brouillon, ébauche, essai, linéaments, premier jet. ▶ *Commencement* – actionnement, amorçage, amorce, balbutiement, bégaiement, commencement, création, début, déclenchement, démarrage, départ, ébauche, embryon, enclenchement, enfance, entrée, fondement, germe, inauguration, origine, ouverture, prélude, prémisse, principe, tête. SOUT. aube, aurore, matin, prémices. FIG. apparition, avènement, éclosion, émergence, éruption, explosion, genèse, germination, naissance, venue au monde. ▶ *Aperçu* – anticipation, aperçu, avant-goût, avant-première, échantillon, essai, exemple, idée, perspective, tableau. SOUT. préfiguration. FAM. topo. ▶ *Résumé* – abrégé, aide-mémoire, analyse, aperçu, argument, compendium, condensé, éléments, épitomé, extrait, livret, manuel, mémento, morceau, notice, page, passage, plan, précis, promptuaire, raccourci, récapitulation, réduction, résumé, rudiment, schéma, sommaire, somme, synopsis, vade-mecum. FAM. topo. ▲ANT. ACCOMPLISSEMENT, ACHÈVEMENT; VERSION DÉFINITIVE; DÉVELOPPEMENT.

esquisser *v.* ▶ *Dessiner sommairement* – brosser, crayonner, croquer, ébaucher, pocher, profiler, relever, silhouetter, tracer. ▶ *Donner une première forme* – dégrossir, dresser les grandes lignes de, ébaucher, faire l'ébauche de, faire l'esquisse de. ▶ *Commencer un mouvement* – commencer, ébaucher. ▲ANT. FIGNOLER, PEAUFINER; ACCOMPLIR, ACHEVER.

esquiver *v.* ▶ *Se soustraire* – couper à, échapper à, éviter, fuir, passer au travers de, se dérober à, se dispenser de, se soustraire à. FAM. se défiler. FRANCE FAM. se débiner. ▶ *Éluder* – contourner, éluder, escamoter, éviter, fuir, se dérober à, tourner. ♦ **s'esquiver** ▶ *S'éloigner discrètement* – disparaître, fausser compagnie à, filer à l'anglaise, partir en douce, s'échapper, s'éclipser, s'évader. FAM. prendre la tangente, se déguiser en courant d'air. FRANCE FAM. faire basket. ▲ANT. ACCEPTER, AFFRONTER, ASSUMER; FAIRE FACE. △S'ESQUIVER – APPARAÎTRE, SURGIR; RESTER.

essai *n. m.* ▶ *Action d'essayer* – effort, tentative. ▶ *Expérience* – épreuve, expérience, expérimentation, test. ▶ *Traité* – argument, argumentation, cours, développement, discours, dissertation, étude, exposé, manuel, mémoire, monographie, somme, thèse. DR. dire. ▶ *Croquis* – canevas, crayon, crayonné, croquis, dessin, ébauche, épure, esquisse, étude (préparatoire), griffonnement, pochade, premier jet, préparation, projet, schéma. SOUT. linéaments. FRANCE FAM. crobard. ▶ *Brouillon* – brouillon, ébauche, esquisse, linéaments, premier jet. ▶ *Avant-goût* – anticipation, aperçu, avant-goût, avant-première, échantillon, esquisse, exemple, idée, perspective, tableau. SOUT. préfiguration. FAM. topo. ▲ANT. ABSTENTION; RÉUSSITE.

essaim *n. m.* ▶ *Insectes* – nuage, nuée, vol. ▶ *Personnes* – abondance, affluence, armada, armée, attroupement, cohue, concentration, concours, encombrement, flot, forêt, foule, fourmilière, fourmillement, grouillement, légion, marée, masse, meute, monde, multitude, peuple, pléiade *(célébrités)*, pullulement, rassemblement, régiment, réunion, ribambelle, ruche, tas, troupeau. FAM. flopée, marmaille *(enfants)*, tapée, tripotée. QUÉB. achalandage; FAM. tapon, trâlée. PÉJ. ramassis.

essayer *v.* ▶ *Tester* – éprouver, expérimenter, mettre à l'épreuve, tester. ▶ *Vivre une expérience* – expérimenter, faire l'essai de, faire l'expérience de, tâter de. ▶ *S'efforcer* – chercher à, entreprendre de, s'attacher à, s'efforcer de, s'ingénier à, tâcher de, tenter de, travailler à. SOUT. avoir à cœur de, faire effort pour, prendre à tâche de. ▶ *Tâtonner* – hésiter, tâtonner. ♦ **s'essayer** ▶ *Faire une tentative risquée* – s'avancer, s'aventurer, s'engager, se hasarder, se lancer, se risquer. FAM. s'embarquer, s'empêtrer, se fourrer, se mettre les pieds dans. FRANCE FAM. s'embringuer. ▲ANT. S'ABSTENIR; RENONCER.

essence *n. f.* ▶ *Nature* – caractère, en-soi, essentialité, inhérence, nature, principe, qualité, quintessence, substance. SOUT. (substantique) moelle. PHILOS. entité, quiddité. ▶ *Partie essentielle* – cœur, corps, dominante, essentiel, fond, gros, important, principal, substance, tout, vif. ▶ *Existence* – actualité, être, existence, fait, occurrence, présence, réalité, réel, substance, vie. ▶ *Aura* – âme, aura, corps astral, double (éthéré), émanation, éther, vapeur. ▶ *Produit volatil* (ANC.) – vapeur. ANC. esprit. ▶ *Liquide aromatisé* – concentré, extrait. ▲ANT. ACCIDENT, APPARENCE; EXISTENCE.

essentiel *adj.* ▶ *Indispensable* – capital, crucial, de première nécessité, fondamental, important, incontournable, indispensable, irremplaçable, nécessaire, primordial, vital. ▶ *Principal* – capital, central, crucial, de la plus haute importance, de premier plan, décisif, déterminant, dominant, fondamental, important, maître, majeur, numéro un, prédominant, prééminent, premier, prépondérant, primordial, principal, prioritaire, supérieur. SOUT. à nul autre second, cardinal. ▶ *Intrinsèque* – constitutif, foncier, fondamental, inhérent, inné, intrinsèque, radical. PHILOS. immanent, substantiel. ▲ANT. EN TROP, INUTILE, SUPERFLU; ACCESSOIRE, ANNEXE, CONTINGENT, ÉPISODIQUE, INCIDENT, INSIGNIFIANT, MARGINAL, MINEUR, NÉGLIGEABLE, SECONDAIRE; ACCIDENTEL (philosophie), RELATIF.

essentiel *n. m.* ▶ *Rudiments* – a b c, b.a.-ba, base, éléments, notions, notions de base, notions élémentaires, principes, rudiments, teinture, théorie. PÉJ. vernis. ▶ *Partie la plus importante* – cœur, corps, dominante, essence, fond, gros, important, principal, substance, tout, vif. ▶ *Objets indispensables* – indispensable, nécessaire. ▲ANT. ACCESSOIRE, DÉTAIL.

essentiellement *adv.* ▶ *Fondamentalement* – absolument, en essence, foncièrement, fondamentalement, intrinsèquement, organiquement, primordialement, principalement, profondément, radicalement, substantiellement, totalement, viscéralement, vitalement. ▶ *Obligatoirement* – à tout prix, absolument, coûte que coûte, impérativement, impérieusement, inconditionnellement, indispensablement, nécessairement, obligatoirement, sans faute. ▲ANT.

ACCIDENTELLEMENT; ACCESSOIREMENT, AUXILIAIREMENT, INCIDEMMENT, MARGINALEMENT, SECONDAIREMENT.

essor *n. m.* ▶ *Élan* – bond, branle, coup, élan, élancement, envolée, erre, impulsion, lancée, lancement, mouvement, rondade *(acrobatie)*, saut. QUÉB. FAM. erre d'aller. ▶ *Croissance* – accentuation, accroissement, accrue, agrandissement, amplification, arrondissement, augmentation, bond, boom, crescendo, croissance, crue, développement, dilatation, élargissement, élévation, enflement, enrichissement, envolée, évolution, expansion, extension, flambée, foisonnement, gonflement, gradation, grossissement, hausse, haussement, inflation, intensification, majoration, montée, poussée, progrès, progression, recrudescence, redressement, rehaussement, relèvement, renchérissement, renforcement, revalorisation, valorisation. ▶ *Prospérité* – activité, boom, plein-emploi, prospérité. ▲ANT. ATTERRISSAGE; BAISSE, CHUTE; DÉCLIN, RUINE; STAGNATION.

essoufflement *n. m.* ▶ *Respiration* – anhélation, apnée, asthme, dyspnée, enchifrènement, étouffement, halètement, han, oppression, pousse, ronflement, sibilation, suffocation. MÉD. stertor, stridor *(inspiration)*. SOUT. ahan. ACADIE FAM. courte-haleine. ▶ *Déclin* – abaissement, affaiblissement, affaissement, amenuisement, amoindrissement, baisse, chute, creux, déclin, décroissance, décroissement, décrue, dégression, déplétion, dépréciation, descente, désescalade, dévalorisation, dévaluation, diminution, éclipse, effondrement, effritement, fléchissement, ralentissement, réduction. SOUT. émasculation. ▲ANT. RÉCUPÉRATION, REPOS.

essouffler(s') *v.* ▶ *Manquer de souffle* – avoir le souffle court, étouffer, être hors d'haleine, haleter, manquer de souffle, perdre haleine, s'époumoner, souffler, suffoquer. SOUT. anhéler, panteler. QUÉB. FAM. pomper. ▶ *Régresser* – décliner, diminuer, ralentir, régresser. ▲ANT. RÉCUPÉRER, REPRENDRE SON SOUFFLE.

essuyer *v.* ▶ *Enlever l'eau* – éponger, étancher, sécher, tamponner. ▶ *Enlever la poussière* – dépoussiérer, épousseter. FAM. faire la poussière/les poussières. ▶ *Enlever ce qui salit* – FAM. torcher. ▶ *Subir* – endurer, éprouver, souffrir, soutenir, subir. ▲ANT. HUMECTER, IMBIBER, MOUILLER, TREMPER; EMPOUSSIÉRER, MACULER, SALIR, SOUILLER; CAUSER, INFLIGER, PROVOQUER.

est *adj.* oriental. ▲ANT. OCCIDENTAL, OUEST.

est *n. m. sing.* levant, orient. ▲ANT. COUCHANT, OCCIDENT, OUEST.

estampe *n. f.* ▶ *Image* – lithographie. FAM. litho. ▶ *Machine* – mouton.

esthète *n.* raffiné. ▲ANT. BARBARE, BÉOTIEN, IGNARE.

esthétique *adj.* ▶ *Beau* – beau, élégant, gracieux. ▲ANT. DISGRACIEUX, INESTHÉTIQUE, LAID, LOURD.

esthétique *n. f.* ▶ *Beauté* – agrément, art, attrait, beau, beauté, charme, chic, classe, coquetterie, délicatesse, distinction, éclat, élégance, féerie, fraîcheur, grâce, gracieux, harmonie, magnificence, majesté, perfection, photogénie, pureté, séduction, splendeur, symétrie. DIDACT. eurythmie. SOUT. blandice, joliesse, morbidesse, sublimité, symphonie,

vénusté. ▶ *Étude des soins de beauté* – cosmétologie. ▲ANT. LAIDEUR.

estime *n. f.* ▶ *Respect* – admiration, considération, déférence, égard, hommage, ménagement, respect, révérence. ▶ *Opinion* – appréciation, avis, conception, conviction, critique, croyance, dogme, idée, impression, jugement, opinion, optique, pensée, perception, point de vue, position, principe, prise de position, sentiment, théorie, thèse, vote, vue. SOUT. oracle. ▲ANT. DÉCONSIDÉRATION, DÉDAIN, MÉPRIS.

estimer *v.* ▶ *Évaluer* – apprécier, calculer, évaluer, jauger, juger, mesurer, peser, soupeser, supputer, toiser. ▶ *Trouver* – considérer, croire, être d'avis que, juger, penser, regarder, tenir, trouver. SOUT. compter, réputer. ▶ *Traiter avec respect* – avoir bonne opinion de, considérer, faire cas de, priser, respecter, tenir en estime. ♦ **s'estimer** ▶ *Se considérer* – se compter, se considérer, se croire, se penser, se trouver. ▲ANT. DÉCONSIDÉRER, DÉDAIGNER, DÉPRÉCIER, MÉPRISER, MÉSESTIMER.

estival *adj.* ▲ANT. HIVERNAL.

estrade *n. f.* catafalque *(cercueil)*, chaire, minbar *(mosquée)*, plateau, tribune. FAM. perchoir. ANC. hourd. ANTIQ. rostres. ▲ANT. PARTERRE, PUBLIC, SALLE.

estropié *adj.* blessé, éclopé, mutilé. FAM. accidenté. ACADIE FAM. esclopé.

étable *n. f.* ▶ *Bâtiment* – SUISSE écurie.

établir *v.* ▶ *Organiser* – élaborer, former, mettre sur pied, monter, organiser. ▶ *Mettre en vigueur* – constituer, créer, fonder, former, instaurer, instituer, mettre en place. SOUT. ériger. ▶ *Trouver une situation à qqn* – caser, placer. ▶ *Baser une chose abstraite* – appuyer, asseoir, baser, faire reposer, fonder. ▶ *Constituer une preuve* – attester, confirmer, démontrer, justifier, montrer, prouver, vérifier. ▶ *Caractériser* – caractériser, cerner, cibler, définir, délimiter, déterminer, fixer. ▶ *Démontrer* – démontrer, montrer, prouver. ▶ *Décider* – arrêter, assigner, décider, déterminer, fixer, régler. ♦ **s'établir** ▶ *S'installer dans un milieu* – s'implanter, s'installer, se fixer. ▲ANT. ABATTRE, ANÉANTIR, DÉMOLIR, DÉTRUIRE, RENVERSER; ABOLIR, ABROGER, SUPPRIMER. △S'ÉTABLIR – ÉMIGRER, PARTIR, QUITTER, S'EN ALLER.

établissement *n. m.* ▶ *Fixation* – amarrage, ancrage, arrimage, attache, calage, crampon, encartage *(sur une carte)*, épinglage, ferrement, fixage, fixation, goupillage, implantation, scellement. TECHN. dudgeonnage *(un tube dans une plaque)*, embrelage *(chargement d'une voiture)*. ▶ *Mise en place* – constitution, création, disposition, édification, fondation, implantation, importation, installation, instauration, institution, introduction, intronisation, mise en œuvre, mise en place, mise sur pied, nomination, organisation, placement, pose. INFORM. implémentation. ▶ *Immigration* – arrivée, entrée, gain de population, immigration, venue. ▶ *Comptoir* – comptoir, sous-comptoir. ANTIQ. ROM. emporium. ▶ *Entreprise* – affaire, bureau, compagnie, entreprise, exploitation, firme, industrie, institution, société. FAM. boîte, boutique. FRANCE FAM. burlingue. ▶ *Lieu à usage précis* – centre, complexe, maison, station. ▲ANT.

étage

DÉMOLITION, DESTRUCTION, RENVERSEMENT; ABANDON; DÉPART; ABOLITION, ABROGATION.

étage *n. m.* ▶ *Espace* – niveau. ▶ *Classe* (SOUT.) – caste, classe, condition, état, fortune, place, position, rang, situation, statut. ▲ANT. REZ-DE-CHAUSSÉE.

étagère *n. f.* ▶ *Tablette* – balconnet, planchette, rayon, tablette, tirette. BELG. archelle. SUISSE tablar. ▶ *Ensemble de tablettes* – rayonnage, rayons. ▶ *Meuble* – armoire, armoire à glace, bahut, bonnetière, casier, chiffonnier, (meuble de) rangement, semainier, tour. FAM. fourre-tout.

étalage *n. m.* ▶ *Exposition* – concours, démonstration, exhibition, exposition, foire, foire-exposition, galerie, manifestation, montre, présentation, rétrospective, salon, vernissage. FAM. démo, expo. SUISSE comptoir. ▶ *Marchandises* – devanture, éventaire, vitrine. ▶ *Ostentation* – affectation, démonstration, montre, ostentation, parade. FAM. flafla. ▶ *Luxe* – abondance, apparat, appareil, beauté, confort, dolce vita, éclat, faste, grandeur, luxe, magnificence, majesté, opulence, ostentation, pompe, profusion, richesse, somptuosité, splendeur. FAM. tra la la. ▲ANT. DISSIMULATION; DISCRÉTION, SOBRIÉTÉ; MODESTIE; ARRIÈRE-BOUTIQUE, ENTREPÔT.

étaler *v.* ▶ *Étendre en couche mince* – appliquer, étendre, mettre. ▶ *Répartir dans le temps* – échelonner, espacer, répartir. ▶ *Déplier* – déplier, déployer, développer, étendre, ouvrir. ▶ *Étendre en dispersant* – épandre, étendre, répandre. ▶ *Montrer avec ostentation* – afficher, arborer, déployer, exhiber, exposer, faire étalage de, faire montre de, faire parade de. ◆ **s'étaler** ▶ *Se répandre* – s'étendre, se répandre. SOUT. s'épandre. ▶ *Se tenir mollement* – s'affaler, s'avachir, se vautrer. FAM. faire le veau. QUÉB. s'évacher. ▶ *Tomber* (FAM.) – basculer, culbuter, faire une chute, tomber, verser. FAM. aller choir, chuter, dinguer, prendre un billet de parterre, prendre une bûche, prendre une gamelle, prendre une pelle, ramasser un gadin, ramasser une bûche, ramasser une gamelle, ramasser une pelle, s'allonger, se casser la figure, se casser la gueule, se ficher par terre, se rétamer, valdinguer. QUÉB. FAM. piquer une fouille, planter prendre une débarque, prendre une fouille. ▲ANT. EMPILER, ENTASSER, PLIER, RANGER, REMBALLER, ROULER; CACHER, DISSIMULER, VOILER.

étalon *n. m.* ▶ *Cheval* – cheval entier. ▶ *Modèle* – archétype, canon, critère, échantillon, exemple, formule, gabarit, idéal, idée, image, individu, modèle, norme, original, paradigme, précédent, prototype, référence, représentant, type, unité. BIOL. holotype. ▲ANT. HONGRE.

étanche *adj.* ▶ *Imperméable* – hydrofuge, imperméabilisé, imperméable. ▶ *Hermétique* – clos, fermé, hermétique. ▲ANT. PÉNÉTRABLE, PERMÉABLE, POREUX.

étancher *v.* ▶ *Essuyer* – éponger, essuyer, sécher, tamponner. ▶ *Vider de son eau* – assécher, dessécher, mettre à sec, sécher, tarir. ▶ *Boucher une voie d'eau* – aveugler, boucher. ▶ *Faire cesser un besoin* – apaiser, assouvir, calmer, contenter, rassasier, satisfaire, soulager. SOUT. désaltérer, repaître. ▲ANT. ARROSER, HUMECTER, IMBIBER, MOUILLER, TREMPER; DÉVERSER, ÉPANDRE; EXCITER.

étang *n. m.* grenouillère, mare. ▶ *Artificiel* – pièce d'eau. ▶ *Pour les canards* – barbotière, canardière, mare aux canards.

étape *n. f.* ▶ *Phase* – épisode, palier, période, phase, point, stade, transition. ▶ *Époque* – âge, cycle, date, époque, ère, génération, heure, jour, moment, période, règne, saison, siècle, temps. ▶ *Halte* – auberge, complexe hôtelier, escale, gîte, halte, hôtel, hôtellerie, relais. ▶ *Pays arabes* – caravansérail, fondouk, khan. ▶ *Autres pays* – posada (Espagne), ryokan (Japon). ▶ *Québec* – gîte du passant, gîte touristique. ◆ **étapes**, *plur.* ▶ *Ensemble de phases* – procédure.

état *n. m.* ▶ *Manière d'être* – classe, condition, forme, genre, modalité, mode, situation. ▶ *Constitution* – apparence, condition (physique), conformation, constitution, état (physique), forme, nature, santé, vitalité. SOUT. complexion. MÉD. diathèse, habitus. ▶ *Métier* – activité, art, carrière, emploi, gagne-pain, métier, occupation, profession, qualité, services, situation, spécialité, travail. FAM. boulot, turbin, turf. ▶ *Situation sociale* – caste, classe, condition, fortune, place, position, rang, situation, statut. SOUT. étage. ▶ *Bilan* – balance, bilan, compte, compte rendu, conclusion, constat, note, résultat, résumé, situation, tableau. ▶ *Dénombrement* – catalogue, cens, chiffrage, comptage, compte, décompte, dénombrement, détail, énumération, évaluation, inventaire, inventoriage, inventorisation, liste, litanie, numération, recensement, recension, revue, rôle, statistique. ◆ **État** ▶ *Entité politique* – nation, pays. SOUT. Cité. ▶ *Personnes qui administrent un pays* – appareil gouvernemental, appareil politique, conseil, gouvernants, gouvernement, (pouvoir) exécutif, sénat. ▶ *Politique* – affaires publiques, chose publique, gouvernement, politique, pouvoir. SOUT. Cité. ◆ **les États**, *plur.* ▶ *Ensemble d'entités politiques* – bloc, coalition, communauté, confédération, fédération, union. ▲ANT. DEVENIR, ÉVOLUTION; ACTION.

état-major *n. m.* commandement. ▲ANT. TROUPE.

étau *n. m.* presse, serre-joints. TECHN. sergent.

étayer *v.* ▶ *Au sens concret* – soutenir, stabiliser. TECHN. chevaler, enchevaler, étançonner, étrésillonner. ▶ *Au sens abstrait* – appuyer, sous-tendre, soutenir, supporter. ▲ANT. AFFAIBLIR, ÉBRANLER, MINER, RUINER, SAPER.

et cætera (var. **et cetera**) *loc. conj.* ainsi de suite, et ainsi de suite, et le reste. FAM. et tout le bataclan, et tout le bordel, et tout le tremblement.

été *n. m.* beaux jours, belle saison, saison chaude, saison estivale, saison sèche. ▲ANT. HIVER.

éteindre *v.* ▶ *Faire cesser de brûler* – étouffer. ▶ *Interrompre le fonctionnement* – arrêter. FAM. fermer. ▶ *Rembourser une dette* – acquitter, amortir, honorer, liquider, rembourser, s'acquitter de. ▶ *Rendre moins ardent* – attiédir, modérer, refroidir. FAM. doucher. ◆ **s'éteindre** ▶ *Agoniser* – agoniser, être à l'agonie, être à l'article de la mort, être à la dernière extrémité, lutter contre la mort, mener le dernier combat. SOUT. avoir l'âme sur les lèvres, être aux portes de la mort, se mourir. FAM. avoir un pied dans la fosse, avoir un pied dans la tombe. *QUÉB. FAM.* achever. ▶ *Mourir* – décéder, être emporté, être tué, expirer, mourir, perdre la vie, périr, succomber, trouver la mort. *SOUT.* exhaler le dernier soupir, passer de vie à trépas, payer tribut à la nature, rendre l'âme, rendre l'esprit, rendre le dernier soupir, rendre son dernier souffle, trépasser. *PAR EUPHÉM.* avoir vécu, disparaître, faire le grand voyage, fermer les paupières, fermer les yeux, finir, monter au ciel, paraître devant Dieu, partir, passer, passer dans l'autre monde, quitter ce (bas) monde, s'effacer, s'en aller, s'endormir. *FAM.* aller ad patres, aller chez les taupes, avaler sa chique, avaler son acte de naissance, boire le bouillon d'onze heures, calancher, caner, casser sa pipe, clamser, claquer, crever, décoller son billard, dévisser son billard, faire couic, passer l'arme à gauche, perdre le goût du pain, rester sur le carreau, s'endormir du sommeil de la tombe, sortir les pieds devant, y rester. *FRANCE FAM.* claboter. *QUÉB. FAM.* lever les pattes, péter au fret. ▲**ANT.** ALLUMER, BRÛLER ; BRILLER, ÉCLAIRER ; ALIMENTER, ATTISER, AVIVER, ENTRETENIR, RANIMER ; AIGUILLONNER, EXCITER, PROVOQUER, RAGAILLARDIR. △ S'ÉTEINDRE – NAÎTRE.

étendard *n. m.* ▶ *Drapeau* – banderole, bandière, bannière, baucent *(ordre du Temple)*, calicot, cornette, couleurs, drapeau, fanion, flamme, gonfalon, guidon, oriflamme, pavillon *(marine)*, pavois *(marine)*, pennon, tanka *(religieux)*. *SOUT.* enseigne. *ANTIQ.* vexille. ▶ *Pétale* – aile, labelle, pétale. *SOUT.* feuille.

étendre *v.* ▶ *Déplier* – déplier, déployer, développer, étaler, ouvrir. ▶ *Déplier le bras, la jambe* – allonger, déplier, étirer. ▶ *Déplier les ailes* – déployer. *SOUT.* éployer. ▶ *Coucher* – allonger, coucher. ▶ *Appliquer* – appliquer, étaler, mettre. ▶ *Épandre* – épandre, étaler, répandre. ▶ *Diluer* – allonger, couper, diluer, éclaircir, mouiller. *FAM.* baptiser. ▶ *Accroître la longueur* – agrandir, allonger, étirer, rallonger. *TECHN.* dégrosser, fileter, laminer, tréfiler. ▶ *Accroître la largeur* – agrandir, desserrer, dilater, donner du large à, élargir, évaser, ouvrir. ▶ *Prolonger dans l'espace* – continuer, prolonger. ▶ *Accroître la durée* – allonger, prolonger, proroger, rallonger, reconduire. ▶ *Accroître une chose abstraite* – accroître, développer, élargir. ▶ *Généraliser* – diffuser, généraliser, répandre, universaliser. ♦ *s'étendre* ▶ *S'étirer* – donner, prêter, s'agrandir, s'étirer, se distendre. ▶ *Se coucher* – s'allonger, se coucher. *FAM.* prendre la position horizontale. ▶ *Se répandre* – s'étaler, se répandre. *SOUT.* s'épandre. ▶ *Irradier* – irradier, se propager, se répandre. ▶ *Occuper un espace* – couvrir, emplir, garnir, occuper, remplir. ▶ *Se prolonger* – continuer, se prolonger. ▲**ANT.** PLIER, REPLIER ; BORNER, LIMITER, RESTREINDRE ; ABRÉGER, COUPER, DIMINUER, ÉCOURTER, RACCOURCIR, RAPETISSER.

étendu *adj.* ample, grand, immense, large, spacieux, vaste.

étendue *n. f.* ▶ *Mesure* – ampleur, dimension, envergure, grandeur, mesure, proportion, valeur. ▶ *Surface* – aire, envergure, superficie, surface. ▶ *Largeur* – ampleur, amplitude, calibre, carrure, diamètre, empan, envergure, évasure, format, giron *(d'une marche)*, grosseur, laize, large, largeur, lé, mo-

dule, portée, taille. ▶ *Registre de la voix* – ambitus, registre, tessiture. ▲**ANT.** ÉTROITESSE.

éternel *adj.* ▶ *Qui dure longtemps* – constant, durable, immortel, immuable, impérissable, imprescriptible, inaltérable, indéfectible, indestructible, indissoluble, infini, permanent, perpétuel, sans fin. *SOUT.* pérenne. ▶ *Hors du temps* – atemporel, intemporel. ▶ *Agaçant* – continuel, incessant, perpétuel, sans fin, sempiternel. ▶ *Inséparable* – inévitable, inséparable. ▲**ANT.** ÉPHÉMÈRE, FUGACE, FUGITIF, MOMENTANÉ, PASSAGER.

éternellement *adv.* à l'infini, à perpétuité, à tous coups, à tous les coups, à tout bout de champ, à tout instant, à (tout) jamais, à tout moment, à toute heure (du jour et de la nuit), à vie, ad vitam æternam, assidûment, beau temps mauvais temps, chroniquement, constamment, continuellement, continûment, dans tous les cas, de nuit comme de jour, de toute éternité, en permanence, en tout temps, en toute saison, en toute(s) circonstance(s), hiver comme été, immuablement, inaltérablement, indéfiniment, infiniment, invariablement, jour et nuit, nuit et jour, perpétuellement, pour la vie, pour les siècles des siècles, rituellement, sans arrêt, sans cesse, sans discontinuer, sans fin, sans interruption, sans relâche, sans répit, sempiternellement, systématiquement, toujours, tous les jours. *SOUT.* à demeure, incessamment. *FAM.* à perpète, tout le temps. ▲**ANT.** MOMENTANÉMENT, POUR UN MOMENT, POUR UN TEMPS, PROVISOIREMENT, TEMPORAIREMENT, TRANSITOIREMENT.

éterniser *v.* ▶ *Maintenir* – continuer, entretenir, maintenir, perpétuer, prolonger. ▶ *Faire durer trop longtemps* – faire durer, prolonger, tirer en longueur, traîner. ▶ *Immortaliser* *(SOUT.)* – immortaliser, perpétuer, transmettre à la postérité. *SOUT.* pérenniser. ♦ *s'éterniser* ▶ *Durer trop longtemps* – n'en plus finir, se prolonger, se traîner, traîner (en longueur). ▶ *Rester trop longtemps* – s'attarder, traîner. ▶ *Attendre trop longtemps* – attendre, compter les clous de la porte, faire antichambre, faire le pied de grue, faire les cent pas, patienter, prendre racine, prendre son mal en patience, s'armer de patience. *FAM.* croquer le marmot, faire le planton, faire le poireau, macérer, mariner, moisir, poireauter, pourrir. *QUÉB. FAM.* niaiser. ▲**ANT.** ABRÉGER, ÉCOURTER. △ S'ÉTERNISER – FILER, PASSER.

éternité *n. f.* ▶ *Pérennité* – éternel, immortalité, pérennité, perpétuité. ▶ *Stabilité* – constance, continu, continuité, durabilité, durée, fermeté, fixité, immuabilité, immutabilité, imprescriptibilité, imputrescibilité, inaliénabilité, inaltérabilité, incorruptibilité, indéfectibilité, indissolubilité, invariabilité, longévité, pérennité, permanence, persistance, stabilité, tenue. *PHYS.* invariance. ▶ *Longue période de temps* – *SOUT.* des lustres. *FAM.* des lunes, des siècles, un bail, un siècle, une paye. *QUÉB. FAM.* une escousse, une mèche, une secousse. ▲**ANT.** BRIÈVETÉ ; INSTANT, MOMENT.

éternuer *v. FAM.* atchoumer.

éther *n. m.* ▶ *Liquide* – éther ordinaire, éther sulfurique, oxyde d'éthyle. ▶ *Ciel* *(SOUT.)* – air, atmosphère, calotte (céleste), ciel, coupole (céleste), dôme (céleste), espace, sphère céleste, voûte (céleste), zénith. *SOUT.* azur, empyrée, firmament, nues. ▶ *Aura*

éthique

– âme, aura, corps astral, double (éthéré), émanation, essence, vapeur.

éthique *adj.* déontologique.

éthique *n. f.* ▶ **Morale** – bien, (bonnes) mœurs, conscience, déontologie, devoir, droit chemin, morale, moralité, obligation (morale), prescription, principes, règles de vie, vertu. *PSYCHOL.* surmoi.

ethnique *adj.* racial.

ethnocentrisme *n. m.* ▲ANT. INTERNATIONALISME, MONDIALISME, UNIVERSALISME.

étincelant *adj.* brasillant, brillant, éclatant, flamboyant, incandescent, luisant, miroitant, papillotant, reluisant, rutilant, scintillant. ▲ANT. BLAFARD, ÉTEINT, MAT, PÂLE, TERNE.

étinceler *v.* ▶ **Jeter des reflets** – brasiller, briller, chatoyer, flamboyer, fulgurer (*éclat passager*), luire, miroiter, reluire, resplendir, rutiler, scintiller. *SOUT.* palpiter, papilloter, pétiller. *BELG.* blinquer. *ACADIE FAM.* mirer. ▶ **Répandre une vive lumière** – briller, irradier, rayonner, resplendir, ruisseler de lumière. *SOUT.* briller de mille feux, flamber, jeter des feux. ▲ANT. S'ÉTEINDRE, S'OBSCURCIR, TERNIR.

étincelle *n. f.* ▶ **Parcelle** – brandon, escarbille, flammèche. ▶ **Cause** (*SOUT.*) – agent, base, cause, explication, facteur, ferment, fondement, fontaine, germe, inspiration, levain, levier, mobile, moteur, motif, motivation, moyen, objet, occasion, origine, point de départ, pourquoi, principe, raison, raison d'être, source, sujet. *SOUT.* mère, racine, ressort.

étiquette *n. f.* ▶ **Chose** – auto-collant, badge, cocarde, décalcomanie, écusson, épinglette, insigne, marque, plaque, porte-nom, rosette, tatouage, timbre, vignette, vitrophanie. *FAM.* macaron. ▶ **Appellation** – appellation, dénomination, désignation, marque, mot, nom, qualification, taxon, taxum, vocable. ▶ **Usage** – bienséance, cérémonial, cérémonie, convenances, décorum, formalité, formule, mondanités, protocole, règle, usage. *FAM.* salamalecs. ▲ANT. LAISSER-ALLER, MALSÉANCE.

étirer *v.* ▶ **Allonger** – agrandir, allonger, étendre, rallonger. *TECHN.* dégrosser, fileter, laminer, tréfiler. ▶ **Distendre** – distendre, tendre, tirer. *MAR.* étarquer (*voile*). ▶ **Déplier le bras, la jambe** – allonger, déplier. ♦ **s'étirer** ▶ **En parlant d'un tissu** – donner, prêter, s'agrandir, s'étendre, se distendre. ▲ANT. COMPRIMER, CONTRACTER, RESSERRER, RÉTRÉCIR. △ S'ÉTIRER – SE BLOTTIR, SE RAMASSER, SE RECROQUEVILLER.

étoffé *adj.* adipeux, (bien) en chair, charnu, corpulent, de forte taille, empâté, épais, fort, gras, gros, imposant, large, lourd, massif, obèse, opulent, plantureux, plein. *FAM.* éléphantesque, hippopotamesque. *FRANCE FAM.* mastoc. *QUÉB. FAM.* baquais.

étoffe *n. f.* ▶ **Envergure** – envergure, genre, importance, qualité, stature. *FIG.* carrure.

étoile *n. f.* ▶ **Astre en général** – corps céleste, corps cosmique. ▶ **Astre producteur de lumière** – soleil. ▶ **Étincelle** – brandon, escarbille, étincelle, flammèche. ▶ **Signe** – astérisque, pentacle, pentagramme. ▶ **Carrefour** – bifurcation, branchement, bretelle, carrefour, croisée, croisement, échangeur, embranchement, fourche, intersection, patte-d'oie, rond-point, (voie de) raccordement. ▶ **Personne célèbre** – célébrité, idole, vedette. ▶ **Destin** – avenir, chance,

demain(s), destin, destinée, devenir, existence, fatalité, fortuité, fortune, futur, hasard, horizon, karma, lendemain(s), lot, nécessité, prédestination, prédétermination, prédéterminisme, providence, sérendipité, sort, vie. *SOUT.* fatum, Parque. ♦ **étoiles**, *plur.* ▶ **Ensemble d'astres** – astérisme (*apparent*), constellation (*apparent*); amas d'étoiles/amas stellaire (*réel*), galaxie (*réel*).

étonnamment *adv.* ▶ **De manière inattendue** – contre toute attente. ▶ **Curieusement** – anormalement, baroquement, bizarrement, curieusement, drôlement, étrangement, excentriquement, extravagamment, originalement, singulièrement. ▲ANT. BANALEMENT, COMME ON S'Y ATTENDAIT, TRIVIALEMENT.

étonnant *adj.* ▶ **Frappant** – frappant, hallucinant, impressionnant, marquant, notable, remarquable, saillant, saisissant, spectaculaire. *FAM.* bluffant. ▶ **Époustouflant** – à (vous) couper le souffle, abasourdissant, ahurissant, bouleversant, confondant, déconcertant, dérangeant, ébahissant, effarant, époustouflant, étourdissant, extraordinaire, impensable, inconcevable, incroyable, inimaginable, inouï, invraisemblable, pétrifiant, renversant, stupéfiant, suffocant, surprenant. *SOUT.* qui confond l'entendement. *FAM.* ébouriffant, mirobolant, sidérant, soufflant. *QUÉB. FAM.* capotant. ▶ **Curieux** – anormal, baroque, bizarre, curieux, drôle, étrange, inaccoutumé, incompréhensible, inexplicable, inhabituel, insolite, inusité, singulier, spécial, surprenant. *SOUT.* extraordinaire. *FAM.* bizarroïde. ▶ **Inattendu** – inattendu, insoupçonné, surprenant. ▶ **Hors du commun** – extraordinaire, fabuleux, fantastique, hors du commun, incroyable, inouï, miraculeux, phénoménal, prodigieux. *FAM.* délirant, dément, dingue, fou. *FRANCE FAM.* foutral. ▲ANT. ATTENDU, BANAL, ININTÉRESSANT, ORDINAIRE, SANS INTÉRÊT.

étonné *adj.* abasourdi, ahuri, bouche bée, confondu, ébahi, éberlué, estomaqué, frappé de stupeur, hébété, interdit, interloqué, médusé, muet d'étonnement, pantois, pétrifié, sidéré, stupéfait, surpris. *FAM.* baba, ébaubi, épaté, époustouflé, riboulant, soufflé, suffoqué.

étonnement *n. m.* ▶ **Stupeur** – abasourdissement, ahurissement, bouleversement, ébahissement, éblouissement, effarement, émerveillement, saisissement, stupéfaction, stupeur, surprise. *FAM.* épatement. ▶ **Scandale** – choc, commotion, émotion, honte, indignation, scandale. ▶ **Lézarde** – brèche, brisure, cassure, craquelure, crevasse, déchirure, ébréchure, écornure, fêlure, fendillement, fente, fissure, fuite, gerçure, lézarde. *QUÉB. FAM.* craque. *TECHN.* crique, gerce. *DIDACT.* gélivure. *GÉOGR.* rimaye. *GÉOL.* diaclase. ▲ANT. FLEGME, INDIFFÉRENCE.

étonner *v.* ▶ **Surprendre** – frapper (d'étonnement), interloquer, stupéfaire, surprendre. *FAM.* en boucher un coin à, laisser pantois. ▶ **Stupéfier** – abasourdir, ahurir, couper bras et jambes à, couper le souffle à, ébahir, époustoufler, méduser, renverser, saisir, souffler, stupéfaire, stupéfier, suffoquer. *FAM.* décoiffer, défoncer, déménager, ébouriffer, épater, estomaquer, estourbir, scier, sidérer. ▲ANT. BLASER, LAISSER DE GLACE, LAISSER DE MARBRE, LAIS-

SER FROID, LAISSER INDIFFÉRENT, REFROIDIR ; CALMER, RASSURER.

étouffant *adj.* ▶ *Chaud* – accablant, brûlant, caniculaire, chaud, écrasant, lourd, oppressant, saharien, suffocant, torride, tropical. ▶ *Contraignant* – accablant, aliénant, asservissant, assujettissant, astreignant, contraignant, écrasant, exigeant, impitoyable, lourd, oppressant, pénible, pesant. ▲ANT. GLACIAL *(temps)*, RIGOUREUX, RUDE, SIBÉRIEN ; ÉMANCIPATEUR, LIBÉRATEUR.

étouffé *adj.* ▶ *En parlant d'un son* – amorti, assourdi, atténué, cotonneux, faible, feutré, mat, mou, ouaté, sourd, voilé. ▶ *En parlant d'une voix* – éteint, faible, sourd, voilé.

étouffement *n. m.* ▶ *Respiration difficile* – anhélation, apnée, asthme, dyspnée, enchifrènement, essoufflement, halètement, han, oppression, pousse, ronflement, sibilation, suffocation. *MÉD.* stertor, stridor *(inspiration)*. *SOUT.* ahan. *ACADIE FAM.* courtehaleine. ▶ *Strangulation* – étranglement, garrot, strangulation. ▶ *Silence* – black-out, mutisme, mystère, non-dit, réticence, secret, silence, sourdine. ▲ANT. AÉRATION ; RESPIRATION ; LIBÉRATION.

étouffer *v.* ▶ *Gêner la respiration* – oppresser, suffoquer. ▶ *Tuer par asphyxie* – asphyxier. ▶ *Tuer par strangulation* – étrangler. *FAM.* étrangler, tordre le cou à. *FRANCE FAM.* dévisser la poire à, dévisser la tête de, dévisser le coco à, serrer le kiki à, tordre le kiki à. ▶ *Atténuer un son* – amortir, assourdir, atténuer, feutrer. ▶ *Éteindre des flammes* – éteindre. ▶ *Freiner la progression* – arrêter, désamorcer, enrayer, entraver, étrangler, faire obstacle à, freiner, inhiber, juguler, mater, mettre en échec, mettre un frein à, neutraliser, refouler, stopper. ▶ *Empêcher de s'exprimer* – bâillonner, garrotter, museler, opprimer, réduire au silence. ▶ *Camoufler* – cacher, camoufler, couvrir, déguiser, dissimuler, envelopper, escamoter, farder, grimer, maquiller, masquer, occulter, travestir. *SOUT.* pallier. *QUÉB. FAM.* abrier. ▶ *Refouler à l'intérieur de soi* – contenir, empêcher, endiguer, museler, refouler, refréner, rentrer, réprimer, retenir. *SOUT.* brider, contraindre. ▶ *Charger d'un poids moral* – accabler, charger, écraser, peser sur, surcharger. *SOUT.* opprimer. ▶ *Respirer difficilement* – avoir le souffle court, être hors d'haleine, haleter, manquer de souffle, perdre haleine, s'époumoner, s'essouffler, souffler, suffoquer. *SOUT.* anhéler, panteler. *QUÉB. FAM.* pomper. ♦ *s'étouffer* ▶ *Avaler de travers* – avaler de travers, s'étrangler. ▲ANT. RANIMER, SAUVER ; ALIMENTER, ALLUMER, ATTISER ; ENCOURAGER, EXALTER, EXCITER ; EXPRIMER ; RESPIRER.

étourdi *adj.* ▶ *Assommé* – assommé, knock-out, K.-O. *FAM.* groggy, sonné. ▶ *Irréfléchi* – écervelé, évaporé, imprévoyant, imprudent, impulsif, inconscient, inconséquent, inconsidéré, insouciant, irréfléchi, irresponsable, léger, négligent, sans cervelle, sans-souci. *SOUT.* malavisé. ▶ *Négligent* – distrait, inappliqué, négligent, négligent. ▲ANT. MESURÉ, PONDÉRÉ, POSÉ, RAISONNABLE, RÉFLÉCHI, RESPONSABLE, SAGE, SENSÉ, SÉRIEUX.

étourdiment *adv.* ▶ *Inconsidérément* – à la légère, aveuglément, distraitement, inconsciemment, inconsidérément, indiscrètement, légèrement. ▲ANT. ATTENTIVEMENT, AVEC CIRCONSPECTION,

CONSCIENCIEUSEMENT, MÉTICULEUSEMENT, MINUTIEUSEMENT, PRÉCISÉMENT, PROPREMENT, RELIGIEUSEMENT, RIGOUREUSEMENT, SCRUPULEUSEMENT, SÉRIEUSEMENT, SOIGNEUSEMENT, VIGILAMMENT.

étourdir *v.* ▶ *Faire tourner la tête* – entêter, faire tourner la tête de, griser, monter à la tête de. ▶ *Assommer* – assommer, knockouter, mettre K.O. *FAM.* allonger, estourbir, sonner.

étourdissant *adj.* ▶ *Qui monte à la tête* – capiteux, enivrant, entêtant, grisant, qui fait tourner la tête, qui monte à la tête. ▶ *Très bruyant* – assourdissant, bruyant, éclatant, fort, fracassant, résonnant, retentissant, sonore, tapageur, tonitruant, tonnant. *SOUT.* abasourdissant. ▶ *Époustouflant* – à (vous) couper le souffle, abasourdissant, ahurissant, bouleversant, confondant, déconcertant, dérangeant, ébahissant, effarant, époustouflant, étonnant, extraordinaire, impensable, inconcevable, incroyable, inimaginable, inouï, invraisemblable, pétrifiant, renversant, stupéfiant, suffocant, surprenant. *SOUT.* qui confond l'entendement. *FAM.* ébouriffant, mirobolant, sidérant, soufflant. *QUÉB. FAM.* capotant. ▲ANT. APAISANT, CALMANT ; CALME, PLACIDE, SILENCIEUX, TRANQUILLE ; BANAL, ININTÉRESSANT, ORDINAIRE, SANS INTÉRÊT.

étourdissement *n. m.* ▶ *Malaise* – vertige. *FAM.* tournis. ▶ *Griserie* – agitation, effervescence, électrisation, emballement, énervement, exaltation, excitation, fébrilité, fièvre, griserie, nervosité, stress, surexcitation, tension. *SOUT.* enivrement, éréthisme, exaspération, surtension. ▶ *Distraction* – agrément, amusement, amusette, délassement, dérivatif, distraction, divertissement, ébats, ébattement, jeu, loisir, ludisme, partie, passe-temps, plaisance, plaisir, récréation, sport. *SOUT.* diversion. *FAM.* récré.

étrange *adj.* ▶ *Surprenant* – anormal, baroque, bizarre, curieux, drôle, étonnant, inaccoutumé, incompréhensible, inexplicable, inhabituel, insolite, inusité, singulier, spécial, surprenant. *SOUT.* extraordinaire. *FAM.* bizarroïde. ▶ *Inexpliqué* – inconnu, indéterminé, inexpliqué, mystérieux. ▶ *Suspect* – inquiétant, louche, suspect, trouble. ▲ANT. BANAL, COMMUN, NORMAL, ORDINAIRE.

étrangement *adv.* anormalement, baroquement, bizarrement, curieusement, drôlement, étonnamment, excentriquement, extravagamment, originalement, singulièrement. ▲ANT. COMME D'HABITUDE, DE FAÇON NORMALE, NORMALEMENT, SELON LES CONVENTIONS, SELON LES NORMES.

étranger *adj.* ▶ *Non originaire* – immigré. *DIDACT.* allochtone, allogène. ▶ *Qui n'est pas directement concerné* – extérieur, externe, extrinsèque. *DIDACT.* exogène. ▶ *Insensible* – fermé, imperméable, inaccessible, indifférent, insensible, réfractaire, sourd. *SOUT.* impénétrable. ▶ *Qui concerne les relations internationales* – extérieur, international. ▶ *Inconnu* – inconnu, inexploré, nouveau. ▲ANT. AUTOCHTONE, INDIGÈNE ; INTÉRIEUR, NATIONAL ; CONNU, FAMILIER. △ÉTRANGER À – CONCERNÉ PAR, TOUCHÉ PAR.

étrangeté *n. f.* ▶ *Bizarrerie* – anomalie, anormalité, bizarrerie, chinoiserie, cocasserie, curiosité, drôlerie, excentricité, extravagance, fantaisie,

étrangler

fantasmagorie, folie, loufoquerie, monstruosité, non-conformisme, originalité, singularité. ▶ *Invraisemblance* – bizarrerie, énormité, extravagance, improbabilité, incrédibilité, invraisemblance. ▲ ANT. BANALITÉ, NORMALITÉ ; VRAISEMBLANCE.

étrangler *v.* ▶ *Tuer par strangulation* – étouffer. FAM. étrangler, tordre le cou à. FRANCE FAM. dévisser la poire à, dévisser la tête de, dévisser le coco à, serrer le kiki à, tordre le kiki à. ▶ *Serrer la taille* – comprimer, resserrer, sangler, serrer. ▶ *Rendre plus étroit* – contracter, resserrer, rétrécir. ▶ *Ruiner* – prendre à la gorge, pressurer, ruiner, saigner, saigner à blanc. ▶ *Freiner* – arrêter, désamorcer, enrayer, entraver, étouffer, faire obstacle à, freiner, inhiber, juguler, mater, mettre en échec, mettre un frein à, neutraliser, refouler, stopper. ▶ *Étreindre par l'émotion* – étreindre, oppresser, serrer. ♦ **s'étrangler** ▶ *S'étouffer* – avaler de travers, s'étouffer. ▲ ANT. ÉLARGIR, ÉVASER.

étrave *n. f.* nez, proue. ▲ ANT. ÉTAMBOT.

être *v.* ▶ *Se trouver* – apparaître, exister, résider, s'inscrire, se rencontrer, se retrouver, se situer, se trouver, siéger. SOUT. gésir. ▶ *Constituer* – constituer, faire office de, jouer le rôle de, représenter, tenir lieu de. ▶ *Se tenir* – demeurer, rester, se tenir. ▶ *Vivre* – exister, vivre. ▶ *Participer* – assister à, figurer dans, participer à, prendre part à. ▲ ANT. DISPARAÎTRE, MOURIR, S'ANÉANTIR.

être *n. m.* ▶ *Existence* – actualité, essence, existence, fait, occurrence, présence, réalité, réel, substance, vie. ▶ *Être vivant* – créature. PHILOS. étant. ▶ *Personne* – eccéité, ego, individu, individualité, moi, organisme, personnalité, personne, soi. ♦ **êtres**, *plur.* ▶ *Ensemble d'êtres vivants* – catégorie, classe, espèce, famille, genre, groupe, nature, ordre, sorte, type, variété. SOUT. gent. ▲ ANT. NÉANT, NON-ÊTRE ; CHOSE.

étreindre *v.* ▶ *Serrer dans ses bras* – embrasser, enlacer, prendre dans ses bras, presser sur son cœur, serrer. ▶ *Étrangler par l'émotion* – étrangler, oppresser, serrer. ▲ ANT. DESSERRER, LÂCHER, RELÂCHER.

étreinte *n. f.* accolade, embrassade, enlacement. SOUT. embrassement. ▲ ANT. DESSERREMENT, RELÂCHEMENT.

étriqué *adj.* ▶ *Exigu* – étroit, exigu, petit, (un peu) juste. ▶ *Qui colle trop au corps* – ajusté, collant, étroit, moulant, serré. ▶ *Étroit d'esprit* – borné, étroit, étroit d'esprit, incompréhensif, intolérant, intransigeant, mesquin, petit, qui a des œillères, sectaire. ▲ ANT. AMPLE, GÉNÉREUX, LARGE.

étroit *adj.* ▶ *Longueur* – délié, élancé, filiforme, fin, grêle, mince, ténu. ▶ *Grosseur* – étriqué, exigu, petit, (un peu) juste. ▶ *Vêtement* – ajusté, collant, étriqué *(trop serré)*, moulant, serré. ▶ *Relation* – intime. ▶ *Personne* – borné, étriqué, étroit d'esprit, incompréhensif, intolérant, intransigeant, mesquin, petit, qui a des œillères, sectaire. ▶ *Cadre* – astreignant, contraignant, restreignant, rigide, rigoureux, strict. ▲ ANT. LARGE ; TRAPU ; ÉTENDU, GRAND, SPACIEUX, VASTE ; AMPLE, BLOUSANT, BOUFFANT, FLOTTANT, LÂCHE ; LARGE D'ESPRIT, OUVERT, TOLÉRANT ; ÉTENDU *(sens)*, EXTENSIF, LARGE.

étroitement *adv.* ▶ *Par un lien étroit* – intimement. ▶ *De manière rigoureuse* – austèrement, durement, puritainement, rigidement, rigoureusement, sévèrement, stoïquement, strictement. ▲ ANT. LÂCHEMENT, VAGUEMENT.

étroitesse *n. f.* ▶ *Exiguïté* – exiguïté, petitesse. ▶ *Finesse* – délicatesse, finesse, fragilité, gracilité, légèreté, minceur, petitesse, sveltesse. SOUT. ténuité. ▶ *Intolérance* – dogmatisme, étroitesse d'esprit, étroitesse de vue, fanatisme, intolérance, intransigeance, parti pris, rigidité. SOUT. sectarisme. PSYCHOL. psychorigidité. ▲ ANT. AMPLEUR, ÉTENDUE, LARGEUR.

étude *n. f.* ▶ *Enquête* – analyse, enquête, examen, exploration, information, investigation, recherche, sondage, survol, traitement. SOUT. perquisition. ▶ *Approfondissement* – analyse, approfondissement, dépouillement, développement, enrichissement, épluchage, examen, exploration, introspection, méditation, pesée, progrès, recherche, réflexion, sondage. ▶ *Observation scientifique* – examen, observation. SOUT. scrutation. ▶ *Discipline* – branche, champ, département, discipline, division, domaine, fief, matière, partie, scène, science, secteur, spécialité, sphère. FAM. rayon. ▶ *Traité* – argument, argumentation, cours, développement, discours, dissertation, essai, exposé, manuel, mémoire, monographie, somme, thèse. DR. dire. ▶ *Dessin* – canevas, crayon, crayonné, croquis, dessin, ébauche, épure, esquisse, essai, étude (préparatoire), griffonnement, pochade, premier jet, préparation, projet, schéma. SOUT. linéaments. FRANCE FAM. crobard.

étudiant *adj.* estudiantin. ▲ ANT. PROFESSORAL.

étudiant *n.* apprenant, élève. ▶ *Au primaire* – écolier, élève, scolaire. ▶ *Bon* – fort en thème. ▶ *Mauvais* – cancre, dissipé. ▶ *Selon la matière* – littéraire. BELG. rhétoricien. ▶ *Nouveau* – bleu, (petit) nouveau. ♦ **étudiants**, *plur.* ▶ *Ensemble de personnes* – classe ; collège, école, université ; population étudiante, population scolaire. ▲ ANT. MAÎTRE, PROFESSEUR.

étudié *adj.* affecté, apprêté, artificiel, compassé, composé, empesé, emprunté, forcé, frelaté.

étudier *v.* ▶ *Analyser* – analyser, ausculter, considérer, envisager, examiner, explorer, observer, penser à, pousser plus avant, prendre en considération, réfléchir sur, s'intéresser à, se pencher sur, traiter, voir. ▶ *Consacrer son temps à l'étude* – travailler. FAM. bûcher, chiader, piocher, potasser. BELG. FAM. bloquer. ▲ ANT. IGNORER, NÉGLIGER ; PARESSER.

étui *n. m.* ▶ *Sachet* – blague, pochette, sachet, trousse. SUISSE cornet. ▶ *Enveloppe* – fourreau, gaine, housse. SUISSE fourre.

étuve *n. f.* ▶ *Local pour transpirer* – sauna. ▶ *Lieu très chaud* – fournaise. QUÉB. four. ▶ *Appareil qui chauffe* – étuveur, sécherie, séchoir, touraille. ▲ ANT. GLACIÈRE.

euphorie *n. f.* ▶ *Plaisir* – bien-être, bon temps, bonheur, contentement, délectation, délice, douceur, félicité, jouissance, orgasme, plaisir, régal, satisfaction, septième ciel, volupté. SOUT. aise, félicité, miel, nectar. ▶ *Joie* – allégresse, béatitude, bonheur, égaiement, enthousiasme, exaltation, extase, exultation, gaieté, hilarité, ivresse, joie, jubilation, plaisir, ravissement, réjouissance, vertige. *SOUT.* aise, félicité, liesse, rayonnement. ▲**ANT.** DYSPHORIE, LYPÉMANIE; DOULEUR, MALAISE, SOUFFRANCE; ANGOISSE; CHAGRIN, DÉPRESSION, TRISTESSE.

évacuation *n. f.* ▶ *Écoulement* – circulation, débit, débordement, écoulement, éruption, exsudation, flux, fuite, ingression, inondation, irrigation, irruption, larmoiement, mouvement, passage, ravinement, régime, ruissellement, sortie, suage, suintement, transpiration, vidange. *SOUT.* submersion, transsudation. *GÉOGR.* défluviation, transfluence, transgression. ▶ *Éruption* – bouillonnement, débordement, ébullition, éclaboussement, écoulement, émission, éruption, explosion, extrusion, giclée, jaillissement, jet, sortie. ▶ *Expulsion* – bannissement, délogement, désinsertion, disgrâce, disqualification, élimination, éviction, exclusion, exil, expatriation, expulsion, nettoyage, ostracisme, proscription, rabrouement, radiation, refoulement, rejet, relégation, renvoi. *FAM.* dégommage, éjection, lessive, vidage. *QUÉB.* tablettage. *DIDACT.* forclusion. *DR.* déboutement. *ANTIQ.* pétalisme, xénélasie. ▶ *Libération* – acquittement, affranchissement, décolonisation, délivrance, désaliénation, élargissement, émancipation, libération, manumission, rachat, rédemption, salut. *FAM.* débarras, quille. *SOUT.* déprise. ▲**ANT.** ADMISSION, ENTRÉE; INVASION, OCCUPATION.

évacuer *v.* ▶ *Expulser de l'organisme* – éliminer, excréter, expulser, rejeter. ▶ *Déverser* – dégorger, déverser, vidanger. ▶ *Déserter* – abandonner, déserter, quitter. ▲**ANT.** ACCUMULER, GARDER, RETENIR; REMPLIR; ENVAHIR, OCCUPER.

évadé *n.* fugitif, fugueur, fuyard.

évader (s') *v.* ▶ *Se sauver* – filer, s'échapper, s'enfuir, se sauver. *FRANCE FAM.* se faire la belle. ▶ *S'éloigner discrètement* – disparaître, fausser compagnie à, filer à l'anglaise, partir en douce, s'échapper, s'éclipser, s'esquiver. *FAM.* prendre la tangente, se déguiser en courant d'air. *FRANCE FAM.* faire basket. ▲**ANT.** SE LIVRER; DEMEURER, RESTER; CROUPIR.

évaluateur *n.* (QUÉB.) commissaire-priseur *(pour une vente aux enchères)*, estimateur, sapiteur *(marine marchande)*.

évaluation *n. f.* ▶ *Estimation* – aperçu, appréciation, approximation, calcul, détermination, devis, estimation, expertise, inventaire, mesure, prévision, prisée, supputation. ▶ *Dénombrement* – catalogue, cens, chiffrage, comptage, compte, décompte, dénombrement, détail, énumération, état, inventaire, inventoriage, inventorisation, liste, litanie, numération, recensement, recension, revue, rôle, statistique. ▶ *Prix* – appréciabilité, cotation, cote, cours, coût, estimation, montant, prix, tarif, tarification, taux, valeur. ▶ *Épreuve scolaire* – contrôle, épreuve, examen, interrogation, test. *FAM.* colle, interro.

évaluer *v.* ▶ *Estimer* – apprécier, calculer, estimer, jauger, juger, mesurer, peser, soupeser, supputer, toiser. ▶ *Donner une note* – coter, noter.

évanescence *n. f.* abstraction, abstrait, cérébralité, essentialité, idéalité, immatérialité, impalpabilité, imperceptibilité, impondérabilité, incorporalité, incorporéité, intangibilité, intemporalité, irréa-

lité, spiritualité, spirituel, subtilité, volatilité. ▲**ANT.** DURABILITÉ, TANGIBILITÉ.

évangile *n. m.* ▶ *Enseignement du Christ* – évangéliaire, la Bonne Nouvelle, le Nouveau Testament, synopse, vulgate. ▶ *Document essentiel* – bible, bréviaire.

évanouir (s') *v.* ▶ *Perdre conscience* – défaillir, être pris d'un malaise, perdre connaissance, perdre conscience, perdre ses esprits, se trouver mal, tomber en syncope. *FAM.* tomber dans les pommes, tomber dans les vapes, tourner de l'œil. *QUÉB. FAM.* s'effoirer. ▶ *Disparaître* – disparaître, mourir, partir, passer, s'assoupir, s'effacer, s'en aller, s'envoler, s'estomper, s'évaporer, se dissiper, se volatiliser. ▲**ANT.** REPRENDRE CONSCIENCE, REPRENDRE SES SENS, REVENIR À SOI; APPARAÎTRE, SE MONTRER, SURGIR.

évanouissement *n. m.* ▶ *Défaillance* – collapsus, défaillance, faiblesse, perte de connaissance, perte de conscience, syncope. *FAM.* vapes. *MÉD.* lipothymie. ▶ *Disparition* – dématérialisation, disparition, dissipation, dissolution, effacement, éloignement, évaporation, extinction, résorption, volatilisation. *ASTRON.* éclipse, immersion, occultation. ▶ *Disparition d'un signal* – fondu. ▲**ANT.** REPRISE DE CONSCIENCE, RÉVEIL; APPARITION, NAISSANCE.

évaporer *v.* ▶ *Faire passer à l'état gazeux* – distiller, gazéifier, sublimer, vaporiser, volatiliser. ♦ *s'évaporer* ▶ *Passer à l'état gazeux* – se vaporiser, se volatiliser, sécher. *BELG.* aminer. ▶ *Disparaître* – disparaître, mourir, partir, passer, s'assoupir, s'effacer, s'en aller, s'envoler, s'estomper, s'évanouir, se dissiper, se volatiliser. ▲**ANT.** CONDENSER. △S'ÉVAPORER – APPARAÎTRE, SE MONTRER, SURGIR.

évasif *adj.* fuyant, imprécis, vague. *SOUT.* élusif. ▲**ANT.** CATÉGORIQUE, CLAIR, EXPLICITE, FORMEL, NET, PRÉCIS.

évasion *n. f.* ▶ *Fuite* – défilade, échappée, escapade, fugue, fuite, liberté, marronnage *(esclave)*. *FAM.* cavale. ▶ *Escapade* – caprice, écart, échappée, équipée, escapade, frasque, fredaine, fugue, incartade, sortie. *SOUT.* échappée. *FAM.* bordée, galère. ▶ *Absence* – absence, départ, disparition, échappée, éloignement, escapade, fugue, séparation. *FAM.* éclipse. ▶ *Imagination* – conception, création, créativité, extrapolation, fantaisie, fantasme, fictif, fiction, idéal, idéation, idée, illumination *(soudain)*, imaginaire, imagination, inspiration, invention, inventivité, irréel, souffle *(créateur)*, supposition, surréalité, surréel, veine, virtuel. *SOUT.* folle du logis, muse. *FRANCE FAM.* gamberge. ▲**ANT.** DÉTENTION, EMPRISONNEMENT; CAPTURE.

évêché *n. m.* archevêché, archidiaconé, archidiocèse, diocèse, doyenné, éparchie, exarchat, paroisse, patriarcat.

éveil *n. m.* ▶ *Alarme* – alarme, alerte, appel, avertissement, branle-bas, cri, haro, signal, sirène, sonnerie, S.O.S., tocsin. ▶ *Fait de se réveiller* – réveil. ▶ *Fait d'être éveillé* – insomnie, veille, vigilance. ▶ *Révélation spirituelle* – délivrance, illumination, libération, mort de l'ego, révélation (de Soi), révélation. ▶ *Dans l'hindouisme* – moksha, nirvana. ▶ *Dans le bouddhisme* – bodhi, samadhi. ▶ *Dans le zen* – satori. ▲**ANT.** ASSOUPISSEMENT, SOMMEIL, TORPEUR.

éveillé

éveillé *adj.* à l'esprit vif, agile, alerte, brillant, intelligent, rapide, vif. *QUÉB. FAM.* vite.

éveiller *v.* ▶ *Tirer du sommeil* (*SOUT.*) – réveiller. ▶ *Susciter* – exciter, faire naître, solliciter, soulever, susciter. ♦ **s'éveiller** ▶ *Sortir du sommeil* – se réveiller. ▶ *Éprouver pour la première fois* – s'ouvrir à. *SOUT.* naître à. ▲ANT. ASSOUPIR, ENDORMIR; APAISER, ENGOURDIR, PARALYSER, RALENTIR.

événement (var. **évènement**) *n.m.* ▶ *Phénomène* – circonstance, épiphénomène, fait, manifestation, occurrence, phénomène. ▶ *Incident* – accident, accroc, accrochage, affaire, anicroche, avatar, aventure, complication, contingences, contrariété, contretemps, crise, désagrément, difficulté, dispute, embarras, empêchement, ennui, épine, épisode, éventualité, imprévu, incident, mésaventure, obstacle, occasion, occurrence, péripétie, problème, rebondissement, tribulations. *SOUT.* adversité. *FAM.* blème, cactus, embêtement, emmerde, emmerdement, enquiquinement, os, pépin, pétrin, tuile. *FRANCE FAM.* avaro, empoisonnement. ▶ *Test statistique* – épreuve, éventualité, test. ♦ **événements**, *plur.* ▶ *Ensemble de faits* – événementiel. ▲ANT. NON-ÉVÉNEMENT.

éventail *n.m.* ▶ *Dispositif de ventilation* – panca, punka. ▶ *Choix* – assortiment, choix, collection, échantillons, gamme, ligne, palette, quota, réunion, sélection, surchoix, tri, variété.

éventé *adj.* venté, venteux.

éventer *v.* ▶ *Aérer* – aérer, ventiler. ▶ *Découvrir* – déchiffrer, découvrir, dénouer, deviner, éclaircir, élucider, expliquer, faire (toute) la lumière sur, pénétrer, percer, résoudre, tirer au clair, trouver, trouver la clé de. ▶ *Flairer* – flairer, humer, renifler, respirer, sentir, subodorer. *CHASSE* halener. ▲ANT. RENFERMER; CACHER, DISSIMULER, ÉTOUFFER, TAIRE. △ S'ÉVENTER – GARDER SA SAVEUR.

éventrer *v.* ▶ *Ouvrir le ventre* – découdre, étriper. *FAM.* crever la paillasse à, mettre les tripes à l'air à, trouer la paillasse à.

éventualité *n.f.* ▶ *Circonstance* – accident, accroc, accrochage, affaire, anicroche, avatar, aventure, complication, contingences, contrariété, contretemps, crise, désagrément, difficulté, dispute, embarras, empêchement, ennui, épine, épisode, événement, imprévu, incident, mésaventure, obstacle, occasion, occurrence, péripétie, problème, rebondissement, tribulations. *SOUT.* adversité. *FAM.* blème, cactus, embêtement, emmerde, emmerdement, enquiquinement, os, pépin, pétrin, tuile. *FRANCE FAM.* avaro, empoisonnement. ▶ *Probabilité* – chance, conjecture, fréquence, hypothèse, perspective, possibilité, potentialité, prévisibilité, probabilité, prospective, viabilité, virtualité. ▶ *Test statistique* – épreuve, événement, test. ▲ANT. CERTITUDE, NÉCESSITÉ, RÉALITÉ.

éventuel *adj.* aléatoire, casuel, conditionnel, conjectural, contingent, douteux, hasardé, hasardeux, hypothétique, incertain, possible, problématique, supposé. ▲ANT. ASSURÉ, CERTAIN, FATAL, IMMANQUABLE, INCONTOURNABLE, INÉLUCTABLE, INÉVITABLE, NÉCESSAIRE, OBLIGATOIRE, SÛR.

éventuellement *adv.* accessoirement, avec de la chance, hypothétiquement, le cas échéant, peut-être, possiblement, quand besoin sera, s'il y a lieu, si besoin (est), si l'occasion se présente, si nécessaire, si possible. ▲ANT. À COUP SÛR, AUTOMATIQUEMENT, FATALEMENT, FORCÉMENT, IMMANQUABLEMENT, IMPLACABLEMENT, INÉVITABLEMENT, INFAILLIBLEMENT, NÉCESSAIREMENT, OBLIGATOIREMENT, PAR LA FORCE DES CHOSES.

évêque *n.m.* ▶ *Personne* – métropolitain (*orthodoxe*). ▶ *Titre* – Excellence, Monseigneur, Sa Grandeur. ♦ **évêques**, *plur.* ▶ *Ensemble de personnes* – assemblée des évêques, conseil des évêques, épiscopat.

évertuer (s') *v.* ▶ *S'appliquer* – faire son possible, mettre tout en œuvre, persévérer, s'acharner, s'appliquer, s'efforcer, s'escrimer, suer sang et eau, tout faire. ▶ *Se donner beaucoup de peine* – faire des pieds et des mains, peiner, remuer ciel et terre, s'échiner, se démener, se dépenser, se donner beaucoup de peine, se donner du mal, se fatiguer, se mettre en quatre, se remuer, se tuer. *FAM.* ramer, se décarcasser, se défoncer, se démancher, se donner un mal de chien, se donner un mal de fou, se fouler la rate. *QUÉB. ACADIE FAM.* se désâmer. *QUÉB. FAM.* se fendre en quatre.

évidemment *adv.* à dire vrai, à l'évidence, à la vérité, à n'en pas douter, à vrai dire, assurément, authentiquement, bel et bien, bien, bien entendu, bien sûr, cela va de soi, cela va sans dire, certainement, certes, comme de juste, d'évidence, de toute évidence, effectivement, en effet, en vérité, il va sans dire, indubitablement, manifestement, naturellement, nul doute, oui, réellement, sans (aucun) doute, sans conteste, sans contredit, sans le moindre doute, sans nul doute, sérieusement, sûrement, véridiquement, véritablement, vraiment. *FAM.* pour de vrai, vrai. *QUÉB. FAM.* pour vrai. ▲ANT. CONTRE TOUTE ATTENTE; PEUT-ÊTRE, PROBABLEMENT.

évidence *n.f.* ▶ *Intelligibilité* – accessibilité, clarté, compréhensibilité, compréhension, facilité, intelligibilité, intercompréhension, limpidité, lisibilité, luminosité, netteté, transparence. ▶ *Vérité* – authenticité, existence, flagrance, incontestabilité, justesse, objectivité, positivité, réalité, validité, véracité, vérité. *DIDACT.* apodicticité, historicité. *SOUT.* véridicité. ▶ *Axiome* – apodicticité, axiome, convention, définition, donnée, fondement, hypothèse, lemme, postulat, postulatum, prémisse, principe, proposition, théorème, théorie, vérité. ▶ *Banalité* – banalité, cliché, fadaise, généralité, lapalissade, lieu commun, platitude, poncif, réchauffé, redite, stéréotype, tautologie, truisme. ▲ANT. ININTELLIGIBILITÉ, OBSCURITÉ; DOUTE, IMPROBABILITÉ, INCERTITUDE, INVRAISEMBLANCE.

évident *adj.* ▶ *Qui s'impose à l'esprit* – apparent, aveuglant, certain, clair, cousu de fil blanc, criant, éclatant, flagrant, frappant, hurlant (de vérité), incontestable, manifeste, patent, qui coule de source, qui crève les yeux, qui saute aux yeux, qui voit comme le nez au milieu du visage, qui tombe sous le sens, qui va de soi, qui va sans dire, visible. ▶ *Explicite* – clair, clair et net, explicite, formel, net, qui ne fait aucun doute, sans équivoque. *DIDACT.* apodictique, prédicatif. ▶ *Facile à comprendre* – à la portée de tous, accessible, clair, cohérent, compréhensible, concevable, déchiffrable, facile, intelligible, interprétable, limpide, lumineux, pénétrable, saisissable, simple, transparent. ▲ANT. CACHÉ, VOILÉ; CONFUS, FLOU, IMPRÉCIS, INDÉFINISSABLE, INDÉTERMINÉ, INDISTINCT, TROUBLE, VAGUE; CABALISTIQUE, CRYPTIQUE, ÉNIGMATIQUE, ÉSOTÉRIQUE, HERMÉTIQUE, IMPÉNÉTRABLE, INCOMPRÉHENSIBLE, MYSTÉRIEUX, OBSCUR, OPAQUE, TÉNÉBREUX.

évier *n. m.* lavabo *(salle de bains)*, lave-mains *(d'appoint)*. ANC. aiguière, aquamanile, fontaine.

éviscérer *v.* étriper, vider.

éviter *v.* ▶ *Empêcher* – conjurer, écarter, empêcher, parer, prévenir. ▶ *Échapper volontairement* – couper à, échapper à, esquiver, fuir, passer au travers de, se dérober à, se dispenser de, se soustraire à. FAM. se défiler. FRANCE FAM. se débiner. ▶ *Éluder* – contourner, éluder, escamoter, esquiver, fuir, se dérober à, tourner. ▶ *S'abstenir* – s'abstenir de, s'empêcher de, s'interdire de, se défendre de, se garder de, se refuser à, se retenir de. ▲ANT. CHERCHER, POURSUIVRE, RECHERCHER; APPROCHER, RENCONTRER; HEURTER; AFFRONTER, BRAVER.

évocateur *adj.* inspirant, inspirateur, suggestif.

évocation *n. f.* ▶ *Rappel* – allusion, anamnèse, commémoration, déjà vu, impression, mémoire, mémoration, mémorisation, pensée, rappel, réminiscence, souvenir, trace. SOUT. remémoration. ▶ *Non favorable* – arrière-goût. ▶ *Sous-entendu* – allégorie, allusion, arrière-pensée, double sens, insinuation, réserve, restriction, réticence, sous-entendu. ▶ *Récit historique* – anecdote, annales, autobiographie, biographie, carnet, chroniques, chronologie, commentaires, confessions, histoire, historiographie, historique, journal, mémoires, mémorial, souvenirs, vie. ▶ *Appel des esprits* – incantation. ▲ANT. OMISSION, OUBLI.

évolué *adj.* ▶ *Civilisé* – civilisé, développé. ▶ *Instruit* – averti, cultivé, éclairé, érudit, instruit, intellectuel, lettré, savant. SOUT. docte. FAM. calé. QUÉB. connaissant, renseigné; FAM. bollé. ▶ *Large d'esprit* – large (d'esprit), libéral, ouvert, tolérant. ▶ *Perfectionné* – avancé, de pointe, haute technologie, perfectionné, pointu, poussé, sophistiqué, spécialisé. ▲ANT. ARRIÉRÉ, ATTARDÉ, PRIMITIF, RÉTROGRADE, RUDIMENTAIRE.

évoluer *v.* ▶ *Devenir différent* – changer, se transformer. ▶ *S'améliorer* – avancer, faire des progrès, progresser, s'améliorer, se développer. ▶ *Se déplacer* – aller, se déplacer, se diriger, se mouvoir, se porter. ▲ANT. S'ARRÊTER; PIÉTINER, STAGNER; RECULER, RÉGRESSER.

évolutif *adj.* croissant, gradué, graduel, grandissant, progressif. ▲ANT. INVOLUTIF.

évolution *n. f.* ▶ *Modification* – adaptation, ajustement, altération, avatar, changement, conversion, glissement, gradation, infléchissement, métamorphose, modification, modulation, mue, mutation, passage, progression, transfiguration, transformation, transition, transmutation, variation, vie. ▶ *Amélioration* – adoucissement, amélioration, civilisation, éducation, mieux-être, progrès, réforme, régénération, rénovation. ▶ *Croissance*

– accentuation, accroissement, accrue, agrandissement, amplification, arrondissement, augmentation, bond, boom, crescendo, croissance, crue, développement, dilatation, élargissement, élévation, enflement, enrichissement, envolée, essor, expansion, extension, flambée, foisonnement, gonflement, gradation, grossissement, hausse, haussement, inflation, intensification, majoration, montée, poussée, progrès, progression, recrudescence, redressement, rehaussement, relèvement, renchérissement, renforcement, revalorisation, valorisation. ▶ *Tendance* – chemin, courant, cours, direction, fil, mouvance, mouvement, orientation, tendance, virage. SOUT. voie. ▶ *Développement* – cheminement, cours, déroulement, développement, devenir, fil, marche, progrès, progression, suite. ▶ *Civilisation* – avancement, civilisation, perfectionnement, progrès. ▶ *Suite de mouvements* – enchaînement. ▲ANT. FIXITÉ, IMMOBILITÉ, PERMANENCE, STABILITÉ; STAGNATION.

évoquer *v.* ▶ *Remémorer* – rappeler, remémorer. ▶ *Faire apparaître* – conjurer, invoquer. ▶ *Faire penser* – connoter, faire penser à, rappeler, ressembler à, s'apparenter à, se rapprocher de. ▶ *Représenter* – désigner, exprimer, figurer, incarner, matérialiser, représenter, signifier, symboliser. ▲ANT. OMETTRE, OUBLIER; CHASSER, ÉCARTER, EFFACER, ÉLOIGNER, REPOUSSER.

exact *adj.* ▶ *Véridique* – attesté, authentique, factuel, historique, positif, réel, véridique, véritable, vrai. ▶ *Précis* – bon, conforme, fidèle, juste, précis. ▶ *Assidu* – à l'heure, assidu, ponctuel, régulier. ▶ *Soigneux* (SOUT.) – appliqué, assidu, attentif, consciencieux, méthodique, méticuleux, minutieux, ordonné, précis, rangé, rigoureux, scrupuleux, soigné, scrupuleux, systématique. ▲ANT. INEXACT; ERRONÉ, FAUTIF, FAUX, INCORRECT, MAUVAIS; DÉFORMÉ, INFIDÈLE; IRRÉGULIER, NÉGLIGENT; APPROXIMATIF, GROSSIER, IMPRÉCIS, VAGUE.

exactement *adv.* ▶ *Précisément* – au juste, juste, pile, précisément. FAM. ric-à-rac. ▶ *Fidèlement* – à la lettre, conformément, correctement, religieusement, scrupuleusement, véritablement. ▶ *Textuellement* – à la lettre, ad litteram, fidèlement, littéralement, mot à mot, mot pour mot, sic, textuellement, verbatim. FAM. texto. ▲ANT. INCORRECTEMENT, INEXACTEMENT; APPROXIMATIVEMENT, ENVIRON, VAGUEMENT.

exactitude *n. f.* ▶ *Adéquation* – adéquation, convenance, efficacité, justesse, pertinence, propriété, vérité. SOUT. véridicité. ▶ *Précision* – application, minutie, précision, soin, souci du détail. SOUT. méticulosité. ▶ *Rigueur* – infaillibilité, justesse, netteté, précision, rigueur. ▶ *Honnêteté* – conscience, droiture, fidélité, franchise, honnêteté, incorruptibilité, intégrité, irréprochabilité, justice, loyauté, mérite, moralité, netteté, probité, scrupule, sens moral, transparence, vertu. ▶ *Fidélité* (SOUT.) – assiduité, attachement, constance, fidélité, indéfectibilité, ponctualité, régularité. ▲ANT. ERREUR, INEXACTITUDE, INFIDÉLITÉ; APPROXIMATION, IMPRÉCISION.

exagéré *adj.* abusif, débridé, déchaîné, délirant, démesuré, déraisonnable, déréglé, disproportionné, effréné, excessif, exorbitant, extravagant, extrême, forcé, immodéré, intempérant, outrancier, outré, qui

exagérément

dépasse la mesure, qui dépasse les bornes, sans frein. *SOUT.* outrageux. *FAM.* dément, démentiel, soigné. ▲**ANT.** INSUFFISANT.

exagérément *adv.* à l'excès, à outrance, abusivement, démesurément, effrénément, excessivement, hyperboliquement, immodérément, large, outrageusement, outre mesure, plus qu'il n'en faut, plus que de raison, sans retenue, surabondamment, trop. *SOUT.* par trop, prodigalement. ▲**ANT.** DÉRISOIREMENT, FAIBLEMENT, INSUFFISAMMENT, MÉDIOCREMENT, PAUVREMENT.

exagérer *v.* ▶ *Forcer* – amplifier, charger, enfler, forcer, grandir, grossir. *SOUT.* outrer. *FAM.* broder, en rajouter, tirer sur la ficelle. *FRANCE FAM.* chariboter, chérer. *QUÉB. FAM.* en beurrer épais, en mettre épais. ▶ *Dramatiser* – amplifier, dramatiser, en faire (tout) un drame, grossir, prendre au tragique, se faire un monde de, se faire une montagne de. *FAM.* en faire (tout) un plat, faire d'une mouche un éléphant. ▶ *Caricaturer* – caricaturer, charger, déformer, grossir, pousser jusqu'à la caricature, simplifier. ▶ *Excéder la mesure* – aller trop loin, combler la mesure, dépasser la mesure, dépasser les bornes, ne pas y aller de main morte. *FAM.* attiger, charrier, forcer la dose, forcer la note, pousser, y aller fort. *QUÉB. FAM.* ambitionner. ▲**ANT.** AFFAIBLIR, AMOINDRIR, ATTÉNUER, MESURER, MINIMISER, MITIGER, MODÉRER.

exaltant *adj.* captivant, électrisant, enivrant, enthousiasmant, excitant, grisant, palpitant, passionnant. *FAM.* emballant, planant. *QUÉB.* enlevant; *FAM.* capotant. ▲**ANT.** DÉCOURAGEANT, DÉMORALISANT, DÉMOTIVANT, DÉPRIMANT.

exaltation *n. f.* ▶ *Excitation* – allégresse, béatitude, bonheur, égaiement, enthousiasme, euphorie, extase, exultation, gaieté, hilarité, ivresse, joie, jubilation, plaisir, ravissement, réjouissance, vertige. *SOUT.* aise, félicité, liesse, rayonnement. ▶ *Nervosité* – agitation, effervescence, électrisation, emballement, énervement, étourdissement, excitation, fébrilité, fièvre, griserie, nervosité, stress, surexcitation, tension. *SOUT.* enivrement, éréthisme, exaspération, surtension. ▶ *Intensification d'un sentiment* – échauffement, exacerbation. *SOUT.* attisement, exaspération. ▶ *Déchaînement* (*SOUT.*) – affolement, agitation, bouleversement, brasier, colère, confusion, débridement, déchaînement, désarroi, ébranlement, ébullition, embrasement, émotion, fièvre, frénésie, mouvement, passion, violence. *SOUT.* émoi. *FIG.* dévergondage. ▶ *Louange* (*SOUT.*) – acclamation, apologie, apothéose, applaudissement, bravo, célébration, compliment, éloge, encensement, félicitations, fleur, glorification, héroïsation, louange, panégyrique, solennisation. *SOUT.* baisemain, congratulation, dithyrambe. ▲**ANT.** CALME, IMPASSIBILITÉ, INDIFFÉRENCE, SANG-FROID; ABATTEMENT, DÉPRESSION; APAISEMENT; CRITIQUE, DÉNIGREMENT, DÉPRÉCIATION, RABAISSEMENT.

exalté *adj.* ▶ *Surexcité* – délirant, électrisé, en délire, en transe, galvanisé, gonflé à bloc, hystérique, surexcité, transporté. ▶ *En proie à une vive émotion* – enivré, éperdu, fou, ivre, transporté. ▶ *Acharné* – acharné, enragé, farouche, forcené, furieux, passionné. ▶ *Lyrique* – ardent, enflammé, fervent, inspiré, lyrique, passionné, vibrant.

exalté *n.* extravagant, fixé, halluciné, illuminé, obsédé. ▲**ANT.** DÉPRESSIF; DÉNIGREUR, DÉPRÉCIATEUR.

exalter *v.* ▶ *Passionner* – animer, enfiévrer, enflammer, enthousiasmer, exciter, passionner, soulever, transporter. *FAM.* emballer. ▶ *Surexciter* – chauffer (à blanc), déchaîner, électriser, enfiévrer, galvaniser, surchauffer, surexciter, survolter, transporter. ▶ *Louanger* – acclamer, auréoler, célébrer, chanter, chanter les louanges de, diviniser, encenser, glorifier, héroïser, magnifier, mettre sur un piédestal, mythifier, porter au pinacle, porter aux nues. *SOUT.* lyriser, tresser des couronnes à, tresser des lauriers à. ▶ *Amplifier* (*SOUT.*) – accentuer, accroître, ajouter à, amplifier, augmenter, intensifier, renforcer. ◆ **s'exalter** ▶ *S'enthousiasmer* – s'enflammer, s'enthousiasmer, se prendre d'enthousiasme. *FAM.* s'emballer. ▲**ANT.** CALMER, ENDORMIR; ADOUCIR, ATTIÉDIR, ÉTEINDRE, MODÉRER, REFROIDIR; ABAISSER, DÉCRIER, DÉNIGRER, DÉPRÉCIER, MÉPRISER, RABAISSER, RAVALER.

examen *n. m.* ▶ *Observation scientifique* – étude, observation. *SOUT.* scrutation. ▶ *Étude* – analyse, enquête, étude, exploration, information, investigation, recherche, sondage, survol, traitement. *SOUT.* perquisition. ▶ *Approfondissement* – analyse, approfondissement, dépouillement, développement, enrichissement, épluchage, étude, exploration, introspection, méditation, pesée, progrès, recherche, réflexion, sondage. ▶ *Vérification* – analyse, apurement, audit, censure, confrontation, contrôle, épreuve, expérience, expérimentation, expertise, filtrage, inspection, pointage, recensement, recension, récolement, reconnaissance, recoupement, révision, revue, suivi, supervision, surveillance, test, vérification. ▶ *Enquête judiciaire* – enquête, information, instruction, recherche. ▶ *Consultation médicale* – consultation, visite. ▶ *Épreuve scolaire* – contrôle, épreuve, évaluation, interrogation, test. *FAM.* colle, interro. ▲**ANT.** CORRIGÉ.

examiner *v.* ▶ *Observer* – arrêter son regard sur, attacher son regard sur, braquer les yeux sur, considérer, contempler, dévisager (*une personne*), fixer, fixer le regard sur, fouiller du regard, observer, regarder, scruter. *FAM.* gaffer, viser, zieuter. ▶ *Inspecter* – arraisonner (*navire*), fouiller, inspecter, passer au peigne fin, regarder à la loupe, scruter. ▶ *Vérifier* – contrôler, inspecter, réviser, tester, vérifier. ▶ *Étudier* – analyser, ausculter, considérer, envisager, étudier, explorer, observer, penser à, pousser plus avant, prendre en considération, réfléchir sur, s'intéresser à, se pencher sur, traiter, voir. ▶ *Compulser* – compulser, dépouiller. *FAM.* dépiauter, éplucher. ▲**ANT.** ÉVITER, IGNORER, NÉGLIGER, OMETTRE; EFFLEURER, SURVOLER.

exaspérant *adj.* agaçant, crispant, désagréable, énervant, excédant, fatigant, harcelant, importun, inopportun, insupportable, irritant. *FAM.* assommant, casse-pieds, embêtant, empoisonnant, enquiquinant, enquiquineur, horripilant, qui tape sur les nerfs, suant, tannant, tuant. *FRANCE FAM.* gonflant. *QUÉB. FAM.* achalant, dérangeant, gossant. ▲**ANT.** AGRÉABLE, CALMANT, TRANQUILLISANT.

exaspération *n. f.* ▶ *Colère* – agacement, colère, emportement, énervement, fureur, furie, impatience, indignation, irritabilité, irritation, rage, susceptibilité. *SOUT.* courroux, irascibilité. *FAM.* horripilation, rogne.

▶ **Exaltation** (*SOUT.*) – agitation, effervescence, électrisation, emballement, énervement, étourdissement, exaltation, excitation, fébrilité, fièvre, griserie, nervosité, stress, surexcitation, tension. *SOUT.* enivrement, éréthisme, surtension. ▶ **Intensification d'un sentiment** (*SOUT.*) – échauffement, exacerbation, exaltation. *SOUT.* attisement. ▲**ANT.** APAISEMENT, CALME, RASSÉRÉNEMENT; ADOUCISSEMENT, DIMINUTION.

exaspérer *v.* ▶ **Fâcher** – courroucer, fâcher, faire déborder, faire enrager, faire sortir de ses gonds, irriter, mettre à bout, mettre en colère, mettre en rage, mettre hors de soi, pousser à bout, provoquer. *FAM.* faire bisquer, faire damner, faire devenir chèvre, faire maronner, faire râler, les gonfler à. *QUÉB.* *FAM.* choquer. ▶ **Agacer** – agacer, crisper, énerver, excéder, fatiguer, hérisser, impatienter, importuner, irriter, porter sur les nerfs à. *FAM.* barber, casser les pieds à, chauffer les oreilles à, courir sur le système à, embêter, emmieller, empoisonner, enquiquiner, faire suer, gonfler, horripiler, insupporter, pomper l'air à, porter sur le système à, scier, tanner, taper sur le système à, taper sur les nerfs à. *FRANCE FAM.* bassiner, canuler, cavaler, courir, courir sur le haricot à, soûler. *QUÉB.* *FAM.* achaler, déranger, écœurer, tomber sur la noix à, tomber sur la rate à, tomber sur le système à, tomber sur les nerfs à, tomber sur les rognons à. ▶ **Aggraver** (*SOUT.*) – aggraver, aviver, empirer, envenimer, exacerber, jeter de l'huile sur le feu. ◆ **s'exaspérer** ▶ **S'irriter** – s'irriter, se crisper, se hérisser. *QUÉB.* *FAM.* se choquer. ▲**ANT.** APAISER, CALMER, PACIFIER, RASSÉRÉNER; ADOUCIR, ATTÉNUER.

exaucer *v.* ▶ **Rendre heureux** – charmer, combler, enchanter, enthousiasmer, faire la joie de, faire le bonheur de, faire plaisir à, mettre en joie, plaire à, ravir, réjouir. *SOUT.* assouvir, délecter. *FAM.* emballer. ▶ **Réaliser** – accomplir, combler, réaliser, répondre à, satisfaire. *SOUT.* écouter, entendre. ▲**ANT.** DÉDAIGNER, IGNORER, MÉPRISER, REFUSER, REJETER, REPOUSSER.

excédentaire *adj.* ▲**ANT.** DÉFICITAIRE, INSUFFISANT, MANQUANT.

excéder *v.* ▶ **Dépasser** – dépasser, outrepasser. ▶ **Irriter** – agacer, crisper, énerver, exaspérer, fatiguer, hérisser, impatienter, importuner, irriter, porter sur les nerfs à. *FAM.* barber, casser les pieds à, chauffer les oreilles à, courir sur le système à, embêter, emmieller, empoisonner, enquiquiner, faire suer, gonfler, horripiler, insupporter, pomper l'air à, porter sur le système à, scier, tanner, taper sur le système à, taper sur les nerfs à. *FRANCE FAM.* bassiner, canuler, cavaler, courir, courir sur le haricot à, soûler. *QUÉB.* *FAM.* achaler, déranger, écœurer, tomber sur la noix à, tomber sur la rate à, tomber sur le système à, tomber sur les nerfs à, tomber sur les rognons à. ▲**ANT.** CIRCONSCRIRE, MODÉRER, TEMPÉRER; RAVIR, RÉJOUIR; RAGAILLARDIR, RÉCONFORTER, REPOSER.

excellence *n. f.* ▶ **Perfection** – achèvement, consommation, couronnement, épanouissement, fini, fleur, maturité, meilleur, parachèvement, perfection, plénitude, précellence. *PHILOS.* entéléchie. ▲**ANT.** IMPERFECTION; MÉDIOCRITÉ.

excellent *adj.* ▶ **Bien réussi** – parfait, très bien. *FAM.* au poil, aux petits oignons, super. *FRANCE FAM.* aux pommes, tsoin-tsoin. *QUÉB.* *FAM.* diguidou. ▶ **De**

grande qualité – de classe, de luxe, de premier ordre, de première qualité, de qualité supérieure, extra, extrafin, haut de gamme, hors classe, impérial, royal, supérieur, surchoix, surfin. ▶ **Remarquable** – admirable, brillant, éblouissant, extraordinaire, fantastique, magistral, magnifique, merveilleux, parfait, prodigieux, remarquable, réussi, sensationnel, sublime. *FAM.* à tout casser, bluffant, champion, d'enfer, du tonnerre, épatant, extra, fameux, formidable, fumant, génial, mirifique, pas piqué des vers, splendide, super, terrible. *FRANCE FAM.* du feu de Dieu, énorme, fadé, formide, géant, gratiné, pas piqué des hannetons. *QUÉB.* *FAM.* capotant, écœurant. ▶ **Succulent** – délectable, délicieux, exquis, gastronomique, savoureux, succulent, très bon. *SOUT.* ambrosiaque, ambrosien. ▲**ANT.** LAMENTABLE, MÉDIOCRE, MINABLE, NAVRANT, NUL, PIÈTRE, PITEUX, PITOYABLE, RATÉ; DÉGOÛTANT, DÉSAGRÉABLE, IMMANGEABLE, INFECT.

exceller *v.* briller, s'illustrer, se distinguer, se signaler. ▲**ANT.** STAGNER, TRAÎNER.

excentrique *adj.* ▶ **Extravagant** – à dormir debout, abracadabrant, abracadabrantesque, absurde, baroque, biscornu, bizarre, burlesque, cocasse, exagéré, extravagant, fantasque, farfelu, fou, funambulesque, grotesque, impayable, impossible, incroyable, insolite, invraisemblable, loufoque, qui ne tient pas debout, rocambolesque, saugrenu, tiré par les cheveux, vaudevillesque. *FRANCE FAM.* foutraque, gaguesque, louf, louftingue. ▶ **Marginal** – anticonformiste, hétérodoxe, marginal, non conformiste, original. *FRANCE FAM.* décalé, déphasé. *QUÉB.* *FAM.* sauté. ▶ **Loin du centre** – excentré, externe, périphérique. ▲**ANT.** BANAL, COMMUN, NORMAL, ORDINAIRE; LOGIQUE, SENSÉ, SÉRIEUX; CONSERVATEUR, CONVENTIONNEL, ORTHODOXE, RIGIDE, STRICT, TRADITIONNEL; CENTRAL.

exception *n. f.* accident, anomalie, anormalité, contre-exemple, contre-indication, dérogation, exclusion, particularité, réserve, restriction, singularité. ▲**ANT.** GÉNÉRALITÉ, NORME, PRINCIPE, RÈGLE.

exceptionnel *adj.* ▶ **Imprévu** – accidentel, fortuit, imprévu, inattendu, inopiné. *SOUT.* de rencontre. ▶ **Inhabituel** – d'exception, fortuit, inaccoutumé, inhabituel, inusité, occasionnel, rare, rarissime, spécial. *SOUT.* extraordinaire, inusuel. ▶ **Hors pair** – d'exception, hors du commun, hors ligne, hors pair, hors série, incomparable, inégalable, inégalé, inimitable, insurpassable, insurpassé, irremplaçable, précieux, qui n'a pas son pareil, rare, remarquable, sans égal, sans pareil, sans précédent, sans rival, sans second, spécial, supérieur, unique. ▶ **Prestigieux** – élevé, éminent, grand, important, insigne, prestigieux, remarquable, signalé. *SOUT.* suréminent. ▲**ANT.** BANAL, COMMUN, COURANT, HABITUEL, USUEL.

exceptionnellement *adv.* ▶ **Rarement** – dans la minorité des cas, guère, par exception, peu, peu souvent, pratiquement jamais, quasiment jamais, rarement. ▶ **Extraordinairement** – extraordinairement, fantastiquement, féeriquement, magiquement, merveilleusement, miraculeusement, mirifiquement, phénoménalement, prodigieusement, surnaturellement. ▲**ANT.** À DE RARES EXCEPTIONS PRÈS, COURAMMENT, D'HABITUDE, EN GÉNÉRAL, FRÉQUEMMENT, GÉNÉRALEMENT, HABITUELLEMENT, LA PLUPART DU TEMPS, NORMALEMENT, ORDINAIREMENT,

excès

RÉGULIÈREMENT; ABOMINABLEMENT, AFFREUSEMENT, ATROCEMENT, DÉTESTABLEMENT, HORRIBLEMENT; BANALEMENT; MOYENNEMENT; DÉPLORABLEMENT, LAMENTABLEMENT, MINABLEMENT, MISÉRABLEMENT, PIÈTREMENT, PITEUSEMENT, PITOYABLEMENT.

excès *n. m.* ▶ *Excédent* – complément, différence, excédent, reliquat, résidu, restant, reste, solde, soulte, surcroît, surplus. *FAM.* rab, rabiot. ▶ *Surabondance* – comble, débauche, débordement, dépassement, disproportion, énormité, excédent, exubérance, gaspillage, inutile, luxe, luxuriance, orgie, profusion, redondance, satiété, saturation, superfétation, superflu, superfluité, surabondance, surcharge, surcroît, surenchère, surnombre, surplus, trop, trop-plein. ▶ *Démesure* – abus, démesure, exagération, extrémisme, immodération, jusqu'au-boutisme, maximalisme, outrance. *FAM.* charriage. ▶ *Summum* – acmé, apex, apogée, apothéose, cime, climax, comble, culmination, faîte, fin du fin, fort, limite, maximum, meilleur, nec plus ultra, optimum, paroxysme, pic, pinacle, plafond, point culminant, pointe, record, sommet, summum, triomphe, zénith. *FAM.* max, top niveau. ▶ *Emphase* – apparat, bouffissure, boursouflure, cérémonie, déclamation, démesure, emphase, enflure, gonflement, grandiloquence, hyperbole, pédanterie, pédantisme, pompe, prétention, solennité. *SOUT.* ithos, pathos. ▲ANT. CARENCE, DÉFAUT, INSUFFISANCE, MANQUE; DÉFICIT, PERTE; MESURE, MODÉRATION; SOBRIÉTÉ, TEMPÉRANCE.

excessif *adj.* ▶ *Exagéré* – abusif, débridé, déchaîné, délirant, démesuré, déraisonnable, déréglé, disproportionné, effréné, exagéré, exorbitant, extravagant, extrême, forcé, immodéré, intempérant, outrancier, outré, qui dépasse la mesure, qui dépasse les bornes, sans frein. *SOUT.* outrageux. *FAM.* dément, démentiel, soigné. ▶ *Trop abondant* – de trop, pléthorique, surabondant, surchargé. ▲ANT. MODÉRÉ, POSÉ; MOYEN, NORMAL; INSUFFISANT.

excessivement *adv.* à l'excès, à outrance, abusivement, démesurément, effrénément, exagérément, hyperboliquement, immodérément, large, outrageusement, outre mesure, plus qu'il n'en faut, plus que de raison, sans retenue, surabondamment, trop. *SOUT.* par trop, prodigalement. ▲ANT. DÉRISOIREMENT, FAIBLEMENT, INSUFFISAMMENT, MÉDIOCREMENT, PAUVREMENT.

excitant *adj.* ▶ *Enthousiasmant* – captivant, électrisant, enivrant, enthousiasmant, exaltant, grisant, palpitant, passionnant. *FAM.* emballant, planant. *QUÉB.* enlevant; *FAM.* capotant. ▶ *Émoustillant* – affriolant, aguichant, alléchant, appétissant, attirant, attrayant, désirable, engageant, intéressant, invitant, irrésistible, ragoûtant, séduisant, tentant. *SOUT.* affriandant. ▶ *Stimulant* – dynamisant, fortifiant, reconstituant, remontant, revigorant, stimulant, tonifiant, tonique, vivifiant. *SOUT.* vivificateur. *FAM.* ravigotant. *SUISSE* *FAM.* rapicolant. *MÉD.* analeptique, dopant, dynamogène, énergisant, incitant. ▲ANT. DÉCOURAGEANT, DÉMORALISANT, DÉMOTIVANT; RÉFRIGÉRANT, SANS CHARME; AFFAIBLISSANT, ALANGUISSANT, AMOLLISSANT, ANÉMIANT, DÉBILITANT.

excitant *n. m.* analeptique, défatigant, dopant, énergisant, fortifiant, reconstituant, remontant, stimulant, tonifiant, tonique. *PHYSIOL.* incitant. ▲ANT. ANESTHÉSIQUE, CALMANT, SÉDATIF.

excitation *n. f.* ▶ *Nervosité* – agitation, effervescence, électrisation, emballement, énervement, étourdissement, exaltation, fébrilité, fièvre, griserie, nervosité, stress, surexcitation, tension. *SOUT.* enivrement, éréthisme, exaspération, surtension. ▶ *Délire* – agitation, aliénation, amok, aveuglement, délire, divagation, égarement, folie, frénésie, hallucination, hystérie, onirisme, paranoïa, surexcitation. ▶ *Effervescence* – activité, affairement, affolement, agitation, alarme, animation, bouillonnement, branle-bas (de combat), bruit, dérangement, désordre, désorganisation, détraquement, effervescence, fourmillement, grouillement, hâte, incohérence, mouvement, orage, précipitation, remous, remue-ménage, secousse, suractivité, tempête, tohubohu, tourbillon, tourmente, trépidation, trouble, tumulte, turbulence, va-et-vient. *SOUT.* émoi, remuement. *FAM.* chambardement. ▶ *Turbulence* – agitation, dissipation, espièglerie, fougue, impétuosité, mobilité, mouvement, nervosité, pétulance, tapage, turbulence, vivacité. ▶ *Incitation* – aide, aiguillon, animation, appel, défi, dépassement (de soi), émulation, encouragement, entraînement, exhortation, fanatisation, fomentation, impulsion, incitation, instigation, invitation, invite, motivation, provocation, sollicitation, stimulation, stimulus. *SOUT.* surpassement. *FAM.* provoc. ▶ *Insurrection* – agitation, agitation-propagande, chouannerie, désordre, effervescence, embrasement, émeute, faction, fermentation, fièvre, fronde, insoumission, insubordination, insurrection, jacquerie, manifestation, mutinerie, rébellion, remous, résistance, révolte, révolution, sédition, soulèvement, tourmente, troubles. *FAM.* agitprop. ▲ANT. CALME, FLEGME, TRANQUILLITÉ; ADOUCISSEMENT, APAISEMENT, INHIBITION; PACIFICATION; DÉSEXCITATION *(atome)*.

excité *adj.* ▶ *Nerveux* – agité, énervé, fébrile, fiévreux, hystérique, impatient, nerveux, surexcité. *FAM.* mordu de la tarentule, piqué de la tarentule, tout-fou. ▶ *Turbulent* – agité, bruyant, chahuteur, diable, dissipé, emporté, remuant, tapageur, turbulent. *QUÉB.* *FAM.* énervé, grouillant, tannant. ▲ANT. CALME, DÉTENDU, PLACIDE, SEREIN, TRANQUILLE; OBÉISSANT, SAGE.

excité *n.* agité, énergumène, hystérique, nerveux. *FAM.* énervé, paquet de nerfs. *FRANCE FAM.* paniquard, tout-fou, vibrion. *PATHOL.* hypernerveux. ▲ANT. FLEGMATIQUE.

exciter *v.* ▶ *Susciter* – éveiller, faire naître, solliciter, soulever, susciter. ▶ *Rendre plus intense* – aiguiser, allumer, attiser, augmenter, aviver, échauffer, embraser, enflammer, exalter, incendier, stimuler. ▶ *Stimuler qqn* – aiguillonner, animer, éperonner, fouetter, motiver, pousser, stimuler. *SOUT.* agir. ▶ *Enthousiasmer* – animer, encourager, enthousiasmer, motiver, stimuler. *SOUT.* exhorter. ▶ *Énerver* – agiter, énerver. ▶ *Inciter* (*SOUT.*) – amener, conditionner, conduire, disposer, encourager, engager, entraîner, exhorter, impulser, inciter, incliner, mener, porter, pousser, provoquer. *SOUT.* mouvoir. ♦ **s'exciter** ▶ *S'énerver* – s'agiter, s'énerver. *QUÉB.* *FAM.* s'épivarder. ▲ANT. ARRÊTER, EMPÊCHER; ÉTOUFFER, INHIBER;

REFOULER, RÉFRÉNER, RÉPRIMER, RETENIR; APAISER, CAL-
MER, ENDORMIR, MODÉRER.

exclamatif *adj.* ▲ANT. AFFIRMATIF, ASSERTIF; IN-
TERROGATIF.

exclamation *n. f.* ▶ *Juron* – blasphème, cri,
exécration, gros mot, imprécation, jurement, juron,
outrage. QUÉB. sacre.

exclamer (s') *v.* s'écrier, se récrier.

exclu *adj.* ▲ANT. INCLUS.

exclure *v.* ▶ *Chasser qqn* – bannir, barrer, chasser, éloigner, exiler, fermer la porte à, mettre en quarantaine, ostraciser, rejeter. SOUT. excommunier, frapper d'ostracisme, proscrire, répudier. ▶ *Supprimer* –
bannir, éliminer, proscrire, rejeter, supprimer. ▶ *Ne
pas envisager* – balayer d'un revers de la main, écarter, éliminer, excepter, faire abstraction de, mettre à
l'écart, ne pas prendre en considération, ne pas tenir compte de, négliger, rejeter. ▶ *Être incompatible
avec* – empêcher, interdire. ♦ **s'exclure** ▶ *S'annuler* – s'annuler, se compenser, se neutraliser. ▲ANT.
ACCUEILLIR, ADMETTRE, INVITER, RECEVOIR; AUTORISER,
PERMETTRE; COMPRENDRE, ENGLOBER, INCLURE; IMPLI-
QUER.

exclusif *adj.* attitré, individuel, particulier, personnel, privé, propre, réservé, spécial. ▲ANT. INCLU-
SIF; LARGE, OUVERT.

exclusion *n. f.* ▶ *Expulsion* – bannissement,
délogement, désinsertion, disgrâce, disqualification, élimination, évacuation, éviction, exil, expatriation, expulsion, nettoyage, ostracisme, proscription, rabrouement, radiation, refoulement, rejet, relégation, renvoi. FAM. dégommage, éjection, lessive,
vidage. QUÉB. tablettage. DIDACT. forclusion. DR. déboutement. ANTIQ. pétalisme, xénélasie. ▶ *Épuration* – balayage, chasse aux sorcières, coup de balai, épuration, expulsion, liquidation, purge. ▶ *Exception* – accident, anomalie, anormalité, contre-
exemple, contre-indication, dérogation, exception,
particularité, réserve, restriction, singularité. ▶ *Discrimination* – discrimination, ghettoïsation, marginalisation, mise à l'écart, ségrégation, séparation.
▲ANT. ADMISSION, INCLUSION, INTÉGRATION; RÉINTÉ-
GRATION.

exclusivement *adv.* purement, seulement,
simplement, strictement, uniquement. ▲ANT. IN-
CLUSIVEMENT.

excursion *n. f.* ▶ *Voyage* – allées et venues, balade, campagne, circuit, circumnavigation, course,
croisière, déplacement, expédition, exploration, incursion, marche, mission, navette, navigation, odyssée, passage, pèlerinage, pérégrination, périple, promenade, raid, rallye, randonnée, reconnaissance,
tour, tourisme, tournée, transport, traversée, va-et-
vient, voyage. SOUT. errance. FAM. bourlingue, rando,
transhumance. QUÉB. voyagement. ▶ *Digression* –
à-côté, aparté, coq-à-l'âne, digression, divagation,
écart, épisode, excursus, hors-d'œuvre, parabase, parenthèse, placage.

excusable *adj.* ▶ *Légitime* – compréhensible,
défendable, humain, justifiable, légitime, naturel,
normal. ▶ *Pardonnable* – pardonnable. SOUT. am-
nistiable, expiable, rémissible, véniel. ▲ANT. INEX-
CUSABLE.

excuse *n. f.* ▶ *Disculpation* – amende honorable, décharge, déculpabilisation, défense, disculpation, explication, justification, motif, pardon, raison,
regret. ▶ *Prétexte* – alibi, défilade, dérobade, échappatoire, esquive, faux-fuyant, fuite, moyen, prétexte,
reculade, subterfuge, volte-face. FAM. pirouette. QUÉB.
FAM. défaite. ▲ANT. ACCUSATION, BLÂME, INCULPA-
TION, REPROCHE.

excuser *v.* ▶ *Pardonner* – absoudre, pardonner
à. SOUT. amnistier, ne pas tenir rigueur à, tenir pour
quitte. ▶ *Dispenser* – affranchir, décharger, dégager,
délier, délivrer, désengager, dispenser, exempter, exonérer, soustraire. ▶ *Juger sans gravité* – admettre,
fermer les yeux sur, innocenter, laisser passer, pardonner, supporter, tolérer. ▶ *Justifier* – autoriser, justifier, légitimer, permettre. ♦ **s'excuser** ▶ *Demander pardon* – demander pardon, être confus, faire
amende honorable, faire son mea culpa, reconnaître
ses torts, regretter, se repentir. SOUT. battre sa coulpe,
demander miséricorde, faire pénitence. ▶ *S'expliquer* – s'expliquer, se défendre, se disculper, se justifier. ▲ANT. ACCUSER, BLÂMER, CHARGER, CONDAMNER,
IMPUTER, INCRIMINER, INCULPER, REPROCHER.

exécrable *adj.* ▶ *Mauvais* – abominable, affreux, atroce, déplorable, désastreux, épouvantable,
horrible, infect, insipide, lamentable, manqué, mauvais, médiocre, minable, navrant, nul, odieux, piètre,
piteux, pitoyable, qui ne vaut rien, raté. SOUT. méchant, triste. FAM. à la flan, à la gomme, à la manque,
à la mie de pain, à la noix (de coco), blèche, craignos,
crapoteux, mal fichu, moche, pourri, qui ne vaut pas
un clou. QUÉB. FAM. de broche à foin, poche. ▶ *Détestable* – antipathique, atroce, déplaisant, désagréable, détestable, haïssable, impossible, infernal, insoutenable, insupportable, intenable, intolérable, invivable, irrespirable, odieux, pénible. FAM. imbuvable.
▲ANT. BRILLANT, ÉBLOUISSANT, EXCELLENT, EXTRAOR-
DINAIRE, FANTASTIQUE, MAGNIFIQUE, MERVEILLEUX, PAR-
FAIT, PRODIGIEUX, REMARQUABLE, SENSATIONNEL; DIVIN,
SUBLIME; ESTIMABLE.

exécutant *n.* ▶ *Assistant* – adjoint, aidant, aide,
alter ego, assesseur, assistant, auxiliaire, bras droit,
collaborateur, complice, homme de confiance, lieutenant, préparateur, second, sous-chef, subalterne,
subordonné. SOUT. suivant. RELIG. coadjuteur, définiteur. ▶ *Non favorable* – acolyte, lampiste, second
couteau, second rôle, second violon, sous-fifre, sous-
ordre. ▶ *Musicien* – instrumentiste, interprète,
joueur, musicien. FAM. croque-note *(mauvais)*, musico. ▲ANT. CHEF, DÉCIDEUR, DÉCISIONNAIRE, DIRIGEANT.

exécution *n. f.* ▶ *Création* – composition,
conception, confection, constitution, construction,
création, développement, édification, élaboration,
fabrication, façon, façonnage, façonnement, formation, genèse, gestation, invention, œuvre,
œuvre, organisation, paternité, production, réalisation, structuration, synthèse. SOUT. accouchement,
enfantement. DIDACT. engendrement. ▶ *Accomplissement* – aboutissement, accomplissement, achèvement, apothéose, but, chute, complémentation,
complètement, complétude, conclusion, consécration, consommation, couronnement, dénouement,
fin, finition, fruit, issue, produit, réalisation, règlement, résolution, résultat, sortie, terme, terminaison.

SOUT. aboutissant. PHILOS. entéléchie. ▸ **Performance** – accomplissement, performance, réalisation. DR. ou SOUT. perpétration (crime). ▸ **Interprétation** – interprétation, jeu. ▸ **Spectacle** – attraction, concert, danse, divertissement, exhibition, happening, numéro, pièce, projection, récital, représentation, revue, séance, soirée. ▸ **Récital** – aubade, audition, concert, divertissement, récital, séance, sérénade, soirée. ▸ **Supplice** – échafaud, géhenne, martyre, peine, question, supplice, torture, tourment. ▸ **Meurtre** – assassinat, crime, élimination, homicide, liquidation, meurtre, mise à mort, suppression. ♦ **exécutions, plur.** ▸ **Ensemble de meurtres** – anéantissement, assassinats, bain de sang, boucherie, carnage, destruction, extermination, hécatombe, holocauste, massacre, meurtres, tuerie. SOUT. (lourd) tribut. FAM. étripage. ▲ANT. ABSTENTION, INEXÉCUTION, NON-EXÉCUTION.

exemplaire adj. ▸ **Parfait** – accompli, achevé, consommé, de rêve, idéal, idyllique, incomparable, irréprochable, modèle, parfait, rêvé. ▸ **Vertueux** – édifiant, moral, vertueux. ▲ANT. CHOQUANT, IMMORAL, IMPUR, OFFENSANT, RÉVOLTANT, SCANDALEUX.

exemplaire n. m. ▸ **Copie** – calque, copie (conforme), double, duplicata, duplication, facsimilé, imitation, réplique, reproduction. DR. grosse. ▸ **Numéro d'un périodique** – livraison, numéro. ♦ **exemplaires, plur.** ▸ **Ensemble de copies** – tirage.

exemple n. m. ▸ **Héros** – brave, demi-dieu, dieu, géant, glorieux, grand, héros, idole, modèle, titan. SOUT. parangon. ▸ **Modèle** – archétype, canon, critère, échantillon, étalon, formule, gabarit, idéal, idée, image, individu, modèle, norme, original, paradigme, précédent, prototype, référence, représentant, type, unité. BIOL. holotype. ▸ **Aperçu** – anticipation, aperçu, avant-goût, avant-première, échantillon, esquisse, essai, idée, perspective, tableau. SOUT. préfiguration. FAM. topo. ▸ **Ce qui explique** – illustration. ▸ **Passage** – citation, épigraphe, exergue, extrait, fragment, passage. ▲ANT. CONTRE-EXEMPLE ; MAUVAIS EXEMPLE.

exempt adj. ▸ **Dépourvu** – démuni, dénué, dépourvu, privé. ▸ **Dispensé** – affranchi, déchargé, dégagé, dispensé, exempté, exonéré, libéré, libre. ▲ANT. DOTÉ DE, DOUÉ DE, MUNI DE ; ASSUJETTI À, ASTREINT À, OBLIGÉ DE, TENU DE ; ENCLIN À, PORTÉ À, SUJET À, SUSCEPTIBLE DE.

exempté adj. affranchi, déchargé, dégagé, dispensé, exempt, exonéré, libéré, libre.

exercé adj. à la hauteur, adroit, bon, brillant, capable, chevronné, compétent, connaisseur, d'élite, de haut vol, de haute volée, de talent, doué, émérite, entraîné, expérimenté, expert, ferré, fin, fort, habile, inspiré, passé maître, performant, qualifié, qui s'y connaît, talentueux, versé. SOUT. entendu à, industrieux, rompu à. FAM. calé, qui a la bosse de, qui sait y faire. FRANCE FAM. balèze, costaud, fortiche, incollable, trapu. QUÉB. connaissant ; FAM. bollé.

exercer v. ▸ **Entraîner** – discipliner, dresser, entraîner, façonner, former, habituer. SOUT. rompre. ▸ **Utiliser** – avoir recours à, déployer, employer, faire appel à, faire jouer, faire usage de, jouer de, mettre en

œuvre, recourir à, s'aider de, se servir de, user de, utiliser. ▸ **Faire un métier** – pratiquer. ▸ **Remplir une fonction** – remplir, s'acquitter de, tenir. ♦ **s'exercer** ▸ **S'entraîner** – s'entraîner. FAM. se faire la main. ▲ANT. ABANDONNER, LAISSER, NÉGLIGER.

exercice n. m. ▸ **Répétition** – entraînement, répétition. FAM. répète. ▸ **Devoir** – devoir, pensum, travail. ▸ **Activité** – activité, animation, circulation, mouvement. ▸ **Activité sportive** – activité physique, activité sportive, jeu sportif, sport. ▸ **Ensemble des activités sportives** – activité physique, culture physique, éducation physique, exercices de gymnastique, gymnastique, gymnique, mouvements de gymnastique, sport. FAM. gym. QUÉB. plein air. ▸ **Fonctionnement** – activité, fonctionnement, marche, mouvement, opération, service, travail, usage, vie. ▸ **Travail actuel** – devoir, fonction, service, travail. ▲ANT. INACTION, INACTIVITÉ, REPOS ; CONGÉ, RETRAITE.

exhaler v. ▸ **Laisser échapper** – dégager, répandre. ▸ **Une odeur** – sentir. ▸ **Rejeter de l'air** – expirer, souffler. ▸ **En parlant de certains animaux** – s'ébrouer. ▸ **Dégager une ambiance, un sentiment** – respirer, suer, transpirer. ♦ **s'exhaler** ▸ **Se dégager** – émaner, s'échapper, se dégager, sortir. ▲ANT. ABSORBER, ASPIRER, INHALER, INSPIRER ; COMPRIMER ; GARDER, RÉPRIMER, TAIRE.

exhaustivité n. f. ▸ **Totalité** – absoluité, complétude, ensemble, entier, entièreté, généralité, globalité, intégralité, intégrité, masse, plénitude, réunion, somme, total, totalité, tout, universalité. ▲ANT. INCOMPLÉTUDE.

exhiber v. ▸ **Montrer** – exposer, faire voir, montrer, présenter. ▸ **Montrer avec ostentation** – afficher, arborer, déployer, étaler, exposer, faire étalage de, faire montre de, faire parade de. ▸ **Fournir un document** – donner, fournir, montrer, présenter, produire. ♦ **s'exhiber** ▸ **S'afficher** – paraître, s'afficher, s'offrir en spectacle, se montrer. ▲ANT. CACHER, COUVRIR, DISSIMULER, VOILER ; INHIBER, RÉPRIMER ; TAIRE.

exhibition n. f. ▸ **Spectacle** – attraction, concert, danse, divertissement, exécution, happening, numéro, pièce, projection, récital, représentation, revue, séance, soirée. ▸ **Exposition publique** – concours, démonstration, étalage, exposition, foire, foire-exposition, galerie, manifestation, montre, présentation, rétrospective, salon, vernissage. FAM. démo, expo. SUISSE comptoir. ▸ **Fait de montrer** – présentation, production. RELIG. porrection (objets sacrés). ▲ANT. DISCRÉTION, DISSIMULATION, INHIBITION, SECRET.

exhorter v. ▸ **Encourager** – appeler, encourager, engager, inciter, inviter. ▸ **Entraîner** – amener, conditionner, conduire, disposer, encourager, engager, entraîner, impulser, inciter, incliner, mener, porter, pousser, provoquer. SOUT. exciter, mouvoir. ▸ **Motiver** (SOUT.) – animer, encourager, enthousiasmer, motiver, stimuler. ▲ANT. DÉCOURAGER, DISSUADER.

exigeant adj. ▸ **Sévère** – draconien, dur, rigide, rigoureux, sévère, strict. FAM. chien, vache. FRANCE FAM. rosse. ▸ **Scrupuleux** – à cheval sur les principes, chatouilleux, maniaque, perfectionniste, pointilleux,

expansion

scrupuleux, sourcilleux. *FAM.* service-service. ▶ *Difficile à contenter* – capricieux, délicat, difficile. ▶ *Contraignant* – accablant, aliénant, asservissant, assujettissant, astreignant, contraignant, écrasant, étouffant, impitoyable, lourd, oppressant, pénible, pesant. ▶ *Accaparant* – absorbant, accaparant, prenant. ▲ANT. LAXISTE, PERMISSIF, TOLÉRANT.

exigence *n. f.* ▶ *Désir* – ambition, appel, appétit, aspiration, attirance, attrait, besoin, but, convoitise, desideratum, désir, envie, faim, fantaisie, fantasme, fièvre, fringale, goût, idéal, intention, jalousie, passion, prétention, quête, recherche, rêve, soif, souhait, tentation, velléité, visée, vœu, voix, volonté. *SOUT.* appétence, dessein, prurit, vouloir. *FAM.* démangeaison. ▶ *Demande* – adjuration, appel, demande, démarche, desideratum, désir, doléances, injonction, instance, interpellation, interrogation, invocation, mandement, ordre, pétition, placet, prétention, prière, question, réclamation, requête, réquisition, revendication, sollicitation, sommation, supplication, supplique, ultimatum, vœu. *SOUT.* imploration. ▶ *Contrainte* – astreinte, besoin, contrainte, impératif, nécessité, obligation, servitude. ▶ *Sévérité* – dureté, impitoyabilité, implacabilité, inclémence, inflexibilité, intransigeance, rigidité, rigueur, sévérité. *SOUT.* inexorabilité. ▲ANT. PERMISSION; LAISSER-ALLER, NÉGLIGENCE, PERMISSIVITÉ.

exiger *v.* ▶ *Revendiquer* – demander, réclamer, revendiquer. *SOUT.* demander à cor et à cri, prétendre à. ▶ *Nécessiter* – appeler, avoir besoin de, commander, demander, imposer, nécessiter, obliger, postuler, prendre, prescrire, réclamer, requérir, vouloir. ▲ANT. DONNER, OFFRIR; DISPENSER, EXEMPTER, EXONÉRER, PERMETTRE, TOLÉRER.

exigu *adj.* étriqué, étroit, petit, (un peu) juste. ▲ANT. SPACIEUX, VASTE.

exil *n. m.* ▶ *Émigration forcée* – bannissement, déportation, déracinement, émigration, expatriation, expulsion, interdiction de séjour, proscription, relégation, transportation. ▶ *Expulsion* – bannissement, délogement, désinsertion, disgrâce, disqualification, élimination, évacuation, éviction, exclusion, expatriation, expulsion, nettoyage, ostracisme, proscription, rabrouement, radiation, refoulement, rejet, relégation, renvoi. *FAM.* dégommage, éjection, lessive, vidage. *QUÉB.* tablettage. *DIDACT.* forclusion. *DR.* déboutement. *ANTIQ.* pétalisme, xénélasie. ▶ *Solitude* – abandon, délaissement, éloignement, ghettoïsation, isolation, isolement, quarantaine, réclusion, retraite, retranchement, séparation, solitude. *FIG.* bulle, cocon, désert, tanière, tour d'ivoire. *SOUT.* déréliction, thébaïde. *RELIG.* récollection. ▲ANT. RAPATRIEMENT, RAPPEL, RETOUR; AMNISTIE, GRÂCE.

exilé *n.* banni, expatrié, expulsé, interdit de séjour, proscrit, réfugié, relégué, sans-papiers. *FAM.* tricard. ▲ANT. RAPATRIÉ.

exiler *v.* ▶ *Condamner à l'exil* – bannir, chasser (hors) de son pays, déporter, expatrier, expulser, mettre au ban, proscrire, refouler. *SOUT.* arracher de sa patrie, arracher de son sol natal, déraciner. *DR.* reléguer. ▶ *Envoyer au loin* – éloigner, reléguer. ♦ *s'exiler* ▶ *Quitter son pays* – émigrer, s'expatrier, se réfugier. ▲ANT. AMNISTIER, GRACIER, RAPATRIER, RAPPELER.

existant *adj.* ▶ *Qui a lieu maintenant* – actuel, courant, de l'heure, en application, en cours, en usage, en vigueur, présent. ▶ *Qui existe vraiment* – concret, de chair et de sang, effectif, matériel, palpable, physique, réel, sensible, tangible, visible, vrai. *DIDACT.* positif. *RELIG.* de ce monde, temporel, terrestre. ▲ANT. INEXISTANT; ABSTRAIT, CONCEPTUEL, IDÉAL, INTELLECTUEL, MENTAL, THÉORIQUE; CHIMÉRIQUE, FABULEUX, FANTASTIQUE, FICTIF, IMAGINAIRE, IRRÉEL, LÉGENDAIRE, MYTHIQUE, MYTHOLOGIQUE; ABSENT, NÉGLIGEABLE, NUL.

existence *n. f.* ▶ *Fait d'exister* – actualité, essence, être, fait, occurrence, présence, réalité, réel, substance, vie. ▶ *Vérité* – authenticité, évidence, flagrance, incontestabilité, justesse, objectivité, positivité, réalité, validité, véracité, vérité, vrai. *DIDACT.* apodicticité, historicité. *SOUT.* véridicité. ▶ *Destin* – avenir, chance, demain(s), destin, destinée, devenir, étoile, fatalité, fortuité, fortune, futur, hasard, horizon, karma, lendemain(s), lot, nécessité, prédestination, prédétermination, prédéterminisme, providence, sérendipité, sort, vie. *SOUT.* fatum, Parque. ▲ANT. INEXISTENCE, NON-ÊTRE, NON-EXISTENCE; ABSENCE.

exister *v.* ▶ *Vivre* – être, être en vie, vivre. ▶ *Se trouver* – apparaître, être, être présent, résider, s'inscrire, se rencontrer, se retrouver, se situer, se trouver, siéger. *SOUT.* gésir. ▲ANT. DISPARAÎTRE, FINIR, MOURIR, S'ANÉANTIR, S'ÉTEINDRE; MANQUER.

exode *n. m.* ▶ *Émigration* – départ, émigration, expatriation, fuite. ▶ *Exil* – bannissement, déportation, déracinement, émigration, exil, expatriation, expulsion, interdiction de séjour, proscription, relégation, transportation. ▲ANT. IMMIGRATION; RETOUR.

exorcisme *n. m.* adjuration, conjuration, délivrance, désensorcellement, désenvoûtement, obsécration, purification, supplication. *SOUT.* exorcisation. ▲ANT. CHARME, ENSORCELLEMENT, ENVOÛTEMENT.

exotique *adj.* ▶ *Tropical* – équatorial, intertropical, subtropical, tropical. ▲ANT. FAMILIER, HABITUEL, ORDINAIRE.

expansion *n. f.* ▶ *Accroissement d'une surface* – agrandissement, développement, élargissement, extension, grossissement, rélargissement. ▶ *Croissance* – accentuation, accroissement, accrue, agrandissement, amplification, arrondissement, augmentation, bond, boom, crescendo, croissance, crue, développement, dilatation, élargissement, élévation, enflement, enrichissement, envolée, essor, évolution, extension, flambée, foisonnement, gonflement, gradation, grossissement, hausse, haussement, inflation, intensification, majoration, montée, poussée, progrès, progression, recrudescence, redressement, rehaussement, relèvement, renchérissement, renforcement, revalorisation, valorisation. ▶ *Diffusion* – cession, circulation, communication, dévolution, diffusion, dissémination, émission, extension, intercommunication, multiplication, passation, progression, propagation, rayonnement, reproduction, transfert, translation, virement. ▶ *Épanchement* – abandon, aveu, confidence, effusion, épanchement.

expatrié

314

▲**ANT.** COMPRESSION, CONTRACTION, RESSERREMENT, RÉTRÉCISSEMENT; DÉCLIN, DÉCROISSANCE, RÉCESSION, RÉGRESSION.

expatrié *n.* ▶ *Banni* – banni, exilé, expulsé, interdit de séjour, proscrit, réfugié, relégué, sans-papiers. *FAM.* tricard. ▶ *Émigré* – déraciné, émigrant, émigré, immigrant, immigré, migrant, transplanté. ▲**ANT.** RAPATRIÉ.

expédient *n. m.* ▶ *Truc* – acrobatie, astuce, demi-mesure *(inefficace)*, échappatoire, gymnastique, intrigue, mesure, moyen, palliatif, procédé, remède, ressource, ruse, solution, système, tour. *FAM.* combine, truc. ▶ *Compromis* – accommodement, accord, arbitrage, arrangement, composition, compromis, conciliation, entente à l'amiable, entente amiable, moyen terme, règlement à l'amiable, règlement amiable. *DR.* amiable composition. *PÉJ.* cote mal taillée. ▶ *Fiction* – affabulation, artifice, chimère, combinaison, comédie, fabrication, fabulation, fantaisie, feinte, fiction, fumisterie, histoire, idée, imagination, invention, irréalité, légende, mensonge, rêve, roman, saga, songe. *PSYCHOL.* confabulation, mythomanie.

expédier *v.* ▶ *Envoyer* – acheminer, adresser, envoyer, faire parvenir, transmettre. ▶ *Éconduire* *(FAM.)* – congédier, écarter, éconduire, en finir avec, rabrouer, renvoyer, repousser, se débarrasser de, se défaire de, se dépêtrer de. *FAM.* envoyer au bain, envoyer au diable, envoyer balader, envoyer bouler, envoyer dinguer, envoyer paître, envoyer promener, envoyer sur les roses, envoyer valdinguer, envoyer valser. ▶ *Tuer* *(FAM.)* – abattre, assassiner, éliminer, exécuter, supprimer, tuer. *SOUT.* immoler. *FAM.* buter, descendre, envoyer ad patres, envoyer dans l'autre monde, faire la peau à, flinguer *(arme à feu)*, liquider, nettoyer, ratatiner, rectifier, refroidir, se faire, trucider, zigouiller. *FRANCE FAM.* bousiller, dessouder, escoffier, révolvériser *(revolver)*. ▶ *Bâcler* – bâcler, faire à la diable, faire à la hâte, faire à la va-vite, gâcher, saboter, sabrer. *FAM.* cochonner, faire à la six-quatre-deux, saloper, torcher, torchonner. ▲**ANT.** RECEVOIR; FIGNOLER, PEAUFINER; FAIRE TRAÎNER.

expédition *n. f.* ▶ *Acheminement* – acheminement, amenée, convoi, desserte, diffusion, distribution, envoi, livraison, marche, postage, progression, service, transport. ▶ *Voyage* – allées et venues, balade, campagne, circuit, circumnavigation, course, croisière, déplacement, excursion, exploration, incursion, marche, mission, navette, navigation, odyssée, passage, pèlerinage, pérégrination, périple, promenade, raid, rallye, randonnée, reconnaissance, tour, tourisme, tournée, transport, traversée, va-et-vient, voyage. *SOUT.* errance. *FAM.* bourlingue, rando, transhumance. *QUÉB.* voyagement. ▲**ANT.** RÉCEPTION.

expérience *n. f.* ▶ *Essai* – épreuve, essai, expérimentation, test. ▶ *Vérification* – analyse, apurement, audit, censure, confrontation, contrôle, épreuve, examen, expérimentation, expertise, filtrage, inspection, pointage, recensement, recension, récolement, reconnaissance, recoupement, révision, revue, suivi, supervision, surveillance, test, vérification. ▶ *Savoir* – acquis, (bagage de) connaissances, bagage (intellectuel), compétence, culture (générale),

éducation, encyclopédisme, épistémè, érudition, humanisme, instruction, lettres, lumières, notions, sagesse, savoir, science. *SOUT.* omniscience. ▶ *Maturité* – adultie, adultisme, âge, âge adulte, âge mûr, assurance, confiance en soi, épanouissement, expérience (de la vie), force de l'âge, majorité, maturité, plénitude, réalisation de soi, sagesse. ▶ *Compétence* – adresse, aisance, aptitude, art, brio, capacité, compétence, dextérité, disposition, doigté, don, expertise, facilité, faculté, force, fort, génie, habileté, main, maîtrise, métier, pouvoir, professionnalisme, savoir, savoir-faire, sens, talent, technique, virtuosité. *SOUT.* industrie. *FAM.* bosse. *QUÉB.* douance *(scolaire)*. *DR.* habilitation, habilité. ▶ *Parcours professionnel* – curriculum vitæ, curriculum, cursus, expérience (professionnelle), formation (professionnelle), itinéraire (professionnel), parcours (professionnel). ▶ *Vécu* – cheminement, expérience (de vie), histoire (personnelle), itinéraire, passé, trajectoire, vécu. ▲**ANT.** THÉORIE; IGNORANCE, INEXPÉRIENCE.

expérimental *adj.* empirique. ▲**ANT.** ABSTRAIT, APRIORIQUE, THÉORIQUE; INTROSPECTIF; TÉMOIN *(groupe)*.

expérimentateur *n.* ▲**ANT.** SUJET; OBSERVATEUR.

expérimentation *n. f.* ▶ *Expérience* – épreuve, essai, expérience, test. ▶ *Vérification* – analyse, apurement, audit, censure, confrontation, contrôle, épreuve, examen, expérience, expertise, filtrage, inspection, pointage, recensement, recension, récolement, reconnaissance, recoupement, révision, revue, suivi, supervision, surveillance, test, vérification. ▲**ANT.** THÉORISATION.

expérimenté *adj.* à la hauteur, adroit, bon, brillant, capable, chevronné, compétent, connaisseur, d'élite, de haut vol, de haute volée, de talent, doué, émérite, entraîné, exercé, expert, ferré, fin, fort, habile, inspiré, passé maître, performant, qualifié, qui s'y connaît, talentueux, versé. *SOUT.* entendu à, industrieux, rompu à. *FAM.* calé, qui a la bosse de, qui sait y faire. *FRANCE FAM.* balèze, costaud, fortiche, incollable, trapu. *QUÉB.* connaissant; *FAM.* bollé. ▲**ANT.** IGNORANT, INCAPABLE, INCOMPÉTENT, INEXPÉRIMENTÉ, MAUVAIS, MÉDIOCRE, NUL.

expérimenter *v.* ▶ *Tester* – éprouver, essayer, mettre à l'épreuve, tester. ▶ *Essayer* – essayer, faire l'essai de, faire l'expérience de, tâter de. ▶ *Connaître par l'expérience* – connaître, éprouver, faire l'expérience de, vivre. ▲**ANT.** THÉORISER; ADOPTER.

expert *n.* ▶ *Savant* – autorité (en la matière), chercheur, connaisseur, découvreur, docteur, homme de science, investigateur, maître, maître de recherches, professeur, savant, scientifique, sommité, spécialiste. *SOUT.* (grand) clerc. ▶ *Connaisseur* – as, (fin) connaisseur, grand clerc, maître, professionnel, spécialiste, virtuose. *FAM.* champion, chef, pro. *FRANCE FAM.* bête. *QUÉB.* connaissant, personne-ressource. ▶ *Appréciateur* – appréciateur, arbitre, connaisseur, enquêteur, juge, juré. ▲**ANT.** PROFANE.

expiation *n. f.* ▶ *Punition* – châtiment, condamnation, correction, damnation, gage *(dans un jeu)*, leçon, peine, pénalisation, pénalité, pénitence, punition, répression, sanction, verbalisation.

FAM. tarif. ▸ *Ascèse* – abstinence, ascèse, ascétisme, austérité, dépouillement, flagellation, frugalité, macération, mortification, pénitence, privation, propitiation, renoncement, restriction, sacrifice, stigmatisation, tempérance. ▲ANT. RÉCOMPENSE.

expier *v.* payer, racheter, réparer. ▲ANT. JOUIR, PROFITER.

expirateur *adj.* ▲ANT. INSPIRATEUR.

expiratoire *adj.* ▲ANT. ASPIRATOIRE, INSPIRATOIRE.

expirer *v.* ▸ *Rejeter de l'air* – exhaler, souffler. ▸ *En parlant de certains animaux* – s'ébrouer. ▸ *Arriver à échéance* – échoir. ▸ *Mourir* – décéder, être emporté, être tué, mourir, perdre la vie, périr, s'éteindre, succomber, trouver la mort. *SOUT.* exhaler le dernier soupir, passer de vie à trépas, payer tribut à la nature, rendre l'âme, rendre l'esprit, rendre le dernier soupir, rendre son dernier souffle, trépasser. *PAR EUPHÉM.* avoir vécu, disparaître, faire le grand voyage, fermer les paupières, fermer les yeux, finir, monter au ciel, paraître devant Dieu, partir, passer, passer dans l'autre monde, quitter ce (bas) monde, s'effacer, s'en aller, s'endormir. *FAM.* aller ad patres, aller chez les taupes, avaler sa chique, avaler son acte de naissance, boire le bouillon d'onze heures, calancher, caner, casser sa pipe, clamser, claquer, crever, décoller son billard, dévisser son billard, faire couic, passer l'arme à gauche, perdre le goût du pain, rester sur le carreau, s'endormir du sommeil de la tombe, sortir les pieds devant, y rester. *FRANCE FAM.* claboter. *QUÉB. FAM.* lever les pattes, péter au fret. ▲ANT. ASPIRER, INHALER, INSPIRER; COMMENCER; NAÎTRE; RENAÎTRE, RESSUSCITER, REVIVRE.

explicable *adj.* ▲ANT. INEXPLICABLE.

explicatif *adj.* éclairant, illustratif. ▲ANT. △EXPLICATIVE, *fém.* – DÉTERMINATIVE *(proposition).*

explication *n.f.* ▸ *Clarification* – analyse, clarification, commentaire, critique, définition, désambiguïsation, éclaircissement, élucidation, exemplification, explicitation, exposé, exposition, glose, illustration, indication, interprétation, légende, lumière, note, paraphrase, précision, remarque, renseignement. ▸ *Raisonnement* – analyse, apagogie, argument, argumentation, considérations, déduction, démonstration, dialectique, dilemme, discussion, échafaudage, implication, induction, inférence, justificatif, logique, méthode, preuve, raison, réflexion, réfutation, sorite, substruction, syllogisme, syllogistique, synthèse. ▸ *Théorie* – conjecture, hypothèse, interprétation, loi, principe, scénario, spéculation, théorie, thèse. ▸ *Réponse à un problème* – clé, corrigé, réponse, solution, solutionnaire. ▸ *Cause* – agent, base, cause, facteur, ferment, fondement, fontaine, germe, inspiration, levain, levier, mobile, moteur, motif, motivation, moyen, objet, occasion, origine, point de départ, pourquoi, principe, raison, raison d'être, source, sujet. *SOUT.* étincelle, mère, racine, ressort. ▸ *Traduction* – adaptation, calque, herméneutique, interprétation, paraphrase, thème, traduction, transcodage, transcription, translittération, transposition, version. *FAM.* traduc. ▸ *Action de s'expliquer* – éclaircissement, justification, motivation, réponse, version. *SOUT.* légitimation. ▸ *Excuse*

– amende honorable, décharge, déculpabilisation, défense, disculpation, justification, motif, pardon, raison, regret. ▸ *Dispute* – accrochage, algarade, altercation, brouille, brouillerie, chicane, controverse, démêlé, désaccord, désunion, différend, discorde, dispute, divergence, escarmouche, fâcherie, froid, heurt, joute oratoire, litige, malentendu, mésentente, passe d'armes, polémique, querelle, rupture, scène, zizanie. *FAM.* bagarre, bisbille, bringue, chamaille, chamaillerie, empoignade, empoignement, engueulade, prise de bec, séance. *QUÉB. FAM.* brassecamarade, chamaillage. *BELG. FAM.* bisbrouille. ▲ANT. EMBROUILLEMENT, OBSCURCISSEMENT; CONSÉQUENCE; SILENCE; ACCORD, ENTENTE.

explicite *adj.* ▸ *Énoncé clairement* – énoncé, exprès, formulé. ▸ *Évident* – clair, clair et net, évident, formel, net, qui ne fait aucun doute, sans équivoque. *DIDACT.* apodictique, prédicatif. ▲ANT. IMPLICITE, SOUS-ENTENDU, TACITE; CONFUS, FLOU, IMPRÉCIS, INDÉFINISSABLE, INDÉTERMINÉ, INDISTINCT, OBSCUR, TROUBLE, VAGUE.

explicitement *adv.* catégoriquement, clairement, en toutes lettres, expressément, formellement, nettement, noir sur blanc, nommément, positivement. ▲ANT. IMPLICITEMENT.

expliciter *v.* ▸ *Énoncer de manière explicite* – énoncer, exposer, formuler. ▸ *Rendre plus explicite* – descendre dans le détail, descendre jusqu'aux détails, détailler, développer, expliquer, préciser. *FAM.* broder sur. ▲ANT. INSINUER, LAISSER ENTENDRE, SOUS-ENTENDRE.

expliquer *v.* ▸ *Enseigner* – apprendre, enseigner, inculquer, montrer, transmettre. ▸ *Résoudre* – déchiffrer, découvrir, dénouer, deviner, éclaircir, élucider, éventer, faire (toute) la lumière sur, pénétrer, percer, résoudre, tirer au clair, trouver, trouver la clé de. ▸ *Annoter* – annoter, commenter, gloser, interpréter, paraphraser. ▸ *Préciser* – descendre dans le détail, descendre jusqu'aux détails, détailler, développer, expliciter, préciser. *FAM.* broder sur. ▸ *Justifier* – fonder, justifier, motiver. ♦ *s'expliquer* ▸ *Comprendre* – comprendre, saisir, toucher du doigt, voir. *SOUT.* appréhender, embrasser, entendre. *FAM.* bitter, entraver, piger. *FRANCE FAM.* percuter. *QUÉB. FAM.* allumer, clencher, cliquer. ▸ *Chercher à se disculper* – s'excuser, se défendre, se disculper, se justifier. ▸ *Se battre* (FAM.) – échanger des coups, en découdre, en venir aux coups, en venir aux mains, s'empoigner, se bagarrer, se battre, se colleter. *FAM.* se bigorner, se cogner, se crêper le chignon, se prendre aux cheveux, se tabasser, se taper dessus, se voler dans les plumes. *FRANCE FAM.* barouder, châtaigner, se bastonner, se castagner. *QUÉB. FAM.* se batailler, se colletailler, se tapocher. ▲ANT. COMPLIQUER, EMBROUILLER, OBSCURCIR; TAIRE.

exploit *n.m.* ▸ *Acte de bravoure* (SOUT.) – acte de bravoure, action d'éclat, fait d'armes, geste de bravoure, haut fait, prouesse, trait de courage. ▸ *Succès* – performance, prouesse, record, réussite, succès, tour de force. *SOUT.* gageure. ▸ *Prodige* – merveille, miracle, phénomène, prodige. ▲ANT. ÉCHEC, HUMILIATION, INSUCCÈS.

exploitation *n.f.* ▸ *Utilisation* – AGRIC. fairevaloir. ▸ *Entreprise* – affaire, bureau, compagnie,

entreprise, établissement, firme, industrie, institution, société. FAM. boîte, boutique. FRANCE FAM. burlingue. ▶ *Ferme* – domaine, exploitation (agricole), ferme, fermette, métairie. ANTIQ. villa. ▶ *Agriculture* – agriculture, agroalimentaire, agrobiologie, agrochimie, agro-industrie, agrologie, agronomie, économie rurale, exploitation (agricole), production (agricole).
▶ *Abus* – abus, arbitraire, déloyauté, déni de justice, empiétement, erreur (judiciaire), favoritisme, illégalité, illégitimité, inconstitutionnalité, inégalité, iniquité, injustice, irrégularité, mal-jugé, malveillance, noirceur, partialité, passe-droit, privilège, scélératesse, tort, usurpation. SOUT. improbité. ▲ANT. AIDE, APPUI, COOPÉRATION; BICHONNAGE, DORLOTEMENT.

exploiter v. ▶ *Utiliser* – faire valoir, profiter de, tirer parti de, tirer profit de, utiliser. ▶ *Abuser* – abuser de, presser comme un citron, pressurer, profiter de. ▲ANT. LAISSER EN FRICHE; MÉNAGER, RESPECTER; APPUYER.

explorateur n. ▶ *Découvreur* – aventurier, chercheur, découvreur, globe-trotter, navigateur, prospecteur, voyageur. FAM. bourlingueur.

exploration n. f. ▶ *Reconnaissance* – découverte, documentation, fouille, furetage, prospection, recherche, reconnaissance, sondage. FAM. farfouillage, farfouillement. ▶ *Voyage* – allées et venues, balade, campagne, circuit, circumnavigation, course, croisière, déplacement, excursion, expédition, incursion, marche, mission, navette, navigation, odyssée, passage, pèlerinage, pérégrination, périple, promenade, raid, rallye, randonnée, reconnaissance, tour, tourisme, tournée, transport, traversée, va-et-vient, voyage. SOUT. errance. FAM. bourlingue, rando, transhumance. QUÉB. voyagement. ▶ *Enquête* – analyse, enquête, étude, examen, information, investigation, recherche, sondage, survol, traitement. SOUT. perquisition. ▶ *Approfondissement* – analyse, approfondissement, dépouillement, développement, enrichissement, épluchage, étude, examen, introspection, méditation, pesée, progrès, recherche, réflexion, sondage. ▶ *Examen médical* – auscultation, percussion.

explorer v. ▶ *Parcourir un lieu* – arpenter, battre, inspecter, parcourir, prospecter, ratisser, reconnaître, visiter. ▶ *Fouiller* – chercher, fouiller, fourgonner, fourrager, fureter, tripoter. FAM. farfouiller, fouiner, trifouiller. ▶ *Étudier* – analyser, ausculter, considérer, envisager, étudier, examiner, observer, penser à, pousser plus avant, prendre en considération, réfléchir sur, s'intéresser à, se pencher sur, traiter, voir.

exploser v. ▶ *Faire explosion* – détoner, éclater, faire explosion. FAM. péter, sauter. CHIM. fulminer.
▶ *Se fâcher* (FAM.) – colérer, éclater, fulminer, monter sur ses ergots, monter sur ses grands chevaux, prendre le mors aux dents, s'emporter, s'enflammer, s'irriter, se courroucer, se déchaîner, se fâcher, se gendarmer, se mettre en colère, sortir de ses gonds, voir rouge. FAM. crisser, décharger sa bile, décharger sa rate, grimper au mur, piquer une colère, piquer une crise, se mettre en boule, se mettre en pétard, se mettre en rogne, se monter. QUÉB. FAM. grimper dans les rideaux, pomper, se choquer. ▲ANT. IMPLOSER; SE CALMER.

explosif adj. ▶ *Qui peut faire explosion* – brisant, déflagrant, détonant, explosible. ▶ *En parlant d'une situation* – critique, tendu. ▶ *En parlant d'un tempérament* – bouillant, emporté, enflammé, fougueux, impatient, impétueux, impulsif, passionné, prompt, qui a la tête chaude, sanguin, véhément, vif, violent, volcanique. QUÉB. FAM. malendurant, prime. ▲ANT. INEXPLOSIBLE, INEXPLOSIF; CALME, DÉTENDU, PACIFIQUE, PAISIBLE, TRANQUILLE.

explosif n. m. charge, gargousse. FAM. soupe.

explosion n. f. ▶ *Éclatement brutal* – déflagration, éclatement. ▶ *Éruption* – bouillonnement, débordement, ébullition, éclaboussement, écoulement, émission, éruption, évacuation, extrusion, giclée, jaillissement, jet, sortie. ▶ *Bruit fort* – déflagration, détonation, fracas, mugissement, pétarade, rugissement, tonnerre, vacarme. ▶ *Incendie* – brûlage, brûlement, calcination, carbonisation, combustion, feu, flambage, grillage, ignescence, ignition, incandescence, incinération, torréfaction. SOUT. consomption. ▶ *Allumage* – allumage, combustion, contact, démarrage, départ. ▶ *Commencement* – actionnement, amorçage, amorce, balbutiement, bégaiement, commencement, création, début, déclenchement, démarrage, départ, ébauche, embryon, enclenchement, enfance, entrée, esquisse, fondement, germe, inauguration, origine, ouverture, prélude, prémisse, principe, tête. SOUT. aube, aurore, matin, prémices. FIG. apparition, avènement, éclosion, émergence, éruption, genèse, germination, naissance, venue au monde. ▲ANT. IMPLOSION.

exportable adj. ▲ANT. IMPORTABLE.

exportateur adj. ▲ANT. IMPORTATEUR.

exposé n. m. ▶ *Récit* – compte rendu, débreffage, description, exposition, histoire, narration, peinture, procès-verbal, rapport, relation, reportage, tableau. SOUT. radiographie. ▶ *Explication* – analyse, clarification, commentaire, critique, définition, désambiguïsation, éclaircissement, élucidation, exemplification, explication, explicitation, exposition, glose, illustration, indication, interprétation, légende, lumière, note, paraphrase, précision, remarque, renseignement. ▶ *Conférence* – causerie, conférence, cours, discours, laïus, lecture. ▶ *Traité* – argument, argumentation, cours, développement, discours, dissertation, essai, étude, manuel, mémoire, monographie, somme, thèse. DR. dire.

exposer v. ▶ *Mettre sous la lumière* – insoler. ▶ *Montrer* – exhiber, faire voir, montrer, présenter. ▶ *Montrer avec ostentation* – afficher, arborer, déployer, étaler, exhiber, faire étalage de, faire montre de, faire parade de. ▶ *Risquer* – aventurer, compromettre, hasarder, hypothéquer, jouer, mettre en jeu, mettre en péril, risquer. ▶ *Formuler* – énoncer, expliciter, formuler. ▶ *Relater* – conter, faire le récit de, raconter, relater, retracer. SOUT. narrer. FRANCE FAM. bonir. ♦ **s'exposer** ▶ *Encourir* – chercher, courir le risque de, donner prise à, encourir, être passible de, mériter, prêter le flanc à, risquer de, s'attirer. QUÉB. FAM. courir après. ▲ANT. ABRITER, DÉFENDRE, PROTÉGER; CACHER, COUVRIR, DISSIMULER, VOILER; TAIRE. △S'EXPOSER – FUIR, SE DÉROBER, SE RETIRER.

exposition *n. f.* ▶ *Présentation publique* – concours, démonstration, étalage, exhibition, foire, foire-exposition, galerie, manifestation, montre, présentation, rétrospective, salon, vernissage. *FAM.* démo, expo. *SUISSE* comptoir. ▶ *Révélation* – annonce, aveu, confession, confidence, déclaration, dévoilement, divulgation, ébruitement, fuite, indiscrétion, initiation, instruction, mea culpa, mise au courant, proclamation, publication, reconnaissance, révélation. *FAM.* déballage, mise au parfum. ▶ *Explication* – analyse, clarification, commentaire, critique, définition, désambiguïsation, éclaircissement, élucidation, exemplification, explication, explicitation, exposé, glose, illustration, indication, interprétation, légende, lumière, note, paraphrase, précision, remarque, renseignement. ▶ *Introduction* – avant-propos, avertissement, avis (préliminaire), début, discours préliminaire, entrée en matière, exorde, introduction, notice, préambule, préliminaire, prélude, présentation, prolégomènes, prologue. *SOUT.* prodrome. ▶ *Énonciation* – affirmation, communication, déclaration, donnée, élocution, énoncé, énonciation, expression, extériorisation, formulation, mention, prononciation, proposition, récitation, stipulation, verbalisation. ▶ *Récit* – compte rendu, débreffage, description, exposé, histoire, narration, peinture, procès-verbal, rapport, relation, reportage, tableau. *SOUT.* radiographie. ▶ *Orientation* – axe, cap, côté, direction, face, inclinaison, ligne, orientation, sens, situation, vue. *QUÉB. ACADIE FAM.* bord. *ASTRON.* azimut. *AÉRON. MAR.* cap. *MAR.* gisement, orientement. ▲ANT. DISSIMULATION.

exprès *adv.* à dessein, consciemment, de plein gré, de propos délibéré, de sang-froid, délibérément, en connaissance de cause, en pleine connaissance de cause, en toute connaissance de cause, expressément, intentionnellement, sciemment, volontairement. ▲ANT. IMPULSIVEMENT, INCONSCIEMMENT, INVOLONTAIREMENT, MACHINALEMENT, MÉCANIQUEMENT, SANS RÉFLÉCHIR.

express *adj.* ▲ANT. OMNIBUS *(train)*.

expressément *adv.* ▶ *Explicitement* – catégoriquement, clairement, en toutes lettres, explicitement, formellement, nettement, noir sur blanc, nommément, positivement. ▶ *Délibérément* – à dessein, consciemment, de plein gré, de propos délibéré, de sang-froid, délibérément, en connaissance de cause, en pleine connaissance de cause, en toute connaissance de cause, exprès, intentionnellement, sciemment, volontairement. ▲ANT. IMPLICITEMENT; IMPULSIVEMENT, INCONSCIEMMENT, INVOLONTAIREMENT, MACHINALEMENT, MÉCANIQUEMENT, SANS RÉFLÉCHIR.

expressif *adj.* ▶ *Chargé de signification* – édifiant, éloquent, instructif, parlant, qui en dit long, révélateur, significatif. ▶ *Qui exprime ses sentiments* – communicatif, confiant, débordant, démonstratif, expansif, extraverti, exubérant, ouvert. ▶ *En parlant d'un récit, d'un style* – animé, coloré, figuré, haut en couleur, imagé, métaphorique, pittoresque, savoureux, truculent, vivant. *FAM.* folklorique, jazzé. ▶ *En parlant du visage* – animé, mobile, vivant. ▲ANT. MONOTONE, MORNE, PLAT, SANS COULEUR, SANS VIE, TERNE; FROID, INTROVERTI, RENFERMÉ, RÉSERVÉ, TACITURNE; DE GLACE, FIGÉ, INEXPRESSIF.

expression *n. f.* ▶ *Diction* – articulation, débit, déclamation, diction, élocution, éloquence, énonciation, langage, langue, parole, phonation, phonétique, phonie, pose de voix, prononciation, style, voix. ▶ *Énonciation* – affirmation, communication, déclaration, donnée, élocution, énoncé, énonciation, exposition, extériorisation, formulation, mention, prononciation, proposition, récitation, stipulation, verbalisation. ▶ *Affirmation* – affirmation, allégation, argument, argumentation, assertion, déclaration, dire, parole, position, propos, proposition, raison, théorème, thèse. ▶ *Ensemble de mots* – collocation, construction, cooccurrence, expression (figée), formule, lexie complexe, locution, proposition, syntagme, terme, tour, tournure. ▶ *Chaleur* – ardeur, art, art oratoire, brio, chaleur, charme, conviction, élégance, maîtrise, parole, persuasion, rhétorique. *SOUT.* bien-dire. ▶ *Mimique* – contorsion, froncement, grimace, lippe, mimique, mine, moue, nique, rictus, simagrée, singerie, tic. *FAM.* bouche en cul de poule. *QUÉB. FAM.* baboune. ▶ *Incarnation* – actualisation, actuation, chosification, concrétisation, corporification, corporisation, incarnation, matérialisation, objectivation, personnification, réalisation, réification, substantialisation, substantification. ▶ *Aspect* – air, allure, apparence, aspect, caractère, configuration, couleur, couvert, dehors, éclairage, extérieur, façade, faciès, figure, forme, formule, impression, jour, masque, mine, paraître, perspective, physionomie, plastique *(en art)*, portrait, présentation, profil, ressemblance, semblant, surface, ton, tour, tournure, traits, vernis, visage. *SOUT.* enveloppe, superficie. ▶ *Symptôme* – diagnostic, indication, indice, manifestation, marque, présage, prodrome, signe, symptôme, syndrome. *SOUT.* avant-coureur. *MÉD.* marqueur. ◆ *expressions, plur.* ▶ *Ensemble d'expressions* – phraséologie. ▲ANT. MUTISME, SILENCE; FROIDEUR, IMPASSIBILITÉ, RÉSERVE.

expressivité *n. f.* ▶ *Expressivité verbale* – abondance, débit, éloquence, emballement, expansivité, exubérance, facilité, faconde, incontinence (verbale), logomachie, logorrhée, loquacité, péroraison, prolixité, verbalisme, verbiage, verbosité, verve, volubilité. *MÉD.* lalomanie. *FAM.* bagou, baratin, baratinage, dégoisement, tchatche. *QUÉB. ACADIE FAM.* jarnigoine, jasette. ▶ *Expressivité musicale* – émotion. ▲ANT. INEXPRESSIVITÉ.

exprimer *v.* ▶ *Rendre* – refléter, rendre, traduire. ▶ *Rendre par le langage* – dire, émettre, extérioriser, formuler, objectiver, verbaliser. ▶ *Représenter* – désigner, évoquer, figurer, incarner, matérialiser, représenter, signifier, symboliser. ▶ *Montrer par des gestes* – affirmer, donner des marques de, donner la preuve/des preuves de, extérioriser, faire montre de, faire preuve de, manifester, marquer, montrer (des signes de), prouver, témoigner. ▶ *Dégager un sentiment* – dégager, manifester, respirer, transpirer. *SOUT.* transsuder. ◆ *s'exprimer* ▶ *User du langage* – communiquer, parler. ▶ *Se manifester* – se manifester, se traduire. ▲ANT. CACHER, CELER, DISSIMULER, TAIRE.

expulser

expulser *v.* ▶ *Chasser d'un pays* – bannir, chasser (hors) de son pays, déporter, exiler, expatrier, mettre au ban, proscrire, refouler. *SOUT.* arracher de sa patrie, arracher de son sol natal, déraciner. *DR.* reléguer. ▶ *Chasser d'un lieu* – chasser, évincer, mettre à la porte, mettre dehors, renvoyer. *FAM.* éjecter, virer, virer. ▶ *Chasser d'un emploi* – chasser, congédier, débaucher, démettre, donner son congé à, licencier, mettre à la porte, mettre à pied, mettre dehors, mettre en disponibilité, reconduire, remercier, remercier de ses services, renvoyer. *FAM.* balancer, balayer, déboulonner, lourder, sabrer, sacquer, vider, virer. *QUÉB. FAM.* donner son quatre pour cent à. ▶ *Évacuer de l'organisme* – éliminer, évacuer, excréter, rejeter. ▲ANT. ACCUEILLIR, ADMETTRE, RECEVOIR.

expulsion *n. f.* ▶ *Exil* – bannissement, déportation, déracinement, émigration, exil, expatriation, interdiction de séjour, proscription, relégation, transportation. ▶ *Évacuation* – bannissement, délogement, désinsertion, disgrâce, disqualification, élimination, évacuation, éviction, exclusion, exil, expatriation, nettoyage, ostracisme, proscription, rabrouement, radiation, refoulement, rejet, relégation, renvoi. *FAM.* dégommage, éjection, lessive, vidage. *QUÉB.* tablettage. *DIDACT.* forclusion. *DR.* déboutement. *ANTIQ.* pétalisme, xénélasie. ▶ *Congédiement* – congé, congédiement, débauchage, destitution, licenciement, limogeage, mise à pied, renvoi, révocation. ▶ *Épuration* – balayage, chasse aux sorcières, coup de balai, épuration, exclusion, liquidation, purge. ▶ *Élimination de l'organisme* – délivrance, élimination, émission, émonction, évacuation, excrétion, sécrétion. ▲ANT. ACCUEIL, ADMISSION, RÉCEPTION; APPEL, CONVOCATION; RECRUTEMENT; RÉTENTION.

exquis *adj.* ▶ *Bon au goût* – délectable, délicieux, excellent, gastronomique, savoureux, succulent, très bon. *SOUT.* ambrosiaque, ambrosien. ▶ *Charmant* – agréable, beau, charmant, délicieux, divin, suave, sublime. *FRANCE FAM.* gouleyant. ▶ *Raffiné* – délicat, fin, raffiné, recherché, subtil. ▲ANT. DÉGOÛTANT, ÉCŒURANT, REPOUSSANT, RÉPUGNANT; FRUSTE, GROSSIER, SANS RAFFINEMENT, VULGAIRE; BANAL, COMMUN, ORDINAIRE.

exsangue *adj.* blafard, blanc, blême, cadavéreux, cadavérique, diaphane, hâve, livide, pâle, pâlot. *FAM.* pâlichon. ▲ANT. COLORÉ *(teint)*, FRAIS, RESPLENDISSANT DE SANTÉ, SAIN, VERMEIL.

extase *n. f.* ▶ *Joie* – allégresse, béatitude, bonheur, égaiement, enthousiasme, euphorie, exaltation, exultation, gaieté, hilarité, ivresse, joie, jubilation, plaisir, ravissement, réjouissance, vertige. *SOUT.* aise, félicité, liesse, rayonnement. ▶ *Mysticisme* – anagogie, contemplation, dévotion, élévation, illuminisme, mysticisme, mystique, oraison, philocalie, ravissement, sainteté, spiritualité, transe, vision. *SOUT.* mysticité. ▲ANT. DÉSESPOIR, DOULEUR, MÉLANCOLIE, SOUFFRANCE, TRISTESSE.

extasié *adj.* ▶ *Heureux* – au comble du bonheur, au septième ciel, aux anges, béat, comblé, en fête, en joie, en liesse, enchanté, euphorique, extatique, exultant, fou de joie, heureux, le cœur en joie, radieux, ravi, rayonnant, réjoui, resplendissant de bonheur, ruisselant de joie, transporté de joie, triomphant.

SOUT. aise, bienheureux. *FAM.* jubilant. ▶ *Enthousiasmé* – à tous crins, ardent, chaleureux, chaud, délirant d'enthousiasme, emballé, en extase, enthousiasmé, enthousiaste, extatique, fervent, passionné. *FAM.* tout feu tout flammes.

extasier (s') *v.* ▶ *Admirer* – admirer, s'émerveiller, se pâmer, se pâmer d'admiration, tomber en extase. *PAR PLAIS.* tomber en pâmoison. ▲ANT. BLÂMER, DÉCRIER, DÉNIGRER, DÉSAPPROUVER.

extatique *adj.* ▶ *Pris d'enthousiasme* – à tous crins, ardent, chaleureux, chaud, délirant d'enthousiasme, emballé, en extase, enthousiasmé, enthousiaste, extasié, fervent, passionné. *FAM.* tout feu tout flammes. ▶ *Heureux* – au comble du bonheur, au septième ciel, aux anges, béat, comblé, en fête, en joie, en liesse, enchanté, euphorique, extasié, exultant, fou de joie, heureux, le cœur en joie, radieux, ravi, rayonnant, réjoui, resplendissant de bonheur, ruisselant de joie, transporté de joie, triomphant. *SOUT.* aise, bienheureux. *FAM.* jubilant. ▲ANT. ABATTU, DÉCOURAGÉ, DÉMORALISÉ, DÉPRIMÉ, LAS, MOROSE, PESSIMISTE, SOMBRE, TÉNÉBREUX, TRISTE.

extensif *adj.* général, générique, large. ▲ANT. INTENSIF *(culture)*; ÉTROIT *(sens)*, RESTREINT; COMPRESSIF.

extension *n. f.* ▶ *Agrandissement* – agrandissement, développement, élargissement, expansion, grossissement, élargissement. ▶ *Allongement* – affinement, allongement, bandage, dépliage, dépliement, déploiement, développement, élongation, étirage, étirement, excroissance, prolongement, rallonge, rallongement, tension, tirage. ▶ *Augmentation* – accentuation, accroissement, accrue, agrandissement, amplification, arrondissement, augmentation, bond, boom, crescendo, croissance, crue, développement, dilatation, élargissement, élévation, enflement, enrichissement, envolée, essor, évolution, expansion, flambée, foisonnement, gonflement, gradation, grossissement, hausse, haussement, inflation, intensification, majoration, montée, poussée, progrès, progression, recrudescence, redressement, rehaussement, relèvement, renchérissement, renforcement, revalorisation, valorisation. ▶ *Transmission* – cession, circulation, communication, dévolution, diffusion, dissémination, émission, expansion, intercommunication, multiplication, passation, progression, propagation, rayonnement, reproduction, transfert, translation, virement. ▶ *Généralisation* – analogie, extrapolation, généralisation, globalisation, induction, systématisation. ▲ANT. CONTRACTION, RAPETISSEMENT, RESSERREMENT; RACCOURCISSEMENT, RÉTRÉCISSEMENT; DIMINUTION; PARTICULARISATION, SPÉCIALISATION; INTENSION *(logique)*.

exténuant *adj.* abrutissant, accablant, épuisant, éreintant, fatigant, harassant, surmenant. *FAM.* claquant, crevant, esquintant, tuant, usant. *FRANCE FAM.* cassant, foulant, liquéfiant. ▲ANT. APAISANT, DÉLASSANT, RELAXANT, REPOSANT.

exténuer *v.* abrutir, briser, courbaturer, épuiser, éreinter, fatiguer, forcer, harasser, lasser, mettre à plat, surmener, tuer. *FAM.* claquer, crever, démolir, esquinter, lessiver, mettre sur le flanc, nettoyer, pomper, rétamer, vanner, vider. *QUÉB. FAM.* maganer. ◆ **s'exténuer** brûler la chandelle par les deux bouts, s'épuiser, s'éreinter, se fatiguer, se mettre à plat, se surmener, se tuer. *FAM.* s'esquinter, se casser, se crever, se fouler. *QUÉB. FAM.* se mettre à terre. ▲ANT. REPOSER ; RAGAILLARDIR, REVIGORER.

extérieur *adj.* ▶ *Externe* – étranger, externe, extrinsèque. *DIDACT.* exogène. ▶ *Visible* – apercevable, apparent, observable, visible. *MÉD.* clinique. ▶ *Qui concerne les relations internationales* – étranger, international. ▲ANT. INTÉRIEUR ; INTERNE ; CACHÉ, INVISIBLE, SECRET ; NATIONAL. △EXTÉRIEUR À – LIÉ À, RELIÉ À.

extérieur *n. m.* ▶ *Partie externe* – dehors. ▶ *Pourtour* – bord, ceinture, cercle, circonférence, contour, dessin, forme, lèvres, limbe, marli *(plat, assiette)*, périmètre, périphérie, pourtour, tour. ▶ *Lieu à l'extérieur des habitations* – plein air. ▶ *Aspect* – air, allure, apparence, aspect, caractère, configuration, couleur, dessin, couvert, dehors, éclairage, expression, façade, faciès, figure, forme, formule, impression, jour, masque, mine, paraître, perspective, physionomie, plastique *(en art)*, portrait, présentation, profil, ressemblance, semblant, surface, ton, tour, tournure, traits, vernis, visage. *SOUT.* enveloppe, superficie. ▶ *Allure* (*SOUT.*) – air, allure, apparence, aspect, attitude, contenance, démarche, façon, genre, ligne, maintien, manière, panache, physique, port, posture, prestance, silhouette, style, tenue, tournure. *SOUT.* mine. *FAM.* gueule, touche. ♦ **l'extérieur**, *sing.* ▶ *Pays* – l'étranger. ▲ANT. DEDANS, INTÉRIEUR.

extérieurement *adv.* apparemment, au-dehors, d'après les apparences, dehors, en apparence, en dehors, en surface, extrinsèquement, par-dehors, superficiellement. ▲ANT. EN ESSENCE, ESSENTIELLEMENT, FONDAMENTALEMENT, INTÉRIEUREMENT, INTRINSÈQUEMENT, RÉELLEMENT, SUBSTANTIELLEMENT.

exterminer *v.* ▶ *Massacrer* – décimer, massacrer. *SOUT.* faucher, moissonner. ▲ANT. CONSERVER, PRÉSERVER, RESTAURER, SAUVER ; CULTIVER, MULTIPLIER.

externat *n. m.* ▲ANT. INTERNAT.

externe *adj.* ▶ *Extérieur* – étranger, extérieur, extrinsèque. *DIDACT.* exogène. ▶ *Loin du centre* – excentré, excentrique, périphérique. ▲ANT. INTERNE.

externe *n.* ▲ANT. INTERNE, PENSIONNAIRE.

extinction *n. f.* ▶ *Disparition* – dématérialisation, disparition, dissipation, dissolution, effacement, éloignement, évanouissement, évaporation, résorption, volatilisation. *ASTRON.* éclipse, immersion, occultation. ▶ *Mort* – décès, disparition, fin, mort, perte. *FIG.* départ, dernier repos, dernier sommeil, dernier soupir, grand voyage, sépulture, sommeil éternel, tombe, tombeau. *SOUT.* la Camarde, la Faucheuse, la Parque, trépas. *FRANCE FAM.* crevaison, crève. ▶ *Absence de voix* – aphonie, enrouement, extinction (de voix). ▶ *Absolution* – absolution, absoute *(public)*, acquittement, aman, amnistie, annulation, clémence, dédouanement, disculpation, grâce, indulgence, jubilé, mise hors de cause, miséricorde, mitigation, oubli, pardon, pénitence, prescription, réhabilitation, relaxe, remise (de peine), rémission, suppression (de peine). ▶ *Remboursement* – acquittement, amortissement, couverture, défraiement, désendettement, libération, paiement, prise en charge, rachat, recouvrement, règlement, remboursement, remise de dette, restitution, rétroces-

sion, reversement. ▲ANT. ALLUMAGE ; APPARITION ; PROPAGATION.

extra *adj.* ▶ *Excellent* – de classe, de luxe, de premier ordre, de première qualité, de qualité supérieure, excellent, extrafin, haut de gamme, hors classe, impérial, royal, supérieur, surchoix, surfin. ▶ *Remarquable* (*FAM.*) – admirable, brillant, éblouissant, excellent, extraordinaire, fantastique, magistral, magnifique, merveilleux, parfait, prodigieux, remarquable, réussi, sensationnel, sublime. *FAM.* à tout casser, bluffant, champion, d'enfer, du tonnerre, épatant, fameux, formidable, fumant, génial, mirifique, pas piqué des vers, splendide, super, terrible. *FRANCE FAM.* du feu de Dieu, énorme, fadé, formide, géant, gratiné, pas piqué des hannetons. *QUÉB. FAM.* capotant, écœurant. ▲ANT. LAMENTABLE, MÉDIOCRE, MINABLE, NAVRANT, PIÈTRE, PITEUX, PITOYABLE, RATÉ.

extractif *adj.* ▲ANT. INSERTIF.

extraction *n. f.* ▶ *Arrachement* – arrachage, arrachement, avulsion, éradication, excision, extirpation. ▶ *Descendance* – agnation, alliance, arbre généalogique, ascendance, ascendants, branche, cognation, consanguinité, cousinage, degré, descendance, descendants, dynastie, famille, filiation, fratrie, généalogie, génération, hérédité, lignage, ligne, ligne ascendante, lignée, maison, matriarcat, matrilignage, matrilinéarité, origine, parentage, parenté, parentèle, patriarcat, patrilignage, patrilinéarité, postérité, primogéniture, quartier (de noblesse), race, sang, souche. ▲ANT. ENRACINEMENT, IMPLANTATION ; ENFONCEMENT, INSERTION, INTRODUCTION.

extraire *v.* ▶ *Retirer* – dégager, ôter, retirer, sortir, tirer. ▶ *Retirer avec effort* – arracher, extirper. ▶ *Prendre une partie d'un tout* – prélever. *SOUT.* distraire. ▶ *Isoler* – abstraire, dégager, isoler, mettre en évidence. ♦ **s'extraire** ▶ *S'extirper* – s'extirper, se dégager, se sortir, se tirer. *QUÉB. FAM.* se déprendre. ▲ANT. ENFONCER, INSÉRER, INTRODUIRE ; ENFERMER, ENFOUIR ; AJOUTER.

extrait *n. m.* ▶ *Passage d'un texte* – citation, épigraphe, exemple, exergue, fragment, passage. ▶ *Résumé* – abrégé, aide-mémoire, analyse, aperçu, argument, compendium, condensé, éléments, épitomé, esquisse, livret, manuel, mémento, morceau, notice, page, passage, plan, précis, promptuaire, raccourci, récapitulation, réduction, résumé, rudiment, schéma, sommaire, somme, synopsis, vade-mecum. *FAM.* topo. ▶ *Copie d'un acte* – copie. ▶ *Passage musical* – morceau, page, passage. ▶ *Substance* – concentré, essence. ♦ **extraits**, *plur.* ▶ *Anthologie* – ana, analecta, anthologie, choix, chrestomathie, collection, compilation, épitomé, florilège, mélanges, miscellanées, morceaux choisis, pages choisies, recueil, sélection, spicilège, varia. *FAM.* compil. ▲ANT. TEXTE INTÉGRAL.

extraordinaire *adj.* ▶ *Hors du commun* – étonnant, fabuleux, fantastique, hors du commun, incroyable, inouï, miraculeux, prodigieux. *FAM.* délirant, dément, dingue, fou. *FRANCE FAM.* foutral. ▶ *Excellent* – admirable, brillant, éblouissant, excellent, fantastique, magistral, magnifique, merveilleux, parfait, prodigieux, remarquable, réussi, sensationnel, sublime. *FAM.* à tout casser, bluffant, champion, d'enfer, du tonnerre, épatant, extra, fameux, formidable, fumant, génial, mirifique, pas piqué des vers, splendide, super, terrible. *FRANCE FAM.* du feu de Dieu, énorme, fadé, formide, géant, gratiné, pas piqué des hannetons. *QUÉB. FAM.* capotant, écœurant. ▶ *Époustouflant* – à (vous) couper le souffle, abasourdissant, ahurissant, bouleversant, confondant, déconcertant, dérangeant, ébahissant, effarant, époustouflant, étonnant, étourdissant, impensable, inconcevable, incroyable, inimaginable, inouï, invraisemblable, pétrifiant, renversant, stupéfiant, suffocant, surprenant. *SOUT.* qui confond l'entendement. *FAM.* ébouriffant, mirobolant, sidérant, soufflant. *QUÉB. FAM.* capotant. ▶ *Indescriptible* – indéfinissable, indescriptible, indicible, ineffable, inexprimable. ▶ *Bizarre* – anormal, baroque, bizarre, curieux, drôle, étonnant, étrange, inaccoutumé, incompréhensible, inexplicable, inhabituel, insolite, inusité, singulier, spécial, surprenant. *FAM.* bizarroïde. ▶ *Immense* – colossal, considérable, démesuré, énorme, extrême, fabuleux, formidable, géant, gigantesque, grand, gros, immense, incommensurable, monstrueux, monumental, phénoménal, prodigieux, surhumain, titanesque, vaste, vertigineux. *SOUT.* cyclopéen, herculéen. *FAM.* bœuf, de tous les diables, du diable, effrayant, effroyable, épouvantable, faramineux, méchant, monstre. *FRANCE FAM.* gratiné. ▶ *Spécial* (*SOUT.*) – d'exception, exceptionnel, fortuit, inaccoutumé, inhabituel, inusité, occasionnel, rare, rarissime, spécial. *SOUT.* inusual. ▲ANT. BANAL, COMMUN, HABITUEL, NORMAL, ORDINAIRE, QUELCONQUE; ININTÉRESSANT, SANS INTÉRÊT; LAMENTABLE, MÉDIOCRE, MINABLE, NAVRANT, PIÈTRE, PITEUX, PITOYABLE, RATÉ.

extraordinairement *adv.* ▶ *Merveilleusement* – exceptionnellement, fantastiquement, féeriquement, magiquement, merveilleusement, miraculeusement, mirifiquement, phénoménalement, prodigieusement, surnaturellement. ▶ *Parfaitement* – à la perfection, à merveille, à ravir, admirablement, bien, divinement, idéalement, impeccablement, incomparablement, infailliblement, irréprochablement, le mieux du monde, merveilleusement, mirifiquement, on ne peut mieux, parfaitement, prodigieusement, sans fautes, sublimement, supérieurement, suprêmement. *SOUT.* excellemment. *FAM.* épatamment, sans bavure. ▶ *Extrêmement* – à l'extrême, affreusement, astronomiquement, au dernier degré, au dernier point, au maximum, au plus haut degré, au plus haut point, beaucoup, bien, colossalement, considérablement, éminemment, énormément, exceptionnellement, extrêmement, fabuleusement, follement, fort, fortement, grandement, gros, hautement, immensément, incommensurablement, inconcevablement, incroyablement, infiniment, intensément, long, mortellement, nettement, on ne peut plus, phénoménalement, prodigieusement, profondément, remarquablement, sérieusement, singulièrement, souverainement, supérieurement, suprêmement, terriblement, très, vertigineusement, vivement, vraiment. *FAM.* bigrement, bougrement, diablement, drôlement, effroyablement, épais, épouvantablement, fameusement, fantastiquement, fichtrement, fichûment, formidablement, foutrement, furieusement, joliment, rudement, sacrément, salement, super, terrible, tout plein, un max, vachement.

QUÉB. FAM. à l'os, à la planche, au coton, en maudit, en s'il vous plaît, mauditement. ▲ANT. BANALEMENT, MOYENNEMENT; DÉPLORABLEMENT, LAMENTABLEMENT, MINABLEMENT, MISÉRABLEMENT, PIÈTREMENT, PITEUSEMENT, PITOYABLEMENT; ABOMINABLEMENT, AFFREUSEMENT, ATROCEMENT, DÉTESTABLEMENT, HORRIBLEMENT; TRÈS PEU, VRAIMENT PAS.

extravagance *n. f.* ▶ *Bizarrerie* – anomalie, anormalité, bizarrerie, chinoiserie, cocasserie, curiosité, drôlerie, étrangeté, excentricité, fantaisie, fantasmagorie, folie, loufoquerie, monstruosité, nonconformisme, originalité, singularité. ▶ *Caprice* – accès, bizarrerie, bon plaisir, caprice, changement, chimère, coup de tête, envie, fantaisie, fantasme, folie, frasque, gré, guise, immaturité, impatience, incartade, inconstance, infantilisme, instabilité, légèreté, lubie, marotte, mobilité, originalité, saute (d'humeur), singularité, sporadicité, variation, versatilité, volonté. *SOUT.* folle gamberge, foucade, humeur. *FAM.* toquade. ▶ *Divagation* – divagation, élucubration, fantasme, imagination, puérilité, vision. *SOUT.* disparade, disparate, vaticination. ▶ *Aberration* – aberration, démence, folie, idiotie, imbécillité, inconséquence, ineptie, stupidité. ▶ *Invraisemblance* – bizarrerie, énormité, étrangeté, improbabilité, incrédibilité, invraisemblance. ▲ANT. BANALITÉ; MESURE, RETENUE; RAISON, SAGESSE; CONFORMISME; NORMALITÉ; VRAISEMBLANCE.

extravagant *adj.* ▶ *Excentrique* – à dormir debout, abracadabrant, abracadabrantesque, absurde, baroque, biscornu, bizarre, burlesque, cocasse, exagéré, excentrique, fantasque, farfelu, fou, funambulesque, grotesque, impayable, impossible, incroyable, insolite, invraisemblable, loufoque, qui ne tient pas debout, rocambolesque, saugrenu, tiré par les cheveux, vaudevillesque. *FRANCE FAM.* foutraque, gaguesque, louf, louftingue. ▶ *Excessif* – abusif, débridé, déchaîné, délirant, démesuré, déraisonnable, déréglé, disproportionné, effréné, exagéré, excessif, exorbitant, extrême, forcé, immodéré, intempérant, outrancier, outré, qui dépasse la mesure, qui dépasse les bornes, sans frein. *SOUT.* outrageux. *FAM.* dément, démentiel, soigné. ▲ANT. CLASSIQUE, CONVENTIONNEL, NORMAL, ORDINAIRE; MODÉRÉ, RAISONNABLE, SAGE, SENSÉ.

extrême *adj.* ▶ *Final* – dernier, final, suprême, terminal, ultime. ▶ *Immense* – colossal, considérable, démesuré, énorme, extraordinaire, fabuleux, formidable, géant, gigantesque, grand, gros, immense, incommensurable, monstrueux, monumental, phénoménal, prodigieux, surhumain, titanesque, vaste, vertigineux. *SOUT.* cyclopéen, herculéen. *FAM.* bœuf, de tous les diables, du diable, effrayant, effroyable, épouvantable, faramineux, méchant, monstre. *FRANCE FAM.* gratiné. ▶ *Exagéré* – abusif, débridé, déchaîné, délirant, démesuré, déraisonnable, déréglé, disproportionné, effréné, exagéré, excessif, exorbitant, extravagant, forcé, immodéré, intempérant, outrancier, outré, qui dépasse la mesure, qui dépasse les bornes, sans frein. *SOUT.* outrageux. *FAM.* dément, démentiel, soigné. ▶ *Radical* – draconien, énergique, radical. ▲ANT. CENTRAL, MOYEN; FAIBLE, INSIGNIFIANT, LÉGER; DOUX, FRILEUX, INDULGENT, MESURÉ, MODÉRÉ, TIMIDE.

extrême *n. m.* ▶ *Extrémité* – aboutissement, bord, bordure, borne, bout, cap, confins, délimitation, extrémité, fin, finitude, frange, frontière, ligne, limite, lisière, orée, pied, pointe, pôle, queue, talon, terme, terminaison, tête. ▲ANT. CENTRE, MILIEU; JUSTE MILIEU.

extrêmement *adv.* à l'extrême, affreusement, astronomiquement, au dernier degré, au dernier point, au maximum, au plus haut degré, au plus haut point, beaucoup, bien, colossalement, considérablement, éminemment, énormément, exceptionnellement, extraordinairement, fabuleusement, follement, fort, fortement, grandement, gros, hautement, immensément, incommensurablement, inconcevablement, incroyablement, infiniment, intensément, long, mortellement, nettement, on ne peut plus, phénoménalement, prodigieusement, profondément, remarquablement, sérieusement, singulièrement, souverainement, supérieurement, suprêmement, terriblement, très, vertigineusement, vivement, vraiment. *FAM.* bigrement, bougrement, diablement, drôlement, effroyablement, épais, épouvantablement, fameusement, fantastiquement, fichtrement, fichûment, formidablement, foutrement, furieusement, joliment, rudement, sacrément, salement, super, terrible, tout plein, un max, vachement. *QUÉB. FAM.* à l'os, à la planche, au coton, en maudit, en s'il vous plaît, mauditement. ▲ANT. MOYENNEMENT.

extrémité *n. f.* aboutissement, bord, bordure, borne, bout, cap, confins, délimitation, extrême, fin, finitude, frange, frontière, ligne, limite, lisière, orée, pied, pointe, pôle, queue, talon, terme, terminaison, tête. ▲ANT. CENTRE, MILIEU.

exubérance *n. f.* ▶ *Loquacité* – abondance, débit, éloquence, emballement, expansivité, expressivité, facilité, faconde, incontinence (verbale), logomachie, logorrhée, loquacité, péroraison, prolixité, verbalisme, verbiage, verbosité, verve, volubilité. *MÉD.* lalomanie. *FAM.* bagou, baratin, baratinage, dégoisement, tchatche. *QUÉB. ACADIE FAM.* jarnigoine, jasette. ▶ *Abondance* – abondance, afflux, amas, ampleur, concentration, débauche, débordement, filon, floraison, foisonnement, forêt, foule, fourmillement, gisement, infinité, inondation, luxe, luxuriance, masse, mine, multiplicité, myriade, nuée, orgie, paquet, pléthore, poussière, profusion, quantité, richesse, surabondance, tas, trésor. *FIG.* carnaval. *FAM.* festival, flopée, kyrielle, tapée, tonne, tripotée, wagon. *QUÉB. FAM.* bourrée, tapon. *SUISSE FAM.* craquée. ▶ *Excès* – comble, débauche, débordement, dépassement, disproportion, énormité, excédent, excès, gaspillage, inutile, luxe, luxuriance, orgie, profusion, redondance, satiété, saturation, superfétation, superflu, superfluité, surabondance, surcharge, surcroît, surenchère, surnombre, surplus, trop, trop-plein. ▲ANT. MUTISME; CONCISION, LACONISME; FLEGME, FROIDEUR, IMPASSIBILITÉ, RÉSERVE; INDIGENCE, PAUVRETÉ, PÉNURIE; ARIDITÉ, STÉRILITÉ.

exulter *v.* être fou de joie, être ivre de joie, être transporté de joie, nager dans la joie, ne plus se sentir de joie, pavoiser, sauter de joie, triompher. *FAM.* jouir, jubiler, planer, sauter au plafond, sauter dans les airs. *QUÉB. FAM.* capoter. ▲ANT. PLEURER, SE DÉCOURAGER, SE DÉSESPÉRER, SE DÉSOLER, SOUFFRIR.

fable *n. f.* ▸ *Récit* – allégorie, apologue, parabole. ▸ *Mensonge* (*SOUT.*) – mensonge. *FAM.* bide, bidon, bidonnage, bobard, char, craque, salade. *QUÉB. FAM.* menterie, pipe. ▲ANT. VÉRITÉ.

fabricant *n.* artisan, constructeur, entrepreneur, faiseur, industriel, manufacturier, producteur.

fabrication *n. f.* ▸ *Création* – composition, conception, confection, constitution, construction, création, développement, édification, élaboration, exécution, façon, façonnage, façonnement, formation, génération, genèse, gestation, invention, œuvre, organisation, paternité, production, réalisation, structuration, synthèse. *SOUT.* accouchement, enfantement. *DIDACT.* engendrement. ▸ *Fiction* – affabulation, artifice, chimère, combinaison, comédie, expédient, fabulation, fantaisie, feinte, fiction, fumisterie, histoire, idée, imagination, invention, irréalité, légende, mensonge, rêve, roman, saga, songe. *PSYCHOL.* confabulation, mythomanie. ▲ANT. DESTRUCTION ; VÉRITÉ.

fabrique *n. f.* ▸ *Établissement* – manufacture, usine.

fabriquer *v.* ▸ *Confectionner* – composer, confectionner, créer, élaborer, façonner, faire, mettre au point, préparer, produire, travailler à. *SOUT.* enfanter. *PÉJ.* accoucher de. ▸ *Inventer* – forger, inventer. ▲ANT. ANÉANTIR, DÉFAIRE, DÉMOLIR, DÉTRUIRE.

fabuleux *adj.* ▸ *Imaginaire* – chimérique, fantasmagorique, fantastique, fictif, imaginaire, inexistant, irréel, légendaire, mythique, mythologique. ▸ *Hors du commun* – étonnant, extraordinaire, fantastique, hors du commun, incroyable, inouï, miraculeux, phénoménal, prodigieux. *FAM.* délirant, dément, dingue, fou. *FRANCE FAM.* foutral. ▸ *Immense* – colossal, considérable, démesuré, énorme, extraordinaire, extrême, formidable, géant, gigantesque, grand, gros, immense, incommensurable, monstrueux, monumental, phénoménal, prodigieux, surhumain, titanesque, vaste, vertigineux. *SOUT.* cyclopéen, herculéen. *FAM.* bœuf, de tous les diables, du diable, effrayant, effroyable, épouvantable,

faramineux, méchant, monstre. *FRANCE FAM.* gratiné. ▲ANT. CONCRET, PHYSIQUE, RÉEL, VRAI ; BANAL, ORDINAIRE, SANS INTÉRÊT ; FAIBLE, INSIGNIFIANT, MODESTE, PETIT.

façade *n. f.* ▸ *Mur* – devanture, front. ▸ *Apparence* – air, allure, apparence, aspect, caractère, configuration, couleur, couvert, dehors, éclairage, expression, extérieur, faciès, figure, forme, formule, impression, jour, masque, mine, paraître, perspective, physionomie, plastique (*en art*), portrait, présentation, profil, ressemblance, semblant, surface, ton, tour, tournure, traits, vernis, visage. *SOUT.* enveloppe, superficie. ▲ANT. DERRIÈRE, DOS ; INTÉRIEUR ; FOND, SUBSTANCE ; RÉALITÉ.

face *n. f.* ▸ *Visage* – figure, minois, physionomie, tête, traits, visage. ▸ *Côté d'une chose* – bord, chant, côté, facette, flanc, pan, paroi, profil, surface, tranche. *MAR.* travers. ▸ *Côté d'une pièce de monnaie* – avers. ▸ *Aspect* – angle, aspect, biais, côté, facette, perspective, point de vue, versant. ▸ *Direction* – axe, cap, côté, direction, exposition, inclinaison, ligne, orientation, sens, situation, vue. *QUÉB. ACADIE FAM.* bord. *ASTRON.* azimut. *AÉRON. MAR.* cap. *MAR.* gisement, orientement. ▲ANT. ARRIÈRE, DERRIÈRE, DOS, ENVERS ; PILE, REVERS.

facette *n. f.* ▸ *Face* – bord, chant, côté, face, flanc, pan, paroi, profil, surface, tranche. *MAR.* travers. ▸ *Aspect* – angle, aspect, biais, côté, face, perspective, point de vue, versant.

fâchant *adj.* (*QUÉB.*) ▸ *Contrariant* – contrariant, décevant, désolant, ennuyeux, fâcheux. *FAM.* embêtant. *QUÉB. FAM.* de valeur, désappointant, dommage, plate. ▸ *Vexant* – contrariant, enrageant, frustrant, frustrateur, rageant, vexant. *FAM.* râlant. *QUÉB.* choquant. *QUÉB. FAM.* maudissant, sacrant. ▲ANT. ENCOURAGEANT, MOTIVANT, STIMULANT ; APAISANT, CALMANT, RASSÉRÉNANT, TRANQUILLISANT.

fâché *adj.* contrarié, ennuyé, insatisfait, mécontent.

fâcher *v.* ▸ *Mécontenter* – contrarier, dépiter, déplaire à, frustrer, mécontenter. *FAM.* défriser. *QUÉB.*

fâcheux

FAM. choquer. ▶ *Mettre en colère* – courroucer, exaspérer, faire déborder, faire enrager, faire sortir de ses
gonds, irriter, mettre à bout, mettre en colère, mettre en rage, mettre hors de soi, pousser à bout, provoquer. *FAM.* faire bisquer, faire damner, faire devenir
chèvre, faire maronner, faire râler, les gonfler à. *QUÉB.*
FAM. choquer. ◆ **se fâcher** ▶ *Se formaliser* – s'indigner, s'offenser, s'offusquer, se formaliser, se froisser,
se piquer, se scandaliser, se vexer. ▶ *Se mettre en colère* – colérer, éclater, fulminer, monter sur ses ergots,
monter sur ses grands chevaux, prendre la mouche,
prendre le mors aux dents, s'emporter, s'enflammer,
s'irriter, se courroucer, se déchaîner, se gendarmer, se
mettre en colère, sortir de ses gonds, voir rouge. *FAM.*
criser, décharger sa bile, décharger sa rate, exploser,
grimper au mur, piquer une colère, piquer une crise,
se mettre en boule, se mettre en pétard, se mettre
en rogne, se monter. *QUÉB. FAM.* grimper dans les rideaux, pomper, se choquer. ▶ *Se brouiller* – rompre,
se brouiller, se désunir, se quitter, se séparer. ▲**ANT.**
CONTENTER, ÉGAYER, ENCHANTER, RAVIR, RÉJOUIR; APAI-
SER, CALMER, PACIFIER, RASSÉRÉNER. △ SE FÂCHER – SE
LIER; SE RACCOMMODER, SE RÉCONCILIER.

fâcheux *adj.* ▶ *Contrariant* – contrariant, décevant, désolant, ennuyeux, fâchant. *FAM.* embêtant. *QUÉB. FAM.* de valeur, désappointant, dommage,
plate. ▶ *Regrettable* – déplorable, désastreux, désolant, malheureux, regrettable. ▶ *Désagréable* – déplaisant, déplorable, désagréable, détestable, mauvais, méchant, vilain. *FAM.* sale. ▶ *Qui tombe mal*
– importun, inopportun, mal à propos, mal choisi
(moment), mal venu, qui tombe mal. ▶ *Déplacé* –
choquant, de mauvais goût, déplacé, hors de propos,
hors de saison, importun, incongru, inconvenant,
indélicat, indiscret, inélégant, inopportun, intempestif, mal à propos, mal venu, malencontreux. *SOUT.*
malséant, malsonnant *(parole)*. ▲**ANT.** BIENVENU, FA-
VORABLE, HEUREUX, OPPORTUN, PROPICE, QUI TOMBE À
PIC; APPRÉCIABLE, ESTIMABLE, LOUABLE; ENCOURAGEANT,
MOTIVANT, STIMULANT.

facile *adj.* ◆ **choses** ▶ *Simple* – aisé, commode,
élémentaire, enfantin, simple. *FAM.* inratable. *FRANCE
FAM.* bête comme chou. *QUÉB. FAM.* bébé, bébête,
niaiseux. ▶ *Compréhensible* – à la portée de tous,
accessible, clair, cohérent, compréhensible, concevable, déchiffrable, évident, intelligible, interprétable, limpide, lumineux, pénétrable, saisissable, simple, transparent. ▶ *Sans originalité* – banal, connu,
éculé, rebattu, réchauffé, ressassé, usé. *FAM.* archiconnu, bateau. ▶ *En parlant du style* – aisé, coulant, fluide, naturel. ◆ **personnes** ▶ *Flexible* – accommodant, aisé à vivre, arrangeant, bon prince,
complaisant, conciliant, de bonne composition, du
bois dont on fait les flûtes, facile (à vivre), flexible,
souple, traitable. *FAM.* coulant. ▶ *Obéissant* – disciplinable, discipliné, docile, doux, gentil, obéissant,
sage, soumis, tranquille. ▶ *En parlant d'une femme*
– *SOUT.* de mœurs faciles, de mœurs légères. ▲**ANT.**
DIFFICILE; COMPLIQUÉ, MALAISÉ; CABALISTIQUE, CRYPTI-
QUE, ÉNIGMATIQUE, ÉSOTÉRIQUE, HERMÉTIQUE, IMPÉNÉ-
TRABLE, INCOMPRÉHENSIBLE, MYSTÉRIEUX, OBSCUR, OPA-
QUE, TÉNÉBREUX; LABORIEUX, LOURD; COMPLEXE, DÉLI-
CAT, SAVANT, SUBTIL; IMPITOYABLE, IMPLACABLE, INFLEXI-
BLE, INTRAITABLE, INTRANSIGEANT, RÉBARBATIF, SÉVÈRE;

DÉSOBÉISSANT, INDISCIPLINÉ, INDOCILE, INSOUMIS, IN-
SUBORDONNÉ; CHASTE *(femme)*, PRUDE, PUDIQUE, VER-
TUEUSE.

facilement *adv.* aisément, commodément, sans
coup férir, sans difficulté, sans effort, sans encombre, simplement. *FAM.* les doigts dans le nez. ▲**ANT.**
DIFFICILEMENT, DUREMENT, LABORIEUSEMENT, MALAISÉ-
MENT, PÉNIBLEMENT.

facilité *n. f.* ▶ *Aisance* – aisance, aise, assurance,
décontraction, désinvolture, distinction, grâce, légèreté, naturel, rondeur, souplesse. ▶ *Agilité* – adresse,
agilité, aisance, dextérité, élasticité, élégance, grâce,
habileté, légèreté, main, mobilité, précision, rapidité, souplesse, technique, virtuosité, vivacité. *SOUT.*
félinité, prestesse. ▶ *Habileté* – adresse, aisance, aptitude, art, brio, capacité, compétence, dextérité,
disposition, doigté, don, expérience, expertise, faculté, force, fort, génie, habileté, main, maîtrise,
métier, pouvoir, professionnalisme, savoir, savoir-
faire, sens, talent, technique, virtuosité. *SOUT.* industrie. *FAM.* bosse. *QUÉB.* douance *(scolaire)*. *DR.* habilitation, habilité. ▶ *Loquacité* – abondance, débit, éloquence, emballement, expansivité, expressivité, exubérance, faconde, incontinence (verbale),
logomachie, logorrhée, loquacité, péroraison, prolixité, verbalisme, verbiage, verbosité, verve, volubilité. *MÉD.* lalomanie. *FAM.* bagou, baratin, baratinage,
dégoisement, tchatche. *QUÉB. ACADIE FAM.* jarrigoine,
jasette. ▶ *Intelligibilité* – accessibilité, clarté, compréhensibilité, compréhension, évidence, intelligibilité, intercompréhension, limpidité, lisibilité, luminosité, netteté, transparence. ▶ *Banalité* – banalité,
fadeur, faiblesse, inconsistance, indigence, insignifiance, insuffisance, médiocre, médiocrité, pauvreté,
platitude, prévisibilité. *SOUT.* trivialité. *FAM.* fadasserie. ▶ *Complaisance* – bonasserie, complaisance,
faiblesse, laisser-aller, laisser-faire, laxisme, mollesse,
permissivité, relâchement. ▶ *Commodité* – accessibilité, agrément, commodité, confort, disponibilité,
faisabilité, possibilité, simplicité. *INFORM.* convivialité, transparence. ▶ *Moyen* – chance, jeu, latitude,
liberté, marge (de manœuvre), moyen, occasion, offre, possibilité, volant de sécurité. ▲**ANT.** DIFFICULTÉ,
EFFORT, EMBARRAS, GÊNE; INAPTITUDE, INHABILETÉ, MA-
LADRESSE; COMPLEXITÉ, ININTELLIGIBILITÉ; INCOMMO-
DITÉ; COMPLICATIONS, OBSTACLE.

faciliter *v.* simplifier. ▲**ANT.** COMPLIQUER, EMBAR-
RASSER, EMPÊCHER, ENTRAVER, NUIRE.

façon *n. f.* ▶ *Méthode* – approche, art, chemin,
code, comment, credo, démarche, discipline, dispositif, façon (de faire), facture, formule, heuristique,
instruction, instrument, ligne de conduite, maïeutique, manière, marche (à suivre), méthode, modalité,
mode d'emploi, mode, moyen, opération, ordre, organisation, outil, posologie, pratique, procédé, procédure, protocole, raisonnement, recette, règle, secret, stratagème, stratégie, système, tactique, technique, théorie, traitement, voie. *SOUT.* faire. ▶ *Allure*
– air, allure, apparence, aspect, attitude, contenance,
démarche, genre, ligne, maintien, manière, panache,
physique, port, posture, prestance, silhouette, style,
tenue, tournure. *SOUT.* extérieur, mine. *FAM.* gueule,
touche. ▶ *Fabrication* – composition, conception,
confection, constitution, construction, création,

développement, édification, élaboration, exécution, fabrication, façonnage, façonnement, formation, génération, genèse, gestation, invention, œuvre, organisation, paternité, production, réalisation, structuration, synthèse. SOUT. accouchement, enfantement. DIDACT. engendrement. ▶ *Affinage* – affinage, assainissement, blanchissage *(sucre)*, écrémage *(lait)*, élimination, façonnage, façonnement, finissage, finition. ▶ *Ameublissement* – ameublissement, bêchage, billonnage, billonnement, binage, charruage, culture, décavaillonnage, écroûtage, écroûtement, émottage, émottement, façonnage, façonnement, grattage, hersage, hivernage, labour, labourage, plombage, roulage, scarifiage, scarification, serfouissage, tassage, travail. ♦ **façons**, *plur.* ▶ *Minauderie* – affectation, agacerie, coquetterie, grâces, grimace, manières, mignardise, minauderie, mine, simagrée, singerie. SOUT. afféterie. FAM. chichi. ▶ *Cérémonies* – cérémonies, chichis, manières. ▶ *Habitude* – accoutumance, automatisme, habitude, manières, mœurs, pli, réflexe, rite, rituel, seconde nature. PSYCHOL. stéréotypie. FAM. abonnement, métro-boulot-dodo, train-train, train-train quotidien. ▶ *Non favorable* – encroûtement, manie, marotte, monotonie, ordinaire, ronron, routine, tic, uniformité. ▶ *Agissements* – agissements, allées et venues, comportement, conduite, démarche, faits et gestes, manières, pratiques, procédés. ▲ANT. △FAÇONS, *plur.* – NATUREL, SIMPLICITÉ.

façonner *v.* ▶ *Travailler* – ouvrer, travailler. ▶ *Modeler* – former, modeler, sculpter. SOUT. configurer. ▶ *Confectionner* – composer, confectionner, créer, élaborer, fabriquer, faire, mettre au point, préparer, produire, travailler à. SOUT. enfanter. PÉJ. accoucher de. ▶ *Doter d'une structure* – architecturer, articuler, bâtir, charpenter, construire, organiser, structurer. ▶ *Habituer* – discipliner, dresser, entraîner, exercer, former, habituer. SOUT. rompre. ▲ANT. DÉFAIRE, DÉMOLIR, DÉTRUIRE ; DÉSHABITUER.

facteur *n. m.* ▶ *Cause* – agent, base, cause, explication, ferment, fondement, fontaine, germe, inspiration, levain, levier, mobile, moteur, motif, motivation, moyen, objet, occasion, origine, point de départ, pourquoi, principe, raison, raison d'être, source, sujet. SOUT. étincelle, mère, racine, ressort. ▶ *Pourcentage* – coefficient, indice, pour cent, pourcentage, proportion, quotient, rapport, ratio, tant pour cent, tantième, taux, teneur. ▲ANT. EFFET.

factice *adj.* ▶ *Qui n'est pas authentique* – artificiel, d'imitation, de plastique, en plastique, en toc, fabriqué, faux, imité, postiche, synthétique. ▶ *Qui n'est pas sincère* – affecté, artificiel, de commande, feint, forcé, insincère, (qui sonne) faux, simulé. ▲ANT. NATUREL, VRAI ; AUTHENTIQUE, ORIGINAL ; RÉEL, SINCÈRE.

faction *n. f.* ▶ *Groupuscule* – bande, bandits, cabale, camarilla, chapelle, clan, clique, coterie, école, église, groupuscule, ligue, maffia, malfaiteurs, secte. ▶ *Insurrection* – agitation, agitation-propagande, chouannerie, désordre, effervescence, embrasement, émeute, excitation, fermentation, fièvre, fronde, insoumission, insubordination, insurrection, jacquerie, manifestation, mutinerie, rébellion, remous, résistance, révolte, révolution, sédition, soulèvement,

tourmente, troubles. FAM. agit-prop. ▶ *Surveillance* – attention, espionnage, filature, garde, gardiennage, guet, îlotage, inspection, monitorage, observation, patrouille, ronde, sentinelle, veille, veillée, vigie, vigilance. FAM. filoche, flicage.

facture *n. f.* ▶ *Addition* – addition, compte, dû, état de compte, état de frais, frais, note, relevé. FAM. coup de fusil, douloureuse, quart d'heure de Rabelais. ▶ *Quittance* – acquit, apurement, bulletin, connaissement, décharge, facturette *(carte de crédit)*, libération, quitus, récépissé, reconnaissance de (paiement), reçu, warrant. ▶ *Façon* – approche, art, chemin, code, comment, credo, démarche, discipline, dispositif, façon (de faire), formule, heuristique, instruction, instrument, ligne de conduite, maïeutique, manière, marche (à suivre), méthode, modalité, mode d'emploi, mode, moyen, opération, ordre, organisation, outil, posologie, pratique, procédé, procédure, protocole, raisonnement, recette, règle, secret, stratagème, stratégie, système, tactique, technique, théorie, traitement, voie. SOUT. faire. ▲ANT. DÉCHARGE, QUITTANCE.

facultativement *adv.* à volonté, ad libitum, au choix, en option, éventuellement, librement, sans obligation, volontairement. ▲ANT. À TOUT PRIX, ABSOLUMENT, COÛTE QUE COÛTE, IMPÉRATIVEMENT, INCONDITIONNELLEMENT, NÉCESSAIREMENT, OBLIGATOIREMENT, SANS FAUTE.

faculté *n. f.* ▶ *Liberté* – autonomie, contingence, disponibilité, droit, franc arbitre, hasard, indépendance, indéterminisme, liberté, libre arbitre, (libre) choix, licence, loisir, permission, possibilité, pouvoir. ▶ *Compétence* – adresse, aisance, aptitude, art, brio, capacité, compétence, dextérité, disposition, doigté, don, expérience, expertise, facilité, force, fort, génie, habileté, main, maîtrise, métier, pouvoir, professionnalisme, savoir, savoir-faire, sens, talent, technique, virtuosité. SOUT. industrie. FAM. bosse. QUÉB. douance *(scolaire)*. DR. habilitation, habilité. ▶ *Intelligence* – bon sens, cerveau, cervelle, clairvoyance, compréhension, conception, discernement, entendement, esprit, imagination, intellect, intelligence, jugement, lucidité, pénétration, raison, tête. FAM. matière grise, méninges. QUÉB. FAM. cocologie. QUÉB. ACADIE FAM. jarnigoine. PHILOS. logos. ▶ *Université* – académie, alma mater, campus, collège, complexe universitaire, école, enseignement supérieur, institut, université. FAM. fac. QUÉB. cité universitaire. BELG. FAM. unif. SUISSE FAM. uni. ▲ANT. IMPOSSIBILITÉ, IMPUISSANCE ; INAPTITUDE, INCAPACITÉ.

fade *adj.* ▶ *Qui manque de goût* – douceâtre, douceureux, insipide. FAM. fadasse. ▶ *Qui manque d'éclat* – décoloré, défraîchi, délavé, déteint, éteint, fané, pâli, passé, terne. FAM. fadasse, pisseux. ▶ *Inintéressant* – anodin, banal, falot, incolore, inintéressant, insignifiant, insipide, plat, sans intérêt, terne. FAM. incolore, inodore et sans saveur. ▲ANT. DÉLECTABLE, DÉLICIEUX, EXQUIS, SAVOUREUX, SUCCULENT ; ASSAISONNÉ, ÉPICÉ, RELEVÉ ; ÉCLATANT, VIF, VOYANT ; ÉLECTRISANT, ENIVRANT, ENTHOUSIASMANT, EXALTANT, EXCITANT, GRISANT, VIVANT ; CAPTIVANT, FASCINANT, INTÉRESSANT, PALPITANT, PASSIONNANT.

fadeur *n. f.* banalité, facilité, faiblesse, inconsistance, indigence, insignifiance, insuffisance, médiocre, médiocrité, pauvreté, platitude, prévisibilité. SOUT. trivialité. FAM. fadasserie. ▲ANT. MORDANT, PIQUANT, SAVEUR.

fagot *n. m.* ▶ *Assemblage de branchages* – brande, faisceau, fascine, ligot. ▶ *Bois de chauffage* (AFR.) – billette, bûche, bûchette *(petite)*, rondin.

faible *adj.* ◆ **choses** ▶ *Qui a peu d'intensité* – atténué, doux, léger, ténu. ▶ *Précaire* – chancelant, défaillant, fragile, glissant, incertain, instable, menacé, précaire, vacillant. ▶ *Insuffisant* – anémique, chétif, chiche, déficient, déficitaire, insatisfaisant, insuffisant, maigre, mauvais, médiocre, misérable, pauvre, piètre, rachitique. ▶ *Sans importance* – infime, infinitésimal, insignifiant, mince, minime, négligeable, petit, sans importance. FIG. homéopathique. ▶ *En parlant d'une somme* – bas, maigre, modeste, modique, petit. ▶ *En parlant d'un son* – amorti, assourdi, atténué, cotonneux, étouffé, feutré, mat, mou, ouaté, sourd, voilé. ▶ *En parlant d'une voix* – éteint, étouffé, sourd, voilé. ▶ *En parlant du pouls* – filant, filiforme. ◆ **personnes** ▶ *Sans force physique* – abattu, affaibli, anémié. MÉD. adynamique, asthénique. ▶ *À la santé fragile* – anémique, chétif, débile, délicat, en mauvaise santé, fragile, frêle, mal portant, maladif, malingre, rachitique, souffreteux. SOUT. valétudinaire. ▶ *Amorphe* – affaissé, amorphe, apathique, atone, avachi, désossé, endormi, inconsistant, indolent, inerte, léthargique, lymphatique, mou, nonchalant, passif, ramolli, sans ressort. SOUT. lâche, veule. FAM. gnangnan, mollasse, mollasson, ramollo. ▶ *Sans défense* – désarmé, fragile, impuissant, sans défense, vulnérable. ▶ *Qui manque de courage* – couard, craintif, frileux, lâche, mou, peureux, pleutre, poltron, pusillanime, qui se dérobe, timide, timoré, veule. ▶ *Trop indulgent* – bonasse, débonnaire, mou. FAM. bon comme la romaine. ▲ANT. FORT; INTENSE, PROFOND, VIOLENT; RÉSISTANT, SOLIDE; GRAND, IMMENSE, IMPORTANT, IMPOSANT; ASTRONOMIQUE, EXORBITANT, FOU; ASSOURDISSANT, BRUYANT, CLAIRONNANT, ÉCLATANT, ÉTOURDISSANT, FRACASSANT, RÉSONNANT, RETENTISSANT, SONORE, TONITRUANT, TONNANT; ATHLÉTIQUE, BIEN BÂTI, COSTAUD, GAILLARD, MUSCLÉ, PUISSANT, ROBUSTE, VAILLANT, VIGOUREUX; BIEN PORTANT, EN BONNE SANTÉ, EN SANTÉ, SAIN, VALIDE; BRAVE, COURAGEUX, HÉROÏQUE, INTRÉPIDE, VALEUREUX; DRACONIEN, DUR, EXIGEANT, RIGIDE, RIGOUREUX, SÉVÈRE, STRICT.

faible *n.* ▶ *Personne* – amorphe, apathique, baudruche, indolent, léthargique, loque, lymphatique, mollasse. MÉD. aboulique, apragmatique, cataleptique, psychasthénique. ◆ **faible, masc.** ▶ *Propension* – affection, aptitude, attirance, disposition, faiblesse, goût, habitude, impulsion, inclination, instinct, penchant, pente, prédilection, prédisposition, préférence, propension, tendance, vocation. DIDACT. susceptibilité. PSYCHOL. compulsion, conation. FAM. tendresses. ▶ *Engouement amoureux* – amourette, aventure, aventure amoureuse, aventure galante, bricole, caprice, coquetterie, coup de foudre, engouement, fantaisie, idylle, liaison (amoureuse), marivaudage, passade, passion. SOUT. amours, entichement, oaristys. FAM. batifolage, béguin, toquade, touche. QUÉB. FAM. couraillage, galipote. ▶ *Imperfection* – défaut, défectuosité, démérite, faiblesse, faille, faute,

grossièreté, handicap, imperfection, infirmité, insuffisance, lacune, maladie, malfaçon, manque, péché mignon, péché véniel, petitesse, tache, tare, tort, travers, vice. SOUT. perfectibilité. ▲ANT. FORT. △FAIBLE, masc. – DÉGOÛT, RÉPULSION; QUALITÉ, VERTU.

faiblement *adv.* ▶ *Fragilement* – délicatement, finement, fragilement, précairement, sensiblement, subtilement. ▶ *Doucement* – délicatement, discrètement, doucement, en douceur, légèrement, lentement, mesurément, modérément, mollement, posément, timidement. FAM. doucettement, mollo, mou, piane-piane, pianissimo, piano. ▶ *Débonnairement* – bonassement, bravement, complaisamment, débonnairement, mollement, paternellement. ▶ *Insuffisamment* – dérisoirement, imparfaitement, inacceptablement, insuffisamment, mal, médiocrement, mollement, pauvrement. ▶ *Un peu* – légèrement, modérément, un peu. ▲ANT. ÉNERGIQUEMENT, FORTEMENT, INTENSÉMENT; À L'EXTRÊME, SÉRIEUSEMENT, TERRIBLEMENT, TRÈS, VRAIMENT.

faiblesse *n. f.* ▶ *Fragilité* – altérabilité, délicatesse, fragilité, friabilité, instabilité, labilité, tendreté, vulnérabilité. ▶ *Infériorité* – désavantage, dessous, handicap, infériorité. ▶ *Médiocrité* – banalité, facilité, fadeur, inconsistance, indigence, insignifiance, insuffisance, médiocre, médiocrité, pauvreté, platitude, prévisibilité. SOUT. trivialité. FAM. fadasserie. ▶ *Imperfection* – défaut, défectuosité, démérite, faible, faille, faute, grossièreté, handicap, imperfection, infirmité, insuffisance, lacune, maladie, malfaçon, manque, péché mignon, péché véniel, petitesse, tache, tare, tort, travers, vice. SOUT. perfectibilité. ▶ *Malaise physique* – affection, altération, anomalie, défaillance, déficience, dérangement, dysfonction, dysfonctionnement, embarras, gêne, indisposition, insuffisance, mal, malaise, trouble. DIDACT. dysphorie. MÉD. lipothymie. SOUT. mésaise. ▶ *Fatigue* – abattement, accablement, affaiblissement, affaissement, affalement, alanguissement, amollissement, anéantissement, apathie, atonie, consomption, épuisement, éreintement, exténuation, fatigue, forçage, harassement, inertie, labeur, langueur, lassitude, marasme, peine, prostration, stress, surmenage. MÉD. adynamie, anémie, asthénie. ▶ *Évanouissement* – collapsus, défaillance, évanouissement, perte de connaissance, perte de conscience, syncope. FAM. vapes. MÉD. lipothymie. ▶ *Lâcheté* – lâcheté, peur, poltronnerie. SOUT. couardise, pleutrerie. FAM. dégonflage, dégonfle. ▶ *Mollesse* – abattement, affaiblissement, apathie, atonie, avachissement, inconsistance, indolence, langueur, laxisme, mollasserie, mollesse, nonchalance, passivité, veulerie. MÉD. aboulie, athymhormie, dysboulie, psychasthénie. ▶ *Tolérance* – bonasserie, complaisance, laisser-aller, laisser-faire, laxisme, mollesse, permissivité, relâchement. ▶ *Inclination* – affection, aptitude, attirance, disposition, faible, goût, habitude, impulsion, inclination, instinct, penchant, pente, prédilection, prédisposition, préférence, propension, tendance, vocation. DIDACT. susceptibilité. PSYCHOL. compulsion, conation. FAM. tendresses. ▲ANT. ÉNERGIE, FORCE, PUISSANCE; RÉSISTANCE, ROBUSTESSE; SUPÉRIORITÉ, TALENT; EXCELLENCE, VALEUR; SANTÉ, VIGUEUR; COURAGE; CARACTÈRE, DÉTERMINATION, VOLONTÉ;

faisceau

FERMETÉ, INFLEXIBILITÉ, INTRANSIGEANCE; DÉGOÛT, RÉPULSION; QUALITÉ, VERTU.

faiblir *v.* ▶ *Perdre de sa détermination* – battre en retraite, céder, faire marche arrière, fléchir, lâcher pied, mollir, plier, reculer. *FAM.* caler, caner, flancher, se déballonner, se dégonfler. ▶ *Courber sous un poids* – arquer, fléchir, plier, ployer. ▶ *En parlant d'une chose abstraite* – s'affaiblir, s'amenuiser, s'effriter, s'émietter, s'émousser. ▲ANT. S'AFFERMIR, SE FORTIFIER, SE RELEVER, SE RENFORCER; RÉSISTER; S'INTENSIFIER.

faïence *n. f.* ▶ *Matière* – céramique, porcelaine, terre cuite. ▶ *Objet* – céramique, majolique, porcelaine, poterie.

faille *n. f.* ▶ *Fracture de l'écorce terrestre* – fracture, rift. ▶ *Entaille* – adent, brèche, coche, coupure, cran, créneau, crevasse, échancrure, égratignure, enclenche, encoche, engravure, entaille, entamure, épaufrure, fente, feuillure, incision, marque, mortaise, moucheture, onglet, raie, rainurage, rainure, rayure, ruinure, scarification, scissure, sillon, souchèvement *(roche)*, strie. *QUÉB. FAM.* grafignure. *BELG.* griffe. *BELG. FAM.* gratte. ▶ *Échancrure* – coupure, crénelure, découpure, dentelure, échancrure, encoche, entaille, indentation, ouverture, sinuosité. *BOT. ANAT.* incisure. ▶ *Faiblesse* – défaut, défectuosité, démérite, faible, faiblesse, faute, grossièreté, handicap, imperfection, infirmité, insuffisance, lacune, maladie, malfaçon, manque, péché mignon, péché véniel, petitesse, tache, tare, tort, travers, vice. *SOUT.* perfectibilité. ▲ANT. FORCE, POINT FORT; PERFECTION.

failli *adj.* ▲ANT. PROSPÈRE.

failli *n.* banqueroutier.

faillir *v.* ▶ *Être près de* – manquer de. *QUÉB. FAM.* passer près de, raser de. ▲ANT. RESPECTER.

faillite *n. f.* ▶ *Débâcle financière* – banqueroute, chute, crise, culbute, débâcle, déconfiture, dépôt de bilan, dépression, effondrement, fiasco, insolvabilité, krach, liquidation, marasme, mévente, naufrage, récession, ruine, stagflation. *FAM.* dégringolade. *FRANCE FAM.* baccara. ▶ *Insuccès* – avortement, banqueroute, capitulation, catastrophe, chute, débâcle, débandade, déconfiture, défaite, déroute, désavantage, échec, écrasement, fiasco, four, infortune, insuccès, mauvaise fortune, naufrage, perte, ratage, raté, retraite, revers. *SOUT.* traverse. *FAM.* désastre, piquette, plantage, raclée, recalage, volée. *FRANCE FAM.* bérézina, bide, brossée, déculottée, dégelée, écrabouillement, fessée, foirade, gamelle, loupage, pile, rincée, rossée, tannée, veste. ▲ANT. ESSOR, PROSPÉRITÉ; RÉUSSITE, SUCCÈS, TRIOMPHE.

faim *n. f.* ▶ *Appétit* – appétit, besoin, boulimie, creux, disette, famine, inanition, jeûne, polyphagie, voracité. *FAM.* fringale. ▶ *Gourmandise* – appétit, avidité, gourmandise, insatiabilité, voracité. *PÉJ.* gloutonnerie, goinfrerie. *MÉD.* boulimie, cynorexie, hyperorexie, sitiomanie. ▶ *Désir* – ambition, appel, appétit, aspiration, attirance, attrait, besoin, but, convoitise, desideratum, désir, envie, exigence, fantaisie, fantasme, fièvre, fringale, goût, idéal, intention, jalousie, passion, prétention, quête, recherche, rêve, soif, souhait, tentation, velléité, visée, vœu, voix, volonté. *SOUT.* appétence, dessein, prurit, vouloir. *FAM.*

démangeaison. ▲ANT. ANOREXIE, INAPPÉTENCE; RASSASIEMENT, SATIÉTÉ.

fainéant *n.* feignant, paresseux. *FAM.* cossard, flemmard, glandeur, larve, tire-au-cul, tire-au-flanc, traîne-savates, traîne-semelles. *QUÉB. FAM.* flanc-mou, sans-cœur. ▲ANT. TRAVAILLEUR, ZÉLÉ.

faire *v.* ▶ *Exécuter* – accomplir, effectuer, exécuter, opérer, pratiquer, procéder à, réaliser. ▶ *Une chose désagréable FAM.* s'envoyer, se coltiner, se farcir, se taper. ▶ *Fabriquer* – composer, confectionner, créer, élaborer, fabriquer, façonner, mettre au point, préparer, produire, travailler à. *SOUT.* enfanter. *PÉJ.* accoucher de. ▶ *Préparer un mets* – accommoder, apprêter, confectionner, cuisiner, mijoter, mitonner, préparer. *FAM.* concocter, fricoter. ▶ *Concevoir un enfant* – concevoir. ▶ *Causer* – amener, apporter, catalyser, causer, créer, déchaîner, déclencher, déterminer, donner, donner lieu à, donner naissance à, engendrer, entraîner, former, générer, occasionner, produire, provoquer, soulever, susciter. *PHILOS.* nécessiter. ▶ *Interpréter* – camper *(avec vigueur)*, incarner, interpréter, jouer, jouer le rôle de, prêter vie à, tenir le rôle de. ▶ *Avoir comme forme* – dessiner, former, présenter. ▶ *Coûter* (*FAM.*) – coûter, revenir à, valoir. ▶ *Voler* (*FAM.*) – dérober, prendre, soustraire, subtiliser, voler. *FAM.* barboter, chaparder, chiper, choper, escamoter, faucher, flibuster, piquer, rafler, taxer. *FRANCE FAM.* calotter, chouraver, chourer. *QUÉB. FAM.* sauter. ▶ *Agir* – agir, procéder, se comporter, se conduire. ▶ *Déféquer* – aller à la selle, déféquer. *FAM.* crotter *(animal)*. ◆ **se faire** ▶ *Se produire* – s'accomplir, s'opérer, se passer, se produire, se réaliser. ▶ *S'habituer* – s'acclimater, s'accommoder, s'accoutumer, s'adapter, s'habituer, se familiariser. *SOUT.* s'apprivoiser. ▶ *S'améliorer, en parlant du vin* – mûrir, rabonnir, s'améliorer, se bonifier. ▶ *Empocher* (*FAM.*) – empocher, encaisser, gagner, mettre dans ses poches, percevoir, recevoir, recouvrer, toucher. *FAM.* palper. ▶ *Tuer* (*FAM.*) – abattre, assassiner, éliminer, exécuter, supprimer, tuer. *SOUT.* immoler. *FAM.* buter, descendre, envoyer ad patres, envoyer dans l'autre monde, expédier, flinguer *(arme à feu)*, liquider, nettoyer, ratatiner, rectifier, refroidir, trucider, zigouiller. *FRANCE FAM.* bousiller, dessouder, escoffier, révolvériser *(revolver)*. ▲ANT. ABOLIR, ANÉANTIR, ANNIHILER, ANNULER, SUPPRIMER; ABATTRE, DÉFAIRE, DÉMOLIR, DÉRANGER, DÉTRUIRE.

faisabilité *n. f.* accessibilité, agrément, commodité, confort, disponibilité, facilité, possibilité, simplicité. *INFORM.* convivialité, transparence. ▲ANT. INFAISABILITÉ.

faisceau *n. m.* ▶ *Assemblage* – bouquet, gerbe, girandole. ▶ *Assemblage de végétaux* – botte, bouquet *(décoratif)*, gerbe, gerbée, manoque *(tabac)*, trochet. ▶ *Assemblage de branchages* – brande, fagot, fascine, ligot. ▶ *Lumière* – faisceau (lumineux), jet (de lumière), pinceau (lumineux), rayons lumineux. ▶ *Accumulation* – abondance, accumulation, addition, agrégation, amas, amoncellement, collection, déballage, échafaudage, emmagasinage, empilage, empilement, encombrement, entassement, étagement, fatras, fouillis, monceau, montagne, pile, pyramide, quantité, stratification, superposition, tas.

faiseur *n.* ▸ *Fabricant* – artisan, constructeur, entrepreneur, fabricant, industriel, manufacturier, producteur. ▸ *Hâbleur* – bravache, cabot, cabotin, coq, fanfaron, fat, hâbleur, m'as-tu-vu, minaudier, orgueilleux, paradeur, plastronneur, poseur, présomptueux, prétentieux, suffisant, vaniteux, vantard. *SOUT.* rodomont. ▸ *Homme d'affaires* (*SOUT.*) – banquier, financier, homme d'affaires, manieur d'argent. ▲ANT. DÉMOLISSEUR, DESTRUCTEUR.

fait *n. m.* ▸ *Acte* – acte, action, choix, comportement, conduite, décision, démarche, entreprise, faire, geste, intervention, manifestation, réalisation. ▸ *Phénomène* – circonstance, épiphénomène, événement, manifestation, occurrence, phénomène. ▸ *Réalité* – actualité, essence, être, existence, occurrence, présence, réalité, réel, substance, vie. ▸ *Sujet* – fond, matière, objet, point, problème, propos, question, sujet, thème. ▸ *Faîte* (*ACADIE FAM.*) – cime, couronnement, crête, dessus, faîte, haut, pinacle, point culminant, sommet. ▲ANT. ABSTRACTION, HYPOTHÈSE, IDÉE, THÉORIE; FANTAISIE, FICTION, ILLUSION.

faîte *n. m.* ▸ *Sommet* – cime, couronnement, crête, dessus, haut, pinacle, point culminant, sommet. *ACADIE FAM.* fait. ▸ *Summum* – acmé, apex, apogée, apothéose, cime, climax, comble, culmination, excès, fin du fin, fort, limite, maximum, meilleur, nec plus ultra, optimum, paroxysme, pic, pinacle, plafond, point culminant, pointe, record, sommet, summum, triomphe, zénith. *FAM.* max, top niveau. ▸ *Poutre* – faîtage. ▲ANT. BASE, PIED; BAS-FOND, MINIMUM.

falaise *n. f.* abrupt, à-pic, crêt, épaulement, escarpement, mur, paroi.

fallacieux *adj.* à double face, de mauvaise foi, déloyal, dissimulateur, dissimulé, faux, fourbe, hypocrite, insidieux, insincère, menteur, perfide, sournois, tortueux, traître, trompeur. *SOUT.* captieux, cauteleux, chafouin, tartufe, tartuffard, tortu. *DIDACT.* sophistique. ▲ANT. RÉEL, TANGIBLE; CORRECT, DROIT, FRANC, HONNÊTE, LOYAL, PROBE.

falloir *v.* avoir à, devoir, être contraint de, être dans l'obligation de, être forcé de, être obligé de, être tenu de. ▲ANT. ÊTRE INTERDIT (À QQN) DE; POUVOIR.

falot *adj.* anodin, banal, fade, incolore, inintéressant, insignifiant, insipide, plat, sans intérêt, terne. *FAM.* incolore, inodore et sans saveur. ▲ANT. CAPTIVANT, CHARISMATIQUE, ENSORCELANT, ENVOÛTANT, FASCINANT, MAGNÉTIQUE, SÉDUISANT; GRAVE, SÉRIEUX.

falot *n. m.* ▸ *Fanal* – campanile (*édifice*), fanal, lampion, lanterne, lanterne rouge, lanterne-tempête, lanternon. ▸ *Tribunal* (*FRANCE FAM.*) – tribunal militaire.

fameux *adj.* ▸ *Connu* – célèbre, connu, de grand renom, glorieux, historique, illustre, immortel, inoubliable, légendaire, marquant, mémorable, notoire, proverbial, reconnu, renommé, réputé. ▸ *Non favorable* – de triste mémoire. ▸ *Remarquable* – admirable, brillant, éblouissant, excellent, extraordinaire, fantastique, magistral, magnifique, merveilleux, parfait, prodigieux, remarquable, réussi, sensationnel, sublime. *FAM.* à tout casser, bluffant, champion, d'enfer, du tonnerre, épatant, extra, formidable, fumant, génial, mirifique, pas piqué des vers, splendide,

super, terrible. *FRANCE FAM.* du feu de Dieu, énorme, fadé, formide, géant, gratiné, pas piqué des hannetons. *QUÉB. FAM.* capotant, écœurant. ▸ *Pour renforcer un terme* – fieffé, fier, franc, parfait, rude, sale. *FAM.* cré, damné, fichu, maudit, sacré, satané. *QUÉB. FAM.* mautadit, sapré, saudit. ▲ANT. ANONYME, IGNORÉ, INCONNU, OBSCUR; LAMENTABLE, MÉDIOCRE, MINABLE, NAVRANT, PIÈTRE, PITEUX, PITOYABLE, RATÉ.

familial *adj.* domestique, ménager.

familiariser *v.* accoutumer, habituer. ◆ **se familiariser** s'acclimater, s'accommoder, s'accoutumer, s'adapter, s'habituer, se faire à. *SOUT.* s'apprivoiser. ▲ANT. DÉFORMER, DÉSACCOUTUMER, DÉSHABITUER.

familiarité *n. f.* ▸ *Abandon* – abandon, confiance, détachement, insouciance, liberté, naturel, spontanéité. ▸ *Fréquentation* – attache, communication, compagnie, contact, correspondance, côtoiement, coudoiement, entourage, fréquentation, habitude, intelligence, intimité, liaison, lien, pratique, rapport, relation, société, termes (*bons ou mauvais*), usage, voisinage. *SOUT.* commerce. *PÉJ.* acoquinement, encanaillement. ◆ **familiarités**, *plur.* ▸ *Sans-gêne* – franc-parler, hardiesse, libertés, privautés, sans-façon, sans-gêne. ▲ANT. DIGNITÉ, FROIDEUR, RAIDEUR, RÉSERVE, RETENUE.

familier *adj.* ▸ *Habituel* – accoutumé, attendu, connu, consacré, coutumier, d'usage, de pratique courante, de règle, de tradition, habituel, naturel, normal, ordinaire, quotidien, régulier, rituel, routinier, usuel. ▸ *Amical* – accueillant, affable, agréable, aimable, amène, amical, avenant, bienveillant, chaleureux, charmant, convivial, cordial, de bonne compagnie, engageant, gracieux, invitant, liant, ouvert, sociable, souriant, sympathique. *FAM.* bonnard, sympa. *QUÉB. FAM.* d'adon. ▸ *Irrespectueux* – cavalier, cynique, désinvolte, effronté, éhonté, impertinent, impoli, impudent, insolent, irrespectueux, irrévérencieux, leste, libre, provocant, sans gêne, sans vergogne. *FAM.* culotté, gonflé. *QUÉB. FAM.* baveux. *ACADIE FAM.* effaré. ▸ *En parlant d'un animal* – apprivoisé, de compagnie, domestiqué, domestique. ▲ANT. ANORMAL, BIZARRE, CURIEUX, DRÔLE, ÉTRANGE, EXOTIQUE, INACCOUTUMÉ, INHABITUEL, INSOLITE, INUSITÉ, SINGULIER, SPÉCIAL; ACADÉMIQUE, CÉRÉMONIEUX, CONVENTIONNEL, EMPESÉ, OFFICIEL; DÉFÉRENT, RESPECTUEUX; LITTÉRAIRE, SOIGNÉ, SOUTENU; SAUVAGE (*animal*); DE FERME.

familièrement *adv.* à la bonne franquette, naturellement, sans affectation, sans apprêt, sans cérémonies, sans complications, sans façons, sans ornement, sans tambour ni trompette, simplement, sobrement, tout bonnement. *SOUT.* nûment. *FAM.* à la fortune du pot. ▲ANT. FASTUEUSEMENT, IMPÉRIALEMENT, LUXUEUSEMENT, MAGNIFIQUEMENT, PRINCIÈREMENT, RICHEMENT, ROYALEMENT, SOMPTUEUSEMENT, SPLENDIDEMENT, SUPERBEMENT; SCIENTIFIQUEMENT; DANS UN STYLE SOUTENU.

famille *n. f.* ▸ *Cellule familiale* – cellule familiale, entourage, foyer, fratrie, gens, logis, maison, maisonnée, membres de la famille, ménage, toit. ▸ *Lignée* – agnation, alliance, arbre généalogique, ascendance, ascendants, branche, cognation, consanguinité, cousinage, degré, descendance, descendants, dynastie, extraction, filiation, fratrie, généalogie, génération, hérédité, lignage, ligne, ligne ascendante, lignée, maison, matriarcat, matrilignage, matrilinéarité, origine, parentage, parenté, parentelle, patriarcat, patrilignage, patrilinéarité, postérité, primogéniture, quartier (de noblesse), race, sang, souche. ▶ *Sorte* – catégorie, classe, espèce, genre, groupe, nature, ordre, sorte, type, variété. *SOUT.* gent.

fanatique *adj.* ▶ *Intolérant* – extrémiste, intolérant, sectaire. ▶ *Passionné* – amateur, amoureux, avide, entiché, épris, féru, fervent, fou, friand, passionné. *FAM.* accro, enragé, fana, maniaque, mordu. ▲ANT. MESURÉ, MODÉRÉ, PONDÉRÉ, RAISONNÉ; DÉTACHÉ, INDIFFÉRENT, TIÈDE; ÉVOLUÉ, LARGE (D'ESPRIT), LIBÉRAL, OUVERT, TOLÉRANT.

fanatique *n.* ▶ *Extrémiste* – activiste, contestataire, extrémiste, jusqu'au-boutiste, maximaliste, radical, terroriste. *FAM.* enragé. ▶ *Amateur* – adepte, aficionado, amant, amateur, ami, amoureux, connaisseur, fervent, fou, passionné. *SOUT.* assoiffé. *FAM.* accro, allumé, enragé, fana, malade, mordu. *FRANCE FAM.* fondu. ▶ *Admirateur* – admirateur, adorateur, amoureux, fervent, groupie, idolâtre, inconditionnel. *FAM.* fana. ▶ *Partisan* – *QUÉB.* partisan. *FAM.* fana. ▲ANT. MODÉRÉ; SCEPTIQUE; PROFANE; ENNEMI, OPPOSANT.

fanatisme *n.m.* ▶ *Intolérance* – dogmatisme, étroitesse d'esprit, étroitesse de vue, intolérance, intransigeance, parti pris, rigidité. *SOUT.* sectarisme. *PSYCHOL.* psychorigidité. ▶ *Adoration* – admiration, adoration, adulation, amour, attachement, culte, dévotion, emballement, engouement, ferveur, iconolâtrie, idolâtrie, passion, respect, vénération, zèle. *SOUT.* dilection, révérence. *PÉJ.* encens, flagornerie, flatterie. ▲ANT. MODÉRATION; TOLÉRANCE; IMPARTIALITÉ; SCEPTICISME, TIÉDEUR.

fané *adj.* ▶ *En parlant d'une fleur* – flétri. ▶ *En parlant d'une couleur* – décoloré, défraîchi, délavé, déteint, éteint, fade, pâli, passé, terne. *FAM.* fadasse, pisseux. ▲ANT. ÉPANOUI, FRAIS; ÉCLATANT, VIF, VOYANT.

faner *v.* ▶ *Dessécher* – défraîchir, dessécher, étioler, flétrir, sécher. ▶ *Décolorer* – décolorer, défraîchir, délaver, déteindre, grisailler, pâlir, ternir. ◆ **se faner** ▶ *Défleurir* – défleurir, s'étioler, se flétrir. ▶ *Perdre sa vivacité* – dépérir, s'étioler, se flétrir. ▶ *Perdre sa couleur* – déteindre, pâlir, passer, s'estomper, se décolorer, se défraîchir. ▶ *Vieillir* – se décatir, se flétrir, vieillir. ▲ANT. RAFRAÎCHIR, RANIMER. △SE FANER – ÉCLORE, S'ÉPANOUIR, S'OUVRIR, VERDIR, VERDOYER.

fanfare *n.f.* bastringue (*bruyant*), ensemble, formation, groupe, instrumentistes, musiciens, orchestre, orphéon.

fanfaronner *v.* ▶ *Faire le brave* – faire l'intéressant, faire le brave, faire le fanfaron, faire le malin, faire le zouave, plastronner. *SOUT.* gasconner. *FAM.* crâner, faire le mariolle, jouer les durs, la ramener. ▶ *Se vanter* – en mettre plein la vue, jeter de la poudre aux yeux, se faire valoir, se vanter. *FAM.* bluffer, esbroufer, faire de l'épate, faire de l'esbroufe, faire de la frime, faire des flaflas, faire du chiqué, frimer, le faire à l'épate, le faire à l'estomac, le faire au chiqué, se

faire mousser, tchatcher. ▲ANT. SE CACHER, SE FAIRE DISCRET; S'ABAISSER, S'HUMILIER.

fantaisie *n.f.* ▶ *Fiction* – affabulation, artifice, chimère, combinaison, comédie, expédient, fabrication, fabulation, feinte, fiction, fumisterie, histoire, idée, imagination, invention, irréalité, légende, mensonge, rêve, roman, saga, songe. *PSYCHOL.* confabulation, mythomanie. ▶ *Imagination* – conception, création, créativité, évasion, extrapolation, fantasme, fictif, fiction, idéal, idéation, idée, illumination (*soudain*), imaginaire, imagination, inspiration, invention, inventivité, irréel, souffle (créateur), supposition, surréalité, surréel, veine, virtuel. *SOUT.* folle du logis, muse. *FRANCE FAM.* gamberge. ▶ *Bizarrerie* – anomalie, anormalité, bizarrerie, chinoiserie, cocasserie, curiosité, drôlerie, étrangeté, excentricité, extravagance, fantasmagorie, folie, loufoquerie, monstruosité, non-conformisme, originalité, singularité. ▶ *Caprice* – accès, bizarrerie, bon plaisir, caprice, changement, chimère, coup de tête, envie, extravagance, fantasme, folie, frasque, gré, guise, immaturité, impatience, incartade, inconstance, infantilisme, instabilité, légèreté, lubie, marotte, mobilité, originalité, saute (d'humeur), singularité, sporadicité, variation, versatilité, volonté. *SOUT.* folle gamberge, foucade, humeur. *FAM.* toquade. ▶ *Désir* – ambition, appel, appétit, aspiration, attirance, attrait, besoin, but, convoitise, desideratum, désir, envie, exigence, faim, fantasme, fièvre, fringale, goût, idéal, intention, jalousie, passion, prétention, quête, recherche, rêve, soif, souhait, tentation, velléité, visée, vœu, voix, volonté. *SOUT.* appétence, dessein, prurit, vouloir. *FAM.* démangeaison. ▶ *Objet de peu de valeur* – affiquet, babiole, bagatelle, baliverne, bêtise, bibelot, breloque, bricole, brimborion, chiffon, colifichet, fanfreluche, frivolité, futilité, gadget, hochet, inutilité, jouet, misère, rien. *FAM.* gnognote. ▶ *Mode* – avant-gardisme, dernier cri, engouement, épidémie, fureur, goût (du jour), mode, style, tendance, ton, vague, vent, vogue. ▲ANT. FAIT, RÉALITÉ, VÉRITÉ; BANALITÉ, RÉGULARITÉ; RAISON, SAGESSE; MANIE, OBSESSION.

fantaisiste *adj.* ▶ *Imaginatif* – créateur, créatif, imaginatif, innovant, inventif, qui a l'imagination fertile. ▶ *Sujet à des caprices* – capricieux, changeant, fantasque, flottant, inconsistant, inconstant, instable, lunatique, mobile, versatile, volage. *SOUT.* caméléonesque, ondoyant. ▶ *Qui n'est pas sérieux* – amateur. *PÉJ.* dilettante, du dimanche, fumiste. ▶ *Inventé* – apocryphe, fabriqué, faux, fictif, forgé (de toutes pièces), imaginé, inauthentique, inexistant, inventé. ▲ANT. CONSTANT, PERSÉVÉRANT, STABLE; PROFESSIONNEL, SÉRIEUX; ATTESTÉ, AUTHENTIQUE, EXACT, HISTORIQUE, RÉEL, VÉRIDIQUE, VÉRITABLE, VRAI.

fantaisiste *n.* ▶ *Bohème* – bohème. *FAM.* artiste. ▶ *Amateur* – amateur, dilettante, plaisantin, touche-à-tout. ▲ANT. CONFORMISTE, ROUTINIER; MONOMANE, OBSÉDÉ.

fantasme *n.m.* ▶ *Illusion* – abstraction, abstrait, apparence, berlue, chimère, déréalisation, faux, faux-semblant, fiction, fumée, hallucination, illusion, image, imagination, irréalisme, irréalité, leurre, mensonge, mirage, onirisme, psychédélisme, rêve, rêverie, semblant, simulation, songe, songerie, trompe-l'œil,

fantasque

tromperie, utopie, vision, vue de l'esprit. *FAM.* frime. *SOUT.* prestige. ▶ *Imagination* – conception, création, créativité, évasion, extrapolation, fantaisie, fictif, fiction, idéal, idéation, idée, illumination *(soudain)*, imaginaire, imagination, inspiration, invention, inventivité, irréel, souffle (créateur), supposition, surréalité, surréel, veine, virtuel. *SOUT.* folle du logis, muse. *FRANCE FAM.* gamberge. ▶ *Divagation* – divagation, élucubration, extravagance, imagination, puérilité, vision. *SOUT.* disparade, disparate, vaticination. ▶ *Caprice* – accès, bizarrerie, bon plaisir, caprice, changement, chimère, coup de tête, envie, extravagance, fantaisie, folie, frasque, gré, guise, immaturité, impatience, incartade, inconstance, infantilisme, instabilité, légèreté, lubie, marotte, mobilité, originalité, saute (d'humeur), singularité, sporadicité, variation, versatilité, volonté. *SOUT.* folle gamberge, foucade, humeur. *FAM.* toquade. ▶ *Désir* – ambition, appel, appétit, aspiration, attirance, attrait, besoin, but, convoitise, desideratum, désir, envie, exigence, faim, fantaisie, fièvre, fringale, goût, idéal, intention, jalousie, passion, prétention, quête, recherche, rêve, soif, souhait, tentation, velléité, visée, vœu, voix, volonté. *SOUT.* appétence, dessein, prurit, vouloir. *FAM.* démangeaison. ▲**ANT.** FAIT, RÉALITÉ, VÉRITÉ; BANALITÉ, RÉGULARITÉ; RAISON, SAGESSE.

fantasque *adj.* ▶ *Sujet à des caprices* – capricieux, changeant, fantaisiste, flottant, inconstant, instable, lunatique, mobile, versatile, volage. *SOUT.* caméléonesque, ondoyant. ▶ *Excentrique* – à dormir debout, abracadabrant, abracadabrantesque, absurde, baroque, biscornu, bizarre, burlesque, cocasse, exagéré, excentrique, extravagant, farfelu, fou, funambulesque, grotesque, impayable, impossible, incroyable, insolite, invraisemblable, loufoque, qui ne tient pas debout, rocambolesque, saugrenu, tiré par les cheveux, vaudevillesque. *FRANCE FAM.* foutraque, gaguesque, louf, louftingue. ▲**ANT.** CONSTANT, POSÉ, RAISONNABLE, SÉRIEUX, STABLE; BANAL, NORMAL, ORDINAIRE.

fantassin *n. m.* ▶ *Personne* – *FRANCE FAM.* biffin. *ANTIQ.* hoplite. ♦ **fantassins**, *plur.* ▶ *Ensemble de personnes* – infanterie. *FRANCE FAM.* biffe. ▲**ANT.** CAVALIER.

fantastique *adj.* ▶ *Imaginaire* – chimérique, fabuleux, fantasmagorique, fictif, imaginaire, inexistant, irréel, légendaire, mythique, mythologique. ▶ *Hors du commun* – étonnant, extraordinaire, fabuleux, hors du commun, incroyable, inouï, miraculeux, phénoménal, prodigieux. *FAM.* délirant, dément, dingue, fou. *FRANCE FAM.* foutral. ▶ *Excellent* – admirable, brillant, éblouissant, excellent, extraordinaire, magistral, magnifique, merveilleux, parfait, prodigieux, remarquable, réussi, sensationnel, sublime. *FAM.* à tout casser, bluffant, champion, d'enfer, du tonnerre, épatant, extra, fameux, formidable, fumant, génial, mirifique, pas piqué des vers, splendide, super, terrible. *FRANCE FAM.* du feu de Dieu, énorme, fadé, formide, géant, gratiné, pas piqué des hannetons. *QUÉB. FAM.* capotant, écœurant. ▲**ANT.** ATTESTÉ, AUTHENTIQUE, EXACT, HISTORIQUE, RÉEL, VÉRIDIQUE, VÉRITABLE, VRAI; BANAL, ORDINAIRE; LAMENTABLE, MÉDIOCRE, MINABLE, NAVRANT, PIÈTRE, PITEUX, PITOYABLE, RATÉ.

fantoche *n. m.* ▶ *Marionnette* – guignol, mannequin, marionnette, pantin, polichinelle, pupazzo. ▶ *Personne* – baudruche, cire molle, esclave, figurant, jouet, mannequin, marionnette, mouton, pantin, potiche, suiveur, suiviste. *FAM.* béni-oui-oui. *QUÉB. FAM.* suiveux. ▲**ANT.** DÉCIDEUR, MENEUR.

fantôme *n. m.* ▶ *Spectre* – apparition, créature éthérée, double, ectoplasme, esprit, esprit frappeur, mort-vivant, ombre, périsprit, revenant, spectre, vision, zombie. *ANTIQ.* larve, lémure.

farce *n. f.* ▶ *Comédie* – arlequinade, bouffonnerie, boulevard, burlesque, clownerie, comédie, limerick, momerie, pantalonnade, parodie, pièce de boulevard, proverbe, saynète, sketch, sotie, spectacle, théâtre de boulevard, vaudeville. *PÉJ.* caleçonnade. *ANC.* mascarade. ▶ *Plaisanterie* – badinage, baliverne, blague, bon mot, bouffonnerie, boutade, cabriole, calembour, calembredaine, clownerie, drôlerie, facétie, galéjade, gauloiserie, histoire (drôle), humour, joyeuseté, mot pour rire, pitrerie, plaisanterie. *SOUT.* arlequinade. *FAM.* astuce, flan, gag, histoire de fous. *BELG.* zwanze. *SUISSE* witz. ▶ *Taquinerie* – agacerie, chinage, diablerie, espièglerie, facétie, gaminerie, goguenardise, jeu, lutinerie, malice, mièvreté, moquerie, pique, provocation, raillerie, taquinerie, turlupinade. *SOUT.* folâtrerie. *FAM.* asticotage. ▶ *Tour* – attrape, blague, canular, facétie, fumisterie, mystification, plaisanterie, tour. *FAM.* bateau. ▲**ANT.** DRAME, TRAGÉDIE; GRAVITÉ, SÉRIEUX.

farceur *n.* amuseur, attrapeur, bouffon, bourreur de blagues, boute-en-train, clown, comique, comique de la troupe, espiègle, facétieux, humoriste, pince-sans-rire, pitre, plaisantin, taquin. *FAM.* blagueur. *FRANCE FAM.* asticoteur, charlot, fumiste. ▶ *Non favorable* – mauvais plaisant, (petit) comique, petit rigolo. ▲**ANT.** DÉMYSTIFICATEUR.

farci *adj.* bourré, débordant, imbu, imprégné, pénétré, plein, rempli, saturé. *SOUT.* pétri.

fard *n. m.* ▶ *Produit cosmétique* – maquillage. ▶ *Camouflage* – camouflage, déguisement, dissimulation, maquillage, mascarade, masquage, masque, mimétisme, occultation. ▲**ANT.** DÉMAQUILLANT.

fardeau *n. m.* ▶ *Charge* – charge, chargement, poids. *SOUT.* faix. ▶ *Obligation* – abaissement, allégeance, appartenance, asservissement, assujettissement, attachement, captivité, contrainte, dépendance, domestication, domesticité, domination, emprise, esclavage, gêne, hilotisme, inféodation, infériorité, mainmise, merci, mouvance, obédience, obéissance, obligation, oppression, pouvoir, puissance, servage, servitude, soumission, subordination, sujétion, tutelle, tyrannie, vassalité. *FIG.* carcan, chaîne, corset (de fer), coupe, griffe, main, patte, prison; *SOUT.* fers, gaine, joug. *PHILOS.* hétéronomie. ▲**ANT.** ALLÈGEMENT, DÉLIVRANCE, LIBÉRATION, SOULAGEMENT; DÉCHARGE.

farouche *adj.* ▶ *Méfiant* – craintif, méfiant, sauvage. ▶ *Solitaire* – insociable, misanthrope, ours, sauvage, solitaire. ▶ *Acharné* – acharné, enragé, exalté, forcené, furieux, passionné. ▶ *En parlant d'une lutte* – acharné, âpre, chaud, féroce, furieux, opiniâtre. ▶ *En parlant d'un animal* – inapprivoisable, inapprivoisé, indomptable, indompté, sauvage.

▸ *En parlant de la nature* – hostile, ingrat, inhabitable, inhospitalier, sauvage. ▲ANT. CONFIANT; ACCUEILLANT, AFFABLE, AIMABLE, AVENANT, CHALEUREUX, CONVIVIAL, CORDIAL, ENGAGEANT, INVITANT, OUVERT, SOCIABLE, SYMPATHIQUE; FAIBLE, LÂCHE, MOU; APPRIVOISABLE, DOMESTICABLE; APPRIVOISÉ.

farouchement *adv.* barbarement, bestialement, brutalement, cruellement, durement, férocement, impitoyablement, inhumainement, méchamment, rudement, sadiquement, sauvagement. ▲ANT. AVEC DOUCEUR, BIENVEILLAMMENT, DÉLICATEMENT.

fascinant *adj.* ▸ *Intéressant* – absorbant, accrocheur, captivant, intéressant, palpitant, passionnant, prenant. SOUT. attractif. QUÉB. enlevant. ▸ *Envoûtant* – captivant, charismatique, ensorcelant, envoûtant, magnétique, séduisant. ▲ANT. ASSOMMANT, DÉNUÉ D'INTÉRÊT, ENDORMANT, ENNUYEUX, FASTIDIEUX, ININTÉRESSANT, INSIPIDE, LASSANT, MONOTONE, PLAT, RÉPÉTITIF, SOPORIFIQUE.

fascination *n.f.* ▸ *Ensorcellement* – charme, diablerie, enchantement, ensorcellement, envoûtement, influence, jettatura, magie, maléfice, malheur, maraboutage, mauvais œil, (mauvais) sort, philtre, possession, sorcellerie, sortilège. ANTIQ. goétie. ▸ *Hypnose* – hypnose, hypnotisme, magnétisme, narcoanalyse, sophrologie. ▸ *Attrait* – aimant, attirance, attraction, attrait, charisme, charme, chien, désirabilité, envoûtement, magie, magnétisme, séduction. ▸ *Influence* – action, aide, appui, ascendant, attirance, attraction, aura, autorité, contagion, crédit, dominance, domination, effet, empreinte, emprise, force, importance, incitation, influence, inspiration, magie, magnétisme, mainmise, manipulation, mouvance, persuasion, pétition, poids, pouvoir, prépondérance, présence, pression, prestige, puissance, règne, rôle, séduction, subjugation, suggestion, tyrannie. SOUT. empire, intercession. ▸ *Émerveillement* – admiration, adoration, éblouissement, émerveillement, enchantement, engouement, enthousiasme, envoûtement, ravissement, subjugation. ▲ANT. DÉSENVOÛTEMENT; AVERSION, DÉGOÛT, DÉSINTÉRÊT, RÉPUGNANCE; ÉLOIGNEMENT, REJET; ENNUI.

fasciner *v.* ▸ *Priver de réaction* – hypnotiser. ▸ *Captiver* – captiver, charmer, ensorceler, envoûter, hypnotiser, magnétiser, obnubiler, séduire, subjuguer, tenir sous le charme. ▸ *Remplir d'étonnement et d'admiration* – éblouir, émerveiller, faire de l'effet, faire impression, faire sensation, impressionner. FAM. en mettre plein la vue à, épater. ▲ANT. DÉPLAIRE, DÉSINTÉRESSER, ÉLOIGNER, ENNUYER, REBUTER, REPOUSSER.

fascisme *n.m.* ▸ *Dictature* – absolutisme, autocratie, césarisme, despotisme, dictature, État policier, totalitarisme, tsarisme, tyrannie. ▸ *Conservatisme* – conservatisme, droite, droitisme, extrême droite, libéralisme, partis de droite, réaction. ▸ *Nationalisme d'extrême droite* – hitlérisme, national-socialisme, nazisme, néo-fascisme, néonazisme.

faste *adj.* beau, brillant, fécond, florissant, heureux, prospère, riche. ▲ANT. NÉFASTE *(jour)*.

faste *n.m.* abondance, apparat, appareil, beauté, confort, dolce vita, éclat, étalage, grandeur, luxe, magnificence, majesté, opulence, ostentation, pompe, profusion, richesse, somptuosité, splendeur. FAM. tra la la. ▲ANT. HUMILITÉ, INDIGENCE, PAUVRETÉ; DÉPOUILLEMENT, SIMPLICITÉ.

fastidieux *adj.* endormant, ennuyeux, inintéressant, insipide, lassant, monotone, plat, répétitif, soporifique. FAM. assommant, barbant, lugubre, mortel, mortifère, mourant, rasant, raseur, rasoir, usant. FRANCE FAM. barbifiant, barbifique, bassinant, canulant. QUÉB. FAM. gazant, plate. ▲ANT. CAPTIVANT, FASCINANT, INTÉRESSANT, PALPITANT, PASSIONNANT.

fastueux *adj.* luxueux, magnifique, opulent, princier, riche, royal, seigneurial, somptueux. SOUT. magnificent, splendide. ▲ANT. À LA BONNE FRANQUETTE, HUMBLE, MODESTE, SANS CÉRÉMONIES, SIMPLE, SOBRE.

fat *adj.* cabot, cabotin, complaisant, conquérant, content de soi, fier, fiérot, hâbleur, imbu de soi-même, infatué, m'as-tu-vu, orgueilleux, outrecuidant, pédant, pétri d'orgueil, plein de soi-même, présomptueux, prétentieux, qui fait l'important, qui se prend pour quelqu'un, qui se prend pour un autre, rempli de soi-même, suffisant, vain, vaniteux, vantard. FAM. chochotte, prétentiard, ramenard. QUÉB. FAM. frais, frappé. ▲ANT. HUMBLE, MODESTE, SANS PRÉTENTION, SIMPLE.

fat *n.m.* bravache, cabot, cabotin, coq, faiseur, fanfaron, hâbleur, m'as-tu-vu, minaudier, orgueilleux, paradeur, plastronneur, poseur, présomptueux, prétentieux, suffisant, vaniteux, vantard. SOUT. rodomont. ▲ANT. MODESTE.

fatal *adj.* ▸ *Marqué par le destin* – fatidique. ▸ *Qui tue* – funeste, létal, meurtrier, mortel. DIDACT. mortifère. ▸ *Immanquable* – assuré, certain, immanquable, imparable, implacable, incontournable, inéluctable, inévitable, inexorable, nécessaire, obligatoire, obligé, sûr. FAM. forcé, mathématique. ▲ANT. FAVORABLE, HEUREUX, PROPICE; DOUTEUX, INCERTAIN, PEU PROBABLE.

fatalement *adv.* à coup sûr, automatiquement, forcément, immanquablement, implacablement, inéluctablement, inévitablement, inexorablement, infailliblement, ipso facto, irrésistiblement, logiquement, mathématiquement, nécessairement, obligatoirement, par la force des choses. ▲ANT. ALÉATOIREMENT, DOUTEUSEMENT, PEUT-ÊTRE.

fatalisme *n.m.* ▸ *Résignation* – acceptation, aquoibonisme, déterminisme, passivité, philosophie, providentialisme, renoncement, résignation, stoïcisme. ▲ANT. VOLONTÉ; OPTIMISME.

fataliste *adj.* passif, résigné. ▲ANT. ACTIF, COMBATIF, ÉNERGIQUE.

fatalité *n.f.* ▸ *Destin* – avenir, chance, demain(s), destin, destinée, devenir, étoile, existence, fortuité, fortune, futur, hasard, horizon, karma, lendemain(s), lot, nécessité, prédestination, prédétermination, prédéterminisme, providence, sérendipité, sort, vie. SOUT. fatum, Parque. ▸ *Malchance* – accident, coup du destin, coup du sort, coup dur, cruauté du destin, fortune contraire, infortune, malchance, malheur, mauvais sort, mauvaise fortune, sort contraire, vicissitude. SOUT. adversité, infélicité. FAM. déveine, guigne, manque de bol, manque de pot, poisse. FRANCE

fatigant

FAM. cerise, débine, guignon, mélasse, mouscaille, scoumoune. ▶ *Malheur* – adversité, calamité, calice (de douleur), chagrin, détresse, deuil, disgrâce, douleur, échec, épreuve, infortune, mal, malchance, malédiction, malheur, mauvaise fortune, mauvaise passe, mésaventure, misère, nuage, orage, peine, revers, ruine, sale affaire, sale histoire, souffrance, traverse, tribulation. *SOUT.* bourrèlement, plaie, tourment. ▲ANT. LIBRE ARBITRE, VOLONTÉ; CHANCE; BONHEUR.

fatigant *adj.* ▶ *Éreintant* – abrutissant, accablant, épuisant, éreintant, exténuant, harassant, surmenant. *FAM.* claquant, crevant, esquintant, tuant, usant. *FRANCE FAM.* cassant, foulant, liquéfiant. ▶ *Exaspérant* – agaçant, crispant, désagréable, énervant, exaspérant, excédant, harcelant, importun, inopportun, insupportable, irritant. *FAM.* assommant, casse-pieds, embêtant, empoisonnant, enquiquinant, enquiquineur, horripilant, qui tape sur les nerfs, suant, tannant, tuant. *FRANCE FAM.* gonflant. *QUÉB. FAM.* achalant, dérangeant, gossant. ▶ *Envahissant* – accaparant, accapareur, encombrant, envahissant, importun, indésirable, indiscret, intrus, pesant, sans gêne. *FAM.* casse-pieds, collant, crampon, embêtant. *QUÉB. FAM.* achalant, dérangeant. ▲ANT. APAISANT, DÉLASSANT, RELAXANT, REPOSANT; ATTIRANT, CONVIVIAL, DE BONNE COMPAGNIE, ENGAGEANT, INTÉRESSANT, SYMPATHIQUE; POLI, RESPECTUEUX.

fatigué *adj.* ▶ *Épuisé* – à bout, à plat, brisé, courbatu, épuisé, éreinté, exténué, fourbu, harassé, las, mort (de fatigue), moulu (de fatigue). *SOUT.* recru (de fatigue), rompu (de fatigue), roué de fatigue. *FAM.* au bout du rouleau, avachi, claqué, crevé, esquinté, flagada, flapi, lessivé, nase, pompé, ramollo, raplapla, rétamé, sur le flanc, sur les genoux, sur les rotules, vanné, vidé. *QUÉB. FAM.* au coton, brûlé, poqué. ▶ *Blasé* – blasé, dégoûté, désabusé, écœuré, las, lassé, qui en a assez, saturé. *FAM.* qui en a ras le bol. *QUÉB. FAM.* qui a son voyage, tanné.

fatigue *n. f.* abattement, accablement, affaiblissement, affaissement, affalement, alanguissement, amollissement, anéantissement, apathie, atonie, consomption, épuisement, éreintement, exténuation, faiblesse, forçage, harassement, inertie, labeur, langueur, lassitude, marasme, peine, prostration, stress, surmenage. *MÉD.* adynamie, anémie, asthénie. ▲ANT. DÉLASSEMENT, DÉTENTE, RÉCUPÉRATION, REPOS; ARDEUR, VIVACITÉ.

fatiguer *v.* ▶ *Épuiser* – abrutir, briser, courbaturer, épuiser, éreinter, exténuer, forcer, harasser, lasser, mettre à plat, surmener, tuer. *FAM.* claquer, crever, démolir, esquinter, lessiver, mettre sur le flanc, nettoyer, pomper, rétamer, vanner, vider. *QUÉB. FAM.* maganer. ▶ *Importuner* – agacer, crisper, énerver, exaspérer, excéder, hérisser, impatienter, importuner, irriter, porter sur les nerfs à. *FAM.* barber, casser les pieds à, chauffer les oreilles à, courir sur le système à, embêter, emmieller, empoisonner, enquiquiner, faire suer, gonfler, horripiler, insupporter, pomper l'air à, porter sur le système à, scier, tanner, taper sur le système à, taper sur les nerfs à. *FRANCE FAM.* bassiner, canuler, cavaler, courir, courir sur le haricot à, soûler. *QUÉB. FAM.* achaler, déranger, écœurer, tomber sur la noix à, tomber sur la rate à, tomber sur le système

à, tomber sur les nerfs à, tomber sur les rognons à. ▶ *Occuper sans cesse l'esprit* – ennuyer, obséder, préoccuper, taquiner, tarabuster, tracasser, travailler. *FAM.* titiller, turlupiner. *QUÉB. FAM.* chicoter. ▶ *Blaser* – blaser, dégoûter, désabuser, écœurer, lasser, saturer. ▶ *Rebuter* – décourager, ennuyer, lasser, rebuter. ▶ *Être pénible* – coûter à, peser sur. ▶ *Remuer la salade* (*FAM.*) – remuer, tourner. *FAM.* touiller. *QUÉB. FAM.* brasser. ▶ *En parlant d'un mécanisme* – peiner. *QUÉB. FAM.* forcer. ♦ *se fatiguer* ▶ *S'épuiser* – brûler la chandelle par les deux bouts, s'épuiser, s'éreinter, s'exténuer, se mettre à plat, se surmener, se tuer. *FAM.* s'esquinter, se casser, se crever, se fouler. *QUÉB. FAM.* se mettre à terre. ▶ *S'évertuer* – faire des pieds et des mains, peiner, remuer ciel et terre, s'échiner, s'évertuer, se démener, se dépenser, se donner beaucoup de peine, se donner du mal, se mettre en quatre, se remuer, se tuer. *FAM.* ramer, se décarcasser, se défoncer, se démancher, se donner un mal de chien, se donner un mal de fou, se fouler la rate. *QUÉB. ACADIE FAM.* se désâmer. *QUÉB. FAM.* se fendre en quatre. ▲ANT. RAGAILLARDIR, REVIGORER; CALMER, DÉLASSER, DÉTENDRE, REPOSER; AMUSER, DISTRAIRE, INTÉRESSER.

fatras *n. m.* ▶ *Amas* – abondance, accumulation, addition, agrégation, amas, amoncellement, collection, déballage, échafaudage, emmagasinage, empilage, empilement, encombrement, entassement, étagement, faisceau, fouillis, monceau, montagne, pile, pyramide, quantité, stratification, superposition, tas. ▶ *Désordre* – bric-à-brac, désordre, fourbi, gâchis, pêle-mêle. *FAM.* fouillis, foutoir, marmelade, micmac, pagaille. *QUÉB. FAM.* barda, traîneries. *BELG. FAM.* margaille. *SUISSE* chenil. ▲ANT. ORGANISATION, STRUCTURE.

faubourg *n. m.* ▶ *Banlieue* – abords, alentours, banlieue, banlieue-dortoir, ceinture, cité-dortoir, couronne, environs, extension, périphérie, quartier-dortoir, ville-dortoir, zone (suburbaine). ▶ *Partie d'une ville* – quartier, secteur, sous-secteur. *SUISSE* dicastère. *ANTIQ.* tribu. ▲ANT. CENTRE, CENTRE-VILLE.

fauché *adj.* ▶ *Sans argent* (*FAM.*) – à court, dans la gêne, désargenté, gêné, pauvre, sans le sou, serré. *FAM.* à sec, dans la dèche, dans le rouge, raide (comme un passe-lacet), sur le sable. *FRANCE FAM.* panné, sans un.

faucher *v.* ▶ *Renverser qqch.* – abattre, coucher, renverser. ▶ *Tuer subitement* – foudroyer, frapper, terrasser. ▶ *Tuer en grand nombre* (*SOUT.*) – décimer, exterminer, massacrer. *SOUT.* moissonner. ▶ *Dérober* (*FAM.*) – dérober, faire main basse sur, prendre, soustraire, subtiliser, voler. *FAM.* barboter, chaparder, chiper, choper, escamoter, faire, flibuster, piquer, rafler, taxer. *FRANCE FAM.* calotter, chouraver, chourer. *QUÉB. FAM.* sauter. ▶ *Prendre* (*FAM.*) – enlever, prendre, ravir, s'emparer de, se saisir de, usurper, voler. *FAM.* souffler, soulever. ▲ANT. CULTIVER, ENSEMENCER, PLANTER, SEMER; SAUVER; DONNER, REDRESSER, RELEVER.

faucille *n. f.* ébranchoir, élagueur, émondoir, fauchard, serpe, vouge.

faucon *n. m.* ▶ *Oiseau* ▸ *Espèces* – crécerelle, crécerellette, (faucon) émerillon, (faucon) pèlerin, gerfaut, hobereau. ▶ *Personne* – belliciste, cocardier, épervier, jusqu'au-boutiste, militariste. ▶ *Arme* (*ANC.*) – *ANC.* fauconneau. ▲ANT. COLOMBE.

faufiler *v.* ▸ *Coudre provisoirement* – bâtir. ◆ se **faufiler** ▸ *Se glisser* – s'insinuer, se couler, se glisser.

faussement *adv.* ▸ *Erronément* – à tort, abusivement, défectueusement, erronément, fautivement, improprement, inadéquatement, incorrectement, inexactement, mal, par erreur, vicieusement. ▸ *Injustement* – abusivement, arbitrairement, inéquitablement, iniquement, injustement, partialement, subjectivement, tendancieusement. ▸ *Fictivement* – fictivement, imaginairement, irréellement. ▸ *Illusoirement* – apparemment, chimériquement, en apparence, illusoirement, trompeusement, vainement. ▸ *Artificiellement* – académiquement, artificiellement, conventionnellement, facticement. ▲**ANT.** AVEC RAISON; AUTHENTIQUEMENT, VÉRIDIQUEMENT, VÉRITABLEMENT; ADÉQUATEMENT, CORRECTEMENT.

fausser *v.* ▸ *Déformer* – altérer, biaiser, défigurer, déformer, dénaturer, falsifier, gauchir, trahir, travestir. ▲**ANT.** RESPECTER; CORRIGER, REDRESSER, RÉTABLIR.

fausseté *n. f.* ▸ *Contrevérité* – contresens, contrevérité, faux sens. ▸ *Feinte* – affectation, artifice, cachotterie, comédie, déguisement, dissimulation, duplicité, faux-semblant, feinte, fiction, finauderie, grimace, hypocrisie, invention, leurre, mensonge, momerie, pantalonnade, parade, ruse, simulation, singerie, sournoiserie, tromperie. SOUT. simulacre. FAM. cinéma, cirque, finasserie, frime. ▸ *Hypocrisie* – déloyauté, dissimulation, duplicité, facticité, félonie, fourberie, hypocrisie, malhonnêteté, mauvaise foi, perfidie, scélératesse, sournoiserie, trahison, traîtrise, tromperie. SOUT. factice, félinité, insincérité. ▸ *Hypocrisie religieuse* – affectation (de piété), bigoterie, bondieuserie, hypocrisie, jésuitisme, pharisaïsme, tartuferie. ▲**ANT.** RÉALITÉ, VÉRITÉ; AUTHENTICITÉ; EXACTITUDE, JUSTESSE; FRANCHISE, SINCÉRITÉ; LOYAUTÉ.

faute *n. f.* ▸ *Inexactitude* – écart, erreur, imperfection, imprécision, incorrection, inexactitude, infidélité, irrégularité. ▸ *Imperfection* – défaut, défectuosité, démérite, faible, faiblesse, faille, grossièreté, handicap, imperfection, infirmité, insuffisance, lacune, maladie, malfaçon, manque, péché mignon, péché véniel, petitesse, tache, tare, tort, travers, vice. SOUT. perfectibilité. ▸ *Bévue* – balourdise, bavure, bêtise, bévue, blague, bourde, distraction, erreur, étourderie, fausse manœuvre, fausse note, faux pas, gaucherie, impair, imprudence, maladresse, maldonne, méprise, sottise. FAM. boulette, couac, gaffe, gourance, gourante. ▸ *Infraction* – accroc, contravention, crime, délit, dérogation, entorse, forfait, forfaiture, inconduite, infraction, manquement, mauvaise action, mauvaise conduite, méfait, non-respect, rupture, transgression, violation. BELG. méconduite. DR. cas. ▸ *Culpabilité* – culpabilité, imputabilité, responsabilité. ▸ *Péché* – accroc, chute, crime, déchéance, écart, errements, impureté, mal, manquement, mauvais, offense, péché, sacrilège, scandale, souillure, tache, transgression, vice. ▲**ANT.** CORRECTION, EXACTITUDE, JUSTESSE; PERFECTION, PURETÉ; EXPLOIT, PROUESSE; BIENFAIT, MÉRITE; ABONDANCE, EXCÈS.

fauteuil *n. m.* bergère, cabriolet, fauteuil club, (fauteuil) crapaud, fauteuil pivotant, fauteuil Wassily, marquise, voltaire.

fautif *adj.* ▸ *Responsable* – coupable, dans son tort, responsable. DR. délinquant. ▸ *Inexact* – erroné, faux, incorrect, inexact, mauvais. ▸ *Qui enfreint les règles d'usage* – abusif, barbare, de mauvais aloi, impropre, incorrect. ▲**ANT.** INNOCENT; BON, CORRECT, EXACT, FIDÈLE, JUSTE; CONFORME, DE BON ALOI.

fauve *adj.* ▸ *Sauvage* – féroce, sauvage. ▸ *Qui tire sur le roux* – cognac, feuille-morte, noisette, ocré, ocre, rouille, roussâtre, roussi, roux, tabac. SOUT. rouillé. DIDACT. rubigineux.

faux *adj.* ▸ *Inexact* – erroné, fautif, incorrect, inexact, mauvais. ▸ *Qui n'est pas naturel* – artificiel, d'imitation, de plastique, en plastique, en toc, fabriqué, factice, imité, postiche, synthétique. ▸ *Inventé* – apocryphe, fabriqué, fantaisiste, fictif, forgé (de toutes pièces), imaginé, inauthentique, inexistant, inventé. SOUT. controuvé. ▸ *Truqué* – contrefait, falsifié, forgé, maquillé, simulé, truqué. FAM. bidon, bidonné, bidouillé. ▸ *Sans fondement* – chimérique, illusoire, qui fait illusion, trompeur, vain. ▸ *Qui se prétend tel* – apparent, prétendu, soi-disant, supposé. ▸ *Hypocrite* – à double face, de mauvaise foi, déloyal, dissimulateur, dissimulé, fallacieux, fourbe, hypocrite, insidieux, insincère, menteur, perfide, sournois, tortueux, traître, trompeur. SOUT. captieux, cauteleux, chafouin, tartufe, tartuffard, tortu. DIDACT. sophistique. ▸ *Qui manque de sincérité* – affecté, artificiel, de commande, factice, feint, forcé, insincère, (qui sonne) faux, simulé. ▸ *Qui fausse* – cacophonique, criard, discordant, dissonant, inharmonieux. ▲**ANT.** VRAI; BON, CORRECT, EXACT, FIDÈLE, JUSTE; AUTHENTIQUE, NATUREL, RÉEL, VÉRITABLE; FRANC, HONNÊTE, LOYAL; SINCÈRE, SPONTANÉ; INNOCENT; EUPHONIQUE, HARMONIEUX, MÉLODIEUX.

faux *n. m.* ▸ *Illusion* – abstraction, abstrait, apparence, berlue, chimère, déréalisation, fantasme, faux-semblant, fiction, fumée, hallucination, illusion, image, imagination, irréalisme, irréalité, leurre, mensonge, mirage, onirisme, psychédélisme, rêve, rêverie, semblant, simulation, songe, songerie, trompe-l'œil, tromperie, utopie, vision, vue de l'esprit. FAM. frime. SOUT. prestige. ▸ *Objet imité* – clinquant, imitation. FAM. quincaillerie, simili, toc. ▸ *Altération* – altération, barbouillage, bricolage, contrefaçon, déformation, déguisement, dénaturation, entorse, falsification, fardage, fraude, frelatage, gauchissement, maquillage, modification, truquage. FAM. bidonnage. DR. contrefaction. ▲**ANT.** (LE) VRAI; ORIGINAL, TABLEAU AUTHENTIQUE.

faveur *n. f.* ▸ *Don* – aide, allocation, apport, assistance, aumône, bonne œuvre, charité, dation, disposition, distribution, don, grâce, hommage, indemnité, obole, prestation, secours, soulagement, subside, subvention. SOUT. bienfait. FAM. dépannage. DR. donation, fidéicommis, legs, libéralité. RELIG. bénédiction, charisme. ▸ *Privilège* – acquis, apanage, attribution, avantage, bénéfice, chasse gardée, concession, droit, exclusivisme, exclusivité, exemption, honneur, immunité, inviolabilité, monopole, passe-droit, pouvoir, préférence, prérogative, privilège. ANC. franchise. RELIG. indult. ▸ *Popularité* – célébrité, considération, éclat, gloire, notoriété, palmarès, popularité, renom, renommée, réputation,

favorable

vedettariat. *FIG.* auréole, immortalité, la déesse aux cent bouches. ▶ *Favoritisme* – clientélisme, favoritisme, népotisme, partialité, préférence. *FAM.* chouchoutage, combine, copinage, piston, pistonnage. *QUÉB.* partisanerie. ▶ *Distinction* – décoration, dignité, égards, élévation, honneur, pourpre, prérogative, promotion. ▶ *Ruban* – bolduc, boucle, bouffette, chou, cocarde, dragonne, élastique, embrasse, extrafort, galon, ganse, gansette, gros-grain, lambrequin, padou, passement, rosette, ruban, volant. *ANC.* falbala. ▲**ANT.** DÉSAVANTAGE, INCONVÉNIENT, PRÉJUDICE, TORT; MALVEILLANCE, RIGUEUR; DÉFAVEUR, DISCRÉDIT, DISGRÂCE, IMPOPULARITÉ; DÉSHONNEUR.

favorable *adj.* ▶ *Consentant* – approbateur, approbatif, consentant. ▶ *Bienveillant* – bien disposé, bien intentionné, bienveillant, clément, compréhensif, dans de bonnes dispositions, indulgent, ouvert, sympathisant, tolérant. ▶ *Qui tombe bien* – bien venu, bienvenu, bon, opportun, propice, qui tombe à pic. *SOUT.* heureux. *QUÉB. FAM.* d'adon. ▶ *Qui fait paraître plus beau* – avantageux, flatteur, seyant. ▲**ANT.** CRITIQUE, DÉSAPPROBATEUR, RÉPROBATEUR; FÂCHEUX, IMPORTUN, INOPPORTUN, MAL À PROPOS; DÉFAVORABLE, DÉSAVANTAGEUX. △**FAVORABLE À** – CONTRE, DÉFAVORABLE À, OPPOSÉ À.

favorablement *adv.* ▶ *Avantageusement* – à point (nommé), à propos, à temps, agréablement, au bon moment, avantageusement, bien, commodément, convenablement, heureusement, inespérément, judicieusement, opportunément, par bonheur, par miracle, précieusement, providentiellement, salutairement, utilement. *FAM.* à pic, bene. ▶ *Obligeamment* – bienveillamment, complaisamment, miséricordieusement, obligeamment, positivement. ▶ *Affirmativement* – affirmativement, approbativement, bien entendu, bien sûr, d'accord, oui, par l'affirmative, soit, volontiers. *FAM.* comme de bien entendu, d'acc, mouais, O.K., ouais. ▲**ANT.** DÉFAVORABLEMENT, NÉGATIVEMENT.

favori *n.* ▶ *Préféré* – préféré. *FAM.* chouchou, coqueluche. ▶ *Amoureux* – adorateur, âme sœur, ami de cœur, amour, amoureux, beau, bien-aimé, chéri, être aimé, mignon, petit ami, tourtereau, valentin. *PAR EUPHÉM.* ami, compagnon. *PAR PLAIS.* soupirant. *FAM.* béguin, copain, roméo. ▶ *Protégé* (*ANC.*) – créature, protégé. *ANTIQ. ROM.* client. ♦ **favorite**, *fém.* ▶ *Amoureuse* – adoratrice, âme sœur, amie, amie de cœur, amour, amoureuse, belle, bien-aimée, chérie, être aimé, mignonne, petite amie, tourterelle, valentine. *PAR EUPHÉM.* amie, compagne. *PAR PLAIS.* dulcinée. *FAM.* béguin, copine. *QUÉB.* blonde. *ANTILLES* doudou. ▲**ANT.** EXCLU, LAISSÉ-POUR-COMPTE, RÉPROUVÉ.

favoriser *v.* ▶ *Patronner* – appuyer, patronner, prendre sous son aile, protéger, recommander, soutenir. *FAM.* donner un coup de pouce à, pistonner. ▶ *Être utile* – aider, être utile à, servir. ▶ *Promouvoir* – encourager, impulser, promouvoir, soutenir. ▶ *Pourvoir d'un avantage* – avantager, doter, douer, gratifier, lotir, privilégier. ▲**ANT.** CONTRARIER, CONTRECARRER, DÉFAVORISER, DÉSAVANTAGER; EMPÊCHER, ENTRAVER.

fax *n.m.* ▶ *Transmission* – fac-similé, télécopie. ▶ *Appareil* – télécopieur, téléfax.

fébrile *adj.* ▶ *En parlant de qqn* – agité, énervé, excité, fiévreux, hystérique, impatient, nerveux, surexcité. *FAM.* mordu de la tarentule, piqué de la tarentule, tout-fou. ▶ *En parlant de qqch.* – agité, bouillonnant, délirant, échevelé, effervescent, effréné, fiévreux, frénétique, intense, mouvementé, passionné, trépidant, tumultueux, violent. ▲**ANT.** CALME, DÉTENDU, PLACIDE, SEREIN, TRANQUILLE.

fébrilement *adv.* anxieusement, convulsivement, fiévreusement, impatiemment, nerveusement, spasmodiquement, vivement. ▲**ANT.** AVEC CALME, AVEC SANG-FROID, AVEC SÉRÉNITÉ, CALMEMENT, FLEGMATIQUEMENT, FROIDEMENT, IMPASSIBLEMENT, PLACIDEMENT, POSÉMENT, TRANQUILLEMENT.

fébrilité *n.f.* agitation, effervescence, électrisation, emballement, énervement, étourdissement, exaltation, excitation, fièvre, griserie, nervosité, stress, surexcitation, tension. *SOUT.* enivrement, éréthisme, exaspération, surtension. ▲**ANT.** CALME, SÉRÉNITÉ, TRANQUILLITÉ.

fécond *adj.* ▶ *Qui produit beaucoup* – abondant, débordant, fertile, foisonnant, fructueux, généreux, inépuisable, intarissable, productif, prolifique, riche. *SOUT.* copieux, inexhaustible, plantureux. ▶ *Prospère* – beau, brillant, faste, florissant, heureux, prospère, riche. ▲**ANT.** INFÉCOND, STÉRILE; ARIDE, INGRAT, PAUVRE; IMPRODUCTIF, INFRUCTUEUX.

fécondé *adj.* en gestation, gestante, gravide, pleine. *FAM.* enceinte.

féconder *v.* ▶ *Assurer la reproduction* – frayer (*poissons*), inséminer, polliniser (*plantes*). ▲**ANT.** APPAUVRIR, ÉPUISER, TARIR.

fécondité *n.f.* ▶ *Fertilité* – conception, fertilité, reproductibilité, reproduction, reproductivité. *SOUT.* prolificité. *FAM.* lapinisme. *PHYSIOL.* œstrus. ▶ *Productivité* – abondance, fertilité, générosité, luxuriance, prodigalité, productivité, rendement, richesse. ▲**ANT.** INFÉCONDITÉ, STÉRILITÉ; ARIDITÉ, SÉCHERESSE.

fédération *n.f.* ▶ *Association politique* – alliance, apparentement, association, bloc, camp, cartel, club, coalition, confédération, faisceau, formation, front, groupe, groupe d'intérêts, groupe de pression, groupement, ligue, mouvement, organisation, parti, phalange, rapprochement, rassemblement, union. *ANC.* hétairie. *FÉOD.* hermandad. ▶ *Ensemble d'États* – bloc, coalition, communauté, confédération, États, union. ▶ *Association sportive* – association, ligue. ▲**ANT.** INDÉPENDANCE, SÉPARATION, SOUVERAINETÉ.

féerie *n.f.* ▶ *Magie* – fantasmagorie, fantastique, magie, merveilleux, mystère, prodige, prodigieux, sorcellerie, surnaturel. ▶ *Beauté* – agrément, art, attrait, beau, beauté, charme, chic, classe, coquetterie, délicatesse, distinction, éclat, élégance, esthétique, fraîcheur, grâce, gracieux, harmonie, magnificence, majesté, perfection, photogénie, poésie, séduction, splendeur, symétrie. *DIDACT.* eurythmie. *SOUT.* blandice, joliesse, morbidesse, sublimité, symphonie, vénusté. ▲**ANT.** BANALITÉ; LAIDEUR.

féerique *adj.* ▶ *Magique* – enchanté, ensorcelé, envoûté, magique, merveilleux, surnaturel. ▶ *Enchanteur* – enchanteur, idyllique, irréel, magnifique, merveilleux, paradisiaque. *SOUT.* édénique. ▲**ANT.** RÉEL; ATROCE, INFERNAL, INSOUTENABLE, INTOLÉRABLE, INVIVABLE.

feindre *v.* affecter, faire mine de, faire semblant de, simuler, singer. ▲**ANT.** ACCOMPLIR, AGIR, EXÉCUTER, RÉALISER.

feint *adj.* affecté, artificiel, de commande, factice, forcé, insincère, (qui sonne) faux, simulé. ▲**ANT.** NATUREL, RÉEL, SINCÈRE, SPONTANÉ, VÉRITABLE.

feinte *n.f.* ▶ *Dissimulation* – affectation, artifice, cachotterie, comédie, déguisement, dissimulation, duplicité, faux-semblant, fiction, finauderie, grimace, hypocrisie, invention, leurre, mensonge, momerie, pantalonnade, parade, ruse, simulation, singerie, sournoiserie, tromperie. *SOUT.* simulacre. *FAM.* cinéma, cirque, finasserie, frime. ▶ *Mouvement simulé* – fausse attaque. ▶ *Ruse (FAM.)* – artifice, astuce, escamotage, fourberie, fraude, machiavélisme, machination, manœuvre, ruse, stratagème, subterfuge. ▲**ANT.** FRANCHISE, SINCÉRITÉ.

félicitations *n.f.pl.* acclamation, apologie, apothéose, applaudissement, bravo, célébration, compliment, éloge, encensement, fleur, glorification, héroïsation, louange, panégyrique, solennisation. *SOUT.* baisemain, congratulation, dithyrambe, exaltation. ▲**ANT.** BLÂME, CRITIQUE, REPROCHE.

féliciter *v.* ▶ *Complimenter* – applaudir, approuver, chanter les louanges de, complimenter, congratuler, couvrir de fleurs, couvrir de louanges, encenser, faire l'éloge de, lancer des fleurs à, louanger, louer, rendre hommage à, saluer, vanter. ◆ *se féliciter* ▶ *Être content de soi* – s'applaudir, se louer, se réjouir. ▲**ANT.** BLÂMER, CRITIQUER. △ SE FÉLICITER – DÉPLORER, SE REPROCHER.

félin *adj.* ▲**ANT.** BALOURD, LOURDAUD, RAIDE.

félin *n.m.* *ZOOL.* félidé.

femelle *adj.* ▲**ANT.** MÂLE.

femelle *n.f.* ▶ *Animal* ▶ *Spécifiques* – ânesse, biche *(chevreuil)*, bisonne, brebis *(mouton)*, bufflesse/bufflonne, cerve *(loup-cervier)*, chamelle, chatte, chevrette, chienne, daine *(daim)*, dinde, éléphante, guenon *(singe)*, hase *(lièvre)*, hérissonne, jument, laie *(sanglier)*, lanier *(faucon de chasse)*, lapine, levrette *(lévrier)*, louve, merlette, ourse, pierrette *(moineau)*, ponette, rate, renarde, serine, truie, vache. ▶ *Petites femelles* – agnelle, canette, génisse *(bœuf)*, pouliche *(cheval)*. ▲**ANT.** MÂLE.

féminin *adj.* ▲**ANT.** MASCULIN.

féministe *adj.* ▲**ANT.** ANTIFÉMINISTE, MACHISTE, MISOGYNE, PHALLOCENTRIQUE, PHALLOCRATE, SEXISTE.

femme *n.f.* ▶ *Être humain femelle* – fille. ▶ *Épouse* – conjoint, conjointe, épouse. *SOUT.* compagne (de vie), douce moitié, tendre moitié. ◆ *les femmes, plur.* ▶ *Ensemble des personnes de sexe féminin* – la gent féminine; population féminine. ▲**ANT.** HOMME; MARI .

fendre *v.* ▶ *Couper* – cliver *(minéral)*, couper. ▶ *Fendiller* – craqueler, crevasser, fêler, fendiller, fissurer, gercer, lézarder, sillonner. ▲**ANT.** ASSEMBLER, JOINDRE, LIER, RÉUNIR, SOUDER.

fenêtre *n.f.* ▶ *Ouverture* – ajour, baie (de fenêtre), croisée, vue. *QUÉB. ACADIE FAM.* châssis. ▶ *Cadre*

vitré – bâti dormant, cadre, chambranle, châssis, châssis dormant, croisée, dormant, encadrement, huisserie, trappe. ▶ *Espace dans un écrit* – blanc. ▶ *Temps disponible* – créneau, trou. ◆ *fenêtres, plur.* ▶ *Ensemble d'ouvertures* – fenestration, fenêtrage.

fente *n.f.* ▶ *Fissure* – brèche, brisure, cassure, craquelure, crevasse, déchirure, ébréchure, écornure, fêlure, fendillement, fissure, fuite, gerçure, lézarde. *QUÉB. FAM.* craque. *TECHN.* crique, étonnement, gerce. *DIDACT.* gélivure. *GÉOGR.* rimaye. *GÉOL.* diaclase. ▶ *Entaille* – adent, brèche, coche, coupure, cran, créneau, crevasse, échancrure, égratignure, enclenche, encoche, engravure, entaille, entamure, épaufrure, faille, feuillure, incision, marque, mortaise, moucheture, onglet, raie, rainurage, rainure, rayure, ruinure, scarification, scissure, sillon, souchèvement *(roche)*, strie. *QUÉB. FAM.* grafignure. *BELG.* griffe. *BELG. FAM.* gratte. ▶ *Interstice* – créneau, espace, espacement, interstice, intervalle, ouverture.

féodal *n.m.* ▶ *Seigneur féodal* – baron, seigneur, seigneur féodal. ▶ *Propriétaire terrien* – fellah *(pays arabes)*, gentleman-farmer, propriétaire agricole, propriétaire foncier, propriétaire rural, propriétaire terrien. ▲**ANT.** SERF, SERVITEUR, SUJET, VASSAL.

fer *n.m.* ▶ *Appareil pour repasser* – fer à repasser, fer à vapeur, repasseuse *(machine)*. *TECHN.* carreau *(tailleur)*, lissoir. ▶ *Demi-cercle de métal* – fer à cheval. ◆ *fer, sing.* ▶ *Épée* – épée, lame. ▶ *Poignard (SOUT.)* – couteau, poignard. *SOUT.* acier. *FAM.* lardoire, schlass. ◆ *fers, plur.* ▶ *Chaînes* – attache, câble, chaîne, corde, courroie, lanière, lien, ligament, ligature, liure, sangle. ▶ *Esclavage (SOUT.)* – abaissement, allégeance, appartenance, asservissement, assujettissement, attachement, captivité, contrainte, dépendance, domestication, domesticité, domination, emprise, esclavage, gêne, hilotisme, inféodation, infériorité, mainmise, merci, mouvance, obédience, obéissance, obligation, oppression, pouvoir, puissance, servage, servitude, soumission, subordination, sujétion, tutelle, tyrannie, vassalité. *FIG.* carcan, chaîne, corset (de fer), coupe, fardeau, griffe, main, patte, prison; *SOUT.* gaine, joug. *PHILOS.* hétéronomie. ▶ *Instrument médical* – forceps.

ferme *adj.* ▶ *Irrévocable* – catégorique, décidé, déterminé, entier, immuable, inébranlable, inflexible, résolu. ▶ *Déterminé* – assuré, décidé, délibéré, déterminé, énergique, hardi, résolu, volontaire. ▶ *Qui ne montre aucune peur* – héroïque, impassible, inébranlable, intrépide, stoïque. *SOUT.* impavide. ▶ *Rempli de vigueur* – énergique, musclé, nerveux, qui a du nerf, solide, vigoureux. ▶ *Qui garde sa forme* – dur, fort, raide, résistant, rigide, solide. ▶ *En équilibre* – assuré, en équilibre, équilibré, solide, stable. ▲**ANT.** FLEXIBLE, SOUPLE, TRAITABLE; COUARD, CRAINTIF, FAIBLE, FRILEUX, LÂCHE, PEUREUX, PLEUTRE, POLTRON, PUSILLANIME, TIMIDE, TIMORÉ; INERTE, MOU, NONCHALANT; CHANGEANT, FANTASQUE, FLOTTANT, INCONSTANT, INSTABLE, VOLAGE; BANCAL, BOITEUX, BRANLANT, EN DÉSÉQUILIBRE, INSTABLE.

fermé *adj.* ▶ *Clos* – clos, étanche, hermétique. ▶ *Impassible* – atone, froid, hermétique, impassible, impénétrable, inexpressif. *SOUT.* impavide. ▶ *Indifférent* – étranger, imperméable, inaccessible,

ferme

indifférent, insensible, réfractaire, sourd. SOUT. impénétrable. ▶ **Hostile** – contestataire, dissident, factieux, iconoclaste, incendiaire, insurgé, insurrectionnel, mal pensant, protestataire, rebelle, révolté, révolutionnaire, séditieux, subversif.

ferme *n.f.* ▶ **Exploitation agricole** – domaine, exploitation (agricole), fermette, métairie. ANTIQ. villa. ▶ **Location** – affermage, amodiation, location. ▶ **Charpente** – architecture, armature, charpente, gros œuvre, ossature, squelette, structure.

fermement *adv.* ▶ **Inflexiblement** – d'une main ferme, de pied ferme, droitement, ferme, inébranlablement, inflexiblement, rigidement, robustement, solidement, tenacement. FAM. dur, dur comme fer. ▶ **Énergiquement** – activement, avec la dernière énergie, avec zèle, décidément, dru, dynamiquement, énergiquement, fort, fortement, puissamment, résolument, sérieusement, virilement. ▶ **Carrément** – abruptement, brusquement, brutalement, carrément, catégoriquement, crûment, directement, droit, droit au but, en plein, franc, franchement, hardiment, librement, net, nettement, raide, raidement, résolument, rondement, sans ambages, sans ambiguïté, sans barguigner, sans détour(s), sans dissimulation, sans équivoque, sans faux-fuyant, sans hésitation, sans intermédiaire, vertement. FAM. franco. ▲ANT. APATHIQUEMENT, FAIBLEMENT, MOLLEMENT.

ferment *n.m.* ▶ **Micro-organisme** – gélolevure, grains de képhir, levure. ANC. ferment figuré. ▶ **Cause** – agent, base, cause, explication, facteur, fondement, fontaine, germe, inspiration, levain, levier, mobile, moteur, motif, motivation, moyen, objet, occasion, origine, point de départ, pourquoi, principe, raison, raison d'être, source, sujet. SOUT. étincelle, mère, racine, ressort. ▲ANT. ENTRAVE, FREIN, OBSTACLE; INHIBITEUR, RÉPRESSEUR, RETARDATEUR; ANTIENZYME.

fermentation *n.f.* ▶ **Décomposition** – altération, biodégradation, corruption, décomposition, faisandage, gangrène, pourrissement, pourriture, putréfaction, putrescence, putridité, suiffage (beurre), thanatomorphose. ▶ **Insurrection** – agitation, agitation-propagande, chouannerie, désordre, effervescence, embrasement, émeute, excitation, faction, fièvre, fronde, insoumission, insubordination, insurrection, jacquerie, manifestation, mutinerie, rébellion, remous, résistance, révolte, révolution, sédition, soulèvement, tourmente, troubles. FAM. agitprop. ▲ANT. APAISEMENT, PACIFICATION; CALME.

fermenté *adj.* ▲ANT. FRAIS (fromage).

fermenter *v.* ▶ **En parlant du raisin** – cuver. ▶ **En parlant de la pâte** – gonfler, lever, monter. ▶ **En parlant d'une chose abstraite** – couver, dormir, être en latence, être latent, sommeiller, somnoler. ▲ANT. S'APAISER, SE CALMER.

fermer *v.* ▶ **Refermer** – refermer. SOUT. clore, reclore. ▶ **Fermer un vêtement** – attacher, boutonner, nouer. ▶ **Former une limite** – borner, boucher, limiter, terminer. ▶ **Constituer le dernier élément** – clore, clôturer, conclure, finir, terminer. ▶ **Éteindre** (FAM.) – arrêter, éteindre. ▶ **se fermer** ▶ **Se renfrogner** – s'assombrir, se rembrunir, se renfrogner. ▶ **Se cicatriser** – guérir, (se) cicatriser. ▲ANT. OUVRIR, ROUVRIR; DÉBARRER, DÉBOUCHER, DÉCLORE, DÉGAGER, DESCELLER, DÉVERROUILLER, LIBÉRER; COMMENCER, INAUGURER; AUTORISER.

fermeté *n.f.* ▶ **Solidité** – cohésion, compacité, consistance, coriacité, dureté, fixité, force, homogénéité, indélébilité, indestructibilité, inextensibilité, massiveté, monolithisme, résilience, résistance, rigidité, robustesse, solidité, sûreté. ▶ **Sûreté** – aplomb, assurance, autorité, caractère, constance, courage, cran, détermination, endurance, énergie, force, permanence, poigne, rectitude, résolution, ressort, sang-froid, sérieux, solidité, sûreté, ténacité, vigueur, virilité, volonté. SOUT. fortitude, invulnérabilité. FAM. estomac, gagne. ▶ **Obstination** – acharnement, assiduité, constance, détermination, entêtement, insistance, obstination, opiniâtreté, persévérance, persistance, résolution, suite dans les idées, ténacité, volonté. PÉJ. aveuglement. ▶ **Stabilité** – constance, continu, continuité, durabilité, durée, fixité, immuabilité, immutabilité, imprescriptibilité, imputrescibilité, inaliénabilité, inaltérabilité, incorruptibilité, indéfectibilité, indissolubilité, invariabilité, longévité, pérennité, permanence, persistance, stabilité, tenue. PHYS. invariance. ▲ANT. FLACCIDITÉ, INCONSISTANCE, MOLLESSE; FRAGILITÉ, PRÉCARITÉ; FLEXIBILITÉ, SOUPLESSE; DÉFAILLANCE, FAIBLESSE, LÂCHETÉ; INSTABILITÉ.

fermeture *n.f.* ▶ **Dispositif** – bonde, bondon, bouchon, capsule, capuchon, marette, tampon. MAR. tape. ▶ **Obstruction** – barrage, bouchage, bouclage, cloisonnage, cloisonnement, clôture, comblement, condamnation, coupure, interception, lutage, murage, oblitération, obstruction, obturation, occlusion, remblai, tamponnement, verrouillage. ▶ **Cachetage** – cachetage, scellement. ▲ANT. BRÈCHE, OUVERTURE; COMMENCEMENT, DÉBUT, INAUGURATION.

fermier *n.* ▶ **Locataire** – affermataire, colon, habitant, hôte, locataire, métayer, occupant, preneur, sous-locataire. ▶ **Agriculteur** – agriculteur, agronome, exploitant (agricole), paysan, producteur (agricole). ▶ **Financier** (ANC.) – percepteur. ANC. exacteur, fermier (général), financier, maltôtier, partisan, publicain, traitant.

féroce *adj.* ▶ **En parlant d'une bête** – fauve, sauvage. ▶ **D'une cruauté sauvage** – barbare, bestial, cannibale, cannibalesque, cruel, inhumain, sadique, sanguinaire, sauvage. SOUT. néronien. ▶ **Sans pitié** – impitoyable, implacable, sans merci. SOUT. inexpiable. ▶ **En parlant d'une lutte** – acharné, âpre, chaud, farouche, furieux, opiniâtre. ▲ANT. APPRIVOISÉ, DOUX, INOFFENSIF; BIENVEILLANT, CHARITABLE, COMPATISSANT, DÉLICAT, HUMAIN, MISÉRICORDIEUX; FAIBLE, MODÉRÉ, MOU.

férocité *n.f.* ▶ **Cruauté** – acharnement, agressivité, atrocité, barbarie, brutalité, cruauté, dureté, inhumanité, maltraitance, méchanceté, sadisme, sauvagerie, torture, violence. SOUT. implacabilité, inexorabilité. PSYCHIATRIE psychopathie. ▲ANT. BONTÉ, DOUCEUR, HUMANITÉ.

ferraille *n.f.* ▶ **Débris de fer** – crasse, gratture, laitier, limaille, mâchefer, scorie, sinter, suint.

ferré *adj.* ▶ **Expert** – à la hauteur, adroit, bon, brillant, capable, chevronné, compétent, connaisseur, d'élite, de haut vol, de haute volée, de talent, doué, émérite, entraîné, exercé, expérimenté, expert, fin, fort, habile, inspiré, passé maître, performant, qualifié, qui s'y connaît, talentueux, versé. *SOUT.* entendu à, industrieux, rompu à. *FAM.* calé, qui a la bosse de, qui sait y faire. *FRANCE FAM.* balèze, costaud, fortiche, incollable, trapu. *QUÉB.* connaissant; *FAM.* bollé. ▲**ANT.** IGNORANT, INCAPABLE, INCOMPÉTENT, MAUVAIS, MÉDIOCRE, NUL.

fertile *adj.* abondant, débordant, fécond, foisonnant, fructueux, généreux, inépuisable, intarissable, productif, prolifique, riche. *SOUT.* copieux, inexhaustible, plantureux. ▲**ANT.** INFÉCOND, STÉRILE; ARIDE, DÉSERTIQUE, IMPRODUCTIF, INFERTILE, INGRAT, PAUVRE.

fertilisant *n. m.* amendement, apport, chanci, chaux, compost, craie, engrais, falun, fumier, fumure, glaise, goémon, guano, limon, lisier, marne, paillé, plâtre, poudrette, pralin, purin, superphosphate *(artificiel)*, tangue, terre de bruyère, terreau.

fervent *adj.* ▶ *Pieux* – croyant, dévot, pieux, pratiquant, religieux. ▶ *D'une piété affectée* – bigot, bondieusard, cagot. ▶ *Enthousiaste* – à tous crins, ardent, chaleureux, chaud, délirant d'enthousiasme, emballé, en extase, enthousiasmé, enthousiaste, extasié, extatique, passionné. *FAM.* tout feu tout flammes. ▶ *Fanatique* – amateur, amoureux, avide, entiché, épris, fanatique, féru, fou, friand, passionné. *FAM.* accro, enragé, fana, maniaque, mordu. ▶ *Lyrique* – ardent, enflammé, exalté, inspiré, lyrique, passionné, vibrant. ▲**ANT.** AGNOSTIQUE, ATHÉE, IMPIE, INCROYANT, NON CROYANT, NON PRATIQUANT; MESURÉ, MODÉRÉ, PONDÉRÉ, RAISONNÉ; DÉTACHÉ, INDIFFÉRENT, TIÈDE; MORNE, SANS VIE, TERNE.

fervent *n.* ▶ *Amateur* – adepte, aficionado, amant, amateur, ami, amoureux, connaisseur, fanatique, fou, passionné. *SOUT.* assoiffé. *FAM.* accro, allumé, enragé, fana, malade, mordu. *FRANCE FAM.* fondu. ▶ *Admirateur* – admirateur, adorateur, amoureux, fanatique, groupie, idolâtre, inconditionnel. *FAM.* fana. ▲**ANT.** MODÉRÉ; INDIFFÉRENT, TIÈDE.

ferveur *n. f.* ▶ *Adoration* – admiration, adoration, adulation, amour, attachement, culte, dévotion, emballement, engouement, fanatisme, iconolâtrie, idolâtrie, passion, respect, vénération, zèle. *SOUT.* dilection, révérence. *PÉJ.* encens, flagornerie, flatterie. ▶ *Enthousiasme* – allant, animation, ardeur, chaleur, cœur, élan, enthousiasme, entrain, flamme, passion, zèle. *SOUT.* feu. ▲**ANT.** IMPIÉTÉ, SCEPTICISME; FROIDEUR, INDIFFÉRENCE, TIÉDEUR.

fesses *n. f. pl.* ▶ *Partie du corps* – derrière, postérieur, siège.

festin *n. m.* ▶ *Repas somptueux* – agapes, banquet, bombance, bonne chère, festin (de Balthazar), festoiement, fête, régal, réveillon. *SOUT.* franche lippée. *FAM.* gueuleton, orgie, ripaille. *FRANCE FAM.* bâfre, bâfrée, bombe. *QUÉB. FAM.* fricot. ▲**ANT.** DIÈTE, RÉGIME; JEÛNE.

fête *n. f.* ▶ *Festin* – agapes, banquet, bombance, bonne chère, festin (de Balthazar), festoiement, régal, ventrée. *SOUT.* franche lippée. *FAM.* gueuleton, orgie, ripaille. *FRANCE FAM.* bâfre, bâfrée, bombe. *QUÉB. FAM.* fricot. ▶ *Divertissement* – festivités, réception, réunion. ▶ *Le soir* – réveillon, soirée, veillée. ▶ *Date* – anniversaire, célébration, commémoration, fête commémorative, fête-anniversaire, jour anniversaire. ▲**ANT.** CONSTERNATION, DEUIL, PÉNITENCE.

fêter *v.* ▶ *Célébrer* – célébrer, commémorer, solenniser. ▶ *Faire la fête* (*QUÉB.*) – faire la fête, festoyer. *SOUT.* faire bombance. *FAM.* bambocher, bringuer, faire bamboche, faire la bamboula, faire la bombe, faire la bringue, faire la java, faire la noce, faire la nouba, faire la ribouldingue, nocer, partouzer, ribouldinguer. *QUÉB. FAM.* foirer.

fétiche *n. m.* agnus-Dei, amulette, bondieuserie, effigie, ex-voto, gri-gri, idole, image, main de Fatma, mascotte, médaille, médaillon, porte-bonheur, relique, scapulaire, statuette, talisman, tephillim, totem.

fétide *adj.* écœurant, empyreumatique, infect, malodorant, méphitique, miasmatique, nauséabond, pestilentiel, puant, putride. *FAM.* gerbant. ▲**ANT.** AROMATIQUE, ODORANT, ODORIFÉRANT, PARFUMÉ, SUAVE.

feu *n. m.* ♦ **chaleur ou lumière** ▶ *Combustion* – brûlage, brûlement, calcination, carbonisation, combustion, flambage, grillage, ignescence, ignition, incandescence, incinération, torréfaction. *SOUT.* consomption. ▶ *Foyer* – âtre, cheminée, foyer. *TECHN.* veilleuse. ▶ *Flamme* – flamme, langue de feu. ▶ *Incendie* – brasier, embrasement, flammes, fournaise, foyer, incendie. ▶ *Bougie* (*ANC.*) – bougie, chandelle. ▶ *Étincelle* – brandon, escarbille, étincelle, flammèche. ▶ *Éclair* – éclair, foudre, fulguration. *SOUT.* fulgurance, tonnerre. ▶ *Éclat* – brasillement, brillance, brillant, cati, chatoiement, coruscation, éclat, étincellement, halo, image, irisation, lueur, luisant, lustre, miroitement, moire, moiré, moiroiement, orient, papillotage, papillotement, poli, poudroiement, rayonnement, reflet, réflexion, réfraction, réverbération, ruissellement, scintillement. *SOUT.* luisance, nacre, opalescence, resplendissement, rutilance, rutilation, rutilement. *SC.* albédo. *TECHN.* bruni, brunissure. ▶ *Signal lumineux* – phare. *ANC.* fanal *(sur un bateau).* ▶ *Chaleur* (*SOUT.*) – chaleur, chaud, tiédeur. ▶ *Brûlure* – actinite, ampoule, blessure, cloque, douleur, échaudure, échauffement, escarre, feu chaud, fièvre, inflammation, insolation, irradiation, irritation, lésion, phlogose, ulcération, urtication. ♦ **relatif aux armes** ▶ *Tir* – coup (de feu), tir. *CHASSE* tiré. ▶ *Bombardement* – bombardement, canonnage, fauchage, grenadage, mitraillage, mitraille, pilonnage, torpillage. *FAM.* arrosage. ▶ *Combat* – accrochage, action (de guerre), affrontement, assaut, attaque, bagarre, bataille, choc, combat, conflit, échauffourée, empoignade, empoignement, engagement, escarmouche, ferraillement, guérilla, guerre, heurt, hostilités, lutte, mêlée, opération, pugilat, rencontre, rixe. *FAM.* baroud, baston, bigorne, casse-gueule, casse-pipe, castagne, guéguerre, rif, rififi, riflette. *QUÉB. FAM.* brasse-camarade, poussaillage, tiraillage. *BELG. FAM.* margaille. *MILIT.* blitz *(de courte durée).* ♦ **fougue** ▶ *Fougue* – ardeur, emportement, fougue, furia, impétuosité, pétulance, véhémence, vivacité. *FAM.* mordant. ▶ *Entrain* (*SOUT.*) – allant, animation, ardeur, chaleur, cœur, élan, enthousiasme, entrain, ferveur, flamme, passion, zèle. ▲**ANT.** APATHIE, CALME, FLEGME, FROIDEUR, IMPASSIBILITÉ, INDIFFÉRENCE, TIÉDEUR.

feuillage

feuillage *n. m.* ▶ *Ensemble des feuilles* – branchage, branches, ramure. SOUT. feuillée, frondaison, ramée. QUÉB. FAM. branchailles. ▶ *Abri que procurent les feuilles* – couvert, feuilles, ombrage.

feuille *n. f.* ▶ *Partie d'un végétal* – palme. BOT. bractée, foliole, limbe, sépale, spathe. ▶ *Pétale* (SOUT.) – aile, étendard, labelle, pétale. ▶ *Papier* – feuillet, folio, page. FRANCE FAM. papelard. ▶ *Formulaire* – formulaire, formule, questionnaire. ▶ *Pamphlet* – brûlot, diatribe, épigramme, factum, libelle, mazarinade, pamphlet, satire. SOUT. catilinaire, philippique. ▶ *Journal* – bulletin, hebdomadaire, illustré, journal, magazine, organe, périodique, quotidien, tabloïd. FAM. hebdo. ▶ *Objet mince* – panneau, planche, plaque, tableau. ▶ *De petite taille* – carreau, écusson, panonceau, plaquette. ▶ *Ingrédient culinaire* – abaisse, pâte amincie. ◆ **feuilles**, *plur.* ▶ *Ensemble des feuilles d'un arbre* – feuillage *(dans l'arbre)*; rameau. ▶ *Ensemble de feuilles de papier* – liasse (de feuilles), paquet (de feuilles); bloc; main, rame.

feuillet *n. m.* ▶ *Feuille* – feuille, folio, page. FRANCE FAM. papelard. ▶ *Partie d'une feuille* – volant, volet. ▶ *Estomac des ruminants* – bonnet, caillette, gras-double *(boucherie)*, panse, réticulum, rumen.

feuilleter *v.* ▶ *Lire superficiellement* – jeter un coup d'œil à, lire en diagonale, parcourir, regarder, survoler. ▲ANT. EXAMINER, LIRE ATTENTIVEMENT, SCRUTER.

feutré *adj.* amorti, assourdi, atténué, cotonneux, étouffé, faible, mat, mou, ouaté, sourd, voilé. ▲ANT. CLAIR, ÉCLATANT, RÉSONNANT, RETENTISSANT, SONORE.

feutre *n. m.* ▶ *Crayon* – crayon-feutre, marqueur, stylo-feutre, surligneur.

fiabilité *n. f.* ▶ *Caractère d'une chose* – fidélité, représentativité. ▶ *Caractère d'une personne* – crédibilité, crédit. ▲ANT. CAPRICE, IMPRÉVISIBILITÉ, INCONSTANCE, VERSATILITÉ.

fiable *adj.* ▶ *En parlant de qqch.* – bon, éprouvé, fidèle, solide. FAM. béton. ▶ *En parlant de qqn* – à l'abri de tout soupçon, au-dessus de tout soupçon, consciencieux, digne de confiance, droit, honnête, incorruptible, insoupçonnable, intègre, probe, propre, scrupuleux, sûr. ▲ANT. CAPRICIEUX, IMPRÉVISIBLE, INCONSTANT; DÉLOYAL, LOUCHE, MALHONNÊTE, SANS SCRUPULE, VÉREUX; DE BAZAR, DE MAUVAISE QUALITÉ, DE PACOTILLE, DE PEU DE VALEUR, TOC.

fiançailles *n. f. pl.* engagement, promesse de mariage. ▲ANT. RUPTURE.

fiancé *n.* ◆ **fiancé**, *masc.* bien-aimé, futur conjoint, futur époux, futur, promis. ◆ **fiancée**, *fém.* bien-aimée, future, future conjointe, future épouse, promise. PAR PLAIS. belle.

fiancer (se) *v.* ▲ANT. ROMPRE SES FIANÇAILLES, SE SÉPARER.

fibre *n. f.* ▶ *Filament anatomique* – fibrille *(petite)*. ▶ *Matière textile* – fibre (textile), textile. ▶ *Sensibilité* – affect, affectivité, âme, attendrissement, cœur, compassion, émotion, émotivité, empathie, humanité, impressionnabilité, pitié, romantisme, sensibilité, sentiment, sentimentalité, susceptibilité,

sympathie, tendresse, vulnérabilité. SOUT. entrailles. FAM. tripes.

ficelle *n. f.* ▶ *Petite corde* – cordelette, cordon, cordonnet, fouet, lacet, tirant. ▶ *Pain* – baguette, demi-baguette, flûte, (pain) bâtard, (pain) parisien, saucisson. ▶ *Galon* (FRANCE FAM.) – chevron, galon, tresse. FRANCE FAM. brisque, sardine.

fiche *n. f.* ▶ *Pièce à enfoncer* – cheville. ANC. fichet. ▶ *Pièce d'alimentation* – broche, fiche (d'alimentation), jack. ▶ *Jeton* – jeton, marque, pièce, pion.

ficher *v.* ▶ *Mettre en terre* – enfoncer, planter. ▲ANT. ARRACHER, DÉCLOUER, DÉPLANTER, EXTRAIRE.

fichu *n. m.* bandana, cache-col, cache-nez, carré, châle, écharpe, étole, foulard, madras, mantille, mouchoir, pashmina, pointe. QUÉB. cache-cou.

fictif *adj.* ▶ *Inventé* – apocryphe, fabriqué, fantaisiste, faux, forgé (de toutes pièces), imaginé, inauthentique, inexistant, inventé. SOUT. controuvé. ▶ *Imaginaire* – chimérique, fabuleux, fantasmagorique, fantastique, imaginaire, inexistant, irréel, légendaire, mythique, mythologique. ▶ *En parlant d'une valeur* – conventionnel, extrinsèque, nominal. ▲ANT. CONCRET, EXISTANT, RÉEL; EFFECTIF, INTRINSÈQUE.

fiction *n. f.* ▶ *Invention* – affabulation, artifice, chimère, combinaison, comédie, expédient, fabrication, fabulation, fantaisie, feinte, fumisterie, histoire, idée, imagination, invention, irréalité, légende, mensonge, rêve, roman, saga, songe. PSYCHOL. confabulation, mythomanie. ▶ *Concept* – abstraction, archétype, concept, conception, conceptualisation, connaissance, conscience, entité, généralisation, idée, imagination, notion, noumène, pensée, représentation (mentale), schème, théorie. ▶ *Imagination* – conception, création, créativité, évasion, extrapolation, fantaisie, fantasme, fictif, idéal, idéation, idée, illumination *(soudain)*, imaginaire, imagination, inspiration, invention, inventivité, irréel, souffle (créateur), supposition, surréalité, surréel, veine, virtuel. SOUT. folle du logis, muse. FRANCE FAM. gamberge. ▶ *Illusion* – abstraction, abstrait, apparence, berlue, chimère, déréalisation, fantasme, faux, faux-semblant, fumée, hallucination, illusion, image, imagination, irréalisme, irréalité, leurre, mensonge, mirage, onirisme, psychédélisme, rêve, rêverie, semblant, simulation, songe, songerie, trompe-l'œil, tromperie, utopie, vision, vue de l'esprit. FAM. frime. SOUT. prestige. ▶ *Feinte* – affectation, artifice, cachotterie, comédie, déguisement, dissimulation, duplicité, faux-semblant, feinte, finauderie, grimace, hypocrisie, invention, leurre, mensonge, momerie, pantalonnade, parade, ruse, simulation, singerie, sournoiserie, tromperie. SOUT. simulacre. FAM. cinéma, cirque, finasserie, frime. ▲ANT. RÉALITÉ, VÉRITÉ.

fictionnel *adj.* ▲ANT. FACTUEL.

fidèle *adj.* ▶ *Loyal* – attaché, constant, dévoué, loyal, sûr. ▶ *Fiable* – bon, éprouvé, fiable, solide. FAM. béton. ▶ *Constant* – assidu, constant, continu, intense, intensif, régulier, soutenu, suivi. ▶ *Conforme à l'original* – bon, conforme, exact, juste, précis. ▲ANT. ADULTÈRE, FRIVOLE, INFIDÈLE,

VOLAGE; CAPRICIEUX, FANTASQUE, INCONSTANT, INSTABLE, LUNATIQUE; DÉLOYAL, MALHONNÊTE, PARJURE, TRAÎTRE, VÉREUX; ERRONÉ, FAUTIF, FAUX, INCORRECT, INEXACT, MAUVAIS; DÉFORMÉ, NON CONFORME.

fidèle *n.* ▶ ***Client*** – client, familier, (vieil) habitué. *SOUT.* pratique. *FAM.* abonné. *PÉJ.* pilier. ▶ ***Partisan*** – activiste, adepte, adhérent, allié, ami, apôtre, champion, défenseur, disciple, inconditionnel, militant, partisan, soutien, sympathisant, tenant. *SOUT.* chantre, séide, zélateur. *FAM.* godillot. ▶ ***Croyant*** – croyant. *FIG.* brebis, ouaille. ♦ ***fidèles, plur.*** ▶ ***Ensemble de croyants*** – communauté religieuse. ▲**ANT.** FÉLON, TRAÎTRE; INCROYANT, INFIDÈLE, MÉCRÉANT; INDIFFÉRENT.

fidèlement *adv.* ▶ ***Loyalement*** – docilement, inconditionnellement, indéfectiblement, loyalement, sagement. ▶ ***Exactement*** – à la lettre, conformément, correctement, exactement, religieusement, scrupuleusement, véritablement. ▶ ***Textuellement*** – à la lettre, ad litteram, exactement, littéralement, mot à mot, mot pour mot, sic, textuellement, verbatim. *FAM.* texto. ▲**ANT.** AD LIBITUM, AU CHOIX, LIBREMENT; FAUSSEMENT; INFIDÈLEMENT.

fidéliser *v.* ▲**ANT.** FAIRE FUIR, PERDRE.

fidélité *n.f.* ▶ ***Constance*** – assiduité, attachement, constance, indéfectibilité, ponctualité, régularité. *SOUT.* exactitude. ▶ ***Loyauté*** – allégeance, attachement, confiance, dévouement, foi, loyalisme, loyauté. ▶ ***Obéissance*** – apathie, docilité, malléabilité, obéissance, plasticité, servilité, suggestibilité. *PSYCHOL.* psychoplasticité. ▶ ***Honnêteté*** – conscience, droiture, exactitude, franchise, honnêteté, incorruptibilité, intégrité, irréprochabilité, justice, loyauté, mérite, moralité, netteté, probité, scrupule, sens moral, transparence, vertu. ▶ ***Qualité d'un instrument*** – fiabilité, représentativité. ▲**ANT.** INCONSTANCE, INFIDÉLITÉ, LÉGÈRETÉ; DÉLOYAUTÉ, TRAHISON; DÉSOBÉISSANCE; ERREUR, INEXACTITUDE.

fief *n.m.* ▶ ***Spécialité*** – branche, champ, département, discipline, division, domaine, étude, matière, partie, scène, science, secteur, spécialité, sphère. *FAM.* rayon.

fier *adj.* ▶ ***Orgueilleux*** – fiérot, orgueilleux. ▶ ***Arrogant*** – arrogant, condescendant, dédaigneux, hautain, méprisant, orgueilleux, outrecuidant, pimbêche *(femme)*, pincé, plein de soi, présomptueux, prétentieux, snob, supérieur. *SOUT.* altier, rogue. ▶ ***Vaniteux*** – cabot, cabotin, complaisant, conquérant, content de soi, fat, fiérot, hâbleur, imbu de soi-même, infatué, m'as-tu-vu, orgueilleux, outrecuidant, pédant, pétri d'orgueil, plein de soi-même, présomptueux, prétentieux, qui fait l'important, qui se prend pour quelqu'un, qui se prend pour un autre, rempli de soi-même, suffisant, vain, vaniteux, vantard. *FAM.* chochotte, prétentiard, ramenard. *QUÉB. FAM.* frais, frappé. ▶ ***Content*** – content, fiérot, heureux, satisfait. *FAM.* joice. ▶ ***Noble*** (*SOUT.*) – chevaleresque, généreux, grand, magnanime, noble. ▶ ***Pour renforcer un terme*** – fameux, fieffé, franc, parfait, rude, sale. *FAM.* cré, damné, fichu, maudit, sacré, satané. *QUÉB. FAM.* mautadit, sapré, saudit. ▲**ANT.** HUMBLE, MODESTE, SANS PRÉTENTION, SIMPLE; HONTEUX, MAL À L'AISE, PENAUD, PITEUX, TROUBLÉ; ADORÉ, CHER.

fier (se) *v.* ▶ ***Compter sur qqn*** – compter sur, faire confiance à, faire fond sur, s'en rapporter à, s'en remettre à, se confier à, se livrer à, se reposer sur. ▶ ***Compter sur qqch.*** – compter sur, faire fond sur, s'appuyer sur, spéculer sur, tabler sur. *FAM.* miser sur. ▲**ANT.** SE DÉFIER, SE MÉFIER, SUSPECTER.

fier-à-bras *n.m.* ▶ ***Homme fort*** (*QUÉB.*) – athlète, colosse, costaud, fort des Halles, gaillard, hercule, (homme) fort, puissant. *FAM.* armoire à glace, Tarzan. *FRANCE FAM.* armoire normande, balèze, malabar, mastard. *QUÉB. FAM.* taupin. ▶ ***Batailleur*** (*QUÉB.*) – batailleur, cogneur, combatif, duelliste, querelleur. *FAM.* bagarreur, baroudeur, chamailleur. ▲**ANT.** MODESTE; CAJOLEUR, TENDRE; BON, DOUX.

fièrement *adv.* ▶ ***Orgueilleusement*** – altièrement, arrogamment, dédaigneusement, hautainement, insolemment, la tête haute, orgueilleusement, présomptueusement, prétentieusement, superbement, triomphalement, vaniteusement. ▶ ***Dignement*** – aristocratiquement, augustement, dignement, gravement, honorablement, majestueusement, noblement, princièrement, royalement, solennellement. ▲**ANT.** HONTEUSEMENT; HUMBLEMENT, MODESTEMENT; ADMIRATIVEMENT, ÉLOGIEUSEMENT, FLATTEUSEMENT, IDOLÂTREMENT, LAUDATIVEMENT.

fierté *n.f.* ▶ ***Orgueil*** (*SOUT.*) – amour-propre, arrogance, autosatisfaction, bouffissure, complaisance, contentement (de soi), crânerie, enflure, fatuité, gloriole, hauteur, immodestie, importance, jactance, mégalomanie, morgue, orgueil, ostentation, outrecuidance, parade, pose, présomption, prétention, suffisance, superbe, supériorité, triomphalisme, vanité, vantardise. *SOUT.* infatuation. *FAM.* ego. *QUÉB. FAM.* pétage de bretelles. ▶ ***Honneur*** – bienséance, bon ton, chasteté, convenance, correction, décence, délicatesse, dignité, discrétion, éducation, gravité, honnêteté, honneur, modestie, politesse, propreté, pudeur, quant-à-soi, réserve, respect, retenue, sagesse, sobriété, tact, tenue, vertu. *SOUT.* pudicité. ▲**ANT.** HUMILITÉ, MODESTIE; FAMILIARITÉ, SIMPLICITÉ; DÉPIT, DÉSHONNEUR, HONTE.

fièvre *n.f.* ▶ ***Température corporelle*** – température. *FAM.* fièvre de cheval *(petite)*. *MÉD.* hyperthermie, pyrexie. ▶ ***Impatience*** – avidité, brusquerie, désir, empressement, fougue, hâte, impatience, impétuosité, précipitation, urgence, urgent. ▶ ***Nervosité*** – agitation, effervescence, électrisation, emballement, énervement, étourdissement, exaltation, excitation, fébrilité, griserie, nervosité, stress, surexcitation, tension. *SOUT.* enivrement, éréthisme, exaspération, surtension. ▶ ***Agitation*** – affolement, agitation, bouleversement, brasier, colère, confusion, débridement, déchaînement, désarroi, ébranlement, ébullition, embrasement, émotion, frénésie, mouvement, passion, violence. *SOUT.* émoi, exaltation. *FIG.* dévergondage. ▶ ***Désir*** – ambition, appel, appétit, aspiration, attirance, attrait, besoin, but, convoitise, desideratum, désir, envie, exigence, faim, fantaisie, fantasme, fringale, goût, idéal, intention, jalousie, passion, prétention, quête, recherche, rêve, soif, souhait, tentation, velléité, visée, vœu, voix, volonté. *SOUT.* appétence, dessein, prurit, vouloir. *FAM.* démangeaison. ♦ **les fièvres,** ***plur.*** malaria,

fiévreux

paludisme. *FAM.* palu. ▲**ANT.** APYREXIE; HYPOTHER-
MIE; CALME, FROIDEUR, TIÉDEUR.

fiévreux *adj.* ▶ *Qui a ou indique la fièvre* –
bouillant, brûlant, chaud, fébrile. ▶ *Excité* – agité,
énervé, excité, fébrile, hystérique, impatient, nerveux, surexcité. *FAM.* mordu de la tarentule, piqué de
la tarentule, tout-fou. ▶ *Trépidant* – agité, bouillonnant, délirant, échevelé, effervescent, effréné, fébrile,
frénétique, intense, mouvementé, passionné, trépidant, tumultueux, violent. ▶ *Inquiet* – agité, alarmé,
angoissé, anxieux, appréhensif, en proie à l'inquiétude, énervé, fou d'inquiétude, inquiet, nerveux,
qui s'en fait, qui se fait de la bile, qui se fait du mauvais sang, qui se ronge les sangs, tourmenté, tracassé,
troublé. *FAM.* bileux; *PÉJ.* paniquard. ▲**ANT.** APYRÉTI-
QUE; CALME, DÉTENDU, PLACIDE, SEREIN, TRANQUILLE;
FROID, IMPASSIBLE, INDIFFÉRENT.

figé *adj.* constant, fixe, immobile, inchangé, invariable, invariant, stable, stationnaire, statique.
▲**ANT.** MOBILE, VIVANT.

figer *v.* ▶ *Changer en solide* – cailler, coaguler,
épaissir, gélifier, solidifier. ▶ *Fixer* – cristalliser, fixer,
stabiliser. ▶ *Méduser* – clouer sur place, glacer, immobiliser, méduser, paralyser, pétrifier, statufier, tétaniser. ♦ *se figer* ▶ *Se changer en solide* – durcir,
épaissir, grumeler, prendre, prendre consistance, (se)
coaguler, se grumeler, se solidifier. ▶ *Cesser d'évoluer* – s'atrophier, se fossiliser, se momifier, se scléro-
ser. ▲**ANT.** DÉFIGER, DÉGELER, FLUIDIFIER, FONDRE, LI-
QUÉFIER. △SE FIGER – CHANGER, ÉVOLUER, PROGRESSER.

figurant *n.* ▶ *Acteur au rôle mineur* – utilité.
▶ *Personne sans influence* – baudruche, cire molle,
esclave, fantoche, jouet, mannequin, marionnette,
mouton, pantin, potiche, suiveur, suiviste. *FAM.* béni-
oui-oui. *QUÉB. FAM.* suiveux. ♦ **figurants**, *plur.*
▶ *Ensemble d'acteurs* – figuration. ▲**ANT.** ACTEUR
PRINCIPAL, HÉROS, PREMIER RÔLE, PROTAGONISTE, VE-
DETTE.

figuration *n.f.* ▶ *Représentation* – carte, copie,
dessin, diagramme, fac-similé, image, levé, plan, représentation, reproduction, schéma, symbole, visuel
(en publicité). ▶ *Imitation* – calquage, caricature,
charge, contrefaçon, copiage, décalquage, démarquage, emprunt, émulation, grégarisme, imitation,
mime, mimétisme, moutonnerie, parodie, pastiche,
pillage, plagiat, représentation, servilité, simulation,
singerie, suivisme, travestissement. *DR.* contrefaction. ▶ *Traduction en symboles* – symbolisation.
▲**ANT.** ABSTRACTION, NON-FIGURATION.

figuré *adj.* animé, coloré, expressif, haut en couleur, imagé, métaphorique, pittoresque, savoureux,
truculent, vivant. *FAM.* folklorique, jazzé.

figure *n.f.* ▶ *Procédé linguistique* – figure (de)
rhétorique, figure de style, trope *(lexical)*. ▶ *Carte*
– haute carte, honneur, tête. ▶ *Personnage important* – fort, grand, notabilité, notable, personnage,
personnalité, puissant. ▶ *Symbole* – allégorie, attribut, chiffre, devise, drapeau, effigie, emblème, icône,
image, incarnation, insigne, livrée, logo, logotype,
marque, notation, personnification, représentation,
signe, symbole, type. ▶ *Mouvements* – allure, enjambée, foulée, marche, pas. ▶ *Visage* – face, minois,
physionomie, tête, traits, visage. ▶ *Mine* – air, allure,

apparence, aspect, caractère, configuration, couleur,
couvert, dehors, éclairage, expression, extérieur, façade, faciès, forme, formule, impression, jour, masque, mine, paraître, perspective, physionomie, plastique *(en art)*, portrait, présentation, profil, ressemblance, semblant, surface, ton, tour, tournure, traits,
vernis, visage. *SOUT.* enveloppe, superficie. ▶ *Ornement* – accessoire, agrément, décor, décoration, détail, enjolivement, enjolivure, enrichissement, fioriture, garniture, ornement, ornementation, parure.
FAM. affiquet, affûtiaux. ♦ **figures**, *plur.* ▶ *Ensemble de mouvements* – chorégraphie, danse.

figurer *v.* ▶ *Représenter* – désigner, évoquer, exprimer, incarner, matérialiser, représenter, signifier,
symboliser. ▶ *Assister* – assister à, être de, participer à, prendre part à. ♦ **se figurer** ▶ *Se représenter
mentalement* – concevoir, (s')imaginer, se faire une
idée de, se représenter, visualiser, voir. *PSYCHOL.* mentaliser. ▶ *Croire* – croire, penser, s'imaginer.

fil *n.m.* ▶ *Conducteur électrique* – câble. ▶ *Fil
de l'araignée* – fil de la Vierge, fil (d'araignée). ▶ *Filament* – brin, fibre, filament. ▶ *Constituant* (*FIG.*)
– composant, composante, constituant, élément
(constitutif), fragment, ingrédient, membre, module,
morceau, organe, partie, pièce, principe, unité. *FIG.*
brique, pierre, rouage. ▶ *Téléphone* (*FAM.*) – appareil téléphonique, téléphone. *FAM.* bigophone, tube.
FRANCE FAM. grelot. ▶ *Direction* – courant, cours,
fil (de l'eau), flot, rapide, saut. ▶ *Enchaînement* –
chemin, courant, cours, direction, évolution, mouvance, mouvement, orientation, tendance, virage.
SOUT. voie. ▶ *Progression* – cheminement, cours,
déroulement, développement, devenir, évolution,
marche, progrès, progression, suite. ▶ *Côté coupant*
– coupant, découpoir, feuilletis, taille, tranchant.
▲**ANT.** DOS *(lame)*; POINTE.

filaire *adj.* ▲**ANT.** SANS FIL *(télécommunication)*.

file *n.f.* ▶ *Série* – alignement, chaîne, chapelet, colonne, combinaison, consécution, cordon, enchaînement, enfilade, énumération, gamme, guirlande,
ligne, liste, rang, rangée, séquence, série, succession, suite, tissu, travée. ▶ *Procession* – cérémonie,
colonne, convoi, cortège, défilade, défilé, marche,
noce, noria, pardon, pèlerinage, procession, queue,
suite, théorie, va-et-vient. ▶ *Voie* – bande, voie (de
circulation).

filer *v.* ▶ *Aller vite* – *FAM.* filocher. *FRANCE FAM.* chérer. ▶ *Conduire vite* – foncer. *FAM.* brûler le pavé,
droper, gazer, rouler (à) pleins gaz. *FRANCE FAM.* bomber, bourrer. ▶ *Fuir* (*FAM.*) – fuir, prendre la clé des
champs, prendre la fuite, s'enfuir, se sauver. *SOUT.*
s'envoler. *FAM.* calter, caner, débarrasser le plancher, décamper, décaniller, déguerpir, détaler, droper, ficher le camp, foutre le camp, prendre la poudre d'escampette, prendre le large, s'esbigner, se barrer, se carapater, se casser, se cavaler, se débiner, se
faire la malle, se faire la paire, se faire la valise, se
tailler, se tirer, se tirer des flûtes, trisser. *QUÉB. FAM.* sacrer le camp, sacrer son camp, se pousser. ▶ *S'évader* – s'échapper, s'enfuir, s'évader, se sauver. *FRANCE
FAM.* se faire la belle. ▶ *Couler en filets* – dégouliner.
FAM. dégouttiner. ▶ *En parlant du temps* (*FAM.*) – fuir, passer, s'enfuir, s'envoler. ▶ *En parlant d'un bas* – se démailler.
▶ *Prendre en filature* – pister, prendre en filature,

suivre. *FRANCE FAM.* filocher. ▶ *Donner* (*FAM.*) – donner, passer. *FAM.* refiler, repasser. ▶ *Infliger* (*FAM.*) – assener, donner, infliger, porter. *FAM.* administrer, allonger, coller, ficher, flanquer, foutre. *QUÉB. FAM.* sacrer. ▲**ANT.** DEMEURER, PIÉTINER, RESTER, STAGNER; ACCOURIR.

filet *n. m.* ▶ *Guet-apens* – attrape, attrape-nigaud, chausse-trappe, embuscade, guêpier, guet-apens, leurre, piège, ruse, traquenard, tromperie. *SOUT.* duperie, rets. ▶ *Réseau de fils* – lacis. ▶ *Coiffure* – filet (à cheveux), résille. *ANTIQ.* réticule. ▶ *Viande* ▶ *Filet de volaille* – aiguillette, blanc, magret. ▶ *Poisson* – goujonnette. ▶ *Surface anatomique* – frein. ▶ *Partie d'une vis* – filetage, taraudage. ▶ *Petite quantité* – arrière-goût, atome, bouchée, brin, doigt, goutte, gouttelette, grain, larme, lueur, miette, nuage, once, paille, parcelle, peu, pincée, pointe, relent, restant, reste, rien, soupçon, tantinet, teinte, touche, trace, trait, zeste. *FAM.* chouia.

filial *adj.* ▲**ANT.** PARENTAL; MATERNEL; PATERNEL.

filiale *n. f.* ▶ *Annexe* – annexe, attenance, dépendance, succursale. ▲**ANT.** MAISON MÈRE, SIÈGE, SOCIÉTÉ MÈRE.

filiation *n. f.* ▶ *Descendance* – agnation, alliance, arbre généalogique, ascendance, ascendants, branche, cognation, consanguinité, cousinage, degré, descendance, descendants, dynastie, extraction, famille, fratrie, généalogie, génération, hérédité, lignage, ligne, ligne ascendante, lignée, maison, matriarcat, matrilignage, matrilinéarité, origine, parentage, parenté, parentèle, patriarcat, patrilignage, patrilinéarité, postérité, primogéniture, quartier (de noblesse), race, sang, souche. ▶ *Lien* – association, connexion, connexité, corrélation, correspondance, dépendance, interaction, interdépendance, interrelation, liaison, lien, lien causal, rapport, rapprochement, relation, relation de cause à effet. *FIG.* pont.

fille *n. f.* ▶ *Personne de sexe féminin* – femme. ▶ *Fillette* – fillette, petite fille. ▶ *Adolescente* – adolescente, demoiselle, jeune, jeune femme, jeune fille, midinette, mineure, miss (*pays anglo-saxons*), préadolescente. *SOUT.* impubère, pucelle (*vierge*). ▶ *Conséquence* (*SOUT.*) – action, conclusion, conséquence, contrecoup, corollaire, développement, effet, efficacité, fonction, fruit, impact, implication, incidence, jeu, juste retour des choses, œuvre, portée, prolongement, réaction, rejaillissement, répercussion, résultante, résultat, retentissement, retombées, ricochet, séquelle, suite (logique). *SOUT.* aboutissant, efficace. ▲**ANT.** GARÇON; FILS; PARENT.

fillette *n. f.* ▶ *Petite fille* – fille, petite fille. ▲**ANT.** GARÇONNET.

film *n. m.* ▶ *Pellicule photo* – bande, pellicule. ▶ *Œuvre* – œuvre cinématographique, production. ▶ *Mauvais FAM.* navet. *FRANCE FAM.* nanar. ▶ *Art* – art cinématographique, cinéma, cinématographie, grand écran, septième art. *FAM.* ciné. *FRANCE FAM.* cinoche. ▶ *Revêtement* – couche, feuil, glacis. ♦ *films, plur.* ▶ *Ensemble d'œuvres* – série de films; cinéma de films, collection de films; rétrospective; le cinéma.

fils *n. m.* ▶ *Descendant mâle* – *FAM.* fiston. *QUÉB. FAM.* garçon. ▶ *Successeur* (*FIG.*) – ayant cause,

continuateur, dauphin, enfant, héritier, remplaçant, successeur, successible. *SOUT.* épigone, hoir. ▲**ANT.** FILLE; PARENT.

filtre *n. m.* ▶ *Partie de cigarette* – bout filtre, dénicotiniseur. ▶ *Censure* – autocensure, bâillonnement, boycottage, caviardage, censure, contrôle, exclusive, imprimatur, interdiction, (mise à l')index, muselage, musellement, mutilation, veto. *FIG.* bâillon, muselière. *FAM.* anastasie. *RELIG.* interdit, monition, suspense, tabouisation. ▶ *Écumoire* – blanchet (*liquide épais*), chausse (*liquide épais*), chaussette (*café*), chinois, écumoire, étamine, passe-thé (*thé*), passette, passoire, sas. *QUÉB. FAM.* couloir. *TECHN.* crapaudine, crépine, filtre-presse, pommelle, purgeoir (*eau de source*).

filtrer *v.* ▶ *Passer au tamis* – bluter (*farine*), cribler, passer, sasser, tamiser, trier. ▶ *Clarifier un liquide* – clarifier, coller (*vin*), décanter, déféquer, dépurer, épurer, passer, purifier, sasser, soutirer, tirer au clair. ▶ *Atténuer la lumière* – adoucir, atténuer, tamiser, voiler. ▶ *Couler* – passer, percoler. ▶ *S'ébruiter* – paraître au jour, s'ébruiter, se savoir, transpirer. ▲**ANT.** LAISSER PASSER; ÉPAISSIR, TROUBLER; CORROMPRE, GÂTER, VICIER.

fin *adj.* ▶ *Raffiné* – délicat, exquis, raffiné, recherché, subtil. ▶ *Spirituel* – brillant, malicieux, pétillant, piquant, plein d'esprit, spirituel, subtil, vif. ▶ *Perspicace* – aigu, clairvoyant, lucide, lumineux, pénétrant, perçant, perspicace, profond, psychologue, qui voit loin, sagace, subtil. ▶ *Doué* – à la hauteur, adroit, bon, brillant, capable, chevronné, compétent, connaisseur, d'élite, de haut vol, de haute volée, de talent, doué, émérite, entraîné, exercé, expérimenté, expert, ferré, fort, habile, inspiré, passé maître, performant, qualifié, qui s'y connaît, talentueux, versé. *SOUT.* entendu à, industrieux, rompu à. *FAM.* calé, qui a la bosse de, qui sait y faire. *FRANCE FAM.* balèze, costaud, fortiche, incollable, trapu. *QUÉB.* connaisant; *FAM.* bollé. ▶ *Astucieux* – adroit, astucieux, déluré, finaud, futé, habile, ingénieux, intelligent, inventif, malin, qui a plus d'un tour dans son sac, rusé. *FAM.* débrouillard, dégourdi. *FRANCE FAM.* dessalé, fortiche, fute-fute, mariol, sioux. *QUÉB. FAM.* fin finaud. ▶ *Sage* – adroit, averti, avisé, circonspect, éclairé, habile, prudent, réfléchi, sagace, sage. ▶ *Gentil* (*QUÉB. FAM.*) – aimable, attentif, attentionné, aux petits soins, complaisant, délicat, dévoué, diligent, empressé, gentil, obligeant, prévenant, secourable, serviable, zélé. *FAM.* chic, chou. *BELG. FAM.* amitieux. ▶ *Qui se termine en pointe* – aigu, effilé, pointu. *BOT.* aciculaire, acuminé, subulé. ▶ *Mince et allongé* – délié, élancé, étroit, filiforme, ténu. ▶ *Au physique délicat* – délicat, délié, élancé, filiforme, fluet, frêle, gracile, grêle, léger, long, longiligne, maigre, mince, svelte. *QUÉB. FAM.* feluette. ▲**ANT.** GROS; BRUT, IMPUR; ÉPAIS, LOURD; FRUSTE, INCULTE, RUSTAUD; GAUCHE, INCAPABLE, MALADROIT, MALHABILE; DISTANT, FROID, INDIFFÉRENT, RÉSERVÉ; DISCOURTOIS, GOUJAT, GROSSIER, IMPERTINENT, IMPOLI, INDÉLICAT, MAL ÉLEVÉ, RUSTRE; ARRONDI; LARGE, VOLUMINEUX; GRAS, MASSIF, OBÈSE.

fin *n. f.* ▶ *Extrémité* – aboutissement, bord, bordure, borne, bout, cap, confins, délimitation, extrême, extrémité, finitude, frange, frontière, ligne, limite, lisière, orée, pied, pointe, pôle, queue, talon, terme, terminaison, tête. ▶ *Dernière fraction* – épilogue, finale. *SOUT.* crépuscule. ▶ *Aboutissement* – aboutissement, accomplissement, achèvement, apothéose, but, chute, complémentation, complètement, complétude, conclusion, consécration, consommation, couronnement, dénouement, exécution, finition, fruit, issue, produit, réalisation, règlement, résolution, résultat, sortie, terme, terminaison. *SOUT.* aboutissant. *PHILOS.* entéléchie. ▶ *Échéance* – (date) butoir, date de péremption *(denrées)*, échéance, expiration, terme, tombée. ▶ *Anéantissement* – absorption, anéantissement, annihilation, démolition, destruction, dévastation, disparition, effacement, élimination, enlèvement, éradication, gommage, liquidation, mort, néantisation, suppression. *SOUT.* extirpation. ▶ *Mort* – décès, disparition, extinction, mort, perte. *FIG.* départ, dernier repos, dernier sommeil, dernier soupir, grand voyage, sépulture, sommeil éternel, tombe, tombeau. *SOUT.* la Camarde, la Faucheuse, la Parque, trépas. *FRANCE FAM.* crevaison, crève. ▶ *But* – ambition, but, cause, cible, considération, destination, finalité, intention, mission, mobile, motif, objectif, objet, point de mire, pourquoi, prétexte, raison, raison d'être, sens, visée. *SOUT.* propos. ▲ANT. COMMENCEMENT, DÉBUT; NAISSANCE; DÉPART, ORIGINE, SOURCE.

final *adj.* ▶ *Dernier* – dernier, extrême, suprême, terminal, ultime. ▶ *Irrévocable* – arrêté, définitif, irrévocable, sans appel. ▲ANT. INITIAL.

finalement *adv.* à la fin, à la fin du compte, à tout prendre, après tout, au bout du compte, au dernier moment, bref, décidément, en conclusion, en définitive, en dernier, en dernier lieu, en dernière analyse, en fin de compte, en somme, enfin, pour conclure, pour (en) finir, somme toute, tout bien considéré, tout bien pesé, tout bien réfléchi, tout compte fait, (toute) réflexion faite, ultimo. *FAM.* à la fin des fins. ▲ANT. D'ABORD, PREMIÈREMENT.

finalité *n. f.* ▶ *But* – ambition, but, cause, cible, considération, destination, fin, intention, mission, mobile, motif, objectif, objet, point de mire, pourquoi, prétexte, raison, raison d'être, sens, visée. *SOUT.* propos. ▶ *Détermination* – causalisme, causalité, causation, détermination, déterminisme, effectualité, efficacité, efficience, lien causal, lien de cause à effet, relation causale, relation de cause à effet. ▲ANT. ORIGINE.

finance *n. f.* ▶ *Commerce* – activité commerciale, affaires, circulation, commerce, commercialisation, distribution, échange, marché, négoce, opérations (commerciales), traite, transactions, troc, vente. ♦ **finances**, *plur.* ▶ *Gestion* – trésor, trésorerie. ▶ *Ressources* (*FAM.*) – argent, avoir, bien, capital, cassette, épargne, fonds, fortune, fruit, gain, investissement, liquidités, masse, numéraire, patrimoine, pécule, placement, portefeuille, possession, produit, propriété, richesse, trésor, valeur. *SOUT.* deniers. *FAM.* magot.

financier *adj.* ▶ *Qui concerne l'argent* – économique, monétaire, pécuniaire.

financier *n.* ▶ *Homme d'affaires* – banquier, homme d'affaires, manieur d'argent. *SOUT.* faiseur *(peu scrupuleux)*. ▶ *Riche* – crésus, heureux,

milliardaire, millionnaire, multimilliardaire, multimillionnaire, nabab, nanti, ploutocrate, privilégié, rentier, riche. *SOUT.* satrape. *FRANCE FAM.* rupin. *ANC.* milord. ♦ **financiers**, *plur.* ▶ *Ensemble de personnes* – gens d'affaires, monde de la finance.

finement *adv.* ▶ *Délicatement* – délicatement, faiblement, fragilement, précairement, sensiblement, subtilement. ▶ *Subtilement* – adroitement, astucieusement, avec brio, avec compétence, avec éclat, bien, brillamment, de main de maître, ex professo, expertement, génialement, habilement, industrieusement, ingénieusement, intelligemment, judicieusement, lucidement, magistralement, pertinemment, professionnellement, savamment, sensément, spirituellement, subtilement, talentueusement, vivement. ▲ANT. GROSSIÈREMENT.

finesse *n. f.* ▶ *Douceur* – délicatesse, douceur, fraîcheur, légèreté, modération, moelleux, mollesse, onctuosité, quiétude, suavité, tranquillité, velouté. *FIG.* soie. ▶ *Délicatesse* – délicatesse, étroitesse, fragilité, gracilité, légèreté, minceur, petitesse, sveltesse. *SOUT.* ténuité. ▶ *Raffinement* – détail, perfectionnement, précision, raffinement, recherche, sophistication, stylisme, subtilité. ▶ *Sagacité* – acuité, clairvoyance, discernement, fin, flair, habileté, intuition, jugement, lucidité, pénétration, perspicacité, sagacité, sensibilité, subtilité. *FAM.* nez. ▶ *Diplomatie* – adresse, circonspection, diplomatie, doigté, habileté, souplesse, tact. ▶ *Ruse* – adresse, débrouillardise, habileté, ingéniosité, ruse. *SOUT.* cautèle, industrie. *FAM.* système D, système débrouille. *QUÉB. ACADIE FAM.* jarnigoine. *QUÉB. FAM.* cocologie. *SOUT.* matoiserie. ▶ *Stratégie* – adresse, calcul, diplomatie, habileté, ligne de conduite, manège, négociation, patience, prudence, ruse, sagesse, savoir-faire, souplesse, stratégie, tactique, temporisation, tractation. ▶ *Raisonnement pointilleux* – argutie, byzantinisme, casuistique, chicane, distinguo, élucubration, ergotage, ergoterie, formalisme, logomachie, scolastique, subtilité. *SOUT.* ratiocination, sophistique. *FAM.* chinoiserie, chipotage, pinaillage. ▲ANT. ÉPAISSEUR, GROSSIÈRETÉ, RUDESSE; BÊTISE, STUPIDITÉ; BALOURDISE, MALADRESSE.

fini *adj.* ▶ *Inutilisable* (*QUÉB. FAM.*) – inutilisable, irrécupérable, irréparable, mort, perdu. *FAM.* fichu, foutu, kaput. ▶ *Perdu* – perdu. *FAM.* cuit, fichu, flambé, foutu. *QUÉB. FAM.* fait.

fini *n. m.* achèvement, consommation, couronnement, épanouissement, excellence, fleur, maturité, meilleur, parachèvement, perfection, plénitude, précellence. *PHILOS.* entéléchie. ▲ANT. IMPERFECTION, INACHÈVEMENT.

finir *v.* ▶ *Mener à sa fin* – accomplir, achever, clore, mener à bien, mener à (bon) terme, mener à bonne fin, réussir, terminer. *SOUT.* consommer. *FAM.* boucler. ▶ *Mettre la dernière main* – achever, compléter, conclure, mettre au point, mettre la dernière main à, parachever, régler les derniers détails de, terminer. ▶ *Mener à sa perfection* – ciseler, fignoler, lécher, parachever, parfaire, peaufiner, perfectionner, polir, raffiner, soigner. ▶ *Boire en entier* – vider. *FAM.* nettoyer, sécher. ▶ *Constituer le dernier élément* – clore, clôturer, conclure, fermer, terminer. ▶ *Prendre fin* – prendre fin, s'achever, se terminer. ▶ *Mourir*

(*PAR EUPHÉM.*) – décéder, être emporté, être tué, expirer, mourir, perdre la vie, périr, s'éteindre, succomber, trouver la mort. *SOUT.* exhaler le dernier soupir, passer de vie à trépas, payer tribut à la nature, rendre l'âme, rendre l'esprit, rendre le dernier soupir, rendre son dernier souffle, trépasser. *PAR EUPHÉM.* avoir vécu, disparaître, faire le grand voyage, fermer les paupières, fermer les yeux, monter au ciel, paraître devant Dieu, partir, passer, passer dans l'autre monde, quitter ce (bas) monde, s'effacer, s'en aller, s'endormir. *FAM.* aller ad patres, aller chez les taupes, avaler sa chique, avaler son acte de naissance, boire le bouillon d'onze heures, calancher, caner, casser sa pipe, clamser, claquer, crever, décoller son billard, dévisser son billard, faire couic, passer l'arme à gauche, perdre le goût du pain, rester sur le carreau, s'endormir du sommeil de la tombe, sortir les pieds devant, y rester. *FRANCE FAM.* claboter. *QUÉB. FAM.* lever les pattes, péter au fret. ▶ *S'anéantir* – crouler, disparaître, mourir, périr, s'anéantir, s'écrouler, s'effondrer. ▶ *Avoir tel dénouement* – aboutir, se solder, se terminer. ▲**ANT.** COMMENCER, DÉCLENCHER, ÉBAUCHER, ENGAGER, ENTAMER, ENTREPRENDRE; DÉBUTER, NAÎTRE.

finissant *adj.* ▲**ANT.** COMMENÇANT.

fiole *n. f.* ▶ *Flacon* – ampoule, burette, flacon, flasque, mignonnette *(échantillon d'alcool)*, topette.

firme *n. f.* ▶ *Entreprise* – affaire, bureau, compagnie, entreprise, établissement, exploitation, industrie, institution, société. *FAM.* boîte, boutique. *FRANCE FAM.* burlingue.

fissure *n. f.* ▶ *Fente* – brèche, brisure, cassure, craquelure, crevasse, déchirure, ébréchure, écornure, fêlure, fendillement, fente, fuite, gerçure, lézarde. *QUÉB. FAM.* craque. *TECHN.* crique, étonnement, gerce. *DIDACT.* gélivure. *GÉOGR.* rimaye. *GÉOL.* diaclase. ▶ *Point faible* – aléa, charge, contre, danger, défaut, déplaisir, dérangement, désagrément, désavantage, difficulté, écueil, embarras, empêchement, ennui, gêne, handicap, incommodité, inconfort, inconvénient, mauvais côté, objection, obstacle, point faible, risque, trouble. *SOUT.* importunité. ▲**ANT.** COLMATAGE, SOUDURE.

fixation *n. f.* ▶ *Action de fixer* – amarrage, ancrage, arrimage, attache, calage, crampon, encartage *(sur une carte)*, épinglage, établissement, ferrement, fixage, goupillage, implantation, scellement. *TECHN.* dudgeonnage *(un tube dans une plaque)*, embrelage *(chargement d'une voiture)*. ▶ *Affermissement* – affermissement, amélioration, ancrage, cimentation, consolidation, durcissement, enracinement, fortification, garantie, protection, radicalisation, raffermissement, raidissement, renforçage, renforcement, renfort, rigidification, scellement, stabilisation. *SOUT.* roidissement. ▶ *Détermination* – détermination, limitation, numerus clausus, réglementation, stabilisation. ▶ *Séjour au même endroit* – enracinement, sédentarisation. ▶ *Obsession* – idée fixe, maladie, maniaquerie, manie, obsession. *PSYCHOL.* centration. *FAM.* fixette. ▲**ANT.** ARRACHEMENT, DÉRACINEMENT, EXTIRPATION; DÉPLACEMENT, DÉTOURNEMENT; ÉBRANLEMENT; DÉTACHEMENT, INDIFFÉRENCE; CAPRICE, LÉGÈRETÉ.

fixé *adj.* convenu, décidé, dit, entendu.

fixe *adj.* ▶ *Fixé* – fixé, immobile. *TECHN.* dormant. ▶ *Invariable* – constant, figé, immobile, inchangé, invariable, invariant, stable, stationnaire, statique. ▶ *En parlant d'une couleur* – bon teint, grand teint, inaltérable. ▲**ANT.** MOBILE, VARIABLE; AMOVIBLE, DÉTACHABLE; ADAPTABLE, AJUSTABLE, MODIFIABLE, MODULABLE; ÉLASTIQUE, SOUPLE; CHANGEANT, FLOTTANT, FLUCTUANT.

fixement *adv.* durablement, immuablement, inaltérablement, invariablement, passivement, sédentairement, statiquement. ▲**ANT.** TEMPORAIREMENT, VARIABLEMENT.

fixer *v.* ▶ *Maintenir en place* – maintenir, retenir, tenir. ▶ *À l'aide de liens* – amarrer, arrimer, assujettir, assurer, attacher, bloquer, immobiliser, retenir, river. ▶ *Apposer* – appliquer, apposer, mettre, poser. ▶ *Décider* – arrêter, assigner, décider, déterminer, établir, régler. ▶ *Figer* – cristalliser, figer, stabiliser. ▶ *Définir* – caractériser, cerner, cibler, définir, délimiter, déterminer, établir. ▶ *Regarder avec attention* – arrêter son regard sur, attacher son regard sur, braquer les yeux sur, considérer, contempler, dévisager *(une personne)*, examiner, fouiller du regard, observer, regarder, scruter. *FAM.* gaffer, viser, zieuter. ▶ *Rendre sédentaire* – sédentariser. ▶ *Être apathique (QUÉB. FAM.)* – être apathique. *FAM.* comater, être dans les vapes, être légume, être zombie. ◆ **se fixer** ▶ *S'établir dans un milieu* – s'établir, s'implanter, s'installer. ▲**ANT.** DÉPLACER, DÉTACHER, DÉVISSER; BOULEVERSER, DÉRÉGLER, ÉBRANLER; DÉCONCENTRER, DÉTOURNER, DISTRAIRE. △**SE FIXER** – CHANGER, ERRER; HÉSITER.

flacon *n. m.* ampoule, burette, fiole, flasque, mignonnette *(échantillon d'alcool)*, topette.

flagrant *adj.* apparent, aveuglant, certain, clair, cousu de fil blanc, criant, éclatant, évident, frappant, hurlant (de vérité), incontestable, manifeste, patent, qui coule de source, qui crève les yeux, qui saute aux yeux, qui se voit comme le nez au milieu du visage, qui tombe sous le sens, qui va de soi, qui va sans dire, visible. ▲**ANT.** DOUTEUX, ÉQUIVOQUE, INCERTAIN, MITIGÉ, VAGUE; CACHÉ, DISSIMULÉ, LATENT.

flair *n. m.* ▶ *Odorat* – odorat, olfaction. ▶ *Sagacité* – acuité, clairvoyance, discernement, fin, finesse, habileté, intuition, jugement, lucidité, pénétration, perspicacité, sagacité, sensibilité, subtilité. *FAM.* nez. ▶ *Intuition* – anticipation, divination, impression, instinct, intuition, précognition, prédiction, prémonition, prénotion, prescience, pressentiment, prévision, sentiment, voyance. *FAM.* pif, pifomètre. ▲**ANT.** AVEUGLEMENT, STUPIDITÉ.

flairer *v.* ▶ *Humer* – humer, renifler, respirer, sentir, subodorer. *CHASSE* éventer, halener. ▶ *Deviner* – avoir conscience de, deviner, entrevoir, pressentir, se douter, sentir, soupçonner. *FAM.* subodorer.

flambé *adj.* ▶ *Perdu (FAM.)* – fini, perdu. *FAM.* cuit, fichu, foutu. *QUÉB. FAM.* fait.

flambeau *n. m.* ▶ *Bâton enflammé* – torche. ▶ *Chandelier* – candélabre, chandelier, girandole, torchère. ▶ *Idéal (SOUT.)* – guide.

flamber *v.* ▶ *Dilapider (FAM.)* – dévorer, dilapider, dissiper, engloutir, engouffrer, gaspiller, manger, prodiguer. *FAM.* claquer, croquer, griller. *QUÉB. FAM.* flauber. ▶ *Jeter des flammes* – brûler, être la proie des flammes, flamboyer, jeter des flammes. ▸ *Répandre une vive lumière* (SOUT.) – briller, étinceler, irradier, rayonner, resplendir, ruisseler de lumière. SOUT. briller de mille feux, jeter des feux. ▲ANT. ÉCONOMISER ; S'ÉTEINDRE.

flamboyant *adj.* ▸ *Qui brille* – brasillant, brillant, éclatant, étincelant, incandescent, luisant, miroitant, papillotant, reluisant, rutilant, scintillant. ▸ *Qui rappelle la couleur du feu* – ardent, de feu, rouge feu, rougeâtre, rougeoyant, rutilant. ▲ANT. BLAFARD, ÉTEINT, MAT, PÂLE, TERNE.

flamme *n. f.* ▸ *Phénomène* – feu, langue de feu. TECHN. veilleuse. ▸ *Banderole* – banderole, bandière, bannière, baucent (*ordre du Temple*), calicot, cornette, couleurs, drapeau, étendard, fanion, gonfalon, guidon, oriflamme, pavillon (*marine*), pavois (*marine*), pennon, tanka (*religieux*). SOUT. enseigne. ANTIQ. vexille. ▸ *Marque* – cachet, contrôle, empreinte, estampille, frappe, griffe, insculpation, label, marque, oblitération, plomb, poinçon, sceau, tampon, timbre. QUÉB. FAM. étampe. ▸ *Ampoule* – ampoule (électrique), lampe (à) halogène, lampe (à incandescence), (lampe) flamme, veilleuse. FAM. lumière. ♦ **flamme**, *sing.* ▸ *Éclat* – clair, clair-obscur, clarté, contre-jour, demi-jour, éclair, éclairage, éclat, embrasement, flamboiement, halo, illumination, jour, lueur, lumière, pénombre, soleil. SOUT. nitescence, splendeur. ▸ *Enthousiasme* – allant, animation, ardeur, chaleur, cœur, élan, enthousiasme, entrain, ferveur, passion, zèle. SOUT. feu. ♦ **flammes**, *plur.* brûlage, brûlement, calcination, carbonisation, combustion, feu, flambage, grillage, ignescence, ignition, incandescence, incinération, torréfaction. SOUT. consomption. ▲ANT. △FLAMME, *sing.* – FROIDEUR, INDIFFÉRENCE, TIÉDEUR.

flanc *n. m.* ▸ *Partie latérale du corps* – ceinture, hanche, taille. ANAT. articulation coxo-fémorale. ▸ *Partie latérale d'une chose* – bord, chant, côté, face, facette, pan, paroi, profil, surface, tranche. MAR. travers. ▸ *Entrailles* – ventre. SOUT. entrailles, sein. ANAT. cavité utérine, utérus. ▸ *Détachement* – aile, détachement, flanc-garde. ▲ANT. CENTRE, MILIEU.

flâner *v.* ▸ *Se promener* – badauder, déambuler, errer, rôder, (se) baguenauder, se balader, se promener, traînailler, traînasser, traîner, vagabonder. SOUT. battre le pavé, divaguer, vaguer. FAM. vadrouiller, zoner. ACADIE FAM. gaboter. BELG. FAM. baligander, balziner. ▸ *S'attarder* – être lent à, être long à, mettre du temps à, musarder, prendre tout son temps, s'attarder, tarder, traînailler, traînasser, traîner. FAM. lambiner, lanterner. QUÉB. FAM. bretter, gosser, placoter. SUISSE FAM. pétouiller. ▸ *Perdre son temps* – fainéanter, musarder, muser, ne rien faire de ses dix doigts, paresser, perdre son temps, rêvasser, traînasser, traîner. FAM. avoir la flemme, buller, coincer la bulle, farnienter, flemmarder, glander, glandouiller, gober des mouches, peigner la girafe, se les rouler, se tourner les pouces, tirer au flanc, tirer sa flemme. FRANCE FAM. clampiner. QUÉB. FAM. bisouner, niaiser, taponner, téter, vacher. BELG. FAM. bourdonner. ▲ANT. COURIR, SE HÂTER ; S'ACTIVER, TRAVAILLER.

flaque *n. f.* mare. SOUT. lac. QUÉB. FAM. plaquard. SUISSE gouille.

flasque *adj.* ▸ *Qui manque de tonus* – lâche, laxe, mollasse, mou, relâché. ▸ *Qui a perdu sa forme* – amolli, avachi, déformé. ▲ANT. DUR, FERME, RAIDE, TENDU ; EN FORME, VIGOUREUX.

flatter *v.* ▸ *Caresser un animal* – caresser. QUÉB. FAM. minoucher. ▸ *Louer exagérément pour plaire* – amadouer, courtiser, faire du plat à, flagorner, peloter. FAM. cirer les bottes de, faire de la lèche à, lécher les bottes de, passer (de) la pommade à. QUÉB. FAM. minoucher. ▸ *Faire paraître plus beau* – avantager, embellir. ♦ **se flatter** ▸ *Se vanter* – faire grand cas, s'enorgueillir, s'honorer, se faire gloire, se faire honneur, se glorifier, se piquer, se prévaloir, se rengorger, se targuer, se vanter, tirer gloire, tirer vanité. ▸ *Prétendre* – avoir la prétention, prétendre, se faire fort, se piquer, se prévaloir, se vanter. ▲ANT. BATTRE, BLESSER, BRUSQUER, MALMENER ; BLÂMER, CRITIQUER ; ENLAIDIR. △SE FLATTER – SE REPROCHER.

flatterie *n. f.* ▸ *Servilité* – adulation, approbativité, (basse) flatterie, bassesse, cajolerie, complaisance, compromission, courbette, flagornerie, obséquiosité, platitude, servilité. SOUT. blandice. FAM. à-plat-ventrisme, léchage (de bottes), lèche, mamours. QUÉB. FAM. lichage, tétage. ▲ANT. DÉDAIN, MÉPRIS ; BLÂME, CRITIQUE ; CALOMNIE.

flatteur *adj.* ▸ *Qui témoigne de l'admiration* – admiratif, élogieux, louangeur, qui ne tarit pas d'éloges. SOUT. apologétique, apologique, dithyrambique, glorificateur, hagiographique, laudatif. ▸ *Qui flatte avec excès* – adulateur, complaisant, complimenteur, courtisan, flagorneur, obséquieux. ▸ *Qui avantage qqn* – avantageux, favorable, seyant. ▲ANT. CALOMNIATEUR, DÉNIGRANT, DIFFAMATOIRE, INFAMANT, MÉPRISANT ; DÉFAVORABLE, DÉSAVANTAGEUX, DOMMAGEABLE, NUISIBLE, PRÉJUDICIABLE.

flatteur *n.* acclamateur, admirateur, adorateur, adulateur, apologiste, caudataire, complaisant, complimenteur, courtisan, dithyrambiste, patelin, valet. SOUT. applaudisseur, approbateur, glorificateur, laquais, laudateur, thuriféraire. ▲ANT. CRITIQUE, DÉNIGREUR ; CALOMNIATEUR.

flatulence *n. f.* ▸ *Accumulation d'air* – ballonnement, météorisation, météorisme.

fléau *n. m.* apocalypse, bouleversement, calamité, cataclysme, catastrophe, chaos, désastre, drame, malheur, néant, ruine, sinistre, tragédie. FIG. précipice, ulcère. SOUT. abîme. FAM. cata. ▲ANT. BIENFAIT.

flèche *n. f.* ▸ *Raillerie* – dérision, épigramme, esprit, goguenardise, gouaille, gouaillerie, humour, ironie, lazzi, malice, moquerie, persiflage, pique, plaisanterie, pointe, quolibet, raillerie, ricanement, risée, sarcasme, satire, taquinerie, trait. SOUT. brocard, nargue, saillie. FAM. vanne. QUÉB. FAM. craque. QUÉB. SUISSE FAM. fion. ▸ *Construction pointue* – aiguille, obélisque. ▸ *Partie de charrette* – timon. ▸ *Pièce de lard* – lard de poitrine, lard maigre, lard, lardon, petit salé, salé. ▸ *Personne intelligente* (FAM.) – as, bonne lame, cerveau, esprit supérieur, fine lame, intelligence. SOUT. phénix. FAM. aigle, grosse tête, lumière, tête d'œuf. QUÉB. FAM. bolle, bollé. ♦ **flèches**, *plur.* ▸ *Ensemble de signes* – fléchage. ▲ANT. COMPLIMENT, ÉLOGE, FLEUR.

fléchir v. ▸ *Infléchir* – courber, infléchir, plier, recourber. ▸ *Courber sous un poids* – arquer, faiblir, plier, ployer. ▸ *Se courber sous un poids* – arquer, céder, plier. ▸ *Perdre de sa détermination* – battre en retraite, céder, faiblir, faire marche arrière, lâcher pied, mollir, plier, reculer. FAM. caler, caner, flancher, se déballonner, se dégonfler. ▸ *Devenir courbe* – s'arquer, s'incurver, s'infléchir, se courber. ▲ANT. DRESSER, LEVER, REDRESSER; DURCIR, ENDURCIR; RÉSISTER, TENIR; DOMINER.

fléchissement n. m. ▸ *Action de fléchir* – arçonnage, arcure, arrondi, bombage, cambre, cambrure, cintrage, circularité, concavité, conicité, convexité, courbe, courbure, flexion, flexuosité, galbe, incurvation, inflexion, parabolicité, rondeur, rotondité, sinuosité, sphéricité, tortuosité, voussure. ▸ *Renoncement* – abandon, abdication, aliénation, capitulation, cession, don, donation, non-usage, passation, rejet, renoncement, renonciation, répudiation, retrait, suppression. FIG. bradage. ▸ *Diminution* – abaissement, affaiblissement, affaissement, amenuisement, amoindrissement, baisse, chute, creux, déclin, décroissance, décroissement, décrue, dégression, déplétion, dépréciation, descente, désescalade, dévalorisation, dévaluation, diminution, éclipse, effondrement, effritement, essoufflement, ralentissement, réduction. SOUT. émasculation. ▲ANT. REDRESSEMENT, RELÈVEMENT; OBSTINATION, TÉNACITÉ.

fléchisseur adj. ▲ANT. EXTENSEUR *(muscle)*.

flegmatique adj. calme, d'humeur égale, impassible, imperturbable, maître de soi, placide. ▲ANT. DÉCHAÎNÉ, ÉMOTIF, ÉMOTIONNABLE, EMPORTÉ, ÉNERVÉ, EXCITABLE, EXCITÉ, IMPRESSIONNABLE; ENTHOUSIASTE, EXUBÉRANT; IRASCIBLE, IRRITABLE.

flegme n. m. ▸ *Absence de réaction* – amorphisme, apathie, froideur, indifférence, insensibilité, lymphatisme, mollesse, tiédeur. ▸ *Sérénité* – apathie, ataraxie, calme, détachement, distanciation, égalité d'âme, égalité d'humeur, équilibre, impassibilité, imperturbabilité, indifférence, paix, philosophie, placidité, quiétude, sérénité, stoïcisme, tranquillité. SOUT. équanimité. ▸ *Patience* – calme, constance, courage, douceur, endurance, lenteur, patience, persévérance, persistance, résignation, sang-froid, tranquillité. SOUT. longanimité. ▲ANT. EMPORTEMENT, ENTHOUSIASME, EXALTATION, EXCITATION; AGITATION, ÉNERVEMENT; IMPATIENCE.

flétri adj. fané.

flétrir v. ▸ *Dessécher* – défraîchir, dessécher, étioler, faner, sécher. ▸ *Rider* – chiffonner, creuser de rides, labourer, raviner, rider, sillonner de rides. ▸ *Faire perdre sa pureté* – avilir, profaner, salir, souiller. SOUT. contaminer, empoisonner, polluer. ▸ *Condamner publiquement* – conspuer, mépriser, mettre au ban de la société, montrer du doigt, stigmatiser, vouer au mépris. SOUT. clouer au pilori, mettre au pilori, traîner aux gémonies, vilipender, vouer à l'opprobre, vouer aux gémonies. ♦ **se flétrir** ▸ *En parlant d'une fleur* – défleurir, s'étioler, se faner. ▸ *En parlant d'un végétal* – dépérir, s'étioler, se dessécher, se faner. ▸ *En parlant de qqn* – se décatir, se faner, vieillir. ▲ANT. EXALTER, GLORIFIER,

HONORER, LOUER, VÉNÉRER. △SE FLÉTRIR – ÉCLORE, FLEURIR, S'ÉPANOUIR.

fleur n. f. ▸ *Partie de plante* ▸ Petite – bouton, fleuron. ▸ *Ornement* – fleuron. ▸ *Fraîcheur* – candeur, fraîcheur, honnêteté, ingénuité, innocence, naïveté, pureté, simplicité. ▸ *Compliment* – acclamation, apologie, apothéose, applaudissement, bravo, célébration, compliment, éloge, encensement, félicitations, glorification, héroïsation, louange, panégyrique, solennisation. SOUT. baisemain, congratulation, dithyrambe, exaltation. ▸ *Élite* – aristocratie, célébrités, choix, élite, (fine) fleur, gotha, grands noms, meilleur, panthéon, personnages, personnalités, sérail, vedettes. FAM. crème, dessus du panier, gratin. ▸ *Perfection* – achèvement, consommation, couronnement, épanouissement, excellence, fini, maturité, meilleur, parachèvement, perfection, plénitude, précellence. PHILOS. entéléchie. ▸ *Cadeau* (FAM.) – cadeau, don, offrande, prime, surprise. SOUT. présent. ♦ **fleurs**, plur. ▸ *Ensemble de parties de végétaux* – massif de fleurs, rangée de fleurs, tapis de fleurs, touffe de (fleurs); botte de (fleurs), bouquet (de fleurs), brassée (de fleurs), gerbe (de fleurs); montagne de (fleurs); inflorescence *(sur une même tige)*. ▸ *Ensemble d'ornements* – fleurage. ▲ANT. HARPIE; CRITIQUE; BLÂME, GRONDERIE, REPROCHE; LIE, RACAILLE, RAMASSIS; LAIDEUR, MÉDIOCRITÉ.

fleuri adj. ▸ *En parlant du teint* – clair, coloré, florissant, frais, pur, rose, vermeil. ▸ *En parlant du langage* – à effet, jargonneux, précieux, prétentieux. ▲ANT. DÉPOUILLÉ, SOBRE.

fleurir v. ▸ *Éclore* – éclore, s'épanouir, s'ouvrir. ▸ *Se couvrir d'acné* – bourgeonner, boutonner. ▸ *Prospérer* – briller, être florissant, faire florès, prospérer, réussir. ▲ANT. DÉFLEURIR, SE DÉFRAÎCHIR, SE FANER, SE FLÉTRIR; DÉCLINER, DÉPÉRIR, RÉGRESSER, SE DÉTÉRIORER.

fleurissant adj. ▲ANT. FANÉ.

fleuve n. m. ▸ *Grande quantité* (SOUT.) – abondance, avalanche, averse, bombardement, bordée, cascade, déferlement, déluge, flot, flux, grêle, kaléidoscope, mascaret, pluie, rivière, torrent, vague.

flexible adj. ▸ *Qui peut être plié* – pliable, souple. ▸ *Qui peut être adapté* – adaptable, altérable, changeable, élastique, mobile, modifiable, modulable, souple, variable. ▸ *En parlant de qqn* – accommodant, aisé à vivre, arrangeant, bon prince, complaisant, conciliant, de bonne composition, du bois dont on fait les flûtes, facile (à vivre), souple, traitable. FAM. coulant. ▲ANT. DUR, FERME, FORT, RAIDE, SOLIDE; FIXE, STRICT; IMPITOYABLE, IMPLACABLE, INFLEXIBLE, INTRAITABLE, INTRANSIGEANT, RÉBARBATIF, SÉVÈRE.

flocon n. m. ▸ *Morceau d'un aliment* – cossette *(betterave, chicorée)*, lamelle, tranche.

floraison n. f. ▸ *Épanouissement* – anthèse, éclosion, effloraison, épanouissement. ▸ *Époque* – printemps, saison des amours, saison du renouveau, saison nouvelle, semailles, semaison. ▸ *Abondance* – abondance, afflux, amas, ampleur, concentration, débauche, déferlement, exubérance, filon, foisonnement, forêt, foule, fourmillement, gisement, infinité, inondation, luxe, luxuriance, masse, mine, multiplicité, myriade, nuée, orgie, paquet, pléthore,

flore

poussière, profusion, quantité, richesse, surabondance, tas, trésor. FIG. carnaval. FAM. festival, flopée, kyrielle, tapée, tonne, tripotée, wagon. QUÉB. FAM. bourrée, tapon. SUISSE FAM. craquée. ▲ANT. DÉPÉRISSEMENT, ÉTIOLEMENT; MANQUE, PÉNURIE, TARISSEMENT; FRUCTIFICATION.

flore *n. f.* ▶ *Végétation* – couverture végétale, formation végétale, or vert *(ressource)*, plantes, végétation, végétaux, verdure, vert.

florissant *adj.* ▶ *Prospère* – beau, brillant, faste, fécond, heureux, prospère, riche. ▶ *En parlant du teint* – clair, coloré, fleuri, frais, pur, rose, vermeil. ▲ANT. DÉCADENT, DÉCLINANT.

flot *n. m.* ▶ *Affluence* – affluence, afflux, arrivée, circulation, écoulement, flux, issue. ▶ *Abondance* – abondance, avalanche, averse, bombardement, bordée, cascade, déferlement, déluge, flux, grêle, kaléidoscope, mascaret, pluie, rivière, torrent, vague. SOUT. fleuve. ▶ *Grande quantité de personnes* – abondance, affluence, armada, armée, attroupement, cohue, concentration, concours, encombrement, essaim, forêt, foule, fourmilière, fourmillement, grouillement, légion, marée, masse, meute, monde, multitude, peuple, pléiade *(célébrités)*, pullulement, rassemblement, régiment, réunion, ribambelle, ruche, tas, troupeau. FAM. flopée, marmaille *(enfants)*, tapée, tripotée. QUÉB. achalandage; FAM. tapon, trâlée. PÉJ. ramassis. ▶ *Marée* – flux, marée montante, revif. ▶ *Courant* – courant, cours, fil (de l'eau), rapide, saut. ♦ **flots**, *plur.* ▶ *Cours d'eau* (SOUT.) – eau. SOUT. (l')onde, (les) flots. ▶ *Mer* (SOUT.) – la mer, les mers, océan. SOUT. l'empire des ondes, l'onde amère, la plaine liquide, le royaume de Neptune. FRANCE FAM. la (grande) baille. ▲ANT. GOUTTE; MANQUE, PÉNURIE, RARETÉ; MINORITÉ, POIGNÉE.

flottant *adj.* ▶ *Qui varie* – changeant, en dents de scie, fluctuant, incertain, inconstant, inégal, instable, irrégulier, mobile, mouvant, variable. SOUT. labile, volatil. DIDACT. erratique. ▶ *Hésitant* – embarrassé, fluctuant, hésitant, incertain, indécis, indéterminé, irrésolu, perplexe, velléitaire. FRANCE FAM. entre le zist et le zest, vasouillard. ▶ *Sujet à des caprices* – capricieux, changeant, fantaisiste, fantasque, inconsistant, inconstant, instable, lunatique, mobile, versatile, volage. SOUT. caméléonesque, ondoyant. ▶ *Qui ne s'arrête sur rien de précis* – errant, vagabond. ▲ANT. CONSTANT, STABLE; FIXE, IMMOBILE, INVARIABLE, INVARIANT, STATIONNAIRE, STATIQUE; ASSURÉ, CERTAIN, CONVAINCU, PERSUADÉ, SÛR; FERME, RÉSOLU; POSÉ, RAISONNABLE, SÉRIEUX. △FLOTTANTE, *fém.* – CONSOLIDÉE *(dette)*.

flotte *n. f.* ▶ *Ensemble de navires de guerre* – armada, escadre, force navale. ▶ *Petits navires* – escadrille. ▶ *Ensemble d'avions* – escadre, escadrille, flottille, formation aérienne. ▶ *Bouée* – balancier, bombette, bouchon, bouée, flotteur, plume.

flotter *v.* ▶ *Se maintenir sur l'eau* – nager, surnager. ▶ *Remuer au gré du vent* – ondoyer, onduler. SOUT. brandiller. ▶ *Battre au vent* – planer, voler, voleter, voltiger. ▶ *En parlant de vêtements* – blouser, bouffer. ▶ *En parlant de l'esprit* – errer, vagabonder. SOUT. vaguer. ▶ *Hésiter* – balancer, hésiter, osciller. ▶ *Pleuvoir* (FAM.) – pleuvoir, tomber de la pluie. QUÉB. FAM. mouiller. ▶ *Pleuvoir beaucoup*

(FAM.) – pleuvoir à flots, pleuvoir à seaux, pleuvoir à torrents, pleuvoir à verse, pleuvoir des clous, pleuvoir des cordes, pleuvoir des hallebardes. FAM. pleuvoir à boire debout, pleuvoir comme une vache qui pisse. QUÉB. FAM. mouiller à boire debout, mouiller à siaux. BELG. AFR. dracher. SUISSE roiller. ▲ANT. COULER, DISPARAÎTRE, S'ABÎMER, S'ENFONCER, S'ENGLOUTIR, SOMBRER; SE FIXER; SE DÉCIDER; BRUINER, PLEUVINER.

flou *adj.* ▶ *Qui manque de netteté* – confus, estompé, imprécis, incertain, indécis, indéfini, indéfinissable, indéterminé, indistinct, informe, ni chair ni poisson, obscur, sourd *(sentiment)*, trouble, vague, vaporeux, voilé. ▶ *Difficile à comprendre* – brouillé, brumeux, compliqué, confus, contourné, embarrassé, embrouillé, embroussaillé, enchevêtré, entortillé, fumeux, incompréhensible, indéchiffrable, indigeste, inintelligible, nébuleux, obscur, tarabiscoté, vague, vaseux. SOUT. abscons, abstrus, amphigourique, fuligineux. FAM. chinois, emberlificoté, filandreux, vasouillard. ▲ANT. CLAIR, NET, PRÉCIS.

fluctuation *n. f.* ▶ *Changement* – ballottement, changement, déséquilibre, fragilité, inadaptation, incertitude, inconstance, inégalité, instabilité, mouvant, mouvement, précarité, variabilité, variation, versatilité, vicissitude, volatilité. SOUT. fugacité. ▶ *Instabilité* – balancement, ballant, ballottement, déséquilibre, fragilité, instabilité, jeu, mobilité, motilité, motricité, mouvance, mouvant, mouvement, ondulation, oscillation, roulis, tangage, turbulence, va-et-vient, vibration. QUÉB. débalancement. ▶ *Remous* – agitation, balancement, ballottement, bercement, branle, branlement, cahotement, flottement, flux et reflux, houle, impulsion, lacet, mouvement, onde, ondoiement, ondulation, oscillation, pulsation, raz de marée, remous, roulis, tangage, va-et-vient, vague, valse, vibration. FAM. brimbalement. ▲ANT. FIXITÉ, IMMOBILITÉ, STABILITÉ; CALME.

fluctuer *v.* changer, différer, se modifier, varier. FAM. bouger. ▲ANT. STAGNER.

fluide *adj.* ▶ *En parlant d'une substance* – aqueux, coulant, liquide. DIDACT. liquidien. ▶ *En parlant du style* – aisé, coulant, facile, naturel. ▲ANT. CAILLÉ, ÉPAIS, FIGÉ, PÂTEUX, SOLIDE; CHARGÉ, HEURTÉ, LOURD, RABOTEUX, TARABISCOTÉ.

fluide *n. m.* ▶ *Émanation* – émanation, influx *(magnétique)*. ▲ANT. SOLIDE.

flûte *n. f.* ▶ *Pain* – baguette, demi-baguette, ficelle, (pain) bâtard, (pain) parisien, saucisson. ▶ *Récipient* – gobelet, godet, quart, verre. FAM. dé à coudre. ANC. rhyton, rince-bouche. ▶ *Oiseau* (QUÉB.) – grive solitaire. QUÉB. FAM. flûte (des bois).

flûtiau *n. m.* ▶ *Pipeau* – chalumeau, pipeau. ANC. larigot. ▶ *Mirliton* – flûte à l'oignon, mirliton.

flux *n. m.* ▶ *Mouvement de la mer* – flot, marée montante, revif. ▶ *Écoulement* – circulation, débit, débordement, écoulement, éruption, évacuation, exsudation, fuite, ingression, inondation, irrigation, irruption, larmoiement, mouvement, passage, ravinement, régime, ruissellement, sortie, suage, suintement, transpiration, vidange. SOUT. submersion, transsudation. GÉOGR. défluviation, transfluence, transgression. ▶ *Affluence* – affluence, afflux, arrivée, circulation, écoulement, flot, issue. ▶ *Grande* *quantité* (SOUT.) – abondance, avalanche, averse, bombardement, bordée, cascade, déferlement, déluge, flot, grêle, kaléidoscope, mascaret, pluie, rivière, torrent, vague. SOUT. fleuve. ▲ANT. REFLUX ; CONGESTION, ENGORGEMENT, OBSTRUCTION ; RARETÉ.

foi *n. f.* ▶ *Croyance* – confession, conviction, croyance, culte, religion. ▶ *Piété* – piété, religiosité. ▶ *Fidélité* – allégeance, attachement, confiance, dévouement, fidélité, loyalisme, loyauté. ▲ANT. CRITIQUE, DOUTE, INCRÉDULITÉ, SCEPTICISME ; AGNOSTICISME, ATHÉISME, IMPIÉTÉ, INCROYANCE ; INFIDÉLITÉ, TRAHISON.

foin *n. m.* ▶ *Fourrage* – fourrage, hivernage, nourriture, pâtée, pâture, pouture, provende, verdage. ▶ *Paille* – chaume, éteule, paille. ▶ *Argent* (QUÉB. FAM.) – argent. FAM. blé, braise, flouse, fric, galette, grisbi, jonc, oseille, pépètes, pèse, picaillons, pognon, radis, répondant, sous, trèfle. QUÉB. FAM. bidous, motton.

foire *n. f.* ▶ *Marché* – bazar, braderie, fondouk *(pays arabes)*, halle, khan, marché aux puces, marché, marché-gare, salon, souk. BELG. minque *(poissons)*. ▶ *Exposition* – concours, démonstration, étalage, exhibition, exposition, foire-exposition, galerie, manifestation, montre, présentation, rétrospective, salon, vernissage. FAM. démo, expo. SUISSE comptoir.

fois *n. f.* ▶ *Cas* – cas, circonstance, coup, heure, moment, occasion, occurrence.

foisonnement *n. m.* ▶ *Abondance* – abondance, afflux, amas, ampleur, concentration, débauche, débordement, exubérance, filon, floraison, forêt, foule, fourmillement, gisement, infinité, inondation, luxe, luxuriance, masse, mine, multiplicité, myriade, nuée, orgie, paquet, pléthore, poussière, profusion, quantité, richesse, surabondance, tas, trésor. FIG. carnaval. FAM. festival, flopée, kyrielle, tapée, tonne, tripotée, wagon. QUÉB. FAM. bourrée, tapon. SUISSE FAM. craquée. ▶ *Prolifération* – accroissement, augmentation, multiplication, peuplement, prolifération, propagation, pullulation, pullulement, reproduction. ▲ANT. DÉFAUT, MANQUE, PÉNURIE, RARETÉ.

foisonner *v.* ▶ *Se trouver en grand nombre* – abonder, fourmiller, pulluler. ▶ *Croître en grand nombre* – champignonner, proliférer, pulluler, se multiplier, se propager. ▶ *Contenir qqch. en abondance* – abonder en, déborder de, fourmiller de, regorger de, surabonder de/en. ▲ANT. FAIRE DÉFAUT, MANQUER ; SE RARÉFIER ; DIMINUER, SE RÉDUIRE.

folie *n. f.* ▶ *Maladie mentale* – aliénation (mentale), démence, dérangement, déséquilibre, psychose. ▶ *Irrationalité* – insanité, irrationalité, irrationnel. ▶ *Délire* – agitation, aliénation, amok, aveuglement, délire, divagation, égarement, excitation, frénésie, hallucination, hystérie, onirisme, paranoïa, surexcitation. ▶ *Bizarrerie* – anomalie, anormalité, bizarrerie, chinoiserie, cocasserie, curiosité, drôlerie, étrangeté, excentricité, extravagance, fantaisie, fantasmagorie, loufoquerie, monstruosité, non-conformisme, originalité, singularité. ▶ *Aberration* – aberration, démence, extravagance, idiotie, imbécillité, inconséquence, ineptie, stupidité. ▶ *Caprice* – ambition, appel, appétit, aspiration, attirance, attrait, besoin, but, convoitise, desideratum, désir, envie, exigence, faim, fantaisie, fantasme, fièvre, fringale,

goût, idéal, intention, jalousie, passion, prétention, quête, recherche, rêve, soif, souhait, tentation, velléité, visée, vœu, voix, volonté. SOUT. appétence, dessein, prurit, vouloir. FAM. démangeaison. ▶ *Acte ou parole stupide* – absurdité, ânerie, bafouillage, bafouillis, baliverne, balourdise, bêlement, bêtise, bourde, calembredaine, cliché, divagation, fadaise, faribole, idiotie, imbécillité, ineptie, insanité, niaiserie, non-sens, perle, propos en l'air, sornette, sottise, stupidité. SOUT. billevesée. FAM. crétinerie, déblocage, déconnage, dinguerie, vanne. ▲ANT. ÉQUILIBRE, LUCIDITÉ, RAISON, SANTÉ ; JUGEMENT, SAGESSE.

follement *adv.* ▶ *Stupidement* – absurdement, bêtement, débilement, idiotement, imbécilement, inconsciemment, inintelligemment, naïvement, niaisement, ridiculement, simplement, sottement, stupidement. FAM. connement. QUÉB. FAM. niaiseusement. ▶ *Passionnément* – à corps perdu, à la folie, ardemment, éperdument, fanatiquement, fervemment, frénétiquement, furieusement, passionnément, violemment, vivement. ▶ *Extrêmement* – à l'extrême, affreusement, astronomiquement, au dernier degré, au dernier point, au maximum, au plus haut degré, au plus haut point, beaucoup, bien, colossalement, considérablement, éminemment, énormément, exceptionnellement, extraordinairement, extrêmement, fabuleusement, fort, fortement, grandement, gros, hautement, immensément, incommensurablement, inconcevablement, incroyablement, infiniment, intensément, long, mortellement, nettement, on ne peut plus, phénoménalement, prodigieusement, profondément, remarquablement, sérieusement, singulièrement, souverainement, supérieurement, suprêmement, terriblement, très, vertigineusement, vivement, vraiment. FAM. bigrement, bougrement, diablement, drôlement, effroyablement, épais, épouvantablement, fameusement, fantastiquement, fichtrement, fichûment, formidablement, foutrement, furieusement, joliment, rudement, sacrément, salement, super, terrible, tout plein, un max, vachement. QUÉB. FAM. à l'os, à la planche, au coton, en maudit, en s'il vous plaît, mauditement. ▲ANT. ASTUCIEUSEMENT, BRILLAMMENT, GÉNIALEMENT, INGÉNIEUSEMENT, INTELLIGEMMENT, JUDICIEUSEMENT, LUCIDEMENT, SAVAMMENT ; TIÈDEMENT ; MOYENNEMENT ; PEU.

foncé *adj.* ▶ *En parlant d'une couleur* – profond, sombre. ▶ *En parlant du teint* – basané, bis, bistre, bistré, brun, mat, olivâtre. ▲ANT. CLAIR, PÂLE.

foncer *v.* ▶ *Rendre plus foncé* – assombrir, noircir, obscurcir, ombrer. ▶ *Conduire trop vite* – filer. FAM. brûler le pavé, droper, gazer, rouler (à) pleins gaz. FRANCE FAM. bomber, bourrer. ▶ *S'élancer* – s'élancer, sauter, se jeter, se lancer, se précipiter, se ruer. ▶ *Attaquer* – agresser, assaillir, attaquer, charger, fondre sur, sauter sur, se jeter sur, se ruer sur, tomber sur. BELG. broquer sur. ▲ANT. ÉCLAIRCIR, PÂLIR ; FLÂNER ; ÉVITER, FUIR ; HÉSITER ; S'ABSTENIR ; DÉFONCER.

fonceur *n.* audacieux, aventurier, battant, brave (à trois poils), courageux, dur (à cuire), lion, stoïque, (vrai) homme. FAM. baroudeur, va-de-l'avant. ▲ANT. LÂCHE, TIMORÉ.

foncier *adj.* ▶ *Intrinsèque* – constitutif, fondamental, inhérent, inné, intrinsèque, radical. PHILOS.

essentiel, immanent, substantiel. ▶ *En parlant d'un bien* – immeuble, immobilier. ▲ANT. ACQUIS, ARTIFICIEL, SUPERFICIEL ; MOBILIER.

foncièrement *adv.* absolument, en essence, essentiellement, fondamentalement, intrinsèquement, organiquement, primordialement, principalement, profondément, radicalement, substantiellement, totalement, viscéralement, vitalement. ▲ANT. AU-DEHORS, EN APPARENCE, EXTÉRIEUREMENT.

fonction *n. f.* ▶ *Rôle* – affectation, charge, dignité, emploi, métier, mission, office, place, poste, responsabilité, rôle, siège, titre, vocation. ▶ *Travail actuel* – devoir, exercice, service, travail. ▶ *Utilité* – avantage, bénéfice, bienfait, commodité, convenance, désidérabilité, efficacité, fonctionnalité, indispensabilité, intérêt, mérite, nécessité, profit, profitabilité, recours, service, usage, utilité, valeur. ▶ *Relation mathématique* – application, correspondance. ▶ *Conséquence* – action, conclusion, conséquence, contrecoup, corollaire, développement, effet, efficacité, fruit, impact, implication, incidence, jeu, juste retour des choses, œuvre, portée, prolongement, réaction, rejaillissement, répercussion, résultante, résultat, retentissement, retombées, ricochet, séquelle, suite (logique). SOUT. aboutissant, efficace, fille. ▶ *Fonctionnalité d'un logiciel* – fonctionnalité, possibilité.

fonctionnaire *n.* ▶ *Personne* – agent de l'État. PÉJ. bureaucrate. ◆ **fonctionnaires**, *plur.* ▶ *Ensemble de personnes* – Administration, affaires de l'État, bureaux, fonction publique, grands corps de l'État, institutions, ministères, organe, organismes, secrétariat, services. PÉJ. bureaucratie.

fonctionnalité *n. f.* ▶ *Commodité* – avantage, bénéfice, bienfait, commodité, convenance, désidérabilité, efficacité, fonction, indispensabilité, intérêt, mérite, nécessité, profit, profitabilité, recours, service, usage, utilité, valeur. ▶ *Fonction d'un logiciel* – fonction, possibilité. ▲ANT. INUTILITÉ ; COMPLEXITÉ.

fonctionnel *adj.* ▶ *Pratique* – commode, efficace, pratique, utile, utilitaire. QUÉB. FAM. pratico-pratique. ▶ *En parlant d'un trouble* – inorganique. ▲ANT. DIFFICILE À UTILISER, MALCOMMODE ; STRUCTURAL ; ORGANIQUE *(médecine)*.

fonctionnement *n. m.* ▶ *Processus* – déroulement, marche, mécanique, mécanisme, opération, procédure, procès, processus. ▶ *Activité* – activité, exercice, marche, mouvement, opération, service, travail, usage, vie. ▲ANT. ARRÊT, INACTIVITÉ, PANNE.

fonctionner *v.* ▶ *Être en marche* – être en marche, marcher, tourner. ▲ANT. CESSER, S'ARRÊTER, S'ENRAYER, S'IMMOBILISER, SE DÉTRAQUER, TOMBER EN PANNE.

fond *n. m.* ▶ *Base* – accul, bas, bas-fond, creux, cul, culot, cuvette, fondement, sole. ▶ *Profondeur* – abîme, abysse, creux, distance, enfoncement, épaisseur, (fin) fond, fosse, gouffre, lointain, perspective, profondeur. SOUT. entrailles. ▶ *Arrière-plan* – arrière-fond, arrière-plan, lointain, plan éloigné, second plan. ▶ *Âme* – âme, cœur, conscience, esprit, mystère, pensée, principe (vital), psyché, psychisme, souffle (vital), spiritualité, transcendance, vie. ▶ *Selon la philosophie* – atman *(hindouisme)*, pneuma *(Grèce*

antique). PSYCHOL. conscient. ▶ *Secret* – âme, arrière-fond, arrière-pensée, conscience, coulisse, dedans, dessous, for intérieur, intérieur, intériorité, intimité, jardin secret, repli, secret. SOUT. tréfonds. ▶ *Partie essentielle* – cœur, corps, dominante, essence, essentiel, gros, important, principal, substance, tout, vif. ▶ *Matière* – fait, matière, objet, point, problème, propos, question, sujet, thème. ▶ *Ensemble de végétaux* (QUÉB. FAM.) – boqueteau, bosquet, bouquet, buisson, massif. SOUT. touffe. QUÉB. FAM. talle. ACADIE bouillée. ▲ANT. DESSUS, HAUT ; SURFACE ; DEHORS, EXTÉRIEUR ; BORD, ENTRÉE ; AVANT-PLAN ; APPARENCE ; FORME.

fondamental *adj.* ▶ *Important* – capital, crucial, de première nécessité, essentiel, important, incontournable, indispensable, irremplaçable, nécessaire, primordial, vital. ▶ *Primordial* – capital, central, crucial, de la plus haute importance, de premier plan, décisif, déterminant, dominant, de essentiel, important, maître, majeur, numéro un, prédominant, prééminent, premier, prépondérant, primordial, principal, prioritaire, supérieur. SOUT. à nul autre second, cardinal. ▶ *De base* – basal, basique, de base, élémentaire. ▶ *Inhérent* – constitutif, foncier, inhérent, inné, intrinsèque, radical. PHILOS. immanent, substantiel. ▶ *En parlant de la recherche* – pur, théorique. ▲ANT. ACCESSOIRE, INSIGNIFIANT, MARGINAL, SECONDAIRE ; APPROFONDI, DÉTAILLÉ, FOUILLÉ, POINTU, POUSSÉ, PRÉCIS. △**FONDAMENTALE,** *fém.* – APPLIQUÉE *(recherche)* ; HARMONIQUE *(fréquence)*.

fondamentalement *adv.* absolument, en essence, essentiellement, foncièrement, intrinsèquement, organiquement, primordialement, principalement, profondément, radicalement, substantiellement, totalement, viscéralement, vitalement. ▲ANT. ACCESSOIREMENT, AUXILIAIREMENT, INCIDEMMENT, MARGINALEMENT, SECONDAIREMENT ; AU-DEHORS, EN APPARENCE, EXTÉRIEUREMENT.

fondamentalisme *n. m.* ▶ *Conservatisme* – conformisme, conservatisme, contre-révolution, conventionnalisme, droite, droitisme, immobilisme, intégrisme, orthodoxie, passéisme, réaction, suivisme, traditionalisme. SOUT. philistinisme. ▲ANT. PROGRESSISME, RÉFORMISME.

fondant *adj.* ▶ *En parlant d'un fruit* – aqueux, juteux.

fondateur *adj.* ▲ANT. DESTRUCTEUR.

fondateur *n.* ▶ *Créateur d'une chose concrète* – aménageur, architecte, bâtisseur, concepteur, concepteur-projeteur, créateur, créatif, édificateur, ingénieur, inventeur, maître d'œuvre, ordonnateur, projeteur, urbaniste. SOUT. démiurge. ▶ *Créateur d'une chose abstraite* – âme, artisan, auteur, canalisateur, centre, cerveau, chef, cheville ouvrière, créateur, dirigeant, incitateur, initiateur, inspirateur, instigateur, locomotive, maître (d'œuvre), meneur, moteur, organisateur, patron, père, promoteur, protagoniste, régisseur, responsable. SOUT. excitateur, instaurateur, ouvrier. ▲ANT. DESTRUCTEUR, FOSSOYEUR.

fondation *n. f.* ▶ *Établissement* – constitution, création, disposition, édification, établissement, implantation, importation, installation, instauration, institution, introduction, intronisation, mise en œuvre, mise en place, mise sur pied, nomination, organisation, placement, pose. *INFORM.* implémentation. ▶ *Base* – assiette, assise, base, infrastructure, pied, radier, soubassement, substruction, substructure. *QUÉB.* solage. *ARCHIT.* embasement, empattement. ▲**ANT.** DESTRUCTION, RENVERSEMENT, RUINE; FAÎTE, TOIT, TOITURE.

fondé *adj.* équitable, juste, justifié, légitime, mérité, motivé.

fondement *n. m.* ▶ *Commencement* – actionnement, amorçage, amorce, balbutiement, bégaiement, commencement, création, début, déclenchement, démarrage, départ, ébauche, embryon, enclenchement, enfance, entrée, esquisse, germe, inauguration, origine, ouverture, prélude, prémisse, principe, tête. *SOUT.* aube, aurore, matin, prémices. *FIG.* apparition, avènement, éclosion, émergence, éruption, explosion, genèse, germination, naissance, venue au monde. ▶ *Cause* – agent, base, cause, explication, facteur, ferment, fontaine, germe, inspiration, levain, levier, mobile, moteur, motif, motivation, moyen, objet, occasion, origine, point de départ, pourquoi, principe, raison, raison d'être, source, sujet. *SOUT.* étincelle, mère, racine, ressort. ▶ *Principe* – apodicticité, axiome, convention, définition, donnée, évidence, hypothèse, lemme, postulat, postulatum, prémisse, principe, proposition, théorème, théorie, vérité. ▶ *Fond* – accul, bas, bas-fond, creux, cul, culot, cuvette, sole. ▶ *Base* – assise, base, pierre angulaire, pierre d'assise, pivot, principe, soubassement. ▲**ANT.** FAÎTE, SOMMET.

fonder *v.* ▶ *Instituer* – constituer, créer, établir, former, instaurer, instituer, mettre en place. *SOUT.* ériger. ▶ *Baser* – appuyer, asseoir, baser, établir, faire reposer. ▶ *Justifier* – expliquer, justifier, motiver. ♦ **se fonder** ▶ *Se baser* – reposer, s'appuyer, se baser. ▲**ANT.** ABOLIR, SUPPRIMER; ANÉANTIR, DÉFAIRE, DÉTRUIRE, RENVERSER, RUINER.

fondre *v.* ▶ *Rendre liquide* – dégeler, liquéfier. ▶ *Fabriquer* – couler. ▶ *Unir pour former un tout* – amalgamer, confondre, incorporer, mélanger, mêler, réunir, unir. *DIDACT.* mixtionner. ▶ *Graduer les nuances* – dégrader, graduer, nuancer. *SOUT.* diaprer, nuer. ▶ *Devenir liquide* – dégeler, se liquéfier. ▶ *Perdre du poids* (*FAM.*) – maigrir, mincir. *FAM.* amincir, décoller. ▶ *S'émouvoir* (*FAM.*) – s'attendrir, s'émouvoir. *FAM.* craquer. ▶ *Attaquer* – agresser, assaillir, attaquer, charger, foncer sur, sauter sur, se jeter sur, se ruer sur, tomber sur. *BELG.* broquer sur. ▶ *Arriver en grand nombre* – pleuvoir, s'abattre, tomber. ▶ *Se précipiter du haut des airs* – piquer, plonger, s'abattre. ♦ **se fondre** ▶ *S'unir en un tout* – s'amalgamer, s'unir, se fusionner, se mélanger, se mêler, se souder. ▲**ANT.** CONGELER, GELER; CAILLER, COAGULER, DURCIR, FIGER, SOLIDIFIER; DÉSUNIR, DÉTACHER, DISJOINDRE, DIVISER, SÉPARER; AUGMENTER, GROSSIR. △FONDRE SUR – FUIR, S'ÉLOIGNER. △SE FONDRE – APPARAÎTRE.

fonds *n. m.* ▶ *Part* – apport, commandite, contingent, contribution, cotisation, dot, dotation, écot, financement, fournissement, lot, mise, montant, obligation, parrainage, part, participation, portion, quote-part, quotité. ▶ *Somme* – addition, cagnotte, chiffre, ensemble, mandat, masse, montant,

quantité, quantum, somme, total, totalisation, volume. ▶ *Capital* – argent, avoir, bien, capital, cassette, épargne, fortune, fruit, gain, investissement, liquidités, masse, numéraire, patrimoine, pécule, placement, portefeuille, possession, produit, propriété, richesse, trésor, valeur. *SOUT.* deniers. *FAM.* finances, magot.

fondu *n. m.* ▶ *Dégradation* – dégradé, gradation. ▶ *Amateur* (*FAM.*) – adepte, aficionado, amant, amateur, ami, amoureux, connaisseur, fanatique, fervent, fou, passionné. *SOUT.* assoiffé. *FAM.* accro, allumé, enragé, fana, malade, mordu. ▶ *Disparition d'un signal* – évanouissement. ▲**ANT.** COUPURE, DISCONTINUITÉ, RUPTURE, SAUT.

fontaine *n. f.* ▶ *Source* – geyser, point d'eau, puits, source. ▶ *Dispositif fournissant de l'eau potable* – *QUÉB. FAM.* abreuvoir. ▶ *Construction* – borne-fontaine, (fontaine) wallace. ▶ *Récipient* (*ANC.*) – évier (cuisine), lavabo (salle de bains), lave-mains (d'appoint). *ANC.* aiguière, aquamanile. ▶ *Principe* (*FIG.*) – agent, base, cause, explication, facteur, ferment, fondement, germe, inspiration, levain, levier, mobile, moteur, motif, motivation, moyen, objet, occasion, origine, point de départ, pourquoi, principe, raison, raison d'être, source, sujet. *SOUT.* étincelle, mère, racine, ressort.

fonte *n. f.* ▶ *Dégel* – débâcle, dégel, fonte des glaces, fonte des neiges. *QUÉB.* bouscueil. ▶ *Liquéfaction* – condensation, déliquescence, fluidification, fonderie, fusion, liquation, liquéfaction, réduction, surfusion. *FAM.* baise-en-ville, balluchon. ▲**ANT.** CONGÉLATION, GEL, RÉFRIGÉRATION, REFROIDISSEMENT, SOLIDIFICATION.

football *n. m.* ▶ *Football européen* – *FAM.* ballon rond, foot. *QUÉB. ACADIE* soccer. ▶ *Football nord-américain* (*QUÉB. ACADIE*) – *FRANCE* football américain.

forain *adj.* ambulant, itinérant. ▲**ANT.** FIXE, SÉDENTAIRE.

forain *n.* ▶ *Marchand* – bonimenteur, bonisseur, camelot, colporteur, marchand ambulant, (marchand) forain. *AFR.* dioula (*musulman*). ▶ *Itinérant* – banquiste, saltimbanque.

force *n. f.* ▶ *Action* – action, énergie, interaction, intervention, rapport, réaction. ▶ *Poids* – attraction, gravitation, gravité, pesanteur, poids, poussée, pression. ▶ *Violence* – acharnement, animosité, ardeur, énergie, frénésie, fureur, furie, impulsivité, intensité, puissance, rage, vigueur, violence, virulence, vivacité. *SOUT.* impétuosité, véhémence. ▶ *Fermeté* – cohésion, compacité, consistance, coriacité, dureté, fermeté, fixité, homogénéité, indélébilité, indestructibilité, inextensibilité, massiveté, monolithisme, résilience, résistance, rigidité, robustesse, solidité, sûreté. ▶ *Assurance* – aplomb, assurance, autorité, caractère, constance, courage, cran, détermination, endurance, énergie, fermeté, permanence, poigne, rectitude, résolution, ressort, sang-froid, sérieux, solidité, sûreté, ténacité, vigueur, virilité, volonté. *SOUT.* fortitude, invulnérabilité. *FAM.* estomac, gagne. ▶ *Habileté* – adresse, aisance, aptitude, art, brio, capacité, compétence, dextérité, disposition, doigté, don,

forcé

expérience, expertise, facilité, faculté, fort, génie, habileté, main, maîtrise, métier, pouvoir, professionnalisme, savoir, savoir-faire, sens, talent, technique, virtuosité. *SOUT.* industrie. *FAM.* bosse. *QUÉB.* douance *(scolaire)*. *DR.* habilitation, habilité. ▶ *Contrainte* – astreinte, coercition, contrainte, pression. *SOUT.* joug. ◆ *Sur un pays* – satellisation. ▶ *Pouvoir* – autorité, commandement, domination, emprise, gouvernement *(politique)*, juridiction, loi, maîtrise, pouvoir, puissance, règne, tutelle. *SOUT.* empire, férule, houlette. ▶ *Influence* – action, aide, appui, ascendant, attirance, attraction, aura, autorité, contagion, crédit, dominance, domination, effet, empreinte, emprise, fascination, importance, incitation, influence, inspiration, magie, magnétisme, mainmise, manipulation, mouvance, persuasion, pétition, poids, pouvoir, prépondérance, présence, pression, prestige, puissance, règne, rôle, séduction, subjugation, suggestion, tyrannie. *SOUT.* empire, intercession. ◆ **forces, plur.** ▶ *Armée* – armée, corps d'armée, effectifs, forces armées, forces (militaires), hommes de troupe, le rang, les drapeaux, troupes. *BELG.* milice. *FÉOD.* ost. ▲**ANT.** ASTHÉNIE, DÉBILITÉ, FAIBLESSE, FRAGILITÉ ; DOUCEUR, MODÉRATION ; APATHIE, INERTIE, MOLLESSE ; IMPUISSANCE, INEFFICACITÉ.

forcé *adj.* ▶ *Fait contre son gré* – contraint, involontaire. ▶ *Qui manque de naturel* – affecté, apprêté, artificiel, compassé, composé, empesé, emprunté, étudié, frelaté. ▶ *Qui n'est pas sincère* – affecté, artificiel, de commande, factice, feint, insincère, (qui sonne) faux, simulé. ▶ *Exagéré* – abusif, débridé, déchaîné, délirant, démesuré, déraisonnable, déréglé, disproportionné, effréné, exagéré, excessif, exorbitant, extravagant, extrême, immodéré, intempérant, outrancier, outré, qui dépasse la mesure, qui dépasse les bornes, sans frein. *SOUT.* outrageux. *FAM.* dément, démentiel, soigné. ▶ *Inévitable* (*FAM.*) – assuré, certain, fatal, immanquable, imparable, implacable, incontournable, inéluctable, inévitable, inexorable, nécessaire, obligatoire, obligé, sûr. ▲**ANT.** FAMILIER, NATUREL, RELÂCHÉ, SINCÈRE, SPONTANÉ ; LÉGER, SUBTIL ; ÉVITABLE.

forcément *adv.* à coup sûr, automatiquement, fatalement, immanquablement, implacablement, inéluctablement, inévitablement, inexorablement, infailliblement, ipso facto, irrésistiblement, logiquement, mathématiquement, nécessairement, obligatoirement, par la force des choses. ▲**ANT.** ALÉATOIREMENT, DOUTEUSEMENT, PEUT-ÊTRE.

forcené *adj.* ▶ *En colère* – blanc de colère, courroucé, déchaîné, en colère, enragé, fou de colère, fou de rage, fulminant, fumant, furibond, furieux, hors de soi, irrité, outré, rageur, révolté, ulcéré. *FAM.* en boule, en rogne. *FRANCE FAM.* à cran, en pétard, fumasse, furax, furibard. *QUÉB. FAM.* bleu, choqué, en beau fusil, en bibitte. ▶ *Acharné* – acharné, enragé, exalté, farouche, furieux, passionné. ▲**ANT.** CALME, FLEGMATIQUE, IMPASSIBLE, IMPERTURBABLE, MAÎTRE DE SOI, PLACIDE ; ATTENDRI, ÉMU, TOUCHÉ ; MODÉRÉ, RELÂCHÉ ; ÉQUILIBRÉ, QUI A TOUTE SA RAISON, SAIN D'ESPRIT.

forcer *v.* ▶ *Faire céder qqch.* – défoncer, enfoncer, fracturer. ▶ *Obliger* – assujettir, astreindre, contraindre, mettre dans l'obligation, obliger, soumettre. ▶ *Acculer* – acculer, contraindre, piéger,

réduire. *FAM.* coincer. ▶ *Exténuer* – abrutir, briser, courbaturer, épuiser, éreinter, exténuer, fatiguer, harasser, lasser, mettre à plat, surmener, tuer. *FAM.* claquer, crever, démolir, esquinter, lessiver, mettre sur le flanc, nettoyer, pomper, rétamer, vanner, vider. *QUÉB. FAM.* maganer. ▶ *Exagérer* – amplifier, charger, enfler, exagérer, grandir, grossir. *SOUT.* outrer. *FAM.* broder, en rajouter, tirer sur la ficelle. *FRANCE FAM.* chariboter, chérer. *QUÉB. FAM.* en beurrer épais, en mettre épais. ▶ *En parlant du vent* – forcir, fraîchir, se lever. ▶ *En parlant d'un mécanisme* (*QUÉB.*) – fatiguer, peiner. ◆ **se forcer** ▶ *S'efforcer* – s'efforcer, s'obliger, se contraindre. ▲**ANT.** FERMER, RÉPARER ; CÉDER ; FACILITER, PERMETTRE, TOLÉRER.

forestier *adj.* *SOUT.* sylvestre.

forêt *n. f.* ▶ *Étendue boisée* – arbres, bois, étendue boisée, terrain boisé, zone forestière. *SOUT.* bocage, sylve. *QUÉB.* boisé. ▶ *Abondance de choses* – abondance, afflux, amas, ampleur, concentration, débauche, débordement, exubérance, filon, floraison, foisonnement, foule, fourmillement, gisement, infinité, inondation, luxe, luxuriance, masse, mine, multiplicité, myriade, nuée, orgie, paquet, pléthore, poussière, profusion, quantité, richesse, surabondance, tas, trésor. *FIG.* carnaval. *FAM.* festival, flopée, kyrielle, tapée, tonne, tripotée, wagon. *QUÉB. FAM.* bourrée, tapon. *SUISSE FAM.* craquée. ▶ *Abondance de personnes* – abondance, affluence, armada, armée, attroupement, cohue, concentration, concours, encombrement, essaim, flot, foule, fourmilière, fourmillement, grouillement, légion, marée, masse, meute, monde, multitude, peuple, pléiade (*célébrités*), pullulement, rassemblement, régiment, réunion, ribambelle, ruche, tas, troupeau. *FAM.* flopée, marmaille (*enfants*), tapée, tripotée. *QUÉB.* achalandage ; *FAM.* tapon, trâlée. *PÉJ.* ramassis. ▶ *Ensemble inextricable* – dédale, labyrinthe, lacis, maquis, méandres, réseau, sinuosités.

forfait *n. m.* ▶ *Contrat* – abonnement, carte (d'abonnement), souscription. ▶ *Crime* (*SOUT.*) – accroc, contravention, crime, délit, dérogation, entorse, faute, forfaiture, inconduite, infraction, manquement, mauvaise action, mauvaise conduite, méfait, non-respect, rupture, transgression, violation. *BELG.* méconduite. *DR.* cas. ▶ *Abandon* – abandon, abdication, défection, délaissement, démission, désengagement, désertion, désintérêt, désistement, dessaisissement, inachèvement, recul, repli, retrait, retraite. *SOUT.* inaccomplissement. *FAM.* décrochage, lâchage, largage, plaquage. *DR.* non-lieu, résignation.

forgé *adj.* ▶ *Fabriqué* – apocryphe, fantaisiste, faux, fictif, forgé (de toutes pièces), imaginé, inauthentique, inexistant, inventé. *SOUT.* controuvé. ▶ *Truqué* – contrefait, falsifié, faux, maquillé, simulé, truqué. *FAM.* bidon, bidonné, bidouillé. ▲**ANT.** AUTHENTIQUE, RÉEL.

forge *n. f.* ▶ *Atelier* – aciérie, fonderie. ▶ *Fourneau* – four à bas foyer, fourneau de forge.

forger *v.* ▶ *Battre un métal* – battre, bigorner, cingler, corroyer, marteler. ▶ *Inventer* – fabriquer, inventer. ▲**ANT.** COPIER.

formalisme *n. m.* ▶ *Respect des lois* – juridisme, légalisme. ▲**ANT.** RÉALISME.

formalité *n. f.* ▸ *Procédure* – démarche, forme, procédure, règle. ▸ *Procédure tatillonne* – paperasse, paperasserie, scribouillage, tracasserie administrative/procédurière. ▸ *Convenances* – bienséance, cérémonial, cérémonie, convenances, décorum, étiquette, formule, mondanités, protocole, règle, usage. FAM. salamalecs. ▲ANT. △FORMALITÉS, *plur.* – LAISSER-ALLER, SIMPLICITÉ.

format *n. m.* ▸ *Grosseur* – ampleur, amplitude, calibre, carrure, diamètre, empan, envergure, étendue, évasure, giron *(d'une marche)*, grosseur, laize, large, largeur, lé, module, portée, taille.

formation *n. f.* ▸ *Création* – composition, conception, confection, constitution, construction, création, développement, édification, élaboration, exécution, fabrication, façon, façonnage, façonnement, génération, genèse, gestation, invention, œuvre, organisation, paternité, production, réalisation, structuration, synthèse. SOUT. accouchement, enfantement. DIDACT. engendrement. ▸ *Détachement militaire* – bataillon, brigade, colonne, commando, compagnie, corps, échelon, escadron, escorte, garde, garnison, légion, parti, patrouille, peloton, régiment, section, soldatesque *(indisciplinés)*, tabor *(Maroc)*, troupe, unité. PAR EXT. caserne. ANC. escouade, goum, piquet. ▸ *Musiciens* – bastringue *(bruyant)*, ensemble, fanfare, groupe, instrumentistes, musiciens, orchestre, orphéon. ▸ *Éducation* – alphabétisation, apprentissage, conscientisation, didactique, édification, éducation, enrichissement, enseignement, entraînement, études, expérience, façonnage, façonnement, inculcation, information, initiation, instruction, monitorat, pédagogie, professorat, scolarisation, scolarité, stage. ▸ *Expérience de travail* – curriculum vitæ, curriculum, cursus, expérience (professionnelle), formation (professionnelle), itinéraire (professionnel), parcours (professionnel). ▲ANT. DESTRUCTION; DÉFORMATION.

forme *n. f.* ▸ *Contour* – bord, ceinture, cercle, circonférence, contour, dessin, extérieur, lèvres, limbe, marli *(plat, assiette)*, périmètre, périphérie, pourtour, tour. ▸ *Aspect* – air, allure, apparence, aspect, caractère, configuration, couleur, couvert, dehors, éclairage, expression, extérieur, façade, faciès, figure, formule, impression, jour, masque, mine, paraître, perspective, physionomie, plastique *(en art)*, portrait, présentation, profil, ressemblance, semblant, surface, ton, tour, tournure, traits, vernis, visage. SOUT. enveloppe, superficie. ▸ *Anatomie* – anatomie, corps, morphologie, musculature, organisme. SOUT. chair, enveloppe. ▸ *Santé* – apparence, condition *(physique)*, conformation, constitution, état *(physique)*, nature, santé, vitalité. SOUT. complexion. MÉD. diathèse, habitus. ▸ *Manière d'être* – classe, condition, état, genre, modalité, mode, situation. ▸ *Formalité* – démarche, formalité, procédure, règle. ▸ *Moule* – coffrage, matrice, moule. ▸ *Châssis* – carrelet, châssis, contrechâssis, passe-vue. TECHN. rame. ▸ *Pièce à la forme du pied* – embauchoir. ▸ *En construction* – couchis, lit. ▸ *En philosophie* – accident, apparence, attribut, contingence, phénoménalité, phénomène, prédicat. ▸ *En linguistique* – expression, forme (linguistique), signifiant. ▲ANT. INTÉRIEUR; CONTENU, FOND, MATIÈRE, RÉALITÉ.

formel *adj.* ▸ *Clair* – clair, clair et net, évident, explicite, net, qui ne fait aucun doute, sans équivoque. DIDACT. apodictique, prédicatif. ▸ *Incontestable* – avéré, certain, démontré, établi, inattaquable, incontestable, incontesté, indéniable, indiscutable, indiscuté, indubitable, irrécusable, irréfutable, prouvé, reconnu, sûr. FAM. garanti. DIDACT. irréfragable. ▸ *Catégorique* – affirmatif, autoritaire, catégorique, dogmatique, impératif, impérieux, péremptoire, sans réplique, scolastique, tranchant. FAM. pète-sec. ▲ANT. INFORMEL; CONFUS, FLOU, IMPRÉCIS, INDÉFINISSABLE, INDÉTERMINÉ, INDISTINCT, OBSCUR, TROUBLE, VAGUE; ÉVASIF, FUYANT.

formellement *adv.* ▸ *Irréfutablement* – catégoriquement, incontestablement, indéniablement, indiscutablement, irrécusablement, irréfutablement, péremptoirement. ▸ *Explicitement* – catégoriquement, clairement, en toutes lettres, explicitement, expressément, nettement, noir sur blanc, nommément, positivement. ▲ANT. ALLUSIVEMENT, EN SOUS-ENTENDU, ENTRE LES LIGNES, IMPLICITEMENT, TACITEMENT; DUBITATIVEMENT, INTERROGATIVEMENT, SCEPTIQUEMENT.

former *v.* ▸ *Donner une forme* – façonner, modeler, sculpter. SOUT. configurer. ▸ *Avoir comme forme* – dessiner, faire, présenter. ▸ *Établir* – constituer, créer, établir, fonder, instaurer, instituer, mettre en place. SOUT. ériger. ▸ *Causer* – amener, apporter, catalyser, causer, créer, déchaîner, déclencher, déterminer, donner, donner lieu à, donner naissance à, engendrer, entraîner, faire, faire naître, générer, occasionner, produire, provoquer, soulever, susciter. PHILOS. nécessiter. ▸ *Composer* – composer, constituer. ▸ *Développer* – cultiver, développer, éduquer. ▸ *Organiser* – élaborer, établir, mettre sur pied, monter, organiser. ▸ *Habituer* – discipliner, dresser, entraîner, exercer, façonner, habituer. SOUT. rompre. ▸ *Éduquer* – éduquer, instruire. ♦ **se former** ▸ *Se manifester* – apparaître, éclore, faire son apparition, germer, naître, paraître, pointer, se manifester. SOUT. poindre, sourdre. ▸ *Se préciser* – cristalliser, mûrir, prendre corps, prendre forme, prendre tournure, se dessiner, se développer, se préciser. ▲ANT. DÉFAIRE, DÉFORMER, DÉTRUIRE; DÉNATURER, FAUSSER, PERVERTIR.

formidable *adj.* ▸ *Immense* – colossal, considérable, démesuré, énorme, extraordinaire, extrême, fabuleux, géant, gigantesque, grand, gros, immense, incommensurable, monstrueux, monumental, phénoménal, prodigieux, surhumain, titanesque, vaste, vertigineux. SOUT. cyclopéen, herculéen. FAM. bœuf, de tous les diables, du diable, effrayant, effroyable, épouvantable, faramineux, méchant, monstre. FRANCE FAM. gratiné. ▸ *Remarquable* (FAM.) – admirable, brillant, éblouissant, excellent, extraordinaire, fantastique, magistral, magnifique, merveilleux, parfait, prodigieux, remarquable, réussi, sensationnel, sublime. FAM. à tout casser, bluffant, champion, d'enfer, du tonnerre, épatant, extra, fameux, fumant, génial, mirifique, pas piqué des vers, splendide, super, terrible. FRANCE FAM. au feu de Dieu, énorme, fadé, formide, géant, gratiné, pas piqué des hannetons. QUÉB. FAM. capotant, écœurant. ▲ANT. DOUX, FAIBLE, LÉGER; CHARMANT, MIGNON, TOUCHANT;

LAMENTABLE, MÉDIOCRE, MINABLE, NAVRANT, PIÈTRE, PITEUX, PITOYABLE, RATÉ.

formulaire *n. m.* ▸ *Répertoire de médicaments* – codex, pharmacopée. ▸ *Questionnaire* – feuille, formule, questionnaire.

formule *n. f.* ▸ *Expression* – collocation, construction, cooccurrence, expression (figée), lexie complexe, locution, proposition, syntagme, terme, tour, tournure. ▸ *Libellé* – énoncé, intitulé, libellé. ▸ *Slogan* – accroche, slogan. ▸ *Formulaire* – feuille, formulaire, questionnaire. ▸ *Modèle* – archétype, canon, critère, échantillon, étalon, exemple, gabarit, idéal, idée, image, individu, modèle, norme, original, paradigme, précédent, prototype, référence, représentant, type, unité. *BIOL.* holotype. ▸ *Norme* – arrêté, charte, code, convention, cote, coutume, loi, mesure, norme, obligation, ordre, précepte, prescription, protocole, régime, règle, règlement, usage. ▸ *Méthode* – approche, art, chemin, code, comment, credo, démarche, discipline, dispositif, façon (de faire), facture, heuristique, instruction, instrument, ligne de conduite, maïeutique, manière, marche (à suivre), méthode, modalité, mode d'emploi, mode, moyen, opération, ordre, organisation, outil, posologie, pratique, procédé, procédure, protocole, raisonnement, recette, règle, secret, stratagème, stratégie, système, tactique, technique, théorie, traitement, voie. *SOUT.* faire.

formuler *v.* ▸ *Exprimer* – dire, émettre, exprimer, extérioriser, objectiver, verbaliser. ▸ *Exprimer avec précision* – énoncer, expliciter, exposer. ▸ *Rédiger suivant une formule* – dresser, libeller, rédiger dans les formes. ▲ANT. CACHER, DISSIMULER, TAIRE.

fort *adj.* ▸ *Doué de force physique* – athlétique, bien bâti, bien découplé, bréviligne, costaud, gaillard, musclé, puissant, râblé, ragot *(animal)*, ramassé, robuste, solide, trapu, vigoureux. *SOUT.* bien membré, membru, musculeux. *FAM.* qui a du coffre. *FRANCE FAM.* balèze, bien baraqué, malabar, maous. ▸ *Qui a un corps massif* – adipeux, (bien) en chair, charnu, corpulent, de forte taille, empâté, épais, étoffé, gras, gros, imposant, large, lourd, massif, obèse, opulent, plantureux, plein. *FAM.* éléphantesque, hippopotamesque. *FRANCE FAM.* mastoc. *QUÉB. FAM.* baquais. ▸ *Endurant* – aguerri, bien trempé, courageux, dur, dur au mal, endurant, endurci, stoïque. *QUÉB. FAM.* qui a la couenne dure. ▸ *Redoutable* – dangereux, menaçant, puissant, redoutable. ▸ *Doué dans un domaine* – à la hauteur, adroit, bon, brillant, capable, chevronné, compétent, connaisseur, d'élite, de haut vol, de haute volée, de talent, doué, émérite, entraîné, exercé, expérimenté, expert, ferré, fin, habile, inspiré, passé maître, performant, qualifié, qui s'y connaît, talentueux, versé. *SOUT.* entendu à, industrieux, rompu à. *FAM.* calé, qui a la bosse de, qui sait y faire. *FRANCE FAM.* balèze, costaud, fortiche, incollable, trapu. *QUÉB.* connaissant; *FAM.* bollé. ▸ *De grande qualité* – élevé, haut, supérieur, transcendant. ▸ *Intense* – déchaîné, furieux, impétueux, intense, puissant, terrible, violent. ▸ *En parlant d'un mal* – grand, grave, intense, profond, violent. *FAM.* carabiné *(grippe, mal de tête)*, crasse *(ignorance)*. ▸ *Important* – appréciable, considérable, de taille, grand, gros, important, non négligeable, notable,

respectable, sensible, sérieux, substantiel. *FAM.* conséquent. ▸ *Marqué* – accentué, accusé, marqué, net, prononcé, sec. ▸ *Épicé* – assaisonné, corsé, épicé, extra-fort, pimenté, piquant, relevé. ▸ *Résistant* – dur, ferme, raide, résistant, rigide, solide. ▸ *En parlant d'un bruit* – assourdissant, bruyant, éclatant, étourdissant, fracassant, résonnant, retentissant, sonore, tapageur, tonitruant, tonnant. ▸ *Résistant* – abasourdissant. ♦ **forte**, *fém.* ▸ *En parlant d'une voix* – claironnante, cuivrée, de stentor, de tonnerre, éclatante, retentissante, sonore, tonitruante, tonnante, vibrante. ▲ANT. DÉLICAT, DOUX, FAIBLE, LÉGER; ANÉMIQUE, CHÉTIF, FRÊLE, GRINGALET, MAIGRELET, MAIGRICHON, MALINGRE, RACHITIQUE; DOUILLET, SENSIBLE; MAUVAIS, MÉDIOCRE, NUL; NÉGLIGEABLE, RIDICULE; FADE, INSIPIDE; FRAGILE.

fort *adv.* ▸ *Énergiquement* – activement, avec la dernière énergie, avec zèle, décidément, dru, dynamiquement, énergiquement, fermement, fortement, puissamment, résolument, sérieusement, virilement. ▸ *Brutalement* – à la hussarde, à tour de bras, à toute force, âprement, brutalement, crûment, de la belle manière, durement, énergiquement, fortement, net, raide, raidement, rudement, sans ménagement, sec, vertement, vigoureusement, violemment, vivement. ▸ *À haute voix* – à haute voix, à plein gosier, à pleine gorge, à pleine tête, à pleine voix, à pleins poumons, à tue-tête, à voix haute, de vive voix, haut. ▸ *Abondamment* – à discrétion, à foison, à la tonne, à pleines mains, à profusion, à satiété, à souhait, à volonté, abondamment, amplement, beaucoup, bien, considérablement, copieusement, dru, en abondance, en masse, en quantité, énormément, généreusement, grassement, gros, intarissablement, largement, libéralement, lourd, profusément, richement, suffisamment, torrentiellement. *FAM.* à gogo, à revendre, à tire-larigot, bésef, des tonnes, pas mal. *QUÉB.* pour les fins et les fous. ▸ *Extrêmement* – à l'extrême, affreusement, astronomiquement, au dernier degré, au dernier point, au maximum, au plus haut degré, au plus haut point, beaucoup, bien, colossalement, considérablement, éminemment, énormément, exceptionnellement, extraordinairement, extrêmement, fabuleusement, follement, fortement, grandement, gros, hautement, immensément, incommensurablement, inconcevablement, incroyablement, infiniment, intensément, long, mortellement, nettement, on ne peut plus, phénoménalement, prodigieusement, profondément, remarquablement, sérieusement, singulièrement, souverainement, supérieurement, suprêmement, terriblement, très, vertigineusement, vivement, vraiment. *FAM.* bigrement, bougrement, diablement, drôlement, effroyablement, épais, épouvantablement, fameusement, fantastiquement, fichtrement, fichûment, formidablement, foutrement, furieusement, joliment, rudement, sacrément, salement, super, terrible, tout plein, un max, vachement. *QUÉB. FAM.* à l'os, à la planche, au coton, en maudit, en s'il vous plaît, mauditement. ▲ANT. FAIBLEMENT, LÉGÈREMENT; À VOIX BASSE, EN CHUCHOTANT; PEU.

fort *n.* ▸ *Personne forte physiquement* – athlète, colosse, costaud, fort des Halles, gaillard, hercule, (homme) fort, puissant. *FAM.* armoire à glace, Tarzan.

FRANCE FAM. armoire normande, balèze, malabar, mastard. *QUÉB.* fier-à-bras ; *FAM.* taupin. ▸ *Personne puissante* – figure, grand, notabilité, notable, personnage, personnalité, puissant. ♦ **fort, masc.** ▸ *Compétence* – adresse, aisance, aptitude, art, brio, capacité, compétence, dextérité, disposition, doigté, don, expérience, expertise, facilité, faculté, force, génie, habileté, main, maîtrise, métier, pouvoir, professionnalisme, savoir, savoir-faire, sens, talent, technique, virtuosité. *SOUT.* industrie. *FAM.* bosse. *QUÉB.* douance *(scolaire)*. *DR.* habilitation, habilité. ▸ *Ouvrage de fortification* – bastion, bonnette, flanquement, forteresse, fortifications, ouvrage, place, place de guerre, place forte, retranchement. *AFR.* bordj. *ANC.* bretèche, castrum, ferté, préside, redoute. ▸ *Summum* – acmé, apex, apogée, apothéose, cime, climax, comble, culmination, excès, faîte, fin du fin, limite, maximum, meilleur, nec plus ultra, optimum, paroxysme, pic, pinacle, plafond, point culminant, pointe, record, sommet, summum, triomphe, zénith. *FAM.* max, top niveau. ▲**ANT.** DÉBILE, FAIBLE.

forte *adv.* ▲**ANT.** DOLCE, PIANO.

fortement *adv.* ▸ *Énergiquement* – activement, avec la dernière énergie, avec zèle, décidément, dru, dynamiquement, énergiquement, fermement, fort, puissamment, résolument, sérieusement, virilement. ▸ *Brutalement* – à la hussarde, à tour de bras, à toute force, âprement, brutalement, crûment, de la belle manière, durement, énergiquement, fort, net, raide, raidement, rudement, sans ménagement, sec, vertement, vigoureusement, violemment, vivement. ▸ *Beaucoup* – à l'extrême, affreusement, astronomiquement, au dernier degré, au dernier point, au maximum, au plus haut degré, au plus haut point, beaucoup, bien, colossalement, considérablement, éminemment, énormément, exceptionnellement, extraordinairement, extrêmement, fabuleusement, follement, fort, grandement, gros, hautement, immensément, incommensurablement, inconcevablement, incroyablement, infiniment, intensément, long, mortellement, nettement, on ne peut plus, phénoménalement, prodigieusement, profondément, remarquablement, sérieusement, singulièrement, souverainement, supérieurement, suprêmement, terriblement, très, vertigineusement, vivement, vraiment. *FAM.* bigrement, bougrement, diablement, drôlement, effroyablement, épais, épouvantablement, fameusement, fantastiquement, fichtrement, fichûment, formidablement, foutrement, furieusement, joliment, rudement, sacrément, salement, super, terrible, tout plein, un max, vachement. *QUÉB. FAM.* à l'os, à la planche, au coton, en maudit, en s'il vous plaît, mauditement. ▲**ANT.** DOUCEMENT, FAIBLEMENT, LÉGÈREMENT ; PEU.

forteresse *n. f.* ▸ *Au sens propre* – bastion, bonnette, flanquement, fort, fortifications, ouvrage, place, place de guerre, place forte, retranchement. *AFR.* bordj. *ANC.* bretèche, castrum, ferté, préside, redoute. ▸ *Au sens figuré* – bastion, citadelle. *SOUT.* muraille, rempart.

fortification *n. f.* ▸ *Renforcement* – affermissement, amélioration, ancrage, cimentation, consolidation, durcissement, enracinement, fixation, garantie, protection, radicalisation, raffermissement, raidissement, renforçage, renforcement, renfort, rigidification, scellement, stabilisation. *SOUT.* roidissement. ♦ **fortifications, plur.** ▸ *Ouvrage défensif* – bastion, bonnette, flanquement, fort, forteresse, ouvrage, place, place de guerre, place forte, retranchement. *AFR.* bordj. *ANC.* bretèche, castrum, ferté, préside, redoute. *SAPE.*

fortifier *v.* ▸ *Donner des forces* – soutenir, sustenter. ▸ *Rendre plus endurant* – aguerrir, cuirasser, endurcir, habituer, tremper. *FAM.* blinder. ▸ *Munir d'ouvrages de défense* – armer. ▸ *Affermir* – affermir, asseoir, cimenter, confirmer, conforter, consolider, raffermir, renforcer. ♦ **se fortifier** ▸ *Se protéger* – se retrancher. ▲**ANT.** AFFAIBLIR, AMOLLIR, ANÉMIER, CONSUMER, DÉBILITER, MINER, RÉDUIRE, RUINER, SAPER.

fortuit *adj.* ▸ *Imprévu* – accidentel, exceptionnel, imprévu, inattendu, inopiné. *SOUT.* de rencontre. ▸ *Occasionnel* – d'exception, exceptionnel, inaccoutumé, inhabituel, inusité, occasionnel, rare, rarissime, spécial. *SOUT.* extraordinaire, inusuel. ▲**ANT.** ATTENDU, PRÉVISIBLE, PRÉVU ; INTENTIONNEL, PLANIFIÉ, PRÉMÉDITÉ, PROVOQUÉ, VOLONTAIRE.

fortune *n. f.* ▸ *Hasard* (*SOUT.*) – accident, aléa, aléatoire, aventure, cas fortuit, chance, circonstance, coïncidence, conjoncture, contingence, coup de dés, coup du sort, facteur chance, fortuit, hasard, impondérable, imprévu, inattendu, incertitude, indétermination, occurrence, rencontre, sort. *QUÉB. FAM.* adon. *PHILOS.* casualisme, casualité, indéterminisme. *FIG.* loterie. ▸ *Chance* (*SOUT.*) – aubaine, chance, coup de chance, heureux hasard, occasion, opportunité. *FAM.* baraka, (coup de) bol, occase, pot, veine. ▸ *Destin* – avenir, chance, demain(s), destin, destinée, devenir, étoile, existence, fatalité, fortuité, futur, hasard, horizon, karma, lendemain(s), lot, nécessité, prédestination, prédéterminant, prédéterminisme, providence, sérendipité, sort, vie. *SOUT.* fatum, Parque. ▸ *Richesse* – abondance, aisance, bien-être, opulence, or, prospérité, richesse. ▸ *Capital* – argent, avoir, bien, capital, cassette, épargne, fonds, fruit, gain, investissement, liquidités, masse, numéraire, patrimoine, pécule, placement, portefeuille, possession, produit, propriété, richesse, trésor, valeur. *SOUT.* deniers. *FAM.* finances, magot. ▸ *Patrimoine* – apanage, bien, domaine, héritage, légitime, legs, majorat, patrimoine, propriété, succession. *RELIG.* défroque. ▲**ANT.** ADVERSITÉ, FATALITÉ, MALCHANCE ; GÊNE, INDIGENCE, MISÈRE, PAUVRETÉ.

forum *n. m.* ▸ *Place* – agora, esplanade, parvis, piazza, place piétonnière, place publique, place, placette, rond-point, square. *QUÉB.* carré. ▸ *Conférence* – assemblée, atelier de discussion, colloque, comice, comité, conférence, congrès, conseil, groupe de travail, junte, panel, plénum, réunion, séminaire, sommet, symposium, table ronde. *FAM.* grand-messe. ▸ *Espace virtuel de discussion* – tribune.

fosse *n. f.* ▸ *Cavité* – excavation, trou. ▸ *Obstacle* – douve *(rempli d'eau)*, saut-de-loup. ▸ *Relief terrestre* – abîme, crevasse, géosynclinal, gouffre, précipice, puits naturel. ▸ *Relief sous-marin* – abysse, fosse abyssale, fosse marginale *(en bordure d'un continent)*, fosse sous-marine, grand fond, grands fonds sous-marins, profondeurs hadales, profondeurs océaniques. ▸ *Profondeur* – abîme, abysse, creux, distance, enfoncement, épaisseur, (fin) fond, gouffre, lointain, perspective, profondeur. *SOUT.* entrailles. ▸ *Lieu funéraire* – caveau, cénotaphe, crypte, hypogée, mausolée, monument, niche funéraire, sépulture, tombe, tombeau. *SOUT.* sépulcre. *ANC.* ciste, enfeu, pyramide, spéos, tholos, tombelle, tumulus. ▸ *Cachot* – cachot, cellule, oubliette, violon. *FRANCE FAM.* mitard. *ANC.* basse-fosse, cabanon *(pour les fous)*, cul-de-basse-fosse. *ANTIQ. ROM.* ergastule. ▲ANT. TERRE-PLEIN; HAUT-FOND.

fossé *n. m.* ▸ *Fosse* – excavation, fosse. ▸ *Obstacle* – douve *(rempli d'eau)*, saut-de-loup. ▸ *Obstacle équestre* – brook, douve. ▸ *Ouvrage militaire* – circonvallation, contrevallation, sape, tranchée, tranchée-abri. ▸ *Affaissement* – affaissement, cavité, creux, crevasse, dépression, éboulement, écroulement, effondrement, flache, fondrière. *GÉOL.* ensellement, épirogenèse, fondis, graben. ▸ *Voie d'écoulement* – adducteur, baradeau, baradine, canal, drain, encaissement, lit, sangsue, tranchée. *BELG.* watergang. *SUISSE* bisse. *AFR.* seguia. ▸ *Petit* – rigole, saignée. *TECHN.* dalot, goulette, goulotte, larron d'eau, noue, noulet, pierrée. ▸ *Bordant une route* – caniveau, cassis, ruisseau. ▸ *Souterrain* – aqueduc, égout, puisard *(vertical)*. ▸ *Entre deux écluses* – bief, sas. ▸ *Entre deux rivières* – arroyo. ▸ *Bord de la voie* – accotement, banquette, bas-côté, berme, bord, bordure, caniveau, trottoir. ▸ *Différence* – abîme, altérité, changement, désaccord, déviance, différence, dissemblance, dissimilitude, distance, distinction, divergence, diversité, division, divorce, écart, gouffre, incompréhension, inégalité, intervalle, marginalité, nuance, séparation, variante, variation, variété. *MATH.* inéquation. ▸ *Discontinuité* – brisure, cassure, coupure, discontinuité, hiatus, interruption, lacune, rupture, saut, solution de continuité. ▲ANT. TERRE-PLEIN.

fou *adj.* ▸ *Dérangé* – dérangé, gâteux, qui a perdu la tête, qui n'a plus toute sa raison, troublé. ▸ *Déséquilibré* – aliéné, dément, désaxé, déséquilibré, psychopathe. *FAM.* détraqué. ▸ *Halluciné* – effaré, égaré, hagard, halluciné. ▸ *En proie à une vive émotion* – enivré, éperdu, exalté, ivre, transporté. ▸ *Fanatique* – amateur, amoureux, avide, entiché, épris, fanatique, féru, fervent, friand, passionné. *FAM.* accro, enragé, fana, maniaque, mordu. ▸ *Farfelu* – à dormir debout, abracadabrant, abracadabrantesque, absurde, baroque, biscornu, bizarre, burlesque, cocasse, exagéré, excentrique, extravagant, fantasque, farfelu, funambulesque, grotesque, impayable, impossible, incroyable, insolite, invraisemblable, loufoque, qui ne tient pas debout, rocambolesque, saugrenu, tiré par les cheveux, vaudevillesque. *FRANCE FAM.* foutraque, gaguesque, louf, louftingue. ▸ *Déraisonnable* – aberrant, absurde, déraisonnable, idiot, illogique, inepte, insensé, irrationnel, qui n'a aucun sens, ridicule, stupide. *SOUT.* insane. *FAM.* dément, qui ne tient pas debout. *PSYCHOL.* confusionnel. *PHILOS.* alogique. ▸ *En parlant d'un prix* – astronomique, cher, coûteux, élevé, exorbitant, hors de prix, inabordable, prohibitif, ruineux. *FAM.* chérot, faramineux, salé. ▸ *Extraordinaire* (*FAM.*) – étonnant, extraordinaire, fabuleux, fantastique, hors du commun, incroyable, inouï, miraculeux, phénoménal, prodigieux. *FAM.*

délirant, dément, dingue. *FRANCE FAM.* foutral. ▲ANT. ÉQUILIBRÉ, LUCIDE, QUI A TOUTE SA RAISON, SAIN D'ESPRIT; MESURÉ, MODÉRÉ, PONDÉRÉ, RAISONNÉ; DÉTACHÉ, INDIFFÉRENT, TIÈDE; LOGIQUE, SENSÉ, SÉRIEUX; BON MARCHÉ, ÉCONOMIQUE; BANAL, ININTÉRESSANT, ORDINAIRE.

fou *n.* ▸ *Malade mental* – aliéné, dément, désaxé, déséquilibré, forcené, furieux, interné, malade (mental), perdu, psychosé, psychotique. ▸ *Personne écervelée* – écervelé, étourneau, évaporé, imprévoyant, inconscient, irresponsable, négligent. *FAM.* hurluberlu, tête de linotte, tête en l'air. *QUÉB.* FAM. sans génie, tête folle. ▸ *Personne passionnée* – adepte, aficionado, amant, amateur, ami, amoureux, connaisseur, fanatique, fervent, passionné. *SOUT.* assoiffé. *FAM.* accro, allumé, enragé, fana, malade, mordu. *FRANCE FAM.* fondu. ♦ *fou, masc.* ▸ *Bouffon* – amuseur (public), bouffon, clown, comique. *SOUT.* clownesque (*femme*). *ANC.* loustic, paillasse. *HIST.* fou (du roi). *ANTIQ.* histrion. ▲ANT. SAGE, SAIN D'ESPRIT; INDIFFÉRENT.

foudre *n.* ▸ *Éclair* – éclair, feu, fulguration. *SOUT.* fulgurance, tonnerre. ♦ *foudres, plur.* ▸ *Reproches* – accusation, admonestation, admonition, anathématisation, anathème, attaque, avertissement, blâme, censure, condamnation, correction, critique, désapprobation, diatribe, grief, grognerie, gronderie, interdit, leçon, malédiction, mise à l'écart, mise à l'index, mise en quarantaine, objection, observation, plainte, punition, récrimination, remarque, remontrance, représentation, réprimande, réprobation, reproche, réquisitoire, semonce, sérénade, sermon, tollé. *SOUT.* animadversion, fustigation, improbation, mercuriale, objurgation, stigmatisation, vitupération. *FAM.* douche, engueulade, prêchi-prêcha, savon, tabac. *FRANCE FAM.* attrapade, lavage de tête, soufflante. *BELG.* cigare. *RELIG.* fulmination. ▲ANT. △FOUDRES, plur. – COMPLIMENTS, FÉLICITATIONS, LOUANGES.

foudroyant *adj.* brusque, brutal, fulgurant, instantané, prompt, soudain, subit. ▲ANT. ÉVOLUTIF, GRADUEL, LENT, PROGRESSIF.

foudroyer *v.* ▸ *Tuer par une décharge électrique* – électrocuter. ▸ *Tuer subitement* – faucher, frapper, terrasser. ▸ *Anéantir moralement* – abattre, accabler, anéantir, atterrer, briser, consterner, désespérer, terrasser. *FAM.* catastropher, jeter à terre. ▲ANT. RANIMER, RAVIVER, REVIGORER; CONSOLER, RASSURER, RÉCONFORTER, RELEVER.

fouet *n. m.* ▸ *Instrument* – *AFR.* chicote. ▸ *Flagellation* – flagellation, fustigation, knout. ▸ *Appareil culinaire* – batteur, fouet (mécanique), malaxeur, mélangeur, moulinette, moussoir, robot (de cuisine)/robot culinaire. ▸ *Cordon* – cordelette, cordon, cordonnet, ficelle, lacet, tirant.

fouetter *v.* ▸ *Battre à coups de fouet* – cingler, cravacher, flageller. ▸ *Pincer au visage* – cingler, couper, gifler, mordre, pincer, piquer, taillader. *SOUT.* flageller. ▸ *Remuer des aliments liquides* – battre. ▸ *Stimuler* – aiguillonner, animer, éperonner, exciter, motiver, pousser, stimuler. *SOUT.* agir. ▸ *Puer* (*FAM.*) – empester, puer, sentir fort, sentir mauvais. *FAM.* cocotter, sentir. *FRANCE FAM.* renifler, taper. ▸ *Avoir peur* (*FAM.*) – avoir grand-peur, avoir peur, blêmir, frissonner, pâlir, prendre peur, trembler, verdir. *FAM.* avoir la colique, avoir la frousse, avoir la pétoche, avoir la tremblote, avoir la trouille, avoir le trac, avoir le trouillomètre à zéro, avoir les boules, avoir les chocottes, avoir les foies, avoir les glandes, avoir les jetons, baliser, mouiller, serrer les fesses. *FRANCE FAM.* les avoir à zéro, trouiller, trouilloter. *QUÉB. FAM.* avoir la chienne. *BELG. FAM.* clopper. ▲**ANT.** CAJOLER, CÂLINER, CARESSER, CHOYER, DORLOTER; APAISER, ENDORMIR; ARRÊTER, EMPÊCHER, RÉFRÉNER, RÉPRIMER.

fougasse *n. f.* ▶ *Galette* – fouace. ▸ *Petite* – fougassette.

fougue *n. f.* ▶ *Ardeur* – ardeur, emportement, feu, furia, impétuosité, pétulance, véhémence, vivacité. *FAM.* mordant. ▶ *Impatience* – avidité, brusquerie, désir, empressement, fièvre, hâte, impatience, impétuosité, précipitation, urgence, urgent. ▶ *Turbulence* – agitation, dissipation, espièglerie, excitation, impétuosité, mobilité, mouvement, nervosité, pétulance, tapage, turbulence, vivacité. ▶ *Partie de navire* – vergue de hune. ▲**ANT.** FROIDEUR; PATIENCE; CALME, FLEGME, PLACIDITÉ.

fougueux *adj.* ▶ *Enthousiaste* – animé, ardent, enthousiaste, exubérant, pétulant, véhément, vif. ▶ *Impulsif* – bouillant, emporté, enflammé, explosif, impatient, impétueux, impulsif, passionné, prompt, qui a la tête chaude, sanguin, véhément, vif, violent, volcanique. *QUÉB. FAM.* malendurant, prime. ▲**ANT.** AMORPHE, APATHIQUE, ENDORMI, INDOLENT, LYMPHATIQUE, MOU, NONCHALANT, SANS RESSORT; MESURÉ, PONDÉRÉ, POSÉ, RAISONNABLE, RÉFLÉCHI, RESPONSABLE, SAGE, SENSÉ, SÉRIEUX.

fouille *n. f.* ▶ *Creusage* – affouillement, approfondissement, creusage, creusement, déblai, défonçage, défoncement, évidement, excavation, fonçage, foncement, forage, foration, fouissage, perçage, percement, piochage, sondage. *TECHN.* rigolage. *AGRIC.* effondrement. ▶ *Exploration* – découverte, documentation, exploration, furetage, prospection, recherche, reconnaissance, sondage. *FAM.* farfouillage, farfouillement. ▶ *Perquisition* – coup de filet, descente (de police), perquisition, quadrillage, rafle, raid, ratissage, rezzou. *FAM.* razzia. ▶ *Recherche d'objets anciens* – archéologie. ▶ *Poche (FRANCE FAM.)* – gousset, poche. ▲**ANT.** COMBLEMENT, REMPLISSAGE; DISCRÉTION.

fouillé *adj.* ▶ *Détaillé* – approfondi, détaillé, pointu, poussé, précis. ▲**ANT.** APPROXIMATIF, GROSSIER, IMPRÉCIS, RUDIMENTAIRE, SOMMAIRE, SUPERFICIEL, VAGUE.

fouiller *v.* ▶ *Explorer un lieu* – arpenter, battre, explorer, inspecter, parcourir, prospecter, ratisser, reconnaître, visiter. ▶ *Examiner attentivement* – arraisonner *(navire)*, examiner, inspecter, passer au peigne fin, regarder à la loupe, scruter. ▶ *Étudier plus à fond* – approfondir, ausculter, creuser, épuiser, étudier à fond, examiner sous toutes les coutures, passer au crible, scruter, traiter à fond. ▶ *Remuer la terre* – ameublir, bêcher, biner, défoncer, écrouter, effondrer, égratigner, émotter, gratter, herser, labourer, piocher, remuer, retourner, scarifier, serfouir. ▶ *Creuser* – fouir, muloter, vermillonner. ▶ *Chercher partout* – chercher, explorer, fourgonner, fouriager, fureter, tripoter. *FAM.* farfouiller, fouiner, trifouiller. ▲**ANT.** ENTERRER; SURVOLER.

fouilleur *n.* ▶ *Curieux* – badaud, curieux, furet, fureteur, indiscret. *SOUT.* fâcheux. *BELG.* mêletout. ▶ *Chercheur d'objets anciens* – archéologue. ♦ **fouilleuse**, *fém.* ▶ *Instrument aratoire* – araire, bisoc, brabant, butteur, buttoir, chisel, cultivateur, décavaillonneuse, déchaumeuse, déchausseuse, défonceuse, fossoir, houe à cheval, monosoc, motoculteur, piocheuse, polysoc, pulvériseur, sarcloir, scarificateur, sous-soleuse, tourne-oreille, tourne-soc, trisoc. *QUÉB.* rotoculteur. ▲**ANT.** DISCRET.

foulard *n. m.* bandana, cache-col, cache-nez, carré, châle, écharpe, étole, fichu, madras, mantille, mouchoir, pashmina, pointe. *QUÉB.* cache-cou.

foule *n. f.* ▶ *Gens* – gens, individus, monde, personnes, public. ▶ *Rassemblement* – abondance, affluence, armada, armée, attroupement, cohue, concentration, concours, encombrement, essaim, flot, forêt, fourmilière, fourmillement, grouillement, légion, marée, masse, meute, monde, multitude, peuple, pléiade *(célébrités)*, pullulement, rassemblement, régiment, réunion, ribambelle, ruche, tas, troupeau. *FAM.* flopée, marmaille *(enfants)*, tapée, tripotée. *QUÉB.* achalandage; *FAM.* tapon, trâlée. *PÉJ.* ramassis. ▶ *Populace* – (bas) peuple, (basse) pègre, bétail, la rue, masse (populaire), multitude, petit peuple, plèbe, populace, prolétariat, troupeau, vulgaire. *FAM.* populo, vulgum pecus. ▶ *Auditoire* – assemblée, assistance, assistants, auditeurs, auditoire, galerie, présents, public, salle. ▶ *Abondance* – abondance, afflux, amas, ampleur, concentration, débauche, débordement, exubérance, filon, floraison, foisonnement, forêt, fourmillement, gisement, infinité, inondation, luxe, luxuriance, masse, mine, multiplicité, myriade, nuée, orgie, paquet, pléthore, poussière, profusion, quantité, richesse, surabondance, tas, trésor. *FIG.* carnaval. *FAM.* festival, flopée, kyrielle, tapée, tonne, tripotée, wagon. *QUÉB. FAM.* bourrée, tapon. *SUISSE FAM.* craquée. ▶ *Collection* – accumulation, amas, appareil, assemblage, assortiment, collection, compilation, ensemble, grand nombre, groupe, groupement, jeu, quantité, rassemblement, recueil, tas, train. *FAM.* attirail, cargaison, compil. *PÉJ.* ramassis. ▲**ANT.** DÉSERT; RARETÉ; POIGNÉE; ÉLITE.

fouler *v.* ▶ *Écraser le raisin* – écraser, presser, pressurer *(au pressoir)*, pulper. ♦ **se fouler** ▶ *Se fatiguer (FAM.)* – brûler la chandelle par les deux bouts, s'épuiser, s'éreinter, s'exténuer, se fatiguer, se mettre à plat, se surmener, se tuer. *FAM.* s'esquinter, se casser, se crever. *QUÉB. FAM.* se mettre à terre.

four *n. m.* ▶ *Foyer* – alandier, foyer. ▶ *Lieu très chaud (QUÉB.)* – étuve, fournaise. ▶ *Échec* – avortement, banqueroute, capitulation, catastrophe, chute, débâcle, débandade, déconfiture, défaite, déroute, désavantage, échec, écrasement, faillite, fiasco, infortune, insuccès, mauvaise fortune, naufrage, perte, ratage, raté, retraite, revers. *SOUT.* traverse. *FAM.* désastre, piquette, plantage, raclée, recalage, volée. *FRANCE FAM.* bérézina, bide, brossée, déculottée, dégelée, écrabouillement, fessée, foirade, gamelle, loupage, pile, rincée, rossée, tannée, veste. ▲**ANT.** RÉUSSITE, SUCCÈS, TRIOMPHE.

fourbe *adj.* ▶ *Hypocrite* – à double face, de mauvaise foi, déloyal, dissimulateur, dissimulé, fallacieux, faux, hypocrite, insidieux, insincère, menteur,

fourbu

perfide, sournois, tortueux, traître, trompeur. *SOUT.* captieux, cauteleux, chafouin, tartufe, tartuffard, tortu. *DIDACT.* sophistique. ▶ *Rusé* – diabolique, machiavélique, malin, perfide, rusé, tortueux. *SOUT.* artificieux, chafouin, madré, matois, retors, roué, scélérat. *FAM.* roublard, vicelard. *QUÉB. FAM.* ratoureux, snoreau, vlimeux. ▲**ANT.** DROIT, FRANC, HONNÊTE, LOYAL; ANGÉLIQUE, CANDIDE, INGÉNU, INNOCENT, NAÏF, PUR, SIMPLE.

fourbu *adj.* à bout, à plat, brisé, courbatu, épuisé, éreinté, exténué, fatigué, harassé, las, mort (de fatigue), moulu (de fatigue). ramolli. *SOUT.* recru (de fatigue), rompu (de fatigue), roué de fatigue. *FAM.* au bout du rouleau, avachi, claqué, crevé, esquinté, flagada, flapi, lessivé, nase, pompé, ramollo, raplapla, rétamé, sur le flanc, sur les genoux, sur les rotules, vanné, vidé. *QUÉB. FAM.* au coton, brûlé, poqué. ▲**ANT.** EN (PLEINE) FORME, PLEIN D'ÉNERGIE, PLEIN DE VITALITÉ; DISPOS, REPOSÉ.

fourche *n. f.* ▶ *Instrument* – *ANTIQ. ROM.* fuscine. ▶ *Carrefour* – bifurcation, branchement, bretelle, carrefour, croisée, croisement, échangeur, embranchement, étoile, intersection, patte-d'oie, rondpoint, (voie de) raccordement. ▶ *Intervalle* (BELG.) – battement, creux, distance, durée, espace (de temps), intervalle, laps de temps. *SOUT.* échappée. *QUÉB. ACADIE FAM.* escousse, secousse. ▶ *Couture* – enfourchure.

fourchette *n. f.* ▶ *Pièce qui transmet un mouvement* – pendillon. ▶ *Poitrine de l'oiseau* – bréchet. ▶ *Écart* – dispersion, écart, variance, variation.

fourgon *n. m.* ▶ *Véhicule routier* – camion, poids lourd. *FRANCE FAM.* bahut. ▶ *Véhicule ferroviaire* – remorque (camion ou métro), voiture, wagon, wagonnet (petit). ▶ *Lieu de rangement d'un véhicule* – coffre (auto), soute (bateau ou avion). *QUÉB. FAM.* valise (auto).

fourmilière *n. f.* ▶ *Abondance de personnes* – abondance, affluence, armada, armée, attroupement, cohue, concentration, concours, encombrement, essaim, flot, forêt, foule, fourmillement, grouillement, légion, marée, masse, meute, monde, multitude, peuple, pléiade (célébrités), pullulement, rassemblement, régiment, réunion, ribambelle, ruche, tas, troupeau. *FAM.* flopée, marmaille (enfants), tapée, tripotée. *QUÉB.* achalandage; *FAM.* tapon, trâlée. *PÉJ.* ramassis. ▶ *Insectes de l'habitation* – colonie (de fourmis), communauté (de fourmis), société (de fourmis). ▲**ANT.** DÉSERT.

fourmiller *v.* ▶ *Se trouver en grand nombre* – abonder, foisonner, pulluler. ▶ *Remuer en grand nombre* – grouiller, pulluler. ▶ *Contenir en abondance* – abonder en, déborder de, foisonner de, regorger de, surabonder de/en. ▶ *Démanger* – chatouiller, démanger. *FAM.* gratter, grattouiller, piquer.

fournaise *n. f.* ▶ *Incendie* – brasier, embrasement, feu, flammes, foyer, incendie. ▶ *Lieu très chaud* – étuve. *QUÉB.* four. ▲**ANT.** GLACIÈRE.

fourneau *n. m.* ▶ *Four pour fondre des substances* – bessemer, convertisseur, cubilot, finerie, forge, four oscillant, fourneau de fusion, fourneau de sidérurgie, fournette, haut fourneau, huguenot.

▶ *Cavité d'une mine* – camouflet, fourneau (de mine).

fourni *adj.* abondant, dru, épais, luxuriant, touffu.

fournir *v.* ▶ *Mettre à la disposition* – apporter, donner, mettre à la disposition, procurer. ▶ *Présenter un document* – donner, exhiber, montrer, présenter, produire. ▶ *Générer* – donner, générer, produire, rapporter, rendre. ▶ *Approvisionner* – alimenter, approvisionner, pourvoir, ravitailler. ▲**ANT.** DÉGARNIR, DÉMUNIR, DÉNUDER, PRIVER; REFUSER, RETIRER; FRUSTRER.

fournisseur *n.* ▶ *Pourvoyeur* – apporteur, approvisionneur, casernier (militaire), donateur, fournituriste, pourvoyeur, prestataire (de services), ravitailleur. ▲**ANT.** BÉNÉFICIAIRE, CLIENT, UTILISATEUR.

fourniture *n. f.* ▶ *Approvisionnement* – apport, approvisionnement, ravitaillement. ▶ *Provision* – amas, approvisionnement, dépôt, provision, réserve, stock.

fourré *n. m.* buisson, épinaie, épinier, haie, hallier, hayette (petit), roncier. ▶ *Dans une forêt* – brande, sous-bois, sous-étage.

fourrer *v.* ▶ *Enfouir* – enfoncer, enfouir, plonger. ▶ *Mettre* (FAM.) – mettre, placer, ranger. *FAM.* caser, foutre. *QUÉB. FAM.* serrer. ♦ **se fourrer** ▶ *S'immiscer* (FAM.) – s'immiscer dans, s'ingérer dans, se mêler de. *FAM.* mêler son grain de sel dans, mettre son grain de sel dans, mettre son nez dans. ▶ *S'engager* (FAM.) – s'avancer, s'aventurer, s'engager, s'essayer à, se hasarder, se lancer, se risquer. *FAM.* s'embarquer, s'empêtrer, se mettre les pieds dans. *FRANCE FAM.* s'embringuer. ▲**ANT.** ENLEVER, EXTRAIRE, RETIRER, SORTIR.

fourrure *n. f.* ▶ *Poil* – lainage, livrée, manteau, mantelure (chien), peau, pelage, robe, toison. ▶ *Joint* – coulis, joint.

foyer *n. m.* ▶ *Âtre* – âtre, cheminée, feu. ▶ *Four* – alandier, four. ▶ *Feu* – brasier, embrasement, feu, flammes, fournaise, incendie. ▶ *Domicile* – domicile, intérieur, maison, nid, résidence, toit. *SOUT.* demeure, habitacle, logis. *FAM.* bercail, bicoque, chaumière, chez-soi, crèche, pénates. ▶ *Famille* – cellule familiale, entourage, famille, fratrie, gens, logis, maison, maisonnée, membres de la famille, ménage, toit. ▶ *Centre* – axe, centre, entre-deux, intermédiaire, milieu, moyen terme, pivot, point central. *FIG.* clef (de voûte), cœur, midi, nœud, nombril, noyau, ombilic, sein, siège. ▲**ANT.** BORD, FRANGE, PÉRIPHÉRIE.

fracas *n. m.* ▶ *Bruit* – déflagration, détonation, explosion, mugissement, pétarade, rugissement, tonnerre, vacarme. ▲**ANT.** SILENCE.

fraction *n. f.* ▶ *Pourcentage* – contingent, part, portion, pourcentage, quantité, quota. ▶ *Fragment* – bribe, brisure, charpie, coupure, débris, éclat, esquille (os), fragment, grain, granule, granulé, havrit, lambeau, limaille, miette, morceau, parcelle, part, particule, partie, pépite, portion, quartier, reste. *FAM.* graine. ▶ *Action* – atomisation, décomposition, découpage, démembrement, désagrégation, désagrégement, désintégration, dislocation, dissociation, dissolution, division, éclatement, écroulement, effritement, émiettement, fission, fractionnement, fragmentation, îlotage, micronisation, morcellement, parcellarisation, parcellarité, parcellisation, partage, pulvérisation, quadripartition, sectorisation, séparation, tranchage, tripartition. *FRANCE FAM.* saucissonnage. ▸ *Territoires* – balkanisation, partition. ▸ *Nombre* – nombre fractionnaire. ▸ *Part* – apport, commandite, contingent, contribution, cotisation, dot, dotation, écot, financement, fonds, fournissement, lot, mise, montant, obligation, parrainage, part, participation, portion, quote-part, quotité. ▲ANT. TOTALITÉ, TOUT; ENTIER, UNITÉ.

fractionnaire *adj.* ▲ANT. ENTIER *(nombre)*.

fractionnement *n. m.* ▸ *Séparation* – atomisation, décomposition, découpage, démembrement, désagrégation, désagrégement, désintégration, dislocation, dissociation, dissolution, division, éclatement, écroulement, effritement, émiettement, fission, fragmentation, îlotage, micronisation, morcellement, parcellarisation, parcellarité, parcellisation, partage, pulvérisation, quadripartition, sectorisation, séparation, tranchage, tripartition. ▲ANT. FUSION, JONCTION, RÉUNION, SYNTHÈSE, UNIFICATION, UNION.

fragile *adj.* ♦ **choses** ▸ *Qui casse facilement* – cassable, cassant. ▸ *Précaire* – chancelant, défaillant, faible, glissant, incertain, instable, menacé, précaire, vacillant. ▸ *Sans base solide* – attaquable, contestable, controversable, controversé, critiquable, discutable, douteux, litigieux, mis en doute, sujet à caution, sujet à controverse, vulnérable. ♦ **personnes** ▸ *Peu robuste* – anémique, chétif, débile, délicat, en mauvaise santé, faible, frêle, mal portant, maladif, malingre, rachitique, souffreteux. *SOUT.* valétudinaire. ▸ *Facile à attaquer* – désarmé, faible, impuissant, sans défense, vulnérable. ▲ANT. SOLIDE; INCASSABLE, INFRANGIBLE, RÉSISTANT; ASSURÉ, FERME, STABLE; AVÉRÉ, CERTAIN, DÉMONTRÉ, ÉTABLI, FORMEL, INATTAQUABLE, INCONTESTABLE, INDÉNIABLE, INDISCUTABLE, INDUBITABLE, IRRÉFUTABLE, PROUVÉ, RECONNU, SÛR; BIEN PORTANT, EN BONNE SANTÉ, EN SANTÉ, SAIN, VALIDE; (PSYCHOLOGIQUEMENT) FORT, SÛR DE SOI.

fragiliser *v.* ▸ *Affaiblir* – affaiblir, précariser, vulnérabiliser. ▸ *Perturber mentalement* – désaxer, déséquilibrer, déstabiliser, ébranler, perturber. ▲ANT. AFFERMIR, ASSURER, CONSOLIDER, RENFORCER.

fragilité *n. f.* ▸ *Délicatesse* – délicatesse, étroitesse, finesse, gracilité, légèreté, minceur, petitesse, sveltesse. *SOUT.* ténuité. ▸ *Altérabilité* – altérabilité, délicatesse, faiblesse, friabilité, instabilité, labilité, tendreté, vulnérabilité. ▸ *Instabilité* – ballottement, changement, déséquilibre, fluctuation, inadaptation, incertitude, inconstance, inégalité, instabilité, mouvant, mouvement, précarité, variabilité, variation, versatilité, vicissitude, volatilité. *SOUT.* fugacité. ▸ *Maigreur* – amaigrissement, dépérissement, dessèchement, gracilité, maigreur, minceur. *SOUT.* émaciation, émaciement. ▲ANT. RÉSISTANCE, ROBUSTESSE, SOLIDITÉ; INALTÉRABILITÉ; STABILITÉ; FORCE, VIGUEUR.

fragment *n. m.* ▸ *Morceau* – bribe, brisure, charpie, coupure, débris, éclat, esquille *(os)*, fraction, grain, granule, granulé, havrit, lambeau, limaille, miette, morceau, parcelle, part, particule, partie, pépite, portion, quartier, reste. *FAM.* graine. ▸ *Partie d'un texte* – citation, épigraphe, exemple, exergue, extrait, passage. ▲ANT. ENSEMBLE, TOUT, UNITÉ.

fragmentaire *adj.* imparfait, inachevé, incomplet, insuffisant, lacunaire, partiel, relatif. ▲ANT. COMPLET, ENTIER.

fraîchement *adv.* ▸ *Froidement* – durement, froidement, glacialement, hautainement, impersonnellement, insensiblement, raide, raidement, sec, sèchement. ▸ *Récemment* – à une époque rapprochée, depuis peu, dernièrement, frais, il y a peu, naguère, nouvellement, récemment. ▲ANT. CHALEUREUSEMENT, CHAUDEMENT; IL Y A BELLE LURETTE, IL Y A LONGTEMPS.

fraîcheur *n. f.* ▸ *Froid léger* – fraîche. ▸ *Froideur* – désaffection, désintéressement, désintérêt, détachement, froideur, indifférence. *SOUT.* désamour. ▸ *Nouveauté* – actualité, avant-gardisme, changement, contemporanéité, inédit, innovation, jamais vu, jeunesse, mode, modernisme, modernité, neuf, nouveau, nouveauté, originalité, pertinence, précédent, première, présent, primeur. ▸ *Originalité* – anticonformisme, audace, cachet, caractère, hardiesse, indépendance, individualité, innovation, inspiration, marginalité, non-conformisme, nouveauté, originalité, particularité, personnalité, piquant, pittoresque, singularité, unicité. ▸ *Légèreté* – délicatesse, douceur, finesse, légèreté, modération, moelleux, mollesse, onctuosité, quiétude, suavité, tranquillité, velouté. *FIG.* soie. ▸ *Pureté* – candeur, fleur, honnêteté, ingénuité, innocence, naïveté, pureté, simplicité. ▸ *Grâce* – agrément, art, attrait, beau, beauté, charme, chic, classe, coquetterie, délicatesse, distinction, éclat, élégance, esthétique, féerie, grâce, gracieux, harmonie, magnificence, majesté, perfection, photogénie, pureté, séduction, splendeur, symétrie. *DIDACT.* eurythmie. *SOUT.* blandice, joliesse, morbidesse, sublimité, symphonie, vénusté. ▲ANT. CHALEUR; SÉCHERESSE; CORRUPTION; VIEILLESSE; FATIGUE, USURE; BANALITÉ, FADEUR; GRISAILLE.

frais *adj.* ▸ *Légèrement froid* – froid, rafraîchi, refroidi. *FAM.* frisquet. ▸ *Sans cordialité* – de glace, de marbre, distant, froid, glaçant, glacial, réfrigérant, réservé. *SOUT.* marmoréen. ▸ *Nouveau* – à la mode, à la page, actuel, au goût du jour, dans le vent, dernier cri, en vogue, jeune, moderne, neuf, nouveau, récent. *FAM.* branché, in, tendance. ▸ *Jeune* – décapant, jeune, rafraîchissant, vivifiant. ▸ *Détendu* – délassé, détendu, en forme, (frais et) dispos, reposé. ▸ *En parlant du teint* – clair, coloré, fleuri, florissant, pur, rose, vermeil. ▸ *Vaniteux* (*QUÉB. FAM.*) – cabot, cabotin, complaisant, conquérant, content de soi, fat, fier, fiérot, hâbleur, imbu de soi-même, infatué, m'as-tu-vu, orgueilleux, outrecuidant, pédant, pétri d'orgueil, plein de soi-même, présomptueux, prétentieux, qui fait l'important, qui se prend pour quelqu'un, qui se prend pour un autre, rempli de soi-même, suffisant, vain, vaniteux, vantard. *FAM.* chochotte, prétentiard, ramenard. *QUÉB. FAM.* frappé. ▲ANT. BON, CHAUD, CONFORTABLE, DOUX; CHALEUREUX, CORDIAL, ENGAGEANT, SOCIABLE; AFFECTUEUX, AMI, AMICAL, FRATERNEL, TENDRE; CONNU, ÉCULÉ, REBATTU, RÉCHAUFFÉ, RESSASSÉ, USÉ; MORNE, SANS ÉCLAT, TERNE; ÉPUISÉ, ÉREINTÉ, EXTÉNUÉ, FATIGUÉ, FOURBU, LAS; BLAFARD, BLANC, BLÊME, CADAVÉRIQUE, EXSANGUE, HÂVE, LIVIDE, PÂLE; HUMBLE, MODESTE, SANS PRÉTENTION, SIMPLE; FERMENTÉ *(fromage)*.

frais

frais *n. m. pl.* ▸ *Dépense* – contribution, cotisation, débours, déboursement, décaissement, dépense, faux frais, paiement, sortie. *QUÉB.* déboursé. ▸ *Facture* – addition, compte, dû, état de compte, état de frais, facture, note, relevé. *FAM.* coup de fusil, douloureuse, quart d'heure de Rabelais. ▸ *Commission* – agio, charges, commission, crédit, intérêt, plus-value, prélèvement. ▸ *Coûts judiciaires* – dépens.

franc *adj.* ▸ *Loyal* – correct, droit, honnête, loyal, probe, régulier. *FAM.* carré, réglo, rond. ▸ *Qui dit la vérité* – sincère, vrai. *SOUT.* vérace, véridique. ▸ *Pour renforcer un terme* – fameux, fieffé, fier, parfait, rude, sale. *FAM.* cré, damné, fichu, maudit, sacré, satané. *QUÉB. FAM.* mautadit, sapré, saudit. ▲ANT. DÉLOYAL, FALLACIEUX, FAUX, FOURBE, HYPOCRITE, INSINCÈRE, MENTEUR, PERFIDE, SOURNOIS, TORTUEUX, TRAÎTRE, TROMPEUR; ADORÉ, CHER.

français *n.* ♦ **le français** ▸ *Langue* – langue d'oïl, langue de la diplomatie, langue de Molière, langue de Voltaire, langue française.

franchement *adv.* ▸ *Carrément* – abruptement, brusquement, brutalement, carrément, catégoriquement, crûment, directement, droit, droit au but, en plein, fermement, franc, hardiment, librement, net, nettement, raide, raidement, résolument, rondement, sans ambages, sans ambiguïté, sans barguigner, sans détour(s), sans dissimulation, sans équivoque, sans faux-fuyant, sans hésitation, sans intermédiaire, vertement. *FAM.* franco. ▸ *Sincèrement* – à la loyale, authentiquement, de bonne foi, en toute bonne foi, franc, honnêtement, loyalement, ouvertement, sincèrement, uniment. *FAM.* franco. ▲ANT. HYPOCRITEMENT, INSIDIEUSEMENT, MALHONNÊTEMENT, MENSONGÈREMENT, SOURNOISEMENT, TORTUEUSEMENT, TRAÎTREUSEMENT, TROMPEUSEMENT; PAS MAL, PLUS OU MOINS, PLUTÔT, RELATIVEMENT.

franchir *v.* ▸ *Sauter par-dessus* – enjamber, passer, sauter. ▸ *Dépasser* – dépasser, passer. ▸ *Vaincre* – avoir raison de, surmonter, triompher de, vaincre, venir à bout de. ▲ANT. ACHOPPER, BUTER, HEURTER; RESPECTER; ÉCHOUER, MANQUER, RATER.

franchise *n. f.* ▸ *Sincérité* – abandon, bonne foi, confiance, cordialité, droiture, franc-jeu, franc-parler, loyauté, netteté, parler-vrai *(politique)*, rondeur, simplicité, sincérité, spontanéité. ▸ *Honnêteté* – conscience, droiture, exactitude, fidélité, honnêteté, incorruptibilité, intégrité, irréprochabilité, justice, loyauté, mérite, moralité, netteté, probité, scrupule, sens moral, transparence, vertu. ▸ *Exemption* – abattement, décharge, dégrèvement, dérogation, détaxation, détaxe, dispense, exemption, exonération, grâce, immunité, impunité, inamovibilité, inviolabilité, irresponsabilité, libération, liberté, mainlevée, réforme *(armée)*, transit. ▲ANT. DÉTOUR, DISSIMULATION; DUPLICITÉ, FAUSSETÉ, HYPOCRISIE, SOURNOISERIE; OBLIGATION.

frange *n. f.* ▸ *Ornement* – crépine, effilé. ▸ *Bordure* – aboutissement, bord, bordure, borne, bout, cap, confins, délimitation, extrême, extrémité, fin, finitude, frontière, ligne, limite, lisière, orée, pied, pointe, pôle, queue, talon, terme, terminaison, tête. ▸ *Cheveux* – toupet, toupillon *(petit)*. ▸ *Limite*

imprécise – marge. ▸ *Petit nombre de personnes* – minoritaires, minorité, poignée, quarteron. ▲ANT. CENTRE, CŒUR, ESSENCE; MAJORITÉ, MASSE.

frappant *adj.* ▸ *Étonnant* – étonnant, hallucinant, impressionnant, marquant, notable, remarquable, saillant, saisissant, spectaculaire. *FAM.* bluffant. ▸ *Évident* – apparent, aveuglant, certain, clair, cousu de fil blanc, criant, éclatant, évident, flagrant, hurlant (de vérité), incontestable, manifeste, patent, qui coule de source, qui crève les yeux, qui saute aux yeux, qui se voit comme le nez au milieu du visage, qui tombe sous le sens, qui va de soi, qui va sans dire, visible. ▲ANT. DOUTEUX, ÉQUIVOQUE, INCERTAIN, MITIGÉ, VAGUE; CACHÉ, DISSIMULÉ, LATENT.

frapper *v.* ▸ *Donner des coups* – battre, cogner, taper (sur). *QUÉB. FAM.* fesser sur, piocher sur, tapocher sur. ▸ *Heurter* – buter contre, cogner, donner dans, heurter, rentrer dans. *QUÉB. FAM.* accrocher. ▸ *Emboutir* – caramboler, emboutir, heurter, percuter, rentrer dans, tamponner, télescoper. *FAM.* emplafonner. ▸ *Cogner à la porte* – cogner. ▸ *Atteindre physiquement* – atteindre, toucher. ▸ *Affliger d'un mal* – accabler, affliger, atteindre, toucher. ▸ *Battre* – batre, porter la main sur, rosser, rouer de coups. *SOUT.* étriller. *FAM.* abîmer le portrait à, administrer une correction à, arranger le portrait à, casser la figure à, casser la gueule à, cogner, corriger, dérouiller, flanquer une raclée à, flanquer une volée à, passer à tabac, péter la gueule à, piler, rentrer dedans, tabasser, taper sur, voler dans les plumes à. *FRANCE FAM.* boxer, castagner, châtaigner, esquinter le portrait à, flanquer une pile à, mettre la tête au carré à, rentrer dans le chou à, rentrer dans le lard à, rentrer dans le mou à, tatouiller, tomber sur le paletot à, tomber sur le poil à, tricoter les côtes à. *QUÉB. FAM.* bûcher, fesser, tapocher. ▸ *Tuer subitement* – faucher, foudroyer, terrasser. ▸ *Étonner* – étonner, interloquer, stupéfaier, surprendre. *FAM.* en boucher un coin à, laisser pantois. ▸ *Marquer* – déteindre sur, exercer une influence sur, faire impression sur, impressionner, influencer, marquer. ♦ **se frapper** ▸ *S'inquiéter* (FAM.) – être sur des charbons ardents, s'alarmer, s'angoisser, s'en faire, s'énerver, s'inquiéter, se faire du mauvais sang, se faire du souci, se faire du tracas, se faire un sang d'encre, se mettre martel en tête, se morfondre, se ronger les mœlles, se ronger les sangs, se soucier, se tourmenter, se tracasser. *FAM.* angoisser, se biler, se faire de la bile, se faire des cheveux, (se) stresser. *QUÉB. FAM.* capoter. ▲ANT. CARESSER; DÉFENDRE, PRÉSERVER, PROTÉGER; ÉPARGNER, MÉNAGER; PARDONNER, RÉCOMPENSER; BLASER, LAISSER DE MARBRE, LAISSER FROID, LAISSER INDIFFÉRENT.

fraternel *adj.* ▸ *Amical* – affectueux, ami, amical, chaleureux, tendre. ▸ *Charitable* – altruiste, bon, charitable, compatissant, désintéressé, généreux, humain, humanitaire, philanthrope, qui a bon cœur, secourable. *SOUT.* bienfaisant. ▲ANT. DE PIERRE, DUR, ENDURCI, FROID, INDIFFÉRENT, INSENSIBLE, SANS-CŒUR, SEC; FIELLEUX, HAINEUX, HARGNEUX, HOSTILE, MALVEILLANT, MÉCHANT, PERFIDE.

fraternité *n. f.* ▸ *Camaraderie* – amitié, camaraderie, confraternité, coude à coude, entente, solidarité, sympathie. *FAM.* copinerie. ▸ *Bonne entente* – accord, affinité, amitié, atomes crochus, (bonne) intelligence, communauté de goûts, communauté de sentiments, communauté de vues, communion, compatibilité, complicité, compréhension, concorde, connivence, convergence d'idées, harmonie, point commun, sympathie, union, unisson. *SOUT.* concert. ▸ *Paix* – accalmie, apaisement, bonace, bonheur, calme, éclaircie, entente, harmonie, idylle, paix, quiétude, rémission, repos, silence, tranquillité, trêve, union, unité. *SOUT.* kief *(en Orient).* ▸ *Altruisme* – aide, allocentrisme, altruisme, amour (d'autrui), assistance, bénévolat, bienveillance, bonté, charité, commisération, compassion, complaisance, convivialité, dévouement, don de soi, empathie, entraide, extraversion, générosité, gentillesse, humanité, oblativité, oubli de soi, philanthropie, pitié, sensibilité, serviabilité, solidarité, sollicitude. *SOUT.* bienfaisance. ▸ *Communauté* – communauté, confrérie, congrégation, observance, ordre. ▸ *Association* – amicale, association, cercle, club, compagnie, groupe, société, union. ▲**ANT.** HAINE, INIMITIÉ.

fraude *n. f.* ▸ *Altération* – altération, barbouillage, bricolage, contrefaçon, déformation, déguisement, dénaturation, entorse, falsification, fardage, faux, frelatage, gauchissement, maquillage, modification, truquage. *FAM.* bidonnage. *DR.* contrefaction. ▸ *Ruse* – artifice, astuce, escamotage, fourberie, machiavélisme, machination, manœuvre, ruse, stratagème, subterfuge. *FAM.* feinte. ▸ *Escroquerie* – abus de confiance, canaillerie, carambouillage, carambouille, charlatanerie, charlatanisme, coup monté, crapulerie, enjôlement, escamotage, escroquerie, grivèlerie, maquignonnage, mystification, supercherie, tricherie, tromperie, usurpation, vol. *SOUT.* coquinerie, duperie, imposture, piperie. *FAM.* arnaque, embrouille, filoutage, friponnerie, tour de passe-passe. *FRANCE FAM.* carottage, entubage, estampage. ▸ *Malversation* – achat (de conscience), compromission, concussion, corruption, déprédation, détournement (de fonds), dilapidation, exaction, extorsion, forfaiture, malversation, maquignonnage, péculat, prévarication, soudoiement, subornation, trafic d'influence, tripotage, vénalité. *SOUT.* prévarication. *FAM.* magouillage, magouille, tripatouillage. ▲**ANT.** INTÉGRITÉ, VÉRITÉ; FRANCHISE, HONNÊTETÉ, PROBITÉ, SCRUPULE.

frayer *v.* ▸ *Féconder* – féconder, inséminer, polliniser *(plantes).* ▸ *Fréquenter* (*FAM.*) – courir, fréquenter, hanter. ▲**ANT.** ÉVITER, SE TENIR ÉLOIGNÉ DE.

frayeur *n. f.* affolement, alarme, angoisse, appréhension, crainte, effarement, effarouchement, effroi, épouvante, grand-peur, hantise, horreur, inquiétude, panique, peur, phobie, psychose, terreur, transes. *FIG.* vertige. *SOUT.* affres, apeurement. *FAM.* cauchemar, frousse, pétoche, trac, trouille. *QUÉB. FAM.* chienne. ▲**ANT.** SÉRÉNITÉ, TRANQUILLITÉ.

fredonner *v.* chanter à mi-voix, chantonner. *QUÉB.* turluter. ▲**ANT.** BEUGLER, BRAILLER.

frein *n. m.* ▸ *Obstacle* – accroc, adversité, anicroche, barrière, blocage, contrariété, contretemps, défense, difficulté, digue, écueil, embarras, empêchement, ennui, entrave, gêne, impasse, impossibilité, inhibition, interdiction, objection, obstruction, ombre au tableau, opposition, pierre d'achoppement, point noir, problème, résistance, restriction, tracas,

tribulations. *QUÉB.* irritant. *SOUT.* achoppement, impedimenta, traverse. *FAM.* blème, hic, lézard, os, pépin. *QUÉB. FAM.* aria. ▸ *Dispositif* – déviateur. ▸ *Repli muqueux* – filet. ▲**ANT.** ACCÉLÉRATEUR.

freiner *v.* ▸ *Refréner* – contenir, endiguer, juguler, modérer, ralentir, refréner. *SOUT.* brider. ▸ *Aller moins vite* – décélérer, perdre de la vitesse, ralentir. ▲**ANT.** AIGUILLONNER, ENCOURAGER, ENTRAÎNER, FAVORISER; ACTIVER, HÂTER, PRESSER; ACCÉLÉRER.

frelaté *adj.* affecté, apprêté, artificiel, compassé, composé, empesé, emprunté, étudié, forcé.

frêle *adj.* ▸ *À la santé fragile* – anémique, chétif, débile, délicat, en mauvaise santé, faible, fragile, mal portant, maladif, malingre, rachitique, souffreteux. *SOUT.* valétudinaire. ▸ *Au physique délicat* – délicat, délié, élancé, filiforme, fin, fluet, gracile, grêle, léger, long, longiligne, maigre, mince, svelte. *QUÉB. FAM.* feluette. ▲**ANT.** ATHLÉTIQUE, BIEN BÂTI, COSTAUD, GAILLARD, MUSCLÉ, ROBUSTE, SOLIDE; BIEN PORTANT, EN BONNE SANTÉ, EN SANTÉ, SAIN, VALIDE.

frémir *v.* ▸ *Trembler légèrement* – frissonner, trembler, tressaillir. ▸ *Faire entendre un son doux* – bruire, bruisser, chuchoter, friseliser, frissonner, froufrouter, murmurer, soupirer.

frémissant *adj.* ▸ *Qui tremble légèrement* – frissonnant, grelottant. ▸ *Qui tremble d'émotion* – agité, émotionné, ému, palpitant, sous le coup de l'émotion, touché, tremblant. ▲**ANT.** IMPASSIBLE.

frémissement *n. m.* ▸ *Tremblement* – agitation, convulsion, ébranlement, flageolement, frisson, frissonnement, grelottement, haut-le-corps, oscillation, saccade, secousse, soubresaut, sursaut, titubation, tortillage, tortillement, tremblement, tremblotement, trémoussement, trémulation, trépidation, tressaillement, vacillement, vibration. *SOUT.* tressaut, tressautement. *FAM.* tremblote. ▸ *Bruit* – bruissage, friselis, froissement, frôlement, frottement, frou-frou, froufroutement, glissement, souffle. *SOUT.* bruissement, chuchotement, chuchotis. ▲**ANT.** IMPASSIBILITÉ.

frêne *n. m.* ▸ *Arbres* – arbre à la manne. ♦ **frênes,** *plur.* ▸ *Ensemble d'arbres* – frênaie. *QUÉB. FAM.* frênière.

frénésie *n. f.* ▸ *Violence* – acharnement, animosité, ardeur, énergie, force, fureur, furie, impulsivité, intensité, puissance, rage, vigueur, violence, virulence, vivacité. *SOUT.* impétuosité, véhémence. ▸ *Agitation* – affolement, agitation, bouleversement, brasier, colère, confusion, débridement, déchaînement, désarroi, ébranlement, ébullition, embrasement, émotion, fièvre, mouvement, passion, violence. *SOUT.* émoi, exaltation. *FIG.* dévergondage. ▸ *Délire* – agitation, aliénation, amok, aveuglement, délire, divagation, égarement, excitation, folie, hallucination, hystérie, onirisme, paranoïa, surexcitation. ▲**ANT.** CALME, TRANQUILLITÉ; DOUCEUR, LENTEUR; FLEGME, MODÉRATION, RÉSERVE, RETENUE.

frénétique *adj.* ▸ *Intense* – agité, bouillonnant, délirant, échevelé, effervescent, effréné, fébrile, fiévreux, intense, mouvementé, passionné, trépidant, tumultueux, violent. ▸ *Endiablé* – d'enfer, débridé, effréné, endiablé, galopant, infernal. ▲**ANT.** CALME, TRANQUILLE.

frénétiquement *adv.* à corps perdu, à la folie, ardemment, éperdument, fanatiquement, fervemment, follement, furieusement, passionnément, violemment, vivement. ▲ANT. AVEC SANG-FROID, CALMEMENT, DOUCEMENT, PAISIBLEMENT, PLACIDEMENT, POSÉMENT.

fréquemment *adv.* à de rares exceptions près, à l'accoutumée, à l'ordinaire, à maintes reprises, à quelques exceptions près, communément, couramment, coutumièrement, d'habitude, d'ordinaire, dans la généralité des cas, dans la majorité des cas, dans la plupart des cas, de coutume, en général, en règle générale, généralement, habituellement, journellement, la plupart du temps, maintes fois, normalement, ordinairement, régulièrement, rituellement, souvent, toujours. ▲ANT. EXCEPTIONNELLEMENT, GUÈRE, PAR EXCEPTION, RAREMENT.

fréquence *n. f.* ▶ *Répétition* – cycle, itération, période, périodicité, rechute, récidive, récidivité, recommencement, récurrence, récursivité, renouvellement, répétition, répétitivité, reprise, reproduction, retour. SOUT. réitération, retombement. FAM. réédition. ▶ *Probabilité* – chance, conjecture, éventualité, hypothèse, perspective, possibilité, potentialité, prévisibilité, probabilité, prospective, viabilité, virtualité. ▶ *Ondes* – hauteur, longueur d'onde, période, tonie. ▲ANT. RARETÉ.

fréquent *adj.* ▶ *Répété* – continuel, multiple, nombreux, récurrent, répété, répétitif. ▶ *Courant* – banal, commun, connu, courant, de tous les jours, habituel, normal, ordinaire, répandu, usuel. LING. usité. ▲ANT. EXCEPTIONNEL, EXTRAORDINAIRE, INCOMPARABLE, INHABITUEL, INUSITÉ, RARE, REMARQUABLE, SPÉCIAL.

fréquentation *n. f.* ▶ *Communication* – attache, communication, compagnie, contact, correspondance, côtoiement, coudoiement, entourage, familiarité, habitude, intelligence, intimité, liaison, lien, pratique, rapport, relation, société, termes *(bons ou mauvais)*, usage, voisinage. SOUT. commerce. PÉJ. acoquinement, encanaillement. ▶ *Connaissance* – accointance, connaissance, contact, relation. ▲ANT. ABANDON, ABSENCE, DÉLAISSEMENT, ÉLOIGNEMENT, RUPTURE, SÉPARATION; ÉVITEMENT.

fréquenté *adj.* animé, passant, vivant. FAM. passager. ▲ANT. DÉSERT, ÉCARTÉ, ISOLÉ.

fréquenter *v.* ▶ *Être souvent à tel endroit* – courir, hanter. ▶ *Voir régulièrement qqn* – côtoyer, coudoyer, voir. FAM. frayer avec. ▲ANT. ÉVITER, IGNORER, SE TENIR À L'ÉCART DE; ABANDONNER, DÉLAISSER, FUIR, QUITTER.

frère *n. m.* ▶ *Parent* – FAM. frangin, frérot. ▶ *Laïque* – coreligionnaire. ▶ *Ami intime* – allié, alter ego, ami, (ami) intime, (ami) proche, bon ami, camarade, compagnon, connaissance, familier, relation. SOUT. féal. FAM. acolyte, aminche, complice, copain, frangin, pote. ▲ANT. SŒUR; ENNEMI.

fresque *n. f.* mural. QUÉB. murale.

friable *adj.* ▲ANT. DUR.

friand *adj.* ▶ *Passionné* – amateur, amoureux, avide, entiché, épris, fanatique, féru, fervent, fou, passionné. FAM. accro, enragé, fana, maniaque,

mordu. ▲ANT. MESURÉ, MODÉRÉ, PONDÉRÉ, RAISONNÉ; DÉTACHÉ, INDIFFÉRENT, TIÈDE.

friche *n. f.* ▶ *Brande* – brousse, bush *(régions sèches)*, sahel *(Afrique du Nord)*, savane. ▶ *Pâturage* – champ, embouche *(bovins)*, enclos, herbage, kraal *(Afrique du Sud)*, lande, noue, pacage, parc, parcours, parquet *(volailles)*, passage, pâturage, pâture, prairie, pré. ▶ *En montagne* – alpage, alpe, estive. SUISSE mayen. AFR. secco. ▲ANT. CULTURE, DÉFRICHE, LABOUR.

friction *n. f.* ▶ *Frottement* – abrasion, bouchonnage, bouchonnement, brossage, embrocation, érosion, frottage, frottement, frottis, grattage, grattement, massage, onction, raclage, râpage, ripage, ripement, traînement, trituration. FAM. grattouillement. ▶ *Conflit* – affrontement, antagonisme, combat, compétition, concurrence, conflit, contentieux, contestation, controverse, débat, désaccord, différend, discorde, discussion, dispute, dissension, dissentiment, divergence, émulation, heurt, incompatibilité, incompréhension, lutte, mésentente, mésintelligence, opposition, polémique, querelle, rivalité. FAM. bagarre. ▲ANT. FLUIDITÉ, GLISSEMENT; CONCORDE, ENTENTE.

frigorifié *adj.* ▶ *Transi* (FAM.) – froid, gelé, glacé, gourd, transi.

frileux *adj.* ▶ *Qui manque d'audace* – couard, craintif, faible, lâche, mou, peureux, pleutre, poltron, pusillanime, qui se dérobe, timide, timoré, veule. ▲ANT. BRAVE, COURAGEUX, INTRÉPIDE, VAILLANT, VALEUREUX.

fripes *n. f. pl.* ▶ *Haillons* – chiffons, défroque, friperie, guenilles, haillons, lambeaux, loques. SOUT. hardes, oripeaux. ▶ *Vêtements usagés* – friperie, nippes, vêtements d'occasion, vêtements usagés. FRANCE FAM. frusques. ▲ANT. ATOURS, TOILETTE.

frisé *adj.* afro, bouclé, crépu, frisottant, frisotté, moutonné. BELG. FAM. crollé.

frise *n. f.* ▶ *Planche* – frisette, lame, latte, volige.

friser *v.* ▶ *Mettre en boucles* – boucler, frisotter, onduler, permanenter. BELG. FAM. croller. ▶ *Toucher légèrement* – caresser, effleurer, frôler, lécher, raser. ▶ *Passer très près* – effleurer, frôler, raser, serrer. ▶ *Confiner* – approcher, avoisiner, confiner à, côtoyer, coudoyer, frôler, toucher à. ▶ *Être en boucles* – boucler, frisotter. ▲ANT. DÉBOUCLER, DÉCRÊPER, DÉFRISER, LISSER.

frisotté *adj.* afro, bouclé, crépu, frisé, frisottant, moutonné. BELG. FAM. crollé.

frisson *n. m.* ▶ *Tremblement* – agitation, convulsion, ébranlement, flageolement, frémissement, frissonnement, grelottement, haut-le-corps, oscillation, saccade, secousse, soubresaut, sursaut, titubation, tortillage, tortillement, tremblement, tremblotement, trémoussement, trémulation, trépidation, tressaillement, vacillement, vibration. SOUT. tressaut, tressautement. FAM. tremblote. ▲ANT. CHALEUR; ABATTEMENT, IMPASSIBILITÉ, PASSIVITÉ.

frissonnant *adj.* frémissant, grelottant. ▲ANT. EN SUEUR, EN TRANSPIRATION, SUANT, TRANSPIRANT.

frissonner *v.* ▶ *Bruire* – bruire, bruisser, chuchoter, frémir, friseliser, froufrouter, murmurer, soupirer. ▶ *Trembler légèrement* – frémir, trembler, tressaillir.

▶ *Trembler de froid, de peur* – claquer des dents, grelotter, trembler. ▶ *Avoir peur* – avoir grand-peur, avoir peur, blêmir, pâlir, prendre peur, trembler, verdir. *FAM.* avoir la colique, avoir la frousse, avoir la pétoche, avoir la tremblote, avoir la trouille, avoir le trac, avoir le trouillomètre à zéro, avoir les boules, avoir les chocottes, avoir les foies, avoir les glandes, avoir les jetons, baliser, fouetter, mouiller, serrer les fesses. *FRANCE FAM.* les avoir à zéro, trouiller, trouilloter. *QUÉB. FAM.* avoir la chienne. *BELG. FAM.* clopper.

frivole *adj.* ▶ *Peu sérieux* – futile, léger, mondain, puéril, superficiel. ▶ *Infidèle* – adultère, inconstant, infidèle, volage. *FAM.* cavaleur, coureur, qui a un cœur d'artichaut. *QUÉB. FAM.* courailleux. ▲ANT. DENSE, ÉDIFIANT, GRAVE, IMPORTANT, INSTRUCTIF, PROFOND, SÉRIEUX; CONSTANT, FIDÈLE.

frivolité *n. f.* ▶ *Insouciance* – détachement, imprévoyance, inapplication, inconscience, irresponsabilité, laisser-aller, légèreté, négligence, nonchalance. *FIG.* myopie. *SOUT.* imprévision, morbidesse. *FAM.* je-m'en-fichisme, je-m'en-foutisme. ▶ *Futilité* – futilité, inanité, inconsistance, inefficacité, insignifiance, inutilité, néant, nullité, puérilité, stérilité, superfétation, superficialité, superfluité, vacuité, vanité, vide. ▶ *Affaire sans importance* – amusette, bagatelle, baliverne, bêtise, bricole, broutille, chanson, détail, enfantillage, fadaise, faribole, futilité, jeu, misère, plaisanterie, rien, sornette, sottise, vétille. *SOUT.* badinerie, puérilité. *FAM.* foutaise, mômerie. *BELG. FAM.* carabistouille. ▶ *Objet de peu de valeur* – affiquet, babiole, bagatelle, baliverne, bêtise, bibelot, breloque, bricole, brimborion, chiffon, colifichet, fanfreluche, fantaisie, futilité, gadget, hochet, inutilité, jouet, misère, rien. *FAM.* gnognote. ▲ANT. GRAVITÉ, SÉRIEUX; IMPORTANCE.

froid *adj.* ▶ *À basse température* – *FRANCE FAM.* frigo. *QUÉB. ACADIE FAM.* frette. ▶ *Légèrement froid* – frais, rafraîchi, refroidi. *FAM.* frisquet. ▶ *Très froid* – glacé, glacial. ▶ *Pénétré par le froid* – gelé, glacé, gourd, transi. *FAM.* frigorifié. ▶ *Distant* – de glace, de marbre, distant, frais, glaçant, glacial, réfrigérant, réservé. *SOUT.* marmoréen. ▶ *Indifférent* – aride, de granit, de pierre, dur, endurci, indifférent, insensible, sans-cœur, sec. *SOUT.* d'airain, frigide, granitique. *FAM.* blindé. ▶ *Inexpressif* – atone, fermé, hermétique, impassible, impénétrable, inexpressif. *SOUT.* impavide. ▶ *Sans ornement* – austère, dépouillé, gris, nu, sévère, triste. *SOUT.* chenu. ▲ANT. CHAUD; CHALEUREUX, CORDIAL, ENGAGEANT, SOCIABLE; AFFECTUEUX, AMI, AMICAL, FRATERNEL, TENDRE; COMPATISSANT, EMPATHIQUE, SENSIBLE; COLORÉ, PITTORESQUE, VIVANT.

froid *n. m.* ▶ *État de la matière* – *SOUT.* frisquet. *QUÉB. ACADIE FAM.* fret. *SUISSE* cramine, fricasse. ▶ *Léger* – fraîche, fraîcheur. ▶ *Sensation* – engourdissement, transissement. ▶ *Dispute* – accrochage, algarade, altercation, brouille, brouillerie, chicane, controverse, démêlé, désaccord, désunion, différend, discorde, dispute, divergence, escarmouche, explication, fâcherie, heurt, joute oratoire, litige, malentendu, mésentente, passe d'armes, polémique, querelle, rupture, scène, zizanie. *FAM.* bagarre, bisbille, bringue, chamaille, chamaillerie, empoignade, empoignement, engueulade, prise de bec, séance. *QUÉB. FAM.* brasse-camarade, chamaillage. *BELG. FAM.* bisbrouille.

▲ANT. CHALEUR, CHAUD; ARDEUR, ENCHANTEMENT, ENTHOUSIASME; CORDIALITÉ, EMPRESSEMENT, SYMPATHIE; BONNE ENTENTE, HARMONIE, PAIX.

froidement *adv.* ▶ *Calmement* – à froid, à loisir, à tête reposée, avec sang-froid, calmement, doucement, flegmatiquement, impassiblement, imperturbablement, inébranlablement, pacifiquement, paisiblement, placidement, posément, sagement, sans broncher, sereinement, silencieusement, tranquillement. *SOUT.* impavidement. *FAM.* calmos, peinardement, tranquillos. ▶ *Sèchement* – durement, fraîchement, glacialement, hautainement, impersonnellement, insensiblement, raide, raidement, sec, sèchement. ▶ *Ennuyeusement* – académiquement, ennuyeusement. ▲ANT. CHALEUREUSEMENT, CHAUDEMENT; AVEC ANIMATION, AVEC ENTRAIN, AVEC VIVACITÉ.

froideur *n. f.* ▶ *Flegme* – amorphisme, apathie, flegme, indifférence, insensibilité, lymphatisme, mollesse, tiédeur. ▶ *Indifférence* – désaffection, désintéressement, désintérêt, détachement, fraîcheur, indifférence. *SOUT.* désamour. ▶ *Incroyance* – agnosticisme, apostasie, athéisme, blasphème, désacralisation, doute, gentilité, hérésie, impiété, incrédulité, incroyance, indifférence, infidélité, irréligion, libre pensée, matérialisme, paganisme, panthéisme, péché, profanation, reniement, sacrilège, scandale, scepticisme. *SOUT.* inobservance. ▲ANT. ARDEUR, ENTHOUSIASME; CHALEUR, CORDIALITÉ, EFFUSION, ÉMOTION, EMPRESSEMENT, SENSIBILITÉ, SYMPATHIE.

froissant *adj.* blessant, choquant, cinglant, désobligeant, humiliant, injurieux, insultant, mortifiant, offensant, outrageant, vexant. ▲ANT. BIENSÉANT, COURTOIS, DÉLICAT, POLI; ENCOURAGEANT, POSITIF.

froissement *n. m.* ▶ *Bruit* – bruissage, frémissement, friselis, frôlement, frottement, frou-frou, froufroutement, glissement, souffle. *SOUT.* bruissement, chuchotement, chuchotis. ▶ *Vexation* – affront, crève-cœur, déboires, dégoût, déplaisir, humiliation, vexation. *SOUT.* camouflet, désobligeance, soufflet. ▲ANT. CONTENTEMENT, SATISFACTION; ENTENTE, MÉNAGEMENT.

froisser *v.* ▶ *Blesser légèrement* – contusionner, meurtrir. *FAM.* abîmer, amocher, arranger, esquinter. *QUÉB. FAM.* poquer. ▶ *Friper* – chiffonner, friper, plisser. *QUÉB. FAM.* taponner. ▶ *Vexer* – atteindre (dans sa dignité), blesser (dans sa dignité), choquer, cingler, désobliger, effaroucher, égratigner, heurter, humilier, insulter, mortifier, offenser, offusquer, outrager, piquer au vif, toucher au vif, ulcérer, vexer. *SOUT.* fouailler. ♦ *se froisser* ▶ *Se formaliser* – s'indigner, s'offenser, s'offusquer, se fâcher, se formaliser, se piquer, se scandaliser, se vexer. ▲ANT. DÉRIPER, DÉFROISSER, PRESSER, REPASSER; CONTENTER, RÉJOUIR, SATISFAIRE; FLATTER, MÉNAGER, PLAIRE.

frôlement *n. m.* ▶ *Effleurement* – attouchement, caresse, effleurement. ▶ *Bruit* – bruissage, frémissement, friselis, froissement, frottement, frou-frou, froufroutement, glissement, souffle. *SOUT.* bruissement, chuchotement, chuchotis. ▲ANT. CHOC, COUP, HEURT.

frôler *v.* ▶ *Toucher légèrement* – caresser, effleurer, friser, lécher, raser. ▶ *Passer très près* – effleurer, friser, raser, serrer. ▶ *Confiner* – approcher, avoisiner, confiner à, côtoyer, coudoyer, friser, toucher à. ▲ANT. HEURTER, TOUCHER; ÉVITER; FUIR; S'ÉLOIGNER.

fromage *n. m.* ▶ *Aliment* – FRANCE FAM. fromgi, fromton. ▶ *Situation* (FRANCE FAM.) – prébende, sinécure. FRANCE FAM. filon, planque.

froncé *adj.* ▶ *Garni de plis serrés* – à fronces, plissé.

froncer *v.* plisser. ▲ANT. DÉFRONCER.

frondaison *n. f.* ▶ *Époque* – feuillaison, foliation. ▶ *Feuillage* (SOUT.) – branchage, branches, feuillage, ramure. SOUT. feuillée, ramée. QUÉB. FAM. branchailles. ▲ANT. DÉFEUILLAISON, DÉFOLIATION.

fronde *n. f.* ▶ *Thalle* – arbuscule, hyphe, mycélium, stroma, thalle. ▶ *Arme* – lance-pierre. QUÉB. FAM. tire-roche. ▶ *Insurrection* – agitation-propagande, chouannerie, désordre, effervescence, embrasement, émeute, excitation, faction, fermentation, fièvre, insoumission, insubordination, insurrection, jacquerie, manifestation, mutinerie, rébellion, remous, résistance, révolte, révolution, sédition, soulèvement, tourmente, troubles. FAM. agit-prop.

front *n. m.* ▶ *Insolence* – aplomb, arrogance, audace, effronterie, impertinence, impolitesse, impudence, incorrection, insolence, irrespect, irrévérence. SOUT. outrecuidance, sans-gêne. FAM. culot, toupet. ▶ *Face antérieure* – devanture, façade. ▶ *Zone de bataille* – avant, ligne, première ligne, théâtre des opérations. ▶ *Association politique* – alliance, apparentement, association, bloc, camp, cartel, club, coalition, confédération, faisceau, fédération, formation, groupe, groupe d'intérêts, groupe de pression, groupement, ligue, mouvement, organisation, parti, phalange, rapprochement, rassemblement, union. ANC. hétairie. FÉOD. hermandad. PÉJ. bande, bandits, cabale, camarilla, chapelle, clan, clique, coterie, école, église, faction, groupuscule, ligue, maffia, malfaiteurs, secte. ▲ANT. ARRIÈRE, DOS; BAS; FLANC; LÂCHETÉ, PEUR, RÉSERVE, TIMIDITÉ; DISPERSION, DIVISION.

frontal *adj.* ▲ANT. LATÉRAL; EN CONTRE-JOUR *(éclairage).*

frontière *n. f.* ▶ *Limite territoriale* – borne, confins, délimitation, démarcation, limite (territoriale), mur, séparation, zone douanière, zone limitrophe. QUÉB. trécarré *(terre)*; FAM. lignes *(pays).* ANC. limes *(Empire romain)*, marche. ▶ *Extrémité* – aboutissement, bord, bordure, borne, bout, cap, confins, délimitation, extrême, extrémité, fin, finitude, frange, ligne, limite, lisière, orée, pied, pointe, pôle, queue, talon, terme, terminaison, tête. ▲ANT. CENTRE, INTÉRIEUR, MILIEU.

frottement *n. m.* ▶ *Friction* – abrasion, bouchonnage, bouchonnement, brossage, embrocation, érosion, friction, frottage, frottis, grattage, grattement, massage, onction, raclage, râpage, ripage, ripement, traînement, trituration. FAM. grattouillement. ▶ *Bruit* – bruissage, frémissement, friselis, froissement, frôlement, frou-frou, froufroutement, glissement, souffle. SOUT. bruissement, chuchotement, chuchotis.

frotter *v.* ▶ *Enlever la saleté* – curer, décrasser, désencrasser, déterger, gratter, nettoyer, racler,

récurer. FAM. décrotter. BELG. FAM. approprier, faire du propre, reloqueter. SUISSE poutser. ▶ *Polir* – astiquer, fourbir, nettoyer, peaufiner, polir. FAM. briquer. BELG. blinquer. SUISSE poutser. ▶ *Masser* – bouchonner, frictionner, malaxer, masser, pétrir. ▶ *Couvrir d'un corps gras* – enduire. ♦ **se frotter** ▶ *Attaquer* – accuser, attaquer, prendre à partie, s'en prendre à. ▲ANT. EFFLEURER, ÉVITER.

fructifier *v.* ▶ *Générer des bénéfices* – être rentable, rapporter. ▲ANT. DÉPÉRIR, PÉRICLITER.

fructueux *adj.* ▶ *Qui produit en abondance* – abondant, débordant, fécond, fertile, foisonnant, généreux, inépuisable, intarissable, productif, prolifique, riche. SOUT. copieux, inexhaustible, plantureux. ▶ *Qui rapporte* – bénéficiaire, intéressant, lucratif, payant, productif, profitable, rémunérateur, rentable. FAM. juteux. ▲ANT. IMPRODUCTIF, INFRUCTUEUX, STÉRILE.

fruit *n. m.* ▶ *Enfant* (SOUT.) – enfant, héritier, petit, rejeton. SOUT. chair de sa chair, fruit de l'hymen. FAM. gamin, progéniture. ▶ *Capital* – argent, avoir, bien, capital, cassette, épargne, fonds, fortune, gain, investissement, liquidités, masse, numéraire, patrimoine, pécule, placement, portefeuille, possession, produit, propriété, richesse, trésor, valeur. SOUT. deniers. FAM. finances, magot. ▶ *Crédit* – actif, avantage, avoir, bénéfice, boni, crédit, excédent, gain, produit, profit, rapport, reliquat, reste, revenant-bon, revenu, solde, solde créditeur, solde positif. FAM. bénéf, gras, gratte, part du gâteau. ▶ *Aboutissement* – aboutissement, accomplissement, achèvement, apothéose, but, chute, complémentation, complètement, complétude, conclusion, consécration, consommation, couronnement, dénouement, exécution, fin, finition, résultat, produit, réalisation, règlement, résolution, résultat, sortie, terme, résultats. SOUT. aboutissant. PHILOS. entéléchie. ▶ *Conséquence* – action, conclusion, conséquence, contrecoup, corollaire, développement, effet, efficacité, fonction, impact, implication, incidence, jeu, juste retour des choses, œuvre, portée, prolongation, réaction, rejaillissement, répercussion, résultante, résultat, retentissement, retombées, ricochet, séquelle, suite (logique), sort. aboutissant, efficace, fille. ♦ **fruits,** *plur.* ▶ *Ensemble de parties de végétaux* – fructification. ▲ANT. PERTE; ORIGINE, SOURCE.

fruité *adj.* ▲ANT. ACIDE, AMER, SUR, VERT.

fruste *adj.* ▶ *Élémentaire* – (à l'état) brut, à l'état d'ébauche, ébauché, élémentaire, embryonnaire, grossier, imparfait, informe, larvaire, mal équarri, primitif, rudimentaire. ▶ *Qui manque de finesse* – grossier, inculte, mal dégrossi, primitif, rude, rustaud, rustique. ▶ *En parlant d'une monnaie* – altéré, usé. ▲ANT. DÉLICAT, FIN, RAFFINÉ, RECHERCHÉ, SOPHISTIQUÉ; CULTIVÉ, ÉVOLUÉ; À FLEUR DE COIN *(monnaie).*

frustrant *adj.* contrariant, enrageant, frustrateur, rageant, vexant. FAM. râlant. QUÉB. FAM. choquant, fâchant. QUÉB. FAM. maudissant, sacrant. ▲ANT. APAISANT, CALMANT, RASSÉRÉNANT, TRANQUILLISANT; GRATIFIANT, SATISFAISANT.

frustrer *v.* ▶ *Mécontenter* – contrarier, dépiter, déplaire à, fâcher, mécontenter. FAM. défriser. QUÉB. FAM. choquer. ▶ *Décevoir* – briser l'espoir de, décevoir, dégriser, dépiter, désabuser, désappointer, désenchanter, désillusionner, échauder, tromper. *FAM.* doucher. ▶ *Sevrer* – priver, sevrer. ▶ *Déposséder* – démunir, déposséder, dépouiller, dessaisir, priver, spolier. ▲**ANT.** COMBLER, CONTENTER, GRATIFIER, SATISFAIRE; AVANTAGER, FAVORISER.

fugace *adj.* ▶ *Court* – bref, court, éphémère, évanescent, fugitif, intérimaire, momentané, passager, précaire, provisoire, rapide, temporaire, transitoire. *SOUT.* périssable. ▶ *Furtif* – fugitif, furtif, fuyant, insaisissable. ▲**ANT.** DURABLE, ÉTERNEL, IMMORTEL, IMPÉRISSABLE, PERMANENT, PERPÉTUEL.

fugitif *adj.* ▶ *Furtif* – fugace, furtif, fuyant, insaisissable. ▶ *Court* – bref, court, éphémère, évanescent, fugace, intérimaire, momentané, passager, précaire, provisoire, rapide, temporaire, transitoire. *SOUT.* périssable. ▲**ANT.** DURABLE, ÉTERNEL, IMMORTEL, IMPÉRISSABLE, PERMANENT, PERPÉTUEL.

fugitif *n.* évadé, fugueur, fuyard. ▲**ANT.** POURSUIVANT.

fugue *n. f.* ▶ *Évasion* – défilade, échappée, escapade, évasion, fuite, liberté, marronnage *(esclave)*. *FAM.* cavale. ▶ *Absence* – absence, départ, disparition, échappée, éloignement, escapade, évasion, séparation. *FAM.* éclipse. ▲**ANT.** RETOUR.

fuir *v.* ▶ *Éviter* – couper à, échapper à, esquiver, éviter, passer au travers de, se dérober à, se dispenser de, se soustraire à. *FAM.* se défiler. *FRANCE FAM.* se débiner. ▶ *Éluder* – contourner, éluder, escamoter, esquiver, éviter, se dérober à, tourner. ▶ *S'enfuir* – prendre la clé des champs, prendre la fuite, s'enfuir, se sauver. *SOUT.* s'ensauver. *FAM.* calter, caner, débarrasser le plancher, décamper, décaniller, déguerpir, détaler, droper, ficher le camp, filer, foutre le camp, prendre la poudre d'escampette, prendre le large, s'esbigner, se barrer, se carapater, se casser, se cavaler, se débiner, se faire la malle, se faire la paire, se faire la valise, se tailler, se tirer, se tirer des flûtes, trisser. *QUÉB. FAM.* sacrer le camp, sacrer son camp, se pousser. ▶ *Couler* – couler, dégoutter, goutter. *BELG.* gouttiner. ▶ *Passer, en parlant du temps* – passer, s'enfuir, s'envoler. *FAM.* filer. ▲**ANT.** APPROCHER; CHERCHER, RECHERCHER; FRÉQUENTER; AFFRONTER, BRAVER, ENDURER; DEMEURER, RESTER, SÉJOURNER; ACCOURIR, SE PRÉCIPITER.

fuite *n. f.* ▶ *Évasion* – défilade, échappée, escapade, évasion, fugue, liberté, marronnage *(esclave)*. *FAM.* cavale. ▶ *Débandade* – abandon, débâcle, débandade, défilade, déroute, dispersion, panique, pathie *(animal)*, retraite, sauve-qui-peut. *FIG.* hémorragie. ▶ *Échappatoire* – alibi, défilade, dérobade, échappatoire, esquive, excuse, faux-fuyant, moyen, prétexte, reculade, subterfuge, volte-face. *FAM.* pirouette. *QUÉB. FAM.* défaite. ▶ *Émigration* – départ, émigration, exode, expatriation. ▶ *Écoulement* – circulation, débit, débordement, écoulement, éruption, évacuation, exsudation, flux, ingression, inondation, irrigation, irruption, larmoiement, mouvement, passage, ravinement, régime, ruissellement, sortie, suage, suintement, transpiration, vidange. *SOUT.* submersion, transsudation. *GÉOGR.* défluviation, transfluence, transgression. ▶ *Fissure* – brèche, brisure, cassure, craquelure, crevasse, déchirure, ébrèchure, écornure, fêlure, fendillement, fente, fissure, gerçure, lézarde. *QUÉB. FAM.* craque. *TECHN.*

crique, étonnement, gerce. *DIDACT.* gélivure. *GÉOGR.* rimaye. *GÉOL.* diaclase. ▶ *Divulgation* – annonce, aveu, confession, confidence, déclaration, dévoilement, divulgation, ébruitement, indiscrétion, initiation, instruction, mea culpa, mise au courant, proclamation, publication, reconnaissance, révélation. *FAM.* déballage, mise au parfum. ▶ *Fuite des idées* – fuite des idées, mentisme. ▲**ANT.** APPROCHE, ARRIVÉE; RENFORT, SECOURS; AFFRONTEMENT, RÉSISTANCE; PERMANENCE; DISCRÉTION.

fulgurant *adj.* ▶ *Rapide et inattendu* – brusque, brutal, foudroyant, instantané, prompt, soudain, subit. ▶ *En parlant de la lumière* – aveuglant, éblouissant. ▲**ANT.** ÉVOLUTIF, GRADUEL, LENT, PROGRESSIF.

fumant *adj.* ▶ *Qui émet de la fumée* – fumeux, fumigène. ▶ *En colère* – blanc de colère, courroucé, déchaîné, en colère, enragé, forcené, fou de colère, fou de rage, fulminant, furibond, furieux, hors de soi, irrité, outré, rageur, révolté, ulcéré. *FAM.* en boule, en rogne. *FRANCE FAM.* à cran, en pétard, fumasse, furax, furibard. *QUÉB. FAM.* bleu, choqué, en beau fusil, en bibitte. ▶ *Remarquable* (*FAM.*) – admirable, brillant, éblouissant, excellent, extraordinaire, fantastique, magistral, magnifique, merveilleux, parfait, prodigieux, remarquable, réussi, sensationnel, sublime. *FAM.* à tout casser, bluffant, champion, d'enfer, du tonnerre, épatant, extra, fameux, formidable, génial, mirifique, pas piqué de vers, splendide, super, terrible. *FRANCE FAM.* du feu de Dieu, énorme, fadé, formide, géant, gratiné, pas piqué des hannetons. *QUÉB. FAM.* capotant, écœurant. ▲**ANT.** CALME, FLEGMATIQUE, IMPASSIBLE, IMPERTURBABLE, MAÎTRE DE SOI, PLACIDE; ATTENDRI, ÉMU, TOUCHÉ; LAMENTABLE, MÉDIOCRE, MINABLE, NAVRANT, PIÈTRE, PITEUX, PITOYABLE, RATÉ.

fumée *n. f.* ▶ *Émanation* – buée, émanation, exhalaison, fumerolle *(volcan)*, gaz, mofette *(volcan)*, nuage, nuée, salamandre *(alchimie)*, vapeur. *QUÉB. FAM.* boucane. ▶ *Illusion* – abstraction, abstrait, apparence, berlue, chimère, déréalisation, fantasme, faux, faux-semblant, fiction, hallucination, illusion, image, imagination, irréalisme, irréalité, leurre, mensonge, mirage, onirisme, psychédélisme, rêve, rêverie, semblant, simulation, songe, songerie, tromperie, utopie, vision, vue de l'esprit. *FAM.* frime. *SOUT.* prestige. ♦ **fumées, plur.** ▶ *Excréments de gibier* – épreintes *(loutres)*, fumet, housure, laissées *(sangliers)*.

fumer *v.* ▶ *Sécher à la fumée* – boucaner, saurer, sécher. ▶ *Fumer des cigarettes* – *FRANCE FAM.* bombarder, cloper, crapoter *(sans avaler la fumée)*. ▶ *Enrager* (*FAM.*) – bouillir de colère, écumer, écumer de colère, écumer de rage, enrager. *FAM.* bisquer, rager, râler, rogner. ▲**ANT.** ÊTRE AU SEPTIÈME CIEL, ÊTRE AUX ANGES, ÊTRE FOU DE JOIE.

fumet *n. m.* ▶ *Odeur agréable* – arôme, bouquet *(vin)*, fragrance, parfum, senteur. ▶ *Agrément* – agrément, bouquet, charme, piment, piquant, saveur, sel, truculence. ▶ *Excréments du gibier* – épreintes *(loutres)*, fumées, housure, laissées *(sangliers)*. ▲**ANT.** PESTILENCE, PUANTEUR.

fumier *n. m.* ▶ *Engrais* – amendement, apport, chanci, chaux, compost, craie, engrais, falun,

funèbre

fertilisant, fumure, glaise, goémon, guano, limon, lisier, marne, paillé, plâtre, poudrette, pralin, purin, superphosphate *(artificiel)*, tangue, terre de bruyère, terreau. ▲**ANT.** AMOUR, ANGE, FLEUR, PERLE, TRÉSOR.

funèbre *adj.* ▶ *Qui concerne les funérailles* – funéraire, mortuaire, obituaire. ▶ *Qui évoque la mort* – lugubre, macabre, sépulcral. ▶ *Qui évoque le malheur* – glauque, lugubre, noir, sinistre, sombre, triste. SOUT. funeste. ▲**ANT.** CHARMANT, GAI, PLAISANT, RIANT.

funérailles *n. f. pl.* cérémonie funèbre, convoi funèbre, cortège funèbre, dernier hommage, derniers devoirs, derniers honneurs, deuil, enfouissement, enterrement, inhumation, mise au sépulcre, mise au tombeau, mise en bière, mise en terre, obsèques, sépulture, service civil, service religieux. SOUT. ensevelissement.

funéraire *adj.* funèbre, mortuaire, obituaire.

funeste *adj.* ▶ *Qui tue* – fatal, létal, meurtrier, mortel. DIDACT. mortifère. ▶ *Qui tue en grand nombre* – cruel, destructeur, exterminateur, meurtrier, sanglant, sanguinaire. ▶ *Qui apporte le malheur* – de malheur, de mauvais augure. ▶ *Tragique* – catastrophique, désastreux, effroyable, épouvantable, terrible, tragique. SOUT. calamiteux. ▶ *Nuisible* – dangereux, dévastateur, dommageable, malfaisant, mauvais, néfaste, négatif, nocif, nuisible, pernicieux, ravageur. SOUT. délétère. ▶ *Qui évoque le malheur* (SOUT.) – funèbre, glauque, lugubre, noir, sinistre, sombre, triste. ▲**ANT.** ANODIN, BÉNIN, INNOCENT, INOFFENSIF, SANS DANGER, SANS GRAVITÉ; BIEN VENU, BON, FAVORABLE, OPPORTUN, PROPICE.

fureter *v.* ▶ *Fouiller* – chercher, explorer, fouiller, fourgonner, fourrager, tripoter. FAM. farfouiller, fouiner, trifouiller. ▶ *Errer avec une intention suspecte* – rôder. ▶ *Explorer Internet* – butiner, naviguer, surfer.

fureur *n. f.* ▶ *Colère* – agacement, colère, emportement, énervement, exaspération, furie, impatience, indignation, irritabilité, irritation, rage, susceptibilité. SOUT. courroux, irascibilité. FAM. horripilation, rogne. ▶ *Crise émotionnelle* – accès de fureur, crise de fureur. ▶ *Violence* – acharnement, animosité, ardeur, énergie, force, frénésie, furie, impulsivité, intensité, puissance, rage, vigueur, violence, virulence, vivacité. SOUT. impétuosité, véhémence. ▶ *Mode* – avant-gardisme, dernier cri, engouement, épidémie, fantaisie, goût (du jour), mode, style, tendance, ton, vague, vent, vogue. ▲**ANT.** JOIE, RAVISSEMENT; CALME, SÉRÉNITÉ, TRANQUILLITÉ; DOUCEUR, MODÉRATION, RETENUE; BON SENS, RAISON.

furie *n. f.* ▶ *Colère* – agacement, colère, emportement, énervement, exaspération, fureur, impatience, indignation, irritabilité, irritation, rage, susceptibilité. SOUT. courroux, irascibilité. FAM. horripilation, rogne. ▶ *Violence* – acharnement, animosité, ardeur, énergie, force, frénésie, fureur, impulsivité, intensité, puissance, rage, vigueur, violence, virulence, vivacité. SOUT. impétuosité, véhémence. ▶ *Femme méchante* – chipie, harpie, mégère, sorcière. QUÉB. SUISSE gribiche. ▲**ANT.** JOIE, RAVISSEMENT; CALME, SÉRÉNITÉ, TRANQUILLITÉ; DOUCEUR, MODÉRATION, RETENUE; AMOUR, ANGE, PERLE, TRÉSOR.

furieux *adj.* ▶ *En colère* – blanc de colère, courroucé, déchaîné, en colère, enragé, forcené, fou de colère, fou de rage, fulminant, fumant, furibond, hors de soi, irrité, outré, rageur, révolté, ulcéré. FAM. en boule, en rogne. FRANCE FAM. à cran, en pétard, fumasse, furax, furibard. QUÉB. FAM. bleu, choqué, en beau fusil, en bibitte. ▶ *Acharné* – acharné, enragé, exalté, farouche, forcené, passionné. ▶ *Intense* – déchaîné, fort, impétueux, intense, puissant, terrible, violent. ▶ *En parlant d'une lutte* – acharné, âpre, chaud, farouche, féroce, opiniâtre. ▲**ANT.** CALME, FLEGMATIQUE, IMPASSIBLE, IMPERTURBABLE, MAÎTRE DE SOI, PLACIDE; ATTENDRI, ÉMU, TOUCHÉ; FAIBLE, MOU, SANS CONVICTION; DOUX, LÉGER.

furtif *adj.* ▶ *Qui passe inaperçu* – discret, inaperçu, rapide. ▶ *Qui disparaît brusquement* – fugace, fugitif, fuyant, insaisissable. ▲**ANT.** CLAIR, DIRECT, ÉCLATANT, ÉVIDENT, FRANC, MANIFESTE, VISIBLE.

furtivement *adv.* à huis clos, à la dérobée, anonymement, clandestinement, confidentiellement, discrètement, en cachette, en catimini, en confidence, en secret, en sourdine, en sous-main, incognito, ni vu ni connu, occultement, sans tambour ni trompette, secrètement, sourdement, sous le manteau, souterrainement, subrepticement. FAM. en douce, en loucedé, en tapinois. ▲**ANT.** AU GRAND JOUR, DEVANT TOUT LE MONDE, EN PUBLIC, OSTENSIBLEMENT, OUVERTEMENT.

fusée *n. f.* ▶ *Pièce d'artifice* – engin balistique, missile, roquette, torpille. ▶ *Jet liquide* – gerbe (d'eau), geyser, giclée, giclement, girandole, jet. PHYSIOL. émission.

fuselé *adj.* en fuseau, fusiforme, galbé.

fusil *n. m.* ▶ *Arme* – FAM. calibre, feu, flingot, flingue, pétard, rif, seringue, soufflant. ▶ *Mauvais pétoire* – FAM. pétoire. ▶ *Tireur* – fusilier mitrailleur, fusilleur, gâchette, mitrailleur, tireur. ▶ *Chasseur* – chasseur, prédateur. SOUT. chasseresse *(femme)*. FAM. plombiste. ▶ *Instrument pour aiguiser* – affiloir, aiguisoir, meule, périgueux, pierre à aiguiser, queux. ▶ *Ventre* (FAM.) – estomac. FAM. gésier, panse.

fusillade *n. f.* ▶ *Décharge* – décharge, mitraillade, rafale, salve, tiraillement, tiraillerie, volée. FAM. giclée *(arme automatique)*. ANC. bordée, mousquetade, mousqueterie. ▶ *Exécution* – poteau d'exécution.

fusiller *v.* ▶ *Exécuter par fusillade* – coller au mur, mettre au poteau, passer par les armes. ▶ *Endommager* (FAM.) – abîmer, briser, casser, dégrader, délabrer, détériorer, endommager, mutiler. FAM. amocher, bigorner, bousiller, déglinguer, esquinter, flinguer, massacrer, naser. QUÉB. FAM. maganer. ▲**ANT.** REMETTRE EN ÉTAT DE MARCHE, RÉPARER.

fusion *n. f.* ▶ *Liquéfaction* – condensation, déliquescence, fluidification, fonderie, fonte, liquation, liquéfaction, réduction, surfusion. ▶ *Combinaison* – alliance, assemblage, association, collage, combinaison, communion, composition, concentration, conjonction, constitution, fusionnement, groupement, incorporation, intégration, ralliement, rassemblement, regroupement, réunion, symbiose, synthèse, unification, union. ▶ *Intégration* – absorption, annexion, fusionnement, incorporation, intégration, phagocytose, rattachement, réunification, réunion. ▲**ANT.** COAGULATION, PRISE, SOLIDIFICATION ; CONGÉLATION, GEL ; DÉSUNION, FISSION, SÉPARATION.

futile *adj.* ▶ *Qui ne donne rien* – inutile, oiseux, stérile, vain. *SOUT.* byzantin. ▶ *Vide de sens* – creux, insignifiant, inutile, oiseux, spécieux, vain, vide. ▶ *Peu sérieux* – frivole, léger, mondain, puéril, superficiel. ▲**ANT.** DENSE, ÉDIFIANT, GRAVE, IMPORTANT, INSTRUCTIF, PROFOND, SÉRIEUX ; PHILOSOPHE.

futilité *n. f.* ▶ *Inanité* – frivolité, inanité, inconsistance, inefficacité, insignifiance, inutilité, néant, nullité, puérilité, stérilité, superfétation, superficialité, superfluité, vacuité, vanité, vide. ▶ *Affaire sans importance* – amusette, bagatelle, baliverne, bêtise, bricole, broutille, chanson, détail, enfantillage, fadaise, faribole, frivolité, jeu, misère, plaisanterie, rien, sornette, sottise, vétille. *SOUT.* badinerie, puérilité. *FAM.* foutaise, mômerie. *BELG. FAM.* carabistouille. ▶ *Objet de peu de valeur* – affiquet, babiole, bagatelle, baliverne, bêtise, bibelot, breloque, bricole, brimborion, chiffon, colifichet, fanfreluche, fantaisie, frivolité, gadget, hochet, inutilité, jouet, misère, rien. *FAM.* gnognote. ▲**ANT.** GRAVITÉ, IMPORTANCE, INTÉRÊT, SÉRIEUX, UTILITÉ ; PRIX, TRÉSOR, VALEUR.

futur *adj.* à venir, postérieur, prochain, subséquent, suivant, ultérieur. ▲**ANT.** ANCIEN, ANTÉRIEUR, PASSÉ ; ACTUEL, PRÉSENT.

futur *n. m.* ▶ *Destin* – avenir, chance, demain(s), destin, destinée, devenir, étoile, existence, fatalité, fortuité, fortune, hasard, horizon, karma, lendemain(s), lot, nécessité, prédestination, prédétermination, prédéterminisme, providence, sérendipité, sort, vie. *SOUT.* fatum, Parque. ▲**ANT.** PASSÉ ; PRÉSENT.

fuyant *adj.* ▶ *Qui disparaît brusquement* – fugace, fugitif, furtif, insaisissable. ▶ *Évasif* – évasif, imprécis, vague. *SOUT.* élusif. ▲**ANT.** DIRECT, FIXE, FRANC ; CATÉGORIQUE, CLAIR, EXPLICITE, FORMEL, NET, PRÉCIS.

fuyard *n.* ▶ *Déserteur* – déserteur, insoumis, objecteur de conscience, réfractaire. ▶ *Fugitif* – évadé, fugitif, fugueur. ▲**ANT.** POURSUIVANT.

g

gâcher *v.* ▶ *Délayer le ciment, le plâtre* – couler, délayer, détremper. ▶ *Gaspiller* – dilapider, galvauder, gaspiller, perdre. ▶ *Faire vite et mal* – bâcler, expédier, faire à la diable, faire à la hâte, faire à la va-vite, saboter, sabrer. *FAM.* cochonner, faire à la six-quatre-deux, saloper, torcher, torchonner. ▶ *Gêner le déroulement* – aller à l'encontre de, barrer, contrarier, contrecarrer, déranger, empêcher, entraver, faire obstacle à, gêner, interférer avec, mettre des bâtons dans les roues à, nuire à, s'opposer à, se mettre en travers de, troubler. ▶ *Ruiner* – empoisonner, gâter, ruiner, saboter. *FAM.* bousiller. ▲**ANT.** CONSERVER, ÉPARGNER ; RÉPARER ; EXPLOITER, PROFITER, TIRER PARTI.

gaffe *n. f.* ▶ *Perche* – aine, alinette, apex, archet, badine, baguette, bâton, bâtonnet, branche, canne, cravache, crosse, gaule, honchet, houssine, jonc, jonchet, mailloche, perche, style, tige, triballe, tringle, verge, vergette. ▶ *Erreur* (*FAM.*) – balourdise, bavure, bêtise, bévue, blague, bourde, distraction, erreur, étourderie, fausse manœuvre, fausse note, faute, faux pas, gaucherie, impair, imprudence, maladresse, maldonne, méprise, sottise. *FAM.* boulette, couac, gourance, gourante. ▲**ANT.** BON COUP, COUP DE MAÎTRE.

gage *n. m.* ▶ *Garantie* – assurance, aval, caution, cautionnement, charge, consignation, couverture, ducroire, engagement, garant, garantie, hypothèque, indexage, indexation, nantissement, obligation, palladium, parrainage, précaution, préservation, promesse, répondant, responsabilité, salut, sauvegarde, sécurité, signature, soulte, sûreté, warrant, warrantage. ▶ *Témoignage* – affirmation, assurance, attestation, certitude, confirmation, corroboration, démonstration, manifestation, marque, preuve, témoignage, vérification. ▶ *Pénitence* – châtiment, condamnation, correction, damnation, expiation, leçon, peine, pénalisation, pénalité, pénitence, punition, répression, sanction, verbalisation. *FAM.* tarif.
♦ **gages**, *plur.* ▶ *Salaire* – appointements, cachet, commission, droit, émoluments, fixe, gain, honoraires, jeton (de présence), mensualité, paye, pourboire,

rémunération, rétribution, revenu, salaire, semaine, solde, traitement, vacations. ▲**ANT.** DÉCHARGE.

gageure *n. f.* ▶ *Pari* – défi, mise, pari, risque. ▶ *Défi* (*SOUT.*) – exploit, performance, prouesse, record, réussite, succès, tour de force.

gagnant *adj.* champion, imbattu, invaincu, triomphant, triomphateur, vainqueur, victorieux. ▲**ANT.** BATTU, DÉFAIT, PERDANT, VAINCU.

gagnant *n.* ▶ *Vainqueur* – champion, gagneur, lauréat, médaillé, premier, tenant du titre, triomphateur, vainqueur. ▶ *Gagneur* (*QUÉB.*) – accrocheur, battant, gagneur, lutteur. ▲**ANT.** PERDANT, VAINCU.

gagner *v.* ▶ *Obtenir en retour* – obtenir, retirer, tirer. ▶ *Remporter* – conquérir, enlever, obtenir, remporter. *FAM.* décrocher. ▶ *Encaisser* – empocher, encaisser, mettre dans ses poches, percevoir, recevoir, recouvrer, toucher. *FAM.* palper, se faire. ▶ *Rallier* – convertir, rallier. ▶ *Séduire* – captiver, charmer, conquérir, faire la conquête de, s'attacher, s'attirer les bonnes grâces de, s'attirer les faveurs de, séduire, subjuguer. ▶ *Amadouer* – amadouer, cajoler, enjôler. ▶ *S'attirer la faveur de qqn* – s'attirer la faveur de, se concilier. ▶ *Atteindre un endroit* – accéder à, arriver à, atteindre, parvenir à, se rendre à, toucher. ▶ *Triompher* – avoir cause gagnée, avoir gain de cause, avoir le dessus, l'emporter, obtenir gain de cause, remporter la victoire, triompher. ▲**ANT.** ÉCHOUER, PERDRE ; RECULER ; CHOQUER, DÉPLAIRE ; ABANDONNER, QUITTER, S'ÉLOIGNER.

gai *adj.* ▶ *Joyeux* – allègre, badin, de belle humeur, en gaieté, en joie, enjoué, épanoui, folâtre, foufou, guilleret, hilare, jovial, joyeux, léger, plein d'entrain, réjoui, riant, rieur, souriant. *FAM.* rigolard, rigoleur. ▶ *Plaisant* – agréable, amusant, charmant, distrayant, divertissant, égayant, plaisant, réjouissant, riant, souriant, sympathique. *FAM.* bonard, chic, chouette, sympa. ▲**ANT.** TRISTE ; BOURRU, DE MAUVAISE HUMEUR, GROGNON, MAUSSADE, MOROSE, RENFROGNÉ, TACITURNE ; DÉPRIMÉ, LAS, MÉLANCOLIQUE, PESSIMISTE, TÉNÉBREUX ; AFFLIGEANT, ATTRISTANT, CHAGRINANT, DÉPLORABLE, DÉSESPÉRANT, DÉSOLANT, NAVRANT ;

DÉPRIMANT, ENNUYEUX, GRIS, GRISÂTRE, MAUSSADE, MONOTONE, MORNE, PLAT, SANS VIE, TERNE; FUNÈBRE, GLAUQUE, LUGUBRE, NOIR, SINISTRE, SOMBRE; SOBRE; HÉTÉROSEXUEL.

gaiement *adv.* agréablement, allègrement, avec entrain, béatement, bienheureusement, de bon cœur, euphoriquement, extatiquement, heureusement, jovialement, joyeusement, plaisamment, radieusement, sans souci. ▲ANT. AMÈREMENT, DOULOUREUSEMENT, LANGOUREUSEMENT, LANGUISSAMMENT, MALHEUREUSEMENT, MAUSSADEMENT, MÉLANCOLIQUEMENT, NOSTALGIQUEMENT, SOMBREMENT, TRISTEMENT.

gaieté *n. f.* ▶ *Rire* – éclat (de rire), enjouement, esclaffement, fou rire, gros rire, hilarité, raillerie, ricanement, rictus, rire, ris, risée, sourire. *FAM.* rigolade, risette. ▶ *Bonne humeur* – belle humeur, bonne humeur, enjouement, enthousiasme, entrain, joie, jovialité, pétulance. *SOUT.* alacrité. ▶ *Joie très vive* – allégresse, béatitude, bonheur, égaiement, enthousiasme, euphorie, exaltation, extase, exultation, hilarité, ivresse, joie, jubilation, plaisir, ravissement, réjouissance, vertige. *SOUT.* aise, félicité, liesse, rayonnement. ▲ANT. ABATTEMENT, ENNUI, MOROSITÉ, TRISTESSE.

gaillard *n.* ▶ *Personne pleine d'entrain* – bon vivant, gai luron, insouciant, joyeux drille, joyeux luron. *FAM.* batifoleur, rigolo. ◆ **gaillard**, *masc.* ▶ *Homme robuste* – athlète, colosse, costaud, fort des Halles, hercule, (homme) fort, puissant. *FAM.* armoire à glace, Tarzan. *FRANCE FAM.* armoire normande, balèze, malabar, mastard. *QUÉB.* fier-à-bras; *FAM.* taupin. ▶ *Homme* (*FAM.*) – homme, individu. ▲ANT. BOUGONNEUR, GRINCHEUX, GROGNON, RONCHONNEUR; GRINGALET, MAIGRICHON.

gain *n. m.* ▶ *Victoire* – avantage, réussite, succès, triomphe, victoire. *FAM.* gagne. ▶ *Salaire* – appointements, cachet, commission, droit, émoluments, fixe, gages, honoraires, jeton (de présence), mensualité, paye, pourboire, rémunération, rétribution, revenu, salaire, semaine, solde, traitement, vacations. ▶ *Revenu* – allocation, arrérages, avantage, bénéfice, casuel, chômage, dividende, dotation, fermage, fruit, intérêt, loyer, mense, mensualité, métayage, pension, prébende, présalaire, produit, profit, rapport, recette, redevance, rente, rentrée, retraite, revenu, tontine, usufruit, usure, ventes, viager. *FAM.* alloc. *FRANCE FAM.* bénef, chômedu. ▶ *Bénéfice* – actif, avantage, avoir, bénéfice, boni, crédit, excédent, fruit, produit, profit, rapport, reliquat, reste, revenant-bon, revenu, solde, solde créditeur, solde positif. *FAM.* bénef, gras, gratte, part du gâteau. ▶ *Augmentation* – accroissement, amélioration, appréciation, augmentation, bénéfice, excédent, majoration, plus-value, profit, surcote, survaleur, valorisation. ▶ *Rendement* – bénéfice, effet, efficacité, efficience, production, productivité, produit, profit, rapport, rendement, rentabilité, revenu. ▲ANT. DÉFAITE; DÉPENSE; PERTE; DÉSAVANTAGE, DOMMAGE; RUINE; DÉPERDITION, DIMINUTION.

gaine *n. f.* ▶ *Étui* – étui, fourreau, housse. *SUISSE* fourre. ▶ *Sous-vêtement* – corset, gaine-culotte, guêpière. ▶ *Enveloppe anatomique* – capsule, cloison, enveloppe, membrane, membranule, pellicule, septum, tunique. ▶ *Conduit* – boyau, buse, canal,

conduit, conduite, lance, pipe, tube, tubulure, tuyau. ▶ *Contrainte* (*SOUT.*) – abaissement, allégeance, appartenance, asservissement, assujettissement, attachement, captivité, contrainte, dépendance, domestication, domesticité, domination, emprise, esclavage, gêne, hilotisme, inféodation, infériorité, mainmise, merci, mouvance, obédience, obéissance, obligation, oppression, pouvoir, puissance, servage, servitude, soumission, subordination, sujétion, tutelle, tyrannie, vassalité. *FIG.* carcan, chaîne, corset (de fer), coupe, fardeau, griffe, main, patte, prison; *SOUT.* fers, joug. *PHILOS.* hétéronomie.

galant *adj.* ▶ *Prompt à courtiser* – entreprenant. ▶ *Courtois* – affable, bien élevé, bienséant, civil, courtois, délicat, poli, qui a de belles manières. *SOUT.* urbain. *FAM.* civilisé. ▶ *Élégant* (*AFR.*) – bichonné, bien mis, chic, coquet, élégant, en costume d'apparat, en tenue de soirée, en tenue de ville, endimanché, fringant, habillé, pimpant, pomponné, tiré à quatre épingles. *FAM.* superchic. *FRANCE FAM.* alluré, chicos, sur son trente-et-un. *QUÉB. FAM.* sur son trente-six. ◆ **galante**, *fém.* facile. *SOUT.* de mœurs faciles, de mœurs légères. ▲ANT. GROSSIER, IMPERTINENT, IMPOLI, MAL ÉLEVÉ, RUSTRE; ACCOUTRÉ, MAL MIS. △GALANTE, *fém.* – CHASTE, PRUDE, PUDIQUE, VERTUEUSE.

galanterie *n. f.* ▶ *Politesse* – affabilité, amabilité, aménité, attention, bienséance, bonnes manières, chevalerie, civilité, civisme, convivialité, correction, courtoisie, délicatesse, éducation, entregent, gentillesse, hospitalité, mondanités, obligeance, politesse, prévenance, savoir-vivre, serviabilité, sociabilité, tact, urbanité. *SOUT.* gracieuseté, liant. ▲ANT. BRUTALITÉ, GOUJATERIE, IMPOLITESSE, MUFLERIE; FROIDEUR.

galaxie *n. f.* ▶ *Ensemble d'astres* – nébuleuse extragalactique. ▶ *Monde* – ciel, cosmos, création, espace, les étoiles, macrocosme, monde, nature, sphère, tout.

galbé *adj.* en fuseau, fuselé, fusiforme. ▲ANT. DROIT, RAIDE.

galère *n. f.* ▶ *Navire* ▶ *Petite* – galiote. ▶ *Grande* – galéasse. ▶ *Situation difficile* – bagne, enfer. ▶ *Fugue* (*FAM.*) – caprice, écart, échappée, équipée, escapade, évasion, frasque, fredaine, fugue, incartade, sortie. *SOUT.* échappée. *FAM.* bordée.

galerie *n. f.* ▶ *Couloir* – corridor, couloir, portique. *QUÉB.* passage. ▶ *Lieu d'exploitation* – bowette, boyau de mine, descenderie, descente, galerie (de mine), travers-banc. ▶ *Passage creusé par un animal* – vermoulure (*vers*). ▶ *Lieu d'exposition* – musée. ▶ *Exposition* – concours, démonstration, étalage, exhibition, exposition, foire, foire-exposition, manifestation, montre, présentation, rétrospective, salon, vernissage. *FAM.* démo, expo. *SUISSE* comptoir. ▶ *Balcon de théâtre* – balcon, corbeille, mezzanine, paradis. *FAM.* poulailler. ▶ *Auditoire* – assemblée, assistance, assistants, auditeurs, auditoire, foule, présents, public, salle. ▶ *Cadre* – porte-bagages. ▶ *Balcon de maison* (*QUÉB.*) – balcon, encorbellement, loge, loggia, mâchicoulis, mirador, moucharabieh, terrasse.

galet n. m. ▶ *Pierre* – caillou, minerai, minéral, pierre, pierrette *(petite)*, roc, roche, rocher. ▶ *Roue* – molette, roulette.

galette n. f. ▶ *Préparation de pâte* – crêpe. ▶ *Viande* (QUÉB.) – boulette, croquette, godiveau *(viande)*. BELG. fricadelle *(viande)*, vitoulet *(veau)*. AFR. foutou *(banane)*. ▶ *Argent* (FAM.) – argent. FAM. blé, braise, flouse, fric, grisbi, jonc, oseille, pépètes, pèse, picaillons, pognon, radis, répondant, sous, trèfle. QUÉB. FAM. bidous, foin, motton. ▶ *Cédérom* (FAM.) – CDV, cédérom, compact, disque audionumérique, disque compact, disque laser, disque numérique, disque numérique polyvalent, disque numérique universel, disque optique, disque vidéonumérique, DOC, D.O.N., DVD, vidéodisque, zip.

galon n. m. ▶ *Bande d'étoffe* – bolduc, boucle, bouffette, chou, cocarde, dragonne, élastique, embrasse, extrafort, faveur, ganse, gansette, gros-grain, lambrequin, padou, passement, rosette, ruban, volant. ANC. falbala. ▶ *Ruban gradué* (QUÉB.) – ruban gradué. FRANCE centimètre, mètre à ruban. QUÉB. galon (à mesurer). ▶ *Insigne militaire* – chevron, tresse. FRANCE FAM. brisque, ficelle, sardine.

galopant adj. d'enfer, débridé, effréné, endiablé, frénétique, infernal. ▲ANT. ÉVOLUTIF, GRADUEL, LENT, PROGRESSIF.

galoper v. ▶ *En parlant d'une personne* – courir, filer. FAM. calter, cavaler, droper, fendre l'air, jouer des jambes, pédaler, piquer un sprint, prendre ses jambes à son cou, sprinter, tracer, tricoter des jambes, tricoter des pieds. ▲ANT. AMBLER; TROTTER.

galvanisé adj. délirant, électrisé, en délire, en transe, exalté, gonflé à bloc, hystérique, surexcité, transporté.

gamelle n. f. ▶ *Récipient* – assiette, écuelle, plat, soucoupe. ▶ *Échec* (FRANCE FAM.) – avortement, banqueroute, capitulation, catastrophe, chute, débâcle, débandade, déconfiture, défaite, déroute, désavantage, échec, écrasement, faillite, fiasco, four, infortune, insuccès, mauvaise fortune, naufrage, perte, ratage, raté, retraite, revers. SOUT. traverse. FAM. désastre, piquette, plantage, raclée, recalage, volée. FRANCE FAM. bérézina, bide, brossée, déculottée, dégelée, écrabouillement, fessée, foirade, loupage, pile, rincée, rossée, tannée, veste. ▶ *Chute* (FRANCE FAM.) – chute, dégringolade. SOUT. tombée, tomber. FAM. pelle. QUÉB. FAM. débarque, fouille.

gamme n. f. ▶ *Série* – alignement, chaîne, chapelet, colonne, combinaison, consécution, cordon, enchaînement, enfilade, énumération, file, guirlande, ligne, liste, rang, rangée, séquence, série, succession, suite, tissu, travée. ▶ *Choix* – assortiment, choix, collection, échantillons, éventail, ligne, palette, quota, réunion, sélection, surchoix, tri, variété.

gant n. m. ▶ *Pièce de vêtement* – gantelet. ANC. gantelet. ▶ *Article de toilette* – FRANCE gant (de toilette), main (de toilette). QUÉB. débarbouillette. BELG. SUISSE lavette.

garage n. m. ▶ *Commerce* – essencerie, pompe à essence, station-service. ▶ *Action de stationner* – parcage, stationnement.

garant n. ▶ *Endosseur* – accréditeur, appui, avaliseur, avaliste, caution, endosseur, fidéjusseur,

parrain, répondant, soutien. ▶ *Garantie* – assurance, aval, caution, cautionnement, charge, consignation, couverture, ducroire, engagement, gage, garantie, hypothèque, indexage, indexation, nantissement, obligation, palladium, parrainage, précaution, préservation, promesse, répondant, responsabilité, salut, sauvegarde, sécurité, signature, soulte, sûreté, warrant, warrantage.

garantie n. f. ▶ *Caution* – assurance, aval, caution, cautionnement, charge, consignation, couverture, ducroire, engagement, gage, garant, hypothèque, indexage, indexation, nantissement, obligation, palladium, parrainage, précaution, préservation, promesse, répondant, responsabilité, salut, sauvegarde, sécurité, signature, soulte, sûreté, warrant, warrantage. ▶ *Protection* – abri, aide, appui, assistance, chapeautage, conservation, couverture, garde, mandat, parrainage, paternalisme, patronage, protection, recommandation, renfort, rescousse, sauvegarde, secours, sécurisation, soutien, surveillance, tutelle. FIG. parapluie. QUÉB. marrainage *(femme)*. SOUT. égide. FAM. piston. ▲ANT. DÉCOUVERT, IMPRUDENCE.

garantir v. ▶ *Affirmer* – affirmer, assurer, attester, certifier, déclarer, donner l'assurance, donner sa parole (d'honneur), jurer, promettre, répondre de. ▶ *Protéger* – abriter, assurer, défendre, garder, mettre à l'abri, préserver, protéger, tenir à l'abri. ♦ se **garantir** ▶ *Se protéger* – parer à, prendre ses précautions, s'armer, s'assurer, se prémunir, se protéger. SOUT. se précautionner. ▲ANT. NIER; HASARDER; COMPROMETTRE, EXPOSER.

garçon n. m. ▶ *Homme* – homme, mâle. ▶ *Enfant* – garçonnet, petit garçon. FAM. bambin, bout de chou, gamin, gosse, lardon, loupiot, marmot, mioche, môme, moucheron, mouflet, (petit) bonhomme, (petit) gars, petit homme, (petit) trognon, têtard. FRANCE FAM. fanfan, gniard, mômignard, moujingue, moustique, moutard, petiot, puceron. QUÉB. FAM. mousse. ▶ *Adolescent* – adolescent, blanc-bec *(inexpérimenté)*, jeune, jeune garçon, jeune homme, mineur. SOUT. damoiseau *(qui courtise les femmes)*, impubère, puceau *(vierge)*. ▶ *Enfant de qqn* (QUÉB. FAM.) – fils. FAM. fiston. ▶ *Serveur* – barman, garçon (de café), serveur. ▶ *Apprenti* – aide, apprenant, apprenti, stagiaire. FAM. grouillot. ▲ANT. FILLE; PARENT; PÈRE.

garde n. ▶ *Gardien de prison* – cerbère *(brutal)*, gardien (de prison), guichetier, prévôt, surveillant. SOUT. geôlier. FRANCE FAM. maton. PÉJ. garde-chiourme *(brutal)*. ▶ *Militaire* – factionnaire, guetteur, planton, sentinelle, soldat de faction, vedette, garde, veilleur, vigie, vigile *(romain)*. ▶ *Garde du corps* – garde du corps. FAM. gorille. PÉJ. estafier. ▶ *Surveillant d'un parc* – garde forestier, garde-chasse. ▶ *Nurse* – bonne d'enfants, gouvernante, nurse. QUÉB. gardienne. ▲ANT. PRISONNIER.

garde n. f. ▶ *Surveillance* – attention, espionnage, faction, filature, gardiennage, guet, îlotage, inspection, monitorage, observation, patrouille, ronde, sentinelle, veille, veillée, vigie, vigilance. FAM. filoche, flicage. ▶ *Protection* – abri, aide, appui, assistance, chapeautage, conservation, couverture, garantie, mandat, parrainage, paternalisme, patronage, protection, recommandation, renfort, rescousse, sauvegarde, secours, sécurisation, soutien, surveillance, tutelle. *FIG.* parapluie. *QUÉB.* marrainage *(femme).* *SOUT.* égide. *FAM.* piston. ▶ *Coup de la boxe* – allonge, attaque, frappe, poing, portée, punch, riposte. ▶ *Ensemble de personnes* – accompagnement, convoi, cortège, équipage, escorte, gardes du corps, pompe, service de protection, suite. ▶ *Unité militaire* – bataillon, brigade, colonne, commando, compagnie, corps, échelon, escadron, escorte, formation, garnison, légion, parti, patrouille, peloton, régiment, section, soldatesque *(indisciplinés)*, tabor *(Maroc)*, troupe, unité. *PAR EXT.* caserne. *ANC.* escouade, goum, piquet. ▶ *Partie de l'épée* – monture d'épée. ▶ *Feuille* – page de garde. ▲ANT. INADVERTANCE, MÉGARDE, NÉGLIGENCE, OUBLI; ATTAQUE.

garde-à-vous *n. m.* ▲ANT. REPOS.

garde-fou *n. m.* balustrade, banquette de sûreté, descente, garde-corps, main courante, parapet, rambarde, rampe. *QUÉB. FAM.* balustre. ▶ *Bateau* – balcon, bastingage, filière, garde-corps, rambarde.

garder *v.* ▶ *Mettre en réserve* – conserver, mettre de côté, mettre en réserve, réserver, tenir en réserve. ▶ *Maintenir* – conserver, entretenir, maintenir, tenir. ▶ *Protéger* – conserver, préserver, protéger, sauvegarder, sauver. ▶ *Protéger de qqch.* – abriter, assurer, défendre, garantir, mettre à l'abri, préserver, protéger, tenir à l'abri. ▶ *Faire durer* – continuer, entretenir, maintenir, perpétuer, prolonger. ▶ *Prendre soin de qqn* – prendre soin de, s'occuper de, surveiller, veiller sur. ▶ *Retenir en captivité* – détenir, retenir en captivité, séquestrer. ▶ *Défendre un lieu* – défendre, tenir. ◆ *se garder* ▶ *Se méfier* – douter de, prendre garde à, se méfier de, se mettre en garde contre, tenir pour suspect. *SOUT.* se défier de. ▶ *S'abstenir* – éviter de, s'abstenir de, s'empêcher de, s'interdire de, se défendre de, se refuser à, se retenir de. ▲ANT. DÉPENSER, DÉTRUIRE, DISSIPER; ABANDONNER, CÉDER, DÉLAISSER, DONNER, LAISSER, NÉGLIGER; OUBLIER, PERDRE, RENDRE, RENONCER; CHANGER; DÉTÉRIORER, GÂTER; CONGÉDIER, DÉLIVRER.

garde-robe *n.* ▶ *Lieu de rangement* – lingerie, penderie, placard, placard-penderie, rangement. *FAM.* cagibi, fourre-tout. *QUÉB. FAM.* armoire à linge. ▶ *Vêtements* – affaires, atours, chiffons, ensemble, habillement, habits, linge, mise, parure, tenue, toilette, trousseau, vestiaire, vêtements. *SOUT.* vêture. *FRANCE FAM.* fringues, frusques, nippes, pelures, saintfrusquin, sapes.

gardien *n.* ▶ *Garde d'une prison* – cerbère *(brutal)*, garde, gardien (de prison), guichetier, prévôt, surveillant. *SOUT.* geôlier. *FRANCE FAM.* maton. *PÉJ.* garde-chiourme *(brutal)*. ▶ *Garde d'un bâtiment* – concierge, portier. *SOUT.* cerbère *(sévère)*. *FAM.* bignole. ▶ *Huissier* – aboyeur, annoncier, appariteur, audiencier, chaouch *(pays musulmans)*, crieur, huissier, introducteur, massier, portier, surveillant. ▶ *Personne qui garde les animaux* – gardeur. ▶ *Protecteur* – ange gardien, bon génie, pilier, protecteur. ▶ *Joueur* – gardien de but. *FAM.* portier. *QUÉB. FAM.* cerbère. ◆ **gardienne**, *fém.* ▶ *Gouvernante* *(QUÉB.)* – bonne d'enfants, garde, gouvernante, nurse. ▲ANT. PRISONNIER; ATTAQUANT.

gare *n. f.* halte, station, terminal.

garer *v.* ▶ *Mettre en stationnement* – parquer. *QUÉB.* stationner. ▶ *Écarter du passage* – ranger. ▶ *Mettre en lieu sûr* *(FAM.)* – enfermer, mettre à l'abri, mettre en lieu sûr, ranger, remiser. *QUÉB. FAM.* serrer. ▲ANT. DÉRANGER, EXPOSER.

garnir *v.* ▶ *Munir* – doter, équiper, munir, nantir, outiller, pourvoir. *QUÉB. ACADIE* gréer. ▶ *Orner* – agrémenter, colorer, décorer, émailler, embellir, enjoliver, enrichir, habiller, ornementer, orner, parer, rehausser, relever. *SOUT.* diaprer. *QUÉB. FAM.* renipper. ▶ *Occuper un espace* – couvrir, emplir, occuper, remplir, s'étendre sur. ▲ANT. DÉGARNIR, DÉMUNIR, PRIVER, VIDER; DÉNUDER, DÉPARER, DÉPOUILLER.

gaspillage *n. m.* ▶ *Dilapidation* – coulage, déprédation, déséconomie, dilapidation, dissipation, gabegie, gâchage, gâchis, perte, prodigalité. *SOUT.* profusion. *FRANCE FAM.* gaspi. ▶ *Excès* – comble, débauche, débordement, dépassement, disproportion, énormité, excédent, excès, exubérance, inutile, luxe, luxuriance, orgie, profusion, redondance, satiété, saturation, superfétation, superflu, superfluité, surabondance, surcharge, surcroît, surenchère, surnombre, surplus, trop, trop-plein. ▲ANT. CONSERVATION, ÉCONOMIE, ÉPARGNE; ACCUMULATION, ENTASSEMENT, THÉSAURISATION; AVARICE.

gaspiller *v.* ▶ *Dépenser sans discernement* – dévorer, dilapider, dissiper, engloutir, engouffrer, manger, prodiguer. *FAM.* claquer, croquer, flamber, griller. *QUÉB. FAM.* flauber. ▶ *Mal utiliser* – dilapider, gâcher, galvauder, perdre. ▲ANT. ACCUMULER, CONSERVER, ÉCONOMISER, ENTASSER, ÉPARGNER, MÉNAGER, RÉSERVER.

gâté *adj.* ▶ *Pourri* – altéré, avarié, corrompu, en décomposition, en putréfaction, pourri, pourrissant, putrescent, putride. ▶ *Dorloté* *(FAM.)* – choyé, comblé, comme un coq en pâte, dorloté. *FAM.* chouchouté. *QUÉB. FAM.* gâté pourri, gras dur. ▲ANT. BIEN CONSERVÉ, INTACT, SAIN; ABANDONNÉ, DÉLAISSÉ, NÉGLIGÉ.

gâteau *n. m.* ▶ *Masse de forme analogue* – tourteau. ▶ *Cavités dans une ruche* – alvéoles, rayon. ▶ *Chose facile à accomplir* *(FAM.)* – un jeu d'enfant, une bagatelle. *FAM.* de la petite bière, de la tarte, du billard, du gâteau, du nanan, l'enfance de l'art. ▲ANT. BAGNE, ENFER, GALÈRE.

gâter *v.* ▶ *Gâcher* – empoisonner, gâcher, ruiner, saboter. *FAM.* bousiller. ▶ *Enlaidir* *(SOUT.)* – défigurer, déparer, enlaidir. ▶ *Altérer un aliment* – avarier. ▶ *Plus général* – altérer, décomposer, pourrir, putréfier. ▶ *Entourer de soins* *(FAM.)* – cajoler, choyer, combler, couver, dorloter, entourer de soins, être aux petits soins avec, materner, pouponner *(un bébé)*, soigner. *FAM.* bichonner, bouchonner, chouchouter, mitonner, soigner aux petits oignons, traiter aux petits oignons. *SUISSE FAM.* cocoler. ◆ *se gâter* ▶ *Empirer* – aller de mal en pis, décliner, dégénérer, empirer, s'aggraver, s'envenimer, se dégrader, se détériorer, tourner au vinaigre. ▶ *S'altérer* – blettir *(fruit)*, s'avarier. ▶ *Plus général* – pourrir, s'altérer, se corrompre, se décomposer, se putréfier. ▲ANT. AMÉLIORER, AMENDER, BONIFIER, CORRIGER; DÉCORER, EMBELLIR, ENJOLIVER; CONSERVER, MAINTENIR.

gâteux *adj.* ▶ *Amoindri par l'âge* – retombé en enfance, sénile, tombé en enfance. ▶ *Qui n'a plus toute sa raison* – dérangé, fou, qui a perdu la tête, qui n'a plus toute sa raison, troublé. ▲ANT. ÉQUILIBRÉ, SAIN D'ESPRIT.

gauche *adj.* ▶ *Maladroit* – balourd, incapable, lourdaud, maladroit, malhabile, pataud. SOUT. inhabile. FAM. brise-tout, cafouilleur, cloche, empaillé, empoté, gaffeur, godiche, godichon, gourd, gourde, manche, manchot. ▶ *Gêné* – contraint, crispé, embarrassé, forcé, gêné, mal à l'aise. ▶ *Laborieux* – embarrassé, laborieux, lourd, qui sent l'effort. ▲ANT. DROIT; ADROIT, CAPABLE, COMPÉTENT, DOUÉ, EXPERT, HABILE, PERFORMANT, QUALIFIÉ, TALENTUEUX, VERSÉ; À L'AISE, AISÉ, DÉCONTRACTÉ, DÉGAGÉ, DÉSINVOLTE, DÉTENDU, LIBRE, NATUREL.

gauche *n.f.* ▶ *Côté* – bâbord. ▶ *Tendance politique* – autogestion, babouvisme, bolchevisme, chartisme, collectivisme, collégialité, communisme, coopératisme, dirigisme, égalitarisme, étatisation, étatisme, extrême gauche, fouriérisme, gauchisme, interventionnisme, léninisme, maoïsme, marxisme, marxisme-léninisme, mutualisme, mutuellisme, nationalisation, ouvriérisme, partis de gauche, progressisme, radicalisme, radical-socialisme, réformisme, saint-simonisme, social-démocratie, socialisme, spartakisme, stalinisme, syndicalisme, travaillisme, trotskisme. ▲ANT. DEXTRE, DROITE, TRIBORD.

gauchement *adv.* à la diable, à tort et à travers, inhabilement, lourdement, mal, maladroitement, malhabilement. ▲ANT. ADROITEMENT, AGILEMENT, HABILEMENT, LESTEMENT, SOUPLEMENT.

gaucher *n.* ▲ANT. DROITIER.

gaucherie *n.f.* ▶ *Maladresse* – balourdise, lourdeur, maladresse. SOUT. inhabileté. ▶ *Bévue* – balourdise, bavure, bêtise, bévue, blague, bourde, distraction, erreur, étourderie, fausse manœuvre, fausse note, faute, faux pas, impair, imprudence, maladresse, maldonne, méprise, sottise. FAM. boulette, couac, gaffe, gourance, gourante. ▲ANT. ADRESSE, AISANCE, DEXTÉRITÉ, HABILETÉ; DEXTRALITÉ.

gaulois *adj.* ▶ *Grivois* – coquin, croustillant, égrillard, gaillard, gras, grivois, hardi, impudique, impur, léger, leste, libertin, libre, licencieux, lubrique, osé, paillard, polisson, salace. SOUT. rabelaisien. FAM. épicé, olé olé, poivré, salé. ▲ANT. JANSÉNISTE, PURITAIN, RIGIDE, SÉRIEUX, SÉVÈRE, VERTUEUX.

gaz *n.m.* ▶ *Corps chimique* – corps gazeux. ▶ *Arme* – gaz asphyxiant, gaz de combat, gaz intoxicant. ▶ *Combustible* – gaz naturel. ▶ *Émanation* – buée, émanation, exhalaison, fumée, fumerolle *(volcan)*, mofette *(volcan)*, nuage, nuée, salamandre *(alchimie)*, vapeur. QUÉB. FAM. boucane. ▲ANT. LIQUIDE; SOLIDE.

gazon *n.m.* herbe, pelouse.

géant *adj.* ▶ *Grand* – colossal, considérable, démesuré, énorme, extraordinaire, extrême, fabuleux, formidable, gigantesque, grand, gros, immense, incommensurable, monstrueux, monumental, phénoménal, prodigieux, surhumain, titanesque, vaste, vertigineux. SOUT. cyclopéen, herculéen. FAM. bœuf, de tous les diables, du diable, effrayant, effroyable, épouvantable, faramineux, méchant, monstre.

FRANCE FAM. gratiné. ▶ *Remarquable* (FRANCE FAM.) – admirable, brillant, éblouissant, excellent, extraordinaire, fantastique, magistral, magnifique, merveilleux, parfait, prodigieux, remarquable, réussi, sensationnel, sublime. FAM. à tout casser, bluffant, champion, d'enfer, du tonnerre, épatant, extra, fameux, formidable, fumant, génial, mirifique, pas piqué des vers, splendide, super, terrible. FRANCE FAM. du feu de Dieu, énorme, fadé, formide, gratiné, pas piqué des hannetons. QUÉB. FAM. capotant, écœurant. ▲ANT. MICROSCOPIQUE, MINUSCULE, NAIN; LAMENTABLE, MÉDIOCRE, MINABLE, NAVRANT, PIÈTRE, PITEUX, PITOYABLE, RATÉ.

géant *n.* ▶ *Personne de grande taille* – colosse, goliath, grand, grand diable. FAM. (grand) échalas, (grand) escogriffe. FRANCE FAM. balèze, dépendeur d'andouilles, (grand) flandrin, grande bringue *(femme)*. ▶ *Personne grande et mince* – leptosome, longiligne. ♦ **géant**, *masc.* ▶ *Être imaginaire* – cyclope, ogre. ▶ *Héros* – brave, demi-dieu, dieu, exemple, glorieux, grand, héros, idole, modèle, titan. SOUT. parangon. ♦ **géante**, *fém.* ▶ *Étoile* – étoile géante. ▲ANT. NAIN; MINUS, MOINS QUE RIEN; (ÉTOILE) NAINE.

geindre *v.* ▶ *Se plaindre faiblement* – gémir. ▶ *Se plaindre sans arrêt* – gémir, pleurer, se lamenter, se plaindre. FAM. faire des jérémiades, jérémiader. ▲ANT. EXPRIMER SA JOIE, RIRE.

gel *n.m.* ▶ *Congélation* – congélation, glaciation, réfrigération, refroidissement, surgélation. ▶ *Givre* – gelée (blanche), givre, verglas. SOUT. ou QUÉB. frimas. SUISSE fricasse. ▶ *Confiscation* – appropriation, blocus, confiscation, désapprovisionnement, embargo, expropriation, immobilisation, mainmise, prise, privation, saisie, séquestre, suppression. ▶ *Corps gélatineux* – gelée. ▲ANT. DÉGEL.

gelé *adj.* froid, glacé, gourd, transi. FAM. frigorifié.

gelée *n.f.* ▶ *Givre* – gel, gelée (blanche), givre, verglas. SOUT. ou QUÉB. frimas. SUISSE fricasse. ▶ *Aliment sucré* – beurre, compote, confiture, marmelade, purée. ▶ *Corps gélatineux* – gel.

geler *v.* ▶ *Donner froid* – glacer, pénétrer, saisir. SOUT. transir. FAM. frigorifier. ▶ *Intimider* (FAM.) – annihiler, inhiber, intimider, paralyser. FAM. frigorifier, réfrigérer, refroidir. ▶ *Anesthésier* (FAM.) – analgésier, anesthésier, insensibiliser. ▶ *Avoir froid* – grelotter. SOUT. transir. FAM. cailler, peler. ▲ANT. BRÛLER, RÉCHAUFFER; BOUILLIR, DÉGELER, FONDRE, LIQUÉFIER; ENCOURAGER, ENHARDIR, RASSURER.

gémellaire *adj.* ▲ANT. SIMPLE *(grossesse)*.

gémir *v.* ▶ *Se plaindre faiblement* – geindre. ▶ *Se plaindre sans arrêt* – geindre, pleurer, se lamenter, se plaindre. FAM. faire des jérémiades, jérémiader. ▶ *Grincer* – crier, crisser, grincer. FAM. couiner. QUÉB. FAM. gricher. ▲ANT. EXPRIMER SA JOIE, RIRE.

gémissant *adj.* dolent, larmoyant, plaintif, pleureur, pleurnichard, pleurnicheur. FAM. bêlant, chougneur, geignard, pleurard. QUÉB. FAM. plaignard. ▲ANT. ENJOUÉ, GAI.

gémissement *n.m.* ▶ *Lamentation* – bêlement, braillement, cri, doléances, geignement, grincement, hélas, jérémiade, lamentation, larmoiement, murmure, plainte, pleurs, sanglot, soupir. SOUT. sanglotement. FAM. pleurnichage, pleurnichement, pleurnicherie. *QUÉB. FAM.* braillage. ▸ *Bruit* – chuintement, sifflement, sifflet, sifflotement, stridence, stridulation. *QUÉB. FAM.* silage, silement. ▲ANT. RIRE.

gênant *adj.* ▸ *Pénible* – déplaisant, désagréable, incommodant, inconfortable, pénible. ▸ *Peu pratique* – embarrassant, encombrant, incommode, malcommode. *QUÉB. FAM.* malavenant. ▸ *Par sa taille* – volumineux. ▸ *Qui intimide* (*QUÉB. FAM.*) – intimidant, qui en impose. ▲ANT. AGRÉABLE; COMMODE, EFFICACE, FONCTIONNEL, PRATIQUE, UTILE, UTILITAIRE; ENCOURAGEANT, RASSURANT, SÉCURISANT.

gendarme *n.* ▸ *Policier* – *PÉJ.* guignol. ▸ *Femme masculine* (*PÉJ.*) – hommasse, virago. *FAM.* cheval, garçon manqué. ▸ *Personne autoritaire* – *FAM.* pète-sec. ▸ *Insecte* – punaise rouge, soldat. *ZOOL.* pyrocorise, pyrrhocoris. ▸ *Poisson fumé* (*FAM.*) – (hareng) bouffi, hareng saur, hareng sauré, kipper, saurin. ▸ *Paillette* – crapaud, paille, paillette. ▸ *Piton* – aiguille, pic, piton, sommet.

gendarmerie *n.f.* ▸ *Corps militaire* – prévôté. *PAR PLAIS.* maréchaussée. ▸ *Service de l'ordre public* (*FRANCE*) – appareil policier, force publique, forces policières, milice, police, policiers. *FRANCE* commissariat. *FRANCE FAM.* rousse. ▸ *Bureau de police* (*FRANCE*) – *FRANCE* commissariat. *QUÉB.* poste (de police).

gêne *n.f.* ▸ *Malaise physique* – affection, altération, anomalie, défaillance, déficience, dérangement, dysfonction, dysfonctionnement, embarras, faiblesse, indisposition, insuffisance, mal, malaise, trouble. *DIDACT.* dysphorie. *MÉD.* lipothymie. *SOUT.* mésaise. ▸ *Obstacle* – accroc, adversité, anicroche, barrière, blocage, contrariété, contretemps, défense, difficulté, digue, écueil, embarras, empêchement, ennui, entrave, frein, impasse, impossibilité, inhibition, interdiction, objection, obstruction, ombre au tableau, opposition, pierre d'achoppement, point noir, problème, résistance, restriction, tracas, tribulations. *QUÉB.* irritant. *SOUT.* achoppement, impedimenta, traverse. *FAM.* blème, hic, lézard, os, pépin. *QUÉB. FAM.* aria. ▸ *Inconvénient* – aléa, charge, contre, danger, défaut, déplaisir, dérangement, désagrément, désavantage, difficulté, écueil, embarras, empêchement, ennui, fissure, handicap, incommodité, inconfort, inconvénient, mauvais côté, objection, obstacle, point faible, risque, trouble. *SOUT.* importunité. ▸ *Honte* – confusion, contrainte, crainte, embarras, honte, humilité, pudeur, réserve, retenue, scrupule, timidité. ▸ *Pauvreté* – appauvrissement, besoin, dénuement, détresse, embarras, gouffre, indigence, manque, mendicité, misère, nécessité, pauvreté, privation, ruine. *SOUT.* impécuniosité. *FAM.* dèche, pouillerie. *FRANCE FAM.* débine, fauche, mistoufle, mouise, mouscaille, panade, purée. *DR.* carence. ▲ANT. AISANCE, BIEN-ÊTRE; COMMODITÉ, FACILITÉ, LIBERTÉ; APLOMB, ASSURANCE, FAMILIARITÉ; RICHESSE.

gêné *adj.* ▸ *Embarrassé* – contraint, crispé, embarrassé, forcé, gauche, mal à l'aise. ▸ *Sans argent* – à court, dans la gêne, désargenté, pauvre, sans le sou, serré. *FAM.* à sec, dans la dèche, dans le rouge, fauché, raide (comme un passe-lacet), sur le sable. *FRANCE FAM.* panné, sans un. ▸ *Timide* (*QUÉB. FAM.*) – complexé, inhibé, timide. *FAM.* coincé. *QUÉB. FAM.* pogné. ▲ANT. AFFRANCHI, DÉBARRASSÉ, LIBÉRÉ, LIBRE; AISÉ, FORTUNÉ, NANTI, QUI A LES MOYENS, QUI ROULE SUR L'OR, RICHE; ASSURÉ, CONFIANT, ENTREPRENANT, FONCEUR, HARDI, SÛR DE SOI.

généalogie *n.f.* ▸ *Généalogie humaine* – agnation, alliance, arbre généalogique, ascendance, ascendants, branche, cognation, consanguinité, cousinage, degré, descendance, descendants, dynastie, extraction, famille, filiation, fratrie, génération, hérédité, lignage, lignage, ligne, ligne ascendante, lignée, maison, matriarcat, matrilignage, matrilinéarité, origine, parentage, parenté, parentèle, patriarcat, patrilignage, patrilinéarité, postérité, primogéniture, quartier (de noblesse), race, sang, souche. ▸ *Généalogie animale* – flock-book, herd-book, stud-book. ▸ *Généalogie des espèces vivantes* – darwinisme, évolutionnisme, lamarckisme, mitchourinisme, mutationnisme, néo-darwinisme, transformisme. ▸ *Parenté des espèces* – cladisme, cladistique, génétique, phénétique, phylogenèse, phylogénie, systématique.

gêner *v.* ▸ *Encombrer* – embarrasser, encombrer. *FAM.* emplâtrer. ▸ *Nuire* – aller à l'encontre de, barrer, contrarier, contrecarrer, déranger, empêcher, entraver, faire obstacle à, gâcher, interférer avec, mettre des bâtons dans les roues à, nuire à, s'opposer à, se mettre en travers de, troubler. ▸ *Incommoder* – déranger, ennuyer, importuner, incommoder, indisposer. ▸ *Intimider* – embarrasser, intimider, mettre mal à l'aise, troubler. ▲ANT. DÉBARRASSER, DÉGAGER, DÉSENCOMBRER, FACILITER, LIBÉRER, SERVIR; METTRE À L'AISE, SOULAGER.

général *adj.* ▸ *Qui concerne tous* – collectif, commun, communautaire, public, social. ▸ *Répandu* – courant, dominant, en vogue, populaire, qui a cours, régnant, répandu. ▸ *Unanime* – commun, consensuel, qui fait l'unanimité, unanime. ▸ *Considéré dans l'ensemble* – d'ensemble, global, globalisant, globalisateur, holiste, holistique, transpersonnel. ▸ *En parlant d'un terme* – extensif, générique, large. ▲ANT. INDIVIDUEL, PARTICULIER; LOCAL (anesthésie), PARTIEL; EXCEPTIONNEL, INHABITUEL, INUSITÉ, RARE, SINGULIER; SPÉCIAL, SPÉCIALISÉ.

généralement *adv.* ▸ *Globalement* – génériquement, globalement, planétairement, totalement, universellement. ▸ *Souvent* – à de rares exceptions près, à l'accoutumée, à l'ordinaire, à maintes reprises, à quelques exceptions près, communément, couramment, coutumièrement, d'habitude, d'ordinaire, dans la généralité des cas, dans la majorité des cas, dans la plupart des cas, de coutume, en général, en règle générale, fréquemment, habituellement, journellement, la plupart du temps, maintes fois, normalement, ordinairement, régulièrement, rituellement, souvent, toujours. ▲ANT. EN PARTICULIER, PARTICULIÈREMENT, SINGULIÈREMENT, SPÉCIALEMENT, SPÉCIFIQUEMENT, TYPIQUEMENT; EXCEPTIONNELLEMENT, GUÈRE, PAR EXCEPTION, RAREMENT.

généralisation *n.f.* ▸ *Extension* – analogie, extension, extrapolation, globalisation, induction, systématisation. ▸ *Concept* – abstraction, archétype, concept, conception, conceptualisation, connaissance, conscience, entité, fiction, idée, imagination, notion, noumène, pensée, représentation (mentale), schème, théorie. ▲ANT. INDIVIDUALISATION, LIMITATION, PARTICULARISATION, SPÉCIALISATION.

généraliser v. ▶ *Répandre* – diffuser, étendre, répandre, universaliser. ▶ *Remonter du particulier au général* – extrapoler, induire. ▲ANT. LIMITER, LOCALISER, RESTREINDRE; DISTINGUER, INDIVIDUALISER, PARTICULARISER, SPÉCIALISER, SPÉCIFIER.

généraliste adj. ▲ANT. SPÉCIALISTE; CIBLÉ, POINTU, SPÉCIALISÉ, THÉMATIQUE *(chaîne de télévision).*

généralité n. f. ▶ *Majorité* – la majorité, la plupart, le commun, le plus grand nombre. ▶ *Truisme* – banalité, cliché, évidence, fadaise, lapalissade, lieu commun, platitude, poncif, réchauffé, redite, stéréotype, tautologie, truisme. ▶ *Totalité* – absoluité, complétude, ensemble, entier, entièreté, exhaustivité, globalité, intégralité, intégrité, masse, plénitude, réunion, somme, total, totalité, tout, universalité. ▲ANT. MINORITÉ; PARTICULARITÉ, SPÉCIALITÉ; EXCEPTION; DÉTAIL, PRÉCISION.

générateur adj. créateur, producteur. ▲ANT. DESTRUCTEUR, ÉLIMINATEUR.

génération n. f. ▶ *Reproduction* – conception, fécondation, gestation, reproduction (sexuée). SOUT. procréation. DIDACT. engendrement. ▶ *Formation* – composition, conception, confection, constitution, construction, création, développement, édification, élaboration, exécution, fabrication, façon, façonnage, façonnement, formation, genèse, gestation, invention, œuvre, organisation, paternité, production, réalisation, structuration, synthèse. SOUT. accouchement, enfantement. DIDACT. engendrement. ▶ *Liens de parenté* – agnation, alliance, arbre généalogique, ascendance, ascendants, branche, cognation, consanguinité, cousinage, degré, descendance, descendants, dynastie, extraction, famille, filiation, fratrie, généalogie, hérédité, lignage, ligne, ligne ascendante, lignée, maison, matriarcat, matrilignage, matrilinéarité, origine, parentage, parenté, paternelle, patriarcat, patrilignage, patrilinéarité, postérité, primogéniture, quartier (de noblesse), race, sang, souche. ▶ *Parents nés à la même époque* – collatéraux. ▶ *Personnes de la même époque* – contemporains. ▶ *Unité de temps* – âge, cycle, date, époque, ère, étape, heure, jour, moment, période, règne, saison, siècle, temps. ♦ *générations, plur.* ▶ *Personnes du même ascendant* – arbre généalogique, famille, généalogie, lignage, parenté. ▲ANT. DESTRUCTION, ÉLIMINATION.

générer v. ▶ *Occasionner* – amener, apporter, catalyser, causer, créer, déchaîner, déclencher, déterminer, donner, donner lieu à, donner naissance à, engendrer, entraîner, faire, faire naître, former, occasionner, produire, provoquer, soulever, susciter. PHILOS. nécessiter. ▶ *Donner* – donner, fournir, produire, rapporter, rendre. ▲ANT. DÉTRUIRE, ÉLIMINER.

généreusement adv. ▶ *Prodigalement* – charitablement, chevaleresquement, fraternellement, grassement, humainement, largement, libéralement, magnanimement, prodigalement. FAM. chiquement. ▶ *Abondamment* – à discrétion, à foison, à la tonne, à pleines mains, à profusion, à satiété, à souhait, à volonté, abondamment, amplement, beaucoup, bien, considérablement, copieusement, dru, en abondance, en masse, en quantité, énormément, fort, grassement, gros, intarissablement, largement,

libéralement, lourd, profusément, richement, suffisamment, torrentiellement. FAM. à gogo, à revendre, à tire-larigot, bésef, des tonnes, pas mal. QUÉB. FAM. pour les fins et les fous. ▲ANT. AVAREMENT, CHÉTIVEMENT, CHICHEMENT, CUPIDEMENT, MAIGREMENT, MESQUINEMENT, PARCIMONIEUSEMENT; EN FAIBLE QUANTITÉ, FAIBLEMENT, PAS BEAUCOUP, PEU.

généreux adj. ▶ *Qui donne volontiers* – large, prodigue, qui a le cœur sur la main, qui a un cœur d'or. SOUT. magnificent, munificent. ▶ *Qui se dévoue pour autrui* – altruiste, bon, charitable, compatissant, désintéressé, fraternel, humain, humanitaire, philanthrope, qui a bon cœur, secourable. SOUT. bienfaisant. ▶ *Qui pardonne* – bon prince, clément, indulgent, magnanime, miséricordieux. ▶ *Moralement élevé* – chevaleresque, grand, magnanime, noble. SOUT. fier. ▶ *Qui produit beaucoup* – abondant, débordant, fécond, fertile, foisonnant, fructueux, inépuisable, intarissable, productif, prolifique, riche. SOUT. copieux, inexhaustible, plantureux. ▲ANT. AVARE, CHICHE, CUPIDE, ÉGOÏSTE, MESQUIN; DRACONIEN, DUR, EXIGEANT, RIGIDE, RIGOUREUX, SÉVÈRE, STRICT; ARIDE, IMPRODUCTIF, PAUVRE, STÉRILE.

générosité n. f. ▶ *Largesse* – charité, don, largesse, prodigalité. SOUT. libéralité, magnanimité, magnificence, munificence. ▶ *Cadeau* – avantage, donation, gracieuseté, gratification, largesse, libéralité, manne (inespéré). SOUT. bienfait. QUÉB. FAM. bonbon. ▶ *Altruisme* – aide, allocentrisme, altruisme, amour (d'autrui), assistance, bénévolat, bienveillance, bonté, charité, commisération, compassion, complaisance, convivialité, dévouement, don de soi, empathie, entraide, extraversion, fraternité, gentillesse, humanité, oblativité, oubli de soi, philanthropie, pitié, sensibilité, serviabilité, solidarité, sollicitude. SOUT. bienfaisance. ▶ *Dignité* – dignité, élévation, grandeur (d'âme), hauteur, noblesse, sublime, sublimité, valeur, vertu. ▶ *Fertilité* – abondance, fécondité, fertilité, luxuriance, prodigalité, productivité, rendement, richesse. ▲ANT. AVARICE, CUPIDITÉ, MESQUINERIE, PARCIMONIE; ÉGOÏSME; BASSESSE, LÂCHETÉ, PETITESSE; ARIDITÉ, INFERTILITÉ, PAUVRETÉ, STÉRILITÉ.

gènes n. m. pl. ▶ *Ensemble d'éléments génétiques* – génome, stock chromosomique.

genèse n. f. ▶ *Formation* – composition, conception, confection, constitution, construction, création, développement, édification, élaboration, exécution, fabrication, façon, façonnage, façonnement, formation, génération, gestation, invention, œuvre, organisation, paternité, production, réalisation, structuration, synthèse. SOUT. accouchement, enfantement. DIDACT. engendrement. ▶ *Commencement* – actionnement, amorçage, amorce, balbutiement, bégaiement, commencement, création, début, déclenchement, démarrage, départ, ébauche, embryon, enclenchement, enfance, entrée, esquisse, fondement, germe, inauguration, origine, ouverture, prélude, prémisse, principe, tête. SOUT. aube, aurore, matin, prémices. FIG. apparition, avènement, éclosion, émergence, éruption, explosion, germination, naissance, venue au monde. ▲ANT. DESTRUCTION, ABOUTISSEMENT, ACHÈVEMENT, FIN.

génétique *adj.* ▸ *Qui concerne l'hérédité* – atavique, congénital, héréditaire. ▸ *Qui concerne les gènes* – génique. ▲ANT. ACQUIS, CULTUREL.

génétique *n.f.* ▸ *Généalogie des espèces vivantes* – darwinisme, évolutionnisme, lamarckisme, mitchourinisme, mutationnisme, néodarwinisme, transformisme. ▸ *Parenté des espèces* – cladisme, cladistique, généalogie, phénétique, phylogenèse, phylogénie, systématique. ▸ *Hérédité* – atavisme, hérédité, micromérisme, transmission des caractères.

génial *adj.* ▸ *Remarquable* (FAM.) – admirable, brillant, éblouissant, excellent, extraordinaire, fantastique, magistral, magnifique, merveilleux, parfait, prodigieux, remarquable, réussi, sensationnel, sublime. FAM. à tout casser, bluffant, champion, d'enfer, du tonnerre, épatant, extra, fameux, formidable, fumant, mirifique, pas piqué des vers, splendide, super, terrible. FRANCE FAM. du feu de Dieu, énorme, fadé, formide, géant, gratiné, pas piqué des hannetons. QUÉB. FAM. capotant, écoeurant. ▲ANT. IDIOT, IMBÉCILE, STUPIDE; INCAPABLE, INCOMPÉTENT; LAMENTABLE, MÉDIOCRE, MINABLE, NAVRANT, PIÈTRE, PITEUX, PITOYABLE, RATÉ.

génie *n.m.* ▸ *Talent* – adresse, aisance, aptitude, art, brio, capacité, compétence, dextérité, disposition, doigté, don, expérience, expertise, facilité, faculté, force, fort, habileté, main, maîtrise, métier, pouvoir, professionnalisme, savoir, savoir-faire, sens, talent, technique, virtuosité. SOUT. industrie. FAM. bosse. QUÉB. douance *(scolaire)*. DR. habilitation, habilité. ▸ *Personne* – maître, prodige, superhomme, surdoué, surhomme, talent, virtuose. SOUT. phénix, surhumain. FAM. phénomène. ▸ *Ingénierie* – ingénierie, technique, technologie. ▲ANT. IGNORANCE, INAPTITUDE, INCAPACITÉ; MÉDIOCRITÉ, NULLITÉ; ÂNE, IDIOT, IMBÉCILE, SOT.

genou *n.m.* ▸ *Partie de la jambe* – ANAT. ou FAM. rotule. ▸ *Joint* – brisure, collure, enchevauchure, entablure, joint. ♦ **genoux,** *plur.* ▸ *Partie d'une personne assise* – cuisses, giron.

genre *n.m.* ▸ *Sorte* – catégorie, classe, espèce, famille, groupe, nature, ordre, sorte, type, variété. SOUT. gent. ▸ *Allure* – air, allure, apparence, aspect, attitude, contenance, démarche, façon, ligne, maintien, manière, panache, physique, port, posture, prestance, silhouette, style, tenue, tournure. SOUT. extérieur, mine. FAM. gueule, touche. ▸ *Manière d'être* – griffe, manière d'être, marque, profil psychologique, style. ▸ *Affectation* – affectation, air, apparence, apprêt, artificialité, bluff, cabotinage, comédie, composition, contenance, convenu, dandysme, imposture, jeu, maniérisme, manque de naturel, mascarade, mièvrerie, pose, raideur, recherche, représentation, snobisme. SOUT. cambrure. FAM. chiqué, cinéma. ▸ *Grandeur morale* – envergure, étoffe, importance, qualité, stature. FIG. carrure. ▸ *Style littéraire* – style.

gens *n.m.pl.* ▸ *Foule* – foule, individus, monde, personnes, public. ▸ *Employés d'une maison* – domesticité, domestiques, équipage, gens de maison, personnel (de maison), suite. PÉJ. SOUT. valetaille.

gentil *adj.* ▸ *Serviable* – aimable, attentif, attentionné, aux petits soins, complaisant, délicat,

dévoué, diligent, empressé, obligeant, prévenant, secourable, serviable, zélé. FAM. chic, chou. QUÉB. FAM. fin. BELG. FAM. amitieux. ▸ *Obéissant* – disciplinable, discipliné, docile, doux, facile, obéissant, sage, soumis, tranquille. ▸ *Mignon* – à croquer, adorable, avenant, beau, bien, charmant, coquet, délicieux, gentillet, gracieux, joli, mignon, mignonnet, plaisant, ravissant. FAM. chou, jojo. FRANCE FAM. croquignolet, mignard, mimi, trognon. ▸ *Païen* – idolâtre, infidèle, mécréant, païen. ▸ *En parlant d'une somme* – beau, coquet, joli, rondelet. ▲ANT. MÉCHANT; DISTANT, FROID, INDIFFÉRENT, RÉSERVÉ; DÉPLAISANT, DÉSAGRÉABLE, DÉTESTABLE, EXÉCRABLE, HAÏSSABLE; DÉSOBÉISSANT, DIFFICILE, INDISCIPLINÉ, INDOCILE, INSOUMIS, INSUBORDONNÉ; CROYANT.

gentilhomme *n.m.* ▸ *Homme distingué* (SOUT.) – gentleman, honnête homme. ▸ *Noble* (ANC.) – homme bien né, homme de condition, homme de qualité, seigneur. ♦ **gentilshommes,** *plur.* ▸ *Ensemble d'hommes distingués* – gentilhommerie. ▲ANT. BOURGEOIS; GOUJAT, IMPERTINENT, IMPOLI, IMPUDENT, MALOTRU, MUFLE, RUSTRE.

gentillesse *n.f.* ▸ *Politesse* – affabilité, amabilité, aménité, attention, bienséance, bonnes manières, chevalerie, civilité, civisme, convivialité, correction, courtoisie, délicatesse, éducation, entregent, galanterie, hospitalité, mondanités, obligeance, politesse, prévenance, savoir-vivre, serviabilité, sociabilité, tact, urbanité. SOUT. gracieuseté, liant. ▸ *Bonté* – aide, allocentrisme, altruisme, amour (d'autrui), assistance, bénévolat, bienveillance, bonté, charité, commisération, compassion, complaisance, convivialité, dévouement, don de soi, empathie, entraide, extraversion, fraternité, générosité, humanité, oblativité, oubli de soi, philanthropie, pitié, sensibilité, serviabilité, solidarité, sollicitude. SOUT. bienfaisance. ▸ *Douceur* – affabilité, agrément, amabilité, aménité, bénignité, bienveillance, bonhomie, bonté, calme, chaleur, charité, clémence, docilité, douceur, grâce, humanité, indulgence, patience, placidité, suavité. SOUT. débonnaireté, magnanimité, mansuétude, onction. ▲ANT. GROSSIÈRETÉ, IMPOLITESSE, INSOLENCE; DURETÉ, MÉCHANCETÉ.

gentiment *adv.* adorablement, affablement, agréablement, aimablement, amicalement, bienveillamment, chaleureusement, civilement, complaisamment, cordialement, courtoisement, délicatement, délicieusement, diplomatiquement, galamment, gracieusement, obligeamment, plaisamment, poliment, sagement, serviablement, sympathiquement. FAM. chiquement, chouettement. ▲ANT. CAVALIÈREMENT, CYNIQUEMENT, DÉPLAISAMMENT, DISCOURTOISEMENT, EFFRONTÉMENT, GROSSIÈREMENT, HARDIMENT, IMPERTINEMMENT, IMPOLIMENT, IMPUDEMMENT, INCIVILEMENT, INCONGRÛMENT, INDÉLICATEMENT, INSOLEMMENT, IRRESPECTUEUSEMENT, IRRÉVÉRENCIEUSEMENT.

géocentrique *adj.* ▲ANT. HÉLIOCENTRIQUE.

geôlier *n.* ▸ *Garde* (SOUT.) – cerbère *(brutal)*, garde, gardien (de prison), guichetier, prévôt, surveillant. FRANCE FAM. maton. PÉJ. garde-chiourme *(brutal)*. ▲ANT. CAPTIF, PRISONNIER.

gérable *adj.* gouvernable, menable. ▲ANT. INGÉRABLE, INGOUVERNABLE.

gérant *n.* ▸ *Administrateur* – administrateur, agent, intendant. ▸ *Directeur* – administrateur, cadre, chef d'entreprise, chef d'industrie, décideur, décisionnaire, directeur, dirigeant, gestionnaire, logisticien, patron, responsable, tête dirigeante.

gerbe *n. f.* ▸ *Groupe de végétaux* – botte, bouquet *(décoratif)*, faisceau, gerbée, manoque *(tabac)*, trochet. ▸ *Faisceau* – bouquet, faisceau, girandole. ▸ *Jet liquide* – fusée, gerbe (d'eau), geyser, giclée, giclement, girandole, jet. PHYSIOL. émission. ♦ **gerbes,** *plur.* ▸ *Ensemble de gerbes* – gerbier.

gérer *v.* ▸ *Administrer un État* – administrer, diriger, gouverner, manier. ▸ *Diriger un projet, une entreprise* – assurer la direction de, conduire, diriger, faire marcher, mener, piloter, présider à, superviser, tenir les rênes de.

germe *n. m.* ▸ *Pousse* – accru, bouture, brin, brout, cépée, drageon, jet, mailleton, marcotte, plant, provin, recrû, rejet, rejeton, revenue, surgeon, talle, tendron, turion. ▸ *Début* – actionnement, amorçage, amorce, balbutiement, bégaiement, commencement, création, début, déclenchement, démarrage, départ, ébauche, embryon, enclenchement, enfance, entrée, esquisse, fondement, inauguration, origine, ouverture, prélude, prémisse, principe, tête. SOUT. aube, aurore, matin, prémices. FIG. apparition, avènement, éclosion, émergence, éruption, explosion, genèse, germination, naissance, venue au monde. ▸ *Origine* – agent, base, cause, explication, facteur, ferment, fondement, fontaine, inspiration, levain, levier, mobile, moteur, motif, motivation, moyen, objet, occasion, origine, point de départ, pourquoi, principe, raison, raison d'être, source, sujet. SOUT. étincelle, mère, racine, ressort. ♦ **germes,** *plur.* ▸ *Ensemble de micro-organismes* – culture bactérienne, flore bactérienne, flore microbienne. ▲ANT. ABOUTISSEMENT, ACCOMPLISSEMENT, ACHÈVEMENT, CONCLUSION, FIN, RÉSULTAT.

germer *v.* ▸ *Faire son apparition* (FIG.) – apparaître, éclore, faire son apparition, naître, paraître, pointer, se former, se manifester. SOUT. poindre, sourdre. ▲ANT. ÉCLORE, MÛRIR; CONCLURE, ÉTOUFFER, FANER, MOURIR.

geste *n. m.* ▸ *Acte* – acte, action, choix, comportement, conduite, décision, démarche, entreprise, faire, fait, intervention, manifestation, réalisation. ▸ *Mouvement de la main* – signe. ▸ *Signal* – alerte, appel, clignement, clin d'œil, message, signal, signe. ♦ **gestes,** *plur.* ▸ *Mouvements des mains* – chérèmes, chironomie, gestèmes, gesticulation, gestique, gestualité, gestuelle, langage gestuel, mudra *(danse indienne)*. ▲ANT. IMMOBILITÉ, INACTION, INERTIE; PAROLE.

gesticuler *v.* ▸ *Bouger beaucoup* – frétiller, remuer, s'agiter, se tortiller, se trémousser. FAM. gigoter.

gestion *n. f.* administration, conduite, direction, gérance, gouverne, intendance, logistique, management, maniement, organisation, régie, surintendance, tenue. ▸ *À plusieurs* – cogérance, cogestion. ▲ANT. ABANDON, INCURIE, NÉGLIGENCE.

gestuel *adj.* ▲ANT. ORAL *(langue)*.

gibier *n. m.* ▸ *Viande* – gros gibier, venaison, viande noire. ▸ *Personne* – bouc émissaire, dindon de la farce, martyr, opprimé, persécuté, plastron, sacrifié, souffre-douleur, tête de Turc, victime. ▲ANT. CHASSEUR, PRÉDATEUR.

gicler *v.* jaillir, rejaillir. QUÉB. FAM. revoler. BELG. FAM. spiter. ▲ANT. S'ENGOUFFRER.

gifle *n. f.* ▸ *Claque* – claque, tape. SOUT. soufflet. FAM. baffe, beigne, mornifle, pain, taloche, tarte, torgnole. FRANCE FAM. aller et retour, calotte, emplâtre, giroflée (à cinq feuilles), mandale, pêche, rouste, talmouse, taquet. ▸ *Humiliation* – abaissement, abjection, accroupissement, culpabilisation, dégradation, démérite, déshonneur, discrédit, flétrissure, honte, humiliation, ignominie, indignité, infamie, infériorisation, mépris, noircissure, opprobre, ridicule, ridiculisation, scandale, ternissure. SOUT. turpitude, vilenie. ▲ANT. CARESSE; RÉCOMPENSE.

gifler *v.* ▸ *Donner une gifle* – claquer, souffleter. FAM. baffer, talocher. FRANCE FAM. calotter, torgnoler. ▸ *Pincer au visage* – cingler, couper, fouetter, mordre, pincer, piquer, taillader. SOUT. flageller. ▸ *Humilier* (SOUT.) – bafouer, faire affront à, faire injure à, faire insulte à, faire outrage à, humilier, injurier, insulter, outrager. SOUT. blasphémer, souffleter. ▲ANT. CARESSER, MÉNAGER; RÉCOMPENSER; ÉLEVER, EXALTER, HONORER.

gigantesque *adj.* colossal, considérable, démesuré, énorme, extraordinaire, extrême, fabuleux, formidable, géant, grand, gros, immense, incommensurable, monstrueux, monumental, phénoménal, prodigieux, surhumain, titanesque, vaste, vertigineux. SOUT. cyclopéen, herculéen. FAM. bœuf, de tous les diables, du diable, effrayant, effroyable, épouvantable, faramineux, méchant, monstre. FRANCE FAM. gratiné. ▲ANT. MICROSCOPIQUE, MINUSCULE, NAIN.

gilet *n. m.* ▸ *Vêtement sans manches* – QUÉB. (petite) veste, sous-veste. ▸ *Sous-vêtement* – gilet de corps, gilet de peau, maillot de corps. FAM. marcel. QUÉB. camisole. BELG. AFR. singlet.

gisement *n. m.* ▸ *Accumulation dans le sous-sol* – bassin, gîte, mine, puits. ▸ *Grande quantité* – abondance, afflux, amas, ampleur, concentration, débauche, débordement, exubérance, filon, floraison, foisonnement, forêt, foule, fourmillement, infinité, inondation, luxe, luxuriance, masse, mine, multiplicité, myriade, nuée, orgie, paquet, pléthore, poussière, profusion, quantité, richesse, surabondance, tas, trésor. FIG. carnaval. FAM. festival, flopée, kyrielle, tapée, tonne, tripotée, wagon. QUÉB. FAM. bourrée, tapon. SUISSE FAM. craquée.

gîte *n. m.* ▸ *Fait d'être hébergé pour la nuit* – coucher, hébergement. ▸ *Étape* – auberge, complexe hôtelier, escale, étape, halte, hôtel, hôtellerie, relais. ▸ *Pays arabes* – caravansérail, fondouk, khan. ▹ *Autres pays* – posada *(Espagne)*, ryokan *(Japon)*. ▹ *Québec* – gîte du passant, gîte touristique. ▸ *Abri* – abri, affût, asile, cache, cachette, lieu de repos, lieu sûr, refuge, retraite. FIG. ermitage, havre (de paix), oasis, port, solitude, tanière, toit. PÉJ. antre, planque, repaire. ▸ *Refuge d'animal* – abri, aire, antre *(bête féroce)*, caverne, halot *(lapin)*, héronnière, liteau *(loup)*, nid, refuge, renardière, repaire, reposée *(sanglier ou cervidé)*, ressui *(pour se sécher)*, retraite, tanière, taupinière, terrier, trou. QUÉB. ravage *(cerfs)*. FAM.

ouache. ▶ *Gisement* – bassin, gisement, mine, puits.

givre *n. m.* gel, gelée (blanche), verglas. *SOUT. ou QUÉB.* frimas. *SUISSE* fricasse.

glacé *adj.* ▶ *Très froid* – froid, glacial. ▶ *Engourdi par le froid* – froid, gelé, gourd, transi. *FAM.* frigorifié.

glace *n. f.* ▶ *Cube d'eau congelée* – (cube de) glace, glaçon. ▶ *Aliment* – *QUÉB.* crème glacée; *FAM.* crème à la glace. ▶ *Surface réfléchissante* – miroir. ▶ *Vitre* – carreau, vitre, vitrine. ▶ *Préparation culinaire* – nappage. *QUÉB.* givrage, glaçage; *FAM.* crémage. ▶ *Tache d'une pierre* – givrure. ♦ *glaces, plur.* ▶ *Ensemble de vitres* – verrière, vitrage. ▶ *Ensemble de glaces sur l'eau* – *QUÉB.* glaciel. ▲ANT. EAU.

glacer *v.* ▶ *Donner froid* – geler, pénétrer, saisir. *SOUT.* transir. *FAM.* frigorifier. ▶ *Pétrifier* – clouer sur place, figer, immobiliser, méduser, paralyser, pétrifier, statufier, tétaniser. ▶ *Intimider* – annihiler, inhiber, intimider, paralyser. *FAM.* frigorifier, geler, réfrigérer, refroidir. ▶ *Lustrer* – lustrer, satiner, vernir, vernisser. ▷ *Un tissu* – brillanter, calandrer, catir, lustrer, moirer. ▲ANT. CHAUFFER, DÉGELER, FONDRE, RÉCHAUFFER; AIGUILLONNER, ALLUMER, ANIMER, ATTISER, ÉVEILLER, EXCITER, RASSURER, RÉCONFORTER, STIMULER.

glacial *adj.* ▶ *Au sens propre* – froid, glacé. ▶ *Au sens figuré* – de glace, de marbre, distant, frais, froid, glaçant, réfrigérant, réservé. *SOUT.* marmoréen. ▲ANT. ACCABLANT, BRÛLANT, CANICULAIRE, ÉCRASANT, ÉTOUFFANT, LOURD, SAHARIEN, SUFFOCANT, TORRIDE, TROPICAL; CHALEUREUX, CORDIAL, ENGAGEANT, SOCIABLE; AFFECTUEUX, AMI, AMICAL, FRATERNEL, TENDRE.

glaise *n. f.* ▶ *Argile* – argile, (terre) glaise. *QUÉB. FAM.* terre forte, terre grasse. ▶ *Engrais* – amendement, apport, chanci, chaux, compost, craie, engrais, falun, fertilisant, fumier, fumure, goémon, guano, limon, lisier, marne, paillé, plâtre, poudrette, pralin, purin, superphosphate *(artificiel)*, tangue, terre de bruyère, terreau.

gland *n. m.* ▶ *Ouvrage de passementerie* – *BELG.* floche.

glapir *v.* ▶ *En parlant du chien* – aboyer, clabauder, donner de la voix, hurler, japper.

glas *n. m.* carillon, carillonnement, sonnaille, sonnaillerie, sonnerie, timbre, tintement, tocsin. *FAM.* drelin.

glauque *adj.* ▶ *Bleu-vert* – aigue-marine, bleu canard, bleu pétrole, cyan, turquoise, vert d'eau. ▶ *Lugubre* – funèbre, lugubre, noir, sinistre, sombre, triste. *SOUT.* funeste. ▲ANT. CHARMANT, GAI, PLAISANT, RIANT.

glissant *adj.* ▶ *Couvert d'une substance grasse* – graisseux, gras, huileux. ▶ *Instable* – chancelant, défaillant, faible, fragile, incertain, instable, menacé, précaire, vacillant. ▲ANT. ADHÉRENT, ADHÉSIF, COLLANT; SANS DANGER, SÛR.

glissement *n. m.* ▶ *Action de glisser* – glissade. *SUISSE* glisse. ▶ *Bruit* – bruissage, frémissement, friselis, froissement, frôlement, frottement, frou-frou, froufroutement, souffle. *SOUT.* bruissement, chuchotement, chuchotis. ▶ *Passage graduel* – adaptation, ajustement, altération, avatar, changement,

conversion, évolution, gradation, infléchissement, métamorphose, modification, modulation, mue, mutation, passage, progression, transfiguration, transformation, transition, transmutation, variation, vie. ▲ANT. FRICTION, FROTTEMENT, RÉSISTANCE; MAINTIEN, STABILITÉ.

glisser *v.* ▶ *Déraper* – chasser, déraper, patiner, riper. ▶ *Ne pas insister* – effleurer, passer sur, survoler. ▶ *S'enfoncer dans une mauvaise situation* – s'embourber, s'enfoncer, s'enliser, sombrer, tomber. ▶ *Insérer* – engager, entrer, insérer, introduire, loger, mettre. ♦ *se glisser* ▶ *S'introduire subrepticement* – s'insinuer, se couler, se faufiler. ▲ANT. ADHÉRER, COLLER; ARRÊTER, FREINER, IMMOBILISER, STOPPER; APPROFONDIR, APPUYER, CREUSER, INSISTER; ENLEVER, EXTRAIRE, RETIRER.

global *adj.* ▶ *Total* – absolu, complet, entier, exhaustif, inconditionnel, intégral, parfait, plein, rigoureux, sans réserve, total. *QUÉB. FAM.* mur-à-mur. *PÉJ.* aveugle. ▶ *Considéré dans l'ensemble* – d'ensemble, général, globalisant, globalisateur, holiste, holistique, transpersonnel. ▶ *Mondial* – international, mondial, planétaire, universel. ▲ANT. ÉTROIT, PARTIEL; DÉTAILLÉ, MINUTIEUX, PRÉCIS.

globalité *n. f.* absoluité, complétude, ensemble, entier, entièreté, exhaustivité, généralité, intégralité, intégrité, masse, plénitude, réunion, somme, total, totalité, tout, universalité. ▲ANT. DÉTAIL, PARTIE.

globe *n. m.* ▶ *Sphère* – solide sphérique, sphère, sphéroïde. ▶ *Partie d'une lampe* – verrine. ▶ *Planète* – la géosphère, la planète bleue, la planète Terre, la sphère terrestre, la Terre, le globe (terrestre), le monde, notre planète, notre vaisseau spatial.

gloire *n. f.* ▶ *Honneur* – apothéose, bonheur, bonne fortune, boum, consécration, couronnement, honneur, lauriers, prospérité, retentissement, réussite, succès, triomphe, trophée. *FAM.* malheur, (succès) bœuf, tabac. *FRANCE FAM.* carton, saucisson, ticket. ▶ *Célébrité* – célébrité, considération, éclat, faveur, notoriété, palmarès, popularité, renom, renommée, réputation, vedettariat. *FIG.* auréole, immortalité, la déesse aux cent bouches. ▶ *Caractère marqué* – rayonnement. *SOUT.* lustre, relief. ▶ *Sainteté* – béatitude, sainteté, salut. ▲ANT. AVILISSEMENT, BASSESSE, DÉCHÉANCE, DÉSHONNEUR, FLÉTRISSURE, HONTE, HUMILIATION, IGNOMINIE, INFAMIE, OBSCURITÉ, OPPROBRE, TURPITUDE.

glorieux *adj.* ▶ *Inoubliable* – célèbre, connu, de grand renom, fameux, historique, illustre, immortel, inoubliable, légendaire, marquant, mémorable, notoire, proverbial, reconnu, renommé, réputé. ▷ *Non favorable* – de triste mémoire. ▶ *Sanctifié* – élu, saint. ▲ANT. ANONYME, IGNORÉ, INCONNU, MÉPRISÉ, OBSCUR; AVILISSANT, DÉSHONORANT, INFAMANT; HUMBLE, MODESTE; DAMNÉ, MAUDIT.

glorifier *v.* ▶ *Vanter au plus haut point* – acclamer, auréoler, célébrer, chanter, chanter les louanges de, diviniser, encenser, exalter, héroïser, magnifier, mettre sur un piédestal, mythifier, porter au pinacle, porter aux nues. *SOUT.* lyriser, tresser des couronnes à, tresser des lauriers à. ▶ *Rendre gloire à Dieu* – bénir, louer, rendre gloire à. ♦ *se glorifier* ▶ *Se vanter* – faire grand cas, s'enorgueillir, s'honorer, se faire gloire, se faire honneur, se flatter, se piquer, se prévaloir, se rengorger, se targuer, se vanter, tirer gloire, tirer vanité. ▲ANT. AVILIR, DÉSHONORER, DIFFAMER, DISCRÉDITER, HONNIR, HUMILIER, RABAISSER, SALIR.

gluant *adj.* collant, gommeux, poissant, poisseux, visqueux. QUÉB. FAM. gommé.

gobelet *n.m.* godet, quart, verre. FAM. dé à coudre. ANC. rhyton, rince-bouche.

goguenard *adj.* caustique, cynique, frondeur, gouailleur, ironique, malicieux, moqueur, narquois, persifleur, railleur, sarcastique, sardonique. QUÉB. FAM. baveux. ▲ANT. POLI, RESPECTUEUX, SÉRIEUX; RÉSERVÉ, TIMIDE.

golfe *n.m.* ▶ *Mer* – mer, océan.

gomme *n.f.* ▶ *Substance végétale* – baume, cire, gomme d'adragant/adragante, gomme-ammoniaque, gomme-gutte, gomme-résine, labdanum, résine. ▶ *Morceau de caoutchouc* – gomme à effacer. QUÉB. efface. ▶ *Maladie* – gommose. ▶ *Nodosité* – infiltrat, léprome, nodosité, nodule, nœud, nouure, sarcoïde, tubercule. ▶ *Gomme à mâcher* (QUÉB. ACADIE FAM.) – gomme à mâcher. QUÉB. FAM. chique.

gonfler *v.* ▶ *Enfler le visage* – bouffir, boursoufler, enfler. ▶ *Tuméfier* – boursoufler, enfler, tuméfier. ▶ *Arrondir* – arrondir, bomber, enfler, renfler, rondir. ▶ *Remplir de liquide* – gorger, imprégner, remplir, saturer. ▶ *Remplir d'une chose abstraite* – emplir, envahir, inonder, pénétrer, remplir, submerger. ▶ *Augmenter* – accroître, augmenter, décupler, multiplier, redoubler. ▶ *Surévaluer* – surestimer, surévaluer, surfaire. ▶ *Agacer* (FAM.) – agacer, crisper, énerver, exaspérer, excéder, fatiguer, hérisser, impatienter, importuner, irriter, porter sur les nerfs à. FAM. barber, casser les pieds à, chauffer les oreilles à, courir sur le système à, embêter, emmieller, empoisonner, enquiquiner, faire suer, horripiler, insupporter, pomper l'air à, porter sur le système à, scier, tanner, taper sur le système à, taper sur les nerfs à. FRANCE FAM. bassiner, canuler, cavaler, courir, courir sur le haricot à, soûler. QUÉB. FAM. achaler, déranger, écœurer, tomber sur la noix à, tomber sur la rate à, tomber sur le système à, tomber sur les nerfs à, tomber sur les rognons à. ▶ *Se remplir d'air* – bouffir, enfler, se dilater. ▶ *Prendre une forme arrondie* – ballonner, bomber, faire bosse, faire ventre, rondir, s'arrondir, (se) renfler. ▶ *En parlant de la pâte* – fermenter, lever, monter. ▶ *En parlant de cheveux* – bouffer. ▲ANT. DÉGONFLER, VIDER; APLATIR, COMPRIMER, CONTRACTER; RÉDUIRE; SOUS-ESTIMER.

gorge *n.f.* ▶ *Dépression géographique* – cañon, col, couloir, défilé, goulet, porte, ravin, ravine. QUÉB. FAM. coulée. ▶ *Partie du cou* – arrière-bouche, gosier. ANAT. pharynx. ▶ *Seins* (SOUT.) – buste, poitrine. ▶ *Rainure* – canal, cannelure, douve de fond, goujure, rainure, saignée, strie, striure.

gorgée *n.f.* trait. FAM. goulée, lampée, lichette.

gosier *n.m.* arrière-bouche, gorge. ANAT. pharynx.

gouailleur *adj.* caustique, cynique, frondeur, goguenard, ironique, malicieux, moqueur, narquois, persifleur, railleur, sarcastique, sardonique. QUÉB. FAM. baveux. ▲ANT. POLI, RESPECTUEUX, SÉRIEUX; RÉSERVÉ, TIMIDE.

goudron *n.m.* ▶ *Substance huileuse* – coaltar. ▶ *Asphalte* – asphaltage, asphalte, bitume, goudron (routier), macadam (goudronné). ▶ *Chaussée* (AFR.) – chaussée, route, rue. PAR EXT. asphalte, bitume, macadam.

gouffre *n.m.* ▶ *Précipice* – abîme, crevasse, fosse, géosynclinal, précipice, puits naturel. ▶ *Profondeur* – abîme, abysse, creux, distance, enfoncement, épaisseur, (fin) fond, fosse, lointain, perspective, profondeur. SOUT. entrailles. ▶ *Ruine* – appauvrissement, besoin, dénuement, détresse, embarras, gêne, indigence, manque, mendicité, misère, nécessité, pauvreté, privation, ruine. SOUT. impécuniosité. FAM. dèche, pouillerie. FRANCE FAM. débine, fauche, mistoufle, mouise, mouscaille, panade, purée. DR. carence. ▶ *Différence* – abîme, altération, changement, désaccord, déviance, différence, dissemblance, dissimilitude, distance, distinction, divergence, diversité, division, divorce, écart, fossé, incompréhension, inégalité, intervalle, marginalité, nuance, séparation, variante, variation, variété. MATH. inéquation. ▲ANT. HAUTEUR, PIC, SOMMET; RESSEMBLANCE.

goulot *n.m.* ▶ *Col d'un récipient* – col, cou. ▲ANT. CUL (DE BOUTEILLE), FOND.

gourmand *adj.* ▶ *Qui mange beaucoup* – avide, dévoreur, glouton, goinfre, goulu, intempérant, ripailleur, vorace. FRANCE FAM. morfal. BELG. goulafre. PATHOL. boulimique. ▶ *Où l'on mange bien* – gastronomique. ▶ *Avide* – affamé, assoiffé, avide, insatiable. SOUT. altéré. ▲ANT. ABSTINENT, FRUGAL, MODÉRÉ, SOBRE, TEMPÉRANT; À LA BONNE FRANQUETTE, SANS PRÉTENTION, SIMPLE; ALLÉGÉ, DIÉTÉTIQUE; FADE, INSIPIDE; DÉSINTÉRESSÉ, DÉTACHÉ, INDIFFÉRENT, TIÈDE.

gourmandise *n.f.* ▶ *Appétit* – appétit, avidité, faim, insatiabilité, voracité. PÉJ. gloutonnerie, goinfrerie. MÉD. boulimie, cynorexie, hyperorexie, sitiomanie. ▶ *Friandise* – chatterie, confiserie, douceur, friandise, gâterie, sucrerie. QUÉB. FAM. nanane. ▲ANT. FRUGALITÉ, SOBRIÉTÉ.

gourmet *n.m.* amateur de bonne chère, amateur de bonne cuisine, bec fin, bouche fine, (fin) gourmet, fine bouche, gastronome, gourmand. FAM. fine gueule. ▲ANT. GLOUTON, GOINFRE; ASCÈTE.

gourou (var. **guru**) *n.* chef de file, guide (spirituel), magistère, mahatma, maître à penser, maître (spirituel), meneur, pandit, pasteur, phare, rassembleur, sage. SOUT. conducteur, coryphée, entraîneur (d'hommes). FAM. pape.

goût *n.m.* ▶ *Gustation* – gustation, palais. ▶ *Saveur* – montant, parfum, saveur. SOUT. flaveur, sapidité, succulence. ▶ *Prédilection* – affection, aptitude, attirance, disposition, faible, faiblesse, habitude, impulsion, inclination, instinct, penchant, pente, prédilection, prédisposition, préférence, propension, tendance, vocation. DIDACT. susceptibilité. PSYCHOL. compulsion, conation. FAM. tendresses. ▶ *Envie* – ambition, appel, appétit, aspiration, attirance, attrait, besoin, but, convoitise, desideratum, désir, envie, exigence, faim, fantaisie, fantasme, fièvre, fringale, idéal, intention, jalousie, passion, prétention, quête, recherche, rêve, soif, souhait, tentation, velléité, visée, vœu, volonté. SOUT. appétence, dessein, prurit, vouloir. FAM. démangeaison.

goûter

▶ *Mode* – avant-gardisme, dernier cri, engouement, épidémie, fantaisie, fureur, goût (du jour), mode, style, tendance, ton, vague, vent, vogue. ▲ANT. DÉGOÛT; ANTIPATHIE, AVERSION, DÉDAIN, INDISPOSITION, RÉPULSION; GROSSIÈRETÉ, VULGARITÉ.

goûter *v.* ▶ *Prendre un goûter* – casse-croûter, collationner, faire collation. ▶ *Apprécier le goût* – déguster, savourer, siroter *(boisson)*. ▶ *Retirer du plaisir* – déguster, faire ses délices de, jouir de, profiter de, s'enchanter de, savourer, se délecter de, se régaler de, se réjouir de, se repaître de, tirer plaisir de. *FAM.* se gargariser de. ▶ *Aimer* (*SOUT.*) – adorer, affectionner, aimer, apprécier, avoir un faible pour, avoir un penchant pour, être fou de, être friand de, être porté sur, faire ses délices de, prendre plaisir à, priser, raffoler de, s'intéresser à, se complaire, se délecter, se passionner pour, se plaire. *SOUT.* chérir. *FRANCE. FAM.* kiffer. *QUÉB. FAM.* capoter sur. *PÉJ.* se vautrer. ▲ANT. DÉDAIGNER, DÉTESTER.

goûter *n. m.* casse-croûte, collation, en-cas, lunch, panier-repas. *FAM.* morceau. *FRANCE FAM.* casse-dalle, casse-graine, dînette, quatre-heures. *QUÉB.* bouchée, grignoterie, grignotine.

goutte *n. f.* ▶ *Sphère liquide* – gouttelette *(petite)*. *SOUT.* perle. ▶ *Petite quantité* – arrière-goût, atome, bouchée, brin, doigt, filet, gouttelette, grain, larme, lueur, miette, nuage, once, paille, parcelle, peu, pincée, pointe, relent, restant, reste, rien, soupçon, tantinet, teinte, touche, trace, trait, zeste. *FAM.* chouia. ▲ANT. DÉLUGE, FLOT, TORRENT.

gouttière *n. f.* ▶ *Canal* – chéneau, égout, gargouille. *SUISSE* cheneau. *QUÉB. FAM.* dalle. ▶ *Appareil* – attelle, éclisse.

gouvernail *n. m.* aiguillot, barre.

gouvernement *n. m.* ▶ *Pouvoir* – autorité, commandement, domination, emprise, force, juridiction, loi, maîtrise, pouvoir, puissance, règne, tutelle. *SOUT.* empire, férule, houlette. ▶ *Personnes qui administrent un État* – appareil gouvernemental, appareil politique, conseil, État, gouvernants, (pouvoir) exécutif, sénat. ▶ *Ministres* – cabinet, conseil (des ministres), ministère. ▶ *Période d'administration d'un État* – mandat, règne. ▶ *Façon d'administrer un État* – régime. ▶ *Fait d'administrer un État* (*SOUT.*) – administration d'un État, affaires de l'État, maniement des affaires, maniement des hommes. ▲ANT. ANARCHIE, DÉSORDRE; OPPOSITION; GOUVERNÉ, PEUPLE, SUJET.

gouvernemental *adj.* ministériel. ▲ANT. ANARCHIQUE; OPPOSITIONNEL; POPULAIRE.

gouverner *v.* ▶ *Diriger une embarcation* – conduire, diriger, mener, piloter. ▶ *Administrer* – administrer, diriger, gérer, manier. ▶ *Dominer* – asservir, contrôler, diriger, dominer, exercer son empire sur, exercer son emprise sur, régenter, soumettre, subjuguer, tenir en son pouvoir, vampiriser, vassaliser. *SOUT.* inféoder. ▶ *Manipuler* – manier, manipuler, manœuvrer, mener à sa guise. ▶ *Maîtriser un sentiment* – calmer, contenir, contrôler, dominer, dompter, maîtriser, surmonter, vaincre. *SOUT.* commander à. ▲ANT. ABANDONNER; OBÉIR, SE SOUMETTRE; SUBIR.

grâce *n. f.* ▶ *Aisance* – aisance, aise, assurance, décontraction, désinvolture, distinction, facilité,

légèreté, naturel, rondeur, souplesse. ▶ *Agilité* – adresse, agilité, aisance, dextérité, élasticité, élégance, facilité, habileté, légèreté, main, mobilité, précision, rapidité, souplesse, technique, virtuosité, vivacité. *SOUT.* félinité, prestesse. ▶ *Beauté* – agrément, art, attrait, beau, beauté, charme, chic, classe, coquetterie, délicatesse, distinction, éclat, élégance, esthétique, féerie, fraîcheur, gracieux, harmonie, magnificence, majesté, perfection, photogénie, pureté, séduction, splendeur, symétrie. *DIDACT.* eurythmie. *SOUT.* blandice, joliesse, morbidesse, sublimité, symphonie, vénusté. ▶ *Pardon* – absolution, absoute *(public)*, acquittement, aman, amnistie, annulation, clémence, dédouanement, disculpation, extinction, indulgence, jubilé, mise hors de cause, miséricorde, mitigation, oubli, pardon, pénitence, prescription, réhabilitation, relaxe, remise (de peine), rémission, suppression (de peine). ▶ *Exemption* – abattement, décharge, dégrèvement, dérogation, détaxation, détaxe, dispense, exemption, exonération, franchise, immunité, impunité, inamovibilité, inviolabilité, irresponsabilité, libération, liberté, mainlevée, réforme *(armée)*, transit. ▶ *Faveur* – aide, allocation, apport, assistance, aumône, bonne œuvre, charité, dation, disposition, distribution, don, faveur, hommage, indemnité, obole, prestation, secours, soulagement, subside, subvention. *SOUT.* bienfait. *FAM.* dépannage. *DR.* donation, fidéicommis, legs, libéralité. *RELIG.* bénédiction, charisme. ▶ *Aide* – aide, appoint, apport, appui, assistance, association, bienfaisance, bons offices, collaboration, complicité, concours, conseil, contribution, coopération, coup d'épaule, coup de main, coup de pouce, dépannage, entraide, mainforte, participation, planche de salut, renfort, secours, service, soutien, synergie. *SOUT.* viatique. *FAM.* (coup de) fion. ♦ **grâces**, *plur.* ▶ *Manières affectées* – affectation, agacerie, coquetterie, façons, grimace, manières, mignardise, minauderie, mine, simagrée, singerie. *SOUT.* afféterie. *FAM.* chichi. ▲ANT. LOURDEUR, MALADRESSE; INÉLÉGANCE, LAIDEUR; CONDAMNATION; DETTE, OBLIGATION; DÉFAVEUR, DISGRÂCE; HAINE, MALVEILLANCE. △GRÂCES, *plur.* – GROSSIÈRETÉ.

gracieusement *adv.* ▶ *Joliment* – agréablement, bien, coquettement, élégamment, esthétiquement, harmonieusement, heureusement, joliment, magnifiquement, mignardement, mignonnement, plaisamment, superbement. ▶ *Gentiment* – adorablement, affablement, agréablement, aimablement, amiablement, amicalement, bienveillamment, chaleureusement, civilement, complaisamment, cordialement, courtoisement, délicatement, délicieusement, diplomatiquement, galamment, gentiment, obligeamment, plaisamment, poliment, sagement, serviablement, sympathiquement. *FAM.* chiquement, chouettement. ▶ *Gratuitement* – à titre gracieux, bénévolement, gratis, gratuitement, pour rien. *FAM.* à l'œil, aux frais de la princesse, gratos. ▲ANT. DISGRACIEUSEMENT, INESTHÉTIQUEMENT; CAVALIÈREMENT, CYNIQUEMENT, DÉPLAISAMMENT, DISCOURTOISEMENT, EFFRONTÉMENT, GROSSIÈREMENT, HARDIMENT, IMPERTINEMMENT, IMPOLIMENT, IMPUDEMMENT, INCIVILEMENT, INCONGRÛMENT, INDÉLICATEMENT, INSOLEMMENT, IRRESPECTUEUSEMENT, IRRÉVÉRENCIEUSEMENT; CONTRE

UNE SOMME D'ARGENT ; À PRIX COÛTANT ; CONTRE RÉ-MUNÉRATION.

gracieuseté *n. f.* ▶ *Cadeau* – avantage, donation, générosité, gratification, largesse, libéralité, manne *(inespéré)*. SOUT. bienfait. QUÉB. FAM. bonbon. ▶ *Amabilité* (SOUT.) – affabilité, amabilité, aménité, attention, bienséance, bonnes manières, chevalerie, civilité, civisme, convivialité, correction, courtoisie, délicatesse, éducation, entregent, galanterie, gentillesse, hospitalité, mondanités, obligeance, politesse, prévenance, savoir-vivre, serviabilité, sociabilité, tact, urbanité. SOUT. liant.

gracieux *adj.* ▶ *Joli* – à croquer, adorable, avenant, beau, bien, charmant, coquet, délicieux, gentil, gentillet, joli, mignon, mignonnet, plaisant, ravissant. FAM. chou, jojo. FRANCE FAM. croquignolet, mignard, mimi, trognon. ▶ *Élégant* – beau, élégant, esthétique. ▶ *Aimable* – accueillant, affable, agréable, aimable, amène, amical, avenant, bienveillant, chaleureux, charmant, convivial, cordial, de bonne compagnie, engageant, familier, invitant, liant, ouvert, sociable, souriant, sympathique. FAM. bonard, sympa. QUÉB. FAM. d'adon. ▶ *Gratuit* – (à titre) gracieux, bénévole, désintéressé, gratuit. ▲ANT. DISGRACIEUX, INESTHÉTIQUE, INGRAT, LAID, VILAIN ; DÉPLAISANT, DÉSAGRÉABLE, DÉTESTABLE, EXÉCRABLE, HAÏSSABLE ; PAYANT. △GRACIEUSE, *fém.* – CONTENTIEUSE *(juridiction).*

grade *n. m.* ▶ *Fonction* – affectation, charge, dignité, emploi, fonction, métier, mission, office, place, poste, responsabilité, rôle, siège, titre, vocation.

gradin *n. m.* ▶ *Banc* – banc, banquette, exèdre, rotonde. ♦ **gradins**, *plur.* ▶ *Lieu de spectacle* – amphithéâtre, arène, carrière, champ de bataille, cirque, hémicycle, lice, odéon, piste, ring, théâtre.

graduel *adj.* croissant, évolutif, gradué, grandissant, progressif. ▲ANT. BRUSQUE, FOUDROYANT, FULGURANT, INSTANTANÉ, PROMPT, SOUDAIN, SUBIT.

graduellement *adv.* au compte-gouttes, au fur et à mesure, crescendo, de fil en aiguille, de plus en plus, exponentiellement, goutte à goutte, par degrés, par étapes (successives), par paliers (successifs), pas à pas, petit à petit, peu à peu, progressivement. ▲ANT. BRUSQUEMENT, SOUDAINEMENT, SUBITEMENT, TOUT À COUP, (TOUT) D'UN COUP, TOUT DE GO.

grain *n. m.* ▶ *Graine* – graine, noyau, pépin, semence. ▶ *Fragment* – bribe, brisure, charpie, coupure, débris, éclat, esquille *(os)*, fraction, fragment, granule, granulé, havrit, lambeau, limaille, miette, morceau, parcelle, part, particule, partie, pépite, portion, quartier, reste. FAM. graine. ▶ *Petite quantité* – arrière-goût, atome, bouchée, brin, doigt, filet, goutte, gouttelette, larme, lueur, miette, nuage, once, paille, parcelle, peu, pincée, pointe, relent, restant, reste, rien, soupçon, tantinet, teinte, touche, trace, trait, zeste. FAM. chouia. ▶ *Petit corps arrondi* – perle. ▶ *Pilule* – cachet, capsule, comprimé, dragée *(enrobé)*, gélule, linguette, pilule. PHARM. globule, granule, granulé ; ANC. bol. ▶ *Averse* – averse, cataracte, déluge, giboulée, ondée, pluie battante, pluie d'abat, pluie diluvienne, pluie drue, pluie torrentielle, trombe d'eau. FAM. douche, rincée, sauce, saucée ; BELG. FAM. drache. ▶ *Tempête* – baguio, cyclone,

gros temps, orage, ouragan, rafale, tempête (tropicale), tornade, tourbillon, trombe, typhon, vent violent. SOUT. tourmente. FAM. coup de chien, coup de tabac, coup de vent. ♦ **grains**, *plur.* ▶ *Ensemble de petites saillies* – granulation. ▲ANT. AMAS, MASSE ; BRUINE, PLUIE FINE.

graine *n. f.* ▶ *Partie d'une plante* – grain, noyau, pépin, semence. ▶ *Petit morceau* (FAM.) – bribe, brisure, charpie, coupure, débris, éclat, esquille *(os)*, fraction, fragment, grain, granule, granulé, havrit, lambeau, limaille, miette, morceau, parcelle, part, particule, partie, pépite, portion, quartier, reste.

graisse *n. f.* ▶ *Substance du corps* – lipide. FAM. lard. ▶ *Substance animale* – axonge *(fondue)*, barde, graillons, gras, lard gras, lard, panne, partie grasse, sain, saindoux, viande grasse. QUÉB. oreille de Christ *(grillée)*. ▶ *Lubrifiant* – dégrippant, huile de graissage, huile de paraffine, (lubrifiant au) graphite, lubrifiant. ▲ANT. MAIGRE.

grand *adj.* ▶ *Haut* – culminant, dominant, élevé, en contre-haut, haut. ▶ *Long* – interminable, long. ▶ *Gros* – épais, gros, large, volumineux. ▶ *Vaste* – ample, étendu, immense, large, spacieux, vaste. ▶ *Intense* – fort, grave, intense, profond, violent. FAM. carabiné *(grippe, mal de tête)*, crasse *(ignorance)*. ▶ *Important* – appréciable, considérable, de taille, fort, gros, important, non négligeable, notable, respectable, sensible, sérieux, substantiel. FAM. conséquent. ▶ *Remarquable* – élevé, éminent, exceptionnel, important, insigne, prestigieux, remarquable. SOUT. suréminent. ▶ *Démesuré* – colossal, considérable, démesuré, énorme, extraordinaire, extrême, fabuleux, formidable, géant, gigantesque, gros, immense, incommensurable, monstrueux, monumental, phénoménal, prodigieux, surhumain, titanesque, vaste, vertigineux. SOUT. cyclopéen, herculéen. FAM. bœuf, de tous les diables, du diable, effrayant, effroyable, épouvantable, faramineux, méchant, monstre. FRANCE FAM. gratiné. ▶ *Illimité* – considérable, illimité, immense, inappréciable, incalculable, incommensurable, infini, insondable, sans borne, sans fin, sans limites, sans mesure, vaste. ▶ *Beau* – beau, élevé, haut, idéalisé, noble, pur, sublime. SOUT. éthéré. ▶ *Majestueux* – grandiose, imposant, impressionnant, magistral, magnifique, majestueux, monumental. à grand spectacle *(mise en scène)*. ▶ *Adulte* – adulte, majeur. FAM. majeur et vacciné. ▶ *Noble* – chevaleresque, généreux, magnanime, noble. SOUT. fier. ▶ *Qui a de l'influence* – de haut rang, haut placé, important, influent, notable, puissant, qui a le bras long. SOUT. de haute volée. ▶ *Qui a du prestige* – choisi, de distinction, de marque, de prestige, distingué, élitaire, éminent, en vue, prestigieux, select, trié sur le volet. ▲ANT. EXIGU ; FAIBLE, INFIME, LÉGER, MINIME, MODESTE, NÉGLIGEABLE ; ABJECT, BAS, CRAPULEUX, IGNOBLE, IMMONDE, INDIGNE, INFÂME, INFECT, LÂCHE, MÉPRISABLE, MESQUIN, ODIEUX, SORDIDE ; MÉDIOCRE, SANS ENVERGURE, SANS IMPORTANCE, TERNE.

grand *n.* ▶ *Personne de taille élevée* – colosse, géant, goliath, grand escogriffe. FAM. (grand) échalas, (grand) escogriffe. FRANCE FAM. balèze, dépendeur d'andouilles, (grand) flandrin, grande bringue *(femme)*. ♦ **grand**, *masc.* ▶ *Adulte* – adulte, grande personne, majeur. *FRANCE FAM.* amorti. ▶ *Personne de condition élevée* – figure, fort, notabilité, notable, personnage, personnalité, puissant. ▶ *Héros* – brave, demi-dieu, dieu, exemple, géant, glorieux, héros, idole, modèle, titan. *SOUT.* parangon. ▶ *Pays* – (grande) puissance, superpuissance. *FAM.* supergrand. ▲ANT. PETIT. △GRAND, *masc.* – ENFANT; HUMBLE; MINUS, MOINS QUE RIEN.

grandeur *n. f.* ▶ *Dimension* – ampleur, dimension, envergure, étendue, mesure, proportion, valeur. ▶ *Fait d'être grand* – immensité, importance, longueur, monumentalité. *SOUT.* taille. ▶ *Taille d'une personne* – gabarit, stature, taille. ▶ *Dignité* – dignité, élévation, générosité, grandeur (d'âme), hauteur, mérite, noblesse, sublime, sublimité, valeur, vertu. ▶ *Luxe* – abondance, apparat, appareil, beauté, confort, dolce vita, éclat, étalage, faste, luxe, magnificence, majesté, opulence, ostentation, pompe, profusion, richesse, somptuosité, splendeur. *FAM.* tra la la. ▲ANT. ÉTROITESSE, EXIGUÏTÉ, PETITESSE; FAIBLESSE, MÉDIOCRITÉ; BASSESSE, MESQUINERIE; DÉCADENCE, DÉCHÉANCE, RUINE; MISÈRE.

grandiose *adj.* grand, imposant, impressionnant, magistral, magnifique, majestueux, monumental. à grand spectacle *(mise en scène)*. ▲ANT. HUMBLE, MODESTE, PETIT, SIMPLE.

grandir *v.* ▶ *Croître, en parlant d'un végétal* – croître, pousser, se développer, venir. ▶ *Croître, en parlant d'une personne* – croître, s'épanouir, se développer, se réaliser. ▶ *Augmenter* – augmenter, croître, grossir, prendre de l'ampleur, prendre de l'envergure, redoubler, s'accentuer, s'accroître, s'amplifier, s'intensifier, se développer. ▶ *Se développer* – croître, progresser, prospérer, s'épanouir, se développer. ▶ *Exagérer* – amplifier, charger, enfler, exagérer, forcer, grossir. *SOUT.* outrer. *FAM.* broder, en rajouter, tirer sur la ficelle. *QUÉB. FAM.* en beurrer épais, en mettre épais. ▶ *Élever moralement* – élever, ennoblir. ▲ANT. DÉCROÎTRE, DIMINUER, RAPETISSER; ABRÉGER, AMOINDRIR, ATTÉNUER, RÉDUIRE, RESTREINDRE, SIMPLIFIER; ABAISSER, DÉPRÉCIER, RABAISSER.

grandissant *adj.* croissant, évolutif, gradué, graduel, progressif. ▲ANT. DÉCLINANT, DÉCROISSANT, DESCENDANT, FAIBLISSANT.

grands-parents *n. m. pl.* ▲ANT. PETITE-FILLE, PETIT-FILS, PETITS-ENFANTS.

granulé *adj.* chagriné, granité, granuleux, grené, grenelé, grenu, grumeleux.

granule *n.* ▶ *Grain* – bribe, brisure, charpie, coupure, débris, éclat, esquille *(os)*, fraction, fragment, grain, granulé, havrit, lambeau, limaille, miette, morceau, parcelle, part, particule, partie, pépite, portion, quartier, reste. *FAM.* graine. ▶ *Pilule* – cachet, capsule, comprimé, dragée *(enrobé)*, gélule, linguette, pilule. *PHARM.* globule, grain, granulé; *ANC.* bol.

graphique *adj.* écrit, scripturaire, scriptural.

graphique *n. m.* courbe, diagramme, enregistrement, graphe, tracé. *FRANCE FAM.* camembert *(en demi-cercle)*.

gras *adj.* ▶ *Qui a la consistance du gras* – graisseux, huileux, oléagineux, onctueux. *SC.* butyreux, butyrique, oléiforme. ▶ *Couvert d'une substance*

grasse – glissant, graisseux, huileux. ▶ *Corpulent* – adipeux, (bien) en chair, charnu, corpulent, de forte taille, empâté, épais, étoffé, fort, gros, imposant, large, lourd, massif, obèse, opulent, plantureux, plein. *FAM.* éléphantesque, hippopotamesque. *FRANCE FAM.* mastoc. *QUÉB. FAM.* baquais. ▶ *Grivois* – coquin, croustillant, égrillard, gaillard, gaulois, grivois, hardi, impudique, impur, léger, leste, libertin, libre, licencieux, lubrique, osé, paillard, polisson, salace. *SOUT.* rabelaisien. *FAM.* épicé, olé olé, poivré, salé. ▶ *En parlant d'un sol* – argileux, glaise, glaiseux. ▲ANT. MAIGRE; SANS GRAS; CHÉTIF, GRINGALET, MAIGRELET, MAIGRICHON; JANSÉNISTE, PURITAIN, RIGIDE, SÉRIEUX, SÉVÈRE, VERTUEUX; INFERTILE, PAUVRE, STÉRILE; SABLONNEUX.

gras *n. m.* ▶ *Graisse animale* – axonge *(fondue)*, barde, graillons, graisse, lard gras, lard, panne, partie grasse, sain, saindoux, viande grasse. *QUÉB.* oreille de Christ *(grillée)*. ▶ *Grosse personne* (*FAM.*) – forte taille, obèse. *MÉD.* pléthorique. ▶ *Petit et gros FAM.* boulot. ▶ *Profit* (*FAM.*) – actif, avantage, avoir, bénéfice, boni, crédit, excédent, fruit, gain, produit, profit, rapport, reliquat, reste, revenant-bon, revenu, solde, solde créditeur, solde positif. *FAM.* bénéf, gratte, part du gâteau. ▲ANT. MAIGRE.

gratifiant *adj.* épanouissant, valorisant. ▲ANT. DÉVALORISANT, FRUSTRANT.

gratitude *n. f.* bénédiction, gré, merci, obligation, reconnaissance, remerciement. ▲ANT. INGRATITUDE.

gratte-ciel *n. m.* bâtiment, bâtisse, construction, édifice, maison, monument *(caractère historique)*, ouvrage. ▶ *Construction urbaine* – immeuble, tour. *FAM.* caserne.

gratter *v.* ▶ *Enlever la saleté* – curer, décrasser, désencrasser, déterger, frotter, nettoyer, racler, récurer. *FAM.* décrotter. *BELG. FAM.* approprier, faire du propre, reloqueter. *SUISSE* poutser. ▶ *Remuer la terre* – ameublir, bêcher, biner, défoncer, écroûter, effondrer, égratigner, émotter, fouiller, herser, labourer, piocher, remuer, retourner, scarifier, serfouir. ▶ *Démanger* – chatouiller, démanger, fourmiller. *FAM.* grattouiller, piquer. ▶ *Faire de petits profits* (*FAM.*) – grappiller. *FAM.* rabioter. ▶ *Lésiner* (*QUÉB. FAM.*) – chipoter, faire des économies de bouts de chandelles, lésiner, regarder (à la dépense), rogner. *FAM.* mégoter. ▶ *Travailler* (*FAM.*) – être à l'œuvre, œuvrer, s'activer, s'affairer, travailler. *FAM.* bosser, marner, turbiner, usiner. ▲ANT. APPLIQUER; CHÔMER; DÉPENSER, DILAPIDER, GASPILLER.

gratuit *adj.* ▶ *Qui ne coûte rien* – gratis, sans frais. *FAM.* gratos. ▶ *Désintéressé* – (à titre) gracieux, bénévole, désintéressé. ▶ *Injustifié* – immotivé, injustifié, non fondé, non motivé, sans fondement. *SOUT.* infondé. ▶ *Qui procède d'un libre choix* – libre. ▲ANT. PAYANT; CALCULÉ, INTÉRESSÉ; FONDÉ, MOTIVÉ.

gratuité *n. f.* ▲ANT. CHERTÉ, COÛT; INTÉRÊT, UTILITÉ.

gratuitement *adv.* à titre gracieux, bénévolement, gracieusement, gratis, pour rien. *FAM.* à l'œil, aux frais de la princesse, gratos. ▲ANT. CONTRE RÉMUNÉRATION.

grave adj. ▶ *Sans gaieté* – austère, sérieux. ▶ *Digne* – auguste, digne, impérial, imposant, majestueux, noble, olympien, qui impose le respect, solennel. ▶ *Important* – d'importance, de conséquence, gravissime, gros, important, lourd. ▶ *Inquiétant* – critique, dangereux, difficile, dramatique, inquiétant, menaçant, préoccupant, sérieux, sombre. SOUT. climatérique. ▶ *En parlant d'une voix* – basse, caverneuse, d'outre-tombe, profonde, sépulcrale. ▲ANT. BADIN, ENJOUÉ, FOLÂTRE, FOUFOU, GUILLERET, RIANT, RIEUR; FRIVOLE, FUTILE, INSOUCIANT, LÉGER, SUPERFICIEL; ANODIN, BÉNIN, INNOCENT, INOFFENSIF, SANS DANGER, SANS GRAVITÉ; AIGRELETTE *(voix)*, AIGUË, FLUETTE, FLÛTÉE, GRÊLE, HAUTE, PERÇANTE, POINTUE; CIRCONFLEXE *(accent)*; AIGU.

gravement adv. ▶ *Dangereusement* – dangereusement, défavorablement, désavantageusement, dramatiquement, funestement, grièvement, imprudemment, mal, malencontreusement, nuisiblement, pernicieusement, sérieusement, subversivement, terriblement. ▶ *Dignement* – aristocratiquement, augustement, dignement, fièrement, honorablement, majestueusement, noblement, princièrement, royalement, solennellement. ▲ANT. LÉGÈREMENT; COQUINEMENT, FACÉTIEUSEMENT, MALICIEUSEMENT, MOQUEUSEMENT.

graver v. ▶ *Sculpter* – buriner, ciseler, estamper, sculpter, tailler. ▶ *Marquer par pression* – empreindre, imprimer, marquer. ▶ *Fixer dans la mémoire* – imprimer, marquer. ▶ *Enraciner* – ancrer, enraciner, implanter. ▲ANT. EFFACER.

gravier n. m. ▶ *Cailloux* – agrégat, ballast *(chemin de fer)*, cailloutage, cailloutis, cailloux, fines, granulat, gravillon, litière *(absorbant)*, mignonnette, pierraille. FAM. caillasse. QUÉB. FAM. garnotte, gravelle, gravois. BELG. grenailles errantes. ▶ *Sable* – arène, calcul, castine, sable, sablon, tangue *(vaseux)*.

gravir v. ascensionner, escalader, faire l'ascension de, grimper, monter. ▲ANT. DESCENDRE, DÉVALER.

gravitation n. f. attraction, force, gravité, pesanteur, poids, poussée, pression. ▲ANT. ANTIGRAVITATION.

gravité n. f. ▶ *Dignité* – componction, décence, dignité, hiératisme, majesté, pompe, raideur, réserve, rigidité, sérieux, solennité. ▶ *Austérité* – âpreté, aridité, austérité, dureté, exigence, rigidité, rigueur, sécheresse, sérieux, sévérité. ▶ *Importance* – dimension, importance, portée, priorité, prix. ▶ *Pesanteur* – attraction, force, gravitation, pesanteur, poids, poussée, pression. ▲ANT. FRIVOLITÉ, LÉGÈRETÉ; FANTAISIE, GAIETÉ, INSOUCIANCE, PLAISANTERIE; BÉNIGNITÉ, FUTILITÉ, INNOCUITÉ; AGRAVITÉ, APESANTEUR.

graviter v. orbiter, tourner. ▲ANT. ERRER; FUIR, S'ÉLOIGNER DE.

greffe n. f. ▶ *Pousse* – ente, greffon, plançon, plantard, scion. ▶ *Opération horticole* – ente, greffage, greffe. ▶ *Opération chirurgicale* – chirurgie restauratrice, plastie, transplantation. ▲ANT. ABLATION.

greffer v. ▶ *Insérer une pousse* – écussonner, enter. ▶ *Implanter un organe* – transplanter. ◆ se **greffer** ▶ *S'ajouter* – grossir, s'ajouter à, se joindre à. ▲ANT. AMPUTER; RETRANCHER.

grelot n. m. ▶ *Objet qui tinte* – cloche, clochette, sonnette, timbre. ▶ *Téléphone* (FRANCE FAM.) – appareil téléphonique, téléphone. FAM. bigophone, fil, tube.

grelottant adj. frémissant, frissonnant. ▲ANT. EN SUEUR, EN TRANSPIRATION, SUANT, TRANSPIRANT; IMPASSIBLE, SANS RÉACTION.

grelotter v. ▶ *Trembler* – claquer des dents, frissonner, trembler. ▶ *Avoir froid* – geler. SOUT. transir. FAM. cailler, peler. ▶ *Produire un son aigu* – sonnailler, sonner, tinter, tintinnabuler. ▲ANT. AVOIR CHAUD, ÉTOUFFER, SUER, TRANSPIRER.

grenade n. f. ▶ *Explosif* – bombe, bombette *(petite)*, engin explosif, mine, obus.

grenier n. m. ▶ *Partie d'une maison* – chambre mansardée, comble, mansarde, réduit, soupente. QUÉB. entretoit.

grève n. f. ▶ *Rivage* – berge, bord, rivage, rive. ▶ *Plat* – graves, plage. ▶ *Dépôt de sable* – banc de sable. ▶ *Arrêt de travail* – arrêt de travail, cessation de travail, débrayage, interruption de travail, lock-out, piquet de grève, suspension de travail. QUÉB. piquetage. ▲ANT. ACTIVITÉ, OPÉRATION, TRAVAIL.

gréviste adj. ▲ANT. AU TRAVAIL; ANTIGRÈVE.

grief n. m. ▶ *Blâme* – accusation, admonestation, admonition, anathématisation, anathème, attaque, avertissement, blâme, censure, condamnation, correction, critique, désapprobation, diatribe, grognerie, gronderie, interdit, leçon, malédiction, mise à l'écart, mise à l'index, mise en quarantaine, objection, observation, plainte, punition, récrimination, remarque, remontrance, représentation, réprimande, réprobation, reproche, réquisitoire, semonce, sérénade, sermon, tollé. SOUT. animadversion, foudres, fustigation, improbation, mercuriale, objurgation, stigmatisation, vitupération. FAM. douche, engueulade, prêchi-prêcha, savon, tabac. FRANCE FAM. attrapade, lavage de tête, soufflante. BELG. cigare. RELIG. fulmination. ▲ANT. CONTENTEMENT, FÉLICITATIONS, SATISFACTION.

griffe n. f. ▶ *Ongle* – harpe *(chiens)*, ongle, serre *(rapaces)*. ZOOL. onguicule *(petit)*. ▶ *Cachet* – cachet, contrôle, empreinte, estampille, flamme, frappe, inculpation, label, marque, oblitération, plomb, poinçon, sceau, tampon, timbre. QUÉB. étampe. ▶ *Égratignure* (BELG.) – adent, brèche, coche, coupure, cran, créneau, crevasse, échancrure, égratignure, enclenche, encoche, engravure, entaille, entamure, épaufrure, faille, fente, feuillure, incision, marque, mortaise, moucheture, onglet, raie, rainurage, rainure, rayure, ruinure, scarification, scissure, sillon, souchèvement *(roche)*, strie. QUÉB. FAM. grafignure. BELG. FAM. gratte.

griffer v. écorcher, égratigner, érafler, labourer. QUÉB. FAM. grafigner, peigner. DIDACT. excorier. ▲ANT. DÉGRIFFER.

griffonner v. ▶ *Écrire à la hâte* – brouillonner. ▶ *Barbouiller* – barbouiller, crayonner, gribouiller. ▲ANT. CALLIGRAPHIER.

grignoter v. ▶ *Emploi transitif* – mordiller, ronger. QUÉB. gruger. ▶ *Emploi intransitif* – chipoter, manger du bout des dents, manger du bout des lèvres, picorer. *FAM.* mangeotter. ▲ANT. BÂFRER, SE GAVER.

grillage *n.m.* ▶ *Combustion* – brûlage, brûlement, calcination, carbonisation, combustion, feu, flambage, ignescence, ignition, incandescence, incinération, torréfaction. *SOUT.* consomption. ▶ *Treillis* – canisse, claie, claire-voie, clayette, clayon, treillage, treillis. ▶ *Clôture* – bande, barbelés, barbelure, barreaux, barricade, barrière, cancel, chancel, claie, claire-voie, clôture, échalier, échalis, enclos, grille, haie, moucharabieh, mur (de clôture), palis, parc, treillage. *ACADIE FAM.* bouchure.

grillé *adj.* ▶ *Bronzé* (*QUÉB. FAM.*) – basané, bronzé, brun, bruni, cuivré, doré, hâlé, noiraud, tanné. *FAM.* moricaud.

grille *n.f.* ▶ *Barreaux* – bande, barbelés, barbelure, barreaux, barricade, barrière, cancel, chancel, claie, claire-voie, clôture, échalier, échalis, enclos, grillage, haie, moucharabieh, mur (de clôture), palis, parc, treillage. *ACADIE FAM.* bouchure. ▶ *Objet pour trier* – blutoir (*farine*), claie, crible, sas, tamis, tamiseur (*cendres*), van (*grains*). ⏵ *Mécanique* – calibreuse (*produits agricoles*), cribleur, décuscuteuse (*graines de cuscute*), plansichter (*farine*), sasseur, secoueur (*partie de moissonneuse-batteuse*), tamiseuse, tarare (*grains*), trieuse, trommel (*minerai*), vanneuse (*grains*). ▶ *Électricité* – grille de commande. ▶ *Carton* – carton, matrice, modèle, modélisation, moule, patron, pilote, plan, prototype, simulation, spécimen. *FAM.* topo. ▶ *Quadrillage* – carroyage, moletage, quadrillage, trame.

griller *v.* ▶ *Rissoler* – dorer, faire blondir, faire revenir, faire roussir, faire sauter, rissoler. ▶ *Torréfier* – brûler, torréfier. ▶ *Dépenser* (*FAM.*) – dévorer, dilapider, dissiper, engloutir, engouffrer, gaspiller, manger, prodiguer. *FAM.* claquer, croquer, flamber. *QUÉB. FAM.* flauber. ▶ *Discréditer* (*FAM.*) – déconsidérer, décrédibiliser, discréditer, disqualifier, perdre. *FAM.* brûler, couler. ▶ *Distancer* (*FAM.*) – dépasser, devancer, distancer, doubler, gagner de vitesse, lâcher, passer, semer. *FAM.* larguer. *MAR.* trémater. ▶ *Surclasser* (*FAM.*) – battre, couper l'herbe sous le pied à, damer le pion à, dégommer, dépasser, devancer, dominer, éclipser, faucher l'herbe sous le pied à, l'emporter sur, laisser loin derrière, supplanter, surclasser, surpasser. *FAM.* enfoncer. *FRANCE FAM.* faire la pige à. *QUÉB. FAM.* perdre dans la brume. ▶ *Avoir très hâte* – brûler (d'envie), être impatient, être sur le gril, mourir d'envie, ne plus tenir en place. ▶ *Bronzer* (*QUÉB. FAM.*) – basaner, boucaner, bronzer, brunir, cuivrer, dorer, hâler, noircir, tanner. ▲ANT. CONGELER, GELER, GLACER, REFROIDIR.

grillon *n.m.* ▶ *Insecte sauteur* – *FAM.* cricri. *QUÉB. FAM.* criquet.

grimaçant *adj.* ▲ANT. DÉCONTRACTÉ, DÉTENDU.

grimace *n.f.* ▶ *Mimique du visage* – contorsion, expression, froncement, lippe, mimique, mine, moue, nique, rictus, simagrée, singerie, tic. *FAM.* bouche en cul de poule. *QUÉB. FAM.* baboune. ▶ *Minauderie* – affectation, agacerie, coquetterie, façons, grâces, manières, mignardise, minauderie, mine, simagrée, singerie. *SOUT.* afféterie. *FAM.* chichi. ▶ *Feinte* – affectation, artifice, cachotterie, comédie, déguisement,

dissimulation, duplicité, faux-semblant, feinte, fiction, finauderie, hypocrisie, invention, leurre, mensonge, momerie, pantalonnade, parade, ruse, simulation, singerie, sournoiserie, tromperie. *SOUT.* simulacre. *FAM.* cinéma, cirque, finasserie, frime. ▲ANT. SOURIRE.

grimacer *v.* ▶ *Former un faux pli* – godailler, goder, grigner, pocher. ▲ANT. DÉPLISSER.

grimper *v.* ▶ *Devenir plus cher* – augmenter, enchérir, être en hausse, monter, renchérir. ▶ *Gravir* – ascensionner, escalader, faire l'ascension de, gravir, monter. ▶ *Mettre dans un endroit élevé* (*QUÉB. FAM.*) – jucher. *FAM.* percher. *QUÉB. ACADIE FAM.* jouquer. *ACADIE FAM.* joucler. ▲ANT. DESCENDRE, DÉVALER; DÉBOULER, DÉGRINGOLER; CULBUTER; DÉCHOIR, TOMBER.

grinçant *adj.* ▶ *Au sens propre* – aigre, criard. ▶ *Au sens figuré* – à l'emporte-pièce, acerbe, acéré, acide, acrimonieux, aigre, blessant, caustique, cinglant, corrosif, fielleux, incisif, méchant, mordant, piquant, sarcastique, sardonique, virulent, vitriolique. ▲ANT. DOUX, MÉLODIEUX.

grincement *n.m.* ▶ *Bruit* – couinement, crissement, ferraillement. ▶ *Gémissement* – bêlement, braillement, cri, doléances, geignement, hélas, jérémiade, lamentation, larmoiement, murmure, plainte, pleurs, sanglot, soupir. *SOUT.* sanglotement. *FAM.* pleurnichage, pleurnichement, pleurnicherie. *QUÉB. FAM.* braillage.

grincer *v.* crier, crisser, gémir. *FAM.* couiner. *QUÉB. FAM.* gricher. ▲ANT. CHANTER, GAZOUILLER.

gris *adj.* ▶ *De la couleur du gris* – (gris) cendré, grisâtre, grisé. ⏵ *Gris pâle* – gris clair, gris pâle, gris perle, gris tourterelle. ⏵ *Gris moyen* – gris acier, gris de lin, gris fer, (gris) souris. ⏵ *Gris foncé* – anthracite, gris foncé, gris sombre. ⏵ *Gris brillant* – argent, argenté, gris fer, gris métallisé. ⏵ *Gris-bleu* – (gris) ardoise. ⏵ *Gris-beige* – bis, grège, sable. ▶ *En parlant du ciel* – assombri, bouché, chargé de nuages, couvert, ennuagé, lourd, nébuleux, nuageux, obscurci, voilé. ▶ *Sans ornement* – austère, dépouillé, froid, nu, sévère, triste. *SOUT.* chenu. ▶ *Morne* – déprimant, ennuyeux, grisâtre, maussade, monotone, morne, plat, sans vie, terne. ▲ANT. BEAU, CLAIR, DÉGAGÉ, SEREIN; COLORÉ, PITTORESQUE, VIVANT; AMUSANT, CHARMANT, DISTRAYANT, DIVERTISSANT, ÉGAYANT, GAI, PLAISANT, RÉJOUISSANT; ENCOURAGEANT, MOTIVANT, STIMULANT; SOBRE.

grisaille *n.f.* ▶ *Tristesse* – abattement, accablement, affliction, aigreur, amertume, chagrin, dépression, désolation, deuil, douleur, ennui, épreuve, humeur noire, idées noires, idées sombres, langueur, lypémanie, mal du pays, mal-être, maussaderie, mélancolie, monotonie, morosité, neurasthénie, noir, nostalgie, papillons, peine, saudade, serrement de cœur, souci, tædium vitæ, tristesse, vague à l'âme. *SOUT.* atrabile, larmes, navrement, nuage, spleen, taciturnité. *FAM.* bourdon, cafard, déprime, sinistrose. ▲ANT. COULEUR, ÉCLAT, EXCITATION, FRAÎCHEUR, GAIETÉ.

grisâtre *adj.* ▶ *Qui tire sur le gris* – (gris) cendré, gris, grisé. ▶ *Sans vie* – déprimant, ennuyeux, gris, maussade, monotone, morne, plat, sans vie, terne. ▶ *En parlant du teint* – bleuâtre, cendreux, livide, plombé. ▲ANT. COLORÉ, ÉCLATANT, VIF; AMUSANT, CHARMANT, DISTRAYANT, DIVERTISSANT, ÉGAYANT, GAI, PLAISANT, RÉJOUISSANT; ENCOURAGEANT, MOTIVANT, STIMULANT.

griser *v.* ▶ *Étourdir* – entêter, étourdir, faire tourner la tête de, monter à la tête de. ▶ *Mettre dans une joie extrême* – enivrer, transporter. *SOUT.* enlever. ▲ANT. DÉGRISER, DÉSENIVRER, DESSOÛLER; DÉSILLUSIONNER, REFROIDIR, RÉVEILLER.

griserie *n. f.* ▶ *Excitation* – agitation, effervescence, électrisation, emballement, énervement, étourdissement, exaltation, excitation, fébrilité, fièvre, nervosité, stress, surexcitation, tension. *SOUT.* enivrement, éréthisme, exaspération, surtension. ▲ANT. APATHIE, IMPASSIBILITÉ.

grisonnant *adj.* poivre et sel.

grognement *n. m.* ▶ *Action* – bougonnement, grommellement, ronchonnement. ▶ *Bruit* – borborygme, bourdonnement, gargouillement, gargouillis, grondement, râlement, ronflement, ronron, ronronnement, roulement, rumeur, vrombissement. ▶ *Aboiement* – aboiement, clabaudage, glapissement, hurlement, jappement.

grogner *v.* ▶ *Manifester son mécontentement* – bougonner, grognonner, grommeler, maugréer, murmurer, pester, ronchonner. *SOUT.* gronder. *FAM.* grognasser, râler, rouscailler, rouspéter. *QUÉB. FAM.* bourrasser. ▶ *En parlant du chat* – feuler. ▲ANT. APPLAUDIR, S'ENTHOUSIASMER, SE FÉLICITER, SE RÉJOUIR.

grognon *adj.* ▶ *Qui a l'habitude de bougonner* – bougon, bougonneur, criailleur, critiqueur, grincheux, grogneur, grogneux, grondeur, récriminateur. *FAM.* chialeur, râleur, rechigneur, ronchon, ronchonneur, rouspéteur. *FRANCE FAM.* rouscailleur. *QUÉB. FAM.* chialeux. *SUISSE* gringe. ▶ *D'humeur maussade* – boudeur, bourru, de mauvaise humeur, mal disposé, maussade, mécontent, morne, morose, qui fait la tête, rechigné, rembruni, renfrogné, sombre, taciturne. *SOUT.* chagrin. *FAM.* à ne pas prendre avec des pincettes, de mauvais poil, mal luné, qui fait la gueule, qui fait la lippe, qui s'est levé du mauvais pied, soupe au lait. *BELG.* mal levé. ▲ANT. ALLÈGRE, ENJOUÉ, GAI, JOVIAL, JOYEUX, SOURIANT.

grommeler *v.* bougonner, grogner, grognonner, maugréer, murmurer, pester, ronchonner. *SOUT.* gronder. *FAM.* grognasser, râler, rouscailler, rouspéter. *QUÉB. FAM.* bourrasser.

grondant *adj.* bruyant, grondeur, ronflant, tonnant. ▲ANT. GAZOUILLANT, MURMURANT; SILENCIEUX.

grondement *n. m.* borborygme, bourdonnement, gargouillement, gargouillis, grognement, râlement, ronflement, ronron, ronronnement, roulement, rumeur, vrombissement. ▲ANT. GAZOUILLIS, MURMURE; SILENCE.

gronder *v.* ▶ *Émettre un grondement régulier* – bourdonner, ronfler, ronronner, vrombir. ▶ *Faire un bruit puissant* – hurler, mugir, rugir. ▶ *Menacer* – attendre, guetter, menacer, planer sur. *SOUT.* imminer. ▶ *Bougonner* (*SOUT.*) – bougonner, grogner, grognonner, grommeler, maugréer, murmurer, pester, ronchonner. *FAM.* grognasser, râler, rouscailler, rouspéter. *QUÉB. FAM.* bourrasser. ▶ *Réprimander*

– admonester, attraper, chapitrer, faire des remontrances à, faire la leçon à, faire la morale à, houspiller, malmener, moraliser, morigéner, rappeler à l'ordre, remettre à sa place, remettre au pas, réprimander, sermonner. *SOUT.* gourmander, redresser, semoncer, semondre, tancer. *FAM.* assaisonner, dire deux mots à, disputer, doucher, engueuler, enguirlander, incendier, laver la tête à, moucher, passer un savon à, remonter les bretelles à, sacquer, savonner, savonner la tête à, secouer, secouer comme un (vieux) prunier, secouer les puces à, sonner les cloches à, tirer les oreilles à. *FRANCE FAM.* donner un cigare à, passer un cigare à. *QUÉB. FAM.* brasser, chauffer les oreilles à, chicaner, parler dans le casque à, ramasser, serrer les ouïes à. ▲ANT. COMPLIMENTER, FÉLICITER, LOUER; ENCOURAGER, RÉCOMPENSER, REMERCIER.

gros *adj.* ▶ *Corpulent* – adipeux, (bien) en chair, charnu, corpulent, de forte taille, empâté, épais, étoffé, fort, gras, imposant, large, lourd, massif, obèse, opulent, plantureux, plein. *FAM.* éléphantesque, hippopotamesque. *FRANCE FAM.* mastoc. *QUÉB. FAM.* baquais. ▶ *Bouffi* – ballonné, bouffi, boursouflé, dilaté, distendu, enflé, gonflé, grossi. *SOUT.* turgescent, turgide. *DIDACT.* intumescent, œdémateux, vultueux. ▶ *De grande taille* – épais, grand, large, volumineux. ▶ *Considérable* – colossal, considérable, démesuré, énorme, extraordinaire, extrême, fabuleux, formidable, géant, gigantesque, grand, immense, incommensurable, monstrueux, monumental, phénoménal, prodigieux, surhumain, titanesque, vaste, vertigineux. *SOUT.* cyclopéen, herculéen. *FAM.* bœuf, de tous les diables, du diable, effrayant, effroyable, épouvantable, faramineux, méchant, monstre. *FRANCE FAM.* gratiné. ▶ *Important* – appréciable, considérable, de taille, fort, grand, important, non négligeable, notable, respectable, sensible, sérieux, substantiel. *FAM.* conséquent. ▶ *Grave* – d'importance, de conséquence, grave, gravissime, important, lourd. ▶ *Déformé et exagéré* – caricatural, grossier, primaire, simpliste. ▶ *Qui manque de finesse* – épais, grossier, lourd. ♦ *grosse, fém.* ▶ *Enceinte* – enceinte, qui attend un bébé, qui attend un enfant, qui attend un heureux évènement. *QUÉB. FAM.* en famille. *BELG. FAM.* en position, qui attend famille. *SUISSE FAM.* qui attend de la famille. ▲ANT. PETIT; CHÉTIF, GRINGALET, MAIGRE, MAIGRELET, MAIGRICHON; FAIBLE, INFIME, INSIGNIFIANT, LÉGER, MINIME, MODESTE, NÉGLIGEABLE; DÉLICAT, FIN, SUBTIL.

gros *n.* ▶ *Personne corpulente* – forte taille, obèse. *MÉD.* pléthorique. ▶ *Petit et gros Fam.* boulot. ♦ **le gros**, *masc. sing.* ▶ *Principal* – cœur, corps, dominante, essence, essentiel, fond, important, principal, substance, tout, vif. ▶ *Vente* – commerce de gros, vente en gros. ▲ANT. MAIGRE, PETIT. △LE GROS, *masc. sing.* – DÉTAIL.

grossesse *n. f.* gestation, gravidité.

grosseur *n. f.* ▶ *Grandeur* – ampleur, amplitude, calibre, carrure, diamètre, empan, envergure, étendue, évasure, format, giron *(d'une marche)*, laize, large, largeur, lé, module, portée, taille. ▶ *Embonpoint* – adipose, adiposité, bouffissure, corpulence, embonpoint, empâtement, engraissage, engraissement, épaississement, obésité, polysarcie, rondeur. *FAM.* rotondité. ▶ *Boursouflure* – ampoule, ballonnement, bombement, bosse, bouffissure, boursouflage, boursouflement, boursouflure, bulle, cloche, cloque, débordement, dilatation, distension, enflure, engorgement, fluxion, gonflement, grossissement, hypertrophie, intumescence, renflement, rondeur, sinus, soufflure, soulèvement, tuméfaction, tumescence, turgescence, ventre, vésicule, vultuosité. PATHOL. bubon, ectasie, emphysème, inflation, météorisation, météorisme, œdème, phlyctène. ▲ANT. ÉTROITESSE, FINESSE, MAIGREUR, MINCEUR, PETITESSE.

grossier adj. ▶ *Dans son état premier* – (à l'état) brut, à l'état d'ébauche, ébauché, élémentaire, embryonnaire, fruste, imparfait, informe, larvaire, mal équarri, primitif, rudimentaire. ▶ *Peu approfondi* – approximatif, imprécis, rudimentaire, sommaire, superficiel, vague. ▶ *Déformé et exagéré* – caricatural, gros, primaire, simpliste. ▶ *Qui manque de finesse* – épais, gros, lourd. ▶ *Qui manque d'éducation* – fruste, inculte, mal dégrossi, primitif, rude, rustaud, rustique. ▶ *Sans élévation morale* – bas, trivial, vulgaire. PÉJ. populacier. FAM. poissard. ▶ *Obscène* – choquant, obscène, ordurier, sale, scatologique, trivial, vilain, vulgaire. ▶ *En parlant d'une texture, d'une étoffe* – bourru, rude. ▲ANT. ACHEVÉ, COMPLET, DANS SA PHASE FINALE, TERMINÉ; EXACT, PRÉCIS; DÉLICAT, EXQUIS, FIN, RECHERCHÉ, SUBTIL; COURTOIS, POLI; CIVILISÉ, CULTIVÉ, DISTINGUÉ, RAFFINÉ; CHASTE, INNOCENT, PUR.

grossièrement adv. ▶ *Rudimentairement* – rudimentairement, simplement, sommairement. SOUT. rustaudement. ▶ *Impoliment* – cavalièrement, cyniquement, déplaisamment, discourtoisement, effrontément, éhontément, hardiment, impertinemment, impoliment, impudemment, inamicalement, incivilement, incongrûment, incorrectement, indélicatement, insolemment, irrespectueusement, irrévérencieusement, lestement, malhonnêtement, sans gêne. ▶ *Pesamment* – lourdement, massivement, péniblement, pesamment. ▶ *Vulgairement* – bassement, salement, trivialement, vulgairement. ▶ *Obscènement* – crûment, déshonnêtement, érotiquement, gaillardement, gauloisement, graveleusement, impudiquement, impurement, indécemment, lascivement, librement, licencieusement, obscènement, salement. ▲ANT. AVEC PRÉCISION, PRÉCISÉMENT, RIGOUREUSEMENT, SOIGNEUSEMENT; AFFABLEMENT, AIMABLEMENT, AMIABLEMENT, AMICALEMENT, BIENVEILLAMMENT, CIVILEMENT, COMPLAISAMMENT, COURTOISEMENT, DÉLICATEMENT, GALAMMENT, GRACIEUSEMENT, OBLIGEAMMENT, POLIMENT, SERVIABLEMENT; AVEC PUDEUR, CHASTEMENT, PUDIQUEMENT, PUREMENT, SAINTEMENT, VERTUEUSEMENT.

grossièreté n. f. ▶ *Imperfection* – défaut, défectuosité, démérite, faible, faiblesse, faille, faute, handicap, imperfection, infirmité, insuffisance, lacune, maladie, malfaçon, manque, péché mignon, péché véniel, petitesse, tache, tare, tort, travers, vice. SOUT. perfectibilité. ▶ *Manque de raffinement* – balourdise, barbarie, béotisme, bestialité, brutalité, fruste, goujaterie, impolitesse, inélégance, lourdeur, rudesse, rustauderie, rusticité, rustrerie, vulgarité. ▶ *Impolitesse* – goujaterie, impolitesse, incongruité, inconvenance, incorrection, indélicatesse, malséance, muflerie. ▶ *Insulte* – blasphème, fulmination, imprécation, infamie, injure, insolence, insulte, invective,

sottise. SOUT. vilenie. FAM. engueulade. QUÉB. FAM. bêtise. ▶ *Grivoiserie* – canaillerie, coprolalie, cynisme, gaillardise, gauloiserie, gravelure, grivoiserie, gros mot, immodestie, impudeur, incongruité, inconvenance, indécence, licence, malpropreté, obscénité, polissonnerie, pornographie, saleté. FAM. cochonceté, cochonnerie. ▶ *Vulgarité* – bassesse, mauvais goût, obscénité, trivialité, vulgarité. SOUT. vulgaire. ▶ *Abjection* – abjection, abomination, atrocité, bassesse, boue, corruption, crapulerie, crime, débauche, déshonneur, fange, honte, horreur, ignominie, impureté, indignité, infamie, laideur, misère, monstruosité, noirceur, obscénité, odieux, ordure, saleté, sordide, souillure, vice. SOUT. sordidité, stupre, turpitude, vilenie. ▲ANT. PERFECTION, PURETÉ; ACHÈVEMENT, FINITION; DÉLICATESSE, FINESSE; RAFFINEMENT, SUBTILITÉ; AMABILITÉ, BIENSÉANCE, CIVILITÉ, CORRECTION, DISTINCTION, POLITESSE.

grossir v. ▶ *Gonfler* – ballonner, boursoufler, dilater, distendre, enfler, gonfler, souffler. ▶ *Exagérer la gravité* – amplifier, dramatiser, en faire (tout) un drame, exagérer, prendre au tragique, se faire un monde de, se faire une montagne de. FAM. en faire (tout) un plat, faire d'une mouche un éléphant. ▶ *Caricaturer* – caricaturer, charger, déformer, exagérer, pousser jusqu'à la caricature, simplifier. ▶ *S'ajouter* – s'ajouter à, se greffer sur, se joindre à. ▶ *Augmenter* – augmenter, croître, grandir, prendre de l'ampleur, prendre de l'envergure, redoubler, s'accentuer, s'accroître, s'amplifier, s'intensifier, se développer. ▶ *Prendre du poids* – engraisser, forcir, prendre du poids. FAM. profiter. ▶ *Non favorable* – épaissir, s'empâter. ▲ANT. AMOINDRIR, MINIMISER; AMINCIR, DÉCROÎTRE, DÉGONFLER, DÉSENFLER, DIMINUER, FAIBLIR, MAIGRIR, RAPETISSER, S'ÉMACIER.

grossissant adj. ▲ANT. RAPETISSANT, RÉDUCTEUR.

grosso modo loc. adv. à première vue, à (très) peu près, approximativement, autour de, dans les, en gros, environ, plus ou moins, quelque, un peu moins de, un peu plus de, vaguement. SOUT. approchant. FAM. à vue de nez, au pif, au pifomètre. ▲ANT. EXACTEMENT, JUSTE, PRÉCISÉMENT.

grotesque adj. ▶ *Extravagant* – à dormir debout, abracadabrant, abracadabrantesque, absurde, baroque, biscornu, bizarre, burlesque, cocasse, exagéré, excentrique, extravagant, fantasque, farfelu, fou, funambulesque, impayable, impossible, incroyable, insolite, invraisemblable, loufoque, qui ne tient pas debout, rocambolesque, saugrenu, tiré par les cheveux, vaudevillesque. FRANCE FAM. foutraque, gaguesque, louf, louftingue. ▶ *Qui 'suscite la moquerie* – dérisoire, ridicule, risible. ▶ *Qui tient de la caricature* – caricatural, carnavalesque, clownesque, comique, ridicule. ▲ANT. LOGIQUE, SENSÉ; AUSTÈRE, GRAVE, SÉRIEUX.

grotesque n. burlesque, ridicule. ▲ANT. (LE) SÉRIEUX.

grotte n. f. ▶ *Caverne* – abri-sous-roche, caverne. SOUT. antre.

grouillant adj. ▶ *Pullulant* – fourmillant, populeux, pullulant, surpeuplé. ▶ *Remuant* (QUÉB. FAM.) – agité, bruyant, chahuteur, diable, dissipé, emporté, excité, remuant, tapageur, turbulent. *QUÉB.* *FAM.* énervé, tannant. ▲**ANT.** DÉSERT, VIDE; ENDORMI, FIGÉ, IMMOBILE; APATHIQUE, CALME, TRANQUILLE.

grouillement *n. m.* ▶ *Agitation* – activité, affairement, affolement, agitation, alarme, animation, bouillonnement, branle-bas (de combat), bruit, dérangement, désordre, désorganisation, détraquement, effervescence, excitation, fourmillement, hâte, incohérence, mouvement, orage, précipitation, remous, remue-ménage, secousse, suractivité, tempête, tohu-bohu, tourbillon, tourmente, trépidation, trouble, tumulte, turbulence, va-et-vient. *SOUT.* émoi, remuement. *FAM.* chambardement. ▶ *Foule* – abondance, affluence, armada, armée, attroupement, cohue, concentration, concours, encombrement, essaim, flot, forêt, foule, fourmilière, fourmillement, légion, marée, masse, meute, monde, multitude, peuple, pléiade *(célébrités)*, pullulement, rassemblement, régiment, réunion, ribambelle, ruche, tas, troupeau. *FAM.* flopée, marmaille *(enfants)*, tapée, tripotée. *QUÉB.* achalandage; *FAM.* tapon, trâlée. *PÉJ.* ramassis.

grouiller *v.* ▶ *Remuer en grand nombre* – fourmiller, pulluler. ▶ *Remuer sans cesse (QUÉB. FAM.)* – frétiller, remuer, s'agiter, se tortiller, se trémousser. *FAM.* gigoter. ◆ *se grouiller* ▶ *Se dépêcher (FAM.)* – courir, faire vite, s'empresser, se dépêcher, se hâter, se précipiter, se presser. *FAM.* activer, pédaler. *FRANCE FAM.* bourrer, faire fissa, se dégrouiller, se magner, se magner le popotin. *QUÉB. ACADIE FAM.* se garrocher. *QUÉB. FAM.* abouler, clencher, gauler. ▲**ANT.** DIMINUER, MANQUER.

groupe *n. m.* ▶ *Collection* – accumulation, amas, appareil, assemblage, assortiment, collection, compilation, ensemble, foule, grand nombre, groupement, jeu, quantité, rassemblement, recueil, tas, train. *FAM.* attirail, cargaison, compil. *PÉJ.* ramassis. ▶ *Sorte* – catégorie, classe, espèce, famille, genre, nature, ordre, sorte, type, variété. *SOUT.* gent. ▶ *Ensemble de personnes* – bande, brigade, caravane, cellule, collectif, colonie, corps, équipe, escadron, escouade, horde, individus, membres, meute, noyau, peloton, troupe. *IRON.* fournée. *FAM.* bataillon, brochette, cohorte. *PÉJ.* bande, bandits, cabale, camarilla, chapelle, clan, clique, coterie, école, église, faction, groupuscule, ligue, maffia, malfaiteurs, secte. ▶ *Collectivité* – collectivité, communauté, groupement, regroupement, société. ▶ *Peuple* – citoyens, clan, ethnie, habitants, horde, nation, pays, peuplade, peuple, phratrie, population, race, société, tribu. ▶ *Association* – amicale, association, cercle, club, compagnie, fraternité, société, union. ▶ *Association politique* – alliance, apparentement, association, bloc, camp, cartel, club, coalition, confédération, faisceau, fédération, formation, front, groupe d'intérêts, groupe de pression, groupement, ligue, mouvement, organisation, parti, phalange, rapprochement, rassemblement, union. *ANC.* hétairie. *FÉOD.* hermandad. ▶ *Association d'entreprises* – alliance, cartel, chaebol *(en Corée)*, coentreprise, combinat, complexe, concentration, conglomérat, consortium, duopole, entente, industrie, monopole, oligopole, trust. *PÉJ.* féodalité. ▶ *Ensemble musical* – bastringue *(bruyant)*, ensemble, fanfare, formation, instrumentistes, musiciens,

orchestre, orphéon. ▲**ANT.** ÉLÉMENT, INDIVIDU, MEMBRE; DISPERSION, DIVISION, ISOLEMENT.

grouper *v.* ▶ *Mettre ensemble* – bloquer, concentrer, rassembler, regrouper, réunir. ▶ *Classer par groupes* – catégoriser, classer, classifier, distribuer, ordonner, ranger, répartir, sérier, trier. ▲**ANT.** DISPERSER, DISSÉMINER, ÉPARPILLER, PARSEMER; DÉVELOPPER, ÉTENDRE; DISJOINDRE, DIVISER, FRACTIONNER, SÉPARER.

groupie *n.* admirateur, adorateur, amoureux, fanatique, fervent, idolâtre, inconditionnel. *FAM.* fana.

grue *n. f.* ▶ *Oiseau* – demoiselle de Numidie. ▶ *Appareil* – bigue, bras de manutention, caliorne, chevalet de levage, chèvre, drisse, guinde, mât de charge, palan, sapine, tour de forage, transstockeur. *MAR.* garde. ▶ *Petit* – cabestan, haleur *(filet de pêche)*, pouliot, treuil, vindas, winch. *MAR.* guindeau.

guenille *n. f.* ▶ *Chiffon (QUÉB.)* – chamoisine, chiffon (à poussière), éponge, essuie-meubles, essuie-verres, lavette, linge, pattemouille, (peau de) chamois, serpillière, tampon, torchon. *BELG.* drap de maison, loque (à reloqueter), wassingue. *SUISSE* panosse, patte. *ACADIE FAM.* brayon. *TECHN.* peille. ◆ *guenilles, plur.* ▶ *Vêtements usés* – chiffons, défroque, friperie, fripes, haillons, lambeaux, loques. *SOUT.* hardes, oripeaux. ▲**ANT.** BATTANT, FONCEUR, FORCE DE LA NATURE. △GUENILLES, *plur.* – ATOURS, TOILETTE.

guéridon *n. m.* sellette, tabouret, trépied.

guérir *v.* ▶ *Rendre la santé* – remettre sur pied. ▶ *Recouvrer la santé* – aller mieux, récupérer, relever de maladie, se remettre, se rétablir. *FAM.* prendre du mieux, se retaper. ▶ *Se cicatriser* – (se) cicatriser, se fermer. ◆ *se guérir* ▶ *Se corriger d'un défaut* – se corriger, se débarrasser, se défaire. ▲**ANT.** AGGRAVER, DÉTRAQUER; ATTRAPER UNE MALADIE, TOMBER MALADE; DÉPÉRIR, FAIRE UNE RECHUTE, SE DÉTÉRIORER; MOURIR.

guérison *n. f.* ▶ *Rétablissement* – amélioration, apaisement, cicatrisation, convalescence, cure, mieux-être, relevailles, relèvement, rémission, répit, résurrection, rétablissement, retour à la santé, salut, soulagement, traitement. *MÉD.* délitescence, postcure, résorption, rétrocession. ▲**ANT.** AGGRAVATION, COMPLICATION, CONTAGION, RECHUTE.

guerre *n. f.* ▶ *Belligérance* – belligérance, conflit, (état de) guerre. ▶ *Combat* – accrochage, action (de guerre), affrontement, assaut, attaque, bagarre, bataille, choc, combat, conflit, échauffourée, empoignade, empoignement, engagement, escarmouche, ferraillement, feu, guérilla, heurt, hostilités, lutte, mêlée, opération, pugilat, rencontre, rixe. *FAM.* baroud, baston, bigorne, casse-gueule, casse-pipe, castagne, guéguerre, rif, rififi, riflette. *QUÉB. FAM.* brasse-camarade, poussaillage, tiraillage. *BELG. FAM.* margaille. *MILIT.* blitz *(de courte durée)*. ▶ *Hostilité* – agressivité, allergie, animosité, antipathie, aversion, haine, hostilité, malveillance, phobie, répugnance, répulsion, ressentiment. *SOUT.* détestation, exécration, inimitié, venin. ▲**ANT.** PAIX; ARMISTICE, TRÊVE; CONCORDE, ENTENTE, HARMONIE.

guerrier *adj.* ▶ *Porté à la guerre* – belliciste, belliqueux, martial, militaire, militariste. *FAM.* va-t-en-guerre. ▶ *Propre au militaire* – martial, militaire, soldatesque. ▶ *Agressif* – agressif, bagarreur, batailleur, belliqueux, combatif, offensif, querelleur. *SOUT.* pugnace. *FAM.* chamailleur, teigneux. ▲**ANT.** PACIFIQUE; ANTIMILITARISTE, PACIFISTE.

guerrier *n.* homme de guerre, homme de troupe, soldat. *FAM.* bidasse, reître, troufion. *FRANCE FAM.* griveton, pioupiou. ▲**ANT.** CIVIL; PACIFISTE.

guet *n. m.* ▶ *Surveillance* – attention, espionnage, faction, filature, garde, gardiennage, îlotage, inspection, monitorage, observation, patrouille, ronde, sentinelle, veille, veillée, vigie, vigilance. *FAM.* filoche, flicage.

guet-apens *n. m.* attrape, attrape-nigaud, chausse-trappe, embuscade, filet, guêpier, leurre, piège, ruse, traquenard, tromperie. *SOUT.* duperie, rets.

guetter *v.* ▶ *Surveiller* – épier, être à l'affût de, être aux aguets, observer, surveiller. *QUÉB. FAM.* écornifler. ▶ *Menacer* – attendre, gronder, menacer, planer sur. *SOUT.* imminer. ▲**ANT.** ABANDONNER, DÉSERTER, IGNORER, LAISSER, NÉGLIGER, SE DÉSINTÉRESSER.

guetteur *n.* factionnaire, garde, planton, sentinelle, soldat de faction, soldat de garde, veilleur, vigie, vigile *(romain)*.

gueule *n. f.* ▶ *Bouche animale* – bec, bouche. *ZOOL.* appendices buccaux, péristome, pièces buccales, rostre. ▶ *Allure (FAM.)* – air, allure, apparence, aspect, attitude, contenance, démarche, façon, genre, ligne, maintien, manière, panache, physique, port, posture, prestance, silhouette, style, tenue, tournure. *SOUT.* extérieur, mine. *FAM.* touche.

guichet *n. m.* bureau, caisse.

guidage *n. m.* ▲**ANT.** DÉSORIENTATION, ÉGAREMENT.

guide *n.* ▶ *Accompagnateur de touristes* – accompagnateur, guide (touristique), pilote. *FAM.* cornac. ▶ *Conseiller* – conseil, conseiller, consultant, directeur, éminence grise, éveilleur, inspirateur, orienteur, précepteur, prescripteur. *SOUT.* égérie *(femme)*, mentor. *FAM.* cornac. ▶ *Meneur* – chef de file, gourou, guide (spirituel), magistère, mahatma, maître à penser, maître (spirituel), meneur, pandit, pasteur, phare, rassembleur, sage. *SOUT.* conducteur, coryphée, entraîneur (d'hommes). *FAM.* pape. ♦ **guide,** *masc.* ▶ *Principe directeur* – *SOUT.* flambeau. ▶ *Ouvrage pratique* – indicateur. ▶ *Aide-mémoire* – agenda, aide-mémoire, almanach, bloc-notes,

calepin, carnet, éphéméride, guide-âne, mémento, mémorandum, pense-bête, précis, vade-mecum. *FAM.* antisèche, mémo. ▶ *Dispositif de guidage* – coulisse, coulisseau *(petit)*, glissière, toboggan. ▶ *Corps de troupe (BELG.)* – régiment blindé. ♦ **guides,** *fém. plur.* ▶ *Ce qui sert à diriger* – bride, bridon, rêne. ▲**ANT.** SUIVEUR; DISCIPLE.

guider *v.* ▶ *Servir de guide* – accompagner, piloter. *FAM.* cornaquer. ▶ *Orienter* – aiguiller, conduire, diriger, mener, mettre sur une piste, mettre sur une voie, orienter. ▶ *Conseiller* – conseiller, donner conseil à, donner son avis à, éclairer de ses conseils, prodiguer des conseils à. ♦ **se guider** ▶ *S'orienter* – s'orienter, se diriger, se reconnaître, se repérer, se retrouver. ▲**ANT.** DÉSORIENTER, DÉTOURNER, ÉCARTER, ÉGARER, FOURVOYER; ABUSER, AVEUGLER, BERNER, TROMPER.

guignol *n. m.* ▶ *Marionnette* – fantoche, mannequin, marionnette, pantin, polichinelle, pupazzo. ▶ *Représentation* – (théâtre de) marionnettes. ▶ *Personne bizarre ou ridicule* – anticonformiste, bizarre, excentrique, non-conformiste, original.

guillotine *n. f.* ▶ *Décapitation* – billot, décapitation, décollation, échafaud, guillotinement, hache.

guindé *adj.* ▶ *Dont le maintien manque de naturel* – coincé, engoncé, gêné aux entournures, raide. ▶ *Qui affecte la dignité* – collet monté, compassé, corseté, empesé, gourmé, pincé. *FAM.* constipé, raide comme la justice. ▲**ANT.** DÉCONTRACTÉ, DÉTENDU, FAMILIER, NATUREL, RELÂCHÉ, SIMPLE, SPONTANÉ.

guirlande *n. f.* ▶ *Cordon ornemental* – feston, girandole. *MAR.* grand pavois. ▶ *Série* – alignement, chaîne, chapelet, colonne, combinaison, consécution, cordon, enchaînement, enfilade, énumération, file, gamme, ligne, liste, rang, rangée, séquence, série, succession, suite, tissu, travée.

gymnastique *n. f.* ▶ *Exercices physiques* – activité physique, culture physique, éducation physique, exercice, exercices de gymnastique, gymnique, mouvements de gymnastique, sport. *FAM.* gym. *QUÉB.* plein air. ▶ *Manœuvres* – acrobatie, astuce, demi-mesure *(inefficace)*, échappatoire, expédient, intrigue, mesure, moyen, palliatif, procédé, remède, ressource, ruse, solution, système, tour. *FAM.* combine, truc.

$$h$$

habile *adj.* ▶ *Doué* – à la hauteur, adroit, bon, brillant, capable, chevronné, compétent, connaisseur, d'élite, de haut vol, de haute volée, de talent, doué, émérite, entraîné, exercé, expérimenté, expert, ferré, fin, fort, inspiré, passé maître, performant, qualifié, qui s'y connaît, talentueux, versé. *SOUT.* entendu à, industrieux, rompu à. *FAM.* calé, qui a la bosse de, qui sait y faire. *FRANCE FAM.* balèze, costaud, fortiche, incollable, trapu. *QUÉB.* connaissant; *FAM.* bollé. ▶ *Inventif* – adroit, astucieux, déluré, fin, finaud, futé, ingénieux, intelligent, inventif, malin, qui a plus d'un tour dans son sac, rusé. *FAM.* débrouillard, dégourdi. *FRANCE FAM.* dessalé, fortiche, fute-fute, mariol, sioux. *QUÉB. FAM.* fin finaud. ▶ *Diplomate* – adroit, averti, avisé, circonspect, éclairé, fin, prudent, réfléchi, sagace, sage. ▶ *Capable* – apte à, capable de, propre à, susceptible de, tendant à. *FAM.* chiche de, fichu de. ▶ *Bien pensé* – astucieux, bien conçu, bien pensé, ingénieux, intelligent, judicieux, pertinent. ▲**ANT.** GAUCHE, MALADROIT, MALHABILE; IGNORANT, INCAPABLE, INCOMPÉTENT, MAUVAIS, MÉDIOCRE, NUL.

habilement *adv.* adroitement, astucieusement, avec brio, avec compétence, avec éclat, bien, brillamment, de main de maître, ex professo, expertement, finement, génialement, industrieusement, ingénieusement, intelligemment, judicieusement, lucidement, magistralement, pertinemment, professionnellement, savamment, sensément, spirituellement, subtilement, talentueusement, vivement. ▲**ANT.** GAUCHEMENT, INHABILEMENT, LOURDEMENT, MAL, MALADROITEMENT, MALHABILEMENT.

habileté *n. f.* ▶ *Agilité* – adresse, agilité, aisance, dextérité, élasticité, élégance, facilité, grâce, légèreté, main, mobilité, précision, rapidité, souplesse, technique, virtuosité, vivacité. *SOUT.* félinité, prestesse. ▶ *Aptitude* – adresse, aisance, aptitude, art, brio, capacité, compétence, dextérité, disposition, doigté, don, expérience, expertise, facilité, faculté, force, fort, génie, main, maîtrise, métier, pouvoir, professionnalisme, savoir, savoir-faire, sens, talent, technique, virtuosité. *SOUT.* industrie. *FAM.* bosse. *QUÉB.*

douance *(scolaire)*. *DR.* habilitation, habilité. ▶ *Finesse* – acuité, clairvoyance, discernement, fin, finesse, flair, intuition, jugement, lucidité, pénétration, perspicacité, sagacité, sensibilité, subtilité. *FAM.* nez. ▶ *Diplomatie* – adresse, circonspection, diplomatie, doigté, finesse, souplesse, tact. ▶ *Stratégie* – adresse, calcul, diplomatie, finesse, ligne de conduite, manège, négociation, patience, prudence, ruse, sagesse, savoir-faire, souplesse, stratégie, tactique, temporisation, tractation. ▶ *Ruse* – adresse, débrouillardise, finesse, ingéniosité, ruse. *SOUT.* cautèle, industrie. *FAM.* système D, système débrouille. *QUÉB. ACADIE FAM.* jarnigoine. *QUÉB. FAM.* cocologie. *SOUT.* matoiserie. ▲**ANT.** BALOURDISE, GAUCHERIE, INHABILETÉ, MALADRESSE; INAPTITUDE, INCAPACITÉ, INCOMPÉTENCE; IGNORANCE, INEXPÉRIENCE; GROSSIÈRETÉ; BÊTISE, NAÏVETÉ.

habillé *adj.* bichonné, bien mis, chic, coquet, élégant, en costume d'apparat, en tenue de soirée, en tenue de ville, endimanché, fringant, pimpant, pomponné, tiré à quatre épingles. *FAM.* superchic. *FRANCE FAM.* alluré, chicos, sur son trente-et-un. *QUÉB. FAM.* sur son trente-six. *AFR.* galant. ▲**ANT.** NU; (DE) SPORT, DE TRAVAIL, NÉGLIGÉ.

habillement *n. m.* ▶ *Vêtements* – affaires, atours, chiffons, ensemble, garde-robe, habits, linge, mise, parure, tenue, toilette, trousseau, vestiaire, vêtements. *SOUT.* vêture. *FRANCE FAM.* fringues, frusques, nippes, pelures, saint-frusquin, sapes. ▶ *Uniforme* – costume, habit, harnachement, livrée, tenue, toilette, uniforme, vêtement. *ANC.* harnais, harnois. ▲**ANT.** DÉPOUILLEMENT, NUDITÉ.

habiller *v.* ▶ *Vêtir* – revêtir, vêtir. *FRANCE FAM.* fringuer, frusquer, nipper. *QUÉB. ACADIE FAM.* gréer. ▶ *De façon ridicule* – accoutrer, affubler, harnacher. *FAM.* attifer, fagoter, ficeler. *QUÉB. ACADIE FAM.* amancher. *BELG.* agayonner. ▶ *Orner* – agrémenter, colorer, décorer, émailler, embellir, enjoliver, enrichir, garnir, ornementer, orner, parer, rehausser, relever. *SOUT.* diaprer. *QUÉB. FAM.* renipper. ▶ *Camoufler* – cacher, camoufler, couvrir, déguiser, dissimuler, envelopper,

habit

escamoter, étouffer, farder, grimer, maquiller, masquer, occulter, travestir. SOUT. pallier. QUÉB. FAM. abrier. ♦ **s'habiller** ▸ *Se vêtir* – se vêtir. FRANCE FAM. se fringuer, se frusquer, se nipper, se saper. ▸ *Avec recherche* – mettre ses habits du dimanche, s'endimancher, se bichonner, se parer, se pomponner, se tirer à quatre épingles. FAM. se mettre sur son trente-et-un. FRANCE. FAM. bahuter son uniforme. QUÉB. FAM. se mettre sur son trente-six, se toiletter. ▸ *De façon ridicule* – s'accoutrer, s'affubler, se harnacher. FAM. s'attifer, se fagoter. QUÉB. FAM. s'amancher, s'atriquer. ▲ANT. DÉSHABILLER, DÉVÊTIR; DÉPARER, DISCONVENIR; DÉCOUVRIR, DÉNUDER, METTRE À NU.

habit *n. m.* ▸ *Uniforme* – costume, habillement, harnachement, livrée, tenue, toilette, uniforme, vêtement. ANC. harnais, harnois. ▸ *Vêtement de cérémonie* – complet, complet-veston, costume (de ville), (costume) trois-pièces, frac, jaquette, rochet, smoking, tenue de soirée. FAM. costard, habit queue de morue, queue-de-pie, smok. ♦ **habits**, *plur.* ▸ *Vêtements* – affaires, atours, chiffons, ensemble, garde-robe, habillement, linge, mise, parure, tenue, toilette, trousseau, vestiaire, vêtements. SOUT. vêture. FRANCE FAM. fringues, frusques, nippes, pelures, saintfrusquin, sapes.

habitant *n.* ▸ *Résidant* – âme, résidant. ▸ *Occupant* – affermataire, colon, fermier, hôte, locataire, métayer, occupant, preneur, sous-locataire. ▸ *Rustre* (QUÉB. FAM.) – animal, balourd, barbare, béotien, brute (épaisse), butor, goujat, grossier personnage, mal élevé, malotru, malpropre, mufle, ostrogoth, ours mal léché, paysan, porc, rustaud. SOUT. manant, palot. ♦ **habitants**, *plur.* ▸ *Ensemble d'habitants* – collectivité, communauté, peuple, population. ▲ANT. ÉTRANGER; CITADIN.

habitat *n. m.* ▸ *Environnement* – biome, biotope, climat, écosystème, environnement, milieu, nature, niche écologique, station. ▸ *Population* – biocénose, biomasse, biosphère, biote, êtres vivants, occupation, peuplement.

habitation *n. f.* ▸ *Adresse* – adresse, coordonnées, domicile, résidence, suscription. ▸ *Fait d'habiter* – occupation. ♦ **habitations**, *plur.* ▸ *Ensemble de constructions* – bloc d'habitations, cité, ensemble, grand ensemble, habitations collectives, îlot, immeubles résidentiels, lotissement, parc immobilier, résidence, tours d'habitation.

habiter *v.* ▸ *Avoir sa demeure* – demeurer, être domicilié, loger, rester, vivre. FAM. crécher, nicher, percher, résider. ▸ *Vivre dans tel lieu* – occuper, peupler, vivre dans. ▸ *Occuper l'esprit* – hanter, harceler, obnubiler, obséder, posséder, pourchasser, poursuivre. ▲ANT. DÉSERTER.

habitude *n. f.* ▸ *Penchant* – affection, aptitude, attirance, disposition, faible, faiblesse, goût, impulsion, inclination, instinct, penchant, pente, prédilection, prédisposition, préférence, propension, tendance, vocation. DIDACT. appétence. PSYCHOL. compulsion, conation. FAM. tendresses. ▸ *Répétition des mêmes gestes* – accoutumance, automatisme, façons, manières, mœurs, pli, réflexe, rite, rituel, seconde nature. PSYCHOL. stéréotypie. FAM. abonnement, métro-boulot-dodo, train-train, train-train quotidien. ▸ *Non favorable* – encroûtement, manie,

marotte, monotonie, ordinaire, ronron, routine, tic, uniformité. ▸ *Comportement* – attitude, comportement, conduite, habitus, mœurs, réaction, vie. ▸ *Coutume* – convention, coutume, habitus, mode, mœurs, pratique, règle, rite, tradition, us et coutumes, usage. ▸ *Fréquentation* – attache, communication, compagnie, contact, correspondance, côtoiement, coudoiement, entourage, familiarité, fréquentation, intelligence, intimité, liaison, lien, pratique, rapport, relation, société, termes (bons ou mauvais), usage, voisinage. SOUT. commerce. PÉJ. acoquinement, encanaillement. ▸ *Acclimatement* – acclimatation, acclimatement, accommodation, accoutumance, acculturation, adaptation, aguerrissement, apprivoisement, appropriation, assuétude, endurcissement, familiarisation, habituation, intégration, mise à jour, mise au courant. MÉD. anergie. ▲ANT. ACCIDENT, ANOMALIE, EXCEPTION, OCCASION; EXCEPTIONNALITÉ, INHABITUDE, NOUVEAUTÉ, ORIGINALITÉ, RARETÉ; ABSTINENCE; INEXPÉRIENCE.

habitué *n.* client, familier, fidèle, (vieil) habitué. SOUT. pratique. FAM. abonné. PÉJ. pilier.

habituel *adj.* ▸ *Coutumier* – accoutumé, attendu, connu, consacré, coutumier, d'usage, de pratique courante, de règle, de tradition, familier, naturel, normal, ordinaire, quotidien, régulier, rituel, routinier, usuel. ▸ *Fréquent* – banal, commun, connu, courant, de tous les jours, fréquent, normal, ordinaire, répandu, usuel. LING. usité. ▸ *Inévitable* – classique, inévitable, traditionnel. ▲ANT. EXCEPTIONNEL, EXTRAORDINAIRE, INCOMPARABLE, INHABITUEL, INUSITÉ, RARE, REMARQUABLE, SPÉCIAL.

habituellement *adv.* à de rares exceptions près, à l'accoutumée, à l'ordinaire, à maintes reprises, à quelques occasions près, communément, couramment, coutumièrement, d'habitude, d'ordinaire, dans la généralité des cas, dans la majorité des cas, dans la plupart des cas, de coutume, en général, en règle générale, fréquemment, généralement, journellement, la plupart du temps, maintes fois, normalement, ordinairement, régulièrement, rituellement, souvent, toujours. ▲ANT. EXCEPTIONNELLEMENT, GUÈRE, PAR EXCEPTION, RAREMENT.

habituer *v.* ▸ *Familiariser* – accoutumer, familiariser. ▸ *Une espèce animale ou végétale* – acclimater, implanter, naturaliser. ▸ *Aguerrir* – cuirasser, endurcir, fortifier, tremper. FAM. blinder. ▸ *Entraîner* – discipliner, dresser, entraîner, exercer, façonner, former. SOUT. rompre. ♦ **s'habituer** ▸ *Se familiariser* – s'acclimater, s'accoutumer, s'adapter, se faire à, se familiariser. SOUT. s'apprivoiser, voisiner. ▲ANT. DÉPAYSER, DÉROUTER, DÉSACCOUTUMER, DÉSHABITUER; DÉSINTOXIQUER.

haché *adj.* ▸ *En parlant du débit* – discontinu, heurté, irrégulier, saccadé, sautillant. DIDACT. capricant. ▸ *En parlant du style* – heurté, raboteux, rocailleux, saccadé.

hache *n. f.* ▸ *Instrument tranchant* – cognée, doloire (de tonnelier), merlin. ANTIQ. ROM. bipenne. ▸ *Arme* – hache de guerre. ▸ *Décapitation* – billot, décapitation, décollation, échafaud, guillotine, guillotinement.

hagard *adj.* effaré, égaré, fou, halluciné.

halte

haie *n. f.* ▶ *Ensemble d'arbrisseaux* – buisson, épinaie, épinier, fourré, hallier, hayette *(petit)*, roncier. ▶ *Dans une forêt* – brande, sous-bois, sous-étage. ▶ *Séparation* – bande, barbelés, barbelure, barreaux, barricade, barrière, chancel, chancel, claie, claire-voie, clôture, échalier, échalis, enclos, grillage, grille, moucharabieh, mur (de clôture), palis, parc, treillage. ACADIE FAM. bouchure.

haillons *n. m. pl.* ▶ *Vêtements usés* – chiffons, défroque, friperie, fripes, guenilles, lambeaux, loques. SOUT. hardes, oripeaux. ▲ANT. ATOURS, TOILETTE.

haine *n. f.* ▶ *Aversion* – agressivité, allergie, animosité, antipathie, aversion, guerre, hostilité, malveillance, phobie, répugnance, répulsion, ressentiment. SOUT. détestation, exécration, inimitié, venin. ▶ *Dégoût* – abomination, allergie, aversion, dégoût, écœurement, haut-le-cœur, horreur, indigestion, nausée, phobie, répugnance, répulsion, révulsion. SOUT. détestation, exécration. FAM. dégoûtation. ▶ *Aigreur* – acariâtreté, acerbité, acidité, âcreté, acrimonie, agressivité, aigreur, amertume, animosité, âpreté, bave, bile, causticité, colère, dépit, désagrément, dureté, fiel, hargne, humeur, irritation, malveillance, maussaderie, mauvaise humeur, méchanceté, mordant, pique, rancœur, rancune, récrimination, ressentiment, rudesse, tranchant, venin, vindicte, virulence. SOUT. mordacité. FAM. rouspétance. ▲ANT. AFFECTION, AMITIÉ, AMOUR, ATTACHEMENT, BIENVEILLANCE, PASSION, SYMPATHIE, TENDRESSE; ATTIRANCE, ATTRAIT, GOÛT, PENCHANT; CONCORDE, CORDIALITÉ, ENTENTE, HARMONIE.

haineux *adj.* ▶ *Qui exprime la haine* – empoisonné, fielleux, hargneux, hostile, malveillant, méchant, perfide, venimeux. SOUT. enfiellé. ▲ANT. AFFECTUEUX, AIMANT, AMOUREUX, CAJOLEUR, CÂLIN, CARESSANT, DOUX, TENDRE.

haïr *v.* avoir en aversion, avoir en haine, avoir en horreur, exécrer, maudire, ne pas pouvoir souffrir, ne pas pouvoir supporter, réprouver, vomir. SOUT. abhorrer, abominer, avoir en abomination. FAM. avoir dans le nez, ne pas pouvoir blairer, ne pas pouvoir encadrer, ne pas pouvoir encaisser, ne pas pouvoir pifer, ne pas pouvoir sacquer, ne pas pouvoir sentir, ne pas pouvoir voir en peinture. ▲ANT. ADORER, AFFECTIONNER, AIMER, APPRÉCIER, BÉNIR, CHÉRIR, ESTIMER, RAFFOLER DE. △SE HAÏR – S'ENTENDRE.

haïssable *adj.* ▶ *Odieux* – antipathique, atroce, déplaisant, désagréable, détestable, exécrable, impossible, infernal, insoutenable, insupportable, intenable, intolérable, invivable, irrespirable, odieux, pénible. FAM. imbuvable. ▶ *Abject* – abject, bas, coupable, crapuleux, dégoûtant, honteux, ignoble, immonde, inavouable, indigne, infâme, infect, innommable, inqualifiable, lâche, méprisable, odieux, repoussant, répugnant, sans nom, scandaleux, sordide, vil, vilain. SOUT. fangeux, ignominieux, nauséeux, triste, turpide. FAM. dégueu, dégueulasse, écœurant, gerbant, moche. ▲ANT. ADORABLE, AIMABLE, CHARMANT, DÉLICIEUX, ESTIMABLE, GENTIL.

haleine *n. f.* ▶ *Respiration* – aspiration, bouffée, exhalation, expiration, humage, inhalation, inspiration, respiration, souffle, soupir, ventilation. SOUT. ahan.

haletant *adj.* à bout de souffle, époumoné, essoufflé, hors d'haleine, pantelant, poussif. ▲ANT. CALME, REPOSÉ, TRANQUILLE.

halètement *n. m.* anhélation, apnée, asthme, dyspnée, enchifrènement, essoufflement, étouffement, han, oppression, pousse, ronflement, sibilation, suffocation. MÉD. stertor, stridor *(inspiration)*. SOUT. ahan. ACADIE FAM. courte-haleine.

haleter *v.* avoir le souffle court, étouffer, être hors d'haleine, manquer de souffle, perdre haleine, s'époumoner, s'essouffler, souffler, suffoquer. SOUT. anhéler, panteler. QUÉB. FAM. pomper.

hall *n. m.* antichambre, entrée, hall d'entrée, narthex *(église)*, passage, porche, réception, salle d'attente, salle d'embarquement, salle des pas perdus *(gare)*, vestibule. QUÉB. portique. ANTIQ. propylée *(temple)*.

hallucinant *adj.* ▶ *Qui produit des hallucinations* – hallucinogène. ▶ *Frappant* – étonnant, frappant, impressionnant, marquant, notable, remarquable, saillant, saisissant, spectaculaire. FAM. bluffant. ▲ANT. BANAL, ININTÉRESSANT, ORDINAIRE, SANS INTÉRÊT.

hallucination *n. f.* ▶ *Illusion* – abstraction, abstrait, apparence, berlue, chimère, déréalisation, fantasme, faux, faux-semblant, fiction, fumée, illusion, image, imagination, irréalisme, irréalité, leurre, mensonge, mirage, onirisme, psychédélisme, rêve, rêverie, semblant, simulation, songe, songerie, trompe-l'œil, tromperie, utopie, vision, vue de l'esprit. FAM. frime. SOUT. prestige. ▶ *Délire* – agitation, aliénation, amok, aveuglement, délire, divagation, égarement, excitation, folie, frénésie, hystérie, onirisme, paranoïa, surexcitation. ▲ANT. RÉALITÉ; BON SENS, LOGIQUE, RAISON.

hallucinatoire *adj.* ▲ANT. CONCRET, LOGIQUE, RÉEL.

halluciné *adj.* effaré, égaré, fou, hagard.

halluciné *n.* exalté, extravagant, fixé, illuminé, obsédé.

halo *n. m.* ▶ *Cercle lumineux* – auréole. ▶ *Clarté* – clair, clair-obscur, clarté, contre-jour, demi-jour, éclair, éclairage, éclat, embrasement, flamboiement, flamme, illumination, jour, lueur, lumière, pénombre, soleil. SOUT. nitescence, splendeur. ▶ *Reflet* – brasillement, brillance, brillant, cati, chatoiement, coruscation, éclat, étincellement, feux, image, irisation, lueur, luisant, lustre, miroitement, moire, moiré, moirure, orient, papillotage, papillotement, poli, poudroiement, rayonnement, reflet, réflexion, réfraction, réverbération, ruissellement, scintillement. SOUT. luisance, nacre, opalescence, resplendissement, rutilance, rutilation, rutilement. SC. albédo. TECHN. bruni, brunissure.

halte *n. f.* ▶ *Repos* – congé, délassement, détente, escale, loisir, mi-temps, pause, récréation, récupération, relâche, répit, repos, temps, trêve, vacances, villégiature. ▶ *Étape* – auberge, complexe hôtelier, escale, étape, gîte, hôtel, hôtellerie, relais. ▶ *Pays arabes* – caravansérail, fondouk, khan. ▶ *Autres pays* – posada *(Espagne)*, ryokan *(Japon)*. ▶ *Québec* – gîte du

hameau

passant, gîte touristique. ▶ *Station* – gare, station, terminal. ▲ANT. MARCHE, MOUVEMENT, PROGRESSION; CONTINUATION, REPRISE.

hameau *n. m.* agglomération (rurale), bourg *(gros)*, bourgade, lieu-dit *(petit)*, localité, pays, village. FAM. patelin. QUÉB. paroisse. ▲ANT. VILLE.

handicapé *adj.* à mobilité réduite, handicapé (moteur), impotent, infirme, invalide, paralysé, paralytique. SOUT. grabataire, perclus. MÉD. hémiplégique, paraplégique, quadriplégique, tétraplégique.

hangar *n. m.* ▶ *Lieu d'entreposage* – appentis, arrière-boutique, dépôt, dock, entrepôt, fondouk *(pays arabes)*, réserve. ▶ *Petit local* (QUÉB. FAM.) – appentis, bûcher *(pour le bois)*, cabanon, débarras, remise, resserre. FAM. fourre-tout. SUISSE galetas.

hanter *v.* ▶ *Fréquenter assidûment* – courir, fréquenter. ▶ *Occuper sans cesse l'esprit* – habiter, harceler, obnubiler, obséder, posséder, pourchasser, poursuivre. ▲ANT. DÉSERTER, FUIR.

hantise *n. f.* ▶ *Peur* – affolement, alarme, angoisse, appréhension, crainte, effarement, effarouchement, effroi, épouvante, frayeur, grand-peur, horreur, inquiétude, panique, peur, phobie, psychose, terreur, transes. FIG. vertige. SOUT. affres, apeurement. FAM. cauchemar, frousse, pétoche, trac, trouille. QUÉB. FAM. chienne. ▲ANT. SÉRÉNITÉ, TRANQUILLITÉ; DÉSIR.

happer *v.* ▶ *Saisir avec la main* – accrocher, agripper, attraper, empoigner, prendre, s'emparer de, saisir, se saisir de. ▲ANT. ABANDONNER, JETER, LÂCHER, LAISSER.

harceler *v.* ▶ *Importuner* – éperonner, être aux trousses de, importuner, poursuivre, presser, sergenter, talonner, tourmenter. SOUT. assiéger, molester. FAM. asticoter, courir après, tarabuster. QUÉB. ACADIE FAM. achaler. QUÉB. FAM. écœurer, tacher. ▶ *Presser de questions* – assaillir, bombarder, mettre sur la sellette, presser. FAM. mitrailler. ▶ *Persécuter* – attaquer, persécuter, poursuivre, s'acharner contre. SOUT. inquiéter. ▶ *Occuper sans cesse l'esprit* – habiter, hanter, obnubiler, obséder, posséder, pourchasser, poursuivre. ▲ANT. LAISSER; APAISER, CALMER, RASSURER, SOULAGER; AIDER, PROTÉGER, SECOURIR; RESPECTER.

harde *n. f.* bestiaux, bétail, cheptel (vif), harpail, transhumant, troupe, troupeau.

hardi *adj.* ▶ *Qui ne se laisse pas intimider* – audacieux, aventureux, entreprenant, fonceur, intrépide, qui n'a pas froid aux yeux, téméraire. ▶ *Courageux* – brave, courageux, héroïque, intrépide, vaillant, valeureux. SOUT. sans peur et sans reproche. ▶ *Ferme* – assuré, décidé, délibéré, déterminé, énergique, ferme, résolu, volontaire. ▶ *Risqué* – audacieux, aventuré, aventureux, dangereux, extrême (sport), fou, hasardé, hasardeux, imprudent, osé, périlleux, risqué, suicidaire, téméraire. SOUT. scabreux. FAM. casse-cou, casse-gueule. ▶ *Innovateur* – audacieux, avant-gardiste, d'avant-garde, frais, futuriste, inédit, innovant, innovateur, neuf, new-look, nouveau, nouvelle vague, novateur, original, renouvelé, révolutionnaire, visionnaire. ▶ *Grivois* – coquin, croustillant, égrillard, gaillard, gaulois, gras, grivois, impudique, impur, léger, leste, libertin, libre, licencieux, lubrique, osé, paillard, polisson, salace. SOUT. rabelaisien. FAM. épicé, olé olé, poivré, salé.

▲ANT. CRAINTIF, LÂCHE, PEUREUX, TIMIDE, TIMORÉ; HÉSITANT, INACTIF, PARESSEUX, PUSILLANIME, ROUTINIER, SANS INITIATIVE; PRÉCAUTIONNEUX, PRUDENT, SAGE; BANAL, CLASSIQUE, COMMUN, SANS ORIGINALITÉ, TERNE; CHASTE, PRUDE, PUDIQUE; PURITAIN, RIGIDE, SÉRIEUX, SÉVÈRE, VERTUEUX; POLI, RESPECTUEUX.

hardiesse *n. f.* ▶ *Familiarité* – familiarité, francparler, libertés, privautés, sans-façon, sans-gêne. ▶ *Originalité* – anticonformisme, audace, cachet, caractère, fraîcheur, individualité, innovation, inspiration, marginalité, non-conformisme, nouveauté, originalité, particularité, personnalité, piquant, pittoresque, singularité, unicité. ▶ *Courage* – audace, bravoure, cœur, cœur au ventre, courage, cran, héroïsme, intrépidité, mépris du danger, témérité, vaillance. SOUT. valeur. FAM. tripes. ▲ANT. DÉCENCE, MODESTIE, RÉSERVE, RETENUE; BANALITÉ, PLATITUDE; CRAINTE, LÂCHETÉ, PUSILLANIMITÉ, TIMIDITÉ.

hardiment *adv.* ▶ *Courageusement* – audacieusement, bravement, courageusement, intrépidement, résolument, vaillamment, valeureusement, virilement. SOUT. crânement. ▶ *Témérairement* – audacieusement, aventureusement, imprudemment, périlleusement, témérairement. ▶ *Énergiquement* – activement, avec la dernière énergie, avec zèle, décidément, dru, dynamiquement, énergiquement, fermement, fort, fortement, puissamment, résolument, sérieusement, virilement. ▶ *Carrément* – abruptement, brusquement, brutalement, carrément, catégoriquement, crûment, directement, droit, droit au but, en plein, fermement, franc, franchement, librement, net, nettement, raide, raidement, résolument, rondement, sans ambages, sans ambiguïté, sans barguigner, sans détour(s), sans dissimulation, sans équivoque, sans faux-fuyant, sans hésitation, sans intermédiaire, vertement. FAM. franco. ▶ *Impoliment* – cavalièrement, cyniquement, déplaisamment, discourtoisement, effrontément, éhontément, grossièrement, impertinemment, impoliment, impudemment, inamicalement, incivilement, incongrûment, incorrectement, indélicatement, insolemment, irrespectueusement, irrévérencieusement, lestement, malhonnêtement, sans gêne. ▲ANT. CRAINTIVEMENT, LÂCHEMENT, PEUREUSEMENT, TIMIDEMENT; AVEC CIRCONSPECTION, PRÉCAUTIONNEUSEMENT, PRÉVENTIVEMENT, PRUDEMMENT, SAGEMENT; AFFABLEMENT, AIMABLEMENT, AMIABLEMENT, AMICALEMENT, BIENVEILLAMMENT, CHALEUREUSEMENT, CIVILEMENT, COMPLAISAMMENT, COURTOISEMENT, DÉLICATEMENT, DÉLICIEUSEMENT, DIPLOMATIQUEMENT, GALAMMENT, GENTIMENT, GRACIEUSEMENT, OBLIGEAMMENT, PLAISAMMENT, POLIMENT, SERVIABLEMENT, SYMPATHIQUEMENT.

hargne *n. f.* acariâtreté, acerbité, acidité, âcreté, acrimonie, agressivité, aigreur, amertume, animosité, âpreté, bave, bile, causticité, colère, dépit, désagrément, dureté, fiel, haine, humeur, irritation, malveillance, maussaderie, mauvaise humeur, méchanceté, mordant, pique, rancœur, rancune, récrimination, ressentiment, rudesse, tranchant, venin, vindicte, virulence. SOUT. mordacité. FAM. rouspétance. ▲ANT. DOUCEUR, SUAVITÉ; AMABILITÉ, BIENVEILLANCE; PAIX, SÉRÉNITÉ.

hargneux *adj.* ▶ *En parlant de qqn* – acariâtre, acerbe, aigri, anguleux, âpre, bourru, caractériel, déplaisant, désagréable, désobligeant, difficile, grincheux, intraitable, maussade, rébarbatif, rêche, revêche. SOUT. atrabilaire. FAM. chameau, teigneux. QUÉB. FAM. malavenant, malcommode. SUISSE gringe. ▶ **En parlant de qqch.** – empoisonné, fielleux, haineux, hostile, malveillant, méchant, perfide, venimeux. SOUT. enfiellé. ▲ANT. AIMABLE, CONCILIANT; AFFECTUEUX, CAJOLEUR, CÂLIN, CARESSANT, DOUX, TENDRE.

harmonie n.f. ▶ **Équilibre** – accord, balance, balancement, compensation, contrepoids, égalité, équilibre, juste milieu, moyenne, pondération, proportion, symétrie. ▶ **Beauté** – agrément, art, attrait, beau, beauté, charme, chic, classe, coquetterie, délicatesse, distinction, éclat, élégance, esthétique, féerie, fraîcheur, grâce, gracieux, magnificence, majesté, perfection, photogénie, pureté, séduction, splendeur, symétrie. DIDACT. eurythmie. SOUT. blandice, joliesse, morbidesse, sublimité, symphonie, vénusté. ▶ **Ordre** – accommodation, accommodement, agencement, ajustement, aménagement, architecture, arrangement, articulation, assemblage, combinaison, combinatoire, composition, concaténation, configuration, construction, contexture, coordination, disposition, distribution, élaboration, enchaînement, hiérarchie, liaison, mise en ordre, mise en place, ordonnance, ordonnancement, ordre, organisation, orientation, plan, profil, programmation, rangement, répartition, structuration, structure, système, texture. ▶ **Bonne entente** – accord, affinité, amitié, atomes crochus, (bonne) intelligence, communauté de goûts, communauté de sentiments, communauté de vues, communion, compatibilité, complicité, compréhension, concorde, connivence, convergence d'idées, fraternité, point commun, sympathie, union, unisson. SOUT. concert. ▶ **Paix** – accalmie, apaisement, bonace, bonheur, calme, éclaircie, entente, fraternité, idylle, paix, quiétude, rémission, repos, silence, tranquillité, trêve, union, unité. SOUT. kief (en Orient). ▶ **Musiciens** – bastringue (bruyant), ensemble, fanfare, formation, groupe, instrumentistes, musiciens, orchestre, orphéon. ▶ **Euphonie musicale** – euphonie, phonogénie. ▶ **Rythme en poésie** – cadence, euphonie, musicalité, nombre, rythme, sonorité. ▶ **Poésie** (SOUT.) – art poétique, poésie, poétique, versification. SOUT. muse, Parnasse, vers. ▲ANT. CONTRASTE, DÉSÉQUILIBRE, DISCORDANCE; INHARMONIE, LAIDEUR; CHAOS, DÉSORDRE; ANTAGONISME, DÉSACCORD, INCOMPATIBILITÉ, OPPOSITION; ANTIPATHIE, DISCORDE, DISSENSION, DISSENTIMENT; CACOPHONIE, DISSONANCE.

harmonieusement adv. ▶ **Musicalement** – euphoniquement, harmonieusement, mélodieusement, mélodiquement, musicalement, rythmiquement, symphoniquement. ▶ **Joliment** – agréablement, bien, coquettement, élégamment, esthétiquement, gracieusement, heureusement, joliment, magnifiquement, mignardement, mignonnement, plaisamment, superbement. ▲ANT. ANARCHIQUEMENT, CONFUSÉMENT; AFFREUSEMENT, DÉSAGRÉABLEMENT, DISGRACIEUSEMENT, INESTHÉTIQUEMENT, LAIDEMENT, VILAINEMENT.

harmonieux adj. ▶ **Agréable à l'oreille** – chantant, doux, mélodieux, musical, suave. DIDACT. euphonique, eurythmique. ▶ **Régulier** – régulier,

symétrique. ▶ **Structuré** – cohérent, conséquent, consistant, heureux, logique, ordonné, structuré, suivi. ▲ANT. CACOPHONIQUE, CRIARD, DISCORDANT, DISSONANT, FAUX, INHARMONIEUX; CHAOTIQUE, DÉCOUSU, DÉSORDONNÉ, INCOHÉRENT, INCONSÉQUENT, SANS QUEUE NI TÊTE; CONFLICTUEL, OÙ RÈGNE LA DISCORDE.

harmoniser v. ▶ **Réunir ce qui est harmonieux** – accorder, agencer, assortir, coordonner. ▶ **Rendre homogène** – homogénéiser, normaliser, standardiser, unifier, uniformiser. ♦ **s'harmoniser** ▶ **Se correspondre** – aller bien, aller ensemble, cadrer, concorder, faire bien, s'accorder, s'associer, s'assortir, (se) correspondre, se marier. ▶ **Cadrer** – aller, cadrer, coller, convenir, correspondre, répondre, s'accorder, s'appliquer. ▲ANT. DÉSACCORDER; CONTRASTER. △S'HARMONISER – DÉTONNER, DISSONER, JURER.

harnais n.m. ▶ **Harnachement** – attelage, bât, caparaçon, harnachement, joug, sellerie. ▶ **Système de sangles** – baudrier, harnais (de sécurité).

hasard n.m. ▶ **Imprévu** – accident, aléa, aléatoire, aventure, cas fortuit, chance, circonstance, coïncidence, conjoncture, contingence, coup de dés, coup du sort, facteur chance, fortuit, impondérable, imprévu, inattendu, incertitude, indétermination, occurrence, rencontre, sort. SOUT. fortune. QUÉB. FAM. adon. PHILOS. casualisme, casualité, indéterminisme. FIG. loterie. ▶ **Heureux** – aubaine, chance, coup de chance, heureux hasard, occasion, opportunité. SOUT. fortune. FAM. baraka, (coup de) bol, occase, pot, veine. ▶ **Malheureux** – accident, coup du destin, coup du sort, coup dur, cruauté du destin, fatalité, fortune contraire, infortune, malchance, malheur, mauvais sort, mauvaise fortune, sort contraire, vicissitude. SOUT. adversité, infélicité. FAM. déveine, guigne, manque de bol, manque de pot, poisse. FRANCE FAM. cerise, débine, guignon, mélasse, mouscaille, scoumoune. ▶ **Destin** – avenir, chance, demain(s), destin, destinée, devenir, étoile, existence, fatalité, fortuité, fortune, futur, horizon, karma, lendemain(s), lot, nécessité, prédestination, prédétermination, prédéterminisme, providence, sérendipité, sort, vie. SOUT. fatum, Parque. ▶ **Danger** – aléa, casse-cou, danger, détresse, difficulté, écueil, embûche, épée de Damoclès, épouvantail, guêpier, impasse, imprudence, insécurité, mauvais pas, menace, perdition, péril, piège, point chaud, point sensible, poudrière, récif, risque, spectre, traverse, urgence, volcan. SOUT. tarasque. FRANCE FAM. casse-gueule. ▲ANT. DÉTERMINISME, FINALITÉ, NÉCESSITÉ; PRÉVISIBILITÉ; CALCUL, PRÉVISION.

hasardé adj. ▶ **Douteux** – aléatoire, casuel, conditionnel, conjectural, contingent, douteux, éventuel, hasardeux, hypothétique, incertain, possible, problématique, supposé. ▶ **Risqué** – audacieux, aventuré, aventureux, dangereux, extrême (sport), fou, hardi, hasardeux, imprudent, osé, périlleux, risqué, suicidaire, téméraire. SOUT. scabreux. FAM. casse-cou, casse-gueule.

hasarder v. ▶ **Livrer au hasard** – aventurer, compromettre, exposer, hypothéquer, jouer, mettre en jeu, mettre en péril, risquer. ▶ **Oser une parole** – avancer, émettre, oser, risquer. ♦ **se hasarder** ▶ **Se risquer** – s'avancer, s'aventurer, s'engager, s'essayer à, se lancer, se risquer. FAM. s'embarquer, s'empêtrer, se fourrer, se mettre les pieds dans. *FRANCE FAM.* s'embringuer. ▲**ANT.** AGIR EN TOUTE CONFIANCE; AGIR AVEC CIRCONSPECTION. △SE HASARDER – ÉVITER DE, S'ABSTENIR DE.

hasardeux *adj.* audacieux, aventuré, aventureux, dangereux, extrême *(sport)*, fou, hardi, hasardé, imprudent, osé, périlleux, risqué, suicidaire, téméraire. *SOUT.* scabreux. *FAM.* casse-cou, casse-gueule. ▲**ANT.** SANS DANGER, SANS RISQUE, SÛR.

hâte *n. f.* ▶ *Rapidité* – activité, agilité, célérité, diligence, empressement, précipitation, promptitude, rapidité, vélocité, vitesse, vivacité. *SOUT.* prestesse. ▶ *Impatience* – avidité, brusquerie, désir, empressement, fièvre, fougue, impatience, impétuosité, précipitation, urgence, urgent. ▶ *Agitation* – activité, affairement, affolement, agitation, alarme, animation, bouillonnement, branle-bas (de combat), bruit, dérangement, désordre, désorganisation, détraquement, effervescence, excitation, fourmillement, grouillement, incohérence, mouvement, orage, précipitation, remous, remue-ménage, secousse, suractivité, tempête, tohu-bohu, tourbillon, tourmente, trépidation, trouble, tumulte, turbulence, va-et-vient. *SOUT.* émoi, remuement. *FAM.* chambardement. ▶ *Précocité* – avance, précocité, prématurité, rapidité. ▶ *Accélération* – accélération, accroissement, activation, augmentation de cadence, augmentation de vitesse, dynamisation, fuite en avant, précipitation. ▲**ANT.** LENTEUR; PATIENCE, RETENUE; CALME; MODÉRATION, RALENTISSEMENT, RETARDEMENT; ATERMOIEMENT, TEMPORISATION.

hâter *v.* ▶ *Accélérer* – accélérer, activer, brusquer, précipiter, presser. *SOUT.* diligenter. ▶ *Faire arriver plus vite* – avancer, brusquer, devancer, précipiter. ♦ **se hâter** ▶ *Se dépêcher* – courir, faire vite, s'empresser, se dépêcher, se précipiter, se presser. *FAM.* activer, pédaler, se grouiller. *FRANCE FAM.* bourrer, faire fissa, se dégrouiller, se magner, se magner le popotin. *QUÉB. ACADIE FAM.* se garrocher. *QUÉB. FAM.* abouler, clencher, gauler. ▲**ANT.** FREINER, MODÉRER, RALENTIR; AJOURNER, DIFFÉRER, REMETTRE, REPOUSSER, SURSEOIR. △SE HÂTER – ATERMOYER, ATTENDRE, PROCRASTINER, RETARDER, TARDER, TÂTONNER, TEMPORISER, TERGIVERSER, TRAÎNER.

hâtif *adj.* ▶ *Qui a lieu en avance* – anticipé, précoce, prématuré. ▶ *Qui est fait à la hâte* – expéditif, précipité, rapide, sommaire. ▶ *Non favorable* – bâclé, expédié. *FAM.* cochonné, salopé, torché, torchonné. ▲**ANT.** TARDIF; MÉTICULEUX, MINUTIEUX, SCRUPULEUX, SOIGNÉ.

hausse *n. f.* accentuation, accroissement, accrue, agrandissement, amplification, arrondissement, augmentation, bond, boom, crescendo, croissance, crue, développement, dilatation, élargissement, élévation, enflement, enrichissement, envolée, essor, évolution, expansion, extension, flambée, foisonnement, gonflement, gradation, grossissement, haussement, inflation, intensification, majoration, montée, poussée, progrès, progression, recrudescence, redressement, rehaussement, relèvement, renchérissement, renforcement, revalorisation, valorisation. ▲**ANT.** BAISSE, DÉCROISSANCE, DÉPRÉCIATION, DIMINUTION, EFFONDREMENT.

hausser *v.* ▶ *Mettre plus haut* – élever, exhausser, hisser, monter, rehausser, remonter, surélever, surhausser. ▶ *Rendre plus cher* – accroître, augmenter, élever, enchérir, gonfler, majorer, relever. ♦ **se hausser** ▶ *S'élever dans une hiérarchie* – monter, s'élever, se hisser. ▲**ANT.** ABAISSER, ABATTRE, BAISSER, COUCHER, DESCENDRE, PENCHER, RENVERSER; AVILIR, DÉPRÉCIER, DÉVALORISER, DÉVALUER, DIMINUER, RABAISSER.

haut *adj.* ▶ *De dimension verticale élevée* – culminant, dominant, élevé, en contre-haut, grand. ▶ *Supérieur* – élevé, fort, supérieur, transcendant. ▶ *Sublime* – beau, élevé, grand, idéalisé, noble, pur, sublime. *SOUT.* éthéré. ▶ *En parlant d'une voix* – aigrelet, aigu, fluet, flûté, grêle, haut perché, perçant, pointu, suraigu. ▲**ANT.** BAS, INFÉRIEUR; FAIBLE, PETIT; HUMBLE, MODESTE; GRAVE.

haut *n. m.* ▶ *Dimension verticale* – altitude, élévation, hauteur, niveau au-dessus de la mer, plafond. *MAR.* guindant *(mât)*. ▶ *Point le plus haut* – cime, couronnement, crête, dessus, faîte, pinacle, point culminant, sommet. *ACADIE FAM.* fait. ▲**ANT.** BAS, BASE, FOND.

hautain *adj.* arrogant, condescendant, dédaigneux, fier, méprisant, orgueilleux, outrecuidant, pimbêche *(femme)*, pincé, plein de soi, présomptueux, prétentieux, snob, supérieur. *SOUT.* altier, rogue. ▲**ANT.** HUMBLE, MODESTE.

hauteur *n. f.* ▶ *Altitude* – altitude, élévation, haut, niveau au-dessus de la mer, plafond. *MAR.* guindant *(mât)*. ▶ *Position du haut de qqch.* – niveau. ▶ *Relief* – élévation, éminence. ▶ *Ondes* – fréquence, longueur d'onde, période, tonie. ▶ *Dignité* – dignité, élévation, générosité, grandeur (d'âme), mérite, noblesse, sublime, sublimité, valeur, vertu. ▶ *Orgueil* – amour-propre, arrogance, autosatisfaction, bouffissure, complaisance, contentement (de soi), crânerie, enflure, fatuité, gloriole, immodestie, importance, jactance, mégalomanie, morgue, orgueil, ostentation, outrecuidance, parade, pose, prétention, présomption, suffisance, superbe, supériorité, triomphalisme, vanité, vantardise. *SOUT.* fierté, infatuation. *FAM.* ego. *QUÉB. FAM.* pétage de bretelles. ▶ *Mépris* – arrogance, condescendance, dédain, dégoût, dérision, mépris, morgue, snobisme. *SOUT.* déconsidération, mésestimation, mésestime. ▲**ANT.** PROFONDEUR; LARGEUR; LONGUEUR; DÉPRESSION, ENFONCEMENT; ABÎME, BAS-FOND; BASSESSE, MÉDIOCRITÉ, PETITESSE; AFFABILITÉ, HUMILITÉ, SIMPLICITÉ.

haut-le-corps *n. m.* agitation, convulsion, ébranlement, flagellation, frémissement, frisson, frissonnement, grelottement, oscillation, saccade, secousse, soubresaut, sursaut, titubation, tortillage, tortillement, tremblement, tremblotement, trémoussement, trémulation, trépidation, tressaillement, vacillement, vibration. *SOUT.* tressaut, tressautement. *FAM.* tremblote.

héberger *v.* ▶ *Loger* – abriter, accueillir, coucher, donner l'hospitalité à, donner le gîte à, loger, recevoir, recueillir. ▲**ANT.** BANNIR, CHASSER, CONGÉDIER, DÉLOGER, EXPULSER, RENVOYER.

hébété *adj.* ▶ *Étonné* – abasourdi, ahuri, bouche bée, confondu, ébahi, éberlué, estomaqué, étonné, frappé de stupeur, interdit, interloqué, médusé, muet d'étonnement, pantois, pétrifié, sidéré, stupéfait, surpris. *FAM.* baba, ébaubi, épaté, époustouflé, riboulant, soufflé, suffoqué. ▲**ANT.** IMPASSIBLE, INEXPRESSIF; À L'ESPRIT VIF, BRILLANT, ÉVEILLÉ, INTELLIGENT; ASTUCIEUX, DÉLURÉ, FIN, FINAUD, FUTÉ, HABILE, INGÉNIEUX, INVENTIF, MALIN, RUSÉ.

hébétude *n. f.* ▶ *État morbide* – abattement, accablement, anéantissement, catalepsie, catatonie, démotivation, dépression, effondrement, léthargie, marasme, neurasthénie, prostration, sidération, stupeur, torpeur. ▶ *Abêtissement* (*SOUT.*) – abêtissement, ahurissement, crétinisme, encroûtement, engourdissement, gâtisme, hébétement, idiotie, imbécillité, infantilisme, stupidité.

hégémonie *n. f.* autorité, commandement, domination, emprise, force, gouvernement (*politique*), juridiction, loi, maîtrise, pouvoir, puissance, règne, tutelle. *SOUT.* empire, férule, houlette. ▲**ANT.** SOUMISSION, SUJÉTION, TUTELLE.

héler *v.* ▶ *Interpeller* – apostropher, appeler, interpeller.

héliocentrique *adj.* ▲**ANT.** GÉOCENTRIQUE.

hémorragie *n. f.* ▶ *Afflux de sang* – afflux (de sang), apoplexie, attaque, cataplexie, coup de sang, embolie, hyperémie, ictus, pléthore, révulsion, stase, tension, thrombose, transport au cerveau, turgescence. ▶ *Déversement* – saignée, saignement. ▶ *Fuite* (*FIG.*) – abandon, débâcle, débandade, défilade, déroute, dispersion, fuite, panique, pathie (*animal*), retraite, sauve-qui-peut. ▲**ANT.** COAGULATION, HÉMOSTASIE.

herbacé *adj.* ▲**ANT.** LIGNEUX.

herbe *n. f.* ▶ *Plante* – gazon, pelouse.

héréditaire *adj.* atavique, congénital, génétique. ▲**ANT.** ACQUIS, CULTUREL; ÉLECTIF.

hérédité *n. f.* ▶ *Transmission* – atavisme, génétique, micromérisme, transmission des caractères. ▶ *Généalogie* – agnation, alliance, arbre généalogique, ascendance, ascendants, branche, cognation, consanguinité, cousinage, degré, descendance, descendants, dynastie, extraction, famille, filiation, fratrie, généalogie, génération, lignage, ligne, ligne ascendante, lignée, maison, matriarcat, matrilignage, matrilinéarité, origine, parentage, parenté, parentèle, patriarcat, patrilignage, patrilinéarité, postérité, primogéniture, quartier (de noblesse), race, sang, souche. ▲**ANT.** ACQUISITION, APPRENTISSAGE, CULTURE, ENVIRONNEMENT.

hérésie *n. f.* ▶ *Croyance divergente* – hétérodoxie. ▶ *Action de se distancer* – désobéissance, déviation, déviationnisme, division, hétérodoxie, insoumission, insurrection, non-conformisme, opposition, rébellion, révolte, schisme, scission, sécession, séparation. ▶ *Manquement à la religion* – agnosticisme, apostasie, athéisme, blasphème, désacralisation, doute, froideur, gentilité, impiété, incrédulité, incroyance, indifférence, infidélité, irréligion, libre pensée, matérialisme, paganisme, panthéisme, péché, profanation, reniement, sacrilège, scandale, scepticisme. *SOUT.* inobservance. ▲**ANT.** CONFORMISME, ORTHODOXIE; DOGME.

hérétique *adj.* ▶ *Qui renie l'Église* – déviationniste, dissident, hétérodoxe, schismatique. ▶ *Qui*

renie sa religion – apostat, (laps et) relaps. ▲**ANT.** CONFORMISTE, ORTHODOXE, TRADITIONNEL.

hérissé *adj.* ▶ *Aux poils mêlés* – broussailleux, embroussaillé, en bataille, en broussaille, hirsute, inculte. ▶ *Qui pique* – barbelé, épineux, piquant. ▶ *Exaspéré* – à bout (de nerfs), à cran, agacé, crispé, énervé, exacerbé, exaspéré, irrité.

hérisser *v.* ▶ *Importuner* (*FAM.*) – agacer, crisper, énerver, exaspérer, excéder, fatiguer, impatienter, importuner, irriter, porter sur les nerfs à. *FAM.* barber, casser les pieds à, chauffer les oreilles à, courir sur le système à, embêter, emmieller, empoisonner, enquiquiner, faire suer, gonfler, horripiler, insupporter, pomper l'air à, porter sur le système à, scier, tanner, taper sur le système à, taper sur les nerfs à. *FRANCE FAM.* bassiner, canuler, cavaler, courir, courir sur le haricot à, soûler. *QUÉB. FAM.* achaler, déranger, écœurer, tomber sur la noix à, tomber sur la rate à, tomber sur le système à, tomber sur les nerfs à, tomber sur les rognons à. ◆ **se hérisser** ▶ *Manifester son mécontentement* – s'exaspérer, s'irriter, se crisper. *QUÉB. FAM.* se choquer. ▲**ANT.** APLATIR, LISSER; ADOUCIR, CALMER.

héritage *n. m.* ▶ *Patrimoine* – apanage, bien, domaine, fortune, légitime, legs, majorat, patrimoine, propriété, succession. *RELIG.* défroque.

hériter *v.* ▶ *Recevoir par voie d'héritage* – avoir en partage, recevoir en partage. ▲**ANT.** LÉGUER, TRANSMETTRE; CRÉER, INVENTER.

héritier *n.* ▶ *Acquéreur* – acquéreur, bénéficiaire, donataire, légataire, portionnaire. ▶ *Successeur* – ayant cause, continuateur, dauphin, enfant, fils, remplaçant, successeur, successible. *SOUT.* épigone, hoir. ▶ *Descendant* – enfant, petit, rejeton. *SOUT.* chair de sa chair, fruit, fruit de l'hymen. *FAM.* gamin, progéniture. ▲**ANT.** AUTEUR, DE CUJUS, TESTATEUR; DEVANCIER.

hermétique *adj.* ▶ *Étanche* – clos, étanche, fermé. ▶ *Difficile à comprendre* – cabalistique, caché, cryptique, énigmatique, ésotérique, impénétrable, inaccessible, incompréhensible, inconcevable, inconnaissable, indéchiffrable, indécodable, inexplicable, inintelligible, insaisissable, insondable, mystérieux, nébuleux, obscur, opaque, secret, ténébreux. *SOUT.* abscons, abstrus, sibyllin. ▶ *Inexpressif* – atone, fermé, froid, impassible, imperturbable, inexpressif. *SOUT.* impavide. ▲**ANT.** À LA PORTÉE DE TOUS, ACCESSIBLE, CLAIR, COMPRÉHENSIBLE, ÉVIDENT, INTELLIGIBLE, LIMPIDE, SIMPLE, TRANSPARENT; COMMUNICATIF, OUVERT, VIF, VIVANT.

héroïque *adj.* ▶ *Courageux* – brave, courageux, hardi, intrépide, vaillant, valeureux. *SOUT.* sans peur et sans reproche. ▲**ANT.** CRAINTIF, LÂCHE, PEUREUX, TIMIDE.

héroïquement *adv.* fameusement, glorieusement, historiquement, magnifiquement, mémorablement, noblement, proverbialement, splendidement, superbement, vaillamment, valeureusement. ▲**ANT.** HONTEUSEMENT, IGNOBLEMENT, IGNOMINIEUSEMENT, INDIGNEMENT.

héroïsme *n. m.* ▶ *Courage* – audace, bravoure, cœur, cœur au ventre, courage, cran, hardiesse, intrépidité, mépris du danger, témérité, vaillance. *SOUT.*

héros

valeur. *FAM.* tripes. ▲**ANT.** LÂCHETÉ; BASSESSE, MES-
QUINERIE.

héros *n. m.* ▶ *Idole* – brave, demi-dieu, dieu,
exemple, géant, glorieux, grand, idole, modèle, titan. *SOUT.* parangon. ▶ *Personnage central* – acteur,
intervenant, personnage central, personnage principal, protagoniste. ▶ *Personne mourant pour une
cause* – martyr, saint. ▲**ANT.** LÂCHE; BRAVACHE, HÂ-
BLEUR; ANTIHÉROS; FAIRE-VALOIR.

hésitant *adj.* ▶ *Indécis* – embarrassé, flottant,
fluctuant, incertain, indécis, indéterminé, irrésolu,
perplexe, velléitaire. *FRANCE FAM.* entre le zist et le zest,
vasouillard. ▶ *Réticent* – réservé, réticent. ▶ *Qui dénote de l'hésitation* – faible, mal assuré, tremblant,
vacillant. ▶ *En parlant de la voix, des paroles* – balbutiant, bégayant, bredouillant. ▲**ANT.** ASSURÉ, DÉCIDÉ,
FERME, RÉSOLU.

hésitation *n. f.* ▶ *Irrésolution* – doute, embarras, flottement, incertitude, inconstance, indécision,
indétermination, instabilité, irrésolution, perplexité,
procrastination, réticence, scrupule, tâtonnement,
trouble, vacillement, valse-hésitation, velléité, versatilité. *SOUT.* limbes. *QUÉB. FAM.* brettage, tétage. ▶ *Tergiversation* – atermoiement, attentisme, échappatoire, faux-fuyant, lenteur, manœuvre dilatoire, procrastination, retardement, temporisation, tergiversation. *DR.* préfixion. *QUÉB. FAM.* niaisage, taponnage,
tataouinage, tétage, zigonnage. ▲**ANT.** APLOMB, AS-
SURANCE, DÉCISION, DÉTERMINATION, FERMETÉ, RÉSOLU-
TION, VOLONTÉ.

hésiter *v.* ▶ *Avoir du mal à prendre une décision* – s'interroger. *FAM.* se tâter. *QUÉB. FAM.* branler
dans le manche, gosser, niaiser, taponner, tataouiner,
téter, zigonner. *SUISSE* être sur le balan. ▶ *Avoir du
mal à choisir entre deux choses* – balancer, flotter,
osciller. ▶ *Procéder de façon hésitante* – essayer, tâtonner. ▶ *Balbutier* – ânonner, bafouiller, balbutier,
bégayer, bredouiller, chercher ses mots. *BELG.* broebeler. ▶ *Craindre* – avoir scrupule, craindre. ▲**ANT.**
CHOISIR, DÉCIDER, SE PRONONCER, TRANCHER; AGIR.

hétérogène *adj.* bigarré, complexe, composite,
de tout poil, de toute espèce, disparate, dissemblable,
divers, diversifié, éclectique, hétéroclite, mélangé,
mêlé, mixte, multiple, varié. *SOUT.* pluriel. ▲**ANT.** AS-
SORTI, COORDONNÉ, HARMONIEUX, HOMOGÈNE.

hétérozygote *adj.* ▲**ANT.** HOMOZYGOTE.

heure *n. f.* ▶ *Période* – *FAM.* plombe; *SOUT.* heu-
rette. ▶ *Époque* – âge, cycle, date, époque, ère, étape,
génération, jour, moment, période, règne, saison,
siècle, temps. ▶ *Occasion* – cas, circonstance, coup,
fois, moment, occasion, occurrence.

heureusement *adv.* ▶ *Favorablement* – à
point (nommé), à propos, à temps, agréablement,
au bon moment, avantageusement, bien, commodément, convenablement, favorablement, inespérément, judicieusement, opportunément, par bonheur, par miracle, précieusement, providentiellement, salutairement, utilement. *FAM.* à pic, bene.
▶ *Joyeusement* – agréablement, allègrement, avec
entrain, béatement, bienheureusement, de bon
cœur, euphoriquement, extatiquement, gaiement,
jovialement, joyeusement, plaisamment, radieuse-

ment, sans souci. ▲**ANT.** MALHEUREUSEMENT; MAL;
MALADROITEMENT, MALHABILEMENT.

heureux *adj.* ▶ *Ravi* – au comble du bonheur,
au septième ciel, aux anges, béat, comblé, en fête, en
joie, en liesse, enchanté, euphorique, extasié, extatique, exultant, fou de joie, le cœur en joie, radieux,
ravi, rayonnant, réjoui, resplendissant de bonheur,
ruisselant de joie, transporté de joie, triomphant.
SOUT. aise, bienheureux. *FAM.* jubilant. ▶ *Satisfait*
– content, fier, fiérot, satisfait. *FAM.* joice. ▶ *Prospère* – beau, brillant, faste, fécond, florissant, prospère, riche. ▶ *Chanceux* – bien loti, chanceux, favorisé, fortuné, privilégié. *FAM.* veinard. *FRANCE FAM.*
chançard, verni. *QUÉB. FAM.* gras dur. ▶ *Qui tombe
bien* – bien venu, bienvenu, bon, favorable, opportun, propice, qui tombe à pic. *QUÉB. FAM.* d'adon.
▶ *Qui convient* – à propos, adapté, adéquat, approprié, bien trouvé, bien venu, bon, conforme, convenable, correct, de circonstance, de saison, indiqué,
juste, opportun, pertinent, propice, propre. *SOUT.* ad
hoc, congruent, expédient, idoine. *DIDACT.* topique.
▶ *Dans les formules de politesse* – charmé, enchanté, ravi. ▲**ANT.** MALHEUREUX; AFFLIGÉ, DÉSESPÉRÉ,
TRISTE; INFORTUNÉ, MALCHANCEUX; CONTRARIÉ, FÂCHÉ,
INSATISFAIT, MÉCONTENT; DÉPLORABLE, DÉSASTREUX, DÉ-
SOLANT, FÂCHEUX, REGRETTABLE; DÉPLACÉ, HORS DE PRO-
POS, IMPORTUN, INCONGRU, INOPPORTUN, INTEMPESTIF,
MAL À PROPOS, MAL VENU, MALENCONTREUX.

heurt *n. m.* ▶ *Choc* – accrochage, choc, cognement, collision, coup, entrechoquement, impact,
percussion, rencontre, secousse. ▶ *Contraste* – antithèse, contraste, désaccord, désagencement, désassortiment, déséquilibre, différence, discordance, disharmonie, disparité, disproportion, dissemblance,
hétérogénéité, opposition, repoussoir. *SOUT.* disconvenance, tapage. ▶ *Antagonisme* – affrontement,
antagonisme, combat, compétition, concurrence,
conflit, contentieux, contestation, controverse, débat, désaccord, différend, discorde, discussion, dispute, dissension, dissentiment, divergence, émulation, friction, incompatibilité, incompréhension,
lutte, mésentente, mésintelligence, opposition, polémique, querelle, rivalité. *FAM.* bagarre. ▶ *Dispute*
– accrochage, algarade, altercation, brouille, brouillerie, chicane, controverse, démêlé, désaccord, désunion, différend, discorde, dispute, divergence, escarmouche, explication, fâcherie, froid, joute oratoire,
litige, malentendu, mésentente, passe d'armes, polémique, querelle, rupture, scène, zizanie. *FAM.* bagarre, bisbille, bringue, chamaille, chamaillerie, empoignade, empoignement, engueulade, prise de bec,
séance. *QUÉB. FAM.* brasse-camarade, chamaillage.
BELG. FAM. bisbrouille. ▶ *Bataille* – accrochage, action (de guerre), affrontement, assaut, attaque, bagarre, bataille, choc, combat, conflit, échauffourée,
empoignade, empoignement, engagement, escarmouche, ferraillement, feu, guérilla, guerre, hostilités, lutte, mêlée, opération, pugilat, rencontre, rixe.
FAM. baroud, baston, bigorne, casse-gueule, casse-
pipe, castagne, guéguerre, rif, rififi, riflette. *QUÉB. FAM.*
brasse-camarade, poussaillage, tiraillage. *BELG. FAM.*
margaille. *MILIT.* blitz *(de courte durée)*. ▲**ANT.** EFFLEU-
REMENT; ACCORD, ENTENTE, HARMONIE; CONCILIATION.

heurté *adj.* ▶ *En parlant du débit* – discontinu, haché, irrégulier, saccadé, sautillant. *DIDACT.* capricant. ▶ *En parlant du style* – haché, raboteux, rocailleux, saccadé.

heurter *v.* ▶ *Frapper* – buter contre, cogner, donner dans, frapper, rentrer dans. *QUÉB. FAM.* accrocher. ▶ *Une voiture* – caramboler, emboutir, frapper, percuter, rentrer dans, tamponner, télescoper. *FAM.* emplafonner. ▶ *Offusquer* – atteindre (dans sa dignité), blesser (dans sa dignité), choquer, cingler, désobliger, effaroucher, égratigner, froisser, humilier, insulter, mortifier, offenser, offusquer, outrager, piquer au vif, toucher au vif, ulcérer, vexer. *SOUT.* fouailler. ▶ *Choquer l'œil, l'oreille* – agresser, blesser, choquer, déplaire à, offenser. ♦ **se heurter** ▶ *Éprouver une difficulté* – buter sur, trébucher sur. *SOUT.* broncher contre/sur, s'achopper à. ▶ *Se choquer l'un contre l'autre* – s'entrechoquer. ▲**ANT.** ÉVITER; DÉFENDRE, PRÉSERVER, PROTÉGER; MÉNAGER; CHARMER, PLAIRE. △SE HEURTER – S'ENTENDRE, SE RÉCONCILIER; S'HARMONISER.

hiberner *v.* ▲**ANT.** ÉMERGER, SE RÉVEILLER; ESTIVER.

hic *n. m.* ▶ *Obstacle* (*FAM.*) – accroc, adversité, anicroche, barrière, blocage, contrariété, contretemps, défense, difficulté, digue, écueil, embarras, empêchement, ennui, entrave, frein, gêne, impasse, impossibilité, inhibition, interdiction, objection, obstruction, ombre au tableau, opposition, pierre d'achoppement, point noir, problème, résistance, restriction, tracas, tribulations. *QUÉB.* irritant. *SOUT.* achoppement, impedimenta, traverse. *FAM.* blème, lézard, os, pépin. *QUÉB. FAM.* aria.

hideux *adj.* à faire peur, affreux, déplaisant, disgracieux, horrible, ignoble, inesthétique, informe, ingrat, inharmonieux, laid, laideron (*femme*), mal fait, monstrueux, repoussant, répugnant, vilain. *SOUT.* malgracieux, répulsif. *FAM.* blèche, dégueu, dégueulasse, mal fichu, mochard, moche, tarte, tartignolle, tocard, vomitif. ▲**ANT.** À CROQUER, ADORABLE, CHARMANT, COQUET, DÉLICIEUX, GENTIL, GRACIEUX, JOLI, MIGNON, RAVISSANT; ADMIRABLE, BEAU, ÉBLOUISSANT, MAGNIFIQUE, SPLENDIDE, SUPERBE.

hier *adv.* ▶ *Dans le passé* – à une époque lointaine, anciennement, antiquement, au temps ancien, autrefois, dans l'ancien temps, dans l'antiquité, dans le passé, dans les temps anciens, de ce temps-là, en ce temps-là, il y a longtemps, jadis, naguère (*passé récent*), par le passé. *FAM.* dans le temps. *ACADIE FAM.* empremier. ▲**ANT.** AUJOURD'HUI; DEMAIN.

hiérarchie *n. f.* ▶ *Organisation sociale* – autorité, commandement, ordre, rang, subordination. ▶ *Ordre* – accommodation, accommodement, agencement, ajustement, aménagement, architecture, arrangement, articulation, assemblage, combinaison, combinatoire, composition, concaténation, configuration, construction, contexture, coordination, disposition, distribution, élaboration, enchaînement, harmonie, liaison, mise en ordre, mise en place, ordonnance, ordonnancement, ordre, organisation, orientation, plan, profil, programmation, rangement, répartition, structuration, structure, système, texture. ▶ *Classification* – catégorisation,

classification, compartimentage, compartimentation, hiérarchisation, nomenclature, systématique, taxinomie, taxologie, terminologie, typage, typologie. ▲**ANT.** ANARCHIE, DÉSORDRE; DÉMOCRATIE, ÉGALITARISME, ÉGALITÉ; TRANSVERSALITÉ.

hiérarchique *adj.* ▲**ANT.** ANARCHIQUE, ÉGALITAIRE.

hirsute *adj.* broussailleux, embroussaillé, en bataille, en broussaille, hérissé, inculte. ▲**ANT.** COIFFÉ, PEIGNÉ.

hisser *v.* ▶ *Soulever* – élever, lever, soulever. ▶ *Mettre plus haut* – élever, exhausser, hausser, monter, rehausser, remonter, surélever, surhausser. ♦ **se hisser** ▶ *S'élever dans une hiérarchie* – monter, s'élever, se hausser. ▲**ANT.** ABAISSER, DESCENDRE; AMENER, BAISSER; ABATTRE, PRÉCIPITER, RENVERSER.

histoire *n. f.* ▶ *Passé* – ancien temps, antécédents, antériorité, antiquité, bon vieux temps, histoire (ancienne), le temps jadis, nuit des temps, passé, temps révolus, tradition. *BELG.* rétroactes. ▶ *Vécu* – cheminement, expérience (de vie), histoire (personnelle), itinéraire, passé, trajectoire, vécu. ▶ *Récit historique* – anecdote, annales, autobiographie, biographie, carnet, chroniques, chronologie, commentaires, confessions, évocation, historiographie, historique, journal, mémoires, mémorial, souvenirs, vie. ▶ *Narration* – compte rendu, débreffage, description, exposé, exposition, narration, peinture, procès-verbal, rapport, relation, reportage, tableau. *SOUT.* radiographie. ▶ *Conte* – chantefable, chronique, conte, épopée, fabliau, historiette, légende, monogatari (*Japon*), mythe, nouvelle, odyssée, roman, saga. ▶ *À valeur morale* – allégorie, apologue, fable, parabole. ▶ *Fiction* – affabulation, artifice, chimère, combinaison, comédie, expédient, fabrication, fabulation, fantaisie, feinte, fiction, fumisterie, idée, imagination, invention, irréalité, légende, mensonge, rêve, roman, saga, songe. *PSYCHOL.* confabulation, mythomanie. ▶ *Plaisanterie* – badinage, baliverne, blague, bon mot, bouffonnerie, boutade, cabriole, calembour, calembredaine, clownerie, drôlerie, facétie, farce, galéjade, gauloiserie, histoire (drôle), humour, joyeuseté, mot pour rire, pitrerie, plaisanterie. *SOUT.* arlequinade. *FAM.* astuce, flan, gag, histoire de fous. *BELG.* zwanze. *SUISSE* witz. ▲**ANT.** ANTICIPATION, FUTUROLOGIE, PROSPECTIVE.

historique *adj.* ▶ *Véridique* – attesté, authentique, exact, factuel, positif, réel, véridique, véritable, vrai. ▶ *Légendaire* – célèbre, connu, de grand renom, fameux, glorieux, illustre, immortel, inoubliable, légendaire, marquant, mémorable, notoire, proverbial, renommé, renommé, réputé. ▶ *Non favorable* – de triste mémoire. ▶ *En linguistique* – diachronique. ▲**ANT.** CHIMÉRIQUE, FANTASTIQUE, FICTIF, IMAGINAIRE, LÉGENDAIRE, MYTHIQUE, MYTHOLOGIQUE; DESCRIPTIVE (*linguistique*), SYNCHRONIQUE; FUTUROLOGIQUE, PROSPECTIVISTE.

historique *n. m.* ▶ *Récit* – anecdote, annales, autobiographie, biographie, carnet, chroniques, chronologie, commentaires, confessions, évocation, histoire, historiographie, journal, mémoires, mémorial, souvenirs, vie.

historiquement *adv.* ▶ *Chronologiquement* – chronologiquement, par ordre chronologique, temporellement. ▶ *Glorieusement* – fameusement, glorieusement, héroïquement, magnifiquement, mémorablement, noblement, proverbialement, splendidement, superbement, vaillamment, valeureusement. ▲ ANT. SYNCHRONIQUEMENT.

hiver *n. m.* mauvaise saison, saison des frimas, saison froide, saison hivernale. SOUT. bise. ▲ ANT. ÉTÉ.

hochement *n. m.* frétillement. SOUT. remuement, secouement. ▲ ANT. IMMOBILITÉ.

holocauste *n. m.* ▶ *Sacrifice rituel* – offrande. SOUT. oblation. ▶ *Massacre* – anéantissement, assassinats, bain de sang, boucherie, carnage, destruction, extermination, hécatombe, massacre, meurtres, tuerie. SOUT. (lourd) tribut. FAM. étripage. ▶ *Privation* (SOUT.) – abnégation, altruisme, désintéressement, détachement, dévouement, effacement, humilité, oubli de soi, privation, renoncement, résignation, sacrifice.

holographe (var. **olographe**) *adj.* ▲ ANT. NOTARIÉ.

hommage *n. m.* ▶ *Respect* – admiration, considération, déférence, égard, estime, ménagement, respect, révérence. ▶ *Don* – aide, allocation, apport, assistance, aumône, bonne œuvre, charité, dation, disposition, distribution, don, faveur, grâce, indemnité, obole, prestation, secours, soulagement, subside, subvention. SOUT. bienfait. FAM. dépannage. DR. donation, fidéicommis, legs, libéralité. RELIG. bénédiction, charisme. ▶ *Salut* – baisemain, civilités, compliments, coup de chapeau, courbette, génuflexion, inclination, poignée de main, prosternation, révérence, salut, salutation. FAM. salamalecs. ▲ ANT. AFFRONT, INSULTE, OFFENSE.

homme *n. m.* ▶ *Individu de l'espèce humaine* – être humain, humain, personne, singe nu, terrien (science-fiction). ZOOL. homo sapiens. SOUT. mortel. ▶ *Individu de la famille de l'homme* homo. ▶ *L'ensemble des personnes* – espèce (humaine), êtres humains, genre humain, humanité, la terre, population du globe, population mondiale, population planétaire. SOUT. race humaine. ▶ *Personne de sexe masculin* – individu. ◗ *Appellatifs* – don (Espagne), monsieur, sahib (Inde), sir (anglais). ▶ *Époux* (FAM.) – conjoint, époux, mari. SOUT. compagnon (de vie), douce moitié, tendre moitié. ▶ *Amant* (FAM.) – amant de cœur, amant, partenaire (sexuel). ▶ *Homme viril* – mâle, (vrai) homme. FRANCE FAM. mec. ▶ *Homme courageux* – audacieux, aventurier, battant, brave (à trois poils), courageux, dur (à cuire), fonceur, lion, stoïque, (vrai) homme. FAM. baroudeur, va-de-l'avant. ▶ *Homme fort* – athlète, colosse, costaud, fort des Halles, gaillard, hercule, (homme) fort, puissant. FAM. armoire à glace, Tarzan. FRANCE FAM. armoire normande, balèze, malabar, mastard. QUÉB. fier-à-bras; FAM. taupin. ◆ **hommes**, *plur.* ▶ *Ensemble des personnes de sexe masculin* – la gent masculine; population masculine. ▲ ANT. ANIMAL; DIEU; FEMME; ENFANT; LÂCHE, PEUREUX, POLTRON.

homogène *adj.* ▶ *Semblable* – analogue, apparenté, approchant, assimilable, comparable, conforme, contigu, correspondant, équivalent, homologue, indifférencié, pareil, parent, proche, ressemblant, semblable, similaire, voisin. FAM. kif-kif. DIDACT. commensurable. ▶ *Uniforme* – cohérent, uni, uniforme. ▲ ANT. DISPARATE, HÉTÉROCLITE, HÉTÉROGÈNE, MÉLANGÉ, MÊLÉ.

homogénéiser *v.* ▶ *Uniformiser* – harmoniser, normaliser, standardiser, unifier, uniformiser. ▲ ANT. DIVERSIFIER, VARIER; CONTRASTER.

homogénéité *n. f.* ▶ *Absence d'autres substances* – pureté. ▶ *Solidité* – cohésion, compacité, consistance, coriacité, dureté, fermeté, fixité, force, indélébilité, indestructibilité, inextensibilité, massiveté, monolithisme, résilience, résistance, rigidité, robustesse, solidité, sûreté. ▶ *Cohérence* – cohérence, cohésion, consistance, égalité, liaison, logique, non-contradiction, régularité, uniformité, unité. LING. signifiance. ▲ ANT. HÉTÉROGÉNÉITÉ.

homozygote *adj.* ▲ ANT. HÉTÉROZYGOTE.

hongrois *adj.* magyar.

honnête *adj.* ▶ *Intègre* – à l'abri de tout soupçon, au-dessus de tout soupçon, consciencieux, digne de confiance, droit, fiable, incorruptible, insoupçonnable, intègre, probe, propre, scrupuleux, sûr. ▶ *Franc* – correct, droit, franc, loyal, probe, régulier. FAM. carré, réglo, rond. ▶ *Respectable* – bien, bienséant, convenable, correct, de bon ton, décent, digne, fréquentable, honorable, moral, rangé, recommandable, respectable, sérieux. FAM. comme il faut. ▶ *Satisfaisant* – acceptable, approuvable, bien, bon, convenable, correct, décent, honorable, moyen, passable, présentable, raisonnable, satisfaisant, suffisant. FAM. potable, supportable. ▲ ANT. DÉLOYAL, LOUCHE, MALHONNÊTE, SANS SCRUPULE, VÉREUX; FAUX, FOURBE, HYPOCRITE, MENTEUR, PERFIDE, SOURNOIS, TORTUEUX, TROMPEUR; INSATISFAISANT, INSUFFISANT.

honnêtement *adv.* ▶ *Intègrement* – bien, droitement, exemplairement, honorablement, incorruptiblement, intègrement, irréprochablement, loyalement, saintement, vertueusement. FAM. à la loyale, proprement. ▶ *Impartialement* – démocratiquement, équitablement, impartialement, justement, lucidement, objectivement. ▶ *Franchement* – à la loyale, authentiquement, de bonne foi, en toute bonne foi, franc, franchement, loyalement, ouvertement, sincèrement, uniment. FAM. franco. ▶ *Décemment* – angéliquement, chastement, décemment, discrètement, exemplairement, modestement, moralement, pudiquement, purement, sagement, saintement, vénérablement, vertueusement, virginalement. ▶ *Assez* – à satiété, acceptablement, amplement, assez, autant qu'il faut, ce qu'il faut, convenablement, en quantité suffisante, passablement, plutôt, quelque peu, raisonnablement, suffisamment, valablement. FAM. jusqu'à plus soif, marre. ▶ *Moyennement* – médiocrement, modérément, moyennement, passablement, tièdement. FAM. comme ci comme ça, couci-couça, moitié-moitié, pas mal. ▲ ANT. MALHONNÊTEMENT, MENSONGÈREMENT, SOURNOISEMENT, TORTUEUSEMENT, TRAÎTREUSEMENT, TROMPEUSEMENT; COUPABLEMENT, CRIMINELLEMENT, FRAUDULEUSEMENT, ILLÉGALEMENT; ARBITRAIREMENT, INÉQUITABLEMENT, INJUSTEMENT, PARTIALEMENT, TENDANCIEUSEMENT; DÉRISOIREMENT, INSUFFISAMMENT,

MÉDIOCREMENT, PAUVREMENT; À LA PERFECTION, À MER-VEILLE, À RAVIR, ADMIRABLEMENT, DIVINEMENT, EXTRA-ORDINAIREMENT, IMPECCABLEMENT, INCOMPARABLE-MENT, LE MIEUX DU MONDE, MERVEILLEUSEMENT, MIRI-FIQUEMENT, ON NE PEUT MIEUX, PARFAITEMENT, PRODI-GIEUSEMENT.

honnêteté *n. f.* ▶ *Intégrité* – conscience, droiture, exactitude, fidélité, franchise, incorruptibilité, intégrité, irréprochabilité, justice, loyauté, mérite, moralité, netteté, probité, scrupule, sens moral, transparence, vertu. ▶ *Pureté* – candeur, fleur, fraîcheur, ingénuité, innocence, naïveté, pureté, simplicité. ▶ *Décence* – bienséance, bon ton, chasteté, convenance, correction, décence, délicatesse, dignité, discrétion, éducation, fierté, gravité, honneur, modestie, politesse, propreté, pudeur, quant-à-soi, réserve, respect, retenue, sagesse, sobriété, tact, tenue, vertu. *SOUT.* pudicité. ▲ANT. DÉLOYAUTÉ, IMMO-RALITÉ, IMPROBITÉ, MALHONNÊTETÉ; GROSSIÈRETÉ, IMPO-LITESSE, INDÉCENCE.

honneur *n. m.* ▶ *Réputation* – honorabilité, réputation, respectabilité, valeur. ▶ *Gloire* – apothéose, bonheur, bonne fortune, boum, consécration, couronnement, gloire, lauriers, prospérité, retentissement, réussite, succès, triomphe, trophée. *FAM.* malheur, (succès) bœuf, tabac. *FRANCE FAM.* carton, saucisson, ticket. ▶ *Distinction* – décoration, dignité, égards, élévation, faveur, pourpre, prérogative, promotion. ▶ *Privilège* – acquis, apanage, attribution, avantage, bénéfice, chasse gardée, concession, droit, exclusivisme, exclusivité, exemption, faveur, immunité, inviolabilité, monopole, passe-droit, pouvoir, préférence, prérogative, privilège. *ANC.* franchise. *RELIG.* indult. ▶ *Décence* – bienséance, bon ton, chasteté, convenance, correction, décence, délicatesse, dignité, discrétion, éducation, fierté, gravité, honnêteté, modestie, politesse, propreté, pudeur, quant-à-soi, réserve, respect, retenue, sagesse, sobriété, tact, tenue, vertu. *SOUT.* pudicité. ▶ *Carte* – figure, haute carte, tête. ▲ANT. DÉSHONNEUR, DISCRÉ-DIT, HONTE, INFAMIE, OPPROBRE; HUMILIATION, VEXA-TION; IMPUDEUR, INDÉCENCE.

honorable *adj.* ▶ *Digne d'estime* – appréciable, bien, bon, considéré, de bon aloi, digne, estimable, estimé, louable, méritant, méritoire, respectable. ▶ *Qui respecte les convenances* – bien, bienséant, convenable, correct, de bon ton, décent, digne, fréquentable, honnête, moral, rangé, recommandable, respectable, sérieux. *FAM.* comme il faut. ▶ *Satisfaisant* – acceptable, approuvable, bien, bon, convenable, correct, décent, honnête, moyen, passable, présentable, raisonnable, satisfaisant, suffisant. *FAM.* potable, supportable. ▲ANT. ABJECT, CRAPULEUX, DÉGOÛTANT, IGNOBLE, INDIGNE, INFÂME, MÉPRISABLE, ODIEUX, RÉPUGNANT; AVILISSANT, DÉSHONORABLE, DÉS-HONORANT, HONTEUX, INFAMANT; INSATISFAISANT, IN-SUFFISANT.

honorablement *adv.* ▶ *Intègrement* – bien, droitement, exemplairement, honnêtement, incorruptiblement, intègrement, irréprochablement, loyalement, saintement, vertueusement. *FAM.* à la loyale, proprement. ▶ *Dignement* – aristocratiquement, augustement, dignement, fièrement, gravement, majestueusement, noblement, princièrement,

royalement, solennellement. ▲ANT. COUPABLEMENT, CRIMINELLEMENT, FRAUDULEUSEMENT, ILLÉGALEMENT; CRAPULEUSEMENT, HONTEUSEMENT, IGNOBLEMENT, IGNOMINIEUSEMENT, INDIGNEMENT, ODIEUSEMENT.

honorer *v.* ▶ *Traiter avec grand respect* – admirer, respecter, révérer, tenir en grand honneur, vénérer. ▶ *Payer* – acquitter, amortir, éteindre, liquider, rembourser, s'acquitter de. ♦ **s'honorer** ▶ *Se vanter* – faire grand cas, s'enorgueillir, se faire gloire, se faire honneur, se flatter, se glorifier, se piquer, se prévaloir, se rengorger, se targuer, se vanter, tirer gloire, tirer vanité. ▲ANT. ABAISSER, AVILIR, BLASPHÉMER, CA-LOMNIER, DÉNIGRER, DÉSHONORER, DIFFAMER, FLÉTRIR, MÉPRISER, OFFENSER, OUTRAGER, RABAISSER, VILIPENDER.

honte *n. f.* ▶ *Pudeur* – confusion, contrainte, crainte, embarras, gêne, humilité, pudeur, réserve, retenue, scrupule, timidité. ▶ *Remords* – attrition, componction, contrition, pénitence, regret, remords, repentir. *SOUT.* repentance, résipiscence. ▶ *Déshonneur* – abaissement, abjection, accroupissement, culpabilisation, dégradation, démérite, déshonneur, discrédit, flétrissure, gifle, humiliation, ignominie, indignité, infamie, infériorisation, mépris, noircissure, opprobre, ridicule, ridiculisation, scandale, ternissure. *SOUT.* turpitude, vilenie. ▶ *Abjection* – abjection, abomination, atrocité, bassesse, boue, corruption, crapulerie, crime, débauche, déshonneur, fange, grossièreté, horreur, ignominie, impureté, indignité, infamie, laideur, misère, monstruosité, noirceur, obscénité, odieux, ordure, saleté, sordide, souillure, vice. *SOUT.* sordidité, stupre, turpitude, vilenie. ▶ *Scandale* – choc, commotion, émotion, étonnement, indignation, scandale. ▲ANT. AUDACE, EFFRONTERIE, IMPUDEUR, INDÉCENCE; GLOIRE, HONNEUR; FIERTÉ.

honteux *adj.* ▶ *Penaud* – confus, embarrassé, mal à l'aise, penaud, piteux, troublé. *FAM.* dans ses petits souliers. ▶ *Repentant* – contrit, pénitent, repentant. ▶ *Indigne* – abject, bas, coupable, crapuleux, dégoûtant, ignoble, immonde, inavouable, indigne, infâme, infect, innommable, inqualifiable, lâche, méprisable, odieux, repoussant, répugnant, sans nom, scandaleux, sordide, vil, vilain. *SOUT.* fangeux, ignominieux, nauséeux, triste, turpide. *FAM.* dégueu, dégueulasse, écœurant, gerbant, moche. ▶ *Déshonorant* – abaissant, dégradant, déshonorant, humiliant, infamant, rabaissant. ▲ANT. FIER; ENDURCI, IM-PÉNITENT, INCORRIGIBLE, INCURABLE, INGUÉRISSABLE, IN-VÉTÉRÉ; DIGNE, HONORABLE, NOBLE.

hooligan (var. **houligan**) *n. m.* barbare, casseur, destructeur, dévastateur, iconoclaste, profanateur, saboteur, saccageur, vandale, violateur.

hôpital *n. m.* ▶ *Établissement médical* – clinique, dispensaire, établissement hospitalier, hôtel-Dieu, maison de santé, maternité, policlinique, polyclinique. *FAM.* hosto. *ANC.* ambulance. *PÉJ.* mouroir. ▶ *Établissement de soins* (ANC.) – hospice, maison de retraite, résidence pour personnes âgées. *PÉJ.* mouroir.

hoquet *n. m.* sanglot.

horaire *n. m.* calendrier, échéancier, emploi du temps, minutage, ordre du jour, plan, planification, programme, projet. *FAM.* menu.

horde

horde *n. f.* ▸ *Tribu* – citoyens, clan, ethnie, groupe, habitants, nation, pays, peuplade, peuple, phratrie, population, race, société, tribu. ▸ *Groupe* – bande, brigade, caravane, cellule, collectif, colonie, corps, équipe, escadron, escouade, groupe, individus, membres, meute, noyau, peloton, troupe. IRON. fournée. FAM. bataillon, brochette, cohorte.

horizon *n. m.* ▸ *Vue* – champ (de vision), panorama, paysage, perspective, point de vue, site, vue. ▸ *Avenir* – avenir, chance, demain(s), destin, destinée, devenir, étoile, existence, fatalité, fortuité, fortune, futur, hasard, karma, lendemain(s), lot, nécessité, prédestination, prédétermination, prédéterminisme, providence, sérendipité, sort, vie. SOUT. fatum, Parque.

horizontal *adj.* égal, plan, plat, uni. QUÉB. FAM. planche. ▲ANT. VERTICAL; DÉCLIVE, EN PENTE, INCLINÉ, PENCHÉ; DIAGONAL, OBLIQUE.

horreur *n. f.* ▸ *Peur* – affolement, alarme, angoisse, appréhension, crainte, effarement, effarouchement, effroi, épouvante, frayeur, grand-peur, hantise, inquiétude, panique, peur, phobie, psychose, terreur, transes. FIG. vertige. SOUT. affres, apeurement. FAM. cauchemar, frousse, pétoche, trac, trouille. QUÉB. FAM. chienne. ▸ *Dégoût* – abomination, allergie, aversion, dégoût, écœurement, haine, haut-le-cœur, indigestion, nausée, phobie, répugnance, répulsion, révulsion. SOUT. détestation, exécration. FAM. dégoûtation. ▸ *Abjection* – abjection, abomination, atrocité, bassesse, boue, corruption, crapulerie, crime, débauche, déshonneur, fange, grossièreté, honte, ignominie, impureté, indignité, infamie, laideur, misère, monstruosité, noirceur, obscénité, odieux, ordure, saleté, sordide, souillure, vice. SOUT. sordidité, stupre, turpitude, vilenie. ▲ANT. ATTRAIT, BEAUTÉ, CHARME; ADMIRATION, AMOUR, SYMPATHIE.

horrible *adj.* ▸ *Qui fait peur* – à donner la chair de poule, à faire frémir, à figer le sang, à glacer le sang, affreux, cauchemardesque, cauchemardeux, cauchemaresque, effrayant, effroyable, épouvantable, grand-guignolesque, horrifiant, pétrifiant, terrible, terrifiant, terrorisant. SOUT. horrifique. QUÉB. FAM. épeurant. ▸ *Cruel* – abominable, atroce, barbare, cruel, inhumain, monstrueux. ▸ *Laid* – à faire peur, affreux, déplaisant, disgracieux, hideux, ignoble, inesthétique, informe, ingrat, inharmonieux, laid, laideron *(femme)*, mal fait, monstrueux, repoussant, répugnant, vilain. SOUT. malgracieux, répulsif. FAM. blèche, dégueu, dégueulasse, mal fichu, mochard, moche, tarte, tartignolle, tocard, vomitif. ▸ *Mauvais* – abominable, affreux, atroce, déplorable, désastreux, épouvantable, exécrable, infect, insipide, lamentable, manqué, mauvais, médiocre, minable, navrant, nul, odieux, piètre, piteux, pitoyable, qui ne vaut rien, raté. SOUT. méchant, triste. FAM. à la flan, à la gomme, à la manque, à la mie de pain, à la noix (de coco), blèche, craignos, crapoteux, mal fichu, moche, pourri, qui ne vaut pas un clou. QUÉB. FAM. de broche à foin, poche. ▲ANT. RASSÉRÉNANT, RASSURANT, RÉCONFORTANT, SÉCURISANT; ATTIRANT, ATTRAYANT, ENGAGEANT, INVITANT; À CROQUER, ADORABLE, CHARMANT, COQUET, DÉLICIEUX, GRACIEUX, JOLI, MIGNON, RAVISSANT; ADMIRABLE, BEAU, ÉBLOUISSANT, MAGNIFIQUE, SPLENDIDE, SUPERBE; BRILLANT, EXCELLENT, EXTRAORDINAIRE, FANTASTIQUE, MERVEILLEUX, PARFAIT, PRODIGIEUX, REMARQUABLE, SENSATIONNEL.

horriblement *adv.* abominablement, affreusement, atrocement, déplaisamment, désagréablement, détestablement, disgracieusement, exécrablement, hideusement, inesthétiquement, laidement, monstrueusement, vilainement. FAM. mochement. ▲ANT. COQUETTEMENT, ÉLÉGAMMENT, GRACIEUSEMENT, HARMONIEUSEMENT, JOLIMENT, MAGNIFIQUEMENT, SUPERBEMENT.

hospice *n. m.* maison de retraite, résidence pour personnes âgées. PÉJ. mouroir. ANC. hôpital.

hospitalier *adj.* accueillant. QUÉB. FAM. recevant. ▲ANT. ACARIÂTRE, ANTIPATHIQUE, BOURRU, DÉSAGRÉABLE, GRINCHEUX, RÉBARBATIF, REVÊCHE; EXTRA-HOSPITALIER.

hospitaliser *v.* ▲ANT. DÉSHOSPITALISER, DÉSINSTITUTIONNALISER, DONNER CONGÉ.

hospitalité *n. f.* ▸ *Accueil* – accueil, réception. ▸ *Bon accueil* – affabilité, amabilité, aménité, attention, bienséance, bonnes manières, chevalerie, civilité, civisme, convivialité, correction, courtoisie, délicatesse, éducation, entregent, galanterie, gentillesse, mondanités, obligeance, politesse, prévenance, savoir-vivre, serviabilité, sociabilité, tact, urbanité. SOUT. gracieuseté, liant. ▲ANT. EXPULSION, RENVOI; FROIDEUR.

hostile *adj.* ▸ *Inamical* – ennemi, inamical, inhospitalier. ▸ *Rempli de haine* – empoisonné, fielleux, haineux, hargneux, malveillant, méchant, perfide, venimeux. SOUT. enfiellé. ▸ *Opposé* – fermé, opposé, réfractaire. ▸ *Défavorable* – adverse, attentatoire, contraire, défavorable, désavantageux, dommageable, nuisible, pernicieux, préjudiciable. ▸ *En parlant d'un lieu* – farouche, ingrat, inhabitable, inhospitalier, sauvage. ▲ANT. AMI, AMICAL; AFFECTUEUX, AIMANT, AMOUREUX, CAJOLEUR, CÂLIN, CARESSANT, DOUX, TENDRE; APPROBATEUR, CONSENTANT, DISPOSÉ; FAVORABLE, OPPORTUN, PROPICE; ACCUEILLANT, HOSPITALIER.

hostilité *n. f.* ▸ *Haine* – agressivité, allergie, animosité, antipathie, aversion, guerre, haine, malveillance, phobie, répugnance, répulsion, ressentiment. SOUT. détestation, exécration, inimitié, venin. ▸ *Dureté* – brusquerie, brutalité, dureté, rudesse. SOUT. rudoiement. QUÉB. FAM. bourrassage. ▸ *Agressivité* – agressivité, brutalité, combativité, malveillance, méchanceté, provocation. SOUT. pugnacité. MÉD. quérulence. ♦ **hostilités**, *plur.* ▸ *Combat* – accrochage, action (de guerre), affrontement, assaut, attaque, bagarre, bataille, choc, combat, conflit, échauffourée, empoignade, empoignement, engagement, escarmouche, ferraillement, feu, guérilla, guerre, heurt, lutte, mêlée, opération, pugilat, rencontre, rixe. FAM. baroud, baston, bigorne, cassegueule, casse-pipe, castagne, guéguerre, rif, rififi, riflette. QUÉB. FAM. brasse-camarade, poussaillage, tiraillage. BELG. FAM. margaille. MILIT. blitz *(de courte durée)*. ▲ANT. AMITIÉ; BIENVEILLANCE, CORDIALITÉ, SYMPATHIE. △HOSTILITÉS, *plur.* – ARMISTICE, PAIX, TRÊVE.

hôte *n.* ▸ *Personne qui reçoit* – maître (de maison). SOUT. amphitryon. ▸ *Personne chargée de l'accueil* – réceptionnaire, réceptionniste. ▸ *Convive*

humble

– banqueteur, commensal, convié, convive, invité. ▶ *Client* – affermataire, colon, fermier, habitant, locataire, métayer, occupant, preneur, sous-locataire. ♦ **hôtesse** ▶ *Agent de bord* – hôtesse de l'air *(femme)*. QUÉB. agent de bord *(homme ou femme)*. FRANCE steward *(homme)*; FAM. stew. ▲ANT. INVITÉ *(personne)*; PARASITE *(organisme)*.

hôtel *n. m.* ▶ *Étape* – auberge, complexe hôtelier, escale, étape, gîte, halte, hôtellerie, relais. ▶ *Pays arabes* – caravansérail, fondouk, khan. ▶ *Autres pays* – posada *(Espagne)*, ryokan *(Japon)*. ▶ *Québec* – gîte du passant, gîte touristique. ▶ *Édifice* – bâtiment, bâtisse, construction, édifice, maison, monument *(caractère historique)*, ouvrage. ▶ *Construction urbaine* – gratte-ciel, immeuble, tour. FAM. caserne. ▶ *Lieu d'hébergement* – complexe hôtelier.

hôtelier *n.* aubergiste, logeur. FAM. tôlier. PÉJ. marchand de sommeil.

hotte *n. f.* ▶ *Panier* – banne, banneton, bannette, bourriche, cabas, cabassette, cloyère, corbeille, hottereau, hotteret, manne, mannette, panier, panière. BOULANG. paneton. ANTIQ. ciste. ▶ *Panier de vendangeur* – bouille. SUISSE brante. ▶ *Soufflerie* – aérateur, climatiseur, soufflante, soufflerie, soufflet, turbosoufflante, ventilateur, ventilateur-aérateur.

houle *n. f.* ▶ *Grosse vague* – lame de fond, raz de marée, tsunami. ▶ *Remous* – agitation, balancement, ballottement, bercement, branle, branlement, cahotement, flottement, fluctuation, flux et reflux, impulsion, lacet, mouvement, onde, ondoiement, ondulation, oscillation, pulsation, raz de marée, remous, roulis, tangage, va-et-vient, vague, valse, vibration. FAM. brimbalement. ▲ANT. CALME, TRANQUILLITÉ.

houleux *adj.* ▶ *Au sens propre* – agité, déchaîné, démonté. SOUT. torrentueux, turbide. ▶ *Au sens figuré* – agité, mouvementé, orageux, tempétueux, tumultueux, violent. SOUT. torrentueux, turbulent. ▲ANT. CALME; D'HUILE *(mer)*; DÉTENDU, PAISIBLE, SEREIN, TRANQUILLE.

housse *n. f.* ▶ *Enveloppe* – étui, fourreau, gaine. SUISSE fourre. ▶ *Bâche* – bâche, banne, capot, couverture, prélart, taud, toile. ▶ *Couverture pour chevaux* – chabraque.

huile *n. f.* ▶ *Liquide gras* – liquide huileux, (liquide) oléagineux, liquide oléiforme, substance oléagineuse, substance oléiforme. ▶ *Matière colorante* – peinture.

humain *adj.* ▶ *Charitable* – altruiste, bon, charitable, compatissant, désintéressé, fraternel, généreux, humanitaire, philanthrope, qui a bon cœur, secourable. SOUT. bienfaisant. ▶ *Excusable* – compréhensible, défendable, excusable, justifiable, légitime, naturel, normal. ▲ANT. DE PIERRE, DUR, ENDURCI, FROID, INDIFFÉRENT, INHUMAIN, INSENSIBLE, SANS-CŒUR, SEC; IMPARDONNABLE, INACCEPTABLE, INCONCEVABLE, INEXCUSABLE, INTOLÉRABLE; ANIMAL. △HUMAINE, *fém.* – VÉTÉRINAIRE *(médecine)*.

humain *n.* ▶ *Être humain* – être humain, homme, personne, singe nu, terrien *(science-fiction)*. ZOOL. homo sapiens. SOUT. mortel. ▶ *Ce qui se rapporte à l'humain* – humanité, humanitude. ▲ANT.

ANIMAL; ENVIRONNEMENT, MILIEU, NATURE; (LE) DIVIN; (L')INHUMAIN.

humainement *adv.* charitablement, chevaleresquement, fraternellement, généreusement, grassement, largement, libéralement, magnanimement, prodigalement. FAM. chiquement. ▲ANT. BARBAREMENT, BESTIALEMENT, BRUTALEMENT, CRUELLEMENT, INHUMAINEMENT, MÉCHAMMENT, SADIQUEMENT.

humaniser *v.* ▶ *Raffiner les mœurs* – civiliser, décrasser, décrotter, dégrossir, éduquer, policer, raffiner les mœurs de. ▲ANT. ABRUTIR, DÉSHUMANISER, ROBOTISER; BUREAUCRATISER, TECHNOCRATISER; DIVINISER.

humanisme *n. m.* ▶ *Savoir* – acquis, (bagage de) connaissances, bagage (intellectuel), compétence, culture (générale), éducation, encyclopédisme, épistémè, érudition, expérience, instruction, lettres, lumières, notions, sagesse, savoir, science. SOUT. omniscience. ▶ *Tolérance* – bienveillance, bonté, compréhension, douceur, indulgence, irénisme, largeur d'esprit, libéralisme, non-discrimination, non-violence, ouverture (d'esprit), patience, philosophie, réceptivité, respect, tolérance, tolérantisme. SOUT. bénignité, longanimité. ▶ *Mouvement* – Renaissance.

humanitaire *adj.* ▶ *Qui vise le bien de l'humanité* – philanthropique. PÉJ. humanitariste. ▶ *Charitable* – altruiste, bon, charitable, compatissant, désintéressé, fraternel, généreux, humain, philanthrope, qui a bon cœur, secourable. SOUT. bienfaisant. ▲ANT. AVARE, CHÉTIF, CHICHE, CUPIDE, ÉGOÏSTE, MESQUIN; DE PIERRE, DUR, ENDURCI, FROID, INDIFFÉRENT, INSENSIBLE, SANS-CŒUR, SEC.

humanité *n. f.* ▶ *Ensemble d'humains* – espèce (humaine), êtres humains, genre humain, homme, la terre, population du globe, population mondiale, population planétaire. SOUT. race humaine. ▶ *Ce qui se rapporte à l'humain* – humain, humanitude. ▶ *Altruisme* – aide, allocentrisme, altruisme, amour (d'autrui), assistance, bénévolat, bienveillance, bonté, charité, commisération, compassion, complaisance, convivialité, dévouement, don de soi, empathie, entraide, extraversion, fraternité, générosité, gentillesse, oblativité, oubli de soi, philanthropie, pitié, serviabilité, solidarité, sollicitude. SOUT. bienfaisance. ▶ *Sensibilité* – affect, affectivité, âme, attendrissement, cœur, compassion, émotion, émotivité, empathie, fibre, impressionnabilité, pitié, romantisme, sensibilité, sentiment, sentimentalité, susceptibilité, sympathie, tendresse, vulnérabilité. SOUT. entrailles. FAM. tripes. ▶ *Douceur* – affabilité, agrément, amabilité, aménité, bénignité, bienveillance, bonhomie, bonté, calme, chaleur, charité, clémence, docilité, douceur, gentillesse, grâce, indulgence, patience, placidité, suavité. SOUT. débonnaireté, magnanimité, mansuétude, onction. ▲ANT. DIVINITÉ; BARBARIE, BESTIALITÉ, BRUTALITÉ, CRUAUTÉ, INHUMANITÉ, MÉCHANCETÉ.

humble *adj.* ▶ *Simple* – modeste, sans prétention, simple. ▶ *D'origine modeste* – de bas étage, de basse extraction. ▶ *Dans les formules de politesse* – dévoué. ▲ANT. ARROGANT, FIER, HAUTAIN, ORGUEILLEUX, PRÉSOMPTUEUX, PRÉTENTIEUX; GRANDIOSE, MAGNIFIQUE, MAJESTUEUX, MONUMENTAL.

humblement *adv.* – modestement, pauvrement, respectueusement, simplement, timidement. ▲ANT. FIÈREMENT, LA TÊTE HAUTE, ORGUEILLEUSEMENT, TRIOMPHALEMENT, VANITEUSEMENT.

humer *v.* ▶ *Sentir* – flairer, renifler, respirer, sentir, subodorer. CHASSE éventer, halener. ▶ *Inhaler* – aspirer, inhaler, inspirer, respirer. ▲ANT. EXHALER, EXPIRER.

humeur *n. f.* ▶ *Tempérament* – abord, caractère, comportement, constitution, esprit, état d'âme, état d'esprit, idiosyncrasie, individualité, mentalité, nature, naturel, personnalité, sensibilité, tempérament, trempe. FAM. psychologie. ACADIE FAM. alément. PSYCHOL. thymie. ▶ *Disposition* – disposition, état d'esprit, moral. ▶ *Caprice* (SOUT.) – accès, bizarrerie, bon plaisir, caprice, changement, chimère, coup de tête, envie, extravagance, fantaisie, fantasme, folie, frasque, gré, guise, immaturité, impatience, incartade, inconstance, infantilisme, instabilité, légèreté, lubie, marotte, mobilité, originalité, saute (d'humeur), singularité, sporadicité, variation, versatilité, volonté. SOUT. folle gamberge, foucade. FAM. toquade. ▶ *Aigreur* – acariâtreté, acerbité, acidité, âcreté, acrimonie, agressivité, aigreur, amertume, animosité, âpreté, bave, bile, causticité, colère, dépit, désagrément, dureté, fiel, haine, hargne, irritation, malveillance, maussaderie, mauvaise humeur, méchanceté, mordant, pique, rancœur, rancune, récrimination, ressentiment, rudesse, tranchant, venin, vindicte, virulence. SOUT. mordacité. FAM. rouspétance. ▲ANT. IMPASSIBILITÉ, INDIFFÉRENCE.

humide *adj.* ▶ *Légèrement mouillé* – humecté, humidifié, suintant. ▶ *En parlant des yeux* – baignés de larmes, embués, mouillés (de larmes). ▶ *En parlant du corps* – en sueur, moite. FAM. suant. ▲ANT. ARIDE, SEC.

humidité *n. f.* ▶ *Eau* – humide, moiteur, mouillé, mouillure. ▶ *Teneur* – degré hygrométrique, hygrométricité. ▲ANT. ARIDITÉ, SÉCHERESSE, SICCITÉ.

humiliant *adj.* ▶ *Insultant* – blessant, choquant, cinglant, désobligeant, froissant, injurieux, insultant, mortifiant, offensant, outrageant, vexant. SOUT. sanglant. ▶ *Dégradant* – abaissant, dégradant, déshonorant, honteux, infamant, rabaissant. ▲ANT. BIENSÉANT, COURTOIS, DÉLICAT, POLI; ENCOURAGEANT, POSITIF, VALORISANT.

humiliation *n. f.* ▶ *Honte* – abaissement, abjection, accroupissement, culpabilisation, dégradation, démérite, déshonneur, discrédit, flétrissure, gifle, honte, ignominie, indignité, infamie, infériorisation, mépris, noircissure, opprobre, ridicule, ridiculisation, scandale, ternissure. SOUT. turpitude, vilenie. ▶ *Vexation* – affront, crève-cœur, déboires, dégoût, déplaisir, froissement, vexation. SOUT. camouflet, désobligeance, soufflet. ▶ *Abaissement* – génuflexion, inclinaison, prosternation, prosternement. RELIG. prostration. ▲ANT. GLOIRE, HONNEUR; ÉLOGE, EXALTATION, FLATTERIE, GLORIFICATION, LOUANGE.

humilier *v.* ▶ *Outrager* – bafouer, faire affront à, faire injure à, faire insulte à, faire outrage à, injurier, insulter, outrager. SOUT. blasphémer, gifler, souffleter. ▶ *Vexer* – atteindre (dans sa dignité), blesser (dans

sa dignité), choquer, cingler, désobliger, effaroucher, égratigner, froisser, heurter, insulter, mortifier, offenser, offusquer, outrager, piquer au vif, toucher au vif, ulcérer, vexer. SOUT. fouailler. ◆ *s'humilier* ▶ *Faire preuve d'humilité* – s'abaisser, se diminuer, se rabaisser. ▶ *Se montrer servile* – faire des courbettes, ramper, s'agenouiller, se prosterner. FAM. s'aplatir (comme une carpette), se coucher. ▲ANT. ENORGUEILLIR, EXALTER, FÉLICITER, FLATTER, GLORIFIER, HONORER, LOUER, RELEVER.

humilité *n. f.* ▶ *Modestie* – bonhomie, déférence, modestie, respect, simplicité, soumission. ▶ *Timidité* – appréhension, confusion, crainte, discrétion, effacement, effarouchement, embarras, émoi, frilosité, gaucherie, gêne, hésitation, honte, indécision, inhibition, introversion, malaise, modestie, peur, réserve, retenue, sauvagerie, timidité. SOUT. pusillanimité. FAM. trac. ▶ *Honte* – confusion, contrainte, crainte, embarras, gêne, honte, pudeur, réserve, retenue, scrupule, timidité. ▶ *Abnégation* – abnégation, altruisme, désintéressement, détachement, dévouement, effacement, oubli de soi, privation, renoncement, résignation, sacrifice. SOUT. holocauste. ▲ANT. AMOUR-PROPRE, ARROGANCE, FIERTÉ, HAUTEUR, ORGUEIL, SUPERBE, VANITÉ.

humour *n. m.* ▶ *Plaisanterie* – badinage, baliverne, blague, bon mot, bouffonnerie, boutade, cabriole, calembour, calembredaine, clownerie, drôlerie, facétie, farce, galéjade, gauloiserie, histoire (drôle), joyeuseté, mot pour rire, pitrerie, plaisanterie, sottise. FAM. astuce, flan, gag, histoire de fous. BELG. zwanze. SUISSE witz. ▶ *Raillerie* – dérision, épigramme, esprit, flèche, goguenardise, gouaille, gouaillerie, ironie, lazzi, malice, moquerie, persiflage, pique, plaisanterie, pointe, quolibet, raillerie, ricanement, risée, sarcasme, satire, taquinerie, trait. SOUT. brocard, nargue, saillie. FAM. vanne. QUÉB. FAM. craque. QUÉB. SUISSE FAM. fion. ▲ANT. SÉRIEUX; BANALITÉ, ENNUI, PLATITUDE.

huppé *adj.* ▶ *Riche* – à l'aise, aisé, cossu, cousu d'or, fortuné, milliardaire, millionnaire, nanti, privilégié, qui a les moyens, qui roule sur l'or, riche. SOUT. opulent. FAM. argenté, plein aux as; PÉJ. richard. FRANCE FAM. friqué, rupin. ▲ANT. DANS LE BESOIN, DÉFAVORISÉ, DÉMUNI, INDIGENT, MISÉRABLE, MISÉREUX, NÉCESSITEUX, PAUVRE.

hurlement *n. m.* ▶ *Aboiement* – aboiement, clabaudage, glapissement, grognement, jappement. ▶ *Cri humain* – braillement, cri, criaillement, criaillerie, éclat, gloussement, réclame, rugissement, vagissement, vociération, youyou. SOUT. clabaudage, clabauderie, hosanna. FAM. gueulade, gueulement, piaillerie, braillage, criaillage, ouac. ▲ANT. MURMURE; SILENCE.

hurler *v.* ▶ *Crier* – crier, rugir. SOUT. tonitruer, vociférer. FAM. beugler, brailler, gueuler. ACADIE FAM. horler. ▶ *À en perdre le souffle* – crier à tue-tête, s'égosiller, s'époumoner. ▶ *En parlant du chien* – aboyer, clabauder, donner de la voix, glapir, japper. ▶ *Faire un bruit puissant* – gronder, mugir, rugir. ▶ *Jurer, en parlant de couleurs* – jurer. SOUT. dissoner. ▲ANT. CHUCHOTER, MURMURER; TAIRE.

hutte *n. f.* ▶ *Habitation des pays chauds* – case, gourbi, paillote. ANTILLES carbet. ▶ *Petite maison*

– cabane, cabanon, case, chaumière, gloriette, maisonnette. *SUISSE* capite. ▲ANT. CHÂTEAU, MANOIR, PALAIS.

hybride *adj.* ▶ *Croisé* – bâtard, croisé, mâtiné, métis, métissé. ▶ *En parlant d'un logiciel* – multiplates-formes. ▲ANT. PUR.

hydratant *adj.* ▲ANT. DÉSHYDRATANT, DESSÉCHANT, SICCATIF.

hygiène *n. f.* ▶ *Salubrité* – propreté, salubrité, santé, stérilité. ▶ *Prévention* – précaution, préservation, prévention, prophylaxie, protection. ▲ANT. INSALUBRITÉ, MALPROPRETÉ.

hypertendu *adj.* ▲ANT. HYPOTENDU.

hypocrisie *n. f.* ▶ *Duplicité* – déloyauté, dissimulation, duplicité, facticité, fausseté, félonie, fourberie, malhonnêteté, mauvaise foi, perfidie, scélératesse, sournoiserie, trahison, traîtrise, tromperie. *SOUT.* factice, félinité, insincérité. ▶ *Hypocrisie religieuse* – affectation (de piété), bigoterie, bondieuserie, jésuitisme, pharisaïsme, tartuferie. ▶ *Feinte* – affectation, artifice, cachotterie, comédie, déguisement, dissimulation, duplicité, faux-semblant, feinte, fiction, finauderie, grimace, invention, leurre, mensonge, momerie, pantalonnade, parade, ruse, simulation, singerie, sournoiserie, tromperie. *SOUT.* simulacre. *FAM.* cinéma, cirque, finasserie, frime. ▲ANT. FRANCHISE, LOYAUTÉ, SINCÉRITÉ.

hypocrite *adj.* ▶ *Qui agit avec hypocrisie* – à double face, de mauvaise foi, déloyal, dissimulateur, dissimulé, fallacieux, faux, fourbe, insidieux, insincère, menteur, perfide, sournois, tortueux, traître, trompeur. *SOUT.* captieux, cauteleux, chafouin, tartufe, tartuffard, tortu. *DIDACT.* sophistique. ▶ *Destiné à tromper* – fallacieux, mensonger, mystifiant, mystificateur, spécieux, trompeur. *DIDACT.* sophistique. *FAM.* canularesque. ▲ANT. FRANC, HONNÊTE, LOYAL, SINCÈRE.

hypocrite *n.* attrapeur, bonimenteur, bourreur de crâne, cabotin, chafouin, charlatan, comédien, dissimulateur, dissimulé, doucereux, faux jeton, grimacier, homme à deux visages, imposteur, saintenitouche *(femme)*, simulateur, sournois, sucré, tartufe, trompeur. *SOUT.* dupeur, endormeur.

hypotendu *adj.* ▲ANT. HYPERTENDU.

hypothèque *n. f.* ▶ *Garantie* – assurance, aval, caution, cautionnement, charge, consignation, couverture, ducroire, engagement, gage, garant, garantie, indexage, indexation, nantissement, obligation, palladium, parrainage, précaution, préservation, promesse, répondant, responsabilité, salut, sauvegarde, sécurité, signature, soulte, sûreté, warrant, warrantage.

hypothéquer *v.* aventurer, compromettre, exposer, hasarder, jouer, mettre en jeu, mettre en péril, risquer. ▲ANT. DÉSHYPOTHÉQUER; AVANTAGER, FAVORISER, PRIVILÉGIER.

hypothèse *n. f.* ▶ *Probabilité* – chance, conjecture, éventualité, fréquence, perspective, possibilité, potentialité, prévisibilité, probabilité, prospective, viabilité, virtualité. ▶ *Supposition* – a priori, apriorisme, apriorité, cas de figure, condition, conjecture, doute, extrapolation, idée reçue, induction, jeu de l'esprit, œillère, préjugé, présomption, présupposé, présupposition, pronostic, scénario, supputation. ▶ *Axiome* – apodicticité, axiome, convention, définition, donnée, évidence, fondement, lemme, postulat, postulatum, prémisse, principe, proposition, théorème, théorie, vérité. ▶ *Théorie* – conjecture, explication, interprétation, loi, principe, scénario, spéculation, théorie, thèse. ▲ANT. CERTITUDE, ÉVIDENCE, FAIT, PREUVE, RÉALITÉ.

hypothétique *adj.* ▶ *Incertain* – aléatoire, casuel, conditionnel, conjectural, contingent, douteux, éventuel, hasardé, hasardeux, incertain, possible, problématique, supposé. ▲ANT. ASSURÉ, CERTAIN, FATAL, IMMANQUABLE, INCONTOURNABLE, INÉLUCTABLE, INÉVITABLE, NÉCESSAIRE, OBLIGATOIRE, SÛR.

hystérie *n. f.* ▶ *Délire* – agitation, aliénation, amok, aveuglement, délire, divagation, égarement, excitation, folie, frénésie, hallucination, onirisme, paranoïa, surexcitation. ▲ANT. LUCIDITÉ, RAISON; CALME.

hystérique *adj.* ▶ *Énervé* – agité, énervé, excité, fébrile, fiévreux, impatient, nerveux, surexcité. *FAM.* mordu de la tarentule, piqué de la tarentule, tout-fou. ▶ *Exalté* – délirant, électrisé, en délire, en transe, exalté, galvanisé, gonflé à bloc, surexcité, transporté. ▲ANT. CALME, DÉTENDU, PLACIDE, SEREIN, TRANQUILLE; CATALEPTIQUE.

i

ici *adv.* ▶ *En ce lieu* – ci, en ce lieu, en cet endroit. *QUÉB. ACADIE FAM.* icitte. ▶ *Maintenant* – à cette heure, à l'époque actuelle, à l'heure actuelle, à l'heure présente, à l'heure qu'il est, à l'instant présent, à présent, actuellement, au moment présent, aujourd'hui, dans le cas présent, de ce temps-ci, de nos jours, de notre temps, en ce moment, en cette saison, maintenant, par le temps qui court. ▲ANT. AILLEURS, LÀ, LÀ-BAS.

idéal *adj.* ▶ *Qui existe dans l'esprit* – abstractif, abstrait, cérébral, conceptuel, intellectuel, livresque, mental, spéculatif, théorique. *PHILOS.* idéationnel, idéel, théorétique. ▶ *Parfait* – accompli, achevé, consommé, de rêve, exemplaire, idyllique, incomparable, irréprochable, modèle, parfait, rêvé. ▲ANT. CONCRET, MATÉRIEL, PHYSIQUE, RÉEL, SENSIBLE, TANGIBLE, VISIBLE, VRAI; ÉLOIGNÉ, IMPARFAIT, INADÉQUAT, INAPPROPRIÉ, INCOMPATIBLE.

idéal *n. m.* ▶ *Modèle* – archétype, canon, critère, échantillon, étalon, exemple, formule, gabarit, idée, image, individu, modèle, norme, original, paradigme, précédent, prototype, référence, représentant, type, unité. *BIOL.* holotype. ▶ *Désir* – ambition, appel, appétit, aspiration, attirance, attrait, besoin, but, convoitise, desideratum, désir, envie, exigence, faim, fantaisie, fantasme, fièvre, fringale, goût, intention, jalousie, passion, prétention, quête, recherche, rêve, soif, souhait, tentation, velléité, visée, vœu, voix, volonté. *SOUT.* appétence, dessein, prurit, vouloir. *FAM.* démangeaison. ▲ANT. RÉALITÉ, RÉEL; PROSAÏSME.

idéalisé *adj.* beau, élevé, grand, haut, noble, pur, sublime. *SOUT.* éthéré.

idéaliser *v.* ▶ *Rendre plus conforme à un idéal* – embellir, enjoliver, magnifier, poétiser, sublimiser. ▲ANT. DÉMYTHIFIER, HUMANISER, RABAISSER, VULGARISER.

idéalisme *n. m.* ▶ *Immatérialisme* – essentialisme, immatérialisme, intellectualisme, spiritualisme, transcendantalisme. ▶ *Optimisme* – donquichottisme, naïveté, optimisme, utopie, utopisme.

▲ANT. MATÉRIALISME; CYNISME, RÉALISME; EMPIRISME, PRAGMATISME; PROSAÏSME.

idéaliste *n.* ▶ *Rêveur* – contemplateur, extatique, méditatif, poète, rêvasseur, rêveur, songe-creux, utopiste, visionnaire. *QUÉB. FAM.* pelleteur de nuages. ▲ANT. MATÉRIALISTE; CYNIQUE, RÉALISTE.

idée *n. f.* ▶ *Perception* – aperception, appréhension, conception, discernement, entendement, impression, intelligence, perception, sens, sensation, sentiment. *FIG.* œil. *PSYCHOL.* gnosie. *PHILOS.* senti. ▶ *Concept* – abstraction, archétype, concept, conception, conceptualisation, connaissance, conscience, entité, fiction, généralisation, imagination, notion, noumène, pensée, représentation (mentale), schème, théorie. ▶ *Modèle* – archétype, canon, critère, échantillon, étalon, exemple, formule, gabarit, idéal, image, individu, modèle, norme, original, paradigme, précédent, prototype, référence, représentant, type, unité. *BIOL.* holotype. ▶ *Aperçu* – anticipation, aperçu, avant-goût, avant-première, échantillon, esquisse, essai, exemple, perspective, tableau. *SOUT.* préfiguration. *FAM.* topo. ▶ *Opinion* – appréciation, avis, conception, conviction, critique, croyance, dogme, estime, impression, jugement, opinion, optique, pensée, perception, point de vue, position, principe, prise de position, sentiment, théorie, thèse, vote, vue. *SOUT.* oracle. ▶ *Doctrine* – conception, doctrine, dogme, école (de pensée), idéologie, mouvement, opinion, pensée, philosophie, principe, système, théorie, thèse. ▶ *Suggestion* – avertissement, avis, conseil, encouragement, exhortation, guidance, incitation, indication, information, initiative, inspiration, instigation, motion (*dans une assemblée*), offre, opinion, préconisation, proposition, recommandation, renseignement, suggestion. *FAM.* tuyau. *DR.* pollicitation. ▶ *Projet* – entreprise, intention, plan, préméditation (*mauvaise action*), programme, projet, résolution, vue. *SOUT.* dessein. ▶ *Fiction* – affabulation, artifice, chimère, combinaison, comédie, expédient, fabrication, fabulation, fantaisie, feinte, fiction, fumisterie, histoire, imagination, invention, irréalité, légende, mensonge, rêve, roman, saga, songe. PSYCHOL. confabulation, mythomanie. ♦ **idées**, *plur.* ▶ *Ensemble d'idées scientifiques* – théorie. ▲ANT. MATIÈRE.

identification *n. f.* décèlement, découverte, dénichement, dépistage, détection, détermination, diagnostic, localisation, positivité, récognition, reconnaissance, repérage. PHYSIOL. spatialisation. ▲ANT. IGNORANCE; DISSOCIATION, SÉPARATION.

identifier *v.* ▶ *Reconnaître* – apprécier, déceler, détecter, discerner, distinguer, percevoir, reconnaître. ▶ *Diagnostiquer* – découvrir, dépister, diagnostiquer, reconnaître. ▶ *Considérer comme identique* – assimiler. ♦ **s'identifier** ▶ *Sympathiser* – sympathiser avec. ▶ *Se retrouver* – s'assimiler à, se reconnaître dans, se retrouver dans. ▲ANT. DIFFÉRENCIER, DISCERNER, DISTINGUER, SÉPARER.

identique *adj.* ▶ *Semblable en tous points* – indiscernable, jumeau, pareil. ▶ *Équivalent* – du pareil au même, égal, équivalent, inchangé, même, pareil, tel. ▲ANT. AUTRE, DIFFÉRENT, DISSEMBLABLE, DISTINCT, DIVERS, INÉGAL.

identité *n. f.* ▶ *Similitude* – adéquation, analogie, conformité, égalité, équivalence, gémellité, littéralité, parallélisme, parité, ressemblance, similarité, similitude, unité. MATH. congruence, homéomorphisme. ▲ANT. ALTÉRITÉ, DIFFÉRENCE, DISSEMBLANCE, DISTINCTION, INÉGALITÉ, OPPOSITION.

idéologie *n. f.* ▶ *Doctrine* – conception, doctrine, dogme, école (de pensée), idée, mouvement, opinion, pensée, philosophie, principe, système, théorie, thèse. ▶ *Philosophie* (PÉJ.) – conception du monde, idées, pensée, philosophie, science humaine, vision du monde, weltanschauung. FAM. philo. PÉJ. philosophisme. ▶ *Mentalité* – mentalité, opinion publique.

idiot *adj.* ▶ *Imbécile* – abruti, benêt, bête, bête à manger du foin, borné, crétin, demeuré, hébété, imbécile, inintelligent, niais, nigaud, obtus, sot, stupide. ▶ *Absurde* – aberrant, absurde, déraisonnable, fou, illogique, inepte, insensé, irrationnel, qui n'a aucun sens, ridicule, stupide. SOUT. insane. FAM. dément, qui ne tient pas debout. PSYCHOL. confusionnel. PHILOS. alogique. ▶ *Inepte* – bête, imbécile, inepte, inintelligent, ridicule, sot, stupide. ▲ANT. À L'ESPRIT VIF, BRILLANT, ÉVEILLÉ, INTELLIGENT; DÉLURÉ, FIN, FINAUD, FUTÉ, INGÉNIEUX, INVENTIF, MALIN, RUSÉ; ASTUCIEUX, BIEN PENSÉ, HABILE, JUDICIEUX, PERTINENT.

idiot *n.* ▲ANT. CERVEAU, ESPRIT SUPÉRIEUR, GÉNIE.

idolâtrie *n. f.* ▶ *Fétichisme* – fétichisme, totémisme. ▶ *Adoration* – admiration, adoration, adulation, amour, attachement, culte, dévotion, emballement, engouement, fanatisme, ferveur, iconolâtrie, passion, respect, vénération, zèle. SOUT. dilection, révérence. PÉJ. encens, flagornerie, flatterie. ▲ANT. HAINE, MÉPRIS.

idole *n. f.* ▶ *Fétiche* – agnus-Dei, amulette, bondieuserie, effigie, ex-voto, gri-gri, image, main de Fatma, mascotte, médaille, médaillon, porte-bonheur, relique, scapulaire, statuette, talisman, tephillim, totem. ▶ *Vedette adulée* – célébrité, étoile, vedette. ▶ *Personne admirable* – brave, demi-dieu, dieu, exemple, géant, glorieux, grand, héros, modèle,

titan. SOUT. parangon. ▲ANT. MINUS, MOINS QUE RIEN; ADMIRATEUR.

idylle *n. f.* ▶ *Aventure amoureuse* – amourette, aventure, aventure amoureuse, aventure galante, bricole, caprice, coquetterie, coup de foudre, engouement, faible, fantaisie, liaison (amoureuse), marivaudage, passade, passion. SOUT. amours, entichement, oaristys. FAM. batifolage, béguin, toquade, touche. QUÉB. FAM. couraillage, galipote. ▶ *Texte champêtre* – bergerie, bucolique, églogue, pastorale, poème pastoral, villanelle. ▶ *Harmonie* – accalmie, apaisement, bonace, bonheur, calme, éclaircie, entente, fraternité, harmonie, paix, quiétude, rémission, repos, silence, tranquillité, trêve, union, unité. SOUT. kief *(en Orient)*.

ignoble *adj.* ▶ *Moralement répugnant* – abject, bas, coupable, crapuleux, dégoûtant, honteux, immonde, inavouable, indigne, infâme, infect, innommable, inqualifiable, lâche, méprisable, odieux, repoussant, répugnant, sans nom, scandaleux, sordide, vil, vilain. SOUT. fangeux, ignominieux, nauséeux, triste, turpide. FAM. dégueu, dégueulasse, écœurant, gerbant, moche. ▶ *Sale* – crasseux, crotté, d'une propreté douteuse, dégoûtant, encrassé, immonde, infâme, infect, maculé, malpropre, sale, sordide, souillé. FAM. crapoteux, dégueu, dégueulasse, pouilleux. FRANCE FAM. cracra, crade, cradingue, crado, cradoque, craspec, salingue. ▶ *Laid* – à faire peur, affreux, déplaisant, disgracieux, hideux, horrible, inesthétique, informe, ingrat, inharmonieux, laid, laideron *(femme)*, mal fait, monstrueux, repoussant, répugnant, vilain. SOUT. malgracieux, répulsif. FAM. blèche, dégueu, dégueulasse, mal fichu, mochard, moche, tarte, tartignolle, tocard, vomitif. ▲ANT. DIGNE, HONORABLE, NOBLE; IMMACULÉ, IMPECCABLE, NET, PROPRE, SOIGNÉ.

ignominie *n. f.* ▶ *Abjection* – abjection, abomination, atrocité, bassesse, boue, corruption, crapulerie, crime, débauche, déshonneur, fange, grossièreté, honte, horreur, impureté, indignité, infamie, laideur, misère, monstruosité, noirceur, obscénité, odieux, ordure, saleté, sordide, souillure, vice. SOUT. sordidité, stupre, turpitude, vilenie. ▶ *Honte* – abaissement, abjection, accroupissement, culpabilisation, dégradation, démérite, déshonneur, discrédit, flétrissure, gifle, honte, humiliation, indignité, infamie, inférioration, mépris, noircissure, opprobre, ridicule, ridiculisation, scandale, ternissure. SOUT. turpitude, vilenie. ▲ANT. DIGNITÉ, DISTINCTION, GRANDEUR, NOBLESSE; GLOIRE, HONNEUR.

ignorance *n. f.* ▶ *Manque de savoir* – analphabétisme, illettrisme, inadéquation, inaptitude, incapacité, incompétence, incompréhension, inconscience, inculture, inexpérience, ingénuité, innocence, insuffisance, lacune, naïveté, nullité, obscurantisme, simplicité. SOUT. impéritie, inconnaissance, méconnaissance. ▶ *Stupidité* – ânerie, béotisme, bêtise, bornerie, débilité, idiotie, imbécillité, ineptie, inintelligence, innocence, insipidité, lenteur, lourdeur, naïveté, niaiserie, simplesse, simplicité, sottise, stupidité. ▲ANT. CONNAISSANCE, CULTURE, ÉDUCATION, EXPÉRIENCE, INSTRUCTION, SAVOIR, SCIENCE.

ignorant *adj.* ▶ *Incompétent* – incapable, incompétent, insuffisant, mauvais, médiocre, nul. ▶ *Inculte* – analphabète, barbare, béotien, ignare, illettré, inculte, philistin. ▲ANT. CULTIVÉ, ÉRUDIT, INSTRUIT, INTELLECTUEL, LETTRÉ, SAVANT.

ignorer *v.* ▶ *Traiter avec indifférence* – bouder, être sourd à, faire fi de, faire la sourde oreille à, faire peu de cas de, méconnaître, mépriser, ne pas se soucier de, ne pas tenir compte de, négliger, se désintéresser de, se moquer de. SOUT. n'avoir cure de, passer outre à. FAM. n'avoir rien à cirer de, n'avoir rien à foutre de, s'en balancer, s'en battre les flancs, s'en contrebalancer, s'en tamponner (le coquillard), s'en taper, se battre l'œil de, se contreficher de, se contrefoutre de, se ficher de, se foutre de, se soucier de qqch. comme d'une guigne, se soucier de qqch. comme de l'an quarante, se soucier de qqch. comme de sa première chemise. QUÉB. FAM. se sacrer de. ▶ *Traiter avec irrespect* – bafouer, braver, faire bon marché de, faire fi de, faire peu de cas de, fouler aux pieds, mépriser, ne pas faire grand cas de, piétiner, se moquer de. SOUT. faire litière de. FAM. s'asseoir dessus. ▲ANT. CONNAÎTRE, SAVOIR; RECONNAÎTRE, RESPECTER.

île *n. f.* ▶ *Terre* – atoll, îlot, javeau. ▲ANT. CONTINENT, TERRE FERME.

illégal *adj.* clandestin, contrebandier, coupable, défendu, extra-légal, frauduleux, illégitime, illicite, interdit, interlope, irrégulier, marron, pirate, prohibé. DR. délictuel, délictueux, fraudatoire. ▲ANT. LÉGAL, LICITE, PERMIS.

illégitime *adj.* ▶ *Né hors du mariage* – adultérin, bâtard, naturel. ▶ *Illégal* – clandestin, contrebandier, coupable, défendu, extra-légal, frauduleux, illégal, illicite, interdit, interlope, irrégulier, marron, pirate, prohibé. DR. délictuel, délictueux, fraudatoire. ▶ *Inadmissible* – déraisonnable, inacceptable, inadmissible, indéfendable, injustifiable, injustifié, insoutenable, irrecevable. SOUT. infondé. ▶ *Injuste* – abusif, arbitraire, attentatoire, discriminatoire, immérité, indu, inéquitable, inique, injuste, injustifié, inquisitorial, léonin, oppressif, vexatoire. ▲ANT. LÉGITIME; LÉGAL, LICITE, PERMIS; COMPRÉHENSIF, JUSTIFIÉ.

illettré *adj.* ▶ *Inculte* – analphabète, barbare, béotien, ignare, ignorant, inculte, philistin. ▲ANT. ALPHABÉTISÉ, INSTRUIT, LETTRÉ.

illimité *adj.* ▶ *Immense* – considérable, grand, immense, inappréciable, incalculable, incommensurable, infini, insondable, sans borne, sans fin, sans limites, sans mesure, vaste. ▶ *Indéfini* – indéfini, indéterminé. ▶ *En parlant d'un pouvoir* – absolu, discrétionnaire. ▲ANT. BORNÉ, FINI, LIMITÉ.

illisible *adj.* indéchiffrable. ▲ANT. DÉCHIFFRABLE, LISIBLE.

illumination *n. f.* ▶ *Clarté* – clair, clair-obscur, clarté, contre-jour, demi-jour, éclair, éclairage, éclat, embrasement, flamboiement, flamme, halo, jour, lueur, lumière, pénombre, soleil. SOUT. nitescence, splendeur. ▶ *Ensemble de lumières* – éclairage. ▶ *Inspiration* – conception, création, créativité, évasion, extrapolation, fantaisie, fantasme, fictif, fiction, idéal, idéation, idée, imaginaire, imagination, inspiration, invention, inventivité, irréel, souffle

(créateur), supposition, surréalité, surréel, veine, virtuel. SOUT. folie du logis, muse. FRANCE FAM. gamberge. ▶ *Éveil spirituel* – délivrance, éveil, libération, mort de l'ego, réalisation (du Soi), révélation. ◗ *Dans l'hindouisme* – moksha, nirvana. ◗ *Dans le bouddhisme* – bodhi, samadhi. ◗ *Dans le zen* – satori. ▶ *Découverte* – flash, innovation, invention, invention, trait de génie, trait de lumière, trouvaille. SOUT. éclairement. FAM. astuce. ▲ANT. OBSCURCISSEMENT.

illuminé *adj.* inspiré, mystique.

illuminé *n.* ▶ *Adepte* – inspiré, mystique.

illuminer *v.* ▶ *Remplir de lumière* – allumer, éclairer, ensoleiller. SOUT. embraser, enflammer. ▶ *Remplir de joie* – égayer, ensoleiller. ▲ANT. ASSOMBRIR, OBSCURCIR.

illusion *n. f.* ▶ *Apparence* – abstraction, abstrait, apparence, berlue, chimère, déréalisation, fantasme, faux, faux-semblant, fiction, fumée, hallucination, image, imagination, irréalisme, irréalité, leurre, mensonge, mirage, onirisme, psychédélisme, rêve, rêverie, semblant, simulation, songe, songerie, trompe-l'œil, tromperie, utopie, vision, vue de l'esprit. FAM. frime. SOUT. prestige. ▶ *Magie* – illusionnisme, tour d'adresse, (tour de) magie, (tour de) prestidigitation. FAM. tour de passe-passe. FIG. jonglerie. ▲ANT. CERTITUDE, EXISTENCE, FAIT, OBJECTIVITÉ, RÉALITÉ, RÉEL, VÉRITÉ; DÉCEPTION, DÉSILLUSION.

illusoire *adj.* chimérique, faux, qui fait illusion, trompeur, vain. ▲ANT. CONCRET, EXISTANT, RÉEL; INCONTESTABLE, INDÉNIABLE, INDISCUTABLE, PROUVÉ, RECONNU, SÛR.

illustration *n. f.* ▶ *Action de dessiner* – crayonnage. QUÉB. peinturage. ▶ *Figure* – planche. ▶ *Action d'expliquer* – analyse, clarification, commentaire, critique, définition, désambiguïsation, éclaircissement, élucidation, exemplification, explication, explicitation, exposé, exposition, glose, indication, interprétation, légende, lumière, note, paraphrase, précision, remarque, renseignement. ▶ *Ce qui sert à expliquer* – exemple. ▲ANT. CONTRE-EXEMPLE.

illustre *adj.* célèbre, connu, de grand renom, fameux, glorieux, historique, immortel, inoubliable, légendaire, marquant, mémorable, notoire, proverbial, reconnu, renommé, réputé. ▶ *Non favorable* – de triste mémoire. ▲ANT. ANONYME, IGNORÉ, INCONNU, OBSCUR.

illustré *n. m.* ▶ *Journal* – bulletin, feuille, hebdomadaire, journal, magazine, organe, périodique, quotidien, tabloïd. FAM. hebdo. ▶ *Revue* – annales, bulletin, cahier, fanzine, gazette, journal, magazine, organe, périodique, publication, revue, tabloïd, zine.

illustrer *v.* ▶ *Rendre plus clair pour l'esprit* – éclairer, mettre en lumière. ◆ **s'illustrer** ▶ *Se distinguer* – briller, exceller, se distinguer, se signaler. ▲ANT. EMBROUILLER, OBSCURCIR. △S'ILLUSTRER – SE DÉSHONORER.

îlot *n. m.* ▶ *Île* – atoll, île, javeau. ▶ *Ensemble de maisons* – bloc d'habitations, cité, ensemble, grand ensemble, habitations collectives, immeubles résidentiels, lotissement, parc immobilier, résidence, tours d'habitation. ▶ *Espace délimité par*

imagé

des rues – pâté (de maison). ▶ *Partie d'une voie* – îlot directionnel, terre-plein.

imagé *adj.* animé, coloré, expressif, figuré, haut en couleur, métaphorique, pittoresque, savoureux, truculent, vivant. *FAM.* folklorique, jazzé. ▲ANT. MONOTONE, MORNE, PLAT, SANS COULEUR, SANS VIE, TERNE.

image *n. f.* ▶ *Représentation fixe* – carte, copie, dessin, diagramme, fac-similé, figuration, levé, plan, représentation, reproduction, schéma, symbole, visuel *(en publicité)*. ▶ *Représentation artistique* – dessin. ▶ *Représentation animée* – projection. ▶ *Représentation affaiblie* – miroir, (pâle) imitation, reflet. ▶ *Scène* – scène, spectacle, tableau, vision, vue. ▶ *Reflet* – brasillement, brillance, brillant, cati, chatoiement, coruscation, éclat, étincellement, feux, halo, irisation, lueur, luisant, lustre, miroitement, moire, moiré, moirure, orient, papillotage, papillotement, poli, poudroiement, rayonnement, reflet, réflexion, réfraction, réverbération, ruissellement, scintillement. *SOUT.* luisance, nacre, opalescence, resplendissement, rutilance, rutilation, rutilement. *SC.* albédo. *TECHN.* bruni, brunissure. ▶ *Illusion* – abstraction, abstrait, apparence, berlue, chimère, déréalisation, fantasme, faux, faux-semblant, fiction, fumée, hallucination, illusion, imagination, irréalisme, irréalité, leurre, mensonge, mirage, onirisme, psychédélisme, rêve, rêverie, semblant, simulation, songe, songerie, trompe-l'œil, tromperie, utopie, vision, vue de l'esprit. *FAM.* frime. *SOUT.* prestige. ▶ *Symbole* – allégorie, attribut, chiffre, devise, drapeau, effigie, emblème, figure, icône, incarnation, insigne, livrée, logo, logotype, marque, notation, personnification, représentation, signe, symbole, type. ▶ *Analogie* – allégorie, analogie, apologue, assimilation, association (d'idées), catachrèse *(lexicalisée)*, comparaison, équivalence, figure, lien, métaphore, parabole, parallèle, parenté, personnification, rapport, rapprochement, relation, ressemblance, similitude, symbole, symbolisme. ▶ *Modèle* – archétype, canon, critère, échantillon, étalon, exemple, formule, gabarit, idéal, idée, individu, modèle, norme, original, paradigme, précédent, prototype, référence, représentant, type, unité. *BIOL.* holotype. ♦ *images, plur.* ▶ *Ensemble d'images* – album d'images, banque d'images, collection d'images, moisson d'images, série d'images; iconographie; imagerie.

imaginable *adj.* concevable, envisageable, pensable, possible, réaliste. ▲ANT. ABASOURDISSANT, AHURISSANT, DÉCONCERTANT, ÉBAHISSANT, EFFARANT, ÉPOUSTOUFLANT, IMPENSABLE, INCONCEVABLE, INCROYABLE, INIMAGINABLE, INOUÏ, INVRAISEMBLABLE, STUPÉFIANT.

imaginaire *adj.* chimérique, fabuleux, fantasmagorique, fantastique, fictif, inexistant, irréel, légendaire, mythique, mythologique. ▲ANT. CONCRET, RÉEL, VÉRITABLE, VRAI; HISTORIQUE.

imaginaire *n. m.* conception, création, créativité, évasion, extrapolation, fantaisie, fantasme, fictif, fiction, idéal, idéation, idée, illumination *(soudain)*, imagination, inspiration, invention, inventivité, irréel, souffle (créateur), supposition, surréalité, surréel, veine, virtuel. *SOUT.* folle du logis, muse. *FRANCE FAM.* gamberge. ▲ANT. RÉALITÉ, RÉEL.

imaginatif *adj.* ▶ *Créatif* – créateur, créatif, innovant, inventif, qui a l'imagination fertile. ▲ANT. IMITATEUR, SUIVEUR; CONSERVATEUR, CONVENTIONNEL.

imagination *n. f.* ▶ *Créativité* – conception, création, créativité, évasion, extrapolation, fantaisie, fantasme, fictif, fiction, idéal, idéation, idée, illumination *(soudain)*, imaginaire, inspiration, invention, inventivité, irréel, souffle (créateur), supposition, surréalité, surréel, veine, virtuel. *SOUT.* folle du logis, muse. *FRANCE FAM.* gamberge. ▶ *Entendement* – bon sens, cerveau, cervelle, clairvoyance, compréhension, conception, discernement, entendement, esprit, faculté, intellect, intelligence, jugement, lucidité, pénétration, raison, tête. *FAM.* matière grise, méninges. *QUÉB. FAM.* cocologie. *QUÉB. ACADIE FAM.* jarnigoine. *PHILOS.* logos. ▶ *Concept* – abstraction, archétype, concept, conception, conceptualisation, connaissance, conscience, entité, fiction, généralisation, idée, notion, noumène, pensée, représentation (mentale), schème, théorie. ▶ *Illusion* – abstraction, abstrait, apparence, berlue, chimère, déréalisation, fantasme, faux, faux-semblant, fiction, fumée, hallucination, illusion, image, irréalisme, irréalité, leurre, mensonge, mirage, onirisme, psychédélisme, rêve, rêverie, semblant, simulation, songe, songerie, trompe-l'œil, tromperie, utopie, vision, vue de l'esprit. *FAM.* frime. *SOUT.* prestige. ▶ *Fiction* – affabulation, artifice, chimère, combinaison, comédie, expédient, fabrication, fabulation, fantaisie, feinte, fiction, fumisterie, histoire, idée, invention, irréalité, légende, mensonge, rêve, roman, saga, songe. *PSYCHOL.* confabulation, mythomanie. ▶ *Divagation* – divagation, élucubration, extravagance, fantasme, puérilité, vision. *SOUT.* disparade, disparate, vaticination. ▲ANT. RÉALITÉ, RÉEL, VÉRITÉ.

imaginé *adj.* apocryphe, fabriqué, fantaisiste, faux, fictif, forgé (de toutes pièces), inauthentique, inexistant, inventé. *SOUT.* controuvé.

imaginer *v.* ▶ *Se représenter mentalement* – concevoir, (s')imaginer, se faire une idée de, se figurer, se représenter, visualiser, voir. *PSYCHOL.* mentaliser. ▶ *Considérer comme probable* – croire, penser, présumer, (s')imaginer, supposer. *SOUT.* conjecturer. ▶ *Préparer par une longue réflexion* – calculer, combiner, couver, méditer, mûrir, préméditer, ruminer. ▶ *Inventer* – concevoir, créer, improviser, innover, inventer, mettre au point, trouver. *QUÉB. FAM.* patenter. ♦ *s'imaginer* ▶ *Croire* – croire, penser, se figurer. ▲ANT. CONSTATER, OBSERVER, RÉALISER; PERCEVOIR, TOUCHER, VOIR.

imberbe *adj.* ▶ *En parlant d'un visage* – glabre, lisse, nu, rasé. ▲ANT. BARBU.

imitateur *adj.* imitatif. ▲ANT. CRÉATIF, IMAGINATIF.

imitateur *n.* ▶ *Plagiaire* – contrefacteur, copieur, copiste, démarqueur, falsificateur, faussaire, mystificateur, pasticheur, plagiaire, voleur. *SOUT.* épigone, picoreur. *FAM.* piqueur. *PÉJ.* compilateur. ▶ *Émule* – continuateur, disciple, égal, émule, épigone, rival, successeur. ▲ANT. CRÉATEUR, INNOVATEUR, INVENTEUR, NOVATEUR, PIONNIER.

imitation *n. f.* ▶ *Simulation* – calquage, caricature, charge, contrefaçon, copiage, décalquage, démarquage, emprunt, émulation, figuration, grégarisme, mime, mimétisme, moutonnerie, parodie, pastiche, pillage, plagiat, représentation, servilité, simulation, singerie, suivisme, travestissement. *DR.* contrefaction. ▶ *Copie* – calque, copie (conforme), double, duplicata, duplication, exemplaire, facsimilé, réplique, reproduction. *DR.* grosse. ▶ *Objet faux* – clinquant, faux. *FAM.* quincaillerie, simili, toc. ▶ *Représentation affaiblie* – image, miroir, (pâle) imitation, reflet. ▶ *Adoption* – adoption, assimilation, emprunt, insertion, ralliement. ▲**ANT.** CRÉATION, INNOVATION, INVENTION; AUTHENTICITÉ, ORIGINALITÉ; MODÈLE, ORIGINAL.

imiter *v.* ▶ *Reconstituer* – reconstituer, recréer, rendre, reproduire, restituer, simuler. *INFORM.* émuler. ▶ *Reproduire par imitation* – calquer, copier, mimer, reproduire, s'inspirer de. ▶ *De façon favorable* – émuler, marcher dans les traces de, prendre exemple sur, prendre modèle sur, s'inspirer de, suivre les traces de, trouver son inspiration chez. ▶ *De façon non favorable* – contrefaire, plagier, singer. ▶ *Copier illégalement* – compiler, copier, démarquer, piller, pirater, plagier. ▶ *Copier pour se moquer* – caricaturer, contrefaire, parodier, pasticher. ▶ *Suivre* – emboîter le pas à, s'accorder sur, s'adapter à, s'ajuster à, s'aligner sur, se conformer à, se mettre au diapason de, se mettre dans le ton, se modeler sur, se rallier à, se ranger à, se régler sur, suivre. ▲**ANT.** CRÉER, DÉCOUVRIR, INNOVER, INVENTER; INSPIRER.

immaculé *adj.* ▶ *Sans souillure morale* – chaste, de haute moralité, décent, innocent, platonique, pudique, pur, réservé, sage, vertueux, virginal. ▶ *Non favorable* – bégueule, collet monté, prude, pudibond, puritain. ▶ *Blanc* – blanc, blanchâtre, crayeux, laiteux, neigeux, opale, opalescent, opalin. *SOUT.* d'albâtre, lacté, lactescent, lilial, marmoréen. ▶ *Propre* – impeccable, net, propre, propret, soigné. ▲**ANT.** CRASSEUX, INFECT, MACULÉ, MALPROPRE, SALE, SOUILLÉ, TACHÉ; D'ÉBÈNE; CONCUPISCENT, DÉBAUCHÉ, ÉROTIQUE, GAILLARD, GROSSIER, IMPUDIQUE, IMPUR, INDÉCENT, LASCIF, LIBIDINEUX, LICENCIEUX, LUBRIQUE, LUXURIEUX, OBSCÈNE, VICIEUX.

immatériel *adj.* ▶ *Sans forme matérielle* – désincarné, incorporel, intemporel, spirituel. ▶ *Impalpable* – impalpable, intangible. *DIDACT.* intactile. ▶ *Léger* – aérien, léger, mousseux, vaporeux. *SOUT.* arachnéen, éthéré. ▲**ANT.** CHARNEL, CONCRET, CORPOREL, MATÉRIEL; LOURD, PESANT.

immature *adj.* bébé, enfant, enfantin, infantile, puéril. ▲**ANT.** ÉQUILIBRÉ, MATURE, MÛR.

immédiat *adj.* ▶ *Qui a lieu sur-le-champ* – instantané. ▶ *Sans intermédiaire* – direct. ▲**ANT.** INDIRECT, MÉDIAT; À RETARDEMENT, DIFFÉRÉ, RETARDÉ.

immédiatement *adv.* ▶ *Aussitôt* – à l'instant, au plus vite, aussitôt, aussitôt que possible, d'emblée, d'urgence, directement, en urgence, instantanément, sans délai, sans différer, sans tarder, séance tenante, sitôt, sur l'heure, sur le coup, sur-le-champ, tout de suite. *SOUT.* incessamment, incontinent. *FAM.* aussi sec, de suite, illico. *QUÉB. FAM.* au plus coupant, au plus sacrant. ▲**ANT.** PLUS TARD; SUR LE TARD, TARDIVEMENT.

immémorial *adj.* ancestral, ancien, éloigné, lointain, passé, reculé, révolu. ▲**ANT.** RÉCENT.

immense *adj.* ▶ *Démesuré* – colossal, considérable, démesuré, énorme, extraordinaire, extrême, fabuleux, formidable, géant, gigantesque, grand, gros, incommensurable, monstrueux, monumental, phénoménal, prodigieux, surhumain, titanesque, vaste, vertigineux. *SOUT.* cyclopéen, herculéen. *FAM.* bœuf, de tous les diables, du diable, effrayant, effroyable, épouvantable, faramineux, méchant, monstre. *FRANCE FAM.* gratiné. ▶ *Vaste* – ample, étendu, grand, large, spacieux, vaste. ▶ *Incalculable* – considérable, grand, illimité, inappréciable, incalculable, incommensurable, infini, insondable, sans borne, sans fin, sans limites, sans mesure, vaste. ▲**ANT.** FAIBLE, INFIME, MODESTE, NÉGLIGEABLE, PETIT; MICROSCOPIQUE, MINUSCULE, NAIN.

immensément *adv.* ▶ *Vastement* – amplement, colossalement, considérablement, énormément, gigantesquement, grandement, large, largement, spacieusement, vastement. ▶ *Grandiosement* – colossalement, en grande pompe, grandement, grandiosement, hiératiquement, magnifiquement, majestueusement, noblement, pompeusement, solennellement. ▶ *Extrêmement* – à l'extrême, affreusement, astronomiquement, au dernier degré, au dernier point, au maximum, au plus haut degré, au plus haut point, beaucoup, bien, colossalement, considérablement, éminemment, énormément, exceptionnellement, extraordinairement, extrêmement, fabuleusement, follement, fort, fortement, grandement, gros, hautement, incommensurablement, inconcevablement, incroyablement, infiniment, intensément, long, mortellement, nettement, on ne peut plus, phénoménalement, prodigieusement, profondément, remarquablement, sérieusement, singulièrement, souverainement, supérieurement, suprêmement, terriblement, très, vertigineusement, vivement, vraiment. *FAM.* bigrement, bougrement, diablement, drôlement, effroyablement, épais, épouvantablement, fameusement, fantastiquement, fichtrement, fichûment, formidablement, foutrement, furieusement, joliment, rudement, sacrément, salement, super, terrible, tout plein, un max, vachement. *QUÉB. FAM.* à l'os, à la planche, au coton, en maudit, en s'il vous plaît, mauditement. ▲**ANT.** MÉDIOCREMENT, MODÉRÉMENT, MOYENNEMENT, PASSABLEMENT, TIÈDEMENT.

immensité *n. f.* ▶ *Fait d'être immense* – grandeur, importance, longueur, monumentalité. *SOUT.* taille. ▶ *Infini* – espace, illimité, incommensurable, inconditionné, infini, infinitude, vastité, vastitude. *SOUT.* abîme. ▶ *Profondeur* – acuité, ardeur, complexité, difficulté, élévation, ésotérisme, extase, extrémité, force, impénétrabilité, intelligence, intensité, intériorité, intimité, mystère, pénétration, perspicacité, plénitude, profond, profondeur, puissance, science, secret. ▲**ANT.** ÉTROITESSE, EXIGUÏTÉ, PETITESSE.

immeuble *n. m.* ▶ *Bâtiment* – bâtiment, bâtisse, construction, édifice, maison, monument (*caractère historique*), ouvrage. ▶ *Construction urbaine* – gratte-ciel, tour. *FAM.* caserne. ◆ **immeubles**, *plur.* ▶ *Ensemble de constructions* – bloc d'habitations, cité, ensemble, grand ensemble, habitations collectives, îlot, immeubles résidentiels, lotissement, parc immobilier, résidence, tours d'habitation. ▶ *Ensemble de biens immeubles* – bien-fonds, (biens) immeubles, domaine, foncier, fonds de terre, immobilier, propriété (foncière). ▲ANT. MEUBLE.

immigration *n. f.* ▶ *Déplacement* – arrivée, entrée, établissement, gain de population, venue. ▶ *Action de peupler* – colonisation, natalité, occupation, peuplement. ▲ANT. DÉPART, ÉMIGRATION.

immigré *n.* déraciné, émigrant, émigré, expatrié, immigrant, migrant, transplanté. ▲ANT. AUTOCHTONE, HABITANT DE SOUCHE, INDIGÈNE, NATIF.

imminent *adj.* immédiat, prochain, proche. SOUT. instant. ▲ANT. ÉLOIGNÉ, LOINTAIN.

immobile *adj.* ▶ *Qui ne se déplace pas* – fixé, fixe. TECHN. dormant. ▶ *Qui ne change pas* – constant, figé, fixe, inchangé, invariable, invariant, stable, stationnaire, statique. ▶ *En parlant d'une étendue d'eau* – calme, dormant, étale, stagnant. ▲ANT. EN MOUVEMENT, MOBILE; INSTABLE, VARIABLE; COURANTE (eau).

immobiliser *v.* ▶ *Empêcher qqch. de bouger* – bloquer, coincer, contrer, paralyser. ▶ *À l'aide de liens* – amarrer, arrimer, assujettir, assurer, attacher, bloquer, fixer, retenir, river. ▶ *Empêcher qqn de bouger* – clouer, maintenir, retenir, river, tenir. ▶ *Par l'usage de la force* – maîtriser, neutraliser, se rendre maître de. ▶ *Sous le coup de l'émotion* – clouer sur place, figer, glacer, méduser, paralyser, pétrifier, statufier, tétaniser. ◆ *s'immobiliser* ▶ *Faire une halte* – faire halte, faire une station, s'arrêter, stationner. ▲ANT. ACTIONNER, AGITER, BOUGER, ÉBRANLER, MOUVOIR, REMUER; DÉBLOQUER, DÉGAGER, LIBÉRER; ANIMER, POUSSER; MOBILISER.

immobilité *n. f.* calme, fixité, hiératisme, immobilisme, immuabilité, immutabilité, impassibilité, improductivité, inaction, inactivité, inamovibilité, inertie, paralysie, piétinement, plafonnement, repos, sclérose, stabilité, stagnation, stationnarité, statisme, statu quo, sur place. SOUT. marasme, morosité. ▲ANT. ACTION, AGITATION, DÉPLACEMENT, MOBILITÉ, MOUVEMENT; CHANGEMENT, DEVENIR, ÉVOLUTION, PROGRÈS.

immonde *adj.* ▶ *Moralement répugnant* – abject, bas, coupable, crapuleux, dégoûtant, honteux, ignoble, inavouable, indigne, infâme, infect, innommable, inqualifiable, lâche, méprisable, odieux, repoussant, répugnant, sans nom, scandaleux, sordide, vil, vilain. SOUT. fangeux, ignominieux, nauséeux, triste, turpide. FAM. dégueu, dégueulasse, écœurant, gerbant, moche. ▶ *D'une saleté repoussante* – crasseux, crotté, d'une propreté douteuse, dégoûtant, encrassé, ignoble, infâme, infect, maculé, malpropre, sale, sordide, souillé. FAM. crapoteux, dégueu, dégueulasse, pouilleux. FRANCE FAM. cracra, crade, cradingue, crado, cradoque, craspec, salingue. ▲ANT. DIGNE, HONORABLE, NOBLE; IMMACULÉ, IMPECCABLE, NET, PROPRE, SOIGNÉ.

immoral *adj.* ▶ *Qui méprise les conventions morales* – cynique, immoraliste. ▶ *Qui corrompt moralement* – corrupteur, dépravant, malsain, mauvais, nocif, pernicieux, pervers, pervertisseur. SOUT.

suborneur. ▶ *Dépravé* – corrompu, débauché, dépravé, déréglé, dévoyé, dissipé, dissolu, libertin, relâché. SOUT. sardanapalesque. ▶ *Révoltant* – amoral, choquant, éhonté, impur, inconvenant, indécent, obscène, offensant, révoltant, scabreux, scandaleux. ▲ANT. MORAL; BIENSÉANT, CONVENABLE, CORRECT, DÉCENT, HONORABLE; HONNÊTE, PUR, VERTUEUX.

immortalité *n. f.* ▶ *Vie future* – autre vie, survie, vie future. ▶ *Éternité* – éternel, éternité, pérennité, perpétuité. ▶ *Gloire* – célébrité, considération, éclat, faveur, gloire, notoriété, palmarès, popularité, renom, renommée, réputation, vedettariat. FIG. auréole, la déesse aux cent bouches. ▲ANT. MORTALITÉ; ANONYMAT, OUBLI.

immortel *adj.* ▶ *Éternel* – constant, durable, éternel, immuable, impérissable, imprescriptible, inaltérable, indéfectible, indestructible, indissoluble, infini, permanent, perpétuel, sans fin. SOUT. pérenne. ▶ *Mémorable* – célèbre, connu, de grand renom, fameux, glorieux, historique, illustre, inoubliable, légendaire, marquant, mémorable, notoire, proverbial, reconnu, renommé, réputé. ▲ANT. MORTEL; ÉPHÉMÈRE, PÉRISSABLE; ANONYME, IGNORÉ, INCONNU, OBSCUR.

immuable *adj.* ▶ *Constant* – constant, durable, éternel, immortel, impérissable, imprescriptible, inaltérable, indéfectible, indestructible, indissoluble, infini, permanent, perpétuel, sans fin. SOUT. pérenne. ▶ *Inflexible* – catégorique, décidé, déterminé, entier, ferme, inébranlable, inflexible, résolu. ▲ANT. CHANGEANT, MOUVANT, VARIABLE; FANTASQUE, FLOTTANT, INCONSTANT, INSTABLE, VOLAGE.

immunité *n. f.* ▶ *Résistance naturelle* – accoutumance, inexcitabilité, insensibilité, prémunition, tolérance. ▶ *Exemption* – abattement, décharge, dégrèvement, dérogation, détaxation, détaxe, dispense, exemption, exonération, franchise, grâce, impunité, inamovibilité, inviolabilité, irresponsabilité, libération, liberté, mainlevée, réforme (armée), transit. ▶ *Privilège* – acquis, apanage, attribution, avantage, bénéfice, chasse gardée, concession, droit, exclusivisme, exclusivité, exemption, faveur, honneur, inviolabilité, monopole, passe-droit, pouvoir, préférence, prérogative, privilège. ANC. franchise. RELIG. indult. ▲ANT. ALLERGIE, ANAPHYLAXIE, SENSIBILITÉ; CONTRAINTE, OBLIGATION; JUSTICIABILITÉ.

immunotolérance *n. f.* ▲ANT. REJET.

impalpable *adj.* immatériel, intangible. DIDACT. intactile. ▲ANT. PALPABLE, SAISISSABLE.

impardonnable *adj.* inacceptable, inadmissible, inconcevable, inexcusable, injustifiable, intolérable. SOUT. irrémissible. ▲ANT. EXCUSABLE, PARDONNABLE.

imparfait *adj.* ▶ *Incomplet* – fragmentaire, inachevé, incomplet, insuffisant, lacunaire, partiel, relatif. ▶ *Rudimentaire* – (à l'état) brut, à l'état d'ébauche, ébauché, élémentaire, embryonnaire, fruste, grossier, informe, larvaire, mal équarri, primitif, rudimentaire. ▲ANT. PARFAIT; ACHEVÉ, COMPLET, DANS SA PHASE FINALE, TERMINÉ; IMPECCABLE, IRRÉPROCHABLE.

imparfaitement *adv.* ▶ *Insuffisamment* – dérisoirement, faiblement, inacceptablement, insuffisamment, mal, médiocrement, mollement, pauvrement. ▶ *Partiellement* – à demi, à moitié, défectueusement, demi, en partie, fragmentairement, incomplètement, insuffisamment, partiellement. ▲**ANT.** AU LONG, EN TOTALITÉ, ENTIÈREMENT, INTÉGRALEMENT, PLEINEMENT, TOTALEMENT, TOUT À FAIT.

impartial *adj.* équitable, intègre, juste, neutre, objectif, sans parti pris. ▲**ANT.** ARBITRAIRE, ATTENTATOIRE, INÉQUITABLE, INIQUE, INJUSTE, PARTIAL.

impartialité *n. f.* droiture, égalité, équité, impersonnalité, intégrité, justice, légalité, neutralité, objectivité, probité. ▲**ANT.** PARTI PRIS, PARTIALITÉ.

impasse *n. f.* ▶ *Cul-de-sac* – cul-de-sac, rue sans issue, voie sans issue. ▶ *Obstacle* – accroc, adversité, anicroche, barrière, blocage, contrariété, contretemps, défense, difficulté, digue, écueil, embarras, empêchement, ennui, entrave, frein, gêne, impossibilité, inhibition, interdiction, objection, obstruction, ombre au tableau, opposition, pierre d'achoppement, point noir, problème, résistance, restriction, tracas, tribulations. *QUÉB.* irritant. *SOUT.* achoppement, impedimenta, traverse. *FAM.* blème, hic, lézard, os, pépin. *QUÉB. FAM.* aria. ▲**ANT.** ISSUE, PASSAGE.

impassible *adj.* ▶ *Calme* – calme, d'humeur égale, flegmatique, imperturbable, maître de soi, placide. ▶ *Inexpressif* – atone, fermé, froid, hermétique, impénétrable, inexpressif. *SOUT.* impavide. ▶ *Qui ne montre aucune peur* – ferme, héroïque, inébranlable, intrépide, stoïque. *SOUT.* impavide. ▲**ANT.** DÉCHAÎNÉ, EMPORTÉ, ÉNERVÉ, EXCITÉ; ENTHOUSIASTE, EXUBÉRANT; EN COLÈRE, FULMINANT.

impatiemment *adv.* anxieusement, convulsivement, fébrilement, fiévreusement, nerveusement, spasmodiquement, vivement. ▲**ANT.** PATIEMMENT.

impatience *n. f.* ▶ *Hâte* – avidité, brusquerie, désir, empressement, fièvre, fougue, hâte, impétuosité, précipitation, urgence, urgent. ▶ *Colère* – agacement, colère, emportement, énervement, exaspération, fureur, furie, indignation, irritabilité, irritation, rage, susceptibilité. *SOUT.* courroux, irascibilité. *FAM.* horripilation, rogne. ▶ *Caprice* – accès, bizarrerie, bon plaisir, caprice, changement, chimère, coup de tête, envie, extravagance, fantaisie, fantasme, folie, frasque, gré, guise, immaturité, incartade, inconstance, infantilisme, instabilité, légèreté, lubie, marotte, mobilité, originalité, saute (d'humeur), singularité, sporadicité, variation, versatilité, volonté. *SOUT.* folle gamberge, foucade, humeur. *FAM.* toquade. ▲**ANT.** PATIENCE; CALME, IMPASSIBILITÉ, RÉSIGNATION; ENDURANCE, TOLÉRANCE.

impatient *adj.* ▶ *Nerveux* – agité, énervé, excité, fébrile, fiévreux, hystérique, nerveux, surexcité. *FAM.* mordu de la tarentule, piqué de la tarentule, tout-fou. ▶ *Qui attend avec impatience* – anxieux, avide, désireux, qui brûle, qui meurt d'envie. ▶ *Impulsif* – bouillant, emporté, enflammé, explosif, fougueux, impétueux, impulsif, passionné, prompt, qui a la tête chaude, sanguin, véhément, vif, violent, volcanique. *QUÉB. FAM.* malendurant, prime. ▲**ANT.** PATIENT; CALME, DÉTENDU, PLACIDE, SEREIN, TRANQUILLE; MESURÉ, PONDÉRÉ, POSÉ, RÉFLÉCHI, SAGE.

impatienter *v.* agacer, crisper, énerver, exaspérer, excéder, fatiguer, hérisser, importuner, irriter,

porter sur les nerfs à. *FAM.* barber, casser les pieds à, chauffer les oreilles à, courir sur le système à, embêter, emmieller, empoisonner, enquiquiner, faire suer, gonfler, horripiler, insupporter, pomper l'air à, porter sur le système à, scier, tanner, taper sur le système à, taper sur les nerfs à. *FRANCE FAM.* bassiner, canuler, cavaler, courir, courir sur le haricot à, soûler. *QUÉB. FAM.* achaler, déranger, écœurer, tomber sur la noix à, tomber sur la rate à, tomber sur le système à, tomber sur les nerfs à, tomber sur les rognons à. ♦ *s'impatienter* perdre patience, perdre son calme, s'énerver. *FAM.* bouillir. ▲**ANT.** CALMER. △S'IMPATIENTER – ENDURER, PATIENTER, SE RÉSIGNER, SUPPORTER, TOLÉRER; ATTENDRE.

impeccable *adj.* ▶ *Sans défaut* – irréprochable, parfait, sans bavure. *FAM.* impec, nickel. ▶ *Propre* – immaculé, net, propre, propret, soigné. ▲**ANT.** BÂCLÉ, NÉGLIGÉ, SANS SOIN; SALI, SOUILLÉ.

impénétrable *adj.* ▶ *Où l'on ne peut pénétrer* – inabordable, inaccessible, inatteignable. ▶ *Incompréhensible* – cabalistique, caché, cryptique, énigmatique, ésotérique, hermétique, inaccessible, incompréhensible, inconcevable, inconnaissable, indéchiffrable, indécodable, inexplicable, inintelligible, insaisissable, insondable, mystérieux, nébuleux, obscur, opaque, secret, ténébreux. *SOUT.* abscons, abstrus, sibyllin. ▶ *Inexpressif* – atone, fermé, froid, hermétique, impassible, inexpressif. *SOUT.* impavide. ▶ *Indifférent* – étranger, fermé, imperméable, inaccessible, indifférent, insensible, réfractaire, sourd. ▲**ANT.** PÉNÉTRABLE; À LA PORTÉE DE TOUS, ACCESSIBLE, CLAIR, COMPRÉHENSIBLE, ÉVIDENT, INTELLIGIBLE, LIMPIDE, SIMPLE, TRANSPARENT; PERMÉABLE, RÉCEPTIF, SENSIBLE.

impensable *adj.* à (vous) couper le souffle, abasourdissant, ahurissant, bouleversant, confondant, déconcertant, dérangeant, ébahissant, effarant, époustouflant, étonnant, étourdissant, extraordinaire, inconcevable, incroyable, inimaginable, inouï, invraisemblable, pétrifiant, renversant, stupéfiant, suffocant, surprenant. *SOUT.* qui confond l'entendement. *FAM.* ébouriffant, mirobolant, sidérant, soufflant. *QUÉB. FAM.* capotant. ▲**ANT.** BANAL, ININTÉRESSANT, ORDINAIRE, SANS INTÉRÊT.

impératif *adj.* ▶ *Autoritaire* – affirmatif, autoritaire, catégorique, dogmatique, formel, impérieux, péremptoire, sans réplique, scolastique, tranchant. *FAM.* pète-sec. ▶ *Urgent* – impérieux, nécessaire, pressant, pressé, urgent. *SOUT.* instant. ▲**ANT.** BONASSE, DOCILE, FAIBLE, HUMBLE, MODESTE, SOUMIS, TIMIDE; HÉSITANT, INDÉCIS.

imperceptible *adj.* inconstatable, indécelable, indétectable, indiscernable, insaisissable, insensible, insoupçonnable. ▶ *À la vue* – inapparent, inobservable, invisible, microscopique. *PHYS.* infrarouge, ultraviolet. ▶ *Au toucher* – immatériel, impalpable, intangible. *DIDACT.* intactile. ▶ *À l'ouïe* – inaudible. *PHYS.* infrasonore. ▲**ANT.** DÉCELABLE, DÉTECTABLE.

imperceptiblement *adv.* ▶ *Indistinctement* – indistinctement, insensiblement, invisiblement, subtilement. ▶ *Vaguement* – abstraitement, confusément, évasivement, imprécisément, indistinctement, nébuleusement, obscurément, vaguement, vaseusement. ▲**ANT.** DISTINCTEMENT, MANIFESTEMENT, NOTABLEMENT, PERCEPTIBLEMENT, REMARQUABLEMENT,

SENSIBLEMENT, SIGNIFICATIVEMENT, TANGIBLEMENT, VISIBLEMENT.

imperfection *n. f.* ▶ *Défaut* – défaut, défectuosité, démérite, faible, faiblesse, faille, faute, grossièreté, handicap, infirmité, insuffisance, lacune, maladie, malfaçon, manque, péché mignon, péché véniel, petitesse, tache, tare, tort, travers, vice. *SOUT.* perfectibilité. ▶ *Inexactitude* – écart, erreur, faute, imprécision, incorrection, inexactitude, infidélité, irrégularité. ▲ANT. ACHÈVEMENT, EXCELLENCE, PERFECTION; CORRECTION, EXACTITUDE.

impérial *adj.* ▶ *Majestueux* – auguste, digne, grave, imposant, majestueux, noble, olympien, qui impose le respect, solennel. ▶ *De grande qualité* – de classe, de luxe, de premier ordre, de première qualité, de qualité supérieure, excellent, extra, extrafin, haut de gamme, hors classe, royal, supérieur, surchoix, surfin. ▲ANT. HUMBLE, MODESTE, ORDINAIRE; MÉTRIQUE *(système)*.

impérialisme *n. m.* ▶ *Expansionnisme* – annexionnisme, colonialisme, expansionnisme, indigénisme, néocolonialisme, paternalisme. ▲ANT. ANTI-IMPÉRIALISME, INDÉPENDANTISME.

impérieux *adj.* ▶ *Autoritaire* – affirmatif, autoritaire, catégorique, dogmatique, formel, impératif, péremptoire, sans réplique, scolastique, tranchant. *FAM.* pète-sec. ▶ *Urgent* – impératif, nécessaire, pressant, pressé, urgent. *SOUT.* instant. ▶ *En parlant d'un besoin, d'un sentiment* – incoercible, incontrôlable, incontrôlé, indomptable, instinctif, insurmontable, irraisonné, irrépressible, irrésistible, profond, violent, viscéral. ▲ANT. HUMBLE, OBÉISSANT, SOUMIS, TIMIDE; CONTRÔLABLE, MAÎTRISABLE.

imperméable *adj.* ▶ *En parlant de qqch.* – étanche, hydrofuge, imperméabilisé. ▶ *En parlant de qqn* – étranger, fermé, inaccessible, indifférent, insensible, réfractaire, sourd. *SOUT.* impénétrable. ▲ANT. MOUILLABLE, PERMÉABLE; ACCESSIBLE, OUVERT, RÉCEPTIF.

impersonnel *adj.* ▶ *Sans personnalité* – anonyme, dépersonnalisé, neutre. ▶ *Verbe* – unipersonnel. ▲ANT. ORIGINAL, PARTICULIER, PERSONNALISÉ, PERSONNEL, SPÉCIAL.

impertinence *n. f.* aplomb, arrogance, audace, effronterie, front, impolitesse, impudence, incorrection, insolence, irrespect, irrévérence. *SOUT.* outrecuidance, sans-gêne. *FAM.* culot, toupet. ▲ANT. CORRECTION, COURTOISIE, POLITESSE, RESPECT; PERTINENCE.

impertinent *adj.* ▶ *Effronté* – cavalier, cynique, désinvolte, effronté, éhonté, familier, impoli, impudent, insolent, irrespectueux, irrévérencieux, leste, libre, provocant, sans gêne, sans vergogne. *FAM.* culotté, gonflé. *QUÉB. FAM.* baveux. *ACADIE FAM.* effaré. ▶ *Impoli* – de mauvaise compagnie, discourtois, goujat, grossier, impoli, incivil, inconvenant, incorrect, indélicat, mal élevé, rustre. *FAM.* mal embouché, malpoli, mufle. *QUÉB. FAM.* habitant. ▲ANT. AFFABLE, BIEN ÉLEVÉ, BIENSÉANT, CIVIL, COURTOIS, DÉLICAT, GALANT, POLI.

imperturbable *adj.* calme, d'humeur égale, flegmatique, impassible, maître de soi, placide. ▲ANT. ÉMOTIF, SENSIBLE; ÉMU, TOUCHÉ, TROUBLÉ.

impétueux *adj.* ▶ *Intense* – déchaîné, fort, furieux, intense, puissant, terrible, violent. ▶ *Fougueux* – bouillant, emporté, enflammé, explosif, fougueux, impatient, impulsif, passionné, prompt, qui a la tête chaude, sanguin, véhément, vif, violent, volcanique. *QUÉB. FAM.* malendurant, prime. ▲ANT. DOUX, FAIBLE; MESURÉ, PONDÉRÉ, POSÉ, RAISONNABLE, RÉFLÉCHI, RESPONSABLE, SAGE, SENSÉ, SÉRIEUX.

impie *adj.* ▶ *En parlant de qqn* – agnostique, antireligieux, areligieux, athée, incrédule, incroyant, irréligieux, non croyant. ▶ *En parlant de qqch.* – blasphémateur, blasphématoire, irréligieux, sacrilège. ▲ANT. PIEUX, PRATIQUANT; GLORIFICATEUR, SACRÉ, SAINT.

impiété *n. f.* ▶ *Incroyance* – agnosticisme, apostasie, athéisme, blasphème, désacralisation, doute, froideur, gentilité, hérésie, incrédulité, incroyance, indifférence, infidélité, irréligion, libre pensée, matérialisme, paganisme, panthéisme, péché, profanation, reniement, sacrilège, scandale, scepticisme. *SOUT.* inobservance. ▲ANT. CROYANCE, FOI, PIÉTÉ.

impitoyable *adj.* ▶ *Sans pitié* – féroce, implacable, sans merci. *SOUT.* inexpiable. ▶ *Sévère* – implacable, inexorable, inflexible, intransigeant, sévère. ▶ *Accablant* – accablant, aliénant, asservissant, assujettissant, astreignant, contraignant, écrasant, étouffant, exigeant, lourd, oppressant, pénible, pesant. ▲ANT. BON, CHARITABLE, HUMAIN; BIENVEILLANT, CLÉMENT, COMPRÉHENSIF, INDULGENT, TOLÉRANT.

implacable *adj.* ▶ *Sans pitié* – féroce, impitoyable, sans merci. *SOUT.* inexpiable. ▶ *Intransigeant* – impitoyable, inexorable, inflexible, intransigeant, sévère. ▶ *Inévitable* – assuré, certain, fatal, immanquable, imparable, incontournable, inéluctable, inévitable, inexorable, nécessaire, obligatoire, obligé, sûr. *FAM.* forcé, mathématique. ▲ANT. BIENVEILLANT, CLÉMENT, COMPRÉHENSIF, INDULGENT, TOLÉRANT; ALÉATOIRE, DOUTEUX, INCERTAIN.

implacablement *adv.* ▶ *Cruellement* – barbarement, bestialement, brutalement, cruellement, durement, farouchement, férocement, impitoyablement, inhumainement, méchamment, rudement, sadiquement, sauvagement. ▶ *Inévitablement* – à coup sûr, automatiquement, fatalement, forcément, immanquablement, inéluctablement, inévitablement, inexorablement, infailliblement, ipso facto, irrésistiblement, logiquement, mathématiquement, nécessairement, obligatoirement, par la force des choses. ▲ANT. AVEC INDULGENCE; ALÉATOIREMENT, DOUTEUSEMENT, PEUT-ÊTRE.

implanter *v.* ▶ *Assimiler à un milieu nouveau* – acclimater, naturaliser. ▶ *Enraciner une chose abstraite* – ancrer, enraciner, graver. ♦ **s'implanter** ▶ *S'établir dans un milieu* – s'établir, s'installer, se fixer. ▶ *S'installer de façon durable* – s'enraciner, s'incruster, s'installer. ▲ANT. ARRACHER, DÉRACINER, EXTIRPER; DÉTRUIRE, EFFACER, ÉRADIQUER.

implication *n. f.* ▶ *Conséquence* – action, conclusion, conséquence, contrecoup, corollaire, développement, effet, efficacité, fonction, fruit, impact, incidence, jeu, juste retour des choses, œuvre, portée, prolongement, réaction, rejaillissement, répercussion, résultante, résultat, retentissement, retombées, ricochet, séquelle, suite (logique). *SOUT.* aboutissant, efficace, fille. ▶ *Raisonnement* – analyse, apagogie, argument, argumentation, considérations, déduction, démonstration, dialectique, dilemme, discussion, échafaudage, explication, induction, inférence, justificatif, logique, méthode, preuve, raison, réflexion, réfutation, sorite, substruction, syllogisme, syllogistique, synthèse. ▶ *Responsabilité* – complicité, compromission, responsabilité. ▲**ANT.** CAUSE, ORIGINE.

implicite *adj.* informulé, sous-entendu, tacite. ▲**ANT.** ÉNONCÉ, EXPLICITE, EXPRÈS, FORMULÉ.

implicitement *adv.* allusivement, en sous-entendu, entre les lignes, euphémiquement, muettement, tacitement. ▲**ANT.** EXPLICITEMENT.

impliquer *v.* ▶ *Compromettre* – compromettre, mêler, mettre en cause. *FAM.* mouiller. ▶ *Comporter de façon implicite* – présupposer, supposer. ◆ **s'impliquer** ▶ *Participer* – avoir part, collaborer, concourir, contribuer, coopérer, partager, participer, prendre part, s'associer, s'engager, s'investir, se joindre. ▲**ANT.** DÉGAGER, EXCUSER, LIBÉRER; EXCEPTER; EXCLURE.

implorer *v.* ▶ *Supplier qqn* – adjurer, prier, solliciter, supplier. *SOUT.* conjurer, crier grâce, crier merci, tendre les bras vers, tomber aux genoux de, tomber aux pieds de. ▶ *Demander qqch. avec insistance* – invoquer, mendier, quémander, quêter, solliciter. *FAM.* mendigoter. *QUÉB. FAM.* seiner. ▲**ANT.** DÉDAIGNER, MÉPRISER, REFUSER, RENVOYER, REPOUSSER.

implosion *n. f.* ▲**ANT.** EXPLOSION.

impoli *adj.* ▶ *Qui manque de savoir-vivre* – de mauvaise compagnie, discourtois, goujat, grossier, impertinent, incivil, inconvenant, incorrect, indélicat, mal élevé, rustre. *FAM.* mal embouché, malpoli, mufle. *QUÉB. FAM.* habitant. ▶ *Effronté* – cavalier, cynique, désinvolte, effronté, éhonté, familier, impertinent, impudent, insolent, irrespectueux, irrévérencieux, leste, libre, provocant, sans gêne, sans vergogne. *FAM.* culotté, gonflé. *QUÉB. FAM.* baveux. *ACADIE FAM.* effaré. ▲**ANT.** AFFABLE, BIEN ÉLEVÉ, BIENSÉANT, CIVIL, COURTOIS, DÉLICAT, GALANT, POLI.

importance *n. f.* ▶ *Caractère important* – dimension, gravité, portée, priorité, prix. ▶ *Immensité* – grandeur, immensité, longueur, monumentalité. *SOUT.* taille. ▶ *Grandeur morale* – envergure, étoffe, genre, qualité, stature. *FIG.* carrure. ▶ *Influence* – action, aide, appui, ascendant, attirance, attraction, aura, autorité, contagion, crédit, dominance, domination, effet, empreinte, emprise, fascination, force, incitation, influence, inspiration, magie, magnétisme, mainmise, manipulation, mouvance, persuasion, pétition, poids, pouvoir, prépondérance, présence, pression, prestige, puissance, règne, rôle, séduction, subjugation, suggestion, tyrannie. *SOUT.* empire, intercession. ▶ *Vanité* – amour-propre, arrogance, autosatisfaction, bouffissure, complaisance, contentement (de soi), crânerie, enflure, fatuité, gloriole, hauteur, immodestie, jactance, mégalomanie, morgue, orgueil, ostentation, outrecuidance, parade, pose, présomption, prétention, suffisance, superbe, supériorité, triomphalisme, vanité, vantardise. *SOUT.* fierté, infatuation. *FAM.* ego. *QUÉB. FAM.* pétage de

bretelles. ▲**ANT.** FUTILITÉ, INSIGNIFIANCE; FAIBLESSE, MÉDIOCRITÉ; MODESTIE.

important *adj.* ▶ *Majeur* – capital, central, crucial, de la plus haute importance, de premier plan, décisif, déterminant, dominant, essentiel, fondamental, maître, majeur, numéro un, prédominant, prééminent, premier, prépondérant, primordial, principal, prioritaire, supérieur. *SOUT.* à nul autre second, cardinal. ▶ *Indispensable* – capital, crucial, de première nécessité, essentiel, fondamental, incontournable, indispensable, irremplaçable, nécessaire, primordial, vital. ▶ *D'une certaine importance* – appréciable, considérable, de taille, fort, grand, gros, non négligeable, notable, respectable, sensible, sérieux, substantiel. *FAM.* conséquent. ▶ *Digne d'être remarqué* – élevé, éminent, exceptionnel, grand, insigne, prestigieux, remarquable, signalé. *SOUT.* suréminent. ▶ *Grave* – d'importance, de conséquence, grave, gravissime, gros, lourd. ▶ *Puissant* – de haut rang, grand, haut placé, influent, notable, puissant, qui a le bras long. *SOUT.* de haute volée. ▲**ANT.** ACCESSOIRE, (D'INTÉRÊT) SECONDAIRE, DE SECOND PLAN, MARGINAL, MINEUR, NÉGLIGEABLE; DE PEU D'IMPORTANCE, FAIBLE, MODESTE; COMMUN, DU PEUPLE, HUMBLE, ORDINAIRE, PROLÉTAIRE; DÉRISOIRE, INSIGNIFIANT, MALHEUREUX, MINIME, MISÉRABLE, PIÈTRE, RIDICULE.

importateur *n.* ▲**ANT.** EXPORTATEUR.

importation *n. f.* ▶ *Introduction* – constitution, création, disposition, édification, établissement, fondation, implantation, installation, instauration, institution, introduction, intronisation, mise en œuvre, mise en place, mise sur pied, nomination, organisation, placement, pose. *INFORM.* implémentation. ▶ *Informatique* – export. ▲**ANT.** EXPORTATION.

importer *v.* ▶ *Avoir de l'importance* – agir sur, compter, entrer en ligne de compte, influencer, influer sur, jouer, peser dans la balance, peser sur. ▲**ANT.** ÊTRE ÉGAL, INDIFFÉRER; EXPORTER.

importun *adj.* ▶ *Qui tombe mal* – fâcheux, inopportun, mal à propos, mal choisi *(moment)*, mal venu, qui tombe mal. ▶ *Qui importune* – accaparant, accapareur, encombrant, envahissant, fatigant, indésirable, indiscret, intrus, pesant, sans gêne. *FAM.* casse-pieds, collant, crampon, embêtant. *QUÉB. FAM.* achalant, dérangeant. ▶ *Exaspérant* – agaçant, crispant, désagréable, énervant, exaspérant, excédant, fatigant, harcelant, inopportun, insupportable, irritant. *FAM.* assommant, casse-pieds, embêtant, empoisonnant, enquiquinant, enquiquineur, horripilant, qui tape sur les nerfs, suant, tannant, tuant. *FRANCE FAM.* gonflant. *QUÉB. FAM.* achalant, dérangeant, gossant. ▶ *Déplacé* – choquant, de mauvais goût, déplacé, fâcheux, hors de propos, hors de saison, incongru, inconvenant, indélicat, indiscret, inélégant, inopportun, intempestif, mal à propos, mal venu, malencontreux. *SOUT.* malséant, malsonnant *(parole)*. ▲**ANT.** À PROPOS, BIENVENU, OPPORTUN, PROPICE, QUI TOMBE À PIC; AGRÉABLE, CALMANT, TRANQUILLISANT; ATTIRANT, CONVIVIAL, DE BONNE COMPAGNIE, ENGAGEANT, INTÉRESSANT, SYMPATHIQUE; POLI, RESPECTUEUX.

importuner *v.* ▶ *Agacer* – agacer, crisper, énerver, exaspérer, excéder, fatiguer, hérisser, impatienter, irriter, porter sur les nerfs à. *FAM.* barber, casser les pieds à, chauffer les oreilles à, courir sur le système à, embêter, emmieller, empoisonner, enquiquiner, faire suer, gonfler, horripiler, insupporter, pomper l'air à, porter sur le système à, scier, tanner, taper sur le système à, taper sur les nerfs à. *FRANCE FAM.* bassiner, canuler, cavaler, courir, courir sur le haricot à, soûler. *QUÉB. FAM.* achaler, déranger, écœurer, tomber sur la noix à, tomber sur la rate à, tomber sur le système à, tomber sur les nerfs à, tomber sur les rognons à. ▶ *Harceler sans répit* – éperonner, être aux trousses de, harceler, poursuivre, presser, sergenter, talonner, tourmenter. *SOUT.* assiéger, molester. *FAM.* asticoter, courir après, tarabuster. *QUÉB. ACADIE FAM.* achaler. *QUÉB. FAM.* écœurer, tacher. ▶ *Incommoder* – déranger, ennuyer, gêner, incommoder, indisposer. ▶ *Interrompre* – déranger, envahir, gêner, interrompre. ▲ANT. AMUSER, CHARMER; DISTRAIRE, DIVERTIR, ÉGAYER, PLAIRE, RÉJOUIR; ACCOMMODER, AIDER.

imposant *adj.* ▶ *Qui impose le respect* – auguste, digne, grave, impérial, majestueux, noble, olympien, qui impose le respect, solennel. ▶ *Impressionnant* – grand, grandiose, impressionnant, magistral, magnifique, majestueux, monumental. à grand spectacle *(mise en scène).* ▶ *Corpulent* – adipeux, (bien) en chair, charnu, corpulent, de forte taille, empâté, épais, étoffé, fort, gras, gros, large, lourd, massif, obèse, opulent, plantureux, plein. *FAM.* éléphantesque, hippopotamesque. *FRANCE FAM.* mastoc. *QUÉB. FAM.* baquais. ▲ANT. HUMBLE, MODESTE, PETIT, SIMPLE; CHÉTIF, GRINGALET, MAIGRE, MAIGRELET, MAIGRICHON.

imposer *v.* ▶ *Infliger* – faire subir, infliger. ▶ *Ordonner* – commander, décréter, dicter, donner l'ordre de, ordonner, prescrire, vouloir. *SOUT.* édicter. ▶ *Nécessiter* – appeler, avoir besoin de, commander, demander, exiger, nécessiter, obliger, postuler, prendre, prescrire, réclamer, requérir, vouloir. ▶ *Soumettre à une taxe* – frapper d'une taxe, taxer. ♦ *s'imposer* ▶ *Dominer* – avoir le dessus, avoir préséance, dominer, l'emporter, prédominer, prévaloir, primer, régner, triompher. ▲ANT. PERMETTRE, TOLÉRER; AFFRANCHIR, DÉGREVER, DISPENSER. △S'IMPOSER – S'INCLINER.

impossibilité *n.f.* ▶ *Contradiction* – absurdité, antilogie, antinomie, aporie, conflit, contradiction, contresens, contrevérité, incohérence, inconsistance, invraisemblance, non-sens, paradoxe, sophisme. ▶ *Invraisemblance* – bizarrerie, énormité, étrangeté, extravagance, improbabilité, incrédibilité, invraisemblance. ▶ *Incapacité* – inaptitude légale, incapacité. ▶ *Obstacle* – accroc, adversité, anicroche, barrière, blocage, contrariété, contretemps, défense, difficulté, digue, écueil, embarras, empêchement, ennui, entrave, frein, gêne, impasse, inhibition, interdiction, objection, obstruction, ombre au tableau, opposition, pierre d'achoppement, point noir, problème, résistance, restriction, tracas, tribulations. *QUÉB.* irritant. *SOUT.* achoppement, impedimenta, traverse. *FAM.* blème, hic, lézard, os, pépin. *QUÉB. FAM.* aria. ▲ANT. POSSIBILITÉ; VRAISEMBLANCE; CAPACITÉ, POUVOIR.

impossible *adj.* ▶ *Infaisable* – impraticable, inapplicable, inenvisageable, inexécutable, infaisable,

irréalisable. ▶ *Irréaliste* – chimérique, improbable, inaccessible, invraisemblable, irréalisable, irréaliste, utopique. ▶ *Invraisemblable* – à dormir debout, abracadabrant, abracadabrantesque, absurde, baroque, biscornu, bizarre, burlesque, cocasse, exagéré, excentrique, extravagant, fantasque, farfelu, fou, funambulesque, grotesque, impayable, incroyable, insolite, invraisemblable, loufoque, qui ne tient pas debout, rocambolesque, saugrenu, tiré par les cheveux, vaudevillesque. *FRANCE FAM.* foutraque, gaguesque, louf, louftingue. ▶ *Insupportable* – antipathique, atroce, déplaisant, désagréable, détestable, exécrable, haïssable, infernal, insoutenable, insupportable, intenable, intolérable, invivable, irrespirable, odieux, pénible. *FAM.* imbuvable. ▲ANT. PLAUSIBLE, POSSIBLE; LOGIQUE, SENSÉ, SÉRIEUX; ADORABLE, AIMABLE, CHARMANT, DÉLICIEUX, GENTIL.

imposteur *n.m.* ▶ *Celui qui cache ses intentions* – attrapeur, bonimenteur, bourreur de crâne, cabotin, chafouin, charlatan, comédien, dissimulateur, dissimulé, doucereux, faux jeton, grimacier, homme à deux visages, hypocrite, sainte-nitouche *(femme),* simulateur, sournois, sucré, tartufe, trompeur. *SOUT.* dupeur, endormeur. ▶ *Celui qui se fait passer pour un autre* – usurpateur.

imposture *n.f.* ▶ *Tromperie* (*SOUT.*) – abus de confiance, canaillerie, carambouillage, carambouille, charlatanerie, charlatanisme, coup monté, crapulerie, enjôlement, escamotage, escroquerie, fraude, grivèlerie, maquignonnage, mystification, supercherie, tricherie, tromperie, usurpation, vol. *SOUT.* coquinerie, duperie, piperie. *FAM.* arnaque, embrouille, filoutage, friponnerie, tour de passe-passe. *FRANCE FAM.* carottage, entubage, estampage. ▶ *Affectation* – affectation, air, apparence, apprêt, artificialité, bluff, cabotinage, comédie, composition, contenance, convenu, dandysme, genre, jeu, maniérisme, manque de naturel, mascarade, mièvrerie, pose, raideur, recherche, représentation, snobisme. *SOUT.* cambrure. *FAM.* chiqué, cinéma. ▲ANT. FRANCHISE, SINCÉRITÉ; DÉMYSTIFICATION.

impôt *n.m.* ▶ *Prélèvement* – charge, contribution, cote, droit, excise, fiscalité, imposition, levée, patente, prélèvement, prestation, prime *(assurance),* redevance, surtaxe, taxation, taxe, tribut. *QUÉB.* accise. *BELG.* accises. *HIST.* capitation, champart, corvée, dîme, fouage, franc-fief, gabelle, maltôte, moulage, taille, tonlieu. *DR.* foretage. ▲ANT. DÉGRÈVEMENT, EXEMPTION, EXONÉRATION.

impraticable *adj.* ▶ *Infaisable* – impossible, inapplicable, inenvisageable, inexécutable, infaisable, irréalisable. ▲ANT. PRATICABLE; CARROSSABLE; FAISABLE, RÉALISABLE.

imprécation *n.f.* ▶ *Malédiction* – anathématisation, anathème, blâme, blasphème, condamnation, damnation, déprécation, excommunication, jurement, malédiction, reproche, vœu. *SOUT.* exécration. ▶ *Insulte* – blasphème, fulmination, grossièreté, infamie, injure, insolence, insulte, invective, sottise. *SOUT.* vilenie, offense. *FAM.* engueulade. *QUÉB. FAM.* bêtise. ▶ *Juron* – blasphème, cri, exclamation, exécration, gros mot, jurement, juron, outrage. *QUÉB. FAM.* sacre. ▲ANT. BÉNÉDICTION; DÉPRÉCATION.

imprécis *adj.* ▶ *Indistinct* – confus, estompé, flou, incertain, indécis, indéfini, indéfinissable, indéterminé, indistinct, informe, ni chair ni poisson, obscur, sourd *(sentiment)*, trouble, vague, vaporeux, voilé. ▶ *Volontairement vague* – évasif, fuyant, vague. SOUT. élusif. ▶ *Peu détaillé* – approximatif, grossier, rudimentaire, sommaire, superficiel, vague. ▲ANT. PRÉCIS; DISCERNABLE, DISTINCT, IDENTIFIABLE, PERCEPTIBLE; CATÉGORIQUE, CLAIR, EXPLICITE, FORMEL, NET; DÉTAILLÉ, POINTU.

imprécision *n. f.* ▶ *Indétermination* – à-peu-près, approximation, confusion, flou, indétermination, nébulosité, vague. ▶ *Inexactitude* – écart, erreur, faute, imperfection, incorrection, inexactitude, infidélité, irrégularité. ▲ANT. NETTETÉ, PRÉCISION; EXACTITUDE.

imprégné *adj.* bourré, débordant, farci, imbu, pénétré, plein, rempli, saturé. SOUT. pétri.

imprégner *v.* ▶ *Mouiller* – abreuver, arroser, baigner, détremper, gorger d'eau, imbiber, inonder, mouiller. ▶ *Remplir de liquide* – gonfler, gorger, remplir, saturer. ♦ *s'imprégner* ▶ *Absorber un liquide* – absorber, boire, pomper, s'imbiber de. ▶ *Laisser entrer en soi* – se laisser pénétrer par, se pénétrer de. ▲ANT. ASSÉCHER, ESSUYER, SÉCHER; DÉGORGER, ESSORER. △S'IMPRÉGNER – EXSUDER, REJETER.

impression *n. f.* ▶ *Perception* – aperception, appréhension, conception, discernement, entendement, idée, intelligence, perception, sens, sensation, sentiment. FIG. œil. PSYCHOL. gnosie. PHILOS. senti. ▶ *Excitabilité* – excitabilité, irritabilité, réceptivité, sensation, sensibilité. MÉD. esthésie, kinesthésie. ▶ *Excessive* – surexcitabilité. MÉD. éréthisme, hyperesthésie. ▶ *Pressentiment* – anticipation, divination, flair, instinct, intuition, précognition, prédiction, prémonition, prénotion, prescience, pressentiment, prévision, sentiment, voyance. FAM. pif, pifomètre. ▶ *Opinion* – appréciation, avis, conception, conviction, critique, croyance, dogme, estime, idée, jugement, opinion, optique, pensée, perception, point de vue, position, principe, prise de position, sentiment, théorie, thèse, vote, vue. SOUT. oracle. ▶ *Souvenir* – allusion, anamnèse, commémoration, déjà vu, évocation, mémoire, mémoration, mémorisation, pensée, rappel, réminiscence, souvenir, trace. SOUT. remémoration. ▶ *Non favorable* – arrière-goût. ▶ *Aspect* – air, allure, apparence, aspect, caractère, configuration, couleur, couvert, dehors, éclairage, expression, extérieur, façade, faciès, figure, forme, formule, jour, masque, mine, paraître, perspective, physionomie, plastique *(en art)*, portrait, présentation, profil, ressemblance, semblant, surface, ton, tour, tournure, traits, vernis, visage. SOUT. enveloppe, superficie. ▶ *Édition* – parution, publication, tirage. ▲ANT. CERTITUDE, FOND, RÉALITÉ.

impressionnant *adj.* ▶ *Étonnant* – étonnant, frappant, hallucinant, marquant, notable, remarquable, saillant, saisissant, spectaculaire. FAM. bluffant. ▶ *Grandiose* – grand, grandiose, imposant, magistral, magnifique, majestueux, monumental, à grand spectacle *(mise en scène)*. ▲ANT. BANAL, ININTÉRESSANT, ORDINAIRE, SANS INTÉRÊT; HUMBLE, MODESTE, PETIT, SIMPLE.

impressionner *v.* ▶ *Causer une vive impression* – déteindre sur, exercer une influence sur, faire impression sur, frapper, influencer, marquer. ▶ *Remplir d'étonnement et d'admiration* – éblouir, émerveiller, faire de l'effet, faire impression, faire sensation, fasciner. FAM. en mettre plein la vue à, épater. ▶ *Intimider* – en imposer à, intimider. ▲ANT. APAISER, CALMER; BLASER, LAISSER DE GLACE, LAISSER DE MARBRE, LAISSER FROID, LAISSER INDIFFÉRENT, REFROIDIR.

imprévisible *adj.* impondérable. DIDACT. imprédictible. ▲ANT. PRÉDICTIBLE, PRÉVISIBLE.

imprévu *adj.* accidentel, exceptionnel, fortuit, inattendu, inopiné. SOUT. de rencontre. ▲ANT. PRÉVISIBLE, PRÉVU.

imprévu *n. m.* ▶ *Hasard* – accident, aléa, aléatoire, aventure, cas fortuit, chance, circonstance, coïncidence, conjoncture, contingence, coup de dés, coup du sort, facteur chance, fortuit, hasard, impondérable, inattendu, incertitude, indétermination, occurrence, rencontre, sort. SOUT. fortune. QUÉB. FAM. adon. PHILOS. casualisme, casualité, indéterminisme. FIG. loterie. ▶ *Incident* – accident, accroc, accrochage, affaire, anicroche, avatar, aventure, complication, contingences, contrariété, contretemps, crise, désagrément, difficulté, dispute, embarras, empêchement, ennui, épine, épisode, événement, éventualité, incident, mésaventure, obstacle, occasion, occurrence, péripétie, problème, rebondissement, tribulations. SOUT. adversité. FAM. blème, cactus, embêtement, emmerde, emmerdement, enquiquinement, os, pépin, pétrin, tuile. FRANCE FAM. avaro, empoisonnement. ▲ANT. HABITUDE, ROUTINE.

imprimer *v.* ▶ *Reproduire par l'imprimerie* – sortir, tirer. ▶ *Publier* – éditer, faire paraître, publier. ▶ *Marquer par pression* – empreindre, graver, marquer. ▶ *Fixer dans la mémoire* – graver, marquer. ▶ *Transmettre un mouvement* – communiquer, transmettre. ▲ANT. BIFFER, EFFACER, SUPPRIMER; CENSURER.

improbable *adj.* chimérique, impossible, inaccessible, invraisemblable, irréalisable, irréaliste, utopique. ▲ANT. PROBABLE.

impropre *adj.* ▶ *Qui enfreint les règles d'usage* – abusif, barbare, de mauvais aloi, fautif, incorrect. ▶ *Inapte* – impuissant, inapte, incapable. FAM. pas chiche, pas fichu, pas foutu. FRANCE FAM. infichu, infoutu. DR. incompétent. ▶ *Inadéquat* – inadapté, inadéquat, inapproprié. ▲ANT. ACCEPTÉ, BON, CORRECT, DE BON ALOI, PERMIS. △IMPROPRE À – APTE À, CAPABLE DE, HABILE À, PROPRE À, SUSCEPTIBLE DE.

improvisation *n. f.* chorus, impromptu. ▲ANT. PLANIFICATION, PRÉPARATION.

improviser *v.* concevoir, créer, imaginer, innover, inventer, mettre au point, trouver. QUÉB. FAM. patenter. ▲ANT. PLANIFIER, PRÉPARER.

imprudemment *adv.* ▶ *Témérairement* – audacieusement, aventureusement, hardiment, périlleusement, témérairement. ▶ *Dangereusement* – dangereusement, défavorablement, désavantageusement, dramatiquement, funestement, gravement, grièvement, mal, malencontreusement, nuisiblement, pernicieusement, sérieusement, subversivement, terriblement. ▲ANT. AVEC CIRCONSPECTION,

imprudence

PRÉCAUTIONNEUSEMENT, PRÉVENTIVEMENT, PRUDEMMENT, RAISONNABLEMENT, SAGEMENT, SENSÉMENT, VIGILAMMENT.

imprudence *n. f.* ▶ *Manque de prudence* – absence (d'esprit), déconcentration, défaillance, dispersion, dissipation, distraction, étourderie, inadvertance, inapplication, inattention, inconséquence, irréflexion, légèreté, négligence, omission, oubli. *PSYCHAN.* aprosexie, déflexion. *PSYCHOL.* distractivité. ▶ *Danger* – aléa, casse-cou, danger, détresse, difficulté, écueil, embûche, épée de Damoclès, épouvantail, guêpier, hasard, impasse, insécurité, mauvais pas, menace, perdition, péril, piège, point chaud, point sensible, poudrière, récif, risque, spectre, traverse, urgence, volcan. *SOUT.* tarasque. *FRANCE FAM.* casse-gueule. ▶ *Action imprudente* – balourdise, bavure, bêtise, bévue, blague, bourde, distraction, erreur, étourderie, fausse manœuvre, fausse note, faute, faux pas, gaucherie, impair, maladresse, maldonne, méprise, sottise. *FAM.* boulette, couac, gaffe, gourance, gourante. ▲ANT. CIRCONSPECTION, PRUDENCE.

imprudent *adj.* ▶ *Téméraire* – aventureux, téméraire. *FAM.* casse-cou, risque-tout. ▶ *Écervelé* – écervelé, étourdi, évaporé, imprévoyant, impulsif, inconscient, inconséquent, inconsidéré, insouciant, irréfléchi, irresponsable, léger, négligent, sans cervelle, sans-souci. *SOUT.* malavisé. ▶ *Risqué* – audacieux, aventuré, aventureux, dangereux, extrême *(sport)*, fou, hardi, hasardé, hasardeux, osé, périlleux, risqué, suicidaire, téméraire. *FAM.* casse-cou, casse-gueule. ▲ANT. ATTENTIF, PRÉCAUTIONNEUX, PRÉVOYANT, PRUDENT, VIGILANT.

impudique *adj.* ▶ *Provocant* – affriolant, aguichant, aguicheur, aphrodisiaque, émoustillant, érotique, incendiaire, langoureux, lascif, osé, provocant, sensuel, suggestif, troublant, voluptueux. *DIDACT.* anacréontique. ▶ *Grivois* – coquin, croustillant, égrillard, gaillard, gaulois, gras, grivois, hardi, impur, léger, leste, libertin, libre, licencieux, lubrique, osé, paillard, polisson, salace. *SOUT.* rabelaisien. *FAM.* épicé, olé olé, poivré, salé. ▲ANT. CHASTE, DÉCENT, INNOCENT, PLATONIQUE, PUDIQUE, PUR, RÉSERVÉ, SAGE, VERTUEUX; JANSÉNISTE, PURITAIN, RIGIDE, SÉRIEUX, SÉVÈRE.

impuissance *n. f.* ▶ *Faiblesse* – abattement, anémie, débilité, délicatesse, faiblesse, fragilité, impotence, langueur. *SOUT.* chétivité. *MÉD.* aboulie, dynamie, apragmatisme, asthénie, atonie, cataplexie, hypotonie, myatonie, psychasthénie. ▶ *Paralysie* – arrêt, asphyxie, blocage, désactivation, engourdissement, enraiement, entrave, immobilisation, immobilisme, inhibition, neutralisation, obstruction, paralysie, ralentissement, sclérose, stagnation. ▶ *Désespoir* – désarroi, désespoir, détresse. ▲ANT. VIRILITÉ; PUISSANCE; APTITUDE, CAPACITÉ, EFFICACITÉ, POUVOIR.

impuissant *adj.* ▶ *Sans moyens* – désarmé, faible, fragile, sans défense, vulnérable. ▶ *Sans effet* – inactif, inefficace, inopérant. ▶ *Incapable* – impropre, inapte, incapable. *FAM.* pas chiche, pas fichu, pas foutu. *FRANCE FAM.* infichu, infoutu. *DR.* incompétent. ▲ANT. PUISSANT; FORT, REDOUTABLE; IMBATTABLE, INVINCIBLE, IRRÉDUCTIBLE; ACTIF, AGISSANT, EFFICACE, OPÉRANT.

impulsif *adj.* ▶ *Irréfléchi* – écervelé, étourdi, évaporé, imprévoyant, imprudent, inconscient, inconséquent, inconsidéré, insouciant, irréfléchi, irresponsable, léger, négligent, sans cervelle, sans-souci. *SOUT.* malavisé. ▶ *Emporté* – bouillant, emporté, enflammé, explosif, fougueux, impatient, impétueux, passionné, prompt, qui a la tête chaude, sanguin, véhément, vif, violent, volcanique. *QUÉB. FAM.* malendurant, prime. ▶ *Spontané* – naturel, primesautier, spontané. *FAM.* nature. ▲ANT. MESURÉ, PONDÉRÉ, POSÉ, RAISONNABLE, RÉFLÉCHI, RESPONSABLE, SAGE, SENSÉ, SÉRIEUX.

impulsion *n. f.* ▶ *Élan* – bond, branle, coup, élan, élancement, envolée, erre, essor, lancée, lancement, mouvement, rondade *(acrobatie)*, saut. *QUÉB. FAM.* erre d'aller. ▶ *Remous* – agitation, balancement, ballottement, bercement, branle, branlement, cahotement, flottement, fluctuation, flux et reflux, houle, lacet, mouvement, onde, ondoiement, ondulation, oscillation, pulsation, raz de marée, remous, roulis, tangage, va-et-vient, vague, valse, vibration. *FAM.* brimbalement. ▶ *Tendance* – affection, aptitude, attirance, disposition, faible, faiblesse, goût, habitude, inclination, instinct, penchant, pente, prédilection, prédisposition, préférence, propension, tendance, vocation. *DIDACT.* susceptibilité. *PSYCHOL.* compulsion, conation. *FAM.* tendresses. ▶ *Stimulation* – aide, aiguillon, animation, appel, défi, dépassement (de soi), émulation, encouragement, entraînement, excitation, exhortation, fanatisation, fomentation, incitation, instigation, invitation, invite, motivation, provocation, sollicitation, stimulation, stimulus. *SOUT.* surpassement. *FAM.* provoc. ▲ANT. BARRIÈRE, FREIN, INHIBITION.

impunément *adv.* en toute impunité, en toute liberté, librement.

impuni *adj.* ▲ANT. CHÂTIÉ, EN PUNITION, PUNI.

impur *adj.* ▶ *Malsain* – antihygiénique, insalubre, malsain, pollué, vicié. ▶ *Impudique* – coquin, croustillant, égrillard, gaillard, gaulois, gras, grivois, hardi, impudique, léger, leste, libertin, libre, licencieux, lubrique, osé, paillard, polisson, salace. *SOUT.* rabelaisien. *FAM.* épicé, olé olé, poivré, salé. ▶ *Contraire à la morale* – amoral, choquant, éhonté, immoral, inconvenant, indécent, obscène, offensant, révoltant, scabreux, scandaleux. ▲ANT. INALTÉRÉ, INTACT, PUR; CLAIR, CRISTALLIN, LIMPIDE, TRANSPARENT; CHASTE, DÉCENT, INNOCENT, PLATONIQUE, PUDIQUE, SAGE, VERTUEUX; BIENSÉANT, CONVENABLE, CORRECT, HONORABLE, MORAL.

impureté *n. f.* ▶ *Saleté* – bassiné, bourre, bourrier, chiure, chute, crasse, culot, dépôt, débris, déchet, dépôt, détritus, excrément, fange, fiente, fumier, gadoue, immondices, lavure, lie, malpropreté, ordure, parcelle, perte, poussière, raclure, rebut, reliefs, reliquat, résidu, reste, rinçure, rognure, saleté, salissure. *FAM.* cochonnerie, margouillis, saloperie. ▶ *Péché* – accroc, chute, crime, déchéance, écart, errements, faute, mal, manquement, mauvaise, offense, péché, sacrilège, scandale, souillure, tache, transgression, vice. ▶ *Abjection* – abjection, abomination, atrocité, bassesse, boue, corruption, crapulerie, crime, débauche, déshonneur, fange, grossièreté, honte, horreur, ignominie, indignité, infamie, laideur, misère, monstruosité, noirceur, obscénité, odieux, ordure, saleté, sordide, souillure, vice. SOUT. sordidité, stupre, turpitude, vilenie. ▶ *Atome* – accepteur, atome accepteur, atome d'impureté. ▲ANT. PURETÉ; IMPECCABILITÉ; HONNÊTETÉ; CHASTETÉ, CONTINENCE.

imputer *v.* ▶ *Reprocher* – mettre sur le dos, reprocher. ▶ *Attribuer* – attribuer, mettre sur le compte, rejeter. ▶ *Affecter une somme* – affecter, appliquer, assigner, attribuer, porter. ▲ANT. BLANCHIR, DÉCHARGER, DISCULPER, EXCUSER, INNOCENTER, JUSTIFIER, LAVER.

inacceptable *adj.* ▶ *Déraisonnable* – déraisonnable, illégitime, inadmissible, indéfendable, injustifiable, injustifié, insoutenable, irrecevable. SOUT. infondé. ▶ *Impardonnable* – impardonnable, inadmissible, inconcevable, inexcusable, injustifiable, intolérable. SOUT. irrémissible. ▲ANT. ACCEPTABLE; APPROUVABLE, BIEN, BON, CONVENABLE, CORRECT, DÉCENT, HONNÊTE, HONORABLE, MOYEN, PASSABLE, PRÉSENTABLE, RAISONNABLE, SATISFAISANT, SUFFISANT; ADMISSIBLE, RECEVABLE, VALABLE, VALIDE.

inaccessible *adj.* ▶ *Difficile d'accès* – impénétrable, inabordable, inatteignable. ▶ *Incompréhensible* – cabalistique, caché, cryptique, énigmatique, ésotérique, hermétique, impénétrable, incompréhensible, inconcevable, inconnaissable, indéchiffrable, indécodable, inexplicable, inintelligible, insaisissable, insondable, mystérieux, nébuleux, obscur, opaque, secret, ténébreux. SOUT. abscons, abstrus, sibyllin. ▶ *Irréaliste* – chimérique, impossible, improbable, invraisemblable, irréalisable, irréaliste, utopique. ▶ *Difficile à aborder* – d'un abord difficile, inabordable. ▶ *Insensible* – étranger, fermé, imperméable, indifférent, insensible, réfractaire, sourd. SOUT. impénétrable. ▲ANT. ACCESSIBLE; ABORDABLE, ACCOSTABLE; À LA PORTÉE DE TOUS, CLAIR, COMPRÉHENSIBLE, ÉVIDENT, INTELLIGIBLE, LIMPIDE, SIMPLE, TRANSPARENT; APPROCHABLE, D'UN ABORD FACILE, DISPONIBLE. △INACCESSIBLE À – DISPOSÉ À, FAVORABLE, OUVERT À.

inaccoutumé *adj.* ▶ *Exceptionnel* – d'exception, exceptionnel, fortuit, inhabituel, inusité, occasionnel, rare, rarissime, spécial. SOUT. extraordinaire, inusuel. ▶ *Bizarre* – anormal, baroque, bizarre, curieux, drôle, étonnant, étrange, incompréhensible, inexplicable, inhabituel, insolite, inusité, singulier, spécial, surprenant. SOUT. extraordinaire. FAM. bizarroïde. ▲ANT. COUTUMIER, HABITUEL, NORMAL, ORDINAIRE, STANDARD, USUEL.

inachevé *adj.* fragmentaire, imparfait, incomplet, insuffisant, lacunaire, partiel, relatif. ▲ANT. ACHEVÉ, COMPLET, ENTIER.

inactif *adj.* ▶ *En parlant de qqn* – désoccupé, désœuvré, inoccupé, oisif. FAM. végétatif. ▶ *En parlant de qqch.* – impuissant, inefficace, inopérant. ▲ANT. ACTIF; AU TRAVAIL; AGISSANT, EFFICACE, OPÉRANT, PUISSANT.

inaction *n. f.* ▶ *Immobilité* – calme, fixité, hiératisme, immobilisme, immobilité, immuabilité, immutabilité, impassibilité, improductivité, inactivité, inamovibilité, inertie, paralysie, piétinement, plafonnement, repos, sclérose, stabilité, stagnation, stationnarité, statisme, statu quo, sur place. SOUT. marasme, morosité. ▶ *Désœuvrement* – chômage,

désœuvrement, farniente, inactivité, inertie, oisiveté, passivité, sédentarité, sinécure, sous-emploi. SOUT. désoccupation, inoccupation. QUÉB. FAM. bisounage. PAR EUPHÉM. inemploi. ▲ANT. ACTION, MOBILITÉ, MOUVEMENT; ACTIVITÉ, EXERCICE, OCCUPATION, TRAVAIL.

inadéquat *adj.* impropre, inadapté, inapproprié. ▲ANT. ADAPTÉ, ADÉQUAT, APPROPRIÉ, CONFORME, CONVENABLE, CORRECT, INDIQUÉ, JUSTE, OPPORTUN, PERTINENT, PROPICE.

inadmissible *adj.* ▶ *Déraisonnable* – déraisonnable, illégitime, inacceptable, indéfendable, injustifiable, injustifié, insoutenable, irrecevable. SOUT. infondé. ▶ *Inexcusable* – impardonnable, inacceptable, inconcevable, inexcusable, injustifiable, intolérable. SOUT. irrémissible. ▲ANT. ACCEPTABLE, ADMISSIBLE, RECEVABLE, VALABLE, VALIDE; COMPRÉHENSIBLE, DÉFENDABLE, EXCUSABLE, HUMAIN, JUSTIFIABLE, LÉGITIME, NATUREL, NORMAL, PARDONNABLE.

inaltérable *adj.* ▶ *Durable* – constant, durable, éternel, immortel, immuable, impérissable, imprescriptible, indéfectible, indestructible, indissoluble, infini, permanent, perpétuel, sans fin. SOUT. pérenne. ▶ *Incorruptible* – imputrescible, inattaquable, incorruptible, inox, inoxydable. ▶ *En parlant d'une couleur* – bon teint, fixe, grand teint. ▲ANT. CHANGEANT, ÉPHÉMÈRE, FRAGILE, FUGITIF, PASSAGER, PRÉCAIRE, PROVISOIRE; ALTÉRABLE, BIODÉGRADABLE, CORRUPTIBLE, DÉCOMPOSABLE, PÉRISSABLE, PUTRÉFIABLE, PUTRESCIBLE.

inaltéré *adj.* ▶ *Intact* – intact, intouché, pur, sauf. ▶ *Inutilisé* – intact, inutilisé, neuf, vierge. ▲ANT. ALTÉRÉ, CORROMPU.

inanimé *adj.* évanoui, inerte, sans connaissance. SOUT. gisant. ▲ANT. ANIMÉ, EN MOUVEMENT; COLORÉ, EXPRESSIF, PITTORESQUE, VIVANT.

inappréciable *adj.* ▶ *Sans prix* – cher, de (grande) valeur, de prix, inestimable, introuvable, précieux, rare, rarissime, recherché, sans prix. ▶ *Sans limites* – considérable, grand, illimité, immense, incalculable, incommensurable, infini, insondable, sans borne, sans fin, sans limites, sans mesure, vaste. ▲ANT. FAIBLE, INFIME, MODESTE, NÉGLIGEABLE, PETIT.

inapprochable *adj.* ▲ANT. ABORDABLE, APPROCHABLE.

inapproprié *adj.* impropre, inadapté, inadéquat. ▲ANT. ADÉQUAT, APPROPRIÉ.

inapte *adj.* impropre, impuissant, incapable. FAM. pas chiche, pas fichu, pas foutu. FRANCE FAM. infichu, infoutu. DR. incompétent. ▲ANT. ADROIT, APTE, CAPABLE.

inassimilable *adj.* ▲ANT. ASSIMILABLE, DIGESTE; FACILE.

inattendu *adj.* ▶ *Imprévu* – accidentel, exceptionnel, fortuit, imprévu, inopiné. SOUT. de rencontre. ▶ *Surprenant* – étonnant, insoupçonné, surprenant. ▲ANT. ATTENDU, PRÉVISIBLE, PRÉVU; BANAL, NORMAL.

inattention *n. f.* ▶ *Distraction* – absence (d'esprit), déconcentration, défaillance, dispersion, dissipation, distraction, étourderie, imprudence, inadvertance, inapplication, inconséquence, irréflexion, légèreté, négligence, omission, oubli. PSYCHAN. aprosexie, déflexion. PSYCHOL. distractivité. ▶ *Oubli*

– absence, amnésie, étourderie, manque, mauvaise mémoire, omission, oubli, perte de mémoire, trou (de mémoire). ▲ANT. APPLICATION, ATTENTION, CIRCONSPECTION, CONCENTRATION.

inaugurer *v.* ▶ *Instaurer* – instaurer, instituer, introduire. SOUT. impatroniser. ▶ *Entreprendre* – commencer, déclencher, donner le coup d'envoi à, enclencher, engager, entamer, entreprendre, lancer, mettre en branle, mettre en route, mettre en train. FAM. démarrer. ▶ *Constituer le premier élément* – commencer, ouvrir. ▲ANT. CONCLURE, FERMER, FINIR; CONTINUER, POURSUIVRE; COPIER, IMITER.

inavouable *adj.* abject, bas, coupable, crapuleux, dégoûtant, honteux, ignoble, immonde, indigne, infâme, infect, innommable, inqualifiable, lâche, méprisable, odieux, repoussant, répugnant, sans nom, scandaleux, sordide, vil, vilain. SOUT. fangeux, ignominieux, nauséeux, triste, turpide. FAM. dégueu, dégueulasse, écœurant, gerbant, moche. ▲ANT. AVOUABLE.

in-bord *adj.* ▲ANT. HORS-BORD.

incalculable *adj.* ▶ *Impossible à calculer* – indénombrable. ▶ *Immense* – considérable, grand, illimité, immense, inappréciable, incommensurable, infini, insondable, sans borne, sans fin, sans limites, sans mesure, vaste. ▲ANT. APPRÉCIABLE, CALCULABLE; FAIBLE, INFIME, MODESTE, NÉGLIGEABLE, PETIT.

incandescent *adj.* ▶ *En combustion* – ardent, embrasé, igné. ▶ *Brillant* – brasillant, brillant, éclatant, étincelant, flamboyant, luisant, miroitant, papillotant, reluisant, rutilant, scintillant. ▲ANT. ÉTEINT, FROID; BLAFARD, MAT, PÂLE, TERNE; CALME, INDIFFÉRENT.

incantation *n. f.* ▶ *Appel des esprits* – évocation.

incapable *adj.* ▶ *Inapte* – impropre, impuissant, inapte. FAM. pas chiche, pas fichu, pas foutu. FRANCE FAM. infichu, infoutu. DR. incompétent. ▶ *Incompétent* – ignorant, incompétent, insuffisant, mauvais, médiocre, nul. ▶ *Malhabile* – balourd, gauche, lourdaud, maladroit, malhabile, pataud. SOUT. inhabile. FAM. brise-tout, cafouilleur, cloche, empaillé, empoté, gaffeur, godiche, godichon, gourd, gourde, manche, manchot. ▲ANT. ADROIT, CAPABLE, COMPÉTENT, DOUÉ, EXPERT, HABILE, PERFORMANT, QUALIFIÉ, TALENTUEUX, VERSÉ. △INCAPABLE DE – APTE À, CAPABLE DE, HABILE À, PROPRE À, SUSCEPTIBLE DE.

incapable *n.* ▶ *Au sens courant* – bon à rien, gâcheur, inapte, incompétent, mazette, médiocre, nullité, propre à rien, raté. ▲ANT. AS, EXPERT, MAÎTRE, VIRTUOSE.

incapacité *n. f.* ▶ *Ignorance* – analphabétisme, ignorance, illettrisme, inadéquation, inaptitude, incompétence, incompréhension, inconscience, inculture, inexpérience, ingénuité, innocence, insuffisance, lacune, naïveté, nullité, obscurantisme, simplicité. SOUT. impéritie, inconnaissance, méconnaissance. ▶ *Invalidité* – handicap, impotence, infirmité, invalidité. ▶ *Paralysie* – akinésie, bradykinésie, diplégie, hémiplégie, invalidité, monoplégie, paralysie, paraplégie, parésie, quadriplégie, raideur, tétraplégie. ▶ *État légal* – inaptitude légale.

▲ANT. APTITUDE, CAPACITÉ, COMPÉTENCE; POUVOIR, PUISSANCE; HABILITÉ.

incarnation *n. f.* ▶ *Concrétisation* – actualisation, actuation, chosification, concrétisation, corporification, corporisation, expression, matérialisation, objectivation, personnification, réalisation, réification, substantialisation, substantification. ▶ *Symbole* – allégorie, attribut, chiffre, devise, drapeau, effigie, emblème, figure, icône, image, insigne, livrée, logo, logotype, marque, notation, personnification, représentation, signe, symbole, type. ▲ANT. DÉSINCARNATION; CONTRAIRE, OPPOSÉ.

incarner *v.* ▶ *Symboliser* – désigner, évoquer, exprimer, figurer, matérialiser, représenter, signifier, symboliser. ▶ *Personnifier* – personnifier, représenter. ▶ *Jouer* – camper *(avec vigueur)*, faire, interpréter, jouer, jouer le rôle de, prêter vie à, tenir le rôle de. ▲ANT. △S'INCARNER – SE DÉSINCARNER.

incendie *n. m.* brasier, embrasement, feu, flammes, fournaise, foyer. ▲ANT. EXTINCTION.

incendier *v.* ▶ *Mettre en feu* – brûler, embraser, enflammer. ▶ *Exciter* – aiguiser, allumer, attiser, augmenter, aviver, échauffer, embraser, enflammer, exalter, exciter, stimuler. ▶ *Réprimander* (FAM.) – admonester, attraper, chapitrer, faire des remontrances à, faire la leçon à, faire la morale à, gronder, houspiller, malmener, moraliser, morigéner, rappeler à l'ordre, remettre à sa place, remettre au pas, réprimander, sermonner. SOUT. gourmander, redresser, semoncer, semondre, tancer. FAM. assaisonner, dire deux mots à, disputer, doucher, engueuler, enguirlander, laver la tête à, moucher, passer un savon à, remonter les bretelles à, sacquer, savonner, savonner la tête à, secouer, secouer comme un (vieux) prunier, secouer les puces à, sonner les cloches à, tirer les oreilles à. FRANCE FAM. donner un cigare à, passer un cigare à. QUÉB. FAM. brasser, chauffer les oreilles à, chicaner, parler dans le casque à, ramasser, serrer les ouïes à. ▲ANT. ÉTEINDRE, ÉTOUFFER; CALMER, REFROIDIR.

incertain *adj.* ▶ *Possible* – aléatoire, casuel, conditionnel, conjectural, contingent, douteux, éventuel, hasardé, hasardeux, hypothétique, possible, problématique, supposé. ▶ *Variable* – changeant, en dents de scie, flottant, fluctuant, inconstant, inégal, instable, irrégulier, mobile, mouvant, variable. SOUT. labile, volatil. DIDACT. erratique. ▶ *Précaire* – chancelant, défaillant, faible, fragile, glissant, instable, menacé, précaire, vacillant. ▶ *Imprécis* – confus, estompé, flou, imprécis, indécis, indéfini, indéfinissable, indéterminé, indistinct, informe, ni chair ni poisson, obscur, sourd *(sentiment)*, trouble, vague, vaporeux, voilé. ▶ *Hésitant* – embarrassé, flottant, fluctuant, hésitant, indécis, indéterminé, irrésolu, perplexe, velléitaire. FRANCE FAM. entre le zist et le zest, vasouillard. ▲ANT. ASSURÉ, CERTAIN, SÛR; FATAL, IMMANQUABLE, INCONTOURNABLE, INÉLUCTABLE, INÉVITABLE, NÉCESSAIRE, OBLIGATOIRE; CONSTANT, FIXE, IMMOBILE, INVARIABLE, INVARIANT, STABLE, STATIONNAIRE, STATIQUE; ARRÊTÉ, CLAIR, DÉFINI, DÉTERMINÉ, NET, PRÉCIS, TRANCHÉ; CONVAINCU, PERSUADÉ.

incertitude *n. f.* ▶ *Hésitation* – doute, embarras, flottement, hésitation, inconstance, indécision, indétermination, instabilité, irrésolution, perplexité, procrastination, réticence, scrupule, tâtonnement, trouble, vacillement, valse-hésitation, velléité, versatilité. *SOUT.* limbes. *QUÉB. FAM.* brettage, tétage. ▸ *Ambiguïté* – ambiguïté, ambivalence, amphibologie, dilogie, double entente, double sens, énigme, équivoque, indétermination, obscurité, plurivocité, polysémie. ▸ *Instabilité* – ballottement, changement, déséquilibre, fluctuation, fragilité, inadaptation, inconstance, inégalité, instabilité, mouvant, mouvement, précarité, variabilité, variation, versatilité, vicissitude, volatilité. *SOUT.* fugacité. ▸ *Hasard* – accident, aléa, aléatoire, aventure, cas fortuit, chance, circonstance, coïncidence, conjoncture, contingence, coup de dés, coup du sort, facteur chance, fortuit, hasard, impondérable, imprévu, inattendu, indétermination, occurrence, rencontre, sort. *SOUT.* fortune. *QUÉB. FAM.* adon. *PHILOS.* casualisme, casualité, indéterminisme. *FIG.* loterie. ▲ANT. CONVICTION, FERMETÉ, RÉSOLUTION ; CERTITUDE, CLARTÉ, ÉVIDENCE ; PRÉVISIBILITÉ.

incessant *adj.* constant, continu, continuel, de tous les instants, ininterrompu, permanent, perpétuel, persistant, régulier. ▸ *Non favorable* – continuel, éternel, perpétuel, sans fin, sempiternel. ▲ANT. DISCONTINU, INTERMITTENT, IRRÉGULIER.

inchiffrable *adj.* ▲ANT. APPRÉCIABLE, CALCULABLE, CHIFFRABLE, ÉVALUABLE, MESURABLE, QUANTIFIABLE.

incidemment *adv.* ▸ *Accessoirement* – accessoirement, anecdotiquement, auxiliairement, concomitamment, en outre, marginalement, secondairement, subsidiairement, supplémentairement. ▸ *Accidentellement* – accidentellement, au passage, en passant, entre parenthèses, fortuitement, par extraordinaire, par hasard, par impossible. *SOUT.* d'aventure, par accident, par aventure, par rencontre. ▲ANT. ESSENTIELLEMENT, PRINCIPALEMENT ; À DESSEIN, DE PROPOS DÉLIBÉRÉ, DÉLIBÉRÉMENT, EXPRÈS, INTENTIONNELLEMENT, SCIEMMENT, VOLONTAIREMENT.

incidence *n. f.* ▸ *Effet* – action, conclusion, conséquence, contrecoup, corollaire, développement, effet, efficacité, fonction, fruit, impact, implication, jeu, juste retour des choses, œuvre, portée, prolongement, réaction, rejaillissement, répercussion, résultante, résultat, retentissement, retombées, ricochet, séquelle, suite (logique). *SOUT.* aboutissant, efficace, fille. ▲ANT. CAUSE, FACTEUR, SOURCE.

incident *n. m.* accident, accroc, accrochage, affaire, anicroche, avatar, aventure, complication, contingences, contrariété, contretemps, crise, désagrément, difficulté, dispute, embarras, empêchement, ennui, épine, épisode, événement, éventualité, imprévu, mésaventure, obstacle, occasion, occurrence, péripétie, problème, rebondissement, tribulations. *SOUT.* adversité. *FAM.* blème, cactus, embêtement, emmerde, emmerdement, enquiquinement, os, pépin, pétrin, tuile. *FRANCE FAM.* avaro, empoisonnement. ▲ANT. CHANCE, HEUREUX ÉVÉNEMENT.

inciter *v.* ▸ *Entraîner* – amener, conditionner, conduire, disposer, encourager, engager, entraîner, exhorter, impulser, incliner, mener, porter, pousser, provoquer. *SOUT.* exciter, mouvoir. ▸ *Conseiller fortement* – appeler, encourager, engager, exhorter, inviter. ▸ *Mettre dans un certain état d'esprit* –

convier, inviter. ▲ANT. DÉCOURAGER, DÉTOURNER, DISSUADER, EMPÊCHER, RETENIR ; APAISER.

inclinable *adj.* ▲ANT. FIXE.

inclinaison *n. f.* ▸ *Orientation* – axe, cap, côté, direction, exposition, face, ligne, orientation, sens, situation, vue. *QUÉB. ACADIE FAM.* bord. *ASTRON.* azimut. *AÉRON. MAR.* cap. *MAR.* gisement, orientement. ▸ *Pente* – angle, déclivité, dénivelé, dénivellation, dénivellement, dévers, déversement, dévoiement, obliquité, pente. ▸ *Déformation* – anamorphose, aplatissement, courbure, déformation, déviation, distorsion, gauchissement, gondolage, gondolement, ovalisation, plissement, voilage, voile, voilement, voilure. *TECHN.* fluage. *BIOL.* amorphisme. ▸ *Amplitude* – amplitude, écart, oscillation, portée, variation. ▸ *Agenouillement* – génuflexion, prosternation, prosternement. *RELIG.* prostration. ▲ANT. APLOMB, RECTITUDE ; HORIZONTALITÉ ; VERTICALITÉ.

inclination *n. f.* ▸ *Propension* – affection, aptitude, attirance, disposition, faible, faiblesse, goût, habitude, impulsion, instinct, penchant, pente, prédilection, prédisposition, préférence, propension, tendance, vocation. *DIDACT.* susceptibilité. *PSYCHOL.* compulsion, conation. *FAM.* tendresses. ▸ *Affinité* (*SOUT.*) – affection, amitié, amour, attachement, attirance, intérêt, lien, sympathie, tendresse. *FAM.* coup de cœur, coup de foudre. ▸ *Hommage* – baisemain, civilités, compliments, coup de chapeau, courbette, génuflexion, hommage, poignée de main, prosternation, révérence, salut, salutation. *FAM.* salamalecs. ▲ANT. ANTIPATHIE, AVERSION, DÉGOÛT, RÉPULSION.

incliné *adj.* déclive, en déclive, en pente, pentu.

incliner *v.* ▸ *Pencher* – coucher, pencher. *QUÉB. FAM.* canter. ▸ *Prédestiner* – appeler, destiner, prédestiner, prédéterminer, prédisposer. ▸ *Rendre enclin* – amener, conditionner, conduire, disposer, encourager, engager, entraîner, exhorter, impulser, inciter, mener, porter, pousser, provoquer. *SOUT.* exciter, mouvoir. ▸ *Préférer* – aimer mieux, avoir un faible pour, avoir un penchant pour, avoir une inclination pour, avoir une prédilection pour, pencher pour, préférer. ◆ *s'incliner* ▸ *Se pencher* – pencher. *QUÉB. FAM.* canter. ▸ *Se pencher en signe de respect* – se courber, se prosterner. ▸ *Devenir courbe* – s'arquer, s'incurver, s'infléchir, se courber. ▸ *Obéir* – céder à, écouter, obéir à, s'exécuter, se soumettre à. *SUISSE FAM.* baster. ▸ *Se résigner* – accepter, faire contre mauvaise fortune bon cœur, prendre son parti de, se faire à l'idée, se faire une raison, se résigner, se résoudre, se soumettre. *FAM.* digérer. ▲ANT. DRESSER, LEVER, REDRESSER, RELEVER ; DÉTOURNER, EMPÊCHER. △S'INCLINER – S'IMPOSER ; CONTINUER, LUTTER, PERSÉVÉRER, RÉSISTER, S'OBSTINER, S'OPPOSER.

inclusif *adj.* ▲ANT. EXCLUSIF.

inclusivement *adv.* ▲ANT. EXCLUSIVEMENT.

incognito *adv.* à huis clos, à la dérobée, anonymement, clandestinement, confidentiellement, discrètement, en cachette, en catimini, en confidence, en secret, en sourdine, en sous-main, furtivement, ni vu ni connu, occultement, sans tambour ni trompette, secrètement, sourdement, sous le manteau, souterrainement, subrepticement. *FAM.* en douce, en

incohérence

loucedé, en tapinois. ▲ANT. AU GRAND JOUR, DEVANT TOUT LE MONDE, EN PUBLIC.

incohérence *n. f.* ▶ *Discordance* – décousu, désaccord, discordance, disparité, divergence, hétérogénéité, inadéquation, incompatibilité, inhomogénéité, non-conformité. *SOUT.* disconvenance, incohésion. ▶ *Contradiction* – absurdité, antilogie, antinomie, aporie, conflit, contradiction, contresens, contrevérité, impossibilité, inconsistance, invraisemblance, non-sens, paradoxe, sophisme. ▶ *Illogisme* – aberration, absurde, absurdité, apagogie, contradiction, illogisme, inconséquence, irrationalité, irrationnel, non-sens, paradoxe, paralogisme. ▲ANT. ADÉQUATION, COHÉRENCE, CONVERGENCE, CORRESPONDANCE; LOGIQUE, RATIONALITÉ; COHÉSION, ORDRE, UNITÉ.

incohérent *adj.* chaotique, décousu, désordonné, incompréhensible, inconséquent, sans queue ni tête, sans suite. ▲ANT. COHÉRENT; CLAIR, INTELLIGIBLE, SAISISSABLE; CONTINU, ININTERROMPU, LOGIQUE, ORDONNÉ, STRUCTURÉ, SUIVI.

incolore *adj.* ▶ *Pâle* – blafard, blanc, blanchâtre, blême, clair, pâle, pâlot, terne. ▶ *Banal* – anodin, banal, fade, falot, inintéressant, insignifiant, insipide, plat, sans intérêt, terne. *FAM.* inodore et sans saveur. ▲ANT. COLORÉ; ANIMÉ, ENJOUÉ, FRINGANT, PÉTILLANT, PÉTULANT, PLEIN D'ENTRAIN, PLEIN DE VIE, VIVANT.

incomber *v.* appartenir à, peser sur, retomber sur (les épaules de), revenir à.

incommode *adj.* embarrassant, encombrant, gênant, malcommode. *QUÉB. FAM.* malavenant. ▶ *Par sa taille* – volumineux. ▲ANT. COMMODE, EFFICACE, FONCTIONNEL, PRATIQUE, UTILE, UTILITAIRE.

incomparable *adj.* ▶ *Exceptionnel* – d'exception, exceptionnel, hors du commun, hors ligne, hors pair, hors série, inégalable, inégalé, inimitable, insurpassable, insurpassé, irremplaçable, précieux, qui n'a pas son pareil, rare, remarquable, sans égal, sans pareil, sans précédent, sans rival, sans second, spécial, supérieur, unique. ▶ *Exemplaire* – accompli, achevé, consommé, de rêve, exemplaire, idéal, idyllique, irréprochable, modèle, parfait, rêvé. ▲ANT. ANODIN, BANAL, ORDINAIRE, SANS IMPORTANCE, SANS INTÉRÊT.

incomparablement *adv.* à la perfection, à merveille, à ravir, admirablement, bien, divinement, extraordinairement, idéalement, impeccablement, infailliblement, irréprochablement, le mieux du monde, merveilleusement, mirifiquement, on ne peut mieux, parfaitement, prodigieusement, sans fautes, sublimement, supérieurement, suprêmement. *SOUT.* excellemment. *FAM.* épatamment, sans bavure. ▲ANT. BANALEMENT, MOYENNEMENT, RELATIVEMENT.

incompatibilité *n. f.* ▶ *Mésentente* – affrontement, antagonisme, combat, compétition, concurrence, conflit, contentieux, contestation, controverse, débat, désaccord, différend, discorde, discussion, dispute, dissension, dissentiment, divergence, émulation, friction, heurt, incompréhension, lutte, mésentente, mésintelligence, opposition, polémique, querelle, rivalité. *FAM.* bagarre. ▶ *Incohérence* – décousu, désaccord, discordance, disparité, divergence, hétérogénéité, inadéquation, incohérence,

inhomogénéité, non-conformité. *SOUT.* disconvenance, incohésion. ▲ANT. ACCORD, ADÉQUATION, AFFINITÉ, COMPATIBILITÉ, ENTENTE, HARMONIE, SYMPATHIE.

incompatible *adj.* contradictoire, contraire, discordant, dissonant, divergent, éloigné, inconciliable, opposé. ▲ANT. COMPATIBLE, CONCILIABLE, CONCORDANT, CONVERGENT, CORRESPONDANT.

incomplet *adj.* fragmentaire, imparfait, inachevé, insuffisant, lacunaire, partiel, relatif. ▲ANT. COMPLET, ENTIER.

incompréhensible *adj.* ▶ *Dont le sens est caché* – cabalistique, caché, cryptique, énigmatique, ésotérique, hermétique, impénétrable, inaccessible, inconcevable, inconnaissable, indéchiffrable, indécodable, inexplicable, inintelligible, insaisissable, insondable, mystérieux, nébuleux, obscur, opaque, secret, ténébreux. *SOUT.* abscons, abstrus, sibyllin. ▶ *Dont le sens est confus* – brouillé, brumeux, compliqué, confus, contourné, embarrassé, embrouillé, embroussaillé, enchevêtré, entortillé, flou, fumeux, indéchiffrable, indigeste, inintelligible, nébuleux, obscur, tarabiscoté, vague, vaseux. *SOUT.* abscons, abstrus, amphigourique, fuligineux. *FAM.* chinois, emberlificoté, filandreux, vasouillard. ▶ *Sans suite logique* – chaotique, décousu, désordonné, incohérent, inconséquent, sans queue ni tête. ▶ *Bizarre* – anormal, baroque, bizarre, curieux, drôle, étonnant, étrange, inaccoutumé, inexplicable, inhabituel, insolite, inusité, singulier, spécial, surprenant. *SOUT.* extraordinaire. *FAM.* bizarroïde. ▲ANT. ACCESSIBLE, CLAIR, COMPRÉHENSIBLE, ÉVIDENT, INTELLIGIBLE, LIMPIDE, SIMPLE, TRANSPARENT; COHÉRENT, CONTINU, ININTERROMPU, LOGIQUE, ORDONNÉ, STRUCTURÉ, SUIVI.

incompréhension *n. f.* ▶ *Ignorance* – analphabétisme, ignorance, illettrisme, inadéquation, inaptitude, incapacité, incompétence, inconscience, inculture, inexpérience, ingénuité, innocence, insuffisance, lacune, naïveté, nullité, obscurantisme, simplicité. *SOUT.* impéritie, inconnaissance, méconnaissance. ▶ *Incompréhensibilité* – abstrusion, difficulté, hermétisme, illisibilité, impénétrabilité, imperceptibilité, inintelligibilité, obscurité, opacité. *SOUT.* incompréhensibilité. ▶ *Mésentente* – affrontement, antagonisme, combat, compétition, concurrence, conflit, contentieux, contestation, controverse, débat, désaccord, différend, discorde, discussion, dispute, dissension, dissentiment, divergence, émulation, friction, heurt, incompatibilité, lutte, mésentente, mésintelligence, opposition, polémique, querelle, rivalité. *FAM.* bagarre. ▶ *Différence* – abîme, altérité, changement, déviance, déviation, différence, dissemblance, dissimilitude, distance, distinction, divergence, diversité, division, divorce, écart, fossé, gouffre, inégalité, intervalle, marginalité, nuance, séparation, variante, variation, variété. *MATH.* inéquation. ▲ANT. COMPRÉHENSION, ENTENDEMENT, INTELLIGENCE; COMPRÉHENSIBILITÉ, INTELLIGIBILITÉ; ACCORD, COMMUNION, ENTENTE.

inconcevable *adj.* ▶ *Difficile à comprendre* – cabalistique, caché, cryptique, énigmatique, ésotérique, hermétique, impénétrable, inaccessible, incompréhensible, inconnaissable, indéchiffrable, indécodable, inexplicable, inintelligible, insaisissable, insondable, mystérieux, nébuleux, obscur, opaque, secret, ténébreux. SOUT. abscons, abstrus, sibyllin. ▶ *Inimaginable* – à (vous) couper le souffle, abasourdissant, ahurissant, bouleversant, confondant, déconcertant, dérangeant, ébahissant, effarant, époustouflant, étonnant, étourdissant, extraordinaire, impensable, incroyable, inimaginable, inouï, invraisemblable, pétrifiant, renversant, stupéfiant, suffocant, surprenant. SOUT. qui confond l'entendement. FAM. ébouriffant, mirobolant, sidérant, soufflant. QUÉB. FAM. capotant. ▶ *Inacceptable* – impardonnable, inacceptable, inadmissible, inexcusable, injustifiable, intolérable. SOUT. irrémissible. ▲ANT. CONCEVABLE; ACCESSIBLE, CLAIR, COMPRÉHENSIBLE, ÉVIDENT, INTELLIGIBLE, LIMPIDE, SIMPLE; DÉFENDABLE, EXCUSABLE, HUMAIN, INCOMPRÉHENSIBLE, JUSTIFIABLE, LÉGITIME, NATUREL, NORMAL; BANAL, ININTÉRESSANT, ORDINAIRE, SANS INTÉRÊT.

inconnu *adj.* ▶ *Dont on ne connaît pas l'identité* – anonyme, ignoré, obscur. ▶ *Mystérieux* – étrange, indéterminé, inexpliqué, mystérieux. ▶ *En parlant d'un lieu* – étranger, inexploré, nouveau. ▲ANT. COMMUN, CONNU, RÉPANDU; EXPLORÉ, FAMILIER.

inconnu *n.* ▶ *Personne* – anonyme, obscur, quidam. ♦ *Appellatif* – monsieur X, Untel. FAM. Chose, Machin, Machin Chouette, tartempion, Truc, Trucmuche. ♦ **l'inconnu**, *masc.* ▶ *Mystère* – arcanes, énigme, inconnaissable, mystère, obscurité, secret, voile. FAM. cachotterie. ♦ **inconnue**, *fém.* ▶ *Variable* – argument, identificateur, identifieur, paramètre, variable. ▲ANT. CÉLÉBRITÉ, PERSONNALITÉ, VEDETTE.

inconsciemment *adv.* ▶ *Machinalement* – à l'instinct, à l'intuition, au flair, automatiquement, d'instinct, impulsivement, instinctivement, intuitivement, involontairement, machinalement, mécaniquement, naturellement, par habitude, par humeur, par instinct, par nature, sans réfléchir, spontanément, viscéralement. ▶ *Inconsidérément* – à la légère, aveuglément, distraitement, étourdiment, inconsidérément, indiscrètement, légèrement. ▶ *Témérairement* – audacieusement, aventureusement, hardiment, imprudemment, périlleusement, témérairement. ▶ *Stupidement* – absurdement, bêtement, débilement, follement, idiotement, imbécilement, inintelligemment, naïvement, niaisement, ridiculement, simplement, sottement, stupidement. FAM. connement. QUÉB. FAM. niaiseusement. ▲ANT. CONSCIEMMENT; ATTENTIVEMENT, CONSCIENCIEUSEMENT, MÉTICULEUSEMENT, MINUTIEUSEMENT, PRÉCISÉMENT, PROPREMENT, RELIGIEUSEMENT, RIGOUREUSEMENT, SCRUPULEUSEMENT, SÉRIEUSEMENT, SOIGNEUSEMENT; AVEC CIRCONSPECTION, PRÉCAUTIONNEUSEMENT, PRUDEMMENT, SAGEMENT, SENSÉMENT, VIGILAMMENT; ASTUCIEUSEMENT, BRILLAMMENT, GÉNIALEMENT, INGÉNIEUSEMENT, INTELLIGEMMENT, JUDICIEUSEMENT, LUCIDEMENT, SAVAMMENT.

inconscience *n. f.* ▶ *Insensibilité* – anesthésie, détachement, indifférence, insensibilité, nirvana, sommeil. FAM. voyage. ▶ *Insouciance* – détachement, frivolité, imprévoyance, inapplication, irresponsabilité, laisser-aller, légèreté, négligence, nonchalance. FIG. myopie. SOUT. imprévision, morbidesse. FAM. je-m'en-fichisme, je-m'en-foutisme.

▲ANT. CONNAISSANCE, CONSCIENCE, LUCIDITÉ; PRUDENCE, RESPONSABILITÉ.

inconscient *adj.* ▶ *Dans le coma* – comateux, léthargique. ▶ *Qui n'a pas conscience des conséquences* – écervelé, étourdi, évaporé, imprévoyant, imprudent, impulsif, inconséquent, inconsidéré, insouciant, irréfléchi, irresponsable, léger, négligent, sans cervelle, sans-souci. SOUT. malavisé. ▶ *Subconscient* – infraliminaire, infraliminal, subconscient, subliminaire, subliminal. ▶ *Instinctif* – automatique, indélibéré, instinctif, intuitif, involontaire, irréfléchi, machinal, mécanique, naturel, réflexe, spontané. DIDACT. instinctuel, pulsionnel. ▲ANT. CONSCIENT, ÉVEILLÉ; MESURÉ, PONDÉRÉ, POSÉ, RAISONNABLE, RÉFLÉCHI, RESPONSABLE, SAGE, SENSÉ, SÉRIEUX; INTENTIONNEL, PLANIFIÉ, PRÉMÉDITÉ, PROVOQUÉ, VOLONTAIRE.

inconséquence *n. f.* ▶ *Incohérence* – aberration, absurde, absurdité, apagogie, contradiction, illogisme, incohérence, irrationalité, irrationnel, nonsens, paradoxe, paralogisme. ▶ *Irréflexion* – absence (d'esprit), déconcentration, défaillance, dispersion, dissipation, distraction, étourderie, imprudence, inadvertance, inapplication, inattention, irréflexion, légèreté, négligence, omission, oubli. PSYCHAN. aprosexie, déflexion. PSYCHOL. distractivité. ▶ *Folie* – aberration, démence, extravagance, folie, idiotie, imbécillité, ineptie, stupidité. ▲ANT. CONSÉQUENCE, LOGIQUE, SUITE; BON SENS, RAISON.

inconsistance *n. f.* ▶ *Médiocrité* – banalité, facilité, fadeur, faiblesse, indigence, insignifiance, insuffisance, médiocre, médiocrité, pauvreté, platitude, prévisibilité. SOUT. trivialité. FAM. fadasserie. ▶ *Futilité* – frivolité, futilité, inanité, inefficacité, insignifiance, inutilité, néant, nullité, puérilité, stérilité, superfétation, superficialité, superfluité, vacuité, vanité, vide. ▶ *Manque de profondeur d'une chose* – légèreté, superficialité. ▶ *Mollesse* – abattement, affaiblissement, apathie, atonie, avachissement, faiblesse, indolence, langueur, laxisme, mollasserie, mollesse, nonchalance, passivité, veulerie. MÉD. aboulie, athymhormie, dysboulie, psychasthénie. ▶ *Contradiction* – absurdité, antilogie, antinomie, aporie, conflit, contradiction, contresens, contrevérité, impossibilité, incohérence, invraisemblance, non-sens, paradoxe, sophisme. ▲ANT. CONSISTANCE, IMPORTANCE; VIGUEUR; COHÉRENCE.

inconsistant *adj.* ▶ *Qui change facilement d'idée* – capricieux, changeant, fantaisiste, fantasque, flottant, inconstant, instable, lunatique, mobile, versatile, volage. SOUT. caméléonesque, ondoyant. ▶ *Sans force morale* – affaissé, amorphe, apathique, atone, avachi, désossé, endormi, faible, indolent, inerte, léthargique, lymphatique, mou, nonchalant, passif, ramolli, sans ressort. SOUT. lâche, veule. FAM. gnangnan, mollasse, mollasson, ramollo. ▲ANT. CONSTANT, STABLE; CONSISTANT, ÉPAIS; ACTIF, DILIGENT, DYNAMIQUE, ÉNERGIQUE, INFATIGABLE, LABORIEUX, TRAVAILLEUR, VAILLANT, ZÉLÉ.

inconsolable *adj.* affligé, attristé, comme une âme en peine, désespéré, désolé, en grand désarroi, inconsolé, malheureux, navré, peiné, triste. ▲ANT. CONSOLABLE.

inconstance *n. f.* ▶ *Caprice* – accès, bizarrerie, bon plaisir, caprice, changement, chimère, coup de

inconstant

tête, envie, extravagance, fantaisie, fantasme, folie, frasque, gré, guise, immaturité, impatience, incartade, infantilisme, instabilité, légèreté, lubie, marotte, mobilité, originalité, saute (d'humeur), singularité, sporadicité, variation, versatilité, volonté. *SOUT.* folle gamberge, foucade, humeur. *FAM.* toquade. ▶ *Hésitation* – doute, embarras, flottement, hésitation, incertitude, indécision, indétermination, instabilité, irrésolution, perplexité, procrastination, réticence, scrupule, tâtonnement, trouble, vacillement, valse-hésitation, velléité, versatilité. *SOUT.* limbes. *QUÉB. FAM.* brettage, tétage. ▶ *Instabilité* – ballottement, changement, déséquilibre, fluctuation, fragilité, inadaptation, incertitude, inégalité, instabilité, mouvant, mouvement, précarité, variabilité, variation, versatilité, vicissitude, volatilité. *SOUT.* fugacité. ▲ANT. CONSTANCE; FIDÉLITÉ; STABILITÉ.

inconstant *adj.* ▶ *Qui change facilement d'idée* – capricieux, changeant, fantaisiste, fantasque, flottant, inconsistant, instable, lunatique, mobile, versatile, volage. *SOUT.* caméléonesque, ondoyant. ▶ *Infidèle* – adultère, frivole, infidèle, volage. *FAM.* cavaleur, coureur, qui a un cœur d'artichaut. *QUÉB. FAM.* courailleux. ▶ *En parlant de qqch.* – changeant, en dents de scie, flottant, fluctuant, incertain, inégal, instable, irrégulier, mobile, mouvant, variable. *SOUT.* labile, volatil. *DIDACT.* erratique. ▲ANT. CONSTANT, STABLE; POSÉ, RAISONNABLE, SÉRIEUX; FIDÈLE; FIXE, IMMOBILE, INVARIABLE, INVARIANT, STATIONNAIRE, STATIQUE.

incontestable *adj.* ▶ *Indéniable* – avéré, certain, démontré, établi, formel, inattaquable, incontesté, indéniable, indiscutable, indiscuté, indubitable, irrécusable, irréfutable, prouvé, reconnu, sûr. *FAM.* garanti. *DIDACT.* irréfragable. ▶ *Évident* – apparent, aveuglant, certain, clair, cousu de fil blanc, criant, éclatant, évident, flagrant, frappant, hurlant (de vérité), manifeste, patent, qui coule de source, qui crève les yeux, qui saute aux yeux, qui se voit comme le nez au milieu du visage, qui tombe sous le sens, qui va de soi, qui va sans dire, visible. ▲ANT. DOUTEUX; ATTAQUABLE, CONTESTABLE, CONTROVERSABLE, CONTROVERSÉ, CRITIQUABLE, DISCUTABLE, FRAGILE, LITIGIEUX, MIS EN DOUTE, SUJET À CAUTION, SUJET À CONTROVERSE, VULNÉRABLE; ÉQUIVOQUE, INCERTAIN, MITIGÉ, VAGUE.

incontestablement *adv.* ▶ *Irréfutablement* – catégoriquement, formellement, indéniablement, indiscutablement, irrécusablement, irréfutablement, péremptoirement. ▶ *Véritablement* – à dire vrai, à l'évidence, à la vérité, à n'en pas douter, à vrai dire, assurément, authentiquement, bel et bien, bien, bien entendu, bien sûr, cela va de soi, cela va sans dire, certainement, certes, comme de juste, d'évidence, de toute évidence, effectivement, en effet, en vérité, évidemment, il va sans dire, indubitablement, manifestement, naturellement, nul doute, oui, réellement, sans (aucun) doute, sans conteste, sans contredit, sans le moindre doute, sans nul doute, sérieusement, sûrement, véridiquement, vraiment, vrai. *FAM.* pour de vrai, vrai. *QUÉB. FAM.* pour vrai. ▲ANT. AVEC RÉSERVE, DOUTEUSEMENT, HYPOTHÉTIQUEMENT, SOUS TOUTES RÉSERVES.

incontesté *adj.* avéré, certain, démontré, établi, formel, inattaquable, incontestable, indéniable, indiscutable, indiscuté, indubitable, irrécusable, irréfutable, prouvé, reconnu, sûr. *FAM.* garanti. *DIDACT.* irréfragable. ▲ANT. CONTESTÉ, MIS EN DOUTE, REMIS EN CAUSE, REMIS EN QUESTION.

incontournable *adj.* ▶ *Inévitable* – assuré, certain, fatal, immanquable, imparable, implacable, inéluctable, inévitable, inexorable, nécessaire, obligatoire, obligé, sûr. *FAM.* forcé, mathématique. ▶ *Important* – capital, crucial, de première nécessité, essentiel, fondamental, important, indispensable, irremplaçable, nécessaire, primordial, vital. ▲ANT. FACULTATIF, OPTIONNEL; INSIGNIFIANT, SANS IMPORTANCE.

inconvenance *n. f.* ▶ *Impolitesse* – goujaterie, grossièreté, impolitesse, incongruité, incorrection, indélicatesse, malséance, muflerie. ▶ *Obscénité* – canaillerie, coprolalie, cynisme, gaillardise, gauloiserie, graveleure, grivoiserie, gros mot, grossièreté, immodestie, impudeur, incongruité, indécence, licence, malpropreté, obscénité, polissonnerie, pornographie, saleté. *FAM.* cochoncité, cochonnerie. ▲ANT. BIENSÉANCE, POLITESSE; CONVENANCE, DÉCENCE.

inconvenant *adj.* ▶ *Déplacé* – choquant, de mauvais goût, déplacé, fâcheux, hors de propos, hors de saison, importun, incongru, indélicat, indiscret, inélégant, inopportun, intempestif, mal à propos, mal venu, malencontreux. *SOUT.* malséant, malsonnant (parole). ▶ *Impoli* – de mauvaise compagnie, discourtois, goujat, grossier, impertinent, impoli, incivil, incorrect, indélicat, mal élevé, rustre. *FAM.* mal embouché, malpoli, mufle. *QUÉB. FAM.* habitant. ▶ *Révoltant* – amoral, choquant, éhonté, immoral, impur, indécent, obscène, offensant, révoltant, scabreux, scandaleux. ▲ANT. À PROPOS, BIENVENU, OPPORTUN, PROPICE, QUI TOMBE À PIC; COURTOIS, DÉLICAT, POLI; BIENSÉANT, CONVENABLE, CORRECT, DÉCENT, HONORABLE, MORAL.

inconvénient *n. m.* ▶ *Défaut* – aléa, charge, contre, danger, défaut, déplaisir, dérangement, désagrément, désavantage, difficulté, écueil, embarras, empêchement, ennui, fissure, gêne, handicap, incommodité, inconfort, mauvais côté, objection, obstacle, point faible, risque, trouble. *SOUT.* importunité. ▲ANT. AVANTAGE, QUALITÉ; BÉNÉFICE, COMMODITÉ; AGRÉMENT, BONHEUR.

incorporable *adj.* ▲ANT. CONGÉDIABLE, DÉMOBILISABLE, LICENCIABLE.

incorporer *v.* ▶ *Unir pour former un tout* – amalgamer, confondre, fondre, mélanger, mêler, réunir, unir. *DIDACT.* mixtionner. ▶ *Inclure dans un ensemble* – enchâsser, inclure, insérer, intégrer, introduire. ▶ *Faire entrer dans une communauté* – assimiler, intégrer. ▶ *Enrôler dans l'armée* – appeler, engager, enrôler, mobiliser, recruter. ▲ANT. DÉSUNIR, DÉTACHER, DISJOINDRE, DIVISER, ISOLER, SÉPARER; ÉLIMINER, EXCLURE, RETRANCHER; DÉMOBILISER, LICENCIER.

incorrect *adj.* ▶ *Inexact* – erroné, fautif, faux, inexact, mauvais. ▶ *Qui enfreint les règles d'usage* – abusif, barbare, de mauvais aloi, fautif, impropre. ▶ *Impoli* – de mauvaise compagnie, discourtois, goujat, grossier, impertinent, impoli, incivil, inconvenant, indélicat, mal élevé, rustre. *FAM.* mal indéchiffrable

embouché, malpoli, mufle. *QUÉB.* *FAM.* habitant. ▲**ANT.** CORRECT; BON, EXACT, FIDÈLE, JUSTE; BIENSÉANT, CIVIL, COURTOIS, DÉLICAT, GALANT, POLI.

incorrigible *adj.* – endurci, impénitent, incurable, inguérissable, invétéré. *FAM.* indécrottable. ▲**ANT.** CONTRIT, HONTEUX, PÉNITENT, REPENTANT.

incorruptible *adj.* ▶ *En parlant d'une matière* – imputrescible, inaltérable, inattaquable, inox, inoxydable. ▶ *En parlant de qqn* – à l'abri de tout soupçon, au-dessus de tout soupçon, consciencieux, digne de confiance, droit, fiable, honnête, insoupçonnable, intègre, probe, propre, scrupuleux, sûr. ▲**ANT.** ALTÉRABLE, BIODÉGRADABLE, CORRUPTIBLE, DÉCOMPOSABLE, PÉRISSABLE, PUTRÉFIABLE, PUTRESCIBLE; ACHETABLE *(personne)*; DÉLOYAL, LOUCHE, MALHONNÊTE, SANS SCRUPULE, VÉREUX.

incrédule *adj.* ▶ *Qui n'a pas la foi religieuse* – agnostique, antireligieux, areligieux, athée, impie, incroyant, irréligieux, non croyant. ▶ *Qui doute* – dubitatif, sceptique. *SOUT.* douteur. *PHILOS.* aporétique. ▲**ANT.** CONFIANT, CRÉDULE; ASSURÉ, CERTAIN, CONVAINCU, PERSUADÉ, SÛR.

incrédulité *n. f.* ▶ *Méfiance* – défiance, désintéressement, doute, méfiance, prudence, scepticisme, soupçon, suspicion, vigilance. *SOUT.* cautèle. *FAM.* paranoïa *(excessive).* ▶ *Impiété* – agnosticisme, apostasie, athéisme, blasphème, désacralisation, doute, froideur, gentilité, hérésie, impiété, incroyance, indifférence, infidélité, irréligion, libre pensée, matérialisme, paganisme, panthéisme, péché, profanation, reniement, sacrilège, scandale, scepticisme. *SOUT.* inobservance. ▲**ANT.** CRÉDULITÉ, NAÏVETÉ; CROYANCE, FOI.

incriminant *adj.* – accablant, accusateur, incriminateur, inculpatoire, révélateur. ▲**ANT.** DÉCULPABILISANT, DISCULPATOIRE.

incroyable *adj.* ▶ *Invraisemblable* – à dormir debout, abracadabrant, abracadabrantesque, absurde, baroque, biscornu, bizarre, burlesque, cocasse, exagéré, excentrique, extravagant, fantasque, farfelu, fou, funambulesque, grotesque, impayable, impossible, insolite, invraisemblable, loufoque, qui ne tient pas debout, rocambolesque, saugrenu, tiré par les cheveux, vaudevillesque. *FRANCE FAM.* foutraque, gaguesque, louf, louftingue. ▶ *Étonnant* – à (vous) couper le souffle, abasourdissant, ahurissant, bouleversant, confondant, déconcertant, dérangeant, ébahissant, effarant, époustouflant, étonnant, étourdissant, extraordinaire, impensable, inconcevable, inimaginable, inouï, invraisemblable, pétrifiant, renversant, stupéfiant, suffocant, surprenant. *SOUT.* qui confond l'entendement. *FAM.* ébouriffant, mirobolant, sidérant, soufflant. *QUÉB.* *FAM.* capotant. ▶ *Fantastique* – étonnant, extraordinaire, fabuleux, fantastique, hors du commun, inouï, miraculeux, phénoménal, prodigieux. *FAM.* délirant, dément, dingue, fou. *FRANCE FAM.* foutral. ▲**ANT.** BANAL, ININTÉRESSANT, ORDINAIRE, SANS INTÉRÊT.

inculte *adj.* ▶ *Qui n'est pas exploité* – en friche, en jachère, incultivé, inemployé, inexploité, inutilisé. ▶ *Qui produit peu de végétation* – aride, avare, désertique, improductif, incultivable, infertile, ingrat, pauvre, stérile. ▶ *Ignorant* – analphabète,

barbare, béotien, ignare, ignorant, illettré, philistin. ▶ *Peu raffiné* – fruste, grossier, mal dégrossi, primitif, rude, rustaud, rustique. ▶ *En parlant des poils, des cheveux* – broussailleux, embroussaillé, en bataille, en broussaille, hérissé, hirsute. ▲**ANT.** CULTIVÉ, DÉFRICHÉ; ÉRUDIT, INSTRUIT, INTELLECTUEL, LETTRÉ, SAVANT; COIFFÉ, PEIGNÉ.

incurable *adj.* ▶ *Au sens propre* – inguérissable, insoignable, irrémédiable, sans remède. ▶ *Au sens figuré* – endurci, impénitent, incorrigible, inguérissable, invétéré. *FAM.* indécrottable. ▲**ANT.** CURABLE, GUÉRISSABLE, SOIGNABLE; CONTRIT, HONTEUX, PÉNITENT, REPENTANT.

incursion *n. f.* ▶ *Intervention* – aide, appui, concours, entremise, immixtion, ingérence, interposition, interventionnisme, intrusion, médiation, ministère, office. *SOUT.* intercession. ▶ *Entrée soudaine* – envahissement, inondation, invasion, irruption, ruée. *MILIT.* débarquement, descente, raid. ▶ *Voyage* – allées et venues, balade, campagne, circuit, circumnavigation, course, croisière, déplacement, excursion, expédition, exploration, marche, mission, navette, navigation, odyssée, passage, pèlerinage, pérégrination, périple, promenade, raid, rallye, randonnée, reconnaissance, tour, tourisme, tournée, transport, traversée, va-et-vient, voyage. *SOUT.* errance. *FAM.* bourlingue, rando, transhumance. *QUÉB.* voyagement. ▲**ANT.** EXPULSION; SORTIE.

incurvable *adj.* ▲**ANT.** RAIDE, RIGIDE.

incurvé *adj.* – arqué, arrondi, cintré, contourné, courbé, curviligne, en arc de cercle, recourbé, voûté.

indécelable *adj.* – imperceptible, inconstatable, indétectable, indiscernable, insaisissable, insensible, insoupçonnable. ▶ *À la vue* – inapparent, inobservable, invisible, microscopique. *PHYS.* infrarouge, ultraviolet. ▶ *Au toucher* – immatériel, impalpable, intangible. *DIDACT.* intactile. ▶ *À l'ouïe* – inaudible. *PHYS.* infrasonore. ▲**ANT.** DÉCELABLE, DÉTECTABLE, REPÉRABLE.

indécence *n. f.* ▶ *Obscénité* – canaillerie, coprolalie, cynisme, gaillardise, gauloiserie, graveleux, grivoiserie, gros mot, grossièreté, immodestie, impudeur, incongruité, inconvenance, licence, malpropreté, obscénité, polissonnerie, pornographie, saleté. *FAM.* cochonceté, cochonnerie. ▲**ANT.** CHASTETÉ, DÉCENCE, PUDEUR, PUDICITÉ; BIENSÉANCE, CONVENANCE.

indécent *adj.* ▶ *Immoral* – amoral, choquant, éhonté, immoral, impur, inconvenant, obscène, offensant, révoltant, scabreux, scandaleux. ▶ *En parlant de la chance* – impudent, inouï, insolent. *FAM.* obscène. ▲**ANT.** DÉCENT; BIENSÉANT, CONVENABLE, CORRECT, HONORABLE, MORAL; CHASTE, INNOCENT, PLATONIQUE, PUDIQUE, PUR, SAGE, VERTUEUX.

indéchiffrable *adj.* ▶ *Impossible à lire* – illisible. ▶ *Dont le sens est caché* – cabalistique, caché, cryptique, énigmatique, ésotérique, hermétique, impénétrable, inaccessible, incompréhensible, inconcevable, inconnaissable, indécodable, inexplicable, inintelligible, insaisissable, insondable, mystérieux, nébuleux, obscur, opaque, secret, ténébreux. *SOUT.* abscons, abstrus, sibyllin. ▶ *Dont le sens est confus* – brouillé, brumeux, compliqué, confus, contourné, embarrassé, embrouillé, embroussaillé, enchevêtré, entortillé, flou, fumeux, incompréhensible,

indécis

indigeste, inintelligible, nébuleux, obscur, tarabiscoté, vague, vaseux. *SOUT.* abscons, abstrus, amphigourique, fuligineux. *FAM.* chinois, emberlificoté, filandreux, vasouillard. ▲**ANT.** À LA PORTÉE DE TOUS, ACCESSIBLE, CLAIR, COMPRÉHENSIBLE, DÉCHIFFRABLE, ÉVIDENT, INTELLIGIBLE, LIMPIDE, SIMPLE, TRANSPARENT.

indécis *adj.* ▶ *Qui a peine à se décider* – embarrassé, flottant, fluctuant, hésitant, incertain, indéterminé, irrésolu, perplexe, velléitaire. *FRANCE FAM.* entre le zist et le zest, vasouillard. ▶ *Imprécis* – confus, estompé, flou, imprécis, incertain, indéfini, indéfinissable, indéterminé, indistinct, informe, ni chair ni poisson, obscur, sourd *(sentiment)*, trouble, vague, vaporeux, voilé. ▲**ANT.** CLAIR, DÉCISIF, FRANC, INCONTESTÉ, NET, PRÉCIS; CATÉGORIQUE, DÉCIDÉ, DÉTERMINÉ, ENTIER, FERME, INÉBRANLABLE, INFLEXIBLE, RÉSOLU.

indécision *n. f.* ▶ *Hésitation* – doute, embarras, flottement, hésitation, incertitude, inconstance, indétermination, instabilité, irrésolution, perplexité, procrastination, réticence, scrupule, tâtonnement, trouble, vacillement, valse-hésitation, velléité, versatilité. *SOUT.* limbes. *QUÉB. FAM.* brettage, tétage. ▶ *Timidité* – appréhension, confusion, crainte, discrétion, effacement, effarouchement, embarras, émoi, frilosité, gaucherie, gêne, hésitation, honte, humilité, inhibition, introversion, malaise, modestie, peur, réserve, retenue, sauvagerie, timidité. *SOUT.* pusillanimité. *FAM.* trac. ▲**ANT.** DÉCISION, DÉTERMINATION, FERMETÉ, RÉSOLUTION, VOLONTÉ; ASSURANCE; CERTITUDE.

indéfini *adj.* ▶ *Sans limites fixes* – illimité, indéterminé. ▶ *Vague* – confus, estompé, flou, imprécis, incertain, indécis, indéfinissable, indéterminé, indistinct, informe, ni chair ni poisson, obscur, sourd *(sentiment)*, trouble, vague, vaporeux, voilé. ▲**ANT.** DÉFINI; BORNÉ, FINI, LIMITÉ; CLAIR, DÉTERMINÉ, NET, PRÉCIS, TRANCHÉ.

indéfiniment *adv.* à l'infini, à perpétuité, à tous coups, à tous les coups, à tout bout de champ, à tout instant, à (tout) jamais, à tout moment, à toute heure (du jour et de la nuit), à vie, ad vitam æternam, assidûment, beau temps mauvais temps, chroniquement, constamment, continuellement, continûment, dans tous les cas, de nuit comme de jour, de toute éternité, en permanence, en tout temps, en toute saison, en toute(s) circonstance(s), éternellement, hiver comme été, immuablement, inaltérablement, infiniment, invariablement, jour et nuit, nuit et jour, perpétuellement, pour la vie, pour les siècles des siècles, rituellement, sans arrêt, sans cesse, sans discontinuer, sans fin, sans interruption, sans relâche, sans répit, sempiternellement, systématiquement, toujours, tous les jours. *SOUT.* à demeure, incessamment. *FAM.* à perpète, tout le temps. ▲**ANT.** PENDANT UNE PÉRIODE DÉTERMINÉE.

indéfinissable *adj.* ▶ *Indescriptible* – extraordinaire, indescriptible, indicible, ineffable, inexprimable. ▶ *Vague* – confus, estompé, flou, imprécis, incertain, indécis, indéfini, indéterminé, indistinct, informe, ni chair ni poisson, obscur, sourd *(sentiment)*, trouble, vague, vaporeux, voilé. ▶ *Mystérieux* – abscons, énigmatique, mystérieux. *SOUT.* sibyllin. ▶ *Qui ne peut être catégorisé* – atypique, inclassable, indéterminable. ▲**ANT.** DÉFINISSABLE *(concept)*; CLAIR, DÉFINI, NET, PRÉCIS, TRANCHÉ.

indélébile *adj.* ▶ *Au sens propre* – ineffaçable. ▶ *Au sens figuré* – durable, impérissable, ineffaçable, inoubliable, vif, vivace, vivant. ▲**ANT.** DÉLÉBILE.

indemne *adj.* sain et sauf. ▲**ANT.** ACCIDENTÉ, ATTEINT, BLESSÉ, TOUCHÉ.

indemnité *n. f.* ▶ *Dédommagement* – compensation, consolation, contrepartie, correctif, dédommagement, dommages et intérêts, dommages-intérêts, échange, indemnisation, raison, récompense, remboursement, réparation, retour, satisfaction, soulte. ▶ *Allocation* – aide, allocation, apport, assistance, aumône, bonne œuvre, charité, dation, disposition, distribution, don, faveur, grâce, hommage, obole, prestation, secours, soulagement, subside, subvention. *SOUT.* bienfait. *FAM.* dépannage. *DR.* donation, fidéicommis, legs, libéralité. *RELIG.* bénédiction, charisme. ▲**ANT.** AMENDE, PÉNALISATION; PRÉLÈVEMENT.

indéniable *adj.* avéré, certain, démontré, établi, formel, inattaquable, incontestable, incontesté, indiscutable, indiscuté, indubitable, irrécusable, irréfutable, prouvé, reconnu, sûr. *FAM.* garanti. *DIDACT.* irréfragable. ▲**ANT.** CONTESTABLE, CONTROVERSÉ, DISCUTABLE, DOUTEUX, LITIGIEUX, MIS EN DOUTE, SUJET À CAUTION.

indépendamment *adv.* à l'unité, à part, autrement, distinctement, en particulier, individuellement, isolément, par personne, séparément. ▲**ANT.** À PLUSIEURS, COLLECTIVEMENT, CONJOINTEMENT, EN COLLABORATION, EN COMMUN, EN ÉQUIPE, ENSEMBLE.

indépendance *n. f.* ▶ *Liberté* – autonomie, contingence, disponibilité, droit, faculté, franc arbitre, hasard, indéterminisme, liberté, libre arbitre, (libre) choix, licence, loisir, permission, possibilité, pouvoir. ▶ *Originalité* – anticonformisme, audace, cachet, caractère, fraîcheur, hardiesse, individualité, innovation, inspiration, marginalité, nonconformisme, nouveauté, originalité, particularité, personnalité, piquant, pittoresque, singularité, unicité. ▶ *Autonomie politique* – autodétermination, autonomie, désatellisation, liberté, souveraineté. ▶ *Sécession* – autonomie, division, partition, scission, sécession, séparation. ▲**ANT.** CORRÉLATION, INTERDÉPENDANCE, LIEN; ASSUJETTISSEMENT, DÉPENDANCE, SOUMISSION, SUJÉTION.

indépendant *adj.* ▶ *Qui ne compte sur personne* – autonome, individualiste, libre, non conformiste, qui est son propre maître. ▶ *Qui jouit d'une indépendance politique* – autonome, libre, souverain. ▶ *Qui travaille sans contrat* – à son compte, pigiste. ▶ *Non relié* – autonome, dissocié, distinct, séparé. ▲**ANT.** ASSUJETTI, DÉPENDANT, ESCLAVE, SOUMIS, SUBORDONNÉ, TRIBUTAIRE; ANNEXÉ, COLONISÉ, SOUS TUTELLE; AFFÉRENT, CONNEXE, CORRÉLATIF, LIÉ, RATTACHÉ.

indépendantisme *n. m.* autonomisme, décentralisation, nationalisme, particularisme, partitionnisme, régionalisme, scissionnisme, sécessionnisme, séparatisme. *QUÉB.* souverainisme. ▲**ANT.** COLONIALISME, FÉDÉRALISME.

indescriptible *adj.* extraordinaire, indéfinissable, indicible, ineffable, inexprimable. ▲**ANT.**

DESCRIPTIBLE; FAIBLE, MODÉRÉ, NÉGLIGEABLE, SANS IM-PORTANCE.

indésirable *adj.* accaparant, accapareur, encombrant, envahissant, fatigant, importun, indiscret, intrus, pesant, sans gêne. *FAM.* casse-pieds, collant, crampon, embêtant. *QUÉB.* *FAM.* achalant, dérangeant. ▲ANT. ATTIRANT, CONVIVIAL, DE BONNE COMPAGNIE, ENGAGEANT, INTÉRESSANT, SYMPATHIQUE; POLI, RESPECTUEUX.

indésirable *n.* gêneur, importun, intrus. *SOUT.* fâcheux, officieux. ▲ANT. HÔTE, INVITÉ.

indestructible *adj.* constant, durable, éternel, immortel, immuable, impérissable, imprescriptible, inaltérable, indéfectible, indissoluble, infini, permanent, perpétuel, sans fin. *SOUT.* pérenne. ▲ANT. DESTRUCTIBLE.

indétermination *n. f.* ▶ *Hésitation* – doute, embarras, flottement, hésitation, incertitude, inconstance, indécision, instabilité, irrésolution, perplexité, procrastination, réticence, scrupule, tâtonnement, trouble, vacillement, valse-hésitation, velléité, versatilité. *SOUT.* limbes. *QUÉB.* *FAM.* brettage, tétage. ▶ *Imprécision* – à-peu-près, approximation, confusion, flou, imprécision, nébulosité, vague. ▶ *Ambiguïté* – ambiguïté, ambivalence, amphibologie, dilogie, double entente, double sens, énigme, équivoque, incertitude, obscurité, plurivocité, polysémie. ▶ *Hasard* – accident, aléa, aléatoire, aventure, cas fortuit, chance, circonstance, coïncidence, conjoncture, contingence, coup de dés, coup du sort, facteur chance, fortuit, hasard, impondérable, imprévu, inattendu, incertitude, occurrence, rencontre, sort. *SOUT.* fortune. *QUÉB.* *FAM.* adon. *PHILOS.* casualisme, casualité, indéterminisme. *FIG.* loterie. ▲ANT. DÉTERMINATION.

indéterminé *adj.* ▶ *Qui n'est pas fixé* – illimité, indéfini. ▶ *Imprécis* – confus, estompé, flou, imprécis, incertain, indécis, indéfini, indéfinissable, indistinct, informe, ni chair ni poisson, obscur, sourd *(sentiment)*, trouble, vague, vaporeux, voilé. ▶ *Inconnu* – étrange, inconnu, inexpliqué, mystérieux. ▶ *Qui n'a pas décidé* – embarrassé, flottant, fluctuant, hésitant, incertain, indécis, irrésolu, perplexe, velléitaire. *FRANCE FAM.* entre le zist et le zest, vasouillard. ▶ *En philosophie* – contingent. ▲ANT. DÉTERMINÉ; DÉFINI; CLAIR, NET, PRÉCIS, TRANCHÉ; CONNU, ÉTABLI; CATÉGORIQUE, DÉCIDÉ, ENTIER, FERME, INÉBRANLABLE, INFLEXIBLE, RÉSOLU.

index *n. m.* ▶ *Liste de mots* – dictionnaire, encyclopédie, glossaire, lexique, terminologie, thésaurus, vocabulaire. *FAM.* dico. ▶ *Liste* – barème, bordereau, cadre, catalogue, inventaire, liste, matricule, mémoire, menu, nomenclature, registre, relevé, répertoire, rôle, série, suite, table, tableau. *SUISSE* tabelle. ▶ *Censure* – autocensure, bâillonnement, boycottage, caviardage, censure, contrôle, exclusive, filtre, imprimatur, interdiction, (mise à l')index, muselage, musellement, mutilation, veto. *FIG.* bâillon, muselière. *FAM.* anastasie. *RELIG.* interdit, monition, suspense, tabouisation.

indicateur *n.* ▶ *Accusateur* – accusateur, calomniateur, délateur, dénonciateur, détracteur, diffamateur, espion, rapporteur. *SOUT.* sycophante,

vitupérateur. *FAM.* balance, cafard, cafardeur, cafteur, donneur, indic, mouchard. *QUÉB.* *FAM.* porte-panier. ◆ **indicateur**, *masc.* ▶ *Document* – guide. ▶ *Appareil* – compteur, encodeur, enregistreur. *FAM.* boîte noire, mouchard. ▶ *Variable* – avertisseur, clignotant.

indication *n. f.* ▶ *Information* – donnée, information, nouvelle, renseignement. *FAM.* info, rancard, tube, tuyau. ▶ *Explication* – analyse, clarification, commentaire, critique, définition, désambiguïsation, éclaircissement, élucidation, exemplification, explication, explicitation, exposé, exposition, glose, illustration, interprétation, légende, lumière, note, paraphrase, précision, remarque, renseignement. ▶ *Conseil* – avertissement, avis, conseil, encouragement, exhortation, guidance, idée, incitation, information, initiative, inspiration, instigation, motion *(dans une assemblée)*, offre, opinion, préconisation, proposition, recommandation, renseignement, suggestion. *FAM.* tuyau. *DR.* pollicitation. ▶ *Symptôme* – diagnostic, expression, indice, manifestation, marque, présage, prodrome, signe, symptôme, syndrome. *SOUT.* avant-coureur. *MÉD.* marqueur. ▶ *Indice* – apparence, cachet, cicatrice, critère, empreinte, indice, lueur, marque, ombre, pas, piste, preuve, repère, reste, ride, sceau, signature, signe, stigmate, tache, témoignage, témoin, trace, trait, vestige. ▲ANT. DISSIMULATION, OCCULTATION; CONTRE-INDICATION.

indice *n. m.* ▶ *Trace* – apparence, cachet, cicatrice, critère, empreinte, indication, lueur, marque, ombre, pas, piste, preuve, repère, reste, ride, sceau, signature, signe, stigmate, tache, témoignage, témoin, trace, trait, vestige. ▶ *Symptôme* – diagnostic, expression, indication, manifestation, marque, présage, prodrome, signe, symptôme, syndrome. *SOUT.* avant-coureur. *MÉD.* marqueur. ▶ *Repère* – balise, borne, borne repère, borne témoin, coordonnée, cran, délinéateur, empreinte, fanion, index, jalon, jalon-mire, marque, mire, mire-jalon, piquet, point de repère, référence, référentiel, taquet, trace. *MAR.* amer, vigie. ▶ *Pourcentage* – coefficient, facteur, pour cent, pourcentage, proportion, quotient, rapport, ratio, tant pour cent, tantième, taux, teneur.

indicible *adj.* ▶ *Qu'on ne peut exprimer* – incommunicable, inexprimable, intraduisible. ▶ *Extraordinaire* – extraordinaire, indéfinissable, indescriptible, ineffable, inexprimable. ▲ANT. FAIBLE, MODÉRÉ, NÉGLIGEABLE, SANS IMPORTANCE.

indifféremment *adv.* indistinctement, sans distinction. ▲ANT. DE PRÉFÉRENCE, PLUTÔT, PRÉFÉRABLEMENT, PRÉFÉRENTIELLEMENT.

indifférence *n. f.* ▶ *Neutralité* – abstention, abstentionnisme, apolitisme, indifférentisme, isolationnisme, laisser-faire, neutralisme, neutralité, non-agression, non-alignement, non-belligérance, non-engagement, non-ingérence, non-intervention. ▶ *Détachement du monde* – anesthésie, détachement, inconscience, insensibilité, nirvana, sommeil. *FAM.* voyage. ▶ *Repli sur soi* – autisme, repli sur soi, schizoïdie. ▶ *Sérénité* – apathie, ataraxie, calme, détachement, distanciation, égalité d'âme, égalité d'humeur, équilibre, flegme, impassibilité, imperturbabilité, paix, philosophie, placidité, quiétude, sérénité,

indifférent

stoïcisme, tranquillité. *SOUT.* équanimité. ▶ *Insouciance* – détachement, frivolité, imprévoyance, inapplication, inconscience, irresponsabilité, laisser-aller,
légèreté, négligence, nonchalance. *FIG.* myopie. *SOUT.*
imprévision, morbidesse. *FAM.* je-m'en-fichisme, je-
m'en-foutisme. ▶ *Désaffection* – désaffection, désintéressement, désintérêt, détachement, fraîcheur,
froideur. *SOUT.* désamour. ▶ *Flegme* – amorphisme,
apathie, flegme, froideur, insensibilité, lymphatisme,
mollesse, tiédeur. ▶ *Dureté* – dureté, froideur, insensibilité, sécheresse (de cœur). *SOUT.* aridité. ▶ *Impiété*
– agnosticisme, apostasie, athéisme, blasphème, désacralisation, doute, froideur, gentilité, hérésie, impiété, incrédulité, incroyance, infidélité, irréligion,
libre pensée, matérialisme, paganisme, panthéisme,
péché, profanation, reniement, sacrilège, scandale,
scepticisme. *SOUT.* inobservance. ▲ANT. ENGAGE-
MENT, INTÉRÊT ; CURIOSITÉ ; ARDEUR, ENTHOUSIASME,
FERVEUR, PASSION ; AFFECTION, AMOUR ; SENSIBILITÉ, TEN-
DRESSE ; CROYANCE, FOI, PIÉTÉ.

indifférent *adj.* ▶ *Peu important* – accessoire,
anecdotique, annexe, contingent, (d'intérêt) secondaire, de second plan, décoratif, dédaignable, épisodique, incident, insignifiant, marginal, mineur,
négligeable, périphérique. ▶ *Insensible* – étranger,
fermé, imperméable, inaccessible, insensible, réfractaire, sourd. *SOUT.* impénétrable. ▶ *Blasé* – blasé, détaché, nonchalant, revenu de tout. *SOUT.* incurieux.
▶ *Insouciant* – insouciant. *SOUT.* insoucieux. *FAM.*
je-m'en-fichiste, je-m'en-foutiste. ▲ANT. CAPITAL, ES-
SENTIEL, FONDAMENTAL, IMPORTANT ; INTÉRESSANT, PAL-
PITANT, PASSIONNANT ; ATTENTIF, CONCERNÉ, CURIEUX,
SENSIBLE, TOUCHÉ.

indigence *n. f.* ▶ *Pauvreté* – appauvrissement,
besoin, dénuement, détresse, embarras, gêne, gouffre, manque, mendicité, misère, nécessité, pauvreté,
privation, ruine. *SOUT.* impécuniosité. *FAM.* dèche,
pouillerie. *FRANCE FAM.* débine, fauche, mistoufle,
mouise, mouscaille, panade, purée. *DR.* carence. ◈ *Sociale* – clochardisation, disette, paupérisation, paupérisme, pauvreté, pénurie, sous-développement,
sous-équipement, tiers-mondisation. ▶ *Médiocrité*
– banalité, facilité, fadeur, faiblesse, inconsistance,
insignifiance, insuffisance, médiocre, médiocrité,
pauvreté, platitude, prévisibilité. *SOUT.* trivialité. *FAM.*
fadasserie. ▲ANT. ABONDANCE, LUXE, PROFUSION, RI-
CHESSE.

indigène *n.* ▶ *Personne* – aborigène, autochtone, habitant de vieille race, habitant de (vieille)
souche, natif, naturel. ▲ANT. ALLOGÈNE, IMMIGRANT.

indignation *n. f.* ▶ *Colère* – agacement, colère,
emportement, énervement, exaspération, fureur, furie, impatience, irritabilité, irritation, rage, susceptibilité. *SOUT.* courroux, irascibilité. *FAM.* horripilation,
rogne. ▶ *Scandale* – choc, commotion, émotion,
étonnement, honte, scandale. ▲ANT. ENTHOUSIASME,
RAVISSEMENT ; APAISEMENT.

indigne *adj.* ▶ *Méprisable* – abject, bas, coupable, crapuleux, dégoûtant, honteux, ignoble, immonde, inavouable, infâme, infect, innommable, inqualifiable, lâche, méprisable, odieux, repoussant, répugnant, sans nom, scandaleux, sordide, vil, vilain.
SOUT. fangeux, ignominieux, nauséeux, triste, turpide. *FAM.* dégueu, dégueulasse, écœurant, gerbant,

moche. ▶ *Dans les formules de politesse* – dévoué,
humble. ▲ANT. DIGNE, ESTIMABLE, LOUABLE, MÉRI-
TOIRE, RESPECTABLE.

indigner *v.* ▶ *Choquer* – choquer, horrifier,
outrer, révolter, scandaliser. *FAM.* écœurer, estomaquer. ◆ **s'indigner** ▶ *S'offusquer* – s'offenser, s'offusquer, se fâcher, se formaliser, se froisser, se piquer,
se scandaliser, se vexer. ▶ *Protester* – broncher, murmurer, pousser les hauts cris, protester, réagir, récriminer, renâcler, répliquer, s'élever, s'opposer, se dresser, se gendarmer, se plaindre, se récrier. *SOUT.* réclamer. *FAM.* crailler, faire du foin, moufter, piailler,
rouscailler, rouspéter, ruer dans les brancards, tiquer,
tousser. *QUÉB. FAM.* chialer. ▲ANT. ENTHOUSIASMER,
PLAIRE, RAVIR ; APAISER, CALMER.

indiqué *adj.* à propos, adapté, adéquat, approprié, bien trouvé, bien venu, bon, conforme, convenable, correct, de circonstance, de saison, heureux,
juste, opportun, pertinent, propice, propre. *SOUT.* ad
hoc, congruent, expédient, idoine. *DIDACT.* topique.

indiquer *v.* ▶ *Montrer par un geste* – désigner,
montrer, pointer. ▶ *Mentionner* – énoncer, mentionner, préciser, souligner, spécifier, stipuler. ▶ *Dénoter* – annoncer, déceler, démontrer, dénoter, faire
foi de, laisser paraître, marquer, montrer, prouver,
révéler, signaler, signifier, témoigner de. *SOUT.* dénoncer. ▶ *Une chose non favorable* – accuser, trahir.
▶ *Conseiller* – conseiller, proposer, recommander,
suggérer. ▲ANT. CACHER, DISSIMULER, TAIRE, VOILER.

indirect *adj.* ▶ *Qui use de détours* – allusif, détourné, elliptique, sous-entendu. ▶ *Qui s'effectue
par un intermédiaire* – détourné. *DIDACT.* médiat.
▶ *Éloigné* – éloigné, lointain. ▲ANT. DIRECT, FRANC.

indirectement *adv.* allusivement, contourné-
ment, obliquement, par ricochet, par une voie détournée. *FAM.* par la bande. ▲ANT. DIRECTEMENT,
SANS DÉTOUR.

indiscernable *adj.* ▶ *Identique* – identique,
jumeau, pareil. ▶ *Imperceptible* – imperceptible, inconstatable, indécelable, indétectable, insaisissable,
insensible, insoupçonnable. ◈ *À la vue* – inapparent,
inobservable, invisible, microscopique. *PHYS.* infrarouge, ultraviolet. ◈ *Au toucher* – immatériel, impalpable, intangible. *DIDACT.* intactile. ◈ *À l'ouïe* – inaudible. *PHYS.* infrasonore. ▲ANT. DISCERNABLE, DISTIN-
GUABLE ; DÉCELABLE, DÉTECTABLE, REPÉRABLE.

indiscret *adj.* ▶ *Déplacé* – choquant, de mauvais goût, déplacé, fâcheux, hors de propos, hors de
saison, importun, incongru, inconvenant, indélicat,
inélégant, inopportun, intempestif, mal à propos,
mal venu, malencontreux. *SOUT.* malséant, malsonnant (parole). ▶ *Envahissant* – accaparant, accapareur, encombrant, envahissant, fatigant, importun,
indésirable, intrus, pesant, sans gêne. *FAM.* casse-
pieds, collant, crampon, embêtant. *QUÉB. FAM.* achala-
lant, dérangeant. ▶ *Curieux* – curieux, fureteur, qui
met son nez partout. *FAM.* fouineur. *FRANCE FAM.* fouinard. *QUÉB. FAM.* écornifleur, écornifleux, seineux,
senteux. ▶ *Qui aime commérer* – bavard, cancanier.
QUÉB. FAM. bavasseur. ▲ANT. À PROPOS, BIENVENU, OP-
PORTUN, PROPICE, QUI TOMBE À PIC ; ATTIRANT, CONVI-
VIAL, DE BONNE COMPAGNIE, ENGAGEANT, INTÉRESSANT,

SYMPATHIQUE; POLI, RESPECTUEUX; DISCRET, RÉSERVÉ; INDIFFÉRENT.

indiscret *n.* badaud, curieux, fouilleur, furet, fureteur. SOUT. fâcheux. BELG. mêle-tout. ▲ANT. DIS-CRET.

indiscrétion *n. f.* ▶ *Curiosité* – curiosité, espionnage. QUÉB. FAM. écorniflage. ▶ *Révélation* – annonce, aveu, confession, confidence, déclaration, dévoilement, divulgation, ébruitement, fuite, initiation, instruction, mea culpa, mise au courant, proclamation, publication, reconnaissance, révélation. FAM. déballage, mise au parfum. ▲ANT. DISCRÉTION, RÉSERVE, RETENUE; SILENCE.

indiscutable *adj.* avéré, certain, démontré, établi, formel, inattaquable, incontestable, incontesté, indéniable, indiscuté, indubitable, irrécusable, irréfutable, prouvé, reconnu, sûr. FAM. garanti. DIDACT. irréfragable. ▲ANT. CONTESTABLE, DISCUTABLE, DOUTEUX, INCERTAIN, SUSPECT.

indispensable *adj.* ▶ *Essentiel* – capital, crucial, de première nécessité, essentiel, fondamental, important, incontournable, irremplaçable, nécessaire, primordial, vital. ▶ *Obligatoire* – de rigueur, déontique, exigé, imposé, obligatoire, requis. ▲ANT. FACULTATIF, OPTIONNEL; INUTILE, SUPERFLU.

indisposé *adj.* incommodé, mal en point, mal portant, malade, souffrant. SOUT. dolent. FAM. H.S., mal fichu, mal foutu, patraque. QUÉB. FAM. mal-en-train, poqué. ▶ *Qui garde le lit* – alité. SOUT. grabataire.

indisposer *v.* déranger, ennuyer, gêner, importuner, incommoder. ▲ANT. METTRE À L'AISE, SOULAGER; CONTENTER, OBLIGER, PLAIRE, SATISFAIRE.

indissoluble *adj.* constant, durable, éternel, immortel, immuable, impérissable, imprescriptible, inaltérable, indéfectible, indestructible, infini, permanent, perpétuel, sans fin. SOUT. pérenne. ▲ANT. DISSOLUBLE.

indistinct *adj.* ▶ *Vague* – confus, estompé, flou, imprécis, incertain, indécis, indéfini, indéfinissable, indéterminé, informe, ni chair ni poisson, obscur, sourd *(sentiment)*, trouble, vague, vaporeux, voilé. ▶ *Mal prononcé* – inarticulé, inintelligible. ▲ANT. DISTINCT, IDENTIFIABLE, PERCEPTIBLE, SENSIBLE; BIEN ARTICULÉ, CLAIR, INTELLIGIBLE.

indistinctement *adv.* ▶ *Imperceptiblement* – imperceptiblement, insensiblement, invisiblement, subtilement. ▶ *Vaguement* – abstraitement, confusément, évasivement, imperceptiblement, imprécisément, nébuleusement, obscurément, vaguement, vaseusement. ▶ *Indifféremment* – indifféremment, sans distinction. ▲ANT. DISTINCTEMENT; DE PRÉFÉRENCE, PLUTÔT, PRÉFÉRABLEMENT, PRÉFÉRENTIELLEMENT.

individu *n. m.* ▶ *Personne* – homme. ▶ *Individualité* – eccéité, ego, être, individualité, moi, organisme, personnalité, personne, soi. ▶ *Échantillon* – archétype, canon, critère, échantillon, étalon, exemple, formule, gabarit, idéal, idée, image, modèle, norme, original, paradigme, précédent, prototype, référence, représentant, type, unité. BIOL. holotype.

♦ **individus**, *plur.* ▶ *Ensemble spécifique de personnes* – bande, brigade, caravane, cellule, collectif, colonie, corps, équipe, escadron, escouade, groupe,

horde, membres, meute, noyau, peloton, troupe. IRON. fournée. FAM. bataillon, brochette, cohorte. ▶ *Ensemble général de personnes* – foule, gens, monde, personnes, public. ▶ *Société d'individus* – citoyens, clan, ethnie, groupe, habitants, horde, nation, pays, peuplade, peuple, phratrie, population, race, société, tribu. ▶ *Ensemble d'êtres vivants* – effectif, population. ▶ *Classification d'êtres vivants* – catégorie, classe, espèce, famille, genre, groupe, nature, ordre, sorte, type, variété. SOUT. gent. ▲ANT. COLLECTIVITÉ, ENSEMBLE, GROUPE, SOCIÉTÉ.

individualiste *adj.* ▶ *Qui tient à son indépendance* – autonome, indépendant, libre, non conformiste, qui est son propre maître. ▶ *Qui ne pense qu'à lui-même* – égocentrique, égocentriste, égoïste, introversif, narcissique. SOUT. égotique, égotiste. FAM. nombriliste, qui se regarde le nombril. ▲ANT. COLLECTIVISTE, COMMUNISTE, SOCIALISTE; ALTRUISTE, CHARITABLE, COMPATISSANT, DÉSINTÉRESSÉ, GÉNÉREUX, HUMANITAIRE, PHILANTHROPE.

individuel *adj.* ▶ *Personnel* – attitré, exclusif, particulier, personnel, privé, propre, réservé, spécial. ▶ *Séparé* – à part, isolé, séparé, seul, simple, singulier, unique, unitaire. ▲ANT. COLLECTIF; COMMUN, GÉNÉRAL, SOCIAL, UNIVERSEL; D'ÉQUIPE *(sport)*; HIÉRATIQUE *(art)*, SACRÉ.

individuellement *adv.* ▶ *Personnellement* – en personne, intimement, nominativement, particulièrement, personnellement, pour sa part, quant à soi, soi-même, subjectivement. ▶ *Séparément* – à l'unité, à part, autrement, distinctement, en particulier, indépendamment, isolément, par personne, séparément. ▲ANT. À PLUSIEURS, COLLECTIVEMENT, CONJOINTEMENT, EN COLLABORATION, EN COMMUN, EN ÉQUIPE, ENSEMBLE.

indivisible *adj.* élémentaire, indécomposable, insécable, simple. PHILOS. consubstantiel. ▲ANT. DIVISIBLE.

indolent *adj.* ▶ *Apathique* – affaissé, amorphe, apathique, atone, avachi, désossé, endormi, faible, inconsistant, inerte, léthargique, lymphatique, mou, nonchalant, passif, ramolli, sans ressort. SOUT. lâche, veule. FAM. gnangnan, mollasse, mollasson, ramollo. ▶ *Paresseux* – fainéant, flâneur, négligent, nonchalant, paresseux. FAM. cossard, faignant, flemmard, mollasse, mollasson, musard, musardeur. QUÉB. FAM. sans-cœur, vache. ▶ *Affaibli* – affaibli, alangui, lent, nonchalant. SOUT. languissant. ▲ANT. DYNAMIQUE, ÉNERGIQUE, INFATIGABLE, LABORIEUX, TRAVAILLEUR, VAILLANT, ZÉLÉ.

indolore *adj.* ▲ANT. DOULOUREUX.

indomptable *adj.* ▶ *En parlant d'un animal* – farouche, inapprivoisable, inapprivoisé, indompté, sauvage. ▶ *En parlant de qqn* – désobéissant, difficile, indisciplinable, indocile, insoumis, insubordonné, rebelle. QUÉB. FAM. malcommode. ▶ *En parlant d'un sentiment* – impérieux, incoercible, incontrôlable, incontrôlé, instinctif, insurmontable, irréfrénable, irrépressible, irrésistible, profond, violent, viscéral. ▲ANT. APPRIVOISABLE, DOMESTICABLE, DOMPTABLE; DISCIPLINÉ, DOCILE, DOUX, FACILE, OBÉISSANT, SAGE, SOUMIS, TRANQUILLE; CONTRÔLABLE.

indubitable *adj.* avéré, certain, démontré, établi, formel, inattaquable, incontestable, incontesté, indéniable, indiscutable, indiscuté, irrécusable, irréfutable, prouvé, reconnu, sûr. *FAM.* garanti. *DIDACT.* irréfragable. ▲**ANT.** CONTESTABLE, DISCUTABLE, DOUTEUX, INCERTAIN, SUSPECT.

inducteur *n.m.* ▲**ANT.** INDUIT.

inductif *adj.* ▲**ANT.** DÉDUCTIF.

induire *v.* ▸ *Remonter du particulier au général* – extrapoler, généraliser. ▲**ANT.** DÉDUIRE.

indulgence *n.f.* ▸ *Pardon* – absolution, absoute *(public)*, acquittement, aman, amnistie, annulation, clémence, dédouanement, disculpation, extinction, grâce, jubilé, mise hors de cause, miséricorde, mitigation, oubli, pardon, pénitence, prescription, réhabilitation, relaxe, remise (de peine), rémission, suppression (de peine). ▸ *Tolérance* – bienveillance, bonté, compréhension, douceur, humanisme, irénisme, largeur d'esprit, libéralisme, non-discrimination, non-violence, ouverture (d'esprit), patience, philosophie, réceptivité, respect, tolérance, tolérantisme. *SOUT.* bénignité, longanimité. ▸ *Douceur* – affabilité, agrément, amabilité, aménité, bénignité, bienveillance, bonhomie, bonté, calme, chaleur, charité, clémence, docilité, douceur, gentillesse, grâce, humanité, patience, placidité, suavité. *SOUT.* débonnaireté, magnanimité, mansuétude, onction. ▸ *Altruisme* – aide, allocentrisme, altruisme, amour (d'autrui), assistance, bénévolat, bienveillance, bonté, charité, commisération, compassion, complaisance, convivialité, dévouement, don de soi, empathie, entraide, extraversion, fraternité, générosité, gentillesse, humanité, oblativité, oubli de soi, philanthropie, pitié, sensibilité, serviabilité, solidarité, sollicitude. *SOUT.* bienfaisance. ▲**ANT.** INCLÉMENCE, INTOLÉRANCE, INTRANSIGEANCE, SÉVÉRITÉ; AUSTÉRITÉ, INSENSIBILITÉ; ÂPRETÉ, CRUAUTÉ, DURETÉ, RIGUEUR, RUDESSE.

indulgent *adj.* ▸ *Qui pardonne* – bon prince, clément, généreux, magnanime, miséricordieux. ▸ *Compréhensif* – bien disposé, bien intentionné, bienveillant, clément, compréhensif, dans de bonnes dispositions, favorable, ouvert, sympathisant, tolérant. ▲**ANT.** DRACONIEN, DUR, EXIGEANT, RIGIDE, RIGOUREUX, SÉVÈRE, STRICT; INCOMPRÉHENSIF, INTOLÉRANT, INTRANSIGEANT.

industrie *n.f.* ▸ *Activités économiques* – secteur secondaire. ▸ *Branche de l'industrie* – alliance, cartel, chæbol *(en Corée)*, coentreprise, combinat, complexe, concentration, conglomérat, consortium, duopole, entente, groupe, monopole, oligopole, trust. *PÉJ.* féodalité. ▸ *Ruse* (*SOUT.*) – adresse, débrouillardise, finesse, habileté, ingéniosité, ruse. *SOUT.* cautèle. *FAM.* système D, système débrouille. *QUÉB. ACADIE FAM.* jarnigoine. *QUÉB. FAM.* cocologie. *SOUT.* matoiserie. ▸ *Habileté* (*SOUT.*) – adresse, aisance, aptitude, art, brio, capacité, compétence, dextérité, disposition, doigté, don, expérience, expertise, facilité, faculté, force, fort, génie, habileté, main, maîtrise, métier, pouvoir, professionnalisme, savoir, savoir-faire, sens, talent, technique, virtuosité. *FAM.* bosse. *QUÉB.* douance *(scolaire)*. *DR.* habilitation, habilité. ▸ *Entreprise* – affaire, bureau, compagnie, entreprise, établissement, exploitation, firme,

institution, société. *FAM.* boîte, boutique. *FRANCE FAM.* burlingue.

industriel *adj.* ▸ *Qui concerne l'industrie* – manufacturier. ▸ *Où il y a des industries* – manufacturier, usinier. ▲**ANT.** ARTISANAL.

industriel *n.* artisan, constructeur, entrepreneur, fabricant, faiseur, manufacturier, producteur.

industriellement *adv.* ▲**ANT.** À LA MAIN, ARTISANALEMENT, MANUELLEMENT.

inébranlable *adj.* ▸ *Solide* – à toute épreuve, absolu, d'acier, solide. ▸ *Inflexible* – catégorique, décidé, déterminé, entier, ferme, immuable, inflexible, résolu. ▸ *Qui ne montre aucune peur* – ferme, héroïque, impassible, intrépide, stoïque. *SOUT.* impavide. ▲**ANT.** FLOTTANT, FLUCTUANT, HÉSITANT, INCERTAIN, INDÉCIS, INDÉTERMINÉ, IRRÉSOLU, PERPLEXE; FRAGILE, TIMORÉ.

inédit *adj.* ▸ *Nouveau* – battant neuf, de fraîche date, de nouvelle date, flambant neuf, neuf, nouveau, récent, tout neuf. ▸ *Innovateur* – audacieux, avant-gardiste, d'avant-garde, frais, futuriste, hardi, innovant, innovateur, neuf, new-look, nouveau, nouvelle vague, novateur, original, renouvelé, révolutionnaire, visionnaire. ▲**ANT.** ÉDITÉ, IMPRIMÉ, PUBLIÉ; BANAL, CLASSIQUE, COMMUN, CONNU, ORDINAIRE.

ineffaçable *adj.* ▸ *Au sens propre* – indélébile. ▸ *Au sens figuré* – durable, impérissable, indélébile, inoubliable, vif, vivace, vivant. ▲**ANT.** DÉLÉBILE, EFFAÇABLE; FUGACE, FUGITIF, PASSAGER.

inefficace *adj.* impuissant, inactif, inopérant. ▲**ANT.** ACTIF, AGISSANT, EFFICACE, OPÉRANT, PUISSANT.

inégal *adj.* ▸ *Différent* – autre, différent, dissemblable, distinct, divers. ▸ *Qui n'est pas uni* – accidenté, bosselé, mouvementé, raboteux. ▸ *Qui manque de régularité* – changeant, en dents de scie, flottant, fluctuant, incertain, inconstant, instable, irrégulier, mobile, mouvant, variable. *SOUT.* labile, volatil. *DIDACT.* erratique. ▲**ANT.** ÉGAL; ÉQUIVALENT, IDENTIQUE, INCHANGÉ, MÊME, PAREIL, SEMBLABLE, SIMILAIRE, TEL; PLAN, PLAT, UNI; CONSTANT, FIXE, IMMOBILE, INVARIABLE, INVARIANT, STABLE, STATIONNAIRE, STATIQUE.

inégalement *adv.* disproportionnellement, dissemblablement, diversement, irrégulièrement. ▲**ANT.** ÉGALEMENT, RÉGULIÈREMENT, UNIFORMÉMENT.

inégalité *n.f.* ▸ *Différence* – abîme, altérité, changement, désaccord, déviance, différence, dissemblance, dissimilitude, distance, distinction, divergence, diversité, division, divorce, écart, fossé, gouffre, incompréhension, intervalle, marginalité, nuance, séparation, variante, variation, variété. *MATH.* inéquation. ▸ *Injustice* – abus, arbitraire, déloyauté, déni de justice, empiétement, erreur (judiciaire), exploitation, favoritisme, illégalité, illégitimité, inconstitutionnalité, iniquité, injustice, irrégularité, maljugé, malveillance, noirceur, partialité, passe-droit, privilège, scélératesse, tort, usurpation. *SOUT.* improbité. ▸ *Rugosité* – âpreté, aspérité, callosité, irrégularité, rudesse, rugosité. ▸ *Instabilité* – ballottement, changement, déséquilibre, fluctuation, fragilité, inadaptation, incertitude, inconstance, instabilité, mouvant, mouvement, précarité, variabilité, variation, versatilité, vicissitude, volatilité. *SOUT.*

fugacité. ▲**ANT.** IDENTITÉ ; ÉGALITÉ, ÉQUIVALENCE ; RES-SEMBLANCE, SIMILITUDE ; ÉQUITÉ, JUSTICE ; UNIFORMITÉ ; RÉGULARITÉ, STABILITÉ.

inéluctable *adj.* assuré, certain, fatal, immanquable, imparable, implacable, incontournable, inévitable, inexorable, nécessaire, obligatoire, obligé, sûr. *FAM.* forcé, mathématique. ▲**ANT.** ÉVENTUEL, HYPOTHÉTIQUE, INCERTAIN.

inépuisable *adj.* ▶ *Qui produit beaucoup* – abondant, débordant, fécond, fertile, foisonnant, fructueux, généreux, intarissable, productif, prolifique, riche. *SOUT.* copieux, inexhaustible, plantureux. ▲**ANT.** INSUFFISANT, LIMITÉ, MAIGRE, PAUVRE ; ÉPUISABLE, TARISSABLE.

inéquitable *adj.* abusif, arbitraire, attentatoire, discriminatoire, illégitime, immérité, indu, inique, injuste, injustifié, inquisitorial, léonin, oppressif, vexatoire. ▲**ANT.** ÉQUITABLE, JUSTE, JUSTIFIÉ, LÉGITIME.

inerte *adj.* ▶ *Sans connaissance* – évanoui, inanimé, sans connaissance. *SOUT.* gisant. ▶ *Sans énergie* – affaissé, amorphe, apathique, atone, avachi, désossé, endormi, faible, inconsistant, indolent, léthargique, lymphatique, mou, nonchalant, passif, ramolli, sans ressort. *SOUT.* lâche, veule. *FAM.* gnangnan, mollasse, mollasson, ramollo. ▲**ANT.** ANIMÉ, EN MOUVEMENT ; CONSCIENT ; ACTIF, DILIGENT, DYNAMIQUE, ÉNERGIQUE, INFATIGABLE, LABORIEUX, TRAVAILLEUR, VAILLANT, ZÉLÉ.

inertie *n. f.* ▶ *Immobilité* – calme, fixité, hiératisme, immobilisme, immobilité, immuabilité, immutabilité, impassibilité, improductivité, inaction, inactivité, inamovibilité, paralysie, piétinement, plafonnement, repos, sclérose, stabilité, stagnation, stationnarité, statisme, statu quo, sur place. *SOUT.* marasme, morosité. ▶ *Paresse* – alanguissement, apathie, atonie, engourdissement, fainéantise, farniente, indolence, laisser-aller, langueur, lenteur, léthargie, lourdeur, mollesse, négligence, nonchalance, oisiveté, paresse, somnolence, torpeur. *FAM.* cosse, flémingite aiguë, flemmardise, flemme. ▶ *Fatigue* – abattement, accablement, affaiblissement, affaissement, affalement, alanguissement, amollissement, anéantissement, apathie, atonie, consomption, épuisement, éreintement, exténuation, faiblesse, fatigue, forçage, harassement, labeur, langueur, lassitude, marasme, peine, prostration, stress, surmenage. *MÉD.* adynamie, anémie, asthénie. ▶ *Désœuvrement* – chômage, désœuvrement, farniente, inaction, inactivité, oisiveté, passivité, sédentarité, sinécure, sous-emploi. *SOUT.* désoccupation, inoccupation. *QUÉB. FAM.* bisounage. *PAR EUPHÉM.* inemploi. ▲**ANT.** ACTION, MOUVEMENT ; ARDEUR, DYNAMISME, ÉNERGIE, ENTRAIN, VIGUEUR, VITALITÉ ; ACTIVITÉ.

inestimable *adj.* cher, de (grande) valeur, de prix, inappréciable, introuvable, précieux, rare, rarissime, recherché, sans prix. ▲**ANT.** MÉDIOCRE, ORDINAIRE, SANS GRANDE VALEUR.

inévitable *adj.* ▶ *Immanquable* – assuré, certain, fatal, immanquable, imparable, implacable, incontournable, inéluctable, inexorable, nécessaire, obligatoire, obligé, sûr. *FAM.* forcé, mathématique. ▶ *Passé à l'état d'habitude* – classique, habituel, traditionnel. ▶ *Inséparable* – éternel, inséparable.

▲**ANT.** ÉVENTUEL, HYPOTHÉTIQUE, INCERTAIN ; INHABITUEL, INSOLITE, RARE ; ÉVITABLE.

inévitablement *adv.* à coup sûr, automatiquement, fatalement, forcément, immanquablement, implacablement, inéluctablement, inexorablement, infailliblement, ipso facto, irrésistiblement, logiquement, mathématiquement, nécessairement, obligatoirement, par la force des choses. ▲**ANT.** ALÉATOIREMENT, DOUTEUSEMENT, PEUT-ÊTRE.

inexact *adj.* ▶ *Faux* – erroné, fautif, faux, incorrect, mauvais. ▶ *Infidèle* – déformé, infidèle. ▶ *En parlant d'un raisonnement* – bancal, boiteux, défaillant, défectueux, déficient, incomplet, lacunaire, vicieux. ▲**ANT.** BON, CORRECT, EXACT, FIDÈLE, JUSTE.

inexistant *adj.* ▶ *Nul* – absent, négligeable, nul. ▶ *Imaginaire* – chimérique, fabuleux, fantasmagorique, fantastique, fictif, imaginaire, irréel, légendaire, mythique, mythologique. ▶ *Inventé* – apocryphe, fabriqué, fantaisiste, faux, fictif, forgé (de toutes pièces), imaginé, inauthentique, inventé. *SOUT.* controuvé. ▲**ANT.** EXISTANT ; CONCRET, MATÉRIEL, PHYSIQUE, RÉEL, SENSIBLE, VISIBLE, VRAI ; PALPABLE, SIGNIFICATIF, TANGIBLE.

inexistence *n. f.* irréalité, néantise, négativité, non-être, non-existence, nullité, vacuité. ▲**ANT.** EXISTENCE, RÉALITÉ ; IMPORTANCE.

inexorable *adj.* ▶ *Que rien ne peut empêcher* – assuré, certain, fatal, immanquable, imparable, implacable, incontournable, inéluctable, inévitable, nécessaire, obligatoire, obligé, sûr. *FAM.* forcé, mathématique. ▶ *Inflexible* – impitoyable, implacable, inflexible, intransigeant, sévère. ▲**ANT.** ÉVENTUEL, HYPOTHÉTIQUE, INCERTAIN.

inexpérience *n. f.* ▶ *Ignorance* – analphabétisme, ignorance, illettrisme, inadéquation, inaptitude, incapacité, incompétence, incompréhension, inconscience, inculture, ingénuité, innocence, insuffisance, lacune, naïveté, nullité, obscurantisme, simplicité. *SOUT.* impéritie, inconnaissance, méconnaissance. ▲**ANT.** COMPÉTENCE, EXPÉRIENCE, EXPERTISE, HABILETÉ.

inexplicablement *adv.* ▶ *Mystérieusement* – ambigument, cabalistiquement, énigmatiquement, hermétiquement, illisiblement, impénétrablement, incompréhensiblement, inintelligiblement, mystérieusement, obscurément, occultement, opaquement, secrètement, ténébreusement. ▶ *Inexprimablement* – indiciblement, ineffablement, inexprimablement. ▲**ANT.** CLAIREMENT, EN TOUTES LETTRES, EXPLICITEMENT, NETTEMENT, NOIR SUR BLANC.

inexpressif *adj.* ▶ *Impassible* – atone, fermé, froid, hermétique, impassible, impénétrable. *SOUT.* impavide. ▶ *En parlant de l'œil, du regard* – atone, éteint, morne, terne. *FAM.* bovin. ▲**ANT.** COLORÉ, PITTORESQUE ; ANIMÉ, EXPRESSIF, MOBILE, VIVANT.

inexprimable *adj.* ▶ *Qu'on ne peut exprimer* – incommunicable, indicible, intraduisible. ▶ *Extraordinaire* – extraordinaire, indéfinissable, indescriptible, indicible, ineffable. ▲**ANT.** EXPRIMABLE.

inextricable *adj.* ▶ *Qu'on ne peut démêler* – indébrouillable, indémêlable. ▶ *Qui tient du labyrinthe* – dédaléen, labyrinthien, labyrinthique. ▲**ANT.** CLAIR, FACILE, SIMPLE.

infaillible

infaillible *adj.* ▸ *Efficace* – efficace, souverain, sûr. ▸ *Inévitable* – assuré, certain, fatal, immanquable, imparable, implacable, incontournable, inéluctable, inévitable, inexorable, nécessaire, obligatoire, obligé, sûr. *FAM.* forcé, mathématique. ▲ANT. ALÉATOIRE, DOUTEUX, FRAGILE, INCERTAIN ; INEFFICACE, MAUVAIS ; FAILLIBLE, IMPARFAIT.

infâme *adj.* ▸ *Moralement répugnant* – abject, bas, coupable, crapuleux, dégoûtant, honteux, ignoble, immonde, inavouable, indigne, infect, innommable, inqualifiable, lâche, méprisable, odieux, repoussant, répugnant, sans nom, scandaleux, sordide, vil, vilain. *SOUT.* fangeux, ignominieux, nauséeux, triste, turpide. *FAM.* dégueu, dégueulasse, écœurant, gerbant, moche. ▸ *D'une saleté repoussante* – crasseux, crotté, d'une propreté douteuse, dégoûtant, encrassé, ignoble, immonde, infect, maculé, malpropre, sale, sordide, souillé. *FAM.* crapoteux, dégueu, dégueulasse, pouilleux. *FRANCE FAM.* cracra, crade, cradingue, crado, cradoque, craspec, salingue. ▲ANT. DIGNE, HONORABLE, NOBLE ; IMMACULÉ, IMPECCABLE, NET, PROPRE, SOIGNÉ.

infamie *n. f.* ▸ *Insulte* – affront, attaque, atteinte, attentat, avanie, blessure, calomnie, défi, dommage, indignité, injure, insolence, insulte, manquement, offense, outrage, pique, tort. *SOUT.* bave, camouflet, soufflet. ▸ *Honte* – abaissement, abjection, accroupissement, culpabilisation, dégradation, démérite, déshonneur, discrédit, flétrissure, gifle, honte, humiliation, ignominie, indignité, infériorisation, mépris, noircissure, opprobre, ridicule, ridiculisation, scandale, ternissure. *SOUT.* turpitude, vilenie. ▸ *Abjection* – abjection, abomination, atrocité, bassesse, boue, corruption, crapulerie, crime, débauche, déshonneur, fange, grossièreté, honte, horreur, ignominie, impureté, indignité, laideur, misère, monstruosité, noirceur, obscénité, odieux, ordure, saleté, sordide, souillure, vice. *SOUT.* sordidité, stupre, turpitude, vilenie. ▲ANT. DIGNITÉ, GLOIRE, HONNEUR, NOBLESSE.

infantile *adj.* ▸ *Qui concerne les enfants* – d'enfant, enfantin. ▸ *Qui agit comme un enfant* – bébé, enfant, enfantin, immature, puéril. ▲ANT. ADULTE ; SÉNESCENT.

infantiliser *v.* ▲ANT. AUTONOMISER, RESPONSABILISER.

infatigable *adj.* ▸ *Dynamique* – actif, affairé, allant, diligent, dynamique, énergique, laborieux, travailleur, vaillant, zélé. *FAM.* bosseur, boulot boulot, bûcheur, increvable, piocheur. *QUÉB.* travaillant. ▸ *Persévérant* – inlassable, patient, persévérant. ▲ANT. APATHIQUE, INDOLENT, NONCHALANT, OISIF, PARESSEUX ; DOUILLET, FATIGABLE, FRAGILE.

infect *adj.* ▸ *Malodorant* – écœurant, empyreumatique, fétide, malodorant, méphitique, miasmatique, nauséabond, pestilentiel, puant, putride. *FAM.* gerbant. ▸ *Sale* – crasseux, crotté, d'une propreté douteuse, dégoûtant, encrassé, ignoble, immonde, infâme, maculé, malpropre, sale, sordide, souillé. *FAM.* crapoteux, dégueu, dégueulasse, pouilleux. *FRANCE FAM.* cracra, crade, cradingue, crado, cradoque, craspec, salingue. ▸ *Médiocre* – abominable, affreux, atroce, déplorable, désastreux, épouvantable, exécrable, horrible, insipide, lamentable, manqué, mauvais, médiocre, minable, navrant, nul, odieux, piètre, piteux, pitoyable, qui ne vaut rien, raté. *SOUT.* méchant, triste. *FAM.* à la flan, à la gomme, à la manque, à la mie de pain, à la noix (de coco), blèche, craignos, crapoteux, mal fichu, moche, pourri, qui ne vaut pas un clou. *QUÉB. FAM.* de broche à foin, poche. ▸ *Moralement répugnant* – abject, bas, coupable, crapuleux, dégoûtant, honteux, ignoble, immonde, inavouable, indigne, infâme, innommable, inqualifiable, lâche, méprisable, odieux, repoussant, répugnant, sans nom, scandaleux, sordide, vil, vilain. *SOUT.* fangeux, ignominieux, nauséeux, triste, turpide. *FAM.* dégueu, dégueulasse, écœurant, gerbant, moche. ▲ANT. AROMATIQUE, ODORANT, ODORIFÉRANT, PARFUMÉ, SUAVE ; IMMACULÉ, IMPECCABLE, NET, PROPRE, SOIGNÉ ; BRILLANT, ÉBLOUISSANT, EXCELLENT, EXTRAORDINAIRE, FANTASTIQUE, MAGNIFIQUE, MERVEILLEUX, PARFAIT, PRODIGIEUX, REMARQUABLE, SENSATIONNEL ; DIGNE, HONORABLE, NOBLE.

infecter *v.* ▸ *Transmettre l'infection* – contaminer, envenimer. ▸ *Empester* (*SOUT.*) – empester. *SOUT.* empoisonner, empuantir. ▸ *Souiller moralement* (*SOUT.*) – avilir, flétrir, profaner, salir, souiller. *SOUT.* contaminer, empoisonner, polluer. ▲ANT. ASSAINIR, DÉSINFECTER, IMMUNISER, STÉRILISER ; EMBAUMER, PURIFIER ; AMÉLIORER, CORRIGER, RÉGÉNÉRER.

infection *n. f.* ▸ *Contamination* – contagion, contamination, corruption, envenimement, gangrène, infestation, putréfaction. ▸ *Maladie* – maladie contagieuse, maladie infectieuse, maladie microbienne. ▸ *Puanteur* – fétidité, méphitisme, miasme, moisi, pestilence, puanteur, rance, ranci, relent, renfermé. *SOUT.* remugle. ▲ANT. ANTISEPSIE, ASSAINISSEMENT, DÉSINFECTION, PURIFICATION ; IMMUNISATION ; GUÉRISON, SOIN ; ARÔME, PARFUM.

inférieur *adj.* ▸ *Qui occupe un rang moins élevé* – bas, mineur, moindre, secondaire, subalterne, subordonné. ▸ *Dont la valeur est moindre* – limité, réduit, restreint. ▲ANT. SUPÉRIEUR.

infériorité *n. f.* ▸ *État de ce qui est inférieur* – abaissement, allégeance, appartenance, asservissement, assujettissement, attachement, captivité, contrainte, dépendance, domestication, domesticité, domination, emprise, esclavage, gêne, hilotisme, inféodation, mainmise, merci, mouvance, obédience, obéissance, obligation, oppression, pouvoir, puissance, servage, servitude, soumission, subordination, sujétion, tutelle, tyrannie, vassalité. *FIG.* carcan, chaîne, corset (de fer), coupe, fardeau, griffe, main, patte, prison ; *SOUT.* fers, gaine, joug. *PHILOS.* hétéronomie. ▸ *Ce qui rend inférieur* – désavantage, dessous, faiblesse, handicap. ▲ANT. AVANTAGE, DESSUS, SUPÉRIORITÉ.

infernal *adj.* ▸ *Digne du démon* – démoniaque, diabolique, luciférien, méphistophélique, pervers, satanique. ▸ *Insupportable* – antipathique, atroce, déplaisant, désagréable, détestable, exécrable, haïssable, impossible, insoutenable, insupportable, intenable, intolérable, invivable, irrespirable, odieux, pénible. *FAM.* imbuvable. ▸ *Très rapide* – d'enfer, débridé, effréné, endiablé, frénétique, galopant. ▲ANT. ANGÉLIQUE, CÉLESTE, DIVIN, PUR ; ENCHANTEUR, FÉERIQUE, IDYLLIQUE, IRRÉEL, MAGNIFIQUE, MERVEILLEUX,

inflation

PARADISIAQUE; ADORABLE, AIMABLE, CHARMANT, DÉLI-
CIEUX, GENTIL; FAIBLE, MODÉRÉ.

infidèle *adj.* ▶ *Inconstant en amour* – adultère, frivole, inconstant, volage. *FAM.* cavaleur, coureur, qui a un cœur d'artichaut. *QUÉB. FAM.* courailleux. ▶ *Qui manque à sa parole* – déloyal, parjure, traître. ▶ *Non conforme à la réalité* – déformé, inexact. ▶ *Païen* – gentil, idolâtre, mécréant,
païen. ▲ANT. CONSTANT, FIDÈLE, SÉRIEUX; ATTACHÉ,
DÉVOUÉ, LOYAL, SÛR; CONFORME, EXACT, JUSTE, PRÉCIS;
CROYANT, PIEUX.

infidélité *n. f.* ▶ *Trahison* – défection, désertion, faux serment, félonie, forfaiture, (haute) trahison, insoumission, parjure, scélératesse. *SOUT.* prévarication. *FAM.* lâchage. ▶ *Impiété* – agnosticisme,
apostasie, athéisme, blasphème, désacralisation,
doute, froideur, gentilité, hérésie, impiété, incrédulité, incroyance, indifférence, irréligion, libre pensée, matérialisme, paganisme, panthéisme, péché,
profanation, reniement, sacrilège, scandale, scepticisme. *SOUT.* inobservance. ▶ *Inexactitude* – écart,
erreur, faute, imperfection, imprécision, incorrection, inexactitude, irrégularité. ▲ANT. DROITURE, FI-
DÉLITÉ, LOYAUTÉ; CONSTANCE; FOI, PIÉTÉ; EXACTITUDE,
JUSTESSE, VÉRITÉ.

infime *adj.* faible, infinitésimal, insignifiant,
mince, minime, négligeable, petit, sans importance.
FIG. homéopathique. ▲ANT. COLOSSAL, CONSIDÉRA-
BLE, ÉNORME, EXTRAORDINAIRE, EXTRÊME, FABULEUX,
FORMIDABLE, GÉANT, GIGANTESQUE, IMMENSE, INCOM-
MENSURABLE, MONUMENTAL, PHÉNOMÉNAL, TITANESQUE,
VASTE.

infini *adj.* ▶ *Éternel* – constant, durable, éternel, immortel, immuable, impérissable, imprescriptible, inaltérable, indéfectible, indestructible, indissoluble, permanent, perpétuel, sans fin. *SOUT.* pérenne. ▶ *Immense* – considérable, grand, illimité,
immense, inappréciable, incalculable, incommensurable, insondable, sans borne, sans fin, sans limites,
sans mesure, vaste. ▲ANT. BORNÉ, FINI, LIMITÉ; FAIBLE,
INFIME, MODESTE, NÉGLIGEABLE, PETIT.

infini *n. m.* ▶ *Perfection* – achèvement, consommation, couronnement, épanouissement, excellence, fini, fleur, maturité, meilleur, parachèvement,
perfection, plénitude, précellence. *PHILOS.* entéléchie.
▶ *Immensité* – espace, illimité, immensité, incommensurable, inconditionné, infinitude, vastité, vastitude. *SOUT.* abîme. ▲ANT. FINI, FINITUDE.

infiniment *adv.* ▶ *Toujours* – à l'infini, à perpétuité, à tous coups, à tous les coups, à tout bout
de champ, à tout instant, à (tout) jamais, à tout moment, à toute heure (du jour et de la nuit), à vie,
ad vitam æternam, assidûment, beau temps mauvais temps, chroniquement, constamment, continuellement, continûment, dans tous les cas, de
nuit comme de jour, de toute éternité, en permanence, en tout temps, en toute saison, en toute(s)
circonstance(s), éternellement, hiver comme été, immuablement, inaltérablement, indéfiniment, invariablement, jour et nuit, nuit et jour, perpétuellement, pour la vie, pour les siècles des siècles, rituellement, sans arrêt, sans cesse, sans discontinuer, sans
fin, sans interruption, sans relâche, sans répit, sempiternellement, systématiquement, toujours, tous les

jours. *SOUT.* à demeure, incessamment. *FAM.* à perpète, tout le temps. ▶ *Longtemps* – à l'infini, à long
terme, à longue échéance, à n'en plus finir, ad vitam æternam, beaucoup, depuis belle lurette, durablement, interminablement, lentement, longtemps,
longuement, mûrement, toujours. ▶ *Extrêmement*
– à l'extrême, affreusement, astronomiquement, au
dernier degré, au dernier point, au maximum, au
plus haut degré, au plus haut point, beaucoup, bien,
colossalement, considérablement, éminemment,
énormément, exceptionnellement, extraordinairement, extrêmement, fabuleusement, follement, fort,
fortement, grandement, gros, hautement, immensément, incommensurablement, inconcevablement,
incroyablement, intensément, long, mortellement,
nettement, on ne peut plus, phénoménalement, prodigieusement, profondément, remarquablement, sérieusement, singulièrement, souverainement, supérieurement, suprêmement, terriblement, très, vertigineusement, vivement, vraiment. *FAM.* bigrement,
bougrement, diablement, drôlement, effroyablement, épais, épouvantablement, fameusement, fantastiquement, fichtrement, fichûment, formidablement, foutrement, furieusement, joliment, rudement, sacrément, salement, super, terrible, tout
plein, un max, vachement. *QUÉB. FAM.* à l'os, à la
planche, au coton, en maudit, en s'il vous plaît,
mauditement. ▲ANT. EXTRÊMEMENT PEU, UN TOUT
PETIT PEU.

infinité *n. f.* ▶ *Nombre très important* – abondance, afflux, amas, ampleur, concentration, débauche, débordement, exubérance, filon, floraison, foisonnement, forêt, foule, fourmillement, gisement,
inondation, luxe, luxuriance, masse, mine, multiplicité, myriade, nuée, orgie, paquet, pléthore, poussière, profusion, quantité, richesse, surabondance,
tas, trésor. *FIG.* carnaval. *FAM.* festival, flopée, kyrielle, tapée, tonne, tripotée, wagon. *QUÉB. FAM.* bourrée, tapon. *SUISSE FAM.* craquée. ▲ANT. BORNE, FINI-
TUDE, LIMITE.

infinitésimal *adj.* faible, infime, insignifiant,
mince, minime, négligeable, petit, sans importance.
FIG. homéopathique. ▲ANT. COLOSSAL, CONSIDÉRA-
BLE, ÉNORME, EXTRAORDINAIRE, EXTRÊME, FABULEUX,
FORMIDABLE, GÉANT, GIGANTESQUE, IMMENSE, INCOM-
MENSURABLE, MONUMENTAL, PHÉNOMÉNAL, TITANESQUE,
VASTE.

infirme *adj.* à mobilité réduite, handicapé (moteur), impotent, invalide, paralysé, paralytique. *SOUT.*
grabataire, perclus. *MÉD.* hémiplégique, paraplégique,
quadriplégique, tétraplégique. ▲ANT. VALIDE.

infirmité *n. f.* ▶ *Invalidité* – handicap, impotence, incapacité, invalidité. ▶ *Difformité* – anomalie, défaut, déficience, déformation, disgracieux, disgrâce, dysmorphie, dysmorphose, handicap, malformation, malposition, monstruosité, vice. ▲ANT. CA-
PACITÉ, FORCE, SANTÉ, VIGUEUR; INTÉGRITÉ.

inflation *n. f.* ▶ *Augmentation* – accentuation,
accroissement, accrue, agrandissement, amplification, arrondissement, augmentation, bond, boom,
crescendo, croissance, crue, développement, dilatation, élargissement, élévation, enflement, enrichissement, envolée, essor, évolution, expansion, extension, flambée, foisonnement, gonflement, gradation,

infléchir

grossissement, hausse, haussement, intensification, majoration, montée, poussée, progrès, progression, recrudescence, redressement, rehaussement, relèvement, renchérissement, renforcement, revalorisation, valorisation. ▲ANT. DÉFLATION, DÉSINFLATION.

infléchir *v.* ▶ *Incliner* – courber, fléchir, plier, recourber. ▶ *Changer la direction* – détourner, dévier. *SC.* défléchir. ♦ **s'infléchir** ▶ *S'incliner* – s'arquer, s'incurver, se courber. ▲ANT. DRESSER, RECTIFIER, REDRESSER, RELEVER; MAINTENIR.

inflexible *adj.* ▶ *Décidé* – catégorique, décidé, déterminé, entier, ferme, immuable, inébranlable, résolu. ▶ *Sans pitié* – impitoyable, implacable, inexorable, intransigeant, sévère. ▶ *Qui reste droit* – dur, ferme, fort, raide, résistant, rigide, solide. ▲ANT. FLEXIBLE; ACCOMMODANT, COMPLAISANT, CONCILIANT, FACILE (À VIVRE), SOUPLE, TRAITABLE; CHANGEANT, FANTASQUE, FLOTTANT, INCONSTANT, INSTABLE, VOLAGE.

inflexion *n.f.* ▶ *Courbure* – arçonnage, arcure, arrondi, bombage, cambre, cambrure, cintrage, circularité, concavité, conicité, convexité, courbe, courbure, fléchissement, flexion, flexuosité, galbe, incurvation, parabolicité, rondeur, rotondité, sinuosité, sphéricité, tortuosité, voussure. ▶ *Intonation* – accent, accentuation, intensité, intonation, modulation, prononciation, prosodie, ton, tonalité. *LING.* traits suprasegmentaux. ▲ANT. MAINTIEN; MONOTONIE.

infliger *v.* ▶ *Donner* – assener, donner, porter. *FAM.* administrer, allonger, coller, ficher, filer, flanquer, foutre. *QUÉB. FAM.* sacrer. ▶ *Imposer* – faire subir, imposer. ▲ANT. ÉPROUVER, ESSUYER, SUBIR; ÉPARGNER.

influence *n.f.* ▶ *Ascendant* – action, aide, appui, ascendant, attirance, attraction, aura, autorité, contagion, crédit, dominance, domination, effet, empreinte, emprise, fascination, force, importance, incitation, inspiration, magie, magnétisme, mainmise, manipulation, mouvance, persuasion, pétition, poids, pouvoir, prépondérance, présence, pression, prestige, puissance, règne, rôle, séduction, subjugation, suggestion, tyrannie. *SOUT.* empire, intercession. ▶ *Ensorcellement* – charme, diablerie, enchantement, ensorcellement, envoûtement, fascination, jettatura, magie, maléfice, malheur, maraboutage, mauvais œil, (mauvais) sort, philtre, possession, sorcellerie, sortilège. *ANTIQ.* goétie.

influencer *v.* ▶ *Avoir une influence sur qqch.* – agir sur, compter, entrer en ligne de compte, importer, influer sur, jouer, peser dans la balance, peser sur. ▶ *Avoir une influence sur qqn* – déteindre sur, exercer une influence sur, faire impression sur, frapper, impressionner, marquer. ▲ANT. LAISSER LIBRE, SE DÉSINTÉRESSER; COPIER, IMITER, SUIVRE.

influent *adj.* de haut rang, grand, haut placé, important, notable, puissant, qui a le bras long. *SOUT.* de haute volée. ▲ANT. INSIGNIFIANT, SANS IMPORTANCE.

informatif *adj.* édifiant, éducatif, enrichissant, formateur, formatif, instructif, profitable. ▲ANT. ABÊTISSANT, ABRUTISSANT, BÊTIFIANT, CRÉTINISANT.

information *n.f.* ▶ *Renseignement* – donnée, indication, nouvelle, renseignement. *FAM.*

info, rancard, tube, tuyau. ▶ *Nouvelle* – actualités, annonce, brève, bulletin, communiqué, flash, information(s), journal *(parlé ou télévisé)*, nouvelle(s). ◆ *Information exclusive* – exclusivité, primeur. ▶ *Conseil* – avertissement, avis, conseil, encouragement, exhortation, guidance, idée, incitation, indication, initiative, inspiration, instigation, motion *(dans une assemblée)*, offre, opinion, préconisation, proposition, recommandation, renseignement, suggestion. *FAM.* tuyau. *DR.* pollicitation. ▶ *Instruction* – alphabétisation, apprentissage, conscientisation, didactique, édification, éducation, enrichissement, enseignement, entraînement, études, expérience, façonnage, façonnement, formation, inculcation, initiation, instruction, monitorat, pédagogie, professorat, scolarisation, scolarité, stage. ▶ *Enquête* – analyse, enquête, étude, examen, exploration, investigation, recherche, sondage, survol, traitement. *SOUT.* perquisition. ▶ *Enquête judiciaire* – enquête, examen, instruction, recherche. ◆ *informations*, *plur.* ▶ *Ensemble de renseignements* – gisement; glanure. ▲ANT. ÉNIGME, MYSTÈRE; DÉSINFORMATION.

informatisation *n.f.* automatisation, machinisme, mécanisation, motorisation, robotisation.

informe *adj.* ▶ *Rudimentaire* – (à l'état) brut, à l'état d'ébauche, ébauché, élémentaire, embryonnaire, fruste, grossier, imparfait, larvaire, mal équarri, primitif, rudimentaire. ▶ *Peu esthétique* – à faire peur, affreux, déplaisant, disgracieux, hideux, horrible, ignoble, inesthétique, ingrat, inharmonieux, laid, laideron *(femme)*, mal fait, monstrueux, repoussant, répugnant, vilain. *SOUT.* malgracieux, répulsif. *FAM.* blèche, dégueu, dégueulasse, mal fichu, mochard, moche, tarte, tartignolle, tocard, vomitif. ▶ *Vague* – confus, estompé, flou, imprécis, incertain, indécis, indéfini, indéfinissable, indéterminé, indistinct, ni chair ni poisson, obscur, sourd *(sentiment)*, trouble, vague, vaporeux, voilé. ▲ANT. ACHEVÉ, COMPLET, DANS SA PHASE FINALE, TERMINÉ; BEAU, ESTHÉTIQUE, GRACIEUX.

informé *adj.* au courant, averti, avisé, renseigné. *FAM.* à la coule, au parfum. ▲ANT. À L'ÉCART, IGNORANT DE.

informer *v.* ▶ *Renseigner* – éclairer, édifier, renseigner. *FAM.* éclairer la lanterne de. ▶ *Aviser d'une chose nouvelle* – avertir, aviser, mettre au courant, prévenir. *SOUT.* instruire. *FAM.* affranchir, brancher, mettre au parfum. *QUÉB.* breffer. ◆ **s'informer** ▶ *Se renseigner* – demander, s'enquérir de, se renseigner au sujet de. *FAM.* aller aux nouvelles. *ACADIE FAM.* s'émouver de. ▲ANT. CACHER, DISSIMULER, TAIRE, VOILER; DÉSINFORMER, TROMPER.

infortune *n.f.* ▶ *Malchance* – accident, coup du destin, coup du sort, coup dur, cruauté du destin, fatalité, fortune contraire, malchance, malheur, mauvais sort, mauvaise fortune, sort contraire, vicissitude. *SOUT.* adversité, infélicité. *FAM.* déveine, guigne, manque de bol, manque de pot, poisse. *FRANCE FAM.* cerise, débine, guignon, mélasse, mouscaille, scoumoune. ▶ *Malheur* – adversité, calamité, calice (de douleur), chagrin, détresse, deuil, disgrâce, douleur, échec, épreuve, fatalité, mal, malchance, malédiction, malheur, mauvaise fortune, mauvaise passe, mésaventure, misère, nuage, orage, peine, revers, ruine, sale affaire, sale histoire, souffrance, traverse, tribulation. *SOUT.* bourrèlement, plaie, tourment.

▶ *Épreuve* – contrariété, coup, coup du destin, coup du sort, coup dur, disgrâce, échec, épreuve, hydre, mal, malchance, malheur, mauvais moment à passer, misère, péril, revers, ruine, tribulation. *SOUT.* traverse.

▶ *Insuccès* – avortement, banqueroute, capitulation, catastrophe, chute, débâcle, débandade, déconfiture, défaite, déroute, désavantage, échec, écrasement, faillite, fiasco, four, insuccès, mauvaise fortune, naufrage, perte, ratage, raté, retraite, revers. *SOUT.* traverse. *FAM.* désastre, piquette, plantage, raclée, recalage, volée. *FRANCE FAM.* bérézina, bide, brossée, déculottée, dégelée, écrabouillement, fessée, foirade, gamelle, loupage, pile, rincée, rossée, tannée, veste.

▶ *Déception* – abattement, accablement, affliction, amertume, anéantissement, chagrin, consternation, contrariété, déboires, déception, déconvenue, découragement, dégoût, dégrisement, démoralisation, dépit, désappointement, désenchantement, désespoir, désillusion, désolation, échec, écœurement, ennui, insuccès, lassitude, mécompte, peine, regret, revers, tristesse. *SOUT.* atterrement, déréliction, désabusement, désespérance, retombement. *FAM.* défrisage, défrisement, douche (froide), ras-le-bol. ▲**ANT.** CHANCE, FORTUNE; BONHEUR, FÉLICITÉ.

infortuné *adj.* malchanceux, malheureux. ▲**ANT.** BIEN LOTI, CHANCEUX, FAVORISÉ, FORTUNÉ.

infortuné *n.* affligé, damné de la terre, déshérité, exclu (de la société), gueux, laissé-pour-compte, mal-aimé, malchanceux, malheureux, miséreux, paria, pauvre, persona non grata, réprouvé. *FAM.* paumé. *FRANCE FAM.* déveinard. ▲**ANT.** HEUREUX, PRIVILÉGIÉ.

infraction *n. f.* accroc, contravention, crime, délit, dérogation, entorse, faute, forfait, forfaiture, inconduite, manquement, mauvaise action, mauvaise conduite, méfait, non-respect, rupture, transgression, violation. *BELG.* méconduite. *DR.* cas. ▲**ANT.** OBSERVATION, RESPECT.

infranchissable *adj.* insurmontable. ▲**ANT.** FRANCHISSABLE, SURMONTABLE; TRAVERSABLE.

infrastructure *n. f.* ▶ *Partie inférieure* – assiette, assise, base, fondation, pied, radier, soubassement, substruction, substructure. *QUÉB.* solage. *ARCHIT.* embasement, empattement. ▶ *Équipements* – installation. ▲**ANT.** SUPERSTRUCTURE.

infusion *n. f.* ▶ *Action d'infuser* – décoction, macération, marinage. *CHIM.* digestion.

ingénier (s') *v.* ▶ *S'efforcer* – chercher à, entreprendre de, essayer de, s'attacher à, s'efforcer de, tâcher de, tenter de, travailler à. *SOUT.* avoir à cœur de, faire effort pour, prendre à tâche de. ▲**ANT.** ÉVITER, MANQUER, NÉGLIGER; ÉCHOUER.

ingénieusement *adv.* adroitement, astucieusement, avec brio, avec compétence, avec éclat, bien, brillamment, de main de maître, en professo, expertement, finement, génialement, habilement, industrieusement, intelligemment, judicieusement, lucidement, magistralement, pertinemment, professionnellement, savamment, sensément, spirituellement, subtilement, talentueusement, vivement. ▲**ANT.** ABSURDEMENT, BÊTEMENT, IDIOTEMENT, IMBÉ-

CILEMENT, ININTELLIGEMMENT, NAÏVEMENT, SOTTEMENT, STUPIDEMENT.

ingénieux *adj.* adroit, astucieux, déluré, fin, finaud, futé, habile, intelligent, inventif, malin, qui a plus d'un tour dans son sac, rusé. *FAM.* débrouillard, dégourdi. *FRANCE FAM.* dessalé, fortiche, fute-fute, mariol, sioux. *QUÉB. FAM.* fin finaud. ▲**ANT.** ABERRANT, FOU, IDIOT, ILLOGIQUE, INSENSÉ; GAUCHE, INCAPABLE, MALADROIT, MALHABILE.

ingéniosité *n. f.* adresse, débrouillardise, finesse, habileté, ruse. *SOUT.* cautèle, industrie. *FAM.* système D, système débrouille. *QUÉB. ACADIE FAM.* jarnigoine. *QUÉB. FAM.* cocologie. *SOUT.* matoiserie. ▲**ANT.** BÊTISE; GAUCHERIE, MALADRESSE.

ingénu *adj.* angélique, candide, confiant, crédule, innocent, naïf, pur, simple. ▲**ANT.** ASTUCIEUX, DÉLURÉ, FUTÉ, INGÉNIEUX, MALIN, RUSÉ; HYPOCRITE, MALICIEUX, PERVERS.

ingénuité *n. f.* ▶ *Pureté* – candeur, fleur, fraîcheur, honnêteté, innocence, naïveté, pureté, simplicité. ▶ *Ignorance* – analphabétisme, ignorance, illettrisme, inadéquation, inaptitude, incapacité, incompétence, incompréhension, inconscience, inculture, inexpérience, innocence, insuffisance, lacune, naïveté, nullité, obscurantisme, simplicité. *SOUT.* impéritie, inconnaissance, méconnaissance. ▲**ANT.** RUSE.

ingérence *n. f.* ▶ *Intervention* – aide, appui, concours, entremise, immixtion, incursion, interposition, interventionnisme, intrusion, médiation, ministère, office. *SOUT.* intercession. ▲**ANT.** NEUTRALITÉ, NON-INGÉRENCE, NON-INTERVENTION.

ingrat *adj.* ▶ *Sans gratitude* – égoïste, oublieux, sans-cœur. ▶ *Disgracieux* – à faire peur, affreux, déplaisant, disgracieux, hideux, horrible, ignoble, inesthétique, informe, inharmonieux, laid, laideron *(femme)*, mal fait, monstrueux, repoussant, répugnant, vilain. *SOUT.* malgracieux, répulsif. *FAM.* blèche, dégueu, dégueulasse, mal fichu, mochard, moche, tarte, tartignolle, tocard, vomitif. ▶ *Difficile et ennuyeux* – aride, désagréable, pénible, rébarbatif, rebutant. *FAM.* craignos. ▶ *Qui produit peu de végétation* – aride, avare, désertique, improductif, inculte, incultivable, infertile, pauvre, stérile. ▶ *Inhospitalier* – farouche, hostile, inhabitable, inhospitalier, sauvage. ▲**ANT.** CHARMANT, DÉLICIEUX, GRACIEUX, JOLI, MIGNON, RAVISSANT; BIEN FAIT, BIEN GALBÉ, SCULPTURAL; OBLIGÉ, RECONNAISSANT, REDEVABLE.

ingratitude *n. f.* ▲**ANT.** GRATITUDE, RECONNAISSANCE.

ingrédient *n. m.* ▶ *Élément* – composant, composante, constituant, élément (constitutif), fragment, membre, module, morceau, organe, partie, pièce, principe, unité. *FIG.* brique, fil, pierre, rouage.

inguérissable *adj.* ▶ *Au sens propre* – incurable, insoignable, irrémédiable, sans remède. ▶ *Au sens figuré* – endurci, impénitent, incorrigible, incurable, invétéré. *FAM.* indécrottable. ▲**ANT.** CURABLE, GUÉRISSABLE, SOIGNABLE; CONTRIT, HONTEUX, PÉNITENT, REPENTANT.

inhabité *adj.* ▶ *Inexploré* – désert, désolé, inexploré, sauvage, solitaire, vierge. ▶ *Déserté* – abandonné, dépeuplé, désert, déserté, vide. ▲**ANT.** HABITÉ, OCCUPÉ, PEUPLÉ.

inhabituel *adj.* ▸ *Exceptionnel* – d'exception, exceptionnel, fortuit, inaccoutumé, inusité, occasionnel, rare, rarissime, spécial. *SOUT.* extraordinaire, inusuel. ▸ *Bizarre* – anormal, baroque, bizarre, curieux, drôle, étonnant, étrange, inaccoutumé, incompréhensible, inexplicable, insolite, inusité, singulier, spécial, surprenant. *SOUT.* extraordinaire. *FAM.* bizarroïde. ▲**ANT.** COUTUMIER, HABITUEL, NORMAL, ORDINAIRE, STANDARD, USUEL.

inhérent *adj.* ▸ *Fondamental* – constitutif, foncier, fondamental, inné, intrinsèque, radical. *PHILOS.* essentiel, immanent, substantiel. ▸ *Relié* – associé, attaché, conjoint, indissociable, inséparable, joint, lié, relié, uni. ▲**ANT.** ACCESSOIRE, ACCIDENTEL, CONTINGENT, INCIDENT.

inhibé *adj.* complexé, timide. *FAM.* coincé. *QUÉB.* *FAM.* gêné, pogné.

inhibition *n. f.* ▸ *Refoulement* – autocensure, barrage, blocage, censure, refoulement, refus, résistance. ▸ *Timidité* – appréhension, confusion, crainte, discrétion, effacement, effarouchement, embarras, émoi, frilosité, gaucherie, gêne, hésitation, honte, humilité, indécision, introversion, malaise, modestie, peur, réserve, retenue, sauvagerie, timidité. *SOUT.* pusillanimité. *FAM.* trac. ▸ *Paralysie* – arrêt, asphyxie, blocage, désactivation, engourdissement, enraiement, entrave, immobilisation, immobilisme, impuissance, neutralisation, obstruction, paralysie, ralentissement, sclérose, stagnation. ▸ *Obstacle* – accroc, adversité, anicroche, barrière, blocage, contrariété, contretemps, défense, difficulté, digue, écueil, embarras, empêchement, ennui, entrave, frein, gêne, impasse, impossibilité, interdiction, objection, obstruction, ombre au tableau, opposition, pierre d'achoppement, point noir, problème, résistance, restriction, tracas, tribulations. *QUÉB.* irritant. *SOUT.* achoppement, impedimenta, traverse. *FAM.* blème, hic, lézard, os, pépin. *QUÉB. FAM.* aria. ▲**ANT.** EXCITATION, IMPULSION, STIMULATION; EXPRESSION, EXTÉRIORISATION; LIBÉRATION; DYNAMOGÉNIE *(organe).*

inhumain *adj.* ▸ *D'une cruauté sauvage* – barbare, bestial, cannibale, cannibalesque, cruel, féroce, sadique, sanguinaire, sauvage. *SOUT.* néronien. ▸ *Qui remplit d'horreur* – abominable, atroce, barbare, cruel, horrible, monstrueux. ▸ *Au-delà des capacités humaines* – surhumain. ▲**ANT.** BIENVEILLANT, CHARITABLE, COMPATISSANT, DÉLICAT, DOUX, HUMAIN, MISÉRICORDIEUX; AGRÉABLE, CHARMANT, DÉLICIEUX, DIVIN, EXQUIS, SUAVE, SUBLIME; MODÉRÉ, RAISONNABLE.

inimaginable *adj.* à (vous) couper le souffle, abasourdissant, ahurissant, bouleversant, confondant, déconcertant, dérangeant, ébahissant, effarant, époustouflant, étonnant, étourdissant, extraordinaire, impensable, inconcevable, incroyable, inouï, invraisemblable, pétrifiant, renversant, stupéfiant, suffocant, surprenant. *SOUT.* qui confond l'entendement. *FAM.* ébouriffant, mirobolant, sidérant, soufflant. *QUÉB. FAM.* capotant. ▲**ANT.** BANAL, ININTÉRESSANT, ORDINAIRE, SANS INTÉRÊT.

inimitable *adj.* ▸ *Original* – à part, différent, original, particulier, pittoresque, sans précédent, singulier, spécial, unique en son genre, unique. ▸ *Inégalable* – d'exception, exceptionnel, hors du commun,

hors ligne, hors pair, hors série, incomparable, inégalable, inégalé, insurpassable, insurpassé, irremplaçable, précieux, qui n'a pas son pareil, rare, remarquable, sans égal, sans pareil, sans précédent, sans rival, sans second, spécial, supérieur, unique. ▲**ANT.** IMITABLE; BANAL, ORDINAIRE, SANS ORIGINALITÉ.

inintelligible *adj.* ▸ *Dont le sens est obscur* – brouillé, brumeux, compliqué, confus, contourné, embarrassé, embrouillé, embroussaillé, enchevêtré, entortillé, flou, fumeux, incompréhensible, indéchiffrable, indigeste, nébuleux, obscur, tarabiscoté, vague, vaseux. *SOUT.* abscons, abstrus, amphigourique, fuligineux. *FAM.* chinois, emberlificoté, filandreux, vasouillard. ▸ *Incompréhensible* – cabalistique, caché, cryptique, énigmatique, ésotérique, hermétique, impénétrable, inaccessible, incompréhensible, inconcevable, inconnaissable, indéchiffrable, indécodable, inexplicable, insaisissable, insondable, mystérieux, nébuleux, obscur, opaque, secret, ténébreux. *SOUT.* abscons, abstrus, sibyllin. ▸ *Mal prononcé* – inarticulé, indistinct. ▲**ANT.** CLAIR, INTELLIGIBLE; ACCESSIBLE, COMPRÉHENSIBLE, ÉVIDENT, LIMPIDE, SIMPLE, TRANSPARENT; ARTICULÉ.

ininterrompu *adj.* constant, continu, continuel, de tous les instants, incessant, permanent, perpétuel, persistant, régulier. ▸ *Non favorable* – continuel, éternel, incessant, perpétuel, sans fin, sempiternel. ▲**ANT.** DISCONTINU, INTERMITTENT, IRRÉGULIER.

iniquité *n. f.* abus, arbitraire, déloyauté, déni de justice, empiétement, erreur (judiciaire), exploitation, favoritisme, illégalité, illégitimité, inconstitutionnalité, inégalité, injustice, irrégularité, mal-jugé, malveillance, noirceur, partialité, passe-droit, privilège, scélératesse, tort, usurpation. *SOUT.* improbité. ▲**ANT.** ÉQUITÉ, JUSTICE.

initial *adj.* originaire, original, originel, premier, primaire, primitif, primordial. *SOUT.* liminaire, prime. ▲**ANT.** DERNIER, FINAL, TERMINAL, ULTIME.

initialement *adv.* à l'origine, au commencement, au départ, au (tout) début, originairement, originellement, premièrement, primitivement. ▲**ANT.** À LA FIN, AU BOUT DU COMPTE, EN DÉFINITIVE, EN FIN DE COMPTE, FINALEMENT.

initiateur *n.* ▸ *Précurseur* – ancêtre, annonciateur, avant-garde, avant-gardiste, devancier, innovateur, introducteur, inventeur, messager, novateur, pionnier, précurseur, prédécesseur, préfiguration, prophète, visionnaire. *SOUT.* avant-coureur, avant-courrier, fourrier, héraut, préparateur. ▸ *Instigateur* – âme, artisan, auteur, canalisateur, centre, cerveau, chef, cheville ouvrière, créateur, dirigeant, fondateur, incitateur, inspirateur, instigateur, locomotive, maître (d'œuvre), meneur, moteur, organisateur, patron, père, promoteur, protagoniste, régisseur, responsable. *SOUT.* excitateur, instaurateur, ouvrier. ▲**ANT.** DISCIPLE, INITIÉ.

initiation *n. f.* ▸ *Acte rituel* – mystagogie, rite d'initiation, rite de passage, rite initiatique. ▸ *Coutume scolaire* – brimade, épreuve. *FRANCE FAM.* bizutage. ▸ *Admission* – admission, adoubement, élévation, intronisation, investiture, promotion. ▸ *Affiliation* – adhésion, adjonction, admission, adoption, affiliation, agrégation, agrément, appartenance,

innocent

association, enrôlement, entrée, incorporation, inscription, intégration, mobilisation, rattachement, réception. ▶ *Premiers pas* – débuts, premières armes, premiers pas. *SOUT.* apprentissage. ▶ *Éducation* – alphabétisation, apprentissage, conscientisation, didactique, édification, éducation, enrichissement, enseignement, entraînement, études, expérience, façonnage, façonnement, formation, inculcation, information, instruction, monitorat, pédagogie, professorat, scolarisation, scolarité, stage.

initiative *n. f.* avertissement, avis, conseil, encouragement, exhortation, guidance, idée, incitation, indication, information, inspiration, instigation, motion *(dans une assemblée)*, offre, opinion, préconisation, proposition, recommandation, renseignement, suggestion. *FAM.* tuyau. *DR.* pollicitation. ▲**ANT.** PASSIVITÉ, ROUTINE.

initié *n.* ▶ *Personne admise* – catéchumène, converti, prosélyte *(sens large)*. ▶ *Agioteur* – accapareur, agioteur, baissier, boursicoteur, boursicotier, bricoleur, haussier, joueur, margoulin, monopoleur, monopolisateur, monopoliste, reporté, spéculateur, thésauriseur, trafiquant. *FAM.* cumulard, traficoteur, tripoteur. ▲**ANT.** INITIATEUR ; NON-INITIÉ, PROFANE.

initier *v.* ▶ *Dégourdir* – dégourdir, dégrossir, délurer, déniaiser. *FAM.* débrouiller, dérouiller, dessaler. ▶ *Brimer* *(QUÉB.)* – bahuter, brimer. *FRANCE FAM.* bizuter. ♦ *s'initier* ▶ *Commencer à pratiquer* – se mettre à. ▲**ANT.** △ S'INITIER – DÉSAPPRENDRE, OUBLIER.

injonctif *adj.* ▲**ANT.** INCITATIF.

injure *n. f.* ▶ *Offense* – affront, attaque, atteinte, attentat, avanie, blessure, calomnie, défi, dommage, indignité, insolence, insulte, manquement, offense, outrage, pique, tort. *SOUT.* bave, camouflet, soufflet. ▶ *Insulte* – blasphème, fulmination, grossièreté, imprécation, infamie, insolence, insulte, invective, sottise. *SOUT.* vilenie. *FAM.* engueulade. *QUÉB. FAM.* bêtise. ▲**ANT.** COMPLIMENT, ÉLOGE, LOUANGE ; CIVILITÉ, POLITESSE.

injurier *v.* ▶ *Couvrir d'injures* – abreuver d'injures, accabler d'injures, couvrir d'injures, donner des noms d'oiseau à, insulter, invectiver, traiter de tous les noms. *SOUT.* agonir d'injures, chanter pouilles à. *FAM.* engueuler. *QUÉB. FAM.* chanter des bêtises à, dire des bêtises à. ▶ *Outrager* – bafouer, faire affront à, faire injure à, faire insulte à, faire outrage à, humilier, insulter, outrager. *SOUT.* blasphémer, gifler, souffleter. ▲**ANT.** BÉNIR, COMPLIMENTER, ENCENSER, FÉLICITER, GLORIFIER, LOUANGER, VANTER.

injurieux *adj.* blessant, choquant, cinglant, désobligeant, froissant, humiliant, insultant, mortifiant, offensant, outrageant, vexant. *SOUT.* sanglant. ▲**ANT.** BIENSÉANT, COURTOIS, DÉLICAT, POLI ; ADMIRATIF, ENCOURAGEANT, POSITIF.

injuste *adj.* abusif, arbitraire, attentatoire, discriminatoire, illégitime, immérité, indu, inéquitable, inique, injustifié, inquisitorial, léonin, oppressif, vexatoire. ▲**ANT.** ÉQUITABLE, JUSTE, JUSTIFIÉ, LÉGITIME.

injustement *adv.* ▶ *Inéquitablement* – abusivement, arbitrairement, faussement, inéquitablement, iniquement, partialement, subjectivement, tendancieusement. ▶ *Illégalement* – coupablement, criminellement, frauduleusement, illégalement,

illégitimement, illicitement, incorrectement, indûment, irrégulièrement. *FAM.* en sous-main, par la bande. *QUÉB. FAM.* sous la table. ▲**ANT.** ÉQUITABLEMENT, IMPARTIALEMENT, JUSTEMENT, OBJECTIVEMENT.

injustice *n. f.* ▶ *Iniquité* – abus, arbitraire, déloyauté, déni de justice, empiétement, erreur (judiciaire), exploitation, favoritisme, illégalité, illégitimité, inconstitutionnalité, inégalité, iniquité, irrégularité, mal-jugé, malveillance, noirceur, partialité, passe-droit, privilège, scélératesse, tort, usurpation. *SOUT.* improbité. ▶ *Préjudice* – affront, atteinte, désavantage, dommage, lésion, mal, perte, préjudice, tort. ▲**ANT.** ÉQUITÉ, JUSTICE.

injustifié *adj.* ▶ *Non motivé* – gratuit, immotivé, non fondé, non motivé, sans fondement. *SOUT.* infondé. ▶ *Injuste* – abusif, arbitraire, attentatoire, discriminatoire, illégitime, immérité, indu, inéquitable, inique, injuste, inquisitorial, léonin, oppressif, vexatoire. ▶ *Inadmissible* – déraisonnable, illégitime, inacceptable, inadmissible, indéfendable, injustifiable, insoutenable, irrecevable. *SOUT.* infondé. ▲**ANT.** JUSTE, JUSTIFIÉ ; FONDÉ, MOTIVÉ ; ÉQUITABLE, LÉGITIME.

inlassable *adj.* infatigable, patient, persévérant. ▲**ANT.** APATHIQUE, INDOLENT, NONCHALANT, OISIF, PARESSEUX.

inné *adj.* ▶ *De naissance* – congénital, dans le sang, de naissance, de nature, natif, naturel. *SOUT.* infus. ▶ *Inhérent* – constitutif, foncier, fondamental, inhérent, intrinsèque, radical. *PHILOS.* essentiel, immanent, substantiel. ▲**ANT.** ACQUIS.

innocemment *adv.* ▶ *Naïvement* – candidement, crédulement, ingénument, naïvement, niaisement, simplement. ▶ *Stupidement* – absurdement, bêtement, débilement, follement, idiotement, imbécilement, inconsciemment, inintelligemment, naïvement, niaisement, ridiculement, simplement, sottement, stupidement. *FAM.* connement. *QUÉB. FAM.* niaiseusement. ▲**ANT.** HYPOCRITEMENT, INSIDIEUSEMENT, INSINCÈREMENT, PERFIDEMENT, SCÉLÉRATEMENT, SOURNOISEMENT, TORTUEUSEMENT, TRAÎTREUSEMENT, TROMPEUSEMENT ; ASTUCIEUSEMENT, BRILLAMMENT, GÉNIALEMENT, INGÉNIEUSEMENT, INTELLIGEMMENT, JUDICIEUSEMENT, LUCIDEMENT, SAVAMMENT.

innocence *n. f.* ▶ *Pureté* – candeur, fleur, fraîcheur, honnêteté, ingénuité, naïveté, pureté, simplicité. ▶ *Ignorance* – analphabétisme, ignorance, illettrisme, inadéquation, inaptitude, incapacité, incompétence, incompréhension, inconscience, inculture, inexpérience, insuffisance, lacune, naïveté, nullité, obscurantisme, simplicité. *SOUT.* impéritie, inconnaissance, méconnaissance. ▶ *Stupidité* – ânerie, béotisme, bêtise, bornerie, débilité, idiotie, ignorance, imbécillité, ineptie, inintelligence, insipidité, lenteur, lourdeur, naïveté, niaiserie, nigauderie, pesanteur, simplicité, sottise, stupidité. ▶ *Innocuité* *(SOUT.)* – bénignité, innocuité. ▲**ANT.** CORRUPTION, IMPURETÉ ; DÉBAUCHE, DÉPRAVATION ; EXPÉRIENCE ; RUSE ; CULPABILITÉ ; NOCIVITÉ.

innocent *adj.* ▶ *Sans pensée impure* – chaste, de haute moralité, décent, immaculé, platonique, pudique, pur, réservé, sage, vertueux, virginal. ▶ *Non favorable* – bégueule, collet monté, prude, pudibond, puritain. ▶ *Simple et confiant* – angélique, candide, confiant, crédule, ingénu, naïf, pur, simple. ▶ *Confiant jusqu'à la bêtise* – crédule, naïf, niais, simple, simplet. FAM. cucul, jobard, nunuche, poire. ▶ *Sans gravité* – anodin, bénin, inoffensif, sans danger, sans gravité. SOUT. irrépréhensible. ▲ANT. CONCUPISCENT, DÉBAUCHÉ, ÉROTIQUE, GAILLARD, GROSSIER, IMPUDIQUE, IMPUR, INDÉCENT, LASCIF, LIBIDINEUX, LICENCIEUX, LUBRIQUE, LUXURIEUX, OBSCÈNE, VICIEUX; HYPOCRITE, INTÉRESSÉ, PERFIDE, RAPACE; ASTUCIEUX, DÉLURÉ, FUTÉ, INGÉNIEUX, INTELLIGENT, MALIN, RUSÉ; GRAVE, LOURD DE CONSÉQUENCES; COUPABLE.

innombrable *adj.* abondant, considérable, nombreux. FAM. à la pelle. ▲ANT. DÉNOMBRABLE, NOMBRABLE; CLAIRSEMÉ, PETIT, RESTREINT.

innovateur *adj.* audacieux, avant-gardiste, d'avant-garde, frais, futuriste, hardi, inédit, innovant, neuf, new-look, nouveau, nouvelle vague, novateur, original, renouvelé, révolutionnaire, visionnaire. ▲ANT. ARRIÉRÉ, PASSÉISTE, RÉACTIONNAIRE, RÉTROGRADE, TRADITIONALISTE.

innovation *n. f.* ▶ *Nouveauté* – actualité, avant-gardisme, changement, contemporanéité, fraîcheur, inédit, jamais vu, jeunesse, mode, modernisme, modernité, neuf, nouveau, nouveauté, originalité, pertinence, précédent, première, présent, primeur. ▶ *Découverte* – flash, illumination, invention, invention, trait de génie, trait de lumière, trouvaille. SOUT. éclairement. FAM. astuce. ▶ *Originalité* – anticonformisme, audace, cachet, caractère, fraîcheur, hardiesse, indépendance, individualité, inspiration, marginalité, non-conformisme, nouveauté, originalité, particularité, personnalité, piquant, pittoresque, singularité, unicité. ▲ANT. ARCHAÏSME; CONFORMISME, CONSERVATISME, TRADITION; BANALITÉ, ROUTINE.

innover *v.* concevoir, créer, imaginer, improviser, inventer, mettre au point, trouver. QUÉB. FAM. patenter. ▲ANT. CONSERVER, MAINTENIR; STAGNER; COPIER, IMITER.

inoccupé *adj.* ▶ *Vacant* – disponible, libre, vacant, vide. ▶ *Désœuvré* – désoccupé, désœuvré, inactif, oisif. FAM. végétatif. ▲ANT. BONDÉ, BOURRÉ, COMBLE, COMPLET, PLEIN, REMPLI; APATHIQUE, INDOLENT, NONCHALANT, OISIF, PARESSEUX; ACTIF, AU TRAVAIL.

inodore *adj.* ▲ANT. AROMATIQUE, ODORANT, ODORIFÉRANT.

inoffensif *adj.* ▶ *Sans méchanceté* – bon, doux, sans malice. ▶ *Sans gravité* – anodin, bénin, innocent, sans danger, sans gravité. SOUT. irrépréhensible. ▲ANT. AGRESSIF, BELLIQUEUX, BRUTAL, VIOLENT; DANGEREUX, NUISIBLE; NOCIF, TOXIQUE.

inondable *adj.* ▲ANT. DRAINABLE.

inonder *v.* ▶ *Couvrir d'eau* – engloutir, ennoyer, noyer, submerger. ▶ *Pénétrer d'un liquide* – abreuver, arroser, baigner, détremper, gorger d'eau, imbiber, imprégner, mouiller. ▶ *Remplir* – emplir, envahir, gonfler, pénétrer, remplir, submerger. ▶ *Donner en abondance* – abreuver, accabler, combler, couvrir, gaver, gorger, rassasier, soûler. ▲ANT. ASSÉCHER, DESSÉCHER, DRAINER, SÉCHER; ÉGOUTTER, ÉPONGER, ESSUYER; ÉVACUER.

inopinément *adv.* à brûle-pourpoint, à l'improviste, au débotté, au dépourvu, brusquement, d'un coup, de but en blanc, du jour au lendemain, ex abrupto, imprévisiblement, impromptu, intempestivement, promptement, sans avertissement, sans crier gare, soudain, soudainement, subitement, tout à coup, tout d'un coup, tout de go. FAM. subito, subito presto. QUÉB. d'un coup sec. ▲ANT. GRADUELLEMENT, PETIT À PETIT, PEU À PEU, PROGRESSIVEMENT; COMME ON S'Y ATTENDAIT.

inopportun *adj.* ▶ *Qui tombe mal* – fâcheux, importun, mal à propos, mal choisi *(moment)*, mal venu, qui tombe mal. ▶ *Déplacé* – choquant, de mauvais goût, déplacé, fâcheux, hors de propos, hors de saison, importun, incongru, inconvenant, indélicat, indiscret, inélégant, intempestif, mal à propos, mal venu, malencontreux. SOUT. malséant, malsonnant *(parole)*. ▶ *Exaspérant* – agaçant, crispant, désagréable, énervant, exaspérant, excédant, fatigant, harcelant, importun, insupportable, irritant. FAM. assommant, casse-pieds, embêtant, empoisonnant, enquiquinant, enquiquineur, horripilant, qui tape sur les nerfs, suant, tannant, tuant. FRANCE FAM. gonflant. QUÉB. FAM. achalant, dérangeant, gossant. ▲ANT. BIENVENU, OPPORTUN, PROPICE, QUI TOMBE À PIC; AGRÉABLE, CALMANT, TRANQUILLISANT.

inoubliable *adj.* ▶ *Légendaire* – célèbre, connu, de grand renom, fameux, glorieux, historique, illustre, immortel, légendaire, marquant, mémorable, notoire, proverbial, reconnu, renommé, réputé. ▶ *Non favorable* – de triste mémoire. ▶ *En parlant d'un souvenir* – durable, impérissable, indélébile, ineffaçable, vif, vivace, vivant. ▲ANT. ANONYME, IGNORÉ, INCONNU, OBSCUR; ÉPHÉMÈRE, ÉVANESCENT, FRAGILE, FUGACE, FUGITIF, PASSAGER, TRANSITOIRE.

inouï *adj.* ▶ *Surprenant* – à (vous) couper le souffle, abasourdissant, ahurissant, bouleversant, confondant, déconcertant, dérangeant, ébahissant, effarant, époustouflant, étonnant, étourdissant, extraordinaire, impensable, inconcevable, incroyable, inimaginable, invraisemblable, pétrifiant, renversant, stupéfiant, suffocant, surprenant. SOUT. qui confond l'entendement. FAM. ébouriffant, mirobolant, sidérant, soufflant. QUÉB. FAM. capotant. ▶ *Fantastique* – étonnant, extraordinaire, fabuleux, fantastique, hors du commun, incroyable, miraculeux, phénoménal, prodigieux. FAM. délirant, dément, dingue, fou. FRANCE FAM. foutral. ▶ *En parlant de la chance* – impudent, indécent, insolent. FAM. obscène. ▲ANT. BANAL, ININTÉRESSANT, ORDINAIRE, SANS INTÉRÊT.

inquiet *adj.* ▶ *Anxieux* – agité, alarmé, angoissé, anxieux, appréhensif, en proie à l'inquiétude, énervé, fiévreux, fou d'inquiétude, nerveux, qui en fait, qui se fait de la bile, qui se fait du mauvais sang, qui se ronge les sangs, tourmenté, tracassé, troublé. FAM. bileux; PÉJ. paniquard. ▶ *Craintif* – angoissé, apeuré, craintif, effrayé, ombrageux *(animal)*, peureux. MÉD. phobique. SOUT. ou QUÉB. *(mal)* épeuré. ▶ *Songeur* – absorbé, contrarié, ennuyé, pensif, perplexe, préoccupé, songeur, soucieux, tracassé. ▶ *Inassouvi* (SOUT.) – inapaisé, inassouvi, insatisfait. ▲ANT. INSOUCIANT, SANS-SOUCI; RASSÉRÉNÉ, RASSURÉ; CALME, SEREIN, TRANQUILLE; PATIENT.

inquiétant *adj.* ▶ *Grave* – critique, dangereux, difficile, dramatique, grave, menaçant, préoccupant, sérieux, sombre. *SOUT.* climatérique. ▶ *Alarmant* – affolant, alarmant, angoissant, effarant, oppressant, paniquant, préoccupant, troublant. *FAM.* stressant. ▶ *Suspect* – étrange, louche, suspect, trouble. ▶ *Redoutable* – dangereux, mauvais, méchant, menaçant, patibulaire, redoutable, sinistre, sombre, terrible, torve *(regard)*. ▲ANT. CALMANT, RASSÉRÉNANT, RASSURANT, RÉCONFORTANT, SÉCURISANT, TRANQUILLISANT.

inquiéter *v.* ▶ *Causer de l'inquiétude* – affoler, agiter, alarmer, angoisser, effrayer, énerver, épouvanter, oppresser, préoccuper, tourmenter, tracasser, troubler. *FAM.* stresser. ▶ *Harceler* (*SOUT.*) – attaquer, harceler, persécuter, poursuivre, s'acharner contre. ♦ **s'inquiéter** ▶ *S'alarmer* – être sur des charbons ardents, s'alarmer, s'angoisser, s'en faire, s'énerver, se faire du mauvais sang, se faire du souci, se faire du tracas, se morfondre, se ronger les mœlles, se mettre martel en tête, se morfondre, se ronger les mœlles, se ronger les sangs, se soucier, se tourmenter, se tracasser. *FAM.* angoisser, se biler, se faire de la bile, se faire des cheveux, se frapper, (se) stresser. *QUÉB. FAM.* capoter. ▶ *Se préoccuper* – s'embarrasser, s'occuper, se préoccuper, se soucier. ▲ANT. APAISER, CALMER, RASSÉRÉNER, RASSURER, TRANQUILLISER. △S'INQUIÉTER – NÉGLIGER, SE DÉSINTÉRESSER.

inquiétude *n.f.* ▶ *Préoccupation* – agitation, angoisse, anxiété, cassement de tête, contrariété, désagrément, difficulté, doute, ennui, gêne, obnubilation, occupation, peine, pensée, préoccupation, sollicitude, souci, suspens, tiraillement, tourment, tracas. *FRANCE* suspense. *SOUT.* affres. tintouin, tracassin. ▶ *Crainte* – affolement, alarme, angoisse, appréhension, crainte, effarement, effarouchement, effroi, épouvante, frayeur, grand-peur, hantise, horreur, panique, peur, phobie, psychose, terreur, transes. *FIG.* vertige. *SOUT.* affres, apeurement. *FAM.* cauchemar, frousse, pétoche, trac, trouille. *QUÉB. FAM.* chienne. ▶ *Pessimisme* – alarmisme, catastrophisme, défaitisme, négativisme, pessimisme, scepticisme. ▶ *Danger* – aléa, casse-cou, danger, détresse, difficulté, écueil, embûche, épée de Damoclès, épouvantail, guêpier, hasard, impasse, imprudence, insécurité, mauvais pas, menace, perdition, péril, piège, point chaud, point sensible, poudrière, récif, risque, spectre, traverse, urgence, volcan. *SOUT.* tarasque. *FRANCE FAM.* casse-gueule. ▲ANT. SÉRÉNITÉ, TRANQUILLITÉ ; CONFIANCE, OPTIMISME ; PAIX, SÉCURITÉ, SÛRETÉ.

inquisiteur *adj.* curieux, investigateur, questionneur, scrutateur. ▲ANT. DISCRET, RESPECTUEUX.

insaisissable *adj.* ▶ *Qui disparaît brusquement* – fugace, fugitif, furtif, fuyant. ▶ *Incompréhensible* – cabalistique, caché, cryptique, énigmatique, ésotérique, hermétique, impénétrable, inaccessible, incompréhensible, inconcevable, inconnaissable, indéchiffrable, indécodable, inexplicable, inintelligible, insondable, mystérieux, nébuleux, obscur, opaque, secret, ténébreux. *SOUT.* abscons, abstrus, sibyllin. ▶ *Imperceptible* – imperceptible, inconstatable, indécelable, indétectable, indiscernable, insensible, insoupçonnable. ▶ *À la vue* – inapparent, inobservable, invisible, microscopique. *PHYS.*

infrarouge, ultraviolet. ▶ *Au toucher* – immatériel, impalpable, intangible. *DIDACT.* intactile. ▶ *À l'ouïe* – inaudible. *PHYS.* infrasonore. ▲ANT. DURABLE, INEFFAÇABLE, PERMANENT ; À LA PORTÉE DE TOUS, ACCESSIBLE, CLAIR, COMPRÉHENSIBLE, ÉVIDENT, INTELLIGIBLE, LIMPIDE, SIMPLE, TRANSPARENT ; DISCERNABLE, IDENTIFIABLE, PALPABLE, PERCEPTIBLE, RECONNAISSABLE, SAISISSABLE, SENSIBLE, TANGIBLE.

insatiable *adj.* ▶ *Qui ne peut être assouvi* – avide, dévorant, inapaisable, inassouvissable, inextinguible, irrassasiable, vorace. ▶ *Qui désire fortement* – affamé, assoiffé, avide, gourmand. *SOUT.* altéré. ▲ANT. MITIGÉ, MODÉRÉ ; CONTRÔLABLE, MAÎTRISABLE ; DÉTACHÉ, INDIFFÉRENT.

insatisfaction *n.f.* ▶ *Mécontentement* – besoin, frustration, mécontentement, non-satisfaction, vague à l'âme. *SOUT.* bovarysme, inapaisement, inassouvissement, insatiabilité. *FAM.* grogne. *PSYCHOL.* sentiment d'incomplétude. ▶ *Ennui* – assommement, bâillement, dégoût, déplaisir, ennui, langueur, lassitude, vide. *SOUT.* blasement. ▲ANT. CONTENTEMENT, SATISFACTION.

insatisfait *adj.* ▶ *En parlant de qqn* – contrarié, ennuyé, fâché, mécontent. ▶ *En parlant d'un besoin* – inapaisé, inassouvi. *SOUT.* inquiet. ▲ANT. SATISFAIT ; CONTENT, FIER, HEUREUX ; APAISÉ, ASSOUVI, COMBLÉ, CONTENTÉ, RASSASIÉ.

inscription *n.f.* ▶ *Caractères écrits* – épigraphe, épitaphe, exergue, ex-libris, légende. ▶ *Enregistrement* – archivage, comptabilisation, enregistrement, immatriculation, mention. ▶ *Adhésion* – adhésion, adjonction, admission, adoption, affiliation, agrégation, agrément, appartenance, association, enrôlement, entrée, incorporation, initiation, intégration, mobilisation, rattachement, réception. ▲ANT. DÉSINSCRIPTION, RADIATION, SUPPRESSION.

inscrire *v.* ▶ *Écrire pour mémoire* – consigner, enregistrer, noter, prendre (bonne) note de, prendre en note, recueillir, relever. ♦ **s'inscrire** ▶ *Adhérer* – adhérer à, entrer dans, s'affilier à. ▶ *Se trouver* – apparaître, être, être présent, exister, résider, se rencontrer, se retrouver, se situer, se trouver, siéger. *SOUT.* gésir. ▲ANT. BIFFER, EFFACER, RAYER ; EXPULSER, RADIER.

inscrit *n.* abonné, adhérent, affilié, cotisant, membre, participant. ▲ANT. NON-INSCRIT.

insécurité *n.f.* ▶ *Danger* – aléa, casse-cou, danger, détresse, difficulté, écueil, embûche, épée de Damoclès, épouvantail, guêpier, hasard, impasse, imprudence, mauvais pas, menace, perdition, péril, piège, point chaud, point sensible, poudrière, récif, risque, spectre, traverse, urgence, volcan. *SOUT.* tarasque. *FRANCE FAM.* casse-gueule. ▲ANT. SÉCURITÉ.

insensé *adj.* aberrant, absurde, déraisonnable, fou, idiot, illogique, inepte, irrationnel, qui n'a aucun sens, ridicule, stupide. *SOUT.* insane. *FAM.* dément, qui ne tient pas debout. *PSYCHOL.* confusionnel. *PHILOS.* alogique. ▲ANT. JUDICIEUX, RAISONNABLE, RATIONNEL, SAGE, SENSÉ.

insensibilité *n.f.* ▶ *Insensibilisation* – analgésie, anesthésie, chloroformisation, cocaïnisation, engourdissement, éthérisation, hémianesthésie, hypoesthésie, insensibilisation, narcose, rachianesthésie, subnarcose, tronculaire. *FAM.* rachi. ▶ *Immunité*

– accoutumance, immunité, inexcitabilité, prémunition, tolérance. ▶ *Inconscience* – anesthésie, détachement, inconscience, indifférence, nirvana, sommeil. FAM. voyage. ▶ *Flegme* – amorphisme, apathie, flegme, froideur, indifférence, lymphatisme, mollesse, tiédeur. ▶ *Dureté* – dureté, froideur, indifférence, sécheresse (de cœur). SOUT. aridité. ▲ANT. HYPERESTHÉSIE; ATTENDRISSEMENT, COMPASSION, ÉMOTION, ÉMOTIVITÉ, HYPERSENSIBILITÉ, SENSIBILITÉ.

insensible adj. ▶ *Sans-cœur* – aride, de granit, de pierre, dur, endurci, froid, indifférent, sans-cœur, sec. SOUT. d'airain, frigide, granitique. FAM. blindé. ▶ *Fermé aux sentiments* – étranger, fermé, imperméable, inaccessible, indifférent, réfractaire, sourd. SOUT. impénétrable. ▶ *Imperceptible* – imperceptible, inconstatable, indécelable, indétectable, indiscernable, insaisissable, insoupçonnable. ▲ANT. SENSIBLE; COMPATISSANT, EMPATHIQUE; IMPRESSIONNABLE; ARDENT, ENFLAMMÉ; APPRÉCIABLE, DE TAILLE, FORT, GRAND, GROS, IMPORTANT, NOTABLE, RESPECTABLE, SÉRIEUX, SUBSTANTIEL.

insensiblement adv. ▶ *Froidement* – durement, fraîchement, froidement, glacialement, hautainement, impersonnellement, raide, raidement, sec, sèchement. ▶ *Imperceptiblement* – imperceptiblement, indistinctement, invisiblement, subtilement. ▲ANT. NOTABLEMENT, PERCEPTIBLEMENT, SENSIBLEMENT, SIGNIFICATIVEMENT, TANGIBLEMENT, VISIBLEMENT; BRUSQUEMENT, SOUDAINEMENT, SUBITEMENT.

inséparable adj. ▶ *Qui forme un tout* – d'un seul tenant, d'un tenant, indissociable, soudé, uni. ▶ *Relié* – associé, attaché, conjoint, indissociable, inhérent, joint, lié, relié, uni. ▲ANT. DISSOCIABLE, ISOLABLE, SÉPARABLE; AUTONOME, INDÉPENDANT.

insérer v. ▶ *Mettre à l'intérieur* – engager, entrer, glisser, introduire, loger, mettre. ▶ *Inclure dans un ensemble* – enchâsser, inclure, incorporer, intégrer, introduire. ▲ANT. ENLEVER, EXTRAIRE, ÔTER, RETIRER; EXCLURE, RETRANCHER, SÉPARER, SUPPRIMER.

insertion n. f. ▶ *Action d'insérer* – encartage (entre des feuillets), inclusion, intercalation, interpolation, interposition. ▶ *Annonce* – annonce, circulaire, dépliant, flash, prospectus, publicité, tract. ▶ *Adoption* – adoption, assimilation, emprunt, imitation, ralliement. ▲ANT. DÉGAGEMENT, DÉSINSERTION, EXTRACTION, RETRAIT.

insidieusement adv. artificieusement, captieusement, cauteleusement, déloyalement, fallacieusement, hypocritement, insincèrement, jésuitiquement, machiavéliquement, malhonnêtement, mensongèrement, papelardement, perfidement, scélératement, sournoisement, tortueusement, traîtreusement, trompeusement. ▲ANT. À LA LOYALE, AUTHENTIQUEMENT, DE BONNE FOI, EN TOUTE BONNE FOI, FRANC, FRANCHEMENT, HONNÊTEMENT, LOYALEMENT, OUVERTEMENT, SINCÈREMENT.

insidieux adj. ▶ *Qui se manifeste sournoisement* – perfide, rampant, sournois, subreptice, traître. ▶ *Hypocrite* – à double face, de mauvaise foi, déloyal, dissimulateur, dissimulé, fallacieux, faux, fourbe, hypocrite, insincère, menteur, perfide, sournois, tortueux, traître, trompeur. SOUT. captieux, cau-

teleux, chafouin, tartufe, tartuffard, tortu. DIDACT. sophistique. ▲ANT. FRANC, HONNÊTE, LOYAL, SINCÈRE.

insigne adj. élevé, éminent, exceptionnel, grand, important, prestigieux, remarquable, signalé. SOUT. suréminent. ▲ANT. INSIGNIFIANT, MINIME, NÉGLIGEABLE.

insigne n. m. ▶ *Emblème* – allégorie, attribut, chiffre, devise, drapeau, effigie, emblème, figure, icône, image, incarnation, livrée, logo, logotype, marque, notation, personnification, représentation, signe, symbole, type. ▶ *Décoration* – badge, décoration, distinction (honorifique). FAM. banane, crachat, hochet. ▶ *Cocarde* – auto-collant, badge, cocarde, décalcomanie, écusson, épinglette, étiquette, marque, plaque, porte-nom, rosette, tatouage, timbre, vignette, vitrophanie. FAM. macaron.

insignifiance n. f. ▶ *Non-sens* – asémanticité, inanité, néant, non-sens, non-signifiance, vacuité. ▶ *Médiocrité* – banalité, facilité, fadeur, faiblesse, inconsistance, indigence, insuffisance, médiocre, médiocrité, pauvreté, platitude, prévisibilité. SOUT. trivialité. FAM. fadasserie. ▲ANT. IMPORTANCE, INTÉRÊT, VALEUR.

insignifiant adj. ▶ *Peu important* – accessoire, anecdotique, annexe, contingent, (d'intérêt) secondaire, de second plan, décoratif, dédaignable, épisodique, incident, indifférent, marginal, mineur, négligeable, périphérique. ▶ *Vide de sens* – creux, futile, inutile, oiseux, spécieux, vain, vide. ▶ *Inintéressant* – anodin, banal, fade, falot, incolore, inintéressant, insipide, plat, sans intérêt, terne. FAM. incolore, inodore et sans saveur. ▶ *Peu élevé* – faible, infime, infinitésimal, mince, minime, négligeable, petit, sans importance. FIG. homéopathique. ▶ *Non favorable* – dérisoire, malheureux, minime, misérable, piètre, ridicule. ▲ANT. CAPITAL, CENTRAL, CRUCIAL, DÉCISIF, DÉTERMINANT, DOMINANT, ESSENTIEL, IMPORTANT, MAJEUR, PRÉDOMINANT, PRIMORDIAL, PRINCIPAL, PRIORITAIRE; SIGNIFIANT, SIGNIFICATIF; CAPTIVANT, FASCINANT, INTÉRESSANT, PALPITANT, PASSIONNANT; COLOSSAL, CONSIDÉRABLE, ÉNORME, FABULEUX, FORMIDABLE, GÉANT, GIGANTESQUE, IMMENSE, MONUMENTAL, PHÉNOMÉNAL, TITANESQUE, VASTE.

insinuant adj. ▲ANT. DIRECT, SANS DÉTOUR.

insinuation n. f. ▶ *Sous-entendu* – allégorie, allusion, arrière-pensée, double sens, évocation, réserve, restriction, réticence, sous-entendu. ▶ *Médisance* – accusation, allégation, attaque, calomnie, critique, délation, dénigrement, dénonciation, dépréciation, dévalorisation, diffamation, imputation, médisance, plainte, rabaissement, réquisitoire, trahison. SOUT. détraction. FAM. cafardage, mouchardage, rapportage. QUÉB. salissage. ▲ANT. EXPLICITATION; DÉCLARATION, PROCLAMATION.

insinuer v. ▶ *Laisser entendre* – dire à demi-mot, dire à mots couverts, donner à entendre, faire allusion à, laisser entendre, sous-entendre, suggérer. ♦ *s'insinuer* ▶ *Pénétrer* – entrer, pénétrer, s'infiltrer, s'introduire. ▶ *Se faufiler* – se couler, se faufiler, se glisser. ▲ANT. EXPLICITER; DÉMONTRER, ÉTABLIR, PROUVER.

insipide adj. ▶ *Qui manque de goût* – douceâtre, doucereux, fade. FAM. fadasse. ▶ *Ennuyeux*

– endormant, ennuyeux, fastidieux, inintéressant, lassant, monotone, plat, répétitif, soporifique. *FAM.* assommant, barbant, lugubre, mortel, mortifère, mourant, rasant, raseur, rasoir, usant. *FRANCE FAM.* barbifiant, barbifique, bassinant, canulant. *QUÉB. FAM.* gazant, plate. ▶ *Inintéressant* – anodin, banal, fade, falot, incolore, inintéressant, insignifiant, plat, sans intérêt, terne. *FAM.* incolore, inodore et sans saveur.

▶ *Médiocre* – abominable, affreux, atroce, déplorable, désastreux, épouvantable, exécrable, horrible, infect, lamentable, manqué, mauvais, médiocre, minable, navrant, nul, odieux, piètre, piteux, pitoyable, qui ne vaut rien, raté. *SOUT.* méchant, triste. *FAM.* à la flan, à la gomme, à la manque, à la mie de pain, à la noix (de coco), blèche, craignos, crapoteux, mal fichu, moche, pourri, qui ne vaut pas un clou. *QUÉB. FAM.* de broche à foin, poche. ▲**ANT.** SAPIDE; DÉLECTABLE, DÉLICIEUX, EXQUIS, GASTRONOMIQUE, SAVOUREUX, SUCCULENT; CAPTIVANT, FASCINANT, INTÉRESSANT, PALPITANT, PASSIONNANT; BRILLANT, ÉBLOUISSANT, EXCELLENT, EXTRAORDINAIRE, FANTASTIQUE, MAGNIFIQUE, MERVEILLEUX, PARFAIT, PRODIGIEUX, REMARQUABLE, SENSATIONNEL.

insistance *n. f.* acharnement, assiduité, constance, détermination, entêtement, fermeté, obstination, opiniâtreté, persévérance, persistance, résolution, suite dans les idées, ténacité, volonté. *PÉJ.* aveuglement. ▲**ANT.** RENONCEMENT.

insistant *adj.* appuyé, lourd. ▲**ANT.** DISCRET, FURTIF, INAPERÇU.

insister *v.* ▶ *Souligner avec force* – appuyer sur, mettre l'accent sur, s'appesantir sur. ▶ *Porter à l'attention* – appuyer sur, attirer l'attention sur, faire remarquer, mentionner, porter à l'attention, signaler, soulever, souligner. ▶ *S'entêter* – ne pas démordre de, persévérer, persister, s'acharner, s'entêter, s'obstiner, se buter. ▶ *Persévérer* (*FAM.*) – continuer, persévérer, poursuivre. *FAM.* tenir bon. *QUÉB. FAM.* ne pas lâcher (la patate). *BELG.* perdurer. ▲**ANT.** GLISSER, PASSER; ABANDONNER, CÉDER, RENONCER.

insolence *n. f.* ▶ *Arrogance* – aplomb, arrogance, audace, effronterie, front, impertinence, impolitesse, impudence, incorrection, irrespect, irrévérence. *SOUT.* outrecuidance, sans-gêne. *FAM.* culot, toupet. ▶ *Insulte* – affront, attaque, atteinte, attentat, avanie, blessure, calomnie, défi, dommage, indignité, injure, insulte, manquement, offense, outrage, pique, tort. *SOUT.* bave, camouflet, soufflet. ▲**ANT.** DISCRÉTION, MODESTIE; DÉFÉRENCE, ÉGARD, POLITESSE, RESPECT.

insolent *adj.* ▶ *Effronté* – cavalier, cynique, désinvolte, effronté, éhonté, familier, impertinent, impoli, impudent, irrespectueux, irrévérencieux, leste, libre, provocant, sans gêne, sans vergogne. *FAM.* culotté, gonflé. *QUÉB. FAM.* baveux. *ACADIE FAM.* effaré. ▶ *En parlant de la chance* – impudent, indécent, inouï. *FAM.* obscène. ▲**ANT.** AFFABLE, BIEN ÉLEVÉ, BIENSÉANT, CIVIL, COURTOIS, DÉLICAT, GALANT, POLI.

insolite *adj.* ▶ *Inhabituel* – anormal, baroque, bizarre, curieux, drôle, étonnant, étrange, inaccoutumé, incompréhensible, inexplicable, inhabituel, inusité, singulier, spécial, surprenant. *SOUT.* extraordinaire. *FAM.* bizarroïde. ▶ *Invraisemblable* – à dormir debout, abracadabrant, abracadabrantesque,

absurde, baroque, biscornu, bizarre, burlesque, cocasse, exagéré, excentrique, extravagant, fantasque, farfelu, fou, funambulesque, grotesque, impayable, impossible, incroyable, invraisemblable, loufoque, qui ne tient pas debout, rocambolesque, saugrenu, tiré par les cheveux, vaudevillesque. *FRANCE FAM.* foutraque, gaguesque, louf, louftingue. ▲**ANT.** COUTUMIER, HABITUEL, NORMAL, ORDINAIRE, STANDARD, USUEL.

insoluble *adj.* ▲**ANT.** RÉSOLUBLE, SOLUBLE.

insomnie *n. f.* éveil, veille, vigilance. ▲**ANT.** ENDORMISSEMENT, HYPERSOMNIE.

insondable *adj.* ▶ *Immense* – considérable, grand, illimité, immense, inappréciable, incalculable, incommensurable, infini, sans borne, sans fin, sans limites, sans mesure, vaste. ▶ *Impossible à comprendre* – cabalistique, caché, cryptique, énigmatique, ésotérique, hermétique, impénétrable, inaccessible, incompréhensible, inconcevable, inconnaissable, indéchiffrable, indécodable, inexplicable, inintelligible, insaisissable, mystérieux, nébuleux, obscur, opaque, secret, ténébreux. *SOUT.* abscons, abstrus, sibyllin. ▲**ANT.** DE FAIBLE PROFONDEUR, PEU PROFOND; FAIBLE, INFIME, MODESTE, NÉGLIGEABLE, PETIT; ACCESSIBLE, CLAIR, COMPRÉHENSIBLE, ÉVIDENT, INTELLIGIBLE, LIMPIDE, TRANSPARENT.

insouciance *n. f.* ▶ *Nonchalance* – détachement, frivolité, imprévoyance, inapplication, inconscience, irresponsabilité, laisser-aller, légèreté, négligence, nonchalance. *FIG.* myopie. *SOUT.* imprévision, morbidesse. *FAM.* je-m'en-fichisme, je-m'en-foutisme. ▶ *Négligence* – abandon, abdication, défection, désertion, désintérêt, impréparation, incoordination, incurie, inorganisation, laisser-aller, négligence. ▶ *Familiarité* – abandon, confiance, détachement, familiarité, liberté, naturel, spontanéité. ▲**ANT.** INQUIÉTUDE, PRÉOCCUPATION, SOUCI; CURIOSITÉ, INTÉRÊT; DISCIPLINE, RIGUEUR, SÉRIEUX.

insouciant *adj.* ▶ *Indifférent* – indifférent. *SOUT.* insoucieux. *FAM.* je-m'en-fichiste, je-m'en-foutiste. ▶ *Irréfléchi* – écervelé, étourdi, évaporé, imprévoyant, imprudent, impulsif, inconscient, inconséquent, inconsidéré, irréfléchi, irresponsable, léger, négligent, sans-souci. *SOUT.* malavisé. ▶ *Bohème* – artiste, bohème, sans-souci. ▲**ANT.** INQUIET, SOUCIEUX, TRACASSÉ; MESURÉ, PONDÉRÉ, POSÉ, RAISONNABLE, RÉFLÉCHI, RESPONSABLE, SAGE, SENSÉ, SÉRIEUX.

insoumis *adj.* désobéissant, difficile, indiscipliné, indocile, indomptable, insubordonné, rebelle. *QUÉB. FAM.* malcommode. ▲**ANT.** DISCIPLINÉ, DOCILE, DOUX, FACILE, OBÉISSANT, SAGE, SOUMIS, TRANQUILLE.

insoupçonné *adj.* étonnant, inattendu, surprenant. ▲**ANT.** ATTENDU, PRÉVISIBLE, PRÉVU; CONNU, SU.

insoutenable *adj.* ▶ *Impossible à défendre* – déraisonnable, illégitime, inacceptable, inadmissible, indéfendable, injustifiable, injustifié, irrecevable. *SOUT.* infondé. ▶ *Insupportable* – antipathique, atroce, déplaisant, désagréable, détestable, exécrable, haïssable, impossible, infernal, insupportable, intenable, intolérable, invivable, irrespirable, odieux, pénible. *FAM.* imbuvable. ▲**ANT.** DÉFENDABLE,

SOUTENABLE; ENCHANTEUR, FÉERIQUE, IDYLLIQUE, IR-RÉEL, MAGNIFIQUE, MERVEILLEUX, PARADISIAQUE.

inspecter *v.* ▸ *Vérifier* – contrôler, examiner, réviser, tester, vérifier. ▸ *Fouiller* – arraisonner *(navire)*, examiner, fouiller, passer au peigne fin, regarder à la loupe, scruter. ▸ *Parcourir un lieu* – arpenter, battre, explorer, parcourir, prospecter, ratisser, reconnaître, visiter.

inspecteur *n.* contrôleur, essayeur, testeur, vérificateur, vérifieur, visiteur. FAM. vérif. ◆ **inspecteurs,** plur. ▸ *Ensemble de ceux qui vérifient* – inspection.

inspection *n. f.* ▸ *Vérification* – analyse, apurement, audit, censure, confrontation, contrôle, épreuve, examen, expérience, expérimentation, expertise, filtrage, pointage, recensement, recension, récolement, reconnaissance, recoupement, révision, revue, suivi, supervision, surveillance, test, vérification. ▸ *Surveillance* – attention, espionnage, faction, filature, garde, gardiennage, guet, îlotage, monitorage, observation, patrouille, ronde, sentinelle, veille, veillée, vigie, vigilance. FAM. filoche, flicage. ▸ *Charge d'inspecteur* – inspectorat.

inspirateur *n.* ▸ *Conseiller* – conseil, conseiller, consultant, directeur, éminence grise, éveilleur, guide, orienteur, précepteur, prescripteur. SOUT. égérie *(femme)*, mentor. FAM. cornac. ▸ *Instigateur* – âme, artisan, auteur, canalisateur, centre, cerveau, chef, cheville ouvrière, créateur, dirigeant, fondateur, incitateur, initiateur, instigateur, locomotive, maître (d'œuvre), meneur, moteur, organisateur, patron, père, promoteur, protagoniste, régisseur, responsable. SOUT. excitateur, instaurateur, ouvrier. ◆ **inspirateur,** masc. ▸ *Appareil* – cœur-poumon (artificiel), poumon d'acier, réanimateur, respirateur. ◆ **inspiratrice,** fém. égérie, muse.

inspiration *n. f.* ▸ *Respiration* – aspiration, bouffée, exhalation, expiration, haleine, humage, inhalation, respiration, souffle, soupir, ventilation. SOUT. ahan. ▸ *Influence* – action, aide, appui, ascendant, attirance, attraction, aura, autorité, contagion, crédit, dominance, domination, effet, empreinte, emprise, fascination, force, importance, incitation, influence, magie, magnétisme, mainmise, manipulation, mouvance, persuasion, pétition, poids, pouvoir, prépondérance, présence, pression, prestige, puissance, règne, rôle, séduction, subjugation, suggestion, tyrannie. SOUT. empire, intercession. ▸ *Cause* – agent, base, cause, explication, facteur, ferment, fondement, fontaine, germe, levain, levier, mobile, moteur, motif, motivation, moyen, objet, occasion, origine, point de départ, pourquoi, principe, raison, raison d'être, source, sujet. SOUT. étincelle, mère, racine, ressort. ▸ *Conseil* – avertissement, avis, conseil, encouragement, exhortation, guidance, idée, incitation, indication, information, initiative, instigation, motion *(dans une assemblée)*, offre, opinion, préconisation, proposition, recommandation, renseignement, suggestion. FAM. tuyau. DR. pollicitation. ▸ *Imagination* – conception, création, créativité, évasion, extrapolation, fantaisie, fantasme, fictif, fiction, idéal, idéation, idée, illumination *(soudain)*, imaginaire, imagination, invention, inventivité, irréel, souffle (créateur), supposition, surréalité, surréel,

veine, virtuel. SOUT. folle du logis, muse. FRANCE FAM. gamberge. ▸ *Originalité* – anticonformisme, audace, cachet, caractère, fraîcheur, hardiesse, indépendance, individualité, innovation, marginalité, non-conformisme, nouveauté, originalité, particularité, personnalité, piquant, pittoresque, singularité, unicité. ▲ANT. EXPIRATION.

inspiré *adj.* ▸ *Fervent* – ardent, enflammé, exalté, fervent, lyrique, passionné, vibrant. ▸ *Mystique* – illuminé, mystique. ▸ *Inventif* – à la hauteur, adroit, bon, brillant, capable, chevronné, compétent, connaisseur, d'élite, de haut vol, de haute volée, de talent, doué, émérite, entraîné, exercé, expérimenté, expert, ferré, fin, fort, habile, passé maître, performant, qualifié, qui s'y connaît, talentueux, versé. SOUT. entendu à, industrieux, rompu à. FAM. calé, qui a la bosse de, qui sait y faire. FRANCE FAM. balèze, costaud, fortiche, incollable, trapu. QUÉB. connaissant; FAM. bollé.

inspirer *v.* ▸ *Faire naître une idée* – souffler, suggérer. SOUT. instiller. ▸ *Communiquer un sentiment* – communiquer, insuffler, transmettre. SOUT. infuser, inoculer. ◆ **s'inspirer** ▸ *Imiter* – calquer, copier, imiter, mimer, reproduire. ▸ *Imiter de façon favorable* – émuler, marcher dans les traces de, prendre exemple sur, prendre modèle sur, suivre les traces de, trouver son inspiration chez. ▸ *Respirer* – aspirer, humer, inhaler, respirer. ▲ANT. DISSUADER; EXHALER, EXPIRER.

instabilité *n. f.* ▸ *Déséquilibre* – balancement, ballant, ballottement, déséquilibre, fragilité, jeu, mobilité, motilité, motricité, mouvance, mouvant, mouvement, ondulation, oscillation, roulis, tangage, turbulence, va-et-vient, vibration. QUÉB. débalancement. ▸ *Fluctuation* – ballottement, changement, déséquilibre, fluctuation, fragilité, inadaptation, incertitude, inconstance, inégalité, mouvant, mouvement, précarité, variabilité, variation, versatilité, vicissitude, volatilité. SOUT. fugacité. ▸ *Gravité* – acuité, crise, gravité, précarité, urgence. ▸ *Hésitation* – doute, embarras, flottement, hésitation, incertitude, inconstance, indécision, indétermination, irrésolution, perplexité, procrastination, réticence, scrupule, tâtonnement, trouble, vacillement, valse-hésitation, velléité. SOUT. limbes. QUÉB. FAM. brettage, tétage. ▸ *Caprice* – accès, bizarrerie, bon plaisir, caprice, changement, chimère, coup de tête, envie, extravagance, fantaisie, fantasme, folie, frasque, gré, guise, immaturité, impatience, incartade, inconstance, infantilisme, légèreté, lubie, marotte, mobilité, originalité, saute (d'humeur), singularité, sporadicité, variation, versatilité, volonté. SOUT. folle gamberge, foucade, humeur. FAM. toquade. ▸ *Vagabondage* – aventure, course, déambulation, déplacement, égarement, flânerie, nomadisme, pérégrination, promenade, randonnée, rêverie, vagabondage, voyage. SOUT. badauderie, errance. FAM. rando, vadrouille, virée. FRANCE FAM. baguenaude, glandage. QUÉB. flânage, itinérance; FAM. niaisage. ▲ANT. ÉQUILIBRE, STABILITÉ; PERMANENCE.

instable *adj.* ▸ *En déséquilibre* – bancal, boiteux, branlant, en déséquilibre. QUÉB. chambranlant. ▸ *Précaire* – chancelant, défaillant, faible, fragile, glissant, incertain, menacé, précaire, vacillant.

▶ *Irrégulier* – changeant, en dents de scie, flottant, fluctuant, incertain, inconstant, inégal, irrégulier, mobile, mouvant, variable. *SOUT.* labile, volatil. *DIDACT.* erratique. ▶ *Sujet à des caprices* – capricieux, changeant, fantaisiste, fantasque, flottant, inconsistant, inconstant, lunatique, mobile, versatile, volage. *SOUT.* caméléonesque, ondoyant. ▶ *Vagabond* – errant, mobile, nomade, sans domicile fixe, vagabond. *SOUT.* sans feu ni lieu. *QUÉB.* itinérant. ▲ANT. STABLE; ASSURÉ, EN ÉQUILIBRE, ÉQUILIBRÉ, FERME, SOLIDE; À TOUTE ÉPREUVE; CONSTANT, FIXE, IMMOBILE, INVARIABLE, INVARIANT, STATIONNAIRE, STATIQUE; PRÉVISIBLE, RAISONNABLE.

installation *n. f.* ▶ *Montage* – assemblage, dressage, montage. ▶ *Action de s'installer* – emménagement. ▶ *Établissement* – constitution, création, disposition, édification, établissement, fondation, implantation, importation, instauration, institution, introduction, intronisation, mise en œuvre, mise en place, mise sur pied, nomination, organisation, placement, pose. *INFORM.* implémentation. ▶ *Nomination* – affectation, collation, commissionnement, désignation, destination, investiture, mise en place, nomination, promotion, titularisation. ▶ *Équipements* – infrastructure. ▲ANT. DÉMONTAGE; DÉMÉNAGEMENT, ÉVACUATION; EXPULSION; DÉSINSTALLATION *(logiciel).*

installer *v.* ▶ *Aménager un local, un logement* – aménager, arranger. ▶ *Planter un décor* – planter, poser. ♦ *s'installer* ▶ *S'établir dans un milieu* – s'établir, s'implanter, se fixer. ▶ *S'enraciner* – s'enraciner, s'implanter, s'incruster. ▶ *Se carrer* – se caler, se carrer. ▲ANT. DÉPLACER, TRANSFÉRER, TRANSPORTER; DÉSINSTALLER. △S'INSTALLER – DÉMÉNAGER, PARTIR, S'EN ALLER.

instamment *adv.* avec insistance, avec instance. ▲ANT. AVEC TIÉDEUR, SANS CONVICTION.

instance *n. f.* ▶ *Tribunal* – cour, juridiction, tribunal. *ANC.* directoire, inquisition, présidial. ▶ *Demande* – adjuration, appel, demande, démarche, desideratum, désir, doléances, exigence, injonction, interpellation, interrogation, invocation, mandement, ordre, pétition, placet, prétention, prière, question, réclamation, requête, réquisition, revendication, sollicitation, sommation, supplication, supplique, ultimatum, vœu. *SOUT.* imploration.

instant *n. m.* minute, moment, seconde. ▲ANT. ÉTERNITÉ, PERPÉTUITÉ.

instantané *adj.* ▶ *Qui a lieu sur-le-champ* – immédiat. ▶ *Rapide et inattendu* – brusque, brutal, foudroyant, fulgurant, prompt, soudain, subit. ▲ANT. DURABLE, LENT, LONG, PERMANENT; ÉTERNEL.

instantané *n. m.* cliché, diapositive, épreuve, galvanotype, photogramme, photographie, portrait, positif, tirage, trait. *FAM.* diapo, galvano. *ANC.* daguerréotype.

instantanément *adv.* à l'instant, au plus vite, aussitôt, aussitôt que possible, d'emblée, d'urgence, directement, en urgence, immédiatement, sans délai, sans différer, sans tarder, séance tenante, sitôt, sur l'heure, sur le coup, sur-le-champ, tout de suite. *SOUT.* dans l'instant, incontinent. *FAM.* aussi sec, de suite, illico. *QUÉB. FAM.* au plus coupant, au plus

sacrant. ▲ANT. LENTEMENT, PENDANT LONGTEMPS, PENDANT UNE LONGUE PÉRIODE; ÉTERNELLEMENT.

instaurer *v.* ▶ *Établir* – constituer, créer, établir, fonder, former, instituer, mettre en place. *SOUT.* ériger. ▶ *Introduire* – inaugurer, instituer, introduire. *SOUT.* impatroniser. ▲ANT. ABOLIR, ABROGER, ANÉANTIR, DÉTRUIRE, RENVERSER, SUPPRIMER.

instinct *n. m.* ▶ *Tendances innées* – pulsion. ▶ *Intuition* – anticipation, divination, flair, impression, intuition, précognition, prédiction, prémonition, prénotion, prescience, pressentiment, prévision, sentiment, voyance. *FAM.* pif, pifomètre. ▶ *Disposition* – affection, aptitude, attirance, disposition, faible, faiblesse, goût, habitude, impulsion, inclination, penchant, pente, prédilection, prédisposition, préférence, propension, tendance, vocation. *DIDACT.* susceptibilité. *PSYCHOL.* compulsion, conation. *FAM.* tendresses. ▲ANT. CALCUL, RAISONNEMENT, RÉFLEXION.

instinctif *adj.* ▶ *Auquel la volonté ne peut résister* – impérieux, incoercible, incontrôlable, incontrôlé, indomptable, insurmontable, irraisonné, irrépressible, irrésistible, profond, violent, viscéral. ▶ *Irréfléchi* – automatique, inconscient, indélibéré, intuitif, involontaire, irréfléchi, machinal, mécanique, naturel, réflexe, spontané. *DIDACT.* instinctuel, pulsionnel. ▲ANT. CONSCIENT, DÉLIBÉRÉ, INTENTIONNEL, RÉFLÉCHI, VOLONTAIRE.

instinctivement *adv.* à l'instinct, à l'intuition, au flair, automatiquement, d'instinct, impulsivement, inconsciemment, intuitivement, involontairement, machinalement, mécaniquement, naturellement, par habitude, par humeur, par instinct, par nature, sans réfléchir, spontanément, viscéralement. ▲ANT. RATIONNELLEMENT.

instituer *v.* ▶ *Fonder* – constituer, créer, établir, fonder, former, instaurer, mettre en place. *SOUT.* ériger. ▶ *Introduire* – inaugurer, instaurer, introduire. *SOUT.* impatroniser. ▶ *Nommer à une fonction* – créer, nommer, promouvoir, titulariser. *SUISSE* repourvoir. ▲ANT. ABOLIR, ABROGER, ANÉANTIR, DÉTRUIRE, RENVERSER, SUPPRIMER.

institut *n. m.* ▶ *Association savante ou artistique* – académie, aréopage, cénacle, cercle, club, école, société. ▶ *Établissement scolaire* – académie, alumnat, collège, conservatoire, école, établissement d'enseignement, établissement scolaire, high school *(pays anglo-saxons),* institution, lycée, maison d'éducation, maison d'enseignement, medersa *(pays musulmans),* petit séminaire. *FRANCE FAM.* bahut, boîte. *QUÉB.* cégep, collégial, polyvalente, régionale *(en région); FAM.* poly. *BELG.* athénée. *SUISSE* gymnase. ▶ *Université* – académie, alma mater, campus, collège, complexe universitaire, école, enseignement supérieur, faculté, université. *FAM.* fac. *QUÉB.* cité universitaire. *BELG. FAM.* unif. *SUISSE FAM.* uni.

instituteur *n.* animateur, éducateur, enseignant, instructeur, moniteur, pédagogue, professeur. *FAM.* prof, sorbonnard *(Sorbonne). QUÉB.* andragogue *(enseignement aux adultes). BELG.* régent. ▶ *Au primaire* – maître/maîtresse (d'école). *FAM.* insti. *ANTIQ.* grammatiste. ▶ *Directeur* – directeur, patron de thèse. ▶ *Assistant* – assistant, lecteur, maître assistant, moniteur, préparateur, répétiteur, sous-maître. ▸ *En-seignant à contrat* – chargé de cours. FRANCE maître de conférence. ▸ *Suppléant* – (professeur) suppléant, remplaçant.

institution *n. f.* ▸ *Mise en place* – constitution, création, disposition, édification, établissement, fondation, implantation, importation, installation, instauration, introduction, intronisation, mise en œuvre, mise en place, mise sur pied, nomination, organisation, placement, pose. INFORM. implémentation. ▸ *Établissement commercial* – affaire, bureau, compagnie, entreprise, établissement, exploitation, firme, industrie, société. FAM. boîte, boutique. FRANCE FAM. burlingue. ▸ *Établissement d'enseignement* – académie, alumnat, collège, conservatoire, école, établissement d'enseignement, établissement scolaire, high school *(pays anglo-saxons)*, institut, lycée, maison d'éducation, maison d'enseignement, medersa *(pays musulmans)*, petit séminaire. FRANCE FAM. bahut, boîte. QUÉB. cégep, collégial, polyvalente, régionale *(en région)*; FAM. poly. BELG. athénée. SUISSE gymnase. ♦ **institutions,** *plur.* ▸ *Administration publique* – Administration, affaires de l'État, bureaux, fonction publique, fonctionnaires, grands corps de l'État, ministères, organe, organismes, secrétariat, services. PÉJ. bureaucratie. ▲ANT. ABOLITION, SUPPRESSION.

instructif *adj.* ▸ *Éducatif* – édifiant, éducatif, enrichissant, formateur, formatif, informatif, profitable. ▸ *Révélateur* – édifiant, éloquent, expressif, parlant, qui en dit long, révélateur, significatif. ▲ANT. ABÊTISSANT, ABRUTISSANT, BÊTIFIANT, CRÉTINISANT.

instruction *n. f.* ▸ *Enseignement* – alphabétisation, apprentissage, conscientisation, didactique, édification, éducation, enrichissement, enseignement, entraînement, études, expérience, façonnage, façonnement, formation, inculcation, information, initiation, monitorat, pédagogie, professorat, scolarisation, scolarité, stage. ▸ *Savoir* – acquis, (bagage de) connaissances, bagage (intellectuel), compétence, culture (générale), éducation, encyclopédisme, épistémè, érudition, expérience, humanisme, lettres, lumières, notions, sagesse, savoir, science. SOUT. omniscience. ▸ *Méthode* – approche, art, chemin, code, comment, credo, démarche, discipline, dispositif, façon (de faire), facture, formule, heuristique, instrument, ligne de conduite, maïeutique, manière, marche (à suivre), méthode, modalité, mode d'emploi, mode, moyen, opération, ordre, organisation, outil, posologie, pratique, procédé, procédure, protocole, raisonnement, recette, règle, secret, stratagème, stratégie, système, tactique, technique, théorie, traitement, voie. SOUT. faire. ▸ *Directive* – citation, commande, commandement, consigne, directive, injonction, intimation, mandat, ordre, prescription, semonce. ▸ *Enquête judiciaire* – enquête, examen, information, recherche. ▲ANT. ABÊTISSEMENT; IGNORANCE.

instruire *v.* ▸ *Éduquer* – éduquer, former. ▸ *Renseigner* – éclairer, édifier, informer, renseigner. FAM. éclairer la lanterne de. ▸ *Aviser* (SOUT.) – avertir, aviser, informer, mettre au courant, prévenir. FAM. affranchir, brancher, mettre au parfum. QUÉB. breffer.

♦ **s'instruire** ▸ *Se cultiver* – apprendre, se cultiver. ▲ANT. AVEUGLER, TROMPER.

instruit *adj.* averti, cultivé, éclairé, érudit, évolué, intellectuel, lettré, savant. SOUT. docte. FAM. calé. QUÉB. connaissant, renseigné; FAM. bollé.

instrument *n. m.* ▸ *Ce qui agit* – agent, âme, bras, moteur, organe. ▸ *Accessoire* – accessoire, appareil, outil, pièce, ustensile. ▸ *Instrument pour faire de la musique* – instrument de musique. FRANCE FAM. biniou *(à vent)*. ▸ *Mauvais* – casserole, chaudron, sabot. ▸ *Instrument de mesure* – appareil de mesure, instrument (de mesure). ▸ *Méthode* – approche, art, chemin, code, comment, credo, démarche, discipline, dispositif, façon (de faire), facture, formule, heuristique, instruction, ligne de conduite, maïeutique, manière, marche (à suivre), méthode, modalité, mode d'emploi, mode, moyen, opération, ordre, organisation, outil, posologie, pratique, procédé, procédure, protocole, raisonnement, recette, règle, secret, stratagème, stratégie, système, tactique, technique, théorie, traitement, voie. SOUT. faire. ♦ **instruments,** *plur.* ▸ *Matériel* – affaires, appareil, bagage, chargement, équipement, fourniment, harnachement, matériel, outillage, outils. FAM. arsenal, attirail, barda, bastringue, bataclan, bazar, fourbi, matos, paquet, paquetage, saint-crépin, saint-frusquin. QUÉB. FAM. agrès, gréage, gréement. ▸ *Ensemble de choses techniques* – instrumentation. ▸ *Ensemble d'instruments de musique* – masse instrumentale, masse orchestrale, orchestre.

insuffisamment *adv.* ▸ *Faiblement* – dérisoirement, faiblement, imparfaitement, inacceptablement, mal, médiocrement, mollement, pauvrement. ▸ *Partiellement* – à demi, à moitié, défectueusement, demi, en partie, fragmentairement, imparfaitement, incomplètement, partiellement. ▲ANT. À SATIÉTÉ, AMPLEMENT, SUFFISAMMENT; AU LONG, EN TOTALITÉ, ENTIÈREMENT, INTÉGRALEMENT, PLEINEMENT, TOTALEMENT, TOUT À FAIT.

insuffisance *n. f.* ▸ *Manque* – carence, déficience, déficit, incomplétude, manque, pénurie, rareté. ▸ *Déficience physique* – affection, altération, anomalie, défaillance, déficience, dérangement, dysfonction, dysfonctionnement, embarras, faiblesse, gêne, indisposition, mal, malaise, trouble. DIDACT. dysphorie. MÉD. lipothymie. SOUT. mésaise. ▸ *Parcimonie* – parcimonie, petitesse, peu, portion congrue. ▸ *Imperfection* – défaut, défectuosité, démérite, faible, faiblesse, faille, faute, grossièreté, handicap, imperfection, infirmité, lacune, maladie, malfaçon, manque, péché mignon, péché véniel, petitesse, tache, tare, tort, travers, vice. SOUT. perfectibilité. ▸ *Médiocrité* – banalité, facilité, fadeur, faiblesse, inconsistance, indigence, insignifiance, médiocre, médiocrité, pauvreté, platitude, prévisibilité. SOUT. trivialité. FAM. fadasserie. ▸ *Incompétence* – analphabétisme, ignorance, illettrisme, inadéquation, inaptitude, incapacité, incompétence, incompréhension, inconscience, inculture, inexpérience, ingénuité, innocence, lacune, naïveté, nullité, obscurantisme, simplicité. SOUT. impéritie, inconnaissance, méconnaissance. ▲ANT. SUFFISANCE; ABONDANCE, AFFLUENCE, PROFUSION; EXCÈS, SURABONDANCE; APTITUDE, CAPACITÉ, EFFICIENCE; SUPÉRIORITÉ.

441

intégration

insuffisant adj. ▸ *Qui ne suffit pas* – anémique, chétif, chiche, déficient, déficitaire, faible, insatisfaisant, maigre, mauvais, médiocre, misérable, pauvre, piètre, rachitique. ▸ *Incomplet* – fragmentaire, imparfait, inachevé, incomplet, lacunaire, partiel, relatif. ▸ *Qui manque d'aptitudes* – ignorant, incapable, incompétent, mauvais, médiocre, nul. ▲ANT. ACCEPTABLE, CONVENABLE, CORRECT, DÉCENT, RAISONNABLE, SATISFAISANT, SUFFISANT; COMPLET, ENTIER; À LA HAUTEUR, CAPABLE, COMPÉTENT, DOUÉ, HABILE, PERFORMANT, QUALIFIÉ, TALENTUEUX, VERSÉ.

insultant adj. blessant, choquant, cinglant, désobligeant, froissant, humiliant, injurieux, mortifiant, offensant, outrageant, vexant. SOUT. sanglant. ▲ANT. BIENSÉANT, COURTOIS, DÉLICAT, POLI; ADMIRATIF, ENCOURAGEANT, POSITIF.

insulte n. f. ▸ *Invective* – blasphème, fulmination, grossièreté, imprécation, infamie, injure, insolence, invective, sottise. SOUT. vilenie. FAM. engueulade. QUÉB. FAM. bêtise. ▸ *Offense* – affront, attaque, atteinte, attentat, avanie, blessure, calomnie, défi, dommage, indignité, injure, insolence, manquement, offense, outrage, pique, tort. SOUT. bave, camouflet, soufflet. ▲ANT. COMPLIMENT, ÉLOGE, FLATTERIE, LOUANGE.

insulter v. ▸ *Couvrir d'injures* – abreuver d'injures, accabler d'injures, couvrir d'injures, donner des noms d'oiseau à, injurier, invectiver, traiter de tous les noms. SOUT. agonir d'injures, chanter pouilles à. FAM. engueuler. QUÉB. FAM. chanter des bêtises à, dire des bêtises à. ▸ *Offenser gravement* – bafouer, faire affront à, faire injure à, faire insulte à, faire outrage à, humilier, injurier, outrager. SOUT. blasphémer, gifler, souffleter. ▸ *Vexer* – atteindre (dans sa dignité), blesser (dans sa dignité), choquer, cingler, désobliger, effaroucher, égratigner, froisser, heurter, humilier, mortifier, offenser, offusquer, outrager, piquer au vif, toucher au vif, ulcérer, vexer. SOUT. fouailler. ▲ANT. BÉNIR, COMPLIMENTER, ENCENSER, FÉLICITER, GLORIFIER, LOUANGER, VANTER; RESPECTER.

insupportable adj. ▸ *Insoutenable* – antipathique, atroce, déplaisant, désagréable, détestable, exécrable, haïssable, impossible, infernal, insoutenable, intenable, intolérable, invivable, irrespirable, odieux, pénible. FAM. imbuvable. ▸ *Fatigant* – agaçant, crispant, désagréable, énervant, exaspérant, excédant, fatigant, harcelant, importun, inopportun, irritant. FAM. assommant, casse-pieds, embêtant, empoisonnant, enquiquinant, enquiquineur, horripilant, qui tape sur les nerfs, suant, tannant, tuant. FRANCE FAM. gonflant. QUÉB. FAM. achalant, dérangeant, gossant. ▲ANT. ENCHANTEUR, FÉERIQUE, IDYLLIQUE, IRRÉEL, MAGNIFIQUE, MERVEILLEUX, PARADISIAQUE; AGRÉABLE, CALMANT, TRANQUILLISANT; ADORABLE, AIMABLE, CHARMANT, DÉLICIEUX, GENTIL.

insurgé n. ▸ *Révolutionnaire* – émeutier, mutin, rebelle, révolté, révolutionnaire. ▸ *Agitateur* – agent provocateur, agitateur, cabaleur, contestant, contestataire, émeutier, excitateur, factieux, fauteur (de trouble), fomentateur, iconoclaste, instigateur, intrigant, manifestant, meneur, mutin, partisan, perturbateur, provocateur, rebelle, révolté, révolutionnaire, séditieux, semeur de troubles, trublion. FAM. provo. ▲ANT. CONFORMISTE, LOYALISTE.

insurger (s') v. ▸ *S'élever contre l'autorité* – se mutiner, se rebeller, se révolter, se soulever. ▸ *Protester avec véhémence* – regimber, résister, ruer dans les brancards, se braquer, se buter, se cabrer, se rebeller, se révolter. FAM. rebecquer, se rebiffer. QUÉB. FAM. ruer dans le bacul. ▲ANT. OBÉIR, SE RÉSIGNER, SE SOUMETTRE; APPROUVER.

insurmontable adj. ▸ *Qu'on ne peut franchir* – infranchissable. ▸ *En parlant d'un sentiment* – impérieux, incoercible, incontrôlable, incontrôlé, indomptable, instinctif, irraisonné, irrépressible, irrésistible, profond, violent, viscéral. ▲ANT. FACILE, SURMONTABLE; CONTRÔLABLE, MAÎTRISABLE.

insurrection n. f. ▸ *Révolte* – agitation, agitation-propagande, chouannerie, désordre, effervescence, embrasement, émeute, excitation, faction, fermentation, fièvre, fronde, insoumission, insubordination, jacquerie, manifestation, mutinerie, rébellion, remous, résistance, révolte, révolution, sédition, soulèvement, tourmente, troubles. FAM. agitprop. ▲ANT. SOUMISSION.

intact adj. ▸ *Entier* – complet, entier, inentamé, intouché. ▸ *Inutilisé* – inaltéré, inutilisé, neuf, vierge. ▸ *En parlant d'une chose abstraite* – inaltéré, intouché, pur, sauf. ▲ANT. ABÎMÉ, BRISÉ, CASSÉ, DÉTÉRIORÉ, ENDOMMAGÉ; ENTAMÉ, INCOMPLET; ALTÉRÉ, CORROMPU.

intangible adj. ▸ *Impalpable* – immatériel, impalpable. DIDACT. intactile. ▸ *Sacré* – intouchable, inviolable, sacral, sacralisé, sacré, tabou. PÉJ. sacrosaint. ▲ANT. CONCRET, PALPABLE, PERCEPTIBLE, PHYSIQUE, SENSIBLE, TANGIBLE; MÉPRISABLE, PROFANÉ, VIOLÉ.

intarissable adj. ▸ abondant, débordant, fécond, fertile, foisonnant, fructueux, généreux, inépuisable, productif, prolifique, riche. SOUT. copieux, inexhaustible, plantureux. ▲ANT. INSUFFISANT, LIMITÉ, MAIGRE, PAUVRE; AVARE DE PAROLES, SILENCIEUX, TACITURNE; ÉPUISABLE, TARISSABLE.

intégral adj. absolu, complet, entier, exhaustif, global, inconditionnel, parfait, plein, rigoureux, sans réserve, total. QUÉB. FAM. mur-à-mur. PÉJ. aveugle. ▲ANT. INCOMPLET, PARTIEL.

intégralement adv. à fond, à tous (les) égards, au (grand) complet, au long, au total, complètement, d'un bout à l'autre, de A (jusqu')à Z, du début à la fin, du tout au tout, en bloc, en entier, en totalité, en tous points, entièrement, exhaustivement, fin, in extenso, pleinement, sous tous les rapports, sur toute la ligne, totalement, tout, tout à fait. QUÉB. FAM. mur-à-mur. ▲ANT. À DEMI, À MOITIÉ, EN PARTIE, FRAGMENTAIREMENT, INCOMPLÈTEMENT, PARTIELLEMENT.

intégrant adj. ▲ANT. ACCESSOIRE, MARGINAL, NÉGLIGEABLE.

intégration n. f. ▸ *Combinaison* – alliance, assemblage, association, collage, combinaison, communion, composition, concentration, conjonction, constitution, fusion, fusionnement, groupement, incorporation, ralliement, rassemblement, regroupement, réunion, symbiose, synthèse, unification, union. ▸ *Absorption* – absorption, annexion, fusion, fusionnement, incorporation, phagocytose, rattachement, réunification, réunion. ▸ *Monopolisation* – accaparement, cartellisation, centralisation, centralisme, concentration, monopolisation, monopolisme. ▶ *Adaptation* – acclimatation, acclimatement, accommodation, accoutumance, acculturation, adaptation, aguerrissement, apprivoisement, appropriation, assuétude, endurcissement, familiarisation, habituation, habitude, mise à jour, mise au courant. *MÉD.* anergie. ▶ *Adhésion* – adhésion, adjonction, admission, adoption, affiliation, agrégation, agrément, appartenance, association, enrôlement, entrée, incorporation, initiation, inscription, mobilisation, rattachement, réception. ▲ANT. DÉSINTÉGRATION, SÉPARATION; EXCLUSION, EXPULSION.

intègre *adj.* ▶ *Honnête* – à l'abri de tout soupçon, au-dessus de tout soupçon, consciencieux, digne de confiance, droit, fiable, honnête, incorruptible, insoupçonnable, probe, propre, scrupuleux, sûr. ▶ *Sans parti pris* – équitable, impartial, juste, neutre, objectif, sans parti pris. ▲ANT. DÉLOYAL, MALHONNÊTE, SANS SCRUPULE, VÉREUX; ARBITRAIRE, ATTENTATOIRE, INÉQUITABLE, INIQUE, INJUSTE, PARTIAL.

intégrer *v.* ▶ *Inclure dans un ensemble* – enchâsser, inclure, incorporer, insérer, introduire. ▶ *Faire entrer dans une communauté* – assimiler, incorporer. ▲ANT. DÉTACHER, ÉLIMINER; EXCLURE; SÉGRÉGER.

intégrisme *n. m.* ▶ *Conformisme* – conformisme, conservatisme, contre-révolution, conventionnalisme, droite, droitisme, fondamentalisme, immobilisme, orthodoxie, passéisme, réaction, suivisme, traditionalisme. *SOUT.* philistinisme. ▲ANT. PROGRESSISME, RÉFORMISME; TOLÉRANCE.

intégrité *n. f.* ▶ *Totalité* – absoluité, complétude, ensemble, entier, entièreté, exhaustivité, généralité, globalité, intégralité, masse, plénitude, réunion, somme, total, totalité, tout, universalité. ▶ *Plénitude* – abondance, ampleur, plénitude, satiété, saturation, totalité. ▶ *Honnêteté* – conscience, droiture, exactitude, fidélité, franchise, honnêteté, incorruptibilité, irréprochabilité, justice, loyauté, mérite, moralité, netteté, probité, scrupule, sens moral, transparence, vertu. ▶ *Justice* – droiture, égalité, équité, impartialité, impersonnalité, justice, légalité, neutralité, objectivité, probité. ▲ANT. ALTÉRATION, CORRUPTION; FRAGMENT, MORCEAU, PARTIE; MALHONNÊTETÉ.

intellect *n. m.* bon sens, cerveau, cervelle, clairvoyance, compréhension, conception, discernement, entendement, esprit, faculté, imagination, intelligence, jugement, lucidité, pénétration, raison, tête. *FAM.* matière grise, méninges. *QUÉB. FAM.* cocologie. *QUÉB. ACADIE FAM.* jarnigoine. *PHILOS.* logos.

intellectuel *adj.* ▶ *Cérébral* – abstractif, abstrait, cérébral, conceptuel, idéal, livresque, mental, spéculatif, théorique. *PHILOS.* idéationnel, idéel, théorétique. ▶ *Moral* – mental, moral, psychique, psychologique, spirituel. ▶ *Érudit* – averti, cultivé, éclairé, érudit, évolué, instruit, lettré, savant. *SOUT.* docte. *FAM.* calé. *QUÉB.* connaissant, renseigné; *FAM.* bollé. ▲ANT. MANUEL; BÉOTIEN, IGNARE, IGNORANT, ILLETTRÉ, INCULTE, PHILISTIN.

intellectuel *n.* ▶ *Érudit* – docteur, encyclopédiste, érudit, humaniste, lettré, maître-penseur, philosophe, sage, savant. *SOUT.* bénédictin, (grand) clerc,

mandarin. *FAM.* bibliothèque (vivante), dictionnaire ambulant, dictionnaire (vivant), encyclopédie (vivante), fort en thème, grosse tête, intello, puits d'érudition, puits de science, rat de bibliothèque, tête d'œuf. ▶ *Celui chez qui prédomine la raison* – cérébral. ♦ **intellectuels**, *plur.* ▶ *Ensemble d'érudits* – intelligentsia, or gris. ▲ANT. MANUEL.

intellectuellement *adv.* ▶ *Mentalement* – mentalement, moralement, psychologiquement, rationnellement, spirituellement. ▶ *Abstraitement* – abstractivement, abstraitement, dans l'absolu, dans l'abstrait, hypothétiquement, idéalement, imaginairement, in abstracto, irréellement, platoniquement, profondément, subtilement, théoriquement. ▲ANT. MANUELLEMENT; PHYSIQUEMENT; ÉMOTIONNELLEMENT; CONCRÈTEMENT.

intelligemment *adv.* adroitement, astucieusement, avec brio, avec compétence, avec éclat, bien, brillamment, de main de maître, ex professo, expertement, finement, génialement, habilement, industrieusement, ingénieusement, judicieusement, lucidement, magistralement, pertinemment, professionnellement, savamment, sensément, spirituellement, subtilement, talentueusement, vivement. ▲ANT. ABSURDEMENT, BÊTEMENT, IDIOTEMENT, IMBÉCILEMENT, ININTELLIGEMMENT, NAÏVEMENT, SOTTEMENT, STUPIDEMENT.

intelligence *n. f.* ▶ *Perception* – aperception, appréhension, conception, discernement, entendement, idée, impression, perception, sens, sensation, sentiment. *FIG.* œil. *PSYCHOL.* gnosie. *PHILOS.* senti. ▶ *Faculté de comprendre* – cognition, compréhension, entendement, intellect, intellection, intellectualisation. *FAM.* comprenette. *QUÉB. FAM.* comprenure. ▶ *Jugement* – bon sens, cerveau, cervelle, clairvoyance, compréhension, conception, discernement, entendement, esprit, faculté, imagination, intellect, jugement, lucidité, pénétration, raison, tête. *FAM.* matière grise, méninges. *QUÉB. FAM.* cocologie. *QUÉB. ACADIE FAM.* jarnigoine. *PHILOS.* logos. ▶ *Adaptabilité* – adaptabilité, élasticité, faculté d'adaptation, flexibilité, malléabilité, moulabilité, plasticité, polyvalence, souplesse. ▶ *Sagesse* – bon goût, connaissance, discernement, (gros) bon sens, jugement, philosophie, raison, sagesse, sens commun, vérité. *FAM.* jugeote. ▶ *Profondeur* – acuité, ardeur, complexité, difficulté, élévation, ésotérisme, extase, extrémité, force, immensité, impénétrabilité, intensité, intériorité, intimité, mystère, pénétration, perspicacité, plénitude, profond, profondeur, puissance, science, secret. ▶ *Personne intelligente* – as, bonne lame, cerveau, esprit supérieur, fine lame. *SOUT.* phénix. *FAM.* aigle, flèche, grosse tête, lumière, tête d'œuf. *QUÉB. FAM.* bolle, bollé. ▶ *Accord* – accord, affinité, amitié, atomes crochus, (bonne) entente, communauté de goûts, communauté de sentiments, communauté de vues, communion, compatibilité, complicité, compréhension, concorde, connivence, convergence d'idées, fraternité, harmonie, point commun, sympathie, union, unisson. *SOUT.* concert. ▶ *Complicité* – accord (tacite), acquiescement, collusion, complicité, connivence, entente (secrète). *SOUT.* compérage. ▶ *Fréquentation* – attache, communication, compagnie, contact, correspondance, côtoiement, coudoiement, entourage, familiarité, fréquentation, habitude, intimité, liaison, lien, pratique, rapport, relation, société, termes *(bons ou mauvais)*, usage, voisinage. *SOUT.* commerce. *PÉJ.* acoquinement, encanaillement. ▲ANT. AVEUGLEMENT, INCOMPRÉHENSION; BÊTISE, ININTELLIGENCE, STUPIDITÉ; IGNORANCE; DISSENSION, MÉSINTELLIGENCE.

intelligent *adj.* ▶ *Qui peut raisonner* – doué de raison, pensant. *DIDACT.* raisonnable. ▶ *Qui comprend vite et bien* – à l'esprit vif, agile, alerte, brillant, éveillé, rapide, vif. *QUÉB. FAM.* vite. ▶ *D'une intelligence pénétrante* – aigu, clairvoyant, fin, lucide, lumineux, pénétrant, perçant, perspicace, profond, psychologue, qui voit loin, sagace, subtil. ▶ *Futé* – adroit, astucieux, déluré, fin, finaud, futé, habile, ingénieux, inventif, malin, qui a plus d'un tour dans son sac, rusé. *FAM.* débrouillard, dégourdi. *FRANCE FAM.* dessalé, fortiche, fute-fute, mariol, sioux. *QUÉB. FAM.* fin finaud. ▶ *Bien pensé* – astucieux, bien conçu, bien pensé, habile, ingénieux, judicieux, pertinent. ▲ANT. IDIOT, STUPIDE; ABRUTI, BENÊT, BÊTE, BORNÉ, CRÉTIN, DEMEURÉ, HÉBÉTÉ, IMBÉCILE, ININTELLIGENT, NIAIS, NIGAUD, OBTUS, SOT; ABERRANT, ABSURDE, DÉRAISONNABLE, FOU, ILLOGIQUE, INEPTE, INSENSÉ, IRRATIONNEL, RIDICULE.

intelligible *adj.* à la portée de tous, accessible, clair, cohérent, compréhensible, concevable, déchiffrable, évident, facile, interprétable, limpide, lumineux, pénétrable, saisissable, simple, transparent. ▲ANT. CABALISTIQUE, CRYPTIQUE, ÉNIGMATIQUE, ÉSOTÉRIQUE, HERMÉTIQUE, IMPÉNÉTRABLE, INCOMPRÉHENSIBLE, ININTELLIGIBLE, MYSTÉRIEUX, OBSCUR, OPAQUE, TÉNÉBREUX; SENSIBLE *(monde (philosophie))*.

intempérie *n.f.* gros temps, mauvais temps, rigueurs. *SOUT.* inclémence. *FAM.* coup de tabac, temps de chien. ▲ANT. BEAU TEMPS, CALME.

intempestif *adj.* choquant, de mauvais goût, déplacé, fâcheux, hors de propos, hors de saison, importun, incongru, inconvenant, indélicat, indiscret, inélégant, inopportun, mal à propos, mal venu, malencontreux. *SOUT.* malséant, malsonnant *(parole)*. ▲ANT. BIENVENU, OPPORTUN, PROPICE, QUI TOMBE À PIC.

intendance *n.f.* ▶ *Gestion* – administration, conduite, direction, gérance, gestion, gouverne, logistique, management, maniement, organisation, régie, surintendance, tenue. ▶ *Subsistance* – aliment, alimentation, approvisionnement, comestibles, denrée, entretien, épicerie, fourniture, nourriture, pain, produit alimentaire, provision, ravitaillement, subsistance, victuailles, vie, vivres. *SOUT.* provende. *FAM.* matérielle.

intense *adj.* ▶ *Soutenu* – assidu, constant, continu, fidèle, intensif, régulier, soutenu, suivi. ▶ *Violent* – déchaîné, fort, furieux, impétueux, puissant, terrible, violent. ▶ *Lancinant* – aigu, lancinant, térébrant, vif, violent. ▶ *Grave* – fort, grand, grave, profond, violent. *FAM.* carabiné *(grippe, mal de tête)*, crasse *(ignorance)*. ▶ *Ardent* – animé, ardent, chaud, vif. ▶ *Frénétique* – agité, bouillonnant, délirant, échevelé, effervescent, effréné, fébrile, fiévreux, frénétique, mouvementé, passionné, trépidant, tumultueux, violent. ▲ANT. FAIBLE, LÉGER, MODÉRÉ.

intensif *adj.* assidu, constant, continu, fidèle, intense, régulier, soutenu, suivi. ▲ANT. FAIBLE, LÂCHE, MODÉRÉ, RELÂCHÉ, SPORADIQUE; EXTENSIF *(culture ou enseignement)*.

intensité *n.f.* ▶ *Violence* – acharnement, animosité, ardeur, énergie, force, frénésie, fureur, furie, impulsivité, puissance, rage, vigueur, violence, virulence, vivacité. *SOUT.* impétuosité, véhémence. ▶ *Profondeur* – acuité, ardeur, complexité, difficulté, élévation, ésotérisme, extase, extrémité, force, immensité, impénétrabilité, intelligence, intériorité, intimité, mystère, pénétration, perspicacité, plénitude, profond, profondeur, puissance, science, secret. ▶ *Accent tonique* – accent, accentuation, inflexion, intonation, modulation, prononciation, prosodie, ton, tonalité. *LING.* traits suprasegmentaux. ▲ANT. CALME; DOUCEUR, FAIBLESSE.

intention *n.f.* ▶ *Projet* – entreprise, idée, plan, préméditation *(mauvaise action)*, programme, projet, résolution, vue. *SOUT.* dessein. ▶ *Désir* – ambition, appel, appétit, aspiration, attirance, attrait, besoin, but, convoitise, desideratum, désir, envie, exigence, faim, fantaisie, fantasme, fièvre, fringale, goût, idéal, jalousie, passion, prétention, quête, recherche, rêve, soif, souhait, tentation, velléité, visée, vœu, voix, volonté. *SOUT.* appétence, dessein, prurit, vouloir. *FAM.* démangeaison. ▶ *But* – ambition, but, cause, cible, considération, destination, fin, finalité, mission, mobile, motif, objectif, objet, point de mire, pourquoi, prétexte, raison, raison d'être, sens, visée. *SOUT.* propos. ▲ANT. INDÉTERMINATION, RÉTICENCE.

intentionnel *adj.* conscient, délibéré, volontaire, voulu. ▲ANT. INCONSCIENT, INDÉLIBÉRÉ, INVOLONTAIRE, MACHINAL.

intentionnellement *adv.* à dessein, consciemment, de plein gré, de propos délibéré, de sang-froid, délibérément, en connaissance de cause, en pleine connaissance de cause, en toute connaissance de cause, exprès, expressément, sciemment, volontairement. ▲ANT. IMPULSIVEMENT, INCONSCIEMMENT, INVOLONTAIREMENT, MACHINALEMENT, MÉCANIQUEMENT, SANS RÉFLÉCHIR.

interaction *n.f.* ▶ *Échange* – échange. *PHILOS.* intersubjectivité. *INFORM.* transaction. ▶ *Relation* – association, connexion, connexité, corrélation, correspondance, dépendance, filiation, interdépendance, interrelation, liaison, lien, lien causal, rapport, rapprochement, relation, relation de cause à effet. *FIG.* pont. ▶ *Réflexe* – automatisme, conditionnement, réaction *(immédiate)*, réflexe, réponse. ▶ *Force physique* – action, énergie, force, intervention, rapport, réaction. ▲ANT. NEUTRALITÉ.

intercalaire *adj.* ▲ANT. LACUNAIRE, MANQUANT.

interchangeable *adj.* changeable, commutable, permutable, remplaçable, substituable, transposable. ▲ANT. INCHANGEABLE, IRREMPLAÇABLE.

interchanger *v.* ▶ *Intervertir* – intervertir, inverser, permuter, renverser, transposer. *DIDACT.* commuter.

interdiction *n.f.* ▶ *Prohibition* – condamnation, défense, empêchement, interdit, prohibition, proscription, refus, tabou. ▶ *Censure* – autocensure, bâillonnement, boycottage, caviardage, censure, contrôle, exclusive, filtre, imprimatur, (mise à l')index, muselage, musellement, mutilation, veto. *FIG.* bâillon, muselière. *FAM.* anastasie. *RELIG.* interdit, monition, suspense, tabouisation. ▶ *Obstacle* – accroc, adversité, anicroche, barrière, blocage, contrariété, contretemps, défense, difficulté, digue, écueil, embarras, empêchement, ennui, entrave, frein, gêne, impasse, impossibilité, inhibition, objection, obstruction, ombre au tableau, opposition, pierre d'achoppement, point noir, problème, résistance, restriction, tracas, tribulations. *QUÉB.* irritant. *SOUT.* achoppement, impedimenta, traverse. *FAM.* blème, hic, lézard, os, pépin. *QUÉB. FAM.* aria. ▲**ANT.** AUTORISATION, CONSENTEMENT, LIBERTÉ, PERMISSION ; OBLIGATION ; COMMANDEMENT, ORDRE.

interdire *v.* ▶ *Défendre* – condamner, défendre, empêcher, prohiber, proscrire, punir. ▶ *Censurer* – censurer, condamner, mettre à l'index. ▶ *Être incompatible avec* – empêcher, exclure. ◆ **s'interdire** ▶ *S'abstenir* – éviter de, s'abstenir de, s'empêcher de, se défendre de, se garder de, se refuser à, se retenir de. ▲**ANT.** APPROUVER, AUTORISER, PERMETTRE, TOLÉRER ; ENCOURAGER ; COMMANDER, CONTRAINDRE, OBLIGER.

interdit *adj.* ▶ *Prohibé* – clandestin, contrebandier, coupable, défendu, extra-légal, frauduleux, illégal, illégitime, illicite, interlope, irrégulier, marron, pirate, prohibé. *DR.* délictuel, délictueux, fraudateur. ▶ *Tabou* – banni, tabou. ▶ *Stupéfait* – abasourdi, ahuri, bouche bée, confondu, ébahi, éberlué, estomaqué, étonné, frappé de stupeur, hébété, interloqué, médusé, muet d'étonnement, pantois, pétrifié, sidéré, stupéfait, surpris. *FAM.* baba, ébaubi, épaté, époustouflé, riboulant, soufflé, suffoqué. ▲**ANT.** LÉGAL, LICITE, PERMIS ; IMPASSIBLE, INEXPRESSIF.

intéressant *adj.* ▶ *Qui captive* – absorbant, accrocheur, captivant, fascinant, palpitant, passionnant, prenant. *SOUT.* attractif. *QUÉB.* enlevant. ▶ *Qui pique la curiosité* – amusant, croustillant, digne d'intérêt, piquant, qui pique l'intérêt, qui pique la curiosité, savoureux. ▶ *Qui tente* – affriolant, aguichant, alléchant, appétissant, attirant, attrayant, désirable, engageant, excitant, invitant, irrésistible, ragoûtant, séduisant, tentant. *SOUT.* affriandant. ▶ *Qui procure un avantage matériel* – bénéficiaire, fructueux, lucratif, payant, productif, profitable, rémunérateur, rentable. *FAM.* juteux. ▲**ANT.** ASSOMMANT, ENDORMANT, ENNUYEUX, FASTIDIEUX, ININTÉRESSANT, INSIPIDE, LASSANT, MONOTONE, PLAT, RÉPÉTITIF, SOPORIFIQUE ; ANODIN, BANAL, ORDINAIRE, SANS INTÉRÊT, TERNE ; ASTRONOMIQUE, DÉSAVANTAGEUX, EXORBITANT, FOU.

intéressé *adj.* ▶ *Concerné* – concerné, touché. ▶ *Qui recherche son avantage personnel* – avide, boutiquier, calculateur, égoïste, qui agit par calcul. ▶ *Rapace* – âpre au gain, avide, cupide, mercantile, mercenaire, rapace, sordide, vénal, vorace. ▲**ANT.** À TITRE GRACIEUX, BÉNÉVOLE, DÉSINTÉRESSÉ, GRATUIT. △ **INTÉRESSÉ PAR** – ÉTRANGER À.

intéresser *v.* ▶ *Susciter l'intérêt* – captiver, empoigner, passionner, plaire à. *SOUT.* attacher l'esprit. *FAM.* accrocher, brancher. ▶ *Concerner qqn* – être d'intérêt pour, regarder, s'appliquer à, toucher, valoir pour, viser. ▶ *Concerner qqch.* – avoir pour objet,

avoir rapport à, avoir trait à, concerner, porter sur, relever de, s'appliquer à, se rapporter à, toucher, viser. ◆ **s'intéresser** ▶ *Aimer* – adorer, affectionner, aimer, apprécier, avoir un faible pour, avoir un penchant pour, être fou de, être friand de, être porté sur, faire ses délices de, prendre plaisir à, priser, raffoler de, se complaire, se délecter, se passionner pour, se plaire. *SOUT.* chérir, goûter. *FRANCE. FAM.* kiffer. *QUÉB. FAM.* capoter sur. *PÉJ.* se vautrer. ▶ *Étudier* – analyser, ausculter, considérer, envisager, étudier, examiner, explorer, observer, penser à, pousser plus avant, prendre en considération, réfléchir sur, se pencher sur, traiter, voir. ▲**ANT.** DÉGOÛTER, DÉSINTÉRESSER, EMBÊTER, ENNUYER. △ **S'INTÉRESSER** – NÉGLIGER, SE FICHER, SE MOQUER.

intérêt *n. m.* ▶ *Attention* – application, attention, concentration, contention, recueillement, réflexion, tension. ▶ *Curiosité* – appétit, attention, avidité, curiosité, soif, soif d'apprendre, soif de connaissance, soif de connaître, soif de savoir. ▶ *Affinité* – affection, amitié, amour, attachement, attirance, lien, sympathie, tendresse. *FAM.* coup de cœur, coup de foudre. ▶ *Utilité* – avantage, bénéfice, bienfait, commodité, convenance, désidérabilité, efficacité, fonction, fonctionnalité, indispensabilité, mérite, nécessité, profit, profitabilité, recours, service, usage, utilité, valeur. ▶ *Revenu* – allocation, arrérages, avantage, bénéfice, casuel, chômage, dividende, dotation, fermage, fruit, gain, loyer, mense, mensualité, métayage, pension, prébende, présalaire, produit, rapport, recette, redevance, rente, rentrée, retraite, revenu, tontine, usufruit, usure, ventes, viager. *FAM.* alloc. *FRANCE FAM.* bénef, chômedu. ▶ *Frais* – agio, charges, commission, crédit, frais, plus-value, prélèvement. ▲**ANT.** INDIFFÉRENCE ; DÉSINTÉRÊT ; FUTILITÉ, INSIGNIFIANCE, INUTILITÉ ; DÉSINTÉRESSEMENT, GRATUITÉ.

interférence *n. f.* ▶ *Phénomène physique* ▶ *Sonore* – diaphonie, transmodulation. ▶ *Optique* – frange d'interférence.

intérieur *adj.* ▶ *De l'intérieur* – interne. *SOUT.* intestin. *DIDACT.* endogène. ▶ *Propre à un pays* – national. ▶ *Intime* – intime, profond. ▲**ANT.** EXTÉRIEUR ; ÉTRANGER, INTERNATIONAL.

intérieur *n. m.* ▶ *Partie interne* – dedans. ▶ *Âme* – âme, arrière-fond, arrière-pensée, conscience, coulisse, dedans, dessous, fond, for intérieur, intériorité, intimité, jardin secret, repli, secret. *SOUT.* tréfonds. ▶ *Logement* – domicile, foyer, maison, nid, résidence, toit. *SOUT.* demeure, habitacle, logis. *FAM.* bercail, bicoque, chaumière, chez-soi, crèche, pénates. ▲**ANT.** DEHORS, EXTÉRIEUR ; BORD, CONTOUR, PÉRIPHÉRIE, POURTOUR ; SURFACE ; APPARENCE, ASPECT, FAÇADE.

intérieurement *adv.* à l'intérieur, au-dedans, dedans, en dedans, in petto, intimement, introspectivement, mentalement, moralement, secrètement. ▲**ANT.** APPAREMMENT, AU-DEHORS, EN APPARENCE, EN SURFACE, EXTÉRIEUREMENT, EXTRINSÈQUEMENT, SUPERFICIELLEMENT.

interlocuteur *n.* ▶ *Destinataire* – allocutaire, auditeur, décodeur, destinataire, récepteur. ▶ *Personne en négociation* – partenaire.

intermédiaire *adj.* ▶ *Entre deux choses* – central, médian, mitoyen, moyen. ▲ANT. EXTRÊME; SUPÉRIEUR; INFÉRIEUR.

intermédiaire *n.* ▶ *Négociateur* – arbitragiste, arbitre, arrangeur, conciliateur, juge, médiateur, modérateur, négociateur, ombudsman, pacificateur, réconciliateur, surarbitre. DR. amiable compositeur. ▶ *Dans le commerce* – milieu. ANC. remisier. ▶ *Porte-parole* – interprète, messager, organe, porte-parole, représentant. SOUT. truchement. ◆ **intermédiaire**, *masc.* ▶ *Truchement* – canal, entremise, moyen, truchement, voie. ▶ *Moyen terme* – axe, centre, entre-deux, milieu, moyen terme, pivot, point central. FIG. clef (de voûte), cœur, foyer, midi, nœud, nombril, noyau, ombilic, sein, siège. ▲ANT. CONSOMMATEUR; PRODUCTEUR; EXTRÊME.

interminable *adj.* ▶ *Étendu dans le temps* – à n'en plus finir, long, sans fin. FAM. longuet. ▶ *Étendu dans l'espace* – grand, long. ▲ANT. BREF, COURT, ÉPHÉMÈRE, FUGACE, MOMENTANÉ, PASSAGER, PRÉCAIRE, PROVISOIRE, RAPIDE, TEMPORAIRE, TRANSITOIRE; CONCIS, LACONIQUE, SUCCINCT.

intermittence *n. f.* ▶ *Interruption* – annulation, arrêt, avortement, cessation, discontinuation, entrecoupement, interruption, levée, panne, pause, relâche, station, suspension. ▶ *Intermission* – intermission, rémission, rémittence. ▶ *Alternance* – allée et venue, alternatives, balancement, bascule, changement, flux et reflux, ondulation, oscillation, palpitation, périodicité, pulsation, récurrence, récursivité, retour, rotation, roulement, rythme, sinusoïde, succession, tour, va-et-vient, variation. ▲ANT. CONTINUITÉ, PERMANENCE, RÉGULARITÉ.

intermittent *adj.* ▶ *Qui apparaît et disparaît* – à éclipses, brisé, discontinu, irrégulier. MÉD. erratique, rémittent. ▶ *En parlant d'une lumière* – à éclipses, clignotant. ▲ANT. CONTINU, ININTERROMPU; FIXE.

international *adj.* ▶ *Qui concerne plusieurs nations* – multinational, plurinational, transnational. ▶ *Qui concerne le monde* – global, mondial, planétaire, universel. ▶ *Qui concerne l'extérieur du pays* – étranger, extérieur. ▶ *Cosmopolite* – cosmopolite, multiculturel, multiethnique, pluriethnique. ▲ANT. INTÉRIEUR, NATIONAL.

interne *adj.* intérieur. SOUT. intestin. DIDACT. endogène. ▲ANT. EXTERNE.

interpeller *v.* apostropher, appeler, héler (de loin). ▲ANT. RÉPLIQUER, RÉPONDRE, RIPOSTER.

interposer *v.* ▶ *Placer entre deux entités* – intercaler. ◆ **s'interposer** ▶ *Intervenir* – intervenir, s'entremettre. ▲ANT. ENLEVER, RETRANCHER, SUPPRIMER. △S'INTERPOSER – RESTER À L'ÉCART, S'ABSTENIR, S'ÉLOIGNER.

interprétation *n. f.* ▶ *Explication* – analyse, clarification, commentaire, critique, définition, désambiguïsation, éclaircissement, élucidation, exemplification, explication, explicitation, exposé, exposition, glose, illustration, indication, légende, lumière, note, paraphrase, précision, remarque, renseignement. ▶ *Théorie* – conjecture, explication, hypothèse, loi, principe, scénario, spéculation, théorie, thèse. ▶ *Traduction* – adaptation, calque,

explication, herméneutique, paraphrase, thème, traduction, transcodage, transcription, translittération, transposition, version. FAM. traduc. ▶ *Exécution d'une œuvre* – exécution, jeu. ▲ANT. DESCRIPTION; COMPOSITION.

interprète *n.* ▶ *Comédien* – acteur, artiste, comédien. SOUT. histrion. FAM. théâtreux. ▶ *Rôle mineur* – figurant, utilité. ▶ *Musicien* – exécutant, instrumentiste, joueur, musicien. FAM. croque-note (mauvais), musico. ▶ *Traducteur* – traducteur. ▶ *Oral* – traducteur-interprète. ▶ *Annotateur religieux* – annotateur, commentateur, exégète, glossateur, scoliaste. ▶ *Porte-parole* – intermédiaire, messager, organe, porte-parole, représentant. SOUT. truchement.

interpréter *v.* ▶ *Expliquer* – annoter, commenter, expliquer, gloser, paraphraser. ▶ *Déchiffrer un texte* – déchiffrer, décoder, décrypter, traduire. ▶ *Exécuter une pièce musicale* – exécuter, jouer. ▶ *Tenir un rôle* – camper (avec vigueur), faire, incarner, jouer, jouer le rôle de, prêter vie à, tenir le rôle de. ▲ANT. ASSISTER À, ÉCOUTER, REGARDER.

interrelié *adj.* corrélatif, corrélé, interdépendant, relié, solidaire. DIDACT. corrélationnel. ▲ANT. AUTONOME, DISSOCIÉ, DISTINCT, INDÉPENDANT, SÉPARÉ.

interrogation *n. f.* ▶ *Demande* – adjuration, appel, demande, démarche, desideratum, désir, doléances, exigence, injonction, instance, interpellation, invocation, mandement, ordre, pétition, placet, prétention, prière, question, réclamation, requête, réquisition, revendication, sollicitation, sommation, supplication, supplique, ultimatum, vœu. SOUT. imploration. ▶ *Examen* – épreuve, examen, interpellation, interrogatoire, interview, question, questionnaire. ▶ *Épreuve scolaire* – contrôle, épreuve, évaluation, examen, test. FAM. colle, interro. ▲ANT. RÉPONSE; AFFIRMATION, ASSERTION.

interroger *v.* ▶ *Poser une question* – demander à, poser la question à. ▶ *Soumettre à un interrogatoire* – débriefer, questionner. FAM. cuisiner. ▶ *Soumettre à un test* – tester. ▶ *Chercher à connaître* – ausculter, pénétrer, prendre le pouls de, sonder, tâter. ▲ANT. RÉPLIQUER, RÉPONDRE, RIPOSTER.

interrompre *v.* ▶ *Arrêter momentanément* – arrêter, cesser, lever, suspendre. SOUT. discontinuer. ▶ *Faire cesser* – briser, couper court à, mettre fin à, mettre un terme à, rompre. ▶ *Entrecouper* – couper, entrecouper, hacher, saccader. ▶ *Déranger* – déranger, envahir, gêner. ◆ **s'interrompre** ▶ *S'arrêter* – cesser, discontinuer, prendre fin, s'arrêter. ▲ANT. POURSUIVRE; RECOMMENCER, REPRENDRE, RÉTABLIR. △S'INTERROMPRE – CONTINUER, PROGRESSER.

interrupteur *n. m.* bouton (électrique), bouton-poussoir, clé, combinateur, commande, commutateur, conjoncteur, conjoncteur-disjoncteur, contact, contacteur, coupleur, disconnecteur, disjoncteur, manostat, microcontact, olive, poussoir, pressostat, rotacteur, rupteur, sectionneur, sélecteur, télécommande, va-et-vient. FAM. bitoniau. QUÉB. FAM. piton.

interruption *n. f.* ▶ *Cessation* – annulation, arrêt, avortement, cessation, discontinuation, entrecoupement, intermittence, levée, panne, pause,

intersection

relâche, station, suspension. ▶ *Silence* – arrêt, pause, silence, temps. ▶ *Discontinuité* – brisure, cassure, coupure, discontinuité, fossé, hiatus, lacune, rupture, saut, solution de continuité. ▲ **ANT.** REPRISE, RÉTABLISSEMENT ; CONTINUATION, DÉROULEMENT, PROGRESSION ; CONTINUITÉ, SUITE.

intersection *n. f.* ▶ *Recoupement* – chevauchement, croisement, empiétement, nœud, recoupement, recouvrement, rencontre, superposition. ▶ *Carrefour* – bifurcation, branchement, bretelle, carrefour, croisée, croisement, échangeur, embranchement, étoile, fourche, patte-d'oie, rond-point, (voie de) raccordement. ▲ **ANT.** PARALLÉLISME ; UNION *(mathématiques)*.

interurbain *adj.* ▲ **ANT.** LOCAL.

intervalle *n. m.* ▶ *Espace* – créneau, espace, espacement, fente, interstice, ouverture. ▶ *Durée* – battement, creux, distance, durée, espace (de temps), laps de temps. *SOUT.* échappée. *QUÉB. ACADIE FAM.* escousse, secousse. *BELG.* fourche. ▶ *Différence* – abîme, altérité, changement, désaccord, déviance, différence, dissemblance, dissimilitude, distance, distinction, divergence, diversité, division, divorce, écart, fossé, gouffre, incompréhension, inégalité, marginalité, nuance, séparation, variante, variation, variété. *MATH.* inéquation. ▲ **ANT.** CONTINUITÉ, SUITE.

intervenant *n.* ▶ *Débatteur* – débatteur, orateur, participant (d'un débat). ▶ *Protagoniste* – acteur, héros, personnage central, personnage principal, protagoniste. ▲ **ANT.** CLIENT, USAGER.

intervenir *v.* ▶ *Agir* – agir, entrer en jeu, entrer en scène, passer aux actes. ▶ *Participer* – entrer en jeu, entrer en scène, participer, prendre part à, se mêler à, se mettre de la partie. ▶ *S'interposer* – s'entremettre, s'interposer. ▶ *De façon indésirable* – s'immiscer dans, s'ingérer dans, se mêler de. *FAM.* fourrer son nez dans, mêler son grain de sel dans, mettre son grain de sel dans, mettre son nez dans, se fourrer dans. ▶ *De façon favorable* – défendre, intercéder, parler, plaider, prendre la défense de, soutenir, voler au secours de. ▶ *Procéder à une intervention chirurgicale* – opérer. ▲ **ANT.** IGNORER, RESTER À L'ÉCART, RESTER NEUTRE, S'ABSTENIR, S'EN LAVER LES MAINS.

intervention *n. f.* ▶ *Ingérence* – aide, appui, concours, entremise, immixtion, incursion, ingérence, interposition, interventionnisme, intrusion, médiation, ministère, office. *SOUT.* intercession. ▶ *Agression* – agression, assaut, attaque, attentat, charge, déferlement, envahissement, invasion, irruption, offensive. *MILIT.* blitz *(de courte durée)*. ▶ *Acte* – acte, action, choix, comportement, conduite, décision, démarche, entreprise, faire, fait, geste, manifestation, réalisation. ▶ *Opération chirurgicale* – anatomie, chirurgie, dissection *(pour étudier)*, intervention (chirurgicale), opération (chirurgicale). *FAM.* charcutage *(maladroite)*. ▲ **ANT.** ABSTENTION, NEUTRALITÉ, NON-INGÉRENCE, NON-INTERVENTION.

interview *n.* ▶ *Entretien* – causerie, colloque, concertation, conversation, dialogue, discussion, échange (de vues), entretien, pourparlers, tête-à-tête. *FAM.* causette, chuchoterie. *QUÉB.* jase, jasette. *PÉJ.* conciliabule, palabres. *FAM.* parlote. ▶ *Rencontre*

– audience, conférence, confrontation, entretien, entrevue, face à face, huis clos, micro-trottoir, rencontre, rendez-vous, retrouvailles, réunion, tête-à-tête, vis-à-vis, visite. *SOUT.* abouchement. *FRANCE FAM.* rambot, rambour, rancard. *PÉJ.* conciliabule. ▶ *Interrogation* – épreuve, examen, interpellation, interrogation, interrogatoire, question, questionnaire.

intime *adj.* ▶ *Intérieur* – intérieur, profond. ▶ *Privé* – confidentiel, personnel, privé, secret. ▶ *En parlant d'un lien* – étroit. ▲ **ANT.** EXTÉRIEUR, SUPERFICIEL ; OFFICIEL, PROFESSIONNEL, PUBLIC.

intimement *adv.* ▶ *Par un lien intime* – étroitement. ▶ *Inséparablement* – consubstantiellement, étroitement, indéfectiblement, indestructiblement, indissolublement, indivisiblement, ineffaçablement, inséparablement. ▶ *Personnellement* – en personne, individuellement, nominativement, particulièrement, personnellement, pour sa part, quant à soi, soi-même, subjectivement. ▶ *Secrètement* – à l'intérieur, au-dedans, dedans, en dedans, in petto, intérieurement, introspectivement, mentalement, moralement, secrètement. ▲ **ANT.** FAIBLEMENT, MOLLEMENT ; IMPERSONNELLEMENT ; PUBLIQUEMENT.

intimidant *adj.* ▶ *Qui cherche à effrayer* – agressif, intimidateur, menaçant. *DR. ou SOUT.* comminatoire. ▶ *Qui rend timide* – qui en impose. *QUÉB. FAM.* gênant. ▲ **ANT.** ENCOURAGEANT, RASSÉRÉNANT, RASSURANT, SÉCURISANT.

intimidation *n. f.* ▶ *Menace* – avertissement, bravade, chantage, commination, défi, dissuasion, effarouchement, fulmination, menace, mise en garde, provocation, rodomontade, semonce, sommation, ultimatum. *FAM.* provoc. ▶ *Terrorisme* – activisme, extrémisme, subversion, terreur, terrorisme, violence. ▲ **ANT.** APAISEMENT ; ENCOURAGEMENT.

intimider *v.* ▶ *Effrayer* – effaroucher, effrayer, faire peur à. ▶ *Impressionner* – en imposer à, impressionner. ▶ *Inhiber* – annihiler, inhiber, paralyser. *FAM.* frigorifier, geler, réfrigérer, refroidir. ▶ *Gêner* – embarrasser, gêner, mettre mal à l'aise, troubler. ▲ **ANT.** APAISER, CALMER, RASSÉRÉNER, RASSURER, TRANQUILLISER ; ENCOURAGER, ENHARDIR, METTRE À L'AISE.

intimité *n. f.* ▶ *Vie privée* – privé, vie intime. ▶ *Secret* – âme, arrière-fond, arrière-pensée, conscience, coulisse, dedans, dessous, fond, for intérieur, intérieur, intériorité, jardin secret, repli, secret. *SOUT.* tréfonds. ▶ *Fréquentation* – attache, communication, compagnie, contact, correspondance, côtoiement, coudoiement, entourage, familiarité, fréquentation, habitude, intelligence, liaison, lien, pratique, rapport, relation, société, termes *(bons ou mauvais)*, usage, voisinage. *SOUT.* commerce. *PÉJ.* acoquinement, encanaillement. ▲ **ANT.** VIE PUBLIQUE, VIE SOCIALE ; ÉTALAGE, PUBLICITÉ.

intolérable *adj.* ▶ *Insupportable* – antipathique, atroce, déplaisant, désagréable, détestable, exécrable, haïssable, impossible, infernal, insoutenable, insupportable, intenable, invivable, irrespirable, odieux, pénible. *FAM.* imbuvable. ▶ *Inadmissible* – impardonnable, inacceptable, inadmissible, inconcevable, inexcusable, injustifiable. *SOUT.* irrémissible. ▲ **ANT.** ENDURABLE, SUPPORTABLE, TENABLE, TOLÉRABLE ; FAIBLE, LÉGER, MODÉRÉ ; ENCHANTEUR, FÉÉRIQUE,

IDYLLIQUE, IRRÉEL, MAGNIFIQUE, MERVEILLEUX, PARADI-
SIAQUE; ACCEPTABLE, ADMISSIBLE, PERMIS.

intolérance *n. f.* ▶ *Intransigeance* – dogma-
tisme, étroitesse d'esprit, étroitesse de vue, fanatisme,
intransigeance, parti pris, rigidité. *SOUT.* sectarisme.
PSYCHOL. psychorigidité. ▲**ANT.** COMPRÉHENSION, IN-
DULGENCE, LARGEUR D'ESPRIT, OUVERTURE, TOLÉRANCE;
ACCOUTUMANCE.

intolérant *adj.* ▶ *Fanatique* – extrémiste, fanatique, sectaire. ▶ *Incompréhensif* – borné, étriqué,
étroit, étroit d'esprit, incompréhensif, intransigeant,
mesquin, petit, qui a des œillères, sectaire. ▲**ANT.**
BIENVEILLANT, COMPRÉHENSIF, INDULGENT, OUVERT, TO-
LÉRANT.

intonation *n. f.* articulation, débit, déclamation, diction, élocution, éloquence, énonciation, expression, langage, langue, parole, phonation, phonétique, phonie, pose de voix, prononciation, style,
voix.

intoxication *n. f.* ▶ *Empoisonnement* – empoisonnement, envenimement, envenimement, toxémie. *FAM.* intox. ▲**ANT.** DÉSINTOXICATION.

intraitable *adj.* ▶ *Intransigeant* – intransigeant, irréductible. ▶ *Au caractère difficile* – acariâtre, acerbe, aigri, anguleux, âpre, bourru, caractériel, déplaisant, désagréable, désobligeant, difficile,
grincheux, hargneux, maussade, rébarbatif, rêche,
revêche. *SOUT.* atrabilaire. *FAM.* chameau, teigneux.
QUÉB. FAM. malavenant, malcommode. *SUISSE* gringe.
▲**ANT.** AIMABLE, CONCILIANT, DOUX.

intransigeance *n. f.* ▶ *Inflexibilité* – dureté,
exigence, impitoyabilité, implacabilité, inclémence,
inflexibilité, rigidité, rigueur, sévérité. *SOUT.* inexorabilité. ▶ *Intolérance* – dogmatisme, étroitesse d'esprit, étroitesse de vue, fanatisme, intolérance, parti
pris, rigidité. *SOUT.* sectarisme. *PSYCHOL.* psychorigidité. ▲**ANT.** FLEXIBILITÉ, SOUPLESSE; TOLÉRANCE.

intransigeant *adj.* ▶ *Intraitable* – intraitable, irréductible. ▶ *Sévère* – impitoyable, implacable,
inexorable, inflexible, sévère. ▶ *Qui suit trop étroitement une doctrine* – doctrinaire, dogmatique, sectaire, systématique. ▶ *Étroit d'esprit* – borné, étriqué, étroit, étroit d'esprit, incompréhensif, intolérant, mesquin, petit, qui a des œillères, sectaire.
▲**ANT.** ACCOMMODANT, COMPLAISANT, CONCILIANT,
FACILE (À VIVRE), FLEXIBLE, SOUPLE, TRAITABLE; BIEN-
VEILLANT, COMPRÉHENSIF, INDULGENT, OUVERT, TOLÉ-
RANT.

intrépide *adj.* ▶ *Courageux* – brave, courageux,
hardi, héroïque, vaillant, valeureux. *SOUT.* sans peur
et sans reproche. ▶ *Audacieux* – audacieux, aventureux, entreprenant, fonceur, hardi, qui n'a pas froid
aux yeux, téméraire. ▶ *Qui ne montre aucune peur*
– ferme, héroïque, impassible, inébranlable, stoïque.
SOUT. impavide. ▲**ANT.** CRAINTIF, LÂCHE, PEUREUX,
TIMIDE.

intrigant *adj.* ▲**ANT.** FRANC, HONNÊTE, SIMPLE.

intrigant *n.* ▶ *Calculateur* – arriviste, calculateur, machinateur, manipulateur, manœuvrier, maquignon, margoulin, opportuniste. *FAM.* combinard, magouilleur. *QUÉB. FAM.* maniganceur. ▶ *Affairiste* – affairiste, agioteur, bricoleur, chevalier d'industrie, spéculateur, tripoteur. ▶ *Agitateur* – agent

provocateur, agitateur, cabaleur, contestant, contestataire, émeutier, excitateur, factieux, fauteur (de
trouble), fomentateur, iconoclaste, instigateur, insurgé, manifestant, meneur, mutin, partisan, perturbateur, provocateur, rebelle, révolté, révolutionnaire,
séditieux, semeur de troubles, trublion. *FAM.* provo.

intrigue *n. f.* ▶ *Machination* – agissements, cabale, calcul, combinaison, complot, conjuration,
conspiration, machination, manigance, manipulation, manœuvre, maquignonnage, menées, plan,
tractation. *SOUT.* brigue, fomentation. *FAM.* combine,
fricotage, grenouillage, magouillage, magouille, micmac, mijotage. ▶ *Affairisme* – accaparement, affairisme, agiotage, boursicotage, concussion, coup de
bourse, spéculation, trafic, tripotage. *SOUT.* prévarication. *FAM.* combine. ▶ *Trame* – action, affabulation, canevas, péripétie, scénario, scène, trame, vie.
▶ *Expédient* – acrobatie, astuce, demi-mesure *(inefficace)*, échappatoire, expédient, gymnastique, mesure, moyen, palliatif, procédé, remède, ressource,
ruse, solution, système, tour. *FAM.* combine, truc.
▲**ANT.** DROITURE, FRANCHISE, LOYAUTÉ, SINCÉRITÉ.

intriguer *v.* ▶ *Éveiller la curiosité* – donner
l'éveil à, mettre la puce à l'oreille de, piquer l'attention de, piquer la curiosité de. ▶ *Conspirer* – briguer,
comploter, conspirer, manœuvrer. *SOUT.* se conjurer.
▲**ANT.** BLASER, FATIGUER, LASSER, SATURER; AGIR FRAN-
CHEMENT, JOUER CARTES SUR TABLE.

intrinsèque *adj.* constitutif, foncier, fondamental, inhérent, inné, radical. *PHILOS.* essentiel, immanent, substantiel. ▲**ANT.** EXTRINSÈQUE.

introduction *n. f.* ▶ *Action d'introduire* – pénétration. *SOUT. ou MÉD.* installation. *DIDACT.* intromission. *MÉD.* inclusion. ▶ *Entrée* – abord, accès,
approche, arrivée, entrée, ouverture, seuil. *MAR.* embouquement *(d'une passe).* ▶ *Apparition* – apparition, approche, arrivée, avènement, entrée, irruption, jaillissement, manifestation, occurrence, survenance, venue. *SOUT.* surgissement, survenue. *DI-
DACT.* exondation. ▶ *Établissement* – constitution,
création, disposition, édification, établissement, fondation, implantation, importation, installation, instauration, institution, intronisation, mise en œuvre, mise en place, mise sur pied, nomination, organisation, placement, pose. *INFORM.* implémentation. ▶ *Ce qui prépare* – préparation, prolégomènes.
▶ *Avant-propos* – avant-propos, avertissement, avis
(préliminaire), début, discours préliminaires, entrée
en matière, exorde, exposition, notice, préambule,
préliminaire, prélude, présentation, prolégomènes,
prologue. *SOUT.* prodrome. ▲**ANT.** DÉGAGEMENT, EX-
TRACTION, RETRAIT; SORTIE; ÉVICTION, RENVOI; DISPARI-
TION; CONCLUSION, ÉPILOGUE, POSTFACE.

introduire *v.* ▶ *Insérer* – engager, entrer, glisser, insérer, loger, mettre. ▶ *Inclure dans un ensemble* – enchâsser, inclure, incorporer, intégrer.
▶ *Instaurer* – inaugurer, instaurer, instituer. *SOUT.*
impatroniser. ♦ **s'introduire** ▶ *En parlant de
qqch.* – entrer, pénétrer, s'infiltrer, s'insinuer. ▶ *En
parlant de qqn* – entrer, pénétrer, s'avancer, s'engager. ▲**ANT.** ARRACHER, ENLEVER, EXTIRPER, EXTRAIRE,
ÔTER, RETIRER; ÉLIMINER; CHASSER, ÉLOIGNER, EXCLURE,
EXPULSER, RENVOYER; CONCLURE. △**S'INTRODUIRE** –
PARTIR, SE RETIRER, SORTIR.

introuvable

introuvable *adj.* ▸ *Perdu* – égaré, perdu. ▸ *Rare* – cher, de (grande) valeur, de prix, inappréciable, inestimable, précieux, rare, rarissime, recherché, sans prix. ▲**ANT.** DISPONIBLE, PRÉSENT, TROUVABLE.

intrus *n.* ▸ *Importun* – gêneur, importun, indésirable. *SOUT.* fâcheux, officieux. ▲**ANT.** HÔTE, INVITÉ.

intrusif *adj.* ▲**ANT.** LÉGITIME, OPPORTUN; EXTRUSIF.

intrusion *n. f.* ▸ *Ingérence* – aide, appui, concours, entremise, immixtion, incursion, ingérence, interposition, interventionnisme, médiation, ministère, office. *SOUT.* intercession. ▲**ANT.** ÉVASION, FUITE; INVITATION.

intuitif *adj.* automatique, inconscient, indélibéré, instinctif, involontaire, irréfléchi, machinal, mécanique, naturel, réflexe, spontané. *DIDACT.* instinctuel, pulsionnel. ▲**ANT.** LOGIQUE, RATIONNEL; DÉDUCTIF, DISCURSIF.

intuition *n. f.* ▸ *Pressentiment* – anticipation, divination, flair, impression, instinct, précognition, prédiction, prémonition, prénotion, prescience, pressentiment, prévision, sentiment, voyance. *FAM.* pif, pifomètre. ▸ *Perspicacité* – acuité, clairvoyance, discernement, fin, finesse, flair, habileté, jugement, lucidité, pénétration, perspicacité, sagacité, sensibilité, subtilité. *FAM.* nez. ▲**ANT.** DÉDUCTION, RAISONNEMENT.

inutile *adj.* ▸ *Superflu* – en trop, redondant, superflu. *SOUT.* superfétatoire. ▸ *Qui ne donne rien* – futile, oiseux, stérile, vain. *SOUT.* byzantin. ▸ *Insignifiant* – creux, futile, insignifiant, oiseux, spécieux, vain, vide. ▲**ANT.** COMMODE, EFFICACE, FONCTIONNEL, PRATIQUE, UTILE, UTILITAIRE; AVANTAGEUX, BÉNÉFIQUE, BIENFAISANT, FRUCTUEUX, PROFITABLE, SALUTAIRE; IMPORTANT, INDISPENSABLE, NÉCESSAIRE, PRÉCIEUX.

inutilement *adv.* ▸ *Infructueusement* – en vain, futilement, inefficacement, infructueusement, stérilement, vainement. ▸ *Frivolement* – distraitement, frivolement, futilement, inconséquemment, infidèlement, légèrement, négligemment, superficiellement, vainement. ▲**ANT.** UTILEMENT; AVEC SÉRIEUX, SÉRIEUSEMENT.

inutilisable *adj.* ▸ *Défectueux* – brisé, cassé, défectueux, déréglé, détérioré, détraqué, éculé *(chaussure)*, endommagé, hors d'usage, usé, vétuste. *FAM.* kapout, nase, patraque. ▸ *Irréparable* – fini, irrécupérable, irréparable, mort, perdu. *FAM.* fichu, foutu, kapout. ▸ *Qui ne peut être exploité* – inemployable, inexploitable. ▲**ANT.** EMPLOYABLE, UTILISABLE.

inutilisé *adj.* ▸ *Intact* – inaltéré, intact, neuf, vierge. ▸ *En parlant d'une terre* – en friche, en jachère, inculte, incultivé, inemployé, inexploité. ▲**ANT.** EMPLOYÉ, EN EXPLOITATION, EN FONCTION, EN USAGE, EXPLOITÉ, UTILISÉ.

inutilité *n. f.* ▸ *Frivolité* – frivolité, futilité, inanité, inconsistance, inefficacité, insignifiance, néant, nullité, puérilité, stérilité, superfétation, superficialité, superfluité, vacuité, vanité, vide. ▸ *Chose inutile* – affiquet, babiole, bagatelle, baliverne, bêtise, bibelot, breloque, bricole, brimborion, chiffon, colifichet, fanfreluche, fantaisie, frivolité, futilité, gadget,

hochet, jouet, misère, rien. *FAM.* gnognote. ▲**ANT.** UTILITÉ.

invalide *adj.* ▸ *Infirme* – à mobilité réduite, handicapé (moteur), impotent, infirme, paralysé, paralytique. *SOUT.* grabataire, perclus. *MÉD.* hémiplégique, paraplégique, quadriplégique, tétraplégique. ▸ *Périmé* – annulé, échu, expiré, nul, périmé. *DR.* caduc, nul et de nul effet, nul et non avenu. ▲**ANT.** VALIDE; ACTUEL, EN COURS.

invalide *n.* éclopé, estropié, impotent, paralysé, paralytique. *SOUT.* grabataire. *MÉD.* hémiplégique, paraplégique, quadriplégique, tétraplégique. ▲**ANT.** BIEN-PORTANT.

invariable *adj.* ▸ *Stable* – constant, figé, fixe, immobile, inchangé, invariant, stable, stationnaire, statique. ▸ *Uniforme* – constant, égal, régulier, uniforme. *QUÉB. FAM.* mur-à-mur. *SOUT.* uni. ▲**ANT.** INSTABLE; CHANGEANT, FLOTTANT, FLUCTUANT, VARIABLE; FANTASQUE, INCONSTANT, VOLAGE.

invariablement *adv.* ▸ *Fixement* – durablement, fixement, immuablement, inaltérablement, passivement, sédentairement, statiquement. ▸ *Toujours* – à l'infini, à perpétuité, à tous coups, à tous les coups, à tout bout de champ, à tout instant, à (tout) jamais, à tout moment, à toute heure (du jour et de la nuit), à vie, ad vitam æternam, assidûment, beau temps mauvais temps, chroniquement, constamment, continuellement, continûment, dans tous les cas, de nuit comme de jour, de toute éternité, en permanence, en tout temps, en toute saison, en toute(s) circonstance(s), éternellement, hiver comme été, immuablement, inaltérablement, indéfiniment, infiniment, jour et nuit, nuit et jour, perpétuellement, pour la vie, pour les siècles des siècles, rituellement, sans arrêt, sans cesse, sans discontinuer, sans fin, sans interruption, sans relâche, sans répit, sempiternellement, systématiquement, toujours, tous les jours. *SOUT.* à demeure, incessamment. *FAM.* à perpète, tout le temps. ▲**ANT.** À L'OCCASION, DE TEMPS À AUTRE, DE TEMPS EN TEMPS, OCCASIONNELLEMENT, PARFOIS, QUELQUEFOIS.

invasion *n. f.* ▸ *Agression* – agression, assaut, attaque, attentat, charge, déferlement, envahissement, intervention, irruption, offensive. *SOUT.* entreprise. *MILIT.* blitz *(de courte durée)*. ▸ *Conquête* – assujettissement, conquête, empiétement, envahissement, mainmise, occupation, prise (de possession), usurpation. *DR.* appropriation. ▸ *Arrivée massive* – envahissement, incursion, inondation, irruption, ruée. *MILIT.* débarquement, descente, raid. ▲**ANT.** ÉVACUATION, FUITE, RETRAIT, RETRAITE, SORTIE; EXODE; REFOULEMENT.

inventaire *n. m.* ▸ *Dénombrement* – catalogue, cens, chiffrage, comptage, compte, décompte, dénombrement, détail, énumération, état, évaluation, inventoriage, inventorisation, liste, litanie, numération, recensement, recension, revue, rôle, statistique. ▸ *Liste* – barème, bordereau, cadre, catalogue, index, liste, matricule, mémoire, menu, nomenclature, registre, relevé, répertoire, rôle, série, suite, table, tableau. *SUISSE* tabelle. ▸ *Évaluation* – aperçu, appréciation, approximation, calcul, détermination, devis, estimation, évaluation, expertise, mesure, prévision, prisée, supputation.

invitant

inventé *adj.* apocryphe, fabriqué, fantaisiste, faux, fictif, forgé (de toutes pièces), imaginé, inauthentique, inexistant. *SOUT.* controuvé.

inventer *v.* ▶ *Créer* – concevoir, créer, imaginer, improviser, innover, mettre au point, trouver. *QUÉB. FAM.* patenter. ▶ *Non favorable* – fabriquer, forger. ▲ANT. COPIER, IMITER, PLAGIER, RÉPÉTER, REPRODUIRE.

inventeur *n.* ▶ *Précurseur* – ancêtre, annonciateur, avant-garde, avant-gardiste, devancier, initiateur, innovateur, introducteur, messager, novateur, pionnier, précurseur, prédécesseur, préfiguration, prophète, visionnaire. *SOUT.* avant-coureur, avant-courrier, fourrier, héraut, préparateur. ▶ *Architecte* – aménageur, architecte, bâtisseur, concepteur, concepteur-projeteur, créateur, créatif, édificateur, fondateur, ingénieur, maître d'œuvre, ordonnateur, projeteur, urbaniste. *SOUT.* démiurge. ▲ANT. COPIEUR, IMITATEUR.

inventif *adj.* ▶ *Créatif* – créateur, créatif, imaginatif, innovant, qui a l'imagination fertile. ▶ *Astucieux* – adroit, astucieux, déluré, fin, finaud, futé, habile, ingénieux, intelligent, malin, qui a plus d'un tour dans son sac, rusé. *FAM.* débrouillard, dégourdi. *FRANCE FAM.* dessalé, fortiche, fute-fute, mariol, sioux. *QUÉB. FAM.* fin finaud. ▲ANT. CONSERVATEUR, CONVENTIONNEL; IMITATEUR, SUIVEUR; GAUCHE, INCAPABLE, MALADROIT, MALHABILE.

invention *n.f.* ▶ *Trouvaille* – flash, illumination, innovation, trait de génie, trait de lumière, trouvaille. *SOUT.* éclairement. *FAM.* astuce. ▶ *Création* – composition, conception, confection, constitution, construction, création, développement, édification, élaboration, exécution, fabrication, façon, façonnage, façonnement, formation, génération, genèse, gestation, œuvre, organisation, paternité, production, réalisation, structuration, synthèse. *SOUT.* accouchement, enfantement. *DIDACT.* engendrement. ▶ *Imagination* – conception, création, créativité, évasion, extrapolation, fantaisie, fantasme, fictif, fiction, idéal, idéation, idée, illumination *(soudain)*, imaginaire, imagination, inspiration, inventivité, irréel, souffle (créateur), supposition, surréalité, surréel, veine, virtuel. *SOUT.* folle du logis, muse. *FRANCE FAM.* gamberge. ▶ *Fiction* – affabulation, artifice, chimère, combinaison, comédie, expédient, fabrication, fabulation, fantaisie, feinte, fiction, fumisterie, histoire, idée, imagination, irréalité, légende, mensonge, rêve, roman, saga, songe. *PSYCHOL.* confabulation, mythomanie. ▶ *Feinte* – affectation, artifice, cachotterie, comédie, déguisement, dissimulation, duplicité, faux-semblant, feinte, fiction, finauderie, grimace, hypocrisie, leurre, mensonge, momerie, pantalonnade, parade, ruse, simulation, singerie, sournoiserie, tromperie. *SOUT.* simulacre. *FAM.* cinéma, cirque, finasserie, frime. ▲ANT. COPIE, IMITATION; RÉALITÉ, VÉRITÉ.

inverse *adj.* ▶ *À l'envers* – à l'envers, inversé, renversé, sens dessus dessous. *FAM.* cul par-dessus tête. *QUÉB. ACADIE FAM.* reviré. *GÉOM.* réciproque. ▶ *Contraire* – adverse, contraire, opposé. ▲ANT. ANALOGUE, COMPARABLE, ÉQUIVALENT, PAREIL, PROCHE, RESSEMBLANT, SEMBLABLE, SIMILAIRE; DIRECT *(proposition logique)*.

inversé *adj.* à l'envers, inverse, renversé, sens dessus dessous. *FAM.* cul par-dessus tête. *QUÉB. ACADIE FAM.* reviré. *GÉOM.* réciproque.

inverse *n.m. sing.* ▶ *Contraire* – antilogie, antinomie, antipode, antithèse, antonymie, contradiction, contraire, contraste, contrepartie, contre-pied, dichotomie, différence, divergence, envers, opposition, polarité, réciproque. ▲ANT. CORRESPONDANT, ÉQUIVALENT.

inversement *adv.* ▶ *Contrairement* – à l'inverse, au contraire, contrairement, en contrepartie, vice-versa. ▶ *À reculons* – à rebours, à rebrousse-poil, à reculons, en sens inverse. ▲ANT. DE LA MÊME FAÇON, DE MÊME, ÉGALEMENT, IDENTIQUEMENT, PARALLÈLEMENT, PAREILLEMENT, SEMBLABLEMENT, SYMÉTRIQUEMENT.

inversion *n.f.* ▶ *Permutation* – commutation, interversion, mutation, permutation, renversement, retournement, substitution, transposition. ▶ *Déplacement linguistique* – anastrophe, chiasme, contrepet, contrepèterie, hyperbate, métathèse, permutation, postposition, régression, verlan. *MÉD.* paraphasie. ▶ *Opération photographique* – retournement. ▲ANT. REPLACEMENT, RÉTABLISSEMENT; ÉVERSION.

investigation *n.f.* analyse, enquête, étude, examen, exploration, information, recherche, sondage, survol, traitement. *SOUT.* perquisition.

investir *v.* ▶ *Charger d'une autorité* – charger, pourvoir, revêtir. ▶ *Encercler* – boucler, cerner (de toutes parts), encercler, envelopper. ▶ *Placer des fonds* – engager, injecter, placer. ♦ *s'investir* ▶ *S'engager* – avoir part, collaborer, concourir, contribuer, coopérer, partager, participer, prendre part, s'associer, s'engager, s'impliquer, se joindre. ▲ANT. RETIRER.

investissement *n.m.* ▶ *Placement* – financement, impenses, participation, placement. ▶ *Capital* – argent, avoir, bien, capital, cassette, épargne, fonds, fortune, fruit, gain, liquidités, masse, numéraire, patrimoine, pécule, placement, portefeuille, possession, produit, propriété, richesse, trésor, valeur. *SOUT.* deniers. *FAM.* finances, magot. ▶ *Action d'investir un lieu* – blocus, bouclage, encerclement, quadrillage, siège. ▲ANT. RÉTRACTION, RETRAIT; RETRAITE; DÉSINVESTISSEMENT.

invincible *adj.* ▶ *Qui ne peut être vaincu* – imbattable, irréductible. ▶ *En parlant d'un lieu* – imprenable, inexpugnable, inviolable, invulnérable. ▲ANT. FACILE À VAINCRE, INDÉFENDABLE, PRENABLE; DÉLICAT, FRAGILE, FRÊLE, VULNÉRABLE.

inviolable *adj.* ▶ *Sacré* – intangible, intouchable, sacral, sacralisé, sacré, tabou. *PÉJ.* sacro-saint. ▶ *Qui ne peut être conquis* – imprenable, inexpugnable, invincible, invulnérable.

invisible *adj.* ▶ *Caché* – caché, dérobé, dissimulé, masqué, secret. ▶ *Inobservable à l'œil nu* – inapparent, inobservable, microscopique. *PHYS.* infrarouge, ultraviolet. ▲ANT. VISIBLE; ÉVIDENT, FRAPPANT, MANIFESTE.

invitant *adj.* ▶ *Cordial* – accueillant, affable, agréable, aimable, amène, amical, avenant, bienveillant, chaleureux, charmant, convivial, cordial, de bonne compagnie, engageant, familier, gracieux, liant, ouvert, sociable, souriant, sympathique. *FAM.* bonard, sympa. *QUÉB. FAM.* d'adon. ▸ *Tentant* – affriolant, aguichant, alléchant, appétissant, attirant, attrayant, désirable, engageant, excitant, intéressant, irrésistible, ragoûtant, séduisant, tentant. *SOUT.* affriandant. ▲**ANT.** DISSUASIF; REPOUSSANT.

invitation *n. f.* ▸ *Incitation* – aide, aiguillon, animation, appel, défi, dépassement (de soi), émulation, encouragement, entraînement, excitation, exhortation, fanatisation, fomentation, impulsion, incitation, instigation, invite, motivation, provocation, sollicitation, stimulation, stimulus. *SOUT.* surpassement. *FAM.* provoc. ▸ *Document* – bristol, (carte d') invitation. *FAM.* carton. ▲**ANT.** DISSUASION; REFUS; ÉVICTION, EXPULSION, RENVOI, RÉVOCATION.

invité *n.* banqueteur, commensal, convié, convive, hôte. ▲**ANT.** HÔTE, INVITEUR, MAÎTRE DE LA MAISON; EXPULSÉ, INDÉSIRABLE.

inviter *v.* ▸ *Faire une invitation* – convier. *SOUT.* prier, semondre. ▸ *Mettre dans un certain état d'esprit* – convier, inciter. ▸ *Conseiller fortement* – appeler, encourager, engager, exhorter, inciter. ▲**ANT.** BANNIR, CHASSER, CONGÉDIER, EXPULSER, PROSCRIRE; REFUSER, RENVOYER, REPOUSSER; DISSUADER; DÉSINVITER.

invocation *n. f.* ▸ *Prière* – acte de contrition, acte de foi, déprécation, exercice, exercice de piété, exercice spirituel, litanie, méditation, obsécration, oraison, prière, recueillement, souhait, supplication. ▸ *Demande* – adjuration, appel, demande, démarche, desideratum, désir, doléances, exigence, injonction, instance, interpellation, interrogation, mandement, ordre, pétition, placet, prétention, prière, question, réclamation, requête, réquisition, revendication, sollicitation, sommation, supplication, supplique, ultimatum, vœu. *SOUT.* imploration.

involontaire *adj.* ▸ *Instinctif* – automatique, inconscient, indélibéré, instinctif, intuitif, irréfléchi, machinal, mécanique, naturel, réflexe, spontané. *DIDACT.* instinctuel, pulsionnel. ▸ *Convulsif* – convulsif, nerveux, spasmodique, spastique. ▸ *Forcé* – contraint, forcé. ▲**ANT.** CONSCIENT, DÉLIBÉRÉ, INTENTIONNEL, VOLONTAIRE, VOULU.

involontairement *adv.* à l'instinct, à l'intuition, au flair, automatiquement, d'instinct, impulsivement, inconsciemment, instinctivement, intuitivement, machinalement, mécaniquement, naturellement, par habitude, par humeur, par instinct, par nature, sans réfléchir, spontanément, viscéralement. ▲**ANT.** VOLONTAIREMENT.

invoquer *v.* ▸ *Faire apparaître* – conjurer, évoquer. ▸ *Demander avec insistance* – implorer, mendier, quémander, quêter, solliciter. *FAM.* mendigoter. *QUÉB. FAM.* seiner. ▸ *Citer* – alléguer, citer. ▸ *Prétexter* – alléguer, avancer, objecter, opposer, prétexter. *SOUT.* arguer, exciper de, s'autoriser de. ▲**ANT.** DÉDAIGNER, MÉPRISER; CONTESTER, INFIRMER, OPPOSER.

invraisemblable *adj.* ▸ *Irréaliste* – chimérique, impossible, improbable, inaccessible, irréalisable, irréaliste, utopique. ▸ *Extravagant* – à dormir debout, abracadabrant, abracadabrantesque, absurde, baroque, biscornu, bizarre, burlesque, cocasse, exagéré, excentrique, extravagant, fantasque, farfelu,

fou, funambulesque, grotesque, impayable, impossible, incroyable, insolite, loufoque, qui ne tient pas debout, rocambolesque, saugrenu, tiré par les cheveux, vaudevillesque. *FRANCE FAM.* foutraque, gaguesque, louf, louftingue. ▸ *Étonnant* – à (vous) couper le souffle, abasourdissant, ahurissant, bouleversant, confondant, déconcertant, dérangeant, ébahissant, effarant, époustouflant, étonnant, étourdissant, extraordinaire, impensable, inconcevable, incroyable, inimaginable, inouï, pétrifiant, renversant, stupéfiant, suffocant, surprenant. *SOUT.* qui confond l'entendement. *FAM.* ébouriffant, mirobolant, sidérant, soufflant. *QUÉB. FAM.* capotant. ▲**ANT.** LOGIQUE, PLAUSIBLE, SENSÉ, SÉRIEUX; BANAL, ININTÉRESSANT, ORDINAIRE, SANS INTÉRÊT.

invraisemblance *n. f.* ▸ *Improbabilité* – bizarrerie, énormité, étrangeté, extravagance, improbabilité, incrédibilité. ▸ *Impossibilité* – absurdité, antilogie, antinomie, aporie, conflit, contradiction, contresens, contrevérité, impossibilité, incohérence, inconsistance, non-sens, paradoxe, sophisme. ▲**ANT.** CRÉDIBILITÉ, POSSIBILITÉ, PROBABILITÉ, VRAISEMBLANCE.

invulnérable *adj.* ▸ *En parlant de qqn* – hors d'atteinte, inattaquable, intouchable. ▸ *En parlant d'un lieu* – imprenable, inexpugnable, invincible, inviolable. ▲**ANT.** VULNÉRABLE; DÉSARMÉ, FAIBLE, FRAGILE, IMPUISSANT, SANS DÉFENSE; NÉVRALGIQUE, SENSIBLE.

irisé *adj.* iridescent, nacré, opalescent.

ironie *n. f.* ▸ *Raillerie* – dérision, épigramme, esprit, flèche, goguenardise, gouaille, gouaillerie, humour, lazzi, malice, moquerie, persiflage, pique, plaisanterie, pointe, quolibet, raillerie, ricanement, risée, sarcasme, satire, taquinerie, trait. *SOUT.* brocard, nargue, saillie. *FAM.* vanne. *QUÉB. FAM.* craque. *QUÉB. SUISSE FAM.* fion. ▸ *Figure* – antiphrase, contre-vérité. ▲**ANT.** SÉRIEUX.

ironique *adj.* caustique, cynique, frondeur, goguenard, gouailleur, malicieux, moqueur, narquois, persifleur, railleur, sarcastique, sardonique. *QUÉB. FAM.* baveux. ▲**ANT.** POLI, RESPECTUEUX, SÉRIEUX; RÉSERVÉ, TIMIDE.

ironiquement *adv.* caustiquement, incisivement, moqueusement, narquoisement, railleusement, sarcastiquement, sardoniquement, satiriquement, spirituellement. ▲**ANT.** FRANCHEMENT, SÉRIEUSEMENT.

irrationnel *adj.* aberrant, absurde, déraisonnable, fou, idiot, illogique, inepte, insensé, qui n'a aucun sens, ridicule, stupide. *SOUT.* insane. *FAM.* dément, qui ne tient pas debout. *PSYCHOL.* confusionnel. *PHILOS.* alogique. ▲**ANT.** RATIONNEL; LOGIQUE, NORMAL, RAISONNABLE, RÉFLÉCHI, SAGE.

irréalisable *adj.* ▸ *Infaisable* – impossible, impraticable, inapplicable, inenvisageable, inexécutable, infaisable. ▸ *Irréaliste* – chimérique, impossible, improbable, inaccessible, invraisemblable, irréaliste, utopique. ▲**ANT.** EXÉCUTABLE, FAISABLE, POSSIBLE, PRATICABLE, RÉALISABLE.

irréaliste *adj.* ▸ *Irréalisable* – chimérique, impossible, improbable, inaccessible, invraisemblable, irréalisable, utopique. ▸ *Rêveur* – chimérique, idéaliste, rêveur, romanesque, utopiste, visionnaire. ▲ANT. RÉALISTE; CONCEVABLE, ENVISAGEABLE, IMAGINABLE, PENSABLE, PLAUSIBLE, POSSIBLE; CONCRET, POSITIF, PRAGMATIQUE, PRATIQUE.

irréductible adj. ▶ *Invincible* – imbattable, invincible. ▶ *Intransigeant* – intraitable, intransigeant. ▲ANT. RÉDUCTIBLE; SURMONTABLE; ACCOMMODANT, COMPLAISANT, CONCILIANT, FLEXIBLE, SOUPLE, TRAITABLE.

irréel adj. ▶ *Imaginaire* – chimérique, fabuleux, fantasmagorique, fantastique, fictif, imaginaire, inexistant, légendaire, mythique, mythologique. ▶ *Enchanteur* – enchanteur, féerique, idyllique, magnifique, merveilleux, paradisiaque. SOUT. édénique. ▶ *Surréaliste* – onirique, surréaliste, surréel. ▲ANT. RÉEL; AUTHENTIQUE, NATUREL, PUR, VÉRITABLE, VRAI; CONCRET, EFFECTIF, EXISTANT, MATÉRIEL, PALPABLE, PHYSIQUE, SENSIBLE, TANGIBLE, VISIBLE.

irréfléchi adj. ▶ *Qui agit sans réfléchir* – écervelé, étourdi, évaporé, imprévoyant, imprudent, impulsif, inconscient, inconséquent, inconsidéré, insouciant, irresponsable, léger, négligent, sans cervelle, sans-souci. SOUT. malavisé. ▶ *Qui est fait sans réflexion* – automatique, inconscient, indélibéré, instinctif, intuitif, involontaire, machinal, mécanique, naturel, réflexe, spontané. DIDACT. instinctuel, pulsionnel. ▲ANT. RÉFLÉCHI; MESURÉ, PONDÉRÉ, POSÉ, RAISONNABLE, RESPONSABLE, SAGE, SENSÉ, SÉRIEUX; CONSCIENT, DÉLIBÉRÉ, INTENTIONNEL, VOLONTAIRE.

irréfutable adj. avéré, certain, démontré, établi, formel, inattaquable, incontestable, incontesté, indéniable, indiscutable, indiscuté, indubitable, irrécusable, prouvé, reconnu, sûr. FAM. garanti. DIDACT. irréfragable. ▲ANT. CONTESTABLE, DISCUTABLE, DOUTEUX, INCERTAIN, RÉFUTABLE, SUSPECT.

irrégulier adj. ▶ *Qui dévie de la norme* – aberrant, anomal, anormal, atypique, déviant. ▶ *De forme non régulière* – biscornu, difforme, dissymétrique. ▶ *Instable* – changeant, en dents de scie, flottant, fluctuant, incertain, inconstant, inégal, instable, mobile, mouvant, variable. SOUT. labile, volatil. DIDACT. erratique. ▶ *Qui cesse et reprend* – à éclipses, brisé, discontinu, intermittent. MÉD. erratique, rémittent. ▶ *Qui survient à l'occasion* – épisodique, sporadique. ▶ *Illicite* – clandestin, contrebandier, coupable, défendu, extra-légal, frauduleux, illégal, illégitime, illicite, interdit, interlope, marron, pirate, prohibé. DR. délictuel, délictueux, fraudatoire. ▲ANT. RÉGULIER; CONFORME, CORRECT, NORMAL, ORDINAIRE; BEAU, ÉLÉGANT, ESTHÉTIQUE, GRACIEUX; CONSTANT, FIXE, IMMOBILE, INVARIABLE, INVARIANT, STABLE, STATIONNAIRE, STATIQUE; CONTINU, CONTINUEL, INCESSANT, ININTERROMPU; LÉGAL, LICITE, PERMIS.

irrémédiable adj. ▶ *Irréversible* – irréparable, irréversible. SOUT. irrémissible. ▶ *En parlant d'une maladie* – incurable, inguérissable, insoignable, sans remède. ▲ANT. AMENDABLE, ARRANGEABLE, CORRIGIBLE, RECTIFIABLE, REMÉDIABLE, RÉPARABLE; CURABLE, GUÉRISSABLE, SOIGNABLE.

irrémédiablement adv. à jamais, décisivement, définitivement, durablement, irrémissiblement, irréparablement, irréversiblement, irrévocablement, pour de bon, pour toujours, sans appel,

sans retour possible, une (bonne) fois pour toutes. SOUT. tout de bon. ▲ANT. MOMENTANÉMENT, POUR UN MOMENT, POUR UN TEMPS, PROVISOIREMENT, TEMPORAIREMENT, TRANSITOIREMENT.

irremplaçable adj. ▶ *Unique* – d'exception, exceptionnel, hors du commun, hors ligne, hors pair, hors série, incomparable, inégalable, inégalé, inimitable, insurpassable, insurpassé, précieux, qui n'a pas son pareil, rare, remarquable, sans égal, sans pareil, sans précédent, sans rival, sans second, spécial, supérieur, unique. ▶ *Indispensable* – capital, crucial, de première nécessité, essentiel, fondamental, important, incontournable, indispensable, nécessaire, primordial, vital. ▲ANT. REMPLAÇABLE.

irréparable adj. ▶ *Inutilisable* – fini, inutilisable, irrécupérable, mort, perdu. FAM. fichu, foutu, kapout. ▶ *Irrémédiable* – irrémédiable, irréversible. SOUT. irrémissible. ▲ANT. ARRANGEABLE, CORRIGIBLE, RECTIFIABLE, REMÉDIABLE, RÉPARABLE.

irréprochable adj. ▶ *Qu'on ne peut blâmer* – inattaquable, sans reproche. SOUT. irrépréhensible. ▶ *Impeccable* – impeccable, parfait, sans bavure. FAM. impec, nickel. ▶ *Exemplaire* – accompli, achevé, consommé, de rêve, exemplaire, idéal, idyllique, incomparable, modèle, parfait, rêvé. ▲ANT. BLÂMABLE, CONDAMNABLE, COUPABLE, RÉPRÉHENSIBLE; DÉFECTUEUX, QUI LAISSE À DÉSIRER, RELÂCHÉ, SANS SOIN.

irrésistible adj. ▶ *Auquel la volonté ne peut résister* – impérieux, incoercible, incontrôlable, incontrôlé, indomptable, instinctif, insurmontable, irraisonné, irrépressible, profond, violent, viscéral. ▶ *Qui excite les sens* – affriolant, aguichant, alléchant, appétissant, attirant, attrayant, désirable, engageant, excitant, intéressant, invitant, ragoûtant, séduisant, tentant. SOUT. affriandant. ▶ *Qui séduit* – agréable, attachant, charmant, (d'un charme) irrésistible, plaisant, séduisant. FRANCE FAM. craquant. ▲ANT. CONTRÔLABLE, MAÎTRISABLE, RÉPRESSIBLE; ENNUYEUX, PLAT, TERNE; RÉFRIGÉRANT, REPOUSSANT, SANS CHARME.

irrésistiblement adv. ▶ *Inévitablement* – à coup sûr, automatiquement, fatalement, forcément, immanquablement, implacablement, inéluctablement, inévitablement, inexorablement, infailliblement, ipso facto, logiquement, mathématiquement, nécessairement, obligatoirement, par la force des choses. ▶ *Invinciblement* – incoerciblement, invinciblement, inviolablement, irréductiblement. ▲ANT. ALÉATOIREMENT, DOUTEUSEMENT, PEUT-ÊTRE.

irrespirable adj. ▶ *Au sens propre* – asphyxiant, délétère, méphitique, suffocant, toxique. ▶ *Au sens figuré* – antipathique, atroce, déplaisant, désagréable, détestable, exécrable, haïssable, impossible, infernal, insoutenable, insupportable, intenable, intolérable, invivable, odieux, pénible. FAM. imbuvable. ▲ANT. RESPIRABLE; AGRÉABLE, CHARMANT, IDYLLIQUE, PARADISIAQUE.

irresponsable adj. écervelé, étourdi, évaporé, imprévoyant, imprudent, impulsif, inconscient, inconséquent, inconsidéré, insouciant, irréfléchi, léger, négligent, sans cervelle, sans-souci. SOUT. malavisé. ▲ANT. MESURÉ, PONDÉRÉ, POSÉ, RAISONNABLE, RÉFLÉCHI, RESPONSABLE, SAGE, SENSÉ, SÉRIEUX.

irréversible

irréversible *adj.* irrémédiable, irréparable. *SOUT.* irrémissible. ▲**ANT.** ARRANGEABLE, CORRIGIBLE, RECTIFIABLE, REMÉDIABLE, RÉPARABLE, RÉVERSIBLE, RÉVOCABLE.

irrévocable *adj.* arrêté, définitif, final, sans appel. ▲**ANT.** CHANGEABLE, MODIFIABLE, RÉVOCABLE.

irrigation *n. f.* ▶ *Écoulement* – circulation, débit, débordement, écoulement, éruption, évacuation, exsudation, flux, fuite, ingression, inondation, irruption, larmoiement, mouvement, passage, ravinement, régime, ruissellement, sortie, suage, suintement, transpiration, vidange. *SOUT.* submersion, transsudation. *GÉOGR.* défluviation, transfluence, transgression. ▶ *Injection* – lavage, lavement. ▲**ANT.** ASSÈCHEMENT, DRAINAGE.

irritable *adj.* ▶ *Colérique* – bilieux, chatouilleux, coléreux, colérique, emporté, excitable, irascible, ombrageux, rageur, susceptible. *SOUT.* atrabilaire, colère. *FAM.* criseux, soupe au lait. ▶ *Qui réagit à un stimulus* – excitable. ▲**ANT.** COMPRÉHENSIF, INDULGENT, TOLÉRANT; DÉBONNAIRE, DOUX, FLEGMATIQUE, PAISIBLE, PLACIDE; INEXCITABLE.

irritant *adj.* ▶ *Énervant* – agaçant, crispant, désagréable, énervant, exaspérant, excédant, fatigant, harcelant, importun, inopportun, insupportable. *FAM.* assommant, casse-pieds, embêtant, empoisonnant, enquiquinant, enquiquineur, horripilant, qui tape sur les nerfs, suant, tannant, tuant. *FRANCE FAM.* gonflant. *QUÉB. FAM.* achalant, dérangeant, gossant. ▶ *Irritant à l'odorat* – âcre, piquant, qui brûle la gorge, qui prend à la gorge. ▶ *Irritant au toucher* – irritatif, urticant. ▲**ANT.** AGRÉABLE, CALMANT, TRANQUILLISANT; ADOUCISSANT, ÉMOLLIENT, LÉNITIF, RAMOLLISSANT; DOUX, SUAVE.

irritation *n. f.* ▶ *Inflammation* – inflammation, maladie inflammatoire, rougeur, tuméfaction. ▶ *Colère* – agacement, colère, emportement, énervement, exaspération, fureur, furie, impatience, indignation, irritabilité, rage, susceptibilité. *SOUT.* courroux, irascibilité. *FAM.* horripilation, rogne. ▶ *Aigreur* – acariâtreté, acerbité, acidité, âcreté, acrimonie, agressivité, aigreur, amertume, animosité, âpreté, bave, bile, causticité, colère, dépit, désagrément, dureté, fiel, haine, hargne, humeur, malveillance, maussaderie, mauvaise humeur, méchanceté, mordant, pique, rancœur, rancune, récrimination, ressentiment, rudesse, tranchant, venin, vindicte, virulence. *SOUT.* mordacité. *FAM.* rouspétance. ▲**ANT.** ADOUCISSEMENT, APAISEMENT; RASSÉRÉNEMENT; CALME, SÉRÉNITÉ.

irrité *adj.* ▶ *Exaspéré* – à bout (de nerfs), à cran, agacé, crispé, énervé, exacerbé, exaspéré, hérissé. ▶ *En colère* – blanc de colère, courroucé, déchaîné, en colère, enragé, forcené, fou de colère, fou de rage, fulminant, fumant, furibond, furieux, hors de soi, outré, rageur, révolté, ulcéré. *FAM.* en boule, en rogne. *FRANCE FAM.* à cran, en pétard, fumasse, furax, furibard. *QUÉB. FAM.* bleu, choqué, en beau fusil, en bibitte. ▶ *Qui est le siège d'une inflammation* – enflammé. ▲**ANT.** CALME, FLEGMATIQUE, IMPASSIBLE, IMPERTURBABLE, MAÎTRE DE SOI, PLACIDE; ATTENDRI, ÉMU, TOUCHÉ.

irriter *v.* ▶ *Énerver* – agacer, crisper, énerver, exaspérer, excéder, fatiguer, hérisser, impatienter, importuner, porter sur les nerfs. *FAM.* barber, casser les pieds à, chauffer les oreilles à, courir sur le système à, embêter, emmieller, empoisonner, enquiquiner, faire suer, gonfler, horripiler, insupporter, pomper l'air à, porter sur le système à, scier, tanner, taper sur le système à, taper sur les nerfs à. *FRANCE FAM.* bassiner, canuler, cavaler, courir, courir sur le haricot à, soûler. *QUÉB. FAM.* achaler, déranger, écœurer, tomber sur la noix à, tomber sur la rate à, tomber sur le système à, tomber sur les nerfs à, tomber sur les rognons à. ▶ *Contrarier* – agacer, chiffonner, contrarier, ennuyer. *FAM.* embêter, empoisonner. ▶ *Mettre en colère* – courroucer, exaspérer, fâcher, faire déborder, faire enrager, faire sortir de ses gonds, mettre à bout, mettre en colère, mettre en rage, mettre hors de soi, pousser à bout, provoquer. *FAM.* faire bisquer, faire damner, faire devenir chèvre, faire maronner, faire râler, les gonfler à. *QUÉB. FAM.* choquer. ▶ *Causer une inflammation* – brûler, échauffer, enflammer. ♦ **s'irriter** ▶ *Manifester son mécontentement* – s'exaspérer, se hérisser. *QUÉB. FAM.* se choquer. ▶ *Se mettre en colère* – colérer, éclater, fulminer, monter sur ses ergots, monter sur ses grands chevaux, prendre la mouche, prendre le mors aux dents, s'emporter, s'enflammer, se courroucer, se déchaîner, se fâcher, se gendarmer, se mettre en colère, sortir de ses gonds, voir rouge. *FAM.* criser, décharger sa bile, décharger sa rate, exploser, grimper au mur, piquer une colère, piquer une crise, se mettre en boule, se mettre en pétard, se mettre en rogne, se monter. *QUÉB. FAM.* grimper dans les rideaux, pomper, se choquer. ▲**ANT.** FLATTER, PLAIRE, RAVIR; APAISER, CALMER, RASSÉRÉNER, TRANQUILLISER; ADOUCIR, AFFAIBLIR, DIMINUER.

irruption *n. f.* ▶ *Apparition* – apparition, approche, arrivée, avènement, entrée, introduction, jaillissement, manifestation, occurrence, survenance, venue. *SOUT.* surgissement, survenue. *DIDACT.* exondation. ▶ *Entrée soudaine* – envahissement, incursion, inondation, invasion, ruée. *MILIT.* débarquement, descente, raid. ▶ *Invasion* – agression, assaut, attaque, attentat, charge, déferlement, envahissement, intervention, invasion, offensive. *SOUT.* entreprise. *MILIT.* blitz *(de courte durée)*. ▲**ANT.** ÉVACUATION, FUITE, RETRAITE, SORTIE.

isolant *adj.* ▲**ANT.** CONDUCTEUR. △ **ISOLANTE,** *fém.* – AGGLUTINANTE *(langue)*, POLYSYNTHÉTIQUE.

isolé *adj.* ▶ *Éloigné* – à l'écart, écarté, éloigné, perdu, reculé, retiré, solitaire. *FAM.* paumé. *QUÉB. ACADIE FAM.* creux. ▶ *Individuel* – à part, individuel, séparé, seul, simple, singulier, unique, unitaire. ▶ *Solitaire* – cloîtré, esseulé, reclus, seul, solitaire.

isolement *n. m.* ▶ *Solitude* – abandon, délaissement, éloignement, exil, ghettoïsation, isolation, quarantaine, réclusion, retraite, retranchement, séparation, solitude. *FIG.* bulle, cocon, désert, tanière, tour d'ivoire. *SOUT.* déréliction, thébaïde. *RELIG.* récollection. ▶ *Emprisonnement* – captivité, cellulaire, claustration, confinement, contrainte par corps, détention, écrou, embastillage, emmurement, emprisonnement, encagement, encellulement, enfermement, incarcération, internement, prise de corps, prison, réclusion, relégation, séquestration, transportation. *FAM.* mise à l'ombre, mise sous les verrous.

DIDACT. renfermement. *DR. BELG.* collocation. ▸ *Situation d'un pays* – isolationnisme. ▸ *Action de couper de l'environnement* – isolation. ▸ *Sonore* – insonorisation. ▸ *Thermique* – calorifugeage. ▸ *Éloignement du centre d'activité* – éloignement, marginalisation, périphérisation. ▲ANT. ASSOCIATION, COMPAGNIE, CONTACT, GROUPEMENT, SOCIÉTÉ; ALLIANCE, RAPPROCHEMENT, RELATION, UNION; INTÉGRATION.

isolément *adv.* à l'unité, à part, autrement, distinctement, en particulier, indépendamment, individuellement, par personne, séparément. ▲ANT. DANS SON ENSEMBLE, EN BLOC, EN GROUPE, GLOBALEMENT.

isoler *v.* ▸ *Séparer* – couper, déconnecter, dégrouper, désunir, détacher, disjoindre, dissocier, écarter, éloigner, séparer. ▸ *Confiner dans un lieu* – claquemurer, claustrer, cloîtrer, confiner, emmurer, emprisonner, encager, enfermer, murer, séquestrer, verrouiller. *SOUT.* enclore, reclure. *QUÉB. FAM.* embarrer. ▸ *Dégager* – abstraire, dégager, extraire, mettre en évidence. ◆ *s'isoler* ▸ *S'enfermer dans un lieu* – s'emmurer, s'enfermer, se barricader, se boucler, se calfeutrer, se cantonner, se claquemurer, se claustrer, se cloîtrer, se confiner, se couper du monde, se murer, se retirer, se terrer, se verrouiller. *QUÉB. FAM.* s'encabaner. ▸ *Se refermer sur soi* – faire le vide autour de soi, rentrer dans sa coquille, s'emmurer, s'enfermer, s'enfermer dans son cocon, se murer. *SOUT.* se reclure. ▲ANT. ALLIER, ASSOCIER, COMBINER, GROUPER, JOINDRE, MARIER, RASSEMBLER, RÉUNIR. △S'ISOLER – SE MONTRER.

issue *n. f.* ▸ *Ouverture* – débouché, ouverture, sortie. ▸ *Porte* – contre-porte, hayon, layon, portail, porte, (porte d')entrée, portière, portillon, poterne, sortie, tape-cul. *FAM.* lourde. *ANC.* barrière, vomitoire. *MAR.* portelone. ▸ *Aboutissement* – aboutissement, accomplissement, achèvement, apothéose, but, chute, complémentation, complètement, complétude, conclusion, consécration, consommation, couronnement, dénouement, exécution, fin, finition, fruit, produit, réalisation, règlement, résolution, résultat, sortie, terme, terminaison. *SOUT.* aboutissant. *PHILOS.* entéléchie. ▸ *Entente* – accord, armistice, cessation des hostilités, cessez-le-feu, compromis, conciliation, détente, entente, modus vivendi, négociation, neutralité, non-belligérance, normalisation, pacification, pacte, paix, réconciliation, traité, trêve. ▸ *Affluence* – affluence, afflux, arrivée, circulation, écoulement, flot, flux. ▲ANT. ACCÈS, ENTRÉE; COMMENCEMENT, DÉBUT, ORIGINE.

italique *adj.* ▲ANT. ROMAIN *(caractère)*.

itinéraire *n. m.* ▸ *Trajet* – aller (et retour), chemin, cheminement, circuit, course, direction, distance, espace, marche, parcours, retour, route, tracé, traite, trajectoire, trajet, traversée, voyage. *FAM.* trotte. *FRANCE FAM.* tirée. ▸ *Expérience de travail* – curriculum vitæ, curriculum, cursus, expérience (professionnelle), formation (professionnelle), itinéraire (professionnel), parcours (professionnel). ▸ *Vécu* – cheminement, expérience (de vie), histoire (personnelle), passé, trajectoire, vécu.

ivre *adj.* ▸ *Intoxiqué par l'alcool* – aviné, en état d'ébriété, enivré, pris de boisson. ▸ *En proie à une vive émotion* – enivré, éperdu, exalté, fou, transporté. ▲ANT. SOBRE; EN PLEINE POSSESSION DE SES MOYENS, LUCIDE, QUI A TOUTE SA TÊTE.

ivresse *n. f.* ▸ *Joie* – allégresse, béatitude, bonheur, égaiement, enthousiasme, euphorie, exaltation, extase, exultation, gaieté, hilarité, joie, jubilation, plaisir, ravissement, réjouissance, vertige. *SOUT.* aise, félicité, liesse, rayonnement. ▲ANT. ABSTINENCE; SOBRIÉTÉ; LUCIDITÉ; FROIDEUR, INDIFFÉRENCE.

jk

jaillir *v.* ▶ *Gicler* – gicler, rejaillir. *QUÉB. FAM.* revoler. *BELG. FAM.* spiter. ▶ *Apparaître brusquement* – émerger, saillir, sortir, surgir. *QUÉB. ACADIE FAM.* ressoudre. ▶ *Se manifester brusquement* – éclater, émerger, fuser, s'élever, surgir. ▲ANT. S'ENGOUFFRER; DISPARAÎTRE.

jaillissement *n. m.* ▶ *Éruption* – bouillonnement, débordement, ébullition, éclaboussement, écoulement, émission, éruption, évacuation, explosion, extrusion, giclée, jet, sortie. ▶ *Apparition* – apparition, approche, arrivée, avènement, entrée, introduction, irruption, manifestation, occurrence, survenance, venue. *SOUT.* surgissement, survenue. *DIDACT.* exondation. ▲ANT. ENGLOUTISSEMENT, ENGOUFFREMENT; DISPARITION.

jalon *n. m.* ▶ *Repère* – balise, borne, borne repère, borne témoin, coordonnée, cran, délinéateur, empreinte, fanion, index, indice, jalon-mire, marque, mire, mire-jalon, piquet, point de repère, référence, référentiel, taquet, trace. *MAR.* amer, vigie. ▶ *Bâton fixe* – bâton, échalas, marquant, pal, palis, pieu, pilot, piquet, roulon, tuteur. *ACADIE FAM.* perche.

jalonner *v.* ▶ *Au sens propre* – baliser, borner, bornoyer, délimiter, limiter, marquer, piqueter, repérer. ▶ *Au sens figuré* – marquer, ponctuer.

jalousie *n. f.* ▶ *Convoitise* – ambition, appel, appétit, aspiration, attirance, attrait, besoin, but, convoitise, desideratum, désir, envie, exigence, faim, fantaisie, fantasme, fièvre, fringale, goût, idéal, intention, passion, prétention, quête, recherche, rêve, soif, souhait, tentation, velléité, visée, vœu, voix, volonté. *SOUT.* appétence, dessein, prurit, vouloir. *FAM.* démangeaison. ▶ *Volet* – contrevent, persienne, volet. ▲ANT. DÉTACHEMENT, INDIFFÉRENCE; CONTENTEMENT, SATISFACTION.

jaloux *adj.* ▶ *Qui ressent ou montre de la jalousie* – envieux, ombrageux. ▶ *Possessif* – abusif, captatif, possessif. ▶ *Qui a grand soin de qqch.* (*SOUT.*) – attentif à, préoccupé de, soigneux de, soucieux de. ▲ANT. DÉSINTÉRESSÉ, INDIFFÉRENT; OUVERT, TOLÉRANT; COMPLAISANT, DÉBONNAIRE.

jamais *adv.* à aucun moment, au grand jamais, aux calendes grecques, en aucun temps, en aucune façon, pour rien au monde, pour tout l'or du monde, pour un empire. *FAM.* à la saint-glinglin, à Pâques ou à la Trinité, la semaine des quatre jeudis, quand les poules auront des dents. ▲ANT. À PERPÉTUITÉ, À TOUT BOUT DE CHAMP, À TOUT INSTANT, À TOUT MOMENT, CONSTAMMENT, CONTINUELLEMENT, EN PERMANENCE, EN TOUT TEMPS, ÉTERNELLEMENT, INDÉFINIMENT, PERPÉTUELLEMENT, SANS RELÂCHE, SANS RÉPIT, TOUJOURS.

japonais *adj.* nippon.

jaquette *n. f.* ▶ *Vêtement de cérémonie* – complet, complet-veston, costume (de ville), (costume) trois-pièces, frac, habit, rochet, smoking, tenue de soirée. *FAM.* costard, habit queue de morue, queue-de-pie, smok. ▶ *Vêtement d'intérieur* (*QUÉB. FAM.*) – chemise de nuit, déshabillé, douillette, kimono, nuisette, peignoir, pyjama, robe de chambre, saut-de-lit, sortie de bain. *SOUT.* négligé. ▶ *Couvre-livre* – couverture, couvre-livre, liseuse, protège-cahier. *SUISSE* fourre.

jardin *n. m.* ▶ *Terrain* – clos, closerie, hortillonnage, jardinet, massif, parc, parterre. ▶ *Potager* (*QUÉB.*) – (jardin) potager. ◆ **le Jardin** ▶ *École philosophique* – épicurisme.

jardinage *n. m.* ▶ *Culture des jardins* – arboriculture, culture maraîchère, horticulture, maraîchage. ▶ *Culture des forêts* – arboriculture forestière, forestage, foresterie, sylviculture.

jardinier *n.* ◆ **jardinier**, *masc.* ▶ *Oiseau* – oiseau à berceaux, oiseau jardinier. ◆ **jardinière**, *fém.* ▶ *Bac à fleurs* – bac, jarre, vasque. ▶ *Récipient* – macédoine, salade. ▶ *Insecte* – carabe doré, couturière, sergent, vinaigrier.

jargon *n. m.* ▶ *Langue déformée* – argot. ▶ *Langue incompréhensible* – argot, galimatias, patois, sabir, volapük. *SOUT.* amphigouri, cacographie, logographie. *FAM.* baragouin, charabia. *DIDACT.* babélisme. ▶ *Bredouillement* – ânonnement, bafouillage, bafouillis, balbutiement, bégaiement, bredouillage,

jarre

bredouillement, bredouillis, marmonnage, marmonnement, marmottage, marmottement. *FAM.* baragouin, baragouinage, cafouillage, cafouillis, charabia. ▶ *Langue spécialisée* – langue de spécialité. ▲ANT. LANGAGE CLAIR; LANGUE COMMUNE, LANGUE COURANTE, LANGUE DE TOUS LES JOURS.

jarre *n. f.* ▶ *Récipient à plantes* – bac, jardinière, vasque.

jarret *n. m.* ▶ *Viande* – rouelle, trumeau.

jaspé *adj.* marbré, raciné *(reliure)*, rubané, veiné, zébré.

jaune *adj.* ▶ *De la couleur du jaune* – jaunâtre, jaunet. ▶ *Jaune pâle* – beurre-frais, chamois, isabelle, jaune pâle, nankin, paille, paillé, soufre. ▶ *Jaune vif* – citron, (jaune) canari, jaune serin, jaune vif, jonquille. *SOUT.* citrin. ▶ *Jaune doré* – ambre, ambré, blond, bouton-d'or, doré, jaune d'or, jaune doré, miellé, or, topaze, vieil or. *SOUT.* flavescent. ▶ *Jaune orangé* – abricot, jaune orangé, mandarine, safran. ▶ *Jaune-vert* – caca d'oie, moutarde, olive, réséda. ▶ *En parlant du teint* – bilieux, cireux, jaunâtre, terreux.

jet *n. m.* ▶ *Éruption* – bouillonnement, débordement, ébullition, éclaboussement, écoulement, émission, éruption, évacuation, explosion, extrusion, giclée, jaillissement, sortie. ▶ *Giclement* – fusée, gerbe (d'eau), geyser, giclée, giclement, girandole. *PHYSIOL.* émission. ▶ *Lumière* – faisceau (lumineux), jet (de lumière), pinceau (lumineux), rayons lumineux. ▶ *Lancer* – catapultage, éjection, lancement, lancer, projection, tir. ▶ *Pousse* – accru, bouture, brin, brout, cépée, drageon, germe, mailleton, marcotte, plant, provin, recrû, rejet, rejeton, revenue, surgeon, talle, tendron, turion.

jeter *v.* ▶ *Envoyer loin de soi* – envoyer, lancer. *FAM.* balancer, flanquer, foutre. *QUÉB. ACADIE FAM.* garrocher. ▶ *Envoyer avec force* – catapulter, éjecter, envoyer, lancer, projeter, propulser. ▶ *Envoyer du haut des airs* – lâcher, lancer, larguer. ▶ *Décocher* – darder, décocher, envoyer, lancer, tirer. ▶ *Mettre au rebut* – mettre à la poubelle, mettre au panier, mettre au rebut. *FAM.* balancer, poubelliser. ▶ *Abandonner qqn* (*FAM.*) – abandonner, délaisser, déserter, laisser, laisser en plan, laisser tomber, quitter. *FAM.* lâcher, laisser choir, larguer, lourder, planter là, plaquer. ▶ *Mettre soudainement dans un état* – plonger, précipiter. ▶ *Répandre une chose abstraite* – répandre, semer. ♦ *se jeter* ▶ *Sauter* – bondir, s'élancer, sauter, se lancer, se précipiter. *QUÉB. ACADIE FAM.* se garrocher. ▶ *Se ruer* – foncer, s'élancer, sauter, se lancer, se précipiter, se ruer. ▶ *Attaquer* – agresser, assaillir, attaquer, charger, foncer sur, fondre sur, sauter sur, se ruer sur, tomber sur. *BELG.* broquer sur. ▲ANT. ATTRAPER, RECEVOIR, SAISIR; ACQUÉRIR; CONSERVER, GARDER, RETENIR; RÉUTILISER.

jeton *n. m.* ▶ *Pièce* – fiche, marque, pièce, pion. ▶ *Salaire* – appointements, cachet, commission, droit, émoluments, fixe, gages, gain, honoraires, jeton (de présence), mensualité, paye, pourboire, rémunération, rétribution, revenu, salaire, semaine, solde, traitement, vacations. ▶ *Coup* (*FAM.*) – coup de poing, horion. *FAM.* bourre-pif, castagne, châtaigne, gnon, macaron, marron, pain, tarte, torgnole.

jeu *n. m.* ♦ *activité* ▶ *Divertissement* – agrément, amusement, amusette, délassement, dérivatif, distraction, divertissement, ébats, ébattement, étourdissement, loisir, ludisme, partie, passe-temps, plaisance, plaisir, récréation, sport. *SOUT.* diversion. *FAM.* récré. ♦ *objet* ▶ *Jouet* – jouet. *QUÉB. FAM.* bébelle. *ENFANTIN* joujou. ▶ *Cartes* – talon. *QUÉB.* paquet. ▶ *Série* – accumulation, amas, appareil, assemblage, assortiment, collection, compilation, ensemble, foule, grand nombre, groupe, groupement, quantité, rassemblement, recueil, tas, train. *FAM.* attirail, cargaison, compil. *PÉJ.* ramassis. ▶ *Affaire sans importance* – amusette, bagatelle, balancerie, bêtise, bricole, broutille, chanson, détail, enfantillage, fadaise, faribole, frivolité, futilité, misère, plaisanterie, rien, sornette, sottise, vétille. *SOUT.* badinerie, puérilité. *FAM.* foutaise, mômerie. *BELG. FAM.* carabistouille. ▶ *Taquinerie* – agacerie, chinage, diablerie, espièglerie, facétie, farce, gaminerie, goguenardise, lutinerie, malice, mièvreté, moquerie, pique, provocation, raillerie, taquinerie, turlupinade. *SOUT.* folâtrerie. *FAM.* asticotage. ♦ *façon d'agir* ▶ *Gestuelle* – allure, attitude, chorégraphie, contenance, danse, jeu (physique), langage corporel, manière, mime, mimique, mimodrame, mimographie, mimologie, pantomime, posture. ▶ *Mouvements des mains* – chérèmes, chironomie, gestèmes, gestes, gesticulation, gestique, gestualité, gestuelle, langage gestuel, mudra *(danse indienne).* ▶ *Interprétation* – exécution, interprétation. ▶ *Affectation* – affectation, air, apparence, apprêt, artificialité, bluff, cabotinage, comédie, composition, contenance, convenu, dandysme, genre, imposture, maniérisme, manque de naturel, mascarade, mièvrerie, pose, raideur, recherche, représentation, snobisme. *SOUT.* cambrure. *FAM.* chiqué, cinéma. ▶ *Effet* – action, conclusion, conséquence, contrecoup, corollaire, développement, effet, efficacité, fonction, fruit, impact, implication, incidence, rejet retour des choses, œuvre, portée, prolongement, réaction, rejaillissement, répercussion, résultante, résultat, retentissement, retombées, ricochet, séquelle, suite (logique). *SOUT.* aboutissant, efficace, fille. ♦ *manque* ▶ *Espace libre* – espace, place. ▶ *Défaut de tension* – mou. ▶ *Instabilité* – balancement, ballant, ballottement, déséquilibre, fragilité, instabilité, mobilité, motilité, motricité, mouvance, mouvant, mouvement, ondulation, oscillation, roulis, tangage, turbulence, va-et-vient, vibration. *QUÉB.* débalancement. ▶ *Possibilité* – chance, facilité, latitude, liberté, marge (de manœuvre), moyen, occasion, offre, possibilité, volant de sécurité. ▲ANT. EFFORT, LABEUR, TRAVAIL; GRAVITÉ, SÉRIEUX.

jeune *adj.* ▶ *Peu avancé en âge* – dans la fleur de l'âge, dans la force de l'âge. *FAM.* jeunet, jeunot. ▶ *Agile malgré l'âge avancé* – alerte, ingambe, vert, vif. ▶ *Inexpérimenté* – béotien, débutant, inexercé, inexpérimenté, naïf, néophyte, neuf, non initié, nouveau, novice, profane. *SOUT.* inexpert. ▶ *À la mode* – à la mode, à la page, actuel, au goût du jour, dans le vent, dernier cri, en vogue, frais, moderne, neuf, nouveau, récent. *FAM.* branché, in, tendance. ▶ *En parlant d'un vin* – vert. ▲ANT. ÂGÉ, ANCIEN, VIEUX; SÉNILE; MÛR; EXPÉRIMENTÉ; DÉMODÉ, SURANNÉ; CADUC, FANÉ.

jeune *n.* ▸ *Homme ou femme* – adolescent, mineur, préadolescent. *SOUT.* impubère. *FAM.* ado, gamin, préado. *PÉJ.* minet. ▸ *Homme* – adolescent, blancbec *(inexpérimenté)*, garçon, jeune garçon, jeune homme, mineur. *SOUT.* damoiseau *(qui courtise les femmes)*, impubère, puceau *(vierge)*. ▸ *Femme* – adolescente, demoiselle, fille, jeune femme, jeune fille, midinette, mineure, miss *(pays anglo-saxons)*, préadolescente. *SOUT.* impubère, pucelle *(vierge)*. ♦ **jeunes**, *plur.* ▸ *Jeunes* – jeunesse. ▲**ANT.** VIEILLARD, VIEUX; ADULTE.

jeûne *n.m.* ▸ *Privation de nourriture* – abstinence, diète. ▸ *Faim* – appétit, besoin, boulimie, creux, disette, faim, famine, inanition, polyphagie, voracité. *FAM.* fringale. ▲**ANT.** INTEMPÉRANCE; BANQUET, BOMBANCE, FESTIN, RÉGAL.

jeûner *v.* ▸ *Se priver de nourriture* – faire maigre. *SOUT.* faire diète, faire maigre chère. *FAM.* bouder contre son ventre, faire ceinture, manger à la table qui recule, se brosser le ventre, se mettre la ceinture, se serrer la ceinture. ▲**ANT.** MANGER, S'ALIMENTER; S'EMPIFFRER, SE GAVER.

jeunesse *n.f.* ▸ *Début de la vie* – bel âge, fleur de l'âge, jeune âge, jeunes années, première saison, verte jeunesse. *SOUT.* mai, matin, printemps. ▸ *Début de l'âge adulte* – adolescence, âge bête, âge ingrat, minorité, nubilité, préadolescence, puberté, pubescence. *SOUT.* juvénilité, printemps. ▸ *Caractère nouveau* – actualité, avant-gardisme, changement, contemporanéité, fraîcheur, inédit, innovation, jamais vu, mode, modernisme, modernité, neuf, nouveau, nouveauté, originalité, pertinence, précédent, première, présent, primeur. ▸ *Jeunes gens* – jeunes. ▲**ANT.** VIEILLESSE; SÉNILITÉ; ANCIENNETÉ, ARCHAÏSME.

joie *n.f.* ▸ *Euphorie* – allégresse, béatitude, bonheur, égaiement, enthousiasme, euphorie, exaltation, extase, exultation, gaieté, hilarité, ivresse, jubilation, plaisir, ravissement, réjouissance, vertige. *SOUT.* aise, félicité, liesse, rayonnement. ▸ *Manifestation soudaine* – bouffée de joie, élan de joie. ▸ *Entrain* – belle humeur, bonne humeur, enjouement, enthousiasme, entrain, gaieté, jovialité, pétulance. *SOUT.* alacrité. ▲**ANT.** AFFLICTION, CHAGRIN, DÉSENCHANTEMENT, DÉSESPOIR, DÉSOLATION, DOULEUR, PEINE, SOUFFRANCE, TRISTESSE; DÉSAGRÉMENT, ENNUI, ÉPREUVE, MALHEUR, REVERS.

joindre *v.* ▸ *Juxtaposer* – accoler, juxtaposer, mettre en contact. *QUÉB.* coller. ▸ *Ajouter* – adjoindre, ajouter, annexer. ▸ *Faire communiquer* – brancher, connecter, embrancher, lier, raccorder, rattacher, relier, réunir. ▸ *Réunir* – allier, associer, combiner, concilier, conjuguer, marier, mêler, réunir, unir. ▸ *Unir par un lien abstrait* – attacher, lier, souder, unir. ▸ *Unir dans une cause commune* – associer, coaliser, liguer, réunir, unir. ▸ *Contacter* – contacter, entrer en contact avec, prendre contact avec, rejoindre, se mettre en rapport avec, toucher. *SOUT.* prendre langue avec. *PÉJ.* s'aboucher avec. ♦ **se joindre** ▸ *S'unir dans une cause commune* – faire front commun, s'allier, s'associer, s'unir, se coaliser, se liguer, se solidariser. ▸ *Prendre part* – avoir part, collaborer, concourir, contribuer, coopérer, partager, participer, prendre part, s'associer, s'engager, s'impliquer, s'investir. ▸ *S'ajouter* – grossir, s'ajouter à, se

greffer sur. ▲**ANT.** DÉSUNIR, DÉTACHER, DISJOINDRE, ÉCARTER, FRACTIONNER, SCINDER, SÉPARER; ÉLOIGNER, ISOLER; BROUILLER, DIVISER, OPPOSER.

joint *adj.* associé, attaché, conjoint, indissociable, inhérent, inséparable, lié, relié, uni.

joint *n.m.* ▸ *Branchement* – abouchement, aboutage, aboutement, accolement, accouplage, accouplement, ajustage, apposition, articulation, assemblage, association, branchement, coalescence, confluence, conjonction, conjugaison, connexion, contact, convergence, couplage, couplement, groupage, interconnexion, interface, jointure, jonction, jumelage, juxtaposition, liaison, mariage, mise en couple, mixage, raccord, raccordement, rapprochement, reboutement, relation, rencontre, réunion, suture, union. ▸ *Ajout* – about, aboutement, ajout, ajutage, assemblage, emboîtement, emboîture, embout, embrèvement, enfourchement, enlaçure, enture, jointure, raccord. *QUÉB.* embouvetage. ▸ *Jonction d'un assemblage* – brisure, collure, enchevauchure, entablure, genou. ▸ *Fente de stratification* – délit. ▸ *Dispositif de transmission* – cardan, joint de cardan. ▸ *Garniture étanche* – coulis, fourrure.

jointure *n.f.* ▸ *Partie du corps* – articulation, attache. *ANAT.* glène, ligament, ménisque, trochlée.

joli *adj.* ▸ *Ravissant* – à croquer, adorable, avenant, beau, bien, charmant, coquet, délicieux, gentil, gentillet, gracieux, mignon, mignonnet, plaisant, ravissant. *FAM.* chou, jojo. *FRANCE FAM.* croquignolet, mignard, mimi, trognon. ▸ *En parlant d'une somme* – beau, coquet, gentil, rondelet. ▲**ANT.** DÉPLAISANT, DISGRACIEUX, INESTHÉTIQUE, INGRAT, LAID, VILAIN; FAIBLE, MODESTE.

jonc *n.m.* ▸ *Baguette* – aine, alinette, apex, archet, badine, baguette, bâton, bâtonnet, branche, canne, cravache, crosse, gaule, honchet, houssine, jonchet, mailloche, perche, style, tige, triballe, tringle, verge, vergette. ▸ *Bijou* – anneau, bague. *FRANCE FAM.* bagouse. ▸ *Argent (FAM.)* – argent. *FAM.* blé, braise, flouse, fric, galette, grisbi, oseille, pépètes, pèse, picaillons, pognon, radis, répondant, sous, trèfle. *QUÉB. FAM.* bidous, foin, motton. ♦ **joncs**, *plur.* ▸ *Ensemble de plantes* – jonchaie, joncheraie, jonchère, massif de joncs, touffe de joncs.

joncher *v.* ▸ *Couvrir* – couvrir, parsemer, recouvrir.

jonction *n.f.* ▸ *Rapprochement* – abouchement, aboutage, aboutement, accolement, accouplage, accouplement, ajustage, apposition, articulation, assemblage, association, branchement, coalescence, confluence, conjonction, conjugaison, connexion, contact, convergence, couplage, couplement, groupage, interconnexion, interface, joint, jointure, jumelage, juxtaposition, liaison, mariage, mise en couple, mixage, raccord, raccordement, rapprochement, reboutement, relation, rencontre, réunion, suture, union. ▲**ANT.** COUPURE, DÉCONNEXION, DISJONCTION, DISSOCIATION, ÉCARTEMENT, ÉLOIGNEMENT, ESPACEMENT, ISOLEMENT, RUPTURE, SÉPARATION.

joue *n.f.* ▸ *Partie du corps* – fossette *(creuse)*, pommette *(saillante)*. *ANAT.* apophyse zygomatique, muscles génaux, os jugal, région malaire. ▸ *Animaux*

jouer

– abajoue, bajoue. ▶ *Partie renflée de la coque* – brion, contre-arc, joue (du navire), ventre.

jouer *v.* ▶ *Se livrer à des jeux* – s'amuser, s'ébattre. ENFANTIN faire joujou. ▶ *Plaisanter* – badiner, folâtrer, plaisanter, rire, s'amuser, se gausser. FAM. batifoler, blaguer, déconner, rigoler. BELG. baleter, zwanzer. ▶ *Faire un sport* – pratiquer, s'adonner à. ▶ *Affronter* – affronter, disputer la victoire à, disputer un match contre, faire face à, rencontrer, se battre, se mesurer à. ▶ *Faire de la spéculation* – spéculer. ▶ *Être un facteur* – agir sur, compter, entrer en ligne de compte, importer, influencer, influer sur, peser dans la balance, peser sur. ▶ *Utiliser* – avoir recours à, déployer, employer, exercer, faire appel à, faire jouer, faire usage de, mettre en œuvre, recourir à, s'aider de, se servir de, user de, utiliser. ▶ *Miser* – blinder, miser, parier, ponter, y aller de. FAM. éclairer. QUÉB. gager. ▶ *Livrer au hasard* – aventurer, compromettre, exposer, hasarder, hypothéquer, mettre en jeu, mettre en péril, risquer. ▶ *Incarner un rôle* – camper *(avec vigueur)*, faire, incarner, interpréter, prêter vie à, tenir le rôle de. ▶ *Donner en représentation* – donner, représenter. ▶ *Exécuter une pièce musicale* – exécuter, interpréter. ♦ *se jouer* ▶ *Surmonter avec facilité* – se rire de. ▶ *Duper* – abuser, attraper, avoir, bercer, berner, duper, en conter à, en faire accroire à, flouer, leurrer, mentir à, mystifier, se moquer de, tromper. FAM. blouser, bluffer, canuler, charrier, cravater, empaumer, empiler, entourlouper, esbroufer, faire marcher, feinter, la faire à, mener en bateau, mettre en boîte, pigeonner, posséder, refaire, rouler. QUÉB. FAM. amancher, bourrer, enfirouaper, niaiser. ▲ANT. ÊTRE SÉRIEUX, NE PAS RIRE; PRENDRE UN RISQUE CALCULÉ; ASSISTER À, ÉCOUTER, REGARDER. △SE JOUER – SE DÉMENER POUR, SE DONNER DU MAL POUR, SE TUER À.

jouet *n. m.* ▶ *Objet pour s'amuser* – jeu. QUÉB. FAM. bébelle. ENFANTIN joujou. ▶ *Objet de peu de valeur* – affiquet, babiole, bagatelle, baliverne, bêtise, bibelot, breloque, bricole, brimborion, chiffon, colifichet, fanfreluche, fantaisie, frivolité, futilité, gadget, hochet, inutilité, misère, rien. FAM. gnognote. ▶ *Personne qui obéit* – baudruche, cire molle, esclave, fantoche, figurant, mannequin, marionnette, mouton, pantin, potiche, suiveur, suiviste. FAM. béni-oui-oui. QUÉB. FAM. suiveux. ▶ *Personne qui subit* – proie, victime.

joueur *n.* ▶ *Membre d'une équipe sportive* – coéquipier, équipier. QUÉB. porte-couleurs. ▶ *Parieur* – parieur. SOUT. gageur. FAM. flambeur. ▶ *Spéculateur* – accapareur, agioteur, baissier, boursicoteur, boursicotier, bricoleur, haussier, initié, margoulin, monopoleur, monopolisateur, monopoliste, reporté, spéculateur, thésauriseur, trafiquant. FAM. cumulard, traficoteur, tripoteur. ▶ *Musicien* – exécutant, instrumentiste, interprète, musicien. FAM. croque-note *(mauvais)*, musico. ▲ANT. SPECTATEUR.

joug *n. m.* ▶ *Pièce d'attelage* – attelage, bât, caparaçon, harnachement, harnais, sellerie. ▶ *Soumission* (FIG.) – abaissement, allégeance, appartenance, asservissement, assujettissement, attachement, captivité, contrainte, dépendance, domestication, domesticité, domination, emprise, esclavage, gêne, hilotisme, inféodation, infériorité, mainmise, merci,

mouvance, obédience, obéissance, obligation, oppression, pouvoir, puissance, servage, servitude, soumission, subordination, sujétion, tutelle, tyrannie, vassalité. FIG. carcan, chaîne, corset (de fer), coupe, fardeau, griffe, main, patte, prison; SOUT. fers, gaine. PHILOS. hétéronomie. ▶ *Contrainte* (SOUT.) – astreinte, coercition, contrainte, force, pression. ▸ *Sur un pays* – satellisation. ▲ANT. AFFRANCHISSEMENT, AUTONOMIE, ÉMANCIPATION, INDÉPENDANCE, LIBERTÉ.

jouir *v.* ▶ *Se réjouir* – déguster, faire ses délices de, goûter, profiter de, s'enchanter de, savourer, se délecter de, se régaler de, se réjouir de, se repaître de, tirer plaisir de. FAM. se gargariser de. ▶ *Bénéficier* – bénéficier de, disposer de, profiter de. ▶ *Déborder de joie* (FAM.) – être fou de joie, être ivre de joie, être transporté de joie, exulter, nager dans la joie, ne plus se sentir de joie, pavoiser, sauter de joie, triompher. FAM. jubiler, planer, sauter au plafond, sauter dans les airs. QUÉB. FAM. capoter. ▲ANT. MANQUER; PÂTIR, SOUFFRIR.

jouissance *n. f.* ▶ *Plaisir* – bien-être, bon temps, bonheur, contentement, délectation, délice, douceur, euphorie, félicité, orgasme, plaisir, régal, satisfaction, septième ciel, volupté. SOUT. aise, félicité, miel, nectar. ▶ *Usage* – consommation, détention, possession, propriété, usage, usufruit, utilisation. ▲ANT. DÉPLAISIR, DOULEUR, MALAISE, SOUFFRANCE; DYSPAREUNIE; ABSTINENCE, ASCÉTISME; FRUSTRATION, NON-JOUISSANCE, PRIVATION.

jour *n. m.* ▶ *Unité de 24 heures* – journée. BIOL. nycthémère. ▸ *Exprimé par un numéro* – combien, combientième, date, quantième. ▶ *Époque* – âge, cycle, date, époque, ère, étape, génération, heure, moment, période, règne, saison, siècle, temps. ♦ *jour, sing.* ▶ *Clarté* – clair, clair-obscur, clarté, contrejour, demi-jour, éclair, éclairage, éclat, embrasement, flamboiement, flamme, halo, illumination, lueur, lumière, pénombre, soleil. SOUT. nitescence, splendeur. ▶ *Aspect* – air, allure, apparence, aspect, caractère, configuration, couleur, couvert, dehors, éclairage, expression, extérieur, façade, faciès, figure, forme, formule, impression, masque, mine, paraître, perspective, physionomie, plastique *(en art)*, portrait, présentation, profil, ressemblance, semblant, surface, ton, tour, tournure, traits, vernis, visage. SOUT. enveloppe, superficie. ♦ *jours, plur.* ▶ *Vie* – vie, vivant. ▲ANT. NUIT, SOIR; OBSCURITÉ, TÉNÈBRES; MORT.

journal *n. m.* ▶ *Publication d'information* – bulletin, feuille, hebdomadaire, illustré, magazine, organe, périodique, quotidien, tabloïd. FAM. hebdo. ▸ *Mauvais journal* – feuille de chou. FRANCE FAM. canard, torchon. FRANCE FAM. baveux. ▶ *Revue* – annales, bulletin, cahier, fanzine, gazette, illustré, magazine, organe, périodique, publication, revue, tabloïd, zine. ▶ *Livre de commerce* – journal (originaire), livre journal. ▶ *Petit cahier* – agenda, bloc-notes, cahier, calepin, carnet, livre, livret, mémento, mémorandum, notes, registre, répertoire. ▶ *Récit* – anecdote, annales, autobiographie, biographie, carnet, chroniques, chronologie, commentaires, confessions, évocation, histoire, historiographie, historique, mémoires, mémorial, souvenirs, vie. ▶ *Actualités* – actualités, annonce, brève, bulletin, communiqué, flash, information(s), nouvelle(s). ▸ *Information exclusive*

jurisprudence

– exclusivité, primeur. ✦ **journaux,** *plur.* ▶ *Ensemble de publications* – liasse de journaux, pile de journaux; la presse.

journalier *n.* ▶ *Travailleur* – agent, cachetier, employé, ouvrier *(manuel)*, préposé, salarié, travailleur. ▶ *Ouvrier d'une ferme* – aide rural, ouvrier agricole, paysan salarié, saisonnier, tâcheron, valet/fille de ferme. QUÉB. engagé, homme engagé.

journaliste *n.* ▶ *Rédacteur* – PAR PLAIS. gazetier. ▶ *Mauvais* – articlier, bobardier, feuilliste, posticheur. SOUT. folliculaire.

jovial *adj.* allègre, badin, de belle humeur, en gaieté, en joie, enjoué, épanoui, folâtre, foufou, gai, guilleret, hilare, joyeux, léger, plein d'entrain, réjoui, riant, rieur, souriant. FAM. rigolard, rigoleur. ▲ANT. BOURRU, DE MAUVAISE HUMEUR, GROGNON, MAUSSADE, MOROSE, RENFROGNÉ, TACITURNE ; DÉPRIMÉ, LAS, MÉLANCOLIQUE, MORNE, PESSIMISTE, SOMBRE, TÉNÉBREUX, TRISTE.

joyau *n. m.* ▶ *Objet précieux* – bijou. ▶ *Imitation* – pacotille, toc. FAM. affûtiaux, quincaillerie. ▶ *Parole d'une grande valeur* – perle. SOUT. sublimité. ▲ANT. PACOTILLE, TOC.

joyeusement *adv.* agréablement, allègrement, avec entrain, béatement, bienheureusement, de bon cœur, euphoriquement, extatiquement, gaiement, heureusement, jovialement, plaisamment, radieusement, sans souci. ▲ANT. AMÈREMENT, DOULOUREUSEMENT, LANGOUREUSEMENT, LANGUISSAMMENT, MALHEUREUSEMENT, MAUSSADEMENT, MÉLANCOLIQUEMENT, NOSTALGIQUEMENT, SOMBREMENT, TRISTEMENT.

joyeux *adj.* ▶ *Jovial* – allègre, badin, de belle humeur, en gaieté, en joie, enjoué, épanoui, folâtre, foufou, gai, guilleret, hilare, jovial, léger, plein d'entrain, réjoui, riant, rieur, souriant. FAM. rigolard, rigoleur. ▶ *Qui procure de la joie* – réjouissant. FAM. jouissif, jubilatoire. ▲ANT. BOURRU, DE MAUVAISE HUMEUR, GROGNON, MAUSSADE, MOROSE, RENFROGNÉ, TACITURNE ; DÉPRIMÉ, LAS, MÉLANCOLIQUE, PESSIMISTE, SOMBRE, TÉNÉBREUX, TRISTE ; DOULOUREUX, FUNÈBRE, LUGUBRE, MAUVAIS, MORNE, PÉNIBLE.

jubilation *n. f.* ▶ *Joie* – allégresse, béatitude, bonheur, égaiement, enthousiasme, euphorie, exaltation, extase, exultation, gaieté, hilarité, ivresse, joie, plaisir, ravissement, réjouissance, vertige. SOUT. aise, félicité, liesse, rayonnement. ▶ *Exultation* – débordement, délire, éclatement, emballement, exultation. SOUT. transport. ▲ANT. ACCABLEMENT, AFFLICTION, CHAGRIN, DÉSENCHANTEMENT, DÉSOLATION, DOULEUR, TRISTESSE.

judicieux *adj.* ▶ *Qui a du jugement* – éclairé, mesuré, modéré, philosophe, pondéré, posé, raisonnable, raisonné, rationnel, réfléchi, responsable, sage, sain, sensé, sérieux. SOUT. rassis, tempéré. ▶ *Bien pensé* – astucieux, bien conçu, bien pensé, habile, ingénieux, intelligent, pertinent. ▲ANT. ABSURDE, INSENSÉ, NAÏF, STUPIDE.

juge *n.* ▶ *Magistrat* – magistrat assis, magistrat du siège. ▶ *Titre* – Son Honneur *(anglo-saxon)*, Votre Honneur. ▶ *Arbitre* – arbitragiste, arbitre, arrangeur, conciliateur, intermédiaire, médiateur, modérateur, négociateur, ombudsman, pacificateur, réconciliateur, surarbitre. DR. amiable compositeur. ▶ *Juge*

d'une épreuve sportive – arbitre, officiel. ▶ *Appréciateur* – appréciateur, arbitre, connaisseur, enquêteur, expert, juré. ▶ *Critique* – critique. SOUT. censeur, épilogueur, éreinteur *(méchant)*, zoïle. ✦ **juges,** *plur.* ▶ *Ensemble de personnes* – magistrature assise, tribunal.

jugement *n. m.* ▶ *Entendement* – bon sens, cerveau, cervelle, clairvoyance, compréhension, conception, discernement, entendement, esprit, faculté, imagination, intellect, intelligence, lucidité, pénétration, raison, tête. FAM. matière grise, méninges. QUÉB. FAM. cocologie. QUÉB. ACADIE FAM. jarnigoine. PHILOS. logos. ▶ *Comparaison* – analyse, balance, collation, collationnement, comparaison, confrontation, mesure, mise en regard, parallèle, rapprochement, recension. ▶ *Sagacité* – acuité, clairvoyance, discernement, fin, finesse, flair, habileté, intuition, lucidité, pénétration, perspicacité, sagacité, sensibilité, subtilité. FAM. nez. ▶ *Sagesse* – bon goût, connaissance, discernement, (gros) bon sens, intelligence, philosophie, raison, sagesse, sens commun, vérité. FAM. jugeote. ▶ *Opinion* – appréciation, avis, conception, conviction, critique, croyance, dogme, estime, idée, impression, opinion, optique, pensée, perception, point de vue, position, principe, prise de position, sentiment, théorie, thèse, vote, vue. SOUT. oracle. ▶ *Décision publique* – arrêt, arrêté, décision, délibération, ordonnance, règlement, résolution, résultat, sentence, verdict. ▶ *Arbitraire ou injuste* – diktat, ukase. ▲ANT. AVEUGLEMENT, STUPIDITÉ.

juger *v.* ▶ *Régler un litige* – arbitrer, régler. ▶ *Décider* – conclure, décider, prendre une décision, se prononcer, statuer, trancher. ▶ *Évaluer* – apprécier, calculer, estimer, évaluer, jauger, mesurer, peser, soupeser, supputer, toiser. ▶ *Considérer* – considérer, croire, estimer, être d'avis que, penser, regarder, tenir, trouver. SOUT. compter, réputer. ✦ **se juger** ▶ *Se considérer* – s'estimer, se compter, se considérer, se croire, se penser, se trouver.

jumelle *n. f.* binoculaire, longue-vue, lorgnette, lunette, télescope.

jurer *v.* ▶ *Promettre* – faire serment, prêter serment, promettre. ▶ *Certifier* – affirmer, assurer, attester, certifier, déclarer, donner l'assurance, donner sa parole (d'honneur), garantir, promettre, répondre de. ▶ *Proférer des jurons* – blasphémer, sacrer. FAM. dire des gros mots. ▶ *Détonner* – aller mal, détonner, hurler. SOUT. dissoner. ▲ANT. CONTESTER, DÉMENTIR, DÉNIER, DÉSAVOUER, NIER, RÉFUTER, RENIER ; ABJURER; CADRER, S'ACCORDER, S'HARMONISER.

juridiction *n. f.* ▶ *Pouvoir* – autorité, commandement, domination, emprise, force, gouvernement *(politique)*, loi, maîtrise, pouvoir, puissance, règne, tutelle. SOUT. empire, férule, houlette. ▶ *Tribunal* – cour, instance, tribunal. ANC. directoire, inquisition, présidial. ▶ *Allégeance* – allégeance, nationalité, statut.

juridique *adj.* ▶ *Relatif au droit* – légal, légitime, licite, réglementaire. ▶ *Qui se fait en justice* – judiciaire.

jurisprudence *n. f.* ▲ANT. DOCTRINE *(droit)*; LÉGISLATION.

juron *n. m.* ▸ *Blasphème* – blasphème, cri, exclamation, exécration, gros mot, imprécation, jurement, outrage. *QUÉB.* sacre. ▸ *Profanation* – atteinte, avilissement, blasphème, dégradation, hooliganisme, iconoclasme, irrespect, irrévérence, lèse-majesté, outrage, pollution, profanation, sac, saccage, sacrilège, subversion, vandalisme, viol, violation. ▲ANT. BÉNÉDICTION, LOUANGE, PRIÈRE.

juste *adj.* ▸ *Sans parti pris* – équitable, impartial, intègre, neutre, objectif, sans parti pris. ▸ *Conforme à la justice* – équitable, fondé, justifié, légitime, mérité, motivé. ▸ *Exact* – bon, conforme, exact, fidèle, précis. ▸ *Qui convient* – à propos, adapté, adéquat, approprié, bien trouvé, bien venu, bon, conforme, convenable, correct, de circonstance, de saison, heureux, indiqué, opportun, pertinent, propice, propre. *SOUT.* ad hoc, congruent, expédient, idoine. *DIDACT.* topique. ▸ *Étroit* – étriqué, étroit, exigu, petit, (un peu) juste. ▸ *En parlant de l'heure* – pile, précis, sonnant, tapant. *FAM.* pétant. ▲ANT. ARBITRAIRE, ATTENTATOIRE, INÉQUITABLE, INIQUE, INJUSTE; IMPROPRE; AMPLE.

juste *adv.* ▸ *Correctement* – adéquatement, bien, comme il faut, comme il se doit, convenablement, correctement, dans les règles de l'art, décemment, justement, pertinemment, proprement, raisonnablement, sainement, valablement, validement. *SOUT.* congrûment. *FAM.* bene. ▸ *Pile* – au juste, exactement, pile, précisément. *FAM.* ric-à-rac. ▸ *Seulement* – ne ... que, seulement. ▲ANT. FAUX *(musique)*; À PEU PRÈS, APPROXIMATIVEMENT, AUTOUR DE, DANS LES, EN GROS, ENVIRON, GROSSO MODO, PLUS OU MOINS; EN OUTRE, EN PLUS.

justement *adv.* ▸ *Impartialement* – démocratiquement, équitablement, honnêtement, impartialement, lucidement, objectivement. ▸ *Correctement* – adéquatement, bien, comme il faut, comme il se doit, convenablement, correctement, dans les règles de l'art, décemment, juste, pertinemment, proprement, raisonnablement, sainement, valablement, validement. *SOUT.* congrûment. *FAM.* bene. ▲ANT. ARBITRAIREMENT, INÉQUITABLEMENT, INJUSTEMENT, PARTIALEMENT, TENDANCIEUSEMENT; À TORT, ABUSIVEMENT, DÉFECTUEUSEMENT, ERRONÉMENT, FAUSSEMENT, FAUTIVEMENT, IMPROPREMENT, INADÉQUATEMENT, INCORRECTEMENT, INEXACTEMENT, PAR ERREUR.

justesse *n. f.* ▸ *Adéquation* – adéquation, convenance, efficacité, exactitude, pertinence, propriété, vérité. *SOUT.* véridicité. ▸ *Exactitude* – exactitude, infaillibilité, netteté, précision, rigueur. ▸ *Rectitude* – droiture, rectitude, rigueur. ▸ *Conformité* – canonicité, conformité, constitutionnalité, correction, juste, légalité, légitimité, normalité, normativité, régularité, validité. ▸ *Vérité* – authenticité, évidence, existence, flagrance, incontestabilité, objectivité, positivité, réalité, validité, véracité, vérité, vrai. *DIDACT.* apodicticité, historicité. *SOUT.* véridicité. ▲ANT. APPROXIMATION, ERREUR, FAUSSETÉ, FAUTE, IMPRÉCISION, INCORRECTION, INEXACTITUDE.

justice *n. f.* ▸ *Droit* – appareil législatif, code, droit, législation, loi, système législatif. *SOUT.* tribunal.

▸ *Équité* – droiture, égalité, équité, impartialité, impersonnalité, intégrité, légalité, neutralité, objectivité, probité. ▸ *Honnêteté* – conscience, droiture, exactitude, fidélité, franchise, honnêteté, incorruptibilité, intégrité, irréprochabilité, loyauté, mérite, moralité, netteté, probité, scrupule, sens moral, transparence, vertu. ▸ *Hommes de loi* – gens de robe. *FAM.* la basoche. ▲ANT. CRIME, DÉLIT, IRRÉGULARITÉ; ILLÉGALITÉ; INIQUITÉ, INJUSTICE, PARTIALITÉ.

justicier *n.* défenseur (de la veuve et de l'orphelin), don Quichotte, redresseur de torts, tribun, vengeur. ▲ANT. OPPRESSEUR, PERSÉCUTEUR.

justification *n. f.* ▸ *Explication* – éclaircissement, explication, motivation, réponse, version. *SOUT.* légitimation. ▸ *Excuse* – amende honorable, décharge, déculpabilisation, défense, disculpation, explication, motif, pardon, raison, regret. ▸ *Plaidoyer* – apologétique *(religion)*, apologie, défense, éloge, plaidoirie, plaidoyer. ▲ANT. ACCUSATION, ATTAQUE, BLÂME, CALOMNIE, IMPUTATION, INCULPATION.

justifier *v.* ▸ *Dégager d'une accusation* – blanchir, décharger, disculper, innocenter, laver d'une accusation, mettre hors de cause, réhabiliter. *DR.* acquitter. ▸ *Constituer un motif* – autoriser, excuser, légitimer, permettre. ▸ *Constituer une explication* – expliquer, fonder, motiver. ▸ *Constituer une preuve* – attester, confirmer, démontrer, établir, montrer, prouver, vérifier. ♦ *se justifier* ▸ *S'expliquer* – s'excuser, s'expliquer, se défendre, se disculper. ▲ANT. ACCUSER, BLÂMER, CONDAMNER, INCRIMINER, INCULPER, NOIRCIR; CONTREDIRE, DÉMENTIR, INFIRMER.

juvénile *adj.* ▸ *Propre aux jeunes* – junior. ▲ANT. SÉNILE, VIEUX.

juxtaposé *adj.* à côté, accolé, adjacent, attenant, bord à bord, contigu, côte à côte, en contact, limitrophe, voisin. *QUÉB.* collé. ▲ANT. DISTANT, ÉLOIGNÉ.

juxtaposer *v.* ▸ *Mettre à côté* – accoler, joindre, mettre en contact. *QUÉB.* coller. ▲ANT. DÉCOLLER, ÉCARTER, ÉLOIGNER, ESPACER, SÉPARER; SUPERPOSER.

juxtaposition *n. f.* abouchement, aboutage, aboutement, accolement, accouplage, accouplement, ajustage, apposition, articulation, assemblage, association, branchement, coalescence, confluence, conjonction, conjugaison, connexion, contact, convergence, couplage, couplement, groupage, interconnexion, interface, joint, jointure, jonction, jumelage, liaison, mariage, mise en couple, mixage, raccord, raccordement, rapprochement, reboutement, relation, rencontre, réunion, suture, union. ▲ANT. DISJONCTION, ÉCARTEMENT, ÉLOIGNEMENT, ESPACEMENT, SÉPARATION.

kiosque *n. m.* ▸ *Abri esthétique* – belvédère, berceau, bungalow, gloriette, mirador, pavillon, pergola, rotonde, tonnelle, treille. ▸ *Petite construction* – échoppe, édicule. *BELG.* aubette.

kitsch (var. **kitch**) *adj.* d'un goût douteux, de mauvais goût, laid. *FAM.* ringard, tocard. *QUÉB. FAM.* quétaine. ▲ANT. DE BON GOÛT, FIN, RAFFINÉ, RECHERCHÉ.

klaxon *n. m.* avertisseur (sonore), corne de brume *(sur un bateau)*. *QUÉB. FAM.* criard. *ANC.* trompe.

l

là *adv.* ▶ *Alors* – à ce moment-là, à l'époque, alors. ▲**ANT.** ICI.

là-bas *adv.* ▲**ANT.** ICI.

labeur *n. m.* ▶ *Travail* (SOUT.) – corvée, peine. ▶ *Fatigue* – abattement, accablement, affaiblissement, affaissement, affalement, alanguissement, amollissement, anéantissement, apathie, atonie, consomption, épuisement, éreintement, exténuation, faiblesse, fatigue, forçage, harassement, inertie, langueur, lassitude, marasme, peine, prostration, stress, surmenage. MÉD. adynamie, anémie, asthénie. ▲**ANT.** DÉSŒUVREMENT, INACTION, LOISIR, OISIVETÉ; REPOS.

laboratoire *n. m.* ▶ *Local* – FAM. labo. ▶ *Lieu où se prépare quelque chose* – officine.

laborieusement *adv.* ▶ *Difficilement* – à grand-peine, à peine, difficilement, difficultueusement, durement, incommodément, mal, malaisément, péniblement, tant bien que mal. FAM. cahin-caha. ▶ *Studieusement* – avec application, avec attention, besogneusement, sérieusement, studieusement. ▲**ANT.** AISÉMENT, FACILEMENT, SANS DIFFICULTÉ, SANS EFFORT; APATHIQUEMENT, INDOLEMMENT, LANGUISSAMMENT, MOLLEMENT, NÉGLIGEMMENT, NONCHALAMMENT, OISIVEMENT, PARESSEUSEMENT, PASSIVEMENT.

laborieux *adj.* ▶ *Qui exige beaucoup d'efforts* – ardu, complexe, compliqué, corsé, délicat, difficile, épineux, malaisé, problématique. SOUT. scabreux. FAM. calé, coton, dur, musclé, trapu. ▶ *Qui manque d'aisance* – embarrassé, gauche, lourd, qui sent l'effort. ▶ *Qui travaille beaucoup* – actif, affairé, allant, diligent, dynamique, énergique, infatigable, travailleur, vaillant, zélé. FAM. bosseur, boulot boulot, bûcheur, increvable, piocheur. QUÉB. travaillant. ▲**ANT.** AISÉ, COMMODE, ÉLÉMENTAIRE, ENFANTIN, FACILE, REPOSANT, SIMPLE; APATHIQUE, INACTIF, INDOLENT, NONCHALANT, OISIF, PARESSEUX.

labour *n. m.* ameublissement, bêchage, billonnage, billonnement, binage, charruage, culture, décavaillonnage, écroûtage, écroûtement, émottage,

émottement, façon, façonnage, façonnement, grattage, hersage, hivernage, labourage, plombage, roulage, scarifiage, scarification, serfouissage, tassage, travail.

labourer *v.* ▶ *Remuer la terre* – ameublir, bêcher, biner, défoncer, écroûter, effondrer, égratigner, émotter, fouiller, gratter, herser, piocher, remuer, retourner, scarifier, serfouir. ▶ *Écorcher* – écorcher, égratigner, érafler, griffer. QUÉB. FAM. grafigner, peigner. DIDACT. excorier. ▶ *Rider* – chiffonner, creuser de rides, flétrir, raviner, rider, sillonner de rides. ▲**ANT.** LAISSER EN FRICHE.

labyrinthe *n. m.* ▶ *Réseau compliqué* – dédale, forêt, lacis, maquis, méandres, réseau, sinuosités. ▶ *Situation complexe* – confusion, dédale, détours, écheveau, enchevêtrement, maquis. FAM. embrouillamini. ▲**ANT.** JEU D'ENFANT, SIMPLICITÉ.

lac *n. m.* ▶ *Grande quantité d'un liquide* (SOUT.) – flaque, mare. QUÉB. FAM. plaquard. SUISSE gouille.

lacet *n. m.* ▶ *Cordon* – cordelette, cordon, cordonnet, ficelle, fouet, tirant. ▶ *Sinuosité* – arabesque, boucle, contour, courbe, détour, méandre, ondulation, repli, serpentin, sinuosité, volute *(fumée)*. SOUT. flexuosité. ▶ *Mouvement* – agitation, balancement, ballottement, bercement, branle, branlement, cahotement, flottement, fluctuation, flux et reflux, houle, impulsion, mouvement, onde, ondoiement, ondulation, oscillation, pulsation, raz de marée, remous, roulis, tangage, va-et-vient, vague, valse, vibration. FAM. brimbalement. ▶ *Piège à petit gibier* – collet, lacs, poche.

lâche *adj.* ▶ *En parlant d'un vêtement* – ample, blousant, bouffant, flottant, large. ▶ *En parlant d'un ressort* – détendu. ▶ *Qui manque de tonus* – flasque, laxe, mollasse, mou, relâché. ▶ *Qui manque de courage* – couard, craintif, faible, frileux, mou, peureux, pleutre, poltron, pusillanime, qui se dérobe, timide, timoré, veule. ▶ *Faible de caractère* – affaissé, amorphe, apathique, atone, avachi, désossé, endormi, faible, inconsistant, indolent, inerte, léthargique, lymphatique, mou, nonchalant, passif, ramolli, sans ressort. *SOUT.* veule. *FAM.* gnangnan, mollasse, mollasson, ramollo. ▸ *Méprisable* – abject, bas, coupable, crapuleux, dégoûtant, honteux, ignoble, immonde, inavouable, indigne, infâme, infect, innommable, inqualifiable, méprisable, odieux, repoussant, répugnant, sans nom, scandaleux, sordide, vil, vilain. *SOUT.* fangeux, ignominieux, nauséeux, triste, turpide. *FAM.* dégueu, dégueulasse, écœurant, gerbant, moche. ▸ *En parlant d'une intrigue* – languissant, mou, qui manque de nerf, traînant. ▲**ANT.** AJUSTÉ, ÉTROIT, MOULANT, SERRÉ; COMPRIMÉ, TENDU; ACTIF, DILIGENT, DYNAMIQUE, ÉNERGIQUE, INFATIGABLE, LABORIEUX, TRAVAILLEUR, VAILLANT, ZÉLÉ; BRAVE, COURAGEUX, INTRÉPIDE, VALEUREUX; CONCIS, DENSE, NERVEUX.

lâche *n.* frileux, peureux, pleutre, poltron, timoré. *SOUT.* couard, trembleur. ▲**ANT.** AUDACIEUX, COURAGEUX; BRAVE, GLORIEUX.

lâchement *adv.* ▸ *Peureusement* – craintivement, frileusement, ombrageusement, peureusement, pusillanimement, timidement. ▸ *Servilement* – à genoux, à plat ventre, bassement, complaisamment, honteusement, indignement, obséquieusement, platement, servilement. ▲**ANT.** AUDACIEUSEMENT, BRAVEMENT, COURAGEUSEMENT, HARDIMENT, INTRÉPIDEMENT, VAILLAMMENT, VALEUREUSEMENT.

lâcher *v.* ▸ *Desserrer* – desserrer, détendre, donner du jeu à, relâcher. *MAR.* mollir. ▸ *Laisser tomber du haut des airs* – jeter, lancer, larguer. ▸ *Abandonner qqch.* (*FAM.*) – abandonner, délaisser, enterrer, faire une croix sur, jeter aux oubliettes, laisser, laisser en jachère, laisser tomber, mettre au placard, mettre au rancart, mettre aux oubliettes, quitter, renoncer à, tirer une croix sur. *SOUT.* dépouiller, renoncer. *FAM.* planter là, plaquer. ▸ *Abandonner qqn* (*FAM.*) – abandonner, délaisser, déserter, laisser, laisser en plan, laisser tomber, quitter. *FAM.* jeter, laisser choir, larguer, lourder, planter là, plaquer. ▸ *Dépasser* – dépasser, devancer, distancer, doubler, gagner de vitesse, passer, semer. *FAM.* griller, larguer. *MAR.* trémater. ▸ *Débourser* (*FAM.*) – débourser, décaisser, dépenser, payer, verser. *FAM.* allonger, casquer, cracher. ▸ *Émettre* – articuler, dire, émettre, lancer, pousser, proférer, prononcer, sortir. ▸ *Céder* – (se) casser, (se) rompre. *FAM.* péter. ▲**ANT.** AGRIPPER, EMPOIGNER, PRENDRE, SAISIR; ATTRAPER, CAPTURER; ÉTREINDRE, TENIR; GARDER, RETENIR.

lâcheté *n. f.* ▸ *Manque de courage* – faiblesse, peur, poltronnerie. *SOUT.* couardise, pleutrerie. *FAM.* dégonflage, dégonfle. ▸ *Complaisance* – génuflexion, inclinaison, prosternation, prosternement. *RELIG.* prostration. ▲**ANT.** BRAVOURE, COURAGE, HÉROÏSME, INTRÉPIDITÉ, VAILLANCE; ARDEUR, ÉNERGIE; DIGNITÉ, GÉNÉROSITÉ, HONNEUR, LOYAUTÉ, NOBLESSE.

lacs *n. m.* ▸ *Piège à petit gibier* – collet, lacet, poche.

lacune *n. f.* ▸ *Absence* – absence, défaut, manque, omission, privation, trou, vide. ▸ *Discontinuité* – brisure, cassure, coupure, discontinuité, fossé, hiatus, interruption, rupture, saut, solution de continuité. ▸ *Imperfection* – défaut, déséquilibre, démérite, faible, faiblesse, faille, faute, grossièreté, handicap, imperfection, infirmité, insuffisance, maladie, malfaçon, manque, péché mignon, péché véniel,

petitesse, tache, tare, tort, travers, vice. *SOUT.* perfectibilité. ▸ *Ignorance* – analphabétisme, ignorance, illettrisme, inadéquation, inaptitude, incapacité, incompétence, incompréhension, inconscience, inculture, inexpérience, ingénuité, innocence, insuffisance, naïveté, nullité, obscurantisme, simplicité. *SOUT.* impéritie, inconnaissance, méconnaissance. ▲**ANT.** EXISTENCE, PRÉSENCE; ABONDANCE, RICHESSE; CONTINUITÉ; ACHÈVEMENT, INTÉGRITÉ, PERFECTION; CONNAISSANCE.

là-haut *adv.* ▲**ANT.** ICI-BAS.

laid *adj.* ▸ *Hideux* – à faire peur, affreux, déplaisant, disgracieux, hideux, horrible, ignoble, inesthétique, informe, ingrat, inharmonieux, laideron (*femme*), mal fait, monstrueux, repoussant, répugnant, vilain. *SOUT.* malgracieux, répulsif. *FAM.* blèche, dégueu, dégueulasse, mal fichu, mochard, moche, tarte, tartignolle, tocard, vomitif. ▸ *De mauvais goût* – d'un goût douteux, de mauvais goût, kitsch. *FAM.* ringard, tocard. *QUÉB. FAM.* quétaine. ▲**ANT.** BEAU; À CROQUER, ADORABLE, CHARMANT, COQUET, DÉLICIEUX, GRACIEUX, JOLI, MIGNON, RAVISSANT; ADMIRABLE, ÉBLOUISSANT, MAGNIFIQUE, SPLENDIDE, SUPERBE; BIEN FAIT, BIEN GALBÉ, SCULPTURAL; ÉLÉGANT, ESTHÉTIQUE.

laideur *n. f.* ▸ *Au physique* – hideur, laid. *FAM.* mocheté. ▸ *Au moral* – abjection, abomination, atrocité, bassesse, boue, corruption, crapulerie, crime, débauche, déshonneur, fange, grossièreté, honte, horreur, ignominie, impureté, indignité, infamie, misère, monstruosité, noirceur, obscénité, odieux, ordure, saleté, sordide, souillure, vice. *SOUT.* sordidité, stupre, turpitude, vilenie. ▲**ANT.** BEAUTÉ, GRÂCE, JOLIESSE.

lainage *n. m.* ▸ *Toison* – fourrure, livrée, manteau, mantelure (*chien*), peau, pelage, robe, toison. ▸ *Vêtement* – laine.

laine *n. f.* ▸ *Vêtement* – lainage. ▸ *Duvet végétal* – bourre.

laïque *adj.* civil, séculier. *RELIG.* temporel. ▲**ANT.** CLÉRICAL, ECCLÉSIASTIQUE, RELIGIEUX; CONFESSIONNELLE (*école*).

laisse *n. f.* ▸ *Lien* – accouple, couple. ▸ *Rivage* – estran, lais, platier. *QUÉB.* batture. ▸ *Alluvion* – accroissement, accrue, accumulation, allaise, alluvion, alluvionnement, apport, atterrissement, banc, boue, chaos, colluvion, couche, dépôt, ensablement, illuviation, illuvion, lais, limon, lit, moraine, relais, remblaiement, sédiment, sédimentation, strate, stratification, substratum, terrassement. ♦ **laisses**, *plur.* ▸ *Fiente des sangliers* – laissées.

laisser *v.* ▸ *Permettre* – approuver, autoriser, passer, permettre. ▸ *Léguer* – abandonner, céder, léguer, transférer, transmettre. *DR. ou SOUT.* aliéner. ▸ *Confier* – confier, donner, remettre. ▸ *Perdre* – abandonner, céder, perdre. ▸ *Abandonner qqch.* – abandonner, délaisser, enterrer, faire une croix sur, jeter aux oubliettes, mettre au placard, mettre au rancart, mettre aux oubliettes, quitter, renoncer à, tirer une croix sur. *SOUT.* dépouiller, renoncer. *FAM.* lâcher, planter là, plaquer. ▸ *Abandonner qqn* – abandonner, délaisser, déserter, quitter. *FAM.* jeter, lâcher, larguer, lourder, planter là, plaquer. ▲**ANT.** DÉFENDRE,

EMPÊCHER; CONTINUER, RÉSISTER; CONSERVER, GARDER, MAINTENIR; CONTRÔLER; PRENDRE, S'EMPARER; ENLEVER, ÔTER, RETIRER; EMMENER, EMPORTER; CHANGER, DÉPLACER, MODIFIER.

laisser-aller *n. m.* ▶ *Paresse* – alanguissement, apathie, atonie, engourdissement, fainéantise, farniente, indolence, inertie, langueur, lenteur, léthargie, lourdeur, mollesse, négligence, nonchalance, oisiveté, paresse, somnolence, torpeur. *FAM.* cosse, flémingite aiguë, flemmardise, flemme. ▶ *Insouciance* – détachement, frivolité, imprévoyance, inapplication, inconscience, irresponsabilité, légèreté, négligence, nonchalance. *FIG.* myopie. *SOUT.* imprévision, morbidesse. *FAM.* je-m'en-fichisme, je-m'en-foutisme. ▶ *Laxisme* – bonasserie, complaisance, faiblesse, laisser-faire, laxisme, mollesse, permissivité, relâchement. ▶ *Négligence* – abandon, abdication, défection, désertion, désintérêt, impréparation, incoordination, incurie, inorganisation, insouciance, négligence. ▶ *Désordre de la tenue* – débraillé, négligé. ▲ANT. ZÈLE; RIGUEUR, SOIN; DISCIPLINE, ORDRE; CORRECTION, ÉLÉGANCE, TENUE.

laissez-passer *n. m.* autorisation, bon, congé, coupe-file, décharge, dispense, licence, navicert, passavant, passe-debout, passeport, permis, sauf-conduit, visa.

laiteux *adj.* blanc, blanchâtre, crayeux, immaculé, neigeux, opale, opalescent, opalin. *SOUT.* d'albâtre, lacté, lactescent, lilial, marmoréen. ▲ANT. NOIR, TERNI.

lambeau *n. m.* ▶ *Morceau* – bribe, brisure, charpie, coupure, débris, éclat, esquille *(os)*, fraction, fragment, grain, granule, granulé, havrit, limaille, miette, morceau, parcelle, part, particule, partie, pépite, portion, quartier, reste. *FAM.* graine. ♦ **lambeaux,** *plur.* ▶ *Tissu usé* – chiffons, défroque, friperie, fripes, guenilles, haillons, loques. *SOUT.* hardes, oripeaux.

lame *n. f.* ▶ *Objet tranchant* – *QUÉB. ACADIE FAM.* allumelle. ▶ *Arme* – épée, fer. ▶ *Objet mince et plat* – lamelle, paillette. ▶ *Latte* – frise, frisette, latte, volige. ▶ *Eau* – vague. ▶ *Petite* – mouton *(écume)*, vaguelette. ▶ *Grosse* – lame de fond, raz de marée, tsunami. ▶ *Qui se brise* – brisant, contre-lame *(inversée)*, mascaret, paquet de mer, rouleau, (vague) déferlante.

lamentable *adj.* ▶ *Mauvais* – abominable, affreux, atroce, déplorable, désastreux, épouvantable, exécrable, horrible, infect, insipide, manqué, mauvais, médiocre, minable, navrant, nul, odieux, piètre, piteux, pitoyable, qui ne vaut rien, raté. *SOUT.* méchant, triste. *FAM.* à la flan, à la gomme, à la manque, à la mie de pain, à la noix (de coco), blèche, craignos, crapoteux, mal fichu, moche, pourri, qui ne vaut pas un clou. *QUÉB. FAM.* de broche à foin, poche. ▲ANT. BRILLANT, ÉBLOUISSANT, EXCELLENT, EXTRAORDINAIRE, FANTASTIQUE, MAGNIFIQUE, MERVEILLEUX, PARFAIT, PRODIGIEUX, REMARQUABLE, SENSATIONNEL.

lamentation *n. f.* ▶ *Plainte* – bêlement, braillement, cri, doléances, geignement, grincement, hélas, jérémiade, larmoiement, murmure, plainte, pleurs, sanglot, soupir. *SOUT.* sanglotement. *FAM.* pleurni-

chage, pleurnichement, pleurnicherie. *QUÉB. FAM.* braillage. ▲ANT. GAIETÉ, JOIE, RIRE.

lamenter (se) *v.* ▶ *Se plaindre sans arrêt* – geindre, gémir, pleurer, se plaindre. *FAM.* faire des jérémiades, jérémiader. ▶ *Se plaindre bruyamment* – se plaindre. *FAM.* beugler, brailler, braire, bramer. ▲ANT. RIRE, SE RÉJOUIR.

lampadaire *n. m.* ▶ *Pylône* – réverbère. *ANC.* bec de gaz, lanterne.

lampe *n. f.* ▶ *Appareil lumineux électrique* – *FRANCE FAM.* camoufle, loupiote. ▶ *Source lumineuse* – ampoule (électrique), lampe (à) halogène, lampe (à incandescence), (lampe) flamme, veilleuse. *FAM.* lumière.

lance *n. f.* ▶ *Arme* – javelot. ▶ *Cavalier* – lancier. ▶ *Tuyau* – boyau, buse, canal, conduit, conduite, gaine, pipe, tube, tubulure, tuyau.

lancement *n. m.* ▶ *Lancer* – catapultage, éjection, jet, lancer, projection, tir. ▶ *Lancement d'un engin spatial* – tir. ▶ *Élan* – bond, branle, coup, élan, élancement, envolée, erre, essor, impulsion, lancée, mouvement, rondade *(acrobatie)*, saut. *QUÉB. FAM.* erre d'aller. ▶ *Publication* – parution, publication, sortie. ▲ANT. CAPTURE, CONTACT, RÉCEPTION; MISE AU RANCART.

lancer *v.* ▶ *Envoyer loin de soi* – envoyer, jeter. *FAM.* balancer, flanquer, foutre. *QUÉB. ACADIE FAM.* garrocher. ▶ *Envoyer avec force* – catapulter, éjecter, envoyer, jeter, projeter, propulser. ▶ *Envoyer du haut des airs* – jeter, lâcher, larguer. ▶ *Décocher* – darder, décocher, envoyer, jeter, tirer. ▶ *Émettre* – articuler, dire, émettre, lâcher, pousser, proférer, prononcer, sortir. ▶ *Dire avec hostilité* – asséner, cracher, jeter par la tête, proférer, vomir. *SOUT.* éructer. *FAM.* débagouler. ▶ *Déclencher* – commencer, déclencher, donner le coup d'envoi à, enclencher, engager, entamer, entreprendre, inaugurer, mettre en branle, mettre en route, mettre en train. *FAM.* démarrer. ▶ *Promouvoir* – promotionner, promouvoir. ♦ **se lancer** ▶ *S'élancer* – foncer, s'élancer, sauter, se jeter, se précipiter, se ruer. ▶ *Sauter* – bondir, s'élancer, sauter, se jeter, se précipiter. *QUÉB. ACADIE FAM.* se garrocher. ▶ *Se risquer* – s'avancer, s'aventurer, s'engager, s'essayer à, se hasarder, se risquer. *FAM.* s'embarquer, s'empêtrer, se fourrer, se mettre les pieds dans. *FRANCE FAM.* s'embringuer. ▲ANT. ATTIRER, RETIRER; ATTRAPER, RECEVOIR, SAISIR; ARRÊTER, CONTENIR, EMPÊCHER, FREINER, REFRÉNER, RÉPRIMER, RÉSISTER, RETENIR; CACHER, DISSIMULER, TAIRE. △SE LANCER – RECULER; S'ABSTENIR; SE CACHER, SE DÉROBER.

lancer *n. m.* ▶ *Jet* – catapultage, éjection, jet, lancement, projection, tir. ▲ANT. CONTACT, RÉCEPTION.

lancinant *adj.* ▶ *Qui blesse moralement* – âcre, affligeant, amer, cruel, cuisant, déchirant, douloureux, dur, éprouvant, navrant, pénible, poignant, saignant, vif. ▶ *Qui tourmente* – tenaillant, torturant. *SOUT.* taraudant, taraudeur, térébrant. ▶ *Persistant* – entêtant, harcelant, obsédant, persistant. ▶ *En parlant d'une douleur* – aigu, intense, térébrant, vif, violent. ▲ANT. AGRÉABLE, PLAISANT; ÉPHÉMÈRE, FUGITIF, PASSAGER; ATTÉNUÉ, FAIBLE, LÉGER.

langage *n. m.* ▶ *Moyen d'expression* – langue. *SOUT.* verbe. ▶ *Élocution* – articulation, débit, déclamation, diction, élocution, éloquence, énonciation, expression, langue, parole, phonation, phonétique, phonie, pose de voix, prononciation, style, voix. ▶ *En linguistique* – idiome, langue. *LING.* code linguistique, langage naturel, système linguistique. ▶ *En informatique* – langage de programmation.

lange *n. m.* barboteuse, brassière, camisole, dormeuse(-couverture), grenouillère, maillot, robe.

langue *n. f.* ▶ *Organe* – *FAM.* lavette. ▶ *Système linguistique* – idiome, langage. *LING.* code linguistique, langage naturel, système linguistique. ▶ *Moyen d'expression* – langage. *SOUT.* verbe. ▶ *Élocution* – articulation, débit, déclamation, diction, élocution, éloquence, énonciation, expression, langage, parole, phonation, phonétique, phonie, pose de voix, prononciation, style, voix. ▶ *Style* – écriture, prose (de qqn), style. ▶ *Languette* – bande, bandelette, languette, lanière, mèche, ruban. *QUÉB. ACADIE FAM.* laize. *FIG.* liséré.

languir *v.* ▶ *Ne pas progresser* – patiner, piétiner, s'enliser, stagner, traîner. *FAM.* faire du surplace. ♦ **se languir** ▶ *S'ennuyer de qqn* – avoir la nostalgie de, regretter, s'ennuyer de. ▶ *Se morfondre* – s'ennuyer, se morfondre, sécher sur pied, tourner en rond, trouver le temps long. *FAM.* s'embêter, se barber, se barbifier, se raser. ▲ANT. PRENDRE DES FORCES, PROGRESSER, S'ÉPANOUIR, SE DÉVELOPPER; PROSPÉRER, RÉUSSIR.

languissant *adj.* ▶ *Qui ne progresse pas* – piétinant, stagnant, traînant. ▶ *Qui manque d'énergie* – lâche, mou, qui manque de nerf, traînant. ▶ *Faible et lent* (*SOUT.*) – affaibli, alangui, indolent, lent, nonchalant. ▶ *Qui exprime la tendresse amoureuse* (*SOUT.*) – amoureux, énamouré, langoureux. *SOUT.* alangui, languide. ▲ANT. ÉVOLUTIF, PROGRESSIF; ACTIF, ARDENT, ÉNERGIQUE, VIF; FROID, INDIFFÉRENT.

lanière *n. f.* ▶ *Courroie* – attache, câble, chaîne, corde, courroie, fers, lien, ligament, ligature, liure, sangle. ▶ *Morceau long et étroit* – bande, bandelette, langue, languette, mèche, ruban. *QUÉB. ACADIE FAM.* laize. *FIG.* liséré.

lanterne *n. f.* ▶ *Boîte* – campanile (*édifice*), falot, fanal, lampion, lanterne rouge, lanterne-tempête, lanternon. ▶ *Feu* – feu de position, feu de stationnement, lanterne (d'automobile), veilleuse. ▶ *Réverbère* (*ANC.*) – lampadaire, réverbère. *ANC.* bec de gaz. ▶ *Dôme* – berceau, calotte, coupole, cul-de-four, dôme, voûte. ♭ *Intérieur* – cintre, intrados. ♭ *Extérieur* – extrados.

lapin *n.* ▶ *Animal* – *FAM.* lapinou. ♦ **lapin**, *masc.* ▶ *Fourrure* – peau de lapin, visonnette. ♦ **lapine**, *fém.* ▶ *Femme féconde* (*FAM.*) – *FAM.* jument poulinière, mère lapine, pondeuse, poulinière. ♦ **lapins**, *masc. plur.* ▶ *Ensemble d'animaux* – bande (de lapins); clapier.

laquais *n. m.* ▶ *Homme servile* (*SOUT.*) – acclamateur, admirateur, adorateur, adulateur, apologiste, caudataire, complaisant, complimenteur, courtisan, dithyrambiste, flatteur, patelin, valet. *SOUT.* applaudisseur, approbateur, encenseur, laudateur, thuriféraire. ▶ *Employé d'une maison* (*ANC.*) – domestique. ▲ANT. CONTESTATAIRE, DISSIDENT, FRANC-TIREUR, INDÉPENDANT, NON-CONFORMISTE.

laqué *adj.* brillant, glacé, lisse, luisant, lustré, poli, satiné, verni.

laque *n.* ▶ *Vernis* – blanc de chaux, brasque, briquetage, caviar, enduit, engluage, fart, mastic, patine, stuc, vernis. ♦ **laque**, *fém.* ▶ *Peinture* – peinture laque, ripolin. ▶ *Produit pour cheveux* – brillantine, fixateur, gel coiffant, gomina. *QUÉB.* fixatif.

large *adj.* ▶ *De grande taille* – épais, grand, gros, volumineux. ▶ *Spacieux* – ample, étendu, grand, immense, spacieux, vaste. ▶ *Qui n'est pas serré* – ample, blousant, bouffant, flottant, lâche. ▶ *Généreux* – généreux, prodigue, qui a le cœur sur la main, qui a un cœur d'or. *SOUT.* magnifique, munificent. ▶ *Tolérant* – évolué, large (d'esprit), libéral, ouvert, tolérant. ▶ *Permissif* – élastique, latitudinaire, laxe, laxiste, permissif, relâché. ▶ *Au sens générique* – extensif, général, générique. ▲ANT. COURT, MENU, PETIT; DÉRISOIRE, INSIGNIFIANT, RESTREINT; AJUSTÉ, ÉTROIT, MOULANT; AVARE, MESQUIN; RIGOUREUX, SÉVÈRE, STRICT; SERRÉ, TENDU.

large *n. m.* ▶ *Mer* – haute mer. *DR.* les eaux internationales. ▶ *Largeur* – ampleur, amplitude, calibre, carrure, diamètre, empan, envergure, étendue, évasure, format, giron (*d'une marche*), grosseur, laize, lé, module, portée, taille.

largement *adv.* ▶ *Vastement* – amplement, colossalement, considérablement, énormément, gigantesquement, grandement, immensément, large, spacieusement, vastement. ▶ *Généreusement* – charitablement, chevaleresquement, fraternellement, généreusement, grassement, humainement, libéralement, magnanimement, prodigalement. *FAM.* chiquement. ▲ANT. EN FAIBLE QUANTITÉ, FAIBLEMENT, PAS BEAUCOUP, PEU; AVAREMENT, CHÉTIVEMENT, CHICHEMENT, CUPIDEMENT, MAIGREMENT, MESQUINEMENT, PARCIMONIEUSEMENT.

largeur *n. f.* ▶ *Étendue* – ampleur, amplitude, calibre, carrure, diamètre, empan, envergure, étendue, évasure, format, giron (*d'une marche*), grosseur, laize, large, lé, module, portée, taille. ▲ANT. ÉTROITESSE, EXIGUÏTÉ, PETITESSE.

larme *n. f.* ▶ *Liquide oculaire* – *SOUT.* pleurs. ♦ **larme**, *sing.* ▶ *Petite quantité* – arrière-goût, atome, bouchée, brin, doigt, filet, goutte, gouttelette, grain, lueur, miette, nuage, once, paille, parcelle, peu, pincée, pointe, relent, restant, reste, rien, soupçon, tantinet, teinte, touche, trace, trait, zeste. *FAM.* chouia. ♦ **larmes**, *plur.* ▶ *Gémissement* – bêlement, braillement, cri, doléances, geignement, grincement, hélas, jérémiade, lamentation, larmoiement, murmure, plainte, pleurs, sanglot, soupir. *SOUT.* sanglotement. *FAM.* pleurnichage, pleurnichement, pleurnicherie. *QUÉB. FAM.* braillage. ▶ *Tristesse* (*SOUT.*) – abattement, accablement, affliction, aigreur, amertume, chagrin, dépression, désolation, douleur, douleur, ennui, épreuve, grisaille, humeur noire, idées noires, idées sombres, langueur, lypémanie, mal du pays, mal-être, maussaderie, mélancolie, monotonie, morosité, neurasthénie, noir, nostalgie, papillons, peine, saudade, serrement de cœur, souci, tædium vitæ, tristesse, vague à l'âme. *SOUT.* atrabile, navrement, nuage, spleen, taciturnité. *FAM.*

bourdon, cafard, déprime, sinistrose. ▲ANT. RIRE, SOURIRE ; PLAISIR.

larmoyant *adj.* ▶ *Qui pleure* – en larmes, en pleurs, éploré. ▶ *Qui pleurniche* – dolent, gémissant, plaintif, pleureur, pleurnichard, pleurnicheur. FAM. bêlant, chougneur, geignard, pleurard. QUÉB. FAM. plaignard. ▲ANT. ENJOUÉ, GAI.

larve *n. f.* ▶ *Fantôme* – apparition, créature éthérée, double, ectoplasme, esprit, esprit frappeur, fantôme, mort-vivant, ombre, périsprit, revenant, spectre, vision, zombie. ANTIQ. lémure. ▶ *Personne déchue* – déchet de la société, déchet (humain), épave, larve (humaine), loque (humaine), ruine (humaine), sous-homme. ▲ANT. IMAGO, INDIVIDU ADULTE ; TRAVAILLEUR, ZÉLÉ ; GÉANT, GRAND HOMME, HÉROS.

las *adj.* ▶ *Épuisé* – à bout, à plat, brisé, courbatu, épuisé, éreinté, exténué, fatigué, fourbu, harassé, mort (de fatigue), moulu (de fatigue). ramolli. SOUT. recru (de fatigue), rompu (de fatigue), roué de fatigue. FAM. au bout du rouleau, avachi, claqué, crevé, esquinté, flagada, flapi, lessivé, nase, pompé, ramollo, raplapla, rétamé, sur le flanc, sur les genoux, sur les rotules, vanné, vidé. QUÉB. FAM. au coton, brûlé, poqué. ▶ *Dégoûté* – blasé, dégoûté, désabusé, écœuré, fatigué, lassé, qui en a assez, saturé. FAM. qui en a ras le bol. QUÉB. FAM. qui a son voyage, tanné. ▶ *Morose* – abattu, découragé, démoralisé, dépressif, déprimé, mélancolique, morne, morose, pessimiste, qui a le vague à l'âme, qui broie du noir, sombre, ténébreux, triste. SOUT. bilieux, saturnien, spleenétique. FAM. cafardeux, tristounet. QUÉB. FAM. caduc, qui a la fale basse. ▲ANT. ALERTE, DISPOS, REPOSÉ ; ARDENT, EMBALLÉ, ENTHOUSIASTE.

lasser *v.* ▶ *Remplir de fatigue* – abrutir, briser, courbaturer, épuiser, éreinter, exténuer, fatiguer, forcer, harasser, mettre à plat, surmener, tuer. FAM. claquer, crever, démolir, esquinter, lessiver, mettre sur le flanc, nettoyer, pomper, rétamer, vanner, vider. QUÉB. FAM. maganer. ▶ *Remplir d'ennui* – assommer, endormir, ennuyer. FAM. barber, barbifier, pomper, raser. ▶ *Rebuter* – décourager, ennuyer, fatiguer, rebuter. ▶ *Blaser* – blaser, dégoûter, désabuser, écœurer, fatiguer, saturer. ▶ *Démoraliser* – abattre, débiliter, décourager, démobiliser, démoraliser, démotiver, déprimer, écœurer, mettre à plat. FAM. démonter. QUÉB. FAM. débiner. BELG. déforcer. ACADIE FAM. déconforter. ▲ANT. DÉLASSER, REPOSER ; AMUSER, DISTRAIRE, DIVERTIR, ÉGAYER ; ANIMER, ENCOURAGER, STIMULER ; RÉCONFORTER.

lassitude *n. f.* ▶ *Fatigue* – abattement, accablement, affaiblissement, affaissement, affalement, alanguissement, amollissement, anéantissement, apathie, atonie, consomption, épuisement, éreintement, exténuation, faiblesse, fatigue, forçage, harassement, inertie, labeur, langueur, marasme, peine, prostration, stress, surmenage. MÉD. adynamie, anémie, asthénie. ▶ *Ennui* – assommement, bâillement, dégoût, déplaisir, ennui, insatisfaction, langueur, vide. SOUT. blasement. ▶ *Découragement* – abattement, accablement, affliction, amertume, anéantissement, chagrin, contrition, contrariété, déboires, déception, déconvenue, découragement, dégoût, dégrisement, démoralisation, dépit, désappointement, désenchantement, désespoir, désillusion,

désolation, échec, écœurement, ennui, infortune, insuccès, mécompte, peine, regret, revers, tristesse. SOUT. atterrement, déréliction, désabusement, désespérance, retombement. FAM. défrisage, défrisement, douche (froide), ras-le-bol. ▲ANT. BIEN-ÊTRE, ÉNERGIE, FORCE, VITALITÉ ; ARDEUR, ENTHOUSIASME, ENTRAIN ; ENCOURAGEMENT.

latent *adj.* à l'état latent, dormant, en germe, en gestation, larvé, qui couve, somnolent, sourd. ▲ANT. APPARENT, MANIFESTE, PATENT, VISIBLE ; ACTIF, EN ACTIVITÉ.

latéralité *n. f.* ▲ANT. SYMÉTRIE.

latitude *n. f.* ▶ *Région* – coin (de pays), contrée, partie du monde, pays, région, secteur, zone. SOUT. cieux, climats. FAM. patelin. QUÉB. FAM. bout. ▶ *Possibilité* – chance, facilité, jeu, liberté, marge (de manœuvre), moyen, occasion, offre, possibilité, volant de sécurité. ▶ *Distance d'un astre* – créneau, espace, espacement, fente, interstice, intervalle, ouverture. ▲ANT. LONGITUDE ; CONTRAINTE, DIFFICULTÉ.

lavabo *n. m.* ▶ *Cuvette* – évier (cuisine), lave-mains (d'appoint). ANC. aiguière, aquamanile, fontaine. ♦ **lavabos**, *plur.* ▶ *Toilettes* (PAR EUPHÉM.) – cabinet d'aisances, cabinet de toilette, cabinets, latrines, lieux d'aisances, salle d'eau, salle de bains, salle de toilette, sanisette (*publiques*), sanitaires, toilettes, water-closets, waters, W.-C. FAM. petit coin, petit endroit. BELG. cour. AFR. douchière. ANC. garde-robe.

lavage *n. m.* ▶ *Nettoyage* – astiquage, bichonnage, débarbouillage, déblaiement, décrassage, décrassement, décrottage, dégagement, dépoussiérage, détachage, essuyage, fourbissage, fourbissement, lessivage, lessive, ménage, nettoyage, rangement, ravalement, savonnage, vidange. FAM. briquage. BELG. appropriation. ▶ *Irrigation* – irrigation, lavement. ▶ *Toilette* – ablutions, bain, débarbouillage, douche, nettoyage, rinçage, toilette.

lavande *n. f.* ▶ *Essence* – eau de lavande, essence de lavande, huile de spic.

lave *n. f.* magma.

laver *v.* ▶ *Nettoyer qqch.* – lessiver, nettoyer, rincer. ▶ *Nettoyer le corps* – décrasser, désencrasser, savonner. FAM. décrotter. ▶ *Nettoyer le visage* – débarbouiller, démaquiller. ▶ *Venger* – punir, redresser, réparer, venger. ♦ **se laver** ▶ *Se nettoyer* – faire sa toilette, faire ses ablutions, se bouchonner, se décrasser, se nettoyer, se savonner. FAM. se décrotter. ▶ *Le visage* – faire sa toilette, faire ses ablutions, se débarbouiller, se démaquiller. ▲ANT. BARBOUILLER, ENCRASSER, GRAISSER, MACULER, NOIRCIR, SALIR, SOUILLER, TACHER ; ACCUSER, IMPUTER, INCRIMINER.

laveur *n.* ▶ *Celui qui lave* – nettoyeur. ▶ *Celui qui lave la vaisselle* – plongeur, rinceur. ▶ *Celui qui lave le linge* – FRANCE blanchisseur, lavandier, teinturier. QUÉB. buandier, nettoyeur. ♦ **laveur**, *masc.* ▶ *Appareil industriel* – barboteur, laverie, lavoir. ♦ **laveuse**, *fém.* ▶ *Machine à laver* (QUÉB.) – machine, machine à laver. FRANCE lave-linge. ANC. lessiveuse.

lécher *v.* ▶ *Passer la langue* – passer la langue sur. QUÉB. FAM. licher. ▶ *Effleurer* – caresser, effleurer, friser, frôler, raser. ▶ *Parfaire* – ciseler, fignoler, finir,

le Christ

parachever, parfaire, peaufiner, perfectionner, polir, raffiner, soigner. ▲ANT. BÂCLER.

le Christ *loc. nom. m.* ▶ *Jésus* – Agneau de Dieu, Agneau mystique, Agneau sans tache, céleste époux, Christ de majesté, Christ pantocrator, Christ-Roi, Crucifié, Dieu fait homme, Dieu le Fils, (divin) Messie, divin Sauveur, Enfant Jésus, époux de l'Église, époux mystique, Fils de l'homme, Fils de Marie, Fils (unique) de Dieu, Homme-Dieu, Jésus, Jésus de Galilée, Jésus le Christ Notre Seigneur, Jésus-Christ, le Galiléen, le Nazaréen, le Nouvel Adam, le pantocrator, Notre Sauveur, Notre Seigneur Jésus-Christ, Oint du Seigneur, Pain céleste, Pain de vie, Rédempteur, Sacré-Cœur, Sauveur (du monde), Seigneur Jésus. *FAM.* le petit Jésus.

leçon *n. f.* ▶ *Période d'apprentissage* – classe, cours, mémorisation, répétition, révision. *QUÉB. FAM.* repasse. ▶ *Sermon* – catéchisme, discours, enseignement, exhortation, harangue, morale, propos, sermon. *PÉJ.* prêchi-prêcha, radotage. ▶ *Blâme* – accusation, admonestation, admonition, anathématisation, anathème, attaque, avertissement, blâme, censure, condamnation, correction, critique, désapprobation, diatribe, grief, grognerie, gronderie, interdit, malédiction, mise à l'écart, mise à l'index, mise en quarantaine, objection, observation, plainte, punition, récrimination, remarque, remontrance, représentation, réprimande, réprobation, reproche, réquisitoire, semonce, sérénade, sermon, tollé. *SOUT.* animadversion, foudres, fustigation, improbation, mercuriale, objurgation, stigmatisation, vitupération. *FAM.* douche, engueulade, prêchi-prêcha, savon, tabac. *FRANCE FAM.* attrapade, lavage de tête, soufflante. *BELG.* cigare. *RELIG.* fulmination. ▶ *Punition* – châtiment, condamnation, correction, damnation, expiation, gage (*dans un jeu*), peine, pénalisation, pénalité, pénitence, punition, répression, sanction, verbalisation. *FAM.* tarif. ♦ *leçons, plur.* ▶ *Ensemble des périodes d'apprentissage* – cours, enseignement.

lecteur *n.* ♦ *lecteur, sing.* ▶ *Personne qui lit* – liseur. *ANTIQ.* anagnoste. ▶ *Assistant d'un professeur* – assistant, maître assistant, moniteur, préparateur, répétiteur, sous-maître. ♦ *lecteurs, plur.* ▶ *Ensemble de personnes qui lisent* – auditoire, lectorat.

lecture *n. f.* ▶ *Action de reconnaître des mots* – déchiffrage, déchiffrement, décodage. ▶ *Action de lire à voix haute* – prononcé. ▶ *Conférence* – causerie, conférence, cours, discours, exposé, laïus.

légal *adj.* juridique, légitime, licite, réglementaire. ▲ANT. CLANDESTIN, ILLÉGAL, ILLICITE, INTERDIT, IRRÉGULIER; ARBITRAIRE.

légalement *adv.* canoniquement, conformément, constitutionnellement, correctement, de droit, de jure, de plein droit, dûment, en bonne et due forme, juridiquement, légitimement, licitement, officiellement, réglementairement, régulièrement, valablement, validement. *FAM.* réglo. ▲ANT. CRIMINELLEMENT, FRAUDULEUSEMENT, ILLÉGALEMENT, ILLÉGITIMEMENT, ILLICITEMENT, INCORRECTEMENT, IRRÉGULIÈREMENT.

légaliste *adj.* ▲ANT. LAXISTE.

légalité *n. f.* ▶ *Normalité* – canonicité, conformité, constitutionnalité, correction, juste, justesse, légitimité, normalité, normativité, régularité, validité. ▶ *Justice* – droiture, égalité, équité, impartialité, impersonnalité, intégrité, justice, neutralité, objectivité, probité. ▲ANT. ARBITRAIRE, ILLÉGALITÉ.

légendaire *adj.* ▶ *Imaginaire* – chimérique, fabuleux, fantasmagorique, fantastique, fictif, imaginaire, inexistant, irréel, mythique, mythologique. ▶ *Célèbre* – célèbre, connu, de grand renom, fameux, glorieux, historique, illustre, immortel, inoubliable, marquant, mémorable, notoire, proverbial, reconnu, renommé, réputé. ▶ *Non favorable* – de triste mémoire. ▲ANT. AUTHENTIQUE, VRAI; ANONYME, IGNORÉ, INCONNU, OBSCUR.

légende *n. f.* ▶ *Fiction* – affabulation, artifice, chimère, combinaison, comédie, expédient, fabrication, fabulation, fantaisie, feinte, fiction, fumisterie, histoire, idée, imagination, invention, irréalité, mensonge, rêve, roman, saga, songe. *PSYCHOL.* confabulation, mythomanie. ▶ *Récit* – chantefable, chronique, conte, épopée, fabliau, histoire, historiette, monogatari (*Japon*), mythe, nouvelle, odyssée, roman, saga. ▶ *À valeur morale* – allégorie, apologue, fable, parabole. ▶ *Inscription* – épigraphe, épitaphe, exergue, ex-libris, inscription. ▶ *Explication* – analyse, clarification, commentaire, critique, définition, désambiguïsation, éclaircissement, élucidation, exemplification, explication, explicitation, exposé, exposition, glose, illustration, indication, interprétation, lumière, note, paraphrase, précision, remarque, renseignement. ▶ *Vie des saints* – hagiographie, histoire des saints, légende (dorée), martyrologie (*martyrs*), vie des saints. ▲ANT. RÉALITÉ, VÉRITÉ.

léger *adj.* ▶ *Peu intense* – atténué, doux, faible, ténu. ▶ *Délicat* – délicat, délié, élancé, filiforme, fin, fluet, frêle, gracile, grêle, long, longiligne, maigre, mince, svelte. *QUÉB. FAM.* feluette. ▶ *Vaporeux* – aérien, immatériel, mousseux, vaporeux. *SOUT.* arachnéen, éthéré. ▶ *Faible en calories* – à teneur réduite, allégé, diététique, hypocalorique, maigre. ▶ *Frugal* – frugal, maigre. ▶ *Agile* – agile, leste, preste, souple. ▶ *Gai* – allègre, badin, de belle humeur, en gaieté, en joie, enjoué, épanoui, folâtre, foufou, gai, guilleret, hilare, jovial, joyeux, plein d'entrain, réjoui, riant, rieur, souriant. *FAM.* rigolard, rigoleur. ▶ *Écervelé* – écervelé, étourdi, évaporé, imprévoyant, imprudent, impulsif, inconscient, inconséquent, inconsidéré, insouciant, irréfléchi, irresponsable, négligent, sans cervelle, sans-souci. *SOUT.* malavisé. ▶ *Futile* – frivole, futile, mondain, puéril, superficiel. ▶ *Grivois* – coquin, croustillant, égrillard, gaillard, gaulois, gras, grivois, hardi, impudique, impur, leste, libertin, libre, licencieux, lubrique, osé, paillard, polisson, salace. *SOUT.* rabelaisien. *FAM.* épicé, olé olé, poivré, salé. ▶ *En parlant de théâtre* – boulevardier, comique, vaudevillesque. ▲ANT. AIGU, FORT, INTENSE, VIOLENT; ENCOMBRANT, GROS, LOURD, MASSIF, PESANT; ABONDANT, COPIEUX, GARGANTUESQUE, INDIGESTE; BOURRU, DE MAUVAISE HUMEUR, GROGNON, MAUSSADE, MOROSE, RENFROGNÉ, TACITURNE; DÉPRIMÉ, LAS, MÉLANCOLIQUE, MORNE, PESSIMISTE, SOMBRE, TÉNÉBREUX, TRISTE; MESURÉ, PONDÉRÉ, POSÉ, RAISONNABLE,

RÉFLÉCHI, RESPONSABLE, SAGE, SENSÉ, SÉRIEUX ; GRAVE, IMPORTANT ; CHASTE, PUDIQUE ; CONSTANT, STABLE.

légèrement *adv.* ▶ *Doucement* – délicatement, discrètement, doucement, en douceur, faiblement, lentement, mesurément, modérément, mollement, posément, timidement. *FAM.* doucettement, mollo, mou, piane-piane, pianissimo, piano. ▶ *Frivolement* – distraitement, frivolement, futilement, inconséquemment, infidèlement, inutilement, négligemment, superficiellement, vainement. ▶ *Inconsidérément* – à la légère, aveuglément, distraitement, étourdiment, inconsciemment, inconsidérément, indiscrètement. ▶ *Imprudemment* – audacieusement, aventureusement, hardiment, imprudemment, périlleusement, témérairement. ▶ *Frugalement* – austèrement, discrètement, frugalement, mesurément, modérément, peu, raisonnablement, sobrement. ▶ *Un peu* – faiblement, modérément, un peu. ▲ANT. FORTEMENT, INTENSÉMENT, PUISSAMMENT ; BRUTALEMENT, CRÛMENT, DUREMENT, RAIDE, RUDEMENT, SANS MÉNAGEMENT, VERTEMENT, VIOLEMMENT ; ATTENTIVEMENT, AVEC CIRCONSPECTION, CONSCIENCIEUSEMENT, MÉTICULEUSEMENT, MINUTIEUSEMENT, PRÉCISÉMENT, PROPREMENT, RELIGIEUSEMENT, RIGOUREUSEMENT, SCRUPULEUSEMENT, SÉRIEUSEMENT, SOIGNEUSEMENT, VIGILAMMENT.

légèreté *n. f.* ▶ *Douceur* – délicatesse, douceur, finesse, fraîcheur, modération, moelleux, mollesse, onctuosité, quiétude, suavité, tranquillité, velouté. *FIG.* soie. ▶ *Finesse* – délicatesse, étroitesse, finesse, fragilité, gracilité, minceur, petitesse, sveltesse. *SOUT.* ténuité. ▶ *Agilité* – adresse, agilité, aisance, dextérité, élasticité, élégance, facilité, grâce, habileté, main, mobilité, précision, rapidité, souplesse, technique, virtuosité, vivacité. *SOUT.* félinité, prestesse. ▶ *Aisance* – aisance, aise, assurance, décontraction, désinvolture, distinction, facilité, grâce, naturel, rondeur, souplesse. ▶ *Manque de profondeur* – inconsistance, superficialité. ▶ *Distraction* – absence (d'esprit), déconcentration, défaillance, dispersion, dissipation, distraction, étourderie, imprudence, inadvertance, inapplication, inattention, inconséquence, irréflexion, négligence, omission, oubli. *PSYCHAN.* aprosexie, déflexion. *PSYCHOL.* distractivité. ▶ *Frivolité* – détachement, frivolité, imprévoyance, inapplication, inconscience, irresponsabilité, laisser-aller, négligence, nonchalance. *FIG.* myopie. *SOUT.* imprévision, morbidesse. *FAM.* je-m'en-fichisme, je-m'en-foutisme. ▶ *Caprice* – accès, bizarrerie, bon plaisir, caprice, changement, chimère, coup de tête, envie, extravagance, fantaisie, fantasme, folie, frasque, gré, guise, immaturité, impatience, incartade, inconstance, infantilisme, instabilité, lubie, marotte, mobilité, originalité, saute (d'humeur), singularité, sporadicité, variation, versatilité, volonté. *SOUT.* folle gamberge, foucade, humeur. *FAM.* toquade. ▲ANT. LOURDEUR, PESANTEUR ; GRAVITÉ, PROFONDEUR, SÉRIEUX ; CIRCONSPECTION, PRUDENCE, RÉFLEXION ; CONSTANCE, FIDÉLITÉ.

légion *n. f.* ▶ *Unité militaire* – bataillon, brigade, colonne, commando, compagnie, corps, échelon, escadron, escorte, formation, garde, garnison, parti, patrouille, peloton, régiment, section, soldatesque *(indisciplinés)*, tabor *(Maroc)*, troupe, unité. *PAR*

EXT. caserne. *ANC.* escouade, goum, piquet. ▶ *Multitude* – abondance, affluence, armada, armée, attroupement, cohue, concentration, concours, encombrement, essaim, flot, forêt, foule, fourmilière, fourmillement, grouillement, marée, masse, meute, monde, multitude, peuple, pléiade *(célébrités)*, pullulement, rassemblement, régiment, réunion, ribambelle, ruche, tas, troupeau. *FAM.* flopée, marmaille *(enfants)*, tapée, tripotée. *QUÉB.* achalandage ; *FAM.* tapon, trâlée. *PÉJ.* ramassis. ▲ANT. MINORITÉ, POIGNÉE.

législateur *n.* ▶ *Celui qui codifie* – codificateur, nomographe.

législation *n. f.* appareil législatif, code, droit, justice, loi, système législatif. *SOUT.* tribunal.

légitime *adj.* ▶ *Conforme au droit* – juridique, légal, licite, réglementaire. ▶ *Juste* – équitable, fondé, juste, justifié, mérité, motivé. ▶ *Qui peut se justifier* – compréhensible, défendable, excusable, humain, justifiable, naturel, normal. ▲ANT. CRIMINEL, ILLÉGAL, ILLÉGITIME ; ADULTÉRIN, BÂTARD ; INJUSTE ; DÉRAISONNABLE, INADMISSIBLE, INJUSTIFIÉ ; USURPATOIRE.

légitimité *n. f.* ▶ *Normalité* – canonicité, conformité, constitutionnalité, correction, juste, justesse, légalité, normalité, normativité, régularité, validité. ▶ *Pertinence* – à-propos, bien-fondé, convenance, opportunité, pertinence, présence d'esprit, repartie, utilité. *QUÉB. FAM.* adon. ▲ANT. ILLÉGITIMITÉ ; INADMISSIBILITÉ.

léguer *v.* abandonner, céder, laisser, transférer, transmettre. *DR. ou SOUT.* aliéner. ▲ANT. HÉRITER, RECEVOIR ; DÉSHÉRITER.

légume *n. m.* ▶ *Aliment* – fruit légumier, plante potagère, racine potagère, verdure. ▶ *Gousse* – gousse, goussette. ▲ANT. CERVEAU, ESPRIT SUPÉRIEUR, GÉNIE.

lent *adj.* ▶ *En parlant de qqch.* – long. ▶ *Qui met trop de temps* – lambin, long. ▶ *Qui manque d'énergie* – affaibli, alangui, indolent, nonchalant. *SOUT.* languissant. ▶ *Qui manque de vivacité* – balourd, lourd, lourdaud, pesant. ▶ *Qui manque de finesse intellectuelle* – épais, lourd, lourdaud, obtus, pesant. *FAM.* bouché, dur à la détente. *FRANCE FAM.* lourdingue, relou. *QUÉB. BELG. FAM.* dur de comprenure. *SUISSE FAM.* lent à la comprenette. ▶ *Qui fonctionne au ralenti* – atone, endormi, engourdi, paresseux. ▲ANT. RAPIDE, VITE ; ACCÉLÉRÉ, ACTIF, DILIGENT, EXPÉDITIF, INSTANTANÉ, PROMPT ; DYNAMIQUE, ÉNERGIQUE, ENTHOUSIASTE, VAILLANT ; ALERTE, BRILLANT, INTELLIGENT, VIF.

lentement *adv.* ▶ *Paresseusement* – apathiquement, indolemment, languissamment, mollement, négligemment, nonchalamment, oisivement, paresseusement, passivement, poussivement, végétativement. ▶ *Doucement* – délicatement, discrètement, doucement, en douceur, faiblement, légèrement, mesurément, modérément, mollement, posément, timidement. *FAM.* doucettement, mollo, mou, piane-piane, pianissimo, piano. ▶ *Longtemps* – à l'infini, à long terme, à longue échéance, à n'en plus finir, ad vitam æternam, beaucoup, depuis belle lurette, durablement, infiniment, interminablement, longtemps, longuement, mûrement, toujours. ▲ANT. RAPIDEMENT, VITE.

lenteur *n. f.* ▸ *Paresse* – alanguissement, apathie, atonie, engourdissement, fainéantise, farniente, indolence, inertie, laisser-aller, langueur, léthargie, lourdeur, mollesse, négligence, nonchalance, oisiveté, paresse, somnolence, torpeur. *FAM.* cosse, flémingite aiguë, flemmardise, flemme. ▸ *Patience* – calme, constance, courage, douceur, endurance, flegme, patience, persévérance, persistance, résignation, sang-froid, tranquillité. *SOUT.* longanimité. ▸ *Prudence* – clairvoyance, précaution, prévention, prévision, prévoyance, prudence, sagesse. ▸ *Hésitation* – atermoiement, attentisme, échappatoire, faux-fuyant, hésitation, manœuvre dilatoire, procrastination, retardement, temporisation, tergiversation. *DR.* préfixion. *QUÉB. FAM.* niaisage, taponnage, tataouinage, tétage, zigonnage. ▸ *Stupidité* – ânerie, béotisme, bêtise, bornerie, débilité, idiotie, ignorance, imbécillité, ineptie, inintelligence, innocence, insipidité, lourdeur, naïveté, niaiserie, nigauderie, pesanteur, simplicité, sottise, stupidité. ▲**ANT.** ACTIVITÉ, CÉLÉRITÉ, DILIGENCE, EMPRESSEMENT, PRESTESSE, PROMPTITUDE, RAPIDITÉ, VIVACITÉ.

lentille *n. f.* ▸ *Instrument optique* – bonnette, judas optique *(porte)*, mire, objectif, oculaire, œilleton *(arme)*, sténopé, système optique, verre, verre de contact/lentille cornéenne, viseur.

lèpre *n. f.* ▸ *Ce qui ronge* – cancer, chancre.

lésion *n. f.* ▸ *Blessure* – blessure, dégénérescence, marque, plaie. *FAM. ou ENFANTIN* bobo. *DIDACT.* trauma. ▸ *Brûlure* – actinite, ampoule, blessure, cloque, douleur, échaudure, échauffement, escarre, fer chaud, feu, fièvre, inflammation, insolation, irradiation, irritation, phlogose, ulcération, urtication. ▸ *Ulcération* – plaie, ulcération, ulcère. ▸ *Préjudice* – affront, atteinte, désavantage, dommage, injustice, mal, perte, préjudice, tort.

lessivé *adj.* ▸ *Fatigué* (*FAM.*) – à bout, à plat, brisé, courbatu, épuisé, éreinté, exténué, fatigué, fourbu, harassé, las, mort (de fatigue), moulu (de fatigue), ramolli. *SOUT.* recru (de fatigue), rompu (de fatigue), roué de fatigue. *FAM.* au bout du rouleau, avachi, claqué, crevé, esquinté, flagada, flapi, nase, pompé, ramollo, raplapla, rétamé, sur le flanc, sur les genoux, sur les rotules, vanné, vidé. *QUÉB. FAM.* au coton, brûlé, poqué. ▲**ANT.** DÉTENDU, REPOSÉ.

lessive *n. f.* ▸ *Substance* – détachant, détergent, détersif, nettoyant, produit lessiviel, savon, savonnette *(petit)*. *QUÉB.* javellisant. ▸ *Action de laver* – astiquage, bichonnage, débarbouillage, déblaiement, décrassage, décrassement, décrottage, dégagement, dépoussiérage, détachage, essuyage, fourbissage, fourbissement, lavage, lessivage, ménage, nettoyage, rangement, ravalement, savonnage, vidange. *FAM.* briquage. *BELG.* appropriation. ▸ *Exclusion* (*FAM.*) – bannissement, délogement, désinsertion, disgrâce, disqualification, élimination, évacuation, éviction, exclusion, exil, expatriation, expulsion, nettoyage, ostracisme, proscription, rabrouement, radiation, refoulement, rejet, relégation, renvoi. *FAM.* dégommage, éjection, vidage. *QUÉB.* tablettage.

lettré *adj.* averti, cultivé, éclairé, érudit, évolué, instruit, intellectuel, savant. *SOUT.* docte. *FAM.* calé. *QUÉB.* connaissant, renseigné; *FAM.* bollé. ▲**ANT.** ANALPHABÈTE, BÉOTIEN, IGNARE, IGNORANT, ILLETTRÉ, INCULTE, PHILISTIN.

lettré *n.* ▸ *Érudit* – docteur, encyclopédiste, érudit, humaniste, intellectuel, maître-penseur, philosophe, sage, savant. *SOUT.* bénédictin, (grand) clerc, mandarin. *FAM.* bibliothèque (vivante), dictionnaire ambulant, dictionnaire (vivant), encyclopédie (vivante), fort en thème, grosse tête, intello, puits d'érudition, puits de science, rat de bibliothèque, tête d'œuf. ▲**ANT.** IGNARE, IGNORANT, ILLETTRÉ.

lettre *n. f.* ▸ *Signe* – caractère alphabétique. ▸ *Écrit adressé à une personne* – billet, message, mot, pli, réponse. *IRON.* épître. *SOUT.* missive. *FAM.* biffeton *(dans une prison)*. *FRANCE FAM.* babillarde, bafouille. *AFR.* note. ▸ *Lettre ecclésiastique* – bref, bulle, décrétale, encyclique, monitoire, motu proprio, rescrit. ♦ **lettres**, *plur.* ▸ *Connaissances* – acquis, (bagage de) connaissances, bagage (intellectuel), compétence, culture (générale), éducation, encyclopédisme, épistémè, érudition, expérience, humanisme, instruction, lumières, notions, sagesse, savoir, science. *SOUT.* omniscience. ▸ *Littérature* – art d'écrire, expression/production littéraire, littérature. ▸ *Ensemble d'éléments graphiques* – alphabet; mot; lettrage. ▸ *Ensemble d'écrits adressés à une personne* – courrier.

leurre *n. m.* ▸ *Illusion* – abstraction, abstrait, apparence, berlue, chimère, déréalisation, fantasme, faux, faux-semblant, fiction, fumée, hallucination, illusion, image, imagination, irréalisme, irréalité, mensonge, mirage, onirisme, psychédélisme, rêve, rêverie, semblant, simulation, songe, songerie, trompe-l'œil, tromperie, utopie, vision, vue de l'esprit. *FAM.* frime. ▸ *Feinte* – affectation, artifice, cachotterie, comédie, déguisement, dissimulation, duplicité, faux-semblant, feinte, fiction, finauderie, grimace, hypocrisie, invention, mensonge, momerie, pantalonnade, parade, ruse, simulation, singerie, sournoiserie, tromperie. *SOUT.* simulacre. *FAM.* cinéma, cirque, finasserie, frime. ▸ *Guet-apens* – attrape, attrape-nigaud, chausse-trappe, embuscade, filet, guêpier, guet-apens, piège, ruse, traquenard, tromperie. *SOUT.* duperie, rets. ▲**ANT.** RÉALITÉ, VÉRITÉ.

levant *adj.* ▲**ANT.** COUCHANT.

levant *n. m.* ▸ *Est* – est, orient. ▲**ANT.** COUCHANT, OCCIDENT, OUEST, PONANT.

lever *v.* ▸ *Hisser* – élever, hisser, soulever. ▸ *Faire cesser* – arrêter, cesser, interrompre, suspendre. *SOUT.* discontinuer. ▸ *Supprimer une difficulté* – aplanir, supprimer. ▸ *Se déplacer vers le haut* – monter. ▸ *Gonfler, en parlant de la pâte* – fermenter, gonfler, monter. ♦ **se lever** ▸ *Augmenter, en parlant du vent* – forcer, forcir, fraîchir. ▲**ANT.** ABAISSER, AMENER, BAISSER, DESCENDRE, POSER; ASSEOIR, COUCHER, INCLINER, PENCHER; CONTINUER, LAISSER, MAINTENIR.

lever *n. m.* ▸ *Moment* – aube, aurore, crépuscule (du matin), début du jour, lever de l'aurore, lever du jour, lever du matin, naissance du jour, (petit) matin, point du jour. *SOUT.* lueur crépusculaire, pointe de l'aube, pointe du jour. ▸ *Action* – saut du lit. ▲**ANT.** COUCHER.

levier *n. m.* ▸ *Appui* – bielle, biellette, cric, vérin. ▸ *Tige de commande* – anspect, commande, manche à balai, marche, palonnier. ▶ *Moyen* – agent, base, cause, explication, facteur, ferment, fondement, fontaine, germe, inspiration, levain, mobile, moteur, motif, motivation, moyen, objet, occasion, origine, point de départ, pourquoi, principe, raison, raison d'être, source, sujet. SOUT. étincelle, mère, racine, ressort.

lèvre *n. f.* ▶ *Partie de la bouche* – lippe *(épaisse).* ◆ **lèvres**, *plur.* ▶ *Partie du visage* – bouche.
▶ *Pourtour* – bord, ceinture, cercle, circonférence, contour, dessin, extérieur, forme, limbe, marli *(plat, assiette)*, périmètre, périphérie, pourtour, tour.

lexique *n. m.* ▶ *Liste de mots* – dictionnaire, encyclopédie, glossaire, index, terminologie, thésaurus, vocabulaire. FAM. dico. ▶ *Ensemble des mots d'une langue* – vocabulaire.

lézard *n. m.* ▶ *Vivant* – ZOOL. lacertilien, saurien.
▶ *Problème* (FAM.) – accroc, adversité, anicroche, barrière, blocage, contrariété, contretemps, défense, difficulté, digue, écueil, embarras, empêchement, ennui, entrave, frein, gêne, impasse, impossibilité, inhibition, interdiction, objection, obstruction, ombre au tableau, opposition, pierre d'achoppement, point noir, problème, résistance, restriction, tracas, tribulations. QUÉB. irritant. SOUT. achoppement, impedimenta, traverse. FAM. blème, hic, os, pépin. QUÉB. FAM. aria.

liaison *n. f.* ▶ *Jonction* – abouchement, aboutage, aboutement, accolement, accouplage, accouplement, ajustage, apposition, articulation, assemblage, association, branchement, coalescence, confluence, conjonction, conjugaison, connexion, contact, convergence, couplage, couplement, groupage, interconnexion, interface, joint, jointure, jonction, jumelage, juxtaposition, mariage, mise en couple, mixage, raccord, raccordement, rapprochement, reboutement, relation, rencontre, réunion, suture, union. ▶ *Adhérence* – adhérence, cohérence.
▶ *Rapport* – association, connexion, connexité, corrélation, correspondance, dépendance, filiation, interaction, interdépendance, interrelation, lien, lien causal, rapport, rapprochement, relation, relation de cause à effet. FIG. pont. ▶ *Lien atomique* – liaison (chimique). ▶ *Agencement* – accommodation, accommodement, agencement, ajustement, aménagement, architecture, arrangement, articulation, assemblage, combinaison, combinatoire, composition, concaténation, configuration, construction, contexture, coordination, disposition, distribution, élaboration, enchaînement, harmonie, hiérarchie, mise en ordre, mise en place, ordonnance, ordonnancement, ordre, organisation, orientation, plan, profil, programmation, rangement, répartition, structuration, structure, système, texture. ▶ *Fréquentation* – attache, communication, compagnie, contact, correspondance, côtoiement, coudoiement, entourage, familiarité, fréquentation, habitude, intelligence, intimité, lien, pratique, rapport, relation, société, termes *(bons ou mauvais)*, usage, voisinage. SOUT. commerce. PÉJ. acoquinement, encanaillement. ▲ANT. DÉSUNION, DISJONCTION, DISSOCIATION, DIVISION, RUPTURE, SCISSION, SÉPARATION.

liant *adj.* accueillant, affable, agréable, aimable, amène, amical, avenant, bienveillant, chaleureux, charmant, convivial, cordial, de bonne compagnie, engageant, familier, gracieux, invitant, ouvert, sociable, souriant, sympathique. FAM. bonard, sympa. QUÉB. FAM. d'adon. ▲ANT. BOURRU, CASSANT, DISTANT, SEC.

liasse *n. f.* ▶ *Papier lié* – balle, ballot, paquet. ▶ *Papier* BELG. AFR. farde. ▶ *Quantité d'argent* – FAM. matelas.

libéral *adj.* ▶ *Tolérant* – évolué, large (d'esprit), ouvert, tolérant. ▶ *Politique* – rouge, whig. ▲ANT. BORNÉ, ÉTROIT D'ESPRIT, INTOLÉRANT ; AUTORITAIRE, DESPOTIQUE, DICTATORIAL, DIRIGISTE, FASCISTE, HÉGÉMONIQUE, TOTALITAIRE, TYRANNIQUE ; AVARE, MESQUIN.

libéralisme *n. m.* ▶ *Doctrine économique* – capitalisme, individualisme, libre concurrence, libre entreprise, propriété privée. PÉJ. productivisme. ▶ *Doctrine politique* – conservatisme, droite, droitisme, extrême droite, fascisme, partis de droite, réaction. ▶ *Tolérance* – bienveillance, bonté, compréhension, douceur, humanisme, indulgence, irénisme, largeur d'esprit, non-discrimination, non-violence, ouverture (d'esprit), patience, philosophie, réceptivité, respect, tolérance, tolérantisme. SOUT. bénignité, longanimité. ▲ANT. DIRIGISME, ÉTATISME, SOCIALISME ; ABSOLUTISME, DESPOTISME.

libérateur *adj.* émancipateur. ▲ANT. ALIÉNANT, ASSERVISSANT, ASTREIGNANT, CONTRAIGNANT, ÉCRASANT, ÉTOUFFANT, OPPRESSANT.

libérateur *n.* affranchisseur, bienfaiteur, défenseur, deus ex machina, émancipateur, messie, protecteur, rédempteur, sauveur. SOUT. salvateur. ▲ANT. OPPRESSEUR, TYRAN.

libération *n. f.* ▶ *Délivrance* – acquittement, affranchissement, décolonisation, délivrance, désaliénation, élargissement, émancipation, évacuation, manumission, rachat, rédemption, salut. FAM. débarras, quille. SOUT. déprise. ▶ *Éveil spirituel* – délivrance, éveil, illumination, mort de l'ego, réalisation (du Soi), révélation. ▶ *Dans l'hindouisme* – moksha, nirvana. ▶ *Dans le bouddhisme* – bodhi, samadhi. ▶ *Dans le zen* – satori. ▶ *Exemption* – abattement, décharge, dégrèvement, dérogation, détaxation, détaxe, dispense, exemption, exonération, franchise, grâce, immunité, impunité, inamovibilité, inviolabilité, irresponsabilité, liberté, mainlevée, réforme *(armée)*, transit. ▶ *Remboursement* – acquittement, amortissement, couverture, défraiement, désendettement, extinction, paiement, prise en charge, rachat, recouvrement, règlement, remboursement, remise de dette, restitution, rétrocession, reversement. ▶ *Quittance* – acquit, apurement, bulletin, connaissement, décharge, facture, facturette *(carte de crédit)*, quitus, reçépissé, reconnaissance (de paiement), reçu, warrant. ▲ANT. ASSERVISSEMENT, ASSUJETTISSEMENT, ESCLAVAGE, OPPRESSION, SERVITUDE ; ARRESTATION, DÉTENTION, EMPRISONNEMENT, ENFERMEMENT, INCARCÉRATION ; INVASION, OCCUPATION ; CONTRAINTE, OBLIGATION ; INHIBITION, REFOULEMENT.

libéré *adj.* affranchi, déchargé, dégagé, dispensé, exempt, exempté, exonéré, libre.

libérer *v.* ▶ *Relâcher un détenu* – élargir, relâcher, relaxer, (re)mettre en liberté. ▶ *Affranchir d'un état de dépendance* – affranchir, émanciper. DIDACT.

désaliéner. *FÉOD.* mainmettre. ▶ *Délivrer d'une obligation* – affranchir, décharger, dégager, délier, délivrer, désengager, dispenser, excuser, exempter, exonérer, soustraire. ▶ *Délivrer d'un poids moral* – débarrasser, décharger, délivrer, enlever une épine du pied à, ôter une épine du pied à, soulager, tirer une épine du pied à. ▶ *Délivrer de ce qui nuit* – défaire, dégager, délivrer, dépêtrer. ▶ *Décoincer* – débloquer, décoincer, dégager, dégripper. *QUÉB. FAM.* déprendre. ♦ *se libérer* ▶ *S'affranchir d'un état de dépendance* – prendre sa volée, s'affranchir, s'émanciper, secouer le joug, voler de ses propres ailes. ▶ *Se délier d'une obligation* – se délier, se désengager. ▲ANT. EMPRISONNER, ENFERMER, INCARCÉRER; ASSERVIR, ASSUJETTIR, CONTRAINDRE, ENCHAÎNER, FORCER, OPPRIMER; CHARGER, GREVER, IMPOSER, OBLIGER; ARRÊTER, BLOQUER, COINCER, ENTRAVER, GÊNER.

liberté *n. f.* ▶ *Possibilité* – chance, facilité, jeu, latitude, marge (de manœuvre), moyen, occasion, offre, possibilité, volant de sécurité. ▶ *Libre arbitre* – autonomie, contingence, disponibilité, droit, faculté, franc arbitre, hasard, indépendance, indéterminisme, libre arbitre, (libre) choix, licence, loisir, permission, possibilité, pouvoir. ▶ *Liberté politique* – autodétermination, autonomie, désatellisation, indépendance, souveraineté. ▶ *Évasion* – défilade, échappée, escapade, évasion, fugue, fuite, marronnage *(esclave). FAM.* cavale. ▶ *Exemption* – abattement, décharge, dégrèvement, dérogation, détaxation, détaxe, dispense, exemption, exonération, franchise, grâce, immunité, impunité, inamovibilité, inviolabilité, irresponsabilité, libération, mainlevée, réforme *(armée),* transit. ▶ *Spontanéité* – abandon, confiance, détachement, familiarité, insouciance, naturel, spontanéité. ♦ *libertés, plur.* familiarité, franc-parler, hardiesse, privautés, sans-façon, sans-gêne. ▲ANT. CONTRAINTE, EMPÊCHEMENT, ENTRAVE, IMPOSSIBILITÉ, OBLIGATION, OBSTACLE; DESTIN, DÉTERMINISME, FATALITÉ; ASSERVISSEMENT, DÉPENDANCE, ESCLAVAGE, OPPRESSION, SERVITUDE; CAPTIVITÉ, DÉTENTION, EMPRISONNEMENT; GÊNE, RAIDEUR. △LIBERTÉS, *plur.* – DISCRÉTION, RÉSERVE, RETENUE.

libertin *adj.* ▶ *Enclin à la débauche* – corrompu, débauché, dépravé, déréglé, dévoyé, dissipé, dissolu, immoral, relâché. *SOUT.* sardanapalesque. ▶ *Grivois* – coquin, croustillant, égrillard, gaillard, gaulois, gras, grivois, hardi, impudique, impur, léger, leste, libre, licencieux, lubrique, osé, paillard, polisson, salace. *SOUT.* rabelaisien. *FAM.* épicé, olé olé, poivré, salé. ▲ANT. CHASTE, DÉCENT, INNOCENT, PLATONIQUE, PUDIQUE, PUR, SAGE, VERTUEUX.

libertin *n.* ▲ANT. BÉGUEULE, MODÈLE DE CHASTETÉ, PERSONNE PUDIBONDE.

libraire *n.* ▶ *Marchand de livres* – bouquiniste *(rares ou d'occasion),* libraire-imprimeur.

libre *adj.* ▶ *Qui n'est pas attaché* – en liberté. ▶ *Dispensé* – affranchi, déchargé, dégagé, dispensé, exempt, exempté, exonéré, libéré. ▶ *Décontracté* – à l'aise, aisé, décontracté, dégagé, désinvolte, détendu, naturel. ▶ *Effronté* – cavalier, cynique, désinvolte, effronté, éhonté, familier, impertinent, impoli, impudent, insolent, irrespectueux, irrévérencieux, leste, provocant, sans gêne, sans vergogne. *FAM.* culotté, gonflé. *QUÉB. FAM.* baveux. *ACADIE FAM.* effaré. ▶ *Osé*

– coquin, croustillant, égrillard, gaillard, gaulois, gras, grivois, hardi, impudique, impur, léger, leste, libertin, licencieux, lubrique, osé, paillard, polisson, salace. *SOUT.* rabelaisien. *FAM.* épicé, olé olé, poivré, salé. ▶ *Vacant* – disponible, inoccupé, vacant, vide. ▶ *Ouvert à tous* – accessible, ouvert, public. ▶ *Au choix* – à la carte, au choix. ▶ *En parlant d'un État* – autonome, indépendant, souverain. ▲ANT. CAPTIF, DÉTENU, PRISONNIER; ASSERVI, DÉPENDANT, ENCHAÎNÉ, ESCLAVE, OPPRIMÉ, SOUMIS; ASSUJETTI À, ASTREINT À, OBLIGÉ DE, TENU DE; DÉTERMINÉ, FORCÉ, IMPOSÉ, OBLIGATOIRE; DÉFENDU, INTERDIT, RÉGLEMENTÉ, SURVEILLÉ; ATTACHÉ, ENGAGÉ; CÉRÉMONIEUX; COMPASSÉ, GÊNÉ, GUINDÉ, RAIDE; AFFABLE, BIEN ÉLEVÉ, BIENSÉANT, CIVIL, COURTOIS, DÉLICAT, GALANT, POLI; CHASTE, DÉCENT, PUDIQUE; BONDÉ, COMPLET, ENCOMBRÉ, OCCUPÉ, PLEIN; PRIS, RÉSERVÉ, RETENU; IMPÉNÉTRABLE, INACCESSIBLE; RÉGULIER, TRADITIONNEL; DIRIGEABLE *(ballon).*

libre-échange *n. m.* ▲ANT. PROTECTIONNISME.

librement *adv.* ▶ *Facultativement* – à volonté, ad libitum, au choix, en option, éventuellement, facultativement, sans obligation, volontairement. ▶ *Franchement* – abruptement, brusquement, brutalement, carrément, catégoriquement, crûment, directement, droit, droit au but, en plein, fermement, franc, franchement, hardiment, net, nettement, raide, raidement, résolument, rondement, sans ambages, sans ambiguïté, sans barguigner, sans détour(s), sans dissimulation, sans équivoque, sans faux-fuyant, sans hésitation, sans intermédiaire, vertement. *FAM.* franco. ▶ *Impunément* – en toute impunité, en toute liberté, impunément. ▲ANT. DANS LA CONTRAINTE, LES MAINS LIÉES, SOUS SURVEILLANCE; AUSTÈREMENT, ÉTROITEMENT, PURITAINEMENT, RIGIDEMENT, RIGOUREUSEMENT, SÉVÈREMENT, STRICTEMENT; AVEC PUDEUR, CHASTEMENT, PUDIQUEMENT, PUREMENT, SAINTEMENT, VERTUEUSEMENT.

licence *n. f.* ▶ *Liberté* – autonomie, contingence, disponibilité, droit, faculté, franc arbitre, hasard, indépendance, indéterminisme, liberté, libre arbitre, (libre) choix, loisir, permission, possibilité, pouvoir. ▶ *Permis* – autorisation, bon, congé, coupe-file, décharge, dispense, laissez-passer, navicert, passavant, passe-debout, passeport, permis, sauf-conduit, visa. ▶ *Obscénité* – canaillerie, coprolalie, cynisme, gaillardise, gauloiserie, graveleure, grivoiserie, gros mot, grossièreté, immodestie, impudeur, incongruité, inconvenance, indécence, malpropreté, obscénité, polissonnerie, pornographie, saleté. *FAM.* cochoncerie, cochonnerie. ▲ANT. DÉFENSE, ENTRAVE, INTERDICTION; DÉCENCE, RETENUE.

lié *adj.* ▶ *Physiquement joint* – associé, attaché, conjoint, indissociable, inhérent, inséparable, joint, relié, uni. ▶ *Connexe* – afférent, connexe, corollaire, rattaché, relié. ▶ *Interdépendant* – corrélatif, corrélé, interdépendant, interrelié, relié, solidaire. *DIDACT.* corrélationnel.

lie *n. f.* ▶ *Dépôt* – dépôt, marc. ▶ *Résidu* – bassiné, bourre, bourrier, chiure, chute, crasse, culot, débris, déchet, dépôt, détritus, excrément, fange, fiente, fumier, gadoue, immondices, impureté, lavure, malpropreté, ordure, parcelle, perte, poussière, raclure, rebut, reliefs, reliquat, résidu, reste, rinçure, rognure, saleté, salissure. *FAM.* cochonnerie, margouillis,

lime

saloperie. ▶ *Racaille* – bas-fonds, engeance, lie (de la société), racaille, ramassis. *SOUT.* tourbe, vermine. ▲ANT. ÉLITE.

lien *n. m.* ▶ *Attache* – attache, câble, chaîne, corde, courroie, fers, lanière, ligament, ligature, liure, sangle. *QUÉB.* babiche. *MAR.* suspensoir. ▷ *Pour les cheveux* – catogan, chouchou, élastique, ruban. ▷ *Pour les chiens* – accouple, couple, laisse. ▷ *Pour les chevaux* – licou, longe, plate-longe. ▶ *Relation* – association, connexion, connexité, corrélation, correspondance, dépendance, filiation, interaction, interdépendance, interrelation, liaison, lien causal, rapport, rapprochement, relation, relation de cause à effet. *FIG.* pont. ▶ *Analogie* – allégorie, analogie, apologue, assimilation, association (d'idées), catachrèse *(lexicalisée)*, comparaison, équivalence, figure, image, métaphore, parabole, parallèle, parenté, personnification, rapport, rapprochement, relation, ressemblance, similitude, symbole, symbolisme. ▶ *Attachement* – affection, amitié, amour, attachement, attirance, intérêt, sympathie, tendresse. *FAM.* coup de cœur, coup de foudre. ▶ *Obligation* – charge, commandement, contrat, dette, devoir, engagement, obligation, parole, promesse, responsabilité, serment. ▶ *Entrave* – abot, billot, entrave, tribart. ▶ *En informatique* – hyperlien, lien hypermédia, lien hypertexte, pointeur. ▲ANT. DÉSUNION, DISJONCTION, DISSOCIATION, DIVISION, RUPTURE, SCISSION, SÉPARATION ; INDÉPENDANCE ; LIBERTÉ.

lier *v.* ▶ *Faire un nœud* – attacher, mailler, nouer. ▶ *Attacher qqch.* – attacher, ficeler, nouer. *FAM.* saucissonner. ▶ *Attacher qqn* – attacher, garrotter, ligoter. ▶ *Faire communiquer* – brancher, connecter, embrancher, joindre, raccorder, rattacher, relier, réunir. ▶ *Unir par un lien abstrait* – attacher, joindre, souder, unir. ▲ANT. COUPER, DÉFAIRE, DÉFICELER, DÉLIER, DÉNOUER, DÉTACHER, ROMPRE, SÉPARER ; DÉLIVRER, LIBÉRER ; DISPENSER, EXEMPTER ; DISSOCIER, DIVISER, ISOLER, RÉPARER.

lieu *n. m.* ▶ *Endroit* – coin, emplacement, endroit, localisation, localité, place, point, position, poste, scène, séjour, siège, site, situation, théâtre, zone. *BIOL.* locus. ▶ *Environnement* – ambiance, atmosphère, cachet, cadre, climat, décor, élément, entourage, environnement, environs, milieu, monde, société, sphère, théâtre, voisinage.

lieutenant *n.* ▶ *Militaire* – *ANC.* juge mage. ▶ *Adjoint* – adjoint, aidant, aide, alter ego, assesseur, assistant, auxiliaire, bras droit, collaborateur, complice, exécutant, homme de confiance, préparateur, second, sous-chef, subalterne, subordonné. *SOUT.* suivant. *RELIG.* coadjuteur, définiteur. ▷ *Non favorable* – acolyte, lampiste, second couteau, second rôle, second violon, sous-fifre, sous-ordre.

ligne *n. f.* ▶ *Trait* – modénature, ombre, profil, silhouette, trait. *SOUT.* linéament. *DIDACT.* délinéament. ▶ *Rayure* – bande, barre, biffage, biffure, contre-taille *(gravure)*, hachure, liséré, liteau, raie, rature, rayure, strie, trait, vergeture *(peau)*, zébrure. ▶ *Trait qui marque la fin* – aboutissement, bord, bordure, borne, bout, cap, confins, délimitation, extrême, extrémité, fin, finitude, frange, frontière, limite, lisière, orée, pied, pointe, pôle, queue, talon, terme, terminaison, tête. ▶ *Trait qui sépare*

– abornement, bornage, cadre, ceinture, délimitation, démarcation, encadrement, jalonnage, jalonnement, limite, séparation, tracé. ▶ *Contour* – bord, ceinture, cercle, circonférence, contour, dessin, extérieur, forme, lèvres, limbe, marli *(plat, assiette)*, périmètre, périphérie, pourtour, tour. ▶ *Allure* – air, allure, apparence, aspect, attitude, contenance, démarche, façon, genre, maintien, manière, panache, physique, port, posture, prestance, silhouette, style, tenue, tournure. *SOUT.* extérieur, mine. *FAM.* gueule, touche. ▶ *Direction* – axe, cap, côté, direction, exposition, face, inclinaison, orientation, sens, situation, vue. *QUÉB. ACADIE FAM.* bord. *ASTRON.* azimut. *AÉRON. MAR.* cap. *MAR.* gisement, orientement. ▶ *Front* – avant, front, première ligne, théâtre des opérations. ▶ *Fil pour aligner* – cordeau. ▶ *Fil pour pêcher* – empile, fil de canne à pêche, libouret *(à plusieurs hameçons)*. ▷ *De fond* – cordeau, cordée, ligne de fond, palangre, palangrotte, traînée, vermille. ▶ *Fil pour tendre le linge* *(QUÉB. ACADIE FAM.)* – corde à linge, perche à linge, séchoir. *QUÉB. ACADIE FAM.* corde à butin, ligne à butin, ligne à linge. ▶ *Suite* – alignement, chaîne, chapelet, colonne, combinaison, consécution, cordon, enchaînement, enfilade, énumération, file, gamme, guirlande, liste, rang, rangée, séquence, série, succession, suite, tissu, travée. ▶ *Collection* – assortiment, choix, collection, échantillons, éventail, gamme, palette, quota, réunion, sélection, surchoix, tri, variété. ▶ *Descendance* – descendance, descendants, lignée, postérité, progéniture. ◆ **lignes**, *plur.* ▶ *Ensemble des installations* – réseau. ▶ *Frontière* *(QUÉB. FAM.)* – borne, confins, délimitation, démarcation, frontière, limite (territoriale), mur, séparation, zone douanière, zone limitrophe. *QUÉB.* trécarré *(terre). ANC.* limes *(Empire romain)*, marche.

lignée *n. f.* ▶ *Descendance* – descendance, descendants, ligne, postérité, progéniture. ▶ *Noblesse* – aristocratie, élite, grandesse, lignage, naissance, nom, qualité, sang bleu. ▶ *Parenté* – agnation, alliance, arbre généalogique, ascendance, ascendants, branche, cognation, consanguinité, cousinage, degré, descendance, descendants, dynastie, extraction, famille, filiation, fratrie, généalogie, génération, hérédité, lignage, ligne, ligne ascendante, maison, matriarcat, matrilignage, matrilinéarité, origine, parentage, parenté, parentèle, patriarcat, patrilignage, patrilinéarité, postérité, primogéniture, quartier (de noblesse), race, sang, souche.

ligue *n. f.* ▶ *Association politique* – alliance, apparentement, association, bloc, camp, cartel, club, coalition, confédération, faisceau, fédération, formation, front, groupe, groupe d'intérêts, groupe de pression, groupement, mouvement, organisation, parti, phalange, rapprochement, rassemblement, union. *ANC.* hétairie. *FÉOD.* hermandad. *PÉJ.* bande, bandits, cabale, camarilla, chapelle, clan, clique, coterie, école, église, faction, groupuscule, maffia, malfaiteurs, secte. ▶ *Association sportive* – association, fédération.

lime *n. f.* ▶ *Instrument pour polir* – brunissoir, grésoir, joliette, lapidaire, lisse, meule, périgueux, (pierre) ponce, polissoir, polissoire, râpe. ▶ *Fruit* – citron vert, limette.

limitation *n.f.* ▸ *Rationnement* – contingentement, rationnement. ▸ *Fixation* – détermination, fixation, numerus clausus, réglementation, stabilisation. ▸ *Non-prolifération* – non-dissémination, non-prolifération. ▲ANT. EXTENSION, GÉNÉRALISATION; PROPAGATION.

limité *adj.* inférieur, réduit, restreint. ▲ANT. ACCRU, REDOUBLÉ, SUPÉRIEUR.

limite *n.f.* ▸ *Délimitation* – abornement, bornage, cadre, ceinture, délimitation, démarcation, encadrement, jalonnage, jalonnement, ligne, séparation, tracé. ▸ *Frontière* – borne, confins, délimitation, démarcation, frontière, limite (territoriale), mur, séparation, zone douanière, zone limitrophe. QUÉB. trécarré *(terre)*; FAM. lignes *(pays)*. ANC. limes *(Empire romain)*, marche. ▸ *Valeur à ne pas dépasser* – butoir, seuil. ▸ *Extrémité* – aboutissement, bord, bordure, borne, bout, cap, confins, délimitation, extrême, extrémité, fin, finitude, frange, frontière, ligne, lisière, orée, pied, pointe, pôle, queue, talon, terme, terminaison, tête. ▸ *Summum* – acmé, apex, apogée, apothéose, cime, climax, comble, culmination, excès, faîte, fin du fin, fort, maximum, meilleur, nec plus ultra, optimum, paroxysme, pic, pinacle, plafond, point culminant, pointe, record, sommet, summum, triomphe, zénith. FAM. max, top niveau. ▲ANT. INFINI, OUVERTURE.

limiter *v.* ▸ *Former une limite* – borner, boucher, fermer, terminer. ▸ *Marquer de limites* – baliser, borner, bornoyer, délimiter, jalonner, marquer, piqueter, repérer. ▸ *Diminuer* – borner, comprimer, diminuer, réduire, resserrer, restreindre. ▸ *Mesurer* – compter, mesurer, rationner. ▸ *Reléguer* – confiner, enfermer, reléguer, restreindre. ♦ **se limiter** ▸ *Se contenter* – s'en tenir à, se borner à, se cantonner dans, se contenter de. ▸ *Se limiter* – se borner à, se réduire à, se résumer à. ▲ANT. AGRANDIR, ÉLARGIR, ÉTENDRE; LIBÉRER, OUVRIR; GÉNÉRALISER.

limon *n.m.* ▸ *Boue* – boue, bourbe, gâchis, gadoue, vase. SOUT. fange. FRANCE FAM. bouillasse, gadouille, mélasse. QUÉB. FAM. bouette. AFR. poto-poto. ▸ *Alluvion* – accroissement, accrue, accumulation, allaise, alluvion, alluvionnement, apport, atterrissement, banc, boue, chaos, colluvion, couche, dépôt, ensablement, illuviation, illuvion, lais, laisse, lit, moraine, relais, remblaiement, sédiment, sédimentation, strate, stratification, substratum, terrassement. ▸ *Engrais* – amendement, apport, chanci, chaux, compost, craie, engrais, falun, fertilisant, fumier, fumure, glaise, goémon, guano, lisier, marne, paillé, plâtre, poudrette, pralin, purin, superphosphate *(artificiel)*, tangue, terre de bruyère, terreau.

limpide *adj.* ▸ *Transparent* – clair, cristallin, pur, transparent. DIDACT. hyalin, hyaloïde, vitré. ▸ *Facile à comprendre* – à la portée de tous, accessible, clair, cohérent, compréhensible, concevable, déchiffrable, évident, facile, intelligible, interprétable, lumineux, pénétrable, saisissable, simple, transparent. ▲ANT. OPAQUE; SALE, TERNE, TROUBLE; CABALISTIQUE, CRYPTIQUE, ÉNIGMATIQUE, ÉSOTÉRIQUE, HERMÉTIQUE, IMPÉNÉTRABLE, INCOMPRÉHENSIBLE, MYSTÉRIEUX, OBSCUR, TÉNÉBREUX.

limpidité *n.f.* ▸ *Clarté* – clarté, diaphanéité, eau, luminosité, netteté, pureté, translucidité, transparence, visibilité, vivacité. ▸ *Intelligibilité* – accessibilité, clarté, compréhensibilité, compréhension, évidence, facilité, intelligibilité, intercompréhension, lisibilité, luminosité, netteté, transparence. ▲ANT. FLOU, NÉBULOSITÉ, OBSCURITÉ, OPACITÉ; CONFUSION, ININTELLIGIBILITÉ.

linceul *n.m.* drap mortuaire. SOUT. suaire. ANC. poêle.

linge *n.m.* ▸ *Vêtements* – affaires, atours, chiffons, ensemble, garde-robe, habillement, habits, mise, parure, tenue, toilette, trousseau, vestiaire, vêtements. SOUT. vêture. FRANCE FAM. fringues, frusques, nippes, pelures, saint-frusquin, sapes. ▸ *Serviette* (SUISSE) – essuie-mains, serviette. BELG. essuie. ▸ *Torchon* – chamoisine, chiffon (à poussière), éponge, essuie-meubles, essuie-verres, lavette, pattemouille, (peau de) chamois, serpillière, tampon, torchon. QUÉB. guenille. BELG. drap de maison, loque (à reloqueter), wassingue. SUISSE panosse, patte. ACADIE FAM. brayon. TECHN. peille.

lingerie *n.f.* ▸ *Fabrication* – bonneterie, lingerie (pour dames). ▸ *Vêtements* – bonneterie, dessous, linge de corps, petite tenue, sous-vêtement. ▸ *Placard* – garde-robe, penderie, placard, placardpenderie, rangement. FAM. cagibi, fourre-tout. QUÉB. FAM. armoire à linge.

linguistique *adj.* langagier.

linguistique *n.f.* philologie, science du langage.

lion *n.* ▸ *Animal* – roi des animaux. ♦ **lion**, *masc.* ▸ *Homme courageux* – audacieux, aventurier, battant, brave (à trois poils), courageux, dur (à cuire), fonceur, stoïque, (vrai) homme. FAM. baroudeur, va-de-l'avant. ♦ **lionne**, *fém.* ▸ *Femme agressive* – tigresse. ♦ **lions**, *plur.* ▸ *Ensemble d'animaux* – horde (de lions), troupe (de lions). ▲ANT. LÂCHE, PEUREUX, POLTRON.

liqueur *n.f.* ▸ *Boisson non alcoolisée* (QUÉB. FAM.) – boisson gazeuse, soda.

liquidation *n.f.* ▸ *Destruction* – absorption, anéantissement, annihilation, démolition, destruction, dévastation, disparition, effacement, élimination, enlèvement, éradication, fin, gommage, mort, néantisation, suppression. SOUT. extirpation. ▸ *Épuration* – balayage, chasse aux sorcières, coup de balai, épuration, exclusion, expulsion, purge. ▸ *Meurtre* – assassinat, crime, élimination, exécution, homicide, meurtre, mise à mort, suppression. ▸ *Débâcle financière* – banqueroute, chute, crise, culbute, débâcle, déconfiture, dépôt de bilan, dépression, effondrement, faillite, fiasco, insolvabilité, krach, marasme, mévente, naufrage, récession, ruine, stagflation. FAM. dégringolade. FRANCE FAM. baccara. ▸ *Rabais* – abattement, baisse, bas prix, bonification, bradage, décompte, déduction, dégrèvement, diminution, discompte, escompte, prix modique, rabais, réduction, réfaction, remise, ristourne, solde. FAM. bazardage. QUÉB. (prix d')aubaine.

liquide *adj.* aqueux, coulant, fluide. DIDACT. liquidien. ▲ANT. CAILLÉ, ÉPAIS, FIGÉ, PÂTEUX.

liquide *n.m.* ▶ *Corps fluide* ▶ *Restant* – baqueture *(vin)*, coulure, lavure. ▶ *Boisson* – boisson, breuvage *(spécial)*. *SOUT.* nectar. ▶ *Argent* – argent, argent comptant, argent liquide, billet (de banque), comptant, coupure, espèces, numéraire, papier-monnaie. *FAM.* biffeton. ▲**ANT.** SOLIDE; GAZ.

liquider *v.* ▶ *Vendre à bas prix* – brader, solder. *FAM.* bazarder. ▶ *Rembourser* – acquitter, amortir, éteindre, honorer, rembourser, s'acquitter de. ▶ *Tuer* *(FAM.)* – abattre, assassiner, éliminer, exécuter, supprimer, tuer. *SOUT.* immoler. *FAM.* buter, descendre, envoyer ad patres, envoyer dans l'autre monde, expédier, faire la peau à, flinguer *(arme à feu)*, nettoyer, ratatiner, rectifier, refroidir, se faire, trucider, zigouiller. *FRANCE FAM.* bousiller, dessouder, escoffier, révolvériser *(revolver)*. ▲**ANT.** ACHETER, ACQUÉRIR; GARDER, RETENIR.

liquoreux *adj.* ▲**ANT.** SEC.

lisible *adj.* déchiffrable. ▲**ANT.** ILLISIBLE, INDÉCHIFFRABLE.

lisière *n.f.* ▶ *Bord d'une étoffe* – bordé, bordure, feston, liséré, passepoil. ▶ *Extrémité* – aboutissement, bord, bordure, borne, bout, cap, confins, délimitation, extrême, extrémité, fin, finitude, frange, frontière, ligne, limite, orée, pied, pointe, pôle, queue, talon, terme, terminaison, tête. ▲**ANT.** CENTRE, MILIEU.

lisser *v.* ▶ *Satiner* – satiner, velouter. ▶ *Défroisser* – déchiffonner, défriper, défroisser, déplisser, repasser. *BELG.* calandrer. ▶ *Défriser* – déboucler, décrêper, défriser. ▲**ANT.** ÉBOURIFFER, FRISER, FROISSER; CRAQUELER.

liste *n.f.* ▶ *Énumération écrite* – barème, bordereau, cadre, catalogue, index, inventaire, matricule, mémoire, menu, nomenclature, registre, relevé, répertoire, rôle, série, suite, table, tableau. *SUISSE* tabelle. ▶ *Dénombrement* – catalogue, cens, chiffrage, comptage, compte, décompte, dénombrement, détail, énumération, état, évaluation, inventaire, inventoriage, inventorisation, litanie, numération, recensement, recension, revue, rôle, statistique.

lister *v.* ▶ *Énumérer* – compter, dénombrer, détailler, dresser la liste de, énumérer, faire l'inventaire de, faire le décompte de, inventorier, recenser. ▶ *Classer* – cataloguer, classer, inventorier, répertorier.

lit *n.m.* ▶ *Meuble* – couchette *(petit)*. *SOUT.* couche, grabat *(mauvais)*. *FAM.* page, pageot, pagnot, pieu, plumard, pucier, sac à puces, (un) plume. *ENFANTIN* dodo. ▶ *Canal* – adducteur, baradeau, bardine, canal, drain, encaissement, fossé, sangsue, tranchée. *BELG.* watergang. *SUISSE* bisse. *AFR.* seguia. ▶ *Petit* – rigole, saignée. *TECHN.* dalot, goulette, goulotte, larron d'eau, noue, noulet, pierrée. ▶ *Bordant une route* – caniveau, cassis, ruisseau. ▶ *Souterrain* – aqueduc, égout, puisard *(vertical)*. ▶ *Entre deux écluses* – bief, sas. ▶ *Entre deux rivières* – arroyo. ▶ *Couche de nourriture* – fond. ▶ *Matière sur le sol* – litière, matelas, natte, tapis. ▶ *En géologie* – accroissement, accrue, accumulation, allaise, alluvion, alluvionnement, apport, atterrissement, banc, boue, chaos, colluvion, couche, dépôt, ensablement, illuviation, illuvion, lais, laisse, limon, moraine, relais, remblaiement,

sédiment, sédimentation, strate, stratification, substratum, terrassement. ▶ *En construction* – couchis, forme. ▶ *Mariage* – alliance, contrat conjugal, couple, mariage, ménage, nuptialité, union conjugale, union matrimoniale. *SOUT.* hymen, hyménée.

litanie *n.f.* ▶ *Prière* – acte de contrition, acte de foi, déprécation, exercice, exercice de piété, exercice spirituel, invocation, méditation, obsécration, oraison, prière, recueillement, souhait, supplication. ▶ *Énumération* – catalogue, cens, chiffrage, comptage, compte, décompte, dénombrement, détail, énumération, état, évaluation, inventaire, inventoriage, inventorisation, liste, numération, recensement, recension, revue, rôle, statistique.

litière *n.f.* ▶ *Lit à brancards* (ANC.) – bard, brancard, chaise à porteurs, civière, palanquin. *ANC.* basterne, filanzane. ▶ *Paille* – lit, matelas, natte, tapis. ▶ *Gravier* – agrégat, ballast *(chemin de fer)*, cailloutage, cailloutis, cailloux, fines, granulat, gravier, gravillon, mignonnette, pierraille. *FAM.* caillasse. *QUÉB. FAM.* garnotte, gravelle, gravois. *BELG.* grenailles errantes. ▶ *Bac à litière* (QUÉB.) – bac à litière, caisse du chat.

litige *n.m.* ▶ *Procès* – affaire (judiciaire), audience, cas, cause, débat, dossier, espèce, litispendance, poursuite, procès. ▶ *Controverse* – accrochage, algarade, altercation, brouille, brouillerie, chicane, controverse, démêlé, désaccord, désunion, différend, discorde, dispute, divergence, escarmouche, explication, fâcherie, froid, heurt, joute oratoire, querelle, rupture, scène, zizanie. *FAM.* bagarre, bisbille, bringue, chamaille, chamaillerie, empoignade, empoignement, engueulade, prise de bec, séance. *QUÉB. FAM.* brasse-camarade, chamaillage. *BELG. FAM.* bisbrouille. ▲**ANT.** ACCORD, ENTENTE.

littéraire *adj.* ▲**ANT.** ORAL *(culture)*.

littéral *adj.* ▶ *En parlant d'une transcription* – mot à mot, textuel, verbatim. ▶ *En parlant du sens d'un mot* – concret, propre, strict. ▲**ANT.** DÉFORMÉ, INEXACT; ALLÉGORIQUE, FIGURÉ, SYMBOLIQUE.

littéralement *adv.* ▶ *Mot à mot* – à la lettre, ad litteram, exactement, fidèlement, mot à mot, mot pour mot, sic, textuellement, verbatim. *FAM.* texto. ▶ *Au sens propre* – à la lettre, au sens propre, proprement. ▲**ANT.** ALLÉGORIQUEMENT, AU FIGURÉ, FIGURATIVEMENT, MÉTAPHORIQUEMENT, SYMBOLIQUEMENT.

littérateur *n.* (PÉJ.) auteur, écrivain, femme de lettres/homme de lettres. *FAM.* gendelettre.

littérature *n.f.* ▶ *Art littéraire* – art d'écrire, expression/production littéraire, lettres. ▶ *Ouvrages* – bibliographie, corpus. ▶ *Culture générale* – acquis, (bagage de) connaissances, bagage (intellectuel), compétence, culture (générale), éducation, encyclopédisme, épistémè, érudition, expérience, humanisme, instruction, lettres, lumières, notions, sagesse, savoir, science. *SOUT.* omniscience. ▲**ANT.** ORALITÉ, TRADITION ORALE.

littoral *n.m.* bord de mer, côte. ▲**ANT.** ARRIÈRE-PAYS, HINTERLAND, INTÉRIEUR; (LA) HAUTE MER, (LE) LARGE.

liturgie *n.f.* ▶ *Messe* – célébration, cérémonial, cérémonie, culte, messe, obit, office divin, office,

liturgique

saint sacrifice, service, service divin, service religieux.

liturgique *adj.* cultuel, hiératique, religieux, rituel, sacré.

livide *adj.* ▶ *Pâle* – blafard, blanc, blême, cadavéreux, cadavérique, diaphane, exsangue, hâve, pâle, pâlot. *FAM.* pâlichon. ▶ *Bleuâtre* – bleuâtre, cendreux, grisâtre, plombé. ▲**ANT.** FRAIS, RESPLENDISSANT DE SANTÉ, SAIN.

livraison *n. f.* ▶ *Remise* – délivrance, distribution, factage, port, remise, transport. ▶ *Acheminement* – acheminement, amenée, convoi, desserte, diffusion, distribution, envoi, expédition, marche, postage, progression, service, transport. ▶ *Numéro d'un périodique* – exemplaire, numéro. ▲**ANT.** RÉCEPTION; CUEILLETTE, RETIRAISON.

livre *n. m.* ▶ *Assemblage de feuilles* – album, brochure, brochurette, cahier, catalogue, document, écrit, fascicule, imprimé, livret, manuel, opuscule, ouvrage, parution, plaquette, publication, recueil, registre, titre, tome, volume. *FAM.* bouquin. ▶ *Gros FAM.* pavé. *QUÉB. FAM.* brique. ▶ *Subdivision de livre* – alinéa, article, chapitre, matière, objet, paragraphe, partie, question, rubrique, section, sujet, titre, tome, volet, volume. ▶ *Dans un texte sacré* – psaume, surate *(musulman)*, verset. ▶ *Registre* – agenda, bloc-notes, cahier, calepin, carnet, journal, livret, mémento, mémorandum, notes, registre, répertoire. ◆ **livres**, *plur.* ▶ *Ensemble de livres* – bibliothèque, collection (de livres); littérature.

livrée *n. f.* ▶ *Uniforme* – affaires, atours, chiffons, ensemble, garde-robe, habillement, habits, linge, mise, parure, tenue, toilette, trousseau, vestiaire, vêtements. *SOUT.* vêture. *FRANCE FAM.* fringues, frusques, nippes, pelures, saint-frusquin, sapes. ▶ *Signes* – allégorie, attribut, chiffre, devise, drapeau, effigie, emblème, figure, icône, image, incarnation, insigne, logo, logotype, marque, notation, personnification, représentation, signe, symbole, type. ▶ *Poil* – fourrure, lainage, manteau, mantelure *(chien)*, peau, pelage, robe, toison. ▶ *Plumes* – pennage, plumage, plumée, plumes.

livrer *v.* ▶ *Trahir* – dénoncer, trahir, vendre. *FAM.* donner. ▶ *Confier* – avouer, confier, épancher. ◆ **se livrer** ▶ *Se fier* – compter sur, faire confiance à, faire fond sur, s'en rapporter à, s'en remettre à, se confier à, se fier à, se reposer sur. ▶ *Faire des confidences* – débonder son cœur, décharger son cœur, ouvrir son cœur, s'abandonner, s'épancher, s'ouvrir, se confier, (se) débonder, se soulager, se vider le cœur. *FAM.* débiter son chapelet, dévider son chapelet, égrener son chapelet, se déboutonner. ▶ *Se laisser aller* – céder à, donner dans, donner libre cours à, entrer dans, s'abandonner à, s'adonner à, se laisser aller à, se porter à. ▶ *S'occuper* – s'adonner à, s'appliquer à, s'employer à, s'occuper de, se consacrer à, vaquer à. ▶ *Se dédier* – se consacrer à, se dédier à, se dévouer à, se donner à, vivre pour. ▲**ANT.** ARRACHER, DÉLIVRER, ENLEVER; CACHER, DÉROBER; CONSERVER, DÉFENDRE, DÉTENIR, GARDER; RECEVOIR.

livresque *adj.* abstractif, abstrait, cérébral, conceptuel, idéal, intellectuel, mental, spéculatif, théorique. *PHILOS.* idéationnel, idéel, théorétique.

▲**ANT.** PRAGMATIQUE, PRATIQUE; EMPIRIQUE, EXPÉRIMENTAL.

local *n. m.* pièce, salle. *BELG.* place. *QUÉB. FAM.* appartement. *ACADIE* bord.

localisation *n. f.* ▶ *Détection* – décèlement, découverte, dénichement, dépistage, détection, détermination, diagnostic, identification, positivité, récognition, reconnaissance, repérage. *PHYSIOL.* spatialisation. ▶ *Endroit* – coin, emplacement, endroit, lieu, localité, place, point, position, poste, scène, séjour, siège, site, situation, théâtre, zone. *BIOL.* locus. ▲**ANT.** EXTENSION, GÉNÉRALISATION.

localiser *v.* ▶ *Repérer* – découvrir, détecter, repérer, trouver. *FAM.* loger. ▶ *Situer* – placer, situer. ▶ *Contenir dans des limites* – circonscrire, délimiter, restreindre. ▲**ANT.** PERDRE; ÉTENDRE; GÉNÉRALISER.

localité *n. f.* ▶ *Endroit* – coin, emplacement, endroit, lieu, localisation, place, point, position, poste, scène, séjour, siège, site, situation, théâtre, zone. *BIOL.* locus. ▶ *Village* – agglomération (rurale), bourg *(gros)*, bourgade, hameau, lieu-dit *(petit)*, pays, village. *FAM.* patelin. *QUÉB.* paroisse. ▶ *Ville* – agglomération, commune, municipalité, ville. *SOUT.* cité. *ANTIQ.* municipe.

locomotive *n. f.* ▶ *Machine* – *FRANCE FAM.* loco. ▶ *Moyenne* – locomoteur, locomotrice, motrice. ▶ *Petite* – draisine, locotracteur. ▶ *Personne* – âme, artisan, auteur, canalisateur, centre, cerveau, chef, cheville ouvrière, créateur, dirigeant, fondateur, incitateur, initiateur, inspirateur, instigateur, maître (d'œuvre), meneur, moteur, organisateur, patron, père, promoteur, protagoniste, régisseur, responsable. *SOUT.* excitateur, instaurateur, ouvrier.

loge *n. f.* ▶ *Loggia* – balcon, encorbellement, loggia, mâchicoulis, mirador, moucharabieh, terrasse. *QUÉB.* galerie. ▶ *Compartiment d'écurie* – stalle. ▶ *Logement de concierge* – conciergerie. ▶ *Local maçonnique* – atelier. ▶ *Dans une salle de spectacle* – avant-scène, baignoire, proscenium.

logement *n. m.* ▶ *Appartement* – appartement. *FAM.* appart, carrée, piaule. *QUÉB. FAM.* loyer. *BELG.* flat. ▲**ANT.** DÉLOGEMENT, EXPULSION.

loger *v.* ▶ *Habiter de façon permanente* – demeurer, être domicilié, habiter, rester, vivre. *FAM.* crécher, nicher, percher, résider. ▶ *Séjourner* – descendre, rester, s'arrêter, se relaisser, séjourner. ▶ *Pour une nuit* – coucher, dormir, passer la nuit. ▶ *Héberger* – abriter, accueillir, coucher, donner l'hospitalité à, donner le gîte à, héberger, recevoir, recueillir. ▶ *Accueillir un certain nombre de personnes* – accueillir, contenir, recevoir, tenir. ▶ *Mettre* – engager, entrer, glisser, insérer, introduire, mettre. ▶ *Repérer* (*FAM.*) – découvrir, détecter, localiser, repérer, trouver. ▲**ANT.** CHASSER, CONGÉDIER, DÉLOGER; DÉMÉNAGER, QUITTER.

logiciel *n. m.* ▶ *Programme* – algorithme, application, programme. ◆ **logiciels**, *plur.* ▶ *Ensemble de logiciels* – coffret, progiciel, suite. *QUÉB.* trousse.

logique *adj.* ▶ *Cohérent* – cohérent, conséquent, consistant, harmonieux, heureux, ordonné, structuré, suivi. ▶ *Rationnel* – cartésien, déductif, discursif, méthodique, rationnel. ▲**ANT.** ABSURDE,

CONTRADICTOIRE, ILLOGIQUE, IRRATIONNEL; CHAOTI-
QUE, DÉCOUSU, DÉSORDONNÉ, INCOHÉRENT, SANS QUEUE
NI TÊTE; ÉCERVELÉ, ÉTOURDI, INCONSÉQUENT, INSOU-
CIANT, IRRÉFLÉCHI, IRRESPONSABLE, SANS CERVELLE, SANS-
SOUCI.

logique *n.f.* ▶ *Raisonnement* – analyse, apagogie, argument, argumentation, considérations, déduction, démonstration, dialectique, dilemme, discussion, échafaudage, explication, implication, induction, inférence, justificatif, méthode, preuve,
raison, réflexion, réfutation, sorite, substruction, syllogisme, syllogistique, synthèse. ▶ *Méthode* – dialectique, didactique, maïeutique, méthode, praxis.
▶ *Cohérence* – cohérence, cohésion, consistance,
égalité, homogénéité, liaison, non-contradiction, régularité, uniformité, unité. LING. signifiance. ▲ANT.
ABSURDITÉ, CONTRADICTION, ILLOGISME; INTUITION; IN-
CONSÉQUENCE; INCOHÉRENCE.

logiquement *adv.* ▶ *Rationnellement* – analytiquement, conséquemment, dialectiquement,
inductivement, mathématiquement, méthodiquement, point par point, rationnellement, rigoureusement, scientifiquement, sensément, soigneusement,
systématiquement, techniquement. SOUT. cohéremment. ▶ *Inévitablement* – à coup sûr, automatiquement, fatalement, forcément, immanquablement,
implacablement, inéluctablement, inévitablement,
inexorablement, infailliblement, ipso facto, irrésistiblement, mathématiquement, nécessairement, obligatoirement, par la force des choses. ▲ANT. ÉMOTIVE-
MENT; CONTRE TOUTE ATTENTE, DE FAÇON INATTENDUE,
ÉTONNAMMENT, ILLOGIQUEMENT.

logis *n.m.* ▶ *Domicile* (SOUT.) – domicile, foyer,
intérieur, maison, nid, résidence, toit. SOUT. demeure,
habitacle. FAM. bercail, bicoque, chaumière, chez-soi,
crèche, pénates. ▶ *Famille* – cellule familiale, entourage, famille, foyer, fratrie, gens, maison, maisonnée,
membres de la famille, ménage, toit.

logistique *n.f.* ▶ *Organisation* – administration, conduite, direction, gérance, gestion, gouverne,
intendance, management, maniement, organisation, régie, surintendance, tenue.

logo *n.m.* ▶ *Symbole* – allégorie, attribut, chiffre, devise, drapeau, effigie, emblème, figure, icône,
image, incarnation, insigne, livrée, logotype, marque, notation, personnification, représentation, signe, symbole, type.

loi *n.f.* ▶ *Règles publiques* – appareil législatif, code, droit, justice, législation, système législatif. SOUT. tribunal. ▶ *Norme* – arrêté, charte, code,
convention, cote, coutume, formule, mesure, norme,
obligation, ordre, précepte, prescription, protocole,
régime, règle, règlement, usage. ▶ *Pouvoir* – autorité, commandement, domination, emprise, force,
gouvernement (*politique*), juridiction, maîtrise, pouvoir, puissance, règne, tutelle. SOUT. empire, férule,
houlette. ▶ *En religion* – canon, commandement,
dogme, observance. ▶ *Théorie* – conjecture, explication, hypothèse, interprétation, principe, scénario,
spéculation, théorie, thèse. ◆ **lois**, *plur.* ▶ *Ensemble de règles* – code, législation. ▲ANT. ANARCHIE,
ANOMIE, DÉSORDRE.

loque

loin *adv.* à cent lieues (à la ronde), à distance,
à l'écart, à perte de vue, ailleurs, au loin, au lointain, bien après, bien avant, dehors, hors d'atteinte,
hors de portée, lointainement. FAM. à l'autre bout
du monde, au bout du monde, au diable. ▲ANT.
À CÔTÉ, À DEUX PAS, À PROXIMITÉ, DANS LES ENVIRONS,
NON LOIN, PRÈS.

lointain *adj.* ▶ *Éloigné dans l'espace* – distant,
éloigné, espacé. ▶ *Éloigné dans le temps* – ancestral,
ancien, éloigné, immémorial, passé, reculé, révolu.
▶ *Sans lien direct* – éloigné, indirect. ▶ *Songeur* –
absent, absorbé (dans ses pensées), distrait, inattentif, lunaire, méditatif, pensif, qui a l'esprit ailleurs,
rêvasseur, rêveur, somnambule, songeur. FAM. dans
la lune. QUÉB. FAM. coq-l'œil, lunatique. ▲ANT. ADJA-
CENT, AVOISINANT, PROCHAIN, PROCHE, RAPPROCHÉ, VOI-
SIN; NEUF, RÉCENT; ATTENTIF, CONCENTRÉ, VIGILANT.

loisir *n.m.* ▶ *Liberté* – autonomie, contingence,
disponibilité, droit, faculté, franc arbitre, hasard, indépendance, indéterminisme, liberté, libre arbitre,
(libre) choix, licence, permission, possibilité, pouvoir. ▶ *Divertissement* – divertissement, entracte,
interlude, intermède, intermezzo. ▶ *Repos* – congé,
délassement, détente, escale, halte, mi-temps, pause,
récréation, récupération, relâche, répit, repos, temps,
trêve, vacances, villégiature. ▲ANT. OCCUPATION,
TRAVAIL.

long *adj.* ▶ *Étendu dans l'espace* – grand, interminable. ▶ *Mince* – délicat, délié, élancé, filiforme,
fin, fluet, frêle, gracile, grêle, léger, longiligne, maigre, mince, svelte. QUÉB. FAM. feluette. ▶ *En parlant
du visage* – allongé, oblong, ovale. ▶ *Étendu dans
le temps* – à n'en plus finir, interminable, sans fin.
FAM. longuet. ▶ *Qui prend du temps* – lent. ▶ *Lambin* – lambin, lent. ▲ANT. COURT; CONCIS, SUCCINCT;
BREF, INSTANTANÉ; ACTIF, DILIGENT, EMPRESSÉ, EXPÉDITIF,
PROMPT, RAPIDE, VIF.

longer *v.* ▶ *Border* – border, confiner à, côtoyer,
suivre, toucher. ▲ANT. TRAVERSER.

longitudinal *adj.* ▲ANT. TRANSVERSAL.

longtemps *adv.* à l'infini, à long terme, à longue échéance, à n'en plus finir, ad vitam æternam,
beaucoup, depuis belle lurette, durablement, infiniment, interminablement, lentement, longuement,
mûrement, toujours. ▲ANT. BRIÈVEMENT, MOMENTA-
NÉMENT, POUR UN MOMENT, POUR UN TEMPS, RAPIDE-
MENT; INSTANTANÉMENT, TOUT DE SUITE.

longuement *adv.* à l'infini, à long terme, à longue échéance, à n'en plus finir, ad vitam æternam,
beaucoup, depuis belle lurette, durablement, infiniment, interminablement, lentement, longtemps,
mûrement, toujours. ▲ANT. BRIÈVEMENT, RAPIDE-
MENT.

longueur *n.f.* ▶ *Dimension* – distance, écartement, éloignement, portée. ▶ *Fait d'être grand* –
grandeur, immensité, importance, monumentalité.
SOUT. taille. ▲ANT. BRIÈVETÉ.

loque *n.f.* ▶ *Torchon* (BELG.) – chamoisine, chiffon (à poussière), éponge, essuie-meubles, essuie-
verres, lavette, linge, pattemouille, (peau de) chamois, serpillière, tampon, torchon. QUÉB. guenille.
BELG. drap de maison, loque (à reloqueter), wassingue. SUISSE panosse, patte. ACADIE FAM. brayon. TECHN.

lorgnette

peille. ▶ *Pellicule* – peau, voile. ♦ *loques*, *plur.* ▶ *Tissu usé* – chiffons, défroque, friperie, fripes, guenilles, haillons, lambeaux. SOUT. hardes, oripeaux. ▲ANT. ATOURS, TOILETTE; BATTANT, FONCEUR, FORCE DE LA NATURE, GAGNEUR.

lorgnette *n. f.* binoculaire, jumelle, longue-vue, lunette, télescope.

lot *n. m.* ▶ *Fraction d'un terrain* – enclave, lopin, lotissement, parcelle. ▶ *Part* – apport, commandite, contingent, contribution, cotisation, dot, dotation, écot, financement, fonds, fournissement, mise, montant, obligation, parrainage, part, participation, portion, quote-part, quotité. ▶ *Marchandises* – assortiment. ▶ *Chose gagnée* – prix. ▶ *Destinée* – avenir, chance, demain(s), destin, destinée, devenir, étoile, existence, fatalité, fortuité, fortune, futur, hasard, horizon, karma, lendemain(s), nécessité, prédestination, prédétermination, prédéterminisme, providence, sérendipité, sort, vie. SOUT. fatum, Parque. ▲ANT. TOTALITÉ, TOUT.

loterie *n. f.* ▶ *Tirage* – loto, tirage, tombola, totocalcio.

louable *adj.* appréciable, bien, bon, considéré, de bon aloi, digne, estimable, estimé, honorable, méritant, méritoire, respectable. ▲ANT. BLÂMABLE, CONDAMNABLE, PUNISSABLE, RÉPRÉHENSIBLE.

louange *n. f.* acclamation, apologie, apothéose, applaudissement, bravo, célébration, compliment, éloge, encensement, félicitations, fleur, glorification, héroïsation, panégyrique, solennisation. SOUT. baisemain, congratulation, dithyrambe, exaltation. ▲ANT. ACCUSATION, ATTAQUE, BLÂME, CRITIQUE, REPROCHE, RÉQUISITOIRE.

loucher *v.* ▶ *Être affecté de strabisme* – FAM. avoir une coquetterie dans l'œil, bigler. ▶ *Regarder furtivement* – jeter un coup d'œil à, lorgner, regarder à la dérobée, regarder du coin de l'œil. FAM. bigler, guigner, mater, reluquer, zieuter.

louer *v.* ▶ *Retenir en payant* – réserver, retenir. ▶ *Rendre gloire à Dieu* – bénir, glorifier, rendre gloire à. ▶ *Faire l'éloge de qqn* – applaudir, approuver, chanter les louanges de, complimenter, congratuler, couvrir de fleurs, couvrir de louanges, encenser, faire l'éloge de, féliciter, lancer des fleurs à, louanger, rendre hommage à, saluer, vanter. ▶ *Faire l'éloge de qqch.* – chanter les louanges de, faire l'éloge de, louanger, prôner, vanter (les mérites de). ♦ *se louer* ▶ *Être content de soi* – s'applaudir, se féliciter, se réjouir. ▲ANT. ACHETER; SQUATTER; DONNER, OFFRIR; ABAISSER, AVILIR, BLÂMER, CENSURER, CRITIQUER, DÉCRIER, DÉPRÉCIER, DÉSAPPROUVER, HUMILIER, INJURIER, RÉPRIMANDER, SERMONNER; DÉPLORER, RÉCUSER.

lourd *adj.* ▶ *Qui pèse lourd* – pesant. DIDACT. pondéreux. ▶ *Corpulent* – adipeux, (bien) en chair, charnu, corpulent, de forte taille, empâté, épais, étoffé, fort, gras, gros, imposant, large, massif, obèse, opulent, plantureux, plein. FAM. éléphantesque, hippopotamesque. FRANCE FAM. mastoc. QUÉB. FAM. baquais. ▶ *Qui surcharge* – accablant, aliénant, asservissant, assujettissant, astreignant, contraignant, écrasant, étouffant, exigeant, impitoyable, oppressant, pénible, pesant. ▶ *Difficile à digérer* – indigeste, pesant. ▶ *En parlant de l'estomac* – chargé,

embarrassé. ▶ *Qui manque de vivacité* – balourd, lent, lourdaud, pesant. ▶ *Qui manque d'aisance* – embarrassé, gauche, laborieux, qui sent l'effort. ▶ *Qui insiste trop* – appuyé, insistant. ▶ *Important* – d'importance, de conséquence, grave, gravissime, gros, important. ▶ *Onéreux* – cher, dispendieux, onéreux, ruineux. FAM. budgétivore. ▶ *En parlant du style* – chargé, orné, tarabiscoté. ▶ *En parlant de la température* – accablant, brûlant, caniculaire, chaud, écrasant, étouffant, oppressant, saharien, suffocant, torride, tropical. ▶ *En parlant du ciel* – assombri, bouché, chargé de nuages, couvert, ennuagé, gris, nébuleux, nuageux, obscurci, voilé. ▶ *En parlant du sommeil* – de plomb, profond. ▲ANT. IMPONDÉRABLE, LÉGER; CHÉTIF, DÉLIÉ, ÉLANCÉ, MAIGRE, SVELTE; DIGESTE; DÉLICAT, ÉLÉGANT, GRACIEUX; ALERTE, VIF; AISÉ, FACILE, SUPPORTABLE; FUTILE, SANS IMPORTANCE; COULANT, FLUIDE, NATUREL; CLÉMENT, DOUX, TEMPÉRÉ.

lourdeur *n. f.* ▶ *Poids* – densité, masse, massiveté, pesanteur, poids. ▶ *Alourdissement* – alourdissement, appesantissement, augmentation de poids, embarras, indigestion, oppression, surcharge. ▶ *Paresse* – alanguissement, apathie, atonie, engourdissement, fainéantise, farniente, indolence, inertie, laisser-aller, langueur, lenteur, léthargie, mollesse, négligence, nonchalance, oisiveté, paresse, somnolence, torpeur. FAM. cosse, flémingite aiguë, flemmardise, flemme. ▶ *Maladresse* – balourdise, gaucherie, maladresse. SOUT. inhabileté. ▶ *Manque de raffinement* – balourdise, barbarie, béotisme, bestialité, brutalité, fruste, goujaterie, grossièreté, impolitesse, inélégance, rudesse, rustauderie, rusticité, rustrerie, vulgarité. ▶ *Stupidité* – ânerie, béotisme, bêtise, bornerie, débilité, idiotie, ignorance, imbécillité, ineptie, inintelligence, innocence, insipidité, lenteur, naïveté, niaiserie, nigauderie, pesanteur, simplicité, sottise, stupidité. ▲ANT. LÉGÈRETÉ.

loyal *adj.* ▶ *Fidèle* – attaché, constant, dévoué, fidèle, sûr. ▶ *Honnête* – correct, droit, franc, honnête, probe, régulier. FAM. carré, réglo, rond. ▶ *Franc-jeu* – beau joueur, de bonne foi, franc-jeu, sportif. ▲ANT. DÉLOYAL, INFIDÈLE; FAUX, HYPOCRITE, MALHONNÊTE, PERFIDE.

loyalement *adv.* ▶ *Fidèlement* – docilement, fidèlement, inconditionnellement, indéfectiblement, sagement. ▶ *Franchement* – à la loyale, authentiquement, de bonne foi, en toute bonne foi, franc, franchement, honnêtement, ouvertement, sincèrement, uniment. FAM. franco. ▶ *Intègrement* – bien, droitement, exemplairement, honnêtement, honorablement, incorruptiblement, intègrement, irréprochablement, saintement, vertueusement. FAM. à la loyale, proprement. ▲ANT. DÉLOYALEMENT, HYPOCRITEMENT, INSINCÈREMENT, MALHONNÊTEMENT, MENSONGÈREMENT, SOURNOISEMENT, TRAÎTREUSEMENT, TROMPEUSEMENT.

loyaliste *adj.* ▲ANT. DÉLOYAL, INFIDÈLE.

loyauté *n. f.* ▶ *Fidélité* – allégeance, attachement, confiance, dévouement, fidélité, foi, loyalisme. ▶ *Honnêteté* – conscience, droiture, exactitude, fidélité, franchise, honnêteté, incorruptibilité, intégrité, irréprochabilité, justice, mérite, moralité, netteté, probité, scrupule, sens moral, transparence,

lunaire

vertu. ▸ *Franchise* – abandon, bonne foi, confiance, cordialité, droiture, franchise, franc-jeu, franc-parler, netteté, parler-vrai *(politique)*, rondeur, simplicité, sincérité, spontanéité. ▲ANT. DÉLOYAUTÉ, TRAHISON, TRAÎTRISE; DUPLICITÉ, HYPOCRISIE, PERFIDIE.

loyer *n. m.* ▸ *Prix* – pas-de-porte *(commerçant).* ▸ *Logement* (QUÉB. FAM.) – appartement, logement. FAM. appart, carrée, piaule. BELG. flat. ▸ *Revenu* – allocation, arrérages, avantage, bénéfice, casuel, chômage, dividende, dotation, fermage, fruit, gain, intérêt, mense, mensualité, métayage, pension, prébende, présalaire, produit, profit, rapport, recette, redevance, rente, rentrée, retraite, revenu, tontine, usufruit, usure, ventes, viager. FAM. alloc. FRANCE FAM. bénef, chômedu.

lubie *n. f.* ▸ *Caprice* – accès, bizarrerie, bon plaisir, caprice, changement, chimère, coup de tête, envie, extravagance, fantaisie, fantasme, folie, frasque, gré, guise, immaturité, impatience, incartade, inconstance, infantilisme, instabilité, légèreté, marotte, mobilité, originalité, saute (d'humeur), singularité, sporadicité, variation, versatilité, volonté. SOUT. folle gamberge, foucade, humeur. FAM. toquade.

lucide *adj.* ▸ *Aux facultés intellectuelles intactes* – conscient, en pleine possession de ses moyens, qui a toute sa tête, qui a toutes ses idées. ▸ *Clairvoyant* – aigu, clairvoyant, fin, lumineux, pénétrant, perçant, perspicace, profond, psychologue, qui voit loin, sagace, subtil. ▲ANT. CONFUS, INCONSCIENT, QUI N'A PAS TOUTE SA TÊTE.

lucidité *n. f.* ▸ *Entendement* – bon sens, cerveau, cervelle, clairvoyance, compréhension, conception, discernement, entendement, esprit, faculté, imagination, intellect, intelligence, jugement, pénétration, raison, tête. FAM. matière grise, méninges. QUÉB. FAM. cocologie. QUÉB. ACADIE FAM. jarnigoine. PHILOS. logos. ▸ *Finesse* – acuité, clairvoyance, discernement, fin, finesse, flair, habileté, intuition, jugement, pénétration, perspicacité, sagacité, sensibilité, subtilité. FAM. nez. ▸ *Perception extrasensorielle* – clairvoyance, cryptesthésie, métagnomie. ▲ANT. AVEUGLEMENT, CONFUSION, DÉMENCE, ÉGAREMENT, ILLUSION, IVRESSE, PASSION, RÊVE.

lueur *n. f.* ▸ *Clarté* – clair, clair-obscur, clarté, contre-jour, demi-jour, éclair, éclairage, éclat, embrasement, flamboiement, flamme, halo, illumination, jour, lumière, pénombre, soleil. SOUT. nitescence, splendeur. ▸ *Reflet* – brasillement, brillance, brillant, cati, chatoiement, coruscation, éclat, étincellement, feux, halo, image, irisation, luisant, lustre, miroitement, moire, moiré, moirure, orient, papillotage, papillotement, poli, poudroiement, rayonnement, reflet, réflexion, réfraction, réverbération, ruissellement, scintillement. SOUT. luisance, nacre, opalescence, resplendissement, rutilance, rutilation, rutilement. SC. albédo. TECHN. bruni, brunissure. ▸ *Petite quantité* – arrière-goût, atome, bouchée, brin, doigt, filet, goutte, gouttelette, grain, larme, miette, nuage, once, paille, parcelle, peu, pincée, pointe, relent, restant, reste, rien, soupçon, tantinet, teinte, touche, trace, trait, zeste. FAM. chouia. ▸ *Indice* – apparence, cachet, cicatrice, critère, empreinte, indication, indice, marque, ombre, pas, piste, preuve, repère, reste, ride, sceau, signature, signe, stigmate, tache,

témoignage, témoin, trace, trait, vestige. ▲ANT. OBSCURITÉ; ÉBLOUISSEMENT.

lugubre *adj.* ▸ *Qui évoque la mort* – funèbre, macabre, sépulcral. ▸ *Qui évoque le malheur* – funèbre, glauque, noir, sinistre, sombre, triste. SOUT. funeste. ▸ *Ennuyeux* (FAM.) – endormant, ennuyeux, fastidieux, inintéressant, insipide, lassant, monotone, plat, répétitif, soporifique. FAM. assommant, barbant, mortel, mortifère, mourant, rasant, raseur, rasoir, usant. FRANCE FAM. barbifiant, barbifique, bassinant, canulant. QUÉB. FAM. gazant, plate. ▲ANT. GAI, PLAISANT, RÉJOUISSANT.

luire *v.* ▸ *Jeter des reflets* – brasiller, briller, chatoyer, étinceler, flamboyer, fulgurer *(éclat passager)*, miroiter, reluire, resplendir, rutiler, scintiller. SOUT. palpiter, papilloter, pétiller. BELG. blinquer. ACADIE FAM. mirer. ▲ANT. PÂLIR, S'EFFACER, S'ÉTEINDRE, TERNIR; DISPARAÎTRE.

luisant *adj.* ▸ *Scintillant* – brasillant, brillant, éclatant, étincelant, flamboyant, incandescent, miroitant, papillotant, reluisant, rutilant, scintillant. ▸ *Lustré* – brillant, glacé, laqué, lisse, lustré, poli, satiné, verni. ▲ANT. BLAFARD, ÉTEINT, MAT, PÂLE, TERNE.

lumière *n. f.* ▸ *Clarté* – clair, clair-obscur, clarté, contre-jour, demi-jour, éclair, éclairage, éclat, embrasement, flamboiement, flamme, halo, illumination, jour, lueur, pénombre, soleil. SOUT. nitescence, splendeur. ▸ *Ampoule* (FAM.) – ampoule (électrique), lampe (à) halogène, lampe (à incandescence), (lampe) flamme, veilleuse. ▸ *Personne* (FAM.) – as, bonne lame, cerveau, esprit supérieur, fine lame, intelligence. SOUT. aigle, flèche, grosse tête, tête d'œuf. QUÉB. FAM. bolle, bollé. ▸ *Explication* – analyse, clarification, commentaire, critique, définition, désambiguïsation, éclaircissement, élucidation, exemplification, explication, explicitation, exposé, exposition, glose, illustration, indication, interprétation, légende, note, paraphrase, précision, remarque, renseignement. ♦ **lumières**, *plur.* ▸ *Connaissances* – acquis, (bagage de) connaissances, bagage (intellectuel), compétence, culture (générale), éducation, encyclopédisme, épistémè, érudition, expérience, humanisme, instruction, lettres, notions, sagesse, savoir, science. SOUT. omniscience. ▸ *Ensemble de lumières* – éclairage, illumination. ▲ANT. NUIT, OBSCURITÉ, OMBRE, TÉNÈBRES; AVEUGLEMENT, ERREUR. △ LUMIÈRES, *plur.* – IGNORANCE, OBSCURANTISME.

lumineux *adj.* ▸ *Qui émet de la lumière* – brillant, fluorescent, luminescent, phosphorescent. ▸ *Qui est rempli de lumière* – clair, clairé, éclatant, radieux, rayonnant, resplendissant. ▸ *Évident* – à la portée de tous, accessible, clair, cohérent, compréhensible, concevable, déchiffrable, évident, facile, intelligible, interprétable, limpide, pénétrable, saisissable, simple, transparent. ▸ *Perspicace* – aigu, clairvoyant, fin, lucide, pénétrant, perçant, perspicace, profond, psychologue, qui voit loin, sagace, subtil. ▲ANT. NOIR, OBSCUR, SOMBRE; MAT, TERNE; CABALISTIQUE, CRYPTIQUE, EMBROUILLÉ, ÉNIGMATIQUE, ÉSOTÉRIQUE, HERMÉTIQUE, IMPÉNÉTRABLE, INCOMPRÉHENSIBLE, MYSTÉRIEUX, OPAQUE, TÉNÉBREUX.

lunaire *adj.* ▸ *Relatif à la lune* – sélène, sélénien, sélénique, sélénite. ▸ *Rêveur* – absent, absorbé

lune

(dans ses pensées), distrait, inattentif, lointain, méditatif, pensif, qui a l'esprit ailleurs, rêvasseur, rêveur, somnambule, songeur. *FAM.* dans la lune. *QUÉB. FAM.* coq-l'œil, lunatique. ▲**ANT.** ATTENTIF, CONCENTRÉ, VIGILANT ; CONCRET, RÉEL, TANGIBLE ; ALLONGÉ *(visage).*

lune *n. f.* ▶ *Satellite de la Terre* – l'astre au front d'argent, l'astre de la nuit, le compagnon de la Terre. ▶ *Satellite d'une planète* – satellite naturel, satellite.

lunette *n. f.* ▶ *Instrument optique* – binoculaire, jumelle, longue-vue, lorgnette, télescope. ▶ *Cuvette* – bidet, cuvette (sanitaire). ▶ *Partie d'auto* – lunette arrière, vitre arrière. ◆ **lunettes,** *plur.* ▶ *Verres correcteurs* – lorgnon, monocle *(verre unique),* pince-nez, verres. *FAM.* binocles, carreaux. *QUÉB. FAM.* barniques.

lusophone *adj.* portugais. *HIST.* lusitanien.

lustré *adj.* brillant, glacé, laqué, lisse, luisant, poli, satiné, verni.

lustre *n. m.* ▶ *Éclat* – brasillement, brillance, brillant, cati, chatoiement, coruscation, éclat, étincellement, feux, halo, image, irisation, lueur, luisant, miroitement, moire, moiré, moirure, orient, papillotage, papillotement, poli, poudroiement, rayonnement, reflet, réflexion, réfraction, réverbération, ruissellement, scintillement. *SOUT.* luisance, nacre, opalescence, resplendissement, rutilance, rutilation, rutilement. *SC.* albédo. *TECHN.* bruni, brunissure. ▶ *Enduit* – blanc de chaux, brasque, briquetage, caviar, enduit, engluage, fart, laque, mastic, patine, stuc, vernis. *TECHN.* apprêt, engobe, futée, glairure, lut, salbande. ▶ *Relief* (*SOUT.*) – gloire, rayonnement. *SOUT.* relief. ◆ **lustres,** *plur.* ▶ *Période* (*SOUT.*) – une éternité. *FAM.* des lunes, des siècles, un bail, un siècle, une paye. *QUÉB. FAM.* une escousse, une mèche, une secousse. ▶ *Ensemble d'appareils d'éclairage* – lustrerie. ▲**ANT.** MATITÉ.

lutte *n. f.* ▶ *Contact corporel violent* – corps à corps. ▶ *Combat* – accrochage, action (de guerre), affrontement, assaut, attaque, bagarre, bataille, choc, combat, conflit, échauffourée, empoignade, empoignement, engagement, escarmouche, ferraillement, feu, guérilla, guerre, heurt, hostilités, mêlée, opération, pugilat, rencontre, rixe. *FAM.* baroud, baston, bigorne, casse-gueule, casse-pipe, castagne, guéguerre, rif, rififi, riflette. *QUÉB. FAM.* brasse-camarade, poussaillage, tiraillage. *BELG. FAM.* margaille. *MILIT.* blitz *(de courte durée).* ▶ *Antagonisme* – affrontement, antagonisme, combat, compétition, concurrence, conflit, contentieux, contestation, controverse, débat, désaccord, différend, discorde, discussion, dispute, dissension, dissentiment, divergence, émulation, friction, heurt, incompatibilité, incompréhension, mésentente, mésintelligence, opposition, polémique, querelle, rivalité. *FAM.* bagarre. ▶ *Acharnement* – acharnement, ardeur, effort, énergie. ▲**ANT.** ACCORD, ENTENTE, PAIX, TRÊVE ; COLLABORATION, COOPÉRATION, HARMONIE ; ABANDON, RENONCEMENT, RÉSIGNATION.

lutter *v.* ▶ *Combattre corps à corps* – combattre, livrer un combat, livrer une lutte, se battre. ▶ *Livrer*

une lutte armée – combattre, faire la guerre, livrer bataille, livrer un combat, se battre. *SOUT.* guerroyer. ▶ *Se mesurer à un adversaire* – affronter, se battre, se mesurer. ▶ *Combattre une chose abstraite* – batailler, combattre, ferrailler, guerroyer, livrer bataille, livrer un combat, livrer une lutte, (se) bagarrer, se battre. ▶ *Rivaliser* – rivaliser de. *SOUT.* disputer de, faire assaut de, jouter de, le disputer en. ▶ *Refuser de céder* – contrer, ne pas se laisser faire, résister, s'accrocher, se défendre, tenir, tenir bon, tenir ferme, tenir tête. ▲**ANT.** CAPITULER, SE RENDRE ; ABANDONNER, CÉDER, LÂCHER, RENONCER, SE RÉSIGNER.

lutteur *n.* ▶ *Athlète* – catcheur, judoka, karatéka, (lutteur de) sumo *(japonais).* *FAM.* tombeur *(vainqueur).* ▶ *Lutteur de foire* (*QUÉB.*) – hercule de foire, hercule forain, lutteur de foire. ▶ *Personne énergique* – accrocheur, battant, gagneur. *QUÉB.* gagnant. ▲**ANT.** LÂCHEUR.

luxe *n. m.* ▶ *Somptuosité* – abondance, apparat, appareil, beauté, confort, dolce vita, éclat, étalage, faste, grandeur, magnificence, majesté, opulence, ostentation, pompe, profusion, richesse, somptuosité, splendeur. *FAM.* tra la la. ▶ *Abondance* – abondance, afflux, amas, ampleur, concentration, débauche, débordement, exubérance, filon, floraison, foisonnement, forêt, foule, fourmillement, gisement, infinité, inondation, luxuriance, masse, mine, multiplicité, myriade, nuée, orgie, paquet, pléthore, poussière, profusion, quantité, richesse, surabondance, tas, trésor. *FIG.* carnaval. *FAM.* festival, flopée, kyrielle, tapée, tonne, tripotée, wagon. *QUÉB. FAM.* bourrée, tapon. *SUISSE FAM.* craquée. ▶ *Excès* – comble, débauche, débordement, dépassement, disproportion, énormité, excédent, excès, exubérance, gaspillage, inutile, luxuriance, orgie, profusion, redondance, satiété, saturation, superfétation, superflu, superfluité, surabondance, surcharge, surcroît, surenchère, surnombre, surplus, trop, trop-plein. ▶ *Utilité* – avantage, bénéfice, bienfait, commodité, convenance, désidérabilité, efficacité, fonction, fonctionnalité, indispensabilité, intérêt, mérite, nécessité, profit, profitabilité, recours, service, usage, utilité, valeur. ▲**ANT.** SIMPLICITÉ, SOBRIÉTÉ ; DÉNUEMENT, MISÈRE, PAUVRETÉ ; INSUFFISANCE, LACUNE, MANQUE, RARETÉ.

luxueux *adj.* fastueux, magnifique, opulent, princier, riche, royal, seigneurial, somptueux. *SOUT.* magnificent, splendide. ▲**ANT.** À LA BONNE FRANQUETTE, HUMBLE, MODESTE, SANS CÉRÉMONIES, SIMPLE, SOBRE.

lycée *n. m.* ▶ *Établissement scolaire* – académie, alumnat, collège, conservatoire, école, établissement d'enseignement, établissement scolaire, high school *(pays anglo-saxons),* institut, institution, maison d'éducation, maison d'enseignement, medersa *(pays musulmans),* petit séminaire. *FRANCE FAM.* bahut, boîte. *QUÉB.* cégep, collégial, polyvalente, régionale *(en région)* ; *FAM.* poly. *BELG.* athénée. *SUISSE* gymnase. ▶ *Le Lycée* – aristotélisme.

lyrique *adj.* ▶ *Poétique* – poétique, romantique. ▶ *Passionné* – ardent, enflammé, exalté, fervent, inspiré, passionné, vibrant. ▲**ANT.** PROSAÏQUE.

m

macabre *adj.* funèbre, lugubre, sépulcral. ▲ANT. GAI, PLAISANT, RÉJOUISSANT.

mâcher *v.* mastiquer. *FAM.* chiquer. ▲ANT. AVALER TOUT ROND.

machinal *adj.* automatique, inconscient, indélibéré, instinctif, intuitif, involontaire, irréfléchi, mécanique, naturel, réflexe, spontané. *DIDACT.* instinctuel, pulsionnel. ▲ANT. CALCULÉ, CONSCIENT, RÉFLÉCHI, VOLONTAIRE.

machinalement *adv.* à l'instinct, à l'intuition, au flair, automatiquement, d'instinct, impulsivement, inconsciemment, instinctivement, intuitivement, involontairement, mécaniquement, naturellement, par habitude, par humeur, par instinct, par nature, sans réfléchir, spontanément, viscéralement. ▲ANT. À DESSEIN, EXPRÈS, INTENTIONNELLEMENT, VOLONTAIREMENT.

machination *n. f.* ▶ *Manigance* – agissements, cabale, calcul, combinaison, complot, conjuration, conspiration, intrigue, manigance, manipulation, manœuvre, maquignonnage, menées, plan, tractation. *SOUT.* brigue, fomentation. *FAM.* combine, fricotage, grenouillage, magouillage, magouille, micmac, mijotage. ▶ *Ruse* – artifice, astuce, escamotage, fourberie, fraude, machiavélisme, manœuvre, ruse, stratagème, subterfuge. *FAM.* feinte. ▲ANT. DROITURE, HONNÊTETÉ.

machine *n. f.* ▶ *Appareil* – appareil, dispositif, engin, mécanique, mécanisme. *FAM.* bécane, zinzin. *QUÉB. FAM.* patente. ▶ *Personne conditionnée* – automate, robot, somnambule. ♦ **machines,** *plur.* ▶ *Ensemble d'appareils* – machinerie. ▲ANT. (ÊTRE) HUMAIN, MAIN-D'ŒUVRE, PERSONNE; BÊTE DE SOMME.

machiner *v.* combiner, fomenter, manigancer, monter, ourdir, tramer. *FAM.* fricoter, goupiller, magouiller, mijoter, traficoter, trafiquer. ▸ *À plusieurs* – comploter, concerter, conspirer.

machisme *n. m.* misogynie, phallocentrisme, phallocratie, phallocratisme, sexisme. ▲ANT. FÉMINISME.

mâchoire *n. f.* ▶ *Os de la bouche* – *FAM.* mandibule. *ANAT.* maxillaire. ▶ *Organe des animaux* – ganache *(cheval)*, mandibule *(oiseaux et insectes)*, maxille *(insectes et crustacés)*. ▶ *Partie d'un outil qui serre* – mors.

maçon *n.* ▶ *Franc-maçon* – franc-maçon, frère maçon. *FAM.* frère trois-points. ▸ *Grade* – compagnon maçon, grand maître, maître, rose-croix.

macroscopique *adj.* ▲ANT. INOBSERVABLE, MICROSCOPIQUE.

madame *n. f.* ▶ *Titre social* – madame (Unetelle). *FAM.* la mère (Unetelle). *DR.* la femme (Unetelle). ▶ *Femme distinguée* (*FAM.*) – dame. ▶ *Femme en général* (*ENFANTIN*) – femme, fille. ▶ *Qui a des domestiques* – maîtresse (de maison).

mademoiselle *n. f.* ▶ *Femme célibataire* – célibataire. ▸ *Homme* – jeune homme, vieux garçon. ▸ *Femme* – jeune fille. *FAM.* catherinette, mam'selle. *PÉJ.* vieille fille.

madone *n. f.* ▶ *Représentation de la Vierge* – mater dolorosa, pietà, vierge, vierge à l'enfant, vierge aux sept douleurs, vierge de miséricorde, vierge de pitié. ♦ **la Madone** ▶ *La Vierge* – la Bonne Mère, la consolatrice des affligés, la Dame du Ciel, la mère de Dieu, la mère de Jésus, la mère du Christ, la patronne de la France, la Reine du ciel, la Rose mystique, la Sainte Vierge, la Vierge, la Vierge de majesté, la Vierge immaculée, la Vierge Marie, la Vierge Mère, Marie, Notre-Dame, Sainte Marie.

magasin *n. m.* ▶ *Entreprise commerciale* – boutique, commerce, maison (de commerce). ▶ *Cellier* – cave, caveau, sous-sol. ▶ *Entrepôt militaire* – arsenal, dépôt d'armes, poudrière. *ANC.* atelier/manufacture d'armes, sainte-barbe. ▶ *Partie d'une caméra* – *FAM.* boîte.

magazine *n. m.* ▶ *Revue* – annales, bulletin, cahier, fanzine, gazette, illustré, journal, organe, périodique, publication, revue, tabloïd, zine. ▶ *Journal* – bulletin, feuille, hebdomadaire, illustré, journal, organe, périodique, quotidien, tabloïd. *FAM.* hebdo.

mage *n. m.* ▶ *Devin* – devin, prophète, voyant. *SOUT.* augure, vaticinateur. ▶ *Magicien* (*SOUT.*) – enchanteur, ensorceleur, envoûteur, magicien, sorcier. *SOUT.* thaumaturge. ♦ **les Mages,** *plur.* ▶ *Adorateurs de l'enfant Jésus* – les Rois, les Rois mages.

magicien *n.* ▶ *Occulte* – enchanteur, ensorceleur, envoûteur, sorcier. *SOUT.* mage, thaumaturge.

magie *n. f.* ▶ *Occultisme* – archimagie, ésotérisme, gnose, grand art, hermétisme, mystagogie, occultisme, parapsychisme, parapsychologie, phénomènes paranormaux, sciences occultes. ▶ *Sorcellerie* – charme, diablerie, enchantement, ensorcellement, envoûtement, fascination, influence, jettatura, maléfice, malheur, maraboutage, mauvais œil, (mauvais) sort, philtre, possession, sorcellerie, sortilège. *ANTIQ.* goétie. ▶ *Surnaturel* – fantasmagorie, fantastique, féerie, merveilleux, mystère, prodige, prodigieux, sorcellerie, surnaturel. ▶ *Prestidigitation* – illusion, illusionnisme, tour d'adresse, (tour de) magie, (tour de) prestidigitation. *FAM.* tour de passe-passe. *FIG.* jonglerie. ▶ *Influence* – action, aide, appui, ascendant, attirance, attraction, aura, autorité, contagion, crédit, dominance, domination, effet, empreinte, emprise, fascination, force, importance, incitation, influence, inspiration, magnétisme, mainmise, manipulation, mouvance, persuasion, pétition, poids, pouvoir, prépondérance, présence, pression, prestige, puissance, règne, rôle, séduction, subjugation, suggestion, tyrannie. *SOUT.* empire, intercession. ▶ *Charme* – aimant, attirance, attraction, attrait, charisme, charme, chien, désirabilité, envoûtement, fascination, magnétisme, séduction. ▲**ANT.** CONCRET, TANGIBLE ; BANALITÉ, FADEUR.

magique *adj.* enchanté, ensorcelé, envoûté, féerique, merveilleux, surnaturel. ▲**ANT.** NATUREL, ORDINAIRE ; CONCRET, TANGIBLE.

magistral *adj.* ▶ *Exceptionnel* – admirable, brillant, éblouissant, excellent, extraordinaire, fantastique, magnifique, merveilleux, parfait, prodigieux, remarquable, réussi, sensationnel, sublime. *FAM.* à tout casser, bluffant, champion, d'enfer, du tonnerre, épatant, extra, fameux, formidable, fumant, génial, mirifique, pas piqué des vers, splendide, super, terrible. *FRANCE FAM.* du feu de Dieu, énorme, fadé, formide, géant, gratiné, pas piqué des hannetons. *QUÉB. FAM.* capotant, écœurant. ▶ *Grandiose* – grand, grandiose, imposant, impressionnant, magnifique, majestueux, monumental. à grand spectacle *(mise en scène)*. ▲**ANT.** LAMENTABLE, MÉDIOCRE, MINABLE, NAVRANT, PIÈTRE, PITEUX, PITOYABLE, RATÉ ; HUMBLE, MODESTE, PETIT, SIMPLE.

magistrat *n.* ▶ *Chef* – officier. ▶ *Maire* – magistrat municipal, maire. *ANC.* échevin. *BELG. ou SUISSE* bourgmestre. *BELG. ou ANC.* maïeur. ▶ *Autres régions* – alcade *(Espagne)*, lord-maire *(Grande-Bretagne)*. ▶ *Juge* – juge, magistrat assis, magistrat du siège. ▹ *Titre* – Son Honneur *(anglo-saxon)*, Votre Honneur. ▶ *Avocat* – avocat, avocat-conseil, avoué, conseil, conseiller juridique, homme de loi, jurisconsulte, juriste, légiste, membre du barreau, parajuriste, plaideur, procureur. *PÉJ.* avocaillon, chicaneur, chicanier ; *FAM.* chasseur d'ambulance. ♦ **magistrats,** *plur.* ▶ *Personnes* – magistrature, parquet.

magnétique *adj.* ▶ *Qui subjugue* – captivant, charismatique, ensorcelant, envoûtant, fascinant, séduisant. ▲**ANT.** AMAGNÉTIQUE ; RÉFRIGÉRANT, SANS CHARME.

magnétisme *n. m.* ▶ *Aimantation* – aimantation, induction. ▶ *Hypnose* – fascination, hypnose, hypnotisme, narcoanalyse, sophrologie. ▶ *Attraction* – aimant, attirance, attraction, attrait, charisme, charme, chien, désirabilité, envoûtement, fascination, magie, séduction. ▶ *Influence* – action, aide, appui, ascendant, attirance, attraction, aura, autorité, contagion, crédit, dominance, domination, effet, empreinte, emprise, fascination, force, importance, incitation, influence, inspiration, magie, mainmise, manipulation, mouvance, persuasion, pétition, poids, pouvoir, prépondérance, présence, pression, prestige, puissance, règne, rôle, séduction, subjugation, suggestion, tyrannie. *SOUT.* empire, intercession. ▲**ANT.** RÉPULSION.

magnificence *n. f.* ▶ *Beauté* – agrément, art, attrait, beau, beauté, charme, chic, classe, coquetterie, délicatesse, distinction, éclat, élégance, esthétique, féerie, fraîcheur, grâce, gracieux, harmonie, majesté, perfection, photogénie, pureté, séduction, splendeur, symétrie. *DIDACT.* eurythmie. *SOUT.* blandice, joliesse, morbidesse, sublimité, symphonie, vénusté. ▶ *Splendeur* – abondance, apparat, appareil, beauté, confort, dolce vita, éclat, étalage, faste, grandeur, luxe, majesté, opulence, ostentation, pompe, profusion, richesse, somptuosité, splendeur. *FAM.* tra la la. ▶ *Générosité* (*SOUT.*) – charité, don, générosité, largesse, prodigalité. *SOUT.* libéralité, magnanimité, munificence. ▲**ANT.** LAIDEUR, MÉDIOCRITÉ ; SIMPLICITÉ, SOBRIÉTÉ ; PAUVRETÉ ; AVARICE, MESQUINERIE.

magnifique *adj.* ▶ *Grandiose* – grand, grandiose, imposant, impressionnant, magistral, majestueux, monumental. à grand spectacle *(mise en scène)*. ▶ *Somptueux* – fastueux, luxueux, opulent, princier, riche, royal, seigneurial, somptueux. *SOUT.* magnificent, splendide. ▶ *Beau* – admirable, beau, d'une grande beauté, de toute beauté, éblouissant, ravissant, splendide, superbe. *FRANCE FAM.* flambant. ▶ *Féerique* – enchanteur, féerique, idyllique, irréel, merveilleux, paradisiaque. *SOUT.* édénique. ▶ *Exceptionnel* – admirable, brillant, éblouissant, excellent, extraordinaire, fantastique, magistral, merveilleux, parfait, prodigieux, remarquable, réussi, sensationnel, sublime. *FAM.* à tout casser, bluffant, champion, d'enfer, du tonnerre, épatant, extra, fameux, formidable, fumant, génial, mirifique, pas piqué des vers, splendide, super, terrible. *FRANCE FAM.* du feu de Dieu, énorme, fadé, formide, géant, gratiné, pas piqué des hannetons. *QUÉB. FAM.* capotant, écœurant. ▲**ANT.** LAMENTABLE, MÉDIOCRE, MINABLE, NAVRANT, PIÈTRE, PITEUX, PITOYABLE ; À LA BONNE FRANQUETTE, HUMBLE, MODESTE, SANS CÉRÉMONIES, SIMPLE, SOBRE ; AVARE, MESQUIN ; AFFREUX, HIDEUX, HORRIBLE, IGNOBLE, MONSTRUEUX, REPOUSSANT ; ATROCE, INFERNAL, INSOUTENABLE, INTOLÉRABLE, INVIVABLE ; BANAL, COMMUN, ORDINAIRE.

magnifiquement *adv.* ▶ *Glorieusement* – fameusement, glorieusement, héroïquement, historiquement, mémorablement, noblement, proverbialement, splendidement, superbement, vaillamment, valeureusement. ▶ *Grandiosement* – colossalement, en grande pompe, grandement, grandiosement, hiératiquement, immensément, majestueusement, noblement, pompeusement, solennellement. ▶ *Somptueusement* – fastueusement, impérialement, luxueusement, princièrement, richement, royalement, somptueusement, splendidement, superbement. ▶ *Joliment* – agréablement, bien, coquettement, élégamment, esthétiquement, gracieusement, harmonieusement, heureusement, joliment, mignardement, mignonnement, plaisamment, superbement. ▲ANT. HUMBLEMENT, MODESTEMENT, SANS CÉRÉMONIES, SIMPLEMENT, SOBREMENT; MÉDIOCREMENT, MODÉRÉMENT, MOYENNEMENT, PASSABLEMENT, TIÈDEMENT; ABOMINABLEMENT, AFFREUSEMENT, ATROCEMENT, DÉTESTABLEMENT, HORRIBLEMENT.

magot *n. m.* ▶ *Économies* (FAM.) – argent, cagnotte, économies, épargnes, réserve. FAM. bas (de laine), pécule. FRANCE FAM. économiecroques. ▶ *Capital* (FAM.) – argent, avoir, bien, capital, cassette, épargne, fonds, fortune, fruit, gain, investissement, liquidités, masse, numéraire, patrimoine, pécule, placement, portefeuille, possession, produit, propriété, richesse, trésor, valeur. SOUT. deniers. FAM. finances. ▶ *Singe* – magot de Gibraltar. ▶ *Figurine* – magot (chinois).

maigre *adj.* ▶ *Qui a peu de graisse* – délicat, délié, élancé, filiforme, fin, fluet, frêle, gracile, grêle, léger, long, longiligne, mince, svelte. QUÉB. FAM. feluette. ▶ *Un peu trop maigre* – chétif, gringalet, maigrelet, maigrichon, maigriot. ▶ *Extrêmement maigre* – amaigri, décharné, desséché, efflanqué, émacié, famélique, hâve, maigri, osseux, qui n'a que la peau et les os, sec, squelettique. SOUT. étique. FAM. maigre comme un clou, maigre comme un coucou, maigre comme un hareng saur, sec comme un coup de trique. MÉD. cachectique. ▶ *Peu fourni* – clair, clairsemé, rare. ▶ *Insuffisant* – anémique, chétif, chiche, déficient, déficitaire, faible, insatisfaisant, insuffisant, mauvais, médiocre, misérable, pauvre, piètre, rachitique. ▶ *En parlant d'une somme* – bas, faible, modeste, modique, petit. ▶ *Faible en calories* – à teneur réduite, allégé, diététique, hypocalorique, léger. ▶ *En parlant d'un repas* – frugal, léger. ▲ANT. ADIPEUX, CORPULENT, DE FORTE TAILLE, EMPÂTÉ, GRAS, GROS, MASSIF, OBÈSE, OPULENT; ÉPAIS, FOURNI, LUXURIANT, TOUFFU; EXCESSIF, SURABONDANT; ASTRONOMIQUE, EXORBITANT, FARAMINEUX; CONSISTANT, LOURD, RICHE; ABONDANT, COPIEUX, GARGANTUESQUE, PLANTUREUX.

maigreur *n. f.* ▶ *Minceur* – amaigrissement, dépérissement, dessèchement, fragilité, gracilité, minceur. SOUT. émaciation, émaciement. ▲ANT. CORPULENCE, EMBONPOINT, GRAISSE, GROSSEUR, OBÉSITÉ; ABONDANCE; IMPORTANCE.

maigri *adj.* amaigri, décharné, desséché, efflanqué, émacié, famélique, hâve, osseux, qui n'a que la peau et les os, sec, squelettique. SOUT. étique. FAM. maigre comme un clou, maigre comme un coucou, maigre comme un hareng saur, sec comme un coup de trique. MÉD. cachectique.

maigrir *v.* ▶ *Rendre maigre* (SOUT.) – affiner, amaigrir, amincir. ▶ *Amincir une pièce de bois* – allégir, amaigrir, amenuiser, amincir, corroyer, dégraisser, dégrossir, délarder, démaigrir, élégir. ▶ *Perdre du*

poids – mincir. FAM. amincir, décoller, fondre. ▲ANT. ENGRAISSER, GROSSIR, PRENDRE DU POIDS, S'EMPÂTER.

maillet *n. m.* ▶ *Marteau* – batte, besaiguë, bigorne, boucharde, châsse, ferretier, frappe-devant, laie, longuet, mailloche, marteau, marteau-piolet (escalade), martelet, masse, massette, matoir, merlin, minahouet, picot, rivoir, rustique, smille, têtu. ▶ *Arme* – maillotin, masse, masse d'armes.

maillot *n. m.* ▶ *Vêtement souple* – tee-shirt. QUÉB. chandail, gaminet. ▶ *Vêtement pour bébé* – barboteuse, brassière, camisole, dormeuse (couverture), grenouillère, lange, robe. ▶ *Maillot de bain* – maillot (de bain). QUÉB. costume de bain.

main *n. f.* ▶ *Partie du corps* – SOUT. dextre, senestre. ▶ *Aux cartes* – levée, pli. ▶ *Ensemble de feuilles* – rame. ▶ *Poignée* – anse, bec-de-cane, béquille, bouton (de porte), crémone, crosse (arme à feu), ente, espagnolette, manche, mancheron, maneton, manette, manicle, oreille, pied-de-biche, poignée, queue (casserole), robinet. BELG. clenche. SPORTS palonnier. ▶ *Gant de toilette* – FRANCE gant (de toilette), main (de toilette). QUÉB. débarbouillette. BELG. SUISSE lavette. ▶ *Partie d'une plante* – cirre, vrille.

main-d'œuvre *n. f.* ▶ *Ensemble des travailleurs* – effectif, employés, personnel, ressources humaines, salariat, salariés.

maintenance *n. f.* ▶ *Entretien préventif* – (service d')entretien, vérification. ▶ *Dans le commerce* – service après-vente.

maintenant *adv.* à cette heure, à l'époque actuelle, à l'heure actuelle, à l'heure présente, à l'heure qu'il est, à l'instant présent, à présent, actuellement, au moment présent, aujourd'hui, dans le cas présent, de ce temps-ci, de nos jours, de notre temps, en ce moment, en cette saison, ici, par le temps qui court. ▲ANT. ALORS; À UN AUTRE MOMENT; AVANT; APRÈS, PLUS TARD.

maintenir *v.* ▶ *Retenir qqch.* – fixer, retenir, tenir. ▶ *Retenir qqn* – clouer, immobiliser, retenir, river, tenir. ▶ *Faire durer* – continuer, entretenir, perpétuer, prolonger. ▶ *Conserver* – conserver, entretenir, garder, tenir. ▶ *Affirmer de nouveau* – réaffirmer, réitérer. ♦ *se maintenir* ▶ *Continuer d'exister* – demeurer, durer, perdurer, persister, résister, rester, se chroniciser, se conserver, se perpétuer, subsister, survivre. ▲ANT. DÉPLACER, DÉTACHER; CHANGER, MODIFIER; INNOVER; ANNULER, RETIRER, SUPPRIMER; ARRÊTER, CESSER; CONTESTER, DÉSAVOUER, NIER.

maintien *n. m.* ▶ *Préservation* – conservation, continuation, immortalisation, pérennisation, persistance, poursuite, préservation, prolongement, sauvegarde, suite, transmission. SOUT. ininterruption, perpétuation, perpétuement. ▶ *Posture* – attitude, contenance, port, pose, position, posture, station, tenue. ▲ANT. CHANGEMENT; ABANDON, CESSATION; ABOLITION, SUPPRESSION.

maire *n.* ▶ *Administrateur d'une ville* – magistrat municipal. ANC. échevin. BELG. ou SUISSE bourgmestre. BELG. ou ANC. maïeur. ▶ *Autres régions* – alcade (Espagne), lord-maire (Grande-Bretagne). ▶ *Commissaire du roi* (ANC.) – intendant.

mairie 482

mairie *n. f.* ▶ *Édifice* – hôtel de ville. BELG. maison communale. ▶ *Service* – l'Administration municipale.

maison *n. f.* ▶ *Habitation* – domicile, foyer, intérieur, nid, résidence, toit. SOUT. demeure, habitacle, logis. FAM. bercail, bicoque, chaumière, chez-soi, crèche, pénates. ▶ *Édifice à usage particulier* – centre, complexe, établissement, station. ▶ *Famille* – cellule familiale, entourage, famille, foyer, fratrie, gens, logis, maisonnée, membres de la famille, ménage, toit. ▶ *Généalogie* – agnation, alliance, arbre généalogique, ascendance, ascendants, branche, cognation, consanguinité, cousinage, degré, descendance, descendants, dynastie, extraction, famille, filiation, fratrie, généalogie, génération, hérédité, lignage, ligne, ligne ascendante, lignée, matriarcat, matrilignage, matrilinéarité, origine, parentage, parenté, parentèle, patriarcat, patrilignage, patrilinéarité, postérité, primogéniture, quartier (de noblesse), race, sang, souche. ▶ *Entreprise* – boutique, commerce, magasin, maison (de commerce). ◆ **maisons**, *plur.* ▶ *Ensemble d'habitations* – pâté de maisons, rangée de maisons; hameau. ▲ANT. EXTÉRIEUR, PLEIN AIR.

maître *n. m.* ▶ *Chef* – chef, meneur, numéro un, parrain, seigneur, tête. FAM. baron, cacique, caïd, éléphant, (grand) manitou, grand sachem, gros bonnet, grosse légume, hiérarque, huile, pontife. FRANCE FAM. (grand) ponte, grosse pointure. QUÉB. FAM. grosse tuque. ▸ *Avec titre* – autorité, brevetaire, dignitaire, officiel, responsable, supérieur. ▸ *Puissant* – magnat, mandarin, roi (de X), seigneur et maître. SOUT. prince. PÉJ. adjudant. ▸ *Peu important* – chefaillon, petit chef. ▶ *Organisateur* – âme, artisan, auteur, canalisateur, centre, cerveau, chef, cheville ouvrière, créateur, dirigeant, fondateur, incitateur, initiateur, inspirateur, instigateur, locomotive, maître (d'œuvre), meneur, moteur, organisateur, patron, père, promoteur, protagoniste, régisseur, responsable. SOUT. excitateur, instaurateur, ouvrier. ▶ *Propriétaire* – détenteur, porteur, possesseur, propriétaire, titulaire, usufruitier. ▶ *Hôte* – hôte, maître (de maison). SOUT. amphitryon. ▶ *Virtuose* – génie, prodige, superhomme, surdoué, surhomme, talent, virtuose. SOUT. phénix, surhumain. FAM. phénomène. ▶ *Expert* – as, expert, (fin) connaisseur, grand clerc, professionnel, spécialiste, virtuose. FAM. champion, chef, pro. FRANCE FAM. bête. QUÉB. connaissant, personne-ressource. ▶ *Savant* – autorité (en la matière), chercheur, connaisseur, découvreur, docteur, expert, homme de science, investigateur, maître de recherches, professeur, savant, scientifique, sommité, spécialiste. SOUT. (grand) clerc. ▶ *Instituteur* – animateur, éducateur, enseignant, instructeur, moniteur, pédagogue, professeur. FAM. prof, sorbonnard (Sorbonne). QUÉB. andragogue *(enseignement aux adultes)*. BELG. régent. ▸ *Au primaire* – instituteur. FAM. insti. ANTIQ. grammatiste. ▸ *Directeur* – directeur, patron de thèse. ▸ *Assistant* – assistant, lecteur, maître assistant, moniteur, préparateur, répétiteur, sous-maître. ▸ *Enseignant à contrat* – chargé de cours. FRANCE maître de conférence. ▸ *Suppléant* – (professeur) suppléant, remplaçant. ▶ *Guide spirituel* – chef de file, gourou, guide (spirituel), magistère, mahatma, maître à penser, maître (spirituel),

meneur, pandit, pasteur, phare, rassembleur, sage. SOUT. conducteur, coryphée, entraîneur (d'hommes). FAM. pape. ▲ANT. ESCLAVE, SERVITEUR; INFÉRIEUR, SUBALTERNE, SUBORDONNÉ; DISCIPLE, ÉLÈVE.

maître *adj.* ▲ANT. ACCESSOIRE, MINEUR, SECONDAIRE.

maîtresse *n. f.* ▶ *Institutrice* – animateur, éducateur, enseignant, instructeur, moniteur, pédagogue, professeur. FAM. prof, sorbonnard (Sorbonne). QUÉB. andragogue *(enseignement aux adultes)*. BELG. régent. ▸ *Au primaire* – instituteur, maître/maîtresse (d'école). FAM. insti. ANTIQ. grammatiste. ▸ *Directeur* – directeur, patron de thèse. ▸ *Assistant* – assistant, lecteur, maître assistant, moniteur, préparateur, répétiteur, sous-maître. ▸ *Enseignant à contrat* – chargé de cours. FRANCE maître de conférence. ▸ *Suppléant* – (professeur) suppléant, remplaçant. ▶ *Qui a des domestiques* – madame, maîtresse (de maison). ▲ANT. ÉLÈVE; COCUE, ÉPOUSE; DOMESTIQUE.

maîtrise *n. f.* ▶ *Habileté* – adresse, aisance, aptitude, art, brio, capacité, compétence, dextérité, disposition, doigté, don, expérience, expertise, facilité, faculté, force, fort, génie, habileté, main, métier, pouvoir, professionnalisme, savoir, savoir-faire, sens, talent, technique, virtuosité. SOUT. industrie. FAM. bosse. QUÉB. douance *(scolaire)*. DR. habilitation, habilité. ▶ *Éloquence* – ardeur, art, art oratoire, brio, chaleur, charme, conviction, élégance, expression, parole, persuasion, rhétorique. SOUT. bien-dire. ▶ *Domination* – autorité, commandement, domination, emprise, force, gouvernement *(politique)*, juridiction, loi, pouvoir, puissance, règne, tutelle. SOUT. empire, férule, houlette. ▶ *Chanteurs* – chanteurs, chœur, chorale, choristes, ensemble vocal. ▸ *Enfants* – psallette. ▲ANT. INCOMPÉTENCE, INEXPÉRIENCE; SERVITUDE.

maîtriser *v.* ▶ *Contraindre physiquement* – immobiliser, neutraliser, se rendre maître de. ▶ *Dominer* – contrôler, domestiquer, dominer, dompter, gouverner, juguler, surmonter. SOUT. briser, discipliner. ▶ *Dominer un sentiment* – calmer, contenir, contrôler, dominer, dompter, gouverner, surmonter, vaincre. SOUT. commander à. ▶ *Connaître un sujet* – connaître, savoir. ◆ **se maîtriser** ▶ *Rester maître de soi* – garder son sang-froid, rester maître de soi, se calmer, se contenir, se contrôler, se dominer, se dompter, se posséder, se raisonner, se retenir. QUÉB. FAM. prendre sur soi. ▲ANT. ABANDONNER, CÉDER, DÉLIVRER, LAISSER, LIBÉRER; OBÉIR, SE SOUMETTRE. △SE MAÎTRISER – ÉCLATER, S'ABANDONNER, SE LAISSER ALLER, SUCCOMBER.

majesté *n. f.* ▶ *Beauté* – agrément, art, attrait, beau, beauté, charme, chic, classe, coquetterie, délicatesse, distinction, éclat, élégance, esthétique, féerie, fraîcheur, grâce, gracieux, harmonie, magnificence, perfection, photogénie, pureté, séduction, splendeur, symétrie. DIDACT. eurythmie. SOUT. blandice, joliesse, morbidesse, sublimité, symphonie, vénusté. ▶ *Somptuosité* – abondance, apparat, appareil, beauté, confort, dolce vita, éclat, étalage, faste, grandeur, luxe, magnificence, opulence, ostentation, pompe, profusion, richesse, somptuosité, splendeur. FAM. tra la la. ▶ *Gravité* – componction, décence, dignité, gravité, hiératisme, pompe, raideur, réserve, rigidité, sérieux, solennité. ▲ANT. MÉDIOCRITÉ, PAUVRETÉ, SIMPLICITÉ, SOBRIÉTÉ; BASSESSE, VULGARITÉ.

majestueusement *adv.* ► *Grandiosement* – colossalement, en grande pompe, grandement, grandiosement, hiératiquement, immensément, magnifiquement, noblement, pompeusement, solennellement. ► *Dignement* – aristocratiquement, augustement, dignement, fièrement, gravement, honorablement, noblement, princièrement, royalement, solennellement. ▲ANT. MÉDIOCREMENT, MODÉRÉMENT, MOYENNEMENT, PASSABLEMENT, TIÈDEMENT.

majestueux *adj.* ► *Grandiose* – grand, grandiose, imposant, impressionnant, magistral, magnifique, monumental. à grand spectacle *(mise en scène)*. ► *Digne* – auguste, digne, grave, impérial, imposant, noble, olympien, qui impose le respect, solennel. ▲ANT. HUMBLE, MODESTE, PETIT, SIMPLE.

majeur *adj.* ► *Important* – capital, central, crucial, de la plus haute importance, de premier plan, décisif, déterminant, dominant, essentiel, fondamental, important, maître, numéro un, prédominant, prééminent, premier, prépondérant, primordial, principal, prioritaire, supérieur. SOUT. à nul autre second, cardinal. ► *Qui a atteint l'âge de la majorité* – adulte, grand. FAM. majeur et vacciné. ▲ANT. MINEUR; ACCESSOIRE, INSIGNIFIANT, PETIT, SECONDAIRE; IMPUBÈRE.

majoritaire *adj.* ▲ANT. MINORITAIRE.

majorité *n. f.* ► *Âge adulte* – adultie, adultisme, âge, âge adulte, âge mûr, assurance, confiance en soi, épanouissement, expérience (de la vie), force de l'âge, maturité, plénitude, réalisation de soi, sagesse. ► *Nombre majoritaire* – la généralité, la plupart, le commun, le plus grand nombre. ▲ANT. MINORITÉ.

majuscule *adj.* capital. ▲ANT. MINUSCULE.

mal *adj.* ▲ANT. ANODIN, BÉNIN, INNOCENT, INOFFENSIF, SANS DANGER, SANS GRAVITÉ.

mal *adv.* ► *Défavorablement* – dangereusement, défavorablement, désavantageusement, dramatiquement, funestement, gravement, grièvement, imprudemment, malencontreusement, nuisiblement, pernicieusement, sérieusement, subversivement, terriblement. ► *Désagréablement* – à regret, âcrement, déplaisamment, désagréablement, désobligeamment, détestablement, douloureusement, ennuyeusement, exécrablement, fâcheusement, fastidieusement, importunément, inconfortablement, inopinément, inopportunément, insupportablement, intolérablement, mal à propos, malencontreusement, malheureusement, par malheur, péniblement, regrettablement. FAM. salement. ► *Difficilement* – à grand-peine, à peine, difficilement, difficultueusement, durement, incommodément, laborieusement, malaisément, péniblement, tant bien que mal. FAM. cahin-caha. ► *Erronément* – à tort, abusivement, défectueusement, erronément, faussement, fautivement, improprement, inadéquatement, incorrectement, inexactement, par erreur, vicieusement. ► *Maladroitement* – à la diable, à tort et à travers, gauchement, inhabilement, lourdement, maladroitement, malhabilement. ► *Insuffisamment* – dérisoirement, faiblement, imparfaitement, inacceptablement, insuffisamment, médiocrement,

mollement, pauvrement. ► *Immoralement* – immoralement, méchamment, perversement, vicieusement. ▲ANT. BIEN.

mal *n. m.* ► *Malaise* – affection, altération, anomalie, défaillance, déficience, dérangement, dysfonction, dysfonctionnement, embarras, faiblesse, gêne, indisposition, insuffisance, malaise, trouble. DIDACT. dysphorie. MÉD. lipothymie. SOUT. mésaise. ► *Maladie* – affection, cas, maladie, morbidité, syndrome. ► *Douleur morale* – blessure, déchirement, déchirure, douleur, martyre, souffrance, supplice, torture. SOUT. tenaillement, tribulation. ► *Épreuve* – contrariété, coup, coup du destin, coup du sort, coup dur, disgrâce, échec, épreuve, hydre, infortune, malchance, malheur, mauvais moment à passer, misère, péril, revers, ruine, tribulation. SOUT. traverse. ► *Péché* – accroc, chute, crime, déchéance, écart, errements, faute, impureté, manquement, mauvais, offense, péché, sacrilège, scandale, souillure, tache, transgression, vice. ► *Préjudice* – affront, atteinte, désavantage, dommage, injustice, lésion, perte, préjudice, tort. ▲ANT. BIEN; BONHEUR; VERTU; BIENFAIT.

malade *adj.* ► *Souffrant* – incommodé, indisposé, mal en point, mal portant, souffrant. SOUT. dolent. FAM. H.S., mal fichu, mal foutu, patraque. QUÉB. FAM. mal-en-train, poqué. ► *Qui garde le lit* – alité. SOUT. grabataire. ▲ANT. BIEN PORTANT, EN BONNE SANTÉ, EN SANTÉ; ÉQUILIBRÉ, SAIN D'ESPRIT.

malade *n.* ► *Personne en mauvaise santé* – mal-portant. ► *Fou* – aliéné, dément, désaxé, déséquilibré, forcené, fou, furieux, interné, malade (mental), perdu, psychosé, psychotique. ► *Passionné* – adepte, aficionado, amant, amateur, ami, amoureux, connaisseur, fanatique, fervent, fou, passionné. SOUT. assoiffé. FAM. accro, allumé, enragé, fana, mordu. FRANCE FAM. fondu. ▲ANT. BIEN-PORTANT; CONVALESCENT.

maladie *n. f.* ► *Trouble de l'organisme* – affection, cas, mal, morbidité, syndrome. ► *Vice* – défaut, défectuosité, démérite, faible, faiblesse, faille, faute, grossièreté, handicap, imperfection, infirmité, insuffisance, lacune, malfaçon, manque, péché mignon, péché véniel, petitesse, tache, tare, tort, travers, vice. SOUT. perfectibilité. ► *Obsession* – fixation, idée fixe, maniaquerie, manie, obsession. PSYCHOL. centration. FAM. fixette. ▲ANT. SANTÉ; CONVALESCENCE, GUÉRISON, RÉTABLISSEMENT.

maladif *adj.* ► *À la santé fragile* – anémique, chétif, débile, délicat, en mauvaise santé, faible, fragile, frêle, mal portant, malingre, rachitique, souffreteux. SOUT. valétudinaire. ► *Anormal* – anormal, malsain, morbide, obsessif, obsessionnel, pathologique. ▲ANT. BIEN PORTANT, EN BONNE SANTÉ, EN SANTÉ, ROBUSTE, SAIN, VALIDE; NORMAL.

maladresse *n. f.* ► *Gaucherie* – balourdise, gaucherie, lourdeur. SOUT. inhabileté. ► *Bévue* – balourdise, bavure, bêtise, bévue, blague, bourde, distraction, erreur, étourderie, fausse manœuvre, fausse note, faute, faux pas, gaucherie, impair, imprudence, maldonne, méprise, sottise. FAM. boulette, couac, gaffe, gourance, gourante. ▲ANT. ADRESSE, AISANCE, DEXTÉRITÉ, HABILETÉ.

maladroit *adj.* balourd, gauche, incapable, lourdaud, malhabile, pataud. *SOUT.* inhabile. *FAM.* brise-tout, cafouilleur, cloche, empaillé, empoté, gaffeur, godiche, godichon, gourd, gourde, manche, manchot. ▲**ANT.** ADROIT, CAPABLE, COMPÉTENT, DOUÉ, EXPERT, HABILE, PERFORMANT, QUALIFIÉ, TALENTUEUX, VERSÉ.

maladroitement *adv.* à la diable, à tort et à travers, gauchement, inhabilement, lourdement, mal, malhabilement. ▲**ANT.** ADROITEMENT.

mal-aimé *n.* affligé, damné de la terre, déshérité, exclu (de la société), gueux, infortuné, laissé-pour-compte, malchanceux, malheureux, miséreux, paria, pauvre, persona non grata, réprouvé. *FAM.* paumé. *FRANCE FAM.* déveinard. ▲**ANT.** BIEN-AIMÉ.

malaisé *adj.* ardu, complexe, compliqué, corsé, délicat, difficile, épineux, laborieux, problématique. *SOUT.* scabreux. *FAM.* calé, coton, dur, musclé, trapu. ▲**ANT.** AISÉ, COMMODE, ÉLÉMENTAIRE, ENFANTIN, FACILE, SIMPLE.

malaise *n. m.* ▶ *Trouble physique* – affection, altération, anomalie, défaillance, déficience, dérangement, dysfonction, dysfonctionnement, embarras, faiblesse, gêne, indisposition, insuffisance, mal, trouble. *DIDACT.* dysphorie. *MÉD.* lipothymie. *SOUT.* mésaise. ▶ *Gêne* – appréhension, confusion, crainte, discrétion, effacement, effarouchement, embarras, émoi, frilosité, gaucherie, gêne, hésitation, honte, humilité, indécision, inhibition, introversion, modestie, peur, réserve, retenue, sauvagerie, timidité. *SOUT.* pusillanimité. *FAM.* trac. ▲**ANT.** BIEN-ÊTRE; EUPHORIE; AISE, CONFORT.

malchance *n. f.* ▶ *Hasard malheureux* – accident, coup du destin, coup du sort, coup dur, cruauté du destin, fatalité, fortune contraire, infortune, malheur, mauvais sort, mauvaise fortune, sort contraire, vicissitude. *SOUT.* adversité, infélicité. *FAM.* déveine, guigne, manque de bol, manque de pot, poisse. *FRANCE FAM.* cerise, débine, guignon, mélasse, mouscaille, scoumoune. ▶ *Épreuve* – contrariété, coup, coup du destin, coup du sort, coup dur, disgrâce, échec, épreuve, hydre, infortune, mal, malheur, mauvais moment à passer, misère, péril, revers, ruine, tribulation. *SOUT.* traverse. ▲**ANT.** CHANCE, FORTUNE.

malchanceux *adj.* infortuné, malheureux. ▲**ANT.** BIEN LOTI, CHANCEUX, FORTUNÉ.

mâle *adj.* masculin, viril. ▲**ANT.** FEMELLE; FÉMININ.

mâle *n. m.* ▶ *Animal* – géniteur, reproducteur. ▶ *Homme viril* – (vrai) homme. *FRANCE FAM.* mec. ▶ *Au sens juridique* – garçon, homme. ▲**ANT.** FEMELLE.

malédiction *n. f.* ▶ *Malheur* – adversité, calamité, calice (de douleur), chagrin, détresse, deuil, disgrâce, douleur, échec, épreuve, fatalité, infortune, mal, malchance, malheur, mauvaise fortune, mauvaise passe, mésaventure, misère, nuage, orage, peine, revers, ruine, sale affaire, sale histoire, souffrance, traverse, tribulation. *SOUT.* bourrèlement, plaie, tourment. ▶ *Damnation* – anathématisation, anathème, blâme, blasphème, condamnation, damnation, déprécation, excommunication, imprécation, jurement, réprobation, vœu. *SOUT.* exécration. ▶ *Blâme* – accusation, admonestation, admonition, anathématisation, anathème, attaque, avertissement, blâme, censure, condamnation, correction, critique, désapprobation, diatribe, grief, grognerie, gronderie, interdit, leçon, mise à l'écart, mise à l'index, mise en quarantaine, objection, observation, plainte, punition, récrimination, remarque, remontrance, représentation, réprimande, réprobation, reproche, réquisitoire, semonce, sérénade, sermon, tollé. *SOUT.* foudres, fustigation, improbation, mercuriale, objurgation, stigmatisation, vitupération. *FAM.* douche, engueulade, prêchi-prêcha, savon, tabac. *FRANCE FAM.* attrapade, lavage de tête, soufflante. *BELG.* cigare. *RELIG.* fulmination. ▲**ANT.** BONHEUR, CHANCE; BÉNÉDICTION.

maléfice *n. m.* charme, diablerie, enchantement, ensorcellement, envoûtement, fascination, influence, jettatura, magie, malheur, maraboutage, mauvais œil, (mauvais) sort, philtre, possession, sorcellerie, sortilège. *ANTIQ.* goétie. ▲**ANT.** DÉSENSORCELLEMENT, DÉSENVOÛTEMENT, EXORCISME.

malentendu *n. m.* ▶ *Méprise* – confusion, équivoque, erreur, imbroglio, maldonne, mécompte, méprise, quiproquo. ▶ *Dispute* – accrochage, algarade, altercation, brouille, brouillerie, chicane, controverse, démêlé, désaccord, désunion, différend, discorde, dispute, divergence, escarmouche, explication, fâcherie, froid, heurt, joute oratoire, litige, mésentente, passe d'armes, polémique, querelle, rupture, scène, zizanie. *FAM.* bagarre, bisbille, bringue, chamaille, chamaillerie, empoignade, empoignement, engueulade, prise de bec, séance. *QUÉB. FAM.* brasse-camarade, chamaillage. *BELG. FAM.* bisbrouille. ▲**ANT.** COMPRÉHENSION; ACCORD, ENTENTE.

malfaisant *adj.* ▶ *Méchant* – cruel, maléfique, malintentionné, malveillant, mauvais, méchant, pervers, sadique, vicieux. *FAM.* chien, vachard, vache. *FRANCE FAM.* rossard, rosse. ▶ *Dommageable* – dangereux, dévastateur, dommageable, funeste, mauvais, néfaste, négatif, nocif, nuisible, pernicieux, ravageur. *SOUT.* délétère. ▲**ANT.** BIENVEILLANT, CLÉMENT, COMPRÉHENSIF, INDULGENT, TOLÉRANT; BÉNÉFIQUE, BIENFAISANT, BON, PROFITABLE, SALUTAIRE, UTILE.

malhabile *adj.* balourd, gauche, incapable, lourdaud, maladroit, pataud. *SOUT.* inhabile. *FAM.* brise-tout, cafouilleur, cloche, empaillé, empoté, gaffeur, godiche, godichon, gourd, gourde, manche, manchot. ▲**ANT.** ADROIT, CAPABLE, COMPÉTENT, DOUÉ, EXPERT, HABILE, PERFORMANT, QUALIFIÉ, TALENTUEUX, VERSÉ.

malheur *n. m.* ▶ *Catastrophe* – apocalypse, bouleversement, calamité, cataclysme, catastrophe, chaos, désastre, drame, fléau, néant, ruine, sinistre, tragédie. *FIG.* précipice, ulcère. *SOUT.* abîme. *FAM.* cata. ▶ *Malchance* – accident, coup du destin, coup du sort, coup dur, cruauté du destin, fatalité, fortune contraire, infortune, malchance, mauvais sort, mauvaise fortune, sort contraire, vicissitude. *SOUT.* adversité, infélicité. *FAM.* déveine, guigne, manque de bol, manque de pot, poisse. *FRANCE FAM.* cerise, débine, guignon, mélasse, mouscaille, scoumoune. ▶ *Épreuve* – adversité, calamité, calice (de douleur), chagrin, détresse, deuil, disgrâce, douleur, échec, épreuve, fatalité, infortune, mal, malchance, malédiction, mauvaise fortune, mauvaise passe, mésaventure, misère, nuage, orage, peine, revers, ruine, sale affaire, sale histoire, souffrance, traverse, tribulation. *SOUT.* bourrèlement, plaie, tourment. ▶ *Maléfice* – charme, diablerie, enchantement, ensorcellement, envoûtement, fascination, influence, jettatura, magie, maléfice, maraboutage, mauvais œil, (mauvais) sort, philtre, possession, sorcellerie, sortilège. *ANTIQ.* goétie. ▶ *Succès* (*FAM.*) – apothéose, bonheur, bonne fortune, boum, consécration, couronnement, gloire, honneur, lauriers, prospérité, retentissement, réussite, succès, triomphe, trophée. *FAM.* (succès) bœuf, tabac. *FRANCE FAM.* carton, saucisson, ticket. ▲**ANT.** BIENFAIT, CHANCE; BÉATITUDE, BONHEUR, JOIE.

malheureusement *adv.* ▶ *Désagréablement* – à regret, âcrement, déplaisamment, désagréablement, désobligeamment, détestablement, douloureusement, ennuyeusement, exécrablement, fâcheusement, fastidieusement, importunément, inconfortablement, inopinément, inopportunément, insupportablement, intolérablement, mal, mal à propos, malencontreusement, par malheur, péniblement, regrettablement. *FAM.* salement. ▶ *Tristement* – amèrement, douloureusement, langoureusement, languissamment, maussadement, mélancoliquement, nostalgiquement, sombrement, tristement. ▶ *Seulement* – cependant, mais, malgré cela, malgré tout, néanmoins, pourtant, seulement, toutefois. *SOUT.* nonobstant. ▲**ANT.** HEUREUSEMENT.

malheureux *adj.* ♦ *choses* ▶ *Navrant* – affligeant, atterrant, attristant, chagrinant, consternant, déplorable, désespérant, désolant, douloureux, misérable, navrant, pénible, pitoyable, qui serre le cœur, triste. ▶ *Regrettable* – déplorable, désastreux, désolant, fâcheux, regrettable. ▶ *Piètre* – dérisoire, insignifiant, minime, misérable, piètre, ridicule. ♦ *personnes* ▶ *Peiné* – affligé, attristé, comme une âme en peine, désespéré, désolé, en grand désarroi, inconsolable, inconsolé, navré, peiné, triste. ▶ *Malchanceux* – infortuné, malchanceux. ▶ *Qui inspire la pitié* – à plaindre, minable, misérable, miteux, pauvre, piteux, pitoyable. *FAM.* paumé. ▲**ANT.** AGRÉABLE, AVANTAGEUX, SALUTAIRE; FAVORABLE, OPPORTUN, PROPICE; HEUREUX, JOYEUX, SATISFAIT; BIEN LOTI, CHANCEUX, FAVORISÉ, FORTUNÉ.

malhonnête *adj.* ▶ *Déloyal* – déloyal, indélicat, sans scrupule, véreux. *QUÉB. FAM.* croche. ▶ *Très déloyal* – canaille, crapule, de sac et de corde, hors la loi, sans aveu, sans foi ni loi, sans scrupule, voyou. *FAM.* arsouille. ▲**ANT.** CORRECT, DROIT, FRANC, HONNÊTE, LOYAL, PROBE, RÉGULIER.

malice *n. f.* ▶ *Raillerie* – dérision, épigramme, esprit, flèche, goguenardise, gouaille, gouaillerie, humour, ironie, lazzi, moquerie, persiflage, pique, plaisanterie, pointe, quolibet, raillerie, ricanement, risée, sarcasme, satire, taquinerie, trait. *SOUT.* brocard, nargue, saillie. *FAM.* vanne. *QUÉB. FAM.* craque. *QUÉB. SUISSE FAM.* fion. ▶ *Taquinerie* – agacerie, chinage, diablerie, espièglerie, facétie, farce, gaminerie, goguenardise, jeu, lutinerie, malivété, moquerie, pique, provocation, raillerie, taquinerie, turlupinade. *SOUT.* folâtrerie. *FAM.* asticotage. ▶ *Méchanceté* (*SOUT.*) – mal-

faisance, malignité, méchanceté, perversité. ▲**ANT.** BONTÉ; CANDEUR, INNOCENCE, NAÏVETÉ; SÉRIEUX.

malicieusement *adv.* coquinement, facétieusement, moqueusement. ▲**ANT.** CANDIDEMENT, INGÉNUMENT, INNOCEMMENT, NAÏVEMENT.

malicieux *adj.* ▶ *Espiègle* – blagueur, coquin, espiègle, facétieux, farceur, fripon, futé, gamin, malin, mutin, plaisantin, polisson, taquin. *QUÉB. FAM.* crapaud, snoreau, vlimeux. ▶ *Sarcastique* – caustique, cynique, frondeur, goguenard, gouailleur, ironique, moqueur, narquois, persifleur, railleur, sarcastique, sardonique. *QUÉB. FAM.* baveux. ▶ *Plein d'esprit* – brillant, fin, pétillant, piquant, plein d'esprit, spirituel, subtil, vif. ▲**ANT.** BÊTE, NIAIS, SOT; APATHIQUE, INDOLENT; POLI, RESPECTUEUX, SÉRIEUX; RÉSERVÉ, TIMIDE.

malin *adj.* ▶ *Rusé* – adroit, astucieux, déluré, fin, finaud, futé, habile, ingénieux, intelligent, inventif, qui a plus d'un tour dans son sac, rusé. *FAM.* débrouillard, dégourdi. *FRANCE FAM.* dessalé, fortiche, futefute, mariol, sioux. *QUÉB. FAM.* fin finaud. ▶ *Non favorable* – diabolique, fourbe, machiavélique, perfide, rusé, tortueux. *SOUT.* artificieux, chafouin, madré, matois, retors, roué, scélérat. *FAM.* roublard, vicelard. *QUÉB. FAM.* ratoureux, snoreau, vlimeux. ▶ *Espiègle* – blagueur, coquin, espiègle, facétieux, farceur, fripon, futé, gamin, malicieux, mutin, plaisantin, polisson, taquin. *QUÉB. FAM.* crapaud, snoreau, vlimeux. ▶ *Méchant* (*QUÉB. FAM.*) – dangereux, inquiétant, mauvais, méchant, menaçant, patibulaire, redoutable, sinistre, sombre, terrible, torve (*regard*). ▲**ANT.** GAUCHE, INCAPABLE, MALADROIT, MALHABILE; AUSTÈRE, GRAVE, SÉRIEUX; BON, CHARITABLE, COMPATISSANT, DOUX, GÉNÉREUX, HUMAIN, QUI A BON CŒUR, SECOURABLE; BIENFAISANT, BIENVEILLANT, INOFFENSIF; BÉNIN.

malingre *adj.* anémique, chétif, débile, délicat, en mauvaise santé, faible, fragile, frêle, mal portant, maladif, rachitique, souffreteux. *SOUT.* valétudinaire. ▲**ANT.** ATHLÉTIQUE, BIEN BÂTI, COSTAUD, GAILLARD, MUSCLÉ, ROBUSTE, SOLIDE; BIEN PORTANT, EN BONNE SANTÉ, EN SANTÉ, SAIN, VALIDE.

malléable *adj.* ▶ *Au sens propre* – mou, plastique, ramolli, tendre. ▶ *Au sens figuré* – entraînable, influençable, intimidable, manipulable. ▲**ANT.** CASSANT, DUR, RÉSISTANT, RIGIDE, SOLIDE; DÉTERMINÉ, ENTIER, IMMUABLE, INÉBRANLABLE, INFLEXIBLE, RÉCALCITRANT, RÉTIF, TÊTU.

malnutrition *n. f.* dénutrition, kwashiorkor, misère physiologique, sous-alimentation.

malpropre *adj.* ▶ *Sale* – crasseux, crotté, dégoûtant, encrassé, ignoble, immonde, infâme, infect, maculé, sale, sordide, souillé. *FAM.* crapoteux, dégueu, dégueulasse, pouilleux. *FRANCE FAM.* cracra, crade, cradingue, crado, cradoque, craspec, salingue. ▲**ANT.** IMMACULÉ, IMPECCABLE, NET, PROPRE, SOIGNÉ; CORRECT, DROIT, FRANC, HONNÊTE, LOYAL, PROBE, RÉGULIER.

malsain *adj.* ▶ *Nuisible à la santé* – antihygiénique, impur, insalubre, pollué, vicié. ▶ *Immoral* – corrupteur, dépravant, immoral, mauvais, nocif, pernicieux, pervers, pervertisseur. *SOUT.* suborneur. ▶ *Excessif et incontrôlé* – anormal, maladif, morbide, obsessif, obsessionnel, pathologique.

▲ANT. BIENFAISANT, HYGIÉNIQUE, PUR, SAIN, SALUBRE, SANITAIRE; BON, INOFFENSIF, MORAL; NORMAL.

malveillance *n.f.* ▶ ***Haine*** – agressivité, allergie, animosité, antipathie, aversion, guerre, haine, hostilité, phobie, répugnance, répulsion, ressentiment. *SOUT.* détestation, exécration, inimitié, venin. ▶ ***Agressivité*** – agressivité, brutalité, combativité, hostilité, méchanceté, provocation. *SOUT.* pugnacité. *MÉD.* quérulence. ▶ ***Aigreur*** – acariâtreté, acerbité, acidité, âcreté, acrimonie, agressivité, aigreur, amertume, animosité, âpreté, bave, bile, causticité, colère, dépit, désagrément, dureté, fiel, haine, hargne, humeur, irritation, maussaderie, mauvaise humeur, méchanceté, mordant, pique, rancœur, rancune, récrimination, ressentiment, rudesse, tranchant, venin, vindicte, virulence. *SOUT.* mordacité. *FAM.* rouspétance. ▶ ***Injustice*** – abus, arbitraire, déloyauté, déni de justice, empiétement, erreur (judiciaire), exploitation, favoritisme, illégalité, illégitimité, inconstitutionnalité, inégalité, iniquité, injustice, irrégularité, mal-jugé, noirceur, partialité, passe-droit, privilège, scélératesse, tort, usurpation. *SOUT.* improbité. ▲ANT. AMITIÉ, BIENVEILLANCE, SYMPATHIE.

malveillant *adj.* ▶ ***Qui cherche à faire le mal*** – cruel, maléfique, malfaisant, malintentionné, mauvais, méchant, pervers, sadique, vicieux. *FAM.* chien, vachard, vache. *FRANCE FAM.* rossard, rosse. ▶ ***Qui exprime la haine*** – empoisonné, fielleux, haineux, hargneux, hostile, méchant, perfide, venimeux. *SOUT.* enfiellé. ▲ANT. BIENVEILLANT, BON, CHARITABLE, COMPATISSANT, GÉNÉREUX, HUMAIN, QUI A BON CŒUR, SECOURABLE; AFFECTUEUX, AIMANT, AMOUREUX, CAJOLEUR, CÂLIN, CARESSANT, DOUX, TENDRE.

mamelle *n.f.* ▶ ***Partie du corps*** – sein. *MÉD. ou ZOOL.* glande mammaire.

manche *n.m.* ▶ ***Partie d'un instrument*** – anse, bec-de-cane, béquille, bouton (de porte), crémone, crosse *(arme à feu)*, ente, espagnolette, main *(tiroir)*, mancheron, maneton, manette, manicle, oreille, pied-de-biche, poignée, queue *(casserole)*, robinet. *BELG.* clenche. *SPORTS* palonnier.

manche *n.f.* ▶ ***Partie du vêtement*** – aileron, bras (de chemise), mancheron, manchette.

mandat *n.m.* ▶ ***Délégation*** – bureau, charge, comité, commission, courtage, délégation, délégués, légation, mandataires, mandatement, mission, pouvoir, procuration, représentants, représentation. ▶ ***Durée d'une charge*** – mandature. ▶ ***Tutelle*** – abri, aide, appui, assistance, chapeautage, conservation, couverture, garantie, garde, parrainage, paternalisme, patronage, protection, recommandation, renfort, rescousse, sauvegarde, secours, sécurisation, soutien, surveillance, tutelle. *FIG.* parapluie. *QUÉB.* marrainage *(femme)*. *SOUT.* égide. *FAM.* piston. ▶ ***Titre financier*** – effet (de commerce), ordre, traite. ▶ ***Somme versée*** – addition, cagnotte, chiffre, ensemble, fonds, masse, montant, quantité, quantum, somme, total, totalisation, volume. ▶ ***Ordre écrit*** – citation, commande, commandement, consigne, directive, injonction, instruction, intimation, ordre, prescription, semonce.

mandataire *n.* agent, ambassadeur, attaché, chargé d'affaires, chargé de mission, commissaire, correspondant, délégataire, délégué, député, diplomate, émissaire, envoyé, fondé de pouvoir, légat, messager, ministre, négociateur, parlementaire, plénipotentiaire, représentant. ▲ANT. COMMETTANT, MANDANT.

manège *n.m.* ▶ ***Lieu de dressage des chevaux*** – carrière, centre d'équitation. ▶ ***Machine agricole*** – trépigneuse. ▶ ***Attraction foraine*** – manège (de chevaux de bois). *QUÉB. BELG. SUISSE* carrousel. ▶ ***Ruse*** – adresse, calcul, diplomatie, finesse, habileté, ligne de conduite, négociation, patience, prudence, ruse, sagesse, savoir-faire, souplesse, stratégie, tactique, temporisation, tractation. ▲ANT. INNOCENCE, SIMPLICITÉ.

manette *n.f.* anse, bec-de-cane, béquille, bouton (de porte), crémone, crosse *(arme à feu)*, ente, espagnolette, main *(tiroir)*, manche, mancheron, maneton, manicle, oreille, pied-de-biche, poignée, queue *(casserole)*, robinet. *BELG.* clenche. *SPORTS* palonnier.

manger *v.* ▶ ***Avaler*** – *FAM.* becter, bouffer, briffer, gober, grailler, (s')enfiler, s'envoyer, se farcir, se taper, se tasser, tortorer. ▶ ***Dilapider*** – dévorer, dilapider, dissiper, engloutir, engouffrer, gaspiller, prodiguer. *FAM.* claquer, croquer, flamber, griller. *QUÉB. FAM.* flauber. ▶ ***Ronger*** – attaquer, corroder, entamer, éroder, mordre, ronger. ▶ ***Recevoir*** (*FAM.*) – recevoir. *FAM.* attraper, morfler, prendre, ramasser. ▶ ***Se nourrir*** – s'alimenter, se nourrir, se restaurer, se sustenter. *SOUT.* se repaître. *FAM.* becter, bouffer, boustifailler, briffer, casser la croûte, casser la graine, croûter, grailler, tortorer. ▲ANT. CRACHER, RÉGURGITER, RENDRE, VOMIR; CONSERVER, GARDER, MÉNAGER; PRODUIRE, RAPPORTER; JEÛNER, S'ABSTENIR, SE PRIVER.

manger *n.m.* ▶ ***Nourriture*** (*FAM.*) – aliment, couvert, nourriture, pain (quotidien), table. *FAM.* bouffe, bouffetance, boustifaille, mangeaille. *FRANCE FAM.* becquetance, croustance, étouffe-chrétien, étouffe-coquin, tortore. *RELIG.* manne.

maniable *adj.* ▶ ***Au sens propre*** – dirigeable, manœuvrable. ▶ ***Au sens figuré*** – entraînable, influençable, intimidable, malléable, manipulable. ▲ANT. DIFFICILE, DUR, ENCOMBRANT, INCOMMODE; DÉTERMINÉ, ENTIER, IMMUABLE, INDOCILE, INÉBRANLABLE, INFLEXIBLE, TÊTU.

maniaque *adj.* ▶ ***Obsédé*** – monomane, monomaniaque, obsédé. ▸ *D'ordre sexuel* – érotomane, érotomaniaque, obsédé. ▹ *En parlant d'une femme* – nymphomane. ▹ *En parlant d'un homme* – satyriasique. ▶ ***Perfectionniste*** – à cheval sur les principes, chatouilleux, exigeant, perfectionniste, pointilleux, scrupuleux, sourcilleux. *FAM.* service-service. ▶ ***Passionné*** (*FAM.*) – amateur, amoureux, avide, entiché, épris, fanatique, féru, fervent, fou, friand, passionné. *FAM.* accro, enragé, fana, mordu. ▲ANT. COMPRÉHENSIF, INDULGENT, TOLÉRANT; MESURÉ, MODÉRÉ, PONDÉRÉ, RAISONNÉ; DÉTACHÉ, INDIFFÉRENT, TIÈDE.

manie *n.f.* ▶ ***Obsession*** – fixation, idée fixe, maladie, maniaquerie, obsession. *PSYCHOL.* centration. *FAM.* fixette. ▶ ***Habitude*** – encroûtement, marotte, monotonie, ordinaire, ronron, routine, tic, uniformité.

maniement *n.m.* ▶ ***Manipulation*** – emploi, manipulation, manœuvre, usage, utilisation. *FAM.*

manip. ▶ *Gestion* – administration, conduite, direction, gérance, gestion, gouverne, intendance, logistique, management, organisation, régie, surintendance, tenue.

manier *v.* ▶ *Contrôler à l'aide des mains* – manipuler, manœuvrer. ▶ *Pétrir* – malaxer, manipuler, modeler, pétrir, travailler, triturer. ▶ *Administrer* – administrer, diriger, gérer, gouverner. ▶ *Manipuler une chose abstraite* – employer, manipuler, se servir de, user de, utiliser. ▶ *Mener qqn à sa guise* – gouverner, manipuler, manœuvrer, mener à sa guise. ▲ANT. ÉMANCIPER, LAISSER AGIR.

manière *n. f.* ▶ *Méthode* – approche, art, chemin, code, comment, credo, démarche, discipline, dispositif, façon (de faire), facture, formule, heuristique, instruction, instrument, ligne de conduite, maïeutique, marche (à suivre), méthode, modalité, mode d'emploi, mode, moyen, opération, ordre, organisation, outil, posologie, pratique, procédé, procédure, protocole, raisonnement, recette, règle, secret, stratagème, stratégie, système, tactique, technique, théorie, traitement, voie. SOUT. faire. ▶ *Allure* – air, allure, apparence, aspect, attitude, contenance, démarche, façon, genre, ligne, maintien, panache, physique, port, posture, prestance, silhouette, style, tenue, tournure. SOUT. extérieur, mine. FAM. gueule, touche. ♦ **manières**, *plur.* ▶ *Comportement* – agissements, allées et venues, comportement, conduite, démarche, façons, faits et gestes, pratiques, procédés. ▶ *Habitude* – accoutumance, automatisme, façons, habitude, mœurs, pli, réflexe, rite, rituel, seconde nature. PSYCHOL. stéréotypie. FAM. abonnement, métro-boulot-dodo, train-train, train-train quotidien. ▶ *Non favorable* – encroûtement, manie, marotte, monotonie, ordinaire, ronron, routine, tic, uniformité. ▶ *Affectation* – affectation, agacerie, coquetterie, façons, grâces, grimace, mignardise, minauderie, mine, simagrée, singerie. SOUT. afféterie. FAM. chichi. ▶ *Cérémonies* – cérémonies, chichis, façons.

maniérisme *n. m.* ▶ *Préciosité* – affectation, byzantinisme, emphase, marivaudage, mignardise, préciosité, purisme, raffinement, recherche, sophistication, subtilité. SOUT. afféterie, concetti. ▶ *Affectation* – affectation, air, apparence, apprêt, artificialité, bluff, cabotinage, comédie, composition, contenance, convenu, dandysme, genre, imposture, jeu, manque de naturel, mascarade, mièvrerie, pose, raideur, recherche, représentation, snobisme. SOUT. cambrure. FAM. chiqué, cinéma. ▲ANT. NATUREL, SIMPLICITÉ.

manifestant *n.* ▶ *Agitateur* – agent provocateur, agitateur, cabaleur, contestant, contestataire, émeutier, excitateur, factieux, fauteur (de trouble), fomentateur, iconoclaste, instigateur, insurgé, intrigant, meneur, mutin, partisan, perturbateur, provocateur, rebelle, révolté, révolutionnaire, séditieux, semeur de troubles, trublion. FAM. provo.

manifestation *n. f.* ▶ *Phénomène* – circonstance, épiphénomène, événement, fait, occurrence, phénomène. ▶ *Apparition* – apparition, approche, arrivée, avènement, entrée, introduction, irruption, jaillissement, occurrence, survenance, venue. SOUT. surgissement, survenue. DIDACT. exondation. ▶ *Signe* – diagnostic, expression, indication, indice, marque,

présage, prodrome, signe, symptôme, syndrome. SOUT. avant-coureur. MÉD. marqueur. ▶ *Preuve* – affirmation, assurance, attestation, certitude, confirmation, corroboration, démonstration, gage, marque, preuve, témoignage, vérification. ▶ *Rassemblement public* – cortège, défilé, démonstration publique, marche, protestation, rassemblement, réunion. FAM. manif. ▶ *Insurrection* – agitation-propagande, chouannerie, désordre, effervescence, embrasement, émeute, excitation, faction, fermentation, fièvre, fronde, insoumission, insubordination, insurrection, jacquerie, mutinerie, rébellion, remous, résistance, révolte, révolution, sédition, soulèvement, tourmente, troubles. FAM. agit-prop. ▶ *Exposition* – concours, démonstration, étalage, exhibition, exposition, foire, foire-exposition, galerie, montre, présentation, rétrospective, salon, vernissage. FAM. démo, expo. SUISSE comptoir. ▶ *Événement artistique* – festival. ▲ANT. CAMOUFLAGE, DISSIMULATION; RÉPRESSION.

manifeste *adj.* apparent, aveuglant, certain, clair, cousu de fil blanc, criant, éclatant, évident, flagrant, frappant, hurlant (de vérité), incontestable, patent, qui coule de source, qui crève les yeux, qui saute aux yeux, qui se voit comme le nez au milieu du visage, qui tombe sous le sens, qui va de soi, qui va sans dire, visible. ▲ANT. CACHÉ, CONTESTABLE, DOUTEUX, IMPLICITE, LATENT, OBSCUR.

manifeste *n. m.* annonce, appel, avis, ban, communication, communiqué, déclaration, décret, dénonciation, dépêche, divulgation, édit, message, notification, proclamation, profession de foi, programme, promulgation, publication, rescrit, serment, signification.

manifestement *adv.* ▶ *Perceptiblement* – distinctement, notablement, perceptiblement, remarquablement, sensiblement, significativement, tangiblement, visiblement. ▶ *Expressivement* – communicativement, démonstrativement, éloquemment, expressivement, persuasivement, pittoresquement, significativement. ▶ *Véritablement* – à dire vrai, à l'évidence, à la vérité, à n'en pas douter, à vrai dire, assurément, authentiquement, bel et bien, bien, bien certainement, certes, comme de juste, d'évidence, de toute évidence, effectivement, en effet, en vérité, évidemment, il va sans dire, indubitablement, naturellement, nul doute, oui, réellement, sans (aucun) doute, sans conteste, sans contredit, sans le moindre doute, sans nul doute, sérieusement, sûrement, véridiquement, véritablement, vraiment, vrai. FAM. pour de vrai, vrai. QUÉB. FAM. pour vrai. ▲ANT. PEUT-ÊTRE, PROBABLEMENT.

manifester *v.* ▶ *Manifester* – affirmer, donner des marques de, donner la preuve/des preuves de, extérioriser, faire montre de, faire preuve de, marquer, montrer (des signes de), prouver, témoigner. ▶ *Laisser voir un sentiment* – dégager, exprimer, respirer, transpirer. SOUT. transsuder. ♦ **se manifester** ▶ *Faire son apparition* – apparaître, éclore, faire son apparition, germer, naître, paraître, se former. SOUT. poindre, sourdre. ▶ *Paraître plus clairement* – apparaître, émerger, se dégager, se dévoiler, se faire jour, se profiler, se révéler, transparaître.

manigance

SOUT. affleurer. ▶ *S'exprimer* – s'exprimer, se traduire. ▲**ANT.** CACHER, DISSIMULER; TAIRE. △**SE MANI-FESTER** – DISPARAÎTRE.

manigance *n. f.* agissements, cabale, calcul, combinaison, complot, conjuration, conspiration, intrigue, machination, manipulation, manœuvre, maquignonnage, menées, plan, tractation. *SOUT.* brigue, fomentation. *FAM.* combine, fricotage, grenouillage, magouillage, magouille, micmac, mijotage.

manipulation *n. f.* ▶ *Maniement* – emploi, maniement, manœuvre, usage, utilisation. *FAM.* manip. ▶ *Tâtement* – attouchement, tâtement, tâtonnement, tripotage. *MÉD.* palpation. *FAM.* pelotage. *FRANCE FAM.* tripatouillage. *QUÉB. FAM.* pognage, taponnage. ▶ *Machination* – agissements, cabale, calcul, combinaison, complot, conjuration, conspiration, intrigue, machination, manigance, manœuvre, maquignonnage, menées, plan, tractation. *SOUT.* brigue, fomentation. *FAM.* combine, fricotage, grenouillage, magouillage, magouille, micmac, mijotage. ▲**ANT.** LIBERTÉ DE PENSÉE, LIBRE ARBITRE.

manipuler *v.* ▶ *Contrôler à l'aide des mains* – manier, manœuvrer. ▶ *Pétrir* – malaxer, manier, modeler, pétrir, travailler, triturer. ▶ *Manier une chose abstraite* – employer, manier, se servir de, user de, utiliser. ▶ *Mener qqn à sa guise* – gouverner, manier, manœuvrer, mener à sa guise.

manivelle *n. f.* ▶ *Axe* – arbre, arbre-manivelle, axe, bielle, biellette, charnière, essieu, moyeu, pivot, tige, vilebrequin. *TECHN.* goujon, tourillon. ▶ *Ce qui sert à actionner* – remontoir. *QUÉB. FAM.* crinque.

mannequin *n.* ▶ *Personne qui défile* – modèle. ♦ **mannequin**, *masc.* ▶ *Figure articulée* – fantoche, guignol, marionnette, pantin, polichinelle, pupazzo. ▶ *Personne influençable* – baudruche, cire molle, esclave, fantoche, figurant, jouet, marionnette, mouton, pantin, potiche, suiveur, suiviste. *FAM.* béni-oui-oui. *QUÉB. FAM.* suiveux. ▲**ANT.** FONCEUR, MENEUR.

manœuvre *n. f.* ▶ *Maniement* – emploi, maniement, manipulation, usage, utilisation. *FAM.* manip. ▶ *Navigation* – gouverne, marine, navigation, pilotage. ▶ *Combat* – accrochage, action (de guerre), affrontement, assaut, attaque, bagarre, bataille, choc, combat, conflit, échauffourée, empoignade, empoignement, engagement, escarmouche, ferraillement, feu, guérilla, guerre, heurt, hostilités, lutte, mêlée, opération, pugilat, rencontre, rixe. *FAM.* baroud, baston, bigorne, casse-gueule, casse-pipe, castagne, guéguerre, rif, rififi, riflette. *QUÉB. FAM.* brasse-camarade, poussaillage, tiraillage. *BELG. FAM.* margaille. *MILIT.* blitz *(de courte durée).* ▶ *Machination* – agissements, cabale, calcul, combinaison, complot, conjuration, conspiration, intrigue, machination, manigance, manipulation, maquignonnage, menées, plan, tractation. *SOUT.* brigue, fomentation. *FAM.* combine, fricotage, grenouillage, magouillage, magouille, micmac, mijotage.

manœuvrer *v.* ▶ *Contrôler à l'aide des mains* – manier, manipuler. ▶ *Mener qqn à sa guise* – gouverner, manier, manipuler, mener à sa guise. ▶ *User de ruse* – finasser, renarder, ruser. *FAM.* roublarder.

▶ *Conspirer* – briguer, comploter, conspirer, intriguer. *SOUT.* se conjurer.

manoir *n. m.* ▶ *Petit château* – gentilhommière. *SOUT.* castel. ▲**ANT.** MASURE.

manquant *adj.* absent, qui fait défaut. ▲**ANT.** PRÉSENT; EXCESSIF, SURABONDANT; EXCÉDENTAIRE.

manqué *adj.* abominable, affreux, atroce, déplorable, désastreux, épouvantable, exécrable, horrible, infect, insipide, lamentable, mauvais, médiocre, minable, navrant, nul, odieux, piètre, piteux, pitoyable, qui ne vaut rien, raté. *SOUT.* méchant, triste. *FAM.* à la flan, à la gomme, à la manque, à la mie de pain, à la noix (de coco), blèche, craignos, crapoteux, mal fichu, moche, pourri, qui ne vaut pas un clou. *QUÉB. FAM.* de broche à foin, poche.

manque *n. m.* ▶ *Omission* – absence, amnésie, étourderie, mauvaise mémoire, omission, oubli, perte de mémoire, trou (de mémoire). ▶ *Absence* – absence, défaut, lacune, omission, privation, trou, vide. ▶ *Insuffisance* – carence, déficience, déficit, incomplétude, insuffisance, pénurie, rareté. ▶ *Pauvreté* – appauvrissement, besoin, dénuement, détresse, embarras, gêne, gouffre, indigence, mendicité, misère, nécessité, pauvreté, privation, ruine. *SOUT.* impécuniosité. *FAM.* dèche, pouillerie. *FRANCE FAM.* débine, fauche, mistoufle, mouise, mouscaille, panade, purée. *DR.* carence. ♦ *Sociale* – clochardisation, disette, paupérisation, paupérisme, pauvreté, pénurie, sous-développement, sous-équipement, tiers-mondisation. ▶ *Imperfection* – défaut, défectuosité, démérite, faible, faiblesse, faille, faute, grossièreté, handicap, imperfection, infirmité, insuffisance, lacune, maladie, malfaçon, péché mignon, péché véniel, petitesse, tache, tare, tort, travers, vice. *SOUT.* perfectibilité. ▲**ANT.** ABONDANCE, FOISON, SUFFISANCE; EXCÉDENT, EXCÈS, SURABONDANCE, SURPLUS.

manquement *n. m.* ▶ *Oubli* – absence, amnésie, étourderie, manque, mauvaise mémoire, omission, oubli, perte de mémoire, trou (de mémoire). ▶ *Inexécution* – désobéissance, inapplication, inexécution, non-exécution, non-observation, non-respect, violation. *SOUT.* inaccomplissement, inobservance, inobservation. ▶ *Infraction* – accroc, contravention, crime, délit, dérogation, entorse, faute, forfait, forfaiture, inconduite, infraction, mauvaise action, mauvaise conduite, méfait, non-respect, rupture, transgression, violation. *BELG.* méconduite. *DR.* cas. ▶ *Péché* – accroc, chute, crime, déchéance, écart, errements, faute, impureté, mal, mauvais, offense, péché, sacrilège, scandale, souillure, tache, transgression, vice. ▲**ANT.** OBÉISSANCE, OBSERVANCE, OBSERVATION, SATISFACTION.

manquer *v.* ▶ *Ne pas être là* – faire défaut, ne pas se trouver. ▶ *Échouer* – échouer, rater. *FAM.* louper. *QUÉB. FAM.* foirer, moffer. ▶ *Transgresser* – contrevenir à, déroger à, désobéir à, enfreindre, pécher contre, transgresser, violer. ▶ *Négliger* – négliger, se dispenser de. *SOUT.* faillir à, forfaire à. ▶ *Être près de* – faillir. *QUÉB. FAM.* passer près de, raser de. ▶ *Ne pas réussir* – rater. *FAM.* louper. *QUÉB. FAM.* moffer. ▶ *Omettre* – escamoter, omettre, oublier, passer, sauter. ▶ *Sauter volontairement un cours* – *FAM.* sécher. *BELG. FAM.* brosser. *SUISSE FAM.* courber. ▲**ANT.** EXISTER; ABONDER, REGORGER; ATTEINDRE,

OBTENIR, TOUCHER; RÉUSSIR; EXÉCUTER, REMPLIR, RESPECTER.

mansarde *n. f.* chambre mansardée, comble, grenier, réduit, soupente. QUÉB. entretoit.

manteau *n. m.* ▸ *Vêtement* – QUÉB. ACADIE FAM. capot. ▸ *Pelage* – fourrure, lainage, livrée, mantelure *(chien)*, peau, pelage, robe, toison. ▸ *Partie de l'écorce terrestre* – croûte terrestre, écorce terrestre, lithosphère, sous-sol, surface terrestre, terre. ▸ *Ce qui recouvre* (FIG.) – chape, gangue, parure, vêtement. SOUT. enveloppe.

manuel *adj.* artisanal, fait main, maison. ▲ANT. CÉRÉBRAL, INTELLECTUEL; AUTOMATIQUE; INDUSTRIEL.

manuel *n.* ♦ **manuel,** *masc.* ▸ *Livre* – album, brochure, brochurette, cahier, catalogue, document, écrit, fascicule, imprimé, livre, livret, opuscule, ouvrage, parution, plaquette, publication, recueil, registre, titre, tome, volume. FAM. bouquin. ▸ *Gros FAM.* pavé. QUÉB. FAM. brique. ▸ *Résumé* – abrégé, aide-mémoire, analyse, aperçu, argument, compendium, condensé, éléments, épitomé, esquisse, extrait, livret, mémento, morceau, notice, page, passage, plan, précis, promptuaire, raccourci, récapitulation, réduction, résumé, rudiment, schéma, sommaire, somme, synopsis, vade-mecum. FAM. topo. ▸ *Traité* – argument, argumentation, cours, développement, discours, dissertation, essai, étude, exposé, mémoire, monographie, somme, thèse. DR. dire. ♦ **manuelle,** *fém.* ▸ *Voiture* – voiture manuelle. ▲ANT. △MANUELLE, *fém.* – (VOITURE) AUTOMATIQUE.

manu militari *loc. adv.* martialement, militairement, soldatesquement, stratégiquement, tactiquement.

manuscrit *adj.* ▲ANT. DACTYLOGRAPHIÉ, IMPRIMÉ.

manuscrit *n. m.* texte manuscrit. ▲ANT. IMPRIMÉ.

maquette *n. f.* ▸ *Modèle* – miniature, modèle (réduit), plan-relief, reproduction (à échelle réduite). ▸ *Ébauche* – canevas, crayon, crayonné, croquis, dessin, ébauche, épure, esquisse, essai, étude (préparatoire), griffonnement, pochade, premier jet, préparation, projet, schéma. SOUT. linéaments. FRANCE FAM. crobard.

maquignon *n.* ▸ *Manipulateur* – arriviste, calculateur, intrigant, machinateur, manipulateur, manœuvrier, margoulin, opportuniste. FAM. combinard, magouilleur. QUÉB. FAM. maniganceur.

maquillage *n. m.* ▸ *Action de maquiller* – grimage. ▸ *Éléments de maquillage* – fard. ▸ *Camouflage* – camouflage, déguisement, dissimulation, fard, mascarade, masquage, masque, mimétisme, occultation. ▸ *Altération* – altération, barbouillage, bricolage, contrefaçon, déformation, déguisement, dénaturation, entorse, falsification, fardage, faux, fraude, frelatage, gauchissement, modification, truquage. FAM. bidonnage. DR. contrefaction. ▲ANT. DÉMAQUILLAGE.

maquiller *v.* ▸ *Couvrir le visage* – farder, grimer. ▸ *Modifier dans le but de tromper* – altérer, contrefaire, déguiser, falsifier, habiller, trafiquer, travestir, truquer. FAM. bidonner, bidouiller, tripatouiller. ▸ *Cacher dans le but de tromper* – cacher,

camoufler, couvrir, déguiser, dissimuler, envelopper, escamoter, étouffer, farder, grimer, masquer, occulter, travestir. SOUT. pallier. QUÉB. FAM. abrier. ▲ANT. DÉMAQUILLER, MONTRER, RÉTABLIR.

maquis *n. m.* ▸ *Région méditerranéenne* – brande, friche, garrigue, lande, matorral. ▸ *Réseau compliqué* – dédale, forêt, labyrinthe, lacis, méandres, réseau, sinuosités. ▸ *Situation complexe* – confusion, dédale, détours, écheveau, enchevêtrement, labyrinthe. FAM. embrouillamini. ▲ANT. CLARTÉ, LIMPIDITÉ, SIMPLICITÉ.

maraîcher *adj.* légumier.

marais *n. m.* ▸ *Étendue d'eau* – BELG. fagne. QUÉB. FAM. marécage. SOUT. pourrissoir. ▸ *Terrain boueux* – marécage, maremme *(Italie)*, terrain marécageux. QUÉB. savane. ACADIE mocauque. LOUISIANE ciprière.

marathon *n. m.* ▲ANT. COURSE DE VITESSE, SPRINT.

marbré *adj.* jaspé, raciné *(reliure)*, rubané, veiné, zébré.

marbre *n. m.* ▸ *Roche* ▸ *Imitation* – similimarbre. ▸ *Au baseball* – plaque.

marchand *n.* commerçant au détail, commerçant détaillant, (marchand) détaillant, revendeur. ▲ANT. ACHETEUR, CLIENT, CONSOMMATEUR.

marchandage *n. m.* ▸ *Fait de confier un travail* – sous-traitance. ▸ *Négociation* – conversation, dialogue, discussion, échange (de vues), négociation, pourparlers, tractation, transaction. SOUT. transigeance. FAM. négo.

marchander *v.* ▸ *Débattre le prix* – débattre le prix, négocier. AFR. palabrer. ▲ANT. PRODIGUER.

marchandise *n. f.* ▸ *Cargaison* – cargaison, charge, chargement, fret. ▸ *Objet à vendre* – article, produit.

marché *n. m.* ▸ *Lieu de vente* – bazar, braderie, foire, fondouk *(pays arabes)*, halle, khan, marché aux puces, marché-gare, salon, souk. BELG. minque *(poissons)*. ▸ *Commerce* – activité commerciale, affaires, circulation, commerce, commercialisation, distribution, échange, finance, négoce, opérations (commerciales), traite, transactions, troc, vente. ▸ *Entente* – accommodement, accord, alliance, arrangement, compromis, concordat, consensus, contrat, convention, engagement, entente, modus vivendi, pacte, protocole, traité, transaction.

marche *n. f.* ▸ *Pas* – allure, enjambée, figure, foulée, pas. ▸ *Allure* – allure, cadence, course, erre, mouvement, pas, rythme, tempo, train, vitesse. ▸ *Promenade* – allées et venues, balade, campagne, circuit, circumnavigation, course, croisière, déplacement, excursion, expédition, exploration, incursion, mission, navette, navigation, odyssée, passage, pèlerinage, pérégrination, périple, promenade, raid, rallye, randonnée, reconnaissance, tour, tourisme, tournée, transport, traversée, va-et-vient, voyage. SOUT. errance. FAM. bourlingue, rando, transhumance. QUÉB. voyagement. ▸ *Progression dans l'espace* – ascension, avance, avancée, avancement, cheminement, développement, montée, percée, progrès, progression. ▸ *Trajet* – aller (et retour), chemin, cheminement, circuit, course, direction, distance, espace, itinéraire, parcours, retour, route, tracé, traite, trajectoire, trajet, traversée, voyage. *FAM.* trotte. *FRANCE FAM.* tirée. ▶ *Progression dans le temps* – cheminement, cours, déroulement, développement, devenir, évolution, fil, progrès, progression, suite. ▶ *Procession* – cérémonie, colonne, convoi, cortège, défilade, défilé, file, noce, noria, pardon, pèlerinage, procession, queue, suite, théorie, va-et-vient. ▶ *Manifestation* – cortège, défilé, démonstration publique, protestation, rassemblement, réunion. *FAM.* manif. ▶ *Processus* – déroulement, fonctionnement, mécanique, mécanisme, opération, procédure, procès, processus. ▶ *Méthode* – approche, art, chemin, code, comment, credo, démarche, discipline, dispositif, façon (de faire), facture, formule, heuristique, instruction, instrument, ligne de conduite, maïeutique, manière, marche (à suivre), méthode, modalité, mode d'emploi, mode, moyen, opération, ordre, organisation, outil, posologie, pratique, procédé, procédure, protocole, raisonnement, recette, règle, secret, stratagème, stratégie, système, tactique, technique, théorie, traitement, voie. *SOUT.* faire. ▶ *Activité* – activité, exercice, fonctionnement, mouvement, opération, service, travail, usage, vie. ▶ *Degré d'un escalier* – marchepied. *SOUT.* degré. *BELG.* escalier. ▶ *Pédale* – anspect, commande, levier, manche à balai, palonnier. ▶ *Zone frontière* (*ANC.*) – borne, confins, délimitation, démarcation, frontière, limite (territoriale), mur, séparation, zone douanière, zone limitrophe. *QUÉB.* trécarré (*terre*); *FAM.* lignes (*pays*). *ANC.* limes (*Empire romain*). ▲ANT. ARRÊT, HALTE, IMMOBILITÉ, PAUSE; CONTREMARCHE.

marcher *v.* ▶ *Aller à pied* – aller à pied, poser un pied devant l'autre. *FAM.* arquer. ◗ *Se déplacer* – aller, évoluer, se déplacer, se diriger, se mouvoir, se porter. ▶ *Poser le pied sur qqch.* – mettre le pied sur, passer sur. *QUÉB. FAM.* piler sur. ▶ *Fonctionner* – être en marche, fonctionner, tourner. ▶ *Avoir du succès* – aboutir, prendre, réussir. *FAM.* cartonner, faire un carton. ▶ *Accepter* (*FAM.*) – accéder à, accepter, acquiescer à, agréer, approuver, avaliser, cautionner, consentir à, dire oui à, donner son aval à, opiner à, toper, vouloir. ▶ *Croire naïvement* (*FAM.*) – donner dans le panneau, mordre, mordre à l'appât, mordre à l'hameçon, se faire avoir, tomber dans le panneau. ▲ANT. FAIRE HALTE, S'ARRÊTER, STOPPER; COURIR; S'ENRAYER, SE BLOQUER, SE DÉRÉGLER, SE DÉTRAQUER, TOMBER EN PANNE; ÊTRE DÉFECTUEUX, ÊTRE EN PANNE; ÉCHOUER.

mare *n. f.* ▶ *Étendue d'eau* – étang, grenouillère. ◗ *Artificiel* – pièce d'eau. ◗ *Pour les canards* – barbotière, canardière, mare aux canards. ◗ *Liquide répandu* – flaque. *SOUT.* lac. *QUÉB. FAM.* plaquard. *SUISSE* gouille.

marécage *n. m.* ▶ *Terrain boueux* – marais, maremme (*Italie*); terrain marécageux. *QUÉB.* savane. *ACADIE* mocauque. *LOUISIANE* ciprière. ▶ *Étendue d'eau* (*QUÉB. FAM.*) – marais. *BELG.* fagne. *SOUT.* pourrissoir.

maréchal *n.* ▶ *Palefrenier* (*ANC.*) – garçon/laquais d'écurie, palefrenier, piqueur. *ANC.* écuyer, valet (d'écurie).

marée *n. f.* ▶ *Mouvement de la mer* ◗ *Qui descend* – descente, jusant, marée descendante, perdant, reflux. ◗ *Fort* – (marée de) vive-eau. ◗ *Faible* – (marée

de) morte-eau, marée de quadrature. ◗ *Niveau maximal* – haute mer, hautes eaux, marée haute, plein, pleine mer. *QUÉB.* plain. ◗ *Niveau minimal* – basse mer, basses eaux, étiage, le maigre, marée basse. ◗ *Amplitude maximale* – marnage. ▶ *Grand nombre de personnes* – abondance, affluence, armada, armée, attroupement, cohue, concentration, concours, encombrement, essaim, flot, forêt, foule, fourmilière, fourmillement, grouillement, légion, masse, meute, monde, multitude, peuple, pléiade (*célébrités*), pullulement, rassemblement, régiment, réunion, ribambelle, ruche, tas, troupeau. *FAM.* flopée, marmaille (*enfants*), tapée, tripotée. *QUÉB.* achalandage; *FAM.* tapon, trâlée. *PÉJ.* ramassis. ▲ANT. ÉTALE; MINORITÉ, POIGNÉE.

marge *n. f.* ▶ *Limite* – frange. ▶ *Possibilité* – chance, facilité, jeu, latitude, liberté, marge (de manœuvre), moyen, occasion, offre, possibilité, volant de sécurité.

marginal *adj.* ▶ *Secondaire* – accessoire, anecdotique, annexe, contingent, (d'intérêt) secondaire, de second plan, décoratif, dédaignable, épisodique, incident, indifférent, insignifiant, mineur, négligeable, périphérique. ▶ *Excentrique* – anticonformiste, excentrique, hétérodoxe, non conformiste, original. *FRANCE FAM.* décalé, déphasé. *QUÉB. FAM.* sauté. ▶ *Non officiel* – alternatif, contre-culturel, parallèle. ▶ *Qui vit en marge de la société* – bohème. ▶ *Qui n'est pas adapté à la vie en société* – antisocial, asocial. ▲ANT. CONVENTIONNEL, NORMAL, ORDINAIRE, TRADITIONNEL; OFFICIEL, PRINCIPAL; ADAPTÉ, SOCIABLE, SOCIAL.

marginaliser *v.* ▲ANT. INTÉGRER.

mari *n. m.* ▶ *Époux* – conjoint, époux. *SOUT.* compagnon (de vie), douce moitié, tendre moitié. ▲ANT. ÉPOUSE, FEMME; EX-MARI.

mariage *n. m.* ▶ *Union conjugale* – alliance, contrat conjugal, couple, lit, ménage, nuptialité, union conjugale, union matrimoniale. *SOUT.* hymen, hyménée. ▶ *Noces* – bénédiction nuptiale, célébration, cérémonie, consentement mutuel, cortège, marida, noces, sacrement. ▶ *Jonction* – aboutement, aboutage, aboutement, accolement, accouplage, accouplement, ajustage, apposition, articulation, assemblage, association, branchement, coalescence, confluence, conjonction, conjugaison, connexion, contact, convergence, couplage, couplement, groupage, mixage, raccord, raccordement, rapprochement, reboutement, relation, rencontre, réunion, suture, union. ▶ *Jeu* – brisque. ▶ *Oiseaux* (*QUÉB. FAM.*) – escalier, vol, volée. ▲ANT. CÉLIBAT; DIVORCE, SÉPARATION; VEUVAGE.

marié *adj.* ▲ANT. CÉLIBATAIRE; DIVORCÉ; VEUF.

marier *v.* ▶ *Associer* – allier, associer, combiner, concilier, conjuguer, joindre, mêler, réunir, unir. ▶ *Épouser* (*QUÉB. BELG. FAM.*) – épouser, conduire à l'autel, prendre pour époux/épouse. ◆ **se marier** ▶ *S'unir par le mariage* – s'unir. *SOUT.* s'épouser. *FAM.* convoler (en justes noces), se maquer. ▶ *Contracter un mariage* – prendre mari/femme. *FAM.* se caser, se mettre la corde au cou. ▲ANT. DÉSUNIR, DIVISER, ISOLER, SÉPARER. △SE

MARIER – DIVORCER, ROMPRE, SE SÉPARER; CONTRASTER, S'OPPOSER.

marin *adj.* ▸ *Qui concerne la mer* – océanique, pélagique. *SOUT.* océane. ▸ *Propre à la navigation* – maritime, nautique, naval. ▲ANT. D'EAU DOUCE *(poisson)*, DULÇAQUICOLE; TERRESTRE.

marin *n.* ▸ *Navigateur* – inscrit maritime, maritime, navigateur. *SOUT.* marinier. ▸ *Homme d'équipage* – homme d'équipage, homme de mer, matelot. ▸ *Apprenti* – apprenti (matelot), mousse, novice. *FAM.* moussaillon.

marine *adj.* bleu barbeau, bleu bleuet, bleu (de) nuit, bleu foncé, (bleu) marine, bleu sombre, indigo, saphir, turquin. *QUÉB.* bleu marin.

marine *n. f.* ▸ *Navigation* – gouverne, manœuvre, navigation, pilotage. ▸ *Puissance navale* – armée de mer, forces navales. ▲ANT. ARMÉE DE L'AIR, FORCES AÉRIENNES; INFANTERIE.

marionnette *n. f.* ▸ *Figurine* – fantoche, guignol, mannequin, pantin, polichinelle, pupazzo. ▸ *Personne* – baudruche, cire molle, esclave, fantoche, figurant, jouet, mannequin, mouton, pantin, potiche, suiveur, suiviste. *FAM.* béni-oui-oui. *QUÉB. FAM.* suiveux. ▸ *Oiseau (QUÉB. FAM.)* – petit garrot. ▲ANT. FONCEUR, MENEUR.

maritime *adj.* marin, nautique, naval. ▲ANT. CONTINENTAL *(climat)*, TERRESTRE.

marketing *n. m.* ▸ *Commercialisation* – commercialisation, conditionnement, distribution, étude de marché, marchandisage, marchéage, mercatique, mise en marché. ▸ *Publicité* – annonce, bande-annonce *(d'un film)*, battage, bruit, commercialisation, conditionnement, croisade, lancement, marchandisage, message (publicitaire), petite annonce *(journal)*, placard, promotion, propagande, publicité, publipostage, raccrochage, racolage, réclame, renommée, retentissement, slogan. *FAM.* pub, tam-tam. *QUÉB. FAM.* cabale *(pour un candidat)*. ▸ *Non favorable* – bourrage de crâne, endoctrinement, intoxication, lavage de cerveau, matraquage, propagande.

marmite *n. f.* ▸ *Récipient* – braisière, chaudron, cocotte, couscoussier, daubière, fait-tout. *QUÉB.* soupière. *ANC.* bouteillon. ▸ *Contenu* – casserolée, chaudron, chaudronnée, poêlée, terrinée. ▸ *Projectile (FRANCE FAM.)* – obus.

marmonner *v.* avaler ses mots, mâchonner, marmotter, parler dans sa barbe, parler entre ses dents. *FAM.* baragouiner. *QUÉB. FAM.* raboudiner. ▲ANT. CRIER, HURLER.

marotte *n. f.* ▸ *Habitude* – encroûtement, manie, monotonie, ordinaire, ronron, routine, tic, uniformité. ▸ *Caprice* – accès, bizarrerie, bon plaisir, caprice, changement, chimère, coup de tête, envie, extravagance, fantaisie, fantasme, folie, frasque, gré, guise, immaturité, impatience, incartade, inconstance, infantilisme, instabilité, légèreté, lubie, mobilité, originalité, saute (d'humeur), singularité, sporadicité, variation, versatilité, volonté. *SOUT.* folle gamberge, foucade, humeur. *FAM.* toquade. ▸ *Occupation favorite* – passe-temps (favori), violon d'Ingres. *FAM.* dada. ▲ANT. FARDEAU, GALÈRE, TORTURE.

marquant *adj.* ▸ *Impressionnant* – étonnant, frappant, hallucinant, impressionnant, notable,

remarquable, saillant, saisissant, spectaculaire. *FAM.* bluffant. ▸ *Mémorable* – célèbre, connu, de grand renom, fameux, glorieux, historique, illustre, immortel, inoubliable, légendaire, mémorable, notoire, proverbial, reconnu, renommé, réputé. ▸ *Non favorable* – de triste mémoire. ▲ANT. BANAL, ININTÉRESSANT, ORDINAIRE, SANS INTÉRÊT.

marqué *adj.* ▸ *Qui apparaît clairement* – accentué, accusé, fort, net, prononcé, sec. ▲ANT. FAIBLE, INSIGNIFIANT, LÉGER; EFFACÉ.

marque *n. f.* ▸ *Tache* – éclaboussure, noircissure, piqûre, saleté, salissure, souillure, tache. *QUÉB. FAM.* picot, pivelure. ▸ *Sur le papier* – bavochure, bavure, maculage, maculation, macule, pâté, rousseur. ▸ *Sur un fruit* – meurtrissure, tavelure. ▸ *Sur une pierre* – givrure, glace. ▸ *Sur le corps* – maille, maillure, moucheture, ocelle, pétéchie, tache de rousseur. ▸ *Lésion* – blessure, dégénérescence, lésion, plaie. *FAM. ou ENFANTIN* bobo. *DIDACT.* trauma. ▸ *Cicatrice* – balafre *(au visage)*, cicatrice, couture *(longue)*. ▸ *Tatouage* – tatouage. *ANC.* flétrissure, stigmate. ▸ *Symptôme* – diagnostic, expression, indication, indice, manifestation, présage, prodrome, signe, symptôme, syndrome. *SOUT.* avant-coureur. *MÉD.* marqueur. ▸ *Indice* – apparence, cachet, cicatrice, critère, empreinte, indication, indice, lueur, ombre, pas, piste, preuve, repère, reste, ride, sceau, signature, signe, stigmate, tache, témoignage, témoin, trace, trait, vestige. ▸ *Preuve* – affirmation, assurance, attestation, certitude, confirmation, corroboration, démonstration, gage, manifestation, preuve, témoignage, vérification. ▸ *Qualité* – attribut, caractère, caractéristique, particularité, propre, propriété, qualité, signe, spécialité, spécificité, trait. ▸ *Louable* – mérite. ▸ *Qualification* – affectation, désignation, qualification, quantification, spécification. ▸ *Caractérisation* – caractérisation, choix, définition, détermination, différenciation, distinction, élection, individualisation, individuation, particularisation, personnalisation, polarisation, singularisation, spécification, tri. ▸ *Style personnel* – genre, griffe, manière d'être, profil psychologique, style. ▸ *Entaille* – adent, brèche, coche, coupure, cran, créneau, crevasse, échancrure, égratignure, enclenche, encoche, engravure, entaille, entamure, épaufrure, faille, fente, feuillure, incision, mortaise, moucheture, onglet, raie, rainurage, rainure, rayure, ruinure, scarification, scissure, sillon, souchèvement *(roche)*, strie. *QUÉB. FAM.* grafignure. *BELG.* griffe. *BELG.* gratte. ▸ *Cachet* – cachet, contrôle, empreinte, estampille, flamme, frappe, griffe, insculpation, label, oblitération, plomb, poinçon, sceau, tampon, timbre. *FAM.* étampe. ▸ *Étiquette* – auto-collant, badge, cocarde, décalcomanie, écusson, épinglette, étiquette, insigne, plaque, porte-nom, rosette, tatouage, timbre, vignette, vitrophanie. *FAM.* macaron. ▸ *Appellation* – appellation, dénomination, désignation, étiquette, mot, nom, qualification, taxon, taxum, vocable. ▸ *Symbole* – allégorie, attribut, chiffre, devise, drapeau, effigie, emblème, figure, icône, image, incarnation, insigne, livrée, logo, logotype, notation, personnification, représentation, signe, symbole, type. ▸ *Repère* – balise, borne, borne repère, borne témoin, coordonnée, cran, délinéateur, empreinte, fanion, index, indice, jalon, jalon-mire, mire, mire-jalon, piquet, point de repère, référence, référentiel, taquet, trace. MAR. amer, vigie. ▶ *Renvoi* – appel de note, astérisque, grébiche, lettrine, référence, renvoi. ▶ *Signe numérique* – adresse, code, cote, marque (numérique), matricule, nombre, numéro. ▶ *Jeton* – fiche, jeton, pièce, pion. ▶ *Score* – note, résultat, score.

marquer *v.* ▶ *Délimiter par des marques* – baliser, borner, bornoyer, délimiter, jalonner, limiter, piqueter, repérer. ▶ *Écrire* – écrire; tracer. ▶ *Graver* – empreindre, graver, imprimer. ▶ *Souligner le rythme* – ponctuer, rythmer, souligner. ▶ *Ponctuer d'événements* – jalonner, ponctuer. ▶ *Dénoter* – annoncer, déceler, démontrer, dénoter, faire foi de, indiquer, laisser paraître, montrer, prouver, révéler, signaler, signifier, témoigner de. SOUT. dénoncer. ▶ *De façon non favorable* – accuser, trahir. ▶ *Faire ressortir* – accentuer, accuser, faire ressortir, mettre en évidence, mettre en relief, souligner. ▶ *De façon favorable* – faire valoir, mettre en valeur, rehausser, relever, valoriser. ▶ *Manifester* – affirmer, donner des marques de, donner la preuve/des preuves de, extérioriser, faire montre de, faire preuve de, manifester, montrer (des signes de), prouver, témoigner. ▶ *Fixer dans le mémoire* – graver, imprimer. ▶ *Traumatiser* – affecter, bouleverser, choquer, commotionner, ébranler, perturber, secouer, traumatiser. ▶ *Faire impression* – déteindre sur, exercer une influence sur, faire impression sur, frapper, impressionner, influencer. ▶ *Laisser un souvenir collectif* – dater, faire date, faire époque. ▲ANT. EFFACER, ENLEVER, SUPPRIMER; ADOUCIR, AFFAIBLIR, ATTÉNUER; CACHER, TAIRE; DÉSINTÉRESSER, LAISSER INDIFFÉRENT, PASSER INAPERÇU.

marron *adj.* ▶ *Brun* – brun, brunâtre. ▶ *Brun-rouge* – acajou, bistre, cachou, châtaigne, marengo, puce, terre d'ombre, terre de Sienne.

marseillais *adj.* ▶ *De Marseille* – SOUT. phocéen. HIST. massaliote.

martyr *n.* ▶ *Personne mourant pour une cause* – héros, saint. ▶ *Victime* – bouc émissaire, dindon de la farce, gibier, opprimé, persécuté, plastron, sacrifié, souffre-douleur, tête de Turc, victime. ▲ANT. BOURREAU.

martyre *n. m.* ▶ *Supplice* – échafaud, exécution, géhenne, peine, question, supplice, torture, tourment. ▶ *Douleur* – affliction, agonie, calvaire, douleur, enfer, souffrances, supplice, torture. SOUT. affres, géhenne, tourment. ▶ *Souffrance morale* – blessure, déchirement, déchirure, douleur, mal, souffrance, supplice, torture. SOUT. tenaillement, tribulation. ▲ANT. JOIE, PLAISIR; BONHEUR, FÉLICITÉ.

mascarade *n. f.* ▶ *Fête costumée* – bal costumé, carnaval, défilé. ▶ *Déguisement* – camouflage, déguisement, dissimulation, fard, maquillage, masquage, masque, mimétisme, occultation. ▶ *Accoutrement* – accoutrement, affublement, attirail, défroque, déguisement, fagotage. FAM. affiquets, affûtiaux, attifage, attifement. ▶ *Hypocrisie* – affectation, air, apparence, apprêt, artificialité, bluff, cabotinage, comédie, composition, contenance, convenu, dandysme, genre, imposture, jeu, maniérisme, manque de naturel, mièvrerie, pose, raideur, recherche, représentation, snobisme. SOUT. cambrure. FAM. chiqué, cinéma. ▶ *Spectacle burlesque* (ANC.) – arlequinade,

bouffonnerie, boulevard, burlesque, clownerie, comédie, farce, limerick, momerie, pantalonnade, parodie, pièce de boulevard, proverbe, saynète, sketch, sotie, spectacle, théâtre de boulevard, vaudeville. PÉJ. caleçonnade. ▲ANT. ÉQUITÉ, JUSTICE, TRANSPARENCE.

masculin *adj.* ▶ *Propre à l'homme* – mâle, viril. ▶ *En parlant d'une femme* – garçonnier. ▲ANT. FÉMININ.

masochisme *n. m.* ▶ *Recherche de la souffrance* – algophilie, dolorisme. ▲ANT. SADISME.

masque *n. m.* ▶ *Objet couvrant le visage* – loup. ▶ *Camouflage* – camouflage, déguisement, dissimulation, fard, maquillage, mascarade, masquage, mimétisme, occultation. ▶ *Anonymat* – anonymat, banalité, humble origine, incognito, obscurité, ombre. ▶ *Aspect* – air, allure, apparence, aspect, caractère, configuration, couleur, couvert, dehors, éclairage, expression, extérieur, façade, faciès, figure, forme, formule, impression, jour, mine, paraître, perspective, physionomie, plastique *(en art)*, portrait, présentation, profil, ressemblance, semblant, surface, ton, tour, tournure, traits, vernis, visage. SOUT. enveloppe, superficie. ▲ANT. FOND, VÉRITÉ.

masquer *v.* ▶ *Soustraire à la vue* – cacher, camoufler, couvrir, dérober, dérober aux regards, dissimuler, escamoter, receler, recouvrir, soustraire à la vue, soustraire aux regards, voiler. MILIT. classifier *(document)*. FAM. planquer. ▶ *Cacher dans le but de tromper* – cacher, camoufler, couvrir, déguiser, dissimuler, envelopper, escamoter, étouffer, farder, grimer, maquiller, occulter, travestir. SOUT. pallier. QUÉB. FAM. abrier. ▲ANT. AFFICHER, EXHIBER, MONTRER; DÉMASQUER, DÉVOILER, RÉVÉLER.

massacre *n. m.* ▶ anéantissement, assassinats, bain de sang, boucherie, carnage, destruction, extermination, hécatombe, holocauste, meurtres, tuerie. SOUT. (lourd) tribut. FAM. étripage. ▲ANT. CHEF-D'ŒUVRE, PERFECTION, RAFFINEMENT.

massacrer *v.* ▶ *Tuer en grand nombre* – décimer, exterminer, tuer. SOUT. faucher, moissonner. ▶ *Tuer sauvagement* – écharper, mettre en charpie. ▶ *Critiquer* – attaquer, critiquer, descendre en flammes, écharper, éreinter, étriller, faire le procès de, malmener, maltraiter, matraquer, mettre à mal, pourfendre, s'acharner contre. FAM. cartonner, couler, démolir, descendre, écorcher, esquinter. FRANCE FAM. allumer, débiner. QUÉB. FAM. maganer. ▶ *Endommager* (FAM.) – abîmer, briser, casser, dégrader, délabrer, détériorer, endommager, mutiler. FAM. amocher, bigorner, bousiller, déglinguer, esquinter, flinguer, fusiller, naser. QUÉB. FAM. maganer. ▶ *Vaincre complètement* (FAM.) – battre à plate couture. FAM. écraser, enfoncer, lessiver. QUÉB. FAM. crémer. ▲ANT. ÉPARGNER, MÉNAGER, PRÉSERVER, SAUVER; RESPECTER.

massage *n. m.* ▶ *Frottage* – abrasion, bouchonnage, bouchonnement, brossage, embrocation, érosion, friction, frottage, frottement, frottis, grattage, grattement, onction, raclage, râpage, ripage, ripement, traînement, trituration. FAM. grattouillement.

masse *n. f.* ▶ *Poids* – densité, lourdeur, massiveté, pesanteur, poids. ▶ *Bloc* – accrétion, accumulation, agglomérat, agglomération, aggloméré, agglutinat, agglutination, agglutinement, agrégat, agrégation,

matérialisme

amas, bloc, concentration, concrétion, conglomérat, conglomération, conglutination, entassement, nodule, paquet, réunion, sédiment, sédimentation, tas. *QUÉB. FAM.* motton, tapon. ▶ *Abondance* – abondance, afflux, amas, ampleur, concentration, débauche, débordement, exubérance, filon, floraison, foisonnement, forêt, foule, fourmillement, gisement, infinité, inondation, luxe, luxuriance, mine, multiplicité, myriade, nuée, orgie, paquet, pléthore, poussière, profusion, quantité, richesse, surabondance, tas, trésor. *FIG.* carnaval. *FAM.* festival, flopée, kyrielle, tapée, tonne, tripotée, wagon. *QUÉB. FAM.* bourrée, tapon. *SUISSE FAM.* craquée. ▶ *Foule* – abondance, affluence, armada, armée, attroupement, cohue, concentration, concours, encombrement, essaim, flot, forêt, foule, fourmilière, fourmillement, grouillement, légion, marée, meute, monde, multitude, peuple, pléiade *(célébrités)*, pullulement, rassemblement, régiment, réunion, ribambelle, ruche, tas, troupeau. *FAM.* flopée, marmaille *(enfants)*, tapée, tripotée. *QUÉB.* achalandage; *FAM.* tapon, trâlée. *PÉJ.* ramassis. ▶ *Populace* – (bas) peuple, (basse) pègre, bétail, foule, la rue, masse (populaire), multitude, petit peuple, plèbe, populace, prolétariat, troupeau, vulgaire. *FAM.* populo, vulgum pecus. ▶ *Somme* – addition, cagnotte, chiffre, ensemble, fonds, mandat, montant, quantité, quantum, somme, total, totalisation, volume. ▶ *Totalité* – absoluité, complétude, ensemble, entier, entièreté, exhaustivité, généralité, globalité, intégralité, intégrité, plénitude, réunion, somme, total, totalité, tout, universalité. ▶ *Capital* – argent, avoir, bien, capital, cassette, épargne, fonds, fortune, fruit, gain, investissement, liquidités, numéraire, patrimoine, pécule, placement, portefeuille, possession, produit, propriété, richesse, trésor, valeur. *SOUT.* deniers. *FAM.* finances, magot. ▶ *Mise* – cagnotte, cave, enjambage, enjeu, mise, pot, poule. ▶ *Outil* – batte, besaiguë, bigorne, boucharde, châsse, ferretier, frappe-devant, laie, longuet, maillet, mailloche, marteau, marteau-piolet *(escalade)*, martelet, massette, matoir, merlin, minahouet, picot, rivoir, rustique, smille, têtu. ▶ *Arme* – maillet, maillotin, masse d'armes. ▲*ANT.* PETIT NOMBRE, PEU; INDIVIDU; UNITÉ; BRIN, PARCELLE; ARISTOCRATIE, NOBLESSE; ÉNERGIE *(physique)*.

masser *v.* ▶ *Rassembler* – ameuter, assembler, attrouper, mobiliser, rallier, ramasser, rameuter, rassembler, regrouper, réunir. *SOUT.* battre le rappel de, conglomérer. ▶ *Frotter vigoureusement* – bouchonner, frictionner, frotter, malaxer, pétrir. ♦ *se masser* ▶ *S'assembler* – s'assembler, s'attrouper, se mobiliser, se rallier, se rassembler, se regrouper, se réunir. ▶ *Être en foule compacte* – s'agglutiner, s'entasser, se presser. ▲*ANT.* DISPERSER, DISSÉMINER, ÉPARPILLER.

massif *adj.* ▶ *Qui n'est pas creux* – plein. ▶ *Corpulent* – adipeux, (bien) en chair, charnu, corpulent, de forte taille, empâté, épais, étoffé, fort, gras, gros, imposant, large, lourd, obèse, opulent, plantureux, plein. *FAM.* éléphantesque, hippopotamesque. *FRANCE FAM.* mastoc. *QUÉB. FAM.* baquais. ▲*ANT.* CREUX, VIDE; PLAQUÉ; LÉGER; CHÉTIF, GRINGALET, MAIGRE, MAIGRELET, MAIGRICHON; ÉLANCÉ, SVELTE; DISSÉMINÉ, ÉPARS.

massif *n.m.* ▶ *Ensemble d'arbres* – boqueteau, bosquet, bouquet, buisson. *SOUT.* touffe. *QUÉB. FAM.*

talle. *ACADIE* bouillée. ▶ *Ensemble de fleurs* – clos, closerie, hortillonnage, jardin, jardinet, parc, parterre. ▶ *Ouvrage de maçonnerie* – butée, contrebutement, contrefort, contre-mur, culée.

masure *n.f.* cabane, cahute. *FAM.* baraque. ▲*ANT.* CHÂTEAU, PALAIS.

mat *adj.* ▶ *En parlant de la peau* – basané, bis, bistre, bistré, brun, foncé, olivâtre. ▶ *En parlant d'un métal* – amati, dépoli, terne, terni. ▶ *En parlant d'un son* – amorti, assourdi, atténué, cotonneux, étouffé, faible, feutré, mou, ouaté, sourd, voilé. ▲*ANT.* BRILLANT, ÉCLATANT, LUISANT; LUSTRÉ, POLI, VERNI; GLACÉ *(papier)*; CLAIR, CRISTALLIN, PUR, SONORE.

mât *n.m.* ▶ *Pièce verticale* – poteau, pylône. ♦ *mâts, plur.* ▶ *Ensemble de pièces verticales* – mâture.

match *n.m.* ▶ *Partie* – affrontement, duel, joute, partie, rencontre. ▶ *Compétition* – affrontement, compétition, concours, duel, épreuve, face à face, tournoi. *SOUT.* joute. *FAM.* compète. ♦ *matchs/matches, plur.* ▶ *Ensemble d'épreuves* – circuit, série (de matchs).

matelas *n.m.* ▶ *Pièce de literie* – futon, paillasse. ▶ *Lit* – lit, litière, natte, tapis. ▶ *Paquet d'argent (FAM.)* – liasse.

matelot *n.* homme d'équipage, homme de mer, marin. ▶ *Apprenti* – apprenti (matelot), mousse, novice. *FAM.* moussaillon.

mater *v.* ▶ *Discipliner* – discipliner, dompter, dresser, mettre au pas, serrer la vis à. *FAM.* visser. ▶ *Soumettre à des privations* – châtier, crucifier, macérer, mortifier. ▶ *Mettre en échec* – arrêter, désamorcer, enrayer, entraver, étouffer, étrangler, faire obstacle à, freiner, inhiber, juguler, mettre en échec, mettre un frein à, neutraliser, refouler, stopper. ▶ *Regarder furtivement (FAM.)* – jeter un coup d'œil à, lorgner, regarder à la dérobée, regarder du coin de l'œil. *FAM.* bigler, guigner, loucher sur, reluquer, zieuter. ▶ *Rendre mat* – amatir, dépolir, matir, ternir. ▲*ANT.* AMEUTER, EXCITER, PROVOQUER, SOULEVER.

matérialiser *v.* ▶ *Concrétiser* – actualiser, concrétiser, donner corps à, objectiver, réaliser. ▶ *Symboliser* – désigner, évoquer, exprimer, figurer, incarner, personnifier, symboliser. ♦ *se matérialiser* ▶ *Se concrétiser* – devenir réalité, se concrétiser, se réaliser. ▲*ANT.* ABSTRAIRE, IDÉALISER, IMMATÉRIALISER, SPIRITUALISER.

matérialisme *n.m.* ▶ *Prosaïsme* – activisme, cynisme, empirisme, opportunisme, pragmatisme, prosaïsme, réalisme, utilitarisme. ▶ *En philosophie* – agnosticisme, atomisme, baconisme, chosisme, hylozoïsme, marxisme, mécanicisme, mécanisme, mécanistique, objectivisme, phénoménisme, positivisme, radicalisme, réalisme, relativisme, substantialisme. ▶ *Impiété* – apostasie, apostasie, athéisme, blasphème, désacralisation, doute, froideur, gentilité, hérésie, impiété, incrédulité, incroyance, indifférence, infidélité, irréligion, libre pensée, paganisme, panthéisme, péché, profanation, reniement, sacrilège, scandale, scepticisme. *SOUT.* inobservance. ▲*ANT.* IDÉALISME, UTOPISME; IMMATÉRIALISME, SPIRITUALISME.

matérialiste *adj.* matériel, prosaïque, terre-à-terre. *FAM.* au ras des pâquerettes. ▲**ANT.** SPIRITUALISTE; IDÉALISTE, UTOPISTE; ASCÉTIQUE.

matérialité *n. f.* ▶ *Tangibilité* – actualité, choses concrètes, concret, corporéité, monde concret, palpabilité, phénoménalité, positif, rationalité, rationnel, réalité, réel, tangibilité, tangible, visible. ▲**ANT.** IMMATÉRIALITÉ, SPIRITUALITÉ; ABSTRACTION.

matériel *adj.* ▶ *Concret* – concret, de chair et de sang, effectif, existant, palpable, physique, réel, sensible, tangible, visible, vrai. *DIDACT.* positif. *RELIG.* de ce monde, temporel, terrestre. ▶ *Corporel* – charnel, corporel, physique. ▶ *Matérialiste* – matérialiste, prosaïque, terre-à-terre. *FAM.* au ras des pâquerettes. ▲**ANT.** ABSTRAIT, IMMATÉRIEL, INTELLECTUEL, INTEMPOREL, MORAL, SPIRITUEL; INCORPOREL; DÉLICAT, ÉTHÉRÉ, LÉGER, SUBTIL; ANTIMATÉRIEL *(particules)*. △ **MATÉRIELLE,** *fém.* – TESTIMONIALE *(preuve)*; DOCUMENTAIRE.

matériel *n. m.* ▶ *Équipement* – affaires, appareil, bagage, chargement, équipement, fourniment, harnachement, instruments, outillage, outils. *FAM.* arsenal, attirail, barda, bastringue, bataclan, bazar, fourbi, matos, paquet, paquetage, saint-crépin, saint-frusquin. *QUÉB. FAM.* agrès, gréage, gréement. ▶ *Éléments recueillis en vue d'un travail* – banque de données, base de données, corpus, données, matériau.

maternel *adj.* ▲**ANT.** PATERNEL.

maternité *n. f.* ▶ *Accouchement* – accouchement, couches, délivrance, enfantement, expulsion, heureux événement, maïeutique, mal d'enfant, mise au monde, naissance, parturition. ▲**ANT.** PATERNITÉ.

mathématique *adj.* ▶ *Très précis* – exact, géométrique, rigoureux. ▶ *Inévitable (FAM.)* – assuré, certain, fatal, immanquable, imparable, implacable, incontournable, inéluctable, inévitable, inexorable, nécessaire, obligatoire, obligé, sûr. *FAM.* forcé. ▲**ANT.** FAUX, INEXACT; APPROXIMATIF, IMPRÉCIS, VAGUE; ALÉATOIRE, INCERTAIN.

matière *n. f.* ▶ *Ce qui est concret* – corps, substance. ▶ *Matériau de construction* – matériau. ▶ *Spécialité* – branche, champ, département, discipline, division, domaine, étude, fief, partie, scène, science, secteur, spécialité, sphère. *FAM.* rayon. ▶ *Sujet* – fait, fond, objet, point, problème, propos, question, sujet, thème. ▲**ANT.** ÂME, ESPRIT; CONTENANT, FORME; ANTIMATIÈRE.

matin *n. m.* ▶ *Début du jour* – aube, aurore, crépuscule (du matin), début du jour, lever de l'aurore, lever du jour, lever du matin, lever, naissance du jour, (petit) matin, point du jour. *SOUT.* lueur crépusculaire, pointe de l'aube, pointe du jour. ▶ *Matinée* – matinée. *QUÉB. BELG.* avant-midi. ▶ *Commencement (FIG.)* – actionnement, amorçage, amorce, balbutiement, bégaiement, commencement, création, début, déclenchement, démarrage, départ, ébauche, embryon, enclenchement, enfance, entrée, esquisse, fondement, germe, inauguration, origine, ouverture, prélude, prémisse, principe, tête. *SOUT.* aube, aurore, prémices. *FIG.* apparition, avènement, éclosion, émergence, éruption, explosion, genèse, germination, naissance, venue au monde. ▶ *Jeunesse (SOUT.)* – bel âge, fleur de l'âge, jeune âge, jeunes années,

jeunesse, première saison, verte jeunesse. *SOUT.* mai, printemps. ▲**ANT.** APRÈS-MIDI; CRÉPUSCULE, SOIR, SOIRÉE; NUIT; DÉCLIN, FIN; VIEILLESSE.

matinal *adj.* ▲**ANT.** FLÂNEUR; NOCTAMBULE, VESPÉRAL.

matinée *n. f.* ▶ *Début de la journée* – matin. *QUÉB. BELG.* avant-midi. ▲**ANT.** APRÈS-MIDI; CRÉPUSCULE, SOIR, SOIRÉE; NUIT.

matrice *n. f.* ▶ *Moule* – coffrage, forme, moule. ▶ *Modèle* – carton, grille, modèle, modélisation, moule, patron, pilote, plan, prototype, simulation, spécimen. *FAM.* topo. ▶ *Ébauche* – canevas, crayon, crayonné, croquis, dessin, ébauche, épure, esquisse, essai, étude (préparatoire), griffonnement, pochade, premier jet, préparation, projet, schéma. *SOUT.* linéaments. *FRANCE FAM.* crobard. ▶ *Souche d'une famille* – origine, souche, source.

maturation *n. f.* ▶ *Mûrissement* – aoûtement *(rameaux)*, fructification, grenaison *(céréales)*, mûrissage, mûrissement, nouaison, nouure, véraison. ▲**ANT.** BLETTISSEMENT, POURRISSEMENT.

mature *adj.* ▶ *En parlant d'un végétal* – adulte, développé, formé, mûr. ▲**ANT.** IMMATURE, VERT.

maturité *n. f.* ▶ *Plénitude* – adultie, adultisme, âge, âge adulte, âge mûr, assurance, confiance en soi, épanouissement, expérience (de la vie), force de l'âge, majorité, plénitude, réalisation de soi, sagesse. ▶ *Perfection* – achèvement, consommation, couronnement, épanouissement, excellence, fini, fleur, meilleur, parachèvement, perfection, plénitude, précellence. *PHILOS.* entéléchie. ▶ *Diplôme (SUISSE)* – baccalauréat. *FAM.* bac, bachot. *SUISSE FAM.* matu. ▲**ANT.** IMMATURITÉ; ENFANCE; ENFANTILLAGE, IMMATURATION *(en psychologie)*, INFANTILISME.

maudire *v.* ▶ *Haïr* – avoir en aversion, avoir en haine, avoir en horreur, exécrer, haïr, ne pas pouvoir souffrir, ne pas pouvoir supporter, réprouver, vomir. *SOUT.* abhorrer, abominer, avoir en abomination. *FAM.* avoir dans le nez, ne pas pouvoir blairer, ne pas pouvoir encadrer, ne pas pouvoir encaisser, ne pas pouvoir pifer, ne pas pouvoir sacquer, ne pas pouvoir sentir, ne pas pouvoir voir en peinture. ▶ *Vouer à la damnation* – condamner, damner, perdre, réprouver, vouer à la damnation. ▲**ANT.** AIMER, CHÉRIR; ADORER, BÉNIR, EXALTER.

maussade *adj.* ▶ *De mauvaise humeur* – boudeur, bourru, de mauvaise humeur, grognon, mal disposé, mécontent, morne, morose, qui fait la tête, rechigné, rembruni, renfrogné, sombre, taciturne. *SOUT.* chagrin. *FAM.* à ne pas prendre avec des pincettes, de mauvais poil, mal luné, qui fait la gueule, qui fait la lippe, qui s'est levé du mauvais pied, soupe au lait. *QUÉB. FAM.* marabout, qui fait la baboune. *BELG.* mal levé. ▶ *D'un caractère désagréable* – acariâtre, acerbe, aigri, anguleux, âpre, bourru, caractériel, déplaisant, désagréable, désobligeant, difficile, grincheux, hargneux, intraitable, rébarbatif, rêche, revêche. *SOUT.* atrabilaire. *FAM.* chameau, teigneux. *QUÉB. FAM.* malavenant malcommode. *SUISSE* gringe. ▶ *Qui inspire l'ennui* – déprimant, ennuyeux, gris, grisâtre, monotone, morne, plat, sans vie, terne. ▲**ANT.** ACCUEILLANT, AFFABLE, AIMABLE, AMÈNE, AVENANT, CORDIAL, ENGAGEANT, ENJOUÉ, GAI, INVITANT,

JOVIAL, SOURIANT; AMUSANT, ATTRAYANT, CHARMANT, DISTRAYANT, DIVERTISSANT, ÉGAYANT, PLAISANT, RÉJOUISSANT; ENCOURAGEANT, MOTIVANT, STIMULANT.

mauvais *adj.* ♦ **choses** ▶ *Nuisible* – dangereux, dévastateur, dommageable, funeste, malfaisant, néfaste, négatif, nocif, nuisible, pernicieux, ravageur. *SOUT.* délétère. ▶ *Désagréable* – déplaisant, déplorable, désagréable, détestable, fâcheux, méchant, vilain. *FAM.* sale. ▶ *Insuffisant* – anémique, chétif, chiche, déficient, déficitaire, faible, insatisfaisant, insuffisant, maigre, médiocre, misérable, pauvre, piètre, rachitique. ▶ *Médiocre* – abominable, affreux, atroce, déplorable, désastreux, épouvantable, exécrable, horrible, infect, insipide, lamentable, manqué, médiocre, minable, navrant, nul, odieux, piètre, piteux, pitoyable, qui ne vaut rien, raté. *SOUT.* méchant, triste. *FAM.* à la flan, à la gomme, à la manque, à la mie de pain, à la noix (de coco), blèche, craignos, crapoteux, mal fichu, moche, pourri, qui ne vaut pas un clou. *QUÉB. FAM.* de broche à foin, poche. ▶ *Inexact* – erroné, fautif, faux, incorrect, inexact. ♦ **personnes** ▶ *Méchant* – cruel, maléfique, malfaisant, malintentionné, malveillant, méchant, pervers, sadique, vicieux. *FAM.* chien, vachard, vache. *FRANCE FAM.* rossard, rosse. ▶ *Menaçant* – dangereux, inquiétant, méchant, menaçant, patibulaire, redoutable, sinistre, sombre, terrible, torve *(regard)*. ▶ *Corrupteur* – corrupteur, dépravant, immoral, malsain, nocif, pernicieux, pervers, pervertisseur. *SOUT.* suborneur. ▶ *Incompétent* – ignorant, incapable, incompétent, insuffisant, médiocre, nul. ▲**ANT.** BON; AGRÉABLE, BÉNÉFIQUE, BIENFAISANT, PROFITABLE, SALUTAIRE, UTILE; FAVORABLE, HEUREUX, OPPORTUN; BIEN, RÉUSSI; BRILLANT, ÉBLOUISSANT, EXCELLENT, EXTRAORDINAIRE, FANTASTIQUE, LOUABLE, MAGNIFIQUE, MERVEILLEUX, PARFAIT, PRODIGIEUX, REMARQUABLE, SENSATIONNEL; CORRECT, EXACT; DROIT, FIDÈLE, HONNÊTE, JUSTE; BRAVE, CHARITABLE, COMPATISSANT, GÉNÉREUX, HUMAIN, QUI A BON CŒUR, SECOURABLE, VERTUEUX; ADROIT, COMPÉTENT, DOUÉ, HABILE.

mauve *adj.* cyclamen, lilas, parme.

maxime *n.f.* adage, aphorisme, apophtegme, axiome, citation, devise, dicton, dit, dogme, enseignement, formule, mantra, moralité, mot, on-dit, parole, pensée, précepte, principe, proverbe, réflexion, règle, sentence, sutra, vérité.

maximiser *v.* maximaliser, optimaliser, optimiser, tirer le meilleur parti de. ▲**ANT.** MINIMISER.

maximum *n.m.* acmé, apex, apogée, apothéose, cime, climax, comble, culmination, excès, faîte, fin du fin, fort, limite, meilleur, nec plus ultra, optimum, paroxysme, pic, pinacle, plafond, point culminant, pointe, record, sommet, summum, triomphe, zénith. *FAM.* max, top niveau. ▲**ANT.** BAS, MINIMUM.

méandre *n.m.* ▶ *Courbe* – arabesque, boucle, contour, courbe, détour, lacet, ondulation, repli, serpentin, sinuosité, volute *(fumée)*. *SOUT.* flexuosité. ♦ **méandres, plur.** ▶ *Détours* – dédale, forêt, labyrinthe, lacis, maquis, réseau, sinuosités. ▲**ANT.** △ MÉANDRES, **plur.** – RACCOURCI; DROITURE, FRANCHISE, RECTITUDE.

mécanique *adj.* ▶ *Inconscient* – automatique, inconscient, indélibéré, instinctif, intuitif,

involontaire, irréfléchi, machinal, naturel, réflexe, spontané. *DIDACT.* instinctuel, pulsionnel. ▶ *Routinier* – répétitif, routinier. ▲**ANT.** CONSCIENT, RAISONNÉ, RÉFLÉCHI; EXCEPTIONNEL, INHABITUEL, NOUVEAU; CALORIFIQUE *(énergie)*.

mécaniquement *adv.* à l'instinct, à l'intuition, au flair, automatiquement, d'instinct, impulsivement, inconsciemment, instinctivement, intuitivement, involontairement, machinalement, naturellement, par habitude, par humeur, par instinct, par nature, sans réflexion, spontanément, viscéralement. ▲**ANT.** À LA MAIN, MANUELLEMENT.

mécanisme *n.m.* ▶ *Dispositif* – appareil, dispositif, engin, machine, mécanique. *FAM.* bécane, zinzin. *QUÉB. FAM.* patente. ▶ *Processus* – déroulement, fonctionnement, marche, mécanique, opération, procédure, procès, processus. ▶ *En philosophie* – agnosticisme, atomisme, baconisme, chosisme, hylozoïsme, marxisme, matérialisme, mécanicisme, mécanistique, objectivisme, phénoménisme, positivisme, radicalisme, réalisme, relativisme, substantialisme.

méchamment *adv.* ▶ *Haineusement* – acrimonieusement, agressivement, aigrement, calomnieusement, désobligeamment, haineusement, hostilement, inamicalement, malignement, malveillamment, venimeusement, vindicativement, virulemment. *FAM.* vachement. ▶ *Cruellement* – barbarement, bestialement, brutalement, cruellement, durement, farouchement, férocement, impitoyablement, inhumainement, rudement, sadiquement, sauvagement. ▲**ANT.** AVEC COMPASSION, AVEC DOUCEUR, AVEC MISÉRICORDE, BIENVEILLAMMENT, CHARITABLEMENT, DÉLICATEMENT, HUMAINEMENT.

méchanceté *n.f.* ▶ *Malignité* – malfaisance, malignité, perversité. *SOUT.* malice. ▶ *Cruauté* – acharnement, agressivité, atrocité, barbarie, brutalité, cruauté, dureté, férocité, inhumanité, maltraitance, sadisme, sauvagerie, torture, violence. *SOUT.* implacabilité, inexorabilité. *PSYCHIATRIE* psychopathie. ▶ *Agressivité* – agressivité, brutalité, combativité, hostilité, malveillance, provocation. *SOUT.* pugnacité. *MÉD.* quérulence. ▶ *Aigreur* – acariâtreté, acerbité, acidité, âcreté, acrimonie, agressivité, aigreur, amertume, animosité, âpreté, bave, bile, causticité, colère, dépit, désagrément, dureté, fiel, haine, hargne, humeur, irritation, malveillance, maussaderie, mauvaise humeur, mordant, pique, rancœur, rancune, récrimination, ressentiment, rudesse, tranchant, venin, vindicte, virulence. *SOUT.* mordacité. *FAM.* rouspétance. ▶ *Action méchante* – bassesse, coup bas, crasse, malfaisance, méfait, rosserie. *SOUT.* perfidie, scélératesse, vilenie. *FAM.* sale coup, sale tour, saloperie, tour de cochon, vacherie. *FRANCE FAM.* mistoufle. *QUÉB. FAM.* chiennerie, coup de cochon, écœuranterie. ▲**ANT.** BIENVEILLANCE, BONTÉ, DOUCEUR, GENTILLESSE, HUMANITÉ.

méchant *adj.* ▶ *Qui aime faire le mal* – cruel, maléfique, malfaisant, malintentionné, malveillant, mauvais, pervers, sadique, vicieux. *FAM.* chien, vache. *FRANCE FAM.* rossard, rosse. ▶ *Redoutable* – dangereux, inquiétant, mauvais, menaçant, patibulaire, redoutable, sinistre, sombre, terrible, torve *(regard)*. ▶ *Qui exprime la haine* – empoisonné,

mèche

fielleux, haineux, hargneux, hostile, malveillant, perfide, venimeux. *SOUT.* enfiellé. ▶ *Cinglant* – à l'emporte-pièce, acerbe, acéré, acide, acrimonieux, aigre, blessant, caustique, cinglant, corrosif, fielleux, grinçant, incisif, mordant, piquant, sarcastique, sardonique, virulent, vitriolique. ▶ *Déplaisant* – déplaisant, déplorable, désagréable, détestable, fâcheux, mauvais, vilain. *FAM.* sale. ▶ *Minable* (*SOUT.*) – abominable, affreux, atroce, déplorable, désastreux, épouvantable, exécrable, horrible, infect, insipide, lamentable, manqué, mauvais, médiocre, minable, navrant, nul, odieux, piètre, piteux, pitoyable, qui ne vaut rien, raté. *SOUT.* triste. *FAM.* à la flan, à la gomme, à la manque, à la mie de pain, à la noix (de coco), blèche, craignos, crapoteux, mal fichu, moche, pourri, qui ne vaut pas un clou. *QUÉB. FAM.* de broche à foin, poche. ▶ *Extraordinaire* (*FAM.*) – colossal, considérable, démesuré, énorme, extraordinaire, extrême, fabuleux, formidable, géant, gigantesque, grand, gros, immense, incommensurable, monstrueux, monumental, phénoménal, prodigieux, surhumain, titanesque, vaste, vertigineux. *SOUT.* cyclopéen, herculéen. *FAM.* bœuf, de tous les diables, du diable, effrayant, effroyable, épouvantable, faramineux, monstre. *FRANCE FAM.* gratiné. ▲ANT. BIENVEILLANT, BON, CHARITABLE, COMPATISSANT, GÉNÉREUX, GENTIL, HUMAIN, QUI A BON CŒUR, SECOURABLE; AFFECTUEUX, CARESSANT, DOUX, TENDRE; SAGE, TRANQUILLE; AGRÉABLE, PLAISANT; NORMAL, ORDINAIRE.

mèche *n. f.* ▶ *Cheveux* – épi, houppe, houppette, touffe. *FAM.* choupette, couette. ▶ *Bande de gaze* – bandage, bande, gaze, pansement. *FAM.* poupée. *QUÉB. FAM.* catin. ▶ *Instrument* – avant-clou, chignole, drille, foret, fraise, fraisoir, perce, percerette, percette, perçoir, queue-de-cochon, quillier, tamponnoir, taraud, tarière, trépan, vilebrequin, vrille. ▶ *Machine* – foreuse, perceuse, perforatrice, perforeuse, poinçonneuse, tricône, tunnelier. ▶ *Longue période* (*QUÉB. FAM.*) – une éternité. *SOUT.* des lustres. *FAM.* des lunes, des siècles, un bail, un siècle, une paye. *QUÉB. FAM.* une escousse, une secousse.

méconnaissable *adj.* autre, changé, différent, métamorphosé, nouveau, transformé. ▲ANT. RECONNAISSABLE; INCHANGÉ.

méconnaissance *n. f.* ▶ *Ignorance* (*SOUT.*) – analphabétisme, ignorance, illettrisme, inadéquation, inaptitude, incapacité, incompétence, incompréhension, inconscience, inculture, inexpérience, ingénuité, innocence, insuffisance, lacune, naïveté, nullité, obscurantisme, simplicité. *SOUT.* impéritie, inconnaissance. ▲ANT. CONNAISSANCE, SAVOIR, SCIENCE.

méconnaître *v.* ▶ *Sous-estimer* – avoir mauvaise opinion de, déprécier, inférioriser, mésestimer, minorer, ne pas apprécier à sa juste valeur, sous-estimer, sous-évaluer. *SOUT.* dépriser, méjuger de. ▶ *Ignorer* – bouder, être sourd à, faire fi de, faire la sourde oreille à, faire peu de cas de, ignorer, mépriser, ne pas se soucier de, ne pas tenir compte de, négliger, se désintéresser de, se moquer de. *SOUT.* n'avoir cure de, passer outre à. *FAM.* n'avoir rien à cirer de, n'avoir rien à foutre de, s'en balancer, s'en battre les flancs, s'en contrebalancer, s'en tamponner (le coquillard), s'en taper, se battre l'œil de, se contreficher de, se

contrefoutre de, se ficher de, se foutre de, se soucier de qqch. comme d'une guigne, se soucier de qqch. comme de l'an quarante, se soucier de qqch. comme de sa première chemise. *QUÉB. FAM.* se sacrer de. ▲ANT. APPRÉCIER, ESTIMER, RECONNAÎTRE; SURESTIMER; COMPRENDRE, CONNAÎTRE. CONSIDÉRER, SAVOIR.

mécontent *adj.* ▶ *Fâché* – contrarié, ennuyé, fâché, insatisfait. ▶ *Maussade* – boudeur, bourru, de mauvaise humeur, grognon, mal disposé, maussade, morne, morose, qui fait la tête, rechigné, rembruni, renfrogné, sombre, taciturne. *SOUT.* chagrin. *FAM.* à ne pas prendre avec des pincettes, de mauvais poil, mal luné, qui fait la gueule, qui fait la lippe, qui s'est levé du mauvais pied, soupe au lait. *QUÉB. FAM.* marabout, qui fait la baboune. *BELG.* mal levé. ▲ANT. CONTENT, HEUREUX, RAVI, SATISFAIT.

mécontentement *n. m.* ▶ *Insatisfaction* – besoin, frustration, insatisfaction, non-satisfaction, vague à l'âme. *SOUT.* bovarysme, inapaisement, inassouvissement, insatiabilité. *FAM.* grogne. *PSYCHOL.* sentiment d'incomplétude. ▶ *Colère* – agacement, colère, emportement, énervement, exaspération, fureur, furie, impatience, indignation, irritabilité, irritation, rage, susceptibilité. *SOUT.* courroux, irascibilité. *FAM.* horripilation, rogne. ▲ANT. CONTENTEMENT, SATISFACTION; JOIE, JUBILATION, PLAISIR.

médaille *n. f.* ▶ *Pièce de métal* – pièce, (pièce de) monnaie, piécette (petite). ▶ *Récompense* – accessit, bon point, citation, couronne, décoration, diplôme, distinction, gratification, mention, nomination, trophée, pourboire, prime, prix, récompense, satisfecit, trophée. *QUÉB. FAM.* bonbon. ▶ *Porte-bonheur* – agnus-Dei, amulette, bondieuserie, effigie, ex-voto, gri-gri, idole, image, main de Fatma, mascotte, médaillon, porte-bonheur, relique, scapulaire, statuette, talisman, tephillim, totem.

médaillon *n. m.* ▶ *Porte-bonheur* – agnus-Dei, amulette, bondieuserie, effigie, ex-voto, gri-gri, idole, image, main de Fatma, mascotte, médaille, porte-bonheur, relique, scapulaire, statuette, talisman, tephillim, totem.

médecin *n.* ▶ *Personne* – docteur, praticien. *SOUT.* thérapeute. ▶ *Bon* – diagnostiqueur. ▶ *Mauvais* – médicastre. ♦ **médecins**, *plur.* ▶ *Ensemble de personnes* – corps médical. ▲ANT. PATIENT.

médiateur *n.* ▶ *Personne* – arbitragiste, arbitre, arrangeur, conciliateur, intermédiaire, juge, modérateur, négociateur, ombudsman, pacificateur, réconciliateur, surarbitre. *DR.* amiable compositeur. ▲ANT. AGITATEUR, FOMENTATEUR, PROVOCATEUR.

médiation *n. f.* ▶ *Intervention* – aide, appui, concours, entremise, immixtion, incursion, ingérence, interposition, interventionnisme, intrusion, ministère, office. *SOUT.* intercession. ▲ANT. AGITATION, FOMENTATION, PROVOCATION, SOULÈVEMENT.

médiatiser *v.* ▲ANT. CACHER, ÉTOUFFER, TAIRE.

médical *adj.* ▶ *Propre à guérir* – curatif, médicamenteux, médicinal, thérapeutique. ▶ *Fait par un médecin* – iatrique.

médicament *n. m.* ▶ *Substance* – potion, préparation (pharmaceutique), remède, spécialité (pharmaceutique). ▶ *Artisanal* – drogue, orviétan, poudre de perlimpinpin, remède de bonne femme. ▶ *Du* *point de vue de la force* – remède bénin *(doux)*, remède de cheval *(fort)*. ▶ *Du point de vue de son efficacité* – remède miracle, remède souverain. ♦ **médicaments**, *plur.* ▶ *Ensemble de substances* – pharmacie. ▲ **ANT.** POISON.

médiéval *adj.* ▲ **ANT.** ACTUEL, MODERNE.

médiocratie *n. f.* ▲ **ANT.** MÉRITOCRATIE.

médiocre *adj.* ▶ *Mauvais* – abominable, affreux, atroce, déplorable, désastreux, épouvantable, exécrable, horrible, infect, insipide, lamentable, manqué, mauvais, minable, navrant, nul, odieux, piètre, piteux, pitoyable, qui ne vaut rien, raté. *SOUT.* méchant, triste. *FAM.* à la flan, à la gomme, à la manque, à la mie de pain, à la noix (de coco), blèche, craignos, crapoteux, mal fichu, moche, pourri, qui ne vaut pas un clou. *QUÉB. FAM.* de broche à foin, poche. ▶ *Ordinaire* – commun, ordinaire, quelconque, trivial, vulgaire. *FAM.* lambda. ▶ *Insuffisant* – anémique, chétif, chiche, déficient, déficitaire, faible, insatisfaisant, insuffisant, maigre, mauvais, misérable, pauvre, piètre, rachitique. ▶ *Incompétent* – ignorant, incapable, incompétent, insuffisant, mauvais, nul. ▲ **ANT.** ADMIRABLE, BON, EXCELLENT, FAMEUX, GRAND, MERVEILLEUX, PARFAIT, REMARQUABLE, SUBLIME; ÉMINENT, EXCEPTIONNEL, HORS PAIR, INCOMPARABLE, INÉGALABLE, SUPÉRIEUR; BRILLANT, CHEVRONNÉ, COMPÉTENT, DOUÉ, HABILE, TALENTUEUX.

médiocrement *adv.* ▶ *Insuffisamment* – dérisoirement, faiblement, imparfaitement, inacceptablement, insuffisamment, mal, mollement, pauvrement. ▶ *Moyennement* – honnêtement, modérément, moyennement, passablement, tièdement. *FAM.* comme ci comme ça, couci-couça, moitié-moitié, pas mal. ▶ *Fadement* – anonymement, banalement, ennuyeusement, fadement, insipidement, monotonement, platement, prosaïquement. ▲ **ANT.** À LA PERFECTION, À MERVEILLE, À RAVIR, ADMIRABLEMENT, DIVINEMENT, EXTRAORDINAIREMENT, IMPECCABLEMENT, INCOMPARABLEMENT, LE MIEUX DU MONDE, MERVEILLEUSEMENT, MIRIFIQUEMENT, ON NE PEUT MIEUX, PARFAITEMENT, PRODIGIEUSEMENT.

médiocrité *n. f.* ▶ *Insuffisance* – banalité, facilité, fadeur, faiblesse, inconsistance, indigence, insignifiance, insuffisance, médiocre, pauvreté, platitude, prévisibilité. *SOUT.* trivialité. *FAM.* fadasserie. ▲ **ANT.** EXCELLENCE, GÉNIE, GRANDEUR, IMPORTANCE, PERFECTION, RICHESSE, TALENT, VALEUR.

médisance *n. f.* ▶ *Dénigrement* – accusation, allégation, attaque, calomnie, critique, délation, dénigrement, dénonciation, dépréciation, dévalorisation, diffamation, imputation, insinuation, plainte, rabaissement, réquisitoire, trahison. *SOUT.* détraction. *FAM.* cafardage, mouchardage, rapportage. *QUÉB.* salissage. ▶ *Paroles* – bavardage, cancan, caquetage, caquètement, potin, qu'en-dira-t-on, rumeur. *SOUT.* clabaudage, clabauderie. *FAM.* chuchoterie, commérage, débinage, racontage, racontar, ragot. *QUÉB. FAM.* mémérage, placotage, potinage. ▲ **ANT.** APOLOGIE, COMPLIMENT, ÉLOGE, LOUANGE.

méditatif *adj.* ▶ *Porté à la méditation* – contemplateur, contemplatif, pensif. ▶ *Songeur* – absent, absorbé (dans ses pensées), distrait, inattentif, lointain, lunaire, pensif, qui a l'esprit ailleurs, rêvasseur, rêveur, somnambule, songeur. *FAM.* dans la lune. *QUÉB. FAM.* coq-l'œil, lunatique. ▲ **ANT.** DISTRAIT, ÉTOURDI.

méditation *n. f.* ▶ *Réflexion* – introspection, pensée, questionnement, recueillement, réflexion, remâchement, rêvasserie, rumination, ruminement. *DIDACT.* problématique. *SOUT.* reploiement. *FAM.* cogitation. *QUÉB. ACADIE FAM.* jonglerie. ▶ *Approfondissement* – analyse, approfondissement, dépouillement, développement, enrichissement, épluchage, étude, examen, exploration, introspection, pesée, progrès, recherche, réflexion, sondage. ▶ *Prière mentale* – acte de contrition, acte de foi, déprécation, exercice, exercice de piété, exercice spirituel, invocation, litanie, obsécration, oraison, prière, recueillement, souhait, supplication. ▲ **ANT.** ACTION; DISTRACTION, INSOUCIANCE, LÉGÈRETÉ, NÉGLIGENCE.

méditer *v.* ▶ *Chercher le recueillement* – se recueillir, se replier sur soi. *SOUT.* rentrer en soi. ▶ *Réfléchir* – penser, raisonner, réfléchir, se concentrer, songer, spéculer. *SOUT.* délibérer. *FAM.* cogiter, faire travailler sa matière grise, gamberger, phosphorer, ruminer, se casser la tête, se creuser la tête, se creuser les méninges, se presser le citron, se pressurer le cerveau, se servir de sa tête. *QUÉB. ACADIE FAM.* jongler. ▶ *Préparer par une longue réflexion* – calculer, combiner, couver, imaginer, mûrir, préméditer, ruminer. ▲ **ANT.** SE DISTRAIRE, SE DIVERTIR; IMPROVISER.

médium *n. m.* ▶ *Spirite* – canal, spirite, spiritiste, télépathe. ▶ *Liquide* – véhicule.

méfait *n. m.* ▶ *Action méchante* – malfaisance, malignité, méchanceté, perversité. *SOUT.* malice. ▶ *Infraction* – accroc, contravention, crime, délit, dérogation, entorse, faute, forfait, forfaiture, inconduite, infraction, manquement, mauvaise action, mauvaise conduite, non-respect, rupture, transgression, violation. *BELG.* méconduite. *DR.* cas. ▶ *Dégât* – avarie, bris, casse, débâcle, dégradation, déprédation, désolation, destruction, détérioration, dévastation, dommage, endommagement, mouille, perte, ravage, ruine, sabotage, vilain. *FAM.* bousillage, charcutage, grabuge. ♦ **méfaits**, *plur.* ▶ *Ensemble d'infractions* – activité criminelle, banditisme, crimes, fripouillerie, gangstérisme, malhonnêteté. ▲ **ANT.** BIENFAIT.

méfiance *n. f.* ▶ *Suspicion* – défiance, désintéressement, doute, incrédulité, prudence, scepticisme, soupçon, suspicion, vigilance. *SOUT.* cautèle. *FAM.* paranoïa *(excessive)*. ▲ **ANT.** ASSURANCE, CONFIANCE, CRÉDIT, FOI.

méfiant *adj.* ▶ *Soupçonneux* – défiant, ombrageux, soupçonneux, sur la défensive, sur ses gardes, suspicieux. ▶ *Farouche* – craintif, farouche, sauvage. ▲ **ANT.** CONFIANT, OUVERT, SEREIN, SÛR; ENGAGEANT, LIANT, SOCIABLE; AUDACIEUX, FONCEUR.

méfier (se) *v.* ▶ *Ne pas faire confiance* – douter de, prendre garde à, se garder de, se mettre en garde contre, tenir pour suspect. *SOUT.* se défier de. ▶ *Faire attention* – être sur ses gardes, faire attention, rester sur ses gardes, se garder à carreau, se tenir à carreau, se tenir sur ses gardes. *FAM.* faire gaffe, gaffer, paranoïer *(de façon excessive)*. ▲ **ANT.** AVOIR CONFIANCE, SE FIER; S'ABANDONNER, S'EN REMETTRE, SE CONFIER.

mégère *n. f.* chipie, furie, harpie, sorcière. *QUÉB.* *SUISSE* gribiche. ▲**ANT.** ANGE, COLOMBE.

meilleur *adj.* ▶ *Qui est mieux* – préférable. ▶ *Insurpassable* – indétrônable, inégalable, inégalé, insurpassable, insurpassé, par excellence, souverain, supérieur, suprême. ▲**ANT.** PIRE; DERNIER, INFÉRIEUR. **meilleur** *n.* ▶ *Premier de classe* – cacique, major, premier de classe. ◆ **meilleur, masc.** ▶ *Élite* – aristocratie, célébrités, choix, élite, (fine) fleur, gotha, grands noms, panthéon, personnages, personnalités, sérail, vedettes. *FAM.* crème, dessus du panier, gratin. ▶ *Summum* – acmé, apex, apogée, apothéose, cime, climax, comble, culmination, excès, faîte, fin du fin, fort, limite, maximum, nec plus ultra, optimum, paroxysme, pic, pinacle, plafond, point culminant, pointe, record, sommet, summum, triomphe, zénith. *FAM.* max, top niveau. ▶ *Excellence* – achèvement, consommation, couronnement, épanouissement, excellence, fini, fleur, maturité, parachèvement, perfection, plénitude, précellence. *PHILOS.* entéléchie. ▲**ANT.** PIRE.

mélancolie *n. f.* ▶ *Tristesse* – abattement, accablement, affliction, aigreur, amertume, chagrin, dépression, désolation, deuil, douleur, ennui, épreuve, grisaille, humeur noire, idées noires, idées sombres, langueur, lypémanie, mal du pays, mal-être, maussaderie, monotonie, morosité, neurasthénie, noir, nostalgie, papillons, peine, saudade, serrement de cœur, souci, tædium vitæ, tristesse, vague à l'âme. *SOUT.* atrabile, larmes, navrement, nuage, spleen, taciturnité. *FAM.* bourdon, cafard, déprime, sinistrose. ▲**ANT.** GAIETÉ, JOIE.

mélancolique *adj.* ▶ *Nostalgique* – nostalgique, triste. *SOUT.* élégiaque. ▶ *Morose* – abattu, découragé, démoralisé, dépressif, déprimé, las, morne, morose, pessimiste, qui a le vague à l'âme, qui broie du noir, sombre, ténébreux, triste. *SOUT.* bilieux, saturnien, spleenétique. *FAM.* cafardeux, tristounet. *QUÉB. FAM.* caduc, qui a la fale basse. ▲**ANT.** ALLÈGRE, GAI, JOYEUX.

mélangé *adj.* ▶ *Hétérogène* – bigarré, complexe, composite, de tout poil, de toute espèce, disparate, dissemblable, divers, diversifié, éclectique, hétéroclite, hétérogène, mêlé, mixte, multiple, varié. *SOUT.* pluriel. ▶ *Partagé* – mêlé, mi-figue mi-raisin, partagé.

mélange *n. m.* ▶ *Action de mêler* – brassage, brassement, malaxage, mêlage. *FAM.* touillage. ▶ *Amalgame* – admixtion, alliage, amalgamation, amalgame, cocktail, combinaison, composé, mixtion, mixture. ▶ *Métissage* – acculturation, croisement, hybridation, interfécondité, métisation, métissage. ▶ *Confusion* – anarchie, bourbier, brouillement, cafouillage, cafouillis, chaos, complication, confusion, désordre, désorganisation, embrouillement, emmêlage, emmêlement, enchevêtrement, imbroglio. *SOUT.* chienlit, pandémonium. *FAM.* embrouillage, embrouille, pagaille, pétaudière. *FRANCE FAM.* cirque, embrouillamini, foutoir, micmac, sac d'embrouilles, sac de nœuds, salade. ◆ **mélanges, plur.** ▶ *Anthologie* – ana, analecta, anthologie, choix, chrestomathie, collection, compilation, épitomé, extraits, florilège, miscellanées, morceaux choisis, pages choisies, recueil, sélection, spicilège, varia. *FAM.* compil. ▲**ANT.** DISSOCIATION, SÉPARATION, TRI; DIFFÉRENCIATION, DISCRIMINATION; CHOIX, SÉLECTION.

mélanger *v.* ▶ *Mettre ensemble des éléments divers* – mêler, panacher. ▶ *Unir pour former un tout* – amalgamer, confondre, fondre, incorporer, mêler, réunir, unir. ▶ *Prendre pour un autre* – confondre. ▶ *Remuer un mélange* – brasser, malaxer, remuer, tourner. ◆ **se mélanger** ▶ *S'unir* – s'amalgamer, s'unir, se fondre, se fusionner, se mêler, se souder. ▲**ANT.** DÉMÊLER, DISSOCIER, SÉPARER; CRIBLER, FILTRER, TAMISER; RANGER, TRIER; CHOISIR.

mêlé *adj.* ▶ *Hétérogène* – bigarré, complexe, composite, de tout poil, de toute espèce, disparate, dissemblable, divers, diversifié, éclectique, hétéroclite, hétérogène, mélangé, mixte, multiple, varié. *SOUT.* pluriel. ▶ *Dont l'avis est partagé* – mélangé, mi-figue mi-raisin, partagé.

mêlée *n. f.* ▶ *Bataille* – accrochage, action (de guerre), affrontement, assaut, attaque, bagarre, bataille, choc, combat, conflit, échauffourée, empoignade, empoignement, engagement, escarmouche, ferraillement, feu, guérilla, guerre, heurt, hostilités, lutte, opération, pugilat, rencontre, rixe. *FAM.* baroud, baston, bigorne, casse-gueule, casse-pipe, castagne, guéguerre, rif, rififi, riflette. *QUÉB. FAM.* brasse-camarade, poussaillage, tiraillage. *BELG. FAM.* margaille. *MILIT.* blitz *(de courte durée)*. ▶ *Au rugby* – maul. ▲**ANT.** CALME, ORDRE.

mêler *v.* ▶ *Unir pour former un tout* – amalgamer, confondre, fondre, incorporer, mélanger, réunir, unir. *DIDACT.* mixtionner. ▶ *Associer* – allier, associer, combiner, concilier, conjuguer, joindre, marier, réunir, unir. ▶ *Réunir des éléments divers* – mélanger, panacher. ▶ *Entremêler* – embrouiller, emmêler, enchevêtrer, entortiller, entrecroiser, entrelacer, entremêler. ▶ *Défaire le classement* – brouiller, déclasser, déranger. ▶ *Battre les cartes* – battre, brouiller. *FAM.* brasser. ▶ *Rendre confus* – brouiller, compliquer, embrouiller, embroussailler, emmêler, enchevêtrer, entortiller, entremêler, mélanger, obscurcir. *FAM.* emberlificoter. *DIDACT.* intriquer. ▶ *Impliquer* – compromettre, impliquer, mettre en cause. *FAM.* mouiller. ◆ **se mêler** ▶ *Se mélanger* – s'amalgamer, s'unir, se fondre, se fusionner, se mélanger, se souder. ▶ *Prendre part* – entrer en jeu, entrer en scène, intervenir, participer, prendre part à, se mettre de la partie. ▶ *Intervenir de façon indésirable* – s'immiscer dans, s'ingérer dans. *FAM.* fourrer son nez dans, mettre son grain de sel dans, mettre son nez dans, se fourrer dans. ▲**ANT.** DÉBROUILLER, DÉMÊLER, DÉNOUER; DISCERNER, DISSOCIER, DISTINGUER, ISOLER, SÉPARER; RANGER, TRIER.

mélodie *n. f.* ▶ *Partie d'une pièce musicale* – ligne mélodique. ▶ *Pièce instrumentale* – air, musique. ▶ *Pièce vocale* – air, chanson, chant, pièce vocale. *FAM.* beuglante.

mélodieux *adj.* chantant, doux, harmonieux, musical, suave. *DIDACT.* euphonique, eurythmique. ▲**ANT.** CACOPHONIQUE, CRIARD, DISCORDANT, DISSONANT, FAUX, INHARMONIEUX.

membrane *n.f.* ▶ *Séparation anatomique* – capsule, cloison, enveloppe, gaine, membranule, pellicule, septum, tunique.

membre *n.* ▶ *Personne* – abonné, adhérent, affilié, cotisant, inscrit, participant. ♦ **membre,** *masc.* ▶ *Partie d'un tout* – composant, composante, constituant, élément (constitutif), fragment, ingrédient, module, morceau, organe, partie, pièce, principe, unité. *FIG.* brique, fil, pierre, rouage. ▶ *Partie du corps* – *FAM.* abattis. ▶ *Ornement* – moulure. ♦ **membres,** *masc. plur.* ▶ *Ensemble de personnes* – assemblée, association, collège, communauté, compagnie, confrérie, congrégation, corporation, corps, guilde, hanse, métier, ordre, société, syndicat. ▶ *Ensemble de parties du corps* – membrure.

même *adj.* du pareil au même, égal, équivalent, identique, inchangé, pareil, tel. ▲**ANT.** AUTRE, DIFFÉRENT, DISTINCT.

même *adv.* ▶ *De plus* – aussi, de même, de plus, en outre, encore, item, voire. ▲**ANT.** BIEN AU CONTRAIRE.

mémoire *n.m.* ▶ *Traité* – argument, argumentation, cours, développement, discours, dissertation, essai, étude, exposé, manuel, monographie, somme, thèse. *DR.* dire. ▶ *Liste* – barème, bordereau, cadre, catalogue, index, inventaire, liste, matricule, menu, nomenclature, registre, relevé, répertoire, rôle, série, suite, table, tableau. *SUISSE* tabelle. ♦ **mémoires,** *plur.* ▶ *Autobiographie* – anecdote, annales, autobiographie, biographie, carnet, chroniques, chronologie, commentaires, confessions, évocation, histoire, historiographie, historique, journal, mémorial, souvenirs, vie.

mémoire *n.f.* ▶ *Faculté* – souvenir, tête. ▶ *Réminiscence* – allusion, anamnèse, commémoration, déjà vu, évocation, impression, mémoration, mémorisation, pensée, rappel, réminiscence, souvenir, trace. *SOUT.* remémoration. ▶ *Non favorable* – arrière-goût. ▲**ANT.** OUBLI.

mémorable *adj.* célèbre, connu, de grand renom, fameux, glorieux, historique, illustre, immortel, inoubliable, légendaire, marquant, notoire, proverbial, reconnu, renommé, réputé. ▶ *Non favorable* – de triste mémoire. ▲**ANT.** ANODIN, BANAL, COMMUN, INSIGNIFIANT, ORDINAIRE, QUELCONQUE.

menaçant *adj.* ▶ *Sinistre* – dangereux, inquiétant, mauvais, méchant, patibulaire, redoutable, sinistre, sombre, terrible, torve *(regard)*. ▶ *Intimidant* – agressif, intimidant, intimidateur. *DR. ou SOUT.* comminatoire. ▶ *Que l'on redoute* – dangereux, fort, puissant, redoutable. ▶ *Grave* – critique, dangereux, difficile, dramatique, grave, inquiétant, préoccupant, sérieux, sombre. *SOUT.* climatérique. ▲**ANT.** APAISANT, RASSURANT; ATTIRANT, INVITANT; ANODIN, LÉGER.

menacé *adj.* chancelant, défaillant, faible, fragile, glissant, incertain, instable, précaire, vacillant.

menace *n.f.* ▶ *Intimidation* – avertissement, bravade, chantage, commination, défi, dissuasion, effarouchement, fulmination, intimidation, mise en garde, provocation, rodomontade, semonce, sommation, ultimatum. *FAM.* provoc. ▶ *Danger* – aléa, casse-cou, danger, détresse, difficulté, écueil, embûche,

mendier

épée de Damoclès, épouvantail, guêpier, hasard, impasse, imprudence, insécurité, mauvais pas, perdition, péril, piège, point chaud, point sensible, poudrière, récif, risque, spectre, traverse, urgence, volcan. *SOUT.* tarasque. *FRANCE FAM.* casse-gueule. ▲**ANT.** SÉCURITÉ; ASSURANCE, PROMESSE; ESPOIR.

menacer *v.* ▶ *Faire des menaces* – avertir, lancer un avertissement à. ▶ *Constituer une menace* – attendre, gronder, guetter, planer sur. *SOUT.* imminer. ▲**ANT.** RASSURER; PROMETTRE.

ménage *n.m.* ▶ *Nettoyage* – astiquage, bichonnage, débarbouillage, déblaiement, décrassage, décrassement, décrottage, dégagement, dépoussiérage, détachage, essuyage, fourbissage, fourbissement, lavage, lessivage, lessive, nettoyage, rangement, ravalement, savonnage, vidange. *FAM.* briquage. *BELG.* appropriation. ▶ *Union conjugale* – alliance, contrat conjugal, couple, lit, mariage, nuptialité, union conjugale, union matrimoniale. *SOUT.* hymen, hyménée. ▶ *Famille* – cellule familiale, entourage, famille, foyer, fratrie, gens, logis, maison, maisonnée, membres de la famille, toit. ▲**ANT.** DÉRANGEMENT, MISE EN DÉSORDRE, REMUE-MÉNAGE; DÉPENSE, GASPILLAGE.

ménagement *n.m.* ▶ *Modération* – centrisme, dépouillement, frugalité, juste milieu, mesure, modérantisme, modération, modestie, pondération, réserve, retenue, rusticité, sagesse, simple, simplicité, sobriété, tempérance. ▶ *Précaution* – circonspection, mesure, pondération, précaution, prudence, réserve, sagesse. ▶ *Égards* – admiration, considération, déférence, égard, estime, hommage, respect, révérence. ▲**ANT.** ABUS, BRUSQUERIE, BRUTALITÉ, DURETÉ, GROSSIÈRETÉ.

ménager *adj.* ▶ *Propre au ménage* – domestique, familial. ▲**ANT.** DÉPENSIER, DILAPIDATEUR, DISSIPATEUR, GASPILLEUR, PRODIGUE.

ménager *v.* ▶ *Traiter avec ménagements* – y mettre les formes. *FAM.* mettre des gants (blancs), prendre des gants (blancs). ▶ *Modérer* – atténuer, euphémiser, mesurer, mitiger, modérer, nuancer, pondérer, tempérer. ▶ *Utiliser avec modération* – économiser, épargner. ▶ *Épargner de l'argent* – capitaliser, économiser, épargner, mettre de côté. *SOUT.* thésauriser. ▶ *Préparer* – préparer, réserver. ▶ *Aménager une ouverture* – aménager, ouvrir, percer, pratiquer. ▲**ANT.** ACCABLER, BRUSQUER, BRUTALISER, MALMENER, MALTRAITER; EXPOSER, FATIGUER; EMPÊCHER, ENTRAVER; CONSUMER, DÉPENSER, DILAPIDER, GASPILLER, PRODIGUER.

ménagerie *n.f.* animalerie, clapier, fauverie, herpétarium *(reptiles)*, insectarium *(insectes)*, jardin d'acclimatation, jardin zoologique, paludarium *(amphibiens)*, singerie, terrarium, vivarium, zoo.

mendiant *n.* clochard, meurt-de-faim, misérable, miséreux, pauvre, sans-abri, sans-logis, S.D.F, squatter, vagabond, va-nu-pieds. *FAM.* clodo, crève-la-faim, mendigot. *QUÉB.* itinérant. *QUÉB. FAM.* quêteux, tout-nu. ▲**ANT.** NANTI, RICHE; DONATEUR.

mendier *v.* ▶ *Demander de l'argent* – demander l'aumône, demander la charité, faire la quête, quêter. *FAM.* faire la manche, mendigoter. *FRANCE FAM.* faire la tinche. ▶ *Demander une faveur* – implorer,

mener

invoquer, quémander, quêter, solliciter. *FAM.* mendigoter. *QUÉB. FAM.* seiner. ▲**ANT.** DONNER, OFFRIR.

mener *v.* ▶ *Accompagner* – accompagner, amener, conduire, convoyer, emmener, escorter. *PÉJ.* flanquer. ▶ *Mettre sur une piste* – aiguiller, conduire, diriger, guider, mettre sur une piste, mettre sur une voie, orienter. ▶ *Entraîner* – amener, conditionner, conduire, disposer, encourager, engager, entraîner, exhorter, impulser, inciter, incliner, porter, pousser, provoquer. *SOUT.* exciter, mouvoir. ▶ *Diriger* – commander, diriger, encadrer, superviser. *QUÉB. FAM.* bosser. ▶ *Diriger un véhicule* – conduire, diriger, gouverner *(embarcation)*, piloter. ▶ *Gérer* – assurer la direction de, conduire, diriger, faire marcher, gérer, piloter, présider à, superviser, tenir les rênes de. ▶ *Conduire à une pièce* – commander, conduire à, desservir, donner accès à, donner sur, ouvrir sur. ▶ *Déboucher* – aboutir à, conduire, déboucher sur, donner accès à. ▲**ANT.** SUIVRE; OBÉIR, SE SOUMETTRE.

meneur *n.* ▶ *Chef* – chef, maître, numéro un, parrain, seigneur, tête. *FAM.* baron, cacique, caïd, éléphant, (grand) manitou, grand sachem, gros bonnet, grosse légume, hiérarque, huile, pontife. *FRANCE FAM.* (grand) ponte, grosse pointure. *QUÉB. FAM.* grosse tuque. ▶ *Avec titre* – autorité, brevetaire, dignitaire, officiel, responsable, supérieur. ▶ *Initiateur* – âme, artisan, auteur, canalisateur, centre, cerveau, chef, cheville ouvrière, créateur, dirigeant, fondateur, incitateur, initiateur, inspirateur, instigateur, locomotive, maître (d'œuvre), moteur, organisateur, patron, père, promoteur, protagoniste, régisseur, responsable. *SOUT.* excitateur, instaurateur, ouvrier. ▶ *Agitateur* – agent provocateur, agitateur, cabaleur, contestant, contestataire, émeutier, excitateur, factieux, fauteur (de trouble), fomentateur, iconoclaste, instigateur, insurgé, intrigant, manifestant, mutin, partisan, perturbateur, provocateur, rebelle, révolté, révolutionnaire, séditieux, semeur de troubles, trublion. *FAM.* provo. ▶ *Guide spirituel* – chef de file, gourou, guide (spirituel), magistère, mahatma, maître à penser, maître (spirituel), pandit, pasteur, phare, rassembleur, sage. *SOUT.* conducteur, coryphée, entraîneur (d'hommes). *FAM.* pape. ▲**ANT.** PANTIN, PION, SUIVEUR.

menottes *n. f. pl.* ▶ *Entrave* – boulet *(pied)*, carcan *(cou)*, chaîne, entrave, poucettes *(pouces)*. *ANC.* liens.

mensonge *n. m.* ▶ *Action de mentir* – *SOUT.* fable. *FAM.* bide, bidon, bidonnage, bobard, char, craque, salade. *QUÉB. FAM.* menterie, pipe. ▶ *Feinte* – affectation, artifice, cachotterie, comédie, déguisement, dissimulation, duplicité, faux-semblant, feinte, fiction, finauderie, grimace, hypocrisie, invention, leurre, momerie, pantalonnade, parade, ruse, simulation, singerie, sournoiserie, tromperie. *SOUT.* simulacre. *FAM.* cinéma, cirque, finasserie, frime. ▶ *Fiction* – affabulation, artifice, chimère, combinaison, comédie, expédient, fabrication, fabulation, fantaisie, feinte, fiction, fumisterie, histoire, idée, imagination, invention, irréalité, légende, rêve, roman, saga, songe. *PSYCHOL.* confabulation, mythomanie. ▶ *Illusion* – abstraction, abstrait, apparence, berlue, chimère, déréalisation, fantasme, faux, faux-semblant, fiction, fumée, hallucination, illusion,

image, imagination, irréalisme, irréalité, leurre, mirage, onirisme, psychédélisme, rêve, rêverie, semblant, simulation, songe, songerie, trompe-l'œil, tromperie, utopie, vision, vue de l'esprit. *FAM.* frime. *SOUT.* prestige. ▶ *Vantardise* – bluff, bravade, braverie, charlatanerie, charlatanisme, conte, crânerie, exagération, fabulation, fanfaronnade, forfanterie, gasconnade, hâblerie, histoire marseillaise, jactance, mythomanie, rengorgement, rodomontade, tromperie, vantardise, vanterie. *FRANCE FAM.* charre, craque, épate, esbroufe, frime, vanne. *QUÉB. FAM.* menterie. ◆ **mensonges**, *plur.* ▶ *Ensemble de mensonges* – boniment, char, salade. ▲**ANT.** AUTHENTICITÉ, FIDÉLITÉ, RÉALITÉ, VÉRACITÉ, VÉRITÉ; FRANCHISE, SINCÉRITÉ.

mensonger *adj.* fallacieux, hypocrite, mystifiant, mystificateur, spécieux, trompeur. *DIDACT.* sophistique. *FAM.* canularesque. ▲**ANT.** AUTHENTIQUE, EXACT, FRANC, SINCÈRE, VÉRIDIQUE, VÉRITABLE, VRAI.

mental *adj.* ▶ *Qui n'existe que dans l'esprit* – abstractif, abstrait, cérébral, conceptuel, idéal, intellectuel, livresque, spéculatif, théorique. *PHILOS.* idéationnel, idéel, théorétique. ▶ *Qui concerne la pensée* – intellectuel, moral, psychique, psychologique, spirituel. ▲**ANT.** CONCRET, MATÉRIEL, PHYSIQUE, RÉEL; ÉCRIT, PARLÉ.

mentalement *adv.* ▶ *Intellectuellement* – intellectuellement, moralement, psychologiquement, rationnellement, spirituellement. ▶ *Introspectivement* – à l'intérieur, au-dedans, dedans, en dedans, in petto, intérieurement, intimement, introspectivement, moralement, secrètement. ▲**ANT.** PHYSIQUEMENT; PAR ÉCRIT *(calcul)*.

mentalité *n. f.* ▶ *Idéologie* – idéologie, opinion publique. ▶ *Tempérament* – abord, caractère, comportement, constitution, esprit, état d'âme, état d'esprit, humeur, idiosyncrasie, individualité, nature, naturel, personnalité, sensibilité, tempérament, trempe. *FAM.* psychologie. *ACADIE FAM.* alément. *PSYCHOL.* thymie.

menteur *adj.* à double face, de mauvaise foi, déloyal, dissimulateur, dissimulé, fallacieux, faux, fourbe, hypocrite, insidieux, insincère, perfide, sournois, tortueux, traître, trompeur. *SOUT.* captieux, cauteleux, chafouin, tartufe, tartuffard, tortu. *DIDACT.* sophistique. ▲**ANT.** FRANC, HONNÊTE, LOYAL, SINCÈRE.

menteur *n.* affabulateur, berneur, désinformateur, fabulateur, mythomane.

mention *n. f.* ▶ *Énonciation* – affirmation, communication, déclaration, donnée, élocution, énoncé, énonciation, exposition, expression, extériorisation, formulation, prononciation, proposition, récitation, stipulation, verbalisation. ▶ *Inscription* – archivage, comptabilisation, enregistrement, immatriculation, inscription. ▶ *Énoncé d'un contrat* – clause, condition, disposition, stipulation. ▶ *Récompense* – accessit, bon point, citation, couronne, décoration, diplôme, distinction, gratification, médaille, nomination, pourboire, prime, prix, récompense, satisfecit, trophée. *QUÉB. FAM.* bonbon. ▲**ANT.** OMISSION; OUBLI; EFFACEMENT, RETRAIT.

mentionner *v.* ▶ *Porter à l'attention* – appuyer sur, attirer l'attention sur, faire remarquer, insister sur, porter à l'attention, signaler, soulever, souligner.

▸ *Nommer* – citer, faire allusion à, faire mention de, faire référence à, nommer. ▸ *Indiquer clairement* – énoncer, indiquer, préciser, souligner, spécifier, stipuler. ▸ *Relater* – citer, rapporter, relater. ▲ANT. OMETTRE; CACHER, DISSIMULER, ÉLUDER, TAIRE.

mentir v. ▸ *Dire des mensonges* – dire des faussetés, dire des mensonges, en inventer, fabuler. FAM. raconter des bobards, raconter des histoires, raconter des salades. ▸ *Tromper* – abuser, attraper, avoir, bercer, berner, duper, en conter à, en faire accroire à, flouer, leurrer, mystifier, se jouer de, se moquer de, tromper. FAM. blouser, bluffer, canuler, charrier, cravater, empaumer, empiler, entourlouper, esbroufer, faire marcher, feinter, la faire à, mener en bateau, mettre en boîte, pigeonner, posséder, refaire, rouler. QUÉB. FAM. amancher, bourrer, enfirouaper, niaiser. ▲ANT. DIRE VRAI; DÉSABUSER, DÉTROMPER.

menu adj. ▸ *Très petit* – de petite taille, microscopique, miniature, minuscule, nain, petit, réduit, ténu. SOUT. lilliputien. ▸ *Au physique délicat* – délicat, délié, élancé, filiforme, fin, fluet, frêle, gracile, grêle, léger, long, longiligne, maigre, mince, svelte. QUÉB. FAM. feluette. ▲ANT. ÉNORME, ÉPAIS, GROS, VOLUMINEUX; GROSSIER; COSTAUD, ROBUSTE, TRAPU; IMPORTANT.

menu n. m. ▸ *Liste des plats* – carte. ▸ *Alimentation* – absorption, alimentation, consommation, cuisine, ingestion, ingurgitation, manducation, nourrissement, nourriture, nutrition, ordinaire, repas, sustentation. FAM. cuistance, popote. ▸ *Programme* (FAM.) – calendrier, échéancier, emploi du temps, horaire, minutage, ordre du jour, plan, planification, programme, projet.

méprendre (se) v. avoir tort, commettre une erreur, faire erreur, faire fausse route, s'abuser, se fourvoyer, se tromper. SOUT. errer, s'égarer. FAM. prendre des vessies pour des lanternes, se blouser, se ficher dedans, se fourrer le doigt dans l'œil, se gourer, se mettre dedans, se mettre le doigt dans l'œil, se planter. ▲ANT. AVOIR RAISON.

mépris n. m. ▸ *Dédain* – arrogance, condescendance, dédain, dégoût, dérision, hauteur, morgue, snobisme. SOUT. déconsidération, mésestimation, mésestime. ▸ *Honte* – abaissement, abjection, accroupissement, culpabilisation, dégradation, démérite, déshonneur, discrédit, flétrissure, gifle, honte, humiliation, ignominie, indignité, infamie, infériorisation, noircissure, opprobre, ridicule, ridiculisation, scandale, ternissure. SOUT. turpitude, vilenie. ▲ANT. ADMIRATION, CONSIDÉRATION, DÉFÉRENCE, ESTIME, RESPECT; CRAINTE; DÉSIR, ENVIE.

méprisable adj. ▸ *Infâme* – abject, bas, coupable, crapuleux, dégoûtant, honteux, ignoble, immonde, inavouable, indigne, infâme, infect, innommable, inqualifiable, lâche, odieux, repoussant, répugnant, sans nom, scandaleux, sordide, vil, vilain. SOUT. fangeux, ignominieux, nauséeux, triste, turpide. FAM. dégueu, dégueulasse, écœurant, gerbant, moche. ▲ANT. DIGNE, HONORABLE, NOBLE.

méprisant adj. arrogant, condescendant, dédaigneux, fier, hautain, orgueilleux, outrecuidant, pimbêche (femme), pincé, plein de soi, présomptueux,

prétentieux, snob, supérieur. SOUT. altier, rogue. ▲ANT. ADMIRATIF, DÉFÉRENT, RESPECTUEUX.

méprise n. f. ▸ *Malentendu* – confusion, équivoque, erreur, imbroglio, maldonne, malentendu, mécompte, quiproquo. ▸ *Erreur* – balourdise, bavure, bêtise, bévue, blague, bourde, distraction, erreur, étourderie, fausse manœuvre, fausse note, faute, faux pas, gaucherie, impair, imprudence, maladresse, maldonne, sottise. FAM. boulette, couac, gaffe, gourance, gourante. ▸ *Aberration* – aberrance, aberration, divagation, égarement, errements, erreur. SOUT. fourvoiement. ▲ANT. EXACTITUDE, JUSTESSE.

mépriser v. ▸ *Dédaigner* – avoir en piètre estime, dédaigner, faire peu de cas de, mettre plus bas que terre, prendre de haut, regarder de haut, traiter de haut. FAM. bêcher, snober. AFR. saboter. ▸ *Condamner publiquement* – conspuer, mettre au ban de la société, montrer du doigt, stigmatiser, vouer au mépris. SOUT. clouer au pilori, flétrir, mettre au pilori, traîner aux gémonies, vilipender, vouer à l'opprobre, vouer aux gémonies. ▸ *Traiter avec irrespect* – bafouer, braver, faire bon marché de, faire fi de, faire peu de cas de, fouler aux pieds, ignorer, ne pas faire grand cas de, piétiner, se moquer de. SOUT. faire litière de. FAM. s'asseoir dessus. ▸ *Traiter avec indifférence* – bouder, être sourd à, faire fi de, faire la sourde oreille à, faire peu de cas de, ignorer, méconnaître, ne pas se soucier de, ne pas tenir compte de, négliger, se désintéresser de, se moquer de. SOUT. n'avoir cure de, passer outre à. FAM. n'avoir rien à cirer de, n'avoir rien à foutre de, s'en balancer, s'en battre les flancs, s'en contrebalancer, s'en tamponner (le coquillard), s'en taper, se battre l'œil de, se contreficher de, se contrefoutre de, se ficher de, se foutre de, se soucier de qqch. comme d'une guigne, se soucier de qqch. comme de l'an quarante, se soucier de qqch. comme de sa première chemise. QUÉB. FAM. se sacrer de. ▲ANT. APPRÉCIER, CONSIDÉRER, ESTIMER, RESPECTER; CONVOITER, DÉSIRER; ADMIRER; EXALTER, GLORIFIER, HONORER, LOUANGER.

mer n. f. ▸ *Eau recouvrant le globe* – océan. SOUT. l'empire des ondes, l'onde amère, la plaine liquide, le royaume de Neptune, les flots. FRANCE FAM. la (grande) baille. ▸ *Partie de cette eau* – golfe, océan.

mercenaire adj. âpre au gain, avide, cupide, intéressé, mercantile, rapace, sordide, vénal, vorace. ▲ANT. ALTRUISTE, DÉSINTÉRESSÉ, GÉNÉREUX.

mercenaire n. ▲ANT. CONSCRIT.

merci n. m. ▸ *Gratitude* – bénédiction, gratitude, gré, obligation, reconnaissance, remerciement.

merci n. f. abaissement, allégeance, appartenance, asservissement, assujettissement, attachement, captivité, contrainte, dépendance, domestication, domesticité, domination, emprise, esclavage, gêne, hilotisme, inféodation, infériorité, mainmise, mouvance, obédience, obéissance, obligation, oppression, pouvoir, puissance, servage, servitude, soumission, subordination, sujétion, tutelle, tyrannie, vassalité. FIG. carcan, chaîne, corset (de fer), coupe, fardeau, griffe, main, patte, prison; FAM. fers, gaine, joug. PHILOS. hétéronomie. ▲ANT. INJURE, INSULTE.

mercure n. m. ▸ *Appareil* – thermomètre, thermoscope (rudimentaire).

mère

mère *n. f.* ▶ *Parent* – FAM. maman, mater, vieille. QUÉB. FAM. bonne femme. ▶ *Religieuse* – abbesse, doyenne, générale (des X), mère prieure, mère supérieure, prieure. ▶ *Titre* – (Ma) Révérende, (Ma) Révérende Mère. ▶ *Titre social* (FAM.) – madame (Unetelle). FAM. la mère (Unetelle). DR. la femme (Unetelle). ▶ *Source* (SOUT.) – agent, base, cause, explication, facteur, ferment, fondement, fontaine, germe, inspiration, levain, levier, mobile, moteur, motif, motivation, moyen, objet, occasion, origine, point de départ, pourquoi, principe, raison, raison d'être, source, sujet. SOUT. étincelle, racine, ressort. ▲ANT. PÈRE.

mérite *n. m.* ▶ *Grandeur d'âme* – dignité, élévation, générosité, grandeur (d'âme), hauteur, noblesse, sublime, sublimité, valeur, vertu. ▶ *Sagesse* – angélisme, moralité, perfection, sagesse, sainteté, vertu. ▶ *Utilité* – avantage, bénéfice, bienfait, commodité, convenance, désidérabilité, efficacité, fonction, fonctionnalité, indispensabilité, intérêt, nécessité, profit, profitabilité, recours, service, usage, utilité, valeur. ▲ANT. CULPABILITÉ, DÉMÉRITE, FAUTE ; DÉFAUT, FAIBLESSE.

mériter *v.* ▶ *Avoir droit à une chose favorable* – avoir droit à, être digne de, être en droit de. ▶ *S'exposer à une chose défavorable* – chercher, courir le risque de, donner prise à, encourir, être passible de, prêter le flanc à, risquer de, s'attirer, s'exposer à. QUÉB. FAM. courir après. ▶ *Valoir* – valoir, valoir la peine. ▶ *Procurer à qqn* – acquérir, attirer, procurer, valoir. ▲ANT. DÉMÉRITER.

méritoire *adj.* appréciable, bien, bon, considéré, de bon aloi, digne, estimable, estimé, honorable, louable, méritant, respectable. ▲ANT. BLÂMABLE, COUPABLE, MAUVAIS, RÉPRÉHENSIBLE.

merveille *n. f.* ▶ *Prodige* – exploit, miracle, phénomène, prodige. ▶ *Chef-d'œuvre* – bijou, chef-d'œuvre, classique, monument, œuvre capitale, œuvre classique, œuvre de génie, œuvre maîtresse, œuvre majeure, perfection, pièce maîtresse, trésor artistique. ▲ANT. HORREUR, MONSTRUOSITÉ.

merveilleusement *adv.* ▶ *Extraordinairement* – exceptionnellement, extraordinairement, fantastiquement, féeriquement, magiquement, miraculeusement, mirifiquement, phénoménalement, prodigieusement, surnaturellement. ▶ *Parfaitement* – à la perfection, à merveille, à ravir, admirablement, bien, divinement, extraordinairement, idéalement, impeccablement, incomparablement, infailliblement, irréprochablement, le mieux du monde, mirifiquement, on ne peut mieux, parfaitement, prodigieusement, sans fautes, sublimement, supérieurement, suprêmement. SOUT. excellemment. FAM. épatamment, sans bavure. ▲ANT. ABOMINABLEMENT, AFFREUSEMENT, ATROCEMENT, DÉTESTABLEMENT, HORRIBLEMENT.

merveilleux *adj.* ▶ *Extraordinaire* – admirable, brillant, éblouissant, excellent, extraordinaire, fantastique, magistral, magnifique, parfait, prodigieux, remarquable, réussi, sensationnel, sublime. FAM. à tout casser, bluffant, champion, d'enfer, du tonnerre, épatant, extra, fameux, formidable, fumant, génial, mirifique, pas piqué des vers, splendide, super, terrible. FRANCE FAM. du feu de Dieu, énorme, fadé, formide, géant, gratiné, pas piqué des hannetons. QUÉB. FAM. capotant, écœurant. ▶ *Magique* – enchanté, ensorcelé, envoûté, féerique, magique, surnaturel. ▶ *Féerique* – enchanteur, féerique, idyllique, irréel, magnifique, paradisiaque. SOUT. édénique. ▲ANT. LAMENTABLE, MÉDIOCRE, MINABLE, NAVRANT, PIÈTRE, PITEUX, PITOYABLE, RATÉ ; ATROCE, INFERNAL, INSOUTENABLE, INTOLÉRABLE, INVIVABLE.

merveilleux *n. m.* ▶ *Surnaturel* – fantasmagorie, fantastique, féerie, magie, mystère, prodige, prodigieux, sorcellerie, surnaturel. ▲ANT. (LE) CONCRET, RÉALITÉ.

mésaventure *n. f.* ▶ *Imprévu* – accident, accroc, accrochage, affaire, anicroche, avatar, aventure, complication, contingences, contrariété, contretemps, crise, désagrément, difficulté, dispute, embarras, empêchement, ennui, épine, épisode, événement, éventualité, imprévu, incident, obstacle, occasion, occurrence, péripétie, problème, rebondissement, tribulations. SOUT. adversité. FAM. blème, cactus, embêtement, emmerde, emmerdement, enquiquinement, os, pépin, pétrin, tuile. FRANCE FAM. avaro, empoisonnement. ▶ *Malheur* – adversité, calamité, calice (de douleur), chagrin, détresse, deuil, disgrâce, douleur, échec, épreuve, fatalité, infortune, mal, malchance, malédiction, malheur, mauvaise fortune, mauvaise passe, misère, nuage, orage, peine, revers, ruine, sale affaire, triste histoire, souffrance, traverse, tribulation. SOUT. bourrèlement, plaie, tourment. ▲ANT. CHANCE, HEUREUX ÉVÉNEMENT.

mésentente *n. f.* ▶ *Dispute* – accrochage, algarade, altercation, brouille, brouillerie, chicane, controverse, démêlé, désaccord, désunion, différend, discorde, dispute, divergence, escarmouche, explication, fâcherie, froid, heurt, joute oratoire, litige, malentendu, passe d'armes, polémique, querelle, rupture, scène, zizanie. FAM. bagarre, bisbille, bringue, chamaille, chamaillerie, empoignade, empoignement, engueulade, prise de bec, séance. QUÉB. FAM. brasse-camarade, chamaillage. BELG. FAM. bisbrouille. ▶ *Antagonisme* – affrontement, antagonisme, combat, compétition, concurrence, conflit, contentieux, contestation, controverse, débat, désaccord, différend, discorde, discussion, dispute, dissension, dissentiment, divergence, émulation, friction, heurt, incompatibilité, incompréhension, lutte, mésintelligence, opposition, polémique, querelle, rivalité. FAM. bagarre. ▲ANT. ACCORD, ENTENTE, HARMONIE.

mesquin *adj.* ▶ *Avare* – avare, chiche, pingre, regardant. SOUT. ladre, lésineur, thésauriseur. FAM. chien, chipoteur, dur à la détente, radin, rat. QUÉB. FAM. chenu, gratteux, grippe-sou, séraphin. ▶ *Parcimonieux* – chiche, parcimonieux, sordide. ▶ *Étroit d'esprit* – borné, étrique, étroit, étroit d'esprit, incompréhensif, intolérant, intransigeant, petit, qui a des œillères, sectaire. ▲ANT. GÉNÉREUX, LARGE, NOBLE, PRODIGUE, QUI A LE CŒUR SUR LA MAIN, QUI A UN CŒUR D'OR.

message *n. m.* ▶ *Signal* – alerte, appel, clignement, clin d'œil, geste, signal, signe. ▶ *Communication* – annonce, appel, avis, ban, communication, communiqué, déclaration, décret, dénonciation, dépêche, divulgation, édit, manifeste, notification, proclamation, profession de foi, programme, promulgation, publication, rescrit, serment, signification. ▶ *Lettre* – billet, lettre, mot, pli, réponse. *IRON.* épître. *SOUT.* missive. *FAM.* biffeton *(dans une prison)*. *FRANCE FAM.* babillarde, bafouille. *AFR.* note.

messager *n.* ▶ *Porteur d'un message* – bagagiste, chasseur, commissionnaire, courrier, coursier, employé livreur, envoyé, garçon livreur, livreur, porteur. *ANC.* estafette. *MILIT.* héraut (d'armes). ▶ *Agent d'une messagerie* (*ANC.*) – facteur. *FRANCE* préposé. *ANC.* postillon. *MILIT. MAR.* vaguemestre. ▶ *Porte-parole* – intermédiaire, interprète, organe, porte-parole, représentant. *SOUT.* truchement. ▶ *Chargé de mission* – agent, ambassadeur, attaché, chargé d'affaires, chargé de mission, commissaire, correspondant, délégataire, délégué, député, diplomate, émissaire, envoyé, fondé de pouvoir, légat, mandataire, ministre, négociateur, parlementaire, plénipotentiaire, représentant. ▶ *Annonciateur* (*SOUT.*) – ancêtre, annonciateur, avant-garde, avant-gardiste, devancier, initiateur, innovateur, introducteur, inventeur, novateur, pionnier, précurseur, prédécesseur, préfiguration, prophète, visionnaire. *SOUT.* avant-coureur, avant-courrier, fourrier, héraut, préparateur.

messe *n. f.* ▶ *Office divin* – célébration, cérémonial, cérémonie, culte, liturgie, obit, office divin, office, saint sacrifice, service, service divin, service religieux. ▶ *Moments de la messe* – bénédiction, canon, collecte, communion, consécration, Credo, élévation, épître, eucharistie, évangile, gloria (in excelsis Deo), graduel, homélie, introït, kyrie, lavabo, lecture, mémento, offertoire, oraison, orémus, Pater, prêche, préface, secrète, séquence, sermon.

messie *n. m.* ▶ *Sauveur* – affranchisseur, bienfaiteur, défenseur, deus ex machina, émancipateur, libérateur, protecteur, rédempteur, sauveur. *SOUT.* salvateur.

mesurable *adj.* appréciable, calculable, chiffrable, évaluable, quantifiable. ▲ANT. IMMENSURABLE, IMPONDÉRABLE, INCALCULABLE.

mesure *n. f.* ▶ *Évaluation* – aperçu, appréciation, approximation, calcul, détermination, devis, estimation, évaluation, expertise, inventaire, prévision, prisée, supputation. ▶ *Comparaison* – analyse, balance, collation, collationnement, comparaison, confrontation, jugement, mise en regard, parallèle, rapprochement, recension. ▶ *Norme* – arrêté, charte, code, convention, cote, coutume, formule, loi, norme, obligation, ordre, précepte, prescription, protocole, régime, règle, règlement, usage. ▶ *Préparatif* – apprêt, arrangement, branle-bas, dispositif, disposition, préalable, précaution, préliminaires, préparatifs, préparation. ▶ *Expédient* – acrobatie, astuce, demi-mesure *(inefficace)*, échappatoire, expédient, gymnastique, intrigue, moyen, palliatif, procédé, remède, ressource, ruse, solution, système, tour. *FAM.* combine, truc. ▶ *Modération* – centrisme, dépouillement, frugalité, juste milieu, ménagement, modérantisme, modération, modestie, pondération, réserve, retenue, rusticité, sagesse, simple, simplicité, sobriété, tempérance. ▶ *Réserve* – circonspection, pondération, précaution, prudence, réserve, sagesse. ▶ *Rythme musical* – battement, cadence, eurythmie, mouvement, musique, période, phrasé, pouls,

pulsation, respiration, rythme, swing, tempo, vitesse. ▶ *Capacité* – capacité, contenance, cubage, cylindrée, dose, jauge, tonnage, volume. ▶ *Grandeur mathématique* – ampleur, dimension, envergure, étendue, grandeur, proportion, valeur. ▶ *Action de mesurer* – métrologie. ▲ANT. ABUS, DÉMESURE, EXAGÉRATION, EXCÈS, OUTRANCE.

mesuré *adj.* ▶ *En parlant de qqn* – éclairé, judicieux, modéré, philosophe, pondéré, posé, raisonnable, raisonné, rationnel, réfléchi, responsable, sage, sain, sensé, sérieux. *SOUT.* rassis, tempéré. ▶ *En parlant de qqch.* – cadencé, égal, réglé, régulier, rythmé. ▲ANT. EXCESSIF; BOUILLANT, DÉRAISONNABLE, EMPORTÉ, EXCITÉ, IMPULSIF; INCONSCIENT, INCONSÉQUENT, IRRÉFLÉCHI, SPONTANÉ; DÉMESURÉ; INÉGAL, IRRÉGULIER, VARIABLE.

mesurer *v.* ▶ *Estimer* – apprécier, calculer, estimer, évaluer, jauger, juger, peser, soupeser, supputer, toiser. ▶ *Distribuer avec mesure* – compter, limiter, rationner. ▶ *Tempérer* – atténuer, euphémiser, ménager, mitiger, modérer, nuancer, pondérer, tempérer. ▶ *Proportionner* – doser, proportionner. ♦ *se mesurer* ▶ *Affronter un adversaire* – affronter, lutter, se battre. ▶ *Dans une rencontre sportive* – affronter, disputer la victoire à, disputer un match contre, faire face à, jouer contre, rencontrer, se battre. ▶ *Affronter un danger* – affronter, braver, faire face à, faire front à. ▶ *S'affronter* – s'affronter, s'opposer, se battre. ▲ANT. ACCENTUER, EXACERBER, EXAGÉRER, GONFLER.

métairie *n. f.* ▶ *Exploitation agricole* – domaine, exploitation (agricole), ferme, fermette. *ANTIQ.* villa.

métallique *adj.* ▲ANT. ÉTOUFFÉ *(son)*, MAT, SOURD; MÉTALLOÏDIQUE *(chimie)*.

métamorphose *n. f.* ▶ *Transformation* – adaptation, ajustement, altération, avatar, changement, conversion, évolution, glissement, gradation, infléchissement, modification, modulation, mue, mutation, passage, progression, transfiguration, transformation, transition, transmutation, variation, vie. ▲ANT. CONSTANCE, INVARIABILITÉ, STABILITÉ.

métaphore *n. f.* allégorie, analogie, apologue, assimilation, comparaison (d'idées), catachrèse *(lexicalisée)*, comparaison, équivalence, figure, image, lien, parabole, parallèle, parenté, personnification, rapport, rapprochement, relation, ressemblance, similitude, symbole, symbolisme.

métayer *n.* ▶ *Locataire* – affermataire, colon, fermier, habitant, hôte, locataire, occupant, preneur, sous-locataire.

méthode *n. f.* ▶ *Marche à suivre* – approche, art, chemin, code, comment, credo, démarche, discipline, dispositif, façon (de faire), facture, formule, heuristique, instruction, instrument, ligne de conduite, modalité, mode d'emploi, moyen, opération, ordre, organisation, outil, posologie, pratique, procédé, procédure, protocole, raisonnement, recette, règle, stratagème, stratégie, système, tactique, technique, théorie, traitement, voie. *SOUT.* faire. ▶ *Didactique* – dialectique, didactique, logique, maïeutique, praxis. ▶ *Raisonnement* – analyse,

méthodique

apagogie, argument, argumentation, considérations, déduction, démonstration, dialectique, dilemme, discussion, échafaudage, explication, implication, induction, inférence, justificatif, logique, preuve, raison, réflexion, réfutation, sorite, substruction, syllogisme, syllogistique, synthèse. ♦ **méthodes,** *plur.* ▶ *Ensemble de méthodes* – logistique, méthodologie. ▲ANT. CONFUSION, DÉSORDRE, DÉSORGANISATION; HASARD, IMPROVISATION, INTUITION, TÂTONNEMENT; EMPIRISME.

méthodique *adj.* ▶ *Rationnel* – cartésien, déductif, discursif, logique, rationnel. ▶ *Systématisé* – organisé, systématique, systématisé. ▶ *Soigneux* – appliqué, assidu, attentif, consciencieux, méticuleux, minutieux, ordonné, précis, rangé, rigoureux, scrupuleux, soigné, soigneux, systématique. SOUT. exact. ▲ANT. EMPIRIQUE; ABSURDE, CONTRADICTOIRE, ILLOGIQUE, IRRATIONNEL; ALÉATOIRE; BROUILLON, DÉSORDONNÉ.

méthodiquement *adv.* analytiquement, conséquemment, dialectiquement, inductivement, logiquement, mathématiquement, point par point, rationnellement, rigoureusement, scientifiquement, sensément, soigneusement, systématiquement, techniquement. SOUT. cohéremment. ▲ANT. DE FAÇON BÂCLÉE, NÉGLIGEMMENT, SANS MÉTHODE.

méticuleux *adj.* appliqué, assidu, attentif, consciencieux, méthodique, minutieux, ordonné, précis, rangé, rigoureux, scrupuleux, soigné, soigneux, systématique. SOUT. exact. ▲ANT. BROUILLON, DÉSORDONNÉ, INSOUCIANT, NÉGLIGENT.

métier *n. m.* ▶ *Occupation* – activité, art, carrière, emploi, état, gagne-pain, occupation, profession, qualité, services, situation, spécialité, travail. FAM. boulot, turbin, turf. ▶ *Rôle* – affectation, charge, dignité, emploi, fonction, mission, office, place, poste, responsabilité, rôle, siège, titre, vocation. ▶ *Habileté* – adresse, aisance, aptitude, art, brio, capacité, compétence, dextérité, disposition, doigté, don, expérience, expertise, facilité, faculté, force, fort, génie, habileté, main, maîtrise, pouvoir, professionnalisme, savoir, savoir-faire, sens, talent, technique, virtuosité. SOUT. industrie. FAM. bosse. QUÉB. douance *(scolaire)*. DR. habilitation, habileté. ▶ *Association professionnelle* – assemblée, association, collège, communauté, compagnie, confrérie, congrégation, corporation, corps, guilde, hanse, membres, ordre, société, syndicat.

mètre *n. m.* ▶ *Objet* – ruban gradué. FRANCE centimètre, mètre à ruban. QUÉB. galon (à mesurer).

métropole *n. f.* ▶ *État colonisateur* – mère patrie. ▶ *Ville principale* – capitale, centre. FAM. La Mecque. ▶ *Ville et sa banlieue* – agglomération, communauté urbaine, conurbation, district urbain, mégalopole, mégaville, zone urbaine. ▶ *Banlieue* – abords, alentours, banlieue, banlieue-dortoir, ceinture, cité-dortoir, couronne, environs, extension, faubourg, périphérie, quartier-dortoir, ville-dortoir, zone (suburbaine). ▲ANT. COLONIE; VILLAGE.

mets *n. m.* plat, spécialité.

mettre *v.* ▶ *Déposer* – déposer, poser. ▶ *Couvrir la tête* – coiffer. ▶ *Disposer* – arranger, disposer, placer, présenter. QUÉB. ACADIE FAM. amancher. ▶ *Ranger*

– placer, ranger. FAM. caser, fourrer, foutre. QUÉB. FAM. serrer. ▶ *Insérer* – engager, entrer, glisser, insérer, introduire, loger. ▶ *Apposer* – appliquer, apposer, fixer, poser. ▶ *Étaler* – appliquer, étaler, étendre. ▶ *Employer* – appliquer, consacrer, employer. ▶ *Endosser* – endosser, enfiler, passer, porter, revêtir. ▶ *Couvrir les pieds* – chausser, enfiler. ▶ *Couvrir la tête* – coiffer. ♦ *se mettre* ▶ *Commencer à pratiquer* – s'initier à. ▲ANT. ENLEVER, ÔTER, RETIRER; RETRANCHER, SOUSTRAIRE; DÉPLACER, DÉRANGER.

meuble *adj.* ▶ *En parlant d'un bien* – mobilier. ▶ *En parlant d'un sol* – arable, cultivable, exploitable, labourable. ▲ANT. FONCIER, IMMOBILIER; ARIDE, AVARE, DÉSERTIQUE, IMPRODUCTIF, INCULTE, INCULTIVABLE, INFERTILE, INGRAT, PAUVRE, STÉRILE.

meubler *v.* ▶ *Occuper son temps* – emplir, occuper, remplir. SOUT. peupler. ▲ANT. DÉGARNIR, DÉMEUBLER; DÉPARER, SUPPRIMER.

meule *n. f.* ▶ *Instrument qui polit* – brunissoir, grésoir, joliette, lapidaire, lime, lisse, périgueux, (pierre) ponce, polissoir, polissoire, râpe. ▶ *Instrument qui aiguise* – affiloir, aiguisoir, fusil, périgueux, pierre à aiguiser, queux. ▶ *Machine* – aléseuse, alésoir, calibreur, fraiseuse, polisseuse, rectifieuse, rodoir, tour. ▶ *Moto* (FAM.) – moto, motocyclette. FRANCE FAM. bécane, monture, pétrolette (petite). QUÉB. FAM. bicycle (à gaz). ▶ *Grosse* – gros cube. ▶ *Tas* – barge, gerbes, gerbier, meulette, moyette, pailler. ANC. foin.

meunier *n.* ▶ *Personne* – minotier. ♦ **meunier,** *masc.* ▶ *Poisson européen* – ZOOL. chevesne. ▶ *Poisson américain* – catostome. ▶ *Champignon* – BOT. clitopile (petite prune). ♦ **meunière,** *fém.* ▶ *Oiseau* – mésange bleue, (mésange) meunière. ♦ **meuniers,** *masc. plur.* ▶ *Ensemble de personnes* – meunerie.

meurtre *n. m.* ▶ *Crime* – assassinat, crime, élimination, exécution, homicide, liquidation, mise à mort, suppression. ♦ **meurtres,** *plur.* ▶ *Ensemble de meurtres* – anéantissement, assassinats, bain de sang, boucherie, carnage, destruction, extermination, hécatombe, holocauste, massacre, tuerie. SOUT. (lourd) tribut. FAM. étripage.

meurtri *adj.* ▶ *En parlant du corps* – contus, contusionné. ▶ *En parlant des yeux* – poché. FAM. au beurre noir.

meurtrier *adj.* ▶ *Qui tue* – fatal, funeste, létal, mortel. DIDACT. mortifère. ▶ *Qui tue en grand nombre* – cruel, destructeur, exterminateur, funeste, sanglant, sanguinaire. ▶ *En parlant de l'arme d'un meurtre* – homicide. ▲ANT. INOFFENSIF, SÛR; AVANTAGEUX, BON, SALUTAIRE.

meurtrier *n.* ▶ *Assassin* – assassin, criminel, tueur. SOUT. exterminateur, homicide. ♦ **meurtrière,** *fém.* ▶ *Fente* – arbalétrière, barbacane. ▲ANT. VICTIME.

meurtrir *v.* ▶ *Blesser légèrement* – contusionner, froisser. FAM. abîmer, amocher, arranger, esquinter. QUÉB. FAM. poquer. ▶ *Abîmer un fruit, un légume* – taler. QUÉB. FAM. poquer. ▶ *Blesser moralement* – blesser, déchirer. ▲ANT. ADOUCIR; PROTÉGER; CICATRISER; SOIGNER.

meute *n. f.* ▶ *Animaux* – bande. ▶ *Foule* – abondance, affluence, armada, armée, attroupement, cohue, concentration, concours, encombrement, essaim, flot, forêt, foule, fourmilière, fourmillement, grouillement, légion, marée, masse, monde, multitude, peuple, pléiade (célébrités), pullulement, rassemblement, régiment, réunion, ribambelle, ruche, tas, troupeau. FAM. flopée, marmaille (enfants), tapée, tripotée. QUÉB. achalandage; FAM. tapon, trâlée. PÉJ. ramassis. ▶ **Troupe** – bande, brigade, caravane, cellule, collectif, colonie, corps, équipe, escadron, escouade, groupe, horde, individus, membres, noyau, peloton, troupe. IRON. fournée. FAM. bataillon, brochette, cohorte. ▲**ANT.** INDIVIDU; MINORITÉ, POIGNÉE.

microbe n. m. ▶ **Au sens spécifique** – germe. ▶ **Personne insignifiante** – moins que rien, paltoquet (prétentieux), pas-grand-chose, plat personnage, rien du tout. SOUT. nain. FAM. gougnafier, minus (habens), mirmidon, miteux (pauvre). QUÉB. insignifiant. ◆ **microbes,** plur. ▶ **Ensemble de micro-organismes** – culture bactérienne, flore bactérienne, flore microbienne. ▲**ANT.** COLOSSE, GÉANT; GRAND HOMME.

micro-ordinateur (var. **microordinateur**) n. m. mini-ordinateur, ordinateur individuel, ordinateur personnel, P.C., poste de travail, poste informatique. FAM. bécane, micro, ordi.

microscope n. m. ▶ **Instrument** – loupe.

microscopique adj. ▶ **Invisible à l'œil nu** – inapparent, inobservable, invisible. PHYS. infrarouge, ultraviolet. ▶ **Très petit** – de petite taille, menu, miniature, minuscule, nain, petit, réduit, ténu. SOUT. lilliputien. ▲**ANT.** MACROSCOPIQUE, VISIBLE; COLOSSAL, ÉNORME, GÉANT, GRAND, GROS.

midi n. m. ▶ **Milieu** – axe, centre, entre-deux, intermédiaire, milieu, moyen terme, pivot, point central. FIG. clef (de voûte), cœur, foyer, nœud, nombril, noyau, ombilic, sein, siège. ▶ **Sud** – Antarctique, autan, sud. ▲**ANT.** MINUIT; NORD, SEPTENTRION.

miette n. f. ▶ **Fragment** – bribe, brisure, charpie, coupure, débris, éclat, esquille (os), fraction, fragment, grain, granule, granulé, havrit, lambeau, limaille, morceau, parcelle, part, particule, partie, pépite, portion, quartier, reste. FAM. graine. ▶ **Petite quantité** – arrière-goût, atome, bouchée, brin, doigt, filet, goutte, gouttelette, grain, larme, lueur, nuage, once, paille, parcelle, peu, pincée, pointe, relent, restant, reste, rien, soupçon, tantinet, teinte, touche, trace, trait, zeste. FAM. chouia. ◆ **miettes,** plur. ▶ **Restes d'un repas** – débris, reliefs, restant, restes, rognures. FAM. rogatons. ▶ **Décombres** – déblais, débris, décharge, décombres, démolitions, éboulement, éboulis, épave, gravats, gravois, plâtras, reste, ruines, vestiges. SOUT. cendres. ▲**ANT.** ESSENTIEL, GROSSE PART, PRINCIPAL.

mieux adv. ▶ **Plus** – au-dessus, davantage, encore, plus, supérieurement. SOUT. encor. ▶ **Préférablement** – de préférence, par préférence, plutôt, préférablement, préférentiellement. ▲**ANT.** PIRE, PIS; INDIFFÉREMMENT, INDISTINCTEMENT, SANS DISTINCTION.

mieux n. m. ▲**ANT.** PIS.

mignon adj. à croquer, adorable, avenant, beau, bien, charmant, coquet, délicieux, gentil, gentillet, gracieux, joli, mignonnet, plaisant, ravissant. FAM.

chou, jojo. FRANCE FAM. croquignolet, mignard, mimi, trognon. ▲**ANT.** DISGRACIEUX, INESTHÉTIQUE, INGRAT, LAID, VILAIN; DÉPLAISANT, DÉSAGRÉABLE, DÉTESTABLE, EXÉCRABLE, HAÏSSABLE.

migraine n. f. mal de tête. QUÉB. FAM. mal de bloc. MÉD. céphalalgie, céphalée, encéphalalgie.

migration n. f. ▶ **Migration animale** – montaison (saumon), passée, remue (bétail), transhumance (bétail). ▶ **Migration humaine** – déplacement, mouvement, nomadisme, transplantation. SOUT. transmigration. ▶ **Immigration** – arrivée, entrée, établissement, gain de population, immigration, venue. ▶ **Émigration** – départ, émigration, exode, expatriation, fuite. ▶ **Émigration forcée** – bannissement, déportation, déracinement, émigration, exil, expatriation, expulsion, interdiction de séjour, proscription, relégation, transportation. ▲**ANT.** SÉDENTARITÉ.

milice n. f. ▶ **Corps de police** – appareil policier, force publique, forces policières, police, policiers. FRANCE commissariat, gendarmerie. FRANCE FAM. rousse. ▶ **Armée mobilisable** – territoriale. ANC. goumier. ▶ **Armée** (BELG.) – armée, corps d'armée, effectifs, forces armées, forces (militaires), hommes de troupe, le rang, les drapeaux, troupes. FÉOD. ost.

milicien n. ▶ **Militaire** (BELG.) – mobilisé.

milieu n. m. ▶ **Centre** – axe, centre, entre-deux, intermédiaire, moyen terme, pivot, point central. FIG. clef (de voûte), cœur, foyer, midi, nœud, nombril, noyau, ombilic, sein, siège. ▶ **Moitié** – demi, demie, moitié. ▶ **Intermédiaire** – intermédiaire. ANC. remisier. ▶ **Environnement** – ambiance, atmosphère, cachet, cadre, climat, décor, élément, entourage, environnement, environs, lieu, monde, société, sphère, théâtre, voisinage. ▲**ANT.** BORD, CÔTÉ, LIMITE, PÉRIPHÉRIE, POURTOUR; BOUT, EXTRÉMITÉ; COMMENCEMENT; FIN.

militaire adj. ▶ **Propre au domaine militaire** – guerrier, martial, soldatesque. ▶ **Porté à la guerre** – belliciste, belliqueux, guerrier, martial, militariste. FAM. va-t-en-guerre. ▶ **Propre à l'art de la guerre** – stratégique, tactique. ▲**ANT.** CIVIL; PACIFIQUE.

militaire n. ▲**ANT.** CIVIL.

militant adj. actif, activiste. ▲**ANT.** ENNEMI, OPPOSANT, OPPOSÉ.

militant n. activiste, adepte, adhérent, allié, ami, apôtre, champion, défenseur, disciple, fidèle, inconditionnel, partisan, soutien, sympathisant, tenant. SOUT. chantre, séide, zélateur. FAM. godillot. ▶ **À l'esprit fermé** – doctrinaire, dogmatique, dogmatiste, fanatique, sectaire. ▶ **Récent** – néophyte, prosélyte, recrue. ◆ **militants,** plur. ▶ **Ensemble de militants** – groupuscule. ▲**ANT.** ENNEMI, OPPOSANT.

militarisme n. m. ▶ **Bellicisme** – bellicisme, caporalisme. ▲**ANT.** ANTIMILITARISME, PACIFISME.

militer v. ▶ **Défendre activement** – appuyer, défendre, prendre fait et cause pour, prendre la défense de, prendre parti pour, soutenir. ▶ **Constituer un argument** – parler, plaider. ▲**ANT.** ABANDONNER, DÉSAFFECTER; DÉSAVANTAGER.

mime n. m. ▶ **Geste** – allure, attitude, chorégraphie, contenance, danse, jeu (physique), langage corporel, manière, mimique, mimodrame, mimographie, mimologie, pantomime, posture. ▶ **Mouvements**

mimer

des mains – chérèmes, chironomie, gestèmes, gestes, gesticulation, gestique, gestualité, gestuelle, langage gestuel, mudra *(danse indienne)*. ▶ *Imitation* – calquage, caricature, charge, contrefaçon, copiage, décalquage, démarquage, emprunt, émulation, figuration, grégarisme, imitation, mimétisme, moutonnerie, parodie, pastiche, pillage, plagiat, représentation, servilité, simulation, singerie, suivisme, travestissement. *DR.* contrefaction.

mimer *v.* ▶ *Imiter* – calquer, copier, imiter, reproduire, s'inspirer de. ▶ *De façon favorable* – émuler, marcher dans les traces de, prendre exemple sur, prendre modèle sur, s'inspirer de, suivre les traces de, trouver son inspiration chez. ▶ *De façon non favorable* – contrefaire, plagier, singer.

mimétisme *n. m.* ▶ *Adaptation au milieu* – caméléonisme, homochromie. ▶ *Imitation* – calquage, caricature, charge, contrefaçon, copiage, décalquage, démarquage, emprunt, émulation, figuration, grégarisme, imitation, mime, moutonnerie, parodie, pastiche, pillage, plagiat, représentation, servilité, simulation, singerie, suivisme, travestissement. *DR.* contrefaction. ▶ *Camouflage* – camouflage, déguisement, dissimulation, fard, maquillage, mascarade, masquage, masque, occultation.

mimique *n. f.* ▶ *Grimace* – contorsion, expression, froncement, grimace, lippe, mine, moue, nique, rictus, simagrée, singerie, tic. *FAM.* bouche en cul de poule. *QUÉB. FAM.* baboune. ▶ *Gesticulation* – allure, attitude, chorégraphique, contenance, danse, jeu (physique), langage corporel, manière, mime, mimodrame, mimographie, mimologie, pantomime, posture. ▶ *Mouvements des mains* – chérèmes, chironomie, gestèmes, gestes, gesticulation, gestique, gestualité, gestuelle, langage gestuel, mudra *(danse indienne)*. ▶ *Danse* – chorégraphie, danse, figures, pantomime.

minable *adj.* ▶ *Médiocre* – abominable, affreux, atroce, déplorable, désastreux, épouvantable, exécrable, horrible, infect, insipide, lamentable, manqué, mauvais, médiocre, navrant, nul, odieux, piètre, piteux, pitoyable, qui ne vaut rien, raté. *SOUT.* méchant, triste. *FAM.* à la fin, à la gomme, à la manque, à la mie de pain, à la noix (de coco), blèche, craignos, crapoteux, mal fichu, moche, pourri, qui ne vaut pas un clou. *QUÉB. FAM.* de broche à foin, poche. ▶ *Qui inspire la pitié* – à plaindre, malheureux, misérable, miteux, pauvre, piteux, pitoyable. *FAM.* paumé. ▲ANT. BRILLANT, ÉBLOUISSANT, EXCELLENT, EXTRAORDINAIRE, FANTASTIQUE, MAGNIFIQUE, MERVEILLEUX, PARFAIT, PRODIGIEUX, REMARQUABLE, RÉUSSI, SENSATIONNEL; LUXUEUX, SOMPTUEUX; EXORBITANT, FARAMINEUX; ENVIABLE, ESTIMABLE; COMPÉTENT, TALENTUEUX.

mince *adj.* ▶ *Fin et allongé* – délié, élancé, étroit, filiforme, fin, grêle, ténu. ▶ *En parlant du physique* – délicat, délié, élancé, filiforme, fin, fluet, frêle, gracile, grêle, léger, long, longiligne, maigre, svelte. *QUÉB. FAM.* feluette. ▶ *De peu d'épaisseur* – aplati, plat. ▶ *De peu de valeur* – faible, infime, infinitésimal, insignifiant, minime, négligeable, petit, sans importance. *FIG.* homéopathique. ▶ *Non favorable* – dérisoire, insignifiant, malheureux, minime, misérable, piètre, ridicule. ▲ANT. ÉPAIS, FORT, GROS, LARGE; CORPULENT, GRAS, LOURD, MASSIF; CONSIDÉRABLE, IMPORTANT, INESTIMABLE.

minceur *n. f.* ▶ *Finesse* – délicatesse, étroitesse, finesse, fragilité, gracilité, légèreté, petitesse, sveltesse. *SOUT.* ténuité. ▶ *Maigreur* – amaigrissement, dépérissement, dessèchement, fragilité, gracilité, maigreur. *SOUT.* émaciation, émaciement. ▲ANT. ÉPAISSEUR, GROSSEUR; EMBONPOINT, OBÉSITÉ.

mine *n. f.* ▶ *Terrain* – amas, gisement, gisement minier. ▶ *Mine de charbon* – charbonnage, houillère, mine (de charbon). ▶ *Grande quantité* – abondance, afflux, amas, ampleur, concentration, débauche, débordement, exubérance, filon, floraison, foisonnement, forêt, foule, fourmillement, gisement, infinité, inondation, luxe, luxuriance, masse, multiplicité, myriade, nuée, orgie, paquet, pléthore, poussière, profusion, quantité, richesse, surabondance, tas, trésor. *FIG.* carnaval. *FAM.* festival, flopée, kyrielle, tapée, tonne, tripotée, wagon. *QUÉB. FAM.* bourrée, tapon. *SUISSE FAM.* craquée. ▶ *Aspect* – air, allure, apparence, aspect, caractère, configuration, couleur, couvert, dehors, éclairage, expression, extérieur, façade, faciès, figure, forme, formule, impression, jour, masque, paraître, perspective, physionomie, plastique *(en art)*, portrait, présentation, profil, ressemblance, semblant, surface, ton, tour, tournure, traits, vernis, visage. *SOUT.* enveloppe, superficie. ▶ *Prestance* (*SOUT.*) – air, allure, apparence, aspect, attitude, contenance, démarche, façon, genre, ligne, maintien, manière, panache, physique, port, posture, prestance, silhouette, style, tenue, tournure. *SOUT.* extérieur. *FAM.* gueule, touche. ▶ *Grimace* – contorsion, expression, froncement, grimace, lippe, mimique, moue, nique, rictus, simagrée, singerie, tic. *FAM.* bouche en cul de poule. *QUÉB. FAM.* baboune. ▶ *Minauderie* – affectation, agacerie, coquetterie, façons, grâces, grimace, manières, mignardise, minauderie, simagrée, singerie. *SOUT.* afféterie. *FAM.* chichi. ▶ *Accueil* – abord, accès, accueil, approche, attitude, contact, réception, tête, traitement. ▶ *Explosif* – bombe, bombette *(petite)*, engin explosif, grenade, obus.

minerai *n. m.* caillou, galet, minéral, pierre, pierrette *(petite)*, roc, roche, rocher.

minéral *n. m.* caillou, galet, minerai, pierre, pierrette *(petite)*, roc, roche, rocher.

mineur *adj.* ▶ *Qui est moins important* – accessoire, anecdotique, annexe, contingent, (d'intérêt) secondaire, de second plan, décoratif, dédaignable, épisodique, incident, indifférent, insignifiant, marginal, négligeable, périphérique. ▶ *Qui occupe un rang moins élevé* – bas, inférieur, moindre, secondaire, subalterne, subordonné. ▶ *Qui n'est pas d'âge adulte* – impubère. ▲ANT. MAJEUR; ESSENTIEL, IMPORTANT; SUPÉRIEUR; ADULTE.

mineur *n.* ▶ *Homme ou femme* – adolescent, jeune, préadolescent. *SOUT.* impubère. *FAM.* ado, gamin, préado. *PÉJ.* minet. ▶ *Homme* – adolescent, blanc-bec *(inexpérimenté)*, garçon, jeune, jeune garçon, jeune homme. *SOUT.* damoiseau *(qui courtise les femmes)*, impubère, puceau *(vierge)*. ▶ *Femme* – adolescente, demoiselle, fille, jeune, jeune femme, jeune fille, midinette, miss *(pays anglo-saxons)*,

préadolescente. SOUT. impubère, pucelle *(vierge)*. ▲ANT. MAJEUR; ADULTE.

miniature *adj.* de petite taille, menu, microscopique, minuscule, nain, petit, réduit, ténu. SOUT. lilliputien. ▲ANT. GRANDEUR NATURE; AGRANDI.

miniature *n. f.* ▶ *Modèle* – maquette, modèle (réduit), plan-relief, reproduction (à échelle réduite). ▶ *Ornement d'un texte* – cul-de-lampe, enluminure, fleuron, ornement, vignette. ▲ANT. MURAL, (PEINTURE) MURALE.

miniaturiser *v.* ▲ANT. AGRANDIR.

mini-jupe (var. **minijupe**) *n. f.* jupette. ▲ANT. MAXIJUPE.

minime *adj.* ▶ *Peu important* – faible, infime, infinitésimal, insignifiant, mince, négligeable, petit, sans importance. FIG. homéopathique. ▶ *Dérisoire* – dérisoire, insignifiant, malheureux, misérable, piètre, ridicule. ▲ANT. COLOSSAL, CONSIDÉRABLE, ÉNORME, EXTRAORDINAIRE, EXTRÊME, FABULEUX, FORMIDABLE, GÉANT, GIGANTESQUE, IMMENSE, INCOMMENSURABLE, MONUMENTAL, PHÉNOMÉNAL, TITANESQUE, VASTE.

minimum *n. m.* moins, plancher. ▲ANT. MAXIMUM, PLAFOND.

ministère *n. m.* ▶ *Poste de ministre* – ministériat, portefeuille. ▶ *Ensemble des ministres* – cabinet, conseil (des ministres), gouvernement. ▶ *Intervention* – aide, appui, concours, entremise, immixtion, incursion, ingérence, interposition, interventionnisme, intrusion, médiation, office. SOUT. intercession. ▶ *Évangélisation* – apostolat, catéchèse, catéchisation, catéchisme, endoctrinement, évangélisation, mission, missionnariat, pastorale, prédication, propagande, propagation (de la foi), prosélytisme. FAM. caté. ▶ *Sacerdoce* – cléricature, état ecclésiastique, ministère ecclésiastique, ministère religieux, ordre, pastorat *(protestant)*, prêtrise, sacerdoce. ♦ **les ministères,** *plur.* ▶ *L'Administration* – Administration, affaires de l'État, bureaux, fonction publique, fonctionnaires, grands corps de l'État, institutions, organe, organismes, secrétariat, services. PÉJ. bureaucratie.

ministériel *adj.* gouvernemental.

ministre *n.* ▶ *Chargé de mission* – agent, ambassadeur, attaché, chargé d'affaires, chargé de mission, commissaire, correspondant, délégataire, délégué, député, diplomate, émissaire, envoyé, fondé de pouvoir, légat, mandataire, messager, négociateur, parlementaire, plénipotentiaire, représentant. ▶ *Prêtre* – clergyman, pasteur, prêtre. ▶ *Ange* – ange, esprit, esprit aérien, esprit céleste, esprit de (la) lumière, messager (de Dieu), ministre (de Dieu). ♦ **ministres,** *plur.* ▶ *Ensemble des membres du gouvernement* – cabinet, conseil des ministres.

minoritaire *adj.* ▲ANT. MAJORITAIRE.

minorité *n. f.* ▶ *Adolescence* – adolescence, âge bête, âge ingrat, jeunesse, nubilité, préadolescence, puberté, pubescence. SOUT. juvénilité, printemps. ▶ *Petit nombre de personnes* – frange, minoritaires, poignée, quarteron. ▲ANT. MAJORITÉ.

minuscule *adj.* ▶ *Très petit* – de petite taille, menu, microscopique, miniature, nain, petit, réduit, ténu. SOUT. lilliputien. ▶ *En parlant d'une lettre* –

bas de casse. ▲ANT. CAPITALE, MAJUSCULE; COLOSSAL, ÉNORME, GÉANT, GIGANTESQUE, IMMENSE, VASTE.

minute *n. f.* ▶ *Court moment* – instant, moment, seconde.

minutie *n. f.* application, exactitude, précision, soin, souci du détail. SOUT. méticulosité. ▲ANT. NÉGLIGENCE.

minutieux *adj.* appliqué, assidu, attentif, consciencieux, méthodique, méticuleux, ordonné, précis, rangé, rigoureux, scrupuleux, soigné, soigneux, systématique. SOUT. exact. ▲ANT. BROUILLON, DÉSORDONNÉ, NÉGLIGENT; GROSSIER, SUPERFICIEL.

miracle *n. m.* ▶ *Prodige* – exploit, merveille, phénomène, prodige. ▲ANT. BANALITÉ.

miraculé *adj.* ▲ANT. CONDAMNÉ, FINI, PERDU.

miraculeusement *adv.* ▶ *Providentiellement* – comme par enchantement, comme par miracle, par magie, prodigieusement, providentiellement. ▶ *Extraordinairement* – exceptionnellement, extraordinairement, fantastiquement, féeriquement, magiquement, merveilleusement, mirifiquement, phénoménalement, prodigieusement, surnaturellement. ▲ANT. BANALEMENT, COMME ON S'Y ATTENDAIT, TRIVIALEMENT; ABOMINABLEMENT, AFFREUSEMENT, ATROCEMENT, DÉTESTABLEMENT, HORRIBLEMENT.

miraculeux *adj.* ▶ *Qui relève du miracle* – céleste, divin, surnaturel. ▶ *Qui étonne* – étonnant, extraordinaire, fabuleux, fantastique, hors du commun, incroyable, inouï, phénoménal, prodigieux. FAM. délirant, dément, dingue, fou. FRANCE FAM. foutral. ▲ANT. ANODIN, BANAL, NATUREL, ORDINAIRE, QUELCONQUE, SANS IMPORTANCE, SANS INTÉRÊT.

mirage *n. m.* ▶ *Illusion* – abstraction, abstrait, apparence, berlue, chimère, déréalisation, fantasme, faux, faux-semblant, fiction, fumée, hallucination, illusion, image, imagination, irréalisme, irréalité, leurre, mensonge, onirisme, psychédélisme, rêve, rêverie, semblant, simulation, songe, songerie, tromperie, utopie, vision, vue de l'esprit. FAM. frime. SOUT. prestige. ▲ANT. RÉALITÉ.

mirer *v.* ▶ *Refléter* (SOUT.) – réfléchir, refléter, rendre, renvoyer, réverbérer. ▶ *Reluire* (ACADIE FAM.) – brasiller, briller, chatoyer, étinceler, flamboyer, fulgurer *(éclat passager)*, luire, miroiter, reluire, resplendir, rutiler, scintiller. SOUT. palpiter, papilloter, pétiller. BELG. blinquer. ♦ **se mirer** ▶ *Se refléter* – se réfléchir, se refléter. ▶ *Se contempler* – s'admirer, se contempler, se regarder.

miroir *n. m.* ▶ *Objet* – glace. ▶ *Représentation* – image, (pâle) imitation, reflet.

miroitant *adj.* ▶ *Qui brille* – brasillant, brillant, éclatant, étincelant, flamboyant, incandescent, luisant, papillotant, reluisant, rutilant, scintillant. ▶ *Qui a des reflets* – agatisé, changeant, chatoyant, gorge-de-pigeon, moiré. SOUT. diapré. DIDACT. versicolore. ▲ANT. BLAFARD, ÉTEINT, MAT, PÂLE, TERNE; DÉCOLORÉ, DÉFRAÎCHI, DÉLAVÉ, DÉTEINT, FADE, PÂLI.

miroiter *v.* brasiller, briller, chatoyer, étinceler, flamboyer, fulgurer *(éclat passager)*, luire, reluire, resplendir, rutiler, scintiller. SOUT. palpiter, papilloter, pétiller. BELG. blinquer. ACADIE FAM. mirer.

misanthrope *adj.* ▶ *Qui déteste le genre humain* – misanthropique. ▶ *Qui déteste les femmes*

misanthrope

– misogyne. ▸ *Qui déteste les hommes* – misandre.
▸ *Solitaire* – farouche, insociable, ours, sauvage, solitaire. ▲ANT. CHARITABLE, PHILANTHROPE; SOCIABLE.

misanthrope *n.* ▸ *Personne solitaire* – ermite, ours, reclus, sauvage/sauvagesse, solitaire. ▸ *Personne mésadaptée* – caractériel, inadapté, marginal, mésadapté. ▲ANT. PHILANTHROPE.

mise *n. f.* ▸ *Enjeu* – cagnotte, cave, enjambage, enjeu, masse, pot, poule. ▸ *Pari* – défi, gageure, pari, risque. ▸ *Part* – apport, commandite, contingent, contribution, cotisation, dot, dotation, écot, financement, fonds, fournissement, lot, montant, obligation, parrainage, part, participation, portion, quote-part, quotité. ▸ *Application* – application, apposition, pose. ▸ *Habillement* – affaires, atours, chiffons, ensemble, garde-robe, habillement, habits, linge, parure, tenue, toilette, trousseau, vestiaire, vêtements. SOUT. vêture. FRANCE FAM. fringues, frusques, nippes, pelures, saint-frusquin, sapes. ▲ANT. ENLÈVEMENT, VIDAGE.

miser *v.* ▸ *Mettre en jeu* – blinder, jouer, parier, ponter, y aller de. FAM. éclairer. QUÉB. gager. ▸ *Surenchérir* (SUISSE) – couvrir une enchère, enchérir sur, monter, relancer, renchérir, renvier, surenchérir. ▸ *Se fier* (FAM.) – compter sur, faire fond sur, s'appuyer sur, se fier à, spéculer sur, tabler sur. ▲ANT. PRÉLEVER.

misérable *adj.* ▸ *Démuni* – dans le besoin, dans une cruelle nécessité, démuni, famélique, indigent, miséreux, nécessiteux, pauvre. SOUT. dénué, impécunieux. FAM. dans la mouise, dans la panade, dans la purée. ▸ *Qui inspire la pitié* – à plaindre, malheureux, minable, miteux, pauvre, piteux, pitoyable. FAM. paumé. ▸ *Triste* – affligeant, atterrant, attristant, chagrinant, consternant, déplorable, désespérant, désolant, douloureux, malheureux, navrant, pénible, pitoyable, qui serre le cœur, triste. ▸ *Insuffisant* – anémique, chétif, chiche, déficient, déficitaire, faible, insatisfaisant, insuffisant, maigre, mauvais, médiocre, pauvre, piètre, rachitique. ▸ *Nettement insuffisant* – dérisoire, insignifiant, malheureux, minime, piètre, ridicule. ▲ANT. À L'AISE, AISÉ, COSSU, FORTUNÉ, NANTI, RICHE; DIGNE, HONORABLE, NOBLE; HEUREUX, JOYEUX; ABONDANT; IMPORTANT, REMARQUABLE.

misérablement *adv.* déplorablement, dérisoirement, désastreusement, douloureusement, lamentablement, minablement, miteusement, pauvrement, piètrement, piteusement, pitoyablement, tristement. ▲ANT. FASTUEUSEMENT, LUXUEUSEMENT, RICHEMENT; AVEC ENTRAIN, GAIEMENT, HEUREUSEMENT, JOYEUSEMENT, PLAISAMMENT; CONSIDÉRABLEMENT, ÉNORMÉMENT, REMARQUABLEMENT, SÉRIEUSEMENT, TERRIBLEMENT, VRAIMENT.

misère *n. f.* ▸ *Pauvreté* – appauvrissement, besoin, dénuement, détresse, embarras, gêne, gouffre, indigence, manque, mendicité, nécessité, pauvreté, privation, ruine. SOUT. impécuniosité. FAM. dèche, pouillerie. FRANCE FAM. débine, fauche, mistoufle, mouise, mouscaille, panade, purée. DR. carence. ▸ *Sociale* – clochardisation, disette, paupérisation, paupérisme, pauvreté, pénurie, sous-développement, sous-équipement, tiers-mondisation. ▸ *Abjection* – abjection, abomination, atrocité, bassesse, boue, corruption, crapulerie, crime, débauche, déshonneur,

fange, grossièreté, honte, horreur, ignominie, impureté, indignité, infamie, laideur, monstruosité, noirceur, obscénité, odieux, ordure, saleté, sordide, souillure, vice. SOUT. sordidité, stupre, turpitude, vilenie. ▸ *Malheur* – adversité, calamité, calice (de douleur), chagrin, détresse, deuil, disgrâce, douleur, échec, épreuve, fatalité, infortune, mal, malchance, malédiction, malheur, mauvaise fortune, mauvaise passe, mésaventure, nuage, orage, peine, revers, ruine, sale affaire, sale histoire, souffrance, traverse, tribulation. SOUT. bourrèlement, plaie, tourment. ▸ *Épreuve* – contrariété, coup, coup du destin, coup du sort, coup dur, disgrâce, échec, épreuve, hydre, infortune, mal, malchance, malheur, mauvais moment à passer, péril, revers, ruine, tribulation. SOUT. traverse. ▸ *Chose insignifiante* – affiquet, babiole, bagatelle, baliverne, bêtise, bibelot, breloque, bricole, brimborion, chiffon, colifichet, fanfreluche, fantaisie, frivolité, futilité, gadget, hochet, inutilité, jouet, rien. FAM. gnognote. ▸ *Affaire sans importance* – amusette, bagatelle, baliverne, bêtise, bricole, broutille, chanson, détail, enfantillage, fadaise, faribole, frivolité, futilité, jeu, plaisanterie, rien, sornette, sottise, vétille. SOUT. badinerie, puérilité. FAM. foutaise, mômerie. BELG. FAM. carabistouille. ▸ *Plante* – tradescantia. ▲ANT. ABONDANCE, AISANCE, BIEN-ÊTRE, LUXE, OPULENCE, PROSPÉRITÉ, RICHESSE; BONHEUR, FÉLICITÉ; GRANDEUR, IMPORTANCE, NOBLESSE, VALEUR.

miséricorde *n. f.* ▸ *Pardon* – absolution, absoute (public), acquittement, aman, amnistie, annulation, clémence, dédouanement, disculpation, extinction, grâce, indulgence, jubilé, mise hors de cause, mitigation, oubli, pardon, pénitence, prescription, réhabilitation, relaxe, remise (de peine), rémission, suppression (de peine). ▸ *Pitié* – apitoiement, attendrissement, bienveillance, clémence, commisération, compassion, indulgence, pitié. SOUT. mansuétude. ▲ANT. DURETÉ, IMPLACABILITÉ, RIGUEUR, SÉVÉRITÉ.

mission *n. f.* ▸ *Évangélisation* – apostolat, catéchèse, catéchisation, catéchisme, endoctrinement, évangélisation, ministère, missionnariat, pastorale, propagation, propagande, propagation (de la foi), prosélytisme. FAM. caté. ▸ *Vocation* – apostolat, appel, destination, sacerdoce, vocation. ▸ *Rôle* – affectation, charge, dignité, emploi, fonction, métier, office, place, poste, responsabilité, rôle, siège, titre, vocation. ▸ *But* – ambition, but, cause, cible, considération, destination, fin, finalité, intention, mobile, motif, objectif, objet, point de mire, pourquoi, prétexte, raison, raison d'être, sens, visée. SOUT. propos. ▸ *Délégation* – bureau, charge, comité, commission, courtage, délégation, délégués, légation, mandat, mandataires, mandatement, pouvoir, procuration, représentants, représentation. ▸ *Voyage* – allées et venues, balade, campagne, circuit, circumnavigation, course, croisière, déplacement, excursion, expédition, exploration, incursion, marche, navette, navigation, odyssée, passage, pèlerinage, pérégrination, périple, promenade, raid, rallye, randonnée, reconnaissance, tour, tourisme, trajet, transport, traversée, va-et-vient, voyage. SOUT. errance. FAM. bourlingue, rando, transhumance. QUÉB. voyagement.

missionnaire *n.* apôtre, évangélisateur, pêcheur d'hommes.

miteux *adj.* à plaindre, malheureux, minable, misérable, pauvre, piteux, pitoyable. *FAM.* paumé. ▲**ANT.** FASTUEUX, IMPÉRIAL, LUXUEUX, PRINCIER, RICHE, ROYAL, SOMPTUEUX.

mixte *adj.* bigarré, complexe, composite, de tout poil, de toute espèce, disparate, dissemblable, divers, diversifié, éclectique, hétéroclite, hétérogène, mélangé, mêlé, multiple, varié. *SOUT.* pluriel. ▲**ANT.** SÉPARÉ; DE GARÇONS; DE FILLES; HOMOGÈNE, UNI, UNIFORME; ENDOGAME *(mariage)*.

mobile *adj.* ▶ *Qui se détache* – amovible, détachable. ▶ *Qui peut être modifié* – adaptable, altérable, changeable, élastique, flexible, modifiable, modulable, souple, variable. ▶ *Qui fluctue* – changeant, en dents de scie, flottant, fluctuant, incertain, inconstant, inégal, instable, irrégulier, mouvant, variable. *SOUT.* labile, volatil. *DIDACT.* erratique. ▶ *Qui se déplace sans cesse* – errant, instable, nomade, sans domicile fixe, vagabond. *SOUT.* sans feu ni lieu. *QUÉB.* itinérant. ▶ *Au caractère changeant* – capricieux, changeant, fantaisiste, fantasque, flottant, inconsistant, inconstant, instable, lunatique, versatile, volage. *SOUT.* caméléonesque, ondoyant. ▶ *En parlant du visage* – animé, expressif, vivant. ▲**ANT.** FIXE, IMMOBILE, STABLE; FIXÉ; CONSTANT, INVARIABLE, INVARIANT, STATIONNAIRE, STATIQUE; SÉDENTAIRE; ÉQUILIBRÉ, PRÉVISIBLE; INEXPRESSIF, MORT, TERNE.

mobile *n. m.* ▶ *Cause* – agent, base, cause, explication, facteur, ferment, fondement, fontaine, germe, inspiration, levain, levier, moteur, motif, motivation, moyen, objet, occasion, origine, point de départ, pourquoi, principe, raison, raison d'être, source, sujet. *SOUT.* étincelle, mère, racine, ressort. ▶ *But* – ambition, but, cause, cible, considération, destination, fin, finalité, intention, mission, motif, objectif, objet, point de mire, pourquoi, prétexte, raison, raison d'être, sens, visée. *SOUT.* propos.

mobilier *n. m.* ameublement, meubles.

mobiliser *v.* ▶ *Faire entrer dans l'armée* – appeler, engager, enrôler, incorporer, recruter. ▶ *Rassembler* – ameuter, assembler, attrouper, masser, rallier, ramasser, rameuter, rassembler, regrouper, réunir. *SOUT.* battre le rappel de, conglomérer. ▶ *Faire appel à qqn* (*FAM.*) – retenir les services de, s'assurer les services de. *FAM.* réquisitionner. ▶ *Déclarer meuble* – ameublir. ♦ **se mobiliser** ▶ *Se réunir* – s'assembler, s'attrouper, se masser, se rallier, se rassembler, se regrouper, se réunir. ▲**ANT.** DÉMOBILISER.

mobilité *n. f.* ▶ *Instabilité* – balancement, ballant, ballottement, déséquilibre, fragilité, instabilité, jeu, motilité, motricité, mouvance, mouvant, mouvement, ondulation, oscillation, roulis, tangage, turbulence, va-et-vient, vibration. *QUÉB.* débalancement. ▶ *Fluctuation* – ballottement, changement, déséquilibre, fluctuation, fragilité, inadaptation, incertitude, inconstance, inégalité, instabilité, mouvant, mouvement, précarité, variabilité, variation, versatilité, vicissitude, volatilité. *SOUT.* fugacité. ▶ *Turbulence* – agitation, dissipation, espièglerie, excitation, fougue, impétuosité, mouvement, nervosité, pétulance, tapage, turbulence, vivacité.

modèle

▶ *Agilité* – adresse, agilité, aisance, dextérité, élasticité, élégance, facilité, grâce, habileté, légèreté, main, précision, rapidité, souplesse, technique, virtuosité, vivacité. *SOUT.* félinité, prestesse. ▲**ANT.** FIXITÉ, IMMOBILITÉ, STABILITÉ; IMPOTENCE.

modal *adj.* ▲**ANT.** TONAL *(musique)*.

modalité *n. f.* approche, art, chemin, code, comment, credo, démarche, discipline, dispositif, façon (de faire), facture, formule, heuristique, instruction, instrument, ligne de conduite, maïeutique, manière, marche (à suivre), méthode, mode d'emploi, mode, moyen, opération, ordre, organisation, outil, posologie, pratique, procédé, procédure, protocole, raisonnement, recette, règle, secret, stratagème, stratégie, système, tactique, technique, théorie, traitement, voie. *SOUT.* faire. ▲**ANT.** TONALITÉ *(musique)*.

mode *n. m.* ▶ *Manière* – approche, art, chemin, code, comment, credo, démarche, discipline, dispositif, façon (de faire), facture, formule, heuristique, instruction, instrument, ligne de conduite, maïeutique, manière, marche (à suivre), méthode, modalité, mode d'emploi, moyen, opération, ordre, organisation, outil, posologie, pratique, procédé, procédure, protocole, raisonnement, recette, règle, secret, stratagème, stratégie, système, tactique, technique, théorie, traitement, voie. *SOUT.* faire.

mode *n. f.* ▶ *Coutume* – convention, coutume, habitude, habitus, mœurs, pratique, règle, rite, tradition, us et coutumes, usage. ▶ *Tendance* – avant-gardisme, dernier cri, engouement, épidémie, fantaisie, fureur, goût (du jour), style, tendance, ton, vague, vent, vogue. ▶ *Nouveauté* – actualité, avant-gardisme, changement, contemporanéité, fraîcheur, inédit, innovation, jamais vu, jeunesse, modernisme, modernité, neuf, nouveau, nouveauté, originalité, pertinence, précédent, première, présent, primeur. ▶ *Haute couture* – confection, couture, haute couture, prêt-à-porter.

modèle *adj.* accompli, achevé, consommé, de rêve, exemplaire, idéal, idyllique, incomparable, irréprochable, parfait, rêvé. ▲**ANT.** MAUVAIS, MÉDIOCRE, MINABLE, PIÈTRE, PITOYABLE; ORDINAIRE, QUELCONQUE.

modèle *n. m.* ▶ *Ébauche* – canevas, crayon, crayonné, croquis, dessin, ébauche, épure, esquisse, essai, étude (préparatoire), griffonnement, pochade, premier jet, préparation, projet, schéma. *SOUT.* linéaments. *FRANCE FAM.* crobard. ▶ *Prototype* – carton, grille, matrice, modélisation, moule, patron, pilote, plan, prototype, simulation, spécimen. *FAM.* topo. ▶ *Objet qui en imite un autre* – maquette, miniature, modèle (réduit), plan-relief, reproduction (à échelle réduite). ▶ *Personne qui défile* – mannequin. ▶ *Portrait* – académie, anatomie, charnure, gymnité, nu, nudité, plastique, sujet. ▶ *Personne admirable* – brave, demi-dieu, dieu, exemple, géant, glorieux, grand, héros, idole, titan. *SOUT.* parangon. ▶ *Exemple* – archétype, canon, critère, échantillon, étalon, exemple, formule, gabarit, idéal, idée, image, individu, norme, original, paradigme, précédent, prototype, référence, représentant, type, unité. *BIOL.* holotype. ▲**ANT.** COPIE, IMITATION, REPRODUCTION; MAUVAIS EXEMPLE.

modeler *v.* ▸ *Pétrir une matière* – malaxer, manier, manipuler, pétrir, travailler, triturer. ▸ *Donner une forme à qqch.* – façonner, former, sculpter. *SOUT.* configurer. ▸ *Rendre conforme* – accommoder, accorder, adapter, ajuster, aligner, approprier, conformer, faire cadrer, moduler, mouler, régler. ♦ **se modeler** ▸ *Se conformer* – emboîter le pas à, imiter, s'accorder sur, s'adapter à, s'ajuster à, s'aligner sur, se conformer à, se mettre au diapason de, se mettre dans le ton, se rallier à, se ranger à, se régler sur, suivre. ▲ANT. DÉFAIRE, DÉTRUIRE.

modération *n.f.* ▸ *Retenue* – centrisme, dépouillement, frugalité, juste milieu, ménagement, mesure, modérantisme, modestie, pondération, réserve, retenue, rusticité, sagesse, simple, simplicité, sobriété, tempérance. ▸ *Douceur* – délicatesse, douceur, finesse, fraîcheur, légèreté, moelleux, mollesse, onctuosité, quiétude, suavité, tranquillité, velouté. *FIG.* soie. ▸ *Pacification* – dédramatisation, dégel, désamorçage, désescalade, minimisation, pacification. ▲ANT. ABUS, DÉMESURE, EXAGÉRATION, EXCÈS, EXTRÉMISME, IMMODÉRATION, INTEMPÉRANCE, OUTRANCE; ACCENTUATION, AGGRAVATION, AUGMENTATION, INTENSIFICATION.

modéré *adj.* ▸ *Sobre* – abstinent, frugal, sobre, tempérant. ▸ *Raisonnable* – éclairé, judicieux, mesuré, philosophe, pondéré, posé, raisonnable, raisonné, rationnel, réfléchi, responsable, sage, sain, sensé, sérieux. *SOUT.* rassis, tempéré. ▸ *En matière de politique* – centriste. ▸ *En parlant du climat* – clément, doux, moyen, tempéré. ▲ANT. DÉRAISONNABLE, EXCESSIF; DÉMESURÉ, EFFRÉNÉ, EXAGÉRÉ, EXTRÊME, IMMODÉRÉ, OUTRANCIER; ASTRONOMIQUE *(prix)*, EXORBITANT, FOU; EXTRÉMISTE, RADICAL; GLACIAL *(temps)*, RIGOUREUX, RUDE, SIBÉRIEN; ACCABLANT, BRÛLANT, CANICULAIRE, ÉCRASANT, ÉTOUFFANT, LOURD, SAHARIEN, SUFFOCANT, TORRIDE, TROPICAL.

modérément *adv.* ▸ *Sobrement* – austèrement, discrètement, frugalement, légèrement, mesurément, peu, raisonnablement, sobrement. ▸ *Moyennement* – honnêtement, médiocrement, moyennement, passablement, tièdement. *FAM.* comme ci comme ça, couci-couça, moitié-moitié, pas mal. ▸ *Doucement* – délicatement, discrètement, doucement, en douceur, faiblement, légèrement, lentement, mesurément, mollement, posément, timidement. *FAM.* doucettement, mollo, mou, piane-piane, pianissimo, piano. ▸ *Un peu* – faiblement, légèrement, un peu. ▲ANT. À L'EXCÈS, À OUTRANCE, ABUSIVEMENT, DÉMESURÉMENT, EXAGÉRÉMENT, EXCESSIVEMENT, OUTRE MESURE, PLUS QUE DE RAISON, SANS RETENUE, TROP; À LA PERFECTION, À MERVEILLE, À RAVIR, ADMIRABLEMENT, DIVINEMENT, EXTRAORDINAIREMENT, IMPECCABLEMENT, INCOMPARABLEMENT, LE MIEUX DU MONDE, MERVEILLEUSEMENT, MIRIFIQUEMENT, ON NE PEUT MIEUX, PARFAITEMENT, PRODIGIEUSEMENT; BRUTALEMENT, CRÛMENT, DUREMENT, RAIDE, RUDEMENT, SANS MÉNAGEMENT, VERTEMENT, VIOLEMMENT.

modérer *v.* ▸ *Ralentir* – contenir, endiguer, freiner, juguler, ralentir, refréner. *SOUT.* brider. ▸ *Atténuer des propos* – atténuer, euphémiser, ménager, mesurer, mitiger, nuancer, pondérer, tempérer. ▸ *Dépassionner* – apaiser, calmer, dépassionner. modérer, tempérer. ▸ *Diminuer l'intensité d'un sentiment*

– attiédir, éteindre, refroidir. *FAM.* doucher. ▸ *Assagir* – assagir, calmer, raisonner, tempérer. ▲ANT. ACCÉLÉRER, AIGUILLONNER, AVIVER, EXCITER, FOUETTER; ACCENTUER, AUGMENTER, INTENSIFIER; EXAGÉRER, OUTRER.

moderne *adj.* ▸ *Contemporain* – actuel, contemporain, d'aujourd'hui. ▸ *À la mode* – à la mode, à la page, actuel, au goût du jour, dans le vent, dernier cri, en vogue, frais, jeune, neuf, nouveau, récent. *FAM.* branché, in, tendance. ▲ANT. ANCIEN, ANTIQUE, VIEUX; CLASSIQUE, TRADITIONNEL; ARCHAÏQUE, DÉMODÉ, DÉPASSÉ, OBSOLÈTE, SURANNÉ.

moderniste *adj.* ▲ANT. CONSERVATEUR, TRADITIONALISTE.

modeste *adj.* ▸ *Simple* – humble, sans prétention, simple. ▸ *Peu élevé* – bas, faible, maigre, modique, petit. ▲ANT. AMBITIEUX, ORGUEILLEUX, PRÉTENTIEUX, VANITEUX; AMPLE, CONSIDÉRABLE, ÉNORME, IMPORTANT; EXCESSIF; EFFRONTÉ, HARDI, IMMODESTE, INDÉCENT, PROVOCANT.

modestement *adv.* ▸ *Humblement* – humblement, pauvrement, respectueusement, simplement, timidement. ▸ *Pudiquement* – angéliquement, chastement, décemment, discrètement, exemplairement, honnêtement, moralement, pudiquement, purement, sagement, saintement, vénérablement, vertueusement, virginalement. ▲ANT. FIÈREMENT, LA TÊTE HAUTE, ORGUEILLEUSEMENT, TRIOMPHALEMENT, VANITEUSEMENT.

modestie *n.f.* ▸ *Humilité* – bonhomie, déférence, humilité, respect, simplicité, soumission. ▸ *Timidité* – appréhension, confusion, crainte, discrétion, effacement, effarouchement, embarras, émoi, frilosité, gaucherie, gêne, hésitation, honte, humilité, indécision, inhibition, introversion, malaise, peur, réserve, retenue, sauvagerie, timidité. *SOUT.* pusillanimité. *FAM.* trac. ▸ *Décence* – bienséance, bon ton, chasteté, convenance, correction, décence, délicatesse, dignité, discrétion, éducation, fierté, gravité, honnêteté, honneur, politesse, propreté, pudeur, quant-à-soi, réserve, respect, retenue, sagesse, sobriété, tact, tenue, vertu. *SOUT.* pudicité. ▸ *Modération* – centrisme, dépouillement, frugalité, juste milieu, ménagement, mesure, modérantisme, modération, pondération, réserve, retenue, rusticité, sagesse, simple, simplicité, sobriété, tempérance. ▸ *Modicité* – exiguïté, modicité, petitesse. ▲ANT. FATUITÉ, IMMODESTIE, ORGUEIL, PRÉTENTION, SUFFISANCE, VANITÉ; AUDACE; IMPUDEUR, INDÉCENCE; EXAGÉRATION, EXCÈS; IMPORTANCE, VALEUR.

modification *n.f.* ▸ *Transformation* – adaptation, ajustement, altération, avatar, changement, conversion, évolution, glissement, gradation, infléchissement, métamorphose, modulation, mue, mutation, passage, progression, transfiguration, transformation, transition, transmutation, variation, vie. ▸ *Remaniement d'une œuvre* – actualisation, adaptation, aggiornamento, correction, mise à jour, rectification, refonte, remaniement, révision. ▸ *Renouvellement* – amélioration, changement, dépoussiérage, modernisation, prorogation, rajeunissement, recommencement, reconduction, réformation, réforme, régénération, réhabilitation, réinvention, remplacement, renouveau, renouvellement, rénovation, réparation, restauration, résurrection, rétablissement, transformation. ▶ *Amendement* – amendement, changement, correctif, correction, rectification. *FAM.* modif. ▶ *Modification visant à tromper* – altération, barbouillage, bricolage, contrefaçon, déformation, déguisement, dénaturation, entorse, falsification, fardage, faux, fraude, frelatage, gauchissement, maquillage, truquage. *FAM.* bidonnage. *DR.* contrefaction. ▲**ANT.** CONSERVATION, MAINTIEN; PERMANENCE, STABILITÉ.

modifier *v.* ▶ *Changer légèrement* – altérer, changer. ▶ *Changer en profondeur* – métamorphoser, réformer, réinventer, renouveler, rénover, repousser les limites de, révolutionner, transformer. ◆ *se* **modifier** ▶ *Varier* – changer, différer, fluctuer, varier. *FAM.* bouger. ▲**ANT.** FIXER; CONSERVER, GARDER, MAINTENIR, PERPÉTUER, POURSUIVRE; LAISSER, RESPECTER.

modulaire *adj.* ▲**ANT.** MONOBLOC.

modulation *n. f.* ▶ *Accent* – accent, accentuation, inflexion, intensité, intonation, prononciation, prosodie, ton, tonalité. *LING.* traits suprasegmentaux. ▶ *Modification* – adaptation, ajustement, altération, avatar, changement, conversion, évolution, glissement, gradation, infléchissement, métamorphose, modification, mue, mutation, passage, progression, transfiguration, transformation, transition, transmutation, variation, vie. ▲**ANT.** MAINTIEN; DÉMODULATION.

moduler *v.* ▶ *Adapter* – accommoder, accorder, adapter, ajuster, aligner, approprier, conformer, faire cadrer, modeler, mouler, régler. ▶ *Chanter* – chanter, vocaliser. *FAM.* pousser la chansonnette. ▲**ANT.** DÉMODULER.

moelle *n. f.* ▶ *Substance végétale* – parenchyme médullaire. ▶ *En cuisine* – amourettes. ▶ *Quintessence* (*SOUT.*) – caractère, en-soi, essence, essentialité, inhérence, nature, principe, qualité, quintessence, substance. *SOUT.* (substantifique) moelle. *PHILOS.* entité, quiddité.

moelleux *adj.* ▶ *Mou* – mollet, mou, tendre. ▶ *Confortable et doux* – confortable, douillet, doux, mollet. ▶ *Doux au palais* – crémeux, onctueux, velouté. ▲**ANT.** DUR, RAIDE; INCONFORTABLE; AIGRE, SEC.

mœurs *n. f. pl.* ▶ *Coutume* – convention, coutume, habitude, habitus, mode, pratique, règle, rite, tradition, us et coutumes, usage. ▶ *Habitude* – accoutumance, automatisme, façons, habitude, manières, pli, réflexe, rite, rituel, seconde nature. *PSYCHOL.* stéréotypie. *FAM.* abonnement, métro-boulot-dodo, train-train, train-train quotidien. ▶ *Non favorable* – encroûtement, manie, marotte, monotonie, ordinaire, ronron, routine, tic, uniformité. ▶ *Comportement* – attitude, comportement, conduite, habitude, habitus, réaction, vie. ▶ *Moralité* – bien, (bonnes) mœurs, conscience, déontologie, devoir, droit chemin, éthique, morale, moralité, obligation (morale), prescription, principes, règles de vie, vertu. *PSYCHOL.* surmoi.

moignon *n. m.* ▶ *Membre* – rudiment. ▶ *Branche* – chicot, courçon, crossette, dard, lambourde, plançon, plantard.

moindre *adj.* bas, inférieur, mineur, secondaire, subalterne, subordonné. ▲**ANT.** MEILLEUR, SUPÉRIEUR.

moineau *n. m.* ▶ *Oiseau* – *FRANCE FAM.* piaf, pierrot. ▶ *Personne bizarre* (*FAM.*) – anticonformiste, bizarre, excentrique, guignol, non-conformiste, original. ▶ *Volant de badminton* (*QUÉB. FAM.*) – volant. ◆ **moineaux, plur.** ▶ *Ensemble d'oiseaux* – bande (de moineaux); colonie (de moineaux); envolée (de moineaux), vol (de moineaux), volée (de moineaux); nuée (de moineaux) (*beaucoup*).

moins *adv.* au-dessous, inférieurement. ▲**ANT.** AU-DESSUS, DAVANTAGE, ENCORE, MIEUX, PLUS, SUPÉRIEUREMENT.

moiré *adj.* agatisé, changeant, chatoyant, gorge-de-pigeon, miroitant. *SOUT.* diapré. *DIDACT.* versicolore.

mois *n. m.* ▶ *Période* – lunaison.

moisir *v.* ▶ *Se couvrir de moisissure* – se piquer. *SOUT.* chancir. ▶ *Rester dans une situation médiocre* – croupir, pourrir, s'encroûter, stagner, végéter, vivoter. ▶ *Attendre trop longtemps* (*FAM.*) – attendre, compter les clous de la porte, faire antichambre, faire le pied de grue, faire les cent pas, patienter, prendre racine, prendre son mal en patience, s'armer de patience. *FAM.* croquer le marmot, faire le planton, faire le poireau, macérer, mariner, poireauter, pourrir, s'éterniser. *QUÉB. FAM.* niaiser. ▲**ANT.** ÊTRE FRAIS; PROSPÉRER, RÉUSSIR, S'ÉPANOUIR; FILER, PARTIR, PLIER BAGAGES, TOURNER LES TALONS.

moisissure *n. f.* ▶ *Pourrissement* – blettissement, blettissure, contamination, corruption, malandre, moisi, pourrissement, pourriture, rancissement. *FAM.* pourri. *SOUT.* chancissure, croupissement. ▶ *Sens scientifique* – micromycète. ▲**ANT.** FRAÎCHEUR.

moisson *n. f.* ▶ *Action de ramasser du foin* – moissonnage. ▶ *Saison* – fauchaison, fenaison. ▶ *Choses recueillies* – butin, collecte, récolte. ▲**ANT.** SEMAILLES.

moite *adj.* en sueur, humide. *FAM.* suant. ▲**ANT.** SEC.

moiteur *n. f.* ▶ *Humidité* – humide, humidité, mouillé, mouillure. ▶ *Sueur* – eau, écume (*animal*), nage, perspiration, sudation, sudorification, sueur, transpiration. *FAM.* suée. ▲**ANT.** DESSÈCHEMENT, SÉCHERESSE.

moitié *n. f.* ▶ *Demi* – demi, demie. ▶ *Épouse* (*FAM.*) – conjoint, conjointe, épouse, femme. *SOUT.* compagne (de vie), douce moitié, tendre moitié. ▶ *Époux* (*FAM.*) – conjoint, époux, mari. *SOUT.* compagnon (de vie), douce moitié, tendre moitié. ▲**ANT.** DOUBLE; ENTIER.

moléculaire *adj.* ▲**ANT.** ATOMIQUE.

molécule *n. f.* ▶ *Ensemble d'éléments chimiques* – combinaison, composé, corps composé.

mollement *adv.* ▶ *Doucement* – délicatement, discrètement, doucement, en douceur, faiblement, légèrement, lentement, mesurément, modérément, posément, timidement. *FAM.* doucettement, mollo, mou, piane-piane, pianissimo, piano. ▶ *Paresseusement* – apathiquement, indolemment, languissamment, lentement, négligemment, nonchalamment, oisivement, paresseusement, passivement, poussivement, végétativement. ▶ *Insuffisamment* – dérisoirement, faiblement, imparfaitement, inacceptablement, insuffisamment, mal, médiocrement, pauvrement. ▶ *Débonnairement* – bonassement, bravement, complaisamment, débonnairement, faiblement, paternellement. ▲ANT. ACTIVEMENT, AVEC ZÈLE, DYNAMIQUEMENT, ÉNERGIQUEMENT.

mollesse *n. f.* ▶ *Flaccidité* – distension, flaccidité, laxité, relâchement. ▶ *Apathie* – abattement, affaiblissement, apathie, atonie, avachissement, faiblesse, inconsistance, indolence, langueur, laxisme, mollasserie, nonchalance, passivité, veulerie. *MÉD.* aboulie, athymhormie, dysboulie, psychasthénie. ▶ *Paresse* – alanguissement, apathie, atonie, engourdissement, fainéantise, farniente, indolence, inertie, laisser-aller, langueur, lenteur, léthargie, lourdeur, négligence, nonchalance, oisiveté, paresse, somnolence, torpeur. *FAM.* cosse, flémingite aiguë, flemmardise, flemme. ▶ *Douceur* – délicatesse, douceur, finesse, fraîcheur, légèreté, modération, moelleux, onctuosité, quiétude, suavité, tranquillité, velouté. *FIG.* soie. ▶ *Laxisme* – bonasserie, complaisance, faiblesse, laisser-aller, laisser-faire, laxisme, permissivité, relâchement. ▲ANT. DURETÉ, FERMETÉ, RIGIDITÉ; ARDEUR, DYNAMISME, ÉNERGIE, ENTRAIN, FORCE, VIVACITÉ; AUSTÉRITÉ, RIGUEUR, SÉVÉRITÉ.

mollet *adj.* ▶ *Un peu mou* – moelleux, mou, tendre. ▶ *Confortable et doux* – confortable, douillet, doux, moelleux. ▲ANT. DUR, FERME.

mollusque *n. m.* ▲ANT. BATTANT, FONCEUR, FORCE DE LA NATURE.

moment *n. m.* ▶ *Instant* – instant, minute, seconde. ▶ *Fois* – cas, circonstance, coup, fois, heure, occasion, occurrence. ▶ *Époque* – âge, cycle, date, époque, ère, étape, génération, heure, jour, période, règne, saison, siècle, temps. ▲ANT. ÉTERNITÉ; LIEU.

momentané *adj.* bref, court, éphémère, évanescent, fugace, fugitif, intérimaire, passager, précaire, provisoire, rapide, temporaire, transitoire. *SOUT.* périssable. ▲ANT. DURABLE, ÉTERNEL, IMMORTEL, IMPÉRISSABLE, PERMANENT, PERPÉTUEL.

monarchie *n. f.* ▶ *Territoire* – couronne, grandduché *(petit)*, royaume, sultanat *(Moyen-Orient)*. ▲ANT. DÉMOCRATIE; POLYARCHIE, SYNARCHIE; RÉPUBLIQUE.

monarque *n. m.* ▶ *Personne* – souverain. *SOUT.* prince. ▲ANT. SUJET.

monastère *n. m.* ▶ *Lieu où vivent des religieux* – abbaye, béguinage, chartreuse, cloître, commanderie, couvent, prieuré, trappe. ▶ *Orthodoxe* – laure, lavra. ▶ *Bouddhiste* – bonzerie, lamaserie, vihara. ▶ *Indien* – acrama, ashram. ▶ *Ensemble de personnes* – abbaye, couvent.

monceau *n. m.* ▶ *Accumulation* – abondance, accumulation, addition, agrégation, amas, amoncellement, collection, déballage, échafaudage, emmagasinage, empilage, empilement, encombrement, entassement, étagement, faisceau, fatras, fouillis, montagne, pile, pyramide, quantité, stratification, superposition, tas. ▶ *Désordre* – bric-à-brac, désordre, fatras, fourbi, gâchis, pêle-mêle. *FAM.* fouillis, foutoir,

marmelade, micmac, pagaille. *QUÉB.* *FAM.* barda, traîneries. *BELG.* *FAM.* margaille. *SUISSE* chenil.

mondain *adj.* ▶ *Superficiel* – frivole, futile, léger, puéril, superficiel. ▲ANT. RELIGIEUX, SPIRITUEL; MISANTHROPE, SAUVAGE.

monde *n. m.* ▶ *Univers* – ciel, cosmos, création, espace, galaxie, les étoiles, macrocosme, nature, sphère, tout. ▶ *Terre* – la géosphère, la planète bleue, la planète Terre, la sphère terrestre, la Terre, le globe (terrestre), notre planète, notre vaisseau spatial. ▶ *Création de l'esprit* – système, univers. ▶ *Microcosme* – landernau, microcosme. ▶ *Milieu* – ambiance, atmosphère, cachet, cadre, climat, décor, élément, entourage, environnement, environs, lieu, milieu, société, sphère, théâtre, voisinage. ▶ *Vie séculière* – siècle, (vraie) vie. ▶ *Haute société* – aristocrates, aristocratie, beau monde, gens du monde, gotha, grand monde, haute société, nobles, société. *FAM.* beau linge, gens de la haute, gratin, haute. ▶ *Gens* – foule, gens, individus, personnes, public. ▶ *Grande quantité de gens* – abondance, affluence, armada, armée, attroupement, cohue, concentration, concours, encombrement, essaim, flot, forêt, foule, fourmilière, fourmillement, grouillement, légion, marée, masse, meute, multitude, peuple, pléiade *(célébrités)*, pullulement, rassemblement, régiment, réunion, ribambelle, ruche, tas, troupeau. *FAM.* flopée, marmaille *(enfants)*, tapée, tripotée. *QUÉB.* achalandage; *FAM.* tapon, trâlée. *PÉJ.* ramassis. ▲ANT. NÉANT; VIE MONASTIQUE; VIE SIMPLE.

mondial *adj.* global, international, planétaire, universel. ▲ANT. LOCAL, NATIONAL, RÉGIONAL.

monétaire *adj.* ▶ *Relatif à l'économie* – économique, financier, pécuniaire. ▶ *Relatif à une valeur* – marchand, sur le marché, vénal.

moniteur *n.* ▶ *Instructeur* – animateur, éducateur, enseignant, instructeur, pédagogue, professeur. *FAM.* mono. ▶ *Entraîneur* – entraîneur, entraîneur-chef, instructeur. *ANTIQ.* gymnaste. ▶ *Assistant d'un professeur* – assistant, lecteur, maître assistant, préparateur, répétiteur, sous-maître. ♦ **moniteur**, *masc.* ▶ *Écran d'ordinateur* – console de visualisation, écran, écran d'affichage, écran de visualisation. ▲ANT. ÉLÈVE.

monnaie *n. f.* ▶ *Pièce de métal* – médaille, pièce, (pièce de) monnaie, piécette *(petite)*. ▶ *Argent sous forme de métal* – espèces, pièce (de monnaie). ▶ *Unité monétaire* – devise, unité monétaire.

monobloc *adj.* ▲ANT. DÉMONTABLE, MODULAIRE.

monoculaire *adj.* ▲ANT. BINOCULAIRE.

monodique *adj.* ▲ANT. POLYPHONIQUE.

monogame *adj.* ▲ANT. BIGAME, POLYGAME.

monologue *n. m.* soliloque. ▲ANT. CONVERSATION, DIALOGUE, ENTRETIEN.

monopole *n. m.* ▶ *Privilège* – acquis, apanage, attribution, avantage, bénéfice, chasse gardée, concession, droit, exclusivisme, exclusivité, exemption, faveur, honneur, immunité, inviolabilité, passedroit, pouvoir, préférence, prérogative, privilège. *ANC.* franchise. *RELIG.* indult. ▶ *Concentration d'entreprises* – alliance, cartel, chæbol *(en Corée)*, coentreprise, combinat, complexe, concentration, conglomérat,

montée

consortium, duopole, entente, groupe, industrie, oligopole, trust. *PÉJ.* féodalité. ▲**ANT.** CONCURRENCE.

monothéisme *n. m.* ▲**ANT.** POLYTHÉISME.

monotone *adj.* ▶ *Lassant* – endormant, ennuyeux, fastidieux, inintéressant, insipide, lassant, plat, répétitif, soporifique. *FAM.* assommant, barbant, lugubre, mortel, mortifère, mourant, rasant, raseur, rasoir, usant. *FRANCE FAM.* barbifiant, barbifique, bassinant, canulant. *QUÉB. FAM.* gazant, plate. ▶ *Terne* – déprimant, ennuyeux, gris, grisâtre, maussade, morne, plat, sans vie, terne. ▶ *En parlant d'une voix* – monocorde, traînant. *SOUT.* psalmodique. ▲**ANT.** CAPTIVANT, FASCINANT, INTÉRESSANT, PALPITANT, PASSIONNANT; AMUSANT, CHARMANT, DISTRAYANT, DIVERTISSANT, ÉGAYANT, GAI, PLAISANT, RÉJOUISSANT; ENCOURAGEANT, MOTIVANT, STIMULANT; NUANCÉ, VARIÉ.

monotonie *n. f.* ▶ *Ennui* – abattement, accablement, affliction, aigreur, amertume, chagrin, dépression, désolation, deuil, douleur, ennui, épreuve, grisaille, humeur noire, idées noires, idées sombres, langueur, lypémanie, mal du pays, mal-être, maussaderie, mélancolie, morosité, neurasthénie, noir, nostalgie, papillons, peine, saudade, serrement de cœur, souci, tædium vitæ, tristesse, vague à l'âme. *SOUT.* atrabile, larmes, navrement, nuage, spleen, taciturnité. *FAM.* bourdon, cafard, déprime, sinistrose. ▶ *Routine* – accoutumance, automatisme, façons, habitude, manières, mœurs, pli, réflexe, rite, rituel, seconde nature. *PSYCHOL.* stéréotypie. *FAM.* abonnement, métro-boulot-dodo, train-train, train-train quotidien. ◀ *Non favorable* – encroûtement, manie, marotte, ordinaire, ronron, routine, tic, uniformité. ▲**ANT.** INATTENDU, SURPRISE; CHANGEMENT, DIVERSITÉ, VARIÉTÉ.

monseigneur *n. m.* ▶ *Seigneur* – messire, Sa Grandeur, seigneur, sire. ▶ *Pied-de-biche* – arrache-clou, pied-de-biche, pied-de-chèvre, pince, pince monseigneur, tire-clou. *QUÉB. FAM.* barre à clous.

monsieur *n. m.* ▶ *Titre* – don (*Espagne*), sahib (*Inde*), sir (*anglais*). ▲**ANT.** VAURIEN, VOYOU.

monstre *n. m.* ▶ *Bête imaginaire* – créature monstrueuse. ▶ *Personne méchante* – bête (immonde), chameau, chien, démon, gale, malveillant, mauvais, méchant, peste, poison, pourriture, rosse, serpent, suppôt de Satan, suppôt du diable, teigne, vicieux, vil personnage, vipère. *FAM.* charogne, choléra, dégueulasse, fumier, ordure, pourri, salopard. *FRANCE FAM.* der des ders, saleté, saligaud, salopiaud, vache. *QUÉB. FAM.* écœurant, enfant de nanane, puant, rat, sale, verrat. ▶ *Personne sadique* – barbare, boucher, bourreau, cannibale, dépravé, ogre, psychopathe, sadique, tordu, tortionnaire, vampire. *SOUT.* tigre. ▶ *Enfant espiègle* (*FAM.*) – (affreux) jojo, chipie, coquin, diablotin, filou, fripon, galopin, mauvaise graine, (petit) bandit, (petit) chenapan, (petit) démon, (petit) diable, (petit) garnement, (petit) gredin, (petit) poison, (petit) polisson, (petit) vaurien, (petit) voyou, (petite) canaille, (petite) peste, poulbot (*de Montmartre*), titi, vilain. *SOUT.* lutin. *FAM.* morveux, (petit) crapaud, petit merdeux, petit monstre, sacripant. *QUÉB. FAM.* grippette, (petit) snoreau, (petit) tannant, (petit) vlimeux. ▲**ANT.** ADONIS (*homme*), BEAUTÉ (*femme*), VÉNUS (*femme*); AMOUR, ANGE, TRÉSOR.

monstrueux *adj.* ▶ *Laid* – à faire peur, affreux, déplaisant, disgracieux, hideux, horrible, ignoble, inesthétique, informe, ingrat, inharmonieux, laid, laideron (*femme*), mal fait, repoussant, répugnant, vilain. *SOUT.* malgracieux, répulsif. *FAM.* blèche, dégueu, dégueulasse, mal fichu, mochard, moche, tarte, tartignolle, tocard, vomitif. ▶ *Énorme* – colossal, considérable, démesuré, énorme, extraordinaire, extrême, fabuleux, formidable, géant, gigantesque, grand, gros, immense, incommensurable, monumental, phénoménal, prodigieux, surhumain, titanesque, vaste, vertigineux. *SOUT.* cyclopéen, herculéen. *FAM.* bœuf, de tous les diables, du diable, effrayant, effroyable, épouvantable, faramineux, méchant, monstre. *FRANCE FAM.* gratiné. ▶ *Extrêmement cruel* – abominable, atroce, barbare, cruel, horrible, inhumain. ▲**ANT.** ADMIRABLE, BEAU, ÉBLOUISSANT, MAGNIFIQUE, RAVISSANT, SPLENDIDE, SUPERBE; NORMAL; BIENVEILLANT, DOUX.

mont *n. m.* dôme (*arrondi*), montagne. *FAM.* montagnette. *AFR.* adrar, djebel. ▲**ANT.** DÉPRESSION, VAL.

montage *n. m.* ▶ *Installation* – assemblage, dressage, installation. ▶ *En architecture* – agencement, appareil, appareillage, disposition, taille. ▶ *Opération technique* – habillage. ▲**ANT.** DÉMONTAGE; DÉCONSTRUCTION.

montagne *n. f.* ▶ *Élévation naturelle* – dôme (*arrondi*), mont. *FAM.* montagnette. *AFR.* adrar, djebel. ▶ *Alpinisme* – alpinisme, ascension, escalade, grimpe, montée, randonnée, trek, trekking, varappe. *FAM.* grimpe, grimpette, rando. ▶ *Amoncellement* – abondance, accumulation, addition, agrégation, amas, amoncellement, collection, déballage, échafaudage, emmagasinage, empilage, empilement, encombrement, entassement, étagement, faisceau, fatras, fouillis, monceau, pile, pyramide, quantité, stratification, superposition, tas. ◆ *montagnes, plur.* ▶ *Ensemble d'élévations* – massif (montagneux); chaîne de montagnes. ▲**ANT.** DÉPRESSION.

montagneux *adj.* accidenté. *SOUT.* montueux. ▲**ANT.** PLAT.

montant *adj.* ▶ *Qui monte* – ascendant, ascensionnel. ▶ *Escarpé* – à fond de cuve, à pic, abrupt, accore, escarpé, raide, rapide. ▲**ANT.** DESCENDANT; AVALANT (*bateau*).

montant *n. m.* ▶ *Somme* – addition, cagnotte, chiffre, ensemble, fonds, mandat, masse, quantité, quantum, somme, total, totalisation, volume. ▶ *Prix* – appréciabilité, cotation, cote, cours, coût, estimation, évaluation, prix, tarif, tarification, taux, valeur. ▶ *Part* – apport, commandite, contingent, contribution, cotisation, dot, dotation, écot, financement, fonds, fournissement, lot, mise, obligation, parrainage, part, participation, portion, quote-part, quotité. ▶ *Élément vertical* – dosseret, jambage, jambe sous poutre, portant. *ARCHIT.* piédroit. ▶ *Goût* – goût, parfum, saveur. *SOUT.* flaveur, sapidité, succulence. ▲**ANT.** FADEUR, INSIPIDITÉ.

montée *n. f.* ▶ *Pente* – côte, coteau, déclivité, descente, grimpette, pente, raidillon, rampant (*toit*), rampe, talus, versant. *ÉQUIT.* calade. ▶ *Alpinisme* – alpinisme, ascension, escalade, grimpée, montagne, randonnée, trek, trekking, varappe. *FAM.* grimpe,

grimpette, rando. ▶ *Ascension* – ascension, élévation, lévitation. ▶ *Augmentation* – accentuation,
accroissement, accrue, agrandissement, amplification, arrondissement, augmentation, bond, boom,
crescendo, croissance, crue, développement, dilatation, élargissement, élévation, enflement, enrichissement, envolée, essor, évolution, expansion, extension, flambée, foisonnement, gonflement, gradation, grossissement, hausse, haussement, inflation, intensification, majoration, poussée, progrès,
progression, recrudescence, redressement, rehaussement, relèvement, renchérissement, renforcement,
revalorisation, valorisation. ▶ *Progrès* – ascension,
avance, avancée, avancement, cheminement, développement, marche, marche avant, percée, progrès,
progression. ▲ANT. DESCENTE; BAISSE, CHUTE, DIMINU-
TION; DÉCLIN, RÉGRESSION; AVILISSEMENT, DÉCHÉANCE.

monter *v.* ▶ *Se déplacer vers le haut* – lever.
▶ *Lever, en parlant de la pâte* – fermenter, gonfler, lever. ▶ *S'élever dans l'air* – s'élever (dans les
airs). ▶ *S'élever dans une hiérarchie* – s'élever, se
hausser, se hisser. ▶ *Parvenir à un niveau* – atteindre, s'élever. ▶ *Totaliser* – compter (au total), s'élever à, se chiffrer à, totaliser. ▶ *Devenir plus cher* –
augmenter, enchérir, être en hausse, grimper, renchérir. ▶ *Surenchérir* – couvrir une enchère, enchérir sur, relancer, renchérir, renvier, surenchérir. SUISSE
miser sur. ▶ *Mettre plus haut* – élever, exhausser,
hausser, hisser, rehausser, remonter, surélever, surhausser. ▶ *Escalader* – ascensionner, escalader, faire
l'ascension de, gravir, grimper. ▶ *Organiser* – élaborer, établir, former, mettre sur pied, organiser. ▶ *Une
chose complexe* – ficeler, nouer, ourdir, tisser, tramer.
▶ *Manigancer* – combiner, fomenter, machiner, manigancer, ourdir, tramer. FAM. fricoter, goupiller, magouiller, mijoter, traficoter, trafiquer. ▶ *À plusieurs* –
comploter, concerter, conspirer. ▶ *Sertir* – enchâsser,
enchatonner (*chaton*), sertir. ▶ *Animer contre qqn* –
braquer, cabrer, dresser, opposer. ◆ **se monter** ▶ *Se
fâcher* (FAM.) – colérer, éclater, fulminer, prendre la
mouche, prendre le mors aux dents, s'emporter, s'enflammer, s'irriter, se courroucer, se déchaîner, se fâcher, se gendarmer, se mettre en colère, sortir de ses
gonds, voir rouge. FAM. criser, décharger sa bile, décharger sa rate, exploser, grimper au mur, piquer une
colère, piquer une crise, se mettre en boule, se mettre en pétard, se mettre en rogne. QUÉB. FAM. grimper
dans les rideaux, pomper, se choquer. ▲ANT. DES-
CENDRE, DÉVALER; BAISSER, DIMINUER; DÉCHOIR, DÉCLI-
NER; ABAISSER; DÉFAIRE, DÉMOLIR, DÉMONTER.

monticule *n. m.* butte, tertre, tumulus (*tombe*).
QUÉB. button. ▲ANT. DÉPRESSION.

montrable *adj.* présentable, sortable.

montre *n. f.* ▶ *Instrument de mesure* – FRANCE
FAM. tocante. ▶ *Ostentation* – affectation, démonstration, étalage, ostentation, parade. FAM. fla-fla.
▶ *Exposition* – concours, démonstration, étalage,
exhibition, exposition, foire, foire-exposition, galerie, manifestation, présentation, rétrospective, salon,
vernissage. FAM. démo, expo. SUISSE comptoir.

montrer *v.* ▶ *Désigner par un geste* – désigner,
indiquer, pointer. ▶ *Exposer à la vue* – exhiber, exposer, faire voir, présenter. ▶ *Produire un document* – donner, exhiber, fournir, présenter, produire.

▶ *Exprimer* – affirmer, donner des marques de, donner la preuve/des preuves de, extérioriser, faire montre de, faire preuve de, manifester, marquer, prouver, témoigner. ▶ *Dénoter* – annoncer, déceler, démontrer, dénoter, faire foi de, indiquer, laisser paraître, marquer, prouver, révéler, signaler, signifier,
témoigner de. SOUT. dénoncer. ▶ *Confirmer* – attester, confirmer, démontrer, établir, justifier, prouver,
vérifier. ▶ *Démontrer* – démontrer, établir, prouver.
▶ *Enseigner* – apprendre, enseigner, expliquer, inculquer, transmettre. ▶ *Décrire* – brosser un tableau
de, décrire, dépeindre, peindre, présenter, représenter, tracer le portrait de. ◆ **se montrer** ▶ *Apparaître* – apparaître, paraître, se révéler. ▶ *Commencer à apparaître* – percer, pointer, sortir. SOUT. poindre. ▶ *S'avérer* – s'avérer, se révéler, se trouver. ▶ *Se
présenter* – arriver, paraître, se présenter. FAM. rappliquer, s'amener, se pointer, (se) radiner, se ramener. ▶ *S'exhiber* – paraître, s'afficher, s'exhiber, s'offrir en spectacle. ▲ANT. CACHER, COUVRIR, DÉROBER,
DISSIMULER, MASQUER, SOUSTRAIRE, VOILER; TAIRE. △SE
MONTRER – DISPARAÎTRE, S'ÉCLIPSER.

monture *n. f.* ▶ *Montage* – accommodation, accommodement, agencement, ajustement, aménagement, architecture, arrangement, articulation, assemblage, combinaison, combinatoire, composition,
concaténation, configuration, construction, contexture, coordination, disposition, distribution, élaboration, enchaînement, harmonie, hiérarchie, liaison,
mise en ordre, mise en place, ordonnance, ordonnancement, ordre, organisation, orientation, plan,
profil, programmation, rangement, répartition, structuration, structure, système, texture. ▶ *Support* – armature, bâti, cadre, carcasse, chaînage, charpente,
châsse, châssis, empoutrerie, fût, lisoir, ossature, poutrage, poutraison. ▶ *Moto* (FAM.) – moto, motocyclette. FRANCE FAM. bécane, meule, pétrolette (*petite*).
QUÉB. FAM. bicycle (à gaz). ▶ *Grosse* – gros cube. ▶ *Bicyclette* (FAM.) – bicyclette, vélo. FAM. bécane, vélocipède. QUÉB. FAM. bicycle. ▶ *Mauvaise* – clou.

monument *n. m.* ▶ *Construction* – bâtiment,
bâtisse, construction, édifice, maison, ouvrage.
▶ *Construction urbaine* – gratte-ciel, immeuble, tour.
FAM. caserne. ▶ *Monument mégalithique* – mé-
galithe, monolithe, monument (mégalithique).
▶ *Tombe* – caveau, cénotaphe, crypte, fosse, hypogée, mausolée, niche funéraire, sépulture, tombe,
tombeau. SOUT. sépulcre. ANC. ciste, enfeu, pyramide, spéos, tholos, tombelle, tumulus. ▶ *Œuvre de
grande ampleur* – somme. ▶ *Chef-d'œuvre* – bijou,
chef-d'œuvre, classique, merveille, œuvre capitale,
œuvre classique, œuvre de génie, œuvre maîtresse,
œuvre majeure, perfection, pièce maîtresse, trésor artistique. ▲ANT. ŒUVRE MINEURE, ŒUVRETTE.

monumental *adj.* ▶ *Majestueux* – grand,
grandiose, imposant, impressionnant, magistral,
magnifique, majestueux. à grand spectacle (*mise
en scène*). ▶ *Énorme* – colossal, considérable, démesuré, énorme, extraordinaire, extrême, fabuleux,
formidable, géant, gigantesque, grand, gros, immense, incommensurable, monstrueux, phénoménal, prodigieux, surhumain, titanesque, vaste, vertigineux. SOUT. cyclopéen, herculéen. FAM. bœuf,
de tous les diables, du diable, effrayant, effroyable,

mordant

épouvantable, faramineux, méchant, monstre. *FRANCE FAM.* gratiné. ▲**ANT.** HUMBLE, MODESTE, PETIT, SIMPLE; MICROSCOPIQUE, MINUSCULE, NAIN.

moquer (se) *v.* ▶ *Ridiculiser* – bafouer, faire des gorges chaudes de, gouailler, railler, ridiculiser, rire au nez de, rire aux dépens de, rire de, s'amuser aux dépens de, s'amuser de, se gausser de, tourner au/en ridicule, tourner en dérision. *SOUT.* brocarder, dauber, fronder, larder d'épigrammes, persifler, satiriser. *FAM.* chambrer, charrier, chiner, faire la nique à, se foutre de la gueule de, se payer la gueule de, se payer la tête de. *QUÉB. FAM.* niaiser. ▶ *Ironiser* – gouailler, ironiser, railler. ▶ *Traiter avec irrespect* – bafouer, braver, faire bon marché de, faire fi de, faire peu de cas de, fouler aux pieds, ignorer, mépriser, ne pas faire grand cas de, piétiner. *SOUT.* faire litière de. *FAM.* s'asseoir dessus. ▶ *Traiter avec indifférence* – bouder, être sourd à, faire fi de, faire la sourde oreille à, faire peu de cas de, ignorer, méconnaître, mépriser, ne pas se soucier de, ne pas tenir compte de, négliger, se désintéresser de. *SOUT.* n'avoir cure de, passer outre à. *FAM.* n'avoir rien à cirer de, n'avoir rien à foutre de, s'en balancer, s'en battre les flancs, s'en contrebalancer, s'en tamponner (le coquillard), s'en taper, se battre l'œil de, se contreficher de, se contrefoutre de, se ficher de, se foutre de, se soucier de qqch. comme d'une guigne, se soucier de qqch. comme de l'an quarante, se soucier de qqch. comme de sa première chemise. *QUÉB. FAM.* se sacrer de. ▶ *Tromper* – abuser, attraper, avoir, bercer, berner, duper, en conter à, en faire accroire à, flouer, leurrer, mentir à, mystifier, se jouer de, tromper. *FAM.* blouser, bluffer, canuler, charrier, cravater, empaumer, empiler, entourlouper, esbroufer, faire marcher, feinter, la faire à, mener en bateau, mettre en boîte, pigeonner, posséder, refaire, rouler. *QUÉB. FAM.* amancher, bourrer, enfirouaper, niaiser. ▲**ANT.** FLATTER; ADMIRER, APPROUVER, RESPECTER; S'INTÉRESSER, SE PRÉOCCUPER.

moquerie *n. f.* ▶ *Raillerie* – dérision, épigramme, esprit, flèche, goguenardise, gouaille, gouaillerie, humour, ironie, lazzi, malice, persiflage, pique, plaisanterie, pointe, quolibet, raillerie, ricanement, risée, sarcasme, satire, taquinerie, trait. *SOUT.* brocard, nargue, saillie. *FAM.* vanne. *QUÉB. FAM.* craque. *QUÉB. SUISSE FAM.* fion. ▶ *Taquinerie* – agacerie, chinage, diablerie, espièglerie, facétie, farce, gaminerie, goguenardise, jeu, lutinerie, malice, mièvreté, pique, provocation, raillerie, taquinerie, turlupinade. *SOUT.* folâtrerie. *FAM.* asticotage. ▲**ANT.** ADMIRATION, RESPECT; ÉLOGE, FLATTERIE, LOUANGE; SÉRIEUX.

moqueur *adj.* caustique, cynique, frondeur, goguenard, gouailleur, ironique, malicieux, narquois, persifleur, railleur, sarcastique, sardonique. *QUÉB. FAM.* baveux. ▲**ANT.** ADMIRATIF, FLATTEUR, LOUANGEUR; RESPECTUEUX.

moral *adj.* ▶ *Conforme à la morale* – bien, bienséant, convenable, correct, de bon ton, décent, digne, fréquentable, honnête, honorable, rangé, recommandable, respectable, sérieux. *FAM.* comme il faut. ▶ *Vertueux* – édifiant, exemplaire, vertueux. ▶ *Qui concerne la pensée* – intellectuel, mental, psychique, psychologique, spirituel. ▲**ANT.** CHOQUANT, IMMORAL, IMPUR, OFFENSANT, RÉVOLTANT, SCANDALEUX; CORPOREL, MATÉRIEL, PHYSIQUE.

moral *n. m.* disposition, état d'esprit, humeur. ▲**ANT.** PHYSIQUE.

moralité *n. f.* ▶ *Droiture* – conscience, droiture, exactitude, fidélité, franchise, honnêteté, incorruptibilité, intégrité, irréprochabilité, justice, loyauté, mérite, netteté, probité, scrupule, sens moral, transparence, vertu. ▶ *Vertu* – angélisme, mérite, perfection, sagesse, sainteté, vertu. ▶ *Morale* – bien, (bonnes) mœurs, conscience, déontologie, devoir, droit chemin, éthique, morale, obligation (morale), prescription, principes, règles de vie, vertu. *PSYCHOL.* surmoi. ▶ *Maxime* – adage, aphorisme, apophtegme, axiome, citation, devise, dicton, dit, dogme, enseignement, formule, mantra, maxime, mot, ondit, parole, pensée, précepte, principe, proverbe, réflexion, règle, sentence, sutra, vérité. ▲**ANT.** AMORALITÉ, IMMORALITÉ.

morbide *adj.* ▶ *Qui concerne la maladie* – pathologique. ▶ *Obsessif* – anormal, maladif, malsain, obsessif, obsessionnel, pathologique. ▲**ANT.** SAIN.

morceau *n. m.* ▶ *Fragment* – bribe, brisure, charpie, coupure, débris, éclat, esquille (os), fraction, fragment, grain, granule, granulé, havrit, lambeau, limaille, miette, parcelle, part, particule, partie, pépite, portion, quartier, reste. *FAM.* graine. ▶ *Élément* – composant, composante, constituant, élément (constitutif), fragment, ingrédient, membre, module, organe, partie, pièce, principe, unité. *FIG.* brique, fil, pierre, rouage. ▶ *Segment* – bout, carotte (terrain), détail, échantillon, pan, partie, portion, section, segment, tranche, travée, tronçon. ▶ *Bouchée* – bouchée. *FAM.* becquée, brifée, goulée, lichette. *QUÉB.* croquée, léchée, mâchée, mordée. ▶ *Texte* – abrégé, aide-mémoire, analyse, aperçu, argument, compendium, condensé, éléments, épitomé, esquisse, extrait, livret, manuel, mémento, notice, page, passage, plan, précis, promptuaire, raccourci, récapitulation, réduction, résumé, rudiment, schéma, sommaire, somme, synopsis, vade-mecum. *FAM.* topo. ♦ **les morceaux**, *plur.* ▶ *Ensemble d'éléments* – entité, tout. ▲**ANT.** BLOC; INTÉGRALITÉ, TOTALITÉ, TOUT.

morcellement *n. m.* ▶ *Séparation* – atomisation, décomposition, découpage, démembrement, désagrégation, désagrégement, désintégration, dislocation, dissociation, dissolution, division, éclatement, écroulement, effritement, émiettement, fission, fractionnement, fragmentation, îlotage, micronisation, parcellarisation, parcellarité, parcellisation, partage, pulvérisation, quadripartition, sectorisation, séparation, tranchage, tripartition. *FRANCE FAM.* saucissonnage. *RELIG.* fraction. ▶ *Territoires* – balkanisation, partition. ▲**ANT.** REGROUPEMENT, REMEMBREMENT, RÉUNIFICATION, RÉUNION.

mordant *adj.* ▶ *Qui corrode* – acide, brûlant, caustique, corrodant, corrosif. ▶ *En parlant du froid* – âpre, cinglant, pénétrant, perçant, piquant, saisissant, vif. ▶ *D'une méchanceté blessante* – à l'emporte-pièce, acerbe, acéré, acide, acrimonieux, aigre, blessant, caustique, cinglant, corrosif, fielleux, grinçant, incisif, méchant, piquant, sarcastique, sardonique, virulent, vitriolique. ▲**ANT.** CALMANT, DOUX; ÉMOUSSÉ.

mordant

mordant *n. m.* ▶ *Aigreur* – acariâtreté, acerbité, acidité, âcreté, acrimonie, agressivité, aigreur, amertume, animosité, âpreté, bave, bile, causticité, colère, dépit, désagrément, dureté, fiel, haine, hargne, humeur, irritation, malveillance, maussaderie, mauvaise humeur, méchanceté, pique, rancœur, rancune, récrimination, ressentiment, rudesse, tranchant, venin, vindicte, virulence. SOUT. mordacité. FAM. rouspétance. ▶ *Fougue* (FAM.) – abattage, activité, allant, ardeur, dynamisme, effort, énergie, vie, vigueur, vitalité, vivacité. FAM. punch. ▲ANT. INDOLENCE, MOLLESSE, NONCHALANCE, VEULERIE.

mordre *v.* ▶ *Blesser par morsure* – piquer. ▶ *Corroder* – attaquer, corroder, entamer, éroder, manger, ronger. ▶ *Pincer au visage* – cingler, couper, fouetter, gifler, pincer, piquer, taillader. SOUT. flageller. ▶ *Croire naïvement* – donner dans le panneau, se faire avoir, tomber dans le panneau. FAM. marcher. ▶ *Empiéter* – chevaucher, déborder, dépasser, empiéter. ▲ANT. DÉMORDRE, LÂCHER PRISE.

morgue *n. f.* ▶ *Lieu* – catacombe, charnier, cimetière, colombaire, fosse commune, nécropole, ossuaire. SOUT. champ du repos, dernier asile, dernière demeure. FAM. boulevard des allongés, jardin des allongés, terminus. ▶ *Mépris* – arrogance, condescendance, dédain, dégoût, dérision, hauteur, mépris, snobisme. SOUT. déconsidération, mésestimation, mésestime. ▶ *Orgueil* – amour-propre, arrogance, autosatisfaction, bouffissure, complaisance, contentement (de soi), crânerie, enflure, fatuité, gloriole, hauteur, immodestie, importance, jactance, mégalomanie, orgueil, ostentation, outrecuidance, parade, pose, présomption, prétention, suffisance, superbe, supériorité, triomphalisme, vanité, vantardise. SOUT. fierté, infatuation. FAM. ego. QUÉB. FAM. pétage de bretelles. ▲ANT. RESPECT; MODESTIE.

morne *adj.* ▶ *Triste* – abattu, découragé, démoralisé, dépressif, déprimé, las, mélancolique, morose, pessimiste, qui a le vague à l'âme, qui broie du noir, sombre, ténébreux, triste. SOUT. bilieux, saturnien, spleenétique. FAM. cafardeux, tristounet. QUÉB. FAM. caduc, qui a la fale basse. ▶ *De mauvaise humeur* – boudeur, bourru, de mauvaise humeur, grognon, mal disposé, maussade, mécontent, morose, qui fait la tête, rechigné, rembruni, renfrogné, sombre, taciturne. SOUT. chagrin. FAM. à ne pas prendre avec des pincettes, de mauvais poil, mal luné, qui fait la gueule, qui fait la lippe, qui s'est levé du mauvais pied, soupe au lait. QUÉB. FAM. marabout, qui fait la baboune. BELG. mal levé. ▶ *Monotone* – déprimant, ennuyeux, gris, grisâtre, maussade, monotone, plat, sans vie, terne. ▶ *En parlant de l'œil, du regard* – atone, éteint, inexpressif, terne. FAM. bovin. ▲ANT. ACCUEILLANT, AFFABLE, AIMABLE, AMÈNE, AVENANT, CORDIAL, ENGAGEANT, INVITANT, SOURIANT; AMUSANT, CHARMANT, DISTRAYANT, DIVERTISSANT, ÉGAYANT, GAI, PLAISANT, RÉJOUISSANT; ENCOURAGEANT, MOTIVANT, STIMULANT.

morose *adj.* ▶ *Triste* – abattu, découragé, démoralisé, dépressif, déprimé, las, mélancolique, morne, pessimiste, qui a le vague à l'âme, qui broie du noir, sombre, ténébreux, triste. SOUT. bilieux, saturnien, spleenétique. FAM. cafardeux, tristounet. QUÉB. FAM. caduc, qui a la fale basse. ▶ *Maussade* – boudeur, bourru, de mauvaise humeur, grognon, mal disposé, maussade, mécontent, morne, qui fait la tête, rechigné, rembruni, renfrogné, sombre, taciturne. SOUT. chagrin. FAM. à ne pas prendre avec des pincettes, de mauvais poil, mal luné, qui fait la gueule, qui fait la lippe, qui s'est levé du mauvais pied, soupe au lait. QUÉB. FAM. marabout, qui fait la baboune. BELG. mal levé. ▲ANT. ACCUEILLANT, AFFABLE, AIMABLE, AMÈNE, AVENANT, CORDIAL, ENGAGEANT, INVITANT, SOURIANT; GAI, JOYEUX.

morsure *n. f.* ▶ *Action de mordre* – QUÉB. mordée.

mort *n.* ▶ *Corps* – cadavre, corps. SOUT. dépouille (mortelle). FAM. macchab, macchabée. ▶ *Être qui ne vit plus* – défunt, disparu. SOUT. trépassé. ▲ANT. SURVIVANT, VIVANT.

mort *n. f.* ▶ *Cessation de la vie* – décès, disparition, extinction, fin, perte. FIG. départ, dernier repos, dernier sommeil, dernier soupir, grand voyage, sépulture, sommeil éternel, tombe, tombeau. SOUT. la Camarde, la Faucheuse, la Parque, trépas. FRANCE FAM. crevaison, crève. ▶ *Anéantissement* – absorption, anéantissement, annihilation, démolition, destruction, dévastation, disparition, effacement, élimination, enlèvement, éradication, fin, gommage, liquidation, néantisation, suppression. SOUT. extirpation. ▲ANT. EXISTENCE, VIE; NAISSANCE; COMMENCEMENT, DÉBUT.

mortel *adj.* ▶ *Qui tue* – fatal, funeste, létal, meurtrier. DIDACT. mortifère. ▶ *Qui n'est pas éternel* – destructible, éphémère, périssable, temporaire. ▶ *Ennuyeux* (FAM.) – endormant, ennuyeux, fastidieux, inintéressant, insipide, lassant, monotone, plat, répétitif, soporifique. FAM. assommant, barbant, lugubre, mortifère, mourant, rasant, raseur, rasoir, usant. FRANCE FAM. barbifiant, barbifique, bassinant, canulant. QUÉB. FAM. gazant, plate. ▲ANT. ÉTERNEL, IMMORTEL; ANODIN, BÉNIN, INNOCENT, INOFFENSIF, SANS DANGER, SANS GRAVITÉ; CAPTIVANT, FASCINANT, INTÉRESSANT, PALPITANT, PASSIONNANT.

mortier *n. m.* ▶ *Arme* – bouche à feu, canon, obusier. ▶ *Bouche à feu* – bombarde, bouche à feu, lance-bombes, mortier-éprouvette. ▶ *Ciment* – ciment, gâchis, liant.

mortification *n. f.* ▶ *Ascèse* – abstinence, ascèse, ascétisme, austérité, dépouillement, expiation, flagellation, frugalité, macération, pénitence, privation, propitiation, renoncement, restriction, sacrifice, stigmatisation, tempérance. ▶ *Vexation* – affront, crève-cœur, déboires, dégoût, déplaisir, froissement, humiliation, vexation. SOUT. camouflet, désobligeance, soufflet. ▶ *Nécrose* – gangrène, nécrose. ▲ANT. BICHONNAGE, DORLOTEMENT.

mortuaire *adj.* funèbre, funéraire, obituaire.

mosaïque *n. f.* ▶ *Ensemble d'éléments disparates* – costume d'Arlequin, damier, marqueterie. QUÉB. courtepointe.

mosquée *n. f.* zaouïa.

mot *n. m.* ▶ *Élément linguistique* – lexème, terme, vocable. ▶ *Appellation* – appellation, dénomination, désignation, étiquette, marque, nom, qualification, taxon, taxum, vocable. ▶ *Maxime* – adage, aphorisme, apophtegme, axiome, citation, devise, dicton, dit, dogme, enseignement, formule, mantra, maxime, moralité, on-dit, parole, pensée, précepte, principe, proverbe, réflexion, règle, sentence, sutra, vérité. ▶ *Courte lettre* – billet, lettre, message, pli, réponse. *IRON.* épître. *SOUT.* missive. *FAM.* biffeton *(dans une prison)*. *FRANCE FAM.* babillarde, bafouille. *AFR.* note. ▶ *Allocution* – allocution, discours, harangue, toast. *FAM.* laïus, topo. *RELIG.* homélie, sermon.

moteur *n. m.* ▶ *Appareil* – turbine. *FAM.* bourrin, moulin. ▶ *Ce qui agit* – agent, âme, bras, instrument, organe. ▶ *Cause* – agent, base, cause, explication, facteur, ferment, fondement, fontaine, germe, inspiration, levain, levier, mobile, motif, motivation, moyen, objet, occasion, origine, point de départ, pourquoi, principe, raison, raison d'être, source, sujet. *SOUT.* étincelle, mère, racine, ressort. ▶ *Instigateur* – âme, artisan, auteur, canalisateur, centre, cerveau, chef, cheville ouvrière, créateur, dirigeant, fondateur, incitateur, initiateur, inspirateur, instigateur, locomotive, maître (d'œuvre), meneur, organisateur, patron, père, promoteur, protagoniste, régisseur, responsable. *SOUT.* excitateur, instaurateur, ouvrier.

motif *n. m.* ▶ *But* – ambition, but, cause, cible, considération, destination, fin, finalité, intention, mission, mobile, objectif, objet, point de mire, pourquoi, prétexte, raison, raison d'être, sens, visée. *SOUT.* propos. ▶ *Cause* – agent, base, cause, explication, facteur, ferment, fondement, fontaine, germe, inspiration, levain, levier, mobile, moteur, motivation, moyen, objet, occasion, origine, point de départ, pourquoi, principe, raison, raison d'être, source, sujet. *SOUT.* étincelle, mère, racine, ressort. ▶ *Excuse* – amende honorable, décharge, déculpabilisation, défense, disculpation, explication, justification, pardon, raison, regret. ▶ *Ornement* – brochure, décor, dessin, ornement. ▲ANT. CONSÉQUENCE, EFFET.

motion *n. f.* ▶ *Proposition* – avertissement, avis, conseil, encouragement, exhortation, guidance, idée, incitation, indication, information, initiative, inspiration, instigation, offre, opinion, préconisation, proposition, recommandation, renseignement, suggestion. *FAM.* tuyau. *DR.* pollicitation.

motivant *adj.* encourageant, incitateur, incitatif, mobilisateur, stimulant, stimulateur. ▲ANT. DÉCOURAGEANT, DÉMOBILISATEUR, DÉMORALISANT, DÉMORALISATEUR, DÉMOTIVANT, DÉPRIMANT.

motivation *n. f.* ▶ *Justification* – éclaircissement, explication, justification, réponse, version. *SOUT.* légitimation. ▶ *Cause* – agent, base, cause, explication, facteur, ferment, fondement, fontaine, germe, inspiration, levain, levier, mobile, moteur, motif, moyen, objet, occasion, origine, point de départ, pourquoi, principe, raison, raison d'être, source, sujet. *SOUT.* étincelle, mère, racine, ressort. ▶ *Stimulation* – aide, aiguillon, animation, appel, défi, dépassement (de soi), émulation, encouragement, entraînement, excitation, exhortation, fanatisation, fomentation, impulsion, incitation, instigation, invitation, invite, provocation, sollicitation, stimulation, stimulus. *SOUT.* surpassement. *FAM.* provoc. ▲ANT. DÉMOTIVATION; DÉSINTÉRESSEMENT, MANQUE D'INTÉRÊT.

motivé *adj.* équitable, fondé, juste, justifié, légitime, mérité.

motiver *v.* ▶ *Justifier* – expliquer, fonder, justifier. ▶ *Pousser à agir* – aiguillonner, animer, éperonner, exciter, fouetter, pousser, stimuler. *SOUT.* agir. ▶ *Donner de l'entrain* – animer, encourager, enthousiasmer, stimuler. *SOUT.* exhorter. ▲ANT. DÉMOTIVER.

motocyclette *n. f.* ▶ *Engin* – moto. *FRANCE FAM.* bécane, meule, monture, pétrolette *(petite)*. *QUÉB. FAM.* bicycle (à gaz). ▶ *Grosse* – gros cube. ▶ *Motocyclisme* – moto, motocyclisme.

motte *n. f.* ▶ *Moule* – gueuse, lingotière.

mou *adj.* ♦ *choses* ▶ *Qui enfonce au contact* – moelleux, mollet, tendre. ▶ *Facile à modeler* – malléable, plastique, ramolli, tendre. ▶ *Qui manque de tonus* – flasque, lâche, laxe, mollasse, relâché. ▶ *En parlant d'une intrigue* – lâche, languissant, qui manque de nerf, traînant. ▶ *En parlant d'un son* – amorti, assourdi, atténué, cotonneux, étouffé, faible, feutré, mat, ouaté, sourd, voilé. ♦ *personnes* ▶ *Amorphe* – affaissé, amorphe, apathique, atone, avachi, désossé, endormi, faible, inconsistant, indolent, inerte, léthargique, lymphatique, nonchalant, passif, ramolli, sans ressort. *SOUT.* lâche, veule. *FAM.* gnangnan, mollasse, mollasson, ramollo. ▶ *Trop indulgent* – bonasse, débonnaire, faible. *FAM.* bon comme la romaine. ▲ANT. DUR, FERME, SOLIDE; RAIDE, RIGIDE, TENDU; FORT, VIGOUREUX; ACTIF, DILIGENT, DYNAMIQUE, ÉNERGIQUE, INFATIGABLE, LABORIEUX, TRAVAILLEUR, VAILLANT, ZÉLÉ; RIGOUREUX, SÉVÈRE, STRICT.

mouchard *n.* ▶ *Accusateur* (*FAM.*) – accusateur, calomniateur, délateur, dénonciateur, détracteur, diffamateur, espion, indicateur, rapporteur. *SOUT.* sycophante, vitupérateur. *FAM.* balance, cafard, cafardeur, cafteur, donneur, indic. *QUÉB. FAM.* porte-panier. ▶ *Espion* (*FAM.*) – agent de renseignements, agent secret, agent, épieur, espion, sous-marin. *SOUT.* affidé, argus. ♦ *mouchard, masc.* ▶ *Appareil* – compteur, encodeur, enregistreur, indicateur. *FAM.* boîte noire. ▶ *En informatique* – témoin, témoin de connexion. ▲ANT. DISCRET, PERSONNE CORRECTE.

mouche *n. f.* ▶ *Insecte* – moucheron *(petite)*. ▶ *Barbiche* – barbe à l'impériale, barbe impériale, barbiche, bouc, impériale, royale. *FAM.* barbichette. ▶ *Point visé* – cible, noir.

moucher *v.* ▶ *Réprimander* (*FAM.*) – admonester, attraper, chapitrer, faire des remontrances à, faire la leçon à, faire la morale à, gronder, houspiller, malmener, moraliser, morigéner, rappeler à l'ordre, remettre à sa place, remettre au pas, réprimander, sermonner. *SOUT.* gourmander, redresser, semoncer, semondre, tancer. *FAM.* assaisonner, dire deux mots à, disputer, doucher, engueuler, enguirlander, incendier, laver la tête à, passer un savon à, remonter les bretelles à, sacquer, savonner, savonner la tête à, secouer, secouer comme un (vieux) prunier, secouer les puces à, sonner les cloches à, tirer les oreilles à. *FRANCE FAM.* donner un cigare à, passer un cigare à. *QUÉB. FAM.* brasser, chauffer les oreilles à, chicaner, parler dans le casque à, ramasser, serrer les ouïes à. ▲ANT. CONGRATULER, FÉLICITER. △SE MOUCHER – RENÂCLER, RENIFLER.

moucheté

moucheté *adj.* marqueté, piqué, piqueté, serpentin, tacheté, tavelé, tigré, tiqueté, vergeté. *QUÉB.* pivelé ; *FAM.* picoté.

mouchoir *n.m.* ▶ *Ce qui sert à se moucher* – *FRANCE FAM.* tire-jus. ▶ *Foulard* – bandana, cachecol, cache-nez, carré, châle, écharpe, étole, fichu, foulard, madras, mantille, pashmina, pointe. *QUÉB.* cache-cou.

moue *n.f.* ▶ *Grimace* – contorsion, expression, froncement, grimace, lippe, mimique, mine, nique, rictus, simagrée, singerie, tic. *FAM.* bouche en cul de poule. *QUÉB. FAM.* baboune. ▲ANT. SOURIRE.

mouillé *adj.* ▶ *Trempé* – dégouttant, détrempé, ruisselant, trempé. *QUÉB. FAM.* trempe. ▶ *En parlant des yeux* – baignés de larmes, embués, humides, mouillés (de larmes). ▲ANT. SEC.

mouiller *v.* ▶ *Pénétrer d'un liquide* – abreuver, arroser, baigner, détremper, gorger d'eau, imbiber, imprégner, inonder. ▶ *Arroser, en parlant de la pluie* – tremper. *FAM.* doucher, rincer, saucer. ▶ *Diluer* – allonger, couper, diluer, éclaircir, étendre. *FAM.* baptiser. ▶ *Compromettre* (*FAM.*) – compromettre, impliquer, mêler, mettre en cause. ▶ *Jeter l'ancre* – donner fond, jeter l'ancre, s'ancrer. ▲ANT. ÉPONGER, ESSUYER ; ASSÉCHER, DESSÉCHER, SÉCHER, TARIR ; APPAREILLER.

moulant *adj.* ajusté, collant, étriqué *(trop serré)*, étroit, serré. ▲ANT. AMPLE, BLOUSANT, BOUFFANT, FLOTTANT, LÂCHE, LARGE.

moule *n.m.* ▶ *Récipient* – coffrage, forme, matrice. ▶ *Modèle* – carton, grille, matrice, modèle, modélisation, patron, pilote, plan, prototype, simulation, spécimen. *FAM.* topo.

mouler *v.* ▶ *Suivre étroitement la forme* – coller à, épouser, gainer, serrer. ▶ *Adapter* – accommoder, accorder, adapter, ajuster, aligner, approprier, conformer, faire cadrer, modeler, moduler, régler. ▲ANT. DÉMOULER.

moulin *n.m.* ▶ *Appareil de broyage* – broyeur, broyeuse, déchiqueteur, triturateur. ▶ *Appareil de pressage* – pressoir. ▶ *Appareil de propulsion* (*FAM.*) – moteur, turbine. *FAM.* bourrin. ▶ *Usine* – meunerie, minoterie.

mourant *adj.* ▶ *Sur le point de mourir* – à l'agonie, à l'article de la mort, agonisant, expirant, moribond, qui se meurt. *FAM.* qui a un pied dans la fosse, qui a un pied dans la tombe. ▶ *Ennuyeux* (*FAM.*) – endormant, ennuyeux, fastidieux, inintéressant, insipide, lassant, monotone, plat, répétitif, soporifique. *FAM.* assommant, barbant, lugubre, mortel, mortifère, rasant, raseur, rasoir, usant. *FRANCE FAM.* barbifiant, barbifique, bassinant, canulant. *QUÉB. FAM.* gazant, plate. ▶ *Comique* (*QUÉB. FAM.*) – amusant, bouffon, burlesque, cocasse, comique, d'un haut comique, désopilant, drolatique, drôle, gai, hilarant, humoristique, impayable, ineffable, inénarrable, plaisant, rigolo, risible, vaudevillesque. *SOUT.* drôlet. *FAM.* bidonnant, boyautant, crevant, éclatant, gondolant, marrant, poilant, roulant, tordant. *QUÉB. FAM.* crampant. ▲ANT. NAISSANT ; CAPTIVANT, FASCINANT, INTÉRESSANT, PALPITANT, PASSIONNANT ; GRAVE, SÉRIEUX ; ATTRISTANT, CHAGRINANT, TRISTE.

mourant *n.* agonisant, incurable, moribond. ▲ANT. CONVALESCENT.

mourir *v.* ▶ *Cesser de vivre* – décéder, être emporté, être tué, expirer, perdre la vie, périr, s'éteindre, succomber, trouver la mort. *SOUT.* exhaler le dernier soupir, passer de vie à trépas, payer tribut à la nature, rendre l'âme, rendre l'esprit, rendre le dernier soupir, rendre son dernier souffle, trépasser. *PAR EUPHÉM.* avoir vécu, disparaître, faire le grand voyage, fermer les paupières, fermer les yeux, finir, monter au ciel, paraître devant Dieu, partir, passer, passer dans l'autre monde, quitter ce (bas) monde, s'effacer, s'en aller, s'endormir. *FAM.* aller ad patres, aller chez les taupes, avaler sa chique, avaler son acte de naissance, boire le bouillon d'onze heures, calancher, caner, casser sa pipe, clamser, claquer, crever, décoller son billard, dévisser son billard, faire couic, passer l'arme à gauche, perdre le goût du pain, rester sur le carreau, s'endormir du sommeil de la tombe, sortir les pieds devant, y rester. *FRANCE FAM.* claboter. *QUÉB. FAM.* lever les pattes, péter au fret. ▶ *Au combat* – consentir l'ultime sacrifice, tomber, tomber au champ d'honneur, verser son sang. ▶ *S'anéantir* – crouler, disparaître, finir, périr, s'anéantir, s'écrouler, s'effondrer. ▶ *S'estomper* – disparaître, partir, passer, s'assoupir, s'effacer, s'en aller, s'envoler, s'estomper, s'évanouir, s'évaporer, se dissiper, se volatiliser. ♦ **se mourir** ▶ *Agoniser* (*SOUT.*) – agoniser, être à l'agonie, être à l'article de la mort, être à la dernière extrémité, lutter contre la mort, mener le dernier combat, s'éteindre. *SOUT.* avoir l'âme sur les lèvres, être aux portes de la mort. *FAM.* avoir un pied dans la fosse, avoir un pied dans la tombe. *QUÉB. FAM.* achever. ▲ANT. NAÎTRE ; COMMENCER, ÉCLORE ; DURER, EXISTER, VIVRE.

mousse *n.f.* ▶ *Plante* – *BOT.* bryale. ▶ *Écume* – bouillons, écume, goudît. ▶ *Bulles de bière* – *FAM.* faux col. *QUÉB. FAM.* col, collet. ▶ *Bière* (*FAM.*) – bière. *QUÉB. FAM.* broue. *ACADIE* flacatoune (*artisanale*). *ANTIQ. OU PAR PLAIS.* cervoise. ▶ *Mauvaise* – bière acescente, bière éventée. *FAM.* pipi de chat, pisse d'âne. ▶ *Quantité* – bock, boîte, bouteille, caisse, canette, chope, demi, demi pression, pichet, pinte, pot, tonneau, verre. ▶ *Dessert* – crème, flan. ▶ *Charcuterie* – aspic, confit, pâté, terrine.

mousseux *adj.* ▶ *Qui produit de la mousse* – écumant, écumeux, moutonnant, moutonneux. *DIDACT.* spumescent, spumeux. ▶ *Vaporeux* – aérien, immatériel, léger, vaporeux. *SOUT.* arachnéen, éthéré. ▶ *En parlant d'un vin* – champagnisé, perlant, pétillant. ▲ANT. PLAT.

moustache *n.f.* ▶ *Humains* – *FAM.* bacchante. ▶ *Animaux* – poil de nez *(humain)*. *ANAT.* poil tactile, vibrisse.

moustique *n.m.* ▶ *Insecte* – *QUÉB.* brûlot, maringouin, mouche noire. *ZOOL.* diptère à longues antennes, nématocère. ♦ **moustiques,** *plur.* ▶ *Ensemble d'insectes* – essaim (de moustiques). ▲ANT. COLOSSE, GÉANT.

mouton *n.m.* ▶ *Aliment* – viande ovine. ▶ *Suiveur* – baudruche, cire molle, esclave, fantoche, figurant, jouet, mannequin, marionnette, pantin, potiche, suiveur, suiviste. *FAM.* béni-oui-oui. *QUÉB.* suiveux. ▶ *Codétenu* – codétenu, compagnon de cellule. ▸ *Petite vague* – vague. ▸ *Petite* – vague-lette. ▸ *Ciel* – nuage moutonné, nuage pommelé. ▸ *Masse* – bélier, sonnette. ▸ *Machine* – estampe. ▸ *Amas de poussière* (*FAM.*) – *FAM.* chaton. *QUÉB.* *FAM.* minou. *ACADIE FAM.* rolon de poussière. ♦ **moutons, plur.** ▸ *Ensemble d'animaux* – bande (de moutons), troupeau (de moutons); cheptel ovin. ▸ *Ensemble de personnes* – bande de moutons. *SOUT.* gent moutonnière.

mouvant *adj.* ▸ *Changeant* – changeant, en dents de scie, flottant, fluctuant, incertain, inconstant, inégal, instable, irrégulier, mobile, variable. *SOUT.* labile, volatil. *DIDACT.* erratique. ▸ *Ondulant* – ondoyant, ondulant, onduleux, serpentin. ▲*ANT.* CONSTANT, FIXE, IMMOBILE, INVARIABLE, INVARIANT, STABLE, STATIONNAIRE, STATIQUE.

mouvement *n. m.* ▸ *Élan* – bond, branle, coup, élan, élancement, envolée, erre, essor, impulsion, lancée, lancement, rondade *(acrobatie)*, saut. *QUÉB.* *FAM.* erre d'aller. ▸ *Allure* – allure, cadence, course, erre, marche, pas, rythme, tempo, train, vitesse. ▸ *Tempo ou morceau musical* – battement, cadence, eurythmie, mesure, musique, période, phrasé, pouls, pulsation, respiration, rythme, swing, tempo, vitesse. ▸ *Entraînement* – engrenage, engrènement, entraînement, transmission. ▸ *Opération* – activité, exercice, fonctionnement, marche, opération, service, travail, usage, vie. ▸ *Activité* – activité, animation, circulation, exercice. ▸ *Avancement* – accession, avancement, élévation, émancipation, mutation, nomination, promotion, reclassement. ▸ *Migration* – déplacement, migration, nomadisme, transplantation. *SOUT.* transmigration. ▸ *Mutation* – affectation, déplacement, mutation. ▸ *Écoulement* – circulation, débit, débordement, écoulement, éruption, évacuation, exsudation, flux, fuite, ingression, inondation, irrigation, irruption, larmoiement, passage, ravinement, régime, ruissellement, sortie, suage, suintement, transpiration, vidange. *SOUT.* submersion, transsudation. *GÉOGR.* défluviation, transfluence, transgression. ▸ *Circulation de véhicules* – circulation, trafic. ▸ *Automobiles* – circulation, circulation automobile, circulation routière, circulation urbaine, trafic (routier). ▸ *Bateaux* – navigation, trafic maritime. ▸ *Instabilité* – balancement, ballant, ballottement, déséquilibre, fragilité, instabilité, jeu, mobilité, motilité, motricité, mouvance, mouvant, ondulation, oscillation, roulis, tangage, turbulence, va-et-vient, vibration. *QUÉB.* débalancement. ▸ *Fluctuation* – ballottement, changement, déséquilibre, fluctuation, fragilité, inadaptation, incertitude, inconstance, inégalité, instabilité, mouvant, précarité, variabilité, variation, versatilité, vicissitude, volatilité. *SOUT.* fugacité. ▸ *Remous* – agitation, balancement, ballottement, bercement, branle, branlement, cahotement, flottement, fluctuation, flux et reflux, houle, impulsion, lacet, onde, ondoiement, ondulation, oscillation, pulsation, raz de marée, remous, roulis, tangage, va-et-vient, vague, valse, vibration. *FAM.* brimbalement. ▸ *Remue-ménage* – activité, affairement, affolement, agitation, alarme, animation, bouillonnement, branle-bas (de combat), bruit, dérangement, désordre, désorganisation, détraquement,

effervescence, excitation, fourmillement, grouillement, hâte, incohérence, orage, précipitation, remous, remue-ménage, secousse, suractivité, tempête, tohu-bohu, tourbillon, tourmente, trépidation, trouble, tumulte, turbulence, va-et-vient. *SOUT.* émoi, remuement. *FAM.* chambardement. ▸ *Animation* – agitation, dissipation, espièglerie, excitation, fougue, impétuosité, mobilité, nervosité, pétulance, tapage, turbulence, vivacité. ▸ *Agitation* – affolement, agitation, bouleversement, brasier, colère, confusion, débridement, déchaînement, désarroi, ébranlement, ébullition, embrasement, émotion, fièvre, frénésie, passion, violence. *SOUT.* émoi, exaltation. *FIG.* dévergondage. ▸ *Augmentation subite* – afflux, batillage, courant, déferlement, vague. ▸ *Tendance* – chemin, courant, cours, direction, évolution, fil, mouvance, orientation, tendance, virage. *SOUT.* voie. ▸ *Doctrine* – conception, doctrine, dogme, école (de pensée), idée, idéologie, opinion, pensée, philosophie, principe, système, théorie, thèse. ▸ *Association politique* – alliance, apparentement, association, bloc, camp, cartel, club, coalition, confédération, faisceau, fédération, formation, front, groupe, groupe d'intérêts, groupe de pression, groupement, ligue, organisation, parti, phalange, rapprochement, rassemblement, union. *ANC.* hétairie. *FÉOD.* hermandad. *PÉJ.* bande, bandits, cabale, camarilla, chapelle, clan, clique, coterie, école, église, faction, groupuscule, ligue, maffia, malfaiteurs, secte. ▲*ANT.* IMMOBILITÉ; ARRÊT; INACTION, INACTIVITÉ, REPOS; STABILITÉ; CALME, TRANQUILLITÉ.

mouvementé *adj.* ▸ *Tumultueux* – agité, houleux, orageux, tempétueux, tumultueux, violent. *SOUT.* torrentueux, turbulent. ▸ *Intense* – agité, bouillonnant, délirant, échevelé, effervescent, effréné, fébrile, fiévreux, frénétique, intense, passionné, trépidant, tumultueux, violent. ▸ *Accidenté* – accidenté, bosselé, inégal, raboteux. ▲*ANT.* ÉGAL, PLAT; MONOTONE; CALME, PAISIBLE.

mouvoir *v.* ▸ *Faire bouger* – ébranler, remuer. ▸ *Mettre un mécanisme en mouvement* (*SOUT.*) – actionner, commander, enclencher. ▸ *Faire agir qqn* (*SOUT.*) – amener, conditionner, conduire, disposer, encourager, engager, entraîner, exhorter, impulser, inciter, incliner, mener, porter, pousser, provoquer. *SOUT.* exciter. ♦ **se mouvoir** ▸ *Être en mouvement* – bouger, se déplacer, se remuer. ▸ *Se déplacer* – aller, évoluer, se déplacer, se diriger, se porter. ▲*ANT.* ARRÊTER, BLOQUER, FIXER, FREINER, IMMOBILISER, PARALYSER, RETENIR, RIVER, STOPPER.

moyen *adj.* ▸ *Modéré* – clément, doux, modéré, tempéré. ▸ *Satisfaisant* – acceptable, approuvable, bien, bon, convenable, correct, décent, honnête, honorable, passable, présentable, raisonnable, satisfaisant, suffisant. *FAM.* potable, supportable. ▸ *Typique* – caractéristique, représentatif, typique. *FAM.* pur jus. ▲*ANT.* ANORMAL, ATYPIQUE, DÉVIANT, IRRÉGULIER, SPÉCIAL; EXTRÉMAL, EXTRÊME.

moyen *n. m.* ▸ *Possibilité* – chance, facilité, jeu, latitude, liberté, marge (de manœuvre), occasion, offre, possibilité, volant de sécurité. ▸ *Méthode* – approche, art, chemin, code, comment, credo, démarche, discipline, dispositif, façon (de faire), facture, formule, heuristique, instruction, instrument, ligne de conduite, maïeutique, manière, marche (à suivre), méthode, modalité, mode d'emploi, mode, opération, ordre, organisation, outil, posologie, pratique, procédé, procédure, protocole, raisonnement, recette, règle, secret, stratagème, stratégie, système, tactique, technique, théorie, traitement, voie. *SOUT.* faire. ▶ **Truchement** – canal, entremise, intermédiaire, truchement, voie. ▶ **Procédé** – acrobatie, astuce, demi-mesure *(inefficace)*, échappatoire, expédient, gymnastique, intrigue, mesure, palliatif, procédé, remède, ressource, ruse, solution, système, tour. *FAM.* combine, truc. ▶ **Atout** – argument, arme, atout, avantage, carte maîtresse, un plus. ▶ **Prétexte** – alibi, défilade, dérobade, échappatoire, esquive, excuse, faux-fuyant, fuite, prétexte, reculade, subterfuge, volte-face. *FAM.* pirouette. *QUÉB. FAM.* défaite. ▶ **Cause** – agent, base, cause, explication, facteur, ferment, fondement, fontaine, germe, inspiration, levain, levier, mobile, moteur, motif, motivation, objet, occasion, origine, point de départ, pourquoi, principe, raison, raison d'être, source, sujet. *SOUT.* étincelle, mère, racine, ressort. ♦ **le moyen**, *sing.* ▶ **Voix grammaticale** – médiopassif, voix moyenne. ♦ **moyens**, *plur.* ▶ **Richesse** – or, pactole, ressources, richesses, trésor. ▲ANT. IMPOSSIBILITÉ, IMPUISSANCE; FIN.

moyenne *n. f.* ▶ **Équilibre** – accord, balance, balancement, compensation, contrepoids, égalité, équilibre, harmonie, juste milieu, pondération, proportion, symétrie. ▶ **Chiffre** – moyenne-indice, normale. ▲ANT. EXTRÊME.

mue *n. f.* ▶ **Peau** – dépouille, exuvie. ▶ **Métamorphose** – adaptation, ajustement, altération, avatar, changement, conversion, évolution, glissement, gradation, infléchissement, métamorphose, modification, modulation, mutation, passage, progression, transfiguration, transformation, transition, transmutation, variation, vie. ▶ **Cage à poules** – poulailler. ▶ **Cage à lapins** – cabane à lapins, clapier, lapinière.

muer *v.* ▶ **Transformer** – changer, convertir, transformer. *SOUT.* transmuer, transmuter. ♦ **se muer** ▶ **Se transformer** – devenir, se changer en, se métamorphoser en, se transformer en.

muet *adj.* ▶ **Qui ne parle pas** – aphone, mutique. ▶ **Qui n'est pas exprimé** – inexprimé, informulé. ▲ANT. BAVARD, LOQUACE; CRIANT, ÉLOQUENT, PARLANT.

mufle *n. m.* ▶ **Nez d'animal** – chanfrein, groin, museau, trompe, truffe. ▶ **Personne** – animal, balourd, barbare, béotien, brute (épaisse), butor, goujat, grossier personnage, mal élevé, malotru, malpropre, ostrogoth, ours mal léché, paysan, porc, rustaud. *SOUT.* manant, palot. ▲ANT. GENTLEMAN.

multicolore *adj.* bigarré, chamarré, coloré, panaché. *DIDACT.* omnicolore, polychrome, versicolore. ▶ **Aux couleurs peu harmonieuses** – bariolé, bigarré, peinturluré. ▲ANT. MONOCHROME, MONOCOLORE, UNI, UNICOLORE.

multiculturel *adj.* cosmopolite, international, multiethnique, pluriethnique. ▲ANT. HOMOGÈNE, MONOCULTUREL.

multiforme *adj.* polymorphe. *SOUT.* diversiforme, hétéromorphe, protéiforme. ▲ANT. UNIFORME.

multiple *adj.* ▶ **Fréquent** – continuel, fréquent, nombreux, récurrent, répété, répétitif. ▶ **Qui a plusieurs composantes** – bigarré, complexe, composite, de tout poil, de toute espèce, disparate, dissemblable, divers, diversifié, éclectique, hétéroclite, hétérogène, mélangé, mêlé, mixte, varié. *SOUT.* pluriel. ♦ **multiples**, *plur.* ▶ **Nombreux** – différents, divers, maints, nombreux, plusieurs. ▲ANT. SIMPLE, UNIQUE; SOUS-MULTIPLE.

multiplication *n. f.* ▶ **Prolifération** – accroissement, augmentation, foisonnement, peuplement, prolifération, propagation, pullulation, pullulement, reproduction. ▶ **Propagation** – cession, circulation, communication, dévolution, diffusion, dissémination, émission, expansion, extension, intercommunication, passation, progression, propagation, rayonnement, reproduction, transfert, translation, virement. ▲ANT. DIVISION; DIMINUTION, RARÉFACTION; LIMITATION.

multiplicité *n. f.* ▶ **Pluralité** – complexité, diversité, pluralité, variété. ▶ **Abondance** – abondance, afflux, amas, ampleur, concentration, débauche, débordement, exubérance, filon, floraison, foisonnement, forêt, foule, fourmillement, gisement, infinité, inondation, luxe, luxuriance, masse, mine, myriade, nuée, orgie, paquet, pléthore, poussière, profusion, quantité, richesse, surabondance, tas, trésor. *FIG.* carnaval. *FAM.* festival, flopée, kyrielle, tapée, tonne, tripotée, wagon. *QUÉB. FAM.* bourrée, tapon. *SUISSE FAM.* craquée. ▲ANT. SIMPLICITÉ, UNICITÉ, UNITÉ; RARETÉ.

multiplier *v.* ▶ **Accroître** – accroître, augmenter, décupler, gonfler, redoubler. ♦ **se multiplier** ▶ **Pulluler** – champignonner, foisonner, proliférer, pulluler, se propager. ▶ **Se reproduire** – se perpétuer, se reproduire. ▲ANT. AMOINDRIR, DIMINUER, RÉDUIRE; DIVISER. △SE MULTIPLIER – SE DÉPEUPLER, SE RARÉFIER.

multitude *n. f.* ▶ **Foule** – abondance, affluence, armada, armée, attroupement, cohue, concentration, concours, encombrement, essaim, flot, forêt, foule, fourmilière, fourmillement, grouillement, légion, marée, masse, meute, monde, peuple, pléiade *(célébrités)*, pullulement, rassemblement, régiment, réunion, ribambelle, ruche, tas, troupeau. *FAM.* flopée, marmaille *(enfants)*, tapée, tripotée. *QUÉB.* achalandage; *FAM.* tapon, tripot. *PÉJ.* ramassis. ▶ **Populace** – (bas) peuple, (basse) pègre, bétail, foule, la rue, masse (populaire), petit peuple, plèbe, populace, prolétariat, troupeau, vulgaire. *FAM.* populo, vulgum pecus. ▲ANT. ISOLEMENT, SOLITUDE; INDIVIDU.

municipal *adj.* communal, échevinal. *SOUT.* édilitaire.

municipalité *n. f.* ▶ **Territoire** – agglomération, commune, localité, ville. *SOUT.* cité. *ANTIQ.* municipe. ▶ **Personnes** – conseil municipal, conseillers municipaux, équipe du maire. *BELG.* conseil communal. ♦ **municipalités**, *plur.* ▶ **Ensemble d'agglomérations** – communauté urbaine; mégapole.

munir *v.* ▶ **Pourvoir** – doter, équiper, garnir, nantir, outiller, pourvoir. *QUÉB. ACADIE* gréer.

▶ *Approvisionner en munitions* – ravitailler. ◆ *se munir* ▶ *Se pourvoir* – s'équiper, se doter, se nantir, se pourvoir. SOUT. se précautionner. ▶ *Prendre* – prendre, s'armer de. ▲**ANT.** DÉGARNIR, DÉMUNIR, DÉPOSSÉDER, DÉPOUILLER, PRIVER.

mûr *adj.* ▶ *Parvenu à maturité* – adulte, développé, formé, mature. ◗ *Pas assez mûr* – vert. ◗ *Trop mûr* – avancé, blet. ▶ *Dans la force de l'âge* – dans la force de l'âge, fait. ▶ *Ivre* (*FRANCE FAM.*) – aviné, en état d'ébriété, enivré, ivre, pris de boisson. ▶ *En parlant d'un tissu* – élimé, limé, râpé, usé (jusqu'à la corde). ▲**ANT.** IMMATURE, JEUNE, VERT ; SOBRE.

mur *n. m.* ▶ *Maçonnerie* – cloison, pan, paroi. ◗ *Petit* – muret, muretin, murette, panneau. ▶ *Obstacle* – barrage, barricade, barrière, cloison, défense, écran, obstacle, rideau, séparation. ▶ *Pente raide* – abrupt, à-pic, crêt, épaulement, escarpement, falaise, paroi. ▶ *Frontière* – borne, confins, délimitation, démarcation, frontière, limite (territoriale), séparation, zone douanière, zone limitrophe. QUÉB. trécarré (*terre*) ; FAM. lignes (*pays*). ANC. limes (*Empire romain*), marche. ◆ **murs,** *plur.* ▶ *Enceinte* – cloître, clôture, enceinte. ANC. champ clos. ANTIQ. cirque, péribole, stade. ▲**ANT.** OUVERTURE ; LIBERTÉ.

muraille *n. f.* ▶ *Enceinte* – enceinte, muraillement, rempart. ANTIQ. péribole. MILIT. épaulement. ▶ *Moyen de protection* (*SOUT.*) – bastion, citadelle, forteresse. SOUT. rempart. ▲**ANT.** MURET.

mûrir *v.* ▶ *Préparer par une longue réflexion* – calculer, combiner, couver, imaginer, méditer, préméditer, ruminer. ▶ *Se développer* – cristalliser, prendre corps, prendre forme, prendre tournure, se dessiner, se développer, se former, se préciser. ▶ *S'assagir* – atteindre à la sagesse, s'assagir. FAM. dételer, se ranger. FRANCE FAM. être rangé des voitures. ▶ *S'améliorer, en parlant du vin* – rabonnir, s'abonnir, s'améliorer, se bonifier, se faire. ▲**ANT.** AVORTER.

mûrissant *adj.* ▲**ANT.** EN PUTRÉFACTION, POURRISSANT, PUTRESCENT.

murmure *n. m.* ▶ *Bruit sourd* – chuchotement, chuchotis, marmonnage, marmonnement, marmottage, marmottement, susurration, susurrement. ▶ *Plainte* – bêlement, braillement, cri, doléances, geignement, grincement, hélas, jérémiade, lamentation, larmoiement, plainte, pleurs, sanglot, soupir. SOUT. sanglotement. FAM. pleurnichage, pleurnichement, pleurnicherie. QUÉB. FAM. braillage. ▶ *Bruit léger* (*SOUT.*) – babil, babillage, babillement, gazouillement, gazouillis. ▲**ANT.** CRI, HURLEMENT, RUGISSEMENT ; VACARME.

murmurer *v.* ▶ *Dire à voix basse* – chuchoter, dire à voix basse, glisser dans le creux de l'oreille, souffler, susurrer. ▶ *Parler à voix basse* – chuchoter, parler à mi-voix, parler à voix basse, parler (tout) bas, susurrer. ▶ *Grommeler* – bougonner, grogner, grognonner, grommeler, maugréer, pester, ronchonner. SOUT. gronder. FAM. grognasser, râler, rouscailler, rouspéter. QUÉB. FAM. bourrasser. ▶ *Protester* – broncher, pousser les hauts cris, protester, réagir, récriminer, renâcler, répliquer, s'élever, s'indigner, s'opposer, se dresser, se gendarmer, se plaindre, se récrier. SOUT. réclamer. FAM. criailler, faire du foin, moufter, piailler, rouscailler, rouspéter, ruer dans les brancards,

tiquer, tousser. QUÉB. FAM. chialer. ▶ *Faire entendre un son doux* – bruire, bruisser, chuchoter, frémir, friseliser, frissonner, froufrouter, soupirer. ▲**ANT.** CRIER, HURLER.

musclé *adj.* ▶ *Pourvu de muscles* – athlétique, bien bâti, bien découplé, bréviligne, costaud, fort, gaillard, puissant, râblé, ragot (*animal*), ramassé, robuste, solide, trapu, vigoureux. SOUT. bien membré, membru, musculeux. FAM. qui a du coffre. FRANCE FAM. balèze, bien baraqué, malabar, maous. ▶ *Plein d'énergie* – énergique, ferme, nerveux, qui a du nerf, solide, vigoureux. ▶ *Difficile* (*FAM.*) – ardu, complexe, compliqué, corsé, délicat, difficile, épineux, laborieux, malaisé, problématique. SOUT. scabreux. FAM. calé, coton, dur, trapu. ▲**ANT.** ANÉMIQUE, CHÉTIF, FRÊLE, GRINGALET, MAIGRELET, MAIGRICHON, MALINGRE, RACHITIQUE ; AISÉ, COMMODE, ÉLÉMENTAIRE, ENFANTIN, FACILE, SIMPLE.

muscles *n. m. pl.* ▶ *Ensemble d'organes* – musculature. ▶ *Chair* – chair, viande. FAM. bidoche. FRANCE FAM. frigo (*congelée*). ◗ *Mauvaise* FAM. barbaque, semelle de botte (*coriace*). FRANCE FAM. carne.

muse *n. f.* ▶ *Divinité des arts* – docte sœur. ▶ *Inspiration* (*SOUT.*) – conception, création, créativité, évasion, extrapolation, fantaisie, fantasme, fictif, fiction, idéal, idéation, idée, illumination (*soudain*), imaginaire, imagination, inspiration, invention, inventivité, irréel, souffle (créateur), supposition, surréalité, surréel, veine, virtuel. SOUT. folle du logis. FRANCE FAM. gamberge. ▶ *Poésie* (*SOUT.*) – art poétique, poésie, poétique, versification. SOUT. harmonie, Parnasse, vers.

museau *n. m.* ▶ *Nez d'animal* – chanfrein, groin, mufle, trompe, truffe.

musée *n. m.* ▶ *Collection d'œuvres d'art* – galerie.

musical *adj.* ▶ *Agréable à l'oreille* – chantant, doux, harmonieux, mélodieux, suave. DIDACT. euphonique, eurythmique. ▶ *Qui apprécie la musique* – musicien. ▲**ANT.** CACOPHONIQUE, CRIARD, DISCORDANT, DISSONANT, FAUX, INHARMONIEUX.

music-hall *n. m.* cabaret, café concert. ANC. beuglant (*fin du XIXe*).

musicien *n. m.* exécutant, instrumentiste, interprète, joueur. FAM. croque-note (*mauvais*), musico.

musique *n. f.* ▶ *Art de combiner les sons* – art musical. PÉJ. musiquette. FAM. zizique. ▶ *Mélodie* – air, mélodie. ▶ *Harmonie* – accompagnement, arrangement, harmonisation, instrumentation, orchestration. ▶ *Rythme* – battement, cadence, eurythmie, mesure, mouvement, période, phrasé, pouls, pulsation, respiration, rythme, swing, tempo, vitesse. ▶ *Bruit* – bruit, son. ▲**ANT.** CACOPHONIE.

musulman *adj.* islamique. HIST. sarracénique, sarrasin.

mutation *n. f.* ▶ *Modification* – adaptation, ajustement, altération, avatar, changement, conversion, évolution, glissement, gradation, infléchissement, métamorphose, modification, modulation, mue, passage, progression, transfiguration, transformation, transition, transmutation, variation, vie. ▶ *Permutation* – commutation, interversion, inversion, permutation, renversement, retournement,

mutilation

substitution, transposition. ▶ *Déplacement* – affectation, déplacement, mouvement. ▶ *Avancement* – accession, avancement, élévation, émancipation, mouvement, nomination, promotion, reclassement. ▶ *En biologie* – hétérogenèse, hétérogénie, mutation chromosomique, mutation génétique, mutation génique. ▲**ANT.** FIXITÉ, INVARIABILITÉ, PERMANENCE, PERSISTANCE; CONSERVATION, FIXATION, MAINTIEN; HÉRÉDITÉ; ACCOMMODAT.

mutilation *n. f.* ▶ *Censure* – autocensure, bâillonnement, boycottage, caviardage, censure, contrôle, exclusive, filtre, imprimatur, interdiction, (mise à l')index, muselage, musellement, veto. *FIG.* bâillon, muselière. *FAM.* anastasie. *RELIG.* interdit, monition, suspense, tabouisation. ▲**ANT.** INTÉGRITÉ; RÉPARATION, RESTAURATION.

mutisme *n. m.* ▶ *Silence* – black-out, étouffement, mystère, non-dit, réticence, secret, silence, sourdine. ▶ *Mutité* – alogie, aphasie, audi-mutité, mussitation, mutité, surdi-mutité. ▲**ANT.** EXPRESSION, PAROLE; LOQUACITÉ, VOLUBILITÉ; BAVARDAGE; RÉVÉLATION.

mutuel *adj.* partagé, réciproque. ▲**ANT.** À SENS UNIQUE, UNILATÉRAL; ÉGOÏSTE, INDÉPENDANT.

mutuellement *adv.* bilatéralement, en contre partie, réciproquement, vice-versa. ▲**ANT.** UNILATÉRALEMENT.

myope *adj.* qui a la vue basse, qui a la vue courte. *FAM.* bigleux, miro.

myriade *n. f.* ▶ *Grande quantité* – abondance, afflux, amas, ampleur, concentration, débauche, débordement, exubérance, filon, floraison, foisonnement, forêt, foule, fourmillement, gisement, infinité, inondation, luxe, luxuriance, masse, mine, multiplicité, nuée, orgie, paquet, pléthore, poussière, profusion, quantité, richesse, surabondance, tas, trésor. *FIG.* carnaval. *FAM.* festival, flopée, kyrielle, tapée, tonne, tripotée, wagon. *QUÉB. FAM.* bourrée, tapon. *SUISSE FAM.* craquée. ▲**ANT.** MINORITÉ, POIGNÉE.

mystère *n. m.* ▶ *Secret* – arcanes, énigme, inconnaissable, inconnu, obscurité, secret, voile. *FAM.* cachotterie. ▶ *Surnaturel* – fantasmagorie, fantastique, féerie, magie, merveilleux, prodige, prodigieux, sorcellerie, surnaturel. ▶ *Profondeur* – acuité, ardeur, complexité, difficulté, élévation, ésotérisme, extase, extrémité, force, immensité, impénétrabilité, intelligence, intensité, intériorité, intimité, pénétration, perspicacité, plénitude, profond, profondeur, puissance, science, secret. ▶ *Silence* – black-out, étouffement, mutisme, non-dit, réticence, secret, silence, sourdine, ▲**ANT.** CONNAISSANCE, RÉVÉLATION; CLARTÉ, ÉVIDENCE.

mystérieusement *adv.* ambigument, cabalistiquement, énigmatiquement, hermétiquement, illisiblement, impénétrablement, incompréhensiblement, inexplicablement, inintelligiblement, obscurément, occultement, opaquement, secrètement, ténébreusement. ▲**ANT.** CLAIREMENT, EN TOUTES LETTRES, EXPLICITEMENT, NETTEMENT, NOIR SUR BLANC.

mystérieux *adj.* ▶ *Difficile à comprendre* – cabalistique, caché, cryptique, énigmatique, ésotérique, hermétique, impénétrable, inaccessible, incompréhensible, inconcevable, inconnaissable, indéchiffrable, indécodable, inexplicable, inintelligible, insaisissable, insondable, nébuleux, obscur, opaque, secret, ténébreux. *SOUT.* abscons, abstrus, sibyllin. ▶ *Inexpliqué* – étrange, inconnu, indéterminé, inexpliqué. ▶ *Indéfinissable* – ambigu, énigmatique, indéfinissable. *SOUT.* sibyllin. ▶ *Occulte* – occulte, paranormal, suprasensible, supraterrestre, surnaturel. ▲**ANT.** À LA PORTÉE DE TOUS, ACCESSIBLE, CLAIR, COMPRÉHENSIBLE, ÉVIDENT, INTELLIGIBLE, LIMPIDE, SIMPLE, TRANSPARENT; CONNU, PUBLIC, RÉVÉLÉ; EXPLICABLE; BANAL, NATUREL.

mysticisme *n. m.* ▶ *Spiritualité* – anagogie, contemplation, dévotion, élévation, extase, illuminisme, mystique, oraison, philocalie, ravissement, sainteté, spiritualité, transe, vision. *SOUT.* mysticité. ▲**ANT.** RATIONALISME, RÉALISME.

mystification *n. f.* ▶ *Tour* – attrape, blague, canular, facétie, farce, fumisterie, plaisanterie, tour. *FAM.* bateau. ▶ *Tromperie* – abus de confiance, canaillerie, carambouillage, carambouille, charlatanerie, charlatanisme, coup monté, crapulerie, enjôlement, escamotage, escroquerie, fraude, grivèlerie, maquignonnage, supercherie, tricherie, tromperie, usurpation, vol. *SOUT.* coquinerie, duperie, imposture, piperie. *FAM.* arnaque, embrouille, filoutage, friponnerie, tour de passe-passe. *FRANCE FAM.* carottage, entubage, estampage. ▲**ANT.** DÉMYSTIFICATION, DÉSABUSEMENT.

mystique *n.* ▶ *Inspiré* – illuminé, inspiré. ◆ *mystique*, *fém.* ▶ *Mysticisme* – anagogie, contemplation, dévotion, élévation, extase, illuminisme, mysticisme, oraison, philocalie, ravissement, sainteté, spiritualité, transe, vision. *SOUT.* mysticité. ▲**ANT.** BIGOT, PHARISIEN; CARTÉSIEN, RATIONNEL, RÉALISTE.

mythe *n. m.* ▶ *Récit* – chantefable, chronique, conte, épopée, fabliau, histoire, historiette, légende, monogatari *(Japon)*, nouvelle, odyssée, roman, saga. ▶ *Chose fictive* – affabulation, artifice, chimère, combinaison, comédie, expédient, fabrication, fabulation, fantaisie, feinte, fiction, fumisterie, histoire, idée, imagination, invention, irréalité, légende, mensonge, rêve, roman, saga, songe. *PSYCHOL.* confabulation, mythomanie. ◆ *mythes*, *plur.* ▶ *Ensemble de choses fictives* – mythologie. ▲**ANT.** AUTHENTICITÉ, RÉALITÉ, VÉRITÉ.

mythique *adj.* chimérique, fabuleux, fantasmagorique, fantastique, fictif, imaginaire, inexistant, irréel, légendaire, mythologique. ▲**ANT.** HISTORIQUE, RÉEL.

mythologique *adj.* chimérique, fabuleux, fantasmagorique, fantastique, fictif, imaginaire, inexistant, irréel, légendaire, mythique. ▲**ANT.** HISTORIQUE, RÉEL.

n

nacré *adj.* iridescent, irisé, opalescent.

nage *n. f.* ▶ *Action de nager* – natation. ▶ *Sueur* – eau, écume *(animal)*, moiteur, perspiration, sudation, sudorification, sueur, transpiration. *FAM.* suée.

nager *v.* ▶ *Flotter* – flotter, surnager. ▶ *Être plongé dans un liquide* – baigner, tremper. ▶ *Ramer* – aller à l'aviron, ramer. *QUÉB.* avironner. ▶ *Se débrouiller* (*FAM.*) – s'arranger, se débrouiller, se dépêtrer, se tirer d'affaire. *FAM.* se débarbouiller, se dépatouiller. *BELG.* s'affûter. ▶ *Ne plus comprendre* (*FAM.*) – perdre pied, y perdre son latin. ▲ANT. COULER, SE NOYER, SOMBRER.

naguère *adv.* ▶ *Récemment* – à une époque rapprochée, depuis peu, dernièrement, fraîchement, frais, il y a peu, nouvellement, récemment. ▶ *Autrefois* – à une époque lointaine, anciennement, antiquement, au temps ancien, autrefois, dans l'ancien temps, dans l'antiquité, dans le passé, dans les temps anciens, de ce temps-là, en ce temps-là, hier, il y a longtemps, jadis, par le passé. *FAM.* dans le temps. *ACADIE FAM.* empremier. ▲ANT. ANCIENNEMENT, IL Y A BELLE LURETTE, IL Y A LONGTEMPS, JADIS.

naïf *adj.* ▶ *Simple et confiant* – angélique, candide, confiant, crédule, ingénu, innocent, pur, simple. ▶ *Niais* – crédule, innocent, niais, simple, simplet. *FAM.* cucul, jobard, nunuche, poire. ▶ *Facile à tromper* – crédule, dupe, mystifiable. *FAM.* bonard. *QUÉB. FAM.* poisson. ▲ANT. ASTUCIEUX, FIN, INTELLIGENT, MALIN, RUSÉ, SUBTIL ; CRITIQUE, INCRÉDULE, MÉFIANT, SCEPTIQUE.

nain *n.* ▶ *Personne de petite taille* – courtaud, lilliputien, petit. ▶ *Personne insignifiante* – moins que rien, paltoquet *(prétentieux)*, pas-grand-chose, plat personnage, rien du tout. *FAM.* gougnafier, microbe, minus (habens), mirmidon, miteux *(pauvre)*. *QUÉB.* insignifiant. ♦ **naine**, *fém.* ▶ *Étoile* – étoile naine. ▲ANT. COLOSSE, GÉANT.

naissance *n. f.* ▶ *Accouchement* – accouchement, couches, délivrance, enfantement, expulsion, heureux événement, maïeutique, mal d'enfant, maternité, mise au monde, parturition. ▶ *Commencement* – actionnement, amorçage, amorce, balbutiement, bégaiement, commencement, création, début, déclenchement, démarrage, départ, ébauche, embryon, enclenchement, enfance, entrée, esquisse, fondement, germe, inauguration, origine, ouverture, prélude, prémisse, principe, tête. *SOUT.* aube, aurore, matin, prémices. *FIG.* apparition, avènement, éclosion, émergence, éruption, explosion, genèse, germination, venue au monde. ▶ *Noblesse* – aristocratie, élite, grandesse, lignage, lignée, nom, qualité, sang bleu. ▲ANT. MORT ; DISPARITION, FIN, TERME.

naissant *adj.* commençant. ▲ANT. AGONISANT, DÉCLINANT, FINISSANT, MOURANT.

naître *v.* ▶ *Venir au monde* – recevoir le jour, venir au jour, venir au monde, voir le jour. ▶ *Commencer à se manifester* – apparaître, éclore, faire son apparition, germer, paraître, pointer, se former, se manifester. *SOUT.* poindre, sourdre. ▶ *Vivre un sentiment nouveau* (*SOUT.*) – s'éveiller à, s'ouvrir à. ▶ *Provenir* – arriver, provenir, venir. ▲ANT. EXPIRER, MOURIR ; DISPARAÎTRE ; ACHEVER, FINIR, SE TERMINER.

naïvement *adv.* ▶ *Ingénument* – candidement, crédulement, ingénument, innocemment, niaisement, simplement. ▶ *Stupidement* – absurdement, bêtement, débilement, follement, idiotement, imbécilement, inconsciemment, inintelligemment, niaisement, ridiculement, simplement, sottement, stupidement. *FAM.* connement. *QUÉB. FAM.* niaiseusement. ▲ANT. HYPOCRITEMENT, INSIDIEUSEMENT, INSINCÈREMENT, PERFIDEMENT, SCÉLÉRATEMENT, SOURNOISEMENT, TORTUEUSEMENT, TRAÎTREUSEMENT, TROMPEUSEMENT ; ASTUCIEUSEMENT, BRILLAMMENT, GÉNIALEMENT, INGÉNIEUSEMENT, INTELLIGEMMENT, JUDICIEUSEMENT, LUCIDEMENT, SAVAMMENT.

naïveté *n. f.* ▶ *Candeur* – candeur, fleur, fraîcheur, honnêteté, ingénuité, innocence, pureté, simplicité. ▶ *Idéalisme* – don-quichottisme, idéalisme, optimisme, utopie, utopisme. ▶ *Crédulité* – candeur, crédulité, jobarderie, jobardise, niaiserie. ▶ *Stupidité* – ânerie, béotisme, bêtise, bornerie, débilité, idiotie, ignorance, imbécillité, ineptie, inintelligence, innocence, insipidité, lenteur, lourdeur, niaiserie, nigauderie, pesanteur, simplicité, sottise, stupidité. ▶ *Ignorance* – analphabétisme, ignorance, illettrisme, inadéquation, inaptitude, incapacité, incompétence, incompréhension, inconscience, inculture, inexpérience, ingénuité, innocence, insuffisance, lacune, nullité, obscurantisme, simplicité. *SOUT.* impéritie, inconnaissance, méconnaissance. ▲**ANT.** ASTUCE, MALICE, RUSE; RÉALISME; INCRÉDULITÉ, MÉFIANCE, SCEPTICISME; FINESSE, SUBTILITÉ.

nanti adj. à l'aise, aisé, cossu, cousu d'or, fortuné, huppé, milliardaire, millionnaire, privilégié, qui a les moyens, qui roule sur l'or, riche. *SOUT.* opulent. *FAM.* argenté, plein aux as; *PÉJ.* richard. *FRANCE FAM.* friqué, rupin. ▲**ANT.** DÉNUÉ, PAUVRE.

nappe n. f. ▶ *Linge* – jeté, molleton, nappage, napperon. *ANC.* doublier *(plié en deux).*

narcissique adj. ▶ *Moqueur* – égocentrique, égocentriste, égoïste, individualiste, introversif. *SOUT.* égotique, égotiste. *FAM.* nombriliste, qui se regarde le nombril. ▲**ANT.** HUMBLE, MODESTE, SANS PRÉTENTION, SIMPLE.

narguer v. braver, défier, provoquer, toiser. *SOUT.* fronder. *FAM.* chercher, faire la nique à. *QUÉB. FAM.* barber, baver, faire la barbe à. ▲**ANT.** COMPLIMENTER, ENCOURAGER, LOUER, RESPECTER.

narine n. f. ▶ *Orifice du nez* – *FAM.* trou de nez. ▶ *Animaux* – évent *(cétacés),* naseau. ♦ **narines,** *plur.* ▶ *Nez* – nez. *DIDACT.* appendice nasal, organe de l'odorat, protubérance nasale. ▶ *Animaux* – chanfrein, groin, mufle, museau, trompe, truffe.

narquois adj. ▶ *Moqueur* – caustique, cynique, frondeur, goguenard, gouailleur, ironique, malicieux, moqueur, persifleur, railleur, sarcastique, sardonique. *QUÉB. FAM.* baveux. ▲**ANT.** RESPECTUEUX; COMPLIMENTEUR, FLATTEUR, LOUANGEUR.

narrateur n. ▶ *Raconteur* – conteur, raconteur. *SOUT.* anecdotier, diseur. ▶ *Écrivain* – descripteur.

narration n. f. ▶ *Récit* – compte rendu, débreffage, description, exposé, exposition, histoire, peinture, procès-verbal, rapport, relation, reportage, tableau. *SOUT.* radiographie.

naseau n. m. narine. *FAM.* trou de nez. ▶ *Animaux* – évent *(cétacés).*

natal adj. ▲**ANT.** ÉTRANGER, EXOTIQUE.

natif adj. ▶ *Né à tel endroit* – originaire. ▶ *Présent dès la naissance* – congénital, dans le sang, de naissance, de nature, inné, naturel. *SOUT.* infus. ▲**ANT.** ÉTRANGER, EXOTIQUE; ACQUIS; ÉMULÉ *(informatique).*

nation n. f. ▶ *Peuple* – citoyens, clan, ethnie, groupe, habitants, horde, pays, peuplade, peuple, phratrie, population, race, société, tribu. ▶ *Pays* – État, pays. *SOUT.* Cité. ▲**ANT.** INDIVIDU.

national adj. ▶ *Qui concerne la nation* – intérieur. ▲**ANT.** INTERNATIONAL; ÉTRANGER, EXTÉRIEUR.

nationalisme n. m. ▶ *Patriotisme* – civisme, militarisme, patriotisme. ▶ *Excessif* – chauvinisme, clanisme, coquerico, esprit de clocher, xénophobie. ▶ *Nationalisme d'extrême droite* – fascisme, hitlérisme, national-socialisme, nazisme, néo-fascisme, néonazisme. ▶ *Indépendantisme* – autonomisme,

décentralisation, indépendantisme, particularisme, partitionnisme, régionalisme, scissionnisme, sécessionnisme, séparatisme. *QUÉB.* souverainisme. ▲**ANT.** ANTINATIONALISME, INTERNATIONALISME.

nationaliste adj. ▶ *Patriote* – patriote, patriotique. ▶ *Indépendantiste* – autonomiste, indépendantiste, sécessionniste, séparatiste. ▲**ANT.** COSMOPOLITE, INTERNATIONALISTE.

nationaliste n. patriote. *PÉJ.* chauvin. ▲**ANT.** INTERNATIONALISTE.

nationalité n. f. ▶ *Fait d'être citoyen* – citoyenneté. ▶ *Sentiment d'appartenance* – allégeance, juridiction, statut.

natte n. f. ▶ *Cheveux* – torsade de cheveux, tresse. ▶ *Paille* – lit, litière, matelas, tapis.

naturaliste adj. ▲**ANT.** IDÉALISTE, SPIRITUALISTE.

naturaliste n. ▶ *Empailleur d'animaux* – empailleur, taxidermiste. ▲**ANT.** IDÉALISTE; FORMALISTE.

nature n. f. ▶ *Essence* – caractère, en-soi, essence, essentialité, inhérence, principe, qualité, quintessence, substance. *SOUT.* (substantifique) moelle. *PHILOS.* entité, quiddité. ▶ *Sorte* – catégorie, classe, espèce, famille, genre, groupe, ordre, sorte, type, variété. *SOUT.* gent. ▶ *Tempérament* – abord, caractère, comportement, constitution, esprit, état d'âme, état d'esprit, humeur, idiosyncrasie, individualité, mentalité, naturel, personnalité, sensibilité, tempérament, trempe. *FAM.* psychologie. *ACADIE FAM.* alément. *PSYCHOL.* thymie. ▶ *Constitution* – apparence, condition (physique), conformation, constitution, état (physique), forme, santé, vitalité. *SOUT.* complexion. *MÉD.* diathèse, habitus. ▶ *Environnement* – biome, biotope, climat, écosystème, environnement, habitat, milieu, niche écologique, station. ▶ *Univers* – ciel, cosmos, création, espace, galaxie, les étoiles, macrocosme, monde, sphère, tout. ▲**ANT.** SURNATUREL; CIVILISATION, CULTURE.

naturel adj. ▶ *Inné* – congénital, dans le sang, de naissance, de nature, inné, natif. *SOUT.* infus. ▶ *Réflexe* – automatique, inconscient, indélibéré, instinctif, intuitif, involontaire, irréfléchi, machinal, mécanique, réflexe, spontané. *DIDACT.* instinctuel, pulsionnel. ▶ *Normal* – compréhensible, défendable, excusable, humain, justifiable, légitime, normal. ▶ *Habituel* – accoutumé, attendu, connu, consacré, coutumier, d'usage, de pratique courante, de règle, de tradition, familier, habituel, normal, ordinaire, quotidien, régulier, rituel, routinier, usuel. ▶ *Impulsif* – impulsif, primesautier, spontané. *FAM.* nature. ▶ *Décontracté* – à l'aise, aisé, décontracté, dégagé, désinvolte, détendu, libre. ▶ *Qui n'est pas imité* – authentique, pur, véritable, vrai. *FAM.* vrai de vrai. ▶ *Qui n'a pas été traité* – brut, cru, vierge. ▶ *En parlant d'un textile* – brut, cru, écru, grège *(soie).* ▶ *En parlant du style* – aisé, coulant, facile, fluide. ▶ *Né hors mariage* – adultérin, bâtard, illégitime. ▲**ANT.** ARTIFICIEL; ANORMAL, IRRÉGULIER; ACQUIS, APPRIS, CULTUREL; GAUCHE, LABORIEUX, LOURD; IMPARDONNABLE, INACCEPTABLE, INADMISSIBLE, INEXCUSABLE, INJUSTIFIABLE; AFFECTÉ, COINCÉ, ENGONCÉ, FORCÉ, GUINDÉ, MANIÉRÉ, RAIDE; ACADÉMIQUE, FACTICE, FALSIFIÉ; ARTIFICIEL, FABRIQUÉ (DE MAIN D'HOMME), HUMAIN; CHIMIQUE *(produit),* SYNTHÉTIQUE; MODIFIÉ, TRAITÉ; LÉGITIME (enfant); GRAMMATICAL (genre); MIRACULEUX, SURNATU-REL; RÉVÉLÉ (en religion); PONCTUEL (éclairage). △ NATU-RELLE, *fém.* – TEMPÉRÉE (gamme); ACCIDENTELLE (mort), PROVOQUÉE, TRAGIQUE; ARTIFICIELLE (procréation), ASSISTÉE.

naturellement adv. ▶ *Simplement* – à la bonne franquette, familièrement, sans affectation, sans apprêt, sans cérémonies, sans complications, sans façons, sans ornement, sans tambour ni trompette, simplement, sobrement, tout bonnement. SOUT. nûment. FAM. à la fortune du pot. ▶ *Véritablement* – à dire vrai, à l'évidence, à la vérité, à n'en pas douter, à vrai dire, assurément, authentiquement, bel et bien, bien, bien entendu, bien sûr, cela va de soi, cela va sans dire, certainement, certes, comme de juste, d'évidence, de toute évidence, effectivement, en effet, en vérité, évidemment, il va sans dire, indubitablement, manifestement, nul doute, oui, réellement, sans (aucun) doute, sans conteste, sans contredit, sans le moindre doute, sans nul doute, sérieusement, sûrement, véridiquement, véritablement, vraiment. FAM. pour de vrai, vrai. QUÉB. FAM. pour vrai. ▶ *Spontanément* – à l'instinct, à l'intuition, au flair, automatiquement, d'instinct, impulsivement, inconsciemment, instinctivement, intuitivement, involontairement, machinalement, mécaniquement, par habitude, par humeur, par instinct, par nature, sans réfléchir, spontanément, viscéralement. ▶ *Corporellement* – anatomiquement, biologiquement, charnellement, corporellement, organiquement, physiologiquement, physiquement. ▲ANT. ARTIFICIELLEMENT, SYNTHÉTIQUEMENT; AVEC AFFECTATION, DE FAÇON COMPASSÉE; FASTUEUSEMENT, IMPÉRIALEMENT, LUXUEUSEMENT, MAGNIFIQUEMENT, PRINCIÈREMENT, RICHEMENT, ROYALEMENT, SOMPTUEUSEMENT, SPLENDIDEMENT, SUPERBEMENT.

naufragé adj. ▲ANT. RENFLOUÉ.

naufrage n. m. ▶ *Accident maritime* – accident, chavirage, chavirement, perte. FAM. dessalage. ▶ *Faillite* – banqueroute, chute, crise, culbute, débâcle, déconfiture, dépôt de bilan, dépression, effondrement, faillite, fiasco, insolvabilité, krach, liquidation, marasme, mévente, récession, ruine, stagflation. FAM. dégringolade. FRANCE FAM. baccara. ▶ *Échec* – avortement, banqueroute, capitulation, catastrophe, chute, débâcle, débandade, déconfiture, défaite, déroute, désavantage, échec, écrasement, faillite, fiasco, four, infortune, insuccès, mauvaise fortune, perte, ratage, raté, retraite, revers. SOUT. traverse. FAM. désastre, piquette, plantage, raclée, recalage, volée. FRANCE FAM. bérézina, bide, brossée, déculottée, dégelée, écrabouillement, fessée, foirade, gamelle, loupage, pile, rincée, rossée, tannée, veste. ▲ANT. DÉSÉCHOUAGE, RENFLOUEMENT, SAUVETAGE; RÉUSSITE, SUCCÈS, TRIOMPHE.

nausée n. f. ▶ *Malaise* – écœurement, envie de vomir, haut-le-cœur, mal de cœur, soulèvement d'estomac. ▶ *Dégoût* – abomination, allergie, aversion, dégoût, écœurement, haine, haut-le-cœur, horreur, indigestion, phobie, répugnance, répulsion, révulsion. SOUT. détestation, exécration. FAM. dégoûtation. ▶ *Saturation* – dégoût, mal de cœur, réplétion, satiété, saturation. ▲ANT. APPÉTENCE, APPÉTIT.

naval adj. marin, maritime, nautique.

navet n. m. ▶ *Légume* – QUÉB. ACADIE FAM. naveau. ▶ *Mauvais film* – film, œuvre cinématographique, production. ▸ Mauvais FRANCE FAM. nanar. ▶ *Mauvais tableau* – barbouillage, barbouillis, chromo, gribouillage, gribouillis. FAM. croûte. ◆ **navets,** *plur.* ▶ *Ensemble de légumes* – champ de navets, navetière. ▲ANT. CHEF D'ŒUVRE.

navigateur n. ▶ *Conducteur de bateau* – bachoteur, batelier, bélandrier, gondolier, lamaneur (navire), marinier, pilote (navire), piroguier, régatier. SOUT. nautonier. ▶ *Explorateur* – aventurier, chercheur, découvreur, globe-trotter, prospecteur, voyageur. FAM. bourlingueur. ◆ **navigateur,** *masc.* ▶ *Logiciel* – fureteur.

navigation n. f. ▶ *Action de naviguer* – gouverne, manœuvre, marine, pilotage. ▶ *Trafic maritime* – circulation, mouvement, trafic. ▸ *Automobiles* – circulation, circulation automobile, circulation routière, circulation urbaine, trafic (routier). ▸ *Bateaux* – trafic maritime. ▶ *Voyage* – allées et venues, balade, campagne, circuit, circumnavigation, course, croisière, déplacement, excursion, expédition, exploration, incursion, marche, mission, navette, odyssée, passage, pèlerinage, pérégrination, périple, promenade, raid, rallye, randonnée, reconnaissance, tour, tourisme, tournée, transport, traversée, va-et-vient, voyage. SOUT. errance. FAM. bourlingue, rando, transhumance. QUÉB. voyagement.

naviguer v. ▶ *Avancer sur l'eau* – SOUT. voguer. ▸ *Avancer dans une direction* – cingler, faire voile. ▶ *Voyager beaucoup* (FAM.) – courir le monde, voir du pays. SOUT. pérégriner. FAM. bourlinguer, rouler sa bosse, trimarder, vagabonder. ▶ *Explorer Internet* – butiner, fureter, surfer. ▲ANT. JETER L'ANCRE, MOUILLER.

navire n. m. ▶ *Véhicule flottant* – bateau, bâtiment. SOUT. nef, vaisseau. ◆ **navires,** *plur.* ▶ *Ensemble de véhicules flottants* – flotte; marine.

navrant adj. ▶ *Qui attriste* – affligeant, atterrant, attristant, chagrinant, consternant, déplorable, désespérant, désolant, douloureux, malheureux, misérable, pénible, pitoyable, qui serre le cœur, triste. ▶ *Qui blesse profondément* – âcre, affligeant, amer, cruel, cuisant, déchirant, douloureux, dur, éprouvant, lancinant, pénible, poignant, saignant, vif. ▶ *Médiocre* – abominable, affreux, atroce, déplorable, désastreux, épouvantable, exécrable, horrible, infect, insipide, lamentable, manqué, mauvais, médiocre, minable, nul, odieux, piètre, piteux, pitoyable, qui ne vaut rien, raté. SOUT. méchant, triste. FAM. à la flan, à la gomme, à la manque, à la mie de pain, à la noix (de coco), blèche, craignos, crapoteux, mal fichu, moche, pourri, qui ne vaut pas un clou. QUÉB. FAM. de broche à foin, poche. ▲ANT. AGRÉABLE, AMUSANT, PLAISANT, RÉJOUISSANT; ENCOURAGEANT, MOTIVANT, STIMULANT; BRILLANT, ÉBLOUISSANT, EXCELLENT, EXTRAORDINAIRE, FANTASTIQUE, MAGNIFIQUE, MERVEILLEUX, PRODIGIEUX, REMARQUABLE, SENSATIONNEL.

navré adj. ▶ *Peiné* – affligé, attristé, comme une âme en peine, désespéré, désolé, en grand désarroi, inconsolable, inconsolé, malheureux, peiné, triste. ▶ *Dans les formules de politesse* – confus, désolé.

nazi

nazi *n.* chemise brune, hitlérien, national-socialiste.

néanmoins *adv.* cependant, mais, malgré cela, malgré tout, malheureusement, pourtant, seulement, toutefois. SOUT. nonobstant. ▲ANT. DE PLUS, EN OUTRE, ET.

néant *n. m.* ▶ *Vide* – désert, nullité, rien, vacuité, vacuum, vide, zéro. ▶ *Non-sens* – asémanticité, inanité, insignifiance, non-sens, non-signifiance, vacuité. ▶ *Futilité* – frivolité, futilité, inanité, inconsistance, inefficacité, insignifiance, inutilité, nullité, puérilité, stérilité, superfétation, superficialité, superfluité, vacuité, vanité, vide. ▶ *Abîme* – apocalypse, bouleversement, calamité, cataclysme, catastrophe, chaos, désastre, drame, fléau, malheur, ruine, sinistre, tragédie. FIG. précipice, ulcère. SOUT. abîme. FAM. cata. ▲ANT. ÊTRE, EXISTENCE; PLÉNITUDE; UNIVERS.

nébuleux *adj.* ▶ *Qui a l'aspect des nuages* – brumeux, vaporeux. ▶ *En parlant du ciel* – assombri, bouché, chargé de nuages, couvert, ennuagé, gris, lourd, nuageux, obscurci, voilé. ▶ *Embrouillé* – brouillé, brumeux, compliqué, confus, contourné, embarrassé, embrouillé, embroussaillé, enchevêtré, entortillé, flou, fumeux, incompréhensible, indéchiffrable, indigeste, inintelligible, obscur, tarabiscoté, vague, vaseux. SOUT. abscons, abstrus, amphigourique, fuligineux. FAM. chinois, emberlificoté, filandreux, vasouillard. ▶ *Incompréhensible* – cabalistique, caché, cryptique, énigmatique, ésotérique, hermétique, impénétrable, inaccessible, incompréhensible, inconcevable, inconnaissable, indéchiffrable, indécodable, inexplicable, inintelligible, insaisissable, insondable, mystérieux, obscur, opaque, secret, ténébreux. SOUT. abscons, abstrus, sibyllin. ▲ANT. CLAIR; BEAU, DÉGAGÉ, SEREIN; ACCESSIBLE, COMPRÉHENSIBLE, ÉVIDENT, INTELLIGIBLE, LIMPIDE, SIMPLE, TRANSPARENT.

nécessaire *adj.* ▶ *Essentiel* – capital, crucial, de première nécessité, essentiel, fondamental, important, incontournable, indispensable, irremplaçable, primordial, vital. ▶ *Urgent* – impératif, impérieux, pressant, pressé, urgent. SOUT. instant. ▶ *Inévitable* – assuré, certain, fatal, immanquable, imparable, implacable, incontournable, inéluctable, inévitable, inexorable, obligatoire, obligé, sûr. FAM. forcé, mathématique. ▲ANT. FACULTATIF, OPTIONNEL.

nécessairement *adv.* ▶ *Inévitablement* – à coup sûr, automatiquement, fatalement, forcément, immanquablement, implacablement, inéluctablement, inévitablement, inexorablement, infailliblement, ipso facto, irrésistiblement, logiquement, mathématiquement, obligatoirement, par la force des choses. ▶ *Obligatoirement* – à tout prix, absolument, coûte que coûte, essentiellement, impérativement, impérieusement, inconditionnellement, indispensablement, obligatoirement, sans faute. ▲ANT. ALÉATOIREMENT, DOUTEUSEMENT, PEUT-ÊTRE; FACULTATIVEMENT, OPTIONNELLEMENT.

nécessité *n. f.* ▶ *Obligation* – astreinte, besoin, contrainte, exigence, impératif, obligation, servitude. ▶ *Utilité* – avantage, bénéfice, bienfait, commodité, convenance, désirabilité, efficacité, fonction, fonctionnalité, indispensabilité, intérêt, mérite,

profit, profitabilité, recours, service, usage, utilité, valeur. ▶ *Fatalité* – avenir, chance, demain(s), destin, destinée, devenir, étoile, existence, fatalité, fortuité, fortune, futur, hasard, horizon, karma, lendemain(s), lot, prédestination, prédétermination, prédéterminisme, providence, sérendipité, sort, vie. SOUT. fatum, Parque. ▶ *Pauvreté* – appauvrissement, besoin, dénuement, détresse, embarras, gêne, gouffre, indigence, manque, mendicité, misère, pauvreté, privation, ruine. SOUT. impécuniosité. FAM. dèche, pouillerie. FRANCE FAM. débine, fauche, mistoufle, mouise, mouscaille, panade, purée. DR. carence. ▲ANT. ÉVENTUALITÉ, POSSIBILITÉ; CONTINGENCE; LUXE.

nécessiter *v.* ▶ *Requérir* – appeler, avoir besoin de, commander, demander, exiger, imposer, obliger, postuler, prendre, prescrire, réclamer, requérir, vouloir. ▶ *Entraîner* – amener, apporter, catalyser, causer, créer, déchaîner, déclencher, déterminer, donner, donner lieu à, donner naissance à, engendrer, entraîner, faire, faire naître, former, générer, occasionner, produire, provoquer, soulever, susciter. ▲ANT. ÉLIMINER (rendre inutile).

nef *n. f.* ▶ *Navire* – bateau, bâtiment, navire. SOUT. vaisseau. ▶ *Véhicule spatial* – astronef, engin spatial, spationef, vaisseau spatial. ▶ *Partie d'une église* – vaisseau.

néfaste *adj.* dangereux, dévastateur, dommageable, funeste, malfaisant, mauvais, négatif, nocif, nuisible, pernicieux, ravageur. SOUT. délétère. ▲ANT. AVANTAGEUX, BÉNÉFIQUE, BIENFAISANT, BON, FAVORABLE, PROFITABLE, SALUTAIRE, UTILE; ANODIN, BÉNIN, INNOCENT, INOFFENSIF, SANS DANGER; FASTE (jour).

négatif *adj.* dangereux, dévastateur, dommageable, funeste, malfaisant, mauvais, néfaste, nocif, nuisible, pernicieux, ravageur. SOUT. délétère. ▲ANT. AFFIRMATIF, POSITIF; CONSTRUCTIF; BÉNÉFIQUE, BIENFAISANT, BON, PROFITABLE, SALUTAIRE, UTILE.

négation *n. f.* contestation, contradiction, désapprobation, négative, non, opposition, récusation, refus, réfutation, rejet. ▲ANT. AFFIRMATION; ASSENTIMENT, CONSENTEMENT.

négativement *adv.* ▶ *En dépréciant* – défavorablement. ▶ *Non* – aucunement, d'aucune façon, d'aucune manière, du tout, en aucun cas, en aucune façon, en aucune manière, en aucune sorte, en rien, ne, non, nullement, pas, pas du tout, point. SOUT. ni peu ni prou. QUÉB. ACADIE FAM. (pas) pantoute. ▲ANT. AFFIRMATIVEMENT.

négativisme *n. m.* alarmisme, catastrophisme, défaitisme, inquiétude, pessimisme, scepticisme. ▲ANT. POSITIVISME.

négligé *adj.* abandonné, délaissé, esseulé.

négligeable *adj.* ▶ *Inexistant* – absent, inexistant, nul. ▶ *Peu élevé* – faible, infime, infinitésimal, insignifiant, mince, minime, petit, sans importance. FIG. homéopathique. ▶ *Non favorable* – dérisoire, insignifiant, malheureux, minime, misérable, piètre, ridicule. ▶ *Secondaire* – accessoire, anecdotique, annexe, contingent, (d'intérêt) secondaire, de second plan, décoratif, dédaignable, épisodique, incident, indifférent, insignifiant, marginal, mineur, périphérique. ▲ANT. COLOSSAL, CONSIDÉRABLE, ÉNORME, EXTRAORDINAIRE, EXTRÊME, FABULEUX, FORMIDABLE,

GÉANT, GIGANTESQUE, IMMENSE, INCOMMENSURABLE, MONUMENTAL, PHÉNOMÉNAL, TITANESQUE, VASTE ; APPRÉCIABLE, DE TAILLE, FORT, IMPORTANT, NOTABLE, RESPECTABLE, SENSIBLE, SÉRIEUX, SUBSTANTIEL.

négligemment *adv.* ▸ *Frivolement* – distraitement, frivolement, futilement, inconséquemment, infidèlement, inutilement, légèrement, superficiellement, vainement. ▸ *Paresseusement* – apathiquement, indolemment, languissamment, lentement, mollement, nonchalamment, oisivement, paresseusement, passivement, poussivement, végétativement. ▸ *Malproprement* – à la diable, dégoûtamment, impurement, malproprement, salement, sordidement. ▲ANT. ACTIVEMENT, AVEC ZÈLE, DYNAMIQUEMENT, ÉNERGIQUEMENT ; AVEC MÉTHODE, AVEC SOIN, CORRECTEMENT, MINUTIEUSEMENT, SCRUPULEUSEMENT.

négligence *n. f.* ▸ *Paresse* – alanguissement, apathie, atonie, engourdissement, fainéantise, farniente, indolence, inertie, laisser-aller, langueur, lenteur, léthargie, lourdeur, mollesse, nonchalance, oisiveté, paresse, somnolence, torpeur. FAM. cosse, flémingite aiguë, flemmardise, flemme. ▸ *Insouciance* – détachement, frivolité, imprévoyance, inapplication, inconscience, irresponsabilité, laisser-aller, légèreté, nonchalance. FIG. myopie. SOUT. imprévision, morbidesse. FAM. je-m'en-fichisme, je-m'en-foutisme. ▸ *Distraction* – absence (d'esprit), déconcentration, défaillance, dispersion, dissipation, distraction, étourderie, imprudence, inadvertance, inapplication, inattention, inconséquence, irréflexion, légèreté, omission, oubli. PSYCHAN. aprosexie, déflexion. PSYCHOL. distractivité. ▸ *Oubli* – absence, amnésie, étourderie, manque, mauvaise mémoire, omission, oubli, perte de mémoire, trou (de mémoire). ▸ *Abandon* – abandon, abdication, défection, désertion, désintérêt, impréparation, incoordination, incurie, inorganisation, insouciance, laisser-aller. ▲ANT. ASSIDUITÉ, DILIGENCE, EMPRESSEMENT, ZÈLE ; APPLICATION, ATTENTION, EXACTITUDE, MINUTIE, RIGUEUR, SOIN ; CONSCIENCE.

négligent *adj.* ▸ *Paresseux* – fainéant, flâneur, indolent, nonchalant, paresseux. FAM. cossard, faignant, flemmard, mollasse, mollasson, musard, musardeur. QUÉB. FAM. sans-cœur, vache. ▸ *Irresponsable* – écervelé, étourdi, évaporé, imprévoyant, imprudent, impulsif, inconscient, inconséquent, inconsidéré, insouciant, irréfléchi, irresponsable, léger, sans cervelle, sans-souci. SOUT. malavisé. ▸ *Distrait* – distrait, étourdi, inappliqué, inattentif. ▲ANT. APPLIQUÉ, CONSCIENCIEUX, MÉTHODIQUE, MÉTICULEUX, MINUTIEUX, RIGOUREUX, SCRUPULEUX, SOIGNEUX, SYSTÉMATIQUE ; MESURÉ, PONDÉRÉ, POSÉ, RAISONNABLE, RÉFLÉCHI, RESPONSABLE, SAGE, SENSÉ, SÉRIEUX.

négliger *v.* ▸ *Ne pas prendre soin* – laisser aller. ▸ *Ne pas accomplir* – manquer à, se dérober à. SOUT. faillir à, forfaire à. ▸ *Traiter avec indifférence* – bouder, être sourd à, faire fi de, faire la sourde oreille à, faire peu de cas de, ignorer, méconnaître, mépriser, ne pas se soucier de, ne pas tenir compte de, se désintéresser de, se moquer de. SOUT. n'avoir cure de, passer outre à. FAM. n'avoir rien à cirer de, n'avoir rien à foutre de, s'en balancer, s'en battre les flancs, s'en contrebalancer, s'en tamponner (le coquillard), s'en taper, se battre l'œil de,

se contreficher de, se contrefoutre de, se ficher de, se foutre de, se soucier de qqch. comme d'une guigne, se soucier de qqch. comme de l'an quarante, se soucier de qqch. comme de sa première chemise. QUÉB. FAM. se sacrer de. ▸ *Délaisser* – délaisser, perdre le goût de, s'éloigner de, se désintéresser de, se détacher de. ▸ *Ne pas envisager* – balayer d'un revers de la main, écarter, éliminer, excepter, exclure, faire abstraction de, mettre à l'écart, ne pas prendre en considération, ne pas tenir compte de, rejeter. ▸ *Omettre* – omettre, oublier. ▲ANT. S'APPLIQUER, SOIGNER ; PENSER, S'OCCUPER, SE PRÉOCCUPER, SE SOUCIER, TENIR COMPTE ; CULTIVER, ENTRETENIR, S'INTÉRESSER.

négoce *n. m.* ▸ *Commerce* – activité commerciale, affaires, circulation, commerce, commercialisation, distribution, échange, finance, marché, opérations (commerciales), traite, transactions, troc, vente.

négociateur *n.* ▸ *Commissaire* – agent, ambassadeur, attaché, chargé d'affaires, chargé de mission, commissaire, correspondant, délégataire, délégué, député, diplomate, émissaire, envoyé, fondé de pouvoir, légat, mandataire, ministre, parlementaire, plénipotentiaire, représentant. ▸ *Intermédiaire* – arbitragiste, arbitre, arrangeur, conciliateur, intermédiaire, juge, médiateur, modérateur, ombudsman, pacificateur, réconciliateur, surarbitre. DR. amiable compositeur. ▲ANT. PERTURBATEUR, PROVOCATEUR.

négociation *n. f.* ▸ *Pourparlers* – conversation, dialogue, discussion, échange (de vues), marchandage, pourparlers, tractation, transaction. SOUT. transigeance. FAM. négo. ▸ *Accord* – accord, armistice, cessation des hostilités, cessez-le-feu, compromis, conciliation, détente, entente, issue, modus vivendi, neutralité, non-belligérance, normalisation, pacification, pacte, paix, réconciliation, traité, trêve. ▸ *Affaire* – affaire, arbitrage, contestation, débat, démêlé, différend, discussion, dispute, médiation, panel, querelle, règlement, spéculation, tractation. ▸ *Stratégie* – adresse, calcul, diplomatie, finesse, habileté, ligne de conduite, manège, patience, prudence, ruse, sagesse, savoir-faire, souplesse, stratégie, tactique, temporisation, tractation.

négocier *v.* ▸ *Marchander* – débattre le prix, marchander. AFR. palabrer. ▸ *Débattre un accord* – débattre, discuter, traiter. ▸ *Discuter* – dialoguer, discuter, être en pourparlers, parlementer, traiter. ▲ANT. IMPOSER, ORDONNER ; FERMER LA PORTE À, REFUSER.

neige *n. f.* ▸ *Eau congelée* – flocons de neige. ▸ *Au sol* – capiton, linceul, manteau, or blanc (comme source de revenus), tapis.

neigeux *adj.* ▸ *Couvert de neige* – enneigé. ▸ *Blanc* – blanc, blanchâtre, crayeux, immaculé, laiteux, opale, opalescent, opalin. SOUT. d'albâtre, lactescent, lilial, marmoréen. ▲ANT. NOIR, SOMBRE.

nerf *n. m.* ▸ *Transmetteur biologique* – axone, neurone, synapse, terminaison nerveuse. ▸ *En reliure* – nervure. ◆ **nerfs**, *plur.* ▸ *Ensemble de transmetteurs biologiques* – système nerveux ; innervation.

nerveusement *adv.* anxieusement, convulsivement, fébrilement, fiévreusement, impatiemment, spasmodiquement, vivement. ▲ANT. AVEC CALME, AVEC SANG-FROID, AVEC SÉRÉNITÉ, CALMEMENT, FLEGMATIQUEMENT, FROIDEMENT, IMPASSIBLEMENT, PLACIDEMENT, POSÉMENT, TRANQUILLEMENT.

nerveux *adj.* ▶ *Qui concerne les émotions* – affectif, émotif, émotionnel, psychoaffectif. ▶ *Qui résulte de la nervosité* – convulsif, involontaire, spasmodique, spastique. ▶ *Excité* – agité, énervé, excité, fébrile, fiévreux, hystérique, impatient, surexcité. FAM. mordu de la tarentule, piqué de la tarentule, tout-fou. ▶ *Angoissé* – agité, alarmé, angoissé, anxieux, appréhensif, en proie à l'inquiétude, énervé, fiévreux, fou d'inquiétude, inquiet, qui s'en fait, qui se fait de la bile, qui se fait du mauvais sang, qui se ronge les sangs, tourmenté, tracassé, troublé. FAM. bileux; PÉJ. paniquard. ▶ *Tendu* – contracté, stressé, tendu. ▶ *Rempli d'énergie* – énergique, ferme, musclé, qui a du nerf, solide, vigoureux. ▶ *En parlant d'une viande* – coriace, fibreux, filamenteux, filandreux, tendineux. ▲ANT. CALME, DÉTENDU, FLEGMATIQUE, PLACIDE, SEREIN, TRANQUILLE; BALOURD, LENT, LOURD, LOURDAUD, PESANT; INDOLENT, NONCHALANT; TENDRE.

nervosité *n. f.* ▶ *Énervement* – agitation, effervescence, électrisation, emballement, énervement, étourdissement, exaltation, excitation, fébrilité, fièvre, griserie, stress, surexcitation, tension. SOUT. enivrement, éréthisme, exaspération, surtension. ▶ *Turbulence* – agitation, dissipation, espièglerie, excitation, fougue, impétuosité, mobilité, mouvement, pétulance, tapage, turbulence, vivacité. ▲ANT. CALME, FLEGME; SÉRÉNITÉ, TRANQUILLITÉ; STABILITÉ.

net *adj.* ▶ *Propre* – immaculé, impeccable, propre, propret, soigné. ▶ *Bien défini* – arrêté, clair, défini, déterminé, précis, tranché. ▶ *Évident* – clair, clair et net, évident, explicite, formel, qui ne fait aucun doute, sans équivoque. DIDACT. apodictique, prédicatif. ▲ANT. CRASSEUX, CROTTÉ, ENCRASSÉ, MACULÉ, MALPROPRE, SALE, SOUILLÉ; CONFUS, FLOU, IMPRÉCIS, INDÉFINISSABLE, INDÉTERMINÉ, INDISTINCT, OBSCUR, TROUBLE, VAGUE; AMBIGU, ÉNIGMATIQUE, ÉQUIVOQUE, MYSTÉRIEUX; BRUT (somme).

nettement *adv.* ▶ *Proprement* – hygiéniquement, net, proprement, sainement. SOUT. blanchement. ▶ *Clairement* – catégoriquement, clairement, en toutes lettres, explicitement, expressément, formellement, noir sur blanc, nommément, positivement. ▶ *Carrément* – abruptement, brusquement, brutalement, carrément, catégoriquement, crûment, directement, droit, droit au but, en plein, fermement, franc, franchement, hardiment, librement, net, raide, raidement, résolument, rondement, sans ambages, sans ambiguïté, sans barguigner, sans détour(s), sans dissimulation, sans équivoque, sans faux-fuyant, sans hésitation, sans intermédiaire, vertement. FAM. franco. ▶ *Extrêmement* – à l'extrême, affreusement, astronomiquement, au dernier degré, au dernier point, au maximum, au plus haut degré, au plus haut point, beaucoup, bien, colossalement, considérablement, éminemment, énormément, exceptionnellement, extraordinairement, extrêmement, fabuleusement, follement,

fort, fortement, grandement, gros, hautement, immensément, incommensurablement, inconcevablement, incroyablement, infiniment, intensément, long, mortellement, on ne peut plus, phénoménalement, prodigieusement, profondément, remarquablement, sérieusement, singulièrement, souverainement, supérieurement, suprêmement, terriblement, très, vertigineusement, vivement, vraiment. FAM. bigrement, bougrement, diablement, drôlement, effroyablement, épais, épouvantablement, fameusement, fantastiquement, fichtrement, fichûment, formidablement, foutrement, furieusement, joliment, rudement, sacrément, salement, super, terrible, tout plein, un max, vachement. QUÉB. FAM. à l'os, à la planche, au coton, en maudit, en s'il vous plaît, mauditement. ▲ANT. DÉGOÛTAMMENT, IMPUREMENT, MALPROPREMENT, SALEMENT; CONFUSÉMENT, IMPRÉCISÉMENT, INDISTINCTEMENT, VAGUEMENT; À PEINE, PAS TRÈS, PEU.

netteté *n. f.* ▶ *Propreté* – propreté, soin. ▶ *Pureté* – clarté, diaphanéité, eau, limpidité, luminosité, pureté, translucidité, transparence, visibilité, vivacité. ▶ *Intelligibilité* – accessibilité, clarté, compréhensibilité, compréhension, évidence, facilité, intelligibilité, intercompréhension, limpidité, lisibilité, luminosité, transparence. ▶ *Rigueur* – exactitude, infaillibilité, justesse, précision, rigueur. ▶ *Franchise* – abandon, bonne foi, confiance, cordialité, droiture, franchise, franc-jeu, franc-parler, loyauté, parler-vrai (politique), rondeur, simplicité, sincérité, spontanéité. ▶ *Honnêteté* – conscience, droiture, exactitude, fidélité, franchise, honnêteté, incorruptibilité, intégrité, irréprochabilité, justice, loyauté, mérite, moralité, probité, scrupule, sens moral, transparence, vertu. ▲ANT. SALETÉ; IMPURETÉ; CONFUSION, FLOU, IMPRÉCISION, NÉBULOSITÉ, OBSCURITÉ; AMBIGUÏTÉ, INCERTITUDE.

nettoyage *n. m.* ▶ *Ménage* – astiquage, bichonnage, débarbouillage, déblaiement, décrassage, décrassement, décrottage, dégagement, dépoussiérage, détachage, essuyage, fourbissage, fourbissement, lavage, lessivage, lessive, ménage, rangement, ravalement, savonnage, vidange. FAM. briquage. BELG. appropriation. ▶ *Laine* – carbonisage, désoufrage. ▶ *Purification* – assainissement, épuration, nettoiement, purification. ▶ *Ablution* – ablutions, bain, débarbouillage, douche, lavage, rinçage, toilette. ▶ *Affinage* – affinage, assainissement, blanchissage (sucre), écrémage (lait), élimination, façon, façonnage, façonnement, finissage, finition. ▶ *Expulsion* – bannissement, délogement, désinsertion, disgrâce, disqualification, élimination, évacuation, éviction, exclusion, exil, expatriation, expulsion, ostracisme, proscription, rabrouement, radiation, refoulement, rejet, relégation, renvoi. FAM. dégommage, éjection, lessive, vidage. QUÉB. tablettage. ▲ANT. ENCRASSEMENT, MACULAGE, TACHAGE; CORRUPTION.

nettoyer *v.* ▶ *Enlever la saleté* – curer, décrasser, désencrasser, déterger, frotter, gratter, racler, récurer. FAM. décrotter. BELG. FAM. approprier, faire du propre, reloqueter. SUISSE poutser. ▶ *Avec de l'eau* – laver, laver à grande eau, lessiver, rincer. ▶ *Enlever ce qui encombre* – débarrasser, déblayer, dégager, désencombrer. ▶ *Faire briller* – astiquer, fourbir, frotter, peaufiner, polir. *FAM.* briquer. *BELG.* blinquer. *SUISSE* poutser. ▸ *Désinfecter* – assainir, désinfecter. ▸ *Éliminer ce qui est néfaste* – débarrasser, purger. ◂ *Tuer* (*FAM.*) – abattre, assassiner, éliminer, exécuter, supprimer, tuer. *SOUT.* immoler. *FAM.* buter, descendre, envoyer ad patres, envoyer dans l'autre monde, expédier, faire la peau à, flinguer *(arme à feu)*, liquider, ratatiner, rectifier, refroidir, se faire, trucider, zigouiller. *FRANCE FAM.* bousiller, dessouder, escoffier, révolvériser *(revolver)*. ▸ *Ruiner au jeu* (*FAM.*) – ruiner. *FAM.* lessiver, ratiboiser, rétamer, rincer. ▸ *Épuiser* (*FAM.*) – abrutir, briser, courbaturer, épuiser, éreinter, exténuer, fatiguer, forcer, harasser, lasser, mettre à plat, surmener, tuer. *FAM.* claquer, crever, démolir, esquinter, lessiver, mettre sur le flanc, pomper, rétamer, vanner, vider. *QUÉB. FAM.* maganer. ▸ *Boire en entier* (*FAM.*) – finir, vider. *FAM.* sécher. ▲*ANT.* BARBOUILLER, ENCRASSER, MACULER, SALIR, SOUILLER, TACHER, TERNIR; CONTAMINER, INFECTER.

neuf *adj.* ▸ *Nouveau* – battant neuf, de fraîche date, de nouvelle date, flambant neuf, inédit, nouveau, récent, tout neuf. ▸ *Qui n'a pas encore servi* – inaltéré, intact, inutilisé, vierge. ▸ *En vogue* – à la mode, à la page, actuel, au goût du jour, dans le vent, dernier cri, en vogue, frais, jeune, moderne, nouveau, récent. *FAM.* branché, in, tendance. ▸ *Innovateur* – audacieux, avant-gardiste, d'avant-garde, frais, futuriste, hardi, inédit, innovant, innovateur, newlook, nouveau, nouvelle vague, novateur, original, renouvelé, révolutionnaire, visionnaire. ▸ *Inexpérimenté* – béotien, débutant, inexercé, inexpérimenté, jeune, naïf, néophyte, non initié, nouveau, novice, profane. *SOUT.* inexpert. ▲*ANT.* ANCIEN, ANTIQUE, ARCHAÏQUE, VIEUX.

neutraliser *v.* ▸ *Compenser* – balancer, compenser, contrebalancer, équilibrer, faire contrepoids à, faire équilibre à, pondérer. ▸ *Empêcher de produire son effet* – arrêter, désamorcer, enrayer, entraver, étouffer, étrangler, faire obstacle à, freiner, inhiber, juguler, mater, mettre en échec, mettre un frein à, refouler, stopper. ▸ *Contraindre physiquement* – immobiliser, maîtriser, se rendre maître de. ◂ *se neutraliser* ▸ *S'annuler* – s'annuler, s'exclure, se compenser. ▲*ANT.* ACTIVER, ANIMER, ÉVEILLER, PROVOQUER, STIMULER.

neutraliste *adj.* ▲*ANT.* INTERVENTIONNISTE.

neutre *adj.* ▸ *Sans parti pris* – équitable, impartial, intègre, juste, objectif, sans parti pris. ▸ *Sans originalité* – anonyme, dépersonnalisé, impersonnel. ▲*ANT.* POSITIF; NÉGATIF; ENGAGÉ, IMPLIQUÉ; ARBITRAIRE, INÉQUITABLE, INJUSTE, PARTIAL; PERSONNALISÉ, PERSONNEL; BELLIGÉRANT *(pays)*, MASCULIN; FÉMININ; ACIDE; BASIQUE; ÉCLATANT *(couleur)*, VIF, VOYANT.

névrose *n. f.* ▲*ANT.* ÉQUILIBRE.

nez *n. m.* ▸ *Partie du corps* – narines. *DIDACT.* appendice nasal, organe de l'odorat, protubérance nasale. ◂ *Animaux* – chanfrein, groin, mufle, museau, trompe, truffe. ▸ *Partie antérieure* – étrave, proue. ▸ *Sagacité* (*FAM.*) – acuité, clairvoyance, discernement, fin, finesse, flair, habileté, intuition, jugement, lucidité, pénétration, perspicacité, sagacité, sensibilité, subtilité. ▸ *Dégustateur* (*FAM.*) – connaisseur (en vins), dégustateur (de vin), goûteur de cru, goûteur (de vins).

niais *adj.* ▸ *Naïf jusqu'à la bêtise* – crédule, innocent, naïf, simple, simplet. *FAM.* cucul, jobard, nunuche, poire. ▸ *Peu intelligent* – abruti, benêt, bête, bête à manger du foin, borné, crétin, demeuré, hébété, idiot, imbécile, inintelligent, nigaud, obtus, sot, stupide. ▲*ANT.* À L'ESPRIT VIF, BRILLANT, ÉVEILLÉ, INTELLIGENT; ASTUCIEUX, DÉLURÉ, FIN, FINAUD, FUTÉ, HABILE, INGÉNIEUX, INVENTIF, MALIN, RUSÉ; HAGARD *(oiseau)*.

niaiserie *n. f.* ▸ *Naïveté* – candeur, crédulité, jobarderie, jobardise, naïveté. ▸ *Stupidité* – ânerie, béotisme, bêtise, bornerie, débilité, idiotie, ignorance, imbécillité, ineptie, inintelligence, innocence, insipidité, lenteur, lourdeur, naïveté, nigauderie, pesanteur, simplicité, sottise, stupidité. ▸ *Acte ou parole stupide* – absurdité, ânerie, bafouillage, bafouillis, baliverne, balourdise, bêlement, bêtise, bourde, calembredaine, cliché, divagation, fadaise, faribole, folie, idiotie, imbécillité, ineptie, insanité, non-sens, perle, propos en l'air, sornette, sottise, stupidité. *SOUT.* billevesée. *FAM.* crétinerie, déblocage, déconnage, dinguerie, vanne. ▲*ANT.* FINESSE, INTELLIGENCE, MALICE, SUBTILITÉ.

niche *n. f.* ▸ *Enfoncement* – enfoncement, renfoncement. ▸ *Alcôve* – alcôve, réduit, renfoncement. *ANC.* ruelle. ▸ *Plaisanterie* – attrape, blague, canular, facétie, farce, fumisterie, mystification, plaisanterie, tour. *FAM.* bateau. ▸ *Habitation du chien* – panier.

nicher *v.* ▸ *Avoir son nid* – airer *(oiseau de proie)*, nidifier. ▸ *Habiter* (*FAM.*) – demeurer, être domicilié, habiter, loger, rester, vivre. *FAM.* crécher, percher, résider. ◂ *se nicher* ▸ *Se cacher* – s'abriter, se blottir, se cacher, se mettre à couvert, se mettre à l'abri, se réfugier, se tapir, se terrer. *FAM.* se planquer. ▲*ANT.* DÉLOGER, DÉNICHER.

nid *n. m.* ▸ *Lieu destiné à la ponte* – aire *(aigle)*, boulin *(pigeon)*, couvoir, nichoir, pondoir. ▸ *Domicile de l'homme* – domicile, foyer, intérieur, maison, résidence, toit. *SOUT.* demeure, habitacle, logis. *FAM.* bercail, bicoque, chaumière, chez-soi, crèche, pénates. ▸ *Lieu propice* – pépinière, terreau, usine, vivier. ▸ *Milieu sécurisant* – bulle, cocon, giron, ouate.

nier *v.* ▸ *Ne pas admettre comme vrai* – contester, démentir, disconvenir de, rejeter. ▸ *Ne pas admettre comme sien* – désavouer, renier. ▲*ANT.* AFFIRMER, ASSURER, ATTESTER, AVOUER, CERTIFIER, CONFESSER, CONFIRMER, CORROBORER, GARANTIR, MAINTENIR, RATIFIER, RECONNAÎTRE, SANCTIONNER, SOUTENIR.

nihilisme *n. m.* ▸ *Scepticisme* – criticisme, positivisme, pragmatisme, probabilisme, pyrrhonisme, relativisme, scepticisme, subjectivisme. ▸ *Anarchisme* – anarchie, anarchisme, anarcho-syndicalisme, doctrine libertaire, égalitarisme, individualisme. ▲*ANT.* OPTIMISME.

nihiliste *adj.* ▸ *Anarchiste* – anarchique, anarchisant, anarchiste, antiautoritaire, libertaire. *FAM.* anar. ▸ *Pessimiste* – découragé, désillusionné, pessimiste. ▲*ANT.* ENTHOUSIASTE, OPTIMISTE.

nirvana *n. m.* ▸ *Éveil spirituel* – délivrance, éveil, illumination, libération, mort de l'ego, réalisation (du Soi), révélation. ◂ *Dans l'hindouisme* – moksha. ◂ *Dans le bouddhisme* – bodhi, samadhi. ◂ *Dans le zen* – satori. ▸ *Paradis* – au-delà, Champs

Élysées, Ciel, Éden, Élysée, limbes, oasis, paradis. *SOUT.* empyrée, royaume céleste, royaume de Dieu, royaume des cieux, sein de Dieu. ► *Insensibilité* – anesthésie, détachement, inconscience, indifférence, insensibilité, sommeil. *FAM.* voyage.

niveau *n. m.* ► *Position par rapport au sol* – hauteur. ► *Point dans une classification* – degré, échelon, position, rang. ► *Division horizontale d'un édifice* – étage. ► *Instrument* – nivelette, nivelle.

noble *adj.* ► *Moralement élevé* – beau, élevé, grand, haut, idéalisé, pur, sublime. *SOUT.* éthéré. ► *Généreux* – chevaleresque, généreux, grand, magnanime. *SOUT.* fier. ► *Majestueux* – auguste, digne, grave, impérial, imposant, majestueux, olympien, qui impose le respect, solennel. ► *Qui appartient à la noblesse* – aristocratique, de haut lignage, de haute extraction, nobiliaire, patricien, princier. ▲**ANT.** ABJECT, BAS, CRAPULEUX, IGNOBLE, IMMONDE, INDIGNE, INFÂME, INFECT, LÂCHE, MÉPRISABLE, ODIEUX, SORDIDE, VIL; CHICHE, MESQUIN, PARCIMONIEUX; COMMUN; POPULAIRE, ROTURIER; BOURGEOIS.

noble *n.* ► *Personne* – aristocrate, titré. *SOUT.* patricien. ◗ *Homme* – homme bien né, homme de condition, homme de qualité, seigneur. *ANC.* gentilhomme. ◗ *Jeune homme* – damoiseau *(pas encore chevalier)*, menin, page. ◗ *Femme* – femme bien née, femme de condition, femme de qualité. *ANC.* dame, damoiselle, demoiselle. ◆ *nobles, plur.* ► *Ensemble de cette classe* – aristocrates, aristocratie, beau monde, gens du monde, gotha, grand monde, haute société, monde, société. *FAM.* beau linge, gens de la haute, gratin, haute. ▲**ANT.** BOURGEOIS, ROTURIER.

noblement *adv.* ► *Dignement* – aristocratiquement, augustement, dignement, fièrement, gravement, honorablement, majestueusement, princièrement, royalement, solennellement. ► *Majestueusement* – colossalement, en grande pompe, grandement, grandiosement, hiératiquement, immensément, magnifiquement, majestueusement, pompeusement, solennellement. ► *Glorieusement* – fameusement, glorieusement, héroïquement, historiquement, magnifiquement, mémorablement, proverbialement, splendidement, superbement, vaillamment, valeureusement. ▲**ANT.** À GENOUX, À PLAT VENTRE, BASSEMENT, COMPLAISAMMENT, HONTEUSEMENT, INDIGNEMENT, LÂCHEMENT, OBSÉQUIEUSEMENT, PLATEMENT, SERVILEMENT.

noblesse *n. f.* ► *Aristocratie* – aristocratie, élite, grandesse, lignage, lignée, naissance, nom, qualité, sang bleu. ► *Dignité* – dignité, élévation, générosité, grandeur (d'âme), hauteur, mérite, sublime, sublimité, valeur, vertu. ▲**ANT.** BOURGEOISIE, PEUPLE, PLÈBE, ROTURE; ABJECTION, BASSESSE, INDIGNITÉ, INFAMIE; FAMILIARITÉ, VULGARITÉ.

noce *n. f.* ► *Cortège* – cérémonie, colonne, convoi, cortège, défilade, défilé, file, marche, noria, pardon, pèlerinage, procession, queue, suite, théorie, va-et-vient. ◆ *noces, plur.* ► *Mariage* – bénédiction nuptiale, célébration, cérémonie, consentement mutuel, cortège, marida, sacrement.

nœud *n. m.* ► *Corde nouée* – boucle. ► *Ce qui unit* – affection, amitié, amour, attachement,

attirance, intérêt, lien, sympathie, tendresse. *FAM.* coup de cœur, coup de foudre. ► *Centre* *(FIG.)* – axe, centre, entre-deux, intermédiaire, milieu, moyen terme, pivot, point central. *FIG.* clef (de voûte), cœur, foyer, midi, nombril, noyau, ombilic, sein, siège. ► *Dans le bois* – broussin, loupe, lunure, madrure, maillure, malandre, nodosité. ► *Partie du corps* – articulation, attache, jointure. *ANAT.* glène, ligament, ménisque, trochlée. ► *Amas* – gomme, infiltrat, léprome, nodosité, nodule, nouure, sarcoïde, tubercule. ► *Intersection* – chevauchement, croisement, empiétement, intersection, recoupement, recouvrement, rencontre, superposition.

noir *adj.* ► *En parlant de la couleur* – aile de corbeau, charbonneux, de jais, ébène, fuligineux, (noir) d'ébène, (noir) d'encre, (noir) de jais, noirâtre. ► *Peu lumineux* – obscur, ombreux, opaque, plongé dans les ténèbres, sombre. *SOUT.* enténébré, ténébreux. ► *Sinistre* – funèbre, glauque, lugubre, sinistre, sombre, triste. *SOUT.* funeste. ► *Ivre* *(FRANCE FAM.)* – aviné, en état d'ébriété, enivré, ivre, pris de boisson. ▲**ANT.** BLANC; CLAIR, ÉCLAIRÉ, ENSOLEILLÉ, LUMINEUX; GAI, OPTIMISTE.

noir *n. m.* ► *Obscurité* – nuit, obscurité, ombre, pénombre, ténèbres. *QUÉB.* noirceur. *SOUT.* opacité. ► *Cécité* – cécité. *FIG.* brouillard, brume, nuit, obscurité. *MÉD.* amaurose, amblyopie, anopsie. ► *Tristesse* – abattement, accablement, affliction, aigreur, amertume, chagrin, dépression, désolation, deuil, douleur, ennui, épreuve, grisaille, humeur noire, idées noires, idées sombres, langueur, lypémanie, mal du pays, mal-être, maussaderie, mélancolie, monotonie, morosité, neurasthénie, nostalgie, papillons, peine, saudade, serrement de cœur, souci, tædium vitæ, tristesse, vague à l'âme. *SOUT.* atrabile, larmes, navrement, nuage, spleen, taciturnité. *FAM.* bourdon, cafard, déprime, sinistrose. ► *Produit pour faire briller* – cirage (à chaussures), noir (à chaussures). *QUÉB.* cire à chaussures. ► *Point visé* – cible, mouche. ▲**ANT.** BLANC; CLARTÉ.

noirceur *n. f.* ► *Abjection* – abjection, abomination, atrocité, bassesse, boue, corruption, crapulerie, crime, débauche, déshonneur, fange, grossièreté, honte, horreur, ignominie, impureté, indignité, infamie, laideur, misère, monstruosité, obscénité, odieux, ordure, saleté, sordide, souillure, vice. *SOUT.* sordidité, stupre, turpitude, vilenie. ► *Injustice* – abus, arbitraire, déloyauté, déni de justice, empiétement, erreur (judiciaire), exploitation, favoritisme, illégalité, illégitimité, inconstitutionnalité, inégalité, iniquité, injustice, irrégularité, mal-jugé, malveillance, partialité, passe-droit, privilège, scélératesse, tort, usurpation. *SOUT.* improbité. ► *Obscurité* (*QUÉB.*) – noir, nuit, obscurité, ombre, pénombre, ténèbres. *SOUT.* opacité. ▲**ANT.** BEAUTÉ, BONTÉ; BLANCHEUR, CLARTÉ.

noircir *v.* ► *Salir de noir* – charbonner. ► *Rendre plus foncé* – assombrir, foncer, obscurcir, ombrer. ► *Dessiner des ombres* – cerner, estomper, ombrer. ► *Chercher à discréditer* – attaquer, baver sur, calomnier, casser du sucre sur le dos de, cracher sur, critiquer, décrier, dénigrer, déprécier, diffamer, dire du mal de, gloser sur, médire de, perdre de réputation, traîner dans la boue. *SOUT.* arranger de la belle manière, clabauder sur, dauber sur, détracter, dire pis que pendre de, mettre plus bas que terre. *FAM.* déblatérer contre, taper sur. *FRANCE FAM.* débiner, habiller pour l'hiver, tailler un costard à, tailler une veste à. *QUÉB. FAM.* parler dans le dos de, parler en mal de. *BELG.* décauser. ▶ *Salir moralement* – déshonorer, éclabousser, entacher, flétrir, porter atteinte à, salir, souiller, ternir. *SOUT.* tacher. ▶ *Devenir bronzé* – basaner, boucaner, bronzer, brunir, cuivrer, dorer, hâler, tanner. *QUÉB. FAM.* griller. ▲**ANT.** BLANCHIR, LAVER, NETTOYER; ÉCLAIRCIR, ÉCLAIRER; DÉFENDRE, DISCULPER, INNOCENTER, JUSTIFIER. △**SE NOIRCIR** – DÉGRISER, DÉSENIVRER.

noisette *adj.* cognac, fauve, feuille-morte, ocré, ocre, rouille, roussâtre, roussi, roux, tabac. *SOUT.* rouillé. *DIDACT.* rubigineux.

noix *n. f.* ▶ *Partie d'un animal* – noisette. ▶ *Morceau de charbon* – gaillette, noisette.

nom *n. m.* ▶ *Catégorie grammaticale* – substantif. ▶ *Appellation* – appellation, dénomination, désignation, étiquette, marque, mot, qualification, taxon, taxum, vocable. ▶ *Prénom* – nom de baptême, nom individuel, prénom. *FAM.* petit nom. ▶ *Noblesse* – aristocratie, élite, grandesse, lignage, lignée, naissance, qualité, sang bleu.

nomade *adj.* errant, instable, mobile, sans domicile fixe, vagabond. *SOUT.* sans feu ni lieu. *QUÉB.* itinérant. ▲**ANT.** FIXE, SÉDENTAIRE, STABLE; CASANIER.

nomade *n.* ▶ *Vagabond* – romanichel, sans-abri, vagabond. *QUÉB.* itinérant. ▲**ANT.** SÉDENTAIRE.

nombre *n. m.* ▶ *Expression numérique* – caractère numérique, chiffre, numéro. ▶ *Numéro* – adresse, code, cote, marque (numérique), matricule, numéro. ▶ *Rythme* – cadence, euphonie, harmonie, musicalité, rythme, sonorité. ▶ *En grammaire* – nombre (grammatical).

nombreux *adj.* ▶ *Multiple* – différents, divers, maints, multiples, plusieurs. ▶ *Considérable* – abondant, considérable, innombrable. *FAM.* à la pelle. ▶ *Fréquent* – continuel, fréquent, multiple, récurrent, répété, répétitif. ▲**ANT.** SEUL, SINGULIER, UNIQUE; RARE; CLAIRSEMÉ.

nominal *adj.* ▶ *En parlant d'une valeur* – conventionnel, extrinsèque, fictif. ▲**ANT.** EFFECTIF, RÉEL; COLLECTIF.

nomination *n. f.* ▶ *Affectation* – affectation, collation, commissionnement, désignation, destination, installation, investiture, mise en place, promotion, titularisation. ▶ *Avancement* – accession, avancement, élévation, émancipation, mouvement, mutation, promotion, reclassement. ▶ *Choix* – adoption, choix, cooptation, décision, désignation, détermination, échantillonnage, écrémage, élection, plébiscite, prédilection, présélection, résolution, sélection, suffrage, tri, triage, vote. *SOUT.* décret, parti. ▶ *Établissement* – constitution, création, disposition, édification, établissement, fondation, implantation, importation, installation, instauration, institution, introduction, intronisation, mise en œuvre, mise en place, mise sur pied, organisation, placement, pose. *INFORM.* implémentation. ▶ *Récompense* – accessit, bon point, citation, couronne, décoration, diplôme, distinction,

gratification, médaille, mention, pourboire, prime, prix, récompense, satisfecit, trophée. *QUÉB. FAM.* bonbon. ▲**ANT.** DÉCHÉANCE, DESTITUTION.

nommer *v.* ▶ *Donner un nom à qqn* – appeler, dénommer. ▶ *Donner un prénom à qqn* – appeler, baptiser, prénommer. ▶ *Donner un nom à qqch.* – appeler, baptiser, dénommer, désigner. ▶ *Mentionner le nom* – citer, faire allusion à, faire mention de, faire référence à, mentionner. ▶ *Affecter à un poste de façon durable* – créer, instituer, promouvoir, titulariser. *SUISSE* repourvoir. ♦ *se nommer* ▶ *Avoir pour nom ou prénom* – répondre au nom de, s'appeler, se prénommer *(prénom)*. ▲**ANT.** CACHER, OMETTRE, TAIRE; DÉPOSER, DESTITUER, LIMOGER.

non *adv.* aucunement, d'aucune façon, d'aucune manière, du tout, en aucun cas, en aucune façon, en aucune manière, en aucune sorte, en rien, ne, négativement, nullement, pas, pas du tout, point. *SOUT.* ni peu ni prou. *QUÉB. ACADIE FAM.* (pas) pantoute. ▲**ANT.** OUI.

non *n. m.* ▶ *Négation* – contestation, contradiction, désapprobation, négation, négative, opposition, récusation, refus, réfutation, rejet. ▲**ANT.** ACCEPTATION, AUTORISATION, CONSENTEMENT, OUI.

nonchalamment *adv.* apathiquement, indolemment, languissamment, lentement, mollement, négligemment, oisivement, paresseusement, passivement, poussivement, végétativement. ▲**ANT.** ACTIVEMENT, AVEC ZÈLE, DYNAMIQUEMENT, ÉNERGIQUEMENT.

nonchalance *n. f.* ▶ *Insouciance* – détachement, frivolité, imprévoyance, inapplication, inconscience, irresponsabilité, laisser-aller, légèreté, négligence. *FIG.* myopie. *SOUT.* imprévision, morbidesse. *FAM.* je-m'en-fichisme, je-m'en-foutisme. ▶ *Paresse* – alanguissement, apathie, atonie, engourdissement, fainéantise, farniente, indolence, inertie, laisser-aller, langueur, lenteur, léthargie, lourdeur, mollesse, négligence, oisiveté, paresse, somnolence, torpeur. *FAM.* cosse, flémingite aiguë, flemmardise, flemme. ▶ *Mollesse* – abattement, affaiblissement, apathie, atonie, avachissement, faiblesse, inconsistance, indolence, langueur, laxisme, mollasserie, mollesse, passivité, veulerie. *MÉD.* aboulie, athymhormie, dysboulie, psychasthénie. ▲**ANT.** ATTENTION, PRÉOCCUPATION, SOIN; ACTIVITÉ, VIVACITÉ, ZÈLE; ARDEUR, ÉNERGIE, ENTHOUSIASME, ENTRAIN.

nonchalant *adj.* ▶ *Indifférent* – blasé, détaché, indifférent, revenu de tout. *SOUT.* incurieux. ▶ *Paresseux* – fainéant, flâneur, indolent, négligent, paresseux. *FAM.* cossard, faignant, flemmard, mollasse, mollasson, musard, musardeur. *QUÉB. FAM.* sans-cœur, vache. ▶ *Passif* – affaissé, amorphe, apathique, atone, avachi, désossé, endormi, faible, inconsistant, indolent, inerte, léthargique, lymphatique, mou, passif, ramolli, sans ressort. *SOUT.* lâche, veule. *FAM.* gnangnan, mollasse, mollasson, ramollo. ▶ *Affaibli* – affaibli, alangui, indolent, lent. *SOUT.* languissant. ▲**ANT.** PRÉOCCUPÉ, SOUCIEUX; DYNAMIQUE, ÉNERGIQUE, INFATIGABLE, LABORIEUX, TRAVAILLEUR, VAILLANT, ZÉLÉ; ACTIF, DILIGENT, EMPRESSÉ.

non-respect *n. m.* ▶ *Inexécution* – désobéissance, inapplication, inexécution, manquement, non-exécution, non-observation, violation. *SOUT.* inaccomplissement, inobservance, inobservation. ▸ *Infraction* – accroc, contravention, crime, délit, dérogation, entorse, faute, forfait, forfaiture, inconduite, infraction, manquement, mauvaise action, mauvaise conduite, méfait, rupture, transgression, violation. *BELG.* méconduite. *DR.* cas. ▲ANT. OBSERVANCE, OBSERVATION, RESPECT.

non-sens *n. m.* ▸ *Absence de signification* – asémanticité, inanité, insignifiance, néant, non-signifiance, vacuité. ▸ *Illogisme* – aberration, absurde, absurdité, apagogie, contradiction, illogisme, incohérence, inconséquence, irrationalité, irrationnel, paradoxe, paralogisme. ▸ *Contradiction* – absurdité, antilogie, antinomie, aporie, conflit, contradiction, contresens, contrevérité, impossibilité, incohérence, inconsistance, invraisemblance, paradoxe, sophisme. ▸ *Acte ou parole stupide* – absurdité, ânerie, bafouillage, bafouillis, baliverne, balourdise, bêlement, bêtise, bourde, calembredaine, cliché, divagation, fadaise, faribole, folie, idiotie, imbécillité, ineptie, insanité, niaiserie, perle, propos en l'air, sornette, sottise, stupidité. *SOUT.* billevesée. *FAM.* crétinerie, déblocage, déconnage, dinguerie, vanne. ▲ANT. SÉMANTICITÉ, SENS, SIGNIFIANCE; BON SENS, LOGIQUE, RAISON.

non-violent *n.* antimilitariste, colombe, neutraliste, pacifiste. ▲ANT. VIOLENT.

nord *adj.* ▸ *Du nord* – boréal, septentrional. ▸ *Arctique* – arctique, boréal, nordique. *SOUT.* hyperborée, hyperboréen. ▲ANT. AUSTRAL, SUD; MÉRIDIONAL; ANTARCTIQUE.

nord *n. m.* ▸ *Région* – Arctique, borée, Grand Nord, régions arctiques, régions polaires, septentrion. ▲ANT. MIDI, SUD.

nordique *adj.* ▸ *Du Grand Nord* – arctique, boréal, nord. *SOUT.* hyperborée, hyperboréen. ▲ANT. ÉQUATORIAL, TROPICAL; MÉDITERRANÉEN.

normal *adj.* ▸ *Conforme à la norme établie* – normalisé, officiel, standard, standardisé. ▸ *Conforme à la norme naturelle* – correct. ▸ *Coutumier* – accoutumé, attendu, connu, consacré, coutumier, d'usage, de pratique courante, de règle, de tradition, familier, habituel, naturel, ordinaire, quotidien, régulier, rituel, routinier, usuel. ▸ *Répandu* – banal, commun, connu, courant, de tous les jours, fréquent, habituel, ordinaire, répandu, usuel. *LING.* usité. ▸ *Compréhensible* – compréhensible, défendable, excusable, humain, justifiable, légitime, naturel. ▸ *Perpendiculaire* – orthogonal, perpendiculaire. ▲ANT. ANORMAL, BIZARRE; EXCEPTIONNEL, EXTRAORDINAIRE, INCOMPARABLE, INHABITUEL, INUSITÉ, PARTICULIER, RARE, REMARQUABLE, SINGULIER, SPÉCIAL; IMPARDONNABLE, INACCEPTABLE, INADMISSIBLE, INEXCUSABLE, INJUSTIFIABLE; PARALLÈLE.

normalement *adv.* à de rares exceptions près, à l'accoutumée, à l'ordinaire, à maintes reprises, à quelques exceptions près, communément, couramment, coutumièrement, d'habitude, d'ordinaire, dans la généralité des cas, dans la majorité des cas, dans la plupart des cas, de coutume, en général, en règle générale, fréquemment, généralement, habituellement, journellement, la plupart du temps,

maintes fois, ordinairement, régulièrement, rituellement, souvent, toujours. ▲ANT. EXCEPTIONNELLEMENT, GUÈRE, PAR EXCEPTION, RAREMENT.

normative *adj. f.* ▲ANT. DESCRIPTIVE *(linguistique).*

norme *n. f.* ▸ *Modèle* – archétype, canon, critère, échantillon, étalon, exemple, formule, gabarit, idéal, idée, image, individu, modèle, original, paradigme, précédent, prototype, référence, représentant, type, unité. *BIOL.* holotype. ▸ *Règle* – arrêté, charte, code, convention, cote, coutume, formule, loi, mesure, obligation, ordre, précepte, prescription, protocole, régime, règle, règlement, usage. ▲ANT. ANOMALIE, BIZARRERIE, EXCEPTION.

nostalgie *n. f.* ▸ *Tristesse* – abattement, accablement, affliction, aigreur, amertume, chagrin, dépression, désolation, deuil, douleur, ennui, épreuve, grisaille, humeur noire, idées noires, idées sombres, langueur, lypémanie, mal du pays, mal-être, maussaderie, mélancolie, monotonie, morosité, neurasthénie, noir, papillons, peine, saudade, serrement de cœur, souci, tædium vitæ, tristesse, vague à l'âme. *SOUT.* atrabile, larmes, navrement, nuage, spleen, taciturnité. *FAM.* bourdon, cafard, déprime, sinistrose. ▲ANT. BONHEUR, GAIETÉ; FUTURISME.

nostalgique *adj.* ▸ *Mélancolique* – mélancolique, triste. *SOUT.* élégiaque. ▸ *Passéiste* – arriéré, attardé, contre-révolutionnaire, droitiste, immobiliste, passéiste, réactionnaire, rétrograde. *FAM.* archéo, réac. ▲ANT. GAI, JOYEUX; MODERNISTE.

notable *adj.* ▸ *Remarquable* – étonnant, frappant, hallucinant, impressionnant, marquant, remarquable, saillant, saisissant, spectaculaire. *FAM.* bluffant. ▸ *Important* – appréciable, considérable, de taille, fort, grand, gros, important, non négligeable, respectable, sensible, sérieux, substantiel. *FAM.* conséquent. ▸ *Haut placé* – de haut rang, grand, haut placé, important, influent, puissant, qui a le bras long. *SOUT.* de haute volée. ▲ANT. BANAL, ININTÉRESSANT, ORDINAIRE, SANS INTÉRÊT; NÉGLIGEABLE; SUBORDONNÉ.

notaire *n.* ▸ *Adjudicateur* – aboyeur, adjudicateur, commissaire-priseur, greffier-adjudicateur, huissier, vendeur. *SOUT.* tabellion. *QUÉB.* encanteur.

notamment *adv.* avant tout, en particulier, particulièrement, principalement, proprement, singulièrement, spécialement, spécifiquement, surtout, typiquement. ▲ANT. ACCESSOIREMENT, AUXILIAIREMENT, INCIDEMMENT, MARGINALEMENT, SECONDAIREMENT; À L'EXCEPTION DE, À L'EXCLUSION DE, AU CONTRAIRE, NON PAS, SAUF.

notation *n. f.* ▸ *Sons transcrits* – transcription, translittération. ▸ *Symbole* – allégorie, attribut, chiffre, devise, drapeau, effigie, emblème, figure, icône, image, incarnation, insigne, livrée, logo, logotype, marque, personnification, représentation, signe, symbole, type.

note *n. f.* ▸ *Annotation* – annotation, apostille, commentaire, glose, nota, nota bene, notule, remarque. ▸ *Explication* – analyse, clarification, commentaire, critique, définition, désambiguïsation, éclaircissement, élucidation, exemplification, explication, explicitation, exposé, exposition, glose, illustration, indication, interprétation, légende, lumière, paraphrase, précision, remarque, renseignement. ▸ *Facture* – addition, compte, dû, état de compte, état de frais, facture, frais, relevé. *FAM.* coup de fusil, douloureuse, quart d'heure de Rabelais. ▸ *Résultat* – balance, bilan, compte, compte rendu, conclusion, constat, état, résultat, résumé, situation, tableau. ▸ *Score* – marque, résultat, score. ▸ *Signe musical* – note de musique, note musicale, ton. ♦ **notes, plur.** ▸ *Carnet* – agenda, bloc-notes, cahier, calepin, carnet, journal, livre, livret, mémento, mémorandum, registre, répertoire. ▸ *Signes musicaux* – série de notes, suite de notes. ▲**ANT.** SILENCE *(musique)*.

noter *v.* ▸ *Écrire pour mémoire* – consigner, enregistrer, inscrire, prendre (bonne) note de, prendre en note, recueillir, relever. ▸ *Remarquer* – apercevoir, constater, observer, prendre acte, relever, remarquer, voir. ▸ *Donner une note* – coter, évaluer. ▲**ANT.** IGNORER, PASSER OUTRE; OMETTRE, OUBLIER.

notice *n. f.* ▸ *Introduction* – avant-propos, avertissement, avis (préliminaire), début, discours préliminaire, entrée en matière, exorde, exposition, introduction, préambule, préliminaire, prélude, présentation, prolégomènes, prologue. *SOUT.* prodrome. ▸ *Résumé* – abrégé, aide-mémoire, analyse, aperçu, argument, compendium, condensé, éléments, épitomé, esquisse, extrait, livret, manuel, mémento, morceau, page, passage, plan, précis, promptuaire, raccourci, récapitulation, réduction, résumé, rudiment, schéma, sommaire, somme, synopsis, vademecum. *FAM.* topo.

notion *n. f.* ▸ *Concept* – abstraction, archétype, concept, conception, conceptualisation, connaissance, conscience, entité, fiction, généralisation, idée, imagination, noumène, pensée, représentation (mentale), schème, théorie. ♦ **notions, plur.** ▸ *Rudiments* – a b c, b.a.-ba, base, éléments, essentiel, notions de base, notions élémentaires, principes, rudiments, teinture, théorie. *PÉJ.* vernis. ▸ *Savoir* – acquis, (bagage de) connaissances, bagage (intellectuel), compétence, culture (générale), éducation, encyclopédisme, épistémè, érudition, expérience, humanisme, instruction, lettres, lumières, sagesse, savoir, science. *SOUT.* omniscience. ▲**ANT.** OBJET. △NOTIONS, *plur.* – APPROFONDISSEMENT; IGNORANCE.

notoriété *n. f.* célébrité, considération, éclat, faveur, gloire, palmarès, popularité, renom, renommée, réputation, vedettariat. *FIG.* auréole, immortalité, la déesse aux cent bouches. ▲**ANT.** EFFACEMENT, OBSCURITÉ; IGNORANCE, OUBLI.

nouer *v.* ▸ *Faire un nœud* – attacher, lier, mailler. ▸ *Attacher au moyen d'un nœud* – attacher, ficeler, lier. *FAM.* saucissonner. ▸ *Fermer un vêtement* – attacher, boutonner, fermer. ▸ *Organiser une chose complexe* – ficeler, monter, ourdir, tisser, tramer. ♦ **se nouer** ▸ *S'entremêler* – s'entrecroiser, s'entrelacer, s'entremêler, s'imbriquer, se mêler. ▲**ANT.** DÉFAIRE, DÉLACER, DÉLIER, DÉNOUER, DÉTACHER; DÉSUNIR; AVORTER, BRISER, ROMPRE.

nourrice *n. f.* ▸ *Domestique* – ENFANTIN nounou. *ADMIN.* assistante maternelle. ▸ *Réservoir* – bidon, jerrican, touque. *SUISSE* boille *(lait)*. *MAR.* moque.

nourricier *adj.* nutritif. ▲**ANT.** FAIBLE EN, PAUVRE EN; BIOLOGIQUE.

nourrir *v.* ▸ *Faire manger* – alimenter, restaurer. ▸ *Allaiter* – allaiter, donner le sein à. ▸ *Faire vivre* – avoir la charge de, entretenir, faire bouillir la marmite, faire vivre, mettre du pain sur la table, subvenir aux besoins de. ▸ *Cultiver* – cultiver, entretenir, soigner. ▸ *Se complaire dans une pensée* – caresser, entretenir, se complaire dans. ♦ **se nourrir** ▸ *Manger* – manger, s'alimenter, se restaurer, se sustenter. *SOUT.* se repaître. *FAM.* becter, bouffer, boustifailler, briffer, casser la croûte, casser la graine, croûter, grailler, tortorer. ▲**ANT.** AFFAMER, COUPER LES VIVRES À, PRIVER, SEVRER; AFFAIBLIR, ANÉMIER; DÉTRUIRE. △SE NOURRIR – JEÛNER, S'ABSTENIR, SE PRIVER.

nourrissant *adj.* consistant, nutritif, rassasiant, riche, substantiel. *FAM.* bourrant, bourratif, qui cale l'estomac. *QUÉB. FAM.* toquant. ▲**ANT.** LÉGER, PAUVRE.

nourrisson *n. m.* bébé, nouveau-né, poupard *(gros)*, poupon, tout-petit. *FAM.* poulpiquet. ▲**ANT.** VIEILLARD.

nourriture *n. f.* ▸ *Aliment* – aliment, couvert, pain (quotidien), table. *FAM.* bouffe, bouffetance, boustifaille, mangeaille, manger. *FRANCE FAM.* becquetance, croustance, étouffe-chrétien, étouffe-coquin, tortore. *RELIG.* manne. ▸ *Pauvre* – pitance. ▸ *Raffinée* – ambroisie, bonne chère, ortolans. ▸ *Aliment pour animaux* – foin, fourrage, hivernage, pâtée, pâture, pouture, provende, verdage. ▸ *Portions de nourriture* – bouchées, morceaux de nourriture, portions de nourriture, rations de nourriture. ▸ *Subsistance* – aliment, alimentation, approvisionnement, comestibles, denrée, entretien, épicerie, fourniture, intendance, pain, produit alimentaire, provision, ravitaillement, subsistance, victuailles, vie, vivres. *SOUT.* provende. *FAM.* matérielle. ▸ *Pour une personne* – part, portion, ration. ▸ *Alimentation* – absorption, alimentation, consommation, cuisine, ingestion, ingurgitation, manducation, menu, nourrissement, nutrition, ordinaire, repas, sustentation. *FAM.* tambouille, popote.

nouveau *adj.* ▸ *Récent* – battant neuf, de fraîche date, de nouvelle date, flambant neuf, inédit, neuf, récent, tout neuf. ▸ *En vogue* – à la mode, à la page, actuel, au goût du jour, dernier cri, en vogue, frais, jeune, moderne, neuf, récent. *FAM.* branché, in, tendance. ▸ *Innovateur* – audacieux, avant-gardiste, d'avant-garde, frais, futuriste, hardi, inédit, innovant, innovateur, neuf, newlook, nouvelle vague, novateur, original, renouvelé, révolutionnaire, visionnaire. ▸ *Inconnu* – étranger, inconnu, inexploré. ▸ *Autre* – autre, deuxième, second. ▸ *Transformé* – transformé, métamorphosé, transformé. ▸ *Inexpérimenté* – béotien, débutant, inexercé, inexpérimenté, jeune, naïf, néophyte, neuf, non initié, profane, vert. *SOUT.* inexpert. ▲**ANT.** ANCIEN, ANTIQUE, VIEUX; ARCHAÏQUE, DÉMODÉ, DÉPASSÉ; BANAL, CONNU, ÉCULÉ, USÉ; INCHANGÉ; MÊME; EXERCÉ, EXPÉRIMENTÉ, INITIÉ.

nouveau *n. m.* ▸ *Débutant* – apprenti, commençant, débutant, néophyte, novice, (petit) nouveau, poulain *(prometteur)*, recrue. *FRANCE FAM.*

bizuth, deb. ▶ *Celui qui vient d'arriver* – débarqué, nouveau venu. ▶ *Nouvel élève* – bleu, (petit) nouveau. ▶ *Nouveauté* – actualité, avant-gardisme, changement, contemporanéité, fraîcheur, inédit, innovation, jamais vu, jeunesse, mode, modernisme, modernité, neuf, nouveauté, originalité, pertinence, précédent, première, présent, primeur. ▲ANT. ANCIEN, VÉTÉRAN.

nouveau-né *adj.* ▲ANT. SÉNILE, VIEUX.

nouveau-né *n.* bébé, nourrisson, poupard *(gros)*, poupon, tout-petit. FAM. poulpiquet. ▲ANT. VIEILLARD.

nouveauté *n. f.* ▶ *Fait d'être récent* – récence. ▶ *Inédit* – actualité, avant-gardisme, changement, contemporanéité, fraîcheur, inédit, innovation, jamais vu, jeunesse, mode, modernisme, modernité, neuf, nouveau, originalité, pertinence, précédent, première, présent, primeur. ▶ *Originalité* – anticonformisme, audace, cachet, caractère, fraîcheur, hardiesse, indépendance, individualité, innovation, inspiration, marginalité, non-conformisme, originalité, particularité, personnalité, piquant, pittoresque, singularité, unicité. ▲ANT. ANCIENNETÉ, ANTIQUITÉ, ARCHAÏSME; COUTUME, TRADITION; BANALITÉ, CLICHÉ.

nouvellement *adv.* à une époque rapprochée, depuis peu, dernièrement, fraîchement, frais, il y a peu, naguère, récemment. ▲ANT. ANCIENNEMENT.

novateur *adj.* audacieux, avant-gardiste, d'avant-garde, frais, futuriste, hardi, inédit, innovant, innovateur, neuf, new-look, nouveau, nouvelle vague, original, renouvelé, révolutionnaire, visionnaire. ▲ANT. CONSERVATEUR, PASSÉISTE, RÉACTIONNAIRE, RÉTROGRADE, TRADITIONALISTE; IMITATEUR.

novice *adj.* béotien, débutant, inexercé, inexpérimenté, jeune, naïf, néophyte, neuf, non initié, nouveau, profane. SOUT. inexpert. ▲ANT. EXERCÉ, EXPÉRIMENTÉ, INITIÉ.

novice *n.* ▶ *Débutant* – apprenti, commençant, débutant, néophyte, (petit) nouveau, poulain *(prometteur)*, recrue. FRANCE FAM. bizuth, deb. ▶ *Religieux* – futur religieux, postulant. ▶ *En Belgique et aux Pays-Bas* – béguine. ▶ *Jeune matelot* – apprenti (matelot), mousse. FAM. moussaillon. ▲ANT. ANCIEN, VÉTÉRAN; CONNAISSEUR, EXPERT, SPÉCIALISTE; CAPITAINE.

noyau *n. m.* ▶ *Semence* – grain, graine, pépin, semence. ▶ *Partie de l'atome* – noyau (atomique), nucléide. ▶ *Milieu* – axe, centre, entre-deux, intermédiaire, milieu, moyen terme, pivot, point central. FIG. clef (de voûte), cœur, foyer, midi, nœud, nombril, ombilic, sein, siège. ▶ *Ensemble de personnes* – bande, brigade, caravane, cellule, collectif, colonie, corps, équipe, escadron, escouade, groupe, horde, individus, membres, meute, peloton, troupe. IRON. fournée. FAM. bataillon, brochette, cohorte. ▲ANT. PÉRIPHÉRIE, POURTOUR.

noyer *v.* ▶ *Inonder* – engloutir, ennoyer, inonder, submerger. ▶ *Estomper* – estomper, flouter, voiler. ▶ *Exposer sans concision* – allonger la sauce, délayer. ▲ANT. ÉMERGER; ASSÉCHER, DÉNOYER, DRAINER, SÉCHER.

nu *adj.* ▶ *Sans vêtements* – dans l'état de nature, dans le costume d'Adam/d'Ève, dans le plus simple appareil, dénudé, déshabillé, dévêtu. FAM. à poil. ▶ *Non caché* – à découvert, découvert. FAM. à l'air. ▶ *Sans barbe* – glabre, imberbe, lisse, rasé. ▶ *Sans ornements* – austère, dépouillé, froid, gris, sévère, triste. SOUT. chenu. ▲ANT. COUVERT, DÉGUISÉ, HABILLÉ, VÊTU; ORNÉ.

nuage *n. m.* ▶ *Phénomène météorologique* – SOUT. ou QUÉB. nuée. ▶ *Émanation* – buée, émanation, exhalaison, fumée, fumerolle *(volcan)*, gaz, mofette *(volcan)*, nuée, salamandre *(alchimie)*, vapeur. QUÉB. FAM. boucane. ▶ *Insectes* – essaim, nuée, vol. ▶ *Malheur* – adversité, calice (de douleur), chagrin, détresse, deuil, disgrâce, douleur, échec, épreuve, fatalité, infortune, mal, malchance, malédiction, malheur, mauvaise fortune, mauvaise passe, mésaventure, misère, orage, peine, revers, ruine, sale affaire, sale histoire, souffrance, traverse, tribulation. SOUT. bourrèlement, plaie, tourment. ♦ **nuages**, *plur.* ▶ *Ensemble de masses de vapeur* – amas de nuages, amoncellement de nuages; couverture nuageuse.

nuageux *adj.* assombri, bouché, chargé de nuages, couvert, ennuagé, gris, lourd, nébuleux, obscurci, voilé. ▲ANT. CLAIR, ENSOLEILLÉ, SEREIN.

nuance *n. f.* ▶ *Distinction* – analyse, démarcation, différenciation, discrimination, distinction, distinguo, séparation. ▶ *Différence* – abîme, altérité, changement, désaccord, déviance, différence, dissemblance, dissimilitude, distance, distinction, divergence, diversité, division, divorce, écart, fossé, gouffre, incompréhension, inégalité, intervalle, marginalité, séparation, variante, variation, variété. MATH. inéquation. ▶ *Couleur* – coloration, coloris, couleur, degré, demi-teinte, teinte, ton, tonalité. SOUT. chromatisme. ▲ANT. CONFUSION, INDIFFÉRENCIATION.

nuancer *v.* ▶ *Exprimer avec modération* – atténuer, euphémiser, ménager, mesurer, mitiger, modérer, pondérer, tempérer. ▶ *Graduer les nuances, les couleurs* – dégrader, fondre, graduer. SOUT. diaprer, nuer. ▲ANT. ACCENTUER, EXAGÉRER, OUTRER; CONTRASTER, OPPOSER, TRANCHER; UNIFORMISER.

nucléaire *adj.* atomique. ▲ANT. CONVENTIONNEL *(arme)*.

nudiste *n.* naturiste.

nudité *n. f.* ▶ *Fait d'être nu* – naturisme, nudisme. ▶ *En peinture* – académie, anatomie, charnure, gymnité, modèle, nu, plastique, sujet. ▶ *Absence d'ornement* – austérité, dépouillement, pureté, sévérité, simplicité, sobriété. ▲ANT. ORNEMENT.

nue *n. f.* air, atmosphère, calotte (céleste), ciel, coupole (céleste), dôme (céleste), espace, sphère céleste, voûte (céleste), zénith. SOUT. azur, empyrée, éther, firmament.

nuée *n. f.* ▶ *Phénomène météorologique* (SOUT.) – nuage. ▶ *Émanation* – buée, émanation, exhalaison, fumée, fumerolle *(volcan)*, gaz, mofette *(volcan)*, nuage, salamandre *(alchimie)*, vapeur. QUÉB. FAM. boucane. ▶ *Insectes* – essaim, nuage, vol. ▶ *Abondance* – abondance, afflux, amas, ampleur, concentration, débauche, débordement, exubérance, filon, floraison, foisonnement, forêt, foule, fourmillement, gisement, infinité, inondation, luxe, luxuriance, masse, mine, multiplicité, myriade, orgie, paquet, pléthore, poussière, profusion, quantité, richesse, nymphe

surabondance, tas, trésor. *FIG.* carnaval. *FAM.* festival, flopée, kyrielle, tapée, tonne, tripotée, wagon. *QUÉB.* *FAM.* bourrée, tapon. *SUISSE FAM.* craquée.

nuire *v.* ▶ *Causer du tort* – causer un préjudice à, compromettre, défavoriser, désavantager, desservir, faire du tort à, handicaper, léser, pénaliser, porter atteinte à, porter préjudice à. ▶ *Entraver* – aller à l'encontre de, barrer, contrarier, contrecarrer, déranger, empêcher, entraver, faire obstacle à, gâcher, gêner, interférer avec, mettre des bâtons dans les roues à, s'opposer à, se mettre en travers de, troubler. ▲ANT. AIDER, ASSISTER, COLLABORER, SECONDER, SERVIR; AVANTAGER, FACILITER, FAVORISER.

nuisance *n. f.* ▲ANT. BIENFAISANCE.

nuisible *adj.* ▶ *Néfaste* – dangereux, dévastateur, dommageable, funeste, malfaisant, mauvais, néfaste, négatif, nocif, pernicieux, ravageur. *SOUT.* délétère. ▶ *Défavorable* – adverse, attentatoire, contraire, défavorable, désavantageux, dommageable, hostile, pernicieux, préjudiciable. ▲ANT. BÉNÉFIQUE, BIENFAISANT, BON, PROFITABLE, SALUTAIRE, UTILE; AVANTAGEUX, FAVORABLE, OPPORTUN, PROPICE; INOFFENSIF.

nuit *n. f.* ▶ *Obscurité* – noir, obscurité, ombre, pénombre, ténèbres. *QUÉB.* noirceur. *SOUT.* opacité. ▶ *Période où l'on dort* – nuitée *(hôtel).* ▲ANT. CLARTÉ, LUMIÈRE; JOUR.

nul *adj.* ▶ *Qui se réduit à rien* – absent, inexistant, négligeable. ▶ *Sans effet légal* – annulé, échu, expiré, invalide, périmé. *DR.* caduc, nul et de nul effet, nul et non avenu. ▶ *Médiocre* – abominable, affreux, atroce, déplorable, désastreux, épouvantable, exécrable, horrible, infect, insipide, lamentable, manqué, mauvais, médiocre, minable, navrant, odieux, piètre, piteux, pitoyable, qui ne vaut rien, raté. *SOUT.* méchant, triste. *FAM.* à la flan, à la gomme, à la manque, à la mie de pain, à la noix (de coco), blèche, craignos, crapoteux, mal fichu, moche, pourri, qui ne vaut pas un clou. *QUÉB.* *FAM.* de broche à foin, poche. ▶ *Incompétent* – ignorant, incapable, incompétent, insuffisant, mauvais, médiocre. ▲ANT. IMPORTANT, NOTABLE, SIGNIFICATIF; ACTUEL, EN COURS, VALIDE; BRILLANT, ÉBLOUISSANT, EXCELLENT, EXTRAORDINAIRE, FANTASTIQUE, MAGNIFIQUE, MERVEILLEUX, PARFAIT, PRODIGIEUX, REMARQUABLE, SENSATIONNEL; COMPÉTENT, DOUÉ, ÉMINENT, FORT.

nullement *adv.* aucunement, d'aucune façon, d'aucune manière, du tout, en aucun cas, en aucune façon, en aucune manière, en aucune sorte, en rien, ne, négativement, non, pas, pas du tout, point. *SOUT.* ni peu ni prou. *QUÉB. ACADIE FAM.* (pas) pantoute. ▲ANT. ASSURÉMENT, BIEN SÛR, CERTAINEMENT, CERTES, D'ÉVIDENCE, DE TOUTE ÉVIDENCE, EFFECTIVEMENT, EN VÉRITÉ, ÉVIDEMMENT, IL VA SANS DIRE, MANIFESTEMENT, NATURELLEMENT, SANS LE MOINDRE DOUTE, SANS NUL DOUTE, SÛREMENT, VRAIMENT.

numérateur *n. m.* ▲ANT. DÉNOMINATEUR.

numérique *adj.* ▶ *Évalué en nombre* – chiffré, quantitatif. ▶ *En parlant de données* – numérisé. ▲ANT. ANALOGIQUE.

numéro *n. m.* ▶ *Chiffre* – caractère numérique, chiffre, nombre. ▶ *Nombre identificateur* – adresse, code, cote, marque (numérique), matricule, nombre. ▶ *Numéro de page* – folio, pagination. ▶ *Exemplaire d'un périodique* – exemplaire, livraison. ▶ *Spectacle* – attraction, concert, danse, divertissement, exécution, exhibition, happening, pièce, projection, récital, représentation, revue, séance, soirée. ▶ *Personne excentrique* (FAM.) – anticonformiste, bizarre, excentrique, guignol, non-conformiste, original.

nuptial *adj.* *SOUT.* hyménal.

nutrition *n. f.* ▶ *Alimentation* – absorption, alimentation, consommation, cuisine, ingestion, ingurgitation, manducation, menu, nourrissement, nourriture, ordinaire, repas, sustentation. *FAM.* cuistance, popote. ▶ *Digestion* – absorption, anabolisme, assimilation, biosynthèse, chimisme, coction, digestion, eupepsie, ingestion, métabolisme, phagocytose *(cellules)*, rumination, transformation. ▲ANT. DÉPENSE D'ÉNERGIE; ÉLIMINATION.

nymphe *n. f.* ▶ *Belle fille* – beau brin de fille, beauté, belle (femme), déesse, houri, pin up, tanagra, vénus. *SOUT.* sylphide. ▲ANT. LAIDERON; LARVE; INSECTE ADULTE;

O

oasis *n. f.* ▶ *Bosquet de palmiers* – palmeraie. ▶ *Refuge* – abri, affût, asile, cache, cachette, gîte, lieu de repos, lieu sûr, refuge, retraite. *FIG.* ermitage, havre (de paix), port, solitude, tanière, toit. *PÉJ.* antre, planque, repaire. ▲**ANT.** ENFER, PIÈGE.

obéir *v.* ▶ *Se conformer aux volontés de qqn* – céder à, écouter, s'exécuter, s'incliner, se soumettre à. *SUISSE FAM.* baster. ▶ *Se conformer à* – acquiescer à, observer, obtempérer à, respecter, se conformer à, se plier à, se soumettre à, suivre. *SOUT.* déférer à, sacrifier à. ▶ *Subir qqch.* – subir, suivre. ▲**ANT.** COMMANDER, DIRIGER, ORDONNER; CONTREVENIR, DÉSOBÉIR, ENFREINDRE, REFUSER, REGIMBER, RÉSISTER, S'OPPOSER, SE REBELLER, TRANSGRESSER, VIOLER.

obéissance *n. f.* ▶ *Soumission* – abaissement, allégeance, appartenance, asservissement, assujettissement, attachement, captivité, contrainte, dépendance, domestication, domesticité, domination, emprise, esclavage, gêne, hilotisme, inféodation, infériorité, mainmise, merci, mouvance, obédience, obligation, oppression, pouvoir, puissance, servage, servitude, soumission, subordination, sujétion, tutelle, tyrannie, vassalité. *FIG.* carcan, chaîne, corset (de fer), coupe, fardeau, griffe, main, patte, prison; *SOUT.* fers, gaine, joug. *PHILOS.* hétéronomie. ▶ *Docilité* – apathie, docilité, fidélité, malléabilité, plasticité, servilité, suggestibilité. *PSYCHOL.* psychoplasticité. ▲**ANT.** COMMANDEMENT; DÉSOBÉISSANCE, INDISCIPLINE, INSOUMISSION, INSUBORDINATION, RÉBELLION, RÉVOLTE; INDOCILITÉ.

obéissant *adj.* disciplinable, discipliné, docile, doux, facile, gentil, sage, soumis, tranquille. ▲**ANT.** DÉSOBÉISSANT, DIFFICILE, INDISCIPLINÉ, INDOCILE, INSOUMIS, INSUBORDONNÉ.

obèse *adj.* adipeux, (bien) en chair, charnu, corpulent, de forte taille, empâté, épais, étoffé, fort, gras, gros, imposant, large, lourd, massif, opulent, plantureux, plein. *FAM.* éléphantesque, hippopotamesque. *FRANCE FAM.* mastoc. *QUÉB. FAM.* baquais. ▶ *Du ventre* – bedonnant, pansu, ventripotent, ventru. ▲**ANT.** ÉMACIÉ, FRÊLE, MAIGRE, MINCE, SEC, SVELTE.

obèse *n.* forte taille. *MÉD.* pléthorique. ▷ *Petit et gros FAM.* boulot. ▲**ANT.** GRINGALET, MAIGRICHON; ANOREXIQUE.

objecter *v.* ▶ *Prétexter* – alléguer, avancer, invoquer, opposer, prétexter. *SOUT.* arguer, exciper de, s'autoriser de. ▶ *Rétorquer* – faire remarquer, rétorquer. ▲**ANT.** ACCEPTER, ACCUEILLIR, ACQUIESCER, ADMETTRE, AGRÉER, APPROUVER, CONCÉDER, CONSENTIR.

objectif *adj.* ▶ *Sans parti pris* – équitable, impartial, intègre, juste, neutre, sans parti pris. ▲**ANT.** ARBITRAIRE, PARTIAL, SUBJECTIF, TENDANCIEUX; INTROSPECTIF.

objectif *n. m.* ▶ *But* – ambition, but, cause, cible, considération, destination, fin, finalité, intention, mission, mobile, motif, objet, point de mire, pourquoi, prétexte, raison, raison d'être, sens, visée. *SOUT.* propos. ▶ *Partie d'un instrument optique* – bonnette, judas optique *(porte)*, lentille, mire, oculaire, œilleton *(arme)*, sténopé, système optique, verre, verre de contact/lentille cornéenne, viseur. ▶ *Appareil photo* – appareil photo, appareil photographique, reflex. *ANC.* daguerréotype. ▲**ANT.** MOTIF; SANCTUAIRE *(dans un conflit)*.

objection *n. f.* ▶ *Réponse* – écho, réaction, réflexe, réfutation, repartie, réplique, réponse, riposte. *FIG.* contre-attaque. ▶ *Critique* – accusation, admonestation, admonition, anathématisation, anathème, attaque, avertissement, blâme, censure, condamnation, correction, critique, désapprobation, diatribe, grief, grognerie, gronderie, interdit, leçon, malédiction, mise à l'écart, mise à l'index, mise en quarantaine, observation, plainte, punition, récrimination, remarque, remontrance, représentation, réprimande, réprobation, reproche, réquisitoire, semonce, sérénade, sermon, tollé. *SOUT.* animadversion, foudres, fustigation, improbation, mercuriale, objurgation, stigmatisation, vitupération. *FAM.* douche, engueulade, prêchi-prêcha, savon, tabac. *FRANCE FAM.* attrapade, lavage de tête, soufflante. *BELG.* cigare. *RELIG.* fulmination. ▶ *Refus* – barrage, désapprobation, désobéissance, mauvaise volonté, obstacle, obstruction, opposition, réaction, rebuffade, refus, résistance, veto. *SOUT.* contredit, inacceptation. ▶ *Obstacle* – accroc, adversité, anicroche, barrière, blocage, contrariété, contretemps, défense, difficulté, digue, écueil, embarras, empêchement, ennui, entrave, frein, gêne, impasse, impossibilité, inhibition, interdiction, obstruction, ombre au tableau, opposition, pierre d'achoppement, point noir, problème, résistance, restriction, tracas, tribulations. *QUÉB.* irritant. *SOUT.* achoppement, impedimenta, traverse. *FAM.* blème, hic, lézard, os, pépin. *QUÉB. FAM.* aria. ▶ *Inconvénient* – aléa, charge, contre, danger, défaut, déplaisir, dérangement, désagrément, désavantage, difficulté, écueil, embarras, empêchement, ennui, fissure, gêne, handicap, incommodité, inconfort, inconvénient, mauvais côté, obstacle, point faible, risque, trouble. *SOUT.* importunité. ▲ANT. ACCORD, APPROBATION.

objectivement *adv.* ▶ *Réellement* – concrètement, dans la pratique, dans les faits, effectivement, empiriquement, en fait, en pratique, en réalité, expérimentalement, matériellement, par l'expérience, physiquement, positivement, pratiquement, prosaïquement, réalistement, réellement, tangiblement. ▶ *Impartialement* – démocratiquement, équitablement, honnêtement, impartialement, justement, lucidement. ▲ANT. ABSTRACTIVEMENT, ABSTRAITEMENT, EN THÉORIE, HYPOTHÉTIQUEMENT, IDÉALEMENT, IMAGINAIREMENT, IN ABSTRACTO, THÉORIQUEMENT; PARTIALEMENT, SUBJECTIVEMENT.

objectivité *n. f.* ▶ *Vérité* – authenticité, évidence, existence, flagrance, incontestabilité, justesse, positivité, réalité, validité, véracité, vérité, vrai. *DIDACT.* apodicticité, historicité. *SOUT.* véridicité. ▶ *Impartialité* – droiture, égalité, équité, impartialité, impersonnalité, intégrité, justice, légalité, neutralité, probité. ▲ANT. SUBJECTIVITÉ; PARTI PRIS, PARTIALITÉ.

objet *n. m.* ▶ *Chose* – chose. *FAM.* bidule, bouzin, engin, fourbi, machin, schtroumpf, truc, trucmuche. *FRANCE FAM.* ustensile, zibouiboui, zigouzi, zinzin. *QUÉB. FAM.* affaire, bébelle, cossin, gogosse, patente. ▶ *Sujet* – fait, fond, matière, point, problème, propos, question, sujet, thème. ▶ *But* – ambition, but, cause, cible, considération, destination, fin, finalité, intention, mission, mobile, motif, objectif, point de mire, pourquoi, prétexte, raison, raison d'être, sens, visée. *SOUT.* propos. ▶ *Cause* – agent, base, cause, explication, facteur, ferment, fondement, fontaine, germe, inspiration, levain, levier, mobile, moteur, motif, motivation, moyen, occasion, origine, point de départ, pourquoi, principe, raison, raison d'être, source, sujet. *SOUT.* étincelle, mère, racine, ressort. ◆ *objets, plur.* ▶ *Type de choses* – catégorie, classe, espèce, famille, genre, groupe, nature, ordre, sorte, type, variété. *QUÉB. gent.* ▶ *Ensemble de choses* – amas, tas; choix, collection. ▲ANT. CRÉATURE, ÊTRE VIVANT; FORME.

obligation *n. f.* ▶ *Exigence* – astreinte, besoin, contrainte, exigence, impératif, nécessité, servitude. ▶ *Norme* – arrêté, charte, code, convention, cote, coutume, formule, loi, mesure, norme, ordre, précepte, prescription, protocole, régime, règle, règlement, usage. ▶ *Devoir moral* – bien, (bonnes) mœurs, conscience, déontologie, devoir, droit

chemin, éthique, morale, moralité, obligation (morale), prescription, principes, règles de vie, vertu. *PSYCHOL.* surmoi. ▶ *Affaire* – affaire, besogne, corvée, devoir, occupation, ouvrage, tâche, travail. ▶ *Servitude* – abaissement, allégeance, appartenance, asservissement, assujettissement, attachement, captivité, contrainte, dépendance, domestication, domesticité, domination, emprise, esclavage, gêne, hilotisme, inféodation, infériorité, mainmise, merci, mouvance, obédience, obéissance, oppression, pouvoir, puissance, servage, servitude, soumission, subordination, sujétion, tutelle, tyrannie, vassalité. *FIG.* carcan, chaîne, corset (de fer), coupe, fardeau, griffe, main, patte, prison; *SOUT.* fers, gaine, joug. *PHILOS.* hétéronomie. ▶ *Engagement* – charge, commandement, contrat, dette, devoir, engagement, lien, parole, promesse, responsabilité, serment. ▶ *Garantie* – assurance, aval, caution, cautionnement, charge, consignation, couverture, ducroire, engagement, gage, garant, garantie, hypothèque, indexage, indexation, nantissement, palladium, parrainage, précaution, préservation, promesse, répondant, responsabilité, salut, sauvegarde, sécurité, signature, soulte, sûreté, warrant, warrantage. ▶ *Dette* – arriéré, charge, compte, créance, crédit à découvert, débet, débit, découvert, déficit, dette, devoir, doit, dû, emprunt, engagement, impayé, moins-perçu, non-paiement, passif, solde débiteur. *BELG.* mali, pouf. ▶ *Titre financier* – action, bon, coupon, effet de commerce, papier, part, titre, valeur. ▶ *Part* – apport, commandite, contingent, contribution, cotisation, dot, dotation, écot, financement, fonds, fournissement, lot, mise, montant, parrainage, part, participation, portion, quote-part, quotité. ▶ *Gratitude* – bénédiction, gratitude, gré, merci, reconnaissance, remerciement. ▲ANT. DISPENSE, GRÂCE, LIBERTÉ; DROIT, PERMISSION; INTERDICTION.

obligatoire *adj.* ▶ *Exigé* – de rigueur, déontique, exigé, imposé, indispensable, requis. ▶ *Inévitable* – assuré, certain, fatal, immanquable, imparable, implacable, incontournable, inéluctable, inévitable, inexorable, nécessaire, obligé, sûr. *FAM.* forcé, mathématique. ▲ANT. FACULTATIF, LIBRE, OPTIONNEL, VOLONTAIRE; FORTUIT.

obligatoirement *adv.* ▶ *Indispensablement* – à tout prix, absolument, coûte que coûte, essentiellement, impérativement, impérieusement, inconditionnellement, indispensablement, nécessairement, sans faute. ▶ *Inévitablement* – à coup sûr, automatiquement, fatalement, forcément, immanquablement, implacablement, inéluctablement, inévitablement, inexorablement, infailliblement, ipso facto, irrésistiblement, logiquement, mathématiquement, nécessairement, par la force des choses. ▲ANT. EN OPTION, FACULTATIVEMENT, SANS OBLIGATION; ALÉATOIREMENT, DOUTEUSEMENT, PEUT-ÊTRE.

obligé *n.* débiteur, emprunteur. *DR.* débirentier.

obligeance *n. f.* ▶ *Amabilité* – affabilité, amabilité, aménité, attention, bienséance, bonnes manières, chevalerie, civilité, civisme, convivialité, correction, courtoisie, délicatesse, éducation, entregent, galanterie, gentillesse, hospitalité, mondanités, politesse, prévenance, savoir-vivre, serviabilité, sociabilité, tact, urbanité. *SOUT.* gracieuseté, liant. ▲**ANT.** DÉSOBLIGEANCE, IMPOLITESSE, MALVEILLANCE.

obligeant *adj.* aimable, attentif, attentionné, aux petits soins, complaisant, délicat, dévoué, diligent, empressé, gentil, prévenant, secourable, serviable, zélé. *FAM.* chic, chou. *QUÉB. FAM.* fin. *BELG. FAM.* amitieux. ▲**ANT.** DISTANT, FROID, INDIFFÉRENT, RÉSERVÉ.

obliger *v.* ▶ *Nécessiter* – appeler, avoir besoin de, commander, demander, exiger, imposer, nécessiter, postuler, prendre, prescrire, réclamer, requérir, vouloir. ▶ *Contraindre* – assujettir, astreindre, contraindre, forcer, mettre dans l'obligation, soumettre. ▶ *Aider* – aider, être utile à, porter secours à, prêter assistance à, prêter main-forte à, prêter secours à, rendre service à, secourir, tirer d'affaire, tirer d'embarras, venir à la rescousse de, venir au secours de, venir en aide à. *FAM.* dépanner, donner un coup de main à, donner un coup de pouce à. ◆ *s'obliger* ▶ *Prendre un engagement* – promettre, s'engager. ▶ *Se forcer* – s'efforcer, se contraindre, se forcer. ▲**ANT.** AFFRANCHIR, DÉGAGER, DÉLIER, DISPENSER, ÉPARGNER, EXEMPTER, LIBÉRER ; BLESSER, CONTRARIER, DÉPLAIRE, DÉSOBLIGER, FROISSER, NUIRE.

obliquement *adv.* ▶ *Diagonalement* – de biais, de côté, diagonalement, en diagonale, en oblique. *FAM.* de guingois. ▶ *Indirectement* – allusivement, évasivement, indirectement, par ricochet, par une voie détournée. *FAM.* par la bande. ▲**ANT.** DIRECTEMENT, EN LIGNE DROITE, TOUT DROIT.

obscène *adj.* ▶ *Immoral* – amoral, choquant, éhonté, immoral, impur, inconvenant, indécent, offensant, révoltant, scabreux, scandaleux. ▶ *Cru* – cru, dégoûtant, graveleux, scabreux. ▶ *En parlant de la chance* – impudent, indécent, inouï, insolent. ▲**ANT.** BIENSÉANT, CONVENABLE, CORRECT, DÉCENT, HONORABLE, MORAL ; CHASTE, INNOCENT, PUDIQUE, PUR.

obscur *adj.* ▶ *Sans lumière* – noir, ombreux, opaque, plongé dans les ténèbres, sombre. *SOUT.* enténébré, ténébreux. ▶ *Dont le sens est caché* – cabalistique, caché, cryptique, énigmatique, ésotérique, hermétique, impénétrable, inaccessible, incompréhensible, inconcevable, inconnaissable, indéchiffrable, indécodable, inexplicable, inintelligible, insaisissable, insondable, mystérieux, nébuleux, opaque, secret, ténébreux. *SOUT.* abscons, abstrus, sibyllin. ▶ *Dont le sens est confus* – confus, estompé, flou, imprécis, incertain, indécis, indéfini, indéfinissable, indéterminé, indistinct, informe, ni chair ni poisson, sourd (*sentiment)*, trouble, vague, vaporeux, voilé. ▶ *Inconnu* – anonyme, ignoré, inconnu. ▲**ANT.** BRILLANT, CLAIR, ÉBLOUISSANT, ÉCLATANT, LUMINEUX ; À LA PORTÉE DE TOUS, ACCESSIBLE, COMPRÉHENSIBLE, ÉVIDENT, INTELLIGIBLE, LIMPIDE, SIMPLE, TRANSPARENT ; CÉLÈBRE, FAMEUX, ILLUSTRE, RENOMMÉ.

obscurcir *v.* ▶ *Priver de lumière* – assombrir, ombrer. *SOUT.* enténébrer, obombrer, plonger dans les ténèbres. ▶ *Rendre plus foncé* – assombrir, foncer, noircir, ombrer. ▶ *Embrouiller* – brouiller, compliquer, embrouiller, embroussailler, emmêler, enchevêtrer, entortiller, entremêler, mélanger, mêler. *FAM.* emberlificoter. *DIDACT.* intriquer. ▶ *Troubler l'esprit* – aveugler, brouiller, embrumer, obnubiler,

troubler, voiler. ▶ *Attrister* – assombrir, attrister, endeuiller. *SOUT.* embrumer, rembrunir. ◆ *s'obscurcir* ▶ *En parlant du ciel* – s'assombrir, s'ennuager, se brouiller, se couvrir, se voiler. *QUÉB. FAM.* se chagriner. ▲**ANT.** ÉCLAIRCIR, ÉCLAIRER, ILLUMINER ; BRILLER ; ENSOLEILLER.

obscurément *adv.* ▶ *Sombrement* – opaquement, sombrement, ténébreusement. ▶ *Vaguement* – abstraitement, confusément, évasivement, imperceptiblement, imprécisément, indistinctement, nébuleusement, vaguement, vaseusement. ▶ *Mystérieusement* – ambigument, cabalistiquement, énigmatiquement, hermétiquement, illisiblement, impénétrablement, incompréhensiblement, inexplicablement, inintelligiblement, mystérieusement, occultement, opaquement, secrètement, ténébreusement. ▲**ANT.** CLAIREMENT, EN TOUTES LETTRES, EXPLICITEMENT, NETTEMENT, NOIR SUR BLANC ; LOGIQUEMENT, MÉTHODIQUEMENT, RATIONNELLEMENT, SCIENTIFIQUEMENT, SENSÉMENT, SYSTÉMATIQUEMENT ; AU GRAND JOUR, EN PUBLIC.

obscurité *n. f.* ▶ *Absence de lumière* – noir, nuit, ombre, pénombre, ténèbres. *QUÉB.* noirceur. *SOUT.* opacité. ▶ *Mystère* – arcanes, énigme, inconnaissable, inconnu, mystère, secret, voile. *FAM.* cachotterie. ▶ *Incompréhensibilité* – abstrusion, difficulté, hermétisme, illisibilité, impénétrabilité, imperceptibilité, incompréhension, inintelligibilité, opacité. *SOUT.* incompréhensibilité. ▶ *Cécité* – cécité. *FIG.* brouillard, brume, noir, nuit. *MÉD.* amaurose, amblyopie, anopsie. ▶ *Anonymat* – anonymat, banalité, humble origine, incognito, masque, ombre. ▲**ANT.** CLARTÉ, LUMIÈRE ; NETTETÉ ; ÉVIDENCE ; CÉLÉBRITÉ, RENOMMÉE.

obsédant *adj.* entêtant, harcelant, lancinant, persistant.

obsédé *n.* ▶ *Celui qui a une idée fixe* – monomane, monomaniaque, obsessionnel. ▶ *Exalté* – exalté, extravagant, fixé, halluciné, illuminé. ▲**ANT.** INDIFFÉRENT ; CAPRICIEUX, FANTAISISTE, FANTASQUE ; PURITAIN.

obséder *v.* ▶ *Occuper l'esprit sans relâche* – habiter, hanter, harceler, importuner, posséder, pourchasser, poursuivre. ▶ *Préoccuper* – ennuyer, fatiguer, préoccuper, taquiner, tarabuster, tracasser, travailler. *FAM.* titiller, turlupiner. *QUÉB. FAM.* chicoter. ▲**ANT.** AMUSER, ASSURER, CALMER, DÉLIVRER, DÉTENDRE, RASSÉRÉNER, RASSURER, REPOSER, TRANQUILLISER ; LIBÉRER, SOULAGER ; EXORCISER.

obsèques *n. f. pl.* cérémonie funèbre, convoi funèbre, cortège funèbre, dernier hommage, derniers devoirs, derniers honneurs, deuil, enfouissement, enterrement, funérailles, inhumation, mise au sépulcre, mise au tombeau, mise en bière, mise en terre, sépulture, service civil, service religieux. *SOUT.* ensevelissement.

observable *adj.* apercevable, apparent, extérieur, visible. *MÉD.* clinique. ▲**ANT.** INOBSERVABLE.

observateur *adj.* ▲**ANT.** DISTRAIT, INATTENTIF.

observateur *n.* auditeur, participant, spectateur, témoin. ▲**ANT.** PARTICIPANT ; EXPÉRIMENTATEUR.

observation *n. f.* ▶ *Examen scientifique* – étude, examen. *SOUT.* scrutation. ▶ *Regard soutenu*

– contemplation, scrutation. ▸ *Surveillance* – attention, espionnage, faction, filature, garde, gardiennage, guet, îlotage, inspection, monitorage, patrouille, ronde, sentinelle, veille, veillée, vigie, vigilance. FAM. filoche, flicage. ▸ *Remarque* – constatation, réflexion, remarque. ▸ *Reproche* – accusation, admonestation, admonition, anathématisation, anathème, attaque, avertissement, blâme, censure, condamnation, correction, critique, désapprobation, diatribe, grief, grognerie, gronderie, interdit, leçon, malédiction, mise à l'écart, mise à l'index, mise en quarantaine, objection, plainte, punition, récrimination, remarque, remontrance, représentation, réprimande, réprobation, reproche, réquisitoire, semonce, sérénade, sermon, tollé. SOUT. animadversion, foudres, fustigation, improbation, mercuriale, objurgation, stigmatisation, vitupération. FAM. douche, engueulade, prêchi-prêcha, savon, tabac. FRANCE FAM. attrapade, lavage de tête, soufflante. BELG. cigare. RELIG. fulmination. ▸ *Fait de suivre les règles* – observance, respect. ▲ANT. INDIFFÉRENCE; DISTRACTION, INATTENTION, NÉGLIGENCE, OMISSION, OUBLI; COMPLIMENT, ÉLOGE; DÉSOBÉISSANCE, INOBSERVATION, MANQUEMENT.

observatoire *n. m.* ▸ *Poste d'observation* – échauguette, guérite de guet, mirador, poivrière, poste d'observation, poste de veille, tour. MAR. nid-de-pie, vigie.

observer *v.* ▸ *Regarder avec attention* – arrêter son regard sur, attacher son regard sur, braquer les yeux sur, considérer, contempler, dévisager *(une personne)*, examiner, fixer, fixer le regard sur, fouiller du regard, regarder, scruter. FAM. gaffer, viser, zieuter. ▸ *Garder à portée du regard* – avoir à l'œil, garder à vue, ne pas perdre de vue, ne pas quitter des yeux, surveiller, tenir à l'œil. ▸ *Guetter* – épier, être à l'affût de, être aux aguets, guetter, surveiller. QUÉB. FAM. écornifler. FAM. fliquer, moucharder. ▸ *Espionner* – épier, espionner, surveiller. FAM. fliquer, moucharder. ▸ *Étudier* – analyser, ausculter, considérer, envisager, étudier, examiner, explorer, penser à, pousser plus avant, prendre en considération, réfléchir sur, s'intéresser à, se pencher sur, traiter, voir. ▸ *Constater* – apercevoir, constater, noter, prendre acte, relever, remarquer, voir. ▸ *Se conformer* – acquiescer à, obéir à, obtempérer à, respecter, se conformer à, se plier à, se soumettre à, suivre. SOUT. déférer à, sacrifier à. ▲ANT. IGNORER, MÉCONNAÎTRE, NÉGLIGER, OMETTRE, OUBLIER; ÉLOIGNER, LAISSER ALLER; DÉDAIGNER, ENFREINDRE, MÉPRISER, TRANSGRESSER, VIOLER.

obsessif *adj.* anormal, maladif, malsain, morbide, obsessionnel, pathologique. ▲ANT. ÉQUILIBRÉ, MODÉRÉ, NORMAL.

obsession *n. f.* ▸ *Idée fixe* – fixation, idée fixe, maladie, maniaquerie, manie. PSYCHOL. centration. FAM. fixette. ▸ *Envoûtement* – charme, diablerie, enchantement, ensorcellement, envoûtement, fascination, influence, jettatura, magie, maléfice, malheur, maraboutage, mauvais œil, (mauvais) sort, philtre, possession, sorcellerie, sortilège. ANTIQ. goétie. ▲ANT. DÉTACHEMENT, INDIFFÉRENCE; CAPRICE, LÉGÈRETÉ.

obstacle *n. m.* ▸ *Objet qui barre le passage* – barrage, barricade, barrière, cloison, défense, écran,

mur, rideau, séparation. ▸ *Opposition* – barrage, désapprobation, désobéissance, mauvaise volonté, objection, obstruction, opposition, réaction, rebuffade, refus, résistance, veto. SOUT. contredit, inacceptation. ▸ *Difficulté* – accroc, adversité, anicroche, barrière, blocage, contrariété, contretemps, défense, difficulté, digue, écueil, embarras, empêchement, ennui, entrave, frein, gêne, impasse, impossibilité, inhibition, interdiction, objection, obstruction, ombre au tableau, opposition, pierre d'achoppement, point noir, problème, résistance, restriction, tracas, tribulations. QUÉB. irritant. SOUT. achoppement, impedimenta, traverse. FAM. blème, hic, lézard, os, pépin. QUÉB. FAM. aria. ▸ *Inconvénient* – aléa, charge, contre, danger, défaut, déplaisir, dérangement, désagrément, désavantage, difficulté, écueil, embarras, empêchement, ennui, fissure, gêne, handicap, incommodité, inconfort, inconvénient, mauvais côté, objection, point faible, risque, trouble. SOUT. importunité. ▸ *Contrariété* – accident, accroc, accrochage, affaire, anicroche, avatar, aventure, complication, contingences, contrariété, contretemps, crise, désagrément, difficulté, dispute, embarras, empêchement, ennui, épine, épisode, événement, éventualité, imprévu, incident, mésaventure, occasion, occurrence, péripétie, problème, rebondissement, tribulations. SOUT. adversité. FAM. blème, cactus, embêtement, emmerde, emmerdement, enquiquinement, os, pépin, pétrin, tuile. FRANCE FAM. avaro, empoisonnement. ▲ANT. AIDE, APPUI; COMMODITÉ, FACILITÉ.

obstination *n. f.* ▸ *Ténacité* – acharnement, assiduité, constance, détermination, entêtement, fermeté, insistance, opiniâtreté, persévérance, persistance, résolution, suite dans les idées, ténacité, volonté. PÉJ. aveuglement. ▲ANT. INCONSTANCE, INSTABILITÉ, VERSATILITÉ; HÉSITATION, IRRÉSOLUTION, VELLÉITÉ; DOCILITÉ, FAIBLESSE, MOLLESSE.

obstiné *adj.* ▸ *Persévérant* – acharné, coriace, opiniâtre, persévérant, persistant, tenace. ▸ *Têtu* – buté, entêté, têtu, volontaire. FAM. cabochard, tête de mule, tête de pioche, tête dure. QUÉB. FAM. dur de comprenure. ▲ANT. INCONSTANT, INSTABLE, VERSATILE; ACCOMMODANT, ARRANGEANT, COMPLAISANT, CONCILIANT, FLEXIBLE, SOUPLE, TRAITABLE.

obstinément *adv.* avec entêtement, d'arrache-pied, opiniâtrement, tenacement. FAM. mordicus. ▲ANT. SANS CONVICTION.

obstiner *v.* ▸ *Contredire* (QUÉB. FAM.) – contredire, démentir. ♦ **s'obstiner** ▸ *S'entêter* – insister, ne pas démordre de, persévérer, persister, s'acharner, s'entêter, se buter. ▲ANT. △S'OBSTINER – CÉDER, FLÉCHIR.

obtenir *v.* ▸ *Recueillir* – recevoir, récolter, recueillir. ▸ *Se procurer* – acquérir, avoir, entrer en possession de, faire l'acquisition de, se porter acquéreur/acquéresse de, se procurer. ▸ *Gagner* – conquérir, enlever, gagner, remporter. FAM. décrocher. ▸ *Avoir en retour* – gagner, retirer, tirer. ▲ANT. MANQUER, PERDRE, RATER, REFUSER; ÉCHOUER.

obus *n. m.* FRANCE FAM. marmite.

occasion *n. f.* ▸ *Chance* – aubaine, chance, coup de chance, heureux hasard, opportunité. SOUT. fortune. FAM. baraka, (coup de) bol, occase, pot, veine.

▶ *Fois* – cas, circonstance, coup, fois, heure, moment, occurrence. ▶ *Possibilité* – chance, facilité, jeu, latitude, liberté, marge (de manœuvre), moyen, offre, possibilité, volant de sécurité. ▶ *Cause* – agent, base, cause, explication, facteur, ferment, fondement, fontaine, germe, inspiration, levain, levier, mobile, moteur, motif, motivation, moyen, objet, origine, point de départ, pourquoi, principe, raison, raison d'être, source, sujet. SOUT. étincelle, mère, racine, ressort.

occasionnel *adj.* ▶ *Inaccoutumé* – d'exception, exceptionnel, fortuit, inaccoutumé, inhabituel, inusité, rare, rarissime, spécial. SOUT. extraordinaire, inusuel. ▲ANT. COURANT, FRÉQUENT, HABITUEL.

occident *n. m.* ▶ *Point cardinal* – couchant, ouest. ◆ **l'Occident** ▶ *Partie du monde* – pays occidentaux. ▲ANT. EST, LEVANT, ORIENT.

occidental *adj.* ouest. ▲ANT. EST, ORIENTAL.

occulte *adj.* ▶ *Ésotérique* – cabalistique, ésotérique, initiatique. ▶ *Mystérieux* – mystérieux, paranormal, suprasensible, supraterrestre, surnaturel. ▶ *Secret* – clandestin, dissimulé, parallèle, secret, souterrain, subreptice. ▲ANT. EXOTÉRIQUE, OUVERT; RÉVÉLÉ; AUTORISÉ, LÉGAL, OFFICIEL, PERMIS, PUBLIC.

occultisme *n. m.* archimagie, ésotérisme, gnose, grand art, hermétisme, magie, mystagogie, parapsychisme, parapsychologie, phénomènes paranormaux, sciences occultes.

occupant *n.* ▶ *Locataire* – affermataire, colon, fermier, habitant, hôte, locataire, métayer, preneur, sous-locataire. ▶ *Qui occupe un territoire* – colonisateur, envahisseur. ▲ANT. COLONISÉ, CONQUIS.

occupation *n. f.* ▶ *Métier* – activité, art, carrière, emploi, état, gagne-pain, métier, profession, qualité, services, situation, spécialité, travail. FAM. boulot, turbin, turf. ▶ *Tâche* – affaire, besogne, corvée, devoir, obligation, ouvrage, tâche, travail. ▶ *Préoccupation* – agitation, angoisse, anxiété, cassement de tête, contrariété, désagrément, difficulté, doute, ennui, gêne, inquiétude, obnubilation, peine, pensée, préoccupation, sollicitude, souci, suspens, tiraillement, tourment, tracas. FRANCE suspense. SOUT. affres. FAM. tintouin, tracassin. ▶ *Fait d'occuper* – habitation. ▶ *Invasion* – assujettissement, conquête, empiétement, envahissement, invasion, mainmise, prise (de possession), usurpation. DR. appropriation. ▶ *Peuplement* – colonisation, immigration, natalité, peuplement. ▶ *Population* – biocénose, biomasse, biosphère, biote, êtres vivants, habitat, peuplement. ◆ **occupations, plur.** activités, quotidien, vie (de tous les jours). ▲ANT. DÉSŒUVREMENT, INACTION, INACTIVITÉ, OISIVETÉ, REPOS; ABANDON, ÉVACUATION; EXPULSION, LIBÉRATION.

occuper *v.* ▶ *Remplir un espace* – couvrir, emplir, garnir, remplir, s'étendre sur. ▶ *Habiter* – habiter, peupler, vivre dans. ▶ *Envahir* – conquérir, envahir, prendre, s'emparer de. ▶ *Remplir le temps* – emplir, meubler, remplir. SOUT. peupler. ▶ *Absorber* – absorber, accaparer, prendre en entier. FAM. bouffer. ▶ *Distraire* – changer les idées, délasser, désennuyer, distraire. ◆ **s'occuper** ▶ *Vaquer* – s'adonner à, s'appliquer à, s'employer à, se consacrer à, se livrer à, vaquer à. ▶ *Se préoccuper* – s'embarrasser, s'inquiéter,

se préoccuper, se soucier. ▶ *Prendre soin de qqn* – garder, prendre soin de, surveiller, veiller sur. ▲ANT. ABANDONNER, ÉVACUER, LIBÉRER, QUITTER. △S'OCCUPER – CHÔMER, TRAÎNER; SE DISTRAIRE; OUBLIER, SE DÉSINTÉRESSER; SE MOQUER.

occurrence *n. f.* ▶ *Existence* – actualité, essence, être, existence, fait, présence, réalité, réel, substance, vie. ▶ *Apparition* – apparition, approche, arrivée, avènement, entrée, introduction, irruption, jaillissement, manifestation, survenance, venue. SOUT. surgissement, survenue. DIDACT. exondation. ▶ *Fois* – cas, circonstance, coup, fois, heure, moment, occasion. ▲ANT. ABSENCE.

océan *n. m.* ▶ *Eau recouvrant le globe* – la mer, les mers. SOUT. l'empire des ondes, l'onde amère, la plaine liquide, le royaume de Neptune, les flots. FRANCE FAM. la (grande) baille.

ode *n. f.* canzone, canzonette, dithyrambe, élégie, hymne, poème lyrique, rotruenge, stances.

odeur *n. f.* effluence, effluve, émanation, exhalaison.

odieux *adj.* ▶ *Qui suscite l'indignation* – abject, bas, coupable, crapuleux, dégoûtant, honteux, ignoble, immonde, inavouable, indigne, infâme, infect, innommable, inqualifiable, lâche, méprisable, repoussant, répugnant, sans nom, scandaleux, sordide, vil, vilain. SOUT. fangeux, ignominieux, nauséeux, triste, turpide. FAM. dégueu, dégueulasse, écœurant, gerbant, moche. ▶ *Insupportable* – antipathique, atroce, déplaisant, désagréable, détestable, exécrable, haïssable, impossible, infernal, insoutenable, insupportable, intenable, intolérable, invivable, irrespirable, pénible. FAM. imbuvable. ▲ANT. DIGNE, HONORABLE, NOBLE; ADORABLE, AIMABLE, CHARMANT, DÉLICIEUX, GENTIL.

odorant *adj.* aromatique, odoriférant, parfumé, suave. ▲ANT. ÉCŒURANT, FÉTIDE, INFECT, MALODORANT, NAUSÉABOND, PESTILENTIEL, PUANT; INODORE.

odorat *n. m.* flair, olfaction. ▲ANT. ANOSMIE.

œil *n. m.* ▶ *Organe* – DIDACT. organe de la vision, organe de la vue. ANAT. globe oculaire. ZOOL. ocelle (*arthropode*), ommatidie (*arthropode*), mmate (*larve*). ▶ *Regard* – regard, vue. ▶ *Partie d'une plante* – bourgeon, bouton, bulbille, caïeu, gemmule (*plantule*), œilleton, pousse, turion (*dans la terre*).

œillet *n. m.* ▶ *Trou du bouton* – boutonnière, bride.

œuvre *n. f.* ▶ *Réalisation* – composition, conception, confection, constitution, construction, création, développement, édification, élaboration, exécution, fabrication, façon, façonnage, façonnement, formation, génération, genèse, gestation, invention, organisation, paternité, production, réalisation, structuration, synthèse. SOUT. accouchement, enfantement. DIDACT. engendrement. ▶ *Production artistique* – FAM. œuvrette (*petite et sans importance*). ▶ *Résultat* – action, conclusion, conséquence, contrecoup, corollaire, développement, effet, efficacité, fonction, fruit, impact, implication, incidence, jeu, juste retour des choses, portée, prolongement, réaction, rejaillissement, répercussion, résultante, résultat, retentissement, retombées, ricochet, séquelle, suite (logique). SOUT. aboutissage, efficace, fille. ◆ **œuvres, plur.**

▶ *Ensemble de productions artistiques* – collection (d'œuvres); répertoire.

offensant *adj.* ▶ *Blessant* – blessant, choquant, cinglant, désobligeant, froissant, humiliant, injurieux, insultant, mortifiant, outrageant, vexant. *SOUT.* sanglant. ▶ *Immoral* – amoral, choquant, éhonté, immoral, impur, inconvenant, indécent, obscène, révoltant, scabreux, scandaleux. ▲ANT. FLATTEUR; BIENSÉANT, CONVENABLE, CORRECT, DÉCENT, HONORABLE, MORAL.

offense *n. f.* ▶ *Injure* – affront, attaque, atteinte, attentat, avanie, blessure, calomnie, défi, dommage, indignité, injure, insolence, insulte, manquement, outrage, pique, tort. *SOUT.* bave, camouflet, soufflet. ▶ *Péché* – accroc, chute, crime, déchéance, écart, errements, faute, impureté, mal, manquement, mauvais, péché, sacrilège, scandale, souillure, tache, transgression, vice. ▲ANT. COMPLIMENT, ÉLOGE, FLATTERIE.

offenser *v.* ▶ *Vexer* – atteindre (dans sa dignité), blesser (dans sa dignité), choquer, cingler, désobliger, effaroucher, égratigner, froisser, heurter, humilier, insulter, mortifier, offusquer, outrager, piquer au vif, toucher au vif, ulcérer, vexer. *SOUT.* fouailler. ▶ *Choquer l'œil, l'oreille* – agresser, blesser, choquer, déplaire à, heurter. ▶ *Transgresser gravement* – attenter à, outrager, porter atteinte à. ♦ *s'offenser* ▶ *Se formaliser* – s'indigner, s'offusquer, se fâcher, se formaliser, se froisser, se piquer, se scandaliser, se vexer. ▲ANT. BÉNIR, COMPLIMENTER, FÉLICITER, FLATTER; CHARMER, PLAIRE; RESPECTER; MÉNAGER. △S'OFFENSER – S'ENTHOUSIASMER, SE FÉLICITER, SE RÉJOUIR.

offensif *adj.* ▶ *Conforme à la norme* – agressif, bagarreur, batailleur, belliqueux, combatif, guerrier, querelleur. *SOUT.* pugnace. *FAM.* chamailleur, teigneux. ▲ANT. DÉFENSIF; DOUX, INOFFENSIF.

offensive *n. f.* ▶ *Attaque* – agression, assaut, attaque, attentat, charge, déferlement, envahissement, intervention, invasion, irruption. *SOUT.* entreprise. *MILIT.* blitz *(de courte durée)*. ▶ *Joueurs* – attaquants, attaque. ▲ANT. DÉFENSE, DÉFENSIVE.

office *n. m.* ▶ *Fonction* – affectation, charge, dignité, emploi, fonction, métier, mission, place, poste, responsabilité, rôle, siège, titre, vocation. ▶ *Organisme* – agence, bureau, cabinet, centre, organisme, service. ▶ *Messe* – célébration, cérémonial, cérémonie, culte, liturgie, messe, obit, office divin, saint sacrifice, service, service divin, service religieux. ▶ *Intervention* – aide, appui, concours, entremise, immixtion, incursion, ingérence, interposition, interventionnisme, intrusion, médiation, ministère. *SOUT.* intercession.

officiel *adj.* ▶ *Conforme à la norme* – normal, normalisé, standard, standardisé. ▶ *Dressé selon les formes légales* – authentifié, authentique, certifié, notarié, public, solennel. ▶ *Connu (FAM.)* – connu, de notoriété publique, ébruité, notoire, officieux, public, su. ▲ANT. APOCRYPHE, ILLÉGAL, OFFICIEUX; PRIVÉ.

officiel *n.* ▶ *Autorité* – autorité, brevetaire, dignitaire, responsable, supérieur. ▶ *Juge d'une épreuve sportive* – arbitre, juge.

officiellement *adv.* administrativement, authentiquement, dans les formes, de source officielle, légalement, notoirement, publiquement, solennellement, statutairement. ▲ANT. OFFICIEUSEMENT.

officieux *adj.* ▶ *Connu* – connu, de notoriété publique, ébruité, notoire, public, su. *FAM.* officiel. ▲ANT. OFFICIEL; ÉGOÏSTE.

offrande *n. f.* ▶ *Don à une divinité* – *SOUT.* oblation. ▶ *Cadeau* – cadeau, don, prime, surprise. *SOUT.* présent. *FAM.* fleur. ♦ **offrandes**, *plur.* ▶ *Ensemble de dons* – oblats. ▲ANT. PRÉLÈVEMENT.

offre *n. f.* ▶ *Suggestion* – avertissement, avis, conseil, encouragement, exhortation, guidance, idée, incitation, indication, information, initiative, inspiration, instigation, motion *(dans une assemblée)*, opinion, préconisation, proposition, recommandation, renseignement, suggestion. *FAM.* tuyau. *DR.* pollicitation. ▶ *Possibilité* – chance, facilité, jeu, latitude, liberté, marge (de manœuvre), moyen, occasion, possibilité, volant de sécurité. ▲ANT. DEMANDE; REFUS.

offrir *v.* ▶ *Tendre* – avancer, présenter, tendre. ▶ *Donner* – donner, faire cadeau de, faire don de, prodiguer. *SOUT.* contribuer. ▶ *Vendre* – débiter, détailler, écouler, faire commerce de, proposer, vendre. ▶ *Proposer* – avancer, jeter sur le tapis, mettre sur le tapis, présenter, proposer, servir, soumettre. ▶ *Consacrer* – consacrer, dédier, donner, vouer. ▶ *Faire hommage d'une œuvre* – dédicacer, dédier. ♦ *s'offrir* ▶ *S'octroyer* – s'accorder, s'octroyer, se donner, se permettre. ▲ANT. ACCEPTER, RECEVOIR; ENLEVER, PRENDRE; ACHETER; DEMANDER, SOLLICITER; REFUSER.

offusquer *v.* ▶ *Blesser la pudeur, l'amour-propre* – atteindre (dans sa dignité), blesser (dans sa dignité), choquer, cingler, désobliger, effaroucher, égratigner, froisser, heurter, humilier, insulter, mortifier, offenser, outrager, piquer au vif, toucher au vif, ulcérer, vexer. *SOUT.* fouailler. ♦ *s'offusquer* ▶ *Se formaliser* – s'indigner, s'offusquer, se fâcher, se formaliser, se froisser, se piquer, se scandaliser, se vexer. ▲ANT. BÉNIR, COMPLIMENTER, FÉLICITER, FLATTER; CHARMER, PLAIRE; RESPECTER; MÉNAGER. △S'OFFUSQUER – S'ENTHOUSIASMER, SE FÉLICITER, SE RÉJOUIR.

ogre *n.* ♦ **être imaginaire** ▶ *Géant* – cyclope, géant. ♦ **Cannibale** – dévoreur d'enfants. ♦ **personne réelle** ▶ *Sadique* – barbare, boucher, bourreau, cannibale, dépravé, monstre, psychopathe, sadique, tordu, tortionnaire, vampire. *SOUT.* tigre. ▲ANT. NAIN; BON BOUGRE, DOUX; ANOREXIQUE, ASCÈTE, JEÛNEUR.

oignon *n. m.* ▶ *Callosité* – cal, callosité, calus, cor, corne, durillon, induration, œil-de-perdrix, tylose, tylosis. *SUISSE* cassin. ♦ **oignons**, *plur.* ▶ *Ensemble de plantes sur pied* – oignonière, plantation d'oignons.

oiseau *n. m.* ▶ *Animal* – *DIDACT.* animal à plumes, bête à plumes. *FRANCE ENFANTIN* zoziau. *QUÉB. ENFANTIN* pit-pit. ▶ *Individu (FAM.)* – anticonformiste, bizarre, excentrique, guignol, non-conformiste, original. ▶ *Échafaudage* – cintre, échafaudage, triquet. ♦ **les oiseaux**, *plur.* ▶ *L'ensemble des oiseaux*

– la gent ailée. ♦ *des oiseaux*, plur. ▶ *Ensemble d'oiseaux qui volent* – escadrille, vol, volée.

oiseux *adj.* ▶ *Inutile* – futile, inutile, stérile, vain. *SOUT.* byzantin. ▶ *Insignifiant* – creux, futile, insignifiant, inutile, spécieux, vain, vide. ▲**ANT.** PERTINENT, UTILE.

oisif *adj.* désoccupé, désœuvré, inactif, inoccupé. *FAM.* végétatif. ▲**ANT.** ACTIF, AFFAIRÉ, AU TRAVAIL, OCCUPÉ.

oisillon *n. m.* ▶ *Oiseau* – bébé oiseau, petit oiseau. *SOUT.* oiselet. ♦ *oisillons, plur.* ▶ *Ensemble d'oiseaux* – couvée, nichée.

oisiveté *n. f.* ▶ *Désœuvrement* – chômage, désœuvrement, farniente, inaction, inactivité, inertie, passivité, sédentarité, sinécure, sous-emploi. *SOUT.* désoccupation, inoccupation. *QUÉB. FAM.* bisounage. *PAR EUPHÉM.* inemploi. ▶ *Paresse* – alanguissement, apathie, atonie, engourdissement, fainéantise, farniente, indolence, inertie, laisser-aller, langueur, lenteur, léthargie, lourdeur, mollesse, négligence, nonchalance, paresse, somnolence, torpeur. *FAM.* cosse, flémingite aiguë, flemmardise, flemme. ▲**ANT.** OCCUPATION, TRAVAIL; ACTIVITÉ, DYNAMISME, EFFORT, ENTRAIN.

olive *adj.* caca d'oie, moutarde, réséda.

olive *n. f.* ▶ *Animal* – pignon, trialle. *AFR.* cébette. *ZOOL.* donax.

ombrage *n. m.* ▶ *Feuillage* – couvert, feuillage, feuilles. ▶ *Ombre* – abri, ombre, protection. ▲**ANT.** DÉCOUVERT; CONFIANCE, TRANQUILLITÉ.

ombrageux *adj.* ▶ *Craintif* – angoissé, apeuré, craintif, effrayé, inquiet, peureux. *MÉD.* phobique. *SOUT. ou QUÉB. FAM.* épeuré. ▶ *Méfiant* – défiant, méfiant, soupçonneux, sur la défensive, sur ses gardes, suspicieux. ▶ *Susceptible* – bilieux, chatouilleux, coléreux, colérique, emporté, excitable, irascible, irritable, rageur, susceptible. *SOUT.* atrabilaire, colère. *FAM.* criseux, soupe au lait. ▶ *Jaloux* – envieux, jaloux. ▲**ANT.** INSOUCIANT; COMPRÉHENSIF, INDULGENT, MAGNANIME, TOLÉRANT; DÉBONNAIRE, FLEGMATIQUE, PAISIBLE, PLACIDE, TRANQUILLE.

ombre *n. f.* ▶ *Ombrage* – abri, ombrage, protection. ▶ *Obscurité* – noir, nuit, obscurité, pénombre, ténèbres. *QUÉB.* noirceur. *SOUT.* opacité. ▶ *Silhouette* – ligne, modénature, profil, silhouette, trait. *SOUT.* linéament. *DIDACT.* délinéament. ▶ *Fantôme* – apparition, créature éthérée, double, ectoplasme, esprit, esprit frappeur, fantôme, mort-vivant, périsprit, revenant, spectre, vision, zombie. *ANTIQ.* larve, lémure. ▶ *Anonymat* – anonymat, banalité, humble origine, incognito, masque, obscurité. ▶ *Indice* – apparence, cachet, cicatrice, critère, empreinte, indication, indice, lueur, marque, pas, piste, preuve, repère, reste, ride, sceau, signature, signe, stigmate, tache, témoignage, témoin, trace, trait, vestige. ▶ *Ocre brune* – ocre brune, terre d'ombre, terre de Sienne. ▲**ANT.** CLARTÉ, ÉCLAIRAGE, LUMIÈRE; RÉALITÉ; CÉLÉBRITÉ, RENOMMÉE.

ombrelle *n. f.* ▶ *Instrument* – parasol.

ombreux *adj.* noir, obscur, opaque, plongé dans les ténèbres, sombre. *SOUT.* enténébré, ténébreux. ▲**ANT.** CLAIR, ÉCLAIRÉ, ENSOLEILLÉ, LUMINEUX.

omettre *v.* ▶ *Négliger* – négliger, oublier. ▶ *Sauter* – escamoter, manquer, oublier, passer, sauter. ▶ *Passer sous silence* – cacher, couvrir, dissimuler, laisser de côté, passer sous silence, taire. *SOUT.* celer. ▲**ANT.** ACCOMPLIR, EXÉCUTER, FAIRE; NE PAS OUBLIER DE, PENSER À; CITER, MENTIONNER; CONSIGNER, NOTER.

omission *n. f.* ▶ *Absence* – absence, défaut, lacune, manque, privation, trou, vide. ▶ *Oubli* – absence, amnésie, étourderie, manque, mauvaise mémoire, oubli, perte de mémoire, trou (de mémoire). ▶ *Distraction* – absence (d'esprit), déconcentration, défaillance, dispersion, dissipation, distraction, étourderie, imprudence, inadvertance, inapplication, inattention, inconséquence, irréflexion, légèreté, négligence, oubli. *PSYCHAN.* aprosexie, déflexion. *PSYCHOL.* distractivité. ▲**ANT.** PRÉSENCE; DÉCLARATION, MENTION; NOTE, REMARQUE.

omnidirectionnel *adj.* ▲**ANT.** DIRECTIF, UNIDIRECTIONNEL.

oncle *n. m.* ▶ *Parent* – *FAM.* tonton. *QUÉB. FAM.* mononcle.

onction *n. f.* ▶ *Friction* – abrasion, bouchonnage, bouchonnement, brossage, embrocation, érosion, friction, frottage, frottement, frottis, grattage, grattement, massage, raclage, râpage, ripage, ripement, traînement, trituration. *FAM.* grattouillement. ▶ *Bénédiction* – bénédiction, consécration, couronnement, dédicace, intronisation, sacralisation, sacre. ▶ *Douceur* (*SOUT.*) – affabilité, agrément, amabilité, aménité, bénignité, bienveillance, bonhomie, bonté, calme, chaleur, charité, clémence, docilité, douceur, gentillesse, grâce, humanité, indulgence, patience, placidité, suavité. *SOUT.* débonnaireté, mansuétude. ▲**ANT.** DURETÉ, RUDESSE, SÉCHERESSE.

onctueux *adj.* ♦ *choses* ▶ *Riche et épais* – crémeux, moelleux, velouté. ▶ *Qui a la consistance du gras* – graisseux, gras, huileux, oléagineux. *SC.* butyreux, butyrique, oléiforme. ♦ *personnes* ▶ *D'une grande douceur* – doux, pieux. ▶ *D'une douceur affectée* – doucéâtre, doucereux, mielleux, sucré, (tout sucre) tout miel. *SOUT.* cauteleux, papelard, patelin, paterne. ▲**ANT.** DUR, RUGUEUX, SEC; BRUSQUE, CASSANT, CATÉGORIQUE, DIRECT, FRANC.

onde *n. f.* ♦ *une onde, sing.* ▶ *Remous* – agitation, balancement, ballottement, bercement, branle, branlement, cahotement, flottement, fluctuation, flux et reflux, houle, impulsion, lacet, mouvement, ondoiement, oscillation, pulsation, raz de marée, remous, roulis, tangage, va-et-vient, vague, valse, vibration. *FAM.* brimbalement. ♦ *l'onde, sing.* ▶ *Étendue d'eau* (*SOUT.*) – eau. *SOUT.* (l') onde, (les) flots. ♦ *les ondes, plur.* ▶ *Télévision* – le huitième art, télédiffusion, télévision, vidéocommunication. *FAM.* télé. ▶ *Radiophonie* – radio, radiocommunication, radiodiffusion, radiophonie, radiotélégraphie.

ondulation *n. f.* ▶ *Fluctuation* – agitation, balancement, ballottement, bercement, branle, branlement, cahotement, flottement, fluctuation, flux et reflux, houle, impulsion, lacet, mouvement, onde, ondoiement, oscillation, pulsation, raz de marée, remous, roulis, tangage, va-et-vient, vague, valse, vibration. *FAM.* brimbalement. ▶ *Balancement* – balancement, ballant, ballottement, déséquilibre, fragilité, instabilité, jeu, mobilité, motilité, motricité, mouvance, mouvant, mouvement, oscillation, roulis, tangage, turbulence, va-et-vient, vibration. *QUÉB.* débalancement. ▶ *Alternance* – allée et venue, alternatives, balancement, bascule, changement, flux et reflux, intermittence, oscillation, palpitation, périodicité, pulsation, récurrence, récursivité, retour, rotation, roulement, rythme, sinusoïde, succession, tour, va-et-vient, variation. ▶ *Courbe* – arabesque, boucle, contour, courbe, détour, lacet, méandre, repli, serpentin, sinuosité, volute *(fumée)*. *SOUT.* flexuosité. ▲ANT. FIXITÉ, STABILITÉ; RAIDEUR.

ondulé *adj.* onduleux. *SOUT.* ondé. ▲ANT. PLAT.

onduler *v.* ▶ *Suivre une ligne sinueuse* – serpenter, sinuer. ▶ *Remuer au gré du vent* – flotter au vent, ondoyer. *SOUT.* brandiller. ▶ *Se déhancher* – balancer les hanches, se déhancher, tortiller des hanches. ▶ *Boucler* – boucler, friser, frisotter, permanenter. *BELG. FAM.* croller.

onirique *adj.* ▶ *Qui rappelle un rêve* – irréel, surréaliste, surréel. ▲ANT. RÉALISTE, RÉEL.

opacité *n. f.* ▶ *État de ce qui est sombre (SOUT.)* – noir, nuit, obscurité, ombre, pénombre, ténèbres. *QUÉB.* noirceur. ▶ *Inintelligibilité* – abstrusion, difficulté, hermétisme, illisibilité, impénétrabilité, imperceptibilité, incompréhension, inintelligibilité, obscurité. *SOUT.* incompréhensibilité. ▲ANT. TRANSLUCIDITÉ, TRANSPARENCE; CLARTÉ, INTELLIGIBILITÉ.

opaque *adj.* ▶ *Sombre* – noir, obscur, ombreux, plongé dans les ténèbres, sombre. *SOUT.* enténébré, ténébreux. ▶ *En parlant d'une eau* – bourbeux, sale, terne, trouble. ▶ *En parlant du brouillard* – à couper au couteau, dense, épais. ▶ *Difficile à comprendre* – cabalistique, caché, cryptique, énigmatique, ésotérique, hermétique, impénétrable, inaccessible, incompréhensible, inconcevable, inconnaissable, indéchiffrable, indécodable, inexplicable, inintelligible, insaisissable, insondable, mystérieux, nébuleux, obscur, secret, ténébreux. *SOUT.* abscons, abstrus, sibyllin. ▲ANT. CLAIR; DIAPHANE, HYALIN, TRANSLUCIDE, TRANSPARENT; CRISTALLIN, LIMPIDE; LÉGER *(brume)*; À LA PORTÉE DE TOUS, ACCESSIBLE, COMPRÉHENSIBLE, ÉVIDENT, INTELLIGIBLE, SIMPLE.

opérant *adj.* actif, agissant, efficace, puissant. ▲ANT. IMPUISSANT, INACTIF, INEFFICACE, INOPÉRANT.

opérateur *n.* ▶ *Personne qui fait fonctionner un appareil* – manipulateur. ▶ *Personne qui filme* – cadreur, cameraman, opérateur (de prise de vues). ▶ *Intermédiaire à la bourse* – agent de change, courtier, démarcheur, opérateur boursier, opérateur financier. ♦ *opérateur, masc.* ▶ *Élément* – connecteur. ▲ANT. OPÉRANDE *(mathématiques)*.

opération *n. f.* ▶ *Déroulement* – déroulement, fonctionnement, marche, mécanique, mécanisme, procédure, procès, processus. ▶ *Méthode* – approche, art, chemin, code, comment, credo, démarche, discipline, dispositif, façon (de faire), facture, formule, heuristique, instruction, instrument, ligne de conduite, maïeutique, manière, marche à (suivre), méthode, modalité, mode d'emploi, moyen, ordre, organisation, outil, posologie, pratique, procédé, procédure, protocole, raisonnement, recette, règle, secret, stratagème, stratégie, système,

tactique, technique, théorie, traitement, voie. *SOUT.* faire. ▶ *Opération mathématique* – algèbre, algorithme, arithmétique, calcul, chiffrage, compte, supputation. ▶ *Intervention chirurgicale* – anatomie, chirurgie, dissection *(pour étudier)*, intervention (chirurgicale), opération (chirurgicale). *FAM.* charcutage *(maladroite)*. ♦ *opérations, plur.* ▶ *Échanges commerciaux* – activité commerciale, affaires, circulation, commerce, commercialisation, distribution, échange, finance, marché, négoce, opérations (commerciales), traite, transactions, troc, vente.

opérer *v.* ▶ *Exécuter* – accomplir, effectuer, exécuter, faire, pratiquer, procéder à, réaliser. ▶ *Faire effet* – agir, faire effet. ▶ *Procéder à une intervention chirurgicale* – intervenir. ♦ *s'opérer* ▶ *Se produire* – s'accomplir, se faire, se passer, se produire, se réaliser.

opiniâtre *adj.* ▶ *Tenace* – acharné, coriace, obstiné, persévérant, persistant, tenace. ▶ *En parlant d'une lutte* – acharné, âpre, chaud, farouche, féroce, furieux. ▲ANT. FAIBLE, LÂCHE, MOU; INCONSTANT, VERSATILE; DOCILE, MALLÉABLE.

opinion *n. f.* ▶ *Avis* – appréciation, avis, conception, conviction, critique, croyance, dogme, estime, idée, impression, jugement, optique, pensée, perception, point de vue, position, principe, prise de position, sentiment, théorie, thèse, vote, vue. *SOUT.* oracle. ▶ *Conseil* – avertissement, avis, conseil, encouragement, exhortation, guidance, idée, incitation, indication, information, initiative, inspiration, instigation, motion *(dans une assemblée)*, offre, préconisation, proposition, recommandation, renseignement, suggestion. *FAM.* tuyau. *DR.* pollicitation. ▶ *Doctrine* – conception, doctrine, dogme, école (de pensée), idée, idéologie, mouvement, pensée, philosophie, principe, système, théorie, thèse. ▲ANT. HÉSITATION, INDÉCISION, NEUTRALITÉ.

opportun *adj.* bien venu, bienvenu, bon, favorable, propice, qui tombe à pic. *SOUT.* heureux. *QUÉB. FAM.* d'adon. ▲ANT. FÂCHEUX, IMPORTUN, INOPPORTUN, INTEMPESTIF, MAL À PROPOS.

opportunisme *n. m.* activisme, cynisme, empirisme, matérialisme, pragmatisme, prosaïsme, réalisme, utilitarisme. ▲ANT. DÉSINTÉRESSEMENT; DÉVOUEMENT, SACRIFICE.

opportuniste *n.* arriviste, calculateur, intrigant, machinateur, manipulateur, manœuvrier, maquignon, margoulin. ▲ANT. DÉSINTÉRESSÉ, DÉVOUÉ, PERSONNE D'HONNEUR.

opportunité *n. f.* ▶ *Pertinence* – à-propos, bien-fondé, convenance, légitimité, pertinence, présence d'esprit, repartie, utilité. *QUÉB. FAM.* adon. ▶ *Occasion favorable* – aubaine, chance, coup de chance, heureux hasard, occasion. *SOUT.* pot. *FAM.* baraka, (coup de) bol, occase, pot, veine. ▲ANT. CONTRETEMPS, INOPPORTUNITÉ, OBSTACLE.

opposant *adj.* adverse, antagonique, antagoniste, concurrent, ennemi, opposé, rival. ▲ANT. ADEPTE, PARTISAN, SYMPATHISANT; ALLIÉ, AMI, COALISÉ.

opposant *n.* ▶ *Adversaire* – adversaire, antagoniste, attaqueur, compétiteur, concurrent, contestataire, contraire, contre-manifestant, détracteur, dissident, ennemi, mécontent, opposé, pourfendeur,

prétendant, protestataire, rival. ♦ **opposant**, *masc.*
▶ *Muscle* – muscle antagoniste, muscle opposant.
♦ **opposants**, *plur.* ▶ *Ensemble d'adversaires* – cercle d'opposants, front des opposants, groupe d'opposants, noyau d'opposants, opposition, parti des opposants. ▲ANT. DÉFENSEUR, PARTISAN, TENANT; ALLIÉ, AMI.

opposé *adj.* ▶ *Différent* – contrastant, contrasté, différent, tranché. ▶ *Incompatible* – contradictoire, contraire, discordant, dissonant, divergent, éloigné, incompatible, inconciliable. ▶ *Contraire* – adverse, contraire, inverse. ▶ *Ennemi* – adverse, antagonique, antagoniste, concurrent, ennemi, opposant, rival. ▶ *Hostile* – contestataire, dissident, factieux, iconoclaste, incendiaire, insurgé, insurrectionnel, mal pensant, protestataire, rebelle, révolté, révolutionnaire, séditieux, subversif.

opposer *v.* ▶ *Désunir* – brouiller, déchirer, désaccorder, désolidariser, désunir, diviser, semer la discorde, semer la zizanie, séparer. ▶ *Dresser contre qqn* – braquer, cabrer, dresser, monter, monter la tête. ▶ *Objecter* – alléguer, avancer, invoquer, objecter, prétexter. SOUT. arguer, exciper de, s'autoriser de. ♦ **s'opposer** ▶ *Résister* – résister, se dresser, se raidir. ▶ *Faire obstacle* – aller à l'encontre de, barrer, contrarier, contrecarrer, déranger, empêcher, entraver, faire obstacle à, gâcher, gêner, interférer avec, mettre des bâtons dans les roues à, nuire à, se mettre en travers de, troubler. ▶ *Différer* – différer, diverger, se contredire. ▶ *Protester* – broncher, murmurer, pousser les hauts cris, protester, réagir, récriminer, renâcler, répliquer, s'élever, s'indigner, se dresser, se gendarmer, se plaindre, se récrier. SOUT. réclamer. FAM. criailler, faire du foin, moufter, piailler, rouscailler, rouspéter, ruer dans les brancards, tiquer, tousser. QUÉB. FAM. chialer. ▶ *S'affronter* – s'affronter, se battre, se mesurer. ▲ANT. CONJUGUER, RAPPROCHER, RÉUNIR; ACCORDER, CONCILIER, RÉCONCILIER. △S'OPPOSER – CONCORDER, CORRESPONDRE; CÉDER, FLÉCHIR; OBÉIR, RESPECTER, SE SOUMETTRE, SUIVRE.

opposition *n. f.* ▶ *Alternative* – bifurcation, choix, dilemme, embarras du choix, option. ▶ *Comparaison* – allégorie, analogie, apologue, assimilation, association (d'idées), catachrèse *(lexicalisée)*, comparaison, équivalence, figure, image, lien, métaphore, parabole, parallèle, parenté, personnification, rapport, rapprochement, relation, ressemblance, similitude, symbole, symbolisme. ▶ *Contraste* – antithèse, contraste, désaccord, désagencement, désassortiment, déséquilibre, différence, discordance, disharmonie, disparité, disproportion, dissemblance, hétérogénéité, heurt, repoussoir. SOUT. disconvenance, tapage. ▶ *Contraire* – antilogie, antinomie, antipode, antithèse, antonymie, contradiction, contraire, contraste, contrepartie, contre-pied, dichotomie, différence, divergence, envers, inverse, polarité, réciproque. ▶ *Antagonisme* – affrontement, antagonisme, combat, compétition, concurrence, conflit, contentieux, contestation, controverse, débat, désaccord, différend, discorde, discussion, dispute, dissension, dissentiment, divergence, émulation, friction, heurt, incompatibilité, incompréhension, lutte, mésentente, mésintelligence, polémique, querelle, rivalité. FAM. bagarre. ▶ *Refus* – barrage,

désapprobation, désobéissance, mauvaise volonté, objection, obstacle, obstruction, réaction, rebuffade, refus, résistance, veto. SOUT. contredit, inacceptation. ▶ *Dissidence* – désobéissance, déviation, déviationnisme, division, hérésie, hétérodoxie, insoumission, insurrection, non-conformisme, rébellion, révolte, schisme, scission, sécession, séparation. ▶ *Négation* – contestation, contradiction, désapprobation, négation, négative, non, récusation, refus, réfutation, rejet. ▶ *Obstacle* – accroc, adversité, anicroche, barrière, blocage, contrariété, contretemps, défense, difficulté, digue, écueil, embarras, empêchement, ennui, entrave, frein, gêne, impasse, impossibilité, inhibition, interdiction, objection, obstruction, ombre au tableau, pierre d'achoppement, point noir, problème, résistance, restriction, tracas, tribulations. QUÉB. irritant. SOUT. achoppement, impedimenta, traverse. FAM. blème, hic, lézard, os, pépin. QUÉB. FAM. aria. ▲ANT. ÉGALITÉ, IDENTITÉ; ACCORD, ANALOGIE, CONFORMITÉ, CONJONCTION, CORRESPONDANCE, HARMONIE; ADHÉSION, ALLIANCE, RALLIEMENT; APPROBATION, CONSENTEMENT; OBÉISSANCE, PASSIVITÉ, SOUMISSION; DÉBLOCAGE, PASSAGE; GOUVERNEMENT *(parlement)*.

oppresser *v.* ▶ *Gêner la respiration* – étouffer, suffoquer. ▶ *Étrangler par l'émotion* – étrangler, étreindre, serrer. ▶ *Angoisser* – affoler, agiter, alarmer, angoisser, effrayer, énerver, épouvanter, inquiéter, préoccuper, tourmenter, tracasser, troubler. FAM. stresser. ▲ANT. DILATER, SOULAGER; APAISER, CALMER, RASSÉRÉNER.

oppression *n. f.* ▶ *Pouvoir autoritaire* – arbitraire, autoritarisme, caporalisme, despotisme, dictature, directivisme, directivité, omnipotence, tyrannie. SOUT. satrapie. ▶ *Persécution* – abus de pouvoir, brimade, exactions, harcèlement, persécution, talonnement. ▶ *Soumission* – abaissement, allégeance, appartenance, asservissement, assujettissement, attachement, captivité, contrainte, dépendance, domestication, domesticité, domination, emprise, esclavage, gêne, hilotisme, inféodation, infériorité, mainmise, merci, mouvance, obédience, obéissance, obligation, pouvoir, puissance, servage, servitude, soumission, subordination, sujétion, tutelle, tyrannie, vassalité. FIG. carcan, chaîne, corset (de fer), coupe, fardeau, griffe, main, patte, prison; SOUT. fers, gaine, joug. PHILOS. hétéronomie. ▶ *Respiration difficile* – anhélation, apnée, asthme, dyspnée, enchifrènement, essoufflement, étouffement, halètement, han, pousse, ronflement, sibilation, suffocation. MÉD. stertor, stridor *(inspiration)*. SOUT. ahan. ACADIE FAM. courte-haleine. ▶ *Alourdissement* – alourdissement, appesantissement, augmentation de poids, embarras, indigestion, lourdeur, surcharge. ▲ANT. PERMISSIVITÉ, TOLÉRANCE; LIBÉRATION; LIBERTÉ.

opprimé *n.* ▶ *Victime* – bouc émissaire, dindon de la farce, gibier, martyr, persécuté, plastron, sacrifié, souffre-douleur, tête de Turc, victime. ▲ANT. OPPRESSEUR, TYRAN.

opprimer *v.* ▶ *Tyranniser* – accabler, écraser, persécuter, tyranniser. ▶ *Empêcher de s'exprimer* – bâillonner, brimer, écarter, museler, réduire au silence. ▶ *Charger d'un poids moral* (SOUT.) – accabler, charger, écraser, étouffer, peser sur, surcharger.

▲ANT. DÉLIVRER, ÉMANCIPER, LIBÉRER; EXPRIMER, EXTÉRIORISER; APAISER, SOULAGER.

opprobre *n. m.* ▶ *Honte* – abaissement, abjection, accroupissement, culpabilisation, dégradation, démérite, déshonneur, discrédit, flétrissure, gifle, honte, humiliation, ignominie, indignité, infamie, infériorisation, mépris, noircissure, ridicule, ridiculisation, scandale, ternissure. *SOUT.* turpitude, vilenie. **▲ANT.** CONSIDÉRATION, GLOIRE, HONNEUR.

opter *v.* arrêter son choix sur, choisir, jeter son dévolu sur, prendre le parti de, se décider pour. **▲ANT.** S'ABSTENIR; REFUSER.

optimisation *n. f.* abonnissement, affinement, amélioration, anoblissement, bonification, embellie, embellissement, ennoblissement, enrichissement, maximalisation, optimalisation, perfectionnement, progrès. *SOUT.* épurement. *FIG.* bond en avant.

optimiser *v.* maximaliser, maximiser, optimaliser, tirer le meilleur parti de.

optimisme *n. m.* ▶ *Idéalisme* – donquichottisme, idéalisme, naïveté, utopie, utopisme. ▶ *Confiance* – attente, confiance, espérance, espoir, expectative. **▲ANT.** PESSIMISME; MÉFIANCE, SCEPTICISME.

optimiste *adj.* confiant en l'avenir. **▲ANT.** ALARMISTE, CATASTROPHISTE, DÉFAITISTE, NIHILISTE, PESSIMISTE.

optimiste *n.* triomphaliste, utopiste. **▲ANT.** PESSIMISTE.

optimum *adj.* idéal, optimal. **▲ANT.** PIRE.

option *n. f.* ▶ *Choix* – bifurcation, choix, dilemme, embarras du choix, opposition. **▲ANT.** OBLIGATION.

optionnel *adj.* en option, facultatif. **▲ANT.** INDISPENSABLE, NÉCESSAIRE, OBLIGATOIRE, REQUIS.

optique *adj.* visuel.

opulent *adj.* ▶ *Riche* – à l'aise, aisé, cossu, cousu d'or, fortuné, huppé, milliardaire, millionnaire, nanti, privilégié, qui a les moyens, qui roule sur l'or, riche. *FAM.* argenté, plein aux as; *PÉJ.* richard. *FRANCE FAM.* friqué, rupin. ▶ *Luxueux* – fastueux, luxueux, magnifique, princier, riche, royal, seigneurial, somptueux. *SOUT.* magnificent, splendide. ▶ *Plantureux* – adipeux, (bien) en chair, charnu, corpulent, de forte taille, empâté, épais, étoffé, fort, gras, gros, imposant, large, lourd, massif, obèse, plantureux, plein. *FAM.* éléphantesque, hippopotamesque. *FRANCE FAM.* mastoc. *QUÉB. FAM.* baquais. **▲ANT.** DANS LE BESOIN, DÉFAVORISÉ, DÉMUNI, INDIGENT, MISÉRABLE, MISÉREUX, NÉCESSITEUX, PAUVRE; À LA BONNE FRANQUETTE, HUMBLE, MODESTE, SANS CÉRÉMONIES, SIMPLE, SOBRE; CHÉTIF, GRINGALET, MAIGRE, MAIGRELET, MAIGRICHON.

or *n. m.* ▶ *Richesses* – moyens, pactole, ressources, richesses, trésor. ▶ *Opulence* – abondance, aisance, bien-être, fortune, opulence, prospérité, richesse.

oracle *n. m.* ▶ *Prédiction* – annonce, annonciation, augure, auspices, conjecture, horoscope, pari, prédiction, présage, prévision, projection, promesse, pronostic, prophétie, signe. *ANTIQ. ROM.* auspices, haruspication. ▶ *Opinion* (*SOUT.*) – appréciation, avis, conception, conviction, critique, croyance, dogme, estime, idée, impression, jugement, opinion,

optique, pensée, perception, point de vue, position, principe, prise de position, sentiment, théorie, thèse, vote, vue.

orage *n. m.* ▶ *Tempête* – baguio, cyclone, grain, gros temps, ouragan, rafale, tempête (tropicale), tornade, tourbillon, trombe, typhon, vent violent. *SOUT.* tourmente. *FAM.* coup de chien, coup de tabac, coup de vent. ▶ *Agitation* – activité, affairement, affolement, agitation, alarme, animation, bouillonnement, branle-bas (de combat), bruit, dérangement, désordre, désorganisation, détraquement, effervescence, excitation, fourmillement, grouillement, hâte, incohérence, mouvement, précipitation, remous, remue-ménage, secousse, suractivité, tempête, tohu-bohu, tourbillon, tourmente, trépidation, trouble, tumulte, turbulence, va-et-vient. *SOUT.* émoi, remuement. *FAM.* chambardement. ▶ *Malheur* – adversité, calamité, calice (de douleur), chagrin, détresse, deuil, disgrâce, douleur, échec, épreuve, fatalité, infortune, mal, malchance, malédiction, malheur, mauvaise fortune, mauvaise passe, mésaventure, misère, nuage, peine, revers, ruine, sale affaire, sale histoire, souffrance, traverse, tribulation. *SOUT.* bourrèlement, plaie, tourment. **▲ANT.** BEAU TEMPS; CALME, SÉRÉNITÉ.

orageux *adj.* ▶ *Tumultueux* – agité, houleux, mouvementé, tempétueux, tumultueux, violent. *SOUT.* torrentueux, turbulent. **▲ANT.** CALME, DÉTENDU, PLACIDE, SEREIN, TRANQUILLE.

oraison *n. f.* ▶ *Prière* – acte de contrition, acte de foi, déprécation, exercice, exercice de piété, exercice spirituel, invocation, litanie, méditation, obsécration, prière, recueillement, souhait, supplication. ▶ *Mysticisme* – anagogie, contemplation, dévotion, élévation, extase, illuminisme, mysticisme, mystique, philocalie, ravissement, sainteté, spiritualité, transe, vision. *SOUT.* mysticité.

oral *adj.* ▶ *Qui concerne la bouche* – buccal. ▶ *Fait de vive voix* – verbal. **▲ANT.** ÉCRIT, GRAPHIQUE. △ORALE, *fém.* – INTRAVEINEUSE (*par voie*); NASALE.

orange *adj.* orangé. *QUÉB.* jaune orange. ▶ *Jaune orangé* – abricot, jaune orangé, mandarine, safran. ▶ *Rouge orangé* – capucine, rouge orangé, tango. ▶ *Rose orangé* – crevette, pêche, pelure d'oignon, rose orangé, rose saumoné, saumon.

orangé *n. m.* ▶ *Couleur* – orange. *QUÉB. FAM.* jaune orange. ▶ *Cheveux* – rousseur, roux. ▶ *Colorant* – (colorant) azoïque.

orateur *n.* ▶ *Personne donnant une conférence* – conférencier. ▶ *Participant à un débat* – débatteur, intervenant, participant (d'un débat). ▶ *Personne habile à s'exprimer* – communicateur. **▲ANT.** BAFOUILLEUR, BREDOUILLEUR.

orbite *n. f.* ▶ *Courbe* – boucle, cercle, orbe, ovale, ove, rond. **▲ANT.** ERRANCE.

orchestre *n. m.* ▶ *Personnes jouant de la musique* – bastringue (bruyant), ensemble, fanfare, formation, groupe, instrumentistes, musiciens, orphéon. ▶ *Partie d'une salle* – parterre (à l'arrière).

ordinaire *adj.* ▶ *Coutumier* – accoutumé, attendu, connu, consacré, coutumier, d'usage, de pratique courante, de règle, de tradition, familier, habituel, naturel, normal, quotidien, régulier, rituel, routinier, usuel. ▶ *Courant* – banal, commun, connu, courant, de tous les jours, fréquent, habituel, normal, répandu, usuel. *LING.* usité. ▶ *Médiocre* – commun, médiocre, quelconque, trivial, vulgaire. *FAM.* lambda. ▲**ANT.** ANORMAL, BIZARRE, CURIEUX, DRÔLE, ÉTRANGE, INACCOUTUMÉ, INSOLITE, INUSITÉ, SINGULIER, SPÉCIAL; EXCEPTIONNEL, EXTRAORDINAIRE, INCOMPARABLE, INHABITUEL, RARE, REMARQUABLE; À HAUT INDICE D'OCTANE *(essence)*, ADDITIVÉ, SUPER.

ordinairement *adv.* à de rares exceptions près, à l'accoutumée, à l'ordinaire, à maintes reprises, à quelques exceptions près, communément, couramment, coutumièrement, d'habitude, d'ordinaire, dans la généralité des cas, dans la majorité des cas, dans la plupart des cas, de coutume, en général, en règle générale, fréquemment, généralement, habituellement, journellement, la plupart du temps, maintes fois, normalement, régulièrement, rituellement, souvent, toujours. ▲**ANT.** EXCEPTIONNELLEMENT, GUÈRE, PAR EXCEPTION, RAREMENT.

ordination *n. f.* ▶ *Cérémonie religieuse d'initiation* – prise d'habit, prise de voile, tonsure, vêture.

ordonné *adj.* ▶ *Structuré* – cohérent, conséquent, consistant, harmonieux, heureux, logique, structuré, suivi. ▶ *Soigneux* – appliqué, assidu, attentif, consciencieux, méthodique, méticuleux, minutieux, précis, rangé, rigoureux, scrupuleux, soigné, soigneux, systématique. *SOUT.* exact.

ordonner *v.* ▶ *Classer* – catégoriser, classer, classifier, distribuer, grouper, ranger, répartir, sérier, trier. ▶ *Organiser* – agencer, aménager, arranger, coordonner, ordonnancer, organiser, structurer, systématiser. ▶ *Imposer* – commander, décréter, dicter, donner l'ordre de, imposer, prescrire, vouloir. *SOUT.* édicter. ▶ *Demander avec fermeté* – commander, demander, enjoindre, intimer, mettre en demeure, prier, sommer. ▲**ANT.** DÉRANGER, DÉRÉGLER, DÉSORGANISER, MÊLER, TROUBLER; EXÉCUTER, OBÉIR, OBSERVER; INTERDIRE.

ordre *n. m.* ▶ *Arrangement* – accommodation, accommodement, agencement, ajustement, aménagement, architecture, arrangement, articulation, assemblage, combinaison, combinatoire, composition, concaténation, configuration, construction, contexture, coordination, disposition, distribution, élaboration, enchaînement, harmonie, hiérarchie, liaison, mise en ordre, mise en place, ordonnance, ordonnancement, organisation, orientation, plan, profil, programmation, rangement, répartition, structuration, structure, système, texture. ▶ *Classement* – archivage, arrangement, catalogue, classement, classification, collocation, distribution, indexage, indexation, mise en ordre, ordonnancement, rangement, répartition, sériation, tri, triage. ▶ *Sorte* – catégorie, classe, espèce, famille, genre, groupe, nature, sorte, type, variété. *SOUT.* gent. ▶ *Hiérarchie* – autorité, commandement, rang, subordination. ▶ *Demande* – adjuration, appel, demande, démarche, desideratum, désir, doléances, exigence, injonction, instance, interpellation, interrogation, invocation, mandement, pétition, placet, prétention, prière, question, réclamation, requête, réquisition,

revendication, sollicitation, sommation, supplication, supplique, ultimatum, vœu. *SOUT.* imploration. ▶ *Directive* – citation, commande, commandement, consigne, directive, injonction, instruction, intimation, mandat, prescription, semonce. ▶ *Norme* – arrêté, charte, code, convention, cote, coutume, formule, loi, mesure, norme, obligation, précepte, prescription, protocole, régime, règle, règlement, usage. ▶ *Méthode* – approche, art, chemin, code, comment, credo, démarche, discipline, dispositif, façon (de faire), facture, formule, heuristique, instruction, instrument, ligne de conduite, maïeutique, manière, marche (à suivre), méthode, modalité, mode d'emploi, mode, moyen, opération, organisation, outil, posologie, pratique, procédé, procédure, protocole, raisonnement, recette, règle, secret, stratagème, stratégie, système, tactique, technique, théorie, traitement, voie. *SOUT.* faire. ▶ *Titre financier* – effet (de commerce), mandat, traite. ▶ *Association professionnelle* – assemblée, association, collège, communauté, compagnie, confrérie, congrégation, corporation, corps, guilde, hanse, membres, métier, société, syndicat. ▶ *Association religieuse* – communauté, confrérie, congrégation, fraternité, observance. ▶ *Sacerdoce* – cléricature, état ecclésiastique, ministère, ministère ecclésiastique, ministère religieux, pastorat *(protestant)*, prêtrise, sacerdoce. ▲**ANT.** CHAOS, CONFUSION, DÉSORDRE; ANARCHIE, TROUBLES; DÉFENSE, INTERDICTION.

ordure *n. f.* ▶ *Déchet* – bassiné, bourre, bourrier, chiure, chute, crasse, culot, débris, déchet, dépôt, détritus, excrément, fange, fiente, fumier, gadoue, immondices, impureté, lavure, lie, malpropreté, parcelle, perte, poussière, raclure, rebut, reliefs, reliquat, résidu, reste, rinçure, rognure, saleté, salissure. *FAM.* cochonnerie, margouillis, saloperie. ▶ *Métallique* – crasse, ferraille, gratture, laitier, limaille, mâchefer, scorie, sinter, suint. ▶ *Verre* – écrémure. ▶ *Abjection* – abjection, abomination, atrocité, bassesse, boue, corruption, crapulerie, crime, débauche, déshonneur, fange, grossièreté, honte, horreur, ignominie, impureté, indignité, infamie, laideur, misère, monstruosité, noirceur, obscénité, odieux, saleté, sordide, souillure, vice. *SOUT.* sordidité, stupre, turpitude, vilenie. ▶ *Personne méchante (FAM.)* – bête (immonde), chameau, chien, démon, gale, malveillant, mauvais, méchant, monstre, peste, poison, pourriture, rosse, serpent, suppôt de Satan, suppôt du diable, teigne, vicieux, vil personnage, vipère. *FAM.* charogne, choléra, dégueulasse, fumier, pourri, salopard. *FRANCE FAM.* bon des ders, saleté, saligaud, salopiaud, vache. *QUÉB. FAM.* écœurant, enfant de nanane, puant, rat, sale, verrat. ▲**ANT.** PROPRETÉ; AMOUR, ANGE, PERLE, TRÉSOR.

oreille *n. f.* ▶ *Partie du corps* – pavillon. *DIDACT.* organe de l'ouïe. ▶ *Ouïe* – audition, écoute, ouïe. ▶ *Partie d'un chapeau* – cache-oreilles, oreillette. ▶ *Partie par laquelle on tient un objet* – anse, bec-de-cane, béquille, bouton (de porte), crémone, crosse *(arme à feu)*, ente, espagnolette, main *(tiroir)*, manche, mancheron, maneton, manette, manicle, pied-de-biche, poignée, queue *(casserole)*, robinet. *BELG.* clenche. *SPORTS* palonnier. ▶ *Personne*

– entendant. ▸ *Partie d'une charrue* – oreille (de charrue), versoir.

oreiller *n. m.* BELG. coussin.

organe *n. m.* ▸ *Élément* – composant, composante, constituant, élément (constitutif), fragment, ingrédient, membre, module, morceau, partie, pièce, principe, unité. FIG. brique, fil, pierre, rouage. ▸ *Ce qui agit* – agent, âme, bras, instrument, moteur. ▸ *Façon de chanter* – chant, voix. ▸ *Organisme* – Administration, affaires de l'État, bureaux, fonction publique, fonctionnaires, grands corps de l'État, institutions, ministères, organismes, secrétariat, services. PÉJ. bureaucratie. ▸ *Porte-parole* – intermédiaire, interprète, messager, porte-parole, représentant. SOUT. truchement. ▸ *Journal* – bulletin, feuille, hebdomadaire, illustré, journal, magazine, périodique, quotidien, tabloïd. FAM. hebdo. ▸ *Revue* – annales, bulletin, cahier, fanzine, gazette, illustré, journal, magazine, périodique, publication, revue, tabloïd, zine. ◆ **organes,** *plur.* ▸ *Ensemble de parties du corps* – système (organique); organisme.

organique *adj.* ▸ *En parlant d'un trouble* – physiologique, physique, somatique. ▸ *D'origine vivante* – biogénique. ▲ANT. INORGANIQUE; CHIMIQUE *(engrais)*; FONCTIONNEL *(trouble physique)*; MINÉRALE *(chimie)*.

organisateur *n.* ▸ *Responsable* – âme, artisan, auteur, canalisateur, centre, cerveau, chef, cheville ouvrière, créateur, dirigeant, fondateur, incitateur, initiateur, inspirateur, instigateur, locomotive, maître (d'œuvre), meneur, moteur, patron, père, promoteur, protagoniste, régisseur, responsable. SOUT. excitateur, instaurateur, ouvrier. ▸ *Celui qui organise un ensemble* – coordinateur, coordonnateur, ordonnateur, programmateur. ▸ *Affréteur* – pourvoyeur, répartiteur. ▲ANT. DÉSORGANISATEUR, FAUTEUR DE TROUBLE, PERTURBATEUR.

organisation *n. f.* ▸ *Formation* – composition, conception, confection, constitution, construction, création, développement, édification, élaboration, exécution, fabrication, façon, façonnage, façonnement, formation, génération, genèse, gestation, invention, œuvre, paternité, production, réalisation, structuration, synthèse. SOUT. accouchement, enfantement. DIDACT. engendrement. ▸ *Établissement* – constitution, création, disposition, édification, établissement, fondation, implantation, importation, installation, instauration, institution, introduction, intronisation, mise en œuvre, mise en place, mise sur pied, nomination, placement, pose. INFORM. implémentation. ▸ *Agencement* – accommodation, accommodement, agencement, ajustement, aménagement, architecture, arrangement, articulation, assemblage, combinaison, combinatoire, composition, concaténation, configuration, construction, contexture, coordination, disposition, distribution, élaboration, enchaînement, harmonie, hiérarchie, liaison, mise en ordre, mise en place, ordonnance, ordonnancement, ordre, orientation, plan, profil, programmation, rangement, répartition, structuration, structure, système, texture. ▸ *Gestion* – administration, conduite, direction, gérance, gestion, gouverne, intendance, logistique, management, maniement, régie, surintendance, tenue. ▸ *Méthode*

– approche, art, chemin, code, comment, credo, démarche, discipline, dispositif, façon (de faire), facture, formule, heuristique, instruction, instrument, ligne de conduite, maïeutique, manière, marche (à suivre), méthode, modalité, mode d'emploi, mode, moyen, opération, ordre, outil, posologie, pratique, procédé, procédure, protocole, raisonnement, recette, règle, secret, stratagème, stratégie, système, tactique, technique, théorie, traitement, voie. SOUT. faire. ▸ *Association politique* – alliance, apparentement, association, bloc, camp, cartel, club, coalition, confédération, faisceau, fédération, formation, front, groupe, groupe d'intérêts, groupe de pression, groupement, ligue, mouvement, parti, phalange, rapprochement, rassemblement, union. ANC. hétairie. FÉOD. hermandad. PÉJ. bande, bandits, cabale, camarilla, chapelle, clan, clique, coterie, école, église, faction, groupuscule, ligue, maffia, malfaiteurs, secte. ▸ *Association sportive* – club, équipe. ▲ANT. ANARCHIE, CHAOS, DÉRÈGLEMENT, DÉSORDRE, DÉSORGANISATION, DESTRUCTION.

organisé *adj.* méthodique, systématique, systématisé.

organiser *v.* ▸ *Préparer* – orchestrer, préparer. FAM. concocter. ▸ *Mettre sur pied* – élaborer, établir, former, mettre sur pied, monter. ▸ *Planifier* – planifier, prévoir, programmer. ▸ *Arranger en système* – agencer, aménager, arranger, coordonner, ordonnancer, ordonner, structurer, systématiser. ▸ *Doter d'une structure* – architecturer, articuler, bâtir, charpenter, construire, façonner, structurer. ▲ANT. DÉFAIRE, DÉMOLIR, DÉRANGER, DÉRÉGLER, DÉSORGANISER, DÉTRUIRE, MÊLER, TROUBLER; GÊNER, NUIRE; IMPROVISER.

organisme *n. m.* ▸ *Corps* – anatomie, corps, forme, morphologie, musculature. SOUT. chair, enveloppe. ▸ *Être vivant* – être vivant, forme de vie. ▸ *Individualité* – eccéité, ego, être, individu, individualité, moi, personnalité, personne, soi. ▸ *Bureau* – agence, bureau, cabinet, centre, office, service. ◆ **les organismes,** *plur.* ▸ *Fonction publique* – Administration, affaires de l'État, bureaux, fonction publique, fonctionnaires, grands corps de l'État, institutions, organe, secrétariat, services. PÉJ. bureaucratie.

orgie *n. f.* ▸ *Fête* – bacchanales, dionysiaques, dionysies. ▸ *Festin* (PAR EXT.) – agapes, banquet, bombance, bonne chère, festin (de Balthazar), festoiement, fête, régal, ventrée. SOUT. franche lippée. FAM. gueuleton, ripaille. FRANCE FAM. bâfre, bâfrée, bombe. QUÉB. FAM. fricot. ▸ *Excès* – comble, débauche, débordement, dépassement, disproportion, énormité, excédent, excès, exubérance, gaspillage, inutile, luxe, luxuriance, profusion, redondance, satiété, saturation, superfétation, superflu, superfluité, surabondance, surcharge, surcroît, surenchère, surnombre, surplus, trop, trop-plein. ▸ *Abondance* – abondance, afflux, amas, ampleur, concentration, débauche, débordement, exubérance, filon, floraison, foisonnement, forêt, foule, fourmillement, gisement, infinité, inondation, luxe, luxuriance, masse, mine, multiplicité, myriade, nuée, paquet, pléthore, poussière, profusion, quantité, richesse, surabondance, tas, trésor. FIG. carnaval. FAM. festival, flopée, kyrielle, tapée, tonne, tripotée, wagon. QUÉB. FAM.

bourrée, tapon. *SUISSE FAM.* craquée. ▲**ANT.** ABSTI-NENCE, ASCÈSE, CONTINENCE, FRUGALITÉ ; DISETTE, INSUF-FISANCE, MANQUE, RARETÉ.

orgueil *n. m.* ▶ *Vanité* – amour-propre, arro-gance, autosatisfaction, bouffissure, complaisance, contentement (de soi), crânerie, enflure, fatuité, glo-riole, hauteur, immodestie, importance, jactance, mégalomanie, morgue, ostentation, outrecuidance, parade, pose, présomption, prétention, suffisance, superbe, supériorité, triomphalisme, vanité, vantar-dise. *SOUT.* fierté, infatuation. *FAM.* ego. *QUÉB. FAM.* pé-tage de bretelles. ▲**ANT.** HUMILITÉ, MODESTIE, SIMPLI-CITÉ ; HONTE ; BASSESSE.

orgueilleux *adj.* ▶ *Fier* – fier, fiérot. ▶ *Van-tard* – cabot, cabotin, complaisant, conquérant, content de soi, fat, fier, fiérot, hâbleur, imbu de soi-même, infatué, m'as-tu-vu, outrecuidant, pédant, pétri d'orgueil, plein de soi-même, présomptueux, prétentieux, qui fait l'important, qui se prend pour quelqu'un, qui se prend pour un autre, rempli de soi-même, suffisant, vain, vaniteux, vantard. *FAM.* chochotte, prétentiard, ramenard. *QUÉB. FAM.* frais, frappé. ▶ *Arrogant* – arrogant, condescendant, dé-daigneux, fier, hautain, méprisant, outrecuidant, pimbêche *(femme)*, pincé, plein de soi, présomp-tueux, prétentieux, snob, supérieur. *SOUT.* altier, ro-gue. ▲**ANT.** HONTEUX ; HUMBLE, MODESTE, SANS PRÉ-TENTION, SIMPLE.

orientable *adj.* ▲**ANT.** FIXE.

oriental *adj.* est. ▲**ANT.** OCCIDENTAL, OUEST.

orientation *n. f.* ▶ *Direction* – axe, cap, côté, direction, exposition, face, inclinaison, ligne, sens, situation, vue. *QUÉB. ACADIE FAM.* bord. *ASTRON.* azi-mut. *AÉRON. MAR.* cap. *MAR.* gisement, orientement. ▶ *Aiguillage* – aiguillage, bifurcation, branchement, bretelle, changement. ▶ *Tendance* – chemin, cou-rant, cours, direction, évolution, fil, mouvance, mouvement, tendance, virage. *SOUT.* voie. ▶ *Agen-cement* – accommodation, accommodement, agen-cement, ajustement, aménagement, architecture, ar-rangement, articulation, assemblage, combinaison, combinatoire, composition, concaténation, configu-ration, construction, contexture, coordination, dis-position, distribution, élaboration, enchaînement, harmonie, hiérarchie, liaison, mise en ordre, mise en place, ordonnance, ordonnancement, ordre, organi-sation, plan, profil, programmation, rangement, ré-partition, structuration, structure, système, texture. ▲**ANT.** DÉRIVE, DÉSORIENTATION, DÉTOURNEMENT, ÉGA-REMENT.

orienter *v.* ▶ *Guider* – aiguiller, conduire, diri-ger, guider, mener, mettre sur une piste, mettre sur une voie. ◆ *s'orienter* ▶ *Se retrouver* – se diri-ger, se guider, se reconnaître, se repérer, se retrouver. ▲**ANT.** DÉSORIENTER, DÉTOURNER, ÉGARER, FOURVOYER ; DÉPAYSER, DÉROUTER.

orifice *n. m.* brèche, ouverture, trou.

originaire *adj.* ▶ *Qui vient de tel endroit* – na-tif. ▶ *Premier* – initial, original, originel, premier, primaire, primitif, primordial. *SOUT.* liminaire, prime. ▲**ANT.** ÉTRANGER ; DERNIER, FINAL, TERMINAL, ULTIME.

original *adj.* ▶ *Premier* – initial, originaire, ori-ginel, premier, primaire, primitif, primordial. *SOUT.*

liminaire, prime. ▶ *Innovateur* – audacieux, avant-gardiste, d'avant-garde, frais, futuriste, hardi, iné-dit, innovant, innovateur, neuf, new-look, nouveau, nouvelle vague, novateur, renouvelé, révolution-naire, visionnaire. ▶ *Différent* – à part, différent, ini-mitable, particulier, pittoresque, sans précédent, sin-gulier, spécial, unique en son genre, unique. ▶ *Mar-ginal* – anticonformiste, excentrique, hétérodoxe, marginal, non conformiste. *FRANCE FAM.* décalé, dé-phasé. *QUÉB. FAM.* sauté. ▲**ANT.** DERNIER, FINAL, TERMI-NAL, ULTIME ; CLASSIQUE, CONFORMISTE, CONSERVATEUR, CONVENTIONNEL, TRADITIONALISTE ; BANAL, COMMUN, ORDINAIRE, USUEL ; COPIÉ, IMITÉ.

originalité *n. f.* ▶ *Nouveauté* – actualité, avant-gardisme, changement, contemporanéité, fraîcheur, inédit, innovation, jamais vu, jeunesse, mode, mo-dernisme, modernité, neuf, nouveau, nouveauté, pertinence, précédent, première, présent, primeur. ▶ *Unicité* – exclusivité, marginalité, singularité, unicité, unité. ▶ *Particularité* – anticonformisme, audace, cachet, caractère, fraîcheur, hardiesse, in-dépendance, individualité, innovation, inspiration, marginalité, non-conformisme, nouveauté, particu-larité, personnalité, piquant, pittoresque, singula-rité, unicité. ▶ *Bizarrerie* – anomalie, anormalité, bizarrerie, chinoiserie, cocasserie, curiosité, drôlerie, étrangeté, excentricité, extravagance, fantaisie, fan-tasmagorie, folie, loufoquerie, monstruosité, non-conformisme, singularité. ▶ *Fantaisie* – accès, bi-zarrerie, bon plaisir, caprice, changement, chimère, coup de tête, envie, extravagance, fantaisie, fan-tasme, folie, frasque, gré, guise, immaturité, impa-tience, incartade, inconstance, infantilisme, insta-bilité, légèreté, lubie, marotte, mobilité, saute (d'hu-meur), singularité, sporadicité, variation, versatilité, volonté. *SOUT.* folle gamberge, foucade, humeur. *FAM.* toquade. ▲**ANT.** COPIE, IMITATION ; CONFORMISME, IM-PERSONNALITÉ ; BANALITÉ.

origine *n. f.* ▶ *Commencement* – actionnement, amorçage, amorce, balbutiement, bégaiement, com-mencement, création, début, déclenchement, dé-marrage, départ, ébauche, embryon, enclenche-ment, enfance, entrée, esquisse, fondement, germe, inauguration, ouverture, prélude, prémisse, principe, tête. *SOUT.* aube, aurore, matin, prémices. *FIG.* appari-tion, avènement, éclosion, émergence, éruption, ex-plosion, genèse, germination, naissance, venue au monde. ▶ *Cause* – agent, base, cause, explication, facteur, ferment, fondement, fontaine, germe, inspi-ration, levain, levier, mobile, moteur, motif, motiva-tion, moyen, objet, occasion, point de départ, pour-quoi, principe, raison, raison d'être, source, sujet. *SOUT.* étincelle, mère, racine, ressort. ▶ *Provenance* – provenance, racines, souche. ▶ *Origine d'une fa-mille* – matrice, souche, source. *FAM.* FIN ; CONSÉ-QUENCE ; BUT, DESTINATION ; DESCENDANCE, POSTÉRITÉ.

originel *adj.* initial, originaire, original, premier, primaire, primitif, primordial. *SOUT.* liminaire, prime. ▲**ANT.** DERNIER, FINAL, TERMINAL, ULTIME.

orné *adj.* chargé, lourd, tarabiscoté.

ornement *n. m.* ▶ *Accessoire* – accessoire, agré-ment, décor, décoration, détail, enjolivement, enjo-livure, enrichissement, figure, fioriture, garniture, or-nementation, parure. *FAM.* affiquet, affûtiaux. ▶ *De* *mauvais goût* – chamarrure, colifichet. ▶ *Ornement d'un tissu* – brochure, décor, dessin, motif. ▶ *Ornement d'un texte* – cul-de-lampe, enluminure, fleuron, miniature, vignette. ▶ *Ornement musical* – enjolivement, fioriture, ornementation. ♦ **ornements, plur.** ▶ *Vêtements* – aube, cappa (magna), chape, chasuble, dalmatique, froc, mantelet, mosette, ornements (sacerdotaux), rochet, soutane, surplis, tunicelle, tunique, vêtement (sacerdotal). *ANTIQ.* éphod. ▲**ANT.** AUSTÉRITÉ, DÉPOUILLEMENT, NUDITÉ, SIMPLICITÉ, SOBRIÉTÉ.

orner *v.* ▶ *Enjoliver* – agrémenter, colorer, décorer, émailler, embellir, enjoliver, enrichir, garnir, habiller, ornementer, parer, rehausser, relever. *SOUT.* diaprer. *QUÉB. FAM.* renipper. ▶ *Décorer de petites scènes* – enluminer, historier. ▲**ANT.** DÉFIGURER, DÉFORMER, DÉPARER, ENLAIDIR; APPAUVRIR, DÉNUDER, DÉPOUILLER.

ornière *n. f.* ▶ *Trace* – empreinte, foulées, marque (de pas), pas, piste, sillon, trace, traînée, vestige, voie. ▶ *À la chasse* – abattures *(cerf)*, connaissance, erres, marche, passée.

orphelin *n.* ▶ *Personne* – pupille.

orteil *n. m.* doigt de pied.

orthodoxe *adj.* conforme, conformiste, traditionnel. ▲**ANT.** ANTICONFORMISTE, EXCENTRIQUE, MARGINAL, NON CONFORMISTE, ORIGINAL.

orthodoxie *n. f.* Conformisme, conservatisme, contre-révolution, conventionnalisme, droite, droitisme, fondamentalisme, immobilisme, intégrisme, passéisme, réaction, suivisme, traditionalisme. *SOUT.* philistinisme. ▲**ANT.** DÉVIATIONNISME, DISSIDENCE, HÉRÉSIE, HÉTÉRODOXIE, NON-CONFORMISME.

orthographe *n. f.* graphie, règles orthographiques.

oscillation *n. f.* ▶ *Tremblement* – agitation, convulsion, ébranlement, flageolement, frémissement, frisson, frissonnement, grelottement, haut-le-corps, saccade, secousse, soubresaut, sursaut, titubation, tortillage, tortillement, tremblement, tremblotement, trémoussement, trémulation, trépidation, tressaillement, vacillement, vibration. *SOUT.* tressaut, tressautement. *FAM.* tremblote. ▶ *Instabilité* – balancement, ballant, ballottement, déséquilibre, fragilité, instabilité, jeu, mobilité, motilité, motricité, mouvance, mouvant, mouvement, ondulation, roulis, tangage, turbulence, va-et-vient, vibration. *QUÉB.* débalancement. ▶ *Fluctuation* – ballottement, changement, déséquilibre, fluctuation, fragilité, inadaptation, incertitude, inconstance, inégalité, instabilité, mouvant, mouvement, précarité, variabilité, variation, versatilité, vicissitude, volatilité. *SOUT.* fugacité. ▶ *Remous* – agitation, balancement, ballottement, bercement, branle, branlement, cahotement, flottement, fluctuation, flux et reflux, houle, impulsion, lacet, mouvement, onde, ondoiement, ondulation, pulsation, raz de marée, remous, roulis, tangage, va-et-vient, vague, valse, vibration. *FAM.* brimbalement. ▶ *Rythme* – allée et venue, alternatives, balancement, bascule, changement, flux et reflux, intermittence, ondulation, palpitation, périodicité, pulsation, récurrence, récursivité, retour, rotation, roulement, rythme, sinusoïde, succession, tour, va-et-vient, variation. ▶ *Amplitude* – amplitude, écart,

inclinaison, portée, variation. ▲**ANT.** FIXITÉ, IMMOBILITÉ, STABILITÉ.

osciller *v.* ▶ *Balancer* – branler, (se) balancer. ▶ *Hésiter* – balancer, flotter, hésiter. ▶ *Ne pas tenir sur ses jambes* – chanceler, flageoler, tituber, trébucher, vaciller. *QUÉB.* chambranler, tricoler. ▶ *Manquer de stabilité* – branler, chanceler, vaciller. ▶ *En parlant d'une flamme, d'une lumière* – trembler, trembloter, vaciller. ▲**ANT.** AFFERMIR, ARRÊTER, FIXER, IMMOBILISER, STABILISER; AGIR, CHOISIR, SE DÉCIDER.

osé *adj.* ▶ *Risqué* – audacieux, aventuré, aventureux, dangereux, extrême *(sport)*, fou, hardi, hasardé, hasardeux, imprudent, périlleux, risqué, suicidaire, téméraire. *SOUT.* scabreux. *FAM.* casse-cou, casse-gueule. ▶ *Aguichant* – affriolant, aguichant, aguicheur, aphrodisiaque, émoustillant, érotique, impudique, incendiaire, langoureux, lascif, provocant, sensuel, suggestif, troublant, voluptueux. *DIDACT.* anacréontique. ▶ *Grivois* – coquin, croustillant, égrillard, gaillard, gaulois, gras, grivois, hardi, impudique, impur, léger, leste, libertin, libre, licencieux, lubrique, paillard, polisson, salace. *SOUT.* rabelaisien. *FAM.* épicé, olé olé, poivré, salé. ▲**ANT.** RÉFLÉCHI, SAGE; CONVENABLE; PRUDE, PUDIBOND, PUDIQUE.

oser *v.* ▶ *Entreprendre avec audace* – avoir l'audace de, s'aviser de, s'enhardir jusqu'à, se permettre de. ▶ *Risquer une parole* – avancer, émettre, hasarder, risquer. ▲**ANT.** CRAINDRE, HÉSITER; ATTENDRE; RECULER, RENONCER, S'ABSTENIR, SE RETENIR.

ossature *n. f.* ▶ *Squelette* – charpente, les os, squelette. ▶ *Armature* – armature, bâti, cadre, carcasse, chaînage, charpente, châsse, châssis, empoutrerie, fût, lisoir, monture, poutrage, poutraison. ▶ *Structure* – architecture, armature, charpente, ferme, gros œuvre, squelette, structure.

osseux *adj.* ▶ *Maigre* – amaigri, décharné, desséché, efflanqué, émacié, famélique, hâve, maigri, qui n'a que la peau et les os, sec, squelettique. *SOUT.* étique. *FAM.* maigre comme un clou, maigre comme un coucou, maigre comme un hareng saur, sec comme un coup de trique. *MÉD.* cachectique. ▲**ANT.** ADIPEUX, CORPULENT, DE FORTE TAILLE, EMPÂTÉ, GRAS, GROS, LOURD, MASSIF, OBÈSE, OPULENT, PLANTUREUX.

ostensiblement *adv.* à la face du monde, à visage découvert, au grand jour, devant tout le monde, en public, haut, hautement, ouvertement, publiquement. ▲**ANT.** DISCRÈTEMENT, EN CACHETTE.

ostentation *n. f.* ▶ *Étalage* – affectation, démonstration, étalage, montre, parade. *FAM.* fla-fla. ▶ *Vanité* – amour-propre, arrogance, autosatisfaction, bouffissure, complaisance, contentement (de soi), crânerie, enflure, fatuité, gloriole, hauteur, immodestie, importance, jactance, mégalomanie, morgue, orgueil, outrecuidance, parade, pose, présomption, prétention, suffisance, superbe, supériorité, triomphalisme, vanité, vantardise. *SOUT.* fierté, infatuation. *FAM.* ego. *QUÉB. FAM.* pétage de bretelles. ▶ *Luxe* – abondance, apparat, appareil, beauté, confort, dolce vita, éclat, étalage, faste, grandeur, luxe, magnificence, majesté, opulence, pompe, profusion, richesse, somptuosité, splendeur. *FAM.* tra

la la. ▲**ANT.** DISCRÉTION, EFFACEMENT, MODESTIE, RÉ-
SERVE, RETENUE.

ôter v. ▶ **Dégager** – dégager, extraire, retirer, sortir, tirer. ▶ **Éliminer** – couper, éliminer, enlever, radier, retrancher, supprimer. ▶ sucrer. ▶ **Déduire**
– décompter, déduire, défalquer, enlever, rabattre, retenir, retirer, retrancher, soustraire. ▶ **Enlever** – enlever, retirer. *SOUT.* dérober. ▶ *Enlever un vêtement*
– enlever, quitter, retirer. ▶ **Confisquer** – confisquer, enlever, prendre, retirer. ◆ **s'ôter** ▶ **S'enlever**
– s'écarter, s'enlever, se pousser, se retirer. *FAM.* s'enlever du chemin. *QUÉB. FAM.* se tasser. ▲**ANT.** INSTAL-
LER, METTRE, PLACER, POSER; GARDER, MAINTENIR; ADDI-
TIONNER, AJOUTER; ACCROÎTRE, AMPLIFIER, AUGMENTER;
DONNER, DOTER, MUNIR; COUVRIR, REVÊTIR.

ouaté adj. ▶ **En parlant d'un son** – amorti, assourdi, atténué, cotonneux, étouffé, faible, feutré,
mat, mou, sourd, voilé. ▲**ANT.** CLAIR, ÉCLATANT, RÉ-
SONNANT, RETENTISSANT, SONORE.

ouate n. f. ▶ **Bourre de laine** – bourre (de laine),
bourre lanice, capiton. ▶ **Bourre de soie** – bourre (de
soie), bourrette (de soie), capiton, (fils de) schappe,
lassis, strasse. *ANC.* filoselle. ▶ **Coton** – coton (hydrophile). ▶ **Milieu sécurisant** – bulle, cocon, giron, nid.

oubli n. m. ▶ **Omission** – absence, amnésie,
étourderie, manque, mauvaise mémoire, omission,
perte de mémoire, trou (de mémoire). ▶ **Distraction**
– absence (d'esprit), déconcentration, défaillance,
dispersion, dissipation, distraction, étourderie, imprudence, inadvertance, inapplication, inattention,
inconséquence, irréflexion, légèreté, négligence,
omission. *PSYCHAN.* aprosexie, déflexion. *PSYCHOL.*
distractivité. ▶ **Pardon** – absolution, absoute *(public)*, acquittement, aman, amnistie, annulation, clémence, dédouanement, disculpation, extinction,
grâce, indulgence, jubilé, mise hors de cause, miséricorde, mitigation, pardon, pénitence, prescription, réhabilitation, relaxe, remise (de peine), rémission, suppression (de peine). ▲**ANT.** MÉMOIRE,
MÉMORISATION; RAPPEL, RÉMINISCENCE, SOUVENIR; AP-
PLICATION, ATTENTION, OBSERVATION, RESPECT; RECON-
NAISSANCE; RESSENTIMENT; CÉLÉBRITÉ, RENOMMÉE; IN-
QUIÉTUDE, INTÉRÊT.

oublier v. ▶ **Ne pas se rappeler** – désapprendre,
perdre le souvenir de. ▶ **Négliger** – négliger, omettre. ▶ **Sauter** – escamoter, manquer, omettre, passer,
sauter. ▶ **Pardonner une offense** – enterrer, pardonner, passer l'éponge sur, passer sur, remettre. ▲**ANT.**
ÉVOQUER, SE RAPPELER, SE REMÉMORER, SE SOUVENIR;
PENSER À, RETENIR, S'OCCUPER DE, SONGER À, VEILLER À;
GARDER RANCUNE.

oublieux adj. ▶ **Sans gratitude** – égoïste, ingrat,
sans-cœur. ▲**ANT.** OBLIGÉ, RECONNAISSANT, REDEVA-
BLE; ATTENTIF, SOIGNEUX, SOUCIEUX.

ouest adj. occidental. ▲**ANT.** EST, ORIENTAL.

ouest n. m. couchant, occident. ▲**ANT.** EST, LE-
VANT, ORIENT.

oui n. m. ▶ **Affirmation** – acceptation, accord, accréditation, acquiescement, adhésion, adoption, affirmation, affirmative, agrément, amen, approbation, approbativité, approuvé, assentiment, autorisation, aval, avis favorable, bénédiction, caution,

chorus, confirmation, consentement, déclaration favorable, engagement, entérinement, exeat, feu vert,
gré, homologation, légalisation, permission, ratification, sanction, validation. *BELG.* agréage, agréation.
SOUT. suffrage. *RELIG.* admittatur, celebret, créance,
imprimatur, nihil obstat. ▲**ANT.** NON, REFUS.

ouïe n. f. ▶ **Sens** – audition, écoute, oreille. ▶ **Partie d'un poisson** – opercule. ▶ **Ouverture d'un instrument** – esse. ▲**ANT.** SURDITÉ.

ouragan n. m. ▶ **Tempête** – baguio, cyclone,
grain, gros temps, orage, rafale, tempête (tropicale),
tornade, tourbillon, trombe, typhon, vent violent.
SOUT. tourmente. *FAM.* coup de chien, coup de tabac, coup de vent. ▲**ANT.** BONACE, CALME; APAISE-
MENT, TRANQUILLITÉ.

outil n. m. ▶ **Accessoire** – accessoire, appareil,
instrument, pièce, ustensile. ▶ **Méthode** – approche, art, chemin, code, comment, credo, démarche, discipline, dispositif, façon (de faire), facture,
formule, heuristique, instruction, instrument, ligne
de conduite, maïeutique, manière, marche (à suivre), méthode, modalité, mode d'emploi, mode,
moyen, opération, ordre, organisation, posologie,
pratique, procédé, procédure, protocole, raisonnement, recette, règle, secret, stratagème, stratégie, système, tactique, technique, théorie, traitement, voie.
SOUT. faire. ◆ **outils**, *plur.* ▶ **Ensemble d'outils** –
outillage.

outillage n. m. affaires, appareil, bagage, chargement, équipement, fourniment, harnachement,
instruments, matériel, outils. *FAM.* arsenal, attirail,
barda, bastringue, bataclan, bazar, fourbi, matos, paquet, paquetage, saint-crépin, saint-frusquin. *QUÉB.
FAM.* agrès, gréage, gréement.

outrage n. m. ▶ **Offense** – affront, attaque, atteinte, attentat, avanie, blessure, calomnie, défi,
dommage, indignité, injure, insolence, insulte, manquement, offense, pique, tort. *SOUT.* bave, camouflet,
soufflet. ▶ **Profanation** – atteinte, avilissement, blasphème, dégradation, hooliganisme, iconoclasme, irrespect, irrévérence, lèse-majesté, pollution, profanation, sac, saccage, sacrilège, subversion, vandalisme,
viol, violation. ▶ **Juron** – blasphème, cri, exclamation, exécration, gros mot, imprécation, jurement,
juron. *QUÉB.* sacre. ▲**ANT.** COMPLIMENT, ÉLOGE, FLAT-
TERIE, HOMMAGE, LOUANGE; PRÉSERVATION, RESPECT;
RÉPARATION.

outrance n. f. ▶ **Excès** – abus, démesure, exagération, excès, extrémisme, immodération, jusqu'au-
boutisme, maximalisme. *FAM.* charriage. ▶ **Amplification** – alourdissement, amplification, boursouflure, broderie, développement, dramatisation,
emphase, enflure, enjolivement, enjolivure, exagération, grossissement, hypertrophie, paraphrase, redondance, renchérissement. ▲**ANT.** MESURE, MODÉ-
RATION, RETENUE; POLITESSE, RESPECT.

outré adj. ▶ **Exagéré** – abusif, débridé, déchaîné,
délirant, démesuré, déraisonnable, déréglé, disproportionné, effréné, exagéré, excessif, exorbitant, extravagant, extrême, forcé, immodéré, intempérant,
outrancier, qui dépasse la mesure, qui dépasse les
bornes, sans frein. *SOUT.* outrageux. *FAM.* dément,
démentiel, soigné. ▶ **En colère** – blanc de colère,

ouvert

courroucé, déchaîné, en colère, enragé, forcené, fou de colère, fou de rage, fulminant, fumant, furibond, furieux, hors de soi, irrité, rageur, révolté, ulcéré. *FAM.* en boule, en rogne. *FRANCE FAM.* à cran, en pétard, fumasse, furax, furibard. *QUÉB. FAM.* bleu, choqué, en beau fusil, en bibitte.

ouvert *adj.* ▶ *Tolérant* – évolué, large (d'esprit), libéral, tolérant. ▶ *Accessible* – accessible, perméable, réceptif, sensible. ▶ *Extraverti* – communicatif, confiant, débordant, démonstratif, expansif, expressif, extraverti, exubérant. ▶ *Transparent* – public, transparent. ▲**ANT.** BORNÉ, BUTÉ, ÉTROIT; FROID, RENFERMÉ; FAUX, HYPOCRITE.

ouvertement *adv.* ▶ *Franchement* – à la loyale, authentiquement, de bonne foi, en toute bonne foi, franc, franchement, honnêtement, loyalement, sincèrement, uniment. *FAM.* franco. ▶ *Publiquement* – à la face du monde, à visage découvert, au grand jour, devant tout le monde, en public, haut, hautement, ostensiblement, publiquement. ▲**ANT.** HYPOCRITEMENT, INSIDIEUSEMENT, MALHONNÊTEMENT, MENSONGÈREMENT, SOURNOISEMENT, TORTUEUSEMENT, TRAÎTREUSEMENT, TROMPEUSEMENT; CONFIDENTIELLEMENT, DISCRÈTEMENT, EN CACHETTE, EN CONFIDENCE, EN SECRET, SECRÈTEMENT.

ouverture *n. f.* ▶ *Trou* – brèche, orifice, trou. ▶ *Issue* – débouché, issue, sortie. ▶ *Échancrure* – coupure, crénelure, découpure, dentelure, échancrure, encoche, entaille, faille, indentation, sinuosité. *BOT. ANAT.* incisure. ▶ *Espace* – créneau, espace, espacement, fente, interstice, intervalle. ▶ *Entrée* – abord, accès, approche, arrivée, entrée, introduction, seuil. *MAR.* embouquement *(d'une passe).* ▶ *Début* – actionnement, amorçage, amorce, balbutiement, bégaiement, commencement, création, début, déclenchement, démarrage, départ, ébauche, embryon, enclenchement, enfance, entrée, esquisse, fondement, germe, inauguration, origine, prélude, prémisse, principe, tête. *SOUT.* aube, aurore, matin, prémices. *FIG.* apparition, avènement, éclosion, émergence, éruption, explosion, genèse, germination, naissance, venue au monde. ▶ *Action de déboucher* – débouchage, débouchement, désoblitération, désobstruction. ▶ *Tolérance* – bienveillance, bonté, compréhension, douceur, humanisme, indulgence, irénisme, largeur d'esprit, libéralisme, non-discrimination, non-violence, ouverture (d'esprit), patience, philosophie, réceptivité, respect, tolérance, tolérantisme. *SOUT.* bénignité, longanimité. ♦ **ouvertures,** *plur.* ▶ *Emploi disponible* – avenir, débouchés, perspectives d'avenir, perspectives d'emploi. ▲**ANT.** BARRAGE, BARRIÈRE, CLÔTURE, FERMETURE, OBSTACLE, OBSTRUCTION; FIN; FINALE *(musique);* INTOLÉRANCE.

ouvrable *adj.* ▲**ANT.** CHÔMÉ, FÉRIÉ.

ouvrage *n. m.* ▶ *Besogne* – affaire, besogne, corvée, devoir, obligation, occupation, tâche, travail. ▶ *Bâtiment* – bâtiment, bâtisse, construction, édifice, maison, monument *(caractère historique).*

▶ *Construction urbaine* – gratte-ciel, immeuble, tour. *FAM.* caserne. ▶ *Fortification* – bastion, bonnette, flanquement, fort, forteresse, fortifications, place, place de guerre, place forte, retranchement. *AFR.* bordj. *ANC.* bretèche, castrum, ferté, préside, redoute. ▶ *Livre* – album, brochure, brochurette, cahier, catalogue, document, écrit, fascicule, imprimé, livre, livret, manuel, opuscule, parution, plaquette, publication, recueil, registre, titre, tome, volume. *FAM.* bouquin. ▶ *Gros FAM.* pavé. *QUÉB. FAM.* brique. ♦ **ouvrages,** *plur.* ▶ *Ensemble de livres* – bibliothèque, collection (d'ouvrages); littérature. ▲**ANT.** RÉCRÉATION, REPOS; CHÔMAGE, INACTIVITÉ, OISIVETÉ.

ouvrier *adj.* prolétaire, prolétarien. *FAM.* prolo. ▲**ANT.** PATRONAL.

ouvrier *n.* ♦ **ouvrier,** *sing.* ▶ *Personne qui travaille* – manœuvre, prolétaire, travailleur (manuel). *FAM.* manœuvre-balai, prolo. *QUÉB. FAM.* col bleu. *PÉJ.* soutier, tâcheron. *ANTIQ.* plébéien *(Rome),* prolétaire *(Rome),* thète *(Grèce).* ▶ *Personne responsable* (*SOUT.*) – âme, artisan, auteur, canalisateur, centre, cerveau, chef, cheville ouvrière, créateur, dirigeant, fondateur, incitateur, initiateur, inspirateur, instigateur, locomotive, maître (d'œuvre); meneur, moteur, organisateur, patron, père, promoteur, protagoniste, régisseur, responsable. *SOUT.* excitateur, instaurateur. ♦ **ouvriers,** *plur.* ▶ *Ensemble de personnes qui travaillent* – classe laborieuse, classe ouvrière, main-d'œuvre, masse laborieuse, population ouvrière. ▲**ANT.** CONTREMAÎTRE, EMPLOYEUR, PATRON.

ouvrir *v.* ▶ *Constituer le premier élément* – commencer, inaugurer. ▶ *Élargir* – agrandir, desserrer, dilater, donner du large à, élargir, étendre, évaser. ▶ *Déplier* – déplier, déployer, développer, étaler, étendre. ▶ *Déballer* – déballer, défaire, dépaqueter. ▶ *Décacheter le courrier* – décacheter, dépouiller. ▶ *Décapsuler* – déboucher, décapsuler. *FAM.* décalotter. ▶ *Aménager une ouverture* – aménager, ménager, percer, pratiquer. ▶ *Écorcher la peau* – balafrer, couper, déchirer, écharper, écorcher, entailler, entamer, lacérer, larder, taillader. *FAM.* chapeler. ▶ *Inciser un abcès* – crever, débrider, inciser, percer. ♦ **s'ouvrir** ▶ *Éclore* – éclore, fleurir, s'épanouir. ▶ *Vivre un sentiment nouveau* – s'éveiller à. *SOUT.* naître à. ▶ *Se confier* – débonder son cœur, décharger son cœur, s'abandonner, s'épancher, se confier, (se) débonder, se livrer, se soulager, se vider le cœur. *FAM.* débiter son chapelet, dévider son chapelet, se déboutonner. ▲**ANT.** CLORE, FERMER, FINIR, TERMINER; CONTRACTER, RESSERRER, SERRER; PLIER, REFERMER; EMBALLER; CACHETER, SCELLER; BARRER, BOUCHER, OBSTRUER, OCCLURE; CICATRISER. △S'OUVRIR – DÉPÉRIR, S'ÉTIOLER; SE FERMER, SE MÉFIER, SE RAIDIR, SE TAIRE.

ovale *adj.* elliptique, oblong, ové, ovoïdal, ovoïde. ▶ *En parlant du visage* – allongé, long, oblong.

ovale *n. m.* ▶ *Courbe* – boucle, cercle, orbe, orbite, ove, rond.

ovipare *n. m.* ▲**ANT.** VIVIPARE.

p

pacifique *adj.* ▶ *Paisible* – calme, de tout repos, paisible, serein, tranquille. *FAM.* peinard, pépère, tranquillos. *PHILOS.* ataraxique. ▶ *En faveur de la paix* – antiguerre, antimilitariste, pacifiste. ▲ANT. AGITÉ, EMPORTÉ, TOURMENTÉ ; AGRESSIF, BATAILLEUR, BELLIQUEUX, DUR, GUERRIER, MÉCHANT, QUERELLEUR.

pacifisme *n. m.* antimilitarisme, neutralisme. ▲ANT. BELLICISME ; MILITARISME.

pacifiste *n.* antimilitariste, colombe, neutraliste, non-violent. ▲ANT. BELLICISTE, MILITARISTE.

pacte *n. m.* ▶ *Accord* – accommodement, accord, alliance, arrangement, compromis, concordat, consensus, contrat, convention, engagement, entente, marché, modus vivendi, protocole, traité, transaction. ▶ *Paix* – accord, armistice, cessation des hostilités, cessez-le-feu, compromis, conciliation, détente, entente, issue, modus vivendi, négociation, neutralité, non-belligérance, normalisation, pacification, paix, réconciliation, traité, trêve. ▲ANT. DÉSACCORD, DISCORDE, DIVISION, MÉSENTENTE, RUPTURE.

page *n. f.* ▶ *Feuille* – feuille, feuillet, folio. *FRANCE FAM.* papelard. ▶ *Passage* – extrait, morceau, passage.

paiement (var. **payement**) *n. m.* ▶ *Versement* – dépôt, règlement, versement. ▶ *Remboursement* – acquittement, amortissement, couverture, défraiement, désendettement, extinction, libération, prise en charge, rachat, recouvrement, règlement, remboursement, remise de dette, restitution, rétrocession, reversement. ▶ *Dépense* – contribution, cotisation, débours, déboursement, décaissement, dépense, faux frais, frais, sortie. *QUÉB.* déboursé. ▲ANT. NON-PAIEMENT ; RECETTE.

paillasse *n.* ◆ **paillasse**, *fém.* ▶ *Matelas* – futon, matelas. ◆ **paillasse**, *masc.* ▶ *Bouffon* (ANC.) – amuseur (public), bouffon, clown, comique. *SOUT.* clownesse (*femme*). *ANC.* loustic. *HIST.* fou (du roi). *ANTIQ.* histrion.

paillasson *n. m.* ▶ *Tapis* – essuie-pieds, gratte-pieds, tapis-brosse. ▶ *Protection* – accot, paillis.

▶ *Personne servile* (FAM.) – acclamateur, admirateur, adorateur, adulateur, apologiste, caudataire, complaisant, complimenteur, courtisan, dithyrambiste, flatteur, patelin, valet. *SOUT.* applaudisseur, approbateur, glorificateur, laquais, laudateur, thuriféraire. ▲ANT. CONTESTATAIRE, DISSIDENT, FRANC-TIREUR, INDÉPENDANT, NON-CONFORMISTE.

paillé *adj.* beurre-frais, chamois, isabelle, jaune pâle, nankin, paille, soufre.

paille *n. f.* ▶ *Tiges* – chaume, éteule, foin. ▶ *Défaut* – crapaud, gendarme, paillette. ▶ *Petite quantité* (FAM.) – arrière-goût, atome, bouchée, brin, doigt, filet, goutte, gouttelette, grain, larme, lueur, miette, nuage, once, parcelle, peu, pincée, pointe, relent, restant, reste, rien, soupçon, tantinet, teinte, touche, trace, trait, zeste. *FAM.* chouia.

paillette *n. f.* ▶ *Ornement* – clinquant, écaille, lamelle de métal, oripeau, paillon, parcelle de métal. ▶ *Lamelle* – lame, lamelle. ▶ *Défaut* – crapaud, gendarme, paille. ▶ *Ressort* – paillet.

pain *n. m.* ▶ *Aliment* – FRANCE FAM. bricheton, brignolet. ▶ *Subsistance* – aliment, alimentation, approvisionnement, comestibles, denrée, entretien, épicerie, fourniture, intendance, nourriture, produit alimentaire, provision, ravitaillement, subsistance, victuailles, vie, vivres. *SOUT.* provende. *FAM.* matérielle. ▶ *Pour une personne* – part, portion, ration. ▶ *Coup de poing* (FAM.) – coup de poing, horion. *FAM.* bourre-pif, castagne, châtaigne, gnon, jeton, macaron, marron, tarte, torgnole. ▶ *Gifle* (FAM.) – claque, gifle, tape. *SOUT.* soufflet. *FAM.* baffe, beigne, mornifle, taloche, tarte, torgnole. *FRANCE FAM.* aller et retour, calotte, emplâtre, giroflée (à cinq feuilles), mandale, pêche, rouste, talmouse, taquet.

pair *adj.* ▲ANT. IMPAIR.

pair *n. m.* ▶ *Confrère* – alter ego, associé, camarade, collaborateur, collègue (de travail), compagnon de travail, condisciple (*études*), confrère, coopérateur, égal, partenaire. ▶ *Égalité* – adéquation, analogie, conformité, égalité, équivalence, gémellité, identité, littéralité, parallélisme, parité, ressemblance, similarité, similitude, unité. MATH. congruence, homéomorphisme.

paire *n. f.* ▸ *Deux choses* – doublet. MATH. couple. PHILOS. dyade. ▸ *Deux individus* – couple, duo, pariade *(oiseaux)*. FAM. tandem. ▸ *En politique* – ticket. ANTIQ. duumvirat. ▲ANT. UNITÉ.

paisible *adj.* ▸ *Silencieux* – calme, silencieux, tranquille. ▸ *Serein* – calme, de tout repos, pacifique, serein, tranquille. FAM. peinard, pépère, tranquillos. PHILOS. ataraxique. ▸ *Doux* – berceur, calme, doux. ▲ANT. BRUYANT; AGITÉ, EMPORTÉ, INQUIET, TOURMENTÉ, TROUBLÉ; AGRESSIF, BATAILLEUR, BELLIQUEUX, DUR, GUERRIER, MÉCHANT, QUERELLEUR.

paisiblement *adv.* à froid, à loisir, à tête reposée, avec sang-froid, calmement, doucement, flegmatiquement, froidement, impassiblement, imperturbablement, inébranlablement, pacifiquement, placidement, posément, sagement, sans broncher, sereinement, silencieusement, tranquillement. SOUT. impavidement. FAM. calmos, peinardement, tranquillos. ▲ANT. ANXIEUSEMENT, FÉBRILEMENT, FIÉVREUSEMENT, IMPATIEMMENT, NERVEUSEMENT.

paître *v.* ▸ *Manger de l'herbe* – brouter, pacager, pâturer, viander *(cervidés)*.

paix *n. f.* ▸ *Sérénité* – apathie, ataraxie, calme, détachement, distanciation, égalité d'âme, égalité d'humeur, équilibre, flegme, impassibilité, imperturbabilité, indifférence, philosophie, placidité, quiétude, sérénité, stoïcisme, tranquillité. SOUT. équanimité. ▸ *Tranquillité* – accalmie, apaisement, bonace, bonheur, calme, éclaircie, entente, fraternité, harmonie, idylle, quiétude, rémission, repos, silence, tranquillité, trêve, union, unité. SOUT. kief *(en Orient)*. ▸ *Sécurité* – abri, assurance, calme, confiance, quiétude, repos, salut, sécurité, sérénité, sûreté, tranquillité (d'esprit). ▸ *Accord* – accord, armistice, cessation des hostilités, cessez-le-feu, compromis, conciliation, détente, entente, issue, modus vivendi, négociation, neutralité, non-belligérance, normalisation, pacification, pacte, réconciliation, traité, trêve. ▲ANT. AGITATION, INQUIÉTUDE, TROUBLE; CONFLIT, DISPUTE, GUERRE, QUERELLE, VIOLENCE.

palais *n. m.* ▸ *Partie de la bouche* – ANAT. os palatin, voile du palais/palais mou, voûte palatine. ▸ *Prothèse dentaire* (ACADIE) – dentier. FAM. râtelier. ▸ *Goût* – goût, gustation. ▲ANT. CABANE, TAUDIS.

pale *n. f.* ▸ *Partie d'une rame* – pelle. ▸ *Partie d'une roue* – ailette, aube, palette. ▸ *Vanne* – empellement *(dans un étang)*, vanne.

pâle *adj.* ▸ *Sans éclat* – blafard, blanc, blanchâtre, blême, clair, incolore, pâlot, terne. ▸ *En parlant du teint* – blafard, blanc, blême, cadavéreux, cadavérique, diaphane, exsangue, hâve, livide, pâlot. FAM. pâlichon. ▸ *En parlant d'une couleur* – clair, doux, pastel, tendre. ▸ *Délavé* – décoloré, défraîchi, délavé, déteint, éteint, fade, fané, pâli, passé, terne. FAM. fadasse, pisseux. ▲ANT. FONCÉ, PROFOND, SOMBRE; COLORÉ, ROUGE, SANGUIN, VERMEIL; BRILLANT, ÉCLATANT, VIF, VOYANT.

palette *n. f.* ▸ *Partie d'une roue* – ailette, aube, pale. ▸ *Instrument de cuisine* (QUÉB. FAM.) – bec-à-cuiller, spatule. ▸ *Partie d'un chapeau* (QUÉB. FAM.) – mézail, ventail, visière. ▸ *Viande* – jumeau,

macreuse, paleron. ▸ *Aliment de forme allongée* – barre, bâton, tablette. ▸ *Dent* (QUÉB. FAM.) – dent incisive, incisive. ▸ *Animaux* – pince *(herbivore)*. ▸ *Variété* – assortiment, choix, collection, échantillons, éventail, gamme, ligne, quota, réunion, sélection, surchoix, tri, variété.

pâleur *n. f.* blancheur, lividité. MÉD. hypochromie. ▲ANT. COLORATION, ROUGEUR; BRILLANCE.

palier *n. m.* ▸ *Phase* – épisode, étape, période, phase, point, stade, transition. ▸ *Segment d'une courbe* – plateau. ▲ANT. DESCENTE, MONTÉE.

pâlir *v.* ▸ *Perdre sa couleur* – déteindre, passer, s'estomper, se décolorer, se défraîchir, se faner. ▸ *Perdre de son intensité* – baisser, diminuer, faiblir, s'affaiblir, s'atténuer, s'estomper. ▸ *Devenir blême* – blêmir, perdre ses couleurs, verdir. ▸ *Avoir peur* – avoir grand-peur, avoir peur, blêmir, frissonner, prendre peur, trembler, verdir. FAM. avoir la colique, avoir la frousse, avoir la pétoche, avoir la tremblote, avoir la trouille, avoir le trac, avoir le trouillomètre à zéro, avoir les boules, avoir les chocottes, avoir les foies, avoir les glandes, avoir les jetons, baliser, fouetter, mouiller, serrer les fesses. FRANCE FAM. les avoir à zéro, trouiller, trouilloter. QUÉB. FAM. avoir la chienne. BELG. FAM. clopper. ▸ *Rendre plus pâle* – éclaircir. ▸ *Faire perdre sa couleur* – décolorer, défraîchir, délaver, déteindre, faner, grisailler, ternir. ▲ANT. FONCER; ROUGIR, S'EMPOURPRER, SE COLORER; BRUNIR; PRENDRE DE L'ÉCLAT, S'INTENSIFIER; BRILLER, LUIRE.

palissade *n. f.* ▸ *Barrière* – palanque. AFR. secco. ▸ *Rangée d'arbres* – contre-espalier, espalier.

palliatif *adj.* ▲ANT. CURATIF; EFFICACE, RADICAL.

palmier *n. m.* ▸ *Végétal* – BOT. arécacée, palmacée. ♦ **palmiers**, *plur.* ▸ *Ensemble de végétaux* – palmeraie.

palpable *adj.* ▸ *Qu'on peut palper* – tangible. ▸ *Concret* – concret, de chair et de sang, effectif, existant, matériel, physique, réel, sensible, tangible, visible, vrai. DIDACT. positif. RELIG. de ce monde, temporel, terrestre. ▲ANT. IMPALPABLE, INSAISISSABLE; ABSTRAIT, CONCEPTUEL, IMMATÉRIEL, INTELLECTUEL, MENTAL, SPIRITUEL, THÉORIQUE; ALÉATOIRE, DOUTEUX, INCERTAIN.

palper *v.* ▸ *Examiner en touchant* – tâter, toucher. ▸ *Recevoir de l'argent* (FAM.) – empocher, encaisser, gagner, mettre dans ses poches, percevoir, recevoir, recouvrer, toucher. FAM. se faire.

palpitant *adj.* ▸ *Qui palpite* – pantelant. ▸ *Qui tremble d'émotion* – agité, émotionné, ému, frémissant, sous le coup de l'émotion, touché, tremblant. ▸ *Excitant* – captivant, électrisant, enivrant, enthousiasmant, exaltant, excitant, grisant, passionnant. FAM. emballant, planant. QUÉB. enlevant; FAM. capotant. ▸ *Intéressant* – absorbant, accrocheur, captivant, fascinant, intéressant, passionnant, prenant. SOUT. attractif. QUÉB. enlevant. ▲ANT. ASSOMMANT, ENDORMANT, ENNUYEUX, FASTIDIEUX, ININTÉRESSANT, INSIPIDE, LASSANT, MONOTONE, PLAT, RÉPÉTITIF, SOPORIFIQUE.

palpitation *n. f.* ▸ *Battements du cœur* – fibrillation, flutter, tachyarythmie, tachycardie. ▸ *Alternance* – allée et venue, alternatives, balancement, bascule, changement, flux et reflux, intermittence, ondulation, oscillation, périodicité, pulsation, récurrence, récursivité, retour, rotation, roulement, rythme, sinusoïde, succession, tour, va-et-vient, variation. ▶ *Contraction* – astriction, constriction, contraction, crampe, crispation, étranglement, pressage, pression, pressurage, resserrement, rétraction, rétrécissement, serrement, spasme, tension. MÉD. striction. ▲ANT. BRADYCARDIE.

palpiter *v.* ▶ *En parlant du cœur* – battre, cogner. ▶ *En parlant d'un corps* – panteler. ▶ *En parlant d'une source lumineuse* (SOUT.) – brasiller, briller, chatoyer, étinceler, flamboyer, fulgurer *(éclat passager)*, luire, miroiter, reluire, resplendir, rutiler, scintiller. SOUT. papilloter, pétiller. BELG. blinquer. ACADIE FAM. mirer.

pâmer (se) *v.* ▶ *S'évanouir* – défaillir, être pris d'un malaise, perdre connaissance, perdre conscience, perdre ses esprits, s'évanouir, se trouver mal, tomber en syncope. FAM. tomber dans les pommes, tomber dans les vapes, tourner de l'œil. QUÉB. FAM. s'effoirer. ▶ *S'émerveiller* – admirer, s'émerveiller, s'extasier, tomber en extase. PAR PLAIS. tomber en pâmoison. ▲ANT. AVOIR EN HORREUR, DÉTESTER.

pamphlet *n. m.* brûlot, diatribe, épigramme, factum, feuille, libelle, mazarinade, satire. SOUT. catilinaire, philippique.

pan *n. m.* ▶ *Segment* – bout, carotte *(terrain)*, détail, échantillon, morceau, partie, portion, section, segment, tranche, travée, tronçon. ▶ *Côté* – bord, chant, côté, face, facette, flanc, paroi, profil, surface, tranche. MAR. travers. ▶ *Mur* – cloison, mur, paroi. ◗ *Petit* – muret, muretin, murette, panneau. ▶ *Coin* – angle, anglet, arête, carre, coin, corne, coude, diverticule, écoinçon, encoignure, enfourchement, noue, recoin, renfoncement, retour, saillant, tournant. QUÉB. racoin. MAR. empointure.

panaché *adj.* ▶ *Multicolore* – bigarré, chamarré, coloré, multicolore. DIDACT. omnicolore, polychrome, versicolore. ◗ *Aux couleurs non harmonieuses* – bariolé, bigarré, peinturluré.

panache *n. m.* ▶ *Ornement vestimentaire* – aigrette, casoar, crête, plumet. ▶ *Bois d'un cervidé* (QUÉB.) – bois, cor. QUÉB. ramage *(cerf)*. ▶ *Allure* – air, allure, apparence, aspect, attitude, contenance, démarche, façon, genre, ligne, maintien, manière, physique, port, posture, prestance, silhouette, style, tenue, tournure. SOUT. extérieur, mine. FAM. gueule, touche.

pancarte *n. f.* affiche, affiche publicitaire, affichette, annonce, avis, écriteau, enseigne, panneau, panneau réclame, panonceau, placard, proclamation, programme, publicité, réclame.

panel *n. m.* ▶ *Débat* – affaire, arbitrage, contestation, débat, démêlé, différend, discussion, dispute, médiation, négociation, querelle, règlement, spéculation, tractation. ▶ *Personnes* – assemblée, atelier de discussion, colloque, comice, comité, conférence, congrès, conseil, forum, groupe de travail, junte, plénum, réunion, séminaire, sommet, symposium, table ronde. FAM. grand-messe.

panier *n. m.* ▶ *Récipient* – banne, banneton, bannette, bourriche, cabas, cabassette, cloyère, corbeille, hotte, hottereau, hotteret, manne, mannette,

panière. BOULANG. paneton. ANTIQ. ciste. ▶ *Contenu de ce récipient* – corbeille, hottée, panière. ▶ *Dispositif* – carrousel. ▶ *Nasse* – casier, nasse, nassette. ACADIE trappe. ▶ *Habitacle de ballon* – nacelle. ▶ *Chariot de supermarché* (QUÉB.) – chariot, poussette. QUÉB. carrosse. ▶ *Corps de jupe* – crinoline, faux cul, tournure, vertugadin. ▶ *Poubelle* – corbeille (à papier), poubelle.

panique *n. f.* ▶ *Peur* – affolement, alarme, angoisse, appréhension, crainte, effarement, effarouchement, effroi, épouvante, frayeur, grand-peur, hantise, horreur, inquiétude, peur, phobie, psychose, terreur, transes. FIG. vertige. SOUT. affres, apeurement. FAM. cauchemar, frousse, pétoche, trac, trouille. QUÉB. FAM. chienne. ▶ *Fuite* – abandon, débâcle, débandade, défilade, déroute, dispersion, fuite, pathie *(animal)*, retraite, sauve-qui-peut. FIG. hémorragie. ▲ANT. QUIÉTUDE, SÉCURITÉ, SÉRÉNITÉ.

panne *n. f.* ▶ *Interruption* – annulation, arrêt, avortement, cessation, discontinuation, entrecoupement, intermittence, interruption, levée, pause, relâche, station, suspension. ▶ *Court-circuit* (FAM.) – court-circuit, dérivation, shunt. FAM. court-jus, panne d'électricité). ▶ *Gras* – axonge *(fondue)*, barde, graillons, graisse, gras, lard gras, lard, partie grasse, sain, saindoux, viande grasse. QUÉB. oreille de Christ *(grillée)*. ▲ANT. FONCTIONNEMENT, MARCHE.

panneau *n. m.* ▶ *Objet mince* – feuille, planche, plaque, tableau. ▶ *De petite taille* – carreau, écusson, panonceau, plaquette. ▶ *Mur* – cloison, mur, pan, paroi. ◗ *Petit* – muret, muretin, murette. ▶ *Affiche* – affiche, affiche publicitaire, affichette, annonce, avis, écriteau, enseigne, pancarte, panneau réclame, panonceau, placard, proclamation, programme, publicité, réclame.

panorama *n. m.* ▶ *Paysage* – champ (de vision), horizon, paysage, perspective, point de vue, site, vue. ▶ *Sujets traités* – survol, vue d'ensemble.

pansement *n. m.* ▶ *Action* – bandage, pansage. ▶ *Chose* – bandage, bande, gaze, mèche. FAM. poupée. QUÉB. FAM. catin. ◗ *Selon la partie du corps* – écharpe *(avant-bras)*, mentonnière *(menton)*, minerve *(tête)*, spica *(membre)*.

panser *v.* ▶ *Soigner une blessure* – bander, emmailloter. ▶ *Étriller un cheval* – bouchonner, brosser, étriller. ▲ANT. BLESSER, ENDOLORIR ; AGGRAVER, AVIVER.

pantalon *n. m.* ▶ *Vêtement* – FAM. froc. FRANCE FAM. bénard, culbutant, falzar, fendant, fendard, futal.

pantin *n. m.* ▶ *Figurine* – fantoche, guignol, mannequin, marionnette, polichinelle, pupazzo. ▶ *Personne* – baudruche, cire molle, esclave, fantoche, figurant, jouet, mannequin, marionnette, mouton, potiche, suiveur, suiviste. FAM. béni-oui-oui. QUÉB. FAM. suiveux. ▲ANT. FONCEUR, MENEUR.

pantoufle *n. f.* ▶ *Chaussure d'intérieur* – chausson. ACADIE FAM. galoche.

paon *n.* ▶ *Oiseau* – SOUT. oiseau de Junon.

pape *n. m.* ▶ *Chef de l'Église catholique* – le Père de la chrétienté, le Saint-Père, notre Saint-Père le pape, souverain pontife, successeur de saint Pierre, vicaire de Dieu, vicaire de Jésus-Christ, vicaire de saint Pierre. ◗ *Titre* – Sa Sainteté, Saint-Père. ◗ *Chef de l'Église orthodoxe* – catholicos, exarque *(bulgare)*, patriarche. ▶ *Guide spirituel (FAM.)* – chef de file, gourou, guide (spirituel), magistère, mahatma, maître à penser, maître (spirituel), meneur, pandit, pasteur, phare, rassembleur, sage. *SOUT.* conducteur, coryphée, entraîneur (d'hommes).

paperasse *n. f.* ▶ *Procédure tatillonne* – formalité, paperasserie, scribouillage, tracasserie administrative/procédurière.

papier *n. m.* ▶ *Document* – document, pièce. ▶ *Article* – article, texte. ▶ *En finance* – action, bon, coupon, effet de commerce, obligation, part, titre, valeur. ◆ **papiers**, *plur.* ▶ *Ensemble de papiers encombrants* – paperasse.

papillon *n. m.* ▶ *Être vivant* – *ZOOL.* lépidoptère. ▶ *Nage* – brasse papillon. ▶ *Écrou* – écrou à ailettes, écrou à oreilles. ▶ *Contravention (FAM.)* – amende, astreinte, constat d'infraction, contrainte, contravention, jour-amende, peine, pénalisation, pénalité, procès-verbal. *FAM.* contredanse, P.-V.

paquebot *n. m.* ▶ *Véhicule flottant* – transatlantique *(liaison Europe-Amérique).*

paquet *n. m.* ▶ *Choses assemblées* – balle, ballot. ◗ *Papier* – liasse. *BELG. AFR.* farde. ▶ *Contenant* – pochette, sachet. *SUISSE* fourre. *QUÉB. FAM.* poche. ▶ *Objet emballé* – *FAM.* pacsif, pacsin, pacson. ▶ *Bagage (FAM.)* – affaires, appareil, bagage, chargement, équipement, fourniment, harnachement, instruments, matériel, outillage, outils. *FAM.* arsenal, attirail, barda, bastringue, bataclan, bazar, fourbi, matos, paquetage, saint-crépin, saint-frusquin. *QUÉB. FAM.* agrès, gréage, gréement. ▶ *Jeu de cartes (QUÉB.)* – jeu, talon. ▶ *Abondance* – abondance, afflux, amas, ampleur, concentration, débauche, débordement, exubérance, filon, floraison, foisonnement, forêt, foule, fourmillement, gisement, infinité, inondation, luxe, luxuriance, masse, mine, multiplicité, myriade, nuée, orgie, pléthore, poussière, profusion, quantité, richesse, surabondance, tas, trésor. *FIG.* carnaval. *FAM.* festival, flopée, kyrielle, tapée, tonne, tripotée, wagon. *QUÉB. FAM.* bourrée, tapon. *SUISSE FAM.* craquée. ▶ *Tas* – accrétion, accumulation, agglomérat, agglomération, aggloméré, agglutinat, agglutination, agglutinement, agrégat, agrégation, amas, bloc, concentration, concrétion, conglomérat, conglomération, conglutination, entassement, masse, nodule, réunion, sédiment, sédimentation, tas. *QUÉB. FAM.* motton, tapon. ▲ANT. VRAC ; MIETTE, PARCELLE, PINCÉE, TOUCHE.

parabole *n. f.* ▶ *Récit* – allégorie, apologue, fable. ▶ *Comparaison* – allégorie, analogie, apologue, assimilation, association (d'idées), catachrèse *(lexicalisée)*, comparaison, équivalence, figure, image, lien, métaphore, parallèle, parenté, personnification, rapport, rapprochement, relation, ressemblance, similitude, symbole, symbolisme.

parade *n. f.* ▶ *Défilé militaire* – défilade, défilé, prise d'armes, revue. ▶ *Défilé de cavalerie* – carrousel, cavalcade, fantasia, manège d'ensemble, parade (de cavalerie). ▶ *Ostentation* – affectation, démonstration, étalage, montre, ostentation. *FAM.* fla-fla. ▶ *Vanité* – amour-propre, arrogance,

autosatisfaction, bouffissure, complaisance, contentement (de soi), crânerie, enflure, fatuité, gloriole, hauteur, immodestie, importance, jactance, mégalomanie, morgue, orgueil, ostentation, outrecuidance, pose, présomption, prétention, suffisance, superbe, supériorité, triomphalisme, vanité, vantardise. *SOUT.* fierté, infatuation. *FAM.* ego. *QUÉB. FAM.* pétage de bretelles. ▶ *Séduction* – charme, conquête, enchantement, ensorcellement, entreprises, envoûtement, séduction. *FAM.* drague, rentre-dedans. ▶ *Action de parer un coup* – esquive. ▶ *Dissimulation* – affectation, artifice, cachotterie, comédie, déguisement, dissimulation, duplicité, faux-semblant, feinte, fiction, finauderie, grimace, hypocrisie, invention, leurre, mensonge, momerie, pantalonnade, ruse, simulation, singerie, sournoiserie, tromperie. *SOUT.* simulacre. *FAM.* cinéma, cirque, finasserie, frime. ▲ANT. DISCRÉTION, EFFACEMENT ; ATTAQUE.

paradigme *n. m.* ▶ *Modèle* – archétype, canon, critère, échantillon, étalon, exemple, formule, gabarit, idéal, idée, image, individu, modèle, norme, original, précédent, prototype, référence, représentant, type, unité. *BIOL.* holotype. ▲ANT. SYNTAGME.

paradis *n. m.* ▶ *Lieu céleste* – au-delà, Champs Élysées, Ciel, Éden, Élysée, limbes, nirvana, oasis. *SOUT.* empyrée, royaume céleste, royaume de Dieu, royaume des cieux, sein de Dieu. ▶ *Lieu de bonheur* – arcadie, éden, eldorado, pays de cocagne. ▶ *Galerie* – balcon, encorbellement, loge, loggia, mâchicoulis, mirador, moucharabieh, terrasse. *QUÉB.* galerie. ▶ *Arbre* – pommier de paradis. ▲ANT. ENFER, GÉHENNE.

paradoxal *adj.* antinomique, antipodal, antithétique, contradictoire. *PHILOS.* aporétique. ▲ANT. COMPATIBLE, CONCILIABLE, CONCORDANT, CONVERGENT, CORRESPONDANT.

paradoxalement *adv.* absurdement, contradictoirement, déraisonnablement, illogiquement, inconséquemment, irrationnellement, sans rime ni raison, subjectivement, superstitieusement. ▲ANT. NORMALEMENT ; CONFORMÉMENT, PARALLÈLEMENT, SIMILAIREMENT.

paradoxe *n. m.* ▶ *Contradiction* – absurdité, antilogie, antinomie, aporie, conflit, contradiction, contresens, contrevérité, impossibilité, incohérence, inconsistance, invraisemblance, non-sens, sophisme. ▶ *Illogisme* – aberration, absurde, absurdité, apagogie, contradiction, illogisme, incohérence, inconséquence, irrationalité, irrationnel, non-sens, paralogisme. ▲ANT. ÉVIDENCE ; LOGIQUE.

paragraphe *n. m.* ▶ *Subdivision d'un livre* – alinéa, article, chapitre, livre, matière, objet, partie, question, rubrique, section, titre, tome, volet, volume. ▶ *Dans un texte sacré* – psaume, surate *(musulman)*, verset.

paraître *v.* ▶ *Devenir visible* – apparaître, se montrer, se révéler. ▶ *Se manifester* – apparaître, éclore, faire son apparition, germer, naître, pointer, se former, se manifester. *SOUT.* poindre, sourdre. ▶ *Sembler* – apparaître, avoir l'air, sembler. ▶ *Se présenter* – arriver, se montrer, se présenter. *FAM.* rappliquer, s'amener, se pointer, (se) radiner, se ramener. ▶ *S'exhiber* – s'afficher, s'exhiber, s'offrir en spectacle, se montrer. ▲ANT. DISPARAÎTRE, S'ÉVANOUIR; S'ÉCLIPSER; SE CACHER, SE DISSIMULER.

parallèle *adj.* ▶ *Secret* – clandestin, dissimulé, occulte, secret, souterrain, subreptice. ▶ *Non officiel* – alternatif, contre-culturel, marginal. ▲ANT. OBLIQUE; PERPENDICULAIRE; ANTIPARALLÈLE, SÉCANT; AUTORISÉ, LÉGAL, OFFICIEL, PERMIS, PUBLIC.

parallèle *n.* ▶ *Confrontation* – analyse, balance, collation, collationnement, comparaison, confrontation, jugement, mesure, mise en regard, rapprochement, recension. ▶ *Comparaison* – allégorie, analogie, apologue, assimilation, association (d'idées), catachrèse *(lexicalisée)*, comparaison, équivalence, figure, image, lien, métaphore, parabole, parenté, personnification, rapport, rapprochement, relation, ressemblance, similitude, symbole, symbolisme. ▲ANT. MÉRIDIEN; PERPENDICULAIRE; DIFFÉRENCE, DIVERGENCE.

parallèlement *adv.* à l'avenant, analogiquement, conformément, de la même façon, de même, également, homologiquement, identiquement, item *(dans un compte)*, pareillement, semblablement, similairement, symétriquement. *FAM.* pareil. ▲ANT. AUTREMENT, CONTRAIREMENT, DIFFÉREMMENT, DISSEMBLABLEMENT, DIVERSEMENT, INVERSEMENT; PERPENDICULAIREMENT.

paralysé *adj.* ▶ *Tombé en catalepsie* – cataleptique. ▶ *Invalide* – à mobilité réduite, handicapé (moteur), impotent, infirme, invalide, paralytique. *SOUT.* grabataire, perclus. *MÉD.* hémiplégique, paraplégique, quadriplégique, tétraplégique.

paralyser *v.* ▶ *Engourdir* – ankyloser, engourdir. *FAM.* endormir. ▶ *Figer sous le coup de l'émotion* – clouer sur place, figer, glacer, immobiliser, méduser, pétrifier, statufier, tétaniser. ▶ *Intimider* – annihiler, inhiber, intimider. *FAM.* frigorifier, geler, réfrigérer, refroidir. ▶ *Empêcher de bouger* – bloquer, coincer, contrer, immobiliser. ▲ANT. ANIMER, AVIVER, DÉGOURDIR, ÉVEILLER, RANIMER, RÉVEILLER, SENSIBILISER; DÉBLOQUER, DÉGAGER, LIBÉRER; AIDER; ACTIVER, EXCITER, STIMULER.

paralysie *n. f.* ▶ *Incapacité* – akinésie, bradykinésie, diplégie, hémiplégie, incapacité, invalidité, monoplégie, paraplégie, parésie, quadriplégie, raideur, tétraplégie. ▶ *Blocage* – arrêt, asphyxie, blocage, désactivation, engourdissement, enraiement, entrave, immobilisation, immobilisme, impuissance, inhibition, neutralisation, obstruction, ralentissement, sclérose, stagnation. ▶ *Immobilité* – calme, fixité, hiératisme, immobilisme, immobilité, immuabilité, immutabilité, impassibilité, improductivité, inaction, inactivité, inamovibilité, inertie, piétinement, plafonnement, repos, sclérose, stabilité, stagnation, stationnarité, statisme, statu quo, sur place. *SOUT.* marasme, morosité. ▲ANT. ANIMATION, MOUVEMENT; ACTIVITÉ.

paramètre *n. m.* argument, identificateur, identifieur, inconnue, variable. ▲ANT. INVARIANT.

paranoïaque *adj.* *FAM.* parano. ▲ANT. CONFIANT.

parapet *n. m.* ▶ *Garde-fou* – balustrade, banquette de sûreté, descente, garde-corps, garde-fou, main courante, rambarde, rampe. *QUÉB.* *FAM.* balustre.

▶ *Bateau* – balcon, bastingage, filière, garde-corps, rambarde. ▶ *Talus* – ados, barbette, berge, berme, cavalier, chaussée, levée, remblai, risberme *(barrage)*, talus, terrasse, terre-plein. *AGRIC.* billon.

parapluie *n. m.* ▶ *Instrument* – *FAM.* pébroc, pépin. ▶ *Protection* *(FIG.)* – abri, aide, appui, assistance, chapeautage, conservation, couverture, garantie, garde, mandat, parrainage, paternalisme, patronage, protection, recommandation, renfort, rescousse, sauvegarde, secours, sécurisation, soutien, surveillance, tutelle. *QUÉB.* marrainage *(femme)*. *SOUT.* égide. *FAM.* piston.

parasite *n. m.* ▶ *Personne* – bouche à nourrir, bouche inutile. *FAM.* pique-assiette. *SUISSE* chemarotze. ▶ *Être vivant* – nuisible, peste. ♦ **parasites,** *plur.* ▶ *Perturbation* – crépitement, souffle. *FAM.* friture. *QUÉB.* *FAM.* grichage. ▶ *Ensemble des parasites* – faune parasitaire, vermine. ▲ANT. HÔTE; SYMBIOTE; AIDANT, AIDE, ASSISTANT.

parasiter *v.* vivre aux crochets de. ▲ANT. RENDRE SERVICE À, SE SACRIFIER POUR; PARRAINER, SUBVENTIONNER; DÉPARASITER.

parasitisme *n. m.* ▲ANT. MUTUALISME, SYMBIOSE.

paravent *n. m.* cloison, cloisonnette.

parc *n. m.* ▶ *Pâturage* – champ, embouche *(bovins)*, enclos, friche, herbage, kraal *(Afrique du Sud)*, lande, noue, pacage, parcours, parquet *(volailles)*, passage, pâturage, pâture, prairie, pré. ▶ *En montagne* – alpage, alpe, estive. *SUISSE* mayen. *AFR.* secco. ▶ *Jardin* – clos, closerie, hortillonnage, jardin, jardinet, massif, parterre. ▶ *Zone naturelle gérée* – réserve. *QUÉB.* pourvoirie, zec. ▶ *Aire de stationnement* – aire de stationnement, espace de stationnement. *FRANCE* parc à autos, parc de stationnement, parc-autos. *QUÉB.* stationnement.

parcelle *n. f.* ▶ *Fragment* – bribe, brisure, charpie, coupure, débris, éclat, esquille *(os)*, fraction, fragment, grain, granule, granulé, havrit, lambeau, limaille, miette, morceau, part, particule, partie, pépite, portion, quartier, reste. *FAM.* graine. ▶ *Déchet* – bassine, bourre, bourrier, chiure, chute, crasse, culot, débris, déchet, dépôt, détritus, excrément, fange, fiente, fumier, gadoue, immondices, impureté, lavure, lie, malpropreté, ordure, perte, poussière, reclure, rebut, reliefs, reliquat, résidu, reste, rinçure, rognure, saleté, salissure. *FAM.* cochonnerie, margouillis, saloperie. ▶ *Métallique* – crasse, ferraille, gratture, laitier, limaille, mâchefer, scorie, sinter, suint. ▶ *Verre* – écrémure. ▶ *Petite quantité* – arrière-goût, atome, bouchée, brin, doigt, filet, goutte, gouttelette, grain, larme, lueur, miette, nuage, once, paille, peu, pincée, pointe, relent, restant, reste, rien, soupçon, tantinet, teinte, touche, trace, trait, zeste. *FAM.* chouia. ▶ *Portion de terrain* – enclave, lopin, lot, lotissement. ▲ANT. BLOC, MASSE; TOTALITÉ, TOUT.

parchemin *n. m.* ▶ *Manuscrit* – palimpseste, papyrus. ▶ *Attestation de noblesse* – brevet de noblesse, titre de noblesse. ▶ *Titre universitaire* (*FAM.*) – agrégation, brevet, certificat, diplôme. *FRANCE* *FAM.* agrég, peau d'âne.

parcmètre *n. m.* compteur de stationnement. *QUÉB.* parcomètre.

parcourir *v.* ▶ *Traverser* – courir, sillonner, traverser. ▶ *Explorer* – arpenter, battre, explorer, inspecter, prospecter, ratisser, reconnaître, visiter. ▶ *Lire superficiellement* – feuilleter, jeter un coup d'œil à, lire en diagonale, regarder, survoler. ▲ANT. DEMEURER, RESTER ; EXAMINER, LIRE ATTENTIVEMENT, SCRUTER.

parcours *n. m.* ▶ *Trajet* – aller (et retour), chemin, cheminement, circuit, course, direction, distance, espace, itinéraire, marche, retour, route, tracé, traite, trajectoire, trajet, traversée, voyage. *FAM.* trotte. *FRANCE FAM.* tirée. ▶ *Expérience de travail* – curriculum vitæ, curriculum, cursus, expérience (professionnelle), formation (professionnelle), itinéraire (professionnel), parcours (professionnel).

pardon *n. m.* ▶ *Absolution* – absolution, absoute *(public)*, acquittement, aman, amnistie, annulation, clémence, dédouanement, disculpation, extinction, grâce, indulgence, jubilé, mise hors de cause, miséricorde, mitigation, oubli, pénitence, prescription, réhabilitation, relaxe, remise (de peine), rémission, suppression (de peine). ▶ *Excuse* – amende honorable, décharge, déculpabilisation, défense, disculpation, explication, justification, motif, raison, regret. ▶ *Procession* – cérémonie, colonne, convoi, cortège, défilade, défilé, file, marche, noce, noria, pèlerinage, procession, queue, suite, théorie, va-et-vient. ▲ANT. BLÂME, CONDAMNATION, REPROCHE ; ANIMOSITÉ, RANCŒUR, RANCUNE, RESSENTIMENT ; REPRÉSAILLES, REVANCHE, VENGEANCE.

pardonner *v.* ▶ *Accorder son pardon à qqn* – absoudre, excuser. *SOUT.* amnistier, ne pas tenir rigueur à, tenir pour quitte. ▶ *Oublier* – enterrer, oublier, passer l'éponge sur, passer sur, remettre. ▶ *Tolérer* – admettre, excuser, fermer les yeux sur, innocenter, laisser passer, supporter, tolérer. ▲ANT. ACCUSER, BLÂMER, CENSURER, CONDAMNER, FRAPPER, PUNIR.

paré *adj.* (fin) prêt.

pareil *adj.* ▶ *Semblable en tous points* – identique, indiscernable, jumeau. ▶ *Équivalent* – du pareil au même, égal, équivalent, identique, inchangé, même, tel. ▶ *Similaire* – analogue, apparenté, approchant, assimilable, comparable, conforme, contigu, correspondant, équivalent, homogène, homologue, indifférencié, parent, proche, ressemblant, semblable, similaire, voisin. *FAM.* kif-kif. *DIDACT.* commensurable. ▲ANT. AUTRE, DIFFÉRENT, DISSEMBLABLE, DISTINCT ; CONTRAIRE, INVERSE, OPPOSÉ.

pareillement *adv.* ▶ *Semblablement* – à l'avenant, analogiquement, conformément, de la même façon, de même, également, homologiquement, identiquement, item *(dans un compte)*, parallèlement, semblablement, similairement, symétriquement. *FAM.* pareil. ▶ *Aussi* – aussi, autant, de même, également, encore, non moins. *SOUT.* encor. *FAM.* avec, idem, itou. ▲ANT. AUTREMENT, CONTRAIREMENT, DIFFÉREMMENT, DISSEMBLABLEMENT, DIVERSEMENT.

parent *adj.* analogue, apparenté, approchant, assimilable, comparable, conforme, contigu, correspondant, équivalent, homogène, homologue, indifférencié, pareil, proche, ressemblant, semblable, similaire, voisin. *FAM.* kif-kif. *DIDACT.* commensurable. ▲ANT. DISTINCT, ÉLOIGNÉ, INDÉPENDANT, SÉPARÉ.

parent *n.* ▶ *Personne* – consanguin, proche, siens *(plur)*. ▶ *Équivalent* – analogue, correspondant, équivalent, homologue, pareil, pendant, semblable. ◆ **parents**, *plur.* ▶ *Père et mère* – chef de famille, coparent. ▶ *Du point de vue du lien biologique* – tuteur *(adoptif)* ; parent biologique, parent naturel. ▶ *Ensemble de personnes* – parentage, parenté. ▲ANT. ÉTRANGER.

parenté *n. f.* ▶ *Généalogie* – agnation, alliance, arbre généalogique, ascendance, ascendants, branche, cognation, consanguinité, cousinage, degré, descendance, descendants, dynastie, extraction, famille, filiation, fratrie, généalogie, génération, hérédité, lignage, ligne, ligne ascendante, lignée, maison, matriarcat, matrilignage, matrilinéarité, origine, parentage, parentèle, patriarcat, patrilignage, patrilinéarité, postérité, primogéniture, quartier (de noblesse), race, sang, souche. ▶ *Analogie* – allégorie, analogie, apologue, assimilation, association (d'idées), catachrèse *(lexicalisée)*, comparaison, équivalence, figure, image, lien, métaphore, parabole, parallèle, personnification, rapport, rapprochement, relation, ressemblance, similitude, symbole, symbolisme.

parenthèse *n. f.* ▶ *Digression* – à-côté, aparté, coq-à-l'âne, digression, divagation, écart, épisode, excursion, excursus, hors-d'œuvre, parabase, placage.

parer *v.* ▶ *Orner* – agrémenter, colorer, décorer, émailler, embellir, enjoliver, enrichir, garnir, habiller, ornementer, orner, rehausser, relever. *SOUT.* diaprer. *QUÉB. FAM.* renipper. ▶ *Vêtir, coiffer avec coquetterie* – bichonner, pomponner. ▶ *Attribuer des qualités* – auréoler. ▶ *Préparer* – apprêter, arranger, préparer. *QUÉB. ACADIE FAM.* gréer. ▶ *Éviter* – conjurer, écarter, empêcher, éviter, prévenir. ▶ *Pallier* – compenser, faire oublier, pallier, racheter, remédier à, réparer, suppléer à. *SOUT.* obvier à. ▶ *Se protéger* – prendre ses précautions, s'armer, s'assurer, se garantir, se prémunir, se protéger. *SOUT.* se précautionner. ◆ **se parer** ▶ *Se vêtir avec recherche* – mettre ses habits du dimanche, s'endimancher, s'habiller, se bichonner, se pomponner, se tirer à quatre épingles. *FAM.* se mettre sur son trente-et-un. *FRANCE. FAM.* bahuter son uniforme. *QUÉB. FAM.* s'habiller comme une carte de mode, se mettre sur son trente-six, se toiletter. ▲ANT. DÉFIGURER, DÉFORMER, DÉPARER, ENLAIDIR ; DÉNUDER, DÉPOUILLER ; SE DÉCOUVRIR ; ATTAQUER.

paresse *n. f.* ▶ *Fainéantise* – alanguissement, apathie, atonie, engourdissement, fainéantise, farniente, indolence, inertie, laisser-aller, langueur, lenteur, léthargie, lourdeur, mollesse, négligence, nonchalance, oisiveté, somnolence, torpeur. *FAM.* cosse, flémingite aiguë, flemmardise, flemme. ▲ANT. ACTIVITÉ, DYNAMISME, EFFORT, ÉNERGIE, TRAVAIL ; DILIGENCE, EMPRESSEMENT, RAPIDITÉ.

paresseusement *adv.* apathiquement, indolemment, languissamment, lentement, mollement, négligemment, nonchalamment, oisivement, passivement, poussivement, végétativement. ▲ANT. ACTIVEMENT, AVEC ZÈLE, DYNAMIQUEMENT, ÉNERGIQUEMENT.

paresseux *adj.* ▶ *En parlant de qqn* – fainéant, flâneur, indolent, négligent, nonchalant. *FAM.* cossard, faignant, flemmard, mollasse, mollasson, musard, musardeur. *QUÉB. FAM.* sans-cœur, vache. ▶ *En parlant de qqch.* – atone, endormi, engourdi, lent. ▲ANT. ACTIF, AFFAIRÉ, ALLANT, DILIGENT, DYNAMIQUE, ÉNERGIQUE, INFATIGABLE, LABORIEUX, TRAVAILLEUR, VAILLANT, ZÉLÉ.

parfaire *v.* ▶ *Améliorer* – améliorer, perfectionner. ▶ *Raffiner* – ciseler, fignoler, finir, lécher, parachever, peaufiner, perfectionner, polir, raffiner, soigner. ▲ANT. BÂCLER, EXPÉDIER; ÉBAUCHER, ESQUISSER.

parfait *adj.* ▶ *Sans défaut* – impeccable, irréprochable, sans bavure. *FAM.* impec, nickel. ▶ *Remarquable en son genre* – accompli, achevé, consommé, de rêve, exemplaire, idéal, idyllique, incomparable, irréprochable, modèle, rêvé. ▶ *Magnifique* – admirable, brillant, éblouissant, excellent, extraordinaire, fantastique, magistral, magnifique, merveilleux, prodigieux, remarquable, réussi, sensationnel, sublime. *FAM.* à tout casser, bluffant, champion, d'enfer, du tonnerre, épatant, extra, fameux, formidable, fumant, génial, mirifique, pas piqué des vers, splendide, super, terrible. *FRANCE FAM.* du feu de Dieu, énorme, fadé, formide, géant, gratiné, pas piqué des hannetons. *QUÉB. FAM.* capotant, écœurant. ▶ *Très bien* – excellent, très bien. *FAM.* au poil, aux petits oignons, super. *FRANCE FAM.* aux pommes, tsoin-tsoin. *QUÉB. FAM.* diguidou. ▶ *Total* – absolu, complet, entier, exhaustif, global, inconditionnel, intégral, plein, rigoureux, sans réserve, total. *QUÉB. FAM.* mur-à-mur. *PÉJ.* aveugle. ▶ *Pour renforcer un terme* – fameux, fieffé, fier, franc, rude, sale. *FAM.* cré, damné, fichu, maudit, sacré, satané. *QUÉB. FAM.* mautadit, sapré, saudit. ▲ANT. ABOMINABLE, AFFREUX, ATROCE, DÉSASTREUX, ÉPOUVANTABLE, EXÉCRABLE, HORRIBLE, INFECT, MINABLE, NAVRANT, NUL, ODIEUX, RATÉ; APPROXIMATIF, GROSSIER, INACHEVÉ, INCOMPLET, PARTIEL, RELATIF.

parfaitement *adv.* ▶ *Suprêmement* – à la perfection, à merveille, à ravir, admirablement, bien, divinement, extraordinairement, idéalement, impeccablement, incomparablement, infailliblement, irréprochablement, le mieux du monde, merveilleusement, mirifiquement, on ne peut mieux, prodigieusement, sans fautes, sublimement, supérieurement, suprêmement. *SOUT.* excellemment. *FAM.* épatamment, sans bavure. ▶ *Absolument* – absolument, carrément, catégoriquement, complètement, purement, radicalement, tout à fait. *FAM.* royalement, souverainement. ▶ *Entièrement* – à fond, à tous (les) égards, au (grand) complet, au long, au total, complètement, d'un bout à l'autre, de A (jusqu') à Z, du début à la fin, du tout au tout, en bloc, en entier, en totalité, en tous points, entièrement, exhaustivement, fin, in extenso, intégralement, pleinement, sous tous les rapports, sur toute la ligne, totalement, tout, tout à fait. *QUÉB. FAM.* mur-à-mur. ▲ANT. IMPARFAITEMENT; PARTIELLEMENT.

parfois *adv.* à certains moments, à l'occasion, certaines fois, dans certains cas, de temps à autre, de temps en temps, en certaines occasions, en certains cas, occasionnellement, par instants, par moments, quelquefois, tantôt. *FAM.* des fois. ▲ANT. À TOUT BOUT DE CHAMP, À TOUT INSTANT, À TOUT MOMENT, CONSTAMMENT, CONTINUELLEMENT, EN TOUT TEMPS, INVARIABLEMENT, SANS ARRÊT, TOUJOURS; FRÉQUEMMENT, LA PLUPART DU TEMPS, RÉGULIÈREMENT, SOUVENT.

parfum *n. m.* ▶ *Odeur agréable* – arôme, bouquet *(vin)*, fragrance, fumet, senteur. ▶ *Saveur* – goût, montant, saveur. *SOUT.* flaveur, sapidité, succulence. ▶ *Substance* – substance odoriférante. ◆ **parfums**, *plur.* ▶ *Ensemble de substances* – parfumerie. ▲ANT. PESTILENCE, PUANTEUR.

parfumé *adj.* aromatique, odorant, odoriférant, suave.

parfumer *v.* ▶ *Répandre une bonne odeur* – embaumer, sentir bon. *SOUT.* fleurer. ▶ *Ajouter un aromate* – aromatiser. ▲ANT. EMPESTER, EMPUANTIR.

pari *n. m.* ▶ *Gageure* – défi, gageure, mise, risque. ▶ *Prédiction* – annonce, annonciation, augure, auspices, conjecture, horoscope, oracle, prédiction, présage, prévision, projection, promesse, pronostic, prophétie, signe. *ANTIQ. ROM.* auspices, haruspication.

parier *v.* ▶ *Faire un pari* – *SOUT. ou QUÉB.* gager. ▶ *Mettre une somme en jeu* – blinder, jouer, miser, ponter, y aller de. *FAM.* éclairer. *QUÉB.* gager.

parlant *adj.* ▶ *Révélateur* – édifiant, éloquent, expressif, instructif, qui en dit long, révélateur, significatif. ▶ *Bavard (FAM.)* – bavard, causeur, jacasseur, loquace, qui a la langue bien pendue, volubile. *SOUT.* babillard. *FAM.* causant, jacteur, qui a de la gueule, tchatcheur. *QUÉB. FAM.* bavasseur, jasant, jaseux, placoteux, qui a de la jasette. ▲ANT. AVARE DE PAROLES, LACONIQUE, SILENCIEUX, TACITURNE; AMBIGU, CONTESTABLE, CONTROVERSÉ, DOUTEUX, FRAGILE, LITIGIEUX; INEXPRESSIF, MORNE, TERNE; MUET *(cinéma)*.

parlement *n. m.* ▶ *Assemblée politique* – (assemblée) législative, assemblée (nationale), chambre des communes, chambre (des députés), chambre des lords, chambre des représentants, Congrès *(É.-U)*, cortès *(Espagne)*, douma *(Russie)*, Knesset *(Israël)*, landsgemeinde *(Suisse alémanique)*, législateur, (pouvoir) législatif, représentation nationale, soviet *(U.R.S.S.)*. ▶ *Révolution française* – la Constituante, la Convention (nationale).

parlementaire *n.* ▶ *Membre du parlement* – député. ▶ *Chargé de mission* – agent, ambassadeur, attaché, chargé d'affaires, chargé de mission, commissaire, correspondant, délégataire, délégué, député, diplomate, émissaire, envoyé, fondé de pouvoir, légat, mandataire, messager, ministre, négociateur, plénipotentiaire, représentant.

parler *v.* ▶ *S'exprimer* – communiquer, s'exprimer. ▶ *Échanger des propos sérieux* – conférer, discuter, s'entretenir, tenir conférence, tenir conseil. ▶ *Bavarder* – bavarder, causer, converser, deviser, dialoguer, discuter, papoter, s'entretenir. *FAM.* babiller, bavasser, blablater, caqueter, faire un brin de causette, jacasser, jacter, jaspiner, parlementer, parloter, tailler une bavette. *QUÉB. FAM.* jaser, placoter. *BELG. FAM.* babeler. ▶ *Intercéder* – défendre, intercéder, plaider, prendre la défense de, soutenir, voler au secours de. ▶ *Avouer* – avouer, passer aux aveux. *FAM.* casser le morceau, cracher le morceau, lâcher le morceau, manger le morceau, se mettre à table, vider son sac. ▶ *Constituer un argument* – militer, plaider. ▶ *S'adresser* – adresser la parole, s'adresser. ▶ *Avoir comme sujet* – porter sur, traiter de. ◆ **se parler** ▶ *Penser à voix haute* – monologuer, penser à voix haute, penser tout haut, soliloquer. ▲ANT. GARDER LE SILENCE, RESTER COI, SE TAIRE.

parodie *n. f.* ▸ *Imitation* – calquage, caricature, charge, contrefaçon, copiage, décalquage, démarquage, emprunt, émulation, figuration, grégarisme, imitation, mime, mimétisme, moutonnerie, pastiche, pillage, plagiat, représentation, servilité, simulation, singerie, suivisme, travestissement. *DR.* contrefaction. ▸ *Comédie* – arlequinade, bouffonnerie, boulevard, burlesque, clownerie, comédie, farce, limerick, momerie, pantalonnade, pièce de boulevard, proverbe, saynète, sketch, sotie, spectacle, théâtre de boulevard, vaudeville. *PÉJ.* caleçonnade. *ANC.* mascarade.

paroi *n. f.* ▸ *Mur* – cloison, mur, pan. ▸ *Petit* – muret, muretin, murette, panneau. ▸ *Surface latérale* – bord, chant, côté, face, facette, flanc, pan, profil, surface, tranche. *MAR.* travers. ▸ *Escarpement* – abrupt, à-pic, crêt, épaulement, escarpement, falaise, mur.

parole *n. f.* ▸ *Élocution* – articulation, débit, déclamation, diction, élocution, éloquence, énonciation, expression, langage, langue, phonation, phonétique, phonie, pose de voix, prononciation, style, voix. ▸ *Éloquence* – ardeur, art, art oratoire, brio, chaleur, charme, conviction, élégance, expression, maîtrise, persuasion, rhétorique. *SOUT.* bien-dire. ▸ *Citation* – adage, aphorisme, apophtegme, axiome, citation, devise, dicton, dit, dogme, enseignement, formule, mantra, maxime, moralité, mot, on-dit, pensée, précepte, principe, proverbe, réflexion, règle, sentence, sutra, vérité. ▸ *Promesse* – charge, commandement, contrat, dette, devoir, engagement, lien, obligation, promesse, responsabilité, serment. ◆ *paroles, plur.* ▸ *Affirmation* – affirmation, allégation, argument, argumentation, assertion, déclaration, dire, expression, position, propos, proposition, raison, théorème, thèse. ▲ANT. MUTISME, SILENCE; ÉCRIT; RENIEMENT, RÉTRACTATION. △PAROLES, *plur.* – ACTION, EXÉCUTION.

paroxysme *n. m.* ▸ *Apogée* – acmé, apex, apogée, apothéose, cime, climax, comble, culmination, excès, faîte, fin du fin, fort, limite, maximum, meilleur, nec plus ultra, optimum, pic, pinacle, plafond, point culminant, pointe, record, sommet, summum, triomphe, zénith. *FAM.* max, top niveau. ▲ANT. APAISEMENT, CALME, DIMINUTION; BAS, BAS-FOND, CREUX, MINIMUM, NADIR.

parrain *n. m.* ▸ *Endosseur* – accréditeur, appui, avaliseur, avaliste, caution, endosseur, fidéjusseur, garant, répondant, soutien. ▸ *Commanditaire* – bailleur de fonds, commanditaire, financeur, parraineur. ▸ *Chef* – chef, maître, meneur, numéro un, seigneur, tête. *FAM.* baron, cacique, caïd, éléphant, (grand) manitou, grand sachem, gros bonnet, grosse légume, hiérarque, huile, pontife. *FRANCE FAM.* (grand) ponte, grosse pointure. *QUÉB. FAM.* grosse tuque. ▸ *Avec titre* – autorité, brevetaire, plénipotentiaire, officiel, responsable, supérieur. ▲ANT. EMPRUNTEUR.

part *n. f.* ▸ *Fragment* – bribe, brisure, charpie, coupure, débris, éclat, esquille *(os)*, fraction, fragment, grain, granule, granulé, havrit, lambeau, limaille, miette, morceau, parcelle, particule, partie, pépite, portion, quartier, reste. *FAM.* graine.

▸ *Contribution* – apport, commandite, contingent, contribution, cotisation, dot, dotation, écot, financement, fonds, fournissement, lot, mise, montant, obligation, parrainage, participation, portion, quotepart, quotité. ▸ *Titre financier* – action, bon, coupon, effet de commerce, obligation, papier, titre, valeur. ▲ANT. ENSEMBLE, INTÉGRALITÉ, TOTALITÉ, TOUT.

partagé *adj.* ▸ *Mutuel* – mutuel, réciproque. ▸ *Mi-figue mi-raisin* – mélangé, mêlé, mi-figue mi-raisin. ▸ *Tiraillé* – déchiré, écartelé, tiraillé. *QUÉB. FAM.* écartillé.

partage *n. m.* ▸ *Séparation* – atomisation, décomposition, découpage, démembrement, désagrégation, désagrégement, désintégration, dislocation, dissociation, dissolution, division, éclatement, écroulement, effritement, émiettement, fission, fractionnement, fragmentation, îlotage, micronisation, morcellement, parcellarisation, parcellarité, parcellisation, pulvérisation, quadripartition, sectorisation, séparation, tranchage, tripartition. *FRANCE FAM.* saucissonnage. *RELIG.* fraction. ▸ *Territoires* – balkanisation, partition. ▸ *Distribution* – distribution, division, mi-partition, partition, répartition, ventilation. ▸ *Répartition* – allotissement, assiette, attribution, coéquation, contingent, diffusion, distribution, péréquation, quote-part, ration, répartement, répartiement, répartition, routage. *DR.* copartage. ▸ *Aliénation* – cession, distribution, donation, donationpartage, échange, legs, mancipation, perte, transfert, vente. ▲ANT. ACCUMULATION, RÉUNION, UNION; ACCAPAREMENT; INDIVISION.

partager *v.* ▸ *Répartir* – distribuer, diviser, répartir, séparer, ventiler. ▸ *Diviser en sections* – découper, diviser, éclater, fractionner, scinder, sectionner, sectoriser, segmenter, sous-diviser, subdiviser. *FAM.* saucissonner. ▸ *Participer* – avoir part, collaborer, concourir, contribuer, coopérer, participer, prendre part, s'associer, s'engager, s'impliquer, s'investir, se joindre. ◆ *se partager* ▸ *Se ramifier* – se diviser, se ramifier, se sous-diviser, se subdiviser. ▲ANT. ACCAPARER, GARDER, RÉSERVER; FUSIONNER, RÉUNIR, SOUDER.

partant *adj.* ▸ *Volontaire* (*FAM.*) – consentant, d'accord, disposé, volontaire. ▲ANT. HÉSITANT, RÉTICENT; CONTRE, EN DÉSACCORD (AVEC).

partenaire *n.* ▸ *Danseur* – cavalier. ▸ *Amant* – amant de cœur, amant, partenaire (sexuel). ▸ *Collègue* – alter ego, associé, camarade, collaborateur, collègue (de travail), compagnon de travail, condisciple (*études*), confrère, coopérateur, égal, pair. ▸ *Associé* – actionnaire, associé, coassocié, cointéressé, porteur d'actions, porteur de parts, sociétaire. ◆ *partenaires, plur.* ▸ *Ensemble de personnes* – partenariat. ▲ANT. ADVERSAIRE, COMPÉTITEUR, CONCURRENT, RIVAL.

parterre *n. m.* ▸ *Jardin* – clos, closerie, hortillonnage, jardin, jardinet, massif, parc. ▸ *Partie d'une salle* – orchestre (*à l'avant*).

parti *n. m.* ▸ *Association politique* – alliance, apparentement, association, bloc, camp, cartel, club, coalition, confédération, faisceau, fédération, formation, front, groupe, groupe d'intérêts, groupe de pression, groupement, ligue, mouvement, organisation, phalange, rapprochement, rassemblement, union. ANC. hétairie. FÉOD. hermandad. ▶ *Non favorable* – bande, bandits, cabale, camarilla, chapelle, clan, clique, coterie, école, église, faction, groupuscule, ligue, maffia, malfaiteurs, secte. ▶ *Résolution* (SOUT.) – adoption, choix, cooptation, décision, désignation, détermination, échantillonnage, écrémage, élection, nomination, plébiscite, prédilection, présélection, résolution, sélection, suffrage, tri, triage, vote. SOUT. décret.

partial *adj.* arbitraire, partisan, prévenu, qui a des œillères, subjectif, tendancieux. ▲ANT. ÉQUITABLE, IMPARTIAL, JUSTE, NEUTRE, OBJECTIF.

partialité *n. f.* ▶ *Favoritisme* – clientélisme, faveur, favoritisme, népotisme, préférence. FAM. chouchoutage, combine, copinage, piston, pistonnage. QUÉB. partisanerie. ▶ *Injustice* – abus, arbitraire, déloyauté, déni de justice, empiétement, erreur (judiciaire), exploitation, favoritisme, illégalité, illégitimité, inconstitutionnalité, inégalité, iniquité, injustice, irrégularité, mal-jugé, malveillance, noirceur, passe-droit, privilège, scélératesse, tort, usurpation. SOUT. improbité. ▲ANT. ÉQUITÉ, IMPARTIALITÉ, JUSTICE, NEUTRALITÉ, OBJECTIVITÉ.

participant *adj.* ▲ANT. △PARTICIPANT À – EXCLU DE.

participant *n.* ▶ *Adhérent* – abonné, adhérent, affilié, cotisant, inscrit, membre. ▶ *Débatteur* – débatteur, intervenant, orateur, participant (d'un débat). ▶ *Spectateur* – auditeur, observateur, spectateur, témoin. ▲ANT. OBSERVATEUR.

participation *n. f.* ▶ *Coopération* – aide, appoint, apport, appui, assistance, association, bienfaisance, bons offices, collaboration, complicité, concours, conseil, contribution, coopération, coup d'épaule, coup de main, coup de pouce, dépannage, entraide, grâce, main-forte, planche de salut, renfort, secours, service, soutien, synergie. SOUT. viatique. FAM. (coup de) fion. ▶ *Part* – apport, commandite, contingent, contribution, cotisation, dot, dotation, écot, financement, fonds, fournissement, lot, mise, montant, obligation, parrainage, part, portion, quote-part, quotité. ▶ *Financement* – financement, impenses, investissement, placement. ▲ANT. ABSTENTION; OPPOSITION; DÉFECTION, DÉSISTEMENT, FORFAIT, RETRAIT.

participer *v.* ▶ *Collaborer* – avoir part, collaborer, concourir, contribuer, coopérer, partager, prendre part, s'associer, s'engager, s'impliquer, s'investir, se joindre. ◀ *Non favorable* – être de mèche, prêter la main à, tremper dans. ▶ *Payer sa part* – contribuer à, cotiser. ▶ *Intervenir* – entrer en jeu, entrer en scène, intervenir, prendre part à, se mêler à, se mettre de la partie. ▶ *Être présent* – assister à, être de, figurer dans, prendre part à. ▶ *Être de même nature* (SOUT.) – procéder de, tenir de. ▲ANT. S'OPPOSER; S'ABSTENIR; DIFFÉRER.

particularité *n. f.* ▶ *Qualité* – attribut, caractère, caractéristique, marque, propre, propriété, qualité, signe, spécialité, spécificité, trait. ◀ *Louable* – mérite. ◀ *Originalité* – anticonformisme, audace, cachet, caractère, fraîcheur, hardiesse, indépendance, individualité, innovation, inspiration, marginalité, non-conformisme, nouveauté, originalité,

personnalité, piquant, pittoresque, singularité, unicité. ▶ *Exception* – accident, anomalie, anormalité, contre-exemple, contre-indication, dérogation, exception, exclusion, réserve, restriction, singularité. ◀ *Caractère différent* – idiosyncrasie, particularisme, spécificité. ◆ **particularités**, *plur.* ▶ *Ensemble de caractères* – particulier. ▲ANT. GÉNÉRALITÉ, UNIVERSALITÉ; RÈGLE, RÉGULARITÉ.

particule *n. f.* ▶ *Fragment* – bribe, brisure, charpie, coupure, débris, éclat, esquille (os), fraction, fragment, grain, granule, granulé, havrit, lambeau, limaille, miette, morceau, parcelle, part, partie, pépite, portion, quartier, reste. FAM. graine. ▶ *Élément subatomique* – particule élémentaire, particule fondamentale. ◆ **particules**, *plur.* ▶ *Ensemble d'éléments subatomiques* – essaim de particules, flot de particules, flux de particules, gerbe de particules, nuage de particules, paquet de particules, quanta. ▲ANT. AGRÉGAT, AMAS, MASSE.

particulier *adj.* ▶ *Personnel* – attitré, exclusif, individuel, personnel, privé, propre, réservé, spécial. ▶ *Distinctif* – caractéristique, déterminant, distinctif, propre, spécial, spécifique, typique. SOUT. sui generis. ▶ *Unique* – à part, différent, inimitable, original, pittoresque, sans précédent, singulier, spécial, unique en son genre, unique. ▲ANT. COLLECTIF, COMMUN, GÉNÉRAL, PUBLIC, UNIVERSEL; PAREIL, SEMBLABLE; COURANT, HABITUEL, NORMAL, ORDINAIRE, STANDARD.

particulièrement *adv.* ▶ *Spécialement* – avant tout, en particulier, notamment, principalement, proprement, singulièrement, spécialement, spécifiquement, surtout, typiquement. ▶ *Personnellement* – en personne, individuellement, intimement, nominativement, personnellement, pour sa part, quant à soi, soi-même, subjectivement. ▲ANT. EN GÉNÉRAL, GÉNÉRALEMENT; ACCESSOIREMENT, AUXILIAIREMENT, INCIDEMMENT, MARGINALEMENT, SECONDAIREMENT; COLLECTIVEMENT, EN GROUPE.

partie *n. f.* ▶ *Segment* – bout, carotte (terrain), détail, échantillon, morceau, pan, portion, section, segment, tranche, travée, tronçon. ▶ *Fragment* – bribe, brisure, charpie, coupure, débris, éclat, esquille (os), fraction, fragment, grain, granule, granulé, havrit, lambeau, limaille, miette, morceau, parcelle, part, particule, pépite, portion, quartier, reste. FAM. graine. ▶ *Élément* – composant, composante, constituant, élément (constitutif), fragment, ingrédient, membre, module, morceau, organe, pièce, principe, unité. FIG. brique, fil, pierre, rouage. ▶ *Subdivision* – branche, division, ramification, secteur, section, sous-division, subdivision. ▶ *Subdivision d'un livre* – alinéa, article, chapitre, livre, matière, objet, paragraphe, question, rubrique, section, sujet, titre, tome, volet, volume. ◀ *Dans un texte sacré* – chapitre, sourate (musulman), verset. ▶ *Spécialité* – branche, champ, département, discipline, division, domaine, étude, fief, matière, scène, science, secteur, spécialité, sphère. FAM. rayon. ▶ *Divertissement* – entracte, interlude, intermède, intermezzo. ▶ *Compétition sportive* – affrontement, duel, joute, match, rencontre. ◆ **les parties**, *plur.* ▶ *Ensemble d'éléments* – ensemble, tout. ▲ANT. BLOC, MASSE; ENSEMBLE, INTÉGRALITÉ, TOTALITÉ, TOUT.

partiel *adj.* fragmentaire, imparfait, inachevé, incomplet, insuffisant, lacunaire, relatif. ▲**ANT.** COMPLET, ENTIER.

partiellement *adv.* à demi, à moitié, défectueusement, demi, en partie, fragmentairement, imparfaitement, incomplètement, insuffisamment. ▲**ANT.** AU LONG, EN TOTALITÉ, ENTIÈREMENT, EXHAUSTIVEMENT, INTÉGRALEMENT, PLEINEMENT, TOTALEMENT, TOUT À FAIT.

parti-pris (var. **parti pris**) *n. m.* ▶ *Opinion* – idée reçue, préconception, préjugé, prénotion, prévention, subjectivisme, subjectivité. ▶ *Intolérance* – dogmatisme, étroitesse d'esprit, étroitesse de vue, fanatisme, intolérance, intransigeance, rigidité. SOUT. sectarisme. PSYCHOL. psychorigidité. ▲**ANT.** ÉQUITÉ, IMPARTIALITÉ, JUSTICE, NEUTRALITÉ, OBJECTIVITÉ.

partir *v.* ▶ *S'en aller* – faire un tour, filer, montrer les talons, plier bagage, quitter, s'éloigner, s'en aller, se retirer, tourner les talons, vider les lieux. FAM. calter, débarrasser le plancher, décoller, dévisser, ficher le camp, foutre le camp, lever l'ancre, mettre les bouts, mettre les voiles, riper, s'arracher, se barrer, se casser, se tailler, se tirer, se trotter, trisser. QUÉB. FAM. faire un bout, sacrer le camp, sacrer son camp. ▶ *Démissionner* – démissionner de, résigner, se démettre de, se retirer de. FAM. rendre son tablier. ▶ *Disparaître* – disparaître, mourir, passer, s'assoupir, s'effacer, s'en aller, s'envoler, s'estomper, s'évanouir, s'évaporer, se dissiper, se volatiliser. ▶ *S'enlever* – s'effacer, s'en aller, s'enlever. ▶ *Mourir* – décéder, être emporté, être tué, expirer, mourir, perdre la vie, périr, s'éteindre, succomber, trouver la mort. SOUT. exhaler le dernier soupir, passer de vie à trépas, payer tribut à la nature, rendre l'âme, rendre l'esprit, rendre le dernier soupir, rendre son dernier souffle, trépasser. PAR EUPHÉM. avoir vécu, disparaître, faire le grand voyage, fermer les paupières, fermer les yeux, finir, monter au ciel, paraître devant Dieu, passer, passer dans l'autre monde, quitter ce (bas) monde, s'effacer, s'en aller, s'endormir. FAM. aller ad patres, aller chez les taupes, avaler sa chique, avaler son acte de naissance, boire le bouillon d'onze heures, calancher, caner, casser sa pipe, clamser, claquer, crever, décoller son billard, dévisser son billard, faire couic, passer l'arme à gauche, perdre le goût du pain, rester sur le carreau, s'endormir du sommeil de la tombe, sortir les pieds devant, y rester. FRANCE FAM. claboter. QUÉB. FAM. lever les pattes, péter au fret. ▶ *Se mettre en route* – démarrer, s'ébranler, se mettre en branle, se mettre en route. ▶ *Débuter* – commencer, débuter, démarrer, s'amorcer, s'engager. ▶ *Découler* – découler, dépendre, dériver, émaner, procéder, provenir, résulter, s'ensuivre. BELG. conster. ▲**ANT.** ARRIVER, REVENIR; ATTENDRE, DEMEURER, RESTER; APPARAÎTRE, NAÎTRE; ENVAHIR, S'ÉTABLIR, S'INSTALLER.

partisan *adj.* arbitraire, partial, prévenu, qui a des œillères, subjectif, tendancieux. ▲**ANT.** △PARTISAN – ÉGALITAIRE, ÉQUITABLE, JUSTE, NEUTRE, UNIVERSEL. △PARTISAN DE – CONTRE, EN DÉSACCORD (AVEC).

partisan *n.* ▶ *Adepte d'une doctrine* – activiste, adepte, adhérent, allié, ami, apôtre, champion, défenseur, disciple, fidèle, inconditionnel, militant, soutien, sympathisant, tenant. SOUT. chantre, séide, zélateur. FAM. godillot. ▶ *À l'esprit fermé* – doctrinaire,

dogmatique, dogmatiste, fanatique, sectaire. ▶ *Récent* – néophyte, prosélyte, recrue. ▶ *Fanatique* (QUÉB.) – fanatique. FAM. fana. ▶ *Agitateur* – agent provocateur, agitateur, cabaleur, contestant, contestataire, émeutier, excitateur, factieux, fauteur (de trouble), fomentateur, iconoclaste, instigateur, insurgé, intrigant, manifestant, meneur, mutin, perturbateur, provocateur, rebelle, révolté, révolutionnaire, séditieux, semeur de troubles, trublion. FAM. provo. ▶ *Combattant* – franc-tireur, guérillero, maquisard, pistolero, résistant. ◆ **partisans**, *plur.* ▶ *Ensemble de personnes* – mer de partisans; école (de pensée). ▲**ANT.** ADVERSAIRE, ANTAGONISTE, CONTRADICTEUR, DÉTRACTEUR, ENNEMI, OPPOSANT; SANS-PARTI.

partition *n. f.* ▶ *Distribution* – distribution, division, mi-partition, partage, répartition, ventilation. ▶ *Division d'un territoire* – balkanisation. ▶ *Sécession* – autonomie, division, indépendance, scission, sécession, séparation. ▲**ANT.** FÉDÉRATION, UNION.

partout *adv.* à chaque coin de rue, à tous les coins de rue, dans toutes les directions, de tous côtés, de toute part, en tous lieux, en tous sens, tout partout. QUÉB. FAM. mur-à-mur. ▲**ANT.** NULLE PART; À QUELQUES ENDROITS, PAR-CI PAR-LÀ.

parure *n. f.* ▶ *Ornementation* – décoration, embellissement, enjolivement, ornementation. ▶ *Ornement* – accessoire, agrément, décor, décoration, détail, enjolivement, enjolivure, enrichissement, figure, fioriture, garniture, ornement, ornementation. FAM. affiquet, affûtiaux. ▶ *Vêtement* – affaires, atours, chiffons, ensemble, garde-robe, habillement, habits, linge, mise, tenue, toilette, trousseau, vestiaire, vêtements. SOUT. vêture. FRANCE FAM. fringues, frusques, nippes, pelures, saint-frusquin, sapes. ▶ *Ce qui couvre* (FIG.) – chape, gangue, manteau, vêtement. SOUT. enveloppe. ▲**ANT.** AUSTÉRITÉ, DÉPOUILLEMENT, NUDITÉ.

parvenir *v.* ▶ *Atteindre un endroit* – accéder à, arriver à, atteindre, gagner, se rendre à, toucher. ▶ *Atteindre un but* – arriver à, atteindre, réussir à. ▲**ANT.** ÉCHOUER, MANQUER, RATER.

parvenu *adj.* nouveau riche. FRANCE FAM. b.o.f.

parvis *n. m.* ▶ *Place* – agora, esplanade, forum, piazza, place piétonnière, place publique, place-cette, rond-point, square. QUÉB. carré.

pas *adv.* aucunement, d'aucune façon, d'aucune manière, du tout, en aucun cas, en aucune façon, en aucune manière, en aucune sorte, en rien, ne, négativement, non, nullement, pas du tout, point. SOUT. ni peu ni prou. QUÉB. ACADIE FAM. (pas) pantoute.

pas *n. m.* ▶ *Enjambée* – allure, enjambée, figure, foulée, marche. ▶ *Façon de marcher* – allure, cadence, course, erre, marche, mouvement, rythme, tempo, train, vitesse. ▶ *Trace* – empreinte, foulées, marque (de pas), piste, sillon, trace, traînée, vestige, voie. ▶ *À la chasse* – abattures (cerf), connaissance, erres, marche, passée. ▶ *Voie maritime* – bras de mer, canal (artificiel), détroit, pertuis. ▶ *Incrément* – augmentation (minimale), incrément, incrémentation. ◆ **pas**, *plur.* ▶ *Ensemble d'enjambées* – marche.

passable *adj.* acceptable, approuvable, bien, bon, convenable, correct, décent, honnête, honorable, moyen, présentable, raisonnable, satisfaisant, suffisant. *FAM.* potable, supportable. ▲**ANT.** AFFREUX, ATROCE, DÉPLORABLE, DÉSASTREUX, EXÉCRABLE, LAMENTABLE, MANQUÉ, MAUVAIS, MINABLE, NUL, RATÉ; EXCELLENT, PARFAIT.

passage *n. m.* ▶ *Fait de traverser* – franchissement, transit, traversée. ▶ *Voyage* – allées et venues, balade, campagne, circuit, circumnavigation, course, croisière, déplacement, excursion, expédition, exploration, incursion, marche, mission, navette, navigation, odyssée, pèlerinage, pérégrination, périple, promenade, raid, rallye, randonnée, reconnaissance, tour, tourisme, tournée, transport, traversée, va-et-vient, voyage. *SOUT.* errance. *FAM.* bourlingue, rando, transhumance. *QUÉB.* voyagement. ▶ *Séjour* – résidence, séjour. ▶ *Écoulement* – circulation, débit, débordement, écoulement, éruption, évacuation, exsudation, flux, fuite, ingression, inondation, irrigation, irruption, larmoiement, mouvement, ravinement, régime, ruissellement, sortie, suage, suintement, transpiration, vidange. *SOUT.* submersion, transsudation. *GÉOGR.* défluviation, transfluence, transgression. ▶ *Changement* – adaptation, ajustement, altération, avatar, changement, conversion, évolution, glissement, gradation, infléchissement, métamorphose, modification, modulation, mue, mutation, progression, transfiguration, transformation, transition, transmutation, variation, vie. ▶ *Relief* – cañon, col, couloir, défilé, gorge, goulet, porte, ravin, ravine. *QUÉB. FAM.* coulée. ▶ *Cours d'eau* – bras, chenal, passe. *QUÉB. FAM.* chenail. ▶ *Zone dégagée* – corridor, couloir, voie. ▶ *Rue* – boyau *(étroit)*, ruelle. *SOUT.* venelle. ▶ *Couloir* (*QUÉB.*) – corridor, couloir, galerie, portique. ▶ *Antichambre* – antichambre, entrée, hall, hall d'entrée, narthex *(église)*, porche, réception, salle d'attente, salle d'embarquement, salle des pas perdus *(gare)*, vestibule. *QUÉB.* portique. *ANTIQ.* propylée *(temple)*. ▶ *Partie d'un texte* – citation, épigraphe, exemple, exergue, extrait, fragment. ▶ *Extrait* – extrait, morceau, page. ▲**ANT.** ÉTABLISSEMENT, INSTALLATION, PERMANENCE, SÉJOUR; BARRAGE, DIGUE, FERMETURE; OBSTACLE, OBSTRUCTION; INTÉGRALITÉ *(texte)*.

passager *adj.* ▶ *Temporaire* – bref, court, éphémère, évanescent, fugace, fugitif, intérimaire, momentané, précaire, provisoire, rapide, temporaire, transitoire. *SOUT.* périssable. ▶ *Passant* – animé, fréquenté, passant, vivant. ▲**ANT.** DURABLE, ÉTERNEL, IMMORTEL, IMPÉRISSABLE, PERMANENT, PERPÉTUEL; ABANDONNÉ, DÉSERT, MORT, VIDE.

passant *adj.* animé, fréquenté, vivant. *FAM.* passager. ▲**ANT.** ABANDONNÉ, DÉSERT, MORT, VIDE.

passant *n.* ▶ *Piéton* – excursionniste, marcheur, piéton, promeneur, randonneur. *SOUT.* venant. ◆ **passant,** *masc.* ▶ *Partie d'un pantalon* (*QUÉB.*) – boucle de ganse. *QUÉB.* ganse. *BELG.* lichette. *SUISSE* suspente.

passé *adj.* ▶ *Qui précède dans le temps* – antécédent, antérieur, dernier, précédent. ▶ *Éloigné dans le temps* – ancestral, ancien, éloigné, immémorial, lointain, reculé, révolu. ▶ *En parlant d'une couleur* – décoloré, défraîchi, délavé, déteint, éteint, fade, fané, pâli, terne. *FAM.* fadasse, pisseux. ▲**ANT.** ACTUEL, PRÉSENT; À VENIR, FUTUR, POSTÉRIEUR, PROCHAIN, SUBSÉQUENT, SUIVANT, ULTÉRIEUR.

passe *n. f.* ▶ *Voie maritime* – bras, chenal, passage. *QUÉB. FAM.* chenail. ▶ *Accessoire* (*QUÉB.*) – serre-tête. ▶ *Bord d'un chapeau* – bord. ▶ *En tauromachie* – esquive. ▶ *Attachement passager* (*QUÉB. FAM.*) – passade. ▶ *Fenêtre grillagée* (*QUÉB. FAM.*) – moustiquaire.

passé *n. m.* ▶ *Ce qui est antérieur* – ancien temps, antécédents, antériorité, antiquité, bon vieux temps, histoire (ancienne), le temps jadis, nuit des temps, temps révolus, tradition. *BELG.* rétroactes. ▶ *Vécu* – cheminement, expérience (de vie), histoire (personnelle), itinéraire, trajectoire, vécu. ▲**ANT.** AVENIR, FUTUR; ACTUALITÉ, PRÉSENT.

passe-partout *adj.* ▲**ANT.** À USAGE UNIQUE.

passeport *n. m.* autorisation, bon, congé, coupe-file, décharge, dispense, laissez-passer, licence, navicert, passavant, passe-debout, permis, sauf-conduit, visa.

passer *v.* ▶ *Marcher* – marcher sur, mettre le pied sur. *QUÉB. FAM.* piler sur. ▶ *Suivre un chemin* – emprunter, enfiler, prendre, s'engager dans, suivre. ▶ *Desservir* – desservir, s'arrêter à. ▶ *Visiter* – aller voir, faire un saut, rendre visite à, visiter. ▶ *Ne pas insister* – effleurer, glisser sur, survoler. ▶ *Pardonner* – enterrer, oublier, pardonner, remettre. ▶ *Accomplir sa durée* – couler, s'écouler. ▶ *Se dissiper* – défaillir, être pris d'un malaise, perdre connaissance, perdre conscience, perdre ses esprits, s'évanouir, se trouver mal, tomber en syncope. *FAM.* tomber dans les pommes, tomber dans les vapes, tourner de l'œil. *QUÉB. FAM.* s'effoirer. ▶ *Mourir* – décéder, être emporté, être tué, expirer, mourir, perdre la vie, périr, s'éteindre, succomber, trouver la mort. *SOUT.* exhaler le dernier soupir, payer tribut à la nature, rendre l'âme, rendre l'esprit, rendre le dernier soupir, rendre son dernier souffle, trépasser. *PAR EUPHÉM.* avoir vécu, disparaître, faire le grand voyage, fermer les paupières, fermer les yeux, finir, monter au ciel, paraître devant Dieu, partir, quitter ce (bas) monde, s'effacer, s'en aller, s'endormir. *FAM.* aller ad patres, aller chez les taupes, avaler sa chique, avaler son acte de naissance, boire le bouillon d'onze heures, calancher, caner, casser sa pipe, clamser, claquer, crever, décoller son billard, dévisser son billard, faire couic, perdre le goût du pain, rester sur le carreau, s'endormir du sommeil de la tombe, sortir les pieds devant, y rester. *FRANCE FAM.* claboter. *QUÉB. FAM.* lever les pattes, péter au fret. ▶ *Perdre sa couleur* – déteindre, pâlir, s'estomper, se décolorer, se défraîchir, se faner. ▶ *Trop rapidement* – fuir, s'enfuir, s'envoler. *FAM.* filer. ▶ *Filtrer, en parlant d'un liquide* – couler, filtrer, percoler. ▶ *Tamiser* – bluter (farine), cribler, filtrer, sasser, tamiser, trier. ▶ *Enjamber* – enjamber, franchir, sauter. ▶ *Dépasser un endroit* – dépasser, franchir. ▶ *Dépasser qqn* – dépasser, devancer, distancer, doubler, gagner de vitesse, lâcher, semer. *FAM.* griller, larguer. *MAR.* trémater. ▶ *Réussir* (*QUÉB. FAM.*) – réussir. *FRANCE FAM.* rupiner. ▶ *Omettre* – escamoter, manquer, omettre, oublier, sauter. ▶ *Permettre* – approuver, autoriser, laisser, permettre. ▶ *Donner* – donner. *FAM.* filer, refiler, repasser. ▶ *Transmettre une maladie* (*FAM.*) – communiquer, donner, transmettre. ▶ *Faire aller sa main, un objet* – promener. ▶ *Mettre un vêtement* – endosser, enfiler, mettre, porter, revêtir. ▶ *Traverser une période* – traverser, vivre. ▶ *Une période heureuse* – couler. ▶ *Subir volontairement* – se soumettre à, subir. ♦ **se passer** ▶ *Arriver* – advenir, arriver, avoir lieu, se dérouler, se produire, survenir. ▶ *Se réaliser* – s'accomplir, s'opérer, se faire, se produire, se réaliser. ▶ *Se priver* – faire une croix sur, renoncer à, s'abstenir de, sacrifier, se priver de, tirer une croix sur. SOUT. immoler, se dénuer de. FAM. se brosser. ▲ANT. S'ARRÊTER; DEMEURER, RESTER; DURER, S'ÉTERNISER.

passe-temps *n. m.* ▶ *Divertissement* – divertissement, entracte, interlude, intermède, intermezzo. ▶ *Divertissement favori* – marotte, passe-temps (favori), violon d'Ingres. FAM. dada. ▲ANT. OBLIGATION, OUVRAGE, TRAVAIL; CONTRARIÉTÉ, ENNUI.

passible *adj.* ▲ANT. EXEMPTÉ DE.

passif *adj.* ▶ *Sans énergie* – affaissé, amorphe, apathique, atone, avachi, désossé, endormi, faible, inconsistant, indolent, inerte, léthargique, lymphatique, mou, nonchalant, ramolli, sans ressort. SOUT. lâche, veule. FAM. gnangnan, mollasse, mollasson, ramollo. ▶ *Qui se résigne à son sort* – fataliste, résigné. ▶ *Qui pratique une politique d'attente* – attentiste, expectant. ▲ANT. DILIGENT, DYNAMIQUE, ÉNERGIQUE, INFATIGABLE, LABORIEUX, TRAVAILLEUR, VAILLANT, ZÉLÉ; AGRESSIF, BAGARREUR, BATAILLEUR, COMBATIF; ACTIF (*voix grammaticale*).

passif *n. m.* ▶ *Dette* – arriéré, charge, compte, créance, crédit à découvert, débet, débit, découvert, déficit, dette, devoir, doit, dû, emprunt, engagement, impayé, moins-perçu, non-paiement, obligation, solde débiteur. BELG. mali, pouf. ▶ *Voix grammaticale* – voix passive. ▲ANT. ACTIF.

passion *n. f.* ▶ *Enthousiasme* – allant, animation, ardeur, chaleur, cœur, élan, enthousiasme, entrain, ferveur, flamme, zèle. SOUT. feu. ▶ *Agitation* – affolement, agitation, bouleversement, brasier, colère, confusion, débridement, déchaînement, désarroi, ébranlement, ébullition, embrasement, émotion, fièvre, frénésie, mouvement, violence. SOUT. émoi, exaltation. FIG. dévergondage. ▶ *Adoration* – admiration, adoration, adulation, amour, attachement, culte, dévotion, emballement, engouement, fanatisme, ferveur, iconolâtrie, idolâtrie, respect, vénération, zèle. SOUT. dilection, révérence. PÉJ. encens, flagornerie, flatterie. ▶ *Aventure amoureuse* – amourette, aventure, aventure amoureuse, aventure galante, bricole, caprice, coquetterie, coup de foudre, engouement, faible, fantaisie, idylle, liaison (amoureuse), marivaudage, passade. SOUT. amours, entichement, oaristys. FAM. batifolage, béguin, toquade, touche. QUÉB. FAM. couraillage, galipote. ▲ANT. DÉTACHEMENT, INDIFFÉRENCE; CALME, FLEGME, SANG-FROID; RÉSERVE, RETENUE; LUCIDITÉ, RAISON, SAGESSE.

passionnant *adj.* ▶ *Intéressant* – absorbant, accrocheur, captivant, fascinant, intéressant, palpitant, prenant. SOUT. attractif. QUÉB. enlevant. ▶ *Excitant* – captivant, électrisant, enivrant, enthousiasmant, exaltant, excitant, grisant, palpitant. FAM. emballant, planant. QUÉB. enlevant; FAM. capotant. ▲ANT. ASSOMMANT, ENDORMANT, ENNUYEUX, FASTIDIEUX, ININTÉRESSANT, INSIPIDE, LASSANT, MONOTONE, PLAT, RÉPÉTITIF, SOPORIFIQUE.

passionné *adj.* amateur, amoureux, avide, entiché, épris, fanatique, féru, fervent, fou, friand. FAM. accro, enragé, fana, maniaque, mordu.

passionné *n.* ▶ *Sensible* – douillet, émotif, intuitif, sensible, tendre. SOUT. sensitif. ▶ *Amateur* – adepte, aficionado, amant, amateur, ami, amoureux, connaisseur, fanatique, fervent, fou. SOUT. assoiffé. FAM. accro, allumé, enragé, fana, malade, mordu. FRANCE FAM. fondu. ▲ANT. BLASÉ, INDIFFÉRENT.

passionnel *adj.* ▲ANT. PRÉMÉDITÉ (*crime*).

passionnément *adv.* ▶ *Ardemment* – à corps perdu, à la folie, ardemment, éperdument, fanatiquement, fervemment, follement, frénétiquement, furieusement, violemment, vivement. ▶ *Romantiquement* – affectivement, poétiquement, rêveusement, romanesquement, sensiblement, sentimentalement. ▶ *Extrêmement* – à l'extrême, affreusement, astronomiquement, au dernier degré, au dernier point, au maximum, au plus haut degré, au plus haut point, beaucoup, bien, colossalement, considérablement, éminemment, énormément, exceptionnellement, extraordinairement, extrêmement, fabuleusement, follement, fort, fortement, grandement, gros, hautement, immensément, incommensurablement, inconcevablement, incroyablement, infiniment, intensément, long, mortellement, nettement, on ne peut plus, phénoménalement, prodigieusement, profondément, remarquablement, sérieusement, singulièrement, souverainement, supérieurement, suprêmement, terriblement, très, vertigineusement, vivement, vraiment. FAM. bigrement, bougrement, diablement, drôlement, effroyablement, épais, épouvantablement, fameusement, fantastiquement, fichtrement, fichûment, formidablement, foutrement, furieusement, joliment, rudement, sacrément, salement, super, terrible, tout plein, un max, vachement. QUÉB. FAM. à l'os, à la planche, au coton, en maudit, en s'il vous plaît, maudidement. ▲ANT. MODÉRÉMENT, MOYENNEMENT, TIÈDEMENT; AVEC INDIFFÉRENCE, FROIDEMENT, GLACIALEMENT, IMPERSONNELLEMENT, INSENSIBLEMENT.

passionner *v.* ▶ *Intéresser* – captiver, empoigner, intéresser, plaire à. SOUT. attacher l'esprit. FAM. accrocher, brancher. ▶ *Enthousiasmer* – animer, enfiévrer, enflammer, enthousiasmer, exalter, exciter, soulever, transporter. FAM. emballer. ♦ **se passionner** ▶ *Aimer beaucoup* – adorer, affectionner, aimer, apprécier, avoir un faible pour, avoir un penchant pour, être fou de, être friand de, être porté sur, faire ses délices de, prendre plaisir à, priser, raffoler de, s'intéresser à, se complaire, se délecter, se plaire. SOUT. chérir, goûter. FRANCE. FAM. kiffer. QUÉB. FAM. capoter sur. SE vautrer. ▲ANT. DÉSINTÉRESSER, ENNUYER; APAISER, CALMER, DÉPASSIONNER.

passivement *adv.* ▶ *Paresseusement* – apathiquement, indolemment, languissamment, lentement, mollement, négligemment, nonchalamment, oisivement, paresseusement, poussivement, végétativement. ▶ *Statiquement* – durablement, fixement, immuablement, inaltérablement, invariablement, sédentairement, statiquement. ▲ANT. ACTIVEMENT, AVEC ZÈLE, DYNAMIQUEMENT, ÉNERGIQUEMENT.

passivité *n. f.* ▶ *Apathie* – abattement, affaiblissement, apathie, atonie, avachissement, faiblesse, inconsistance, indolence, langueur, laxisme, mollasserie, mollesse, nonchalance, veulerie. *MÉD.* aboulie, athymhormie, dysboulie, psychasthénie. ▶ *Désœuvrement* – chômage, désœuvrement, farniente, inaction, inactivité, inertie, oisiveté, sédentarité, sinécure, sous-emploi. *SOUT.* désoccupation, inoccupation. *QUÉB. FAM.* bisounage. *PAR EUPHÉM.* inemploi. ▶ *Fatalisme* – acceptation, aquoibonisme, déterminisme, fatalisme, philosophie, providentialisme, renoncement, résignation, stoïcisme. ▲ANT. ACTIVITÉ, DYNAMISME, INITIATIVE.

pasteur *n.* ▶ *Prêtre protestant* – clergyman, ministre, prêtre. ▶ *Berger* (*SOUT.*) – berger. *SOUT.* pastoureau, pâtre. ▶ *Guide* – chef de file, gourou, guide (spirituel), magistère, mahatma, maître à penser, maître (spirituel), meneur, pandit, phare, rassembleur, sage. *SOUT.* conducteur, coryphée, entraîneur (d'hommes). *FAM.* pape.

pasteurisé *adj.* ▲ANT. CRU (*lait*).

patauger *v.* ▶ *S'amuser dans l'eau* – barboter. ▶ *Marcher dans la boue* – barboter. *FAM.* patouiller. ▶ *S'empêtrer* (*FAM.*) – s'embarrasser, s'embrouiller, s'empêtrer, s'enferrer, se perdre, se tromper. *FAM.* cafouiller, patouiller, s'emberlificoter, s'emmêler les crayons, s'emmêler les pédales, s'emmêler les pieds, s'emmêler les pinceaux, vasouiller. ▲ANT. SE DÉPÊTRER.

pâte *n. f.* ▶ *Aliment pâteux* – bouillie, colle. ▶ *Médicament* – balsamique, baume, cérat, crème, embrocation, liniment, onguent, pommade. *FAM.* embroc. ♦ *pâtes, plur.* ▶ *Nouilles* – nouilles, nouillettes (*petites*), pâtes alimentaires.

pâté *n. m.* ▶ *Préparation sans pâte* – aspic, confit, mousse, terrine. ▶ *Préparation avec pâte* – *QUÉB.* tourtière. ▶ *Tache d'encre* – bavochure, bavure, maculage, maculation, macule, rousseur. ▶ *Espace délimité par des rues* – îlot, pâté (de maison).

patelin *n. m.* ▶ *Village* – agglomération (rurale), bourg (*gros*), bourgade, hameau, lieu-dit (*petit*), localité, pays, village. *QUÉB.* paroisse. ▶ *Région* – coin (de pays), contrée, latitude, partie du monde, pays, région, secteur, zone. *SOUT.* cieux, climats. *QUÉB. FAM.* bout. ▶ *Flatteur* – acclamateur, admirateur, adorateur, adulateur, apologiste, caudataire, complaisant, complimenteur, courtisan, dithyrambiste, flatteur, valet. *SOUT.* applaudisseur, approbateur, glorificateur, laquais, laudateur, thuriféraire.

paternité *n. f.* ▶ *Fait d'être le créateur* – composition, conception, confection, constitution, construction, création, développement, édification, élaboration, exécution, fabrication, façon, façonnage, façonnement, formation, génération, genèse, gestation, invention, œuvre, organisation, production, réalisation, structuration, synthèse. *SOUT.* accouchement, enfantement. *DIDACT.* engendrement. ▲ANT. MATERNITÉ.

pâteux *adj.* consistant, épais, sirupeux, visqueux. ▲ANT. CLAIR, LIQUIDE.

pathétique *adj.* bouleversant, déchirant, dramatique, émouvant, poignant, touchant, troublant, vibrant (*discours*). *SOUT.* empoignant. ▲ANT.

APAISANT, CALMANT, CONSOLANT, CONSOLATEUR, RASSÉRÉNANT, RASSURANT, RÉCONFORTANT, SÉCURISANT, TRANQUILLISANT ; BANAL, ININTÉRESSANT, SANS INTÉRÊT ; COMIQUE, DRÔLE, RÉJOUISSANT.

pathologique *adj.* ▶ *Qui concerne la pathologie* – morbide. ▶ *Anormal* – anormal, maladif, malsain, morbide, obsessif, obsessionnel. ▲ANT. NORMAL.

patiemment *adv.* inépuisablement, infatigablement, inlassablement. ▲ANT. IMPATIEMMENT.

patience *n. f.* ▶ *Endurance* – calme, constance, courage, douceur, endurance, flegme, lenteur, persévérance, persistance, résignation, sang-froid, tranquillité. *SOUT.* longanimité. ▶ *Tolérance* – bienveillance, bonté, compréhension, douceur, humanisme, indulgence, irénisme, largeur d'esprit, libéralisme, non-discrimination, non-violence, ouverture (d'esprit), philosophie, réceptivité, respect, tolérance, tolérantisme. *SOUT.* bénignité, longanimité. ▶ *Douceur* – affabilité, agrément, amabilité, aménité, bénignité, bienveillance, bonhomie, bonté, calme, chaleur, charité, clémence, docilité, douceur, gentillesse, grâce, humanité, indulgence, placidité, suavité. *SOUT.* débonnaireté, magnanimité, mansuétude, onction. ▶ *Jeu* – réussite, solitaire, tour de cartes. ▶ *Plante* – oseille épinard. ▲ANT. EXASPÉRATION, IMPATIENCE ; BRUSQUERIE, RUDESSE.

patient *adj.* ▶ *Persévérant* – infatigable, inlassable, persévérant. ▲ANT. IMPATIENT.

patient *n.* ▶ *Personne hospitalisée* – hospitalisé. *QUÉB.* bénéficiaire. ▶ *Client* – client, consultant. ▶ *Personne torturée* – supplicié. ▲ANT. DOCTEUR, MÉDECIN.

patient *n. m.* ▲ANT. AGENT.

patienter *v.* attendre, compter les clous de la porte, faire antichambre, faire le pied de grue, faire les cent pas, prendre racine, prendre son mal en patience, s'armer de patience. *FAM.* croquer le marmot, faire le planton, faire le poireau, macérer, mariner, moisir, poireauter, pourrir, s'éterniser. *QUÉB. FAM.* niaiser. ▲ANT. PERDRE PATIENCE, S'IMPATIENTER.

patine *n. f.* ▶ *Corrosion* – patine (du cuivre), vert-de-gris. ▶ *Usure* – abrasion, cisaillement, corrosion, dégradation, diminution, éraillement, érosion, frai (*monnaie*), rongeage (*impression textile*), rongement, usure. *TECHN.* étincelage. ▶ *Vernis* – blanc de chaux, brasque, briquetage, caviar, enduit, engluage, fart, laque, mastic, stuc, vernis. *TECHN.* apprêt, engobe, futée, glairure, lustre, lut, salbande.

patiner *v.* ▶ *Déraper* – chasser, déraper, glisser, riper. ▶ *Ne pas progresser* – languir, piétiner, s'enliser, stagner, traîner. *FAM.* faire du surplace. ▶ *Tergiverser* (*QUÉB. FAM.*) – atermoyer, biaiser, finasser, louvoyer, se dérober, tergiverser, tortiller, tourner autour du pot. ▲ANT. ADHÉRER ; ABOUTIR, DÉBOUCHER ; ALLER DROIT AU BUT, RÉPONDRE FRANCHEMENT ; AGIR, SE DÉCIDER.

pâtir *v.* ▶ *Subir péniblement* – être victime de, souffrir de. ▶ *Péricliter* (*SOUT.*) – agoniser, aller à la ruine, décliner, dépérir, menacer ruine, péricliter, se dégrader, se délabrer, se détériorer. *SOUT.* déchoir, tomber en décadence. ▲ANT. BÉNÉFICIER, JOUIR, PROFITER.

pâtisserie *n. f.* ▶ *Aliment* – viennoiserie. ▶ *Commerce* – boulangerie, boulangerie-pâtisserie. *FAM.* boulange.

patois *n. m.* ▶ *Variante linguistique* – parler patois, parler rural. ▶ *Langage incompréhensible* – argot, galimatias, jargon, sabir, volapük. *SOUT.* amphigouri, cacographie, logographe. *FAM.* baragouin, charabia. *DIDACT.* babélisme. ▲**ANT.** FRANÇAIS STANDARD, LANGUE OFFICIELLE, LANGUE STANDARD.

patriarche *n. m.* ▶ *Titre orthodoxe* – catholicos, exarque *(bulgare)*. ▶ *Titre catholique* – évêque, métropolitain *(orthodoxe)*. ▶ *Titre* – Excellence, Monseigneur, Sa Grandeur. ▶ *Ancêtre* – ancêtre. *SOUT.* aïeul. ▶ *Vieillard* – ancien, doyen, personne âgée, vieillard, vieille personne. *DIDACT.* sénescence. ▲**ANT.** ADOLESCENT, JEUNE HOMME.

patrie *n. f.* ▶ *Pays d'origine* – (mère) patrie, pays natal/patrie d'origine. *FAM.* bercail. ▲**ANT.** ÉTRANGER.

patrimoine *n. m.* ▶ *Héritage* – apanage, bien, domaine, fortune, héritage, légitime, legs, majorat, propriété, succession. *RELIG.* défroque. ▶ *Capital* – argent, avoir, bien, capital, cassette, épargne, fonds, fortune, fruit, gain, investissement, liquidités, masse, numéraire, pécule, placement, portefeuille, possession, produit, propriété, richesse, trésor, valeur. *SOUT.* deniers. *FAM.* finances, magot.

patriote *n.* ▶ *Personne qui favorise son pays* – nationaliste. *PÉJ.* chauvin. ▲**ANT.** COSMOPOLITE, INTERNATIONALISTE; COLONIALISTE.

patriotique *adj.* nationaliste, patriote. ▲**ANT.** ANTIPATRIOTIQUE; INTERNATIONAL, UNIVERSEL.

patriotisme *n. m.* ▶ *Nationalisme* – civisme, militarisme, nationalisme. ▶ *Nationalisme excessif* – chauvinisme, clanisme, coquerico, esprit de clocher, xénophobie. ▲**ANT.** ANTIPATRIOTISME, COSMOPOLITISME, INTERNATIONALISME.

patron *n.* ▶ *Dirigeant* – administrateur, cadre, chef d'entreprise, chef d'industrie, décideur, décisionnaire, directeur, dirigeant, gestionnaire, logisticien, responsable, tête dirigeante. ▶ *Patron d'un café* – débitant (de boissons), tenancier. *FAM.* bistrotier. *PAR PLAIS.* tavernier. ▶ *Chef d'un navire* – capitaine, commandant. *ANTIQ.* navarque, triérarque. ▶ *Organisateur* – âme, artisan, auteur, canalisateur, centre, cerveau, chef, cheville ouvrière, créateur, dirigeant, fondateur, incitateur, initiateur, inspirateur, instigateur, locomotive, maître (d'œuvre), meneur, moteur, organisateur, père, promoteur, protagoniste, régisseur, responsable. *SOUT.* excitateur, instaurateur, ouvrier. ♦ **patron**, *masc.* ▶ *Modèle* – carton, grille, matrice, modèle, modélisation, moule, pilote, plan, prototype, simulation, spécimen. *FAM.* topo. ♦ **patrons**, *masc. plur.* ▶ *Ensemble de dirigeants* – cadres, directeurs, direction, management, patronat, personnel d'encadrement. ▲**ANT.** EMPLOYÉ, OUVRIER, PERSONNEL; DOMESTIQUE, SERVITEUR; APPRENTI; GARÇON, SERVEUR.

patronage *n. m.* ▶ *Protection* – abri, aide, appui, assistance, chapeautage, conservation, couverture, garantie, garde, mandat, parrainage, paternalisme, protection, recommandation, renfort, rescousse, sauvegarde, secours, sécurisation, soutien,

surveillance, tutelle. *FIG.* parapluie. *QUÉB.* marrainage *(femme)*. *SOUT.* égide. *FAM.* piston.

patronal *adj.* ▲**ANT.** SYNDICAL; OUVRIER.

patrouille *n. f.* ▶ *Surveillance* – attention, espionnage, faction, filature, garde, gardiennage, guet, îlotage, inspection, monitorage, ronde, sentinelle, veille, veillée, vigie, vigilance. *FAM.* filoche, flicage. ▶ *Ensemble de soldats* – bataillon, brigade, colonne, commando, compagnie, corps, échelon, escadron, escorte, formation, garde, garnison, légion, parti, peloton, régiment, section, soldatesque *(indisciplinés)*, tabor *(Maroc)*, troupe, unité. *PAR EXT.* caserne. *ANC.* escouade, goum, piquet.

patte *n. f.* ▶ *Membre d'animal* – gigot *(cheval)*, jambe, membre, membre antérieur, membre postérieur. ▶ *Aliment* – pied. ▶ *Membre d'être humain* – pied. ▶ *Bande d'étoffe* – découpe, empiècement, parement. *TECHN.* flipot. ▶ *Chiffon (SUISSE)* – chamoisine, chiffon (à poussière), éponge, essuie-meubles, essuie-verres, lavette, linge, pattemouille, (peau de) chamois, serpillière, tampon, torchon. *QUÉB.* guenille. *BELG.* drap de maison, loque (à reloqueter), wassingue. *SUISSE* panosse. *ACADIE FAM.* brayon. *TECHN.* peille. ♦ **pattes**, *plur.* ▶ *Favoris* – favoris, pattes de lapin, pattes de lièvre, rouflaquettes.

pâturage *n. m.* ▶ *Terrain où paît le bétail* – champ, embouche *(bovins)*, enclos, friche, herbage, kraal *(Afrique du Sud)*, lande, noue, pacage, parc, parcours, parquet *(volailles)*, passage, pâture, prairie, pré. ▶ *En montagne* – alpage, alpe, estive. *SUISSE* mayen. *AFR.* secco. ▶ *Action de faire paître* – herbagement, pacage, pâture. ▲**ANT.** STABULATION.

pause *n. f.* ▶ *Interruption* – annulation, arrêt, avortement, cessation, discontinuation, entrecoupement, intermittence, interruption, levée, panne, relâche, station, suspension. ▶ *Repos* – congé, délassement, détente, escale, halte, loisir, mi-temps, récréation, récupération, relâche, répit, repos, temps, trêve, vacances, villégiature. ▶ *Silence* – arrêt, interruption, silence, temps. ▶ *Césure* – césure, coupe, coupure, hémistiche, repos. ▲**ANT.** MARCHE, MOUVEMENT; CONTINUATION, POURSUITE, PROLONGEMENT; TRAVAIL; RONDE *(musique)*.

pauvre *adj.* ▶ *Dans le besoin* – dans le besoin, dans une cruelle nécessité, défavorisé, démuni, famélique, indigent, misérable, miséreux, nécessiteux. *SOUT.* dénué, impécunieux. *FAM.* dans la mouise, dans la panade, dans la purée. ▶ *Sans argent* – à court, dans la gêne, désargenté, gêné, sans le sou, serré. *FAM.* à sec, dans la dèche, dans le rouge, fauché, raide (comme un passe-lacet), sur le sable. *FRANCE FAM.* panné, sans un. ▶ *Qui inspire la pitié* – à plaindre, malheureux, minable, misérable, miteux, piteux, pitoyable. *FAM.* paumé. ▶ *Qui produit peu de végétation* – aride, avare, désertique, improductif, inculte, incultivable, infertile, ingrat, stérile. ▶ *Insuffisant* – anémique, chétif, chiche, déficient, déficitaire, faible, insatisfaisant, insuffisant, maigre, mauvais, médiocre, misérable, pauvre, rachitique. ▲**ANT.** RICHE; À L'AISE, AISÉ, FORTUNÉ, NANTI, PROSPÈRE, QUI A LES MOYENS, QUI ROULE SUR L'OR; FÉCOND, FERTILE, FLORISSANT, LUXURIANT; CHANCEUX, COMBLÉ, HEUREUX; ABONDANT, FOISONNANT, FRUCTUEUX, GÉNÉREUX, INÉPUISABLE, INTARISSABLE, PRODUCTIF, PROLIFIQUE.

pêcher

pauvreté *n. f.* ▶ *Indigence* – appauvrissement, besoin, dénuement, détresse, embarras, gêne, gouffre, indigence, manque, mendicité, misère, nécessité, privation, ruine. SOUT. impécuniosité. FAM. dèche, pouillerie. FRANCE FAM. débine, fauche, mistoufle, mouise, mouscaille, panade, purée. DR. carence. ▶ *Sociale* – clochardisation, disette, paupérisation, paupérisme, pénurie, sous-développement, sous-équipement, tiers-mondisation. ▶ *Médiocrité* – banalité, facilité, fadeur, faiblesse, inconsistance, indigence, insignifiance, insuffisance, médiocre, médiocrité, platitude, prévisibilité. SOUT. trivialité. FAM. fadasserie. ▶ *Stérilité* – improductivité, infécondité, stérilité, tarissement. SOUT. aridité, infertilité. ▲ANT. AISANCE, FORTUNE, LUXE, OPULENCE, RICHESSE; EXCELLENCE, VALEUR; FÉCONDITÉ, FERTILITÉ; ABONDANCE, LUXURIANCE, PROFUSION.

pavé *n. m.* ▶ *Matériau de construction* – adobe, brique, briquette, carreau, chantignole, dalle, tuile. FRANCE FAM. paveton. SUISSE carron, planelle. ▶ *Gros livre (FAM.)* – QUÉB. FAM. brique.

pavillon *n. m.* ▶ *Drapeau* – banderole, bandière, bannière, baucent *(ordre du Temple)*, calicot, cornette, couleurs, drapeau, étendard, fanion, flamme, gonfalon, guidon, oriflamme, pavois *(marine)*, pennon, tanka *(religieux)*. SOUT. enseigne. ANTIQ. vexille. ▶ *Construction légère* – belvédère, berceau, bungalow, gloriette, kiosque, mirador, pergola, rotonde, tonnelle, treille. ▶ *Partie d'un édifice* – aile, corps de logis. ▶ *Oreille* – oreille. DIDACT. organe de l'ouïe. ▶ *En religion* – conopée, parement (d'autel). ▶ *Sortie d'air d'un instrument* – tuyère *(soufflet)*.

payant *adj.* bénéficiaire, fructueux, intéressant, lucratif, productif, profitable, rémunérateur, rentable. FAM. juteux. ▲ANT. GRATIS, GRATUIT; INVITÉ *(spectateur)*; DÉFICITAIRE, DÉSAVANTAGEUX, INFRUCTUEUX.

payer *v.* ▶ *Verser une somme* – débourser, décaisser, dépenser, verser. FAM. allonger, casquer, cracher, lâcher. ▶ *Régler une note* – acquitter, régler, s'acquitter de. ▶ *Expier une faute* – expier, racheter, réparer. ▶ *Rémunérer un travail* – rémunérer, rétribuer. ▶ *Rémunérer qqn* – appointer, rémunérer, rétribuer, salarier. ▶ *Rembourser une dette* – acquitter, amortir, éteindre, honorer, liquider, rembourser, s'acquitter de. ▶ *Rembourser qqn* – dédommager, défrayer, désintéresser, indemniser, rembourser. ▶ *Donner de l'argent* – FAM. banquer, casquer, douiller, les aligner. ▶ *Être profitable* – porter fruit, rapporter. ▲ANT. ENCAISSER, RECEVOIR, TOUCHER; VENDRE; DEVOIR.

pays *n. m.* ▶ *Territoire* – État, nation. SOUT. Cité. ▶ *Région* – coin (de pays), contrée, latitude, partie du monde, région, secteur, zone. SOUT. cieux, climats. FAM. patelin. QUÉB. FAM. bout. ▶ *Village* – agglomération (rurale), bourg *(gros)*, bourgade, hameau, lieu-dit *(petit)*, localité, village. FAM. patelin. QUÉB. paroisse. ▶ *Peuple* – citoyens, clan, ethnie, groupe, habitants, horde, nation, peuplade, peuple, phratrie, population, race, société, tribu. ◆ **pays**, *plur.* ▶ *Ensemble de territoires* – bloc, coalition, communauté, union; continent. ▲ANT. ÉTRANGER, EXTÉRIEUR.

paysage *n. m.* ▶ *Panorama* – champ (de vision), horizon, panorama, perspective, point de vue, site, vue. ▶ *Contexte* – circonstance, climat, condition, conjoncture, contexte, cours des choses, état de choses, état de fait, position, situation, tenants et aboutissants.

paysan *adj.* ▶ *Qui concerne la campagne* – campagnard, champêtre, rural, rustique. SOUT. agreste, bucolique, pastoral. ▶ *Qui concerne l'agriculture* – agricole, cultivateur, rural, terrien. ▲ANT. CITADIN, URBAIN; DÉLICAT, FIN, RAFFINÉ, RECHERCHÉ, SOPHISTIQUÉ; CULTIVÉ, ÉVOLUÉ.

paysan *n.* ▶ *Agriculteur* – agriculteur, agronome, exploitant (agricole), fermier, producteur (agricole). ▶ *Campagnard* – campagnard, rural. QUÉB. paroissien. AFR. FAM. broussard. ◆ **paysans**, *plur.* ▶ *Ensemble d'agriculteurs* – paysannat, paysannerie, population agricole, population campagnarde, population paysanne, population rurale. ▲ANT. BOURGEOIS; CITADIN.

peau *n. f.* ▶ *Enveloppe animale naturelle* – téguments, tissu cutané. ANAT. chorion, derme, épiderme, hypoderme. ▶ *Fourrure sur l'animal* – fourrure, lainage, livrée, manteau, mantelure *(chien)*, pelage, robe, toison. ▶ *Fourrure séparée de l'animal* – fourrage, fourrure, pelleterie. ▶ *Enveloppe animale traitée* – cuir. ▶ *Enveloppe végétale* – bogue, brou, coque, coquille, cosse, écale, écalure, écorce, efflorescence, épicarpe, pellicule, pelure, pruine, robe, tégument, zeste. ▶ *Pellicule* – voile.

peaufinage *n. m.* ▶ *Finition* – achèvement, amélioration, arrangement, complètement, correction, enjolivement, finition, léchage, mise au point, perfectionnement, polissage, raffinage, raffinement, retouche, révision, soin. SOUT. parachèvement. FAM. fignolage.

peaufiner *v.* ▶ *Frotter* – astiquer, fourbir, frotter, nettoyer, polir. FAM. briquer. BELG. blinquer. SUISSE poutser. ▶ *Parfaire* – ciseler, fignoler, finir, lécher, parachever, parfaire, perfectionner, polir, raffiner, soigner. ▲ANT. BÂCLER.

pêche *n. f.* ▶ *Gifle (FAM.)* – claque, gifle, tape. SOUT. soufflet. FAM. baffe, beigne, mornifle, pain, taloche, tarte, torgnole. FRANCE FAM. aller et retour, calotte, emplâtre, giroflée (à cinq feuilles), mandale, rouste, talmouse, taquet. ▲ANT. CÂLIN, CARESSE.

péché *n. m.* ▶ *Faute* – accroc, chute, crime, déchéance, écart, errements, faute, impureté, mal, manquement, mauvais, offense, sacrilège, scandale, souillure, tache, transgression, vice. ▶ *Immoralité* – amoralité, corruption, cynisme, dépravation, immoralisme, immoralité, laxisme, permissivité, perversion, perversité, vice. SOUT. désordre. ▶ *Impiété* – agnosticisme, apostasie, athéisme, blasphème, désacralisation, doute, froideur, gentilité, hérésie, impiété, incrédulité, incroyance, indifférence, infidélité, irréligion, libre pensée, matérialisme, paganisme, panthéisme, profanation, reniement, sacrilège, scandale, scepticisme. SOUT. inobservance. ▲ANT. PURETÉ, SAINTETÉ; PIÉTÉ.

pécher *v.* ▶ *Transgresser* – contrevenir à, déroger à, désobéir à, enfreindre, manquer à, transgresser, violer.

pêcher *v.* ▶ *Trouver (FAM.)* – découvrir, dénicher, déterrer, tomber sur, trouver. FAM. dégoter. SUISSE FAM. rapercher. ▶ *Prendre du poisson* – FAM. taquiner le goujon, taquiner le poisson. ▲ANT. MORDRE (À L'HA-MEÇON); PERDRE.

pécheur *n.* ▲ANT. JUSTE, SAINT.

pédagogie *n.f.* ▶ **Fait d'élever un enfant** – puériculture. ▶ **Éducation** – alphabétisation, apprentissage, conscientisation, didactique, édification, éducation, enrichissement, enseignement, entraînement, études, expérience, façonnage, façonnement, formation, inculcation, information, initiation, instruction, monitorat, professorat, scolarisation, scolarité, stage.

pédagogique *adj.* ▶ **Qui concerne l'éducation** – éducateur, éducatif, éducationnel. ▶ **En parlant de matériel** – didactique, éducatif, éducationnel, ludoéducatif, scolaire. ▲ANT. ANTIPÉDAGOGIQUE.

pédagogue *n.* ▶ **Éducateur** – animateur, éducateur, enseignant, instructeur, moniteur, professeur. ▶ **Spécialiste de l'éducation des enfants** – puériculteur. ▲ANT. ÉLÈVE; DISCIPLE.

pédant *adj.* ▶ **Qui exhibe son savoir** – cuistre, docte, doctoral, doctrinaire, pédantesque, pontifiant, professoral, sentencieux, solennel. ▶ **Vaniteux** – cabot, cabotin, complaisant, conquérant, content de soi, fat, fier, fiérot, hâbleur, imbu de soi-même, infatué, m'as-tu-vu, orgueilleux, outrecuidant, pétri d'orgueil, plein de soi-même, présomptueux, prétentieux, qui fait l'important, qui se prend pour quelqu'un, qui se prend pour un autre, rempli de soi-même, suffisant, vain, vaniteux, vantard. FAM. chochotte, prétentiard, ramenard. QUÉB. FAM. frais, frappé. ▲ANT. HUMBLE, MODESTE, SANS PRÉTENTION, SIMPLE.

pédiatrique *adj.* ▲ANT. GÉRIATRIQUE, GÉRONTO-LOGIQUE, GÉRONTOLOGISTE.

peigne *n.m.* ▶ **Instrument de coiffure** – brosse (à cheveux). ▶ **Instrument textile** – carde, séran, sérançoir. ▶ **Être vivant** – ZOOL. pecten.

peigner *v.* ▶ **Coiffer** – brosser, coiffer, discipliner, mettre en plis. ▶ **Carder** – carder, démêler, sérancer. ▶ **Griffer** (QUÉB. FAM.) – écorcher, égratigner, érafler, griffer, labourer. QUÉB. FAM. grafigner. DIDACT. excorier. ▲ANT. DÉCOIFFER, DÉPEIGNER, DÉRANGER, ÉBOU-RIFFER, ÉCHEVELER.

peindre *v.* ▶ **Couvrir de peinture** – QUÉB. peinturer. ▶ **Décrire** – brosser un tableau de, décrire, dépeindre, montrer, présenter, représenter, tracer le portrait de.

peiné *adj.* affligé, attristé, comme une âme en peine, désespéré, désolé, en grand désarroi, inconsolable, inconsolé, malheureux, navré, triste.

peine *n.f.* ▶ **Travail pénible** – corvée. SOUT. labeur. ▶ **Fatigue** – abattement, accablement, affaiblissement, affaissement, affalement, alanguissement, amollissement, anéantissement, apathie, atonie, consomption, épuisement, éreintement, exténuation, faiblesse, fatigue, forçage, harassement, inertie, labeur, langueur, lassitude, marasme, prostration, stress, surmenage. MÉD. adynamie, anémie, asthénie. ▶ **Préoccupation** – agitation, angoisse, anxiété, cassement de tête, contrariété, désagrément, difficulté, doute, ennui, gêne, inquiétude, obnubilation, occupation, pensée, préoccupation, sollicitude, souci, suspens, tiraillement, tourment, tracas.

FRANCE suspense. SOUT. affres. FAM. tintouin, tracassin. ▶ **Tristesse** – abattement, accablement, affliction, aigreur, amertume, chagrin, dépression, désolation, deuil, douleur, ennui, épreuve, grisaille, humeur noire, idées noires, idées sombres, langueur, lypémanie, mal du pays, mal-être, maussaderie, mélancolie, monotonie, morosité, neurasthénie, noir, nostalgie, papillons, saudade, serrement de cœur, souci, tædium vitæ, tristesse, vague à l'âme. SOUT. atrabile, larmes, navrement, nuage, spleen, taciturnité. FAM. bourdon, cafard, déprime, sinistrose. ▶ **Déception** – abattement, accablement, affliction, amertume, anéantissement, chagrin, consternation, contrariété, déboires, déception, déconvenue, découragement, dégoût, dégrisement, démoralisation, dépit, désappointement, désenchantement, désespoir, désillusion, désolation, échec, écœurement, ennui, infortune, insuccès, lassitude, mécompte, regret, revers, tristesse. SOUT. atterrement, dérélection, désabusement, désespérance, retombement. FAM. défrisage, défrisement, douche (froide), ras-le-bol. ▶ **Malheur** – adversité, calamité, calice (de douleur), chagrin, détresse, deuil, disgrâce, douleur, échec, épreuve, fatalité, infortune, mal, malchance, malédiction, malheur, mauvaise fortune, mauvaise passe, mésaventure, misère, nuage, orage, revers, ruine, sale affaire, sale histoire, souffrance, traverse, tribulation. SOUT. bourrèlement, plaie, tourment. ▶ **Punition** – châtiment, condamnation, correction, damnation, expiation, gage (dans un jeu), leçon, pénalisation, pénalité, pénitence, punition, répression, sanction, verbalisation. FAM. tarif. ▶ **Supplice** – échafaud, exécution, géhenne, martyre, question, supplice, torture, tourment. ▶ **Amende** – amende, astreinte, constat d'infraction, contrainte, contravention, jour-amende, pénalisation, pénalité, procès-verbal. FAM. contredanse, papillon, P.-V. ▲ANT. AMUSEMENT, DIVERTIS-SEMENT; REPOS; CALME, TRANQUILLITÉ; BÉATITUDE, BON-HEUR, FÉLICITÉ, JOIE, PLAISIR; CONSOLATION; RÉCOM-PENSE; COMPENSATION.

peiner *v.* ▶ **Chagriner** – affliger, arracher le cœur à, attrister, chagriner, consterner, désespérer, désoler, faire de la peine à, fendre le cœur à, navrer. SOUT. contrister. ▶ **Travailler fort** – besogner, suer, travailler comme un forçat, travailler d'arrache-pied. SOUT. tâcher. FAM. bûcher, en baver, en travailler un coup, galérer, marner, ne pas chômer, trimer. FRANCE FAM. boulonner. QUÉB. FAM. être comme une bête de veau, travailler comme un bûcheron. ▶ **Se donner du mal** – faire des pieds et des mains, remuer ciel et terre, s'échiner, s'évertuer, se démener, se dépenser, se donner beaucoup de peine, se donner du mal, se fatiguer, se mettre en quatre, se remuer, se tuer. FAM. ramer, se décarcasser, se défoncer, se démancher, se donner un mal de chien, se donner un mal de fou, se fouler la rate. QUÉB. ACADIE FAM. se désâmer. QUÉB. FAM. se fendre en quatre. ▶ **Souffrir** – souffrir, suer. FAM. en baver, en baver des ronds de chapeau, en roter. QUÉB. FAM. en arracher, endurer le calvaire. ▶ **Fatiguer, en parlant d'un mécanisme** – fatiguer. QUÉB. FAM. forcer. ▲ANT. RÉJOUIR; CONSOLER, RÉCONFOR-TER; SE REPOSER.

peintre *n.* ▶ **Artiste** – artiste peintre. ▶ **Mauvais** – badigeonneur, barbouilleur, gribouilleur, rapin.

peinture *n. f.* ▶ *Action de colorer* – coloration, coloriage, pigmentation, teinture. ▶ *Couche* – blanc de chaux, brasque, briquetage, caviar, enduit, engluage, fart, laque, mastic, patine, stuc, vernis. *TECHN.* apprêt, engobe, futée, glairure, lustre, lut, salbande. ▶ *Œuvre* – œuvre picturale, tableau, toile. ▶ *Petite* – tableautin. ▶ *Description* – compte rendu, débreffage, description, exposé, exposition, histoire, narration, procès-verbal, rapport, relation, reportage, tableau. *SOUT.* radiographie.

peinturer *v.* ▶ *Peindre maladroitement* – barbouiller, barioler, bigarrer, peinturlurer. ▶ *Couvrir de peinture* (*QUÉB.*) – peindre.

pelage *n. m.* ▶ *Poil* – fourrure, lainage, livrée, manteau, mantelure *(chien)*, peau, robe, toison. ▶ *Élimination du poil* – débourrage, dépilage, dépilation, ébourrage. ▶ *Élimination de la peau des végétaux* – épluchage. *FRANCE FAM.* pluches.

pelé *adj.* ▶ *En parlant de la tête* – chauve, dégarni, dénudé, lisse, ras, tondu. *FAM.* déplumé. *QUÉB. FAM.* pleumé. ▶ *En parlant d'une surface* – galeux, lépreux.

pêle-mêle *adv.* anarchiquement, chaotiquement, confusément, inextricablement, sens dessus dessous. ▲ANT. EN ORDRE.

pèlerin *n.* ▶ *Pénitent* – flagellant, jeûneur, lollard, pénitent. ♦ **pèlerin,** *masc.* ▶ *Oiseau* – faucon pèlerin. ▶ *Poisson* – requin-pèlerin.

pèlerinage *n. m.* ▶ *Voyage* – allées et venues, balade, campagne, circuit, circumnavigation, course, croisière, déplacement, excursion, expédition, exploration, incursion, marche, mission, navette, navigation, odyssée, passage, pérégrination, périple, promenade, raid, rallye, randonnée, reconnaissance, tour, tourisme, tournée, transport, traversée, va-et-vient, voyage. *SOUT.* errance. *FAM.* bourlingue, rando, transhumance. *QUÉB.* voyagement. ▶ *Procession* – cérémonie, colonne, convoi, cortège, défilade, défilé, file, marche, noce, noria, pardon, procession, queue, suite, théorie, va-et-vient.

pellicule *n. f.* ▶ *Membrane* – capsule, cloison, enveloppe, gaine, membrane, membranule, septum, tunique. ▶ *Pelure* – bogue, brou, coque, coquille, cosse, écale, écalure, écorce, efflorescence, épicarpe, peau, pelure, pruine, robe, tégument, zeste. ▶ *Lamelle de peau* – peau morte. *MÉD.* squame. ▶ *Feuille* – bande, film. ▶ *Surface gélatineuse* – peau, voile.

peloton *n. m.* ▶ *Boule de laine* – pelote. ▶ *Unité militaire* – bataillon, brigade, colonne, commando, compagnie, corps, échelon, escadron, escorte, formation, garde, garnison, légion, parti, patrouille, régiment, section, soldatesque *(indisciplinés)*, tabor *(Maroc)*, troupe, unité. *PAR EXT.* caserne. *ANC.* escouade, goum, piquet. ▶ *Ensemble de personnes* – bande, brigade, caravane, cellule, collectif, colonie, corps, équipe, escadron, escouade, groupe, horde, individus, membres, meute, noyau, troupe. *IRON.* fournée. *FAM.* bataillon, brochette, cohorte.

pelouse *n. f.* ▶ *Terrain* – gazon, herbe.

peluche *n. f.* ▶ *Tissu* – *FAM.* pluche. ▶ *Animal en peluche* – *QUÉB.* toutou.

pelure *n. f.* ▶ *Enveloppe* – bogue, brou, coque, coquille, cosse, écale, écalure, écorce, efflorescence,

---

épicarpe, peau, pellicule, pruine, robe, tégument, zeste. ▶ *Partie enlevée* – épluchure. *QUÉB. FAM.* épelure. ♦ **pelures,** *plur.* ▶ *Vêtement* (*FAM.*) – affaires, atours, chiffons, ensemble, garde-robe, habillement, habits, linge, mise, parure, tenue, toilette, trousseau, vestiaire, vêtements. *SOUT.* vêture. *FRANCE FAM.* fringues, frusques, nippes, saint-frusquin, sapes.

pénalisant *adj.* ▲ANT. AVANTAGEUX, PROFITABLE, RÉMUNÉRATEUR.

penchant *n. m.* ▶ *Propension* – affection, aptitude, attirance, disposition, faible, faiblesse, goût, habitude, impulsion, inclination, instinct, pente, prédilection, prédisposition, préférence, propension, tendance, vocation. *DIDACT.* susceptibilité. *PSYCHOL.* compulsion, conation. *FAM.* tendresses. ▶ *Sympathie* (*SOUT.*) – affection, amitié, amour, attachement, attirance, intérêt, lien, sympathie, tendresse. *FAM.* coup de cœur, coup de foudre. ▲ANT. AVERSION, DÉGOÛT, RÉPUGNANCE; ANTIPATHIE.

pencher *v.* ▶ *S'incliner* – s'incliner. *QUÉB. FAM.* canter. ▶ *Préférer* – aimer mieux, avoir un faible pour, avoir un penchant pour, avoir une inclination pour, avoir une prédilection pour, incliner pour, préférer. ▶ *Incliner* – coucher, incliner. *QUÉB. FAM.* canter. ▶ *Étudier* – analyser, ausculter, considérer, envisager, étudier, examiner, explorer, observer, penser à, pousser plus avant, prendre en considération, réfléchir sur, s'intéresser à, traiter, voir. ▲ANT. DRESSER, ÉLEVER, LEVER, REDRESSER.

pendant *adj.* ▶ *Qui pend* – retombant, tombant. ▶ *En parlant des membres* – ballant. ▶ *En parlant d'une affaire* – en cours, en instance. ▲ANT. DRESSÉ, DROIT, RELEVÉ, RETROUSSÉ, VERTICAL; FERME; RÉCOLTÉ *(fruit).* △ PENDANTE, *fém.* – CLASSÉE *(affaire)*, RÉGLÉE.

pendant *n. m.* analogue, correspondant, équivalent, homologue, pareil, parent, semblable. ▲ANT. CONTRAIRE, OPPOSÉ.

pendre *v.* ▶ *Suspendre* – accrocher, suspendre. ▶ *Mettre à mort* – mettre la corde au cou à. ▶ *Être ballant* *SOUT.* baller. ▶ *Être suspendu* – pendiller. ▶ *Tomber* – retomber, tomber. ▶ *De façon disgracieuse* – traîner. *FAM.* pendouiller. ▲ANT. DÉCROCHER, DÉPENDRE; POINTER, SE DRESSER.

pénétrant *adj.* ▶ *En parlant du vent, du froid* – âpre, cinglant, mordant, perçant, piquant, saisissant, vif. ▶ *Perspicace* – aigu, clairvoyant, fin, lucide, lumineux, perçant, perspicace, profond, psychologue, qui voit loin, sagace, subtil. ▲ANT. DOUX, FAIBLE, LÉGER, SUPERFICIEL; ÉTROIT D'ESPRIT, OBTUS.

pénétration *n. f.* ▶ *Entrée* – introduction. *SOUT. OU MÉD.* instillation. *DIDACT.* intromission. *MÉD.* inclusion. ▶ *Imprégnation* – absorption, absorptivité, aluminage *(alumine)*, alunage *(alun)*, endosmose, imbibition, imprégnation, incération *(cire)*, infiltration, percolation. *PHYSIOL.* insalivation. ▶ *Finesse d'esprit* – acuité, clairvoyance, discernement, fin, finesse, flair, habileté, intuition, jugement, lucidité, perspicacité, sagacité, sensibilité, subtilité. *FAM.* nez. ▶ *Profondeur* – acuité, ardeur, complexité, difficulté, élévation, ésotérisme, extase, extrémité, force, immensité, impénétrabilité, intelligence, intensité, intériorité, intimité, mystère, perspicacité, profond, profondeur, profondeur, puissance, science, secret. ▶ *Entendement* – bon sens, cerveau, cervelle, clairvoyance, compréhension, conception, discernement, entendement, esprit, faculté, imagination, intellect, intelligence, jugement, lucidité, raison, tête. *FAM.* matière grise, méninges. *QUÉB. FAM.* cocologie. *QUÉB. ACADIE FAM.* jarnigoine. *PHILOS.* logos. ▲ANT. EXTRACTION, RETRAIT, SORTIE; GROSSIÈRETÉ, ININTELLIGENCE, STUPIDITÉ, SUPERFICIALITÉ.

pénétrer *v.* ▶ *Entrer, en parlant de qqch.* – entrer, s'infiltrer, s'insinuer, s'introduire. ▶ *Entrer, en parlant d'un être vivant* – entrer, s'avancer, s'engager, s'introduire. ▶ *Passer à travers* – passer à travers, transpercer, traverser. ▶ *Donner froid* – geler, glacer, saisir. *SOUT.* transir. *FAM.* frigorifier. ▶ *Remplir* – emplir, envahir, gonfler, inonder, remplir, submerger. ▶ *Comprendre* – déchiffrer, découvrir, dénouer, deviner, éclaircir, élucider, éventer, expliquer, faire (toute) la lumière sur, percer, résoudre, trouver, trouver la clé de. ▶ *Chercher à connaître* – ausculter, interroger, prendre le pouls de, sonder, tâter. ▲ANT. S'EXTRAIRE, SE RETIRER, SORTIR; EFFLEURER, SURVOLER.

pénible *adj.* ▶ *Écrasant* – accablant, aliénant, asservissant, assujettissant, astreignant, contraignant, écrasant, étouffant, exigeant, impitoyable, lourd, oppressant, pesant. ▶ *Inconfortable* – déplaisant, désagréable, gênant, incommodant, inconfortable. ▶ *Désagréable* – antipathique, atroce, déplaisant, désagréable, détestable, exécrable, haïssable, impossible, infernal, insoutenable, insupportable, intenable, intolérable, invivable, irrespirable, odieux. *FAM.* imbuvable. ▶ *Difficile et ennuyeux* – aride, désagréable, ingrat, rébarbatif, rebutant. *FAM.* craignos. ▶ *Ardu* – ardu, difficile, dur, éprouvant, rude. *FAM.* galère. ▶ *Moralement douloureux* – âcre, affligeant, amer, cruel, cuisant, déchirant, douloureux, dur, éprouvant, lancinant, navrant, poignant, saignant, vif. ▶ *Triste* – affligeant, atterrant, attristant, chagrinant, consternant, déplorable, désespérant, désolant, douloureux, malheureux, misérable, navrant, pitoyable, qui serre le cœur, triste. ▲ANT. ADORABLE, AIMABLE, CHARMANT, GENTIL; AGRÉABLE, DÉLICIEUX, DIVIN, PLAISANT, SUBLIME; ENFANTIN, FACILE, SIMPLE.

péniblement *adv.* ▶ *Difficilement* – à grand-peine, à peine, difficilement, difficultueusement, durement, incommodément, laborieusement, mal, malaisément, tant bien que mal. *FAM.* cahin-caha. ▶ *Désagréablement* – à regret, durement, déplaisamment, désagréablement, désobligeamment, détestablement, douloureusement, ennuyeusement, exécrablement, fâcheusement, fastidieusement, importunément, inconfortablement, inopinément, inopportunément, insupportablement, intolérablement, mal, mal à propos, malencontreusement, malheureusement, par malheur, regrettablement. *FAM.* salement. ▶ *Pesamment* – grossièrement, lourdement, massivement, pesamment. ▲ANT. AISÉMENT, FACILEMENT, SANS DIFFICULTÉ, SANS EFFORT.

péniche *n. f.* ▶ *Bateau à fond plat* ▶ *Petite* – pénichette. ▶ *Grande* – barge.

péninsule *n. f.* bec, isthme, pointe *(petite)*, presqu'île. ▶ *Surélevée* – cap, promontoire.

pénitence *n. f.* ▶ *Punition* – châtiment, condamnation, correction, damnation, expiation, gage

(dans un jeu), leçon, peine, pénalisation, pénalité, punition, répression, sanction, verbalisation. *FAM.* tarif. ▶ *Ascèse* – abstinence, ascèse, ascétisme, austérité, dépouillement, expiation, flagellation, frugalité, macération, mortification, privation, propitiation, renoncement, restriction, sacrifice, stigmatisation, tempérance. ▶ *Regret* – attrition, componction, contrition, honte, regret, remords, repentir. *SOUT.* repentance, résipiscence. ▶ *Absolution* – absolution, absoute *(public)*, acquittement, aman, amnistie, annulation, clémence, dédouanement, disculpation, extinction, grâce, indulgence, jubilé, mise hors de cause, miséricorde, mitigation, oubli, pardon, prescription, réhabilitation, relaxe, remise (de peine), rémission, suppression (de peine). ▲ANT. RÉCOMPENSE; ENDURCISSEMENT, IMPÉNITENCE, SENSUALITÉ.

pénitent *n.* flagellant, jeûneur, lollard, pèlerin. ▲ANT. IMPÉNITENT.

pénombre *n. f.* ▶ *Obscurité* – noir, nuit, obscurité, ombre, ténèbres. *QUÉB.* noirceur. *SOUT.* opacité. ▶ *Clarté* – clair, clair-obscur, clarté, contre-jour, demi-jour, éclair, éclairage, éclat, embrasement, flamboiement, flamme, halo, illumination, jour, lueur, lumière, soleil. *SOUT.* nitescence, splendeur.

pensable *adj.* concevable, envisageable, imaginable, possible, réaliste. ▲ANT. IMPENSABLE.

pensant *adj.* doué de raison, intelligent. *DIDACT.* raisonnable. ▲ANT. INCONSCIENT.

pensée *n. f.* ▶ *Réflexion* – introspection, méditation, questionnement, recueillement, réflexion, remâchement, rêvasserie, rumination, ruminement. *DIDACT.* problématique. *SOUT.* reploiement. *FAM.* cogitation. *QUÉB. ACADIE FAM.* jonglerie. ▶ *Préoccupation* – agitation, angoisse, anxiété, cassement de tête, contrariété, désagrément, difficulté, doute, ennui, gêne, inquiétude, obnubilation, occupation, peine, préoccupation, sollicitude, souci, suspens, tiraillement, tourment, tracas. *FRANCE* suspense. *SOUT.* affres. *FAM.* tintouin, tracassin. ▶ *Souvenir* – allusion, anamnèse, commémoration, déjà vu, évocation, impression, mémoire, mémoration, mémorisation, rappel, réminiscence, souvenir, trace. *SOUT.* remémoration. ▶ *Non favorable* – arrière-goût. ▶ *Concept* – abstraction, archétype, concept, conception, conceptualisation, connaissance, conscience, entité, fiction, généralisation, idée, imagination, notion, noumène, représentation (mentale), schème, théorie. ▶ *Opinion* – appréciation, avis, conception, conviction, critique, croyance, dogme, estime, idée, impression, jugement, opinion, optique, perception, point de vue, position, principe, prise de position, sentiment, théorie, thèse, vote, vue. *SOUT.* oracle. ▶ *Doctrine* – conception, doctrine, dogme, école (de pensée), idée, idéologie, mouvement, opinion, philosophie, principe, système, théorie, thèse. ▶ *Philosophie* – conception du monde, idées, philosophie, science humaine, vision du monde, weltanschauung. *FAM.* philo. *PÉJ.* idéologie, philosophisme. ▶ *Maxime* – adage, aphorisme, apophtegme, axiome, citation, devise, dicton, dit, dogme, enseignement, formule, mantra, maxime, moralité, mot, on-dit, parole, précepte, principe, proverbe, réflexion, règle, sentence, sutra, vérité. ▲ANT. INSOUCIANCE; OMISSION, OUBLI.

penser *v.* ▶ *Réfléchir* – méditer, raisonner, réfléchir, se concentrer, songer, spéculer. *SOUT.* délibérer. *FAM.* cogiter, faire travailler sa matière grise, gamberger, phosphorer, ruminer, se casser la tête, se creuser la tête, se creuser les méninges, se presser le citron, se pressurer le cerveau, se servir de sa tête. *QUÉB. ACADIE FAM.* jongler. ▶ *Avoir comme opinion* – considérer, croire, estimer, être d'avis que, juger, regarder, tenir, trouver. *SOUT.* compter, réputer. ▶ *Supposer* – croire, présumer, (s')imaginer, supposer. *SOUT.* conjecturer. ▶ *Croire* – croire, s'imaginer, se figurer. ▶ *Avoir l'intention* – avoir l'intention de, caresser le projet de, considérer, envisager, préméditer de, projeter, songer à. *SOUT.* former le dessein de. ▶ *Songer* – aviser à, réfléchir à, songer à, tourner ses pensées vers. ▶ *Se remémorer* – revoir, se rappeler, se remémorer, se souvenir. *SOUT.* se ressouvenir. ▶ *Étudier* – analyser, ausculter, considérer, envisager, étudier, examiner, explorer, observer, pousser plus avant, prendre en considération, réfléchir sur, s'intéresser à, se pencher sur, traiter, voir. ♦ **se penser** ▶ *Se croire* – s'estimer, se compter, se considérer, se croire, se trouver. ▲ANT. NÉGLIGER, OUBLIER, SE DÉSINTÉRESSER DE.

penseur *n.* *SOUT.* raisonneur. ▲ANT. MISOLOGUE.

pensif *adj.* ▶ *Porté à la méditation* – contemplateur, contemplatif, méditatif. ▶ *Absorbé* – absent, absorbé (dans ses pensées), distrait, inattentif, lointain, lunaire, méditatif, qui a l'esprit ailleurs, rêvasseur, rêveur, somnambule, songeur. *FAM.* dans la lune. *QUÉB. FAM.* coq-l'œil, lunatique. ▶ *Soucieux* – absorbé, contrarié, ennuyé, inquiet, perplexe, préoccupé, songeur, soucieux, tracassé. ▲ANT. INSOUCIANT, SANS-SOUCI; ATTENTIF, ÉVEILLÉ, TOUTE OUÏE.

pension *n.f.* ▶ *Revenu* – allocation, arrérages, avantage, bénéfice, casuel, chômage, dividende, dotation, fermage, fruit, gain, intérêt, loyer, mense, mensualité, métayage, prébende, présalaire, produit, profit, rapport, recette, redevance, rente, rentrée, retraite, revenu, tontine, usufruit, usure, ventes, viager. *FAM.* alloc. *FRANCE FAM.* bénéf, chômedu. ▶ *Établissement d'enseignement* – couvent, internat, pensionnat.

pensionnaire *n.* ▶ *Locataire* – *QUÉB.* chambreur. ▶ *Élève* – interne. ▶ *Prisonnier* (*FAM.*) – captif, cellulaire, condamné, détenu, prisonnier. *DR.* réclusionnaire. *FAM.* taulard. ♦ **pensionnaires**, *plur.* ▶ *Ensemble d'élèves* – couvent, internat, pension, pensionnat. ▲ANT. EXTERNE.

pensionnat *n.m.* couvent, internat, pension. ▲ANT. EXTERNAT.

pente *n.f.* ▶ *Inclinaison* – angle, déclivité, dénivelé, dénivellation, dénivellement, dévers, déversement, dévoiement, inclinaison, obliquité. ▶ *Terrain incliné* – côte, coteau, déclivité, descente, grimpette, montée, raidillon, rampant (*toit*), rampe, talus, versant. *ÉQUIT.* calade. ▶ *Autour d'une fortification* – contrescarpe, escarpe, glacis. ▶ *Propension* – affection, aptitude, attirance, disposition, faible, faiblesse, goût, habitude, impulsion, inclination, instinct, penchant, prédilection, prédisposition, préférence, propension, tendance, vocation. *DIDACT.* susceptibilité. *PSYCHOL.* compulsion, conation. *FAM.* tendresses. ▲ANT. PALIER, PLAT, PLATEAU; AVERSION, RÉPUGNANCE.

pénurie *n.f.* ▶ *Manque* – carence, déficience, déficit, incomplétude, insuffisance, manque, rareté. ▶ *Pauvreté* – appauvrissement, besoin, dénuement, détresse, embarras, gêne, gouffre, indigence, manque, mendicité, misère, nécessité, pauvreté, privation, ruine. *SOUT.* impécuniosité. *FAM.* dèche, pouillerie. *FRANCE FAM.* débine, fauche, mistoufle, mouise, mouscaille, panade, purée. *DR.* carence. ▶ *Sociale* – clochardisation, disette, paupérisation, paupérisme, pauvreté, sous-développement, sous-équipement, tiers-mondisation. ▲ANT. ABONDANCE, PROFUSION; EXCÉDENT, SURABONDANCE, SURPLUS; LUXE.

pépinière *n.f.* ▶ *Plantation d'arbres* – arbres, bois, étendue boisée, forêt, terrain boisé, zone forestière. *SOUT.* bocage, sylve. *QUÉB.* boisé. ▶ *Lieu propice* – nid, terreau, usine, vivier.

perçant *adj.* ▶ *En parlant du vent, du froid* – âpre, cinglant, mordant, pénétrant, piquant, saisissant, vif. ▶ *En parlant d'un son* – aigu, qui déchire les oreilles, sifflant, strident, stridulant, suraigu. ▶ *En parlant d'une voix* – aigrelet, aigu, fluet, flûté, grêle, haut, haut perché, pointu, suraigu. ▶ *En parlant de l'esprit* – aigu, clairvoyant, fin, lucide, lumineux, pénétrant, perspicace, profond, psychologique, qui voit loin, sagace, subtil. ▲ANT. AMORTI, ASSOURDI, ATTÉNUÉ, COTONNEUX, ÉTOUFFÉ, FAIBLE, FEUTRÉ, MAT, MOU, OUATÉ, SOURD, VOILÉ; HAGARD, VIDE; ÉPAIS, GROSSIER, LOURD, OBTUS.

percepteur *n.* *ANC.* exacteur, fermier (général), financier, maltôtier, partisan, publicain, traitant. ▲ANT. CONTRIBUABLE, PAYEUR.

perceptible *adj.* ▶ *Repérable* – décelable, détectable, localisable, repérable. ▶ *Identifiable* – appréciable, discernable, distinct, distinguable, identifiable, reconnaissable, saisissable, sensible. ▶ *À la vue* – apercevable, apparent, extérieur, observable, visible. *MÉD.* clinique. ▶ *À l'ouïe* – audible. ▶ *Au toucher* – palpable, tangible. ▲ANT. IMPALPABLE, IMPERCEPTIBLE, INDÉTECTABLE, INDISCERNABLE, INSAISISSABLE, INTANGIBLE; IRRÉCOUVRABLE, IRRÉCUPÉRABLE.

perceptif *adj.* percepteur.

perception *n.f.* ▶ *Recouvrement* – encaissement, recette, recouvrement, rentrée. ▶ *Discernement* – aperception, appréhension, conception, discernement, entendement, idée, impression, intelligence, sens, sensation, sentiment. *FIG.* œil. *PSYCHOL.* gnosie. *PHILOS.* senti. ▶ *Jugement* – appréciation, avis, conception, conviction, critique, croyance, dogme, estime, idée, impression, jugement, opinion, optique, pensée, point de vue, position, principe, prise de position, sentiment, thèse, vote, vue. *SOUT.* oracle. ▲ANT. AVEUGLEMENT; DÉBOURSÉ, DÉPENSE, SORTIE.

percer *v.* ▶ *Crever* – crever, déchirer. *FAM.* péter. ▶ *Faire un trou* – cribler, forer, perforer, tarauder, transpercer, traverser, trouer, vriller. ▶ *Faire une trouée* – déchirer, trouer. ▶ *Aménager une ouverture* – aménager, entrouvrir, ouvrir, pratiquer. ▶ *Inciser un abcès* – crever, débrider, inciser, ouvrir. ▶ *Résoudre un mystère* – déchiffrer, découvrir, dénouer, deviner, éclaircir, élucider, éventer, expliquer, faire (toute) la lumière sur, pénétrer, résoudre, tirer au clair, trouver, trouver la clé de. ▶ *Tourmenter*

– assaillir, consumer, crucifier, déchirer, dévorer, faire souffrir, lanciner, martyriser, mettre au supplice, poignarder, ronger, supplicier, tarauder, tenailler, torturer, tourmenter, transpercer. *SOUT.* poindre. ▶ *Crever* – crever, éclater. *FAM.* péter. ▶ *Commencer à être visible* – pointer, se montrer, sortir. *SOUT.* poindre. ▶ *Réussir* – aller loin, arriver, briller, faire carrière, faire du chemin, faire fortune, réussir. ▲ANT. BOUCHER, CLORE, FERMER, OBTURER; DISPARAÎTRE.

percevoir *v.* ▶ *Distinguer* – apprécier, déceler, détecter, discerner, distinguer, identifier, reconnaître. ▶ *Recevoir de l'argent* – empocher, encaisser, gagner, mettre dans ses poches, recevoir, recouvrer, toucher. *FAM.* palper, se faire. ▶ *Prendre une partie d'un revenu* – déduire, prélever, retenir. *FAM.* ponctionner. ▲ANT. DONNER, PAYER, VERSER.

perche *n. f.* ▶ *Pièce de bois* – aine, alinette, apex, archet, badine, baguette, bâton, bâtonnet, branche, canne, cravache, crosse, gaule, honchet, houssine, jonc, jonchet, mailloche, style, tige, triballe, tringle, verge, vergette. ▶ *Pieu* (*ACADIE FAM.*) – bâton, échalas, jalon, marquant, pal, palis, pieu, pilot, piquet, roulon, tuteur.

percher *v.* ▶ *Habiter* (*FAM.*) – demeurer, être domicilié, habiter, loger, rester, vivre. *FAM.* crécher, nicher, résider. ▶ *Jucher* (*FAM.*) – jucher. *QUÉB. ACADIE FAM.* jouquer. *QUÉB. FAM.* grimper. *ACADIE FAM.* joucler. ♦ *se percher* ▶ *Se poser* – jucher, se poser. ▶ *Se mettre très haut* – se jucher. *ACADIE FAM.* se joucler. ▲ANT. DESCENDRE.

perdant *adj.* battu, défait, vaincu. ▲ANT. CONQUÉRANT, VAINQUEUR.

perdant *n.* ▶ *Personne qui a perdu* – vaincu. ▶ *Incapable* – bon à rien, gâcheur, inapte, incapable, incompétent, mazette, médiocre, nullité, propre à rien, raté. ♦ *perdant, masc.* ▶ *Marée* – descente, jusant, marée descendante, reflux. ▲ANT. GAGNANT, VAINQUEUR; BATTANT; FLUX, MARÉE MONTANTE.

perdition *n. f.* ▶ *Danger* – aléa, casse-cou, danger, détresse, difficulté, écueil, embûche, épée de Damoclès, épouvantail, guêpier, hasard, impasse, imprudence, insécurité, mauvais pas, menace, péril, piège, point chaud, point sensible, poudrière, récif, risque, spectre, traverse, urgence, volcan. *SOUT.* tarasque. *FRANCE FAM.* casse-gueule. ▲ANT. SALUT; SAUVETAGE; PRÉSERVATION.

perdre *v.* ▶ *Égarer* – égarer, fourvoyer. *FAM.* paumer. *QUÉB. ACADIE FAM.* écarter. ▶ *Céder* – abandonner, céder, laisser. ▶ *Gaspiller* – dilapider, gâcher, galvauder, gaspiller. ▶ *Causer un grand tort à qqn* – achever, casser les reins à, causer la perte de, causer la ruine de, démolir, ruiner. ▶ *Discréditer* – déconsidérer, décrédibiliser, discréditer, disqualifier. *FAM.* brûler, couler, griller. ▶ *Vouer à la damnation* – condamner, damner, maudire, réprouver, vouer à la damnation. ♦ *se perdre* ▶ *S'égarer* – s'égarer, se fourvoyer. *FAM.* se paumer. *QUÉB. ACADIE FAM.* s'écarter. ▶ *S'empêtrer* – s'embarrasser, s'embrouiller, s'empêtrer, s'enferrer, se tromper. *FAM.* cafouiller, patauger, patouiller, s'emberlificoter, s'emmêler les crayons, s'emmêler les pédales, s'emmêler les pieds, s'emmêler les pinceaux, vasouiller. ▶ *Se plonger* – s'absorber, se plonger, sombrer. *SOUT.* s'abîmer. ▲ANT. GAGNER;

RETROUVER, TROUVER; RÉCUPÉRER, REGAGNER, SAUVER; ACQUÉRIR, CONQUÉRIR, OBTENIR, S'EMPARER DE; AVOIR, DÉTENIR, GARDER, POSSÉDER; BÉNÉFICIER, MÉRITER, PROFITER; TRIOMPHER.

perdrix *n. f.* ▶ *Gélinotte* (*QUÉB. FAM.*) – gélinotte, lagopède, tétras. ♦ *perdrix, plur.* ▶ *Ensemble d'oiseaux* – bande (de perdrix), compagnie de perdrix, troupe (de perdrix); envolée (de perdrix), vol (de perdrix), volée (de perdrix); élevage (de perdrix).

perdu *adj.* ▶ *Introuvable* – égaré, introuvable. ▶ *Éloigné* – à l'écart, écarté, éloigné, isolé, reculé, retiré, solitaire. *FAM.* paumé. *QUÉB. ACADIE FAM.* creux. ▶ *Inutilisable* – fini, inutilisable, irrécupérable, irréparable, mort. *FAM.* fichu, foutu, kaput. ▶ *Fini* – fini, cuit, fichu, flambé, foutu. *QUÉB. FAM.* fait.

père *n. m.* ▶ *Parent* – *SOUT.* pater familias. *FAM.* papa, pater, paternel, vieux. *FRANCE FAM.* dab. *QUÉB. FAM.* bonhomme. ▶ *Créateur* – âme, artisan, auteur, canalisateur, centre, cerveau, chef, cheville ouvrière, créateur, dirigeant, fondateur, incitateur, initiateur, inspirateur, instigateur, locomotive, maître (d'œuvre), meneur, moteur, organisateur, patron, promoteur, protagoniste, régisseur, responsable. *SOUT.* excitateur, instaurateur, ouvrier. ▶ *Supérieur* – abbé, curé doyen, doyen, général (des X), père abbé, père prévôt, père prieur, père procureur, père supérieur, prieur. ▶ *Titre* – (Mon) Révérend, (Mon) Révérend Père. ▶ *Monsieur* – don (*Espagne*), monsieur, sahib (*Inde*), sir (*anglais*). ♦ *pères, plur.* ▶ *Ascendants* – ancêtres. ▲ANT. MÈRE.

péremptoire *adj.* ▶ *Catégorique* – affirmatif, autoritaire, catégorique, dogmatique, formel, impératif, impérieux, sans réplique, scolastique, tranchant. *FAM.* pète-sec. ▶ *Décisif* – concluant, convaincant, décisif, définitif, éloquent, probant, tranchant. ▲ANT. FLOTTANT, FLUCTUANT, HÉSITANT, INCERTAIN, INDÉCIS, INDÉTERMINÉ, IRRÉSOLU, PERPLEXE; CONTESTABLE, DISCUTABLE, DOUTEUX, FRAGILE, VULNÉRABLE.

perfection *n. f.* ▶ *Achèvement* – achèvement, consommation, couronnement, épanouissement, excellence, fini, fleur, maturité, meilleur, parachèvement, plénitude, préséance. *PHILOS.* entéléchie. ▶ *Summum* – absolu, absoluité, beau, bien, bonté, exemplarité, idéal, infini, nec plus ultra, pureté, qualité, quintessence, succulence, summum, transcendance. ▶ *Beauté* – agrément, art, attrait, beau, beauté, charme, chic, classe, coquetterie, délicatesse, distinction, éclat, élégance, esthétique, féerie, fraîcheur, grâce, gracieux, harmonie, magnificence, majesté, photogénie, pureté, séduction, splendeur, symétrie. *DIDACT.* eurythmie. *SOUT.* blandice, joliesse, morbidesse, sublimité, symphonie, vénusté. ▶ *Chef-d'œuvre* – bijou, chef-d'œuvre, classique, merveille, monument, œuvre capitale, œuvre classique, œuvre de génie, œuvre maîtresse, œuvre majeure, pièce maîtresse, trésor artistique. ▶ *Score parfait* – sans-faute. ▶ *Sainteté* – angélisme, mérite, moralité, sagesse, sainteté, vertu. ▲ANT. IMPERFECTION, INACHÈVEMENT; DÉFAUT, DÉFECTUOSITÉ, DIFFORMITÉ, VICE; MÉDIOCRITÉ, NULLITÉ; ERREUR, FAUTE; ABJECTION.

perfectionné *adj.* avancé, de pointe, évolué, haute technologie, pointu, poussé, sophistiqué, spécialisé. ▲ANT. ÉBAUCHÉ, EMBRYONNAIRE, FRUSTE, GROSSIER, PRIMITIF, RUDIMENTAIRE.

période

perfectionnement *n. m.* ▶ *Amélioration* – abonnissement, affinement, amélioration, anoblissement, bonification, embellie, embellissement, ennoblissement, enrichissement, maximalisation, optimalisation, optimisation, progrès. *SOUT.* épurement. *FIG.* bond en avant. ▶ *Finition* – achèvement, amélioration, arrangement, complètement, correction, enjolivement, finition, léchage, mise au point, peaufinage, polissage, raffinage, raffinement, retouche, révision, soin. *SOUT.* parachèvement. *FAM.* fignolage. ▶ *Finissage* – achevage, fin, finition, garnissage. *FAM.* fignolage. ▶ *Finesse* – détail, finesse, précision, raffinement, recherche, sophistication, stylisme, subtilité. ▶ *Progrès* – avancement, civilisation, évolution, progrès. ▲*ANT.* CORRUPTION, DÉGRADATION, DÉTÉRIORATION; ÉBAUCHE; DÉCLIN, DÉPÉRISSEMENT, RÉGRESSION.

perfectionner *v.* ▶ *Améliorer* – améliorer, parfaire. ▶ *Peaufiner* – ciseler, fignoler, finir, lécher, parachever, parfaire, peaufiner, polir, raffiner, soigner. ▶ *Mettre au point* – mettre au point, régler. *FAM.* roder. ♦ *se perfectionner* ▶ *Se raffiner* – se raffiner, se sophistiquer. ▲*ANT.* ABÎMER, AVILIR, CORROMPRE, DÉTÉRIORER, EMPIRER, GÂCHER, GÂTER; BÂCLER.

perfectionnisme *n. m.* purisme, rigorisme, rigueur. ▲*ANT.* LAISSER-ALLER, LAXISME, NÉGLIGENCE.

perfectionniste *adj.* à cheval sur les principes, chatouilleux, exigeant, maniaque, pointilleux, scrupuleux, sourcilleux. *FAM.* service-service. ▲*ANT.* INAPPLIQUÉ, NÉGLIGENT.

perfectionniste *n.* maniaque, paperassier, procédurier, tatillon. *FAM.* compliqué, coupeur de cheveux en quatre. *QUÉB. FAM.* téteux. ▲*ANT.* BÂCLEUR, NÉGLIGENT.

perfide *adj.* ▶ *Hypocrite* – à double face, de mauvaise foi, déloyal, dissimulateur, dissimulé, fallacieux, faux, fourbe, hypocrite, insidieux, insincère, menteur, sournois, tortueux, traître, trompeur. *SOUT.* captieux, cauteleux, chafouin, tartufe, tartuffard, tortu. *DIDACT.* sophistique. ▶ *Très rusé* – diabolique, fourbe, machiavélique, malin, rusé, tortueux. *SOUT.* artificieux, chafouin, madré, matois, retors, roué, scélérat. *FAM.* roublard, vicelard. *QUÉB. FAM.* ratoureux, snoreau, vlimeux. ▶ *Méchant* – empoisonné, fielleux, haineux, hargneux, hostile, malveillant, méchant, venimeux. *SOUT.* enfiellé. ▶ *Qui constitue une menace* – insidieux, rampant, sournois, subreptice, traître. ▲*ANT.* FRANC, HONNÊTE, LOYAL, SINCÈRE; ANGÉLIQUE, BON, CANDIDE, INNOCENT, PUR; AFFECTUEUX, AIMANT, AMOUREUX, CAJOLEUR, CÂLIN, CARESSANT, DOUX, TENDRE; ANODIN, BÉNIN, INOFFENSIF, SANS DANGER.

perfidie *n. f.* ▶ *Hypocrisie* – déloyauté, dissimulation, duplicité, facticité, fausseté, félonie, fourberie, hypocrisie, malhonnêteté, mauvaise foi, scélératesse, sournoiserie, trahison, traîtrise, tromperie. *SOUT.* factice, félinité, insincérité. ▶ *Ruse* – jonglerie, roublardise, rouerie, ruse. ▶ *Action méchante* – bassesse, coup bas, crasse, malfaisance, méchanceté, méfait, rosserie. *SOUT.* scélératesse, vilenie. *FAM.* sale coup, sale tour, saloperie, tour de cochon, vacherie. *FRANCE FAM.* mistoufle. *QUÉB. FAM.* chiennerie, coup de cochon, écœuranterie. ▲*ANT.* DROITURE, FIDÉLITÉ, FRANCHISE, LOYAUTÉ, PROBITÉ; NAÏVETÉ.

performance *n. f.* ▶ *Exécution* – accomplissement, exécution, réalisation. *DR. ou SOUT.* perpétration *(crime)*. ▶ *Succès* – exploit, prouesse, record, réussite, succès, tour de force. *SOUT.* gageure. ▲*ANT.* ÉCHEC, INSUCCÈS; COMPÉTENCE.

performant *adj.* ▶ *En parlant de qqch.* – compétitif, concurrentiel. ▶ *En parlant de qqn* – à la hauteur, adroit, bon, brillant, capable, chevronné, compétent, connaisseur, d'élite, de haut vol, de haute volée, de talent, doué, émérite, entraîné, exercé, expérimenté, expert, ferré, fin, fort, habile, inspiré, passé maître, qualifié, qui s'y connaît, talentueux, versé. *SOUT.* entendu à, industrieux, rompu à. *FAM.* calé, qui a la bosse de, qui sait y faire. *FRANCE FAM.* balèze, costaud, fortiche, incollable, trapu. *QUÉB. FAM.* connaissant; *FAM.* bollé. ▲*ANT.* IGNORANT, INCAPABLE, INCOMPÉTENT, MAUVAIS, MÉDIOCRE, NUL.

péril *n. m.* ▶ *Danger* – aléa, casse-cou, danger, détresse, difficulté, écueil, embûche, épée de Damoclès, épouvantail, guêpier, hasard, impasse, imprudence, insécurité, mauvais pas, menace, perdition, piège, point chaud, point sensible, poudrière, récif, risque, spectre, traverse, urgence, volcan. *SOUT.* tarasque. *FRANCE FAM.* casse-gueule. ▶ *Épreuve* – contrariété, coup, coup du destin, coup du sort, coup dur, disgrâce, échec, épreuve, hydre, infortune, mal, malchance, malheur, mauvais moment à passer, misère, revers, ruine, tribulation. *SOUT.* traverse. ▲*ANT.* SÉCURITÉ, SÛRETÉ.

périlleux *adj.* ▶ *Risqué* – audacieux, aventuré, aventureux, dangereux, extrême *(sport)*, fou, hardi, hasardé, hasardeux, imprudent, osé, risqué, suicidaire, téméraire. *SOUT.* scabreux. *FAM.* casse-cou, casse-gueule. ▶ *Très risqué* – kamikaze, suicidaire, suicide. ▲*ANT.* ANODIN, BÉNIN, INNOCENT, INOFFENSIF, SANS DANGER, SÛR.

périmé *adj.* ▶ *Expiré* – annulé, échu, expiré, invalide, nul. *DR.* caduc, nul et de nul effet, nul et non avenu. ▶ *Démodé* – anachronique, ancien, antédiluvien, antique, archaïque, arriéré, caduc, démodé, dépassé, désuet, fossile, inactuel, moyenâgeux, obsolescent, obsolète, passé de mode, poussiéreux, préhistorique, qui a fait son temps, suranné, tombé en désuétude, usé, vétuste, vieilli, vieillot, vieux, vieux jeu. ▲*ANT.* ACTUEL, EN COURS, EN VIGUEUR, VALIDE; À LA MODE, À LA PAGE, EN VOGUE, MODERNE, NEUF, NOUVEAU, RÉCENT.

période *n. f.* ▶ *Espace de temps* – durée, laps de temps, plage (horaire), planche (horaire), temps. ▶ *Époque* – âge, cycle, date, époque, ère, étape, génération, heure, jour, moment, règne, saison, siècle, temps. ▶ *Période géologique* – âge, ère, série, système. ▶ *Période menstruelle* – écoulement menstruel, flot menstruel, flux menstruel, menstruation, règles, sang menstruel. *PAR EUPHÉM.* indisposition. ▶ *Phase* – épisode, étape, palier, phase, point, stade, transition. ▶ *Caractéristique d'une onde* – fréquence, hauteur, longueur d'onde, tonie. ▶ *Répétition* – cycle, fréquence, itération, périodicité, rechute, récidive, récidivité, recommencement, récurrence, récursivité, renouvellement, répétition, répétitivité, reprise, reproduction, retour. *SOUT.* réitération,

périodique

retombement. *FAM.* réédition. ▸ *Rythme musical* – battement, cadence, eurythmie, mesure, mouvement, musique, phrasé, pouls, pulsation, respiration, rythme, swing, tempo, vitesse.

périodique *adj.* ▸ *À intervalles réguliers* – alternant, alternatif, alterné, cyclique, en alternance. ▲ANT. ACYCLIQUE, ERRATIQUE, INTERMITTENT, IRRÉGULIER; APÉRIODIQUE.

périodique *n. m.* ▸ *Revue* – annales, bulletin, cahier, fanzine, gazette, illustré, journal, magazine, organe, publication, revue, tabloïd, zine. ▸ *Journal* – bulletin, feuille, hebdomadaire, illustré, journal, magazine, organe, quotidien, tabloïd. *FAM.* hebdo.

périodiquement *adv.* à date fixe, à des intervalles répétés, à heure fixe, à intervalles constants, à intervalles fixes, à intervalles réguliers à jour fixe, à périodes fixes, à périodes régulières, à plusieurs reprises, à répétition, cycliquement, itérativement, régulièrement, rythmiquement, successivement. ▸ *Selon la période* – annuellement, hebdomadairement, mensuellement, quotidiennement. ▲ANT. ALÉATOIREMENT, CAPRICIEUSEMENT, ÉPISODIQUEMENT, IRRÉGULIÈREMENT, PAR INTERMITTENCE, SPORADIQUEMENT.

péripétie *n. f.* ▸ *Incident* – accident, accroc, accrochage, affaire, anicroche, avatar, aventure, complication, contingences, contrariété, contretemps, crise, désagrément, difficulté, dispute, embarras, empêchement, ennui, épine, épisode, événement, éventualité, imprévu, incident, mésaventure, obstacle, occasion, occurrence, problème, rebondissement, tribulations. *SOUT.* adversité. *FAM.* blème, cactus, embêtement, emmerde, emmerdement, enquiquinement, os, pépin, pétrin, tuile. *FRANCE FAM.* avaro, empoisonnement. ▸ *Action d'un récit* – action, affabulation, canevas, intrigue, scénario, scène, trame, vie. ▲ANT. ORDINAIRE, ROUTINE.

périphérie *n. f.* ▸ *Pourtour* – bord, ceinture, cercle, circonférence, contour, dessin, extérieur, forme, lèvres, limbe, marli *(plat, assiette)*, périmètre, pourtour, tour. ▸ *Banlieue* – abords, alentours, banlieue, banlieue-dortoir, ceinture, cité-dortoir, couronne, environs, extension, faubourg, quartier-dortoir, ville-dortoir, zone (suburbaine). ▲ANT. CENTRE, INTÉRIEUR, MILIEU; CENTRE-VILLE.

périphérique *adj.* ▸ *Loin du centre* – excentré, excentrique, externe. ▸ *À la périphérie d'une ville* – périurbain, suburbain. ▸ *Qui constitue un détour* – d'évitement, de contournement, détourné. ▸ *Accessoire* – accessoire, anecdotique, annexe, contingent, (d'intérêt) secondaire, de second plan, décoratif, dédaignable, épisodique, incident, indifférent, insignifiant, marginal, mineur, négligeable. ▲ANT. CENTRAL.

périr *v.* ▸ *Mourir* – décéder, être emporté, être tué, expirer, mourir, perdre la vie, s'éteindre, succomber, trouver la mort. *SOUT.* exhaler le dernier soupir, passer de vie à trépas, payer tribut à la nature, rendre l'âme, rendre l'esprit, rendre le dernier soupir, rendre son dernier souffle, trépasser. *PAR EUPHÉM.* avoir vécu, disparaître, faire le grand voyage, fermer les paupières, fermer les yeux, finir, monter au ciel, paraître devant Dieu, partir, passer, passer dans l'autre monde, quitter ce (bas) monde, s'effacer, s'en aller,

s'endormir. *FAM.* aller ad patres, aller chez les taupes, avaler sa chique, avaler son acte de naissance, boire le bouillon d'onze heures, calancher, caner, casser sa pipe, clamser, claquer, crever, décoller son billard, dévisser son billard, faire couic, passer l'arme à gauche, perdre le goût du pain, rester sur le carreau, s'endormir du sommeil de la tombe, sortir les pieds devant, y rester. *FRANCE FAM.* claboter. *QUÉB. FAM.* lever les pattes, péter au fret. ▸ *S'anéantir* – crouler, disparaître, finir, mourir, s'anéantir, s'écrouler, s'effondrer. ▲ANT. SURVIVRE, VIVRE; APPARAÎTRE, COMMENCER, NAÎTRE.

périssable *adj.* ▸ *Qui peut se gâter* – altérable, biodégradable, corruptible, décomposable, putréfiable, putrescible. ▸ *Qui n'est pas éternel* – destructible, éphémère, mortel, temporaire. ▸ *Éphémère* – bref, court, éphémère, évanescent, fugace, fugitif, intérimaire, momentané, passager, précaire, provisoire, rapide, temporaire, transitoire. ▲ANT. IMPUTRESCIBLE, INALTÉRABLE, INATTAQUABLE, INCORRUPTIBLE; DURABLE, ÉTERNEL, IMMORTEL, IMPÉRISSABLE, PERMANENT, PERPÉTUEL.

perle *n. f.* ▸ *Pierre* – *FRANCE FAM.* perlouse. ▸ *Petite boule* – grain. ▸ *Sphère liquide* (*SOUT.*) – goutte, gouttelette (petite). ▸ *Chose remarquable* – joyau. *SOUT.* sublimité. ▸ *Acte ou parole stupide* – absurdité, ânerie, bafouillage, bafouillis, baliverne, balourdise, bêlement, bêtise, bourde, calembredaine, cliché, divagation, fadaise, faribole, folie, idiotie, imbécillité, ineptie, insanité, niaiserie, non-sens, propos en l'air, sornette, sottise, stupidité. *SOUT.* billevesée. *FAM.* crétinerie, déblocage, déconnage, dinguerie, vanne. ▸ *Insecte* – *ZOOL.* plécoptère. ▸ *Centre de l'œil* (*QUÉB. FAM.*) – prunelle, pupille. ▲ANT. BANDIT, CHENAPAN, MISÉRABLE, ORDURE; INTELLIGENCE, TRAIT D'ESPRIT.

permanence *n. f.* ▸ *Stabilité* – constance, continu, continuité, durabilité, durée, fermeté, fixité, immuabilité, immutabilité, imprescriptibilité, imputrescibilité, inaliénabilité, inaltérabilité, incorruptibilité, indéfectibilité, indissolubilité, invariabilité, longévité, pérennité, persistance, stabilité, tenue. *PHYS.* invariance. ▸ *Solidité* – aplomb, assurance, autorité, caractère, constance, courage, cran, détermination, endurance, énergie, fermeté, force, poigne, rectitude, résolution, ressort, sang-froid, sérieux, solidité, sûreté, ténacité, vigueur, virilité, volonté. *SOUT.* fortitude, invulnérabilité. *FAM.* estomac, gagne. ▲ANT. IMPERMANENCE; ALTÉRATION, CHANGEMENT, CONVERSION, ÉVOLUTION, MODIFICATION; INSTABILITÉ, INTERMITTENCE; ARRÊT, DISCONTINUITÉ, INTERRUPTION.

permanent *adj.* ▸ *Ininterrompu* – constant, continu, continuel, de tous les instants, incessant, ininterrompu, perpétuel, persistant, régulier. ▸ *Non favorable* – continuel, éternel, incessant, perpétuel, sans fin, sempiternel. ▸ *Inaltérable* – constant, durable, éternel, immortel, immuable, impérissable, imprescriptible, inaltérable, indéfectible, indestructible, indissoluble, infini, perpétuel, sans fin. *SOUT.* pérenne. ▲ANT. IMPERMANENT; BREF, COURT, ÉPHÉMÈRE, FUGACE, FUGITIF, MOMENTANÉ, PASSAGER, PROVISOIRE, TEMPORAIRE, TRANSITOIRE; DISCONTINU, INTERMITTENT, IRRÉGULIER.

permettre *v.* ▸ *Donner la permission* – approuver, autoriser, laisser, passer. ▸ *Tolérer* – accepter, endurer, souffrir, supporter, tolérer. ▸ *Constituer un motif valable* – autoriser, excuser, justifier, légitimer. ♦ **se permettre** ▸ *S'octroyer* – s'accorder, s'octroyer, s'offrir, se donner. ▸ *Oser* – avoir l'audace de, oser, s'aviser de, s'enhardir jusqu'à. ▲ANT. DÉFENDRE, EMPÊCHER, INTERDIRE, PROHIBER; BRIDER, CONTRAINDRE, FORCER.

permis *n. m.* autorisation, bon, congé, coupe-file, décharge, dispense, laissez-passer, licence, navicert, passavant, passe-debout, passeport, sauf-conduit, visa. ▲ANT. DÉFENSE, INTERDICTION, REFUS.

permissif *adj.* élastique, large, latitudinaire, laxe, laxiste, relâché. ▲ANT. RIGOUREUX, SÉVÈRE, STRICT.

permission *n. f.* ▸ *Assentiment* – acceptation, accord, accréditation, acquiescement, adhésion, adoption, affirmation, affirmative, agrément, amen, approbation, approbativité, approuvé, assentiment, autorisation, aval, avis favorable, bénédiction, caution, chorus, confirmation, consentement, déclaration favorable, engagement, entérinement, exeat, feu vert, gré, homologation, légalisation, oui, ratification, sanction, validation. BELG. agréage, agréation. SOUT. suffrage. RELIG. admittatur, celebret, créance, imprimatur, nihil obstat. ▸ *Liberté* – autonomie, contingence, disponibilité, droit, faculté, franc arbitre, hasard, indépendance, indéterminisme, liberté, libre arbitre, (libre) choix, licence, loisir, possibilité, pouvoir. ▸ *Sortie sous condition* – congé, semi-liberté. FRANCE FAM. perme. ▲ANT. DÉFENSE, EMPÊCHEMENT, INTERDICTION, INTERDIT, REFUS.

pernicieux *adj.* ▸ *Dommageable* – dangereux, dévastateur, dommageable, funeste, malfaisant, mauvais, néfaste, négatif, nocif, nuisible, ravageur. SOUT. délétère. ▸ *Immoral* – corrupteur, dépravant, immoral, malsain, mauvais, nocif, pervers, pervertisseur. SOUT. suborneur. ▲ANT. BÉNÉFIQUE, BIENFAISANT, BON, PROFITABLE, SALUTAIRE, UTILE; ANODIN, BÉNIN, INNOCENT, INOFFENSIF, SANS DANGER; AVANTAGEUX, PROPICE.

pérorer *v.* ▸ *Parler avec emphase* – pédantiser, philosopher, pontifier. FAM. laïusser. ▸ *Parler trop longuement* – disserter, épiloguer, palabrer. FAM. baratiner, dégoiser, laïusser, tartiner. QUÉB. vaser.

perpendiculaire *adj.* ▸ *Qui forme un angle droit* (COUR.) – normal, orthogonal. ▸ *Qui est en position verticale* (SOUT.) – debout, vertical. ▲ANT. PARALLÈLE; OBLIQUE.

perpétuel *adj.* ▸ *Ininterrompu* – constant, continu, continuel, de tous les instants, incessant, ininterrompu, permanent, persistant, régulier. ▸ *Non favorable* – continuel, éternel, incessant, sans fin, sempiternel. ▸ *Inaltérable* – constant, durable, éternel, immortel, immuable, impérissable, imprescriptible, inaltérable, indéfectible, indestructible, indissoluble, infini, permanent, sans fin. SOUT. pérenne. ▲ANT. BREF, COURT, ÉPHÉMÈRE, FUGITIF, MOMENTANÉ, PASSAGER, PROVISOIRE, TEMPORAIRE, TRANSITOIRE; DISCONTINU, INTERMITTENT, IRRÉGULIER.

perpétuellement *adv.* à l'infini, à perpétuité, à tous coups, à tous les coups, à tout bout de champ, à tout instant, à (tout) jamais, à tout moment, à toute heure (du jour et de la nuit), à vie, ad vitam æternam, assidûment, beau temps mauvais temps,

chroniquement, constamment, continuellement, continûment, dans tous les cas, de nuit comme de jour, de toute éternité, en permanence, en tout temps, en toute saison, en toute(s) circonstance(s), éternellement, hiver comme été, immuablement, inaltérablement, indéfiniment, infiniment, invariablement, jour et nuit, nuit et jour, pour la vie, pour les siècles des siècles, rituellement, sans arrêt, sans cesse, sans discontinuer, sans fin, sans interruption, sans relâche, sans répit, sempiternellement, systématiquement, toujours, tous les jours. SOUT. à demeure, incessamment. FAM. à perpète, tout le temps. ▲ANT. À L'OCCASION, DE TEMPS À AUTRE, DE TEMPS EN TEMPS, OCCASIONNELLEMENT, PARFOIS, QUELQUEFOIS.

perpétuer *v.* ▸ *Faire durer* – continuer, entretenir, maintenir, prolonger. ▸ *Très longtemps* – immortaliser, transmettre à la postérité. SOUT. éterniser, pérenniser. ♦ **se perpétuer** ▸ *Durer* – demeurer, durer, perdurer, persister, résister, rester, se chroniciser, se conserver, se maintenir, subsister, survivre. ▸ *Se reproduire* – se multiplier, se reproduire. ▸ *Se prolonger dans qqn* – se prolonger, se survivre. ▲ANT. CESSER, INTERROMPRE; ACHEVER, FINIR; CHANGER. △SE PERPÉTUER – MOURIR, S'ÉTEINDRE, SE TERMINER.

perpétuité *n. f.* ▸ *Éternité* – éternel, éternité, immortalité, pérennité. ▸ *Stabilité* – constance, continu, continuité, durabilité, durée, fermeté, fixité, immuabilité, immutabilité, imprescriptibilité, imputrescibilité, inaliénabilité, inaltérabilité, incorruptibilité, indéfectibilité, indissolubilité, invariabilité, longévité, pérennité, permanence, persistance, stabilité, tenue. PHYS. invariance. ▲ANT. INSTANT, MOMENT; BRIÈVETÉ; DISPARITION, EXTINCTION.

perplexe *adj.* ▸ *Indécis* – embarrassé, flottant, fluctuant, hésitant, incertain, indécis, indéterminé, irrésolu, velléitaire. FRANCE FAM. entre le zist et le zest, vasouillard. ▸ *Songeur* – absorbé, contrarié, ennuyé, inquiet, pensif, préoccupé, songeur, soucieux, tracassé. ▲ANT. CATÉGORIQUE, DÉCIDÉ, DÉTERMINÉ, ENTIER, FERME, INÉBRANLABLE, INFLEXIBLE, RÉSOLU.

perplexité *n. f.* doute, embarras, flottement, hésitation, incertitude, inconstance, indécision, indétermination, instabilité, irrésolution, procrastination, réticence, scrupule, tâtonnement, trouble, vacillement, valse-hésitation, velléité, versatilité. SOUT. limbes. QUÉB. FAM. brettage, tétage. ▲ANT. ASSURANCE, CERTITUDE, DÉCISION.

perruque *n. f.* postiche. FAM. moumoute. QUÉB. toupet. ANC. fontange.

persécuter *v.* ▸ *Torturer* – martyriser, torturer. ▸ *Opprimer* – accabler, écraser, opprimer, tyranniser. ▸ *Harceler* – attaquer, harceler, poursuivre, s'acharner contre. SOUT. inquiéter. ▲ANT. DÉFENDRE, PROTÉGER; MÉNAGER.

persécution *n. f.* abus de pouvoir, brimade, exactions, harcèlement, oppression, talonnement. ▲ANT. APPUI, DÉFENSE, PROTECTION, SECOURS.

persévérance *n. f.* ▸ *Obstination* – acharnement, assiduité, constance, détermination, entêtement, fermeté, insistance, obstination, opiniâtreté, persistance, résolution, suite dans les idées, ténacité, volonté. PÉJ. aveuglement. ▸ *Patience* – calme, constance, courage, douceur, endurance, flegme, lenteur, patience, persistance, résignation, sang-froid, tranquillité. SOUT. longanimité. ▲ANT. ABANDON, ABJURATION, CHANGEMENT, DÉSISTEMENT; CAPRICE, INCONSTANCE, VERSATILITÉ.

persévérant *adj.* ▶ *Inlassable* – infatigable, inlassable, patient. ▶ *Acharné* – acharné, coriace, obstiné, opiniâtre, persistant, tenace. ▲ANT. CHANGEANT, FANTASQUE, INCONSTANT, INSTABLE, VERSATILE; CAPITULARD, LÂCHEUR.

persévérer *v.* ▶ *Continuer* – continuer, poursuivre. FAM. insister, tenir bon. QUÉB. FAM. ne pas lâcher (la patate). BELG. perdurer. ▶ *Faire de grands efforts* – faire son possible, mettre tout en œuvre, s'acharner, s'appliquer, s'efforcer, s'escrimer, s'évertuer, suer sang et eau, tout faire. ▶ *S'entêter* – insister, ne pas démordre de, persister, s'acharner, s'entêter, s'obstiner, se buter. ▲ANT. ABANDONNER, CAPITULER, CÉDER, CESSER, LÂCHER, LAISSER TOMBER, RENONCER, SE DÉSISTER.

persienne *n.f.* contrevent, jalousie, volet.

persistance *n.f.* ▶ *Fait de continuer* – conservation, continuation, immortalisation, maintien, pérennisation, poursuite, préservation, prolongement, sauvegarde, suite, transmission. SOUT. ininterruption, perpétuation, perpétuement. ▶ *En psychologie* – rémanence. ▶ *Obstination* – acharnement, assiduité, constance, détermination, entêtement, fermeté, insistance, obstination, opiniâtreté, persévérance, résolution, suite dans les idées, ténacité, volonté. PÉJ. aveuglement. ▶ *Patience* – calme, constance, courage, douceur, endurance, flegme, lenteur, patience, persévérance, résignation, sang-froid, tranquillité. SOUT. longanimité. ▲ANT. ABANDON, CESSATION; CHANGEMENT, ÉVOLUTION, TRANSFORMATION.

persistant *adj.* ▶ *Incessant* – constant, continu, continuel, de tous les instants, incessant, ininterrompu, permanent, perpétuel, régulier. ▶ *Non favorable* – continuel, éternel, incessant, perpétuel, sans fin, sempiternel. ▶ *Durable* – ancré, chronique, durable, endémique, enraciné, établi, gravé, implanté, indéracinable, inextirpable, invétéré, tenace, vieux, vivace. ▶ *Obsédant* – entêtant, harcelant, lancinant, obsédant. ▶ *Persévérant* – acharné, coriace, obstiné, opiniâtre, persévérant, tenace. ▶ *En parlant de feuilles* – sempirvirent. ▲ANT. BREF, COURT, ÉPHÉMÈRE, FUGITIF, MOMENTANÉ, PASSAGER, PROVISOIRE, TEMPORAIRE, TRANSITOIRE; DISCONTINU, INTERMITTENT, IRRÉGULIER; AGRÉABLE, PLAISANT; DÉCIDU (feuillage).

persister *v.* ▶ *Continuer d'exister* – demeurer, durer, perdurer, résister, rester, se chroniciser, se conserver, se maintenir, se perpétuer, subsister, survivre. ▶ *S'entêter* – insister, ne pas démordre de, persévérer, s'acharner, s'entêter, s'obstiner, se buter. ▲ANT. ARRÊTER, CESSER, S'INTERROMPRE; ABANDONNER, CÉDER, FAIBLIR, FLANCHER, FLÉCHIR, PLIER, RENONCER.

personnage *n.m.* ▶ *Ce qu'incarne l'acteur* – rôle. ▶ *Personne influente* – figure, fort, grand, notabilité, notable, personnalité, puissant. ▲ANT. INCONNU, QUIDAM.

personnalité *n.f.* ▶ *Individualité* – eccéité, ego, être, individu, individualité, moi, organisme, personne, soi. ▶ *Tempérament* – abord, caractère, comportement, constitution, esprit, état d'âme, état

d'esprit, humeur, idiosyncrasie, individualité, mentalité, nature, naturel, sensibilité, tempérament, trempe. FAM. psychologie. ACADIE FAM. alément. PSYCHOL. thymie. ▶ *Personnage important* – figure, fort, grand, notabilité, notable, personnage, puissant. ♦ **personnalités**, *plur.* ▶ *Ensemble de personnages importants* – aristocratie, célébrités, choix, élite, (fine) fleur, gotha, grands noms, meilleur, panthéon, personnages, sérail, vedettes. FAM. crème, dessus du panier, gratin. ▲ANT. GÉNÉRALITÉ, IMPERSONNALITÉ, OBJECTIVITÉ; INCONNU.

personne *n.f.* ▶ *Membre de l'espèce humaine* – être humain, homme, humain, singe nu, terrien (science-fiction). ZOOL. homo sapiens. SOUT. mortel. ▶ *Être social* – âme. DR. partie civile. ▶ *Individualité* – eccéité, ego, être, individu, individualité, moi, organisme, personnalité, soi. ▶ *Terme grammatical* – personne (grammaticale). ♦ **personnes**, *plur.* ▶ *Ensemble de personnes* – bande, brigade, caravane, cellule, collectif, colonie, corps, équipe, escadron, escouade, groupe, horde, individus, membres, meute, noyau, peloton, troupe. IRON. fournée. FAM. bataillon, brochette, cohorte. ▶ *Grand nombre de personnes* – abondance, affluence, armada, armée, attroupement, cohue, concentration, concours, encombrement, essaim, flot, forêt, foule, fourmillière, fourmillement, grouillement, légion, marée, masse, meute, monde, multitude, peuple, pléiade (célébrités), pullulement, rassemblement, régiment, réunion, ribambelle, ruche, tas, troupeau. FAM. flopée, marmaille (enfants), tapée, tripotée. QUÉB. achalandage; FAM. tapon, trâlée. PÉJ. ramassis. ▶ *L'ensemble des personnes* – foule, gens, individus, monde, public. ▶ *L'ensemble des membres de l'espèce humaine* – espèce (humaine), êtres humains, genre humain, homme, humanité, la terre, population du globe, population mondiale, population planétaire. SOUT. race humaine.

personnel *adj.* ▶ *Individuel* – attitré, exclusif, individuel, particulier, privé, propre, réservé, spécial. ▶ *Intime* – confidentiel, intime, privé, secret. ▶ *Subjectif* – impressionniste, subjectif. SOUT. impressif. ▲ANT. IMPERSONNEL; ANONYME, DÉPERSONNALISÉ, NEUTRE; COLLECTIF, COMMUN, COMMUNAUTAIRE, GÉNÉRAL, PUBLIC, SOCIAL; ACCESSIBLE, OUVERT; BANAL, ORDINAIRE, SANS ORIGINALITÉ; RÉEL (droit).

personnel *n.m.* ▶ *Main-d'œuvre* – effectif, employés, main-d'œuvre, ressources humaines, salariat, salariés. ▶ *Employés d'une maison* – domesticité, domestiques, équipage, gens de maison, personnel (de maison), suite. PÉJ. SOUT. valetaille. ▲ANT. DIRECTION, PATRONAT.

personnellement *adv.* en personne, individuellement, intimement, nominativement, particulièrement, pour sa part, quant à soi, soi-même, subjectivement. ▲ANT. COLLECTIVEMENT, EN GROUPE.

personnifier *v.* incarner, représenter.

perspectif *adj.* ▲ANT. BIDIMENSIONNEL, PLAN.

perspective *n.f.* ▶ *Représentation sur un plan* – axonométrie, fuyant, géométral, perspective cavalière, perspective centrale, perspective militaire, perspective parallèle, perspective sphérique, projection, relief, scénographie, trompe-l'œil. ▶ *Profondeur*

– abîme, abysse, creux, distance, enfoncement, épaisseur, (fin) fond, fosse, gouffre, lointain, profondeur. SOUT. entrailles. ▶ *Paysage* – champ (de vision), horizon, panorama, paysage, point de vue, site, vue. ▶ *Point de vue* – angle, aspect, biais, côté, face, facette, point de vue, versant. ▶ *Opinion* – appréciation, avis, conception, conviction, critique, croyance, dogme, estime, idée, impression, jugement, opinion, optique, pensée, perception, point de vue, position, principe, prise de position, sentiment, théorie, thèse, vote, vue. SOUT. oracle. ▶ *Aperçu* – anticipation, aperçu, avant-goût, avant-première, échantillon, esquisse, essai, exemple, idée, tableau. SOUT. préfiguration. FAM. topo. ▶ *Possibilité* – chance, conjecture, éventualité, fréquence, hypothèse, possibilité, potentialité, prévisibilité, probabilité, prospective, viabilité, virtualité.

perspicace *adj.* aigu, clairvoyant, fin, lucide, lumineux, pénétrant, perçant, profond, psychologue, qui voit loin, sagace, subtil. ▲ANT. INEPTE, OBTUS.

perspicacité *n. f.* ▶ *Finesse* – acuité, clairvoyance, discernement, fin, finesse, flair, habileté, intuition, jugement, lucidité, pénétration, sagacité, sensibilité, subtilité. FAM. nez. ▶ *Profondeur* – acuité, ardeur, complexité, difficulté, élévation, ésotérisme, extase, extrémité, force, immensité, impénétrabilité, intelligence, intensité, intériorité, intimité, mystère, pénétration, plénitude, profond, profondeur, puissance, science, secret. ▲ANT. AVEUGLEMENT, CÉCITÉ; IMBÉCILLITÉ, NAÏVETÉ, STUPIDITÉ.

persuader *v.* amener, convaincre, décider, déterminer, entraîner. ▲ANT. DÉCONSEILLER, DÉCOURAGER, DÉTOURNER, DISSUADER.

persuasif *adj.* convaincant, éloquent, entraînant. ▲ANT. DISSUASIF.

persuasion *n. f.* ▶ *Éloquence* – ardeur, art, art oratoire, brio, chaleur, charme, conviction, élégance, expression, maîtrise, parole, rhétorique. SOUT. biendire. ▶ *Influence* – action, aide, appui, ascendant, attirance, attraction, aura, autorité, contagion, crédit, dominance, domination, effet, empreinte, emprise, fascination, force, importance, incitation, influence, inspiration, magie, magnétisme, mainmise, manipulation, mouvance, pétition, poids, pouvoir, prépondérance, présence, pression, prestige, puissance, règne, rôle, séduction, subjugation, suggestion, tyrannie. SOUT. empire, intercession. ▲ANT. DISSUASION; DOUTE, HÉSITATION.

perte *n. f.* ▶ *Fait de ne plus posséder* – cession, distribution, donation, donation-partage, échange, legs, mancipation, partage, transfert, vente. ▶ *Fait de ne plus être fixé* – chute. ▶ *Gaspillage* – coulage, déprédation, déséconomie, dilapidation, dissipation, gabegie, gâchage, gâchis, gaspillage, prodigalité. SOUT. profusion. FRANCE FAM. gaspi. ▶ *Dégât* – avarie, bris, casse, débâcle, dégradation, déprédation, désolation, destruction, détérioration, dévastation, dommage, endommagement, méfait, mouille, ravage, ruine, sabotage, vilain. FAM. bousillage, charcutage, grabuge. ▶ *Préjudice* – affront, atteinte, désavantage, dommage, injustice, lésion, mal, préjudice, tort. ▶ *Insuccès* – avortement, banqueroute, capitulation, catastrophe, chute, débâcle, débandade, déconfiture, défaite, déroute, désavantage, échec,

écrasement, faillite, fiasco, four, infortune, insuccès, mauvaise fortune, naufrage, ratage, raté, retraite, revers. SOUT. traverse. FAM. désastre, piquette, plantage, raclée, recalage, volée. FRANCE FAM. bérézina, bide, brossée, déculottée, dégelée, écrabouillement, fessée, foirade, gamelle, loupage, pile, rincée, rossée, tannée, veste. ▶ *Naufrage* – accident, chavirage, chavirement, naufrage. FAM. dessalage. ▶ *Dégénérescence* – abaissement, abâtardissement, abjection, abrutissement, affadissement, affaiblissement, agonie, altération, amollissement, appauvrissement, atrophie, avachissement, avilissement, baisse, corruption, décadence, déchéance, déclin, décrépitude, dégénérescence, dégradation, délabrement, déliquescence, dénaturation, dépérissement, détérioration, édulcoration, étiolement, flétrissure, perversion, pourrissement, pourriture, rouille, ruine, sape, usure. SOUT. aveulissement, crépuscule, pervertissement. FAM. dégingue, dégringolade. ▶ *Mort* – décès, disparition, extinction, fin, mort. FIG. départ, dernier repos, dernier sommeil, dernier soupir, grand voyage, sépulture, sommeil éternel, tombe, tombeau. SOUT. la Camarde, la Faucheuse, la Parque, trépas. FRANCE FAM. crevaison, crève. ▲ANT. CONSERVATION, SAUVEGARDE; BÉNÉFICE, EXCÉDENT, GAIN, PROFIT; ACCROISSEMENT, AMÉLIORATION; AVANTAGE, BIENFAIT; CONQUÊTE, RÉUSSITE, SUCCÈS; RÉAPPARITION, RÉUNION, VIE.

pertinent *adj.* ▶ *Approprié* – à propos, adapté, adéquat, approprié, bien trouvé, bien venu, bon, conforme, convenable, correct, de circonstance, de saison, heureux, indiqué, juste, opportun, propice, propre. SOUT. ad hoc, congruent, expédient, idoine. DIDACT. topique. ▶ *Intelligent* – astucieux, bien conçu, bien pensé, habile, ingénieux, intelligent, judicieux. ▶ *Significatif* – distinctif, significatif. ▲ANT. DÉPLACÉ, HORS DE PROPOS, IMPORTUN, INCONGRU, INOPPORTUN, INTEMPESTIF, MAL À PROPOS, MALVENU, MALENCONTREUX, NON PERTINENT.

perturbation *n. f.* ▶ *Bouleversement* – bouleversement, changement, chavirage, chavirement, conflagration, convulsion, dérangement, déréglement, déséquilibre, désorganisation, détraquement, renouvellement, rénovation, renversement, retournement, révolution, séisme, stress, trouble. FAM. chambard, chambardement, chamboulement. ▲ANT. CALME, PAIX, TRANQUILLITÉ; HARMONIE, ORDRE.

pervers *adj.* ▶ *Qui aime faire le mal* – cruel, maléfique, malfaisant, malintentionné, malveillant, mauvais, méchant, sadique, vicieux. FAM. chien, vachard, vache. FRANCE FAM. rossard, rosse. ▶ *Digne du diable* – démoniaque, diabolique, infernal, luciférien, méphistophélique, satanique. ▶ *Qui pervertit* – corrupteur, dépravant, immoral, malsain, mauvais, nocif, pernicieux, pervertisseur. SOUT. suborneur. ▲ANT. ANGÉLIQUE, PUR, SAGE, VERTUEUX; BON, CHARITABLE, COMPATISSANT, GÉNÉREUX, HUMAIN, QUI A BON CŒUR, SECOURABLE; DIGNE, HONNÊTE, HONORABLE, NOBLE; ÉQUILIBRÉ, SAIN.

perversion *n. f.* ▶ *Immoralité* – amoralité, corruption, cynisme, dépravation, immoralisme, immoralité, laxisme, péché, permissivité, perversité, vice. SOUT. désordre. ▶ *Corruption* – abaissement, abâtardissement, abjection, abrutissement, affadissement, affaiblissement, agonie, altération, amollissement,

perversité

appauvrissement, atrophie, avachissement, avilissement, baisse, corruption, décadence, déchéance, déclin, décrépitude, dégénérescence, dégradation, délabrement, déliquescence, dénaturation, dépérissement, détérioration, édulcoration, étiolement, flétrissure, perte, pourrissement, pourriture, rouille, ruine, sape, usure. SOUT. aveulissement, crépuscule, pervertissement. FAM. déglingue, dégringolade. ▲ANT. MORALITÉ, PROBITÉ, VERTU ; AMÉLIORATION, CORRECTION, PROGRÈS ; NORMALITÉ.

perversité *n. f.* ▶ *Méchanceté* – malfaisance, malignité, méchanceté. SOUT. malice. ▶ *Immoralité* – amoralité, corruption, cynisme, dépravation, immoralisme, immoralité, laxisme, péché, permissivité, perversion, vice. SOUT. désordre. ▲ANT. BIENVEILLANCE, BONTÉ, GENTILLESSE ; PURETÉ, VERTU.

pervertir *v.* ▶ *Inciter au mal* – corrompre, débaucher, dépraver, dérégler, détourner du droit chemin, dévergonder, dévoyer. ♦ **se pervertir** ▶ *Dégénérer* – dégénérer, s'abâtardir, s'avilir, se corrompre, se dégrader. ▲ANT. AMENDER, CONVERTIR, CORRIGER, ÉDIFIER, ÉLEVER, ÉPURER, INSTRUIRE ; AMÉLIORER.

pesamment *adv.* grossièrement, lourdement, massivement, péniblement. ▲ANT. LÉGÈREMENT.

pesant *adj.* ▶ *Qui pèse lourd* – lourd. DIDACT. pondéreux. ▶ *Pénible à supporter* – accablant, aliénant, asservissant, assujettissant, astreignant, contraignant, écrasant, étouffant, exigeant, impitoyable, lourd, oppressant, pénible. ▶ *Importun* – accaparant, accapareur, encombrant, envahissant, fatigant, importun, indésirable, indiscret, intrus, sans gêne. FAM. casse-pieds, collant, crampon, embêtant. QUÉB. FAM. achalant, dérangeant. ▶ *Qui manque de vivacité* – balourd, lent, lourd, lourdaud. ▶ *Difficile à digérer* – indigeste, lourd. ▲ANT. LÉGER ; AGRÉABLE, AISÉ ; AGILE, ÉVEILLÉ, PROMPT, VIF ; ÉLANCÉ, FIN, GRACIEUX ; ALLÉGÉ, DIÉTÉTIQUE, DIGESTE.

pesanteur *n. f.* ▶ *Lourdeur* – densité, lourdeur, masse, massiveté, poids. ▶ *Force* – attraction, force, gravitation, gravité, poids, poussée, pression. ▶ *Stupidité* – ânerie, béotisme, bêtise, bornerie, débilité, idiotie, ignorance, imbécillité, ineptie, inintelligence, innocence, insipidité, lenteur, lourdeur, naïveté, niaiserie, nigauderie, simplicité, sottise, stupidité. ▲ANT. LÉGÈRETÉ ; RAPIDITÉ, SOUPLESSE ; INTELLIGENCE, VIVACITÉ.

pesée *n. f.* ▶ *Approfondissement* – analyse, approfondissement, dépouillement, développement, enrichissement, épluchage, étude, examen, exploration, introspection, méditation, progrès, recherche, réflexion, sondage. ▶ *Mesure du poids* – gravimétrie, pesage, tarage *(du contenant)*.

peser *v.* ▶ *Évaluer* – apprécier, calculer, estimer, évaluer, jauger, juger, mesurer, soupeser, supputer, toiser. ▶ *Appuyer* – appuyer, pousser, presser. ▶ *Accabler* – accabler, charger, écraser, étouffer, surcharger. SOUT. opprimer. ▶ *Incomber* – appartenir à, incomber à, retomber sur (les épaules de), revenir à. ▶ *Être pénible* – coûter à, fatiguer. ▶ *Être un facteur* – agir sur, compter, entrer en ligne de compte, importer, influencer, influer sur, jouer. ▲ANT. DÉCHARGER, SOULAGER.

pessimisme *n. m.* ▶ *Inquiétude* – alarmisme, catastrophisme, défaitisme, inquiétude, négativisme, scepticisme. ▲ANT. CONFIANCE, ENTHOUSIASME, ESPOIR, OPTIMISME.

pessimiste *adj.* ▶ *Qui prévoit le pire* – alarmiste, catastrophiste, défaitiste, démoralisateur, dramatisant. ▶ *Désillusionné* – désenchanté, désillusionné, nihiliste. ▶ *D'humeur sombre* – abattu, découragé, démoralisé, dépressif, déprimé, las, mélancolique, morne, morose, qui a le vague à l'âme, qui broie du noir, sombre, ténébreux, triste. SOUT. bilieux, saturnien, spleenétique. FAM. cafardeux, tristounet. QUÉB. FAM. caduc, qui a la fale basse. ▲ANT. CONFIANT, OPTIMISTE, POSITIF.

peste *n. f.* ▶ *Enfant espiègle* – (affreux) jojo, chipie, coquin, diablotin, filou, fripon, galopin, mauvaise graine, (petit) bandit, (petit) chenapan, (petit) démon, (petit) diable, (petit) garnement, (petit) gredin, (petit) poison, (petit) polisson, (petit) vaurien, (petit) voyou, (petite) canaille, (petite) peste, poulbot *(de Montmartre)*, titi, vilain. SOUT. lutin. FAM. morveux, (petit) crapaud, petit merdeux, petit monstre, sacripant. QUÉB. FAM. grippette, (petit) snoreau, (petit) tannant, (petit) vlimeux. ▲ANT. AMOUR, ANGE, TRÉSOR.

pétale *n. m.* ▶ *Partie d'une fleur* – aile, étendard, labelle. SOUT. feuille. ♦ **pétales**, *plur.* ▶ *Ensemble de pétales* – corolle.

pétiller *v.* ▶ *Émettre de petits bruits secs* – craquer, craqueter, crépiter, grésiller. ▶ *Briller* (SOUT.) – brasiller, briller, chatoyer, étinceler, flamboyer, fulgurer *(éclat passager)*, luire, miroiter, reluire, resplendir, rutiler, scintiller. SOUT. palpiter, papilloter. BELG. blinquer. ACADIE FAM. mirer. ▶ *Être plein de gaieté* – sémiller.

petit *adj.* ▶ *De dimensions inférieures* – de petite taille, menu, microscopique, miniature, minuscule, nain, réduit, ténu. SOUT. lilliputien. ▶ *De faible longueur* – bas, court. ▶ *D'espace réduit* – étriqué, étroit, exigu, (un peu) juste. ▶ *Faible* – faible, infime, infinitésimal, insignifiant, minime, minime, négligeable, sans importance. FIG. homéopathique. ▶ *En bas âge* – en bas âge, enfant, haut comme trois pommes, petiot. FAM. gosse, môme. ▶ *À l'esprit borné* – borné, étriqué, étroit, étroit d'esprit, incompréhensif, intolérant, intransigeant, mesquin, qui a des œillères, sectaire. ▶ *En parlant d'une somme* – bas, faible, maigre, modeste, modique. ▲ANT. GRAND ; COLOSSAL, CONSIDÉRABLE, ÉNORME, EXTRAORDINAIRE, EXTRÊME, FABULEUX, FORMIDABLE, GÉANT, GIGANTESQUE, IMMENSE, MONUMENTAL, TITANESQUE ; ÉTENDU, LARGE, VASTE ; ADULTE ; CURIEUX, LARGE D'ESPRIT, OUVERT ; ASTRONOMIQUE, EXORBITANT, FOU.

petit *n.* ▶ *Rejeton* – enfant, héritier, rejeton. SOUT. chair de sa chair, fruit, fruit de l'hymen. FAM. gamin, progéniture. ▶ *Enfant* – (petit) enfant, (tout-) petit. SOUT. enfantelet. FAM. bambin, bout de chou, gamin, gosse, lardon, loupiot, marmot, mioche, môme, moucheron, mouflet, (petit) bonhomme, (petit) gars, petit homme, (petit) trognon, sauvageon *(sans éducation)*, têtard. FRANCE FAM. fanfan, gniard, mômignard, moujingue, moustique, moutard, petiot, puceron. QUÉB. FAM. mousse. ▶ *Personne petite*

– courtaud, lilliputien, nain. ♦ *petit, masc.* ▶ *Personne d'une condition peu élevée* – inférieur. ♦ **petits,** *plur.* ▶ *Ensemble d'animaux* – nichée, portée. ▲**ANT.** ADULTE; GRAND; GÉANT.

petitesse *n. f.* ▶ *Étroitesse* – étroitesse, exiguïté. ▶ *Finesse* – délicatesse, étroitesse, finesse, fragilité, gracilité, légèreté, minceur, sveltesse. SOUT. ténuité. ▶ *Nanisme* – microsomatie, nanisme. ▶ *Imperfection* – défaut, défectuosité, démérite, faible, faiblesse, faille, faute, grossièreté, handicap, imperfection, infirmité, insuffisance, lacune, maladie, malfaçon, manque, péché mignon, péché véniel, tache, tare, tort, travers, vice. SOUT. perfectibilité. ▶ *Peu* – insuffisance, parcimonie, peu, portion congrue. ▶ *Modicité* – exiguïté, modestie, modicité. ▶ *Mesquinerie* – appât du gain, âpreté (au gain), avarice, avidité, cupidité, économie de bouts de chandelle, égoïsme, mesquinerie, parcimonie, pingrerie, rapacité, thésaurisation. ANTILLES chicheté. SOUT. ladrerie, lésine, sordidité, vilenie. ▲**ANT.** AMPLEUR, GRANDEUR, GROSSEUR, HAUTEUR, IMMENSITÉ; GÉNÉROSITÉ, LIBÉRALITÉ.

pétition *n. f.* ▶ *Demande* – adjuration, appel, demande, démarche, desideratum, désir, doléances, exigence, injonction, instance, interpellation, interrogation, invocation, mandement, ordre, placet, prétention, prière, question, réclamation, requête, réquisition, revendication, sollicitation, sommation, supplication, supplique, ultimatum, vœu. SOUT. imploration.

pétrifié *adj.* abasourdi, ahuri, bouche bée, confondu, ébahi, éberlué, estomaqué, étonné, frappé de stupeur, hébété, interdit, interloqué, médusé, muet d'étonnement, pantois, sidéré, stupéfait, surpris. FAM. baba, ébaubi, épaté, époustouflé, riboulant, soufflé, suffoqué. ▲**ANT.** FLEGMATIQUE, INDIFFÉRENT.

pétrin *n. m.* ▶ *Appareil servant à pétrir le pain* – pétrisseur, pétrisseuse. ▶ *Situation difficile (FAM.)* – accident, accroc, accrochage, affaire, anicroche, avatar, aventure, complication, contingences, contrariété, contretemps, crise, désagrément, difficulté, dispute, embarras, empêchement, ennui, épine, épisode, événement, éventualité, imprévu, incident, mésaventure, obstacle, occasion, occurrence, péripétie, problème, rebondissement, tribulations. SOUT. adversité. FAM. blème, cactus, embêtement, emmerde, emmerdement, enquiquinement, os, pépin, tuile. FRANCE FAM. avaro, empoisonnement.

pétrir *v.* ▶ *Modeler* – malaxer, manier, manipuler, modeler, travailler, triturer. ▶ *Masser* – bouchonner, frictionner, frotter, malaxer, masser.

pétrole *n. m.* bitume liquide, huile minérale, or noir.

peu *adv.* ▶ *En faible quantité* – en faible quantité, pas beaucoup. FRANCE FAM. pas chouia, pas lerch. ▶ *Parcimonieusement* – avarement, avec ménagement, chétivement, chichement, cupidement, maigrement, mesquinement, modiquement, parcimonieusement, petitement, prudemment, serré, sordidement, usurairement. ▶ *Sobrement* – austèrement, discrètement, frugalement, légèrement, mesurément, modérément, raisonnablement, sobrement. ▶ *Rarement* – dans la minorité des cas, exceptionnellement, guère, par exception, peu souvent,

pratiquement jamais, quasiment jamais, rarement. ▲**ANT.** BEAUCOUP, EN GRANDE QUANTITÉ; FORT, GRANDEMENT, GRAVEMENT, INTENSÉMENT, SÉRIEUSEMENT.

peuplade *n. f.* citoyens, clan, ethnie, groupe, habitants, horde, nation, pays, peuple, phratrie, population, race, société, tribu.

peuple *n. m.* ▶ *Population* – citoyens, clan, ethnie, groupe, habitants, horde, nation, pays, peuplade, phratrie, population, race, société, tribu. ▶ *Gens de basse condition* – (bas) peuple, (basse) pègre, bétail, foule, la rue, masse (populaire), multitude, petit peuple, plèbe, populace, prolétariat, troupeau, vulgaire. FAM. populo, vulgum pecus. ▶ *Grande quantité de gens* – abondance, affluence, armada, armée, attroupement, cohue, concentration, concours, encombrement, essaim, flot, forêt, foule, fourmilière, fourmillement, grouillement, légion, marée, masse, meute, monde, multitude, pléiade *(célébrités)*, pullulement, rassemblement, régiment, réunion, ribambelle, ruche, tas, troupeau. FAM. flopée, marmaille *(enfants)*, tapée, tripotée. QUÉB. achalandage; FAM. tapon, trâlée. PÉJ. ramassis. ▲**ANT.** INDIVIDU; ARISTOCRATIE, ÉLITE, NOBLESSE.

peuplement *n. m.* ▶ *Croissance de population* – colonisation, immigration, natalité, occupation. ▶ *Multiplication* – accroissement, augmentation, foisonnement, multiplication, prolifération, propagation, pullulation, pullulement, reproduction. ▶ *Ensemencement* – alevinage, empoissonnage, empoissonnement, ensemencement. ▶ *En biologie* – biocénose, biomasse, biosphère, biote, êtres vivants, habitat, occupation. ▲**ANT.** DÉPEUPLEMENT, DÉPOPULATION.

peupler *v.* ▶ *Occuper un lieu* – habiter, occuper, vivre dans. ▶ *Occuper le temps (SOUT.)* – emplir, meubler, occuper, remplir. ▲**ANT.** DÉPEUPLER, DÉSERTER, ÉVACUER, VIDER.

peur *n. f.* ▶ *Crainte* – affolement, alarme, angoisse, appréhension, crainte, effarement, effarouchement, effroi, épouvante, frayeur, grand-peur, hantise, horreur, inquiétude, panique, phobie, psychose, terreur, transes. FIG. vertige. SOUT. affres, apeurement. FAM. cauchemar, frousse, pétoche, trac, trouille. QUÉB. FAM. chienne. ▶ *Timidité* – appréhension, confusion, crainte, discrétion, effacement, effarouchement, embarras, émoi, frilosité, gaucherie, gêne, hésitation, honte, humilité, indécision, inhibition, introversion, malaise, modestie, réserve, retenue, sauvagerie, timidité. SOUT. pusillanimité. FAM. trac. ▶ *Lâcheté* – faiblesse, lâcheté, poltronnerie. SOUT. couardise, pleutrerie. FAM. dégonflage, dégonfle. ▲**ANT.** AUDACE, BRAVOURE, COURAGE, HARDIESSE, SANG-FROID; ASSURANCE, CONFIANCE.

peureux *adj.* ▶ *Qui manque de courage* – couard, craintif, faible, frileux, lâche, mou, pleutre, poltron, pusillanime, qui se dérobe, timide, timoré, veule. ▶ *Qui a peur* – angoissé, apeuré, craintif, effrayé, inquiet, ombrageux *(animal)*. MÉD. phobique. SOUT. ou QUÉB. FAM. épeuré. ▲**ANT.** BRAVE, COURAGEUX, INTRÉPIDE, VAILLANT, VALEUREUX.

peut-être *adv.* ▶ *Possiblement* – plausiblement, possiblement, potentiellement, probablement, sans doute, virtuellement, vraisemblablement.

▶ Éventuellement – accessoirement, avec de la chance, éventuellement, hypothétiquement, le cas échéant, possiblement, quand besoin sera, s'il y a lieu, si besoin (est), si l'occasion se présente, si nécessaire, si possible. **▲ ANT.** À COUP SÛR, AUTOMATIQUE-MENT, FATALEMENT, FORCÉMENT, IMMANQUABLEMENT, IMPLACABLEMENT, INÉVITABLEMENT, INFAILLIBLEMENT, NÉCESSAIREMENT, OBLIGATOIREMENT, PAR LA FORCE DES CHOSES.

phalange *n. f.* **▶ Unité militaire** – bataillon, brigade, colonne, commando, compagnie, corps, échelon, escadron, escorte, formation, garde, garnison, légion, parti, patrouille, peloton, régiment, section, soldatesque *(indisciplinés)*, tabor *(Maroc)*, troupe, unité. *PAR EXT.* caserne. *ANC.* escouade, goum, piquet. **▶ Association politique** – alliance, apparentement, association, bloc, camp, cartel, club, coalition, confédération, faisceau, fédération, formation, front, groupe, groupe d'intérêts, groupe de pression, groupement, ligue, mouvement, organisation, parti, rapprochement, rassemblement, union. *ANC.* hétairie. *FÉOD.* hermandad. *PÉJ.* bande, bandits, cabale, camarilla, chapelle, clan, clique, coterie, école, église, faction, groupuscule, ligue, maffia, malfaiteurs, secte. **▶ Communauté** – phalanstère.

phare *n. m.* **▶ Projecteur de lumière** – feu. *ANC.* fanal *(sur un bateau)*. **▶ Meneur** – chef de file, gourou, guide (spirituel), magistère, mahatma, maître à penser, maître (spirituel), meneur, pandit, pasteur, rassembleur, sage. *SOUT.* conducteur, coryphée, entraîneur (d'hommes). *FAM.* pape.

pharisien *n.* **▶ Faux dévot** – bigot, faux dévot. *FAM.* bondieusard, calotin, cul-bénit, grenouille de bénitier, punaise de sacristie. *QUÉB. FAM.* mangeur de balustre, rongeur de balustre. **▲ ANT.** MYSTIQUE; NON-PRATIQUANT.

pharmacie *n. f.* **▶ Magasin** – droguerie. **▶ Meuble** – (armoire à) pharmacie, armoire de toilette. **▶ Substances** – médicaments, pharmacopée.

phase *n. f.* **▶ Étape** – épisode, étape, palier, période, point, stade, transition. **▶ Apparence d'un astre** – croissant, quartier.

phénoménal *adj.* **▶ Extraordinaire** – étonnant, extraordinaire, fabuleux, fantastique, hors du commun, incroyable, inouï, miraculeux, prodigieux. *FAM.* délirant, dément, dingue, fou. *FRANCE FAM.* foutral. **▶ Immense** – colossal, considérable, démesuré, énorme, extraordinaire, extrême, fabuleux, formidable, géant, gigantesque, grand, gros, immense, incommensurable, monstrueux, monumental, prodigieux, surhumain, titanesque, vaste, vertigineux. *SOUT.* cyclopéen, herculéen. *FAM.* bœuf, de tous les diables, du diable, effrayant, effroyable, épouvantable, faramineux, méchant, monstre. *FRANCE FAM.* gratiné. **▲ ANT.** ANODIN, BANAL, ORDINAIRE, SANS IMPORTANCE, SANS INTÉRÊT; FAIBLE, MODÉRÉ, PAUVRE; NOUMÉNAL.

phénomène *n. m.* **▶ En philosophie** – accident, apparence, attribut, contingence, forme, phénoménalité, prédicat. **▶ Événement** – circonstance, épiphénomène, événement, fait, manifestation, occurrence. **▶ Prodige** – exploit, merveille, miracle, prodige. **▶ Génie** *(FAM.)* – génie, maître, prodige.

superhomme, surdoué, surhomme, talent, virtuose. *SOUT.* phénix, surhumain. **▶ Personne originale** *(FAM.)* – anticonformiste, bizarre, excentrique, guignol, non-conformiste, original. **▲ ANT.** INCOMPÉTENT, NULLITÉ; NOUMÈNE.

philosophe *n.* **▶ Savant** – docteur, encyclopédiste, érudit, humaniste, intellectuel, lettré, maître-penseur, sage, savant. *FAM.* bénédictin, (grand) clerc, mandarin. *FAM.* bibliothèque (vivante), dictionnaire ambulant, dictionnaire (vivant), encyclopédie (vivante), fort en thème, grosse tête, intello, puits d'érudition, puits de science, rat de bibliothèque, tête d'œuf. **▲ ANT.** PRAGMATIQUE; PLAISANTIN.

philosophie *n. f.* **▶ Façon de voir le monde** – conception du monde, idées, pensée, science humaine, vision du monde, weltanschauung. *FAM.* philo. *PÉJ.* idéologie, philosophisme. **▶ Doctrine** – conception, doctrine, dogme, école (de pensée), idée, idéologie, mouvement, opinion, pensée, principe, système, théorie, thèse. **▶ Principes** – catéchisme, morale, principes, religion. **▶ Sagesse** – bon goût, connaissance, discernement, (gros) bon sens, intelligence, jugement, raison, sagesse, sens commun, vérité. *FAM.* jugeote. **▶ Détachement** – apathie, ataraxie, calme, détachement, distanciation, égalité d'âme, égalité d'humeur, équilibre, flegme, impassibilité, imperturbabilité, indifférence, paix, placidité, quiétude, sérénité, stoïcisme, tranquillité. *SOUT.* équanimité. **▶ Résignation** – acceptation, aquoibonisme, déterminisme, fatalisme, passivité, providentialisme, renoncement, résignation, stoïcisme. **▶ Tolérance** – bienveillance, bonté, compréhension, douceur, humanisme, indulgence, irénisme, largeur d'esprit, libéralisme, non-discrimination, non-violence, ouverture (d'esprit), patience, réceptivité, respect, tolérance, tolérantisme. *SOUT.* bénignité, longanimité. **▲ ANT.** PRAGMATISME, PROSAÏSME; BADINAGE, PLAISANTERIE.

philosophique *adj.* **▲ ANT.** PRAGMATIQUE, PROSAÏQUE.

phobie *n. f.* **▶ Peur** – affolement, alarme, angoisse, appréhension, crainte, effarement, effarouchement, effroi, épouvante, frayeur, grand-peur, hantise, horreur, inquiétude, panique, peur, psychose, terreur, transes. *FIG.* vertige. *SOUT.* affres, apeurement. *FAM.* cauchemar, frousse, pétoche, trac, trouille. *QUÉB. FAM.* chienne. **▶ Dégoût** – abomination, allergie, aversion, dégoût, écœurement, haine, haut-le-cœur, horreur, indignation, nausée, répugnance, répulsion, révulsion. *SOUT.* détestation, exécration. *FAM.* dégoûtation. **▶ Haine** – agressivité, allergie, animosité, antipathie, aversion, guerre, haine, hostilité, malveillance, répugnance, répulsion, ressentiment. *SOUT.* détestation, exécration, inimitié, venin. **▲ ANT.** AMOUR, ATTIRANCE, GOÛT, PASSION.

phoque *n. m.* **▶ Mammifère** – *QUÉB.* loup-marin. **▶ Fourrure** – *QUÉB.* loup-marin. **♦ phoques,** *plur.* **▶ Ensemble de mammifères** – bande (de phoques), troupeau (de phoques). *QUÉB. ACADIE* échouerie (de phoques).

phosphorescent *adj.* brillant, fluorescent, luminescent, lumineux. **▲ ANT.** NOIR, OBSCUR, SOMBRE.

photo *n.f.* ▶ *Action* – photographie. ANC. daguerréotype, daguerréotypie, héliochromie. ▶ *Image* – cliché, diapositive, épreuve, galvanotype, instantané, photogramme, photographie, portrait, positif, tirage, trait. FAM. diapo, galvano. ANC. daguerréotype. ◆ **photos,** *plur.* ▶ *Ensemble d'images* – archives photographiques, banque de photos, collection de photos, galerie de photos, photothèque.

photographe *n.* ▶ *Personne qui photographie* – chasseur d'images. ▶ *Vendeur* – développeur.

photographie *n.f.* ▶ *Action* – photo. ANC. daguerréotype, daguerréotypie, héliochromie. ▶ *Image* – cliché, diapositive, épreuve, galvanotype, instantané, photogramme, portrait, positif, tirage, trait. FAM. diapo, galvano. ANC. daguerréotype. ◆ **photographies,** *plur.* ▶ *Ensemble d'images* – archives photographiques, banque de photographies, collection de photographies, galerie de photographies, photothèque.

photographier *v.* prendre en photo. FAM. mitrailler *(à répétition)*, tirer le portrait.

phrase *n.f.* ▶ *Entité linguistique* – énoncé. ◆ **phrases,** *plur.* ▶ *Ensemble d'entités linguistiques* – discours; chapitre, paragraphe.

physique *adj.* ▶ *Concret* – concret, de chair et de sang, effectif, existant, matériel, palpable, réel, sensible, tangible, visible, vrai. DIDACT. positif. RELIG. de ce monde, temporel, terrestre. ▶ *Qui concerne le monde réel* – charnel, corporel, matériel. ▶ *Qui concerne le corps humain* – organique, physiologique, somatique. ▶ *Sexuel* – amoureux, érotique, sexuel. DIDACT. libidinal. ▲ANT. ABSTRAIT, CONCEPTUEL, INTELLECTUEL, MENTAL, THÉORIQUE; IDÉAL, IMMATÉRIEL, SPIRITUEL; CHASTE, PLATONIQUE, PUDIQUE, PUR, SAGE, VIRGINAL; SENTIMENTAL.

physique *n.m.* air, allure, apparence, aspect, attitude, contenance, démarche, façon, genre, ligne, maintien, manière, panache, port, posture, prestance, silhouette, style, tenue, tournure. SOUT. extérieur, mine. FAM. gueule, touche. ▲ANT. ÂME, ESPRIT.

physiquement *adv.* ▶ *Concrètement* – concrètement, dans la pratique, dans les faits, effectivement, empiriquement, en fait, en pratique, en réalité, expérimentalement, matériellement, objectivement, par l'expérience, positivement, pratiquement, prosaïquement, réalistement, réellement, tangiblement. ▶ *Corporellement* – anatomiquement, biologiquement, charnellement, corporellement, naturellement, organiquement, physiologiquement. ▲ANT. ABSTRACTIVEMENT, ABSTRAITEMENT, EN THÉORIE; HYPOTHÉTIQUEMENT, IDÉALEMENT, IMAGINAIREMENT, IN ABSTRACTO, THÉORIQUEMENT; MENTALEMENT, PSYCHOLOGIQUEMENT.

pic *n.m.* ▶ *Sommet pointu* – aiguille, piton, sommet. ▶ *Maximum* – acmé, apex, apogée, apothéose, cime, climax, comble, culmination, excès, faîte, fin du fin, fort, limite, maximum, meilleur, nec plus ultra, optimum, paroxysme, pinacle, plafond, point culminant, pointe, record, sommet, summum, triomphe, zénith. FAM. max, top niveau. ▶ *Outil* – picot, pioche, piolet, rivelaine. ▶ *Oiseau* – QUÉB. FAM. pic-bois. ▲ANT. ABYSSE, FOSSE.

picot *n.m.* ▶ *Pic* – pic, pioche, piolet, rivelaine. ▶ *Tache* (QUÉB. FAM.) – éclaboussure, marque, noircissure, piqûre, point, saleté, salissure, souillure, tache. QUÉB. FAM. pivelure. ▶ *Sur le papier* – bavochure, bavure, maculage, maculation, macule, pâté, rousseur. ▶ *Sur un fruit* – meurtrissure, tavelure. ▶ *Sur une pierre* – givrure, glace. ▶ *Sur le corps* – maille, maillure, moucheture, ocelle, pétéchie, tache de rousseur. ▶ *Bouton* (QUÉB. FAM.) – abcès, adénite, bourbillon, bouton, bubon, chancre, collection, empyème, fistule, furoncle, kyste, orgelet *(paupière)*, panaris *(doigt)*, papule, parulie, phlegmon, pustule, scrofule. FAM. clou. ACADIE puron. ◆ **picots,** *plur.* ▶ *Ensemble de petites saillies* – granulation.

pie *n.f.* ▶ *Geai* (QUÉB. FAM.) – geai du Canada, geai gris. ▶ *Personne bavarde* (FAM.) – bavard, (beau) parleur, bonimenteur, cancanier, causeur, commère, crécelle, discoureur, enjôleur, péroreur, phraseur.

pièce *n.f.* ▶ *Élément* – composant, composante, constituant, membre, module, morceau, organe, partie, principe, unité. FIG. brique, fil, pierre, rouage. ▶ *Accessoire* – accessoire, appareil, instrument, outil, ustensile. ▶ *Ce qui bouche un trou* rustine. SUISSE tacon. ▶ *Élément de jeu* – fiche, jeton, marque, pion. ▶ *Argent sous forme de métal* – espèces, monnaie, pièce (de monnaie). ▶ *Monnaie* – médaille, (pièce de) monnaie, piécette *(petite)*. ▶ *Fût* – bachotte *(poissons)*, baricaut, baril, barillet, barrique *(200 l)*, barrot *(anchois)*, bordelaise *(225 l)*, caque *(harengs)*, demi-barrique *(100 l)*, feuillette *(125 l)*, foissier *(foies)*, foudre *(de 50 à 300 hl)*, fût, futaille, muid, pièce (de vin), pipe *(eau-de-vie)*, tine, tonne, tonneau, tonnelet. ANC. queue *(un muid et demi)*. TECHN. tinette. ▶ *Salle* – local, salle. BELG. place. QUÉB. FAM. appartement. ACADIE bord. ▶ *Document* – document, papier. ▶ *Œuvre théâtrale* – ACADIE séance. ◆ **pièces,** *plur.* ▶ *Ensemble d'éléments* – ensemble, tout; jeu. ▶ *Ensemble de parties d'habitation* – appartement, maison. ▲ANT. ENSEMBLE, ENTIER, TOTALITÉ, TOUT.

pied *n.m.* ▶ *Partie du corps* ▶ *Animal* – patte, paturon *(cheval)*. ▶ *Aliment* – patte. ▶ *Base* – assiette, assise, base, fondation, infrastructure, radier, soubassement, substruction, substructure. QUÉB. solage. ARCHIT. embasement, empattement. ▶ *Support* – chevalet, chevrette, lutrin, porte-copie, statif, trépied. ▶ *Extrémité* – aboutissement, bord, bordure, borne, bout, cap, confins, délimitation, extrême, extrémité, fin, finitude, frange, frontière, ligne, limite, lisière, orée, pointe, pôle, queue, talon, terme, terminaison, tête. ▶ *Cours d'eau* (QUÉB.) – défluent, effluent, émissaire. QUÉB. décharge. ◆ **pieds,** *plur.* ▶ *Ensemble de parties d'un meuble* – pattes, piétement. ▲ANT. SOMMET, TÊTE.

piédestal *n.m.* acrotère, base, podium, socle, soubassement, stylobate, terrasse.

piège *n.m.* ▶ *Instrument pour capturer* – attrape-mouche, chausse-trappe, filet, nasse, panneau, piège à gibier, piège à loups, piège à taupes, quatre-de-chiffre, raquette, rets, taupière, trappe. ▶ *Piège à petit gibier* – collet, lacet, lacs, poche. ▶ *Piège à animaux nuisibles* – piège à rats, piège à souris, ratière, souricière, taupière, traquenard, traquet. QUÉB. FAM.

pierre

trappe à rats, trappe à souris. ▸ *Piège à oiseaux* – gluaux, mésangette, miroir à alouettes/miroir aux alouettes, piège à oiseaux, tendelle *(grive)*, tenderie, tirasse, trébuchet. ▸ *Piège à poissons* – bordigue, gord, turlutte. ▸ *Guet-apens* – attrape, attrape-nigaud, chausse-trappe, embuscade, filet, guêpier, guet-apens, leurre, ruse, traquenard, tromperie. *SOUT.* duperie, rets. ▸ *Danger* – aléa, casse-cou, danger, détresse, difficulté, écueil, embûche, épée de Damoclès, épouvantail, guêpier, hasard, impasse, imprudence, insécurité, mauvais pas, menace, perdition, péril, point chaud, point sensible, poudrière, récif, risque, spectre, traverse, urgence, volcan. *SOUT.* tarasque. *FRANCE FAM.* casse-gueule. ▸ *Difficulté cachée* – difficulté, écueil, embûche. *QUÉB.* *FAM.* pogne. ▲**ANT.** AIDE, PROTECTION, SECOURS.

pierre *n. f.* ▸ *Minéral* – caillou, galet, minerai, minéral, pierrette *(petite)*, roc, roche, rocher. ▸ *Minéral précieux* – gemme. *FAM.* bouchon de carafe, caillou. ▸ *Fausse* – doublet, strass. ▸ *Pion* – go-ishi, pion de go. ▸ *Constituant* (*FIG.*) – composant, composante, constituant, élément (constitutif), fragment, ingrédient, membre, module, morceau, organe, partie, pièce, principe, unité. *FIG.* brique, fil, rouage. ♦ *pierres, plur.* ▸ *Ensemble de minéraux* – agrégat, ballast *(chemin de fer)*, cailloutage, cailloutis, cailloux, fines, granulat, gravier, gravillon, litière *(absorbant)*, mignonnette, pierraille. *FAM.* caillasse. *QUÉB.* *FAM.* garnotte, gravelle, gravois. *BELG.* grenailles errantes. ▸ *Étendue de minéraux* – pierraille, pierrier, rocaillage, rocaille. ▸ *Ensemble de minéraux précieux* – pierreries, semence.

piété *n. f.* ▸ *Ferveur religieuse* – foi, religiosité. ▸ *Affection* (*SOUT.*) – affection, amitié, amour, attachement, attirance, intérêt, lien, sympathie, tendresse. *FAM.* coup de cœur, coup de foudre. ▲**ANT.** IMPIÉTÉ, IRRÉLIGION; INSOLENCE, IRRÉVÉRENCE, MÉPRIS.

piétinement *n. m.* ▸ *Mouvement* – trépignement. ▸ *Immobilité* – calme, fixité, hiératisme, immobilisme, immobilité, immuabilité, immutabilité, impassibilité, improductivité, inaction, inactivité, inamovibilité, inertie, paralysie, plafonnement, repos, sclérose, stabilité, stagnation, stationnarité, statisme, statu quo, sur place. *SOUT.* marasme, morosité. ▲**ANT.** DÉVELOPPEMENT, PROGRÈS.

piétiner *v.* ▸ *Taper des pieds* – piaffer, taper des pieds, trépigner. ▸ *Ne pas progresser* – languir, patiner, s'enliser, stagner, traîner. *FAM.* faire du surplace. ▸ *Écraser des pieds* – fouler. ▸ *Traiter avec irrespect* – bafouer, braver, faire bon marché de, faire fi de, faire peu de cas de, fouler aux pieds, ignorer, mépriser, ne pas faire grand cas de, se moquer de. *SOUT.* faire litière de. *FAM.* s'asseoir dessus. ▲**ANT.** AVANCER, PROGRESSER; ÉVOLUER.

piéton *n.* ▸ *Passant* – excursionniste, marcheur, passant, promeneur, randonneur. *SOUT.* venant.

piètre *adj.* ▸ *Médiocre* – abominable, affreux, atroce, déplorable, désastreux, épouvantable, exécrable, horrible, infect, insipide, lamentable, manqué, mauvais, médiocre, minable, navrant, nul, odieux, piteux, pitoyable, qui ne vaut rien, raté. *SOUT.* méchant, triste. *FAM.* à la flan, à la gomme, à la manque, à la mie de pain, à la noix (de coco), blèche, craignos, crapoteux, mal fichu, moche, pourri, qui ne vaut pas un clou. *QUÉB. FAM.* de broche à foin, poche. ▸ *Insuffisant* – anémique, chétif, chiche, déficient, déficitaire, faible, insatisfaisant, insuffisant, maigre, mauvais, médiocre, misérable, pauvre, rachitique. ▸ *Nettement insuffisant* – dérisoire, insignifiant, malheureux, minime, misérable, ridicule. ▲**ANT.** BRILLANT, ÉBLOUISSANT, EXCELLENT, EXTRAORDINAIRE, FANTASTIQUE, MAGNIFIQUE, MERVEILLEUX, PARFAIT, PRODIGIEUX, REMARQUABLE, SENSATIONNEL; CONVENABLE, VALABLE.

pieu *n. m.* ▸ *Bâton enfoncé* – bâton, échalas, jalon, marquant, pal, palis, pilot, piquet, roulon, tuteur. *ACADIE FAM.* perche. ▸ *Lit* (*FAM.*) – couchette *(petit)*, lit. *SOUT.* couche, grabat *(mauvais)*. *FAM.* page, pageot, pagnot, plumard, pucier, sac à puces, (un) plume. *ENFANTIN* dodo. ♦ *pieux, plur.* ▸ *Ensemble de bâtons enfoncés* – palée.

pieux *adj.* ▸ *Religieux* – croyant, dévot, fervent, pratiquant, religieux. ▸ *D'une piété affectée* – bigot, bondieusard, cagot. ▸ *Doux* – doux, onctueux. ▲**ANT.** AGNOSTIQUE, ANTIRELIGIEUX, ARELIGIEUX, ATHÉE, INCRÉDULE, INCROYANT, IRRÉLIGIEUX, NON CROYANT.

pigeon *n.* ▸ *Personne trompée* (*FAM.*) – berné, dindon de la farce, dupe, trompé. *FAM.* cocu *(conjoint)*. *FRANCE FAM.* blousé. *QUÉB. FAM.* poisson. ▲**ANT.** INCRÉDULE, MÉFIANT, SCEPTIQUE; FUTÉ, MALIN, RENARD.

pignon *n. m.* ▸ *Partie d'un mur* – fronton, gâble. ▸ *Roue* – rouage, tympan *(gros)*. ▸ *Arbre* – pin parasol, pin pignon. ▸ *Noix* – pigne. ▸ *Mollusque* – olive, trialle. *AFR.* cébette. *ZOOL.* donax.

pile *adv.* au juste, exactement, juste, précisément. *FAM.* ric-à-rac. ▲**ANT.** APPROXIMATIVEMENT, ENVIRON.

pile *n. f.* ▸ *Amoncellement* – abondance, accumulation, addition, agrégation, amas, amoncellement, collection, déballage, échafaudage, emmagasinage, empilage, empilement, encombrement, entassement, étagement, faisceau, fatras, fouillis, monceau, montagne, pyramide, quantité, stratification, superposition, tas. ▸ *Appareil* – générateur, photopile électrique. ▸ *Accumulateur* – accumulateur, batterie, condensateur. *FAM.* accu. ▸ *Correction* (*FAM.*) – châtiment corporel, correction, punition corporelle, volée (de coups). *FAM.* dégelée, dérouillée, dérouillée, passage à tabac, pâtée, peignée, raclée, ratatouille, rossée, roulée, rouste, tabassage, tabassée, tannée, torchée, tournée, trempe, tripotée. *FRANCE FAM.* secouée, tatouille, tisane, trépignée. ▸ *Défaite* (*FAM.*) – avortement, banqueroute, capitulation, catastrophe, chute, débâcle, débandade, déconfiture, défaite, déroute, désavantage, échec, écrasement, faillite, fiasco, four, infortune, insuccès, mauvaise fortune, naufrage, perte, ratage, raté, retraite, revers. *SOUT.* traverse. *FAM.* désastre, piquette, plantage, raclée, recalage, volée. *FRANCE FAM.* bérézina, bide, brossée, déculottée, dégelée, écrabouillement, fessée, foirade, gamelle, loupage, rincée, rossée, tannée, veste. ▲**ANT.** ÉPARPILLEMENT; AVERS, FACE; CÂLIN, CARESSE; RÉUSSITE, SUCCÈS, TRIOMPHE, VICTOIRE.

pilier *n. m.* ▸ *Support vertical* – colonne, poteau. ▸ *Défenseur* – ange gardien, bon génie, défenseur, gardien, protecteur. ▸ *Habitué* (*FAM.*) – client, familier, fidèle, (vieil) habitué. *SOUT.* pratique. *FAM.* abonné.

pillage *n. m.* ▶ *Vol* – appropriation, brigandage, cambriolage, déprédation, détournement, détroussement, enlèvement, extorsion, grappillage, kleptomanie, larcin, malversation, maraudage, maraude, piraterie, rafle, rançonnement, razzia, sac, saccage, spoliation, subtilisation, vol. *SOUT.* rapine. *FAM.* barbotage, chapardage, coup, resquillage, resquille. *FRANCE FAM.* braquage, cambriole, casse, cassement, entôlage, fauche, vol à la roulotte *(voitures)*, vol à la tire, vol à main armée. *QUÉB.* taxage *(entre adolescents)*.
▶ *Imitation* – calquage, caricature, charge, contrefaçon, copiage, décalquage, démarquage, emprunt, émulation, figuration, grégarisme, imitation, mime, mimétisme, moutonnerie, parodie, pastiche, plagiat, représentation, servilité, simulation, singerie, suivisme, travestissement. *DR.* contrefaction.

piller *v.* ▶ *Ravager* – dévaster, écumer, mettre à feu et à sang, mettre à sac, raser, ravager, razzier, saccager. *SOUT.* infester. ▶ *Dévaliser* – cambrioler, dévaliser, voler. *FRANCE FAM.* faire un casse. ▶ *Copier frauduleusement* – compiler, copier, démarquer, imiter, pirater, plagier. ▲ANT. APPORTER LA PROSPÉRITÉ À, ENRICHIR.

pilote *n.* ▶ *Personne qui dirige un bateau* – bachoteur, batelier, bélandrier, gondolier, lamaneur *(navire)*, marinier, navigateur *(navire)*, piroguier, régatier. *SOUT.* nautonier. ▶ *Personne qui conduit un avion* – aviateur, pilote aviateur. ▶ *Personne qui conduit un aérostat* – aéronaute, aérostier. ▶ *Accompagnateur touristique* – accompagnateur, guide (touristique). *FAM.* cornac. ▶ *Meneur* – chef de file, gourou, guide (spirituel), magistère, mahatma, maître à penser, maître (spirituel), meneur, pandit, pasteur, phare, rassembleur, sage. *SOUT.* conducteur, coryphée, entraîneur (d'hommes). *FAM.* pape. ♦ **pilote, masc.** ▶ *Dispositif* – pilote (automatique). ▶ *Modèle* – carton, grille, matrice, modèle, modélisation, moule, patron, plan, prototype, simulation, spécimen. *FAM.* topo. ▶ *Poisson* – poisson-pilote.

pilule *n. f.* ▶ *Médicament* – cachet, capsule, comprimé, dragée *(enrobé)*, gélule, linguette. *PHARM.* globule, grain, granule, granulé; *ANC.* bol. ▶ *Anovulant* – anovulant, pilule anovulatoire, pilule (anticonceptionnelle), pilule contraceptive.

piment *n. m.* ▶ *Agrément* – agrément, bouquet, charme, fumet, piquant, saveur, sel, truculence. ▲ANT. MONOTONIE, ROUTINE.

pince *n. f.* ▶ *Instrument à deux parties* – pincette *(petite)*, tenaille *(grosse)*. ▶ *Barre de fer* – arrache-clou, monseigneur, pied-de-biche, pied-de-chèvre, pince monseigneur, tire-clou. *QUÉB. FAM.* barre à clous. ▶ *Dent* – dent incisive, incisive. *FAM.* palette. ▶ *Pli* – bouillon, fronce, godron, ourlet, pli, rempli, rentré, repli, roulotté, tuyau.

pincé *adj.* ▶ *Qui affecte la dignité* – collet monté, compassé, corseté, empesé, gourmé, guindé. *FAM.* constipé, raide comme la justice. ▶ *Hautain* – arrogant, condescendant, dédaigneux, fier, hautain, méprisant, orgueilleux, outrecuidant, pimbêche *(femme)*, plein de soi, présomptueux, prétentieux, snob, supérieur. *SOUT.* altier, rogue. ▶ *Amoureux (FAM.)* – amoureux, entiché, épris. *FAM.* mordu.

QUÉB. en amour. ▲ANT. FAMILIER, NATUREL, RELÂCHÉ, SIMPLE, SPONTANÉ; HUMBLE, MODESTE.

pinceau *n. m.* ▶ *Instrument pour peindre* – brosse. ▶ *Ce qui sert à appliquer une substance* – applicateur, coton-tige, tampon. ▶ *Lumière* – faisceau (lumineux), jet (de lumière), pinceau (lumineux), rayons lumineux.

pincer *v.* ▶ *Maintenir rapproché* – serrer. ▶ *Cingler* – cingler, couper, fouetter, gifler, mordre, piquer, taillader. *SOUT.* flageller. ▶ *Prendre sur le fait (FAM.)* – attraper, découvrir, prendre sur le fait, surprendre. ▶ *Arrêter (FAM.)* – appréhender, arrêter, capturer, faire prisonnier, prendre, saisir. *FAM.* attraper, choper, coffrer, coincer, cravater, cueillir, embarquer, épingler, harponner, mettre la main au collet de, mettre le grappin sur, prendre au collet, ramasser, saisir au collet. *FRANCE FAM.* agrafer, alpaguer, arnaquer, arquepincer, coiffer, emballer, gauler, piquer, poisser, poivrer. ▲ANT. DÉCONTRACTER, DESSERRER.

pioche *n. f.* ▶ *Houe* – arrachoir, barrasquite, binette, bineuse, déchaussoir, fossoir, gratte, houe, hoyau, ratissoire, sarclette, sarcloir, serfouette. *AFR.* daba. ▶ *Pic* – pic, picot, piolet, rivelaine.

pion *n. m.* ▶ *Pièce* – fiche, jeton, marque, pièce. ▶ *Surveillant d'étude (FAM.)* – directeur des études, surveillant d'études/d'internat, surveillant (général). *RELIG.* préfet (des études); *ANC.* père préfet. ▲ANT. CHEF, MENEUR, TÊTE.

pionnier *n.* ▶ *Personne qui creuse* – sapeur. ▶ *Terrassier* – piocheur, remblayeur, terrassier. ▶ *Personne qui colonise* – colon, colonial, défricheur. ▶ *Précurseur* – ancêtre, annonciateur, avant-garde, avant-gardiste, devancier, initiateur, innovateur, introducteur, inventeur, messager, novateur, précurseur, prédécesseur, préfiguration, prophète, visionnaire. *SOUT.* avant-coureur, avant-courrier, fourrier, héraut, préparateur. ▲ANT. COPIEUR, IMITATEUR.

pipe *n. f.* ▶ *Objet pour fumer* – brûle-gueule *(tuyau court)*. *FRANCE FAM.* bouffarde. ▶ *Contenu d'une pipe* – pipée. ▶ *Tuyau* – boyau, buse, canal, conduit, conduite, gaine, lance, tube, tubulure, tuyau. ▶ *Mensonge (QUÉB. FAM.)* – mensonge. *SOUT.* fable. *FAM.* bide, bidon, bidonnage, bobard, char, cra- que, salade. *QUÉB. FAM.* menterie.

piquant *adj.* ▶ *Qui pique* – barbelé, épineux, hérissé. ▶ *Épicé* – assaisonné, corsé, épicé, extra-fort, fort, pimenté, relevé. ▶ *Aigre* – acescent, acide, acidulé, âcre, aigre, aigrelet, aigri, amer, piqué, rance, râpeux, sur, suret, suri, tourné. ▶ *Irritant à l'odorat* – âcre, irritant, qui brûle la gorge, qui prend à la gorge. ▶ *En parlant du froid* – âpre, cinglant, mordant, pénétrant, perçant, saisissant, vif. ▶ *Qui pique la curiosité* – amusant, croustillant, digne d'intérêt, intéressant, qui pique la curiosité, savoureux. ▶ *Spirituel* – brillant, fin, malicieux, pétillant, plein d'esprit, spirituel, subtil, vif. ▶ *D'une méchanceté blessante* – à l'emporte-pièce, acerbe, acéré, acide, acrimonieux, aigre, blessant, caustique, cinglant, corrosif, fielleux, grinçant, incisif, méchant, mordant, sarcastique, sardonique, virulent, vitriolique. ▲ANT. DOUX; ARRONDI, LISSE; FADE, INSIPIDE; AFFECTUEUX, TENDRE; ANODIN, BANAL, ININTÉRESSANT, PLAT, SANS INTÉRÊT.

piquant *n. m.* ▸ *Épine* – aiguille, aiguillon, éperon, épine, mucron, spicule. ▸ *Originalité* – anticonformisme, audace, cachet, caractère, fraîcheur, hardiesse, indépendance, individualité, innovation, inspiration, marginalité, non-conformisme, nouveauté, originalité, particularité, personnalité, pittoresque, singularité, unicité. ▸ *Agrément* – agrément, bouquet, charme, fumet, piment, saveur, sel, truculence. ♦ **piquants**, *plur.* ▸ *Plante sauvage* (QUÉB. FAM.) – bardane. QUÉB. FAM. artichaut, artichou, craquias, glouton, grappes, graquias, gratteaux, rapaces, rhubarbe du diable, tabac du diable, teignes, toques. ACADIE FAM. amoureux. ▲ANT. MONOTONIE, ROUTINE.

piqué *adj.* marqueté, moucheté, piqueté, serpentin, tacheté, tavelé, tigré, tiqueté, vergeté. QUÉB. pivelé; FAM. picoté.

piquer *v.* ▸ *Picorer* – becqueter, picorer, picoter. ▸ *Donner des coups d'éperon* – éperonner, talonner. ▸ *Blesser par morsure* – mordre. ▸ *Produire une sensation de brûlure* – brûler, cuire, picoter. ▸ *Pincer au visage* – cingler, couper, fouetter, gifler, mordre, pincer, taillader. SOUT. flageller. ▸ *Démanger* (FAM.) – chatouiller, démanger, fourmiller. FAM. gratter, grattouiller. ▸ *Couvrir de petites taches* – cribler, marqueter, moucheter, piqueter, tacher, tacheter, taveler. QUÉB. FAM. picoter. ▸ *Voler* (FAM.) – dérober, faire main basse sur, prendre, soustraire, subtiliser, voler. FAM. barboter, chaparder, chiper, choper, escamoter, faire, faucher, flibuster, rafler, taxer. FRANCE FAM. calotter, chouraver, chourer. QUÉB. FAM. sauter. ▸ *Arrêter* (FRANCE FAM.) – appréhender, arrêter, capturer, faire prisonnier, prendre, saisir. FAM. attraper, choper, coffrer, coincer, cravater, cueillir, embarquer, épingler, harponner, mettre la main au collet de, mettre le grappin sur, pincer, prendre au collet, ramasser, saisir au collet. FRANCE FAM. agrafer, alpaguer, arnaquer, arquepincer, coiffer, emballer, gauler, poisser, poivrer. ▸ *Se précipiter du haut des airs* – fondre, plonger, s'abattre. ♦ **se piquer** ▸ *Se vexer* – s'indigner, s'offenser, s'offusquer, se fâcher, se formaliser, se froisser, se scandaliser, se vexer. ▸ *S'enorgueillir* – faire grand cas, s'enorgueillir, s'honorer, se faire gloire, se faire honneur, se flatter, se glorifier, se prévaloir, se rengorger, se targuer, se vanter, tirer gloire, tirer vanité. ▸ *Prétendre* – avoir la prétention, prétendre, se faire fort, se flatter, se prévaloir, se targuer, se vanter. ▸ *Aigrir, en parlant du vin* – aigrir, surir, tourner. ▸ *Se couvrir de moisissure* – moisir. SOUT. chancir. ▲ANT. APAISER, CALMER.

piquet *n. m.* ▸ *Pieu* – bâton, échalas, jalon, marquant, pal, palis, pieu, pilot, roulon, tuteur. ACADIE FAM. perche. ▸ *Repère* – balise, borne, borne repère, borne témoin, coordonnée, cran, délinéateur, empreinte, fanion, index, indice, jalon, jalon-mire, marque, mire, mire-jalon, point de repère, référence, référentiel, taquet, trace. MAR. amer, vigie. ▸ *Détachement militaire* (ANC.) – bataillon, brigade, colonne, commando, compagnie, corps, échelon, escadron, escorte, formation, garde, garnison, légion, parti, patrouille, peloton, régiment, section, soldatesque (indisciplinés), tabor (Maroc), troupe, unité. PAR EXT. caserne. ANC. escouade, goum.

piqûre *n. f.* ▸ *Picotement* – chatouillement, démangeaison, fourmillement, fourmis dans les jambes, impatiences, picotement, prurigo, prurit, urtication. ▸ *Injection* – (injection) intramusculaire, (injection) intraveineuse, injection sous-cutanée, injection, inoculation, intracardiaque, intradermique, vaccination. ▸ *Prélèvement* – biopsie, coupe, forage, ponction, ponction-biopsie, prélèvement, prise. ▸ *Petite tache* – éclaboussure, marque, noircissure, point, saleté, salissure, souillure, tache. QUÉB. FAM. picot, pivelure. ▸ *Sur le papier* – bavochure, bavure, maculage, maculation, macule, pâté, rousseur. ▸ *Sur un fruit* – meurtrissure, tavelure. ▸ *Sur une pierre* – givrure, glace. ▸ *Sur le corps* – maille, maillure, moucheture, ocelle, pétéchie, tache de rousseur. ▸ *Série de points* – bâti, couture, faufilure, piquage, rentraiture, surjet, suture, tranchefile, transfilage.

pirate *adj.* clandestin, contrebandier, coupable, défendu, extra-légal, frauduleux, illégal, illégitime, illicite, interdit, interlope, irrégulier, marron, prohibé. DR. délictuel, délictueux, fraudatoire. ▲ANT. LÉGAL, LICITE, PERMIS.

pirate *n. m.* ▸ *Aventurier marin* – boucanier, corsaire, écumeur (de mer), flibustier, forban. ANC. aventurier. ▸ *Bandit* – bandit, brigand, cagoulard, cambrioleur (maisons), coquillard (Moyen-Âge), crocheteur, escamoteur, gangster, gentleman cambrioleur, kleptomane (pathologique), maraudeur, pillard, pilleur, rat d'hôtel, souris d'hôtel, stellionataire, tireur, truand, voleur de grand chemin, voleur. ▸ *Homme sans scrupules* – aigrefin, arnaqueur, bandit, brigand, canaille, carambouilleur, chevalier d'industrie, concussionnaire, crapule, escroc, extorqueur, faisan, fraudeur, gangster, gredin, maître chanteur, malfaiteur, mercanti, profiteur, sangsue, spoliateur, tripoteur, voleur, voyou. SOUT. déprédateur, forban. DR. captareur. ▸ *Informatique* – pirate informatique. ♦ **pirates**, *plur.* ▸ *Ensemble de pirates* – flibuste; armée de pirates, bande (de pirates).

pirater *v.* ▸ *Reproduire frauduleusement* – compiler, copier, démarquer, imiter, piller, plagier.

piscine *n. f.* baignoire, douche, jacuzzi. QUÉB. bain, spa.

piste *n. f.* ▸ *Trace* – empreinte, foulées, marque (de pas), pas, sillon, trace, traînée, vestige, voie. ▸ *À la chasse* – abattures (cerf), connaissance, erres, marche, passée. ▸ *Indice* – apparence, cachet, cicatrice, critère, empreinte, indication, indice, lueur, marque, ombre, pas, preuve, repère, reste, ride, sceau, signature, signe, stigmate, tache, témoignage, témoin, trace, trait, vestige. ▸ *Sentier* – allée, banquette, cavée, chemin, coulée, laie, layon, ligne, sentier, tortille, traverse. QUÉB. portage (pour canots), rang. ▸ *Arène* – amphithéâtre, arène, carrière, champ de bataille, cirque, gradins, hémicycle, lice, odéon, ring, théâtre. ▸ *Champ de courses* – champ de course. ▸ *Ligne* – microsillon, sillon.

pistolet *n. m.* ▸ *Arme* – revolver. FAM. joujou. ▸ *Pain* (BELG.) – muffin, navette, pain à la mie, pain mollet, petit pain. SUISSE miche. ▸ *Appareil de levage* – arc-boutant, bossoir, minot, porte-manteau. ▸ *Individu bizarre* (FAM.) – anticonformiste, bizarre, excentrique, guignol, non-conformiste, original.

piston *n. m.* ▸ *Recommandation* (FAM.) – abri, aide, appui, assistance, chapeautage, conservation, couverture, garantie, garde, mandat, parrainage, paternalisme, patronage, protection, recommandation, renfort, rescousse, sauvegarde, secours, sécurisation, soutien, surveillance, tutelle. *FIG.* parapluie. *QUÉB.* marrainage *(femme)*. *SOUT.* égide. ▸ *Favoritisme* (*FAM.*) – clientélisme, faveur, favoritisme, népotisme, partialité, préférence. *FAM.* chouchoutage, combine, copinage, pistonnage. *QUÉB.* partisanerie.

piteux *adj.* ▸ *Mauvais* – abominable, affreux, atroce, déplorable, désastreux, épouvantable, exécrable, horrible, infect, insipide, lamentable, manqué, mauvais, médiocre, minable, navrant, nul, odieux, piètre, pitoyable, qui ne vaut rien, raté. *SOUT.* méchant, triste. *FAM.* à la flan, à la gomme, à la manque, à la mie de pain, à la noix (de coco), blèche, craignos, crapoteux, mal fichu, moche, pourri, qui ne vaut pas un clou. *QUÉB. FAM.* de broche à foin, poche. ▸ *Honteux* – confus, embarrassé, honteux, mal à l'aise, penaud, troublé. *FAM.* dans ses petits souliers. ▸ *Qui inspire la pitié* – à plaindre, malheureux, minable, misérable, miteux, pauvre, pitoyable. *FAM.* paumé. ▲ANT. BRILLANT, ÉBLOUISSANT, EXCELLENT, EXTRAORDINAIRE, FANTASTIQUE, MAGNIFIQUE, MERVEILLEUX, PARFAIT, PRODIGIEUX, REMARQUABLE, SENSATIONNEL; FIER; ENVIABLE, ESTIMABLE, HONORABLE.

pitié *n. f.* ▸ *Compassion* – apitoiement, attendrissement, bienveillance, clémence, commisération, compassion, indulgence, miséricorde. *SOUT.* mansuétude. ▸ *Altruisme* – aide, allocentrisme, altruisme, amour (d'autrui), assistance, bénévolat, bienveillance, bonté, charité, commisération, compassion, complaisance, convivialité, dévouement, don de soi, empathie, entraide, extraversion, fraternité, générosité, gentillesse, humanité, oblativité, oubli de soi, philanthropie, sensibilité, serviabilité, solidarité, sollicitude. *SOUT.* bienfaisance. ▸ *Sensibilité* – affect, affectivité, âme, attendrissement, cœur, compassion, émotion, émotivité, empathie, fibre, humanité, impressionnabilité, romantisme, sensibilité, sentiment, sentimentalité, susceptibilité, sympathie, tendresse, vulnérabilité. *SOUT.* émotion. *FAM.* tripes. ▸ *À l'excès* – hyperémotivité, hypersensibilité, sensiblerie, sentimentalisme. ▲ANT. CRUAUTÉ, DURETÉ, FROIDEUR, INDIFFÉRENCE, INHUMANITÉ, INSENSIBILITÉ.

pitoyable *adj.* ▸ *Qui inspire la pitié* – à plaindre, malheureux, minable, misérable, miteux, pauvre, piteux. *FAM.* paumé. ▸ *Qui attriste* – affligeant, atterrant, attristant, chagrinant, consternant, déplorable, désespérant, désolant, douloureux, malheureux, misérable, navrant, pénible, qui serre le cœur, triste. ▸ *Médiocre* – abominable, affreux, atroce, déplorable, désastreux, épouvantable, exécrable, horrible, infect, insipide, lamentable, manqué, mauvais, médiocre, minable, navrant, nul, odieux, piètre, piteux, qui ne vaut rien, raté. *SOUT.* méchant, triste. *FAM.* à la flan, à la gomme, à la manque, à la mie de pain, à la noix (de coco), blèche, craignos, crapoteux, mal fichu, moche, pourri, qui ne vaut pas un clou. *QUÉB. FAM.* de broche à foin, poche. ▲ANT. ENVIABLE, ESTIMABLE, HONORABLE; AGRÉABLE, AMUSANT, PLAISANT, RÉJOUISSANT; ENCOURAGEANT, MOTIVANT, STIMULANT; BRILLANT, ÉBLOUISSANT, EXCELLENT, EXTRAORDINAIRE, FANTASTIQUE, MAGNIFIQUE, MERVEILLEUX, PARFAIT, PRODIGIEUX, REMARQUABLE, SENSATIONNEL.

pittoresque *adj.* ▸ *Imagé* – animé, coloré, expressif, figuré, haut en couleur, imagé, métaphorique, savoureux, truculent, vivant. *FAM.* folklorique, jazzé. ▸ *Original* – à part, différent, inimitable, original, particulier, sans précédent, singulier, spécial, unique en son genre, unique. ▲ANT. MONOTONE, MORNE, SANS COULEUR, SANS VIE, TERNE.

pivot *n. m.* ▸ *Axe* – arbre, arbre-manivelle, axe, bielle, biellette, charnière, essieu, manivelle, moyeu, tige, vilebrequin. *TECHN.* goujon, tourillon. ▸ *Partie d'une plante* – racine pivotante. ▸ *Partie d'une dent artificielle* – tenon. ▸ *Centre* – axe, centre, entre-deux, intermédiaire, milieu, moyen terme, point central. *FIG.* clef (de voûte), cœur, foyer, nœud, nombril, noyau, ombilic, sein, siège. ▸ *Élément essentiel* – assise, base, fondement, pierre angulaire, pierre d'assise, principe, soubassement.

pivoter *v.* ▸ *Tourner sur soi-même* – pirouetter, toupiller, tourbillonner, tourner, tournoyer, virer, virevolter, vriller.

placard *n. m.* ▸ *Lieu de rangement* – garderobe, lingerie, penderie, placard-penderie, rangement. *FAM.* cagibi, fourre-tout. *QUÉB. FAM.* armoire à linge. ▸ *Affiche* – affiche, affiche publicitaire, affichette, annonce, avis, écriteau, enseigne, pancarte, panneau, panneau réclame, panonceau, proclamation, programme, publicité, réclame. ▸ *Prison* (*FAM.*) – bagne, centre de détention, centre pénitentiaire, établissement pénitentiaire, maison de détention, pénitencier, prison. *FAM.* cachot, cage, taule, trou. *FRANCE FAM.* bloc, gnouf.

place *n. f.* ▸ *Lieu* – coin, emplacement, endroit, lieu, localisation, localité, point, position, poste, scène, séjour, siège, site, situation, théâtre, zone. *BIOL.* locus. ▸ *Zone terrestre* – aire, champ, domaine, emplacement, espace, région, terrain, territoire, zone. ▸ *Place forte* – bastion, bonnette, flanquement, fort, forteresse, fortifications, ouvrage, place de guerre, place forte, retranchement. *AFR.* bordj. *ANC.* bretèche, castrum, ferté, préside, redoute. ▸ *Espace public* – agora, esplanade, forum, parvis, piazza, place piétonnière, place publique, placette, rond-point, square. *QUÉB.* carré. ▸ *Espace pour le mouvement* – espace, jeu. ▸ *Partie d'une maison* (*QUÉB. ACADIE FAM.*) – plancher. ▸ *Pièce* (*BELG.*) – local, pièce, salle. *QUÉB. FAM.* appartement. *ACADIE* bord. ▸ *Endroit où l'on s'assoit* – siège. ▸ *Rôle* – affectation, charge, dignité, emploi, fonction, métier, mission, office, poste, responsabilité, rôle, siège, titre, vocation. ▸ *Situation sociale* – caste, classe, condition, état, fortune, position, rang, situation, statut. *SOUT.* étage.

placement *n. m.* ▸ *Mise en place* – constitution, création, disposition, édification, établissement, fondation, implantation, importation, installation, instauration, institution, introduction, intronisation, mise en œuvre, mise en place, mise sur pied, nomination, organisation, pose. *INFORM.* implémentation. ▸ *Action de placer de l'argent* – financement, impenses, investissement, participation. ▸ *Capital* – argent, avoir, bien, capital, cassette, épargne, fonds, fortune, fruit, gain, investissement, liquidités, masse, numéraire, patrimoine, pécule, portefeuille, possession, produit, propriété, richesse, trésor, valeur. *SOUT.* deniers. *FAM.* finances, magot. ▸ *Mise en institution*

– hospitalisation. ▲ANT. DÉRANGEMENT, DÉSORGA-
NISATION; CONGÉDIEMENT; VENTE; DÉSINSTITUTIONNA-
LISATION.

placentaire *n. m.* euthérien. **▲ANT.** APLACEN-
TAIRE.

placer *v.* ▶ *Mettre à sa place* – mettre, ranger.
FAM. caser, fourrer, foutre. *QUÉB. FAM.* serrer. ▶ *Dis-
poser* – arranger, disposer, mettre, présenter. *QUÉB.
ACADIE FAM.* amancher. ▶ *Localiser* – localiser, situer.
▶ *Établir dans une situation* – caser, établir. ▶ *In-
vestir* – engager, injecter, investir. **▲ANT.** DÉPLACER,
DÉRANGER; ENLEVER, RETIRER.

placide *adj.* calme, d'humeur égale, flegmatique,
impassible, imperturbable, maître de soi. **▲ANT.**
AGITÉ, EMPORTÉ, ÉNERVÉ, ÉTOURDISSANT, EXCITÉ, FÉ-
BRILE, FIÉVREUX, FRÉTILLANT, HYSTÉRIQUE, IMPATIENT,
NERVEUX; ENRAGÉ, FULMINANT, FUMANT, FURIBOND, FU-
RIEUX, IRRITÉ, VIOLENT; COLÉRIQUE, EXCITABLE, FOU-
GUEUX, IRASCIBLE, IRRITABLE.

plafond *n. m.* ▶ *Partie supérieure* – ciel de carrière *(mine)*, soffite, vélum, voûte *(caverne)*. ▶ *Altitude* – altitude, élévation, haut, hauteur, niveau au-
dessus de la mer. *MAR.* guindant *(mât)*. ▶ *Maximum*
– acmé, apex, apogée, apothéose, cime, climax, comble, culmination, excès, faîte, fin du fin, fort, limite, maximum, meilleur, nec plus ultra, optimum,
paroxysme, pic, pinacle, point culminant, pointe,
record, sommet, summum, triomphe, zénith. *FAM.*
max, top niveau. **▲ANT.** BAS, MINIMUM, PLANCHER.

plage *n. f.* ▶ *Étendue de sable* – berge, bord, rivage, rive. ▶ *Plat* – graves, grève. ▶ *Station balnéaire*
– station balnéaire, station thermale, ville d'eaux.
▶ *Période* – durée, laps de temps, période, plage (horaire), planche (horaire), temps.

plaider *v.* ▶ *Intercéder* – défendre, intercéder,
parler, prendre la défense de, soutenir, voler au secours de. ▶ *Constituer un argument* – militer, parler. **▲ANT.** ACCUSER.

plaidoirie *n. f.* apologétique *(religion)*, apologie,
défense, éloge, justification, plaidoyer. **▲ANT.** ACCU-
SATION, RÉQUISITOIRE.

plaidoyer *n. m.* apologétique *(religion)*, apologie, défense, éloge, justification, plaidoirie. **▲ANT.**
ACCUSATION, RÉQUISITOIRE.

plaie *n. f.* ▶ *Blessure* – blessure, dégénérescence,
lésion, marque. *FAM. ou ENFANTIN* bobo. *DIDACT.*
trauma. ▶ *Ulcération* – lésion, ulcération, ulcère.
▶ *Douleur* – adversité, calamité, calice (de douleur),
chagrin, détresse, deuil, disgrâce, douleur, échec,
épreuve, fatalité, infortune, mal, malchance, malédiction, malheur, mauvaise fortune, mauvaise passe,
mésaventure, misère, nuage, orage, peine, revers,
ruine, sale affaire, sale histoire, souffrance, traverse,
tribulation. *SOUT.* bourrèlement, tourment. **▲ANT.**
JOIE, PLAISIR, RAVISSEMENT.

plaignant *n.* appelant, demandeur, partie plaignante, partie poursuivante, partie requérante, pétitionnaire, poursuivant, réclamant, requérant, revendicateur. **▲ANT.** ACCUSÉ.

plaindre *v.* ▶ *Éprouver de la pitié* – avoir pitié
de, compatir à, s'apitoyer, s'attendrir. ◆ **se plaindre** ▶ *Se lamenter* – geindre, gémir, pleurer, se lamenter. *FAM.* faire des jérémiades, jérémiader. ▶ *Se

lamenter bruyamment* – se lamenter. *FAM.* beugler,
brailler, braire, bramer. ▶ *Protester* – broncher, murmurer, pousser les hauts cris, protester, réagir, récriminer, renâcler, répliquer, s'élever, s'indigner, s'opposer, se dresser, se gendarmer, se récrier. *SOUT.* réclamer. *FAM.* criailler, faire du foin, moufter, piailler,
rouscailler, rouspéter, ruer dans les brancards, tiquer,
tousser. *QUÉB. FAM.* chialer. **▲ANT.** ENVIER. △ SE PLAIN-
DRE – SE CONTENTER, SE FÉLICITER, SE SATISFAIRE.

plaine *n. f.* ▶ *Étendue* – campagne, rase cam-
pagne. ▶ *Instrument* *(QUÉB.)* – plane, vastringue.
▶ *Machine* – planeuse. **▲ANT.** COLLINE, ÉLÉVATION,
MONTAGNE.

plainte *n. f.* ▶ *Lamentation* – bêlement, braillement, cri, doléances, geignement, grincement, hélas, jérémiade, lamentation, larmoiement, murmure,
pleurs, sanglot, soupir. *SOUT.* sanglotement. *FAM.*
pleurnichage, pleurnichement, pleurnicherie. *QUÉB.
FAM.* braillage. ▶ *Reproche* – accusation, admonestation, admonition, anathématisation, anathème, attaque, avertissement, blâme, censure, condamnation,
correction, critique, désapprobation, diatribe, grief,
grognerie, gronderie, interdit, leçon, malédiction,
mise à l'écart, mise à l'index, mise en quarantaine,
objection, observation, punition, récrimination, remarque, remontrance, représentation, réprimande,
réprobation, reproche, réquisitoire, semonce, sérénade, sermon, tollé. *SOUT.* animadversion, foudres,
fustigation, improbation, mercuriale, objurgation,
stigmatisation, vitupération. *FAM.* douche, engueulade, prêchi-prêcha, savon, tabac. *FRANCE FAM.* attra-
page, lavage de tête, soufflante. *BELG.* cigare. *RELIG.*
fulmination. ▶ *Dénonciation* – accusation, allégation, attaque, calomnie, critique, délation, dénigrement, dénonciation, dépréciation, dévalorisation,
diffamation, imputation, insinuation, médisance, rabaissement, réquisitoire, trahison. *SOUT.* détraction.
FAM. cafardage, mouchardage, rapportage. *QUÉB.* salissage. ▶ *Inculpation* – accusation, charge, imputation, incrimination, inculpation, poursuite, présomption, prise à partie, réquisitoire. *SOUT.* prévention. *ANC.* clain. *DR.* chef d'accusation. ▶ *Action en
justice* – action, demande, poursuite, procès, réclamation, recours, référé, requête. **▲ANT.** COMPLIMENT,
ÉLOGE, LOUANGE; APPROBATION, SATISFACTION; REMER-
CIEMENT; DÉSISTEMENT.

plaintif *adj.* dolent, gémissant, larmoyant, pleureur, pleurnichard, pleurnicheur. *FAM.* bêlant, chougneur, geignard, pleurard. *QUÉB. FAM.* plaignard.
▲ANT. GAI, JOVIAL, JOYEUX, RIANT, RIEUR.

plaire *v.* ▶ *Satisfaire* – aller à, contenter, convenir à, faire l'affaire de, satisfaire, sourire à. *SOUT.*
agréer à, complaire à. *FAM.* arranger, botter à, chanter
à. *QUÉB. FAM.* adonner. ▶ *Intéresser* – captiver, empoigner, intéresser, passionner. *SOUT.* attacher l'esprit. *FAM.* accrocher, brancher. ▶ *Enchanter* – charmer, combler, enchanter, enthousiasmer, exaucer,
faire la joie de, faire le bonheur de, faire plaisir à,
mettre en joie, ravir, réjouir. *SOUT.* assouvir, délecter.
FAM. emballer. ▶ *Éveiller l'amour* – *FAM.* taper dans
l'œil, tomber dans l'œil de, tourner la tête à. ◆ **se
plaire** ▶ *Aimer* – adorer, affectionner, aimer, apprécier, avoir un faible pour, avoir un penchant pour,
être fou de, être friand de, être porté sur, faire ses

délices de, prendre plaisir à, priser, raffoler de, s'intéresser à, se complaire, se délecter, se passionner pour. *SOUT.* chérir, goûter. *FRANCE. FAM.* kiffer. *QUÉB. FAM.* capoter sur. *PÉJ.* se vautrer. ▸ *Entretenir* – caresser, entretenir, nourrir, se complaire dans. ▲**ANT.** DÉPLAIRE; AGACER, CONTRARIER, ENNUYER, FÂCHER, MÉCONTENTER, OFFUSQUER; BLASER, DÉGOÛTER.

plaisant *adj.* ▸ *Agréable* – agréable, amusant, charmant, distrayant, divertissant, égayant, gai, réjouissant, riant, souriant, sympathique. *FAM.* bonard, chic, chouette, sympa. ▸ *Drôle* – amusant, bouffon, burlesque, cocasse, comique, d'un haut comique, désopilant, drolatique, drôle, gai, hilarant, humoristique, impayable, ineffable, inénarrable, rigolo, risible, vaudevillesque. *SOUT.* drôlet. *FAM.* bidonnant, boyautant, crevant, éclatant, gondolant, marrant, poilant, roulant, tordant. *QUÉB. FAM.* crampant, mourant. ▸ *Joli* – à croquer, adorable, avenant, beau, bien, charmant, coquet, délicieux, gentil, gentillet, gracieux, joli, mignon, mignonnet, ravissant. *FAM.* chou, jojo. *FRANCE FAM.* croquignolet, mignard, mimi, trognon. ▸ *Séduisant* – agréable, attachant, charmant, (d'un charme) irrésistible, séduisant. *FRANCE FAM.* craquant. ▲**ANT.** DÉPLAISANT; DÉSAGRÉABLE, DÉTESTABLE, EXÉCRABLE, HAÏSSABLE; DISGRACIEUX, INESTHÉTIQUE, INGRAT, LAID, VILAIN; GRAVE, SÉRIEUX; ATTRISTANT, CHAGRINANT, TRISTE.

plaisanter *v.* ▸ *Faire des plaisanteries* – badiner, folâtrer, jouer, rire, s'amuser, se gausser. *FAM.* batifoler, blaguer, déconner, rigoler. *BELG.* baleter, zwanzer. ▸ *Taquiner* – agacer, faire enrager, taquiner. *FAM.* asticoter, blaguer, chiner. *QUÉB. FAM.* étriver, niaiser, tirer la pipe à. *ACADIE FAM.* tisonner. ▲**ANT.** ÊTRE SÉRIEUX, NE PAS RIRE.

plaisanterie *n. f.* ▸ *Blague* – badinage, baliverne, blague, bon mot, bouffonnerie, boutade, cabriole, calembour, calembredaine, clownerie, drôlerie, facétie, farce, galéjade, gauloiserie, histoire (drôle), humour, joyeuseté, mot pour rire, pitrerie. *SOUT.* arlequinade. *FAM.* astuce, flan, gag, histoire de fous. *BELG.* zwanze. *SUISSE* witz. ▸ *Raillerie* – dérision, épigramme, esprit, flèche, goguenardise, gouaille, gouaillerie, humour, ironie, lazzi, malice, moquerie, persiflage, pique, pointe, quolibet, raillerie, raccrement, risée, sarcasme, satire, taquinerie, trait. *SOUT.* brocard, nargue, saillie. *FAM.* vanne. *QUÉB. FAM.* craque. *QUÉB. SUISSE FAM.* fion. ▸ *Tour* – attrape, blague, canular, facétie, farce, fumisterie, mystification, tour. *FAM.* bateau. ▸ *Affaire sans importance* – amusette, bagatelle, baliverne, bêtise, bricole, broutille, chanson, détail, enfantillage, fadaise, faribole, frivolité, futilité, jeu, misère, rien, sornette, sottise, vétille. *SOUT.* badinerie, puérilité. *FAM.* foutaise, mômerie. *BELG. FAM.* carabistouille. ▲**ANT.** SÉRIEUX.

plaisir *n. m.* ▸ *Joie* – allégresse, béatitude, bonheur, égaiement, enthousiasme, euphorie, exaltation, extase, exultation, gaieté, hilarité, ivresse, joie, jubilation, ravissement, réjouissance, vertige. *SOUT.* aise, félicité, liesse, rayonnement. ▸ *Volupté* – bien-être, bon temps, bonheur, contentement, délectation, délice, douceur, euphorie, félicité, jouissance, orgasme, régal, satisfaction, septième ciel, volupté. *SOUT.* aise, félicité, miel, nectar. ▸ *Amusement* – agrément, amusement, distraction, divertissement,

égaiement. ▸ *Divertissement* – agrément, amusement, amusette, délassement, dérivatif, distraction, divertissement, ébats, ébattement, étourdissement, jeu, loisir, ludisme, partie, passe-temps, plaisance, récréation, sport. *SOUT.* diversion. *FAM.* récré. ▲**ANT.** CHAGRIN, DÉPLAISIR, DOULEUR, MÉLANCOLIE, SOUFFRANCE, TRISTESSE; DÉSAGRÉMENT, ENNUI, LASSITUDE.

plan *adj.* égal, horizontal, plat, uni. *QUÉB. FAM.* planche. ▲**ANT.** COURBE, GAUCHE, GONDOLÉ, INÉGAL, IRRÉGULIER, ONDULÉ, RABOTEUX. △**PLANE, *fém.*** – SPATIALE *(géométrie)*.

plan *n. m.* ▸ *Ce qui est plan* – aire, méplat, surface. ▸ *Aile* – aile, foil *(embarcation)*, volet *(avion)*. ▸ *Représentation* – carte, copie, dessin, diagramme, fac-similé, figuration, image, levé, représentation, reproduction, schéma, symbole, visuel *(en publicité)*. ▸ *Modèle* – carton, grille, matrice, modèle, modélisation, moule, patron, pilote, prototype, simulation, spécimen. *FAM.* topo. ▸ *Sommaire* – abrégé, aide-mémoire, analyse, aperçu, argument, compendium, condensé, éléments, épitomé, esquisse, extrait, livret, manuel, mémento, morceau, notice, page, passage, précis, promptuaire, raccourci, récapitulation, réduction, résumé, rudiment, schéma, sommaire, somme, synopsis, vade-mecum. *FAM.* topo. ▸ *Programme* – calendrier, échéancier, emploi du temps, horaire, minutage, ordre du jour, planification, programme, projet. *FAM.* menu. ▸ *Agencement* – accommodation, accommodement, agencement, ajustement, aménagement, architecture, arrangement, articulation, assemblage, combinaison, combinatoire, composition, concaténation, configuration, construction, contexture, coordination, disposition, distribution, élaboration, enchaînement, harmonie, hiérarchie, liaison, mise en ordre, mise en place, ordonnance, ordonnancement, ordre, organisation, orientation, profil, programmation, rangement, répartition, structuration, structure, système, texture. ▸ *Machination* – agissements, cabale, calcul, combinaison, complot, conjuration, conspiration, intrigue, machination, manigance, manipulation, manœuvre, maquignonnage, menées, tractation. *SOUT.* brigue, fomentation. *FAM.* combine, fricotage, grenouillage, magouillage, magouille, micmac, mijotage. ▸ *Subdivision d'un film* – scène, séquence. ▸ *Manière de filmer* – prise de vue.

planche *n. f.* ▸ *Pièce de bois* ▸ *Petite* – planchette. ▸ *Estampe* – illustration. ▸ *Terrain* – pièce de terre. ▸ *Lingot* – lingot. *TECHN.* billette, bloom, gueuse, saumon. ♦ *les planches*, *plur.* ▸ *Théâtre* – art dramatique, scène, théâtre. ▸ *Scène* – (les) planches, plateau, scène.

plancher *n. m.* ▸ *Plancher d'une maison* – *QUÉB. ACADIE FAM.* place. ▸ *Minimum* – minimum, moins. ▲**ANT.** MAXIMUM, PLAFOND, SOMMET.

planer *v.* ▸ *Flotter en l'air* – flotter, voler, voleter, voltiger. ▸ *Menacer* – attendre, gronder, guetter, menacer. *SOUT.* imminer. ▸ *Éprouver un vif plaisir* *(FAM.)* – être fou de joie, être ivre de joie, être transporté de joie, exulter, nager dans la joie, ne plus se sentir de joie, pavoiser, sauter de joie, triompher. *FAM.* jouir, jubiler, sauter au plafond, sauter les airs. *QUÉB. FAM.* capoter. ▸ *Aplanir* – aplanir, décourber, dégauchir, doler, dresser, raboter, redresser, replanir, varloper. *QUÉB. FAM.* décrochir. ▲ANT. PIQUER, PLONGER, TOMBER; RAMER *(oiseau).*

planétaire *adj.* ▶ *Relatif aux planètes* – astral, céleste, sidéral. ▶ *Relatif à toute la planète Terre* – global, international, mondial, universel. ▲ANT. LOCAL, NATIONAL, RÉGIONAL; LIBRE *(électron).*

planète *n. f.* ▶ *Corps céleste* – astre, corps céleste. ◆ **planètes,** *plur.* ▶ *Ensemble de corps célestes* – système planétaire.

plant *n. m.* ▶ *Plante* – accru, bouture, brin, brout, cépée, drageon, germe, jet, mailleton, marcotte, provin, recrû, rejet, rejeton, revenue, surgeon, talle, tendron, turion. ▶ *Terrain planté* – brûlis, champ, chaume, guéret, plantation, pré. *SOUT.* glèbe. ▶ *Vigne* – cépage, hautin *(sur échalas),* jouaille/vigne en ouillière *(cultivée avec d'autres plantes),* treille *(qui grimpe).* ▶ *Qui produit d'autres vignes* – marcotte de vigne, provin, sautelle.

plantation *n. f.* ▶ *Action de planter* – repiquage, replantation, transplantation, végétalisation. ▶ *D'arbres* – afforestation, boisement, reboisement, reforestation. ▶ *Terrain* – brûlis, champ, chaume, guéret, plant, pré. *SOUT.* glèbe. ▲ANT. ABATTAGE, COUPE, DÉBOISEMENT, DÉFRICHAGE, DÉPLANTATION, DÉRACINEMENT.

plante *n. f.* ▶ *Végétal* – BOT. plante herbacée. ◆ **plantes,** *plur.* ▶ *Ensemble de végétaux* – couverture végétale, flore, formation végétale, or vert *(ressource),* végétation, végétaux, verdure, vert.

planter *v.* ▶ *Semer* – mettre en terre, semer. ▶ *Enfoncer dans la terre* – enfoncer, ficher. ▶ *Faire tenir droit* – dresser, élever, ériger. ▶ *Installer un décor* – installer, poser. ▶ *Tomber* (QUÉB. FAM.) – basculer, culbuter, faire une chute, tomber, verser. FAM. aller choir, chuter, dinguer, prendre un billet de parterre, prendre une bûche, prendre une gamelle, prendre une pelle, ramasser un gadin, ramasser une bûche, ramasser une gamelle, ramasser une pelle, s'allonger, s'étaler, se casser la figure, se casser la gueule, se fiche par terre, se rétamer, valdinguer. QUÉB. FAM. piquer une fouille, prendre une débarque, prendre une fouille. ◆ **se planter** ▶ *Se tenir en un endroit* – se camper, se poster. ▶ *Se tromper* (FAM.) – avoir tort, commettre une erreur, faire erreur, faire fausse route, s'abuser, se fourvoyer, se méprendre, se tromper. SOUT. errer, s'égarer. FAM. prendre des vessies pour des lanternes, se blouser, se ficher dedans, se fourrer le doigt dans l'œil, se gourer, se mettre dedans, se mettre le doigt dans l'œil. ▶ *Échouer* (FAM.) – échouer, essuyer un échec, faire chou blanc, faire fiasco, manquer son coup, rater son coup, subir un échec. FAM. faire un bide, faire un flop, faire un four, prendre une gamelle, prendre une pelle, prendre une veste, ramasser une gamelle, ramasser une pelle, ramasser une veste, remporter une veste, se casser la gueule, se casser le nez, se casser les dents. ▶ *Échouer à un examen* – échouer à. FAM. se faire étaler à, se ramasser à. QUÉB. FAM. couler, pocher. BELG. FAM. moffler. SUISSE FAM. luger. ▲ANT. ARRACHER, DÉRACINER, EXTIRPER; RÉCOLTER, RECUEILLIR; ENLEVER, ÔTER.

planton *n.* ▶ *Soldat* – agent de liaison, estafette. ▶ *Guetteur* – factionnaire, garde, guetteur, sentinelle, soldat de faction, soldat de garde, veilleur, vigie, vigile *(romain).*

plaque *n. f.* ▶ *Objet mince* – feuille, panneau, planche, tableau. ▶ *De petite taille* – carreau, écusson, panonceau, plaquette. ▶ *Électricité* – borne, électrode, pôle.

plaquer *v.* ▶ *Coller* – appliquer, appuyer, coller. ▶ *Abandonner qqn* (FAM.) – abandonner, délaisser, déserter, laisser, laisser en plan, laisser tomber, quitter. FAM. jeter, lâcher, laisser choir, larguer, lourder, planter là. ▶ *Abandonner qqch.* (FAM.) – abandonner, délaisser, enterrer, faire une croix sur, jeter aux oubliettes, laisser, laisser en jachère, laisser tomber, mettre au placard, mettre au rancart, mettre aux oubliettes, quitter, renoncer à, tirer une croix sur. SOUT. dépouiller, renoncer. FAM. lâcher, planter là. ▲ANT. SÉPARER; RETROUVER.

plastique *adj.* malléable, mou, ramolli, tendre. ▲ANT. RIGIDE.

plat *adj.* ▶ *Sans saillie* – égal, horizontal, plan, uni. QUÉB. FAM. planche. ▶ *Peu épais* – aplati, mince. ▶ *Morne* – déprimant, ennuyeux, gris, grisâtre, maussade, monotone, morne, sans vie, terne. ▶ *Lassant* – endormant, ennuyeux, fastidieux, inintéressant, insipide, lassant, monotone, répétitif, soporifique. FAM. assommant, barbant, lugubre, mortel, mortifère, mourant, rasant, raseur, rasoir, usant. FRANCE FAM. barbifiant, barbifique, bassinant, canulant. QUÉB. FAM. gazant. ▶ *D'une soumission déshonorante* – bas, obséquieux, qui fait le chien couchant, rampant, servile, soumis. ▲ANT. COURBE, GAUCHE, GONDOLÉ, INÉGAL, IRRÉGULIER, ONDULÉ, RABOTEUX; MONTAGNEUX, VALLONNÉ; ARRONDI, BOMBÉ, ROND, SPHÉRIQUE; ÉPAIS; EXCITANT, PALPITANT, PASSIONNANT; AMUSANT, CHARMANT, DISTRAYANT, DIVERTISSANT, ÉGAYANT, GAI, PLAISANT, RÉJOUISSANT; COLORÉ, PIQUANT, PITTORESQUE; ENCOURAGEANT, MOTIVANT, STIMULANT.

plat *n. m.* ▶ *Contenant de table* – assiette, écuelle, gamelle *(campeur),* soucoupe. ▶ *Contenu* – assiette, assiettée, écuelle, écuellée, platée. ▶ *Contenant à four* – plat à four. QUÉB. FAM. lèchefrite. ▶ *Nourriture* – mets, spécialité. ▶ *Support destiné au service* – plateau. QUÉB. FAM. cabaret. ◆ **plats,** *plur.* ▶ *Ensemble de portions de nourriture* – sélection de plats, variété de plats; repas; cuisine; buffet; service. ▲ANT. RELIEF; MONTÉE; DESCENTE.

plateau *n. m.* ▶ *Support* – plateau-repas, servante, serviteur. ▶ *Support destiné au service* – plateau (de service). QUÉB. FAM. cabaret. ▶ *Relief* – hautes terres. ▶ *Scène* – (les) planches, scène. ▶ *Segment d'une courbe* – palier. ▲ANT. VALLÉE; MONTÉE; DESCENTE.

plate-forme (var. **plateforme**) *n. f.* ▶ *Aire* – aire, champ, domaine, emplacement, espace, place, région, terrain, territoire, zone.

platitude *n. f.* ▶ *Médiocrité* – banalité, facilité, fadeur, faiblesse, inconsistance, indigence, insignifiance, insuffisance, médiocre, médiocrité, pauvreté, prévisibilité. SOUT. trivialité. FAM. fadasserie. ▶ *Cliché* – banalité, cliché, évidence, fadaise, généralité, lapalissade, lieu commun, poncif, réchauffé, redite, stéréotype, tautologie, truisme. ▶ *Servilité* – adulation, approbativité, (basse) flatterie, bassesse, cajolerie, complaisance, compromission, courbette, flagornerie, obséquiosité, servilité. SOUT. blandice. FAM. àplat-ventrisme, léchage (de bottes), lèche, mamours. QUÉB. FAM. lichage, tétage. ▲ANT. EXCELLENCE, GRANDEUR, PERFECTION; ESPRIT, HARDIESSE, INTÉRÊT, JAMAIS VU, ORIGINALITÉ, SAVEUR; FIERTÉ, NOBLESSE.

platonique adj. ▶ Chaste – chaste, de haute moralité, décent, immaculé, innocent, pudique, pur, réservé, sage, vertueux, virginal. ▶ Non favorable – bégueule, collet monté, prude, pudibond, puritain. ▲ANT. SEXUEL, SEXUELLEMENT ACTIF.

plâtre n.m. ▶ Pierre – gypse, pierre à plâtre, sulfate de calcium.

plausible adj. crédible, croyable, probable, vraisemblable. ▲ANT. IMPOSSIBLE, IMPROBABLE, INVRAISEMBLABLE, IRRÉALISTE.

plein adj. ▶ Qui n'est pas creux – massif. ▶ Rempli – bondé, bourré, comble, complet, rempli. ▶ Dodu – arrondi, aux formes pleines, charnu, dodu, enveloppé, grassouillet, potelé, pulpeux, rebondi, replet, rond, rondelet. FAM. boulot, girond, rondouillard. QUÉB. grasset. ▶ En parlant du visage – joufflu, poupard, poupin. ▶ Gros – adipeux, (bien) en chair, charnu, corpulent, de forte taille, empâté, épais, étoffé, fort, gras, gros, imposant, large, lourd, massif, obèse, opulent, plantureux. FAM. éléphantesque, hippopotamesque. FRANCE FAM. mastoc. QUÉB. FAM. baquais. ▶ En parlant d'une femelle – en gestation, fécondée, gestante, gravide. FAM. enceinte. ▶ Total – absolu, complet, entier, exhaustif, global, inconditionnel, intégral, parfait, rigoureux, sans réserve, total. QUÉB. FAM. mur-à-mur. PÉJ. aveugle. ▶ En parlant de l'esprit – bourré, débordant, farci, imbu, imprégné, pénétré, rempli, saturé. SOUT. pétri. ▶ Ivre (FAM.) – aviné, en état d'ébriété, enivré, ivre, pris de boisson. ▲ANT. VIDE; CREUX; ÉMACIÉ; CHÉTIF, GRINGALET, MAIGRE, MAIGRELET, MAIGRICHON; PARTIEL; DÉSERT, INOCCUPÉ, LIBRE, VACANT; HUMBLE, MODESTE; SOBRE. △ PLEIN DE – DÉNUÉ DE, DÉPOURVU DE, EXEMPT DE, PRIVÉ DE, SANS.

pleinement adv. à fond, à tous (les) égards, au (grand) complet, au long, au total, complètement, d'un bout à l'autre, de A (jusqu'à) à Z, du début à la fin, du tout au tout, en bloc, en entier, en totalité, en tous points, entièrement, exhaustivement, fin, in extenso, intégralement, sous tous les rapports, sur toute la ligne, totalement, tout, tout à fait. QUÉB. FAM. mur-à-mur. ▲ANT. À DEMI, À MOITIÉ, EN PARTIE, FRAGMENTAIREMENT, INCOMPLÈTEMENT, PARTIELLEMENT.

plénipotentiaire n. agent, ambassadeur, attaché, chargé d'affaires, chargé de mission, commissaire, correspondant, délégataire, délégué, député, diplomate, émissaire, envoyé, fondé de pouvoir, légat, mandataire, messager, ministre, négociateur, parlementaire, représentant.

plénitude n. f. ▶ Maturité – adultie, adultisme, âge, âge adulte, âge mûr, assurance, confiance en soi, épanouissement, expérience (de la vie), force de l'âge, majorité, maturité, réalisation de soi, sagesse. ▶ Perfection – achèvement, consommation, couronnement, épanouissement, excellence, fini, fleur, maturité, meilleur, parachèvement, perfection, précellence. PHILOS. entéléchie. ▶ Totalité – absoluité,

---

plier

complétude, ensemble, entier, entièreté, exhaustivité, généralité, globalité, intégralité, intégrité, masse, réunion, somme, total, totalité, tout, universalité. ▶ Saturation – abondance, ampleur, intégrité, satiété, saturation, totalité. ▶ Profondeur – acuité, ardeur, complexité, difficulté, élévation, ésotérisme, extase, extrémité, force, immensité, impénétrabilité, intelligence, intensité, intériorité, intimité, mystère, pénétration, perspicacité, profond, profondeur, puissance, science, secret. ▲ANT. INCOMPLÉTUDE, VIDE; FRAGMENT, PARTIE, PORTION; CARENCE, PÉNURIE.

pleurer v. ▶ En parlant d'un nourrisson – crier, vagir. ▶ Verser des larmes – sangloter, verser des larmes, verser des pleurs. FAM. chialer. QUÉB. FAM. brailler. ▶ Pleurnicher – larmoyer, pleurnicher. FAM. chialer, chigner, chougner, couiner, piailler, piauler. QUÉB. FAM. lyrer. SUISSE FAM. piorner. ▶ Regretter vivement – déplorer, regretter. ▶ Se plaindre – geindre, gémir, se lamenter, se plaindre. FAM. faire des jérémiades, jérémiader. ▲ANT. RIRE; SE RÉJOUIR.

pleureur adj. dolent, gémissant, larmoyant, plaintif, pleurnichard, pleurnicheur. FAM. bêlant, chougneur, geignard, pleurard. QUÉB. FAM. plaignard. ▲ANT. ENJOUÉ, GAI, RIANT, RIEUR.

pleurnicher v. larmoyer. FAM. chialer, chigner, chougner, couiner, piailler, piauler. QUÉB. FAM. lyrer. SUISSE FAM. piorner. ▲ANT. RIRE, SOURIRE.

pleuvoir v. ▶ Tomber de la pluie – tomber de la pluie. FAM. flotter. QUÉB. FAM. mouiller. ▶ Arriver en grand nombre – fondre, s'abattre, tomber. ▲ANT. MANQUER, SE RARÉFIER.

pli n.m. ▶ Pli dans une étoffe – bouillon, fronce, godron, ourlet, pince, rempli, rentré, repli, roulotté, tuyau. ▶ Faux pli – faux pli, godage, godet. ▶ Ride – commissure, fanon, froncement, pliure, repli, ride, ridule. ▶ Levée – levée, main. ▶ Lettre – billet, lettre, message, mot. IRON. épître. SOUT. missive. FAM. biffeton (dans une prison). FRANCE FAM. babillarde, bafouille. AFR. note. ▶ Habitude – accoutumance, automatisme, façons, habitude, manières, mœurs, réflexe, rite, rituel, seconde nature. PSYCHOL. stéréotypie. FAM. abonnement, métro-boulot-dodo, train-train, train-train quotidien. ▶ Non favorable – encroûtement, manie, marotte, monotonie, ordinaire, ronron, routine, tic, uniformité. ♦ plis, plur. ▶ Ensemble de plis dans une étoffe – plissé, plissure.

pliant adj. convertible, escamotable, rabattable, repliable, transformable. ▲ANT. RIGIDE; DÉPLIANT.

plier v. ▶ Courber – courber, fléchir, infléchir, recourber. ▶ Sous un poids – arquer, raidir, fléchir, ployer. ▶ Rabattre – rabattre. ▶ Ce qui a été déplié – rabattre, ramener, replier. ▶ Déformer une articulation – tordre. SUISSE mailler. ▶ Tempérer – assouplir, relâcher, tempérer. ▶ Se courber – s'arquer, s'incurver, s'infléchir, se courber. ▶ Sous un poids – arquer, céder, fléchir. ▶ Céder – battre en retraite, céder, faiblir, faire marche arrière, fléchir, lâcher pied, mollir, reculer. FAM. caler, caner, flancher, se déballonner, se dégonfler. ♦ se plier ▶ Respecter – acquiescer à, obéir à, observer, obtempérer à, respecter, se conformer à, se soumettre à, suivre. SOUT. déférer à, sacrifier à. ▲ANT. DRESSER, RECTIFIER, REDRESSER; DÉPLIER,

DÉPLOYER, DÉVELOPPER, ÉTENDRE, OUVRIR; DÉSOBÉIR, RÉSISTER, S'ENTÊTER, S'OBSTINER, S'OPPOSER.

plissé *adj.* à fronces, froncé.

plisser *v.* ▶ *Garnir de plis serrés* – froncer. ▶ *Froisser* – chiffonner, friper, froisser. QUÉB. FAM. taponner. ▲ANT. DÉPLISSER.

plomb *n. m.* ▶ *Sceau* – cachet, contrôle, empreinte, estampille, flamme, frappe, griffe, insculpation, label, marque, oblitération, poinçon, sceau, tampon, timbre. QUÉB. FAM. étampe. ▶ *Fusible* – coupe-circuit, disjoncteur, fusible, fusible-cartouche, plomb (fusible). ▶ *Projectile* – balle, cartouche, cendrée, chevrotine, menuise. FAM. bastos, dragée, pruneau. ◆ **plombs**, *plur.* ▶ *Ensemble d'engins de pêche* – plombée.

plongeant *adj.* ▲ANT. EN CONTRE-PLONGÉE.

plongée *n. f.* ▶ *Action de s'enfoncer dans l'eau* – immersion, plongeon. ▲ANT. ÉMERGENCE, ÉMERSION; CONTRE-PLONGÉE.

plonger *v.* ▶ *Immerger* – baigner, faire tremper, immerger, tremper. ▶ *Enfoncer* – enfoncer, enfouir, fourrer. ▶ *Mettre soudainement dans un état* – jeter, précipiter. ▶ *Sauter dans l'eau tête première* – faire un plongeon, piquer une tête. ▶ *Se précipiter du haut des airs* – fondre, piquer, s'abattre. ◆ **se plonger** ▶ *S'absorber* – s'absorber, se perdre, sombrer. SOUT. s'abîmer. ▲ANT. ÉMERGER; FLOTTER; RETIRER; LIBÉRER. △ SE PLONGER – S'EXTRAIRE, SE TIRER.

pluie *n. f.* ▶ *Phénomène atmosphérique* – gouttes de pluie. FAM. flotte. ▶ *Déferlement* – abondance, avalanche, averse, bombardement, bordée, cascade, déferlement, déluge, flot, flux, grêle, kaléidoscope, mascaret, rivière, torrent, vague. SOUT. fleuve. ▲ANT. SÉCHERESSE; CARENCE, DISETTE, PÉNURIE; FILET, GOUTTE, TRAIT.

plumage *n. m.* ▶ *Ensemble des plumes* – livrée, pennage, plumée, plumes. ▶ *Action de plumer* – plumée. ▶ *Action d'écorcer* (QUÉB. FAM.) – décortication, écorçage, teillage.

plume *n. f.* ▶ *Partie d'un oiseau* ▶ *Petite* – plumette, plumule. ▶ *Instrument pour écrire* – porteplume, stylo (à) plume. ▶ *Bouée* – balancier, bombette, bouchon, bouée, flotteur. ▶ *Partie d'une flèche* – aileron. ◆ **plumes**, *plur.* ▶ *Ensemble de parties d'oiseau* – livrée, pennage, plumage, plumée.

plural *adj.* ▲ANT. UNIQUE.

pluraliste *adj.* ▲ANT. MONOLITHIQUE.

pluralité *n. f.* ▶ *Multiplicité* – complexité, diversité, multiplicité, variété. ▲ANT. SINGULARITÉ, UNICITÉ; MINORITÉ.

pluriethnique *adj.* cosmopolite, international, multiculturel, multiethnique. ▲ANT. MONOLITHIQUE.

plutôt *adv.* ▶ *Préférablement* – de préférence, mieux, par préférence, préférablement, préférentiellement. ▶ *Assez* – à satiété, acceptablement, amplement, assez, autant qu'il faut, ce qu'il faut, convenablement, en quantité suffisante, honnêtement, passablement, quelque peu, raisonnablement, suffisamment, valablement. FAM. jusqu'à plus soif, marre. ▲ANT. ABSOLUMENT, CARRÉMENT, CATÉGORIQUEMENT, COMPLÈTEMENT, PARFAITEMENT, RADICALEMENT, TOUT

À FAIT, VRAIMENT; INDIFFÉREMMENT, INDISTINCTEMENT, SANS DISTINCTION.

pluvieux *adj.* ▲ANT. ARIDE, SEC.

pneu *n. m.* ▶ *Message* – carte pneumatique, pneumatique.

poché *adj.* ▶ *En parlant des yeux* – meurtri. FAM. au beurre noir.

poche *n. f.* ▶ *Partie d'un vêtement* – gousset. FRANCE FAM. fouille. ▶ *Sac* – besace, bissac, cabas, cabassette, fonte (selle), fourre-tout, havresac, musette, sac, sacoche. FAM. baise-en-ville, balluchon. ▶ *Contenu* – sac. ▶ *Emballage à herbes* (QUÉB.) – paquet, pochette, sachet. SUISSE fourre. ▶ *Piège à petit gibier* – collet, lacet, lacs. ▶ *Ustensile* (SUISSE) – cuiller à pot, louche.

podium *n. m.* ▶ *Soubassement* – acrotère, base, piédestal, socle, soubassement, stylobate, terrasse.

poêle (var. **poële**) *n. m.* ▶ *Réchaud* – athanor *(alchimie)*, bec Bunsen, brasero, brûleur, chaudière, rebouilleur, réchaud, resurchauffeur, surchauffeur *(locomotive)*, têt, thermosiphon. ANTIQ. hypocauste. ▶ *Appareil de cuisson* (QUÉB. FAM.) – cuisinière. ▶ *Drap mortuaire* (ANC.) – drap mortuaire, linceul. SOUT. suaire.

poème *n. m.* ▶ *Œuvre* – œuvre poétique. ◆ **poèmes**, *plur.* ▶ *Ensemble d'œuvres* – choix de poèmes, recueil de poèmes; poésie.

poésie *n. f.* ▶ *Art* – art poétique, poétique, versification. SOUT. harmonie, muse, Parnasse, vers. ▲ANT. PROSE.

poète *n.* ▶ *Écrivain* ▶ *Mauvais* – rimeur, versificateur. ▶ *Femme* – femme poète. PÉJ. poétesse. ▶ *Rêveur* – contemplateur, extatique, idéaliste, méditatif, rêvasseur, rêveur, songe-creux, utopiste, visionnaire. QUÉB. FAM. pelleteur de nuages. ▲ANT. PROSATEUR; MATÉRIALISTE, RÉALISTE.

poétique *adj.* lyrique, romantique. ▲ANT. MATÉRIALISTE, MATÉRIEL, PROSAÏQUE, TERRE-À-TERRE; ANTIPOÉTIQUE.

poids *n. m.* ▶ *Force de la pesanteur* – attraction, force, gravitation, gravité, pesanteur, poussée, pression. ▶ *Lourdeur* – densité, lourdeur, masse, massiveté, pesanteur. ▶ *Charge* – charge, chargement, fardeau. SOUT. faix. ▶ *Influence* – action, aide, appui, ascendant, attirance, attraction, aura, autorité, contagion, crédit, dominance, domination, effet, empreinte, emprise, fascination, force, importance, incitation, influence, inspiration, magie, magnétisme, mainmise, manipulation, mouvance, persuasion, pétition, pouvoir, prépondérance, présence, pression, prestige, puissance, règne, rôle, séduction, subjugation, suggestion, tyrannie. SOUT. empire, intercession. ▲ANT. APAISEMENT, SOULAGEMENT; FUTILITÉ, INANITÉ, INEFFICACITÉ, INSIGNIFIANCE, LÉGÈRETÉ, VANITÉ.

poignant *adj.* ▶ *Émouvant* – bouleversant, déchirant, dramatique, émouvant, pathétique, touchant, troublant, vibrant *(discours)*. SOUT. empoignant. ▶ *Affligeant* – âcre, affligeant, amer, cruel, cuisant, déchirant, douloureux, dur, éprouvant, lancinant, navrant, pénible, saignant, vif. ▲ANT. APAISANT, CALMANT, CONSOLANT, CONSOLATEUR,

RASSÉRÉNANT, RASSURANT, RÉCONFORTANT, SÉCURISANT, TRANQUILLISANT.

poignard *n. m.* couteau. *SOUT.* acier, fer. *FAM.* lardoire, schlass.

poigne *n. f.* ▶ *Solidité* – aplomb, assurance, autorité, caractère, constance, courage, cran, détermination, endurance, énergie, fermeté, force, permanence, rectitude, résolution, ressort, sang-froid, sérieux, solidité, sûreté, ténacité, vigueur, virilité, volonté. *SOUT.* fortitude, invulnérabilité. *FAM.* estomac, gagne. ▶ *Force de la main* – *QUÉB. FAM.* pogne. ▲ANT. MOLLESSE, RELÂCHEMENT.

poignée *n. f.* ▶ *Quantité de matière* – bouchon *(paille)*. *TECHN.* pigeon *(plâtre)*. ▶ *Petit nombre de personnes* – frange, minoritaires, minorité, quarteron. ▶ *Partie d'un objet* – anse, bec-de-cane, béquille, bouton (de porte), crémone, crosse *(arme à feu)*, ente, espagnolette, main *(tiroir)*, manche, mancheron, maneton, manette, manicle, oreille, pied-de-biche, queue *(casserole)*, robinet. *BELG.* clenche. *SPORTS* palonnier. ▲ANT. MAJORITÉ; ARMÉE, ESSAIM, FLOT, FOULE, MARÉE, MEUTE, MULTITUDE, RIBAMBELLE, TROUPEAU.

poil *n. m.* ▶ *Revêtement pileux* – *ANAT.* pilosité, villosité.

poilu *adj.* velu. ♦ *Au visage* – barbu, moustachu. *FAM.* barbichu. ▲ANT. GLABRE, LISSE, NU, RASÉ.

point *n. m.* ▶ *Lieu* – coin, emplacement, endroit, lieu, localisation, localité, place, position, poste, scène, séjour, siège, site, situation, théâtre, zone. *BIOL.* locus. ▶ *Stade* – épisode, étape, palier, période, phase, stade, transition. ▶ *Sujet* – fait, fond, matière, objet, problème, propos, question, sujet, thème. ▶ *Bilan personnel* – bilan. *SOUT.* rétrospection. ▶ *Maille* – boucle, gansette, maille. ♦ **points**, *plur.* ▶ *Ensemble de mailles* – appointure.

pointe *n. f.* ▶ *Aiguille* – alène, broche, épingle, épinglette, ferret, lardoire, passe-lacet, piquoir, poinçon. *MÉD.* trocart. ▶ *Instrument* – pointe sèche. ▶ *Clou* – *QUÉB. FAM.* braquette. ▶ *Saillie* – angle, appendice, arête, aspérité, avancée, avancement, balèvre, bec, bosse, bourrelet, console, corne, corniche, côte, coude, crête, dent, éminence, encorbellement, éperon, ergot, excroissance, gibbosité, hourd, mamelon, moulure, nervure, picot, proéminence, projecture, prolongement, protubérance, redan, relief, ressaut, saillant, saillie, surplomb, surplombement, tubercule. ▶ *Extrémité* – aboutissement, bord, bordure, borne, bout, cap, confins, délimitation, extrême, extrémité, fin, finitude, frange, frontière, ligne, limite, lisière, orée, pied, pôle, queue, talon, terme, terminaison, tête. ▶ *Bande de terre* – bec, isthme, péninsule *(grosse)*, presqu'île. ♦ *Surélevée* – cap, promontoire. ▶ *Maximum* – acmé, apex, apogée, apothéose, cime, climax, comble, culmination, excès, faîte, fin du fin, fort, limite, maximum, meilleur, nec plus ultra, optimum, paroxysme, pic, pinacle, plafond, point culminant, record, sommet, summum, triomphe, zénith. *FAM.* max, top niveau. ▶ *Sprint* – emballage, finish, sprint *(final)*. ▶ *Offensive* – percée, trouée. ▶ *Raillerie* – dérision, épigramme, esprit, flèche, goguenardise, gouaille, gouaillerie, humour, ironie, lazzi, malice, moquerie, persiflage, pique,

plaisanterie, quolibet, raillerie, ricanement, risée, sarcasme, satire, taquinerie, trait. *SOUT.* brocard, nargue, saillie. *FAM.* vanne. *QUÉB. FAM.* craque. *QUÉB. SUISSE FAM.* fion. ▲ANT. ÉCHANCRURE, INDENTATION; FLATTERIE, LOUANGE, MOT D'ENCOURAGEMENT.

pointer *v.* ▶ *Montrer* – désigner, indiquer, montrer. ▶ *Diriger* – braquer, diriger. ▶ *Piquer* – darder. ▶ *Faire saigner* – égorger, saigner. ▶ *Commencer à être visible* – percer, se montrer, sortir. *SOUT.* poindre. ▶ *Commencer à se manifester* – apparaître, éclore, faire son apparition, germer, naître, paraître, se former, se manifester. *SOUT.* poindre, sourdre. ♦ **se pointer** ▶ *Arriver* *(FAM.)* – arriver, paraître, se montrer, se présenter. *FAM.* rappliquer, s'amener, (se) radiner, se ramener. ▲ANT. OMETTRE, SAUTER; PENDRE, TOMBER. △SE POINTER – S'ESQUIVER, SE DÉROBER.

pointillé *n. m.* ▲ANT. LIGNE CONTINUE, TRAIT CONTINU.

pointu *adj.* ▶ *À l'extrémité très fine* – aigu, effilé, fin. *BOT.* aciculaire, acuminé, subulé. ▶ *En parlant du menton* – en galoche, proéminent, saillant. ▶ *En parlant d'une voix* – aigrelet, aigu, fluet, flûté, grêle, haut, haut perché, perçant, suraigu. ▶ *Spécialisé* – avancé, de pointe, évolué, haute technologie, perfectionné, poussé, sophistiqué, spécialisé. ▶ *Détaillé* – approfondi, détaillé, fouillé, poussé, précis. ▲ANT. ARRONDI; ÉMOUSSÉ, MOUSSE; CARRÉ *(menton)*; GROSSIER, PRIMITIF, RUDIMENTAIRE. △POINTUE, *fém.* – BASSE *(voix)*, CAVERNEUSE, DOUCE, GRAVE.

pois *n. m.* ▶ *Centre de l'œil* *(QUÉB. FAM.)* – prunelle, pupille.

poison *n. m.* ▶ *Substance toxique* – polluant, toxique. ▲ANT. ANTIDOTE, CONTREPOISON; MÉDICAMENT; ANGE, CHÉRUBIN, ENFANT SAGE, JÉSUS.

poisseux *adj.* collant, gluant, gommeux, poissant, visqueux. *QUÉB. FAM.* gommé. ▲ANT. CLAIR, LIQUIDE.

poisson *n. m.* ▶ *Être vivant* – *FAM.* poiscaille. ▶ *Personne trompée* *(QUÉB. FAM.)* – berné, dindon de la farce, dupe, trompé. *FAM.* cocu *(conjoint)*, pigeon. *FRANCE FAM.* blousé. ♦ **poissons**, *plur.* ▶ *Ensemble de poissons* – banc (de poissons); élevage (de poissons); stock (de poissons) *(marchandise)*. *FRANCE. FAM.* poiscaille. ▲ANT. FIN RENARD, FINAUD, FINE MOUCHE, FUTÉ, MALIN, RUSÉ; INCRÉDULE, MÉFIANT, SCEPTIQUE.

poitrine *n. f.* ▶ *Torse* – buste, cœur, torse. *ANAT. SOUT.* sein. ▶ *Gros mammifères* – poitrail. ▶ *Oiseaux* – bréchet, fourchette. ▶ *Seins* – buste. *SOUT.* gorge.

poivré *adj.* ▶ *Osé* – coquin, croustillant, égrillard, gaillard, gaulois, gras, grivois, hardi, impudique, impur, léger, leste, libertin, libre, licencieux, lubrique, osé, paillard, polisson, salace. *SOUT.* rabelaisien. *FAM.* épicé, olé olé, salé.

polaire *adj.* ▶ *Relatif aux pôles* – circumpolaire. ▶ *En parlant d'un grand froid* – sibérien. *FAM.* de canard, de loup. ▲ANT. ÉQUATORIAL; ACCABLANT, BRÛLANT, CANICULAIRE, ÉCRASANT, ÉTOUFFANT, LOURD, SAHARIEN, SUFFOCANT, TORRIDE, TROPICAL.

pôle *n. m.* ▶ *En électricité* – borne, électrode, plaque. ▶ *Extrémité* – aboutissement, bord, bordure, borne, bout, cap, confins, délimitation, extrême, extrémité, fin, finitude, frange, frontière, ligne, limite,

polémique

lisière, orée, pied, pointe, queue, talon, terme, terminaison, tête. ▲ANT. ÉQUATEUR ; CENTRE, MILIEU.

polémique *adj.* ▲ANT. CONSENSUEL, RASSEMBLEUR, UNIFICATEUR.

polémique *n. f.* ▶ *Antagonisme* – affrontement, antagonisme, combat, compétition, concurrence, conflit, contentieux, contestation, controverse, débat, désaccord, différend, discorde, discussion, dispute, dissension, dissentiment, divergence, émulation, friction, heurt, incompatibilité, incompréhension, lutte, mésentente, mésintelligence, opposition, querelle, rivalité. *FAM.* bagarre. ▶ *Dispute* – accrochage, algarade, altercation, brouille, brouillerie, chicane, controverse, démêlé, désaccord, désunion, différend, discorde, dispute, divergence, escarmouche, explication, fâcherie, froid, heurt, joute oratoire, litige, malentendu, mésentente, passe d'armes, querelle, rupture, scène, zizanie. *FAM.* bagarre, bisbille, bringue, chamaille, chamaillerie, empoignade, empoignement, engueulade, prise de bec, séance. *QUÉB. FAM.* brasse-camarade, chamaillage. *BELG. FAM.* bisbrouille. ▲ANT. CONSENSUS, ENTENTE, UNANIMITÉ.

poli *adj.* ▶ *Lisse et brillant* – brillant, glacé, laqué, lisse, luisant, lustré, satiné, verni. ▶ *Courtois* – affable, bien élevé, bienséant, civil, courtois, délicat, galant, qui a de belles manières. *SOUT.* urbain. *FAM.* civilisé. ▲ANT. ÂPRE, INÉGAL, RABOTEUX, RÊCHE, RIDÉ, RUDE, RUGUEUX ; DISCOURTOIS, GOUJAT, GROSSIER, IMPERTINENT, IMPOLI, INCIVIL, INCONVENANT, INCORRECT, INDÉLICAT, MAL ÉLEVÉ, RUSTRE.

police *n. f.* ▶ *Service d'ordre public* – appareil policier, force publique, forces policières, milice, policiers. *FRANCE* commissariat, gendarmerie. *FRANCE FAM.* rousse. ▶ *Policier* (*QUÉB. FAM.*) – agent de police, gardien de la paix, policier. ▶ *Gestion publique* – affaires publiques, chose publique, État, gouvernement, politique, pouvoir. *SOUT.* Cité. ▶ *En typographie* – caractères. *ANC.* fonte.

policier *n.* ▶ *Personne* – agent de police, gardien de la paix. ♦ **policière**, *fém.* ▶ *Femme* – *FAM.* aubergine, pervenche. ♦ **policier**, *masc.* ▶ *Chose* (*FAM.*) – roman noir, roman policier. *FAM.* polar, (un) policier. ♦ **policiers**, *masc. plur.* ▶ *Ensemble de personnes* – force publique, forces policières, police ; fraternité de policiers ; armada de policiers, escouade de policiers, troupe de policiers ; barrage de policiers, cordon de policiers, haie de policiers.

poliment *adv.* adorablement, affablement, agréablement, aimablement, amiablement, amicalement, bienveillamment, chaleureusement, civilement, complaisamment, cordialement, courtoisement, délicatement, délicieusement, diplomatiquement, galamment, gentiment, gracieusement, obligeamment, plaisamment, sagement, serviablement, sympathiquement. *FAM.* chiquement, chouettement. ▲ANT. CAVALIÈREMENT, CYNIQUEMENT, DÉPLAISAMMENT, DISCOURTOISEMENT, EFFRONTÉMENT, GROSSIÈREMENT, HARDIMENT, IMPERTINEMMENT, IMPOLIMENT, IMPUDEMMENT, INCIVILEMENT, INCONGRÛMENT, INDÉLICATEMENT, INSOLEMMENT, IRRESPECTUEUSEMENT, IRRÉVÉRENCIEUSEMENT.

polir *v.* ▶ *Faire briller* – astiquer, fourbir, frotter, nettoyer, peaufiner. *FAM.* briquer. *BELG.* blinquer.

SUISSE poutser. ▶ *Poncer* – brunir, doucir, égriser, gréser, poncer. ▶ *Parfaire* – ciseler, fignoler, finir, lécher, parachever, parfaire, peaufiner, perfectionner, raffiner, soigner. ▶ *Épurer le style, la langue* – châtier, épurer, soigner. ▲ANT. DÉPOLIR, TERNIR ; BÂCLER, NÉGLIGER.

politesse *n. f.* ▶ *Courtoisie* – affabilité, amabilité, aménité, attention, bienséance, bonnes manières, chevalerie, civilité, civisme, convivialité, correction, courtoisie, délicatesse, éducation, entregent, galanterie, gentillesse, hospitalité, mondanités, obligeance, prévenance, savoir-vivre, serviabilité, sociabilité, tact, urbanité. *SOUT.* gracieuseté, liant. ▶ *Décence* – bienséance, bon ton, chasteté, convenance, correction, décence, délicatesse, dignité, discrétion, éducation, fierté, gravité, honnêteté, honneur, modestie, propreté, pudeur, quant-à-soi, réserve, respect, retenue, sagesse, sobriété, tact, tenue, vertu. *SOUT.* pudicité. ▲ANT. EFFRONTERIE, GOUJATERIE, GROSSIÈRETÉ, IMPERTINENCE, IMPOLITESSE, INCIVILITÉ, INCONVENANCE, INCORRECTION, MALSÉANCE ; INDÉCENCE.

politicien *adj.* ▲ANT. DROIT, HONNÊTE, INTÈGRE, TRANSPARENT.

politique *n. f.* ▶ *Pouvoir* – affaires publiques, chose publique, État, gouvernement, pouvoir. *SOUT.* Cité. ▶ *Étude* – politologie.

polluant *adj.* pollueur. ▲ANT. ANTIPOLLUTION, ÉCOLOGIQUE, PROPRE ; DÉPOLLUANT.

polycentrique *adj.* ▲ANT. CENTRALISÉ.

polygamie *n. f.* ▲ANT. MONOGAMIE.

polyphonique *adj.* ▲ANT. HOMOPHONE, HOMOPHONIQUE.

polytechnicien *n. FRANCE FAM.* carva, pipo.

pommette *n. f.* ▶ *Partie du visage* – fossette (*creuse*), joue. *ANAT.* apophyse zygomatique, muscles génaux, os jugal, région malaire.

pompé *adj.* ▶ *Exténué* (*FAM.*) – à bout, à plat, brisé, courbatu, épuisé, éreinté, exténué, fatigué, fourbu, harassé, las, mort (de fatigue), moulu (de fatigue). *SOUT.* recru (de fatigue), rompu (de fatigue), roué de fatigue. *FAM.* au bout du rouleau, avachi, claqué, crevé, esquinté, flagada, flapi, lessivé, nase, ramollo, raplapla, rétamé, sur le flanc, sur les genoux, sur les rotules, vanné, vidé. *QUÉB. FAM.* au coton, brûlé, poqué. ▲ANT. DÉTENDU, REPOSÉ.

pompe *n. f.* ▶ *Appareil* – piston, trompe. ▶ *Faste* – abondance, apparat, appareil, beauté, confort, dolce vita, éclat, étalage, faste, grandeur, luxe, magnificence, majesté, opulence, ostentation, profusion, richesse, somptuosité, splendeur. *FAM.* tra la la. ▶ *Emphase* – apparat, bouffissure, boursouflure, cérémonie, déclamation, démesure, emphase, enflure, excès, gonflement, grandiloquence, hyperbole, pédanterie, pédantisme, prétention, solennité. *SOUT.* ithos, pathos. ▶ *Gravité* – componction, décence, dignité, gravité, hiératisme, majesté, raideur, réserve, rigidité, sérieux, solennité. ▶ *Exercice* (*FAM.*) – traction. ▶ *Chaussure* (*FAM.*) – chaussure, soulier. *FAM.* godasse. *FRANCE FAM.* grolle, latte, tatane. ▶ *Usée* – savate. *QUÉB. FAM.* galoche. ▲ANT. MODESTIE, NATUREL, SIMPLICITÉ, SOBRIÉTÉ.

pomper *v.* ▶ *Aspirer un liquide* – aspirer, sucer. *MAR.* super. ▶ *S'imprégner d'un liquide* – absorber, boire, s'imbiber de, s'imprégner de. ▶ *Attirer* – attirer, drainer. ▶ *Exténuer* (*FAM.*) – abrutir, briser, courbaturer, épuiser, éreinter, exténuer, fatiguer, forcer, harasser, lasser, mettre à plat, surmener, tuer. *FAM.* claquer, crever, démolir, esquinter, lessiver, mettre sur le flanc, nettoyer, rétamer, vanner, vider. *QUÉB.* *FAM.* maganer. ▶ *Ennuyer* (*FAM.*) – assommer, endormir, ennuyer, lasser. *FAM.* barber, barbifier, raser. ▶ *Tricher* (*FAM.*) – copier, plagier, tricher. ▶ *Manquer de souffle* (*QUÉB.* *FAM.*) – avoir le souffle court, étouffer, être hors d'haleine, haleter, manquer de souffle, perdre haleine, s'époumoner, s'essouffler, souffler, suffoquer. *SOUT.* anhéler, panteler. ▶ *Se fâcher* (*QUÉB.* *FAM.*) – colérer, éclater, fulminer, monter sur ses ergots, monter sur ses grands chevaux, prendre la mouche, prendre le mors aux dents, s'emporter, s'enflammer, s'irriter, se courroucer, se déchaîner, se fâcher, se gendarmer, se mettre en colère, sortir de ses gonds, voir rouge. *FAM.* criser, décharger sa bile, décharger sa rate, exploser, grimper au mur, piquer une colère, piquer une crise, se mettre en boule, se mettre en pétard, se mettre en rogne, se monter. *QUÉB.* *FAM.* grimper dans les rideaux, se choquer. ▲**ANT.** REFOULER, REJETER, REPOUSSER.

pompeusement *adv.* ▶ *Grandiosement* – colossalement, en grande pompe, grandement, grandiosement, hiératiquement, immensément, magnifiquement, majestueusement, noblement, solennellement. ▶ *Emphatiquement* – cérémonieusement, emphatiquement, en grande pompe, hyperboliquement, sentencieusement, solennellement, théâtralement. ▲**ANT.** À LA BONNE FRANQUETTE, FAMILIÈREMENT, NATURELLEMENT, SANS AFFECTATION, SANS APPRÊT, SANS CÉRÉMONIES, SANS COMPLICATIONS, SANS FAÇONS, SANS ORNEMENT, SANS TAMBOUR NI TROMPETTE, SIMPLEMENT, SOBREMENT, TOUT BONNEMENT.

pompeux *adj.* ▶ *Prétentieux* – ampoulé, bouffi, boursouflé, déclamateur, déclamatoire, emphatique, enflé, gonflé, grandiloquent, hyperbolique, pédantesque, pompier, pontifiant, prétentieux, ronflant, théâtral. *SOUT.* histrionique, pindarique. ▲**ANT.** DÉPOUILLÉ, MODESTE, SIMPLE, SOBRE.

pompier *n.* ▶ *Personne qui éteint les incendies* – sapeur-pompier. *SOUT.* combattant du feu, soldat du feu.

ponctualité *n.f.* ▶ *Assiduité* – assiduité, attachement, constance, fidélité, indéfectibilité, régularité. *SOUT.* exactitude. ▲**ANT.** DÉLAI, RETARD ; INEXACTITUDE, IRRÉGULARITÉ, NÉGLIGENCE.

ponctuel *adj.* à l'heure, assidu, exact, régulier. ▲**ANT.** EN RETARD, INEXACT, IRRÉGULIER, NÉGLIGENT, PROCRASTINATEUR, RETARDATAIRE ; CHRONIQUE, GÉNÉRAL, GLOBAL, SYSTÉMATIQUE ; DURATIF ; NATUREL *(éclairage)*.

pont *n.m.* ▶ *Construction terrestre* – ponceau *(petit)*. ▶ *Partie d'un navire* – ANC. tillac. ▶ *Dentier* (*QUÉB.*) – bridge. ▶ *Lien* (*FIG.*) – association, connexion, connexité, corrélation, correspondance, dépendance, filiation, interaction, interdépendance, interrelation, liaison, lien, lien causal, rapport, rapprochement, relation, relation de cause à effet. ▲**ANT.** DIVISION, FOSSÉ, RUPTURE, SÉPARATION.

pontife *n.m.* ▶ *Homme influent* (*FAM.*) – chef, maître, meneur, numéro un, parrain, seigneur, tête. *FAM.* baron, cacique, caïd, éléphant, (grand) manitou, grand sachem, gros bonnet, grosse légume, hiérarque, huile. *FRANCE FAM.* (grand) ponte, grosse pointure. *QUÉB.* *FAM.* grosse tuque. ▶ *Avec titre* – autorité, brevetaire, dignitaire, officiel, responsable, supérieur.

pontifical *adj.* papal. *PÉJ.* papalin.

populaire *adj.* ▶ *Qui concerne le peuple* – SOUT. plébéien, roturier. ▶ *Traditionnel* – folklorique, traditionnel. ▶ *Répandu* – courant, dominant, en vogue, général, qui a cours, régnant, répandu. ▲**ANT.** ARISTOCRATIQUE, DISTINGUÉ, NOBLE, RAFFINÉ ; AUTOCRATIQUE, DICTATORIAL, FASCISTE ; SAVANT, SCIENTIFIQUE ; IMPOPULAIRE.

popularité *n.f.* célébrité, considération, éclat, faveur, gloire, notoriété, palmarès, renom, renommée, réputation, vedettariat. *FIG.* auréole, immortalité, la déesse aux cent bouches. ▲**ANT.** IMPOPULARITÉ ; ANONYMAT, OBSCURITÉ.

population *n.f.* ▶ *Ensemble de personnes* – citoyens, clan, ethnie, groupe, habitants, horde, nation, pays, peuplade, peuple, phratrie, race, société, tribu. ▶ *Ensemble d'êtres vivants* – effectif.

populeux *adj.* fourmillant, grouillant, pullulant, surpeuplé. ▲**ANT.** DÉPEUPLÉ, DÉSERT, INHABITÉ, SAUVAGE, SOLITAIRE.

populisme *n.m.* ▲**ANT.** ARISTOCRATISME, ÉLITISME.

porc *n.m.* ▶ *Animal* – cochon. SOUT. pourceau. ▶ *Aliment* – viande porcine. *FAM.* cochon. ◆ **porcs**, *plur.* ▶ *Ensemble d'animaux* – bande (de porcs) ; cheptel porcin. ▲**ANT.** MANIAQUE DE LA PROPRETÉ ; ANOREXIQUE, ASCÈTE, JEÛNEUR ; RAFFINÉ.

porcelaine *n.f.* ▶ *Matière* – céramique, faïence, terre cuite. ▶ *Objet* – céramique, faïence, majolique, poterie.

porche *n.m.* antichambre, entrée, hall, hall d'entrée, narthex *(église)*, passage, réception, salle d'attente, salle d'embarquement, salle des pas perdus *(gare)*, vestibule. *QUÉB.* portique. *ANTIQ.* propylée *(temple)*.

port *n.m.* ▶ *Baie* – anse, baie, calanque, crique. *QUÉB.* barachois. ▶ *Abri pour bateaux* – accul, appontement, bassin, cale de radoub, cale sèche, darce, débarcadère, dock, embarcadère, escale, havre, hivernage, marina, mouillage, port de plaisance, quai, rade, relâche, wharf. ▶ *Lieu sûr* – abri, affût, asile, cache, cachette, gîte, lieu de repos, lieu sûr, refuge, retraite. *FIG.* ermitage, havre (de paix), oasis, solitude, tanière, toit. *PÉJ.* antre, planque, repaire. ▶ *Posture* – attitude, contenance, maintien, pose, position, posture, station, tenue. ▶ *Allure* – air, allure, apparence, aspect, attitude, contenance, démarche, façon, genre, ligne, maintien, manière, panache, physique, posture, prestance, silhouette, style, tenue, tournure. *SOUT.* extérieur, mine. *QUÉB.* gueule, touche. ▶ *Prix de transport* – fret. ▶ *Livraison* – délivrance, distribution, factage, livraison, remise, transport.

portant *adj.* ▲**ANT.** DEBOUT *(vent)*. △**PORTANTE**, *fém.* – MOTRICE *(roue)*.

porte *n.f.* ▶ *Entrée* – contre-porte, hayon, issue, layon, portail, (porte d')entrée, portière, portillon, poterne, sortie, tape-cul. FAM. lourde. ANC. barrière, vomitoire. MAR. portelone.

porte-à-porte *n. m.* chine, colportage, démarchage, publipostage, sollicitation.

portée *n. f.* ▶ *Distance* – distance, écartement, éloignement, longueur. ▶ *Largeur* – ampleur, amplitude, calibre, carrure, diamètre, empan, envergure, étendue, évasure, format, giron *(d'une marche)*, grosseur, laize, large, largeur, lé, module, taille. ▶ *Amplitude* – amplitude, écart, inclinaison, oscillation, variation. ▶ *Conséquence* – action, conclusion, conséquence, contrecoup, corollaire, développement, effet, efficacité, fonction, fruit, impact, implication, incidence, jeu, juste retour des choses, œuvre, prolongement, réaction, rejaillissement, répercussion, résultante, résultat, retentissement, retombées, ricochet, séquelle, suite (logique). SOUT. aboutissant, efficace, fille. ▶ *Importance* – dimension, gravité, importance, priorité, prix. ▶ *Animaux* – nichée. ▲ANT. FAIBLESSE, INEFFICACITÉ, INSIGNIFIANCE.

portefeuille *n. m.* ▶ *Étui* – bourse, porte-billets, porte-coupures, porte-monnaie. ANC. aumônière, escarcelle. ▶ *Capital* – argent, avoir, bien, capital, cassette, épargne, fonds, fortune, fruit, gain, investissement, liquidités, masse, numéraire, patrimoine, pécule, placement, possession, produit, propriété, richesse, trésor, valeur. SOUT. deniers. FAM. finances, magot. ▶ *Ministère* – ministère, ministériat.

porte-monnaie *n. m.* bourse, porte-billets, porte-coupures, portefeuille. ANC. aumônière, escarcelle.

porter *v.* ▶ *Transporter* – charrier, charroyer, traîner, transporter. FAM. balader, coltiner, trimarder, trimballer. ▶ *Supporter* – soutenir, supporter. ▶ *Attribuer une qualité* – accorder, attacher, attribuer, prêter, reconnaître. ▶ *Imputer une somme* – affecter, appliquer, assigner, attribuer, imputer. ▶ *Mettre un vêtement* – endosser, enfiler, mettre, passer, revêtir. ▶ *Donner* – assener, donner, infliger. FAM. administrer, allonger, coller, ficher, filer, flanquer, foutre. QUÉB. FAM. sacrer. ▶ *Inciter* – amener, conditionner, conduire, disposer, encourager, engager, entraîner, exhorter, impulser, inciter, incliner, mener, pousser, provoquer. SOUT. exciter, mouvoir. ▶ *Avoir comme sujet* – parler de, traiter de. ▶ *Concerner* – avoir pour objet, avoir rapport à, concerner, intéresser, relever de, s'appliquer à, se rapporter à, toucher, viser. ▶ *Être propice* – donner matière à, prêter à. ♦ **se porter** ▶ *Se laisser aller* – céder à, donner dans, donner libre cours à, entrer dans, s'abandonner à, s'adonner à, se laisser aller à, se livrer à. ▶ *Se diriger* – aller, évoluer, se déplacer, se diriger, se mouvoir. ▲ANT. DÉPOSER, POSER; ENLEVER, RETIRER.

porteur *n.* ▶ *Portefaix* – coolie *(Extrême-Orient)*, portefaix, sherpa *(Himalaya)*. ANC. crocheteur. QUÉB. ANC. portageur. ▶ *Commissionnaire* – bagagiste, chasseur, commissionnaire, courrier, coursier, employé livreur, envoyé, garçon livreur, livreur, messager. ANC. estafette. MILIT. héraut (d'armes). ▶ *Possesseur* – détenteur, maître, possesseur, propriétaire, titulaire, usufruitier. ▶ *Bénéficiaire* – abandonnataire, adjudicataire, affectataire, aliénataire, allocataire, attributaire, ayant droit, bénéficiaire, bénéficier, cessionnaire, client, commendataire, confidentiaire, crédirentier, impétrant, indemnitaire, indivisaire,

prestataire, propriétaire, récipiendaire, rentier, résignataire.

portier *n.* ▶ *Huissier* – aboyeur, annoncier, appariteur, audiencier, chaouch *(pays musulmans)*, crieur, gardien, huissier, introducteur, massier, surveillant. ▶ *Concierge* – concierge, gardien. SOUT. cerbère *(sévère)*. FAM. bignole. ▶ *Gardien de but (FAM.)* – gardien de but, gardien. QUÉB. FAM. cerbère.

portion *n. f.* ▶ *Ration* – part, ration. ▶ *Part* – apport, commandite, contingent, contribution, cotisation, dot, dotation, écot, financement, fonds, fournissement, lot, mise, montant, obligation, parrainage, part, participation, quote-part, quotité. ▶ *Morceau* – bribe, brisure, charpie, coupure, débris, éclat, esquille *(os)*, fraction, fragment, grain, granule, granulé, havrit, lambeau, limaille, miette, morceau, parcelle, part, particule, partie, pépite, quartier, reste. FAM. graine. ▲ANT. ENSEMBLE, TOTALITÉ, TOUT.

portique *n. m.* ▶ *Couloir* – corridor, couloir, galerie. QUÉB. passage. ▶ *Antichambre (QUÉB.)* – antichambre, entrée, hall, hall d'entrée, narthex *(église)*, passage, porche, réception, salle d'attente, salle d'embarquement, salle des pas perdus *(gare)*, vestibule. ANTIQ. propylée *(temple)*. ▶ *Appareil* – grue-portique, pont élévateur, pont-portique, semi-portique.

portrait *n. m.* ▶ *Résultat d'une description* – description. ▶ *Signalement* – photo-robot, portrait-robot, signalement. ▶ *Aspect* – air, allure, apparence, aspect, caractère, configuration, couleur, couvert, dehors, éclairage, expression, extérieur, façade, faciès, figure, forme, formule, impression, jour, masque, mine, paraître, perspective, physionomie, plastique *(en art)*, présentation, profil, ressemblance, semblant, surface, ton, tour, tournure, traits, vernis, visage. SOUT. enveloppe, superficie.

portugais *adj.* lusophone. HIST. lusitanien.

pose *n. f.* ▶ *Application* – application, apposition, mise. ▶ *Établissement* – constitution, création, disposition, édification, établissement, fondation, implantation, importation, installation, instauration, institution, introduction, intronisation, mise en œuvre, mise en place, mise sur pied, nomination, organisation, placement. INFORM. implémentation. ▶ *Posture* – attitude, contenance, maintien, port, position, posture, station, tenue. ▶ *Affectation* – affectation, air, apparence, apprêt, artificialité, bluff, cabotinage, comédie, composition, contenance, convenu, dandysme, genre, imposture, jeu, maniérisme, manque de naturel, mascarade, mièvrerie, raideur, recherche, représentation, snobisme. SOUT. cambrure. FAM. chiqué, cinéma. ▶ *Vanité* – amour-propre, arrogance, autosatisfaction, bouffissure, complaisance, contentement (de soi), crânerie, enflure, fatuité, gloriole, hauteur, immodestie, importance, jactance, mégalomanie, morgue, orgueil, ostentation, outrecuidance, parade, présomption, prétention, suffisance, superbe, supériorité, triomphalisme, vanité, vantardise. SOUT. fierté, infatuation. FAM. ego. QUÉB. FAM. pétage de bretelles. ▶ *Pédantisme* – affectation, cuistraillerie, cuistrerie, didactisme, dogmatisme, érudition affectée, fatuité, pédanterie, pédantisme, sottise, suffisance. SOUT. omniscience, savantasse. ▲ANT. DÉPOSE, ENLÈVEMENT; INSTANTANÉ; NATUREL, SIMPLICITÉ, SPONTANÉITÉ.

posé *adj.* éclairé, judicieux, mesuré, modéré, philosophe, pondéré, raisonnable, raisonné, réfléchi, responsable, sage, sain, sensé, sérieux. *SOUT.* rassis, tempéré. **▲ANT.** EXCESSIF; BOUILLANT, DÉRAISONNABLE, EMPORTÉ, EXCITÉ, IMPULSIF; INCONSCIENT, INCONSÉQUENT, IRRÉFLÉCHI, SPONTANÉ; DÉMESURÉ.

posément *adv.* ▶ *Calmement* – à froid, à loisir, à tête reposée, avec sang-froid, calmement, doucement, flegmatiquement, froidement, impassiblement, imperturbablement, inébranlablement, pacifiquement, paisiblement, placidement, sagement, sans broncher, sereinement, silencieusement, tranquillement. *SOUT.* impavidement. *FAM.* calmos, peinardement, tranquillos. ▶ *Doucement* – délicatement, discrètement, doucement, en douceur, faiblement, légèrement, lentement, mesurément, modérément, mollement, timidement. *FAM.* doucettement, mollo, mou, piane-piane, pianissimo, piano. **▲ANT.** ANXIEUSEMENT, FÉBRILEMENT, FIÉVREUSEMENT, IMPATIEMMENT, NERVEUSEMENT.

poser *v.* ▶ *Déposer* – déposer, mettre. ▶ *Apposer* – appliquer, apposer, fixer, mettre. ▶ *Planter un décor* – installer, planter. ▶ *Admettre a priori* – affirmer, énoncer, postuler. ▶ *Prendre des poses avantageuses* – faire la roue, faire le beau, parader, plastronner, se pavaner. ▶ *Être appuyé* – prendre appui, reposer, s'appuyer. ♦ *se poser* ▶ *Se percher* – jucher, se percher. ▶ *Toucher le sol* – atterrir. ▶ *S'attribuer un rôle* – s'ériger en, se présenter comme. **▲ANT.** ENLEVER, LEVER, ÔTER. △SE POSER – DÉCOLLER, S'ENVOLER.

positif *adj.* ▶ *Qui existe* – concret, de chair et de sang, effectif, existant, matériel, palpable, physique, réel, sensible, tangible, visible, vrai. *RELIG.* de ce monde, temporel, terrestre. ▶ *Véritable* – attesté, authentique, exact, factuel, historique, réel, véridique, véritable, vrai. ▶ *Pragmatique* – concret, pragmatique, pratique, réaliste. *QUÉB. FAM.* praticopratique. **▲ANT.** NÉGATIF; ABSTRAIT, CONCEPTUEL, IDÉAL, INTELLECTUEL, MENTAL, THÉORIQUE; AFFECTIF, INTUITIF, MYSTIQUE; IMAGINAIRE, SURNATUREL; CHIMÉRIQUE, DOUTEUX, ÉQUIVOQUE, ÉVASIF, IMPRÉCIS, VAGUE; CRITIQUE, NÉGATEUR; COMPARATIF *(adjectif)*; SUPERLATIF; NATUREL *(droit)*; MÉTAPHYSIQUE *(philosophie)*, THÉOLOGIQUE.

positif *n. m.* ▶ *Matérialité* – actualité, choses concrètes, concret, corporéité, matérialité, monde concret, palpabilité, phénoménalité, rationalité, rationnel, réalité, réel, tangibilité, tangible, visible. ▶ *En photographie* – cliché, diapositive, épreuve, galvanotype, instantané, photogramme, photographie, portrait, tirage, trait. *FAM.* diapo, galvano. *ANC.* daguerréotype. ▶ *Orgue* – orgue portatif. ▶ *Châssis* – châssis-presse. **▲ANT.** MÉTAPHYSIQUE, THÉOLOGIE; NÉGATIF; COMPARATIF; SUPERLATIF.

position *n. f.* ▶ *Emplacement* – coin, emplacement, endroit, lieu, localisation, localité, place, point, poste, scène, séjour, siège, site, situation, théâtre, zone. *BIOL.* locus. ▶ *Niveau* – degré, échelon, niveau, rang. ▶ *Posture* – attitude, contenance, maintien, port, pose, posture, station, tenue. ▶ *Contexte* – circonstance, climat, condition, conjoncture, contexte, cours des choses, état de choses, état de fait, paysage, situation, tenants et aboutissants. ▶ *Situation sociale* – caste, classe, condition, état, fortune, place,

rang, situation, statut. *SOUT.* étage. ▶ *Opinion* – appréciation, avis, conception, conviction, critique, croyance, dogme, estime, idée, impression, jugement, opinion, optique, pensée, perception, point de vue, principe, prise de position, sentiment, théorie, thèse, vote, vue. *SOUT.* oracle. ▶ *Affirmation* – affirmation, allégation, argument, argumentation, assertion, déclaration, dire, expression, parole, propos, proposition, raison, théorème, thèse.

positivement *adv.* ▶ *Favorablement* – bienveillamment, complaisamment, favorablement, miséricordieusement, obligeamment. ▶ *Concrètement* – concrètement, dans la pratique, dans les faits, effectivement, empiriquement, en fait, en pratique, en réalité, expérimentalement, matériellement, objectivement, par l'expérience, physiquement, pratiquement, prosaïquement, réalistement, réellement, tangiblement. ▶ *Explicitement* – catégoriquement, clairement, en toutes lettres, explicitement, expressément, formellement, nettement, noir sur blanc, nommément. **▲ANT.** NÉGATIVEMENT; DUBITATIVEMENT, SCEPTIQUEMENT, SOUS TOUTES RÉSERVES; À PEINE, PAS TRÈS, UN PEU.

posséder *v.* ▶ *Détenir* – avoir, détenir, tenir. ▶ *Connaître un sujet* – connaître, maîtriser, savoir. ▶ *S'emparer de l'esprit* – habiter, hanter, harceler, obnubiler, obséder, pourchasser, poursuivre. ▶ *Duper* *(FAM.)* – abuser, attraper, avoir, bercer, berner, duper, en conter à, en faire accroire à, flouer, leurrer, mentir à, mystifier, se jouer de, se moquer de, tromper. *FAM.* blouser, bluffer, canuler, charrier, cravater, empaumer, empiler, entourlouper, esbroufer, faire marcher, feinter, la faire à, mener en bateau, mettre en boîte, pigeonner, refaire, rouler. *QUÉB. FAM.* amancher, bourrer, enfirouaper, niaiser. ♦ *se posséder* ▶ *Se contrôler* – garder son sang-froid, rester maître de soi, se calmer, se contenir, se contrôler, se dominer, se dompter, se maîtriser, se raisonner, se retenir. *QUÉB. FAM.* prendre sur soi. **▲ANT.** LAISSER, LIBÉRER.

possesseur *n.* détenteur, maître, porteur, propriétaire, titulaire, usufruitier.

possession *n. f.* ▶ *Usage* – consommation, détention, jouissance, propriété, usage, usufruit, utilisation. ▶ *Ensorcellement* – charme, diablerie, enchantement, ensorcellement, envoûtement, fascination, influence, jettatura, magie, maléfice, mauvais œil, maraboutage, mauvais sort, (mauvais) sort, philtre, sorcellerie, sortilège. *ANTIQ.* goétie. ▶ *Capital* – argent, avoir, bien, capital, cassette, épargne, fonds, fortune, gain, investissement, liquidités, masse, numéraire, patrimoine, pécule, placement, portefeuille, produit, propriété, richesse, trésor, valeur. *SOUT.* deniers. *FAM.* finances, magot. ▶ *Territoire* – colonie (d'exploitation), conquête, pays conquis. *ANC.* dominion *(britannique).* **▲ANT.** CONFISCATION, DÉPOSSESSION, PRIVATION; LOCATION.

possibilité *n. f.* ▶ *Vraisemblance* – acceptabilité, admissibilité, crédibilité, plausibilité, présomption, probabilité, recevabilité, viabilité, vraisemblable, vraisemblance. ▶ *Probabilité* – chance, conjecture, éventualité, fréquence, hypothèse, perspective, potentialité, prévisibilité, probabilité, prospective, viabilité, virtualité, possible. ▶ *Facilité* – accessibilité, agrément, commodité, confort, disponibilité, facilité,

possibilité

faisabilité, simplicité. *INFORM.* convivialité, transparence. ▶ *Moyen* – chance, facilité, jeu, latitude, liberté, marge (de manœuvre), moyen, occasion, offre, volant de sécurité. ▶ *Liberté* – autonomie, contingence, disponibilité, droit, faculté, franc arbitre, hasard, indépendance, indéterminisme, liberté, libre arbitre, (libre) choix, licence, loisir, permission, pouvoir. ▲ANT. IMPOSSIBILITÉ; INVRAISEMBLANCE; IMPUISSANCE; DIFFICULTÉ, INCAPACITÉ; NÉCESSITÉ.

possible *adj.* ▶ *Imaginable* – concevable, envisageable, imaginable, pensable, réaliste. ▶ *Faisable* – exécutable, faisable, jouable, praticable, réalisable. ▶ *Qui pourrait se produire* – aléatoire, casuel, conditionnel, conjectural, contingent, douteux, éventuel, hasardé, hasardeux, hypothétique, incertain, problématique, supposé. ▶ *Qui existe peut-être* – en puissance, potentiel, virtuel. ▶ *Autorisé* – permis. *SOUT.* loisible. ▲ANT. IMPOSSIBLE; ABASOURDISSANT, AHURISSANT, DÉCONCERTANT, ÉBAHISSANT, EFFARANT, ÉPOUSTOUFLANT, IMPENSABLE, INCONCEVABLE, INCROYABLE, INIMAGINABLE, INOUÏ, INVRAISEMBLABLE, STUPÉFIANT; IMPRATICABLE, INEXÉCUTABLE, INFAISABLE, IRRÉALISABLE; ASSURÉ, CERTAIN, FATAL, IMMANQUABLE, INCONTOURNABLE, INÉLUCTABLE, INÉVITABLE, NÉCESSAIRE, OBLIGATOIRE, SÛR; DÉFENDU, INTERDIT.

possiblement *adv.* peut-être, plausiblement, potentiellement, probablement, sans doute, virtuellement, vraisemblablement. ▲ANT. À COUP SÛR, AUTOMATIQUEMENT, FATALEMENT, FORCÉMENT, IMMANQUABLEMENT, IMPLACABLEMENT, INÉVITABLEMENT, INFAILLIBLEMENT, NÉCESSAIREMENT, OBLIGATOIREMENT, PAR LA FORCE DES CHOSES.

poste *n. m.* ▶ *Emploi* – affectation, charge, dignité, emploi, fonction, métier, mission, office, place, responsabilité, rôle, siège, titre, vocation. ▶ *Emplacement* – coin, emplacement, endroit, lieu, localisation, localité, place, point, position, scène, séjour, siège, site, situation, théâtre, zone. *BIOL.* locus. ▶ *Local de police* – *FRANCE* commissariat, gendarmerie. *QUÉB.* poste (de police). ▶ *Affût* – affût, embuscade, gabion *(gibier d'eau)*, palombière *(chasse à la palombe)*. *QUÉB.* cache. ▶ *Appareil de radio* – poste de radio, radio, radiorécepteur, transistor. ▶ *Appareil de télévision* – appareil de télévision, petit écran, poste de télévision, télérécepteur, téléviseur. *FAM.* boîte à images, télé, télévision, téloche. ▶ *Station de télécommunication* (QUÉB. FAM.) – chaîne, station. *QUÉB.* télédiffuseur; *FAM.* canal (de télévision), poste (de télévision).

poste *n. f.* ▶ *Service postal* – courrier, service postal. *FRANCE* P. T. T.

postérieur *adj.* ▶ *Qui vient après* – à venir, futur, prochain, subséquent, suivant, ultérieur. ▶ *Qui se situe derrière* – caudal, terminal. ▲ANT. ANTÉRIEUR; ANCIEN, PASSÉ, PRÉCÉDENT; AVANT.

postérieur *n. m.* derrière, fesses, siège.

postulat *n. m.* apodicticité, axiome, convention, définition, donnée, évidence, fondement, hypothèse, lemme, postulatum, prémisse, principe, proposition, théorème, théorie, vérité.

postuler *v.* ▶ *Poser comme postulat* – affirmer, énoncer, poser. ▶ *Nécessiter* – appeler, avoir besoin de, commander, demander, exiger, imposer,

nécessiter, obliger, prendre, prescrire, réclamer, requérir, vouloir. ▶ *Solliciter un emploi* – demander, faire une demande, offrir ses services, poser sa candidature pour, présenter une demande, proposer ses services, solliciter.

posture *n. f.* ▶ *Position* – attitude, contenance, maintien, port, pose, position, station, tenue. ▶ *Allure* – air, allure, apparence, aspect, attitude, contenance, démarche, façon, genre, ligne, maintien, manière, panache, physique, port, prestance, silhouette, style, tenue, tournure. *SOUT.* extérieur, mine. *FAM.* gueule, touche.

pot *n. m.* ▶ *Verre* – demi, double, rasade, triple, verre. *FAM.* canon. ▶ *Enjeu* – cagnotte, cave, enjambage, enjeu, masse, mise, poule. ▶ *Chance* (FAM.) – aubaine, chance, coup de chance, heureux hasard, occasion, opportunité. *SOUT.* fortune. *FAM.* baraka, (coup de) bol, occase, veine.

potage *n. m.* ▶ *Bouillon* – soupe. *SOUT.* brouet. ▶ *Onctueux* – crème, velouté.

potager *n. m.* ▶ *Jardin de légumes* – (jardin) potager. *QUÉB.* jardin. ▶ *Réchaud* – athanor *(alchimie)*, bec Bunsen, brasero, brûleur, chaudière, rebouilleur, réchaud, resurchauffeur, surchauffeur *(locomotive)*, têt, thermosiphon. *ANTIQ.* hypocauste.

poteau *n. m.* ▶ *Pilier* – colonne, pilier.

potence *n. f.* ▶ *Pendaison* – corde, gibet, pendaison.

potentiel *adj.* en puissance, possible, virtuel. ▲ANT. ACTUEL, RÉEL; CINÉTIQUE *(énergie)*.

potentiel *n. m.* ▶ *Ce qui peut être exploité* – ressources, richesse. ▲ANT. LIMITES.

poterie *n. f.* ▶ *Art* – céramique. ▶ *Objet* – céramique, faïence, majolique, porcelaine.

potin *n. m.* ▶ *Commérage* – bavardage, cancan, caquetage, caquètement, médisance, qu'en-dira-t-on, rumeur. *SOUT.* clabaudage, clabauderie. *FAM.* chuchoterie, commérage, débinage, racontage, racontar, ragot. *QUÉB. FAM.* mémérage, placotage, potinage. ▶ *Vacarme* (FAM.) – brouhaha, cacophonie, chahut, charivari, clameur, tapage, tohu-bohu, tumulte, vacarme. *SOUT.* bacchanale, hourvari, pandémonium. *FAM.* barouf, bastringue, bazar, boucan, bouzin, chambard, corrida, grabuge, pétard, raffut, ramdam, ronron, sabbat, schproum, tintamarre, tintouin. *QUÉB. FAM.* barda, train. ▲ANT. DISCRÉTION, MUTISME; SILENCE.

potion *n. f.* médicament, préparation (pharmaceutique), remède, spécialité (pharmaceutique). ▶ *Artisanal* – drogue, orviétan, poudre de perlimpinpin, remède de bonne femme. ▶ *Du point de vue de la force* – remède bénin *(doux)*, remède de cheval *(fort)*. ▶ *Du point de vue de son efficacité* – remède miracle, remède souverain.

pou *n. m.* ▶ *Au sens strict* – *ZOOL.* anoploure. *FAM.* toto.

poubelle *n. f.* ▶ *Récipient* – corbeille (à papier), panier. ▶ *Au sens figuré* – *FAM.* dépotoir.

pouce *n. m.* ▶ *Partie du pied* – gros orteil. ▶ *Auto-stop* (QUÉB. FAM.) – auto-stop. *FAM.* stop. ▶ *Autres véhicules* – bateau-stop, camion-stop.

poudre *n. f.* ▶ *Matière fine* – poussier, poussière.

poulain *n. m.* ▶ *Personne* – apprenti, commençant, débutant, néophyte, novice, (petit) nouveau, recrue. FRANCE FAM. bizuth, deb.

poulets *n. m. pl.* ▶ *Ensemble d'oiseaux* – bande (de poulets); élevage (de poulets).

pouls *n. m.* ▶ *Battement du cœur* – battement, pulsation. ▶ *Rythme* – battement, cadence, eurythmie, mesure, mouvement, musique, période, phrasé, pulsation, respiration, rythme, swing, tempo, vitesse.

poumon *n. m.* ▶ *Organe* – FAM. éponge. ANAT. alvéoles, appareil respiratoire, bronches, organe de la respiration. ▶ *Aliment* – foie blanc, mou.

poupée *n. f.* ▶ *Jouet* – QUÉB. FAM. catin. FRANCE ENFANTIN pépée. ▶ *Figurant un bébé* – baigneur, bébé, poupard, poupon. ▶ *Partie d'un cigare* – tripe.

pourboire *n. m.* ▶ *Cadeau* – dessous-de-table, enveloppe, pot-de-vin. FAM. arrosage, bakchich. AFR. matabiche. ▶ *Ce qu'on donne pour le service à la table* – service. BELG. FAM. dringuelle. ▲ANT. RETENUE.

pourchasser *v.* ▶ *Poursuivre* – courir après, être aux trousses de, poursuivre, traquer. FAM. courser. SUISSE FAM. tracer après. ▶ *Rechercher* – ambitionner, aspirer à, avoir des vues sur, avoir en tête de, briguer, convoiter, courir après, désirer, poursuivre, prétendre à, rechercher, solliciter, souhaiter, tendre à, viser. FAM. guigner, lorgner, reluquer. ▶ *Occuper sans cesse l'esprit* – habiter, hanter, harceler, obnubiler, obséder, posséder, poursuivre. ▲ANT. FUIR; TROUVER; LAISSER, LIBÉRER.

pourpre *adj.* ▶ *Rouge foncé* – bordeaux, brique, empourpré, grenat, (rouge) cerise, rouge foncé, rouge sombre, sang-de-bœuf. SOUT. pourpré, pourprin, purpurin. QUÉB. bourgogne, rouge vin. ▶ *Rouge-violet* – amarante, colombin, cramoisi, lie-de-vin, violine, zinzolin.

pourri *adj.* ▶ *En décomposition* – altéré, avarié, corrompu, en décomposition, en putréfaction, gâté, pourrissant, putrescent, putride. ▶ *Moralement corrompu* – corrompu, soudoyé, vénal, vendu. SOUT. prévaricateur. FAM. ripou. ▶ *Mauvais* (FAM.) – abominable, affreux, atroce, déplorable, désastreux, épouvantable, exécrable, horrible, infect, insipide, lamentable, manqué, mauvais, médiocre, minable, navrant, nul, odieux, piètre, piteux, pitoyable, qui ne vaut rien, raté. SOUT. méchant, triste. FAM. à la flan, à la gomme, à la manque, à la mie de pain, à la noix (de coco), blèche, craignos, crapoteux, mal fichu, moche, qui ne vaut pas un clou. QUÉB. FAM. de broche à foin, poche. ▲ANT. BIEN CONSERVÉ, BON, EN BONNE CONDITION, INALTÉRÉ, INTACT, SAIN; CONSCIENCIEUX, DROIT, FIABLE, HONNÊTE, INCORRUPTIBLE, INSOUPÇONNABLE, INTÈGRE, PROBE, PROPRE, SCRUPULEUX, SÛR; BRILLANT, ÉBLOUISSANT, EXCELLENT, EXTRAORDINAIRE, FANTASTIQUE, MAGNIFIQUE, MERVEILLEUX, PARFAIT, PRODIGIEUX, REMARQUABLE, SENSATIONNEL.

pourrir *v.* ▶ *Décomposer* – altérer, décomposer, putréfier. ▶ *Une denrée* – avarier, gâter. ▶ *Faire perdre ses qualités* – abâtardir, avilir, corrompre, dégrader, souiller. SOUT. gangrener, vicier. ▶ *Se décomposer* – s'altérer, se corrompre, se décomposer, se putréfier. ▶ *En parlant d'un aliment* – blettir *(fruit)*,

s'avarier, se gâter. ▶ *Rester dans une situation médiocre* – croupir, moisir, s'encroûter, stagner, végéter, vivoter. ▶ *Attendre trop longtemps* (FAM.) – attendre, compter les clous de la porte, faire antichambre, faire le pied de grue, faire les cent pas, patienter, prendre racine, prendre son mal en patience, s'armer de patience. FAM. croquer le marmot, faire le planton, faire le poireau, macérer, mariner, moisir, poireauter, s'éterniser. QUÉB. FAM. niaiser. ▲ANT. S'AMÉLIORER, SE BONIFIER, SE RÉGÉNÉRER; SE CONSERVER.

pourriture *n. f.* ▶ *Décomposition* – altération, biodégradation, corruption, décomposition, faisandage, fermentation, gangrène, pourrissement, putréfaction, putrescence, putridité, suiffage *(beurre)*, thanatomorphose. ▶ *Pourrissement* – blettissement, blettissure, contamination, corruption, malandre, moisi, moisissure, pourrissement, rancissement. FAM. pourri. SOUT. chancissure, croupissement. ▶ *Dégénérescence* – abaissement, abâtardissement, abjection, abrutissement, affadissement, affaiblissement, agonie, altération, amollissement, appauvrissement, atrophie, avachissement, avilissement, baisse, corruption, décadence, déchéance, déclin, décrépitude, dégénérescence, dégradation, délabrement, déliquescence, dénaturation, dépérissement, détérioration, édulcoration, étiolement, flétrissure, perte, perversion, pourrissement, rouille, ruine, sape, usure. SOUT. aveulissement, crépuscule, pervertissement. FAM. déglingue, dégringolade. ▲ANT. ASSAINISSEMENT, DÉSINFECTION, ÉPURATION; CONSERVATION, PRÉSERVATION; FRAÎCHEUR; SALUBRITÉ; INTÉGRITÉ, PERFECTION, PURETÉ; PROPRETÉ, MORALITÉ; AMOUR, ANGE, PERLE, TRÉSOR.

poursuite *n. f.* ▶ *Action de suivre qqn* – chasse (à l'homme). ▶ *Continuation* – conservation, continuation, immortalisation, maintien, pérennisation, persistance, préservation, prolongement, sauvegarde, suite, transmission. SOUT. ininterruption, perpétuation, perpétuement. ▶ *Inculpation* – accusation, charge, imputation, incrimination, inculpation, plainte, présomption, prise à partie, réquisitoire. SOUT. prévention. ANC. clain. DR. chef d'accusation. ▶ *Action en justice* – action, demande, plainte, procès, réclamation, recours, référé, requête. ▶ *Procès* – affaire (judiciaire), audience, cas, cause, débat, dossier, espèce, litige, litispendance, procès. ▲ANT. ÉLOIGNEMENT, FUITE; ARRÊT, CESSATION, INTERRUPTION; FIN; DÉSISTEMENT.

poursuivre *v.* ▶ *Chasser le gibier* – chasser, courir. CHASSE courre. ▶ *Presser sans relâche* – éperonner, être aux trousses de, harceler, importuner, presser, sergenter, talonner, tourmenter. SOUT. assiéger, molester. FAM. asticoter, courir après, tarabuster. QUÉB. ACADIE FAM. achaler. QUÉB. FAM. écœurer, tacher. ▶ *Attaquer avec acharnement* – attaquer, harceler, persécuter, s'acharner contre. SOUT. inquiéter. ▶ *Occuper sans cesse l'esprit* – habiter, hanter, harceler, obnubiler, obséder, posséder, pourchasser. ▶ *Reprendre* – renouer, reprendre, rétablir. ▶ *Persévérer* – continuer, persévérer. FAM. insister, tenir bon. QUÉB. FAM. ne pas lâcher (la patate). BELG. perdurer. ▶ *Convoiter* – ambitionner, aspirer à, avoir des vues sur, avoir en tête de, briguer, convoiter, courir après, désirer, pourchasser, prétendre à, rechercher, solliciter, souhaiter, tendre à, viser. FAM. guigner, lorgner, reluquer. ▶ *Accuser* – accuser, inculper, mettre en examen. ▶ *Avancer* – avancer, continuer, pousser. ♦ **se poursuivre** ▶ *Continuer dans le temps* – continuer, durer. ▶ *Continuer dans l'espace* – continuer, s'étendre, se prolonger. ▲ANT. PRÉCÉDER; ÉVITER, FUIR; DÉFENDRE; LAISSER, MÉNAGER; ABANDONNER, ARRÊTER, CESSER; COMMENCER, INAUGURER.

pourtour *n. m.* bord, ceinture, cercle, circonférence, contour, dessin, extérieur, forme, lèvres, limbe, marli *(plat, assiette)*, périmètre, périphérie, tour. ▲ANT. CENTRE, MILIEU; INTÉRIEUR.

pourvoir *v.* ▶ *Munir* – doter, équiper, garnir, munir, nantir, outiller. QUÉB. ACADIE gréer. ▶ *Investir* – affecter, avoir, prendre, revêtir. ▶ *Approvisionner* – alimenter, approvisionner, fournir, ravitailler. ▶ *Subvenir* – assurer, satisfaire, subvenir à. ♦ **se pourvoir** ▶ *Se munir* – s'équiper, se doter, se munir, se nantir. SOUT. se précautionner. ▲ANT. DÉMUNIR, DÉPOSSÉDER, DÉPOUILLER.

pousse *n. f.* ▶ *Fait de croître* – croissance. ▶ *Ce qui croît* – accru, bouture, brin, brout, cépée, drageon, germe, jet, mailleton, marcotte, plant, provin, recrû, rejet, rejeton, revenue, surgeon, talle, tendron, turion. ▶ *Bourgeon* – bourgeon, bouton, bulbille, caïeu, gemmule *(plantule)*, œil, œilleton, turion *(dans la terre)*. ▶ *Bruit au poumon* – anhélation, apnée, asthme, dyspnée, enchifrènement, essoufflement, étouffement, halètement, han, oppression, ronflement, sibilation, suffocation. MÉD. stertor, stridor *(inspiration)*. SOUT. ahan. ACADIE FAM. courte-haleine. ▶ *Altération* – tourne. ▲ANT. CHUTE.

poussée *n. f.* ▶ *Action de pousser* – FAM. poussette. ▶ *Poids* – densité, lourdeur, masse, massiveté, pesanteur, poids. ▶ *Bourrade* – bourrade, coup. FAM. ramponneau. ▶ *Croissance* – accentuation, accroissement, accrue, agrandissement, amplification, arrondissement, augmentation, bond, boom, crescendo, croissance, crue, développement, dilatation, élargissement, élévation, enflement, enrichissement, envolée, essor, évolution, expansion, extension, flambée, foisonnement, gonflement, gradation, grossissement, hausse, haussement, inflation, intensification, majoration, montée, progrès, progression, recrudescence, redressement, rehaussement, relèvement, renchérissement, renforcement, revalorisation, valorisation. ▶ *Accès* – abord, accès, approche, arrivée, entrée, introduction, ouverture, seuil. MAR. embouquement *(d'une passe)*. ▲ANT. TRACTION; TRAÎNÉE *(aérodynamique)*.

pousser *v.* ▶ *Déplacer* – décaler, déplacer, déranger, éloigner. FAM. bouger, remuer. QUÉB. FAM. tasser. ▶ *Bousculer* – bousculer, chahuter, culbuter. ▶ *Inciter* – amener, conditionner, conduire, disposer, encourager, engager, entraîner, exhorter, impulser, inciter, incliner, mener, porter, provoquer. SOUT. exciter, mouvoir. ▶ *Exciter* – aiguillonner, animer, éperonner, exciter, fouetter, motiver, stimuler. SOUT. agir. ▶ *Proférer* – articuler, dire, émettre, lâcher, lancer, proférer, prononcer, sortir. ▶ *Croître* – croître, grandir, se développer, venir. ▶ *Appuyer* – appuyer, peser, presser. ▶ *Avancer* – avancer, continuer, poursuivre. ▶ *Exagérer* (FAM.) – aller trop loin, combler la mesure, dépasser la mesure, dépasser les bornes, exagérer, ne pas y aller de main morte. FAM. attiger,

charrier, forcer la dose, forcer la note, y aller fort. QUÉB. FAM. ambitionner. ♦ **se pousser** ▶ *S'écarter* – s'écarter, s'enlever, s'ôter, se retirer. FAM. s'enlever du chemin, s'ôter du chemin. QUÉB. FAM. se tasser. ▶ *S'enfuir* (QUÉB. FAM.) – fuir, prendre la clé des champs, prendre la fuite, s'enfuir, se sauver. SOUT. s'ensauver. FAM. calter, caner, débarrasser le plancher, décamper, décaniller, déguerpir, détaler, droper, ficher le camp, filer, foutre le camp, prendre la poudre d'escampette, prendre le large, s'esbigner, se barrer, se carapater, se casser, se cavaler, se débiner, se faire la malle, se faire la paire, se faire la valise, se tailler, se tirer, se tirer des flûtes, trisser. QUÉB. FAM. sacrer le camp, sacrer son camp. ▲ANT. HALER, TIRER; ARRÊTER, IMMOBILISER; EMPÊCHER; DÉCOURAGER, DÉTOURNER, DISSUADER.

poussière *n. f.* ▶ *Matière fine* – poudre, poussier. ▲ANT. PROPRETÉ; FRAÎCHEUR, NOUVEAUTÉ.

poussiéreux *adj.* ▶ *Couvert de poussière* – empoussiéré, poudreux. ▶ *Démodé* – anachronique, ancien, antédiluvien, antique, archaïque, arriéré, caduc, démodé, dépassé, désuet, fossile, inactuel, moyenâgeux, obsolescent, obsolète, passé de mode, périmé, préhistorique, qui a fait son temps, suranné, tombé en désuétude, usé, vétuste, vieilli, vieillot, vieux, vieux jeu. ▲ANT. NET, PROPRE; ACTUEL, EN COURS, VALIDE; À LA MODE, À LA PAGE, EN VOGUE, MODERNE, NEUF, NOUVEAU, RÉCENT.

poussin *n. m.* ▶ *Nouvel élève* (FRANCE FAM.) – bleu, (petit) nouveau. ♦ **poussins**, *plur.* ▶ *Ensemble d'oiseaux* – couvée (de poussins), nichée (de poussins).

poutre *n. f.* ▶ *Pièce de bois* – arbalétrier, baliveau, basting, chandelier, chantignole, chevêtre, chevron, colombage, contrefiche, croisillon, doubleau, entrait, étai, étançon, étrésillon, jambette, lambourde, linteau, longrine, madrier, maîtresse poutre, panne, poinçon, poutrelle, racinal, sablière, sapine, sole, solive, soliveau, sous-poutre, soutènement, tournisse, traverse *(chemin de fer)*, traversine, vau. MAR. barrot, bau, carlingue, tangon, traversier, traversin. ♦ **poutres**, *plur.* ▶ *Ensemble de pièces de bois* – empoutrerie, poutrage, poutraison.

pouvoir *v.* ▶ *Avoir la capacité* – avoir la possibilité de, être à même de, être capable de, être en état de, être en mesure de, être susceptible de. ▶ *Avoir la permission* – avoir le droit de, être autorisé à. ▲ANT. ÊTRE DANS L'IMPOSSIBILITÉ DE, ÊTRE IMPUISSANT, ÊTRE INCAPABLE DE.

pouvoir *n. m.* ▶ *Propriété d'une chose* – capacité, propriété, vertu. ▶ *Savoir-faire* – adresse, aisance, aptitude, art, brio, capacité, compétence, dextérité, disposition, doigté, don, expérience, expertise, facilité, faculté, force, fort, génie, habileté, main, maîtrise, métier, professionnalisme, savoir, savoir-faire, sens, talent, technique, virtuosité. SOUT. industrie. FAM. bosse. QUÉB. douance *(scolaire)*. DR. habilitation, habileté. ▶ *Liberté* – autonomie, contingence, disponibilité, droit, faculté, franc arbitre, hasard, indépendance, indéterminisme, liberté, libre arbitre, (libre) choix, licence, loisir, permission, possibilité. ▶ *Privilège* – acquis, apanage, attribution, avantage, bénéfice, chasse gardée, concession, droit, exclusivisme, exclusivité, exemption, faveur, honneur, immunité, inviolabilité, monopole, passe-droit, préférence, prérogative, privilège. *ANC.* franchise. *RELIG.* indult. ▶ *Compétence légale* – attributions, autorité, compétence, département, qualité, ressort. *FAM.* rayon. ▶ *Mandat* – bureau, charge, comité, commission, courtage, délégation, délégués, légation, mandat, mandataires, mandatement, mission, procuration, représentants, représentation. ▶ *Puissance* – autorité, commandement, domination, emprise, force, gouvernement *(politique)*, juridiction, loi, maîtrise, puissance, règne, tutelle. *SOUT.* empire, férule, houlette. ▶ *Politique* – affaires publiques, chose publique, État, gouvernement, politique. *SOUT.* Cité. ▶ *Domination* – abaissement, allégeance, appartenance, asservissement, assujettissement, attachement, captivité, contrainte, dépendance, domestication, domesticité, domination, emprise, esclavage, gêne, hilotisme, inféodation, infériorité, mainmise, merci, mouvance, obédience, obéissance, obligation, oppression, puissance, servage, servitude, soumission, subordination, sujétion, tutelle, tyrannie, vassalité. *FIG.* carcan, chaîne, corset (de fer), coupe, fardeau, griffe, main, patte, prison; *SOUT.* fers, gaine, joug. *PHILOS.* hétéronomie. ▶ *Influence* – action, aide, appui, ascendant, attirance, attraction, aura, autorité, contagion, crédit, dominance, domination, effet, empreinte, emprise, fascination, force, importance, incitation, influence, inspiration, magie, magnétisme, mainmise, manipulation, mouvance, persuasion, pétition, poids, prépondérance, présence, pression, prestige, puissance, règne, rôle, séduction, subjugation, suggestion, tyrannie. *SOUT.* empire, intercession. ▲**ANT.** IMPOSSIBILITÉ; INCAPACITÉ; INHABILETÉ; IMPUISSANCE.

pragmatique *adj.* concret, positif, pratique, réaliste. *QUÉB. FAM.* pratico-pratique. ▲**ANT.** CHIMÉRIQUE, IDÉALISTE, RÊVEUR, ROMANESQUE, UTOPISTE, VISIONNAIRE.

pragmatiste *adj.* ▲**ANT.** IDÉALISTE, INTELLECTUALISTE, SPIRITUALISTE.

prairie *n. f.* ▶ *Pâturage* – champ, embouche *(bovins)*, enclos, friche, herbage, kraal *(Afrique du Sud)*, lande, noue, pacage, parc, parcours, parquet *(volailles)*, passage, pâturage, pâture, pré. ▸ *En montagne* – alpage, alpe, estive. *SUISSE* mayen. *AFR.* secco.

praticable *adj.* ▶ *Où l'on peut circuler* – carrossable. *QUÉB. FAM.* allable. ▶ *Que l'on peut mettre à exécution* – exécutable, faisable, jouable, possible, réalisable. ▲**ANT.** IMPRATICABLE, MAUVAIS; IMPOSSIBLE, INEXÉCUTABLE, INFAISABLE, IRRÉALISABLE; EN TROMPE-L'ŒIL *(arcade)*.

pratiquant *adj.* croyant, dévot, fervent, pieux, religieux. ▸ *D'une piété affectée* – bigot, bondieusard, cagot. ▲**ANT.** NON PRATIQUANT.

pratique *adj.* ▶ *Commode* – commode, efficace, fonctionnel, utile, utilitaire. *QUÉB. FAM.* pratico-pratique. ▶ *Pragmatique* – concret, positif, pragmatique, réaliste. *QUÉB. FAM.* pratico-pratique. ▲**ANT.** THÉORIQUE; FONDAMENTAL, PUR; ABSTRACTIF, ABSTRAIT, CÉRÉBRAL, CONCEPTUEL, IDÉAL, INTELLECTUEL, MENTAL, SPÉCULATIF; CHIMÉRIQUE, IDÉALISTE, RÊVEUR, ROMANESQUE, SENTIMENTAL, UTOPISTE, VISIONNAIRE; EMBARRASSANT, ENCOMBRANT, GÊNANT, INCOMMODE, MALCOMMODE.

pratique *n. f.* ▶ *Coutume* – convention, coutume, habitude, habitus, mode, mœurs, règle, rite, tradition, us et coutumes, usage. ▶ *Rituel* – cérémonie, rite, rituel. ▶ *Méthode* – approche, art, chemin, code, comment, credo, démarche, discipline, dispositif, façon (de faire), facture, formule, heuristique, instruction, instrument, ligne de conduite, maïeutique, manière, marche (à suivre), méthode, modalité, mode d'emploi, mode, moyen, opération, ordre, organisation, outil, posologie, procédé, procédure, protocole, raisonnement, recette, règle, secret, stratagème, stratégie, système, tactique, technique, théorie, traitement, voie. *SOUT.* faire. ▶ *Client (SOUT.)* – client, familier, fidèle, (vieil) habitué. *FAM.* abonné. *PÉJ.* pilier. ◆ *pratiques, plur.* ▶ *Agissements* – agissements, allées et venues, comportement, conduite, démarche, façons, faits et gestes, manières, procédés. ▲**ANT.** INOBSERVANCE; PRINCIPE, THÉORIE; ABSTRACTION, SPÉCULATION.

pratiquement *adv.* ▶ *Concrètement* – concrètement, dans la pratique, dans les faits, effectivement, empiriquement, en fait, en pratique, en réalité, expérimentalement, matériellement, objectivement, par l'expérience, physiquement, positivement, prosaïquement, réalistement, réellement, tangiblement. ▶ *Efficacement* – commodément, efficacement, fonctionnellement. ▶ *Presque* – à peu de chose près, pour ainsi dire, presque, quasi, quasiment, virtuellement. ▲**ANT.** ABSTRACTIVEMENT, ABSTRAITEMENT, EN THÉORIE, HYPOTHÉTIQUEMENT, IDÉALEMENT, IMAGINAIREMENT, IN ABSTRACTO, THÉORIQUEMENT; INCOMMODÉMENT, INCONFORTABLEMENT, INEFFICACEMENT, MALCOMMODÉMENT; COMPLÈTEMENT, EN TOTALITÉ, ENTIÈREMENT, TOTALEMENT, TOUT À FAIT; PAS DU TOUT.

pratiquer *v.* ▶ *Mettre en application* – appliquer, mettre en application, mettre en œuvre, mettre en pratique. ▶ *Exécuter* – accomplir, effectuer, exécuter, faire, opérer, procéder à, réaliser. ▶ *Aménager* – aménager, ménager, ouvrir, percer. ▶ *Faire un métier* – exercer. ▶ *Faire un sport* – jouer à, s'adonner à. ▲**ANT.** S'ABSTENIR; REFUSER; DÉLAISSER; IGNORER, MÉCONNAÎTRE, NÉGLIGER.

pré *n. m.* ▶ *Pâturage* – champ, embouche *(bovins)*, enclos, friche, herbage, kraal *(Afrique du Sud)*, lande, noue, pacage, parc, parcours, parquet *(volailles)*, passage, pâturage, pâture, prairie. ▸ *En montagne* – alpage, alpe, estive. *SUISSE* mayen. *AFR.* secco. ▶ *Étendue d'herbe* – brûlis, champ, chaume, guéret, plant, plantation. *SOUT.* glèbe.

préalable *adj.* exploratoire, préliminaire, préparatoire. ▲**ANT.** POSTÉRIEUR, SUBSÉQUENT, ULTÉRIEUR.

préalable *n. m.* apprêt, arrangement, branle-bas, dispositif, disposition, mesure, précaution, préliminaires, préparatifs, préparation.

préalablement *adv.* ▶ *Avant* – à l'avance, antérieurement, au préalable, auparavant, avant, ci-devant, d'abord, d'avance, déjà, précédemment, préliminairement. ▶ *Premièrement* – a priori, au premier abord, au premier chef, d'abord, en premier lieu, par priorité, préliminairement, premièrement, primo, prioritairement, tout d'abord. ▲**ANT.** PAR LA SUITE, ULTÉRIEUREMENT.

préambule *n. m.* avant-propos, avertissement, avis (préliminaire), début, discours préliminaire, entrée en matière, exorde, exposition, introduction, notice, préliminaire, prélude, présentation, prolégomènes, prologue. SOUT. prodrome. ▲ANT. CONCLUSION, PÉRORAISON, POSTFACE.

précaire *adj.* ▶ *Instable* – chancelant, défaillant, faible, fragile, glissant, incertain, instable, menacé, vacillant. ▶ *Éphémère* – bref, court, éphémère, évanescent, fugace, fugitif, intérimaire, momentané, passager, provisoire, rapide, temporaire, transitoire. SOUT. périssable. ▲ANT. À TOUTE ÉPREUVE, ASSURÉ, FERME, SOLIDE, STABLE ; DURABLE, ÉTERNEL, IMMORTEL, IMPÉRISSABLE, PERMANENT, PERPÉTUEL.

précaution *n. f.* ▶ *Réserve* – circonspection, mesure, pondération, prudence, réserve, sagesse. ▶ *Préparatif* – apprêt, arrangement, branle-bas, dispositif, disposition, mesure, préalable, préliminaires, préparatifs, préparation. ▶ *Prévoyance* – clairvoyance, lenteur, prévention, prévision, prévoyance, prudence, sagesse. ▶ *Garantie* – assurance, aval, caution, cautionnement, charge, consignation, couverture, ducroire, engagement, gage, garant, garantie, hypothèque, indexage, indexation, nantissement, obligation, palladium, parrainage, préservation, promesse, répondant, responsabilité, salut, sauvegarde, sécurité, signature, soulte, sûreté, warrant, warrantage. ▶ *Prévention* – hygiène, préservation, prévention, prophylaxie, protection. ▲ANT. AUDACE, TÉMÉRITÉ ; IMPRÉVOYANCE ; ÉGAREMENT, ÉTOURDERIE, IMPRUDENCE, INSOUCIANCE.

précédemment *adv.* à l'avance, antérieurement, au préalable, auparavant, avant, ci-devant, d'abord, d'avance, déjà, préalablement, préliminairement. ▲ANT. PAR LA SUITE, ULTÉRIEUREMENT.

précédent *adj.* antécédent, antérieur, dernier, passé. ▲ANT. SUBSÉQUENT *(unité de temps)*, SUIVANT, ULTÉRIEUR.

précédent *n. m.* ▶ *Nouveauté* – actualité, avant-gardisme, changement, contemporanéité, fraîcheur, inédit, innovation, jamais vu, jeunesse, mode, modernisme, modernité, neuf, nouveau, nouveauté, originalité, pertinence, première, présent, primeur. ▶ *Modèle* – archétype, canon, critère, échantillon, étalon, exemple, formule, gabarit, idéal, idée, image, individu, modèle, norme, original, paradigme, prototype, référence, représentant, type, unité. BIOL. holotype. ▶ *Équivalent* – analogue, correspondant, équivalent, homologue, pareil, parent, pendant, semblable. ▲ANT. REDITE, RÉPÉTITION ; BANALITÉ.

précéder *v.* devancer. ▲ANT. SUCCÉDER, SUIVRE ; ACCOMPAGNER.

précepte *n. m.* ▶ *Maxime* – adage, aphorisme, apophtegme, axiome, citation, devise, dicton, dit, dogme, enseignement, formule, mantra, maxime, moralité, mot, on-dit, parole, pensée, principe, proverbe, réflexion, règle, sentence, sutra, vérité. ▶ *Norme* – arrêté, charte, code, convention, cote, coutume, formule, loi, mesure, norme, obligation, ordre, prescription, protocole, régime, règle, règlement, usage.

précepteur *n.* ▶ *Guide* – conseil, conseiller, consultant, directeur, éminence grise, éveilleur,

guide, inspirateur, orienteur, prescripteur. SOUT. égérie *(femme)*, mentor. FAM. cornac. ▲ANT. DISCIPLE, ÉLÈVE.

prêcher *v.* ▶ *Convertir au christianisme* – catéchiser, christianiser, évangéliser. ▶ *Prôner* – préconiser, prescrire, prôner, recommander. ▶ *Faire la morale* – chapitrer, donner des leçons, faire des remontrances, faire la leçon, faire la morale, haranguer, moraliser, morigéner, sermonner.

précieux *adj.* ▶ *Sans prix* – cher, de (grande) valeur, de prix, inappréciable, inestimable, introuvable, rare, rarissime, recherché, sans prix. ▶ *Unique* – d'exception, exceptionnel, hors du commun, hors ligne, hors pair, hors série, incomparable, inégalable, inégalé, inimitable, insurpassable, insurpassé, irremplaçable, qui n'a pas son pareil, rare, remarquable, sans égal, sans pareil, sans précédent, sans rival, sans second, spécial, supérieur, unique. ▶ *Qui manque de naturel* – comédien, façonnier, maniéré, maniériste, minaudier, poseur, qui fait des façons. FAM. chichiteux, chochotte. ▶ *En parlant du langage* – à effet, fleuri, jargonneux, prétentieux. ▲ANT. BANAL, COMMUN, COURANT, ORDINAIRE ; NATUREL, SIMPLE.

précipice *n. m.* ▶ *Gouffre* – abîme, crevasse, fosse, géosynclinal, gouffre, puits naturel. ▶ *Catastrophe* – apocalypse, bouleversement, calamité, cataclysme, catastrophe, chaos, désastre, drame, fléau, malheur, néant, ruine, sinistre, tragédie. FIG. ulcère. SOUT. abîme. FAM. cata. ▲ANT. HAUTEUR, SOMMET ; BONHEUR, FORTUNE, SUCCÈS.

précipitation *n. f.* ▶ *Rapidité* – activité, agilité, célérité, diligence, empressement, hâte, promptitude, rapidité, vélocité, vitesse, vivacité. SOUT. presse-tesse. ▶ *Suite précipitée* – bousculade. FAM. cavalcade, course. ▶ *Accélération* – accélération, accroissement, activation, augmentation de cadence, augmentation de vitesse, dynamisation, fuite en avant, hâte. ▶ *Impatience* – avidité, brusquerie, désir, empressement, fièvre, fougue, hâte, impatience, impétuosité, urgence, urgent. ▶ *Remue-ménage* – activité, affairement, affolement, agitation, alarme, animation, bouillonnement, branle-bas (de combat), bruit, dérangement, désordre, désorganisation, détraquement, effervescence, excitation, fourmillement, grouillement, hâte, incohérence, mouvement, orage, remous, remue-ménage, secousse, suractivité, tempête, tohu-bohu, tourbillon, tourmente, trépidation, trouble, tumulte, turbulence, va-et-vient. SOUT. émoi, remuement. FAM. chambardement. ▶ *Chute d'une fenêtre* – défenestration. ▶ *Supplice* – défenestration. ◆ **précipitations**, *plur.* ▶ *Phénomène météorologique* – chute. ▲ANT. INDOLENCE, LENTEUR, NONCHALANCE ; DÉCÉLÉRATION, MODÉRATION, RALENTISSEMENT ; RETENUE ; ATERMOIEMENT ; PRUDENCE ; PATIENCE ; SOLUTION *(chimie)*.

précipité *adj.* ▶ *Fait à la hâte* – expéditif, hâtif, rapide, sommaire. ▶ *Non favorable* – bâclé, expédié. FAM. cochonné, salopé, torché, torchonné. ▶ *Très rapide* – endiablé, éperdu. ▲ANT. MÛRI, POSÉ, RÉFLÉCHI.

précipiter *v.* ▶ *Mettre soudainement dans un état* – jeter, plonger. ▶ *Accélérer* – accélérer, activer, brusquer, hâter, presser. SOUT. diligenter. ▶ *Faire arriver plus vite* – avancer, brusquer, devancer, hâter.

♦ **se précipiter** ▶ *Sauter* – bondir, s'élancer, sauter, se jeter, se lancer. *QUÉB. ACADIE FAM.* se garrocher. ▶ *Accourir* – accourir, affluer, courir, se presser. ▶ *Se hâter* – courir, faire vite, s'empresser, se dépêcher, se hâter, se presser. *FAM.* activer, pédaler, se grouiller. *FRANCE FAM.* bourrer, faire fissa, se dégrouiller, se magner, se magner le popotin. *QUÉB. ACADIE FAM.* se garrocher. *QUÉB. FAM.* abouler, clencher, gauler. ▶ *Se ruer* – foncer, s'élancer, sauter, se jeter, se lancer, se ruer. ▲ANT. FREINER, MODÉRER, RALENTIR; DIFFÉRER, RETARDER; ATTENDRE.

précis *adj.* ▶ *Soigneux* – appliqué, assidu, attentif, consciencieux, méthodique, méticuleux, minutieux, ordonné, rangé, rigoureux, scrupuleux, soigné, soigneux, systématique. *SOUT.* exact. ▶ *Détaillé* – approfondi, détaillé, fouillé, pointu, poussé. ▶ *Clair* – arrêté, clair, défini, déterminé, net, tranché. ▶ *Exact* – bon, conforme, exact, fidèle, juste. ▶ *En parlant d'une transcription* – littéral, mot à mot, textuel, verbatim. ▶ *En parlant de l'heure* – juste, pile, sonnant, tapant. *FAM.* pétant. ▲ANT. IMPRÉCIS; INAPPLIQUÉ, NÉGLIGENT; CONFUS, FLOU, INCERTAIN, INDÉFINISSABLE, INDÉTERMINÉ, INDISTINCT, TROUBLE, VAGUE; DIFFUS, FUMEUX, OBSCUR; APPROXIMATIF, GROSSIER.

précisément *adv.* ▶ *Soigneusement* – amoureusement, attentivement, consciencieusement, en détail, méticuleusement, minutieusement, précieusement, proprement, religieusement, rigoureusement, scrupuleusement, sérieusement, soigneusement, vigilamment. ▶ *Exactement* – au juste, exactement, juste, pile. *FAM.* ric-à-rac. ▲ANT. GROSSIÈREMENT, IMPRÉCISÉMENT, VAGUEMENT; ENVIRON, PAS TOUT À FAIT, PLUS OU MOINS.

préciser *v.* ▶ *Exposer en détail* – descendre dans le détail, descendre jusqu'aux détails, détailler, développer, expliciter, expliquer. *FAM.* broder sur. ▶ *Indiquer avec précision* – énoncer, indiquer, mentionner, souligner, spécifier, stipuler. ▶ *Clarifier* – clarifier, lever l'ambiguïté. *LING.* désambiguïser. ♦ **se préciser** ▶ *Prendre forme* – cristalliser, mûrir, prendre corps, prendre forme, prendre tournure, se dessiner, se développer, se former. ▲ANT. EFFLEURER, ESCAMOTER; EMBROUILLER, ESTOMPER, OBSCURCIR.

précision *n. f.* ▶ *Finesse* – détail, finesse, perfectionnement, raffinement, recherche, sophistication, stylisme, subtilité. ▶ *Minutie* – application, exactitude, minutie, soin, souci du détail. *SOUT.* méticulosité. ▶ *Rigueur* – exactitude, infaillibilité, justesse, netteté, rigueur. ▶ *Explication* – analyse, clarification, commentaire, critique, définition, désambiguïsation, éclaircissement, élucidation, exemplification, explication, explicitation, exposé, exposition, glose, illustration, indication, interprétation, légende, lumière, note, paraphrase, remarque, renseignement. ▶ *Finesse dans le geste* – adresse, agilité, aisance, dextérité, élasticité, élégance, facilité, grâce, habileté, légèreté, main, mobilité, rapidité, souplesse, technique, virtuosité, vivacité. *SOUT.* félinité, prestesse. ▲ANT. APPROXIMATION, GROSSIÈRETÉ, IMPRÉCISION, INEXACTITUDE; FLOU, VAGUE; AMBIGUÏTÉ, CONFUSION, INCERTITUDE, INDÉCISION; GÉNÉRALITÉS.

précoce *adj.* ▶ *Qui a lieu en avance* – anticipé, hâtif, prématuré. ▶ *Très développé* – avancé, en

avance. ▲ANT. TARDIF; ARRIÉRÉ, ATTARDÉ, DEMEURÉ, RETARDÉ.

préconiser *v.* prêcher, prescrire, prôner, recommander. ▲ANT. BLÂMER, CRITIQUER, DÉCRIER, DÉNIGRER, DÉNONCER.

précurseur *adj.* annonciateur, avant-coureur, prémonitoire, prophétique, qui laisse présager. *SOUT.* avant-courrier. *MÉD.* prodromique. ▲ANT. SUBSÉQUENT, SUIVANT.

précurseur *n.* ▶ *Devancier* – ancêtre, annonciateur, avant-garde, avant-gardiste, devancier, initiateur, innovateur, introducteur, inventeur, messager, novateur, pionnier, prédécesseur, préfiguration, prophète, visionnaire. *SOUT.* avant-coureur, avant-courrier, fourrier, héraut, préparateur. ▲ANT. SUCCESSEUR; IMITATEUR, SUIVEUR.

prédécesseur *n.* ancêtre, annonciateur, avant-garde, avant-gardiste, devancier, initiateur, innovateur, introducteur, inventeur, messager, novateur, pionnier, précurseur, préfiguration, prophète, visionnaire. *SOUT.* avant-coureur, avant-courrier, fourrier, héraut, préparateur. ▲ANT. SUCCESSEUR.

prédicateur *n.* catéchiste.

prédication *n. f.* ▶ *Évangélisation* – apostolat, catéchèse, catéchisation, catéchisme, endoctrinement, évangélisation, ministère, mission, missionnariat, pastorale, propagande, propagation (de la foi), prosélytisme. *FAM.* caté. ▶ *Sermon* – homélie, instruction, prêche, sermon. ▲ANT. THÉMATISATION.

prédictible *adj.* ▲ANT. IMPONDÉRABLE, IMPRÉDICTIBLE, IMPRÉVISIBLE.

prédiction *n. f.* ▶ *Prophétie* – annonce, annonciation, augure, auspices, conjecture, horoscope, oracle, pari, présage, prévision, projection, promesse, pronostic, prophétie, signe. *ANTIQ. ROM.* auspices, haruspication. ▶ *Prévision* – anticipation, divination, futurologie, projection, prospective. *SOUT.* vaticination. ▶ *Pressentiment* – anticipation, divination, flair, impression, instinct, intuition, précognition, prémonition, prénotion, prescience, pressentiment, prévision, sentiment, voyance. *FAM.* pif, pifomètre. ▲ANT. RAPPEL, SOUVENIR.

prédilection *n. f.* ▶ *Propension* – affection, aptitude, attirance, disposition, faible, faiblesse, goût, habitude, impulsion, inclination, instinct, penchant, pente, prédisposition, préférence, propension, tendance, vocation. *DIDACT.* susceptibilité. *PSYCHOL.* compulsion, conation. *FAM.* tendresses. ▶ *Choix* – adoption, choix, cooptation, décision, désignation, détermination, échantillonnage, écrémage, élection, nomination, plébiscite, présélection, résolution, sélection, suffrage, tri, triage, vote. *SOUT.* décret, parti. ▲ANT. AVERSION, DÉGOÛT, HORREUR, RÉPUGNANCE.

prédire *v.* ▶ *Faire des prédictions* – prophétiser. ▲ANT. SE SOUVENIR; ACCOMPLIR, CONFIRMER, VÉRIFIER.

prédisposé *adj.* enclin à, porté à, sujet à, susceptible de.

prédominance *n. f.* avantage, dessus, prééminence, préférence, prépondérance, préséance, primauté, priorité, supériorité, suprématie, transcendance. *SOUT.* précellence, préexcellence. ▲ANT. SUBORDINATION; INFÉRIORITÉ.

préexistant *adj.* antécédent, antérieur. ▲**ANT.** À VENIR, FUTUR.

préfabriqué *n. m.* aggloméré, carreau de plâtre, hourdis, panneau d'aggloméré, panneau de contreplaqué, panneau de liège, parpaing, staff, stuc, synderme. *FAM.* agglo.

préface *n. f.* ▶ *Introduction* – avant-propos, avertissement, avis (préliminaire), début, discours préliminaire, entrée en matière, exorde, exposition, introduction, notice, préambule, préliminaire, prélude, présentation, prolégomènes, prologue. *SOUT.* prodrome. ▲**ANT.** CONCLUSION, ÉPILOGUE, POSTFACE.

préfacer *v.* ▲**ANT.** CONCLURE.

préfecture *n. f.* ▶ *Ville* – chef-lieu, souspréfecture.

préférablement *adv.* de préférence, mieux, par préférence, plutôt, préférentiellement. ▲**ANT.** INDIFFÉREMMENT, INDISTINCTEMENT, SANS DISTINCTION.

préféré *adj.* de prédilection, favori. ▲**ANT.** BRIMÉ.

préféré *n.* favori. *FAM.* chouchou, coqueluche. ▲**ANT.** EXCLU, LAISSÉ POUR COMPTE, SOUFFRE-DOULEUR.

préférence *n. f.* ▶ *Propension* – affection, aptitude, attirance, disposition, faible, faiblesse, goût, habitude, impulsion, inclination, instinct, penchant, pente, prédilection, prédisposition, propension, tendance, vocation. *DIDACT.* susceptibilité. *PSYCHOL.* compulsion, conation. *FAM.* tendresses. ▶ *Favoritisme* – clientélisme, faveur, favoritisme, népotisme, partialité. *FAM.* chouchoutage, combine, copinage, piston, pistonnage. *QUÉB.* partisanerie. ▶ *Prédominance* – avantage, dessus, prédominance, prééminence, prépondérance, préséance, primauté, priorité, supériorité, suprématie, transcendance. *SOUT.* précellence, préexcellence. ▶ *Choix* – choix, sélection. ▲**ANT.** AVERSION, DÉGOÛT, HORREUR, RÉPUGNANCE; ÉQUITÉ, IMPARTIALITÉ; INFÉRIORITÉ.

préférer *v.* ▶ *Aimer mieux* – aimer mieux, avoir un faible pour, avoir un penchant pour, avoir une inclination pour, avoir une prédilection pour, incliner pour, pencher pour. ▲**ANT.** DÉTESTER, HAÏR, REPOUSSER.

préfet *n.* ▶ *Responsable de la discipline* – directeur des études, surveillant d'études/d'internat, surveillant (général). *RELIG.* préfet (des études); *ANC.* père préfet.

préfixe *n. m.* ▲**ANT.** SUFFIXE.

prégnant *adj.* ▲**ANT.** FLOU, IMPRÉCIS, VAGUE.

préhistoire *n. f.* âge de (la) pierre, âge des cavernes, temps préhistoriques. ▲**ANT.** ACTUALITÉ, CONTEMPORANÉITÉ, MODERNITÉ.

préhistorique *adj.* ▶ *Très ancien* – anachronique, ancien, antédiluvien, antique, archaïque, arriéré, caduc, démodé, dépassé, désuet, fossile, inactuel, moyenâgeux, obsolescent, obsolète, passé de mode, périmé, poussiéreux, qui a fait son temps, suranné, tombé en désuétude, usé, vétuste, vieilli, vieillot, vieux, vieux jeu. ▲**ANT.** ACTUEL, EN COURS, VALIDE; À LA MODE, À LA PAGE, EN VOGUE, MODERNE, NEUF, NOUVEAU, RÉCENT.

préjudice *n. m.* affront, atteinte, désavantage, dommage, injustice, lésion, mal, perte, tort. ▲**ANT.** AVANTAGE, BÉNÉFICE, BIEN; AIDE, ASSISTANCE, BIENFAIT, FAVEUR, SERVICE.

préjugé *n. m.* ▶ *Opinion préconçue* – idée reçue, parti pris, préconception, prénotion, prévention, subjectivisme, subjectivité. ▶ *Supposition* – a priori, apriorisme, apriorité, cas de figure, condition, conjecture, doute, extrapolation, hypothèse, idée reçue, induction, jeu de l'esprit, œillère, présomption, présupposé, présupposition, pronostic, scénario, supputation. ▲**ANT.** OBJECTIVITÉ; OUVERTURE D'ESPRIT; RÉFLEXION.

prélèvement *n. m.* ▶ *Ponction* – biopsie, coupe, forage, piqûre, ponction, ponction-biopsie, prise. ▶ *Saisie* – défalcation, ponction, précompte, réquisition, retenue, saignée, saisie, soustraction. ▶ *Impôt* – charge, contribution, cote, droit, excise, fiscalité, imposition, levée, patente, prestation, prime (assurance), redevance, surtaxe, taxation, taxe, tribut. *QUÉB.* accise. *BELG.* accises. *HIST.* capitation, champart, corvée, dîme, fouage, franc-fief, gabelle, maltôte, moulage, taille, tonlieu. *DR.* foretage. ▶ *Frais* – agio, charges, commission, crédit, frais, intérêt, plus-value. ▲**ANT.** DON; REMBOURSEMENT.

prélever *v.* ▶ *Prendre une partie d'un tout* – extraire. *SOUT.* distraire. ▶ *Prendre une partie d'un revenu* – déduire, percevoir, retenir. *FAM.* ponctionner. ▲**ANT.** AJOUTER, METTRE; INSÉRER, INTRODUIRE; DONNER, PAYER.

préliminaire *adj.* exploratoire, préalable, préparatoire. ▲**ANT.** POSTÉRIEUR, SUBSÉQUENT, ULTÉRIEUR.

préliminaire *n. m.* ▶ *Introduction* – avant-propos, avertissement, avis (préliminaire), début, discours préliminaire, entrée en matière, exorde, exposition, introduction, notice, préambule, prélude, présentation, prolégomènes, prologue. *SOUT.* prodrome. ♦ **préliminaires**, *plur.* apprêt, arrangement, branle-bas, dispositif, disposition, mesure, préalable, précaution, préparatifs, préparation. ▲**ANT.** CONCLUSION.

prélude *n. m.* ▶ *Préambule* – avant-propos, avertissement, avis (préliminaire), début, discours préliminaire, entrée en matière, exorde, exposition, introduction, notice, préambule, préliminaire, présentation, prolégomènes, prologue. *SOUT.* prodrome. ▶ *Commencement* – actionnement, amorçage, amorce, balbutiement, bégaiement, commencement, création, début, déclenchement, démarrage, départ, ébauche, embryon, enclenchement, enfance, entrée, esquisse, fondement, germe, inauguration, origine, ouverture, prémisse, principe, tête. *SOUT.* aube, aurore, matin, prémices. *FIG.* apparition, avènement, éclosion, émergence, éruption, explosion, genèse, germination, naissance, venue au monde. ▲**ANT.** CONCLUSION, FIN; POSTLUDE (musique).

prématuré *adj.* ▶ *Qui a lieu en avance* – anticipé, hâtif, précoce. ▲**ANT.** TARDIF; ARRIÉRÉ, ATTARDÉ, DEMEURÉ, RETARDÉ.

prématurément *adv.* de bonne heure, précocement, tôt. ▲**ANT.** TARDIVEMENT.

premier *num.* ► *Au début d'un rang* – initial, originaire, original, originel, primaire, primitif, primordial. *SOUT.* liminaire, prime. ► *Premier de l'épreuve* – à la meilleure place, au premier rang, (bon) premier, en position de tête, en première place, en première position. *FRANCE* à la corde. ▲ANT. DERNIER.

premier *n.* ► *Celui qui a gagné* – champion, gagnant, gagneur, lauréat, médaillé, tenant du titre, triomphateur, vainqueur. ► *Enfant* (*FAM.*) – aîné, premier-né. ♦ **premier**, *masc.* ► *Espace d'un bâtiment* (*FRANCE*) – premier étage. ► *Espace d'un bâtiment* (*QUÉB.*) – basilaire, rez-de-chaussée. *QUÉB.* premier (étage). ♦ **première**, *fém.* ► *Nouveauté* – actualité, avant-gardisme, changement, contemporanéité, fraîcheur, inédit, innovation, jamais vu, jeunesse, mode, modernisme, modernité, neuf, nouveau, nouveauté, originalité, pertinence, précédent, présent, primeur. ► *Vitesse* – première vitesse. *QUÉB. FAM.* bœuf. ► *Catégorie de confort* – classe affaires, première classe. ▲ANT. DERNIER; BENJAMIN, CADET; IMITATEUR, SUIVEUR.

premièrement *adv.* ► *D'abord* – a priori, au premier abord, au premier chef, d'abord, en premier lieu, par priorité, préalablement, préliminairement, primo, prioritairement, tout d'abord. ► *Initialement* – à l'origine, au commencement, au départ, au (tout) début, initialement, originairement, originellement, primitivement. ▲ANT. À LA FIN, AU BOUT DU COMPTE, EN DÉFINITIVE, EN FIN DE COMPTE, FINALEMENT.

prémisse *n.f.* ► *Postulat* – apodicticité, axiome, convention, définition, donnée, évidence, fondement, hypothèse, lemme, postulat, postulatum, principe, proposition, théorème, théorie, vérité. ► *Commencement* – actionnement, amorçage, amorce, balbutiement, bégaiement, commencement, création, début, déclenchement, démarrage, départ, ébauche, embryon, enclenchement, enfance, entrée, esquisse, fondement, germe, inauguration, origine, ouverture, prélude, principe, tête. *SOUT.* aube, aurore, matin, prémices. *FIG.* apparition, avènement, éclosion, émergence, éruption, explosion, genèse, germination, naissance, venue au monde. ▲ANT. CONCLUSION, CONSÉQUENCE.

prenable *adj.* ▲ANT. IMPRENABLE, INEXPUGNABLE, INVINCIBLE, INVIOLABLE, INVULNÉRABLE.

prenant *adj.* ► *Émouvant* – attachant, attendrissant, désarmant, émouvant, touchant. ► *Captivant* – absorbant, accrocheur, captivant, fascinant, intéressant, palpitant, passionnant. *SOUT.* attractif. *QUÉB.* enlevant. ► *Accaparant* – absorbant, accaparant, exigeant. ▲ANT. ASSOMMANT, ENDORMANT, ENNUYEUX, FASTIDIEUX, INSIPIDE, LASSANT, MONOTONE, PLAT, RÉPÉTITIF, SOPORIFIQUE; COMIQUE, GROTESQUE; BANAL, ININTÉRESSANT, SANS INTÉRÊT; AGAÇANT, CRISPANT, DÉSAGRÉABLE, ÉNERVANT, EXASPÉRANT, IRRITANT.

prendre *v.* ► *Saisir* – accrocher, agripper, attraper, empoigner, happer, s'emparer de, saisir, se saisir de. ► *Se munir* – s'armer de, se munir de. ► *Voler* – dérober, faire main basse sur, soustraire, subtiliser, voler. *FAM.* barboter, chaparder, chiper, choper, escamoter, faire, faucher, flibuster, piquer, rafler,

taxer. *FRANCE FAM.* calotter, chouraver, chourer. *QUÉB. FAM.* sauter. ► *Confisquer* – confisquer, enlever, retirer. ► *Obtenir par la force* – conquérir, enlever, mettre la main sur, s'emparer de, se rendre maître de, se saisir de. ► *Envahir* – conquérir, envahir, occuper, s'emparer de. ► *Avaler* – absorber, avaler, consommer, déglutir, ingérer, ingurgiter. ► *Recevoir* (*FAM.*) – recevoir. *FAM.* attraper, morfler, ramasser. *QUÉB. FAM.* manger. ► *Puiser une chose abstraite* – puiser, tirer, trouver. *QUÉB. ACADIE* piger. ► *Choisir* – adopter, choisir, embrasser, épouser, faire sien. ► *Revêtir un certain aspect* – affecter, avoir, revêtir. ► *Contracter une habitude* – acquérir, contracter, développer. ► *Nécessiter* – appeler, avoir besoin de, commander, demander, exiger, imposer, nécessiter, obliger, postuler, prescrire, réclamer, requérir, vouloir. ► *Suivre un chemin* – emprunter, enfiler, passer par, s'engager dans, suivre. ► *Arrêter* – appréhender, arrêter, capturer, faire prisonnier, saisir. *FAM.* attraper, choper, coffrer, coincer, cravater, cueillir, embarquer, épingler, harponner, mettre la main au collet de, mettre le grappin sur, pincer, ramasser, saisir au collet. *FRANCE FAM.* agrafer, alpaguer, arnaquer, arquepincer, coiffer, emballer, gauler, piquer, poisser, poivrer. ► *Se solidifier* – durcir, épaissir, grumeler, (se) coaguler, se figer, se grumeler, se solidifier. ► *Avoir du succès* – aboutir, marcher, réussir. *FAM.* cartonner, faire un carton. ▲ANT. JETER, LÂCHER; ABANDONNER, CÉDER, LAISSER, LIVRER, PERDRE; DONNER, OFFRIR; RELÂCHER, RENDRE, RESTITUER; RENVOYER, SE SÉPARER DE; MANQUER, RATER.

prénom *n.m.* ► *Nom de baptême* – nom, nom de baptême, nom individuel. *FAM.* petit nom.

préoccupation *n.f.* ► *Souci* – agitation, angoisse, anxiété, cassement de tête, contrariété, désagrément, difficulté, doute, ennui, gêne, inquiétude, obnubilation, occupation, peine, pensée, sollicitude, souci, suspens, tiraillement, tourment, tracas. *FRANCE* suspense. *SOUT.* affres. *FAM.* tintouin, tracassin. ▲ANT. INDIFFÉRENCE, INSOUCIANCE, OUBLI; CALME, QUIÉTUDE, SÉRÉNITÉ, TRANQUILLITÉ.

préoccupé *adj.* ► *Soucieux* – absorbé, contrarié, ennuyé, inquiet, pensif, perplexe, songeur, soucieux, tracassé. ► *Attentif* – attentif à, soigneux de, soucieux de. *SOUT.* jaloux de.

préoccuper *v.* ► *Occuper l'esprit* – ennuyer, fatiguer, obséder, taquiner, tarabuster, tracasser, travailler. *FAM.* titiller, turlupiner. *QUÉB. FAM.* chicoter. ► *Inquiéter* – affoler, agiter, alarmer, angoisser, effrayer, énerver, épouvanter, inquiéter, oppresser, tourmenter, tracasser, troubler. *FAM.* stresser. ♦ **se préoccuper** ► *S'inquiéter* – s'embarrasser, s'inquiéter, s'occuper, se soucier. ► *Faire attention* – faire attention à, surveiller, veiller à. ▲ANT. INDIFFÉRER; APAISER, CALMER, RASSÉRÉNER, RASSURER, TRANQUILLISER. △SE PRÉOCCUPER – DÉDAIGNER, NÉGLIGER, SE DÉSINTÉRESSER, SE MOQUER.

préparatifs *n.m.pl.* ► *Arrangement* – apprêt, arrangement, branle-bas, dispositif, disposition, mesure, préalable, précaution, préliminaires, préparation.

préparation *n.f.* ► *Préparatifs* – apprêt, arrangement, branle-bas, dispositif, disposition, mesure, préalable, précaution, préliminaires, préparatifs. ► *Ébauche* – canevas, crayon, crayonné, croquis,

préparatoire

dessin, ébauche, épure, esquisse, essai, étude (préparatoire), griffonnement, pochade, premier jet, projet, schéma. *SOUT.* linéaments. *FRANCE FAM.* crobard. ▸ **Action de rendre apte à** – introduction, prolégomènes. ▸ **Aliment** – préparation culinaire. ▸ **Mauvais** – mixture. ▸ **Médicament** – médicament, potion, préparation (pharmaceutique), remède, spécialité (pharmaceutique). ▸ **Artisanal** – drogue, orviétan, poudre de perlimpinpin, remède de bonne femme. ▸ **Du point de vue de la force** – remède bénin *(doux)*, remède de cheval *(fort)*. ▸ **Du point de vue de son efficacité** – remède miracle, remède souverain. ▲**ANT.** EXÉCUTION, PRATIQUE, RÉALISATION; ACCOMPLISSEMENT, ACHÈVEMENT; IMPRÉPARATION.

préparatoire *adj.* exploratoire, préalable, préliminaire. ▲**ANT.** POSTÉRIEUR, SUBSÉQUENT, ULTÉRIEUR.

préparer *v.* ▸ **Apprêter** – apprêter, arranger, parer. *QUÉB. ACADIE FAM.* gréer. ▸ **Apprêter un mets** – accommoder, apprêter, confectionner, cuisiner, faire, mijoter, mitonner. *FAM.* concocter, fricoter. ▸ **Confectionner** – composer, confectionner, créer, élaborer, fabriquer, façonner, faire, mettre au point, produire, travailler à. *SOUT.* enfanter. *PÉJ.* accoucher de. ▸ **Organiser** – orchestrer, organiser. *FAM.* concocter. ▸ **Réserver** – ménager, réserver. ◆ **se préparer** ▸ **S'apprêter** – aller, être sur le point de, s'apprêter à, se disposer à. ▲**ANT.** ACCOMPLIR, EFFECTUER, EXÉCUTER; BÂCLER, IMPROVISER.

prépondérance *n. f.* ▸ **Prédominance** – avantage, dessus, prédominance, prééminence, préférence, préséance, primauté, priorité, supériorité, suprématie, transcendance. *SOUT.* précellence, préexcellence. ▸ **Influence** – action, aide, appui, ascendant, attirance, attraction, aura, autorité, contagion, crédit, dominance, domination, effet, empreinte, emprise, fascination, force, importance, incitation, influence, inspiration, magie, magnétisme, mainmise, manipulation, mouvance, persuasion, pétition, poids, pouvoir, présence, pression, prestige, puissance, règne, rôle, séduction, subjugation, suggestion, tyrannie. *SOUT.* empire, intercession. ▲**ANT.** SUBORDINATION; INFÉRIORITÉ.

prépondérant *adj.* capital, central, crucial, de la plus haute importance, de premier plan, décisif, déterminant, dominant, essentiel, fondamental, important, maître, majeur, numéro un, prédominant, prééminent, premier, primordial, principal, prioritaire, supérieur. *SOUT.* à nul autre second, cardinal. ▲**ANT.** ACCESSOIRE, INSIGNIFIANT, MINEUR, PETIT, SECONDAIRE.

préposé *n.* ▸ **Employé** – agent, cachetier, employé, journalier, ouvrier *(manuel)*, salarié, travailleur. ▸ **Facteur** *(FRANCE)* – facteur. *ANC.* messager, postillon. *MILIT. MAR.* vaguemestre. ▲**ANT.** COMMETTANT; RESPONSABLE.

prérogative *n. f.* ▸ **Privilège** – acquis, apanage, attribution, avantage, bénéfice, chasse gardée, concession, droit, exclusivisme, exclusivité, exemption, faveur, honneur, immunité, inviolabilité, monopole, passe-droit, pouvoir, préférence, privilège. *ANC.* franchise. *RELIG.* indult. ▸ **Distinction** – décoration, dignité, égards, élévation, faveur, honneur, pourpre, promotion. ▲**ANT.** CHARGE, CONTRAINTE, DEVOIR, OBLIGATION.

près *adv.* à côté, à deux pas, à la ronde, à peu de distance, à proximité, à quelques pas, alentour, auprès, autour, dans les environs, dans les parages, non loin, tout autour, (tout) contre. *FAM.* sous la main. *QUÉB. FAM.* proche. ▲**ANT.** LOIN.

présage *n. m.* ▸ **Prédiction** – annonce, annonciation, augure, auspices, conjecture, horoscope, oracle, pari, prédiction, prévision, projection, promesse, pronostic, prophétie, signe. *ANTIQ. ROM.* auspices, haruspication. ▸ **Signe** – diagnostic, expression, indication, indice, manifestation, marque, prodrome, signe, symptôme, syndrome. *SOUT.* avant-coureur. *MÉD.* marqueur. ▲**ANT.** CONFIRMATION; INDICE, TRACE.

présager *v.* ▸ **Prédire** – annoncer, anticiper, augurer, prédire, pressentir, prévoir, pronostiquer. ▸ **Être un signe avant-coureur** – annoncer, augurer, préluder à, promettre. ▲**ANT.** CONFIRMER, VÉRIFIER.

prescience *n. f.* anticipation, divination, flair, impression, instinct, intuition, précognition, prédiction, prémonition, prénotion, pressentiment, prévision, sentiment, voyance. *FAM.* pif, pifomètre. ▲**ANT.** MÉMOIRE.

préscolaire *adj.* ▲**ANT.** SCOLAIRE *(âge)*; POSTSCOLAIRE.

prescription *n. f.* ▸ **Norme** – arrêté, charte, code, convention, cote, coutume, formule, loi, mesure, norme, obligation, ordre, précepte, protocole, régime, règle, règlement, usage. ▸ **Directive** – citation, commande, commandement, consigne, directive, injonction, instruction, intimation, mandat, ordre, semonce. ▸ **Instructions médicales** – ordonnance. ▸ **Devoir** – bien, (bonnes) mœurs, conscience, déontologie, devoir, droit chemin, éthique, morale, moralité, obligation (morale), principes, règles de vie, vertu. *PSYCHOL.* surmoi. ▸ **Absolution** – absolution, absoute *(public)*, acquittement, aman, amnistie, annulation, clémence, dédouanement, disculpation, extinction, grâce, indulgence, jubilé, mise hors de cause, miséricorde, mitigation, oubli, pardon, pénitence, réhabilitation, relaxe, remise (de peine), rémission, suppression (de peine). ▲**ANT.** INTERDICTION; LIBERTÉ.

prescrire *v.* ▸ **Ordonner** – commander, décréter, dicter, donner l'ordre de, imposer, ordonner, vouloir. *SOUT.* édicter. ▸ **Recommander fortement** – prêcher, préconiser, prôner, recommander. ▸ **Nécessiter** – appeler, avoir besoin de, commander, demander, exiger, imposer, nécessiter, obliger, postuler, prendre, réclamer, requérir, vouloir. ▲**ANT.** DÉFENDRE, INTERDIRE, PROHIBER; OBÉIR, OBSERVER, SUBIR, SUIVRE.

présence *n. f.* ▸ **Existence** – actualité, essence, être, existence, fait, occurrence, réalité, réel, substance, vie. ▸ **Actualité** – actualité, contemporanéité, immédiateté. ▸ **Influence** – action, aide, appui, ascendant, attirance, attraction, aura, autorité, contagion, crédit, dominance, domination, effet, empreinte, emprise, fascination, force, importance, incitation, influence, inspiration, magie, magnétisme, mainmise, manipulation, mouvance, persuasion, pétition, poids, pouvoir, prépondérance, pression, prestige, puissance, règne, rôle, séduction, subjugation, suggestion, tyrannie. *SOUT.* empire, intercession. ▲**ANT.** ABSENCE, CARENCE, MANQUE.

présent *adj.* actuel, courant, de l'heure, en application, en cours, en usage, en vigueur, existant. ▲**ANT.** ABSENT; ANCIEN; ANTÉRIEUR, PASSÉ; FUTUR, POSTÉRIEUR.

présent *n. m.* ▶ *Cadeau* – cadeau, don, offrande, prime, surprise. *FAM.* fleur. ▶ *Temps présent* – instant présent, moment présent, temps présent. ▶ *Actualité* – actualité, avant-gardisme, changement, contemporanéité, fraîcheur, inédit, innovation, jamais vu, jeunesse, mode, modernisme, modernité, neuf, nouveau, nouveauté, originalité, pertinence, précédent, première, primeur. ♦ **les présents, plur.** assemblée, assistance, assistants, auditeurs, auditoire, foule, galerie, public, salle. ▲**ANT.** PASSÉ; AVENIR, FUTUR.

présentation *n. f.* ▶ *Fait de montrer* – exhibition, production. *RELIG.* porrection *(objets sacrés)*. ▶ *Aspect* – air, allure, apparence, aspect, caractère, configuration, couleur, couvert, dehors, éclairage, expression, extérieur, façade, faciès, figure, forme, formule, impression, jour, masque, mine, paraître, perspective, physionomie, plastique *(en art)*, portrait, profil, ressemblance, semblant, surface, ton, tour, tournure, traits, vernis, visage. *SOUT.* enveloppe, superficie. ▶ *Exposition* – concours, démonstration, étalage, exhibition, exposition, foire, foire-exposition, galerie, manifestation, montre, rétrospective, salon, vernissage. *FAM.* démo, expo. *SUISSE* comptoir. ▶ *Avant-propos* – avant-propos, avertissement, avis (préliminaire), début, discours préliminaire, entrée en matière, exorde, exposition, introduction, notice, préambule, préliminaire, prélude, prolégomènes, prologue. *SOUT.* prodrome. ▲**ANT.** DISSIMULATION, OCCULTATION.

présentement *adv.* à cette heure, à l'époque actuelle, à l'heure actuelle, à l'heure présente, à l'heure qu'il est, à l'instant présent, à présent, actuellement, au moment présent, aujourd'hui, dans le cas présent, de ce temps-ci, de nos jours, de notre temps, en ce moment, en cette saison, ici, maintenant, par le temps qui court. ▲**ANT.** ALORS; À UN AUTRE MOMENT; AVANT; APRÈS, PLUS TARD.

présenter *v.* ▶ *Montrer* – exhiber, exposer, faire voir, montrer. ▶ *Tendre un objet* – avancer, offrir, tendre. ▶ *Fournir un document* – donner, exhiber, fournir, montrer, produire. ▶ *Proposer une idée* – avancer, jeter sur le tapis, mettre sur le tapis, offrir, proposer, servir, soumettre. ▶ *Décrire* – brosser un tableau de, décrire, dépeindre, montrer, peindre, représenter, tracer le portrait de. ▶ *Disposer* – arranger, disposer, mettre, placer. *QUÉB. ACADIE FAM.* amancher. ▶ *Avoir comme forme* – dessiner, faire, former. ▶ *Comporter* – avoir, comporter, consister en, se composer de. ♦ **se présenter** ▶ *Devenir visible* – apparaître, paraître, se montrer, se révéler. ▶ *Arriver en un lieu* – arriver, paraître, se montrer. *FAM.* rappliquer, s'amener, se pointer, (se) radiner, se ramener. ▶ *Être candidat* – poser sa candidature, se porter candidat. ▶ *S'ériger* – s'ériger en, se poser en. ▲**ANT.** CACHER, DISSIMULER; ENLEVER, ÔTER, RETENIR; ARRACHER; TAIRE; CONCLURE. △ SE PRÉSENTER – DISPARAÎTRE.

préservateur (var. **préservatif**) *adj.* ▲**ANT.** ALTÉRATEUR.

préserver *v.* ▶ *Conserver* – conserver, garder, protéger, sauvegarder, sauver. ▶ *Protéger de qqch.* – abriter, assurer, défendre, garantir, garder, mettre à l'abri, protéger, tenir à l'abri. ▲**ANT.** ABANDONNER, LAISSER; ABÎMER, ATTAQUER, CONTAMINER, DÉTÉRIORER, DÉTRUIRE, ENDOMMAGER, GÂTER.

président *n.* ▶ *Chef de compagnie* – administrateur, cadre, chef d'entreprise, chef d'industrie, décideur, décisionnaire, directeur, dirigeant, gestionnaire, logisticien, patron, responsable, tête dirigeante. ▶ *Chef d'une assemblée politique* – speaker.

présider *v.* ▶ *Diriger* – assurer la direction de, conduire, diriger, faire marcher, gérer, mener, piloter, superviser, tenir les rênes de. ▲**ANT.** ASSISTER, SERVIR.

présomption *n. f.* ▶ *Supposition* – a priori, apriorisme, apriorité, cas de figure, condition, conjecture, doute, extrapolation, hypothèse, idée reçue, induction, jeu de l'esprit, œillère, préjugé, présupposé, présupposition, pronostic, scénario, supputation. ▶ *Vraisemblance* – acceptabilité, admissibilité, crédibilité, plausibilité, possibilité, probabilité, recevabilité, viabilité, vraisemblable, vraisemblance. ▶ *Inculpation* – accusation, charge, imputation, incrimination, inculpation, plainte, poursuite, prise à partie, réquisitoire. *SOUT.* prévention. *ANC.* clain. *DR.* chef d'accusation. ▶ *Vanité* – amour-propre, arrogance, autosatisfaction, bouffissure, complaisance, contentement (de soi), crânerie, enflure, fatuité, gloriole, hauteur, immodestie, importance, jactance, mégalomanie, morgue, orgueil, ostentation, outrecuidance, parade, pose, prétention, suffisance, superbe, supériorité, triomphalisme, vanité, vantardise. *SOUT.* fierté, infatuation. *FAM.* ego. *QUÉB. FAM.* pétage de bretelles. ▲**ANT.** CERTITUDE, ÉVIDENCE; PREUVE; HUMILITÉ, MODESTIE.

présomptueux *adj.* ▶ *Vaniteux* – cabot, cabotin, complaisant, conquérant, content de soi, fat, fier, fiérot, hâbleur, imbu de soi-même, infatué, m'as-tu-vu, orgueilleux, outrecuidant, pédant, pétri d'orgueil, plein de soi-même, prétentieux, qui fait l'important, qui se prend pour quelqu'un, qui se prend pour un autre, rempli de soi-même, suffisant, vain, vaniteux, vantard. *FAM.* chochotte, prétentiard, ramenard. *QUÉB. FAM.* frais, frappé. ▶ *Arrogant* – arrogant, condescendant, dédaigneux, fier, hautain, méprisant, orgueilleux, outrecuidant, pimbêche *(femme)*, pincé, plein de soi, prétentieux, snob, supérieur. *SOUT.* altier, rogue. ▲**ANT.** HUMBLE, MODESTE, SANS PRÉTENTION, SIMPLE.

presque *adv.* à peu de chose près, pour ainsi dire, pratiquement, quasi, quasiment, virtuellement. ▲**ANT.** COMPLÈTEMENT, EN TOTALITÉ, ENTIÈREMENT, TOTALEMENT, TOUT À FAIT; PAS DU TOUT.

pressant *adj.* impératif, impérieux, nécessaire, pressé, urgent. *SOUT.* instant. ▲**ANT.** FAIBLE, LÉGER, MODÉRÉ; CONTRÔLABLE, MAÎTRISABLE.

pressé *adj.* ▶ *Qui se dépêche* – *QUÉB.* à la course. ▶ *Urgent* – impératif, impérieux, nécessaire, pressant, urgent. *SOUT.* instant.

presse *n. f.* ▶ *Machine* – étau, serre-joints. *TECHN.* sergent. ▶ *Ce qui est écrit* – médias écrits, presse écrite. ▶ *Foule* (*SOUT.*) – abondance, affluence, armada, armée, attroupement, cohue, concentration, concours, encombrement, essaim, flot, forêt, foule, fourmilière, fourmillement, grouillement, légion, marée, masse, meute, monde, multitude, peuple, pléiade (*célébrités*), pullulement, rassemblement, régiment, réunion, ribambelle, ruche, tas, troupeau. *FAM.* flopée, marmaille (*enfants*), tapée, tripotée. *QUÉB.* achalandage; *FAM.* tapon, trâlée. *PÉJ.* ramassis. ▶ **Hâte** (*QUÉB.*) – avidité, brusquerie, désir, empressement, fièvre, fougue, hâte, impatience, impétuosité, précipitation, urgence, urgent. ▲**ANT.** CALME, LENTEUR, TRANQUILLITÉ.

pressentiment *n.m.* ▶ *Intuition* – anticipation, divination, flair, impression, instinct, intuition, précognition, prédiction, prémonition, prénotion, prescience, prévision, sentiment, voyance. *FAM.* pif, pifomètre. ▲**ANT.** CONFIRMATION, PREUVE; SOUVENIR.

pressentir *v.* ▶ *Deviner* – avoir conscience de, deviner, entrevoir, flairer, se douter, sentir, soupçonner. *FAM.* subodorer. ▶ *Prévoir* – annoncer, anticiper, augurer, prédire, présager, prévoir, pronostiquer. ▶ *Sonder les intentions* – approcher, sonder. ▲**ANT.** IGNORER, MÉCONNAÎTRE.

presser *v.* ▶ *Comprimer* – compacter, compresser, comprimer, serrer. ▶ *Réduire en pulpe* – écraser, fouler (*le raisin*), pressurer (*au pressoir*), pulper. ▶ *Poursuivre sans répit* – éperonner, être aux trousses de, harceler, importuner, poursuivre, sergenter, talonner, tourmenter. *SOUT.* assiéger, molester. *FAM.* asticoter, courir après, tarabuster. *QUÉB. ACADIE FAM.* achaler. *QUÉB. FAM.* écœurer, tacher. ▶ *Assaillir de questions* – assaillir, bombarder, harceler, mettre sur la sellette. *FAM.* mitrailler. ▶ *Obliger à se dépêcher* – bousculer, brusquer. ▶ *Accélérer* – accélérer, activer, brusquer, hâter, précipiter. *SOUT.* diligenter. ▶ *Être urgent* – *FAM.* urger. ▶ *Peser* – appuyer, peser, pousser. ◆ **se presser** ▶ *Faire vite* – courir, faire vite, s'empresser, se dépêcher, se hâter, se précipiter. *FAM.* activer, pédaler, se grouiller. *FRANCE FAM.* bourrer, faire fissa, se dégrouiller, se magner, se magner le popotin. *QUÉB. ACADIE FAM.* se garrocher. *QUÉB. FAM.* abouler, clencher, gauler. ▶ *Arriver vite* – accourir, affluer, courir, se précipiter. ▶ *Se rassembler en grand nombre* – s'agglutiner, s'entasser, se masser. ▲**ANT.** DILATER, ÉCARTER, OUVRIR; EFFLEURER, FRÔLER; DÉCHARGER, EXEMPTER, LIBÉRER, SOULAGER; LAISSER, MÉNAGER; DÉCOURAGER, DISSUADER; FREINER, MODÉRER, RALENTIR. △**SE PRESSER** – ATERMOYER, ATTENDRE, RETARDER, TRAÎNER.

pression *n.f.* ▶ *Action d'exercer une force* – astriction, constriction, contraction, crampe, crispation, étranglement, palpitation, pressage, pressurage, resserrement, rétraction, rétrécissement, serrement, spasme, tension. *MÉD.* striction. ▶ *Poids* – attraction, force, gravitation, gravité, pesanteur, poids, poussée. ▶ *Bouton* – bouton-pression, fermoir à pression. ▶ *Contrainte* – astreinte, coercition, contrainte, force. *SOUT.* joug. ▶ *Influence* – action, aide, appui, ascendant, attirance, attraction, aura, autorité, crédit, dominance, domination, effet, empreinte, emprise, fascination, force, importance, incitation, influence, inspiration, magie, magnétisme, mainmise, manipulation, mouvance, persuasion, pétition, poids, pouvoir, prépondérance, présence, prestige, puissance, règne, rôle,

séduction, subjugation, suggestion, tyrannie. *SOUT.* empire, intercession. ▲**ANT.** DESSERREMENT, DÉTENTE, LIBÉRATION; RELAXATION; AISANCE, LIBERTÉ.

prestige *n.m.* ▶ *Influence* – action, aide, appui, ascendant, attirance, attraction, aura, autorité, contagion, crédit, dominance, domination, effet, empreinte, emprise, fascination, force, importance, incitation, influence, inspiration, magie, magnétisme, mainmise, manipulation, mouvance, persuasion, pétition, poids, pouvoir, prépondérance, présence, pression, puissance, règne, rôle, séduction, subjugation, suggestion, tyrannie. *SOUT.* empire, intercession. ▶ *Illusion* (*SOUT.*) – abstraction, abstrait, apparence, berlue, chimère, déréalisation, fantasme, faux, faux-semblant, fiction, fumée, hallucination, illusion, image, imagination, irréalisme, irréalité, leurre, mensonge, mirage, onirisme, psychédélisme, rêve, rêverie, semblant, simulation, songe, songerie, trompe-l'œil, tromperie, utopie, vision, vue de l'esprit. *FAM.* frime. ▲**ANT.** DISCRÉDIT; OBSCURITÉ.

prestigieux *adj.* ▶ *Qui a du prestige* – choisi, de distinction, de marque, de prestige, distingué, élitaire, éminent, en vue, grand, select, trié sur le volet. ▶ *Remarquable* – élevé, éminent, exceptionnel, grand, important, insigne, remarquable, signalé. *SOUT.* suréminent. ▲**ANT.** BANAL, COMMUN, INSIGNIFIANT, MÉDIOCRE, ORDINAIRE, PIÈTRE, SIMPLE; DÉGRADANT, DÉVALORISANT, MÉPRISABLE, MINABLE.

présumer *v.* ▶ *Supposer* – croire, penser, (s') imaginer, supposer. *SOUT.* conjecturer. ▲**ANT.** DOUTER, METTRE EN DOUTE, SE MÉFIER DE.

présupposer *v.* impliquer, supposer.

prêt *adj.* (fin) prêt. *QUÉB. ACADIE FAM.* paré. ▲**ANT.** EN CHANTIER, EN COURS, EN PRÉPARATION.

prêt *n.m.* ▶ *Crédit* – aide (financière), avance, bourse, commodat, crédit, découvert, dépannage, préfinancement, prime, subvention (remboursable). ▲**ANT.** EMPRUNT; REMBOURSEMENT.

prétendant *n.* ▶ *Candidat* – admissible, aspirant, candidat, compétiteur, concurrent, concurrent, demandeur, postulant. ▶ *Rival* – adversaire, antagoniste, attaqueur, compétiteur, concurrent, contestataire, contraire, contre-manifestant, détracteur, dissident, ennemi, mécontent, opposant, opposé, pourfendeur, protestataire, rival. ▶ *Celui qui désire épouser une femme* – *SOUT.* épouseur. ▲**ANT.** CHAMPION, VAINQUEUR.

prétendre *v.* ▶ *Déclarer* – affirmer, déclarer, soutenir. ▶ *Se vanter* – avoir la prétention, se faire fort, se flatter, se piquer, se prévaloir, se targuer, se vanter. ▶ *Aspirer* – ambitionner, aspirer à, avoir des vues sur, avoir en tête de, briguer, convoiter, courir après, désirer, pourchasser, poursuivre, rechercher, solliciter, souhaiter, tendre à, viser. *FAM.* guigner, lorgner, reluquer. ▶ *Revendiquer* (*SOUT.*) – demander, exiger, réclamer, revendiquer. *SOUT.* demander à cor et à cri. ▲**ANT.** CONTESTER, DÉSAVOUER, NIER; REFUSER, RENONCER, SE DÉSINTÉRESSER.

prétendu *adj.* apparent, faux, soi-disant, supposé. ▲**ANT.** ASSURÉ, CERTAIN, SÛR.

prétentieux *adj.* ▶ *Arrogant* – arrogant, condescendant, dédaigneux, fier, hautain, méprisant, orgueilleux, outrecuidant, pimbêche (*femme*), pincé, plein de soi, présomptueux, snob, supérieur. SOUT. altier, rogue. ▶ *Vaniteux* – cabot, cabotin, complaisant, conquérant, content de soi, fat, fier, fiérot, hâbleur, imbu de soi-même, infatué, m'astu-vu, orgueilleux, outrecuidant, pédant, pétri d'orgueil, plein de soi-même, présomptueux, qui fait l'important, qui se prend pour quelqu'un, qui se prend pour un autre, rempli de soi-même, suffisant, vain, vaniteux, vantard. FAM. chochotte, prétentiard, ramenard. QUÉB. FAM. frais, frappé. ▶ *Pompeux* – ampoulé, bouffi, boursouflé, déclamateur, déclamatoire, emphatique, enflé, gonflé, grandiloquent, hyperbolique, pédantesque, pompeux, pompier, pontifiant, ronflant, théâtral. SOUT. histrionique, pindarique. ▲ANT. DÉPOUILLÉ, HUMBLE, MODESTE, SANS PRÉTENTION, SIMPLE, SOBRE.

prétention *n. f.* ▶ *Désir* – ambition, appel, appétit, aspiration, attirance, attrait, besoin, but, convoitise, desideratum, désir, envie, exigence, faim, fantaisie, fantasme, fièvre, fringale, goût, idéal, intention, jalousie, passion, quête, recherche, rêve, soif, souhait, tentation, velléité, visée, vœu, voix, volonté. SOUT. appétence, dessein, prurit, vouloir. FAM. démangeaison. ▶ *Demande* – adjuration, appel, demande, démarche, desideratum, désir, doléances, exigence, injonction, instance, interpellation, interrogation, invocation, mandement, ordre, pétition, placet, prière, question, réclamation, requête, réquisition, revendication, sollicitation, sommation, supplication, supplique, ultimatum, vœu. SOUT. imploration. ▶ *Emphase* – apparat, bouffissure, boursouflure, cérémonie, déclamation, démesure, emphase, enflure, excès, gonflement, grandiloquence, hyperbole, pédanterie, pédantisme, pompe, solennité. SOUT. ithos, pathos. ▶ *Vanité* – amour-propre, arrogance, autosatisfaction, bouffissure, complaisance, contentement (de soi), crânerie, enflure, fatuité, gloriole, hauteur, immodestie, importance, jactance, mégalomanie, morgue, orgueil, ostentation, outrecuidance, parade, pose, présomption, suffisance, superbe, supériorité, triomphalisme, vanité, vantardise. SOUT. fierté, infatuation. FAM. ego. QUÉB. FAM. pétage de bretelles. ▲ANT. RENONCEMENT; MODESTIE, SIMPLICITÉ.

prêter *v.* ▶ *Céder temporairement* – mettre à la disposition. ▶ *Attacher* – accorder, attacher, attribuer, porter, reconnaître. ▶ *Attribuer un acte, un trait à qqn* – attribuer, rapporter, supposer. ▶ *Être propice* – donner matière à, porter à. ▶ *S'étirer* – donner, s'agrandir, s'étendre, s'étirer, se distendre. ♦ se prêter ▶ *Consentir* – adhérer à, approuver, appuyer, consentir à, souscrire à, soutenir, supporter. SOUT. entendre à. ▲ANT. EMPRUNTER; RENDRE, RESTITUER; ENLEVER, ÔTER; EMPÊCHER. △SE PRÊTER – REFUSER.

prétexte *n. m.* ▶ *Excuse* – alibi, défilade, dérobade, échappatoire, esquive, excuse, faux-fuyant, fuite, moyen, reculade, subterfuge, volte-face. FAM. pirouette. QUÉB. FAM. défaite. ▶ *Motif* – ambition, but, cause, cible, considération, destination, fin, finalité, intention, mission, mobile, motif, objectif, objet, point de mire, pourquoi, raison, raison d'être, sens, visée. SOUT. propos. ▲ANT. RÉALITÉ, VÉRITÉ.

prétraité *adj.* ▲ANT. BRUT, ENTIER.

prêtre *n. m.* ▶ *Personne chargée du culte chrétien* – clerc, curé, ecclésiastique, homme d'Église, membre du clergé, ministre (du culte), religieux. ▶ *Titre* – abbé. FIG. berger. ♦ prêtres, *plur.* ▶ *Ensemble de personnes* – clergé. ▲ANT. LAÏC.

prêtrise *n. f.* ▶ *Sacerdoce* – cléricature, état ecclésiastique, ministère, ministère ecclésiastique, ministère religieux, ordre, pastorat *(protestant)*, sacerdoce. ▲ANT. LAÏCAT.

preuve *n. f.* ▶ *Confirmation* – affirmation, assurance, attestation, certitude, confirmation, corroboration, démonstration, gage, manifestation, marque, témoignage, vérification. ▶ *Démonstration* – analyse, apagogie, argument, argumentation, considérations, déduction, démonstration, dialectique, dilemme, discussion, échafaudage, explication, implication, induction, inférence, justificatif, logique, méthode, raison, réflexion, réfutation, sorite, substruction, syllogisme, syllogistique, synthèse. ▶ *Indice* – apparence, cachet, cicatrice, critère, empreinte, indication, indice, lueur, marque, ombre, pas, piste, repère, reste, ride, sceau, signature, signe, stigmate, tache, témoignage, témoin, trace, trait, vestige. ▲ANT. DOUTE, INCERTITUDE; INFIRMATION, RÉFUTATION.

prévaloir *v.* ▶ *Dominer* – avoir le dessus, avoir préséance, dominer, l'emporter, prédominer, primer, régner, s'imposer, triompher. ♦ se prévaloir▶ *Prétendre* – avoir la prétention, prétendre, se faire fort, se flatter, se piquer, se targuer, se vanter. ▶ *S'enorgueillir* – faire grand cas, s'enorgueillir, s'honorer, se faire gloire, se faire honneur, se flatter, se glorifier, se piquer, se rengorger, se targuer, se vanter, tirer gloire, tirer vanité. ▲ANT. CÉDER, SUBIR, SUIVRE. △SE PRÉVALOIR – S'ABAISSER, S'HUMILIER.

prévenance *n. f.* ▶ *Politesse* – affabilité, amabilité, aménité, attention, bienséance, bonnes manières, chevalerie, civilité, civisme, convivialité, correction, courtoisie, délicatesse, éducation, entregent, galanterie, gentillesse, hospitalité, mondanités, obligeance, politesse, savoir-vivre, serviabilité, sociabilité, tact, urbanité. SOUT. gracieuseté, liant. ♦ prévenances, *plur.* attentions, bichonnage, dorlotement, empressement, maternage, soins. FAM. chouchoutage. SOUT. gâterie. ▲ANT. IMPOLITESSE, MÉPRIS.

prévenant *adj.* aimable, attentif, attentionné, aux petits soins, complaisant, délicat, dévoué, diligent, empressé, gentil, obligeant, secourable, serviable, zélé. FAM. chic, chou. QUÉB. FAM. fin. BELG. FAM. amitieux. ▲ANT. DISTANT, FROID, INDIFFÉRENT, RÉSERVÉ.

prévenir *v.* ▶ *Alerter* – alerter, avertir, mettre en garde, prémunir. ▶ *Informer* – avertir, aviser, informer, mettre au courant. SOUT. instruire. FAM. affranchir, brancher, mettre au parfum. QUÉB. FAM. breffer. ▶ *Devancer* – aller au-devant de, devancer. ▶ *Éviter* – conjurer, écarter, empêcher, éviter, parer. ▲ANT. CACHER, S'ABSTENIR, SE TAIRE; TARDER; SUBIR; PRODUIRE, PROVOQUER.

prévention *n. f.* ▶ *Prévoyance* – clairvoyance, lenteur, précaution, prévision, prévoyance, prudence, sagesse. ▶ *Dissuasion* – découragement, dissuasion. ▶ *Préjugé* – idée reçue, parti pris, préconception, préjugé, prénotion, subjectivisme, subjectivité.

prévenu

▸ **Accusation** (SOUT.) – accusation, charge, imputation, incrimination, inculpation, plainte, poursuite, présomption, prise à partie, réquisitoire. ANC. clain. DR. chef d'accusation. ▸ **Prévention médicale** – hygiène, précaution, préservation, prophylaxie, protection. ▲ANT. IMPRÉVOYANCE; PERSUASION; IMPARTIALITÉ, OBJECTIVITÉ; LIBÉRATION.

prévenu adj. arbitraire, partial, partisan, qui a des œillères, subjectif, tendancieux.

prévenu n. accusé, inculpé, suspect.

prévisible adj. devinable, présumable. ▲ANT. IMPRÉVISIBLE.

prévision n. f. ▸ **Pressentiment** – anticipation, divination, flair, impression, instinct, intuition, précognition, prédiction, prémonition, prénotion, prescience, pressentiment, sentiment, voyance. FAM. pif, pifomètre. ▸ **Vision de l'avenir** – anticipation, divination, futurologie, prédiction, projection, prospective. SOUT. vaticination. ▸ **Prédiction** – annonce, annonciation, augure, auspices, conjecture, horoscope, oracle, pari, prédiction, présage, projection, promesse, pronostic, prophétie, signe. ANTIQ. ROM. auspices, haruspication. ▸ **Évaluation** – aperçu, appréciation, approximation, calcul, détermination, devis, estimation, évaluation, expertise, inventaire, mesure, prisée, supputation. ▸ **Prévoyance** – clairvoyance, lenteur, précaution, prévention, prévoyance, prudence, sagesse. ▲ANT. IMPRÉVISION, MÉCOMPTE; ACCOMPLISSEMENT, CONFIRMATION; BILAN; AVEUGLEMENT, IMPRÉVOYANCE.

prévoir v. ▸ **Imaginer un événement futur** – annoncer, anticiper, augurer, prédire, présager, pressentir, pronostiquer. ▸ **Escompter** – anticiper, compter, escompter, espérer, s'attendre à. ▸ **Planifier** – organiser, planifier, programmer. ▲ANT. IGNORER; IMPROVISER.

prévoyance n. f. clairvoyance, lenteur, précaution, prévention, prévision, prudence, sagesse. ▲ANT. AVEUGLEMENT, IMPRÉVOYANCE, IMPRUDENCE, INSOUCIANCE, NÉGLIGENCE, OUBLI.

prévoyant adj. attentif, précautionneux, proactif, prudent, vigilant. ▲ANT. ÉCERVELÉ, ÉTOURDI, ÉVAPORÉ, IMPRÉVOYANT, IMPRUDENT, INCONSCIENT, INCONSÉQUENT, INSOUCIANT, IRRÉFLÉCHI, IRRESPONSABLE, LÉGER, NÉGLIGENT, SANS CERVELLE, SANS-SOUCI.

prier v. ▸ **Supplier** – adjurer, implorer, solliciter, supplier. SOUT. conjurer, crier grâce, crier merci, tendre les bras vers, tomber aux genoux de, tomber aux pieds de. ▸ **Ordonner** – commander, demander, enjoindre, intimer, mettre en demeure, ordonner, sommer. ▸ **Inviter** (SOUT.) – convier, inviter. SOUT. semondre. ▲ANT. BLASPHÉMER, JURER, SACRER; OBÉIR; EXAUCER, EXÉCUTER, RÉPONDRE; DISSUADER.

prière n. f. ▸ **Oraison** – acte de contrition, acte de foi, déprécation, exercice, exercice de piété, exercice spirituel, invocation, litanie, méditation, obsécration, oraison, recueillement, souhait, supplication. ▸ **Demande** – adjuration, appel, demande, démarche, desideratum, désir, doléances, exigence, injonction, instance, interpellation, interrogation, invocation, mandement, ordre, pétition, placet, prétention, question, réclamation, requête, réquisition, revendication, sollicitation, sommation, supplication,

supplique, ultimatum, vœu. SOUT. imploration. ◆ **prières**, plur. ▸ **Ensemble de prières** – chapelet (de prières). ▲ANT. BLASPHÈME, JURON, PROFANATION, SACRILÈGE; MALÉDICTION; RÉPONSE; EXAUCEMENT; REFUS.

prieur n. ◆ **prieur**, masc. ▸ **Homme** – abbé, curé doyen, doyen, général (des X), père, père abbé, père prévôt, père prieur, père procureur, père supérieur. ▸ **Titre** – (Mon) Révérend, (Mon) Révérend Père. ◆ **prieure**, fém. ▸ **Femme** – abbesse, doyenne, générale (des X), mère, mère prieure, mère supérieure.

primaire adj. ▸ **Premier** – initial, originaire, originel, originel, premier, primitif, primordial. SOUT. liminaire, prime. ▸ **Simpliste** – caricatural, gros, grossier, simpliste. ▲ANT. DERNIER, FINAL, TERMINAL, ULTIME; SUBTIL.

primauté n. f. avantage, dessus, prédominance, prééminence, préférence, prépondérance, préséance, priorité, supériorité, suprématie, transcendance. SOUT. précellence, préexcellence. ▲ANT. SUBORDINATION; INFÉRIORITÉ.

primé adj. couronné, récompensé. SOUT. lauré.

prime n. f. ▸ **Montant à payer** – charge, contribution, cote, droit, excise, fiscalité, imposition, levée, patente, prélèvement, prestation, redevance, surtaxe, taxation, taxe, tribut. QUÉB. accise. BELG. accises. HIST. capitation, champart, corvée, dîme, fouage, franc-fief, gabelle, maltôte, moulage, taille, tonlieu. DR. foretage. ▸ **Prêt** – aide (financière), avance, bourse, commodat, crédit, découvert, dépannage, préfinancement, prêt, subvention (remboursable). ▸ **Ajout sur le salaire** – gratification, récompense. QUÉB. boni. ▸ **Cadeau** – cadeau, don, offrande, surprise. SOUT. présent. FAM. fleur. ▲ANT. AMENDE.

primer v. ▸ **Récompenser** – couronner, récompenser. ▸ **Prédominer** – avoir le dessus, avoir préséance, dominer, l'emporter, prédominer, prévaloir, régner, s'imposer, triompher. ▲ANT. PÉNALISER; SUBIR, SUIVRE.

primeur n. f. ▸ **Nouvelle** – exclusivité. ▸ **Nouveauté** – actualité, avant-gardisme, changement, contemporanéité, fraîcheur, inédit, innovation, jamais vu, jeunesse, mode, modernisme, modernité, neuf, nouveau, nouveauté, originalité, pertinence, précédent, première, présent. ▸ **Végétal hâtif** – madeleine. ▲ANT. (DU) RÉCHAUFFÉ; TARDIVETÉ; ANCIENNETÉ.

primitif adj. ▸ **Originel** – initial, originaire, originel, originel, premier, primaire, primordial. SOUT. liminaire, prime. ▸ **Rudimentaire** – (à l'état) brut, à l'état d'ébauche, ébauché, élémentaire, embryonnaire, fruste, grossier, imparfait, larvaire, mal équarri, rudimentaire. ▸ **Inculte** – fruste, grossier, inculte, mal dégrossi, rude, rustaud, rustique. ▲ANT. DERNIER, FINAL, TERMINAL, ULTIME; DÉLICAT, FIN, RAFFINÉ, RECHERCHÉ, SOPHISTIQUÉ; CULTIVÉ, ÉVOLUÉ; MODERNE, RÉCENT.

primordial adj. ▸ **Indispensable** – capital, crucial, de première nécessité, essentiel, fondamental, important, incontournable, indispensable, irremplaçable, nécessaire, vital. ▸ **Important** – capital, central, crucial, de la plus haute importance, de premier plan, décisif, déterminant, dominant, essentiel, fondamental, important, maître, majeur, numéro un, prédominant, prééminent, premier, prépondérant, principal, prioritaire, supérieur. *SOUT.* à nul autre second, cardinal. ▶ *Primitif* – initial, originaire, original, originel, premier, primaire, primitif. *SOUT.* liminaire, prime. ▲**ANT.** ACCESSOIRE, INSIGNIFIANT, MINEUR, NÉGLIGEABLE, PETIT, SECONDAIRE; MODERNE, RÉCENT.

prince *n. m.* ▶ *Souverain* (*SOUT. ou DIDACT.*) – monarque, souverain. ▶ *Chef d'une principauté* – grand-duc. *ANC.* rhingrave *(allemand)*. ▶ *Fils d'un souverain* – dauphin *(héritier de France)*, infant *(cadet d'Espagne ou du Portugal)*, prince de Galles *(Angleterre)*, tsarévitch *(aîné russe)*. ▶ *Détenteur du plus haut titre de noblesse* ▶ *Titre* – altesse, monseigneur, Son Altesse, Son Altesse Impériale, Son Altesse Royale. ▲**ANT.** SUJET.

princesse *n. f.* ▶ *Souveraine* (*SOUT. ou DIDACT.*) – grande-duchesse, impératrice, maharani, pharaonne, rani, reine. ▶ *Chef d'une principauté* – grande-duchesse. ▶ *Fille d'un souverain* – infante *(Espagne ou Portugal)*.

princier *adj.* ▶ *Noble* – aristocratique, de haut lignage, de haute extraction, nobiliaire, noble, patricien. ▶ *Somptueux* – fastueux, luxueux, magnifique, opulent, riche, royal, seigneurial, somptueux. *SOUT.* magnificent, splendide. ▲**ANT.** DÉMOCRATIQUE, PLÉBÉIEN, POPULAIRE, PROLÉTAIRE; À LA BONNE FRANQUETTE, HUMBLE, MODESTE, SANS CÉRÉMONIES, SIMPLE, SOBRE.

principal *adj.* capital, central, crucial, de la plus haute importance, de premier plan, décisif, déterminant, dominant, essentiel, fondamental, important, maître, majeur, numéro un, prédominant, prééminent, premier, prépondérant, primordial, prioritaire, supérieur. *SOUT.* à nul autre second, cardinal. ▲**ANT.** ACCESSOIRE, INSIGNIFIANT, MINEUR, PETIT, SECONDAIRE; DIVISIONNAIRE *(monnaie)*.

principalement *adv.* ▶ *Fondamentalement* – absolument, en essence, essentiellement, foncièrement, fondamentalement, intrinsèquement, organiquement, primordialement, profondément, radicalement, substantiellement, totalement, viscéralement, vitalement. ▶ *Particulièrement* – avant tout, en particulier, notamment, particulièrement, proprement, singulièrement, spécialement, spécifiquement, surtout, typiquement. ▲**ANT.** ACCESSOIREMENT, AUXILIAIREMENT, INCIDEMMENT, MARGINALEMENT, SECONDAIREMENT.

principe *n. m.* ▶ *Essence* – caractère, en-soi, essence, essentialité, inhérence, nature, qualité, quintessence, substance. *SOUT.* (substantifique) moelle. *PHILOS.* entité, quiddité. ▶ *Âme* – âme, cœur, conscience, esprit, mystère, pensée, principe (vital), psyché, psychisme, souffle (vital), spiritualité, transcendance, vie. ▶ *Selon la philosophie* – atman *(hindouisme)*, pneuma *(Grèce antique)*. *PSYCHOL.* conscient. ▶ *Constituant* – composant, composante, constituant, élément (constitutif), fragment, ingrédient, membre, module, morceau, organe, partie, pièce, unité. *FIG.* brique, fil, pierre, rouage. ▶ *Cause* – agent, base, cause, explication, facteur, ferment, fondement, fontaine, germe, inspiration, levain, levier, mobile, moteur, motif, motivation,

moyen, objet, occasion, origine, point de départ, pourquoi, raison, raison d'être, source, sujet. *SOUT.* étincelle, mère, racine, ressort. ▶ *Fondement* – assise, base, fondement, pierre angulaire, pierre d'assise, pivot, soubassement. ▶ *Postulat* – apodicticité, axiome, convention, définition, donnée, évidence, fondement, hypothèse, lemme, postulat, postulatum, prémisse, proposition, théorème, vérité. ▶ *Précepte* – adage, aphorisme, apophtegme, axiome, citation, devise, dicton, dit, dogme, enseignement, formule, mantra, maxime, moralité, mot, on-dit, parole, pensée, précepte, proverbe, réflexion, règle, sentence, sutra, vérité. ▶ *Doctrine* – conception, doctrine, dogme, école (de pensée), idée, idéologie, mouvement, opinion, pensée, philosophie, système, théorie, thèse. ♦ **principes**, *plur.* ▶ *Notions de base* – a b c, b.a.-ba, base, éléments, essentiel, notions, notions de base, notions élémentaires, rudiments, teinture, théorie. *PÉJ.* vernis. ▶ *Opinion* – appréciation, avis, conception, conviction, critique, croyance, dogme, estime, idée, impression, jugement, opinion, optique, pensée, perception, point de vue, position, prise de position, sentiment, théorie, thèse, vote, vue. *SOUT.* oracle. ▶ *Morale* – catéchisme, morale, philosophie, religion. ▶ *Devoir* – bien, (bonnes) mœurs, conscience, déontologie, devoir, droit chemin, éthique, morale, moralité, obligation (morale), prescription, règles de vie, vertu. *PSYCHOL.* surmoi. ▲**ANT.** CONSÉQUENCE; FIN; APPLICATION, PRATIQUE; DÉROGATION, EXCEPTION.

printanier *adj.* *DIDACT.* vernal. ▲**ANT.** AUTOMNAL; USÉ, VIEILLI, VIEUX.

printemps *n. m.* ▶ *Saison* – floraison, saison des amours, saison du renouveau, saison nouvelle, semailles, semaison. ▶ *Renouveau* (*FIG.*) – dégel, progrès, recrudescence, redémarrage, regain, régénération, régénérescence, réincarnation, relance, renouveau, renouvellement, reprise, résurrection, retour, réveil, revival, reviviscence, second souffle. *SOUT.* refleurissement, revif. *FIG.* résurgence. *BOT.* anabiose. ▶ *Jeunesse* (*SOUT.*) – bel âge, fleur de l'âge, jeune âge, jeunes années, jeunesse, première saison, verte jeunesse. *SOUT.* mai, matin. ▶ *Adolescence* (*SOUT.*) – adolescence, âge bête, âge ingrat, jeunesse, minorité, nubilité, préadolescence, puberté, pubescence. *SOUT.* juvénilité. ▶ *Âge* (*SOUT.*) – an, année, millésime. *FAM.* balai, berge, carat, pige. ▲**ANT.** ARRIÈRE-SAISON, AUTOMNE; VIEILLESSE.

priorité *n. f.* ▶ *Antériorité* – ancienneté, antécédence, antériorité. *SOUT.* préexistence. ▶ *Préséance* – avantage, dessus, prédominance, prééminence, préférence, prépondérance, préséance, primauté, supériorité, suprématie, transcendance. *SOUT.* précellence, préexcellence. ▶ *Importance* – dimension, gravité, importance, portée, prix. ▲**ANT.** SUBORDINATION; SUITE.

pris *adj.* ▲**ANT.** DISPONIBLE, LIBRE.

prise *n. f.* ▶ *Action de saisir* – capture, préhension. ▶ *Prélèvement* – biopsie, coupe, forage, piqûre, ponction, ponction-biopsie, prélèvement. ▶ *Confiscation* – appropriation, blocus, confiscation, désapprovisionnement, embargo, expropriation, gel, immobilisation, mainmise, privation, saisie, séquestre, suppression. ▶ *Enlèvement* – détournement (de mineur), enlèvement, kidnappage, prise (d'otage), rapt, vol (d'enfant). ▶ *Conquête* – assujettissement, conquête, empiétement, envahissement, invasion, mainmise, occupation, prise (de possession), usurpation. DR. appropriation. ▶ *Durcissement* – caillage, caillement, candisation, coagulation, conglutination, cristallisation, durcissement, épaississement, figeage, figement, gélatinisation, gélation, gélification, racornissement, solidification, thrombose. PATHOL. éburnation, éburnification. ▶ *Dispositif électrique* – prise (de courant). ▲ANT. ABANDON, LÂCHAGE, LIBÉRATION; RAMOLLISSEMENT; DÉGEL, FUSION, LIQUÉFACTION.

priser v. ▶ *Attacher du prix* – avoir bonne opinion de, considérer, estimer, faire cas de, respecter, tenir en estime. ▶ *Aimer* – adorer, affectionner, aimer, apprécier, avoir un faible pour, avoir un penchant pour, être fou de, être friand de, être porté sur, faire ses délices de, prendre plaisir à, raffoler de, s'intéresser à, se complaire, se délecter, se passionner pour, se plaire. SOUT. chérir, goûter. FRANCE. FAM. kiffer. QUÉB. FAM. capoter sur. PÉJ. se vautrer. ▶ *Aspirer par le nez* – aspirer, renifler. ▲ANT. DÉPRÉCIER, DISCRÉDITER; DÉTESTER, HAÏR, MÉPRISER.

prison n. f. ▶ *Lieu de détention* – bagne, centre de détention, centre pénitentiaire, établissement pénitentiaire, maison de détention, pénitencier. FAM. cachot, cage, placard, taule, trou. FRANCE FAM. bloc, gnouf. ▶ *Emprisonnement* – captivité, cellulaire, claustration, confinement, contrainte par corps, détention, écrou, embastillement, emmurement, emprisonnement, encagement, encellulement, enfermement, incarcération, internement, isolement, prise de corps, réclusion, relégation, séquestration, transportation. FAM. mise à l'ombre, mise sous les verrous. DIDACT. renfermement. DR. BELG. collocation. ▶ *Dépendance* – abaissement, allégeance, appartenance, asservissement, assujettissement, attachement, captivité, contrainte, dépendance, domestication, domesticité, domination, emprise, esclavage, gêne, hilotisme, inféodation, infériorité, mainmise, merci, mouvance, obédience, obéissance, obligation, oppression, pouvoir, puissance, servage, servitude, soumission, subordination, sujétion, tutelle, tyrannie, vassalité. FIG. carcan, chaîne, corset (de fer), coupe, fardeau, griffe, main, patte; SOUT. fers, gaine, joug. PHILOS. hétéronomie. ▲ANT. LIBERTÉ; LIBÉRATION.

prisonnier n. ▶ *Personne* – captif, cellulaire, condamné, détenu. DR. réclusionnaire. FAM. pensionnaire, taulard. ◀ *Codétenu* – codétenu, compagnon de cellule, mouton (espion). ▲ANT. ÉVADÉ, LIBÉRÉ.

privation n. f. ▶ *Dépossession* – captation, dépossession, dépouillement, frustration. ▶ *Confiscation* – appropriation, blocus, confiscation, désapprovisionnement, embargo, expropriation, gel, immobilisation, mainmise, prise, saisie, séquestre, suppression. ▶ *Manque* – absence, défaut, lacune, manque, omission, trou, vide. ▶ *Pauvreté* – appauvrissement, besoin, dénuement, détresse, embarras, gêne, gouffre, indigence, manque, mendicité, misère, nécessité, pauvreté, ruine. SOUT. impécuniosité. FAM. dèche, pouillerie. FRANCE FAM. débine, fauche, mistoufle, mouise, mouscaille, panade, purée. DR. carence. ▶ *Renoncement* – abstinence, ascèse,

ascétisme, austérité, dépouillement, expiation, flagellation, frugalité, macération, mortification, pénitence, propitiation, renoncement, restriction, sacrifice, stigmatisation, tempérance. ▶ *Abnégation* – abnégation, altruisme, désintéressement, détachement, dévouement, effacement, humilité, oubli de soi, renoncement, résignation, sacrifice. SOUT. holocauste. ▲ANT. JOUISSANCE, POSSESSION; ABONDANCE, LUXE, RICHESSE.

privatiser v. dénationaliser, désétatiser. ▲ANT. ÉTATISER, NATIONALISER.

privé adj. ▶ *Dépourvu* – démuni, dénué, dépourvu, exempt. ▶ *Exclusif* – attitré, exclusif, individuel, particulier, personnel, propre, réservé, spécial. ▶ *Intime* – confidentiel, intime, personnel, secret.

priver v. ▶ *Déposséder* – démunir, déposséder, dépouiller, dessaisir, frustrer, spolier. ▶ *Frustrer* – frustrer, sevrer. ◆ *se priver* ▶ *Renoncer* – faire une croix sur, renoncer à, s'abstenir de, sacrifier, se passer de, tirer une croix sur. SOUT. immoler, se dénuer de. FAM. se brosser. ▲ANT. DOTER, GARNIR, GRATIFIER, MUNIR, NANTIR; ACCORDER, DONNER, FOURNIR; CONTENTER, GAVER, RASSASIER, SATISFAIRE. △SE PRIVER – S'AUTORISER, SE PERMETTRE.

privilège n. m. ▶ *Avantage* – acquis, apanage, attribution, avantage, bénéfice, chasse gardée, concession, droit, exclusivisme, exclusivité, exemption, faveur, honneur, immunité, inviolabilité, monopole, passe-droit, pouvoir, préférence, prérogative. ANC. franchise. RELIG. indult. ▶ *Exemption* – abattement, décharge, dégrèvement, dérogation, détaxation, détaxe, dispense, exemption, exonération, franchise, grâce, immunité, impunité, inamovibilité, inviolabilité, irresponsabilité, libération, liberté, mainlevée, réforme (armée), transit. ▶ *Injustice* – abus, arbitraire, déloyauté, déni de justice, empiétement, erreur (judiciaire), exploitation, favoritisme, illégalité, illégitimité, inconstitutionnalité, inégalité, iniquité, injustice, irrégularité, mal-jugé, malveillance, noirceur, partialité, passe-droit, scélératesse, tort, usurpation. SOUT. improbité. ▲ANT. DÉSAVANTAGE, HANDICAP, INCONVÉNIENT; CHARGE, DEVOIR, OBLIGATION.

prix n. m. ▶ *Valeur* – appréciabilité, cotation, cote, cours, coût, estimation, évaluation, montant, tarif, tarification, taux, valeur. ▶ *Importance* – dimension, gravité, importance, portée, priorité. ▶ *Ce qu'on gagne* – lot. ▶ *Récompense* – accessit, bon point, citation, couronne, décoration, diplôme, distinction, gratification, médaille, mention, nomination, pourboire, prime, récompense, satisfecit, trophée. QUÉB. FAM. bonbon. ▶ *Encouragement* – aide, aiguillon, applaudissement, approbation, appui, compliment, éloge, exhortation, incitation, prime, protection, récompense, soutien, stimulant, subvention. SOUT. satisfecit. ▶ *Désavantage obtenu pour un avantage* – coût, rançon, revers de la médaille. ▲ANT. AVANTAGE, BÉNÉFICE; CHÂTIMENT, PUNITION.

probabilité n. f. ▶ *Vraisemblance* – acceptabilité, admissibilité, crédibilité, plausibilité, possibilité, présomption, recevabilité, viabilité, vraisemblable, vraisemblance. ▶ *Éventualité* – chance, conjecture, éventualité, fréquence, hypothèse, perspective, possibilité, potentialité, prévisibilité, prospective, viabilité, virtualité. ▲**ANT.** IMPROBABILITÉ, INVRAISEMBLANCE; IMPOSSIBILITÉ; CERTITUDE.

probable *adj.* crédible, croyable, plausible, vraisemblable. ▲**ANT.** CERTAIN; DOUTEUX, IMPROBABLE, INVRAISEMBLABLE; ALÉATOIRE.

probablement *adv.* peut-être, plausiblement, possiblement, potentiellement, sans doute, virtuellement, vraisemblablement. ▲**ANT.** À COUP SÛR, AUTOMATIQUEMENT, FATALEMENT, FORCÉMENT, IMMANQUABLEMENT, IMPLACABLEMENT, INÉVITABLEMENT, INFAILLIBLEMENT, NÉCESSAIREMENT, OBLIGATOIREMENT, PAR LA FORCE DES CHOSES.

probité *n. f.* ▶ *Honnêteté* – conscience, droiture, exactitude, fidélité, franchise, honnêteté, incorruptibilité, intégrité, irréprochabilité, justice, loyauté, mérite, moralité, netteté, scrupule, sens moral, transparence, vertu. ▶ *Justice* – droiture, égalité, équité, impartialité, impersonnalité, intégrité, justice, légalité, neutralité, objectivité. ▲**ANT.** DÉLOYAUTÉ, FOURBERIE, IMPROBITÉ, MALHONNÊTETÉ.

problématique *adj.* ▶ *Qui constitue un problème* – ardu, complexe, compliqué, corsé, délicat, difficile, épineux, laborieux, malaisé. ▶ *Douteux* – aléatoire, casuel, conditionnel, conjectural, contingent, douteux, éventuel, hasardé, hasardeux, hypothétique, incertain, possible, supposé. ▲**ANT.** AVANTAGEUX, BÉNÉFIQUE; FACILE, SIMPLE; ASSURÉ, CERTAIN, FATAL, IMMANQUABLE, INCONTOURNABLE, INÉLUCTABLE, INÉVITABLE, NÉCESSAIRE, OBLIGATOIRE, SÛR; ÉVIDENT, MANIFESTE, PROBANT; APODICTIQUE; ASSERTORIQUE *(jugement)*.

problème *n. m.* ▶ *Sujet* – fait, fond, matière, objet, point, propos, question, sujet, thème. ▶ *Question* – affaire, cas, énigme, question. FAM. bébé. QUÉB. casse-tête. ▶ *Contrariété* – accident, accroc, accrochage, affaire, anicroche, avatar, aventure, complication, contingences, contrariété, contretemps, crise, désagrément, difficulté, dispute, embarras, empêchement, ennui, épine, épisode, événement, éventualité, imprévu, incident, mésaventure, obstacle, occasion, occurrence, péripétie, rebondissement, tribulations. SOUT. adversité. FAM. blème, cactus, embêtement, emmerde, emmerdement, enquiquinement, os, pépin, pétrin, tuile. FRANCE FAM. avaro, empoisonnement. ▶ *Obstacle* – accroc, adversité, anicroche, barrière, blocage, contrariété, contretemps, défense, difficulté, digue, écueil, embarras, empêchement, ennui, entrave, frein, gêne, impasse, impossibilité, inhibition, interdiction, objection, obstruction, ombre au tableau, opposition, pierre d'achoppement, point noir, résistance, restriction, tracas, tribulations. QUÉB. irritant. SOUT. achoppement, impedimenta, traverse. FAM. blème, hic, lézard, os, pépin. QUÉB. FAM. aria. ♦ **problèmes**, *plur.* ▶ *Ensemble de problèmes* – problématique. ▲**ANT.** RÉSOLUTION, SOLUTION; RÉSULTAT; CHANCE, HEUREUX ÉVÉNEMENT.

procédé *n. m.* ▶ *Méthode* – approche, art, chemin, code, comment, credo, démarche, discipline, dispositif, façon (de faire), facture, formule, heuristique, instruction, instrument, ligne de conduite, maïeutique, manière, marche (à suivre), méthode, modalité, mode d'emploi, mode, moyen, opération, ordre, organisation, outil, posologie, pratique, procédure, protocole, raisonnement, recette, règle, secret,

stratagème, stratégie, système, tactique, technique, théorie, traitement, voie. SOUT. faire. ▶ *Expédient* – acrobatie, astuce, demi-mesure *(inefficace)*, échappatoire, expédient, gymnastique, intrigue, mesure, moyen, palliatif, remède, ressource, ruse, solution, système, tour. FAM. combine, truc. ▶ *Secret* – martingale *(au jeu)*, recette, secret. FAM. truc. ♦ **procédés**, *plur.* ▶ *Agissements* – agissements, allées et venues, comportement, conduite, démarche, façons, faits et gestes, manières, pratiques.

procéder *v.* ▶ *Effectuer* – accomplir, effectuer, exécuter, faire, opérer, pratiquer, réaliser. ▶ *Provenir* – découler, dépendre, dériver, émaner, partir, provenir, résulter, s'ensuivre. BELG. conster. ▶ *Être de même nature* – tenir de. SOUT. participer de. ▶ *Agir* – agir, faire, se comporter, se conduire. ▲**ANT.** ENTRAÎNER, PROVOQUER; HÉSITER, REMETTRE, RETARDER, S'ABSTENIR.

procédure *n. f.* ▶ *Opération* – déroulement, fonctionnement, marche, mécanique, mécanisme, opération, procès, processus. ▶ *Méthode* – approche, art, chemin, code, comment, credo, démarche, discipline, dispositif, façon (de faire), facture, formule, heuristique, instruction, instrument, ligne de conduite, maïeutique, manière, marche (à suivre), méthode, modalité, mode d'emploi, mode, moyen, opération, ordre, organisation, outil, posologie, pratique, procédé, protocole, raisonnement, recette, règle, secret, stratagème, stratégie, système, tactique, technique, théorie, traitement, voie. SOUT. faire. ▶ *Formalité* – démarche, formalité, forme, règle. ▲**ANT.** ARRÊT, SUSPENSION; IMPROVISATION; ENTENTE À L'AMIABLE; NON-LIEU.

procès *n. m.* ▶ *Affaire judiciaire* – affaire (judiciaire), audience, cas, cause, débat, dossier, espèce, litige, litispendance, poursuite. ▶ *Processus* – déroulement, fonctionnement, marche, mécanique, mécanisme, opération, procédure, processus. ▲**ANT.** ENTENTE, RÈGLEMENT; ENTENTE À L'AMIABLE; NON-LIEU; ÉLOGE, LOUANGE.

procession *n. f.* cérémonie, colonne, convoi, cortège, défilade, défilé, file, marche, noce, noria, pardon, pèlerinage, queue, suite, théorie, va-et-vient.

processus *n. m.* ▶ *Marche* – déroulement, fonctionnement, marche, mécanique, mécanisme, opération, procédure, procès. ▲**ANT.** ARRÊT, INTERRUPTION, SUSPENSION.

procès-verbal *n. m.* ▶ *Récit* – compte rendu, débreffage, description, exposé, exposition, histoire, narration, peinture, rapport, relation, reportage, tableau. SOUT. radiographie. ▶ *Contravention* – amende, astreinte, constat d'infraction, contrainte, contravention, jour-amende, peine, pénalisation, pénalité. FAM. contredanse, papillon, P.-V.

prochain *adj.* ▶ *Sur le point d'arriver* – imminent, imminent, proche. SOUT. instant. ▶ *Qui suit* – à venir, futur, postérieur, subséquent, suivant, ultérieur. ▶ *Proche* – à côté, à proximité, adjacent, avoisinant, environnant, proche, rapproché, voisin. SOUT. circonvoisin. ▲**ANT.** DERNIER, PASSÉ; ÉLOIGNÉ, LOINTAIN; INDIRECT.

prochain *n.* autre, autrui, semblable, tierce personne, tiers.

proche *adj.* ▸ *Voisin* – à côté, à proximité, adjacent, avoisinant, environnant, prochain, rapproché, voisin. SOUT. circonvoisin. ▸ *Semblable* – analogue, apparenté, approchant, assimilable, comparable, conforme, contigu, correspondant, équivalent, homogène, homologue, indifférencié, pareil, parent, ressemblant, semblable, similaire, voisin. FAM. kifkif. DIDACT. commensurable. ▸ *Sur le point d'arriver* – immédiat, imminent, prochain. SOUT. instant. ▲ANT. À L'ÉCART, ÉLOIGNÉ, LOINTAIN; AUTRE, DIFFÉRENT, DISSEMBLABLE, DISTINCT, DIVERS.

proche *n.* ▸ *Parent* – consanguin, parent, siens *(plur).* ▸ *Ami intime* – allié, alter ego, ami, (ami) intime, (ami) proche, bon ami, camarade, compagnon, connaissance, familier, frère, relation. SOUT. féal. FAM. acolyte, aminche, complice, copain, frangin, pote.

proclamation *n. f.* ▸ *Déclaration* – annonce, appel, avis, ban, communication, communiqué, déclaration, décret, dénonciation, dépêche, divulgation, édit, manifeste, message, notification, profession de foi, programme, promulgation, publication, rescrit, serment, signification. ▸ *Révélation* – annonce, aveu, confession, confidence, déclaration, dévoilement, divulgation, ébruitement, fuite, indiscrétion, initiation, instruction, mea culpa, mise au courant, publication, reconnaissance, révélation. FAM. déballage, mise au parfum. ▸ *Vote* – consultation (populaire), élection, plébiscite, référendum, scrutin, suffrage, tour, urnes, voix, vote. ▸ *Affiche* – affiche, affiche publicitaire, affichette, annonce, avis, écriteau, enseigne, pancarte, panneau, panneau réclame, panonceau, placard, programme, publicité, réclame. ▲ANT. MUTISME, SILENCE; DISSIMULATION.

proclamer *v.* ▸ *Annoncer publiquement* – annoncer à grand fracas, carillonner, claironner, clamer, crier, crier sur (tous) les toits. FAM. corner. ▲ANT. CACHER, CELER, DISSIMULER, TAIRE.

procrastination *n. f.* ▸ *Tergiversation* – atermoiement, attentisme, échappatoire, faux-fuyant, hésitation, lenteur, manœuvre dilatoire, retardement, temporisation, tergiversation. DR. préfixion. QUÉB. FAM. niaisage, taponnage, tataouinage, tétage, zigonnage. ▲ANT. DÉCISION, RÉSOLUTION; ACTION; PONCTUALITÉ; DEVANCEMENT.

procrastiner *v.* ▸ *Temporiser* – atermoyer, différer, temporiser, tergiverser. ▲ANT. AGIR, DÉCIDER; ACTIVER; HÂTER, PRESSER.

procurer *v.* ▸ *Fournir* – apporter, donner, fournir, mettre à la disposition. ▸ *Attirer à qqn* – acquérir, attirer, mériter, valoir. ◆ *se procurer* ▸ *Obtenir* – acquérir, avoir, entrer en possession de, faire l'acquisition de, obtenir, se porter acquéreur/acquéresse de. ▲ANT. PRIVER; REFUSER; ENLEVER, ÔTER, PRENDRE, RETIRER, SOUSTRAIRE.

procureur *n.* avocat, avocat-conseil, avoué, conseil, conseiller juridique, homme de loi, jurisconsulte, juriste, légiste, membre du barreau, parajuriste, plaideur. PÉJ. avocaillon, chicaneur, chicanier; FAM. chasseur d'ambulance. ▲ANT. DÉFENSEUR.

prodigalité *n. f.* ▸ *Générosité* – charité, don, générosité, largesse. SOUT. libéralité, magnanimité, magnificence, munificence. ▸ *Gaspillage* – coulage, déprédation, déséconomie, dilapidation, dissipation,

gabegie, gâchage, gâchis, gaspillage, perte. SOUT. profusion. FRANCE FAM. gaspi. ▸ *Fertilité* – abondance, fécondité, fertilité, générosité, luxuriance, productivité, rendement, richesse. ▲ANT. AVARICE, PARCIMONIE; ÉCONOMIE, ÉPARGNE; PAUVRETÉ, STÉRILITÉ; RARETÉ.

prodige *n. m.* ▸ *Caractère surnaturel* – fantasmagorie, fantastique, féerie, magie, merveilleux, mystère, prodigieux, sorcellerie, surnaturel. ▸ *Chose extraordinaire* – exploit, merveille, miracle, phénomène. ▸ *Personne aux facultés remarquables* – génie, maître, superhomme, surdoué, surhomme, talent, virtuose. SOUT. phénix, surhumain. FAM. phénomène. ▲ANT. BANALITÉ.

prodigieux *adj.* ▸ *Étonnant* – étonnant, extraordinaire, fabuleux, fantastique, hors du commun, incroyable, inouï, miraculeux, phénoménal. FAM. délirant, dément, dingue, fou. FRANCE FAM. foutral. ▸ *Remarquable* – admirable, brillant, éblouissant, excellent, extraordinaire, fantastique, magistral, magnifique, merveilleux, parfait, remarquable, réussi, sensationnel, sublime. FAM. à tout casser, bluffant, champion, d'enfer, du tonnerre, épatant, extra, fameux, formidable, fumant, génial, mirifique, pas piqué des vers, splendide, super, terrible. FRANCE FAM. du feu de Dieu, énorme, fadé, formide, géant, gratiné, pas piqué des hannetons. QUÉB. capotant, écœurant. ▸ *Immense* – colossal, considérable, démesuré, énorme, extraordinaire, extrême, fabuleux, formidable, géant, gigantesque, grand, gros, immense, incommensurable, monstrueux, monumental, phénoménal, surhumain, titanesque, vaste, vertigineux. SOUT. cyclopéen, herculéen. FAM. bœuf, de tous les diables, du diable, effrayant, effroyable, épouvantable, faramineux, méchant, monstre. FRANCE FAM. gratiné. ▲ANT. ANODIN, BANAL, ORDINAIRE, SANS IMPORTANCE, SANS INTÉRÊT; LAMENTABLE, MÉDIOCRE, MINABLE, NAVRANT, PIÈTRE, PITEUX, PITOYABLE, RATÉ; FAIBLE, INSIGNIFIANT, RIDICULE.

prodiguer *v.* ▸ *Dépenser avec excès* – dévorer, dilapider, dissiper, engloutir, engouffrer, gaspiller, manger. FAM. claquer, croquer, flamber, griller. QUÉB. FAM. flauber. ▸ *Dispenser* – dispenser, distribuer, donner. ▸ *Donner généreusement* – donner, faire cadeau de, faire don de, offrir. SOUT. contribuer. ◆ *se prodiguer* ▸ *Se dévouer* – se dévouer, se donner, se sacrifier, se saigner aux quatre veines. QUÉB. ACADIE FAM. se désâmer. ▲ANT. ACCUMULER, AMASSER, ÉCONOMISER, ÉPARGNER, MÉNAGER, MESURER, RÉSERVER; CONSERVER, GARDER; REFUSER.

producteur *n.* ▸ *Fabricant* – artisan, constructeur, entrepreneur, fabricant, faiseur, industriel, manufacturier. ▸ *Producteur agricole* – agriculteur, agronome, exploitant (agricole), fermier, paysan, producteur (agricole). ▲ANT. DESTRUCTEUR; CONSOMMATEUR, POSSESSEUR; ACHETEUR; INTERMÉDIAIRE.

productif *adj.* ▸ *Qui produit* – abondant, débordant, fécond, fertile, foisonnant, fructueux, généreux, inépuisable, intarissable, prolifique, riche. SOUT. copieux, inexhaustible, plantureux. ▸ *Qui rapporte* – bénéficiaire, fructueux, intéressant, lucratif, payant, profitable, rémunérateur, rentable. FAM. juteux. ▲ANT. ARIDE, STÉRILE; CONTRE-PRODUCTIF, IMPRODUCTIF; D'ENCADREMENT *(personnel)*.

profil

production *n. f.* ▶ *Création* – composition, conception, confection, constitution, construction, création, développement, édification, élaboration, exécution, fabrication, façon, façonnage, façonnement, formation, génération, genèse, gestation, invention, œuvre, organisation, paternité, réalisation, structuration, synthèse. SOUT. accouchement, enfantement. DIDACT. engendrement. ▶ *Productivité* – bénéfice, effet, efficacité, efficience, gain, productivité, produit, profit, rapport, rendement, rentabilité, revenu. ▶ *Production agricole* – agriculture, agroalimentaire, agrobiologie, agrochimie, agro-industrie, agrologie, agronomie, économie rurale, exploitation (agricole), production (agricole). ▶ *Action de filmer* – filmage, réalisation, tournage. ▶ *Œuvre* – film, œuvre cinématographique. ▶ *Mauvais* FAM. navet. FRANCE FAM. nanar. ▶ *Fait de montrer* – exhibition, présentation. RELIG. porrection *(objets sacrés)*. ▲ANT. DESTRUCTION; CONSOMMATION, JOUISSANCE, POSSESSION; ACHAT; DISSIMULATION.

productivité *n. f.* ▶ *Fertilité* – abondance, fécondité, fertilité, générosité, luxuriance, prodigalité, rendement, richesse. ▶ *Rendement* – bénéfice, effet, efficacité, efficience, gain, production, produit, profit, rapport, rendement, rentabilité, revenu. ▲ANT. STÉRILITÉ; IMPRODUCTIVITÉ, INEFFICACITÉ, INUTILITÉ.

produire *v.* ▶ *Fabriquer* – composer, confectionner, créer, élaborer, fabriquer, façonner, faire, mettre au point, préparer, travailler à. SOUT. enfanter. PÉJ. accoucher de. ▶ *Occasionner* – amener, apporter, catalyser, causer, déchaîner, déclencher, déterminer, donner, donner lieu à, donner naissance à, engendrer, entraîner, faire, faire naître, former, générer, occasionner, provoquer, soulever, susciter. PHILOS. nécessiter. ▶ *Générer comme bénéfice* – donner, fournir, générer, rapporter, rendre. ▶ *Fournir un document* – donner, exhiber, fournir, montrer, présenter. ▶ *Dégager* – dégager, diffuser, émettre, répandre. SC. dissiper. ♦ *se produire* ▶ *Avoir lieu* – advenir, arriver, avoir lieu, se dérouler, se passer, survenir. ▶ *Se réaliser* – s'accomplir, s'opérer, se faire, se passer, se réaliser. ▲ANT. DÉFAIRE, DÉTRUIRE; CONSOMMER, UTILISER; PROCÉDER, PROVENIR, RÉSULTER, VENIR; CACHER, DISSIMULER.

produit *n. m.* ▶ *Revenu* – allocation, arrérages, avantage, bénéfice, casuel, chômage, dividende, dotation, fermage, fruit, gain, intérêt, loyer, mense, mensualité, métayage, pension, prébende, présalaire, profit, rapport, recette, redevance, rente, rentrée, retraite, revenu, tontine, usufruit, usure, ventes, viager. FAM. alloc. FRANCE FAM. bénef, chômedu. ▶ *Rendement* – bénéfice, effet, efficacité, efficience, gain, production, productivité, profit, rapport, rendement, rentabilité, revenu. ▶ *Résultat* – aboutissement, accomplissement, achèvement, apothéose, but, chute, complémentation, complètement, complétude, conclusion, consécration, consommation, couronnement, dénouement, exécution, fin, finition, fruit, issue, réalisation, règlement, résolution, résultat, sortie, terme, terminaison. SOUT. aboutissant. PHILOS. entéléchie. ▶ *Objet à vendre* – article, marchandise. ▲ANT. DÉPENSE; AUTEUR; CAUSE, CONDITION, FACTEUR; QUOTIENT.

proéminent *adj.* bombé, protubérant, saillant. BELG. biquant. TECHN. en saillie, hors d'œuvre, hors œuvre. ▶ *En parlant des yeux* – à fleur de tête, exorbité, globuleux, saillant. ▶ *En parlant du menton* – en galoche, pointu, saillant. ▲ANT. CREUX, RENTRANT; FUYANT *(menton, front)*.

profane *adj.* béotien, débutant, inexercé, inexpérimenté, jeune, naïf, néophyte, neuf, non initié, nouveau, novice. SOUT. inexpert. ▲ANT. SACRÉ; INITIÉ; EXERCÉ, EXPÉRIMENTÉ, SAVANT.

profane *n.* ▶ *Personne non professionnelle* – amateur, commun des mortels, non-initié, nonspécialiste. ▶ *Personne ignorante* – béotien, non-initié. ▲ANT. PROFESSIONNEL; CONNAISSEUR, EXPERT, SPÉCIALISTE; (LE) DIVIN, (LE) SACRÉ.

proférer *v.* ▶ *Prononcer* – articuler, dire, émettre, lâcher, lancer, pousser, prononcer, sortir. ▶ *Dire avec hostilité* – assener, cracher, jeter par la tête, lancer, vomir. SOUT. éructer. FAM. débagouler. ▲ANT. TAIRE.

professer *v.* ▶ *Enseigner* – enseigner, faire cours, faire la classe. ▲ANT. ÉTUDIER; ABJURER, CONTESTER, NIER, REJETER.

professeur *n.* ▶ *Enseignant* – animateur, éducateur, enseignant, instructeur, moniteur, pédagogue. FAM. prof, sorbonnard *(Sorbonne)*. QUÉB. andragogue *(enseignement aux adultes)*. BELG. régent. ▶ *Au primaire* – instituteur, maître/maîtresse (d'école). FAM. insti. ANTIQ. grammatiste. ▶ *Directeur* – directeur, patron de thèse. ▶ *Assistant* – assistant, lecteur, maître assistant, moniteur, préparateur, répétiteur, sousmaître. ▶ *Enseignant à contrat* – chargé de cours. FRANCE maître de conférence. ▶ *Suppléant* – (professeur) suppléant, remplaçant. ▶ *Savant* – autorité (en la matière), chercheur, connaisseur, découvreur, docteur, expert, homme de science, investigateur, maître, maître de recherches, savant, scientifique, sommité, spécialiste. SOUT. (grand) clerc. ♦ **professeurs, plur.** ▶ *Ensemble d'enseignants* – corps professoral. ▲ANT. DISCIPLE, ÉLÈVE, ÉTUDIANT.

profession *n. f.* ▶ *Métier* – activité, art, carrière, emploi, état, gagne-pain, métier, occupation, qualité, services, situation, spécialité, travail. FAM. boulot, turbin, turf.

professionnel *n.* ▶ *Expert* – as, expert, (fin) connaisseur, grand clerc, maître, spécialiste, virtuose. FAM. champion, chef, pro. FRANCE FAM. bête. QUÉB. pro. ♦ **professionnels, masc. plur.** ▶ *Association de personnes qui travaillent* – corporation, profession. ▲ANT. AMATEUR, DILETTANTE.

profil *n. m.* ▶ *Traits* – ligne, modénature, ombre, silhouette, trait. SOUT. linéament. DIDACT. délinéament. ▶ *Aspect* – air, allure, apparence, aspect, caractère, configuration, couleur, couvert, dehors, éclairage, expression, extérieur, façade, faciès, figure, forme, formule, impression, jour, masque, mine, paraître, perspective, physionomie, plastique *(en art)*, portrait, présentation, ressemblance, semblant, surface, ton, tour, tournure, traits, vernis, visage. SOUT. enveloppe, superficie. ▶ *Côté* – bord, chant, côté, face, facette, flanc, pan, paroi, surface, tranche. MAR. travers. ▶ *Vue interne* – coupe, section, vue. ▶ *Configuration* – accommodation, accommodement, agencement, ajustement, aménagement, architecture, arrangement, articulation, assemblage, combinaison, combinatoire, composition, concaténation, configuration, construction, contexture, coordination, disposition, distribution, élaboration, enchaînement, harmonie, hiérarchie, liaison, mise en ordre, mise en place, ordonnance, ordonnancement, ordre, organisation, orientation, plan, programmation, rangement, répartition, structuration, structure, système, texture.

profit *n. m.* ▶ *Revenu* – allocation, arrérages, avantage, bénéfice, casuel, chômage, dividende, dotation, fermage, fruit, gain, intérêt, loyer, mense, mensualité, métayage, pension, prébende, présalaire, produit, rapport, recette, redevance, rente, rentrée, retraite, revenu, tontine, usufruit, usure, ventes, viager. *FAM.* alloc. *FRANCE FAM.* bénef, chômedu. ▶ *Plus-value* – accroissement, amélioration, appréciation, augmentation, bénéfice, excédent, gain, majoration, plus-value, surcote, survaleur, valorisation. ▶ *Rendement* – bénéfice, effet, efficacité, efficience, gain, production, productivité, produit, rapport, rendement, rentabilité, revenu. ▶ *Utilité* – avantage, bénéfice, bienfait, commodité, convenance, désidérabilité, efficacité, fonction, fonctionnalité, indispensabilité, intérêt, mérite, nécessité, profitabilité, recours, service, usage, utilité, valeur. ▶ *Crédit* – actif, avantage, avoir, bénéfice, boni, crédit, excédent, fruit, gain, produit, rapport, reliquat, reste, revenant-bon, revenu, solde, solde créditeur, solde positif. *FAM.* bénef, gras, gratte, part du gâteau. ▲ANT. DÉFICIT, PERTE; DOMMAGE, PRÉJUDICE; DÉSAVANTAGE.

profitable *adj.* ▶ *Payant* – bénéficiaire, fructueux, intéressant, lucratif, payant, productif, rémunérateur, rentable. *FAM.* juteux. ▶ *Bénéfique* – avantageux, bénéfique, bienfaisant, bon, favorisant, salutaire, utile. ▶ *Instructif* – édifiant, éducatif, enrichissant, formateur, formatif, informatif, instructif. ▲ANT. DÉFAVORABLE, DÉSAVANTAGEUX, DOMMAGEABLE, NÉFASTE, NUISIBLE, PERNICIEUX, PRÉJUDICIABLE; INUTILE, VAIN.

profiter *v.* ▶ *Être utile* – être utile à, servir à. ▶ *Utiliser* – exploiter, faire valoir, tirer parti de, tirer profit de, utiliser. ▶ *Savourer* – déguster, faire ses délices de, goûter, jouir de, s'enchanter de, savourer, se délecter de, se régaler de, se réjouir de, se repaître de, tirer plaisir de. *FAM.* se gargariser de. ▶ *Abuser* – abuser de, exploiter, presser comme un citron, pressurer. ▲ANT. ENTRAVER, GÊNER, NUIRE; NÉGLIGER, PERDRE; PÂTIR, SOUFFRIR, SUBIR; MÉNAGER, SOULAGER.

profiteur *n.* ▶ *Exploiteur* – exploiteur, pressureur. ▶ *Profiteur* – aigrefin, arnaqueur, bandit, brigand, canaille, carambouilleur, chevalier d'industrie, concussionnaire, crapule, escroc, extorqueur, faisan, fraudeur, gangster, gredin, maître chanteur, malfaiteur, mercanti, pirate, sangsue, spoliateur, tripoteur, voleur, voyou. *SOUT.* déprédateur, forban. *DR.* captateur. ▲ANT. DÉSINTÉRESSÉ, DÉVOUÉ.

profond *adj.* ▶ *Creusé et resserré* – creux, encaissé. ▶ *En parlant du sommeil* – de plomb, lourd. ▶ *En parlant d'une couleur* – foncé, sombre. ▶ *Intense* – fort, grand, grave, intense, violent. *FAM.* carabiné *(grippe, mal de tête)*, crasse *(ignorance)*. ▶ *Intime* – intérieur, intime. ▶ *Viscéral* – impérieux,

incoercible, incontrôlable, incontrôlé, indomptable, instinctif, insurmontable, irraisonné, irrépressible, irrésistible, violent, viscéral. ▶ *Perspicace* – aigu, clairvoyant, fin, lucide, lumineux, pénétrant, perçant, perspicace, psychologue, qui voit loin, sagace, subtil. ◆ **profonde**, *fém.* ▶ *En parlant d'une voix* – basse, caverneuse, d'outre-tombe, grave, sépulcrale. ▲ANT. PLAT; SUPERFICIEL; FAIBLE, LÉGER, PETIT; MÉDIOCRE. △PROFONDE, *fém.* – AIGRELETTE *(voix)*, AIGUË, FLUETTE, FLÛTÉE, GRÊLE, HAUTE, PERÇANTE, POINTUE.

profondeur *n. f.* ▶ *Dimension* – ampleur, dimension, envergure, étendue, grandeur, mesure, proportion, valeur. ▶ *Enfoncement* – abîme, abysse, creux, distance, enfoncement, épaisseur, (fin) fond, fosse, gouffre, lointain, perspective. *SOUT.* entrailles. ▶ *Intensité* – acuité, ardeur, complexité, difficulté, élévation, ésotérisme, extase, extrémité, force, immensité, impénétrabilité, intelligence, intensité, intériorité, intimité, mystère, pénétration, perspicacité, plénitude, profond, puissance, science, secret. ▲ANT. SUPERFICIE, SURFACE; FAIBLESSE, LÉGÈRETÉ, SUPERFICIALITÉ.

profusion *n. f.* ▶ *Abondance* – abondance, afflux, amas, ampleur, concentration, débauche, débordement, exubérance, filon, floraison, foisonnement, forêt, foule, fourmillement, gisement, infinité, inondation, luxe, luxuriance, masse, mine, multiplicité, myriade, nuée, orgie, paquet, pléthore, poussière, quantité, richesse, surabondance, tas, trésor. *FIG.* carnaval. *FAM.* festival, flopée, kyrielle, tapée, tonne, tripotée, wagon. *QUÉB. FAM.* bourrée, tapon. *SUISSE FAM.* craquée. ▶ *Excès* – comble, débauche, débordement, dépassement, disproportion, énormité, excédent, excès, exubérance, gaspillage, inutile, luxe, luxuriance, orgie, redondance, satiété, saturation, superfétation, superflu, superfluité, surabondance, surcharge, surcroît, surenchère, surnombre, surplus, trop, trop-plein. ▶ *Luxe* – abondance, apparat, appareil, beauté, confort, dolce vita, éclat, étalage, faste, grandeur, luxe, magnificence, majesté, opulence, ostentation, pompe, richesse, somptuosité, splendeur. *FAM.* tra la la. ▲ANT. RARETÉ; INSUFFISANCE, MANQUE, PÉNURIE; DÉNUEMENT, PAUVRETÉ.

programme *n. m.* ▶ *Emploi du temps* – calendrier, échéancier, emploi du temps, horaire, minutage, ordre du jour, plan, planification, projet. *FAM.* menu. ▶ *Affiche* – affiche, affiche publicitaire, affichette, annonce, avis, écriteau, enseigne, pancarte, panneau, panneau réclame, panonceau, placard, proclamation, publicité, réclame. ▶ *En informatique* – algorithme, application, logiciel. ▲ANT. IMPROVISATION; IMPRÉVU.

progrès *n. m.* ▶ *Cheminement* – ascension, avance, avancée, avancement, cheminement, développement, marche, marche avant, montée, percée, progression. ▶ *Approfondissement* – analyse, approfondissement, dépouillement, développement, enrichissement, épluchage, étude, examen, exploration, introspection, méditation, pesée, recherche, réflexion, sondage. ▶ *Croissance* – accentuation, accroissement, accrue, agrandissement, amplification, arrondissement, augmentation, bond, boom, crescendo, croissance, crue, développement, dilatation, élargissement, élévation, enflement, enrichissement, envolée, essor, évolution, expansion, extension, flambée, foisonnement, gonflement, gradation, grossissement, hausse, haussement, inflation, intensification, majoration, montée, poussée, progression, recrudescence, redressement, rehaussement, relèvement, renchérissement, renforcement, revalorisation, valorisation. ▶ *Renaissance* – dégel, recrudescence, redémarrage, regain, régénération, régénérescence, réincarnation, relance, renouveau, renouvellement, reprise, résurrection, retour, réveil, revival, reviviscence, second souffle. SOUT. refleurissement, revif. FIG. printemps, résurgence. BOT. anabiose. ▶ *Régénération* – adoucissement, amélioration, civilisation, éducation, évolution, mieux-être, réforme, régénération, rénovation. ▶ *Amélioration* – abonnissement, affinement, amélioration, anoblissement, bonification, embellie, embellissement, ennoblissement, enrichissement, maximalisation, optimisation, perfectionnement. SOUT. épurement. FIG. bond en avant. ▶ *Aggravation* – accentuation, accroissement, amplification, augmentation, complexification, croissance, détérioration, développement, escalade, exacerbation, intensification, progression, propagation, rechute, recrudescence, redoublement. ▶ *Civilisation* – avancement, civilisation, évolution, perfectionnement. ▲ANT. ARRÊT, IMMOBILITÉ; RECUL, RÉTROGRADATION; DÉCROISSANCE; DÉCHÉANCE, DÉGÉNÉRESCENCE, DÉGRADATION, DÉTÉRIORATION; DÉCADENCE, DÉCLIN, RÉGRESSION; BARBARIE.

progresser v. ▶ *Se déplacer vers l'avant* – aller de l'avant, avancer, cheminer. ▶ *S'améliorer* – avancer, évoluer, faire des progrès, s'améliorer, se développer. ▶ *Se développer* – croître, grandir, prospérer, s'épanouir, se développer. ▲ANT. S'ARRÊTER; RECULER, RÉTROGRADER; DÉCLINER, DÉCROÎTRE, RÉGRESSER; EMPIRER, SE DÉTÉRIORER.

progressif adj. ▶ *Qui suit une progression* – croissant, évolutif, gradué, graduel, grandissant. ▲ANT. BRUSQUE, FOUDROYANT, FULGURANT, INSTANTANÉ, PROMPT, SOUDAIN, SUBIT; DÉGRESSIF (montant), RÉTROGRADE; STATIONNAIRE.

progression n. f. ▶ *Cheminement* – ascension, avance, avancée, avancement, cheminement, développement, marche, marche avant, montée, percée, progrès. ▶ *Évolution dans le temps* – cheminement, cours, déroulement, développement, devenir, évolution, fil, marche, progrès, suite. ▶ *Croissance* – accentuation, accroissement, accrue, agrandissement, amplification, arrondissement, augmentation, bond, boom, crescendo, croissance, crue, développement, dilatation, élargissement, élévation, enflement, enrichissement, envolée, essor, évolution, expansion, extension, flambée, foisonnement, gonflement, gradation, grossissement, hausse, haussement, inflation, intensification, majoration, montée, poussée, progrès, recrudescence, redressement, rehaussement, relèvement, renchérissement, renforcement, revalorisation, valorisation. ▶ *Modification* – adaptation, ajustement, altération, avatar, changement, conversion, évolution, glissement, gradation, infléchissement, métamorphose, modification, modulation, mue, mutation, passage, transfiguration, transformation, transition, transmutation, variation,

vie. ▶ *Amélioration* – abonnissement, affinement, amélioration, anoblissement, bonification, embellie, embellissement, ennoblissement, enrichissement, maximalisation, optimisation, optimisation, FIG. perfectionnement, progrès. SOUT. épurement. FIG. bond en avant. ▶ *Aggravation* – accentuation, accroissement, aggravation, alourdissement, amplification, augmentation, complexification, complication, croissance, détérioration, développement, escalade, exacerbation, intensification, progrès, propagation, rechute, recrudescence, redoublement. ▶ *Acheminement* – acheminement, amenée, convoi, desserte, diffusion, distribution, envoi, expédition, livraison, marche, postage, service, transport. ▶ *Transmission* – cession, circulation, communication, dévolution, diffusion, dissémination, émission, expansion, extension, intercommunication, multiplication, passation, propagation, rayonnement, reproduction, transfert, translation, virement. ▲ANT. ARRÊT, IMMOBILITÉ; RECUL, RÉTROGRADATION, RÉTROGRESSION; DÉCROISSANCE; DÉCHÉANCE, DÉGÉNÉRESCENCE, DÉGRADATION, DÉTÉRIORATION, RÉGRESSION.

progressivement adv. au compte-gouttes, au fur et à mesure, crescendo, de fil en aiguille, de plus en plus, exponentiellement, goutte à goutte, graduellement, par degrés, par étapes (successives), par paliers (successifs), pas à pas, petit à petit, peu à peu. ▲ANT. BRUSQUEMENT, SOUDAINEMENT, SUBITEMENT, TOUT À COUP, (TOUT) D'UN COUP, TOUT DE GO.

proie n. f. ▶ *Personne qui subit* – jouet, victime. ▲ANT. PRÉDATEUR; AGRESSEUR.

projection n. f. ▶ *Fait de lancer* – catapultage, éjection, jet, lancement, lancer, tir. ▶ *Matière volcanique projetée* – déjection (volcanique), projection (volcanique). ▶ *Perspective* – axonométrie, fuyant, géométral, perspective cavalière, perspective centrale, perspective militaire, perspective parallèle, perspective sphérique, perspective, relief, stéréographie, trompe-l'œil. ▶ *Action de projeter un film* – écoute, visionnage, visionnement. ▶ *Ce qui est projeté sur écran* – image. ▶ *Prévision* – anticipation, divination, futurologie, prédiction, prévision, prospective. SOUT. vaticination. ▶ *Prédiction* – annonce, annonciation, augure, auspices, conjecture, horoscope, oracle, pari, prédiction, présage, prévision, pronostic, prophétie, signe. ANTIQ. ROM. auspices, haruspication.

projet n. m. ▶ *Ébauche* – canevas, crayon, crayonné, croquis, dessin, ébauche, épure, esquisse, essai, étude (préparatoire), griffonnement, pochade, premier jet, préparation, schéma. SOUT. linéaments. FRANCE FAM. crobard. ▶ *Intention* – entreprise, idée, intention, plan, préméditation (mauvaise action), programme, résolution, vue. SOUT. dessein. ▶ *Machination* – agissements, cabale, calcul, combinaison, complot, conjuration, conspiration, intrigue, machination, manigance, manipulation, manœuvre, maquignonnage, menées, plan, tractation. SOUT. brigue, fomentation. FAM. combine, fricotage, grenouillage, magouillage, magouille, micmac, mijotage. ▶ *Programme* – calendrier, échéancier, emploi du temps, horaire, minutage, ordre du jour, plan, planification, programme. FAM. menu. ▲ANT. CONCRÉTISATION, EXÉCUTION, RÉALISATION.

projeter *v.* ▶ *Lancer* – catapulter, éjecter, envoyer, jeter, lancer, propulser. ▶ *Rejeter* – cracher, éjecter, rejeter, vomir. ▶ *Envisager* – avoir l'intention de, caresser le projet de, considérer, envisager, penser, préméditer de, songer à. *SOUT.* former le dessein de. ▶ *Causer des élancements* (*BELG.*) – élancer. *BELG.* lancer. ◆ **se projeter** ▶ *Se dessiner* – se découper, se dessiner, se détacher, se profiler, se silhouetter. ▲**ANT.** RECEVOIR; ACCOMPLIR, CONCRÉTISER, EFFECTUER, EXÉCUTER, FAIRE, RÉALISER.

prolétaire *n.* ▶ *Travailleur manuel* – manœuvre, ouvrier, travailleur (manuel). *FAM.* manœuvrebalai, prolo. *QUÉB. FAM.* col bleu. *PÉJ.* soutier, tâcheron. *ANTIQ.* plébéien *(Rome)*, thête *(Grèce)*. ▲**ANT.** ARISTOCRATE, NOBLE; BOURGEOIS; CAPITALISTE, FINANCIER; EXPLOITEUR, PATRON, PROPRIÉTAIRE.

prolétariat *n. m.* ▶ *Travailleurs* – tiers état. ▶ *Populace* – (bas) peuple, (basse) pègre, bétail, foule, la rue, masse (populaire), multitude, petit peuple, plèbe, populace, troupeau, vulgaire. *FAM.* populo, vulgum pecus. ▲**ANT.** ARISTOCRATIE; BOURGEOISIE, CAPITAL.

prolongation *n. f.* allongement, prorogation. ▲**ANT.** DIMINUTION, RACCOURCISSEMENT; CESSATION, FIN.

prolongement *n. m.* ▶ *Action d'allonger* – affinement, allongement, bandage, dépliage, dépliement, déploiement, développement, élongation, étirage, étirement, excroissance, extension, rallonge, rallongement, tension, tirage. ▶ *Ce qui dépasse* – angle, appendice, arête, aspérité, avancée, avancement, balèvre, bec, bosse, bourrelet, console, corne, corniche, côte, coude, crête, dent, éminence, encorbellement, éperon, ergot, excroissance, gibbosité, hourd, mamelon, moulure, nervure, picot, pointe, proéminence, projecture, protubérance, redan, relief, ressaut, saillant, saillie, surplomb, surplombement, tubercule. ▶ *Continuation* – conservation, continuation, immortalisation, maintien, pérennisation, persistance, poursuite, préservation, sauvegarde, suite, transmission. *SOUT.* ininterruption, perpétuation, perpétuement. ▶ *Conséquence* – action, conclusion, conséquence, contrecoup, corollaire, développement, effet, efficacité, fonction, fruit, impact, implication, incidence, jeu, juste retour des choses, œuvre, portée, réaction, rejaillissement, répercussion, résultante, résultat, retentissement, retombée, ricochet, séquelle, suite (logique). *SOUT.* aboutissant, efficace, fille. ▲**ANT.** CONTRACTION, RACCOURCISSEMENT; CESSATION, FIN; CAUSE, ORIGINE, PRINCIPE.

prolonger *v.* ▶ *Accroître la longueur* – agrandir, allonger, étendre, étirer, rallonger. *TECHN.* dégrosser, fileter, laminer, tréfiler. ▶ *Accroître la durée* – allonger, étendre, proroger, rallonger, reconduire. ▶ *Faire durer* – continuer, entretenir, maintenir, perpétuer. ▸ *Trop longtemps* – éterniser, faire durer, tirer en longueur, traîner. ◆ **se prolonger** ▶ *Se poursuivre plus loin* – continuer, s'étendre. ▶ *Durer trop longtemps* – n'en plus finir, s'éterniser, se traîner, traîner (en longueur). ▶ *Se perpétuer dans qqn* – se perpétuer, se survivre. ▲**ANT.** ABRÉGER, COUPER, DIMINUER, RACCOURCIR; ÉCOURTER; SUSPENDRE. △**SE PROLONGER** – CESSER, S'ARRÊTER.

promenade *n. f.* ▶ *Balade* – allées et venues, balade, campagne, circuit, circumnavigation, course, croisière, déplacement, excursion, expédition, exploration, incursion, marche, mission, navette, navigation, odyssée, passage, pèlerinage, pérégrination, périple, raid, rallye, randonnée, reconnaissance, tour, tournée, transport, traversée, va-et-vient, voyage. *SOUT.* errance. *FAM.* bourlingue, rando, transhumance. *QUÉB.* voyagement. ▶ *Vagabondage* – aventure, course, déambulation, déplacement, également, flânerie, instabilité, nomadisme, pérégrination, randonnée, rêverie, vagabondage, voyage. *SOUT.* badauderie, errance. *FAM.* rando, vadrouille, virée. *FRANCE FAM.* baguenaude, glandage. *QUÉB.* flânage, itinérance; *FAM.* niaisage. ▶ *Large rue* – allée, avenue, boulevard, cours, mail. *BELG.* drève.

promener *v.* ▶ *Faire aller sa main, un objet* – passer. ▶ *Entraîner à sa suite* – traîner. *FAM.* remorquer, trimballer. ◆ **se promener** ▶ *Se balader* – badauder, déambuler, errer, flâner, rôder, (se) baguenauder, se balader, traînailler, traînasser, traîner, vagabonder. *SOUT.* battre le pavé, divaguer, vaguer. *FAM.* vadrouiller, zoner. *ACADIE FAM.* gaboter. *BELG. FAM.* baligander, balziner. ▲**ANT.** ARRÊTER, RETENIR; ABANDONNER, LAISSER.

promeneur *n.* excursionniste, marcheur, passant, piéton, randonneur. *SOUT.* venant.

promesse *n. f.* ▶ *Obligation* – charge, commandement, contrat, dette, devoir, engagement, lien, obligation, parole, responsabilité, serment. ▶ *Garantie* – assurance, aval, caution, cautionnement, charge, consignation, couverture, ducroire, engagement, gage, garant, garantie, hypothèque, indexage, indexation, nantissement, obligation, palladium, parrainage, précaution, préservation, répondant, responsabilité, salut, sauvegarde, sécurité, signature, soulte, sûreté, warrant, warrantage. ▶ *Prédiction* – annonce, annonciation, augure, auspices, conjecture, horoscope, oracle, pari, prédiction, présage, prévision, projection, pronostic, prophétie, signe. *ANTIQ. ROM.* auspices, haruspication. ▲**ANT.** DÉDIT, RÉTRACTATION.

promettre *v.* ▶ *Prêter serment* – faire serment, jurer, prêter serment. ▶ *Prendre un engagement* – s'engager, s'obliger. ▶ *Garantir* – affirmer, assurer, attester, certifier, déclarer, donner l'assurance, donner sa parole (d'honneur), garantir, jurer, répondre de. ▶ *Annoncer* – annoncer, augurer, préluder à, présager. ▶ *Prédestiner* – destiner, prédestiner, vouer. ▲**ANT.** REFUSER; SE DÉDIRE.

promiscuité *n. f.* ▶ *Proximité* – contiguïté, mitoyenneté, proximité, voisinage. ▲**ANT.** DISCRIMINATION, ÉLOIGNEMENT, SÉPARATION; CONFORT, INTIMITÉ, ISOLEMENT, SOLITUDE.

promontoire *n. m.* cap.

promotion *n. f.* ▶ *Nomination* – affectation, collation, commissionnement, désignation, destination, installation, investiture, mise en place, nomination, titularisation. ▶ *Avancement* – accession, avancement, élévation, émancipation, mouvement, mutation, nomination, reclassement. ▶ *Admission* – admission, adoubement, élévation, initiation, intronisation, investiture. ▶ *Distinction* – décoration,

prophétie

dignité, égards, élévation, faveur, honneur, pourpre, prérogative. ▶ *Classe* – terminale. FAM. cuvée, promo. ▶ *Publicité* – annonce, bande-annonce *(d'un film)*, battage, bruit, commercialisation, conditionnement, croisade, lancement, marchandisage, marketing, message (publicitaire), petite annonce *(journal)*, placard, propagande, publicité, publipostage, raccrochage, racolage, réclame, renommée, retentissement, slogan. FAM. pub, tam-tam. QUÉB. FAM. cabale *(pour un candidat)*. ▸ *Non favorable* – bourrage de crâne, endoctrinement, intoxication, lavage de cerveau, matraquage, propagande. ▲ANT. DÉGRADATION, DESTITUTION, RÉTROGRADATION.

promouvoir *v.* ▶ *Nommer dans une fonction* – créer, instituer, nommer, titulariser. SUISSE repourvoir. ▶ *Favoriser* – encourager, favoriser, impulser, soutenir. ▶ *Faire la promotion de* – lancer, promotionner. ▲ANT. DÉCHOIR, DÉGRADER, DESTITUER; COMBATTRE, CONDAMNER, DÉCRIER; DÉCOURAGER, ENTRAVER, FREINER, RALENTIR.

prompt *adj.* ▶ *Rapide* – rapide, vif, vite. SOUT. preste, véloce. ▶ *Expéditif* – actif, diligent, expéditif, qui va vite en besogne, rapide, vif. ▶ *Soudain* – brusque, brutal, foudroyant, fulgurant, instantané, soudain, subit. ▶ *Impulsif* – bouillant, emporté, enflammé, explosif, fougueux, impatient, impétueux, impulsif, passionné, qui a la tête chaude, sanguin, véhément, vif, violent, volcanique. QUÉB. FAM. malendurant, prime. ▲ANT. LENT, PESANT; MESURÉ, PATIENT, PONDÉRÉ, POSÉ, PRUDENT, RAISONNABLE, RÉFLÉCHI, RESPONSABLE, SAGE, SENSÉ, SÉRIEUX.

promptitude *n.f.* ▶ *Empressement* – activité, agilité, célérité, diligence, empressement, hâte, précipitation, rapidité, vélocité, vitesse, vivacité. SOUT. prestesse. ▶ *Instantanéité* – brusquerie, brutalité, immédiateté, instantanéité, rapidité, soudaineté. ▲ANT. LENTEUR; NÉGLIGENCE, NONCHALANCE, PARESSE; RETARD.

prononcé *adj.* accentué, accusé, fort, marqué, net, sec. ▲ANT. ATTÉNUÉ, FAIBLE, INDÉCIS, LÉGER, PÂLE.

prononcer *v.* ▶ *Dire* – articuler, dire, émettre, lâcher, lancer, pousser, proférer, sortir. ◆ *se prononcer* ▶ *Décider* – conclure, décider, juger, prendre une décision, statuer, trancher. ▶ *Donner son avis* – se déclarer. ▲ANT. TAIRE; BARAGOUINER, BREDOUILLER; ÉCOUTER, ENTENDRE. △SE PRONONCER – S'ABSTENIR, SE RÉSERVER.

prononciation *n.f.* ▶ *Diction* – articulation, débit, déclamation, diction, élocution, éloquence, énonciation, expression, langage, langue, parole, phonation, phonétique, phonie, pose de voix, style, voix. ▶ *Accent* – accent, accentuation, inflexion, intensité, intonation, modulation, prosodie, ton, tonalité. LING. traits suprasegmentaux. ▶ *Énonciation* – affirmation, communication, déclaration, donnée, élocution, énoncé, énonciation, exposition, expression, extériorisation, formulation, mention, proposition, récitation, stipulation, verbalisation.

pronostic *n.m.* ▶ *Prédiction* – annonce, annonciation, augure, auspices, conjecture, horoscope, oracle, pari, prédiction, présage, prévision, projection, promesse, prophétie, signe. ANTIQ. ROM. auspices,

haruspication. ▶ *Supposition* – a priori, apriorisme, apriorité, cas de figure, condition, conjecture, doute, extrapolation, hypothèse, idée reçue, induction, jeu de l'esprit, œillère, préjugé, présomption, présupposé, présupposition, scénario, supputation. ▲ANT. BILAN, DIAGNOSTIC.

pronostique *adj.* ▲ANT. BILANCIEL, DIAGNOSTIQUE.

propagande *n.f.* ▶ *Évangélisation* – apostolat, catéchèse, catéchisation, catéchisme, endoctrinement, évangélisation, ministère, mission, missionnariat, pastorale, prédication, propagation (de la foi), prosélytisme. FAM. caté. ▶ *Endoctrinement* (PÉJ.) – bourrage de crâne, endoctrinement, intoxication, lavage de cerveau, matraquage. ▲ANT. CONTRE-PROPAGANDE.

propagation *n.f.* ▶ *Reproduction biologique* – accroissement, augmentation, foisonnement, multiplication, peuplement, prolifération, pullulation, pullulement, reproduction. ▶ *Rayonnement* – émission, irradiation, phosphorescence, radiation, rayonnement. ▶ *Dissémination* – cession, circulation, communication, dévolution, diffusion, dissémination, émission, expansion, extension, intercommunication, multiplication, passation, progression, rayonnement, passation, transfert, translation, virement. ▶ *Aggravation* – accentuation, accroissement, aggravation, alourdissement, amplification, augmentation, complexification, complication, croissance, détérioration, développement, escalade, exacerbation, intensification, progrès, progression, rechute, recrudescence, redoublement. ▶ *Évangélisation* – apostolat, catéchèse, catéchisation, catéchisme, endoctrinement, évangélisation, ministère, mission, missionnariat, pastorale, prédication, propagande, propagation (de la foi), prosélytisme. FAM. caté. ▲ANT. DESTRUCTION; ABSORPTION, CAPTAGE; ARRÊT, CONFINEMENT, ENDIGUEMENT.

propager *v.* ▶ *Faire connaître* – diffuser, populariser, répandre, véhiculer. ◆ *se propager* ▶ *Proliférer* – champignonner, foisonner, proliférer, pulluler, se multiplier. ▶ *Irradier* – irradier, s'étendre, se répandre. ▶ *Se répercuter* – retentir, se répercuter, se transmettre. ▶ *Courir* – circuler, courir. ▲ANT. TAIRE; ARRÊTER, BORNER, CIRCONSCRIRE, ENDIGUER, LIMITER, REFOULER, RESTREINDRE, RETENIR.

propension *n.f.* ▶ *Prédilection* – affection, aptitude, attirance, disposition, faible, faiblesse, goût, habitude, impulsion, inclination, instinct, penchant, pente, prédilection, prédisposition, préférence, tendance, vocation. DIDACT. susceptibilité. PSYCHOL. compulsion, conation. FAM. tendresse. ▲ANT. AVERSION, DÉGOÛT, HORREUR, RÉPUGNANCE.

prophète *n.* ▶ *Ésotérisme* – devin, voyant. SOUT. augure, mage, vaticinateur. ▶ *Précurseur* – ancêtre, annonciateur, avant-garde, avant-gardiste, devancier, initiateur, innovateur, introducteur, inventeur, messager, novateur, pionnier, précurseur, prédécesseur, préfiguration, visionnaire. SOUT. avant-coureur, avant-courrier, fourrier, héraut, préparateur.

prophétie *n.f.* annonce, annonciation, augure, auspices, conjecture, horoscope, oracle, pari, prédiction, présage, prévision, projection, promesse,

prophétique

618

pronostic, signe. *ANTIQ. ROM.* auspices, haruspication.

prophétique *adj.* annonciateur, avant-coureur, précurseur, prémonitoire, qui laisse présager. *SOUT.* avant-courrier. *MÉD.* prodromique. ▲ANT. ERRONÉ, FAUX ; INDICATIF, RÉVÉLATEUR, SYMPTOMATIQUE.

prophétiser *v.* ▶ *Emploi transitif* – prédire. ▶ *Emploi intransitif* – *SOUT.* vaticiner. ▲ANT. ACCOMPLIR, CONFIRMER, VÉRIFIER.

propice *adj.* ▶ *Approprié* – à propos, adapté, adéquat, approprié, bien trouvé, bien venu, bon, conforme, convenable, correct, de circonstance, de saison, heureux, indiqué, juste, opportun, pertinent, propre. *SOUT.* ad hoc, congruent, expédient, idoine. *DIDACT.* topique. ▶ *Favorable* – bien venu, bienvenu, bon, favorable, opportun, qui tombe à pic. *SOUT.* heureux. *QUÉB. FAM.* d'adon. ▲ANT. FÂCHEUX, IMPORTUN, INOPPORTUN, MAL À PROPOS ; ADVERSE, CONTRAIRE, DÉFAVORABLE, FUNESTE, NÉFASTE.

proportion *n. f.* ▶ *Grandeur* – ampleur, dimension, envergure, étendue, grandeur, mesure, valeur. ▶ *Rapport* – coefficient, facteur, indice, pour cent, pourcentage, quotient, rapport, ratio, tant pour cent, tantième, taux, teneur. ▶ *Équilibre* – accord, balance, balancement, compensation, contrepoids, égalité, équilibre, harmonie, juste milieu, moyenne, pondération, symétrie. ▲ANT. ASYMÉTRIE, DÉSÉQUILIBRE, DISCORDANCE, DISPROPORTION.

proportionnel *adj.* relatif. ▲ANT. INDÉPENDANT ; ABSOLU ; DIFFORME, DISPROPORTIONNÉ.

propos *n. m.* ▶ *Affirmation* – affirmation, allégation, argument, argumentation, assertion, déclaration, dire, expression, parole, position, proposition, raison, théorème, thèse. ▶ *Sujet* – fait, fond, matière, objet, point, problème, question, sujet, thème. ▶ *Discours* – catéchisme, discours, enseignement, exhortation, harangue, leçon, morale, sermon. *PÉJ.* prêchi-prêcha, radotage. ▶ *But* (*SOUT.*) – ambition, but, cause, cible, considération, destination, fin, finalité, intention, mission, mobile, motif, objectif, objet, point de mire, pourquoi, prétexte, raison, raison d'être, sens, visée. ▲ANT. SILENCE ; PENSÉE, RÉFLEXION.

proposer *v.* ▶ *Suggérer* – conseiller, indiquer, recommander, suggérer. ▶ *Présenter* – avancer, jeter sur le tapis, mettre sur le tapis, offrir, présenter, servir, soumettre. ▶ *Vendre* – débiter, détailler, écouler, faire commerce de, offrir, vendre. ▲ANT. REFUSER. △ SE PROPOSER – S'ABSTENIR.

proposition *n. f.* ▶ *Énonciation* – affirmation, communication, déclaration, donnée, élocution, énoncé, énonciation, exposition, expression, extériorisation, formulation, mention, prononciation, récitation, stipulation, verbalisation. ▶ *Affirmation* – affirmation, allégation, argument, argumentation, assertion, déclaration, dire, expression, parole, position, propos, raison, théorème, thèse. ▶ *Suggestion* – avertissement, avis, conseil, encouragement, exhortation, guidance, idée, incitation, indication, information, initiative, inspiration, instigation, motion (*dans une assemblée*), offre, opinion, préconisation, recommandation, renseignement, suggestion. *FAM.* tuyau. *DR.* pollicitation. ▶ *En linguistique*

– collocation, construction, cooccurrence, expression (figée), formule, lexie complexe, locution, syntagme, terme, tour, tournure. ▲ANT. RÉPONSE ; REFUS.

propre *adj.* ▶ *En parlant du sens d'un mot* – concret, littéral, strict. ▶ *Spécifique* – caractéristique, déterminant, distinctif, particulier, spécial, spécifique, typique. *SOUT.* sui generis. ▶ *Personnel* – attitré, exclusif, individuel, particulier, personnel, privé, réservé, spécial. ▶ *Approprié* – à propos, adapté, adéquat, approprié, bien trouvé, bien venu, bon, conforme, convenable, correct, de circonstance, de saison, heureux, indiqué, juste, opportun, pertinent, propice. *SOUT.* ad hoc, congruent, expédient, idoine. *DIDACT.* topique. ▶ *Impeccable* – immaculé, impeccable, net, propret, soigné. ▶ *Honnête* – à l'abri de tout soupçon, au-dessus de tout soupçon, consciencieux, digne de confiance, droit, fiable, honnête, incorruptible, insoupçonnable, intègre, probe, scrupuleux, sûr. ▶ *Capable* – apte à, capable de, habile à, susceptible de, tendant à. *FAM.* chiche de, fichu de. ▲ANT. COLLECTIF, COMMUN ; GÉNÉRIQUE ; IMPROPRE, INAPPROPRIÉ, INCORRECT, INEXACT ; MACULÉ, SALE, SALI, SOUILLÉ, TACHÉ ; POLLUANT ; MALPROPRE, NÉGLIGÉ ; INDÉCENT, OBSCÈNE ; MALHONNÊTE ; INAPTE, INCAPABLE.

proprement *adv.* ▶ *Au sens propre* – à la lettre, au sens propre, littéralement. ▶ *Particulièrement* – avant tout, en particulier, notamment, particulièrement, principalement, singulièrement, spécialement, spécifiquement, surtout, typiquement. ▶ *Convenablement* – adéquatement, bien, comme il faut, comme il se doit, convenablement, correctement, dans les règles de l'art, décemment, juste, justement, pertinemment, raisonnablement, sainement, valablement, validement. *SOUT.* congrûment. *FAM.* bene. ▶ *Honnêtement* (*FAM.*) – bien, droitement, exemplairement, honnêtement, honorablement, incorruptiblement, intègrement, irréprochablement, loyalement, saintement, vertueusement. *FAM.* à la loyale. ▶ *Soigneusement* – amoureusement, attentivement, consciencieusement, en détail, méticuleusement, minutieusement, précieusement, précisément, religieusement, rigoureusement, scrupuleusement, sérieusement, soigneusement, vigilamment. ▶ *Sainement* – hygiéniquement, net, nettement, sainement. *SOUT.* blanchement. ▲ANT. AU SENS FIGURÉ, MÉTAPHORIQUEMENT, SYMBOLIQUEMENT ; MALHONNÊTEMENT, MENSONGÈREMENT, SOURNOISEMENT, TORTUEUSEMENT, TRAÎTREUSEMENT, TROMPEUSEMENT ; DE FAÇON BÂCLÉE, NÉGLIGEMMENT, SANS MÉTHODE ; DÉGOÛTAMMENT, IMPUREMENT, MALPROPREMENT, SALEMENT.

propreté *n. f.* ▶ *Netteté* – netteté, soin. ▶ *Hygiène* – hygiène, salubrité, santé, stérilité. ▶ *Décence* – bienséance, bon ton, chasteté, convenance, correction, décence, délicatesse, dignité, discrétion, éducation, fierté, gravité, honnêteté, honneur, modestie, politesse, pudeur, quant-à-soi, réserve, respect, retenue, sagesse, sobriété, tact, tenue, vertu. *SOUT.* pudicité. ▲ANT. CRASSE, MALPROPRETÉ, SALETÉ ; INSALUBRITÉ ; INDÉCENCE.

propriétaire *n.* ▶ *Possesseur* – détenteur, maître, porteur, possesseur, titulaire, usufruitier. ▶ *Locateur* – bailleur, locateur. *FAM.* proprio. ▶ *Bénéficiaire* – abandonnataire, adjudicataire, affectataire, aliénataire, allocataire, attributaire, ayant droit, bénéficiaire, bénéficier, cessionnaire, client, commendataire, confidentiaire, crédirentier, impétrant, indemnitaire, indivisaire, prestataire, récipiendaire, rentier, résignataire. ▲**ANT.** LOCATAIRE; PROLÉTAIRE.

propriété *n. f.* ▶ *Utilisation* – consommation, détention, jouissance, possession, usage, usufruit, utilisation. ▶ *Possession* – argent, avoir, bien, capital, cassette, épargne, fonds, fortune, fruit, gain, investissement, liquidités, masse, numéraire, patrimoine, pécule, placement, portefeuille, possession, produit, richesse, trésor, valeur. SOUT. deniers. FAM. finances, magot. ▶ *Patrimoine* – apanage, bien, domaine, fortune, héritage, légitime, legs, majorat, patrimoine, succession. RELIG. défroque. ▶ *Terre* – bienfonds, (biens) immeubles, domaine, foncier, fonds de terre, immobilier, propriété (foncière). ▶ *Monopole d'utilisation* – brevet, copyright, droits d'auteur. ▶ *Adéquation* – adéquation, convenance, efficacité, exactitude, justesse, pertinence, vérité. SOUT. véridicité. ▶ *Qualité* – attribut, caractère, caractéristique, marque, particularité, propre, qualité, signe, spécialité, spécificité, trait. ▶ *Louable* – mérite. ▶ *Capacité* – capacité, pouvoir, vertu. ▲**ANT.** PRIVATION; IMPROPRIÉTÉ, INCORRECTION.

proscrit *n.* banni, exilé, expatrié, expulsé, interdit de séjour, réfugié, relégué, sans-papiers. FAM. tricard.

prospectif *adj.* ▲**ANT.** RÉTROSPECTIF.

prospectus *n. m.* annonce, circulaire, dépliant, flash, insertion, publicité, tract.

prospère *adj.* ▶ *Florissant* – beau, brillant, faste, fécond, florissant, heureux, riche. ▲**ANT.** MISÉRABLE, PAUVRE; MALHEUREUX.

prospérer *v.* ▶ *Briller* – briller, être florissant, faire florès, fleurir, réussir. ▶ *S'enrichir* – faire fortune, s'enrichir. FAM. s'engraisser. ▶ *Se développer* – croître, grandir, progresser, s'épanouir, se développer. ▲**ANT.** AVORTER, ÉCHOUER; S'APPAUVRIR; DÉCLINER, DÉPÉRIR, PÉRICLITER, S'ÉTIOLER.

prospérité *n. f.* ▶ *Succès* – apothéose, bonheur, bonne fortune, boum, consécration, couronnement, gloire, honneur, lauriers, retentissement, réussite, succès, triomphe, trophée. FAM. malheur, (succès) bœuf, tabac. FRANCE FAM. carton, saucisson, ticket. ▶ *Richesse* – abondance, aisance, bien-être, fortune, opulence, or, richesse. ▶ *Activité* – activité, boom, essor, plein-emploi. ▲**ANT.** ÉCHEC, FAILLITE, INFORTUNE, INSUCCÈS, MALHEUR; PAUVRETÉ; CRISE, DÉPRESSION, MARASME.

prosterner(se) *v.* ▶ *Se pencher en signe de respect* – s'incliner, se courber. ▶ *Se montrer servile* – faire des courbettes, ramper, s'abaisser, s'agenouiller, s'humilier. FAM. s'aplatir (comme une carpette), se coucher. ▲**ANT.** S'ÉLEVER CONTRE, SE DRESSER CONTRE, SE RÉVOLTER, SE TENIR DEBOUT.

prostré *adj.* anéanti, atonique, effondré, léthargique. SOUT. torpide. ▲**ANT.** AGITÉ, EXCITÉ.

protecteur *n.* ▶ *Défenseur* – ange gardien, bon génie, défenseur, gardien, pilier. ▶ *Avocat* – apologiste, apôtre, appui, avocat, champion, défenseur, redresseur de torts, représentant, serviteur, soldat, soutien, tenant. SOUT. intercesseur. ▶ *Mécène*

– bienfaiteur, donateur, mécène, philanthrope, soutien. ▲**ANT.** AGRESSEUR, OPPRESSEUR, PERSÉCUTEUR, TYRAN; PROTÉGÉ.

protection *n. f.* ▶ *Défense* – abri, aide, appui, assistance, chapeautage, conservation, couverture, garantie, garde, mandat, parrainage, paternalisme, patronage, recommandation, renfort, rescousse, sauvegarde, secours, sécurisation, soutien, surveillance, tutelle. SOUT. égide. FAM. piston. ▶ *Encouragement* – aide, aiguillon, applaudissement, approbation, appui, compliment, éloge, exhortation, incitation, prime, prix, récompense, soutien, stimulant, subvention. SOUT. satisfecit. ▶ *Affermissement* – affermissement, amélioration, ancrage, cimentation, consolidation, durcissement, enracinement, fixation, fortification, garantie, radicalisation, raffermissement, raidissement, renforçage, renforcement, renfort, rigidification, scellement, stabilisation. SOUT. roidissement. ▶ *Immunisation* – immunisation, inoculation, insensibilisation, préservation, sérothérapie, vaccination. FAM. vaccin. ▶ *Prévention* – hygiène, précaution, préservation, prévention, prophylaxie. ▶ *Ombrage* – abri, ombrage, ombre. ▶ *Chose qui protège* – appareil de protection. ▲**ANT.** AGRESSION, ATTAQUE; OPPRESSION, PERSÉCUTION, TYRANNIE.

protectionniste *adj.* ▲**ANT.** ANTIPROTECTIONNISTE, LIBRE-ÉCHANGISTE, UNIONISTE.

protégé *adj.* ▶ *En sûreté* – à l'abri, en lieu sûr, en sécurité, en sûreté, hors de danger, sous bonne garde.

protégé *n.* créature, favori. ANTIQ. ROM. client. ▲**ANT.** PROTECTEUR; PERSÉCUTÉ, SOUFFRE-DOULEUR, VICTIME.

protéger *v.* ▶ *Préserver* – conserver, garder, préserver, sauvegarder, sauver. ▶ *Patronner* – appuyer, favoriser, patronner, prendre sous son aile, recommander, soutenir. FAM. donner un coup de pouce à, pistonner. ♦ **se protéger** ▶ *S'abriter* – s'abriter, se mettre à couvert, se mettre à l'abri. ▶ *Se prémunir* – parer à, prendre ses précautions, s'armer, s'assurer, se garantir, se prémunir. SOUT. se précautionner. ▲**ANT.** ASSAILLIR, ATTAQUER, DÉVASTER, MENACER; ASSERVIR, OPPRIMER, PERSÉCUTER, PRESSURER, TOURMENTER, TYRANNISER; ENTRAVER, NUIRE; DÉCOUVRIR, EXPOSER, METTRE À NU.

protestation *n. f.* ▶ *Expression d'un désaccord* – bronca, chicane, rechignement, tollé. SOUT. récri, regimbement, réclamation. FRANCE FAM. gueulante, rouspétance, schproum; QUÉB. FAM. chialage, chignage, gueulage, rechignage. ▶ *Manifestation* – cortège, défilé, démonstration publique, marche, rassemblement, réunion. FAM. manif. ▲**ANT.** ACCLAMATION; ACCEPTATION, APPROBATION, ASSENTIMENT; OBÉISSANCE, RÉSIGNATION.

protester *v.* ▶ *Exprimer son désaccord* – broncher, murmurer, pousser les hauts cris, réagir, récriminer, renâcler, répliquer, s'élever, s'indigner, s'opposer, se dresser, se gendarmer, se plaindre, se récrier. SOUT. réclamer. FAM. criailler, faire du foin, moufter, piailler, rouscailler, rouspéter, ruer dans les brancards, tiquer, tousser. QUÉB. FAM. chialer. ▲**ANT.** ACCEPTER,

protocole

ACQUIESCER, ADMETTRE, APPROUVER, CONSENTIR, SOUTE-
NIR; SE RÉSIGNER, SE SOUMETTRE.

protocole *n. m.* ▸ *Cérémonial* – bienséance, cérémonial, cérémonie, convenances, décorum, étiquette, formalité, formule, mondanités, règle, usage.
FAM. salamalecs. ▸ *Norme* – arrêté, charte, code,
convention, cote, coutume, formule, loi, mesure,
norme, obligation, ordre, précepte, prescription, régime, règle, règlement, usage. ▸ *Accord* – accommodement, accord, alliance, arrangement, compromis,
concordat, consensus, contrat, convention, engagement, entente, marché, modus vivendi, pacte, traité,
transaction. ▸ *Marche à suivre* – approche, art, chemin, code, comment, credo, démarche, discipline,
dispositif, façon (de faire), facture, formule, heuristique, instruction, instrument, ligne de conduite,
maïeutique, manière, marche (à suivre), méthode,
modalité, mode d'emploi, mode, moyen, opération,
ordre, organisation, outil, posologie, pratique, procédé, procédure, raisonnement, recette, règle, secret,
stratagème, stratégie, système, tactique, technique,
théorie, traitement, voie. *SOUT.* faire.

prototype *n. m.* ▸ *Exemple* – archétype, canon,
critère, échantillon, étalon, exemple, formule, gabarit, idéal, idée, image, individu, modèle, norme,
original, paradigme, précédent, référence, représentant, type, unité. *BIOL.* holotype. ▸ *Modèle* – carton,
grille, matrice, modèle, modélisation, moule, patron, pilote, plan, simulation, spécimen. *FAM.* topo.
▲ANT. COPIE.

proue *n. f.* étrave, nez. ▲ANT. POUPE.

prouesse *n. f.* ▸ *Acte de bravoure* – acte de bravoure, action d'éclat, exploit, fait d'armes, geste de
bravoure, haut fait, trait de courage. ▸ *Exploit* – exploit, performance, record, réussite, succès, tour de
force. *SOUT.* gageure. ▲ANT. BASSESSE, LÂCHETÉ, VILE-
NIE; CRIME, FAUTE.

prouver *v.* ▸ *Établir la vérité* – démontrer, établir, montrer. ▸ *Constituer une preuve* – attester,
confirmer, démontrer, établir, justifier, montrer, vérifier. ▸ *Constituer un indice* – annoncer, déceler,
démontrer, dénoter, faire foi de, indiquer, laisser paraître, marquer, montrer, révéler, signaler, signifier,
témoigner de. *SOUT.* dénoncer. ▸ *Manifester* – affirmer, donner des marques de, donner la preuve/des
preuves de, extérioriser, faire montre de, faire preuve
de, manifester, marquer, montrer (des signes de),
témoigner. ▲ANT. DÉMENTIR, INFIRMER, NIER, RÉCU-
SER, RÉFUTER.

provenance *n. f.* origine, racines, souche.
▲ANT. DESTINATION.

provenir *v.* ▸ *Avoir comme lieu de départ* – arriver, venir. ▸ *Avoir comme origine* – naître, tirer son
origine, venir. ▸ *Être le résultat* – découler, dépendre, dériver, émaner, partir, procéder, résulter, s'ensuivre. *BELG.* conster. ▲ANT. ABOUTIR; FINIR; CAUSER,
PROVOQUER.

proverbe *n. m.* ▸ *Sentence* – adage, aphorisme,
apophtegme, axiome, citation, devise, dicton, dit,
dogme, enseignement, formule, mantra, maxime,
moralité, mot, on-dit, parole, pensée, précepte, principe, réflexion, règle, sentence, sutra, vérité. ▸ *Comédie* – arlequinade, bouffonnerie, boulevard,

burlesque, clownerie, comédie, farce, limerick, momerie, pantalonnade, parodie, pièce de boulevard,
saynète, sketch, sotie, spectacle, théâtre de boulevard, vaudeville. *PÉJ.* caleçonnade. *ANC.* mascarade.

providence *n. f.* ▸ *Destinée* – avenir, chance,
demain(s), destin, destinée, devenir, étoile, existence, fatalité, fortuité, fortune, futur, hasard, horizon, karma, lendemain(s), lot, nécessité, prédestination, prédétermination, prédéterminisme, sérendipité, sort, vie. *SOUT.* fatum, Parque.

providentiel *adj.* inespéré. ▲ANT. FATAL, FU-
NESTE; FÂCHEUX, MALENCONTREUX.

provincial *adj.* ▲ANT. MUNICIPAL; FÉDÉRAL, IN-
TERPROVINCIAL.

provision *n. f.* ▸ *Réserve* – amas, approvisionnement, dépôt, fourniture, réserve, stock. ▸ *Subsistance* – aliment, alimentation, approvisionnement, comestibles, denrée, entretien, épicerie, fourniture, intendance, nourriture, pain, produit alimentaire, ravitaillement, subsistance, victuailles, vie,
vivres. *SOUT.* provende. *FAM.* matérielle. ▸ *Acompte*
– acompte, arrhes, avaloir, avance, dépôt, tiers provisionnel. ♦ *provisions, plur.* ▸ *Action d'acheter* –
commissions, courses, emplettes. *QUÉB.* magasinage.
▲ANT. PÉNURIE.

provisoire *adj.* ▸ *Transitoire* – bref, court,
éphémère, évanescent, fugace, fugitif, intérimaire,
momentané, passager, précaire, rapide, temporaire,
transitoire. *SOUT.* périssable. ▸ *Improvisé* – de fortune, improvisé, temporaire. ▲ANT. DÉFINITIF; DU-
RABLE, ÉTERNEL, IMMORTEL, IMPÉRISSABLE, PERMANENT,
PERPÉTUEL.

provisoirement *adv.* à titre provisoire, épisodiquement, fugitivement, momentanément, par intérim, passagèrement, pour un moment, pour un
temps, précairement, temporairement, transitoirement. ▲ANT. À JAMAIS, CONSTAMMENT, CONTINÛ-
MENT, DE FAÇON DURABLE, EN PERMANENCE, ÉTERNELLE-
MENT, INDÉFINIMENT, PERPÉTUELLEMENT, SANS DISCONTI-
NUER, SANS FIN, SANS INTERRUPTION, SANS RELÂCHE.

provocant *adj.* ▸ *Qui éveille le désir sexuel*
– affriolant, aguichant, aguicheur, aphrodisiaque,
émoustillant, érotique, impudique, incendiaire, langoureux, lascif, osé, sensuel, suggestif, troublant, voluptueux. *DIDACT.* anacréontique. ▸ *Qui choque la
vue* – agressif, clinquant, criard, de mauvais goût, tapageur, tape-à-l'œil, voyant. ▸ *Qui ne respecte pas
les convenances* – cavalier, cynique, désinvolte, effronté, éhonté, familier, impertinent, impoli, impudent, insolent, irrespectueux, irrévérencieux, leste, libre, sans gêne, sans vergogne. *FAM.* culotté, gonflé.
QUÉB. FAM. baveux. *ACADIE FAM.* effaré. ▸ *Qui pousse
à la violence* – provocateur, qui cherche noise, qui
cherche querelle. ▲ANT. PRUDE, PUDIBOND, PUDIQUE;
CLASSIQUE, DÉPOUILLÉ, DISCRET, SIMPLE, SOBRE, STRICT;
AFFABLE, BIEN ÉLEVÉ, BIENSÉANT, CIVIL, COURTOIS, DÉLI-
CAT, GALANT, POLI; APAISANT, CALMANT.

provocateur *n. m.* ▸ *Agitateur* – agent provocateur, agitateur, cabaleur, contestant, contestataire,
émeutier, excitateur, factieux, fauteur (de trouble),
fomentateur, iconoclaste, instigateur, insurgé, intrigant, manifestant, meneur, mutin, partisan, perturbateur, rebelle, révolté, révolutionnaire, séditieux,

semeur de troubles, trublion. *FAM.* provo. ▶ *Agresseur* – affronteur, agresseur, assaillant, attaquant, harceleur, offenseur, oppresseur, persécuteur. ▲ANT. MODÉRATEUR, PACIFICATEUR; ÉPOUVANTAIL.

provocation *n. f.* ▶ *Taquinerie* – agacerie, chinage, diablerie, espièglerie, facétie, farce, gaminerie, goguenardise, jeu, lutinerie, malice, mièvreté, moquerie, pique, raillerie, taquinerie, turlupinade. *SOUT.* folâtrerie. *FAM.* asticotage. ▶ *Incitation* – aide, aiguillon, animation, appel, défi, dépassement (de soi), émulation, encouragement, entraînement, excitation, exhortation, fanatisation, fomentation, impulsion, incitation, instigation, invitation, invite, motivation, sollicitation, stimulation, stimulus. *SOUT.* surpassement. *FAM.* provoc. ▶ *Menace* – avertissement, bravade, chantage, commination, défi, dissuasion, effarouchement, fulmination, intimidation, menace, mise en garde, rodomontade, semonce, sommation, ultimatum. *FAM.* provoc. ▶ *Agressivité* – agressivité, brutalité, combativité, hostilité, malveillance, méchanceté. *SOUT.* pugnacité. *MÉD.* quérulence. ▲ANT. RÉPONSE, RIPOSTE; DÉFENSE; APAISEMENT, CONCILIATION, PACIFICATION.

provoquer *v.* ▶ *Causer* – amener, apporter, catalyser, causer, créer, déchaîner, déclencher, déterminer, donner, donner lieu à, donner naissance à, engendrer, entraîner, faire, faire naître, former, générer, occasionner, produire, soulever, susciter. *PHILOS.* nécessiter. ▶ *Inciter* – amener, conditionner, conduire, disposer, encourager, engager, entraîner, exhorter, impulser, inciter, incliner, mener, porter, pousser. *SOUT.* exciter, mouvoir. ▶ *Narguer* – braver, défier, narguer, toiser. *SOUT.* fronder. *FAM.* chercher, faire la nique à. *QUÉB. FAM.* barber, baver, faire la barbe à. ▶ *Mettre en colère* – courroucer, exaspérer, fâcher, faire déborder, faire enrager, faire sortir de ses gonds, irriter, mettre à bout, mettre en colère, mettre en rage, mettre hors de soi, pousser à bout. *FAM.* faire bisquer, faire damner, faire devenir chèvre, faire maronner, faire râler, les gonfler à. *QUÉB. FAM.* choquer. ▶ *Inviter au combat* – défier, lancer un défi à. ▲ANT. DÉCOULER, DÉRIVER, PROVENIR; DÉCOURAGER, DISSUADER, PRÉVENIR; RESPECTER; ADOUCIR, AMORTIR, APAISER, CALMER, PACIFIER, RASSÉRÉNER, TRANQUILLISER; ESSUYER, SUBIR.

proximité *n. f.* ▶ *Proximité spatiale* – contiguïté, mitoyenneté, promiscuité, voisinage. ▶ *Proximité temporelle* – approche, imminence. ▲ANT. DISTANCE, ÉLOIGNEMENT, SÉPARATION.

prudemment *adv.* ▶ *Vigilamment* – avec circonspection, précautionneusement, préventivement, raisonnablement, sagement, sensément, serré, vigilamment. ▶ *Parcimonieusement* – avarement, avec ménagement, chétivement, chichement, cupidement, maigrement, mesquinement, modiquement, parcimonieusement, petitement, serré, sordidement, usurairement. ▲ANT. IMPRUDEMMENT, PÉRILLEUSEMENT, TÉMÉRAIREMENT; GÉNÉREUSEMENT, GRASSEMENT, LARGEMENT.

prudence *n. f.* ▶ *Réserve* – circonspection, mesure, pondération, précaution, réserve, sagesse. ▶ *Méfiance* – défiance, désintéressement, doute, incrédulité, méfiance, scepticisme, soupçon, suspicion, vigilance. *SOUT.* cautèle. *FAM.* paranoïa *(excessive)*.

▶ *Prévoyance* – clairvoyance, lenteur, précaution, prévention, prévision, prévoyance, sagesse. ▲ANT. AUDACE, IMPRUDENCE, TÉMÉRITÉ; INSOUCIANCE, LÉGÈRETÉ; IMPRÉVOYANCE.

prudent *adj.* ▶ *Prévoyant* – attentif, précautionneux, prévoyant, proactif, vigilant. ▶ *Sage* – adroit, averti, avisé, circonspect, éclairé, fin, habile, réfléchi, sagace, sage. ▲ANT. FRIVOLE, IMPRÉVOYANT, INSOUCIANT; AVENTUREUX, IMPRUDENT, TÉMÉRAIRE; DANGEREUX, RISQUÉ.

pseudonyme *n. m.* diminutif, faux nom, hétéronyme, nom d'artiste, nom d'emprunt, nom de guerre, nom de plume, nom de théâtre, qualificatif, sobriquet, surnom. ▲ANT. NOM DE BAPTÊME, NOM VÉRITABLE.

psychanalyse *n. f.* ▶ *Méthode* – freudisme. ▶ *Traitement* – analyse, cure psychanalytique.

psyché (var. **psychè**) *n. f.* âme, cœur, conscience, esprit, mystère, pensée, principe (vital), psychisme, souffle (vital), spiritualité, transcendance, vie. ▶ *Selon la philosophie* – atman *(hindouisme)*, pneuma *(Grèce antique)*. *PSYCHOL.* conscient.

psychiatre *n.* psychologue, psychothérapeute, thérapeute. *FAM.* psy.

psychique *adj.* intellectuel, mental, moral, psychologique, spirituel. ▲ANT. ORGANIQUE, PHYSIOLOGIQUE, PHYSIQUE, SOMATIQUE.

psychisme *n. m.* âme, cœur, conscience, esprit, mystère, pensée, principe (vital), psyché, souffle (vital), spiritualité, transcendance, vie. ▶ *Selon la philosophie* – atman *(hindouisme)*, pneuma *(Grèce antique)*. *PSYCHOL.* conscient. ▲ANT. CORPS, ORGANISME.

psychologie *n. f.* ▶ *Science* – noologie. *FAM.* psycho. ▶ *Tempérament* (*FAM.*) – abord, caractère, comportement, constitution, esprit, état d'âme, état d'esprit, humeur, idiosyncrasie, individualité, mentalité, nature, naturel, personnalité, sensibilité, tempérament, trempe. *ACADIE FAM.* alément. *PSYCHOL.* thymie.

psychologique *adj.* intellectuel, mental, moral, psychique, spirituel. ▲ANT. ORGANIQUE, PHYSIOLOGIQUE, PHYSIQUE.

psychologue *n.* ▶ *Personne qui traite* – psychiatre, psychothérapeute, thérapeute. *FAM.* psy.

psychose *n. f.* ▶ *Maladie mentale* – aliénation (mentale), démence, dérangement, déséquilibre, folie. ▶ *Peur* – affolement, alarme, angoisse, appréhension, crainte, effarement, effarouchement, effroi, épouvante, frayeur, grand-peur, hantise, horreur, inquiétude, panique, peur, phobie, terreur, transes. *FIG.* vertige. *SOUT.* affres, apeurement. *FAM.* cauchemar, frousse, pétoche, trac, trouille. *QUÉB. FAM.* chienne.

puant *adj.* écœurant, empyreumatique, fétide, infect, malodorant, méphitique, miasmatique, nauséabond, pestilentiel, putride. *FAM.* gerbant. ▲ANT. AROMATIQUE, ODORANT, ODORIFÉRANT, PARFUMÉ, SUAVE.

puanteur *n. f.* fétidité, infection, méphitisme, miasme, moisi, pestilence, rance, ranci, relent, renfermé. *SOUT.* remugle. ▲ANT. ARÔME, PARFUM.

puberté *n. f.* adolescence, âge bête, âge ingrat, jeunesse, minorité, nubilité, préadolescence, pubescence. *SOUT.* juvénilité, printemps. ▲**ANT.** EN-FANCE, IMPUBERTÉ.

public *adj.* ▶ *Communautaire* – collectif, commun, communautaire, général, social. ▶ *Ouvert à tous* – accessible, libre, ouvert. ▶ *Connu de tous* – connu, de notoriété publique, ébruité, notoire, officieux, su. *FAM.* officiel. ▶ *Non dissimulé* – ouvert, transparent. ▶ *Officiel* – authentifié, authentique, certifié, notarié, officiel, solennel. ▲**ANT.** INDIVIDUEL, PARTICULIER; DOMESTIQUE; PRIVÉ; INTIME, PERSONNEL; SECRET.

public *n. m.* ▶ *Assistance* – assemblée, assistance, assistants, auditeurs, auditoire, foule, galerie, présents, salle. ▶ *Foule* – foule, gens, individus, monde, personnes. ▲**ANT.** (LE) PRIVÉ.

publication *n. f.* ▶ *Révélation* – annonce, aveu, confession, confidence, déclaration, dévoilement, divulgation, ébruitement, fuite, indiscrétion, initiation, instruction, mea culpa, mise au courant, proclamation, reconnaissance, révélation. *FAM.* déballage, mise au parfum. ▶ *Proclamation* – annonce, appel, avis, ban, communication, communiqué, déclaration, décret, dénonciation, dépêche, divulgation, édit, manifeste, message, notification, proclamation, profession de foi, programme, promulgation, rescrit, serment, signification. ▶ *Édition* – impression, parution, tirage. ▶ *Livre* – album, brochure, brochurette, cahier, catalogue, document, écrit, fascicule, imprimé, livre, livret, manuel, opuscule, ouvrage, parution, plaquette, recueil, registre, titre, tome, volume. *FAM.* bouquin. ▶ *Gros FAM.* pavé. *QUÉB. FAM.* brique. ▶ *Revue* – annales, bulletin, cahier, fanzine, gazette, illustré, journal, magazine, organe, périodique, revue, tabloïd, zine. ▲**ANT.** DISSIMULATION, SILENCE; ABROGATION.

publicité *n. f.* ▶ *Promotion* – annonce, bande-annonce *(d'un film)*, battage, bruit, commercialisation, conditionnement, croisade, lancement, marchandisage, marketing, message (publicitaire), petite annonce *(journal)*, placard, promotion, propagande, publipostage, raccrochage, racolage, réclame, renommée, retentissement, slogan. *FAM.* pub, tamtam. *QUÉB. FAM.* cabale *(pour un candidat)*. ▶ *Non favorable* – bourrage de crâne, endoctrinement, intoxication, lavage de cerveau, matraquage, propagande. ▶ *Annonce* – annonce, circulaire, dépliant, flash, insertion, prospectus, tract. ▶ *Affiche* – affiche, affiche publicitaire, affichette, annonce, avis, écriteau, enseigne, pancarte, panneau, panneau réclame, panonceau, placard, proclamation, programme, réclame. ▲**ANT.** CLANDESTINITÉ, DISSIMULATION; DISCRÉTION, RETENUE; CONTRE-PUBLICITÉ; ANTIPUB.

publier *v.* ▶ *Faire paraître* – éditer, faire paraître, imprimer. ▲**ANT.** CACHER, DISSIMULER, TAIRE.

publiquement *adv.* ▶ *Ouvertement* – à la face du monde, à visage découvert, au grand jour, devant tout le monde, en public, haut, hautement, ostensiblement, ouvertement. ▶ *Officiellement* – administrativement, authentiquement, dans les formes, de source officielle, légalement, notoirement, officiellement, solennellement, statutairement. ▲**ANT.** EN CONFIDENCE, EN PRIVÉ.

pudeur *n. f.* ▶ *Décence* – bienséance, bon ton, chasteté, convenance, correction, décence, délicatesse, dignité, discrétion, éducation, fierté, gravité, honnêteté, honneur, modestie, politesse, propreté, quant-à-soi, réserve, respect, retenue, sagesse, sobriété, tact, tenue, vertu. *SOUT.* pudicité. ▶ *Honte* – confusion, contrainte, crainte, embarras, gêne, honte, humilité, réserve, retenue, scrupule, timidité. ▶ *Pudeur affectée ou excessive* – affectation (de vertu), bégueulerie, bégueulisme, collet monté, pudibonderie, puritanisme. *SOUT.* pruderie. ▲**ANT.** DÉVERGONDAGE, IMPUDEUR, IMPUDICITÉ, IMPURETÉ, INDÉCENCE, LIBERTINAGE, OBSCÉNITÉ; AUDACE, CYNISME, IMPUDENCE.

pudique *adj.* chaste, de haute moralité, décent, immaculé, innocent, platonique, pur, réservé, sage, vertueux, virginal. ▶ *Non favorable* – bégueule, collet monté, prude, pudibond, puritain. ▲**ANT.** AUDACIEUX, CYNIQUE; DÉBAUCHÉ, DÉVERGONDÉ, IMPUDIQUE, LASCIF, LUBRIQUE; GRIVOIS, LÉGER, LICENCIEUX, OBSCÈNE.

puer *v.* ▶ *Sentir mauvais* – empester, sentir fort, sentir mauvais. *FAM.* cocotter, fouetter, sentir. *FRANCE FAM.* renifler, taper. ▲**ANT.** EMBAUMER, PARFUMER.

puéril *adj.* bébé, enfant, enfantin, immature, infantile. ▲**ANT.** ADULTE, MÛR, SÉRIEUX.

puérilité *n. f.* ▶ *Comportement enfantin* – infantilisme. *PSYCHOL.* puérilisme. ▶ *Enfantillage* (*SOUT.*) – amusette, bagatelle, baliverne, bêtise, bricole, broutille, chanson, détail, enfantillage, fadaise, faribole, frivolité, futilité, jeu, misère, plaisanterie, rien, sornette, sottise, vétille. *SOUT.* badinerie. *FAM.* foutaise, mômerie. *BELG. FAM.* carabistouille. ▶ *Futilité* – frivolité, futilité, inanité, inconsistance, inefficacité, insignifiance, inutilité, néant, nullité, stérilité, superfétation, superficialité, superfluité, vacuité, vanité, vide. ▶ *Divagation* – divagation, élucubration, extravagance, fantasme, imagination, vision. *SOUT.* disparade, disparate, vaticination. ▲**ANT.** MATURITÉ, SÉRIEUX.

puissance *n. f.* ▶ *Force* – acharnement, animosité, ardeur, énergie, force, frénésie, fureur, furie, impulsivité, intensité, rage, vigueur, violence, virulence, vivacité. *SOUT.* impétuosité, véhémence. ▶ *Pouvoir* – autorité, commandement, domination, emprise, force, gouvernement *(politique)*, juridiction, loi, maîtrise, pouvoir, règne, tutelle. *SOUT.* empire, férule, houlette. ▶ *Influence* – action, aide, appui, ascendant, attirance, attraction, aura, autorité, contagion, crédit, dominance, domination, effet, empreinte, emprise, fascination, force, importance, incitation, influence, inspiration, magie, magnétisme, mainmise, manipulation, mouvance, persuasion, pétition, poids, pouvoir, prépondérance, présence, pression, prestige, règne, rôle, séduction, subjugation, suggestion, tyrannie. *SOUT.* empire, intercession. ▶ *Sujétion* – abaissement, allégeance, appartenance, asservissement, assujettissement, attachement, captivité, contrainte, dépendance, domestication, domesticité, domination, emprise, esclavage, gêne, hilotisme, inféodation, infériorité, mainmise, merci, mouvance, obédience, obéissance, obligation, oppression, pouvoir, servage, servitude, soumission, subordination, sujétion, tutelle, tyrannie, vassalité. *FIG.*

carcan, chaîne, corset (de fer), coupe, fardeau, griffe, main, patte, prison; *SOUT.* fers, gaine, joug. *PHILOS.* hétéronomie. **▶ *Profondeur*** – acuité, ardeur, complexité, difficulté, élévation, ésotérisme, extase, extrémité, force, immensité, impénétrabilité, intelligence, intensité, intériorité, intimité, mystère, pénétration, perspicacité, plénitude, profond, profondeur, science, secret. **▶ *Pays*** – grand, (grande) puissance, superpuissance. *FAM.* super-grand. **▶ *Valeur mathématique*** – exposant. **▲ANT.** FAIBLESSE, IMPUISSANCE.

puissant *adj.* **▶ *Physiquement fort*** – athlétique, bien bâti, bien découplé, bréviligne, costaud, fort, gaillard, musclé, râblé, ragot *(animal)*, ramassé, robuste, solide, trapu, vigoureux. *SOUT.* bien membré, membru, musculeux. *FAM.* qui a du coffre. *FRANCE FAM.* balèze, bien baraqué, malabar, maous. **▶ *Redoutable*** – dangereux, fort, menaçant, redoutable. **▶ *Qui a beaucoup d'influence*** – de haut rang, grand, haut placé, important, influent, notable, qui a le bras long. *SOUT.* de haute volée. **▶ *Très intense*** – déchaîné, fort, furieux, impétueux, intense, terrible, violent. **▶ *Efficace*** – actif, agissant, efficace, opérant. **▶ *Très efficace*** – surpuissant. **▲ANT.** IMPUISSANT; FAIBLE; PETIT; INACTIF, INEFFICACE, INOPÉRANT.

puits *n. m.* fontaine, geyser, point d'eau, source.

pulluler *v.* **▶ *Croître en grand nombre*** – champignonner, foisonner, proliférer, se multiplier, se propager. **▶ *Être en grand nombre*** – abonder, foisonner, fourmiller. **▶ *Remuer en grand nombre*** – fourmiller, grouiller. **▲ANT.** DÉSERTER, SE FAIRE RARE, SE RARÉFIER; DÉCROÎTRE, DIMINUER; DISPARAÎTRE.

pulsation *n. f.* **▶ *Rythme biologique*** – battement, pouls. **▶ *Rythme musical*** – battement, cadence, eurythmie, mesure, mouvement, musique, période, phrasé, pouls, respiration, rythme, swing, tempo, vitesse. **▶ *Choc*** – battement, cognement, martèlement. **▶ *Remous*** – agitation, balancement, ballottement, bercement, branle, branlement, cahotement, flottement, fluctuation, flux et reflux, houle, impulsion, lacet, mouvement, onde, ondoiement, ondulation, oscillation, raz de marée, remous, roulis, tangage, va-et-vient, vague, valse, vibration. *FAM.* brimbalement. **▶ *Alternance*** – allée et venue, alternatives, balancement, bascule, changement, flux et reflux, intermittence, ondulation, oscillation, palpitation, périodicité, récurrence, récursivité, retour, rotation, roulement, rythme, sinusoïde, succession, tour, va-et-vient, variation.

punir *v.* **▶ *Sévir contre qqch.*** – réprimer, sanctionner, sévir contre. **▶ *Sévir contre qqn*** – châtier, corriger, infliger une punition à, pénaliser, sévir contre. *FAM.* faire payer. **▶ *Interdire*** – condamner, défendre, empêcher, interdire, prohiber, proscrire. **▶ *Venger*** – laver, redresser, réparer, venger. **▲ANT.** RÉCOMPENSER; ÉPARGNER, GRACIER, MÉNAGER, PARDONNER.

punition *n. f.* **▶ *Châtiment*** – châtiment, condamnation, correction, damnation, expiation, gage *(dans un jeu)*, leçon, peine, pénalisation, pénalité, pénitence, répression, sanction, verbalisation. *FAM.* tarif. **▶ *Vengeance*** – châtiment, colère, (loi du) talion, pareille, rancune, réciproque, réparation, représailles, ressentiment, rétorsion, revanche, riposte, vendetta, vengeance. *SOUT.* vindicte. **▶ *Blâme*** – accusation,

admonestation, admonition, anathématisation, anathème, attaque, avertissement, blâme, censure, condamnation, correction, critique, désapprobation, diatribe, grief, grognerie, gronderie, interdit, leçon, malédiction, mise à l'écart, mise à l'index, mise en quarantaine, objection, observation, plainte, récrimination, remarque, remontrance, représentation, réprimande, réprobation, reproche, réquisitoire, semonce, sérénade, sermon, tollé. *SOUT.* animadversion, foudres, fustigation, improbation, mercuriale, objurgation, stigmatisation, vitupération. *FRANCE FAM.* attrapade, lavage de tête, soufflante. *BELG.* cigare. *RELIG.* fulmination. **▲ANT.** RÉCOMPENSE; ABSOLUTION, ACQUITTEMENT, PARDON; IMPUNITÉ.

pur *adj.* **▶ *Véritable*** – authentique, naturel, véritable, vrai. *FAM.* vrai de vrai. **▶ *Intact*** – inaltéré, intact, intouché, sauf. **▶ *Limpide*** – clair, cristallin, limpide, transparent. *DIDACT.* hyalin, hyaloïde, vitré. **▶ *En parlant du temps*** – beau, calme, clair. *SOUT.* serein. **▶ *En parlant du teint*** – clair, coloré, fleuri, florissant, frais, rose, vermeil. **▶ *En parlant d'un son*** – argentin, clair, cristallin. **▶ *Candide*** – angélique, candide, confiant, crédule, ingénu, innocent, naïf, simple. **▶ *Vertueux*** – chaste, de haute moralité, décent, immaculé, innocent, platonique, pudique, réservé, sage, vertueux, virginal. **▶ *Non favorable*** – bégueule, collet monté, prude, pudibond, puritain. **▶ *Qui évoque la pureté des anges*** – angélique, céleste, divin, sublime, transcendant. *SOUT.* archangélique, séraphique. **▶ *Élevé dans l'échelle des valeurs*** – beau, élevé, grand, haut, idéal, noble, sublime. *SOUT.* éthéré. **▶ *En parlant de recherche*** – fondamental, théorique. **▲ANT.** IMPUR; ALTÉRÉ, CORROMPU, SOUILLÉ, VICIÉ; BÂTARD, COMPOSITE, HYBRIDE, MÊLÉ; OPAQUE, SALE, TERNE, TROUBLE; ÉTOUFFÉ, MAT, SOURD; MAUVAIS; CONCUPISCENT, DÉBAUCHÉ, ÉROTIQUE, GAILLARD, GROSSIER, IMPUDIQUE, INDÉCENT, LASCIF, LIBIDINEUX, LICENCIEUX, LUBRIQUE, LUXURIEUX, OBSCÈNE, VICIEUX; APPLIQUÉ, PRATIQUE.

purement *adv.* **▶ *Complètement*** – absolument, carrément, catégoriquement, complètement, parfaitement, radicalement, tout à fait. *FAM.* royalement, souverainement. **▶ *Strictement*** – exclusivement, seulement, simplement, strictement, uniquement. **▶ *Correctement*** – avec correction, correctement. **▶ *Vertueusement*** – angéliquement, chastement, décemment, discrètement, exemplairement, honnêtement, modestement, moralement, pudiquement, sagement, saintement, vénérablement, vertueusement, virginalement. **▲ANT.** IMPUREMENT; GAILLARDEMENT, GAULOISEMENT, GRAVELEUSEMENT, GROSSIÈREMENT, IMPUDIQUEMENT, INDÉCEMMENT, LASCIVEMENT, LICENCIEUSEMENT, OBSCÈNEMENT.

pureté *n. f.* **▶ *Absence d'autres substances*** – homogénéité. **▶ *Clarté*** – clarté, diaphanéité, eau, limpidité, luminosité, netteté, translucidité, transparence, visibilité, vivacité. **▶ *Innocence*** – candeur, fleur, fraîcheur, honnêteté, ingénuité, innocence, naïveté, simplicité. **▶ *Chasteté*** – abstinence, ascétisme, célibat, chasteté, continence, vertu, virginité. *FAM.* pucelage. **▶ *Absence d'ornement*** – austérité, dépouillement, nudité, sévérité, simplicité, sobriété. **▶ *Beauté*** – agrément, art, attrait, beau,

purger

beauté, charme, chic, classe, coquetterie, délicatesse, distinction, éclat, élégance, esthétique, féerie, fraîcheur, grâce, gracieux, harmonie, magnificence, majesté, perfection, photogénie, séduction, splendeur, symétrie. *DIDACT.* eurythmie. *SOUT.* blandice, joliesse, morbidesse, sublimité, symphonie, vénusté. ▶ *Perfection* – achèvement, consommation, couronnement, épanouissement, excellence, fini, fleur, maturité, meilleur, parachèvement, perfection, plénitude, précellence. *PHILOS.* entéléchie. ▲ANT. CORRUPTION, IMPURETÉ, MÉLANGE; MALPROPRETÉ, SALETÉ, SOUILLURE, TACHE; FAUTE, IMMORALITÉ, PÉCHÉ; CONCUPISCENCE, LIBERTINAGE; EXCÈS, SURCHARGE; DÉFAUT, INCORRECTION; IMPERFECTION.

purger *v.* ▶ *Éliminer les impuretés* – affiner, dépurer, épurer, purifier, raffiner. ▶ *Éliminer ce qui est néfaste* – débarrasser, nettoyer. ▶ *Vider* – vidanger, vider. ▲ANT. CONTAMINER, CORROMPRE, INFECTER, POLLUER, SALIR, SOUILLER.

purification *n. f.* ▶ *Épuration* – assainissement, épuration, nettoiement, nettoyage. ▶ *Acte rituel* – ablutions. *SOUT.* lustration. ▶ *Exorcisme* – adjuration, conjuration, délivrance, désensorcellement, désenvoûtement, exorcisme, obsécration, supplication. *SOUT.* exorcisation. ▲ANT. CONTAMINATION, POLLUTION; ALTÉRATION, CORRUPTION, DÉGRADATION, SOUILLURE.

purifier *v.* ▶ *Débarrasser des impuretés* – affiner, dépurer, épurer, purger, raffiner. ▶ *Filtrer un liquide* – clarifier, coller *(vin)*, décanter, déféquer, dépurer, épurer, filtrer, passer, sasser, soutirer, tirer au clair. ▶ *Désinfecter une pièce* – assainir, désinfecter, fumiger. ▲ANT. ALTÉRER, CONTAMINER, CORROMPRE, INFECTER, POLLUER, SALIR, SOUILLER, VICIER.

puriste *n.* ▲ANT. LAXISTE.

puritain *adj.* ▶ *Rigoureux* – ascétique, austère, frugal, janséniste, monacal, rigide, rigoriste, rigoureux, sévère, spartiate. *SOUT.* claustral, érémitique. ▶ *Prude* – bégueule, collet monté, prude, pudibond. ▲ANT. BON VIVANT, ÉPICURIEN, HÉDONISTE, JOUISSEUR, SENSUEL, VOLUPTUEUX; LAXISTE, PERMISSIF; DÉBAUCHÉ, DÉVERGONDÉ, LIBERTIN.

pyjama *n. m.* ▶ *Vêtement d'intérieur* – chemise de nuit, déshabillé, douillette, kimono, nuisette, peignoir, robe de chambre, saut-de-lit, sortie de bain. *SOUT.* négligé. *QUÉB. FAM.* jaquette.

q

quadrumane *adj.* ▲**ANT.** BIMANE.

quai *n. m.* ▶ *Port* – accul, appontement, bassin, cale de radoub, cale sèche, darce, débarcadère, dock, embarcadère, escale, havre, hivernage, marina, mouillage, port, port de plaisance, rade, relâche, wharf.

qualification *n. f.* ▶ *Appellation* – appellation, dénomination, désignation, étiquette, marque, mot, nom, taxon, taxum, vocable. ▶ *Affectation* – affectation, désignation, marque, quantification, spécification. ▲**ANT.** DISQUALIFICATION, ÉLIMINATION; INCAPACITÉ, INCOMPÉTENCE.

qualifié *adj.* à la hauteur, adroit, bon, brillant, capable, chevronné, compétent, connaisseur, d'élite, de haut vol, de haute volée, de talent, doué, émérite, entraîné, exercé, expérimenté, expert, ferré, fin, fort, habile, inspiré, passé maître, performant, qui s'y connaît, talentueux, versé. SOUT. entendu à, industrieux, rompu à. FAM. calé, qui a la bosse de, qui sait y faire. FRANCE FAM. balèze, costaud, fortiche, incollable, trapu. QUÉB. connaissant; FAM. bollé. ▲**ANT.** INAPTE, INCAPABLE, INCOMPÉTENT.

qualifier *v.* ▶ *Donner une caractéristique* – caractériser. ▶ *Non favorable* – taxer, traiter. ▲**ANT.** DISCRÉDITER, DISQUALIFIER, ÉLIMINER; QUANTIFIER.

qualitatif *adj.* ▲**ANT.** QUANTITATIF.

qualité *n. f.* ▶ *Essence* – caractère, en-soi, essence, essentialité, inhérence, nature, principe, quintessence, substance. SOUT. (substantifique) moelle. PHILOS. entité, quiddité. ▶ *Propriété* – attribut, caractère, caractéristique, marque, particularité, propre, propriété, signe, spécialité, spécificité, trait. ▶ *Louable* – mérite. ▶ *Sorte* – catégorie, classe, espèce, famille, genre, groupe, nature, ordre, sorte, type, variété. SOUT. gent. ▶ *Excellence* – absolu, absoluité, beau, bien, bonté, exemplarité, idéal, infini, nec plus ultra, perfection, pureté, quintessence, succulence, summum, transcendance. ▶ *Stature* – envergure, étoffe, genre, importance, stature. FIG. carrure. ▶ *Noblesse* – aristocratie, élite, grandesse, lignage, lignée,

naissance, nom, sang bleu. ▶ *Métier* – activité, art, carrière, emploi, état, gagne-pain, métier, occupation, profession, services, situation, spécialité, travail. FAM. boulot, turbin, turf. ▶ *Compétence* – attributions, autorité, compétence, département, pouvoir, ressort. FAM. rayon. ▲**ANT.** QUANTITÉ; DÉFAUT, IMPERFECTION, INCONVÉNIENT, TARE; FAIBLESSE, TRAVERS.

quantifier *v.* ▶ *Chiffrer* – calculer, chiffrer, compter, dénombrer, évaluer, faire le compte de. ▲**ANT.** QUALIFIER.

quantitatif *adj.* chiffré, numérique. ▲**ANT.** QUALITATIF.

quantité *n. f.* ▶ *Collection* – accumulation, amas, appareil, assemblage, assortiment, collection, compilation, ensemble, foule, grand nombre, groupe, groupement, jeu, rassemblement, recueil, tas, train. FAM. attirail, cargaison, compil. PÉJ. ramassis. ▶ *Accumulation* – abondance, accumulation, addition, agrégation, amas, amoncellement, collection, déballage, échafaudage, emmagasinage, empilage, empilement, encombrement, entassement, étagement, faisceau, fatras, fouillis, monceau, montagne, pile, pyramide, stratification, superposition, tas. ▶ *Abondance* – abondance, afflux, amas, ampleur, concentration, débauche, débordement, exubérance, filon, floraison, foisonnement, forêt, foule, fourmillement, gisement, infinité, inondation, luxe, luxuriance, masse, mine, multiplicité, myriade, nuée, orgie, paquet, pléthore, poussière, profusion, richesse, surabondance, tas, trésor. FIG. carnaval. FAM. festival, flopée, kyrielle, tapée, tonne, tripotée, wagon. QUÉB. FAM. bourrée, tapon. SUISSE FAM. craquée. ▶ *Part* – contingent, fraction, part, portion, pourcentage, quota. ▶ *Somme d'argent* – addition, cagnotte, chiffre, ensemble, fonds, mandat, masse, montant, quantum, somme, total, totalisation, volume. ▲**ANT.** QUALITÉ; RARETÉ.

quarantaine *n. f.* ▶ *Isolement* – abandon, délaissement, éloignement, exil, ghettoïsation, isolation, isolement, réclusion, retraite, retranchement, séparation, solitude. FIG. bulle, cocon, désert, tanière, tour d'ivoire. SOUT. déréliction, thébaïde. RELIG. récollection.

quart n. m. ▶ **Quart de litre** – berlingot. QUÉB. FAM. demiard. ▶ **Récipient** – gobelet, godet, verre. FAM. dé à coudre. ANC. rhyton, rince-bouche. ▲ANT. QUADRUPLE.

quartier n. m. ▶ **Fragment** – bribe, brisure, charpie, coupure, débris, éclat, esquille (os), fraction, fragment, grain, granule, granulé, havrit, lambeau, limaille, miette, morceau, parcelle, part, particule, partie, pépite, portion, reste. FAM. graine. ▶ **Apparence d'un astre** – croissant, phase. ▶ **Sur un blason** – franc-quartier. ▶ **Ascendance** – agnation, alliance, arbre généalogique, ascendance, ascendants, branche, cognation, consanguinité, cousinage, degré, descendance, descendants, dynastie, extraction, famille, filiation, fratrie, généalogie, génération, hérédité, lignage, ligne, ligne ascendante, lignée, maison, matriarcat, matrilignage, matrilinéarité, origine, parentage, parenté, parentèle, patriarcat, patrilignage, patrilinéarité, postérité, primogéniture, quartier (de noblesse), race, sang, souche. ▶ **Partie d'une ville** – faubourg, secteur, sous-secteur. SUISSE dicastère. ANTIQ. tribu. ◆ **quartiers,** plur. ▶ **Campement** – baraquement, baraques, base, bivouac, camp, campement, cantonnement, installation provisoire. ▶ **Ensemble de quartiers** – arrondissement, rive ; ville. ▲ANT. ENSEMBLE, TOTALITÉ.

quasiment adv. à peu de chose près, pour ainsi dire, pratiquement, presque, quasi, virtuellement. ▲ANT. COMPLÈTEMENT, EN TOTALITÉ, ENTIÈREMENT, TOTALEMENT, TOUT À FAIT.

quelconque adj. commun, médiocre, ordinaire, trivial, vulgaire. FAM. lambda. ▲ANT. PARTICULIER, REMARQUABLE, SINGULIER ; IMPORTANT, PRÉCIEUX ; FAMEUX.

quelquefois adv. à certains moments, à l'occasion, certaines fois, dans certains cas, de temps à autre, de temps en temps, en certaines occasions, en certains cas, occasionnellement, par instants, par moments, parfois, tantôt. FAM. des fois. ▲ANT. À TOUT BOUT DE CHAMP, À TOUT INSTANT, À TOUT MOMENT, CONSTAMMENT, CONTINUELLEMENT, EN TOUT TEMPS, INVARIABLEMENT, SANS ARRÊT, TOUJOURS ; FRÉQUEMMENT, LA PLUPART DU TEMPS, RÉGULIÈREMENT, SOUVENT.

querelle n. f. ▶ **Dispute** – accrochage, algarade, altercation, brouille, brouillerie, chicane, controverse, démêlé, désaccord, désunion, différend, discorde, dispute, divergence, escarmouche, explication, fâcherie, froid, heurt, joute oratoire, litige, malentendu, mésentente, passe d'armes, polémique, rupture, scène, zizanie. FAM. bagarre, bisbille, bringue, chamaille, chamaillerie, empoignade, empoignement, engueulade, prise de bec, séance. QUÉB. FAM. brasse-camarade, chamaillage. BELG. FAM. bisbrouille. ▶ **Esclandre** – algarade, discussion, dispute, éclat, esclandre, scandale, scène, tapage. FAM. chambard, pétard. ▶ **Affaire** – affaire, arbitrage, contestation, débat, démêlé, différend, discussion, dispute, médiation, négociation, panel, règlement, spéculation, tractation. ▶ **Conflit** – affrontement, antagonisme, combat, compétition, concurrence, conflit, contentieux, contestation, controverse, débat,

désaccord, différend, discorde, discussion, dispute, dissension, dissentiment, divergence, émulation, friction, heurt, incompatibilité, incompréhension, lutte, mésentente, mésintelligence, opposition, polémique, rivalité. FAM. bagarre. ▲ANT. ACCORD, COMPRÉHENSION, ENTENTE ; RÉCONCILIATION.

quereller v. ◆ **se quereller** ▶ **Se disputer** – s'entendre comme chien et chat, se disputer, se voler dans les plumes. FAM. s'accrocher, s'engueuler, se chamailler, se chicaner, se crêper le chignon (femmes), se prendre aux cheveux, se prendre la tête. QUÉB. ACADIE FAM. se tirailler. SUISSE FAM. se bringuer. AFR. palabrer. ▲ANT. COMPLIMENTER, FÉLICITER, FLATTER, LOUANGER. △SE QUERELLER – S'ENTENDRE ; SE RÉCONCILIER.

question n. f. ▶ **Demande** – adjuration, appel, demande, démarche, desideratum, désir, doléances, exigence, injonction, instance, interpellation, interrogation, invocation, mandement, ordre, pétition, placet, prétention, prière, réclamation, requête, réquisition, revendication, sollicitation, sommation, supplication, supplique, ultimatum, vœu. SOUT. imploration. ▶ **Interrogation** – épreuve, examen, interpellation, interrogation, interrogatoire, interview, questionnaire. ▶ **Problème** – affaire, cas, énigme, problème. FAM. bébé. QUÉB. casse-tête. ▶ **Sujet** – fait, fond, matière, objet, point, problème, propos, sujet, thème. ▶ **Torture** (ANC.) – échafaud, exécution, géhenne, martyre, peine, supplice, torture, tourment. ◆ **questions,** plur. ▶ **Ensemble de questions** – interrogatoire, série de questions ; banque de questions. ▲ANT. RÉPONSE.

questionnement n. m. introspection, méditation, pensée, recueillement, réflexion, remâchement, rêvasserie, rumination, ruminement. DIDACT. problématique. SOUT. reploiement. FAM. cogitation. QUÉB. ACADIE FAM. jonglerie. ▲ANT. ACCEPTATION, APPROBATION ; CERTITUDE.

questionner v. débreffer, interroger. FAM. cuisiner. ▲ANT. RÉPONDRE.

quête n. f. ▶ **Désir** – ambition, appel, appétit, aspiration, attirance, attrait, besoin, but, convoitise, desideratum, désir, envie, exigence, faim, fantaisie, fantasme, fièvre, fringale, goût, idéal, intention, jalousie, passion, prétention, recherche, rêve, soif, souhait, tentation, velléité, visée, vœu, voix, volonté. SOUT. appétence, dessein, prurit, vouloir. FAM. démangeaison. ▶ **Action de recueillir des aumônes** – collecte. QUÉB. guignolée (pour Noël). ▲ANT. DÉCOUVERTE ; INDIFFÉRENCE ; AUMÔNE, DON.

quêter v. ▶ **Demander de l'argent** – demander l'aumône, demander la charité, une quête, mendier. FAM. faire la manche, mendigoter. FRANCE FAM. faire la tinche. ▶ **Demander avec insistance** – implorer, invoquer, mendier, quémander, solliciter. QUÉB. FAM. seiner. ▶ **Recevoir après demande** (QUÉB. FAM.) – emprunter. ▲ANT. DONNER, PRODIGUER, RÉPANDRE.

queue n. f. ▶ **Partie d'un animal** – appendice caudal, balai (oiseau de proie), fouet (chien). ▶ **Partie d'une plante** – axe, hampe, pédoncule, pétiole, rachis, rafle, râpe. ▶ **Partie d'un vêtement** – traîne. ▶ **Partie d'une lettre** – hampe, jambage. ▶ **Partie d'une comète** – chevelure. ▶ **Poignée** – anse, bec-de-cane, béquille, bouton (de porte), crémone, crosse *(arme à feu)*, ente, espagnolette, main *(tiroir)*, manche, mancheron, maneton, manette, manicle, oreille, pied-de-biche, poignée, robinet. *BELG.* clenche. *SPORTS* palonnier. ▶ *Extrémité* – aboutissement, bord, bordure, borne, bout, cap, confins, délimitation, extrême, extrémité, fin, finitude, frange, frontière, ligne, limite, lisière, orée, pied, pointe, pôle, talon, terme, terminaison, tête. ▶ *Procession* – cérémonie, colonne, convoi, cortège, défilade, défilé, file, marche, noce, noria, pardon, pèlerinage, procession, suite, théorie, va-et-vient. ▲ANT. COMMENCEMENT, DÉBUT, TÊTE.

quiétude *n. f.* ▶ *Paix* – accalmie, apaisement, bonace, bonheur, calme, éclaircie, entente, fraternité, harmonie, idylle, paix, rémission, repos, silence, tranquillité, trêve, union, unité. *SOUT.* kief *(en Orient).* ▶ *Sérénité* – apathie, ataraxie, calme, détachement, distanciation, égalité d'âme, égalité d'humeur, équilibre, flegme, impassibilité, imperturbabilité, indifférence, paix, philosophie, placidité, sérénité, stoïcisme, tranquillité. *SOUT.* équanimité. ▶ *Sécurité* – abri, assurance, calme, confiance, paix, repos, salut, sécurité, sérénité, sûreté, tranquillité (d'esprit). ▶ *Douceur* – délicatesse, douceur, finesse, fraîcheur, légèreté, modération, moelleux, mollesse, onctuosité, suavité, tranquillité, velouté. *FIG.* soie. ▲ANT. AGITATION, BRUIT, TROUBLE; ANXIÉTÉ, INQUIÉTUDE, SOUCI; ANGOISSE, PEUR.

quinte *n. f.* ▶ *Accès* – accès, attaque, atteinte, bouffée, crise, flambée, poussée.

quitte *adj.* débarrassé, dégagé, délivré, libéré. ▲ANT. OBLIGÉ, REDEVABLE.

quitter *v.* ▶ *Laisser un lieu* – abandonner, déserter, évacuer. ▶ *Abandonner qqn* – abandonner, délaisser, déserter, laisser, laisser en plan, laisser tomber. *FAM.* jeter, lâcher, laisser choir, larguer, lourder, planter là, plaquer. ▶ *Renoncer à qqch.* – abandonner, délaisser, enterrer, faire une croix sur, jeter aux oubliettes, laisser, laisser en jachère, laisser tomber, mettre au placard, mettre au rancart, mettre aux oubliettes, renoncer à, tirer une croix sur. *SOUT.* dépouiller, renoncer. *FAM.* lâcher, planter là, plaquer. ▶ *Enlever un vêtement* – enlever, ôter, retirer. ▶ *Partir* – faire un tour, filer, montrer les talons, partir, plier bagage, s'éloigner, s'en aller, se retirer, tourner les talons, vider les lieux. *FAM.* calter, débarrasser le plancher, décoller, dévisser, ficher le camp, foutre le camp, lever l'ancre, mettre les bouts, mettre les voiles, riper, s'arracher, se barrer, se casser, se tailler, se tirer, se trotter, trisser. *QUÉB. FAM.* faire un bout, sacrer le camp, sacrer son camp. ♦ **se quitter** ▶ *Se séparer* – rompre, se brouiller, se désunir, se fâcher, se séparer. ▲ANT. APPROCHER, ARRIVER, ATTEINDRE, ENTRER, VENIR; S'ÉTABLIR, S'INSTALLER; DEMEURER, RESTER; FRÉQUENTER; RÉINTÉGRER, RENTRER, RETROUVER; ADOPTER, PRENDRE; METTRE, REVÊTIR. △SE QUITTER – SE RETROUVER.

quotidien *adj.* ▶ *Qui revient chaque jour* – journalier. ▶ *Habituel* – accoutumé, attendu, connu, consacré, coutumier, d'usage, de pratique courante, de règle, de tradition, familier, habituel, naturel, normal, ordinaire, régulier, rituel, routinier, usuel. ▲ANT. OCCASIONNEL, RARE; ÉPISODIQUE, INTERMITTENT, IRRÉGULIER, SPORADIQUE.

r

rabaisser *v.* ▶ *Diminuer le mérite* – dénigrer, déprécier, dévaloriser, dévaluer, diminuer, inférioriser, rapetisser, ravaler. ▶ *Enlever toute dignité* – abaisser, avilir, dégrader, dépraver, déshonorer, galvauder, prostituer, ravaler, souiller. ♦ **se rabaisser** ▶ *S'humilier* – s'abaisser, s'humilier, se diminuer. ▲ANT. EXALTER, HONORER, VANTER; VALORISER; EXHAUSSER, REHAUSSER, RELEVER.

rabattre *v.* ▶ *Soustraire* – décompter, déduire, défalquer, enlever, ôter, retenir, retirer, retrancher, soustraire. ▶ *Fermer en rapprochant les parties* – ramener, refermer. ▶ *Rapprocher les extrémités de* – plier. ▶ *Rapprocher les parties d'une surface* – plier, ramener, replier. ▲ANT. AJOUTER; ACCROÎTRE, AUGMENTER, MAJORER, REHAUSSER; RELEVER; DÉPLIER, DÉPLOYER, ÉTALER, ÉTENDRE; ÉLOIGNER.

rabbin *n. m.* ▶ *Emploi ancien* – docteur de la loi, rabbi, scribe. ♦ **rabbins**, *plur.* ▶ *Ensemble de chefs religieux* – rabbinat.

rabougri *adj.* ratatiné. QUÉB. FAM. chenu. ▲ANT. ÉLANCÉ, GRAND; FORT, ROBUSTE, SAIN, VIGOUREUX.

raccommoder *v.* ▶ *Réparer à l'aiguille* – rapiécer, recoudre, remailler, repriser, stopper. SOUT. raccoutrer, rapiéceter. FAM. rapetasser. ACADIE FAM. retêsser. ▶ *Réconcilier* (FAM.) – accorder, concilier, réconcilier. FAM. rabibocher. ♦ **se raccommoder** ▶ *Se réconcilier* (FAM.) – renouer, se réconcilier. FAM. enterrer la hache de guerre, se rabibocher, se rapapilloter. ▲ANT. DÉCOUDRE, DÉFAIRE; DÉTÉRIORER; BRISER, BROUILLER, DÉSUNIR, DÉTRUIRE.

raccompagner *v.* ramener, reconduire.

raccourcir *v.* ▶ *Diminuer la durée* – abréger, écourter. SOUT. accourcir. ▶ *Diminuer la longueur* – couper, ébouter, écourter, rapetisser, rétrécir. SOUT. accourcir. ▶ *Résumer* – abréger, condenser, écourter, ramasser, réduire, resserrer, résumer. ▶ *Diminuer en taille* – rapetisser, se contracter, se rétracter. SOUT. accourcir. ▶ *Diminuer en durée* – rapetisser. SOUT. accourcir. ▲ANT. ÉTIRER, PROLONGER; ALLON-

GER, DÉPLOYER, RALLONGER; AMPLIFIER, AUGMENTER, DÉVELOPPER, ÉTOFFER; AGRANDIR.

raccrocher *v.* ▶ *Prendre de nouveau* – rattraper, reprendre, ressaisir. QUÉB. ACADIE FAM. repogner. ▶ *Associer par un lien logique* – associer, faire un rapprochement, mettre en rapport, mettre en relation, rapporter, rapprocher, relier. ▶ *Prendre sa retraite* – prendre sa retraite, se retirer. QUÉB. FAM. accrocher ses patins. ▶ *Récupérer* (FAM.) – ravoir, reconquérir, recouvrer, récupérer, regagner, rentrer en possession de, reprendre, retrouver, se réapproprier. SUISSE FAM. rapercher. ♦ **se raccrocher** ▶ *S'accrocher* – s'accrocher, s'agripper, se cramponner, se retenir, se tenir. SOUT. s'agriffer. ▶ *Se rattacher* – se rapporter, se rattacher. ▶ *Réparer une perte* (FAM.) – se dédommager, se rattraper. ▲ANT. ARRACHER, DÉCROCHER, DÉPENDRE, ÔTER; ÉVITER, FUIR; ISOLER, SÉPARER.

race *n. f.* ▶ *Peuple* – citoyens, clan, ethnie, groupe, habitants, horde, nation, pays, peuplade, peuple, phratrie, population, société, tribu. ▶ *Taxonomie biologique* – sous-espèce.

rachat *n. m.* ▶ *Remboursement* – acquittement, amortissement, couverture, défraiement, désendettement, extinction, libération, paiement, prise en charge, recouvrement, règlement, remboursement, remise de dette, restitution, rétrocession, reversement. ▶ *Libération* – acquittement, affranchissement, décolonisation, délivrance, désaliénation, élargissement, émancipation, évacuation, libération, manumission, rédemption, salut. FAM. débarras, quille. SOUT. déprise. ▶ *Sauvetage* – planche de salut, récupération, rédemption, salut, sauvetage, secours. ▲ANT. REVENTE; CONDAMNATION, PERDITION.

racheter *v.* ▶ *Sauver par la rédemption* – rédimer, sauver. ▶ *Rétablir dans l'estime* – dédouaner, réhabiliter, relever. ▶ *Expier* – payer, payer, réparer. ▶ *Compenser* – compenser, faire oublier, pallier, parer à, remédier à, réparer, suppléer à. SOUT. obvier à. ♦ **se racheter** ▶ *Se réhabiliter* – se dédouaner, se rattraper, se réhabiliter. ▲ANT. RÉTROCÉDER, REVENDRE; AGGRAVER.

racine *n. f.* ▶ *Cause* (SOUT.) – agent, base, cause, explication, facteur, ferment, fondement, fontaine, germe, inspiration, levain, levier, mobile, moteur, motif, motivation, moyen, objet, occasion, origine, point de départ, pourquoi, principe, raison, raison d'être, source, sujet. SOUT. étincelle, mère, ressort. ▶ *En linguistique* – étymologie, étymon, radical. ▶ *En mathématiques* – radical. ♦ **racines**, *plur.* ▶ *Origines* – origine, provenance, souche. ▶ *Ensemble des racines d'un végétal* – système racinaire. ▲ANT. CIME, SOMMET; FIN, TERME.

racler *v.* ▶ *Enlever la saleté* – curer, décrasser, désencrasser, déterger, frotter, gratter, nettoyer, récurer. FAM. décrotter. BELG. FAM. approprier, faire du propre, reloqueter. SUISSE poutser. ▶ *Irriter la gorge* – écorcher, râper.

racoleur *adj.* accrocheur, raccrocheur, vendeur. ▲ANT. BANAL, FADE, INSIGNIFIANT, SANS INTÉRÊT, TERNE; REPOUSSANT, RÉPUGNANT.

racontar *n. m.* ▶ *Rumeur* – bruit, écho, on-dit, ouï-dire, rumeur, vent. FAM. radiotrottoir. ▶ *Commérage* – bavardage, cancan, caquetage, caquètement, médisance, potin, qu'en-dira-t-on, rumeur. SOUT. clabaudage, clabauderie. FAM. chuchoterie, commérage, débinage, racontage, ragot. QUÉB. FAM. mémérage, placotage, potinage. ▲ANT. CIRCONSPECTION, RÉSERVE, RETENUE.

raconter *v.* conter, exposer, faire le récit de, relater, retracer. SOUT. narrer. FRANCE FAM. bonir. ▲ANT. CELER, OMETTRE, TAIRE.

rade *n. f.* ▶ *Baie* – anse, baie, calanque, crique. QUÉB. barachois. ▶ *Port* – accul, appontement, bassin, cale de radoub, cale sèche, darce, débarcadère, dock, embarcadère, escale, havre, hivernage, marina, mouillage, port, port de plaisance, quai, relâche, wharf.

radeau *n. m.* ▶ *Construction flottante* – jangada, ras.

radial *adj.* ▲ANT. DE CONTOURNEMENT (voie), PÉRIPHÉRIQUE.

radiation *n. f.* ▶ *Émission* – émission, irradiation, phosphorescence, propagation, rayonnement. ▶ *Expulsion* – bannissement, délogement, désinsertion, disgrâce, disqualification, élimination, évacuation, éviction, exclusion, exil, expatriation, expulsion, nettoyage, ostracisme, proscription, rabrouement, refoulement, rejet, relégation, renvoi. FAM. dégommage, éjection, lessive, vidage. QUÉB. tablettage. DIDACT. forclusion. DR. déboutement. ANTIQ. pétalisme, xénélasie. ▲ANT. ADMISSION, INSCRIPTION.

radical *adj.* ▶ *Fondamental* – constitutif, foncier, fondamental, inhérent, inné, intrinsèque. PHILOS. essentiel, immanent, substantiel. ▶ *Extrême* – draconien, énergique, extrême. ▶ *Extrémiste* – extrémiste, pur et dur, ultra. SOUT. ultraciste. ▲ANT. DOUX, FRILEUX, INDULGENT, TIMIDE; CENTRISTE, MODÉRÉ.

radicalement *adv.* ▶ *Complètement* – absolument, carrément, catégoriquement, complètement, entièrement, parfaitement, tout à fait. FAM. royalement, souverainement. ▶ *Fondamentalement* – absolument, en essence, essentiellement, foncièrement, fondamentalement, intrinsèquement,

organiquement, primordialement, principalement, profondément, substantiellement, totalement, viscéralement, vitalement. ▲ANT. MODÉRÉMENT, QUELQUE PEU.

radieux *adj.* ▶ *Lumineux* – clair, éclairé, éclatant, lumineux, rayonnant, resplendissant. ▶ *Heureux* – au comble du bonheur, au septième ciel, aux anges, béat, comblé, en fête, en joie, en liesse, enchanté, euphorique, extasié, extatique, exultant, fou de joie, heureux, le cœur en joie, ravi, rayonnant, réjoui, resplendissant de bonheur, ruisselant de joie, transporté de joie, triomphant. SOUT. aise, bienheureux. FAM. jubilant. ▲ANT. NOIR, OBSCUR, OMBREUX, OPAQUE, SOMBRE, TERNE; TRISTE.

radio *n. f.* ▶ *Appareil* – poste de radio, poste, radiorécepteur, transistor. ▶ *Diffusion* – ondes, radiocommunication, radiodiffusion, radiophonie, radiotélégraphie. ▶ *Radiographie* – examen radiologique, exploration radiologique, radiographie. ▶ *Radioscopie* – radioscopie. FAM. scopie.

rafale *n. f.* ▶ *Vent* – bourrasque, coup de vent, rafale de vent, saute de vent, vent à rafales. ▶ *Décharge* – décharge, fusillade, mitraillade, salve, tiraillement, tiraillerie, volée. FAM. giclée (arme automatique). ANC. bordée, mousquetade, mousqueterie. ▲ANT. BRISE.

raffiné *adj.* ▶ *En parlant de qqch.* – délicat, exquis, fin, recherché, subtil. ▶ *En parlant de qqn* – aristocratique, chic, de grande classe, distingué, élégant, qui a bon genre, racé, ultra-chic. FAM. classe. ▲ANT. BRUT, GROSSIER, LOURD, VULGAIRE; À LA BONNE FRANQUETTE, FAMILIER, MODESTE, NATUREL, SANS APPRÊT, SANS CÉRÉMONIES, SANS COMPLICATIONS, SANS FAÇON, SANS ORNEMENT, SANS PRÉTENTION, SIMPLE, SOBRE.

raffinement *n. m.* ▶ *Finition* – achèvement, amélioration, arrangement, complètement, correction, enjolivement, finition, léchage, mise au point, peaufinage, perfectionnement, polissage, raffinage, retouche, révision, soin. SOUT. parachèvement. FAM. fignolage. ▶ *Finesse* – détail, finesse, perfectionnement, précision, recherche, sophistication, stylisme, subtilité. ▶ *Préciosité* – affectation, byzantinisme, emphase, maniérisme, marivaudage, mignardise, préciosité, purisme, recherche, sophistication, subtilité. SOUT. afféterie, concetti. ▲ANT. GROSSIÈRETÉ, INÉLÉGANCE, LOURDEUR, VULGARITÉ.

raffiner *v.* ▶ *Débarrasser des impuretés* – affiner, dépurer, épurer, purger, purifier. ▶ *Perfectionner* – ciseler, fignoler, finir, lécher, parachever, parfaire, peaufiner, perfectionner, polir, soigner. ▶ *Donner plus de finesse* – affiner, épurer. SOUT. sublimer. ♦ **se raffiner** ▶ *Se perfectionner* – se perfectionner, se sophistiquer. ▲ANT. ALTÉRER, CONTAMINER, ENTACHER, SOUILLER; BÂCLER, GÂCHER, GÂTER, SABOTER; ABÊTIR, ABRUTIR, ALOURDIR, SIMPLIFIER.

rafraîchir *v.* ▶ *Rendre plus frais* – refroidir. ▶ *Redonner de l'éclat* – aviver, raviver. ▶ *Rénover* – refaire (à neuf), réhabiliter, remettre à neuf, remettre en état, rénover, réparer, restaurer, retaper. SOUT. raccoutrer. ▶ *Mettre à jour* – actualiser, dépoussiérer, mettre à jour, moderniser, présenter sous un jour nouveau, rajeunir, réactualiser, renouveler, rénover, rhabiller. ▶ *Désaltérer* (FAM.) – abreuver (animal), apaiser la soif de, désaltérer, étancher la soif de. ♦ **se rafraîchir** ▸ *Devenir plus frais* – fraîchir, se refroidir. *QUÉB.* (se) renfroidir. ▸ *Refaire sa coiffure, son maquillage* – faire un brin de toilette. *FAM.* se refaire une beauté. ▸ *Boire* (*FAM.*) – boire, s'abreuver *(animal)*, se désaltérer. *FAM.* se rincer le gosier. ▸ *Avec de l'alcool* – prendre un verre. *FAM.* s'humecter le gosier, s'humecter les amygdales, se rincer la dalle. ▲ANT. BRÛLER, CHAUFFER, RÉCHAUFFER, TIÉDIR; PÂLIR, TERNIR; ABÎMER, DÉTÉRIORER, NÉGLIGER, SALIR; ASSOIFFER. △SE RAFRAÎCHIR – AVOIR SOIF; SUER.

rafraîchissant *adj.* ▸ *Qui plaît par sa spontanéité* – décapant, frais, jeune, vivifiant. ▲ANT. BRÛLANT, CHAUD, ÉCHAUFFANT; BANAL, ÉCULÉ, RÉCHAUFFÉ, USÉ.

rafraîchissement *n. m.* boisson rafraîchissante. ▲ANT. RÉCHAUFFEMENT; BOISSON CHAUDE; DÉGRADATION, DÉTÉRIORATION.

rage *n. f.* ▸ *Colère* – agacement, colère, emportement, énervement, exaspération, fureur, furie, impatience, indignation, irritabilité, irritation, susceptibilité. *SOUT.* courroux, irascibilité. *FAM.* horripilation, rogne. ▸ *Crise émotionnelle* – accès de colère, accès de rage, crise de nerfs. ▸ *Violence* – acharnement, animosité, ardeur, énergie, force, frénésie, fureur, furie, impulsivité, intensité, puissance, vigueur, violence, virulence, vivacité. *SOUT.* impétuosité, véhémence. ▸ *Maladie* – infection rabique. ▲ANT. BIENVEILLANCE, DOUCEUR, GENTILLESSE.

rageant *adj.* contrariant, enrageant, frustrant, frustrateur, vexant. *FAM.* râlant. *QUÉB.* choquant, fâchant. *QUÉB. FAM.* maudissant, sacrant. ▲ANT. APAISANT, CALMANT, RASSÉRÉNANT, TRANQUILLISANT.

rageur *adj.* ▸ *Furieux* – blanc de colère, courroucé, déchaîné, en colère, enragé, forcené, fou de colère, fou de rage, fulminant, fumant, furibond, furieux, hors de soi, irrité, outré, révolté, ulcéré. *FAM.* en boule, en rogne. *FRANCE FAM.* à cran, en pétard, fumasse, furax, furibard. *QUÉB. FAM.* bleu, choqué, en beau fusil, en bibitte. ▸ *Colérique* – bilieux, chatouilleux, coléreux, colérique, emporté, excitable, irascible, irritable, ombrageux, susceptible. *SOUT.* atrabilaire, colère. *FAM.* criseux, soupe au lait. ▲ANT. COMPRÉHENSIF, INDULGENT, TOLÉRANT; DÉBONNAIRE, DOUX, FLEGMATIQUE, PAISIBLE, PLACIDE.

rageusement *adv.* acrimonieusement, coléreusement, furieusement, hargneusement. ▲ANT. AVEC DOUCEUR, DÉLICATEMENT, DOUCEMENT; AIMABLEMENT, AMICALEMENT, BIENVEILLAMMENT, DÉLICIEUSEMENT, PLAISAMMENT.

ragot *n.* ▸ *Animal* – jeune sanglier. ▸ *Médisance* (*FAM.*) – bavardage, cancan, caquetage, caquètement, médisance, potin, qu'en-dira-t-on, rumeur. *SOUT.* clabaudage, clabauderie. *FAM.* chuchoterie, commérage, débinage, racontage, racontar. *QUÉB. FAM.* mémérage, placotage, potinage. ▲ANT. DISCRÉTION, MUTISME, SILENCE; CIRCONSPECTION, RÉSERVE, RETENUE.

ragoût *n. m.* ▸ *Aliment* – blanquette, (bœuf) bourguignon, carbonade, cassoulet, civet, fricassée, gibelotte, goulache (Hongrie), haricot de mouton, mafé (Afrique), navarin, oille, ragoût irlandais, ratatouille, sagamité (amérindien), salmis, sauté, ta-jine (Maghreb). *QUÉB.* ragoût de boulettes, ragoût de pattes (de cochon). *ACADIE* fricot. *ANTILLES* colombo.

raid *n. m.* ▸ *Attaque militaire* – envahissement, incursion, inondation, invasion, irruption, ruée. *MILIT.* débarquement, descente. ▸ *Attaque policière* – coup de filet, descente (de police), fouille, perquisition, quadrillage, rafle, ratissage, rezzou. *FAM.* razzia. ▸ *Voyage* – allées et venues, balade, campagne, circuit, circumnavigation, course, croisière, déplacement, excursion, expédition, exploration, incursion, marche, mission, navette, navigation, odyssée, passage, pèlerinage, pérégrination, périple, promenade, rallye, randonnée, reconnaissance, tour, tourisme, tournée, transport, traversée, va-et-vient, voyage. *SOUT.* errance. *FAM.* bourlingue, rando, transhumance. *QUÉB.* voyagement.

raide *adj.* ▸ *Qui n'est pas souple* – dur, ferme, fort, résistant, rigide, solide. ▸ *Engourdi* – ankylosé, engourdi. *SOUT.* perclus. *FAM.* endormi. ▸ *Escarpé* – à fond de cuve, à pic, abrupt, accore, escarpé, montant, rapide. ▸ *Dont le maintien manque de naturel* – coincé, engoncé, gêné aux entournures, guindé. ▸ *Brutal* – agressif, brutal, dur, emporté, rude, violent. *FAM.* à la redresse. ▸ *En parlant du ton, des paroles* – abrupt, agressif, bourru, bref, brusque, brutal, cassant, coupant, dur, incisif, rude, sec, tranchant. ▸ *En parlant d'une corde* – tendu. ▸ *Sans argent* (*FAM.*) – à court, dans la gêne, désargenté, gêné, pauvre, sans le sou, serré. *FAM.* à sec, dans la dèche, dans le rouge, fauché, raide (comme un passe-lacet), sur le sable. *FRANCE FAM.* panné, sans un. ▲ANT. ÉLASTIQUE, FLEXIBLE, MOU, SOUPLE; COURBE; BOUCLÉ (cheveux), FRISÉ, ONDULÉ; GRADUEL; COULANT, FLUIDE; NATUREL; À L'AISE, AISÉ, FORTUNÉ, NANTI, PROSPÈRE, QUI A LES MOYENS, QUI ROULE SUR L'OR, RICHE.

raideur *n. f.* ▸ *Ankylose* – ankylose, rigidité. ▸ *Paralysie* – akinésie, bradykinésie, diplégie, hémiplégie, incapacité, invalidité, monoplégie, paralysie, paraplégie, parésie, quadriplégie, tétraplégie. ▸ *Solennité* – componction, décence, dignité, gravité, hiératisme, majesté, pompe, réserve, rigidité, sérieux, solennité. ▸ *Manque de naturel* – affectation, air, apparence, apprêt, artificialité, bluff, cabotinage, comédie, composition, contenance, convenu, dandysme, genre, imposture, jeu, maniérisme, manque de naturel, mascarade, mièvrerie, pose, recherche, représentation, snobisme. *SOUT.* cambrure. *FAM.* chiqué, cinéma. ▲ANT. ÉLASTICITÉ, FLEXIBILITÉ, SOUPLESSE; DOUCEUR; BIENVEILLANCE, INDULGENCE.

raidir *v.* ▸ *Durcir* – durcir, rigidifier. *SOUT.* roidir. ▸ *Bander, tendre* – bander. *MAR.* embraquer (cordage). ▸ *Tendre un muscle* – bander, contracter, crisper, tendre. ♦ **se raidir** ▸ *Tendre tous ses muscles* – se bander, se tendre. ▸ *Résister* – résister, s'opposer, se dresser. ▲ANT. AMOLLIR, ASSOUPLIR; DÉCONTRACTER, DÉTENDRE.

raie *n. f.* ▸ *Bande* – bande, barre, biffage, biffure, contre-taille (gravure), hachure, ligne, liséré, liteau, rature, rayure, strie, trait, vergeture (peau), zébrure. ▸ *Entaille* – adent, brèche, coche, coupure, cran, créneau, crevasse, échancrure, égratignure, encoche, encoche, engravure, entaille, entamure, épaufrure, faille, fente, feuillure, incision, marque, mortaise, moucheture, onglet, rainurage, rainure, rayure, ruinure, scarification, scissure, sillon, souchèvement *(roche)*, strie. *QUÉB. FAM.* grafignure. *BELG.* griffe. *BELG. FAM.* gratte. ▶ *Sillon* – dérayure, enrayure, jauge, orne, perchée, rayon, rigole, sillon. *GÉOL.* sulcature.

rail *n. m.* ▶ *Voie ferrée* – chemin de fer, voie (ferrée). ▶ *Transport* – chemin de fer, train, transport ferroviaire.

railler *v.* ▶ *Ridiculiser* – bafouer, faire des gorges chaudes de, gouailler, ridiculiser, rire au nez de, rire aux dépens de, rire de, s'amuser aux dépens de, s'amuser de, se gausser de, se moquer de, tourner au/en ridicule, tourner en dérision. *SOUT.* brocarder, dauber, fronder, larder d'épigrammes, moquer, persifler, satiriser. *FAM.* chambrer, charrier, chiner, faire la nique à, se foutre de la gueule de, se payer la gueule de, se payer la tête de. *QUÉB. FAM.* niaiser. ▶ *Prendre un ton railleur* – gouailler, ironiser, se moquer. ▲ANT. CÉLÉBRER, LOUANGER, LOUER, VANTER.

raillerie *n. f.* ▶ *Taquinerie* – agacerie, chinage, diablerie, espièglerie, facétie, farce, gaminerie, goguenardise, jeu, lutinerie, malice, mièvreté, moquerie, pique, provocation, taquinerie, turlupinade. *SOUT.* folâtrerie. *FAM.* asticotage. ▶ *Moquerie* – dérision, épigramme, esprit, flèche, goguenardise, gouaille, gouaillerie, humour, ironie, lazzi, malice, moquerie, persiflage, pique, plaisanterie, pointe, quolibet, ricanement, risée, sarcasme, satire, taquinerie, trait. *SOUT.* brocard, nargue, saillie. *FAM.* vanne. *QUÉB. FAM.* craque. *QUÉB. SUISSE FAM.* fion. ▶ *Rire* – éclat (de rire), enjouement, esclaffement, fou rire, gaieté, gros rire, hilarité, ricanement, rictus, rire, ris, risée, sourire. *FAM.* rigolade, risette. ▲ANT. ADMIRATION, CONSIDÉRATION, RESPECT; SÉRIEUX.

railleur *adj.* caustique, cynique, frondeur, goguenard, gouailleur, ironique, malicieux, moqueur, narquois, persifleur, sarcastique, sardonique. *QUÉB. FAM.* baveux. ▲ANT. FLATTEUR; RESPECTUEUX.

raison *n. f.* ▶ *Raisonnement* – analyse, apagogie, argument, argumentation, considérations, déduction, démonstration, dialectique, dilemme, discussion, échafaudage, explication, implication, induction, inférence, justificatif, logique, méthode, preuve, réflexion, réfutation, sorite, substruction, syllogisme, syllogistique, synthèse. ▶ *Entendement* – bon sens, cerveau, cervelle, clairvoyance, compréhension, conception, discernement, entendement, esprit, faculté, imagination, intellect, intelligence, jugement, lucidité, pénétration, tête. *FAM.* matière grise, méninges. *QUÉB. FAM.* cocologie. *QUÉB. ACADIE FAM.* jarnigoine. *PHILOS.* logos. ▶ *Sagesse* – bon goût, connaissance, discernement, (gros) bon sens, intelligence, jugement, philosophie, sagesse, sens commun, vérité. *FAM.* jugeote. ▶ *Modération* – centrisme, dépouillement, frugalité, juste milieu, ménagement, mesure, modérantisme, modération, modestie, pondération, réserve, retenue, rusticité, sagesse, simple, simplicité, sobriété, tempérance. ▶ *Cause* – agent, base, cause, explication, facteur, ferment, fondement, fontaine, germe, inspiration, levain, levier, mobile, moteur, motif, motivation, moyen, objet, occasion, origine, point de départ, pourquoi, principe, raison d'être, source, sujet. *SOUT.* étincelle, mère, racine, ressort. ▶ *But* – ambition, but, cause, cible, considération, destination, fin, finalité, intention, mission, mobile,

motif, objectif, objet, point de mire, pourquoi, prétexte, raison d'être, sens, visée. *SOUT.* propos. ▶ *Excuse* – amende honorable, décharge, déculpabilisation, défense, disculpation, explication, justification, motif, pardon, regret. ▶ *Affirmation* – affirmation, allégation, argument, argumentation, assertion, déclaration, dire, expression, parole, position, propos, proposition, théorème, thèse. ▶ *Dédommagement* – compensation, consolation, contrepartie, correctif, dédommagement, dommages et intérêts, dommages-intérêts, échange, indemnisation, indemnité, récompense, remboursement, réparation, retour, satisfaction, soulte. ▲ANT. CŒUR, INSTINCT, SENTIMENT; DÉRAISON, FOLIE; TORT.

raisonnable *adj.* ▶ *Qui peut raisonner* – doué de raison, intelligent, pensant. ▶ *Qui fait preuve de bon sens* – éclairé, judicieux, mesuré, modéré, philosophe, pondéré, posé, raisonné, rationnel, réfléchi, responsable, sage, sain, sensé, sérieux. *SOUT.* rassis, tempéré. ▶ *Acceptable* – acceptable, approuvable, bien, bon, convenable, correct, décent, honnête, honorable, moyen, passable, présentable, satisfaisant, suffisant. *FAM.* potable, supportable. ▶ *Peu cher* – à bas prix, à bon compte, à bon marché, à bon prix, abordable, accessible, avantageux, bas de gamme, bon marché, économique, modique. ▲ANT. ABERRANT, DÉRAISONNABLE, EXTRAVAGANT, FOU, INSENSÉ; INJUSTE; INACCEPTABLE, INSATISFAISANT; EXCESSIF.

raisonnablement *adv.* ▶ *Sagement* – avec circonspection, précautionneusement, préventivement, prudemment, sagement, sensément, serré, vigilamment. ▶ *Convenablement* – adéquatement, bien, comme il faut, comme il se doit, convenablement, correctement, dans les règles de l'art, décemment, juste, justement, pertinemment, proprement, sainement, valablement, validement. *SOUT.* congrûment. *FAM.* bene. ▶ *Sobrement* – austèrement, discrètement, frugalement, légèrement, mesurément, modérément, peu, sobrement. ▶ *Assez* – à satiété, acceptablement, amplement, assez, autant qu'il faut, ce qu'il faut, convenablement, en quantité suffisante, honnêtement, passablement, plutôt, quelque peu, suffisamment, valablement. *FAM.* jusqu'à plus soif, marre. ▲ANT. ABSURDEMENT, CONTRADICTOIREMENT, DÉRAISONNABLEMENT, ILLOGIQUEMENT, IRRATIONNELLEMENT, PARADOXALEMENT, RIDICULEMENT; IMPROPREMENT, INADÉQUATEMENT; DÉRISOIREMENT, INSUFFISAMMENT.

raisonnant *adj.* ▲ANT. DÉLIRANT, FOU, INCONSCIENT.

raisonné *adj.* éclairé, judicieux, mesuré, modéré, philosophe, pondéré, posé, raisonnable, rationnel, réfléchi, responsable, sage, sain, sensé, sérieux. *SOUT.* rassis, tempéré.

raisonnement *n. m.* ▶ *Logique* – analyse, apagogie, argument, argumentation, considérations, déduction, démonstration, dialectique, dilemme, discussion, échafaudage, explication, implication, induction, inférence, justificatif, logique, méthode, preuve, raison, réflexion, réfutation, sorite, substruction, syllogisme, syllogistique, synthèse. ▶ *Raisonnement contradictoire* – absurdité, antilogie, antinomie, aporie, conflit, contradiction, contresens, contrevérité, impossibilité, incohérence, inconsistance, invraisemblance, non-sens, paradoxe, sophisme. ▶ **Raisonnement faux ou trompeur** – artifice, cercle vicieux, circularité, paralogisme, pétition de principe, sophisme. ▶ **Raisonnement trop subtil** – argutie, byzantinisme, casuistique, chicane, distinguo, élucubration, ergotage, ergoterie, finesse, formalisme, logomachie, scolastique, subtilité. *SOUT.* ratiocination, sophistique. *FAM.* chinoiserie, chipotage, pinaillage. ▶ **Méthode** – approche, art, chemin, code, comment, credo, démarche, discipline, dispositif, façon (de faire), facture, formule, heuristique, instruction, instrument, ligne de conduite, maïeutique, manière, marche (à suivre), méthode, modalité, mode d'emploi, mode, moyen, opération, ordre, organisation, outil, posologie, pratique, procédé, procédure, protocole, recette, règle, secret, stratagème, stratégie, système, tactique, technique, théorie, traitement, voie. *SOUT.* faire. ▲**ANT.** ILLOGISME; INTUITION, SENTIMENT.

raisonner *v.* ▶ **Réfléchir** – méditer, penser, réfléchir, se concentrer, songer, spéculer. *SOUT.* délibérer. *FAM.* cogiter, faire travailler sa matière grise, gamberger, phosphorer, ruminer, se casser la tête, se creuser la tête, se creuser les méninges, se presser le citron, se pressurer le cerveau, se servir de sa tête. *QUÉB. ACADIE FAM.* jongler. ▶ **Présenter des arguments** – argumenter. ▶ **Répondre** – discuter, répliquer, répondre, rétorquer, riposter. *SOUT.* repartir. ▶ **Calmer** – assagir, calmer, modérer, tempérer. ◆ **se raisonner** ▶ **Se contrôler** – garder son sang-froid, rester maître de soi, se calmer, se contenir, se contrôler, se dominer, se dompter, se maîtriser, se posséder, se retenir. *QUÉB. FAM.* prendre sur soi. ▲**ANT.** DÉRAISONNER, DIVAGUER.

raisonneur *n.* ▶ **Ergoteur** – chicaneur, chicanier, ergoteur, procédurier. *SOUT.* argumentateur, ratiocineur. *FAM.* chichiteux, chipoteur, discutailleur, pinailleur. *MÉD.* processif, quérulent. ▶ **Personne qui pense** (*SOUT.*) – penseur. ▲**ANT.** IMPULSIF; MISOLOGUE.

rajeunir *v.* ▶ **Moderniser** – actualiser, dépoussiérer, mettre à jour, moderniser, présenter sous un jour nouveau, rafraîchir, réactualiser, renouveler, rénover, rhabiller. ▶ **Se renouveler** – faire peau neuve, se moderniser, se renouveler. ▲**ANT.** VIEILLIR.

rajeunissement *n. m.* amélioration, changement, dépoussiérage, modernisation, modification, prorogation, recommencement, reconduction, réformation, réforme, régénération, réhabilitation, réinvention, remplacement, renouveau, renouvellement, rénovation, réparation, restauration, résurrection, rétablissement, transformation. ▲**ANT.** VIEILLISSEMENT.

rajuster (var. **réajuster**) *v.* ▶ **Rectifier** – corriger, rectifier, redresser. ▶ **Ajuster à la hausse** – relever, revaloriser.

râle *n. m.* ▶ **Action de râler** – enrouement, graillement, graillonnement, râlement. *SOUT.* raucité. *FAM.* voix de cassis-cognac, voix de mêlécasse, voix de mêlé-cassis, voix de rogomme.

ralentir *v.* ▶ **Retarder** – mettre en retard, retarder. ▶ **Refréner** – contenir, endiguer, freiner, juguler, modérer, refréner. *SOUT.* brider. ▶ **Engourdir** – abrutir, appesantir, engourdir. *SOUT.* stupéfier. ▶ **Aller**

moins vite – décélérer, freiner, perdre de la vitesse. ▶ **Diminuer** – décliner, diminuer, régresser, s'essouffler. ▶ **Agir avec moins d'ardeur** – mettre la pédale douce. *QUÉB. FAM.* y aller mollo. ▲**ANT.** ACCÉLÉRER, ACTIVER, DÉPÊCHER, HÂTER, PRÉCIPITER, PRESSER.

ralentissement *n. m.* ▶ **Diminution de mouvement** – décélération, freinage, rétropropulsion. ▶ **Paralysie** – arrêt, asphyxie, blocage, désactivation, engourdissement, enraiement, entrave, immobilisation, immobilisme, impuissance, inhibition, neutralisation, obstruction, paralysie, sclérose, stagnation. ▶ **Affaiblissement** – abattement, accablement, affaiblissement, alanguissement, amoindrissement, amollissement, anémie, apathie, avachissement, consomption, découragement, défaillance, dépérissement, épuisement, étiolement, exténuation, fatigue, fragilisation, harassement, lassitude, rabaissement, ramollissement, sape, usure. *SOUT.* débilité. *MÉD.* adynamie, asthénie, asthénomanie, atonie, collapsus, débilitation. ▶ **Activité ralentie** – abaissement, affaiblissement, affaissement, amenuisement, amoindrissement, baisse, chute, creux, déclin, décroissance, décroissement, décrue, dégression, déplétion, dépréciation, descente, désescalade, dévalorisation, dévaluation, diminution, éclipse, effondrement, effritement, essoufflement, fléchissement, réduction. *SOUT.* émasculation. ▲**ANT.** ACCÉLÉRATION.

râler *v.* ▶ **Respirer bruyamment** – râloter. *SOUT.* ahaner. ▶ **En parlant du tigre** – feuler. ▶ **Maugréer** (*FAM.*) – bougonner, grogner, grognonner, grommeler, maugréer, murmurer, pester, ronchonner. *SOUT.* gronder. *FAM.* grognasser, rouscailler, rouspéter. *QUÉB. FAM.* bourrasser. ▶ **Enrager** (*FAM.*) – bouillir de colère, écumer, écumer de colère, écumer de rage, enrager. *FAM.* bisquer, fumer, rager, rogner. ▲**ANT.** RIRE, SE RÉJOUIR, SOURIRE.

ralliement *n. m.* ▶ **Réunion** – alliance, assemblage, association, collage, combinaison, communion, composition, concentration, conjonction, incorporation, intégration, rassemblement, regroupement, réunion, symbiose, synthèse, unification, union. ▶ **Adoption** – adoption, assimilation, emprunt, imitation, insertion. ▲**ANT.** DÉBANDADE, DISPERSION, SCISSION; DÉMISSION.

rallier *v.* ▶ **Rassembler** – ameuter, assembler, attrouper, masser, mobiliser, ramasser, rameuter, rassembler, regrouper, réunir. *SOUT.* battre le rappel de, conglomérer. ▶ **Convertir** – convertir, gagner. ▶ **Rejoindre** – regagner, réintégrer, rejoindre, rentrer à, retourner à, revenir à. ◆ **se rallier** ▶ **Se rassembler** – s'assembler, s'attrouper, se masser, se regrouper, se réunir. ▶ **Suivre** – emboîter le pas à, imiter, s'accorder sur, s'adapter à, s'aligner à, s'aligner sur, se conformer à, se mettre au diapason de, se mettre dans le ton, se modeler sur, se ranger à, se régler sur, suivre. ▲**ANT.** DÉMOBILISER, DISPERSER, DISSÉMINER; DÉSUNIR, DIVISER, ISOLER, SÉPARER; DRESSER CONTRE SOI, PERDRE; DÉSERTER, QUITTER. △**SE RALLIER** – DÉMISSIONNER, SE RETIRER.

rallumer *v.* ▶ **Ranimer un feu** – activer, attiser, aviver, ranimer, raviver, réactiver, renflammer. ▶ **Redonner de la vitalité** – donner un second souffle à, faire renaître, faire revivre, ragaillardir, ranimer, raviver, réactiver, réchauffer, redonner vie à, redynamiser, régénérer, renflammer, renouveler, ressusciter, réveiller, revigorer, revitaliser, revivifier, stimuler, vivifier. ♦ **se rallumer** ▸ *Renaître* – réapparaître, refleurir, renaître de ses cendres, renaître, reparaître, reprendre vie, ressurgir, ressusciter, revenir, revivre, se ranimer, se réveiller.

ramage *n. m.* ▸ *Chant* – babil, chant, gazouillement, gazouillis, pépiement, piaillement, piaulement, sifflement. *FAM.* cui-cui. ▸ *Bois d'un cervidé* (*QUÉB.*) – bois, cor. *QUÉB.* panache *(orignal)*.

ramassé *adj.* ▸ *Trapu* – athlétique, bien bâti, bien découplé, bréviligne, costaud, fort, gaillard, musclé, puissant, râblé, ragot *(animal)*, robuste, solide, trapu, vigoureux. *SOUT.* bien membré, membru, musculeux. *FAM.* qui a du coffre. *FRANCE FAM.* balèze, bien baraqué, malabar, maous. ▸ *Blotti* – blotti, pelotonné, recroquevillé, roulé en boule. ▸ *Exprimé en peu de mots* – bref, concis, condensé, court, dense, laconique, lapidaire, serré, sobre, sommaire, succinct. *PÉJ.* touffu. ▲ANT. ÉLANCÉ, MINCE; ALLONGÉ, ÉTENDU; BAVARD, DÉLAYÉ, DIFFUS, PROLIXE, REDONDANT, VERBEUX.

ramasser *v.* ▸ *Prendre ici et là* – butiner, glaner, grappiller, prendre çà et là. ▸ *Recueillir* – assembler, collecter, colliger, rassembler, recueillir, relever. *QUÉB. FAM.* rapailler. *SUISSE FAM.* rapercher. ▸ *Recevoir* (*FAM.*) – recevoir. *FAM.* attraper, morfler, prendre. *QUÉB. FAM.* manger. ▸ *Récolter des fruits* – cueillir. ▸ *Rassembler des personnes* – ameuter, assembler, attrouper, masser, mobiliser, rallier, rameuter, rassembler, regrouper, réunir. *SOUT.* battre le rappel de, conglomérer. ▸ *Résumer* – abréger, condenser, écourter, raccourcir, réduire, resserrer, résumer. ▸ *Arrêter* (*FAM.*) – appréhender, arrêter, capturer, faire prisonnier, prendre, saisir. *FAM.* attraper, choper, coffrer, coincer, cravater, cueillir, embarquer, épingler, harponner, mettre la main au collet de, mettre le grappin sur, pincer, prendre au collet, saisir au collet. *FRANCE FAM.* agrafer, alpaguer, arnaquer, arquepincer, coiffer, emballer, gauler, piquer, poisser, poivrer. ▸ *Réprimander* (*QUÉB. FAM.*) – admonester, attraper, chapitrer, faire des remontrances à, faire la leçon à, faire la morale à, gronder, houspiller, malmener, moraliser, morigéner, rappeler à l'ordre, remettre à sa place, remettre au pas, réprimander, sermonner. *SOUT.* gourmander, redresser, semoncer, semondre, tancer. *FAM.* assaisonner, dire deux mots à, disputer, doucher, engueuler, enguirlander, incendier, laver la tête à, moucher, passer un savon à, remonter les bretelles à, sacquer, savonner, savonner la tête à, secouer, secouer comme un (vieux) prunier, secouer les puces à, sonner les cloches à, tirer les oreilles à. *FRANCE FAM.* donner un cigare à, passer un cigare à. *QUÉB. FAM.* brasser, chauffer les oreilles à, chicaner, parler dans le casque à, serrer les ouïes à. ♦ **se ramasser** ▸ *Se blottir* – se blottir, se lover, se mettre en boule, se pelotonner, se ratatiner, se recroqueviller, se replier sur soi, se tapir. *QUÉB. FAM.* se racoquiller. ▸ *Échouer à un examen* (*FAM.*) – échouer à. *FAM.* se faire étaler à, se planter à. *QUÉB. FAM.* couler, pocher. *BELG. FAM.* moffler. *SUISSE FAM.* luger. ▲ANT. DISSÉMINER, ÉPANDRE, ÉPARPILLER, RÉPANDRE, SEMER; DÉSUNIR; AMPLI-

FIER, DÉVELOPPER, ÉTOFFER. △SE RAMASSER – S'ÉTALER, S'ÉTENDRE, S'ÉTIRER.

rame *n. f.* ▸ *Instrument pour ramer* – aviron, godille, pagaie. ▸ *Ensemble de feuilles* – main. ▸ *Ensemble de wagons* – convoi, train. *FRANCE FAM.* dur. *ENFANTIN* tchou-tchou.

rameau *n. m.* ▸ *Petite branche d'arbre* – branchette, branchillon, brindille, ramille, scion. ♦ **les Rameaux**, *plur.* dimanche des Rameaux, fête des Rameaux, Pâques fleuries.

ramener *v.* ▸ *Amener d'un autre lieu* – rapporter. ▸ *Reconduire* – raccompagner, reconduire. ▸ *Rétablir* – réinstaurer, restaurer, rétablir. ▸ *Réduire* – réduire, simplifier. ▸ *Refermer* – rabattre, refermer. ▸ *Replier* – plier, rabattre, replier. ♦ **se ramener** ▸ *Arriver* (*FAM.*) – arriver, paraître, se montrer, se présenter. *FAM.* rappliquer, s'amener, se pointer, (se) radiner. ▲ANT. ÉCARTER, ÉLOIGNER, EMPORTER, REMPORTER, RETOURNER.

ramifié *adj.* ▸ *Arborescent* – arborescent, arborisé, dendriforme, dendritique. ▸ *Branchu* – branchu, rameux.

ramolli *adj.* ▸ *Amorphe* – affaissé, amorphe, apathique, atone, avachi, désossé, endormi, faible, inconsistant, indolent, inerte, léthargique, lymphatique, mou, nonchalant, passif, sans ressort. *SOUT.* lâche, veule. *FAM.* gnangnan, mollasse, mollasson, ramollo. ▸ *Épuisé* – à bout, à plat, brisé, courbatu, épuisé, éreinté, exténué, fatigué, fourbu, harassé, las, mort (de fatigue), moulu (de fatigue). ramolli. *SOUT.* recru (de fatigue), rompu (de fatigue), roué de fatigue. *FAM.* au bout du rouleau, avachi, claqué, crevé, esquinté, flagada, flapi, lessivé, nase, pompé, ramollo, raplapla, rétamé, sur le flanc, sur les genoux, sur les rotules, vanné, vidé. *QUÉB. FAM.* au coton, brûlé, poqué. ▲ANT. EN (PLEINE) FORME, PLEIN D'ÉNERGIE, PLEIN DE VITALITÉ; DISPOS, REPOSÉ.

rampant *adj.* ▸ *D'une soumission déshonorante* – bas, obséquieux, plat, qui fait le chien couchant, servile, soumis. ▸ *Insidieux* – insidieux, perfide, sournois, subreptice, traître. ▲ANT. ALTIER, HAUTAIN, SUPÉRIEUR.

rampe *n. f.* ▸ *Pente* – côte, coteau, déclivité, descente, grimpette, montée, pente, raidillon, rampant *(toit)*, talus, versant. *ÉQUIT.* calade.

ramper *v.* ▸ *Avancer ventre contre le sol* – se traîner. ▸ *Se montrer servile* – faire des courbettes, s'abaisser, s'agenouiller, s'humilier, se prosterner. *FAM.* s'aplatir (comme une carpette), se coucher. ▲ANT. S'ÉLEVER, SE DRESSER, SE TENIR DEBOUT.

ramure *n. f.* branchage, branches, feuillage. *SOUT.* feuillée, frondaison, ramée. *QUÉB. FAM.* branchailles.

rancœur *n. f.* acariâtreté, acerbité, acidité, âcreté, acrimonie, agressivité, aigreur, amertume, animosité, âpreté, bave, bile, causticité, colère, dépit, désagrément, dureté, fiel, haine, hargne, humeur, irritation, malveillance, maussaderie, mauvaise humeur, méchanceté, mordant, pique, rancune, récrimination, ressentiment, rudesse, tranchant, venin, vindicte, virulence. *SOUT.* mordacité. *FAM.* rouspétance. ▲ANT. INDULGENCE, OUBLI, PARDON.

rançon *n. f.* ▸ *Inconvénient* – coût, prix, revers de la médaille.

rancune *n. f.* ▸ *Aigreur* – acariâtreté, acerbité, acidité, âcreté, acrimonie, agressivité, aigreur, amertume, animosité, âpreté, bave, bile, causticité, colère, dépit, désagrément, dureté, fiel, haine, hargne, humeur, irritation, malveillance, maussaderie, mauvaise humeur, méchanceté, mordant, pique, rancœur, récrimination, ressentiment, rudesse, tranchant, venin, vindicte, virulence. *SOUT.* mordacité. *FAM.* rouspétance. ▸ *Vengeance* – châtiment, colère, (loi du) talion, pareille, punition, réciproque, réparation, représailles, ressentiment, rétorsion, revanche, riposte, vendetta, vengeance. *SOUT.* vindicte. ▲ANT. INDULGENCE, OUBLI, PARDON.

randonnée *n. f.* ▸ *Promenade* – aventure, course, déambulation, déplacement, égarement, flânerie, instabilité, nomadisme, pérégrination, promenade, rêverie, vagabondage, voyage. *SOUT.* badauderie, errance. *FAM.* rando, vadrouille, virée. *FRANCE FAM.* baguenaude, glandage. *QUÉB.* flânage, itinérance; *FAM.* niaisage. ▸ *Voyage* – allées et venues, balade, campagne, circuit, circumnavigation, course, croisière, déplacement, excursion, expédition, exploration, incursion, marche, mission, navette, navigation, odyssée, passage, pèlerinage, pérégrination, périple, promenade, raid, rallye, reconnaissance, tour, tourisme, tournée, transport, traversée, va-et-vient, voyage. *SOUT.* errance. *FAM.* bourlingue, rando, transhumance. *QUÉB.* voyagement. ▸ *Escalade* – alpinisme, ascension, escalade, grimpée, montagne, montée, trek, trekking, varappe. *FAM.* grimpe, grimpette, rando.

randonneur *n.* ▸ *Personne qui marche* – excursionniste, marcheur, passant, piéton, promeneur. *SOUT.* venant.

rang *n. m.* ▸ *Série* – alignement, chaîne, chapelet, colonne, combinaison, consécution, cordon, enchaînement, enfilade, énumération, file, gamme, guirlande, ligne, liste, rangée, séquence, série, succession, suite, tissu, travée. ▸ *Niveau* – degré, échelon, niveau, position. ▸ *Situation sociale* – caste, classe, condition, état, fortune, place, position, situation, statut. *SOUT.* étage. ▸ *Chemin* (*QUÉB.*) – allée, banquette, cavée, chemin, coulée, laie, layon, ligne, piste, sentier, tortille, traverse. *QUÉB.* portage (*pour canots*). ♦ **les rangs,** *plur.* ▸ *Campagne* (*QUÉB. FAM.*) – campagne, terroir.

rangé *adj.* ▸ *Respectable* – bien, bienséant, convenable, correct, de bon ton, décent, digne, fréquentable, honnête, honorable, moral, recommandable, respectable, sérieux. *FAM.* comme il faut. ▸ *Ordonné* – appliqué, assidu, attentif, consciencieux, méthodique, méticuleux, minutieux, ordonné, précis, rigoureux, scrupuleux, soigné, soigneux, systématique. *SOUT.* exact.

rangée *n. f.* alignement, chaîne, chapelet, colonne, combinaison, consécution, cordon, enchaînement, enfilade, énumération, file, gamme, guirlande, ligne, liste, rang, séquence, série, succession, suite, tissu, travée.

ranger *v.* ▸ *Mettre à sa place* – mettre, placer. *FAM.* caser, fourrer, foutre. *QUÉB. FAM.* serrer. ▸ *Mettre en lieu sûr* – enfermer, mettre à l'abri, mettre en lieu sûr, remiser. *FAM.* garer. *QUÉB. FAM.* serrer. ▸ *Classer*

– catégoriser, classer, classifier, distribuer, grouper, ordonner, répartir, sérier, trier. ▸ *Écarter un véhicule du passage* – garer. ♦ **se ranger** ▸ *Se conformer* – emboîter le pas à, imiter, s'accorder sur, s'adapter à, s'ajuster à, s'aligner sur, se conformer à, se mettre au diapason de, se mettre dans le ton, se modeler sur, se rallier à, se régler sur, suivre. ▸ *S'assagir* (*FAM.*) – atteindre à la sagesse, mûrir, s'assagir. *FAM.* dételer. *FRANCE FAM.* être rangé des voitures. ▲ANT. DÉPLACER, DÉRANGER, DÉRÉGLER, DÉSORDONNER, DÉSORGANISER; ENTASSER, MÉLANGER. △SE RANGER – RÉSISTER, SE REBELLER; SE DÉVERGONDER, SE DISSIPER.

ranimer *v.* ▸ *Faire reprendre conscience* – réanimer. ▸ *Redonner des forces* – donner un coup de fouet à, ragaillardir, réconforter, régénérer, remonter, revigorer, stimuler, tonifier, vitaliser, vivifier. *FAM.* ravigoter, recharger les accus à, recharger les batteries à, requinquer, retaper. *QUÉB. FAM.* raplomber, remettre d'aplomb, remettre sur le piton, renipper. ▸ *Redonner de la vitalité* – donner un second souffle à, faire renaître, faire revivre, ragaillardir, rallumer, raviver, réactiver, réchauffer, redonner vie à, redynamiser, régénérer, renflammer, renouveler, ressusciter, revigorer, revitaliser, revivifier, stimuler, vivifier. ▸ *Attiser un feu* – activer, attiser, aviver, rallumer, raviver, réactiver, renflammer. ♦ **se ranimer** ▸ *Renaître* – réapparaître, refleurir, renaître de ses cendres, renaître, reparaître, reprendre vie, ressurgir, ressusciter, revenir, revivre, se rallumer, se réveiller. ▲ANT. ASSOUPIR, ENDORMIR, ENGOURDIR, PARALYSER; AFFAIBLIR, RALENTIR; APAISER, CALMER; ÉTEINDRE, ÉTOUFFER.

rapace *adj.* âpre au gain, avide, cupide, intéressé, mercantile, mercenaire, sordide, vénal, vorace. ▲ANT. GÉNÉREUX; CONSCIENCIEUX, DROIT, FIABLE, HONNÊTE, INCORRUPTIBLE, INSOUPÇONNABLE, INTÈGRE, PROBE, PROPRE, SCRUPULEUX, SÛR.

rapace *n. m.* ▸ *Personne* – chacal, charognard, pieuvre, prédateur, requin, tueur, vautour. ♦ **rapaces,** *plur.* ▸ *Plante sauvage* (*QUÉB. FAM.*) – bardane. *QUÉB. FAM.* artichaut, artichou, craquias, glouton, grappes, graquias, gratteaux, piquants, rhubarbe du diable, tabac du diable, teignes, toques. *ACADIE FAM.* amoureux. ▲ANT. ALTRUISTE, BON SAMARITAIN, (VRAI) SAINT-BERNARD.

râpé *adj.* ▸ *En parlant d'un tissu* – élimé, limé, mûr, usé (jusqu'à la corde).

râpeux *adj.* ▸ *Au toucher* – âpre, rêche, rude, rugueux. ▸ *Au goût* – acescent, acide, acidulé, âcre, aigre, aigrelet, aigri, amer, piquant, piqué, rance, sur, suret, suri, tourné. ▸ *En parlant d'une voix* – âpre, enroué, éraillé, guttural, rauque, rocailleux. *FAM.* de rogomme. ▲ANT. DOUX; LISSE; SUAVE; CLAIR, CRISTALLIN, MÉLODIEUX.

rapide *adj.* ▸ *Qui bouge vite* – prompt, vif, vite. *SOUT.* preste, véloce. ▸ *Qui fait les choses rapidement* – actif, diligent, expéditif, prompt, qui va vite en besogne, vif. ▸ *Qui comprend vite* – à l'esprit vif, agile, alerte, brillant, éveillé, intelligent, vif. *QUÉB. FAM.* vite. ▸ *Qui dure peu longtemps* – bref, court, éphémère, évanescent, fugace, fugitif, intérimaire, momentané, passager, précaire, provisoire, temporaire, transitoire. *SOUT.* périssable. ▸ *Qui passe inaperçu* – discret, furtif, inaperçu. ▸ *Qui est fait à la*

hâte – expéditif, hâtif, précipité, sommaire. ◗ *Non favorable* – bâclé, expédié. FAM. cochonné, salopé, torché, torchonné. ▶ *Simplifié* – schématique, simplifié, sommaire, succinct. ▶ *En parlant d'une lecture* – bref, cursif, superficiel. ▶ *En parlant d'une pente* – à fond de cuve, à pic, abrupt, accore, escarpé, montant, raide. ▲ANT. LENT; ABRUTI, BENÊT, BÊTE, BORNÉ, CRÉTIN, DEMEURÉ, HÉBÉTÉ, IDIOT, IMBÉCILE, ININTELLIGENT, NIAIS, NIGAUD, OBTUS, SOT, STUPIDE.

rapide *n. m.* ▶ *Eau* – courant, cours, fil (de l'eau), flot, saut. ▶ *Véhicule* – train rapide. ▲ANT. (TRAIN) OMNIBUS.

rapidement *adv.* ▶ *Promptement* – à fond de train, à grande vitesse, à la course, à la hâte, à la sauvette, à plein régime, à pleine vitesse, à toute allure, à toute vitesse, à toutes jambes, à toute(s) pompe(s), à un train d'enfer, à vive allure, activement, au pas de course, avec célérité, bon train, courtement, d'urgence, diligemment, en coup de vent, en moins de deux, en moins de rien, en peu de temps, en trois coups de cuiller à pot, en un clin d'œil, en un éclair, en un instant, en un moment, en un rien de temps, en un temps record, en un tour de main, en un tournemain, expéditivement, exponentiellement, hâtivement, précipitamment, prestement, promptement, rondement, tôt, vite, vivement. SOUT. vélocement, vitement. FAM. à fond la caisse, à fond la gomme, à fond les manettes, à la six-quatre-deux, à la va-vite, à pleins gaz, à pleins pots, à pleins tubes, à tout berzingue, à toute barde, à toute biture, à toute blinde, à toute vapeur, à toute vibure, au galop, dans le temps de le dire, dare-dare, en cinq sec, en deux temps trois mouvements, illico presto, presto, prompto, rapido, vite fait. QUÉB. FAM. en criant ciseau, en criant lapin, rien que sur une aile. ▶ *Immédiatement* – à l'instant, au plus vite, aussitôt, aussitôt que possible, d'emblée, d'urgence, directement, en urgence, immédiatement, instantanément, sans délai, sans différer, sans tarder, séance tenante, sitôt, sur l'heure, sur le coup, sur-le-champ, tout de suite. SOUT. dans l'instant, incontinent. FAM. aussi sec, de suite, illico. QUÉB. FAM. au plus coupant, au plus sacrant. ▶ *Bientôt* – à bref délai, à brève échéance, à court terme, à courte échéance, bientôt, d'ici peu, d'un instant à l'autre, d'un jour à l'autre, d'un moment à l'autre, d'une minute à l'autre, des jours à venir, dans peu, dans peu de temps, dans quelque temps, dans quelques instants, dans un avenir rapproché, dans un instant, dans un moment, incessamment, prochainement, sans tarder, sous peu, tantôt, tôt, tout à l'heure. ▶ *Brièvement* – abréviativement, bref, brièvement, court, courtement, densément, elliptiquement, en abrégé, en bref, en peu de mots, en résumé, en un mot, laconiquement, sommairement, succinctement, télégraphiquement. ▲ANT. EN DOUCEUR, INDOLEMMENT, LENTEMENT, SANS HÂTE.

rapidité *n. f.* ▶ *Vitesse* – activité, agilité, célérité, diligence, empressement, hâte, précipitation, promptitude, vélocité, vitesse, vivacité. SOUT. prestesse. ▶ *Soudaineté* – brusquerie, brutalité, immédiateté, instantanéité, promptitude, soudaineté. ▶ *Précocité* – avance, hâte, précocité, prématurité. ▶ *Agilité* – adresse, agilité, aisance, dextérité, élasticité, élégance, facilité, grâce, habileté, légèreté, main,

mobilité, précision, souplesse, technique, virtuosité, vivacité. SOUT. félinité, prestesse. ▲ANT. LENTEUR; LOURDEUR, PARESSE, PESANTEUR.

rappel *n. m.* ▶ *Évocation* – allusion, anamnèse, commémoration, déjà vu, évocation, impression, mémoire, mémoration, mémorisation, pensée, réminiscence, souvenir, trace. SOUT. remémoration. ◗ *Non favorable* – arrière-goût. ▶ *Mobilisation* – appel (sous les drapeaux), conscription, mobilisation. ▶ *Resollicitation* – relance. ▶ *Applaudissement* (QUÉB.) – acclamation, applaudissement, ban, bis, bravo, chorus, clameur, hourra, ovation, triomphe, vivat. ▲ANT. BANNISSEMENT, EXIL, OUBLI, RENVOI; HUÉES.

rappeler *v.* ▶ *Remémorer* – évoquer, remémorer. ▶ *Ressembler* – connoter, évoquer, faire penser à, ressembler à, s'apparenter à, se rapprocher de. ▶ *Téléphoner de nouveau* – retéléphoner. ◆ *se rappeler* ▶ *Se remémorer* – penser à, revoir, se remémorer, se souvenir. SOUT. se ressouvenir. ▶ *Reconnaître* – reconnaître, se souvenir de. FAM. replacer. ▶ *Mémoriser* – apprendre, assimiler, enregistrer, mémoriser, retenir. ▲ANT. OMETTRE, OUBLIER; BANNIR, CHASSER, EXILER, RENVOYER.

rapport *n. m.* ▶ *Relation* – association, connexion, connexité, corrélation, correspondance, dépendance, filiation, interaction, interdépendance, interrelation, liaison, lien, lien causal, rapprochement, relation, relation de cause à effet. FIG. pont. ▶ *Comparaison* – allégorie, analogie, apologue, assimilation, association (d'idées), catachrèse (lexicalisée), comparaison, équivalence, figure, image, lien, métaphore, parabole, parallèle, parenté, personnification, rapprochement, relation, ressemblance, similitude, symbole, symbolisme. ▶ *Communication* – attache, communication, compagnie, contact, correspondance, côtoiement, coudoiement, entourage, familiarité, fréquentation, habitude, intelligence, intimité, liaison, lien, pratique, relation, société, termes (bons ou mauvais), usage, voisinage. SOUT. commerce. PÉJ. acoquinement, encanaillement. ▶ *Quotient* – coefficient, facteur, indice, pour cent, pourcentage, proportion, quotient, ratio, tant pour cent, tantième, taux, teneur. ▶ *Force* – action, énergie, force, interaction, intervention, réaction. ▶ *Rendement* – bénéfice, effet, efficacité, efficience, gain, production, productivité, produit, profit, rendement, rentabilité, revenu. ▶ *Revenu* – allocation, arrérages, avantage, bénéfice, casuel, chômage, dividende, dotation, fermage, fruit, gain, intérêt, loyer, mense, mensualité, métayage, pension, prébende, présalaire, produit, profit, recette, redevance, rente, rentrée, retraite, revenu, usufruit, usure, ventes, viager. FAM. alloc. FRANCE FAM. bénef, chômedu. ▶ *Crédit* – actif, avantage, avoir, bénéfice, boni, crédit, excédent, fruit, gain, produit, profit, reliquat, reste, revenant-bon, revenu, solde, solde créditeur, solde positif. FAM. bénef, gras, gratte, part du gâteau. ▶ *Récit* – compte rendu, débreffage, description, exposé, exposition, histoire, narration, peinture, procès-verbal, relation, reportage, tableau. SOUT. radiographie. ▶ *Éructation* (QUÉB. FAM.) – éructation, renvoi, rot. FAM. rototo (bébé). ▲ANT. ABSENCE DE LIEN, INDÉPENDANCE, SÉPARATION; DIFFÉRENCE, DISPROPORTION, INCOMPATIBILITÉ; PERTE.

rapporter *v.* ▶ *Apporter d'un autre lieu* – ramener. ▶ *Relater* – citer, mentionner, relater. ▶ *Répéter* – répéter. *FAM.* cafarder, cafter, moucharder. ▶ *Attribuer* – attribuer, prêter, supposer. ▶ *Générer* – donner, fournir, générer, produire, rendre. ▶ *Des bénéfices* – être rentable, fructifier. ▶ *Mettre en relation* – associer, faire un rapprochement, mettre en rapport, mettre en relation, raccrocher, rapprocher, relier. ▶ *Annuler* – abolir, abroger, casser, invalider, révoquer. *DR.* infirmer. ▶ *Être profitable* – payer, porter fruit. ♦ **se rapporter** ▶ *Concerner* – avoir pour objet, avoir rapport à, avoir trait à, concerner, intéresser, porter sur, relever de, s'appliquer à, toucher, viser. ▶ *Dépendre* – appartenir à, dépendre de, être du ressort de, relever de, ressortir à, se rattacher à. ▶ *Être relié* – se raccrocher, se rattacher. ▲ANT. EMPORTER, ENLEVER, REMPORTER; RENVOYER, RETOURNER; CONSERVER, GARDER; COÛTER; DISSOCIER, OPPOSER; CONFIRMER, PROROGER.

rapprochement *n. m.* ▶ *Diminution de la distance* – approche. ▶ *Jonction* – abouchement, aboutage, aboutement, accolement, accouplage, accouplement, ajustage, apposition, articulation, assemblage, association, branchement, coalescence, confluence, conjonction, conjugaison, connexion, contact, convergence, couplage, couplement, groupage, interconnexion, interface, joint, jointure, jonction, jumelage, juxtaposition, liaison, mariage, mise en couple, mixage, raccord, raccordement, reboutement, relation, rencontre, réunion, suture, union. ▶ *Relation* – association, connexion, connexité, corrélation, correspondance, dépendance, filiation, interaction, interdépendance, interrelation, liaison, lien, lien causal, rapport, relation, relation de cause à effet. *FIG.* pont. ▶ *Comparaison* – analyse, balance, collation, collationnement, comparaison, confrontation, jugement, mesure, mise en regard, parallèle, recension. ▶ *Analogie* – allégorie, analogie, apologue, assimilation, association (d'idées), catachrèse *(lexicalisée)*, comparaison, équivalence, figure, image, lien, métaphore, parabole, parallèle, parenté, personnification, rapport, relation, ressemblance, similitude, symbole, symbolisme. ▶ *Réconciliation* – accommodement, accord, conciliation, fraternisation, réconciliation, renouement, replâtrage, retrouvailles. *FAM.* rabibochage, raccommodement. ▶ *Pacte* – accommodement, accord, alliance, arrangement, compromis, concordat, consensus, contrat, convention, engagement, entente, marché, modus vivendi, pacte, protocole, traité, transaction. ▶ *Alliance politique* – alliance, apparentement, association, bloc, camp, cartel, club, coalition, confédération, faisceau, fédération, formation, front, groupe, groupe d'intérêts, groupe de pression, groupement, ligue, mouvement, organisation, parti, phalange, rassemblement, union. ▲ANT. DÉPART, ÉCARTEMENT, ÉLOIGNEMENT, SÉPARATION; DIFFÉRENCIATION, DISSOCIATION.

rapprocher *v.* ▶ *Mettre plus près* – approcher. ▶ *Associer par un lien logique* – associer, faire un rapprochement, mettre en rapport, mettre en relation, raccrocher, rapporter, relier. ♦ **se rapprocher** ▶ *Ressembler* – connoter, évoquer, faire penser à, rappeler, ressembler à, s'apparenter à. ▶ *Tendre vers*

– tendre vers, tirer sur. ▲ANT. ÉCARTER, ÉLOIGNER, ESPACER; DIFFÉRENCIER, DISJOINDRE, DISSOCIER, DIVISER, OPPOSER, SÉPARER. △SE RAPPROCHER – SE RARÉFIER; DIVERGER; SE BROUILLER.

rare *adj.* ▶ *Inhabituel* – d'exception, exceptionnel, fortuit, inaccoutumé, inhabituel, inusité, occasionnel, rarissime, spécial. *SOUT.* extraordinaire, inusuel. ▶ *Remarquable* – d'exception, exceptionnel, hors du commun, hors ligne, hors pair, hors série, incomparable, inégalable, inégalé, inimitable, insurpassable, insurpassé, irremplaçable, précieux, qui n'a pas son pareil, remarquable, sans égal, sans pareil, sans précédent, sans rival, sans second, spécial, supérieur, unique. ▶ *De grande valeur* – cher, de (grande) valeur, de prix, inappréciable, inestimable, introuvable, précieux, rarissime, recherché, sans prix. ▶ *Peu fourni* – clair, clairsemé, maigre. ▲ANT. COURANT, FRÉQUENT, HABITUEL; BANAL, ORDINAIRE; ABONDANT, COMMUN, NOMBREUX, RÉPANDU; DENSE, DRU, ÉPAIS, FOURNI, LUXURIANT, TOUFFU.

rarement *adv.* dans la minorité des cas, exceptionnellement, guère, par exception, peu, peu souvent, pratiquement jamais, quasiment jamais. ▲ANT. À DE RARES EXCEPTIONS PRÈS, COURAMMENT, D'HABITUDE, EN GÉNÉRAL, FRÉQUEMMENT, GÉNÉRALEMENT, HABITUELLEMENT, LA PLUPART DU TEMPS, NORMALEMENT, ORDINAIREMENT, RÉGULIÈREMENT.

rareté *n. f.* ▶ *Raréfaction* – carence, déficience, déficit, incomplétude, insuffisance, manque, pénurie. ▶ *Ce qui est rare* – curiosité, merle blanc, mouton à cinq pattes, oiseau rare, perle rare. ▲ANT. ABONDANCE, FOISONNEMENT, PROFUSION; BANALITÉ, FRÉQUENCE.

ras *adj.* chauve, dégarni, dénudé, lisse, pelé, tondu. *FAM.* déplumé. *QUÉB. FAM.* pleumé. ▲ANT. LONGS *(cheveux)*.

raser *v.* ▶ *Couper la barbe* – faire la barbe à. *FAM.* barbifier. ▶ *Passer très près* – effleurer, friser, frôler, serrer. ▶ *Toucher légèrement* – caresser, effleurer, friser, frôler, lécher. ▶ *Niveler* – aplanir, araser, égaliser, niveler, régaler. ▶ *Démolir une construction* – abattre, démanteler, démolir. ▶ *Détruire complètement* – anéantir, annihiler, détruire, néantiser, pulvériser, rayer de la carte, rayer de la surface de la terre, réduire en cendres, réduire en miettes, réduire en poussière. ▶ *Ravager* – dévaster, écumer, mettre à feu et à sang, mettre à sac, piller, ravager, razzier, saccager. *SOUT.* infester. ▶ *Ennuyer* (*FAM.*) – assommer, endormir, ennuyer, lasser. *FAM.* barber, barbifier, pomper. ▶ *Être près de* (*QUÉB. FAM.*) – faillir, manquer de. *QUÉB. FAM.* passer près de. ♦ **se raser** ▶ *S'ennuyer* (*FAM.*) – s'ennuyer, se languir, se morfondre, sécher sur pied, tourner en rond, trouver le temps long. *SOUT.* languir d'ennui. *FAM.* s'embêter, se barber, se barbifier. ▲ANT. LAISSER POUSSER; ÉGAYER; ÉPARGNER.

rassasié *adj.* gavé, qui a le ventre plein, repu, saoul.

rassasier *v.* ▶ *Satisfaire la faim* – gaver, gorger. *FAM.* bourrer. ▶ *Satisfaire un besoin* – apaiser, assouvir, calmer, contenter, étancher, satisfaire, soulager. *SOUT.* désaltérer, repaître. ▶ *Pourvoir en abondance* – abreuver, accabler, combler, couvrir, gaver, gorger, inonder, soûler. ▲ANT. AFFAMER, VIDER; FRUSTRER, PRIVER.

rassemblement *n. m.* ▶ *Collection* – accumulation, amas, appareil, assemblage, assortiment, collection, compilation, ensemble, foule, grand nombre, groupe, groupement, jeu, quantité, recueil, tas, train. *FAM.* attirail, cargaison, compil. *PÉJ.* ramassis. ▶ *Regroupement* – alliance, assemblage, association, collage, combinaison, communion, composition, concentration, conjonction, constitution, fusion, fusionnement, groupement, incorporation, intégration, ralliement, regroupement, réunion, symbiose, synthèse, unification, union. ▶ *Grande quantité de gens* – abondance, affluence, armada, armée, attroupement, cohue, concentration, concours, encombrement, essaim, flot, forêt, foule, fourmilière, fourmillement, grouillement, légion, marée, masse, meute, monde, multitude, peuple, pléiade *(célébrités)*, pullulement, régiment, réunion, ribambelle, ruche, tas, troupeau. *FAM.* flopée, marmaille *(enfants)*, tapée, tripotée. *QUÉB.* achalandage; *FAM.* tapon, trâlée. *PÉJ.* ramassis. ▶ *Association politique* – alliance, apparentement, association, bloc, camp, cartel, club, coalition, confédération, faisceau, fédération, formation, front, groupe, groupe d'intérêts, groupe de pression, groupement, ligue, mouvement, organisation, parti, phalange, rapprochement, union. *PÉJ.* bande, bandits, cabale, camarilla, chapelle, clan, clique, coterie, école, église, faction, groupuscule, ligue, maffia, malfaiteurs, secte. ▶ *Manifestation* – cortège, défilé, démonstration publique, marche, protestation, réunion. *FAM.* manif. ▲ANT. DISPERSION, DISSÉMINATION, ÉPARPILLEMENT, SÉPARATION.

rassembler *v.* ▶ *Recueillir* – assembler, collecter, colliger, ramasser, recueillir, relever. *QUÉB. FAM.* rapailler. *SUISSE FAM.* rapercher. ▶ *Réunir des choses* – bloquer, concentrer, grouper, regrouper, réunir. ▶ *Réunir des personnes* – ameuter, assembler, attrouper, masser, mobiliser, rallier, ramasser, rameuter, regrouper, réunir. *SOUT.* battre le rappel de, conglomérer. ◆ *se rassembler* ▶ *Se réunir* – s'assembler, s'attrouper, se masser, se mobiliser, se rallier, se regrouper, se réunir. ▲ANT. DISPERSER, DISSÉMINER, ÉPARPILLER; DIVISER, ISOLER, SÉPARER; DISTRIBUER, RÉPARTIR; DÉSORGANISER, DÉSUNIR.

rassurant *adj.* apaisant, calmant, consolant, consolateur, lénifiant, lénitif, rassérénant, réconfortant, sécurisant, tranquillisant. ▲ANT. ALARMANT, ANGOISSANT, EFFARANT, INQUIÉTANT, OPPRESSANT, PANIQUANT, TROUBLANT.

rassurer *v.* apaiser, calmer, consoler, rasséréner, réconforter, sécuriser, tranquilliser. ▲ANT. AFFOLER, AGITER, ALARMER, ÉBRANLER, EFFRAYER, ÉMOUVOIR, ÉNERVER, INQUIÉTER, INTIMIDER, MENACER, PRÉOCCUPER, TERRIFIER, TROUBLER.

ratatiné *adj.* rabougri. *QUÉB. FAM.* chenu. ▲ANT. ALLONGÉ, ÉLANCÉ, ÉPANOUI, GRAND, VIGOUREUX.

raté *adj.* abominable, affreux, atroce, déplorable, désastreux, épouvantable, exécrable, horrible, infect, insipide, lamentable, manqué, mauvais, médiocre, minable, navrant, nul, odieux, piètre, piteux, pitoyable, qui ne vaut rien. *SOUT.* méchant, triste. *FAM.* à la flan, à la gomme, à la manque, à la mie de pain, à la noix (de coco), blèche, craignos, crapoteux, mal

fichu, moche, pourri, qui ne vaut pas un clou. *QUÉB. FAM.* de broche à foin, poche.

raté *n.* ▶ *Personne incapable* – bon à rien, gâcheur, inapte, incapable, incompétent, mazette, médiocre, nullité, propre à rien. ◆ **raté**, *masc.* ▶ *Secousse* – à-coup, cahot, saccade, secousse, soubresaut. ▶ *Bruit brusque* – bang, battement, boum, choc, clappement, claquement, coup, tapement. ▶ *Échec* – avortement, banqueroute, capitulation, catastrophe, chute, débâcle, débandade, déconfiture, défaite, déroute, désavantage, échec, écrasement, faillite, fiasco, four, infortune, insuccès, mauvaise fortune, naufrage, perte, ratage, retraite, revers. *SOUT.* traverse. *FAM.* désastre, piquette, plantage, raclée, recalage, volée. *FRANCE FAM.* bérézina, bide, brossée, déculottée, dégelée, écrabouillement, fessée, foirade, gamelle, loupage, pile, rincée, rossée, tannée, veste. ▲ANT. AS, EXPERT, MAÎTRE, VIRTUOSE; HÉROS, (HOMME DE) VALEUR. △RATÉ, *masc.* – RÉUSSITE, SUCCÈS, VICTOIRE.

rater *v.* ▶ *Ne pas réussir* – échouer, manquer. *FAM.* louper. *QUÉB. FAM.* foirer, moffer. ▶ *Ne pas aboutir* – avorter, échouer, faire long feu. *FAM.* capoter, louper, queuter, s'en aller en eau de boudin. ▶ *Manquer* – manquer. *FAM.* louper. *QUÉB. FAM.* moffer. ▲ANT. ABOUTIR, ARRIVER, PARVENIR, RÉUSSIR; ATTEINDRE, GAGNER, OBTENIR, TOUCHER.

ratio *n. m.* coefficient, facteur, indice, pour cent, pourcentage, proportion, quotient, rapport, tant pour cent, tantième, taux, teneur.

ration *n. f.* ▶ *Portion* – part, portion. ▶ *Répartition* – allotissement, assiette, attribution, coéquation, contingent, diffusion, distribution, partage, péréquation, quote-part, répartement, répartiement, répartition, routage. *DR.* copartage.

rationalité *n. f.* actualité, choses concrètes, concret, corporéité, matérialité, monde concret, palpabilité, phénoménalité, positif, rationnel, réalité, réel, tangibilité, tangible, visible. ▲ANT. IRRATIONALITÉ; AFFECTIVITÉ, IMPULSIVITÉ.

rationnel *adj.* ▶ *Logique* – cartésien, déductif, discursif, logique, méthodique. ▶ *Sensé* – éclairé, judicieux, mesuré, modéré, philosophe, pondéré, posé, raisonnable, raisonné, réfléchi, responsable, sage, sain, sensé, sérieux. *SOUT.* rassis, tempéré. ▲ANT. EMPIRIQUE; ABSURDE, CONTRADICTOIRE, ILLOGIQUE, IRRATIONNEL; MYSTIQUE; ÉMOTIF, ÉMOTIONNEL, IMPULSIF, IRRÉFLÉCHI, PASSIONNÉ.

rationnellement *adv.* ▶ *Mentalement* – intellectuellement, mentalement, moralement, psychologiquement, spirituellement. ▶ *Méthodiquement* – analytiquement, conséquemment, dialectiquement, inductivement, logiquement, mathématiquement, méthodiquement, point par point, rigoureusement, scientifiquement, sensément, soigneusement, systématiquement, techniquement. *SOUT.* cohéremment. ▲ANT. ÉMOTIVEMENT, INTUITIVEMENT; IRRATIONNELLEMENT.

rattacher *v.* ▶ *Attacher de nouveau* – reficeler, renouer. ▶ *Annexer* – annexer, relier. ▶ *Faire communiquer* – brancher, connecter, embrancher, joindre, lier, raccorder, relier, réunir. ▶ *Associer par un lien logique* – associer, faire un rapprochement, mettre en rapport, mettre en relation, raccrocher, rapporter, rapprocher, relier. ♦ **se rattacher** ▸ *Se raccrocher* – se raccrocher, se rapporter. ▸ *Dépendre* – appartenir à, dépendre de, être du ressort de, relever de, ressortir à, se rapporter à. ▲ANT. DÉTACHER, SÉPARER; ÉCARTER, ÉLOIGNER.

rattraper *v.* ▸ *Attraper de nouveau* – raccrocher, reprendre, ressaisir. QUÉB. ACADIE FAM. repogner. ▸ *Récupérer* – ravoir, reconquérir, recouvrer, récupérer, regagner, rentrer en possession de, reprendre, retrouver, se réapproprier. FAM. raccrocher. SUISSE FAM. rapercher. ▸ *Rejoindre* – atteindre, rejoindre, remonter, retrouver. QUÉB. repêcher. ♦ **se rattraper** ▸ *Se racheter* – se dédouaner, se racheter, se réhabiliter. ▸ *Réparer une perte* – se dédommager. FAM. se raccrocher. ▲ANT. MANQUER, RATER; CREUSER L'ÉCART.

rature *n.f.* bande, barre, biffage, biffure, contretaille (*gravure*), hachure, ligne, liséré, liteau, raie, rayure, strie, trait, vergeture (*peau*), zébrure.

rauque *adj.* âpre, enroué, éraillé, guttural, râpeux, rocailleux, rude. FAM. de rogomme. ▲ANT. CLAIR, CRISTALLIN, DOUX, MÉLODIEUX.

ravagé *adj.* à feu et à sang, dévasté, massacré.

ravage *n.m.* ▸ *Dégât* – avarie, bris, casse, débâcle, dégradation, déprédation, désolation, destruction, détérioration, dévastation, dommage, endommagement, méfait, mouille, perte, ruine, sabotage, vilain. FAM. bousillage, charcutage, grabuge. ▲ANT. AMÉLIORATION, AMÉNAGEMENT, CONSTRUCTION.

ravager *v.* ▸ *Piller* – dévaster, écumer, mettre à feu et à sang, mettre à sac, piller, raser, razzier, saccager. SOUT. infester. ▸ *Dévaster* – anéantir, détruire, dévaster, endommager, ruiner, saccager. SOUT. désoler. ▸ *Perturber gravement* – détruire, miner, ronger. SOUT. corroder. ▲ANT. ÉPARGNER, MÉNAGER, RESPECTER; AMÉLIORER, CONSTRUIRE, EMBELLIR, RÉPARER, RÉTABLIR.

ravaler *v.* ▸ *Déprécier* – dénigrer, déprécier, dévaloriser, dévaluer, diminuer, inférioriser, rabaisser, rapetisser. ▸ *Enlever toute dignité* – abaisser, avilir, dégrader, dépraver, déshonorer, galvauder, prostituer, rabaisser, souiller. ▸ *Retenir ce qu'on allait dire* – FAM. rengainer. FRANCE FAM. renquiller. ♦ **se ravaler** ▸ *Perdre toute dignité* – s'abaisser, s'avilir, se dégrader, se prostituer, tomber (bien) bas. SOUT. déchoir. ▲ANT. ÉLEVER, EXALTER, HAUSSER; DIRE, EXPRIMER.

ravi *adj.* ▸ *Heureux* – au comble du bonheur, au septième ciel, aux anges, béat, comblé, en fête, en joie, en liesse, enchanté, euphorique, extasié, extatique, exultant, fou de joie, heureux, le cœur en joie, radieux, rayonnant, réjoui, resplendissant de bonheur, ruisselant de joie, transporté de joie, triomphant. SOUT. aise, bienheureux. FAM. jubilant. ▸ *Dans les formules de politesse* – charmé, enchanté, heureux.

ravin *n.m.* ▸ *Petite vallée* – cañon, col, couloir, défilé, gorge, goulet, porte, ravine. QUÉB. FAM. coulée. ♦ **ravins**, *plur.* ▸ *Ensemble de petites vallées* – ravinement.

ravir *v.* ▸ *Kidnapper* – enlever, kidnapper, prendre en otage, voler. ▸ *Usurper* – enlever, prendre, s'emparer de, se saisir de, usurper, voler. FAM. faucher, souffler, soulever. ▸ *Rendre heureux* – charmer,

combler, enchanter, enthousiasmer, exaucer, faire la joie de, faire le bonheur de, faire plaisir à, mettre en joie, plaire à, réjouir. SOUT. assouvir, délecter. FAM. emballer. ▲ANT. LIBÉRER, RELÂCHER; RAPPORTER, REMETTRE, RETOURNER; AFFLIGER, ATTRISTER, CHAGRINER, CONTRARIER, DÉCEVOIR, DÉPLAIRE, DÉSAPPOINTER, ENNUYER, MÉCONTENTER.

raviser (se) *v.* changer d'avis, faire machine arrière, faire marche arrière, ravaler ses paroles, retirer ses paroles, revenir sur ses paroles, se dédire, se déjuger, se rétracter. FAM. manger son chapeau. ▲ANT. TENIR SA PROMESSE.

ravissant *adj.* ▸ *Très beau* – admirable, beau, d'une grande beauté, de toute beauté, éblouissant, magnifique, splendide, superbe. FRANCE FAM. flambant. ▸ *Charmant* – à croquer, adorable, avenant, beau, bien, charmant, coquet, délicieux, gentil, gentillet, gracieux, joli, mignon, mignonnet, plaisant. FAM. chou, jojo. FRANCE FAM. croquignolet, mignard, mimi, trognon. ▲ANT. DÉPLAISANT, DISGRACIEUX, INESTHÉTIQUE, INGRAT, LAID, VILAIN.

ravissement *n.m.* ▸ *Mysticisme* – anagogie, contemplation, dévotion, élévation, extase, illuminisme, mysticisme, mystique, oraison, philocalie, sainteté, spiritualité, transe, vision. SOUT. mysticité. ▸ *Émerveillement* – admiration, adoration, éblouissement, émerveillement, enchantement, engouement, enthousiasme, envoûtement, fascination, subjugation. ▸ *Joie* – allégresse, béatitude, bonheur, égaiement, enthousiasme, euphorie, exaltation, extase, exultation, gaieté, hilarité, ivresse, joie, jubilation, plaisir, réjouissance, vertige. SOUT. aise, félicité, liesse, rayonnement. ▲ANT. AFFLICTION, DÉGOÛT, DÉSENCHANTEMENT, DÉSOLATION, ENNUI.

ravitaillement *n.m.* ▸ *Approvisionnement* – apport, approvisionnement, fourniture. ▸ *Subsistance* – aliment, alimentation, approvisionnement, comestibles, denrée, entretien, épicerie, fourniture, intendance, nourriture, pain, produit alimentaire, provision, subsistance, victuailles, vie, vivres. SOUT. provende. FAM. matérielle. ▲ANT. CONFISCATION, DÉSAPPROVISIONNEMENT, PRIVATION.

ravitailler *v.* ▸ *Fournir des vivres* – alimenter, approvisionner, fournir, pourvoir. ▲ANT. AFFAMER, DÉSAPPROVISIONNER, PRIVER.

raviver *v.* ▸ *Attiser un feu* – activer, attiser, aviver, rallumer, ranimer, réactiver, renflammer. ▸ *Redonner de l'éclat* – aviver, rafraîchir. ▸ *Redonner de la vitalité* – donner un second souffle à, faire renaître, faire revivre, ragaillardir, rallumer, ranimer, réactiver, réchauffer, redonner vie à, redynamiser, régénérer, renflammer, renouveler, ressusciter, réveiller, revigorer, revitaliser, revivifier, stimuler, vivifier. ▲ANT. ÉTEINDRE, ÉTOUFFER; ATTÉNUER, EFFACER, ESTOMPER, OBSCURCIR; AFFAIBLIR, APAISER, CALMER, ENDORMIR, MODÉRER.

rayé *adj.* à rayures, strié.

rayer *v.* ▸ *Marquer de raies* – rainer, rainurer, rider, sillonner, strier. TECHN. bretteler, bretter, rainetter. ▸ *Marquer de raies sinueuses* – jasper, marbrer, rayonner (*le cuir*), tigrer, veiner, vermiculer, zébrer. ▸ *Marquer de hachures* – hacher, hachurer. ▸ *Érafler* – égratigner, érafler, érailler. QUÉB. FAM. grafigner. ▸ *Biffer*

– barrer, biffer, raturer. *SUISSE* tracer. ▲**ANT.** AJOUTER, INSCRIRE; CONSERVER, GARDER, LAISSER.

rayon *n. m.* ▶ *Étagère* – balconnet, étagère, planchette, tablette, tirette. *BELG.* archelle. *SUISSE* tablar. ▶ *Spécialité* (*FAM.*) – branche, champ, département, discipline, division, domaine, étude, fief, matière, partie, scène, science, secteur, spécialité, sphère. ▶ *Dans une ruche* – alvéoles, gâteau. ▶ *Sillon* – dérayure, enrayure, jauge, orne, perchée, raie, rigole, sillon. *GÉOL.* sulcature. ▶ *En géométrie* – demidiamètre. ▶ *Lumière* – trait (de lumière). *SOUT.* rai. ▶ *Radiation* – radiation, radioactivité, rayonnement, rayon(s). ♦ **rayons,** *plur.* ▶ *Ensemble de rayons* – faisceau (lumineux), jet (de lumière), pinceau (lumineux), rayons lumineux.

rayonnant *adj.* ▶ *Lumineux* – clair, éclairé, éclatant, lumineux, radieux, resplendissant. ▶ *Heureux* – au comble du bonheur, au septième ciel, aux anges, béat, comblé, en fête, en joie, en liesse, enchanté, euphorique, extasié, extatique, exultant, fou de joie, heureux, le cœur en joie, radieux, ravi, réjoui, resplendissant de bonheur, ruisselant de joie, transporté de joie, triomphant. *SOUT.* aise, bienheureux. *FAM.* jubilant. ▲**ANT.** NOIR, OBSCUR, OMBREUX, OPAQUE, SOMBRE; ÉTEINT, TRISTE.

rayonnement *n. m.* ▶ *Éclat* – brasillement, brillance, brillant, cati, chatoiement, coruscation, éclat, étincellement, feux, halo, image, irisation, lueur, luisant, lustre, miroitement, moire, moiré, moirure, orient, papillotage, papillotement, poli, poudroiement, reflet, réflexion, réfraction, réverbération, ruissellement, scintillement. *SOUT.* luisance, nacre, opalescence, resplendissement, rutilance, rutilation, rutilement. *SC.* albédo. *TECHN.* bruni, brunissure. ▶ *Radiation* – émission, irradiation, phosphorescence, propagation, radiation. ▶ *Diffusion* – cession, circulation, communication, dévolution, diffusion, dissémination, émission, expansion, extension, intercommunication, multiplication, passation, progression, propagation, reproduction, transfert, translation, virement. ▶ *Influence* – gloire. *SOUT.* lustre, relief. ▶ *Bonheur* (*SOUT.*) – allégresse, béatitude, bonheur, égaiement, enthousiasme, euphorie, exaltation, extase, exultation, gaieté, hilarité, ivresse, joie, jubilation, plaisir, ravissement, réjouissance, vertige. *SOUT.* aise, félicité, liesse. ▲**ANT.** OBSCURITÉ; ABSORPTION; DÉCLIN, RÉGRESSION; TRISTESSE.

rayonner *v.* ▶ *Répandre une vive lumière* – briller, étinceler, irradier, resplendir, ruisseler de lumière. *SOUT.* briller de mille feux, flamber, jeter des feux. ▶ *Jeter des reflets* – brasiller, briller, chatoyer, étinceler, flamboyer, fulgurer (*éclat passager*), luire, miroiter, reluire, resplendir, rutiler, scintiller. *SOUT.* palpiter, papilloter, pétiller. *BELG.* blinquer. *ACADIE FAM.* mirer. ▲**ANT.** PÂLIR, S'ASSOMBRIR, S'OBSCURCIR.

rayure *n. f.* ▶ *Bande* – bande, barre, biffage, biffure, contre-taille (*gravure*), hachure, ligne, liséré, liteau, raie, rature, strie, trait, vergeture (*peau*), zébrure. ▶ *Entaille* – adent, brèche, coche, coupure, cran, créneau, crevasse, échancrure, égratignure, enclenche, encoche, engravure, entaille, entamure, épaufrure, faille, fente, feuillure, incision, marque, mortaise, moucheture, onglet, raie, rainurage, rainure, ruinure, scarification, scissure, sillon, souchèvement

(*roche*), strie. *QUÉB.* *FAM.* grafignure. *BELG.* griffe. *BELG.* *FAM.* gratte.

raz-de-marée (var. **raz de marée**) *n. m.* ▶ *Grosse vague* – lame de fond, tsunami. ▶ *Remous* – agitation, balancement, ballottement, bercement, branle, branlement, cahotement, flottement, fluctuation, flux et reflux, houle, impulsion, lacet, mouvement, onde, ondoiement, ondulation, oscillation, pulsation, remous, roulis, tangage, va-et-vient, vague, valse, vibration. *FAM.* brimbalement. ▲**ANT.** VAGUELETTE; PAIX, STABILITÉ, TRANQUILLITÉ.

réactif *adj.* ▲**ANT.** INERTE, NEUTRE; RÉSISTIF (*circuit*).

réaction *n. f.* ▶ *Force opposée* – action, énergie, force, interaction, intervention, rapport. ▶ *Effet* – action, conclusion, conséquence, contrecoup, corollaire, développement, effet, efficacité, fonction, fruit, impact, implication, incidence, jeu, juste retour des choses, œuvre, portée, prolongement, rejaillissement, répercussion, résultante, résultat, retentissement, retombées, ricochet, séquelle, suite (logique). *SOUT.* aboutissant, efficace, fille. ▶ *Réflexe* – automatisme, conditionnement, interaction, réaction (immédiate), réflexe, réponse. ▶ *Réponse* – écho, objection, réfutation, repartie, réplique, réponse, riposte, contre-attaque. *FIG.* contre-attaque. ▶ *Opposition* – barrage, désapprobation, désobéissance, mauvaise volonté, objection, obstacle, obstruction, opposition, rebuffade, refus, résistance, veto. *SOUT.* contredit, inacceptation. ▶ *Contre-révolution* – conformisme, conservatisme, contre-révolution, conventionnalisme, droite, droitisme, fondamentalisme, immobilisme, intégrisme, orthodoxie, passéisme, suivisme, traditionalisme. *SOUT.* philistinisme. ▶ *Conservatisme* – conservatisme, droite, droitisme, extrême droite, fascisme, libéralisme, partis de droite. ▲**ANT.** IMPASSIBILITÉ, INDIFFÉRENCE, INERTIE, NEUTRALITÉ.

réactionnaire *adj.* arriéré, attardé, contre-révolutionnaire, droitiste, immobiliste, nostalgique, passéiste, rétrograde. ▲**ANT.** RÉVOLUTIONNAIRE; AVANT-GARDISTE, NOVATEUR, PROGRESSISTE.

réactiver *v.* ▶ *Redonner de la vitalité* – donner un second souffle à, faire renaître, faire revivre, ragaillardir, rallumer, ranimer, raviver, réchauffer, redonner vie à, redynamiser, régénérer, renflammer, renouveler, ressusciter, réveiller, revigorer, revitaliser, revivifier, stimuler, vivifier. ▶ *Ranimer un feu* – activer, attiser, aviver, rallumer, ranimer, raviver, renflammer.

réagir *v.* ▶ *Protester* – broncher, murmurer, pousser les hauts cris, protester, récriminer, renâcler, répliquer, s'élever, s'indigner, s'opposer, se dresser, se gendarmer, se plaindre, se récrier. *SOUT.* réclamer. *FAM.* criailler, faire du foin, moufter, piailler, rouscailler, rouspéter, ruer dans les brancards, tiquer, tousser. *QUÉB.* *FAM.* chialer. ▶ *Dire ce qu'on pense* – commenter, répondre. ▶ *Se secouer* – se reprendre, se ressaisir, se secouer. *BELG.* *FAM.* se ravoir. ▲**ANT.** NE PAS BRONCHER, RESTER IMPASSIBLE; SE LAISSER ALLER.

réalisable *adj.* exécutable, faisable, jouable, possible, praticable. ▲**ANT.** IMPOSSIBLE, IMPRATICABLE, INEXÉCUTABLE, INFAISABLE, IRRÉALISABLE, IRRÉALISTE.

réalisation *n. f.* ▸ *Concrétisation* – actualisation, actuation, chosification, concrétisation, corporification, corporisation, expression, incarnation, matérialisation, objectivation, personnification, réification, substantialisation, substantification. ▸ *Création* – composition, conception, confection, constitution, construction, création, développement, édification, élaboration, exécution, fabrication, façon, façonnage, façonnement, formation, génération, genèse, gestation, invention, œuvre, organisation, paternité, production, structuration, synthèse. SOUT. accouchement, enfantement. DIDACT. engendrement. ▸ *Filmage* – filmage, production, tournage. ▸ *Exécution* – accomplissement, exécution, performance. DR. *ou* SOUT. perpétration *(crime)*. ▸ *Acte* – acte, action, choix, comportement, conduite, décision, démarche, entreprise, faire, fait, geste, intervention, manifestation. ▸ *Aboutissement* – aboutissement, accomplissement, achèvement, apothéose, but, chute, complémentation, complètement, complétude, conclusion, consécration, consommation, couronnement, dénouement, exécution, fin, finition, fruit, issue, produit, règlement, résolution, résultat, sortie, terme, terminaison. SOUT. aboutissant. PHILOS. entéléchie. ▸ *Exaucement* – accomplissement, concrétisation, exaucement, satisfaction. ▸ *Éveil spirituel* – délivrance, éveil, illumination, libération, mort de l'ego, réalisation (du Soi), révélation. ▸ *Dans l'hindouisme* – moksha, nirvana. ▸ *Dans le bouddhisme* – bodhi, samadhi. ▸ *Dans le zen* – satori. ▲ANT. ÉBAUCHE, INTENTION, PROJET; SYMBOLISATION; ANÉANTISSEMENT, DESTRUCTION, ÉLIMINATION.

réaliser *v.* ▸ *Concrétiser* – actualiser, concrétiser, donner corps à, matérialiser, objectiver. ▸ *Exécuter* – accomplir, effectuer, exécuter, faire, opérer, pratiquer, procéder à. ▸ *Exaucer* – accomplir, combler, exaucer, répondre à, satisfaire. SOUT. écouter, entendre. ▸ *Se rendre compte* – constater, découvrir, prendre conscience, remarquer, s'apercevoir, s'aviser, se rendre compte, voir. SOUT. éprouver. ◆ **se réaliser** ▸ *Se concrétiser* – devenir réalité, se concrétiser, se matérialiser. ▸ *Se produire* – s'accomplir, s'opérer, se faire, se passer, se produire. ▸ *S'épanouir* – croître, grandir, s'épanouir, se développer. ▲ANT. CONCEVOIR, IDÉALISER, RÊVER; AVORTER, ÉCHOUER.

réalisme *n. m.* ▸ *Crudité* – brutalité, crudité, verdeur. ▸ *Pragmatisme* – activisme, cynisme, empirisme, matérialisme, opportunisme, pragmatisme, prosaïsme, utilitarisme. ▸ *En philosophie* – agnosticisme, atomisme, baconisme, chosisme, hylozoïsme, marxisme, matérialisme, mécanicisme, mécanisme, mécanistique, objectivisme, phénoménisme, positivisme, radicalisme, relativisme, substantialisme. ▲ANT. DÉLICATESSE, RÉSERVE; IDÉALISME, UTOPIE; IRRÉALISME, SYMBOLISME; FORMALISME.

réaliste *adj.* ▸ *En parlant de qqn* – concret, positif, pragmatique, pratique. QUÉB. FAM. pratico-pratique. ▸ *En parlant de qqch.* – concevable, envisageable, imaginable, pensable, possible. ▲ANT. SPIRITUALISTE; IDÉALISTE, RÊVEUR, UTOPISTE; PESSIMISTE; OPTIMISTE; ABASOURDISSANT, AHURISSANT, DÉCONCERTANT, ÉBAHISSANT, EFFARANT, ÉPOUSTOUFLANT, IMPENSABLE, INCONCEVABLE, INCROYABLE, INIMAGINABLE, INOUÏ, IN-VRAISEMBLABLE, STUPÉFIANT; IMPOSSIBLE, IMPRATICABLE, INEXÉCUTABLE, INFAISABLE, IRRÉALISABLE, IRRÉALISTE.

réalité *n. f.* ▸ *Matérialité* – actualité, choses concrètes, concret, corporéité, matérialité, monde concret, palpabilité, phénoménalité, positif, rationalité, rationnel, réel, tangibilité, tangible, visible. ▸ *Existence* – actualité, essence, être, existence, fait, occurrence, présence, réel, substance, vie. ▸ *Vérité* – authenticité, évidence, existence, flagrance, incontestabilité, justesse, objectivité, positivité, validité, véracité, vérité, vrai. DIDACT. apodicticité, historicité. SOUT. véridicité. ▲ANT. APPARENCE, IDÉALITÉ; INEXISTENCE, IRRÉALITÉ; FICTION, ILLUSION, IMAGINATION, RÊVE, VISION.

réaménager *v.* ▸ *Restructurer* – redéployer, remodeler, réorganiser, restructurer. SUISSE redimensionner.

réapparaître *v.* refleurir, renaître de ses cendres, renaître, reparaître, reprendre vie, ressurgir, ressusciter, revenir, revivre, se rallumer, se ranimer, se réveiller.

rebâtir *v.* reconstruire, relever. SOUT. réédifier. ▲ANT. ABATTRE, DÉMOLIR.

rebattu *adj.* banal, connu, éculé, facile, réchauffé, ressassé, usé. FAM. archiconnu, bateau. ▲ANT. FRAIS, NOUVEAU, RÉCENT.

rebelle *adj.* ▸ *Qui pousse à la révolte* – contestataire, dissident, factieux, iconoclaste, incendiaire, insurgé, insurrectionnel, mal pensant, protestataire, révolté, révolutionnaire, séditieux, subversif. ▸ *Désobéissant* – désobéissant, difficile, indiscipliné, indocile, indomptable, insoumis, insubordonné. QUÉB. FAM. malcommode. ▸ *Récalcitrant* – récalcitrant, réfractaire, regimbeur, rétif. ▸ *Tenace* – coriace, inusable, résistant, robuste, tenace, vivace. ▲ANT. DISCIPLINÉ, DOCILE, OBÉISSANT, SOUMIS; DÉVOUÉ, FIDÈLE, LOYAL, SÛR.

rebelle *n.* ▸ *Contestataire* – agent provocateur, agitateur, cabaleur, contestant, contestataire, émeutier, excitateur, factieux, fauteur (de trouble), fomentateur, iconoclaste, instigateur, insurgé, intrigant, provocateur, révolté, révolutionnaire, séditieux, semeur de troubles, trublion. FAM. provo. ▸ *Révolutionnaire* – émeutier, insurgé, mutin, révolté, révolutionnaire. ▸ *Personne non conformiste* – récalcitrant. ◆ **rebelles**, *plur.* ▸ *Ensemble de personnes* – rébellion. ▲ANT. MARIONNETTE, MOUTON, SUIVEUR; LOYALISTE.

rébellion *n. f.* ▸ *Dissidence* – désobéissance, déviation, déviationnisme, division, hérésie, hétérodoxie, insoumission, insurrection, nonconformisme, opposition, révolte, schisme, scission, sécession, séparation. ▸ *Indiscipline* – contestation, désobéissance, désordre, dissipation, fantaisie, indiscipline, inociBité, insoumission, insubordination, mauvaise volonté, opiniâtreté, refus d'obéissance, résistance, rétivité, révolte. ▸ *Insurrection* – agitation, agitation-propagande, chouannerie, désordre, effervescence, embrasement, émeute, excitation, faction, fermentation, fièvre, fronde, insoumission, insubordination, insurrection, jacquerie, manifestation, mutinerie, remous, résistance, révolte, révolution, sédition, soulèvement, tourmente, troubles. *FAM.* agit-prop. ▲**ANT.** OBÉISSANCE, SOUMISSION, SUBORDI-NATION; DISCIPLINE; HARMONIE, PAIX.

rebondir *v.* faire ricochet, ricocher. *QUÉB. FAM.* retontir. ▲**ANT.** S'ABATTRE, S'ÉCRASER.

rebord *n. m.* bordure, margelle.

rebut *n. m.* bassiné, bourre, bourrier, chiure, chute, crasse, culot, débris, déchet, dépôt, détritus, excrément, fange, fiente, fumier, gadoue, immondices, impureté, lavure, lie, malpropreté, ordure, parcelle, perte, poussière, raclure, reliefs, reliquat, résidu, reste, rinçure, rognure, saleté, salissure. *FAM.* cochonnerie, margouillis, saloperie. ▲**ANT.** ARISTOCRATIE, ÉLITE, NOBLESSE.

rebuter *v.* ▸ *Décourager* – décourager, ennuyer, fatiguer, lasser. ▸ *Répugner* – déplaire à, répugner à. *SOUT.* repousser. *FAM.* débecter. ▲**ANT.** ENCOURAGER; ATTIRER, INTÉRESSER, PLAIRE.

récalcitrant *adj.* ▸ *Qui refuse d'obéir* – rebelle, réfractaire, regimbeur, rétif. ▲**ANT.** DISCIPLINÉ, DOCILE, OBÉISSANT, SOUMIS; FLEXIBLE, MALLÉABLE, SOUPLE.

receler (var. **recéler**) *v.* ▸ *Contenir* – comporter, comprendre, compter, contenir, englober, inclure, renfermer. ▸ *Cacher* – cacher, camoufler, couvrir, dérober, dérober aux regards, dissimuler, escamoter, masquer, recouvrir, soustraire à la vue, soustraire aux regards, voiler. *MILIT.* classifier *(document)*. *FAM.* planquer.

récemment *adv.* à une époque rapprochée, depuis peu, dernièrement, fraîchement, frais, il y a peu, naguère, nouvellement. ▲**ANT.** IL Y A BELLE LURETTE, IL Y A LONGTEMPS, JADIS.

recensement *n. m.* ▸ *Dénombrement* – catalogue, cens, chiffrage, comptage, compte, décompte, dénombrement, détail, énumération, état, évaluation, inventaire, inventoriage, inventorisation, liste, litanie, numération, recension, revue, rôle, statistique. ▸ *Recrutement* – appel, conscription, embauchage, embauche, embrigadement, engagement, enrégimentation, enrégimentement, enrôlement, levée, maraudage, prosélytisme, racolage, recrutement. ▸ *Vérification* – analyse, apurement, audit, censure, confrontation, contrôle, épreuve, examen, expérience, expérimentation, expertise, filtrage, inspection, pointage, recension, récolement, reconnaissance, recoupement, révision, revue, suivi, supervision, surveillance, test, vérification.

récent *adj.* ▸ *Neuf* – battant neuf, de fraîche date, de nouvelle date, flambant neuf, inédit, neuf, nouveau, tout neuf. ▸ *Moderne* – à la mode, à la page, actuel, au goût du jour, dans le vent, dernier cri, en vogue, frais, jeune, moderne, neuf, nouveau. *FAM.* branché, in, tendance. ▲**ANT.** ANCIEN, ANTIQUE, LOINTAIN, RECULÉ, VIEUX.

récepteur *adj.* ▲**ANT.** ÉMETTEUR.

réception *n. f.* ▸ *Action d'attraper* – captage. ▸ *Fait de recevoir des marchandises* – arrivage. ▸ *Accueil* – abord, accès, accueil, approche, attitude, contact, mine, tête, traitement. ▸ *Hospitalité* – accueil, hospitalité. ▸ *Bureau d'accueil* – accueil, conciergerie *(grand hôtel)*. ▸ *Admission* – admission, adoubement, élévation, initiation, intronisation, investiture, promotion. ▸ *Adhésion*

– adhésion, adjonction, admission, adoption, affiliation, agrégation, agrément, appartenance, association, enrôlement, entrée, incorporation, initiation, inscription, intégration, mobilisation, rattachement. ▲**ANT.** ÉMISSION, ENVOI, EXPÉDITION; EXCLUSION.

réceptivité *n. f.* ▸ *Sensibilité* – excitabilité, impression, irritabilité, sensation, sensibilité. *MÉD.* esthésie, kinesthésie. ▸ *Excessive* – surexcitabilité. *MÉD.* éréthisme, hyperesthésie. ▸ *Ouverture d'esprit* – bienveillance, bonté, compréhension, douceur, humanisme, indulgence, irénisme, largeur d'esprit, libéralisme, non-discrimination, non-violence, ouverture (d'esprit), patience, philosophie, respect, tolérance, tolérantisme. *SOUT.* bénignité, longanimité. ▲**ANT.** IMMUNITÉ, RÉSISTANCE.

récessif *adj.* ▲**ANT.** DOMINANT.

recette *n. f.* ▸ *Secret* – martingale *(au jeu)*, procédé, secret. *FAM.* truc. ▸ *Méthode* – approche, art, chemin, code, comment, credo, démarche, discipline, dispositif, façon (de faire), facture, formule, heuristique, instruction, instrument, ligne de conduite, maïeutique, manière, marche (à suivre), méthode, modalité, mode d'emploi, mode, moyen, opération, ordre, organisation, outil, posologie, pratique, procédé, procédure, protocole, raisonnement, règle, secret, stratagème, stratégie, système, tactique, technique, théorie, traitement, voie. *SOUT.* faire. ▸ *Revenu* – allocation, arrérages, avantage, bénéfice, casuel, chômage, dividende, dotation, fermage, fruit, gain, intérêt, loyer, mense, mensualité, métayage, pension, prébende, présalaire, produit, profit, rapport, redevance, rente, rentrée, retraite, revenu, tontine, usufruit, usure, ventes, viager. *FAM.* alloc. *FRANCE FAM.* bénéf, chômedu. ▸ *Action de recevoir des sommes* – encaissement, perception, recouvrement, rentrée. ◆ **recettes**, *plur.* ▸ *Préparation de la nourriture* – cuisine, techniques culinaires. ▲**ANT.** DÉBOURS, DÉPENSE.

recevoir *v.* ▸ *Obtenir* – obtenir, récolter, recueillir. ▸ *Subir des coups* – *FAM.* attraper, morfler, prendre, ramasser. *QUÉB. FAM.* manger. ▸ *Subir une chose déplaisante* – *FAM.* avaler, déguster, écoper de, empocher, encaisser, morfler. ▸ *Percevoir* – empocher, encaisser, gagner, mettre dans ses poches, percevoir, recouvrer, toucher. *FAM.* palper, se faire. ▸ *Héberger* – abriter, accueillir, coucher, donner l'hospitalité à, donner le gîte à, héberger, loger, recueillir. ▸ *Admettre dans un groupe* – accepter, accueillir, admettre, agréger. *ADMIN.* agréer. ▸ *Accueillir un certain nombre de personnes* – accueillir, contenir, loger, tenir. ▸ *Reconnaître* (*SOUT.*) – accorder, admettre, concéder, convenir, reconnaître. ▲**ANT.** ADRESSER, ÉMETTRE, ENVOYER, TRANSMETTRE; ASSENER, INFLIGER; DONNER, LÉGUER, OFFRIR; DÉBOURSER, PAYER; CHASSER, EXCLURE, EXPULSER, REFUSER, RENVOYER.

rechargeable *adj.* ▲**ANT.** À USAGE UNIQUE.

réchauffé *n. m.* ▸ *Répétition* – chanson, écho, leitmotiv, rabâchage, radotage, récurrence, redite, redondance, refrain, rengaine, répétition, reprise, ressassage, ressassement, ritournelle, routine, scie, sérénade, turlutaine. *FAM.* resucée. *QUÉB. FAM.* renotage. ▸ *Cliché* – banalité, cliché, évidence, fadaise, généralité, lapalissade, lieu commun, platitude, poncif, redite, stéréotype, tautologie, truisme. ▲ANT. (DU) NOUVEAU; FRAÎCHEUR, NOUVEAUTÉ, ORIGINALITÉ.

réchauffer v. ▶ *Adoucir la température* – adoucir, radoucir. ▶ *Ranimer* – donner un second souffle à, faire renaître, faire revivre, ragaillardir, rallumer, ranimer, raviver, réactiver, redonner vie à, redynamiser, régénérer, renflammer, renouveler, ressusciter, réveiller, revigorer, revitaliser, revivifier, stimuler, vivifier. ♦ **se réchauffer** ▶ *Devenir plus doux* – s'adoucir, se radoucir. ▲ANT. RAFRAÎCHIR, REFROIDIR; AMORTIR, APAISER, CALMER, PACIFIER.

recherché adj. ▶ *Rare* – cher, de (grande) valeur, de prix, inappréciable, inestimable, introuvable, précieux, rare, rarissime, sans prix. ▶ *Complexe* – complexe, délicat, difficile, savant, subtil. ▶ *Subtil* – délicat, exquis, fin, raffiné, subtil. ▶ *Châtié* – châtié, épuré, soigné.

recherche n. f. ▶ *Désir* – ambition, appel, appétit, aspiration, attirance, attrait, besoin, but, convoitise, desideratum, désir, envie, exigence, faim, fantaisie, fantasme, fièvre, fringale, goût, idéal, intention, jalousie, passion, prétention, quête, rêve, soif, souhait, tentation, velléité, visée, vœu, voix, volonté. SOUT. appétence, dessein, prurit, vouloir. FAM. démangeaison. ▶ *Exploration* – découverte, documentation, exploration, fouille, furetage, prospection, reconnaissance, sondage. FAM. farfouillage, farfouillement. ▶ *Enquête* – analyse, enquête, étude, examen, exploration, information, investigation, sondage, survol, traitement. SOUT. perquisition. ▶ *Enquête judiciaire* – enquête, examen, information, instruction. ▶ *Approfondissement* – analyse, approfondissement, dépouillement, développement, enrichissement, épluchage, étude, examen, exploration, introspection, méditation, pesée, progrès, réflexion, sondage. ▶ *Raffinement* – détail, finesse, perfectionnement, précision, raffinement, sophistication, stylisme, subtilité. ▶ *Préciosité* – affectation, byzantinisme, emphase, maniérisme, marivaudage, mignardise, préciosité, purisme, raffinement, sophistication, subtilité. SOUT. afféterie, concetti. ▶ *Manque de naturel* – affectation, air, apparence, apprêt, artificialité, bluff, cabotinage, comédie, composition, contenance, convenu, dandysme, genre, imposture, jeu, maniérisme, manque de naturel, mascarade, mièvrerie, pose, raideur, représentation, snobisme. SOUT. cambrure. FAM. chiqué, cinéma. ▲ANT. ABANDON, RENONCEMENT; LAISSER-ALLER, NÉGLIGENCE, SIMPLICITÉ; DÉCOUVERTE.

rechercher v. ▶ *Convoiter* – ambitionner, aspirer à, avoir des vues sur, avoir en tête de, briguer, convoiter, courir après, désirer, pourchasser, poursuivre, prétendre à, solliciter, souhaiter, tendre à, viser. FAM. guigner, lorgner, reluquer. ▶ *S'efforcer de trouver* – chercher. ▲ANT. ÉVITER, FUIR; TROUVER.

rechute n. f. ▶ *Aggravation* – accentuation, accroissement, aggravation, alourdissement, amplification, augmentation, complexification, complication, croissance, détérioration, développement, escalade, exacerbation, intensification, progrès, progression, propagation, recrudescence, redoublement. ▶ *Répétition* – cycle, fréquence, itération, période, périodicité, récidive, récidivité, recommencement, récurrence, récursivité, renouvellement, répétition,

répétitivité, reprise, reproduction, retour. SOUT. réitération, retombement. FAM. réédition. ▲ANT. AMÉLIORATION, GUÉRISON, RÉMISSION.

rechuter v. ▲ANT. ETRE EN RÉMISSION, SE REMETTRE, SE RÉTABLIR.

récif n. m. ▶ *Rocher* – brisant, écueil, étoc, rocher (à fleur d'eau). ▶ *Danger* (FIG.) – aléa, cassecou, danger, détresse, difficulté, écueil, embûche, épée de Damoclès, épouvantail, guêpier, hasard, impasse, imprudence, insécurité, mauvais pas, menace, perdition, péril, piège, point chaud, point sensible, poudrière, risque, spectre, traverse, urgence, volcan. SOUT. tarasque. FRANCE FAM. casse-gueule.

récipient n. m. contenant. BELG. potiquet.

réciprocité n. f. bilatéralité, mutualité. ▲ANT. UNILATÉRALITÉ.

réciproque adj. ▶ *Mutuel* – mutuel, partagé. ▶ *Bilatéral* – bilatéral, symétrique. DR. synallagmatique. ▲ANT. À SENS UNIQUE, UNILATÉRAL, UNIVOQUE.

réciproque n. f. ▶ *Contrepartie* – antilogie, antinomie, antipode, antithèse, antonymie, contradiction, contraire, contraste, contrepartie, contre-pied, dichotomie, différence, divergence, envers, inverse, opposition, polarité.

réciproquement adv. bilatéralement, en contrepartie, vice-versa. ▲ANT. UNILATÉRALEMENT.

récit n. m. ▶ *Narration* – compte rendu, débreffage, description, exposé, exposition, histoire, narration, peinture, procès-verbal, rapport, relation, reportage, tableau. SOUT. radiographie. ▶ *Faits réels* – anecdote, annales, autobiographie, biographie, carnet, chroniques, chronologie, commentaires, confessions, évocation, histoire, historiographie, historique, journal, mémoires, mémorial, souvenirs, vie. ▶ *Faits imaginaires* – chantefable, chronique, conte, épopée, fabliau, histoire, historiette, légende, monogatari (Japon), mythe, nouvelle, odyssée, roman, saga. ▷ *À valeur morale* – allégorie, apologue, fable, parabole. ▶ *Chant récité* – récitatif.

réciter v. débiter, déclamer. DIDACT. oraliser. ▲ANT. IMPROVISER.

réclamation n. f. ▶ *Demande* – adjuration, appel, demande, démarche, desideratum, désir, doléances, exigence, injonction, instance, interpellation, interrogation, invocation, mandement, ordre, pétition, placet, prétention, prière, question, requête, réquisition, revendication, sollicitation, sommation, supplication, supplique, ultimatum, vœu. SOUT. imploration. ▶ *En droit* – action, demande, plainte, poursuite, procès, recours, référé, requête. ▲ANT. ACCEPTATION, CAUTION, SATISFACTION.

réclamer v. ▶ *Solliciter* – demander, requérir, solliciter, vouloir. ▶ *Revendiquer* – demander, exiger, revendiquer. SOUT. demander à cor et à cri, prétendre à. ▶ *Nécessiter* – appeler, avoir besoin de, commander, demander, exiger, imposer, nécessiter, obliger, postuler, prendre, prescrire, requérir, vouloir. ♦ **se réclamer** ▶ *Invoquer* – en sa faveur de. ▲ANT. ACCORDER, ACQUIESCER, DONNER.

recoin n. m. angle, anglet, arête, carre, coin, corne, coude, diverticule, écoinçon, encoignure,

récolte

enfourchement, noue, pan, renfoncement, retour, saillant, tournant. *QUÉB.* racoin. *MAR.* empointure.

récolte *n. f.* ▶ *Collecte* – collectage, collecte, cueillette, enlèvement, ramassage. *DIDACT.* levée. ▶ *Cueillette de végétaux* – cueillette, ramassage. *SOUT.* cueillaison. *ANTIQ.* annone. ▶ *Produits* – gibier, pêche. ▶ *Choses recueillies* – butin, collecte, moisson. ▲**ANT.** ENSEMENCEMENT, SEMAILLES.

récolter *v.* ▶ *Récolter les céréales* – faire la moisson/les moissons, moissonner. ▶ *Récolter les fruits* – cueillir, ramasser. ▶ *Les fruits à coque* – gauler. ▶ *Le raisin* – vendanger. ▶ *Récolter la résine* – gemmer, résiner. ▶ *Recevoir* – obtenir, recevoir, recueillir. ▶ *En grande quantité* – amasser, moissonner. ▲**ANT.** PLANTER, SEMER; DISTRIBUER, DONNER.

recommandable *adj.* bien, bienséant, convenable, correct, de bon ton, décent, digne, fréquentable, honnête, honorable, moral, rangé, respectable, sérieux. *FAM.* comme il faut. ▲**ANT.** CONDAMNABLE, INDÉSIRABLE; DISCOURTOIS, GROSSIER, IMPERTINENT, IMPOLI, INCONVENANT, INCORRECT, MAL ÉLEVÉ, RUSTRE.

recommandation *n. f.* ▶ *Conseil* – avertissement, avis, conseil, encouragement, exhortation, guidance, idée, incitation, indication, information, initiative, inspiration, instigation, motion *(dans une assemblée)*, offre, opinion, préconisation, proposition, renseignement, suggestion. *FAM.* tuyau. *DR.* pollicitation. ▶ *Patronage* – abri, aide, appui, assistance, chapeautage, conservation, couverture, garantie, garde, mandat, parrainage, paternalisme, patronage, protection, renfort, rescousse, sauvegarde, secours, sécurisation, soutien, surveillance, tutelle. *FIG.* parapluie. *QUÉB.* marrainage *(femme)*. *SOUT.* égide. *FAM.* piston. ▲**ANT.** ENTRAVE, OPPOSITION.

recommander *v.* ▶ *Suggérer* – conseiller, indiquer, proposer, suggérer. ▶ *Prôner* – prêcher, préconiser, prescrire, prôner. ▶ *Patronner* – appuyer, favoriser, patronner, prendre sous son aile, protéger, soutenir. *FAM.* donner un coup de pouce à, pistonner. ♦ **se recommander** ▶ *Invoquer en sa faveur* – se réclamer de. ▲**ANT.** DÉCONSEILLER, DISSUADER; CONDAMNER, DÉNIGRER.

recommencement *n. m.* ▶ *Répétition* – cycle, fréquence, itération, période, périodicité, rechute, récidive, récidivité, récurrence, récursivité, renouvellement, répétition, répétitivité, reprise, reproduction, retour. *SOUT.* réitération, retombement. *FAM.* réédition. ▶ *Renouvellement* – amélioration, changement, dépoussiérage, modernisation, modification, prorogation, rajeunissement, reconduction, réformation, réforme, régénération, réhabilitation, réinvention, remplacement, renouveau, renouvellement, rénovation, réparation, restauration, résurrection, rétablissement, transformation. ▲**ANT.** FIN, TERME.

recommencer *v.* ▶ *Reprendre ce qu'on avait interrompu* – rentamer, reprendre, se remettre à. *FAM.* repiquer au truc. ▶ *Faire de nouveau* – refaire, réitérer, renouveler, répéter, reproduire, revenir à la charge. *DIDACT.* itérer. *FAM.* récidiver, rééditer, remettre ça, y retourner, y revenir. ▶ *Avoir un nouveau commencement* – se renouveler. ▶ *Repartir* – redémarrer, repartir, reprendre. ▲**ANT.** ARRÊTER, CESSER, INTERROMPRE.

récompense *n. f.* ▶ *Gratification* – accessit, bon point, citation, couronne, décoration, diplôme, distinction, gratification, médaille, mention, nomination, pourboire, prime, prix, satisfecit, trophée. *QUÉB. FAM.* bonbon. ▶ *Ajout sur le salaire* – gratification, prime. *QUÉB.* boni. ▶ *Dédommagement* – compensation, consolation, contrepartie, correctif, dédommagement, dommages et intérêts, dommages-intérêts, échange, indemnisation, indemnité, raison, remboursement, réparation, retour, satisfaction, soulte. ▶ *Encouragement* – aide, aiguillon, applaudissement, approbation, appui, compliment, éloge, exhortation, incitation, prime, prix, protection, soutien, stimulant, subvention. *SOUT.* satisfecit. ▲**ANT.** CHÂTIMENT, CORRECTION, PUNITION, SANCTION.

récompenser *v.* ▶ *Couronner* – couronner, primer. ▶ *Remercier* – dédommager, remercier. ▲**ANT.** CHÂTIER, PUNIR; PÉNALISER.

réconciliation *n. f.* ▶ *Rapprochement* – accommodement, accord, conciliation, fraternisation, rapprochement, renouement, replâtrage, retrouvailles. *FAM.* rabibochage, raccommodement. ▶ *Paix* – accord, armistice, cessation des hostilités, cessez-le-feu, compromis, conciliation, détente, entente, issue, modus vivendi, négociation, neutralité, non-belligérance, normalisation, pacification, pacte, paix, traité, trêve. ▲**ANT.** DIVORCE, RUPTURE, SÉPARATION; BROUILLE, DÉSACCORD, DISPUTE, MÉSENTENTE.

réconcilier *v.* accorder, concilier. *FAM.* rabibocher, raccommoder. ♦ **se réconcilier** renouer. *FAM.* enterrer la hache de guerre, se rabibocher, se raccommoder, se rapapilloter. ▲**ANT.** BROUILLER, DÉSUNIR, DIVISER. △SE RÉCONCILIER – SE BROUILLER, SE FÂCHER.

reconduire *v.* ▶ *Rendre de nouveau valide* – renouveler. ▶ *Prolonger* – allonger, étendre, prolonger, proroger, rallonger. ▶ *Raccompagner* – raccompagner, ramener. ▶ *Congédier* – chasser, congédier, débaucher, démettre, donner son congé à, expulser, licencier, mettre à la porte, mettre à pied, mettre dehors, mettre en disponibilité, remercier, remercier de ses services, renvoyer. *FAM.* balancer, balayer, débarquer, lourder, sabrer, sacquer, vider. *QUÉB. FAM.* donner son quatre pour cent à. ▲**ANT.** ABOLIR, ABROGER, INVALIDER, RÉVOQUER; INTERROMPRE, TERMINER.

réconfort *n. m.* adoucissement, apaisement, appui, baume, bercement, cicatrisation, consolation, rassérénement, soulagement, soutien moral. *SOUT.* dictame. *FAM.* béquille. ▲**ANT.** DÉCOURAGEMENT, INQUIÉTUDE, SOUCI.

réconfortant *adj.* ▶ *Calmant* – apaisant, calmant, consolant, consolateur, lénifiant, lénitif, rassérénant, rassurant, sécurisant, tranquillisant. ▲**ANT.** ALARMANT, ANGOISSANT, EFFARANT, INQUIÉTANT; OPPRESSANT, PANIQUANT, TROUBLANT; AFFAIBLISSANT, ALANGUISSANT, AMOLLISSANT, ANÉMIANT, DÉBILITANT.

réconforter *v.* ▶ *Alléger le chagrin* – consoler, mettre du baume au cœur, mettre un baume sur la plaie, remonter, sécher les larmes, sécher les pleurs, soulager le cœur. *SOUT.* panser les plaies, tarir les larmes. ▶ *Ramener à la sérénité* – calmer, consoler, rasséréner, rassurer, sécuriser, tranquilliser. ▶ *Remonter le moral* – encourager, ragaillardir, regonfler, remonter (le moral de), retremper. *FAM.* requinquer, retaper. *QUÉB. FAM.* raplomber, remettre d'aplomb, remettre sur le piton. ▶ *Redonner des forces physiques* – donner un coup de fouet à, ragaillardir, ranimer, régénérer, remonter, revigorer, stimuler, tonifier, vitaliser, vivifier. *FAM.* ravigoter, recharger les accus à, recharger les batteries à, requinquer, retaper. *QUÉB. FAM.* raplomber, remettre d'aplomb, remettre sur le piton, renipper. ▲**ANT.** ABATTRE, ACCABLER, DÉCOURAGER, DÉMORALISER, DÉPRIMER; AFFAIBLIR, DÉBILITER.

reconnaissable *adj.* appréciable, discernable, distinct, distinguable, identifiable, perceptible, saisissable, sensible. ▲**ANT.** MÉCONNAISSABLE.

reconnaissance *n. f.* ▶ *Exploration* – découverte, documentation, exploration, fouille, furetage, prospection, recherche, sondage. *FAM.* farfouillage, farfouillement. ▶ *Vérification* – analyse, apurement, audit, censure, confrontation, contrôle, épreuve, examen, expérience, expérimentation, expertise, filtrage, inspection, pointage, recensement, recension, récolement, recoupement, révision, revue, suivi, supervision, surveillance, test, vérification. ▶ *Identification* – décèlement, découverte, dénichement, dépistage, détection, détermination, diagnostic, identification, localisation, positivité, récognition, repérage. *PHYSIOL.* spatialisation. ▶ *Certification* – attestation, authentification, certificat, certification, confirmation, constat, enregistrement, homologation, légalisation, légitimation, officialisation. ▶ *Aveu* – annonce, aveu, confession, confidence, déclaration, dévoilement, divulgation, ébruitement, fuite, indiscrétion, initiation, instruction, mea culpa, mise au courant, proclamation, publication, révélation. *FAM.* déballage, mise au parfum. ▶ *Gratitude* – bénédiction, gratitude, gré, merci, obligation, remerciement. ▶ *Quittance* – acquit, apurement, bulletin, connaissement, décharge, facture, facturette *(carte de crédit)*, libération, quitus, récépissé, reconnaissance (de paiement), reçu, warrant. ▲**ANT.** DÉNÉGATION, DÉSAVEU, OUBLI; INGRATITUDE.

reconnaissant *adj.* obligé, redevable. ▲**ANT.** INGRAT, OUBLIEUX; RANCUNIER.

reconnaître *v.* ▶ *Explorer* – arpenter, battre, explorer, inspecter, parcourir, prospecter, ratisser, visiter. ▶ *Percevoir* – apprécier, déceler, détecter, discerner, distinguer, identifier, percevoir. ▶ *Distinguer une chose de l'autre* – démêler, différencier, discerner, discriminer, distinguer, faire la différence entre, séparer. ▶ *Se rappeler* – se rappeler, se souvenir de. *FAM.* replacer. ▶ *Diagnostiquer* – découvrir, dépister, diagnostiquer, identifier. ▶ *Admettre* – accorder, admettre, concéder, convenir. *SOUT.* recevoir. ▶ *Prêter une qualité* – accorder, attacher, attribuer, porter, prêter. ♦ *se reconnaître* ▶ *S'orienter* – s'orienter, se diriger, se guider, se repérer, se retrouver. ▶ *S'identifier* – s'assimiler à, s'identifier à, se retrouver dans. ▲**ANT.** CONFONDRE, MÉCONNAÎTRE; OUBLIER; CONTESTER, NIER, PROTESTER; REFUSER.

reconnu *adj.* ▶ *Célèbre* – célèbre, connu, de grand renom, fameux, glorieux, historique, illustre, immortel, inoubliable, légendaire, marquant, mémorable, notoire, proverbial, renommé, réputé. ▶ *Non favorable* – de triste mémoire. ▶ *Incontestable*

– avéré, certain, démontré, établi, formel, inattaquable, incontestable, incontesté, indéniable, indiscutable, indiscuté, indubitable, irrécusable, irréfutable, prouvé, sûr. *FAM.* garanti. *DIDACT.* irréfragable. ▲**ANT.** CACHÉ, CLANDESTIN, SECRET.

reconstituer *v.* ▶ *Recomposer* – recomposer, refaire, reformer. ▶ *Reproduire* – imiter, recréer, rendre, reproduire, restituer, simuler. *INFORM.* émuler. ▶ *Régénérer un tissu organique* – régénérer, réparer.

reconstruction *n. f.* réassemblage, remontage. *SOUT.* réédification. ▲**ANT.** DÉMOLITION, DESTRUCTION.

reconstruire *v.* rebâtir, relever. *SOUT.* réédifier.

recopier *v.* ▶ *Transcrire* – copier, reporter, retranscrire, transcrire.

record *n. m.* ▶ *Exploit* – exploit, performance, prouesse, réussite, succès, tour de force. *SOUT.* gageure. ▶ *Maximum* – acmé, apex, apogée, apothéose, cime, climax, comble, culmination, excès, faîte, fin du fin, fort, limite, maximum, meilleur, nec plus ultra, optimum, paroxysme, pic, pinacle, plafond, point culminant, pointe, sommet, summum, triomphe, zénith. *FAM.* max, top niveau. ▲**ANT.** PIÈTRE PERFORMANCE; MOYENNE, NORMALE; DÉFAITE, ÉCHEC, INSUCCÈS.

recourbé *adj.* arqué, arrondi, cintré, contourné, courbé, curviligne, en arc de cercle, incurvé, voûté.

recourir *v.* ▶ *Faire appel à qqn* – avoir recours à, consulter, faire appel à, passer par, prendre conseil auprès de, s'adresser à. ▶ *Faire appel à qqch.* – avoir recours à, déployer, employer, exercer, faire appel à, faire jouer, faire usage de, jouer de, mettre en œuvre, s'aider de, se servir de, user de, utiliser. ▲**ANT.** SE PASSER DE, SE PRIVER DE.

recours *n. m.* ▶ *Utilité* – avantage, bénéfice, bienfait, commodité, convenance, désidérabilité, efficacité, fonction, fonctionnalité, indispensabilité, intérêt, mérite, nécessité, profit, profitabilité, service, usage, utilité, valeur. ▶ *Recours juridique* – appel, appel a maxima, appel a minima, intimation, pourvoi. ▶ *Irrecevable* – fol appel. ▶ *Action en justice* – action, demande, plainte, poursuite, procès, réclamation, référé, requête.

recouvrer *v.* ▶ *Retrouver* – ravoir, reconquérir, récupérer, regagner, rentrer en possession de, reprendre, retrouver, se réapproprier. *FAM.* raccrocher. *SUISSE FAM.* rapercher. ▶ *Encaisser* – empocher, encaisser, gagner, mettre dans ses poches, percevoir, recevoir, toucher. *FAM.* palper, se faire. ▲**ANT.** PERDRE; PAYER.

recouvrir *v.* ▶ *Couvrir d'un tissu, d'un papier* – couvrir, tapisser, tendre. ▶ *Couvrir d'un enduit* – badigeonner, couvrir, enduire. ▶ *Protéger du froid* – abriter, couvrir. *QUÉB. FAM.* abrier. ▶ *Cacher* – cacher, camoufler, couvrir, dérober, dérober aux regards, dissimuler, escamoter, masquer, receler, soustraire à la vue, soustraire aux regards, voiler. *MILIT.* classifier *(document)*. *FAM.* planquer. ▶ *Parsemer* – couvrir, joncher, parsemer. ▶ *Englober* – couvrir, embrasser, englober. ♦ *se recouvrir* s'imbriquer, (se) chevaucher, se superposer. ▲**ANT.** DÉCOUVRIR, DÉVOILER.

récréation *n. f.* ▶ *Repos* – congé, délassement, détente, escale, halte, loisir, mi-temps, pause, récupération, relâche, répit, repos, temps, trêve, vacances, villégiature. ▸ *Divertissement* – divertissement, entracte, interlude, intermède, intermezzo. ▲ANT. ACTIVITÉ, CORVÉE, TRAVAIL; CLASSE, COURS; DÉSAGRÉMENT, ENNUI.

récrier (se) *v.* ▸ *Pousser une exclamation* – s'écrier, s'exclamer. ▸ *Protester* – broncher, murmurer, pousser les hauts cris, protester, réagir, récriminer, renâcler, répliquer, s'élever, s'indigner, s'opposer, se dresser, se gendarmer, se plaindre. SOUT. réclamer. FAM. criailler, faire du foin, moufter, piailler, rouscailler, rouspéter, ruer dans les brancards, tiquer, tousser. QUÉB. FAM. chialer.

recroquevillé *adj.* blotti, pelotonné, ramassé, roulé en boule.

recroqueviller (se) *v.* ▸ *Se replier sur soi* – se blottir, se lover, se mettre en boule, se pelotonner, se ramasser, se ratatiner, se replier sur soi, se tapir. QUÉB. FAM. se racoquiller. ▸ *Rapetisser en desséchant* – se dessécher, se rabougrir, se racornir, se ratatiner. QUÉB. FAM. se raboudiner. ▲ANT. S'ÉTIRER, SE DÉPLIER; S'ÉPANOUIR.

recrue *n.f.* ▸ *Militaire* – appelé, bleu, conscrit. ▸ *Nouvel adepte* – néophyte, prosélyte. ▸ *Débutant* – apprenti, commençant, débutant, néophyte, novice, (petit) nouveau, poulain *(prometteur)*. FRANCE FAM. bizuth, deb. ◆ **recrues**, *plur.* ▸ *Ensemble de nouveaux soldats* – bleusaille. ▲ANT. VÉTÉRAN.

recrutement *n.m.* appel, conscription, embauchage, embauche, embrigadement, engagement, enrégimentation, enrégimentement, enrôlement, levée, maraudage, prosélytisme, racolage, recensement. ▲ANT. CONGÉDIEMENT, LICENCIEMENT.

recruter *v.* ▸ *Enrôler dans l'armée* – appeler, engager, enrôler, incorporer, mobiliser. ▸ *Enrôler dans un groupe* – embrigader, enrégimenter, enrôler. ▲ANT. DÉMOBILISER, LICENCIER, RENVOYER; REFUSER.

rectifier *v.* ▸ *Rendre correct* – corriger, rajuster, redresser. ▸ *Rendre pur* – distiller. ▸ *Assassiner* (FAM.) – abattre, assassiner, éliminer, exécuter, supprimer, tuer. SOUT. immoler. FAM. buter, descendre, envoyer ad patres, envoyer dans l'autre monde, expédier, faire la peau à, flinguer *(arme à feu)*, liquider, nettoyer, ratatiner, refroidir, se faire, trucider, zigouiller. FRANCE FAM. bousiller, dessouder, escoffier, révolvériser *(revolver)*. ▲ANT. TORDRE; ALTÉRER, DÉFORMER, FAUSSER.

rectiligne *adj.* droit, linéaire. ▲ANT. COURBE, CURVILIGNE, SINUEUX.

rectitude *n.f.* ▸ *Rigueur* – droiture, rigueur. ▸ *Solidité* – aplomb, assurance, autorité, caractère, constance, courage, cran, détermination, endurance, énergie, fermeté, force, permanence, poigne, résolution, ressort, sang-froid, sérieux, solidité, sûreté, ténacité, vigueur, volonté. SOUT. fortitude, invulnérabilité. FAM. estomac, gagne. ▲ANT. ERREUR, FAUSSETÉ, INEXACTITUDE; LAXISME, MALHONNÊTETÉ.

reçu *n.m.* acquit, apurement, bulletin, connaissement, décharge, facture, facturette *(carte de crédit)*, libération, quitus, récépissé, reconnaissance (de paiement), warrant.

recueil *n.m.* ▸ *Collection* – accumulation, amas, appareil, assemblage, assortiment, collection, compilation, ensemble, foule, grand nombre, groupe, groupement, jeu, quantité, rassemblement, tas, train. FAM. attirail, cargaison, compil. PÉJ. ramassis. ▸ *Anthologie* – ana, analecta, anthologie, choix, chrestomathie, collection, compilation, épitomé, extraits, florilège, mélanges, miscellanées, morceaux choisis, pages choisies, sélection, spicilège, varia. FAM. compil. ▸ *Livre* – album, brochure, brochurette, cahier, catalogue, document, écrit, fascicule, imprimé, livre, livret, manuel, opuscule, ouvrage, parution, plaquette, publication, registre, titre, tome, volume. FAM. bouquin. ▸ *Gros* FAM. pavé. QUÉB. FAM. brique.

recueillement *n.m.* ▸ *Prière* – acte de contrition, acte de foi, déprécation, exercice, exercice de piété, exercice spirituel, invocation, litanie, méditation, obsécration, oraison, prière, souhait, supplication. ▸ *Réflexion* – introspection, méditation, pensée, questionnement, réflexion, remâchement, rêvasserie, rumination, ruminement. DIDACT. problématique. SOUT. reploiement. FAM. cogitation. QUÉB. ACADIE FAM. jonglerie. ▸ *Concentration* – application, attention, concentration, contention, intérêt, réflexion, tension. ▲ANT. DISSIPATION, DIVERTISSEMENT; DISTRACTION, INATTENTION.

recueillir *v.* ▸ *Ramasser* – assembler, collecter, colliger, ramasser, rassembler, relever. QUÉB. FAM. rapailler. SUISSE FAM. rapercher. ▸ *Noter* – consigner, enregistrer, inscrire, noter, prendre (bonne) note de, prendre en note, relever. ▸ *Obtenir* – obtenir, recevoir, récolter. ▸ *Accueillir* – abriter, accueillir, coucher, donner l'hospitalité à, donner le gîte à, héberger, loger, recevoir. ◆ **se recueillir** ▸ *Chercher le recueillement* – méditer, se replier sur soi. SOUT. rentrer en soi. ▲ANT. DISPERSER, DISSÉMINER, ÉPARPILLER; CHASSER, RENVOYER. △SE RECUEILLIR – S'AGITER, SE DISSIPER.

recul *n.m.* ▸ *Régression* – acculée, acculement, éloignement, marche arrière, récession, reculade, reculement, reflux, régression, repli, repliement, repoussement, retour, retrait, retraite, rétrogradation, rétrogression. FAM. rétropédalage. PHYS. répulsion. ▸ *Ajournement* – ajournement, délai, prorogation, recul (de date), rééchelonnement *(dette)*, remise (à plus tard), renvoi, répit, report, sursis. ▸ *Éloignement* – distanciation. ▸ *Délaissement* – abandon, abdication, défection, délaissement, démission, désengagement, désertion, désintérêt, désistement, dessaisissement, forfait, inachèvement, repli, retrait, retraite. SOUT. inaccomplissement. FAM. décrochage, lâchage, largage, plaquage. DR. non-lieu, résignation. ▲ANT. AVANCÉE, AVANCEMENT, CROISSANCE, PERCÉE, PROGRESSION; RAPPROCHEMENT.

reculé *adj.* ▸ *Éloigné dans l'espace* – à l'écart, écarté, éloigné, isolé, perdu, retiré, solitaire. FAM. paumé. QUÉB. ACADIE FAM. creux. ▸ *Éloigné dans le temps* – ancestral, ancien, éloigné, immémorial, lointain, passé, révolu.

reculer *v.* ▸ *Battre en retraite* – battre en retraite, rétrograder, se replier, se retirer. QUÉB. retraiter. MILIT. décrocher. ▸ *Aller vers l'arrière* – culer, faire machine arrière, faire marche arrière. ▸ *Revenir à un état antérieur* – aller à reculons, régresser, rétrograder. ▶ *Céder* – battre en retraite, céder, faiblir, faire marche arrière, fléchir, lâcher pied, mollir, plier. *FAM.* caler, caner, flancher, se déballonner, se dégonfler. ▶ *Reporter* – ajourner, décaler, différer, proroger, remettre, renvoyer, reporter, retarder, suspendre. *SOUT. OU DR.* surseoir à. *BELG. SUISSE* postposer. *TECHN.* temporiser. ▲ANT. AVANCER, PROGRESSER; APPROCHER; RESTER; RÉSISTER, S'ACCROCHER, TENIR; DEVANCER.

récupérer *v.* ▶ *Ravoir* – ravoir, reconquérir, recouvrer, regagner, rentrer en possession de, reprendre, retrouver, se réapproprier. *FAM.* raccrocher. *SUISSE FAM.* rapercher. ▶ *Réutiliser* – recycler, réemployer, réutiliser, se resservir de. ▶ *Se reposer* – faire une pause, reprendre haleine, respirer, se délasser, (se) déstresser, se détendre, se refaire, se relaxer, se reposer, souffler. *FAM.* décompresser. ▶ *Se rétablir* – aller mieux, guérir, relever de maladie, se remettre, se rétablir. *FAM.* prendre du mieux, se retaper. ▲ANT. PERDRE; JETER; S'ÉPUISER.

récurrent *adj.* continuel, fréquent, multiple, nombreux, répété, répétitif. ▲ANT. RARE; PASSAGER, PROVISOIRE.

récuser *v.* ▶ *Contester* – contester, dénier. ▲ANT. ACCEPTER, AGRÉER.

recyclable *adj.* récupérable, réutilisable. ▲ANT. IRRÉCUPÉRABLE.

recycler *v.* ▶ *Récupérer* – récupérer, réemployer, réutiliser, se resservir de. ▶ *Donner une nouvelle formation* – requalifier. ▲ANT. JETER.

rédaction *n. f.* ▶ *Action d'écrire* – écriture. ▶ *Exercice* – composition, dissertation.

reddition *n. f.* capitulation. ▲ANT. DISSIDENCE, RÉBELLION.

rédempteur *adj.* salvateur, sauveur.

rédemption *n. f.* ▶ *Libération* – acquittement, affranchissement, décolonisation, délivrance, désaliénation, élargissement, émancipation, évacuation, libération, manumission, rachat, salut. *FAM.* débarras, quille. *SOUT.* déprise. ▶ *Sauvetage* – planche de salut, rachat, récupération, salut, sauvetage, secours. ▲ANT. CONDAMNATION, DAMNATION, PERTE.

redescendre *v.* rebaisser, retomber. ▲ANT. REMONTER.

rédhibitoire *adj.* ▲ANT. ANODIN, BÉNIN, SANS GRAVITÉ.

rédiger *v.* ▶ *Composer* – composer, écrire. ▶ *Mettre par écrit* – écrire, libeller, mettre noir sur blanc, mettre par écrit. *SOUT.* coucher sur le papier.

redire *v.* ▶ *Répéter* – répéter, reprendre, revenir sur. ◂ *Répéter sans cesse* – chanter sur tous les tons, rabâcher, radoter, rebattre les oreilles à qqn de, répéter, ressasser, seriner, tympaniser. *FAM.* corner aux oreilles/dans les oreilles de qqn, resucer.

redite *n. f.* ▶ *Répétition* – chanson, écho, leitmotiv, rabâchage, radotage, réchauffé, récurrence, redondance, refrain, rengaine, répétition, reprise, ressassage, ressassement, ritournelle, routine, scie, sérénade, turlutaine. *FAM.* resucée. *QUÉB. FAM.* renotage. ▶ *Cliché* – banalité, cliché, évidence, fadaise, généralité, lapalissade, lieu commun, platitude, poncif, réchauffé, stéréotype, tautologie, truisme. ▲ANT. INÉDIT, INNOVATION, NOUVEAUTÉ, PRIMEUR.

redonner *v.* ▶ *Rendre* – remettre, rendre, restituer. *DR.* recéder, rétrocéder. ▶ *Rediffuser* – rediffuser, repasser. ▲ANT. CONSERVER, GARDER; REPRENDRE, RETIRER.

redoublé *adj.* itératif, répété, répétitif. *LING.* réduplicatif.

redoubler *v.* ▶ *Multiplier par deux* – doubler, dupliquer. ▶ *Accroître* – accroître, augmenter, décupler, gonfler, multiplier. ▶ *Augmenter* – augmenter, croître, grandir, grossir, prendre de l'ampleur, prendre de l'envergure, s'accentuer, s'accroître, s'amplifier, s'intensifier, se développer. ▲ANT. DIVISER; DIMINUER; CESSER.

redoutable *adj.* ▶ *Qui effraie* – dangereux, inquiétant, mauvais, méchant, menaçant, patibulaire, sinistre, sombre, terrible, torve *(regard)*. ▶ *Que l'on redoute* – dangereux, fort, menaçant, puissant. ▲ANT. INOFFENSIF.

redouter *v.* appréhender, avoir peur de, craindre, s'effrayer de. ▲ANT. ESPÉRER, SOUHAITER.

redoux *n. m.* accalmie, adoucissement, amélioration, bonace, calme plat, éclaircie, embellie, radoucissement, réchauffement, répit, tiédissement, tranquillité, trouée. *ACADIE FAM.* clairon. ▲ANT. HIVER DES CORNEILLES *(au Québec)*.

redressement *n. m.* ▶ *Action de rendre droit* – dégauchissage, dégauchissement, redressage. ▶ *Action de remettre en position verticale* – relèvement. ▶ *Hausse* – accentuation, accroissement, accrue, agrandissement, amplification, arrondissement, augmentation, bond, boom, crescendo, croissance, crue, développement, dilatation, élargissement, élévation, enflement, enrichissement, envolée, essor, évolution, expansion, extension, flambée, foisonnement, gonflement, gradation, grossissement, hausse, haussement, inflation, intensification, majoration, montée, poussée, progrès, progression, recrudescence, rehaussement, relèvement, renchérissement, renforcement, revalorisation, valorisation. ▲ANT. COURBURE, DÉFORMATION; AFFAISSEMENT, EFFONDREMENT.

redresser *v.* ▶ *Redonner une forme droite* – aplanir, décourber, dégauchir, doler, dresser, planer, raboter, replanir, varloper. *QUÉB. FAM.* décrochir. ▶ *Remettre à la verticale* – relever. ▶ *Rectifier* – corriger, rajuster, rectifier. ▶ *Venger* – laver, punir, réparer, venger. ▶ *Réprimander* – admonester, attraper, chapitrer, faire des remontrances à, faire la leçon à, faire la morale à, gronder, houspiller, malmener, moraliser, morigéner, rappeler à l'ordre, remettre à sa place, remettre au pas, réprimander, sermonner. *SOUT.* gourmander, semoncer, semondre, tancer. *FAM.* assaisonner, dire deux mots à, disputer, doucher, engueuler, enguirlander, incendier, laver la tête à, moucher, passer un savon à, remonter les bretelles à, sasquer, savonner, savonner la tête à, secouer, secouer comme un (vieux) prunier, secouer les puces à, sonner les cloches à, tirer les oreilles à. *FRANCE FAM.* donner un cigare à, passer un cigare à. *QUÉB. FAM.* brasser, chauffer les oreilles à, chicaner, parler dans le casque à, ramasser, serrer les ouïes à. ▲ANT. COURBER, FLÉCHIR, GAUCHIR, PLIER, TORDRE; ABATTRE, COUCHER, INCLINER, RENVERSER; DÉVIER. △SE REDRESSER – S'AFFAISSER, S'ÉCROULER.

réducteur *adj.* simplificateur, simpliste. ▲ANT. MESURÉ, NUANCÉ; AMPLIFICATEUR; OXYDANT *(chimie)*.

réduction *n.f.* ► *Diminution* – abrégement, allégement, amenuisement, amoindrissement, amputation, atténuation, compression, délestage, diminution, épuration, gommage, graticulation, miniaturisation, minimalisation, minimisation, minoration, raccourcissement, racornissement, rapetissement, resserrement, restriction, rétrécissement, schématisation, simplification. *SOUT.* estompement. ► *Décroissance* – abaissement, affaiblissement, affaissement, amenuisement, amoindrissement, baisse, chute, creux, déclin, décroissance, décroissement, décrue, dégression, déplétion, dépréciation, descente, désescalade, dévalorisation, dévaluation, diminution, éclipse, effondrement, effritement, essoufflement, fléchissement, ralentissement. *SOUT.* émasculation. ► *Rabais* – abattement, baisse, bas prix, bonification, bradage, décompte, déduction, dégrèvement, diminution, discompte, escompte, liquidation, prix modique, rabais, réfaction, remise, ristourne, solde. *FAM.* bazardage. *QUÉB.* (prix d')aubaine. ► *Impôt* – abattement, décote, dégrèvement, réduction d'impôt. ► *Résumé* – abrégé, aide-mémoire, analyse, aperçu, argument, compendium, condensé, éléments, épitomé, esquisse, extrait, livret, manuel, mémento, morceau, notice, page, passage, plan, précis, promptuaire, raccourci, récapitulation, résumé, rudiment, schéma, sommaire, somme, synopsis, vade-mecum. *FAM.* topo. ► *Division* – décomposition, définition, résolution, séparation. ► *Opération chirurgicale* – remboîtement. *QUÉB. FAM.* ramanchage. ► *Liquéfaction* – condensation, déliquescence, fluidification, fonderie, fonte, fusion, liquation, liquéfaction, surfusion. ▲ANT. ACCROISSEMENT, AGRANDISSEMENT, AUGMENTATION, HAUSSE, MAJORATION; OXYDATION *(chimie)*; LUXATION *(médecine)*.

réduire *v.* ► *Baisser* – abaisser, affaiblir, amenuiser, amoindrir, baisser, diminuer, laminer, minorer. ► *Limiter* – borner, comprimer, diminuer, limiter, resserrer, restreindre. ► *Simplifier* – ramener, simplifier. ► *Résumer* – abréger, condenser, écourter, raccourcir, ramasser, resserrer, résumer. ► *Acculer* – acculer, contraindre, forcer, piéger. *FAM.* coincer. ♦ **se réduire** ► *Se limiter* – se borner à, se limiter à, se résumer à. ▲ANT. ACCROÎTRE, AUGMENTER, DÉVELOPPER; AGRANDIR; OXYDER *(chimie)*.

réduit *adj.* ► *De petite taille* – de petite taille, menu, microscopique, miniature, minuscule, nain, petit, ténu. *SOUT.* lilliputien. ► *De valeur inférieure* – inférieur, limité, restreint. ▲ANT. ACCRU, REDOUBLÉ, SUPÉRIEUR.

réduit *n.m.* ► *Pièce sous le toit* – chambre mansardée, comble, grenier, mansarde, soupente. *QUÉB.* entretoit. ► *Alcôve* – alcôve, niche, renfoncement. *ANC.* ruelle.

réel *adj.* ► *Véritable* – attesté, authentique, exact, factuel, historique, positif, véridique, véritable, vrai. ► *Concret* – concret, de chair et de sang, effectif, existant, matériel, palpable, physique, sensible, tangible, visible, vrai. *DIDACT.* positif. *RELIG.* de ce monde, temporel, terrestre. ▲ANT. APPARENT, ILLUSOIRE, INEXISTANT, IRRÉEL, VIRTUEL; FAUX, FICTIF, IMAGI-

NAIRE, INVENTÉ; ABSTRAIT, CONCEPTUEL, INTELLECTUEL, MENTAL, THÉORIQUE.

réel *n.m.* ► *Existence* – actualité, essence, être, existence, fait, occurrence, présence, réalité, substance, vie. ► *Matérialité* – actualité, choses concrètes, concret, corporéité, matérialité, monde concret, palpabilité, phénoménalité, positif, rationalité, rationnel, réalité, tangibilité, tangible, visible. ▲ANT. INEXISTENCE, IRRÉEL, VIRTUEL; ABSTRACTION, ILLUSION, RÊVE.

réellement *adv.* ► *Véritablement* – à dire vrai, à l'évidence, à la vérité, à n'en pas douter, à vrai dire, assurément, authentiquement, bel et bien, bien, bien entendu, bien sûr, cela va de soi, cela va sans dire, certainement, certes, comme de juste, d'évidence, de toute évidence, effectivement, en effet, en vérité, évidemment, il va sans dire, indubitablement, manifestement, naturellement, nul doute, oui, sans (aucun) doute, sans conteste, sans contredit, sans le moindre doute, sans nul doute, sérieusement, sûrement, véridiquement, véritablement, vraiment. *FAM.* pour de vrai, vrai. *QUÉB. FAM.* pour vrai. ► *Concrètement* – concrètement, dans la pratique, dans les faits, effectivement, empiriquement, en fait, en pratique, en réalité, expérimentalement, matériellement, objectivement, par l'expérience, physiquement, positivement, pratiquement, prosaïquement, réalistement, tangiblement. ▲ANT. DUBITATIVEMENT, SCEPTIQUEMENT, SOUS TOUTES RÉSERVES; ABSTRACTIVEMENT, ABSTRAITEMENT, EN THÉORIE, HYPOTHÉTIQUEMENT, IDÉALEMENT, IMAGINAIREMENT, IN ABSTRACTO, THÉORIQUEMENT.

refaire *v.* ► *Répéter* – recommencer, réitérer, renouveler, répéter, reproduire, revenir à la charge. *DIDACT.* itérer. *FAM.* récidiver, rééditer, remettre ça, y retourner, y revenir. ► *Reconstituer* – recomposer, reconstituer, reformer. ► *Remanier* – refondre, remanier, reprendre. ► *Rénover* – rafraîchir, réhabiliter, remettre à neuf, remettre en état, rénover, réparer, restaurer, retaper. *SOUT.* raccoutrer. ► *Duper* *(FAM.)* – abuser, attraper, avoir, bercer, berner, duper, en conter à, en faire accroire à, flouer, leurrer, mentir à, mystifier, se jouer de, se moquer de, tromper. *FAM.* blouser, bluffer, canuler, charrier, cravater, empaumer, empiler, entourlouper, esbroufer, faire marcher, feinter, la faire à, mener en bateau, mettre en boîte, pigeonner, posséder, rouler. *QUÉB. FAM.* amancher, bourrer, enfirouaper, niaiser. ♦ **se refaire** ► *Se reposer* – faire une pause, récupérer, prendre haleine, respirer, se délasser, (se) déstresser, se détendre, se relaxer, se reposer, souffler. *FAM.* décompresser. ▲ANT. DÉFAIRE; DÉTRUIRE.

réfectoire *n.m.* cafétéria, cafétérie *(hôtel)*, cantine, mess *(officiers)*, salle à manger, salle de repas. *FAM.* cantoche. *SUISSE* carnotzet *(dans une cave)*, chambre à manger. *ANTIQ.* triclinium.

référence *n.f.* ► *Modèle* – archétype, canon, critère, échantillon, étalon, exemple, formule, gabarit, idéal, idée, image, individu, modèle, norme, original, paradigme, précédent, prototype, représentant, type, unité. *BIOL.* holotype. ► *Renvoi* – appel de note, astérisque, grébiche, lettrine, marque, renvoi. ► *Repère* – balise, borne, borne repère, borne témoin, coordonnée, cran, délinéateur, empreinte, fanion, index, indice, jalon, jalon-mire, marque, mire, mire-jalon, piquet, point de repère, référentiel, taquet, trace. *MAR.* amer, vigie.

référer *v.* ▸ *Faire référence* – faire référence, renvoyer. ◆ *se référer* ▸ *Soumettre un cas à qqn* – en appeler à, s'en rapporter à, s'en remettre à. ▸ *Consulter un document* – consulter, lire, regarder, se reporter à, voir.

refermer *v.* ▸ *Fermer* – fermer. *SOUT.* clore, reclore. ▸ *Rabattre* – rabattre, ramener. ◆ *se refermer* ▸ *Ne pas s'exprimer* – rentrer en soi-même, se renfermer, se replier sur soi-même. *SOUT.* se reclore. ▲ANT. ROUVRIR. △SE REFERMER – S'EXPRIMER, S'EXTÉRIORISER, S'OUVRIR.

réfléchi *adj.* ▸ *Raisonnable* – éclairé, judicieux, mesuré, modéré, philosophe, pondéré, posé, raisonnable, raisonné, rationnel, responsable, sage, sain, sensé, sérieux. *SOUT.* rassis, tempéré. ▸ *Circonspect* – adroit, averti, avisé, circonspect, éclairé, fin, habile, prudent, sagace, sage. ▲ANT. IMPULSIF, INSTINCTIF, IRRÉFLÉCHI, MACHINAL; ÉTOURDI, IMPRUDENT, INCONSÉQUENT.

réfléchir *v.* ▸ *Refléter* – refléter, rendre, renvoyer, réverbérer. *SOUT.* mirer. ▸ *Raisonner* – méditer, penser, raisonner, se concentrer, songer, spéculer. *SOUT.* délibérer. *FAM.* cogiter, faire travailler sa matière grise, gamberger, phosphorer, ruminer, se casser la tête, se creuser la tête, se creuser les méninges, se presser le citron, se pressurer le cerveau, se servir de sa tête. *QUÉB. ACADIE FAM.* jongler. ▸ *Songer* – aviser à, penser à, songer à, tourner ses pensées vers. ▸ *Étudier* – analyser, ausculter, considérer, envisager, étudier, examiner, explorer, observer, penser à, pousser plus avant, prendre en considération, s'intéresser à, se pencher sur, traiter, voir. ◆ *se réfléchir* ▸ *Se refléter* – se mirer, se refléter. ▲ANT. ABSORBER, PÉNÉTRER; ÉMETTRE, IRRADIER, RAYONNER; SE LAISSER DISTRAIRE.

réfléchissant *adj.* réflecteur, réverbérant. ▲ANT. ABSORBANT.

reflet *n. m.* ▸ *Réflexion* – brasillement, brillance, brillant, cati, chatoiement, coruscation, éclat, étincellement, feux, halo, image, irisation, lueur, luisant, lustre, miroitement, moire, moiré, moirure, orient, papillotage, papillotement, poli, poudroiement, rayonnement, réflexion, réfraction, réverbération, ruissellement, scintillement. *SOUT.* luisance, nacre, opalescence, resplendissement, rutilance, rutilation, rutilement. *SC.* albédo. *TECHN.* bruni, brunissure. ▸ *Représentation affaiblie* – image, miroir, (pâle) imitation. ▲ANT. CARICATURE, GROSSISSEMENT; DISSIMULATION, TROMPERIE.

refléter *v.* ▸ *Réfléchir une image* – réfléchir, rendre, renvoyer, réverbérer. *SOUT.* mirer. ▸ *Exprimer* – exprimer, rendre, traduire. ◆ *se refléter* ▸ *Se réfléchir* – se mirer, se refléter. ▲ANT. ÉMETTRE; CONTRASTER, TRANCHER; CACHER, TAIRE.

réflexe *n. m.* ▸ *Réaction* – automatisme, conditionnement, interaction, réaction (immédiate), réponse. ▸ *Réponse* – écho, objection, réaction, réfutation, repartie, réplique, réponse, riposte. *FIG.* contreattaque. ▸ *Habitude* – accoutumance, automatisme, façons, habitude, manières, mœurs, pli, rite, rituel,

seconde nature. *PSYCHOL.* stéréotypie. *FAM.* abonnement, métro-boulot-dodo, train-train, train-train quotidien. ▸ *Non favorable* – encroûtement, manie, marotte, monotonie, ordinaire, ronron, routine, tic, uniformité.

réflexion *n. f.* ▸ *Reflet* – brasillement, brillance, brillant, cati, chatoiement, coruscation, éclat, étincellement, feux, halo, image, irisation, lueur, luisant, lustre, miroitement, moire, moiré, moirure, orient, papillotage, papillotement, poli, poudroiement, rayonnement, reflet, réfraction, réverbération, ruissellement, scintillement. *SOUT.* luisance, nacre, opalescence, resplendissement, rutilance, rutilation, rutilement. *SC.* albédo. *TECHN.* bruni, brunissure. ▸ *Concentration* – application, attention, concentration, contention, intérêt, recueillement, tension. ▸ *Méditation* – introspection, méditation, pensée, questionnement, recueillement, remâchement, rêvasserie, rumination, ruminement. *DIDACT.* problématique. *SOUT.* reploiement. *FAM.* cogitation. *QUÉB. ACADIE FAM.* jonglerie. ▸ *Raisonnement* – analyse, apagogie, argument, argumentation, considérations, déduction, démonstration, dialectique, dilemme, discussion, échafaudage, explication, implication, induction, inférence, justificatif, logique, méthode, preuve, raison, réfutation, sorite, substruction, syllogisme, syllogistique, synthèse. ▸ *Remarque* – constatation, observation, remarque. ▸ *Maxime* – adage, aphorisme, apophtegme, axiome, citation, devise, dicton, dit, dogme, enseignement, formule, mantra, maxime, moralité, mot, on-dit, parole, pensée, précepte, principe, proverbe, règle, sentence, sutra, vérité. ▲ANT. ABSORPTION, PÉNÉTRATION; ÉMISSION, RADIATION, RAYONNEMENT; DISTRACTION, ÉTOURDERIE, INATTENTION, IRRÉFLEXION, LÉGÈRETÉ.

refluer *v.* ▸ *En parlant de la mer* – descendre, rebaisser, se retirer. ▲ANT. AFFLUER, ARRIVER, AVANCER.

reflux *n. m.* ▸ *Marée descendante* – descente, jusant, marée descendante, perdant. ▸ *Recul* – acculée, acculement, éloignement, marche arrière, récession, recul, reculade, reculement, régression, repli, repliement, repoussement, retour, retrait, retraite, rétrogradation, rétrogression. *FAM.* rétropédalage. *PHYS.* répulsion. ▲ANT. FLUX; AFFLUENCE, AFFLUX, ENGORGEMENT.

refonte *n. f.* ▸ *Changement de structure* – réaménagement, redéploiement, réingénierie, remaniement, remodelage, réorganisation, restructuration. *SUISSE* redimensionnement. ▸ *Remaniement d'un ouvrage* – actualisation, adaptation, aggiornamento, correction, mise à jour, modification, rectification, réévaluation, remaniement, révision. ▲ANT. CONTINUITÉ, MAINTIEN, PRÉSERVATION.

réformateur *n.* ▸ *Sens général* – innovateur, modernisateur, novateur, renouveleur, rénovateur. ▲ANT. CONSERVATEUR.

réforme *n. f.* ▸ *Renouvellement* – amélioration, changement, dépoussiérage, modification, modification, prorogation, rajeunissement, recommencement, reconduction, réformation, régénération, réhabilitation, réinvention, remplacement, renouveau, renouvellement, rénovation, réparation, restauration, résurrection, rétablissement, transformation.

reformer

▶ *Progrès* – adoucissement, amélioration, civilisation, éducation, évolution, mieux-être, progrès, régénération, rénovation. ▶ *Exemption* – abattement, décharge, dégrèvement, dérogation, détaxation, détaxe, dispense, exemption, exonération, franchise, grâce, immunité, impunité, inamovibilité, inviolabilité, irresponsabilité, libération, liberté, mainlevée, transit. ▲ANT. MAINTIEN; IMMUABILITÉ, STAGNATION; CORRUPTION, DÉCLIN, DÉGRADATION.

reformer *v.* ▶ *Reconstituer* – recomposer, reconstituer, refaire. ▲ANT. DISPERSER.

réformer *v.* ▶ *Améliorer* – améliorer, amender, corriger, rénover. ▶ *Changer en profondeur* – métamorphoser, modifier, réinventer, renouveler, rénover, repousser les limites de, révolutionner, transformer. ▲ANT. EMPIRER; CONSERVER, MAINTENIR.

refoulement *n. m.* ▶ *Inhibition* – autocensure, barrage, blocage, censure, inhibition, refus, résistance. ▲ANT. ASSOUVISSEMENT, DÉFOULEMENT, EXPRESSION, LIBÉRATION.

refouler *v.* ▶ *Chasser un envahisseur* – chasser, culbuter, repousser. ▶ *Chasser du pays* – bannir, chasser (hors) de son pays, déporter, exiler, expatrier, expulser, mettre au ban, proscrire. SOUT. arracher de sa patrie, arracher de son sol natal, déraciner. DR. reléguer. ▶ *Freiner* – arrêter, désamorcer, enrayer, entraver, étouffer, étrangler, faire obstacle à, freiner, inhiber, juguler, mater, mettre en échec, mettre un frein à, neutraliser, stopper. ▶ *Retenir* – contenir, empêcher, endiguer, étouffer, museler, refréner, rentrer, réprimer, retenir. SOUT. brider, contraindre. ▲ANT. ACCUEILLIR, ADMETTRE, INVITER, RECEVOIR; ATTIRER, POMPER, TIRER; ASSOUVIR, DÉFOULER; EXPRIMER.

réfractaire *adj.* ▶ *Qui refuse d'obéir* – rebelle, récalcitrant, regimbeur, rétif. ▶ *Hostile* – fermé, hostile, opposé. ▶ *Indifférent* – étranger, fermé, imperméable, inaccessible, indifférent, insensible, sourd. SOUT. impénétrable. ▶ *Qui résiste à de hautes températures* – infusible. DIDACT. apyre. ▲ANT. DISCIPLINÉ, DOCILE, OBÉISSANT, SOUMIS; ACCESSIBLE, OUVERT, PERMÉABLE, RÉCEPTIF; FUSIBLE.

refrain *n. m.* ▶ *Répétition* – chanson, écho, leitmotiv, rabâchage, radotage, réchauffé, récurrence, redite, redondance, rengaine, répétition, reprise, ressassage, ressassement, ritournelle, routine, scie, sérénade, turlutaine. FAM. resucée. QUÉB. FAM. renotage.

refroidir *v.* ▶ *Rendre plus froid* – rafraîchir. ▶ *Modérer* – attiédir, éteindre, modérer. FAM. doucher. ▶ *Intimider* (FAM.) – annihiler, inhiber, intimider, paralyser. FAM. frigorifier, geler, réfrigérer. ▶ *Assassiner* (FAM.) – abattre, assassiner, éliminer, exécuter, supprimer, tuer. SOUT. immoler. FAM. buter, descendre, envoyer ad patres, envoyer dans l'autre monde, expédier, faire la peau à, flinguer (*arme à feu*), liquider, nettoyer, ratatiner, rectifier, se faire, trucider, zigouiller. FRANCE FAM. bousiller, dessouder, escoffier, expédier/envoyer (*revolver*). ♦ **se refroidir** ▶ *Devenir plus froid* – fraîchir, se rafraîchir. QUÉB. (se) renfroidir. ▲ANT. CHAUFFER, RÉCHAUFFER; EXCITER, STIMULER; ENFLAMMER, ENTHOUSIASMER, EXALTER.

refroidissement *n. m.* ▶ *Réfrigération* – congélation, gel, glaciation, réfrigération, surgélation. ▶ *Maladie* – chaud et froid, coup de froid. MÉD.

algidité. FRANCE FAM. crève. QUÉB. FAM. coup de mort, fraîche. ▶ *Sentiments non favorables* – crispation, durcissement, tension. SOUT. pétrification. ▲ANT. CHAUFFAGE, ÉCHAUFFEMENT, RÉCHAUFFEMENT.

refuge *n. m.* ▶ *Lieu protégeant des intempéries* – abri. ▶ *Habitation d'animal* – abri, aire, antre (*bête féroce*), caverne, gîte, halot (*lapin*), héronnière, liteau (*loup*), nid, renardière, repaire, reposée (*sanglier ou cervidé*), ressui (*pour se sécher*), retraite, tanière, taupinière, terrier, trou. QUÉB. ravage (*cerfs*); FAM. ouache. ▶ *Lieu protégeant du danger* – abri, affût, asile, cache, cachette, gîte, lieu de repos, lieu sûr, retraite. FIG. ermitage, havre (de paix), oasis, port, solitude, tanière, toit. PÉJ. antre, planque, repaire. ▲ANT. DÉCOUVERT.

réfugié *n.* banni, exilé, expatrié, expulsé, interdit de séjour, proscrit, relégué, sans-papiers. FAM. tricard. ▲ANT. ÉVACUÉ.

réfugier (se) *v.* ▶ *Se cacher* – s'abriter, se blottir, se cacher, se mettre à couvert, se mettre à l'abri, se nicher, se tapir, se terrer. FAM. se planquer. ▶ *S'exiler* – émigrer, s'expatrier, s'expatrier. ▲ANT. S'EXPOSER.

refus *n. m.* ▶ *Négation* – contestation, contradiction, désapprobation, négation, négative, non, opposition, récusation, réfutation, rejet. ▶ *Opposition* – barrage, désapprobation, désobéissance, mauvaise volonté, objection, obstacle, obstruction, opposition, réaction, rebuffade, résistance, veto. SOUT. contredit, inacceptation. ▶ *Interdiction* – condamnation, défense, empêchement, interdiction, interdit, prohibition, proscription, tabou. ▶ *Refoulement* – autocensure, barrage, blocage, censure, inhibition, refoulement, résistance. ▲ANT. ACCEPTATION, APPROBATION; ADHÉSION; AUTORISATION, CONSENTEMENT, PERMISSION.

refuser *v.* ▶ *Dire non* – décliner, opposer un refus à, opposer une fin de non-recevoir à, rejeter, répondre par la négative à, repousser. SOUT. ne pas daigner accepter. ▶ *Dédaigner* – dédaigner, laisser pour compte, rejeter, repousser, tourner le dos à. ▶ *Ne pas admettre un candidat* – ajourner. FAM. blackbouler, coller, recaler. ♦ **se refuser** ▶ *S'abstenir* – éviter de, s'abstenir de, s'empêcher de, s'interdire de, se défendre de, se garder de, se retenir de. ▲ANT. ACCEPTER, ACQUIESCER, CONSENTIR; ACCORDER, AUTORISER, PERMETTRE; ACCUEILLIR, ADMETTRE.

réfuter *v.* ▶ *Contredire* – contredire, démentir, infirmer, prendre le contre-pied de, s'inscrire en faux contre. ▲ANT. CONFIRMER, PROUVER; APPROUVER, SOUTENIR.

regagner *v.* ▶ *Revenir* – rallier, réintégrer, rejoindre, rentrer à, retourner à, revenir à. ▶ *Retrouver* – ravoir, reconquérir, recouvrer, récupérer, rentrer en possession de, reprendre, retrouver, se réapproprier. FAM. raccrocher. SUISSE FAM. rapercher. ▲ANT. QUITTER; PERDRE, REPERDRE.

regain *n. m.* ▶ *Recrudescence* – dégel, progrès, recrudescence, redémarrage, régénération, régénérescence, réincarnation, relance, renouveau, renouvellement, reprise, résurrection, retour, réveil, revival, reviviscence, second souffle. SOUT. refleurissement, revif. FIG. printemps, résurgence. BOT. anabiose. ▲ANT. BAISSE, CHUTE, DÉCLIN.

régaler *v.* ▶ *Offrir un bon repas* – traiter. QUÉB. FAM. payer la traite à. ▶ *Niveler* – aplanir, araser, égaliser, niveler, raser. ♦ **se régaler** ▶ *Savourer* – déguster, faire ses délices de, goûter, jouir de, profiter de, s'enchanter de, savourer, se délecter de, se réjouir de, se repaître de, tirer plaisir de. FAM. se gargariser de. ▲ANT. DÉGOÛTER.

regard *n. m.* ▶ *Vue* – œil, vue. ▶ *Clin d'œil* – battement, battement de cils, battement de paupières, clin d'œil, coup d'œil, œillade. ▶ *Répété* – cillement, clignotement (d'yeux), nictation, papillotage, papillotement. ▶ *Attention* – attention, considération. ▶ *Ouverture* – soupirail.

regarder *v.* ▶ *Fixer du regard* – arrêter son regard sur, attacher son regard sur, braquer les yeux sur, considérer, contempler, dévisager (*une personne*), examiner, fixer, fixer le regard sur, fouiller du regard, observer, scruter. FAM. gaffer, viser, zieuter. ▶ *Consulter* – consulter, lire, se référer à, se reporter à, voir. ▶ *Lire rapidement* – feuilleter, jeter un coup d'œil à, lire en diagonale, parcourir, survoler. ▶ *Juger de telle façon* – considérer, croire, estimer, être d'avis que, juger, penser, tenir, trouver. SOUT. compter, réputer. ▶ *Concerner* – être d'intérêt pour, intéresser, s'appliquer à, toucher, valoir pour, viser. ▶ *Lésiner* – chipoter, faire des économies de bouts de chandelles, lésiner, rogner. FAM. mégoter. QUÉB. FAM. gratter. ▲ANT. NÉGLIGER, OMETTRE.

régénération *n. f.* ▶ *Renaissance* – dégel, progrès, recrudescence, redémarrage, regain, régénérescence, réincarnation, relance, renouveau, renouvellement, reprise, résurrection, retour, réveil, revival, reviviscence, second souffle. SOUT. refleurissement, revif. FIG. printemps, résurgence. BOT. anabiose. ▶ *Renouvellement* – amélioration, changement, dépoussiérage, modernisation, modification, prorogation, rajeunissement, recommencement, reconduction, réformation, réforme, réhabilitation, réinvention, remplacement, renouveau, renouvellement, rénovation, réparation, restauration, résurrection, rétablissement, transformation. ▶ *Progrès* – adoucissement, amélioration, civilisation, éducation, évolution, mieux-être, progrès, réforme, rénovation. ▲ANT. DÉCADENCE, DÉCRÉPITUDE, DÉGÉNÉRESCENCE, DÉTÉRIORATION.

régénérescence *n. f.* dégel, progrès, recrudescence, redémarrage, regain, régénération, réincarnation, relance, renouveau, renouvellement, reprise, résurrection, retour, réveil, revival, reviviscence, second souffle. SOUT. refleurissement, revif. FIG. printemps, résurgence. BOT. anabiose. ▲ANT. DÉGÉNÉRESCENCE.

regimber *v.* ▶ *Protester avec véhémence* – résister, ruer dans les brancards, s'insurger, se braquer, se buter, se cabrer, se rebeller, se révolter. FAM. rebecquer, se rebiffer. QUÉB. FAM. ruer dans le bacul. ▲ANT. CÉDER, CONSENTIR; OBÉIR, SE SOUMETTRE.

régime *n. m.* ▶ *Façon de gouverner* – gouvernement. ▶ *Règlements* – arrêté, charte, code, convention, cote, coutume, formule, loi, mesure, norme, obligation, ordre, précepte, prescription, protocole, règle, règlement, usage. ▶ *Alimentation* – alimentation, diète. ▶ *Ensemble de bananes* – main. QUÉB.

FAM. tresse. ▶ *Vitesse d'un moteur* – vitesse. ▶ *Débit* – circulation, débit, débordement, écoulement, éruption, évacuation, exsudation, flux, fuite, ingression, inondation, irrigation, irruption, larmoiement, mouvement, passage, ravinement, ruissellement, sortie, suage, suintement, transpiration, vidange. SOUT. submersion, transsudation. GÉOGR. défluviation, transfluence, transgression. ▶ *Conditions climatiques* – air, ambiance, atmosphère, ciel, climat, conditions atmosphériques, conditions climatiques, conditions météorologiques, météorologie, pression, température, temps, vent. FAM. fond de l'air, météo. ▶ *En grammaire* – complément, objet.

régiment *n. m.* ▶ *Corps de troupe* – bataillon, brigade, colonne, commando, compagnie, corps, échelon, escadron, escorte, formation, garde, garnison, légion, parti, patrouille, peloton, section, soldatesque (*indisciplinés*), tabor (*Maroc*), troupe, unité. PAR EXT. caserne. ANC. escouade, goum, piquet. ▶ *Temps passé dans l'armée* (FAM.) – métier de la guerre, métier des armes, service militaire, service. ▶ *Foule* (FAM.) – abondance, affluence, armada, armée, attroupement, cohue, concentration, concours, encombrement, essaim, flot, forêt, foule, fourmilière, fourmillement, grouillement, légion, marée, masse, meute, monde, multitude, peuple, pléiade (*célébrités*), pullulement, rassemblement, réunion, ribambelle, ruche, tas, troupeau. FAM. flopée, marmaille (*enfants*), tapée, tripotée. QUÉB. achalandage; FAM. tapon, trâlée. PÉJ. ramassis. ▲ANT. INDIVIDU; MINORITÉ, POIGNÉE.

région *n. f.* ▶ *Aire* – aire, champ, domaine, emplacement, espace, place, terrain, territoire, zone. ▶ *Territoire non délimité* – coin (de pays), contrée, latitude, partie du monde, pays, secteur, zone. SOUT. cieux, climats. FAM. patelin. QUÉB. FAM. bout. ▶ *Territoire délimité* – canton, circonscription, district, province. ANC. seigneurie. ▶ *France* – arrondissement, circonscription d'action régionale, collectivité, département, diocèse (*ecclésiastique*), préfecture, sous-arrondissement, sous-préfecture. ANC. capitainerie, chefferie, généralité. ▶ *Canada* – comté. ▶ *Algérie* – douar, willaya. ▶ *Turquie* – eyalet, pachalik, sandjak, vilayet. ▶ *Perse* – hyparchie, satrapie. ▶ *Afrique* – bantoustan, chefferie. ▶ *Autres pays* – land (Autriche), nome (*Grèce*), voïvodie (Pologne). ▶ *Antiquité* – dème (*Grèce antique*), despotat (Empire byzantin), nome (*Égypte*), pagus, paralie (Athènes), tétrarchie. ▲ANT. ENSEMBLE, GLOBALITÉ, TOTALITÉ, UNIVERS.

régional *adj.* local. ▲ANT. INTERRÉGIONAL, NATIONAL; GLOBAL, INTERNATIONAL, MONDIAL, UNIVERSEL.

régionaliste *adj.* ▲ANT. CENTRALISTE.

régir *v.* ▶ *Régler* – dicter, régler. ▲ANT. DÉPENDRE DE, ÊTRE SOUMIS À, OBÉIR À, SE CONFORMER À.

registre *n. m.* ▶ *Cahier* – agenda, bloc-notes, cahier, calepin, carnet, journal, livre, livret, mémento, mémorandum, notes, répertoire. ▶ *Liste* – barème, bordereau, cadre, catalogue, index, inventaire, liste, matricule, mémoire, menu, nomenclature, relevé, répertoire, rôle, série, table, tableau. SUISSE tabelle. ▶ *Étendue d'une voix* – ambitus, étendue, tessiture. ▶ *Partie d'un conduit* – clé, tirette.

réglé *adj.* ▶ *Mesuré* – cadencé, égal, mesuré, régulier, rythmé.

règle *n. f.* ▶ *Instrument de mesure* – BELG. latte. ▸ *Petite* – réglet, réglette. ▶ *Norme* – arrêté, charte, code, convention, cote, coutume, formule, loi, mesure, norme, obligation, ordre, précepte, prescription, protocole, régime, règlement, usage. ▶ *Méthode* – approche, art, chemin, code, comment, credo, démarche, discipline, dispositif, façon (de faire), facture, formule, heuristique, instruction, instrument, ligne de conduite, maïeutique, manière, marche (à suivre), méthode, modalité, mode d'emploi, mode, moyen, opération, ordre, organisation, outil, posologie, pratique, procédé, procédure, protocole, raisonnement, recette, secret, stratagème, stratégie, système, tactique, technique, théorie, traitement, voie. SOUT. faire. ▶ *Formalité* – démarche, formalité, forme, procédure. ▶ *Protocole* – bienséance, cérémonial, cérémonie, convenances, décorum, étiquette, formalité, formule, mondanités, protocole, usage. FAM. salamalecs. ▶ *Coutume* – convention, coutume, habitude, habitus, mode, mœurs, pratique, rite, tradition, us et coutumes, usage. ▶ *Précepte* – adage, aphorisme, apophtegme, axiome, citation, devise, dicton, dit, dogme, enseignement, formule, mantra, maxime, moralité, mot, on-dit, parole, pensée, précepte, principe, proverbe, réflexion, sentence, sutra, vérité. ♦ **règles,** *plur.* ▶ *Menstruation* – écoulement menstruel, flot menstruel, flux menstruel, menstruation, périodes, sang menstruel. PAR EUPHÉM. indisposition. ▶ *Ensemble de règles* – code, corpus de règles. ▲ANT. EXCEPTION; ANARCHIE, DÉSORDRE, IRRÉGULARITÉ.

règlement *n. m.* ▶ *Règle* – arrêté, charte, code, convention, cote, coutume, formule, loi, mesure, norme, obligation, ordre, précepte, prescription, protocole, régime, règle, usage. ▶ *Décision publique* – arrêt, arrêté, décision, délibération, jugement, ordonnance, résolution, résultat, sentence, verdict. ▸ *Arbitraire ou injuste* – diktat, ukase. ▶ *Affaire* – affaire, arbitrage, contestation, débat, démêlé, différend, discussion, dispute, médiation, négociation, panel, querelle, spéculation, tractation. ▶ *Remboursement* – acquittement, amortissement, couverture, défraiement, désendettement, extinction, libération, paiement, prise en charge, rachat, recouvrement, remboursement, remise de dette, restitution, rétrocession, reversement. ▶ *Versement* – dépôt, paiement, versement. ▶ *Conclusion* – aboutissement, accomplissement, achèvement, apothéose, but, chute, complémentation, complètement, complétude, conclusion, consécration, consommation, couronnement, dénouement, exécution, fin, finition, fruit, issue, produit, réalisation, résolution, résultat, sortie, terme, terminaison. SOUT. aboutissant. PHILOS. entéléchie. ▲ANT. DÉRANGEMENT, DÉRÈGLEMENT.

réglementaire *adj.* ▶ *Conforme aux règlements* – en bonne et due forme, en due forme, en règle, régulier, valable, valide. ▶ *Conforme aux lois* – juridique, légal, légitime, licite. ▲ANT. ANTIRÉGLEMENTAIRE, ILLÉGAL, INVALIDE, IRRÉGULIER.

régler *v.* ▶ *Adapter* – accommoder, accorder, adapter, ajuster, aligner, approprier, conformer, faire cadrer, modeler, moduler, mouler. ▶ *Fixer* – arrêter, assigner, décider, déterminer, établir, fixer. ▶ *Résoudre* – en finir avec, résoudre, trancher, vider. ▶ *Imposer* – commander, décréter, dicter, donner l'ordre de, imposer, ordonner, prescrire, vouloir. SOUT. édicter. ▶ *Régulariser* – normaliser, régulariser, réguler. ▶ *Arbitrer* – arbitrer, juger. ▶ *Servir de règle* – dicter, régir. ▶ *Perfectionner* – mettre au point, perfectionner. FAM. roder. ♦ **se régler** ▶ *Se conformer* – emboîter le pas à, imiter, s'accorder sur, s'adapter à, s'ajuster à, s'aligner sur, se conformer à, se mettre au diapason de, se mettre dans le ton, se modeler sur, se rallier à, se ranger à, suivre. ▲ANT. DÉRANGER, DÉRÉGLER, PERTURBER, TROUBLER.

règne *n. m.* ▶ *Époque* – âge, cycle, date, époque, ère, étape, génération, heure, jour, moment, période, saison, siècle, temps. ▶ *Pouvoir* – autorité, commandement, domination, emprise, force, gouvernement (politique), juridiction, loi, maîtrise, pouvoir, puissance, tutelle. SOUT. empire, férule, houlette. ▶ *Influence* – action, aide, appui, ascendant, attirance, attraction, aura, autorité, contagion, crédit, dominance, domination, effet, empreinte, emprise, fascination, force, importance, incitation, influence, inspiration, magie, magnétisme, mainmise, manipulation, mouvance, persuasion, pétition, poids, pouvoir, prépondérance, présence, pression, prestige, puissance, rôle, séduction, subjugation, suggestion, tyrannie. SOUT. empire, intercession.

régner *v.* ▶ *Exercer le pouvoir monarchique* – occuper le trône. ▶ *Prédominer* – avoir le dessus, avoir préséance, dominer, l'emporter, prédominer, prévaloir, primer, s'imposer, triompher.

régression *n. f.* ▶ *Recul* – aculée, acculement, éloignement, marche arrière, récession, recul, reculade, reculement, reflux, repli, repliement, repoussement, retour, retrait, rentrée, rétrogradation, rétrogression. FAM. rétropédalage. PHYS. répulsion. ▶ *Involution* – involution, présénescence. ▶ *Inversion linguistique* – anastrophe, chiasme, contrepet, contrepèterie, hyperbate, inversion, métathèse, permutation, postposition, verlan. MÉD. paraphasie. ▲ANT. AVANCÉE, DÉVELOPPEMENT, PROGRÈS, PROGRESSION.

regret *n. m.* ▶ *Remords* – attrition, componction, contrition, honte, pénitence, remords, repentir. SOUT. repentance, résipiscence. ▶ *Déception* – abattement, accablement, affliction, amertume, anéantissement, chagrin, consternation, contrariété, déboires, déception, déconvenue, découragement, dégoût, dégrisement, démoralisation, dépit, désappointement, désenchantement, désespoir, désillusion, désolation, échec, écœurement, ennui, infortune, insuccès, lassitude, mécompte, peine, revers, tristesse. SOUT. atterrement, déréliction, désabusement, désespérance, retombement. FAM. défrisage, défrisement, douche (froide), ras-le-bol. ▶ *Excuse* – amende honorable, décharge, déculpabilisation, défense, disculpation, explication, justification, motif, pardon, raison. ▲ANT. CONSOLATION, CONTENTEMENT, PLAISIR, SATISFACTION.

regrettable *adj.* déplorable, désastreux, désolant, fâcheux, malheureux. ▲ANT. DÉSIRABLE, SOUHAITABLE; BIENVENU, HEUREUX, OPPORTUN.

regretter *v.* ▸ *Être nostalgique* – avoir la nostalgie de, s'ennuyer de, se languir de. ▸ *S'en vouloir* – s'en vouloir de, se reprocher. *FAM.* se mordre les doigts de, se mordre les poings de, se mordre les pouces de. ▸ *Déplorer* – déplorer, pleurer. ▸ *Demander pardon* – demander pardon, être confus, faire amende honorable, faire son mea culpa, reconnaître ses torts, s'excuser, se repentir. *SOUT.* battre sa coulpe, demander miséricorde, faire pénitence. ▸ *Dans les formules de politesse* – avoir le regret, être au regret, être désolé, être navré. ▲**ANT.** SE FÉLICITER, SE RÉJOUIR; DÉSIRER, SOUHAITER; ASSUMER, REVENDIQUER.

regroupement *n. m.* ▸ *Association de choses* – alliance, assemblage, association, collage, combinaison, communion, composition, concentration, conjonction, constitution, fusion, fusionnement, groupement, incorporation, intégration, ralliement, rassemblement, réunion, symbiose, synthèse, unification, union. ▸ *Association de personnes* – collectivité, communauté, groupe, groupement, société. ▲**ANT.** DISPERSION, ÉPARPILLEMENT, SÉPARATION.

regrouper *v.* ▸ *Réunir des choses* – bloquer, concentrer, grouper, rassembler, réunir. ▸ *Réunir des personnes* – ameuter, assembler, attrouper, masser, mobiliser, rallier, ramasser, rameuter, rassembler, réunir. *SOUT.* battre le rappel de, conglomérer. ♦ **se regrouper** ▸ *Se réunir* – s'assembler, s'attrouper, se masser, se mobiliser, se rallier, se rassembler, se réunir. ▲**ANT.** DISPERSER, DISSÉMINER, ÉPARPILLER; DÉSUNIR, SÉPARER.

régulariser *v.* ▸ *Rendre régulier* – normaliser, régler, réguler. ▲**ANT.** PERTURBER.

régularité *n. f.* ▸ *Normalité* – canonicité, conformité, constitutionnalité, correction, juste, justesse, légalité, légitimité, normalité, normativité, validité. ▸ *Fidélité* – assiduité, attachement, constance, fidélité, indéfectibilité, ponctualité. *SOUT.* exactitude. ▸ *Périodicité* – cadence, chronicité, cyclicité, périodicité, rythme, rythmicité, saisonnalité. ▸ *Cohérence* – cohérence, cohésion, consistance, égalité, homogénéité, liaison, logique, non-contradiction, uniformité, unité. *LING.* signifiance. ▲**ANT.** DISPARITÉ, INÉGALITÉ, IRRÉGULARITÉ; INTERMITTENCE.

régulateur *adj.* équilibrant, équilibrateur, équilibreur, modérateur, pondérateur, stabilisateur. ▲**ANT.** DÉSÉQUILIBRANT, DÉSTABILISANT, DÉSTABILISATEUR, PERTURBATEUR.

régulation *n. f.* ▸ *Stabilisation* – normalisation, régularisation, retour à la normale, stabilisation. ▲**ANT.** DÉRÉGULATION; DÉRANGEMENT, DÉRÈGLEMENT, PERTURBATION.

régulier *adj.* ▸ *Conforme aux règlements* – en bonne et due forme, en due forme, en règle, réglementaire, valable, valide. ▸ *Aux traits égaux* – harmonieux, symétrique. ▸ *Au rythme égal* – cadencé, égal, mesuré, réglé, rythmé. ▸ *Sans changement* – constant, égal, invariable, uniforme. *QUÉB. FAM.* mur-à-mur. *SOUT.* uni. ▸ *Habituel* – accoutumé, attendu, connu, consacré, coutumier, d'usage, de pratique courante, de règle, de tradition, familier, habituel, naturel, normal, ordinaire, quotidien, rituel, routinier, usuel. ▸ *Continuel* – constant, continu, continuel, de tous les instants, incessant, ininterrompu,

permanent, perpétuel, persistant. ▸ *Non favorable* – continuel, éternel, incessant, perpétuel, sans fin, sempiternel. ▸ *Assidu* – assidu, constant, continu, fidèle, intense, intensif, soutenu, suivi. ▸ *Ponctuel* – à l'heure, assidu, exact, ponctuel. ▸ *Honnête* – correct, droit, franc, honnête, loyal, probe. *FAM.* carré, réglo, rond. ▲**ANT.** IRRÉGULIER; ANTIRÉGLEMENTAIRE, ANORMAL, BIZARRE, CURIEUX, DRÔLE, ÉTRANGE, INACCOUTUMÉ, INHABITUEL, INSOLITE, INUSITÉ, SINGULIER, SPÉCIAL; INSTABLE; DISCONTINU, INTERMITTENT, SPORADIQUE; SÉCULIER.

régulièrement *adv.* ▸ *Légalement* – canoniquement, conformément, constitutionnellement, correctement, de droit, de jure, de plein droit, dûment, en bonne et due forme, juridiquement, légalement, légitimement, licitement, officiellement, réglementairement, valablement, validement. *FAM.* réglo. ▸ *Périodiquement* – à date fixe, à des intervalles répétés, à heure fixe, à intervalles constants, à intervalles fixes, à intervalles réguliers, à jour fixe, à périodes fixes, à périodes régulières, à plusieurs reprises, à répétition, cycliquement, itérativement, périodiquement, rythmiquement, successivement. ▸ *Selon la période* – annuellement, hebdomadairement, mensuellement, quotidiennement. ▸ *Souvent* – à de rares exceptions près, à l'accoutumée, à l'ordinaire, à maintes reprises, à quelques exceptions près, communément, couramment, coutumièrement, d'habitude, d'ordinaire, dans la généralité des cas, dans la majorité des cas, dans la plupart des cas, de coutume, en général, en règle générale, fréquemment, généralement, habituellement, journellement, la plupart du temps, maintes fois, normalement, ordinairement, rituellement, souvent, toujours. ▸ *Uniformément* – continûment, également, monotonement, platement, semblablement, uniformément, uniment. *QUÉB. FAM.* mur-à-mur. ▲**ANT.** IRRÉGULIÈREMENT; CRIMINELLEMENT, FRAUDULEUSEMENT, ILLÉGALEMENT, ILLÉGITIMEMENT, ILLICITEMENT, INCORRECTEMENT; EXCEPTIONNELLEMENT, GUÈRE, PAR EXCEPTION, RAREMENT; ALÉATOIREMENT, CAPRICIEUSEMENT, ÉPISODIQUEMENT, PAR INTERMITTENCE, SPORADIQUEMENT.

réhabilitation *n. f.* ▸ *Disculpation* – amende honorable, décharge, déculpabilisation, défense, disculpation, explication, justification, motif, pardon, raison, regret. ▸ *Rétablissement* – amélioration, changement, dépoussiérage, modernisation, modification, prorogation, rajeunissement, recommencement, reconduction, réformation, réforme, régénération, réinvention, remplacement, renouveau, renouvellement, rénovation, réparation, restauration, résurrection, rétablissement, transformation. ▸ *Réadaptation* – désinstitutionnalisation, réadaptation, rééducation, réinsertion, réintégration, rétablissement. ▲**ANT.** INCRIMINATION; AVILISSEMENT, DÉGRADATION, FLÉTRISSURE.

rehausser *v.* ▸ *Mettre plus haut* – élever, exhausser, hausser, hisser, monter, remonter, surélever, surhausser. ▸ *Mettre en valeur* – faire valoir, mettre en valeur, relever, valoriser. ▸ *Orner* – agrémenter, colorer, décorer, émailler, embellir, enjoliver, enrichir, garnir, habiller, ornementer, orner, parer, relever. *SOUT.* diaprer. *QUÉB. FAM.* renipper. ▸ *Rendre* *intéressant* – agrémenter, assaisonner, corser, épicer, pimenter, poivrer, relever. ▲ANT. ABAISSER, BAISSER, DESCENDRE, RABAISSER; AMOINDRIR, ATTÉNUER, RABATTRE; ENLAIDIR; AVILIR, DÉGRADER, DÉPRÉCIER, MÉPRISER, TERNIR.

réinsertion *n. f.* ▶ *Fait de réinsérer* – réimplantation. ▶ *Réhabilitation* – désinstitutionnalisation, réadaptation, rééducation, réhabilitation, réintégration, rétablissement. ▲ANT. DÉSINSERTION, EXCLUSION, EXPULSION.

réintégrer *v.* ▶ *Regagner* – rallier, regagner, rejoindre, rentrer à, retourner à, revenir à. ▶ *Réinsérer* – réinsérer, réintroduire. ▶ *Rétablir dans ses droits, ses fonctions* – réhabiliter, rétablir. ▲ANT. ABANDONNER, DÉSERTER, FUIR, QUITTER; LAISSER; EXCLURE.

réinventer *v.* métamorphoser, modifier, réformer, renouveler, rénover, repousser les limites de, révolutionner, transformer. ▲ANT. RECOPIER; CROUPIR, MOISIR, S'ENCROÛTER, VÉGÉTER.

rejaillir *v.* ▶ *Gicler* – gicler, jaillir. QUÉB. FAM. revoler. BELG. FAM. spiter. ▲ANT. DISPARAÎTRE, S'ENGOUFFRER.

rejet *n. m.* ▶ *Expulsion* – bannissement, délogement, désinsertion, disgrâce, disqualification, élimination, évacuation, éviction, exclusion, exil, expatriation, expulsion, nettoyage, ostracisme, proscription, rabrouement, radiation, refoulement, relégation, renvoi. FAM. dégommage, éjection, lessive, vidage. QUÉB. tablettage. DIDACT. forclusion. DR. déboutement. ANTIQ. pétalisme, xénélasie. ▶ *Abandon* – abandon, abdication, aliénation, capitulation, cession, don, donation, fléchissement, non-usage, passation, renoncement, renonciation, répudiation, retrait, suppression. FIG. bradage. ▶ *Refus* – contestation, contradiction, désapprobation, négation, négative, non, opposition, récusation, refus, réfutation. ▶ *En versification* – enjambement. ▶ *Pousse* – accru, bouture, brin, brout, cépée, drageon, germe, jet, mailleton, marcotte, plant, provin, recrû, rejeton, revenue, surgeon, talle, tendron, turion. ▲ANT. ACCUEIL, RÉCEPTION; ACCEPTATION, ADMISSION, ADOPTION.

rejeter *v.* ▶ *Supprimer* – bannir, éliminer, exclure, proscrire, supprimer. ▶ *Chasser* – bannir, barrer, chasser, éloigner, exclure, exiler, fermer la porte à, mettre en quarantaine, ostraciser. SOUT. excommunier, frapper d'ostracisme, proscrire, répudier. ▶ *Évacuer de l'organisme* – éliminer, évacuer, excréter, expulser. ▶ *Ne pas accepter* – décliner, opposer un refus à, opposer une fin de non-recevoir à, répondre par la négative à, repousser. SOUT. ne pas daigner accepter. ▶ *Dédaigner* – dédaigner, laisser pour compte, refuser, repousser, tourner le dos à. ▶ *Ne pas considérer* – balayer d'un revers de la main, écarter, éliminer, excepter, exclure, faire abstraction de, mettre à l'écart, ne pas prendre en considération, ne pas tenir compte de, négliger. ▶ *Nier* – contester, démentir, disconvenir de, nier. ▶ *Imputer* – attribuer, imputer, mettre sur le compte. ▲ANT. CONSERVER, GARDER; PRENDRE; ACCUEILLIR, ADMETTRE, ADOPTER, RECEVOIR; ABSORBER, ASSIMILER, DIGÉRER; CONSIDÉRER; AGRÉER, APPROUVER, APPUYER, ENTÉRINER; ASSUMER.

rejoindre *v.* ▶ *Rattraper* – atteindre, rattraper, remonter, retrouver. QUÉB. repêcher. ▶ *Regagner* – rallier, regagner, réintégrer, rentrer à, retourner à, revenir à. ▶ *Prendre contact* – contacter, entrer en contact avec, joindre, prendre contact avec, se mettre en rapport avec, toucher. SOUT. prendre langue avec. PÉJ. s'aboucher avec. ♦ *se rejoindre* ▶ *Coïncider* – coïncider, concorder, correspondre, se recouper. ▶ *Converger* – confluer, converger, se rencontrer. ▶ *En parlant d'un cours d'eau* – confluer, s'unir, se rencontrer. ▲ANT. DISTANCER, ÉLOIGNER; DÉSERTER, QUITTER; DÉSUNIR, DISJOINDRE, SÉPARER. △SE REJOINDRE – DIFFÉRER, DIVERGER, SE CONTREDIRE; S'ÉCARTER.

réjoui *adj.* ▶ *Ravi* – au comble du bonheur, au septième ciel, aux anges, béat, comblé, en fête, en joie, en liesse, enchanté, euphorique, extasié, extatique, exultant, fou de joie, heureux, le cœur en joie, radieux, ravi, rayonnant, resplendissant de bonheur, ruisselant de joie, transporté de joie, triomphant. SOUT. aise, bienheureux. FAM. jubilant. ▶ *Enjoué* – allègre, badin, de belle humeur, en gaieté, en joie, enjoué, épanoui, folâtre, foufou, gai, guilleret, hilare, jovial, joyeux, léger, plein d'entrain, riant, rieur, souriant. FAM. rigolard, rigoleur.

réjouir *v.* ▶ *Rendre heureux* – charmer, combler, enchanter, enthousiasmer, exaucer, faire la joie de, faire le bonheur de, faire plaisir à, mettre en joie, plaire à, ravir. SOUT. assouvir, délecter. FAM. emballer. ▶ *Rendre gai* – amuser, dérider, égayer, émoustiller, épanouir, mettre de belle humeur, mettre en gaieté, mettre en joie. SOUT. désattrister. FAM. désopiler. ▶ *Divertir* – amuser, distraire, divertir, égayer, récréer. ♦ *se réjouir* ▶ *Savourer* – déguster, faire ses délices de, goûter, jouir de, profiter de, s'enchanter de, savourer, se délecter de, se régaler de, se repaître de, tirer plaisir de. FAM. se gargariser de. ▶ *Être content de soi* – s'applaudir, se féliciter, se louer. ▶ *Se divertir* – prendre du bon temps, s'amuser, s'égayer, se distraire, se divertir, se récréer. FAM. rigoler, s'éclater, se défoncer, se marrer. ▲ANT. AFFLIGER, ATTRISTER, CHAGRINER, DÉSOLER, PEINER; AGACER, CONTRARIER, ENNUYER, FÂCHER, MÉCONTENTER. △SE RÉJOUIR – DÉPLORER, REGRETTER; SE LAMENTER, SE PLAINDRE.

réjouissant *adj.* ▶ *Qui cause un vif plaisir* – joyeux. FAM. jouissif, jubilatoire. ▶ *Qui plaît bien* – agréable, amusant, charmant, distrayant, divertissant, égayant, gai, plaisant, riant, souriant, sympathique. FAM. bonard, chic, chouette, sympa. ▲ANT. ATTERRANT, CONSTERNANT, DÉCEVANT, NAVRANT.

relâché *adj.* ▶ *Qui manque de tonus* – flasque, lâche, laxe, mollasse, mou. ▶ *Dissipé* – corrompu, débauché, dépravé, déréglé, dévoyé, dissipé, dissolu, immoral, libertin. SOUT. sardanapalesque. ▶ *Permissif* – élastique, large, latitudinaire, laxe, laxiste, permissif.

relâche *n.* ▶ *Pause* – congé, délassement, détente, escale, halte, loisir, mi-temps, pause, récréation, récupération, répit, repos, temps, trêve, vacances, villégiature. ▶ *Interruption* – annulation, arrêt, avortement, cessation, discontinuation, entrecoupement, intermittence, interruption, levée, panne, pause, station, suspension. ▲ANT. CONTINUITÉ, REPRISE.

relâchement *n. m.* ▸ *Décontraction* – décontraction, décrispation, détente, relaxation. ▸ *Action de rendre moins serré* – desserrage, desserrement. ▸ *État de ce qui n'est pas serré* – distension, flaccidité, laxité, mollesse. ▸ *Abaissement d'un organe* – chute, collapsus, descente, distension, procidence, prolapsus, ptôse. ▸ *Affaiblissement* – abattement, accablement, affaiblissement, alanguissement, amoindrissement, amollissement, anémie, apathie, avachissement, consomption, découragement, défaillance, dépérissement, épuisement, étiolement, exténuation, fatigue, fragilisation, harassement, lassitude, rabaissement, ralentissement, ramollissement, sape, usure. *SOUT.* débilité. *MÉD.* adynamie, asthénie, asthénomanie, atonie, collapsus, débilitation. ▸ *Laxisme* – bonasserie, complaisance, faiblesse, laisser-aller, laisser-faire, laxisme, mollesse, permissivité. ▲ANT. CONTRACTION, SERREMENT, TENSION; ACCÉLÉRATION, ARDEUR, EFFORT.

relâcher *v.* ▸ *Détendre un muscle* – décontracter, déraidir, détendre. ▸ *Desserrer* – desserrer, détendre, donner du jeu à, lâcher. *MAR.* mollir. ▸ *Mettre en liberté* – élargir, libérer, relaxer, (re)mettre en liberté. ▸ *Tempérer* – assouplir, plier, tempérer. ▸ *Faire escale* – faire escale, faire halte, faire relâche. ♦ **se relâcher** ▸ *Devenir moins tendu* – se distendre. ▲ANT. CONTRACTER, RAIDIR, TENDRE; COMPRIMER, RESSERRER, SERRER; ARRÊTER, CAPTURER, EMPRISONNER, INCARCÉRER, PRENDRE; DÉTENIR, RETENIR; DURCIR, RENFORCER. △SE RELÂCHER – S'AFFERMIR, SE TENDRE; SE SOIGNER.

relais *n. m.* ▸ *Étape* – auberge, complexe hôtelier, escale, étape, gîte, halte, hôtel, hôtellerie. ◊ *Pays arabes* – caravansérail, fondouk, khan. ◊ *Autres pays* – posada *(Espagne)*, ryokan *(Japon)*. ◊ *Québec* – gîte du passant, gîte touristique. ▸ *Transmetteur* – réémetteur, retransmetteur.

relancer *v.* ▸ *Lancer de nouveau* – renvoyer. ▸ *Remettre en marche* – redémarrer, remettre en marche. ▸ *Surenchérir* – couvrir une enchère, enchérir sur, monter, renchérir, renvier, surenchérir. *SUISSE* miser sur. ▲ANT. RESSAISIR; LAISSER PÉRICLITER.

relater *v.* ▸ *Rapporter* – citer, mentionner, rapporter. ▸ *Raconter* – conter, exposer, faire le récit de, raconter, retracer. *SOUT.* narrer. *FRANCE FAM.* bonir. ▲ANT. CACHER, TAIRE.

relatif *adj.* ▸ *Qui dépend d'une autre chose* – proportionnel. ▸ *Imparfait* – fragmentaire, imparfait, inachevé, incomplet, insuffisant, lacunaire, partiel. ▲ANT. INDÉPENDANT; ABSOLU, IDÉAL, PARFAIT.

relation *n. f.* ▸ *Récit* – compte rendu, débreffage, description, exposé, exposition, histoire, narration, peinture, procès-verbal, rapport, reportage, tableau. *SOUT.* radiographie. ▸ *Lien* – association, connexion, connexité, corrélation, correspondance, dépendance, filiation, interaction, interdépendance, interrelation, liaison, lien, lien causal, rapport, rapprochement, relation de cause à effet. *FIG.* pont. ▸ *Analogie* – allégorie, analogie, apologue, assimilation, association (d'idées), catachrèse *(lexicalisée)*, comparaison, équivalence, figure, image, lien, métaphore, parabole, parallèle, parenté, personnification, rapport, rapprochement, ressemblance, similitude,

symbole, symbolisme. ▸ *Jonction* – abouchement, aboutage, aboutement, accolement, accouplage, accouplement, ajustage, apposition, articulation, assemblage, association, branchement, coalescence, confluence, conjonction, conjugaison, connexion, contact, convergence, couplage, couplement, groupage, interconnexion, interface, joint, jointure, jonction, jumelage, juxtaposition, liaison, mariage, mise en couple, mixage, raccord, raccordement, rapprochement, reboutement, rencontre, réunion, suture, union. ▸ *Rapport entre humains* – attache, communication, compagnie, contact, correspondance, côtoiement, coudoiement, entourage, familiarité, fréquentation, habitude, intelligence, intimité, liaison, lien, pratique, rapport, société, termes *(bons ou mauvais)*, usage, voisinage. *SOUT.* commerce. *PÉJ.* acquinement, encanaillement. ▸ *Connaissance* – accointance, connaissance, contact, fréquentation. ▸ *Ami* – allié, alter ego, ami, (ami) intime, (ami) proche, bon ami, camarade, compagnon, connaissance, familier, frère. *SOUT.* féal. *FAM.* acolyte, aminche, complice, copain, frangin, pote. ▲ANT. INDÉPENDANCE; DISTANCE, RUPTURE, SÉPARATION; ÉTRANGER, INCONNU.

relativement *adv.* comparativement, corrélativement, proportionnellement, proportionnément, toute(s) proportion(s) gardée(s). ▲ANT. ABSOLUMENT.

relativiser *v.* ▲ANT. DURCIR, RADICALISER.

relaxant *adj.* apaisant, calmant, délassant, déstressant, réparateur, reposant. ▲ANT. ÉPUISANT, ÉREINTANT, EXTÉNUANT, FATIGANT, HARASSANT, SURMENANT.

relayer *v.* ▸ *Remplacer* – remplacer, substituer. ▸ *Diffuser* – diffuser, retransmettre. ♦ **se relayer** ▸ *Se remplacer* – alterner, se remplacer.

reléguer *v.* ▸ *Envoyer au loin* – éloigner, exiler. ▸ *Restreindre* – confiner, enfermer, limiter, restreindre. ▲ANT. RAPATRIER, RAPPELER; DÉGAGER, LIBÉRER.

relent *n. m.* ▸ *Odeur désagréable* – fétidité, infection, méphitisme, miasme, moisi, pestilence, puanteur, rance, ranci, renfermé. *SOUT.* remugle. ▸ *Ce qui reste* – arrière-goût, atome, bouchée, brin, doigt, filet, goutte, gouttelette, grain, larme, lueur, miette, nuage, once, parcelle, peu, pincée, pointe, restant, reste, rien, soupçon, tantinet, teinte, touche, trace, trait, zeste. *FAM.* chouia. ▲ANT. FRAGRANCE, PARFUM.

relevé *adj.* assaisonné, corsé, épicé, extra-fort, fort, pimenté, piquant.

relève *n. f.* change, changement, chassé-croisé, commutation, échange, intérim, rechange, remplacement, rotation, roulement, subrogation, substitution, succession, suppléance.

relevé *n. m.* ▸ *Liste* – barème, bordereau, cadre, catalogue, index, inventaire, liste, matricule, mémoire, menu, nomenclature, registre, répertoire, rôle, série, suite, table, tableau. *SUISSE* tabelle. ▸ *Facture* – addition, compte, dû, état de compte, état de frais, facture, frais, note. *FAM.* coup de fusil, douloureuse, quart d'heure de Rabelais.

relèvement *n. m.* ▸ *Redressement au sens propre* – redressement. ▸ *Redressement au sens figuré* – accentuation, accroissement, accrue, agrandissement, amplification, arrondissement, augmentation, bond, boom, crescendo, croissance, crue, développement, dilatation, élargissement, élévation, enflement, enrichissement, envolée, essor, évolution, expansion, extension, flambée, foisonnement, gonflement, gradation, grossissement, hausse, haussement, inflation, intensification, majoration, montée, poussée, progrès, progression, recrudescence, redressement, rehaussement, renchérissement, renforcement, revalorisation, valorisation. ▶ **Guérison** – amélioration, apaisement, cicatrisation, convalescence, cure, guérison, mieux-être, relevailles, rémission, répit, résurrection, rétablissement, retour à la santé, salut, soulagement, traitement. *MÉD.* délitescence, postcure, résorption, rétrocession. ▲**ANT.** ABAISSEMENT; BAISSE, CHUTE, DIMINUTION, RÉDUCTION.

relever *v.* ▶ **Remettre à la verticale** – redresser. ▶ **Reconstruire** – rebâtir, reconstruire. *SOUT.* réédifier. ▶ **Retrousser un vêtement** – remonter, retrousser, trousser. ▶ **Ajuster à la hausse** – rajuster, revaloriser. ▶ **Donner du goût** – assaisonner, condimenter, corser, épicer. *SOUT.* donner du montant. ▶ **Rendre intéressant** – agrémenter, assaisonner, corser, épicer, pimenter, poivrer, rehausser. ▶ **Rehausser** – agrémenter, colorer, décorer, émailler, embellir, enjoliver, enrichir, garnir, habiller, ornementer, orner, parer, rehausser. *SOUT.* diaprer. *QUÉB. FAM.* renipper. ▶ **Réhabiliter** – dédouaner, racheter, réhabiliter. ▶ **Remplacer** – prendre la relève de, relayer, remplacer, suppléer. ▶ **Ramasser** – assembler, collecter, colliger, ramasser, rassembler, recueillir. *QUÉB. FAM.* rapailler. *SUISSE FAM.* rapercher. ▶ **Remarquer** – apercevoir, constater, noter, observer, prendre acte, remarquer, voir. ▶ **Prendre en note** – consigner, enregistrer, inscrire, noter, prendre (bonne) note de, prendre en note, recueillir. ▶ **Esquisser** – brosser, crayonner, croquer, ébaucher, esquisser, pocher, profiler, silhouetter, tracer. ▶ **Dépendre** – appartenir à, dépendre de, être du ressort de, ressortir à, se rapporter à, se rattacher à. ▶ **Concerner** – avoir pour objet, avoir rapport à, avoir trait à, concerner, intéresser, porter sur, s'appliquer à, se rapporter à, toucher, viser. ▲**ANT.** BAISSER, COUCHER, DESCENDRE, INCLINER, PENCHER; ABATTRE, RENVERSER; ABAISSER, DIMINUER, RÉDUIRE; AFFADIR, AFFAIBLIR; AVILIR, DÉNIGRER, DÉPRÉCIER, RABAISSER.

relié *adj.* ▶ **Physiquement joint** – associé, attaché, conjoint, indissociable, inhérent, inséparable, joint, lié, uni. ▶ **Connexe** – afférent, connexe, corollaire, lié, rattaché. ▶ **Interdépendant** – corrélatif, corrélé, interdépendant, interrelié, solidaire. *DIDACT.* corrélationnel.

relief *n.m.* ▶ **Saillie** – angle, appendice, arête, aspérité, avancée, avancement, balèvre, bec, bosse, bourrelet, console, corne, corniche, côte, coude, crête, dent, éminence, encorbellement, éperon, ergot, excroissance, gibbosité, hourd, mamelon, moulure, nervure, picot, pointe, proéminence, projecture, prolongement, protubérance, redan, ressaut, saillant, saillie, surplomb, surplombement, tubercule. ▶ **Accidents de terrain** – topographie, vallonnement. ▶ **Impression de profondeur** – axonométrie, fuyant, géométral, perspective cavalière, perspective centrale, perspective militaire, perspective parallèle, perspective sphérique, perspective, projection, scénographie, trompe-l'œil. ▶ **Caractère**

marqué (*SOUT.*) – gloire, rayonnement. *SOUT.* lustre. ♦ **reliefs**, *plur.* ▶ **Restes d'un repas** – débris, miettes, restant, restes, rognures. *FAM.* rogatons. ▶ **Résidus** – bassiné, bourre, bourrier, chiure, chute, crasse, culot, débris, déchet, dépôt, détritus, excrément, fange, fiente, fumier, gadoue, immondices, impureté, lavure, lie, malpropreté, ordure, parcelle, perte, poussière, raclure, rebut, reliquat, résidu, reste, rinçure, rognure, saleté, salissure. *FAM.* cochonnerie, margouillis, saloperie. ▲**ANT.** CREUX; BANALITÉ, CLICHÉ, PRÉVISIBILITÉ.

relier *v.* ▶ **Faire communiquer** – brancher, connecter, embrancher, joindre, lier, raccorder, rattacher, réunir. ▶ **Faire dépendre** – annexer, rattacher. ▶ **Associer par un lien logique** – associer, faire un rapprochement, mettre en rapport, mettre en relation, raccrocher, rapporter, rapprocher. ▲**ANT.** COUPER, DÉCONNECTER, DÉSUNIR, ISOLER, SÉPARER; DISTINGUER, OPPOSER.

religieux *adj.* ▶ **Relatif au clergé** – clérical, ecclésiastique. ▶ **En parlant d'un mode de vie** – claustral, conventuel, monacal, monastique. ▶ **En parlant d'une cérémonie** – cultuel, hiératique, liturgique, rituel, sacré. ▶ **En parlant d'une école** – confessionnel, congréganiste. ▲**ANT.** CIVIL, LAÏQUE, MONDAIN, PROFANE, SÉCULIER, TEMPOREL; AGNOSTIQUE, ARELIGIEUX, ATHÉE, IRRÉLIGIEUX.

religieux *n.* ♦ **religieux**, *masc.* ▶ **Homme** – clerc, ecclésiastique, profès. *FAM.* ensoutané; *PÉJ.* calotin. ♦ **le religieux**, *masc.* ▶ **Caractère religieux** – divin, sacré. ♦ **religieuse**, *fém.* ▶ **Femme** – professe, sœur, nonne. *FAM.* bonne sœur. ♦ **religieux**, *masc. plur.* ▶ **Ensemble de personnes** – clergé, corps ecclésiastique, ecclésiastiques, Église, gens d'Église, sacerdoce. ▲**ANT.** CIVIL, LAÏC.

religion *n.f.* ♦ **Culte** – admiration, adoration, adulation, amour, attachement, culte, dévotion, emballement, engouement, fanatisme, ferveur, iconolâtrie, idolâtrie, passion, respect, vénération, zèle. *SOUT.* dilection, révérence. *PÉJ.* encens, flagornerie, flatterie. ▶ **Doctrine** – confession, conviction, croyance, culte, foi. ▶ **Principes** – catéchisme, morale, philosophie, principes. ▲**ANT.** ATHÉISME, INCROYANCE, IRRÉLIGION; HÉRÉSIE, IMPIÉTÉ; SCIENCE; INDIFFÉRENCE.

remaniable *adj.* ▲**ANT.** DÉFINITIF, FIXE.

remaniement *n.m.* ▶ **Modification** – actualisation, adaptation, aggiornamento, correction, mise à jour, modification, rectification, réévaluation, refonte, révision. ▶ **Changement de structure** – réaménagement, réédification, refonte, réingénierie, remodelage, réorganisation, restructuration. *SUISSE* redimensionnement. ▶ **Remaniement de personnel** – replacement. ▶ **Sommaire** – replâtrage. ▲**ANT.** CONTINUATION, MAINTIEN.

remarquable *adj.* ▶ **Particulièrement réussi** – admirable, brillant, éblouissant, excellent, extraordinaire, fantastique, magistral, magnifique, merveilleux, parfait, prodigieux, réussi, sensationnel, sublime. *FAM.* à tout casser, bluffant, champion, d'enfer, du tonnerre, épatant, extra, fameux, formidable, fumant, génial, mirifique, pas piqué des vers, splendide, super, terrible. *FRANCE FAM.* du feu de Dieu, énorme, fadé, formide, géant, gratiné, pas piqué des hannetons. *QUÉB. FAM.* capotant, écœurant. ▶ *Unique* – d'exception, exceptionnel, hors du commun, hors ligne, hors pair, hors série, incomparable, inégalable, inégalé, inimitable, insurpassable, insurpassé, irremplaçable, précieux, qui n'a pas son pareil, rare, sans égal, sans pareil, sans précédent, sans rival, sans second, spécial, supérieur, unique. ▶ *Étonnant* – étonnant, frappant, hallucinant, impressionnant, marquant, notable, saillant, saisissant, spectaculaire. *FAM.* bluffant. ▶ *Prestigieux* – élevé, éminent, exceptionnel, grand, important, insigne, prestigieux, signalé. *SOUT.* suréminent. ▲ANT. LAMENTABLE, MÉDIOCRE, MINABLE, NAVRANT, PIÈTRE, PITEUX, PITOYABLE, RATÉ ; BANAL, ININTÉRESSANT, INSIGNIFIANT, NÉGLIGEABLE, ORDINAIRE, SANS INTÉRÊT.

remarque *n. f.* ▶ *Observation* – constatation, observation, réflexion. ▶ *Explication* – analyse, clarification, commentaire, critique, définition, désambiguïsation, éclaircissement, élucidation, exemplification, explication, explicitation, exposé, exposition, glose, illustration, indication, interprétation, légende, lumière, note, paraphrase, précision, renseignement. ▶ *Annotation* – annotation, apostille, commentaire, glose, nota, nota bene, note, notule. ▶ *Blâme* – accusation, admonestation, admonition, anathématisation, anathème, attaque, avertissement, blâme, censure, condamnation, correction, critique, désapprobation, diatribe, grief, grognerie, gronderie, interdit, leçon, malédiction, mise à l'écart, mise à l'index, mise en quarantaine, objection, observation, plainte, punition, récrimination, remontrance, représentation, réprimande, réprobation, reproche, réquisitoire, semonce, sérénade, sermon, tollé. *SOUT.* animadversion, foudres, fustigation, improbation, mercuriale, objurgation, stigmatisation, vitupération. *FAM.* douche, engueulade, prêchi-prêcha, savon, tabac. *FRANCE FAM.* attrapade, lavage de tête, soufflante. *BELG.* cigare. *RELIG.* fulmination.

remarquer *v.* ▶ *Voir tout à coup* – apercevoir, voir. *FAM.* azimuter, repérer. *SOUT.* aviser. ▶ *Noter* – apercevoir, constater, noter, observer, prendre acte, relever, voir. ▶ *Prendre conscience* – constater, découvrir, prendre conscience, réaliser, s'apercevoir, s'aviser, se rendre compte, voir. *SOUT.* éprouver. ♦ *se remarquer* ▶ *Être visible* – se voir. ▲ANT. PASSER À CÔTÉ, RATER.

remblai *n. m.* ▶ *Bouchage* – barrage, bouchage, bouclage, cloisonnage, cloisonnement, clôture, comblement, condamnation, coupure, fermeture, interception, lutage, murage, oblitération, obstruction, obturation, occlusion, tamponnement, verrouillage. ▶ *Modification d'un terrain* – terrassement. ▶ *En creusant* – déblai. ▶ *En remplissant* – remblayage. ▶ *Talus* – ados, barbette, berge, berme, cavalier, chaussée, levée, parapet, risberme *(barrage)*, talus, terrasse, terre-plein. *AGRIC.* billon. ▲ANT. DÉBLAI.

remboursement *n. m.* ▶ *Restitution* – acquittement, amortissement, couverture, défraiement, désendettement, extinction, libération, paiement, prise en charge, rachat, recouvrement, règlement, remise de dette, restitution, rétrocession, reversement. ▶ *Dédommagement* – compensation, consolation, contrepartie, correctif, dédommagement, dommages et intérêts, dommages-intérêts,

échange, indemnisation, indemnité, raison, récompense, réparation, retour, satisfaction, soulte. ▲ANT. DÉBOURSEMENT, ENDETTEMENT.

rembourser *v.* ▶ *Payer qqn* – dédommager, défrayer, désintéresser, indemniser, payer. ▶ *Payer une dette* – acquitter, amortir, éteindre, honorer, liquider, s'acquitter de. ▲ANT. AVANCER, DÉBOURSER, PRÊTER ; EMPRUNTER ; ENCAISSER.

remède *n. m.* ▶ *Substance* – médicament, potion, préparation (pharmaceutique), spécialité (pharmaceutique). ▶ *Artisanal* – drogue, orviétan, poudre de perlimpinpin, remède de bonne femme. ▶ *Du point de vue de la force* – remède bénin *(doux)*, remède de cheval *(fort)*. ▶ *Du point de vue de son efficacité* – remède miracle, remède souverain. ▶ *Solution* – acrobatie, astuce, demi-mesure *(inefficace)*, échappatoire, expédient, gymnastique, intrigue, mesure, moyen, palliatif, procédé, ressource, ruse, solution, système, tour. *FAM.* combine, truc. ▶ *Consolation* – adoucissement, allégement, antidote, apaisement, atténuation, baume, consolation, correctif, dérivatif, distraction, diversion, exutoire, préservatif, soulagement. *SOUT.* dictame. ▲ANT. POISON.

remédier *v.* ▶ *Compenser* – compenser, faire oublier, pallier, parer à, racheter, réparer, suppléer à. *SOUT.* obvier à. ▶ *Calmer la douleur (SOUT.)* – calmer, soulager. ▲ANT. AGGRAVER, EMPIRER, GÂCHER.

remembrer *v.* ▲ANT. PARCELLISER.

remémorer *v.* évoquer, rappeler. ♦ *se remémorer* – penser à, revoir, se rappeler, se souvenir. *SOUT.* se ressouvenir. ▲ANT. IGNORER, OMETTRE, OUBLIER, PASSER, TAIRE.

remerciement *n. m.* bénédiction, gratitude, gré, merci, obligation, reconnaissance. ▲ANT. BLÂME, CRITIQUE.

remercier *v.* ▶ *Exprimer sa gratitude* – être reconnaissant à, rendre grâce à, savoir gré à. ▶ *Récompenser* – dédommager, récompenser. ▶ *Congédier* – chasser, congédier, débaucher, démettre, donner son congé à, expulser, licencier, mettre à la porte, mettre à pied, mettre dehors, mettre en disponibilité, reconduire, renvoyer. *FAM.* balancer, balayer, débouloner, lourder, sabrer, sacquer, vider, virer. *QUÉB. FAM.* donner son quatre pour cent à. ▲ANT. BLÂMER, INJURIER ; ADMETTRE, EMBAUCHER, ENGAGER.

remettre *v.* ▶ *Restituer* – redonner, rendre, restituer. *DR.* recéder, rétrocéder. ▶ *Confier* – confier, donner, laisser. ▶ *Décerner* – adjuger, attribuer, conférer, décerner, donner. ▶ *Ajouter de nouveau* – rajouter. ▶ *Replacer un objet* – replacer. *FAM.* refourrer, refoutre. ▶ *Replacer un membre démis* – rebouter. *QUÉB. ACADIE FAM.* ramancher. ▶ *Mettre un vêtement de nouveau* – rendosser, renfiler. ▶ *Renvoyer à plus tard* – ajourner, décaler, différer, proroger, reculer, renvoyer, reporter, retarder, suspendre. *SOUT. ou DR.* surseoir à. *BELG. SUISSE* postposer. *TECHN.* temporiser. ▶ *Pardonner une offense* – enterrer, oublier, pardonner, passer l'éponge sur, passer sur. ♦ *se remettre* ▶ *Recommencer* – recommencer, rentamer, reprendre. *FAM.* repiquer au truc. ▶ *Se replonger* – replonger. *FAM.* remordre. ▶ *Guérir* – aller mieux, guérir, récupérer, relever de maladie, se rétablir. *FAM.* prendre du

réminiscence

mieux, se retaper. ▲**ANT.** EMPORTER, ENLEVER, PREN-
DRE; CONFISQUER; GARDER; DÉPLACER; DEVANCER, HÂ-
TER; CONDAMNER.

réminiscence *n. f.* ▶ *Souvenir* – allusion,
anamnèse, commémoration, déjà vu, évocation,
impression, mémoire, mémoration, mémorisation,
pensée, rappel, souvenir, trace. *SOUT.* remémoration. ▶ *Non favorable* – arrière-goût. ▲**ANT.** OUBLI.

remise *n. f.* ▶ *Attribution* – allocation, attribution, distribution, dotation. ▶ *Rabais* – abattement,
baisse, bas prix, bonification, bradage, décompte, déduction, dégrèvement, diminution, discompte, escompte, liquidation, prix modique, rabais, réduction, réfaction, ristourne, solde. *FAM.* bazardage. *QUÉB.*
(prix d')aubaine. ▶ *Impôt* – abattement, décote, dégrèvement, réduction d'impôt. ▶ *Pardon* – absolution, absoute *(public)*, acquittement, aman, amnistie,
annulation, clémence, dédouanement, disculpation,
extinction, grâce, indulgence, jubilé, mise hors de
cause, miséricorde, mitigation, oubli, pardon, pénitence, prescription, réhabilitation, relaxe, remise (de
peine), rémission, suppression (de peine). ▶ *Ajournement* – ajournement, délai, prorogation, recul (de
date), rééchelonnement *(dette)*, remise (à plus tard),
renvoi, répit, report, sursis. ▶ *Renvoi* – ajournement,
annulation, cassation, destitution, dissolution, infirmation, invalidation, péremption d'instance, relaxe,
report, rescision, résiliation, résolution, révocation,
sursis. ▶ *Petit local* – appentis, bûcher *(pour le bois)*,
cabanon, débarras, resserre. *FAM.* fourre-tout. *SUISSE*
galetas. *QUÉB. FAM.* hangar. ▲**ANT.** ADDITION, SUPPLÉ-
MENT; CONDAMNATION.

rémission *n. f.* ▶ *Pardon* – absolution, absoute
(public), acquittement, aman, amnistie, annulation,
clémence, dédouanement, disculpation, extinction,
grâce, indulgence, jubilé, mise hors de cause, miséricorde, mitigation, oubli, pardon, pénitence, prescription, réhabilitation, relaxe, remise (de peine), suppression (de peine). ▶ *Diminution momentanée* –
intermission, intermittence, rémittence. ▶ *Guérison*
– amélioration, apaisement, cicatrisation, convalescence, cure, guérison, mieux-être, relevailles, relèvement, répit, résurrection, rétablissement, retour à
la santé, salut, soulagement, traitement. *MÉD.* délitescence, postcure, résorption, rétrocession. ▶ *Paix*
– accalmie, apaisement, bonace, bonheur, calme,
éclaircie, entente, fraternité, harmonie, idylle, paix,
quiétude, repos, silence, tranquillité, trêve, union,
unité. *SOUT.* kief *(en Orient)*. ▲**ANT.** CONDAMNATION;
AGGRAVATION, RECHUTE, RECRUDESCENCE.

remodeler *v.* ▶ *Restructurer* – réaménager, redéployer, réorganiser, restructurer. *SUISSE* redimensionner.

remontant *n. m.* ▶ *Médicament* – analeptique,
défatigant, dopant, énergisant, excitant, fortifiant,
reconstituant, stimulant, tonifiant, tonique. *PHYSIOL.*
incitant.

remontée *n. f.* ▶ *Mouvement en amont* – remontage, remonte. ▲**ANT.** DESCENTE.

remonter *v.* ▶ *Augmenter la hauteur* – élever,
exhausser, hausser, hisser, monter, rehausser, surélever, surhausser. ▶ *Redonner des forces physiques*
– donner un coup de fouet à, ragaillardir, ranimer,

réconforter, régénérer, revigorer, stimuler, tonifier,
vitaliser, vivifier. *FAM.* ravigoter, recharger les accus
à, recharger les batteries à, requinquer, retaper. *QUÉB.
FAM.* raplomber, remettre d'aplomb, remettre sur le
piton, renipper. ▶ *Redonner du courage* – encourager, ragaillardir, réconforter, regonfler, retremper.
FAM. requinquer, retaper. *QUÉB. FAM.* raplomber, remettre d'aplomb, remettre sur le piton. ▶ *Alléger le
chagrin* – consoler, mettre du baume au cœur, mettre un baume sur la plaie, réconforter, sécher les larmes, sécher les pleurs, soulager le cœur. *SOUT.* panser
les plaies, tarir les larmes. ▶ *Rattraper* – atteindre,
rattraper, rejoindre, retrouver. *QUÉB.* repêcher. ▶ *Retrousser* – relever, retrousser, trousser. ▶ *Avoir lieu
à tel moment* – dater de. ▶ *Donner de nouvelles
fleurs* – refleurir. ▲**ANT.** ABAISSER, BAISSER, DESCEN-
DRE, RABATTRE, REDESCENDRE; DÉMONTER, DISLOQUER;
DÉCOURAGER, DÉMORALISER, DÉPRIMER; DIMINUER.

remontrance *n. f.* accusation, admonestation,
admonition, anathématisation, anathème, attaque,
avertissement, blâme, censure, condamnation, correction, critique, désapprobation, diatribe, grief, grognerie, gronderie, interdit, leçon, malédiction, mise
à l'écart, mise à l'index, mise en quarantaine, objection, observation, plainte, punition, récrimination, remarque, représentation, réprimande, réprobation, reproche, réquisitoire, semonce, sérénade;
sermon, tollé. *SOUT.* animadversion, foudres, fustigation, improbation, mercuriale, objurgation, stigmatisation, vitupération. *FAM.* douche, engueulade,
prêchi-prêcha, savon, tabac. *FRANCE FAM.* attrapade,
lavage de tête, soufflante. *BELG.* cigare. *RELIG.* fulmination. ▲**ANT.** COMPLIMENT, ÉLOGE, LOUANGE.

remords *n. m.* attrition, componction, contrition, honte, pénitence, regret, remords. *SOUT.* repentance, résipiscence. ▲**ANT.** CONTENTEMENT, SATISFAC-
TION; PAIX.

remous *n. m.* ▶ *Tourbillon* – tourbillon. *DIDACT.*
vortex. ▶ *De vent* – cyclone, tornade, trombe. *QUÉB.
ACADIE FAM.* sorcière (de vent). ▶ *D'eau* – maelström,
tourbillon. ▶ *Fluctuation* – agitation, balancement,
ballottement, bercement, branle, branlement, cahotement, flottement, fluctuation, flux et reflux, houle,
impulsion, lacet, mouvement, onde, ondoiement,
ondulation, oscillation, pulsation, raz de marée, roulis, tangage, va-et-vient, vague, valse, vibration. *FAM.*
brimbalement. ▶ *Agitation* – activité, affairement,
affolement, agitation, alarme, animation, bouillonnement, branle-bas (de combat), bruit, dérangement, désordre, désorganisation, détraquement,
effervescence, excitation, fourmillement, grouillement, hâte, incohérence, mouvement, orage, précipitation, remue-ménage, secousse, suractivité, tempête, tohu-bohu, tourbillon, tourmente, trépidation,
trouble, tumulte, turbulence, va-et-vient. *SOUT.* émoi,
remuement. *FAM.* chambardement. ▶ *Insurrection*
– agitation, agitation-propagande, chouannerie, désordre, effervescence, embrasement, émeute, excitation, faction, fermentation, fièvre, fronde, insurmis-
sion, insubordination, insurrection, jacquerie, manifestation, mutinerie, rébellion, résistance, révolte,
révolution, sédition, soulèvement, tourmente, troubles. *FAM.* agit-prop. ▲**ANT.** FIXITÉ, IMMOBILITÉ; HAR-
MONIE, ORDRE, PAIX.

rempart *n. m.* ▸ *Muraille* – enceinte, muraille, muraillement. *ANTIQ.* péribole. *MILIT.* épaulement. ▸ *Moyen de protection* (*SOUT.*) – bastion, citadelle, forteresse. *SOUT.* muraille. ▲**ANT.** BRÈCHE, OUVERTURE.

remplaçant *n.* ▸ *Personne qui remplace momentanément* – intérimaire, représentant, subrogé, substitut, suppléant. ▸ *Non favorable* – pis aller. *FAM.* bouche-trou. ▸ *Successeur* – ayant cause, continuateur, dauphin, enfant, fils, héritier, successeur, successible. *SOUT.* épigone, hoir. ▸ *Professeur suppléant* – (professeur) suppléant. ▸ *En grammaire* – anaphore, anaphorique, substitut. ▲**ANT.** TITULAIRE.

remplacement *n. m.* ▸ *Substitution* – change, changement, chassé-croisé, commutation, échange, intérim, rechange, relève, rotation, roulement, subrogation, substitution, succession, suppléance. ▸ *Ce qui remplace* – ersatz, substitut, succédané. ▸ *Renouvellement* – amélioration, changement, dépoussiérage, modernisation, modification, prorogation, rajeunissement, recommencement, reconduction, réformation, réforme, régénération, réhabilitation, réinvention, renouveau, renouvellement, rénovation, réparation, restauration, résurrection, rétablissement, transformation. ▲**ANT.** CONSERVATION, MAINTIEN.

remplacer *v.* ▸ *Mettre à la place* – substituer. ▸ *Changer* – changer, renouveler. ▸ *Tenir la place* – faire fonction de, jouer le rôle de, se substituer à, servir de, suppléer, tenir la place de, tenir lieu de. ▸ *Venir après qqn* – prendre la suite de, succéder à, suivre. ▸ *Relayer* – prendre la relève de, relayer, relever, suppléer. ▸ *Représenter* – agir au nom de, représenter. ◆ **se remplacer** ▸ *Se relayer* – alterner, se relayer. ▲**ANT.** CONSERVER, GARDER, RETENIR.

rempli *adj.* ▸ *Plein de gens* – bondé, bourré, comble, complet, plein. ▸ *Imprégné* – bourré, débordant, farci, imbu, imprégné, pénétré, plein, saturé. *SOUT.* pétri.

remplir *v.* ▸ *Emplir de choses concrètes* – bourrer, charger, emplir. ▸ *Emplir de personnes* – emplir, faire salle comble. *FAM.* bourrer (de monde). ▸ *Emplir d'une chose abstraite* – emplir, envahir, gonfler, inonder, pénétrer, submerger. ▸ *Occuper un espace* – couvrir, emplir, garnir, occuper, s'étendre sur. ▸ *Charger un texte* – bourrer, charger, émailler, farcir, larder, semer, truffer. ▸ *Exercer un rôle* – exercer, s'acquitter de, tenir. ▸ *Occuper le temps* – emplir, meubler, occuper. *SOUT.* peupler. ▸ *Répondre à une exigence* – répondre à, satisfaire à, suffire à. ▲**ANT.** VIDER; CREUSER, ÉVIDER; DÉGARNIR; ÉVACUER; DÉPEUPLER; EFFACER; FAILLIR À, MANQUER À, NÉGLIGER, OMETTRE.

remporter *v.* ▸ *Gagner* – conquérir, enlever, gagner, obtenir. *FAM.* décrocher. ▲**ANT.** MANQUER, PERDRE, RATER; CÉDER, DONNER, LAISSER.

rempoter *v.* ▲**ANT.** DÉPOTER.

remuant *adj.* ▸ *Vif* – animé, déluré, enjoué, frétillant, fringant, guilleret, pétillant, pétulant, plein d'entrain, plein de vie, primesautier, sémillant, vif, vivant. *FAM.* pêchu. *BELG. FAM.* spitant. ▸ *Turbulent* – agité, bruyant, chahuteur, diable, dissipé, emporté, excité, tapageur, turbulent. *QUÉB. FAM.* énervé,

grouillant, tannant. ▲**ANT.** AMORPHE, APATHIQUE, AVACHI, ENDORMI, INDOLENT, INERTE, LÉTHARGIQUE, LYMPHATIQUE, MOU, NONCHALANT, PASSIF, RAMOLLI, SANS RESSORT; CALME, TRANQUILLE.

remue-ménage *n. m.* ▸ *Effervescence* – activité, affairement, affolement, agitation, alarme, animation, bouillonnement, branle-bas (de combat), bruit, dérangement, désordre, désorganisation, détraquement, effervescence, excitation, fourmillement, grouillement, hâte, incohérence, mouvement, orage, précipitation, remous, secousse, suractivité, tempête, tohu-bohu, tourbillon, tourmente, trépidation, trouble, tumulte, turbulence, va-et-vient. *SOUT.* émoi, remuement. *FAM.* chambardement. ▲**ANT.** HARMONIE, ORDRE, ORGANISATION, STRUCTURE.

remuer *v.* ▸ *Faire bouger* – ébranler, mouvoir. ▸ *Faire bouger la tête* – branler, dodeliner de. *SOUT.* brandiller. ▸ *Déplacer* (*FAM.*) – décaler, déplacer, déranger, éloigner, pousser. *FAM.* bouger. *QUÉB. FAM.* tasser. ▸ *Secouer* – agiter, secouer. *QUÉB. ACADIE FAM.* brasser. ▸ *Tourner la salade* – tourner. *FAM.* fatiguer, touiller. *QUÉB. FAM.* brasser. ▸ *Mélanger* – brasser, malaxer, mélanger, tourner. ▸ *Labourer* – ameublir, bêcher, biner, défoncer, écroûter, effondrer, égratigner, émotter, fouiller, gratter, herser, labourer, piocher, retourner, scarifier, serfouir. ▸ *Attendrir* – aller droit au cœur de, apitoyer, attendrir, émouvoir, faire quelque chose à, toucher, troubler. *SOUT.* prendre aux entrailles. *FAM.* émotionner, prendre aux tripes. ▸ *Bouleverser* – bouleverser, chavirer, ébranler, émouvoir, retourner, révulser, secouer, troubler. *FAM.* chambouler, émotionner, révolutionner, tournebouler, tourner les sangs à. ▸ *Faire un mouvement* – bouger. ▸ *Ballotter* – ballotter. *QUÉB. FAM.* brasser. ▸ *Bouger beaucoup* – frétiller, s'agiter, se tortiller, se trémousser. *FAM.* gigoter. ◆ **se remuer** ▸ *Être en mouvement* – bouger, se déplacer, se mouvoir. ▸ *Se donner du mal* – faire des pieds et des mains, peiner, s'échiner, s'évertuer, se démener, se dépenser, se donner beaucoup de peine, se donner du mal, se fatiguer, se mettre en quatre, se tuer. *FAM.* ramer, se décarcasser, se défoncer, se démancher, se donner un mal de chien, se fendre en quatre, se fouler la rate. *QUÉB. ACADIE FAM.* se désâmer. *QUÉB. FAM.* se fendre en quatre. ▲**ANT.** ARRÊTER, FIXER, IMMOBILISER, RETENIR; APAISER, CALMER, TRANQUILLISER. △ **SE REMUER** – RESTER IMMOBILE; S'ENDORMIR, S'ENGOURDIR.

rémunération *n. f.* appointements, cachet, commission, droit, émoluments, fixe, gages, gain, honoraires, jeton (de présence), mensualité, paye, pourboire, rétribution, revenu, salaire, semaine, solde, traitement, vacations.

renaissance *n. f.* ▸ *Réincarnation* – métempsycose, métensomatose, palingénésie, réincarnation, résurrection, transmigration. ▸ *Renouveau* – dégel, progrès, recrudescence, redémarrage, rénaissance, régénération, régénérescence, réincarnation, relance, renouveau, renouvellement, reprise, résurrection, retour, réveil, revival, reviviscence, second souffle. *SOUT.* refleurissement, revif. *FIG.* printemps, résurgence. *BOT.* anabiose. ▸ *La Renaissance* – humanisme. ▲**ANT.** AGONIE, MORT; DÉCADENCE, DÉCLIN; LÉTHARGIE, STAGNATION.

renaissant *adj.* ▲ANT. MOURANT; DISPARU À JAMAIS, ÉRADIQUÉ.

renaître *v.* ▶ *Se ranimer* – réapparaître, refleurir, reparaître, reprendre vie, ressurgir, ressusciter, revenir, revivre, se rallumer, se ranimer, se réveiller. ▲ANT. AGONISER, DISPARAÎTRE, MOURIR; S'EFFACER.

renchérir *v.* ▶ *Faire une enchère plus élevée* – couvrir une enchère, enchérir sur, monter, relancer, renvier, surenchérir. *SUISSE* miser sur. ▶ *Aller plus loin* – dépasser, surenchérir sur. ▶ *Devenir plus cher* – augmenter, enchérir, être en hausse, grimper, monter. ▲ANT. BAISSER, DIMINUER.

rencontre *n. f.* ▶ *Entrevue* – audience, conférence, confrontation, entretien, entrevue, face à face, huis clos, interview, micro-trottoir, rendez-vous, retrouvailles, réunion, tête-à-tête, vis-à-vis, visite. *SOUT.* abouchement. *FRANCE FAM.* rambot, rambour, rancard. *PÉJ.* conciliabule. ▶ *Match* – affrontement, duel, joute, match, partie. ▶ *Combat* – accrochage, action (de guerre), affrontement, assaut, attaque, bagarre, bataille, choc, combat, conflit, échauffourée, empoignade, empoignement, engagement, escarmouche, ferraillement, feu, guérilla, guerre, heurt, hostilités, lutte, mêlée, opération, pugilat, rixe. *FAM.* baroud, baston, bigorne, casse-gueule, casse-pipe, castagne, guéguerre, rif, rififi, riflette. *QUÉB. FAM.* brasse-camarade, poussaillage, tiraillage. *BELG. FAM.* margaille. *MILIT.* blitz (de courte durée). ▶ *Collision* – accrochage, choc, cognement, collision, coup, entrechoquement, heurt, impact, percussion, secousse. ▶ *Jonction* – abouchement, aboutage, aboutement, accolement, accouplage, accouplement, ajustage, apposition, articulation, assemblage, association, branchement, coalescence, confluence, conjonction, conjugaison, connexion, contact, convergence, couplage, couplement, groupage, interconnexion, interface, joint, jointure, jonction, jumelage, juxtaposition, liaison, mariage, mise en couple, mixage, raccord, raccordement, rapprochement, reboutement, relation, réunion, suture, union. ▶ *Intersection* – chevauchement, croisement, empiétement, intersection, nœud, recoupement, recouvrement, superposition. ▶ *Simultanéité* – accompagnement, coexistence, coïncidence, concomitance, concordance, concours de circonstances, contemporanéité, coordination, correspondance, isochronie, isochronisme, synchronicité, synchronie, synchronisation, synchronisme. ▶ *Hasard* (*SOUT.*) – accident, aléa, aléatoire, aventure, cas fortuit, chance, circonstance, coïncidence, conjoncture, contingence, coup de dés, coup sûr, facteur chance, fortuit, hasard, impondérable, imprévu, inattendu, incertitude, indétermination, occurrence, sort. *SOUT.* fortune. *QUÉB. FAM.* adon. *PHILOS.* casualisme, casualité, indéterminisme. *FIG.* loterie. ▲ANT. FUITE.

rencontrer *v.* ▶ *Croiser* – croiser, tomber sur, trouver (sur son chemin), voir. ▶ *Affronter* – affronter, disputer la victoire à, disputer un match contre, faire face à, jouer contre, se battre, se mesurer à. ▶ *Faire la connaissance* – connaître, faire la connaissance de, lier connaissance avec. ♦ *se rencontrer* ▶ *Faire une première rencontre* – faire connaissance. ▶ *Se trouver* – apparaître, être, être présent, exister, résider, s'inscrire, se retrouver, se

situer, se trouver, siéger. *SOUT.* gésir. ▶ *Converger* – confluer, converger, se rejoindre. ▶ *En parlant d'un cours d'eau* – confluer, s'unir, se rejoindre. ▲ANT. MANQUER; ÉVITER, FUIR. △SE RENCONTRER – S'ÉLOIGNER.

rendement *n. m.* ▶ *Fertilité* – abondance, fécondité, fertilité, générosité, luxuriance, prodigalité, productivité, richesse. ▶ *Productivité* – bénéfice, effet, efficacité, efficience, gain, production, productivité, produit, profit, rapport, rentabilité, revenu. ▲ANT. DÉFICIT, PERTE; INEFFICACITÉ.

rendre *v.* ▶ *Redonner* – redonner, remettre, restituer. *DR.* recéder, rétrocéder. ▶ *Donner en contrepartie* – revaloir. ▶ *Donner comme rendement* – donner, fournir, générer, produire, rapporter. ▶ *Vomir* – dégurgiter, régurgiter, vomir. *FAM.* dégobiller, gerber. *FRANCE FAM.* aller au renard, renarder. *QUÉB. FAM.* restituer. ▶ *Renvoyer le son* – renvoyer, répercuter, répéter, réverbérer. ▶ *Recréer* – imiter, reconstituer, recréer, reproduire, restituer, simuler. *INFORM.* émuler. ▶ *Exprimer* – exprimer, refléter, traduire. ♦ *se rendre* ▶ *Capituler* – capituler, déposer les armes, faire reddition, s'avouer vaincu, se livrer, se soumettre. ▶ *Parvenir à un endroit* – accéder à, arriver à, atteindre, gagner, parvenir à, toucher. ▲ANT. CONFISQUER, CONSERVER, GARDER; EMPRUNTER, ENCAISSER; VOLER; ABSORBER, DIGÉRER; TAIRE. △SE RENDRE – RÉSISTER.

rêne *n. f.* bride, bridon, guides.

renfermé *adj.* introverti, replié sur soi-même, secret. ▲ANT. AÉRÉ, OUVERT; COMMUNICATIF, DÉMONSTRATIF, EXPANSIF, SOCIABLE.

renfermer *v.* ▶ *Comprendre* – comporter, comprendre, compter, contenir, englober, inclure, receler. ♦ *se renfermer* ▶ *Ne pas s'exprimer* – rentrer en soi-même, se refermer, se replier sur soi-même. *SOUT.* se reclore. ▲ANT. EXCLURE; LIBÉRER, RELÂCHER; EXPRIMER, MONTRER. △SE RENFERMER – COMMUNIQUER, S'EXTÉRIORISER; SORTIR.

renflé *adj.* arrondi, bombé, convexe, courbe, pansu, rebondi, rond, ventru.

renforcement *n. m.* ▶ *Réparation* – amélioration, arrangement, bricolage, consolidation, dépannage, entretien, maintenance, rajustement, ravalement, reconstitution, réfection, remise à neuf, remise en état, remontage, réparation, reprise, restauration, restitution, rétablissement, retapage, rhabillage, sauvetage, soin. *FAM.* rafistolage. *QUÉB. FAM.* ramanchage. ▶ *Affermissement* – affermissement, amélioration, ancrage, cimentation, consolidation, durcissement, enracinement, fixation, fortification, garantie, protection, radicalisation, raffermissement, raidissement, renforçage, renfort, rigidification, scellement, stabilisation. *SOUT.* roidissement. ▶ *Augmentation* – accentuation, accroissement, accrue, agrandissement, amplification, arrondissement, augmentation, bond, boom, crescendo, croissance, crue, développement, dilatation, élargissement, élévation, enflement, enrichissement, envolée, essor, évolution, expansion, extension, flambée, foisonnement, gonflement, gradation, grossissement, hausse, haussement, inflation, intensification, majoration, montée, poussée, progrès, progression, recrudescence, redressement, rehaussement, relèvement, renchérissement, revalorisation, valorisation. ▲ANT. ADOUCISSEMENT, AFFAIBLISSEMENT; BAISSE, DIMINUTION.

renforcer *v.* ▶ *Rendre plus solide* – affermir, consolider. QUÉB. solidifier; FAM. solider. ▶ *Rendre plus fort* – affermir, asseoir, cimenter, confirmer, conforter, consolider, fortifier, raffermir. ▶ *Rendre plus intense* – accentuer, accroître, ajouter à, amplifier, augmenter, intensifier. SOUT. exalter. ▲ANT. AFFAIBLIR, DÉTRUIRE, ÉBRANLER, MINER, SAPER; ADOUCIR, ATTÉNUER, DIMINUER.

renfort *n. m.* ▶ *Aide* – aide, appoint, apport, appui, assistance, association, bienfaisance, bons offices, collaboration, complicité, concours, conseil, contribution, coopération, coup d'épaule, coup de main, coup de pouce, dépannage, entraide, grâce, main-forte, participation, planche de salut, secours, service, soutien, synergie. SOUT. viatique. FAM. (coup de) fion. ▶ *Protection* – abri, aide, appui, assistance, chapeautage, conservation, couverture, garantie, garde, mandat, parrainage, paternalisme, patronage, protection, recommandation, rescousse, sauvegarde, secours, sécurisation, soutien, surveillance, tutelle. FIG. parapluie. QUÉB. marrainage *(femme)*. SOUT. égide. FAM. piston. ▶ *Consolidation* – affermissement, amélioration, ancrage, cimentation, consolidation, durcissement, enracinement, fixation, fortification, garantie, protection, radicalisation, raffermissement, raidissement, renforçage, renforcement, rigidification, scellement, stabilisation. SOUT. roidissement. ▶ *Soutien physique* – appui, soutènement, soutien, support. ▶ *Pièce* – contrefort, épaulement. ▲ANT. ENTRAVE, OBSTACLE, PRÉJUDICE.

renfrogné *adj.* boudeur, bourru, de mauvaise humeur, grognon, mal disposé, maussade, mécontent, morne, morose, qui fait la tête, rechigné, rembruni, sombre, taciturne. SOUT. chagrin. FAM. à ne pas prendre avec des pincettes, de mauvais poil, mal luné, qui fait la gueule, qui fait la lippe, qui s'est levé du mauvais pied, soupe au lait. QUÉB. FAM. marabout, qui fait la baboune. BELG. mal levé.

reniement *n. m.* ▶ *Négation* – démenti, dénégation, déni, désaveu. ▶ *Rétractation* – abandon, abjuration, apostasie, défection, dénégation, désaveu, palinodie, retournement, rétractation, revirement, virevolte, volte-face. FAM. pirouette. ▶ *Impiété* – agnosticisme, apostasie, athéisme, blasphème, désacralisation, doute, froideur, gentilité, hérésie, impiété, incrédulité, incroyance, indifférence, infidélité, irréligion, libre pensée, matérialisme, paganisme, panthéisme, péché, profanation, sacrilège, scandale, scepticisme. SOUT. inobservance. ▲ANT. ACCEPTATION, ADOPTION; CONVERSION.

renier *v.* ▶ *Trahir* – déserter, trahir. ▶ *Ne pas admettre comme sien* – contester, démentir, disconvenir de, nier, rejeter. ▶ *Abandonner une croyance* – abandonner, renoncer à, répudier. ▶ *Une religion* – abjurer. ▶ *Le christianisme* – apostasier, faire acte d'apostasie. ▲ANT. ASSUMER, RECONNAÎTRE, REVENDIQUER; ADOPTER, EMBRASSER, PROFESSER, SE CONVERTIR.

renifler *v.* ▶ *Respirer bruyamment* – renâcler. ▶ *Puer* (FRANCE FAM.) – empester, puer, sentir fort, sentir mauvais. FAM. cocotter, fouetter, sentir. FRANCE FAM. taper. ▶ *Sentir* – flairer, humer, respirer, sentir,

subodorer. CHASSE éventer, halener. ▶ *Aspirer par le nez* – aspirer, priser.

renommée *n. f.* ▶ *Célébrité* – célébrité, considération, éclat, faveur, gloire, notoriété, palmarès, popularité, renom, réputation, vedettariat. FIG. auréole, immortalité, la déesse aux cent bouches. ▶ *Publicité* – annonce, bande-annonce *(d'un film)*, battage, bruit, commercialisation, conditionnement, croisade, lancement, marchandisage, marketing, message (publicitaire), petite annonce *(journal)*, placard, promotion, propagande, publicité, publipostage, raccrochage, racolage, réclame, retentissement, slogan. FAM. pub, tam-tam. QUÉB. FAM. cabale *(pour un candidat)*. ▶ *Non favorable* – bourrage de crâne, endoctrinement, intoxication, lavage de cerveau, matraquage, propagande. ▲ANT. DISCRÉDIT, IMPOPULARITÉ, OUBLI; ANONYMAT.

renoncement *n. m.* ▶ *Abandon* – abandon, abdication, aliénation, capitulation, cession, don, donation, fléchissement, non-usage, passation, rejet, renonciation, répudiation, retrait, suppression. FIG. bradage. ▶ *Ascèse* – abstinence, ascèse, ascétisme, austérité, dépouillement, expiation, flagellation, frugalité, macération, mortification, pénitence, privation, propitiation, restriction, sacrifice, stigmatisation, tempérance. ▶ *Abnégation* – abnégation, altruisme, désintéressement, détachement, dévouement, effacement, humilité, oubli de soi, privation, résignation, sacrifice. SOUT. holocauste. ▶ *Fatalisme* – acceptation, aquoibonisme, déterminisme, fatalisme, passivité, philosophie, providentialisme, résignation, stoïcisme. ▲ANT. ATTACHEMENT; AVIDITÉ, CONVOITISE, CUPIDITÉ; REVENDICATION.

renoncer *v.* ▶ *Se débarrasser* – se débarrasser de, se défaire de, se démunir de, se départir de, se dépouiller de, se dessaisir de. FAM. balancer, bazarder, larguer, lourder, sacrifier. ▶ *Se priver* – faire une croix sur, s'abstenir de, sacrifier, se passer de, se priver de, tirer une croix sur. SOUT. immoler, se dénuer de. FAM. se brosser. ▶ *Délaisser* – abandonner, délaisser, enterrer, faire une croix sur, jeter aux oubliettes, laisser en jachère, laisser tomber, mettre au rancart, mettre aux oubliettes, quitter, tirer une croix sur. SOUT. dépouiller. FAM. lâcher, planter là, plaquer. ▶ *Cesser* – abandonner, arrêter, cesser, mettre fin à, mettre un terme à. ▶ *Abandonner une croyance* – abandonner, renier, répudier. ▶ *Rétracter* – abjurer, désavouer, retirer, rétracter, revenir sur. ▶ *Abdiquer* – abdiquer, déposer, se désister. ▶ *S'avouer vaincu* – abandonner, abdiquer, baisser les bras, capituler, céder, courber le dos, déclarer forfait, démordre de, jeter le manche après la cognée, lâcher prise, laisser tomber, s'avouer vaincu. FAM. décrocher, démissionner, fermer boutique, plier boutique. ▶ *Résilier* – annuler, casser, dissoudre, mettre fin à, résilier, rompre. DR. nullifier, rescinder, résoudre. ▲ANT. CONSERVER, GARDER, MAINTENIR; PERSÉVÉRER, PERSISTER; ACCEPTER, CONSENTIR, REVENDIQUER, VOULOIR; ADOPTER, EMBRASSER, SE CONVERTIR; RÉSISTER, TENIR.

renouer *v.* ▶ *Attacher de nouveau* – brancher, connecter, embrancher, joindre, lier, raccorder, rattacher, relier, réunir. ▶ *Reprendre* – poursuivre, reprendre, rétablir. ▶ *Se réconcilier* – se réconcilier. FAM.

renouveau

enterrer la hache de guerre, se rabibocher, se raccommoder, se rapapilloter. ▲ ANT. DÉLIER, DÉNOUER, DÉTACHER, DISJOINDRE, SÉPARER; INTERROMPRE.

renouveau *n. m.* ▶ *Renouvellement* – amélioration, changement, dépoussiérage, modernisation, modification, prorogation, rajeunissement, recommencement, reconduction, réformation, réforme, régénération, réhabilitation, réinvention, remplacement, renouvellement, rénovation, réparation, restauration, résurrection, rétablissement, transformation. ▶ *Renaissance* – dégel, progrès, recrudescence, redémarrage, regain, régénération, régénérescence, réincarnation, relance, renouvellement, reprise, résurrection, retour, réveil, revival, reviviscence, second souffle. *SOUT.* refleurissement, revif. *FIG.* printemps, résurgence. *BOT.* anabiose. ▲ ANT. IMMOBILITÉ, STAGNATION; CHUTE, DÉCLIN, RÉGRESSION; MORTE-SAISON.

renouvelé *adj.* audacieux, avant-gardiste, d'avant-garde, frais, futuriste, hardi, inédit, innovant, innovateur, neuf, new-look, nouveau, nouvelle vague, novateur, original, révolutionnaire, visionnaire.

renouveler *v.* ▶ *Remplacer* – remplacer, substituer. ▶ *Transformer* – métamorphoser, modifier, réformer, réinventer, rénover, repousser les limites de, révolutionner, transformer. ▶ *Moderniser* – actualiser, dépoussiérer, mettre à jour, moderniser, présenter sous un jour nouveau, rafraîchir, rajeunir, réactualiser, rénover, rhabiller. ▶ *Rendre de nouveau valide* – reconduire. ▶ *Ranimer* – donner un second souffle à, faire renaître, faire revivre, ragaillardir, rallumer, ranimer, raviver, réactiver, réchauffer, redonner vie à, redynamiser, régénérer, renflammer, ressusciter, réveiller, revigorer, revitaliser, revivifier, stimuler, vivifier. ▶ *Faire de nouveau* – recommencer, refaire, réitérer, répéter, reproduire, revenir à la charge. *DIDACT.* itérer. *FAM.* récidiver, rééditer, remettre ça, y retourner, y revenir. ♦ **se renouveler** ▶ *Avoir un nouveau début* – recommencer. ▶ *Se moderniser* – faire peau neuve, rajeunir, se moderniser. ▲ ANT. CONSERVER, GARDER, MAINTENIR, PRÉSERVER; ABOLIR, ABROGER, ANNULER, RÉSILIER. △ SE RENOUVELER – SE DÉMODER, VIEILLIR.

renouvellement *n. m.* ▶ *Répétition* – cycle, fréquence, itération, période, périodicité, rechute, récidive, récidivité, recommencement, récurrence, récursivité, répétition, répétitivité, reprise, reproduction, retour. *SOUT.* réitération, retombement. *FAM.* réédition. ▶ *Rite catholique* – confirmation, renouvellement (des vœux du baptême). ▶ *Restauration* – amélioration, changement, dépoussiérage, modernisation, modification, prorogation, rajeunissement, recommencement, reconduction, réformation, réforme, régénération, réhabilitation, réinvention, remplacement, renouveau, rénovation, réparation, restauration, résurrection, rétablissement, transformation. ▶ *Renaissance* – dégel, progrès, recrudescence, redémarrage, regain, régénération, régénérescence, réincarnation, relance, renouveau, reprise, résurrection, retour, réveil, revival, reviviscence, second souffle. *SOUT.* refleurissement, revif. *FIG.* printemps, résurgence. *BOT.* anabiose. ▶ *Bouleversement* – bouleversement, changement, chavirage, chavirement,

conflagration, convulsion, dérangement, dérèglement, déséquilibre, désorganisation, détraquement, perturbation, rénovation, renversement, retournement, révolution, séisme, stress, trouble. *FAM.* chambard, chambardement, chamboulement. ▲ ANT. CONSERVATION, MAINTIEN; DÉCADENCE, DÉCLIN; ABOLITION, ANNULATION.

rénovation *n. f.* ▶ *Renouvellement* – amélioration, changement, dépoussiérage, modernisation, modification, prorogation, rajeunissement, recommencement, reconduction, réformation, réforme, régénération, réhabilitation, réinvention, remplacement, renouveau, renouvellement, réparation, restauration, résurrection, rétablissement, transformation. ▶ *Bouleversement* – bouleversement, changement, chavirage, chavirement, conflagration, convulsion, dérangement, dérèglement, déséquilibre, désorganisation, détraquement, perturbation, renouvellement, renversement, retournement, révolution, séisme, stress, trouble. *FAM.* chambard, chambardement, chamboulement. ▶ *Progrès* – adoucissement, amélioration, civilisation, éducation, évolution, mieux-être, progrès, réforme, régénération. ▲ ANT. DÉCADENCE, DÉGRADATION, DÉTÉRIORATION.

renseigné *adj.* ▶ *Cultivé* (*QUÉB.*) – averti, cultivé, éclairé, érudit, évolué, instruit, intellectuel, lettré, savant. *SOUT.* docte. *FAM.* calé. *QUÉB.* connaissant; *FAM.* bollé.

renseignement *n. m.* ▶ *Explication* – analyse, clarification, commentaire, critique, définition, désambiguïsation, éclaircissement, élucidation, exemplification, explication, explicitation, exposé, exposition, glose, illustration, indication, interprétation, légende, lumière, note, paraphrase, précision, remarque. ▶ *Conseil* – avertissement, avis, conseil, encouragement, exhortation, guidance, idée, incitation, indication, information, initiative, inspiration, instigation, motion (*dans une assemblée*), offre, opinion, préconisation, proposition, recommandation, suggestion. *FAM.* tuyau. *DR.* pollicitation. ▶ *Espionnage* – contre-espionnage, espionnage, services secrets. ▲ ANT. MUTISME, SECRET, VOILE.

renseigner *v.* ▶ *Informer* – éclairer, édifier, informer. *FAM.* éclairer la lanterne de. ♦ **se renseigner** ▶ *S'informer* – demander, s'enquérir de, s'informer de. *FAM.* aller aux nouvelles. *ACADIE FAM.* s'émoyer de. ▲ ANT. TAIRE; DÉSINFORMER.

rentabilisable *adj.* ▲ ANT. RUINEUX.

rente *n. f.* allocation, arrérages, avantage, bénéfice, casuel, chômage, dividende, dotation, fermage, fruit, gain, intérêt, loyer, mense, mensualité, métayage, pension, prébende, présalaire, produit, profit, rapport, recette, redevance, rente, rentrée, revenu, tontine, usufruit, usure, ventes, viager. *FAM.* alloc. *FRANCE FAM.* bénéf, chômedu. ▲ ANT. REDEVANCE.

rentier *n.* ▶ *Bénéficiaire* – abandonnataire, adjudicataire, affectataire, aliénataire, allocataire, attributaire, ayant droit, bénéficiaire, bénéficier, cessionnaire, client, commendataire, confidentiaire, crédirentier, impétrant, indemnitaire, indivisaire, prestataire, propriétaire, récipiendaire, résignataire. ▶ *Personne à la retraite* – pensionné, personne à la retraite, retraité. ▶ *Riche* – crésus, financier, heureux, milliardaire, millionnaire, multimilliardaire, multimillionnaire, nabab, nanti, ploutocrate, privilégié, riche. *SOUT.* satrape. *FRANCE FAM.* rupin. *ANC.* milord.

rentré *adj.* ▸ *En parlant du visage, des joues* – creusé, creux.

rentrée *n. f.* ▸ *Fin de congé* – réouverture, reprise. ▸ *Action de mettre à l'abri* – emmagasinage, entreposage, magasinage, manutention, remisage, rentrage, stockage. ▸ *Recouvrement* – encaissement, perception, recette, recouvrement. ▸ *Revenu* – allocation, arrérages, avantage, bénéfice, casuel, chômage, dividende, dotation, fermage, fruit, gain, intérêt, loyer, mense, mensualité, métayage, pension, prébende, présalaire, produit, profit, rapport, recette, redevance, rente, retraite, revenu, tontine, usufruit, usure, ventes, viager. *FAM.* alloc. *FRANCE FAM.* bénef, chômedu. ▲ANT. DÉPART, SORTIE, VACANCES; DÉPENSE.

rentrer *v.* ▸ *Revenir* – faire demi-tour, rebrousser chemin, revenir (sur ses pas), (s'en) retourner. ▸ *Revenir à un endroit* – rallier, regagner, réintégrer, rejoindre, retourner à, revenir à. ▸ *Heurter* – buter contre, cogner, donner dans, frapper, heurter. *QUÉB. FAM.* accrocher. ▸ *Emboutir* – caramboler, emboutir, frapper, heurter, percuter, tamponner, télescoper. *FAM.* emplafonner. ▸ *Replier* – escamoter, replier. ▸ *Réprimer* – contenir, empêcher, endiguer, étouffer, museler, refouler, refréner, réprimer, retenir. *SOUT.* brider, contraindre. ▸ *Battre (FAM.)* – battre, frapper, porter la main sur, rosser, rouer de coups. *SOUT.* étriller. *FAM.* abîmer le portrait à, administrer une correction à, arranger le portrait à, casser la figure à, casser la gueule à, cogner, corriger, dérouiller, flanquer une raclée à, flanquer une volée à, passer à tabac, péter la gueule à, piler, tabasser, taper sur, voler dans les plumes à. *FRANCE FAM.* boxer, castagner, châtaigner, esquinter le portrait à, flanquer une pile à, mettre la tête au carré à, tatouiller, tomber sur le paletot à, tomber sur le poil à, tricoter les côtes à. *QUÉB. FAM.* bûcher, fesser, tapocher. ▲ANT. PARTIR, QUITTER, SORTIR.

renversable *adj.* ▲ANT. FIXE; INVERSABLE.

renversant *adj.* à (vous) couper le souffle, abasourdissant, ahurissant, bouleversant, confondant, déconcertant, dérangeant, ébahissant, effarant, époustouflant, étonnant, étourdissant, extraordinaire, impensable, inconcevable, incroyable, inimaginable, inouï, invraisemblable, pétrifiant, stupéfiant, suffocant, surprenant. *SOUT.* qui confond l'entendement. *FAM.* ébouriffant, mirobolant, sidérant, soufflant. *QUÉB. FAM.* capotant. ▲ANT. BANAL, ININTÉRESSANT, ORDINAIRE, SANS INTÉRÊT.

renversé *adj.* à l'envers, inversé, inverse, sens dessus dessous. *FAM.* cul pat-dessus tête. *QUÉB. ACADIE FAM.* reviré. *GÉOM.* réciproque.

renversement *n. m.* ▸ *Bouleversement* – bouleversement, changement, chavirage, chavirement, conflagration, convulsion, dérangement, dérèglement, déséquilibre, désorganisation, détraquement, perturbation, renouvellement, rénovation, retournement, révolution, séisme, stress, trouble. *FAM.* chambard, chambardement, chamboulement. ▸ *Interversion* – commutation, interversion, inversion, mutation, permutation, retournement, substitution,

transposition. ▸ *Pivotement de bas en haut* – bascule, basculement, chavirage, chavirement, culbutage, culbutement. ▲ANT. ÉQUILIBRE, HARMONIE, STABILITÉ; REDRESSEMENT, RELÈVEMENT.

renverser *v.* ▸ *Répandre* – déverser, répandre, verser. *BELG.* baquer, benner. ▸ *Disposer en sens inverse* – inverser, retourner. ▸ *Permuter* – interchanger, intervertir, inverser, permuter, transposer. *DIDACT.* commuter. ▸ *Faire tomber qqch.* – abattre, coucher, faucher. ▸ *Faire tomber qqn* – abattre, culbuter, faire tomber à la renverse, jeter à terre, mettre à terre, terrasser. ▸ *Stupéfier* – abasourdir, ahurir, couper bras et jambes à, couper le souffle à, ébahir, époustoufler, étonner, méduser, saisir, souffler, stupéfaire, stupéfier, suffoquer. *FAM.* décoiffer, défoncer, déménager, éberluer, ébouriffer, épater, estomaquer, estourbir, scier, sidérer. ▸ *Supplanter* – détrôner, évincer, prendre la place de, supplanter. ◆ *se renverser* ▸ *Chavirer* – basculer, capoter, chavirer, culbuter. *MAR.* dessaler. ▸ *En parlant des yeux* – chavirer, se révulser. ▲ANT. RAMASSER; RÉTABLIR; BÂTIR, CONSTRUIRE, DRESSER, ÉDIFIER, ÉRIGER, REDRESSER, RELEVER; FONDER, INSTAURER; COURONNER.

renvoi *n. m.* ▸ *Expulsion* – bannissement, délogement, désinsertion, disgrâce, disqualification, élimination, évacuation, éviction, exclusion, exil, expatriation, expulsion, nettoyage, ostracisme, proscription, rabrouement, radiation, refoulement, rejet, relégation. *FAM.* dégommage, éjection, lessive, vidage. *QUÉB.* tablettage. *DIDACT.* forclusion. *DR.* déboutement. *ANTIQ.* pétalisme, xénélasie. ▸ *Congédiement* – congé, congédiement, débauchage, destitution, licenciement, limogeage, mise à pied, révocation. ▸ *Ajournement* – ajournement, délai, prorogation, recul (de date), rééchelonnement *(dette)*, remise (à plus tard), répit, report, sursis. ▸ *Au sens juridique* – ajournement, annulation, cassation, destitution, dissolution, infirmation, invalidation, péremption d'instance, relaxe, remise, report, rescision, résiliation, résolution, révocation, sursis. ▸ *Appel de note* – appel de note, astérisque, grèbiche, lettrine, marque, référence. ▲ANT. ADMISSION, ADOPTION, RAPPEL; EMBAUCHE, ENGAGEMENT; RÉCEPTION.

renvoyer *v.* ▸ *Expulser* – chasser, évincer, expulser, mettre à la porte, mettre dehors. *FAM.* éjecter, vider, virer. ▸ *Congédier* – chasser, congédier, débaucher, démettre, donner son congé à, expulser, licencier, mettre à la porte, mettre à pied, mettre dehors, remercier, reconduire, renvoyer, remercier de ses services. *FAM.* balancer, balayer, débouloner, lourder, sabrer, sacquer, vider, virer. *QUÉB. FAM.* donner son quatre pour cent à. ▸ *Éconduire* – congédier, écarter, éconduire, en finir avec, rabrouer, repousser, se débarrasser de, se défaire de, se dépêtrer de. *FAM.* envoyer au bain, envoyer au diable, envoyer balader, envoyer bouler, envoyer dinguer, envoyer paître, envoyer promener, envoyer sur les roses, envoyer valdinguer, envoyer valser, expédier. ▸ *Réfléchir la lumière* – réfléchir, refléter, rendre, réverbérer. *SOUT.* mirer. ▸ *Répercuter le son* – répercuter, répéter, réverbérer. ▸ *Remettre à plus tard* – ajourner, décaler, différer, proroger, reculer, remettre, reporter, retarder, suspendre. *SOUT. ou DR.* surseoir à. *BELG. SUISSE* postposer. *TECHN.* temporiser. ▸ *Réexpédier*

– réexpédier, retourner. ▸ *Lancer de nouveau* – relancer. ▸ *Référer* – faire référence, référer. ▲ ANT. AC-CUEILLIR, APPELER, CONVIER, INVITER; ACCEPTER, ADMETTRE, EMBAUCHER, RECRUTER; ABSORBER, RETENIR; DEVANCER, HÂTER.

réorganisation *n. f.* réaménagement, redéploiement, refonte, réingénierie, remaniement, remodelage, restructuration. *SUISSE* redimensionnement. ▲ ANT. DÉSORDRE, DÉSORGANISATION.

réorganiser *v.* réaménager, redéployer, remodeler, restructurer. *SUISSE* redimensionner. ▲ ANT. DÉSORGANISER.

repaître *v.* ▸ *Assouvir* (*SOUT.*) – apaiser, assouvir, calmer, contenter, étancher, rassasier, satisfaire, soulager. *SOUT.* désaltérer. ♦ **se repaître** ▸ *Manger* (*SOUT.*) – manger, s'alimenter, se nourrir, se restaurer, se sustenter. *FAM.* becter, bouffer, boustifailler, briffer, casser la croûte, casser la graine, croûter, grailler, tortorer. ▸ *Savourer* – déguster, faire ses délices de, goûter, jouir de, profiter de, s'enchanter de, savourer, se délecter de, se régaler de, se réjouir de, tirer plaisir de. *FAM.* se gargariser de. ▲ ANT. AFFAMER, PRIVER; FRUSTRER. △ SE REPAÎTRE – JEÛNER, S'ABSTENIR, SE PRIVER.

répandre *v.* ▸ *Renverser* – déverser, renverser, verser. *BELG.* baquer, benner. ▸ *Exhaler* – dégager, exhaler. ▸ *Une odeur* – sentir. ▸ *Émettre* – dégager, diffuser, émettre, produire. *SC.* dissiper. ▸ *Semer* – jeter, semer. ▸ *Étendre en dispersant* – épandre, étaler, étendre. ▸ *Jeter çà et là* – disperser, disséminer, éparpiller, saupoudrer, semer. ▸ *Répéter de façon indiscrète* – colporter, crier sur les toits, ébruiter, faire courir, se faire l'écho de. ▸ *Faire connaître* – diffuser, populariser, propager, véhiculer. ▸ *Généraliser* – diffuser, étendre, généraliser, universaliser. ♦ **se répandre** ▸ *S'écouler* – affluer, couler, ruisseler, s'écouler, se déverser. *SOUT.* courir, fluer, s'épancher. ▸ *Déborder* – déborder, s'échapper. *MÉD.* s'extravaser. ▸ *Couler en fondant* – couler, fuser. ▸ *En parlant de la lumière* – ruisseler, se déverser. *SOUT.* s'épandre. ▸ *Se propager* – irradier, s'étendre, se propager. ▸ *S'ébruiter* – filtrer, paraître au jour, s'ébruiter, se savoir, transpirer. ▲ ANT. AMASSER, RAMASSER; RECEVOIR, RECUEILLIR; RÉCOLTER; CONCENTRER; RETENIR; CACHER, RÉPRIMER, TAIRE. △ SE RÉPANDRE – SE CONCENTRER, SE CONFINER.

réparateur *adj.* apaisant, calmant, délassant, déstressant, relaxant, reposant. ▲ ANT. ACCABLANT, ÉPUISANT, EXTÉNUANT, FATIGANT.

réparation *n. f.* ▸ *Remise en état* – amélioration, arrangement, bricolage, consolidation, dépannage, entretien, maintenance, rajustement, ravalement, reconstitution, réfection, remise à neuf, remise en état, remontage, renforcement, reprise, restauration, restitution, rétablissement, retapage, rhabillage, sauvetage, soin. *FAM.* rafistolage. *QUÉB. FAM.* ramanchage. ▸ *Renouvellement* – amélioration, changement, dépoussiérage, modernisation, modification, prorogation, rajeunissement, recommencement, reconduction, réformation, réforme, régénération, réhabilitation, réinvention, remplacement, renouveau, renouvellement, rénovation, restauration, résurrection, rétablissement, transformation. ▸ *Dédommagement* – compensation, consolation, contrepartie, correctif, dédommagement,

dommages et intérêts, dommages-intérêts, échange, indemnisation, indemnité, raison, récompense, remboursement, retour, satisfaction, soulte. ▸ *Vengeance* – châtiment, colère, (loi du) talion, pareille, punition, rancune, réciproque, représailles, ressentiment, rétorsion, revanche, riposte, vendetta, vengeance. *SOUT.* vindicte. ▲ ANT. BRIS, DÉGÂT, DÉTÉRIORATION, DOMMAGE.

réparer *v.* ▸ *Arranger* – arranger, bricoler, retaper. *FAM.* rabibocher, rabobiner, rafistoler, replâtrer. *BELG. FAM.* rabistoquer. *QUÉB. FAM.* rabouiner, radouer, ramancher. ▸ *Rénover* – rafraîchir, refaire (à neuf), réhabiliter, remettre à neuf, remettre en état, rénover, restaurer, retaper. *SOUT.* raccoutrer. ▸ *Régénérer un tissu organique* – reconstituer, régénérer. ▸ *Expier* – expier, payer, racheter. ▸ *Compenser* – compenser, faire oublier, pallier, parer à, racheter, remédier à, suppléer à. *SOUT.* obvier à. ▸ *Venger* – laver, punir, redresser, venger. ▲ ANT. ABÎMER, CASSER, DÉTÉRIORER, DÉTRUIRE, ENDOMMAGER, RUINER; AGGRAVER, BLESSER, GÂTER, PERVERTIR; PARDONNER.

répartir *v.* ▸ *Partager* – distribuer, diviser, partager, séparer, ventiler. ▸ *Classer* – catégoriser, classer, classifier, distribuer, grouper, ordonner, ranger, sérier, trier. ▲ ANT. ACCAPARER, GARDER, MONOPOLISER, RETENIR, S'ATTRIBUER; REGROUPER, RÉUNIR.

répartition *n. f.* ▸ *Distribution* – allotissement, assiette, attribution, coéquation, contingent, diffusion, distribution, partage, péréquation, quote-part, ration, répartement, répartiement, routage. *DR.* copartage. ▸ *Partage* – distribution, division, mi-partition, partage, partition, ventilation. ▸ *Classement* – archivage, arrangement, catalogage, classement, classification, collocation, distribution, indexage, indexation, mise en ordre, ordonnancement, ordre, rangement, sériation, tri, triage. ▸ *Agencement* – échelonnement, espacement, étalement. ▸ *Ordre* – accommodation, accommodement, agencement, ajustement, aménagement, architecture, arrangement, articulation, assemblage, combinaison, combinatoire, composition, concaténation, configuration, construction, contexture, coordination, disposition, distribution, élaboration, enchaînement, harmonie, hiérarchie, liaison, mise en ordre, mise en place, ordonnance, ordonnancement, ordre, organisation, orientation, plan, profil, programmation, rangement, structuration, structure, système, texture. ▲ ANT. CONCENTRATION, REGROUPEMENT.

repas *n. m.* ▸ *Nourriture prise à heures fixes* – nourriture, bouffe, bouffetance, boustifaille, soupe. *FRANCE FAM.* frichti, fricot. ▸ *Matin* – déjeuner, repas du matin. *FRANCE* petit déjeuner. *FRANCE FAM.* petit-déj'. ▸ *Midi* – dîner, repas du midi, repas de midi. *FRANCE* déjeuner. *QUÉB.* lunch. ▸ *Soir* – repas du soir, souper. *FRANCE* dîner. ▸ *Très tard* – souper. ▸ *En plein air* – barbecue, méchoui, pique-nique. ▸ *Léger* – casse-croûte, collation, en-cas, goûter, lunch, panier-repas. *FAM.* morceau. *FRANCE FAM.* casse-dalle, casse-graine, dînette, quatre-heures. *QUÉB.* bouchée, grignotine, grignotine. ▸ *Copieux* – agapes, banquet, bombance, bonne chère, festin (de Balthazar), festoiement, fête, régal, ventrée. *SOUT.* franche lippée. *FAM.* gueuleton, orgie, ripaille. *FRANCE FAM.* bâfre, bâfrée, bombe. *QUÉB. FAM.* fricot. ▸ *Alimentation* – absorption, alimentation, consommation, cuisine, ingestion, ingurgitation, manducation, menu, nourrissement, nourriture, nutrition, ordinaire, sustentation. *FAM.* cuistance, popote. ▲**ANT.** ABSTINENCE, JEÛNE.

repasser *v.* ▶ *Défroisser* – déchiffonner, défriper, défroisser, déplisser, lisser. *BELG.* calandrer. ▶ *Aiguiser* – acérer, affiler, affûter, aiguiser, appointer, appointir, effiler, épointer, rappointir. ▶ *Réviser* – réviser, revoir. ▶ *Rediffuser* – rediffuser, redonner. ▶ *Donner* (*FAM.*) – donner, passer. *FAM.* filer, refiler. ▶ *Revenir* – revenir. *FAM.* rappliquer. ▲**ANT.** CHIFFONNER, FROISSER; ÉMOUSSER; CONSERVER; DISPARAÎTRE.

repenser *v.* ▶ *Reconsidérer* – reconsidérer, réenvisager, réévaluer, réexaminer, remettre à plat, remettre en cause, remettre en question, réviser, revoir. ▶ *Penser de nouveau* – resonger. ▲**ANT.** GARDER SON IDÉE, S'ENTÊTER.

repentir (se) *v.* demander pardon, être confus, faire amende honorable, faire son mea culpa, reconnaître ses torts, regretter, s'excuser. *SOUT.* battre sa coulpe, demander miséricorde, faire pénitence. ▲**ANT.** S'ENDURCIR, S'OBSTINER.

repentir *n. m.* ▶ *Regret* – attrition, componction, contrition, honte, pénitence, regret, remords. *SOUT.* repentance, résipiscence. ▲**ANT.** SATISFACTION.

répercussion *n. f.* ▶ *Écho* – écho, résonance, réverbération. *SOUT.* résonnement, retentissement. ▶ *Conséquence* – action, conclusion, conséquence, contrecoup, corollaire, développement, effet, efficacité, fonction, fruit, impact, implication, incidence, jeu, juste retour des choses, œuvre, portée, prolongement, réaction, rejaillissement, résultante, résultat, retentissement, retombées, ricochet, séquelle, suite (logique). *SOUT.* aboutissant, efficace, fille. ▲**ANT.** MATITÉ; CAUSE, ORIGINE.

répercuter *v.* ▶ *Renvoyer le son* – renvoyer, répéter, réverbérer. ▶ *Renvoyer la lumière* – réfléchir, refléter, rendre, renvoyer, réverbérer. *SOUT.* mirer. ♦ *se répercuter* ▶ *Se transmettre* – retentir, se propager, se transmettre. ▲**ANT.** ÉTOUFFER, TAIRE.

repère *n. m.* ▶ *Objet de référence* – balise, borne, borne repère, borne témoin, coordonnée, cran, délinéateur, empreinte, fanion, index, indice, jalon, jalon-mire, marque, mire, mire-jalon, piquet, point de repère, référence, référentiel, taquet, trace. *MAR.* amer, vigie. ▶ *Indice* – apparence, cachet, cicatrice, critère, empreinte, indication, indice, lueur, marque, ombre, pas, piste, preuve, reste, ride, sceau, signature, signe, stigmate, tache, témoignage, témoin, trace, trait, vestige.

repérer *v.* ▶ *Marquer de repères* – baliser, borner, bornoyer, délimiter, jalonner, limiter, marquer, piqueter. ▶ *Trouver* – découvrir, détecter, localiser, trouver. *FAM.* loger. ▶ *Voir* (*FAM.*) – apercevoir, remarquer, voir. *FAM.* azimuter. *SOUT.* aviser. ♦ *se repérer* ▶ *S'orienter* – s'orienter, se diriger, se guider, se reconnaître, se retrouver. ▲**ANT.** PERDRE; PERDRE DE VUE.

répertoire *n. m.* ▶ *Liste* – barème, bordereau, cadre, catalogue, index, inventaire, liste, matricule, mémoire, menu, nomenclature, registre, relevé, rôle, série, suite, table, tableau. *SUISSE* tabelle. ▶ *Petit cahier* – agenda, bloc-notes, cahier, calepin, carnet,

journal, livre, livret, mémento, mémorandum, notes, registre. ▶ *Ensemble de fichiers informatiques* – documents, dossier, fichiers.

répéter *v.* ▶ *Redire* – redire, reprendre, revenir sur. ▶ *Redire continuellement* – chanter sur tous les tons, rabâcher, radoter, rebattre les oreilles à qqn de, redire, ressasser, seriner, tympaniser. *FAM.* corner aux oreilles/dans les oreilles de qqn, resucer. ▶ *Rapporter* – rapporter. *FAM.* cafarder, cafter, moucharder. ▶ *Refaire* – recommencer, refaire, réitérer, renouveler, reproduire, revenir à la charge. *DIDACT.* itérer. *FAM.* récidiver, rééditer, remettre ça, y retourner, y revenir. ▶ *Renvoyer le son* – renvoyer, répercuter, réverbérer. ♦ *se répéter* ▶ *Radoter* – faire des redites, radoter. *FAM.* chanter toujours la même rengaine, chanter toujours le même refrain. *QUÉB. FAM.* jouer du violon. *SUISSE FAM.* faire la meule. ▲**ANT.** OMETTRE, TAIRE; NÉGLIGER, S'ABSTENIR; CRÉER, INNOVER.

répétitif *adj.* ▶ *Qui est répété* – itératif, redoublé, répété. *LING.* réduplicatif. ▶ *Fréquent* – continuel, fréquent, multiple, nombreux, récurrent, répété. ▶ *Routinier* – mécanique, routinier. ▶ *Monotone* – endormant, ennuyeux, fastidieux, inintéressant, insipide, lassant, monotone, plat, soporifique. *FAM.* assommant, barbant, lugubre, mortel, mortifère, mourant, rasant, raseur, rasoir, usant. *FRANCE FAM.* barbifiant, barbifique, bassinant, canulant. *QUÉB. FAM.* gazant, plate. ▲**ANT.** UNIQUE; EXCEPTIONNEL, INHABITUEL; IMPRÉVISIBLE, INNOVATEUR, ORIGINAL, SURPRENANT.

répétition *n. f.* ▶ *Réitération* – cycle, fréquence, itération, période, périodicité, rechute, récidive, récidivité, recommencement, récurrence, récursivité, renouvellement, répétitivité, reprise, reproduction, retour. *SOUT.* réitération, retombement. *FAM.* réédition. ▶ *Parole* – chanson, écho, leitmotiv, rabâchage, radotage, réchauffé, récurrence, redite, redondance, refrain, rengaine, reprise, ressassage, ressassement, ritournelle, routine, scie, sérénade, turlutaine. *FAM.* resucée. *QUÉB. FAM.* renotage. ▶ *Leçon* – classe, cours, leçon, mémorisation, révision. *QUÉB. FAM.* repasse. ▶ *Essai* – entraînement, exercice. ▶ *Générale* – avant-première, couturière, (répétition) générale. ▲**ANT.** INNOVATION, NOUVEAUTÉ, PRIMEUR; PREMIÈRE (*théâtre*).

répit *n. m.* ▶ *Repos* – congé, délassement, détente, escale, halte, loisir, mi-temps, pause, récréation, récupération, relâche, repos, temps, trêve, vacances, villégiature. ▶ *Guérison* – amélioration, apaisement, cicatrisation, convalescence, cure, guérison, mieux-être, relevailles, relèvement, rémission, resurrection, rétablissement, retour à la santé, salut, soulagement, traitement. *MÉD.* délitescence, postcure, résorption, rétrocession. ▶ *Amélioration du temps* – accalmie, adoucissement, amélioration, bonace, calme plat, éclaircie, embellie, radoucissement, réchauffement, redoux, tiédissement, tranquillité, trouée. *ACADIE FAM.* clairon. ▶ *Délai* – ajournement, délai, prorogation, recul (de date), rééchelonnement (*dette*), remise (à plus tard), renvoi, report, sursis. ▲**ANT.** CONTINUATION, PROLONGEMENT; RÉCIDIVE, RÉCURRENCE.

replacer *v.* ▶ *Mettre à la même place* – remettre. *FAM.* refourrer, refoutre. ▶ *Mettre en situation*

repli

– situer. ▸ *Reconnaître* (*FAM.*) – reconnaître, se rappeler, se souvenir de. ▲ANT. DÉPLACER.

repli *n. m.* ▸ *Bord* – bouillon, fronce, godron, ourlet, pince, pli, rempli, rentré, roulotté, tuyau. ▸ *Ondulation* – arabesque, boucle, contour, courbe, détour, lacet, méandre, ondulation, serpentin, sinuosité, volute (*fumée*). *SOUT.* flexuosité. ▸ *En anatomie* – commissure, fanon, froncement, pli, pliure, ride, ridule. ▸ *Secret* – âme, arrière-fond, arrière-pensée, conscience, coulisse, dedans, dessous, fond, for intérieur, intérieur, intériorité, intimité, jardin secret, secret. *SOUT.* tréfonds. ▸ *Recul* – acculée, acculement, éloignement, marche arrière, récession, recul, reculade, reculement, reflux, régression, repliement, repoussement, retour, retrait, retraite, rétrogradation, rétrogression. *FAM.* rétropédalage. *PHYS.* répulsion. ▸ *Abandon* – abandon, abdication, défection, délaissement, démission, désengagement, désertion, désintérêt, désistement, dessaisissement, forfait, inachèvement, recul, retrait, retraite. *SOUT.* inaccomplissement. *FAM.* décrochage, lâchage, largage, plaquage. *DR.* non-lieu, résignation. ▸ *Détour* – biais, circonlocution, détour, digression, diversion, faux-fuyant, louvoiement, louvoyage, périphrase, subterfuge, subtilité, tour. ▲ANT. ÉGALITÉ, UNIFORMITÉ; AVANCE, AVANCÉE; AUGMENTATION.

replier *v.* ▸ *Plier ce qui a été déplié* – plier, rabattre, ramener. ▸ *Rentrer* – escamoter, rentrer. ♦ **se replier** ▸ *Reculer* – battre en retraite, reculer, rétrograder, se retirer. *QUÉB.* retraiter. *MILIT.* décrocher. ▲ANT. DÉPLIER, DÉPLOYER, ÉTENDRE; REDRESSER, RELEVER. △ SE REPLIER – S'ÉTALER, S'ÉTENDRE; AVANCER, PROGRESSER; S'ÉPANCHER, S'OUVRIR.

réplique *n. f.* ▸ *Réponse* – écho, objection, réaction, réflexe, réfutation, repartie, réponse, riposte. *FIG.* contre-attaque. ▸ *Copie* – calque, copie (conforme), double, duplicata, duplication, exemplaire, fac-similé, imitation, reproduction. *DR.* grosse. ♦ **répliques**, *plur.* ▸ *En théâtre* – dialogue. ▲ANT. ABSTENTION, MUTISME; ORIGINAL.

répliquer *v.* ▸ *Répondre* – discuter, raisonner, répondre, rétorquer, riposter. *SOUT.* repartir. ▸ *Protester* – broncher, murmurer, pousser les hauts cris, protester, réagir, récriminer, renâcler, s'élever, s'indigner, s'opposer, se dresser, se gendarmer, se plaindre, se récrier. *SOUT.* réclamer. *FAM.* criailler, faire du foin, moufter, piailler, rouscailler, rouspéter, ruer dans les brancards, tiquer, tousser. *QUÉB. FAM.* chialer. ▸ *Contre-attaquer* – contre-attaquer, lancer une contre-attaque, riposter. ▲ANT. SE TAIRE.

répondant *n.* ▸ *Endosseur* – accréditeur, appui, avaliseur, avaliste, caution, endosseur, fidéjusseur, garant, parrain, soutien. ▸ *Garantie* – assurance, aval, caution, cautionnement, charge, consignation, couverture, ducroire, engagement, gage, garant, garantie, hypothèque, indexage, indexation, nantissement, obligation, palladium, parrainage, précaution, préservation, promesse, responsabilité, salut, sauvegarde, sécurité, signature, soulte, sûreté, warrant, warrantage. ▲ANT. DÉBITEUR, REQUÉRANT; ARGUMENTANT.

répondre *v.* ▸ *Répliquer* – discuter, raisonner, répliquer, rétorquer, riposter. *SOUT.* repartir. ▸ *Dire ce qu'on pense* – commenter, réagir. ▸ *Correspondre*

– aller, cadrer, coller, convenir, correspondre, s'accorder, s'appliquer, s'harmoniser. ▸ *Satisfaire* – remplir, satisfaire à, suffire à. ▸ *Exaucer* – accomplir, combler, exaucer, réaliser, satisfaire. *SOUT.* écouter, entendre. ▸ *Garantir* – affirmer, assurer, attester, certifier, déclarer, donner l'assurance, donner sa parole (d'honneur), garantir, jurer, promettre. ▸ *Se porter garant de qqn* – cautionner, se porter garant de. ▲ANT. DEMANDER; INTERROGER, QUESTIONNER; SE TAIRE; S'OPPOSER; DÉCEVOIR; DÉSAVOUER, S'EN LAVER LES MAINS, SE DÉSOLIDARISER DE.

réponse *n. f.* ▸ *Réplique* – écho, objection, réaction, réflexe, réfutation, repartie, réplique, riposte. *FIG.* contre-attaque. ▸ *Explication d'une faute* – éclaircissement, explication, justification, motivation, version. *SOUT.* légitimation. ▸ *Lettre de retour* – billet, lettre, message, mot, pli. *IRON.* épître. *SOUT.* missive. *FAM.* biffeton (*dans une prison*). *FRANCE FAM.* babillarde, bafouille. *AFR.* note. ▸ *Réponse à un problème* – clé, corrigé, explication, solution, solutionnaire. ▸ *Réflexe* – automatisme, conditionnement, interaction, réaction (immédiate), réflexe. ▲ANT. DEMANDE, INTERROGATION, QUESTION; ABSTENTION, MUTISME.

reportage *n. m.* compte rendu, débreffage, description, exposé, exposition, histoire, narration, peinture, procès-verbal, rapport, relation, tableau. *SOUT.* radiographie.

reporter *v.* ▸ *Remettre à plus tard* – ajourner, décaler, différer, proroger, reculer, remettre, renvoyer, retarder, suspendre. *SOUT.* ou *DR.* surseoir à. *BELG. SUISSE* postposer. *TECHN.* temporiser. ▸ *Différer un paiement* – arriérer, atermoyer, différer, retarder. ▸ *Transcrire* – copier, recopier, retranscrire, transcrire. ♦ **se reporter** ▸ *Se référer* – consulter, lire, regarder, se référer à, voir. ▲ANT. DEVANCER, HÂTER; GARDER; RETRANCHER.

reporter *n.* correspondant, envoyé permanent, envoyé spécial, journaliste globe-trotter, reporteur.

repos *n. m.* ▸ *Césure* – césure, coupe, coupure, hémistiche, pause. ▸ *Pause* – congé, délassement, détente, escale, halte, loisir, mi-temps, pause, récréation, récupération, relâche, répit, temps, trêve, vacances, villégiature. ▸ *Sommeil* – endormissement, sommeil. *SOUT.* les bras de Morphée. ♦ *Demi-sommeil* – assoupissement, demi-sommeil, engourdissement, somnolence, torpeur. ♦ *Sommeil provoqué* – hypnose, narcose. ♦ *Sommeil pathologique* – coma, hypersomnie, léthargie, maladie du sommeil, narcolepsie, somnambulisme, trypanosomiase. ▸ *Immobilité* – calme, fixité, hiératisme, immobilisme, immobilité, immuabilité, immutabilité, impassibilité, improductivité, inaction, inactivité, inamovibilité, inertie, paralysie, piétinement, plafonnement, sclérose, stabilité, stagnation, stationnarité, statisme, statu quo, sur place. *SOUT.* marasme, morosité. ▸ *Paix* – accalmie, apaisement, bonace, bonheur, calme, éclaircie, entente, fraternité, harmonie, idylle, paix, quiétude, rémission, silence, tranquillité, trêve, union, unité. *SOUT.* kief (*en Orient*). ▸ *Sécurité* – abri, assurance, calme, confiance, paix, quiétude, salut, sécurité, sérénité, sûreté, tranquillité (d'esprit). ▲ANT. EFFORT, TRAVAIL; FATIGUE; INSOMNIE, VEILLE; MOBILITÉ, MOUVEMENT; AGITATION, TROUBLE; BRUIT, TAPAGE.

reposant *adj.* apaisant, calmant, délassant, déstressant, relaxant, réparateur. ▲ANT. ÉPUISANT, ÉREINTANT, EXTÉNUANT, FATIGANT, HARASSANT, SURMENANT.

reposé *adj.* délassé, détendu, en forme, (frais et) dispos, frais.

reposer *v.* ▶ *Chasser la fatigue* – défatiguer, délasser, détendre, relaxer. ▶ *Dormir (SOUT.)* – dormir. ENFANTIN faire dodo. SOUT. être dans les bras de Morphée. FAM. en écraser, pioncer, ronfler, roupiller. ▶ *Décanter* – déposer, se clarifier, (se) décanter. ▶ *Être posé* – poser, prendre appui, s'appuyer. ▶ *Se baser* – s'appuyer, se baser, se fonder. ♦ **se reposer** ▶ *Se détendre* – faire une pause, récupérer, reprendre haleine, respirer, se délasser, (se) déstresser, se détendre, se refaire, se relaxer, souffler. FAM. décompresser. ▶ *Se fier* – compter sur, faire confiance à, faire fond sur, s'en rapporter à, s'en remettre à, se confier à, se fier à, se livrer à. ▲ANT. FATIGUER, LASSER; AFFOLER, AGITER, ÉNERVER, INQUIÉTER. △SE REPOSER – S'ACTIVER, TRAVAILLER.

repoussant *adj.* ▶ *Laid* – à faire peur, affreux, déplaisant, disgracieux, hideux, horrible, ignoble, inesthétique, informe, ingrat, inharmonieux, laid, laideron *(femme)*, mal fait, monstrueux, répugnant, vilain. SOUT. malgracieux, répulsif. FAM. blèche, dégueu, dégueulasse, mal fichu, mochard, moche, tarte, tartignolle, tocard, vomitif. ▶ *Moralement répugnant* – abject, bas, coupable, crapuleux, dégoûtant, honteux, ignoble, immonde, inavouable, indigne, infâme, infect, innommable, inqualifiable, lâche, méprisable, odieux, répugnant, sans nom, scandaleux, sordide, vil, vilain. SOUT. fangeux, ignominieux, nauséeux, triste, turpide. FAM. dégueu, dégueulasse, écœurant, gerbant, moche. ▲ANT. AFFRIOLANT, ALLÉCHANT, APPÉTISSANT, ATTIRANT, ATTRAYANT, ENGAGEANT, SÉDUISANT; DIGNE, HONORABLE, NOBLE.

repousse *n. f.* ▲ANT. CHUTE, PERTE.

repousser *v.* ▶ *Refuser* – décliner, opposer un refus à, opposer une fin de non-recevoir à, rejeter, répondre par la négative à. SOUT. ne pas daigner accepter. ▶ *Dédaigner* – dédaigner, laisser pour compte, refuser, rejeter, tourner le dos à. ▶ *Éconduire* – congédier, écarter, éconduire, en finir avec, rabrouer, renvoyer, se débarrasser de, se défaire de, se dépêtrer de. FAM. envoyer au bain, envoyer au diable, envoyer balader, envoyer bouler, envoyer dinguer, envoyer paître, envoyer promener, envoyer sur les roses, envoyer valdinguer, envoyer valser, expédier, rudoyer. FAM. remballer. QUÉB. FAM. bourrasser. ▶ *Chasser un envahisseur* – chasser, culbuter, refouler. ▶ *Répugner (SOUT.)* – déplaire à, rebuter, répugner à. FAM. débecter. ▲ANT. ACCEPTER, AGRÉER; ACCORDER, CÉDER, CONCÉDER; CONVOITER, ENVIER, RECHERCHER; DEVANCER, HÂTER; ACCUEILLIR, ADMETTRE, APPELER, CONVIER, INVITER; ATTAQUER, ENVAHIR, OCCUPER; ATTIRER, PLAIRE.

reprendre *v.* ▶ *Poursuivre* – poursuivre, renouer, rétablir. ▶ *Recommencer* – recommencer, rentamer, se remettre à. FAM. repiquer au truc. ▶ *Récupérer* – ravoir, reconquérir, recouvrer, récupérer, regagner, rentrer en possession de, retrouver, se réapproprier. FAM. raccrocher. SUISSE FAM. rapercher. ▶ *Rattraper*

– raccrocher, rattraper, ressaisir. QUÉB. ACADIE FAM. repogner. ▶ *Refaire* – refaire, refondre, remanier. ▶ *Redire* – redire, répéter, revenir sur. ▶ *Récapituler* – faire la synthèse de, récapituler, synthétiser. ▶ *Condamner* – blâmer, condamner, critiquer, désapprouver, désavouer, reprocher, réprouver. SOUT. en savoir mauvais gré à. ▶ *Ressaisir qqn* – ressaisir. SOUT. QUÉB. FAM. repogner. ♦ **se reprendre** ▶ *Recommencer* – recommencer, redémarrer, repartir. ▶ *Se ressaisir* – réagir, se ressaisir, se secouer. BELG. FAM. se ravoir. ▲ANT. CESSER, DISCONTINUER, INTERROMPRE; CÉDER, LAISSER, REDONNER; APPROUVER, LOUANGER. △SE REPRENDRE – SE LAISSER ALLER.

représailles *n. f. pl.* châtiment, colère, (loi du) talion, pareille, punition, rancune, réciproque, réparation, ressentiment, rétorsion, revanche, riposte, vendetta, vengeance. SOUT. vindicte. ▲ANT. PARDON; FUITE, RETRAITE.

représentant *n.* ▶ *Porte-parole* – intermédiaire, interprète, messager, organe, porte-parole. SOUT. truchement. ▶ *Défenseur* – apologiste, apôtre, appui, avocat, champion, défenseur, protecteur, redresseur de torts, serviteur, soldat, soutien, tenant. SOUT. intercesseur. ▶ *Remplaçant* – intérimaire, remplaçant, subrogé, substitut, suppléant. ▶ *Non favorable* – pis aller. FAM. bouche-trou. ▶ *Chargé d'affaires* – agent, ambassadeur, attaché, chargé d'affaires, chargé de mission, commissaire, correspondant, délégataire, délégué, député, diplomate, émissaire, envoyé, fondé de pouvoir, légat, mandataire, messager, ministre, négociateur, parlementaire, plénipotentiaire. ▶ *Vendeur* – agent commercial, attaché commercial, commis (de magasin), commis-vendeur, délégué commercial, représentant commercial, représentant de commerce, vendeur. ▶ *Type* – archétype, canon, critère, échantillon, étalon, exemple, formule, gabarit, idéal, idée, image, individu, modèle, norme, original, paradigme, précédent, prototype, référence, type, unité. BIOL. holotype. ♦ **représentants**, *plur.* ▶ *Ensemble de porte-parole* – représentation. ▲ANT. COMMETTANT, MANDANT.

représentatif *adj.* ▶ *Symbolique* – allégorique, emblématique, figuratif, métaphorique, symbolique. RELIG. anagogique. ▶ *Typique* – caractéristique, moyen, typique. FAM. pur jus. ▲ANT. ATYPIQUE, INUSITÉ, NON REPRÉSENTATIF.

représentation *n. f.* ▶ *Action de se représenter qqch.* – schématisation. ▶ *Concept* – abstraction, archétype, concept, conception, conceptualisation, connaissance, conscience, entité, fiction, généralisation, idée, imagination, notion, noumène, pensée, représentation (mentale), schème, théorie. ▶ *Figuration* – carte, copie, dessin, diagramme, fac-similé, figuration, image, levé, plan, reproduction, schéma, symbole, visuel *(en publicité)*. ▶ *Symbole* – allégorie, attribut, chiffre, devise, drapeau, effigie, emblème, figure, icône, image, incarnation, insigne, livrée, logo, logotype, marque, notation, personnification, signe, symbole, type. ▶ *Imitation* – calquage, caricature, charge, contrefaçon, copiage, décalquage, démarquage, emprunt, émulation, figuration, grégarisme, imitation, mime, mimétisme, moutonnerie, parodie, pastiche, pillage, plagiat, servilité, simulation, singerie, suivisme, travestissement. DR. contrefaction.

représenter

▶ *Affectation* – affectation, air, apparence, apprêt, artificialité, bluff, cabotinage, comédie, composition, contenance, convenu, dandysme, genre, imposture, jeu, maniérisme, manque de naturel, mascarade, mièvrerie, pose, raideur, recherche, snobisme. SOUT. cambrure. FAM. chiqué, cinéma. ▶ *Spectacle* – attraction, concert, danse, divertissement, exécution, exhibition, happening, numéro, pièce, projection, récital, revue, séance, soirée. ▶ *Délégation* – bureau, charge, comité, commission, courtage, délégation, délégués, légation, mandat, mandataires, mandatement, mission, pouvoir, procuration, représentants. ▶ *Blâme* – accusation, admonestation, admonition, anathématisation, anathème, attaque, avertissement, blâme, censure, condamnation, correction, critique, désapprobation, diatribe, grief, grognerie, gronderie, interdit, leçon, malédiction, mise à l'écart, mise à l'index, mise en quarantaine, objection, observation, plainte, punition, récrimination, remarque, remontrance, réprimande, réprobation, reproche, réquisitoire, semonce, sérénade, sermon, tollé. SOUT. animadversion, foudres, fustigation, improbation, mercuriale, objurgation, stigmatisation, vitupération. FAM. douche, engueulade, prêchi-prêcha, savon, tabac. FRANCE FAM. attrapade, lavage de tête, soufflante. BELG. cigare. RELIG. fulmination. ▲ANT. MODÈLE, ORIGINAL.

représenter v. ▶ *Désigner* – dénommer, désigner, signifier. ▶ *Symboliser* – désigner, évoquer, exprimer, figurer, incarner, matérialiser, signifier, symboliser. ▶ *Décrire* – brosser un tableau de, décrire, dépeindre, montrer, peindre, présenter, tracer le portrait de. ▶ *Dessiner* – dessiner, reproduire. ▶ *Constituer* – constituer, être, faire office de, jouer le rôle de, tenir lieu de. ▶ *Personnifier* – incarner, personnifier. ▶ *Donner en représentation* – donner, jouer. ▶ *Équivaloir* – correspondre à, égaler, équivaloir à, revenir à, valoir. ▶ *Agir comme représentant* – agir au nom de, remplacer. ◆ se représenter ▶ *S'imaginer* – concevoir, (s')imaginer, se faire une idée de, se figurer, visualiser, voir. PSYCHOL. mentaliser. ▲ANT. CACHER, DISSIMULER, EFFACER; DÉLÉGUER.

répression n. f. châtiment, condamnation, correction, damnation, expiation, gage *(dans un jeu)*, leçon, peine, pénalisation, pénalité, pénitence, punition, sanction, verbalisation. FAM. tarif. ▲ANT. LIBERTÉ, LICENCE, PERMISSION.

réprimande n. f. accusation, admonestation, admonition, anathématisation, anathème, attaque, avertissement, blâme, censure, condamnation, correction, critique, désapprobation, diatribe, grief, grognerie, gronderie, interdit, leçon, malédiction, mise à l'écart, mise à l'index, mise en quarantaine, objection, observation, plainte, punition, récrimination, remarque, remontrance, représentation, réprobation, reproche, réquisitoire, semonce, sérénade, sermon, tollé. SOUT. animadversion, foudres, fustigation, improbation, mercuriale, objurgation, stigmatisation, vitupération. FAM. douche, engueulade, prêchi-prêcha, savon, tabac. FRANCE FAM. attrapade, lavage de tête, soufflante. BELG. cigare. RELIG. fulmination. ▲ANT. COMPLIMENT, ÉLOGE, LOUANGE.

réprimer v. ▶ *Refouler un sentiment* – contenir, empêcher, endiguer, étouffer, museler, refouler, refréner, rentrer, retenir. SOUT. brider, contraindre.

▶ *Punir un geste* – punir, sanctionner, sévir contre. ▲ANT. EXPRIMER, EXTÉRIORISER, LIBÉRER; PERMETTRE, TOLÉRER; AIDER, ENCOURAGER, FAVORISER.

reprise n. f. ▶ *Action de conquérir* – reconquête, réoccupation. ▶ *Fin de pause* – rentrée, réouverture. ▶ *Répétition* – cycle, fréquence, itération, période, périodicité, rechute, récidive, récidivité, recommencement, récurrence, récursivité, renouvellement, répétition, répétitivité, reproduction, retour. SOUT. réitération, retombement. FAM. réédition. ▶ *Redite* – chanson, écho, leitmotiv, rabâchage, radotage, réchauffé, récurrence, redite, redondance, refrain, rengaine, répétition, ressassage, ressassement, ritournelle, routine, scie, sérénade, turlutaine. FAM. resucée. QUÉB. FAM. renotage. ▶ *Renaissance* – dégel, progrès, recrudescence, redémarrage, regain, régénération, régénérescence, réincarnation, relance, renouveau, renouvellement, résurrection, retour, réveil, revival, reviviscence, second souffle. SOUT. refleurissement, revif. FIG. printemps, résurgence. BOT. anabiose. ▶ *Réparation* – amélioration, arrangement, bricolage, consolidation, dépannage, entretien, maintenance, rajustement, ravalement, reconstitution, réfection, remise à neuf, remise en état, remontage, renforcement, réparation, restauration, restitution, rétablissement, retapage, rhabillage, sauvetage, soin. FAM. rafistolage. QUÉB. FAM. ramanchage. ▶ *Émission rediffusée* (QUÉB.) – différé, rediffusion, retransmission. ▲ANT. ARRÊT, CESSATION, INTERRUPTION; BAISSE, DÉCLIN, DIMINUTION; ÉRAILLEMENT, USURE; ÉMISSION EN DIRECT.

réprobation n. f. ▶ *Blâme* – accusation, admonestation, admonition, anathématisation, anathème, attaque, avertissement, blâme, censure, condamnation, correction, critique, désapprobation, diatribe, grief, grognerie, gronderie, interdit, leçon, malédiction, mise à l'écart, mise à l'index, mise en quarantaine, objection, observation, plainte, punition, récrimination, remarque, remontrance, représentation, réprimande, reproche, réquisitoire, semonce, sérénade, sermon, tollé. SOUT. animadversion, foudres, fustigation, improbation, mercuriale, objurgation, stigmatisation, vitupération. FAM. douche, engueulade, prêchi-prêcha, savon, tabac. FRANCE FAM. attrapade, lavage de tête, soufflante. BELG. cigare. RELIG. fulmination. ▶ *Malédiction* – anathématisation, anathème, blâme, blasphème, condamnation, damnation, déprécation, excommunication, imprécation, jurement, malédiction, vœu. SOUT. exécration. ▲ANT. APOLOGIE, APPROBATION, LOUANGE; SALUT.

reproche n. m. accusation, admonestation, admonition, anathématisation, anathème, attaque, avertissement, blâme, censure, condamnation, correction, critique, désapprobation, diatribe, grief, grognerie, gronderie, interdit, leçon, malédiction, mise à l'écart, mise en quarantaine, objection, observation, plainte, punition, récrimination, remarque, remontrance, représentation, réprimande, réprobation, réquisitoire, semonce, sérénade, sermon, tollé. SOUT. animadversion, foudres, fustigation, improbation, mercuriale, objurgation, stigmatisation, vitupération. FAM. douche, engueulade, prêchi-prêcha, savon, tabac. FRANCE FAM. attrapade, lavage de tête, soufflante. BELG. cigare. RELIG.

fulmination. ▲ANT. COMPLIMENT, ÉLOGE, FÉLICITA-TIONS, LOUANGE.

reprocher v. ▶ *Blâmer* – blâmer, condamner, critiquer, désapprouver, désavouer, reprendre, réprouver. SOUT. en savoir mauvais gré à. ▶ *Imputer* – imputer, mettre sur le dos. ♦ **se reprocher** ▶ *S'en vouloir* – regretter, s'en vouloir de. FAM. se mordre les doigts de, se mordre les poings de, se mordre les pouces de. ▲ANT. FÉLICITER.

reproduction n.f. ▶ *Reproduction asexuée* – agamie, blastogenèse, clonage, division, fissiparité, reproduction (asexuée), schizogamie, schizogenèse, schizogonie, schizométamérie, scissiparité. ▶ *Reproduction sexuée* – conception, fécondation, génération, gestation, reproduction (sexuée). SOUT. procréation. DIDACT. engendrement. ▶ *Accouplement* – accouplement, appareillage, appareillement, appariade, appariage, coït, copulation, insémination, monte, saillie, union. SOUT. appariement. ▶ *Gestation* – gestation, gravidité, grossesse. ▶ *Fécondité* – conception, fécondité, fertilité, reproductibilité, reproductivité. SOUT. prolificité. FAM. lapinisme. PHYSIOL. œstrus. ▶ *Multiplication* – accroissement, augmentation, foisonnement, multiplication, peuplement, prolifération, propagation, pullulation, pullulement. ▶ *Copie* – calque, copie (conforme), double, duplicata, duplication, exemplaire, fac-similé, imitation, réplique. DR. grosse. ▶ *Copie réduite* – maquette, miniature, modèle (réduit), plan-relief, reproduction (à échelle réduite). ▶ *Représentation* – carte, copie, dessin, diagramme, fac-similé, figuration, image, levé, plan, représentation, schéma, symbole, visuel *(en publicité)*. ▶ *Répétition* – cycle, fréquence, itération, période, périodicité, rechute, récidive, récidivité, recommencement, récurrence, récursivité, renouvellement, répétition, répétitivité, reprise, retour. SOUT. réitération, retombement. FAM. réédition. ▶ *Transmission* – cession, circulation, communication, dévolution, diffusion, dissémination, émission, expansion, extension, intercommunication, multiplication, passation, progression, propagation, rayonnement, transfert, translation, virement. ▲ANT. ORIGINAL; CRÉATION, NOUVEAUTÉ, PRIMEUR.

reproduire v. ▶ *Reconstituer* – imiter, reconstituer, recréer, rendre, restituer, simuler. INFORM. émuler. ▶ *Imiter* – calquer, copier, imiter, mimer, s'inspirer de. ▶ *De façon favorable* – émuler, marcher dans les traces de, prendre exemple sur, prendre modèle sur, s'inspirer de, suivre les traces de, trouver son inspiration chez. ▶ *De façon non favorable* – contrefaire, plagier, singer. ▶ *Dupliquer* – copier, dupliquer. ▶ *Répéter* – recommencer, refaire, réitérer, renouveler, répéter, revenir à la charge. DIDACT. itérer. FAM. récidiver, rééditer, remettre ça, y retourner, y revenir. ▶ *Dessiner* – dessiner, représenter. ♦ **se reproduire** ▶ *Se perpétuer* – se multiplier, se perpétuer. ▲ANT. CRÉER, INNOVER.

réprouver v. ▶ *Désapprouver* – blâmer, condamner, critiquer, désapprouver, désavouer, reprendre, reprocher. SOUT. en savoir mauvais gré à. ▶ *Blâmer avec véhémence* – condamner, montrer du doigt, stigmatiser. SOUT. anathématiser, crier haro sur, frapper d'anathème, fustiger, vitupérer. ▶ *Détester* – avoir en aversion, avoir en haine, avoir en horreur,

exécrer, haïr, maudire, ne pas pouvoir souffrir, ne pas pouvoir supporter, vomir. SOUT. abhorrer, abominer, avoir en abomination. FAM. avoir dans le nez, ne pas pouvoir blairer, ne pas pouvoir encadrer, ne pas pouvoir encaisser, ne pas pouvoir pifer, ne pas pouvoir sacquer, ne pas pouvoir sentir, ne pas pouvoir voir en peinture. ▶ *Maudire* – condamner, damner, maudire, perdre, vouer à la damnation. ▲ANT. ACCEPTER, APPROUVER, LOUANGER; ABSOUDRE, PARDONNER.

repu adj. gavé, qui a le ventre plein, rassasié, saoul. ▲ANT. AFFAMÉ, INASSOUVI; À JEUN; AVIDE, INSATIABLE.

répudier v. ▶ *Abandonner une croyance* – abandonner, renier, renoncer à. ▶ *Chasser qqn* (SOUT.) – bannir, barrer, chasser, éloigner, exclure, exiler, fermer la porte à, mettre en quarantaine, ostraciser, rejeter. SOUT. excommunier, frapper d'ostracisme, proscrire. ▲ANT. ADOPTER, EMBRASSER, ÉPOUSER; ACCEPTER, ACCUEILLIR, ADMETTRE.

répugnance n.f. ▶ *Dégoût* – abomination, allergie, aversion, dégoût, écœurement, haine, haut-le-cœur, horreur, indigestion, nausée, phobie, répulsion, révulsion. SOUT. détestation, exécration. FAM. dégoûtation. ▶ *Haine* – agressivité, allergie, animosité, antipathie, aversion, guerre, haine, hostilité, malveillance, phobie, répugnance, ressentiment. SOUT. détestation, exécration, inimitié, venin. ▲ANT. ATTIRANCE, DÉSIR, ENVIE, GOÛT; AMOUR, SYMPATHIE.

répugnant adj. ▶ *Laid* – à faire peur, affreux, déplaisant, disgracieux, hideux, horrible, ignoble, inesthétique, informe, ingrat, inharmonieux, laid, laideron *(femme)*, mal fait, monstrueux, repoussant, vilain. SOUT. malgracieux, répulsif. FAM. blèche, dégueu, dégueulasse, mal fichu, mochard, moche, tarte, tartignolle, tocard, vomitif. ▶ *Moralement répugnant* – abject, bas, coupable, crapuleux, dégoûtant, honteux, ignoble, immonde, inavouable, indigne, infâme, infect, innommable, inqualifiable, lâche, méprisable, odieux, repoussant, sans nom, scandaleux, sordide, vil, vilain. SOUT. fangeux, ignominieux, nauséeux, triste, turpide. FAM. dégueu, dégueulasse, écœurant, gerbant, moche. ▲ANT. AFFRIOLANT, ALLÉCHANT, APPÉTISSANT, ATTIRANT, ATTRAYANT, DÉSIRABLE, ENGAGEANT, SÉDUISANT; ADMIRABLE, BEAU, ÉBLOUISSANT, MAGNIFIQUE, RAVISSANT, SPLENDIDE, SUPERBE; DIGNE, HONORABLE, NOBLE.

répugner v. ▶ *Déplaire* – déplaire à, rebuter. SOUT. repousser. FAM. débecter. ▶ *Donner la nausée* – dégoûter, donner la nausée à, donner mal au cœur à, écœurer, lever le cœur à, soulever le cœur à. FAM. débecter, tourner sur le cœur à. ▶ *Dégoûter moralement* – dégoûter, faire horreur à, révolter, révulser. ▶ *Rechigner* – rechigner à, renâcler. ▲ANT. ATTIRER, CHARMER, PLAIRE, SÉDUIRE.

répulsion n.f. ▶ *Dégoût* – abomination, allergie, aversion, dégoût, écœurement, haine, haut-le-cœur, horreur, indigestion, nausée, phobie, répugnance, révulsion. SOUT. détestation, exécration. FAM. dégoûtation. ▶ *Haine* – agressivité, allergie, animosité, antipathie, aversion, guerre, haine, hostilité, malveillance, phobie, répugnance, ressentiment. SOUT. détestation, exécration, inimitié, venin. ▶ *Phénomène physique* – acculée, acculement, éloignement, marche arrière, récession, recul, reculade,

réputation

reculement, reflux, régression, repli, repliement, repoussement, retour, retrait, retraite, rétrogradation, rétrogression. *FAM.* rétropédalage. ▲*ANT.* ATTIRANCE, DÉSIR, ENVIE, GOÛT ; AMOUR, SYMPATHIE.

réputation *n. f.* ▶ *Respectabilité* – honneur, honorabilité, respectabilité, valeur. ▶ *Célébrité* – célébrité, considération, éclat, faveur, gloire, notoriété, palmarès, popularité, renom, renommée, vedettariat. *FIG.* auréole, immortalité, la déesse aux cent bouches. ▲*ANT.* DÉFAVEUR, DISCRÉDIT, DISGRÂCE ; ANONYMAT, IMPOPULARITÉ, OBSCURITÉ, OMBRE.

requérir *v.* ▶ *Nécessiter* – appeler, avoir besoin de, commander, demander, exiger, imposer, nécessiter, obliger, postuler, prendre, prescrire, réclamer, vouloir. ▶ *Solliciter* – demander, réclamer, solliciter, vouloir. ▲*ANT.* DÉCLINER, REFUSER.

requête *n. f.* ▶ *Demande* – adjuration, appel, demande, démarche, desideratum, désir, doléances, exigence, injonction, instance, interpellation, interrogation, invocation, mandement, ordre, pétition, placet, prétention, prière, question, réclamation, réquisition, revendication, sollicitation, sommation, supplication, supplique, ultimatum, vœu. *SOUT.* imploration. ▶ *Action en justice* – action, demande, plainte, poursuite, procès, réclamation, recours, référé. ▲*ANT.* RÉPONSE.

requin *n. m.* ▶ *Animal* – squale. ▶ *Personne* – chacal, charognard, pieuvre, prédateur, rapace, tueur, vautour. ▲*ANT.* ALTRUISTE, BON SAMARITAIN, (VRAI) SAINT-BERNARD.

réquisition *n. f.* ▶ *Requête* – adjuration, appel, demande, démarche, desideratum, désir, doléances, exigence, injonction, instance, interpellation, interrogation, invocation, mandement, ordre, pétition, placet, prétention, prière, question, réclamation, requête, revendication, sollicitation, sommation, supplication, supplique, ultimatum, vœu. *SOUT.* imploration. ▶ *Prélèvement* – défalcation, ponction, précompte, prélèvement, retenue, saignée, saisie, soustraction.

réseau *n. m.* ▶ *Entrecroisement* – emmêlage, emmêlement, enchevêtrement, enlacement, entortillage, entortillement, entrecroisement, entrelacement, entremêlement, guillochure, treillage, treillis. ▶ *Réseau compliqué* – dédale, forêt, labyrinthe, lacis, maquis, méandres, sinuosités. ▶ *Canalisation* – adduction, branchement, canalisation, colonne, conduit, conduite, égout, émissaire, gazoduc, griffon, oléoduc, pipe, pipeline, sea-line, tubulure. ▶ *Organisation* – filière. ▲*ANT.* MONOPOSTE *(informatique)*.

réserve *n. f.* ▶ *Provision* – amas, approvisionnement, dépôt, fourniture, provision, stock. ▶ *Économie* – argent, cagnotte, économies, épargnes. *FAM.* bas (de laine), magot, pécule. *FRANCE FAM.* économiques. ▶ *Restriction* – économie, empêchement, épargne, parcimonie, rationalisation, rationnement, restriction, réticence. *FAM.* dégraissage. ▶ *Exception* – accident, anomalie, anormalité, contre-exemple, contre-indication, dérogation, exception, exclusion, particularité, restriction, singularité. ▶ *Précaution* – circonspection, mesure, pondération, précaution, prudence, sagesse. ▶ *Modération* – centrisme, dépouillement, frugalité, juste milieu, ménagement,

mesure, modérantisme, modération, modestie, pondération, retenue, rusticité, sagesse, simple, simplicité, sobriété, tempérance. ▶ *Décence* – bienséance, bon ton, chasteté, convenance, correction, décence, délicatesse, dignité, discrétion, éducation, fierté, gravité, honnêteté, honneur, modestie, politesse, propreté, pudeur, quant-à-soi, respect, retenue, sagesse, sobriété, tact, tenue, vertu. *SOUT.* pudicité. ▶ *Timidité* – appréhension, confusion, crainte, discrétion, effacement, effarouchement, embarras, émoi, frilosité, gaucherie, gêne, hésitation, honte, humilité, indécision, inhibition, introversion, malaise, modestie, peur, retenue, sauvagerie, timidité. *SOUT.* pusillanimité. *FAM.* trac. ▶ *Honte* – confusion, contrainte, crainte, embarras, gêne, honte, humilité, pudeur, retenue, scrupule, timidité. ▶ *Gravité* – componction, décence, dignité, gravité, hiératisme, majesté, pompe, raideur, rigidité, sérieux, solennité. ▶ *Sous-entendu* – allégorie, allusion, arrière-pensée, double sens, évocation, insinuation, restriction, réticence, sous-entendu. ▶ *Lieu d'entreposage* – appentis, arrière-boutique, dépôt, dock, entrepôt, fondouk *(pays arabes)*, hangar. ▶ *Zone naturelle gérée* – parc. *QUÉB.* pourvoirie, zec. ▶ *Marque d'un arbre* – balivage, martelage, souchetage. ▲*ANT.* DILAPIDATION, GASPILLAGE, PRODIGALITÉ ; MANQUE, PÉNURIE ; IMPRUDENCE ; AUDACE, FAMILIARITÉ, HARDIESSE, IMPUDENCE ; (ARMÉE) ACTIVE.

réservé *adj.* ▶ *Discret* – discret, effacé, qui garde ses distances, qui reste sur son quant-à-soi, qui se tient sur la réserve. ▶ *Pudique* – chaste, de haute moralité, décent, immaculé, innocent, platonique, pudique, pur, sage, vertueux, virginal. ▶ *Non favorable* – bégueule, collet monté, prude, pudibond, puritain. ▶ *Froid* – de glace, de marbre, distant, frais, froid, glaçant, glacial, réfrigérant. *SOUT.* marmoréen. ▶ *Réticent* – hésitant, réticent. ▶ *Exclusif* – attitré, exclusif, individuel, particulier, personnel, privé, propre, spécial. ▲*ANT.* COMMUNICATIF, DÉMONSTRATIF, EXPANSIF ; OSTENTATOIRE, VANITEUX ; ARROGANT, EFFRONTÉ, INSOLENT ; IMPUDIQUE, INDÉCENT, INDISCRET ; DÉBRIDÉ, IMMODÉRÉ ; DISPONIBLE, LIBRE.

réserver *v.* ▶ *Garder pour plus tard* – conserver, garder, garder en réserve, mettre de côté, mettre en réserve, tenir en réserve. ▶ *Attribuer à un usage* – affecter, destiner. ▶ *Retenir en payant* – louer, retenir. ▶ *Préparer* – ménager, préparer. ▲*ANT.* DÉPENSER ; DILAPIDER, GASPILLER ; DISPOSER, DONNER.

réservoir *n. m.* ▶ *Étendue d'eau artificielle* – bassin, pièce d'eau. ▶ *Récipient* – citerne, cuve.

résidence *n. f.* ▶ *Fait de demeurer dans un lieu* – passage, séjour. ▶ *Domicile* – domicile, foyer, intérieur, maison, nid, toit. *SOUT.* demeure, habitacle, logis. *FAM.* bercail, bicoque, chaumière, chez-soi, crèche, pénates. ▶ *Adresse* – adresse, coordonnées, domicile, habitation, suscription. ▶ *Ambassade* – ambassade, consulat. ▲*ANT.* DÉPLACEMENT, VOYAGE.

résidentiel *adj.* ▲*ANT.* INDUSTRIEL *(secteur)*.

résider *v.* ▶ *Avoir sa résidence* – demeurer, être domicilié, habiter, loger, rester, vivre. *FAM.* crécher, nicher, percher. ▶ *Se trouver* – apparaître, être, être présent, exister, s'inscrire, se rencontrer, se retrouver, se situer, se trouver, siéger. *SOUT.* gésir. ▲*ANT.* DÉSERTER, LAISSER, QUITTER ; PARTIR.

résidu *n. m.* ▶ *Reste* – complément, différence, excédent, excès, reliquat, restant, reste, solde, soulte, surcroît, surplus. *FAM.* rab, rabiot. ▶ *Déchet* – bassiné, bourre, bourrier, chiure, chute, crasse, culot, débris, déchet, dépôt, détritus, excrément, fange, fiente, fumier, gadoue, immondices, impureté, lavure, lie, malpropreté, ordure, parcelle, perte, poussière, raclure, rebut, reliefs, reliquat, reste, rinçure, rognure, saleté, salissure. *FAM.* cochonnerie, margouillis, saloperie. ▷ *Métallique* – crasse, ferraille, gratture, laitier, limaille, mâchefer, scorie, sinter, suint. ▷ *Verre* – écrémure.

résignation *n. f.* ▶ *Abandon* – abandon, abdication, défection, délaissement, démission, désengagement, désertion, désintérêt, désistement, dessaisissement, forfait, inachèvement, recul, repli, retrait, retraite. *SOUT.* inaccomplissement. *FAM.* décrochage, lâchage, largage, plaquage. *DR.* non-lieu. ▶ *Fatalisme* – acceptation, aquoibonisme, déterminisme, fatalisme, passivité, philosophie, providentialisme, renoncement, stoïcisme. ▶ *Abnégation* – abnégation, altruisme, désintéressement, détachement, dévouement, effacement, humilité, oubli de soi, privation, renoncement, sacrifice. *SOUT.* holocauste. ▶ *Patience* – calme, constance, courage, douceur, endurance, flegme, lenteur, patience, persévérance, persistance, sang-froid, tranquillité. *SOUT.* longanimité. ▲ANT. LUTTE, PROTESTATION, RÉVOLTE; ÉNERVEMENT, IMPATIENCE.

résigné *adj.* ▶ *Qui se résigne à son sort* – fataliste, passif. ▲ANT. RÉVOLTÉ; ENTÊTÉ; ACTIF, COMBATIF, ÉNERGIQUE.

résigner *v.* ▶ *Quitter ses fonctions* – démissionner de, partir, se démettre de, se retirer de. *FAM.* rendre son tablier. ◆ **se résigner** ▶ *Accepter* – accepter, faire contre mauvaise fortune bon cœur, prendre son parti de, s'incliner, se faire à l'idée, se faire une raison, se résoudre, se soumettre. *FAM.* digérer. ▲ANT. DEMEURER, GARDER. △ SE RÉSIGNER – LUTTER, PERSÉVÉRER, RÉSISTER; S'INSURGER, S'OPPOSER, SE RÉVOLTER.

résilient *adj.* ▲ANT. DÉLICAT, FRAGILE.

résine *n. f.* ▶ *Matière naturelle* – baume, cire, gomme, gomme d'adragant/adragante, gommeammoniaque, gomme-gutte, gomme-résine, labdanum. ▶ *Matière synthétique* – résine de synthèse, résine synthétique. ▶ *Matière d'obturation dentaire* – amalgame, ciment. *FAM.* plombage.

résistance *n. f.* ▶ *Solidité* – cohésion, compacité, consistance, coriacité, dureté, fermeté, fixité, force, homogénéité, indélébilité, indestructibilité, inextensibilité, massiveté, monolithisme, résilience, rigidité, robustesse, solidité, sûreté. ▶ *Obstacle* – accroc, adversité, anicroche, barrière, blocage, contrariété, contretemps, défense, difficulté, digue, écueil, embarras, empêchement, ennui, entrave, frein, gêne, impasse, impossibilité, inhibition, interdiction, objection, obstruction, ombre au tableau, opposition, pierre d'achoppement, point noir, problème, restriction, tracas, tribulations. *QUÉB.* irritant. *SOUT.* achoppement, impedimenta, traverse. *FAM.* blème, hic, lézard, os, pépin. *QUÉB. FAM.* aria. ▶ *Opposition* – barrage, désapprobation, désobéissance, mauvaise volonté, objection, obstacle, obstruction, opposition,

réaction, rebuffade, refus, veto. *SOUT.* contredit, inacceptation. ▶ *Indiscipline* – contestation, désobéissance, désordre, dissipation, fantaisie, indiscipline, indocilité, insoumission, insubordination, mauvaise volonté, opiniâtreté, rébellion, refus d'obéissance, rétivité, révolte. ▶ *Insurrection* – agitation, agitation-propagande, chouannerie, désordre, effervescence, embrasement, émeute, excitation, faction, fermentation, fièvre, fronde, insoumission, insubordination, insurrection, jacquerie, manifestation, mutinerie, rébellion, remous, révolte, révolution, sédition, soulèvement, tourmente, troubles. *FAM.* agit-prop. ▶ *Refoulement* – autocensure, barrage, blocage, censure, inhibition, refoulement, refus. ▶ *Propriété électrique* – impédance, résistivité. ▶ *Élément électrique* – semi-conducteur. ▲ANT. CONDUCTION; FAIBLESSE, FRAGILITÉ; ABANDON, CAPITULATION, FUITE; ABDICATION, ACQUIESCEMENT, ADHÉSION, APPROBATION, ASSENTIMENT, SOUMISSION.

résistant *adj.* ▶ *Solide* – dur, ferme, fort, raide, rigide, solide. ▶ *Tenace* – coriace, inusable, rebelle, robuste, tenace, vivace. ▲ANT. FRAGILE; MALADIF; FAIBLE, MOU; COLLABORATEUR, COLLABORATIONNISTE, SOUMIS.

résister *v.* ▶ *Ne pas accepter* – s'opposer, se dresser, se raidir. ▶ *Se défendre* – contrer, lutter, ne pas se laisser faire, s'accrocher, se défendre, tenir, tenir bon, tenir ferme, tenir tête. ▶ *Se révolter* – regimber, ruer dans les brancards, s'insurger, se braquer, se buter, se cabrer, se rebeller, se révolter. *FAM.* rebecquer, ruer. *QUÉB. FAM.* ruer dans le bacul. ▶ *Continuer d'exister* – demeurer, durer, perdurer, persister, rester, se chroniciser, se conserver, se maintenir, se perpétuer, subsister, survivre. ▶ *Être à l'épreuve* – être à l'épreuve de, supporter. ▲ANT. ACCEPTER, CÉDER, CONSENTIR, FLÉCHIR, PLOYER; CAPITULER, SE RENDRE; OBÉIR, SE SOUMETTRE; PÉRIR, SUCCOMBER.

résolu *adj.* catégorique, décidé, déterminé, entier, ferme, immuable, inébranlable, inflexible. ▲ANT. FLOTTANT, FLUCTUANT, HÉSITANT, INCERTAIN, INDÉCIS, INDÉTERMINÉ, IRRÉSOLU, PERPLEXE.

résolument *adv.* ▶ *Hardiment* – audacieusement, bravement, courageusement, hardiment, intrépidement, vaillamment, valeureusement, virilement. *SOUT.* crânement. ▶ *Énergiquement* – activement, avec la dernière énergie, avec zèle, décidément, dru, dynamiquement, énergiquement, fermement, fort, fortement, puissamment, sérieusement, virilement. ▶ *Carrément* – abruptement, brusquement, brutalement, carrément, catégoriquement, crûment, directement, droit, droit au but, en plein, fermement, franc, franchement, hardiment, librement, net, nettement, raide, raidement, rondement, sans ambages, sans ambiguïté, sans barguigner, sans détour(s), sans dissimulation, sans équivoque, sans faux-fuyant, sans hésitation, sans intermédiaire, vertement. *FAM.* franco. ▲ANT. DE FAÇON INDÉCISE, IRRÉSOLUMENT, SANS Y ÊTRE DÉCIDÉ; À CONTRECŒUR.

résolution *n. f.* ▶ *Action de résoudre* – solution. ▶ *Division* – décomposition, définition, réduction, séparation. ▶ *Projet* – entreprise, idée, intention, plan, préméditation *(mauvaise action)*, programme, projet, vue. *SOUT.* dessein. ▶ *Choix*

résonance

– adoption, choix, cooptation, décision, désignation, détermination, échantillonnage, écrémage, élection, nomination, plébiscite, prédilection, présélection, sélection, suffrage, tri, triage, vote. *SOUT.* décret, parti. ▸ *Décision publique* – arrêt, arrêté, décision, délibération, jugement, ordonnance, règlement, résultat, sentence, verdict. ▸ *Arbitraire ou injuste* – diktat, ukase. ▸ *Conclusion* – aboutissement, accomplissement, achèvement, apothéose, but, chute, complémentation, complètement, complétude, conclusion, consécration, consommation, couronnement, dénouement, exécution, fin, finition, fruit, issue, produit, réalisation, règlement, résultat, sortie, terme, terminaison. *SOUT.* aboutissant. *PHILOS.* entéléchie. ▸ *Obstination* – acharnement, assiduité, constance, détermination, entêtement, fermeté, insistance, obstination, opiniâtreté, persévérance, persistance, suite dans les idées, ténacité, volonté. *PÉJ.* aveuglement. ▸ *Solidité* – aplomb, assurance, autorité, caractère, constance, courage, cran, détermination, endurance, énergie, fermeté, force, permanence, poigne, rectitude, ressort, sang-froid, sérieux, solidité, sûreté, ténacité, vigueur, virilité, volonté. *SOUT.* fortitude, invulnérabilité. *FAM.* estomac, gagne. ▸ *Abolition* – abolition, abrogation, annulation, cassation, cessation, coupure, dissolution, invalidation, résiliation, retrait, révocation, rupture de contrat, suppression. *BELG.* renon. ▸ *Renvoi* – ajournement, annulation, cassation, destitution, dissolution, infirmation, invalidation, péremption d'instance, relaxe, remise, report, rescision, résiliation, révocation, sursis. ▸ *Précision* – exactitude, infaillibilité, justesse, netteté, précision, rigueur. ▲ANT. HÉSITATION, INCERTITUDE, IRRÉSOLUTION, PERPLEXITÉ.

résonance *n. f.* ▸ *Capacité de transmettre le son* – sonorité. ▸ *Réflexion sonore* – écho, répercussion, réverbération. *SOUT.* résonnement, retentissement.

résonner *v.* retentir, sonner, vibrer.

résorbable *adj.* ▲ANT. CHRONIQUE, INCURABLE, PERMANENT.

résorber *v.* ▸ *Éliminer l'excédent* – éponger. ▸ *Faire disparaître* – faire disparaître. *MÉD.* résoudre. ▲ANT. ENFLER, TUMÉFIER; AGGRAVER, EMPIRER.

résoudre *v.* ▸ *Élucider* – déchiffrer, découvrir, dénouer, deviner, éclaircir, élucider, éventer, expliquer, faire (toute) la lumière sur, pénétrer, percer, tirer au clair, trouver, trouver la clé de. ▸ *Régler* – en finir avec, régler, trancher, vider. ▸ *Faire disparaître* – faire disparaître. *MÉD.* résorber. ▸ *Résilier* – annuler, casser, dissoudre, mettre fin à, résilier, rompre. *BELG.* renoncer. *DR.* nullifier, rescinder. ♦ **se résoudre** ▸ *Se résigner* – accepter, faire contre mauvaise fortune bon cœur, prendre son parti de, s'incliner, se faire à l'idée, se faire une raison, se résigner, se soumettre. *FAM.* digérer.

respect *n. m.* ▸ *Tolérance* – bienveillance, bonté, compréhension, douceur, humanisme, indulgence, irénisme, largeur d'esprit, libéralisme, non-discrimination, non-violence, ouverture (d'esprit), patience, philosophie, réceptivité, tolérance, tolérantisme. *SOUT.* bénignité, longanimité. ▸ *Déférence* – admiration, considération, déférence, égard, estime, hommage, ménagement, révérence. ▸ *Humilité*

– bonhomie, déférence, humilité, modestie, simplicité, soumission. ▸ *Adoration* – admiration, adoration, adulation, amour, attachement, culte, dévotion, emballement, engouement, fanatisme, ferveur, iconolâtrie, idolâtrie, passion, vénération, zèle. *SOUT.* dilection, révérence. *PÉJ.* encens, flagornerie, flatterie. ▸ *Décence* – bienséance, bon ton, chasteté, convenance, correction, décence, délicatesse, dignité, discrétion, éducation, fierté, gravité, honnêteté, honneur, modestie, politesse, propreté, pudeur, quant-à-soi, réserve, retenue, sagesse, sobriété, tact, tenue, vertu. *SOUT.* pudicité. ▸ *Fait de respecter le règlement* – observance, observation. ▲ANT. ARROGANCE, INSOLENCE, IRRÉVÉRENCE, MÉPRIS; BLASPHÈME; DÉLIT, INFRACTION.

respectabiliser *v.* ▲ANT. AVILIR, DÉSHONORER, RABAISSER.

respectable *adj.* ▸ *Digne de respect* – appréciable, bien, bon, considéré, de bon aloi, digne, estimable, estimé, honorable, louable, méritant, méritoire. ▸ *Vénérable* – auguste, digne, révéré, sacré, saint, vénérable. ▸ *Décent* – bien, bienséant, convenable, correct, de bon ton, décent, digne, fréquentable, honnête, honorable, moral, rangé, recommandable, sérieux. *FAM.* comme il faut. ▸ *À prendre en considération* – appréciable, considérable, de taille, fort, grand, gros, important, non négligeable, notable, sensible, sérieux, substantiel. *FAM.* conséquent. ▲ANT. ABJECT, IGNOBLE, IMMONDE, INDIGNE, INFÂME, MÉPRISABLE, ODIEUX, REPOUSSANT, RÉPUGNANT, VIL; DISCOURTOIS, GROSSIER, IMPERTINENT, IMPOLI, INCONVENANT, INCORRECT, MAL ÉLEVÉ, RUSTRE; INSIGNIFIANT, NÉGLIGEABLE.

respecter *v.* ▸ *Traiter avec révérence* – admirer, honorer, révérer, tenir en grand honneur, vénérer. ▸ *Estimer* – avoir bonne opinion de, considérer, estimer, faire cas de, priser, tenir en estime. ▸ *Se conformer* – acquiescer à, obéir à, observer, obtempérer à, se conformer à, se plier à. *SOUT.* déférer à, sacrifier à. ▲ANT. ATTAQUER, DÉSHONORER, INSULTER, MÉPRISER, OFFENSER, OUTRAGER; CONTOURNER, DÉROGER À, DÉSOBÉIR, ENFREINDRE, SE SOUSTRAIRE À, VIOLER.

respectueusement *adv.* ▸ *En témoignant du respect* – révérencieusement. ▸ *Humblement* – humblement, modestement, pauvrement, simplement, timidement. ▲ANT. CAVALIÈREMENT, CYNIQUEMENT, DISCOURTOISEMENT, EFFRONTÉMENT, IMPERTINEMMENT, IMPOLIMENT, INSOLEMMENT, IRRESPECTUEUSEMENT, IRRÉVÉRENCIEUSEMENT.

respectueux *adj.* déférent. ▲ANT. INSOLENT, IRRESPECTUEUX, IRRÉVÉRENCIEUX; MÉPRISANT; CONDESCENDANT; CONTREVENANT.

respirable *adj.* ▲ANT. IRRESPIRABLE.

respiration *n. f.* ▸ *Respiration* – aspiration, bouffée, exhalation, expiration, haleine, humage, inhalation, inspiration, souffle, soupir, ventilation. *SOUT.* ahan. ▸ *Rythme musical* – battement, cadence, eurythmie, mesure, mouvement, musique, période, phrasé, pouls, pulsation, rythme, swing, tempo, vitesse. ▲ANT. APNÉE, ASPHYXIE.

respirer *v.* ▸ *Se reposer* – faire une pause, récupérer, reprendre haleine, se délasser, (se) déstresser, se détendre, se refaire, se relaxer, se reposer, souffler. *FAM.* décompresser. ▸ *Sentir* – flairer, humer, renifler, sentir, subodorer. *CHASSE* éventer, halener. ▸ *Inhaler* – aspirer, humer, inhaler, inspirer. ▸ *Exprimer* – dégager, exprimer, manifester, transpirer. *SOUT.* transsuder. ▸ *Dégager une ambiance, un sentiment* – exhaler, suer, transpirer. ▲ANT. S'AFFOLER, S'INQUIÉTER; EXHALER, EXPIRER; ÉTOUFFER, S'ASPHYXIER.

resplendir *v.* briller, étinceler, irradier, rayonner, ruisseler de lumière. *SOUT.* briller de mille feux, flamber, jeter des feux. ▲ANT. ÊTRE DÉCOMPOSÉ, ÊTRE DÉFAIT, EXPRIMER LE DÉSESPOIR.

responsabiliser *v.* ▲ANT. DÉRESPONSABILISER, INFANTILISER.

responsabilité *n. f.* ▸ *Rôle* – affectation, charge, dignité, emploi, fonction, métier, mission, office, place, poste, rôle, siège, titre, vocation. ▸ *Obligation* – charge, commandement, contrat, dette, devoir, engagement, lien, obligation, parole, promesse, serment. ▸ *Garantie* – assurance, aval, caution, cautionnement, charge, consignation, couverture, ducroire, engagement, gage, garant, garantie, hypothèque, indexage, indexation, nantissement, obligation, palladium, parrainage, précaution, préservation, promesse, répondant, salut, sauvegarde, sécurité, signature, soulte, sûreté, warrant, warrantage. ▸ *Culpabilité* – culpabilité, faute, imputabilité. ▸ *Implication* – complicité, compromission, implication. ▲ANT. IRRESPONSABILITÉ, NÉGLIGENCE; INDÉPENDANCE, LIBERTÉ.

responsable *adj.* ▸ *Qui a des comptes à rendre* – comptable, garant, solidaire. ▸ *Qui est coupable* – coupable, dans son tort, fautif. *DR.* délinquant. ▸ *Qui décide* – décideur, directeur, dirigeant, gouvernant. ▸ *Qui est raisonnable* – éclairé, judicieux, mesuré, modéré, philosophe, pondéré, posé, raisonnable, raisonné, rationnel, réfléchi, sage, sain, sensé, sérieux. *SOUT.* rassis, tempéré. ▲ANT. IRRESPONSABLE; INNOCENT; IMPRUDENT, INCONSCIENT, IRRÉFLÉCHI, NÉGLIGENT.

responsable *n.* ▸ *Instigateur* – âme, artisan, auteur, canalisateur, centre, cerveau, chef, cheville ouvrière, créateur, dirigeant, fondateur, incitateur, initiateur, inspirateur, instigateur, locomotive, maître (d'œuvre), meneur, moteur, organisateur, patron, père, promoteur, protagoniste, régisseur. *SOUT.* excitateur, instaurateur, ouvrier. ▸ *Coupable* – contrevenant, coupable, fautif. ▸ *Chef* – autorité, breveteur, dignitaire, officiel, supérieur. ▸ *Directeur* – administrateur, cadre, chef d'entreprise, chef d'industrie, décideur, décisionnaire, directeur, dirigeant, gestionnaire, logisticien, patron, tête dirigeante. ▲ANT. EXÉCUTANT, SECOND, SUBALTERNE.

ressaisir *v.* ▸ *Saisir qqch. de nouveau* – raccrocher, rattraper, reprendre. *QUÉB. ACADIE FAM.* repogner. ▸ *Saisir qqn de nouveau* – reprendre. *QUÉB. FAM.* repogner. ◆ **se ressaisir** ▸ *Se reprendre* – réagir, se reprendre, se secouer. *BELG. FAM.* se ravoir. ▲ANT. ABANDONNER, LAISSER, LAISSER ALLER.

ressasser *v.* ▸ *Retourner dans son esprit* – remâcher, retourner, retourner dans sa tête, retourner dans son esprit, rouler, ruminer. ▸ *Répéter sans cesse* – chanter sur tous les tons, rabâcher, radoter,

rebattre les oreilles à qqn de, redire, répéter, seriner, tympaniser. *FAM.* corner aux oreilles/dans les oreilles de qqn, resucer. ▲ANT. GLISSER SUR, OMETTRE, SAUTER, TAIRE.

ressemblance *n. f.* ▸ *Similitude* – adéquation, analogie, conformité, égalité, équivalence, gémellité, identité, littéralité, parallélisme, parité, similarité, similitude, unité. *MATH.* congruence, homéomorphisme. ▸ *Relation* – association, connexion, connexité, corrélation, correspondance, dépendance, filiation, interaction, interdépendance, interrelation, liaison, lien, lien causal, rapport, rapprochement, relation, relation de cause à effet. *FIG.* pont. ▸ *Comparaison* – allégorie, analogie, apologue, assimilation, association (d'idées), catachrèse (*lexicalisée*), comparaison, équivalence, figure, image, lien, métaphore, parabole, parallèle, parenté, personnification, rapport, rapprochement, relation, similitude, symbole, symbolisme. ▸ *Aspect* – air, allure, apparence, aspect, caractère, configuration, couleur, couvert, dehors, éclairage, expression, extérieur, façade, faciès, figure, forme, formule, impression, jour, masque, mine, paraître, perspective, physionomie, plastique (*en art*), portrait, présentation, profil, semblant, surface, ton, tour, tournure, traits, vernis, visage. *SOUT.* enveloppe, superficie. ▲ANT. CONTRASTE, DIFFÉRENCE, DISPARITÉ, DISSEMBLANCE, OPPOSITION, VARIÉTÉ.

ressemblant *adj.* analogue, apparenté, approchant, assimilable, comparable, conforme, contigu, correspondant, équivalent, homogène, homologue, indifférencié, pareil, parent, proche, semblable, similaire, voisin. *FAM.* kif-kif. *DIDACT.* commensurable. ▲ANT. AUTRE, DIFFÉRENT, DISSEMBLABLE, DISTINCT, DIVERS; CONTRAIRE.

ressembler *v.* connoter, évoquer, faire penser à, rappeler, s'apparenter à, se rapprocher de. ▲ANT. △SE RESSEMBLER – CONTRASTER, DIFFÉRER, DIVERGER, S'OPPOSER, SE DISTINGUER.

ressentiment *n. m.* ▸ *Aigreur* – acariâtreté, acerbité, acidité, âcreté, acrimonie, agressivité, aigreur, amertume, animosité, âpreté, bave, bile, causticité, colère, dépit, désagrément, dureté, fiel, haine, hargne, humeur, irritation, malveillance, maussaderie, mauvaise humeur, méchanceté, mordant, pique, rancœur, rancune, récrimination, rudesse, tranchant, venin, vindicte, virulence. *SOUT.* mordacité. *FAM.* rouspétance. ▸ *Haine* – agressivité, allergie, animosité, antipathie, aversion, guerre, haine, hostilité, malveillance, phobie, répugnance, répulsion. *SOUT.* détestation, exécration, inimitié, venin. ▸ *Vengeance* – châtiment, colère, (loi du) talion, pareille, punition, rancune, réciproque, réparation, représailles, rétorsion, revanche, riposte, vendetta, vengeance. *SOUT.* vindicte. ▲ANT. AMOUR, SYMPATHIE; INDULGENCE, OUBLI, PARDON.

ressentir *v.* ▸ *Éprouver une sensation* – avoir, éprouver, sentir. ▸ *Éprouver un sentiment* – avoir, concevoir, éprouver. ▲ANT. IGNORER.

resserrement *n. m.* ▸ *Contraction* – astriction, constriction, contraction, crampe, crispation, étranglement, palpitation, pressage, pression, pressurage, rétraction, rétrécissement, serrement, spasme, tension. *MÉD.* striction. ▸ *Réduction* – abrégement, allégement, amenuisement, amoindrissement, amputation, atténuation, compression, délestage, diminution, épuration, gommage, graticulation, miniaturisation, minimalisation, minimisation, minoration, raccourcissement, racornissement, rapetissement, réduction, restriction, rétrécissement, schématisation, simplification. *SOUT.* estompement. ▲**ANT.** DILATATION, ÉLARGISSEMENT, ÉVASEMENT, EXPANSION, EXTENSION, RELÂCHEMENT.

resserrer *v.* ▶ *Contracter* – contracter, étrangler, rétrécir. ▶ *Serrer la taille* – comprimer, étrangler, sangler, serrer. ▶ *Restreindre* – borner, comprimer, diminuer, limiter, réduire, restreindre. ▶ *Résumer* – abréger, condenser, écourter, raccourcir, ramasser, réduire, résumer. ▲**ANT.** DÉCOMPRIMER, DESSERRER, RELÂCHER; AGRANDIR, DILATER, ÉLARGIR; AMPLIFIER, AUGMENTER, ÉTOFFER.

ressort *n. m.* ▶ *Objet* – suspension. ▶ *Énergie* (*SOUT.*) – agent, base, cause, explication, facteur, ferment, fondement, fontaine, germe, inspiration, levain, levier, mobile, moteur, motif, motivation, moyen, objet, occasion, origine, point de départ, pourquoi, principe, raison, raison d'être, source, sujet. *SOUT.* étincelle, mère, racine. ▶ *Solidité* – aplomb, assurance, autorité, caractère, constance, courage, cran, détermination, endurance, énergie, fermeté, force, permanence, poigne, rectitude, résolution, sang-froid, sérieux, solidité, sûreté, ténacité, vigueur, virilité, volonté. *SOUT.* fortitude, invulnérabilité. *FAM.* estomac, gagne. ▶ *Compétence* – attributions, autorité, compétence, département, pouvoir, qualité. *FAM.* rayon. ▲**ANT.** APATHIE, INERTIE, TORPEUR.

ressortir *v.* ▶ *Contraster* – contraster, détonner, se détacher, trancher. ▶ *Saillir* – avancer, déborder, dépasser, faire saillie, saillir, se détacher, sortir. *BELG.* dessortir. *TECHN.* forjeter, surplomber. ▶ *Apparaître* – apparaître, apparoir. ▲**ANT.** CACHER, DISSIMULER, RANGER; S'EFFACER, S'ESTOMPER; DISPARAÎTRE.

ressortir (à) *v.* ▶ *Se rapporter* – appartenir à, dépendre de, être du ressort de, relever de, se rapporter à, se rattacher à.

ressource *n. f.* ▶ *Expédient* – acrobatie, astuce, demi-mesure *(inefficace)*, échappatoire, expédient, gymnastique, intrigue, mesure, moyen, palliatif, procédé, remède, ruse, solution, système, tour. *FAM.* combine, truc. ◆ *ressources, plur.* ▶ *Argent* – moyens, or, pactole, richesses, trésor. ▶ *Ce qui peut être exploité* – potentiel, richesse. ▲**ANT.** INCAPACITÉ. △**RESSOURCES, plur.** – BESOIN, PAUVRETÉ.

ressusciter *v.* ▶ *Redonner de la vitalité* – donner un second souffle à, faire renaître, faire revivre, ragaillardir, rallumer, ranimer, raviver, réactiver, réchauffer, redonner vie à, redynamiser, régénérer, renflammer, renouveler, réveiller, revigorer, revitaliser, revivifier, stimuler, vivifier. ▶ *Tirer de l'oubli* – déterrer, exhumer, redécouvrir, ressortir, sortir de l'oubli, tirer de l'oubli. *QUÉB. FAM.* sortir des boules à mites. ▶ *En parlant d'une chose abstraite* – réapparaître, refleurir, renaître de ses cendres, renaître, reparaître, reprendre vie, ressurgir, revenir, revivre, se rallumer, se ranimer, se réveiller. ▲**ANT.** ASSASSINER, FAIRE MOURIR, TUER; DÉPÉRIR, DISPARAÎTRE, S'ÉTIOLER; ENSEVELIR, OUBLIER.

restaurant *n. m.* ▶ *Établissement de restauration* – *FAM.* restau. ▶ *Modeste FAM.* bistroquet, bistrot. ▶ *Mauvais FAM.* boui-boui, gargote.

restauration *n. f.* ▶ *Réparation* – amélioration, arrangement, bricolage, consolidation, dépannage, entretien, maintenance, rajustement, ravalement, reconstitution, réfection, remise à neuf, remise en état, remontage, renforcement, réparation, reprise, restitution, rétablissement, retapage, rhabillage, sauvetage, soin. *FAM.* rafistolage. *QUÉB. FAM.* ramanchage. ▶ *Renouvellement* – amélioration, changement, dépoussiérage, modernisation, modification, prorogation, rajeunissement, recommencement, reconduction, réformation, réforme, régénération, réhabilitation, réinvention, remplacement, renouveau, renouvellement, rénovation, réparation, résurrection, rétablissement, transformation. ▲**ANT.** DÉGRADATION, DÉTÉRIORATION, ENDOMMAGEMENT.

restaurer *v.* ▶ *Instaurer de nouveau* – ramener, réinstaurer, rétablir. ▶ *Remettre en bon état* – rafraîchir, refaire (à neuf), réhabiliter, remettre à neuf, remettre en état, rénover, réparer, retaper. *SOUT.* raccourtrer. ▶ *Faire manger* – alimenter, nourrir. ◆ **se restaurer** ▶ *Manger* – manger, s'alimenter, se nourrir, se sustenter. *SOUT.* se repaître. *FAM.* becter, bouffer, boustifailler, briffer, casser la croûte, casser la graine, croûter, grailler, tortorer. ▲**ANT.** DESTITUER, RENVERSER; DÉBILITER, DÉGRADER, ENDOMMAGER.

reste *n. m.* ▶ *Restant* – complément, différence, excédent, excès, reliquat, résidu, restant, solde, soulte, surcroît, surplus. *FAM.* rab, rabiot. ▶ *Résultat mathématique* – différence. ▶ *Fragment* – bribe, brisure, charpie, coupure, débris, éclat, esquille *(os)*, fraction, fragment, grain, granule, granulé, havrit, lambeau, limaille, miette, morceau, parcelle, part, particule, partie, pépite, portion, quartier. *FAM.* graine. ▶ *Décombres* – déblais, débris, décharge, décombres, démolitions, éboulement, éboulis, épave, gravats, gravois, miettes, plâtras, ruines, vestiges. *SOUT.* cendres. ▶ *Un peu* – arrière-goût, atome, bouchée, brin, doigt, filet, goutte, gouttelette, grain, larme, lueur, miette, nuage, once, paille, parcelle, peu, pincée, pointe, relent, restant, rien, soupçon, tantinet, teinte, touche, trace, trait, zeste. *FAM.* chouia. ▶ *Personne déchue* – déchet de la société, déchet (humain), épave, larve (humaine), loque (humaine), ruine (humaine), sous-homme. ◆ **le reste,** *sing.* ▶ *Dans une énumération* – et le reste. *FAM.* et tout le tralala. *FRANCE FAM.* et tout le toutim. ◆ **restes,** *plur.* ▶ *Reliefs d'un repas* – débris, miettes, reliefs, restant, rognures. *FAM.* rogatons. ▶ *Cadavre* – relique, restes (mortels). ▶ *Indice* – apparence, cachet, cicatrice, critère, empreinte, indication, indice, lueur, marque, ombre, pas, piste, preuve, repère, ride, sceau, signature, signe, stigmate, tache, témoignage, témoin, trace, trait, vestige. ▲**ANT.** ENTIER, TOTALITÉ, TOUT; SOMME *(addition)*.

rester *v.* ▶ *Être* – demeurer, être, se tenir. ▶ *Continuer d'exister* – demeurer, durer, perdurer, persister, résister, se chroniciser, se conserver, se maintenir, se perpétuer, subsister, survivre. ▶ *Séjourner* – descendre, loger, s'arrêter, se relaisser, séjourner. ▶ *Habiter* – demeurer, être domicilié, habiter, loger, vivre. *FAM.* crécher, nicher, percher, résider. ▲**ANT.** DISPARAÎTRE,

S'EFFACER; CHANGER; BOUGER, PASSER, SE DÉPLACER; PARTIR, QUITTER, S'ABSENTER, S'EN ALLER.

restituable *adj.* ▲ANT. INALIÉNABLE.

restituer *v.* ▶ *Recréer* – imiter, reconstituer, recréer, rendre, reproduire, simuler. INFORM. émuler. ▶ *Remettre* – redonner, remettre, rendre. DR. recéder, rétrocéder. ▶ *Vomir* (QUÉB. FAM.) – dégurgiter, régurgiter, rendre, vomir. FAM. dégobiller, gerber. FRANCE FAM. aller au renard, renarder. ▲ANT. CONSERVER, GARDER, RETENIR; CONFISQUER, DÉPOUILLER, DÉROBER, PRENDRE, VOLER.

restitution *n. f.* ▶ *Remboursement* – acquittement, amortissement, couverture, défraiement, désendettement, extinction, libération, paiement, prise en charge, rachat, recouvrement, règlement, remboursement, remise de dette, rétrocession, reversement. ▶ *Réparation* – amélioration, arrangement, bricolage, consolidation, dépannage, entretien, maintenance, rajustement, ravalement, reconstitution, réfection, remise à neuf, remise en état, remontage, renforcement, réparation, reprise, restauration, rétablissement, retapage, rhabillage, sauvetage, soin. FAM. rafistolage. QUÉB. FAM. ramanchage. ▲ANT. CONFISCATION, PRISE, SÉQUESTRE.

restreindre *v.* ▶ *Diminuer* – borner, comprimer, diminuer, limiter, réduire, resserrer. ▶ *Contenir dans des limites* – circonscrire, délimiter, localiser. ▶ *Reléguer* – confiner, enfermer, limiter, reléguer. ▲ANT. ACCROÎTRE, AMPLIFIER, AUGMENTER, DÉVELOPPER; ÉLARGIR, ÉTENDRE, LIBÉRER, OUVRIR, PROPAGER; GÉNÉRALISER.

restreint *adj.* inférieur, limité, réduit. ▲ANT. ACCRU, REDOUBLÉ, SUPÉRIEUR.

restriction *n. f.* ▶ *Réduction* – abrégement, allégement, amenuisement, amoindrissement, amputation, atténuation, compression, délestage, diminution, épuration, gommage, graticulation, miniaturisation, minimalisation, minimisation, minoration, raccourcissement, racornissement, rapetissement, réduction, resserrement, rétrécissement, schématisation, simplification. SOUT. estompement. ▶ *Économie* – économie, empêchement, épargne, parcimonie, rationalisation, rationnement, réserve, réticence. FAM. dégraissage. ▶ *Austérité* – abstinence, ascèse, ascétisme, austérité, dépouillement, expiation, flagellation, frugalité, macération, mortification, pénitence, privation, propitiation, renoncement, sacrifice, stigmatisation, tempérance. ▶ *Sous-entendu* – allégorie, allusion, arrière-pensée, double sens, évocation, insinuation, réserve, réticence, sous-entendu. ▶ *Exception* – accident, anomalie, anormalité, contre-exemple, contre-indication, dérogation, exception, exclusion, particularité, réserve, singularité. ▶ *Obstacle* – accroc, adversité, anicroche, barrière, blocage, contrariété, contretemps, défense, difficulté, digue, écueil, embarras, empêchement, ennui, entrave, frein, gêne, impasse, impossibilité, inhibition, interdiction, objection, obstruction, ombre au tableau, opposition, pierre d'achoppement, point noir, problème, résistance, tracas, tribulations. QUÉB. irritant. SOUT. achoppement, impedimenta, traverse. FAM. blème, hic, lézard, os, pépin. QUÉB. FAM. aria. ▲ANT. ACCROISSEMENT, AUGMENTATION, HAUSSE; LIBERTÉ, LICENCE, PERMISSION.

résultat *n. m.* ▶ *Conséquence* – action, conclusion, conséquence, contrecoup, corollaire, développement, effet, efficacité, fonction, fruit, impact, implication, incidence, jeu, juste retour des choses, œuvre, portée, prolongement, réaction, rejaillissement, répercussion, résultante, retentissement, retombées, ricochet, séquelle, suite (logique). SOUT. aboutissant, efficace, fille. ▶ *Aboutissement* – aboutissement, accomplissement, achèvement, apothéose, but, chute, complémentation, complètement, complétude, conclusion, consécration, consommation, couronnement, dénouement, exécution, fin, finition, fruit, issue, produit, réalisation, règlement, résolution, sortie, terme, terminaison. SOUT. aboutissant. PHILOS. entéléchie. ▶ *Bilan* – balance, bilan, compte, compte rendu, conclusion, constat, état, note, résumé, situation, tableau. ▶ *Score* – marque, note, score. ▲ANT. CAUSE, POINT DE DÉPART, SOURCE.

résulter *v.* ▶ *Être le résultat* – découler, dépendre, dériver, émaner, partir, procéder, provenir, s'ensuivre. BELG. conster. ▶ *Avoir comme résultat* – découler, s'ensuivre. ▲ANT. CAUSER, ENTRAÎNER, OCCASIONNER, PROVOQUER.

résumé *n. m.* ▶ *Condensé* – abrégé, aide-mémoire, analyse, aperçu, argument, compendium, condensé, éléments, épitomé, esquisse, extrait, livret, manuel, mémento, morceau, notice, page, passage, plan, précis, promptuaire, raccourci, récapitulation, réduction, rudiment, schéma, sommaire, somme, synopsis, vade-mecum. FAM. topo. ▶ *Bilan* – balance, bilan, compte, compte rendu, conclusion, constat, état, note, résultat, situation, tableau. ▲ANT. DÉVELOPPEMENT, DISSERTATION, PARAPHRASE.

résumer *v.* ▶ *Abréger* – abréger, condenser, écourter, raccourcir, ramasser, réduire, resserrer. ◆ **se résumer** ▶ *Se limiter* – se borner à, se limiter à, se réduire à. ▲ANT. DÉVELOPPER, EXPOSER EN DÉTAIL; AMPLIFIER.

résurgent *adj.* ▲ANT. MORIBOND.

résurrection *n. f.* ▶ *Réincarnation* – métempsycose, métensomatose, palingénésie, réincarnation, renaissance, transmigration. ▶ *Renaissance* – dégel, progrès, recrudescence, redémarrage, regain, régénération, régénérescence, réincarnation, relance, renouveau, renouvellement, reprise, retour, réveil, revival, reviviscence, second souffle. FIG. refleurissement, revif. FIG. printemps, résurgence. BOT. anabiose. ▶ *Renouvellement* – amélioration, changement, dépoussiérage, modernisation, modification, prorogation, rajeunissement, recommencement, reconduction, réformation, réforme, régénération, réhabilitation, réinvention, remplacement, renouveau, renouvellement, rénovation, réparation, restauration, rétablissement, transformation. ▲ANT. DÉCLIN, DISPARITION.

rétablir *v.* ▶ *Restaurer* – ramener, réinstaurer, restaurer. ▶ *Reprendre ce qui avait été interrompu* – poursuivre, renouer, reprendre. ▶ *Réintégrer dans ses droits, ses fonctions* – réhabiliter, réintégrer. ◆ **se rétablir** ▶ *Recouvrer la santé* – aller mieux, guérir, récupérer, relever de maladie, se remettre. FAM. prendre du mieux, se retaper. ▲ANT. ABATTRE,

rétablissement

DÉTRUIRE, RENVERSER; ALTÉRER, ENDOMMAGER; COUPER, INTERROMPRE; DÉPLACER, MUTER.

rétablissement *n. m.* ▸ *Recommencement* – amélioration, changement, dépoussiérage, modernisation, modification, prorogation, rajeunissement, recommencement, reconduction, réformation, réforme, régénération, réhabilitation, réinvention, remplacement, renouveau, renouvellement, rénovation, réparation, restauration, résurrection, transformation. ▸ *Réparation* – amélioration, arrangement, bricolage, consolidation, dépannage, entretien, maintenance, rajustement, ravalement, reconstitution, réfection, remise à neuf, remise en état, remontage, renforcement, réparation, reprise, restauration, restitution, retapage, rhabillage, sauvetage, soin. *FAM.* rafistolage. *QUÉB. FAM.* ramanchage. ▸ *Guérison* – amélioration, apaisement, cicatrisation, convalescence, cure, guérison, mieux-être, relevailles, relèvement, rémission, répit, résurrection, retour à la santé, salut, soulagement, traitement. *MÉD.* délitescence, postcure, résorption, rétrocession. ▸ *Réhabilitation* – désinstitutionnalisation, réadaptation, rééducation, réhabilitation, réinsertion, réintégration. ▲ANT. ARRÊT, INTERRUPTION; ABOLITION, ANÉANTISSEMENT; AGGRAVATION, RECHUTE.

retard *n. m.* ▸ *Décalage* – arriéré, décalage, déphasage, désynchronisation. *AGRIC.* tardiveté. *PHYS.* hystérésis. ▸ *Arriération mentale* – arriération (mentale), déficience intellectuelle, déficience (mentale), déficit (intellectuel), insuffisance mentale, retard intellectuel, retard (mental). *MÉD.* oligophrénie. ▲ANT. AVANCE; ACCÉLÉRATION, EMPRESSEMENT, HÂTE.

retardataire *n.* tortue, traînard, traîneur. *SOUT.* lendore. *FAM.* lambin, veau.

retarder *v.* ▸ *Mettre en retard* – mettre en retard, ralentir. ▸ *Remettre à plus tard* – ajourner, décaler, différer, proroger, reculer, remettre, renvoyer, reporter, suspendre. *SOUT. OU DR.* surseoir à. *BELG. SUISSE* postposer. *TECHN.* temporiser. ▸ *Reporter un paiement* – arriérer, atermoyer, différer, reporter. ♦ **se retarder** ▸ *Se mettre en retard* – s'arriérer, s'attarder. ▲ANT. ACCÉLÉRER, ACTIVER, HÂTER, PRÉCIPITER, PRESSER; ANTICIPER, AVANCER, DEVANCER.

retenir *v.* ▸ *Prendre en entier* – accaparer, monopoliser, s'approprier, s'emparer de, se rendre maître de. *FAM.* truster. ▸ *Réserver* – louer, réserver. ▸ *Garder en mémoire* – apprendre, assimiler, enregistrer, mémoriser. ▸ *Soustraire* – décompter, déduire, défalquer, enlever, ôter, rabattre, retirer, retrancher, soustraire. ◆ *Soustraire une partie d'un revenu* – déduire, percevoir, prélever. *FAM.* ponctionner. ▸ *Maintenir en place* – fixer, maintenir, tenir. ▸ *Attacher* – amarrer, arrimer, assujettir, assurer, attacher, bloquer, fixer, immobiliser, river. ▸ *Immobiliser qqn* – clouer, immobiliser, maintenir, river, tenir. ▸ *Refouler à l'intérieur de soi* – contenir, empêcher, endiguer, étouffer, museler, refouler, refréner, rentrer, réprimer. *SOUT.* brider, contraindre. ▸ *Priver de sortie* – consigner. *FAM.* coller. ♦ **se retenir** ▸ *S'accrocher* – s'accrocher, s'agripper, se cramponner, se raccrocher, se tenir. *SOUT.* s'agriffer. ▸ *Garder son sang-froid* – garder son sang-froid, rester maître de soi, se calmer, se contenir, se contrôler, se dominer, se dompter, se maîtriser, se posséder, se raisonner. *QUÉB.*

FAM. prendre sur soi. ▸ *S'abstenir* – éviter de, s'abstenir de, s'empêcher de, s'interdire de, se défendre de, se garder de, se refuser à. ▲ANT. ABANDONNER, CÉDER, LÂCHER, LAISSER, REMETTRE, RENDRE, RESTITUER; LIBÉRER, RELÂCHER; ANIMER, ENTRAÎNER, EXCITER, STIMULER.

retentir *v.* ▸ *Produire un son* – résonner, sonner, vibrer. ▸ *Faire un bruit soudain* – éclater. ▸ *Se répercuter* – se propager, se répercuter, se transmettre. ▲ANT. AMORTIR, ASSOURDIR, ÉTOUFFER.

retentissant *adj.* ▸ *Qui fait un grand bruit* – assourdissant, bruyant, éclatant, étourdissant, fort, fracassant, résonnant, sonore, tapageur, tonitruant, tonnant. *SOUT.* abasourdissant. ▸ *Spectaculaire* – éclatant, fracassant, spectaculaire. ♦ **retentissante**, *fém.* ▸ *En parlant d'une voix* – claironnante, cuivrée, de stentor, de tonnerre, éclatante, forte, sonore, tonitruante, tonnante, vibrante. ▲ANT. ÉTOUFFÉ, MAT, SOURD; CALME, PAISIBLE, SILENCIEUX; FAIBLE, LÉGER, MÉDIOCRE; DISCRET, IGNORÉ, INCONNU.

retentissement *n. m.* ▸ *Succès* – apothéose, bonheur, bonne fortune, boum, consécration, couronnement, gloire, honneur, lauriers, prospérité, réussite, succès, triomphe, trophée. *FAM.* malheur, (succès) bœuf, tabac. *FRANCE FAM.* carton, saucisson, ticket. ▸ *Publicité* – annonce, bande-annonce (*d'un film*), battage, bruit, commercialisation, conditionnement, croisade, lancement, marchandisage, marketing, message (publicitaire), petite annonce (*journal*), placard, promotion, propagande, publicité, publipostage, raccrochage, racolage, réclame, renommée, slogan. *FAM.* pub, tam-tam. *QUÉB. FAM.* cabale (*pour un candidat*). ▸ *Non favorable* – bourrage de crâne, endoctrinement, intoxication, lavage de cerveau, matraquage, propagande. ▸ *Conséquence* – action, conclusion, conséquence, contrecoup, corollaire, développement, effet, efficacité, fonction, fruit, impact, implication, incidence, jeu, juste retour des choses, œuvre, portée, prolongement, réaction, rejaillissement, répercussion, résultante, résultat, retombées, ricochet, séquelle, suite (logique). *SOUT.* aboutissant, efficace, fille. ▸ *Réflexion sonore* (*SOUT.*) – écho, répercussion, résonance, réverbération. *SOUT.* résonnement. ▲ANT. ÉCHEC, IMPOPULARITÉ; DISCRÉTION, EFFACEMENT, RÉSERVE; SILENCE.

retenue *n. f.* ▸ *Modération* – centrisme, dépouillement, frugalité, juste milieu, ménagement, mesure, modérantisme, modération, modestie, pondération, réserve, rusticité, sagesse, simple, simplicité, sobriété, tempérance. ▸ *Timidité* – appréhension, confusion, crainte, discrétion, effacement, effarouchement, embarras, émoi, frilosité, gaucherie, gêne, hésitation, honte, humilité, indécision, inhibition, introversion, malaise, modestie, peur, réserve, sauvagerie, timidité. *SOUT.* pusillanimité. *FAM.* trac. ▸ *Honte* – confusion, contrainte, crainte, embarras, gêne, honte, humilité, pudeur, réserve, scrupule, timidité. ▸ *Décence* – bienséance, bon ton, chasteté, convenance, correction, décence, délicatesse, dignité, discrétion, éducation, fierté, gravité, honnêteté, honneur, modestie, politesse, propreté, pudeur, quant-à-soi, respect, sagesse, sobriété, tact, tenue, vertu. *SOUT.* pudicité. ▸ *Secret* – black-out, confidentialité, discrétion, secret. ▸ *Prélèvement* – défalcation, ponction, précompte, prélèvement, réquisition, saignée, saisie, soustraction. ▸ *Embouteillage* – affluence, afflux, bouchon, congestion, embouteillage, encombrement, engorgement, obstruction. QUÉB. trafic. ▲ANT. EFFUSION, EXCÈS, EXUBÉRANCE ; AUDACE, DÉSINVOLTURE, FAMILIARITÉ ; INDÉCENCE, LICENCE ; BÉNÉFICE, BONI, GRATIFICATION, PRIME.

réticence *n. f.* ▸ *Hésitation* – doute, embarras, flottement, hésitation, incertitude, inconstance, indécision, indétermination, instabilité, irrésolution, perplexité, procrastination, scrupule, tâtonnement, trouble, vacillement, valse-hésitation, velléité, versatilité. SOUT. limbes. QUÉB. FAM. brettage, tétage. ▸ *Restriction* – économie, empêchement, épargne, parcimonie, rationalisation, rationnement, réserve, restriction. FAM. dégraissage. ▸ *Sous-entendu* – allégorie, allusion, arrière-pensée, double sens, évocation, insinuation, réserve, restriction, sous-entendu. ▸ *Mutisme* – black-out, étouffement, mutisme, mystère, non-dit, secret, silence, sourdine. ▲ANT. ACCEPTATION, APPROBATION ; APLOMB, ASSURANCE ; FRANC-PARLER, SINCÉRITÉ.

réticent *adj.* hésitant, réservé. ▲ANT. EMBALLÉ, ENTHOUSIASTE ; ASSURÉ, DÉCIDÉ, RÉSOLU.

rétif *adj.* rebelle, récalcitrant, réfractaire, regimbeur. ▲ANT. DISCIPLINÉ, DOCILE, DOUX, OBÉISSANT, SOUMIS.

retiré *adj.* à l'écart, écarté, éloigné, isolé, perdu, reculé, solitaire. FAM. paumé. QUÉB. ACADIE FAM. creux.

retirer *v.* ▸ *Enlever* – enlever, ôter. SOUT. dérober. ▸ *Enlever un vêtement* – enlever, ôter, quitter. ▸ *Extraire* – dégager, extraire, ôter, sortir, tirer. ▸ *Soustraire* – décompter, déduire, défalquer, enlever, ôter, rabattre, retenir, retrancher, soustraire. ▸ *Confisquer* – confisquer, enlever, prendre. ▸ *Obtenir en retour* – gagner, obtenir, tirer. ▸ *Revenir sur ses paroles* – abjurer, désavouer, renoncer à, rétracter, revenir sur. ♦ **se retirer** ▸ *S'enlever* – s'écarter, s'enlever, s'ôter, se pousser. FAM. s'enlever du chemin, s'ôter du chemin. QUÉB. FAM. se tasser. ▸ *Reculer* – battre en retraite, reculer, rétrograder, se replier. QUÉB. retraiter. MILIT. décrocher. ▸ *Prendre sa retraite* – prendre sa retraite, raccrocher (les gants). QUÉB. FAM. accrocher ses patins. ▸ *Démissionner* – démissionner de, partir, résigner, se démettre de. FAM. rendre son tablier. ▸ *S'isoler* – s'emmurer, s'enfermer, s'isoler, se barricader, se boucler, se calfeutrer, se cantonner, se claquemurer, se claustrer, se cloîtrer, se confiner, se couper du monde, se murer, se terrer, se verrouiller. QUÉB. FAM. s'encabaner. ▸ *Redescendre à marée basse* – descendre, rebaisser, refluer. ▲ANT. METTRE, PLACER, POSER ; APPORTER ; ENGAGER, INTRODUIRE ; ADDITIONNER, AJOUTER ; DONNER, REMETTRE, RENDRE, RESTITUER. △SE RETIRER – AVANCER, S'APPROCHER ; MONTER ; ENVAHIR ; ARRIVER.

retombée *n. f.* ▸ *En architecture* – retombe. ♦ **retombées**, *plur.* ▸ *Retombées* – action, conclusion, conséquence, contrecoup, corollaire, développement, effet, efficacité, fonction, fruit, impact, implication, incidence, jeu, juste retour des choses, œuvre, portée, prolongement, réaction, rejaillissement, répercussion, résultante, résultat, retentissement, ricochet, séquelle, suite (logique). SOUT. aboutissage, efficace, fille. ▲ANT. ÉLÉVATION.

retomber *v.* ▸ *Descendre plus bas* – rebaisser, redescendre. ▸ *Pendre* – pendre, tomber. ▸ *Incomber* – appartenir à, incomber à, peser sur, revenir à. ▸ *Se replonger* – se remettre, se replonger, se retremper. FAM. remordre. ▲ANT. MONTER, REMONTER, SE REDRESSER, SE RELEVER.

retouche *n. f.* ▸ *Retouche concrète* – achèvement, amélioration, arrangement, complètement, correction, enjolivement, finition, léchage, mise au point, peaufinage, perfectionnement, polissage, raffinage, raffinement, révision, soin. SOUT. parachèvement. FAM. fignolage. ▸ *Retouche informatique* – pansement logiciel, pièce, rustine.

retour *n. m.* ▸ *Recul* – acculée, acculement, éloignement, marche arrière, récession, recul, reculade, reculement, reflux, régression, repli, repliement, repoussement, retrait, retraite, rétrogradation, rétrogression. FAM. rétropédalage. PHYS. répulsion. ▸ *Trajet* – aller (et retour), chemin, cheminement, circuit, course, direction, distance, espace, itinéraire, marche, parcours, route, tracé, traite, trajectoire, trajet, traversée, voyage. FAM. trotte. FRANCE FAM. tirée. ▸ *Répétition* – cycle, fréquence, itération, période, périodicité, rechute, récidive, récidivité, recommencement, récurrence, récursivité, renouvellement, répétition, répétitivité, reprise, reproduction. SOUT. réitération, retombement. FAM. réédition. ▸ *Alternance* – allée et venue, alternatives, balancement, bascule, changement, flux et reflux, intermittence, ondulation, oscillation, palpitation, périodicité, pulsation, récurrence, récursivité, rotation, roulement, rythme, sinusoïde, succession, tour, va-et-vient, variation. ▸ *Renaissance* – dégel, progrès, recrudescence, redémarrage, regain, régénération, régénérescence, réincarnation, relance, renouveau, renouvellement, reprise, résurrection, réveil, revival, revivescence, second souffle. SOUT. refleurissement, revif. FIG. printemps, résurgence. BOT. anabiose. ▸ *Coin* – angle, anglet, arête, carre, coin, corne, coude, diverticule, écoinçon, encoignure, enfourchement, noue, pan, recoin, renfoncement, saillant, tournant. QUÉB. racoin. MAR. empointure. ▸ *Dédommagement* – compensation, consolation, contrepartie, correctif, dédommagement, dommages et intérêts, dommages-intérêts, échange, indemnisation, indemnité, raison, récompense, remboursement, réparation, satisfaction, soulte. ▸ *Livre invendu* – invendu. FAM. bouillon (journal), rossignol. ▲ANT. ALLER, DÉPART, DISPARITION ; DÉCLIN.

retournement *n. m.* ♦ **sens concrets** ▸ *Mouvement* – demi-tour, pirouette, tour, virevolte, volte-face. MAR. revirement. ▸ *À cheval* – caracole, demi-pirouette, demi-volte, volte. ▸ *Interversion* – commutation, interversion, inversion, mutation, permutation, renversement, substitution, transposition. ▸ *Inversion photographique* – inversion. ▸ *Acrobatie aérienne* – boucle, demi-tonneau, looping, tonneau, vrille. ♦ **sens abstraits** ▸ *Bouleversement* – bouleversement, changement, chavirage, chavirement, conflagration, convulsion, dérangement, dérèglement, déséquilibre, désorganisation, détraquement, perturbation, renouvellement, rénovation, renversement, révolution, séisme, stress, trouble. FAM. chambard, chambardement, chamboulement. ▶ *Rétractation* – abandon, abjuration, apostasie, défection, dénégation, désaveu, palinodie, reniement, rétractation, revirement, virevolte, volte-face. *FAM.* pirouette. ▲**ANT.** CONTINUATION, MAINTIEN, POURSUITE.

retourner *v.* ▶ *Tourner en sens inverse* – inverser, renverser. ▶ *Réexpédier* – réexpédier, renvoyer. ▶ *Émouvoir* – bouleverser, chavirer, ébranler, émouvoir, remuer, révulser, secouer, troubler. *FAM.* chambouler, émotionner, remuer les tripes à, révolutionner, tournebouler, tourner les sangs à. ▶ *Remuer la terre* – ameublir, bêcher, biner, défoncer, écroûter, effondrer, égratigner, émotter, fouiller, gratter, herser, labourer, piocher, remuer, scarifier, serfouir. ▶ *Revenir* – faire demi-tour, rebrousser chemin, rentrer, revenir (sur ses pas), (s'en) retourner. ▶ *Regagner un lieu* – rallier, regagner, réintégrer, rejoindre, rentrer à, revenir à. ♦ *se retourner* ▶ *Se tourner* – se détourner, se tourner. *QUÉB. FAM.* se revirer (de bord). ▲**ANT.** POURSUIVRE SA ROUTE ; GARDER ; LAISSER DE GLACE.

rétracteur *adj.* ▲**ANT.** EXTENSEUR.

retrait *n. m.* ▶ *Extraction* – déblocage, décoinçage, décoincement, dégagement, extraction, tirage. ▶ *Fait d'enlever* – collectage, collecte, cueillette, enlèvement, ramassage, récolte. *DIDACT.* levée. ▶ *Délaissement* – abandon, abdication, défection, délaissement, démission, désengagement, désertion, désintérêt, désistement, dessaisissement, forfait, inachèvement, recul, repli, retraite. *SOUT.* inaccomplissement. *FAM.* décrochage, lâchage, largage, plaquage. *DR.* non-lieu, résignation. ▶ *Renonciation* – abandon, abdication, aliénation, capitulation, cession, don, donation, fléchissement, non-usage, passation, rejet, renoncement, renonciation, répudiation, suppression. *FIG.* bradage. ▶ *Recul* – acculée, acculement, éloignement, marche arrière, récession, recul, reculade, reculement, reflux, régression, repli, repliement, repoussement, retour, retraite, rétrogradation, rétrogression. *FAM.* rétropédalage. *PHYS.* répulsion. ▶ *Abolition* – abolition, abrogation, annulation, cassation, cessation, coupure, dissolution, invalidation, résiliation, résolution, révocation, rupture de contrat, suppression. *BELG.* renon. ▲**ANT.** INSERTION ; AVANCE, AVANCÉE ; DÉPÔT.

retraite *n. f.* ▶ *Revenu* – allocation, arrérages, avantage, bénéfice, casuel, chômage, dividende, dotation, fermage, fruit, gain, intérêt, loyer, mense, mensualité, métayage, pension, prébende, présalaire, produit, profit, rapport, recette, redevance, rente, rentrée, revenu, tontine, usufruit, usure, ventes, viager. *FAM.* alloc. *FRANCE FAM.* bénéf, chômedu. ▶ *Solitude* – abandon, délaissement, éloignement, exil, ghettoïsation, isolation, isolement, quarantaine, réclusion, retranchement, séparation, solitude. *FIG.* bulle, cocon, désert, tanière, tour d'ivoire. *SOUT.* déréliction, thébaïde. *RELIG.* récollection. ▶ *Abri* – abri, affût, asile, cache, cachette, gîte, lieu de repos, lieu sûr, refuge. *FIG.* ermitage, havre (de paix), oasis, port, solitude, tanière, toit. *PÉJ.* antre, planque, repaire. ▶ *Refuge d'animal* – abri, aire, antre (*bête féroce*), caverne, gîte, halot (*lapin*), héronnière, liteau (*loup*), nid, refuge, renardière, repaire, reposée (*sanglier ou cervidé*), ressui (*pour se sécher*), tanière, taupinière, terrier, trou. *QUÉB.* ravage (*cerfs*) ; *FAM.* ouache.

▶ *Recul* – acculée, acculement, éloignement, marche arrière, récession, recul, reculade, reculement, reflux, régression, repli, repliement, repoussement, retour, retrait, rétrogradation, rétrogression. *FAM.* rétropédalage. *PHYS.* répulsion. ▶ *Défaite* – avortement, banqueroute, capitulation, catastrophe, chute, débâcle, débandade, déconfiture, défaite, déroute, désavantage, échec, écrasement, faillite, fiasco, four, infortune, insuccès, mauvaise fortune, naufrage, perte, ratage, raté, revers. *SOUT.* traverse. *FAM.* désastre, piquette, plantage, raclée, recalage, volée. *FRANCE FAM.* bérézina, bide, brossée, déculottée, dégelée, écrabouillement, fessée, foirade, gamelle, loupage, pile, rincée, rossée, tannée, veste. ▶ *Fuite* – abandon, débâcle, débandade, défilade, déroute, dispersion, fuite, panique, pathie (*animal*), sauve-qui-peut. *FIG.* hémorragie. ▶ *Abandon* – abandon, abdication, défection, délaissement, démission, désengagement, désertion, désintérêt, désistement, dessaisissement, forfait, inachèvement, recul, repli, retrait. *SOUT.* inaccomplissement. *FAM.* décrochage, lâchage, largage, plaquage. *DR.* non-lieu, résignation. ▲**ANT.** ACTIVITÉ, OCCUPATION ; AVANCE, INVASION.

retrancher *v.* ▶ *Éliminer* – couper, éliminer, enlever, ôter, radier, supprimer. *FAM.* sucrer. ▶ *Déduire* – décompter, déduire, défalquer, enlever, ôter, rabattre, retenir, retirer, soustraire. ♦ *se retrancher* ▶ *Se protéger* – se fortifier. ▲**ANT.** GREFFER, INCORPORER, INSÉRER ; ADDITIONNER, AJOUTER. △ SE RETRANCHER – S'EXPOSER, SORTIR.

rétrécir *v.* ▶ *Rendre plus étroit* – contracter, étrangler, resserrer. ▶ *Rendre plus petit* – couper, ébouter, écourter, raccourcir, rapetisser. *SOUT.* accourcir. ▶ *Limiter la portée* – circonscrire, délimiter, localiser, restreindre. ▶ *Devenir plus petit* – raccourcir, rapetisser, se contracter, se rétracter. *SOUT.* accourcir. ▲**ANT.** DESSERRER, DILATER, ÉLARGIR, ÉVASER, GONFLER ; ACCROÎTRE, AGRANDIR, AMPLIFIER ; ALLONGER, ÉTIRER.

rétrécissement *n. m.* ▶ *Réduction* – abrégement, allégement, amenuisement, amoindrissement, amputation, atténuation, compression, délestage, diminution, épuration, gommage, graticulation, miniaturisation, minimalisation, minimisation, minoration, raccourcissement, racornissement, rapetissement, réduction, resserrement, restriction, schématisation, simplification. *SOUT.* estompement. ▶ *Contraction* – astriction, constriction, contraction, crampe, crispation, étranglement, palpitation, pressage, pression, pressurage, resserrement, rétraction, serrement, spasme, tension. *MÉD.* striction. ▲**ANT.** AGRANDISSEMENT, AMPLIFICATION, ÉLARGISSEMENT, EXPANSION ; DILATATION, RELÂCHEMENT.

rétro *adj.* ▲**ANT.** À LA MODE, CONTEMPORAIN, MODERNE.

rétrospectif *adj.* ▲**ANT.** ANTICIPATIF, PROSPECTIF.

retrousser *v.* relever, remonter, trousser. ♦ *se retrousser* se dresser. *FAM.* rebiquer. ▲**ANT.** BAISSER, CACHER, RABATTRE.

retrouver *v.* ▶ *Récupérer* – ravoir, reconquérir, recouvrer, récupérer, regagner, rentrer en possession de, reprendre, se réapproprier. *FAM.* raccrocher. *SUISSE FAM.* rapercher. ▶ *Rejoindre* – atteindre, rattraper, rejoindre, remonter. *QUÉB.* repêcher. ♦ **se retrouver** ▶ *Se trouver* – apparaître, être, être présent, exister, résider, s'inscrire, se rencontrer, se situer, se trouver, siéger. *SOUT.* gésir. ▶ *S'orienter* – s'orienter, se diriger, se guider, se reconnaître, se repérer. ▶ *S'identifier* – s'assimiler à, s'identifier à, se reconnaître dans. ▲**ANT.** ÉGARER, OUBLIER, PERDRE; DÉROUTER.

réunifier *v.* ▲**ANT.** BALKANISER, DIVISER, MORCELER.

réunion *n. f.* ♦ **personnes** ▶ *Rencontre* – audience, conférence, confrontation, entretien, entrevue, face à face, huis clos, interview, micro-trottoir, rencontre, rendez-vous, retrouvailles, tête-à-tête, vis-à-vis, visite. *SOUT.* abouchement. *FRANCE FAM.* rambot, rambour, rancard. *PÉJ.* conciliabule. ▶ *Conférence* – assemblée, atelier de discussion, colloque, comice, comité, conférence, congrès, conseil, forum, groupe de travail, junte, panel, plénum, séminaire, sommet, symposium, table ronde. *FAM.* grand-messe. ▶ *Manifestation* – cortège, défilé, démonstration publique, marche, protestation, rassemblement. *FAM.* manif. ▶ *Fête* – festivités, fête, réception. ▶ *Le soir* – réveillon, soirée, veillée. ▶ *Grande quantité de personnes* – abondance, affluence, armada, armée, attroupement, cohue, concentration, concours, encombrement, essaim, flot, forêt, foule, fourmilière, fourmillement, grouillement, légion, marée, masse, meute, monde, multitude, peuple, pléiade (*célébrités*), pullulement, rassemblement, régiment, ribambelle, ruche, tas, troupeau. *FAM.* flopée, marmaille (*enfants*), tapée, tripotée. *QUÉB.* achalandage; *FAM.* tapon, trâlée. *PÉJ.* ramassis. ♦ **choses** ▶ *Annexion* – absorption, annexion, fusion, fusionnement, incorporation, intégration, phagocytose, rattachement, réunification. ▶ *Accrétion* – accrétion, accumulation, agglomérat, agglomération, aggloméré, agglutinat, agglutination, agglutinement, agrégat, agrégation, amas, bloc, concentration, concrétion, conglomérat, conglomération, conglutination, entassement, masse, nodule, paquet, sédiment, sédimentation, tas. *QUÉB. FAM.* motton, tapon. ▶ *Mélange* – admixtion, alliage, amalgamation, amalgame, cocktail, combinaison, composé, mélange, mixtion, mixture. ▶ *Combinaison* – alliance, assemblage, association, collage, combinaison, communion, composition, concentration, conjonction, constitution, fusion, fusionnement, groupement, incorporation, intégration, ralliement, rassemblement, regroupement, symbiose, synthèse, unification, union. ▶ *Jonction* – abouchement, aboutage, aboutement, accolement, accouplage, accouplement, ajustage, apposition, articulation, assemblage, association, branchement, coalescence, confluence, conjonction, conjugaison, connexion, contact, convergence, couplage, couplement, groupage, interconnexion, interface, joint, jointure, jonction, jumelage, juxtaposition, liaison, mariage, mise en couple, mixage, raccord, raccordement, rapprochement, redoublement, relation, rencontre, suture, union. ▶ *Addition* – addition, adjonction, ajout, rajout, rattachement. ▶ *Totalité* – absoluité, complétude, ensemble, entier, entièreté, exhaustivité, généralité, globalité, intégralité, intégrité, masse, plénitude, somme, total, totalité, tout, universalité. ▶ *Collection* – assortiment, choix,

---

collection, échantillons, éventail, gamme, ligne, palette, quota, sélection, surchoix, tri, variété. ▲**ANT.** DÉSUNION, DISPERSION, DIVISION, ÉPARPILLEMENT, FRACTIONNEMENT, PARTAGE, SÉPARATION.

réunir *v.* ▶ *Combiner* – allier, associer, combiner, concilier, conjuguer, joindre, marier, mêler, unir. ▶ *Grouper* – bloquer, concentrer, grouper, rassembler, regrouper. ▶ *Mélanger* – amalgamer, confondre, fondre, incorporer, mélanger, mêler, unir. *DIDACT.* mixtionner. ▶ *Unifier* – fusionner, unifier, unir. ▶ *Faire communiquer* – brancher, connecter, embrancher, joindre, lier, raccorder, rattacher, relier. ▶ *Rassembler des personnes* – ameuter, assembler, attrouper, masser, mobiliser, rallier, ramasser, rameuter, rassembler, regrouper. *SOUT.* battre le rappel de, conglomérer. ▶ *Unir dans une cause commune* – associer, coaliser, joindre, liguer, unir. ♦ **se réunir** ▶ *Se rassembler* – s'assembler, s'attrouper, se masser, se mobiliser, se rallier, se rassembler, se regrouper. ▲**ANT.** DÉTACHER, DISJOINDRE, DISSOCIER, SÉPARER; COUPER, DIVISER, FRACTIONNER, FRAGMENTER, PARTAGER; DISPERSER, DISSÉMINER, ÉPARPILLER; BROUILLER, DÉSACCORDER, DÉSUNIR.

réussi *adj.* admirable, brillant, éblouissant, excellent, extraordinaire, fantastique, magistral, magnifique, merveilleux, parfait, prodigieux, remarquable, sensationnel, sublime. *FAM.* à tout casser, bluffant, champion, d'enfer, du tonnerre, épatant, extra, fameux, formidable, fumant, génial, mirifique, pas piqué des vers, splendide, super, terrible. *FRANCE FAM.* du feu de Dieu, énorme, fadé, formide, géant, gratiné, pas piqué des hannetons. *QUÉB. FAM.* capotant, écœurant.

réussir *v.* ▶ *Avoir du succès* – aboutir, marcher, prendre. *FAM.* cartonner, faire un carton. ▶ *Subir avec succès* – *FRANCE FAM.* rupiner. *QUÉB. FAM.* passer. ▶ *Avoir une carrière prospère* – aller loin, arriver, briller, faire carrière, faire du chemin, faire fortune, percer. ▶ *Parvenir* – arriver à, atteindre, parvenir à. ▶ *Mener à bien* – accomplir, achever, clore, finir, mener à bien, mener à (bon) terme, mener à bonne fin, terminer. *SOUT.* consommer. *FAM.* boucler. ▲**ANT.** AVORTER, ÉCHOUER, FAILLIR; MANQUER, RATER.

réussite *n. f.* ▶ *Victoire* – avantage, gain, succès, triomphe, victoire. *FAM.* gagne. ▶ *Exploit* – exploit, performance, prouesse, record, succès, tour de force. *SOUT.* gageure. ▶ *Succès* – apothéose, bonheur, bonne fortune, boum, consécration, couronnement, gloire, honneur, lauriers, prospérité, retentissement, succès, triomphe, trophée. *FAM.* malheur, (succès) bœuf, tabac. *FRANCE FAM.* carton, saucisson, ticket. ▶ *Jeu* – patience, solitaire, tour de cartes. ▲**ANT.** DÉFAITE, DÉSASTRE, ÉCHEC, INSUCCÈS; INFORTUNE, MALCHANCE.

réutiliser *v.* ▶ *Recycler* – récupérer, recycler, réemployer, se resservir de. ▲**ANT.** JETER, METTRE AU REBUT.

revanche *n. f.* châtiment, colère, (loi du) talion, pareille, punition, rancune, récriproque, réparation, représailles, ressentiment, rétorsion, riposte, vendetta, vengeance. *SOUT.* vindicte. ▲**ANT.** ABSOLUTION, OUBLI, PARDON.

rêve *n. m.* ▸ *Chose irréelle* – abstraction, abstrait, apparence, berlue, chimère, déréalisation, fantasme, faux, faux-semblant, fiction, fumée, hallucination, illusion, image, imagination, irréalisme, irréalité, leurre, mensonge, mirage, onirisme, psychédélisme, rêverie, semblant, simulation, songe, songerie, trompe-l'œil, tromperie, utopie, vision, vue de l'esprit. *FAM.* frime. *SOUT.* prestige. ▸ *Fiction* – affabulation, artifice, chimère, combinaison, comédie, expédient, fabrication, fabulation, fantaisie, feinte, fiction, fumisterie, histoire, idée, imagination, invention, irréalité, légende, mensonge, roman, saga, songe. *PSYCHOL.* confabulation, mythomanie. ▸ *Désir* – ambition, appel, appétit, aspiration, attirance, attrait, besoin, but, convoitise, desideratum, désir, envie, exigence, faim, fantaisie, fantasme, fièvre, fringale, goût, idéal, intention, jalousie, passion, prétention, quête, recherche, soif, souhait, tentation, velléité, visée, vœu, voix, volonté. *SOUT.* appétence, dessein, prurit, vouloir. *FAM.* démangeaison. ◆ **rêves**, *plur.* ▸ *Ensemble de choses irréelles* – imaginaire. ▲**ANT.** RÉALITÉ ; ACCOMPLISSEMENT, EXÉCUTION, RÉALISATION.

rêvé *adj.* accompli, achevé, consommé, de rêve, exemplaire, idéal, idyllique, incomparable, irréprochable, modèle, parfait. ▲**ANT.** AFFREUX, CAUCHEMARDESQUE, ÉPOUVANTABLE, HORRIBLE.

réveil *n. m.* ▸ *Fin du sommeil* – éveil. ▸ *Renaissance* – dégel, progrès, recrudescence, redémarrage, regain, régénération, régénérescence, réincarnation, relance, renouveau, renouvellement, reprise, résurrection, retour, revival, reviviscence, second souffle. *SOUT.* refleurissement, revif. *FIG.* printemps, résurgence. *BOT.* anabiose. ▸ *Air de trompette* – appel, ban, rappel, sonnerie. *SOUT.* diane. ▸ *Réveille-matin* – réveille-matin. *QUÉB. FAM.* cadran. ▲**ANT.** ENDORMISSEMENT, ÉVANOUISSEMENT, REPOS, SOMMEIL ; DÉCLIN.

réveiller *v.* ▸ *Tirer du sommeil* – *SOUT.* éveiller. ▸ *Dégourdir un membre* – dégourdir, déraidir, dérouiller, désengourdir. ▸ *Redonner vie* – donner un second souffle à, faire renaître, faire revivre, ragaillardir, rallumer, ranimer, raviver, réactiver, réchauffer, redonner vie à, redynamiser, régénérer, renflammer, renouveler, ressusciter, revigorer, revitaliser, revivifier, stimuler, vivifier. ◆ **se réveiller** ▸ *Sortir du sommeil* – s'éveiller. ▸ *Reprendre vie* – réapparaître, refleurir, renaître de ses cendres, renaître, reparaître, reprendre vie, ressurgir, ressusciter, revenir, revivre, se rallumer, se ranimer. ▲**ANT.** ASSOUPIR, ENDORMIR ; ENGOURDIR ; APAISER, CALMER.

réveillon *n. m.* ▸ *Fête* – festivités, fête, réception, réunion. ▸ *Le soir* – soirée, veillée.

révélateur *adj.* ▸ *Indicatif* – indicatif, symptomatique. ▸ *Éloquent* – édifiant, éloquent, expressif, instructif, parlant, qui en dit long, significatif. ▸ *Accusateur* – accablant, accusateur, incriminant, incriminateur, inculpatoire. ▲**ANT.** MUET, SECRET ; TROMPEUR.

révélation *n. f.* ▸ *Divulgation* – annonce, aveu, confession, confidence, déclaration, dévoilement, divulgation, ébruitement, fuite, indiscrétion, initiation, instruction, mea culpa, mise au courant, proclamation, publication, reconnaissance. *FAM.* déballage, mise au parfum. ▸ *Éveil spirituel* – délivrance,

éveil, illumination, libération, mort de l'ego, réalisation (du Soi). ▸ *Dans l'hindouisme* – moksha, nirvana. ▸ *Dans le bouddhisme* – bodhi, samadhi. ▸ *Dans le zen* – satori. ▲**ANT.** DUPERIE, TROMPERIE ; MYSTIFICATION, OBSCURITÉ, SECRET.

révéler *v.* ▸ *Divulguer* – annoncer, déclarer, découvrir, dévoiler, divulguer, lever le voile sur, mettre au grand jour. *MILIT.* déclassifier *(document)*. ▸ *Dénoter* – annoncer, déceler, démontrer, dénoter, faire foi de, indiquer, laisser paraître, marquer, montrer, prouver, signaler, signifier, témoigner de. *SOUT.* dénoncer. ▸ *Dénoter une chose non favorable* – accuser, trahir. ◆ **se révéler** ▸ *Devenir visible* – apparaître, paraître, se montrer. ▸ *Se manifester* – apparaître, émerger, se dégager, se dévoiler, se faire jour, se manifester, se profiler, transparaître. *SOUT.* affleurer. ▸ *S'avérer* – s'avérer, se montrer, se trouver. ▲**ANT.** CACHER, CELER, DISSIMULER, GARDER, TAIRE.

revenant *n.* apparition, créature éthérée, double, ectoplasme, esprit, esprit frappeur, fantôme, mort-vivant, ombre, périsprit, spectre, vision, zombie. *ANTIQ.* larve, lémure.

revendication *n. f.* adjuration, appel, demande, démarche, desideratum, désir, doléances, exigence, injonction, instance, interpellation, interrogation, invocation, mandement, ordre, pétition, placet, prétention, prière, question, réclamation, requête, réquisition, sollicitation, sommation, supplication, supplique, ultimatum, vœu. *SOUT.* imploration. ▲**ANT.** REFUS, REJET.

revendiquer *v.* ▸ *Réclamer* – demander, exiger, réclamer. *SOUT.* demander à cor et à cri, prétendre à. ▲**ANT.** DÉCLINER, REFUSER, REJETER.

revenir *v.* ▸ *Repasser* – repasser. *FAM.* rappliquer. ▸ *S'en retourner* – faire demi-tour, rebrousser chemin, rentrer, (s'en) retourner. ▸ *Regagner un lieu* – rallier, regagner, réintégrer, rejoindre, rentrer à, retourner à. ▸ *Réapparaître* – réapparaître, refleurir, renaître de ses cendres, renaître, reparaître, reprendre vie, ressurgir, ressusciter, revivre, se rallumer, se ranimer, se réveiller. ▸ *Retirer ses paroles* – abjurer, désavouer, renoncer à, retirer, rétracter. ▸ *Répéter* – redire, répéter, reprendre. ▸ *Incomber* – appartenir à, incomber à, peser sur, retomber sur (les épaules de). ▸ *Équivaloir* – correspondre à, égaler, équivaloir à, représenter, valoir. ▸ *Coûter* – coûter, valoir. *FAM.* faire. ▲**ANT.** PARTIR, QUITTER, REPARTIR, S'EN ALLER ; ABANDONNER, LAISSER.

revenu *n. m.* ▸ *Salaire* – appointements, cachet, commission, droit, émoluments, fixe, gages, gain, honoraires, jeton (de présence), mensualité, paye, pourboire, rémunération, rétribution, salaire, semaine, solde, traitement, vacations. ▸ *Gain financier* – allocation, arrérages, avantage, bénéfice, casuel, chômage, dividende, dotation, fermage, fruit, gain, intérêt, loyer, mense, mensualité, métayage, pension, prébende, présalaire, produit, profit, rapport, recette, redevance, rente, rentrée, retraite, tontine, usufruit, usure, ventes, viager. *FAM.* alloc. *FRANCE FAM.* bénef, chômedu. ▸ *Rendement* – bénéfice, effet, efficacité, efficience, gain, production, productivité, produit, profit, rapport, rendement, rentabilité. ▸ *Crédit* – actif, avantage, avoir, bénéfice, boni, crédit, excédent, fruit, gain, produit, profit, rapport, reliquat, reste, revenant-bon, solde, solde créditeur, solde positif. *FAM.* bénef, gras, gratte, part du gâteau. ▲**ANT.** DÉPENSE.

rêver *v.* ▶ *Faire un rêve en dormant* – faire un rêve. *SOUT.* faire un songe. ▶ *Rêvasser* – avoir l'esprit ailleurs, être dans la lune, être dans les nuages, rêvasser, s'abandonner à la rêverie, se perdre dans ses pensées, songer. ▶ *Désirer* – appeler de tous ses vœux, aspirer à, avoir envie de, désirer, espérer, souhaiter, soupirer après, vouloir. ▲**ANT.** ACCOMPLIR, CONCRÉTISER, RÉALISER.

réverbère *n. m.* lampadaire. *ANC.* bec de gaz, lanterne.

révérence *n. f.* ▶ *Salutation* – baisemain, civilités, compliments, coup de chapeau, courbette, génuflexion, hommage, inclination, poignée de main, prosternation, salut, salutation. *FAM.* salamalecs. ▶ *Respect* – admiration, considération, déférence, égard, estime, hommage, ménagement, respect. ▶ *Vénération* (*SOUT.*) – admiration, adoration, adulation, amour, attachement, culte, dévotion, emballement, engouement, fanatisme, ferveur, iconolâtrie, idolâtrie, passion, respect, vénération, zèle. *SOUT.* dilection. *PÉJ.* encens, flagornerie, flatterie. ▲**ANT.** IRRÉVÉRENCE, MÉPRIS; BRAS D'HONNEUR, GRIMACE, PIED DE NEZ.

rêverie *n. f.* ▶ *Illusion* – abstraction, abstrait, apparence, berlue, chimère, déréalisation, fantasme, faux, faux-semblant, fiction, fumée, hallucination, illusion, image, imagination, irréalisme, irréalité, leurre, mensonge, mirage, onirisme, psychédélisme, rêve, semblant, simulation, songe, songerie, trompe-l'œil, tromperie, utopie, vision, vue de l'esprit. *FAM.* frime. *SOUT.* prestige. ▶ *Vagabondage* – aventure, course, déambulation, déplacement, égarement, flânerie, instabilité, nomadisme, pérégrination, promenade, randonnée, vagabondage, voyage. *SOUT.* badauderie, errance. *FAM.* rando, vadrouille, virée. *FRANCE FAM.* baguenaude, glandage. *QUÉB.* flânage, itinérance; *FAM.* niaisage. ▲**ANT.** RÉALITÉ; ATTENTION, CONCENTRATION.

revers *n. m.* ▶ *Côté* – arrière, derrière, dos, envers, verso. ▶ *Partie d'un vêtement* – parement, paramenture, retroussis. ▶ *Insuccès* – avortement, banqueroute, capitulation, catastrophe, chute, débâcle, débandade, déconfiture, défaite, déroute, désavantage, échec, écrasement, faillite, fiasco, four, infortune, insuccès, mauvaise fortune, naufrage, perte, ratage, raté, retraite. *SOUT.* traverse. *FAM.* désastre, piquette, plantage, raclée, recalage, volée. *FRANCE FAM.* bérézina, bide, brossée, déculottée, dégelée, écrabouillement, fessée, foirade, gamelle, loupage, pile, rincée, rossée, tannée, veste. ▶ *Épreuve* – contrariété, coup, coup du destin, coup du sort, coup dur, disgrâce, échec, épreuve, hydre, infortune, mal, malchance, malheur, mauvais moment à passer, misère, péril, ruine, tribulation. *SOUT.* traverse. ▶ *Malheur* – adversité, calamité, calice (de douleur), chagrin, détresse, deuil, disgrâce, douleur, échec, épreuve, fatalité, infortune, mal, malchance, malédiction, malheur, mauvaise fortune, mauvaise passe, mésaventure, misère, nuage, orage, peine, ruine, sale affaire, sale histoire, souffrance, traverse, tribulation. *SOUT.* bourrèlement, plaie, tourment. ▶ *Déception*

– abattement, accablement, affliction, amertume, anéantissement, chagrin, consternation, contrariété, déboires, déception, déconvenue, découragement, dégoût, dégrisement, démoralisation, dépit, désappointement, désenchantement, désespoir, désillusion, désolation, échec, écœurement, ennui, infortune, insuccès, lassitude, mécompte, peine, regret, tristesse. *SOUT.* atterrement, déréliction, désabusement, désespérance, retombement. *FAM.* défrisage, défrisement, douche (froide), ras-le-bol. ▲**ANT.** AVERS *(médaille ou monnaie)*, ENDROIT, FACE, RECTO; RÉUSSITE, SUCCÈS, VICTOIRE; CHANCE, FORTUNE.

réversible *adj.* ▲**ANT.** IRRÉVERSIBLE.

revêtir *v.* ▶ *Mettre sur soi* – endosser, enfiler, mettre, passer, porter. ▶ *Prendre un certain aspect* – affecter, avoir, prendre. ▶ *Vêtir* – habiller, vêtir. *FRANCE FAM.* fringuer, frusquer, nipper. *QUÉB. ACADIE FAM.* gréer. ▶ *Charger d'un pouvoir* – charger, investir, pourvoir. ▲**ANT.** ENLEVER; DÉNUDER, DÉPOUILLER, DÉVÊTIR.

rêveur *adj.* ▶ *Visionnaire* – chimérique, idéaliste, romanesque, utopiste, visionnaire. ▶ *Songeur* – absent, absorbé (dans ses pensées), distrait, inattentif, lointain, lunaire, méditatif, pensif, qui a l'esprit ailleurs, rêvasseur, somnambule, songeur. *FAM.* dans la lune. *QUÉB. FAM.* coq/l'œil, lunatique. ▲**ANT.** ACTIF, PRAGMATIQUE, PRATIQUE, RÉALISTE; ATTENTIF, CONCENTRÉ, ÉVEILLÉ, VIGILANT.

rêveur *n.* contemplateur, extatique, idéaliste, méditatif, poète, rêvasseur, songe-creux, utopiste, visionnaire. *QUÉB. FAM.* pelleteur de nuages. ▲**ANT.** RÉALISTE.

revirement *n. m.* ▶ *Rétractation* – abandon, abjuration, apostasie, défection, dénégation, désaveu, palinodie, reniement, retournement, rétractation, virevolte, volte-face. *FAM.* pirouette. ▶ *Manœuvre* – demi-tour, pirouette, retournement, tour, virevolte, volte-face. ▶ *À cheval* – caracole, demi-pirouette, demi-volte, volte. ▲**ANT.** CONSTANCE, MAINTIEN, PERSISTANCE.

révisable *adj.* ▲**ANT.** ARRÊTÉ, DÉFINITIF, FINAL.

révision *n. f.* ▶ *Finition* – achèvement, amélioration, arrangement, complètement, correction, enjolivement, finition, léchage, mise au point, peaufinage, perfectionnement, polissage, raffinage, raffinement, retouche, soin. *SOUT.* parachèvement. *FAM.* fignolage. ▶ *Vérification* – analyse, apurement, audit, censure, confrontation, contrôle, épreuve, examen, expérience, expérimentation, expertise, filtrage, inspection, pointage, recensement, recension, récolement, reconnaissance, recoupement, revue, suivi, supervision, surveillance, test, vérification. ▶ *Leçon* – classe, cours, leçon, mémorisation, répétition. *QUÉB. FAM.* repasse.

revitaliser *v.* donner un second souffle à, faire renaître, faire revivre, ragaillardir, rallumer, ranimer, raviver, réactiver, réchauffer, redonner vie à, redynamiser, régénérer, renflammer, renouveler, ressusciter, réveiller, revigorer, revivifier, stimuler, vivifier. ▲**ANT.** DÉVITALISER.

revivre *v.* ▶ *En parlant d'une chose abstraite* – réapparaître, refleurir, renaître de ses cendres, renaître, reparaître, reprendre vie, ressurgir, ressusciter,

révocable

revenir, se rallumer, se ranimer, se réveiller. ▲ANT. AGONISER, DÉPÉRIR, MOURIR, S'ÉTEINDRE.

révocable *adj.* ▲ANT. IRRÉVOCABLE.

revoir *v.* ▶ *Passer en revue* – passer en revue, réviser. ▶ *Réviser une chose apprise* – repasser, réviser. ▶ *Corriger* – arranger, corriger, éditer, retoucher, réviser. ▶ *Réévaluer* – reconsidérer, réenvisager, réévaluer, réexaminer, remettre à plat, remettre en cause, remettre en question, repenser, réviser. ▶ *Se rappeler* – penser à, se rappeler, se remémorer, se souvenir. SOUT. se ressouvenir. ▲ANT. BÂCLER.

révoltant *adj.* ▶ *Offensant* – amoral, choquant, éhonté, immoral, impur, inconvenant, indécent, obscène, offensant, scabreux, scandaleux. ▶ *Qui soulève les protestations* – choquant, criant. ▲ANT. BIENSÉANT, CONVENABLE, CORRECT, DÉCENT, HONORABLE, MORAL; ACCEPTABLE, SATISFAISANT.

révolte *n. f.* ▶ *Révolte* – agitation, agitation-propagande, chouannerie, désordre, effervescence, embrasement, émeute, excitation, faction, fermentation, fièvre, fronde, insoumission, insubordination, insurrection, jacquerie, manifestation, mutinerie, rébellion, remous, résistance, révolution, sédition, soulèvement, tourmente, troubles. FAM. agit-prop. ▶ *Dissidence* – désobéissance, déviation, déviationnisme, division, hérésie, hétérodoxie, insoumission, insurrection, non-conformisme, opposition, rébellion, schisme, scission, sécession, séparation. ▶ *Indiscipline* – contestation, désobéissance, désordre, dissipation, fantaisie, indiscipline, indocilité, insoumission, insubordination, mauvaise volonté, opiniâtreté, rébellion, refus d'obéissance, résistance, rétivité. ▲ANT. CONFORMISME, OBÉISSANCE, RÉSIGNATION, SOUMISSION.

révolté *n.* ▶ *Révolutionnaire* – émeutier, insurgé, mutin, rebelle, révolutionnaire. ▶ *Agitateur* – agent provocateur, agitateur, cabaleur, contestant, contestataire, émeutier, excitateur, factieux, fauteur (de trouble), fomentateur, iconoclaste, instigateur, insurgé, intrigant, manifestant, meneur, mutin, partisan, perturbateur, provocateur, rebelle, révolutionnaire, séditieux, semeur de troubles, trublion. FAM. provo. ▲ANT. CONFORMISTE, SUIVEUR.

révolter *v.* ▶ *Choquer* – choquer, horrifier, indigner, outrer, scandaliser. FAM. écœurer, estomaquer. ▶ *Dégoûter moralement* – dégoûter, faire horreur à, répugner, révulser. ◆ **se révolter** ▶ *S'élever contre l'autorité* – s'insurger, se mutiner, se rebeller, se soulever. ▶ *Protester avec véhémence* – regimber, résister, ruer dans les brancards, s'insurger, se braquer, se buter, se cabrer, se rebeller. FAM. rebecquer, se rebiffer. QUÉB. FAM. ruer dans le bacul. ▲ANT. CHARMER, PLAIRE; APAISER, CALMER, PACIFIER, RASSÉRÉNER, RASSURER. △SE RÉVOLTER – OBÉIR, SE RÉSIGNER, SE SOUMETTRE.

révolu *adj.* ancestral, ancien, éloigné, immémorial, lointain, passé, reculé. ▲ANT. INACHEVÉ, INCOMPLET; ACTUEL, VIVANT.

révolution *n. f.* ▶ *Tour* – circuit, tour. ▶ *Rotation* – circumduction, giration, pivotement, rotation, roulement, tour, tourbillonnement, tournoiement, translation. ▶ *Insurrection* – agitation, agitation-propagande, chouannerie, désordre, effervescence,

embrasement, émeute, excitation, faction, fermentation, fièvre, fronde, insoumission, insubordination, insurrection, jacquerie, manifestation, mutinerie, rébellion, remous, résistance, révolte, sédition, soulèvement, tourmente, troubles. FAM. agit-prop. ▶ *Bouleversement* – bouleversement, changement, chavirage, chavirement, conflagration, convulsion, dérangement, dérèglement, déséquilibre, désorganisation, détraquement, perturbation, renouvellement, rénovation, renversement, retournement, séisme, stress, trouble. FAM. chambard, chambardement, chamboulement. ▲ANT. CONTRE-RÉVOLUTION, RÉACTION; CALME, HARMONIE, PAIX.

révolutionnaire *adj.* ▶ *Rebelle* – contestataire, dissident, factieux, iconoclaste, incendiaire, insurgé, insurrectionnel, mal pensant, protestataire, rebelle, révolté, séditieux, subversif. ▶ *Innovateur* – audacieux, avant-gardiste, d'avant-garde, frais, futuriste, hardi, inédit, innovant, innovateur, neuf, new-look, nouveau, nouvelle vague, novateur, original, renouvelé, visionnaire. ▲ANT. ANTIRÉVOLUTIONNAIRE, BOURGEOIS, CONTRERÉVOLUTIONNAIRE, RÉACTIONNAIRE; CONSERVATEUR, FIDÈLE, ORTHODOXE, TRADITIONALISTE.

révolutionnaire *n.* ▶ *Partisan d'une révolution* – émeutier, insurgé, mutin, rebelle, révolté. ▶ *Agitateur* – agent provocateur, agitateur, cabaleur, contestant, contestataire, émeutier, excitateur, factieux, fauteur (de trouble), fomentateur, iconoclaste, instigateur, insurgé, intrigant, manifestant, meneur, mutin, partisan, perturbateur, provocateur, rebelle, révolté, séditieux, semeur de troubles, trublion. FAM. provo. ▲ANT. CONTRE-RÉVOLUTIONNAIRE, RÉFORMISTE; CONSERVATEUR, RÉACTIONNAIRE, TRADITIONALISTE.

revue *n. f.* ▶ *Périodique* – annales, bulletin, cahier, fanzine, gazette, illustré, journal, magazine, organe, périodique, publication, tabloïd, zine. ▶ *Bilan personnel* – bilan, point. SOUT. rétrospection. ▶ *Vérification* – analyse, apurement, audit, censure, confrontation, contrôle, épreuve, examen, expérience, expérimentation, expertise, filtrage, inspection, pointage, recensement, recension, récolement, reconnaissance, recoupement, révision, suivi, supervision, surveillance, test, vérification. ▶ *Énumération* – catalogue, cens, chiffrage, comptage, compte, décompte, dénombrement, détail, énumération, état, évaluation, inventaire, inventoriage, inventorisation, liste, litanie, numération, recensement, recension, rôle, statistique. ▶ *Cérémonie militaire* – défilade, défilé, parade, prise d'armes. ▶ *Spectacle* – attraction, concert, danse, divertissement, exécution, exhibition, happening, numéro, pièce, projection, récital, représentation, séance, soirée.

rhétorique *n. f.* ▶ *Éloquence* – ardeur, art, art oratoire, brio, chaleur, charme, conviction, élégance, expression, maîtrise, parole, persuasion. SOUT. bien-dire. ▶ *Étude* – stylistique, tropologie.

rhume *n. m.* rhinite.

riant *adj.* ▶ *Gai* – allègre, badin, de belle humeur, en gaieté, en joie, enjoué, épanoui, folâtre, foufou, gai, guilleret, hilare, jovial, joyeux, léger, plein d'entrain, réjoui, rieur, souriant. FAM. rigolard, rigoleur. ▶ *Agréable* – agréable, amusant, charmant, distrayant, divertissant, égayant, gai, plaisant, réjouissant, souriant, sympathique. *FAM.* bonard, chic, chouette, sympa. ▲**ANT.** TRISTE; BOURRU, DE MAUVAISE HUMEUR, GROGNON, MAUSSADE, MOROSE, RENFROGNÉ, TACITURNE; DÉPRIMÉ, LAS, MÉLANCOLIQUE, MORNE, PESSIMISTE, SOMBRE, TÉNÉBREUX; AFFLIGEANT, ATTRISTANT, CHAGRINANT, DÉPLORABLE, DÉSESPÉRANT, DÉSOLANT, NAVRANT.

ricanement *n. m.* ▶ *Rire* – éclat (de rire), enjouement, esclaffement, fou rire, gaieté, gros rire, hilarité, raillerie, rictus, rire, ris, risée, sourire. *FAM.* rigolade, risette. ▶ *Raillerie* – dérision, épigramme, esprit, flèche, goguenardise, gouaille, gouaillerie, humour, ironie, lazzi, malice, moquerie, persiflage, pique, plaisanterie, pointe, quolibet, raillerie, risée, sarcasme, satire, taquinerie, trait. *SOUT.* brocard, nargue, saillie. *FAM.* vanne. *QUÉB. FAM.* craque. *QUÉB. SUISSE FAM.* fion. ▲**ANT.** BRAILLEMENT, PLEURS, SANGLOTS.

ricaner *v.* ▲**ANT.** PLEURER.

riche *adj.* ▶ *Fortuné* – à l'aise, aisé, cossu, cousu d'or, fortuné, huppé, milliardaire, millionnaire, nanti, privilégié, qui a les moyens, qui roule sur l'or. *SOUT.* opulent. *FAM.* argenté, plein aux as; *PÉJ.* richard. *FRANCE FAM.* friqué, rupin. ▶ *Somptueux* – fastueux, luxueux, magnifique, opulent, princier, royal, seigneurial, somptueux. *SOUT.* magnificent, splendide. ▶ *Abondant* – abondant, débordant, fécond, fertile, foisonnant, fructueux, généreux, inépuisable, intarissable, productif, prolifique. *SOUT.* copieux, inexhaustible, plantureux. ▶ *Prospère* – beau, brillant, faste, fécond, florissant, heureux, prospère. ▶ *En parlant de nourriture* – consistant, nourrissant, nutritif, rassasiant, substantiel. *FAM.* bourrant, bourratif, qui cale l'estomac. *QUÉB. FAM.* toquant. ▲**ANT.** DANS LE BESOIN, DÉFAVORISÉ, DÉMUNI, INDIGENT, MISÉRABLE, MISÉREUX, NÉCESSITEUX, PAUVRE; AUSTÈRE, DÉPOUILLÉ, HUMBLE, MODESTE, SIMPLE, SOBRE; ARIDE, INFÉCOND, INFERTILE, STÉRILE; FAIBLE, MAIGRE, MÉDIOCRE.

riche *n.* crésus, financier, heureux, milliardaire, millionnaire, multimilliardaire, multimillionnaire, nabab, nanti, ploutocrate, privilégié, rentier. *SOUT.* satrape. *FRANCE FAM.* rupin. *ANC.* milord. ▲**ANT.** MISÉREUX, PAUVRE, VA-NU-PIEDS.

richesse *n. f.* ▶ *Fertilité* – abondance, fécondité, fertilité, générosité, luxuriance, prodigalité, productivité, rendement. ▶ *Opulence* – abondance, aisance, bien-être, fortune, opulence, or, prospérité. ▶ *Luxe* – abondance, apparat, appareil, beauté, confort, dolce vita, éclat, étalage, faste, grandeur, luxe, magnificence, majesté, opulence, ostentation, pompe, profusion, somptuosité, splendeur. ▶ *Profusion* – abondance, afflux, amas, ampleur, concentration, débauche, débordement, exubérance, filon, floraison, foisonnement, forêt, foule, fourmillement, gisement, infinité, inondation, luxe, luxuriance, masse, mine, multiplicité, myriade, nuée, orgie, paquet, pléthore, poussière, profusion, quantité, surabondance, tas, trop-plein. *FIG.* carnaval. *FAM.* festival, flopée, kyrielle, tapée, tonne, tripotée, wagon. *QUÉB. FAM.* bourrée, tapon. *SUISSE FAM.* craquée. ◆ **richesses**, *plur.* ▶ *Trésor* – moyens, or, pactole, ressources, trésor. ▶ *Capital* – argent, avoir, bien, capital, cassette, épargne, fonds, fortune, fruit, gain, investissement, liquidités, masse, numéraire, patrimoine,

pécule, placement, portefeuille, possession, produit, propriété, trésor, valeur. *SOUT.* deniers. *FAM.* finances, magot. ▶ *Ce qui peut être exploité* – potentiel, ressources. ▲**ANT.** ARIDITÉ, STÉRILITÉ; BESOIN, INDIGENCE, MANQUE, MISÈRE, PAUVRETÉ; DÉPOUILLEMENT, SIMPLICITÉ, SOBRIÉTÉ; CARENCE, INSUFFISANCE, RARETÉ.

ride *n. f.* ▶ *Pli* – commissure, fanon, froncement, pli, pliure, repli, ridule. ▶ *Indice* – apparence, cachet, cicatrice, critère, empreinte, indication, indice, lueur, marque, ombre, pas, piste, preuve, repère, reste, sceau, signature, signe, stigmate, tache, témoignage, témoin, trace, trait, vestige. ▲**ANT.** CÔTE, NERVURE.

rideau *n. m.* ▶ *Pièce d'étoffe* – cantonnière, draperie, mille fleurs, pente de fenêtre, portière, store, tapisserie, tenture, toile. ▶ *Objet qui couvre* – voile. ▶ *Obstacle* – barrage, barricade, barrière, cloison, défense, écran, mur, obstacle, séparation.

ridicule *adj.* ▶ *Qui suscite la moquerie* – dérisoire, grotesque, risible. ▶ *Qui tient de la caricature* – caricatural, carnavalesque, clownesque, comique, grotesque. ▶ *Très insuffisant* – dérisoire, insignifiant, malheureux, minime, misérable, piètre. ▶ *Dénué d'intelligence* – bête, idiot, imbécile, inepte, inintelligent, sot, stupide. ▶ *Contraire au bon sens* – aberrant, absurde, déraisonnable, fou, idiot, illogique, inepte, insensé, irrationnel, qui n'a aucun sens, stupide. *QUÉB.* insane. *FAM.* dément, qui ne tient pas debout. *PSYCHOL.* confusionnel. *PHILOS.* alogique. ▲**ANT.** RESPECTABLE; ADMIRABLE, ESTIMABLE, HONORABLE, LOUABLE, MÉRITOIRE; APPRÉCIABLE, DE TAILLE, FORT, GRAND, GROS, IMPORTANT, NOTABLE, SENSIBLE, SUBSTANTIEL; AUSTÈRE, GRAVE, SÉRIEUX; ASTUCIEUX, BIEN PENSÉ, HABILE, INGÉNIEUX, INTELLIGENT, JUDICIEUX, PERTINENT.

ridiculiser *v.* bafouer, faire des gorges chaudes de, gouailler, railler, rire au nez de, rire aux dépens de, rire de, s'amuser aux dépens de, s'amuser de, se gausser de, se moquer de, tourner au/en ridicule, tourner en dérision. *SOUT.* brocarder, dauber, fronder, larder d'épigrammes, moquer, persifler, satiriser. *FAM.* chambrer, charrier, chiner, faire la nique à, se foutre de la gueule de, se payer la gueule de, se payer la tête de. *QUÉB. FAM.* niaiser. ▲**ANT.** APPLAUDIR, COMPLIMENTER, ENCOURAGER, FÉLICITER, HONORER, LOUANGER, VANTER.

rien *n. m.* ▶ *Néant* – désert, néant, nullité, vacuité, vacuum, vide, zéro. ▶ *Un peu* – arrière-goût, atome, bouchée, brin, doigt, filet, goutte, gouttelette, grain, larme, lueur, miette, nuage, once, paille, parcelle, peu, pointe, relent, restant, reste, soupçon, tantinet, teinte, touche, trace, trait, zeste. *FAM.* chouia. ▶ *Objet de peu de valeur* – affiquet, babiole, bagatelle, baliverne, bêtise, bibelot, breloque, bricole, brimborion, chiffon, colifichet, fanfreluche, fantaisie, frivolité, futilité, gadget, hochet, inutilité, jouet, misère. *FAM.* gnognote. ▶ *Affaire sans importance* – amusette, bagatelle, baliverne, bêtise, bricole, brouille, chanson, détail, enfantillage, fadaise, faribole, frivolité, futilité, jeu, misère, plaisanterie, sornette, sottise, vétille. *SOUT.* badinerie, puérilité. *BELG.* foutaise, mômerie. *FAM.* carabistouille. ▲**ANT.** QUELQUE CHOSE, TOUT; PLÉNITUDE, TOTALITÉ; ABONDANCE, PLÉTHORE, PROFUSION.

rieur *adj.* allègre, badin, de belle humeur, en gaieté, en joie, enjoué, épanoui, folâtre, foufou, gai, guilleret, hilare, jovial, joyeux, léger, plein d'entrain, réjoui, riant, souriant. *FAM.* rigolard, rigoleur. ▲**ANT.** BOURRU, DE MAUVAISE HUMEUR, GROGNON, MAUSSADE, MOROSE, RENFROGNÉ, TACITURNE; DÉPRIMÉ, LAS, MÉLANCOLIQUE, MORNE, PESSIMISTE, SOMBRE, TÉNÉBREUX, TRISTE.

rigide *adj.* ▶ *Qui garde sa forme* – dur, ferme, fort, raide, résistant, solide. ▶ *Qui ne laisse aucune liberté* – astreignant, contraignant, étroit, restreignant, rigoureux, strict. ▶ *Très exigeant* – draconien, dur, exigeant, rigoureux, sévère, strict. *FAM.* chien, vache. *FRANCE FAM.* rosse. ▶ *Austère* – ascétique, austère, frugal, janséniste, monacal, puritain, rigoriste, rigoureux, sévère, spartiate. *SOUT.* claustral, érémitique. ▲**ANT.** ÉLASTIQUE, FLEXIBLE, MOU, SOUPLE; LAXISTE, LIBRE, PERMISSIF; ACCOMMODANT, BIENVEILLANT, CLÉMENT, COMPRÉHENSIF, DOUX, INDULGENT, TOLÉRANT; BON VIVANT, ÉPICURIEN, HÉDONISTE, JOUISSEUR, SENSUEL, VOLUPTUEUX.

rigidité *n. f.* ▶ *Fait d'être solide* – cohésion, compacité, consistance, coriacité, dureté, fermeté, fixité, force, homogénéité, indélébilité, indestructibilité, inextensibilité, massiveté, monolithisme, résilience, résistance, robustesse, solidité, sûreté. ▶ *Fait d'être raide* – ankylose, raideur. ▶ *Sévérité* – dureté, exigence, impitoyabilité, implacabilité, inclémence, inflexibilité, intransigeance, rigueur, sévérité. *SOUT.* inexorabilité. ▶ *Intolérance* – dogmatisme, étroitesse d'esprit, étroitesse de vue, fanatisme, intolérance, intransigeance, parti pris. *SOUT.* sectarisme. *PSYCHOL.* psychorigidité. ▶ *Austérité* – âpreté, aridité, austérité, dureté, exigence, gravité, rigueur, sécheresse, sérieux, sévérité. ▶ *Solennité* – componction, décence, dignité, gravité, hiératisme, majesté, pompe, raideur, réserve, sérieux, solennité. ▲**ANT.** ÉLASTICITÉ, FLEXIBILITÉ, SOUPLESSE; DOUCEUR, INDULGENCE, LAXISME, PERMISSIVITÉ, TOLÉRANCE.

rigole *n. f.* ▶ *Naturel* – ruisseau. *QUÉB. FAM.* crique. ▶ *Petit* – ruisselet. ▶ *Artificiel* – adducteur, baradeau, baradine, canal, drain, encaissement, fossé, lit, sangsue, tranchée. *BELG.* watergang. *SUISSE* bisse. *AFR.* seguia. ▶ *Petit* – saignée. *TECHN.* dalot, goulette, goulotte, larron d'eau, noue, noulet, pierrée. ▶ *Bordant une route* – caniveau, cassis, ruisseau. ▶ *Souterrain* – aqueduc, égout, puisard *(vertical).* ▶ *Entre deux écluses* – bief, sas. ▶ *Entre deux rivières* – arroyo. ▶ *Sillon* – dérayure, enrayure, jauge, orne, perchée, raie, rayon, sillon. *GÉOL.* sulcature. ▲**ANT.** FLEUVE, RIVIÈRE.

rigolo *adj.* amusant, bouffon, burlesque, cocasse, comique, d'un haut comique, désopilant, drolatique, drôle, gai, hilarant, humoristique, impayable, ineffable, inénarrable, plaisant, risible, vaudevillesque. *SOUT.* drôlet. *FAM.* bidonnant, boyautant, crevant, éclatant, gondolant, marrant, poilant, roulant, tordant. *QUÉB. FAM.* crampant, mourant. ▲**ANT.** GRAVE, SÉRIEUX; ATTRISTANT, CHAGRINANT, TRISTE.

rigoureusement *adv.* ▶ *Austèrement* – austèrement, durement, étroitement, puritainement, rigidement, sévèrement, stoïquement, strictement. ▶ *Méthodiquement* – analytiquement, conséquemment, dialectiquement, inductivement, logiquement, mathématiquement, méthodiquement, point par point, rationnellement, scientifiquement, sensément, soigneusement, systématiquement, techniquement. *SOUT.* cohéremment. ▶ *Soigneusement* – amoureusement, attentivement, consciencieusement, en détail, méticuleusement, minutieusement, précieusement, précisément, proprement, religieusement, scrupuleusement, sérieusement, soigneusement, vigilamment. ▲**ANT.** AVEC INDULGENCE, AVEC LAXISME; DE FAÇON BÂCLÉE, N'IMPORTE COMMENT, NÉGLIGEMMENT, SANS SOIN.

rigoureux *adj.* ▶ *Très précis* – exact, géométrique, mathématique. ▶ *Très exigeant* – draconien, dur, exigeant, rigide, sévère, strict. *FAM.* chien, vache. *FRANCE FAM.* rosse. ▶ *Austère* – ascétique, austère, frugal, janséniste, monacal, puritain, rigide, rigoriste, sévère, spartiate. *SOUT.* claustral, érémitique. ▶ *Qui ne laisse aucune liberté* – astreignant, contraignant, étroit, restreignant, rigide, strict. ▶ *Total* – absolu, complet, entier, exhaustif, global, inconditionnel, intégral, parfait, plein, sans réserve, total. *QUÉB. FAM.* mur-à-mur. *PÉJ.* aveugle. ▶ *Méticuleux* – appliqué, assidu, attentif, consciencieux, méthodique, méticuleux, minutieux, ordonné, précis, rangé, scrupuleux, soigné, soigneux, systématique. *SOUT.* exact. ▶ *En parlant de l'hiver, du climat* – âpre, dur, inclément, rude. ▲**ANT.** APPROXIMATIF, IMPRÉCIS, INCERTAIN, INEXACT; NÉGLIGENT; BIENVEILLANT, CLÉMENT, COMPRÉHENSIF, DOUX, INDULGENT, TOLÉRANT; ACCABLANT, BRÛLANT, CANICULAIRE, ÉCRASANT, ÉTOUFFANT, LOURD, SAHARIEN, SUFFOCANT, TORRIDE, TROPICAL.

rigueur *n. f.* ▶ *Austérité* – âpreté, aridité, austérité, dureté, exigence, gravité, rigidité, sécheresse, sérieux, sévérité. ▶ *Sévérité* – dureté, exigence, impitoyabilité, implacabilité, inclémence, inflexibilité, intransigeance, rigidité, sévérité. *SOUT.* inexorabilité. ▶ *Perfectionnisme* – perfectionnisme, purisme, rigorisme. ▶ *Exactitude* – exactitude, infaillibilité, justesse, netteté, précision. ▶ *Appareil* – résolution, résolvance. ▶ *Droiture* – droiture, rectitude. ▶ *Conditions atmosphériques* – gros temps, intempérie, mauvais temps. *SOUT.* inclémence. *FAM.* coup de barbac, temps de chien. ▲**ANT.** CLÉMENCE, DOUCEUR, INDULGENCE; LAISSER-ALLER, LAXISME; APPROXIMATION, IMPRÉCISION, INCERTITUDE, INEXACTITUDE.

rime *n. f.* consonance, homonymie, homophonie, unisson. *FAM.* rimette.

rincer *v.* ▶ *Laver* – curer, décrasser, désencrasser, déterger, frotter, gratter, nettoyer, racler, récurer. *FAM.* décrotter. *BELG. FAM.* approprier, faire du propre, reloqueter. *SUISSE* poutser. ▶ *Ruiner au jeu (FAM.)* – ruiner. *FAM.* lessiver, nettoyer, ratiboiser, rétamer. ▶ *En parlant de la pluie (FAM.)* – mouiller, tremper. *FAM.* doucher, saucer. ▲**ANT.** ENCRASSER, GRAISSER, MACULER, SALIR, TACHER.

ripailleur *adj.* avide, dévoreur, glouton, goinfre, goulu, gourmand, intempérant, vorace. *FRANCE FAM.* morfal. *BELG.* goulafre. *PATHOL.* boulimique. ▲**ANT.** ASCÉTIQUE, AUSTÈRE, FRUGAL, SPARTIATE.

riposte *n. f.* ▶ *Réponse* – écho, objection, réaction, réflexe, réfutation, repartie, réplique, réponse. *FIG.* contre-attaque. ▶ *Vengeance* – châtiment, colère, (loi du) talion, pareille, punition, rancune, réciproque, réparation, représailles, ressentiment, rétorsion, revanche, vendetta, vengeance. *SOUT.* vindicte.

rival

▶ *Coup de la boxe* – allonge, attaque, frappe, garde, poing, portée, punch. ▲**ANT.** AGRESSION, ASSAUT, ATTAQUE; PARDON.

riposter *v.* ▶ *Répondre* – discuter, raisonner, répliquer, répondre, rétorquer. *SOUT.* repartir. ▶ *Contre-attaquer* – contre-attaquer, lancer une contre-attaque, répliquer. ▲**ANT.** S'ABSTENIR, SE TAIRE; PARDONNER.

rire *v.* ▶ *Manifester sa gaieté* – glousser, se dérider. *FAM.* rigoler, se bidonner, se boyauter, se désopiler, se dilater la rate, se fendre la pipe, se fendre la poire, se gondoler, se marrer, se poiler, se rouler par terre, se tenir les côtes, se tordre (de rire). *FRANCE FAM.* se fendre la tirelire, se tire-bouchonner. *SUISSE FAM.* se mailler de rire. ▶ *Plaisanter* – badiner, folâtrer, jouer, plaisanter, s'amuser, se gausser. *FAM.* batifoler, blaguer, déconner, rigoler. *BELG.* baleter, zwanzer. ▶ *Se moquer* – bafouer, faire des gorges chaudes de, gouailler, railler, ridiculiser, s'amuser aux dépens de, s'amuser de, se gausser de, se moquer de, tourner au/en ridicule, tourner en dérision. *SOUT.* brocarder, dauber, fronder, larder d'épigrammes, moquer, persifler, satiriser. *FAM.* chambrer, charrier, chiner, faire la nique à, se foutre de la gueule de, se payer la gueule de, se payer la tête de. *QUÉB. FAM.* niaiser. ◀ *Se moquer légèrement* – s'amuser, sourire. ♦ *se rire* ▶ *Surmonter avec facilité* – se jouer de. ▲**ANT.** PLEURER; S'AFFLIGER, S'ATTRISTER.

rire *n.m.* ▶ *Hilarité* – éclat (de rire), enjouement, esclaffement, fou rire, gaieté, gros rire, hilarité, raillerie, ricanement, rictus, ris, risée, sourire. *FAM.* rigolade, risette. ▲**ANT.** LARME, PLEUR, SANGLOT.

risible *adj.* ▶ *Comique* – amusant, bouffon, burlesque, cocasse, comique, d'un haut comique, désopilant, drolatique, drôle, gai, hilarant, humoristique, impayable, ineffable, inénarrable, plaisant, rigolo, vaudevillesque. *SOUT.* drôlet. *FAM.* bidonnant, boyautant, crevant, éclatant, gondolant, marrant, poilant, roulant, tordant. *QUÉB.* crampant, mourant. ▶ *Ridicule* – dérisoire, grotesque, ridicule. ▲**ANT.** GRAVE, SÉRIEUX; ATTRISTANT, CHAGRINANT, TRISTE; ADMIRABLE, ESTIMABLE, HONORABLE, LOUABLE, MÉRITOIRE, RESPECTABLE.

risque *n.m.* ▶ *Danger* – aléa, casse-cou, danger, détresse, difficulté, écueil, embûche, épée de Damoclès, épouvantail, guêpier, hasard, impasse, imprudence, insécurité, mauvais pas, menace, perdition, péril, piège, point chaud, point sensible, poudrière, récif, spectre, traverse, urgence, volcan. *SOUT.* tarasque. *FRANCE FAM.* casse-gueule. ▶ *Pari* – défi, gageure, mise, pari. ▲**ANT.** ASSURANCE, PRÉCAUTION, SÉCURITÉ.

risqué *adj.* audacieux, aventuré, aventureux, dangereux, extrême *(sport)*, fou, hardi, hasardé, hasardeux, imprudent, osé, périlleux, suicidaire, téméraire. *SOUT.* scabreux. *FAM.* casse-cou, casse-gueule. ▲**ANT.** ANODIN, BÉNIN, INNOCENT, INOFFENSIF, SANS DANGER, SÛR; PRUDENT; CHASTE, PUDIQUE.

risquer *v.* ▶ *Mettre en péril* – aventurer, compromettre, exposer, hasarder, hypothéquer, jouer, mettre en jeu, mettre en péril. ▶ *Mettre en jeu* – blinder, jouer, miser, parier, ponter, y aller de. *FAM.* éclairer. *QUÉB.* gager. ▶ *Oser une parole* – avancer, émettre, hasarder, oser. ▶ *Encourir* – chercher, courir le risque de, donner prise à, encourir, être passible de, mériter, prêter le flanc à, s'attirer, s'exposer à. *QUÉB. FAM.* courir après. ♦ *se risquer* ▶ *S'aventurer* – s'avancer, s'aventurer, s'engager, s'essayer à, se hasarder, se lancer. *FAM.* s'embarquer, s'empêtrer, se fourrer, se mettre les pieds dans. *FRANCE FAM.* s'embringuer. ▲**ANT.** ASSURER, PROTÉGER. △**SE RISQUER** – ÉVITER, S'ABSTENIR DE; FUIR.

rite *n.m.* ▶ *Acte rituel* – cérémonie, pratique, rituel. ▶ *Coutume* – convention, coutume, habitude, habitus, mode, mœurs, pratique, règle, tradition, us et coutumes, usage. ▶ *Habitude* – accoutumance, automatisme, façons, habitude, manières, mœurs, pli, réflexe, rituel, seconde nature. *PSYCHOL.* stéréotypie. *FAM.* abonnement, métro-boulot-dodo, train-train, train-train quotidien. ◀ *Non favorable* – encroûtement, manie, marotte, monotonie, ordinaire, ronron, routine, tic, uniformité. ▲**ANT.** SACRILÈGE.

rituel *adj.* ▶ *Qui relève d'un rite* – cultuel, hiératique, liturgique, religieux, sacré. ▶ *Coutumier* – accoutumé, attendu, connu, consacré, coutumier, d'usage, de pratique courante, de règle, de tradition, familier, habituel, naturel, normal, ordinaire, quotidien, régulier, routinier, usuel. ▲**ANT.** EXCEPTIONNEL, INACCOUTUMÉ, INHABITUEL, RARE.

rituel *n.m.* ▶ *Geste symbolique* – cérémonie, pratique, rite. ▶ *Habitude* – accoutumance, automatisme, façons, habitude, manières, mœurs, pli, réflexe, rite, seconde nature. *PSYCHOL.* stéréotypie. *FAM.* abonnement, métro-boulot-dodo, train-train, train-train quotidien. ◀ *Non favorable* – encroûtement, manie, marotte, monotonie, ordinaire, ronron, routine, tic, uniformité. ▶ *Livre liturgique* – antologe *(Église orthodoxe)*, bréviaire, cérémonial, directoire, (livre d')heures, livre de messe, livre de prières, missel, ordinal *(Église anglicane)*, paroissien, rational. ◀ *Selon les prières* – antiphonaire *(chants)*, diurnal *(office de la journée)*, eucologe *(dimanche et jours de fête)*, évangéliaire, hymnaire, processionnal *(processions)*, psautier *(psaumes)*, vespéral *(office du soir)*. ▲**ANT.** SACRILÈGE; EXCEPTION, FRAÎCHEUR, INATTENDU, ORIGINALITÉ, SINGULARITÉ; BOULEVERSEMENT, CHANGEMENT, DÉRÈGLEMENT.

rivage *n.m.* berge, bord, rive. ◀ *Plat* – graves, grève, plage. *QUÉB.* bordages *(glaces côtières)*. ◀ *Longeant la mer* – bord de mer, côte, littoral. ◀ *À marée basse* – estran, lais, laisse, platier. *QUÉB.* batture. ◀ *Longeant un cours d'eau* – berge. ▲**ANT.** HAUTE MER, LARGE; INTÉRIEUR DES TERRES.

rival *n.* ▶ *Adversaire* – adversaire, antagoniste, attaqueur, compétiteur, concurrent, contestataire, contraire, contre-manifestant, détracteur, dissident, ennemi, mécontent, opposant, opposé, pourfendeur, prétendant, protestataire. ▶ *Imitateur* – continuateur, disciple, égal, imitateur, successeur. *SOUT.* émule, épigone. ▲**ANT.** ALLIÉ, ASSOCIÉ, PARTENAIRE; AMI, CAMARADE.

rivaliser *v.* ▶ *Faire mieux sur un aspect* – lutter de. *SOUT.* disputer de, faire assaut de, jouter de, le disputer en. ▶ *Faire concurrence à qqn* – concurrencer, faire concurrence à. *QUÉB.* compétitionner. ▲**ANT.** COOPÉRER; SUIVRE LOIN DERRIÈRE, TRAÎNER; TRANCHER SUR.

rivalité *n. f.* affrontement, antagonisme, combat, compétition, concurrence, conflit, contentieux, contestation, controverse, débat, désaccord, différend, discorde, discussion, dispute, dissension, dissentiment, divergence, émulation, friction, heurt, incompatibilité, incompréhension, lutte, mésentente, mésintelligence, opposition, polémique, querelle. *FAM.* bagarre. ▲**ANT.** COLLABORATION, COMPLICITÉ, COOPÉRATION, SOUTIEN.

rive *n. f.* berge, bord, rivage. ▸ *Plat* – graves, grève, plage. *QUÉB.* bordages *(glaces côtières)*. ▸ *Longeant la mer* – bord de mer, côte, littoral. ▸ *À marée basse* – estran, lais, laisse, platier. *QUÉB.* batture. ▸ *Longeant un cours d'eau* – berge. ▲**ANT.** HAUTE MER, LARGE; INTÉRIEUR DES TERRES.

river *v.* ▶ *Fixer par des rivets* – riveter. ▶ *Immobiliser qqch.* – amarrer, arrimer, assujettir, assurer, attacher, bloquer, fixer, immobiliser, retenir. ▶ *Immobiliser qqn* – clouer, immobiliser, maintenir, retenir, tenir. ▲**ANT.** DÉTACHER, LIBÉRER; BOUGER, MOUVOIR.

rivière *n. f.* ▶ *Cours d'eau* – rivièrete *(petite)*. ▶ *Grande quantité* – abondance, avalanche, averse, bombardement, bordée, cascade, déferlement, déluge, flot, flux, grêle, kaléidoscope, mascaret, pluie, torrent, vague. *SOUT.* fleuve. ◆ *rivières, plur.* ▶ *Ensemble des cours d'eau* – réseau fluvial, réseau hydrographique. ▲**ANT.** FILET, GOUTTE, LARME, ONCE, PEU.

robe *n. f.* ▶ *Vêtement d'un seul tenant* – cape, pagne, sampot *(Asie)*, sari *(Inde)*, sarong *(Asie)*. *ANTIQ.* chlamyde, (robe) prétexte, toge. ▶ *Vêtement pour bébé* – barboteuse, brassière, camisole, dormeuse (-couverture), grenouillère, lange, maillot. ▶ *Vêtement de travail* – bleu, blouse, combinaison, cotte, peignoir, poitrinière, robe-tablier, salopette, sarrau, suroît *(de marin)*, tablier, toge, uniforme, vareuse. *QUÉB. FAM.* chienne, froc. *ANC.* bourgeron. ▶ *Poil* – fourrure, lainage, livrée, manteau, mantelure *(chien)*, peau, pelage, toison. ▶ *Enveloppe des légumes et fruits* – bogue, brou, coque, coquille, cosse, écale, écalure, écorce, efflorescence, épicarpe, peau, pellicule, pelure, pruine, tégument, zeste. ▶ *Couleur* – coloration, coloris, couleur, degré, demi-teinte, nuance, teinte, ton, tonalité. *SOUT.* chromatisme. ◆ *la robe, sing.* ▶ *Justice* – gens de robe, la justice. *FAM.* la basoche.

robinet *n. m.* ▶ *Dispositif* – bec de cygne, prise (d'eau), purgeur. *QUÉB. FAM.* champlure. ▸ *Valve* – clapet, obturateur, reniflard, soupape, valve, valvule, vannelle, vantelle. ▶ *Poignée* – anse, bec-de-cane, béquille, bouton (de porte), crémone, crosse *(arme à feu)*, ente, espagnolette, main *(tiroir)*, manche, mancheron, maneton, manette, manicle, oreille, pied-de-biche, poignée, queue *(casserole)*. *BELG.* clenche. *SPORTS* palonnier. ◆ *robinets, plur.* ▶ *Ensemble de dispositifs* – robinetterie.

robuste *adj.* ▶ *Costaud* – athlétique, bien bâti, bien découplé, bréviligne, costaud, fort, gaillard, musclé, puissant, râblé, ragot *(animal)*, ramassé, solide, trapu, vigoureux. *SOUT.* bien membré, membru, musculeux. *FAM.* qui a du coffre. *FRANCE FAM.* balèze, bien baraqué, malabar, maous. ▶ *En bonne santé* – bâti à chaux et à sable, gaillard, solide, vaillant, vigoureux. ▶ *Tenace* – coriace, inusable, rebelle, résistant, tenace, vivace. ▲**ANT.** ANÉMIQUE, CHÉTIF, DÉBILE, DÉLICAT, FAIBLE, FRAGILE, FRÊLE, MALINGRE, RACHITIQUE; CHANCELANT, VACILLANT.

rocher *n. m.* ▶ *Masse minérale* – caillou, galet, minerai, minéral, pierre, pierrette *(petite)*, roc, roche. ▶ *Écueil* – brisant, écueil, étoc, récif, rocher (à fleur d'eau). ▶ *Os* – os temporal, temporal.

rocheux *adj.* caillouteux, graveleux, pierreux, rocailleux.

rôder *v.* ▶ *Errer sans but* – badauder, déambuler, errer, flâner, (se) baguenauder, se balader, se promener, traînailler, traînasser, traîner, vagabonder. *SOUT.* battre le pavé, divaguer, vaguer. *FAM.* vadrouiller, zoner. *ACADIE FAM.* gaboter. *BELG. FAM.* baligander, balziner. ▶ *Errer avec une intention suspecte* – fureter. ▲**ANT.** S'ARRÊTER, SE FIXER.

roi *n. m.* ▶ *Souverain* ▸ *Titre* – majesté, sire. ▶ *Personnage important* – chef, maître, meneur, numéro un, parrain, seigneur, tête. *FAM.* baron, cacique, caïd, éléphant, (grand) manitou, grand sachem, gros bonnet, grosse légume, hiérarque, huile, pontife. *FRANCE FAM.* (grand) ponte, grosse pointure. *QUÉB. FAM.* grosse tuque. ▸ *Avec titre* – autorité, brevetaire, dignitaire, officiel, responsable, supérieur. ▸ *Puissant* – magnat, mandarin, roi (de X), seigneur et maître. *SOUT.* prince. *PÉJ.* adjudant. ▸ *Peu important* – chefaillon, petit chef. ▶ *Oiseau* *(QUÉB. FAM.)* – gros-bec des pins. *QUÉB. FAM.* bourgogneux, bourgeonnier. ◆ *les Rois, plur.* ▶ *Rois mages* – les Mages, les Rois mages. ▶ *Fête* – Épiphanie, fête des Rois, jour des Rois. ▲**ANT.** SUJET.

rôle *n. m.* ▶ *Fonction* – affectation, charge, dignité, emploi, fonction, métier, mission, office, place, poste, responsabilité, siège, titre, vocation. ▶ *Jeu d'un acteur* – personnage. ▶ *Influence* – action, aide, appui, ascendant, attirance, attraction, aura, autorité, contagion, crédit, dominance, domination, effet, empreinte, emprise, fascination, force, importance, incitation, influence, inspiration, magie, magnétisme, mainmise, manipulation, mouvance, persuasion, pétition, poids, pouvoir, prépondérance, présence, pression, prestige, puissance, règne, séduction, subjugation, suggestion, tyrannie. *SOUT.* empire, intercession. ▶ *Dénombrement* – catalogue, cens, chiffrage, comptage, compte, décompte, dénombrement, détail, énumération, état, évaluation, inventaire, inventoriage, inventorisation, liste, litanie, numération, recensement, recension, revue, statistique. ▶ *Liste* – barème, bordereau, cadre, catalogue, index, inventaire, liste, matricule, mémoire, menu, nomenclature, registre, relevé, répertoire, série, suite, table. *SUISSE* tabelle.

roman *n. m.* ▶ *Récit fictif* – chantefable, chronique, conte, épopée, fabliau, histoire, historiette, légende, monogatari *(Japon)*, mythe, nouvelle, odyssée, saga. ▸ *Fiction* – affabulation, artifice, chimère, combinaison, comédie, expédient, fabrication, fabulation, fantaisie, feinte, fiction, fumisterie, histoire, idée, imagination, invention, irréalité, légende, mensonge, rêve, saga, songe. PSYCHOL. confabulation, mythomanie. ▲ANT. FAIT, RÉALITÉ.

romancer *v.* ▲ANT. OBJECTIVISER.

romanesque *adj.* ▸ *Rêveur* – chimérique, idéaliste, rêveur, utopiste, visionnaire. ▸ *Sentimental* – fleur bleue, romantique, sensible, sentimental, tendre. ▸ *De façon excessive* – à l'eau de rose, sentimentaliste. FRANCE FAM. cucul la praline. ▲ANT. BRUTAL, CRU, DIRECT ; BANAL, PLAT, PROSAÏQUE, RÉALISTE.

romantique *adj.* ▸ *Sentimental* – fleur bleue, romanesque, sensible, sentimental, tendre. ▸ *Poétique* – lyrique, poétique. ▲ANT. CLASSIQUE ; BRUTAL, CRU, DIRECT ; BANAL, PLAT, PROSAÏQUE, RÉALISTE.

romantisme *n. m.* ▸ *Sensibilité* – affect, affectivité, âme, attendrissement, cœur, compassion, émotion, émotivité, empathie, fibre, humanité, impressionnabilité, pitié, sensibilité, sentiment, sentimentalité, susceptibilité, sympathie, tendresse, vulnérabilité. SOUT. entrailles. FAM. tripes. ▸ *À l'excès* – hyperémotivité, hypersensibilité, sensiblerie, sentimentalisme. ▲ANT. CLASSICISME, RÉALISME ; FROIDEUR.

rompre *v.* ▸ *Casser* – briser, casser, démolir, disloquer, fracasser, mettre en pièces. FAM. démantibuler. ▸ *Interrompre* – briser, couper court à, interrompre, mettre fin à, mettre un terme à. ▸ *Résilier* – annuler, casser, dissoudre, mettre fin à, résilier. BELG. renoncer. DR. nullifier, rescinder, résoudre. ▸ *Habituer* (SOUT.) – discipliner, dresser, entraîner, exercer, façonner, former, habituer. ▸ *Blesser par fracture* – casser, fracturer. ▸ *Se quitter* – se brouiller, se désunir, se fâcher, se quitter, se séparer. ♦ **rompre ou se rompre** ▸ *Se casser* – céder, lâcher, (se) casser. FAM. péter. ▲ANT. ATTACHER, JOINDRE, NOUER, SOUDER, UNIR ; COMMENCER ; CONTINUER ; RÉTABLIR ; SE RÉCONCILIER. △SE ROMPRE – RÉSISTER, TENIR.

rond *adj.* ▸ *En forme de cercle* – circulaire, orbiculaire. ▸ *En forme de globe* – globulaire, globuleux, sphérique, sphéroïdal, sphéroïdique. ▸ *De forme arrondie* – arrondi, bombé, convexe, courbe, pansu, rebondi, renflé, ventru. ▸ *En parlant du physique* – arrondi, aux formes pleines, charnu, dodu, enveloppé, grassouillet, plein, potelé, pulpeux, rebondi, replet, rondelet. FAM. boulot, girond, rondouillard. QUÉB. grasset. ▸ *En parlant du visage* – joufflu, poupard, poupin. ▸ *Ivre* (FAM.) – aviné, en état d'ébriété, enivré, ivre, pris de boisson. ▲ANT. ANGULEUX, CARRÉ, POINTU ; PLAT ; CONCAVE, CREUX, RENTRANT ; ÉLANCÉ, FILIFORME, FLUET, FRÊLE, GRACILE, GRÊLE, LONGILIGNE, MAIGRE, MINCE, SVELTE ; SOBRE.

rond *n. m.* ▸ *Courbe* – boucle, cercle, orbe, orbite, ovale, rond. ▸ *Partie d'une cuisinière* – plan de cuisson, plaque chauffante. ▸ *Chose ronde* – anneau, bague, cerceau, cercle, collier, couronne, disque, rondelle. ▸ *Argent* – sou. ▸ *Muscle* – muscle rond.

ronde *n. f.* ▸ *Surveillance* – attention, espionnage, faction, filature, garde, gardiennage, guet, îlotage, inspection, monitorage, observation, patrouille, sentinelle, veille, veillée, vigie, vigilance. FAM. filoche,

flicage. ▸ *Écriture* – écriture ronde. ▸ *Châtiment* (QUÉB. FAM.) – châtiment corporel, correction, punition corporelle, volée (de coups). FAM. dégelée, dérouille, dérouillée, passage à tabac, pâtée, peignée, pile, raclée, ratatouille, rossée, roulée, rouste, tabassage, tabassée, tannée, torchée, tournée, trempe, tripotée. FRANCE FAM. secouée, tatouille, tisane, trépignée. ♦ **rondes**, *plur.* ▸ *Légume* (SUISSE) – pomme de terre en robe des champs. FAM. pomme de terre en robe de chambre. QUÉB. patate au four. ▲ANT. PAUSE *(musique)*.

rondeur *n. f.* ▸ *Courbure* – arçonnage, arcure, arrondi, bombage, cambre, cambrure, cintrage, circularité, concavité, conicité, convexité, courbe, courbure, fléchissement, flexion, flexuosité, galbe, incurvation, inflexion, parabolicité, rotondité, sinuosité, sphéricité, tortuosité, voussure. ▸ *Embonpoint* – adipose, adiposité, bouffissure, corpulence, embonpoint, empâtement, engraissage, engraissement, épaississement, grosseur, obésité, polysarcie. FAM. rotondité. ▸ *Gonflement* – ampoule, ballonnement, bombement, bosse, bouffissure, boursouflage, boursouflement, boursouflure, bulle, cloche, cloque, débordement, dilatation, distension, enflure, engorgement, fluxion, gonflement, grosseur, grossissement, hypertrophie, intumescence, renflement, sinus, soufflure, soulèvement, tuméfaction, tumescence, turgescence, ventre, vésicule, vultuosité. PATHOL. bubon, ectasie, emphysème, inflation, météorisation, météorisme, œdème, phlyctène. ▸ *Franchise* – abandon, bonne foi, confiance, cordialité, droiture, franchise, franc-jeu, franc-parler, loyauté, netteté, parler-vrai *(politique)*, simplicité, sincérité, spontanéité. ▸ *Aisance* – aisance, aise, assurance, décontraction, désinvolture, distinction, facilité, grâce, légèreté, naturel, souplesse. ♦ **rondeurs**, *plur.* ▸ *Beautés d'une femme* – attributs féminins, charmes. ▲ANT. MAIGREUR, MINCEUR ; CARRURE ; DUPLICITÉ, FAUSSETÉ, HYPOCRISIE.

ronflement *n. m.* ▸ *Respiration* – anhélation, apnée, asthme, dyspnée, enchifrènement, essoufflement, étouffement, halètement, han, oppression, pousse, sibilation, suffocation. MÉD. stertor, stridor *(inspiration)*. SOUT. ahan. ACADIE FAM. courte-haleine. ▸ *Bruit* – borborygme, bourdonnement, gargouillement, gargouillis, grognement, grondement, râlement, ronron, ronronnement, roulement, rumeur, vrombissement.

ronfler *v.* ▸ *Émettre un grondement régulier* – bourdonner, gronder, ronronner, vrombir. ▸ *Dormir* (FAM.) – dormir. ENFANTIN faire dodo. SOUT. être dans les bras de Morphée, reposer. FAM. en écraser, pioncer, roupiller.

ronger *v.* ▸ *Grignoter* – grignoter, mordiller. QUÉB. gruger. ▸ *Éroder* – attaquer, corroder, entamer, éroder, manger, mordre. ▸ *Creuser jusqu'au fond* – affouiller, creuser, dégrader, éroder, miner, saper. ▸ *Tourmenter* – assaillir, consumer, crucifier, déchirer, dévorer, faire souffrir, lanciner, martyriser, mettre au supplice, percer, poignarder, supplicier, tarauder, tenailler, torturer, tourmenter, transpercer. SOUT. poindre. ▸ *Perturber gravement* – détruire, miner, ravager. SOUT. corroder. ▸ *Affaiblir physiquement* – abattre, affaiblir, alanguir, anémier, consumer, débiliter, diminuer, épuiser, étioler, miner, user.

▲ANT. CONSOLIDER, RENFORCER; APAISER, CONSOLER, PACIFIER.

ronronner *v.* ▶ *Émettre un grondement régulier* – bourdonner, gronder, ronfler, vrombir.

rose *adj.* ▶ *De la couleur du rose* – rosâtre, rosé. ▶ *Rose pâle* – bois de rose, rose pâle, vieux rose. SOUT. aurore, incarnadin. ▶ *Rose vif* – fleur de pêcher, fuchsia, magenta, rose bonbon, rose indien, rose vif. QUÉB. FAM. rose nanane. ▶ *Rose-rouge* – framboise, groseille, rose foncé. ▶ *Rose orangé* – crevette, pêche, pelure d'oignon, rose orangé, rose saumoné, saumon. ▶ *Rose chair* – chair, rose chair. SOUT. carné, cuisse de nymphe émue, incarnadin. ▶ *Brun-rose* – rosethé. ▶ *En parlant du teint* – clair, coloré, fleuri, florissant, frais, pur, vermeil. ▲ANT. BLAFARD, BLANC, BLÊME, CADAVÉREUX, CADAVÉRIQUE, DIAPHANE, EXSANGUE, HÂVE, LIVIDE, PÂLE, PÂLOT; NOIR *(récit)*.

rotation *n.f.* ▶ *Fait de tourner* – circumduction, giration, pivotement, révolution, roulement, tour, tourbillonnement, tournoiement, translation. ▶ *Remplacement* – change, changement, chassécroisé, commutation, échange, intérim, rechange, relève, remplacement, roulement, subrogation, substitution, succession, suppléance. ▶ *Alternance* – allée et venue, alternatives, balancement, bascule, changement, flux et reflux, intermittence, ondulation, oscillation, palpitation, périodicité, pulsation, récurrence, récursivité, retour, roulement, rythme, sinusoïde, succession, tour, va-et-vient, variation. ▶ *Rotation des cultures* – alternance, alternat, assolement, dessolement, rotation (des cultures).

rouage *n.m.* ▶ *Objet* – pignon *(petit)*, tympan *(gros)*. ▶ *Constituant* (FIG.) – composant, composante, constituant, élément (constitutif), fragment, ingrédient, membre, module, morceau, organe, partie, pièce, principe, unité. FIG. brique, fil, pierre.

roue *n.f.* ▶ *Volant de direction* (QUÉB. FAM.) – volant. ▶ *Objet tournant* ▶ *Petite* – galet, molette, roulette. ▶ *Ce dont on se sert pour torturer* – pilori.

rouge *adj.* ▶ *De la couleur du rouge* – rougeâtre, rougissant. DIDACT. érubescent, rubescent. ▶ *Rouge vif* – andrinople, carmin, carminé, coquelicot, corail, cramoisi, écarlate, fraise, fraise écrasée, garance, ponceau, rouge sang, rouge vif, rubis, tomate, vermillon. SOUT. corallin. ▶ *Rouge clair* – coq de roche, incarnat, nacarat, rouge clair. ▶ *Rouge sombre* – bordeaux, brique, empourpré, grenat, pourpre, (rouge) cerise, rouge foncé, rouge sombre, sang-de-bœuf. SOUT. pourpré, pourprin, purpurin. QUÉB. bourgogne, rouge vin. ▶ *Rouge-violet* – amarante, colombin, cramoisi, lie-de-vin, pourpre, violine, zinzolin. ▶ *Rougerose* – framboise, groseille, rose foncé. ▶ *Rouge orangé* – capucine, rouge orangé, tango. ▶ *Rouge feu* – ardent, de feu, flamboyant, rouge feu, rougeâtre, rougeoyant, rutilant. ▶ *En parlant du visage* – coloré, congestionné, couperosé, cramoisi, écarlate, empourpré, en feu, enflammé, enluminé, injecté, rougeaud, rougissant, rubicond, sanguin, vineux. SOUT. rubescent, vultueux. FAM. rouget. ▶ *En parlant des lèvres* – vermeil. SOUT. carmin, corallin, de corail. ▶ *Relatif à un parti* – libéral, whig. ▶ *Communiste* (FAM.) – communisant, communiste. FAM. PÉJ. coco. ▲ANT. BLAFARD, BLANC, BLÊME, CADAVÉRIQUE, EXSANGUE, HÂVE, LIVIDE, PÂLE.

rougeur *n.f.* ▶ *Couleur rouge* – érubescence, rouge, rougeoiement. ▶ *Réaction biologique* – érythème, macule (érythémateuse). ▶ *Engelure* – crevasse, engelure, érythème, froidure, gelure, onglée. ACADIE FAM. grappe. SUISSE débattue. ▲ANT. BLANCHEUR *(visage)*.

rougir *v.* ▶ *Devenir rouge* – rougeoyer, s'empourprer. SOUT. se pourprer. ▶ *Devenir rouge d'émotion* – s'empourprer. FAM. piquer un fard, piquer un soleil. ▶ *Colorer de rouge* – carminer, vermillonner. SOUT. empourprer, ensanglanter. MÉD. rubéfier. ▶ *Donner des couleurs* – colorer, donner des couleurs à, enluminer, rosir. ▲ANT. BLANCHIR, BLÊMIR, PÂLIR.

rougissant *adj.* ▶ *Qui devient rouge* – rouge, rougeâtre. DIDACT. érubescent, rubescent. ▶ *En parlant du teint* – coloré, congestionné, couperosé, cramoisi, écarlate, empourpré, en feu, enflammé, enluminé, injecté, rouge, rougeaud, rubicond, sanguin, vineux. SOUT. rubescent, vultueux. FAM. rouget. ▲ANT. BLÊMISSANT.

rouillé *adj.* cognac, fauve, feuille-morte, noisette, ocré, ocre, rouille, roussâtre, roussi, roux, tabac. DIDACT. rubigineux. ▲ANT. DÉROUILLÉ, GALVANISÉ; ALERTE, FORT, SOUPLE, VIF; HABILE.

rouleau *n.m.* ▶ *Pièce cylindrique* – cylindre, tambour. ▶ *Instrument pour abaisser la pâte* – rouleau à pâtisserie. QUÉB. rouleau à pâte. ▶ *Bobine* – bobine, broche, canette, cops, fuseau, fusette, navette, rochet, roquetin. ACADIE FAM. rolon. ▶ *Bigoudi* – bigoudi, papillote. ▶ *Vague* – vague. ▶ *Petite* – mouton *(écume)*, vaguelette. ▶ *Grosse* – lame de fond, raz de marée, tsunami. ▶ *Qui se brise* – brisant, contrelame *(inversée)*, lame, mascaret, paquet de mer, (vague) déferlante.

roulement *n.m.* ▶ *Action de rouler* – circumduction, giration, pivotement, révolution, rotation, tour, tourbillonnement, tournoiement, translation. ▶ *Bruit* – borborygme, bourdonnement, gargouillement, gargouillis, grognement, grondement, râlement, ronflement, ronron, ronronnement, rumeur, vrombissement. ▶ *Remplacement* – change, changement, chassé-croisé, commutation, échange, intérim, rechange, relève, remplacement, rotation, subrogation, substitution, succession, suppléance. ▶ *Alternance* – allée et venue, alternatives, balancement, bascule, changement, flux et reflux, intermittence, ondulation, oscillation, palpitation, périodicité, pulsation, récurrence, récursivité, retour, rotation, rythme, sinusoïde, succession, tour, va-et-vient, variation. ▲ANT. CONTINUATION, MAINTIEN, STABILITÉ; GRASSEYEMENT *(prononciation)*.

rouler *v.* ▶ *Enrouler* – enrouler. ▶ *Autour d'une bobine* – bobiner, embobiner, envider, rebobiner. ▶ *Retourner dans son esprit* – remâcher, ressasser, retourner, retourner dans sa tête, retourner dans son esprit, ruminer. ▶ *Escroquer* (FAM.) – escroquer, estamper, flouer, frauder, voler. SOUT. gruger. FAM. arnaquer, blouser, carambouiller, écorcher, entôler, étriller, filouter, plumer, tondre, truander. ▶ *En parlant d'un bateau* – se balancer, tanguer. ▲ANT. DÉPLOYER, DÉROULER, ÉTALER, ÉTENDRE.

roulette *n.f.* ▶ *Partie d'un mécanisme ou d'un instrument* – galet, molette.

roulotte *n. f.* auto-caravane, caravane, remorque, tente-caravane. *QUÉB.* maison mobile, tenteroulotte.

roussi *adj.* cognac, fauve, feuille-morte, noisette, ocré, ocre, rouille, roussâtre, roux, tabac. *SOUT.* rouillé. *DIDACT.* rubigineux.

route *n. f.* ▸ *Chaussée* – chaussée, rue. *AFR.* goudron. *PAR EXT.* asphalte, bitume, macadam. ▸ *Trajet* – aller (et retour), chemin, cheminement, circuit, course, direction, distance, espace, itinéraire, marche, parcours, retour, tracé, traite, trajectoire, trajet, traversée, voyage. *FAM.* trotte. *FRANCE FAM.* tirée. ♦ **routes**, *plur.* ▸ *Ensemble de voies terrestres* – réseau de routes, réseau routier, voirie.

routine *n. f.* ▸ *Monotonie* – encroûtement, manie, marotte, monotonie, ordinaire, ronron, tic, uniformité. ▸ *Redite* – chanson, écho, leitmotiv, rabâchage, radotage, réchauffé, récurrence, redite, redondance, refrain, rengaine, répétition, reprise, ressassage, ressassement, ritournelle, scie, sérénade, turlutaine. *FAM.* resucée. *QUÉB. FAM.* renotage. ▲ANT. CHANGEMENT, INITIATIVE, INNOVATION, NOUVEAUTÉ, SURPRISE.

roux *adj.* ▸ *D'un brun orangé* – cognac, fauve, feuille-morte, noisette, ocré, ocre, rouille, roussâtre, roussi, tabac. *SOUT.* rouillé. *DIDACT.* rubigineux. ▸ *En parlant des cheveux* – poil-de-carotte, (rouge) carotte, rouge feu, rouquin.

royal *adj.* ▸ *Qui concerne la royauté* – monarchique. ▸ *Somptueux* – fastueux, luxueux, magnifique, opulent, princier, riche, seigneurial, somptueux. *SOUT.* magnificent, splendide. ▸ *De grande qualité* – de classe, de luxe, de premier ordre, de première qualité, de qualité supérieure, excellent, extra, extrafin, haut de gamme, hors classe, impérial, supérieur, surchoix, surfin. ▲ANT. À LA BONNE FRANQUETTE, HUMBLE, MODESTE, SANS CÉRÉMONIES, SIMPLE, SOBRE.

royaliste *adj.* monarchiste. ▲ANT. ANTIMONARCHISTE ; RÉPUBLICAIN.

royaume *n. m.* ▸ *Pays* – couronne, grand-duché *(petit)*, monarchie, sultanat *(Moyen-Orient)*. ▲ANT. RÉPUBLIQUE.

royauté *n. f.* ▸ *Dignité* – beylicat, consulat, décanat, directorat, émirat, haut-commissariat, khalifat, khédivat, landgraviat, lectorat, magistère, mairie, majoralat, maréchalat, notariat, pairie, préfecture, présidence, principauté, proconsulat, procuratie, régence, rhingraviat, sommellerie, sous-préfecture, sultanat, tutorat. *QUÉB.* légation. *BELG.* maïorat *(mairie)*. *ANC.* échevinage, électorat, jurande, khanat, margraviat, palatinat, principat, stathoudérat, syndicat. *ANTIQ.* éphorat, éponymie. *ANTIQ. ROM.* décemvirat, duumvirat, édilité, ethnarchie, patriciat, tribunat, triumvirat. *RELIG.* cardinalat, doyenné, imamat, nonciature, papauté, pastorat, pénitencerie, pontificat, priorat, vicariat. *SPORTS* capitanat. *DIDACT.* clinicat, commissariat, tétrarchat. ▸ *Régime* – autorité royale, couronne, sceptre, souveraineté, trône. ▲ANT. ALLÉGEANCE, SUJÉTION ; DÉMOCRATIE, RÉPUBLIQUE.

ruban *n. m.* ▸ *Bande de tissu* – bolduc, boucle, bouffette, chou, cocarde, dragonne, élastique, embrasse, extrafort, faveur, galon, ganse, gansette, gros-grain, lambrequin, padou, passement, rosette,

volant. *ANC.* falbala. ▸ *Lien pour les cheveux* – catogan, chouchou, élastique.

rubrique *n. f.* ▸ *Titre* – frontispice, manchette, titre. *DIDACT.* intitulé. ▸ *Série d'articles* – bulletin, chronique. ▸ *Subdivision d'un livre* – alinéa, article, chapitre, livre, matière, objet, paragraphe, partie, question, section, sujet, titre, tome, volet, volume. ▸ *Dans un texte sacré* – psaume, surate *(musulman)*, verset.

ruche *n. f.* ▸ *Groupe d'insectes* – ruchée. ▸ *Foule* – abondance, affluence, armada, armée, attroupement, cohue, concentration, concours, encombrement, essaim, flot, forêt, foule, fourmilière, fourmillement, grouillement, légion, marée, masse, meute, monde, multitude, peuple, pléiade *(célébrités)*, pullulement, rassemblement, régiment, réunion, ribambelle, tas, troupeau. *FAM.* flopée, marmaille *(enfants)*, tapée, tripotée. *QUÉB.* achalandage ; *FAM.* tapon, trâlée. *PÉJ.* ramassis. ▸ *Ornement* – ruché. ▸ *Lieu bourdonnant d'activités* – usine. ♦ **ruches**, *plur.* ▸ *Ensemble d'habitations d'insectes* – abeiller, rucher. ▲ANT. HAVRE DE PAIX, OASIS DE PAIX ; DÉSERT.

rude *adj.* ▸ *Rugueux* – âpre, râpeux, rêche, rugueux. ▸ *En parlant d'une étoffe* – bourru, grossier. ▸ *Difficile* – ardu, difficile, dur, éprouvant, pénible. *FAM.* galère. ▸ *En parlant de l'hiver, du climat* – âpre, dur, inclément, rigoureux. ▸ *Brusque* – à la hussarde, brusque, sans ménagement. ▸ *Violent* – agressif, brutal, dur, emporté, raide, violent. *FAM.* à la redresse. ▸ *En parlant du ton, des paroles* – abrupt, agressif, bourru, bref, brusque, brutal, cassant, coupant, dur, incisif, raide, sec, tranchant. ▸ *En parlant d'une voix* – âpre, enroué, éraillé, guttural, râpeux, rauque, rocailleux. *FAM.* de rogomme. ▸ *Qui manque de finesse* – fruste, grossier, inculte, mal dégrossi, primitif, rustaud, rustique. ▸ *Pour renforcer un terme* – fameux, fieffé, fier, franc, parfait, sale. *FAM.* cré, damné, fichu, maudit, sacré, satané. *QUÉB. FAM.* maudadit, sapré, saudit. ▲ANT. DOUX ; LISSE ; SOYEUX ; FACILE ; CLAIR, CRISTALLIN, MÉLODIEUX ; ACCABLANT, BRÛLANT, CANICULAIRE, ÉCRASANT, ÉTOUFFANT, LOURD, SAHARIEN, SUFFOCANT, TORRIDE, TROPICAL ; DÉLICAT, FIN, RAFFINÉ, RECHERCHÉ, SOPHISTIQUÉ ; CULTIVÉ, ÉVOLUÉ.

rudesse *n. f.* ▸ *Rugosité* – âpreté, aspérité, callosité, inégalité, irrégularité, rugosité. ▸ *Manque de raffinement* – balourdise, barbarie, béotisme, bestialité, brutalité, fruste, goujaterie, grossièreté, impolitesse, inélégance, lourdeur, rustauderie, rusticité, rustrerie, vulgarité. ▸ *Dureté* – brusquerie, brutalité, dureté, hostilité. *SOUT.* rudoiement. *QUÉB.* bourrassage. ▸ *Aigreur* – acariâtreté, acerbité, acidité, âcreté, acrimonie, agressivité, aigreur, amertume, animosité, âpreté, bave, bile, causticité, colère, dépit, désagrément, dureté, fiel, haine, hargne, humeur, irritation, malveillance, maussaderie, mauvaise humeur, méchanceté, mordant, pique, rancœur, rancune, récrimination, ressentiment, venin, vindicte, virulence. *SOUT.* mordacité. *FAM.* rouspétance. ▲ANT. DOUCEUR ; FINESSE, RAFFINEMENT, SOPHISTICATION ; AMABILITÉ, DÉLICATESSE, GENTILLESSE.

rudimentaire *adj.* ▸ *À l'état d'ébauche* – (à l'état) brut, à l'état d'ébauche, ébauché, élémentaire, embryonnaire, fruste, grossier, imparfait, informe,

rue

larvaire, mal équarri, primitif. ► *Peu approfondi* – approximatif, grossier, imprécis, sommaire, superficiel, vague. ▲ANT. ACHEVÉ, COMPLET, DANS SA PHASE FINALE, TERMINÉ; APPROFONDI, COMPLEXE, COMPLIQUÉ, DÉTAILLÉ, FOUILLÉ, PERFECTIONNÉ.

rue *n. f.* ► *Voie de communication* – accès, artère, voie. ▸ *Large* – allée, avenue, boulevard, cours, mail, promenade. BELG. drève. ▸ *Petite* – boyau (*étroit*), passage, ruelle. SOUT. venelle. ► *Chaussée* – chaussée, route. AFR. goudron. PAR EXT. asphalte, bitume, macadam. ► *Personnes* – (bas) peuple, (basse) pègre, bétail, foule, masse (populaire), multitude, petit peuple, plèbe, populace, prolétariat, troupeau, vulgaire. FAM. populo, vulgum pecus.

ruelle *n. f.* ► *Petite rue* – boyau (*étroit*), passage. SOUT. venelle. ► *Alcôve* (ANC.) – alcôve, niche, réduit, renfoncement.

ruer(se) *v.* ► *S'élancer* – foncer, s'élancer, sauter, se jeter, se lancer, se précipiter. ► *Attaquer* – agresser, assaillir, attaquer, charger, foncer sur, fondre sur, sauter sur, se jeter sur, tomber sur. BELG. broquer sur. ► *Envahir* – assiéger, envahir, prendre d'assaut. ▲ANT. MODÉRER, RALENTIR, SE RETENIR; ÉVITER, FUIR.

rugir *v.* ► *Hurler* – crier, hurler. SOUT. tonitruer, vociférer. FAM. beugler, brailler, gueuler. ACADIE FAM. horler. ► *Faire un bruit puissant* – gronder, hurler, mugir. ▲ANT. BRUIRE, MURMURER.

rugueux *adj.* âpre, râpeux, rêche, rude. ▲ANT. DOUX; ÉGAL, LISSE, POLI, UNI; MOELLEUX, SUAVE; AIMABLE, CONCILIANT.

ruine *n. f.* ► *Décrépitude* – abaissement, abâtardissement, abjection, abrutissement, affadissement, affaiblissement, agonie, altération, amollissement, appauvrissement, atrophie, avachissement, avilissement, baisse, corruption, décadence, déchéance, déclin, décrépitude, dégénérescence, dégradation, délabrement, déliquescence, dénaturation, dépérissement, détérioration, édulcoration, étiolement, flétrissure, perte, perversion, pourrissement, pourriture, rouille, sape, usure. FAM. aveulissement, crépuscule, pervertissement. FAM. déglingue, dégringolade. ► *Décombres* – déblais, débris, décharge, décombres, démolitions, éboulement, éboulis, épave, gravats, gravois, miettes, plâtras, reste, vestiges. SOUT. cendres. ► *Malheur* – adversité, calamité, calice (de douleur), chagrin, détresse, deuil, disgrâce, douleur, échec, épreuve, fatalité, infortune, mal, malchance, malédiction, malheur, mauvaise fortune, mauvaise passe, mésaventure, misère, nuage, orage, peine, revers, sale affaire, sale histoire, souffrance, traverse, tribulation. SOUT. bourrèlement, plaie, tourment. ► *Épreuve* – contrariété, coup, coup du destin, coup du sort, coup dur, disgrâce, échec, épreuve, hydre, infortune, mal, malchance, malheur, mauvais moment à passer, misère, péril, revers, tribulation. SOUT. traverse. ► *Catastrophe* – apocalypse, bouleversement, calamité, cataclysme, catastrophe, chaos, désastre, drame, fléau, malheur, néant, sinistre, tragédie. FIG. précipice, ulcère. SOUT. abîme. FAM. cata. ► *Personne déchue* – déchet de la société, déchet (humain), épave, larve (humaine), loque (humaine), ruine (humaine), sous-homme. ► *Faillite* – banqueroute, chute, crise, culbute, débâcle, déconfiture,

dépôt de bilan, dépression, effondrement, faillite, fiasco, insolvabilité, krach, liquidation, marasme, mévente, naufrage, récession, stagflation. FAM. dégringolade. FRANCE FAM. baccara. ► *Pauvreté* – appauvrissement, besoin, dénuement, détresse, embarras, gêne, gouffre, indigence, manque, mendicité, misère, nécessité, pauvreté, privation. SOUT. impécuniosité. FAM. dèche, pouillerie. FRANCE FAM. débine, fauche, mistoufle, mouise, mouscaille, panade, purée. DR. carence. ▲ANT. CROISSANCE, ESSOR, RENAISSANCE; RELÈVEMENT, RENFORCEMENT; RÉUSSITE, SUCCÈS; FORTUNE, GAIN, RICHESSE.

ruiner *v.* ► *Causer un grand tort à qqn* – achever, casser les reins à, causer la perte de, causer la ruine de, démolir, perdre. ► *Anéantir* – anéantir, annihiler, briser, démolir, détruire, écraser, éliminer, néantiser, pulvériser, réduire à néant, réduire à rien, supprimer. ► *Entraîner la fin* – porter le coup de grâce à, sonner le glas de, tuer. ► *Gâcher* – empoisonner, gâcher, gâter, saboter. FAM. bousiller. ► *Détruire, en parlant des forces naturelles* – anéantir, détruire, dévaster, endommager, ravager, saccager. SOUT. désoler. ► *Appauvrir* – appauvrir. FAM. mettre sur la paille. DIDACT. paupériser (*la population*). ► *Dépouiller au jeu* – FAM. lessiver, nettoyer, ratiboiser, rétamer, rincer. ► *Exiger des paiements ruineux* – étrangler, prendre à la gorge, pressurer, saigner, saigner à blanc. ▲ANT. BÉNÉFICIER, FAVORISER; BÂTIR, CONSTRUIRE, ÉDIFIER, FONDER; AFFERMIR, CONSOLIDER, FORTIFIER, RENFORCER; ENRICHIR. △ SE RUINER – S'ENRICHIR; ÉPARGNER.

ruineux *adj.* ► *Qui entraîne de lourdes dépenses* – cher, dispendieux, lourd, onéreux. FAM. budgétivore. ► *Coûteux* – astronomique, cher, coûteux, élevé, exorbitant, fou, hors de prix, inabordable, prohibitif. FAM. chérot, faramineux, salé. ▲ANT. BON MARCHÉ, DÉRISOIRE, RIDICULE, TRÈS BAS; ÉCONOMIQUE; LUCRATIF, PROFITABLE, RÉMUNÉRATEUR.

ruisseau *n. m.* ► *Cours d'eau naturel* – QUÉB. FAM. crique. ► *Petit* – rigole, ruisselet. ► *Voie d'écoulement* – caniveau, cassis. ▲ANT. FLEUVE.

ruisselant *adj.* dégouttant, détrempé, mouillé, trempé. QUÉB. FAM. trempe. ▲ANT. SEC.

ruisseler *v.* ► *En parlant d'un liquide* – affluer, couler, se déverser, se répandre. SOUT. courir, fluer, s'épancher. ► *En parlant de la lumière* – se déverser, se répandre. SOUT. s'épandre.

ruissellement *n. m.* ► *Écoulement* – circulation, débit, débordement, éruption, évacuation, exsudation, flux, fuite, ingression, inondation, irrigation, irruption, larmoiement, mouvement, passage, ravinement, régime, sortie, suage, suintement, transpiration, vidange. SOUT. submersion, transsudation. GÉOGR. défluviation, transfluence, transgression. ► *Reflet* – brasillement, brillance, brillant, cati, chatoiement, coruscation, éclat, étincellement, feux, halo, image, irisation, lueur, luisant, lustre, miroitement, moire, moiré, moirure, orient, papillotage, papillotement, poli, poudroiement, rayonnement, reflet, réflexion, réfraction, réverbération, scintillement. SOUT. luisance, nacre, opalescence, resplendissement, rutilance, rutilation, rutilement. SC. albédo. TECHN. bruni, brunissure.

rumeur *n. f.* ▶ *Nouvelle non confirmée* – bruit, écho, on-dit, ouï-dire, racontar, vent. *FAM.* radio-trottoir. ▶ *Médisance* – bavardage, cancan, caquetage, caquètement, médisance, potin, qu'en-dira-t-on. *SOUT.* clabaudage, clabauderie. *FAM.* chuchoterie, commérage, débinage, racontage, racontar, ragot. *QUÉB. FAM.* mémérage, placotage, potinage. ▶ *Bruit* – borborygme, bourdonnement, gargouillement, gargouillis, grognement, grondement, râlement, ronflement, ronron, ronronnement, roulement, vrombissement. ▲ANT. FAIT, VÉRITÉ; SILENCE.

ruminer *v.* ▶ *Mâcher de nouveau* – régurgiter, remâcher. ▶ *Ressasser* – remâcher, ressasser, retourner, retourner dans sa tête, retourner dans son esprit, rouler. ▶ *Préparer par une longue réflexion* – calculer, combiner, couver, imaginer, méditer, mûrir, préméditer. ▶ *Réfléchir (FAM.)* – méditer, penser, raisonner, réfléchir, se concentrer, songer. *SOUT.* délibérer. *FAM.* cogiter, faire travailler sa matière grise, gamberger, phosphorer, se casser la tête, se creuser la tête, se creuser les méninges, se presser le citron, se pressurer le cerveau, se servir de sa tête. *QUÉB. ACADIE FAM.* jongler.

rupture *n. f.* ▶ *Éclatement* – crevaison, éclatement. ▶ *Séparation* – débranchement, déconnexion, désaccord, désunion, disjonction, scission, séparation. ▶ *Discontinuité* – brisure, cassure, coupure, discontinuité, fossé, hiatus, interruption, lacune, saut, solution de continuité. ▶ *Divorce* – désertion, désunion, dissolution (de mariage), divorce, répudiation, séparation. *FAM.* décrochage, lâchage, largage, plaquage. ▶ *Dispute* – accrochage, algarade, altercation, brouille, brouillerie, chicane, controverse, démêlé, désaccord, désunion, différend, discorde, dispute, divergence, escarmouche, explication, fâcherie, froid, heurt, joute oratoire, litige, malentendu, mésentente, passe d'armes, polémique, querelle, scène, zizanie. *FAM.* bagarre, bisbille, bringue, chamaille, chamaillerie, empoignade, empoignement, engueulade, prise de bec, séance. *QUÉB. FAM.* brasse-camarade, chamaillage. *BELG. FAM.* bisbrouille. ▶ *Infraction* – accroc, contravention, crime, délit, dérogation, entorse, faute, forfait, forfaiture, inconduite, infraction, manquement, mauvaise action, mauvaise conduite, méfait, non-respect, transgression, violation. *BELG.* méconduite. *DR.* cas. ▲ANT. ASSOCIATION, UNION; CONTINUITÉ.

rural *adj.* ▶ *Qui concerne la campagne* – campagnard, champêtre, paysan, rustique. *SOUT.* agreste, bucolique, pastoral. ▶ *Qui concerne l'agriculture* – agricole, cultivateur, paysan, terrien. ▲ANT. CITADIN, URBAIN.

ruse *n. f.* ▶ *Ingéniosité* – adresse, débrouillardise, finesse, habileté, ingéniosité. *SOUT.* cautèle, industrie. *FAM.* système D, système débrouille. *QUÉB. ACADIE FAM.* jarnigoine. *QUÉB. FAM.* cocologie. *SOUT.* matoiserie. ▶ *Perfidie* – jonglerie, perfidie, roublardise, rouerie. ▶ *Stratégie* – adresse, calcul, diplomatie, finesse, habileté, ligne de conduite, manège, négociation, patience, prudence, sagesse, savoir-faire, souplesse,

stratégie, tactique, temporisation, tractation. ▶ *Stratagème* – artifice, astuce, escamotage, fourberie, fraude, machiavélisme, machination, manœuvre, stratagème, subterfuge. *FAM.* feinte. ▶ *Expédient* – acrobatie, astuce, demi-mesure *(inefficace)*, échappatoire, expédient, gymnastique, intrigue, mesure, moyen, palliatif, procédé, remède, ressource, solution, système, tour. *FAM.* combine, truc. ▶ *Leurre* – attrape, attrape-nigaud, chausse-trappe, embuscade, filet, guêpier, guet-apens, leurre, piège, traquenard, tromperie. *SOUT.* duperie, rets. ▶ *Feinte* – affectation, artifice, cachotterie, comédie, déguisement, dissimulation, duplicité, faux-semblant, feinte, fiction, finauderie, grimace, hypocrisie, invention, leurre, mensonge, momerie, pantalonnade, parade, simulation, singerie, sournoiserie, tromperie. *SOUT.* simulacre. *FAM.* cinéma, cirque, finasserie, frime. ▲ANT. CANDEUR, NAÏVETÉ; DROITURE, FRANCHISE, RECTITUDE, SINCÉRITÉ.

rusé *adj.* adroit, astucieux, déluré, fin, finaud, futé, habile, ingénieux, intelligent, inventif, malin, qui a plus d'un tour dans son sac. *FAM.* débrouillard, dégourdi. *FRANCE FAM.* dessalé, fortiche, fute-fute, mariol, sioux. *QUÉB. FAM.* fin finaud. ▶ *Non favorable* – diabolique, fourbe, machiavélique, malin, perfide, tortueux. *SOUT.* artificieux, chafouin, madré, matois, retors, roué, scélérat. *FAM.* roublard, vicelard. *QUÉB. FAM.* ratoureux, snoreau, vlimeux. ▲ANT. CANDIDE, NAÏF, NIAIS; DROIT, FRANC.

ruser *v.* finasser, manœuvrer, renarder. *FAM.* roublarder. ▲ANT. ÊTRE DUPE DE, TOMBER DANS LE PIÈGE.

rustique *adj.* ▶ *Qui concerne la campagne* – campagnard, champêtre, paysan, rural. *SOUT.* agreste, bucolique, pastoral. ▶ *Peu raffiné* – fruste, grossier, inculte, mal dégrossi, primitif, rude, rustaud. ▲ANT. CITADIN, URBAIN; LUXUEUX; RAFFINÉ.

rythmé *adj.* cadencé, égal, mesuré, réglé, régulier. ▲ANT. DÉSORDONNÉ, IRRÉGULIER.

rythme *n. m.* ▶ *Rythme musical* – battement, cadence, eurythmie, mesure, mouvement, musique, période, phrasé, pouls, pulsation, respiration, swing, tempo, vitesse. ▶ *Rythme prosodique* – cadence, euphonie, harmonie, musicalité, nombre, sonorité. ▶ *Allure* – allure, cadence, course, erre, marche, mouvement, pas, tempo, train, vitesse. ▶ *Périodicité* – cadence, chronicité, cyclicité, périodicité, régularité, rythmicité, saisonnalité. ▶ *Alternance* – allée et venue, alternatives, balancement, bascule, changement, flux et reflux, intermittence, ondulation, oscillation, palpitation, périodicité, pulsation, récurrence, récursivité, retour, rotation, roulement, sinusoïde, succession, tour, va-et-vient, variation. ▲ANT. ARYTHMIE, CACOPHONIE, CONTRASTE, DISCORDANCE, IRRÉGULARITÉ.

rythmer *v.* ▶ *Donner un rythme* – cadencer, scander. ▶ *Marquer le rythme* – marquer, ponctuer, souligner. ▶ *Marquer le cours d'une existence* – bercer. ▲ANT. BROUILLER, DÉRÉGLER, DÉTONNER, PERTURBER.

S

sabot *n. m.* ▶ *Chaussure* – socque. ▶ *Partie d'un animal* – onglon, sole. *ACADIE FAM.* sotille. ▶ *Garniture* – ferrement, ferrure. ▶ *Baignoire* – baignoire sabot. ▶ *Jouet* – toton, toupie. ▶ *Mauvais instrument musical* – casserole, chaudron. ▶ *Mauvais moyen de transport* – véhicule. ▶ *Mauvais* – pétoire.

sabotage *n. m.* ▶ *Action d'endommager* – avarie, bris, casse, débâcle, dégradation, déprédation, désolation, destruction, détérioration, dévastation, dommage, endommagement, méfait, mouille, perte, ravage, ruine, vilain. *FAM.* bousillage, charcutage, grabuge. ▶ *Action de faire échouer* – gâchage, torpillage. ▶ *Industrie* – chaussure, cordonnerie. ▲ANT. ENTRETIEN, RÉPARATION, SOIN.

sabre *n. m.* ▶ *Instrument pour tondre* – taille-bordures, tondeur, tondeuse. ▶ *Sans moteur* – forces *(mouton)*, tondeuse mécanique *(gazon)*. *QUÉB. FAM.* moulin à l'herbe *(gazon)*. ▶ *Pièce mécanique* – came. ▶ *Instrument de toilette* (FAM.) – rasoir. *FAM.* coupe-chou.

sac *n. m.* ♦ **contenant** ▶ *Contenant à main* – besace, bissac, cabas, cabassette, fonte *(selle)*, fourretout, havresac, musette, poche, sacoche. *FAM.* baise-en-ville, balluchon. ▶ *Pour le gibier* – carnassière, carnier, gibecière. ▶ *Contenu* – poche. ♦ **violence** ▶ *Pillage* – appropriation, brigandage, cambriolage, déprédation, détournement, détroussement, enlèvement, extorsion, grappillage, kleptomanie, larcin, malversation, maraudage, maraude, pillage, piraterie, rafle, rançonnement, razzia, saccage, spoliation, subtilisation, vol. *SOUT.* rapine. *FAM.* barbotage, chapardage, coup, resquillage, resquille. *FRANCE FAM.* braquage, cambriole, casse, cassement, entôlage, fauche, vol à la roulotte *(voitures)*, vol à la tire, vol à main armée. *QUÉB.* taxage *(entre adolescents)*. ▶ *Saccage* – atteinte, avilissement, blasphème, dégradation, hooliganisme, iconoclasme, irrespect, irrévérence, lèse-majesté, outrage, pollution, profanation, saccage, sacrilège, subversion, vandalisme, viol, violation. ▶ *Action de faire tomber un adversaire* – plaquage.

saccadé *adj.* ▶ *Irrégulier* – discontinu, haché, heurté, irrégulier, sautillant. *DIDACT.* capricant. ▶ *En parlant du style* – haché, heurté, raboteux, rocailleux. ▲ANT. CALME, CONTINU, ÉGAL, IMMOBILE, RÉGULIER, UNIFORME.

saccade *n. f.* ▶ *Secousse* – à-coup, cahot, raté, secousse, soubresaut. ▶ *Tremblement* – agitation, convulsion, ébranlement, flageolement, frémissement, frisson, frissonnement, grelottement, haut-le-corps, oscillation, secousse, soubresaut, sursaut, titubation, tortillage, tortillement, tremblement, tremblotement, trémoussement, trémulation, trépidation, tressaillement, vacillement, vibration. *SOUT.* tressaut, tressautement. *FAM.* tremblote. ▲ANT. RÉGULARITÉ, UNIFORMITÉ.

saccager *v.* ▶ *Piller* – dévaster, écumer, mettre à feu et à sang, mettre à sac, piller, raser, ravager, razzier. *SOUT.* infester. ▶ *Endommager volontairement* – mutiler, saboter, vandaliser. ▶ *Détruire, en parlant des forces naturelles* – anéantir, détruire, dévaster, endommager, ravager, ruiner. *SOUT.* désoler. ▶ *Mettre en désordre* – bouleverser, chavirer, mettre à l'envers, mettre pêle-mêle, mettre sens dessus dessous. *FAM.* bordéliser, chambarder, chambouler. ▲ANT. CONSERVER, ÉPARGNER, MAINTENIR, SAUVER; REFAIRE, RESTAURER, RESTITUER.

sacerdoce *n. m.* ▶ *État ecclésiastique* – cléricature, état ecclésiastique, ministère, ministère ecclésiastique, ministère religieux, ordre, pastorat *(protestant)*, prêtrise. ▶ *Vocation* – apostolat, appel, destination, mission, vocation. ▶ *Ensemble des prêtres* – clergé, corps ecclésiastique, ecclésiastiques, Église, gens d'Église, religieux. ▲ANT. LAÏCAT.

sacerdotal *adj.* ▲ANT. LAÏQUE.

sacre *n. m.* ▶ *Consécration* – bénédiction, consécration, couronnement, dédicace, intronisation, onction, sacralisation. ▶ *Juron* (QUÉB.) – blasphème, cri, exclamation, exécration, gros mot, imprécation, jurement, juron, outrage.

sacrifice *n. m.* ▸ *Offrande rituelle* – offrande. *SOUT.* oblation. ▸ *Abattage* – abattage, assommement, égorgement, étripage, tuage, tuerie. ▸ *Abnégation* – abnégation, altruisme, désintéressement, détachement, dévouement, effacement, humilité, oubli de soi, privation, renoncement, résignation. *SOUT.* holocauste. ▸ *Ascèse* – abstinence, ascèse, ascétisme, austérité, dépouillement, expiation, flagellation, frugalité, macération, mortification, pénitence, privation, propitiation, renoncement, restriction, stigmatisation, tempérance. ▲*ANT.* AVARICE, ÉGOÏSME; ATTACHEMENT, INTÉRÊT.

sacrifier *v.* ▸ *Offrir en sacrifice* – immoler, offrir en sacrifice. ▸ *Renoncer par sacrifice* – faire une croix sur, renoncer à, s'abstenir de, se passer de, se priver de, tirer une croix sur. *SOUT.* immoler, se dénuer de. *FAM.* se brosser. ▸ *Se débarrasser* (*FAM.*) – renoncer à, se débarrasser de, se défaire de, se démunir de, se départir de, se dépouiller de, se dessaisir de. *SOUT.* renoncer. *FAM.* balancer, bazarder, larguer, lourder. ▸ *Suivre* (*SOUT.*) – acquiescer à, obéir à, observer, obtempérer à, respecter, se conformer à, se plier à, se soumettre à, suivre. *SOUT.* déférer à. ♦ *se sacrifier* ▸ *Agir par dévouement* – se dévouer, se donner, se prodiguer, se saigner aux quatre veines. *QUÉB. ACADIE FAM.* se désâmer. ▲*ANT.* CONSERVER, ÉPARGNER, PRÉSERVER.

sacrilège *adj.* blasphémateur, blasphématoire, impie, irréligieux. ▲*ANT.* PIEUX, RELIGIEUX, RESPECTUEUX, SAINT.

sacrilège *n. m.* ▸ *Profanation* – atteinte, avilissement, blasphème, dégradation, hooliganisme, iconoclasme, irrespect, irrévérence, lèse-majesté, outrage, pollution, profanation, sac, saccage, subversion, vandalisme, viol, violation. ▸ *Péché* – accroc, chute, crime, déchéance, écart, errements, faute, impureté, mal, manquement, mauvais, offense, péché, scandale, souillure, tache, transgression, vice. ▸ *Impiété* – agnosticisme, apostasie, athéisme, blasphème, désacralisation, doute, froideur, gentilité, hérésie, impiété, incrédulité, incroyance, indifférence, infidélité, irréligion, libre pensée, matérialisme, paganisme, panthéisme, péché, profanation, reniement, scandale, scepticisme. *SOUT.* inobservance. ▲*ANT.* RESPECT, VÉNÉRATION; DÉVOTION, PIÉTÉ.

sacristain *n.* ▸ *Employé d'église* – bedeau, marguillier, suisse.

sadique *adj.* ▸ *Qui aime faire le mal* – cruel, maléfique, malfaisant, malintentionné, malveillant, mauvais, méchant, pervers, vicieux. *FAM.* chien, vachard, vache. *FRANCE FAM.* rossard, rosse. ▸ *D'une cruauté sauvage* – barbare, bestial, cannibale, cannibalesque, cruel, féroce, inhumain, sanguinaire, sauvage. *SOUT.* néronien. ▲*ANT.* BIENVEILLANT, CHARITABLE, COMPATISSANT, DÉLICAT, DOUX, HUMAIN, MISÉRICORDIEUX; MASOCHISTE.

sadisme *n. m.* ▸ *Cruauté* – acharnement, agressivité, atrocité, barbarie, brutalité, cruauté, dureté, férocité, inhumanité, maltraitance, méchanceté, sauvagerie, torture, violence. *SOUT.* implacabilité, inexorabilité. *PSYCHIATRIE* psychopathie. ▲*ANT.* BIENVEILLANCE, BONTÉ, DOUCEUR; MASOCHISME.

sage *adj.* ▸ *Raisonnable* – éclairé, judicieux, mesuré, modéré, philosophe, pondéré, posé, raisonnable, raisonné, rationnel, réfléchi, responsable, sain, sensé, sérieux, tempéré. *SOUT.* rassis, tempéré. ▸ *Prudent* – adroit, averti, avisé, circonspect, éclairé, fin, habile, prudent, réfléchi, sagace. ▸ *Obéissant* – disciplinable, discipliné, docile, doux, facile, gentil, obéissant, soumis, tranquille. ▸ *Pudique* – chaste, de haute moralité, décent, immaculé, innocent, platonique, pudique, pur, réservé, vertueux, virginal. ▸ *Non favorable* – bégueule, collet monté, prude, pudibond, puritain. ▲*ANT.* INSENSÉ, IRRÉFLÉCHI; IMPRUDENT, TÉMÉRAIRE; DÉSOBÉISSANT, DIFFICILE, DISSIPÉ, INDISCIPLINÉ, INDOCILE, INSOUMIS, INSUBORDONNÉ, TURBULENT; DÉBAUCHÉ, DÉVERGONDÉ; INDÉCENT, OSÉ; EXCENTRIQUE, ORIGINAL; IGNORANT.

sage *n.* ▸ *Maître* – chef de file, gourou, guide (spirituel), magistère, mahatma, maître à penser, maître (spirituel), meneur, pandit, pasteur, phare, rassembleur. *SOUT.* conducteur, coryphée, entraîneur (d'hommes). *FAM.* pape. ▸ *Savant* – docteur, encyclopédiste, érudit, humaniste, intellectuel, lettré, maître-penseur, philosophe, savant. *SOUT.* bénédictin, (grand) clerc, mandarin. *FAM.* bibliothèque (vivante), dictionnaire ambulant, dictionnaire (vivant), encyclopédie (vivante), fort en thème, grosse tête, intello, puits d'érudition, puits de science, rat de bibliothèque, tête d'œuf. ▸ *Personne réfléchie* – méfiant, prudent. ▲*ANT.* IGNORANT; FOU.

sage-femme *n. f.* ▸ *Spécialiste de l'accouchement* – accoucheur, maïeuticien, parturologue. ▸ *Médecin* – médecin accoucheur, obstétricien.

sagement *adv.* ▸ *Avec obéissance* – docilement. ▸ *Avec gentillesse* – adorablement, affablement, agréablement, aimablement, amiablement, amicalement, bienveillamment, chaleureusement, civilement, complaisamment, cordialement, courtoisement, délicatement, délicieusement, diplomatiquement, galamment, gentiment, gracieusement, obligeamment, plaisamment, poliment, serviablement, sympathiquement. *FAM.* chiquement, chouettement. ▸ *Avec fidélité* – docilement, fidèlement, inconditionnellement, indéfectiblement, loyalement. ▸ *Avec calme* – à froid, à loisir, à tête reposée, avec sang-froid, calmement, doucement, flegmatiquement, froidement, impassiblement, imperturbablement, inébranlablement, pacifiquement, paisiblement, placidement, posément, sans broncher, sereinement, silencieusement, tranquillement. *SOUT.* impavidement. *FAM.* calmos, peinardement, tranquillos. ▸ *Avec prudence* – avec circonspection, précautionneusement, préventivement, prudemment, raisonnablement, sensément, serré, vigilamment. ▸ *Avec décence* – angéliquement, chastement, décemment, discrètement, exemplairement, honnêtement, modestement, moralement, pudiquement, purement, saintement, vénérablement, vertueusement, virginalement. ▲*ANT.* CAVALIÈREMENT, CYNIQUEMENT, DÉPLAISAMMENT, DISCOURTOISEMENT, EFFRONTÉMENT, GROSSIÈREMENT, HARDIMENT, IMPERTINEMMENT, IMPOLIMENT, IMPUDEMMENT, INCIVILEMENT, INCONGRÛMENT, INDÉLICATEMENT, INSOLEMMENT, IRRESPECTUEUSEMENT, IRRÉVÉRENCIEUSEMENT; ÉROTIQUEMENT, GAILLARDEMENT, GAULOISEMENT, GRAVELEUSEMENT, IMPUDIQUEMENT,

IMPUREMENT, INDÉCEMMENT, LASCIVEMENT, LICENCIEU-SEMENT, OBSCÈNEMENT.

sagesse *n. f.* ▶ *Bon sens* – bon goût, connaissance, discernement, (gros) bon sens, intelligence, jugement, philosophie, raison, sens commun, vérité. *FAM.* jugeote. ▶ *Savoir* – acquis, (bagage de) connaissances, bagage (intellectuel), compétence, culture (générale), éducation, encyclopédisme, épistémè, érudition, expérience, humanisme, instruction, lettres, lumières, notions, savoir, science. *SOUT.* omniscience. ▶ *Vertu* – angélisme, mérite, moralité, perfection, sainteté, vertu. ▶ *Réserve* – circonspection, mesure, pondération, précaution, prudence, réserve. ▶ *Décence* – bienséance, bon ton, chasteté, convenance, correction, décence, délicatesse, dignité, discrétion, éducation, fierté, gravité, honnêteté, honneur, modestie, politesse, propreté, pudeur, quant-à-soi, réserve, respect, retenue, sobriété, tact, tenue, vertu. *SOUT.* pudicité. ▶ *Prévoyance* – clairvoyance, lenteur, précaution, prévention, prévision, prévoyance, prudence. ▶ *Maturité* – adultie, adultisme, âge, âge adulte, âge mûr, assurance, confiance en soi, épanouissement, expérience (de la vie), force de l'âge, majorité, maturité, plénitude, réalisation de soi. ▲ANT. ABSURDITÉ, BÊTISE, FOLIE, IGNORANCE; DÉBAUCHE; EXTRAVAGANCE, IMPRUDENCE; IMPÉTUOSITÉ, TURBULENCE; IMMATURITÉ.

saignant *adj.* ▶ *Qui saigne* – à vif, ensanglanté, sanglant, sanguinolent. *MÉD.* cruenté. ▶ *Moralement douloureux* – âcre, affligeant, amer, cruel, cuisant, déchirant, douloureux, dur, éprouvant, lancinant, navrant, pénible, poignant, vif. ▲ANT. BIEN CUIT; APAISANT, LÉNIFIANT, RÉCONFORTANT.

saignée *n. f.* ▶ *Écoulement de sang* – hémorragie, saignement. ▶ *Partie du corps* – saignée du bras, saignée du coude. ▶ *Prélèvement d'argent* – défalcation, ponction, précompte, prélèvement, réquisition, retenue, saisie, soustraction. ▶ *Ensemble de morts* – (lourd) tribut. ▶ *Cannelure* – canal, cannelure, douve de fond, gorge, goujure, rainure, strie, striure. ▶ *Voie d'écoulement* – adducteur, baradeau, baradine, canal, drain, encaissement, fossé, lit, sangsue, tranchée. *BELG.* watergang. *SUISSE* bisse. *AFR.* seguia. ▶ *Petit* – rigole. *TECHN.* dalot, goulette, goulotte, larron d'eau, noue, noulet, pierrée. ▶ *Bordant une route* – caniveau, cassis, ruisseau. ▶ *Souterrain* – aqueduc, égout, puisard (vertical). ▶ *Entre deux écluses* – bief, sas. ▶ *Entre deux rivières* – arroyo. ▲ANT. COAGULATION, HÉMOSTASIE; PROFIT, REVENU.

saigner *v.* ▶ *Égorger un animal* – égorger, pointer. ▶ *Inciser un hévéa* – entailler, inciser, scarifier. ▶ *Ruiner* – étrangler, prendre à la gorge, pressurer, ruiner. ▶ *Souffrir* (*SOUT.*) – avoir mal, souffrir.

saillant *adj.* ▶ *Proéminent* – bombé, proéminent, protubérant. *BELG.* biquant. *TECHN.* en saillie, hors d'œuvre, hors œuvre. ▶ *En parlant du menton* – en galoche, pointu, proéminent. ▶ *En parlant des yeux* – à fleur de tête, exorbité, globuleux, proéminent. ▶ *Marquant* – étonnant, frappant, hallucinant, impressionnant, marquant, notable, remarquable, saisissant, spectaculaire. *FAM.* bluffant.

▲ANT. CREUX, EN RETRAIT, RENTRANT; BANAL, ININTÉRESSANT, INSIGNIFIANT, ORDINAIRE, SANS INTÉRÊT.

saillie *n. f.* ▶ *Partie qui avance* – angle, appendice, arête, aspérité, avancée, avancement, balèvre, bec, bosse, bourrelet, console, corne, corniche, côte, coude, crête, dent, éminence, encorbellement, éperon, ergot, excroissance, gibbosité, hourd, mamelon, moulure, nervure, picot, pointe, proéminence, projecture, prolongement, protubérance, redan, relief, ressaut, saillant, surplomb, surplombement, tubercule. ▶ *Accouplement* – accouplement, appareillage, appareillement, appariade, appariage, coït, copulation, insémination, monte, reproduction, union. *SOUT.* appariement. ▶ *Raillerie* (*SOUT.*) – dérision, épigramme, esprit, flèche, goguenardise, gouaille, gouaillerie, humour, ironie, lazzi, malice, moquerie, persiflage, pique, plaisanterie, pointe, quolibet, raillerie, ricanement, risée, sarcasme, satire, taquinerie, trait. *SOUT.* brocard, nargue. *QUÉB. FAM.* craque. *QUÉB. SUISSE FAM.* fion. ♦ **saillies**, *plur.* ▶ *Ensemble de petites saillies* – granulation. ▲ANT. CAVITÉ, CREUX, INDENTATION.

sain *adj.* ▶ *Bon pour la santé* – hygiénique, salubre, sanitaire. ▶ *En bonne santé physique* – bien portant, en bonne santé, en parfaite santé, en santé, valide. ▶ *En bonne santé psychique* – bien dans sa peau, épanoui, équilibré. ▶ *Sensé* – éclairé, judicieux, mesuré, modéré, philosophe, pondéré, posé, raisonnable, raisonné, rationnel, réfléchi, responsable, sage, sensé, sérieux. *SOUT.* rassis, tempéré. ▲ANT. DANGEREUX, MALSAIN, NOCIF, NUISIBLE; ATTEINT, CONTAMINÉ, CORROMPU, IMPUR, POLLUÉ, VICIÉ; INCOMMODÉ, INDISPOSÉ, MAL EN POINT, MAL PORTANT, MALADE, SOUFFRANT; BANCAL, BOITEUX, BRANLANT, EN DÉSÉQUILIBRE, INSTABLE; ALIÉNÉ, DÉMENT, DÉSAXÉ, DÉSÉQUILIBRÉ, FOU, PSYCHOPATHE.

saint *adj.* ▶ *Canonisé* – bienheureux, canonisé, élu, vénérable. ▶ *Qui participe à la gloire de Dieu* – élu, glorieux. ▶ *Religieux* – bénit, consacré, sacré, sanctifié. ▶ *Vénérable* – auguste, digne, respectable, révéré, sacré, vénérable. ▲ANT. DAMNÉ, IMPUR, MAUDIT, PÉCHEUR; PROFANE; ABJECT, IGNOBLE, IMMONDE, INDIGNE, INFÂME, MÉPRISABLE, ODIEUX, REPOUSSANT, RÉPUGNANT, VIL.

saint *n.* ▶ *Personne nommée sainte* – élu, glorieux. ▶ *En cours de sanctification* – bienheureux, canonisable, vénérable. ▶ *Personne dévouée* – dévoué, empressé, terre-neuve. ▶ *Personne généreuse* – allocentriste, altruiste, bon, désintéressé, dévoué, extraverti, généreux, gentil, miséricordieux. ▶ *Personne mourant pour une cause* – héros, martyr. ▲ANT. PÉCHEUR.

sainteté *n. f.* ▶ *Béatitude* – béatitude, gloire, salut. ▶ *Vertu* – angélisme, mérite, moralité, perfection, sagesse, vertu. ▶ *Mysticisme* – anagogie, contemplation, dévotion, élévation, extase, illuminisme, mysticisme, mystique, oraison, philocalie, ravissement, spiritualité, transe, vision. *SOUT.* mysticité. ▲ANT. DÉBAUCHE, EXCÈS, PÉCHÉ, VICE.

saisie *n. f.* ▶ *Prélèvement* – défalcation, ponction, précompte, prélèvement, réquisition, retenue, saignée, soustraction. ▶ *Confiscation* – appropriation, blocus, confiscation, désapprovisionnement, embargo, expropriation, gel, immobilisation, mainmise, prise, privation, séquestre, suppression. ▲ANT. REMISE, RESTITUTION.

saisir

saisir *v.* ▸ *Empoigner* – accrocher, agripper, attraper, empoigner, happer, prendre, s'emparer de. ▸ *Prendre possession par saisie* – confisquer. ▸ *Enregistrer des données* – effectuer la saisie de, enregistrer, entrer, faire la saisie de. ▸ *Comprendre* – comprendre, s'expliquer, toucher du doigt, voir. SOUT. appréhender, embrasser, entendre. FAM. bitter, entraver, piger. FRANCE FAM. percuter. QUÉB. FAM. allumer, clencher, cliquer. ▸ *Donner froid* – geler, glacer, pénétrer. SOUT. transir. FAM. frigorifier. ▸ *Appréhender* – appréhender, arrêter, capturer, faire prisonnier, prendre. FAM. attraper, choper, coffrer, coincer, cravater, cueillir, embarquer, épingler, harponner, mettre la main au collet de, mettre le grappin sur, pincer, prendre au collet, ramasser. FRANCE FAM. agrafer, alpaguer, arnaquer, arquepincer, coiffer, emballer, gauler, piquer, poisser, poivrer. ▸ *Frapper d'étonnement* – abasourdir, ahurir, couper bras et jambes à, couper le souffle à, ébahir, époustoufler, étonner, méduser, renverser, souffler, stupéfaire, stupéfier, suffoquer. FAM. décoiffer, défoncer, déménager, éberluer, ébouriffer, épater, estomaquer, estourbir, scier, sidérer. ♦ *se saisir* ▸ *Conquérir* – conquérir, enlever, mettre la main sur, prendre, s'emparer de, se rendre maître de. ▲ANT. LÂCHER, LAISSER; DESSAISIR; RENDRE, RESTITUER; MANQUER, RATER.

saisissant *adj.* ▸ *Frappant* – étonnant, frappant, hallucinant, impressionnant, marquant, notable, remarquable, saillant, spectaculaire. FAM. bluffant. ▸ *En parlant du froid* – âpre, cinglant, mordant, pénétrant, perçant, piquant, vif. ▲ANT. BANAL, ININTÉRESSANT, ORDINAIRE, SANS INTÉRÊT.

saison *n.f.* ▸ *Période* – âge, cycle, date, époque, ère, étape, génération, heure, jour, moment, période, règne, siècle, temps.

saisonnier *adj.* ▲ANT. PERMANENT.

salade *n.f.* ▸ *Espèce de plante* (QUÉB.) – laitue. BOT. lactuca. ▸ *Aliment* – jardinière, macédoine. ▸ *Confusion* (FAM.) – anarchie, bourbier, brouillement, cafouillage, cafouillis, chaos, complication, confusion, désordre, désorganisation, embrouillement, emmêlage, emmêlement, enchevêtrement, imbroglio, mélange. SOUT. chienlit, pandémonium. FAM. embrouillage, embrouille, pagaille, pétaudière. FRANCE FAM. cirque, embrouillamini, foutoir, micmac, sac d'embrouilles, sac de nœuds. ▸ *Discours faux* (FAM.) – boniment, char, mensonges.

salaire *n.m.* ▸ *Argent gagné* – appointements, cachet, commission, droit, émoluments, fixe, gages, gain, honoraires, jeton (de présence), mensualité, paye, pourboire, rémunération, rétribution, revenu, semaine, solde, traitement, vacations. ♦ *salaires, plur.* ▸ *Ensemble de l'argent gagné* – masse salariale.

salarié *n.* ▸ *Personne* – agent, cachetier, employé, journalier, ouvrier (*manuel*), préposé, travailleur. ♦ *salariés, plur.* ▸ *Ensemble de personnes* – effectif, employés, main-d'œuvre, personnel, ressources humaines, salariat. ▲ANT. BÉNÉVOLE, NON-SALARIÉ; PATRON.

sale *adj.* ▸ *Malpropre* – crasseux, crotté, d'une propreté douteuse, dégoûtant, encrassé, ignoble, immonde, infâme, infect, maculé, malpropre, sordide, souillé. FAM. crapoteux, dégueu, dégueulasse, pouilleux. FRANCE FAM. cracra, crade, cradingue, crado, cradoque, craspec, salingue. ▸ *Obscène* – choquant, grossier, obscène, ordurier, scatologique, trivial, vilain, vulgaire. ▸ *Très fâcheux* (FAM.) – déplaisant, déplorable, désagréable, détestable, fâcheux, mauvais, méchant, vilain. ▸ *Pour renforcer un terme* – fameux, fieffé, fier, franc, parfait, rude. FAM. cré, damné, fichu, maudit, sacré, satané. QUÉB. FAM. mautadit, sapré, saudit. ▲ANT. BLANC, IMMACULÉ, IMPECCABLE, NET, PROPRE, SOIGNÉ; CHASTE, DÉCENT, PUDIQUE, PUR; ADORÉ, CHER.

salé *n.m.* ▸ *Aliment* – flèche, lard de poitrine, lard maigre, lard, lardon, petit salé.

salement *adv.* ▸ *Malproprement* – à la diable, dégoûtamment, impurement, malproprement, négligemment, sordidement. ▸ *Désagréablement* – à regret, âcrement, déplaisamment, désagréablement, désobligeamment, détestablement, douloureusement, ennuyeusement, exécrablement, fâcheusement, fastidieusement, importunément, inconfortablement, inopinément, inopportunément, insupportablement, intolérablement, mal, mal à propos, malencontreusement, malheureusement, par malheur, péniblement, regrettablement. ▸ *Vulgairement* – bassement, grossièrement, trivialement, vulgairement. ▸ *Obscènement* – crûment, déshonnêtement, érotiquement, gaillardement, gauloisement, graveleusement, grossièrement, impudiquement, impurement, indécemment, lascivement, librement, licencieusement, obscènement. ▸ *Beaucoup* (FAM.) – à l'extrême, affreusement, astronomiquement, au dernier degré, au dernier point, au maximum, au plus haut degré, au plus haut point, beaucoup, bien, colossalement, considérablement, éminemment, énormément, exceptionnellement, extraordinairement, extrêmement, fabuleusement, follement, fort, fortement, grandement, gros, hautement, immensément, incommensurablement, inconcevablement, incroyablement, infiniment, intensément, long, mortellement, nettement, on ne peut plus, phénoménalement, prodigieusement, profondément, remarquablement, sérieusement, singulièrement, souverainement, supérieurement, suprêmement, terriblement, très, vertigineusement, vivement, vraiment. FAM. bigrement, bougrement, diablement, drôlement, effroyablement, épais, épouvantablement, fameusement, fantastiquement, fichtrement, fichûment, formidablement, foutrement, furieusement, joliment, rudement, sacrément, super, terrible, tout plein, un max, vachement. QUÉB. à l'os, à la planche, au coton, en maudit, en s'il vous plaît, mauditement. ▲ANT. HYGIÉNIQUEMENT, NETTEMENT, PROPREMENT, SAINEMENT; HONNÊTEMENT, HONORABLEMENT; AVEC PUDEUR, CHASTEMENT, PUDIQUEMENT, PUREMENT, SAINEMENT, VERTUEUSEMENT; PAS TRÈS, PAS VRAIMENT, TRÈS PEU.

saleté *n.f.* ▸ *Ordure* – bassiné, bourre, bourrier, chiure, chute, crasse, culot, débris, déchet, dépôt, détritus, excrément, fange, fiente, fumier, gadoue, immondices, impureté, lavure, lie, malpropreté, ordure, parcelle, perte, poussière, raclure, rebut, reliefs, reliquat, résidu, reste, rinçure, rognure, salissure. FAM. cochonnerie, margouillis, saloperie. ▸ *Tache*

– éclaboussure, marque, noircissure, piqûre, point, salissure, souillure, tache. QUÉB. FAM. picot, pivelure. ▸ *Sur le papier* – bavochure, bavure, maculage, maculation, macule, pâté, rousseur. ▸ *Sur un fruit* – meurtrissure, tavelure. ▸ *Sur une pierre* – givrure, glace. ▸ *Sur le corps* – maille, maillure, moucheture, ocelle, pétéchie, tache de rousseur. ▸ **Obscénité** – canaillerie, coprolalie, cynisme, gaillardise, gauloiserie, gravelure, grivoiserie, gros mot, grossièreté, immodestie, impudeur, incongruité, inconvenance, indécence, licence, malpropreté, obscénité, polissonnerie, pornographie. FAM. cochonceté, cochonnerie. ▸ **Abjection** – abjection, abomination, atrocité, bassesse, boue, corruption, crapulerie, crime, débauche, déshonneur, fange, grossièreté, honte, horreur, ignominie, impureté, indignité, infamie, laideur, misère, monstruosité, noirceur, obscénité, odieux, ordure, sordide, souillure, vice. SOUT. sordidité, stupre, turpitude, vilenie. ▲ANT. NETTETÉ, PROPRETÉ; AMABILITÉ, COMPLIMENT, POLITESSE; PURETÉ.

salir *v.* ▸ **Tacher** – barbouiller, maculer, tacher. QUÉB. FAM. beurrer. ▸ *De noir* – charbonner, noircir. ▸ *De boue* – embouer. ▸ **Rendre malpropre** – crotter, encrasser. FAM. dégueulasser, saloper, souillonner. ▸ **Faire perdre sa pureté** – avilir, flétrir, profaner, souiller. SOUT. contaminer, empoisonner, polluer. ▸ **Faire perdre sa dignité** – abaisser, avilir, dégrader, dépraver, déshonorer, galvauder, prostituer, rabaisser, ravaler, souiller. ▸ **Porter atteinte** – déshonorer, éclabousser, entacher, flétrir, noircir, porter atteinte à, souiller, ternir. SOUT. tacher. ▲ANT. BLANCHIR, CURER, DÉBARBOUILLER, DÉTACHER, LAVER, NETTOYER, RÉCURER; ÉLEVER, EXALTER, HONORER, LOUANGER.

salive *n.f.* bave, écume.

salle *n.f.* ▸ **Pièce** – local, pièce. BELG. place. QUÉB. FAM. appartement. ACADIE bord. ▸ **Auditoire** – assemblée, assistance, assistants, auditeurs, auditoire, foule, galerie, présents, public. ▸ **Dortoir** – alcôve, chambre (à coucher), chambrée *(caserne)*, chambrette, dortoir. FAM. carrée, piaule, taule; PÉJ. cambuse, turne.

salon *n.m.* ▸ **Exposition** – concours, démonstration, étalage, exhibition, exposition, foire, foire-exposition, galerie, manifestation, montre, présentation, rétrospective, vernissage. FAM. démo, expo. SUISSE comptoir. ▸ **Marché** – bazar, braderie, foire, fondouk *(pays arabes)*, halle, khan, marché aux puces, marché, marché-gare, souk. BELG. minque *(poissons)*.

saluer *v.* ▸ **Rendre hommage** – applaudir, approuver, chanter les louanges de, complimenter, congratuler, couvrir de fleurs, couvrir de louanges, encenser, faire l'éloge de, féliciter, lancer des fleurs à, louanger, louer, rendre hommage à, vanter. ▲ANT. HUER, SIFFLER; DÉDAIGNER, MÉPRISER.

salut *n.m.* ▸ **Formule de salut** – adieu, au revoir, bienvenue, bonjour, bonsoir, salutation. FAM. bye-bye. QUÉB. ENFANTIN tata. ▸ **Salutation** – baisemain, civilités, compliments, coup de chapeau, courbette, génuflexion, hommage, inclination, poignée de main, prosternation, révérence, salutation. FAM. salamalecs. ▸ **Guérison** – amélioration, apaisement, cicatrisation, convalescence, cure, guérison, mieux-être, relevailles, relèvement, rémission, répit,

résurrection, rétablissement, retour à la santé, soulagement, traitement. MÉD. délitescence, postcure, résorption, rétrocession. ▸ **Délivrance** – acquittement, affranchissement, décolonisation, délivrance, désaliénation, élargissement, émancipation, évacuation, libération, manumission, rachat, rédemption. FAM. débarras, quille. SOUT. déprise. ▸ **Sauvetage** – planche de salut, rachat, récupération, rédemption, sauvetage, secours. ▸ **Sécurité** – abri, assurance, calme, confiance, paix, quiétude, repos, sécurité, sérénité, sûreté, tranquillité (d'esprit). ▸ **Garantie** – assurance, aval, caution, cautionnement, charge, consignation, couverture, ducroire, engagement, gage, garant, garantie, hypothèque, indexage, indexation, nantissement, obligation, palladium, parrainage, précaution, préservation, promesse, répondant, responsabilité, sauvegarde, sécurité, signature, soulte, sûreté, warrant, warrantage. ▸ **Sainteté** – béatitude, gloire, sainteté. ▲ANT. HUÉE; DAMNATION, PERDITION; CAPTIVITÉ; DANGER.

salutaire *adj.* avantageux, bénéfique, bienfaisant, bon, favorisant, profitable, utile. ▲ANT. DÉFAVORABLE, DÉSASTREUX, DÉSAVANTAGEUX, DOMMAGEABLE, FÂCHEUX, FUNESTE, NÉFASTE, NUISIBLE, PERNICIEUX, PRÉJUDICIABLE.

salutation *n.f.* ▸ **Formule de salut** – adieu, au revoir, bienvenue, bonjour, bonsoir, salut. FAM. bye-bye. QUÉB. ENFANTIN tata. ▸ **Hommage** – baisemain, civilités, compliments, coup de chapeau, courbette, génuflexion, hommage, inclination, poignée de main, prosternation, révérence, salut. FAM. salamalecs.

salve *n.f.* décharge, fusillade, mitraillade, rafale, tiraillement, tiraillerie, volée. FAM. giclée *(arme automatique)*. ANC. bordée, mousquetade, mousqueterie.

sanatorium *n.m.* aérium, centre aéré, centre de convalescence, centre de prévention, centre de repos, préventorium. FAM. sana.

sanctifier *v.* ▸ **Donner un caractère sacré** – diviniser, sacraliser, tabouiser. ▲ANT. PROFANER, SOUILLER, VIOLER.

sanction *n.f.* ▸ **Autorisation** – acceptation, accord, accréditation, acquiescement, adhésion, adoption, affirmation, affirmative, agrément, amen, approbation, approbativité, approuvé, assentiment, autorisation, aval, avis favorable, bénédiction, caution, chorus, confirmation, consentement, déclaration favorable, engagement, entérinement, exeat, feu vert, gré, homologation, légalisation, oui, permission, ratification, validation. BELG. agréage, agréation. SOUT. suffrage. RELIG. admittatur, celebret, créance, imprimatur, nihil obstat. ▸ **Punition** – châtiment, condamnation, correction, damnation, expiation, gage *(dans un jeu)*, leçon, peine, pénalisation, pénalité, pénitence, punition, répression, verbalisation. FAM. tarif. ▲ANT. DÉMENTI, DÉSAPPROBATION, REFUS; RÉCOMPENSE.

sang *n.m.* ▸ **Liquide organique** – FIG. le liquide écarlate. MÉD. plasma (sanguin), sérum (sanguin). FAM. raisiné. ▸ **Hérédité** – agnation, alliance, arbre généalogique, ascendance, ascendants, branche, cognation, consanguinité, cousinage, degré, descendance, descendants, dynastie, extraction, famille, filiation, fratrie, généalogie, génération, hérédité, lignage, ligne, ligne ascendante, lignée, maison, matriarcat, matrilignage, matrilinéarité, origine, parentage, parenté, parentelle, patriarcat, patrilignage, patrilinéarité, postérité, primogéniture, quartier (de noblesse), race, souche.

sang-froid *n. m.* ▶ *Solidité* – aplomb, assurance, autorité, caractère, constance, courage, cran, détermination, endurance, énergie, fermeté, force, permanence, poigne, rectitude, résolution, ressort, sérieux, solidité, sûreté, ténacité, vigueur, virilité, volonté. *SOUT.* fortitude, invulnérabilité. *FAM.* estomac, gagne. ▶ *Patience* – calme, constance, courage, douceur, endurance, flegme, lenteur, patience, persévérance, persistance, résignation, tranquillité. *SOUT.* longanimité. ▲ANT. ANGOISSE, ÉMOTION, EMPORTEMENT, ÉNERVEMENT, EXALTATION, PEUR.

sanglant *adj.* ▶ *Qui saigne* – à vif, ensanglanté, saignant, sanguinolent. *MÉD.* cruenté. ▶ *Meurtrier* – cruel, destructeur, exterminateur, funeste, meurtrier, sanguinaire. ▶ *Blessant* (*SOUT.*) – blessant, choquant, cinglant, désobligeant, froissant, humiliant, injurieux, insultant, mortifiant, offensant, outrageant, vexant. ▲ANT. SANS EFFUSION DE SANG ; AGRÉABLE, DÉLICIEUX, SUAVE ; BLANCHÂTRE, BLÊME, PÂLE.

sanglot *n. m.* ▶ *Inspiration brusque* – hoquet. ▶ *Gémissement* – bêlement, braillement, cri, doléances, geignement, grincement, hélas, jérémiade, lamentation, larmoiement, murmure, plainte, pleurs, soupir. *SOUT.* sanglotement. *FAM.* pleurnichage, pleurnichement, pleurnicherie. *QUÉB. FAM.* braillage. ▲ANT. RIRE.

sangloter *v.* ▶ *Pleurer* – pleurer, verser des larmes, verser des pleurs. *FAM.* chialer. *QUÉB. FAM.* brailler. ▶ *Être pris de sanglots* – hoqueter. ▲ANT. RIRE, SOURIRE.

sanguin *adj.* ▶ *Relatif au sang* – hématique. ▶ *En parlant du visage* – coloré, congestionné, couperosé, cramoisi, écarlate, empourpré, en feu, enflammé, enluminé, injecté, rouge, rougeaud, rougissant, rubicond, vineux. *SOUT.* rubescent, vultueux. *FAM.* rouget. ▶ *Impulsif* – bouillant, emporté, enflammé, explosif, fougueux, impatient, impétueux, impulsif, passionné, prompt, qui a la tête chaude, véhément, vif, violent, volcanique. *QUÉB. FAM.* malendurant, prime. ▲ANT. BLAFARD, BLÊME, PÂLE ; MESURÉ, PONDÉRÉ, POSÉ, RAISONNABLE, RÉFLÉCHI, RESPONSABLE, SAGE, SENSÉ, SÉRIEUX.

sanguin *n.* ▶ *Personne* – impulsif, primesautier. ♦ **sanguine**, *fém.* ▶ *Pierre* – fer oligiste, ferret d'Espagne, oligiste. ▶ *Fruit* – orange sanguine.

sanguinaire *adj.* ▶ *En parlant de qqn* – barbare, bestial, cannibale, cannibalesque, cruel, féroce, inhumain, sadique, sauvage. *SOUT.* néronien. ▶ *En parlant de qqch.* – cruel, destructeur, exterminateur, funeste, meurtrier, sanglant. ▲ANT. BIENVEILLANT, CHARITABLE, COMPATISSANT, DÉLICAT, DOUX, HUMAIN, MISÉRICORDIEUX.

sanitaire *adj.* hygiénique, sain, salubre.

sans-gêne *n.* ▶ *Personne* – arrogant, effronté, frondeur, impertinent, impoli, impudent, insolent, offenseur, sans gêne. *FAM.* blanc-bec, malpoli, tutoyeur. *FRANCE FAM.* béjaune. *QUÉB. FAM.* barbeux,

baveux. ♦ **sans-gêne**, *masc.* ▶ *Comportement* – familiarité, franc-parler, hardiesse, libertés, privautés, sans-façon. ▲ANT. BONNES MANIÈRES, DÉLICATESSE, POLITESSE.

santé *n. f.* ▶ *Constitution* – apparence, condition (physique), conformation, constitution, état (physique), forme, nature, vitalité. *SOUT.* complexion. *MÉD.* diathèse, habitus. ▶ *Hygiène* – hygiène, propreté, salubrité, stérilité. ▶ *Action de trinquer* – toast. *FAM.* tchin-tchin. ▲ANT. MALADIE.

saouler (var. **soûler**, **souler**) *v.* ▶ *Donner en abondance* – abreuver, accabler, combler, couvrir, gaver, gorger, inonder, rassasier. ▶ *Ennuyer* (*FRANCE FAM.*) – agacer, crisper, énerver, exaspérer, excéder, fatiguer, hérisser, impatienter, importuner, irriter, porter sur les nerfs à. *FAM.* barber, casser les pieds à, chauffer les oreilles à, courir sur le système à, embêter, emmieller, empoisonner, enquiquiner, faire suer, gonfler, horripiler, insupporter, pomper l'air à, porter sur le système à, scier, tanner, taper sur le système à, taper sur les nerfs à. *FRANCE FAM.* bassiner, canuler, cavaler, courir, courir sur le haricot à. *QUÉB. FAM.* achaler, déranger, écœurer, tomber sur la noix à, tomber sur la rate à, tomber sur le système à, tomber sur les nerfs à, tomber sur les rognons à. ▲ANT. PRIVER ; DÉGRISER, DÉSENIVRER, DESSOÛLER.

sarcasme *n. m.* dérision, épigramme, esprit, flèche, goguenardise, gouaille, gouaillerie, humour, ironie, lazzi, malice, moquerie, persiflage, pique, plaisanterie, pointe, quolibet, raillerie, ricanement, risée, satire, taquinerie, trait. *SOUT.* brocard, nargue, saillie. *FAM.* vanne. *QUÉB. FAM.* craque. *QUÉB. SUISSE FAM.* fion. ▲ANT. COMPLIMENT, ÉLOGE, FLATTERIE, LOUANGE.

sarcastique *adj.* ▶ *Méchant* – à l'emporte-pièce, acerbe, acéré, acide, acrimonieux, aigre, blessant, caustique, cinglant, corrosif, fielleux, grinçant, incisif, méchant, mordant, piquant, sardonique, virulent, vitriolique. ▶ *Railleur* – caustique, cynique, frondeur, goguenard, gouailleur, ironique, malicieux, moqueur, narquois, persifleur, railleur, sardonique. *QUÉB. FAM.* baveux. ▲ANT. AIMABLE, BIENVEILLANT ; RESPECTUEUX ; ÉLOGIEUX, LOUANGEUR.

satanique *adj.* ▶ *Digne de Satan* – démoniaque, diabolique, infernal, luciférien, méphistophélique, pervers. ▲ANT. ANGÉLIQUE, CÉLESTE, DIVIN, PUR.

satiété *n. f.* ▶ *Satisfaction* – apaisement, assouvissement, contentement, satisfaction, soulagement. *SOUT.* étanchement, rassasiement. ▶ *Saturation* – abondance, engorgement, inégalité, plénitude, saturation, totalité. ▶ *Dégoût* – dégoût, mal de cœur, nausée, réplétion, saturation. ▶ *Excès* – comble, débauche, débordement, dépassement, disproportion, énormité, excédent, excès, exubérance, gaspillage, inutile, luxe, luxuriance, orgie, profusion, redondance, saturation, superfétation, superflu, superfluité, surabondance, surcharge, surcroît, surenchère, surnombre, surplus, trop, trop-plein. ▲ANT. APPÉTIT, BESOIN, DÉSIR, ENVIE ; MODÉRATION.

satiné *adj.* brillant, glacé, laqué, lisse, luisant, lustré, poli, verni. ▲ANT. GROSSIER, RUDE, RUGUEUX.

satire *n. f.* ▶ *Pamphlet* – brûlot, diatribe, épigramme, factum, feuille, libelle, mazarinade, pamphlet. *SOUT.* catilinaire, philippique. ▶ *Texte*

699

poétique – épigramme, iambes, sille. *SOUT.* fatrasie. ▶ **Raillerie** – dérision, épigramme, esprit, flèche, goguenardise, gouaille, gouaillerie, humour, ironie, lazzi, malice, moquerie, persiflage, pique, plaisanterie, pointe, quolibet, raillerie, ricanement, risée, sarcasme, taquinerie, trait. *SOUT.* brocard, nargue, saillie. *FAM.* vanne. *QUÉB. FAM.* craque. *QUÉB. SUISSE FAM.* fion. ▲**ANT.** APOLOGIE, ÉLOGE, LOUANGE.

satirique *adj.* caricatural. *SOUT.* épigrammatique, parodique. ▲**ANT.** APOLOGÉTIQUE, APPROBATIF, FLATTEUR, LOUANGEUR.

satisfaction *n. f.* ▶ **Assouvissement d'un besoin** – apaisement, assouvissement, contentement, satiété, soulagement. *SOUT.* étanchement, rassasiement. ▶ **Exaucement** – accomplissement, concrétisation, exaucement. ▶ **Plaisir** – bien-être, bonheur, contentement, délectation, délice, douceur, euphorie, félicité, jouissance, orgasme, plaisir, régal, septième ciel, volupté. *SOUT.* aise, félicité, miel, nectar. ▶ **Dédommagement** – compensation, consolation, contrepartie, correctif, dédommagement, dommages et intérêts, dommages-intérêts, échange, indemnisation, indemnité, raison, récompense, remboursement, réparation, retour, soulte. ▲**ANT.** FRUSTRATION, INSATISFACTION, MÉCONTENTEMENT, NON-SATISFACTION; CHAGRIN, DÉSAPPOINTEMENT; REFUS.

satisfaire *v.* ▶ **Plaire** – aller à, contenter, convenir à, faire l'affaire de, plaire à, sourire à. *SOUT.* agréer à, complaire à. *FAM.* arranger, botter à, chanter à. *QUÉB. FAM.* adonner. ▶ **Assouvir** – apaiser, assouvir, calmer, contenter, étancher, rassasier, soulager. *SOUT.* désaltérer, repaître. ▶ **Exaucer** – accomplir, combler, exaucer, réaliser, répondre à. *SOUT.* écouter, entendre. ▶ **Subvenir** – assurer, pourvoir à, subvenir à. ▶ **Remplir** – remplir, répondre à, suffire à. ♦ **se satisfaire** ▶ **Se contenter** – s'en tenir à, se borner à, se cantonner dans, se contenter de, se limiter à. ▲**ANT.** CONTRARIER, DÉCEVOIR, DÉPLAIRE, MÉCONTENTER; AFFAMER, FRUSTRER, PRIVER; REFOULER, RÉPRIMER, S'ABSTENIR; MANQUER À, SE SOUSTRAIRE.

satisfaisant *adj.* acceptable, approuvable, bien, bon, convenable, correct, décent, honnête, honorable, moyen, passable, présentable, raisonnable, suffisant. *FAM.* potable, supportable. ▲**ANT.** INACCEPTABLE, INSATISFAISANT, INSUFFISANT, MAUVAIS.

satisfait *adj.* ▶ **Heureux** – content, fier, fiérot, heureux. *FAM.* joice. ▶ **Assouvi** – apaisé, assouvi, comblé, contenté, rassasié, réalisé. ▲**ANT.** DÉÇU, FÂCHÉ, MÉCONTENT; FRUSTRÉ, INASSOUVI, INSATIABLE, INSATISFAIT.

saturé *adj.* blasé, dégoûté, désabusé, écœuré, fatigué, las, lassé, qui en a assez. *FAM.* qui en a ras le bol. *QUÉB. FAM.* qui a son voyage, tanné. ▲**ANT.** INSATURÉ, VIDE.

satyre *n. m.* ▶ **Être mythologique** – faune. *SOUT.* chèvre-pied.

sauce *n. f.* ▶ **Garniture** – nappage. ▶ *Trop claire* – lavasse. ▶ **Crayon** – crayon Conté. ▶ **Averse** (*FAM.*) – averse, cataracte, déluge, giboulée, grain, ondée, pluie battante, pluie d'abat, pluie diluvienne, pluie drue, pluie torrentielle, trombe d'eau. *FAM.* douche, rincée, saucée; *BELG. FAM.* drache.

sauter

saucisson *n. m.* ▶ **Aliment prêt à manger** – saucisse sèche. *FRANCE FAM.* sauciflard. ▶ **Pain** – baguette, demi-baguette, ficelle, flûte, (pain) bâtard, (pain) parisien.

sauf *adj.* inaltéré, intact, intouché, pur. ▲**ANT.** ALTÉRÉ, ENDOMMAGÉ; BLESSÉ; DISPARU, MORT, PERDU.

saugrenu *adj.* à dormir debout, abracadabrant, abracadabrantesque, absurde, baroque, biscornu, bizarre, burlesque, cocasse, exagéré, excentrique, extravagant, fantasque, farfelu, fou, funambulesque, grotesque, impayable, impossible, incroyable, insolite, invraisemblable, loufoque, qui ne tient pas debout, rocambolesque, tiré par les cheveux, vaudevillesque. *FRANCE FAM.* foutraque, gaguesque, louf, louftingue. ▲**ANT.** BIENSÉANT, CONVENABLE; LOGIQUE, SENSÉ, SÉRIEUX.

saumon *adj.* crevette, pêche, pelure d'oignon, rose orangé, rose saumoné.

saut *n. m.* ▶ **Bond** – bond, bondissement, cabriole, culbute, enjambée, entrechat, gambade, plongeon, sautillage, sautillement, voltige. *FAM.* galipette. *QUÉB. FAM.* sautage. *BELG.* cumulet. ▶ **Sursaut** – cahot, soubresaut, sursaut, tressaillement. *SOUT.* tressaut, tressautement. ▶ **Élan** – bond, branle, coup, élan, élancement, envolée, erre, essor, impulsion, lancée, lancement, mouvement, rondade *(acrobatie)*. *QUÉB. FAM.* erre d'aller. ▶ **Discontinuité** – brisure, cassure, coupure, discontinuité, fossé, hiatus, interruption, lacune, rupture, solution de continuité. ▶ **Chute** – courant, cours, fil (de l'eau), flot, rapide. ▶ **Accouplement** – accouplement, appareillage, appareillement, appariade, appariage, coït, copulation, insémination, monte, reproduction, saillie, union. *SOUT.* appariement. ▲**ANT.** CONTINUATION, MAINTIEN, POURSUITE; CONTINUITÉ.

saute *n. f.* accès, bizarrerie, bon plaisir, caprice, changement, chimère, coup de tête, envie, extravagance, fantaisie, fantasme, folie, frasque, gré, guise, immaturité, impatience, incartade, inconstance, infantilisme, instabilité, légèreté, lubie, marotte, mobilité, originalité, saute (d'humeur), singularité, sporadicité, variation, versatilité, volonté. *SOUT.* folle gamberge, foucade, humeur. *FAM.* toquade. ▲**ANT.** CONSTANCE, MAINTIEN.

sauté *n. m.* ▶ **Aliment** – blanquette, (bœuf) bourguignon, carbonade, cassoulet, civet, fricassée, gibelotte, goulache *(Hongrie)*, haricot de mouton, mafé *(Afrique)*, navarin, oille, ragoût irlandais, ragoût, ratatouille, sagamité *(amérindien)*, salmis, tajine *(Maghreb)*. *QUÉB.* ragoût de boulettes, ragoût de pattes (de cochon). *ACADIE* fricot. *ANTILLES* colombo. ▶ **Personne** *(QUÉB. FAM.)* – anticonformiste, bizarre, excentrique, guignol, non-conformiste, original.

sauter *v.* ▶ **Faire des bonds** – bondir, cabrioler, caracoler, faire des bonds, folâtrer, gambader, s'ébattre. ▶ **S'élancer** – foncer, s'élancer, se jeter, se lancer, se précipiter, se ruer. ▶ **Attaquer** – agresser, assaillir, attaquer, charger, foncer sur, fondre sur, se jeter sur, tomber sur. *BELG.* broquer sur. ▶ **Faire explosion** (*FAM.*) – détoner (éclater, exploser, faire explosion). *FAM.* péter. *CHIM.* fulminer. ▶ **Franchir** – enjamber, franchir, passer. ▶ **Oublier** – escamoter, manquer, omettre, oublier, passer. ▶ **Voler**

(QUÉB. FAM.) – dérober, faire main basse sur, prendre, soustraire, subtiliser, voler. FAM. barboter, chaparder, chiper, choper, escamoter, faire, faucher, flibuster, piquer, rafler, taxer. FRANCE FAM. calotter, chouraver, chourer. ▲ANT. ATTENDRE, SE RETENIR; RECULER.

sauvage *adj.* ▶ *Inexploré* – désert, désolé, inexploré, inhabité, solitaire, vierge. ▶ *Hostile* – farouche, hostile, ingrat, inhabitable, inhospitalier. ▶ *Fauve* – fauve, féroce. ▶ *Indompté* – farouche, inapprivoisable, inapprivoisé, indomptable, indompté. ▶ *Méfiant* – craintif, farouche, méfiant. ▶ *Insociable* – farouche, insociable, misanthrope, ours, solitaire. ▶ *Qui tient de l'animal* – animal, bestial. ▶ *Cruel* – barbare, bestial, cannibale, cannibalesque, cruel, féroce, inhumain, sadique, sanguinaire. SOUT. néronien. ▲ANT. FRÉQUENTÉ, HABITÉ, PEUPLÉ; DOMESTIQUE, FAMILIER; CIVILISÉ, ÉVOLUÉ, POLICÉ; POLI, RAFFINÉ, SOCIABLE; BIENVEILLANT, CHARITABLE, COMPATISSANT, DÉLICAT, DOUX, HUMAIN, MISÉRICORDIEUX.

sauvage *n.* ▶ *Misanthrope* – ermite, misanthrope, ours, reclus, solitaire. ▶ *Brute* – animal, bourreur de coups, brutal, brute, cosaque, violent. SOUT. reître, soudard.

sauvagement *adv.* barbarement, bestialement, brutalement, cruellement, durement, farouchement, férocement, impitoyablement, inhumainement, méchamment, rudement, sadiquement. ▲ANT. AVEC DOUCEUR, BIENVEILLAMMENT, DÉLICATEMENT; ÉCOLOGIQUEMENT.

sauvagerie *n. f.* ▶ *Cruauté* – acharnement, agressivité, atrocité, barbarie, brutalité, cruauté, dureté, férocité, inhumanité, maltraitance, méchanceté, sadisme, torture, violence. SOUT. implacabilité, inexorabilité. PSYCHIATRIE psychopathie. ▶ *Insociabilité* – asociabilité, asocialité, inadaptation, individualisme, insociabilité, marginalité, mésadaptation, misanthropie, timidité. MÉD. agoraphobie, sociophobie, solitarisme. SOUT. ourserie, renfrognement. ▶ *Timidité* – appréhension, confusion, crainte, discrétion, effacement, effarouchement, embarras, émoi, frilosité, gaucherie, gêne, hésitation, honte, humilité, indécision, inhibition, introversion, malaise, modestie, peur, réserve, retenue, timidité. SOUT. pusillanimité. FAM. trac. ▲ANT. DÉLICATESSE, DOUCEUR; CIVILITÉ, SOCIABILITÉ; CIVILISATION.

sauvegarde *n. f.* ▶ *Protection* – abri, aide, appui, assistance, chapeautage, conservation, couverture, garantie, garde, mandat, parrainage, paternalisme, patronage, protection, recommandation, renfort, rescousse, secours, sécurisation, soutien, surveillance, tutelle. FIG. parapluie. QUÉB. marrainage (femme). SOUT. égide. FAM. piston. ▶ *Perpétuation* – conservation, continuation, immortalisation, maintien, pérennisation, persistance, poursuite, préservation, prolongement, suite, transmission. SOUT. ininterruption, perpétuation, perpétuement. ▶ *Garantie* – assurance, aval, caution, cautionnement, charge, consignation, couverture, ducroire, engagement, gage, garant, garantie, hypothèque, indexage, indexation, nantissement, obligation, palladium, parrainage, précaution, préservation, promesse, répondant, responsabilité, salut, sécurité, signature, soulte, sûreté, warrant, warrantage. ▲ANT. DESTRUCTION.

sauvegarder *v.* conserver, garder, préserver, protéger, sauver. ▲ANT. ABANDONNER, LAISSER, LIVRER, PERDRE, SACRIFIER; ATTAQUER, MENACER, PERSÉCUTER.

sauver *v.* ▶ *Tirer d'un danger* – arracher, soustraire. QUÉB. réchapper, rescaper. MAR. sauveter. ▶ *Protéger* – conserver, garder, préserver, protéger, sauvegarder. ▶ *Sauver par la rédemption* – racheter, rédimer. ◆ *se sauver* ▶ *Fuir* – fuir, prendre la clé des champs, prendre la fuite, s'enfuir. SOUT. s'ensauver. FAM. calter, caner, débarrasser le plancher, décamper, décaniller, déguerpir, détaler, droper, ficher le camp, filer, foutre le camp, prendre la poudre d'escampette, prendre le large, s'esbigner, se barrer, se carapater, se casser, se cavaler, se débiner, se faire la malle, se faire la paire, se faire la valise, se tailler, se tirer, se tirer des flûtes, trisser. QUÉB. FAM. sacrer le camp, sacrer son camp, se pousser. ▶ *S'évader* – filer, s'échapper, s'enfuir, s'évader. FRANCE FAM. se faire la belle. ▲ANT. ABANDONNER, LAISSER, LIVRER, PERDRE, SACRIFIER; ATTAQUER, MENACER, PERSÉCUTER; DAMNER. △SE SAUVER – ACCOURIR; DEMEURER, RESTER.

sauvetage *n. m.* ▶ *Récupération* – planche de salut, rachat, récupération, rédemption, salut, secours. ▶ *Réparation* – amélioration, arrangement, bricolage, consolidation, dépannage, entretien, maintenance, rajustement, ravalement, reconstitution, réfection, remise à neuf, remise en état, remontage, renforcement, réparation, reprise, restauration, restitution, rétablissement, retapage, rhabillage, soin. FAM. rafistolage. QUÉB. FAM. ramanchage. ▲ANT. AGRESSION, ATTAQUE; ABANDON.

sauveur *n. m.* ▶ *Libérateur* – affranchisseur, bienfaiteur, défenseur, deus ex machina, émancipateur, libérateur, messie, protecteur, rédempteur. SOUT. salvateur. ▲ANT. BOURREAU, OPPRESSEUR.

savamment *adv.* adroitement, astucieusement, avec brio, avec compétence, avec éclat, bien, brillamment, de main de maître, ex professo, expertement, finement, génialement, habilement, industrieusement, ingénieusement, intelligemment, judicieusement, lucidement, magistralement, pertinemment, professionnellement, sensément, spirituellement, subtilement, talentueusement, vivement. ▲ANT. ABSURDEMENT, BÊTEMENT, IDIOTEMENT, IMBÉCILEMENT, ININTELLIGEMMENT, NAÏVEMENT, SOTTEMENT, STUPIDEMENT.

savant *adj.* ▶ *Qui a de vastes connaissances* – averti, cultivé, éclairé, érudit, évolué, instruit, intellectuel, lettré. SOUT. docte. FAM. calé. QUÉB. connaissant, renseigné; FAM. bollé. ▶ *Recherché* – complexe, délicat, difficile, recherché, subtil. ▶ *En parlant d'un terme* – didactique, scientifique, technique. ▲ANT. IGNORANT, INCULTE; FACILE, NATUREL, SIMPLE; COURANT, FAMILIER, POPULAIRE.

savant *n.* ▶ *Spécialiste d'un domaine* – autorité (en la matière), chercheur, connaisseur, découvreur, docteur, expert, homme de science, investigateur, maître, maître de recherches, professeur, scientifique, sommité, spécialiste. SOUT. (grand) clerc. ▶ *Personne aux connaissances étendues* – docteur, encyclopédiste, érudit, humaniste, intellectuel, lettré, maître-penseur, philosophe, sage. SOUT. bénédictin, (grand) clerc, mandarin. FAM. bibliothèque (vivante), dictionnaire ambulant, dictionnaire (vivant), encyclopédie (vivante), fort en thème, grosse tête, intello, puits d'érudition, puits de science, rat de bibliothèque, tête d'œuf. ▲ANT. AMATEUR, APPRENTI, PROFANE; IGNORANT.

saveur *n. f.* ▶ *Goût* – goût, montant, parfum. SOUT. flaveur, sapidité, succulence. ▶ *Agrément* – agrément, bouquet, charme, fumet, piment, piquant, sel, truculence. ▲ANT. FADEUR, INSIPIDITÉ.

savoir *v.* ▶ *Être au courant* – connaître, être au courant de, être au fait de, être informé de, être instruit de. ▶ *Posséder une connaissance* – connaître, maîtriser. ♦ **se savoir** ▶ *Devenir chose connue* – filtrer, paraître au jour, s'ébruiter, transpirer. ▲ANT. IGNORER, MÉCONNAÎTRE; DOUTER.

savoir *n. m.* ▶ *Connaissances* – acquis, (bagage de) connaissances, bagage (intellectuel), compétence, culture (générale), éducation, encyclopédisme, épistémè, érudition, expérience, humanisme, instruction, lettres, lumières, notions, sagesse, science. SOUT. omniscience. ▶ *Compétence* – adresse, aisance, aptitude, art, brio, capacité, compétence, dextérité, disposition, doigté, don, expérience, expertise, facilité, faculté, force, fort, génie, habileté, main, maîtrise, métier, pouvoir, professionnalisme, savoir-faire, sens, talent, technique, virtuosité. SOUT. industrie. FAM. bosse. QUÉB. douance *(scolaire)*. DR. habilitation, habilité. ▲ANT. IGNORANCE, INCULTURE; INCOMPÉTENCE.

savoir-faire *n. m.* ▶ *Compétence* – adresse, aisance, aptitude, art, brio, capacité, compétence, dextérité, disposition, doigté, don, expérience, expertise, facilité, faculté, force, fort, génie, habileté, main, maîtrise, métier, pouvoir, professionnalisme, savoir, sens, talent, technique, virtuosité. SOUT. industrie. FAM. bosse. QUÉB. douance *(scolaire)*. DR. habilitation, habilité. ▲ANT. GAUCHERIE, INCOMPÉTENCE, MALADRESSE.

savon *n. m.* ▶ *Substance* – détachant, détergent, détersif, lessive, nettoyant, produit lessiviel, savonnette *(petit)*. QUÉB. javellisant. ▶ *Blâme (FAM.)* – accusation, admonestation, admonition, anathématisation, anathème, attaque, avertissement, blâme, censure, condamnation, correction, critique, désapprobation, diatribe, grief, grognerie, gronderie, interdit, leçon, malédiction, mise à l'écart, mise à l'index, mise en quarantaine, objection, observation, plainte, punition, récrimination, remarque, remontrance, représentation, réprimande, réprobation, reproche, réquisitoire, semonce, sérénade, sermon, tollé. SOUT. animadversion, foudres, fustigation, improbation, mercuriale, objurgation, stigmatisation, vitupération. FAM. douche, engueulade, prêchi-prêcha, tabac. FRANCE FAM. attrapade, lavage de tête, soufflante. BELG. cigare. RELIG. fulmination.

savourer *v.* ▶ *Apprécier au goût* – déguster, goûter, siroter *(boisson)*. ▶ *Aimer beaucoup* – déguster, faire ses délices de, goûter, jouir de, profiter de, s'enchanter de, se délecter de, se régaler de, se réjouir de, se repaître de, tirer plaisir de. FAM. se gargariser de. ▲ANT. ABHORRER, DÉTESTER, VOMIR.

savoureux *adj.* ▶ *Bon au goût* – délectable, délicieux, excellent, exquis, gastronomique, succulent, très bon. SOUT. ambrosiaque, ambrosien.

▶ *Intéressant* – amusant, croustillant, digne d'intérêt, intéressant, piquant, qui pique l'intérêt, qui pique la curiosité. ▶ *Pittoresque* – animé, coloré, expressif, figuré, haut en couleur, imagé, métaphorique, pittoresque, truculent, vivant. FAM. folklorique, jazzé. ▲ANT. AMER, DÉSAGRÉABLE, MAUVAIS, RÉPUGNANT; FADE, INSIPIDE; MÉDIOCRE, MONOTONE, MORNE, SANS COULEUR, SANS VIE, TERNE.

scabreux *adj.* ▶ *Obscène* – cru, dégoûtant, graveleux, obscène. ▶ *Épineux (SOUT.)* – ardu, complexe, compliqué, corsé, délicat, difficile, épineux, laborieux, malaisé, problématique. FAM. calé, coton, dur, musclé, trapu. ▲ANT. CHASTE, DÉCENT, INNOCENT, PUDIQUE, PUR; AISÉ, COMMODE, ÉLÉMENTAIRE, ENFANTIN, FACILE, SIMPLE.

scandale *n. m.* ▶ *Indignation* – choc, commotion, émotion, étonnement, honte, indignation. ▶ *Esclandre* – algarade, discussion, dispute, éclat, esclandre, querelle, scène, tapage. FAM. chambard, pétard. ▶ *Péché* – accroc, chute, crime, déchéance, écart, errements, faute, impureté, mal, manquement, mauvais, offense, péché, sacrilège, souillure, tache, transgression, vice. ▶ *Impiété* – agnosticisme, apostasie, athéisme, blasphème, désacralisation, doute, froideur, gentilité, hérésie, impiété, incrédulité, incroyance, indifférence, infidélité, irréligion, libre pensée, matérialisme, paganisme, panthéisme, péché, profanation, reniement, sacrilège, scepticisme. SOUT. inobservance. ▲ANT. ÉDIFICATION.

scandaleux *adj.* ▶ *Révoltant* – amoral, choquant, éhonté, immoral, impur, inconvenant, indécent, obscène, offensant, révoltant, scabreux. ▶ *Honteux* – abject, bas, coupable, crapuleux, dégoûtant, honteux, ignoble, immonde, inavouable, indigne, infâme, infect, innommable, inqualifiable, lâche, méprisable, odieux, repoussant, répugnant, sans nom, sordide, vil, vilain. SOUT. fangeux, ignominieux, nauséeux, triste, turpide. FAM. dégueu, dégueulasse, écœurant, gerbant, moche. ▲ANT. BIENSÉANT, CONVENABLE, CORRECT, DÉCENT, EXEMPLAIRE, MORAL; DIGNE, HONORABLE, NOBLE.

scandaliser *v.* ▶ *Choquer* – choquer, horrifier, indigner, outrer, révolter. FAM. écœurer, estomaquer. ♦ **se scandaliser** ▶ *S'indigner* – s'indigner, s'offusquer, se fâcher, se formaliser, se froisser, se piquer, se vexer. ▲ANT. ÉDIFIER; CHARMER, PLAIRE, RÉJOUIR. △SE SCANDALISER – S'ENTHOUSIASMER, SE FÉLICITER, SE RÉJOUIR.

scander *v.* ▶ *Prononcer avec force* – accentuer, appuyer sur, marteler. ▶ *Donner un rythme* – cadencer, rythmer.

scanneur (var. **scaneur**) *n. m.* ▶ *Appareil médical* – scanographe, tomodensimètre, tomodensitomètre. ▶ *Appareil d'enregistrement des images* – lecteur optique, numériseur optique.

sceau *n. m.* ▶ *Ce qui sert à marquer* – cachet, cliché, oblitérateur, poinçon, tampon, timbre. ANTIQ. cylindre-sceau. ▶ *Marque* – cachet, contrôle, empreinte, estampille, flamme, frappe, griffe, insculpation, label, marque, oblitération, plomb, poinçon, tampon, timbre. QUÉB. FAM. étampe. ▶ *Caractère distinctif* – apparence, cachet, cicatrice, cri-tère, empreinte, indication, indice, lueur, marque, ombre, pas, piste, preuve, repère, reste, ride, signature, signe, stigmate, tache, témoignage, témoin, trace, trait, vestige.

sceller *v.* ▶ *Fermer d'un sceau* – cacheter. ▶ *Confirmer solennellement* – accepter, approuver, confirmer, entériner, homologuer, plébisciter, ratifier, sanctionner, signer, valider. ▲ANT. DÉCACHETER, DESCELLER, OUVRIR; ABROGER, ANNULER, INVALIDER.

scénario *n.m.* ▶ *Canevas* – action, affabulation, canevas, intrigue, péripétie, scène, trame, vie. ▶ *Supposition* – a priori, apriorisme, apriorité, cas de figure, condition, conjecture, doute, extrapolation, hypothèse, idée reçue, induction, jeu de l'esprit, œillère, préjugé, présomption, présupposé, présupposition, pronostic, supputation. ▶ *Théorie* – conjecture, explication, hypothèse, interprétation, loi, principe, spéculation, théorie, thèse.

scène *n.f.* ▶ *Espace surélevé* – (les) planches, plateau. ▶ *Art* – art dramatique, planches, théâtre. ▶ *Subdivision d'une pièce de théâtre* – acte, tableau. ▶ *Subdivision d'un film* – plan, séquence. ▶ *Ce qui se passe* – action, affabulation, canevas, intrigue, péripétie, scénario, trame, vie. ▶ *Lieu* – coin, emplacement, endroit, lieu, localisation, localité, place, point, position, poste, séjour, siège, site, situation, théâtre, zone. BIOL. locus. ▶ *Dispute* – accrochage, algarade, altercation, brouille, brouillerie, chicane, controverse, démêlé, désaccord, désunion, différend, discorde, dispute, divergence, escarmouche, explication, fâcherie, froid, heurt, joute oratoire, litige, malentendu, mésentente, passe d'armes, polémique, querelle, rupture, zizanie. FAM. bagarre, bisbille, bringue, chamaille, chamaillerie, empoignade, empoignement, engueulade, prise de bec, séance. QUÉB. FAM. brasse-camarade, chamaillage. BELG. FAM. bisbrouille. ▶ *Esclandre* – algarade, discussion, dispute, éclat, esclandre, querelle, scandale, tapage. FAM. chambard, pétard. ▶ *Ce que l'on voit* – image, spectacle, tableau, vision, vue. ▶ *Domaine* – branche, champ, département, discipline, division, domaine, étude, fief, matière, partie, science, secteur, spécialité, sphère. FAM. rayon.

scepticisme *n.m.* ▶ *Méfiance* – défiance, désintéressement, doute, incrédulité, méfiance, prudence, soupçon, suspicion, vigilance. SOUT. cautèle. FAM. paranoïa *(excessive).* ▶ *Incroyance* – agnosticisme, apostasie, athéisme, blasphème, désacralisation, doute, froideur, gentilité, hérésie, impiété, incrédulité, incroyance, indifférence, infidélité, irréligion, libre pensée, matérialisme, paganisme, panthéisme, péché, profanation, reniement, sacrilège, scandale. SOUT. inobservance. ▶ *Pessimisme* – alarmisme, catastrophisme, défaitisme, inquiétude, négativisme, pessimisme. ▶ *En philosophie* – criticisme, nihilisme, positivisme, pragmatisme, probabilisme, pyrrhonisme, relativisme, subjectivisme. ▲ANT. ASSURANCE, CONVICTION, CRÉDULITÉ, CROYANCE, DOGMATISME, FOI; ENTHOUSIASME.

sceptique *adj.* dubitatif, incrédule. SOUT. douteur. PHILOS. aporétique. ▲ANT. CERTAIN, CONFIANT, CONVAINCU, SÛR; CROYANT, DOGMATIQUE; CRÉDULE, NAÏF.

sceptique *n.* ▶ *Personne qui doute* – incrédule, méfiant. SOUT. douteur. QUÉB. saint-thomas.

▶ *Partisan* – probabiliste, relativiste. ▲ANT. DUPE, NAÏF; CROYANT, FIDÈLE.

sceptre *n.m.* ▶ *Bâton symbolique* – abacus, bâton, caducée, crosse, lituus, main de justice, pédum, thyrse, verge. ▶ *Souveraineté* – autorité royale, couronne, royauté, souveraineté, trône.

schéma *n.m.* ▶ *Représentation* – carte, copie, dessin, diagramme, fac-similé, figuration, image, levé, plan, représentation, reproduction, symbole, visuel *(en publicité).* ▶ *Ébauche* – canevas, crayon, crayonné, croquis, dessin, ébauche, épure, esquisse, essai, étude (préparatoire), griffonnement, pochade, premier jet, préparation, projet. SOUT. linéaments. FRANCE FAM. crobard. ▶ *Résumé* – abrégé, aide-mémoire, analyse, aperçu, argument, compendium, condensé, éléments, épitomé, esquisse, extrait, livret, manuel, mémento, morceau, notice, page, passage, plan, précis, promptuaire, raccourci, récapitulation, réduction, résumé, rudiment, sommaire, somme, synopsis, vade-mecum. FAM. topo.

schématique *adj.* rapide, simplifié, sommaire, succinct. ▲ANT. APPROFONDI, COMPLET, DÉTAILLÉ, FOUILLÉ, PRÉCIS; NUANCÉ.

schème *n.m.* abstraction, archétype, concept, conception, conceptualisation, connaissance, conscience, entité, fiction, généralisation, idée, imagination, notion, noumène, pensée, représentation (mentale), théorie.

scie *n.f.* ▶ *Poisson* – poisson-scie. ▶ *Rengaine* – chanson ressassée, rengaine, ritournelle. ▶ *Redite* – chanson, écho, leitmotiv, rabâchage, radotage, réchauffé, récurrence, redite, redondance, refrain, rengaine, répétition, reprise, ressassage, ressassement, ritournelle, routine, sérénade, turlutaine. FAM. resucée. QUÉB. FAM. renotage. ▶ *Chose ennuyeuse* (FAM.) – FAM. calamité, colique, soporifique.

sciemment *adv.* à dessein, consciemment, de plein gré, de propos délibéré, de sang-froid, délibérément, en connaissance de cause, en pleine connaissance de cause, en toute connaissance de cause, exprès, expressément, intentionnellement, volontairement. ▲ANT. IMPULSIVEMENT, INCONSCIEMMENT, INVOLONTAIREMENT, MACHINALEMENT, MÉCANIQUEMENT, SANS RÉFLÉCHIR.

science *n.f.* ▶ *Savoir* – acquis, (bagage de) connaissances, bagage (intellectuel), compétence, culture (générale), éducation, encyclopédisme, épistémè, érudition, expérience, humanisme, instruction, lettres, lumières, notions, sagesse, savoir. SOUT. omniscience. ▶ *Spécialité* – branche, champ, département, discipline, division, domaine, étude, fief, matière, partie, scène, secteur, spécialité, sphère. FAM. rayon. ▲ANT. IGNORANCE, INCOMPÉTENCE.

scier *v.* ▶ *Exaspérer* (FAM.) – agacer, crisper, énerver, excéder, fatiguer, hérisser, impatienter, importuner, irriter, porter sur les nerfs à. FAM. barber, casser les pieds à, chauffer les oreilles à, courir sur le système à, embêter, emmieller, empoisonner, enquiquiner, faire suer, gonfler, horripiler, insupporter, pomper l'air à, porter sur le système à, tanner, taper sur le système à. FRANCE FAM. bassiner, canuler, cavaler, courir, courir sur le haricot à, soûler. QUÉB. FAM. achaler, déranger, écœurer, tomber sur la noix à, tomber sur la rate à, tomber sur le système à, tomber sur les nerfs à, tomber sur les rognons à. ▶ **Stupéfier** (*FAM.*) – abasourdir, ahurir, couper bras et jambes à, couper le souffle à, ébahir, époustoufler, étonner, méduser, renverser, saisir, souffler, stupéfaire, stupéfier, suffoquer. *FAM.* décoiffer, défoncer, déménager, éberluer, ébouriffer, épater, estomaquer, estourbir, sidérer.

scintillant *adj.* ▶ **Brillant** – brasillant, brillant, éclatant, étincelant, flamboyant, incandescent, luisant, miroitant, papillotant, reluisant, rutilant. ▶ **Clignotant** – clignotant, papillotant. ▲**ANT.** BLAFARD, ÉTEINT, MAT, PÂLE, TERNE; FIXE.

scintiller *v.* ▶ **Briller par intervalles** – clignoter, papilloter. ▶ **Jeter des reflets** – brasiller, briller, chatoyer, étinceler, flamboyer, fulgurer (*éclat passager*), luire, miroiter, reluire, resplendir, rutiler. *SOUT.* palpiter, papilloter, pétiller. *BELG.* blinquer. *ACADIE FAM.* mirer.

scission *n.f.* ▶ **Division** – bipartition, clivage, découpage, division, fission, mi-partition, section, sectionnement, segmentation, séparation. ▶ **Disjonction** – débranchement, déconnexion, désaccord, désunion, disjonction, rupture, séparation. ▶ **Sécession** – autonomie, division, indépendance, partition, sécession, séparation. ▶ **Dissidence** – désobéissance, déviation, déviationnisme, division, hérésie, hétérodoxie, insoumission, insurrection, non-conformisme, opposition, rébellion, révolte, schisme, sécession, séparation. ▲**ANT.** FUSION, UNION; ACCORD, ASSOCIATION, COALITION, CONCORDE.

sclérosant *adj.* ▲**ANT.** DYNAMISANT, ÉPANOUISSANT, STIMULANT.

scolaire *adj.* ▶ **Destiné à l'enseignement** – didactique, éducatif, éducationnel, ludo-éducatif, pédagogique. ▲**ANT.** EXTRASCOLAIRE.

score *n.m.* ▶ **Résultat** – marque, note, résultat.

scrupule *n.m.* ▶ **Honte** – confusion, contrainte, crainte, embarras, gêne, honte, humilité, pudeur, réserve, retenue, timidité. ▶ **Hésitation** – doute, embarras, flottement, hésitation, incertitude, inconstance, indécision, indétermination, instabilité, irrésolution, perplexité, procrastination, réticence, tâtonnement, trouble, vacillement, valse-hésitation, velléité, versatilité. *SOUT.* limbes. *QUÉB. FAM.* brettage, tétage. ▶ **Intégrité** – conscience, droiture, exactitude, fidélité, franchise, honnêteté, incorruptibilité, intégrité, irréprochabilité, justice, loyauté, mérite, moralité, netteté, probité, sens moral, transparence, vertu. ▲**ANT.** CERTITUDE, DÉCISION; LAXISME, NÉGLIGENCE.

scrupuleux *adj.* ▶ **Honnête** – à l'abri de tout soupçon, au-dessus de tout soupçon, consciencieux, digne de confiance, droit, fiable, honnête, incorruptible, insoupçonnable, intègre, probe, propre, sûr. ▶ **Méticuleux** – appliqué, assidu, attentif, consciencieux, méthodique, méticuleux, minutieux, ordonné, précis, rangé, rigoureux, soigné, soigneux, systématique. *SOUT.* exact. ▶ **Pointilleux** – à cheval sur les principes, chatouilleux, exigeant, maniaque, perfectionniste, pointilleux, sourcilleux. *FAM.* service-service. ▲**ANT.** CYNIQUE, MALHONNÊTE; APPROXIMATIF, INDÉLICAT, INSOUCIEUX, NÉGLIGENT; COMPLAISANT, LAXISTE.

scruter *v.* ▶ **Regarder** – arrêter son regard sur, attacher son regard sur, braquer les yeux sur, considérer, contempler, dévisager (*une personne*), examiner, fixer, fixer le regard sur, fouiller du regard, observer, regarder. *FAM.* gaffer, viser, zieuter. ▶ **Inspecter** – arraisonner (*navire*), examiner, fouiller, inspecter, passer au peigne fin, regarder à la loupe. ▶ **Étudier à fond** – approfondir, ausculter, creuser, épuiser, étudier à fond, examiner sous toutes les coutures, fouiller, passer au crible, traiter à fond. ▲**ANT.** EFFLEURER, NÉGLIGER, OMETTRE, SURVOLER.

sculpter *v.* ▶ **Façonner un objet** – façonner, former, modeler. *SOUT.* configurer. ▶ **Graver** – buriner, ciseler, estamper, graver, tailler.

sculpteur *n.* ▶ **Artiste** – ANC. imagier (sculpteur), tailleur d'images.

sculpture *n.f.* ▶ **Art ou technique** – burinage, ciselage, cisèlement, ciselure, échoppage, guillochage, sculptage. *QUÉB. FAM.* gossage.

séance *n.f.* ▶ **Audience** – audience (*tribunal*), débat, session, vacation. ▶ **Spectacle** – attraction, concert, danse, divertissement, exécution, exhibition, happening, numéro, pièce, projection, récital, représentation, revue, soirée. ▶ **Concert** – aubade, audition, concert, divertissement, exécution, récital, sérénade, soirée. ▶ **Pièce de théâtre** (*ACADIE*) – pièce.

sec *adj.* ▶ **Sans humidité** – aride, desséché. *GÉOGR.* aréique. ▶ **Très maigre** – amaigri, décharné, desséché, efflanqué, émacié, famélique, hâve, maigri, osseux, qui n'a que la peau et les os, squelettique. *SOUT.* étique. *FAM.* maigre comme un clou, maigre comme un coucou, maigre comme un hareng saur, maigre comme un coup de trique. *MÉD.* cachectique. ▶ **Enduci** – aride, de granit, de pierre, dur, endurci, froid, indifférent, insensible, sans-cœur. *SOUT.* d'airain, frigide, granitique. *FAM.* blindé. ▶ **Bien marqué** – accentué, accusé, fort, marqué, net, prononcé. ▶ **En parlant du ton** – abrupt, agressif, bourru, bref, brusque, brutal, cassant, coupant, dur, incisif, raide, rude, tranchant. ▲**ANT.** AQUEUX, HUMIDE, MOUILLÉ, TREMPÉ; PLUVIEUX; VERT (*nature*); ADIPEUX, CORPULENT, DE FORTE TAILLE, EMPÂTÉ, GRAS, GROS, LOURD, MASSIF, OBÈSE, OPULENT, PLANTUREUX; COMPATISSANT, EMPATHIQUE, SENSIBLE; AGRÉABLE, CARESSANT, DOUX, ONCTUEUX. △ **SECS, plur.** – HUILEUX (*cheveux*).

sèchement *adv.* durement, fraîchement, froidement, glacialement, hautainement, impersonnellement, insensiblement, raide, raidement, sec. ▲**ANT.** DÉLICATEMENT, DOUCEMENT; CHALEUREUSEMENT, CORDIALEMENT; AVEC GRÂCE, GRACIEUSEMENT.

sécher *v.* ▶ **Essuyer** – éponger, essuyer, étancher, tamponner. ▶ **Vider de son eau** – assécher, dessécher, étancher, mettre à sec, tarir. ▶ **Faner** – défraîchir, dessécher, étioler, faner, flétrir. ▶ **Fumer** – boucaner, fumer, saurer. ▶ **Boire en entier** (*FAM.*) – finir, vider. *FAM.* nettoyer. ▶ **Manquer un cours** (*FAM.*) – manquer. *BELG.* FAM. brosser. *SUISSE FAM.* courber. ▶ **S'évaporer** – s'évaporer, se vaporiser, se volatiliser. *BELG.* aminer. ▶ **Rassir** – durcir, rassir. ▲**ANT.** ARROSER, DÉTREMPER, HUMECTER, HUMIDIFIER, IMBIBER, INONDER, MOUILLER.

sécheresse *n.f.* ▶ **Aridité** – aridité, déshydratation, dessèchement, dessiccation, flétrissure, marcescence, sec, siccité, tarissement. *DIDACT.* anhydrie. ▶ *Austérité* – âpreté, aridité, austérité, dureté, exigence, gravité, rigidité, rigueur, sérieux, sévérité. ▶ *Absence de sentiments* – dureté, froideur, indifférence, insensibilité, sécheresse (de cœur). *SOUT.* aridité. ▲**ANT.** FRAÎCHEUR, HUMIDITÉ, HYDRATATION; FÉCONDITÉ, FERTILITÉ, LUXURIANCE; ATTENDRISSEMENT, BONTÉ, SENSIBILITÉ.

second *n.* ▶ *Personne* – adjoint, aidant, aide, alter ego, assesseur, assistant, auxiliaire, bras droit, collaborateur, complice, exécutant, homme de confiance, lieutenant, préparateur, sous-chef, subalterne, subordonné. *SOUT.* suivant. *RELIG.* coadjuteur, définiteur. ▸ *Non favorable* – acolyte, lampiste, second couteau, second rôle, second violon, sous-fifre, sous-ordre. ▶ *Espace d'un bâtiment* – second étage. ▲**ANT.** CAPITAINE, CHEF, PATRON.

secondaire *adj.* ▶ *Qui est moins important* – accessoire, anecdotique, annexe, contingent, (d'intérêt) secondaire, de second plan, décoratif, dédaignable, épisodique, incident, indifférent, insignifiant, marginal, mineur, négligeable, périphérique. ▶ *Qui occupe un rang moins élevé* – bas, inférieur, mineur, moindre, subalterne, subordonné. ▲**ANT.** CAPITAL, DOMINANT, ESSENTIEL, FONDAMENTAL, PRIMORDIAL, PRINCIPAL.

seconder *v.* ▶ *Épauler* – aider, appuyer, assister, épauler, soutenir. ▲**ANT.** CONTRARIER, DESSERVIR, ENTRAVER, NUIRE.

secouer *v.* ▶ *Remuer* – agiter, remuer. *QUÉB. ACADIE FAM.* brasser. ▶ *Ballotter* – agiter, ballotter, cahoter. *QUÉB. FAM.* bardasser, barouetter. ▶ *Traiter avec rigueur* – brimer, éprouver, malmener, maltraiter. *FIG.* cahoter. ▶ *Réprimander* (*FAM.*) – admonester, attraper, chapitrer, faire des remontrances à, faire la leçon à, faire la morale à, gronder, houspiller, malmener, moraliser, morigéner, rappeler à l'ordre, remettre à sa place, remettre au pas, réprimander, sermonner. *SOUT.* gourmander, redresser, semoncer, semondre, tancer. *FAM.* assaisonner, dire deux mots à, disputer, doucher, engueuler, enguirlander, incendier, laver la tête à, moucher, passer un savon à, remonter les bretelles à, sacquer, savonner, savonner la tête à, sonner les cloches à, tirer les oreilles à. *FRANCE FAM.* donner un cigare à, passer un cigare à. *QUÉB. FAM.* brasser, chauffer les oreilles à, chicaner, parler dans le casque à, ramasser, serrer les ouïes à. ▶ *Ébranler fortement* – affecter, bouleverser, choquer, commotionner, ébranler, marquer, perturber, traumatiser. ▶ *Émouvoir* – bouleverser, chavirer, ébranler, émouvoir, remuer, retourner, révulser, troubler. *FAM.* chambouler, émotionner, remuer les tripes à, révolutionner, tournebouler, tourner les sangs à. ◆ *se secouer* ▶ *S'ébrouer* – s'agiter, s'ébrouer. ▶ *Se ressaisir* – réagir, se reprendre, se ressaisir. *BELG. FAM.* se ravoir. ▲**ANT.** CALER, FIXER, IMMOBILISER, STABILISER; DORLOTER, MÉNAGER; APAISER, CALMER, TRANQUILLISER. △SE SECOUER – PARESSER, S'ENGOURDIR, SE LAISSER ALLER.

secourable *adj.* ▶ *Charitable* – altruiste, bon, charitable, compatissant, désintéressé, fraternel, généreux, humain, humanitaire, philanthrope, qui a bon cœur. *SOUT.* bienfaisant. ▶ *Attentionné* – aimable, attentif, attentionné, aux petits soins, complaisant, délicat, dévoué, diligent, empressé, gentil,

obligeant, prévenant, serviable, zélé. *FAM.* chic, chou. *QUÉB. FAM.* fin. *BELG. FAM.* amitieux. ▲**ANT.** AVARE, CHÉTIF, CHICHE, CUPIDE, ÉGOÏSTE, MESQUIN; DE PIERRE, DUR, ENDURCI, FROID, INDIFFÉRENT, INSENSIBLE, MÉCHANT, SANS-CŒUR, SEC.

secourir *v.* aider, être utile à, porter secours à, prêter assistance à, prêter main-forte à, prêter secours à, rendre service à, tirer d'affaire, tirer d'embarras, venir à la rescousse de, venir au secours de, venir en aide à. *SOUT.* obliger. *FAM.* dépanner, donner un coup de main à, donner un coup de pouce à. ▲**ANT.** ABANDONNER, DÉLAISSER, LAISSER, SACRIFIER; NUIRE.

secours *n. m.* ▶ *Sauvetage* – planche de salut, rachat, récupération, rédemption, salut, sauvetage. ▶ *Protection* – abri, aide, appui, assistance, chapeautage, conservation, couverture, garantie, garde, mandat, parrainage, paternalisme, patronage, protection, recommandation, renfort, rescousse, sauvegarde, sécurisation, soutien, surveillance, tutelle. *FIG.* parapluie. *QUÉB.* marrainage (*femme*). *SOUT.* égide. *FAM.* piston. ▶ *Aide* – aide, appoint, apport, appui, assistance, association, bienfaisance, bons offices, collaboration, complicité, concours, conseil, contribution, coopération, coup d'épaule, coup de main, coup de pouce, dépannage, entraide, grâce, mainforte, participation, planche de salut, renfort, service, soutien, synergie. *SOUT.* viatique. *FAM.* (coup de) fion. ▶ *Don* – aide, allocation, apport, assistance, aumône, bonne œuvre, charité, dation, disposition, distribution, don, faveur, grâce, hommage, indemnité, obole, prestation, soulagement, subside, subvention. *SOUT.* bienfait. *FAM.* dépannage. *DR.* donation, fidéicommis, legs, libéralité. *RELIG.* bénédiction, charisme. ▲**ANT.** ABANDON, ENTRAVE, OBSTACLE.

secousse *n. f.* ▶ *Choc* – accrochage, choc, cognement, collision, coup, entrechoquement, heurt, impact, percussion, rencontre. ▶ *Sursaut* – cahot, saut, soubresaut, sursaut, tressaillement. *SOUT.* tressaut, tressautement. ▶ *Tremblement* – agitation, convulsion, ébranlement, flageolement, frémissement, frisson, frissonnement, grelottement, haut-le-corps, oscillation, saccade, soubresaut, sursaut, titubation, tortillage, tortillement, tremblement, tremblotement, trémoussement, trémulation, trépidation, tressaillement, vacillement, vibration. *SOUT.* tressaut, tressautement. *FAM.* tremblote. ▶ *Commotion* – bouleversement, choc, commotion, coup, ébranlement, émotion, traumatisme. ▶ *Agitation* – activité, affairement, affolement, agitation, alarme, animation, bouillonnement, branle-bas (de combat), bruit, dérangement, désordre, désorganisation, détraquement, effervescence, excitation, fourmillement, grouillement, hâte, incohérence, mouvement, orage, précipitation, remous, remue-ménage, suractivité, tempête, tohu-bohu, tourbillon, tourmente, trépidation, trouble, tumulte, turbulence, va-et-vient. *SOUT.* émoi, remuement. *FAM.* chambardement. ▶ *Intervalle* (*QUÉB. FAM.*) – battement, creux, distance, durée, espace (de temps), intervalle, laps de temps. *SOUT.* échappée. *QUÉB. ACADIE FAM.* escousse. *BELG.* fourche. ▶ *Longue période* (*QUÉB. FAM.*) – une éternité. *SOUT.* des lustres. *FAM.* des lunes, des siècles, un bail, un siècle, une paye. *QUÉB. FAM.* une escousse, une mèche. ▲**ANT.** ACCALMIE, CALME, STABILITÉ.

secret *adj.* ▶ *Soustrait à la vue* – caché, dérobé, dissimulé, invisible, masqué. ▶ *Inavoué* – caché, dérobé, dissimulé, inavoué. ▶ *Clandestin* – clandestin, dissimulé, occulte, parallèle, souterrain, subreptice. ▶ *Mystérieux* – cabalistique, caché, cryptique, énigmatique, ésotérique, hermétique, impénétrable, inaccessible, incompréhensible, inconcevable, inconnaissable, indéchiffrable, indécodable, inexplicable, inintelligible, insaisissable, insondable, mystérieux, nébuleux, obscur, opaque, ténébreux. *SOUT.* abscons, abstrus, sibyllin. ▶ *Intime* – confidentiel, intime, personnel, privé. ▶ *Introverti* – introverti, renfermé, replié sur soi-même. ▲ANT. À LA PORTÉE DE TOUS, ACCESSIBLE, APPARENT, CLAIR, COMPRÉHENSIBLE, ÉVIDENT, INTELLIGIBLE, LIMPIDE, SIMPLE, TRANSPARENT; CONNU, NOTOIRE, PUBLIC; COMMUNICATIF, EXTRAVERTI, OUVERT; BAVARD, INDISCRET.

secret *n. m.* ▶ *Mystère* – arcanes, énigme, inconnaissable, inconnu, mystère, obscurité, voile. *FAM.* cachotterie. ▶ *Discrétion* – black-out, confidentialité, discrétion, retenue. ▶ *Silence* – black-out, étouffement, mutisme, mystère, non-dit, réticence, silence, sourdine. ▶ *Intimité* – âme, arrière-fond, arrière-pensée, conscience, coulisse, dedans, dessous, fond, for intérieur, intérieur, intériorité, intimité, jardin secret, repli. *SOUT.* tréfonds. ▶ *Profondeur* – acuité, ardeur, complexité, difficulté, élévation, ésotérisme, extase, extrémité, force, immensité, impénétrabilité, intelligence, intensité, intériorité, intimité, mystère, pénétration, perspicacité, plénitude, profond, profondeur, puissance, science. ▶ *Recette* – martingale *(au jeu)*, procédé, recette. *FAM.* truc. ▶ *Méthode* – approche, art, chemin, code, comment, credo, démarche, discipline, dispositif, façon (de faire), facture, formule, heuristique, instruction, instrument, ligne de conduite, maïeutique, manière, marche (à suivre), méthode, modalité, mode d'emploi, moyen, opération, ordre, organisation, outil, posologie, pratique, procédé, procédure, protocole, raisonnement, recette, règle, stratagème, stratégie, système, tactique, technique, théorie, traitement, voie. *SOUT.* faire. ▲ANT. NOUVELLE, RÉVÉLATION.

secrétaire *n.* ♦ **secrétaire**, *masc. sing.* ▶ *Meuble* – bonheur-du-jour, bureau ministre, bureau, scriban, scribanne, table de travail. ▶ *Oiseau* – bistorte, serpentaire . ♦ **secrétaires**, *plur.* ▶ *Ensemble de personnes* – secrétariat.

secrétariat *n. m.* ▶ *Travail* – travail de bureau. ▶ *Bureau* – archives, greffe. ▶ *État* – Administration, affaires de l'État, bureaux, fonction publique, fonctionnaires, grands corps de l'État, institutions, ministères, organe, organismes, services. *PÉJ.* bureaucratie.

secrètement *adv.* ▶ *En secret* – à huis clos, à la dérobée, anonymement, clandestinement, confidentiellement, discrètement, en cachette, en catimini, en confidence, en secret, en sourdine, en sousmain, furtivement, incognito, ni vu ni connu, occultement, sans tambour ni trompette, sourdement, sous le manteau, souterrainement, subrepticement. *FAM.* en douce, en loucedé, en tapinois. ▶ *Mystérieusement* – ambigument, cabalistiquement, énigmatiquement, hermétiquement, illisiblement, impénétrablement, incompréhensiblement, inexplicablement,

inintelligiblement, mystérieusement, obscurément, occultement, opaquement, ténébreusement. ▶ *Intimement* – à l'intérieur, au-dedans, dedans, en dedans, in petto, intérieurement, intimement, introspectivement, mentalement, moralement. ▲ANT. À LA FACE DU MONDE, À VISAGE DÉCOUVERT, AU GRAND JOUR, DEVANT TOUT LE MONDE, EN PUBLIC, OUVERTEMENT, PUBLIQUEMENT, EN TOUTES LETTRES, EXPLICITEMENT, NETTEMENT, NOIR SUR BLANC.

sécréter *v.* distiller, exsuder, suinter. ▲ANT. IMPRÉGNER, PÉNÉTRER, S'INFILTRER.

sécréteur *adj.* ▲ANT. ABSORBANT.

sécrétion *n. f.* ▶ *Expulsion* – délivrance, élimination, émission, émonction, évacuation, excrétion, expulsion. ▶ *Mucosité* – glaire, morve, mouchure, mucosité, mucus, pituite, suc, suint. ▲ANT. ABSORPTION, IMBIBATION.

sectaire *adj.* ▶ *Fanatique* – extrémiste, fanatique, intolérant. ▶ *Étroit d'esprit* – borné, étriqué, étroit, étroit d'esprit, incompréhensif, intolérant, intransigeant, mesquin, petit, qui a des œillères. ▶ *Qui suit trop étroitement une doctrine* – doctrinaire, dogmatique, intransigeant, systématique. ▲ANT. ÉCLECTIQUE, OUVERT, TOLÉRANT.

secte *n. f.* ▶ *Clique* – bande, bandits, cabale, camarilla, chapelle, clan, clique, coterie, école, église, faction, groupuscule, ligue, maffia, malfaiteurs.

secteur *n. m.* ▶ *Subdivision* – branche, division, partie, ramification, section, sous-division, subdivision. ▶ *Région* – coin (de pays), contrée, latitude, partie du monde, pays, région, zone. *SOUT.* cieux, climats. *FAM.* patelin. *QUÉB. FAM.* bout. ▶ *Partie d'une ville* – faubourg, quartier, sous-secteur. *SUISSE* dicastère. *ANTIQ.* tribu. ▶ *Domaine* – branche, champ, département, discipline, division, domaine, étude, fief, partie, rayon, scène, science, spécialité, sphère. *FAM.* rayon. ▶ *Domaine de production* – branche.

section *n. f.* ▶ *Séparation* – bipartition, clivage, découpage, division, fission, mi-partition, scission, sectionnement, segmentation, séparation. ▶ *Opération chirurgicale* – sectionnement. ▶ *Manière dont qqch. est vu* – coupe, profil, vue. ▶ *Portion* – bout, carotte *(terrain)*, détail, échantillon, morceau, pan, partie, portion, segment, tranche, travée, tronçon. ▶ *Subdivision* – branche, division, partie, ramification, secteur, sous-division, subdivision. ▶ *Subdivision d'un livre* – alinéa, article, chapitre, livre, matière, objet, paragraphe, partie, question, rubrique, sujet, titre, tome, volet, volume. ▶ *Dans un texte sacré* – psaume, surate *(musulman)*, verset. ▶ *En électricité* – bobine, broche, canette, cops, fuseau, fusette, navette, rochet, roquetin, rouleau. ▶ *Unité militaire* – bataillon, brigade, colonne, commando, compagnie, corps, escadron, escadre, formation, garde, garnison, légion, parti, patrouille, peloton, régiment, soldatesque *(indisciplinés)*, tabor *(Maroc)*, troupe, unité. *PAR EXT.* caserne. *ANC.* escouade, goum, piquet. ▲ANT. RÉUNION; INTÉGRALITÉ, TOTALITÉ, UNITÉ.

séculaire *adj.* centenaire. ▲ANT. JEUNE, MODERNE, NOUVEAU, RÉCENT.

séculier *adj.* civil, laïque. *RELIG.* temporel. ▲ANT. CLÉRICAL, ECCLÉSIASTIQUE, RÉGULIER, RELIGIEUX.

sécuritaire *adj.* ▲ANT. DANGEREUX, RISQUÉ.

sécurité *n.f.* ▶ *Sûreté* – abri, assurance, calme, confiance, paix, quiétude, repos, salut, sérénité, sûreté, tranquillité (d'esprit). ▶ *Garantie* – assurance, aval, caution, cautionnement, charge, consignation, couverture, ducroire, engagement, gage, garant, garantie, hypothèque, indexage, indexation, nantissement, obligation, palladium, parrainage, précaution, préservation, promesse, répondant, responsabilité, salut, sauvegarde, signature, soulte, sûreté, warrant, warrantage. ▶ *Mesures de sécurité* – abri, aide, appui, assistance, chapeautage, conservation, couverture, garantie, garde, mandat, parrainage, paternalisme, patronage, protection, recommandation, renfort, rescousse, sauvegarde, secours, sécurisation, soutien, surveillance, tutelle. FIG. parapluie. QUÉB. marrainage *(femme)*. SOUT. égide. FAM. piston. ▲ANT. DANGER, RISQUE; ANXIÉTÉ, INQUIÉTUDE, INSÉCURITÉ, PEUR.

sédentaire *adj.* casanier. FAM. pantouflard, pot-au-feu. QUÉB. FAM. pépère. ▲ANT. AMBULANT, ERRANT, ITINÉRANT, MOBILE, NOMADE, SANS DOMICILE FIXE, VAGABOND, VOYAGEUR; ACTIF, SPORTIF.

séduction *n.f.* ▶ *Action de séduire* – charme, conquête, enchantement, ensorcellement, entreprises, envoûtement, parade *(animaux)*. FAM. drague, rentre-dedans. ▶ *Beauté* – agrément, art, attrait, beau, beauté, charme, chic, classe, coquetterie, délicatesse, distinction, éclat, élégance, esthétique, féerie, fraîcheur, grâce, gracieux, harmonie, magnificence, majesté, perfection, photogénie, pureté, splendeur, symétrie. DIDACT. eurythmie. SOUT. blandice, joliesse, morbidesse, sublimité, symphonie, vénusté. ▶ *Attraction* – aimant, attirance, attraction, attrait, charisme, charme, chien, désirabilité, envoûtement, fascination, magie, magnétisme. ▶ *Influence* – action, aide, appui, ascendant, attirance, attraction, aura, autorité, contagion, crédit, dominance, domination, effet, empreinte, emprise, fascination, force, importance, incitation, influence, inspiration, magie, magnétisme, mainmise, manipulation, mouvance, persuasion, pétition, poids, pouvoir, prépondérance, présence, pression, prestige, puissance, règne, rôle, subjugation, suggestion, tyrannie. SOUT. empire, intercession. ▶ *Allèchement* – allèchement, appât, attrait, friandise, tentation. ▲ANT. RÉPUGNANCE, RÉPULSION; REPOUSSEMENT.

séduire *v.* ▶ *Avoir par ruse* – circonvenir, enjôler, leurrer. FAM. baratiner, bonimenter, emberlificoter, embobiner, endormir, entortiller, entreprendre, faire marcher, mener en bateau. ▶ *Attirer* – affrioler, allécher, appâter, attirer, faire saliver, mettre en appétit, ragoûter, tenter. SOUT. affriander, allicier, mettre en goût. ▶ *Envoûter* – captiver, charmer, ensorceler, envoûter, fasciner, hypnotiser, magnétiser, obnubiler, subjuguer, tenir sous le charme. ▶ *Conquérir* – captiver, charmer, conquérir, faire la conquête de, gagner, s'attacher, s'attirer les bonnes grâces de, s'attirer les faveurs de, subjuguer. ▶ *Conquérir une femme* – conquérir, faire la conquête de. SOUT. suborner. FAM. avoir, tomber. ▲ANT. DÉGOÛTER, ÉCŒURER, ÉLOIGNER, REBUTER, REPOUSSER, RÉPUGNER; CHOQUER, DÉPLAIRE; DÉSENVOÛTER.

séduisant *adj.* ▶ *Charmant* – agréable, attachant, charmant, (d'un charme) irrésistible, plaisant. FRANCE FAM. craquant. ▶ *Alléchant* – affriolant, aguichant, alléchant, appétissant, attirant, attrayant, désirable, engageant, excitant, intéressant, invitant, irrésistible, ragoûtant, tentant. SOUT. affriandant. ▶ *Captivant* – captivant, charismatique, ensorcelant, envoûtant, fascinant, magnétique. ▲ANT. FADE, ININTÉRESSANT, INSIPIDE, TERNE; RÉFRIGÉRANT, SANS CHARME; RÉBARBATIF, REBUTANT.

segment *n.m.* ▶ *Partie en général* – bout, carotte *(terrain)*, détail, échantillon, morceau, pan, partie, portion, section, tranche, travée, tronçon. ▶ *Partie d'un être inférieur* – anneau, article, métamère. ♦ **segments**, *plur.* ▶ *Ensemble de parties en général* – ensemble, tout. ▲ANT. ENSEMBLE, TOTALITÉ, TOUT.

seigneur *n.m.* ▶ *Homme au Moyen Âge* – baron, féodal, seigneur féodal. ▶ *Homme noble* – homme bien né, homme de condition, homme de qualité. ANC. gentilhomme. ▶ *Titre* – messire, monseigneur, Sa Grandeur, sire. ▶ *Chef* – chef, maître, meneur, numéro un, parrain, tête. FAM. baron, cacique, caïd, éléphant, (grand) manitou, grand sachem, gros bonnet, grosse légume, hiérarque, huile, pontife. FRANCE FAM. (grand) ponte, grosse pointure. QUÉB. FAM. grosse tuque. ▶ *Avec titre* – autorité, brevetaire, dignitaire, officiel, responsable, supérieur. ▶ *Puissant* – magnat, mandarin, roi (de X), seigneur et maître. SOUT. prince. PÉJ. adjudant. ▶ *Peu important* – chefaillon, petit chef. ▲ANT. SERF, SERVITEUR, SUJET, VASSAL.

sein *n.m.* ▶ *Organe de l'allaitement* – MÉD. ou ZOOL. glande mammaire, mamelle. ▶ *Poitrine* – buste, cœur, poitrine, torse. ANAT. cage thoracique, sternum, thorax; MÉD. gril costal. ▶ *Utérus* (SOUT.) – ventre. SOUT. entrailles, flanc. ANAT. cavité utérine, utérus. ▶ *Milieu* (FIG.) – axe, centre, entre-deux, intermédiaire, milieu, moyen terme, pivot, point central. FIG. clef (de voûte), cœur, foyer, midi, nœud, nombril, noyau, ombilic, siège. ▲ANT. DEHORS, EXTÉRIEUR.

séjour *n.m.* ▶ *Fait de demeurer dans un lieu* – passage, résidence. ▶ *Salle* – (salle de) séjour, salon-salle à manger. ▶ *Lieu* – coin, emplacement, endroit, lieu, localisation, localité, place, point, position, poste, scène, siège, site, situation, théâtre, zone. BIOL. locus. ▶ *Lieu d'habitation* – habitation. ▲ANT. ABSENCE; DÉPART, VOYAGE; DISPARITION.

séjourner *v.* ▶ *Loger* – descendre, loger, rester, s'arrêter, se relaisser. ▲ANT. PASSER, VOYAGER; PARTIR, QUITTER.

sel *n.m.* ▶ *Substance naturelle* – CHIM. chlorure de sodium, halite. ▶ *Substance antidérapante* (QUÉB.) – sel de calcium. FAM. calcium. ▶ *Composé chimique* – ester. ▶ *Agrément* – agrément, bouquet, charme, fumet, piment, piquant, saveur, truculence. ▲ANT. BANALITÉ, PLATITUDE.

sélection *n.f.* ▶ *Choix* – adoption, choix, cooptation, décision, désignation, détermination, échantillonnage, écrémage, élection, nomination, plébiscite, prédilection, présélection, résolution, suffrage, tri, triage, vote. SOUT. décret, parti. ▶ *Choix des* *joueurs* – transfert. QUÉB. repêchage. ▶ *Assortiment* – assortiment, choix, collection, échantillons, éventail, gamme, ligne, palette, quota, réunion, surchoix, tri, variété. ▶ *Éclectisme* – choix, préférence. ▶ *Anthologie* – ana, analecta, anthologie, choix, chrestomathie, collection, compilation, épitomé, extraits, florilège, mélanges, miscellanées, morceaux choisis, pages choisies, recueil, spicilège, varia. FAM. compil. ▲ANT. INDÉCISION; INDIFFÉRENCE, NEUTRALITÉ.

sélectivement *adv.* ▲ANT. ALÉATOIREMENT, AU HASARD.

selles *n. f. pl.* ▶ *Ensemble de sièges* – sellerie.

semailles *n. f. pl.* ▶ *Époque* – floraison, printemps, saison des amours, saison du renouveau, saison nouvelle, semaison. ▶ *Action de semer* – emblavage *(céréale)*, ensemencement, semis. ▲ANT. CUEILLETTE, MOISSON, RÉCOLTE.

semblable *adj.* analogue, apparenté, approchant, assimilable, comparable, conforme, contigu, correspondant, équivalent, homogène, homologue, indifférencié, pareil, parent, proche, ressemblant, similaire, voisin. FAM. kif-kif. DIDACT. commensurable. ▲ANT. AUTRE, DIFFÉRENT, DISSEMBLABLE, DISTINCT, DIVERS; OPPOSÉ.

semblable *n.* ▶ *Autre personne* – autre, autrui, prochain, tierce personne, tiers. ▶ *Autre être vivant* – congénère. ▶ *Ce qui est équivalent* – analogue, correspondant, équivalent, homologue, pareil, parent, pendant.

semblant *n. m.* ▶ *Illusion* – abstraction, abstrait, apparence, berlue, chimère, déréalisation, fantasme, faux, faux-semblant, fiction, fumée, hallucination, illusion, image, imagination, irréalisme, irréalité, leurre, mensonge, mirage, onirisme, psychédélisme, rêve, rêverie, simulation, songe, songerie, trompe-l'œil, tromperie, utopie, vision, vue de l'esprit. FAM. frime. SOUT. prestige. ▶ *Aspect* – air, allure, apparence, aspect, caractère, configuration, couleur, couvert, dehors, éclairage, expression, extérieur, façade, faciès, figure, forme, formule, impression, jour, masque, mine, paraître, perspective, physionomie, plastique *(en art)*, portrait, présentation, profil, ressemblance, surface, ton, tour, tournure, traits, vernis, visage. SOUT. enveloppe, superficie.

sembler *v.* apparaître, avoir l'air, paraître. ▲ANT. ÊTRE EN RÉALITÉ.

semelle *n. f.* ▶ *Partie du soulier ou du rail* – patin, semellage. ▶ *Partie du rail* – patin. ▶ *Aliment* – chair, muscle, viande. FAM. bidoche. FRANCE FAM. frigo *(congelée)*. ▶ *Mauvaise* FAM. barbaque, semelle de botte *(coriace)*. FRANCE FAM. carne.

semence *n. f.* ▶ *Graine* – grain, graine, noyau, pépin. ▶ *Sperme* – liquide séminal, sperme. ▶ *Poisson* – laitance, laite. ▶ *Pierres* – pierreries. ▶ *Clou* – broquette, caboche *(à souliers)*.

semer *v.* ▶ *Mettre en terre* – mettre en terre, planter. ▶ *Pourvoir de semences* – emblaver, ensemencer. ▶ *Répandre ici et là* – disperser, disséminer, éparpiller, répandre, saupoudrer. ▶ *Répandre une chose abstraite* – jeter, répandre. ▶ *Remplir un texte* – bourrer, charger, émailler, farcir, larder, remplir, truffer. ▶ *Laisser loin derrière soi* – dépasser, devancer, distancer, doubler, gagner de vitesse, lâcher,

passer. FAM. griller, larguer. MAR. trémater. ▲ANT. CUEILLIR, MOISSONNER, RÉCOLTER, RECUEILLIR; ACCUMULER, AMASSER, ENTASSER, REGROUPER; ARRÊTER, CONTENIR, FREINER, LIMITER, RESTREINDRE, RETENIR; REJOINDRE.

séminaire *n. m.* ▶ *Grand séminaire* – grand séminaire, scolasticat. ▶ *Cours* – atelier. ▶ *Conférence* – assemblée, atelier de discussion, colloque, comice, comité, conférence, congrès, conseil, forum, groupe de travail, junte, panel, plénum, réunion, sommet, symposium, table ronde. FAM. grand-messe.

sénile *adj.* ▶ *À l'esprit déclinant* – gâteux, retombé en enfance, tombé en enfance. ▶ *À la santé déclinante* – décrépit, en perte d'autonomie, sénescent, usé, vieux. ▲ANT. AUX IDÉES CLAIRES, QUI A TOUTE SA TÊTE, SAIN D'ESPRIT; ENFANTIN, INFANTILE, JEUNE, JUVÉNILE; ROBUSTE, SAIN, VIGOUREUX.

sens *n. m.* ▶ *Perception mentale* – aperception, appréhension, conception, discernement, entendement, idée, impression, intelligence, perception, sensation, sentiment. FIG. œil. PSYCHOL. gnosie. PHILOS. senti. ▶ *Signification d'une expression* – acception, définition, emploi, sémantisme, signification, signifié, valeur. ▶ *Contenu d'un texte* – contenu, fil conducteur, fil rouge, idée générale, teneur. ▶ *But* – ambition, but, cause, cible, considération, destination, fin, finalité, intention, mission, mobile, motif, objectif, objet, point de mire, pourquoi, prétexte, raison, raison d'être, visée. SOUT. propos. ▶ *Direction* – axe, cap, côté, direction, exposition, face, inclinaison, ligne, orientation, situation, vue. QUÉB. ACADIE FAM. bord. ASTRON. azimut. AÉRON. MAR. cap. MAR. gisement. ▲ANT. ABSURDITÉ, ASÉMANTISME, NON-SENS; FORME, SIGNIFIANT.

sensation *n. f.* ▶ *Perception* – aperception, appréhension, conception, discernement, entendement, idée, impression, intelligence, perception, sens, sentiment. FIG. œil. PSYCHOL. gnosie. PHILOS. senti. ▶ *Excitabilité* – excitabilité, impression, irritabilité, réceptivité, sensibilité. MÉD. esthésie, kinesthésie. ▶ *Excessive* – surexcitabilité. MÉD. éréthisme, hyperesthésie. ▲ANT. INDIFFÉRENCE, INSENSIBILITÉ.

sensationnel *adj.* admirable, brillant, éblouissant, excellent, extraordinaire, fantastique, magistral, magnifique, merveilleux, parfait, prodigieux, remarquable, réussi, sublime. FAM. à tout casser, bluffant, champion, d'enfer, du tonnerre, épatant, extra, fameux, formidable, fumant, génial, mirifique, pas piqué des vers, splendide, super, terrible. FRANCE FAM. du feu de Dieu, énorme, fadé, formide, géant, gratiné, pas piqué des hannetons. QUÉB. FAM. capotant, écœurant. ▲ANT. LAMENTABLE, MÉDIOCRE, MINABLE, NAVRANT, PIÈTRE, PITEUX, PITOYABLE, RATÉ; BANAL, ORDINAIRE.

sensé *adj.* éclairé, judicieux, mesuré, modéré, philosophe, pondéré, posé, raisonnable, raisonné, rationnel, réfléchi, responsable, sage, sain, sérieux. SOUT. rassis, tempéré. ▲ANT. ABSURDE, DÉRAISONNABLE, EXTRAVAGANT, FOU, INSENSÉ.

sensibilité *n. f.* ▶ *Caractère perceptible* – perceptibilité. ▶ *Finesse* – détail, finesse, perfectionnement, précision, raffinement, recherche, sophistication, stylisme, subtilité. ▶ *Caractère excitable*

– excitabilité, impression, irritabilité, réceptivité, sensation. *MÉD.* esthésie, kinesthésie. ▸ *Excessive* – surexcitabilité. *MÉD.* éréthisme, hyperesthésie. ▸ *Émotivité* – affect, affectivité, âme, attendrissement, cœur, compassion, émotion, émotivité, empathie, fibre, humanité, impressionnabilité, pitié, romantisme, sentiment, sentimentalité, susceptibilité, sympathie, tendresse, vulnérabilité. *SOUT.* entrailles. *FAM.* tripes. ▸ *À l'excès* – hyperémotivité, hypersensibilité, sensiblerie, sentimentalisme. ▸ *Altruisme* – aide, allocentrisme, altruisme, amour (d'autrui), assistance, bénévolat, bienveillance, bonté, charité, commisération, compassion, complaisance, convivialité, dévouement, don de soi, empathie, entraide, extraversion, fraternité, générosité, gentillesse, humanité, oblativité, oubli de soi, philanthropie, pitié, serviabilité, solidarité, sollicitude. *SOUT.* bienfaisance. ▸ *Tempérament* – abord, caractère, comportement, constitution, esprit, état d'âme, état d'esprit, humeur, idiosyncrasie, individualité, mentalité, nature, naturel, personnalité, tempérament, trempe. *FAM.* psychologie. *ACADIE FAM.* alément. *PSYCHOL.* thymie. ▲**ANT.** INSENSIBILITÉ; FROIDEUR, INDIFFÉRENCE; CRUAUTÉ, DURETÉ.

sensible *adj.* ◆ **choses** ▸ *Perceptible* – appréciable, discernable, distinct, distinguable, identifiable, perceptible, reconnaissable, saisissable. ▸ *À la vue* – apercevable, apparent, extérieur, observable, visible. *MÉD.* clinique. ▸ *À l'ouïe* – audible. ▸ *Au toucher* – palpable, tangible. ▸ *Notable* – appréciable, considérable, de taille, fort, grand, gros, important, non négligeable, notable, respectable, sérieux, substantiel. *FAM.* conséquent. ▸ *Qui existe* – concret, de chair et de sang, effectif, existant, matériel, palpable, physique, réel, tangible, visible, vrai. *DIDACT.* positif. *RELIG.* de ce monde, temporel, terrestre. ▸ *Qui fait mal* – douloureux, endolori. *DIDACT.* algique. ▸ *Vulnérable* – névralgique, vulnérable. ◆ **personnes** ▸ *Qui ressent fortement* – émotif, impressionnable. *FAM.* émotionnable. ▸ *Qui a facilement pitié* – compatissant, empathique. ▸ *Sentimental* – fleur bleue, romanesque, romantique, sentimental, tendre. ▸ *Ouvert* – accessible, ouvert, perméable, réceptif. ▸ *Douillet* – délicat, douillet. ▲**ANT.** INSENSIBLE; CACHÉ, IMPERCEPTIBLE; INSIGNIFIANT, NÉGLIGEABLE, NUL; ABSTRAIT, CONCEPTUEL, INTELLECTUEL, MENTAL, THÉORIQUE; SUPRASENSIBLE; INANIMÉ; APATHIQUE, DE GLACE, FLEGMATIQUE, FROID, IMPASSIBLE, IMPERMÉABLE, RÉFRACTAIRE; BRUTAL, CRU, DIRECT, DUR.

sensiblement *adv.* ▸ *Perceptiblement* – distinctement, manifestement, notablement, perceptiblement, remarquablement, significativement, tangiblement, visiblement. ▸ *Fragilement* – délicatement, faiblement, finement, fragilement, précairement, subtilement. ▸ *Affectueusement* – affectivement, affectueusement, amicalement, amoureusement, câlinement, chaleureusement, maternellement, tendrement. ▸ *Romantiquement* – affectivement, passionnément, poétiquement, rêveusement, romanesquement, sentimentalement. ▲**ANT.** IMPERCEPTIBLEMENT, INDISTINCTEMENT, INSENSIBLEMENT, INVISIBLEMENT, SUBTILEMENT.

sensualité *n. f.* ▲**ANT.** FRIGIDITÉ, FROIDEUR.

sensuel *adj.* ▸ *Qui recherche le plaisir des sens* – bon vivant, épicurien, hédoniste, jouisseur,

voluptueux. *SOUT.* sybarite, sybaritique. *QUÉB.* jovialiste. ▸ *Qui éveille le désir sexuel* – affriolant, aguichant, aguicheur, aphrodisiaque, émoustillant, érotique, impudique, incendiaire, langoureux, lascif, osé, provocant, suggestif, troublant, voluptueux. *DIDACT.* anacréontique. ▸ *Pulpeux* – charnu, pulpeux. ▲**ANT.** CÉRÉBRAL, SPIRITUEL; ASCÉTIQUE, AUSTÈRE, SPARTIATE; PRUDE, PUDIBOND, PUDIQUE; FRIGIDE, FROID; FADE, ININTÉRESSANT, INSIPIDE, RÉFRIGÉRANT.

sentence *n. f.* ▸ *Décision publique* – arrêt, arrêté, décision, délibération, jugement, ordonnance, règlement, résolution, résultat, verdict. ▸ *Arbitraire ou injuste* – diktat, ukase. ▸ *Maxime* – adage, aphorisme, apophtegme, axiome, citation, devise, dicton, dit, dogme, enseignement, formule, mantra, maxime, moralité, mot, on-dit, parole, pensée, précepte, principe, proverbe, réflexion, règle, sutra, vérité.

senteur *n. f.* ▸ *Odeur agréable* – arôme, bouquet (vin), fragrance, fumet, parfum. ▸ *Odeur* (*QUÉB. FAM.*) – effluence, effluve, émanation, exhalaison, odeur. ▲**ANT.** PUANTEUR.

sentier *n. m.* ▸ *Chemin* – allée, banquette, cavée, chemin, coulée, laie, layon, ligne, piste, tortille, traverse. *QUÉB.* portage (*pour canots*), rang. ▸ *Évolution* (*SOUT.*) – chemin, courant, cours, direction, évolution, fil, mouvance, mouvement, orientation, tendance, virage. *SOUT.* voie.

sentiment *n. m.* ▸ *Réaction affective* – affect, affectivité, âme, attendrissement, cœur, compassion, émotion, émotivité, empathie, fibre, humanité, impressionnabilité, pitié, romantisme, sensibilité, sentimentalité, susceptibilité, sympathie, tendresse, vulnérabilité. *SOUT.* entrailles. *FAM.* tripes. ▸ *À l'excès* – hyperémotivité, hypersensibilité, sensiblerie, sentimentalisme. ▸ *Impression* – anticipation, divination, flair, impression, instinct, intuition, précognition, prédiction, prémonition, prénotion, prescience, pressentiment, prévision, voyance. *FAM.* pif, pifomètre. ▸ *Perception* – aperception, appréhension, conception, discernement, idée, impression, intelligence, perception, sens, sensation. *FIG.* œil. *PSYCHOL.* gnosie. *PHILOS.* senti. ▸ *Opinion* – appréciation, avis, conception, conviction, critique, croyance, dogme, estime, idée, impression, jugement, opinion, optique, pensée, perception, point de vue, position, principe, prise de position, thèse, vote, vue. *SOUT.* oracle. ▸ *Odorat* – flair, odorat, olfaction. ▲**ANT.** RAISON, RÉFLEXION; FROIDEUR, INSENSIBILITÉ.

sentimental *adj.* fleur bleue, romanesque, romantique, sensible, tendre. ▲**ANT.** DUR, FROID, INSENSIBLE; ACTIF, PRATIQUE, PROSAÏQUE, RÉALISTE.

sentimentalisme *n. m.* hyperémotivité, hypersensibilité, sensiblerie. ▲**ANT.** BRUTALITÉ, FROIDEUR, INSENSIBILITÉ.

sentimentalité *n. f.* affect, affectivité, âme, attendrissement, cœur, compassion, émotion, émotivité, empathie, fibre, humanité, impressionnabilité, pitié, romantisme, sensibilité, sentiment, susceptibilité, sympathie, tendresse, vulnérabilité. *SOUT.* entrailles. *FAM.* tripes. ▸ *À l'excès* – hyperémotivité, hypersensibilité, sensiblerie, sentimentalisme. ▲**ANT.** FROIDEUR, INSENSIBILITÉ.

sentinelle *n. f.* ▶ *Personne* – factionnaire, garde, guetteur, planton, soldat de faction, soldat de garde, veilleur, vigie, vigile *(romain)*. ▶ *Surveillance* – attention, espionnage, faction, filature, garde, gardiennage, guet, îlotage, inspection, monitorage, observation, patrouille, ronde, veille, veillée, vigie, vigilance. *FAM.* filoche, flicage.

sentir *v.* ♦ **sentir** ▶ *Puer* (*FAM.*) – empester, puer. *FAM.* cocotter, fouetter. *FRANCE FAM.* renifler, taper. ▶ *Éprouver* – avoir, éprouver, ressentir. ▶ *Pressentir* – avoir conscience de, deviner, entrevoir, flairer, pressentir, se douter, soupçonner. *FAM.* subodorer. ▶ *Humer* – flairer, humer, renifler, respirer, subodorer. *CHASSE* éventer, halener. ▶ *Dégager une odeur* – dégager, exhaler, répandre. ♦ **ne pas pouvoir sentir** ▶ *Détester* (*FAM.*) – avoir en aversion, avoir en haine, avoir en horreur, exécrer, haïr, maudire, ne pas pouvoir souffrir, ne pas pouvoir supporter, réprouver, vomir. *SOUT.* abhorrer, abominer, avoir en abomination. *FAM.* avoir dans le nez, ne pas pouvoir blairer, ne pas pouvoir encadrer, ne pas pouvoir encaisser, ne pas pouvoir pifer, ne pas pouvoir sacquer, ne pas pouvoir sentir, ne pas pouvoir voir en peinture. ♦ **senti** ▶ *Percutant* – bien envoyé, bien senti, percutant, qui frappe. *FAM.* bien tapé. ▲**ANT.** IGNORER, MÉCONNAÎTRE; SE DÉSINTÉRESSER.

séparation *n. f.* ▶ *Disjonction* – débranchement, déconnexion, désaccord, désunion, disjonction, rupture, scission. ▶ *Démantèlement* – décomposition, démantèlement, démontage, désorganisation, destruction, déstructuration. ▶ *Scission* – bipartition, clivage, découpage, division, fission, mi-partition, scission, section, sectionnement, segmentation. ▶ *Morcellement* – atomisation, décomposition, découpage, démembrement, désagrégation, désagrégement, désintégration, dislocation, dissociation, dissolution, division, éclatement, écroulement, effritement, émiettement, fission, fractionnement, fragmentation, îlotage, micronisation, morcellement, parcellarisation, parcellarité, parcellisation, partage, pulvérisation, quadripartition, sectorisation, tranchage, tripartition. *FRANCE FAM.* saucissonnage. *RELIG.* fraction. ▶ *Territoires* – balkanisation, partition. ▶ *Décomposition* – décomposition, définition, réduction, résolution. ▶ *Dispersion* – diffusion, dispersion, dissémination, émiettement, éparpillement. ▶ *Distinction* – analyse, démarcation, différenciation, discrimination, distinction, distinguo, nuance. ▶ *Délimitation* – abornement, bornage, cadre, ceinture, délimitation, démarcation, encadrement, jalonnage, jalonnement, ligne, limite, tracé. ▶ *Frontière* – borne, confins, délimitation, démarcation, frontière, limite (territoriale), mur, zone douanière, zone limitrophe. *QUÉB.* trécarré *(terre)*; *FAM.* lignes *(pays)*. *ANC.* limes (*Empire romain*), marche. ▶ *Obstacle* – barrage, barricade, barrière, cloison, défense, écran, mur, obstacle, rideau. ▶ *Discrimination* – discrimination, exclusion, ghettoïsation, marginalisation, mise à l'écart, ségrégation. ▶ *Sécession* – autonomie, division, indépendance, partition, scission, sécession. ▶ *Divorce* – désertion, désunion, dissolution (de mariage), divorce, répudiation, rupture. *FAM.* décrochage, lâchage, largage, plaquage. ▶ *Absence* – absence, départ, disparition, échappée,

éloignement, escapade, évasion, fugue. *FAM.* éclipse. ▶ *Solitude* – abandon, délaissement, éloignement, exil, ghettoïsation, isolation, isolement, quarantaine, réclusion, retraite, retranchement, solitude. *FIG.* bulle, cocon, désert, tanière, tour d'ivoire. *SOUT.* déréliction, thébaïde. *RELIG.* récollection. ▲**ANT.** ASSEMBLAGE, ASSOCIATION, CONTACT, JONCTION, RÉUNION; MARIAGE, UNION.

séparé *adj.* ▶ *Isolé* – à part, individuel, isolé, seul, simple, singulier, unique, unitaire. ▶ *Autonome* – autonome, dissocié, distinct, indépendant.

séparément *adv.* à l'unité, à part, autrement, distinctement, en particulier, indépendamment, individuellement, isolément, par personne. ▲**ANT.** À PLUSIEURS, COLLECTIVEMENT, CONJOINTEMENT, EN COLLABORATION, EN COMMUN, EN ÉQUIPE, ENSEMBLE.

séparer *v.* ▶ *Dissocier* – couper, déconnecter, dégrouper, désunir, détacher, disjoindre, dissocier, écarter, éloigner, isoler. ▶ *Brouiller* – brouiller, déchirer, désaccorder, désolidariser, désunir, diviser, opposer, semer la discorde, semer la zizanie. ▶ *Répartir* – distribuer, diviser, partager, répartir, ventiler. ▶ *Espacer* – distancer, écarter, éloigner, espacer. *QUÉB. FAM.* détasser. ▶ *Différencier une chose d'une autre* – démêler, différencier, discerner, discriminer, distinguer, faire la différence entre, reconnaître. ♦ **se séparer** ▶ *Se diviser en segments* – se diviser, se scinder, se segmenter. ▶ *Se quitter* – rompre, se brouiller, se désunir, se fâcher, se quitter. ▲**ANT.** ASSOCIER, ATTACHER, FUSIONNER, JOINDRE, LIER, RÉUNIR, SOUDER, UNIR; CONFONDRE, ENGLOBER; RAPPROCHER. △**SE SÉPARER** – SE RENCONTRER; SE RÉCONCILIER.

sépulture *n. f.* ▶ *Lieu* – caveau, cénotaphe, crypte, fosse, hypogée, mausolée, monument, niche funéraire, tombe, tombeau. *SOUT.* sépulcre. *ANC.* ciste, enfeu, pyramide, spéos, tholos, tombelle, tumulus. ▶ *Enterrement* (*SOUT.*) – cérémonie funèbre, convoi funèbre, cortège funèbre, dernier hommage, derniers devoirs, derniers honneurs, deuil, enfouissement, enterrement, funérailles, inhumation, mise au sépulcre, mise au tombeau, mise en bière, mise en terre, obsèques, service civil, service religieux. *SOUT.* ensevelissement. ▶ *Mort* (*FIG.*) – décès, disparition, extinction, fin, mort, perte. *FIG.* départ, dernier repos, dernier sommeil, dernier soupir, grand voyage, sommeil éternel, tombe, tombeau. *SOUT.* la Camarde, la Faucheuse, la Parque, trépas. *FRANCE FAM.* crevaison, crève.

séquence *n. f.* ▶ *Série* – alignement, chaîne, chapelet, colonne, combinaison, consécution, cordon, enchaînement, enfilade, énumération, file, gamme, guirlande, ligne, liste, rang, rangée, série, succession, suite, tissu, travée. ▶ *Subdivision d'un film* – plan, scène.

serein *adj.* ▶ *Paisible* – calme, de tout repos, pacifique, paisible, tranquille. *FAM.* peinard, pépère, tranquillos. *PHILOS.* ataraxique. ▶ *En parlant du temps, du ciel* – beau, calme, clair, pur. ▲**ANT.** NUAGEUX, OBSCURCI, SIMPLE; AGITÉ, ANXIEUX, INQUIET, TOURMENTÉ, TROUBLÉ; EMPORTÉ, IRRITÉ.

sérénité *n. f.* ▶ *Imperturbabilité* – apathie, ataraxie, calme, détachement, distanciation, égalité d'âme, égalité d'humeur, équilibre, flegme,

série

impassibilité, imperturbabilité, indifférence, ▸ paix, philosophie, placidité, quiétude, stoïcisme, tranquillité. SOUT. équanimité. ▸ **Sécurité** – abri, assurance, calme, confiance, paix, quiétude, repos, salut, sécurité, sûreté, tranquillité (d'esprit). ▸ **Météorologie** – beau temps, ciel serein. ▲ANT. AGITATION, ÉMOTION, INQUIÉTUDE, NERVOSITÉ, TROUBLE.

série *n.f.* ▸ **Suite** – alignement, chaîne, chapelet, colonne, combinaison, consécution, cordon, enchaînement, enfilade, énumération, file, gamme, guirlande, ligne, liste, rang, rangée, séquence, succession, suite, tissu, travée. ▸ **Liste** – barème, bordereau, cadre, catalogue, index, inventaire, liste, matricule, mémoire, menu, nomenclature, registre, relevé, répertoire, rôle, suite, table, tableau. SUISSE tabelle. ▸ **Période géologique** – âge, ère, période, système. ▸ **Épreuve sportive** – éliminatoire. ▲ANT. CONFUSION, DÉSORDRE.

sérieusement *adv.* ▸ **Sans rire** – blague à part, blague mise à part, farce à part, sans blague, sans rire. FAM. blague dans le coin, sans char. ▸ **Dangereusement** – dangereusement, défavorablement, désavantageusement, dramatiquement, funestement, gravement, grièvement, imprudemment, mal, malencontreusement, nuisiblement, pernicieusement, subversivement, terriblement. ▸ **Studieusement** – avec application, avec attention, besogneusement, laborieusement, studieusement. ▸ **Soigneusement** – amoureusement, attentivement, consciencieusement, en détail, méticuleusement, minutieusement, précieusement, précisément, proprement, religieusement, rigoureusement, scrupuleusement, soigneusement, vigilamment. ▸ **Énergiquement** – activement, avec la dernière énergie, avec zèle, décidément, dru, dynamiquement, énergiquement, fermement, fort, fortement, puissamment, résolument, virilement. ▸ **Extrêmement** – à l'extrême, affreusement, astronomiquement, au dernier degré, au dernier point, au maximum, au plus haut degré, au plus haut point, beaucoup, bien, colossalement, considérablement, éminemment, énormément, exceptionnellement, extraordinairement, extrêmement, fabuleusement, follement, fort, fortement, grandement, gros, hautement, immensément, incommensurablement, inconcevablement, incroyablement, infiniment, intensément, long, mortellement, nettement, on ne peut plus, phénoménalement, prodigieusement, profondément, remarquablement, singulièrement, souverainement, supérieurement, suprêmement, terriblement, très, vertigineusement, vivement, vraiment. FAM. bigrement, bougrement, diablement, drôlement, effroyablement, épais, épouvantablement, fameusement, fantastiquement, fichtrement, fichûment, formidablement, foutrement, furieusement, joliment, rudement, sacrément, salement, super, terrible, tout plein, un max, vachement. QUÉB. FAM. à l'os, à la planche, au coton, en maudit, en s'il vous plaît, mauditement. ▸ **Véritablement** – à dire vrai, à l'évidence, à la vérité, à n'en pas douter, à vrai dire, assurément, authentiquement, bel et bien, bien, bien entendu, bien sûr, cela va de soi, cela va sans dire, certainement, certes, comme de juste, d'évidence, de toute évidence, effectivement, en effet, en vérité, évidemment, il va

sans dire, indubitablement, manifestement, naturellement, nul doute, oui, réellement, sans (aucun) doute, sans conteste, sans contredit, sans le moindre doute, sans nul doute, sûrement, véridiquement, véritablement, vraiment. FAM. pour de vrai, vrai. QUÉB. FAM. pour vrai. ▲ANT. BOUFFONNEMENT, BURLESQUEMENT, COMIQUEMENT, DRÔLEMENT, GROTESQUEMENT, RIDICULEMENT; COQUINEMENT, FACÉTIEUSEMENT, MALICIEUSEMENT, MOQUEUSEMENT; COMME UN AMATEUR, DE FAÇON BÂCLÉE, N'IMPORTE COMMENT, NÉGLIGEMMENT, SANS SOIN; FAIBLEMENT, LÉGÈREMENT, PEU.

sérieux *adj.* ▸ **Important** – appréciable, considérable, de taille, fort, grand, gros, important, non négligeable, notable, respectable, sensible, substantiel. FAM. conséquent. ▸ **Préoccupant** – critique, dangereux, difficile, dramatique, grave, inquiétant, menaçant, préoccupant, sombre. SOUT. climatérique. ▸ **Sans gaieté** – austère, grave. ▸ **Responsable** – éclairé, judicieux, mesuré, modéré, philosophe, pondéré, posé, raisonnable, raisonné, rationnel, réfléchi, responsable, sage, sain, sensé. SOUT. rassis, tempéré. ▸ **Respectable** – bien, bienséant, convenable, correct, de bon ton, décent, digne, fréquentable, honnête, honorable, moral, rangé, recommandable, respectable. FAM. comme il faut. ▸ **Qui travaille bien** – appliqué, studieux. FAM. chiadeur. ▲ANT. DÉRISOIRE, FRIVOLE, FUTILE, INSIGNIFIANT, PUÉRIL; ANODIN, BÉNIN, INNOCENT, INOFFENSIF, SANS DANGER, SANS GRAVITÉ; BADIN, COMIQUE, ENJOUÉ, GAI, LÉGER; BOHÈME, ÉTOURDI, INCONSÉQUENT, INSOUCIEUX, IRRÉFLÉCHI, IRRÉGULIER, IRRESPONSABLE, NÉGLIGENT.

sérieux *n.m.* ▸ **Gravité** – componction, décence, dignité, gravité, hiératisme, majesté, pompe, raideur, réserve, rigidité, solennité. ▸ **Sévérité** – âpreté, aridité, austérité, dureté, exigence, gravité, rigidité, rigueur, sécheresse, sévérité. ▸ **Caractère réfléchi** – zèle. SOUT. diligence, soin. ▸ **Solidité** – aplomb, assurance, autorité, caractère, constance, courage, cran, détermination, endurance, énergie, fermeté, force, permanence, poigne, rectitude, résolution, ressort, sang-froid, solidité, sûreté, ténacité, vigueur, virilité, volonté. SOUT. fortitude, invulnérabilité. FAM. estomac, gagne. ▸ **Verre à bière** – bock, chope, demi.

serment *n.m.* ▸ **Engagement** – charge, commandement, contrat, dette, devoir, engagement, lien, obligation, parole, promesse, responsabilité. ▸ **Proclamation** – annonce, appel, avis, ban, communication, communiqué, déclaration, décret, dénonciation, dépêche, divulgation, édit, manifeste, message, notification, proclamation, profession de foi, programme, promulgation, publication, rescrit, signification. ▲ANT. PARJURE, TRAHISON; PAROLES EN L'AIR.

sermon *n.m.* ▸ **Prédication** – homélie, instruction, prêche, prédication. ▸ **Enseignement** – catéchisme, discours, enseignement, exhortation, harangue, leçon, morale, propos. PÉJ. prêchi-prêcha, radotage. ▸ **Réprimande** – accusation, admonestation, admonition, anathématisation, anathème, attaque, avertissement, blâme, censure, condamnation, correction, critique, désapprobation, diatribe, grief, grognerie, gronderie, interdit, leçon, malédiction, mise à l'écart, mise à l'index, mise en quarantaine, objection, observation, plainte, punition, récrimination,

       serviette

remarque, remontrance, représentation, réprimande, réprobation, reproche, réquisitoire, semonce, sérénade, tollé. *SOUT.* animadversion, foudres, fustigation, improbation, mercuriale, objurgation, stigmatisation, vitupération. *FAM.* douche, engueulade, prêchi-prêcha, savon, tabac. *FRANCE FAM.* attrapade, lavage de tête, soufflante. *BELG.* cigare. *RELIG.* fulmination. ▶ **Allocution** – allocution, discours, harangue, mot, toast. *FAM.* laïus, topo. *RELIG.* homélie. ▲**ANT.** COMPLIMENT, ÉLOGE, LOUANGE.

serpent *n. m.* ▶ *Reptile* – *ZOOL.* ophidien.

serpenter *v.* onduler, sinuer. ▲**ANT.** ALLER DROIT.

serre *n. f.* ▶ *Abri* – bâche, forcerie, jardin d'hiver, orangerie, palmarium. ▶ *Griffe* – griffe *(animaux)*, harpe *(chiens)*, ongle. *ZOOL.* onguicule *(petit)*.

serré *adj.* ▶ *Compact* – compact, dense, dru, épais. ▶ *Moulant* – ajusté, collant, étriqué *(trop serré)*, étroit, moulant. ▶ *À l'étroit dans ses vêtements* – boudiné, ficelé. *FAM.* saucissonné. ▶ *À court d'argent* – à court, dans la gêne, désargenté, gêné, pauvre, sans le sou. *FAM.* à sec, dans la dèche, dans le rouge, fauché, raide (comme un passe-lacet), sur le sable. *FRANCE FAM.* panné, sans un. ▶ *Concis* – bref, concis, condensé, court, dense, laconique, lapidaire, ramassé, sobre, sommaire, succinct. *PÉJ.* touffu. ▲**ANT.** AÉRÉ, LÉGER, TÉNU; CLAIRSEMÉ, DISPERSÉ, DISSÉMINÉ, ÉPARPILLÉ, ÉPARS; AMPLE, BLOUSANT, BOUFFANT, FLOTTANT, LÂCHE, LARGE; À L'AISE, AISÉ, FORTUNÉ, NANTI, PROSPÈRE, QUI A LES MOYENS, QUI ROULE SUR L'OR, RICHE; BAVARD, DÉLAYÉ, DIFFUS, PROLIXE, REDONDANT, VERBEUX.

serre-joints (var. **serre-joint**) *n. m.* étau, presse. *TECHN.* sergent.

serrement *n. m.* ▶ *Action de serrer* – astriction, constriction, contraction, crampe, crispation, étranglement, palpitation, pressage, pression, pressurage, resserrement, rétraction, rétrécissement, spasme, tension. *MÉD.* striction. ▶ *Barrage* – barrage, batardeau, brise-lame, chaussée, digue, duc-d'Albe *(pour l'amarrage)*, estacade, jetée, levée, môle, musoir, palée, turcie. *ACADIE* aboiteau. ▲**ANT.** DESSERREMENT, RELÂCHEMENT.

serrer *v.* ▶ *Prendre dans ses bras* – embrasser, enlacer, étreindre, prendre dans ses bras, presser sur son cœur. ▶ *Comprimer* – écraser, fouler *(le raisin)*, presser, pressurer *(au pressoir)*, pulper. ▶ *Maintenir rapproché* – pincer. ▶ *Tenir à l'étroit* – emprisonner, enserrer. ▶ *Mettre des personnes à l'étroit* – empiler, entasser, parquer, tasser. *FAM.* encaquer, tasser comme des harengs, tasser comme des sardines. ▶ *Suivre étroitement la forme* – coller à, épouser, gainer, mouler. ▶ *Comprimer la taille* – comprimer, étrangler, resserrer, sangler. ▶ *Comprimer à l'excès* – boudiner, ficeler. *FAM.* saucissonner. ▶ *Passer près* – effleurer, friser, frôler, raser. ▶ *Suivre de près* – être sur les talons de, marcher sur les talons de, suivre de près, talonner. ▶ *Mettre à sa place (FAM.)* – mettre, placer, ranger. *FAM.* caser, fourrer, foutre. ▶ *Mettre à l'abri (QUÉB. FAM.)* – enfermer, mettre à l'abri, mettre en lieu sûr, ranger, remiser. *FAM.* garer. ▶ *Étrangler par l'émotion* – étrangler, étreindre, oppresser. ▲**ANT.** DÉCOMPRIMER, DÉCONTRACTER, DESSERRER, LÂ-

CHER, LIBÉRER, OUVRIR, RELÂCHER; ÉCARTER, ÉLOIGNER, ESPACER.

serrure *n. f.* bec-de-cane, bénarde, housset, loquet, loqueteau, taquet, targette, verrou.

sérum *n. m.* ▶ *Liquide organique* – sang. *FIG.* le liquide écarlate. *MÉD.* plasma (sanguin), sérum (sanguin). *FAM.* raisiné. ▶ *Vaccin* – sérum (thérapeutique), vaccin. ▶ *Succédané du sang* – sérum artificiel, sérum physiologique.

serveur *n.* ▶ *Dans un établissement public* – barman, garçon (de café). ▶ *Femme* – barmaid. *SUISSE* sommelière.

serviable *adj.* aimable, attentif, attentionné, aux petits soins, complaisant, délicat, dévoué, diligent, empressé, gentil, obligeant, prévenant, secourable, zélé. *FAM.* chic, chou. *QUÉB. FAM.* fin. *BELG. FAM.* amitieux. ▲**ANT.** ÉGOÏSTE, MESQUIN; DISTANT, FROID, INDIFFÉRENT, RÉSERVÉ.

service *n. m.* ▶ *Aide* – aide, appoint, apport, appui, assistance, association, bienfaisance, bons offices, collaboration, complicité, concours, conseil, contribution, coopération, coup d'épaule, coup de main, coup de pouce, dépannage, entraide, grâce, main-forte, participation, planche de salut, renfort, secours, soutien, synergie. *SOUT.* viatique. *FAM.* (coup de) fion. ▶ *Utilité* – avantage, bénéfice, bienfait, commodité, convenance, désidérabilité, efficacité, fonction, fonctionnalité, indispensabilité, intérêt, mérite, nécessité, profit, profitabilité, recours, usage, utilité, valeur. ▶ *Organisme* – agence, bureau, cabinet, centre, office, organisme. ▶ *Ensemble d'objets* – plats, vaisselle. ◆ *service, sing.* ▶ *Distribution* – acheminement, amenée, convoi, desserte, diffusion, distribution, envoi, expédition, livraison, marche, postage, progression, transport. ▶ *Fonctionnement* – activité, exercice, fonctionnement, marche, mouvement, opération, travail, usage, vie. ▶ *Travail actuel* – devoir, exercice, fonction, travail. ▶ *Temps consacré à l'armée* – métier de la guerre, métier des armes, service militaire. *FAM.* régiment. ▶ *Ce qu'on donne pour le service à la table* – pourboire. *BELG. FAM.* dringuelle. ▶ *Messe* – célébration, cérémonial, cérémonie, culte, liturgie, messe, obit, office divin, office, saint sacrifice, service divin, service religieux. ▶ *Funérailles* – cérémonie funèbre, convoi funèbre, cortège funèbre, dernier hommage, derniers devoirs, derniers honneurs, deuil, enfouissement, enterrement, funérailles, inhumation, mise au sépulcre, mise au tombeau, mise en bière, mise en terre, obsèques, sépulture, service civil, service religieux. *SOUT.* ensevelissement. ◆ *les services, plur.* ▶ *Travail usuel* – activité, art, carrière, emploi, état, gagne-pain, métier, occupation, profession, qualité, situation, spécialité, travail. *FAM.* boulot, turbin, turf. ▶ *Administration* – Administration, affaires de l'État, bureaux, fonction publique, fonctionnaires, grands corps de l'État, institutions, ministères, organe, organismes, secrétariat. *PÉJ.* bureaucratie. ▲**ANT.** NUISANCE, OBSTACLE.

serviette *n. f.* ▶ *Linge* – essuie-mains. *BELG.* essuie. *SUISSE* linge. ▶ *Porte-documents* – cartable, conférencier, porte-documents, porte-musique *(partitions)*. *BELG.* calepin.

servile adj. ▸ *D'une soumission déshonorante* – bas, obséquieux, plat, qui fait le chien couchant, rampant, soumis. ▲ANT. INDÉPENDANT, LIBRE; NOBLE; FIER, HAUTAIN.

servir v. ▸ *Aider* – aider, être utile à, favoriser. ▸ *Proposer* – avancer, jeter sur le tapis, mettre sur le tapis, offrir, présenter, proposer, soumettre. ▸ *Être utile* – être utile à, profiter à. ▸ *Être utilisé* – être utilisé comme, faire fonction de, faire office de, tenir lieu de. ▸ *Remplacer* – faire fonction de, jouer le rôle de, remplacer, se substituer à, suppléer, tenir la place de, tenir lieu de. ◆ *se servir* ▸ *Employer* – avoir recours à, déployer, employer, exercer, faire appel à, faire jouer, faire usage de, jouer de, mettre en œuvre, recourir à, s'aider de, user de, utiliser. ▸ *Manipuler une chose abstraite* – employer, manier, manipuler, user de, utiliser. ▲ANT. DESSERVIR, ENTRAVER, GÊNER, NUIRE; COMMANDER; EXPLOITER. △SE SERVIR – SE PASSER DE.

servitude n. f. ▸ *Dépendance* – abaissement, allégeance, appartenance, asservissement, assujettissement, attachement, captivité, contrainte, dépendance, domestication, domesticité, domination, emprise, esclavage, gêne, hilotisme, inféodation, infériorité, mainmise, merci, mouvance, obédience, obéissance, obligation, oppression, pouvoir, puissance, servage, soumission, subordination, sujétion, tutelle, tyrannie, vassalité. FIG. carcan, chaîne, corset (de fer), coupe, fardeau, griffe, main, patte, prison; SOUT. fers, gaine, joug. PHILOS. hétéronomie. ▸ *Exigence* – astreinte, besoin, contrainte, exigence, impératif, nécessité, obligation. ▲ANT. AFFRANCHISSEMENT, ÉMANCIPATION, LIBERTÉ.

session n. f. ▸ *Séance* – audience (tribunal), débat, séance, vacation. ▸ *En télécommunication* – temps d'écoute, tranche horaire. ▸ *Période scolaire* (QUÉB.) – bimestre (deux mois), quadrimestre (quatre mois), semestre (six mois), trimestre (trois mois).

seuil n. m. ▸ *Partie d'une porte* – pas de la porte. ▸ *Entrée* – abord, accès, approche, arrivée, entrée, introduction, ouverture. MAR. embouquement (d'une passe). ▸ *Limite* – butoir, limite. ▲ANT. CENTRE, CŒUR; LIMITE (MAXIMALE), MAXIMUM, PLAFOND.

seul adj. ▸ *Unique* – à part, individuel, isolé, séparé, simple, singulier, unique, unitaire. ▸ *Solitaire* – cloîtré, esseulé, isolé, reclus, solitaire. ▲ANT. À PLUSIEURS, ACCOMPAGNÉ, EN COMPAGNIE, EN GROUPE, ENTOURÉ.

seulement adv. ▸ *Pas davantage* – juste, ne … que. ▸ *Strictement* – exclusivement, purement, simplement, strictement, uniquement. ▸ *Toutefois* – cependant, mais, malgré cela, malgré tout, malheureusement, néanmoins, pourtant, toutefois. SOUT. nonobstant. ▲ANT. EN OUTRE, EN PLUS.

sève n. f. ▸ *Liquide* – jus, suc. ▲ANT. APATHIE, FAIBLESSE, IMPUISSANCE.

sévère adj. ▸ *Exigeant* – draconien, dur, exigeant, rigide, rigoureux, strict. FAM. chien, vache. FRANCE FAM. rosse. ▸ *Austère* – ascétique, austère, frugal, janséniste, monacal, puritain, rigide, rigoriste, rigoureux, spartiate. SOUT. claustral, érémitique. ▸ *Sans ornement* – austère, dépouillé, froid, gris, nu, triste. SOUT. chenu. ▲ANT. BIENVEILLANT, CLÉMENT,

COMPRÉHENSIF, DÉBONNAIRE, INDULGENT, LAXISTE, PERMISSIF, TOLÉRANT; AGRÉABLE, BADIN, FANTAISISTE, GAI, GRACIEUX, LÉGER, PLAISANT; ORNÉ.

sévèrement adv. austèrement, durement, étroitement, puritainement, rigidement, rigoureusement, stoïquement, strictement. ▲ANT. AVEC INDULGENCE, AVEC LAXISME; LIBREMENT, SANS CONTRAINTE.

sévérité n. f. ▸ *Absence d'indulgence* – dureté, exigence, impitoyabilité, implacabilité, inclémence, inflexibilité, intransigeance, rigidité, rigueur. SOUT. inexorabilité. ▸ *Fermeté* – aplomb, assurance, autorité, caractère, constance, courage, cran, détermination, endurance, énergie, fermeté, force, permanence, poigne, rectitude, résolution, ressort, sangfroid, sérieux, solidité, sûreté, ténacité, vigueur, virilité, volonté. SOUT. fortitude, invulnérabilité. FAM. estomac, gagne. ▸ *Austérité* – âpreté, aridité, austérité, dureté, exigence, gravité, rigidité, rigueur, sécheresse, sérieux. ▸ *Dignité* – componction, décence, dignité, gravité, hiératisme, majesté, pompe, raideur, réserve, rigidité, sérieux, solennité. ▸ *Absence d'ornement* – austérité, dépouillement, nudité, pureté, simplicité, sobriété. ▲ANT. CLÉMENCE, DOUCEUR, INDULGENCE, LAXISME, PERMISSIVITÉ, SOUPLESSE; LÉGÈRETÉ; ORNEMENTATION.

sévir v. ▸ *Punir un geste* – punir, réprimer, sanctionner. ▸ *Punir qqn* – châtier, corriger, infliger une punition à, pénaliser, punir. FAM. faire payer. ▲ANT. LAISSER FAIRE, TOLÉRER.

sexe n. m. ▸ *Instinct* – bas instincts, érotisme, plaisir érotique, plaisir sexuel, sexualité. SOUT. plaisirs de la chair. PAR EUPHÉM. ça, la chose; FRANCE la bagatelle, la gaudriole. ▸ *Partie du corps* – appareil génital, les organes (génitaux), organe génital, organe sexuel, parties génitales. PAR EUPHÉM. bas-ventre, entrecuisse, entrejambe, parties intimes.

sexisme n. m. machisme, misogynie, phallocentrisme, phallocratie, phallocratisme.

sexiste adj. ▸ *Envers les femmes* – antiféministe, machiste, misogyne, phallocratique, phallocrate. FAM. macho, miso, phallo. ▸ *Envers les hommes* – misandre.

sexualité n. f. ▸ *Caractère sexué* – génitalité. ▸ *Comportements liés au sexe* – bas instincts, érotisme, plaisir érotique, plaisir sexuel, sexe. SOUT. plaisirs de la chair. PAR EUPHÉM. ça, la chose; FRANCE la bagatelle, la gaudriole. ▲ANT. ASEXUALITÉ.

sexuel adj. ▸ *Qui concerne le plaisir sexuel* – amoureux, érotique, physique. DIDACT. libidinal. ▲ANT. ASEXUEL; SENTIMENTAL; CHASTE, PLATONIQUE, PUDIQUE, PUR, SAGE, VIRGINAL.

sic adv. à la lettre, ad litteram, exactement, fidèlement, littéralement, mot à mot, mot pour mot, textuellement, verbatim. FAM. texto.

sidéral adj. astral, céleste.

sidéré adj. abasourdi, ahuri, bouche bée, confondu, ébahi, éberlué, estomaqué, étonné, frappé de stupeur, hébété, interdit, interloqué, médusé, muet d'étonnement, pantois, pétrifié, stupéfait, surpris. FAM. baba, ébaubi, épaté, époustouflé, riboulant, soufflé, suffoqué.

siècle *n. m.* ▸ *Époque* – âge, cycle, date, époque, ère, étape, génération, heure, jour, moment, période, règne, saison, temps. ▸ *Longue période* – une éternité. *SOUT.* des lustres. *FAM.* des lunes, un bail, une paye. *QUÉB. FAM.* une escousse, une mèche, une secousse. ▸ *Vie séculière* – monde, (vraie) vie.

siège *n. m.* ▸ *Partie d'une salle de spectacle* – place. ▸ *Poste* – affectation, charge, dignité, emploi, fonction, métier, mission, office, place, poste, responsabilité, rôle, titre, vocation. ▸ *Lieu* – coin, emplacement, endroit, lieu, localisation, localité, place, point, position, poste, scène, séjour, site, situation, théâtre, zone. *BIOL.* locus. ▸ *Milieu* (*FIG.*) – axe, centre, entre-deux, intermédiaire, milieu, moyen terme, pivot, point central. *FIG.* clef (de voûte), cœur, foyer, midi, nœud, nombril, noyau, ombilic, sein. ▸ *Fait d'assiéger un lieu* – blocus, bouclage, encerclement, investissement, quadrillage. ▸ *Partie du corps* – derrière, fesses, postérieur. ▲ANT. DÉLIVRANCE, LIBÉRATION; SUCCURSALE.

siéger *v.* ▸ *Résider* – apparaître, être, être présent, exister, résider, s'inscrire, se rencontrer, se retrouver, se situer, se trouver. *SOUT.* gésir.

sieste *n. f.* méridienne, somme, sommeil. *FAM.* dodo, roupillon.

sifflant *adj.* ▸ *En parlant d'une respiration* – sibilant, striduleux. ▸ *En parlant d'un son* – aigu, perçant, qui déchire les oreilles, strident, stridulant, suraigu.

sifflement *n. m.* ▸ *Chant des oiseaux* – babil, chant, gazouillement, gazouillis, pépiement, piaillement, piaulement, ramage. *FAM.* cui-cui. ▸ *Bruit* – chuintement, gémissement, sifflet, sifflotement, stridence, stridulation. *QUÉB. FAM.* silage, silement. ▸ *Perception auditive* – acouphène, bourdonnement, cornement, tintement.

siffler *v.* ▸ *Produire un son aigu* – chuinter. *QUÉB. FAM.* siler. ▸ *Huer* – chahuter, conspuer, couvrir de huées, huer. ▸ *Boire rapidement* – avaler d'un coup, avaler d'un trait, boire d'un coup, boire d'un trait, lamper. *FAM.* descendre. *QUÉB. FAM.* caler. ▸ *En parlant d'un oiseau* – babiller, chanter, gazouiller, jaser, pépier, piailler, piauler, piotter, s'égosiller. ▸ *En parlant des oreilles* – bourdonner, corner, sonner, tinter. *QUÉB. FAM.* siler. ▲ANT. ACCLAMER, APPLAUDIR, APPROUVER.

sifflet *n. m.* ▸ *Instrument* – ACADIE FAM. sublet. ▸ *Sifflement* – chuintement, gémissement, sifflement, sifflotement, stridence, stridulation. *QUÉB. FAM.* silage, silement.

signal *n. m.* ▸ *Signe* – alerte, appel, clignement, clin d'œil, geste, message, signe. ▸ *Signalisation* – balisage, balise, signalement, signalétique, signalisation. ▸ *Alarme* – alarme, alerte, appel, avertissement, branle-bas, cri, éveil, haro, sirène, sonnerie, S.O.S., tocsin.

signalé *adj.* élevé, éminent, exceptionnel, grand, important, insigne, prestigieux, remarquable. *SOUT.* suréminent. ▲ANT. NÉGLIGEABLE, SECONDAIRE.

signalement *n. m.* ▸ *Description physique* – photo-robot, portrait, portrait-robot. ▸ *Signalisation* – balisage, balise, signal, signalétique, signalisation.

signaler *v.* ▸ *Annoncer* – annoncer, déceler, démontrer, dénoter, faire foi de, indiquer, laisser paraître, marquer, montrer, prouver, révéler, signifier, témoigner de. *SOUT.* dénoncer. ▸ *Faire remarquer* – appuyer sur, attirer l'attention sur, faire remarquer, insister sur, mentionner, porter à l'attention, soulever, souligner. ▸ *Dénoncer* – dénoncer. *FAM.* balancer, cafarder, cafter, fourguer, moucharder. *BELG. FAM.* raccuser. ♦ **se signaler** ▸ *Se faire remarquer* – émerger du lot, se démarquer, se différencier, se distinguer, se faire remarquer, se particulariser, se singulariser. ▸ *De façon favorable* – briller, exceller, s'illustrer, se distinguer. ▲ANT. CACHER, CAMOUFLER, DISSIMULER, TAIRE. △SE SIGNALER – PASSER INAPERÇU.

signature *n. f.* ▸ *Action d'écrire son nom* – émargement. ▸ *Nom d'une personne* – autographe, monogramme, paraphe. *DR.* blanc-seing, contreseing, endos. ▸ *Indice* – apparence, cachet, cicatrice, critère, empreinte, indication, indice, lueur, marque, ombre, pas, piste, preuve, repère, reste, ride, sceau, signe, stigmate, tache, témoignage, témoin, trace, trait, vestige. ▸ *Garantie* – assurance, aval, caution, cautionnement, charge, consignation, couverture, ducroire, engagement, gage, garant, garantie, hypothèque, indexage, indexation, nantissement, obligation, palladium, parrainage, précaution, préservation, promesse, répondant, responsabilité, salut, sauvegarde, sécurité, soulte, sûreté, warrant, warrantage.

signe *n. m.* ▸ *Symptôme* – diagnostic, expression, indice, manifestation, marque, présage, prodrome, symptôme, syndrome. *SOUT.* avant-coureur. *MÉD.* marqueur. ▸ *Indice* – apparence, cachet, cicatrice, critère, empreinte, indication, indice, lueur, marque, ombre, pas, piste, preuve, repère, reste, ride, sceau, signature, stigmate, tache, témoignage, témoin, trace, trait, vestige. ▸ *Qualité* – attribut, caractère, caractéristique, marque, particularité, propre, propriété, qualité, spécialité, spécificité, trait. ▸ *Louable* – mérite. ▸ *Annonce* – annonce, annonciation, augure, auspices, conjecture, horoscope, oracle, pari, prédiction, présage, prévision, projection, promesse, pronostic, prophétie. *ANTIQ. ROM.* auspices, haruspication. ▸ *Mouvement* – geste. ▸ *Signal* – alerte, appel, clignement, clin d'œil, geste, message, signal. ▸ *Ce qui symbolise* – allégorie, attribut, chiffre, devise, drapeau, effigie, emblème, figure, icône, image, incarnation, insigne, livrée, logo, logotype, marque, notation, personnification, représentation, symbole, type. ▸ *En astrologie* – signe astrologique.

signer *v.* ▸ *Mettre sa signature* – apposer sa signature, revêtir de sa signature. ▸ *Approuver officiellement* – accepter, approuver, confirmer, entériner, homologuer, plébisciter, ratifier, sanctionner, sceller, valider.

signifiant *adj.* ▲ANT. ASÉMANTIQUE, EXPLÉTIF.

significatif *adj.* ▸ *Révélateur* – édifiant, éloquent, expressif, instructif, parlant, qui en dit long, révélateur. ▸ *Pertinent* – distinctif, pertinent. ▲ANT. ÉNIGMATIQUE, INCOMPRÉHENSIBLE; INDÉTERMINÉ, INSIGNIFIANT, NÉGLIGEABLE.

signification *n. f.* ▸ *Sens* – acception, définition, emploi, sémantisme, sens, signifié, valeur. ▸ *Notification* – annonce, appel, avis, ban,

signifier

communication, communiqué, déclaration, décret, dénonciation, dépêche, divulgation, édit, manifeste, message, notification, proclamation, profession de foi, programme, promulgation, publication, rescrit, serment. ▲ **ANT.** ASÉMANTICITÉ, NON-SENS.

signifier *v.* ▶ *Faire savoir* – annoncer, apprendre, communiquer, déclarer, dire, faire l'annonce de, faire part de, faire savoir, notifier, transmettre. *FAM.* balancer. ▶ *Montrer* – annoncer, déceler, démontrer, dénoter, faire foi de, indiquer, laisser paraître, marquer, montrer, prouver, révéler, signaler, témoigner de. *SOUT.* dénoncer. ▶ *Avoir comme signification* – vouloir dire. *FAM.* rimer. ▶ *Désigner* – dénommer, désigner, représenter. ▶ *Symboliser* – désigner, évoquer, exprimer, figurer, incarner, matérialiser, représenter, symboliser. ▲ **ANT.** CACHER, DISSIMULER, TAIRE.

silence *n. m.* ▶ *Secret* – black-out, étouffement, mutisme, mystère, non-dit, réticence, secret, sourdine. ▶ *Tranquillité* – accalmie, apaisement, bonace, bonheur, calme, éclaircie, entente, fraternité, harmonie, idylle, paix, quiétude, rémission, repos, tranquillité, trêve, union, unité. *SOUT.* kief *(en Orient).* ▶ *Pause* – arrêt, interruption, pause, temps. ▶ *En musique* – tacet. ▲ **ANT.** AVEU, CONFESSION; BRUIT, TUMULTE, VACARME; BAVARDAGE, VERBIAGE; NOTE *(musique).*

silencieusement *adv.* ▶ *En silence* – en silence, sans mot dire, sourdement. ▶ *Calmement* – à froid, à loisir, à tête reposée, avec sang-froid, calmement, doucement, flegmatiquement, froidement, impassiblement, imperturbablement, inébranlablement, pacifiquement, paisiblement, placidement, posément, sagement, sans broncher, sereinement, tranquillement. *SOUT.* impavidement. *FAM.* calmos, peinardement, tranquillos. ▲ **ANT.** AVEC BRUIT, BRUYAMMENT, TAPAGEUSEMENT.

silencieux *adj.* ▶ *Qui ne produit aucun son* – insonore. ▶ *Sans bruit* – calme, paisible, tranquille. ▶ *Qui parle peu* – avare de paroles, taciturne. *SOUT.* coi. ▲ **ANT.** BRUYANT, SONORE; BAVARD, CAUSEUR, JACASSEUR, LOQUACE, VERBEUX, VOLUBILE.

silhouette *n. f.* ▶ *Allure* – air, allure, apparence, aspect, attitude, contenance, démarche, façon, genre, ligne, maintien, manière, panache, physique, port, posture, prestance, style, tenue, tournure. *SOUT.* extérieur, mine. *FAM.* gueule, touche. ▶ *Contour* – ligne, modénature, ombre, profil, trait. *SOUT.* linéament. *DIDACT.* délinéament. ▶ *Portrait* – académie, anatomie, charnure, gymnité, modèle, nu, nudité, plastique, sujet.

sillon *n. m.* ▶ *Entaille dans le sol* – dérayure, enrayure, jauge, orne, perchée, raie, rayon, rigole. *GÉOL.* sulcature. ▶ *Entaille* – adent, brèche, coche, coupure, cran, créneau, crevasse, échancrure, égratignure, enclenche, encoche, engravure, entaille, entamure, épaufrure, faille, fente, feuillure, incision, marque, mortaise, moucheture, onglet, raie, rainurage, rainure, rayure, ruinure, scarification, scissure, sous-chèvrement *(roche),* strie. *QUÉB. FAM.* grafignure. *BELG.* griffe. *BELG. FAM.* gratte. ▶ *Trace d'un disque* – microsillon, piste. ▶ *Trace* – empreinte, foulées, marque *(de pas)* pas, piste, trace, traînée, vestige, voie. ▶ *À la chasse* – abattures *(cerf),* connaissance, erres, marche, passée.

n. f. adéquation, analogie, conformité, égalité, équivalence, gémellité, identité, littéralité, parallélisme, parité, ressemblance, similitude, unité. *MATH.* congruence, homéomorphisme. ▲ **ANT.** CONTRASTE, DIFFÉRENCE, DISSEMBLANCE.

similitude *n. f.* ▶ *Fait de se ressembler* – adéquation, analogie, conformité, égalité, équivalence, gémellité, identité, littéralité, parallélisme, parité, ressemblance, similarité, unité. *MATH.* congruence, homéomorphisme. ▶ *Comparaison* – allégorie, analogie, apologue, assimilation, association (d'idées), catachrèse *(lexicalisée),* comparaison, équivalence, figure, image, lien, métaphore, parabole, parallèle, parenté, personnification, rapport, rapprochement, relation, ressemblance, symbole, symbolisme. ▲ **ANT.** CONTRASTE, DIFFÉRENCE, DISSIMILITUDE, DISTINCTION.

simple *adj.* ▶ *Indivisible* – élémentaire, indécomposable, indivisible, insécable. *PHILOS.* consubstantiel. ▶ *Unique* – à part, individuel, isolé, séparé, seul, singulier, unique, unitaire. ▶ *Naïf* – angélique, candide, confiant, crédule, ingénu, innocent, naïf, pur. ▶ *Naïf jusqu'à la bêtise* – crédule, innocent, naïf, niais, simplet. *FAM.* cucul, jobard, nunuche, poire. ▶ *Facile à faire* – aisé, commode, élémentaire, enfantin, facile. *FAM.* inratable. *FRANCE FAM.* bête comme chou. *QUÉB. FAM.* bébé, bébête, niaiseux. ▶ *Facile à comprendre* – à la portée de tous, accessible, clair, cohérent, compréhensible, concevable, déchiffrable, évident, facile, intelligible, interprétable, limpide, lumineux, pénétrable, saisissable, transparent. ▶ *Modeste* – humble, modeste, sans prétention. ▶ *Sobre* – classique, dépouillé, discret, sobre, strict. *FAM.* zen. ▲ **ANT.** COMPLEXE; COMBINÉ, COMPOSÉ; MULTIPLE, NOMBREUX; ASTUCIEUX, DÉLURÉ, FUTÉ, INGÉNIEUX, MALIN, RUSÉ; ARDU, COMPLIQUÉ, DIFFICILE; CABALISTIQUE, CRYPTIQUE, ÉNIGMATIQUE, ÉSOTÉRIQUE, HERMÉTIQUE, IMPÉNÉTRABLE, INCOMPRÉHENSIBLE, MYSTÉRIEUX, OBSCUR, OPAQUE, TÉNÉBREUX; RAFFINÉ, RECHERCHÉ, SOPHISTIQUÉ, SUBTIL; AFFECTÉ, CÉRÉMONIEUX, EMPRUNTÉ, GUINDÉ, MANIÉRÉ; DISTINGUÉ, GRADÉ; LUXUEUX.

simplement *adv.* ▶ *Avec simplicité* – à la bonne franquette, familièrement, naturellement, sans affectation, sans apprêt, sans cérémonies, sans complications, sans façons, sans ornement, sans tambour ni trompette, sobrement, tout bonnement. *SOUT.* nûment. *FAM.* à la fortune du pot. ▶ *Avec facilité* – aisément, commodément, facilement, sans coup férir, sans difficulté, sans effort, sans encombre. *FAM.* les doigts dans le nez. ▶ *Avec modestie* – humblement, modestement, pauvrement, respectueusement, timidement. ▶ *Avec candeur* – candidement, crédulement, ingénument, innocemment, naïvement, niaisement. ▶ *Stupidement* – absurdement, bêtement, débilement, follement, idiotement, imbécilement, inconsciemment, inintelligemment, naïvement, ridiculement, sottement, stupidement. *FAM.* connement. *QUÉB. FAM.* niaiseusement. ▶ *Sans finesse* – grossièrement, rudimentairement, sommairement, *SOUT.* rustaudement. ▶ *Seulement* – exclusivement, purement, seulement, strictement, uniquement. ▲ **ANT.** DE FAÇON COMPLEXE, INEXTRICABLEMENT; FASTUEUSEMENT, IMPÉRIALEMENT,

LUXUEUSEMENT, MAGNIFIQUEMENT, PRINCIÈREMENT, RICHEMENT, ROYALEMENT, SOMPTUEUSEMENT, SPLENDIDEMENT, SUPERBEMENT; HYPOCRITEMENT, INSIDIEUSEMENT, INSINCÈREMENT, PERFIDEMENT, SCÉLÉRATEMENT, SOURNOISEMENT, TORTUEUSEMENT, TRAÎTREUSEMENT, TROMPEUSEMENT; ASTUCIEUSEMENT, BRILLAMMENT, GÉNIALEMENT, INGÉNIEUSEMENT, INTELLIGEMMENT, JUDICIEUSEMENT, LUCIDEMENT, SAVAMMENT.

simplicité *n. f.* ▶ *Dépouillement* – austérité, dépouillement, nudité, pureté, sévérité, sobriété. ▶ *Pureté* – candeur, fleur, fraîcheur, honnêteté, ingénuité, innocence, naïveté, pureté. ▶ *Franchise* – abandon, bonne foi, confiance, cordialité, droiture, franchise, franc-jeu, franc-parler, loyauté, netteté, parler-vrai (*politique*), rondeur, sincérité, spontanéité. ▶ *Modération* – centrisme, dépouillement, frugalité, juste milieu, ménagement, mesure, modérantisme, modération, modestie, pondération, réserve, retenue, rusticité, sagesse, simple, sobriété, tempérance. ▶ *Humilité* – bonhomie, déférence, humilité, modestie, respect, soumission. ▶ *Stupidité* – ânerie, béotisme, bêtise, bornerie, débilité, idiotie, ignorance, imbécillité, ineptie, inintelligence, innocence, insipidité, lenteur, lourdeur, naïveté, niaiserie, nigauderie, pesanteur, sottise, stupidité. ▶ *Ignorance* – analphabétisme, ignorance, illettrisme, inadéquation, inaptitude, incapacité, incompétence, incompréhension, inconscience, inculture, inexpérience, ingénuité, innocence, insuffisance, lacune, naïveté, nullité, obscurantisme. *SOUT.* impéritie, inconnaissance, méconnaissance. ▶ *Facilité* – accessibilité, agrément, commodité, confort, disponibilité, facilité, faisabilité, possibilité. *INFORM.* convivialité, transparence. ▲ANT. LUXE, RAFFINEMENT, RECHERCHE; AFFECTATION, PRÉTENTION, VANITÉ; FINESSE, INTELLIGENCE; COMPLEXITÉ, COMPLICATION, DIFFICULTÉ.

simplification *n. f.* ▶ *Réduction* – abrégement, allégement, amenuisement, amoindrissement, amputation, atténuation, compression, délestage, diminution, épuration, gommage, graticulation, miniaturisation, minimalisation, minimisation, minoration, raccourcissement, racornissement, rapetissement, réduction, resserrement, restriction, rétrécissement, schématisation. *SOUT.* estompement. ▶ *Nivellement* – aplanissement, arasement, égalisation, laminage, mise au niveau, nivelage, nivellement, régalage, unification. *ADMIN.* écrêtement. ▶ *Vulgarisation* – adaptation, banalisation, démocratisation, dépersonnalisation, massification, vulgarisation. ▲ANT. COMPLEXIFICATION, COMPLICATION.

simplifié *adj.* rapide, schématique, sommaire, succinct.

simplifier *v.* ▶ *Rendre plus facile* – faciliter. ▶ *Réduire à sa plus simple expression* – ramener, réduire. ▶ *Réduire à l'essentiel* – schématiser, styliser. ▶ *Caricaturer* – caricaturer, charger, déformer, exagérer, grossir, pousser jusqu'à la caricature. ▲ANT. COMPLEXIFIER, COMPLIQUER; BRODER, DÉVELOPPER, EXPOSER EN DÉTAIL.

simpliste *adj.* ▶ *Qui simplifie à l'excès* – réducteur, simplificateur. ▶ *Déformé et exagéré* – caricatural, gros, grossier, primaire. ▲ANT. MESURÉ, NUANCÉ.

simulation *n. f.* ▶ *Illusion* – abstraction, abstrait, apparence, berlue, chimère, déréalisation,

fantasme, faux, faux-semblant, fiction, fumée, hallucination, illusion, image, imagination, irréalisme, irréalité, leurre, mensonge, mirage, onirisme, psychédélisme, rêve, rêverie, semblant, songe, songerie, trompe-l'œil, tromperie, utopie, vision, vue de l'esprit. *FAM.* frime. *SOUT.* prestige. ▶ *Modèle* – carton, grille, matrice, modèle, modélisation, moule, patron, pilote, plan, prototype, spécimen. *FAM.* topo. ▶ *Imitation* – calquage, caricature, charge, contrefaçon, copiage, décalquage, démarquage, emprunt, émulation, figuration, grégarisme, imitation, mime, mimétisme, moutonnerie, parodie, pastiche, pillage, plagiat, représentation, servilité, singerie, suivisme, travestissement. *DR.* contrefaction. ▶ *Feinte* – affectation, artifice, cachotterie, comédie, déguisement, dissimulation, duplicité, faux-semblant, feinte, fiction, finauderie, grimace, hypocrisie, invention, leurre, mensonge, momerie, pantalonnade, parade, ruse, singerie, sournoiserie, tromperie. *SOUT.* simulacre. *FAM.* cinéma, cirque, finasserie, frime. ▲ANT. RÉALITÉ, VÉRITÉ.

simulé *adj.* ▶ *Insincère* – affecté, artificiel, de commande, factice, feint, forcé, insincère, (qui sonne) faux. ▶ *Truqué* – contrefait, falsifié, faux, forgé, maquillé, truqué. *FAM.* bidon, bidonné, bidouillé.

simuler *v.* ▶ *Reproduire* – imiter, reconstituer, recréer, rendre, reproduire, restituer. *INFORM.* émuler. ▶ *Feindre* – affecter, faire mine de, faire semblant de, feindre, singer. ▲ANT. CRÉER, INVENTER, PRODUIRE; EXÉCUTER; ÉPROUVER.

simultané *adj.* coexistant, coïncident, concomitant, contemporain, coordonné, isochrone, synchrone, synchronique. ▲ANT. CONSÉCUTIF, DÉCALÉ (DANS LE TEMPS), SÉQUENTIEL, SUCCESSIF; ALTERNATIF.

simultanéité *n. f.* ▶ *Coïncidence* – accompagnement, coexistence, coïncidence, concomitance, concordance, concours de circonstances, contemporanéité, coordination, correspondance, isochronie, isochronisme, rencontre, synchronicité, synchronie, synchronisation, synchronisme. ▲ANT. SUCCESSIVITÉ; ALTERNANCE, SUCCESSION.

simultanément *adv.* à l'unisson, à la fois, concomitamment, concurremment, corrélativement, en cadence, en chœur, en même temps, ensemble, synchroniquement. ▲ANT. ALTERNATIVEMENT; CONSÉCUTIVEMENT, RYTHMIQUEMENT, SUCCESSIVEMENT.

sincère *adj.* ▶ *Qui dit la vérité* – franc, vrai. *SOUT.* vérace, véridique. ▶ *Qui n'est pas feint* – authentique, sans artifice, spontané, véritable, vrai. ▲ANT. FOURBE, HYPOCRITE, MENTEUR, SOURNOIS; AFFECTÉ, DISSIMULÉ, FALLACIEUX, FAUX, FEINT, MENSONGER, SIMULÉ, SPÉCIEUX, TROMPEUR.

sincèrement *adv.* à la loyale, authentiquement, de bonne foi, en toute bonne foi, franc, franchement, honnêtement, loyalement, ouvertement, uniment. *FAM.* franco. ▲ANT. HYPOCRITEMENT, INSIDIEUSEMENT, MALHONNÊTEMENT, MENSONGÈREMENT, SOURNOISEMENT, TORTUEUSEMENT, TRAÎTREUSEMENT, TROMPEUSEMENT.

sincérité *n. f.* abandon, bonne foi, confiance, cordialité, droiture, franchise, franc-jeu, franc-parler,

singe
loyauté, netteté, parler-vrai *(politique)*, rondeur, simplicité, spontanéité. ▲ANT. HYPOCRISIE, INAUTHENTICITÉ, INSINCÉRITÉ, TROMPERIE; FAUSSETÉ, MENSONGE.

singe *n. m.* ▶ *Viande* – corned-beef. ▶ *Directeur* *(FAM.)* – administrateur, cadre, chef d'entreprise, chef d'industrie, décideur, décisionnaire, directeur, dirigeant, gestionnaire, logisticien, patron, responsable, tête dirigeante. ▲ANT. ADONIS.

singularité *n. f.* ▶ *Unicité* – exclusivité, marginalité, originalité, unicité, unité. ▶ *Exception* – accident, anomalie, anormalité, contre-exemple, contre-indication, dérogation, exception, exclusion, particularité, réserve, restriction. ▶ *Originalité* – anticonformisme, audace, cachet, caractère, fraîcheur, hardiesse, indépendance, individualité, innovation, inspiration, marginalité, non-conformisme, nouveauté, originalité, particularité, personnalité, piquant, pittoresque, unicité. ▶ *Bizarrerie* – anomalie, anormalité, bizarrerie, chinoiserie, cocasserie, curiosité, drôlerie, étrangeté, excentricité, extravagance, fantaisie, fantasmagorie, folie, loufoquerie, monstruosité, non-conformisme, originalité. ▶ *Fantaisie* – accès, bizarrerie, bon plaisir, caprice, changement, chimère, coup de tête, envie, extravagance, fantaisie, fantasme, folie, frasque, gré, guise, immaturité, impatience, incartade, inconstance, infantilisme, instabilité, légèreté, lubie, marotte, mobilité, originalité, saute (d'humeur), sporadicité, variation, versatilité, volonté. SOUT. folle gamberge, foucade, humeur. FAM. toquade. ▲ANT. PLURALITÉ; BANALITÉ, SIMPLICITÉ.

singulier *adj.* ▶ *Différent* – à part, différent, inimitable, original, particulier, pittoresque, sans précédent, spécial, unique en son genre, unique. ▶ *Bizarre* – anormal, baroque, bizarre, curieux, drôle, étonnant, étrange, inaccoutumé, incompréhensible, inexplicable, inhabituel, insolite, inusité, spécial, surprenant. SOUT. extraordinaire. FAM. bizarroïde. ▶ *Individuel* – à part, individuel, isolé, séparé, seul, simple, unique, unitaire. ▲ANT. COUTUMIER, HABITUEL, NORMAL, ORDINAIRE, STANDARD, USUEL; ANODIN, BANAL, COMMUN, FADE, FALOT, INCOLORE, ININTÉRESSANT, INSIGNIFIANT, INSIPIDE, PLAT, QUELCONQUE, SANS INTÉRÊT, TERNE; COLLECTIF, GÉNÉRAL; PLURIEL.

sinistre *adj.* ▶ *En parlant de qqch.* – funèbre, glauque, lugubre, noir, sombre, triste. SOUT. funeste. ▶ *En parlant de qqn* – dangereux, inquiétant, mauvais, méchant, menaçant, patibulaire, redoutable, sombre, terrible, torve *(regard)*. ▲ANT. FAVORABLE, HEUREUX, PLAISANT; ENJOUÉ, ÉPANOUI, GAI, JOVIAL, JOYEUX, LÉGER, RÉJOUI, RIANT, SOURIANT.

sinistre *n. m.* apocalypse, bouleversement, calamité, cataclysme, catastrophe, chaos, désastre, drame, fléau, malheur, néant, ruine, tragédie. FIG. précipice, ulcère. SOUT. abîme. FAM. cata.

sinueux *adj.* courbe, serpentant, serpentin, tortueux. SOUT. flexueux, méandreux, méandrique, tortu. ▲ANT. DIRECT, DROIT, RECTILIGNE; FRANC.

sirène *n. f.* ▶ *Alarme* – alarme, alerte, appel, avertissement, branle-bas, cri, éveil, haro, signal, sonnerie, S.O.S., tocsin. ▶ *Animal imaginaire* – femme-poisson, mélusine. ▶ *Oiseau* (QUÉB.) – chardonneret des pins. ▲ANT. ÉPOUVANTAIL.

site *n. m.* ▶ *Paysage* – champ (de vision), horizon, panorama, paysage, perspective, point de vue, vue. ▶ *Lieu* – coin, emplacement, endroit, lieu, localisation, localité, place, point, position, poste, scène, séjour, siège, situation, théâtre, zone. BIOL. locus. ▶ *Angle* – angle de site.

sitôt *adv.* à l'instant, au plus vite, aussitôt, aussitôt que possible, d'emblée, d'urgence, directement, en urgence, immédiatement, instantanément, sans délai, sans différer, sans tarder, séance tenante, sur l'heure, sur le coup, sur-le-champ, tout de suite. SOUT. dans l'instant, incontinent. FAM. aussi sec, de suite, illico. QUÉB. FAM. au plus coupant, au plus sacrant. ▲ANT. PLUS TARD; SUR LE TARD, TARDIVEMENT.

situation *n. f.* ▶ *Lieu* – coin, emplacement, endroit, lieu, localisation, localité, place, point, position, poste, scène, séjour, siège, site, théâtre, zone. BIOL. locus. ▶ *Contexte* – circonstance, climat, condition, conjoncture, contexte, cours des choses, état de choses, état de fait, paysage, position, tenants et aboutissants. ▶ *Condition sociale* – caste, classe, condition, état, fortune, place, position, rang, statut. SOUT. étage. ▶ *Métier* – activité, art, carrière, emploi, état, gagne-pain, métier, occupation, profession, qualité, services, spécialité, travail. FAM. boulot, turbin, turf. ▶ *Bilan* – balance, bilan, compte, compte rendu, conclusion, constat, état, note, résultat, résumé, tableau.

situé *adj.* basé, sis.

situer *v.* ▶ *Localiser* – localiser, placer. ▶ *Mettre en situation* – replacer. ◆ *se situer* ▶ *Se trouver* – apparaître, être, être présent, exister, résider, s'inscrire, se rencontrer, se retrouver, se trouver, siéger. SOUT. gésir. ▲ANT. ÉGARER, PERDRE; DÉPLACER, MOUVOIR, TRANSPORTER.

slogan *n. m.* ▶ *Formule* – accroche, formule. ▶ *Publicité* – annonce, bande-annonce *(d'un film)*, battage, bruit, commercialisation, conditionnement, croisade, lancement, marchandisage, marketing, message (publicitaire), petite annonce *(journal)*, placard, promotion, propagande, publicité, publipostage, raccrochage, racolage, réclame, renommée, retentissement. FAM. pub, tam-tam. QUÉB. FAM. cabale *(pour un candidat)*. ▶ *Non favorable* – bourrage de crâne, endoctrinement, intoxication, lavage de cerveau, matraquage, propagande.

snob *adj.* arrogant, condescendant, dédaigneux, fier, hautain, méprisant, orgueilleux, outrecuidant, pimbêche *(femme)*, pincé, plein de soi, présomptueux, prétentieux, supérieur. SOUT. altier, rogue. ▲ANT. HUMBLE, MODESTE; NATUREL, SIMPLE.

snobisme *n. m.* ▶ *Affectation* – affectation, air, apparence, apprêt, artificialité, bluff, cabotinage, comédie, composition, contenance, convenu, dandysme, genre, imposture, jeu, maniérisme, manque de naturel, mascarade, mièvrerie, pose, raideur, recherche, représentation. SOUT. cambrure. FAM. chiqué, cinéma. ▶ *Mépris* – arrogance, condescendance, dédain, dégoût, dérision, hauteur, mépris, morgue. SOUT. déconsidération, mésestimation, mésestime. ▲ANT. NATUREL, SIMPLICITÉ.

sobre *adj.* ▶ *Qui consomme avec modération* – abstinent, frugal, modéré, tempérant. ▶ *Qui* *s'abstient d'alcool* – abstème, abstinent, tempérant. ▶ *Simple* – classique, dépouillé, discret, simple, strict. FAM. zen. ▶ *Exprimé en peu de mots* – bref, concis, condensé, court, dense, laconique, lapidaire, ramassé, serré, sommaire, succinct. PÉJ. touffu. ▲ANT. GLOUTON, GOINFRE; ALCOOLIQUE, INTEMPÉRANT, IVROGNE; EXCESSIF; EXCENTRIQUE, EXTRAVAGANT, TAPAGEUR; BAROQUE, ORNÉ, SURCHARGÉ; BAVARD, DÉLAYÉ, DIFFUS, EMPHATIQUE, PROLIXE, REDONDANT, VERBEUX.

sobriété *n. f.* ▶ *Modération* – centrisme, dépouillement, frugalité, juste milieu, ménagement, mesure, modérantisme, modération, modestie, pondération, réserve, retenue, rusticité, sagesse, simple, simplicité, tempérance. ▶ *Privation d'alcool* – abstinence, tempérance. ▶ *Réserve* – bienséance, bon ton, chasteté, convenance, correction, décence, délicatesse, dignité, discrétion, éducation, fierté, gravité, honnêteté, honneur, modestie, politesse, propreté, pudeur, quant-à-soi, réserve, respect, retenue, sagesse, tact, tenue, vertu. SOUT. pudicité. ▶ *Absence d'ornement* – austérité, dépouillement, nudité, pureté, sévérité, simplicité. ▲ANT. EXCÈS, GLOUTONNERIE, INTEMPÉRANCE; ALCOOLISME, IVROGNERIE; EXCENTRICITÉ, LUXE, RECHERCHE.

sociabiliser *v.* ▲ANT. CONFINER, ISOLER.

sociable *adj.* ▶ *Amical* – accueillant, affable, agréable, aimable, amène, amical, avenant, bienveillant, chaleureux, charmant, convivial, cordial, de bonne compagnie, engageant, familier, gracieux, invitant, liant, ouvert, souriant, sympathique. FAM. bonard, sympa. QUÉB. FAM. d'adon. ▶ *Qui peut vivre en société* – grégaire, social. ▲ANT. BOURRU, GROSSIER, IMPOLI; ANTISOCIAL, FAROUCHE, INADAPTÉ, MISANTHROPE, SAUVAGE, SOLITAIRE.

social *adj.* ▶ *Interpersonnel* – interindividuel, interpersonnel. ▶ *Qui concerne la société* – collectif, commun, communautaire, général, public. ▶ *Qui vit en société* – grégaire, sociable. ▲ANT. INDIVIDUEL, PARTICULIER, PERSONNEL, PRIVÉ; ANTISOCIAL, FAROUCHE, INADAPTÉ, MISANTHROPE, SAUVAGE, SOLITAIRE.

sociétal *adj.* ▲ANT. INDIVIDUEL, PERSONNEL.

société *n. f.* ▶ *Peuple* – citoyens, clan, ethnie, groupe, habitants, horde, nation, pays, peuplade, peuple, phratrie, population, race, tribu. ▶ *Collectivité* – collectivité, communauté, groupe, groupement, regroupement. ▶ *Association* – amicale, association, cercle, club, compagnie, fraternité, groupe, union. ▶ *Association professionnelle* – assemblée, association, collège, communauté, compagnie, confrérie, congrégation, corporation, corps, guilde, hanse, membres, métier, ordre, syndicat. ▶ *Association savante ou artistique* – académie, aréopage, cénacle, cercle, club, école, institut. ▶ *Entreprise* – affaire, bureau, compagnie, entreprise, établissement, exploitation, firme, industrie, institution. FAM. boîte, boutique. FRANCE FAM. burlingue. ▶ *Classe aisée* – aristocrates, aristocratie, beau monde, gens du monde, gotha, grand monde, haute société, monde, nobles. FAM. beau linge, gens de la haute, gratin, haute. ▶ *Environnement* – ambiance, atmosphère, cachet, cadre, climat, décor, élément, entourage, environnement, environs, lieu, milieu, monde, sphère, théâtre, voisinage. ▲ANT. ISOLEMENT, SOLITUDE.

socle *n. m.* ▶ *Base* – acrotère, base, piédestal, podium, soubassement, stylobate, terrasse.

sœur *n. f.* ▶ *Parent* – FAM. frangine, sœurette. ▶ *Religieuse* – professe, religieuse. FAM. bonne sœur.

sofa *n. m.* canapé, divan, duchesse, lit de repos, méridienne, ottomane, récamier, turquoise, veilleuse.

soi-disant *adj.* apparent, faux, prétendu, supposé. ▲ANT. AUTHENTIQUE, AVÉRÉ; RÉEL.

soie *n. f.* ▶ *Matière* – chique. ▶ *Tissu* – soierie. ▶ *Douceur* – délicatesse, douceur, finesse, fraîcheur, légèreté, modération, moelleux, mollesse, onctuosité, quiétude, suavité, tranquillité, velouté. ▶ *Partie d'une lame* – talon de lame.

soif *n. f.* ▶ *Envie de boire* – altération, dipsomanie, pépie, potomanie. ▶ *Désir* – ambition, appel, appétit, aspiration, attirance, attrait, besoin, but, convoitise, desideratum, désir, envie, exigence, faim, fantaisie, fantasme, fièvre, fringale, goût, idéal, intention, jalousie, passion, prétention, quête, recherche, rêve, souhait, tentation, velléité, visée, vœu, voix, volonté. SOUT. appétence, dessein, prurit, vouloir. FAM. démangeaison. ▶ *Curiosité* – appétit, attention, avidité, curiosité, intérêt, soif d'apprendre, soif de connaissance, soif de connaître, soif de savoir. ▲ANT. RAFRAÎCHISSEMENT; ASSOUVISSEMENT, SATIÉTÉ.

soigné *adj.* ▶ *Soigneux* – appliqué, assidu, attentif, consciencieux, méthodique, méticuleux, minutieux, ordonné, précis, rangé, rigoureux, scrupuleux, soigneux, systématique. SOUT. exact. ▶ *Propre* – immaculé, impeccable, net, propre, propret. ▶ *En parlant de la langue* – châtié, épuré, recherché. ▶ *Excessif* (FAM.) – abusif, débridé, déchaîné, délirant, démesuré, déraisonnable, déréglé, disproportionné, effréné, exagéré, excessif, exorbitant, extravagant, extrême, forcé, immodéré, intempérant, outrancier, outré, qui dépasse la mesure, qui dépasse les bornes, sans frein. SOUT. outrageux. FAM. dément, démentiel. ▲ANT. DÉSORDONNÉ, NÉGLIGENT; BÂCLÉ; GROSSIER, SOMMAIRE; SALE; FAMILIER, NATUREL, NÉGLIGÉ, RELÂCHÉ; MODÉRÉ, PONDÉRÉ, RAISONNABLE, RÉFLÉCHI.

soigner *v.* ▶ *Donner des soins médicaux* – prodiguer des soins, traiter. ▶ *Entretenir* – cultiver, entretenir, nourrir. ▶ *Choyer* – cajoler, choyer, combler, couver, dorloter, entourer de soins, être aux petits soins avec, materner, pouponner *(un bébé)*. FAM. bichonner, bouchonner, chouchouter, gâter, mitonner, traiter aux petits oignons. SUISSE FAM. cocoler. ▶ *Raffiner* – ciseler, fignoler, finir, lécher, parachever, parfaire, peaufiner, perfectionner, polir, raffiner. ▶ *Épurer le style, la langue* – châtier, épurer, polir. ▲ANT. BLESSER, MALTRAITER; ABANDONNER, NÉGLIGER; BRUTALISER, MALMENER; BÂCLER.

soigneusement *adv.* ▶ *Minutieusement* – amoureusement, attentivement, consciencieusement, en détail, méticuleusement, minutieusement, précieusement, précisément, proprement, religieusement, rigoureusement, scrupuleusement, sérieusement, vigilamment. ▶ *Méthodiquement* – analytiquement, conséquemment, inductivement, logiquement, mathématiquement, méthodiquement, point par point, rationnellement, rigoureusement, scientifiquement, sensément, systématiquement, techniquement. *SOUT.* cohéremment. **▲ANT.** DE FAÇON BÂCLÉE, N'IMPORTE COMMENT, NÉGLIGEMMENT, SANS MÉTHODE, SANS SOIN.

soigneux *adj.* ▶ *Minutieux* – appliqué, assidu, attentif, consciencieux, méthodique, méticuleux, minutieux, ordonné, précis, rangé, rigoureux, scrupuleux, soigné, systématique. *SOUT.* exact. ▶ *Qui veille à préserver qqch.* – attentif à, préoccupé de, soucieux de. *SOUT.* jaloux de. **▲ANT.** DÉSORDONNÉ, NÉGLIGENT; GROSSIER, SALE; INDIFFÉRENT, INSOUCIANT.

soin *n. m.* ▶ *Propreté* – netteté, propreté. ▶ *Minutie* – application, exactitude, minutie, précision, souci du détail. *SOUT.* méticulosité. ▶ *Finition* – achèvement, amélioration, arrangement, complètement, correction, enjolivement, finition, léchage, mise au point, peaufinage, perfectionnement, polissage, raffinage, raffinement, retouche, révision. *SOUT.* parachèvement. *FAM.* fignolage. ▶ *Réparation* – amélioration, arrangement, bricolage, consolidation, dépannage, entretien, maintenance, rajustement, ravalement, reconstitution, réfection, remise à neuf, remise en état, remontage, renforcement, réparation, reprise, restauration, restitution, rétablissement, retapage, rhabillage, sauvetage. *FAM.* rafistolage. *QUÉB. FAM.* ramanchage. ▶ *Sérieux* (*SOUT.*) – sérieux, zèle. *SOUT.* diligence. ◆ **soins,** *plur.* ▶ *Traitement médical* – cure, thérapeutique, thérapie, traitement. ▶ *Fait d'élever un enfant* – éducation, parentage. ▶ *Empressement* – attentions, bichonnage, dorlotement, empressement, maternage, prévenances. *FAM.* chouchoutage. *SOUT.* gâterie. **▲ANT.** INCURIE, INSOUCIANCE, MÉPRIS, NÉGLIGENCE, NONCHALANCE.

soir *n. m.* ▶ *Fin du jour* – chute du jour, couchant, coucher du soleil, crépuscule, déclin du jour, fin du jour, nuit tombante, tombée de la nuit, tombée du jour. *SOUT.* lueur crépusculaire. *QUÉB.* brunante. ▶ *Partie d'une journée* – soirée, veillée. **▲ANT.** MATIN.

soirée *n. f.* ▶ *Partie du jour* – soir, veillée. ▶ *Spectacle* – attraction, concert, danse, divertissement, exécution, exhibition, happening, numéro, pièce, projection, récital, représentation, revue, séance. ▶ *Concert* – aubade, audition, concert, divertissement, exécution, récital, séance, sérénade. ▶ *Fête* – festivités, fête, réception, réunion. ◗ *Le soir* – réveillon, veillée. **▲ANT.** MATINÉE; APRÈS-MIDI.

sol *n. m.* ▶ *Matière* – humus, limon, mor, terramare, terre, terreau. *SOUT.* glèbe. ▶ *En géologie* – terrain, terre. ▶ *Territoire* – domaine, empire, territoire. ▶ *Solution* – solution colloïdale.

soldat *n.* ▶ *Militaire* – guerrier, homme de guerre, homme de troupe. *FAM.* bidasse, reître, troufion. *FRANCE FAM.* griveton, pioupiou. ◗ *Participant à une guerre* – belligérant, combattant. ▶ *Agressif* – sabreur. ▶ *Défenseur* – apologiste, apôtre, appui, avocat, champion, défenseur, protecteur, redresseur de torts, représentant, serviteur, soutien, tenant. *SOUT.* intercesseur. ▶ *Jouet* – petit soldat, soldat de plomb. ▶ *Insecte* – gendarme, punaise rouge. *ZOOL.* pyrocorise, pyrrhocoris. ◆ **soldats,** *plur.* ▶ *Ensemble de militaires* – bataillon, brigade, colonne, commando, compagnie, corps, échelon, escadron, escorte, formation, garde, garnison, légion, parti, patrouille,

peloton, régiment, section, soldatesque *(indisciplinés)*, tabor *(Maroc)*, troupe, unité. *PAR EXT.* caserne. *ANC.* escouade, goum, piquet. ▶ *Armée* – armée, corps d'armée, effectifs, forces armées, forces (militaires), hommes de troupe, le rang, les drapeaux, troupes. **▲ANT.** CIVIL; OFFICIER.

solde *n. m.* ▶ *Rabais* – abattement, baisse, bas prix, bonification, bradage, décompte, déduction, dégrèvement, diminution, discompte, escompte, liquidation, prix modique, rabais, réduction, réfaction, remise, ristourne. *FAM.* bazardage. *QUÉB.* (prix d')aubaine. ◗ *Impôt* – abattement, décote, dégrèvement, réduction d'impôt. ▶ *Reste* – complément, différence, excédent, excès, reliquat, résidu, restant, reste, soulte, surcroît, surplus. *FAM.* rab, rabiot. ▶ *Crédit* – actif, avantage, avoir, bénéfice, boni, crédit, excédent, fruit, gain, produit, profit, rapport, reliquat, reste, revenant-bon, revenu, solde créditeur, solde positif. *FAM.* bénef, gras, gratte, part du gâteau. **▲ANT.** DETTE, REDEVANCE.

solde *n. f.* appointements, cachet, commission, droit, émoluments, fixe, gages, gain, honoraires, jeton (de présence), mensualité, paye, pourboire, rémunération, rétribution, revenu, salaire, semaine, traitement, vacations.

solder *v.* ▶ *Vendre à bas prix* – brader, liquider. *FAM.* bazarder. ◆ *se solder* ▶ *Aboutir* – aboutir, finir, se terminer. **▲ANT.** DEVOIR (DE L'ARGENT); SURVENDRE.

soleil *n. m.* ▶ *Notre étoile* – l'astre du jour. *SOUT.* astre de feu, flambeau du jour, flambeau du monde. *QUÉB. FAM.* Galarneau. ▶ *Étoile quelconque* – étoile. ▶ *Temps ensoleillé* – ensoleillement, insolation, temps ensoleillé. ▶ *Lumière* – clair, clair-obscur, clarté, contre-jour, demi-jour, éclair, éclairage, éclat, embrasement, flamboiement, flamme, halo, illumination, jour, lueur, lumière, pénombre. *SOUT.* nitescence, splendeur. ▶ *Fleur* – grand soleil, hélianthe annuel, tournesol. **▲ANT.** OMBRE.

solennel *adj.* ▶ *Fait publiquement* – authentifié, authentique, certifié, notarié, officiel, public. ▶ *Grave* – auguste, digne, grave, impérial, imposant, majestueux, noble, olympien, qui impose le respect. ▶ *Pompeux* – cuistre, docte, doctoral, doctrinaire, pédant, pédantesque, pontifiant, professoral, sentencieux. **▲ANT.** INTIME, PRIVÉ; FAMILIER; HUMBLE, MODESTE, SIMPLE.

solennellement *adv.* ▶ *Officiellement* – administrativement, authentiquement, dans les formes, de source officielle, légalement, notoirement, officiellement, publiquement, statutairement. ▶ *Dignement* – aristocratiquement, augustement, dignement, fièrement, gravement, honorablement, majestueusement, noblement, princièrement, royalement. ▶ *Grandiosement* – colossalement, en grande pompe, grandement, grandiosement, hiératiquement, immensément, magnifiquement, majestueusement, noblement, pompeusement. ▶ *Emphatiquement* – cérémonieusement, emphatiquement, en grande pompe, hyperboliquement, pompeusement, sentencieusement, théâtralement. **▲ANT.** À LA BONNE FRANQUETTE, FAMILIÈREMENT, NATURELLEMENT, SANS AFFECTATION, SANS APPRÊT, SANS CÉRÉMONIES, SANS COMPLICATIONS, SANS FAÇONS, SANS ORNEMENT,

SANS TAMBOUR NI TROMPETTE, SIMPLEMENT, SOBREMENT, TOUT BONNEMENT.

solennité *n. f.* ▸ *Gravité* – componction, décence, dignité, gravité, hiératisme, majesté, pompe, raideur, réserve, rigidité, sérieux. ▸ *Emphase* – apparat, bouffissure, boursouflure, cérémonie, déclamation, démesure, emphase, enflure, excès, gonflement, grandiloquence, hyperbole, pédanterie, pédantisme, pompe, prétention. *SOUT.* ithos, pathos. ▲ANT. HUMILITÉ, SIMPLICITÉ.

solidaire *adj.* ▸ *Responsable* – comptable, garant, responsable. ▸ *Interdépendant* – corrélatif, corrélé, interdépendant, interrelié, relié. *DIDACT.* corrélationnel. ▲ANT. INDIFFÉRENT ; LIBRE ; INDÉPENDANT.

solidarité *n. f.* ▸ *Camaraderie* – amitié, camaraderie, confraternité, coude à coude, entente, fraternité, sympathie. *FAM.* copinerie. ▸ *Altruisme* – aide, allocentrisme, altruisme, amour (d'autrui), assistance, bénévolat, bienveillance, bonté, charité, commisération, compassion, complaisance, convivialité, dévouement, don de soi, empathie, entraide, extraversion, fraternité, générosité, gentillesse, humanité, oblativité, oubli de soi, philanthropie, pitié, sensibilité, serviabilité, sollicitude. *SOUT.* bienfaisance. ▲ANT. INDÉPENDANCE, INDIVIDUALISME.

solide *adj.* ▸ *Rigide* – dur, ferme, fort, raide, résistant, rigide. ▸ *Incassable* – incassable, infrangible. ▸ *Fiable* – bon, éprouvé, fiable, fidèle. *FAM.* béton. ▸ *Stable* – assuré, en équilibre, équilibré, ferme, stable. ▸ *Rempli de vigueur* – énergique, ferme, musclé, nerveux, qui a du nerf, vigoureux. ▸ *Costaud* – athlétique, bien bâti, bien découplé, bréviligne, costaud, fort, gaillard, musclé, puissant, râblé, ragot *(animal)*, ramassé, robuste, trapu, vigoureux. *SOUT.* bien membré, membru, musculeux. *FAM.* qui a du coffre. *FRANCE FAM.* balèze, bien baraqué, malabar, maous. ▸ *À la santé robuste* – bâti à chaux et à sable, gaillard, robuste, vaillant, vigoureux. ▸ *En parlant d'une qualité morale* – à toute épreuve, absolu, d'acier, inébranlable. ▲ANT. FLUIDE, GAZEUX, LIQUIDE ; INCONSISTANT, LÂCHE, MOU ; CASSABLE, DÉLICAT, FRAGILE ; BANCAL, BOITEUX, BRANLANT, EN DÉSÉQUILIBRE, INSTABLE ; ANÉMIQUE, CHÉTIF, FRÊLE, MALINGRE, RACHITIQUE ; CHANCELANT, FAIBLE, PRÉCAIRE, VULNÉRABLE ; CHIMÉRIQUE, CREUX, ÉVANESCENT, INCERTAIN.

solidement *adv.* ▸ *Fermement* – d'une main ferme, de pied ferme, droitement, ferme, fermement, inébranlablement, inflexiblement, rigidement, robustement, tenacement. *FAM.* dur, dur comme fer. ▸ *Énergiquement* – activement, avec la dernière énergie, avec zèle, décidément, dru, dynamiquement, énergiquement, fermement, fort, fortement, puissamment, résolument, sérieusement, virilement. ▲ANT. DE FAÇON INSTABLE, FRAGILEMENT, PRÉCAIREMENT.

solidité *n. f.* ▸ *Fermeté* – cohésion, compacité, consistance, coriacité, dureté, fermeté, fixité, force, homogénéité, indélébilité, indestructibilité, inextensibilité, massiveté, monolithisme, résilience, résistance, rigidité, robustesse, sûreté. ▸ *Stabilité* – aplomb, assiette, assise, équilibre, stabilité. ▸ *Assurance* – aplomb, assurance, autorité, caractère, constance, courage, cran, détermination, endurance, énergie, fermeté, force, permanence, poigne,

rectitude, résolution, ressort, sang-froid, sérieux, sûreté, ténacité, vigueur, virilité, volonté. *SOUT.* fortitude, invulnérabilité. *FAM.* estomac, gagne. ▲ANT. FLUIDITÉ ; FAIBLESSE, PRÉCARITÉ ; INSTABILITÉ ; FRAGILITÉ, VULNÉRABILITÉ.

solitaire *adj.* ▸ *Laissé seul* – cloîtré, esseulé, isolé, reclus, seul. ▸ *Farouche* – farouche, insociable, misanthrope, ours, sauvage. ▸ *Inhabité* – désert, désolé, inexploré, inhabité, sauvage, vierge. ▸ *Éloigné* – à l'écart, écarté, éloigné, isolé, perdu, reculé, retiré. *FAM.* paumé. *QUÉB. ACADIE FAM.* creux. ▲ANT. ACCOMPAGNÉ, EN COMPAGNIE, EN GROUPE, ENTOURÉ ; GRÉGAIRE, MONDAIN, SOCIABLE ; ACHALANDÉ, FRÉQUENTÉ ; PEUPLÉ.

solitaire *n.* ▸ *Personne* – ermite, misanthrope, ours, reclus, sauvage/sauvagesse. ♦ *solitaire, masc.* ▸ *Jeu* – patience, réussite, tour de cartes.

solitude *n. f.* ▸ *État* – abandon, délaissement, éloignement, exil, ghettoïsation, isolation, isolement, quarantaine, réclusion, retraite, retranchement, séparation. *FIG.* bulle, cocon, désert, tanière, tour d'ivoire. *SOUT.* déréliction, thébaïde. *RELIG.* récollection. ▸ *Lieu* – abri, affût, asile, cache, cachette, gîte, lieu de repos, lieu sûr, refuge, retraite. *FIG.* ermitage, havre (de paix), oasis, port, tanière, toit. *PÉJ.* antre, planque, repaire. ▲ANT. COMPAGNIE, SOCIÉTÉ.

sollicitation *n. f.* ▸ *Demande* – adjuration, appel, demande, desideratum, désir, doléances, exigence, injonction, instance, interpellation, interrogation, invocation, mandement, ordre, pétition, placet, prétention, prière, question, réclamation, requête, réquisition, revendication, sommation, supplication, supplique, ultimatum, vœu. *SOUT.* imploration. ▸ *Stimulation* – aide, aiguillon, animation, appel, défi, dépassement (de soi), émulation, encouragement, entraînement, excitation, exhortation, fanatisation, fomentation, impulsion, incitation, instigation, invitation, invite, motivation, provocation, stimulation, stimulus. *SOUT.* surpassement. *FAM.* provoc. ▸ *Vente* – chine, colportage, démarchage, porte-à-porte, publipostage. ▲ANT. ALLOCATION, DONATION, SUBVENTION.

solliciter *v.* ▸ *Convoiter* – ambitionner, aspirer à, avoir des vues sur, avoir en tête de, briguer, convoiter, courir après, désirer, pourchasser, poursuivre, prétendre à, rechercher, souhaiter, tendre à, viser. *FAM.* guigner, lorgner, reluquer. ▸ *Postuler* – demander, faire une demande, offrir ses services, poser sa candidature pour, postuler (à), présenter une demande, proposer ses services. ▸ *Demander avec insistance* – implorer, invoquer, mendier, quémander, quêter. *FAM.* mendigoter. *QUÉB. FAM.* seiner. ▸ *Supplier* – adjurer, implorer, prier, supplier. *SOUT.* conjurer, crier grâce, crier merci, tendre les bras vers, tomber aux genoux de, tomber aux pieds de. ▸ *Requérir* – demander, réclamer, requérir, vouloir. ▸ *Susciter* – éveiller, exciter, faire naître, soulever, susciter. ▲ANT. OBTENIR, RECEVOIR ; REFUSER.

sollicitude *n. f.* ▸ *Affection* – aide, allocentrisme, altruisme, amour (d'autrui), assistance, bénévolat, bienveillance, bonté, charité, commisération, compassion, complaisance, convivialité, dévouement, don de soi, empathie, entraide, extraversion, fraternité, générosité, gentillesse, humanité, oblativité, oubli de soi, philanthropie, pitié, sensibilité,

solution

---

solution・・・

serviabilité, solidarité. *SOUT.* bienfaisance. ▸ **Préoccupation** – agitation, angoisse, anxiété, cassement de tête, contrariété, désagrément, difficulté, doute, ennui, gêne, inquiétude, obnubilation, occupation, peine, pensée, préoccupation, souci, suspens, tiraillement, tourment, tracas. *FRANCE* suspense. *SOUT.* affres. *FAM.* tintouin, tracassin. ▲**ANT.** HOSTILITÉ, INDIFFÉRENCE, MALVEILLANCE.

solution *n. f.* ▸ *Action de résoudre un problème* – résolution. ▸ *Réponse à un problème* – clé, corrigé, explication, réponse, solutionnaire. ▸ *Solution à une difficulté* – acrobatie, astuce, demi-mesure *(inefficace)*, échappatoire, expédient, gymnastique, intrigue, mesure, moyen, palliatif, procédé, remède, ressource, ruse, système, tour. *FAM.* combine, truc. ▸ *Mélange* – dissolution, émulsion *(hétérogène)*. *MÉD.* lait, soluté. ▲**ANT.** DIFFICULTÉ, PROBLÈME.

solvabilité *n. f.* ▲**ANT.** INSOLVABILITÉ.

sombre *adj.* ◆ **choses** ▸ *Sans lumière* – noir, obscur, ombreux, opaque, plongé dans les ténèbres. *SOUT.* enténébré, ténébreux. ▸ *Qui évoque le malheur* – funèbre, glauque, lugubre, noir, sinistre, triste. *SOUT.* funeste. ▸ *Préoccupant* – critique, dangereux, difficile, dramatique, grave, inquiétant, menaçant, préoccupant, sérieux. *SOUT.* climatérique. ▸ *En parlant d'une couleur* – foncé, profond. ◆ **personnes** ▸ *Maussade* – boudeur, bourru, de mauvaise humeur, grognon, mal disposé, maussade, mécontent, morne, morose, qui fait la tête, rechigné, rembruni, renfrogné, taciturne. *SOUT.* chagrin. *FAM.* à ne pas prendre avec des pincettes, de mauvais poil, mal luné, qui fait la gueule, qui fait la lippe, qui s'est levé du mauvais pied, soupe au lait. *QUÉB. FAM.* marabout, qui fait la baboune. *BELG.* mal levé. ▸ *Triste* – abattu, découragé, démoralisé, dépressif, déprimé, las, mélancolique, morne, morose, pessimiste, qui a le vague à l'âme, qui broie du noir, ténébreux, triste. *SOUT.* bilieux, saturnien, spleenétique. *FAM.* cafardeux, tristounet. *QUÉB. FAM.* caduc, qui a la fale basse. ▸ *Méchant* – dangereux, inquiétant, mauvais, méchant, menaçant, patibulaire, redoutable, sinistre, terrible, torve *(regard)*. ▲**ANT.** CLAIR, ÉCLAIRÉ, ENSOLEILLÉ, ILLUMINÉ, LUMINEUX; HEUREUX, RÉJOUISSANT; ANODIN, BÉNIN, INNOCENT, INOFFENSIF, SANS DANGER, SANS GRAVITÉ; BRILLANT, ÉCLATANT, VIF; CALMANT, RASSÉRÉNANT, RASSURANT, RÉCONFORTANT, SÉCURISANT, TRANQUILLISANT; ACCUEILLANT, AFFABLE, AIMABLE, AMÈNE, AVENANT, CORDIAL, ENGAGEANT, INVITANT; ENJOUÉ, ÉPANOUI, GAI, JOVIAL, JOYEUX, LÉGER, RÉJOUI, RIANT, SOURIANT.

sombrer *v.* ▸ *Faire naufrage* – couler, faire naufrage, périr corps et biens, s'abîmer, s'engloutir. *MAR.* sancir. ▸ *S'enfoncer dans une mauvaise situation* – glisser, s'embourber, s'enfoncer, s'enliser, tomber. ▸ *Se plonger* – s'absorber, se perdre, se plonger. *SOUT.* s'abîmer. ▲**ANT.** ÉMERGER, FLOTTER, SURNAGER; APPARAÎTRE, JAILLIR, SORTIR, SURGIR; SE DÉPÊTRER, SE TIRER D'AFFAIRE.

sommaire *adj.* ▸ *Exprimé en peu de mots* – bref, concis, condensé, court, dense, laconique, lapidaire, ramassé, serré, sobre, succinct. *PÉJ.* touffu. ▸ *Simplifié* – rapide, schématique, simplifié, succinct. ▸ *Peu approfondi* – approximatif, grossier, imprécis, rudimentaire, superficiel, vague. ▸ *Fait à*

la hâte – expéditif, hâtif, précipité, rapide. ▸ *Non favorable* – bâclé, expédié. *FAM.* cochonné, salopé, torché, torchonné. ▲**ANT.** LONG; DÉTAILLÉ; COMPLEXE, COMPLIQUÉ; APPROFONDI, FOUILLÉ; MINUTIEUX.

sommaire *n. m.* abrégé, aide-mémoire, analyse, aperçu, argument, compendium, condensé, éléments, épitomé, esquisse, extrait, livret, manuel, mémento, morceau, notice, page, passage, plan, précis, promptuaire, raccourci, récapitulation, réduction, résumé, rudiment, schéma, somme, synopsis, vademecum. *FAM.* topo.

sommairement *adv.* ▸ *Simplement* – grossièrement, rudimentairement, simplement. *SOUT.* rustaudement. ▸ *Schématiquement* – dans les grandes lignes, en gros, pour simplifier, schématiquement. ▸ *Brièvement* – abréviativement, bref, brièvement, court, courtement, densément, elliptiquement, en abrégé, en bref, en peu de mots, en résumé, en un mot, laconiquement, rapidement, succinctement, télégraphiquement. ▲**ANT.** AVEC PRÉCISION, EN DÉTAIL, PRÉCISÉMENT.

sommation *n. f.* ▸ *Demande* – adjuration, appel, demande, démarche, desideratum, désir, doléances, exigence, injonction, instance, interpellation, interrogation, invocation, mandement, ordre, pétition, placet, prétention, prière, question, réclamation, requête, réquisition, revendication, sollicitation, supplication, supplique, ultimatum, vœu. *SOUT.* imploration. ▸ *Intimation* – appel, assignation, à-venir, citation, convocation, indiction, injonction, intimation, mise en demeure, writ. ▸ *Menace* – avertissement, bravade, chantage, commination, défi, dissuasion, effarouchement, fulmination, intimidation, menace, mise en garde, provocation, rodomontade, semonce, ultimatum. *FAM.* provoc. ▸ *Opération* – addition. ▲**ANT.** SUGGESTION; SOUSTRACTION.

somme *n. m.* méridienne, sieste, sommeil. *FAM.* dodo, roupillon. ▲**ANT.** VEILLE.

somme *n. f.* ▸ *Totalité* – absoluité, complétude, ensemble, entier, entièreté, exhaustivité, généralité, globalité, intégralité, intégrité, masse, plénitude, réunion, total, totalité, tout, universalité. ▸ *Montant d'argent* – addition, cagnotte, chiffre, ensemble, fonds, mandat, masse, montant, quantité, quantum, total, totalisation, volume. ▸ *Reçue* – allocation, bourse, recette, revenu, salaire. ▸ *Résumé* – abrégé, aide-mémoire, analyse, aperçu, argument, compendium, condensé, éléments, épitomé, esquisse, extrait, livret, manuel, mémento, morceau, notice, page, passage, plan, précis, promptuaire, raccourci, récapitulation, réduction, résumé, rudiment, schéma, sommaire, synopsis, vade-mecum. *FAM.* topo. ▸ *Traité* – argument, argumentation, cours, développement, discours, dissertation, essai, étude, exposé, manuel, mémoire, monographie, thèse. *DR.* dire. ▸ *Œuvre de grande ampleur* – monument. ▲**ANT.** ÉLÉMENT, FRAGMENT, PARTIE, PORTION; DIFFÉRENCE *(mathématiques)*.

sommeil *n. m.* ▸ *État de qui dort* – endormissement, repos. *SOUT.* les bras de Morphée. ▸ *Demi-sommeil* – assoupissement, demi-sommeil, engourdissement, somnolence, torpeur. ▸ *Sommeil provoqué* – hypnose, narcose. ▸ *Sommeil pathologique* – coma, hypersomnie, léthargie, maladie du sommeil, narcolepsie, somnambulisme, trypanosomiase. ▸ *Dans le jour* – méridienne, sieste, somme. *FAM.* dodo, roupillon. ▸ *Envie de dormir* – *QUÉB.* endormitoire. ▸ *Insensibilité* – anesthésie, détachement, inconscience, indifférence, insensibilité, nirvana. *FAM.* voyage. ▲**ANT.** ÉVEIL, RÉVEIL, VEILLE; SENSIBILITÉ; ACTIVITÉ, VIGILANCE.

sommeiller *v.* ▸ *En parlant de qqn* – dormir à demi, s'assoupir, somnoler. *BELG. FAM.* sonrer. ▸ *En parlant de qqch.* – couver, dormir, être en latence, être latent, fermenter, somnoler. ▲**ANT.** VEILLER; S'ÉVEILLER, SE RÉVEILLER; ÊTRE AUX AGUETS, GUETTER.

sommer *v.* ▸ *Ordonner* – commander, demander, enjoindre, intimer, mettre en demeure, ordonner, prier. ▸ *Calculer la somme* – additionner, totaliser. ▲**ANT.** INTERDIRE; OBÉIR.

sommet *n. m.* ▸ *Partie la plus haute* – cime, couronnement, crête, dessus, faîte, haut, pinacle, point culminant. *ACADIE FAM.* fait. ▸ *Extrémité d'une montagne* – aiguille, pic, piton. ▸ *Dessus de la tête* – sommet (de la tête). *ANAT.* sinciput, vertex. ▸ *Summum* – acmé, apex, apogée, apothéose, cime, climax, comble, culmination, excès, faîte, fin du fin, fort, limite, maximum, meilleur, nec plus ultra, optimum, paroxysme, pic, pinacle, plafond, point culminant, pointe, record, summum, triomphe, zénith. *FAM.* max, top niveau. ▸ *Réunion* – assemblée, atelier de discussion, colloque, comice, comité, conférence, congrès, conseil, forum, groupe de travail, junte, panel, plénum, réunion, séminaire, symposium, table ronde. *FAM.* grand-messe. ▲**ANT.** BAS, BASE, FONDATION, PIED; CREUX, FOND, MINIMUM.

somnolence *n. f.* ▸ *Demi-sommeil* – assoupissement, demi-sommeil, engourdissement, torpeur. ▸ *Paresse* – alanguissement, apathie, atonie, engourdissement, fainéantise, farniente, indolence, inertie, laisser-aller, langueur, lenteur, léthargie, lourdeur, mollesse, négligence, nonchalance, oisiveté, paresse, torpeur. *FAM.* cosse, flémingite aiguë, flemmardise, flemme. ▲**ANT.** CONSCIENCE, VEILLE; VIGILANCE.

somnolent *adj.* ▸ *En état de somnolence* – à moitié endormi, assoupi, ensommeillé. *FAM.* ensuqué. ▸ *Qui ne se manifeste pas* – à l'état latent, dormant, en germe, en gestation, larvé, latent, qui couve, sourd. ▲**ANT.** ALERTE, ÉVEILLÉ, VIF; ACTIF; MANIFESTE.

somnoler *v.* ▸ *En parlant de qqn* – dormir à demi, s'assoupir, sommeiller. *BELG. FAM.* sonrer. ▸ *En parlant de qqch.* – couver, dormir, être en latence, être latent, fermenter, sommeiller. ▲**ANT.** VEILLER; S'ÉVEILLER, SE RÉVEILLER; ÊTRE AUX AGUETS, GUETTER.

somptueux *adj.* fastueux, luxueux, magnifique, opulent, princier, riche, royal, seigneurial. *SOUT.* magnificent, splendide. ▲**ANT.** HUMBLE, MODESTE, PAUVRE, SIMPLE, SOBRE; FRUGAL; À LA BONNE FRANQUETTE, SANS CÉRÉMONIES.

sondage *n. m.* ▸ *Enquête* – analyse, enquête, étude, examen, exploration, information, investigation, recherche, survol, traitement. *SOUT.* perquisition. ▸ *Approfondissement* – analyse, approfondissement, dépouillement, développement, enrichissement, épluchage, étude, examen, exploration, introspection, méditation, pesée, progrès, recherche,

réflexion. ▸ *Exploration* – découverte, documentation, exploration, fouille, furetage, prospection, recherche, reconnaissance. *FAM.* farfouillage, farfouillement. ▸ *Extraction* – affouillement, approfondissement, creusage, creusement, déblai, défonçage, défoncement, évidement, excavation, fonçage, foncement, forage, foration, fouille, fouissage, perçage, percement, piochage. *TECHN.* rigolage. *AGRIC.* effondrement. ▸ *Chirurgie* – cathétérisme, intubation, tubage.

sonde *n. f.* ▸ *Appareil de détection* – sonar, sondeur. ▸ *Tube* – canule, cathéter, drain. ▸ *Appareil d'examen médical* – endoscope. ▸ *Engin spatial* – astrosonde, sonde (spatiale).

sonder *v.* ▸ *Interroger* – ausculter, interroger, pénétrer, prendre le pouls de, tâter. ▸ *Pressentir* – approcher, pressentir. ▲**ANT.** EFFLEURER, NÉGLIGER, SE DÉSINTÉRESSER.

songe *n. m.* ▸ *Illusion* – abstraction, abstrait, apparence, berlue, chimère, déréalisation, fantasme, faux, faux-semblant, fiction, fumée, hallucination, illusion, image, imagination, irréalisme, irréalité, leurre, mensonge, mirage, onirisme, psychédélisme, rêve, rêverie, semblant, simulation, songerie, trompe-l'œil, tromperie, utopie, vision, vue de l'esprit. *FAM.* frime. *SOUT.* prestige. ▸ *Fiction* – affabulation, artifice, chimère, combinaison, comédie, expédient, fabrication, fabulation, fantaisie, feinte, fiction, fumisterie, histoire, idée, imagination, invention, irréalité, légende, mensonge, rêve, roman, saga. *PSYCHOL.* confabulation, mythomanie. ▲**ANT.** RÉALITÉ, VÉRITÉ.

songer *v.* ▸ *Penser* – penser à, réfléchir à, tourner ses pensées vers. ▸ *Projeter* – avoir l'intention de, caresser le projet de, considérer, envisager, penser, préméditer de, projeter de. *SOUT.* former le dessein de. ▸ *Réfléchir* – méditer, penser, raisonner, réfléchir, se concentrer, spéculer. *SOUT.* délibérer. *FAM.* cogiter, faire travailler sa matière grise, gamberger, phosphorer, ruminer, se casser la tête, se creuser la tête, se creuser les méninges, se presser le citron, se pressurer le cerveau, se servir de sa tête. *QUÉB. ACADIE FAM.* jongler. ▸ *Rêvasser* – avoir l'esprit ailleurs, être dans la lune, être dans les nuages, rêvasser, rêver, s'abandonner à la rêverie, se perdre dans ses pensées. ▲**ANT.** CONCRÉTISER, MATÉRIALISER, RÉALISER; NÉGLIGER, OMETTRE, OUBLIER.

songeur *adj.* ▸ *Préoccupé* – absorbé, contrarié, ennuyé, inquiet, pensif, perplexe, préoccupé, soucieux, tracassé. ▸ *Absorbé dans ses pensées* – absent, absorbé (dans ses pensées), distrait, inattentif, lointain, lunaire, méditatif, pensif, qui a l'esprit ailleurs, rêvasseur, rêveur, somnambule. *FAM.* dans la lune. *QUÉB. FAM.* coq-l'œil, lunatique. ▲**ANT.** INSOUCIANT, SEREIN; GAI; ATTENTIF, CONCENTRÉ, VIGILANT.

sonner *v.* ▸ *Produire un son* – résonner, retentir, vibrer. ▸ *Un son aigu* – grelotter, sonnailler, tintinnabuler. ▸ *En parlant d'une cloche* – carillonner, tinter. ▸ *En parlant des oreilles* – bourdonner, corner, siffler, tinter. *QUÉB. FAM.* siler. ▸ *Étourdir* (*FAM.*) – assommer, étourdir, knockouter, mettre K.O. *FAM.* allonger, estourbir.

sonnerie *n. f.* ▸ *Son* – carillon, carillonnement, glas, sonnaille, sonnaillerie, timbre, tintement, tocsin. *FAM.* drelin. ▸ *Objet(s) qui tinte(nt)* – carillon, cloches, sonnaille. ▸ *Alarme* – alarme, alerte, appel, avertissement, branle-bas, cri, éveil, haro, signal, sirène, S.O.S., tocsin. ▸ *Air de trompette* – appel, ban, rappel, réveil. *SOUT.* diane.

sonnette *n. f.* ▸ *Cloche* – cloche, clochette, grelot, timbre. ▸ *Machine* – bélier, mouton.

sonore *adj.* ▸ *Relatif au son* – acoustique. ▸ *Bruyant* – assourdissant, bruyant, éclatant, étourdissant, fort, fracassant, résonnant, retentissant, tapageur, tonitruant, tonnant. *SOUT.* abasourdissant. ▸ *En parlant d'une voix* – claironnante, cuivrée, de stentor, de tonnerre, éclatante, forte, retentissante, tonitruante, tonnante, vibrante. ▸ *En parlant d'une consonne* – voisé. ▲**ANT.** SILENCIEUX; ÉTOUFFÉ, MAT, SOURD; CALME, PAISIBLE; MUET. △SONORE, *fém.* – INVOISÉE *(consonne)*, NON VOISÉE, SOURDE.

sonoriser *v.* ▲**ANT.** INSONORISER; ASSOURDIR *(linguistique).*

sonorité *n. f.* ▸ *Qualité sonore* – acoustique, tonalité. ▸ *Capacité de transmettre le son* – résonance. ▲**ANT.** INSONORITÉ, MATITÉ.

sophisme *n. m.* ▸ *Raisonnement faux ou trompeur* – artifice, cercle vicieux, circularité, paralogisme, pétition de principe. ▸ *Raisonnement contradictoire* – absurdité, antilogie, antinomie, aporie, conflit, contradiction, contresens, contrevérité, impossibilité, incohérence, inconsistance, invraisemblance, non-sens, paradoxe.

sophistiqué *adj.* ▸ *Trop recherché* – alambiqué, contourné, maniéré, quintessencié, tarabiscoté, tiré par les cheveux, truffé de subtilités. *FAM.* capillotracté. ▸ *Perfectionné* – avancé, de pointe, évolué, haute technologie, perfectionné, pointu, poussé, spécialisé. ▲**ANT.** NATUREL, SIMPLE; RUDIMENTAIRE.

sorcier *n.* ▸ *Spécialiste de la magie* – enchanteur, ensorceleur, envoûteur, magicien. *SOUT.* mage, thaumaturge. ♦ *sorcier, masc.* ▸ *Prêtre animiste* – chaman. *ANTILLES* quimboiseur. ♦ *sorcière, fém.* ▸ *Femme méchante (FAM.)* – chipie, furie, harpie, mégère. *QUÉB. SUISSE* gribiche. ▸ *Vieille femme* – douairière. ▸ *Femme laide (FAM.)* – laideron. *FAM.* chabraque, guenon, (vieille) sorcière.

sordide *adj.* ▸ *Sale* – crasseux, crotté, d'une propreté douteuse, dégoûtant, encrassé, ignoble, immonde, infâme, infect, maculé, malpropre, sale, souillé. *FAM.* crapoteux, dégueu, dégueulasse, pouilleux. *FRANCE FAM.* cracra, crade, cradingue, crado, cradoque, craspec, salingue. ▸ *D'une grande bassesse* – abject, bas, coupable, crapuleux, dégoûtant, honteux, ignoble, immonde, inavouable, indigne, infâme, infect, innommable, inqualifiable, lâche, méprisable, odieux, repoussant, répugnant, sans nom, scandaleux, vil, vilain. *SOUT.* fangeux, ignominieux, nauséeux, triste, turpide. *FAM.* dégueu, dégueulasse, écœurant, gerbant, moche. ▸ *Motivé par le gain* – âpre au gain, avide, cupide, intéressé, mercantile, mercenaire, rapace, vénal, vorace. ▸ *Parcimonieux* – chiche, mesquin, parcimonieux. ▲**ANT.** IMMACULÉ, IMPECCABLE, NET, PROPRE, SOIGNÉ; DIGNE, HONORABLE, NOBLE; DÉSINTÉRESSÉ; GÉNÉREUX.

sort *n. m.* ▸ *Maléfice* – charme, diablerie, enchantement, ensorcellement, envoûtement, fascination,

influence, jettatura, magie, maléfice, malheur, maraboutage, mauvais œil, (mauvais) sort, philtre, possession, sorcellerie, sortilège. *ANTIQ.* goétie. ▸ *Destinée* – avenir, chance, demain(s), destin, destinée, devenir, étoile, existence, fatalité, fortuité, fortune, futur, hasard, horizon, karma, lendemain(s), lot, nécessité, prédestination, prédétermination, prédéterminisme, providence, sérendipité, vie. *SOUT.* fatum, Parque. ▸ *Hasard* – accident, aléa, aléatoire, aventure, cas fortuit, chance, circonstance, coïncidence, conjoncture, contingence, coup de dés, coup du sort, facteur chance, fortuit, hasard, impondérable, imprévu, inattendu, incertitude, indétermination, occurrence, rencontre. *SOUT.* fortune. *FAM.* adon. *PHILOS.* casualisme, casualité, indéterminisme. *FIG.* loterie. ▹ *Hasard heureux* – aubaine, chance, coup de chance, heureux hasard, occasion, opportunité. *SOUT.* fortune. *FAM.* baraka, (coup de) bol, occase, pot, veine. ▹ *Hasard malheureux* – accident, coup du destin, coup du sort, coup dur, cruauté du destin, fatalité, fortune contraire, infortune, malchance, malheur, mauvais sort, mauvaise fortune, sort contraire, vicissitude. *SOUT.* adversité, infélicité. *FAM.* déveine, guigne, manque de bol, manque de pot, poisse. *FRANCE FAM.* cerise, débine, guignon, mélasse, mouscaille, scoumoune. ▲**ANT.** CHOIX; CHANCE, FORTUNE.

sorte *n. f.* catégorie, classe, espèce, famille, genre, groupe, nature, ordre, type, variété. *SOUT.* gent.

sortie *n. f.* ▸ *Action de sortir* – *SOUT.* émergement, sortir. ▸ *Éruption* – bouillonnement, débordement, ébullition, éclaboussement, écoulement, émission, éruption, évacuation, explosion, extrusion, giclée, jaillissement, jet. ▸ *Écoulement* – circulation, débit, débordement, écoulement, éruption, évacuation, exsudation, flux, fuite, ingression, inondation, irrigation, irruption, larmoiement, mouvement, passage, ravinement, régime, ruissellement, suage, suintement, transpiration, vidange. *SOUT.* submersion, transsudation. *GÉOGR.* défluviation, transfluence, transgression. ▸ *Escapade* – caprice, écart, échappée, équipée, escapade, évasion, frasque, fredaine, fugue, incartade. *SOUT.* échappée. *FAM.* bordée, galère. ▸ *Issue* – débouché, issue, ouverture. ▸ *Fin* – aboutissement, accomplissement, achèvement, apothéose, but, chute, complémentation, complètement, complétude, conclusion, consécration, consommation, couronnement, dénouement, exécution, fin, finition, fruit, issue, produit, réalisation, règlement, résolution, résultat, terme, terminaison. *SOUT.* aboutissant. *PHILOS.* entéléchie. ▸ *Dépense* – contribution, cotisation, déboursé, déboursement, décaissement, dépense, faux frais, frais, paiement. *QUÉB.* déboursé. ▲**ANT.** ACCÈS, ENTRÉE; ARRIVÉE, RETOUR; COMMENCEMENT; CRÉDIT, RENTRÉE.

sortilège *n. m.* charme, diablerie, enchantement, ensorcellement, envoûtement, fascination, influence, jettatura, magie, maléfice, malheur, maraboutage, mauvais œil, (mauvais) sort, philtre, possession, sorcellerie. *ANTIQ.* goétie. ▲**ANT.** DÉSENSORCELLEMENT, DÉSENVOÛTEMENT.

sortir *v.* ▸ *Aller à l'extérieur* – *FAM.* mettre le nez dehors. ▸ *Commencer à être visible* – percer, pointer, se montrer. *SOUT.* poindre. ▸ *Apparaître brusquement* – émerger, jaillir, saillir, surgir. *QUÉB. ACADIE* soucieux

FAM. ressoudre. ▶ *Faire saillie* – avancer, déborder, dépasser, faire saillie, ressortir, saillir, se détacher. *BELG.* dessortir. *TECHN.* forjeter, surplomber. ▶ *S'exhaler* – émaner, s'échapper, s'exhaler, se dégager. ▶ *Retirer* – dégager, extraire, ôter, retirer, tirer. ▶ *Dire* – articuler, dire, émettre, lâcher, lancer, pousser, proférer, prononcer. ▶ *Imprimer* – imprimer, tirer. ▶ *Tirer de l'oubli* (*QUÉB. FAM.*) – déterrer, exhumer, redécouvrir, ressortir, ressusciter, sortir de l'oubli, tirer de l'oubli. *QUÉB. FAM.* sortir des boules à mites. ◆ *se sortir* ▶ *S'extirper* – s'extirper, s'extraire, se dégager, se sortir, se tirer. *QUÉB. FAM.* se déprendre. ▲*ANT.* ACCÉDER, ENTRER, PÉNÉTRER; DISPARAÎTRE; ÊTRE EN RETRAIT, RENTRER; ENFONCER, ENGAGER, INSÉRER, INTRODUIRE; ENFERMER; ENFOUIR, ENSEVELIR.

sot *adj.* ▶ *Idiot* – abruti, benêt, bête, bête à manger du foin, borné, crétin, demeuré, hébété, idiot, imbécile, inintelligent, niais, nigaud, obtus, stupide. ▶ *Inepte* – bête, idiot, imbécile, inepte, inintelligent, ridicule, stupide. ▲*ANT.* À L'ESPRIT VIF, BRILLANT, ÉVEILLÉ, INTELLIGENT; DÉLURÉ, FIN, FINAUD, FUTÉ, INGÉNIEUX, INVENTIF, MALIN, RUSÉ; ASTUCIEUX, BIEN PENSÉ, HABILE, JUDICIEUX, PERTINENT.

sottement *adv.* absurdement, bêtement, débilement, follement, idiotement, imbécilement, inconsciemment, inintelligemment, naïvement, niaisement, ridiculement, simplement, stupidement. *FAM.* connement. *QUÉB. FAM.* niaiseusement. ▲*ANT.* ASTUCIEUSEMENT, BRILLAMMENT, GÉNIALEMENT, INGÉNIEUSEMENT, INTELLIGEMMENT, JUDICIEUSEMENT, LUCIDEMENT, SAVAMMENT.

sottise *n. f.* ▶ *Stupidité* – ânerie, béotisme, bêtise, bornerie, débilité, idiotie, ignorance, imbécillité, ineptie, inintelligence, innocence, insipidité, lenteur, lourdeur, naïveté, niaiserie, nigauderie, pesanteur, simplicité, stupidité. ▶ *Acte ou parole stupide* – absurdité, ânerie, bafouillage, bafouillis, baliverne, balourdise, bêlement, bêtise, bourde, calembredaine, cliché, divagation, fadaise, faribole, folie, idiotie, imbécillité, ineptie, insanité, niaiserie, non-sens, perle, propos en l'air, sornette, stupidité. *SOUT.* billevesée. *FAM.* crétinerie, déblocage, déconnage, dinguerie, vanne. ▶ *Pédantisme* – affectation, cuistraillerie, cuistrerie, didactisme, dogmatisme, érudition affectée, fatuité, pédanterie, pédantisme, pose, suffisance. *SOUT.* omniscience, savantasse. ▶ *Maladresse* – balourdise, bavure, bêtise, bévue, blague, bourde, distraction, erreur, étourderie, fausse manœuvre, fausse note, faute, faux pas, gaucherie, impair, imprudence, maladresse, maldonne, méprise. *FAM.* boulette, couac, gaffe, gourance, gourante. ▶ *Insulte* – blasphème, fulmination, grossièreté, imprécation, infamie, injure, insolence, insulte, invective. *SOUT.* vilenie. *FAM.* engueulade. *QUÉB. FAM.* bêtise. ▶ *Affaire sans importance* – amusette, bagatelle, baliverne, bêtise, bricole, broutille, chanson, détail, enfantillage, fadaise, faribole, frivolité, futilité, jeu, misère, plaisanterie, rien, sornette, vétille. *SOUT.* badinerie, puérilité. *FAM.* foutaise, mômerie. *BELG. FAM.* carabistouille. ▲*ANT.* FINESSE, INTELLIGENCE; ÉLOGE, LOUANGE; URGENCE.

sou *n. m.* ▶ *Pièce de monnaie* (*ANC.*) – rond. ▶ *Subdivision du dollar* (*QUÉB.*) – cent. *QUÉB. FAM.* cenne, cenne noire. ◆ *sous, plur.* ▶ *Argent* (*FAM.*)

– argent. *FAM.* blé, braise, flouse, fric, galette, grisbi, jonc, oseille, pépètes, pèse, picaillons, pognon, radis, répondant, trèfle. *QUÉB. FAM.* bidous, foin, motton.

soubassement *n. m.* ▶ *Partie inférieure* – assiette, assise, base, fondation, infrastructure, pied, radier, substruction, substructure. *QUÉB.* solage. *ARCHIT.* embasement, empattement. ▶ *Socle* – acrotère, base, piédestal, podium, socle, stylobate, terrasse. ▶ *Fondements* – assise, base, fondement, pierre angulaire, pierre d'assise, pivot, principe.

soubresaut *n. m.* ▶ *Sursaut* – cahot, saut, sursaut, tressaillement. *SOUT.* tressaut, tressautement. ▶ *Tremblement* – agitation, convulsion, ébranlement, flageolement, frémissement, frisson, frissonnement, grelottement, haut-le-corps, oscillation, saccade, secousse, sursaut, titubation, tortillage, tortillement, tremblement, tremblotement, trémoussement, trémulation, trépidation, tressaillement, vacillement, vibration. *SOUT.* tressaut, tressautement. *FAM.* tremblote. ▶ *Saccade* – à-coup, cahot, raté, saccade, secousse. ▲*ANT.* CALME, IMMOBILITÉ.

souche *n. f.* ▶ *Base d'arbre coupé* – chicot. *QUÉB.* bouscotte. ▶ *Provenance* – origine, provenance, racines. ▶ *Ancêtre d'une famille* – matrice, origine, source. ▶ *Généalogie* – agnation, alliance, arbre généalogique, ascendance, ascendants, branche, cognation, consanguinité, cousinage, degré, descendance, descendants, dynastie, extraction, famille, filiation, fratrie, généalogie, génération, hérédité, lignage, ligne, ligne ascendante, lignée, maison, matriarcat, matrilignage, matrilinéarité, origine, parentage, parenté, parentèle, patriarcat, patrilignage, patrilinéarité, postérité, primogéniture, quartier (de noblesse), race, sang. ▲*ANT.* DESCENDANCE.

souci *n. m.* ▶ *Préoccupation* – agitation, angoisse, anxiété, cassement de tête, contrariété, désagrément, difficulté, doute, ennui, gêne, inquiétude, obnubilation, occupation, peine, pensée, préoccupation, sollicitude, suspens, tiraillement, tourment, tracas. *FRANCE* suspense. *SOUT.* affres. *FAM.* tintouin, tracassin. ▶ *Tristesse* – abattement, accablement, affliction, affliction, aigreur, amertume, chagrin, dépression, désolation, deuil, douleur, ennui, épreuve, grisaille, humeur noire, idées noires, idées sombres, langueur, lypémanie, mal du pays, mal-être, maussaderie, mélancolie, monotonie, morosité, neurasthénie, noir, nostalgie, papillons, peine, saudade, serrement de cœur, tædium vitæ, tristesse, vague à l'âme. *SOUT.* atrabile, larmes, navrement, nuage, spleen, taciturnité. *FAM.* bourdon, cafard, déprime, sinistrose. ▲*ANT.* INDIFFÉRENCE, INSOUCIANCE; JOIE, PLAISIR.

soucier (se) *v.* ▶ *Se préoccuper* – s'embarrasser, s'inquiéter, s'occuper, se préoccuper. ▶ *S'inquiéter vivement* – être sur les charbons ardents, s'alarmer, s'angoisser, s'en faire, s'énerver, s'inquiéter, se faire du mauvais sang, se faire du souci, se faire du tracas, se faire un sang d'encre, se mettre martel en tête, se morfondre, se ronger les mœlles, se ronger les sangs, se tourmenter, se tracasser. *FAM.* angoisser, se biler, se faire de la bile, se faire des cheveux, se frapper, (se) stresser. *QUÉB. FAM.* capoter. ▲*ANT.* ÊTRE SOULAGÉ, SE CALMER, SE RASSÉRÉNER, SE RASSURER, SE TRANQUILLISER.

soucieux *adj.* ▶ *Préoccupé* – absorbé, contrarié, ennuyé, inquiet, pensif, perplexe, préoccupé,

soudain

songeur, tracassé. ▸ *Soigneux* – attentif à, préoccupé de, soigneux de. *SOUT.* jaloux de. ▲**ANT.** DÉTENDU, IN-SOUCIANT; HEUREUX; NÉGLIGENT.

soudain *adj.* brusque, brutal, foudroyant, fulgurant, instantané, prompt, subit. ▲**ANT.** GRADUEL, LENT, PROGRESSIF; PRÉVU.

soudainement *adv.* à brûle-pourpoint, à l'improviste, au débotté, au dépourvu, brusquement, d'un coup, de but en blanc, du jour au lendemain, ex abrupto, imprévisiblement, impromptu, inopinément, intempestivement, promptement, sans avertissement, sans crier gare, soudain, subitement, tout à coup, tout d'un coup, tout de go. *FAM.* subito, subito presto. *QUÉB.* d'un coup sec. ▲**ANT.** GRADUEL-LEMENT, PETIT À PETIT, PEU À PEU, PROGRESSIVEMENT; COMME ON S'Y ATTENDAIT.

soufflé *adj.* abasourdi, ahuri, bouche bée, confondu, ébahi, éberlué, estomaqué, étonné, frappé de stupeur, hébété, interdit, interloqué, médusé, muet d'étonnement, pantois, pétrifié, sidéré, stupéfait, surpris. *FAM.* baba, ébaubi, épaté, époustouflé, riboulant, suffoqué.

souffle *n. m.* ▸ *Respiration* – aspiration, bouffée, exhalation, expiration, haleine, humage, inhalation, inspiration, respiration, soupir, ventilation. *SOUT.* ahan. ▸ *Mouvement d'air* – bouffée, courant d'air, vent. ▸ *Âme* – âme, cœur, conscience, esprit, mystère, pensée, principe (vital), psyché, psychisme, souffle (vital), spiritualité, transcendance, vie. ▸ *Selon la philosophie* – atman (hindouisme), pneuma (Grèce antique). *PSYCHOL.* conscient. ▸ *Imagination* – conception, création, créativité, évasion, extrapolation, fantaisie, fantasme, fictif, fiction, idéal, idéation, idée, illumination (soudain), imaginaire, imagination, inspiration, invention, inventivité, irréel, souffle (créateur), supposition, surréalité, surréel, veine, virtuel. *SOUT.* folle du logis, muse. *FRANCE FAM.* gamberge. ▸ *Bruit* – bruissage, frémissement, friselis, froissement, frôlement, frottement, frou-frou, froufroutement, glissement. *SOUT.* bruissement, chuchotement, chuchotis. ▸ *Bruit d'un haut-parleur* – crépitement, parasites. *FAM.* friture. *QUÉB. FAM.* grichage. ▲**ANT.** INSPIRATION; ASPHYXIE.

souffler *v.* ▸ *Rejeter de l'air* – exhaler, expirer. ▸ *En parlant de certains animaux* – s'ébrouer. ▸ *Respirer difficilement* – avoir le souffle court, étouffer, être hors d'haleine, haleter, manquer de souffle, perdre haleine, s'époumoner, s'essouffler, suffoquer. *SOUT.* anhéler, panteler. *QUÉB. FAM.* pomper. ▸ *Faire une pause* – faire une pause, récupérer, reprendre haleine, respirer, se délasser, se détresser, se détendre, se refaire, se relaxer, se reposer. *FAM.* décompresser. ▸ *Faire grossir* – ballonner, boursoufler, dilater, distendre, enfler, gonfler, grossir. ▸ *Dire à voix basse* – chuchoter, dire à voix basse, glisser dans le creux de l'oreille, murmurer, susurrer. ▸ *Faire naître une idée* – inspirer, suggérer. *SOUT.* instiller. ▸ *Voler* (FAM.) – enlever, prendre, ravir, s'emparer de, se saisir de, usurper, voler. *FAM.* faucher, soulever. ▸ *Stupéfier* (FAM.) – abasourdir, ahurir, couper bras et jambes à, couper le souffle à, ébahir, époustoufler, étonner, méduser, renverser, saisir, stupéfaire, stupéfier, suffoquer. *FAM.* décoiffer, défoncer, déménager, éber-

luer, ébouriffer, épater, estomaquer, estourbir, scier, sidérer. ▲**ANT.** ASPIRER, INSPIRER.

soufflet *n. m.* ▸ *Instrument de ventilation* – aérateur, climatiseur, hotte, soufflante, soufflerie, turbosoufflante, ventilateur, ventilateur-aérateur. ▸ *Gifle* (SOUT.) – claque, gifle, tape. *FAM.* baffe, beigne, mornifle, pain, taloche, tarte, torgnole. *FRANCE FAM.* aller et retour, calotte, emplâtre, giroflée (à cinq feuilles), mandale, pêche, rouste, talmouse, taquet. ▸ *Affront* (SOUT.) – affront, crève-cœur, déboires, dégoût, déplaisir, froissement, humiliation, vexation. *SOUT.* camouflet, désobligeance. ▸ *Offense* (SOUT.) – affront, attaque, atteinte, attentat, avanie, blessure, calomnie, défi, dommage, indignité, injure, insolence, insulte, manquement, offense, outrage, pique, tort. *SOUT.* bave, camouflet. ▲**ANT.** CÂLIN, CARESSE; COMPLIMENT, LOUANGE.

souffrance *n. f.* ▸ *Douleur morale* – blessure, déchirement, déchirure, douleur, mal, martyre, supplice, torture. *SOUT.* tenaillement, tribulation. ▸ *Épreuve* – adversité, calamité, calice (de douleur), chagrin, détresse, deuil, disgrâce, douleur, échec, épreuve, fatalité, infortune, mal, malchance, malédiction, malheur, mauvaise fortune, mauvaise passe, mésaventure, misère, nuage, orage, peine, revers, ruine, sale affaire, sale histoire, traverse, tribulation. *SOUT.* bourrèlement, plaie, tourment. ◆ *souffrances, plur.* ▸ *Douleurs* – affliction, agonie, calvaire, douleur, enfer, martyre, supplice, torture. *SOUT.* affres, géhenne, tourment. ▲**ANT.** BIEN-ÊTRE, BONHEUR, JOIE, PLAISIR.

souffrant *adj.* ▸ *Malade* – incommodé, indisposé, mal en point, mal portant, malade. *SOUT.* dolent. *FAM.* H.S., mal fichu, mal foutu, patraque. *QUÉB. FAM.* mal-en-train, poqué. ▸ *Qui garde le lit* – alité. *SOUT.* grabataire. ▲**ANT.** BIEN PORTANT, EN (BONNE) SANTÉ, FLORISSANT, SAIN, VALIDE.

souffrir *v.* ▸ *Subir une douleur* – avoir mal. *SOUT.* saigner. *FAM.* en baver, en baver des ronds de chapeau, en roter. *QUÉB. FAM.* en arracher, endurer le calvaire. ▸ *Vivre des temps difficiles* – peiner, suer. ▸ *Subir un préjudice* – être victime de, pâtir de. ▸ *Vivre une chose déplaisante* – endurer, éprouver, essuyer, soutenir, subir. ▸ *Admettre* – accepter, endurer, permettre, supporter, tolérer. ▲**ANT.** JOUIR; BÉNÉFICIER, PROFITER.

souhait *n. m.* ▸ *Désir* – ambition, appel, appétit, aspiration, attirance, attrait, besoin, but, convoitise, desideratum, désir, envie, exigence, faim, fantaisie, fantasme, fièvre, fringale, goût, idéal, intention, jalousie, passion, prétention, quête, recherche, rêve, soif, tentation, velléité, visée, vœu, voix, volonté. *SOUT.* appétence, dessein, prurit, vouloir. *FAM.* démangeaison. ▲**ANT.** CRAINTE; MALÉDICTION, MALÉFICE.

souhaitable *adj.* désirable, enviable, estimable. ▲**ANT.** REGRETTABLE; CONDAMNABLE.

souhaiter *v.* ▸ *Désirer* – appeler de tous les vœux, aspirer à, avoir envie de, désirer, espérer, rêver de, soupirer après, vouloir. ▸ *Convoiter* – ambitionner, aspirer à, avoir des vues sur, avoir en tête de, briguer, convoiter, courir après, désirer, pourchasser, poursuivre, prétendre à, rechercher, solliciter, tendre à, viser. FAM. guigner, lorgner, reluquer. ▲ANT. APPRÉ-HENDER, CRAINDRE; REGRETTER; DÉDAIGNER, REFUSER, REPOUSSER, RÉPROUVER.

souiller v. ▶ *Couvrir de façon malpropre* – crotter, encrasser, salir. FAM. dégueulasser, saloper, souillonner. ▶ *Porter atteinte* – déshonorer, éclabousser, entacher, flétrir, noircir, porter atteinte à, salir, ternir. SOUT. tacher. ▶ *Salir moralement* – avilir, flétrir, profaner, salir. SOUT. contaminer, empoisonner, polluer. ▶ *Enlever toute dignité* – abaisser, avilir, dégrader, dépraver, déshonorer, galvauder, prostituer, rabaisser, ravaler. ▶ *Faire perdre ses qualités* – abâtardir, avilir, corrompre, dégrader, pourrir. SOUT. gangrener, vicier. ▶ *Violer une chose sacrée* – profaner, violer. ▲ANT. DÉSINFECTER, ÉPURER, LAVER, NETTOYER; ASSAINIR, BLANCHIR, PURGER, PURIFIER; RÉGÉNÉRER, SANCTIFIER.

soulagement n. m. ▶ *Allègement d'une souffrance* – adoucissement, apaisement, sédation. ▶ *Guérison* – amélioration, apaisement, cicatrisation, convalescence, cure, guérison, mieux-être, relevailles, relèvement, rémission, répit, résurrection, rétablissement, retour à la santé, salut, traitement. MÉD. délitescence, postcure, résorption, rétrocession. ▶ *Action de consoler* – adoucissement, apaisement, appui, baume, bercement, cicatrisation, consolation, rassérénement, réconfort, soutien moral. SOUT. dictame. FAM. béquille. ▶ *Remède moral* – adoucissement, allégement, antidote, apaisement, atténuation, baume, consolation, correctif, dérivatif, distraction, diversion, exutoire, préservatif, remède. SOUT. dictame. ▶ *Don* – aide, allocation, apport, assistance, aumône, bonne œuvre, charité, dation, disposition, distribution, don, faveur, grâce, hommage, indemnité, obole, prestation, secours, subside, subvention. SOUT. bienfait. FAM. dépannage. DR. donation, fidéicommis, legs, libéralité. RELIG. bénédiction, charisme. ▶ *Satisfaction d'un besoin* – apaisement, assouvissement, contentement, satiété, satisfaction. SOUT. étanchement, rassasiement. ▲ANT. ACCABLEMENT, AGGRAVATION, ALOURDISSEMENT.

soulager v. ▶ *Calmer un besoin* – apaiser, assouvir, calmer, contenter, étancher, rassasier, satisfaire. SOUT. désaltérer, repaître. ▶ *Calmer la douleur* – calmer. SOUT. remédier à. ▶ *Délivrer d'un poids moral* – débarrasser, décharger, délivrer, enlever une épine du pied à, libérer, ôter une épine du pied à, tirer une épine du pied à. ♦ *se soulager* ▶ *Se confier* – débonder son cœur, décharger son cœur, ouvrir son cœur, s'abandonner, s'épancher, s'ouvrir, se confier, (se) débonder, se livrer, se vider le cœur. FAM. débiter son chapelet, dévider son chapelet, égrener son chapelet, se déboutonner. ▶ *Uriner* (FAM.) – uriner. ENFANTIN faire pipi. ▲ANT. AGGRAVER, ENVENIMER, EXACERBER; ABATTRE, ACCABLER, ALOURDIR, CHARGER, GÊNER, NUIRE, OPPRESSER, OPPRIMER.

soulèvement n. m. ▶ *Action de soulever* – développé (haltère), levage. ▶ *En géologie* – surrection. ▶ *Insurrection* – agitation, agitation-propagande, chouannerie, désordre, effervescence, embrasement, émeute, excitation, faction, fermentation, fièvre, fronde, insoumission, insubordination, insurrection, jacquerie, manifestation, mutinerie, rébellion, remous, résistance, révolte, révolution,

sédition, tourmente, troubles. FAM. agit-prop. ▲ANT. ABAISSEMENT, AFFAISSEMENT; TRAÎNEMENT; ACCORD, CONCORDE, ENTENTE.

soulever v. ▶ *Hisser* – élever, hisser, lever. ▶ *Porter à l'attention* – appuyer sur, attirer l'attention sur, faire remarquer, insister sur, mentionner, porter à l'attention, signaler, souligner. ▶ *Susciter* – éveiller, exciter, faire naître, sollic021er, susciter. ▶ *Provoquer* – amener, apporter, catalyser, causer, créer, déchaîner, déclencher, déterminer, donner, donner lieu à, donner naissance à, engendrer, entraîner, faire, faire naître, former, générer, occasionner, produire, provoquer, susciter. PHILOS. nécessiter. ▶ *Animer* – animer, enfiévrer, enflammer, enthousiasmer, exalter, exciter, passionner, transporter. FAM. emballer. ▶ *Voler* (FAM.) – enlever, prendre, ravir, s'emparer de, se saisir de, usurper, voler. FAM. faucher, souffler. ♦ *se soulever* ▶ *Se rebeller* – s'insurger, se mutiner, se rebeller, se révolter. ▲ANT. ABAISSER, AFFAISSER, BAISSER, DÉPOSER, POSER; APLANIR, DÉPRIMER; APAISER, CALMER, PACIFIER, TRANQUILLISER.

soulier n. m. chaussure. FAM. godasse, pompe. FRANCE FAM. grolle, latte, tatane. ▶ *Usée* – savate. QUÉB. FAM. galoche. ▶ *Gros* FRANCE FAM. croquenot, godillot.

souligner v. ▶ *Faire savoir clairement* – énoncer, indiquer, mentionner, préciser, spécifier, stipuler. ▶ *Faire ressortir* – accentuer, accuser, faire ressortir, marquer, mettre en évidence, mettre en relief. ▶ *Porter à l'attention* – appuyer sur, attirer l'attention sur, faire remarquer, insister sur, mentionner, porter à l'attention, signaler, soulever. ▶ *Marquer le rythme* – marquer, ponctuer, rythmer. ▲ANT. OMETTRE, TAIRE; AFFAIBLIR, ATTÉNUER.

soumettre v. ▶ *Assujettir par la force* – asservir, assujettir, domestiquer, dominer, dompter, enchaîner, mettre sous le joug, subjuguer. ▶ *Tenir en son pouvoir* – asservir, contrôler, diriger, dominer, exercer son empire sur, exercer son emprise sur, gouverner, régenter, subjuguer, tenir en son pouvoir, vampiriser, vassaliser. SOUT. inféoder. ▶ *Faire dépendre* – subordonner. ▶ *Présenter* – avancer, jeter sur le tapis, mettre sur le tapis, offrir, présenter, proposer, servir. ♦ *se soumettre* ▶ *Se rendre* – capituler, déposer les armes, faire reddition, rendre les armes, s'avouer vaincu, se livrer, se rendre. ▶ *S'assujettir* – s'asservir à, s'assujettir à. SOUT. s'aliéner à, s'attacher au char de, s'inféoder à. ▶ *Obéir* – céder à, écouter, obéir à, s'exécuter, s'incliner. SUISSE FAM. baster. ▶ *Respecter* – acquiescer à, obéir à, observer, obtempérer à, respecter, se conformer à, se plier à, suivre. SOUT. déférer à, sacrifier à. ▶ *Se résigner* – accepter, faire contre mauvaise fortune bon cœur, prendre son parti de, s'incliner, se faire à l'idée, se faire une raison, se résigner, se résoudre. FAM. digérer. ▶ *Subir volontairement* – passer, subir. ▲ANT. AFFRANCHIR, DÉLIVRER, ÉMANCIPER, LIBÉRER; EXEMPTER, EXONÉRER. △ SE SOUMETTRE – S'INSURGER, S'OPPOSER, SE REBELLER, SE RÉVOLTER; DÉSOBÉIR, REFUSER, RÉSISTER.

soumis adj. ▶ *Qui dépend de qqch.* – dépendant de, subordonné à, tributaire de. ▶ *Servile* – bas, obséquieux, plat, qui fait le chien couchant, rampant, servile. ▶ *Docile* – disciplinable, discipliné, docile, doux, facile, gentil, obéissant, sage, tranquille.

soumission

soumission *n. f.* ▸ *Sujétion* – abaissement, allégeance, appartenance, asservissement, assujettissement, attachement, captivité, contrainte, dépendance, domestication, domesticité, domination, emprise, esclavage, gêne, hilotisme, inféodation, infériorité, mainmise, merci, mouvance, obédience, obéissance, obligation, oppression, pouvoir, puissance, servage, servitude, subordination, sujétion, tutelle, tyrannie, vassalité. *FIG.* carcan, chaîne, corset (de fer), coupe, fardeau, griffe, main, patte, prison; *SOUT.* fers, gaine, joug. *PHILOS.* hétéronomie. ▸ *Humilité* – bonhomie, déférence, humilité, modestie, respect, simplicité. ▲ANT. AUTONOMIE, INDÉPENDANCE; DÉSOBÉISSANCE, INSOUMISSION, RÉSISTANCE; COMMANDEMENT.

soupçon *n. m.* ▸ *Méfiance* – défiance, désintéressement, doute, incrédulité, méfiance, prudence, scepticisme, suspicion, vigilance. *FAM.* paranoïa *(excessive).* ▸ *Petite quantité* – arrière-goût, atome, bouchée, brin, doigt, filet, goutte, gouttelette, grain, larme, lueur, miette, nuage, once, paille, parcelle, peu, pincée, pointe, relent, restant, reste, rien, tantinet, teinte, touche, trace, trait, zeste. *FAM.* chouia. ▲ANT. CERTITUDE, CONFIANCE, CONVICTION, FOI; ABONDANCE, PROFUSION.

soupçonner *v.* ▸ *Suspecter qqn* – faire peser des soupçons sur, incriminer, mettre en cause, mettre en doute, suspecter. *SOUT.* tenir en suspicion. ▸ *Deviner qqch.* – avoir conscience de, deviner, entrevoir, flairer, pressentir, se douter, sentir. *FAM.* subodorer. ▲ANT. INNOCENTER, METTRE HORS DE CAUSE; ÊTRE CERTAIN, ÊTRE SÛR.

soupçonneux *adj.* défiant, méfiant, ombrageux, sur la défensive, sur ses gardes, suspicieux. ▲ANT. CONFIANT; CRÉDULE, NAÏF.

soupe *n. f.* ▸ *Aliment* – chaudrée *(fruits de mer).* *FAM.* popote; *QUÉB.* eau de vaisselle. ▹ *Trop épaisse* – pâtée. ▹ *Trop liquide* – lavasse. ▸ *Neige* (FRANCE *FAM.*) – neige mouillée, névasse. *QUÉB.* gadoue. *SUISSE FAM.* tiaffe. ▸ *Explosif* (FAM.) – charge, explosif, gargousse.

souper *n. m.* ▸ *Repas du soir* – repas du soir. FRANCE dîner.

soupir *n. m.* ▸ *Respiration* – aspiration, bouffée, exhalation, expiration, haleine, humage, inhalation, inspiration, respiration, souffle, ventilation. *SOUT.* ahan. ▸ *Lamentation* (*SOUT.*) – bêlement, braillement, cri, doléances, geignement, grincement, hélas, jérémiade, lamentation, larmoiement, murmure, plainte, pleurs, sanglot. *SOUT.* pleurnichage, pleurnichement, pleurnicherie. *QUÉB. FAM.* braillage. ▲ANT. INSPIRATION.

soupirer *v.* ▸ *Rejeter de l'air* – pousser un soupir/des soupirs. ▸ *Faire entendre un son doux* – bruire, bruisser, chuchoter, frémir, friseliser, frissonner, froufrouter, murmurer. ▸ *Désirer* – appeler de tous ses vœux, aspirer à, avoir envie de, désirer, espérer, rêver de, souhaiter, vouloir. ▲ANT. INSPIRER.

souple *adj.* ▸ *Agile* – agile, léger, leste, preste. ▸ *Qui peut être plié* – flexible, pliable. ▸ *Qui peut être adapté* – adaptable, altérable, changeable, élastique, flexible, mobile, modifiable, modulable, variable. ▸ *En parlant de qqn* – accommodant, aisé

à vivre, arrangeant, bon prince, complaisant, conciliant, de bonne composition, du bois dont on fait les flûtes, facile (à vivre), flexible, traitable. *FAM.* coulant. ▲ANT. RAIDE; CORIACE, DUR, FERME, FORT, RIGIDE, SOLIDE; INDOCILE, RÉCALCITRANT; BUTÉ, INFLEXIBLE, INTRAITABLE, INTRANSIGEANT, TÊTU.

souplesse *n. f.* ▸ *Flexibilité* – déformabilité, dilatabilité, ductilité, élasticité, extensibilité, flexibilité, liant, malléabilité, maniabilité, moulabilité, plasticité. *MÉD.* rénitence. *PHYS.* expansibilité. ▸ *Aisance* – aisance, aise, assurance, décontraction, désinvolture, distinction, facilité, grâce, légèreté, naturel, rondeur. ▸ *Adaptabilité* – adaptabilité, élasticité, faculté d'adaptation, flexibilité, intelligence, malléabilité, moulabilité, plasticité, polyvalence. ▸ *Diplomatie* – adresse, circonspection, diplomatie, doigté, finesse, habileté, tact. ▲ANT. INFLEXIBILITÉ, RAIDEUR; INTOLÉRANCE, INTRANSIGEANCE.

source *n. f.* ▸ *Point d'eau* – fontaine, geyser, point d'eau, puits. ▸ *Cause* – agent, base, cause, explication, facteur, ferment, fondement, fontaine, germe, inspiration, levain, levier, mobile, moteur, motif, motivation, moyen, objet, occasion, origine, point de départ, pourquoi, principe, raison, raison d'être, sujet. *SOUT.* étincelle, mère, racine, ressort. ▸ *Origine d'une famille* – matrice, origine, souche. ▲ANT. CIBLE, RÉCEPTEUR; FIN; CONSÉQUENCE, RÉPERCUSSION.

sourd *adj.* ▸ *Atteint de surdité* – dur d'oreille, malentendant. *FAM.* dur de la feuille, qui a les portugaises ensablées, sourdingue. ▸ *Insensible* – étranger, fermé, imperméable, inaccessible, indifférent, insensible, réfractaire. *SOUT.* impénétrable. ▸ *Qui résonne très peu* – amorti, assourdi, atténué, cotonneux, étouffé, faible, feutré, mat, mou, ouaté, voilé. ▹ *En parlant d'une voix* – éteint, étouffé, faible, voilé. ▹ *En parlant d'une consonne* – dévoisé, invoisé. ▸ *Vague* – confus, estompé, flou, imprécis, incertain, indécis, indéfini, indéfinissable, indéterminé, indistinct, informe, ni chair ni poisson, obscur, trouble, vague, vaporeux, voilé. ▸ *Latent* – à l'état latent, dormant, en germe, en gestation, larvé, latent, qui couve, somnolent. ▲ANT. ENTENDANT; OUVERT, RÉCEPTIF, SENSIBLE; BRUYANT, ÉCLATANT, RETENTISSANT, SONORE, VIF; MANIFESTE. △SOURDE, *fém.* ▸ SONORE *(consonne)*, VOISÉE.

sourd *n.* ▸ *Personne* – malentendant. *FAM.* sourdingue. ▹ *Un peu sourd* – dur d'oreille. ▲ANT. ENTENDANT; *(personne)* SONORE.

sourdement *adv.* ▸ *Silencieusement* – en silence, sans mot dire, silencieusement. ▸ *Secrètement* – à huis clos, à la dérobée, anonymement, en cachette, en catimini, en confidence, en secret, en sourdine, en sous-main, furtivement, incognito, ni vu ni connu, occultement, sans tambour ni trompette, secrètement, sous le manteau, souterrainement, subrepticement. *FAM.* en douce, en loucedé, en tapinois. ▲ANT. CLAIREMENT, NETTEMENT; AU GRAND JOUR.

souriant *adj.* ▸ *Enjoué* – allègre, badin, de belle humeur, en gaieté, en joie, enjoué, épanoui, folâtre, foufou, gai, guilleret, hilare, jovial, joyeux, léger, plein d'entrain, réjoui, riant, rieur. *FAM.* rigolard, souterrain

rigoleur. ▶ **Cordial** – accueillant, affable, agréable, aimable, amène, amical, avenant, bienveillant, chaleureux, charmant, convivial, cordial, de bonne compagnie, engageant, familier, gracieux, invitant, liant, ouvert, sociable, sympathique. *FAM.* bonard, sympa. *QUÉB. FAM.* d'adon. ▶ **Réjouissant** – agréable, amusant, charmant, distrayant, divertissant, égayant, gai, plaisant, réjouissant, riant, sympathique. *FAM.* bonard, chic, chouette, sympa. ▲**ANT.** TRISTE; BOURRU, DE MAUVAISE HUMEUR, GRAVE, GROGNON, MAUSSADE, MOROSE, RENFROGNÉ, TACITURNE; DÉPRIMÉ, LAS, MÉLANCOLIQUE, MORNE, PESSIMISTE, SOMBRE, TÉNÉBREUX; AFFLIGEANT, ATTRISTANT, CHAGRINANT, DÉPLORABLE, DÉSESPÉRANT, DÉSOLANT, NAVRANT.

sourire *v.* ▶ **Se moquer légèrement** – rire, s'amuser. ▶ **Plaire** – aller à, contenter, convenir à, faire l'affaire de, plaire à, satisfaire. *SOUT.* agréer à, complaire à. *FAM.* arranger, botter à, chanter à. *QUÉB. FAM.* adonner. ▲**ANT.** GRIMACER; DÉFAVORISER, DÉPLAIRE.

sourire *n. m.* ▶ **Rire** – éclat (de rire), enjouement, esclaffement, fou rire, gaieté, gros rire, hilarité, raillerie, ricanement, rictus, rire, ris, risée. *FAM.* rigolade, risette. ▲**ANT.** LARMES, PLEURS; MOUE.

sournois *adj.* ▶ **En parlant de qqn** – à double face, de mauvaise foi, déloyal, dissimulateur, dissimulé, fallacieux, faux, fourbe, hypocrite, insidieux, insincère, menteur, perfide, tortueux, traître, trompeur. *SOUT.* captieux, cauteleux, chafouin, tartufe, tartuffard, tortu. *DIDACT.* sophistique. ▶ **En parlant de qqch.** – insidieux, perfide, rampant, subreptice, traître. ▲**ANT.** FRANC, HONNÊTE, LOYAL, SINCÈRE.

sournoisement *adv.* artificieusement, captieusement, cauteleusement, déloyalement, fallacieusement, hypocritement, insidieusement, insincèrement, jésuitiquement, machiavéliquement, malhonnêtement, mensongèrement, papelardement, perfidement, scélératement, tortueusement, traîtreusement, trompeusement. ▲**ANT.** À LA LOYALE, AUTHENTIQUEMENT, DE BONNE FOI, EN TOUTE BONNE FOI, FRANC, FRANCHEMENT, HONNÊTEMENT, LOYALEMENT, OUVERTEMENT, SINCÈREMENT.

souscrire *v.* ▶ **Consentir** – adhérer à, approuver, appuyer, consentir à, se prêter à, soutenir, supporter. *SOUT.* entendre à. ▶ **S'abonner** – prendre un abonnement, s'abonner. ▲**ANT.** CONDAMNER, DÉSAPPROUVER, RÉPROUVER; S'INSCRIRE EN FAUX; SE DÉSABONNER.

sous-développement *n. m.* clochardisation, disette, paupérisation, paupérisme, pauvreté, pénurie, sous-équipement, tiers-mondisation. ▲**ANT.** SUR-DÉVELOPPEMENT.

sous-ensemble *n. m.* ▲**ANT.** SURENSEMBLE.

sous-entendre *v.* dire à demi-mot, dire à mots couverts, donner à entendre, faire allusion à, laisser entendre, suggérer. ▶ **De façon non favorable** – insinuer. ▲**ANT.** EXPLICITER.

sous-entendu *n. m.* ▶ **Insinuation** – allégorie, allusion, arrière-pensée, double sens, évocation, insinuation, réserve, restriction, réticence. ▲**ANT.** SPÉCIFICATION, STIPULATION; ÉNONCÉ EXPLICITE.

sous-estimer *v.* avoir mauvaise opinion de, déprécier, inférioriser, méconnaître, mésestimer, minorer, ne pas apprécier à sa juste valeur, sous-évaluer. *SOUT.* dépriser, méjuger de. ▲**ANT.** SURESTIMER.

sous-marin *adj.* subaquatique. ▲**ANT.** DE SURFACE.

sous-marin *n. m.* ▶ **Véhicule** – navire submersible, submersible. ▶ **Espion** – agent de renseignements, agent secret, agent, épieur, espion. *SOUT.* affidé, argus.

sous-nutrition *n. f.* ▲**ANT.** SURALIMENTATION.

sous-seing *adj.* ▲**ANT.** NOTARIÉ.

sous-sol *n. m.* ▶ **Partie d'un bâtiment** – cave, caveau.

soustractif *adj.* ▲**ANT.** ADDITIF.

soustraire *v.* ▶ **Retrancher** – décompter, déduire, défalquer, enlever, ôter, rabattre, retenir, retirer, retrancher. ▶ **Voler** – dérober, faire main basse sur, prendre, subtiliser, voler. *FAM.* barboter, chaparder, chiper, choper, escamoter, faire, faucher, flibuster, piquer, rafler, taxer. *FRANCE FAM.* chouraver, chourer. *QUÉB. FAM.* sauter. ▶ **Libérer d'une obligation** – affranchir, décharger, dégager, délier, délivrer, désengager, dispenser, excuser, exempter, exonérer. ▶ **Tirer d'un danger** – arracher, sauver. *QUÉB.* réchapper, rescaper. *MAR.* sauveter. ◆ **se soustraire** ▶ **Éviter** – couper à, échapper à, esquiver, éviter, fuir, passer au travers de, se dérober à, se dispenser de. *FAM.* se défiler. *FRANCE FAM.* se débiner. ▲**ANT.** ADDITIONNER, AJOUTER, METTRE; DONNER, FOURNIR. △**SE SOUSTRAIRE** – ACCEPTER, RESPECTER, SE SOUMETTRE; AFFRONTER; POURSUIVRE, RECHERCHER.

soutenir *v.* ▶ **Servir d'appui** – porter, supporter. ▶ **Stabiliser** – étayer, stabiliser. *TECHN.* chevaler, enchevaler, étançonner, étrésillonner. ▶ **Sous-tendre** – appuyer, étayer, sous-tendre, supporter. ▶ **Donner des forces** – fortifier, sustenter. ▶ **Aider** – aider, appuyer, assister, épauler, seconder. ▶ **Patronner** – appuyer, favoriser, patronner, prendre sous son aile, protéger, recommander. *FAM.* donner un coup de pouce à, pistonner. ▶ **Remonter le moral** – encourager, ragaillardir, réconforter, regonfler, remonter (le moral de), retremper. *FAM.* requinquer, retaper. *QUÉB. FAM.* raplomber, remettre d'aplomb, remettre sur le piton. ▶ **Défendre qqn** – défendre, intercéder, parler, plaider, prendre la défense de, voler au secours de. ▶ **Défendre qqch.** – appuyer, défendre, militer, prendre fait et cause pour, prendre la défense de, prendre parti pour. ▶ **Approuver** – adhérer à, approuver, appuyer, consentir à, se prêter à, souscrire à, supporter. *SOUT.* entendre à. ▶ **Promouvoir** – encourager, favoriser, impulser, promouvoir. ▶ **Affirmer** – alerter, avertir, mettre en garde, prémunir, prévenir. ▶ **Endurer** – endurer, éprouver, essuyer, souffrir, subir. ▲**ANT.** ABANDONNER, LÂCHER, LAISSER, QUITTER, RELÂCHER; DÉCOURAGER, DÉMORALISER, DÉPRIMER; CONTESTER, △**SE SOUTENIR** – CHANCELER; CESSER, DIMINUER; SUCCOMBER.

soutenu *adj.* assidu, constant, continu, fidèle, intense, intensif, régulier, suivi. ▲**ANT.** INCONSTANT, IRRÉGULIER; FAMILIER.

souterrain *adj.* ▶ **Sous terre** – endogé, hypogé. ▶ **Secret** – clandestin, dissimulé, occulte, parallèle, subreptice. ▲**ANT.** EN SURFACE, SUPERFICIEL; AÉRIEN; CONNU, PUBLIC; AUTORISÉ, LÉGAL, OFFICIEL, PERMIS.

soutien *n. m.* ▸ *Support* – appui, renfort, soutènement, support. ▸ *En marine* – accore, épontille, étambrai. ▸ *Protection* – abri, aide, appui, assistance, chapeautage, conservation, couverture, garantie, garde, mandat, parrainage, paternalisme, patronage, protection, recommandation, renfort, rescousse, sauvegarde, secours, sécurisation, surveillance, tutelle. *FIG.* parapluie. *QUÉB.* marrainage *(femme). SOUT.* égide. *FAM.* piston. ▸ *Mécène* – bienfaiteur, donateur, mécène, philanthrope, protecteur. ▸ *Aide* – aide, appoint, apport, appui, assistance, association, bienfaisance, bons offices, collaboration, complicité, concours, conseil, contribution, coopération, coup d'épaule, coup de main, coup de pouce, dépannage, entraide, grâce, main-forte, participation, planche de salut, renfort, secours, service, synergie. *SOUT.* viatique. *FAM.* (coup de) fion. ▸ *Encouragement* – aide, aiguillon, applaudissement, approbation, appui, compliment, éloge, exhortation, incitation, prime, prix, protection, récompense, stimulant, subvention. *SOUT.* satisfecit. ▸ *Endosseur* – accréditeur, appui, avaliseur, avaliste, caution, endosseur, fidéjusseur, garant, parrain, répondant. ▸ *Partisan* – activiste, adepte, adhérent, allié, ami, apôtre, champion, défenseur, disciple, fidèle, inconditionnel, militant, partisan, sympathisant, tenant. *SOUT.* chantre, séide, zélateur. *FAM.* godillot. ▸ *Défenseur* – apologiste, apôtre, appui, avocat, champion, défenseur, protecteur, redresseur de torts, représentant, serviteur, soldat, tenant. *SOUT.* intercesseur. ▲ANT. ABANDON; ENTRAVE, OBSTACLE; ADVERSAIRE, OPPOSANT.

souvenir (se) *v.* ▸ *Ne pas oublier* – avoir à l'esprit, garder en mémoire, garder en tête. ▸ *Reconnaître* – reconnaître, se rappeler. *FAM.* replacer. ▸ *Se remémorer* – penser à, revoir, se rappeler, se remémorer. *SOUT.* se ressouvenir. ▲ANT. OMETTRE, OUBLIER, PASSER, SAUTER.

souvenir *n. m.* ▸ *Réminiscence* – allusion, anamnèse, commémoration, déjà vu, évocation, impression, mémoire, mémoration, mémorisation, pensée, rappel, réminiscence, trace. *SOUT.* remémoration. ▸ *Non favorable* – arrière-goût. ▸ *Faculté* – mémoire, tête. ♦ **souvenirs, plur.** ▸ *Souvenirs* – anecdote, annales, autobiographie, biographie, carnet, chroniques, chronologie, commentaires, confessions, évocation, histoire, historiographie, historique, journal, mémoires, mémorial, vie. ▲ANT. OUBLI.

souvent *adv.* à de rares exceptions près, à l'accoutumée, à l'ordinaire, à maintes reprises, à quelques exceptions près, communément, couramment, coutumièrement, d'habitude, d'ordinaire, dans la généralité des cas, dans la majorité des cas, dans la plupart des cas, de coutume, en général, en règle générale, fréquemment, généralement, habituellement, journellement, la plupart du temps, maintes fois, normalement, ordinairement, régulièrement, rituellement, toujours. ▲ANT. EXCEPTIONNELLEMENT, GUÈRE, PAR EXCEPTION, RAREMENT.

souverain *adj.* ▸ *Au pouvoir* – régnant. ▸ *Indépendant* – autonome, indépendant, libre. ▸ *Insurpassable* – indétrônable, inégalable, inégalé, insurpassable, insurpassé, meilleur, par excellence, supérieur, suprême. ▸ *Infaillible* – efficace, infaillible,

sûr. ▲ANT. ASSERVI, ASSUJETTI, DÉPENDANT, DOMINÉ; FAIBLE, LÉGER; INEFFICACE, INOPÉRANT, MÉDIOCRE.

souveraineté *n. f.* ▸ *Domination* – autorité royale, couronne, royauté, sceptre, trône. ▸ *Autonomie* – autodétermination, autonomie, désatellisation, indépendance, liberté. ▲ANT. ASSUJETTISSEMENT, SUBORDINATION, SUJÉTION; DÉPENDANCE.

soyeux *adj.* doux, duveteux, velouté, velouteux. ▲ANT. ÂPRE, RÂPEUX, RÊCHE, RUDE, RUGUEUX.

spacieux *adj.* ample, étendu, grand, immense, large, vaste. ▲ANT. ÉTROIT, EXIGU, PETIT, RESSERRÉ.

spasme *n. m.* astriction, constriction, contraction, crampe, crispation, étranglement, palpitation, pressage, pression, pressurage, resserrement, rétraction, rétrécissement, serrement, tension. *MÉD.* striction.

spatial *adj.* céleste, cosmique, galactique, intergalactique, interplanétaire, intersidéral, interstellaire. ▲ANT. À DEUX DIMENSIONS, PLAN.

spécial *adj.* ▸ *Différent* – à part, différent, inimitable, original, particulier, pittoresque, sans précédent, singulier, unique en son genre, unique. ▸ *Bizarre* – anormal, baroque, bizarre, curieux, drôle, étonnant, étrange, inaccoutumé, incompréhensible, inexplicable, inhabituel, insolite, inusité, singulier, surprenant. *SOUT.* extraordinaire. *FAM.* bizarroïde. ▸ *Inhabituel* – d'exception, exceptionnel, fortuit, inaccoutumé, inhabituel, inusité, occasionnel, rare, rarissime. *SOUT.* extraordinaire, inusuel. ▸ *Incomparable* – d'exception, exceptionnel, hors du commun, hors ligne, hors pair, hors série, incomparable, inégalable, inégalé, inimitable, insurpassable, insurpassé, irremplaçable, précieux, qui n'a pas son pareil, rare, remarquable, sans égal, sans pareil, sans précédent, sans rival, sans second, supérieur, unique. ▸ *Exclusif* – attitré, exclusif, individuel, particulier, personnel, privé, propre, réservé. ▸ *Spécifique* – caractéristique, déterminant, distinctif, particulier, propre, spécifique, typique. *SOUT.* sui generis. ▲ANT. COUTUMIER, HABITUEL, NORMAL, ORDINAIRE, STANDARD, USUEL; ANODIN, BANAL, COMMUN, FADE, FALOT, INCOLORE, ININTÉRESSANT, INSIGNIFIANT, INSIPIDE, PLAT, QUELCONQUE, SANS INTÉRÊT, TERNE; GÉNÉRAL, GÉNÉRIQUE.

spécialement *adv.* avant tout, en particulier, notamment, particulièrement, principalement, proprement, singulièrement, spécifiquement, surtout, typiquement. ▲ANT. ÉGALEMENT, INDISTINCTEMENT, SANS DISTINCTION.

spécialisation *n. f.* ▸ *Normalisation* – alignement, automatisation, codification, division du travail, formulation, harmonisation, légalisation, normalisation, rationalisation, rectification, réglementation, standardisation, systématisation, unification, uniformisation. ▲ANT. GÉNÉRALISATION.

spécialiser *v.* ▲ANT. ÉLARGIR (LE CHAMP), GÉNÉRALISER.

spécialiste *n.* ▸ *Expert* – as, expert, (fin) connaisseur, grand clerc, maître, professionnel, virtuose. *FAM.* champion, chef, pro. *FRANCE FAM.* bête. *QUÉB.* connaisseur, personne-ressource. ▸ *Savant* – autorité (en la matière), chercheur, connaisseur, découvreur, docteur, expert, homme de science, investigateur, maître, maître de recherches, professeur, savant, scientifique, sommité. SOUT. (grand) clerc. ▲ANT. AMATEUR, NON-SPÉCIALISTE, PROFANE; GÉNÉRALISTE.

spécialité n. f. ▶ *Caractéristique* – attribut, caractère, caractéristique, marque, particularité, propre, propriété, qualité, signe, spécificité, trait. ▶ *Louable* – mérite. ▶ *Domaine* – branche, champ, département, discipline, division, domaine, étude, fief, matière, partie, scène, science, secteur, sphère. FAM. rayon. ▶ *Métier* – activité, art, carrière, emploi, état, gagnepain, métier, occupation, profession, qualité, services, situation, travail. FAM. boulot, turbin, turf.

spécification n. f. ▶ *Détermination* – caractérisation, choix, définition, détermination, différenciation, distinction, élection, individualisation, individuation, marque, particularisation, personnalisation, polarisation, singularisation, tri. ▶ *Qualification* – affectation, désignation, marque, qualification, quantification. ▲ANT. ALLUSION, ÉVOCATION.

spécificité n. f. ▶ *Fait d'être qqch.* – attribut, caractère, caractéristique, marque, particularité, propre, propriété, qualité, signe, spécialité, trait. ▶ *Louable* – mérite. ▶ *Aptitude à choisir* – sélectivité. ▶ *Caractère différent* – idiosyncrasie, particularisme, particularité. ▲ANT. GÉNÉRALITÉ, IDENTITÉ, UNIFORMITÉ.

spécifier v. énoncer, indiquer, mentionner, préciser, souligner, stipuler.

spécifique adj. caractéristique, déterminant, distinctif, particulier, propre, spécial, typique. SOUT. sui generis. ▲ANT. COMMUN, GÉNÉRAL, GÉNÉRIQUE; VARIÉTAL (plante).

spécifiquement adv. ▶ *Particulièrement* – avant tout, en particulier, notamment, particulièrement, principalement, proprement, singulièrement, spécialement, surtout, typiquement. ▶ *Typiquement* – pittoresquement, représentativement, significativement, symptomatiquement, typiquement. ▲ANT. GÉNÉRALEMENT, UNIVERSELLEMENT.

spécimen n. m. ▶ *Modèle* – carton, grille, matrice, modèle, modélisation, moule, patron, pilote, plan, prototype, simulation. FAM. topo. ▶ *Exemple* – archétype, canon, critère, échantillon, étalon, exemple, formule, gabarit, idéal, idée, image, individu, modèle, norme, original, paradigme, précédent, prototype, référence, représentant, type, unité. BIOL. holotype.

spectacle n. m. ▶ *Ce que l'on voit* – image, scène, tableau, vision, vue. ▶ *Représentation* – attraction, concert, danse, divertissement, exécution, exhibition, happening, numéro, pièce, projection, récital, représentation, revue, séance, soirée. ▶ *Comédie* – arlequinade, bouffonnerie, boulevard, burlesque, clownerie, comédie, farce, limerick, momerie, pantalonnade, parodie, pièce de boulevard, proverbe, saynète, sketch, sotie, théâtre de boulevard, vaudeville. PÉJ. caleçonnade. ANC. mascarade.

spectaculaire adj. ▶ *Impressionnant* – étonnant, frappant, hallucinant, impressionnant, marquant, notable, remarquable, saillant, saisissant. FAM. bluffant. ▶ *Retentissant* – éclatant, fracassant, retentissant. ▲ANT. BANAL, ININTÉRESSANT, ORDINAIRE; SANS INTÉRÊT; DISCRET.

spectateur n. auditeur, observateur, participant, témoin. ▲ANT. ACTEUR.

spéculateur n. ▶ *Accapareur* – accapareur, agioteur, baissier, boursicoteur, boursicotier, bricoleur, haussier, initié, joueur, margoulin, monopoleur, monopolisateur, monopoliste, reporté, thésauriseur, trafiquant. FAM. cumulard, traficoteur, tripoteur. ▶ *Affairiste* – affairiste, agioteur, bricoleur, chevalier d'industrie, intrigant, tripoteur.

spéculatif adj. abstractif, abstrait, cérébral, conceptuel, idéal, intellectuel, livresque, mental, théorique. PHILOS. idéationnel, idéel, théorétique. ▲ANT. CONCRET, PRATIQUE.

spéculation n. f. ▶ *Théorie* – conjecture, explication, hypothèse, interprétation, loi, principe, scénario, théorie, thèse. ▶ *Affaire* – affaire, arbitrage, contestation, débat, démêlé, différend, discussion, dispute, médiation, négociation, panel, querelle, règlement, tractation. ▶ *Affairisme* – accaparement, affairisme, agiotage, boursicotage, concussion, coup de bourse, intrigue, trafic, tripotage. SOUT. prévarication. FAM. combine. ▶ *Accaparement* – accaparement, accroissement, accumulation, capitalisation, cumul, stockage, thésaurisation. ▲ANT. PRATIQUE.

sphère n. f. ▶ *Solide géométrique* – globe, solide sphérique, sphéroïde. ▶ *Univers* – ciel, cosmos, création, espace, galaxie, les étoiles, macrocosme, monde, nature, tout. ▶ *Milieu* – ambiance, atmosphère, cachet, cadre, climat, décor, élément, entourage, environnement, environs, lieu, milieu, monde, société, théâtre, voisinage. ▶ *Spécialité* – branche, champ, département, discipline, division, domaine, étude, fief, matière, partie, scène, science, secteur, spécialité. FAM. rayon.

spirale n. f. circonvolution, enroulement, spire. FIG. colimaçon.

spiritualisme n. m. essentialisme, idéalisme, immatérialisme, intellectualisme, transcendantalisme. ▲ANT. MATÉRIALISME.

spiritualiste adj. ▲ANT. MATÉRIALISTE.

spiritualité n. f. ▶ *Mysticisme* – anagogie, contemplation, dévotion, élévation, extase, illuminisme, mysticisme, mystique, oraison, philocalie, ravissement, sainteté, transe, vision. SOUT. mysticité. ▶ *Âme* – âme, cœur, conscience, esprit, mystère, pensée, principe (vital), psyché, psychisme, souffle (vital), transcendance, vie. ▶ *Selon la philosophie* – atman (hindouisme), pneuma (Grèce antique). PSYCHOL. conscient. ▶ *Immatérialité* – abstraction, abstrait, cérébralité, essentialité, évanescence, idéalité, immatérialité, impalpabilité, imperceptibilité, impondérabilité, incorporalité, incorporéité, intangibilité, intemporalité, irréalité, spirituel, subtilité, volatilité. ▲ANT. MATÉRIALITÉ.

spirituel adj. ▶ *Qui concerne l'esprit* – intellectuel, mental, moral, psychique, psychologique. ▶ *Qui n'a pas d'existence matérielle* – désincarné, immatériel, incorporel, intemporel. ▶ *Plein d'esprit* – brillant, fin, malicieux, pétillant, piquant, plein d'esprit, subtil, vif. ▲ANT. CHARNEL, CORPOREL; TEMPOREL; CONCRET, MATÉRIEL, PHYSIQUE; LOURD, NIAIS, PLAT, STUPIDE.

splendeur *n. f.* ▶ *Beauté* – agrément, art, attrait, beau, beauté, charme, chic, classe, coquetterie, délicatesse, distinction, éclat, élégance, esthétique, féerie, fraîcheur, grâce, gracieux, harmonie, magnificence, majesté, perfection, photogénie, pureté, séduction, symétrie. *DIDACT.* eurythmie. *SOUT.* blandice, joliesse, morbidesse, sublimité, symphonie, vénusté. ▶ *Somptuosité* – abondance, apparat, appareil, beauté, confort, dolce vita, éclat, étalage, faste, grandeur, luxe, magnificence, majesté, opulence, ostentation, pompe, profusion, richesse, somptuosité. *FAM.* tra la la. ▶ *Lumière* (*SOUT.*) – clair, clair-obscur, clarté, contre-jour, demi-jour, éclair, éclairage, éclat, embrasement, flamboiement, flamme, halo, illumination, jour, lueur, lumière, pénombre, soleil. *SOUT.* nitescence. ▲**ANT.** HIDEUR, LAIDEUR; DÉCHÉANCE, DÉCLIN, PAUVRETÉ; OBSCURITÉ.

splendide *adj.* ▶ *Ravissant* – admirable, beau, d'une grande beauté, de toute beauté, éblouissant, magnifique, ravissant, superbe. *FRANCE FAM.* flambant. ▶ *Somptueux* – fastueux, luxueux, magnifique, opulent, princier, riche, royal, seigneurial, somptueux. *SOUT.* magnificent. ▶ *Extraordinaire* (*FAM.*) – admirable, brillant, éblouissant, excellent, extraordinaire, fantastique, magistral, magnifique, merveilleux, parfait, prodigieux, remarquable, réussi, sensationnel, sublime. *FAM.* à tout casser, bluffant, champion, d'enfer, du tonnerre, épatant, extra, fameux, formidable, fumant, génial, mirifique, pas piqué des vers, super, terrible. *FRANCE FAM.* du feu de Dieu, énorme, fadé, formide, géant, gratiné, pas piqué des hannetons. *QUÉB. FAM.* capotant, écœurant. ▲**ANT.** AFFREUX, HIDEUX, HORRIBLE, IGNOBLE, MONSTRUEUX, REPOUSSANT; À LA BONNE FRANQUETTE, HUMBLE, MODESTE, SANS CÉRÉMONIES, SIMPLE, SOBRE; LAMENTABLE, MÉDIOCRE, MINABLE, MAUVAIS, PIÈTRE, PITEUX, PITOYABLE, RATÉ.

spontané *adj.* ▶ *Involontaire* – automatique, inconscient, indélibéré, instinctif, intuitif, involontaire, irréfléchi, machinal, mécanique, naturel, réflexe. *DIDACT.* instinctuel, pulsionnel. ▶ *Sincère* – authentique, sans artifice, sincère, véritable, vrai. ▶ *Qui agit avec spontanéité* – impulsif, naturel, primesautier. *FAM.* nature. ▲**ANT.** DICTÉ, IMPOSÉ, PROVOQUÉ; VOLONTAIRE; APPRÊTÉ, ÉTUDIÉ, PRÉMÉDITÉ, PRÉPARÉ, RÉFLÉCHI; CALCULATEUR; AFFECTÉ, COMPOSÉ.

spontanéité *n. f.* ▶ *Franchise* – abandon, bonne foi, confiance, cordialité, droiture, franchise, franc-jeu, franc-parler, loyauté, netteté, parler-vrai (*politique*), rondeur, simplicité, sincérité. ▶ *Abandon* – abandon, confiance, détachement, familiarité, insouciance, liberté, naturel. ▲**ANT.** CALCUL, RETENUE.

spontanément *adv.* ▶ *Naturellement* – à l'instinct, à l'intuition, au flair, automatiquement, d'instinct, impulsivement, inconsciemment, instinctivement, intuitivement, involontairement, machinalement, mécaniquement, naturellement, par habitude, par humeur, par instinct, par nature, sans réfléchir, viscéralement. ▶ *Franchement* – à la loyale, authentiquement, de bonne foi, en toute bonne foi, franc, franchement, honnêtement, loyalement, ouvertement, sincèrement, uniment. *FAM.* franco. ▲**ANT.** AVEC CIRCONSPECTION, PRUDEMMENT, SAGEMENT, VIGILAMMENT.

sport *n. m.* ▶ *Ensemble d'activités physiques* – activité physique, culture physique, éducation physique, exercice, exercices de gymnastique, gymnastique, gymnique, mouvements de gymnastique. *FAM.* gym. *QUÉB.* plein air. ▶ *Activité physique* – activité physique, activité sportive, exercice, jeu sportif.

squelette *n. m.* ▶ *Partie dure du corps* – charpente, les os, ossature. ▶ *Corps sans chair* – os, ossements. ▶ *Structure* – architecture, armature, charpente, ferme, gros œuvre, ossature, structure. ▲**ANT.** CHAIR, MUSCULATURE; GROS, OBÈSE; COLOSSE, GAILLARD, HERCULE.

stabiliser *v.* ▶ *Mettre en équilibre* – asseoir, équilibrer, mettre d'aplomb. ▶ *Soutenir* – étayer, soutenir. *TECHN.* chevaler, enchevaler, étançonner, étrésillonner. ▶ *Figer* (*FIG.*) – cristalliser, figer, fixer. ▲**ANT.** DÉSÉQUILIBRER, DÉSTABILISER, ÉBRANLER.

stabilité *n. f.* ▶ *Équilibre physique* – aplomb, assiette, assise, équilibre, solidité. ▶ *Immobilité* – calme, fixité, hiératisme, immobilisme, immobilité, immuabilité, immutabilité, impassibilité, improductivité, inaction, inactivité, inamovibilité, inertie, paralysie, piétinement, plafonnement, repos, sclérose, stagnation, stationnarité, statisme, statu quo, sur place. *SOUT.* marasme, morosité. ▶ *Permanence* – constance, continu, continuité, durabilité, durée, fermeté, fixité, immuabilité, immutabilité, imprescriptibilité, imputrescibilité, inaliénabilité, inaltérabilité, incorruptibilité, indéfectibilité, indissolubilité, invariabilité, longévité, pérennité, permanence, persistance, tenue. *PHYS.* invariance. ▶ *Éternité* – éternel, éternité, immortalité, pérennité, perpétuité. ▲**ANT.** DÉSÉQUILIBRE, INSTABILITÉ; CHANGEMENT, ÉVOLUTION, FLUCTUATION.

stable *adj.* ▶ *Qui ne change pas* – constant, figé, fixe, immobile, inchangé, invariable, invariant, stationnaire, statique. ▶ *En équilibre* – assuré, en équilibre, équilibré, ferme, solide. ▲**ANT.** CHANGEANT, FLUCTUANT, INCONSTANT, INSTABLE, VARIABLE; BANCAL, BOITEUX, BRANLANT, DÉSÉQUILIBRÉ; PRÉCAIRE.

stade *n. m.* ▶ *Phase* – épisode, étape, palier, période, phase, point, transition. ▶ *Bâtiment* – centre sportif, dojo (*arts martiaux*), gymnase. *SUISSE* halle de gymnastique. ▶ *Enceinte* – cloître, clôture, enceinte, murs. *ANC.* champ clos. *ANTIQ.* cirque, péribole.

stagiaire *adj.* ▲**ANT.** PERMANENT, TITULAIRE.

stagnant *adj.* ▶ *Qui ne coule pas* – calme, dormant, étale, immobile. ▶ *Non favorable* – croupi, croupissant. ▶ *Qui ne progresse pas* – languissant, piétinant, traînant. ▲**ANT.** COULANT, COURANT, FLUIDE; CHANGEANT, FLUCTUANT; ACTIF, MOBILE.

stagner *v.* ▶ *En parlant d'une eau* – croupir, se corrompre. ▶ *Rester dans une situation médiocre* – croupir, moisir, pourrir, s'encroûter, végéter, vivoter. ▶ *Ne pas progresser* – languir, patiner, piétiner, s'enliser, traîner. *FAM.* faire du surplace. ▲**ANT.** COULER; BOUGER, ÉVOLUER, PROGRESSER.

standardisé *adj.* normal, normalisé, officiel, standard.

station *n. f.* ▶ *Posture* – attitude, contenance, maintien, port, pose, position, posture, tenue. ▶ *Arrêt* – annulation, arrêt, avortement, cessation, discontinuation, entrecoupement, intermittence, interruption, levée, panne, pause, relâche, suspension. ▶ *Lieu d'arrêt* – gare, halte, terminal. ▶ *En écologie* – biome, biotope, climat, écosystème, environnement, habitat, milieu, nature, niche écologique. ▶ *Lieu à but précis* – centre, complexe, établissement, maison. ▶ *Engin spatial* – station orbitale, station spatiale. ▶ *En télécommunication* – chaîne. QUÉB. télédiffuseur; FAM. canal (de télévision), poste (de télévision). ▲ANT. DÉPLACEMENT, MOUVEMENT.

stationnaire *adj.* constant, figé, fixe, immobile, inchangé, invariable, invariant, stable, statique. ▲ANT. CHANGEANT, INSTABLE, VARIABLE; MOBILE.

stationner *v.* ▶ *S'arrêter* – faire halte, faire une station, s'arrêter, s'immobiliser. ▶ *Garer* (QUÉB.) – garer, parquer. ▲ANT. CIRCULER, ROULER, SE MOUVOIR; PARTIR.

statique *adj.* ▶ *Qui ne change pas* – constant, figé, fixe, immobile, inchangé, invariable, invariant, stable, stationnaire. ▲ANT. CINÉMATIQUE, DYNAMIQUE; MOBILE; CHANGEANT, INSTABLE, VARIABLE.

statistique *n. f.* ▶ *Dénombrement* – catalogue, cens, chiffrage, comptage, compte, décompte, dénombrement, détail, énumération, état, évaluation, inventaire, inventoriage, inventorisation, liste, litanie, numération, recensement, recension, revue, rôle.

statue *n. f.* ▶ *Sculpture* ▸ *Très grande* – colosse. ▸ *Petite* – statuette. ▸ *Très petite* – figurine.

stature *n. f.* ▶ *Grandeur physique* – gabarit, grandeur, taille. ▶ *Grandeur morale* – envergure, étoffe, genre, importance, qualité. FIG. carrure.

statut *n. m.* ▶ *Allégeance* – allégeance, juridiction, nationalité. ▶ *Situation sociale* – caste, classe, condition, état, fortune, place, position, rang, situation. SOUT. étage.

statutaire *adj.* ▲ANT. CONTRACTUEL; EXTRA-STATUTAIRE.

stéréotype *n. m.* banalité, cliché, évidence, fadaise, généralité, lapalissade, lieu commun, platitude, poncif, réchauffé, redite, tautologie, truisme.

stérile *adj.* ▶ *Qui ne peut concevoir* – infécond. ▸ *Qui produit peu de végétation* – aride, avare, désertique, improductif, inculte, incultivable, infertile, ingrat, pauvre. ▶ *Qui ne donne rien* – futile, inutile, oiseux, vain. SOUT. byzantin. ▶ *Sans germes* – aseptique, aseptisé, désinfecté, stérilisé. ▲ANT. FÉCOND, FERTILE, PROLIFIQUE; GÉNÉREUX, PRODUCTIF; FRUCTUEUX, UTILE; CONTAMINÉ, PATHOGÈNE.

stérilisé *adj.* aseptique, aseptisé, désinfecté, stérile.

stériliser *v.* ▶ *Castrer* – castrer, châtrer, couper, émasculer. ▶ *Désinfecter* – aseptiser, désinfecter, étuver. ▲ANT. FÉCONDER; ALTÉRER, CONTAMINER, INFECTER.

stérilité *n. f.* ▶ *Incapacité d'engendrer* – agénésie. SOUT. infécondité. ▶ *Pauvreté* – improductivité, infécondité, pauvreté, tarissement. SOUT. aridité, infertilité. ▶ *Futilité* – frivolité, futilité, inanité, inconsistance, inefficacité, insignifiance, inutilité, néant, nullité, puérilité, superfétation, superficialité, superfluité, vacuité, vanité, vide. ▶ *Propreté* – hygiène, propreté, salubrité, santé. ▲ANT. CONCEP-

TION, FÉCONDITÉ, FERTILITÉ; ABONDANCE; EFFICACITÉ; SEPTICITÉ.

stigmate *n. m.* ▶ *Trace* – apparence, cachet, cicatrice, critère, empreinte, indication, indice, lueur, marque, ombre, pas, piste, preuve, repère, reste, ride, sceau, signature, signe, tache, témoignage, témoin, trace, trait, vestige. ▶ *Tatouage* – marque, tatouage. ANC. flétrissure.

stimulant *adj.* ▶ *Qui stimule physiquement* – dynamisant, fortifiant, reconstituant, remontant, revigorant, tonifiant, tonique, vivifiant. SOUT. vivificateur. FAM. ravigotant. SUISSE FAM. rapicolant. MÉD. analeptique, dopant, dynamogène, énergisant, excitant, incitant. ▶ *Qui stimule moralement* – encourageant, incitateur, incitatif, mobilisateur, motivant, stimulateur. ▲ANT. FRÉNATEUR, INHIBITEUR; AFFAIBLISSANT, ALANGUISSANT, AMOLLISSANT, ANÉMIANT, DÉBILITANT, STÉRILISANT; DÉCOURAGEANT, DÉMOBILISATEUR, DÉMORALISANT, DÉMORALISATEUR, DÉMOTIVANT, DÉPRIMANT.

stimulant *n. m.* ▶ *Substance* – analeptique, défatigant, dopant, énergisant, excitant, fortifiant, reconstituant, remontant, tonifiant, tonique. PHYSIOL. incitant. ▶ *Encouragement* – aide, aiguillon, applaudissement, approbation, appui, compliment, éloge, exhortation, incitation, prime, prix, protection, récompense, soutien, subvention. SOUT. satisfecit. ▲ANT. CALMANT, SÉDATIF, TRANQUILLISANT.

stimuler *v.* ▶ *Ragaillardir* – donner un coup de fouet à, ragaillardir, ranimer, réconforter, régénérer, remonter, revigorer, tonifier, vitaliser, vivifier. FAM. ravigoter, recharger les accus à, recharger les batteries à, requinquer, retaper. FAM. raplomber, remettre d'aplomb, remettre sur le piton, renipper. ▶ *Motiver* – animer, encourager, enthousiasmer, motiver. SOUT. exhorter. ▶ *Exciter* – aiguillonner, animer, éperonner, exciter, fouetter, motiver, pousser. SOUT. agir. ▶ *Augmenter l'activité* – activer, doper, dynamiser, réveiller. ▶ *Rendre plus vif* – aiguiser, allumer, attiser, augmenter, aviver, échauffer, embraser, enflammer, exalter, exciter, incendier. ▶ *Revigorer* – donner un second souffle à, faire renaître, faire revivre, ragaillardir, rallumer, ranimer, raviver, réactiver, réchauffer, redonner vie à, redynamiser, régénérer, renflammer, renouveler, ressusciter, réveiller, revigorer, revitaliser, revivifier, vivifier. ▲ANT. APAISER, CALMER, ENDORMIR, ENGOURDIR, TRANQUILLISER; DÉCOURAGER; FREINER, RALENTIR.

stimulus *n. m.* aide, aiguillon, animation, appel, défi, dépassement (de soi), émulation, encouragement, entraînement, excitation, exhortation, fanatisation, fomentation, impulsion, incitation, instigation, invitation, invite, motivation, provocation, sollicitation, stimulation. SOUT. surpassement. FAM. provoc.

stock *n. m.* ▶ *Réserve* – amas, approvisionnement, dépôt, fourniture, provision, réserve. ▶ *Biens d'une entreprise* – existant.

stoïcisme *n. m.* ▶ *École philosophique* – le Portique. ▶ *Ascétisme* – ascèse, ascétisme, austérité, puritanisme, rigorisme. ▶ *Sérénité* – apathie, ataraxie, calme, détachement, distanciation, égalité d'âme, égalité d'humeur, équilibre, flegme, impassibilité, imperturbabilité, indifférence, paix, philosophie, placidité, quiétude, sérénité, tranquillité. *SOUT.* équanimité. ▲**ANT.** FAIBLESSE, LÂCHETÉ, MOLLESSE; ÉPICURISME.

stoïque *adj.* ▶ *Qui supporte la douleur* – aguerri, bien trempé, courageux, dur, dur au mal, endurant, endurci, fort. *QUÉB. FAM.* qui a la couenne dure. ▶ *Qui ne montre aucune peur* – ferme, héroïque, impassible, inébranlable, intrépide. *SOUT.* impavide. ▲**ANT.** DÉLICAT, DOUILLET, SENSIBLE.

stopper *v.* ▶ *Réparer une déchirure* – raccommoder, rapiécer, recoudre, remailler, repriser. *SOUT.* raccoutrer, rapiéceter. *FAM.* rapetasser. *ACADIE FAM.* retêsser. ▶ *Freiner une progression* – arrêter, désamorcer, enrayer, entraver, étouffer, étrangler, faire obstacle à, freiner, inhiber, juguler, mater, mettre en échec, mettre un frein à, neutraliser, refouler. ▶ *Arrêter* – arrêter, bloquer. ▲**ANT.** LAISSER PASSER, PERMETTRE; DÉMARRER, PARTIR.

stratagème *n. m.* ▶ *Ruse* – artifice, astuce, escamotage, fourberie, fraude, machiavélisme, machination, manœuvre, ruse, subterfuge. *FAM.* feinte. ▶ *Méthode* – approche, art, chemin, code, comment, credo, démarche, discipline, dispositif, façon (de faire), facture, formule, heuristique, instruction, instrument, ligne de conduite, maïeutique, manière, marche (à suivre), méthode, modalité, mode d'emploi, mode, moyen, opération, ordre, organisation, outil, posologie, pratique, procédé, procédure, protocole, raisonnement, recette, règle, secret, stratégie, système, tactique, technique, théorie, traitement, voie. *SOUT.* faire.

stratégie *n. f.* ▶ *Méthode* – approche, art, chemin, code, comment, credo, démarche, discipline, dispositif, façon (de faire), facture, formule, heuristique, instruction, instrument, ligne de conduite, maïeutique, manière, marche (à suivre), méthode, modalité, mode d'emploi, mode, moyen, opération, ordre, organisation, outil, posologie, pratique, procédé, procédure, protocole, raisonnement, recette, règle, secret, stratagème, système, tactique, technique, théorie, traitement, voie. *SOUT.* faire. ▶ *Ruse* – adresse, calcul, diplomatie, finesse, habileté, ligne de conduite, manège, négociation, patience, prudence, ruse, sagesse, savoir-faire, souplesse, tactique, temporisation, tractation. ▲**ANT.** CONFUSION, DÉSORDRE; MALADRESSE.

stratégique *adj.* ▶ *Propre à l'art de la guerre* – militaire, tactique. ▲**ANT.** NÉGLIGEABLE, SECONDAIRE.

stresser *v.* ◆ **stresser** ▶ *Rendre nerveux* (*FAM.*) – affoler, agiter, alarmer, angoisser, effrayer, énerver, épouvanter, inquiéter, oppresser, préoccuper, tourmenter, tracasser, troubler. ◆ **se stresser ou stresser** ▶ *S'énerver* (*FAM.*) – être sur des charbons ardents, s'alarmer, s'angoisser, s'en faire, s'énerver, s'inquiéter, se faire du mauvais sang, se faire du souci, se faire du tracas, se faire un sang d'encre, se mettre martel en tête, se morfondre, se ronger les mœlles, se ronger les sangs, se soucier, se tourmenter, se tracasser. *FAM.* angoisser, se biler, se faire de la bile, se faire des cheveux, se frapper. *QUÉB. FAM.* capoter. ▲**ANT.** APAISER, CALMER, TRANQUILLISER.

strict *adj.* ▶ *Exigeant* – draconien, dur, exigeant, rigide, rigoureux, sévère. *FAM.* chien, vache. *FRANCE FAM.* rosse. ▶ *Qui ne laisse aucune liberté* – astreignant, contraignant, étroit, restreignant, rigide, rigoureux. ▶ *Sans ornement* – classique, dépouillé, discret, simple, sobre. *FAM.* zen. ▶ *En parlant du sens d'un mot* – concret, littéral, propre. ▲**ANT.** BIENVEILLANT, CLÉMENT, COMPRÉHENSIF, INDULGENT, TOLÉRANT; ÉLASTIQUE, LÂCHE, LAXISTE, PERMISSIF; AGRÉMENTÉ, ORNÉ; ÉTENDU, LARGE.

strictement *adv.* ▶ *Austèrement* – austèrement, durement, étroitement, puritainement, rigidement, rigoureusement, sévèrement, stoïquement. ▶ *Purement* – exclusivement, purement, seulement, simplement, uniquement.

strident *adj.* aigu, perçant, qui déchire les oreilles, sifflant, stridulant, suraigu. ▲**ANT.** CHANTANT, DOUX, MÉLODIEUX, SUAVE.

structuré *adj.* cohérent, conséquent, consistant, harmonieux, heureux, logique, ordonné, suivi.

structure *n. f.* ▶ *Architecture* – architecture, armature, charpente, ferme, gros œuvre, ossature, squelette. ▶ *Agencement* – accommodation, accommodement, agencement, ajustement, aménagement, architecture, arrangement, articulation, assemblage, combinaison, combinatoire, composition, concaténation, configuration, construction, contexture, coordination, disposition, distribution, élaboration, enchaînement, harmonie, hiérarchie, liaison, mise en ordre, mise en place, ordonnance, ordonnancement, ordre, organisation, orientation, plan, profil, programmation, rangement, répartition, structuration, système, texture. ▲**ANT.** CONFUSION, DÉSORDRE, DÉSORGANISATION.

structurel *adj.* ▲**ANT.** CONJONCTUREL (*économie*).

studieux *adj.* appliqué, sérieux. *FAM.* chiadeur. ▲**ANT.** DISSIPÉ, NÉGLIGENT, PARESSEUX.

stupéfaction *n. f.* ▶ *Étonnement* – abasourdissement, ahurissement, bouleversement, ébahissement, éblouissement, effarement, émerveillement, étonnement, saisissement, stupeur, surprise. *FAM.* épatement. ▶ *Engourdissement* (*SOUT.*) – abalourdissement, abêtissement, abrutissement, bêtification, bêtifiement, crétinisation, débilisation, décervelage, encroûtement, engourdissement, infantilisation. ▲**ANT.** IMPASSIBILITÉ, PLACIDITÉ, SANG-FROID.

stupéfait *adj.* abasourdi, ahuri, bouche bée, confondu, ébahi, éberlué, estomaqué, étonné, frappé de stupeur, hébété, interdit, interloqué, médusé, muet d'étonnement, pantois, pétrifié, sidéré, surpris. *FAM.* baba, ébaubi, épaté, époustouflé, riboulant, soufflé, suffoqué. ▲**ANT.** IMPASSIBLE, INEXPRESSIF.

stupéfiant *adj.* à (vous) couper le souffle, abasourdissant, ahurissant, bouleversant, confondant, déconcertant, dérangeant, ébahissant, effarant, époustouflant, étonnant, étourdissant, extraordinaire, impensable, inconcevable, incroyable, inimaginable, inouï, invraisemblable, pétrifiant, renversant, suffocant, surprenant. *SOUT.* qui confond l'entendement. *FAM.* ébouriffant, mirobolant, sidérant, soufflant. *QUÉB. FAM.* capotant. ▲**ANT.** BANAL, ININTÉRESSANT, ORDINAIRE, SANS INTÉRÊT.

stupéfiant *n.m.* drogue, psychotrope.

stupéfier *v.* ▶ *Étonner* – abasourdir, ahurir, couper bras et jambes à, couper le souffle à, ébahir, époustoufler, étonner, méduser, renverser, saisir, souffler, stupéfaire, suffoquer. *FAM.* décoiffer, défoncer, déménager, éberluer, ébouriffer, épater, estomaquer, estourbir, scier, sidérer. ▶ *Engourdir* (*SOUT.*) – abrutir, appesantir, engourdir, ralentir. ▲**ANT.** BLASER, LAISSER DE GLACE, LAISSER DE MARBRE, LAISSER FROID, LAISSER INDIFFÉRENT, REFROIDIR.

stupeur *n. f.* ▶ *Stupéfaction* – abasourdissement, ahurissement, bouleversement, ébahissement, éblouissement, effarement, émerveillement, étonnement, saisissement, stupéfaction, surprise. *FAM.* épatement. ▶ *État d'inertie* – abattement, accablement, anéantissement, catalepsie, catatonie, démotivation, dépression, effondrement, hébétude, léthargie, marasme, neurasthénie, prostration, sidération, torpeur. ▲**ANT.** IMPASSIBILITÉ, PLACIDITÉ, SANG-FROID.

stupide *adj.* ▶ *Inintelligent* – abruti, benêt, bête, bête à manger du foin, borné, crétin, demeuré, hébété, idiot, imbécile, inintelligent, niais, nigaud, obtus, sot. ▶ *Inepte* – bête, idiot, imbécile, inepte, inintelligent, ridicule, sot. ▶ *Absurde* – aberrant, absurde, déraisonnable, fou, idiot, illogique, inepte, insensé, irrationnel, qui n'a aucun sens, ridicule. *SOUT.* insane. *PSYCHOL.* confusionnel. *PHILOS.* alogique. ▲**ANT.** BRILLANT, ÉVEILLÉ, INTELLIGENT; DÉLURÉ, FIN, FINAUD, FUTÉ, INGÉNIEUX, INVENTIF, MALIN, RUSÉ, VIF; ASTUCIEUX, BIEN PENSÉ, HABILE, JUDICIEUX, PERTINENT; ANIMÉ.

stupidement *adv.* absurdement, bêtement, débilement, follement, idiotement, imbécilement, inconsciemment, inintelligemment, naïvement, niaisement, ridiculement, simplement, sottement. *FAM.* connement. *QUÉB. FAM.* niaiseusement. ▲**ANT.** ASTUCIEUSEMENT, BRILLAMMENT, GÉNIALEMENT, INGÉNIEUSEMENT, INTELLIGEMMENT, JUDICIEUSEMENT, LUCIDEMENT, SAVAMMENT.

stupidité *n. f.* ▶ *Inintelligence* – ânerie, béotisme, bêtise, bornerie, débilité, idiotie, ignorance, imbécillité, ineptie, inintelligence, innocence, insipidité, lenteur, lourdeur, naïveté, niaiserie, nigauderie, pesanteur, simplicité, sottise. ▶ *Acte ou parole stupide* – absurdité, ânerie, bafouillage, bafouillis, baliverne, balourdise, bêlement, bêtise, bourde, calembredaine, cliché, divagation, fadaise, faribole, folie, idiotie, imbécillité, ineptie, insanité, niaiserie, non-sens, perle, propos en l'air, sornette, sottise. *SOUT.* billevesée. *FAM.* crétinerie, déblocage, déconnage, dinguerie, vanne. ▶ *Aberration* – aberration, démence, extravagance, folie, idiotie, imbécillité, inconséquence, ineptie. ▶ *Abêtissement* – abêtissement, ahurissement, crétinisme, encroûtement, engourdissement, gâtisme, hébétement, idiotie, imbécillité, infantilisme. *SOUT.* hébétude. ▲**ANT.** INTELLIGENCE, PERSPICACITÉ; ESPRIT, FINESSE.

style *n.m.* ▶ *Façon d'écrire* – écriture, langue, prose (de qqn). ▶ *Façon de parler* – articulation, débit, déclamation, diction, élocution, éloquence, énonciation, expression, langage, langue, parole, phonation, phonétique, phonie, pose de voix, prononciation, voix. ▶ *Façon de parler selon le* contexte – niveau de langue. ▶ *En grammaire* – discours. ▶ *Prestance* – air, allure, apparence, aspect, attitude, contenance, démarche, façon, genre, ligne, maintien, manière, panache, physique, port, posture, prestance, silhouette, tenue, tournure. *SOUT.* extérieur, mine. *FAM.* gueule, touche. ▶ *Mode* – avant-gardisme, dernier cri, engouement, épidémie, fantaisie, fureur, goût (du jour), mode, tendance, ton, vague, vent, vogue. ▶ *Façon d'être d'une personne* – genre, griffe, manière d'être, marque, profil psychologique. ▶ *Tige* – aine, alinette, apex, archet, badine, baguette, bâton, bâtonnet, branche, canne, cravache, crosse, gaule, honchet, houssine, jonc, jonchet, mailloche, perche, tige, triballe, tringle, verge, vergette. ▶ *Poinçon* – stylet. ▲**ANT.** BANALITÉ, FADEUR, PRÉVISIBILITÉ.

stylo *n.m.* crayon à bille, crayon à encre, stylo (à) bille, stylo à encre, stylo rechargeable. *QUÉB. FAM.* crayon à l'encre.

suave *adj.* ▶ *Agréable* – agréable, beau, charmant, délicieux, divin, exquis, sublime. *FRANCE FAM.* gouleyant. ▶ *À l'odorat* – aromatique, odorant, odoriférant, parfumé. ▶ *À l'oreille* – chantant, doux, harmonieux, mélodieux, musical. *DIDACT.* euphonique, eurythmique. ▲**ANT.** DÉPLAISANT, DÉSAGRÉABLE; ACIDE, ÂCRE, AMER, RUDE; ÉCŒURANT, FÉTIDE; CACOPHONIQUE, CRIARD, DISCORDANT, DISSONANT, FAUX, INHARMONIEUX.

subalterne *adj.* bas, inférieur, mineur, moindre, secondaire, subordonné. ▲**ANT.** DOMINANT, SUPÉRIEUR.

subalterne *n.* adjoint, aidant, aide, alter ego, assesseur, assistant, auxiliaire, bras droit, collaborateur, complice, exécutant, homme de confiance, lieutenant, préparateur, second, sous-chef, subordonné. *SOUT.* suivant. *RELIG.* coadjuteur, définiteur. ▶ *Non favorable* – acolyte, lampiste, second couteau, second rôle, second violon, sous-fifre, sous-ordre. ▲**ANT.** CHEF, MAÎTRE, PATRON, SUPÉRIEUR.

subconscient *adj.* inconscient, infraliminaire, infraliminal, subliminaire, subliminal. ▲**ANT.** CONSCIENT.

subir *v.* ▶ *Vivre une chose déplaisante* – endurer, éprouver, essuyer, souffrir, soutenir. ▶ *Suivre* – obéir à, suivre. ▶ *Passer* – passer, se soumettre à. ▲**ANT.** ASSENER, IMPOSER, INFLIGER; COMMANDER, ORDONNER, PRESCRIRE; AGIR, FAIRE; RÉSISTER.

subit *adj.* brusque, brutal, foudroyant, fulgurant, instantané, prompt, soudain. ▲**ANT.** GRADUEL, LENT, PROGRESSIF; PRÉVU.

subitement *adv.* à brûle-pourpoint, à l'improviste, au débotté, au dépourvu, brusquement, d'un coup, de but en blanc, du jour au lendemain, ex abrupto, imprévisiblement, impromptu, inopinément, intempestivement, promptement, sans avertissement, sans crier gare, soudain, soudainement, tout à coup, tout d'un coup, tout de go. *FAM.* subito, subito presto. *QUÉB.* d'un coup sec. ▲**ANT.** GRADUELLEMENT, PETIT À PETIT, PEU À PEU, PROGRESSIVEMENT; COMME ON S'Y ATTENDAIT.

subjectif *adj.* ▶ *Personnel* – impressionniste, personnel. *SOUT.* impressif. ▶ *Partial* –

arbitraire, partial, partisan, prévenu, qui a des œillères, tendancieux. ▲**ANT.** OBJECTIF; IMPARTIAL.

subjectivité *n. f.* ▶ *Caractère non absolu* – relatif, relativité. ▶ *Préjugé* – idée reçue, parti pris, préconception, préjugé, prénotion, prévention, subjectivisme. ▲**ANT.** OBJECTIVITÉ.

sublimation *n. f.* ▶ *Évaporation* – distillation, ébullition, évaporation, gazéification, vaporisation, volatilisation. ▶ *Dématérialisation* – abstraction, conceptualisation, dématérialisation, désincarnation, essentialisation, idéalisation, intellectualisation, mentalisation, spiritualisation. ▲**ANT.** CRISTALLISATION, SOLIDIFICATION; DÉBAUCHE, DÉPRAVATION.

sublime *adj.* ▶ *Élevé dans l'échelle des valeurs* – beau, élevé, grand, haut, idéalisé, noble, pur. *SOUT.* éthéré. ▶ *D'une perfection hors de ce monde* – angélique, céleste, divin, pur, transcendant. *SOUT.* archangélique, séraphique. ▶ *Excellent* – admirable, brillant, éblouissant, excellent, extraordinaire, fantastique, magistral, magnifique, merveilleux, parfait, prodigieux, remarquable, réussi, sensationnel. *FAM.* à tout casser, bluffant, champion, d'enfer, du tonnerre, épatant, extra, fameux, formidable, fumant, génial, mirifique, pas piqué des vers, splendide, super, terrible. *FRANCE FAM.* du feu de Dieu, énorme, fadé, formide, géant, gratiné, pas piqué des hannetons. *QUÉB. FAM.* capotant, écœurant. ▶ *Agréable* – agréable, beau, charmant, délicieux, divin, exquis, suave. *FRANCE FAM.* gouleyant. ▲**ANT.** BAS, VIL, VULGAIRE; LAMENTABLE, MÉDIOCRE, MINABLE, NAVRANT, NUL, PIÈTRE, PITEUX, PITOYABLE, RATÉ.

subliminal *adj.* inconscient, infraliminaire, infraliminal, subconscient, subliminaire. ▲**ANT.** PERCEPTIBLE.

submerger *v.* ▶ *Au sens concret* – engloutir, ennoyer, inonder, noyer. ▶ *Au sens abstrait* – emplir, envahir, gonfler, inonder, pénétrer, remplir. ▲**ANT.** ÉVACUER, VIDER; APPARAÎTRE, ÉMERGER, SURGIR.

submersible *adj.* ▲**ANT.** INSUBMERSIBLE.

subordination *n. f.* ▶ *Dépendance* – abaissement, allégeance, appartenance, asservissement, assujettissement, attachement, captivité, contrainte, dépendance, domestication, domesticité, domination, emprise, esclavage, gêne, hilotisme, inféodation, infériorité, mainmise, merci, mouvance, obédience, obéissance, obligation, oppression, pouvoir, puissance, servage, servitude, soumission, sujétion, tutelle, tyrannie, vassalité. *FIG.* carcan, chaîne, corset (de fer), coupe, fardeau, griffe, main, patte, prison; *SOUT.* fers, gaine, joug. *PHILOS.* hétéronomie. ▶ *Hiérarchie* – autorité, commandement, ordre, rang. ▲**ANT.** AUTONOMIE, INDÉPENDANCE; DÉSOBÉISSANCE, INSUBORDINATION; DIRECTION.

subordonné *n.* adjoint, aidant, aide, alter ego, assesseur, assistant, auxiliaire, bras droit, collaborateur, complice, exécutant, homme de confiance, lieutenant, préparateur, second, sous-chef, subalterne. *SOUT.* suivant. *RELIG.* coadjuteur, définiteur. ▶ *Non favorable* – acolyte, lampiste, second couteau, second rôle, second violon, sous-fifre, sous-ordre. ▲**ANT.** CHEF, DIRIGEANT, PATRON, SUPÉRIEUR.

subrepticement *adv.* à huis clos, à la dérobée, anonymement, clandestinement, confidentiellement, discrètement, en cachette, en catimini, en confidence, en secret, en sourdine, en sous-main, furtivement, incognito, ni vu ni connu, occultement, sans tambour ni trompette, secrètement, sourdement, sous le manteau, souterrainement. *FAM.* en douce, en loucedé, en tapinois. ▲**ANT.** AU GRAND JOUR, DEVANT TOUT LE MONDE, EN PUBLIC, OSTENSIBLEMENT, OUVERTEMENT.

subséquent *adj.* à venir, futur, postérieur, prochain, suivant, ultérieur. ▲**ANT.** ANTÉCÉDENT, PRÉCÉDENT; ANTÉRIEUR.

subsistance *n. f.* ▶ *Approvisionnement* – aliment, alimentation, approvisionnement, comestibles, denrée, entretien, épicerie, fourniture, intendance, nourriture, pain, produit alimentaire, provision, ravitaillement, victuailles, vie, vivres. *SOUT.* provende. *FAM.* matérielle. ▶ *Pour une personne* – part, portion, ration.

subsister *v.* ▶ *Assurer son existence* – survivre, vivre. ▶ *Durer* – demeurer, durer, perdurer, persister, résister, rester, se chroniciser, se conserver, se maintenir, se perpétuer, survivre. ▲**ANT.** CHANGER, S'ALTÉRER; DISPARAÎTRE, MOURIR, PÉRIR.

substance *n. f.* ▶ *Matière* – corps, matière. ▶ *Existence* – actualité, essence, être, existence, fait, occurrence, présence, réalité, réel, vie. ▶ *Essence* – caractère, en-soi, essence, essentialité, inhérence, nature, principe, qualité, quintessence. *SOUT.* (substantifique) moelle. *PHILOS.* entité, quiddité. ▶ *Substantialité* – consubstantialité, corporalité, substantialité. ▲**ANT.** ESPRIT, IMMATÉRIALITÉ.

substantiel *adj.* ▶ *Fondamental* – constitutif, foncier, fondamental, inhérent, inné, intrinsèque, radical. *PHILOS.* essentiel, immanent. ▶ *Nourrissant* – consistant, nourrissant, nutritif, rassasiant, riche. *FAM.* bourrant, bourratif, qui cale l'estomac. *QUÉB. FAM.* toquant. ▶ *Notable* – appréciable, considérable, de taille, fort, grand, gros, important, non négligeable, notable, respectable, sensible, sérieux. *FAM.* conséquent. ▲**ANT.** CONTINGENT; FAIBLE, MAIGRE, PAUVRE; NÉGLIGEABLE; NUL.

substantiellement *adv.* absolument, en essence, essentiellement, foncièrement, fondamentalement, intrinsèquement, organiquement, primordialement, principalement, profondément, radicalement, totalement, viscéralement, vitalement. ▲**ANT.** ACCESSOIREMENT, AUXILIAIREMENT, INCIDEMMENT, MARGINALEMENT, SECONDAIREMENT.

substituer *v.* ▶ *Mettre à la place* – remplacer. ♦ *se substituer* ▶ *Tenir la place* – faire fonction de, jouer le rôle de, remplacer, servir de, suppléer, tenir la place de, tenir lieu de. ▲**ANT.** CONSERVER, GARDER.

substitut *n.* ▶ *Personne qui remplace* – intérimaire, remplaçant, représentant, subrogé, suppléant. ▶ *Non favorable* – pis aller. *FAM.* bouche-trou. ▶ *Substance* – ersatz, remplacement, succédané. ▶ *En grammaire* – anaphore, anaphorique, remplaçant. ▲**ANT.** TITULAIRE; PRODUIT ORIGINAL.

substitution *n. f.* ▶ *Remplacement* – change, changement, chassé-croisé, commutation, échange, intérim, rechange, relève, remplacement, rotation, roulement, subrogation, succession, suppléance.

▶ *Permutation* – commutation, interversion, inversion, mutation, permutation, renversement, retournement, transposition. ▲**ANT.** CONTINUITÉ, PERMANENCE.

subtil *adj.* ▶ *Perspicace* – aigu, clairvoyant, fin, lucide, lumineux, pénétrant, perçant, perspicace, profond, psychologue, qui voit loin, sagace. ▶ *Spirituel* – brillant, fin, malicieux, pétillant, piquant, plein d'esprit, spirituel, vif. ▶ *Raffiné* – délicat, exquis, fin, raffiné, recherché. ▶ *Complexe* – complexe, délicat, difficile, recherché, savant. ▲**ANT.** BÊTE, BORNÉ, LOURD, NIAIS; PLAT; BRUT, ÉPAIS, GROSSIER; COMPRÉHENSIBLE, ÉVIDENT, FACILE.

subtilement *adv.* ▶ *Imperceptiblement* – imperceptiblement, indistinctement, insensiblement, invisiblement. ▶ *Délicatement* – délicatement, faiblement, finement, fragilement, précairement, sensiblement. ▶ *Intelligemment* – adroitement, astucieusement, avec brio, avec compétence, avec éclat, bien, brillamment, de main de maître, ex professo, expertement, finement, génialement, habilement, industrieusement, ingénieusement, intelligemment, judicieusement, lucidement, magistralement, pertinemment, professionnellement, savamment, sensément, spirituellement, talentueusement, vivement. ▶ *Abstraitement* – abstractivement, abstraitement, dans l'absolu, dans l'abstrait, hypothétiquement, idéalement, imaginairement, in abstracto, intellectuellement, irréellement, platoniquement, profondément, théoriquement. ▲**ANT.** DISTINCTEMENT, NOTABLEMENT, PERCEPTIBLEMENT, REMARQUABLEMENT, SENSIBLEMENT, SIGNIFICATIVEMENT; GROSSIÈREMENT; GAUCHEMENT, INHABILEMENT, MAL, MALADROITEMENT, MALHABILEMENT.

subtilité *n. f.* ▶ *Immatérialité* – abstraction, abstrait, cérébralité, essentialité, évanescence, idéalité, immatérialité, impalpabilité, imperceptibilité, impondérabilité, incorporalité, incorporéité, intangibilité, intemporalité, irréalité, spiritualité, spirituel, volatilité. ▶ *Finesse* – détail, finesse, perfectionnement, précision, raffinement, recherche, sophistication, stylisme. ▶ *Raffinement* – acuité, clairvoyance, discernement, fin, finesse, flair, habileté, intuition, jugement, lucidité, pénétration, perspicacité, sagacité, sensibilité. FAM. nez. ▶ *Raisonnement trop subtil* – argutie, byzantinisme, casuistique, chicane, distinguo, élucubration, ergotage, ergoterie, finesse, formalisme, logomachie, scolastique. SOUT. ratiocination, sophistique. FAM. chinoiserie, chipotage, pinaillage. ▶ *Préciosité* – affectation, byzantinisme, emphase, maniérisme, marivaudage, mignardise, préciosité, purisme, raffinement, recherche, sophistication. SOUT. afféterie, concetti. ▲**ANT.** BALOURDISE, BÊTISE, ÉPAISSEUR, MALADRESSE.

subvention *n. f.* ▶ *Don* – aide, allocation, apport, assistance, aumône, bonne œuvre, charité, dation, disposition, distribution, don, faveur, grâce, hommage, indemnité, obole, prestation, secours, soulagement, subside. SOUT. bienfait. FAM. dépannage. DR. donation, fidéicommis, legs, libéralité. RELIG. bénédiction, charisme. ▶ *Prêt* – aide (financière), avance, bourse, commodat, crédit, découvert, dépannage, préfinancement, prêt, prime, subvention (remboursable). ▶ *Encouragement* – aide, aiguillon,

applaudissement, approbation, appui, compliment, éloge, exhortation, incitation, prime, prix, protection, récompense, soutien, stimulant. SOUT. satisfecit. ▲**ANT.** CHARGE, IMPÔT.

subventionnaire (var. **subventionneur**) *adj.* ▲**ANT.** SUBVENTIONNÉ.

suc *n. m.* jus, sève.

succéder *v.* ▶ *Venir après qqn* – prendre la suite de, remplacer, suivre. ▶ *Venir après qqch.* – suivre. ♦ **se succéder** ▶ *Se suivre* – défiler, s'enchaîner, se suivre. ▲**ANT.** DEVANCER, PRÉCÉDER.

succès *n. m.* ▶ *Victoire* – avantage, gain, réussite, triomphe, victoire. FAM. gagne. ▶ *Situation avantageuse* – événement heureux, heureuse tournure, issue heureuse. ▶ *Exploit* – exploit, performance, prouesse, record, réussite, tour de force. SOUT. gageure. ▶ *Gloire* – apothéose, bonheur, bonne fortune, boum, consécration, couronnement, gloire, honneur, lauriers, prospérité, retentissement, réussite, triomphe, trophée. FAM. malheur, (succès) bœuf, tabac. FRANCE FAM. carton, saucisson, ticket. ▶ *Mode* – mode, retentissement, vogue. ▶ *Personne séduite* – FAM. conquête. ▲**ANT.** CATASTROPHE, DÉFAITE, ÉCHEC, INSUCCÈS, MALHEUR, REVERS.

successeur *n.* ▶ *Héritier* – ayant cause, continuateur, dauphin, enfant, fils, héritier, remplaçant, successible. SOUT. épigone, hoir. ▶ *Imitateur* – continuateur, disciple, égal, imitateur, rival. SOUT. émule, épigone. ▲**ANT.** DEVANCIER, PRÉDÉCESSEUR.

successif *adj.* consécutif, séquentiel. ▲**ANT.** SIMULTANÉ.

succession *n. f.* ▶ *Suite* – alignement, chaîne, chapelet, colonne, combinaison, consécution, cordon, enchaînement, enfilade, énumération, file, gamme, guirlande, ligne, liste, rang, rangée, séquence, série, suite, tissu, travée. ▶ *Alternance* – allée et venue, alternatives, balancement, bascule, changement, flux et reflux, intermittence, ondulation, oscillation, palpitation, périodicité, pulsation, récurrence, récursivité, retour, rotation, roulement, rythme, sinusoïde, tour, va-et-vient, variation. ▶ *Remplacement* – change, changement, chassé-croisé, commutation, échange, intérim, rechange, relève, remplacement, rotation, roulement, subrogation, substitution, suppléance. ▶ *Patrimoine* – apanage, bien, domaine, fortune, héritage, légitime, legs, majorat, patrimoine, propriété. RELIG. défroque. ▶ *Capital* – argent, avoir, bien, capital, cassette, épargne, fonds, fortune, fruit, gain, investissement, liquidités, masse, numéraire, patrimoine, pécule, placement, portefeuille, possession, produit, propriété, richesse, trésor, valeur. SOUT. deniers. FAM. finances, magot. ▲**ANT.** COEXISTENCE, SIMULTANÉITÉ.

successivement *adv.* ▶ *Consécutivement* – à tour de rôle, alternativement, consécutivement, coup sur coup, d'affilée, l'un après l'autre, rythmiquement, tour à tour. ▶ *Périodiquement* – à date fixe, à des intervalles répétés, à heure fixe, à intervalles constants, à intervalles fixes, à intervalles réguliers, à jour fixe, à périodes fixes, à périodes régulières, à plusieurs reprises, à répétition, cycliquement, itérativement, périodiquement, régulièrement, rythmiquement. ▲**ANT.** SIMULTANÉMENT.

succomber v. ▶ *Cesser de résister* – abandonner, céder, se laisser aller. *FAM.* craquer, flancher. ▶ *S'effondrer* – crouler, s'abattre, s'affaisser, s'ébouler, s'écrouler, s'effondrer, tomber en ruine. ▶ *Mourir* – décéder, être emporté, être tué, expirer, mourir, perdre la vie, périr, s'éteindre, trouver la mort. *SOUT.* exhaler le dernier soupir, passer de vie à trépas, payer tribut à la nature, rendre l'âme, rendre l'esprit, rendre le dernier soupir, rendre son dernier souffle, trépasser. *PAR EUPHÉM.* avoir vécu, disparaître, faire le grand voyage, fermer les paupières, fermer les yeux, finir, monter au ciel, paraître devant Dieu, partir, passer, passer dans l'autre monde, quitter ce (bas) monde, s'effacer, s'en aller, s'endormir. *FAM.* aller ad patres, aller chez les taupes, avaler sa chique, avaler son acte de naissance, boire le bouillon d'onze heures, calancher, caner, casser sa pipe, clamser, claquer, crever, décoller son billard, dévisser son billard, faire couic, passer l'arme à gauche, perdre le goût du pain, rester sur le carreau, s'endormir du sommeil de la tombe, sortir les pieds devant, y rester. *FRANCE FAM.* claboter. *QUÉB. FAM.* lever les pattes, péter au fret. ▲ANT. RÉSISTER, S'OBSTINER; SUPPORTER, SURMONTER, VAINCRE; SURVIVRE, VIVRE.

sucer v. ▶ *Garder dans la bouche* – téter. *BELG.* tûter. ▶ *Aspirer un liquide* – aspirer, pomper. *MAR.* super. ▲ANT. CRACHER, REJETER.

sucré adj. douceâtre, doucereux, mielleux, (tout sucre) tout miel. *SOUT.* cauteleux, onctueux, papelard, patelin, paterne.

sucre n. m. ▶ *Aliment* – édulcorant. *CHIM.* saccharose/sucrose. ▶ *Substance chimique* – glucide.

sucrerie n. f. ▶ *Friandise* – chatterie, confiserie, douceur, friandise, gâterie, gourmandise. *QUÉB. FAM.* nanane. ▶ *Exploitation des érables* – érablière. ▶ *Boisson* (AFR.) – boisson, breuvage (*spécial*). *SOUT.* nectar. *FAM.* liquide.

sud adj. ▶ *Au sud* – méridional. ▶ *Du pôle Sud* – antarctique, austral. ▲ANT. BORÉAL, NORD, SEPTENTRIONAL; ARCTIQUE.

sud n. m. ▶ *Sud* – Antarctique, autan, midi. ▲ANT. NORD.

suer v. ▶ *Transpirer* – être en nage, être en sueur, être (tout) en eau, ruisseler de sueur, transpirer. ▶ *Travailler fort* – besogner, peiner, travailler comme un forçat, travailler d'arrache-pied. *SOUT.* tâcher. *FAM.* bûcher, en baver, en travailler un coup, galérer, marner, ne pas chômer, trimer. *FRANCE FAM.* boulonner. *QUÉB. FAM.* être comme une queue de veau, travailler comme un bûcheron. ▶ *Souffrir* – peiner, souffrir. *FAM.* en baver, en baver des ronds de chapeau, en roter. *QUÉB. FAM.* en arracher, endurer le calvaire. ▶ *Se couvrir d'humidité* – ressuer, suinter. ▶ *Dégager une ambiance, un sentiment* – exhaler, respirer, transpirer. ▲ANT. AVOIR FROID; S'ASSÉCHER; SE REPOSER; IMPRÉGNER, PÉNÉTRER, S'INFILTRER.

sueur n. f. eau, écume (*animal*), moiteur, nage, perspiration, sudation, sudorification, transpiration. *FAM.* suée.

suffire v. ▶ *Satisfaire* – remplir, répondre à, satisfaire à. ▲ANT. FAIRE DÉFAUT, MANQUER.

suffisamment adv. à satiété, acceptablement, amplement, assez, autant qu'il faut, ce qu'il faut, convenablement, en quantité suffisante, honnêtement, passablement, plutôt, quelque peu, raisonnablement, valablement. *FAM.* jusqu'à plus soif, marre. ▲ANT. INSUFFISAMMENT.

suffisance n. f. ▶ *Vanité* – amour-propre, arrogance, autosatisfaction, bouffissure, complaisance, contentement (de soi), crânerie, enflure, fatuité, gloriole, hauteur, immodestie, importance, jactance, mégalomanie, morgue, orgueil, ostentation, outrecuidance, parade, pose, présomption, prétention, superbe, supériorité, triomphalisme, vanité, vantardise. *SOUT.* fierté, infatuation. *FAM.* ego. *QUÉB. FAM.* pétage de bretelles. ▶ *Pédantisme* – affectation, cuistrailerie, cuistrerie, didactisme, dogmatisme, érudition affectée, fatuité, pédanterie, pédantisme, pose, sottise. *SOUT.* omniscience, savantasse. ▲ANT. HUMILITÉ, MODESTIE; INSUFFISANCE.

suffisant adj. ▶ *Satisfaisant* – acceptable, approuvable, bien, bon, convenable, correct, décent, honnête, honorable, moyen, passable, présentable, raisonnable, satisfaisant. *FAM.* potable, supportable. ▶ *Prétentieux* – cabot, cabotin, complaisant, conquérant, content de soi, fat, fier, fiérot, hâbleur, imbu de soi-même, infatué, m'as-tu-vu, orgueilleux, outrecuidant, pédant, pétri d'orgueil, plein de soi-même, présomptueux, prétentieux, qui fait l'important, qui se prend pour quelqu'un, qui se prend pour un autre, rempli de soi-même, vain, vaniteux, vantard. *FAM.* chochotte, prétentiard, ramenard. *QUÉB. FAM.* frais, frappé. ▲ANT. INSATISFAISANT, INSUFFISANT; HUMBLE, MODESTE, SANS PRÉTENTION, SIMPLE.

suffoquer v. ▶ *Gêner la respiration* – étouffer, oppresser. ▶ *Tuer par asphyxie* – asphyxier, étouffer. ▶ *Stupéfier* – abasourdir, ahurir, couper bras et jambes à, couper le souffle à, ébahir, époustoufler, étonner, méduser, renverser, saisir, souffler, stupéfaire, stupéfier. *FAM.* décoiffer, défoncer, déménager, éberluer, ébouriffer, épater, estomaquer, estourbir, scier, sidérer. ▶ *Respirer difficilement* – avoir le souffle court, étouffer, être hors d'haleine, haleter, manquer de souffle, perdre haleine, s'époumoner, s'essouffler, souffler. *SOUT.* anhéler, panteler. *QUÉB. FAM.* pomper. ▲ANT. RESPIRER.

suffrage n. m. ▶ *Choix* – adoption, choix, cooptation, décision, désignation, détermination, échantillonnage, écrémage, élection, nomination, plébiscite, prédilection, présélection, résolution, sélection, tri, triage, vote. *SOUT.* décret, parti. ▶ *Vote* – consultation (populaire), élection, plébiscite, proclamation, référendum, scrutin, tour, urnes, voix, vote. ▶ *Approbation* (SOUT.) – acceptation, accord, accréditation, acquiescement, adhésion, adoption, affirmation, affirmative, agrément, amen, approbation, approbativité, approuvé, assentiment, autorisation, aval, avis favorable, bénédiction, caution, chorus, confirmation, consentement, déclaration favorable, engagement, entérinement, exeat, feu vert, gré, homologation, légalisation, oui, permission, ratification, sanction, validation. *BELG.* agréage, agréation. *RELIG.* admittatur, celebret, créance, imprimatur, nihil obstat. ▲ANT. DÉSAPPROBATION, OPPOSITION.

suggérer *v.* ▶ *Sous-entendre* – dire à demi-mot, dire à mots couverts, donner à entendre, faire allusion à, laisser entendre, sous-entendre. ▶ *De façon non favorable* – insinuer. ▶ *Proposer* – conseiller, indiquer, proposer, recommander. ▶ *Faire naître une idée* – inspirer, souffler. SOUT. instiller. ▲ANT. DÉCONSEILLER, DÉTOURNER, DISSUADER; CHASSER, ÉLOIGNER, REPOUSSER.

suggestible *adj.* ▲ANT. RÉCALCITRANT, RÉFRACTAIRE, RÉTIF.

suggestif *adj.* ▶ *Évocateur* – évocateur, inspirant, inspirateur. ▶ *Aguichant* – affriolant, aguichant, aguicheur, aphrodisiaque, émoustillant, érotique, impudique, incendiaire, langoureux, lascif, osé, provocant, sensuel, troublant, voluptueux. DIDACT. anacréontique. ▲ANT. FADE, ININTÉRESSANT, INSIPIDE, TERNE.

suggestion *n. f.* ▶ *Proposition* – avertissement, avis, conseil, encouragement, exhortation, guidance, idée, incitation, indication, information, initiative, inspiration, instigation, motion *(dans une assemblée)*, offre, opinion, préconisation, proposition, recommandation, renseignement. FAM. tuyau. DR. pollicitation. ▶ *Influence* – action, aide, appui, ascendant, attirance, attraction, aura, autorité, contagion, crédit, dominance, domination, effet, empreinte, emprise, fascination, force, importance, incitation, influence, inspiration, magie, magnétisme, mainmise, manipulation, mouvance, persuasion, pétition, poids, pouvoir, prépondérance, présence, pression, prestige, puissance, règne, rôle, séduction, subjugation, tyrannie. SOUT. empire, intercession. ▶ *Analogie* – allégorie, analogie, apologue, assimilation, association (d'idées), catachrèse *(lexicalisée)*, comparaison, équivalence, figure, image, lien, métaphore, parabole, parallèle, parenté, personnification, rapport, rapprochement, relation, ressemblance, similitude, symbole, symbolisme. ▲ANT. MISE EN GARDE, ORDRE, SOMMATION, ULTIMATUM.

suicider (se) *v.* mettre fin à ses jours, s'enlever la vie, se donner la mort, se tuer. FAM. se détruire, se supprimer. ▶ *Par balle* – retourner l'arme contre soi *(après avoir tiré sur d'autre)*, se tirer (une balle dans la tête). FAM. se brûler la cervelle, se faire sauter la cervelle, se faire sauter le caisson, se flinguer. ▶ *Par sacrifice* – faire le sacrifice de sa vie. SOUT. s'immoler.

suinter *v.* ▶ *S'écouler faiblement* – exsuder. SOUT. sourdre, transsuder. ▶ *Se couvrir d'humidité* – ressuer, suer. ▶ *Laisser couler goutte à goutte* – distiller, exsuder, sécréter. ▲ANT. IMPRÉGNER, PÉNÉTRER, S'INFILTRER.

suite *n. f.* ▶ *Série* – alignement, chaîne, chapelet, colonne, combinaison, consécution, cordon, enchaînement, enfilade, énumération, file, gamme, guirlande, ligne, liste, rang, rangée, séquence, série, succession, tissu, travée. ▶ *Progression* – cheminement, cours, déroulement, développement, devenir, évolution, fil, marche, progrès, progression. ▶ *Continuation* – conservation, continuation, immortalisation, maintien, pérennisation, persistance, poursuite, préservation, prolongement, sauvegarde, transmission. SOUT. ininterruption, perpétuation, perpétuement. ▶ *Conséquence* – action, conclusion, conséquence,

contrecoup, corollaire, développement, effet, efficacité, fonction, fruit, impact, implication, incidence, jeu, juste retour des choses, œuvre, portée, prolongement, réaction, rejaillissement, répercussion, résultante, résultat, retentissement, retombées, ricochet, séquelle, suite (logique). SOUT. aboutissant, efficace, fille. ▶ *Procession* – cérémonie, colonne, convoi, cortège, défilade, défilé, file, marche, noce, noria, pardon, pèlerinage, procession, queue, théorie, va-et-vient. ▶ *Escorte* – accompagnement, convoi, cortège, équipage, escorte, garde, gardes du corps, pompe, service de protection. ▶ *Employés d'une maison* – domesticité, domestiques, équipage, gens de maison, personnel (de maison). PÉJ. SOUT. valetaille. ▶ *Liste* – barème, bordereau, cadre, catalogue, index, inventaire, liste, matricule, mémoire, menu, nomenclature, registre, relevé, répertoire, rôle, série, table, tableau. SUISSE tabelle. ▶ *Ensemble de logiciels* – coffret, progiciel. QUÉB. trousse. ▶ *Action de poursuivre le gibier* – chasse. DIDACT. cynégétique, prédation. ▲ANT. INTERRUPTION.

suivant *adj.* ▶ *Qui suit dans le temps* – à venir, futur, postérieur, prochain, subséquent, ultérieur. ▶ *Qui suit dans un texte* – ci-après, ci-dessous. ▲ANT. ANTÉRIEUR, PRÉCÉDENT; ANTÉCÉDENT.

suivi *n. m.* analyse, apurement, audit, censure, confrontation, contrôle, épreuve, examen, expérience, expérimentation, expertise, filtrage, inspection, pointage, recensement, recension, récolement, reconnaissance, recoupement, révision, revue, supervision, surveillance, test, vérification. ▲ANT. NÉGLIGENCE.

suivre *v.* ▶ *Venir après qqch.* – succéder à. ▶ *Venir après qqn* – prendre la suite de, remplacer, succéder à. ▶ *Talonner* – être sur les talons de, marcher sur les talons de, serrer, serrer de près, talonner. ▶ *Prendre en filature* – filer, pister, prendre en filature. FRANCE FAM. filocher. ▶ *S'adapter* – emboîter le pas à, imiter, s'accorder sur, s'adapter à, s'ajuster à, s'aligner sur, se conformer à, se mettre au diapason de, se mettre dans le ton, se modeler sur, se ranger à, se régler sur. ▶ *Respecter* – acquiescer à, obéir à, observer, obtempérer à, respecter, se conformer à, se plier à, se soumettre à. SOUT. déférer à, sacrifier à. ▶ *Subir* – obéir à, subir. ▶ *Assister à un cours* – assister à, écouter. ▶ *Longer* – border, confiner à, côtoyer, longer, toucher. ▶ *Emprunter un chemin* – emprunter, enfiler, passer par, prendre, s'engager dans. ◆ **se suivre** ▶ *Se succéder* – défiler, s'enchaîner, se succéder. ▲ANT. DEVANCER, PRÉCÉDER; DÉPASSER, SUPPLANTER; DIRIGER; DÉLAISSER, FUIR, LÂCHER, QUITTER; S'ÉCARTER, S'ÉLOIGNER; ENFREINDRE, VIOLER.

sujet *adj.* enclin à, porté à, prédisposé à, susceptible de. ▲ANT. À L'ABRI DE.

sujet *n.* ▶ *Personne habitant un pays* – citoyen, membre de la communauté, national, naturalisé, ressortissant. ▶ *Personne soumise à une autorité* – administré. ▲ANT. MAÎTRE, ROI, SOUVERAIN.

sujet *n. m.* ▶ *Ce qui est soumis à l'étude* – fait, fond, matière, objet, point, problème, propos, question, thème. ▶ *Cause* – agent, base, cause, explication, facteur, ferment, fondement, fontaine, germe, inspiration, levain, levier, mobile, moteur, motif, motivation, moyen, objet, occasion, origine, point de départ, pourquoi, principe, raison, raison d'être, source. SOUT. étincelle, mère, racine, ressort. ▸ *Portrait* – académie, anatomie, charnure, gymnité, modèle, nu, nudité, plastique. ▲ANT. COMPLÉMENT ; OBJET.

sultan *n. m.* ▸ *Souverain ottoman* ▸ *Titre* – Hautesse.

superbe *adj.* ▸ *Ravissant* – admirable, beau, d'une grande beauté, de toute beauté, éblouissant, magnifique, ravissant, splendide. FRANCE FAM. flambant. ▲ANT. AFFREUX, HIDEUX, HORRIBLE, IGNOBLE, MONSTRUEUX, REPOUSSANT ; HUMBLE, MODESTE, SANS PRÉTENTION, SIMPLE.

superficie *n. f.* ▸ *Surface* – aire, envergure, étendue, surface. ▸ *Aspect extérieur* (SOUT.) – air, allure, apparence, aspect, caractère, configuration, couleur, couvert, dehors, éclairage, expression, extérieur, façade, faciès, figure, forme, formule, impression, jour, masque, mine, paraître, perspective, physionomie, plastique *(en art)*, portrait, présentation, profil, ressemblance, semblant, surface, ton, tour, tournure, traits, vernis, visage. SOUT. enveloppe. ▲ANT. FOND, INTÉRIEUR, PROFONDEUR.

superficiel *adj.* ▸ *Peu approfondi* – approximatif, grossier, imprécis, rudimentaire, sommaire, vague. ▸ *Peu sérieux* – frivole, futile, léger, mondain, puéril. ▸ *Qui n'existe qu'en apparence* – apparent, de surface, pour la montre. ▸ *En parlant d'une lecture* – bref, cursif, rapide. ▲ANT. PROFOND ; APPROFONDI, CREUSÉ, FOUILLÉ ; GRAVE, LOURD, SÉRIEUX ; FONCIER, INTÉRIEUR, INTIME ; SOUTERRAIN.

superficiellement *adv.* ▸ *Extérieurement* – apparemment, au-dehors, d'après les apparences, dehors, en apparence, en dehors, en surface, extérieurement, extrinsèquement, par-dehors. ▸ *Frivolement* – distraitement, frivolement, futilement, inconséquemment, infidèlement, inutilement, légèrement, négligemment, vainement. ▲ANT. EN ESSENCE, ESSENTIELLEMENT, FONDAMENTALEMENT, INTÉRIEUREMENT, INTRINSÈQUEMENT, PROFONDÉMENT, RÉELLEMENT, SUBSTANTIELLEMENT ; AVEC SÉRIEUX, DE FAÇON APPROFONDIE, SÉRIEUSEMENT.

superflu *adj.* en trop, inutile, redondant. SOUT. superfétatoire. ▲ANT. ESSENTIEL, INDISPENSABLE, NÉCESSAIRE, OBLIGATOIRE ; UTILE.

supérieur *adj.* ▸ *Haut* – élevé, fort, haut, transcendant. ▸ *Très bon* – de classe, de luxe, de premier ordre, de première qualité, de qualité supérieure, excellent, extra, extrafin, haut de gamme, hors classe, impérial, royal, surchoix, surfin. ▸ *Remarquable en son genre* – d'exception, exceptionnel, hors du commun, hors ligne, hors pair, hors série, incomparable, inégalable, inégalé, inimitable, insurpassable, insurpassé, irremplaçable, précieux, qui n'a pas son pareil, rare, remarquable, sans égal, sans pareil, sans précédent, sans rival, sans second, spécial, unique. ▸ *Insurpassable* – indétrônable, inégalable, inégalé, insurpassable, insurpassé, meilleur, par excellence, souverain, suprême. ▸ *Important* – capital, central, crucial, de la plus haute importance, de premier plan, décisif, déterminant, dominant, essentiel, fondamental, important, maître, majeur, numéro un, prédominant, prééminent, premier, prépondérant,

primordial, principal, prioritaire. SOUT. à nul autre second, cardinal. ▸ *Hautain* – arrogant, condescendant, dédaigneux, fier, hautain, méprisant, orgueilleux, outrecuidant, pimbêche *(femme)*, pincé, plein de soi, présomptueux, prétentieux, snob. SOUT. altier, rogue. ▲ANT. BAS, INFÉRIEUR ; MAUVAIS, MÉDIOCRE, MINABLE, NUL ; ACCESSOIRE, INSIGNIFIANT, MINEUR, PETIT, SECONDAIRE ; SUBALTERNE, SUBORDONNÉ ; HUMBLE, MODESTE.

supérieur *n.* ▸ *Patron* – administrateur, cadre, chef d'entreprise, chef d'équipe, chef d'industrie, chef de produit, chef de projet, contremaître, décideur, décisionnaire, directeur, dirigeant, gérant, patron, président. FRANCE FAM. singe. ▲ANT. EMPLOYÉ, SUBALTERNE, SUBORDONNÉ.

supériorité *n. f.* ▸ *Prédominance* – avantage, dessus, prédominance, prééminence, préférence, prépondérance, préséance, primauté, priorité, suprématie, transcendance. SOUT. précellence, préexcellence. ▸ *Orgueil* – amour-propre, arrogance, autosatisfaction, bouffissure, complaisance, contentement (de soi), crânerie, enflure, fatuité, gloriole, hauteur, immodestie, importance, jactance, mégalomanie, morgue, orgueil, ostentation, outrecuidance, parade, pose, présomption, prétention, suffisance, superbe, triomphalisme, vanité, vantardise. SOUT. fierté, infatuation. FAM. ego. QUÉB. FAM. pétage de bretelles. ▲ANT. INFÉRIORITÉ ; HUMILITÉ, MODESTIE.

superposer *v.* ♦ *se superposer* ▸ *Se recouvrir* – s'imbriquer, (se) chevaucher, se recouvrir. ▲ANT. JUXTAPOSER ; DISPERSER, ÉPARPILLER, ÉTALER.

superposition *n. f.* ▸ *Empiétement* – chevauchement, croisement, empiétement, intersection, nœud, recoupement, recouvrement, rencontre. ▸ *Accumulation* – abondance, accumulation, addition, agrégation, amas, amoncellement, collection, déballage, échafaudage, emmagasinage, empilage, empilement, encombrement, entassement, étagement, faisceau, fatras, fouillis, monceau, montagne, pile, pyramide, quantité, stratification, tas. ▲ANT. DISPERSION, JUXTAPOSITION.

superstitieux *adj.* ▲ANT. INCRÉDULE, SCEPTIQUE.

suppléer *v.* ▸ *Remplacer qqch.* – faire fonction de, jouer le rôle de, remplacer, se substituer à, servir de, tenir la place de, tenir lieu de. ▸ *Remplacer qqn* – prendre la relève de, relayer, relever, remplacer. ▸ *Remédier* – compenser, faire oublier, pallier, parer à, racheter, remédier à, réparer. SOUT. obvier à. ▲ANT. AMPUTER, ENTAMER, RÉDUIRE, RONGER.

supplément *n. m.* accessoire, à-côté, adjonction, ajout, annexe, appoint, complément, extra, rajout. FAM. rab, rabiot, rallonge. BELG. ajoute. SUISSE ajouture, rajouture. ▲ANT. COUPURE, RÉDUCTION, SOUSTRACTION, SUPPRESSION.

supplémentaire *adj.* accessoire, additif, additionnel, annexe, auxiliaire, complémentaire, supplément, subsidiaire. SOUT. adventice, supplétif, surérogatoire. ▲ANT. PRINCIPAL ; EN MOINS.

supplication *n. f.* ▸ *Demande* – adjuration, appel, demande, démarche, desideratum, désir, doléances, exigence, injonction, instance, interpellation, interrogation, invocation, mandement, ordre, pétition, placet, prétention, prière, question, réclamation, requête, réquisition, revendication, sollicitation, sommation, supplique, ultimatum, vœu. *SOUT.* imploration. ▶ **Prière** – acte de contrition, acte de foi, déprécation, exercice, exercice de piété, exercice spirituel, invocation, litanie, méditation, obsécration, oraison, prière, recueillement, souhait. ▶ **Exorcisme** – adjuration, conjuration, délivrance, désensorcellement, désenvoûtement, exorcisme, obsécration, purification. *SOUT.* exorcisation. ▲**ANT.** COMMANDEMENT, ORDRE.

supplice *n. m.* ▶ **Peine corporelle** – échafaud, exécution, géhenne, martyre, peine, question, torture, tourment. ▶ **Douleur** – affliction, agonie, calvaire, douleur, enfer, martyre, souffrances, torture. *SOUT.* affres, géhenne, tourment. ▶ **Souffrance morale** – blessure, déchirement, déchirure, douleur, mal, martyre, souffrance, torture. *SOUT.* tenaillement, tribulation. ▲**ANT.** AGRÉMENT, DÉLICE, PLAISIR.

supplier *v.* adjurer, implorer, prier, solliciter. *SOUT.* conjurer, crier grâce, crier merci, tendre les bras vers, tomber aux genoux de, tomber aux pieds de. ▲**ANT.** COMMANDER, ORDONNER.

support *n. m.* ▶ **Objet qui supporte** – appui, renfort, soutènement, soutien. ▶ **Ce qui sert à transmettre** – substrat, vecteur, véhicule. ▶ **Surface à peindre** – subjectile. ▲**ANT.** ENTRAVE, FREIN, OBSTACLE.

supportable *adj.* ▶ **Tolérable** – endurable, tenable, tolérable. *FAM.* buvable, vivable. ▶ **Passable** – acceptable, approuvable, bien, bon, convenable, correct, décent, honnête, honorable, moyen, passable, présentable, raisonnable, satisfaisant, suffisant. *FAM.* potable. ▲**ANT.** DIFFICILE, DUR, EXASPÉRANT, INSOUTENABLE, INSUPPORTABLE, INTENABLE, INTOLÉRABLE; INACCEPTABLE.

supporter *v.* ▶ **Servir d'appui** – porter, soutenir. ▶ **Servir de fondement** – appuyer, étayer, sous-tendre, soutenir. ▶ **Tolérer** – accepter, endurer, permettre, souffrir, tolérer. ▶ **Juger sans gravité** – admettre, excuser, fermer les yeux sur, innocenter, laisser passer, pardonner, tolérer. ▶ **Donner son appui** – adhérer à, approuver, appuyer, consentir à, se prêter à, souscrire à, soutenir. *SOUT.* entendre à. ▶ **Résister** – être à l'épreuve de, résister à. ▲**ANT.** CÉDER, CRAQUER, DÉFAILLIR, S'EFFONDRER.

supposer *v.* ▶ **Considérer comme probable** – croire, penser, présumer, (s')imaginer. *SOUT.* conjecturer. ▶ **Comporter de façon implicite** – impliquer, présupposer. ▶ **Attribuer un acte, un trait à qqn** – attribuer, prêter, rapporter. ▲**ANT.** AFFIRMER, CERTIFIER, PROUVER; EXCLURE.

supposition *n. f.* ▶ **Hypothèse** – a priori, apriorisme, apriorité, cas de figure, condition, conjecture, doute, extrapolation, hypothèse, idée reçue, induction, jeu de l'esprit, œillère, préjugé, présomption, présupposé, présupposition, pronostic, scénario, supputation. ▶ **Imagination** – conception, création, créativité, évasion, extrapolation, fantaisie, fantasme, fictif, fiction, idéal, idéation, idée, illumination (*soudain*), imaginaire, imagination, inspiration, invention, inventivité, irréel, souffle (créateur), surréalité, surréel, veine, virtuel. *SOUT.* folle du

logis, muse. *FRANCE FAM.* gamberge. ▲**ANT.** AFFIRMATION, CERTITUDE.

suppression *n. f.* ▶ **Élimination** – absorption, anéantissement, annihilation, démolition, destruction, dévastation, disparition, effacement, élimination, enlèvement, éradication, fin, gommage, liquidation, mort, néantisation. *SOUT.* extirpation. ▶ **Abolition** – abolition, abrogation, annulation, cassation, cessation, coupure, dissolution, invalidation, résiliation, résolution, retrait, révocation, rupture de contrat. *BELG.* renon. ▶ **Confiscation** – appropriation, blocus, confiscation, désapprovisionnement, embargo, expropriation, gel, immobilisation, mainmise, prise, privation, saisie, séquestre. ▶ **Rejet** – abandon, abdication, aliénation, capitulation, cession, don, donation, fléchissement, non-usage, passation, rejet, renoncement, renonciation, répudiation, retrait. *FIG.* bradage. ▶ **Meurtre** – assassinat, crime, élimination, exécution, homicide, liquidation, meurtre, mise à mort. ▲**ANT.** ADDITION, ADJONCTION, AJOUT; CONSERVATION, MAINTIEN.

supprimer *v.* ▶ **Enlever** – couper, éliminer, enlever, ôter, radier, retrancher. *FAM.* sucrer. ▶ **Détruire** – anéantir, annihiler, briser, démolir, détruire, écraser, éliminer, néantiser, pulvériser, réduire à néant, réduire à rien, ruiner. ▶ **Abolir** – abolir, éliminer. ▶ **Éliminer un mal** – déraciner, éliminer, éradiquer, faire disparaître, radier. *SOUT.* extirper. ▶ **Éliminer une difficulté** – aplanir, lever. ▶ **Bannir** – bannir, éliminer, exclure, proscrire, rejeter. ▶ **Censurer** – caviarder, censurer, passer au caviar. ▶ **Assassiner** – abattre, assassiner, éliminer, exécuter, tuer. *SOUT.* immoler. *FAM.* buter, descendre, envoyer ad patres, envoyer dans l'autre monde, expédier, faire la peau à, flinguer (*arme à feu*), liquider, nettoyer, ratatiner, rectifier, refroidir, se faire, trucider, zigouiller. *FRANCE FAM.* bousiller, dessouder, escoffier, révolvériser (*revolver*). ♦ **se supprimer** ▶ **Se suicider** (*FAM.*) – mettre fin à ses jours, s'enlever la vie, se donner la mort, se suicider, se tuer. *FAM.* se détruire. ▲**ANT.** ADDITIONNER, ADJOINDRE, AJOUTER, METTRE, PLACER; BÂTIR, CONSTRUIRE, CRÉER, ÉTABLIR, FAIRE, FONDER, FORMER, INSTITUER; CONSERVER, GARDER, MAINTENIR, PROROGER.

suprématie *n. f.* avantage, dessus, prédominance, prééminence, préférence, prépondérance, préséance, primauté, priorité, supériorité, transcendance. *SOUT.* précellence, préexcellence. ▲**ANT.** INFÉRIORITÉ, SOUMISSION.

suprême *adj.* ▶ **Supérieur** – indétrônable, inégalable, inégalé, insurpassable, insurpassé, meilleur, par excellence, souverain, supérieur. ▶ **Dernier** – dernier, extrême, final, terminal, ultime. ▲**ANT.** INFÉRIEUR, INFIME; PREMIER.

sur *adj.* acescent, acide, acidulé, âcre, aigre, aigrelet, aigri, amer, piquant, piqué, rance, râpeux, suret, suri, tourné. ▲**ANT.** DOUX, SUAVE.

sûr *adj.* ▶ **Convaincu** – assuré, certain, convaincu, persuadé. ▶ **Digne de confiance** – attaché, constant, dévoué, fidèle, loyal. ▶ **Infaillible** – efficace, infaillible, souverain. ▶ **Inévitable** – assuré, certain, fatal, immanquable, imparable, implacable, incontournable, inéluctable, inévitable, inexorable, nécessaire, obligatoire, obligé. *FAM.* forcé, mathématique. ▶ **Incontestable** – avéré, certain, démontré, établi, formel, inattaquable, incontestable, incontesté, indéniable, indiscutable, indiscuté, indubitable, irrécusable, irréfutable, prouvé, reconnu. *FAM.* garanti. *DIDACT.* irréfragable. ▲**ANT.** INCERTAIN; HÉSITANT, INDÉCIS, IRRÉSOLU, PERPLEXE; DÉFIANT, INCRÉDULE, MÉFIANT, SCEPTIQUE; LOUCHE, SUSPECT; HYPOCRITE, TROMPEUR; AVENTUREUX, DANGEREUX, IMPRUDENT, PÉRILLEUX; DOUTEUX, HYPOTHÉTIQUE, IMPROBABLE, INDÉTERMINÉ; ATTAQUABLE, CONTESTABLE, DISCUTABLE; FAUX, INEXACT.

suractivité *n. f.* ▶ *Effervescence* – activité, affairement, affolement, agitation, alarme, animation, bouillonnement, branle-bas (de combat), bruit, dérangement, désordre, désorganisation, détraquement, effervescence, excitation, fourmillement, grouillement, hâte, incohérence, mouvement, orage, précipitation, remous, remue-ménage, secousse, tempête, tohu-bohu, tourbillon, tourmente, trépidation, trouble, tumulte, turbulence, va-et-vient. *SOUT.* émoi, remuement. *FAM.* chambardement. ▲**ANT.** APATHIE, INERTIE, LÉTHARGIE, OISIVETÉ.

surbaisser *v.* ▲**ANT.** SURHAUSSER.

surchargé *adj.* de trop, excessif, pléthorique, surabondant.

surcharge *n. f.* ▶ *Alourdissement* – alourdissement, appesantissement, augmentation de poids, embarras, indigestion, lourdeur, oppression. ▶ *Excès* – comble, débauche, débordement, dépassement, disproportion, énormité, excédent, excès, exubérance, gaspillage, inutile, luxe, luxuriance, orgie, profusion, redondance, satiété, saturation, superfétation, superflu, superfluité, surabondance, surcroît, surenchère, surnombre, surplus, trop, trop-plein. ▶ *Électricité* – surtension, survoltage. ▲**ANT.** ALLÉGEMENT, DIMINUTION, RÉDUCTION; MODÉRATION, SOBRIÉTÉ.

surchauffer *v.* ▶ *Déchaîner* – chauffer (à blanc), déchaîner, électriser, enfiévrer, exalter, galvaniser, surexciter, survolter, transporter. ▲**ANT.** SOUS-CHAUFFER; APAISER, CALMER.

surcoût *n. m.* ▲**ANT.** RABAIS, RÉDUCTION.

surcroît *n. m.* ▶ *Reste* – complément, différence, excédent, excès, reliquat, résidu, restant, reste, solde, soulte, surplus. *FAM.* rab, rabiot. ▶ *Supplément* – accessoire, à-côté, adjonction, ajout, annexe, appoint, complément, extra, rajout, supplément. *FAM.* rab, rabiot, rallonge. *BELG.* ajoute. *SUISSE* ajouture, rajouture. ▶ *Excès* – comble, débauche, débordement, dépassement, disproportion, énormité, excédent, excès, exubérance, gaspillage, inutile, luxe, luxuriance, orgie, profusion, redondance, satiété, saturation, superfétation, superflu, superfluité, surabondance, surcharge, surenchère, surnombre, surplus, trop, trop-plein. ▲**ANT.** DIMINUTION, RÉDUCTION, SOULAGEMENT.

sûrement *adv.* à dire vrai, à l'évidence, à la vérité, à n'en pas douter, à vrai dire, assurément, authentiquement, bel et bien, bien, bien entendu, bien sûr, cela va de soi, cela va sans dire, certainement, certes, comme de juste, d'évidence, de toute évidence, effectivement, en effet, en vérité, évidemment, il va sans dire, indubitablement, manifestement, naturellement, nul doute, oui, réellement, sans (aucun) doute, sans conteste, sans contredit, sans le moindre doute, sans nul doute, sérieusement, véridiquement, véritablement, vraiment. *FAM.* pour de vrai, vrai. *QUÉB. FAM.* pour vrai. ▲**ANT.** PEUT-ÊTRE, PLAUSIBLEMENT, POSSIBLEMENT, POTENTIELLEMENT, PROBABLEMENT, SANS DOUTE, VIRTUELLEMENT, VRAISEMBLABLEMENT; AUCUNEMENT, D'AUCUNE FAÇON, D'AUCUNE MANIÈRE, EN AUCUN CAS, EN AUCUNE FAÇON, EN AUCUNE MANIÈRE, EN AUCUNE SORTE, EN RIEN, NULLEMENT, (PAS) DU TOUT.

surenchère *n. f.* ▶ *Enchère* – adjudication, enchère, folle enchère, licitation, vente à l'encan, (vente à la) criée, vente au plus offrant et dernier enchérisseur, vente aux chandelles, vente aux enchères, vente publique. *QUÉB.* encan. ▶ *Excès* – comble, débauche, débordement, dépassement, disproportion, énormité, excédent, excès, exubérance, gaspillage, inutile, luxe, luxuriance, orgie, profusion, redondance, satiété, saturation, superfétation, superflu, superfluité, surabondance, surcharge, surcroît, surnombre, surplus, trop, trop-plein. ▲**ANT.** CARENCE, INSUFFISANCE.

sûreté *n. f.* ▶ *Solidité* – cohésion, compacité, consistance, coriacité, dureté, fermeté, fixité, force, homogénéité, indélébilité, indestructibilité, inextensibilité, massiveté, monolithisme, résilience, résistance, rigidité, robustesse, solidité. ▶ *Sécurité* – abri, assurance, calme, confiance, paix, quiétude, repos, salut, sécurité, sérénité, tranquillité (d'esprit). ▶ *Assurance* – aplomb, assurance, autorité, caractère, constance, courage, cran, détermination, endurance, énergie, fermeté, force, permanence, poigne, rectitude, résolution, ressort, sang-froid, sérieux, solidité, ténacité, vigueur, virilité, volonté. *SOUT.* fortitude, invulnérabilité. *FAM.* estomac, gagne. ▶ *Garantie* – assurance, aval, caution, cautionnement, charge, consignation, couverture, ducroire, engagement, gage, garant, garantie, hypothèque, indexage, indexation, nantissement, obligation, palladium, parrainage, précaution, préservation, promesse, répondant, responsabilité, salut, sauvegarde, sécurité, signature, soulte, warrant, warrantage. ▶ *Confiance* (*SOUT.*) – assurance, certitude, confiance, conviction, croyance, foi. ▲**ANT.** CRAINTE, HÉSITATION; DANGER, DÉTRESSE, PÉRIL, PRÉCARITÉ, RISQUE.

surévaluer *v.* ▶ *Surestimer la valeur marchande* – surcoter, survaloriser. ▶ *Exagérer les mérites* – gonfler, surestimer, surfaire. ▲**ANT.** SOUS-ÉVALUER.

surface *n. f.* ▶ *Superficie* – aire, envergure, étendue, superficie. ▶ *Ce qui est plan* – aire, méplat, plan. ▶ *Face* – bord, chant, côté, face, facette, flanc, pan, paroi, profil, tranche. *MAR.* travers. ▶ *Côté superficiel* – air, allure, apparence, aspect, caractère, configuration, couleur, couvert, dehors, éclairage, expression, extérieur, façade, faciès, figure, forme, formule, impression, jour, masque, mine, paraître, perspective, physionomie, plastique (*en art*), portrait, présentation, profil, ressemblance, semblant, ton, tour, tournure, traits, vernis, visage. *SOUT.* enveloppe, superficie. ▲**ANT.** LONGUEUR; VOLUME; FOND, INTÉRIEUR, PROFONDEUR.

surfer *v.* ▶ *Explorer Internet* – butiner, fureter, naviguer.

surfin *adj.* de classe, de luxe, de premier ordre, de première qualité, de qualité supérieure, excellent, extra, extrafin, haut de gamme, hors classe, impérial, royal, supérieur, surchoix. ▲ANT. DÉGOÛTANT, EXÉCRABLE, INFECT.

surgir v. ▶ *Devenir brusquement visible* – émerger, jaillir, saillir, sortir. *QUÉB. ACADIE FAM.* ressoudre. ▶ *Se manifester brusquement* – éclater, émerger, fuser, jaillir, s'élever. ▲ANT. DISPARAÎTRE, S'ÉVANOUIR; FUIR.

surhomme n.m. génie, maître, prodige, superhomme, surdoué, talent, virtuose. *SOUT.* phénix, surhumain. *FAM.* phénomène. ▲ANT. SOUS-HOMME.

surmonter v. ▶ *Être au-dessus* – coiffer, couronner, dominer, surplomber. ▶ *Maîtriser* – avoir raison de, franchir, triompher de, vaincre, venir à bout de. ▶ *Un sentiment* – calmer, contenir, contrôler, dominer, dompter, gouverner, maîtriser, vaincre. *SOUT.* commander à. ▲ANT. SUBIR; CÉDER; ÉCHOUER; ÉVITER.

surmultiplier v. ▲ANT. DÉMULTIPLIER.

surnaturel adj. ▶ *Divin* – céleste, divin, miraculeux. ▶ *Mystérieux* – mystérieux, occulte, paranormal, suprasensible, supraterrestre. ▶ *Magique* – enchanté, ensorcelé, envoûté, féerique, magique, merveilleux. ▲ANT. NATUREL; MATÉRIEL, RÉEL; EXPLICABLE, RATIONNEL.

surnaturel n.m. ▶ *Féerie* – fantasmagorie, fantastique, féerie, magie, merveilleux, mystère, prodige, prodigieux, sorcellerie. ▲ANT. MONDE MATÉRIEL, RATIONNEL.

surnom n.m. ▶ *Autre nom* – diminutif, faux nom, hétéronyme, nom d'artiste, nom d'emprunt, nom de guerre, nom de plume, nom de théâtre, pseudonyme, qualificatif, sobriquet.

surnuméraire adj. ▲ANT. MANQUANT.

surpasser v. ▶ *Supplanter qqn* – battre, couper l'herbe sous le pied à, damer le pion à, dégommer, dépasser, devancer, dominer, éclipser, faucher l'herbe sous le pied à, griller, l'emporter sur, laisser loin derrière, supplanter, surclasser. *FAM.* enfoncer. *FRANCE FAM.* faire la pige à. *QUÉB. FAM.* perdre dans la brume. ▶ *Transcender qqch.* – dépasser, transcender. ▲ANT. SUIVRE; ATTEINDRE, ÉGALER.

surpeuplé adj. ▲ANT. DÉSERT, INHABITÉ.

surpeupler v. ▲ANT. DÉPEUPLER.

surplace (var. **sur place**, **sur-place**) n.m. sing. calme, fixité, hiératisme, immobilisme, immobilité, immuabilité, immutabilité, impassibilité, improductivité, inaction, inactivité, inamovibilité, inertie, paralysie, piétinement, plafonnement, repos, sclérose, stabilité, stagnation, stationnarité, statisme, statu quo. *SOUT.* marasme, morosité. ▲ANT. DÉPLACEMENT, MOUVEMENT.

surplombant adj. ▲ANT. EN RETRAIT; ENCASTRÉ, ENCHÂSSÉ.

surplomber v. ▶ *Surmonter* – coiffer, couronner, dominer, surmonter. ▶ *Saillir* – avancer, déborder, dépasser, faire saillie, ressortir, saillir, se détacher, sortir. *BELG.* dessortir. *TECHN.* forjeter. ▲ANT. ÊTRE EN RETRAIT; ÊTRE ENCASTRÉ, ÊTRE ENCHÂSSÉ.

surplus n.m. ▶ *Reste* – complément, différence, excédent, excès, reliquat, résidu, restant, reste, solde, soulte, surcroît. *FAM.* rab, rabiot. ▶ *Supplément* – accessoire, à-côté, adjonction, ajout, annexe, appoint,

complément, extra, rajout, supplément. *FAM.* rab, rabiot, rallonge. *BELG.* ajoute. *SUISSE* ajouture, rajouture. ▶ *Excès* – comble, débauche, débordement, dépassement, disproportion, énormité, excédent, excès, exubérance, gaspillage, inutile, luxe, luxuriance, orgie, profusion, redondance, satiété, saturation, surperfétation, superflu, superfluité, surabondance, surcharge, surcroît, surenchère, surnombre, trop, trop-plein. ▶ *Lieu* – surplus de l'armée. ▲ANT. DÉFAUT, DÉFICIT, INSUFFISANCE, MANQUE.

surpoids n.m. ▲ANT. MAIGREUR.

surprenant adj. ▶ *Inattendu* – étonnant, inattendu, insoupçonné. ▶ *Renversant* – à (vous) couper le souffle, abasourdissant, ahurissant, bouleversant, confondant, déconcertant, dérangeant, ébahissant, effarant, époustouflant, étonnant, étourdissant, extraordinaire, impensable, inconcevable, incroyable, inimaginable, inouï, invraisemblable, pétrifiant, renversant, stupéfiant, suffocant. *SOUT.* qui confond l'entendement. *FAM.* ébouriffant, mirobolant, sidérant, soufflant. *QUÉB. FAM.* capotant. ▶ *Bizarre* – anormal, baroque, bizarre, curieux, drôle, étonnant, étrange, inaccoutumé, incompréhensible, inexplicable, inhabituel, insolite, inusité, singulier, spécial. *SOUT.* extraordinaire. *FAM.* bizarroïde. ▲ANT. ANODIN, BANAL, COMMUN, FADE, FALOT, INCOLORE, ININTÉRESSANT, INSIGNIFIANT, INSIPIDE, ORDINAIRE, PLAT, QUELCONQUE, SANS INTÉRÊT, TERNE.

surprendre v. ▶ *Prendre sur le fait* – attraper, découvrir, prendre sur le fait. *FAM.* pincer. ▶ *Étonner* – étonner, frapper (d'étonnement), interloquer, stupéfaire. *FAM.* en boucher un coin à, laisser pantois. ▲ANT. AVERTIR, AVISER, INSTRUIRE, PRÉVENIR.

surpris adj. abasourdi, ahuri, bouche bée, confondu, ébahi, éberlué, estomaqué, étonné, frappé de stupeur, hébété, interdit, interloqué, médusé, muet d'étonnement, pantois, pétrifié, sidéré, stupéfait. *FAM.* baba, ébaubi, épaté, époustouflé, riboulant, soufflé, suffoqué.

surprise n.f. ▶ *Étonnement* – abasourdissement, ahurissement, bouleversement, ébahissement, éblouissement, effarement, émerveillement, étonnement, saisissement, stupéfaction, stupeur. *FAM.* épatement. ▶ *Cadeau* – cadeau, don, offrande, prime. *SOUT.* présent. *FAM.* fleur. ▲ANT. IMPASSIBILITÉ, IMPERTURBABILITÉ; AVERTISSEMENT, PRÉAVIS.

surprotéger v. couver, élever dans du coton, élever dans la ouate, materner. ▲ANT. LAISSER FAIRE, NÉGLIGER; EXPOSER AUX DANGERS, MENER LA VIE DURE À.

sursaut n.m. ▶ *Soubresaut* – cahot, saut, soubresaut, tressaillure. *SOUT.* tressaut, tressautement. ▶ *Tremblement* – agitation, convulsion, ébranlement, flageolement, frémissement, frisson, frissonnement, grelottement, haut-le-corps, oscillation, saccade, secousse, soubresaut, titubation, tortillage, tortillement, tremblement, tremblotement, trémoussement, trémulation, trépidation, tressaillement, vacillement, vibration. *FAM.* tremblote. ▲ANT. CALME, IMMOBILITÉ.

sursauter v. bondir, tressaillir, tressauter. *SOUT.* soubresauter. ▲ANT. GARDER SON CALME, RESTER DE MARBRE.

sursis

sursis *n. m.* ▶ *Ajournement* – ajournement, délai, prorogation, recul (de date), rééchelonnement *(dette)*, remise (à plus tard), renvoi, répit, report. ▶ *Renvoi* – ajournement, annulation, cassation, destitution, dissolution, infirmation, invalidation, péremption d'instance, relaxe, remise, report, rescision, résiliation, résolution, révocation. ▲ANT. ACCOMPLISSEMENT, EXÉCUTION.

surtout *adv.* avant tout, en particulier, notamment, particulièrement, principalement, proprement, singulièrement, spécialement, spécifiquement, typiquement. ▲ANT. ÉGALEMENT, SANS DISTINCTION.

surveillance *n. f.* ▶ *Guet* – attention, espionnage, faction, filature, garde, gardiennage, guet, îlotage, inspection, monitorage, observation, patrouille, ronde, sentinelle, veille, veillée, vigie, vigilance. FAM. filoche, fliçage. ▶ *Protection* – abri, aide, appui, assistance, chapeautage, conservation, couverture, garantie, garde, mandat, parrainage, paternalisme, patronage, protection, recommandation, renfort, rescousse, sauvegarde, secours, sécurisation, soutien, tutelle. FIG. parapluie. QUÉB. marrainage *(femme)*. SOUT. égide. FAM. piston. ▶ *Vérification* – analyse, apurement, audit, censure, confrontation, contrôle, épreuve, examen, expérience, expérimentation, expertise, filtrage, inspection, pointage, recensement, recension, récolement, reconnaissance, recoupement, révision, revue, suivi, supervision, test, vérification. ▲ANT. NÉGLIGENCE ; LIBERTÉ.

surveillant *n.* ▶ *Gardien de prison* – cerbère *(brutal)*, garde, gardien (de prison), guichetier, prévôt. SOUT. geôlier. FRANCE FAM. maton. PÉJ. gardechiourme *(brutal)*. ▶ *Celui qui surveille les baigneurs* – maître nageur, surveillant de baignade, surveillant de piscine, surveillant de plage, surveillant-sauveteur. ▶ *Directeur des études* – directeur des études, surveillant d'études/d'internat, surveillant (général). RELIG. préfet (des études) ; ANC. père préfet. ▶ *Huissier* – aboyeur, annoncier, appariteur, audiencier, chaouch *(pays musulmans)*, crieur, gardien, huissier, introducteur, massier, portier. ▶ *Celui qui surveille les tâches* – superviseur.

surveiller *v.* ▶ *Garder à portée du regard* – avoir à l'œil, garder à vue, ne pas perdre de vue, ne pas quitter des yeux, observer, tenir à l'œil. ▶ *Guetter* – épier, être à l'affût de, être aux aguets, guetter, observer. QUÉB. FAM. écornifler. ▶ *Espionner* – épier, espionner, observer. FAM. fliquer, moucharder. ▶ *S'occuper de qqn* – garder, prendre soin de, s'occuper de, veiller sur. ▶ *Faire attention à qqch.* – faire attention à, se préoccuper de, veiller à. ▲ANT. DÉLAISSER, IGNORER, NÉGLIGER.

survenir *v.* ▶ *Arriver inopinément* – arriver à l'improviste, faire irruption, venir à l'improviste. FAM. débarquer, débouler, tomber. QUÉB. ACADIE FAM. ressoudre. QUÉB. FAM. retontir. ▶ *Se produire* – advenir, arriver, avoir lieu, se dérouler, se passer, se produire. ▲ANT. PARTIR ; DISPARAÎTRE ; SE PRÉSENTER SUR RENDEZ-VOUS.

survivre *v.* ▶ *Assurer son existence* – subsister, vivre. ▶ *Durer longtemps* – demeurer, durer, perdurer, persister, résister, rester, se chroniciser, se

conserver, se maintenir, se perpétuer, subsister. ▶ *Réchapper* – échapper à, réchapper de, s'en tirer, sortir (indemne) de. ♦ *se survivre* ▶ *Se perpétuer* – se perpétuer, se prolonger. ▲ANT. MOURIR, PÉRIR.

survoler *v.* ▶ *Ne pas approfondir* – effleurer, glisser sur, passer sur. ▶ *Lire superficiellement* – feuilleter, jeter un coup d'œil à, lire en diagonale, parcourir, regarder. ▲ANT. ANALYSER, APPROFONDIR, ÉTUDIER, EXAMINER.

susceptibilité *n. f.* ▶ *Irritabilité* – agacement, colère, emportement, énervement, exaspération, fureur, furie, impatience, indignation, irritabilité, irritation, rage. SOUT. courroux, irascibilité. FAM. horripilation, rogne. ▶ *Émotivité* – affect, affectivité, âme, attendrissement, cœur, compassion, émotion, émotivité, empathie, fibre, humanité, impressionnabilité, pitié, romantisme, sensibilité, sentiment, sentimentalité, sympathie, tendresse, vulnérabilité. SOUT. entrailles. FAM. tripes. ▶ *À l'excès* – hyperémotivité, hypersensibilité, sensiblerie, sentimentalisme. ▶ *Prédisposition* – affection, aptitude, attirance, disposition, faible, faiblesse, goût, habitude, impulsion, inclination, instinct, penchant, pente, prédilection, prédisposition, préférence, propension, tendance, vocation. PSYCHOL. compulsion, conation. FAM. tendresses. ▲ANT. PATIENCE, TOLÉRANCE.

susceptible *adj.* ▶ *Irritable* – bilieux, chatouilleux, coléreux, colérique, emporté, excitable, irascible, irritable, ombrageux, rageur. SOUT. atrabilaire, colère. FAM. criseux, soupe au lait. ▶ *Enclin* – enclin à, porté à, prédisposé à, sujet à. ▶ *Capable* – apte à, capable de, habile à, propre à, mené à. FAM. chiche de, fichu de. ▲ANT. COMPRÉHENSIF, INDULGENT, TOLÉRANT ; DÉBONNAIRE, DOUX, FLEGMATIQUE, PAISIBLE, PLACIDE. △SUSCEPTIBLE DE – FERMÉ À, HOSTILE À, OPPOSÉ À, RÉFRACTAIRE À.

susciter *v.* ▶ *Éveiller* – éveiller, exciter, faire naître, solliciter, soulever. ▶ *Provoquer* – amener, apporter, catalyser, causer, créer, déchaîner, déclencher, déterminer, donner, donner lieu à, donner naissance à, engendrer, entraîner, faire, faire naître, former, générer, occasionner, produire, provoquer, soulever. PHILOS. nécessiter. ▲ANT. EMPÊCHER, ÉVITER ; DÉTOURNER, DISSUADER ; DÉTRUIRE.

suspect *adj.* ▶ *Étrange* – étrange, inquiétant, louche, trouble. ▶ *Qui n'inspire pas confiance* – douteux, équivoque, louche, véreux. FAM. pas (très) catholique. ▶ *En parlant d'un lieu* – borgne, interlope, louche, mal famé. ▲ANT. CERTAIN, SÛR ; DIGNE DE CONFIANCE, HONNÊTE, IRRÉPROCHABLE, NET, SANS REPROCHE, SANS TACHE.

suspect *n.* accusé, inculpé, prévenu. ▲ANT. INNOCENT.

suspecter *V.* faire peser des soupçons sur, incriminer, mettre en cause, mettre en doute, soupçonner. SOUT. tenir en suspicion. ▲ANT. INNOCENTER, METTRE HORS DE CAUSE.

suspendre *v.* ▶ *Interrompre* – arrêter, cesser, interrompre, lever. SOUT. discontinuer. ▶ *Remettre à plus tard* – ajourner, décaler, différer, proroger, reculer, remettre, renvoyer, reporter, retarder. SOUT. ou DR. surseoir à. BELG. SUISSE postposer. TECHN. temporiser. ▶ *Accrocher* – accrocher, pendre. ▲ANT. CONTINUER,

MAINTENIR, POURSUIVRE; PROLONGER; REPRENDRE; DÉCROCHER, DÉPENDRE.

suspicion *n. f.* défiance, désintéressement, doute, incrédulité, méfiance, prudence, scepticisme, soupçon, vigilance. *SOUT.* cautèle. *FAM.* paranoïa *(excessive).* ▲ANT. CONFIANCE, FOI.

svelte *adj.* délicat, délié, élancé, filiforme, fin, fluet, frêle, gracile, grêle, léger, long, longiligne, maigre, mince. *QUÉB. FAM.* feluette. ▲ANT. ÉPAIS, GROS, LOURD, MASSIF.

symbole *n. m.* ▶ *Emblème* – allégorie, attribut, chiffre, devise, drapeau, effigie, emblème, figure, icône, image, incarnation, insigne, livrée, logo, logotype, marque, notation, personnification, représentation, signe, type. ▶ *Analogie* – allégorie, analogie, apologue, assimilation, association (d'idées), catachrèse *(lexicalisée)*, comparaison, équivalence, figure, image, lien, métaphore, parabole, parallèle, parenté, personnification, rapport, rapprochement, relation, ressemblance, similitude, symbolisme. ◆ **symboles, plur.** ▶ *Ensemble de signes* – code, symbolique; formule.

symbolique *adj.* allégorique, emblématique, figuratif, métaphorique, représentatif. *RELIG.* anagogique. ▲ANT. RÉEL; LITTÉRAL.

symboliser *v.* désigner, évoquer, exprimer, figurer, incarner, matérialiser, représenter, signifier.

symétrie *n. f.* ▶ *Équilibre* – accord, balance, balancement, compensation, contrepoids, égalité, équilibre, harmonie, juste milieu, moyenne, pondération, proportion. ▶ *Beauté* – agrément, art, attrait, beau, beauté, charme, chic, classe, coquetterie, délicatesse, distinction, éclat, élégance, esthétique, féerie, fraîcheur, grâce, gracieux, harmonie, magnificence, majesté, perfection, photogénie, pureté, séduction, splendeur. *DIDACT.* eurythmie. *SOUT.* blandice, joliesse, morbidesse, sublimité, symphonie, vénusté. ▲ANT. ASYMÉTRIE, DÉSORDRE, DISSYMÉTRIE, IRRÉGULARITÉ.

symétrique *adj.* ▶ *Harmonieux* – harmonieux, régulier. ▶ *Réciproque* – bilatéral, réciproque. *DR.* synallagmatique. ▲ANT. ANTISYMÉTRIQUE, ASYMÉTRIQUE, DISSYMÉTRIQUE, IRRÉGULIER.

sympathie *n. f.* ▶ *Affection* – affection, amitié, amour, attachement, attirance, intérêt, lien, tendresse. *FAM.* coup de cœur, coup de foudre. ▶ *Bonne entente* – accord, affinité, amitié, atomes crochus, (bonne) intelligence, communauté de goûts, communauté de sentiments, communauté de vues, communion, compatibilité, complicité, compréhension, concorde, connivence, convergence d'idées, fraternité, harmonie, point commun, union, unisson. *SOUT.* concert. ▶ *Camaraderie* – amitié, camaraderie, confraternité, coude à coude, entente, fraternité, solidarité. *FAM.* copinerie. ▶ *Sensibilité* (*SOUT.*) – affect, affectivité, âme, attendrissement, cœur, compassion, émotion, émotivité, empathie, fibre, humanité, impressionnabilité, pitié, romantisme, sensibilité, sentiment, sentimentalité, susceptibilité, tendresse, vulnérabilité. *SOUT.* entrailles. *FAM.* tripes. ▶ *À l'excès* – hyperémotivité, hypersensibilité, sensiblerie, sentimentalisme. ▲ANT. ANIMOSITÉ, ANTIPATHIE, AVERSION, INDIFFÉRENCE; DÉSACCORD, OPPOSITION.

systématique

sympathique *adj.* ▶ *Cordial* – accueillant, affable, agréable, aimable, amène, amical, avenant, bienveillant, chaleureux, charmant, convivial, cordial, de bonne compagnie, engageant, familier, gracieux, invitant, liant, ouvert, sociable, souriant. *FAM.* bonard, sympa. *QUÉB. FAM.* d'adon. ▶ *Plaisant* – agréable, amusant, charmant, distrayant, divertissant, égayant, gai, plaisant, réjouissant, riant, souriant. *FAM.* bonard, chic, chouette, sympa. ▲ANT. ANTIPATHIQUE, DÉPLAISANT, DÉSAGRÉABLE; INDIFFÉRENT; HOSTILE, OPPOSÉ; PARASYMPATHIQUE *(anatomie)*.

symposium *n. m.* assemblée, atelier de discussion, colloque, comice, comité, conférence, congrès, conseil, forum, groupe de travail, junte, panel, plénum, réunion, séminaire, sommet, table ronde. *FAM.* grand-messe.

symptôme *n. m.* ▶ *Signe* – diagnostic, expression, indication, indice, manifestation, marque, présage, prodrome, signe, syndrome. *SOUT.* avant-coureur. *MÉD.* marqueur. ◆ **symptômes, plur.** ▶ *Ensemble de signes* – symptomatologie, syndrome.

syncrétique *adj.* ▲ANT. SECTAIRE.

syndical *adj.* ▲ANT. PATRONAL.

syndicat *n. m.* assemblée, association, collège, communauté, compagnie, confrérie, congrégation, corporation, corps, guilde, hanse, membres, métier, ordre, société. ▲ANT. PATRONAT.

syndrome *n. m.* ▶ *Symptôme* – diagnostic, expression, indication, indice, manifestation, marque, présage, prodrome, signe, symptôme. *SOUT.* avant-coureur. *MÉD.* marqueur. ▶ *Maladie* – affection, cas, mal, maladie, morbidité. ▶ *Signes* – symptomatologie, symptômes.

synonyme *n. m.* équivalent, paraphrase, périphrase. ▲ANT. ANTONYME, CONTRAIRE.

synthèse *n. f.* ▶ *Combinaison* – alliance, assemblage, association, collage, combinaison, communion, composition, concentration, conjonction, constitution, fusion, fusionnement, groupement, incorporation, intégration, ralliement, rassemblement, regroupement, réunion, symbiose, unification, union. ▶ *Raisonnement* – analyse, apagogie, argument, argumentation, considérations, déduction, démonstration, dialectique, dilemme, discussion, échafaudage, explication, implication, induction, inférence, justificatif, logique, méthode, preuve, raison, réflexion, réfutation, sorite, substruction, syllogisme, syllogistique. ▶ *Production* – composition, conception, confection, constitution, construction, création, élaboration, développement, édification, élaboration, exécution, fabrication, façon, façonnage, façonnement, formation, génération, genèse, gestation, invention, œuvre, organisation, paternité, production, réalisation, structuration. *SOUT.* accouchement, enfantement. *DIDACT.* engendrement. ▲ANT. DISSOCIATION, DISSOLUTION; ÉLÉMENT; ANALYSE, DÉVELOPPEMENT.

synthétique *adj.* ▶ *Fabriqué* – artificiel, d'imitation, en plastique, en plastique, en toc, fabriqué, factice, faux, imité, postiche. ▶ *Chimique* – artificiel, chimique. ▲ANT. ANALYTIQUE; AUTHENTIQUE, NATUREL, ORIGINAL, VRAI.

systématique *adj.* ▶ *Qui respecte un système* – méthodique, organisé, systématisé. ▶ *Qui*

systématiquement

fait les choses avec ordre – appliqué, assidu, attentif, consciencieux, méthodique, méticuleux, minutieux, ordonné, précis, rangé, rigoureux, scrupuleux, soigné, soigneux. *SOUT.* exact. ▶ *Dogmatique* – doctrinaire, dogmatique, intransigeant, sectaire. ▲**ANT.** EMPIRIQUE; ALÉATOIRE, ANARCHIQUE, BROUILLON, CONFUS, DÉSORDONNÉ, DÉSORGANISÉ, ILLOGIQUE; ACCOMMODANT, FLEXIBLE, SOUPLE.

systématiquement *adv.* ▶ *Méthodiquement* – analytiquement, conséquemment, dialectiquement, inductivement, logiquement, mathématiquement, méthodiquement, point par point, rationnellement, rigoureusement, scientifiquement, sensément, soigneusement, techniquement. *SOUT.* cohéremment. ▶ *Dogmatiquement* – autoritairement, catégoriquement, doctoralement, doctrinairement, dogmatiquement, ex cathedra, idéologiquement, impérieusement, péremptoirement, prétentieusement, scolastiquement, sentencieusement. ▶ *Toujours* – à l'infini, à perpétuité, à tous coups, à tous les coups, à tout bout de champ, à tout instant, à (tout) jamais, à tout moment, à toute heure (du jour et de la nuit), à vie, ad vitam æternam, assidûment, beau temps mauvais temps, chroniquement, constamment, continuellement, continûment, dans tous les cas, de nuit comme de jour, de toute éternité, en permanence, en tout temps, en toute saison, en toute(s) circonstance(s), éternellement, hiver comme été, immuablement, inaltérablement, indéfiniment, infiniment, invariablement, jour et nuit, nuit et jour, perpétuellement, pour la vie, pour les siècles des siècles, rituellement, sans arrêt, sans cesse, sans discontinuer, sans fin, sans interruption, sans relâche, sans répit, sempiternellement, toujours, tous les jours. *SOUT.* à demeure, incessamment. *FAM.* à perpète, tout le temps. ▲**ANT.** À L'OCCASION, DE TEMPS À AUTRE, DE TEMPS EN TEMPS, OCCASIONNELLEMENT, PARFOIS, QUELQUEFOIS; DE FAÇON BÂCLÉE, NÉGLIGEMMENT, SANS MÉTHODE.

systématisé *adj.* méthodique, organisé, systématique.

système *n. m.* ▶ *Agencement* – accommodation, accommodement, agencement, ajustement, aménagement, architecture, arrangement, articulation, assemblage, combinaison, combinatoire, composition, concaténation, configuration, construction, contexture, coordination, disposition, distribution, élaboration, enchaînement, harmonie, hiérarchie, liaison, mise en ordre, mise en place, ordonnance, ordonnancement, ordre, organisation, orientation, plan, profil, programmation, rangement, répartition, structuration, structure, texture. ▶ *Ensemble* – monde, univers. ▶ *Partie fonctionnelle du corps* – appareil, tractus. ▶ *Période géologique* – âge, ère, période, série. ▶ *Méthode* – approche, art, chemin, code, comment, credo, démarche, discipline, dispositif, façon (de faire), facture, formule, heuristique, instruction, instrument, ligne de conduite, maïeutique, manière, marche (à suivre), méthode, modalité, mode d'emploi, mode, moyen, opération, ordre, organisation, outil, posologie, pratique, procédé, procédure, protocole, raisonnement, recette, règle, secret, stratagème, stratégie, tactique, technique, théorie, traitement, voie. *SOUT.* faire. ▶ *Doctrine* – conception, doctrine, dogme, école (de pensée), idée, idéologie, mouvement, opinion, pensée, philosophie, principe, théorie, thèse. ▶ *Truc* – acrobatie, astuce, demi-mesure *(inefficace)*, échappatoire, expédient, gymnastique, intrigue, mesure, moyen, palliatif, procédé, remède, ressource, ruse, solution, tour. *FAM.* combine, truc. ▲**ANT.** CONFUSION, DÉSORDRE.

systémique *adj.* ▲**ANT.** LOCAL.

t

tabac *n. m.* ▸ *Boutique de tabac* – bureau de tabac, débit de tabac. *QUÉB.* tabagie. ▸ *Succès* (*FAM.*) – apothéose, bonheur, bonne fortune, boum, consécration, couronnement, gloire, honneur, lauriers, prospérité, retentissement, réussite, succès, triomphe, trophée. *FAM.* malheur, (succès) bœuf. *FRANCE FAM.* carton, saucisson, ticket. ▸ *Blâme* (*FAM.*) – accusation, admonestation, admonition, anathématisation, anathème, attaque, avertissement, blâme, censure, condamnation, correction, critique, désapprobation, diatribe, grief, grognerie, gronderie, interdit, leçon, malédiction, mise à l'écart, mise à l'index, mise en quarantaine, objection, observation, plainte, punition, récrimination, remarque, remontrance, représentation, réprimande, réprobation, reproche, réquisitoire, semonce, sérénade, sermon, tollé. *SOUT.* animadversion, foudres, fustigation, improbation, mercuriale, objurgation, stigmatisation, vitupération. *FAM.* douche, engueulade, prêchi-prêcha, savon. *FRANCE FAM.* attrapade, lavage de tête, soufflante. *BELG.* cigare. *RELIG.* fulmination. ▲*ANT.* ÉCHEC; APOLOGIE, APPROBATION, COMPLIMENT, ÉLOGE, FÉLICITATIONS, LOUANGE.

tabagisme *n. m.* nicotinisme, tabacomanie. ▲*ANT.* ABSTINENCE TABAGIQUE.

table *n. f.* ▸ *Nourriture* – aliment, couvert, nourriture, pain (quotidien). *FAM.* bouffe, bouffetance, boustifaille, mangeaille, manger. *FRANCE FAM.* becquetance, croustance, étouffe-chrétien, étouffe-coquin, tortore. *RELIG.* manne. ▸ *Personnes* – commensaux, tablée. ▸ *Liste* – barème, bordereau, cadre, catalogue, index, inventaire, liste, matricule, mémoire, menu, nomenclature, registre, relevé, répertoire, rôle, série, suite, tableau. *SUISSE* tabelle.

tableau *n. m.* ▸ *Œuvre* – œuvre picturale, peinture, toile. ▸ *Petite* – tableautin. ▸ *Subdivision d'une pièce de théâtre* – acte, scène. ▸ *Ce que l'on voit* – image, scène, spectacle, vision, vue. ▸ *Récit* – compte rendu, débreffage, description, exposé, exposition, histoire, narration, peinture, procès-verbal, rapport, relation, reportage. *SOUT.* radiographie. ▸ *Liste* – barème, bordereau, cadre, catalogue, index, inventaire, liste, matricule, mémoire, menu, nomenclature, registre, relevé, répertoire, rôle, série, suite, table. *SUISSE* tabelle. ▸ *Bilan* – balance, bilan, compte, compte rendu, conclusion, constat, état, note, résultat, résumé, situation. ▸ *Avant-goût* – anticipation, aperçu, avant-goût, avant-première, échantillon, esquisse, essai, exemple, idée, perspective. *SOUT.* préfiguration. *FAM.* topo. ▸ *Panneau* – feuille, panneau, planche, plaque. ▸ *De petite taille* – carreau, écusson, panonceau, plaquette.

tablette *n. f.* ▸ *Étagère* – balconnet, étagère, planchette, rayon, tirette. *BELG.* archelle. *SUISSE* tablar. ▸ *Aliment de forme allongée* – barre, bâton. *QUÉB. FAM.* palette.

tablier *n. m.* ▸ *Vêtement de travail* – bleu, blouse, combinaison, cotte, peignoir, poitrinière, robe, robe-tablier, salopette, sarrau, suroît *(de marin)*, toge, uniforme, vareuse. *QUÉB. FAM.* chienne, froc. *ANC.* bourgeron.

tabou *adj.* ▸ *Interdit* – banni, interdit. ▸ *Sacré* – intangible, intouchable, inviolable, sacral, sacralisé, sacré. *PÉJ.* sacro-saint. ▲*ANT.* ACCEPTÉ, ADMIS.

tabou *n. m.* condamnation, défense, empêchement, interdiction, interdit, prohibition, proscription, refus. ▲*ANT.* PERMISSION.

tabouret *n. m.* ▸ *Siège* – escabeau. ▸ *Guéridon* – guéridon, sellette, trépied. ▸ *Repose-pied* – marchepied, pouf, repose-pieds.

tache *n. f.* ▸ *Salissure* – éclaboussure, marque, noircissure, piqûre, point, saleté, salissure, souillure. *QUÉB. FAM.* picot, pivelure. ▸ *Sur le papier* – bavochure, bavure, maculage, maculation, macule, pâté, rousseur. ▸ *Sur un fruit* – meurtrissure, tavelure. ▸ *Sur une pierre* – givrure, glace. ▸ *Sur le corps* – maille, maillure, moucheture, ocelle, pétéchie, tache de rousseur. ▸ *Imperfection* – défaut, défectuosité, démérite, faible, faiblesse, faille, faute, grossièreté, handicap, imperfection, infirmité, insuffisance, lacune, maladie, malfaçon, manque, péché mignon, péché véniel, petitesse, tare, tort, travers, vice. *SOUT.* perfectibilité.

▶ *Faute morale* – accroc, chute, crime, déchéance, écart, errements, faute, impureté, mal, manquement, mauvais, offense, péché, sacrilège, scandale, souillure, transgression, vice. ◆ *taches, plur.* ▶ *Ensemble de salissures* – tacheture. ▲ANT. NETTETÉ, PROPRETÉ; EXCELLENCE, PERFECTION; HONNÊTETÉ, PURETÉ, VERTU.

tâche *n. f.* affaire, besogne, corvée, devoir, obligation, occupation, ouvrage, travail. ▲ANT. CONGÉ, DÉTENTE, REPOS, TRÊVE; DIVERTISSEMENT, LOISIR, PLAISIR, RÉCRÉATION.

tacher *v.* ▶ *Salir* – barbouiller, maculer, salir. QUÉB. FAM. beurrer. ▶ *Tacheter* – cribler, marqueter, moucheter, piquer, piqueter, tacheter, taveler. QUÉB. FAM. picoter. ▶ *Entacher* (SOUT.) – déshonorer, éclabousser, entacher, flétrir, noircir, porter atteinte à, salir, souiller, ternir. ▲ANT. DÉTACHER, NETTOYER; BLANCHIR; PURIFIER, SANCTIFIER.

tâcher *v.* ▶ *Faire un effort* – chercher à, entreprendre de, essayer de, s'attacher à, s'efforcer de, s'ingénier à, tenter de, travailler à. SOUT. avoir à cœur de, faire effort pour, prendre à tâche de. ▶ *Travailler fort* (SOUT.) – besogner, peiner, suer, travailler comme un forçat, travailler d'arrache-pied. FAM. bûcher, en baver, en travailler un coup, galérer, marner, ne pas chômer, trimer. FRANCE FAM. boulonner. QUÉB. FAM. être comme une queue de veau, travailler comme un bûcheron. ▲ANT. ÉVITER, NÉGLIGER, OMETTRE, OUBLIER.

tacheté *adj.* ▶ *À petites taches* – marqueté, moucheté, piqué, piqueté, serpentin, tavelé, tigré, tiqueté, vergeté. QUÉB. pivelé; FAM. picoté. ▶ *À grandes taches* – pie.

tacite *adj.* implicite, informulé, sous-entendu. ▲ANT. EXPLICITE, EXPRIMÉ, FORMEL, MANIFESTE; OUVERT, PUBLIC, TRANSPARENT.

tacitement *adv.* allusivement, en sous-entendu, entre les lignes, euphémiquement, implicitement, muettement. ▲ANT. EXPLICITEMENT.

taciturne *adj.* ▶ *Qui parle peu* – avare de paroles, silencieux. SOUT. coi. ▶ *D'humeur maussade* – boudeur, bourru, de mauvaise humeur, grognon, mal disposé, maussade, mécontent, morne, morose, qui fait la tête, rechigné, rembruni, renfrogné, sombre. SOUT. chagrin. FAM. à ne pas prendre avec des pincettes, de mauvais poil, mal luné, qui fait la gueule, qui fait la lippe, qui s'est levé du mauvais pied, soupe au lait. QUÉB. FAM. marabout, qui fait la baboune. BELG. mal levé. ▲ANT. BAVARD, CAUSEUR, JACASSEUR, LOQUACE, VOLUBILE; ACCUEILLANT, AFFABLE, AIMABLE, AMÈNE, AVENANT, CORDIAL, ENGAGEANT, INVITANT, SOURIANT.

tact *n. m.* ▶ *Politesse* – affabilité, amabilité, aménité, attention, bienséance, bonnes manières, chevalerie, civilité, civisme, convivialité, correction, courtoisie, délicatesse, éducation, entregent, galanterie, gentillesse, hospitalité, mondanités, obligeance, politesse, prévenance, savoir-vivre, serviabilité, sociabilité, urbanité. SOUT. gracieuseté, liant. ▶ *Diplomatie* – adresse, circonspection, diplomatie, doigté, finesse, habileté, souplesse. ▶ *Décence* – bienséance, bon ton, chasteté, convenance, correction, décence, délicatesse, dignité, discrétion, éducation, fierté, gravité,

honnêteté, honneur, modestie, politesse, propreté, pudeur, quant-à-soi, réserve, respect, retenue, sagesse, sobriété, tenue, vertu. SOUT. pudicité. ▶ *Sens* – toucher. ▲ANT. GROSSIÈRETÉ, IMPOLITESSE, IMPUDENCE; BOURDE, GAUCHERIE, MALADRESSE; FROIDEUR, INSENSIBILITÉ; INDÉCENCE.

tactile *adj.* haptique. ▲ANT. INTACTILE.

tactique *adj.* militaire, stratégique. ▲ANT. INORGANISÉ.

tactique *n. f.* ▶ *Méthode* – approche, art, chemin, code, comment, credo, démarche, discipline, dispositif, façon (de faire), facture, formule, heuristique, instruction, instrument, ligne de conduite, maïeutique, manière, marche (à suivre), méthode, modalité, mode d'emploi, mode, moyen, opération, ordre, organisation, outil, posologie, pratique, procédé, procédure, protocole, raisonnement, recette, règle, secret, stratagème, stratégie, système, technique, théorie, traitement, voie. SOUT. faire. ▶ *Stratégie* – adresse, calcul, diplomatie, finesse, habileté, ligne de conduite, manège, négociation, patience, prudence, ruse, sagesse, savoir-faire, souplesse, stratégie, temporisation, tractation. ▲ANT. INORGANISATION, NÉGLIGENCE.

taille *n. f.* ▶ *Action de couper* – coupe, taillage. ▶ *En architecture* – agencement, appareil, appareillage, disposition, montage. ▶ *Côté coupant* – coupant, découpoir, feuilletis, fil, tranchant. ▶ *Chantier* – carrière, chantier d'exploitation. ▶ *Impôt* – charge, contribution, cote, droit, excise, fiscalité, imposition, levée, patente, prélèvement, prestation, prime (assurance), redevance, surtaxe, taxation, taxe, tribut. QUÉB. accise. BELG. accises. HIST. capitation, champart, corvée, dîme, fouage, franc-fief, gabelle, maltôte, moulage, tonlieu. DR. foretage. ▶ *Partie latérale* – ceinture, flanc, hanche. ANAT. articulation coxo-fémorale. ▶ *Dimension* – ampleur, amplitude, calibre, carrure, diamètre, empan, envergure, étendue, évasure, format, giron (d'une marche), grosseur, laize, large, largeur, lé, module, portée. ▶ *Grandeur d'une personne* – gabarit, grandeur, stature. ▶ *Vêtements* – pointure. ▶ *Importance* – grandeur, immensité, importance, longueur, monumentalité. ▲ANT. POIDS; ESTOC (lame), POINTE; DOS.

tailler *v.* ▶ *Graver* – buriner, ciseler, estamper, graver, sculpter. ▶ *Dégrossir* – dégrossir, ébaucher, épanneler. ▶ *Du bois* – charpenter, équarrir, menuiser. QUÉB. gosser. ▶ *Émonder un arbre* – couper, ébrancher, éclaircir, élaguer, émonder, étronçonner. ▶ *Insulter* (FRANCE FAM.) – bafouer, faire affront à, faire injure à, faire insulte à, faire outrage à, humilier, injurier, insulter, outrager. SOUT. blasphémer, gifler, souffleter. ◆ *se tailler* ▶ *S'enfuir* (FAM.) – fuir, prendre la clé des champs, prendre la fuite, se sauver. SOUT. s'ensauver. FAM. calter, caner, débarrasser le plancher, décamper, décaniller, déguerpir, détaler, droper, ficher le camp, filer, foutre le camp, prendre la poudre d'escampette, prendre le large, s'esbigner, se barrer, se carapater, se casser, se cavaler, se débiner, se faire la malle, se faire la paire, se faire la valise, se tirer, se tirer des flûtes, trisser. QUÉB. FAM. sacrer le camp, sacrer son camp, se pousser. ▲ANT. AUGMENTER; GREFFER. △SE TAILLER – ACCOURIR, ARRIVER.

tailleur *n.* ▶ *Confectionneur* – couseur, couturier. ♦ **tailleur**, *masc.* ▶ *Tenue* – (costume) tailleur, deux-pièces, tailleur-pantalon.

taillis *n.m.* arbres, bois, étendue boisée, forêt, terrain boisé, zone forestière. SOUT. bocage, sylve. QUÉB. boisé.

taire *v.* ▶ *Ne pas dire* – cacher, couvrir, dissimuler, laisser de côté, omettre, passer sous silence. SOUT. celer. ♦ **se taire** ▶ *S'abstenir de parler* – garder le silence, ne pas dire un (traître) mot, ne pas souffler mot, tenir sa langue. FAM. avaler sa langue, fermer sa gueule, la boucler, la fermer, perdre sa langue, (s')écraser. FRANCE FAM. ne pas piper. ▲ANT. DIRE, EXPRIMER; CONFESSER, DÉVOILER, RÉVÉLER; PUBLIER; AFFICHER, MANIFESTER, MONTRER. △SE TAIRE – BAVARDER, PARLER.

talent *n.m.* ▶ *Compétence* – adresse, aisance, aptitude, art, brio, capacité, compétence, dextérité, disposition, doigté, don, expérience, expertise, facilité, faculté, force, fort, génie, habileté, main, maîtrise, métier, pouvoir, professionnalisme, savoir, savoir-faire, sens, technique, virtuosité. SOUT. industrie. FAM. bosse. QUÉB. douance *(scolaire)*. DR. habilitation, habilité. ▶ *Personne talentueuse* – génie, maître, prodige, superhomme, surdoué, surhomme, virtuose. SOUT. phénix, surhumain. FAM. phénomène. ▲ANT. INAPTITUDE, INCOMPÉTENCE, INEXPÉRIENCE, LACUNE; INCAPABLE, INCOMPÉTENT.

talle *n.f.* ▶ *Pousse* – accru, bouture, brin, brout, cépée, drageon, germe, jet, mailleton, marcotte, plant, provin, recrû, rejet, rejeton, revenue, surgeon, tendron, turion. ▶ *Ensemble de végétaux* (QUÉB. FAM.) – boqueteau, bosquet, bouquet, buisson, massif. SOUT. touffe. ACADIE bouillée.

talus *n.m.* ▶ *Terrain élevé* – ados, barbette, berge, berme, cavalier, chaussée, levée, parapet, remblai, risberme *(barrage)*, terrasse, terre-plein. AGRIC. billon. ▶ *Terrain en pente* – côte, coteau, déclivité, descente, grimpette, montée, pente, raidillon, rampant *(toit)*, rampe, versant. ÉQUIT. calade. ▶ *Autour d'une fortification* – contrescarpe, escarpe, glacis. ▲ANT. DÉBLAI.

tambour *n.m.* ▶ *Personne* – tambour-major *(chef)*. ▶ *Pièce cylindrique* – cylindre, rouleau. ▶ *Poulie* – poulie, rouet. ▶ *Jeu* – roue de loterie. ▶ *Lieu de transition* – sas. ▶ *Barrière pivotante* – portes tournantes, tourniquet.

tamisé *adj.* atténué, diffus, doux, vaporeux, voilé. ▲ANT. DIRECT *(éclairage)*, DIRIGÉ; BRUTAL, CRU, VIF, VIOLENT.

tampon *n.m.* ▶ *Bouchon* – bonde, bondon, bouchon, capsule, capuchon, fermeture, marette. MAR. tape. ▶ *Ce qui sert à essuyer* – chamoisine, chiffon (à poussière), éponge, essuie-meubles, essuie-verres, lavette, linge, pattemouille, (peau de) chamois, serpillière, torchon. QUÉB. guenille. BELG. drap de maison, loque (à reloqueter), wassingue. SUISSE panosse, patte. ACADIE FAM. brayon. TECHN. peille. ▶ *Ce qui sert à étendre un liquide* – applicateur, coton-tige, pinceau. ▶ *Ce qui sert à marquer* – cachet, estampille, poinçon, sceau, timbre. ANTIQ. cylindre-sceau. ▶ *Marque* – cachet, contrôle, empreinte, estampille, flamme, frappe, griffe, insculpation, label, marque, oblitération, plomb, poinçon,

sceau, timbre. QUÉB. FAM. étampe. ▶ *Dispositif antichoc* – bourrelet antichoc. ▶ *En informatique* – mémoire tampon.

tam-tam *n.m.* ▶ *Instrument à percussion en bronze* – gong. ▶ *Publicité* (FAM.) – annonce, bande-annonce *(d'un film)*, battage, bruit, commercialisation, conditionnement, croisade, lancement, marchandisage, marketing, message (publicitaire), petite annonce *(journal)*, placard, promotion, propagande, publicité, publipostage, raccrochage, racolage, réclame, renommée, retentissement, slogan. FAM. pub. QUÉB. FAM. cabale *(pour un candidat)*. ▶ *Non favorable* – bourrage de crâne, endoctrinement, intoxication, lavage de cerveau, matraquage, propagande.

tangible *adj.* ▶ *Perceptible par le toucher* – palpable. ▶ *Concret* – concret, de chair et de sang, effectif, existant, matériel, palpable, physique, réel, sensible, visible, vrai. DIDACT. positif. RELIG. de ce monde, temporel, terrestre. ▲ANT. IMPALPABLE, INTANGIBLE; ABSTRAIT, CONCEPTUEL, INTELLECTUEL, MENTAL, THÉORIQUE.

tanné *adj.* ▶ *Bruni par le soleil* – basané, bronzé, brun, bruni, cuivré, doré, hâlé, noiraud. FAM. moricaud. QUÉB. grillé. ▶ *Lassé* (QUÉB. FAM.) – blasé, dégoûté, désabusé, écœuré, fatigué, las, lassé, qui en a assez, saturé. FAM. qui en a ras le bol. QUÉB. FAM. qui a son voyage.

tantôt *adv.* ▶ *Bientôt* – à bref délai, à brève échéance, à court terme, à courte échéance, bientôt, d'ici peu, d'un instant à l'autre, d'un jour à l'autre, d'un moment à l'autre, d'une minute à l'autre, dans les jours à venir, dans peu, dans peu de temps, dans quelque temps, dans quelques instants, dans un avenir rapproché, dans un instant, dans un moment, incessamment, prochainement, rapidement, sans tarder, sous peu, tôt, tout à l'heure. ▶ *Parfois* – à certains moments, à l'occasion, certaines fois, dans certains cas, de temps à autre, de temps en temps, en certaines occasions, en certains cas, occasionnellement, par instants, par moments, parfois, quelquefois. FAM. des fois. ▲ANT. À LONGUE ÉCHÉANCE, APRÈS UNE LONGUE ATTENTE, DANS LONGTEMPS; À LA DERNIÈRE MINUTE, À UNE HEURE AVANCÉE, SUR LE TARD, TARDIVEMENT; EN PERMANENCE, SANS ARRÊT, TOUJOURS.

tapage *n.m.* ▶ *Vacarme* – brouhaha, cacophonie, chahut, charivari, clameur, tohu-bohu, tumulte, vacarme. SOUT. bacchanale, hourvari, pandémonium. FAM. barouf, bastringue, bazar, boucan, bouzin, chambard, corrida, grabuge, pétard, potin, raffut, ramdam, ronron, sabbat, schproum, tintamarre, tintouin. QUÉB. FAM. barda, train. ▶ *Esclandre* – algarade, discussion, dispute, éclat, esclandre, querelle, scandale, scène. FAM. chambard, pétard. ▶ *Turbulence* – agitation, dissipation, espièglerie, excitation, fougue, impétuosité, mobilité, mouvement, nervosité, pétulance, turbulence, vivacité. ▶ *Contraste* (SOUT.) – antithèse, contraste, désaccord, désagencement, désassortiment, déséquilibre, différence, discordance, disharmonie, disparité, disproportion, dissemblance, hétérogénéité, heurt, opposition, repoussoir. SOUT. disconvenance. ▲ANT. CALME, HARMONIE, SILENCE, TRANQUILLITÉ.

tapant *adj.* juste, pile, précis, sonnant. *FAM.* pétant. ▲**ANT.** À PEU PRÈS, APPROXIMATIVEMENT, ENVIRON.

tape *n. f.* ▶ *Coup au visage* – claque, gifle. *SOUT.* soufflet. *FAM.* baffe, beigne, mornifle, pain, taloche, tarte, torgnole. *FRANCE FAM.* aller et retour, calotte, emplâtre, giroflée (à cinq feuilles), mandale, pêche, rouste, talmouse, taquet. ▶ *Tampon* – bonde, bondon, bouchon, capsule, capuchon, fermeture, marette, tampon. ▲**ANT.** CAJOLERIE, CÂLIN, CARESSE.

taper *v.* ▶ *Donner des coups sur qqch.* – battre, cogner, frapper. *QUÉB. FAM.* fesser sur, piocher sur, tapocher sur. ▶ *Donner des coups à qqn* (*FAM.*) – battre, frapper, porter la main sur, rosser, rouer de coups. *SOUT.* étriller. *FAM.* abîmer le portrait à, administrer une correction à, arranger le portrait à, casser la figure à, casser la gueule à, cogner, corriger, dérouiller, flanquer une raclée à, flanquer une volée à, passer à tabac, péter la gueule à, piler, rentrer dedans, tabasser, voler dans les plumes à. *FRANCE FAM.* boxer, castagner, châtaigner, esquinter le portrait à, flanquer une pile à, mettre la tête au carré à, rentrer dans le chou à, rentrer dans le lard à, rentrer dans le mou à, tatouiller, tomber sur le paletot à, tomber sur le poil à, tricoter les côtes à. *QUÉB. FAM.* bûcher, fesser, tapocher. ▶ *Dénigrer* (*FAM.*) – attaquer, baver sur, calomnier, casser du sucre sur le dos de, cracher sur, critiquer, décrier, dénigrer, déprécier, diffamer, dire du mal de, gloser sur, médire de, noircir, perdre de réputation, traîner dans la boue. *SOUT.* arranger de la belle manière, clabauder sur, dauber sur, détracter, dire pis que pendre de, mettre plus bas que terre. *FAM.* déblatérer contre. *FRANCE FAM.* débiner, habiller pour l'hiver, tailler un costard à, tailler une veste à. *QUÉB. FAM.* parler dans le dos de, parler en mal de. *BELG.* décauser. ▶ *Puer* (*FRANCE FAM.*) – empester, puer, sentir fort, sentir mauvais. *FAM.* cocotter, fouetter, sentir. *FRANCE FAM.* renifler. ▶ *Écrire* (*FAM.*) – dactylographier, écrire à la machine. ◆ **se taper** ▶ *Se battre* (*FAM.*) – échanger des coups, en découdre, en venir aux coups, en venir aux mains, s'empoigner, se bagarrer, se battre, se colleter. *FAM.* s'expliquer, se bigorner, se cogner, se crêper le chignon, se prendre aux cheveux, se tabasser, se voler dans les plumes. *FRANCE FAM.* barouder, châtaigner, se bastonner, se castagner. *QUÉB. FAM.* se batailler, se colletailler, se tapocher. ▶ *Manger* (*FAM.*) – manger. *FAM.* becter, bouffer, briffer, gober, grailler, (s')enfiler, s'envoyer, se farcir, se tasser, tortorer. ▶ *Boire* (*FAM.*) – boire. *FAM.* s'en jeter un derrière la cravate, s'enfiler, s'envoyer. ▶ *Faire* (*FAM.*) – faire. *FAM.* s'envoyer, se coltiner, se farcir. ▲**ANT.** CARESSER, FLATTER ; CHOYER, DORLOTER ; MÉNAGER.

tapir (se) *v.* ▶ *Se recroqueviller* – se blottir, se lover, se mettre en boule, se pelotonner, se ramasser, se ratatiner, se recroqueviller, se replier sur soi. *QUÉB. FAM.* se racoquiller. ▶ *Se mettre à l'abri* – s'abriter, se blottir, se cacher, se mettre à couvert, se mettre à l'abri, se nicher, se réfugier, se terrer. *FAM.* se planquer. ▲**ANT.** PARAÎTRE, S'EXPOSER, SE DÉVOILER, SE MONTRER, SORTIR.

tapis *n. m.* ▶ *Revêtement* – lit, litière, matelas, natte.

tapisserie *n. f.* ▶ *Tissu* – cantonnière, draperie, mille fleurs, pente de fenêtre, portière, rideau, store, tenture, toile. ▶ *Papier* – papier mural, papier peint.

taquin *adj.* blagueur, coquin, espiègle, facétieux, farceur, fripon, futé, gamin, malicieux, malin, mutin, plaisantin, polisson. *QUÉB. FAM.* crapaud, snoreau, vlimeux. ▲**ANT.** GRAVE, SÉRIEUX.

taquiner *v.* ▶ *Plaisanter* – agacer, faire enrager, plaisanter. *FAM.* asticoter, blaguer, chiner. *QUÉB. FAM.* étriver, niaiser, tirer la pipe à. *ACADIE FAM.* tisonner. ▶ *Préoccuper* – ennuyer, fatiguer, obséder, préoccuper, tarabuster, tracasser, travailler. *FAM.* titiller, turlupiner. *QUÉB. FAM.* chicoter. ▲**ANT.** LÂCHER, LAISSER TRANQUILLE ; RASSURER, RÉCONFORTER, SÉCURISER.

tarabiscoté *adj.* alambiqué, contourné, maniéré, quintessencié, sophistiqué, tiré par les cheveux, truffé de subtilités. *FAM.* capillotracté. ▲**ANT.** NATUREL, SIMPLE, SOBRE.

tard *adv.* à la dernière minute, à une heure avancée, sur le tard, tardivement. ▲**ANT.** DE BONNE HEURE, TÔT.

tarder *v.* être lent à, être long à, flâner, mettre du temps à, musarder, prendre tout son temps, s'attarder, traînailler, traînasser, traîner. *FAM.* lambiner, lanterner. *QUÉB. FAM.* bretter, gosser, placoter. *SUISSE FAM.* pétouiller. ▲**ANT.** SE DÉPÊCHER, SE HÂTER, SE PRESSER.

taré *adj.* ▶ *Niais* (*FAM.*) – abruti, benêt, bête, bête à manger du foin, borné, crétin, demeuré, hébété, idiot, imbécile, inintelligent, niais, nigaud, obtus, sot, stupide. ▲**ANT.** À L'ESPRIT VIF, BRILLANT, DOUÉ, ÉVEILLÉ, INTELLIGENT.

tare *n. f.* ▶ *Dégénérescence mentale* – crétinisme, débilité, dégénérescence, gâtisme, idiotie, imbécillité. ▶ *Imperfection* – défaut, défectuosité, démérite, faible, faiblesse, faille, faute, grossièreté, handicap, imperfection, infirmité, insuffisance, lacune, maladie, malfaçon, manque, péché mignon, péché véniel, petitesse, tache, tort, travers, vice. *SOUT.* perfectibilité. ▲**ANT.** EXCELLENCE, PERFECTION ; ATOUT, AVANTAGE.

tari *adj.* à sec, asséché, desséché.

tarif *n. m.* ▶ *Prix* – appréciabilité, cotation, cote, cours, coût, estimation, évaluation, montant, prix, tarification, taux, valeur. ▶ *Punition* (*FAM.*) – châtiment, condamnation, correction, damnation, expiation, gage (*dans un jeu*), leçon, peine, pénalisation, pénalité, pénitence, punition, répression, sanction, verbalisation.

tarir *v.* ▶ *Vider de son eau* – assécher, dessécher, étancher, mettre à sec, sécher. ▶ *Épuiser* – appauvrir, épuiser, user. ▲**ANT.** ALIMENTER, APPROVISIONNER, COMBLER, GAVER, GORGER, RASSASIER, REMPLIR, SATURER ; ABONDER, DÉBORDER, REGORGER ; SE REMPLIR, SE SATURER.

tas *n. m.* ▶ *Entassement* – abondance, accumulation, addition, agrégation, amas, amoncellement, collection, déballage, échafaudage, emmagasinage, empilage, empilement, encombrement, entassement, étagement, faisceau, fatras, fouillis, monceau, montagne, pile, pyramide, quantité, stratification, superposition. ▶ *Masse compacte* – accrétion, accumulation, agglomérat, agglomération, aggloméré, agglutinat, agglutination, agrégat, agrégation, amas, bloc, concentration, concrétion,

conglomérat, conglomération, conglutination, entassement, masse, nodule, paquet, réunion, sédiment, sédimentation. QUÉB. FAM. motton, tapon.
▶ *Grande quantité* – abondance, afflux, amas, ampleur, concentration, débauche, débordement, exubérance, filon, floraison, foisonnement, forêt, foule, fourmillement, gisement, infinité, inondation, luxe, luxuriance, masse, mine, multiplicité, myriade, nuée, orgie, paquet, pléthore, poussière, profusion, quantité, richesse, surabondance, trésor. FIG. carnaval. FAM. festival, flopée, kyrielle, tapée, tonne, tripotée, wagon. QUÉB. FAM. bourrée, tapon. SUISSE FAM. craquée.
▶ *Collection* – accumulation, amas, appareil, assemblage, assortiment, collection, compilation, ensemble, foule, grand nombre, groupe, groupement, jeu, quantité, rassemblement, recueil, train. FAM. attirail, cargaison, compil. PÉJ. ramassis. ▶ *Foule* – abondance, affluence, armada, armée, attroupement, cohue, concentration, concours, encombrement, essaim, flot, forêt, foule, fourmilière, fourmillement, grouillement, légion, marée, masse, meute, monde, multitude, peuple, pléiade *(célébrités)*, pullulement, rassemblement, régiment, réunion, ribambelle, ruche, troupeau. FAM. flopée, marmaille *(enfants)*, tapée, tripotée. QUÉB. achalandage ; FAM. tapon, trâlée. PÉJ. ramassis. ▶ *Lieu de travaux* – chantier. ▶ *Instrument* – bigorne, enclume, enclumette *(petit)*. ▲ANT. DISPERSION, ÉPARPILLEMENT ; CARENCE, PÉNURIE, RARETÉ ; DISETTE ; POIGNÉE.

tasse *n. f.* ▶ *Récipient* – gobelet, godet, quart, verre. FAM. dé à coudre. ANC. rhyton, rince-bouche.

tasser *v.* ▶ *Taper le sol, la neige* – compacter, damer. ▶ *Mettre à l'étroit* – empiler, entasser, parquer, serrer. FAM. encaquer. ▶ *Éloigner* (QUÉB. FAM.) – décaler, déplacer, déranger, éloigner, pousser. FAM. bouger, remuer. ◆ **se tasser** ▶ *S'arranger* (FAM.) – aller mieux, s'améliorer, s'arranger. ▶ *Manger* (FAM.) – manger, s'alimenter, se nourrir, se restaurer, se sustenter. SOUT. se repaître. FAM. becter, bouffer, boustifailler, briffer, casser la croûte, casser la graine, croûter, grailler, tortorer. ▶ *Se pousser* (QUÉB. FAM.) – s'écarter, s'enlever, s'ôter, se pousser, se retirer. FAM. s'enlever du chemin, s'ôter du chemin. ▲ANT. AÉRER, DISSÉMINER, ÉPARPILLER, ÉTALER, ÉTENDRE.

tâter *v.* ▶ *Examiner en touchant* – palper, toucher. ▶ *Chercher à connaître* – ausculter, interroger, pénétrer, prendre le pouls de, sonder. ▶ *Essayer* – essayer, expérimenter, faire l'essai de, faire l'expérience de. ◆ **se tâter** ▶ *Hésiter* (FAM.) – hésiter, s'interroger. QUÉB. FAM. branler dans le manche, gosser, niaiser, taponner, tataouiner, téter, zigonner. SUISSE être sur le balan. ▲ANT. IGNORER, NE PAS SE SOUCIER DE, NE PAS TENIR COMPTE DE. △SE TÂTER – PRENDRE UNE DÉCISION, SE DÉCIDER.

tâtonnement *n. m.* ▶ *Action de tâter* – attouchement, tâtement, tripotage. MÉD. palpation. FAM. pelotage. FRANCE FAM. tripatouillage. QUÉB. FAM. pognage, taponnage. ▶ *Hésitation* – doute, embarras, flottement, hésitation, incertitude, inconstance, indécision, indétermination, instabilité, irrésolution, perplexité, procrastination, réticence, scrupule, trouble, vacillement, valse-hésitation, velléité, versatilité. SOUT. limbes. QUÉB. FAM. brettage, tétage. ▲ANT. APLOMB, ASSURANCE, FERMETÉ ; CERTITUDE, CONFIANCE.

tâtonner *v.* essayer, hésiter. ▲ANT. AGIR, CHOISIR, DÉCIDER, RÉSOUDRE, TRANCHER.

tatouage *n. m.* ▶ *Action* – marquage. ANC. stigmatisation. ▶ *Dans le Midi* – ferrade *(bestiaux)*. ▶ *Chose* – marque. ANC. flétrissure, stigmate.

taudis *n. m.* bouge, galetas. FIG. bauge, chenil, écurie, tanière. FAM. baraque, bicoque, clapier. FRANCE FAM. cambuse, gourbi, turne. QUÉB. FAM. coqueron, trou. ▲ANT. CHÂTEAU, PALAIS.

taux *n. m.* ▶ *Prix* – appréciabilité, cotation, cote, cours, coût, estimation, évaluation, montant, prix, tarif, tarification, valeur. ▶ *Pourcentage* – coefficient, facteur, indice, pour cent, pourcentage, proportion, quotient, rapport, ratio, tant pour cent, tantième, teneur.

tavelé *adj.* marqueté, moucheté, piqué, piqueté, serpenté, tacheté, tigré, tiqueté, vergeté. QUÉB. pivelé ; FAM. picoté.

taverne *n. f.* ▶ *Débit de boissons* (QUÉB.) – bar, brasserie, café, débit de boissons, estaminet, guinguette, pub. FAM. bistrot, buvette, limonade. FRANCE FAM. bistroquet, marigot, rade, troquet, zinc. AFR. maquis *(clandestin)*. ▶ *Mal famé* – bouge, boui-boui, bouzin. ▶ *Aux États-Unis* ANC. saloon *(conquête de l'Ouest)*, speakeasy *(prohibition)*.

taxe *n. f.* ▶ *Impôt* – charge, contribution, cote, droit, excise, fiscalité, imposition, levée, patente, prélèvement, prestation, prime *(assurance)*, redevance, surtaxe, taxation, tribut. QUÉB. accise. BELG. accises. HIST. capitation, champart, corvée, dîme, fouage, franc-fief, gabelle, maltôte, moulage, taille, tonlieu. DR. foretage. ▶ *Frais de port* – compostage, frais de port, surtaxe, timbrage, timbre. ▲ANT. DÉTAXE, EXONÉRATION, REMISE, RISTOURNE.

taxer *v.* ▶ *Soumettre à une taxe* – frapper d'une taxe, imposer. ▶ *Extorquer* (FAM.) – arracher, escroquer, extorquer, soutirer, voler. FAM. carotter, ratiboiser. ▶ *Voler* (FAM.) – dérober, faire main basse sur, prendre, soustraire, subtiliser, voler. FAM. barboter, chaparder, chiper, choper, escamoter, faire, faucher, flibuster, piquer, rafler. FRANCE FAM. calotter, chouraver, chourer. QUÉB. FAM. sauter. ▶ *Accuser* – accuser, charger, faire grief à. ▶ *Qualifier de façon non favorable* – traiter. ▲ANT. DÉTAXER, EXEMPTER, EXONÉRER.

taxi *n. m.* ▶ *Automobile* – FRANCE FAM. bahut. ▶ *Chauffeur* – chauffeur de taxi.

taxidermiste *n.* empailleur, naturaliste. ▲ANT. THÉORICIEN.

technicien *n.* technologiste, technologue. ▲ANT. THÉORICIEN.

technique *adj.* spécialisé. ▶ *En parlant d'un terme* – didactique, savant, scientifique. ▲ANT. COURANT, GÉNÉRAL.

technique *n. f.* ▶ *Science appliquée* – génie, ingénierie, technologie. ▶ *Méthode* – approche, art, chemin, code, comment, credo, démarche, discipline, dispositif, façon (de faire), facture, formule, heuristique, instruction, instrument, ligne de conduite, maïeutique, manière, marche (à suivre), méthode, modalité, mode d'emploi, mode, moyen, opération, ordre, organisation, outil, posologie, pratique, procédé, procédure, protocole, raisonnement, recette, règle, secret, stratagème, stratégie, système, tactique, théorie, traitement, voie. SOUT.

faire. ▶ *Compétence* – adresse, aisance, aptitude, art, brio, capacité, compétence, dextérité, disposition, doigté, don, expérience, expertise, facilité, faculté, force, fort, génie, habileté, main, maîtrise, métier, pouvoir, professionnalisme, savoir, savoir-faire, sens, talent, virtuosité. *SOUT.* industrie. *FAM.* bosse. *QUÉB.* douance *(scolaire).* *DR.* habilitation, habileté. ▶ *Agilité* – adresse, agilité, aisance, dextérité, élasticité, élégance, facilité, grâce, habileté, légèreté, main, mobilité, précision, rapidité, souplesse, virtuosité, vivacité. *SOUT.* félinité, prestesse. ▲ANT. THÉORIE ; CONFUSION, DÉSORDRE, DÉSORGANISATION ; INEXPÉRIENCE ; BALOURDISE, MALADRESSE.

techniquement *adv.* ▶ *Par des moyens techniques* – analytiquement, conséquemment, dialectiquement, inductivement, logiquement, mathématiquement, méthodiquement, point par point, rationnellement, rigoureusement, scientifiquement, sensément, soigneusement, systématiquement. *SOUT.* cohéremment. ▶ *D'un point de vue théorique* – en principe, en théorie, théoriquement. ▲ANT. EN TERMES SIMPLES *(expliquer),* SIMPLEMENT, VULGAIREMENT ; EN PRATIQUE *(point de vue),* HUMAINEMENT, PRATIQUEMENT.

technocratique *adj.* ▲ANT. HUMAIN, PERSONNALISÉ.

teindre *v.* colorer, teinter. ▲ANT. DÉTEINDRE.

teint *n. m.* carnation, pigmentation.

teinte *n. f.* ▶ *Couleur* – coloration, coloris, couleur, degré, demi-teinte, nuance, ton, tonalité. *SOUT.* chromatisme. ▶ *De la peau* – carnation, pigmentation, teint. ▶ *Du vin* – robe. ▶ *Petite quantité* – arrière-goût, atome, bouchée, brin, doigt, filet, goutte, gouttelette, grain, larme, lueur, miette, nuage, once, paille, parcelle, peu, pincée, pointe, relent, restant, reste, rien, soupçon, tantinet, touche, trace, trait, zeste. *FAM.* chouia. ▲ANT. ABONDANCE, FOISONNEMENT ; EXCÈS.

tel *adj.* du pareil au même, égal, équivalent, identique, inchangé, même, pareil. ▲ANT. AUTRE, DIFFÉRENT.

télégramme *n. m.* câble, radio, radiogramme, radiotélégramme.

télégraphier *v.* câbler.

télégraphique *adj.* ▶ *En parlant du style* – abrégé, elliptique. ▲ANT. BAVARD, PROLIXE, VERBEUX.

téléguidé *adj.* ▲ANT. AUTOGUIDÉ.

téléphone *n. m.* appareil téléphonique. *FAM.* bigophone, fil, tube. *FRANCE FAM.* grelot.

téléphoner *v.* appeler. *FAM.* bigophoner, donner un coup de fil, donner un coup de téléphone, passer un coup de fil, passer un coup de téléphone.

télescope *n. m.* ▶ *Instrument* – binoculaire, jumelle, longue-vue, lorgnette, lunette.

téméraire *adj.* ▶ *Qui ne se laisse pas intimider* – audacieux, aventureux, entreprenant, fonceur, hardi, intrépide, qui n'a pas froid aux yeux. ▶ *Qui s'expose au danger* – aventureux, imprudent. *FAM.* casse-cou, risque-tout. ▶ *Risqué* – audacieux, aventuré, aventureux, dangereux, extrême *(sport),* fou, hardi, hasardé, hasardeux, imprudent, osé, périlleux, risqué, suicidaire. *SOUT.* scabreux. *FAM.* casse-cou, casse-gueule. ▲ANT. CRAINTIF, LÂCHE, PEUREUX ;

PRÉVOYANT, PRUDENT, RÉFLÉCHI, SAGE ; ANODIN, BÉNIN, INNOCENT, INOFFENSIF, SANS DANGER, SÛR.

témérité *n. f.* audace, bravoure, cœur, cœur au ventre, courage, cran, hardiesse, héroïsme, intrépidité, mépris du danger, vaillance. *SOUT.* valeur. *FAM.* tripes. ▲ANT. CIRCONSPECTION, MESURE, PRÉVOYANCE, PRUDENCE.

témoignage *n. m.* ▶ *Attestation* – affirmation, assurance, attestation, certitude, confirmation, corroboration, démonstration, gage, manifestation, marque, preuve, vérification. ▶ *En cour* – comparution, déposition. ▶ *Indice* – apparence, cachet, cicatrice, critère, empreinte, indication, indice, lueur, marque, ombre, pas, piste, preuve, repère, reste, ride, sceau, signature, signe, stigmate, tache, témoin, trace, trait, vestige. ▲ANT. SILENCE ; INVENTION, MENSONGE.

témoigner *v.* ▶ *Exprimer* – affirmer, donner des marques de, donner la preuve/des preuves de, extérioriser, faire montre de, faire preuve de, manifester, marquer, montrer (des signes de), prouver. ▶ *Déclarer* – comparaître, déposer. ▶ *Dénoter* – annoncer, déceler, démontrer, dénoter, faire foi de, indiquer, laisser paraître, marquer, montrer, prouver, révéler, signaler, signifier. *SOUT.* dénoncer. ▶ *Une chose non favorable* – accuser, trahir. ▲ANT. PASSER SOUS SILENCE, SE TAIRE SUR.

témoin *n.* ▶ *Spectateur* – auditeur, observateur, participant, spectateur. ▶ *Vestige* – apparence, cachet, cicatrice, critère, empreinte, indication, indice, lueur, marque, ombre, pas, piste, preuve, repère, reste, ride, sceau, signature, signe, stigmate, tache, témoignage, trace, trait, vestige. ▶ *En informatique* – mouchard, témoin de connexion. ▲ANT. ACTEUR, PROTAGONISTE.

tempérament *n. m.* ▶ *Caractère* – abord, caractère, comportement, constitution, esprit, état d'âme, état d'esprit, humeur, idiosyncrasie, individualité, mentalité, nature, naturel, personnalité, sensibilité, trempe. *FAM.* psychologie. *ACADIE FAM.* alément. *PSYCHOL.* thymie. ▶ *Système musical* – ANC. hexacorde.

température *n. f.* ▶ *Notion physique* – chaleur. ▶ *Météorologie* – air, ambiance, atmosphère, ciel, climat, conditions atmosphériques, conditions météorologiques, météorologie, pression, régime, temps, vent. *FAM.* fond de l'air, météo. ▶ *Fièvre* – fièvre. *FAM.* fièvre de cheval *(petite).* *MÉD.* hyperthermie, pyrexie.

tempéré *adj.* ▶ *Mitigé* – adouci, atténué, mitigé, modéré, tiède. ▶ *Réfléchi (SOUT.)* – éclairé, judicieux, mesuré, modéré, philosophe, pondéré, posé, raisonnable, raisonné, rationnel, réfléchi, responsable, sage, sain, sensé, sérieux. *SOUT.* rassis. ▶ *En parlant du climat* – clément, doux, modéré, moyen. ▲ANT. ARDENT, EXCESSIF, EXTRÊME, PASSIONNÉ ; CHAUD ; FROID.

tempérer *v.* ▶ *Modérer* – atténuer, euphémiser, ménager, mesurer, mitiger, modérer, nuancer, pondérer. ▶ *Assouplir* – assouplir, plier, relâcher. ▶ *Assagir* – assagir, calmer, modérer, raisonner. ▶ *Dépassionner* – apaiser, calmer, dépassionner, modérer. ▲ANT. ACCENTUER, AUGMENTER, AVIVER, INTENSIFIER, RENFORCER, SOUTENIR ; RADICALISER ; ÉCHAUFFER, EXCITER.

tempête *n. f.* ▶ *Violente perturbation atmosphérique* – baguio, cyclone, grain, gros temps, orage, ouragan, rafale, tempête (tropicale), tornade, tourbillon, trombe, typhon, vent violent. *SOUT.* tourmente. *FAM.* coup de chien, coup de tabac, coup de vent. ▶ *Tumulte* – activité, affairement, affolement, agitation, alarme, animation, bouillonnement, branle-bas (de combat), bruit, dérangement, désordre, désorganisation, détraquement, effervescence, excitation, fourmillement, grouillement, hâte, incohérence, mouvement, orage, précipitation, remous, remue-ménage, secousse, suractivité, tohubohu, tourbillon, tourmente, trépidation, trouble, tumulte, turbulence, va-et-vient. *SOUT.* émoi, remuement. *FAM.* chambardement. ▲ANT. ACCALMIE, BONACE, ÉCLAIRCIE, EMBELLIE; BEAU TEMPS; CALME, REPOS, TRANQUILLITÉ.

temple *n. m.* édicule *(petit)*, sanctuaire. *ANTIQ.* fanum.

temporaire *adj.* ▶ *Transitoire* – bref, court, éphémère, évanescent, fugace, fugitif, intérimaire, momentané, passager, précaire, provisoire, rapide, transitoire. *SOUT.* périssable. ▶ *Improvisé* – de fortune, improvisé, provisoire. ▶ *Qui n'est pas éternel* – destructible, éphémère, mortel, périssable. ▲ANT. CHRONIQUE, DÉFINITIF, PERMANENT.

temporel *adj.* ▶ *Qui ne relève pas de l'Église* – civil, laïque, séculier. ▶ *Qui ne relève pas du domaine spirituel* – concret, de chair et de sang, effectif, existant, matériel, palpable, physique, réel, sensible, tangible, visible, vrai. *DIDACT.* positif. *RELIG.* de ce monde, terrestre. ▲ANT. CLÉRICAL, ECCLÉSIASTIQUE, RELIGIEUX; SPIRITUEL; ABSTRAIT, CONCEPTUEL, INTELLECTUEL, MENTAL, THÉORIQUE; ÉTERNEL, INTEMPOREL; LOCATIF; ATEMPOREL.

temps *n. m.* ▶ *Entité* – écoulement des jours, la quatrième dimension, la ronde des saisons, la succession des saisons, le cours des événements, le cours des saisons, le cours du temps, le cycle des saisons. ▶ *Durée* – durée, laps de temps, période, plage (horaire), planche (horaire). ▶ *Époque* – âge, cycle, date, époque, ère, étape, génération, heure, jour, moment, période, règne, saison, siècle. ▶ *Pause* – arrêt, interruption, pause, silence. ▶ *Loisir* – congé, délassement, détente, escale, halte, loisir, mi-temps, pause, récréation, récupération, relâche, répit, repos, trêve, vacances, villégiature. ▶ *Météorologie* – air, ambiance, atmosphère, ciel, climat, conditions atmosphériques, conditions climatiques, conditions météorologiques, météorologie, pression, régime, température, vent. *FAM.* fond de l'air, météo.

tenace *adj.* ▶ *Persévérant* – acharné, coriace, obstiné, opiniâtre, persévérant, persistant. ▶ *Résistant* – coriace, inusable, rebelle, résistant, robuste, vivace. ▶ *Enraciné* – ancré, chronique, durable, endémique, enraciné, établi, gravé, implanté, indéracinable, inextirpable, invétéré, persistant, vieux, vivace. ▲ANT. FUGACE, MOMENTANÉ, TEMPORAIRE; FAIBLE, FRAGILE, PRÉCAIRE; CHANGEANT, INCONSTANT, INSTABLE.

ténacité *n. f.* ▶ *Obstination* – acharnement, assiduité, constance, détermination, entêtement, fermeté, insistance, obstination, opiniâtreté, persévérance, persistance, résolution, suite dans les idées,

volonté. *PÉJ.* aveuglement. ▶ *Endurance* – aplomb, assurance, autorité, caractère, constance, courage, cran, détermination, endurance, énergie, fermeté, force, permanence, poigne, rectitude, résolution, ressort, sang-froid, sérieux, solidité, sûreté, vigueur, virilité, volonté. *SOUT.* fortitude, invulnérabilité. *FAM.* estomac, gagne. ▲ANT. APATHIE, MOLLESSE, PARESSE, PASSIVITÉ; FRAGILITÉ, FUGACITÉ, INSTABILITÉ, VERSATILITÉ.

tendance *n. f.* ▶ *Propension* – affection, aptitude, attirance, disposition, faible, faiblesse, goût, habitude, impulsion, inclination, instinct, penchant, pente, prédilection, prédisposition, préférence, propension, vocation. *DIDACT.* susceptibilité. *PSYCHOL.* compulsion, conation. *FAM.* tendresses. ▶ *Évolution* – chemin, courant, cours, direction, évolution, fil, mouvance, mouvement, orientation, virage. *SOUT.* voie. ▶ *Mode* – avant-gardisme, dernier cri, engouement, épidémie, fantaisie, fureur, goût (du jour), mode, style, ton, vague, vent, vogue. ▲ANT. ANTIPATHIE, AVERSION, DÉGOÛT, RÉPULSION.

tendre *adj.* ▶ *Amoureux* – affectueux, aimant, amoureux, cajoleur, câlin, caressant, chatte *(fille ou femme)*, doux, roucoulant. ▶ *Sensible* – fleur bleue, romanesque, romantique, sensible, sentimental. ▶ *Facile à modeler* – malléable, mou, plastique, ramolli. ▶ *Qui enfonce au contact* – moelleux, mollet, mou. ▶ *En parlant d'une couleur* – clair, doux, pâle, pastel. ▲ANT. CRUEL, DUR, FROID, IMPITOYABLE, INSENSIBLE, SÉVÈRE; BRUTAL, CRU, DIRECT; PROSAÏQUE, RÉALISTE; CASSANT, RIGIDE, SEC; FERME, RÉSISTANT; CORIACE; CRIARD, VIF, VOYANT.

tendre *v.* ▶ *Distendre* – distendre, étirer, tirer. *MAR.* étarquer *(voile)*. ▶ *Raidir* – bander, raidir. *MAR.* embraquer *(cordage)*. ▶ *Contracter un muscle* – bander, contracter, crisper, raidir. ▶ *Tapisser* – couvrir, recouvrir, tapisser. ▶ *Présenter* – avancer, offrir, présenter. ▶ *Rechercher* – ambitionner, aspirer à, avoir des vues sur, avoir en tête de, briguer, convoiter, courir après, désirer, pourchasser, poursuivre, prétendre à, rechercher, solliciter, souhaiter, viser. *FAM.* guigner, lorgner, reluquer. ▶ *Contribuer* – aider à, concourir à, conspirer à, contribuer à. ▶ *Se rapprocher* – se rapprocher de, tirer sur. ♦ **se tendre** ▶ *Contracter ses muscles* – se bander, se raidir. ▲ANT. ASSOUPLIR, DÉBANDER, DÉCONTRACTER, DESSERRER, DÉTENDRE, RELÂCHER; DÉDAIGNER, REFUSER, REPOUSSER; FUIR, S'ÉLOIGNER.

tendrement *adv.* affectivement, affectueusement, amicalement, amoureusement, câlinement, chaleureusement, maternellement, sensiblement. ▲ANT. DUREMENT, RAIDE, RAIDEMENT, RUDEMENT, SANS MÉNAGEMENT, SEC, VERTEMENT.

tendresse *n. f.* ▶ *Affection* – affection, amitié, amour, attachement, attirance, intérêt, lien, sympathie. *FAM.* coup de cœur, coup de foudre. ▶ *Sensibilité* – affect, affectivité, âme, attendrissement, cœur, compassion, émotion, émotivité, empathie, fibre, humanité, impressionnabilité, pitié, romantisme, sensibilité, sentiment, sentimentalité, susceptibilité, sympathie, vulnérabilité. *SOUT.* entrailles. *FAM.* tripes. ♦ **tendresses**, *plur.* ▶ *Caresse* – cajolerie, câlin, calinage, caresse, chatterie. *FAM.* mamours. *FRANCE FAM.* papouille. *QUÉB. FAM.* minouchage, minouche. ▶ *Penchant* (*FAM.*) – affection, aptitude, attirance, disposition, faible, faiblesse, goût, habitude, impulsion, inclination, instinct, penchant, pente, prédilection, prédisposition, préférence, propension, tendance, vocation. *DIDACT.* susceptibilité. *PSYCHOL.* compulsion, conation. ▲**ANT.** DURETÉ, FROIDEUR, IMPITOYABILITÉ, INDIFFÉRENCE, INSENSIBILITÉ, MÉCHANCETÉ, RIGIDITÉ, SÉVÉRITÉ.

tendu *adj.* ▶ *Corde* – raide. ▶ *Muscle* – contracté, crispé. ▶ *Personne* – contracté, nerveux, stressé. ▶ *Situation* – critique, explosif. ▲**ANT.** FLASQUE, LÂCHE; CALME, DÉCONTRACTÉ, DÉTENDU; HARMONIEUX, PAISIBLE.

ténèbres *n. f. pl.* noir, nuit, obscurité, ombre, pénombre. *QUÉB.* noirceur. *SOUT.* opacité. ▲**ANT.** CLARTÉ, JOUR, LUEUR, LUMIÈRE.

ténébreux *adj.* ▶ *Sans lumière* – noir, obscur, ombreux, opaque, plongé dans les ténèbres, sombre. *SOUT.* enténébré. ▶ *Difficile à comprendre* – cabalistique, caché, cryptique, énigmatique, ésotérique, hermétique, impénétrable, inaccessible, incompréhensible, inconcevable, inconnaissable, indéchiffrable, indécodable, inexplicable, inintelligible, insaisissable, insondable, mystérieux, nébuleux, obscur, opaque, secret. *SOUT.* abscons, abstrus, sibyllin. ▶ *Mélancolique* – abattu, découragé, démoralisé, dépressif, déprimé, las, mélancolique, morne, morose, pessimiste, qui a le vague à l'âme, qui broie du noir, sombre, triste. *SOUT.* bilieux, saturnien, spleenétique. *FAM.* cafardeux, tristounet. *QUÉB. FAM.* caduc, qui a la fale basse. ▲**ANT.** CLAIR; BRILLANT, ÉCLAIRÉ, ENSOLEILLÉ, LUMINEUX; À LA PORTÉE DE TOUS, ACCESSIBLE, COMPRÉHENSIBLE, ÉVIDENT, FACILE, INTELLIGIBLE, LIMPIDE, SIMPLE, TRANSPARENT; ENJOUÉ, GAI, JOYEUX, SOURIANT.

teneur *n. f.* ▶ *Contenu abstrait* – contenu, fil conducteur, fil rouge, idée générale, sens. ▶ *Pourcentage* – coefficient, facteur, indice, pour cent, pourcentage, proportion, quotient, rapport, ratio, tant pour cent, tantième, taux.

tenir *v.* ▶ *Maintenir qqch. en place* – fixer, maintenir, retenir. ▶ *Maintenir qqn en place* – clouer, immobiliser, maintenir, retenir, river. ▶ *Détenir* – avoir, détenir, posséder. ▶ *Conserver* – conserver, entretenir, garder, maintenir. ▶ *Contenir un volume* – contenir, cuber, jauger. ▶ *Contenir un nombre de personnes* – accueillir, contenir, loger, recevoir. ▶ *Juger* – considérer, croire, estimer, être d'avis que, juger, penser, regarder, trouver. *SOUT.* compter, réputer. ▶ *Remplir un rôle* – exercer, remplir, s'acquitter de. ▶ *Défendre un lieu* – défendre, garder. ▶ *Résister* – contrer, lutter, ne pas se laisser faire, résister, s'accrocher, se défendre. ▶ *Coller* – adhérer à, entrer dans, s'affilier à, s'inscrire à. ▶ *S'accrocher* – s'accrocher, s'agripper, se cramponner, se raccrocher, se retenir. *SOUT.* s'agriffer. ▶ *Rester dans un même état* – demeurer, être, rester. ▶ *Être de même nature* – procéder de. *SOUT.* participer de. ▲**ANT.** ABANDONNER, LÂCHER, LAISSER, LIBÉRER, RELÂCHER; CÉDER; BRANLER, CHANCELER, FLANCHER, TOMBER; CAPITULER.

tension *n. f.* ▶ *Allongement* – affinement, allongement, bandage, dépliage, dépliement, déploiement, développement, élongation, étirage, étirement, excroissance, extension, prolongement, rallonge, rallongement, tirage. ▶ *Contraction* – astriction, constriction, contraction, crampe, crispation, étranglement, palpitation, pressage, pression, pressurage, resserrement, rétraction, rétrécissement, serrement, spasme. *MÉD.* striction. ▶ *Tension musculaire ou nerveuse* – tonus. ▶ *Nervosité* – agitation, effervescence, électrisation, emballement, énervement, étourdissement, exaltation, excitation, fébrilité, fièvre, griserie, nervosité, stress, surexcitation. *SOUT.* enivrement, éréthisme, exaspération, surtension. ▶ *Tension artérielle* – haute tension, hypertension, tension de haute fréquence. *QUÉB. FAM.* haute (pression). ▶ *Afflux de sang* – afflux (de sang), apoplexie, attaque, cataplexie, coup de sang, embolie, hémorragie, hyperémie, ictus, pléthore, révulsion, stase, thrombose, transport au cerveau, turgescence. ▶ *Tension électrique* – différence de potentiel, voltage. ▶ *Concentration* – application, attention, concentration, contention, intérêt, recueillement, réflexion. ▶ *Sentiments non favorables* – crispation, durcissement, refroidissement. *SOUT.* pétrification. ▲**ANT.** ABANDON, DÉCONTRACTION, DÉTENTE, LAXITÉ, RELÂCHEMENT; DÉCONGESTION; ACCORD, COMPRÉHENSION, ENTENTE, SYMPATHIE.

tentant *adj.* affriolant, aguichant, alléchant, appétissant, attirant, attrayant, désirable, engageant, excitant, intéressant, invitant, irrésistible, ragoûtant, séduisant. *SOUT.* affriandant. ▲**ANT.** DÉGOÛTANT, ÉCŒURANT, REPOUSSANT, RÉPUGNANT; FADE, ININTÉRESSANT, INSIPIDE.

tentation *n. f.* ▶ *Désir* – ambition, appel, appétit, aspiration, attirance, attrait, besoin, but, convoitise, desideratum, désir, envie, exigence, faim, fantaisie, fantasme, fièvre, fringale, goût, idéal, intention, jalousie, passion, prétention, quête, recherche, rêve, soif, souhait, velléité, visée, vœu, voix, volonté. *SOUT.* appétence, dessein, prurit, vouloir. *FAM.* démangeaison. ▶ *Appât* – allèchement, appât, attrait, friandise, séduction. ▲**ANT.** ANTIPATHIE, AVERSION, DÉGOÛT, RÉPUGNANCE; DÉSINTÉRESSEMENT, INDIFFÉRENCE.

tentative *n. f.* effort, essai. ▲**ANT.** ABSTENTION, RENONCEMENT; INACTION, PASSIVITÉ.

tente *n. f.* ▶ *Habitation souple* – *FRANCE FAM.* guitoune. ◆ **tentes**, *plur.* ▶ *Ensemble d'habitations* – camp de tentes, campement (de tentes), village de tentes, village de toile.

tenter *v.* ▶ *Séduire* – affrioler, allécher, appâter, attirer, faire saliver, mettre en appétit, ragoûter, séduire. *SOUT.* affriander, allicier, mettre en goût. ▶ *Essayer* – chercher à, entreprendre de, essayer de, s'attacher à, s'efforcer de, s'ingénier à, tâcher de, travailler à. *SOUT.* avoir à cœur de, faire effort pour, prendre à tâche de. ▲**ANT.** DÉPLAIRE, REPOUSSER, RÉPUGNER; ABANDONNER, LAISSER, QUITTER, RENONCER.

tenture *n. f.* cantonnière, draperie, mille fleurs, pente de fenêtre, portière, rideau, store, tapisserie, toile.

ténu *adj.* ▶ *Mince* – délié, élancé, étroit, filiforme, fin, grêle, mince. ▶ *Faible* – atténué, doux, faible, léger. ▲**ANT.** DENSE, ÉPAIS, GROS.

tenue *n. f.* ▶ *Gestion* – administration, conduite, direction, gérance, gestion, gouverne, intendance, logistique, management, maniement, organisation, régie, surintendance. ▶ *Continuité* – constance, continu, continuité, durabilité, durée, fermeté, fixité, immuabilité, immutabilité, imprescriptibilité, imputrescibilité, inaliénabilité, inaltérabilité, incorruptibilité, indéfectibilité, indissolubilité, invariabilité, longévité, pérennité, permanence, persistance, stabilité. *PHYS.* invariance. ▶ **Maintien** – attitude, contenance, maintien, port, pose, position, posture, station. ▶ **Allure** – air, allure, apparence, aspect, attitude, contenance, démarche, façon, genre, ligne, maintien, manière, panache, physique, port, posture, prestance, silhouette, style, tournure. *SOUT.* extérieur, mine. *FAM.* gueule, touche. ▶ **Décence** – bienséance, bon ton, chasteté, convenance, correction, décence, délicatesse, dignité, discrétion, éducation, fierté, gravité, honnêteté, honneur, modestie, politesse, propreté, pudeur, quant-à-soi, réserve, respect, retenue, sagesse, sobriété, tact, vertu. *SOUT.* pudicité. ▶ **Vêtements** – affaires, atours, chiffons, ensemble, garde-robe, habillement, habits, linge, mise, parure, toilette, trousseau, vestiaire, vêtements. *SOUT.* vêture. *FRANCE FAM.* fringues, frusques, nippes, pelures, saint-frusquin, sapes. ▶ **Uniforme** – costume, habillement, habit, harnachement, livrée, toilette, uniforme, vêtement. *ANC.* harnais, harnois. ▲**ANT.** FLUCTUATION, INSTABILITÉ; GROSSIÈRETÉ, IMPOLITESSE, IMPUDEUR, INDÉCENCE; NÉGLIGENCE, RELÂCHEMENT; ANNULATION, ARRÊT, SUSPENSION.

terme *n.m.* ▶ **Échéance** – (date) butoir, date de péremption *(denrées)*, échéance, expiration, fin, tombée. ▶ **Aboutissement** – aboutissement, accomplissement, achèvement, apothéose, but, chute, complémentation, complètement, complétude, conclusion, consécration, consommation, couronnement, dénouement, exécution, fin, finition, fruit, issue, produit, réalisation, règlement, résolution, résultat, sortie, terminaison. *SOUT.* aboutissant. *PHILOS.* entéléchie. ▶ **Extrémité** – aboutissement, bord, bordure, borne, bout, cap, confins, délimitation, extrême, extrémité, fin, finitude, frange, frontière, ligne, limite, lisière, orée, pied, pointe, pôle, queue, talon, terminaison, tête. ▶ **Mot** – lexème, mot, vocable. ◆ **termes**, plur. ▶ **Ensemble d'entités linguistiques** – terminologie. ▲**ANT.** COMMENCEMENT, DÉBUT, DÉPART, INAUGURATION, OUVERTURE.

terminal *n.m.* ▶ **Gare** – gare, halte, station.

terminer *v.* ▶ **Achever** – accomplir, achever, clore, finir, mener à bien, mener à (bon) terme, mener à bonne fin, réussir. *SOUT.* consommer. *FAM.* boucler. ▶ **Constituer le dernier élément** – clore, clôturer, conclure, fermer, finir. ▶ **Former une limite** – borner, boucher, fermer, limiter. ◆ **se terminer** ▶ **Prendre fin** – finir, prendre fin, s'achever. ▶ **Avoir comme dénouement** – aboutir, finir, se solder. ▲**ANT.** AMORCER, COMMENCER, ENGAGER, ENTREPRENDRE, INAUGURER; OUVRIR; CONTINUER, PERPÉTUER, POURSUIVRE. △**SE TERMINER** – DÉBUTER, NAÎTRE; DURER, PERSISTER.

terminologie *n.f.* ▶ **Nomenclature** – catégorisation, classification, compartimentage, compartimentation, hiérarchie, hiérarchisation, nomenclature, systématique, taxinomie, taxologie, typage, typologie. ▶ **Lexique** – dictionnaire, encyclopédie, glossaire, index, lexique, thésaurus, vocabulaire.

FAM. dico. ▶ **Étude des termes** – lexicographie, lexicologie. *QUÉB.* terminographie.

terne *adj.* ▶ **Sans vie** – déprimant, ennuyeux, gris, grisâtre, maussade, monotone, morne, plat, sans vie. ▶ **Inintéressant** – anodin, banal, fade, falot, incolore, inintéressant, insignifiant, insipide, plat, sans intérêt. *FAM.* incolore, inodore et sans saveur. ▶ **Pâle** – blafard, blanc, blanchâtre, blême, clair, incolore, pâle, pâlot. ▶ **En parlant d'une couleur** – décoloré, défraîchi, délavé, déteint, éteint, fade, fané, pâli, passé. *FAM.* fadasse, pisseux. ▶ **En parlant d'un métal** – amati, dépoli, mat, terni. ▶ **En parlant de l'œil, du regard** – atone, éteint, inexpressif, morne. *FAM.* bovin. ▲**ANT.** ÉCLATANT, VIF; CLAIR, ÉCLAIRÉ, LUMINEUX, RADIEUX, RAYONNANT, RESPLENDISSANT; VOYANT; COLORÉ *(teint)*, FRAIS, RESPLENDISSANT DE SANTÉ, SAIN, VERMEIL; AMUSANT, CHARMANT, DISTRAYANT, DIVERTISSANT, ÉGAYANT, GAI, PLAISANT, RÉJOUISSANT; INTÉRESSANT, PALPITANT, PASSIONNANT; MOTIVANT, STIMULANT; ANIMÉ.

ternir *v.* ▶ **Faire perdre son éclat** – amatir, dépolir, mater, matir. ▶ **Faire perdre sa couleur** – décolorer, défraîchir, délaver, déteindre, faner, grisailler, pâlir. ▶ **Porter atteinte** – déshonorer, éclabousser, entacher, flétrir, noircir, porter atteinte à, salir, souiller. *SOUT.* tacher. ▲**ANT.** AVIVER, ÉCLAIRCIR, POLIR, REDORER; EXALTER, HONORER, RÉHABILITER, REHAUSSER.

terrain *n.m.* ▶ **Sol** – sol, terre. ▶ **Aire** – aire, champ, domaine, emplacement, espace, place, région, territoire, zone. ▶ **Région** – terre, terroir.

terrasse *n.f.* ▶ **Talus** – ados, barbette, berge, berme, cavalier, chaussée, levée, parapet, remblai, risberme *(barrage)*, talus, terre-plein. *AGRIC.* billon. ▶ **Terrain de niveau avec une habitation** – *QUÉB.* patio. ▶ **Partie du relief** – corniche, replat, sangle, vire. ▶ **Balcon** – balcon, encorbellement, loge, loggia, mâchicoulis, mirador, moucharabieh. *QUÉB.* galerie. ▶ **Toit** – appentis, auvent, chaume, toit, toiture, toiture-terrasse, verrière, vitrage. *SOUT.* faîtage. *QUÉB. ACADIE FAM.* couverture. *ACADIE FAM.* tet. *ANTIQ.* solarium. ▶ **Partie d'une statue** – acrotère, base, piédestal, podium, socle, soubassement, stylobate.

terre *n.f.* ▶ **Couche externe de la Terre** – croûte terrestre, écorce terrestre, lithosphère, sous-sol, surface terrestre. ▶ **Partie émergée** – terre ferme. *FAM.* plancher des vaches. ▶ **Matière organique du sol** – humus, limon, mor, sol, terramare, terreau. *SOUT.* glèbe. ▶ **Territoire** – terrain, terroir. ▶ **Possession d'une personne** – pièce de terre, propriété. *SOUT.* glèbe. ▶ **Monde matériel** – ce bas monde, ce monde ici-bas, le bas monde, le monde temporel, le monde terrestre. ▶ **Humanité** – espèce (humaine), êtres humains, genre humain, homme, humanité, population du globe, population mondiale, population planétaire. *SOUT.* race humaine. ◆ **la Terre** ▶ **Planète** – la géosphère, la planète bleue, la planète Terre, la planète, notre planète, notre vaisseau spatial. ▲**ANT.** CIEL; MER; EAU; AIR; FEU; ROC; AU-DELÀ, PARADIS.

terre-à-terre *adj.* matérialiste, matériel, prosaïque. *FAM.* au ras des pâquerettes. ▲**ANT.** IDÉALISTE, RÊVEUR.

terreau

terreau *n. m.* ▶ *Terre* – humus, limon, mor, sol, terramare, terre. ▶ *Engrais* – amendement, apport, chanci, chaux, compost, craie, engrais, falun, fertilisant, fumier, fumure, glaise, goémon, guano, limon, lisier, marne, paillé, plâtre, poudrette, pralin, purin, superphosphate *(artificiel)*, tangue, terre de bruyère. ▶ *Lieu propice* – nid, pépinière, usine, vivier.

terrestre *adj.* ▶ *Matériel* – concret, de chair et de sang, effectif, existant, matériel, palpable, physique, réel, sensible, tangible, visible, vrai. *DIDACT.* positif. *RELIG.* de ce monde, temporel. ▲ANT. AQUATIQUE, MARIN; AÉRIEN, CÉLESTE; ABSTRAIT, CONCEPTUEL, INTELLECTUEL, MENTAL, THÉORIQUE; DIVIN, SURNATUREL; EXTRA-TERRESTRE.

terreur *n. f.* ▶ *Peur* – affolement, alarme, angoisse, appréhension, crainte, effarement, effarouchement, effroi, épouvante, frayeur, grand-peur, hantise, horreur, inquiétude, panique, peur, phobie, psychose, transes. *FIG.* vertige. *SOUT.* affres, apeurement. *FAM.* cauchemar, frousse, pétoche, trac, trouille. *QUÉB. FAM.* chienne. ▶ *Terrorisme* – activisme, extrémisme, intimidation, subversion, terrorisme, violence. ▲ANT. ASSURANCE, BÉATITUDE, CALME, CONFIANCE, QUIÉTUDE.

terreux *adj.* ▶ *En parlant du teint* – bilieux, cireux, jaunâtre, jaune. ▲ANT. CLAIR, COLORÉ, ÉCLATANT, RADIEUX; NET, PROPRE.

terrible *adj.* ▶ *Effrayant* – à donner la chair de poule, à faire frémir, à figer le sang, à glacer le sang, affreux, cauchemardesque, cauchemardeux, cauchemaresque, effrayant, effroyable, épouvantable, grand-guignolesque, horrible, horrifiant, pétrifiant, terrifiant, terrorisant. *SOUT.* horrifique. *QUÉB. FAM.* épeurant. ▸ *En parlant de qqn* – dangereux, inquiétant, mauvais, méchant, menaçant, patibulaire, redoutable, sinistre, sombre, torve *(regard)*. ▶ *Tragique* – catastrophique, désastreux, effroyable, épouvantable, funeste, tragique. *SOUT.* calamiteux. ▶ *Très intense* – déchaîné, fort, furieux, impétueux, intense, puissant, violent. ▶ *Remarquable* (*FAM.*) – admirable, brillant, éblouissant, excellent, extraordinaire, fantastique, magistral, magnifique, merveilleux, parfait, prodigieux, remarquable, réussi, sensationnel, sublime. *FAM.* à tout casser, bluffant, champion, d'enfer, du tonnerre, épatant, extra, fameux, formidable, fumant, génial, mirifique, pas piqué des vers, splendide, super. *FRANCE FAM.* du feu de Dieu, énorme, fadé, formide, géant, gratiné, pas piqué des hannetons. *QUÉB. FAM.* capotant, écœurant. ▲ANT. APAISANT, CALMANT, RASSÉRÉNANT, RASSURANT, RÉCONFORTANT, SÉCURISANT, TRANQUILLISANT; ATTIRANT, ATTRAYANT, ENGAGEANT, INVITANT; ENJOUÉ, ÉPANOUI, GAI, JOVIAL, JOYEUX, LÉGER, RÉJOUI, RIANT, SOURIANT; ANODIN, BÉNIN, INNOCENT, INOFFENSIF, SANS DANGER, SANS GRAVITÉ; LAMENTABLE, MÉDIOCRE, MINABLE, NAVRANT, PIÈTRE, PITEUX, PITOYABLE, RATÉ.

terrien *adj.* agricole, cultivateur, paysan, rural. ▲ANT. CITADIN, URBAIN; AÉRIEN; MARIN; EXTRA-TERRESTRE.

terrier *n. m.* ▶ *Refuge d'animal* – abri, aire, antre *(bête féroce)*, caverne, gîte, halot *(lapin)*, héronnière, liteau *(loup)*, nid, refuge, renardière, repaire, reposée *(sanglier ou cervidé)*, ressui *(pour se sécher)*, retraite, tanière, taupinière, trou. *QUÉB.* ravage *(cerfs)*; *FAM.* ouache.

terrifiant *adj.* à donner la chair de poule, à faire frémir, à figer le sang, à glacer le sang, affreux, cauchemardesque, cauchemardeux, cauchemaresque, effrayant, effroyable, épouvantable, grand-guignolesque, horrible, horrifiant, pétrifiant, terrible, terrorisant. *SOUT.* horrifique. *QUÉB. FAM.* épeurant. ▲ANT. APAISANT, CALMANT, RASSÉRÉNANT, RASSURANT, RÉCONFORTANT, SÉCURISANT, TRANQUILLISANT; ATTIRANT, ATTRAYANT, ENGAGEANT, INVITANT.

terrifier *v.* affoler, apeurer, donner des sueurs froides à, donner la chair de poule à, effarer, effrayer, épouvanter, faire dresser les cheveux sur la tête de, faire froid dans le dos à, figer le sang de, glacer le sang de, horrifier, saisir d'effroi, saisir de frayeur, terroriser. *SOUT. ou QUÉB. FAM.* épeurer. ▲ANT. APAISER, CALMER, RASSÉRÉNER, RASSURER, SOULAGER, TRANQUILLISER.

territoire *n. m.* ▶ *Région* – aire, champ, domaine, emplacement, espace, place, région, terrain, zone. ▶ *Conquêtes* – domaine, empire, sol.

territorial *adj.* ▲ANT. GLOBAL, MONDIAL, UNIVERSEL.

terroir *n. m.* ▶ *Terrain* – terrain, terre. ▶ *Région rurale* – campagne. ▲ANT. VILLE.

terrorisme *n. m.* activisme, extrémisme, intimidation, subversion, terreur, violence. ▲ANT. PACIFISME; ANTITERRORISME, CONTRE-TERRORISME; SÉCURITÉ CIVILE.

terroriste *n.* activiste, contestataire, extrémiste, fanatique, jusqu'au-boutiste, maximaliste, radical. *FAM.* enragé. ▲ANT. PACIFISTE.

tertre *n. m.* butte, monticule, tumulus *(tombe)*. *QUÉB.* button. ▲ANT. CREUX, DÉPRESSION, TROU.

test *n. m.* ▶ *Expérience* – épreuve, essai, expérience, expérimentation. ▶ *Vérification* – analyse, apurement, audit, censure, confrontation, contrôle, épreuve, examen, expérience, expérimentation, expertise, filtrage, inspection, pointage, recensement, recension, récolement, reconnaissance, recoupement, révision, revue, suivi, supervision, surveillance, vérification. ▶ *Épreuve scolaire* – contrôle, épreuve, évaluation, examen, interrogation. *FAM.* colle, interro.

tête *n. f.* ▶ *Partie supérieure du corps* – *SOUT.* front. *ANAT.* boîte crânienne, voûte crânienne, voûte du crâne. ▶ *Cheveux* – chevelure, cheveux, crinière, tignasse, toison. ▶ *Visage* – face, figure, minois, physionomie, traits, visage. ▶ *Intelligence* – bon sens, cerveau, cervelle, clairvoyance, compréhension, conception, discernement, entendement, esprit, faculté, imagination, intellect, intelligence, jugement, lucidité, pénétration, raison. *FAM.* matière grise, méninges. *QUÉB. FAM.* cocologie. *QUÉB. ACADIE FAM.* jarnigoine. *PHILOS.* logos. ▶ *Mémoire* – mémoire, souvenir. ▶ *Accueil* – abord, accès, accueil, approche, attitude, contact, mine, réception, traitement. ▶ *Extrémité* – aboutissement, bord, bordure, borne, bout, cap, confins, délimitation, extrême, extrémité, fin, finitude, frange, frontière, ligne, limite, lisière, orée, pied, pointe, pôle, queue, talon, terme, terminaison. ▶ *Commencement* – actionnement, amorçage, amorce, balbutiement, bégaiement, commencement, création, début, déclenchement, démarrage, départ, ébauche, embryon, enclenchement, enfance, entrée, esquisse, fondement, germe, inauguration, origine, ouverture, prélude, prémisse, principe. SOUT. aube, aurore, matin, prémices. FIG. apparition, avènement, éclosion, émergence, éruption, explosion, genèse, germination, naissance, venue au monde. ▶ **Chef** – chef, maître, meneur, numéro un, parrain, seigneur. FAM. baron, cacique, caïd, éléphant, (grand) manitou, grand sachem, gros bonnet, grosse légume, hiérarque, huile, pontife. FRANCE FAM. (grand) ponte, grosse pointure. QUÉB. FAM. grosse tuque. ▶ *Avec titre* – autorité, brevetaire, dignitaire, officiel, responsable, supérieur. ▶ **Carte à jouer** – figure, haute carte, honneur. ▲ANT. PIED *(chez un humain)*, QUEUE *(chez un animal)*; IMBÉCILLITÉ, ININTELLIGENCE, SOTTISE; ARRIÈRE; CONCLUSION, FIN; EMPLOYÉ, SUBALTERNE.

tête-à-tête *n. m.* ▶ **Rencontre** – audience, conférence, confrontation, entretien, entrevue, face à face, huis clos, interview, micro-trottoir, rencontre, rendez-vous, retrouvailles, réunion, vis-à-vis, visite. SOUT. abouchement. FRANCE FAM. rambot, rambour, rancard. PÉJ. conciliabule. ▶ **Conversation** – causerie, colloque, concertation, conversation, dialogue, discussion, échange (de vues), entretien, interview, pourparlers. FAM. causette, chuchoterie. QUÉB. jase, jasette. PÉJ. conciliabule, palabres; FAM. parlote. ▶ **Siège** – causeuse. ▲ANT. ASSEMBLÉE, FORUM.

têtu *adj.* buté, entêté, obstiné, volontaire. FAM. cabochard, tête de mule, tête de pioche, tête dure. QUÉB. FAM. dur de comprenure. ▲ANT. ACCOMMODANT, ARRANGEANT, COMPLAISANT, CONCILIANT, FLEXIBLE, SOUPLE, TRAITABLE.

texte *n. m.* ▶ **Texte écrit** – écrit. ▶ **Texte oral** – tirade. ▶ **Texte écrit destiné à être prononcé** – paroles. ▶ **Article** – article. FAM. papier.

texture *n. f.* ▶ **Disposition des parties** (FIG.) – accommodation, accommodement, agencement, ajustement, aménagement, architecture, arrangement, articulation, assemblage, combinaison, combinatoire, composition, concaténation, configuration, construction, contexture, coordination, disposition, distribution, élaboration, enchaînement, harmonie, hiérarchie, liaison, mise en ordre, mise en place, ordonnance, ordonnancement, ordre, organisation, orientation, plan, profil, programmation, rangement, répartition, structuration, structure, système. ▲ANT. DÉSORDRE, DÉSORGANISATION, DÉSTRUCTURATION.

théâtral *adj.* ▶ **Qui concerne le théâtre** – dramatique, scénique, théâtreux. ▶ **Emphatique** – ampoulé, bouffi, boursouflé, déclamateur, déclamatoire, emphatique, enflé, gonflé, grandiloquent, hyperbolique, pédantesque, pompeux, pompier, pontifiant, prétentieux, ronflant. SOUT. histrionique, pindarique. ▲ANT. DÉPOUILLÉ, MODESTE, NATUREL, SIMPLE, SOBRE.

théâtre *n. m.* ▶ **Construction** – amphithéâtre, arène, carrière, champ de bataille, cirque, gradins, hémicycle, lice, odéon, piste, ring. ▶ **Art** – art dramatique, planches, scène. ▶ **Troupe** – compagnie théâtrale, troupe de théâtre, troupe théâtrale. ▶ **Lieu d'un événement** – coin, emplacement, endroit, lieu,

localisation, localité, place, point, position, poste, scène, séjour, siège, site, situation, zone. BIOL. locus. ▶ **Environnement** – ambiance, atmosphère, cachet, cadre, climat, décor, élément, entourage, environnement, environs, lieu, milieu, monde, société, sphère, voisinage.

thématique *adj.* ▲ANT. ATHÉMATIQUE *(linguistique)*; GÉNÉRALISTE *(chaîne de télévision)*.

thème *n. m.* ▶ **Sujet** – fait, fond, matière, objet, point, problème, propos, question, sujet. ▶ **Traduction** – adaptation, calque, explication, herméneutique, interprétation, paraphrase, traduction, transcodage, transcription, translittération, transposition, version. FAM. traduc. ▶ **Sujet logique** – sujet logique, topique. ▲ANT. VERSION *(traduction)*; RHÈME *(linguistique)*.

théorème *n. m.* ▶ **Axiome** – apodicticité, axiome, convention, définition, donnée, évidence, fondement, hypothèse, lemme, postulat, postulatum, prémisse, principe, proposition, théorie, vérité. ▶ **Proposition** – affirmation, allégation, argument, argumentation, assertion, déclaration, dire, expression, parole, position, propos, proposition, raisonnement.

théoricien *n.* abstracteur. PÉJ. idéologue. ▲ANT. PRATICIEN, TECHNICIEN.

théorie *n. f.* ▶ **Concept** – abstraction, archétype, concept, conception, conceptualisation, connaissance, conscience, entité, fiction, généralisation, idée, imagination, notion, noumène, pensée, représentation (mentale), schème. ▶ **Axiome** – apodicticité, axiome, convention, définition, donnée, évidence, fondement, hypothèse, lemme, postulat, postulatum, prémisse, principe, proposition, théorème, vérité. ▶ **Hypothèse** – conjecture, explication, hypothèse, interprétation, loi, principe, scénario, spéculation, thèse. ▶ **Opinion** – appréciation, avis, conception, conviction, critique, croyance, dogme, estime, idée, impression, jugement, opinion, optique, pensée, perception, point de vue, position, principe, prise de position, sentiment, thèse, vote, vue. SOUT. oracle. ▶ **Méthode** – approche, art, chemin, code, comment, credo, démarche, dispositif, façon (de faire), facture, formule, heuristique, instruction, instrument, ligne de conduite, maïeutique, manière, marche (à suivre), méthode, modalité, mode d'emploi, mode, moyen, opération, ordre, organisation, outil, posologie, pratique, procédé, procédure, protocole, raisonnement, recette, règle, secret, stratagème, stratégie, système, tactique, technique, traitement, voie. SOUT. trace. ▶ **Rudiments** – a b c, b.a.-ba, base, éléments, essentiel, notions, notions de base, notions élémentaires, principes, rudiments, teinture. PÉJ. vernis. ▶ **Doctrine** – conception, doctrine, dogme, école (de pensée), idée, idéologie, mouvement, opinion, pensée, philosophie, principe, système, thèse. ▶ **Suite** (SOUT.) – cérémonie, colonne, convoi, cortège, défilade, défilé, file, marche, noce, noria, pardon, pèlerinage, procession, queue, suite, va-et-vient. ▲ANT. APPLICATION, PRATIQUE, TECHNIQUE.

théorique *adj.* ▶ **Qui n'existe que dans l'esprit** – abstractif, abstrait, cérébral, conceptuel, idéal, intellectuel, livresque, mental, spéculatif. PHILOS.

théoriquement

idéationnel, idéel, théorétique. ▶ *En parlant de recherche* – fondamental, pur. ▲**ANT.** CONCRET, RÉEL; EFFICACE, ÉPROUVÉ; CLINIQUE, EMPIRIQUE, EXPÉRIMENTAL, PRATIQUE.

théoriquement *adv.* ▶ *Abstraitement* – abstractivement, abstraitement, dans l'absolu, dans l'abstrait, hypothétiquement, idéalement, imaginairement, in abstracto, intellectuellement, irréellement, platoniquement, profondément, subtilement. ▶ *Conjecturalement* – conjecturalement, hypothétiquement, spéculativement. ▶ *D'un point de vue théorique* – en principe, en théorie, techniquement. ▲**ANT.** DANS LA PRATIQUE, DANS LES FAITS, EN PRATIQUE, EN RÉALITÉ; AUTHENTIQUEMENT, CERTAINEMENT, EFFECTIVEMENT, EN VÉRITÉ, ÉVIDEMMENT, INDUBITABLEMENT, MANIFESTEMENT, RÉELLEMENT, VÉRIDIQUEMENT, VÉRITABLEMENT, VRAIMENT.

théoriser *v.* ▲**ANT.** CONCRÉTISER, EXPÉRIMENTER, METTRE EN PRATIQUE.

thérapeutique *adj.* curatif, médical, médicamenteux, médicinal. ▲**ANT.** PATHOGÈNE.

thérapie *n.f.* ▶ *Thérapie physique* – cure, soins, thérapeutique, traitement. ▶ *Thérapie psychologique* – psychothérapie, thérapeutique psychologique, thérapie (psychologique).

thermomètre *n.m.* mercure, thermoscope *(rudimentaire).*

thèse *n.f.* ▶ *Proposition* – affirmation, allégation, argument, argumentation, assertion, déclaration, dire, expression, parole, position, propos, proposition, raison, théorème. ▶ *Opinion* – appréciation, avis, conception, conviction, critique, croyance, dogme, estime, idée, impression, jugement, opinion, optique, pensée, perception, point de vue, position, principe, prise de position, sentiment, théorie, vote, vue. SOUT. oracle. ▶ *Théorie* – conjecture, explication, hypothèse, interprétation, loi, principe, scénario, spéculation, théorie. ▶ *Doctrine* – conception, doctrine, dogme, école (de pensée), idée, idéologie, mouvement, opinion, pensée, philosophie, principe, système, théorie. ▶ *Traité* – argument, argumentation, cours, développement, discours, dissertation, essai, étude, exposé, manuel, mémoire, monographie, somme. DR. dire. ▲**ANT.** ANTITHÈSE, OPPOSITION.

thorax *n.m.* buste, cœur, poitrine, torse. ANAT. cage thoracique, sternum; MÉD. gril costal. SOUT. sein.

tic *n.m.* ▶ *Grimace* – contorsion, expression, froncement, grimace, lippe, mimique, mine, moue, nique, rictus, simagrée, singerie. FAM. bouche en cul de poule. QUÉB. FAM. baboune. ▶ *Manie* – encroûtement, manie, marotte, monotonie, ordinaire, ronron, routine, uniformité.

tiède *adj.* ▶ *Au sens propre* – attiédi, tiédi. PÉJ. tiédasse. ▶ *Au sens figuré* – adouci, atténué, mitigé, modéré, tempéré. ▲**ANT.** BOUILLANT, BRÛLANT, CHAUD; FRAIS, FROID, GLACÉ; ARDENT, CHALEUREUX, FERVENT, PASSIONNÉ.

tiédeur *n.f.* ▶ *Température* – chaleur, chaud. SOUT. feux. ▶ *Indifférence* – amorphisme, apathie, flegme, froideur, indifférence, insensibilité, lympha-

tisme, mollesse. ▲**ANT.** FRAÎCHEUR, FROID; ARDEUR, ENTHOUSIASME, PASSION, ZÈLE.

tiers *n.m.* ▶ *Personne* – autre, autrui, prochain, semblable, tierce personne. ▲**ANT.** TRIPLE; CONTRACTANT, SOUSCRIPTEUR.

tiers-monde (var. **tiers monde**) *n.m.* pays défavorisés, pays en voie de développement, pays les moins avancés, pays pauvres, (pays) sous-développés, quart-monde. ▲**ANT.** PAYS DÉVELOPPÉS.

tige *n.f.* ▶ *Partie d'une plante* – brin, fétu. ▶ *Baguette* – aine, alinette, apex, archet, badine, baguette, bâton, bâtonnet, branche, canne, cravache, crosse, gaule, honchet, houssine, jonc, jonchet, mailloche, perche, style, triballe, tringle, verge, vergette. ▶ *Axe* – arbre, arbre-manivelle, axe, bielle, biellette, charnière, essieu, manivelle, moyeu, pivot, vilebrequin. TECHN. goujon, tourillon. ▶ *Cigarette* (FAM.) – cigarette. FAM. cibiche, pipe, sèche, (une) clope. QUÉB. FAM. cigoune, clou de cercueil. ♦ **tiges, plur.** ▶ *Ensemble de parties de végétaux* – chaume, éteule, foin, paille.

timbre *n.m.* ▶ *Bruit* – carillon, carillonnement, glas, sonnaille, sonnaillerie, sonnerie, tintement, tocsin. FAM. drelin. ▶ *Petite cloche* – cloche, clochette, grelot, sonnette. ▶ *Ce qui sert à marquer* – cachet, oblitérateur, poinçon, sceau, tampon. ANTIQ. cylindre-sceau. ▶ *Étiquette* – auto-collant, badge, cocarde, décalcomanie, écusson, épinglette, étiquette, insigne, marque, plaque, porte-nom, rosette, tatouage, vignette, vitrophanie. FAM. macaron. ▶ *Étiquette postale* – timbre-poste. ▶ *Cachet* – cachet, contrôle, empreinte, estampille, flamme, frappe, griffe, insculpation, label, marque, oblitération, plomb, poinçon, sceau, tampon. QUÉB. FAM. étampe. ▶ *Affranchissement* – compostage, frais de port, surtaxe, taxe, timbrage.

timide *adj.* ▶ *Qui manque d'assurance* – complexé, inhibé. FAM. coincé. QUÉB. FAM. gêné, pogné. ▶ *Qui manque de courage* – couard, craintif, faible, frileux, lâche, mou, peureux, pleutre, poltron, pusillanime, qui se dérobe, timoré, veule. ▲**ANT.** ASSURÉ, CONFIANT, ENTREPRENANT, FONCEUR, HARDI, SÛR DE SOI; BRAVE, COURAGEUX, INTRÉPIDE, VAILLANT, VALEUREUX.

timidement *adv.* ▶ *Peureusement* – craintivement, frileusement, lâchement, ombrageusement, peureusement, pusillanimement. ▶ *Honteusement* – honteusement, piteusement. ▶ *Humblement* – humblement, modestement, pauvrement, respectueusement, simplement. ▶ *Doucement* – délicatement, discrètement, doucement, en douceur, faiblement, légèrement, lentement, mesurément, modérément, mollement, posément. FAM. doucettement, mollo, mou, piane-piane, pianissimo, piano. ▲**ANT.** AUDACIEUSEMENT, BRAVEMENT, COURAGEUSEMENT, HARDIMENT, INTRÉPIDEMENT, VAILLAMMENT, VALEUREUSEMENT; EFFRONTÉMENT, INSOLEMMENT, SANS GÊNE; VIOLEMMENT.

timidité *n.f.* ▶ *Inhibition* – appréhension, confusion, crainte, discrétion, effacement, effarouchement, embarras, émoi, frilosité, gaucherie, gêne, hésitation, honte, humilité, indécision, inhibition, introversion, malaise, modestie, peur, réserve, retenue, sauvagerie. SOUT. pusillanimité. FAM. trac.

▶ *Honte* – confusion, contrainte, crainte, embarras, gêne, honte, humilité, pudeur, réserve, retenue, scrupule. ▶ *Insociabilité* – asociabilité, asocialité, inadaptation, individualisme, insociabilité, marginalité, mésadaptation, misanthropie, sauvagerie. *MÉD.* agoraphobie, sociophobie, solitarisme. *SOUT.* ourserie, renfrognement. ▲**ANT.** AUDACE, COURAGE, HARDIESSE; ARROGANCE, CYNISME, OUTRECUIDANCE, SANS-GÊNE; SOCIABILITÉ.

tintement *n. m.* ▶ *Sonnerie* – carillon, carillonnement, glas, sonnaille, sonnaillerie, sonnerie, timbre, tocsin. *FAM.* drelin. ▶ *Bourdonnement* – acouphène, bourdonnement, cornement, sifflement.

tinter *v.* ▶ *Produire un son aigu* – grelotter, sonnailler, sonner, tintinnabuler. ▶ *En parlant d'une cloche* – carillonner, sonner. ▶ *En parlant des oreilles* – bourdonner, corner, siffler, sonner. *QUÉB. FAM.* siler.

tir *n. m.* ▶ *Action de lancer un projectile* – catapultage, éjection, jet, lancement, lancer, projection. ▶ *Coup de feu* – coup (de feu), feu. *CHASSE* tiré. ▶ *Lancement d'un engin spatial* – lancement. ♦ *tirs, plur.* ▶ *Ensemble de coups de feu* – décharge, fusillade, mitraillade, rafale, salve, tiraillement, tiraillerie, volée.

tirade *n. f.* texte.

tirage *n. m.* ▶ *Action de tirer* – traction, traînage. *MAR. ou ACADIE* halage. ▶ *Extraction* – déblocage, décoinçage, décoincement, dégagement, extraction, retrait. ▶ *Action de faire couler* – coulage *(métal fondu)*, coulée. ▶ *Action d'étirer* – affinement, allongement, bandage, dépliage, dépliement, déploiement, développement, élongation, étirage, étirement, excroissance, extension, prolongement, rallonge, rallongement, tension. ▶ *Air* – *QUÉB. FAM.* hale, tire. ▶ *Édition* – impression, parution, publication. ▶ *Image* – cliché, diapositive, épreuve, galvanotype, instantané, photogramme, photographie, portrait, positif, trait. *FAM.* diapo, galvano. *ANC.* daguerréotype. ▶ *Action d'émettre un acte* – émission, mise en circulation. ▶ *Action de tirer au sort* – *QUÉB.* pige. ▶ *Loterie* – loterie, loto, tombola, totocalcio. ▲**ANT.** POUSSÉE; CHOIX, DÉSIGNATION; FACILITÉ, SIMPLICITÉ.

tirer *v.* ▶ *Étirer* – distendre, étirer, tendre. *MAR.* étarquer *(voile)*. ▶ *Extraire* – dégager, extraire, ôter, retirer, sortir. ▶ *Puiser une chose abstraite* – prendre, puiser, trouver. *QUÉB. ACADIE* piger. ▶ *Remorquer un véhicule* – remorquer, tracter. ▶ *Remorquer une embarcation* – haler, remorquer, touer. ▶ *Tracer* – dessiner, tracer. ▶ *Imprimer* – imprimer, sortir. ▶ *Obtenir en retour* – gagner, obtenir, retirer. ▶ *Lancer un projectile* – darder, décocher, envoyer, jeter, lancer. ▶ *Faire feu* – faire feu. *FAM.* canarder. ▶ *Se rapprocher* – se rapprocher de, tendre vers. ♦ *se tirer* ▶ *Se dégager* – s'extirper, s'extraire, se dégager, se déprendre. ▶ *S'enfuir* (*FAM.*) – fuir, prendre la clé des champs, prendre la fuite, s'enfuir, se sauver. *SOUT.* s'ensauver. *FAM.* calter, caner, débarrasser le plancher, décamper, décaniller, déguerpir, détaler, droper, ficher le camp, filer, foutre le camp, prendre la poudre d'escampette, prendre le large, s'esbigner, se barrer, se carapater, se casser, se cavaler, se débiner, se faire la malle, se faire la paire, se faire la valise, se tailler, trisser. *QUÉB. FAM.* sacrer le camp, sacrer son camp, se pousser. ▶ *Partir* (*FAM.*) – faire un tour, filer, montrer les talons, partir, plier bagage, quitter, s'éloigner, s'en aller, se retirer, tourner les talons, vider les lieux. *FAM.* calter, débarrasser le plancher, décoller, dévisser, ficher le camp, foutre le camp, lever l'ancre, mettre les bouts, mettre les voiles, riper, s'arracher, se barrer, se casser, se tailler, se trotter, trisser. *QUÉB. FAM.* faire un bout, sacrer le camp, sacrer son camp. ▲**ANT.** DÉTENDRE, RELÂCHER; CHASSER, ÉCARTER, ÉLOIGNER, REPOUSSER; POUSSER, PRESSER; ENFONCER, ENGAGER, ENTRER, INTRODUIRE; CACHER.

tireur *n.* ▶ *Personne qui tire qqch.* – traîneur. ▶ *Fusilleur* – fusil, fusilier mitrailleur, fusilleur, gâchette, mitrailleur. ▶ *Joueur de ballon* – buteur, marqueur. *QUÉB.* compteur. ▶ *En finance* – émetteur. ▶ *Voleur* – voleur à la tire. ▲**ANT.** CIBLE.

tisane *n. f.* ▶ *Boisson alcoolisée* (*PÉJ.*) – champagne. *FAM.* roteuse *(bouteille)*. *PÉJ.* champagnette. ▶ *Volée de coups* (*FRANCE FAM.*) – châtiment corporel, correction, punition corporelle, volée (de coups). *FAM.* dégelée, dérouille, dérouillée, passage à tabac, pâtée, peignée, pile, raclée, ratatouille, rossée, roulée, rouste, tabassage, tabassée, tannée, tatouille, trempe, tripotée. *FRANCE FAM.* secouée, tatouille, trépignée.

tisser *v.* ▶ *Organiser une chose complexe* – ficeler, monter, nouer, ourdir, tramer. ▲**ANT.** DÉFAIRE, DÉTISSER, PARFILER.

tissu *n. m.* ▶ *Suite ininterrompue* – alignement, chaîne, chapelet, colonne, combinaison, consécution, cordon, enchaînement, enfilade, énumération, file, gamme, guirlande, ligne, liste, rang, rangée, séquence, série, succession, suite, travée. ▶ *Ensemble de cellules* – stratum.

titre *n. m.* ▶ *Intitulé* – frontispice, manchette, rubrique. *DIDACT.* intitulé. ▶ *Ouvrage* – album, brochure, brochurette, cahier, catalogue, document, écrit, fascicule, imprimé, livre, livret, manuel, opuscule, ouvrage, parution, plaquette, publication, recueil, registre, tome, volume. *FAM.* bouquin. ▶ *Gros* *FAM.* pavé. *QUÉB. FAM.* brique. ▶ *Appellation d'une personne* – affectation, charge, dignité, emploi, fonction, métier, mission, office, place, poste, responsabilité, rôle, siège, vocation. ▶ *Titre financier* – action, bon, coupon, effet de commerce, obligation, papier, part, valeur. ▶ *Proportion* – aloi, fin. ♦ *titres, plur.* ▶ *Ensemble d'appellations d'une personne* – titulature.

titubant *adj.* chancelant, défaillant, flageolant, oscillant, trébuchant, vacillant. ▲**ANT.** ASSURÉ, EN ÉQUILIBRE, ÉQUILIBRÉ, FERME, SOLIDE, STABLE.

tituber *v.* ▶ *Ne pas tenir sur ses jambes* – chanceler, flageoler, osciller, trébucher, vaciller. *QUÉB.* chambranler, tricoler. ▲**ANT.** MARCHER DROIT.

titulaire *adj.* ▲**ANT.** CONTRACTUEL.

titulaire *n.* détenteur, maître, porteur, possesseur, propriétaire, usufruitier. ▲**ANT.** ADJOINT, ASSIMILÉ, AUXILIAIRE, INTÉRIMAIRE, SUPPLÉANT, SURNUMÉRAIRE, VACATAIRE.

toast *n.* pain grillé, rôtie.

toast

toast *n. m.* ▸ *Action de trinquer* – santé. *FAM.* tchin-tchin. ▸ *Allocution* – allocution, discours, harangue, mot. *FAM.* laïus, topo. *RELIG.* homélie, sermon.

toile *n. f.* ▸ *Pièce de ce tissu* – bâche, banne, capot, couverture, housse, prélart, taud. ▸ *Store* – cantonnière, draperie, mille fleurs, pente de fenêtre, portière, rideau, store, tapisserie, tenture. ▸ *Écran de cinéma* – écran de projection, écran. ▸ *Partie d'un navire* – voiles, voilure. ▸ *Œuvre peinte* – œuvre picturale, peinture, tableau. ▸ *Petite* – tableautin.

toilette *n. f.* ▸ *Vêtements* – affaires, atours, chiffons, ensemble, garde-robe, habillement, habits, linge, mise, parure, tenue, trousseau, vestiaire, vêtements. *SOUT.* vêture. *FRANCE FAM.* fringues, frusques, nippes, pelures, saint-frusquin, sapes. ▸ *Vêtement caractéristique* – costume, habillement, habit, harnachement, livrée, tenue, uniforme, vêtement. *ANC.* harnais, harnois. ▸ *Meuble* – coiffeuse, coiffeuse-lavabo, meuble-lavabo, (table de) toilette, table-évier. *ANC.* poudreuse. ▸ *Ablutions* – ablutions, bain, débarbouillage, douche, lavage, nettoyage, rinçage. ♦ **toilettes, plur.** ▸ *Lieu* – cabinet d'aisances, cabinet de toilette, cabinets, latrines, lavabos, lieux d'aisances, salle d'eau, salle de bains, salle de toilette, sanisette *(publiques)*, sanitaires, water-closets, waters, W.-C. *FAM.* petit coin, petit endroit. *BELG.* cour. *AFR.* douchière. *ANC.* garde-robe. *MAR.* bouteilles *(officiers).* *MILIT.* feuillées. ▲**ANT.** ACCOUTREMENT, FRIPES, GUENILLES, HAILLONS, LOQUES.

toiser *v.* ▸ *Estimer* – apprécier, calculer, estimer, évaluer, jauger, juger, mesurer, peser, soupeser, supputer. ▸ *Regarder avec défi* – braver, défier, narguer, provoquer. *SOUT.* fronder. *FAM.* chercher, faire la nique à. *QUÉB. FAM.* barber, baver, faire la barbe à. ▲**ANT.** IGNORER.

toison *n. f.* ▸ *Poil* – fourrure, lainage, livrée, manteau, mantelure *(chien)*, peau, pelage, robe. ▸ *Cheveux* – chevelure, cheveux, crinière, tête, tignasse.

toit *n. m.* ▸ *Surface supérieure* – appentis, auvent, chaume, terrasse, toiture, toiture-terrasse, verrière, vitrage. *SOUT.* faîtage. *QUÉB. ACADIE FAM.* couverture. *ACADIE FAM.* tet. *ANTIQ.* solarium. ▸ *Abri* *(FIG.)* – abri, affût, asile, cache, cachette, gîte, lieu de repos, lieu sûr, refuge, retraite. *FIG.* ermitage, havre (de paix), oasis, port, solitude, tanière. *PÉJ.* antre, planque, repaire. ▸ *Maison* – domicile, foyer, intérieur, maison, nid, résidence. *SOUT.* demeure, habitacle, logis. *FAM.* bercail, bicoque, chaumière, chez-soi, crèche, pénates. ▸ *Famille* – cellule familiale, entourage, famille, foyer, fratrie, gens, logis, maison, maisonnée, membres de la famille, ménage. ▲**ANT.** CAVE, FONDATION, SOUBASSEMENT.

tolérance *n. f.* ▸ *Ouverture* – bienveillance, bonté, compréhension, douceur, humanisme, indulgence, irénisme, largeur d'esprit, libéralisme, non-discrimination, non-violence, ouverture (d'esprit), patience, philosophie, réceptivité, respect, tolérantisme. *SOUT.* bénignité, longanimité. ▸ *Laxisme* – bonasserie, complaisance, faiblesse, laisser-aller, laisser-faire, laxisme, mollesse, permissivité, relâchement. ▸ *Laïcité* – laïcité, mondanité, neutralité, pluralisme, sécularité. ▸ *Immunité* – accoutumance, immunité,

inexcitabilité, insensibilité, prémunition. ▲**ANT.** DÉFENSE, ÉTROITESSE, INTOLÉRANCE, INTRANSIGEANCE, RIGIDITÉ, SÉVÉRITÉ.

tolérant *adj.* ▸ *Large d'esprit* – évolué, large (d'esprit), libéral, ouvert. ▸ *Compréhensif* – bien disposé, bien intentionné, bienveillant, clément, compréhensif, dans de bonnes dispositions, favorable, indulgent, ouvert, sympathisant. ▲**ANT.** BORNÉ, DOGMATIQUE, ÉTROIT (D'ESPRIT), INTOLÉRANT, INTRANSIGEANT; INCOMPRÉHENSIF, INHUMAIN, MESQUIN, RIGIDE, SÉVÈRE.

tolérer *v.* ▸ *Juger sans gravité* – admettre, excuser, fermer les yeux sur, innocenter, laisser passer, pardonner, supporter. ▸ *Endurer* – accepter, endurer, permettre, souffrir, supporter. ▲**ANT.** DÉFENDRE, DÉSAPPROUVER, EMPÊCHER, INTERDIRE, PROHIBER, RÉPRIMER; REFUSER.

tomate *n. f.* ▸ *Plante* – *BOT.* morelle faux piment. ▸ *Monnaie* (*QUÉB. FAM.*) – billet d'un dollar, huard, pièce d'un dollar. *QUÉB. ACADIE FAM.* piastre; *QUÉB. FAM.* douille.

tombant *adj.* ▸ *Qui pend* – pendant, retombant. ▲**ANT.** COURT; AJUSTÉ, MOULANT; FERME; DRESSÉ.

tombe *n. f.* ▸ *Lieu funéraire* – caveau, cénotaphe, crypte, fosse, hypogée, mausolée, monument, niche funéraire, sépulture, tombeau. *SOUT.* sépulcre. *ANC.* ciste, enfeu, pyramide, spéos, tholos, tombelle, tumulus. ▸ *Coffre funéraire* (*QUÉB.*) – bière, cercueil, châsse *(reliques)*, sarcophage *(égyptien)*. ▸ *Mort* (*FIG.*) – décès, disparition, extinction, fin, mort, perte. *FIG.* départ, dernier repos, dernier sommeil, dernier soupir, grand voyage, sépulture, sommeil éternel, tombeau. *SOUT.* la Camarde, la Faucheuse, la Parque, trépas. *FRANCE FAM.* crevaison, crève. ▲**ANT.** BERCEAU.

tombée *n. f.* ▸ *Action de tomber* (*SOUT.*) – chute, dégringolade. *SOUT.* tomber. *FAM.* pelle. *QUÉB. FAM.* débarque, fouille. ▸ *Action de descendre* (*SOUT.*) – abaissement, baisse, descente, fermeture. ▸ *Échéance* – (date) butoir, date de péremption *(denrées)*, échéance, expiration, fin, terme. ▲**ANT.** ASCENSION, LEVER; SUSTENTATION.

tomber *v.* ▸ *Faire une chute* – basculer, culbuter, faire une chute, verser. *FAM.* aller choir, chuter, dinguer, prendre un billet de parterre, prendre une bûche, prendre une gamelle, prendre une pelle, ramasser un gadin, ramasser une bûche, ramasser une gamelle, ramasser une pelle, s'allonger, s'étaler, se casser la figure, se casser la gueule, se fiche par terre, se rétamer, valdinguer. *QUÉB. FAM.* piquer une fouille, planter, prendre une débarque, prendre une fouille. ▸ *Vers l'avant FAM.* embrasser le plancher, s'aplatir. ▸ *S'effondrer* – s'abattre, s'affaisser, s'écrouler, s'effondrer. *QUÉB. FAM.* s'écraser, s'effoirer. ▸ *Mourir au combat* – consentir l'ultime sacrifice, verser son sang. ▸ *S'enfoncer dans une mauvaise situation* – glisser, s'embourber, s'enfoncer, s'enliser, sombrer. ▸ *Pendre* – pendre, retomber. ▸ *Croiser* – croiser, rencontrer, trouver (sur son chemin), voir. ▸ *Attaquer* – agresser, assaillir, attaquer, charger, foncer sur, fondre sur, sauter sur, se jeter sur, se ruer sur. *BELG.* broquer sur. ▸ *S'abattre en grand nombre* – fondre, pleuvoir, s'abattre. ▸ *Survenir* (*FAM.*) – arriver à l'improviste, faire irruption, survenir, venir à l'improviste.

FAM. débarquer, débouler. *QUÉB. ACADIE FAM.* ressoudre. *QUÉB. FAM.* retontir. ▶ *Séduire une femme (FAM.)* – conquérir, faire la conquête de, séduire. *SOUT.* suborner. *FAM.* avoir. ▲**ANT.** REBONDIR, SE REDRESSER, SE RELEVER ; RÉSISTER, SE MAINTENIR, TENIR ; CONTINUER, SURVIVRE, VIVRE ; AUGMENTER, MONTER, S'ACCROÎTRE, S'ÉLEVER ; APPARAÎTRE, PARAÎTRE, SE MONTRER.

tome *n. m.* ▶ *Subdivision d'un livre* – alinéa, article, chapitre, livre, matière, objet, paragraphe, partie, question, rubrique, section, sujet, titre, volet, volume. ▶ *Dans un texte sacré* – psaume, surate *(musulman)*, verset. ▶ *Livre* – album, brochure, brochurette, cahier, catalogue, document, écrit, fascicule, imprimé, livre, livret, manuel, opuscule, ouvrage, parution, plaquette, publication, recueil, registre, titre, volume. *FAM.* bouquin. ▶ *Gros FAM.* pavé. *QUÉB. FAM.* brique.

ton *n. m.* ▶ *Son* – note de musique, note musicale, note. ▶ *Accent* – accent, accentuation, inflexion, intensité, intonation, modulation, prononciation, prosodie, tonalité. *LING.* traits suprasegmentaux. ▶ *Couleur* – coloration, coloris, couleur, degré, demi-teinte, nuance, teinte, tonalité. *SOUT.* chromatisme. ▶ *De la peau* – carnation, pigmentation, teint. ▶ *Du vin* – robe. ▶ *Aspect* – air, allure, apparence, aspect, caractère, configuration, couleur, couvert, dehors, éclairage, expression, extérieur, façade, faciès, figure, forme, formule, impression, jour, masque, mine, paraître, perspective, physionomie, plastique *(en art)*, portrait, présentation, profil, ressemblance, semblant, surface, tour, tournure, traits, vernis, visage. *SOUT.* enveloppe, superficie. ▶ *Mode* – avantgardisme, dernier cri, engouement, épidémie, fantaisie, fureur, goût (du jour), mode, style, tendance, vague, vent, vogue. ▲**ANT.** FADEUR.

tonal *adj.* ▲**ANT.** ATONAL ; MODAL *(musique)*.

tonalité *n. f.* ▶ *Système musical* – tempérament. *ANC.* hexacorde. ▶ *Hauteur d'un son* – accent, accentuation, inflexion, intensité, intonation, modulation, prononciation, prosodie, ton. *LING.* traits suprasegmentaux. ▶ *Couleur* – coloration, coloris, couleur, degré, demi-teinte, nuance, teinte, ton. *SOUT.* chromatisme. ▶ *Qualité du son* – acoustique, sonorité. ▲**ANT.** MODALITÉ *(musique)* ; ATONALITÉ.

tondu *adj.* ▶ *En parlant de la tête* – chauve, dégarni, dénudé, lisse, pelé, ras. *FAM.* déplumé. *QUÉB. FAM.* pleumé.

tonique *adj.* ▶ *Qui donne des forces* – dynamisant, fortifiant, reconstituant, remontant, revigorant, stimulant, tonifiant, vivifiant. *SOUT.* vivificateur. *FAM.* ravigotant. *SUISSE FAM.* rapicolant. *MÉD.* analeptique, dopant, dynamogène, énergisant, excitant, incitant. ▶ *Qui raffermit l'épiderme* – astringent, raffermissant. ▲**ANT.** AFFAIBLISSANT, ALANGUISSANT, AMOLLISSANT, ANÉMIANT, DÉBILITANT ; ATONE, INACCENTUÉ.

tonique *n. m.* ▶ *Substance* – analeptique, défatigant, dopant, énergisant, excitant, fortifiant, reconstituant, remontant, stimulant, tonifiant. *PHYSIOL.* incitant. ▲**ANT.** DOMINANTE *(musique)*.

tonne *n. f.* ▶ *Grande quantité* – abondance, afflux, amas, ampleur, concentration, débauche, débordement, exubérance, filon, floraison, foisonnement, forêt, foule, fourmillement, gisement, infinité,

inondation, luxe, luxuriance, masse, mine, multiplicité, myriade, nuée, orgie, paquet, pléthore, poussière, profusion, quantité, richesse, surabondance, tas, trésor. *FIG.* carnaval. *FAM.* festival, flopée, kyrielle, tapée, tripotée, wagon. *QUÉB. FAM.* bourrée, tapon. *SUISSE FAM.* craquée. ▲**ANT.** GOUTTE, ONCE, PEU, PINCÉE, SOUPÇON.

tonneau *n. m.* ▶ *Récipient* – bachotte *(poissons)*, baricaut, baril, barillet, barrique *(200 l)*, barrot *(anchois)*, bordelaise *(225 l)*, caque *(harengs)*, demi-barrique *(100 l)*, feuillette *(125 l)*, foissier *(foies)*, foudre *(de 50 à 300 hl)*, fût, futaille, muid, pièce (de vin), pipe *(eau-de-vie)*, tine, tonne, tonnelet. *ANC.* queue *(un muid et demi)*. *TECHN.* tinette. ▶ *Mouvement d'un avion* – boucle, demi-tonneau, looping, retournement, vrille. ♦ *tonneaux, plur.* ▶ *Ensemble de tonneaux* – futaille, tonnellerie.

tonner *v.* ▶ *Exprimer violemment sa colère* – aboyer, crier, fulminer, pester, tempêter, vociférer. *SOUT.* clabauder, déclamer, invectiver. *FAM.* déblatérer, gueuler. *QUÉB. FAM.* chialer, sacrer. ▲**ANT.** CHUCHOTER, MURMURER ; SE TAIRE.

tonnerre *n. m.* ▶ *Bruit* – déflagration, détonation, explosion, fracas, mugissement, pétarade, rugissement, vacarme. ▶ *Foudre (SOUT.)* – éclair, feu, foudre, fulguration. *SOUT.* fulgurance. ▲**ANT.** SILENCE.

torché *adj.* ▶ *Fait à la hâte (FAM.)* – expéditif, hâtif, précipité, rapide, sommaire. ▶ *Non favorable* – bâclé, expédié. *FAM.* cochonné, salopé, torchonné.

torche *n. f.* ▶ *Bâton enflammé* – flambeau. ▶ *Lampe à souder (FAM.)* – chalumeau, fer à souder, lampe à souder, soudeuse.

torchon *n. m.* ▶ *Morceau de tissu* – chamoisine, chiffon (à poussière), éponge, essuie-meubles, essuie-verres, lavette, linge, pattemouille, (peau de) chamois, serpillière, tampon. *QUÉB.* guenille. *BELG.* drap de maison, loque (à reloqueter), wassingue. *SUISSE* panosse, patte. *ACADIE FAM.* brayon. *TECHN.* peille. ▶ *Mauvais journal* – feuille de chou. *FAM.* canard. *FRANCE FAM.* baveux.

tordre *v.* ▶ *Torsader* – boudiner, tire-bouchonner, torsader, tortiller, tortillonner. ▶ *Essorer* – comprimer, essorer. ▶ *Déformer par torsion* – plier. *SUISSE* mailler. ▶ *Gauchir* – bistourner, contourner, courber, déformer, déjeter, dévier, distordre, gauchir, voiler. *QUÉB.* crochir. *TECHN.* s'envoiler. ♦ *se tordre* ▶ *S'enrouler* – s'enrouler, se lover, vriller. ▶ *Rire (FAM.)* – glousser, rire, se dérider. *FAM.* rigoler, se bidonner, se boyauter, se désopiler, se dilater la rate, se fendre la pipe, se fendre la poire, se gondoler, se marrer, se poiler, se rouler par terre, se tenir les côtes. *FRANCE FAM.* se fendre la tirelire, se tire-bouchonner. *SUISSE FAM.* se mailler de rire. ▲**ANT.** DÉSENTORTILLER, DÉTORDRE, DÉTORTILLER ; RECTIFIER, REDRESSER, RÉTABLIR ; ALLONGER.

tordu *adj.* ▶ *Qui résulte d'une torsion* – retors, tors, torsadé, tortillé. ▶ *En parlant des jambes* – cagneux, difforme, tors. *BELG.* qui cagne. ▶ *Qui use de détours* – compliqué, contourné, détourné, dévié. ▲**ANT.** ALLONGÉ, DROIT, ÉTIRÉ ; CLAIR, DIRECT, EXPLICITE, LIMPIDE ; ÉQUILIBRÉ, SAIN D'ESPRIT.

tornade *n. f.* ▶ *Tourbillon* – tourbillon. *DIDACT.* vortex. ▶ *De vent* – cyclone, trombe. *QUÉB. ACADIE*

torpeur

FAM. sorcière (de vent). ▸ *D'eau* – maelström, remous, tourbillon. ▲ANT. ACCALMIE, APAISEMENT.

torpeur *n.f.* ▸ *Demi-sommeil* – assoupissement, demi-sommeil, engourdissement, somnolence. ▸ *Paresse* – alanguissement, apathie, atonie, engourdissement, fainéantise, farniente, indolence, inertie, laisser-aller, langueur, lenteur, léthargie, lourdeur, mollesse, négligence, nonchalance, oisiveté, paresse, somnolence. FAM. cosse, flémingite aiguë, flemmardise, flemme. ▲ANT. ACTIVITÉ, ANIMATION, ARDEUR, DYNAMISME, ENTHOUSIASME, ENTRAIN, VIGUEUR.

torrent *n.m.* ▸ *Grande quantité* – abondance, avalanche, averse, bombardement, bordée, cascade, déferlement, déluge, flot, flux, grêle, kaléidoscope, mascaret, pluie, rivière, vague. SOUT. fleuve. ▲ANT. GOUTTE, PARCELLE, PEU, SOUPÇON.

torride *adj.* ▸ *Chaud* – accablant, brûlant, caniculaire, chaud, écrasant, étouffant, lourd, oppressant, saharien, suffocant, tropical. ▸ *Érotique* – ardent, brûlant, chaud, érotique, passionné. ▲ANT. FROID; FRAIS, TEMPÉRÉ; ÂPRE, GLACIAL, POLAIRE, RIGOUREUX, RUDE, SIBÉRIEN; PUDIQUE, RÉSERVÉ.

torsadé *adj.* retors, tordu, tors, tortillé.

torse *n.m.* buste, cœur, poitrine. ANAT. cage thoracique, sternum, thorax; MÉD. gril costal. SOUT. sein.

tort *n.m.* ▸ *Défaut* – défaut, défectuosité, démérite, faible, faiblesse, faille, faute, grossièreté, handicap, imperfection, infirmité, insuffisance, lacune, maladie, malfaçon, manque, péché mignon, péché véniel, petitesse, tache, tare, travers, vice. SOUT. perfectibilité. ▸ *Offense* – affront, attaque, atteinte, attentat, avanie, blessure, calomnie, défi, dommage, indignité, injure, insolence, insulte, manquement, offense, outrage, pique. SOUT. bave, camouflet, soufflet. ▸ *Préjudice* – affront, atteinte, désavantage, dommage, injustice, lésion, mal, perte, préjudice. ▸ *Injustice* – abus, arbitraire, déloyauté, déni de justice, empiétement, erreur (judiciaire), exploitation, favoritisme, illégalité, illégitimité, inconstitutionnalité, inégalité, iniquité, injustice, irrégularité, maljugé, malveillance, noirceur, partialité, passe-droit, privilège, scélératesse, usurpation. SOUT. improbité. ▲ANT. ÉLOGE, LOUANGE; BÉNÉFICE, BIENFAIT; DROIT, JUSTICE, RAISON.

tortiller *v.* ▸ *Tordre plusieurs fois* – boudiner, tire-bouchonner, tordre, torsader, tortillonner. ▸ *Remuer* – frétiller, remuer, s'agiter, se trémousser. FAM. gigoter. ▸ *Tergiverser* – atermoyer, biaiser, finasser, louvoyer, se dérober, tergiverser, tourner autour du pot. QUÉB. FAM. patiner. ▲ANT. DÉTORTILLER; ALLONGER, ÉTIRER.

tortue *n.f.* ▸ *Reptile* – ZOOL. chélonien, testudine.

tortueux *adj.* ▸ *Sinueux* – courbe, serpentant, serpentin, sinueux. SOUT. flexueux, méandreux, méandrique, tortu. ▸ *Hypocrite* – à double face, de mauvaise foi, déloyal, dissimulateur, dissimulé, fallacieux, faux, fourbe, hypocrite, insidieux, insincère, menteur, perfide, sournois, traître, trompeur. SOUT. captieux, cauteleux, chafouin, tartufe, tartuffard, tortu. DIDACT. sophistique. ▸ *Rusé* – diabolique, fourbe, machiavélique, malin, perfide, rusé. SOUT. artificieux, chafouin, madré, matois, retors, roué,

scélérat. FAM. roublard, vicelard. QUÉB. FAM. ratoureux, snoreau, vlimeux. ▲ANT. DROIT, RECTILIGNE; FRANC, HONNÊTE, LOYAL, SINCÈRE.

torture *n.f.* ▸ *Action de faire souffrir* – échafaud, exécution, géhenne, martyre, peine, question, supplice, tourment. ▸ *Souffrance physique* – affliction, agonie, calvaire, douleur, enfer, martyre, souffrances, supplice. SOUT. affres, géhenne, tourment. ▸ *Souffrance morale* – blessure, déchirement, déchirure, douleur, mal, martyre, souffrance, supplice. SOUT. tenaillement, tribulation. ▸ *Cruauté* – acharnement, agressivité, atrocité, barbarie, brutalité, cruauté, dureté, férocité, inhumanité, maltraitance, méchanceté, sadisme, sauvagerie, violence. SOUT. implacabilité, inexorabilité. PSYCHIATRIE psychopathie. ▲ANT. BONHEUR, EXTASE, JOIE, PLAISIR; BIEN-ÊTRE; SOULAGEMENT.

torturer *v.* ▸ *Infliger des tortures* – martyriser, persécuter. ▸ *Faire souffrir moralement* – assaillir, consumer, crucifier, déchirer, dévorer, faire souffrir, lanciner, martyriser, mettre au supplice, percer, poignarder, ronger, supplicier, tarauder, tenailler, tourmenter, transpercer. SOUT. poindre. ▲ANT. CARESSER, DORLOTER; MÉNAGER, RESPECTER; CONSOLER, RÉCONFORTER, SOULAGER.

total *adj.* absolu, complet, entier, exhaustif, global, inconditionnel, intégral, parfait, plein, rigoureux, sans réserve. QUÉB. FAM. mur-à-mur. PÉJ. aveugle. ▲ANT. FRAGMENTAIRE, INCOMPLET, LACUNAIRE, PARTIEL.

total *n.m.* ▸ *Somme d'argent* – addition, cagnotte, chiffre, ensemble, fonds, mandat, masse, montant, quantité, quantum, somme, totalisation, volume. ▸ *Totalité* – absoluité, complétude, ensemble, entier, entièreté, exhaustivité, généralité, globalité, intégralité, intégrité, masse, plénitude, réunion, somme, totalité, tout, universalité. ▲ANT. PARTIE; CARENCE, INCOMPLÉTUDE.

totalement *adv.* ▸ *Complètement* – à fond, à tous (les) égards, à (grand) complet, au long, au total, complètement, d'un bout à l'autre, de A (jusqu') à Z, du début à la fin, du tout au tout, en bloc, en entier, en totalité, en tous points, entièrement, exhaustivement, fin, in extenso, intégralement, pleinement, sous tous les rapports, sur toute la ligne, tout, tout à fait. QUÉB. FAM. mur-à-mur. ▸ *Parfaitement* – absolument, carrément, catégoriquement, complètement, parfaitement, purement, radicalement, tout à fait. FAM. royalement, souverainement. ▸ *Fondamentalement* – absolument, en essence, essentiellement, foncièrement, fondamentalement, intrinsèquement, organiquement, primordialement, principalement, profondément, radicalement, substantiellement, viscéralement, vitalement. ▸ *Généralement* – généralement, génériquement, globalement, planétairement, universellement. ▸ *Ensemble* – à l'unanimité, à plusieurs, collectivement, collégialement, concurremment, conjointement, coopérativement, coude à coude, d'accord, d'un commun accord, de concert, de conserve, en bloc, en chœur, en collaboration, en commun, en équipe, en groupe, ensemble, la main dans la main, solidairement, unanimement. ▲ANT. À DEMI, À MOITIÉ, EN PARTIE, FRAGMENTAIREMENT, INCOMPLÈTEMENT, PARTIELLEMENT.

totalitaire *adj.* absolu, absolutiste, arbitraire, autocratique, autoritaire, césarien, despote, despotique, dictatorial, directif, dominateur, hégémonique, jupitérien, tyrannique. ▲ANT. DÉMOCRATIQUE, ÉGALITAIRE, LIBÉRAL.

totalitarisme *n. m.* absolutisme, autocratie, césarisme, despotisme, dictature, État policier, fascisme, tsarisme, tyrannie. ▲ANT. LIBÉRALISME.

totalité *n. f.* ▶ *Intégralité* – absoluité, complétude, ensemble, entier, entièreté, exhaustivité, généralité, globalité, intégralité, intégrité, masse, plénitude, réunion, somme, total, tout, universalité. ▶ *Plénitude* – abondance, ampleur, intégrité, plénitude, satiété, saturation. ▲ANT. FRACTION, FRAGMENT, PARTIE; CARENCE, INCOMPLÉTUDE, MANQUE.

touchant *adj.* ▶ *Émouvant* – attachant, attendrissant, désarmant, émouvant, prenant. ▶ *Bouleversant* – bouleversant, déchirant, dramatique, émouvant, pathétique, poignant, troublant, vibrant *(discours)*. SOUT. empoignant. ▲ANT. AGAÇANT, CRISPANT, DÉSAGRÉABLE, ÉNERVANT, EXASPÉRANT, IRRITANT.

touché *adj.* ▶ *Ému* – agité, émotionné, ému, frémissant, palpitant, sous le coup de l'émotion, tremblant. ▲ANT. LÂCHER, LAISSER; ÉVITER, FUIR, RECULER, S'ÉLOIGNER; MANQUER, OMETTRE, RATER, REJETER; INDIFFÉRER, LAISSER FROID; ENDURCIR; DÉBOURSER, PAYER.

touche *n. f.* ▶ *Prise du poisson* – ferrage. ▶ *Fumée inhalée* – bouffée. FRANCE FAM. taffe. ▶ *Habileté des doigts* – doigté, frappe, toucher. ▶ *Petite quantité* – arrière-goût, atome, bouchée, brin, doigt, filet, goutte, gouttelette, grain, larme, lueur, miette, nuage, once, paille, parcelle, peu, pincée, pointe, relent, restant, reste, rien, soupçon, tantinet, teinte, trace, trait, zeste. FAM. chouia. ▶ *Allure* (FAM.) – air, allure, apparence, aspect, attitude, contenance, démarche, façon, genre, ligne, maintien, manière, panache, physique, port, posture, prestance, silhouette, style, tenue, tournure. SOUT. extérieur, mine. FAM. gueule. ▶ *Idylle* (FAM.) – amourette, aventure, aventure amoureuse, aventure galante, bricole, caprice, coquetterie, coup de foudre, engouement, faible, fantaisie, idylle, liaison (amoureuse), marivaudage, passade, passion. FAM. amours, entichement, oaristys. FAM. batifolage, béguin, toquade. QUÉB. FAM. couraillage, galipote. ♦ **touches,** *plur.* ▶ *Ensemble de boutons* – clavier. ▲ANT. ABONDANCE, FOISONNEMENT, PLÉTHORE.

toucher *v.* ▶ *Tâter* – palper, tâter. ▶ *Atteindre* – accéder à, arriver à, atteindre, gagner, parvenir à, se rendre à. ▶ *Contacter* – contacter, entrer en contact avec, joindre, prendre contact avec, rejoindre, se mettre en rapport avec. SOUT. prendre langue avec. PÉJ. s'aboucher avec. ▶ *Frapper* – atteindre, frapper. ▶ *Frapper d'un mal* – accabler, affliger, atteindre, frapper. ▶ *Blesser* – atteindre, blesser. MÉD. léser. ▶ *Émouvoir* – aller droit au cœur de, apitoyer, attendrir, émouvoir, faire quelque chose à, remuer, troubler. SOUT. prendre aux entrailles. FAM. émotionner, prendre aux tripes. ▶ *Concerner qqn* – être d'intérêt pour, intéresser, regarder, s'appliquer à, valoir pour, viser. ▶ *Concerner qqch.* – avoir pour objet, avoir rapport à, avoir trait à, concerner, intéresser, porter sur, relever de, s'appliquer à, se rapporter

à, viser. ▶ *Encaisser* – empocher, encaisser, gagner, mettre dans ses poches, percevoir, recevoir, recouvrer. FAM. palper, se faire. ▶ *Border* – border, confiner à, côtoyer, longer, suivre. ▶ *Confiner* – approcher, avoisiner, confiner à, côtoyer, coudoyer, friser, frôler. ▶ *Heurter, en parlant d'un navire* – tosser. ▲ANT. LÂCHER, LAISSER; ÉVITER, FUIR, RECULER, S'ÉLOIGNER; MANQUER, OMETTRE, RATER, REJETER; INDIFFÉRER, LAISSER FROID; ENDURCIR; DÉBOURSER, PAYER.

toucher *n. m.* ▶ *Action de toucher* – contact. ▶ *Habileté des doigts* – doigté, frappe, touche.

touffe *n. f.* ▶ *Cheveux* – épi, houppe, houppette, mèche. FAM. choupette, couette. ▶ *Bouquet d'arbres* (SOUT.) – boqueteau, bosquet, bouquet, buisson, massif. QUÉB. FAM. talle. ACADIE bouillée.

touffu *adj.* ▶ *Dru* – abondant, dru, épais, fourni, luxuriant. ▶ *Feuillu* – feuillu. SOUT. feuillé. DIDACT. folié. ▲ANT. CLAIR, CLAIRSEMÉ, RARE; EFFEUILLÉ; CONCIS, SIMPLE.

toupet *n. m.* ▶ *Cheveux* – frange, toupillon (petit). ▶ *Faux cheveux* – perruque, postiche. FAM. moumoute. ANC. fontange. ▶ *Insolence* (FAM.) – aplomb, arrogance, audace, effronterie, front, impertinence, impolitesse, impudence, incorrection, insolence, irrespect, irrévérence. SOUT. outrecuidance, sans-gêne. FAM. culot. ▲ANT. COURTOISIE, POLITESSE.

toupie *n. f.* ▶ *Jouet* – sabot, toton. ▶ *Machine* – toupilleuse.

tour *n. m.* ▶ *Action de tourner* – circumduction, giration, pivotement, révolution, rotation, roulement, tourbillonnement, tournoiement, translation. ▶ *Figure de danse* – demi-tour, pirouette, retournement, virevolte, volte-face. MAR. revirement. ▷ *À cheval* – caracole, demi-pirouette, demi-volte, volte. ▶ *Circuit* – circuit, révolution. ▶ *Voyage* – allées et venues, balade, campagne, circuit, circumnavigation, course, croisière, déplacement, excursion, expédition, exploration, incursion, marche, mission, navette, navigation, odyssée, passage, pèlerinage, pérégrination, périple, promenade, raid, rallye, randonnée, reconnaissance, tourisme, tournée, transport, traversée, va-et-vient, voyage. SOUT. errance. FAM. bourlingue, rando, transhumance. QUÉB. voyagement. ▶ *Pourtour* – bord, ceinture, cercle, circonférence, contour, dessin, extérieur, forme, lèvres, limbe, marli *(plat, assiette)*, périmètre, périphérie, pourtour. ▶ *Aspect* – air, allure, apparence, aspect, caractère, configuration, couleur, couvert, dehors, éclairage, expression, extérieur, façade, faciès, figure, forme, formule, impression, jour, masque, mine, paraître, perspective, physionomie, plastique *(en art)*, portrait, présentation, profil, ressemblance, semblant, surface, ton, tournure, traits, vernis, visage. SOUT. enveloppe, superficie. ▶ *Procédé* – acrobatie, astuce, demi-mesure *(inefficace)*, échappatoire, expédient, gymnastique, intrigue, mesure, moyen, palliatif, procédé, remède, ressource, ruse, solution, système. FAM. combine, truc. ▶ *Diversion* – biais, circonlocution, détour, digression, diversion, faux-fuyant, louvoiement, louvoyage, périphrase, repli, subterfuge, subtilité. ▶ *Expression* – collocation, construction, coocurrence, expression (figée), formule, lexie complexe, locution, proposition, syntagme, terme, tournure. ▶ *Plaisanterie* – attrape, blague, canular,

tour

facétie, farce, fumisterie, mystification, plaisanterie. *FAM.* bateau. ▶ *Alternance* – allée et venue, alternatives, balancement, bascule, changement, flux et reflux, intermittence, ondulation, oscillation, palpitation, périodicité, pulsation, récurrence, récursivité, retour, rotation, roulement, rythme, sinusoïde, succession, va-et-vient, variation. ▶ *Scrutin* – consultation (populaire), élection, plébiscite, proclamation, référendum, scrutin, suffrage, urnes, voix, vote. ▶ *Machine-outil* – aléseuse, alésoir, calibreur, fraiseuse, meule, polisseuse, rectifieuse, rodoir. ▲ANT. CENTRE, MILIEU.

tour *n. f.* ▶ *Construction élevée* – campanile, minaret, mirador, phare, tourelle. *ANC.* donjon, guette, nuraghe. ▶ *Observatoire* – échauguette, guérite de guet, mirador, observatoire, poivrière, poste d'observation, poste de veille. *MAR.* nid-de-pie, vigie. ▶ *Gratte-ciel* – gratte-ciel, immeuble.

tourbillon *n. m.* ▶ *Tourbillonnement* – DIDACT. vortex. ▷ *De vent* – cyclone, tornade, trombe. *QUÉB. ACADIE FAM.* sorcière (de vent). ▷ *D'eau* – maelström, remous. ▶ *Tempête* – baguio, cyclone, grain, gros temps, orage, ouragan, rafale, tempête (tropicale), tornade, trombe, typhon, vent violent. *SOUT.* tourmente. *FAM.* coup de chien, coup de tabac, coup de vent. ▶ *Remous* – agitation, balancement, ballottement, bercement, branle, branlement, cahotement, flottement, fluctuation, flux et reflux, houle, impulsion, lacet, mouvement, onde, ondoiement, ondulation, oscillation, pulsation, raz de marée, remous, roulis, tangage, va-et-vient, vague, valse, vibration. *FAM.* brimbalement. ▶ *Agitation* – activité, affairement, affolement, agitation, alarme, animation, bouillonnement, branle-bas (de combat), bruit, dérangement, désordre, désorganisation, détraquement, effervescence, excitation, fourmillement, grouillement, hâte, incohérence, mouvement, orage, précipitation, remous, remue-ménage, secousse, suractivité, tempête, tohu-bohu, tourmente, trépidation, trouble, tumulte, turbulence, va-et-vient. *SOUT.* émoi, remuement. *FAM.* chambardement. ▲ANT. ACCALMIE, ÉCLAIRCIE; CALME, IMMOBILITÉ; ORDRE, ORGANISATION.

touriste *n.* vacancier, visiteur, voyageur. *FAM.* bourlingueur. *SOUT.* vagabond. ▲ANT. RÉSIDANT, SÉDENTAIRE.

tourmenté *adj.* agité, alarmé, angoissé, anxieux, appréhensif, en proie à l'inquiétude, énervé, fiévreux, fou d'inquiétude, inquiet, nerveux, qui s'en fait, qui se fait de la bile, qui se fait du mauvais sang, qui se ronge les sangs, tracassé, troublé. *FAM.* bileux; *PÉJ.* paniquard.

tourmente *n. f.* ▶ *Agitation* – activité, affairement, affolement, agitation, alarme, animation, bouillonnement, branle-bas (de combat), bruit, dérangement, désordre, désorganisation, détraquement, effervescence, excitation, fourmillement, grouillement, hâte, incohérence, mouvement, orage, précipitation, remous, remue-ménage, secousse, suractivité, tempête, tohu-bohu, tourbillon, trépidation, trouble, tumulte, turbulence, va-et-vient. *SOUT.* émoi, remuement. *FAM.* chambardement. ▶ *Soulèvement* – agitation, agitation-propagande, chouannerie, désordre, effervescence, embrasement, émeute,

excitation, faction, fermentation, fièvre, fronde, insoumission, insubordination, insurrection, jacquerie, manifestation, mutinerie, rébellion, remous, résistance, révolte, révolution, sédition, soulèvement, troubles. *FAM.* agit-prop. ▶ *Tempête* (*SOUT.*) – baguio, cyclone, grain, gros temps, orage, ouragan, rafale, tempête (tropicale), tornade, tourbillon, trombe, typhon, vent violent. *FAM.* coup de chien, coup de tabac, coup de vent. ▲ANT. CALME, DÉTENTE, HARMONIE, PAIX; BEAU TEMPS.

tourmenter *v.* ▶ *Importuner* – éperonner, être aux trousses de, harceler, importuner, poursuivre, presser, sergenter, talonner. *SOUT.* assiéger, molester. *FAM.* asticoter, courir après, tarabuster. *QUÉB. ACADIE FAM.* achaler. *QUÉB. FAM.* écœurer, tacher. ▶ *Faire souffrir moralement* – assaillir, consumer, crucifier, déchirer, dévorer, faire souffrir, lanciner, martyriser, mettre au supplice, percer, poignarder, ronger, supplicier, tarauder, tenailler, torturer, transpercer. *SOUT.* poindre. ▶ *Inquiéter* – affoler, agiter, alarmer, angoisser, effrayer, énerver, épouvanter, inquiéter, oppresser, préoccuper, tracasser, troubler. *FAM.* stresser. ♦ **se tourmenter** ▶ *S'inquiéter* – être sur des charbons ardents, s'alarmer, s'angoisser, s'en faire, s'énerver, s'inquiéter, se faire du mauvais sang, se faire du souci, se faire du tracas, se faire un sang d'encre, se mettre martel en tête, se morfondre, se ronger les mœlles, se ronger les sangs, se soucier, se tracasser. *FAM.* angoisser, se biler, se faire de la bile, se faire des cheveux, se frapper, (se) stresser. *QUÉB. FAM.* capoter. ▲ANT. CARESSER, DORLOTER; AMUSER, DIVERTIR; MÉNAGER, RESPECTER; APAISER, RASSÉRÉNER, RASSURER, SOULAGER; CONSOLER, RÉCONFORTER.

tournant *adj.* circulaire, giratoire, orbiculaire, pivotant, rotatif, rotatoire.

tournant *n. m.* coude, courbe, virage. ▲ANT. LIGNE DROITE; ROUTINE, VIE QUOTIDIENNE.

tournée *n. f.* ▶ *Voyage* – allées et venues, balade, campagne, circuit, circumnavigation, course, croisière, déplacement, excursion, expédition, exploration, incursion, marche, mission, navette, navigation, odyssée, passage, pèlerinage, pérégrination, périple, promenade, raid, rallye, randonnée, reconnaissance, tour, tourisme, transport, traversée, va-et-vient, voyage. *SOUT.* errance. *FAM.* bourlingue, rando, transhumance. *QUÉB.* voyagement. ▶ *Visite* – visite. *FAM.* virée. ▶ *Boisson payée* – *QUÉB. FAM.* traite. ▶ *Volée de coups* (*FAM.*) – châtiment corporel, correction, punition corporelle, volée (de coups). *FAM.* dégelée, dérouille, dérouillée, passage à tabac, pâtée, peignée, pile, raclée, ratatouille, rossée, roulée, rouste, tabassage, tabassée, tannée, torchée, trempe, tripotée. *FRANCE FAM.* secouée, tatouille, tisane, trépignée.

tourner *v.* ▶ *Remuer un mélange* – brasser, malaxer, mélanger, remuer. ▶ *Remuer une salade* – remuer. *FAM.* fatiguer, touiller. *QUÉB. FAM.* brasser. ▶ *Faire un film* – filmer. ▶ *Éluder* – contourner, éluder, escamoter, esquiver, éviter, fuir, se dérober à. ▶ *Prendre à revers* – contourner, déborder, prendre à revers. ▶ *Changer de direction* – virer. ▶ *Tournoyer* – pirouetter, pivoter, toupiller, tourbillonner, tournoyer, virer, virevolter, vriller. ▶ *Tourner autour* – graviter, orbiter. ▶ *Devenir aigre* – aigrir, se piquer (*vin*), surir. ▶ *Être en marche* – être en marche, fonctionner, marcher. ♦ **se tourner** ▶ *Changer l'orientation de son corps* – se détourner, se retourner. *QUÉB. FAM.* se revirer (de bord). ▲**ANT.** ARRÊTER, INTERROMPRE ; ALLER TOUT DROIT.

tournoi *n. m.* affrontement, compétition, concours, duel, épreuve, face à face, match. *SOUT.* joute. *FAM.* compète.

tournoyer *v.* pirouetter, pivoter, toupiller, tourbillonner, tourner, virer, virevolter, vriller.

tournure *n. f.* ▶ *Allure* – air, allure, apparence, aspect, attitude, contenance, démarche, façon, genre, ligne, maintien, manière, panache, physique, port, posture, prestance, silhouette, style, tenue. *SOUT.* extérieur, mine. *FAM.* gueule, touche. ▶ *Aspect* – air, allure, apparence, aspect, caractère, configuration, couleur, couvert, dehors, éclairage, expression, extérieur, façade, faciès, figure, forme, formule, impression, jour, masque, mine, paraître, perspective, physionomie, plastique *(en art)*, portrait, présentation, profil, ressemblance, semblant, surface, ton, tour, traits, vernis, visage. *SOUT.* enveloppe, superficie. ▶ *Rembourrage* – crinoline, faux cul, panier, vertugadin. ▶ *Résidu* – copeau, frison. ▶ *Expression* – collocation, construction, cooccurrence, expression (figée), formule, lexie complexe, locution, proposition, syntagme, terme, tour. ♦ **tournures, plur.** ▶ *Ensemble d'expressions* – phraséologie. ▲**ANT.** FOND ; DÉPART, ORIGINE.

tousser *v.* ▶ *Avoir des accès de toux* – toussailler, toussoter. *FAM.* cracher ses poumons. ▶ *Protester (FAM.)* – broncher, murmurer, pousser les hauts cris, protester, réagir, récriminer, renâcler, répliquer, s'élever, s'indigner, s'opposer, se dresser, se gendarmer, se plaindre, se récrier. *SOUT.* réclamer. *FAM.* criailler, faire du foin, moufter, piailler, rouscailler, rouspéter, ruer dans les brancards, tiquer. *QUÉB. FAM.* chialer.

tout *n. m.* ▶ *Totalité* – absoluité, complétude, ensemble, entier, entièreté, exhaustivité, généralité, globalité, intégralité, intégrité, masse, plénitude, réunion, somme, total, totalité, universalité. ▶ *Univers* – ciel, cosmos, création, espace, galaxie, les étoiles, macrocosme, monde, nature, sphère. ▶ *Ce qui est important* – cœur, corps, dominante, essence, essentiel, fond, gros, important, principal, substance, vif. ▲**ANT.** DIVISION, ÉLÉMENT, FRACTION, FRAGMENT, PARTIE ; CARENCE, INCOMPLÉTUDE.

toutefois *adv.* cependant, mais, malgré cela, malgré tout, malheureusement, néanmoins, pourtant, seulement. *SOUT.* nonobstant. ▲**ANT.** DE PLUS, EN OUTRE.

tout-puissant (var. **tout puissant**) *adj.* omni potent. ▲**ANT.** FAIBLE, IMPUISSANT, INCAPABLE, VULNÉRABLE.

toux *n. f.* toussotement.

toxique *adj.* ▶ *Nocif* – intoxicant, nocif, pathogène. *FAM.* poison. ▶ *En parlant d'un végétal* – vénéneux, vireux. *FAM.* poison. ▶ *En parlant d'un gaz* – asphyxiant, délétère, irrespirable, méphitique, suffocant. ▲**ANT.** ATOXIQUE, INOFFENSIF, SAIN, SALUBRE ; DIGÉRABLE, DIGESTIBLE.

tracas *n. m.* ▶ *Préoccupation* – agitation, angoisse, anxiété, cassement de tête, contrariété, désagrément, difficulté, doute, ennui, gêne, inquiétude,

obnubilation, occupation, peine, pensée, préoccupation, sollicitude, souci, suspens, tiraillement, tourment. *FRANCE* suspense. *SOUT.* affres. *FAM.* tintouin, tracassin. ▶ *Contrariété* – accroc, adversité, anicroche, barrière, blocage, contrariété, contretemps, défense, difficulté, digue, écueil, embarras, empêchement, ennui, entrave, frein, gêne, impasse, impossibilité, inhibition, interdiction, objection, obstruction, ombre au tableau, opposition, pierre d'achoppement, point noir, problème, résistance, restriction, tribulations. *QUÉB.* irritant. *SOUT.* achoppement, impedimenta, traverse. *FAM.* blème, hic, lézard, os, pépin. *QUÉB. FAM.* aria. ▲**ANT.** APAISEMENT, CALME, PAIX, SOULAGEMENT.

tracassant *adj.* ▲**ANT.** APAISANT, RASSÉRÉNANT, RASSURANT.

tracasser *v.* ▶ *Inquiéter* – affoler, agiter, alarmer, angoisser, effrayer, énerver, épouvanter, inquiéter, oppresser, préoccuper, tourmenter, troubler. *FAM.* stresser. ▶ *Obséder* – ennuyer, fatiguer, obséder, préoccuper, taquiner, tarabuster, travailler. *FAM.* titiller, turlupiner. *QUÉB. FAM.* chicoter. ♦ **se tracasser** ▶ *S'inquiéter* – être sur des charbons ardents, s'alarmer, s'angoisser, s'en faire, s'énerver, s'inquiéter, se faire du mauvais sang, se faire du souci, se faire du tracas, se faire un sang d'encre, se mettre martel en tête, se morfondre, se ronger les mœlles, se ronger les sangs, se soucier, se tourmenter. *FAM.* angoisser, se biler, se faire de la bile, se faire des cheveux, se frapper, (se) stresser. *QUÉB. FAM.* capoter. ▲**ANT.** AMUSER, DIVERTIR ; MÉNAGER, RESPECTER ; APAISER, CALMER, RASSÉRÉNER, RASSURER, SOULAGER, TRANQUILLISER.

trace *n. f.* ▶ *Empreinte* – empreinte, foulées, marque (de pas), pas, piste, sillon, traînée, vestige, voie. ▶ *À la chasse* – abattures (cerf), connaissance, erres, marche, passée. ▶ *D'un véhicule* – ornière. *QUÉB. FAM.* lisse, rainière, roulière. ▶ *D'un navire* – sillage. ▶ *Défaut* – marque. ▶ *Repère* – balise, borne, borne repère, borne témoin, coordonnée, cran, délinéateur, empreinte, fanion, index, indice, jalon, jalon-mire, marque, mire, mire-jalon, piquet, point de repère, référence, référentiel, taquet. *MAR.* amer, vigie. ▶ *Petite quantité* – arrière-goût, atome, bouchée, brin, doigt, filet, goutte, gouttelette, grain, larme, lueur, miette, nuage, once, paille, parcelle, peu, pincée, pointe, relent, restant, reste, rien, soupçon, tantinet, teinte, touche, trait, zeste. *FAM.* chouia. ▶ *Indice* – apparence, cachet, cicatrice, critère, empreinte, indication, indice, lueur, marque, ombre, pas, piste, preuve, repère, reste, ride, sceau, signature, signe, stigmate, tache, témoignage, témoin, trait, vestige. ▶ *Souvenir* – allusion, anamnèse, commémoration, déjà vu, évocation, impression, mémoire, mémoration, mémorisation, pensée, rappel, réminiscence, souvenir. *SOUT.* remémoration. ▶ *Non favorable* – arrière-goût. *PSYCHOL.* engramme. ▲**ANT.** ABONDANCE, FOISONNEMENT, PLÉTHORE.

tracé *n. m.* ▶ *Écriture* – calligraphie, écriture, graphisme. ▶ *Représentation* – courbe, diagramme, enregistrement, graphe, graphique. *FRANCE FAM.* camembert *(en demi-cercle)*. ▶ *Délimitation* – abornement, bornage, cadre, ceinture, délimitation, démarcation, encadrement, jalonnage, jalonnement, ligne, limite, séparation. ▶ *Trajet* – aller (et retour), chemin, cheminement, circuit, course, direction,

tracer distance, espace, itinéraire, marche, parcours, retour, route, traite, trajectoire, trajet, traversée, voyage. *FAM.* trotte. *FRANCE FAM.* tirée.

tracer *v.* ▸ *Dessiner* – dessiner, tirer. ▸ *Dessiner sommairement* – brosser, crayonner, croquer, ébaucher, esquisser, pocher, profiler, relever, silhouetter. ▸ *Écrire* – écrire, marquer. ▸ *Biffer* (*SUISSE*) – barrer, biffer, raturer, rayer. ▸ *Courir* (*FAM.*) – courir, filer, galoper. *FAM.* calter, cavaler, droper, fendre l'air, jouer des jambes, pédaler, piquer un sprint, prendre ses jambes à son cou, sprinter, tricoter des jambes, tricoter des pieds. ▸ *Poursuivre* (*SUISSE FAM.*) – courir après, être aux trousses de, pourchasser, poursuivre, traquer. *FAM.* courser. ▲ANT. EFFACER.

tract *n. m.* annonce, circulaire, dépliant, flash, insertion, prospectus, publicité.

traction *n. f.* ▸ *Action de tirer* – tirage, traînage. *MAR. OU ACADIE* halage. ▸ *Exercice* – *FAM.* pompe. ▲ANT. COMPRESSION; POUSSÉE; RÉTRÉCISSEMENT.

tradition *n. f.* ▸ *Coutume* – convention, coutume, habitude, habitus, mode, mœurs, pratique, règle, rite, us et coutumes, usage. ▸ *Passé* – ancien temps, antécédents, antériorité, antiquité, bon vieux temps, histoire (ancienne), le temps jadis, nuit des temps, passé, temps révolus. *BELG.* rétroactes. ▲ANT. AVANT-GARDISME, INNOVATION, NOUVEAUTÉ; FUTUR.

traditionnel *adj.* ▸ *Folklorique* – folklorique, populaire. ▸ *Utilisé autrefois* – ancien, d'époque. ▸ *Classique* – classique, habituel, inévitable. ▸ *Conformiste* – conforme, conformiste, orthodoxe. ▲ANT. À LA MODE, ACTUEL, CONTEMPORAIN, MODERNE, NOUVEAU; EXCEPTIONNEL, INACCOUTUMÉ, INHABITUEL, RARE; INÉDIT, RÉVOLUTIONNAIRE; ANTICONFORMISTE, EXCENTRIQUE, MARGINAL, NON CONFORMISTE, ORIGINAL.

traducteur *n.* ▸ *Personne qui traduit* ▸ *Oral* – interprète, traducteur-interprète.

traduction *n. f.* ▸ *Version* – adaptation, calque, explication, herméneutique, interprétation, paraphrase, thème, transcodage, transcription, translittération, transposition, version. *FAM.* traduc. ▲ANT. TEXTE ORIGINAL.

traduire *v.* ▸ *Déchiffrer* – déchiffrer, décoder, décrypter, interpréter. ▸ *Transposer* – adapter, transposer. ▸ *Exprimer* – exprimer, refléter, rendre. ▸ *Citer en justice* – appeler (en justice), assigner, citer, citer à comparaître, citer en justice, convoquer, intimer. ♦ *se traduire* ▸ *Se manifester* – s'exprimer, se manifester. ▲ANT. CACHER, MASQUER, VOILER.

trafic *n. m.* ▸ *Commerce de choses volées* – carambouillage, carambouille, recel. *FAM.* fourgue, fricotage. ▸ *Commerce illégal* – contrebande, économie parallèle, économie souterraine, marché clandestin, marché noir. ▸ *Affairisme* – accaparement, affairisme, agiotage, boursicotage, concussion, coup de bourse, intrigue, spéculation, tripotage. *FAM.* prévarication. *FAM.* combine. ▸ *Circulation des véhicules* – circulation, mouvement. ♦ *Automobiles* – circulation, circulation automobile, circulation routière, circulation urbaine, trafic (routier). ♦ *Bateaux* – navigation, trafic maritime. ▸ *Embouteillage* (*QUÉB.*) – affluence, afflux, bouchon, congestion, embou-

teillage, encombrement, engorgement, obstruction, retenue. ▲ANT. BLOCUS, EMBARGO.

trafiquant *n.* ▸ *Contrebandier* – contrebandier, passeur. ▸ *Spéculateur* – accapareur, agioteur, baissier, boursicoteur, boursicotier, bricoleur, haussier, initié, joueur, margoulin, monopoleur, monopolisateur, monopoliste, reporté, spéculateur, thésauriseur. *FAM.* cumulard, traficoteur, tripoteur.

trafiquer *v.* ▸ *Modifier dans le but de tromper* – altérer, contrefaire, déguiser, falsifier, habiller, maquiller, travestir, truquer. *FAM.* bidonner, bidouiller, tripatouiller. ▸ *Manigancer* (*FAM.*) – combiner, fomenter, machiner, manigancer, monter, ourdir, tramer. *FAM.* fricoter, goupiller, magouiller, mijoter, traficoter. ▸ *À plusieurs* – comploter, concerter, conspirer. ▲ANT. CONSERVER, PRÉSERVER, RESPECTER.

tragédie *n. f.* ▸ *Catastrophe* – apocalypse, bouleversement, calamité, cataclysme, catastrophe, chaos, désastre, drame, fléau, malheur, néant, ruine, sinistre. *FIG.* précipice, ulcère. *SOUT.* abîme. *FAM.* cata. ▲ANT. BOUFFONNERIE, COMÉDIE; BIENFAIT, GRÂCE.

tragique *adj.* catastrophique, désastreux, effroyable, épouvantable, funeste, terrible. *SOUT.* calamiteux. ▲ANT. ANODIN, BÉNIN, INNOCENT, INOFFENSIF, SANS DANGER, SANS GRAVITÉ.

trahir *v.* ▸ *Dénoncer* – dénoncer, livrer, vendre. *FAM.* donner. ▸ *Renier* – déserter, renier. ▸ *Tromper en amour* – tromper. *FAM.* cocufier, donner des coups de canif dans le contrat, faire porter les cornes à, minotauriser. ▸ *Dénaturer* – altérer, biaiser, défigurer, déformer, dénaturer, falsifier, fausser, gauchir, travestir. ▸ *Dénoter une chose non favorable* – accuser. ▸ *Dénoter en général* – annoncer, déceler, démontrer, dénoter, faire foi de, indiquer, laisser paraître, marquer, montrer, prouver, révéler, signaler, signifier, témoigner de. *SOUT.* dénoncer. ♦ *se trahir* ▸ *Se contredire* – se contredire, se démasquer. *FAM.* se couper. ▲ANT. AIDER, DÉFENDRE, RESPECTER, SERVIR, SOUTENIR; DÉTROMPER; CACHER, DISSIMULER.

trahison *n. f.* ▸ *Défection* – défection, désertion, faux serment, félonie, forfaiture, (haute) trahison, infidélité, insoumission, parjure, scélératesse. *SOUT.* prévarication. *FAM.* lâchage. ▸ *Dénonciation* – accusation, allégation, attaque, calomnie, critique, délation, dénigrement, dénonciation, dépréciation, dévalorisation, diffamation, imputation, insinuation, médisance, plainte, rabaissement, réquisitoire. *SOUT.* détraction. *FAM.* cafardage, mouchardage, rapportage. *QUÉB.* salissage. ▸ *Tromperie* – déloyauté, dissimulation, duplicité, facticité, fausseté, félonie, fourberie, hypocrisie, malhonnêteté, mauvaise foi, perfidie, scélératesse, sournoiserie, traîtrise, tromperie. *SOUT.* factice, félinité, insincérité. ▲ANT. FIDÉLITÉ, HONNÊTETÉ, LOYAUTÉ; AIDE, SOUTIEN.

train *n. m.* ▸ *Véhicule* – convoi, rame. *FRANCE FAM.* dur. *ENFANTIN* tchou-tchou. ▸ *Transport* – chemin de fer, rail, transport ferroviaire. ▸ *Ensemble* – accumulation, amas, appareil, assemblage, assortiment, collection, compilation, ensemble, foule, grand nombre, groupe, groupement, jeu, quantité, rassemblement, série, tas. *FAM.* attirail, cargaison, compil. *PÉJ.* ramassis. ▸ *Allure* – allure, cadence, course, erre, marche, mouvement, pas, rythme, tempo, vitesse.

▶ *Vacarme* (QUÉB. FAM.) – brouhaha, cacophonie, chahut, charivari, clameur, tapage, tohu-bohu, tumulte, vacarme. SOUT. bacchanale, hourvari, pandémonium. FAM. barouf, bastringue, bazar, boucan, bouzin, chambard, corrida, grabuge, pétard, potin, raffut, ramdam, ronron, sabbat, schproum, tintamarre, tintouin. QUÉB. FAM. barda. ♦ **trains**, *plur.* ▶ *Ensemble de véhicules* – parc ferroviaire. ▲ANT. CALME, SILENCE.

traînant *adj.* ▶ *Qui ne progresse pas* – croupi, croupissant, stagnant. ▶ *En parlant d'une intrigue, d'un style* – lâche, languissant, mou, qui manque de nerf. ▶ *En parlant d'une voix* – monocorde, monotone. SOUT. psalmodique. ▲ANT. ALERTE, PRESTE, RAPIDE, VIF; CAPTIVANT, PALPITANT, PASSIONNANT; CHANTANT, CLAIRONNANT, CRISTALLIN, PERÇANT, STRIDENT, VIBRANT.

traînée *n.f.* ▶ *Trace de pas* – empreinte, foulées, marque (de pas), pas, piste, sillon, trace, vestige, voie. ▶ *À la chasse* – abattures *(cerf)*, connaissance, erres, marche, passée. ▶ *Trace de ce qui coule* – coulure. FAM. dégoulinade. QUÉB. FAM. coulisse. ▶ *Instrument de pêche* – cordeau, cordée, ligne de fond, palangre, palangrotte, vermille. ▲ANT. POUSSÉE *(déplacement)*; FEMME DE GRANDE VERTU.

traîner *v.* ▶ *Porter avec soi* – charrier, charroyer, porter, transporter. FAM. balader, coltiner, trimarder, trimballer. ▶ *Entraîner à sa suite* – promener. FAM. remorquer, trimballer. ▶ *Faire durer trop longtemps* – éterniser, faire durer, prolonger, tirer en longueur. ▶ *Pendre* – pendre. FAM. pendouiller. ▶ *Durer trop longtemps* – n'en plus finir, s'éterniser, se prolonger. ▶ *Stagner* – languir, patiner, piétiner, s'enliser, stagner. FAM. faire du surplace. ▶ *Rester à ne rien faire* – fainéanter, flâner, musarder, muser, ne rien faire de ses dix doigts, paresser, perdre son temps, rêvasser, traînasser. FAM. avoir la flemme, buller, coincer la bulle, farnienter, flemmarder, glander, glandouiller, gober des mouches, peigner la girafe, se les rouler, se tourner les pouces, tirer au flanc, tirer sa flemme. FRANCE FAM. clampiner. QUÉB. FAM. bisouner, niaiser, taponner, téter, vacher. BELG. FAM. bourdonner. ▶ *Aller sans but* – badauder, déambuler, errer, flâner, rôder, (se) baguenauder, se balader, se promener, traînailler, traînasser, vagabonder. SOUT. battre le pavé, divaguer, vaguer. FAM. vadrouiller, zoner. ACADIE FAM. gaboter. BELG. FAM. baligander, balziner. ▶ *Prendre son temps* – être lent à, être long à, flâner, mettre du temps à, musarder, prendre tout son temps, s'attarder, tarder, traînailler, traînasser. FAM. lambiner, lanterner. QUÉB. FAM. niaiser, gosser, placoter. SUISSE FAM. pétouiller. ▶ *Rester trop longtemps* – s'attarder, s'éterniser. ♦ **se traîner** ▶ *Avancer ventre contre le sol* – ramper. ▲ANT. POUSSER, SOULEVER; ACCÉLÉRER, ACTIVER; COURIR, SE DÉPÊCHER, SE HÂTER, SE PRESSER.

trait *n.m.* ▶ *Ligne* – bande, barre, biffage, biffure, contre-taille *(gravure)*, hachure, ligne, liséré, liteau, raie, rature, rayure, strie, vergeture *(peau)*, zébrure. ▶ *Profil* – ligne, modénature, ombre, profil, silhouette. SOUT. linéament. DIDACT. délinéament. ▶ *Rayon* – rayon, trait (de lumière). SOUT. rai. ▶ *Qualité* – attribut, caractère, caractéristique, marque, particularité, propre, propriété, qualité, signe, spécialité, spécificité. ▶ *Louable* – mérite. ▶ *Critère* – apparence,

cachet, cicatrice, critère, empreinte, indication, indice, lueur, marque, ombre, pas, piste, preuve, repère, reste, ride, sceau, signature, signe, stigmate, tache, témoignage, témoin, trace, vestige. ▶ *Petite quantité* – arrière-goût, atome, bouchée, brin, doigt, filet, goutte, gouttelette, grain, larme, lueur, miette, nuage, once, paille, parcelle, peu, pincée, pointe, relent, restant, reste, rien, soupçon, tantinet, teinte, touche, trace, zeste. FAM. chouia. ▶ *Gorgée* – gorgée. FAM. goulée, lampée, lichette. ▶ *Raillerie* – dérision, épigramme, esprit, flèche, goguenardise, gouaille, gouaillerie, humour, ironie, lazzi, malice, moquerie, persiflage, pique, plaisanterie, pointe, quolibet, raillerie, ricanement, risée, sarcasme, satire, taquinerie. SOUT. brocard, nargue, saillie. FAM. vanne. QUÉB. FAM. craque. QUÉB. SUISSE FAM. fion. ▶ *Cheval* – cheval de trait. ♦ **traits**, *plur.* ▶ *Visage* – face, figure, minois, physionomie, tête, visage. ▲ANT. ABONDANCE, FOISONNEMENT, PLÉTHORE; COMPLIMENT, MOT GENTIL.

traité *n.m.* ▶ *Ouvrage didactique* – argument, argumentation, cours, développement, discours, dissertation, essai, étude, exposé, manuel, mémoire, monographie, somme, thèse. DR. dire. ▶ *Accord* – accommodement, accord, alliance, arrangement, compromis, concordat, consensus, contrat, convention, engagement, entente, marché, modus vivendi, pacte, protocole, transaction. ▶ *Paix* – accord, armistice, cessation des hostilités, cessez-le-feu, compromis, conciliation, détente, entente, issue, modus vivendi, négociation, neutralité, non-belligérance, normalisation, pacification, pacte, paix, réconciliation, trêve.

traite *n.f.* ▶ *Action de traire* – DIDACT. mulsion. ▶ *Commerce* – activité commerciale, affaires, circulation, commerce, commercialisation, distribution, échange, finance, marché, négoce, opérations (commerciales), transactions, troc, vente. ▶ *Titre financier* – effet (de commerce), mandat, ordre. ▶ *Trajet* – aller (et retour), chemin, cheminement, circuit, course, direction, distance, espace, itinéraire, marche, parcours, retour, route, tracé, trajectoire, trajet, traversée, voyage. FAM. trotte. FRANCE FAM. tirée.

traitement *n.m.* ▶ *Examen* – analyse, enquête, étude, examen, exploration, information, investigation, recherche, sondage, survol. SOUT. perquisition. ▶ *Méthode* – approche, art, chemin, code, comment, credo, démarche, discipline, dispositif, façon (de faire), facture, formule, heuristique, instruction, instrument, ligne de conduite, maïeutique, manière, marche (à suivre), méthode, modalité, mode d'emploi, mode, moyen, opération, ordre, organisation, outil, posologie, pratique, procédé, procédure, protocole, raisonnement, recette, règle, secret, stratagème, stratégie, système, tactique, technique, théorie, voie. SOUT. faire. ▶ *Développement* – déroulement, fonctionnement, marche, mécanique, mécanisme, opération, procédure, procès, processus. ▶ *Guérison* – amélioration, apaisement, cicatrisation, convalescence, cure, guérison, mieux-être, relevailles, relèvement, rémission, répit, résurrection, rétablissement, retour à la santé, salut, soulagement. MÉD. délitescence, postcure, résorption, rétrocession. ▶ *Accueil* – abord, accès, accueil, approche, attitude, contact, mine, réception, tête. ▶ *Salaire* – appointements,

traiter

cachet, commission, droit, émoluments, fixe, gages, gain, honoraires, jeton (de présence), mensualité, paye, pourboire, rémunération, rétribution, revenu, salaire, semaine, solde, vacations. ▲ANT. NÉGLIGENCE; PRÉLÈVEMENT *(argent)*.

traiter *v.* ▶ *Donner des soins médicaux* – prodiguer des soins, soigner. ▶ *Étudier* – analyser, ausculter, considérer, envisager, étudier, examiner, explorer, observer, penser à, pousser plus avant, prendre en considération, réfléchir sur, s'intéresser à, se pencher sur, voir. ▶ *Débattre* – débattre, discuter, négocier. ▶ *Transformer une matière première* – transformer. ▶ *Offrir un bon repas* – régaler. *QUÉB. FAM.* payer la traite à. ▶ *Qualifier de façon non favorable* – taxer. ▶ *Exposer longuement* – discourir sur, disserter sur. ▶ *Avoir comme sujet* – parler de, porter sur. ▶ *Négocier* – dialoguer, discuter, être en pourparlers, négocier, parlementer. ▲ANT. NÉGLIGER; IGNORER; ABANDONNER, ÉVITER, FUIR.

traître *adj.* ▶ *Qui a trahi* – déloyal, infidèle, parjure. ▶ *Hypocrite* – à double face, de mauvaise foi, déloyal, dissimulateur, dissimulé, fallacieux, faux, fourbe, hypocrite, insidieux, insincère, menteur, perfide, sournois, tortueux, trompeur. *SOUT.* captieux, cauteleux, chafouin, tartufe, tartuffard, tortu. *DIDACT.* sophistique. ▶ *Qui constitue une menace* – insidieux, perfide, rampant, sournois, subreptice. ▲ANT. FIDÈLE, LOYAL; FRANC, HONNÊTE, SINCÈRE.

traître *n.* faux frère, judas, parjure, vendu. *SOUT.* félon, perfide, prévaricateur, stipendié. ▲ANT. AMI, COMPLICE, DÉFENSEUR; INCORRUPTIBLE, PERSONNE LOYALE.

trajectoire *n. f.* ▶ *Trajet* – aller (et retour), chemin, cheminement, circuit, course, direction, distance, espace, itinéraire, marche, parcours, retour, route, tracé, traite, trajet, traversée, voyage. *FAM.* trotte. *FRANCE FAM.* tirée. ▶ *Vécu* (*FIG.*) – cheminement, expérience (de vie), histoire (personnelle), itinéraire, passé, vécu.

trajet *n. m.* aller (et retour), chemin, cheminement, circuit, course, direction, distance, espace, itinéraire, marche, parcours, retour, route, tracé, traite, trajectoire, traversée, voyage. *FAM.* trotte. *FRANCE FAM.* tirée.

trame *n. f.* ▶ *Lignes croisées* – carroyage, grille, moletage, quadrillage. ▶ *Action d'un récit* – action, affabulation, canevas, intrigue, péripétie, scénario, scène, vie.

tranchant *adj.* ▶ *Coupant* – acéré, affilé, affûté, aigu, aiguisé, coupant. ▶ *Incisif* – abrupt, agressif, bourru, bref, brusque, brutal, cassant, coupant, dur, incisif, raide, rude, sec. ▶ *Décisif* – concluant, convaincant, décisif, définitif, éloquent, péremptoire, probant. ▶ *Catégorique* – affirmatif, autoritaire, catégorique, dogmatique, formel, impératif, impérieux, péremptoire, sans réplique, scolastique. *FAM.* pète-sec. ▲ANT. CONTONDANT; ÉMOUSSÉ, MOUSSE; ACCOMMODANT, AVENANT, CONCILIANT; HÉSITANT; ATTÉNUÉ, DOUX, NUANCÉ, TEMPÉRÉ.

tranchant *n. m.* ▶ *Côté coupant* – coupant, découpoir, feuilletis, fil, taille. ▶ *Instrument* – couteau. ▶ *Caractère* – acariâtreté, acerbité, acidité, âcreté, acrimonie, agressivité, aigreur, amertume, animosité,

âpreté, bave, bile, causticité, colère, dépit, désagrément, dureté, fiel, haine, hargne, humeur, irritation, malveillance, maussaderie, mauvaise humeur, méchanceté, mordant, pique, rancœur, rancune, récrimination, ressentiment, rudesse, venin, vindicte, virulence. *SOUT.* mordacité. *FAM.* rouspétance. ▲ANT. DOS *(lame)*; POINTE; AMABILITÉ, BIENVEILLANCE, DOUCEUR, PATIENCE.

tranché *adj.* ▶ *Net* – arrêté, clair, défini, déterminé, net, précis. ▶ *Contrasté* – contrastant, contrasté, différent, opposé. ▲ANT. CONFUS, FLOU, INCERTAIN, INDÉCIS, INDISTINCT, VAGUE.

tranche *n. f.* ▶ *Portion d'un objet* – bout, carotte *(terrain)*, détail, échantillon, morceau, pan, partie, portion, section, segment, travée, tronçon. ▶ *Portion de temps* – durée, laps de temps, période, plage (horaire), planche (horaire), temps. ▶ *Partie la plus étroite* – bord, chant, côté, face, facette, flanc, pan, paroi, profil, surface. *MAR.* travers. ▶ *Morceau de nourriture* – cossette *(betterave, chicorée)*, flocon *(céréales)*, lamelle. ▶ *Outil* (*QUÉB.*) – grugeoir, rognoir. ▶ *Machine* – massicot, rogneuse. ▲ANT. BLOC, ENSEMBLE, ENTIÈRETÉ, TOUT.

tranchée *n. f.* ▶ *Ouvrage militaire* – circonvallation, contrevallation, fossé, sape, tranchée-abri. ♦ **tranchées**, *plur.* ▶ *Douleur* – tranchées utérines. ▲ANT. BUTTE, MONTICULE; DÉCOUVERT *(militaire)*.

trancher *v.* ▶ *Couper* – couper, sectionner. ▶ *Amener une solution définitive* – en finir avec, régler, résoudre, vider. ▶ *Décider* – conclure, décider, juger, prendre une décision, se prononcer, statuer. ▶ *Contraster* – contraster, détonner, ressortir, se détacher. ▲ANT. RÉUNIR, SOUDER; HÉSITER, TERGIVERSER.

tranquille *adj.* ▶ *Sans bruit* – calme, paisible, silencieux. ▶ *Sans inquiétude* – calme, de tout repos, pacifique, paisible, serein. *FAM.* peinard, pépère, tranquillos. *PHILOS.* ataraxique. ▶ *Docile* – disciplinable, discipliné, docile, doux, facile, gentil, obéissant, sage, soumis. ▲ANT. AGITÉ, BRUYANT, ÉTOURDISSANT; EMPORTÉ, FURIEUX, TURBULENT; ANXIEUX, INQUIET, NERVEUX, TOURMENTÉ, TROUBLÉ; DÉSOBÉISSANT, DIFFICILE, INDISCIPLINÉ, INDOCILE, INSOUMIS, INSUBORDONNÉ.

tranquilliser *v.* ▶ *Rassurer* – apaiser, calmer, consoler, rasséréner, rassurer, réconforter, sécuriser. ▲ANT. AFFOLER, ALARMER, ANGOISSER, EFFRAYER, INQUIÉTER, TOURMENTER.

tranquillité *n. f.* ▶ *Sérénité* – apathie, ataraxie, calme, détachement, distanciation, égalité d'âme, égalité d'humeur, équilibre, flegme, impassibilité, imperturbabilité, indifférence, paix, philosophie, placidité, quiétude, sérénité, stoïcisme. *SOUT.* équanimité. ▶ *Paix* – accalmie, apaisement, bonace, bonheur, calme, éclaircie, entente, fraternité, harmonie, idylle, paix, quiétude, réconciliation, repos, silence, trêve, union, unité. *SOUT.* kief *(en Orient)*. ▶ *Sécurité* – abri, assurance, calme, confiance, paix, quiétude, repos, salut, sécurité, sérénité, sûreté, tranquillité (d'esprit). ▶ *Patience* – calme, constance, courage, douceur, endurance, flegme, lenteur, patience, persévérance, persistance, résignation, sang-froid. *SOUT.* longanimité. ▶ *Douceur* – délicatesse, douceur, finesse, fraîcheur, légèreté, modération, moelleux, mollesse, onctuosité, quiétude, velouté, velouté. *FIG.*

soie. ▶ *Amélioration du temps* – accalmie, adoucissement, amélioration, bonace, calme plat, éclaircie, embellie, radoucissement, réchauffement, redoux, répit, tiédissement, trouée. *ACADIE FAM.* clairon. ▲ **ANT.** AFFOLEMENT, AGITATION, ANGOISSE, APPRÉHENSION, INQUIÉTUDE, NERVOSITÉ, TOURMENT ; INSÉCURITÉ, PEUR ; PERTURBATION, TEMPÊTE.

transaction *n. f.* ▶ *Négociation* – conversation, dialogue, discussion, échange (de vues), marchandage, négociation, pourparlers, tractation. *SOUT.* transigeance. *FAM.* négo. ▶ *Pacte* – accommodement, accord, alliance, arrangement, compromis, concordat, consensus, contrat, convention, engagement, entente, marché, modus vivendi, pacte, protocole, traité. ♦ **transactions,** *plur.* ▶ *Échanges commerciaux* – activité commerciale, affaires, circulation, commerce, commercialisation, distribution, échange, finance, marché, négoce, opérations (commerciales), traite, troc, vente.

transcendance *n. f.* ▶ *Supériorité* – avantage, dessus, prédominance, prééminence, préférence, prépondérance, préséance, primauté, priorité, supériorité, suprématie. *SOUT.* précellence, préexcellence. ▶ *Âme* – âme, cœur, conscience, esprit, mystère, pensée, principe (vital), psyché, psychisme, souffle (vital), spiritualité, vie. ▶ *Selon la philosophie* – atman *(hindouisme)*, pneuma *(Grèce antique)*. *PSYCHOL.* conscient. ▲ **ANT.** IMMANENCE.

transcendant *adj.* ▶ *Supérieur* – élevé, fort, haut, supérieur. ▶ *D'une perfection hors de ce monde* – angélique, céleste, divin, pur, sublime. *SOUT.* archangélique, séraphique. ▲ **ANT.** ÉLÉMENTAIRE, IMMANENT ; INFÉRIEUR, ORDINAIRE ; ALGÉBRIQUE *(en mathématiques)*.

transcender *v.* dépasser, surpasser. ▲ **ANT.** ÊTRE INFÉRIEUR À, S'ARRÊTER À, SE SITUER EN DEÇÀ.

transcrire *v.* copier, recopier, reporter, retranscrire.

transe *n. f.* ▶ *Mysticisme* – anagogie, contemplation, dévotion, élévation, extase, illuminisme, mysticisme, mystique, oraison, philocalie, ravissement, sainteté, spiritualité, vision. *SOUT.* mysticité. ▶ *Communication spirituelle* – canalisation, médiumnité. ♦ **transes,** *plur.* ▶ *Inquiétude* – affolement, alarme, angoisse, appréhension, crainte, effarement, effarouchement, effroi, épouvante, frayeur, grand-peur, hantise, horreur, inquiétude, panique, peur, phobie, psychose, terreur. *FIG.* vertige. *SOUT.* affres, apeurement. *FAM.* cauchemar, frousse, pétoche, trac, trouille. *QUÉB. FAM.* chienne. ▲ **ANT.** △ TRANSES, *plur.* – ASSURANCE, CALME, SÉCURITÉ.

transférer *v.* ▶ *Céder* – abandonner, céder, laisser, léguer, transmettre. *DR. ou SOUT.* aliéner. ▶ *Transporter* – déménager, transporter. *FAM.* transbahuter. ▶ *Changer de lieu* – délocaliser, déplacer. ▲ **ANT.** FIXER, IMMOBILISER.

transfert *n. m.* ▶ *Transmission* – cession, circulation, communication, dévolution, diffusion, dissémination, émission, expansion, extension, intercommunication, multiplication, passation, progression, propagation, rayonnement, reproduction, translation, virement. ▶ *Cession* – cession, distribution, donation, donation-partage, échange, legs,

mancipation, partage, perte, vente. ▶ *Déménagement* – délocalisation, déménagement, relogement. *FAM.* transbahutage, transbahutement. ▲ **ANT.** CONSERVATION, STABILISATION.

transfiguration *n. f.* adaptation, ajustement, altération, avatar, changement, conversion, évolution, glissement, gradation, infléchissement, métamorphose, modification, modulation, mue, mutation, passage, progression, transformation, transition, transmutation, variation, vie. ▲ **ANT.** CONSERVATION, MAINTIEN, PRÉSERVATION.

transfigurer *v.* ▶ *Changer qqn en profondeur* – traiter, transformer. ▲ **ANT.** MAINTENIR, PRÉSERVER.

transformation *n. f.* ▶ *Modification* – adaptation, ajustement, altération, avatar, changement, conversion, évolution, glissement, gradation, infléchissement, métamorphose, modification, modulation, mue, mutation, passage, progression, transfiguration, transition, transmutation, variation, vie. ▶ *Renouvellement* – amélioration, changement, dépoussiérage, modernisation, modification, prorogation, rajeunissement, recommencement, reconduction, réformation, réforme, régénération, réhabilitation, réinvention, remplacement, renouveau, renouvellement, rénovation, réparation, restauration, résurrection, rétablissement. ▶ *Digestion* – absorption, anabolisme, assimilation, biosynthèse, chimisme, coction, digestion, eupepsie, ingestion, métabolisme, nutrition, phagocytose *(cellules)*, rumination. ▲ **ANT.** FIXITÉ, PERMANENCE ; MAINTIEN, PRÉSERVATION ; TOUCHÉ *(football américain)*.

transformer *v.* ▶ *Traiter une matière première* – traiter. ▶ *Changer en une autre forme* – changer, convertir, muer. *SOUT.* transmuer, transmuter. ▶ *Changer qqch. en profondeur* – métamorphoser, modifier, réformer, réinventer, renouveler, rénover, repousser les limites de, révolutionner. ▶ *Changer qqn en profondeur* – métamorphoser. ▶ *En mieux* – transfigurer. ♦ **se transformer** ▶ *Devenir différent* – changer, évoluer. ▶ *Prendre telle forme* – devenir, se changer en, se métamorphoser en, se muer en. ▲ **ANT.** CONSERVER, MAINTENIR, PRÉSERVER. △ SE TRANSFORMER – PERSISTER, RESTER LE MÊME.

transiger *v.* ▶ *Faire des concessions* – composer, faire des concessions, pactiser. ▲ **ANT.** RÉSISTER, RESTER SUR SES POSITIONS, S'ENTÊTER, S'OBSTINER, S'OPPOSER.

transitif *adj.* ▲ **ANT.** INTRANSITIF.

transition *n. f.* ▶ *Changement* – adaptation, ajustement, altération, avatar, changement, conversion, évolution, glissement, gradation, infléchissement, métamorphose, modification, modulation, mue, mutation, passage, progression, transfiguration, transformation, transmutation, variation, vie. ▶ *Étape* – épisode, étape, palier, période, phase, point, stade. ▲ **ANT.** CONSTANCE, PERMANENCE, STABILITÉ.

transitoire *adj.* bref, court, éphémère, évanescent, fugace, fugitif, intérimaire, momentané, passager, précaire, provisoire, rapide, temporaire. *SOUT.* périssable. ▲ **ANT.** DURABLE, PERMANENT.

translucide *adj.* diaphane, transparent, vaporeux. *DIDACT.* pellucide. ▲ **ANT.** OPAQUE.

transmettre *v.* ▶ *Faire parvenir* – acheminer, adresser, envoyer, expédier, faire parvenir. ▶ *Léguer* – abandonner, céder, laisser, léguer, transférer. *DR.* *OU SOUT.* aliéner. ▶ *Communiquer une information* – annoncer, apprendre, communiquer, déclarer, dire, faire l'annonce de, faire part de, faire savoir, notifier, signifier. *FAM.* balancer. ▶ *Communiquer des connaissances* – apprendre, enseigner, expliquer, inculquer, montrer. ▶ *Communiquer un sentiment* – communiquer, inspirer, insuffler. *SOUT.* infuser, inoculer. ▶ *Communiquer une maladie* – communiquer, donner. *FAM.* passer. ▶ *Communiquer un mouvement* – communiquer, imprimer. ◆ **se transmettre** ▶ *Se répercuter* – retentir, se propager, se répercuter. ▲**ANT.** ACQUÉRIR, OBTENIR, RECEVOIR; HÉRITER; CONSERVER, GARDER, RETENIR; ATTRAPER *(maladie)*, CONTRACTER.

transmission *n. f.* ▶ *Communication* – cession, circulation, communication, dévolution, diffusion, dissémination, émission, expansion, extension, intercommunication, multiplication, passation, progression, propagation, rayonnement, reproduction, transfert, translation, virement. *INFORM.* interactivité, téléchargement. *BIOL.* transamination, transduction *(gènes)*. ▶ *Perpétuation* – conservation, continuation, immortalisation, maintien, pérennisation, persistance, poursuite, préservation, prolongement, sauvegarde, suite. *SOUT.* ininterruption, perpétuation, perpétuement. ▶ *Entraînement* – engrenage, engrènement, entraînement, mouvement. ▲**ANT.** CONSERVATION; RÉCEPTION.

transmutation *n. f.* ▶ *Transformation en qqch. de nouveau* – grand œuvre. *RELIG.* transsubstantiation. *PHYS.* transduction. ▶ *En physique nucléaire* – fission, fusion. ▶ *Modification totale* – adaptation, ajustement, altération, avatar, changement, conversion, évolution, glissement, gradation, infléchissement, métamorphose, modification, modulation, mue, mutation, passage, progression, transfiguration, transformation, transition, variation, vie. ▲**ANT.** CONSTANCE, PERMANENCE, STABILITÉ.

transparaître *v.* ▶ *Se manifester plus clairement* – apparaître, émerger, se dégager, se dévoiler, se faire jour, se manifester, se profiler, se révéler. *SOUT.* affleurer. ▲**ANT.** SE CACHER, SE DISSIMULER.

transparence *n. f.* ▶ *Limpidité* – clarté, diaphanéité, eau, limpidité, luminosité, netteté, pureté, translucidité, visibilité, vivacité. ▶ *Intelligibilité* – accessibilité, clarté, compréhensibilité, compréhension, évidence, facilité, intelligibilité, intercompréhension, limpidité, lisibilité, luminosité, netteté. ▶ *Facilité* – accessibilité, agrément, commodité, confort, disponibilité, facilité, faisabilité, possibilité, simplicité. *IN-FORM.* convivialité. ▶ *Honnêteté* – conscience, droiture, exactitude, fidélité, franchise, honnêteté, incorruptibilité, intégrité, irréprochabilité, justice, loyauté, mérite, moralité, netteté, probité, scrupule, sens moral, vertu. ▲**ANT.** OPACITÉ; HERMÉTISME, ININTELLIGIBILITÉ; DUPLICITÉ, HYPOCRISIE.

transparent *adj.* ▶ *Limpide* – clair, cristallin, limpide, pur. *DIDACT.* hyalin, hyaloïde, vitré. ▶ *Translucide* – diaphane, translucide, vaporeux. *DI-DACT.* pellucide. ▶ *Facile à comprendre* – à la portée de tous, accessible, clair, cohérent, compréhensible,

concevable, déchiffrable, évident, facile, intelligible, interprétable, limpide, lumineux, pénétrable, saisissable, simple. ▶ *Non dissimulé* – ouvert, public. ▲**ANT.** OPAQUE; SALE, TERNE, TROUBLE; BRUMEUX, ÉPAIS; CABALISTIQUE, CRYPTIQUE, ÉNIGMATIQUE, ÉSOTÉRIQUE, HERMÉTIQUE, IMPÉNÉTRABLE, INCOMPRÉHENSIBLE, MYSTÉRIEUX, OBSCUR, TÉNÉBREUX; AMBIGU, FOURBE, HYPOCRITE, SOURNOIS; CACHÉ, DISSIMULÉ, SECRET.

transpercer *v.* ▶ *Trouer* – cribler, forer, percer, perforer, tarauder, traverser, trouer, vriller. ▶ *Pénétrer* – passer à travers, pénétrer (de part en part), traverser. ▶ *Tourmenter* – assaillir, consumer, crucifier, déchirer, dévorer, faire souffrir, lanciner, martyriser, mettre au supplice, percer, poignarder, ronger, supplicier, tarauder, tenailler, torturer, tourmenter. *SOUT.* poindre. ▲**ANT.** BOUCHER, COLMATER; ÉGRATIGNER, ÉRAFLER; APAISER, CONSOLER.

transpirer *v.* ▶ *Suer* – être en nage, être en sueur, être (tout) en eau, ruisseler de sueur, suer. ▶ *Devenir connu* – filtrer, paraître au jour, s'ébruiter, se savoir. ▶ *Exprimer un sentiment* – dégager, exprimer, manifester, respirer. *SOUT.* transsuder. ▶ *Dégager une ambiance* – exhaler, respirer, suer. ▲**ANT.** SÉCHER; RESTER SECRET; ABSORBER, BOIRE, S'IMPRÉGNER DE.

transport *n. m.* ▶ *Déplacement* – locomotion. ▶ *Acheminement* – acheminement, amenée, convoi, desserte, diffusion, distribution, envoi, expédition, livraison, marche, postage, progression, service. ▶ *Livraison* – délivrance, distribution, factage, livraison, port, remise. ▶ *Voyage* – allées et venues, balade, campagne, circuit, circumnavigation, course, croisière, déplacement, excursion, expédition, exploration, incursion, marche, mission, navette, navigation, odyssée, passage, pèlerinage, pérégrination, périple, promenade, raid, rallye, randonnée, reconnaissance, tour, tournée, tournée, traversée, va-et-vient, voyage. *SOUT.* errance. *FAM.* bourlingue, rando, transhumance. *QUÉB.* voyagement. ▶ *Exultation* (*SOUT.*) – débordement, délire, éclatement, emballement, exultation, jubilation. ▲**ANT.** ARRÊT, IMMOBILITÉ; APATHIE, INDIFFÉRENCE.

transporté *adj.* ▶ *En proie à une vive émotion* – enivré, éperdu, exalté, fou, ivre. ▶ *Surexcité* – délirant, électrisé, en délire, en transe, exalté, galvanisé, gonflé à bloc, hystérique, surexcité.

transporter *v.* ▶ *Se déplacer avec qqch.* – charrier, charroyer, porter, trahiner. *FAM.* balader, coltiner, trimarder, trimballer. ▶ *Changer qqch. d'endroit* – déménager, transférer. *FAM.* transbahuter. ▶ *Causer une joie* – enivrer, griser. *SOUT.* soulever. ▶ *Exciter* – animer, enfiévrer, enflammer, enthousiasmer, exalter, exciter, passionner, soulever. *FAM.* emballer. ▶ *Surexciter* – chauffer (à blanc), déchaîner, électriser, enfiévrer, exalter, galvaniser, surchauffer, surexciter, survolter. ▲**ANT.** FIXER, IMMOBILISER, LAISSER, PLACER; CONTRARIER, DÉSENCHANTER, ENNUYER, REFROIDIR.

transposer *v.* ▶ *Intervertir* – interchanger, intervertir, inverser, permuter, renverser. *DIDACT.* commuter. ▶ *Traduire* – adapter, traduire.

transposition *n. f.* ▶ *Permutation* – commutation, interversion, inversion, mutation, permutation, renversement, retournement, substitution. ▶ *Traduction* – adaptation, calque, explication,

traverse

herméneutique, interprétation, paraphrase, thème, traduction, transcodage, transcription, translittération, version. *FAM.* traduc. ▶ *Idéalisation* – embellissement, enjolivement, enjolivure, idéalisation, poétisation, stylisation. ▲**ANT.** MAINTIEN, PERMANENCE.

trappe *n. f.* ▶ *Châssis* – bâti dormant, cadre, chambranle, châssis, châssis dormant, croisée, dormant, encadrement, fenêtre, huisserie. ▶ *Trou* – mâchicoulis, trapillon, trémie. ▶ *Action de piéger* (*QUÉB.*) – piégeage. *QUÉB.* trappage. ▶ *Cage à crustacés* (*ACADIE*) – casier, nasse, nassette, panier. ▶ *Monastère* – abbaye, béguinage, chartreuse, cloître, commanderie, couvent, monastère, prieuré. ▶ *Orthodoxe* – laure, lavra.

trapu *adj.* ▶ *Costaud* – athlétique, bien bâti, bien découplé, bréviligne, costaud, fort, gaillard, musclé, puissant, râblé, ragot (*animal*), ramassé, robuste, solide, vigoureux. *SOUT.* bien membré, membru, musculeux. *FAM.* qui a du coffre. *FRANCE FAM.* balèze, bien baraqué, malabar, maous. ▲**ANT.** ÉLANCÉ, GRAND, LONGILIGNE, MINCE, SVELTE.

travail *n. m.* ▶ *Travail usuel* – activité, art, carrière, emploi, état, gagne-pain, métier, occupation, profession, qualité, services, situation, spécialité. *FAM.* boulot, turbin, turf. ▶ *Travail actuel* – devoir, exercice, fonction, service. ▶ *Tâche* – affaire, besogne, corvée, devoir, obligation, occupation, ouvrage, tâche. ▶ *Façonnage* – façonnage, façonnement, modelage, pétrissage, travail (de quelque chose). ▶ *Travail du sol* – ameublissement, bêchage, billonnage, billonnement, binage, charruage, culture, décavaillonnage, écroûtage, écroûtement, émottage, émottement, façon, façonnage, façonnement, grattage, hersage, hivernage, labour, labourage, plombage, roulage, scarifiage, scarification, serfouissage, tassage. ▶ *Période de l'accouchement* – contractions (utérines), douleurs, douleurs de l'accouchement, douleurs de l'enfantement. ▶ *Fonctionnement* – activité, exercice, fonctionnement, marche, mouvement, opération, service, usage, vie. ▲**ANT.** CHÔMAGE, INACTION, OISIVETÉ; LOISIR, PAUSE, REPOS, VACANCES.

travailler *v.* ▶ *S'occuper à un travail* – être à l'œuvre, œuvrer, s'activer, s'affairer. *FAM.* bosser, gratter, marner, turbiner, usiner. ▶ *Avoir un emploi rémunéré* – exercer un métier, exercer une profession, gagner sa vie, gagner son pain. *FAM.* bosser, gagner sa croûte, gagner son bifteck. *FRANCE FAM.* gagner sa taille. *BELG.* jober. ▶ *Se déformer* – gauchir, gondoler, (se) courber, se déformer, se distordre, se voiler. *QUÉB.* crochir. ▶ *Pétrir* – malaxer, manier, manipuler, modeler, pétrir, triturer. ▶ *Façonner un matériau* – façonner, ouvrer. ▶ *Étudier* – étudier. *FAM.* bûcher, chiader, piocher, potasser. *BELG. FAM.* bloquer. ▶ *Tracasser* – ennuyer, fatiguer, obséder, préoccuper, taquiner, tarabuster, tracasser. *FAM.* titiller, turlupiner. *QUÉB. FAM.* chicoter. ▶ *Fabriquer* – composer, confectionner, créer, élaborer, fabriquer, façonner, faire, mettre au point, préparer, produire. *SOUT.* enfanter. *PÉJ.* accoucher de. ▶ *Essayer* – chercher à, entreprendre de, essayer de, s'attacher à, s'efforcer de, s'ingénier à, tâcher de, tenter de. *SOUT.* avoir à cœur de, faire effort pour, prendre à tâche de. ▲**ANT.** S'AMU-

SER, SE DÉTENDRE, SE DISTRAIRE, SE DIVERTIR, SE RÉCRÉER; SE REPOSER; FLÂNER, PARESSER; CHÔMER.

travailleur *adj.* actif, affairé, allant, diligent, dynamique, énergique, infatigable, laborieux, vaillant, zélé. *FAM.* bosseur, boulot boulot, bûcheur, increvable, piocheur. *QUÉB.* travaillant. ▲**ANT.** APATHIQUE, FAINÉANT, INACTIF, INDOLENT, NONCHALANT, OISIF, PARESSEUX.

travailleur *n.* ▶ *Ouvrier* – manœuvre, ouvrier, prolétaire, travailleur (manuel). *FAM.* manœuvre-balai, prolo. *QUÉB. FAM.* col bleu. *PÉJ.* soutier, tâcheron. *ANTIQ.* plébéien (*Rome*), prolétaire (*Rome*), thête (*Grèce*). ▶ *Salarié* – agent, cachetier, employé, journalier, ouvrier (manuel), préposé, salarié. ▶ *Personne qui travaille beaucoup* – bourreau de travail. ▶ *Personne studieuse* – bête à concours. ◆ **travailleurs,** *plur.* ▶ *Ensemble de personnes* – flot de travailleurs; classes laborieuses, ensemble des travailleurs, masses laborieuses, population laborieuse. ▲**ANT.** CHÔMEUR; VACANCIER; FAINÉANT, PARESSEUX.

travers *n. m.* ▶ *Défaut* – défaut, défectuosité, démérite, faible, faiblesse, faille, faute, grossièreté, handicap, imperfection, infirmité, insuffisance, lacune, maladie, malfaçon, manque, péché mignon, péché véniel, petitesse, tare, tort, vice. *SOUT.* perfectibilité. ▶ *Flanc d'un navire* – bord, chant, côté, face, facette, flanc, pan, paroi, profil, surface, tranche. ▲**ANT.** CONFORMITÉ, PERFECTION, RÉGULARITÉ.

traverse *n. f.* ▶ *Chemin* – allée, banquette, cavée, chemin, coulée, laie, layon, ligne, piste, sentier, tortille. *QUÉB.* portage (*pour canots*), rang. ▶ *Obstacle* – accroc, adversité, anicroche, barrière, blocage, contrariété, contretemps, défense, difficulté, digue, écueil, embarras, empêchement, ennui, entrave, frein, gêne, impasse, impossibilité, inhibition, interdiction, objection, obstruction, ombre au tableau, opposition, pierre d'achoppement, point noir, problème, résistance, restriction, tracas, tribulations. *QUÉB.* irritant. *SOUT.* achoppement, impedimenta. *FAM.* blème, hic, lézard, os, pépin. *QUÉB.* aria. ▶ *Danger* – aléa, casse-cou, danger, détresse, difficulté, écueil, embûche, épée de Damoclès, épouvantail, guêpier, hasard, impasse, imprudence, insécurité, mauvais pas, menace, perdition, péril, piège, point chaud, point sensible, poudrière, récif, risque, spectre, urgence, volcan. *SOUT.* tarasque. *FRANCE FAM.* casse-gueule. ▶ *Épreuve* – contrariété, coup, coup du destin, coup du sort, coup dur, disgrâce, échec, épreuve, hydre, infortune, mal, malchance, malheur, mauvais moment à passer, misère, péril, revers, ruine, tribulation. ▶ *Malheur* – adversité, calamité, calice (de douleur), chagrin, détresse, deuil, disgrâce, douleur, échec, épreuve, fatalité, infortune, mal, malchance, malédiction, malheur, mauvaise fortune, mauvaise passe, mésaventure, misère, nuage, orage, peine, revers, ruine, sale affaire, sale histoire, souffrance, tribulation. *SOUT.* bourrèlement, plaie, tourment. ▶ *Insuccès* – avortement, banqueroute, capitulation, catastrophe, chute, débâcle, débandade, déconfiture, défaite, déroute, désavantage, échec, écrasement, faillite, fiasco, four, infortune, insuccès, mauvaise fortune, naufrage, perte, ratage, raté, retraite, revers. *FAM.* désastre, piquette, plantage, raclée, recalage, volée. *FRANCE FAM.* bérézina, bide,

brossée, déculottée, dégelée, écrabouillement, fessée, foirade, gamelle, loupage, pile, rincée, rossée, tannée, veste. ♦ **traverses,** *plur.* ▶ *Ensemble de poutres* – travelage.

traversée *n. f.* ▶ *Passage* – franchissement, passage, transit. ▶ *Trajet* – aller (et retour), chemin, cheminement, circuit, course, direction, distance, espace, itinéraire, marche, parcours, retour, route, tracé, traite, trajectoire, trajet, voyage. *FAM.* trotte. *FRANCE FAM.* tirée. ▶ *Voyage* – allées et venues, balade, campagne, circuit, circumnavigation, course, croisière, déplacement, excursion, expédition, exploration, incursion, marche, mission, navette, navigation, odyssée, passage, pèlerinage, pérégrination, périple, promenade, raid, rallye, randonnée, reconnaissance, tour, tourisme, tournée, transport, va-et-vient, voyage. *SOUT.* errance. *FAM.* bourlingue, rando, transhumance. *QUÉB.* voyagement. ▲**ANT.** CONTOURNEMENT.

traverser *v.* ▶ *Trouer* – cribler, forer, percer, perforer, tarauder, transpercer, trouer, vriller. ▶ *Pénétrer* – passer à travers, pénétrer (de part en part), transpercer. ▶ *Parcourir* – courir, parcourir, sillonner. ▶ *Croiser* – couper, croiser. ▲**ANT.** BOUCHER, OBSTRUER; EFFLEURER; DEMEURER, RESTER, SÉJOURNER; CONTOURNER, LONGER.

travesti *n. m.* ▶ *Déguisement* – costume, déguisement, panoplie, travestissement.

trébuchant *adj.* chancelant, défaillant, flageolant, oscillant, titubant, vacillant. ▲**ANT.** ASSURÉ, EN ÉQUILIBRE, ÉQUILIBRÉ, FERME, SOLIDE, STABLE.

trébucher *v.* ▶ *Heurter du pied* – buter. *QUÉB. FAM.* s'enfarger. *SUISSE* s'encoubler. ▶ *Ne pas tenir sur ses jambes* – chanceler, flageoler, osciller, tituber, vaciller. *QUÉB.* chambranler, tricoler. ▶ *Éprouver une difficulté* – buter sur, se heurter à. *SOUT.* broncher contre/sur, s'achopper à.

tremblant *adj.* ▶ *Agité de tremblements* – agité, émotionné, ému, frémissant, palpitant, sous le coup de l'émotion, touché. ▶ *En parlant d'une flamme, d'une lumière* – tremblotant, vacillant. ▶ *En parlant d'une voix* – chevrotant, tremblotant. ▲**ANT.** FERME, IMMOBILE, STABLE; AUDACIEUX, BRAVE, COURAGEUX, HARDI; ASSURÉ, CALME, FRANC, POSÉ, SÛR.

tremblement *n. m.* ▶ *Convulsion* – agitation, convulsion, ébranlement, flageolement, frémissement, frisson, frissonnement, grelottement, haut-le-corps, oscillation, saccade, secousse, soubresaut, sursaut, titubation, tortillage, tortillement, tremblotement, trémoussement, trémulation, trépidation, tressaillement, vacillement, vibration. *SOUT.* tressaut, tressautement. *FAM.* tremblote. ▲**ANT.** FERMETÉ, IMMOBILITÉ.

trembler *v.* ▶ *Vibrer* – trépider, vibrer. ▶ *Grelotter* – claquer des dents, frissonner, grelotter. ▶ *Tressaillir* – frémir, frissonner, tressaillir. ▶ *Avoir peur* – avoir grand-peur, avoir peur, blêmir, frissonner, pâlir, prendre peur, verdir. *FAM.* avoir la colique, avoir la frousse, avoir la pétoche, avoir la tremblote, avoir la trouille, avoir le trac, avoir le trouillomètre à zéro, avoir les boules, avoir les chocottes, avoir les foies, avoir les glandes, avoir les jetons, baliser, fouetter, mouiller, serrer les fesses. *FRANCE FAM.* les avoir à zéro,

trouiller, trouilloter. *QUÉB. FAM.* avoir la chienne. *BELG. FAM.* clopper. ▶ *En parlant d'une flamme, d'une lumière* – osciller, trembloter, vaciller. ▲**ANT.** ÊTRE FERME.

trembloter *v.* ▶ *En parlant d'une flamme, d'une lumière* – osciller, trembler, vaciller. ▶ *En parlant d'une voix* – bêler, chevroter.

trempé *adj.* dégouttant, détrempé, mouillé, ruisselant. *QUÉB. FAM.* trempe. ▲**ANT.** SEC.

trempe *n. f.* ▶ *Caractère* – abord, caractère, comportement, constitution, esprit, état d'âme, état d'esprit, humeur, idiosyncrasie, individualité, mentalité, nature, naturel, personnalité, sensibilité, tempérament. *FAM.* psychologie. *ACADIE FAM.* alément. *PSYCHOL.* thymie. ▶ *Volée de coups (FAM.)* – châtiment corporel, correction, punition corporelle, volée (de coups). *FAM.* dégelée, dérouille, dérouillée, passage à tabac, pâtée, peignée, pile, raclée, ratatouille, rossée, roulée, rouste, tabassage, tabassée, tannée, torchée, tournée, tripotée. *FRANCE FAM.* secouée, tatouille, tisane, trépignée. ▲**ANT.** APATHIE, FAIBLESSE, MOLLESSE; CÂLIN, CARESSE.

tremper *v.* ▶ *Plonger dans un liquide* – baigner, faire tremper, immerger, plonger. ▶ *Diluer* – délaver, délayer, détremper, diluer. ▶ *En parlant de la pluie* – mouiller. *FAM.* doucher, rincer, saucer. ▶ *Être plongé dans un liquide* – baigner, nager. ▶ *Reposer dans un liquide* – macérer, mariner. ▶ *Participer à une mauvaise action* – être de mèche, prêter la main à. avoir part, collaborer, concourir, contribuer, coopérer, partager, participer, prendre part, s'associer, s'engager, s'impliquer, s'investir, se joindre. ▲**ANT.** ASSÉCHER, ÉPONGER, ESSUYER, SÉCHER.

trépigner *v.* ▶ *Taper des pieds* – piaffer, piétiner, taper des pieds.

très *adv.* à l'extrême, affreusement, astronomiquement, au dernier degré, au dernier point, au maximum, au plus haut degré, au plus haut point, beaucoup, bien, colossalement, considérablement, éminemment, énormément, exceptionnellement, extraordinairement, extrêmement, fabuleusement, follement, fort, fortement, grandement, gros, hautement, immensément, incommensurablement, inconcevablement, incroyablement, infiniment, intensément, long, mortellement, nettement, on ne peut plus, phénoménalement, prodigieusement, profondément, remarquablement, sérieusement, singulièrement, souverainement, supérieurement, suprêmement, terriblement, vertigineusement, vivement, vraiment. *FAM.* bigrement, bougrement, diablement, drôlement, effroyablement, épais, épouvantablement, fameusement, fantastiquement, fichtrement, fichûment, formidablement, foutrement, furieusement, joliment, rudement, sacrément, salement, super, terrible, tout plein, un max, vachement. *QUÉB. FAM.* à l'os, à la planche, au coton, en maudit, en s'il vous plaît, mauditement. ▲**ANT.** PEU.

trésor *n. m.* ▶ *Richesse* – moyens, or, pactole, ressources, richesses. ▶ *Capital* – argent, avoir, bien, capital, cassette, épargne, fonds, fortune, fruit, gain, investissement, liquidités, masse, numéraire, patrimoine, pécule, placement, portefeuille, possession, produit, propriété, richesse, valeur. *SOUT.* deniers.

FAM. finances, magot. ▸ *Gestion* – finances, trésorerie. ▸ *Personne appréciée* (*FAM.*) – amour, ange.
▸ *Abondance* – abondance, afflux, amas, ampleur, concentration, débauche, débordement, exubérance, filon, floraison, foisonnement, forêt, foule, fourmillement, gisement, infinité, inondation, luxe, luxuriance, masse, mine, multiplicité, myriade, nuée, orgie, paquet, pléthore, poussière, profusion, quantité, richesse, surabondance, tas. *FIG.* carnaval. *FAM.* festival, flopée, kyrielle, tapée, tonne, tripotée, wagon. *QUÉB. FAM.* bourrée, tapon. *SUISSE FAM.* craquée. ▲ANT. PACOTILLE; DÉNUEMENT, DETTE, PAUVRETÉ; CARENCE, RARETÉ.

trésorier *n.* ▸ *Administrateur* – agent comptable, audit, commissaire aux comptes, comptable agréé, comptable, contrôleur, expert-comptable, facturier, ordonnateur, payeur, receveur, teneur de comptes, trésorier-payeur (général). *QUÉB.* vérificateur (général).

tressaillement *n. m.* ▸ *Sursaut* – cahot, saut, soubresaut, sursaut. *SOUT.* tressaut, tressautement.
▸ *Tremblement* – agitation, convulsion, ébranlement, flageolement, frémissement, frisson, frissonnement, grelottement, haut-le-corps, oscillation, saccade, secousse, soubresaut, sursaut, titubation, tortillage, tortillement, tremblement, tremblotement, trémoussement, trémulation, trépidation, vacillement, vibration. *SOUT.* tressaut, tressautement. *FAM.* tremblote. ▲ANT. FLEGME, INDIFFÉRENCE, INSOUCIANCE; IMMOBILITÉ, INERTIE.

tressaillir *v.* ▸ *Sursauter* – bondir, sursauter, tressauter. *SOUT.* soubresauter. ▸ *Trembler légèrement* – frémir, frissonner, trembler.

tresse *n. f.* ▸ *Coiffure* – natte, torsade de cheveux.
▸ *Chose tressée* – torsade. *QUÉB. FAM.* torquette. *TECHN.* toron. ▸ *Galon* – chevron, galon. *FRANCE FAM.* brisque, ficelle, sardine. ▸ *Ensemble de fruits* (*QUÉB. FAM.*) – main, régime.

treuil *n. m.* ▸ *Appareil de levage* – bigue, bras de manutention, caliorne, chevalet de levage, chèvre, drisse, grue, guinde, mât de charge, palan, sapine, tour de forage, transstockeur. *MAR.* garde. ▸ *Petit* – cabestan, haleur (*filet de pêche*), pouliot, vindas, winch. *MAR.* guindeau. ▸ *Instrument servant à dérouler* – caret (*cordages*), dérouleur, dévideur, dévidoir, enrouleur, moulinet, touret, tournette, tourniquet.

trêve *n. f.* ▸ *Paix* – accord, armistice, cessation des hostilités, cessez-le-feu, compromis, conciliation, détente, entente, issue, modus vivendi, négociation, neutralité, non-belligérance, normalisation, pacification, pacte, paix, réconciliation, traité. ▸ *Repos* – congé, délassement, détente, escale, halte, loisir, mi-temps, pause, récréation, récupération, relâche, répit, repos, temps, vacances, villégiature. ▸ *Tranquillité* – accalmie, apaisement, bonace, bonheur, calme, éclaircie, entente, fraternité, harmonie, idylle, paix, quiétude, rémission, repos, silence, tranquillité, union, unité. *SOUT.* kief (*en Orient*). ▲ANT. CONTINUITÉ, OCCUPATION, SUITE; REPRISE DES HOSTILITÉS.

tri *n. m.* ▸ *Classement* – archivage, arrangement, catalogage, classement, classification, collocation, distribution, indexage, indexation, mise en ordre, ordonnancement, ordre, rangement, répartition,

sériation, triage. ▸ *Assortiment* – assortiment, choix, collection, échantillons, éventail, gamme, ligne, palette, quota, réunion, sélection, surchoix, variété. ▸ *Sélection* – adoption, choix, cooptation, décision, désignation, détermination, échantillonnage, écrémage, élection, nomination, plébiscite, prédilection, présélection, résolution, sélection, suffrage, triage, vote. *SOUT.* décret, parti. ▸ *Individualisation* – caractérisation, choix, définition, détermination, différenciation, distinction, élection, individualisation, individuation, marque, particularisation, personnalisation, polarisation, singularisation, spécification. ▲ANT. MÉLANGE.

triangulaire *adj.* ▸ *Qui a trois angles* – DIDACT. trigonal, trigone.

tribu *n. f.* ▸ *Peuple* – citoyens, clan, ethnie, groupe, habitants, horde, nation, pays, peuplade, peuple, phratrie, population, race, société. ▸ *Famille* (*FAM.*) – cellule familiale, entourage, famille, foyer, fratrie, gens, logis, maison, maisonnée, membres de la famille, ménage, toit. ▸ *Quartier* – faubourg, quartier, secteur, sous-secteur. *SUISSE* dicastère. ▲ANT. INDIVIDU, MEMBRE.

tribunal *n. m.* ▸ *Juridiction* – cour, instance, juridiction. *ANC.* directoire, inquisition, présidial.
▸ *Justice* – appareil législatif, code, droit, justice, législation, loi, système législatif.

tribune *n. f.* ▸ *Construction fixée au mur* – ambon, jubé. ▸ *Construction sur le sol* – catafalque (*cercueil*), chaire, estrade, minbar (*mosquée*), plateau. *FAM.* perchoir. *ANC.* hourd. *ANTIQ.* rostres. ▸ *Siège des spectateurs* – gradins. ▸ *Espace de discussion* – forum.

tricher *v.* ▸ *User de moyens malhonnêtes* – frauder, truquer. *FAM.* truander. ▸ *Copier* – copier, plagier. *FAM.* pomper. ▲ANT. OBSERVER, RESPECTER, SE CONFORMER À.

tricherie *n. f.* ▸ *Tromperie au jeu* – *FAM.* triche. *QUÉB. FAM.* trichage. ▸ *Tromperie en général* – abus de confiance, canaillerie, carambouillage, carambouille, charlatanerie, charlatanisme, coup monté, crapulerie, enjôlement, escamotage, escroquerie, fraude, grivèlerie, maquignonnage, mystification, supercherie, tromperie, usurpation, vol. *SOUT.* coquinerie, duperie, imposture, piperie. *FAM.* arnaque, embrouille, filoutage, friponnerie, tour de passe-passe. *FRANCE FAM.* carottage, entubage, estampage. ▲ANT. OBSERVANCE, RESPECT; FRANC-JEU, SPORTIVITÉ.

trier *v.* ▸ *Classer* – catégoriser, classer, classifier, distribuer, grouper, ordonner, ranger, répartir, sérier. ▸ *Choisir* – choisir, sélectionner. *TECHN.* sélecter. ▸ *Tamiser* – bluter (*farine*), cribler, filtrer, passer, sasser, tamiser. ▲ANT. DÉRANGER, MÉLANGER, MÊLER; CONFONDRE, FUSIONNER.

trinité *n. f.* ▸ *Groupe de trois divinités* – triade. ◆ **la Trinité** ▸ *Fête* – fête de la Sainte-Trinité.

trinquer *v.* ▸ *Honorer* – porter un toast, toaster. ▲ANT. ÊTRE ÉPARGNÉ, SORTIR INDEMNE DE.

triomphalisme *n. m.* amour-propre, arrogance, autosatisfaction, bouffissure, complaisance, contentement (de soi), crânerie, enflure, fatuité, gloriole, hauteur, immodestie, importance, jactance, mégalomanie, morgue, orgueil, ostentation,

triomphaliste

outrecuidance, parade, pose, présomption, prétention, suffisance, superbe, supériorité, vanité, vantardise. SOUT. fierté, infatuation. FAM. ego. QUÉB. FAM. pétage de bretelles. ▲ANT. DÉFAITISME.

triomphaliste adj. ▲ANT. DÉFAITISTE.

triomphant adj. ▸ Victorieux – champion, gagnant, imbattu, invaincu, triomphateur, vainqueur,
victorieux. ▸ Heureux – au comble du bonheur, au
septième ciel, aux anges, béat, comblé, en fête, en
joie, en liesse, enchanté, euphorique, extasié, extatique, exultant, fou de joie, heureux, le cœur en joie,
radieux, ravi, rayonnant, réjoui, resplendissant de
bonheur, ruisselant de joie, transporté de joie. SOUT.
aise, bienheureux. FAM. jubilant. ▲ANT. BATTU, PER-
DANT, VAINCU; ABATTU, SOMBRE, TÉNÉBREUX, TRISTE.

triomphe n. m. ▸ Victoire – avantage, gain,
réussite, succès, victoire. FAM. gagne. ▸ Applaudissement – acclamation, applaudissement, ban, bis,
bravo, chorus, clameur, hourra, ovation, rappel, vivat. ▸ Gloire – apothéose, bonheur, bonne fortune,
boum, consécration, couronnement, gloire, honneur, lauriers, prospérité, retentissement, réussite,
succès, trophée. FAM. malheur, (succès) bœuf, tabac.
FRANCE FAM. carton, saucisson, ticket. ▸ Summum –
acmé, apex, apogée, apothéose, cime, climax, comble, culmination, excès, faîte, fin du fin, fort, limite,
maximum, meilleur, nec plus ultra, optimum, paroxysme, pic, pinacle, plafond, point culminant,
pointe, record, sommet, summum, zénith. FAM. max,
top niveau. ▲ANT. CHUTE, DÉFAITE, ÉCHEC.

triompher v. ▸ Surmonter un obstacle – avoir
raison de, franchir, surmonter, vaincre, venir à bout
de. ▸ Vaincre un adversaire – avoir le dessus sur,
avoir raison de, battre, défaire, surclasser, vaincre.
FAM. rosser. ▸ Prédominer – avoir le dessus, avoir
préséance, dominer, l'emporter, prédominer, prévaloir, primer, régner, s'imposer. ▸ Gagner – avoir
cause gagnée, avoir gain de cause, avoir le dessus, gagner, l'emporter, obtenir gain de cause, remporter la
victoire. ▸ Manifester sa joie – être fou de joie, être
ivre de joie, être transporté de joie, exulter, nager
dans la joie, ne plus se sentir de joie, pavoiser, sauter
de joie. FAM. jouir, jubiler, planer, sauter au plafond,
sauter dans les airs. QUÉB. FAM. capoter. ▲ANT. CAPI-
TULER, CÉDER, ÉCHOUER, PERDRE, S'AVOUER VAINCU, S'IN-
CLINER, SE RENDRE, SUCCOMBER, TOMBER; S'HUMILIER.

tripe n. f. ▸ Intestin (FAM.) – intestin. FAM. boyaux.
▸ Aliment – intestins. FAM. boyasse, tripaille. ▸ Partie d'un cigare – poupée. ▸ Partie d'un pneu (QUÉB.
FAM.) – boyau, chambre à air. ◆ tripes, plur. ▸ Sentiments – affect, affectivité, âme, attendrissement,
cœur, compassion, émotion, émotivité, empathie,
fibre, humanité, impressionnabilité, pitié, romantisme, sensibilité, sentiment, sentimentalité, susceptibilité, sympathie, tendresse, vulnérabilité. SOUT. entrailles. ▸ Courage (FAM.) – audace, bravoure, cœur,
cœur au ventre, courage, cran, hardiesse, héroïsme,
intrépidité, mépris du danger, témérité, vaillance.
SOUT. valeur. ▲ANT. △TRIPES, plur. – LÂCHETÉ, POL-
TRONNERIE.

tripoter v. ▸ Manipuler sans douceur – triturer. FAM. patouiller, tripatouiller. QUÉB. FAM. taponner.
▸ Fouiller – chercher, explorer, fouiller, fourgonner,
fourrager, fureter. FAM. farfouiller, fouiner, trifouiller.

▸ Faire des affaires louches – FAM. fricoter, gre-
nouiller, magouiller.

triste adj. ▸ Mélancolique – mélancolique, nostalgique. SOUT. élégiaque. ▸ Peiné – affligé, attristé,
comme une âme en peine, désespéré, désolé, en
grand désarroi, inconsolable, inconsolé, malheureux, navré, peiné. ▸ Déprimé – abattu, découragé,
démoralisé, dépressif, déprimé, las, mélancolique,
morne, morose, pessimiste, qui a le vague à l'âme,
qui broie du noir, sombre, ténébreux. SOUT. bilieux,
saturnien, spleenétique. FAM. cafardeux, tristounet.
QUÉB. FAM. caduc, qui a la fale basse. ▸ Qui attriste
– affligeant, atterrant, attristant, chagrinant, consternant, déplorable, désespérant, désolant, douloureux,
malheureux, misérable, navrant, pénible, pitoyable,
qui serre le cœur. ▸ Qui évoque le malheur – funèbre, glauque, lugubre, noir, sinistre, sombre. SOUT. funeste. ▸ Sans ornement – austère, dépouillé, froid,
gris, nu, sévère. SOUT. chenu. ▸ Ignoble (SOUT.) –
abject, bas, coupable, crapuleux, dégoûtant, honteux, ignoble, immonde, inavouable, indigne, infâme, infect, innommable, inqualifiable, lâche, méprisable, odieux, repoussant, répugnant, sans nom,
scandaleux, sordide, vil, vilain. SOUT. fangeux, ignominieux, nauséeux, turpide. FAM. dégueu, dégueulasse, écœurant, gerbant, moche. ▸ Médiocre (SOUT.)
– abominable, affreux, atroce, déplorable, désastreux,
épouvantable, exécrable, horrible, infect, insipide,
lamentable, manqué, mauvais, médiocre, minable,
navrant, nul, odieux, piètre, piteux, pitoyable, qui
ne vaut rien, raté. SOUT. méchant. FAM. à la flan, à la
gomme, à la manque, à la mie de pain, à la noix (de
coco), blèche, craignos, crapoteux, mal fichu, moche, pourri, qui ne vaut pas un clou. QUÉB. FAM. de
broche à foin, poche. ▲ANT. CONTENT, GAI, HEUREUX,
JOYEUX; RÉCONFORTANT, RÉJOUISSANT; AGRÉABLE, AMU-
SANT, COMIQUE, DIVERTISSANT, DRÔLE; BEAU; DIGNE,
HONORABLE, NOBLE.

tristement adv. ▸ Mélancoliquement – amèrement, douloureusement, langoureusement, languissamment, malheureusement, maussadement,
mélancoliquement, nostalgiquement, sombrement.
▸ Sinistrement – affreusement, atrocement, effroyablement, épouvantablement, funestement, lugubrement, redoutablement, sinistrement, sombrement,
terriblement, tragiquement. ▸ Lamentablement –
déplorablement, dérisoirement, désastreusement,
douloureusement, lamentablement, minablement,
misérablement, miteusement, pauvrement, piètrement, piteusement, pitoyablement. ▲ANT. AL-
LÈGREMENT, AVEC ENTRAIN, EN GAIETÉ, GAIEMENT, JO-
VIALEMENT, JOYEUSEMENT; CONSIDÉRABLEMENT, ÉNOR-
MÉMENT, REMARQUABLEMENT, SÉRIEUSEMENT, TERRIBLE-
MENT, VRAIMENT.

tristesse n. f. ▸ Mélancolie – abattement, accablement, affliction, affliction, aigreur, amertume, chagrin, dépression, désolation, deuil, douleur, ennui, épreuve,
grisaille, humeur noire, idées noires, idées sombres,
langueur, lypémanie, mal du pays, mal-être, maussaderie, mélancolie, monotonie, morosité, neurasthénie, nostalgie, papillons, peine, saudade,
serrement de cœur, sous, tædium vitæ, vague à
l'âme. SOUT. atrabile, larmes, navrement, nuage,
spleen, taciturnité. FAM. bourdon, cafard, déprime,

sinistrose. ▸ *Découragement* – abattement, accablement, affliction, amertume, anéantissement, chagrin, consternation, contrariété, déboires, déception, déconvenue, découragement, dégoût, dégrisement, démoralisation, dépit, désappointement, désenchantement, désespoir, désillusion, désolation, échec, écœurement, ennui, infortune, insuccès, lassitude, mécompte, peine, regret, revers. *SOUT.* atterrement, déréliction, désabusement, désespérance, retombement. *FAM.* défrisage, défrisement, douche (froide), ras-le-bol. ▲**ANT.** AGRÉMENT, ALLÉGRESSE, ENTRAIN, GAIETÉ, JOIE, PLAISIR.

trombe *n. f.* ▸ *Tempête* – baguio, cyclone, grain, gros temps, orage, ouragan, rafale, tempête (tropicale), tornade, tourbillon, typhon, vent violent. *SOUT.* tourmente. *FAM.* coup de chien, coup de tabac, coup de vent. ▸ *Fluide en rotation* – tourbillon. *DIDACT.* vortex. ▸ *De vent* – cyclone, tornade. *QUÉB. ACADIE FAM.* sorcière (de vent). ▸ *D'eau* – maelström, remous, tourbillon. ▲**ANT.** ACCALMIE, CALME, ÉCLAIRCIE.

trompe *n. f.* ▸ *Partie interne du corps* – canal, conduit, cordon, tube, voie. ▸ *Organe d'un insecte* – mandibule, palpe, stylet, suçoir. ▸ *Instrument à vent* – cor, corne, cornet, cornet à bouquin. *ANC.* huchet, olifant. ▸ *Avertisseur* – avertisseur (sonore), corne de brume *(sur un bateau)*, klaxon. *QUÉB. FAM.* criard. ▸ *Partie de voûte* – trompillon. ▸ *Machine* – piston, pompe.

tromper *v.* ▸ *Berner* – abuser, attraper, avoir, bercer, berner, duper, en conter à, en faire accroire à, flouer, leurrer, mentir à, mystifier, se jouer de, se moquer de. *FAM.* blouser, bluffer, canuler, charrier, cravater, empaumer, empiler, entourlouper, esbroufer, faire marcher, feinter, la faire à, mener en bateau, mettre en boîte, pigeonner, posséder, refaire, rouler. *QUÉB. FAM.* amancher, bourrer, enfirouaper, niaiser. ▸ *Induire en erreur* – abuser, faire illusion, fourvoyer, induire en erreur, jeter de la poudre aux yeux, leurrer. *SOUT.* illusionner. ▸ *Déjouer* – déjouer, endormir. ▸ *Décevoir* – briser l'espoir de, décevoir, dégriser, dépiter, désabuser, désappointer, désenchanter, désillusionner, échauder, frustrer. *FAM.* doucher. ▸ *Être infidèle* – trahir. *FAM.* cocufier, donner des coups de canif dans le contrat, faire porter les cornes à, minotauriser. ◆ *se tromper* ▸ *Commettre une erreur* – avoir tort, commettre une erreur, faire erreur, faire fausse route, s'abuser, se fourvoyer, se méprendre. *SOUT.* errer, s'égarer. *FAM.* prendre des vessies pour des lanternes, se blouser, se ficher dedans, se fourrer le doigt dans l'œil, se gourer, se mettre dedans, se mettre le doigt dans l'œil, se planter. ▸ *S'empêtrer* – s'embarrasser, s'embrouiller, s'empêtrer, s'enferrer, se perdre. *FAM.* cafouiller, patauger, patouiller, s'emberlificoter, s'emmêler les crayons, s'emmêler les pédales, s'emmêler les pieds, s'emmêler les pinceaux, vasouiller. ▸ *Se faire des illusions* – s'abuser, s'illusionner, se bercer d'illusions, se faire des idées, se faire des illusions, se leurrer. *FAM.* croire au père Noël, se monter la tête, se monter le bonnet, se monter le bourrichon. *QUÉB. FAM.* s'en faire accroire, se conter des histoires. ▲**ANT.** AVERTIR, DÉSABUSER, DÉTROMPER, INSTRUIRE, PRÉVENIR, RENSEIGNER. △**SE TROMPER** – AVOIR RAISON.

tromperie *n. f.* ▸ *Illusion* – abstraction, abstrait, apparence, berlue, chimère, déréalisation, fantasme, faux, faux-semblant, fiction, fumée, hallucination, illusion, image, imagination, irréalisme, irréalité, leurre, mensonge, mirage, onirisme, psychédélisme, rêve, rêverie, semblant, simulation, songe, songerie, trompe-l'œil, utopie, vision, vue de l'esprit. *FAM.* frime. *SOUT.* prestige. ▸ *Feinte* – affectation, artifice, cachotterie, comédie, déguisement, dissimulation, duplicité, faux-semblant, feinte, fiction, finauderie, grimace, hypocrisie, invention, leurre, mensonge, momerie, pantalonnade, parade, ruse, simulation, singerie, sournoiserie. *SOUT.* simulacre. *FAM.* cinéma, cirque, finasserie, frime. ▸ *Hypocrisie* – déloyauté, dissimulation, duplicité, facticité, fausseté, félonie, fourberie, hypocrisie, malhonnêteté, mauvaise foi, perfidie, scélératesse, sournoiserie, trahison, traîtrise. *SOUT.* factice, félinité, insincérité. ▸ *Escroquerie* – abus de confiance, canaillerie, carambouillage, carambouille, charlatanerie, charlatanisme, coup monté, crapulerie, enjôlement, escamotage, escroquerie, friponnerie, grivèlerie, maquignonnage, mystification, supercherie, tricherie, usurpation, vol. *SOUT.* coquinerie, duperie, imposture, piperie. *FAM.* arnaque, embrouille, filoutage, friponnerie, tour de passe-passe. *FRANCE FAM.* carottage, entubage, estampage. ▸ *Guet-apens* – attrape, attrape-nigaud, chausse-trappe, embuscade, filet, guêpier, guet-apens, leurre, piège, ruse, traquenard. *SOUT.* duperie, rets. ▸ *Vantardise* – bluff, bravade, braverie, charlatanerie, charlatanisme, conte, crânerie, exagération, fabulation, fanfaronnade, forfanterie, gasconnade, hâblerie, histoire marseillaise, jactance, mensonge, mythomanie, rengorgement, rodomontade, vantardise, vanterie. *FRANCE FAM.* charre, craque, épate, esbroufe, frime, vanne. *QUÉB. FAM.* menterie. ▲**ANT.** SINCÉRITÉ; VÉRITÉ; FIDÉLITÉ.

trompeur *adj.* ▸ *Qui induit en erreur* – chimérique, faux, illusoire, qui fait illusion, vain. ▸ *Destiné à tromper* – fallacieux, hypocrite, mensonger, mystifiant, mystificateur, spécieux. *DIDACT.* sophistique. *FAM.* canularesque. ▸ *Hypocrite* – à double face, de mauvaise foi, déloyal, dissimulateur, dissimulé, fallacieux, faux, fourbe, hypocrite, insidieux, insincère, menteur, perfide, sournois, tortueux, traître. *SOUT.* captieux, cauteleux, chafouin, tartufe, tartuffard, tortu. *DIDACT.* sophistique. ▲**ANT.** FRANC, HONNÊTE, LOYAL, SINCÈRE, VRAI.

trompeur *n.* attrapeur, bonimenteur, bourreur de crâne, cabotin, chafouin, charlatan, comédien, dissimulateur, dissimulé, doucereux, faux jeton, grimacier, homme à deux visages, hypocrite, imposteur, sainte-nitouche *(femme)*, simulateur, sournois, sucré, tartufe. *SOUT.* dupeur, endormeur.

tronc *n. m.* ▸ *Partie centrale d'un arbre* – écot, fût, gros de l'arbre, stipe *(tige ligneuse)*. ▸ *Coupé* – bille, billon, billot, grume, rondin, tronche. *SUISSE* plot. *TECHN.* chouquet *(pour décapitation ou mât)*, tronchet *(pour tonneliers)*.

tronçon *n. m.* bout, carotte *(terrain)*, détail, échantillon, morceau, pan, partie, portion, section, segment, tranche, travée. ▲**ANT.** BLOC, INTÉGRITÉ, TOTALITÉ.

trône *n. m.* ▶ *Dignité* – autorité royale, couronne, royauté, sceptre, souveraineté.

trop *adv.* à l'excès, à outrance, abusivement, démesurément, effrénément, exagérément, excessivement, hyperboliquement, immodérément, large, outrageusement, outre mesure, plus qu'il n'en faut, plus que de raison, sans retenue, surabondamment. *SOUT.* par trop, prodigalement. ▲**ANT.** INSUFFISAMMENT, PAS ASSEZ.

trophée *n. m.* ▶ *Récompense* – accessit, bon point, citation, couronne, décoration, diplôme, distinction, gratification, médaille, mention, nomination, pourboire, prime, prix, récompense, satisfecit. *QUÉB. FAM.* bonbon. ▶ *Gloire* – apothéose, bonheur, bonne fortune, boum, consécration, couronnement, gloire, honneur, lauriers, prospérité, retentissement, réussite, succès, triomphe. *FAM.* malheur, (succès) bœuf, tabac. *FRANCE FAM.* carton, saucisson, ticket. ▶ *Restes de l'ennemi* (ANC.) – butin, dépouilles opimes, panoplie. ▲**ANT.** AMENDE, PEINE, PUNITION.

tropical *adj.* ▶ *Propre aux tropiques* – équatorial, exotique, intertropical, subtropical. ▶ *Chaud* – accablant, brûlant, caniculaire, chaud, écrasant, étouffant, lourd, oppressant, saharien, suffocant, torride. ▲**ANT.** FRAIS, FROID, GLACIAL, POLAIRE, RIGOUREUX, SIBÉRIEN ; TEMPÉRÉ.

trotter *v.* ▶ *Marcher à petits pas rapides* – trottiner. ◆ **se trotter** ▶ *S'en aller* (FAM.) – faire un tour, filer, montrer les talons, partir, plier bagage, quitter, s'éloigner, s'en aller, se retirer, tourner les talons, vider les lieux. *FAM.* calter, débarrasser le plancher, décoller, dévisser, ficher le camp, foutre le camp, lever l'ancre, mettre les bouts, mettre les voiles, riper, s'arracher, se barrer, se casser, se tailler, se tirer, trisser. *QUÉB. FAM.* faire un bout, sacrer le camp, sacrer son camp. ▲**ANT.** AMBLER ; GALOPER.

trottoir *n. m.* accotement, banquette, bas-côté, berme, bord, bordure, caniveau, fossé.

trou *n. m.* ◆ **espace** ▶ *Ouverture* – brèche, orifice, ouverture. ▶ *Anfractuosité* – alvéole, anfractuosité, cavité, creusure, creux, crevasse, enfoncement, évidement, évidure. ◆ **lieu** ▶ *Refuge d'animal* – abri, aire, antre (bête féroce), caverne, gîte, halot (lapin), héronnière, liteau (loup), nid, refuge, renardière, repaire, reposée (sanglier ou cervidé), ressui (pour se sécher), retraite, tanière, taupinière, terrier. *QUÉB.* ravage (cerfs) ; *FAM.* ouache. ▶ *Prison* (FAM.) – bagne, centre de détention, centre pénitentiaire, établissement pénitentiaire, maison de détention, pénitencier, prison. *FRANCE FAM.* bloc, gnouf. ▶ *Village perdu* (FAM.) – agglomération (rurale), bourg (gros), bourgade, hameau, lieu-dit (petit), localité, pays, village. *FAM.* patelin. *QUÉB.* paroisse. ◆ **sens abstraits** ▶ *Absence* – absence, défaut, lacune, manque, omission, privation, vide. ▶ *Oubli* – absence, amnésie, étourderie, manque, mauvaise mémoire, omission, oubli, perte de mémoire, trou (de mémoire). ▶ *Temps disponible* – créneau, fenêtre. ▲**ANT.** BOSSE, SAILLIE ; (DU) REMPLISSAGE ; PRÉSENCE ; OCCUPATION.

troublant *adj.* ▶ *Qui met dans l'embarras* – déconcertant, déroutant, désorientant, embarrassant, perturbant, qui met dans l'embarras, traumatisant. *FAM.* démontant. *QUÉB.* embêtant. ▶ *Qui inquiète* – affolant, alarmant, angoissant, effarant, inquiétant, oppressant, paniquant, préoccupant. *FAM.* stressant. ▶ *Qui bouleverse* – bouleversant, déchirant, dramatique, émouvant, pathétique, poignant, touchant, vibrant (discours). *SOUT.* empoignant. ▶ *Qui éveille le désir sexuel* – affriolant, aguichant, aguicheur, aphrodisiaque, émoustillant, érotique, impudique, incendiaire, langoureux, lascif, osé, provocant, sensuel, suggestif, voluptueux. *DIDACT.* anacréontique. ▲**ANT.** APAISANT, CALMANT, CONSOLANT, CONSOLATEUR, RASSÉRÉNANT, RASSURANT, RÉCONFORTANT, SÉCURISANT, TRANQUILLISANT.

trouble *adj.* ▶ *En parlant d'une eau* – bourbeux, opaque, sale, terne. ▶ *Flou* – confus, estompé, flou, imprécis, incertain, indécis, indéfini, indéfinissable, indéterminé, indistinct, informe, ni chair ni poisson, obscur, sourd (sentiment), vague, vaporeux, voilé. ▶ *Louche* – étrange, inquiétant, louche, suspect. ▲**ANT.** CLAIR, LIMPIDE, TRANSPARENT ; DISTINCT, ÉVIDENT, NET, PRÉCIS ; RASSURANT, SÉCURISANT.

troublé *adj.* ▶ *Angoissé* – agité, alarmé, angoissé, anxieux, appréhensif, en proie à l'inquiétude, énervé, fiévreux, fou d'inquiétude, inquiet, nerveux, qui s'en fait, qui se fait de la bile, qui se fait du mauvais sang, qui se ronge les sangs, tourmenté, tracassé. *FAM.* bileux ; *PÉJ.* paniquard. ▶ *Embarrassé* – confus, embarrassé, honteux, mal à l'aise, penaud, piteux. *FAM.* dans ses petits souliers. ▶ *Dérangé* – dérangé, fou, gâteux, qui a perdu la tête, qui n'a plus toute sa raison.

trouble *n. m.* ▶ *Bouleversement* – bouleversement, changement, chavirage, chavirement, conflagration, convulsion, dérangement, dérèglement, déséquilibre, désorganisation, détraquement, perturbation, renouvellement, rénovation, renversement, retournement, révolution, séisme, stress. *FAM.* chambard, chambardement, chamboulement. ▶ *Agitation* – activité, affairement, affolement, agitation, alarme, animation, bouillonnement, branle-bas (de combat), bruit, dérangement, désordre, désorganisation, détraquement, effervescence, excitation, fourmillement, grouillement, hâte, incohérence, mouvement, orage, précipitation, remous, remue-ménage, secousse, suractivité, tempête, tohu-bohu, tourbillon, tourmente, trépidation, tumulte, turbulence, va-et-vient. *SOUT.* émoi, remuement. *FAM.* chambardement. ▶ *Hésitation* – doute, embarras, flottement, hésitation, incertitude, inconstance, indécision, indétermination, instabilité, irrésolution, perplexité, procrastination, réticence, scrupule, tâtonnement, vacillement, valse-hésitation, velléité, versatilité. *SOUT.* limbes. *QUÉB. FAM.* brettage, tétage. ▶ *Inconvénient* – aléa, charge, contre, danger, défaut, déplaisir, dérangement, désagrément, désavantage, difficulté, écueil, embarras, empêchement, ennui, fissure, gêne, handicap, incommodité, inconfort, inconvénient, mauvais côté, objection, obstacle, point faible, risque. *SOUT.* importunité. ▶ *Mauvais fonctionnement* – affection, altération, anomalie, défaillance, déficience, dérangement, dysfonction, dysfonctionnement, embarras, faiblesse, gêne, indisposition, insuffisance, mal, malaise. *DIDACT.* dysphorie. *MÉD.* lipothymie. *SOUT.* mésaise. ◆ **troubles**,

truc

plur. ▶ **Insurrection** – agitation, agitation-propagande, chouannerie, désordre, effervescence, embrasement, émeute, excitation, faction, fermentation,
fièvre, fronde, insoumission, insubordination, insurrection, jacquerie, manifestation, mutinerie, rébellion, remous, résistance, révolte, révolution, sédition, soulèvement, tourmente. FAM. agit-prop.
▲ANT. APAISEMENT, CALME, ÉQUILIBRE, REPOS, SÉRÉ-
NITÉ; ORDRE, ORGANISATION; ASSURANCE, SANG-FROID;
BIENFAIT; BIEN-ÊTRE.

troubler v. ▶ **Altérer la limpidité** – brouiller.
▶ **Déranger l'esprit** – aveugler, brouiller, embrumer,
obnubiler, obscurcir, voiler. ▶ **Déconcerter** – déconcerter, décontenancer, démonter, dérouter, désarçonner, désorienter, déstabiliser, ébranler, embarrasser,
interloquer. SOUT. confondre. FAM. déboussoler. ▶ **Inquiéter** – affoler, agiter, alarmer, angoisser, effrayer,
énerver, épouvanter, inquiéter, oppresser, préoccuper, tourmenter, tracasser. FAM. stresser. ▶ **Mettre
mal à l'aise** – embarrasser, gêner, intimider, mettre mal à l'aise. ▶ **Émouvoir** – aller droit au cœur de,
apitoyer, attendrir, émouvoir, faire quelque chose à,
remuer, toucher. SOUT. prendre aux entrailles. FAM.
émotionner, prendre aux tripes. ▶ **Émouvoir fortement** – bouleverser, chavirer, ébranler, émouvoir, remuer, retourner, révulser, secouer. FAM. chambouler, émotionner, remuer les tripes à, révolutionner,
tournebouler, tourner les sangs à. ▶ **Désorganiser**
– bouleverser, bousculer, déséquilibrer, désorganiser,
déstabiliser, déstructurer, ébranler, perturber. SOUT.
subvertir. FAM. chambarder, chambouler, détraquer.
▶ **Gêner le déroulement** – aller à l'encontre de, barrer, contrarier, contrecarrer, déranger, empêcher, entraver, faire obstacle à, gâcher, gêner, interférer avec,
mettre des bâtons dans les roues à, nuire à, s'opposer à, se mettre en travers de. ♦ **se troubler** ▶ **Perdre sa limpidité** – louchir, se brouiller. ▶ **Perdre son
sang-froid** – perdre contenance, s'agiter, s'énerver,
se décontenancer, se démonter. ▲ANT. CLARIFIER,
ÉCLAIRCIR, ÉCLAIRER, PURIFIER; APAISER, CALMER, RASSÉ-
RÉNER, RASSURER, TRANQUILLISER; ARRANGER, ORDON-
NER, ORGANISER, RANGER; MAINTENIR, RÉTABLIR.

trouée n. f. ▶ **Partie d'une forêt** – clairière.
▶ **Ciel** – accalmie, adoucissement, amélioration, bonace, calme plat, éclaircie, embellie, radoucissement,
réchauffement, redoux, répit, tiédissement, tranquillité. ACADIE FAM. clairon. ▶ **Passage entre montagnes**
– cañon, col, couloir, défilé, gorge, goulet, porte, ravin, ravine. QUÉB. FAM. coulée. ▶ **Offensive armée** –
percée, pointe.

trouer v. ▶ **Faire un trou** – cribler, forer, per-
cer, perforer, tarauder, transpercer, traverser, vriller.
▶ **Faire une trouée** – déchirer, percer. ▲ANT. BOU-
CHER, COLMATER, OBSTRUER.

troupe n. f. ▶ **Ensemble de personnes** – bande,
brigade, caravane, cellule, collectif, colonie, corps,
équipe, escadron, escouade, groupe, horde, individus, membres, meute, noyau, peloton. IRON. fournée. FAM. bataillon, brochette, cohorte. ▶ **Ensemble
de soldats** – bataillon, brigade, colonne, commando,
compagnie, corps, échelon, escadron, escorte, formation, garde, garnison, légion, parti, patrouille, peloton, régiment, section, soldatesque (indisciplinés), tabor (Maroc), unité. PAR EXT. caserne. ANC. escouade,

goum, piquet. ANTIQ. phalange. ANTIQ. ROM. centu-
rie, cohorte, décurie, manipule. ▶ **Ensemble d'animaux** – bestiaux, bétail, cheptel (vif), harde, harpail,
transhumant, troupeau.

troupeau n. m. ▶ **Animaux** – bestiaux, bétail,
cheptel (vif), harde, harpail, transhumant, troupe.
▶ **Foule** – abondance, affluence, armada, armée, attroupement, cohue, concentration, concours, encombrement, essaim, flot, forêt, foule, fourmilière,
fourmillement, grouillement, légion, marée, masse,
meute, monde, multitude, peuple, pléiade (célébrités), pullulement, rassemblement, régiment, réunion, ribambelle, ruche, tas. FAM. flopée, marmaille
(enfants), tapée, tripotée. QUÉB. achalandage; FAM.
tapon, trâlée. PÉJ. ramassis. ▶ **Populace** – (bas) peuple, (basse) pègre, bétail, foule, la rue, masse (populaire), multitude, petit peuple, plèbe, populace, prolétariat, vulgaire. FAM. populo, vulgum pecus. ▲ANT.
INDIVIDU.

trousse n. f. ▶ **Étui** – blague, étui, pochette, sachet. SUISSE cornet. ♦ **trousses, plur.** ▶ **Culotte**
(ANC.) – culotte. ANC. chausses.

trousseau n. m. ▶ **Vêtement** – affaires, atours,
chiffons, ensemble, garde-robe, habillement, habits,
linge, mise, parure, tenue, toilette, vestiaire, vêtements. SOUT. vêture. FRANCE FAM. fringues, frusques,
nippes, pelures, saint-frusquin, sapes.

trouvaille n. f. ▶ **Chose** – découverte. ♦ **trou-
vailles, plur.** ▶ **Ensemble de choses** – butin, collecte, moisson, récolte. ▲ANT. BANALITÉ, CLICHÉ.

trouver v. ▶ **Repérer ce qu'on cherche** – découvrir, détecter, localiser, repérer. FAM. loger. ▶ **Découvrir par hasard** – découvrir, dénicher, déterrer, tomber sur. FAM. dégoter, pêcher. SUISSE FAM. rapercher.
▶ **Inventer** – concevoir, créer, imaginer, improviser, innover, inventer, mettre au point. QUÉB. FAM.
patenter. ▶ **Rencontrer** – croiser, rencontrer, tomber sur, voir. ▶ **Deviner** – déchiffrer, découvrir, dénouer, deviner, éclaircir, élucider, éventer, expliquer,
faire (toute) la lumière sur, pénétrer, percer, résoudre, tirer au clair. ▶ **Considérer** – considérer, croire,
estimer, être d'avis que, juger, penser, regarder, tenir. SOUT. compter, réputer. ▶ **Puiser une chose abstraite** – prendre, puiser, tirer. QUÉB. ACADIE piger. ♦ **se
trouver** ▶ **Se considérer** – s'estimer, se compter, se
considérer, se croire, se penser. ▶ **Se situer** – apparaître, être, être présent, exister, résider, s'inscrire, se
rencontrer, se retrouver, se situer, siéger. SOUT. gésir.
▶ **S'avérer** – s'avérer, se montrer, se révéler. ▲ANT.
ÉGARER, OUBLIER, PERDRE; CHERCHER, POURSUIVRE, RE-
CHERCHER.

truc n. m. ▶ **Dispositif** – truquage. ▶ **Moyen**
(FAM.) – acrobatie, astuce, demi-mesure (inefficace),
échappatoire, expédient, gymnastique, intrigue, mesure, moyen, palliatif, procédé, remède, ressource,
ruse, solution, voie. FAM. combine. ▶ **Se-
cret** (FAM.) – martingale (au jeu), procédé, recette, secret. ▶ **Objet quelconque** (FAM.) – chose, objet. FAM.
bidule, bouzin, engin, fourbi, machin, schtroumpf,
trucmuche. FRANCE FAM. ustensile, zibouiboui, zigouzi, zinzin. QUÉB. FAM. affaire, bébelle, cossin, gogosse, patente.

tube

tube *n. m.* ▶ *Conduit* – boyau, buse, canal, conduit, conduite, gaine, lance, pipe, tubulure, tuyau. ▶ *Partie du corps* – canal, conduit, cordon, trompe, voie. ▶ *Information* (*FAM.*) – donnée, indication, information, nouvelle, renseignement. *FAM.* info, rancard, tuyau. ▶ *Appareil téléphonique* (*FAM.*) – appareil téléphonique, téléphone. *FAM.* bigophone, fil. *FRANCE FAM.* grelot. ▶ *Chanson* (*FAM.*) – chanson à la mode, (chanson à) succès. ▶ *Chapeau* (*ANC.*) – chapeau haut de forme, (chapeau) tuyau de poêle, haut-de-forme.

tuer *v.* ▶ *Entraîner la mort* – donner la mort, emporter, enlever la vie à. *SOUT.* moissonner, trancher le fil des jours à. ▶ *Assassiner* – abattre, assassiner, éliminer, exécuter, supprimer. *SOUT.* immoler. *FAM.* buter, descendre, envoyer ad patres, envoyer dans l'autre monde, expédier, faire la peau à, flinguer *(arme à feu)*, liquider, nettoyer, ratatiner, rectifier, refroidir, se faire, trucider, zigouiller. *FRANCE FAM.* bousiller, dessouder, escoffier, révolvériser *(revolver)*. ▶ *Ruiner* – porter le coup de grâce à, ruiner, sonner le glas de. ▶ *Remplir de fatigue* – abrutir, briser, courbaturer, épuiser, éreinter, exténuer, fatiguer, forcer, harasser, lasser, mettre à plat, surmener. *FAM.* claquer, crever, démolir, esquinter, lessiver, mettre sur le flanc, nettoyer, pomper, rétamer, vanner, vider. *QUÉB. FAM.* maganer. ♦ *se tuer* ▶ *Se suicider* – mettre fin à ses jours, s'enlever la vie, se donner la mort, se suicider. *FAM.* se détruire, se supprimer. ▶ *Par balle* – retourner l'arme contre soi *(après avoir tiré qqn d'autre)*, se tirer (une balle dans la tête). *FAM.* se brûler la cervelle, se faire sauter la cervelle, se faire sauter le caisson, se flinguer. ▶ *Par sacrifice* – faire le sacrifice de sa vie. *SOUT.* s'immoler. ▶ *S'exténuer* – brûler la chandelle par les deux bouts, s'épuiser, s'éreinter, s'exténuer, se fatiguer, se mettre à plat, se surmener. *FAM.* s'esquinter, se casser, se crever, se fouler. *QUÉB. FAM.* se mettre à terre. ▶ *S'évertuer* – faire des pieds et des mains, peiner, remuer ciel et terre, s'échiner, s'évertuer, se démener, se dépenser – donner beaucoup de peine, se donner du mal, se fatiguer, se mettre en quatre, se remuer. *FAM.* ramer, se décarcasser, se défoncer, se démancher, se donner un mal de chien, se donner un mal de fou, se fouler la rate. *QUÉB. ACADIE FAM.* se désâmer. *QUÉB. FAM.* se fendre en quatre. ▲ANT. ÉPARGNER; SAUVER; RESSUSCITER; CONSERVER, PRÉSERVER; RELEVER, SOIGNER, TONIFIER, VIVIFIER.

tuerie *n. f.* ▶ *Massacre* – anéantissement, assassinats, bain de sang, boucherie, carnage, destruction, extermination, hécatombe, holocauste, massacre, meurtres. *SOUT.* (lourd) tribut. *FAM.* étripage. ▶ *Abattage* – abattage, assommement, égorgement, étripage, sacrifice, tuage. ▶ *Abattoir* – abattoir, assommoir, bouvril, échaudoir, écorcherie, équarrissoir.

tueur *n. m.* ▶ *Assassin* – assassin, criminel, meurtrier. *SOUT.* exterminateur, homicide. ▶ *Assassin rémunéré* – assassin/tueur professionnel, homme de main, nervi, tueur à gages. *PÉJ.* sbire. *SOUT.* spadassin. ▶ *Personne impitoyable* – chacal, charognard, pieuvre, prédateur, rapace, requin, vautour. ▲ANT. SAUVETEUR; VICTIME; ALTRUISTE, BON SAMARITAIN, SAUVEUR, (VRAI) SAINT-BERNARD.

tuile *n. f.* ▶ *Pièce de recouvrement* – adobe, brique, briquette, carreau, chantignole, dalle, pavé.

FRANCE FAM. paveton. *SUISSE* carron, planelle. ▶ *Imprévu* (*FAM.*) – accident, accroc, accrochage, affaire, anicroche, avatar, aventure, complication, contingences, contrariété, contretemps, crise, désagrément, difficulté, dispute, embarras, empêchement, ennui, épine, épisode, événement, éventualité, imprévu, incident, mésaventure, obstacle, occasion, occurrence, péripétie, problème, rebondissement, tribulations. *SOUT.* adversité. *FAM.* blème, cactus, embêtement, emmerde, emmerdement, enquiquinement, os, pépin, pétrin. *FRANCE FAM.* avaro, empoisonnement. ♦ *tuiles, plur.* ▶ *Ensemble de pièces de recouvrement* – tuilage. ▲ANT. COUP DE CHANCE, HEUREUX ÉVÉNEMENT.

tumescence *n. f.* ampoule, ballonnement, bombement, bosse, bouffissure, boursouflage, boursouflement, boursouflure, bulle, cloche, cloque, débordement, dilatation, distension, enflure, engorgement, fluxion, gonflement, grosseur, grossissement, hypertrophie, intumescence, renflement, rondeur, sinus, soufflure, soulèvement, tuméfaction, turgescence, ventre, vésicule, vultuosité. *PATHOL.* bubon, ectasie, emphysème, inflation, météorisation, météorisme, œdème, phlyctène. ▲ANT. DÉTUMESCENCE.

tumulte *n. m.* ▶ *Vacarme* – brouhaha, cacophonie, chahut, charivari, clameur, tapage, tohu-bohu, vacarme. *SOUT.* bacchanale, hourvari, pandémonium. *FAM.* barouf, bastringue, bazar, boucan, bouzin, chambard, corrida, grabuge, pétard, potin, raffut, ramdam, ronron, sabbat, schproum, tintamarre, tintouin. *QUÉB. FAM.* barda, train. ▶ *Agitation* – activité, affairement, affolement, agitation, alarme, animation, bouillonnement, branle-bas (de combat), bruit, dérangement, désordre, désorganisation, détraquement, effervescence, excitation, fourmillement, grouillement, hâte, incohérence, mouvement, orage, précipitation, remous, remue-ménage, secousse, suractivité, tempête, tohu-bohu, tourbillon, tourmente, trépidation, trouble, turbulence, va-et-vient. *SOUT.* émoi, remuement. *FAM.* chambardement. ▲ANT. CALME, HARMONIE, PAIX, SILENCE; APAISEMENT, REPOS.

tumultueux *adj.* ▶ *Trépidant* – agité, bouillonnant, délirant, échevelé, effervescent, effréné, fébrile, fiévreux, frénétique, intense, mouvementé, passionné, trépidant, violent. ▶ *Orageux* – agité, houleux, mouvementé, orageux, tempétueux, violent. *SOUT.* torrentueux, turbulent. ▲ANT. CALME, DÉTENDU, PLACIDE, SEREIN, SILENCIEUX, TRANQUILLE.

tunique *n. f.* ▶ *Vêtement ancien* – angusticlave, chiton, cotte, dalmatique, laticlave, péplos, péplum. ▶ *Vêtement liturgique* – aube, cappa (magna), chape, chasuble, dalmatique, froc, mantelet, mosette, ornements (sacerdotaux), rochet, soutane, surplis, tunicelle, vêtement (sacerdotal). *ANTIQ.* éphod. ▶ *Membrane* – capsule, cloison, enveloppe, gaine, membrane, membranule, pellicule, septum.

tunnel *n. m.* souterrain.

turbulence *n. f.* ▶ *Instabilité* – balancement, ballant, ballottement, déséquilibre, fragilité, instabilité, jeu, mobilité, motilité, motricité, mouvance, mouvant, mouvement, ondulation, oscillation, roulis, tangage, va-et-vient, vibration. *QUÉB.* débalancement. ▶ *Fluctuation* – ballottement, changement, déséquilibre, fluctuation, fragilité, inadaptation, incertitude, inconstance, inégalité, instabilité, mouvant, mouvement, précarité, variabilité, variation, versatilité, vicissitude, volatilité. SOUT. fugacité. ▶ **Dissipation** – agitation, dissipation, espièglerie, excitation, fougue, impétuosité, mobilité, mouvement, nervosité, pétulance, tapage, vivacité. ▶ **Remue-ménage** – activité, affairement, affolement, agitation, alarme, animation, bouillonnement, branle-bas (de combat), bruit, dérangement, désordre, désorganisation, détraquement, effervescence, excitation, fourmillement, grouillement, hâte, incohérence, mouvement, orage, précipitation, remous, remue-ménage, secousse, suractivité, tempête, tohu-bohu, tourbillon, tourmente, trépidation, trouble, tumulte, va-et-vient. SOUT. émoi, remuement. FAM. chambardement. ▲ANT. IMMOBILITÉ, STABILITÉ; CALME, ÉQUILIBRE, TRANQUILLITÉ; OBÉISSANCE, SAGESSE; ORGANISATION.

turbulent adj. ▶ **Excité** – agité, bruyant, chahuteur, diable, dissipé, emporté, excité, remuant, tapageur. QUÉB. FAM. énervé, grouillant, tannant. ▶ **Mouvementé** – agité, houleux, mouvementé, orageux, tempétueux, tumultueux, violent. SOUT. torrentueux. ▲ANT. CALME, SAGE; DÉTENDU, PLACIDE, SEREIN, SILENCIEUX, TRANQUILLE.

tutelle n. f. ▶ **Protection** – abri, aide, appui, assistance, chapeautage, conservation, couverture, garantie, garde, mandat, parrainage, paternalisme, patronage, protection, recommandation, renfort, rescousse, sauvegarde, secours, sécurisation, soutien, surveillance. FIG. parapluie. SOUT. égide. FAM. piston. ▶ **Pouvoir** – autorité, commandement, domination, emprise, force, gouvernement (politique), juridiction, loi, maîtrise, pouvoir, puissance, règne. SOUT. empire, férule, houlette. ▶ **Dépendance** – abaissement, allégeance, appartenance, asservissement, assujettissement, attachement, captivité, contrainte, dépendance, domestication, domesticité, domination, emprise, esclavage, gêne, hilotisme, inféodation, infériorité, mainmise, merci, mouvance, obédience, obéissance, obligation, oppression, pouvoir, puissance, servage, servitude, soumission, subordination, sujétion, tyrannie, vassalité. FIG. carcan, chaîne, corset (de fer), coupe, fardeau, griffe, main, patte, prison; SOUT. fers, gaine, joug. PHILOS. hétéronomie. ▲ANT. AUTONOMIE, INDÉPENDANCE, LIBERTÉ.

tuteur n. ▶ **Responsable d'un enfant** – parent adoptif. ▶ **Responsable de l'administration** – curateur. DR. ANC. mainbour. ♦ **tuteur**, masc. ▶ **Bâton fixe** – bâton, échalas, jalon, marquant, pal, palis, pieu, pilot, piquet, roulon. ACADIE FAM. perche. ▲ANT. MINEUR, PUPILLE; INCAPABLE (MAJEUR).

tutoiement n. m. ▲ANT. VOUVOIEMENT.

tutoyer v. dire tu à, être à tu et à toi avec. ▲ANT. VOUVOYER.

tuyau n. m. ▶ **Tube** – boyau, buse, canal, conduit, conduite, gaine, lance, pipe, tube, tubulure. ▶ **Pli** – bouillon, fronce, godron, ourlet, pince, pli, rempli, rentré, repli, roulotté. ▶ **Information** (FAM.) – donnée, indication, information, nouvelle, renseignement. FAM. info, rancard, tube. ▶ **Conseil** (FAM.) – avertissement, avis, conseil, encouragement, exhortation, guidance, idée, incitation, indication, information, initiative, inspiration, instigation, motion

(dans une assemblée), offre, opinion, préconisation, proposition, recommandation, renseignement, suggestion. DR. pollicitation. ♦ **tuyaux**, plur. ▶ **Ensemble de tubes** – plomberie, tubulure, tuyauterie.

type n. m. ▶ **Sorte** – catégorie, classe, espèce, famille, genre, groupe, nature, ordre, sorte, variété. SOUT. gent. ▶ **Modèle** – archétype, canon, critère, échantillon, étalon, exemple, formule, gabarit, idéal, idée, image, individu, modèle, norme, original, paradigme, précédent, prototype, référence, représentant, unité. BIOL. holotype. ▶ **Symbole** – allégorie, attribut, chiffre, devise, drapeau, effigie, emblème, figure, icône, image, incarnation, insigne, livrée, logo, logotype, marque, notation, personnification, représentation, signe, symbole. ▶ **Homme** (FAM.) – homme, individu. ▶ **Amant** (FAM.) – amant de cœur, amant, partenaire (sexuel). ▲ANT. EXCEPTION, SINGULARITÉ.

typique adj. ▶ **Représentatif** – caractéristique, moyen, représentatif. FAM. pur jus. ▶ **Spécifique** – caractéristique, déterminant, distinctif, particulier, propre, spécial, spécifique. SOUT. sui generis. ▲ANT. ANORMAL, ATYPIQUE, DÉVIANT, IRRÉGULIER; BANAL, COMMUN, GÉNÉRAL, ORDINAIRE, USUEL.

typiquement adv. ▶ **Particulièrement** – avant tout, en particulier, notamment, particulièrement, principalement, proprement, singulièrement, spécialement, spécifiquement, surtout. ▶ **Représentativement** – pittoresquement, représentativement, significativement, spécifiquement, symptomatiquement. ▲ANT. ANORMALEMENT, ATYPIQUEMENT, ÉTONNAMMENT, EXCEPTIONNELLEMENT, SINGULIÈREMENT.

tyran n. m. ▶ **Dictateur** – autocrate, césar, despote, dictateur, oppresseur, potentat, souverain absolu. SOUT. dominateur, tyranneau (peu puissant). ▶ **Persécuteur** – autocrate, brimeur, despote, oppresseur, persécuteur, sadique. FAM. terreur. SOUT. dominateur, satrape, terrible, tourmenteur, vexateur. ▲ANT. PROTECTEUR; ESCLAVE, OPPRIMÉ.

tyrannie n. f. ▶ **Régime politique** – absolutisme, autocratie, césarisme, despotisme, dictature, État policier, fascisme, totalitarisme, tsarisme. ▶ **Pouvoir autoritaire** – arbitraire, autoritarisme, caporalisme, despotisme, dictature, directivisme, directivité, omnipotence, oppression. SOUT. satrapie. ▶ **Emprise** – abaissement, allégeance, appartenance, asservissement, assujettissement, attachement, captivité, contrainte, dépendance, domestication, domesticité, domination, emprise, esclavage, gêne, hilotisme, inféodation, infériorité, mainmise, merci, mouvance, obédience, obéissance, obligation, oppression, pouvoir, puissance, servage, servitude, soumission, subordination, sujétion, tutelle, vassalité. FIG. carcan, chaîne, corset (de fer), coupe, fardeau, griffe, main, patte, prison; SOUT. fers, gaine, joug. PHILOS. hétéronomie. ▲ANT. JUSTICE, LIBÉRALISME; PROTECTION; BONTÉ, CLÉMENCE.

tyrannique adj. ▶ **Qui relève de la tyrannie** – coercitif, oppresseur, oppressif, répressif. ▶ **En parlant d'un pouvoir** – absolu, absolutiste, arbitraire, autocratique, autoritaire, césarien, despote, despotique, dictatorial, directif, dominateur, hégémonique, jupitérien, totalitaire. ▲ANT. CLÉMENT, DÉBONNAIRE, DOUX, INDULGENT, SENSIBLE; LAXISTE, PERMISSIF; DÉMOCRATIQUE, ÉGALITAIRE, LIBÉRAL.

u

ulcère *n. m.* ▶ *Lésion* – lésion, plaie, ulcération. ▶ *Calamité* – apocalypse, bouleversement, calamité, cataclysme, catastrophe, chaos, désastre, drame, fléau, malheur, néant, ruine, sinistre, tragédie. *FIG.* précipice. *SOUT.* abîme. *FAM.* cata. ▲**ANT.** JOIE, RÉ-CONFORT.

ultérieur *adj.* à venir, futur, postérieur, prochain, subséquent, suivant. ▲**ANT.** ANTÉCÉDENT, AN-TÉRIEUR, PASSÉ, PRÉCÉDENT.

ultimatum *n. m.* ▶ *Menace* – avertissement, bravade, chantage, commination, défi, dissuasion, effarouchement, fulmination, intimidation, menace, mise en garde, provocation, rodomontade, semonce, sommation. *FAM.* provoc. ▶ *Demande* – adjuration, appel, demande, démarche, desideratum, désir, doléances, exigence, injonction, instance, interpellation, interrogation, invocation, mandement, ordre, pétition, placet, prétention, prière, question, réclamation, requête, réquisition, revendication, sollicitation, sommation, supplication, supplique, vœu. *SOUT.* imploration. ▲**ANT.** ACCORD, ARRANGEMENT, COMPROMIS, ENTENTE.

ultime *adj.* dernier, extrême, final, suprême, terminal. ▲**ANT.** INITIAL, PREMIER.

unanime *adj.* commun, consensuel, général, qui fait l'unanimité. ▲**ANT.** CONTRADICTOIRE, DIVISÉ, PAR-TAGÉ; UNILATÉRAL.

unanimement *adv.* à l'unanimité, à plusieurs, collectivement, collégialement, concurremment, conjointement, coopérativement, coude à coude, d'accord, d'un commun accord, de concert, de conserve, en bloc, en chœur, en collaboration, en commun, en équipe, en groupe, ensemble, la main dans la main, solidairement, totalement. ▲**ANT.** DE FAÇON PARTAGÉE, SANS UNANIMITÉ, UNILATÉRALEMENT.

unanimité *n. f.* consensus, terrain d'entente. ▲**ANT.** CONTRADICTION, DISCORDE; MINORITÉ, PAR-TAGE; UNILATÉRALITÉ.

uni *adj.* ▶ *Lisse* – doux, égal, lisse. ▶ *Horizontal* – égal, horizontal, plan, plat. *QUÉB. FAM.* planche.

▶ *D'une seule teinte* – monochrome, unicolore. ▶ *Lié* – associé, attaché, conjoint, indissociable, inhérent, inséparable, joint, lié, relié. ▶ *Qui forme un tout* – d'un seul tenant, d'un tenant, indissociable, inséparable, soudé. ▶ *Homogène* – cohérent, homogène, uniforme. ▶ *Sans changement* (*SOUT.*) – constant, égal, invariable, régulier, uniforme. *QUÉB. FAM.* mur-à-mur. ▲**ANT.** INÉGAL, RIDÉ, RUGUEUX; ABRUPT, ACCIDENTÉ, BOSSELÉ, MONTAGNEUX, RABOTEUX; BIGARRÉ, COLORÉ, MULTICOLORE, PANACHÉ; DÉSUNI, SÉ-PARÉ; CONTRAIRE, OPPOSÉ; DISPARATE, HÉTÉROCLITE, HÉ-TÉROGÈNE, MÉLANGÉ, MÊLÉ, VARIÉ.

unicité *n. f.* ▶ *Caractère unique* – exclusivité, marginalité, originalité, singularité, unité. ▶ *Originalité* – anticonformisme, audace, cachet, caractère, fraîcheur, hardiesse, indépendance, individualité, innovation, inspiration, marginalité, nonconformisme, nouveauté, originalité, particularité, personnalité, pittoresque, singularité. ▲**ANT.** MULTIPLICITÉ, PLURALITÉ.

unificateur *adj.* ▲**ANT.** DIVISEUR, FRACTIONNEL.

unification *n. f.* ▶ *Réunion* – alliance, assemblage, association, collage, combinaison, communion, composition, concentration, conjonction, constitution, fusion, fusionnement, groupement, incorporation, intégration, ralliement, rassemblement, regroupement, réunion, symbiose, synthèse, union. ▶ *Uniformisation* – alignement, automatisation, codification, division du travail, formulation, harmonisation, légalisation, normalisation, rationalisation, rectification, réglementation, spécialisation, standardisation, systématisation, uniformisation. ▶ *Nivellement* – aplanissement, arasement, égalisation, laminage, mise au niveau, nivelage, nivellement, régalage, simplification. *ADMIN.* écrêtement. ▲**ANT.** DIVI-SION, SCHISME, SÉPARATION.

unifier *v.* ▶ *Réunir* – fusionner, réunir, unir. ▶ *Uniformiser* – harmoniser, homogénéiser, normaliser, standardiser, uniformiser. ▲**ANT.** DÉSUNIR, DIF-FÉRENCIER, OPPOSER, SÉPARER; DIVERSIFIER, VARIER.

uniforme

uniforme *adj.* ▶ *Sans changement* – constant, égal, invariable, régulier. *QUÉB. FAM.* mur-à-mur. *SOUT.* uni. ▶ *De même nature* – cohérent, homogène, uni. ▲ **ANT.** CHANGEANT, DIVERS, FLUCTUANT, INCONSTANT, INÉGAL, IRRÉGULIER; DIFFÉRENT, DISSEMBLABLE, DISTINCT; DISPARATE, HÉTÉROCLITE, HÉTÉROGÈNE, MÉLANGÉ, MÊLÉ, VARIÉ.

uniforme *n. m.* ▶ *Vêtement de soldat* – tenue de campagne, tenue de combat, tenue léopard, tenue militaire, treillis. ▶ *Vêtement de travail* – bleu, blouse, combinaison, cotte, peignoir, poitrinière, robe, robe-tablier, salopette, sarrau, suroît *(de marin),* tablier, toge, vareuse. *QUÉB. FAM.* chienne, froc. *ANC.* bourgeron. ▶ *Vêtement* – affaires, atours, chiffons, ensemble, garde-robe, habillement, habits, linge, mise, parure, tenue, toilette, trousseau, vestiaire, vêtements. *SOUT.* vêture. *FRANCE FAM.* fringues, frusques, nippes, pelures, saint-frusquin, sapes.

uniformité *n. f.* ▶ *Homogénéité* – cohérence, cohésion, consistance, égalité, homogénéité, liaison, logique, non-contradiction, régularité, unité. *LING.* signifiance. ▶ *Caractère monotone* – encroûtement, manie, marotte, monotonie, ordinaire, ronron, routine, tic. ▲ **ANT.** DIVERSITÉ, INÉGALITÉ, VARIÉTÉ; CONTRASTE, POLARITÉ.

unilatéral *adj.* ▲ **ANT.** MULTILATÉRAL, PLURILATÉRAL; SYNALLAGMATIQUE *(contrat).*

uninominal *adj.* ▲ **ANT.** DE LISTE *(scrutin),* PLURINOMINAL.

union *n. f.* ▶ *Jonction* – abouchement, aboutage, aboutement, accolement, accouplage, accouplement, ajustage, apposition, articulation, assemblage, association, branchement, coalescence, confluence, conjonction, conjugaison, connexion, contact, convergence, couplage, couplement, groupage, interconnexion, interface, joint, jointure, jonction, jumelage, juxtaposition, liaison, mariage, mise en couple, mixage, raccord, raccordement, rapprochement, reboutement, relation, rencontre, réunion, suture. ▶ *Combinaison* – alliance, assemblage, association, collage, combinaison, communion, composition, concentration, conjonction, constitution, fusion, fusionnement, groupement, incorporation, intégration, ralliement, rassemblement, regroupement, réunion, symbiose, synthèse, unification. ▶ *Accouplement d'animaux* – accouplement, appareillage, appareillement, appariade, appariage, coït, copulation, insémination, monte, reproduction, saillie. *SOUT.* appariement. ▶ *Mariage* – alliance, contrat conjugal, couple, lit, mariage, ménage, nuptialité, union conjugale, union matrimoniale. *SOUT.* hymen, hyménée. ▶ *Association* – amicale, association, cercle, club, compagnie, fraternité, groupe, société. ▶ *Association politique* – alliance, apparentement, association, bloc, camp, cartel, club, coalition, confédération, faisceau, fédération, formation, front, groupe, groupe d'intérêts, groupe de pression, groupement, ligue, mouvement, organisation, parti, phalange, rapprochement, rassemblement. *ANC.* hétairie. *FÉOD.* hermandad. *PÉJ.* bande, bandits, cabale, camarilla, chapelle, clan, clique, coterie, école, église, faction, groupuscule, ligue, maffia, malfaiteurs, secte. ▶ *Ensemble d'États* – bloc, coalition, communauté, confédération, États, fédération. ▶ *Bonne*

entente – accord, affinité, amitié, atomes crochus, (bonne) intelligence, communauté de goûts, communauté de sentiments, communauté de vues, communion, compatibilité, complicité, compréhension, concorde, connivence, convergence d'idées, fraternité, harmonie, point commun, sympathie, unisson. *SOUT.* concert. ▶ *Paix* – accalmie, apaisement, bonace, bonheur, calme, éclaircie, entente, fraternité, harmonie, idylle, paix, quiétude, rémission, repos, silence, tranquillité, trêve, unité. *SOUT.* kief *(en Orient).* ▲ **ANT.** DÉSUNION, DIVISION, OPPOSITION, SÉPARATION; DIVORCE; DISCORDE, MÉSENTENTE; INTERSECTION *(mathématiques).*

unique *adj.* ▶ *Seul* – à part, individuel, isolé, séparé, seul, simple, singulier, unitaire. ▶ *Incomparable* – d'exception, exceptionnel, hors du commun, hors ligne, hors pair, hors série, incomparable, inégalable, inégalé, inimitable, insurpassable, insurpassé, irremplaçable, précieux, qui n'a pas son pareil, rare, remarquable, sans égal, sans pareil, sans précédent, sans rival, sans second, spécial, supérieur. ▶ *Original* – à part, différent, inimitable, original, particulier, pittoresque, sans précédent, singulier, spécial, unique en son genre. ▲ **ANT.** DIVERS, MULTIPLE; BANAL, COMMUN, HABITUEL, ORDINAIRE, USUEL.

uniquement *adv.* exclusivement, purement, seulement, simplement, strictement. ▲ **ANT.** EN OUTRE, EN PLUS.

unir *v.* ▶ *Allier* – allier, associer, combiner, concilier, conjuguer, joindre, marier, mêler, réunir. ▶ *Mélanger* – amalgamer, confondre, fondre, incorporer, mélanger, mêler, réunir. *DIDACT.* mixtionner. ▶ *Unifier* – fusionner, réunir, unifier. ▶ *Attacher* – attacher, joindre, lier, souder. ▶ *Liguer* – associer, coaliser, joindre, liguer, réunir. ♦ *s'unir* ▶ *Se mélanger* – s'amalgamer, se fondre, se fusionner, se mélanger, se mêler, se souder. ▶ *Se liguer* – faire front commun, s'allier, s'associer, se coaliser, se joindre, se liguer, se solidariser. ▶ *Se marier* – se marier. *SOUT.* s'épouser. *FAM.* convoler (en justes noces), se maquer. ▶ *En parlant d'un cours d'eau* – confluer, se rejoindre, se rencontrer. ▲ **ANT.** DÉSUNIR, DIFFÉRENCIER, DISJOINDRE, DISPERSER, ÉCARTER, OPPOSER, SÉPARER. △ S'UNIR – DIVERGER, S'ÉCARTER.

unisson *n. m.* ▶ *Son* – consonance, homonymie, homophonie, rime. *FAM.* rimette. ▶ *Homophonie* – homophonie, monodie, monophonie. ▶ *Bonne entente* – accord, affinité, amitié, atomes crochus, (bonne) intelligence, communauté de goûts, communauté de sentiments, communauté de vues, communion, compatibilité, complicité, compréhension, concorde, connivence, convergence d'idées, fraternité, harmonie, point commun, sympathie, union. *SOUT.* concert. ▲ **ANT.** POLYPHONIE; DISCORDE, MÉSENTENTE.

unité *n. f.* ▶ *Caractère unique* – exclusivité, marginalité, originalité, singularité, unicité. ▶ *Indivisibilité* – indivisibilité, insécabilité. ▶ *Cohérence* – cohérence, cohésion, consistance, égalité, homogénéité, liaison, logique, non-contradiction, régularité, uniformité. *LING.* signifiance. ▶ *Similitude* – adéquation, analogie, conformité, égalité, équivalence, gemellité, identité, littérralité, parallélisme, parité, ressemblance, similarité, similitude. *MATH.* congruence,

usé

homéomorphisme. ▶ *Élément* – composant, composante, constituant, élément (constitutif), fragment, ingrédient, membre, module, morceau, organe, partie, pièce, principe. FIG. brique, fil, pierre, rouage. ▶ *Formation militaire* – bataillon, brigade, colonne, commando, compagnie, corps, échelon, escadron, escorte, formation, garde, garnison, légion, parti, patrouille, peloton, régiment, section, soldatesque *(indisciplinés)*, tabor *(Maroc)*, troupe. PAR EXT. caserne. ANC. escouade, goum, piquet. ▶ *Partie d'usine* – atelier. ▶ *Modèle* – archétype, canon, critère, échantillon, étalon, exemple, formule, gabarit, idéal, idée, image, individu, modèle, norme, original, paradigme, précédent, prototype, référence, représentant, type. BIOL. holotype. ◆ **unités, plur.** ▶ *Ensemble d'éléments* – ensemble, tout. ▲ANT. DIVERSITÉ, DUALITÉ, PLURALITÉ; HÉTÉROGÉNÉITÉ; DISPARITÉ, INCOHÉRENCE; ENSEMBLE.

univers *n. m.* ▶ *Monde* – ciel, cosmos, création, espace, galaxie, les étoiles, macrocosme, monde, nature, sphère, tout. ▶ *Objet astronomique* – infiniment grand, les superamas de galaxies, les superamas galactiques, métagalaxie. ▶ *Création de l'esprit* – monde, système. ▲ANT. NÉANT.

universalité *n. f.* ▶ *Totalité* – absoluité, complétude, ensemble, entier, entièreté, exhaustivité, généralité, globalité, intégralité, intégrité, masse, plénitude, réunion, somme, total, totalité, tout. ▶ *Internationalité* – internationalité, mondialité, œcuménicité, supranationalité. ▲ANT. PARTICULARITÉ, SPÉCIFICITÉ; TERRITORIALITÉ.

universel *adj.* ▶ *Mondial* – global, international, mondial, planétaire. ▶ *En parlant d'une doctrine* – mondialiste, universaliste. ▲ANT. INDIVIDUEL, PARTICULIER, PERSONNEL, SINGULIER; LIMITÉ, LOCAL, RÉGIONAL, RESTREINT.

universellement *adv.* ▶ *Mondialement* – à l'échelle mondiale, internationalement, mondialement. ▶ *Complètement* – à fond, à tous (les) égards, au (grand) complet, au long, au total, complètement, d'un bout à l'autre, de A (jusqu')à Z, du début à la fin, du tout au tout, en bloc, en entier, en totalité, en tous points, entièrement, exhaustivement, fin, in extenso, intégralement, pleinement, sous tous les rapports, sur toute la ligne, totalement, tout, tout à fait. QUÉB. FAM. mur-à-mur. ▶ *Parfaitement* – absolument, carrément, catégoriquement, complètement, parfaitement, purement, radicalement, tout à fait. FAM. royalement, souverainement. ▲ANT. LOCALEMENT, SPÉCIFIQUEMENT.

université *n. f.* académie, alma mater, campus, collège, complexe universitaire, école, enseignement supérieur, faculté, institut. FAM. fac. QUÉB. cité universitaire. BELG. FAM. unif. SUISSE FAM. unil.

univoque *adj.* ▲ANT. AMBIGU, ÉQUIVOQUE; MULTIVOQUE.

urbain *adj.* ▶ *Qui concerne la ville* – citadin. ▶ *D'une politesse raffinée* (SOUT.) – affable, bien élevé, bienséant, civil, courtois, délicat, galant, poli, qui a de belles manières. FAM. civilisé. ▲ANT. AGRICOLE, RURAL; PÉRIURBAIN, SUBURBAIN; DISCOURTOIS, GOUJAT, GROSSIER, IMPERTINENT, IMPOLI, INCIVIL, INCONVENANT, INCORRECT, INDÉLICAT, MAL ÉLEVÉ, RUSTRE.

urgence *n. f.* ▶ *Hâte* – avidité, brusquerie, désir, empressement, fièvre, fougue, hâte, impatience, impétuosité, précipitation, urgent. ▶ *Gravité* – acuité, crise, gravité, instabilité, précarité. ▶ *Danger* – aléa, casse-cou, danger, détresse, difficulté, écueil, embûche, épée de Damoclès, épouvantail, guêpier, hasard, impasse, imprudence, insécurité, mauvais pas, menace, perdition, péril, piège, point chaud, point sensible, poudrière, récif, risque, spectre, traverse, volcan. SOUT. tarasque. FRANCE FAM. casse-gueule. ▶ *Lieu* – salle d'urgence, service des urgences. ▲ANT. LENTEUR, PATIENCE; BAGATELLE, VÉTILLE.

urgent *adj.* impératif, impérieux, nécessaire, pressant, pressé. SOUT. instant. ▲ANT. DE SECOND PLAN, QUI PEUT ATTENDRE, SECONDAIRE; RAPPORTABLE.

urine *n. f.* pissat *(animaux)*. FAM. les petits besoins. ENFANTIN la petite commission.

urne *n. f.* ▶ *Vase* – cache-pot, nautile, potiche, pot-pourri, torchère, vase. AFR. ANTILLES canari. ANC. berthe, buire, figuline, hanap. ANTIQ. amphore, canope, cérame, cratère, hydrie, lécythe. ▶ *Partie de plante* – capsule, pyxide. ◆ **les urnes, plur.** ▶ *Vote* – consultation (populaire), élection, plébiscite, proclamation, référendum, scrutin, suffrage, tour, voix, vote.

usage *n. m.* ▶ *Possession* – consommation, détention, jouissance, possession, propriété, usufruit, utilisation. ▶ *Utilisation* – emploi, maniement, manipulation, manœuvre, utilisation. FAM. manip. ▶ *Activité* – activité, exercice, fonctionnement, marche, mouvement, opération, service, travail, vie. ▶ *Utilité* – avantage, bénéfice, bienfait, commodité, convenance, désirabilité, efficacité, fonction, fonctionnalité, indispensabilité, intérêt, mérite, nécessité, profit, profitabilité, recours, service, utilité, valeur. ▶ *Coutume* – convention, coutume, habitude, habitus, mode, mœurs, pratique, règle, rite, tradition, us et coutumes. ▶ *Convenances* – bienséance, cérémonial, cérémonie, convenances, décorum, étiquette, formalité, formule, mondanités, protocole, règle. FAM. salamalecs. ▶ *Norme* – arrêté, charte, code, convention, cote, coutume, formule, loi, mesure, norme, obligation, ordre, précepte, prescription, protocole, régime, règle, règlement. ▲ANT. DÉSUÉTUDE, NON-USAGE.

usagé *adj.* d'occasion. ▲ANT. INTACT, INUTILISÉ, NEUF, NOUVEAU.

usé *adj.* ▶ *Détérioré* – brisé, cassé, défectueux, déréglé, détérioré, détraqué, éculé *(chaussure)*, endommagé, hors d'usage, inutilisable, vétuste. FAM. kapout, nase, patraque. ▶ *Élimé* – élimé, limé, mûr, râpé, usé (jusqu'à la corde). ▶ *Désuet* – anachronique, ancien, antédiluvien, antique, archaïque, arriéré, caduc, démodé, dépassé, désuet, fossile, inactuel, moyenâgeux, obsolescent, obsolète, passé de mode, périmé, poussiéreux, préhistorique, qui a fait son temps, suranné, tombé en désuétude, vétuste, vieilli, vieillot, vieux, vieux jeu. ▶ *Sénile* – décrépit, en perte d'autonomie, sénescent, sénile, vieux. ▶ *Fruste* – altéré, fruste. ▶ *Banal* – banal, connu, éculé, facile, rebattu, réchauffé, ressassé. FAM. archiconnu, bateau.

user *v.* ▶ *Consommer* – consommer, dépenser. ▶ *Détériorer par l'usage* – *QUÉB. FAM.* maga:ner. ▶ *Élimer* – élimer, limer, râper. ▶ *Émousser* – émousser, épointer. ▶ *Tarir* – appauvrir, épuiser, tarir. ▶ *Diminuer* – affaiblir, amortir, atténuer, diminuer, effacer, émousser, éroder, estomper, oblitérer. ▶ *Affaiblir physiquement* – abattre, affaiblir, alanguir, anémier, consumer, débiliter, diminuer, épuiser, étioler, miner, ronger. ▶ *Utiliser* – avoir recours à, déployer, employer, exercer, faire appel à, faire jouer, faire usage de, jouer de, mettre en œuvre, recourir à, s'aider de, se servir de, utiliser. ▶ *Manier une chose abstraite* – employer, manier, manipuler, se servir de, utiliser. ♦ *s'user* ▶ *Perdre ses forces* – dépérir, perdre ses forces, s'affaiblir, s'anémier, s'étioler, se consumer. *SUISSE* crevoter. ▲**ANT.** NÉGLIGER, OMETTRE, RENONCER, S'ABSTENIR; AMÉLIORER, RAFRAÎCHIR, RÉNOVER, RÉPARER, RESTAURER; CONSERVER. △S'USER – SE CONSERVER, SE MÉNAGER, SE REPOSER.

usine *n. f.* ▶ *Entreprise* – fabrique, manufacture. ▶ *Lieu bourdonnant d'activités* – ruche. ▶ *Lieu propice* – nid, pépinière, terreau, vivier.

ustensile *n. m.* ▶ *Accessoire* – accessoire, appareil, instrument, outil, pièce. ▶ *Objet quelconque* (*FRANCE FAM.*) – chose, objet. *FAM.* bidule, bouzin, engin, fourbi, machin, schtroumpf, truc, trucmuche. *FRANCE FAM.* zibouiboui, zigouzi, zinzin. *QUÉB. FAM.* affaire, bébelle, cossin, gogosse, patente. ♦ *ustensiles, plur.* ▶ *Ensemble d'accessoires* – batterie de cuisine; couvert(s), service.

usuel *adj.* ▶ *Répandu* – banal, commun, connu, courant, de tous les jours, fréquent, habituel, normal, ordinaire, répandu. *LING.* usité. ▶ *Coutumier* – accoutumé, attendu, connu, consacré, coutumier, d'usage, de pratique courante, de règle, de tradition, familier, habituel, naturel, normal, ordinaire, quotidien, régulier, rituel, routinier. ▲**ANT.** ANORMAL, BIZARRE, CURIEUX, DRÔLE, ÉTRANGE, INACCOUTUMÉ, INSOLITE, SINGULIER; EXCEPTIONNEL, EXTRAORDINAIRE, INCOMPARABLE, INHABITUEL, INUSITÉ, RARE, REMARQUABLE, SPÉCIAL.

usure *n. f.* ▶ *Érosion* – abrasion, cisaillement, corrosion, dégradation, diminution, éraillement, érosion, frai *(monnaie)*, patine, rongeage *(impression textile)*, rongement. *TECHN.* étincelage. ▶ *Détérioration* – abaissement, abâtardissement, abjection, abrutissement, affadissement, affaiblissement, agonie, altération, amollissement, appauvrissement, atrophie, avachissement, avilissement, baisse, corruption, décadence, déchéance, déclin, décrépitude, dégénérescence, dégradation, délabrement, déliquescence, dénaturation, dépérissement, détérioration, édulcoration, étiolement, flétrissure, perte, perversion, pourrissement, pourriture, rouille, ruine, sape. *SOUT.* aveulissement, crépuscule, pervertissement. *FAM.* déglingue, dégringolade. ▶ *Affaiblissement* – abattement, accablement, affaiblissement, alanguissement, amoindrissement, amollissement, anémie, apathie, avachissement, consomption, découragement, défaillance, dépérissement, épuisement, étiolement, exténuation, fatigue, fragilisation, harassement, lassitude, rabaissement, ralentissement, ramollissement, sape. *SOUT.* débilité. *MÉD.* adynamie, asthénie, asthénomanie, atonie, collapsus, débilitation. ▶ *Désuétude* – abandon, âge, anachronisme, ancienneté, antiquité, archaïsme, caducité,

décrépitude, délabrement, désaffectation, désuétude, obsolescence, survivance, vieillesse, vieillissement. *SOUT.* vétusté. ▶ *Rente* – allocation, arrérages, avantage, bénéfice, casuel, chômage, dividende, dotation, fermage, fruit, gain, intérêt, loyer, mense, mensualité, métayage, pension, prébende, présalaire, produit, profit, rapport, recette, redevance, rente, rentrée, retraite, revenu, tontine, usufruit, ventes, viager. *FAM.* alloc. *FRANCE FAM.* bénef, chômedu. ▲**ANT.** AMÉLIORATION; FRAÎCHEUR, JEUNESSE, LUSTRE.

usurper *v.* ▶ *Voler* – enlever, prendre, ravir, s'emparer de, se saisir de, voler. *FAM.* faucher, souffler, soulever. ▶ *Prendre injustement* – s'adjuger, s'approprier, s'arroger, s'attribuer, s'octroyer. ▶ *Envahir* – cannibaliser, empiéter, envahir. *SOUT.* entreprendre. ▲**ANT.** ABANDONNER, CÉDER, CONCÉDER; REMETTRE, RENDRE, RESTITUER.

utile *adj.* ▶ *Avantageux* – avantageux, bénéfique, bienfaisant, bon, favorisant, profitable, salutaire. ▶ *Pratique* – commode, efficace, fonctionnel, pratique, utilitaire. *QUÉB. FAM.* pratico-pratique. ▲**ANT.** DÉFAVORABLE, DÉSAVANTAGEUX, DOMMAGEABLE, NUISIBLE, PERNICIEUX, PRÉJUDICIABLE; FUTILE, INEFFICACE, INUTILE, NUL, OISEUX, SUPERFLU, VAIN.

utilisable *adj.* employable. ▲**ANT.** HORS D'USAGE, INEMPLOYABLE, INUTILISABLE.

utilisation *n. f.* ▶ *Usage* – consommation, détention, jouissance, possession, propriété, usage, usufruit. ▶ *Maniement* – emploi, maniement, manipulation, manœuvre, usage. *FAM.* manip. ▲**ANT.** NON-USAGE.

utiliser *v.* ▶ *Employer* – avoir recours à, déployer, employer, exercer, faire appel à, faire jouer, faire usage de, jouer de, mettre en œuvre, recourir à, s'aider de, se servir de, user de. ▶ *Profiter* – exploiter, faire valoir, profiter de, tirer parti de, tirer profit de. ▶ *Manipuler une chose abstraite* – employer, manier, manipuler, se servir de, user de. ▲**ANT.** NÉGLIGER, OMETTRE, RENONCER, S'ABSTENIR.

utilitaire *adj.* commode, efficace, fonctionnel, pratique, utile. *QUÉB. FAM.* pratico-pratique. ▲**ANT.** ACCESSOIRE, DÉCORATIF, INUTILE.

utilité *n. f.* ▶ *Efficacité* – avantage, bénéfice, bienfait, commodité, convenance, désidérabilité, efficacité, fonction, fonctionnalité, indispensabilité, intérêt, mérite, nécessité, profit, profitabilité, recours, service, usage, valeur. ▶ *Pertinence* – à-propos, bien-fondé, convenance, légitimité, opportunité, pertinence, présence d'esprit, repartie. *QUÉB. FAM.* adon. ▶ *Personne* – figurant. ▲**ANT.** FUTILITÉ, GRATUITÉ, INEFFICACITÉ, INUTILITÉ, VANITÉ.

utopie *n. f.* ▶ *Illusion* – abstraction, abstrait, apparence, berlue, chimère, déréalisation, fantasme, faux, faux-semblant, fiction, fumée, hallucination, illusion, image, imagination, irréalisme, irréalité, leurre, mensonge, mirage, onirisme, psychédélisme, rêve, rêverie, semblant, simulation, songe, songerie, trompe-l'œil, tromperie, vision, vue de l'esprit. *FAM.* frime. *SOUT.* prestige. ▶ *Idéalisme* – donquichottisme, idéalisme, naïveté, optimisme, utopisme. ▲**ANT.** OBJECTIVITÉ, RÉALITÉ, VÉRITÉ.

utopique *adj.* chimérique, impossible, improbable, inaccessible, invraisemblable, irréalisable, irréaliste. ▲**ANT.** PLAUSIBLE, POSSIBLE, RÉALISTE; RÉEL, VÉRITABLE, VRAI.

V

vacance *n. f.* disponibilité, inoccupation, ouverture. ♦ **vacances,** *plur.* ▶ *Période de repos* – congé, délassement, détente, escale, halte, loisir, mi-temps, pause, récréation, récupération, relâche, répit, repos, temps, trêve, villégiature. ▲**ANT.** LABEUR, OCCUPATION, OUVRAGE, TRAVAIL; RENTRÉE.

vacant *adj.* ▶ *Sans occupant* – disponible, inoccupé, libre, vide. ▶ *En parlant d'un poste* – à pourvoir. ▲**ANT.** OCCUPÉ, PRIS; HABITÉ; BONDÉ, BOURRÉ, COMBLE, COMPLET, PLEIN, REMPLI.

vacarme *n. m.* ▶ *Bruit naturel* – déflagration, détonation, explosion, fracas, mugissement, pétarade, rugissement, tonnerre. ▶ *Bruit humain* – brouhaha, cacophonie, chahut, charivari, clameur, tapage, tohu-bohu, tumulte. *SOUT.* bacchanale, hourvari, pandémonium. *FAM.* barouf, bastringue, bazar, boucan, bouzin, chambard, corrida, grabuge, pétard, potin, raffut, ramdam, ronron, sabbat, schproum, tintamarre, tintouin. *QUÉB. FAM.* barda, train. ▲**ANT.** MURMURE, PAIX, REPOS, SILENCE.

vaccin *n. m.* ▶ *Substance* – sérum (thérapeutique). ▶ *Action de vacciner* (*FAM.*) – immunisation, inoculation, insensibilisation, préservation, protection, sérothérapie, vaccination.

vacillant *adj.* ▶ *En parlant d'une flamme, d'une lumière* – tremblant, tremblotant. ▶ *En parlant de qqch.* – chancelant, défaillant, faible, fragile, glissant, incertain, instable, menacé, précaire. ▶ *Hésitant* – faible, hésitant, mal assuré, tremblant. ▶ *En parlant de qqn* – chancelant, défaillant, flageolant, oscillant, titubant, trébuchant. ▲**ANT.** FIXE, IMMOBILE; ASSURÉ, EN ÉQUILIBRE, ÉQUILIBRÉ, FERME, SOLIDE, STABLE, SÛR; DÉCIDÉ, DÉTERMINÉ, RÉSOLU.

vaciller *v.* ▶ *En parlant d'une flamme, d'une lumière* – osciller, trembler, trembloter. ▶ *Manquer de stabilité* – branler, chanceler, osciller. ▶ *Ne pas tenir sur ses jambes* – chanceler, flageoler, osciller, tituber, trébucher. *QUÉB.* chambranler, tricoler. ▶ *Faiblir* – défaillir, faiblir, glisser, hésiter, manquer. ▲**ANT.** S'IMMOBILISER, SE FIXER, SE STABILISER; S'AFFERMIR, S'ENDURCIR, SE FORTIFIER.

vadrouille *n. f.* ▶ *Balai* – balai, balai-brosse, balayette, brosse, écouvillon, houssoir, plumeau, tête-de-loup. *QUÉB. FAM.* pleumas. *MAR.* faubert, goret, guipon, lave-pont. ▶ *Flânerie* (*FAM.*) – aventure, course, déambulation, déplacement, égarement, flânerie, instabilité, nomadisme, pérégrination, promenade, randonnée, rêverie, vagabondage, voyage. *SOUT.* baladerie, errance. *FAM.* rando, virée. *FRANCE FAM.* baguenaude, glandage. *QUÉB.* flânage, itinérance; *FAM.* niaisage. ▲**ANT.** OCCUPATION, TRAVAIL.

va-et-vient *n. m.* ▶ *Alternance* – allée et venue, alternatives, balancement, bascule, changement, flux et reflux, intermittence, ondulation, oscillation, palpitation, périodicité, pulsation, récurrence, récursivité, retour, rotation, roulement, rythme, sinusoïde, succession, tour, variation. ▶ *Balancement* – balancement, ballant, ballottement, déséquilibre, fragilité, instabilité, jeu, mobilité, motilité, motricité, mouvance, mouvant, mouvement, ondulation, oscillation, roulis, tangage, turbulence, vibration. *QUÉB.* débalancement. ▶ *Remous* – agitation, balancement, ballottement, bercement, branle, branlement, cahotement, flottement, fluctuation, flux et reflux, houle, impulsion, lacet, mouvement, onde, ondoiement, ondulation, oscillation, pulsation, raz de marée, remous, roulis, tangage, vague, valse, vibration. *FAM.* brimbalement. ▶ *Agitation* – activité, affairement, affolement, agitation, alarme, animation, bouillonnement, branle-bas (de combat), bruit, dérangement, désordre, désorganisation, détraquement, effervescence, excitation, fourmillement, grouillement, hâte, incohérence, mouvement, orage, précipitation, remous, remue-ménage, secousse, suractivité, tempête, tohu-bohu, tourbillon, tourmente, trépidation, trouble, tumulte, turbulence. *SOUT.* émoi, remuement. *FAM.* chambardement. ▲**ANT.** PAIX, SILENCE, TRANQUILLITÉ; FIXITÉ, IMMOBILITÉ.

vagabond *adj.* ▶ *Sans domicile* – errant, instable, mobile, nomade, sans domicile fixe. *SOUT.* sans feu ni lieu. *QUÉB.* itinérant. ▶ *En parlant de*

vagabond

l'imagination – errant, flottant. ▲ANT. SÉDENTAIRE ; CONSTANT, FIXE, STABLE, STATIONNAIRE.

vagabond *n.* ▶ *Nomade* – nomade, romanichel, sans-abri. *QUÉB.* itinérant. ▶ *Mendiant* – clochard, mendiant, meurt-de-faim, misérable, miséreux, pauvre, sans-abri, sans-logis, S.D.F, squatter, va-nu-pieds. *FAM.* clodo, crève-la-faim, mendigot. *QUÉB.* itinérant. *QUÉB. FAM.* quêteux, tout-nu. ▶ *Voyageur* (*SOUT.*) – touriste, vacancier, visiteur, voyageur. *FAM.* bourlingueur. ▲ANT. SÉDENTAIRE.

vagabondage *n. m.* ▶ *Flânerie* – aventure, course, déambulation, déplacement, égarement, flânerie, instabilité, nomadisme, pérégrination, promenade, randonnée, rêverie, voyage. *SOUT.* badauderie, errance. *FAM.* rando, vadrouille, virée. *FRANCE FAM.* baguenaude, glandage. *QUÉB.* flânage, itinérance ; *FAM.* niaisage. ▲ANT. SÉDENTARITÉ, STABILITÉ.

vague *adj.* ▶ *Imprécis* – confus, estompé, flou, imprécis, incertain, indécis, indéfini, indéfinissable, indéterminé, indistinct, informe, ni chair ni poisson, obscur, sourd *(sentiment)*, trouble, vaporeux, voilé. ▸ *Volontairement imprécis* – évasif, fuyant, imprécis. *SOUT.* élusif. ▶ *Peu détaillé* – approximatif, grossier, imprécis, rudimentaire, sommaire, superficiel. ▶ *En parlant d'un vêtement* – ample, blousant, bouffant, flottant, lâche, large. ▲ANT. CATÉGORIQUE, CLAIR, DÉFINI, DÉTERMINÉ, DISTINCT, EXPLICITE, FORMEL, NET, PRÉCIS ; AJUSTÉ, ÉTROIT, MOULANT, SERRÉ ; CULTIVÉ, ENTRETENU.

vague *n. f.* ▶ *Ondulation de l'eau* ▶ *Petite* – mouton *(écume)*, vaguelette. ▸ *Grosse* – lame de fond, raz de marée, tsunami. ▸ *Qui se brise* – brisant, contrelame *(inversée)*, lame, mascaret, paquet de mer, rouleau, (vague) déferlante. ▶ *Remous* – agitation, balancement, ballottement, bercement, branle, branlement, cahotement, flottement, fluctuation, flux et reflux, houle, impulsion, lacet, mouvement, onde, ondoiement, ondulation, oscillation, pulsation, raz de marée, remous, roulis, tangage, va-et-vient, valse, vibration. *FAM.* brimbalement. ▶ *Augmentation subite* – afflux, batillage, courant, déferlement, mouvement. ▶ *Foule* – abondance, avalanche, averse, bombardement, bordée, cascade, déferlement, déluge, flot, flux, grêle, kaléidoscope, mascaret, pluie, rivière, torrent. *SOUT.* fleuve. ▶ *Mode* – avant-gardisme, dernier cri, engouement, épidémie, fantaisie, fureur, goût (du jour), mode, style, tendance, ton, vent, vogue. ▲ANT. IMMOBILITÉ, MARASME, STAGNATION ; MINORITÉ, POIGNÉE ; CONSTANTE.

vaguement *adv.* ▶ *Imprécisément* – abstraitement, confusément, évasivement, imperceptiblement, imprécisément, indistinctement, nébuleusement, obscurément, vaseusement. ▶ *Approximativement* – à peine, approximativement, un brin, un peu. ▲ANT. LOGIQUEMENT, MÉTHODIQUEMENT, RATIONNELLEMENT, SCIENTIFIQUEMENT, SENSÉMENT, SYSTÉMATIQUEMENT ; EXACTEMENT, JUSTE, PRÉCISÉMENT.

vaillamment *adv.* ▶ *Courageusement* – audacieusement, bravement, courageusement, hardiment, intrépidement, résolument, valeureusement, virilement. *SOUT.* crânement. ▶ *Glorieusement* – fameusement, glorieusement, héroïquement, historiquement, magnifiquement, mémorablement, noblement, proverbialement, splendidement,

superbement, valeureusement. ▲ANT. CRAINTIVEMENT, LÂCHEMENT, PEUREUSEMENT, TIMIDEMENT ; AVEC CIRCONSPECTION, PRÉCAUTIONNEUSEMENT, PRÉVENTIVEMENT, PRUDEMMENT, SAGEMENT.

vaillant *adj.* ▶ *À la santé robuste* – bâti à chaux et à sable, gaillard, robuste, solide, vigoureux. ▶ *Travaillant* – actif, affairé, allant, diligent, dynamique, énergique, infatigable, laborieux, travailleur, zélé. *FAM.* bosseur, boulot boulot, bûcheur, increvable, piocheur. *QUÉB.* travaillant. ▶ *Courageux* – brave, courageux, hardi, héroïque, intrépide, valeureux. *SOUT.* sans peur et sans reproche. ▲ANT. CHÉTIF, FAIBLE, FRAGILE, MALADIF ; APATHIQUE, INDOLENT, NONCHALANT, OISIF, PARESSEUX ; CRAINTIF, LÂCHE, PEUREUX, TIMIDE.

vain *adj.* ▶ *Vide de sens* – creux, futile, insignifiant, inutile, oiseux, spécieux, vide. ▶ *Qui ne donne rien* – futile, inutile, oiseux, stérile. *SOUT.* byzantin. ▶ *Trompeur* – chimérique, faux, illusoire, qui fait illusion, trompeur. ▶ *Prétentieux* – cabot, cabotin, complaisant, conquérant, content de soi, fat, fier, fiérot, hâbleur, imbu de soi-même, infatué, m'as-tu-vu, orgueilleux, outrecuidant, pédant, pétri d'orgueil, plein de soi-même, présomptueux, prétentieux, qui fait l'important, qui se prend pour quelqu'un, qui se prend pour un autre, rempli de soi-même, suffisant, vaniteux, vantard. *FAM.* chochotte, prétentiard, ramenard. *QUÉB. FAM.* frais, frappé. ▲ANT. FONDÉ, JUSTIFIÉ, PERTINENT ; EFFICACE, PRODUCTIF, UTILE ; RÉEL, VRAI ; HUMBLE, MODESTE, SANS PRÉTENTION, SIMPLE.

vaincre *v.* ▶ *Défaire l'ennemi* – battre, défaire. ▶ *Défaire un adversaire* – avoir le dessus sur, avoir raison de, battre, défaire, surclasser, triompher de. *FAM.* rosser. ▶ *Surmonter un obstacle* – avoir raison de, franchir, surmonter, triompher de, venir à bout de. ▶ *Maîtriser un sentiment* – calmer, contenir, contrôler, dominer, dompter, gouverner, maîtriser, surmonter. *SOUT.* commander à. ▲ANT. CAPITULER, CÉDER, PERDRE, S'AVOUER VAINCU.

vaincu *n.* perdant. ▲ANT. GAGNANT, VAINQUEUR.

vainement *adv.* ▶ *Infructueusement* – en vain, futilement, inefficacement, infructueusement, inutilement, stérilement. ▶ *Frivolement* – distraitement, frivolement, futilement, inconséquemment, infidèlement, inutilement, légèrement, négligemment, superficiellement. ▶ *Illusoirement* – apparemment, chimériquement, en apparence, faussement, illusoirement, trompeusement. ▲ANT. AVEC SUCCÈS, EFFICACEMENT, FERTILEMENT, PROFITABLEMENT.

vainqueur *n.* champion, gagnant, gagneur, lauréat, médaillé, premier, tenant du titre, triomphateur. ▲ANT. PERDANT, VAINCU.

vaisseau *n. m.* ▶ *Partie d'une église* – nef. ▶ *Véhicule flottant* (*SOUT.*) – bateau, bâtiment, navire. *SOUT.* nef. ♦ **vaisseaux**, *plur.* ▶ *Ensemble de véhicules flottants* (*SOUT.*) – flotte.

vaisselle *n. f.* ▶ *Objets* – plats, service. ▶ *Action* – plonge.

val *n. m.* combe, vallée. ▸ *Petite* – combette, vallon. ▲ANT. MONT.

valable *adj.* ▶ *En règle* – en bonne et due forme, en due forme, en règle, réglementaire, régulier, valide. ▶ *Admissible* – acceptable, admissible, recevable, valide. ▲ANT. ILLÉGAL, INVALIDE, PÉRIMÉ; INACCEPTABLE, INADMISSIBLE, IRRECEVABLE; CONTESTABLE, DISCUTABLE; INEFFICACE, ININTÉRESSANT, NUL.

valet *n. m.* ▶ *Employé d'une maison* – domestique. ▶ *Palefrenier* (ANC.) – garçon/laquais d'écurie, palefrenier, piqueur. ANC. écuyer, maréchal *(militaire)*, valet (d'écurie). ▶ *Flatteur* – acclamateur, admirateur, adorateur, adulateur, apologiste, caudataire, complaisant, complimenteur, courtisan, dithyrambiste, flatteur, patelin. SOUT. applaudisseur, approbateur, glorificateur, laquais, laudateur, thuriféraire. ▶ *Cintre* – patère, portemanteau. ▲ANT. MAÎTRE, SEIGNEUR.

valeur *n. f.* ▶ *Utilité* – avantage, bénéfice, bienfait, commodité, convenance, désidérabilité, efficacité, fonction, fonctionnalité, indispensabilité, intérêt, mérite, nécessité, profit, profitabilité, recours, service, usage, utilité. ▶ *Prix* – appréciabilité, cotation, cote, cours, coût, estimation, évaluation, montant, prix, tarif, tarification, taux. ▶ *Bien* – argent, avoir, bien, capital, cassette, épargne, fonds, fortune, fruit, gain, investissement, liquidités, masse, numéraire, patrimoine, pécule, placement, portefeuille, possession, produit, propriété, richesse, trésor. SOUT. deniers. FAM. finances, magot. ▶ *Titre financier* – action, bon, coupon, effet de commerce, obligation, papier, part, titre. ▶ *Grandeur mathématique* – ampleur, dimension, envergure, étendue, grandeur, mesure, proportion. ▶ *Signification d'une expression* – acception, définition, emploi, sémantisme, sens, signification, signifié. ▶ *Noblesse* – dignité, élévation, générosité, grandeur (d'âme), hauteur, mérite, noblesse, sublime, sublimité, vertu. ▶ *Respectabilité* – honneur, honorabilité, réputation, respectabilité. ▶ *Courage* (SOUT.) – audace, bravoure, cœur, cœur au ventre, courage, cran, hardiesse, héroïsme, intrépidité, mépris du danger, témérité, vaillance. FAM. tripes. ▲ANT. INEFFICACITÉ, INUTILITÉ, NON-VALEUR; MÉDIOCRITÉ, NULLITÉ; LÂCHETÉ.

valide *adj.* ▶ *En règle* – en bonne et due forme, en due forme, en règle, réglementaire, régulier, valable. ▶ *Admissible* – acceptable, admissible, recevable, valable. ▶ *En bonne santé* – bien portant, en bonne santé, en parfaite santé, en santé, sain. ▲ANT. IRRÉGULIER, NUL, PÉRIMÉ; INACCEPTABLE, INADMISSIBLE, IRRECEVABLE; FAUSSETÉ; IMPOTENT, INFIRME, INVALIDE, MALADE.

validité *n. f.* ▶ *Conformité* – canonicité, conformité, constitutionnalité, correction, juste, justesse, légalité, légitimité, normalité, normativité, régularité. ▶ *Vérité* – authenticité, évidence, existence, flagrance, incontestabilité, justesse, objectivité, positivité, réalité, véracité, vérité, vrai. DIDACT. apodicticité, historicité. SOUT. véridicité. ▲ANT. INVALIDITÉ, NULLITÉ.

valise *n. f.* ▶ *Sac* – mallette. FAM. valoche. ▶ *Coffre de voiture* (QUÉB.) – coffre *(auto)*, fourgon *(train)*, soute *(bateau ou avion)*. ◆ **valises**, *plur.* ▶ *Ensemble de sacs* – bagages.

vallée *n. f.* combe, val. ▶ *Petite* – combette, vallon. ▲ANT. MONTAGNE, PLATEAU.

vallon *n. m.* combe, val, vallée. ▶ *Petite* – combette. ▲ANT. COLLINE, COTEAU.

vaniteux

valoir *v.* ▶ *Avoir la même valeur* – correspondre à, égaler, équivaloir à, représenter, revenir à. ▶ *Coûter* – coûter, revenir à. FAM. faire. ▶ *Intéresser* – être d'intérêt pour, intéresser, regarder, s'appliquer à, toucher, viser. ▶ *Procurer* – acquérir, attirer, mériter, procurer. ▶ *Être digne de* – mériter.

valorisation *n. f.* ▶ *Plus-value* – accroissement, amélioration, appréciation, augmentation, bénéfice, excédent, gain, majoration, plus-value, profit, surcote, survaleur. ▶ *Hausse* – accentuation, accroissement, accrue, agrandissement, amplification, arrondissement, augmentation, bond, boom, crescendo, croissance, crue, développement, dilatation, élargissement, élévation, enflement, enrichissement, envolée, essor, évolution, expansion, extension, flambée, foisonnement, gonflement, gradation, grossissement, hausse, haussement, inflation, intensification, majoration, montée, poussée, progrès, progression, recrudescence, redressement, rehaussement, relèvement, renchérissement, renforcement, revalorisation. ▶ *Satisfaction personnelle* – gratification, revalorisation. ▲ANT. DÉNIGREMENT, DÉPRÉCIATION, DÉVALORISATION.

valse *n. f.* ▶ *Fluctuation* – activité, affairement, affolement, agitation, alarme, animation, bouillonnement, branle-bas (de combat), bruit, dérangement, désordre, désorganisation, détraquement, effervescence, excitation, fourmillement, grouillement, hâte, incohérence, mouvement, orage, précipitation, remous, remue-ménage, secousse, suractivité, tempête, tohu-bohu, tourbillon, tourmente, trépidation, trouble, tumulte, turbulence, va-et-vient. SOUT. émoi, remuement. FAM. chambardement.

vampire *n.* ▶ *Personnage légendaire* – goule *(femme)*, stryge *(mi-femme, mi-animal)*. ▲ANT. ALTRUISTE, ÂME CHARITABLE.

vandaliser *v.* mutiler, saboter, saccager. ▲ANT. PROTÉGER; CONSTRUIRE; RÉPARER.

vanité *n. f.* ▶ *Futilité* – frivolité, futilité, inanité, inconsistance, inefficacité, insignifiance, inutilité, néant, nullité, puérilité, stérilité, superfétation, superficialité, superfluité, vacuité, vide. ▶ *Orgueil* – amour-propre, arrogance, autosatisfaction, bouffissure, complaisance, contentement (de soi), crânerie, enflure, fatuité, gloriole, hauteur, immodestie, importance, jactance, mégalomanie, morgue, orgueil, ostentation, outrecuidance, parade, pose, présomption, prétention, suffisance, superbe, supériorité, triomphalisme, vantardise. SOUT. fierté, infatuation. FAM. ego. QUÉB. pétage de bretelles. ▶ *Égocentrisme* – amour-propre, captativité, chacun-pour-soi, culte du moi, égocentrisme, égoïsme, égotisme, individualisme, introversion, moi, narcissisme. SOUT. autisme, incuriosité. FAM. ego, nombrilisme. ▲ANT. EFFICACITÉ, VALEUR; HUMILITÉ, MODESTIE, SIMPLICITÉ; ALTRUISME.

vaniteux *adj.* cabot, cabotin, complaisant, conquérant, content de soi, fat, fier, fiérot, hâbleur, imbu de soi-même, infatué, m'as-tu-vu, orgueilleux, outrecuidant, pédant, pétri d'orgueil, plein de soi-même, présomptueux, prétentieux, qui fait l'important, qui se prend pour quelqu'un, qui se prend pour un autre, rempli de soi-même, suffisant, vain,

vanné

vantard. *FAM.* chochotte, prétentiard, ramenard. *QUÉB.* *FAM.* frais, frappé. ▲ANT. HUMBLE, MODESTE, SANS PRÉTENTION, SIMPLE.

vanné *adj.* ▸ *Fatigué* (*FAM.*) – à bout, à plat, brisé, courbatu, épuisé, éreinté, exténué, fatigué, fourbu, harassé, las, mort (de fatigue), moulu (de fatigue), ramolli. *SOUT.* recru (de fatigue), rompu (de fatigue), roué de fatigue. *FAM.* au bout du rouleau, avachi, claqué, crevé, esquinté, flagada, flapi, lessivé, nase, pompé, ramollo, raplapla, rétamé, sur le flanc, sur les genoux, sur les rotules, vidé. *QUÉB.* *FAM.* au coton, brûlé, poqué.

vanter *v.* ▸ *Faire l'éloge de qqn* – applaudir, approuver, chanter les louanges de, complimenter, congratuler, couvrir de fleurs, couvrir de louanges, encenser, faire l'éloge de, féliciter, lancer des fleurs à, louanger, louer, rendre hommage à, saluer. ▸ *Faire l'éloge de qqch.* – chanter les louanges de, faire l'éloge de, louanger, louer, prôner. ♦ **se vanter** ▸ *Être fier de qqch.* – faire grand cas, s'enorgueillir, s'honorer, se faire gloire, se faire honneur, se flatter, se glorifier, se piquer, se prévaloir, se rengorger, se targuer, tirer gloire, tirer vanité. ▸ *Se targuer de qqch.* – avoir la prétention, prétendre, se faire fort, se flatter, se piquer, se prévaloir, se targuer. ▸ *Se mettre en valeur* – en mettre plein la vue, fanfaronner, jeter de la poudre aux yeux, se faire valoir. *FAM.* bluffer, esbroufer, faire de l'épate, faire de l'esbroufe, faire de la frime, faire des flaflas, faire du chiqué, frimer, le faire à l'épate, le faire à l'estomac, le faire au chiqué, se faire mousser, tchatcher. ▲ANT. ABAISSER, CRITIQUER, DÉCRIER, DÉNIGRER, DÉPRÉCIER, DISCRÉDITER, ÉREINTER, MINIMISER. △SE VANTER – S'EFFACER, S'HUMILIER; S'EXCUSER; SE REPROCHER.

vapeur *n. f.* ▸ *Émanation* – buée, émanation, exhalaison, fumée, fumerolle *(volcan)*, gaz, mofette *(volcan)*, nuage, nuée, salamandre *(alchimie)*. *QUÉB.* *FAM.* boucane. ▸ *Gaz* – essence. *ANC.* esprit. ▸ *Aura* – âme, aura, corps astral, double (éthéré), émanation, essence, éther.

vaporeux *adj.* ▸ *Léger* – aérien, immatériel, léger, mousseux. *SOUT.* arachnéen, éthéré. ▸ *Translucide* – diaphane, translucide, transparent. *DIDACT.* pellucide. ▸ *Imprécis* – confus, estompé, flou, imprécis, incertain, indécis, indéfini, indéfinissable, indéterminé, indistinct, informe, ni chair ni poisson, obscur, sourd *(sentiment)*, trouble, vague, voilé. ▸ *Brumeux* – brumeux, nébuleux. ▸ *Dont l'éclairage est doux* – atténué, diffus, doux, tamisé, voilé. ▲ANT. CLAIR; DENSE, LOURD, SOLIDE; OPAQUE; EXPLICITE, LIMPIDE, NET, PRÉCIS; ÉCLAIRÉ, ENSOLEILLÉ; DIRECT *(éclairage)*, DIRIGÉ; BRUTAL, CRU, VIF, VIOLENT.

vaquer *v.* s'adonner à, s'appliquer à, s'employer à, s'occuper de, se consacrer à, se livrer à. ▲ANT. NÉGLIGER, OMETTRE; PARESSER.

variable *adj.* ▸ *Qui varie* – changeant, en dents de scie, flottant, fluctuant, incertain, inconstant, inégal, instable, irrégulier, mobile, mouvant. *SOUT.* labile, volatil. *DIDACT.* erratique. ▸ *Qu'on peut varier* – adaptable, altérable, changeable, élastique, flexible, mobile, modifiable, modulable, souple. ▸ *Qu'on peut ajuster* – ajustable, réglable. ▲ANT. CONSTANT, FIXE, IMMOBILE, IMMUABLE, INVARIABLE, INVARIANT, STABLE, STATIONNAIRE, STATIQUE.

variation *n. f.* ▸ *Modification* – adaptation, ajustement, altération, avatar, changement, conversion, évolution, glissement, gradation, infléchissement, métamorphose, modification, modulation, mue, mutation, passage, progression, transfiguration, transformation, transition, transmutation, vie. ▸ *Amplitude* – amplitude, écart, inclinaison, oscillation, portée. ▸ *Alternance* – allée et venue, alternatives, balancement, bascule, changement, flux et reflux, intermittence, ondulation, oscillation, palpitation, périodicité, pulsation, récurrence, récursivité, retour, rotation, roulement, rythme, sinusoïde, succession, tour, va-et-vient. ▸ *Fluctuation* – ballottement, changement, déséquilibre, fluctuation, fragilité, inadaptation, incertitude, inconstance, inégalité, instabilité, mouvant, mouvement, précarité, variabilité, versatilité, vicissitude, volatilité. *SOUT.* fugacité. ▸ *Différence* – abîme, altérité, changement, désaccord, déviance, différence, dissemblance, dissimilitude, distance, distinction, divergence, diversité, division, divorce, écart, fossé, gouffre, incompréhension, inégalité, intervalle, marginalité, nuance, séparation, variante, variété. *MATH.* inéquation. ▸ *Caprice* – accès, bizarrerie, bon plaisir, caprice, changement, chimère, coup de tête, envie, extravagance, fantaisie, fantasme, folie, frasque, gré, guise, immaturité, impatience, incartade, inconstance, infantilisme, instabilité, légèreté, lubie, marotte, mobilité, originalité, saute (d'humeur), singularité, sporadicité, versatilité, volonté. *SOUT.* folle gamberge, foucade, humeur. *FAM.* toquade. ▸ *En probabilité* – dispersion, écart, fourchette, variance. ▲ANT. CONSTANCE, CONTINUATION, UNIFORMITÉ.

varié *adj.* bigarré, complexe, composite, de tout poil, de toute espèce, disparate, dissemblable, divers, diversifié, éclectique, hétéroclite, hétérogène, mélangé, mêlé, mixte, multiple. *SOUT.* pluriel. ▲ANT. FAIBLE, MAIGRE, PAUVRE, RESTREINT; IDENTIQUE, PAREIL, UNIFORME.

varier *v.* ▸ *Changer souvent* – diversifier, hétérogénéiser. ▸ *Différer* – changer, différer, fluctuer, se modifier. *FAM.* bouger. ▲ANT. △VARIÉ – FAIBLE, MAIGRE, PAUVRE, RESTREINT; IDENTIQUE, PAREIL, UNIFORME.

variété *n. f.* ▸ *Pluralité* – complexité, diversité, multiplicité, pluralité. ▸ *Ensemble varié* – assortiment, choix, collection, échantillons, éventail, gamme, ligne, palette, quota, réunion, sélection, surchoix, tri. ▸ *Éclectisme* – diversité, éclectisme. ▸ *Différence* – abîme, altérité, changement, désaccord, déviance, différence, dissemblance, dissimilitude, distance, distinction, divergence, diversité, division, divorce, écart, fossé, gouffre, incompréhension, inégalité, intervalle, marginalité, nuance, séparation, variante, variation. *MATH.* inéquation. ▸ *Sorte* – catégorie, classe, espèce, famille, genre, groupe, nature, ordre, sorte, type. *SOUT.* gent. ▲ANT. HOMOGÉNÉITÉ, MONOTONIE, UNIFORMITÉ, UNITÉ.

vase *n. m.* ▸ *Récipient décoratif* – cache-pot, nautile, potiche, pot-pourri, torchère, urne. *AFR. ANTILLES* canari. *ANC.* berthe, buire, figuline, hanap. *ANTIQ.* amphore, canope, cérame, cratère, hydrie, lécythe. ▸ *Récipient à fleurs* – porte-bouquet, soliflore, vase (à fleurs). ▸ *En chimie* – ballon, cornue, matras, moufle.

vase *n. f.* boue, bourbe, gâchis, gadoue, limon. *SOUT.* fange. *FRANCE FAM.* bouillasse, gadouille, mélasse. *QUÉB. FAM.* bouette. *AFR.* poto-poto.

vasque *n. f.* ▸ *Jardinière* – bac, jardinière, jarre.

vaste *adj.* ▸ *Étendu* – ample, étendu, grand, immense, large, spacieux. ▸ *Considérable* – colossal, considérable, démesuré, énorme, extraordinaire, extrême, fabuleux, formidable, géant, gigantesque, grand, gros, immense, incommensurable, monstrueux, monumental, phénoménal, prodigieux, surhumain, titanesque, vertigineux. *SOUT.* cyclopéen, herculéen. *FAM.* bœuf, de tous les diables, du diable, effrayant, effroyable, épouvantable, faramineux, méchant, monstre. *FRANCE FAM.* gratiné. ▸ *Sans limites* – considérable, grand, illimité, immense, inappréciable, incalculable, incommensurable, infini, insondable, sans borne, sans fin, sans limites, sans mesure. ▸ *D'envergure* – à grand déploiement, ambitieux, ample, d'envergure, de grande envergure, important. ▲ANT. ÉTROIT, EXIGU, PETIT; LIMITÉ, RESTREINT; FAIBLE, INFIME, MODESTE, NÉGLIGEABLE; MINUSCULE, NAIN.

vaurien *n.* ▸ *Voyou* – aventurier, beau merle, délinquant, dévoyé, gibier de potence, homme de sac et de corde, julot, malfaisant, mauvais sujet, sale individu, scélérat, triste individu, triste personnage, triste sire, vilain merle, voyou. ▸ *Galopin* – (affreux) jojo, chipie, coquin, diablotin, filou, fripon, galopin, mauvaise graine, (petit) bandit, (petit) chenapan, (petit) démon, (petit) diable, (petit) garnement, (petit) gredin, (petit) poison, (petit) polisson, (petit) vaurien, (petit) voyou, (petite) canaille, (petite) peste, poulbot *(de Montmartre)*, titi, vilain. *SOUT.* lutin. *FAM.* morveux, (petit) crapaud, petit merdeux, petit monstre, sacripant. *QUÉB. FAM.* grippette, (petit) snoreau, (petit) tannant, (petit) vlimeux. ♦ **vauriens**, *plur.* ▸ *Ensemble de voyous* – bas-fonds, engeance, lie (de la société), racaille, ramassis. ▲ANT. GENTILHOMME, HONNÊTE HOMME; ANGE, ENFANT SAGE, TRÉSOR.

vautour *n. m.* ▸ *Personne* – chacal, charognard, pieuvre, prédateur, rapace, requin, tueur. ▲ANT. ALTRUISTE, BON SAMARITAIN, (VRAI) SAINT-BERNARD.

vécu *n. m.* cheminement, expérience (de vie), histoire (personnelle), itinéraire, passé, trajectoire.

vedette *n. f.* ▸ *Personnage important* – célébrité, étoile, idole. ▸ *Guetteur* – factionnaire, garde, guetteur, planton, sentinelle, soldat de faction, soldat de garde, veilleur, vigie, vigile *(romain)*. ♦ **vedettes**, *plur.* ▸ *Ensemble de personnages importants* – aristocratie, célébrités, choix, élite, (fine) fleur, gotha, grands noms, meilleur, panthéon, personnages, personnalités, sérail. *FAM.* crème, dessus du panier, gratin. ▸ *Grands voyageurs importants* – jet set. ▲ANT. QUIDAM.

végétatif *adj.* ▸ *Désœuvré (FAM.)* – désoccupé, désœuvré, inactif, inoccupé, oisif. ▲ANT. ACTIF, AU TRAVAIL.

végétation *n. f.* ▸ *Plantes* – couverture végétale, flore, formation végétale, or vert *(ressource)*, plantes, végétaux, verdure, vert.

végéter *v.* ▸ *Ne pas évoluer* – croupir, moisir, pourrir, s'encroûter, stagner, vivoter. ▲ANT. CROÎTRE, S'ÉPANOUIR; AVANCER, ÉVOLUER, PROGRESSER.

véhément *adj.* ▸ *Fougueux* – bouillant, emporté, enflammé, explosif, fougueux, impatient, impétueux, impulsif, passionné, prompt, qui a la tête chaude, sanguin, vif, violent, volcanique. *QUÉB. FAM.* malendurant, prime. ▸ *Ardent* – animé, ardent, enthousiaste, exubérant, fougueux, pétulant, vif. ▲ANT. DOUX, RETENU; FROID, INDIFFÉRENT, TIÈDE; AMORPHE, APATHIQUE, ENDORMI, INDOLENT, LYMPHATIQUE, MOU, NONCHALANT, SANS RESSORT.

véhicule *n. m.* ▸ *Moyen de transport* ▸ Mauvais – pétoire, sabot. ▸ *Ce qui sert à transmettre* – substrat, support, vecteur. ▸ *En pharmacie* – excipient. ▸ *En peinture* – médium. ♦ **véhicules**, *plur.* ▸ *Ensemble de véhicules* – colonne, convoi, défilé, file, noria, théorie; flotte; parc routier.

veille *n. f.* ▸ *Fait d'être éveillé* – éveil, insomnie, vigilance. ▸ *Surveillance* – attention, espionnage, faction, filature, garde, gardiennage, guet, îlotage, inspection, monitorage, observation, patrouille, ronde, sentinelle, veillée, vigie, vigilance. *FAM.* filoche, flicage. ▸ *Jour* – hier. ▲ANT. SOMMEIL; LENDEMAIN.

veillée *n. f.* ▸ *Partie d'une journée* – soir, soirée. ▸ *Fête* – festivités, fête, réception, réunion. ▸ *Le soir* – réveillon, soirée. ▲ANT. MATINÉE; NUIT.

veiller *v.* ▸ *Faire attention* – faire attention à, se préoccuper de, surveiller. ▸ *Surveiller* – garder, prendre soin de, s'occuper de, surveiller. ▲ANT. ABANDONNER, LAISSER, NÉGLIGER, OMETTRE, OUBLIER; DORMIR.

veilleur *n.* ▸ *Militaire* – factionnaire, garde, guetteur, planton, sentinelle, soldat de faction, soldat de garde, vigie, vigile *(romain)*. ▸ *Garde de nuit* – garde de nuit, gardien de nuit, veilleur (de nuit), vigilant, vigile.

veine *n. f.* ▸ *Veine humaine ou animale* ▸ Petite – fibrille, veinosité, veinule. ▸ *Veine végétale* – côte *(grosse)*, nervure, veinule *(petite)*. ▸ *Veine minérale* – filon. ▸ *Inspiration* – conception, création, créativité, évasion, extrapolation, fantaisie, fantasme, fictif, fiction, idéal, idéation, idée, illumination *(soudain)*, imaginaire, imagination, inspiration, invention, inventivité, irréel, souffle (créateur), supposition, surréalité, surréel, virtuel. *SOUT.* folle du logis, muse. *FRANCE FAM.* gamberge. ▸ *Chance (FAM.)* – aubaine, chance, coup de chance, heureux hasard, occasion, opportunité. *SOUT.* fortune. *FAM.* baraka, (coup de) bol, occase, pot. ♦ **veines**, *plur.* ▸ *Ensemble de veines d'une matière* – veinure. ▲ANT. INFORTUNE, MALCHANCE.

vélo *n. m.* ▸ *Véhicule* – bicyclette. *FAM.* bécane, monture, vélocipède. *QUÉB. FAM.* bicycle. ▸ *Mauvaise* – clou. ▸ *Activité* – bicyclette, cyclisme.

velouté *adj.* ▸ *Doux* – doux, duveteux, soyeux, velouteux. ▸ *Onctueux* – crémeux, moelleux, onctueux. ▲ANT. ÂPRE, RÂPEUX, RÊCHE, RUGUEUX; GROSSIER, RABOTEUX.

velu *adj.* ▸ *Qui a des poils* – poilu. ▸ *Au visage* – barbu, moustachu. *FAM.* barbichu. ▸ *En parlant d'une plante* – lanugineux, pubescent, tomenteux, villeux. ▲ANT. GLABRE, IMBERBE; LISSE, RASÉ.

vendeur *adj.* accrocheur, raccrocheur, racoleur. ▲ANT. DISCRET, INAPERÇU.

vendeur *n.* ▸ *Agent commercial* – agent commercial, attaché commercial, commis (de magasin), commis-vendeur, délégué commercial, représentant, représentant commercial, représentant de commerce. ▸ *Adjudicateur* – aboyeur, adjudicateur, commissaire-priseur, greffier-adjudicateur, huissier, notaire. *SOUT.* tabellion. *QUÉB.* encanteur. ▲ANT. ACHETEUR, ACQUÉREUR, CLIENT.

vendre *v.* ▸ *Offrir* – débiter, détailler, écouler, faire commerce de, offrir, proposer. ▸ *Mettre sur le marché* – commercialiser, distribuer, mettre en vente, mettre sur le marché. ▸ *Trahir* – dénoncer, livrer, trahir. *FAM.* donner. ▲ANT. ACHETER, ACQUÉRIR, PAYER; DONNER; CONSERVER, GARDER, STOCKER.

vendu *adj.* corrompu, pourri, soudoyé, vénal. ▲ANT. BÉNÉFIQUE, BIENFAISANT, BON, GUÉRISSANT, SAIN; ANTIVÉNÉNEUX.

vénérable *adj.* ▸ *Digne d'admiration* – auguste, digne, respectable, révéré, sacré, saint. ▸ *Saint* – bienheureux, canonisé, élu, saint. ▲ANT. ABJECT, IGNOBLE, IMMONDE, INDIGNE, INFÂME, MÉPRISABLE, MISÉRABLE, ODIEUX, REPOUSSANT, RÉPUGNANT, VIL.

vénération *n.f.* admiration, adoration, adulation, amour, attachement, culte, dévotion, emballement, engouement, fanatisme, ferveur, iconolâtrie, idolâtrie, passion, respect, zèle. *SOUT.* dilection, révérence. *PÉJ.* encens, flagornerie, flatterie. ▲ANT. BLASPHÈME, IRRESPECT, MÉPRIS, PROFANATION.

vénérer *v.* ▸ *Traiter avec grand respect* – admirer, honorer, respecter, révérer, tenir en grand honneur. ▸ *Admirer comme un dieu* – adorer, aduler, déifier, fétichiser, idolâtrer, vouer un culte à. ▲ANT. DÉDAIGNER, MÉPRISER; BLASPHÉMER.

vengeance *n.f.* ▸ *Représailles* – châtiment, colère, (loi du) talion, pareille, punition, rancune, réciproque, réparation, représailles, ressentiment, rétorsion, revanche, riposte, vendetta. *SOUT.* vindicte. ▲ANT. CLÉMENCE, MISÉRICORDE, PARDON.

venger *v.* ▸ *Punir* – laver, punir, redresser, réparer. ♦ **se venger** ▸ *Rendre la pareille à qqn* – prendre sa revanche sur, régler son compte à, rendre la pareille à. ▸ *Rendre le mal pour le mal* – exercer des représailles, rendre le mal pour le mal, se faire justice (à soi-même). ▲ANT. PARDONNER; OUBLIER.

vengeur *n.* défenseur (de la veuve et de l'orphelin), don Quichotte, justicier, redresseur de torts, tribun.

venin *n.m.* ▸ *Méchanceté* – acariâtreté, acerbité, acidité, âcreté, acrimonie, agressivité, aigreur, amertume, animosité, âpreté, bave, bile, causticité, colère, dépit, désagrément, dureté, fiel, haine, hargne, humeur, irritation, malveillance, maussaderie, mauvaise humeur, méchanceté, mordant, pique, rancœur, rancune, récrimination, ressentiment, rudesse, tranchant, vindicte, virulence. *SOUT.* mordacité. *FAM.* rouspétance. ▲ANT. ANAVENIN; AMOUR, BIENVEILLANCE, GENTILLESSE.

venir *v.* ▸ *Approcher* – avancer, (s')approcher. ▸ *Avoir comme lieu de départ* – arriver, provenir. ▸ *Avoir comme origine* – découler, dépendre, dériver, émaner, partir, procéder, provenir, résulter, s'ensuivre. *BELG.* conster. ▸ *Pousser* – croître, grandir,

pousser, se développer. ▲ANT. PARTIR, QUITTER, S'ÉLOIGNER, (S'EN) ALLER; DÉGUERPIR, DISPARAÎTRE, FUIR, S'ENFUIR; MOURIR; CAUSER, ENTRAÎNER, PRODUIRE.

vent *n.m.* ▸ *Coup de vent* – bourrasque, coup de vent, rafale, rafale de vent, saute de vent, vent à rafales. ▸ *Courant d'air* – bouffée, courant d'air, souffle. ▸ *Nouvelle non confirmée* – bruit, écho, on-dit, ouï-dire, racontar, rumeur. *FAM.* radiotrottoir. ▸ *Mode* – avant-gardisme, dernier cri, engouement, épidémie, fantaisie, fureur, goût (du jour), mode, style, tendance, ton, vague, vogue. ▸ *Gaz intestinal* – flatulence, flatuosité, gaz (intestinaux). *FAM.* pet. ▲ANT. ACCALMIE *(absence de vent)*, CALME PLAT.

vente *n.f.* ▸ *Aliénation* – cession, distribution, donation, donation-partage, échange, legs, mancipation, partage, perte, transfert. ▲ANT. ACHAT, ACQUISITION.

ventre *n.m.* ▸ *Abdomen* – abdomen. *ANAT.* basventre, épigastre, hypocondre, hypogastre. ▸ *Utérus* – *SOUT.* entrailles, flanc, sein. *ANAT.* cavité utérine, utérus. ▸ *Renflement* – ampoule, ballonnement, bombement, bosse, bouffissure, boursouflage, boursouflement, boursouflure, bulle, cloche, cloque, débordement, dilatation, distension, enflure, engorgement, fluxion, gonflement, grosseur, grossissement, hypertrophie, intumescence, renflement, rondeur, sinus, soufflure, soulèvement, tuméfaction, tumescence, turgescence, vésicule, vultuosité. *PATHOL.* bubon, ectasie, emphysème, inflation, météorisation, météorisme, œdème, phlyctène. ▸ *Partie renflée de la coque* – brion, contre-arc, joue (du navire).

venue *n.f.* ▸ *Accession* – accession, admission, arrivée, avènement. ▸ *Apparition* – apparition, approche, arrivée, avènement, entrée, introduction, irruption, jaillissement, manifestation, occurrence, survenance. *SOUT.* surgissement, survenue. *DIDACT.* exondation. ▸ *Immigration* – arrivée, entrée, établissement, gain de population, immigration. ▲ANT. DÉPART; DISPARITION.

ver *n.m.* ▸ *Au sens strict* – lombric, ver de terre. *QUÉB. FAM.* anchet. *ACADIE FAM.* laiche.

véracité *n.f.* ▸ *Vérité* – authenticité, évidence, existence, flagrance, incontestabilité, justesse, objectivité, positivité, réalité, validité, vérité, vrai. *DIDACT.* apodicticité, historicité. *SOUT.* véridicité. ▲ANT. FAUSSETÉ, HYPOCRISIE, MENSONGE.

verbal *adj.* ▸ *Fait de vive voix* – oral. ▲ANT. ÉCRIT; AVERBAL *(énoncé)*.

verdict *n.m.* ▸ *Décision publique* – arrêt, arrêté, décision, délibération, jugement, ordonnance, règlement, résolution, résultat, sentence.

verdoyant *adj.* ▲ANT. ARIDE, DÉSERTIQUE, DESSÉCHÉ, SEC.

verdure *n.f.* ▸ *Couleur* – verdoiement, vert. ▸ *Plantes* – couverture végétale, flore, formation végétale, or vert *(ressource)*, plantes, végétation, végétaux, vert. ▸ *Aliment* – fruit légumier, légume, plante potagère, racine potagère. ▲ANT. DESSÈCHEMENT, SÉCHERESSE; DÉSERT.

verge *n.f.* ▸ *Baguette* – aine, alinette, apex, archet, badine, baguette, bâton, bâtonnet, branche, canne, cravache, crosse, gaule, honchet, houssine, jonc, jonchet, mailloche, perche, style, tige, triballe, tringle, vergette. ▸ *Bâton symbolique* – abacus, bâton, caducée, crosse, lituus, main de justice, pédum, sceptre, thyrse.

verger *n. m.* ▸ *Sens général* – fruitier.

véridique *adj.* ▸ *Qui dit la vérité* – franc, sincère, vrai. SOUT. vérace. ▸ *Conforme à la vérité* – attesté, authentique, exact, factuel, historique, positif, réel, véritable, vrai. ▲ANT. FAUX, MENSONGER, TROMPEUR ; ERRONÉ, INEXACT ; ILLUSOIRE, IMAGINAIRE, IRRÉEL.

vérification *n. f.* ▸ *Contrôle* – analyse, apurement, audit, censure, confrontation, contrôle, épreuve, examen, expérience, expérimentation, expertise, filtrage, inspection, pointage, recensement, recension, récolement, reconnaissance, recoupement, révision, revue, suivi, supervision, surveillance, test. ▸ *Entretien* – maintenance, (service d')entretien. ▸ *Dans le commerce* – service après-vente. ▸ *Confirmation* – affirmation, assurance, attestation, certitude, confirmation, corroboration, démonstration, gage, manifestation, marque, preuve, témoignage. ▲ANT. SUPPOSITION ; NÉGLIGENCE ; INFIRMATION.

vérifier *v.* ▸ *Tester* – contrôler, examiner, inspecter, réviser, tester. ▸ *Prouver* – attester, confirmer, démontrer, établir, justifier, montrer, prouver. ♦ *se vérifier* ▸ *Se confirmer* – se confirmer. SOUT. s'avérer. ▲ANT. SUPPOSER ; NÉGLIGER ; CONTREDIRE, INFIRMER.

véritable *adj.* ▸ *Pur* – authentique, naturel, pur, vrai. FAM. vrai de vrai. ▸ *Dont l'existence est prouvée* – attesté, authentique, exact, factuel, historique, positif, réel, véridique, vrai. ▸ *Sincère* – authentique, sans artifice, sincère, spontané, vrai. ▲ANT. ARTIFICIEL, FAUX ; ERRONÉ, INEXACT ; APPARENT, ILLUSOIRE, IMAGINAIRE, INVENTÉ, IRRÉEL ; MENSONGER, TROMPEUR.

véritablement *adv.* ▸ *Vraiment* – à dire vrai, à l'évidence, à la vérité, à n'en pas douter, à vrai dire, assurément, authentiquement, bel et bien, bien, bien entendu, bien sûr, cela va de soi, cela va sans dire, certainement, certes, comme de juste, d'évidence, de toute évidence, effectivement, en effet, en vérité, évidemment, il va sans dire, indubitablement, manifestement, naturellement, nul doute, oui, réellement, sans (aucun) doute, sans conteste, sans contredit, sans le moindre doute, sans nul doute, sérieusement, sûrement, véridiquement, vraiment. FAM. pour de vrai, vrai. QUÉB. FAM. pour vrai. ▸ *Irréfutablement* – catégoriquement, formellement, incontestablement, indéniablement, indiscutablement, irrécusablement, irréfutablement, péremptoirement. ▸ *Fidèlement* – à la lettre, conformément, correctement, exactement, religieusement, scrupuleusement. ▲ANT. DUBITATIVEMENT, SCEPTIQUEMENT, SOUS TOUTES RÉSERVES ; ABSTRACTIVEMENT, ABSTRAITEMENT, EN THÉORIE, HYPOTHÉTIQUEMENT, IDÉALEMENT, IMAGINAIREMENT, IN ABSTRACTO, THÉORIQUEMENT ; HYPOCRITEMENT, INSIDIEUSEMENT, INSINCÈREMENT, PERFIDEMENT, SCÉLÉRATEMENT, SOURNOISEMENT, TORTUEUSEMENT, TRAÎTREUSEMENT, TROMPEUSEMENT.

vérité *n. f.* ▸ *Véracité* – authenticité, évidence, existence, flagrance, incontestabilité, justesse, objectivité, positivité, réalité, validité, véracité, vrai. DIDACT. apodicticité, historicité. SOUT. véridicité. ▸ *Absolue* – stricte vérité. ▸ *Adéquation* – adéquation,

convenance, efficacité, exactitude, justesse, pertinence, propriété. SOUT. véridicité. ▸ *Axiome* – apodicticité, axiome, convention, définition, donnée, évidence, fondement, hypothèse, lemme, postulat, postulatum, prémisse, principe, proposition, théorème, théorie. ▸ *Maxime* – adage, aphorisme, apophtegme, axiome, citation, devise, dicton, dit, dogme, enseignement, formule, mantra, maxime, moralité, mot, on-dit, parole, pensée, précepte, principe, proverbe, réflexion, règle, sentence, sutra. ▸ *Sagesse* – bon goût, connaissance, discernement, (gros) bon sens, intelligence, jugement, philosophie, raison, sagesse, sens commun. FAM. jugeote. ▲ANT. ABSURDITÉ, CONTREVÉRITÉ, ERREUR, FAUSSETÉ, MENSONGE ; APPARENCE, ILLUSION ; FICTION, INVENTION.

vermine *n. f.* ▸ *Êtres vivants* – faune parasitaire, parasites. ▸ *Racaille* (SOUT.) – bas-fonds, engeance, lie (de la société), racaille, ramassis. SOUT. tourbe. ▲ANT. GENTILHOMME, HONNÊTE HOMME.

vernis *n. m.* ▸ *Enduit* – blanc de chaux, brasque, briquetage, caviar, enduit, engluage, fart, laque, mastic, patine, stuc. TECHN. apprêt, engobe, futée, glairure, lustre, lut, salbande. ▸ *Apparence* – air, allure, apparence, aspect, caractère, configuration, couleur, couvert, dehors, éclairage, expression, extérieur, façade, faciès, figure, forme, formule, impression, jour, masque, mine, paraître, perspective, physionomie, plastique *(en art)*, portrait, présentation, profil, ressemblance, semblant, surface, ton, tour, tournure, traits, visage. SOUT. enveloppe, superficie. ▸ *Clinquant* – clinquant, éclat illusoire, éclat trompeur, oripeaux. ▸ *Connaissances superficielles* – a b c, b.a.-ba, bases, éléments, essentiel, notions, notions de base, notions élémentaires, principes, rudiments, teinture, théorie. ▲ANT. BASE ; ÉRUDITION.

verre *n. m.* ▸ *Récipient* – gobelet, godet, quart. FAM. dé à coudre. ANC. rhyton, rince-bouche. ▸ *Contenu* – demi, double, pot, rasade, triple. FAM. canon. ▸ *Dispositif optique* – bonnette, judas optique *(porte)*, lentille, mire, objectif, oculaire, œilleton *(arme)*, sténopé, système optique, verre de contact/lentille cornéenne, viseur. ♦ *verre, sing.* ▸ *Matière* – QUÉB. FAM. vitre. ♦ *verres, plur.* ▸ *Lunettes* – lorgnon, lunettes, monocle *(verre unique)*, pince-nez. FAM. binocles, carreaux. QUÉB. FAM. barniques. ▸ *Lentilles cornéennes* – lentilles cornéennes, verres cornéens, verres de contact.

verrou *n. m.* ▸ *Serrure* – bec-de-cane, bénarde, housset, loquet, loqueteau, serrure, taquet, targette.

verrue *n. f.* pois chiche. MÉD. verrucosité. FRANCE FAM. poireau. QUÉB. FAM. titine.

versant *n. m.* ▸ *Pente* – côte, coteau, déclivité, descente, grimpette, montée, pente, raidillon, rampant *(toit)*, rampe, talus. ÉQUIT. calade. ▸ *Point de vue* – angle, aspect, biais, côté, face, facette, perspective, point de vue. ▲ANT. PLATEAU.

versé *adj.* à la hauteur, adroit, bon, brillant, capable, chevronné, compétent, connaisseur, d'élite, de haut vol, de haute volée, de talent, doué, émérite, entraîné, exercé, expérimenté, expert, ferré, fin, fort, habile, inspiré, passé maître, performant, qualifié, qui s'y connaît, talentueux. SOUT. entendu à, industrieux, rompu à. FAM. calé, qui a la bosse de, qui

verser

sait y faire. *FRANCE FAM.* balèze, costaud, fortiche, incollable, trapu. *QUÉB.* connaissant; *FAM.* bollé. ▲ANT. IGNORANT, INCAPABLE, INCOMPÉTENT, MAUVAIS, MÉDIOCRE, NUL.

verser *v.* ▶ **Répandre une chose concrète** – déverser, renverser, répandre. *BELG.* baquer, benner. ▶ **Répandre une chose abstraite** – déverser, épancher. *SOUT.* épandre. ▶ **Débourser** – débourser, décaisser, dépenser, payer. *FAM.* allonger, casquer, cracher, lâcher. ▶ **Faire une chute** – basculer, culbuter, faire une chute, tomber. *FAM.* aller choir, chuter, dinguer, prendre un billet de parterre, prendre une bûche, prendre une gamelle, prendre une pelle, ramasser un gadin, ramasser une bûche, ramasser une gamelle, ramasser une pelle, s'allonger, s'étaler, se casser la figure, se casser la gueule, se fiche par terre, se rétamer, valdinguer. *QUÉB. FAM.* piquer une fouille, planter, prendre une débarque, prendre une fouille. ▶ *Vers l'avant* – tomber à plat ventre, tomber cul par-dessus tête, tomber de tout son long, tomber face contre terre, tomber la tête la première. *FAM.* embrasser le plancher, s'aplatir. ▶ *Vers l'arrière* – tomber à la renverse. *FAM.* tomber les quatre fers en l'air. ▲ANT. PERCEVOIR, RECEVOIR, TOUCHER.

version *n. f.* ▶ **Variante** – leçon, mouture, remake *(film)*, variante. ▶ **Traduction** – adaptation, calque, explication, herméneutique, interprétation, paraphrase, thème, traduction, transcodage, transcription, translittération, transposition. *FAM.* traduc. ▶ **Explication** – éclaircissement, explication, justification, motivation, réponse. *SOUT.* légitimation. ▲ANT. THÈME *(traduction)*; RÉALITÉ OBJECTIVE *(d'un fait)*.

verso *n. m.* arrière, derrière, dos, envers, revers. ▲ANT. ENDROIT, RECTO.

vertical *adj.* debout. *SOUT.* perpendiculaire. ▲ANT. HORIZONTAL; OBLIQUE.

verticalement *adv.* à la verticale, à pic, à plomb, d'aplomb, de bas en haut, de haut en bas, debout, droit. ▲ANT. HORIZONTALEMENT.

vertige *n. m.* ▶ **Perte d'équilibre** – étourdissement. *FAM.* tournis. ▶ **Extase** – allégresse, béatitude, bonheur, égaiement, enthousiasme, euphorie, exaltation, extase, exultation, gaieté, hilarité, ivresse, joie, jubilation, plaisir, ravissement, réjouissance. *SOUT.* aise, félicité, liesse, rayonnement. ▶ **Peur** *(FIG.)* – affolement, alarme, angoisse, appréhension, crainte, effarement, effarouchement, effroi, épouvante, frayeur, grand-peur, hantise, horreur, inquiétude, panique, peur, phobie, psychose, terreur, transes. *SOUT.* affres, apeurement. *FAM.* cauchemar, frousse, pétoche, trac, trouille. *QUÉB. FAM.* chienne. ▲ANT. APLOMB, ÉQUILIBRE; INDIFFÉRENCE, PLACIDITÉ.

vertigineux *adj.* ▶ **Démesuré** – colossal, considérable, démesuré, énorme, extraordinaire, extrême, fabuleux, formidable, géant, gigantesque, grand, gros, immense, incommensurable, monstrueux, monumental, phénoménal, prodigieux, surhumain, titanesque, vaste. *SOUT.* cyclopéen, herculéen. *FAM.* bœuf, de tous les diables, du diable, effrayant, effroyable, épouvantable, faramineux, méchant, monstre. *FRANCE FAM.* gratiné. ▲ANT. COMMUN, COURANT, NORMAL, ORDINAIRE, PETIT.

vertu *n. f.* ▶ **Sainteté** – angélisme, mérite, moralité, perfection, sagesse, sainteté. ▶ **Grandeur d'âme** – dignité, élévation, générosité, grandeur (d'âme), hauteur, mérite, noblesse, sublime, sublimité, valeur. ▶ **Honnêteté** – conscience, droiture, exactitude, fidélité, franchise, honnêteté, incorruptibilité, intégrité, irréprochabilité, justice, loyauté, mérite, moralité, netteté, probité, scrupule, sens moral, transparence. ▶ **Chasteté** – abstinence, ascétisme, célibat, chasteté, continence, pureté, virginité. *FAM.* pucelage. ▶ **Décence** – bienséance, bon ton, chasteté, convenance, correction, décence, délicatesse, dignité, discrétion, éducation, fierté, gravité, honnêteté, honneur, modestie, politesse, propreté, pudeur, quant-à-soi, réserve, respect, retenue, sagesse, sobriété, tact, tenue. *SOUT.* pudicité. ▶ **Devoir** – bien, (bonnes) mœurs, conscience, déontologie, devoir, droit chemin, éthique, morale, moralité, obligation (morale), prescription, principes, règles de vie. *PSYCHOL.* surmoi. ▶ **Qualité d'une chose** – capacité, pouvoir, propriété. ▲ANT. DÉFAUT, IMMORALITÉ, IMPERFECTION, VICE; INDIGNITÉ, LÂCHETÉ; DÉBAUCHE, LIBERTINAGE.

vertueux *adj.* ▶ **Qui porte à la vertu** – édifiant, exemplaire, moral. ▶ **Chaste** – chaste, de haute moralité, décent, immaculé, innocent, platonique, pudique, pur, réservé, sage, virginal. ▶ *Non favorable* – bégueule, collet monté, prude, pudibond, puritain. ▲ANT. CORRUPTEUR, DÉPRAVANT, IMMORAL, MALSAIN, MAUVAIS, PERVERS; CONCUPISCENT, CORROMPU, DÉBAUCHÉ, DÉPRAVÉ, GROSSIER, IMPUDIQUE, IMPUR, INDÉCENT, LIBIDINEUX, LICENCIEUX, LUBRIQUE, LUXURIEUX, OBSCÈNE, VICIEUX; FAIBLE, LÂCHE, PEUREUX.

verve *n. f.* ▶ **Loquacité** – abondance, débit, éloquence, emballement, expansivité, expressivité, exubérance, facilité, faconde, incontinence (verbale), logomachie, logorrhée, loquacité, péroraison, prolixité, verbalisme, verbiage, verbosité, volubilité. *MÉD.* lalomanie. *FAM.* bagou, baratin, baratinage, dégoisement, tchatche. *QUÉB. ACADIE FAM.* jarnigoine, jasette. ▲ANT. ARIDITÉ, FROIDEUR, PLATITUDE.

vestibule *n. m.* antichambre, entrée, hall, hall d'entrée, narthex *(église)*, passage, porche, réception, salle d'attente, salle d'embarquement, salle des pas perdus *(gare)*. *QUÉB.* portique. *ANTIQ.* propylée *(temple)*.

vestige *n. m.* ▶ **Décombres** – déblais, débris, décharge, décombres, démolitions, éboulement, éboulis, épave, gravats, gravois, miettes, plâtras, reste, ruines. *SOUT.* cendres. ▶ **Trace** – empreinte, foulées, marque (de pas), pas, piste, sillon, trace, traînée, voie. ▶ *À la chasse* – abattures *(cerf)*, connaissance, erres, marche, passée. ▶ **Indice** – apparence, cachet, cicatrice, critère, empreinte, indication, indice, lueur, marque, ombre, pas, piste, preuve, repère, reste, ride, sceau, signature, signe, stigmate, tache, témoignage, témoin, trace, trait. ▲ANT. ABSENCE, MANQUE; ÉBAUCHE, PRÉLUDE.

vêtement *n. m.* ▶ **Vêtement caractéristique** – costume, habillement, habit, harnachement, livrée, tenue, toilette, uniforme. *ANC.* harnais, harnois. ▶ **Ce qui couvre** *(FIG.)* – chape, gangue, manteau, parure. *SOUT.* enveloppe. ◆ **vêtements**, *plur.* ▶ **Ensemble de ce qu'on porte** – affaires, atours, chiffons, ensemble, garde-robe, habillement, habits, linge, mise, parure, tenue, toilette, trousseau, vestiaire. *SOUT.* vêture. *FRANCE FAM.* fringues, frusques, nippes, pelures, saint-frusquin, sapes.

vétéran *n.* ▶ *Militaire* – ancien combattant. ▶ *Personne expérimentée* – ancien, doyen, vieux briscard, vieux de la vieille, vieux routier. ▲ANT. DÉBUTANT, NOUVEAU, NOVICE, RECRUE.

vêtir *v.* ▶ *Habiller* – habiller, revêtir. *FRANCE FAM.* fringuer, frusquer, nipper. *QUÉB. ACADIE FAM.* gréer. ◆ **se vêtir** ▶ *S'habiller* – s'habiller. *FRANCE FAM.* se fringuer, se frusquer, se nipper, se saper. ▲ANT. DÉPOUILLER, DÉSHABILLER, DÉVÊTIR.

veto *n. m.* ▶ *Opposition* – barrage, désapprobation, désobéissance, mauvaise volonté, objection, obstacle, obstruction, opposition, réaction, rebuffade, refus, résistance. *SOUT.* contredit, inacceptation. ▶ *Censure* – autocensure, bâillonnement, boycottage, caviardage, censure, contrôle, exclusive, filtre, imprimatur, interdiction, (mise à l')index, muselage, musellement, mutilation. *FIG.* bâillon, muselière. *FAM.* anastasie. *RELIG.* interdit, monition, suspense, tabouisation. ▲ANT. ASSENTIMENT.

veulerie *n. f.* ▶ *Mollesse* – abattement, affaiblissement, apathie, atonie, avachissement, faiblesse, inconsistance, indolence, langueur, laxisme, mollasserie, mollesse, nonchalance, passivité. *MÉD.* aboulie, athymhormie, dysboulie, psychasthénie. ▲ANT. DÉTERMINATION, ÉNERGIE, FERMETÉ, VOLONTÉ.

vexer *v.* ▶ *Blesser* – atteindre (dans sa dignité), blesser (dans sa dignité), choquer, cingler, désobliger, effaroucher, égratigner, froisser, heurter, humilier, insulter, mortifier, offenser, offusquer, outrager, piquer au vif, toucher au vif, ulcérer. *SOUT.* fouailler. ◆ **se vexer** ▶ *Se formaliser* – s'indigner, s'offenser, s'offusquer, se fâcher, se formaliser, se froisser, se piquer, se scandaliser. ▲ANT. CHARMER, FLATTER, PLAIRE ; CONTENTER, SATISFAIRE ; ENCHANTER, RAVIR, RÉJOUIR.

viable *adj.* ▲ANT. CONDAMNÉ À DISPARAÎTRE, CONDAMNÉ (À MOURIR), NON VIABLE.

viande *n. f.* ▶ *Chair comestible* – chair, muscle. *FAM.* bidoche. *FRANCE FAM.* frigo *(congelée).* ▶ *Mauvaise FAM.* barbaque, semelle de botte *(coriace). FRANCE FAM.* carne.

vibrant *adj.* ▶ *Émouvant* – bouleversant, déchirant, dramatique, émouvant, pathétique, poignant, touchant, troublant. *SOUT.* empoignant. ▶ *Ardent* – ardent, enflammé, exalté, fervent, inspiré, lyrique, passionné. ◆ **vibrante**, *fém.* ▶ *En parlant d'une voix* – claironnante, cuivrée, de stentor, de tonnerre, éclatante, forte, retentissante, sonore, tonitruante, tonnante. ▲ANT. FROID, INDIFFÉRENT, SEC, TIÈDE ; APAISANT, CALMANT, CONSOLANT, CONSOLATEUR, RASSÉRÉNANT, RASSURANT, RÉCONFORTANT, SÉCURISANT, TRANQUILLISANT ; BANAL, ININTÉRESSANT, SANS INTÉRÊT ; ÉTOUFFÉ, SOURD ; MONOCORDE, MONOTONE, TRAÎNANT.

vibration *n. f.* ▶ *Tremblement* – agitation, convulsion, ébranlement, flageolement, frémissement, frisson, frissonnement, grelottement, haut-le-corps, oscillation, saccade, secousse, soubresaut, sursaut, titubation, tortillage, tortillement, tremblement, tremblotement, trémoussement, trémulation, trépidation, tressaillement, vacillement. *SOUT.* tressaut, tressautement. *FAM.* tremblote. ▶ *Remous*

– agitation, balancement, ballottement, bercement, branle, branlement, cahotement, flottement, fluctuation, flux et reflux, houle, impulsion, lacet, mouvement, onde, ondoiement, ondulation, oscillation, pulsation, raz de marée, remous, roulis, tangage, va-et-vient, vague, valse. *FAM.* brimbalement. ▶ *Fluctuation* – ballottement, changement, déséquilibre, fluctuation, fragilité, inadaptation, incertitude, inconstance, inégalité, instabilité, mouvant, mouvement, précarité, variabilité, variation, versatilité, vicissitude, volatilité. *SOUT.* fugacité. ▶ *Instabilité* – balancement, ballant, ballottement, déséquilibre, fragilité, instabilité, jeu, mobilité, motilité, motricité, mouvance, mouvant, mouvement, ondulation, oscillation, roulis, tangage, turbulence, va-et-vient. *QUÉB.* débalancement.

vibrer *v.* ▶ *Résonner* – résonner, retentir, sonner. ▶ *Trembler* – trembler, trépider. ▶ *Soumettre au vibrage* – pervibrer.

vice *n. m.* ▶ *Malformation* – anomalie, défaut, déficience, déformation, difformité, disgrâce, dysmorphie, dysmorphose, handicap, infirmité, malformation, malposition, monstruosité. ▶ *Imperfection* – défaut, défectuosité, démérite, faible, faiblesse, faille, faute, grossièreté, handicap, imperfection, infirmité, insuffisance, lacune, maladie, malfaçon, manque, péché mignon, péché véniel, petitesse, tache, tare, tort, travers. *SOUT.* perfectibilité. ▶ *Péché* – accroc, chute, crime, déchéance, écart, errements, faute, impureté, mal, manquement, mauvais, offense, péché, sacrilège, scandale, souillure, tache, transgression. ▶ *Immoralité* – amoralité, corruption, cynisme, dépravation, immoralisme, immoralité, laxisme, péché, permissivité, perversion, perversité. *SOUT.* désordre. ▶ *Abjection* – abjection, abomination, atrocité, bassesse, boue, corruption, crapulerie, crime, débauche, déshonneur, fange, grossièreté, honte, horreur, ignominie, impureté, indignité, infamie, laideur, misère, monstruosité, noirceur, obscénité, odieux, ordure, saleté, sordide, souillure. *SOUT.* sordidité, stupre, turpitude, vilenie. ▲ANT. PERFECTION ; INNOCENCE, MORALITÉ, VERTU ; CHASTETÉ, PURETÉ.

vicié *adj.* antihygiénique, impur, insalubre, malsain, pollué.

vicieux *adj.* ▶ *Pervers* – cruel, maléfique, malfaisant, malintentionné, malveillant, mauvais, méchant, pervers, sadique. *FAM.* chien, vachard, vache. *FRANCE FAM.* rossard, rosse. ▶ *Déficient* – bancal, boiteux, défaillant, défectueux, déficient, incomplet, inexact, lacunaire. ▲ANT. CHASTE, DÉCENT, INNOCENT, PLATONIQUE, PUDIQUE, PUR, SAGE, VERTUEUX ; CHARITABLE, COMPATISSANT, GÉNÉREUX, HUMAIN, QUI A BON CŒUR, SECOURABLE ; BON, CORRECT, PARFAIT.

vicissitude *n. f.* ▶ *Infortune* – accident, coup du destin, coup du sort, coup dur, cruauté du destin, fatalité, fortune contraire, infortune, malchance, malheur, mauvais sort, mauvaise fortune, sort contraire. *SOUT.* adversité, infélicité. *FAM.* déveine, guigne, manque de bol, manque de pot, poisse. *FRANCE FAM.* cerise, débine, guignon, mélasse, mouscaille, scoumoune. ▶ *Fluctuation* – ballottement, changement, déséquilibre, fluctuation, fragilité, inadaptation, incertitude, inconstance, inégalité, instabilité, mouvant, mouvement, précarité, variabilité, variation,

victime

versatilité, volatilité. *SOUT.* fugacité. ▲**ANT.** BIENFAIT, BONHEUR; RÉGULARITÉ, STABILITÉ.

victime *n. f.* ▶ *Personne qui subit* – jouet, proie. ▶ *Souffre-douleur* – bouc émissaire, dindon de la farce, gibier, martyr, opprimé, persécuté, plastron, sacrifié, souffre-douleur, tête de Turc. ▲**ANT.** RESCAPÉ; BOURREAU, MEURTRIER; SACRIFICATEUR.

victimiser *v.* ▲**ANT.** DIABOLISER.

victoire *n. f.* ▶ *Gain* – avantage, gain, réussite, succès, triomphe. *FAM.* gagne. ▲**ANT.** DÉFAITE, DÉROUTE, ÉCHEC, REVERS.

victorieusement *adv.* triomphalement. ▲**ANT.** HONTEUSEMENT.

victorieux *adj.* champion, gagnant, imbattu, invaincu, triomphant, triomphateur, vainqueur. ▲**ANT.** BATTU, DÉFAIT, PERDANT, VAINCU.

vide *adj.* ▶ *Vacant* – disponible, inoccupé, libre, vacant. ▶ *Abandonné* – abandonné, dépeuplé, désert, déserté, inhabité. ▶ *Insignifiant* – creux, futile, insignifiant, inutile, oiseux, spécieux, vain. ▲**ANT.** BONDÉ, BOURRÉ, COMBLE, COMPLET, PLEIN, REMPLI; OCCUPÉ; HABITÉ, PEUPLÉ, SURPEUPLÉ; CAPTIVANT, INTÉRESSANT, PASSIONNANT; EXPRESSIF, RICHE; DÉCORÉ, MEUBLÉ, ORNÉ.

vidé *adj.* ▶ *Fatigué* (*FAM.*) – à bout, à plat, brisé, courbatu, épuisé, éreinté, exténué, fatigué, fourbu, harassé, las, mort (de fatigue), moulu (de fatigue), ramolli. *SOUT.* recru (de fatigue), rompu (de fatigue), roué de fatigue. *FAM.* au bout du rouleau, avachi, claqué, crevé, esquinté, flagada, flapi, lessivé, nase, pompé, ramollo, raplapla, rétamé, sur le flanc, sur les genoux, sur les rotules, vanné. *QUÉB. FAM.* au coton, brûlé, poqué. ▲**ANT.** DÉTENDU, REPOSÉ.

vide *n. m.* ▶ *Néant* – désert, néant, nullité, rien, vacuité, vacuum, zéro. ▶ *Inexistence* – inexistence, irréalité, néantise, négativité, non-être, non-existence, nullité, vacuité. ▶ *Absence* – absence, défaut, lacune, manque, omission, privation, trou. ▶ *Ennui* – assommement, bâillement, dégoût, déplaisir, ennui, insatisfaction, langueur, lassitude. *SOUT.* blasement. ▲**ANT.** PLÉNITUDE; EXISTENCE, PRÉSENCE; ENTHOUSIASME, ENTRAIN.

vider *v.* ▶ *Dégarnir* – débarrasser, dégarnir, démunir, dépouiller. ▶ *Purger* – purger, vidanger. ▶ *Ôter les entrailles* – étriper, éviscérer. ▶ *Boire en entier* – finir. *FAM.* nettoyer, sécher. ▶ *Résoudre* – en finir avec, régler, résoudre, trancher. ▶ *Fatiguer* (*FAM.*) – abrutir, briser, courbaturer, épuiser, éreinter, exténuer, fatiguer, forcer, harasser, lasser, mettre à plat, surmener, tuer. *FAM.* claquer, crever, démolir, esquinter, lessiver, mettre sur le flanc, nettoyer, pomper, rétamer, vanner. *QUÉB. FAM.* maganer. ▶ *Chasser d'un lieu* (*FAM.*) – chasser, évincer, expulser, mettre à la porte, mettre dehors, renvoyer. *FAM.* éjecter, virer. ▶ *Congédier* (*FAM.*) – chasser, congédier, débaucher, démettre, donner son congé à, expulser, licencier, mettre à la porte, mettre à pied, mettre dehors, mettre en disponibilité, reconduire, remercier, remercier de ses services, renvoyer. *FAM.* balancer, balayer, déboulonner, lourder, sabrer, sacquer, virer. *QUÉB. FAM.* donner son quatre pour cent à. ▲**ANT.** ALIMENTER, EMPLIR, GARNIR, POURVOIR, REMPLIR.

vie *n. f.* ▶ *Existence* – actualité, essence, être, existence, fait, occurrence, présence, réalité, réel, substance. ▶ *Âme* – âme, cœur, conscience, esprit, mystère, pensée, principe (vital), psyché, psychisme, souffle (vital), spiritualité, transcendance. ▶ *Selon la philosophie* – atman (*hindouisme*), pneuma (*Grèce antique*). *PSYCHOL.* conscient. ▶ *Évolution* – adaptation, ajustement, altération, avatar, changement, conversion, évolution, glissement, gradation, infléchissement, métamorphose, modification, modulation, mue, mutation, passage, progression, transfiguration, transformation, transition, transmutation, variation. ▶ *Destinée* – avenir, chance, demain(s), destin, destinée, devenir, étoile, existence, fatalité, fortuité, fortune, futur, hasard, horizon, karma, lendemain(s), lot, nécessité, prédestination, prédétermination, prédéterminisme, providence, sérendipité, sort. *SOUT.* fatum, Parque. ▶ *Durée de vie d'une personne* – jours, vivant. ▶ *Durée d'une chose* – activité, exercice, fonctionnement, marche, mouvement, opération, service, travail, usage. ▶ *Occupations* – activités, occupations, quotidien, vie (de tous les jours). ▶ *Comportement* – attitude, comportement, conduite, habitude, habitus, mœurs, réaction. ▶ *Dynamisme* – abattage, activité, allant, ardeur, dynamisme, effort, énergie, vigueur, vitalité, vivacité. *FAM.* punch. ▶ *Récit* – anecdote, annales, autobiographie, biographie, carnet, chroniques, chronologie, commentaires, confessions, évocation, histoire, historiographie, historique, journal, mémoires, mémorial, souvenirs. ▶ *Action d'un récit* – action, affabulation, canevas, intrigue, péripétie, scénario, trame. ▶ *Monde* – monde, siècle, (vraie) vie. ▲**ANT.** MORT; FIN, TERME; APATHIE, FATIGUE, MOLLESSE.

vieillard *n. m.* ancien, doyen, patriarche, personne âgée, vieille personne. *DIDACT.* sénescence. ▶ *Femme* – douairière. ♦ **vieillards**, *plur.* ▶ *Personnes âgées* – l'or gris, personnes âgées, population âgée, vieillesse. *PÉJ.* les vieux. *QUÉB.* aînés, l'âge d'or. ▲**ANT.** ENFANT, JEUNE.

vieillesse *n. f.* ▶ *Vieillesse d'une personne* – décadence, décrépitude, dégénérescence, gérontisme, (grand) âge, longévité, quatrième âge, sénescence, sénilisme, sénilité, troisième âge, vieillissement. *SOUT.* caducité, outrages du temps. *FRANCE FAM.* vieillerie, vioquerie. *QUÉB.* âge d'or. ▶ *Vieillesse d'une chose* – abandon, âge, anachronisme, ancienneté, antiquité, archaïsme, caducité, décrépitude, délabrement, désaffectation, désuétude, obsolescence, survivance, usure, vieillissement. *SOUT.* vétusté. ▶ *Personnes* – l'or gris, personnes âgées, population âgée. *PÉJ.* les vieux. *QUÉB.* aînés, l'âge d'or. ▲**ANT.** ENFANCE, JEUNESSE; MODERNITÉ, NOUVEAUTÉ.

vieillir *v.* ▶ *Avancer en âge* – avancer en âge, prendre de l'âge, se faire vieux. ▶ *Subir les effets du vieillissement* – décliner. *FAM.* prendre un coup de vieux. *ACADIE FAM.* vieillisir. ▶ *Se flétrir* – se décatir, se faner, se flétrir. ▶ *Se démoder* – appartenir au passé, dater, passer de mode, s'empoussiérer, se démoder, tomber en désuétude. ▲**ANT.** RAJEUNIR; SE CONSERVER; SE RAFRAÎCHIR, SE RENOUVELER.

vieillissement *n. m.* ▶ *Vieillesse d'une personne* – décadence, décrépitude, dégénérescence, gérontisme, (grand) âge, longévité, quatrième âge, sénescence, sénilisme, sénilité, troisième âge, vieillesse. SOUT. caducité, outrages du temps. FRANCE FAM. vieillerie, vioquerie. QUÉB. âge d'or. ▸ **Désuétude** – abandon, âge, anachronisme, ancienneté, antiquité, archaïsme, caducité, décrépitude, délabrement, désaffectation, désuétude, obsolescence, survivance, usure, vieillesse. SOUT. vétusté. ▸ **Transformation en vin** – alcoolification, alcoolisation, distillation, élevage, vinification. ▲ANT. RAJEUNISSEMENT; ACTUALITÉ, MODERNITÉ.

vierge adj. ▸ **En parlant de qqn** – FAM. puceau. ▸ **Inexploré** – désert, désolé, inexploré, inhabité, sauvage, solitaire. ▸ **Inutilisé** – inaltéré, intact, inutilisé, neuf. ▸ **Non traité** – brut, cru, naturel. ▲ANT. IMPUR, SALE, SALI, SOUILLÉ; USÉ, UTILISÉ; CULTIVÉ, DÉVELOPPÉ, EXPLOITÉ; DÉFLORÉ, DÉPUCELÉ.

vierge n. f. ▸ **Femme chaste** – enfant de Marie. SOUT. vestale. FAM. pucelle. ▸ **Homme** – garçon/homme vierge. FAM. puceau. ▸ **Représentation de la Vierge** – madone, mater dolorosa, pietà, vierge à l'enfant, vierge aux sept douleurs, vierge de miséricorde, vierge de pitié. ◆ **la Vierge** ▸ **Mère de Jésus** – la Bonne Mère, la consolatrice des affligés, la Dame du Ciel, la Madone (Italie), la mère de Dieu, la mère de Jésus, la mère du Christ, la patronne de la France, la Reine du ciel, la Rose mystique, la Sainte Vierge, la Vierge de majesté, la Vierge immaculée, la Vierge Marie, la Vierge Mère, Marie, Notre-Dame, Sainte Marie.

vieux adj. ◆ **choses** ▸ **Ancien** – ancien, antique, archaïque, centenaire, millénaire, séculaire. SOUT. d'antan. FAM. d'avant le déluge, vieux comme Hérode, vieux comme le monde. ▸ **Dépassé** – anachronique, ancien, antédiluvien, antique, archaïque, arriéré, caduc, démodé, dépassé, désuet, fossile, inactuel, moyenâgeux, obsolescent, obsolète, passé de mode, périmé, poussiéreux, préhistorique, qui a fait son temps, suranné, tombé en désuétude, usé, vétuste, vieilli, vieillot, vieux jeu. ▸ **En décrépitude** – croulant, décrépit, délabré, détérioré, qui menace ruine. ▸ **Ancré** – ancré, chronique, durable, endémique, enraciné, établi, gravé, implanté, indéracinable, inextirpable, invétéré, persistant, tenace, vivace. ◆ **personnes** ▸ **Avancé en âge** – âgé, d'âge canonique, d'un âge avancé, du troisième âge, sur ses vieux jours. FAM. qui a un pied dans la tombe, vieux comme Mathusalem. FRANCE FAM. vioque. QUÉB. FAM. de l'âge d'or. ▸ **À la santé déclinante** – décrépit, en perte d'autonomie, sénescent, sénile, usé. ▲ANT. ACTUEL, EN COURS, VALIDE; À LA MODE, À LA PAGE, EN VOGUE, MODERNE, NEUF, NOUVEAU, RÉCENT; JEUNE; GAILLARD, ROBUSTE, SOLIDE, VAILLANT, VIGOUREUX.

vif adj. ◆ **choses** ▸ **Animé** – animé, ardent, chaud, intense. ▸ **Rapide** – prompt, rapide, vite. SOUT. preste, véloce. ▸ **Affligeant** – âcre, affligeant, amer, cruel, cuisant, déchirant, douloureux, dur, éprouvant, lancinant, navrant, pénible, poignant, saignant. ▸ **En parlant d'une douleur** – aigu, intense, lancinant, térébrant, violent. ▸ **En parlant du froid** – âpre, cinglant, mordant, pénétrant, perçant, piquant, saisissant. ▸ **En parlant d'une couleur** – éclatant, voyant. ▸ **En parlant d'un souvenir** – durable, impérissable, indélébile, ineffaçable, inoubliable, vivace, vivant. ◆ **personnes** ▸ **Vivant**

– de chair et de sang, en vie, vivant. ▸ **Plein de vie** – animé, déluré, enjoué, frétillant, fringant, guilleret, pétillant, pétulant, plein d'entrain, plein de vie, primesautier, remuant, sémillant, vivant. FAM. pêchu. BELG. FAM. spitant. ▸ **Enthousiaste** – animé, ardent, enthousiaste, exubérant, fougueux, pétulant, véhément. ▸ **Éveillé** – à l'esprit vif, agile, alerte, brillant, éveillé, intelligent, rapide. QUÉB. FAM. vite. ▸ **Plein d'esprit** – brillant, fin, malicieux, pétillant, piquant, plein d'esprit, spirituel, subtil. ▸ **Actif** – actif, diligent, expéditif, prompt, qui va vite en besogne, rapide. ▸ **Agile malgré l'âge avancé** – alerte, ingambe, jeune, vert. ▸ **Qui s'emporte facilement** – bouillant, emporté, enflammé, explosif, fougueux, impatient, impétueux, impulsif, prompt, qui a la tête chaude, sanguin, véhément, violent, volcanique. QUÉB. FAM. malendurant, prime. ▲ANT. ATTÉNUÉ, MODÉRÉ, TIÈDE; LENT; AGRÉABLE, PLAISANT, RÉJOUISSANT; ESTOMPÉ (couleur), FADE, PÂLE, TERNE; DÉFUNT (personne), MORT; AMORPHE, APATHIQUE, ENDORMI, INDOLENT, LYMPHATIQUE, MOU, NONCHALANT, PARESSEUX, SANS RESSORT; ABRUTI, BENÊT, BÊTE, BORNÉ, CRÉTIN, DEMEURÉ, HÉBÉTÉ, IDIOT, IMBÉCILE, ININTELLIGENT, NIAIS, NIGAUD, OBTUS, SOT, STUPIDE; DOUX, MESURÉ, PATIENT, SOUPLE. △VIF, masc. – CONFUS (souvenir), FLOU, IMPRÉCIS, VAGUE. △VIVE, fém. – FAIBLE (douleur), LÉGÈRE, SUPPORTABLE.

vigilance n. f. ▸ **État de veille** – éveil, insomnie, veille. ▸ **Surveillance** – attention, espionnage, faction, filature, garde, gardiennage, guet, îlotage, inspection, monitorage, observation, patrouille, ronde, sentinelle, veille, veillée, vigie. FAM. filoche, flicage. ▸ **Méfiance** – défiance, désintéressement, doute, incrédulité, méfiance, prudence, scepticisme, soupçon, suspicion. SOUT. cautèle. FAM. paranoïa (excessive). ▲ANT. SOMMEIL; DISTRACTION, ÉTOURDERIE, NÉGLIGENCE.

vigilant adj. ▸ **Attentif** – à l'affût, à l'écoute, absorbé, attentif, aux aguets, concentré, diligent, tout à tout ouïe, tout yeux tout oreilles. ▸ **Prudent** – attentif, précautionneux, prévoyant, proactif, prudent. ▲ANT. ÉCERVELÉ, ENDORMI, ÉTOURDI, ÉVAPORÉ, IMPRÉVOYANT, IMPRUDENT, INCONSCIENT, INCONSÉQUENT, INSOUCIANT, IRRÉFLÉCHI, IRRESPONSABLE, LÉGER, NÉGLIGENT, SANS CERVELLE, SANS-SOUCI.

vigne n. f. ▸ **Plante** – SOUT. pampre. ▸ **Cultivée** – cépage, hautin (sur échalas), joualle/vigne en ouillère (cultivée avec d'autres plantes), plant, treille (qui grimpe). ▸ **Qui produit d'autres vignes** – marcotte de vigne, provin, sautelle. ◆ **vignes**, plur. ▸ **Ensemble de plantes** – vignoble.

vigneron n. m. viticulteur.

vignoble n. m. château, clos, cru.

vigoureusement adv. ▸ **Énergiquement** – activement, avec la dernière énergie, avec zèle, décidément, dru, dynamiquement, énergiquement, fermement, fort, fortement, puissamment, résolument, sérieusement, virilement. ▸ **Brutalement** – à la hussarde, à tour de bras, à toute force, âprement, brutalement, crûment, de la belle manière, durement, énergiquement, fort, fortement, net, raide, raidement, rudement, sans ménagement, sec, vertement, violemment, vivement. ▲ANT. APATHIQUEMENT, FAIBLEMENT, MOLLEMENT.

vigoureux *adj.* ▶ **Fort** – athlétique, bien bâti, bien découplé, bréviligne, costaud, fort, gaillard, musclé, puissant, râblé, ragot *(animal)*, ramassé, robuste, solide, trapu. *SOUT.* bien membré, membru, musculeux. *FAM.* qui a du coffre. *FRANCE FAM.* balèze, bien baraqué, malabar, maous. ▶ **À la santé robuste** – bâti à chaux et à sable, gaillard, robuste, solide, vaillant. ▶ **Énergique** – énergique, ferme, musclé, nerveux, qui a du nerf, solide. ▲**ANT.** CHÉTIF, DÉBILE, DÉLICAT, FAIBLE, FRÊLE, MALADIF; AMORPHE, INDOLENT, MIÈVRE, MOU, NONCHALANT.

vigueur *n. f.* ▶ **Solidité** – aplomb, assurance, autorité, caractère, constance, courage, cran, détermination, endurance, énergie, fermeté, force, permanence, poigne, rectitude, résolution, ressort, sang-froid, sérieux, solidité, sûreté, ténacité, virilité, volonté. *SOUT.* fortitude, invulnérabilité. *FAM.* estomac, gagne. ▶ **Dynamisme** – abattage, activité, allant, ardeur, dynamisme, effort, énergie, vie, vitalité, vivacité. *FAM.* punch. ▶ **Violence** – acharnement, animosité, ardeur, énergie, force, frénésie, fureur, furie, impulsivité, intensité, puissance, rage, violence, virulence, vivacité. *SOUT.* impétuosité, véhémence. ▲**ANT.** APATHIE, FAIBLESSE, MIÈVRERIE, MOLLESSE.

vilain *adj.* ▶ **Laid** – à faire peur, affreux, déplaisant, disgracieux, hideux, horrible, ignoble, inesthétique, informe, ingrat, inharmonieux, laid, laideron *(femme)*, mal fait, monstrueux, repoussant, répugnant. *SOUT.* malgracieux, répulsif. *FAM.* blèche, dégueu, dégueulasse, mal fichu, mochard, moche, tarte, tartignolle, tocard, vomitif. ▶ **Désagréable** – déplaisant, déplorable, désagréable, détestable, fâcheux, mauvais, méchant. *FAM.* sale. ▶ **Obscène** – choquant, grossier, obscène, ordurier, sale, scatologique, trivial, vulgaire. ▶ **Méprisable** – abject, bas, coupable, crapuleux, dégoûtant, honteux, ignoble, immonde, inavouable, indigne, infâme, infect, innommable, inqualifiable, lâche, méprisable, odieux, repoussant, répugnant, sans nom, scandaleux, sordide, vil. *SOUT.* fangeux, ignominieux, nauséeux, triste, turpide. *FAM.* dégueu, dégueulasse, écœurant, gerbant, moche. ▲**ANT.** À CROQUER, ADORABLE, BEAU, CHARMANT, COQUET, DÉLICIEUX, GRACIEUX, JOLI, MIGNON, RAVISSANT; GENTIL, OBÉISSANT, SAGE, TRANQUILLE; AGRÉABLE, BON, PLAISANT; CHASTE, PUR; DIGNE, HONORABLE, NOBLE.

village *n. m.* agglomération (rurale), bourg *(gros)*, bourgade, hameau, lieu-dit *(petit)*, localité, pays. *FAM.* patelin. *QUÉB.* paroisse. ▲**ANT.** CITÉ, VILLE.

villageois *adj.* ▲**ANT.** CITADIN, URBAIN.

ville *n. f.* ▶ **Agglomération** – agglomération, commune, localité, municipalité. *SOUT.* cité. *ANTIQ.* municipe. ▶ **Genre de vie** – vie citadine. ♦ **villes**, *plur.* ▶ **Ensemble d'agglomérations** – communauté urbaine; mégapole; réseau urbain. *ANTIQ.* confédération. ▲**ANT.** VILLAGE; BANLIEUE, CAMPAGNE.

vin *n. m.* ▶ **Boisson alcoolisée au raisin** – PAR PLAIS. dive bouteille, jus de la treille, jus de la vigne, liqueur bachique, purée septembrale. *FAM.* piccolo, pinard. ▶ **Quantité** – bouteille, carafon, cruche, cruchon, demi-litre, fiasque, litre, muid, tonneau. *FRANCE FAM.* canon, chopine, kil de rouge, litron.

viol *n. m.* ▶ **Agression sexuelle** – agression sexuelle, attentat à la pudeur, attentat aux mœurs, derniers outrages, violence. ▶ **Profanation** – atteinte, avilissement, blasphème, dégradation, hooliganisme, iconoclasme, irrespect, irrévérence, lèse-majesté, outrage, pollution, profanation, sac, saccage, sacrilège, subversion, vandalisme, violation. ▲**ANT.** SÉDUCTION; RESPECT.

violacé *adj.* améthyste, violet. *SOUT.* violâtre.

violation *n. f.* ▶ **Transgression** – accroc, contravention, crime, délit, dérogation, entorse, faute, forfait, forfaiture, inconduite, infraction, manquement, mauvaise action, mauvaise conduite, méfait, non-respect, rupture, transgression. *BELG.* méconduite. *DR.* cas. ▶ **Inexécution** – désobéissance, inapplication, inexécution, manquement, non-exécution, non-observation, non-respect. *SOUT.* inaccomplissement, inobservance, inobservation. ▶ **Profanation** – atteinte, avilissement, blasphème, dégradation, hooliganisme, iconoclasme, irrespect, irrévérence, lèse-majesté, outrage, pollution, profanation, sac, saccage, sacrilège, subversion, vandalisme, viol. ▲**ANT.** RESPECT; OBÉISSANCE, OBSERVANCE.

violemment *adv.* ▶ **Brutalement** – à la hussarde, à tour de bras, à toute force, âprement, brutalement, crûment, de la belle manière, durement, énergiquement, fort, fortement, net, raide, raidement, rudement, sans ménagement, sec, vertement, vigoureusement, vivement. ▶ **Fougueusement** – ardemment, chaleureusement, chaudement, fougueusement, impétueusement. *SOUT.* torrentueusement, véhémentement. ▶ **Passionnément** – à corps perdu, à la folie, ardemment, éperdument, fanatiquement, fervemment, follement, frénétiquement, furieusement, passionnément, vivement. ▲**ANT.** DÉLICATEMENT, DOUCEMENT, EN DOUCEUR, FAIBLEMENT, LÉGÈREMENT, MOLLEMENT.

violence *n. f.* ▶ **Impétuosité** – acharnement, animosité, ardeur, énergie, force, frénésie, fureur, furie, impulsivité, intensité, puissance, rage, vigueur, virulence, vivacité. *SOUT.* impétuosité, véhémence. ▶ **Cruauté** – acharnement, agressivité, atrocité, barbarie, brutalité, cruauté, dureté, férocité, inhumanité, maltraitance, méchanceté, sadisme, sauvagerie, torture. *SOUT.* implacabilité, inexorabilité. *PSYCHIATRIE* psychopathie. ▶ **Agression** – agression, molestation, sévices, viol, voies de fait. ▶ **Viol** – agression sexuelle, attentat à la pudeur, attentat aux mœurs, derniers outrages, viol. ▶ **Terrorisme** – activisme, extrémisme, intimidation, subversion, terreur, terrorisme. ▶ **Agitation** – affolement, agitation, bouleversement, brasier, colère, confusion, débridement, déchaînement, désarroi, ébranlement, ébullition, embrasement, émotion, fièvre, frénésie, mouvement, passion. *SOUT.* émoi, exaltation. *FIG.* dévergondage. ▲**ANT.** APATHIE, DOUCEUR, MESURE, MODÉRATION; NON-VIOLENCE; PACIFISME; CALME, PAIX.

violent *adj.* ▶ **Qui s'emporte facilement** – bouillant, emporté, enflammé, explosif, fougueux, impatient, impétueux, impulsif, passionné, prompt, qui a la tête chaude, sanguin, véhément, vif, volcanique. *QUÉB.* malendurant, prime. ▶ **Brutal** – agressif, brutal, dur, emporté, raide, rude. *FAM.* à la redresse. ▶ **D'une grande force** – déchaîné, fort, furieux, impétueux, intense, puissant, terrible. ▶ *Tumultueux* – agité, houleux, mouvementé, orageux, tempétueux, tumultueux. *SOUT.* torrentueux, turbulent. ▶ *Frénétique* – agité, bouillonnant, délirant, échevelé, effervescent, effréné, fébrile, fiévreux, frénétique, intense, mouvementé, passionné, trépidant, tumultueux. ▶ *Insurmontable* – impérieux, incoercible, incontrôlable, incontrôlé, indomptable, instinctif, insurmontable, irraisonné, irrépressible, irrésistible, profond, viscéral. ▶ *En parlant d'une douleur* – aigu, intense, lancinant, térébrant, vif. ▶ *En parlant d'un mal* – fort, grand, grave, intense, profond. *FAM.* carabiné *(grippe, mal de tête)*, crasse *(ignorance)*. ▶ *En parlant d'une lumière* – brutal, cru. ▲ANT. DOUX, INOFFENSIF, NON VIOLENT, PACIFIQUE; AFFECTUEUX, AIMANT; MESURÉ, PONDÉRÉ, POSÉ, RAISONNABLE, RÉFLÉCHI, RESPONSABLE, SAGE, SENSÉ, SÉRIEUX; CALME, DÉTENDU, PLACIDE, SEREIN, TRANQUILLE; ANODIN, FAIBLE, LÉGER, SUPERFICIEL; TAMISÉ, VOILÉ.

violer *v.* ▶ *Transgresser* – contrevenir à, déroger à, désobéir à, enfreindre, manquer à, pécher contre, transgresser. ▶ *Souiller une chose sacrée* – profaner, souiller. ▶ *Agresser qqn sexuellement* – faire violence à, violenter. ▲ANT. HONORER, OBÉIR, OBSERVER, RESPECTER, SUIVRE; CONSACRER.

violon *n. m.* ▶ *Instrument* ▶ *Mauvais* – crincin. ▶ *Petit* – pochette, trois-quarts. ▶ *Personne* – violoniste. ▶ *Folklorique* – ménétrier *(ambulant)*, violoneux. ▶ *Dispositif* – table à roulis. *QUÉB.* porte-verre.

violoniste *n.* violon. ▶ *Folklorique* – ménétrier *(ambulant)*, violoneux.

vipère *n. f.* ▶ *Personne* – bête (immonde), chameau, chien, démon, gale, malveillant, mauvais, méchant, monstre, peste, poison, pourriture, rosse, serpent, suppôt de Satan, suppôt du diable, teigne, vicieux, vil personnage. *FAM.* charogne, choléra, dégueulasse, fumier, ordure, pourri, salopard. *FRANCE FAM.* der des ders, saleté, saligaud, salopiaud, vache. *QUÉB. FAM.* écœurant, enfant de nanane, puant, rat, sale, verrat.

virage *n. m.* ▶ *Mouvement* – rabattement, virement *(navire)*. ▶ *Courbe* – coude, courbe, tournant. ▶ *Orientation* – chemin, courant, cours, direction, évolution, fil, mouvance, mouvement, orientation, tendance. *SOUT.* voie. ▲ANT. LIGNE DROITE; VOIE RECTILIGNE; INVARIABILITÉ, STABILITÉ.

virer *v.* ▶ *Tournoyer* – pirouetter, pivoter, toupiller, tourbillonner, tourner, tournoyer, virevolter, vriller. ▶ *Changer de direction* – tourner. ▶ *Expulser (FAM.)* – chasser, évincer, expulser, mettre à la porte, mettre dehors, renvoyer. *FAM.* éjecter, vider. ▶ *Congédier (FAM.)* – chasser, congédier, débaucher, démettre, donner son congé à, expulser, licencier, mettre à la porte, mettre à pied, mettre dehors, mettre en disponibilité, reconduire, remercier, remercier de ses services, renvoyer. *FAM.* balancer, balayer, débouolonner, lourder, sabrer, sacquer, vider. *QUÉB. FAM.* donner son quatre pour cent à. ▲ANT. ALLER TOUT DROIT, MAINTENIR LE CAP; CONTINUER, DEMEURER, RESTER; ACCUEILLIR, RECEVOIR; EMBAUCHER, PRENDRE À SON SERVICE.

virginal *adj.* chaste, de haute moralité, décent, immaculé, innocent, platonique, pudique, pur,

réservé, sage, vertueux. ▶ *Non favorable* – bégueule, collet monté, prude, pudibond, puritain. ▲ANT. CONCUPISCENT, DÉBAUCHÉ, ÉROTIQUE, GAILLARD, GROSSIER, IMPUDIQUE, IMPUR, INDÉCENT, LASCIF, LIBIDINEUX, LICENCIEUX, LUBRIQUE, LUXURIEUX, OBSCÈNE, VICIEUX.

virginité *n. f.* abstinence, ascétisme, célibat, chasteté, continence, pureté, vertu. *FAM.* pucelage. ▲ANT. DÉBAUCHE, VICE; DÉFLORATION.

viril *adj.* mâle, masculin. ▲ANT. EFFÉMINÉ, FÉMININ.

virilité *n. f.* ▶ *Caractéristiques masculines* – masculinité. ▶ *Vigueur* – aplomb, assurance, autorité, caractère, constance, courage, cran, détermination, endurance, énergie, fermeté, force, permanence, poigne, rectitude, résolution, ressort, sangfroid, sérieux, solidité, sûreté, ténacité, vigueur, volonté. *SOUT.* fortitude, invulnérabilité. *FAM.* estomac, gagne. ▲ANT. IMPUISSANCE; FÉMINITÉ; FAIBLESSE, MOLLESSE.

virtualité *n. f.* ▶ *Probabilité* – anticipation, divination, futurologie, prédiction, prévision, projection, prospective. *SOUT.* vaticination. ▲ANT. IMPOSSIBILITÉ; ACTUALITÉ, RÉALITÉ.

virtuel *adj.* en puissance, possible, potentiel. ▲ANT. ACTUEL, EFFECTIF, RÉEL.

virtuellement *adv.* ▶ *Potentiellement* – en puissance, potentiellement. ▶ *Presque* – à peu de chose près, pour ainsi dire, pratiquement, presque, quasi, quasiment. ▶ *Possiblement* – peut-être, plausiblement, possiblement, potentiellement, probablement, sans doute, vraisemblablement. ▲ANT. DANS LA RÉALITÉ, RÉELLEMENT; COMPLÈTEMENT; PAS DU TOUT.

virtuose *n.* ▶ *Prodige* – génie, maître, prodige, superhomme, surdoué, surhomme, talent. *SOUT.* phénix, surhumain. *FAM.* phénomène. ▶ *Expert* – as, expert, (fin) connaisseur, grand clerc, maître, professionnel, spécialiste. *FAM.* champion, chef, pro. *FRANCE FAM.* bête. *QUÉB.* connaissant, personne-ressource. ▲ANT. INCOMPÉTENT, NULLITÉ.

virtuosité *n. f.* ▶ *Brio* – brio, maestria. ▶ *Agilité* – adresse, agilité, aisance, dextérité, élasticité, élégance, facilité, grâce, habileté, légèreté, main, mobilité, précision, rapidité, souplesse, technique, vivacité. *SOUT.* félinité, prestesse. ▶ *Compétence* – adresse, aisance, aptitude, art, brio, capacité, compétence, dextérité, disposition, doigté, don, expérience, expertise, facilité, faculté, force, fort, génie, habileté, main, maîtrise, métier, pouvoir, professionnalisme, savoir, savoir-faire, sens, talent, technique. *SOUT.* industrie. *FAM.* bosse. *QUÉB.* douance *(scolaire)*. *DR.* habilitation, habileté. ▲ANT. MALADRESSE; INCOMPÉTENCE, NULLITÉ.

virulent *adj.* ▶ *Mordant* – à l'emporte-pièce, acerbe, acéré, acide, acrimonieux, aigre, blessant, caustique, cinglant, corrosif, fielleux, grinçant, incisif, méchant, mordant, piquant, sarcastique, sardonique, vitriolique. ▲ANT. DOUX, INOFFENSIF; AGRÉABLE, ÉLOGIEUX, FLATTEUR, LOUANGEUR; ANTIBACTÉRIEN, ANTIINFECTIEUX, ANTISEPTIQUE, ANTIVIRAL, DÉSINFECTANT, GERMICIDE, STÉRILISANT.

visage *n. m.* ▶ *Partie de la tête* – face, figure, minois, physionomie, tête, traits. ▶ *Aspect* – air, allure, apparence, aspect, caractère, configuration, couleur, couvert, dehors, éclairage, expression, extérieur, façade, faciès, figure, forme, formule, impression, jour, masque, mine, paraître, perspective, physionomie, plastique *(en art)*, portrait, présentation, profil, ressemblance, semblant, surface, ton, tour, tournure, traits, vernis. *SOUT.* enveloppe, superficie.

viscéral *adj.* ▶ *Qui concerne les viscères* – splanchnique. ▶ *Instinctif* – impérieux, incoercible, incontrôlable, incontrôlé, indomptable, instinctif, insurmontable, irraisonné, irrépressible, irrésistible, profond, violent. ▲ANT. BÉNIN, FAIBLE, LÉGER, SUPERFICIEL.

viscères *n. m. pl.* entrailles. ▶ *Animal de boucherie* – fressure.

visée *n. f.* ▶ *Action de viser* – pointage, visé. ▶ *But* – ambition, but, cause, cible, considération, destination, fin, finalité, intention, mission, mobile, motif, objectif, objet, point de mire, pourquoi, prétexte, raison, raison d'être, sens. *SOUT.* propos. ▶ *Désir* – ambition, appel, appétit, aspiration, attirance, attrait, besoin, but, convoitise, desideratum, désir, envie, exigence, faim, fantaisie, fantasme, fièvre, fringale, goût, idéal, intention, jalousie, passion, prétention, quête, recherche, rêve, soif, souhait, tentation, velléité, vœu, voix, volonté. *SOUT.* appétence, dessein, prurit, vouloir. *FAM.* démangeaison.

viser *v.* ▶ *Valider* – attester, authentifier, certifier, légaliser, valider. ▶ *Convoiter* – ambitionner, aspirer à, avoir des vues sur, avoir en tête de, briguer, convoiter, courir après, désirer, pourchasser, poursuivre, prétendre à, rechercher, solliciter, souhaiter. *FAM.* guigner, lorgner, reluquer. ▶ *Mettre en joue* – ajuster, coucher en joue, mettre en joue, prendre sa mire. ▶ *Regarder* (*FAM.*) – arrêter son regard sur, attacher son regard sur, braquer les yeux sur, considérer, contempler, dévisager *(une personne)*, examiner, fixer, fixer le regard sur, fouiller du regard, observer, regarder, scruter. *FAM.* gaffer, zieuter. ▶ *Concerner qqn* – être d'intérêt pour, intéresser, regarder, s'appliquer à, toucher, valoir pour. ▶ *Concerner qqch.* – avoir pour objet, avoir rapport à, avoir trait à, concerner, intéresser, porter sur, relever de, s'appliquer à, se rapporter à, toucher. ▲ANT. ABANDONNER, DÉCLINER, DÉDAIGNER, DÉLAISSER, RENONCER; EXCLURE, LAISSER DE CÔTÉ.

visible *adj.* ▶ *Observable* – apercevable, apparent, extérieur, observable. *MÉD.* clinique. ▶ *Évident* – apparent, aveuglant, certain, clair, cousu de fil blanc, criant, éclatant, évident, flagrant, frappant, hurlant (de vérité), incontestable, manifeste, patent, qui coule de source, qui crève les yeux, qui saute aux yeux, qui se voit comme le nez au milieu du visage, qui tombe sous le sens, qui va de soi, qui va sans dire. ▶ *Concret* – concret, de chair et de sang, effectif, existant, matériel, palpable, physique, réel, sensible, tangible, vrai. *DIDACT.* positif. *RELIG.* de ce monde, temporel, terrestre. ▲ANT. IMPERCEPTIBLE, INOBSERVABLE, INVISIBLE; CACHÉ, DISSIMULÉ, LATENT, SECRET; ABSTRAIT, CONCEPTUEL, DOUTEUX, INTELLECTUEL, MENTAL, THÉORIQUE.

visiblement *adv.* distinctement, manifestement, notablement, perceptiblement, remarquablement, sensiblement, significativement, tangiblement.

▲ANT. IMPERCEPTIBLEMENT, INDISTINCTEMENT, INSENSIBLEMENT, INVISIBLEMENT, SUBTILEMENT.

vision *n. f.* ▶ *Faculté* – acuité visuelle, vue. ▶ *Ce que l'on voit* – image, scène, spectacle, tableau, vue. ▶ *Illusion* – abstraction, abstrait, apparence, berlue, chimère, déréalisation, fantasme, faux, faux-semblant, fiction, fumée, hallucination, illusion, image, imagination, irréalisme, irréalité, leurre, mensonge, mirage, onirisme, psychédélisme, rêve, rêverie, semblant, simulation, songe, songerie, tromperie, utopie, vue de l'esprit. *FAM.* frime. *SOUT.* prestige. ▶ *Vision divine* – angélophanie, aorasie, apparition, épiphanie, théophanie. ▶ *Mysticisme* – anagogie, contemplation, dévotion, élévation, extase, illuminisme, mysticisme, mystique, oraison, philocalie, ravissement, sainteté, spiritualité, transe. *SOUT.* mysticité. ▶ *Fantôme* – apparition, créature éthérée, double, ectoplasme, esprit, esprit frappeur, fantôme, mort-vivant, ombre, périsprit, revenant, spectre, zombie. *ANTIQ.* larve, lémure. ▶ *Divagation* – divagation, élucubration, extravagance, fantasme, imagination, puérilité. *SOUT.* disparade, disparate, vaticination. ▲ANT. CÉCITÉ; RÉALITÉ.

visionnaire *n.* ▶ *Rêveur* – contemplateur, extatique, idéaliste, méditatif, poète, rêvasseur, rêveur, songe-creux, utopiste. *QUÉB. FAM.* pelleteur de nuages. ▶ *Précurseur* – ancêtre, annonciateur, avant-garde, avant-gardiste, devancier, initiateur, innovateur, introducteur, inventeur, messager, novateur, pionnier, précurseur, prédécesseur, préfiguration, prophète. *SOUT.* avant-coureur, avant-courrier, fourrier, héraut, préparateur. ▲ANT. RÉALISATEUR.

visionnement *n. m.* écoute, projection, visionnage.

visite *n. f.* ▶ *Fait d'aller dans un lieu* – audience, conférence, confrontation, entretien, entrevue, face à face, huis clos, interview, micro-trottoir, rencontre, rendez-vous, retrouvailles, réunion, tête-à-tête, vis-à-vis. *SOUT.* aboutchement. *FRANCE FAM.* rambot, rambour, rancard. *PÉJ.* conciliabule. ▶ *Fait d'aller dans plusieurs lieux* – tournée. *FAM.* virée. ▶ *Consultation médicale* – consultation, examen. ▲ANT. ACCUEIL; FUITE; ABANDON, NÉGLIGENCE.

visiter *v.* ▶ *Rendre visite* – aller voir, faire un saut, passer, rendre visite à. ▶ *Explorer* – arpenter, battre, explorer, inspecter, parcourir, prospecter, ratisser, reconnaître. ▲ANT. ABANDONNER, DÉLAISSER, FUIR, NÉGLIGER; ACCUEILLIR, RECEVOIR.

visiteur *n.* ▶ *Invité* – *QUÉB.* survenant *(inattendu)*. ▶ *Touriste* – touriste, vacancier, voyageur. *FAM.* bourlingueur. *SOUT.* vagabond. ▶ *Inspecteur* – contrôleur, essayeur, inspecteur, testeur, vérificateur, vérifieur. *FAM.* vérif. ▲ANT. HÔTE, MAÎTRE (DE MAISON); ORGANISATEUR *(événement public)*.

visqueux *adj.* ▶ *Épais* – consistant, épais, pâteux, sirupeux. ▶ *Gluant* – collant, gluant, gommeux, poissant, poisseux. *QUÉB. FAM.* gommé. ▲ANT. CLAIR, FLUIDE, LIQUIDE.

visuel *adj.* optique.

vital *adj.* capital, crucial, de première nécessité, essentiel, fondamental, important, incontournable, indispensable, irremplaçable, nécessaire, primordial. ▲ANT. ACCESSOIRE, MINEUR, SECONDAIRE; MORTEL.

vitalité *n. f.* ▶ *Dynamisme* – abattage, activité, allant, ardeur, dynamisme, effort, énergie, vie, vigueur, vivacité. *FAM.* punch. ▶ *Constitution* – apparence, condition (physique), conformation, constitution, état (physique), forme, nature, santé. *SOUT.* complexion. *MÉD.* diathèse, habitus. ▲ANT. APATHIE, FAIBLESSE, LÉTHARGIE, MOLLESSE.

vite *adj.* ▶ *Rapide* – prompt, rapide, vif. *SOUT.* preste, véloce. ▶ *Intelligent* (*QUÉB. FAM.*) – à l'esprit vif, agile, alerte, brillant, éveillé, intelligent, rapide, vif. ▲ANT. ENGOURDI, LENT; ABRUTI, BENÊT, BÊTE, BORNÉ, CRÉTIN, DEMEURÉ, HÉBÉTÉ, IDIOT, IMBÉCILE, ININTELLIGENT, NIAIS, NIGAUD, OBTUS, SOT, STUPIDE.

vite *adv.* à fond de train, à grande vitesse, à la course, à la hâte, à la sauvette, à plein régime, à pleine vitesse, à toute allure, à toute vitesse, à toutes jambes, à toute(s) pompe(s), à un train d'enfer, à vive allure, activement, au pas de course, avec célérité, bon train, courtement, d'urgence, diligemment, en coup de vent, en moins de deux, en moins de rien, en peu de temps, en trois coups de cuiller à pot, en un clin d'œil, en un éclair, en un instant, en un moment, en un rien de temps, en un temps record, en un tour de main, en un tournemain, expéditivement, exponentiellement, hâtivement, précipitamment, prestement, promptement, rapidement, rondement, tôt, vivement. *SOUT.* vélocement, vitement. *FAM.* à fond la caisse, à fond la gomme, à fond les manettes, à la six-quatre-deux, à la va-vite, à pleins gaz, à pleins pots, à pleins tubes, à tout berzingue, à toute barde, à toute biture, à toute blinde, à toute vapeur, à toute vibure, au galop, dans le temps de le dire, dare-dare, en cinq sec, en deux temps trois mouvements, illico presto, presto, prompto, rapido, vite fait. *QUÉB. FAM.* en criant ciseau, en criant lapin, rien que sur une aile. ▲ANT. EN DOUCEUR, INDOLEMMENT, LENTEMENT, SANS HÂTE.

vitesse *n. f.* ▶ *Rapidité* – activité, agilité, célérité, diligence, empressement, hâte, précipitation, promptitude, rapidité, vélocité, vivacité. *SOUT.* prestesse. ▶ *Allure* – allure, cadence, course, erre, marche, mouvement, pas, rythme, tempo, train. ▶ *Rythme musical* – battement, cadence, eurythmie, mesure, mouvement, musique, période, phrasé, pouls, pulsation, respiration, rythme, swing, tempo. ▶ *Vitesse d'un moteur* – régime. ▲ANT. LENTEUR; RALENTISSEMENT.

vitre *n. f.* ▶ *Objet* – carreau, glace, vitrine. ▶ *Matière* (*QUÉB.*) – verre. ♦ **vitres**, *plur.* ▶ *Ensemble d'objets* – vitrage.

vivace *adj.* ▶ *Résistant* – coriace, inusable, rebelle, résistant, robuste, tenace. ▶ *Enraciné* – ancré, chronique, durable, endémique, enraciné, établi, gravé, implanté, indéracinable, inextirpable, invétéré, persistant, tenace, vieux. ▶ *En parlant d'un souvenir* – durable, impérissable, indélébile, ineffaçable, inoubliable, vif, vivant. ▲ANT. FRAGILE, FRÊLE, VULNÉRABLE; ANNUEL (*plante*); ÉPHÉMÈRE, PASSAGER, TEMPORAIRE; FUGACE, FUGITIF, INSAISISSABLE.

vivacité *n. f.* ▶ *Rapidité* – activité, agilité, célérité, diligence, empressement, hâte, précipitation, promptitude, rapidité, vélocité, vitesse. *SOUT.* prestesse. ▶ *Agilité* – adresse, agilité, aisance, dextérité,

---

vivre *(header)*

élasticité, élégance, facilité, grâce, habileté, légèreté, main, mobilité, précision, rapidité, souplesse, technique, virtuosité. *SOUT.* félinité, prestesse. ▶ *Dynamisme* – abattage, activité, allant, ardeur, dynamisme, effort, énergie, vie, vigueur, vitalité. *FAM.* punch. ▶ *Fougue* – ardeur, emportement, feu, fougue, furia, impétuosité, pétulance, véhémence. *FAM.* mordant. ▶ *Turbulence* – agitation, dissipation, espièglerie, excitation, fougue, impétuosité, mobilité, mouvement, nervosité, pétulance, tapage, turbulence. ▶ *Violence* – acharnement, animosité, ardeur, énergie, force, frénésie, fureur, furie, impulsivité, intensité, puissance, rage, vigueur, violence, virulence. *SOUT.* impétuosité, véhémence. ▶ *Luminosité* – clarté, diaphanéité, eau, limpidité, luminosité, netteté, pureté, translucidité, transparence, visibilité. ▲ANT. APATHIE, FAIBLESSE, LANGUEUR, LENTEUR, LOURDEUR, MOLLESSE, NONCHALANCE.

vivant *adj.* ▶ *Qui vit* – de chair et de sang, en vie, vif. ▶ *Plein d'entrain* – animé, déluré, enjoué, frétillant, fringant, guilleret, pétillant, pétulant, plein d'entrain, plein de vie, primesautier, remuant, sémillant, vif. *FAM.* pêchu. *BELG. FAM.* spitant. ▶ *En parlant d'un visage* – animé, expressif, mobile. ▶ *En parlant d'un récit* – animé, coloré, expressif, figuré, haut en couleur, imagé, métaphorique, pittoresque, savoureux, truculent. *FAM.* folklorique, jazzé. ▶ *En parlant d'un souvenir* – durable, impérissable, indélébile, ineffaçable, inoubliable, vif, vivace. ▶ *Fréquenté* – animé, fréquenté, passant. *FAM.* passager. ▲ANT. DÉFUNT, INANIMÉ, INORGANIQUE, MORT; CADUC, DÉSUET, DISPARU, RÉVOLU; AMORPHE, ENDORMI, INERTE, LÉTHARGIQUE, SANS RESSORT; ÉTEINT, IMPASSIBLE, INEXPRESSIF; MONOTONE, MORNE, SANS COULEUR, SANS VIE, TERNE; FUGACE, FUGITIF; DÉSERT, DÉSOLÉ.

vivifiant *adj.* ▶ *Stimulant* – dynamisant, fortifiant, reconstituant, remontant, revigorant, stimulant, tonifiant, tonique. *SOUT.* vivificateur. *FAM.* ravigotant. *SUISSE FAM.* rapicolant. *MÉD.* analeptique, dopant, dynamogène, énergisant, excitant, incitant. ▶ *Rafraîchissant* – décapant, frais, jeune, rafraîchissant. ▲ANT. AFFAIBLISSANT, ALANGUISSANT, AMOLLISSANT, ANÉMIANT, DÉBILITANT; ÉCRASANT, ÉTOUFFANT, MORTEL, TUANT.

vivifier *v.* ▶ *Stimuler qqn* – donner un coup de fouet à, ragaillardir, ranimer, réconforter, régénérer, remonter, revigorer, stimuler, tonifier, vitaliser. *FAM.* ravigoter, recharger les accus à, recharger les batteries à, requinquer, retaper. *QUÉB. FAM.* raplomber, remettre d'aplomb, remettre sur le piton, renipper. ▶ *Stimuler qqch.* – donner un second souffle à, faire renaître, faire revivre, ragaillardir, rallumer, ranimer, raviver, réactiver, réchauffer, redonner vie à, redynamiser, régénérer, renflammer, renouveler, ressusciter, réveiller, revigorer, revitaliser, revivifier, stimuler. ▲ANT. AFFAIBLIR, AMOLLIR, DÉBILITER, DÉPRIMER.

vivre *v.* ▶ *Être vivant* – être, être en vie, exister. ▶ *Assurer son existence* – subsister, survivre. ▶ *Avoir sa demeure* – demeurer, être domicilié, habiter, loger, rester. *FAM.* crécher, nicher, percher, résider. ▶ *Peupler* – habiter, occuper, peupler. ▶ *Se consacrer* – se dévouer, se donner, se prodiguer, se sacrifier, se saigner aux quatre veines. *QUÉB. ACADIE FAM.* se désâmer. ▶ *Expérimenter* – connaître, éprouver, expérimenter, faire l'expérience de. ▸ *Traverser une* *période* – passer, traverser. ▸ *Une période heureuse* – couler. ▲ANT. MOURIR; CESSER, DISPARAÎTRE.

vocable *n. m.* ▸ *Appellation* – appellation, dénomination, désignation, étiquette, marque, mot, nom, qualification, taxon, taxum. ▸ *Mot* – lexème, mot, terme.

vocabulaire *n. m.* ▸ *Ensemble de mots* – lexique. ▸ *Liste de mots* – dictionnaire, encyclopédie, glossaire, index, lexique, terminologie, thésaurus. FAM. dico.

vocal *adj.* ▲ANT. INSTRUMENTAL *(musique)*.

vocation *n. f.* ▸ *Prédisposition* – affection, aptitude, attirance, disposition, faible, faiblesse, goût, habitude, impulsion, inclination, instinct, penchant, pente, prédilection, prédisposition, préférence, propension, tendance. DIDACT. susceptibilité. PSYCHOL. compulsion, conation. FAM. tendresses. ▸ *Mission* – apostolat, appel, destination, mission, sacerdoce. ▸ *Rôle* – affectation, charge, dignité, emploi, fonction, métier, mission, office, place, poste, responsabilité, rôle, siège, titre. ▲ANT. INADAPTATION, INAPTITUDE.

vœu *n. m.* ▸ *Désir* – ambition, appel, appétit, aspiration, attirance, attrait, besoin, but, convoitise, desideratum, désir, envie, exigence, faim, fantaisie, fantasme, fièvre, fringale, goût, idéal, intention, jalousie, passion, prétention, quête, recherche, rêve, soif, souhait, tentation, velléité, visée, voix, volonté. SOUT. appétence, dessein, prurit, vouloir. FAM. démangeaison. ▸ *Demande* – adjuration, appel, demande, démarche, desideratum, désir, doléances, exigence, injonction, instance, interpellation, interrogation, invocation, mandement, ordre, pétition, placet, prétention, prière, question, réclamation, requête, réquisition, revendication, sollicitation, sommation, supplication, supplique, ultimatum. SOUT. imploration. ▸ *Ce que l'on souhaite à qqn* – souhait. ▸ *Malédiction* – anathématisation, anathème, blâme, blasphème, condamnation, damnation, déprécation, excommunication, imprécation, jurement, malédiction, réprobation. SOUT. exécration. ▲ANT. APPRÉHENSION, CRAINTE; REFUS; DÉSENGAGEMENT, RENIEMENT.

vogue *n. f.* ▸ *Mode* – avant-gardisme, dernier cri, engouement, épidémie, fantaisie, fureur, goût (du jour), mode, style, tendance, ton, vague, vent. ▲ANT. DÉSUÉTUDE, IMPOPULARITÉ.

voie *n. f.* ▸ *Route* – artère *(importante)*, voie de circulation, voie de communication. ▸ *Partie d'une route* – bande, file, voie (de circulation). ▸ *Chemin de fer* – chemin de fer, rail, voie (ferrée). ▸ *Passage* – corridor, couloir, passage. ▸ *Partie du corps* – canal, conduit, cordon, trompe, tube. PATHOLOGIQUE – canal fistuleux, fistule. ▸ *Petit* – canalicule. ▸ *Trace* – apparence, cachet, cicatrice, critère, empreinte, indication, indice, lueur, marque, ombre, pas, piste, preuve, repère, reste, ride, sceau, signature, signe, stigmate, tache, témoignage, témoin, trace, trait, vestige. ▸ *Truchement* – canal, entremise, intermédiaire, moyen, truchement. ▸ *Méthode* – approche, art, chemin, code, comment, credo, démarche, discipline, dispositif, façon (de faire), facture,

formule, heuristique, instruction, instrument, ligne de conduite, maïeutique, manière, marche (à suivre), méthode, modalité, mode d'emploi, mode, moyen, opération, ordre, organisation, outil, posologie, pratique, procédé, procédure, protocole, raisonnement, recette, règle, secret, stratagème, stratégie, système, tactique, technique, théorie, traitement. SOUT. faire. ♦ *voies, plur.* ▸ *Ensemble de voies terrestres* – réseau de voies, voirie. ▲ANT. BRUME, CHAOS, CONFUSION.

voilé *adj.* ▸ *En parlant du ciel* – assombri, bouché, chargé de nuages, couvert, ennuagé, gris, lourd, nébuleux, nuageux, obscurci. ▸ *En parlant de l'éclairage* – atténué, diffus, doux, tamisé, vaporeux. ▸ *En parlant d'un son* – amorti, assourdi, atténué, cotonneux, étouffé, faible, feutré, mat, mou, ouaté, sourd. ▸ *En parlant d'une voix* – éteint, étouffé, faible, sourd. ▲ANT. DIRECT *(éclairage)*, DIRIGÉ; BRUTAL, CRU, VIF, VIOLENT.

voile *n. m.* ▸ *Ce qui cache* – rideau. ▸ *Coiffure* – voilette. ▸ *Mystère* – arcanes, énigme, inconnaissable, inconnu, mystère, obscurité, secret. FAM. cachotterie. ▸ *Défaut photographique* – surexposition. ▸ *Partie du champignon* – volve. ▸ *Non-limpidité d'un liquide* – turbidité. ▸ *Surface gélatineuse* – peau. ▸ *Déformation* – anamorphose, aplatissement, courbure, déformation, déviation, distorsion, gauchissement, gondolage, gondolement, inclinaison, ovalisation, plissement, voilage, voilement, voilure. TECHN. fluage. BIOL. amorphisme. ▲ANT. ÉLUCIDATION, LUMIÈRE.

voile *n. f.* ▸ *Voilier* – bateau à voiles, voilier. ▸ *Activité* – (navigation de) plaisance. ♦ *voiles, plur.* ▸ *Ensemble de pièces d'un voilier* – toile, voilure.

voiler *v.* ▸ *Soustraire à la vue* – cacher, camoufler, couvrir, dérober, dérober aux regards, dissimuler, escamoter, masquer, receler, recouvrir, soustraire à la vue, soustraire aux regards. MILIT. classifier *(document)*. FAM. planquer. ▸ *Tamiser la lumière* – adoucir, atténuer, filtrer, tamiser. ▸ *Rendre flou* – estomper, flouter, noyer. ▸ *Troubler l'esprit* – aveugler, brouiller, embrumer, obnubiler, obscurcir, troubler. ▸ *Gauchir* – bistourner, contourner, courber, déformer, déjeter, dévier, distordre, gauchir, tordre. QUÉB. crochir. TECHN. s'envoiler. ♦ *se voiler* ▸ *En parlant du ciel* – s'assombrir, s'ennuager, s'obscurcir, se brouiller, se couvrir. QUÉB. FAM. se chagriner. ▸ *En parlant des yeux* – s'embuer, s'humecter. ▸ *En parlant d'une voix* – gauchir, gondoler, (se) courber, se déformer, se distordre, travailler. QUÉB. crochir. ▲ANT. DÉCOUVRIR, DÉVOILER, MONTRER, RÉVÉLER; CLARIFIER, ÉCLAIRER; EXPLIQUER.

voilier *n.* ♦ *voilier, masc.* ▸ *Véhicule flottant* – bateau à voiles, voile. ♦ *voiliers, masc. plur.* ▸ *Ensemble de véhicules flottants* – flotte, flottille.

voir *v.* ▸ *Apercevoir* – apercevoir, remarquer. FAM. azimuter, repérer. SOUT. aviser. ▸ *Noter* – apercevoir, constater, noter, observer, prendre acte, relever, remarquer. ▸ *Étudier* – analyser, ausculter, considérer, envisager, étudier, examiner, explorer, observer, penser à, pousser plus avant, prendre en considération, réfléchir sur, s'intéresser à, se pencher sur, traiter. ▸ *Comprendre* – comprendre, s'expliquer, saisir, toucher du doigt. SOUT. appréhender, embrasser,

entendre. *FAM.* bitter, entraver, piger. *FRANCE FAM.* percuter. *QUÉB. FAM.* allumer, clencher, cliquer. ▶ *Pren-*
dre conscience – constater, découvrir, prendre
conscience, réaliser, remarquer, s'apercevoir, s'aviser, se rendre compte. *SOUT.* éprouver. ▶ *S'imagi-*
ner – concevoir, (s')imaginer, se faire une idée de, se
figurer, se représenter, visualiser. *PSYCHOL.* mentaliser. ▶ *Rencontrer* – croiser, rencontrer, tomber sur,
trouver (sur son chemin). ▶ *Fréquenter* – côtoyer,
coudoyer, fréquenter. *FAM.* frayer avec. ▶ *Se référer*
à – consulter, lire, regarder, se référer à, se reporter
à. ◆ *se voir* ▶ *Être visible* – se remarquer. ▲ANT.
MANQUER À, NÉGLIGER ; S'AVEUGLER, S'ILLUSIONNER, SE
MÉPRENDRE, SE TROMPER.

voisin *adj.* ▶ *Contigu* – à côté, accolé, adjacent, attenant, bord à bord, contigu, côte à côte, en
contact, juxtaposé, limitrophe. *QUÉB.* collé. ▶ *Rap-*
proché – à côté, à proximité, adjacent, avoisinant,
environnant, prochain, proche, rapproché. *SOUT.* circonvoisin. ▶ *Ressemblant* – analogue, apparenté,
approchant, assimilable, comparable, conforme,
contigu, correspondant, équivalent, homogène, homologue, indifférencié, pareil, parent, proche, ressemblant, semblable, similaire. *FAM.* kif-kif. *DIDACT.*
commensurable. ▲ANT. À L'ÉCART, DISTANT, ÉCARTÉ,
ÉLOIGNÉ, ESPACÉ, LOINTAIN ; AUTRE, DIFFÉRENT, DISSEM-
BLABLE, DISTINCT, DIVERS, OPPOSÉ.

voisin *n.* ▶ *Autre personne que soi* – autrui.
◆ *voisins, plur.* ▶ *Ensemble de personnes* – entourage, voisinage. ▲ANT. ÉTRANGER.

voisinage *n.m.* ▶ *Proximité* – contiguïté, mitoyenneté, promiscuité, proximité. ▶ *Alentours* –
abords, alentours, approches, bordures, entourage,
environs, parages. *SOUT.* entour. ▶ *Environnement*
– ambiance, atmosphère, cachet, cadre, climat, décor, élément, entourage, environnement, environs,
lieu, milieu, monde, société, sphère, théâtre. ▶ *Ana-*
logie – allégorie, analogie, apologue, assimilation, association (d'idées), catachrèse *(lexicalisée)*, comparaison, équivalence, figure, image, lien, métaphore,
parabole, parallèle, parenté, personnification, rapport, rapprochement, relation, ressemblance, similitude, symbole, symbolisme. ▶ *Ensemble des voi-*
sins – entourage, voisins. ▲ANT. DISTANCE, ÉLOIGNE-
MENT ; ÉTRANGER.

voisiner *v.* ▶ *Se trouver près* – avoisiner, environner, jouxter. ▶ *Se trouver avec* – coexister, cohabiter. ▲ANT. S'ISOLER, VIVRE RECLUS.

voiture *n.f.* ▶ *Véhicule automobile* – auto,
automobile, voiture automobile. *FAM.* bagnole, bahut, caisse, tire. *QUÉB. ACADIE FAM.* char. ▶ *Rapide* –
bolide. ◗ *Petite* – microvoiture, voiturette automobile. *FAM.* trottinette. ◗ *Grosse FAM.* tank, wagon.
QUÉB. FAM. bateau. ◗ *Vieille ou mauvaise* – clou, épave
(hors d'usage). *FAM.* bagnole, boîte à savon, chignole,
guimbarde, poubelle, tacot, tapecul, tas de boue, tas
de ferraille, teuf-teuf, veau *(lente)*. *QUÉB. FAM.* bazou,
cancer, citron, minoune. ▶ *Voiture sur rail* – fourgon, remorque *(camion ou métro)*, wagon, wagonnet
(petit). ◆ *voitures, plur.* ▶ *Ensemble de véhicules*
– colonne, convoi, défilé, file, noria, théorie ; flotte;
parc automobile, parc d'automobiles.

voix *n.f.* ▶ *Élocution* – articulation, débit, déclamation, diction, élocution, éloquence, énonciation,
expression, langage, langue, parole, phonation, phonétique, phonie, pose de voix, prononciation, style.
▶ *Façon de chanter* – chant, organe. ▶ *Désir* – ambition, appel, appétit, aspiration, attirance, attrait,
besoin, but, convoitise, desideratum, désir, envie,
exigence, faim, fantaisie, fantasme, fièvre, fringale,
goût, idéal, intention, jalousie, passion, prétention,
quête, recherche, rêve, soif, souhait, tentation, velléité, visée, vœu, volonté. *SOUT.* appétence, dessein,
prurit, vouloir. *FAM.* démangeaison. ▶ *Vote* – consultation (populaire), élection, plébiscite, proclamation, référendum, scrutin, suffrage, tour, urnes, vote.
▲ANT. SILENCE ; ABSTENTION.

vol *n.m.* ◆ *déplacement dans l'air* ▶ *Action*
– survol, sustentation, volée, volettement. ◗ *Départ* –
décollage *(avions)*, envol *(oiseaux)*, envolée *(feuilles,*
oiseaux). ▶ *Groupe d'insectes* – essaim, nuage, nuée.
▶ *Ensemble d'oiseaux* – escadrille, volée. ◆ *action*
de dérober ▶ *Action de dérober* – appropriation,
brigandage, cambriolage, déprédation, détournement, détroussement, enlèvement, extorsion, grappillage, kleptomanie, larcin, malversation, maraudage, maraude, pillage, piraterie, rafle, rançonnement, razzia, sac, saccage, spoliation, subtilisation.
SOUT. rapine. *FAM.* barbotage, chapardage, coup, resquillage, resquille. *FRANCE FAM.* braquage, cambriole,
casse, cassement, entôlage, fauche, vol à la roulotte
(voitures), vol à la tire, vol à main armée. *QUÉB.*
taxage *(entre adolescents)*. ▶ *Escroquerie* – abus de
confiance, canaillerie, carambouillage, carambouille,
charlatanerie, charlatanisme, coup monté, crapulerie, enjôlement, escamotage, escroquerie, fraude,
grivèlerie, maquignonnage, mystification, supercherie, tricherie, tromperie, usurpation. *SOUT.* coquinerie, duperie, imposture, piperie. *FAM.* arnaque, embrouille, filoutage, friponnerie, tour de passe-passe.
FRANCE FAM. carottage, entubage, estampage. ▶ *Enlè-*
vement – détournement (de mineur), enlèvement,
kidnappage, prise (d'otage), rapt, vol (d'enfant).
▲ANT. HONNÊTETÉ ; ACHAT ; EMPRUNT ; DON.

volaille *n.f.* ▶ *Ensemble d'oiseaux* – oiseaux
de basse-cour.

volant *n.m.* ▶ *Bande d'étoffe* – bolduc, boucle,
bouffette, chou, cocarde, dragonne, élastique, embrasse, extrafort, faveur, galon, ganse, gansette, gros-
grain, lambrequin, padou, passement, rosette, ruban.
ANC. falbala. ▶ *Sport* – badminton. ◆ *Accessoire de*
sport – *QUÉB. FAM.* moineau. ▶ *Partie d'une feuille*
– feuillet, volet.

volatilité *n.f.* ▶ *Immatérialité* – abstraction,
abstrait, cérébralité, essentialité, évanescence, idéalité, immatérialité, impalpabilité, imperceptibilité,
impondérabilité, incorporalité, incorporéité, intangibilité, intemporalité, irréalité, spiritualité, spirituel,
subtilité. ▶ *Instabilité* – ballottement, changement,
déséquilibre, fluctuation, fragilité, inadaptation, incertitude, inconstance, inégalité, instabilité, mouvant, mouvement, précarité, variabilité, variation,
versatilité, vicissitude. *SOUT.* fugacité. ▲ANT. PERMA-
NENCE, STABILITÉ.

volée *n.f.* ▶ *Action de voler* – survol, sustentation, vol, volettement. ▶ *Ensemble d'oiseaux* – escadrille, vol. ▶ *Salve* – décharge, fusillade, mitraillade,
rafale, salve, tiraillement, tiraillerie. *FAM.* giclée *(arme*

automatique). ANC. bordée, mousquetade, mousqueterie. ▶ *Correction* – châtiment corporel, correction, punition corporelle, volée (de coups). FAM. dégelée, dérouille, dérouillée, passage à tabac, pâtée, peignée, pile, raclée, ratatouille, rossée, roulée, rouste, tabassage, tabassée, tannée, torchée, tournée, trempe, tripotée. FRANCE FAM. secouée, tatouille, tisane, trépignée. ▶ *Défaite* (FAM.) – avortement, banqueroute, capitulation, catastrophe, chute, débâcle, débandade, déconfiture, défaite, déroute, désavantage, échec, écrasement, faillite, fiasco, four, infortune, insuccès, mauvaise fortune, naufrage, perte, ratage, raté, retraite, revers. SOUT. traverse. FAM. désastre, piquette, plantage, raclée, recalage. FRANCE FAM. bérézina, bide, brossée, déculottée, dégelée, écrabouillement, fessée, foirade, gamelle, loupage, pile, rincée, rossée, tannée, veste. ▲ANT. CAJOLERIE, CÂLIN, CARESSE; RÉUSSITE, SUCCÈS, VICTOIRE.

voler *v.* ▶ *Flotter au vent* – flotter, planer, voleter, voltiger. ▶ *Prendre* – dérober, faire main basse sur, prendre, soustraire, subtiliser. FAM. barboter, chaparder, chiper, choper, escamoter, faire, faucher, flibuster, piquer, rafler, taxer. FRANCE FAM. calotter, chouraver, chourer. QUÉB. FAM. sauter. ▶ *Cambrioler* – cambrioler, dévaliser, piller. FRANCE FAM. faire un casse. ▶ *Extorquer* – arracher, escroquer, extorquer, soutirer. FAM. carotter, ratiboiser, taxer. ▶ *Kidnapper* – enlever, kidnapper, prendre en otage, ravir. ▶ *Dépouiller qqn* – délester, dépouiller, détrousser, dévaliser. FAM. déplumer, faire les poches de, plumer, ratiboiser, ratisser, soulager de son portefeuille, tondre. ▶ *Flouer qqn* – escroquer, estamper, flouer, frauder. SOUT. gruger. FAM. arnaquer, blouser, carambouiller, écorcher, entôler, étriller, filouter, plumer, rouler, tondre, truander. ▶ *Décevoir* (FAM.) – décevoir, désappointer, frustrer les attentes de, laisser sur sa faim. SOUT. démentir. ▲ANT. CÉDER, DONNER, OFFRIR; EMPRUNTER; ACHETER; REDONNER, REMETTRE, RENDRE, RESTITUER; RESPECTER LA PROPRIÉTÉ.

volet *n. m.* ▶ *Panneau* – contrevent, jalousie, persienne. ▶ *Rabat* – abattant, battant, ouvrant, vantail. ▶ *Pour fermer* – clapet, couvercle, obturateur, opercule, rabat. ▶ *Partie d'une feuille* – feuillet, volant. ▶ *Partie d'un objet volant* – aileron, ailette.

voleter *v.* ▶ *Voler* – voltiger. ▶ *Flotter* – flotter, planer, voler, voltiger.

voleur *n.* ▶ *Cambrioleur* – bandit, brigand, cagoulard, cambrioleur *(maisons)*, coquillard *(Moyen-Âge)*, crocheteur, escamoteur, gangster, gentleman cambrioleur, kleptomane *(pathologique)*, maraudeur, pillard, pilleur, pirate, rat d'hôtel, souris d'hôtel, stellionataire, tireur, truand, voleur de grand chemin. ▶ *Profiteur* – aigrefin, arnaqueur, bandit, brigand, canaille, carambouilleur, chevalier d'industrie, concussionnaire, crapule, escroc, extorqueur, faisan, fraudeur, gangster, gredin, maître chanteur, malfaiteur, mercanti, pirate, profiteur, sangsue, spoliateur, tripoteur, voyou. SOUT. déprédateur, forban. DR. captateur. ▶ *Plagiaire* – contrefacteur, copieur, copiste, démarqueur, falsificateur, faussaire, imitateur, mystificateur, pasticheur, plagiaire. SOUT. épigone, picoreur. FAM. piqueur. PÉJ. compilateur. ▲ANT. PERSONNE HONNÊTE; VOLÉ; BIENFAITEUR; GARDIEN.

volière *n. f.* gloriette, nichoir, pigeonnier, poussinière. SOUT. colombier. ▶ *Piège* – mésangette, trébuchet.

volontaire *adj.* ▶ *Délibéré* – conscient, délibéré, intentionnel, voulu. ▶ *Ferme* – assuré, décidé, délibéré, déterminé, énergique, ferme, hardi, résolu. ▶ *Têtu* – buté, entêté, obstiné, têtu. FAM. cabochard, tête de mule, tête de pioche, tête dure. QUÉB. FAM. dur de comprenure. ▶ *Disposé* – consentant, d'accord, disposé. FAM. partant. ▲ANT. CONTRAINT, FORCÉ, OBLIGATOIRE; INCONSCIENT, INDÉLIBÉRÉ, INVOLONTAIRE, MACHINAL; HÉSITANT, INCERTAIN, IRRÉSOLU; FLEXIBLE, SOUPLE, TRAITABLE.

volontairement *adv.* ▶ *Délibérément* – à dessein, consciemment, de plein gré, de propos délibéré, de sang-froid, délibérément, en connaissance de cause, en pleine connaissance de cause, en toute connaissance de cause, exprès, expressément, intentionnellement, sciemment. ▶ *Facultativement* – à volonté, ad libitum, au choix, en option, éventuellement, facultativement, librement, sans obligation. ▲ANT. IMPULSIVEMENT, INCONSCIEMMENT, INVOLONTAIREMENT, MACHINALEMENT, MÉCANIQUEMENT, SANS RÉFLÉCHIR.

volontariste *adj.* ▲ANT. JE-M'EN-FOUTISTE.

volonté *n. f.* ▶ *Faculté* – intentionnalité, volition. SOUT. vouloir. ▶ *Désir* – ambition, appel, appétit, aspiration, attirance, attrait, besoin, but, convoitise, desideratum, désir, envie, exigence, faim, fantaisie, fantasme, fièvre, fringale, goût, idéal, intention, jalousie, passion, prétention, quête, recherche, rêve, soif, souhait, tentation, velléité, visée, vœu, voix. SOUT. appétence, dessein, prurit, vouloir. FAM. démangeaison. ▶ *Caprice* – accès, bizarrerie, bon plaisir, caprice, changement, chimère, coup de tête, envie, extravagance, fantaisie, fantasme, folie, frasque, gré, guise, immaturité, impatience, incartade, inconstance, infantilisme, instabilité, légèreté, lubie, marotte, mobilité, originalité, saute (d'humeur), singularité, sporadicité, variation, versatilité. SOUT. folle gamberge, foucade, humeur. FAM. toquade. ▶ *Obstination* – acharnement, assiduité, constance, détermination, entêtement, fermeté, insistance, obstination, opiniâtreté, persévérance, persistance, résolution, suite dans les idées, ténacité. PÉJ. aveuglement. ▶ *Solidité* – aplomb, assurance, autorité, caractère, constance, courage, cran, détermination, endurance, énergie, fermeté, force, permanence, poigne, rectitude, résolution, ressort, sang-froid, sérieux, solidité, sûreté, ténacité, vigueur, virilité. SOUT. fortitude, invulnérabilité. FAM. estomac, gagne. ▲ANT. DÉCOURAGEMENT, FAIBLESSE, LÂCHETÉ; REFUS.

volontiers *adv.* ▶ *De bon gré* – avec plaisir, de bon cœur, de bonne grâce, de gaieté de cœur. ▶ *Affirmativement* – affirmatif, affirmativement, approbativement, bien entendu, bien sûr, d'accord, favorablement, oui, par l'affirmative, oui. FAM. comme de bien entendu, d'acc, mouais, O.K., ouais. ▲ANT. À CONTRECŒUR, CONTRE SON GRÉ.

voltiger *v.* ▶ *Voler* – flotter au vent, flotter, planer, voler, voleter. ▶ *Aller d'un endroit à l'autre* – butiner, papillonner, virevolter. ▶ *Exécuter une volte* – volter.

volubilité *n. f.* abondance, débit, éloquence, emballement, expansivité, expressivité, exubérance, facilité, faconde, incontinence (verbale), logomachie, logorrhée, loquacité, péroraison, prolixité, verbalisme, verbiage, verbosité, verve. *MÉD.* lalomanie. *FAM.* bagou, baratin, baratinage, dégoisement, tchatche. *QUÉB. ACADIE FAM.* jarnigoine, jasette. ▲**ANT.** DISCRÉTION, MUTISME, RETENUE.

volume *n. m.* ▶ *Contenance* – capacité, contenance, cubage, cylindrée, dose, jauge, mesure, tonnage. ▶ *Somme* – addition, cagnotte, chiffre, ensemble, fonds, mandat, masse, montant, quantité, quantum, somme, total, totalisation. ▶ *Livre* – album, brochure, brochurette, cahier, catalogue, document, écrit, fascicule, imprimé, livre, livret, manuel, opuscule, ouvrage, parution, plaquette, publication, recueil, registre, titre, tome. *FAM.* bouquin. ▶ *Gros FAM.* pavé. *QUÉB. FAM.* brique.

volumineux *adj.* ▶ *Gros* – épais, grand, gros, large. ▶ *Encombrant* – embarrassant, encombrant, gênant, incommode, malcommode. *QUÉB. FAM.* malavenant. ▲**ANT.** MENU, MINUSCULE, PETIT.

volupté *n. f.* ▶ *Plaisir* – bien-être, bon temps, bonheur, contentement, délectation, délice, douceur, euphorie, félicité, jouissance, orgasme, plaisir, régal, satisfaction, septième ciel. *SOUT.* aise, félicité, miel, nectar. ▲**ANT.** ASCÉTISME, VERTU ; FROIDEUR, INDIFFÉRENCE ; DOULEUR.

voluptueux *adj.* ▶ *Bon vivant* – bon vivant, épicurien, hédoniste, jouisseur, sensuel. *SOUT.* sybarite, sybaritique. *QUÉB.* jovialiste. ▶ *Aguichant* – affriolant, aguichant, aguicheur, aphrodisiaque, émoustillant, érotique, impudique, incendiaire, langoureux, lascif, osé, provocant, sensuel, suggestif, troublant. *DIDACT.* anacréontique. ▲**ANT.** ASCÉTIQUE, SPARTIATE ; PRUDE, PUDIBOND, PUDIQUE.

volute *n. f.* ▶ *Courbe* – arabesque, boucle, contour, courbe, détour, lacet, méandre, ondulation, repli, serpentin, sinuosité. *SOUT.* flexuosité. ▶ *Arabesque* – arabesque, broderie, fioriture, moresque.

vomir *v.* ▶ *Rejeter par la bouche* – dégurgiter, régurgiter, rendre. *FAM.* dégobiller, gerber. *FRANCE FAM.* aller au renard, renarder. *QUÉB. FAM.* restituer. ▶ *Projeter* – cracher, éjecter, projeter, rejeter. ▶ *Proférer* – assener, cracher, jeter par la tête, lancer, proférer. *SOUT.* éructer. *FAM.* débagouler. ▶ *Détester* – avoir en aversion, avoir en haine, avoir en horreur, exécrer, haïr, maudire, ne pas pouvoir souffrir, ne pas pouvoir supporter, réprouver. *SOUT.* abhorrer, abominer, avoir en abomination. *FAM.* avoir dans le nez, ne pas pouvoir blairer, ne pas pouvoir encadrer, ne pas pouvoir encaisser, ne pas pouvoir pifer, ne pas pouvoir sacquer, ne pas pouvoir sentir, ne pas pouvoir voir en peinture. ▲**ANT.** ABSORBER, AVALER ; CONSERVER, RETENIR ; TAIRE.

vomissement *n. m.* ▶ *Expulsion buccale* – dégurgitation, régurgitation. *FRANCE FAM.* renard. ▶ *Matière vomie* – vomissure. *FAM.* dégobillage, vomi. ▲**ANT.** ABSORPTION, DÉGLUTITION, INGURGITATION.

vorace *adj.* ▶ *Gourmand* – avide, dévoreur, glouton, goinfre, goulu, gourmand, intempérant, ripailleur. *FRANCE FAM.* morfal. *BELG.* goulafre. *PATHOL.* boulimique. ▶ *Insatiable* – avide, dévorant,

inapaisable, inassouvissable, inextinguible, insatiable, irrassasiable. ▶ *Cupide* – âpre au gain, avide, cupide, intéressé, mercantile, mercenaire, rapace, sordide, vénal. ▲**ANT.** ABSTINENT, FRUGAL, MODÉRÉ, SOBRE, TEMPÉRANT ; CONTRÔLABLE, MAÎTRISABLE.

vote *n. m.* ▶ *Scrutin* – consultation (populaire), élection, plébiscite, proclamation, référendum, scrutin, suffrage, tour, urnes, voix. ▶ *Sélection* – adoption, choix, cooptation, décision, désignation, détermination, échantillonnage, écrémage, élection, nomination, plébiscite, prédilection, présélection, résolution, sélection, suffrage, tri, triage. *SOUT.* décret, parti. ▶ *Opinion* – appréciation, avis, conception, conviction, critique, croyance, dogme, estime, idée, impression, jugement, opinion, optique, pensée, perception, point de vue, position, principe, prise de position, sentiment, théorie, thèse, vue. *SOUT.* oracle. ▲**ANT.** ABSTENTION.

voter *v.* ▶ *Élire (FAM.)* – choisir, désigner, élire, faire choix de. ▲**ANT.** S'ABSTENIR.

voué *adj.* destiné, promis.

vouer *v.* ▶ *Consacrer* – consacrer, dédier, donner, offrir. ▶ *Destiner* – destiner, prédestiner, promettre. ▲**ANT.** ABANDONNER.

vouloir *v.* ▶ *Désirer* – appeler de tous ses vœux, aspirer à, avoir envie de, désirer, espérer, rêver de, souhaiter, soupirer après. ▶ *Avoir l'intention* – avoir l'intention de, compter, entendre, se proposer de. ▶ *Demander* – demander, réclamer, requérir, solliciter. ▶ *Ordonner* – commander, décréter, dicter, donner l'ordre de, imposer, ordonner, prescrire. *SOUT.* édicter. ▶ *Être d'accord* – accéder à, accepter, acquiescer à, agréer, approuver, avaliser, cautionner, consentir à, dire oui à, donner son aval à, opiner à, toper. *FAM.* marcher. ▶ *Nécessiter* – appeler, avoir besoin de, commander, demander, exiger, imposer, nécessiter, obliger, postuler, prendre, prescrire, réclamer, requérir. ▲**ANT.** DÉCLINER, DÉDAIGNER, ÉCARTER, REFUSER, REJETER.

voulu *adj.* conscient, délibéré, intentionnel, volontaire.

voûté *adj.* arqué, arrondi, cintré, contourné, courbé, curviligne, en arc de cercle, incurvé, recourbé. ▲**ANT.** DROIT, RECTILIGNE.

voûte *n. f.* ▶ *Dôme* – berceau, calotte, coupole, cul-de-four, dôme, lanterne. ▶ *Intérieur* – cintre, intrados. ▶ *Extérieur* – extrados. ▶ *Plafond* – ciel de carrière *(mine)*, plafond, soffite, vélum. ▶ *Voûte céleste* – air, atmosphère, calotte (céleste), ciel, coupole (céleste), dôme (céleste), espace, sphère céleste, voûte (céleste), zénith. *SOUT.* azur, empyrée, éther, firmament, nues.

vouvoiement (var. **voussoiement, vousoiement**) *n. m.* ▲**ANT.** TUTOIEMENT.

voyage *n. m.* ▶ *Déplacement* – allées et venues, balade, campagne, circuit, circumnavigation, course, croisière, déplacement, excursion, expédition, exploration, incursion, marche, mission, navette, navigation, odyssée, passage, pèlerinage, pérégrination, périple, promenade, raid, rallye, randonnée, reconnaissance, tour, tourisme, tournée, transport, traversée, va-et-vient. *SOUT.* errance. *FAM.* bourlingue, rando, transhumance. *QUÉB.* voyagement. ▶ *Flânerie*

voyager

– aventure, course, déambulation, déplacement, égarement, flânerie, instabilité, nomadisme, pérégrination, promenade, randonnée, rêverie, vagabondage. *SOUT.* badauderie, errance. *FAM.* rando, vadrouille, virée. *FRANCE FAM.* baguenaude, glandage. *QUÉB.* flânage, itinérance; *FAM.* niaisage. ▶ *Itinéraire* – aller (et retour), chemin, cheminement, circuit, course, direction, distance, espace, itinéraire, marche, parcours, retour, route, tracé, traite, trajectoire, trajet, traversée. *FAM.* trotte. *FRANCE FAM.* tirée. ▲**ANT.** IMMOBILITÉ, RÉSIDENCE, SÉDENTARITÉ.

voyager *v.* ▶ *Se déplacer* – circuler, se déplacer. ▲**ANT.** DEMEURER, RESTER, SÉJOURNER; S'ÉTABLIR, SE FIXER.

voyageur *n.* ▶ *Explorateur* – aventurier, chercheur, découvreur, globe-trotter, navigateur, prospecteur. *FAM.* bourlingueur. ▶ *Touriste* – touriste, vacancier, visiteur. *FAM.* bourlingueur. *SOUT.* vagabond. ▶ *Commerçant de fourrures* (*QUÉB.*) – coureur des bois. ▶ *Marchand* – bonimenteur, bonisseur, camelot, colporteur, marchand ambulant, (marchand) forain. *AFR.* dioula *(musulman).* ♦ **voyageurs,** *masc. plur.* ▶ *Ensemble de personnes* – caravane, flot de voyageurs, troupe de voyageurs. ▲**ANT.** ERMITE, SÉDENTAIRE.

voyant *adj.* ▶ *Tapageur* – agressif, clinquant, criard, de mauvais goût, provocant, tapageur, tape-à-l'œil. ▶ *Ostensible* – ostensible, ostentatoire. ▶ *En parlant d'une couleur* – éclatant, vif. ▲**ANT.** CLASSIQUE, DÉPOUILLÉ, DISCRET, SIMPLE, SOBRE, STRICT; CACHÉ, VOILÉ; FADE, PÂLE, TERNE.

voyant *n.* ▶ *Personne* – extralucide, voyant extralucide. ▶ *Devin* – devin, prophète. *SOUT.* augure, mage, vaticinateur. ♦ **voyant,** *masc.* ▶ *Dispositif* – lampe témoin, témoin lumineux. ▲**ANT.** AVEUGLE.

voyou *n. m.* ▶ *Vaurien* – aventurier, beau merle, délinquant, dévoyé, gibier de potence, homme de sac et de corde, julot, malfaisant, mauvais sujet, sale individu, scélérat, triste individu, triste personnage, triste sire, vaurien, vilain merle. ▶ *Escroc* – aigrefin, arnaqueur, bandit, brigand, canaille, carambouilleur, chevalier d'industrie, concussionnaire, crapule, escroc, extorqueur, faisan, fraudeur, gangster, gredin, maître chanteur, malfaiteur, mercanti, pirate, profiteur, sangsue, spoliateur, tripoteur, voleur. *SOUT.* déprédateur, forban. *DR.* captateur. ▶ *Enfant turbulent* – (affreux) jojo, chipie, coquin, diablotin, filou, fripon, galopin, mauvaise graine, (petit) bandit, (petit) chenapan, (petit) démon, (petit) diable, (petit) garnement, (petit) gredin, (petit) poison, (petit) polisson, (petit) vaurien, (petit) voyou, (petite) canaille, (petite) peste, poulbot *(de Montmartre),* titi, vilain. *SOUT.* lutin. ♦ **voyous,** *plur.* ▶ *Ensemble de vauriens* – bas-fonds, engeance, lie (de la société), racaille, ramassis. ▲**ANT.** GENTILHOMME, HONNÊTE HOMME.

vrai *adj.* ▶ *Réel* – concret, de chair et de sang, effectif, existant, matériel, palpable, physique, réel, sensible, tangible, visible. *DIDACT.* positif. *RELIG.* de ce monde, temporel, terrestre. ▶ *Dont l'existence est prouvée* – attesté, authentique, exact, factuel, historique, positif, réel, véridique, véritable. ▶ *Qui n'est pas imité* – authentique, naturel, pur, véritable. *FAM.* vrai de vrai. ▶ *Qui n'est pas feint* – authentique, sans artifice, sincère, spontané, véritable. ▶ *Qui dit*

la vérité – franc, sincère. *SOUT.* vérace, véridique. ▲**ANT.** FAUX; ABSTRAIT, APPARENT, ILLUSOIRE, IMAGINAIRE, INVENTÉ, IRRÉEL; ERRONÉ, INEXACT; ARTIFICIEL, IMITÉ; AFFECTÉ, FACTICE, FEINT, FORCÉ; MENSONGER, TROMPEUR.

vraiment *adv.* ▶ *Véritablement* – à dire vrai, à l'évidence, à la vérité, à n'en pas douter, à vrai dire, assurément, authentiquement, bel et bien, bien, bien entendu, bien sûr, cela va de soi, cela va sans dire, certainement, certes, comme de juste, d'évidence, de toute évidence, effectivement, en effet, en vérité, évidemment, il va sans dire, indubitablement, manifestement, naturellement, nul doute, oui, réellement, sans (aucun) doute, sans conteste, sans contredit, sans le moindre doute, sans nul doute, sérieusement, sûrement, véridiquement, véritablement. *FAM.* pour de vrai, vrai. *QUÉB. FAM.* pour vrai. ▶ *Extrêmement* – à l'extrême, affreusement, astronomiquement, au dernier degré, au dernier point, au maximum, au plus haut degré, au plus haut point, beaucoup, bien, colossalement, considérablement, éminemment, énormément, exceptionnellement, extraordinairement, extrêmement, fabuleusement, follement, fort, fortement, grandement, gros, hautement, immensément, incommensurablement, inconcevablement, incroyablement, infiniment, intensément, long, mortellement, nettement, on ne peut plus, phénoménalement, prodigieusement, profondément, remarquablement, sérieusement, singulièrement, souverainement, supérieurement, suprêmement, terriblement, très, vertigineusement, vivement. *FAM.* bigrement, bougrement, diablement, drôlement, effroyablement, épais, épouvantablement, fameusement, fantastiquement, fichtrement, fichûment, formidablement, foutrement, furieusement, joliment, rudement, sacrément, salement, super, terrible, tout plein, un max, vachement. *QUÉB. FAM.* à l'os, à la planche, au coton, en maudit, en s'il vous plaît, mauditement. ▲**ANT.** PEUT-ÊTRE, PLAUSIBLEMENT, POSSIBLEMENT, POTENTIELLEMENT, PROBABLEMENT, SANS DOUTE, VIRTUELLEMENT, VRAISEMBLABLEMENT; AUCUNEMENT, D'AUCUNE FAÇON, D'AUCUNE MANIÈRE, EN AUCUN CAS, EN AUCUNE FAÇON, EN AUCUNE MANIÈRE, EN AUCUNE SORTE, EN RIEN, NULLEMENT, (PAS) DU TOUT; UN PEU.

vraisemblable *adj.* ▶ *Qui semble vrai* – crédible, croyable, plausible, probable. ▲**ANT.** IMPROBABLE, INCROYABLE, INVRAISEMBLABLE.

vraisemblablement *adv.* ▶ *Apparemment* – apparemment, en apparence, en toute vraisemblance, semble-t-il. *QUÉB.* présumément. ▶ *Peut-être* – peut-être, plausiblement, possiblement, potentiellement, probablement, sans doute, virtuellement. ▲**ANT.** À COUP SÛR, AUTOMATIQUEMENT, FATALEMENT, FORCÉMENT, IMMANQUABLEMENT, IMPLACABLEMENT, INÉVITABLEMENT, INFAILLIBLEMENT, NÉCESSAIREMENT, OBLIGATOIREMENT, PAR LA FORCE DES CHOSES.

vraisemblance *n. f.* acceptabilité, admissibilité, crédibilité, plausibilité, possibilité, présomption, probabilité, recevabilité, viabilité, vraisemblable. ▲**ANT.** IMPROBABILITÉ, INCRÉDIBILITÉ, INVRAISEMBLANCE.

vue *n. f.* ▶ *Faculté* – acuité visuelle, vision. ▶ *Regard* – œil, regard. ▶ *Manière dont qqch. est vu* – coupe, profil, section. ▶ *Angle* – axe, cap, côté, direction, exposition, face, inclinaison, ligne, orientation, sens, situation. *QUÉB. ACADIE FAM.* bord. *ASTRON.* azimut. *AÉRON. MAR.* cap. *MAR.* gisement, orientement. ▸ *Ouverture* – ajour, baie (de fenêtre), croisée, fenêtre. *QUÉB. ACADIE FAM.* châssis. ▸ *Ce que l'on voit* – image, scène, spectacle, tableau, vision. ▸ *Paysage* – champ (de vision), horizon, panorama, paysage, perspective, point de vue, site. ▸ *Opinion* – appréciation, avis, conception, conviction, critique, croyance, dogme, estime, idée, impression, jugement, opinion, optique, pensée, perception, point de vue, position, principe, prise de position, sentiment, théorie, thèse, vote. *SOUT.* oracle. ▸ *Projet* – entreprise, idée, intention, plan, préméditation *(mauvaise action)*, programme, projet, résolution. *SOUT.* dessein. ▸ *Film* (*QUÉB. FAM.*) – film, œuvre cinématographique, production. ▲ANT. CÉCITÉ.

vulgaire *adj.* ▸ *Ordinaire* – commun, médiocre, ordinaire, quelconque, trivial. *FAM.* lambda. ▸ *Sans élévation morale* – bas, grossier, trivial. *PÉJ.* populacier. *FAM.* poissard. ▸ *Obscène* – choquant, grossier, obscène, ordurier, sale, scatologique, trivial, vilain. ▲ANT. EXTRAORDINAIRE, HORS DU COMMUN, ORIGINAL, REMARQUABLE ; SAVANT, SCIENTIFIQUE ; ÉLEVÉ, RECHERCHÉ ; DISTINGUÉ, NOBLE, RAFFINÉ ; AFFABLE, COURTOIS, POLI ; BIENSÉANT, CONVENABLE, DÉCENT, RECOMMANDABLE.

vulgarité *n. f.* ▸ *Inélégance* – balourdise, barbarie, béotisme, bestialité, brutalité, fruste, goujaterie, grossièreté, impolitesse, inélégance, lourdeur, rudesse, rustauderie, rusticité, rustrerie. ▸ *Grossièreté* – bassesse, grossièreté, mauvais goût, obscénité, trivialité. *SOUT.* vulgaire. ▲ANT. BIENSÉANCE, DÉCENCE, DÉLICATESSE, DISTINCTION, RAFFINEMENT.

vulnérable *adj.* ▸ *Facile à attaquer* – névralgique, sensible. ▸ *Sans défense* – désarmé, faible, fragile, impuissant, sans défense. ▸ *Contestable* – attaquable, contestable, controversable, controversé, critiquable, discutable, douteux, fragile, litigieux, mis en doute, sujet à caution, sujet à controverse. ▲ANT. HORS D'ATTEINTE, INATTAQUABLE, INVULNÉRABLE ; BLINDÉ, DUR, FORT, INSENSIBLE, PUISSANT, SOLIDE ; AVÉRÉ, CERTAIN, DÉMONTRÉ, ÉTABLI, INCONTESTABLE, INDÉNIABLE, INDISCUTABLE, IRRÉFUTABLE, PROUVÉ, RECONNU, SÛR.

WXYZ

wagon *n. m.* ▶ *Véhicule sur rails* – fourgon, remorque *(camion ou métro)*, voiture, wagonnet *(petit)*. ▶ *Automobile* (*FAM.*) – auto, automobile, voiture, voiture automobile. *FAM.* bagnole, bahut, caisse, tire. *QUÉB. ACADIE FAM.* char. *FAM.* tank. *QUÉB. FAM.* bateau. ▶ *Contenu* – wagonnée. ▶ *Grande quantité* (*FAM.*) – abondance, afflux, amas, ampleur, concentration, débauche, débordement, exubérance, filon, floraison, foisonnement, forêt, foule, fourmillement, gisement, infinité, inondation, luxe, luxuriance, masse, mine, multiplicité, myriade, nuée, orgie, paquet, pléthore, poussière, profusion, quantité, richesse, surabondance, tas, trésor. *FIG.* carnaval. *FAM.* festival, flopée, kyrielle, tapée, tonne, tripotée. *QUÉB. FAM.* bourrée, tapon. *SUISSE FAM.* craquée. ◆ **wagons,** *plur.* ▶ *Ensemble de véhicules sur rails* – convoi, rame, train. *FRANCE FAM.* dur. *ENFANTIN* tchou-tchou.

water-closets (var. **watercloset**) *n. m. pl.* cabinet d'aisances, cabinet de toilette, cabinets, latrines, lavabos, lieux d'aisances, salle d'eau, salle de bains, salle de toilette, sanisette *(publiques)*, sanitaires, toilettes, waters, W.-C. *FAM.* petit coin, petit endroit. *BELG.* cour. *AFR.* douchière. *ANC.* garde-robe.

zébré *adj.* jaspé, marbré, raciné *(reliure)*, rubané, veiné.

zèle *n. m.* ▶ *Soin* – sérieux. *SOUT.* diligence, soin. ▶ *Application exagérée* – *FAM.* fayotage. ▶ *Vénération* – admiration, adoration, adulation, amour, attachement, culte, dévotion, emballement, engouement, fanatisme, ferveur, iconolâtrie, idolâtrie, passion, respect, vénération. *SOUT.* dilection, révérence. *PÉJ.* encens, flagornerie, flatterie. ▶ *Enthousiasme* – allant, animation, ardeur, chaleur, cœur, élan, enthousiasme, entrain, ferveur, flamme, passion. *SOUT.* feu. ▲ANT. LAISSER-ALLER, LAXISME, NÉGLIGENCE; APATHIE, INDIFFÉRENCE, TIÉDEUR; SABOTAGE.

zélé *adj.* ▶ *Infatigable* – actif, affairé, allant, diligent, dynamique, énergique, infatigable, laborieux, travailleur, vaillant. *FAM.* bosseur, boulot boulot, bûcheur, increvable, piocheur. *QUÉB.* travaillant. ▶ *Dévoué* – aimable, attentif, attentionné, aux petits

soins, complaisant, délicat, dévoué, diligent, empressé, gentil, obligeant, prévenant, secourable, serviable. *FAM.* chic, chou. *QUÉB. FAM.* fin. *BELG. FAM.* amitieux. ▲ANT. APATHIQUE, INDOLENT, NONCHALANT, OISIF; INAPPLIQUÉ, NÉGLIGENT.

zénith *n. m.* ▶ *Point culminant* – acmé, apex, apogée, apothéose, cime, climax, comble, culmination, excès, faîte, fin du fin, fort, limite, maximum, meilleur, nec plus ultra, optimum, paroxysme, pic, pinacle, plafond, point culminant, pointe, record, sommet, summum, triomphe. *FAM.* max, top niveau. ▲ANT. NADIR.

zéro *n. m.* ▶ *Néant* – désert, néant, nullité, rien, vacuité, vacuum, vide. ▶ *État zéro* – degré zéro, état zéro, point de départ, point zéro. ▶ *Personne incapable* (*FAM.*) – bon à rien, gâcheur, inapte, incapable, incompétent, mazette, médiocre, nullité, propre à rien, raté. ▲ANT. NOMBRE POSITIF; NOMBRE NÉGATIF; INFINI; AS, EXPERT, MAÎTRE, VIRTUOSE; HÉROS, (HOMME DE) VALEUR.

zigzag *n. m.* dents de scie, louvoiement *(bateau)*, louvoyage, slalom *(ski)*. *FAM.* sinusoïde. *SOUT.* serpentement. ▲ANT. (LIGNE) DROITE.

zinc *n. m.* ▶ *Comptoir* (*FAM.*) – bar, comptoir. *FAM.* buvette. ▶ *Café* (*FAM.*) – bar, brasserie, café, débit de boissons, estaminet, guinguette, pub. *FAM.* bistrot, buvette, limonade. *FRANCE FAM.* bistroquet, marigot, rade, troquet. *QUÉB.* taverne. *AFR.* maquis *(clandestin)*. ▶ *Avion désuet* (*FAM.*) – *FAM.* coucou.

zizanie *n. f.* ▶ *Discorde* – accrochage, algarade, altercation, brouille, brouillerie, chicane, controverse, démêlé, désaccord, désunion, différend, discorde, dispute, divergence, escarmouche, explication, fâcherie, froid, heurt, joute oratoire, litige, malentendu, mésentente, passe d'armes, polémique, querelle, rupture, scène. *FAM.* bagarre, bisbille, bringue, chamaille, chamaillerie, empoignade, empoignement, prise de bec, séance. *QUÉB. FAM.* brasse-camarade, chamaillage. *BELG. FAM.* bisbrouille. ▲ANT. ACCORD, CONCORDE, ENTENTE, HARMONIE.